U0636063

新編諸子集成續編

新序校釋

上

〔漢〕劉　向　編著

石光瑛　校釋

陳　新　整理

中華書局

圖書在版編目(CIP)數據

新序校釋/(西漢)劉向編著;石光瑛校釋;陳新整理.
—北京:中華書局,2017.8(2024.7重印)
(新編諸子集成續編)
ISBN 978-7-101-12723-2

Ⅰ.新… Ⅱ.①劉…②石…③陳… Ⅲ.①筆記-中國-西漢時代②《新序》-注釋 Ⅳ.K234.106.6

中國版本圖書館 CIP 數據核字(2017)第 183090 號

封面設計:周　玉
責任印製:管　斌

新編諸子集成續編
新序校釋
(全三册)
〔漢〕劉　向 編著
石光瑛 校釋
陳　新 整理
*
中華書局出版發行
(北京市豐臺區太平橋西里 38 號　100073)
http://www.zhbc.com.cn
E-mail:zhbc@zhbc.com.cn
三河市宏盛印務有限公司印刷
*
850×1168 毫米 1/32 · 45 印張 · 6 插頁 · 800 千字
2017 年 8 月第 1 版　　2024 年 7 月第 3 次印刷
印數:2901-3900 册　　定價:158.00 元

ISBN 978-7-101-12723-2

新編諸子集成續編出版緣起

新編諸子集成叢書，自一九八二年正式啟動以來，在學術界特别是新老作者的大力支持下，已形成規模，成爲學術研究必備的基礎圖書。叢書原擬分兩輯出版，第一輯擬目三十多種，後經過調整，確定爲四十種，今年將全部出齊。第二輯原來只有一個比較籠統的規劃，受各種因素限制，在實施過程中不斷發生變化，有的項目已經列入第一輯出版，因此我們後來不再使用第一輯的提法，而是統名之爲新編諸子集成。

隨着新編諸子集成這個持續了二十多年的叢書劃上圓滿的句號，作爲其延續的新編諸子集成續編，現在正式啟動。它的立意、定位與宗旨同新編諸子集成一脈相承，力圖吸收和反映近幾十年來國學研究與古籍整理領域的新成果，爲學術界和普通讀者提供更多的子書品種和哲學史、思想史資料。

續編堅持穩步推進的原則，積少成多，不設擬目。希望本套書繼續得到海内外學者的支持。

中華書局編輯部

二〇〇九年五月

整理説明

《新序校釋》著者石光瑛(一八八〇——一九四三),浙江會稽(今紹興市)人。清末曾應科舉,中光緒癸卯(一九〇三)我國最末科的舉人。先後在廣州女子師範學校、教惠中學、廣東大學、中山大學文學院執教。抗日戰争時期,避難香港,受思恩中學之聘。日軍侵佔香港後,返回廣州,一九四三年病逝。

石先生一生致力于中國歷史和文字學的研究,著作有《新序校釋》、《三國志校釋》、《小學大綱》、《國語韋解補正》、《意原堂日記》、《恨綫草廬日記》等。但除《新序校釋》外,其他著作都已散失。《新序校釋》于一九四五年曾由廣州中興印書館排印,印成四卷後,中興印書館突遭當局封閉,因此未能印成全書。這次整理排印,前四卷卽據中興印書館的排印本,後六卷據作者家屬提供的稿本。由稿本可以見出,抄手不僅一人,但都有作者校閲時添注删改的字迹。所以,這部著作沉淪近半個世紀,到今天才以全書的面貌,第一次問世。

《新序》之名,最早的記載見于《漢書·劉向傳》和《藝文志》,定爲劉向所著(《藝文志》「著」作「序」)。後世的著録,都同《漢書》,只有唐司馬貞《史記·商君列傳索隱》以爲是劉向子劉歆所撰。劉向(前七七——前六),原名更生,字子政。漢高祖異母少弟楚元王劉交四世孫,宣帝時官郎中、諫大夫、給事中。

元帝時官散騎宗正給事中，因反對宦官弘恭、石顯專權，被誣下獄。成帝時改名向，官中郎，使領護三輔都水，後遷光禄大夫。成帝河平二年（前二七），曾受命校訂皇室所藏五經秘書，（第二年，其子劉歆亦參與校訂。）寫成《别録》一書，爲我國最早的圖書分類目録，是文化史上很有貢獻的人物。

《新序》出于劉向之手，是不成問題的。《新序校釋》所據宋本每卷前有「陽朔元年（前二四）二月癸卯護左都水使者光禄大夫臣劉向上」一行二十二字，唐馬總《意林》本題爲「河平四年（前二五）都水使者諫議大夫劉向上言」。石光瑛先生認爲「河平、陽朔，皆成帝年號，陽朔元年，卽河平四年之明年。意向此書本于河平四年表上，後因續有修正，至明年陽朔改元二月，始奏進之，標題不同，或由于此」。可知成書當在其時。

由于各書著録或稱「著」、或稱「序」、或稱「撰」，而劉向自稱爲「校」，所以前人對此頗多議論。清沈欽韓《漢書疏證》説：「《説苑》本有劉向奏上，言所校中書《説苑》、《雜事》及臣向上民間書校讎，其事類衆多，章句相溷，除去複重，更造新事。則此二書舊本有之，向重爲訂正，非創自向也。」近人羅根澤進而認爲：「向于《説苑》、《列女傳》皆曰『校』（《説苑》叙録曰：「臣向言所校中書《説苑》、《雜事》。」《初學記》二十五及《太平御覽》七百一俱引劉向《别録》云：「臣向與黄門侍郎歆所校《列女傳》。」）然則二書，劉向時已有成書，已有定名，故劉向得讀而校之，其非作始劉向，毫無疑義。惟《新序》一書，叙録久佚，無從考證。然《説苑》叙録言『除去與《新序》複重者』云云，則《新序》亦當時已成之書，非自劉向撰著。」石光瑛先生一定程度上同意沈欽韓的見解，又指出：「但書雖非向造，而棄取删定，皆出向一人手，其反復啓沃，積誠悟主之心，千載下猶可窺見。其編訂之大義，亦具有終始，非徒以掇拾爲博也。所采中秘家藏民間之書非一種，故名曰雜，且本因舊名也，此皆雜事之義之可考者。本書原名《新事》，奏進時改用今名，開章明義，以孝爲先，繼又由孝而推論仁道。傳曰：孝弟爲仁之本，豈不然乎。由此觀之，編次之本意，隱則乎《論語》，非苟焉已也。」

如果認真校覈和研究《新序》全書的内容，以上問題是不難解決的。《新序》一書中所收先秦至漢初的故事，都來源於《左傳》、《公羊傳》、《穀梁傳》、《晏子》、《莊子》、《荀子》、《韓非子》、《吕氏春秋》、《韓詩外傳》、《國語》、《戰國策》、《史記》等百家傳記。所以《崇文總目》説：「所載皆戰國秦漢間事，以今考之，春秋時尤多，漢事不過數條。大抵採百家傳記，以類相從，故頗與《春秋》内外傳、《戰國策》、太史公書互相出入。」但有兩點值得注意。一是《新序》文字與所據諸書的出入，決非出于版本的差異，而且同一則故事中，常有一部分採用這本書，一部分採用另一本書的現象，可見確經劉向「棄取删定」。其次，不少故事的結尾部分，有劉向所加的按語式文字，係原本諸書所無，其中如卷四末一則有「臣向愚以《鴻範傳》推之」的話，更爲顯明。衡諸劉向生活的當時，西漢王朝由于宦官外戚相繼擅權，日趨没落。劉向作爲漢王朝宗室，力圖挽回頹局，不斷上書言事。明何良俊《説苑新序序》説：「宋元豐間，館閣諸名士一日共商較古今人物失得。王介甫言：漢元晚節，劉向數言天下事，疑太犯分。吕晦叔曰：同姓之卿歟。衆以爲善。」正好説明這一點。據此可知，劉向纂輯並奏上《新序》，以古人的成敗得失作爲昭鑒，是上書言事的另一種諫諍方式，有明確的政治動機和目的。石先生認爲《新序》「反復啓沃，積誠悟主之心」的論斷，是可信的，而羅根澤先生「《新序》亦當時已成之書，非自劉向撰著」的説法，失于懸揣，恐怕難以成立。應該説，《新序》一書由劉向纂輯而成，這是從書中的内容可以得出的結論。

今本《新序》十卷，而《隋書·經籍志》著録爲「《新序》三十卷，録一卷」。清《四庫全書總目》説：「《唐書·藝文志》其目亦同，曾鞏校書序則云：今可見者十篇。鞏與歐陽修（《唐書·藝文志》是歐陽修撰）同時，而所言卷帙懸殊。蓋《藝文志》所載，據唐時全本而言，鞏所校録，則宋初殘闕之本也。晁公武謂曾子固綴輯散逸，《新序》始復全者，誤矣。」實際上十卷本是否全本，今天已經不易考索了。但十卷本中第六、第八兩卷，篇幅大大少于其他各卷，有所奪佚，當是肯定的。

石光瑛先生績學有素，尤其傾倒于劉向的思想學術（《校釋》中一再引用《漢書·司馬遷傳》贊語中的「劉向、揚雄，博極羣書」，即爲證明），校釋《新序》，堪稱貫注了畢生精力。今見稿本書眉上，多有蒼勁的字迹作累累的添注或補正，可知作者直到晚年，仍致力于此不懈。

《校釋》主要依據作者所見宋本，不僅廣泛校勘各種善本，多方面採用並訂正前人（如盧文弨等）的校訂成果，并且一一與原出處的材料（有的章節原出處不僅一書）和類書雜記相校，從而見出劉向「棄取删定」的精微所在。例如卷十的内容是漢初的故事，都見之于《史記》，但《新序》的文字和《史記》有很大出入，却大多同于《漢書》。我們知道，班固（三二——九二）的時代後于劉向，《新序》和《史記》的異文，其中優于《史記》的地方，不可能是承襲《漢書》，相反是班固採録了《新序》，是劉向的功績。類此的情況，不經過仔細的比勘，是不易察覺的。

至于前人指摘《新序》中故事有重複，人物時間有矛盾等謬誤，石先生亦大多作出解釋，主要用《公羊傳》「所見異詞，所聞異詞，所傳聞異詞」，及清嚴可均《鐵橋漫稿·書説苑後》：「向所類書，與《左傳》及諸子間或時代牴牾，或一事而兩説三説兼存，《韓非子》亦如此。良由所見異詞，所聞異詞，所傳聞異詞，不必同李斯之法，別黑白而定一尊。淺學之徒，少見多怪，謂某事與某書違異，某人與某人不相值，生二千載後而欲畫一二千載以前之人之事，甚非多聞闕疑之意，善讀書者，豈其然乎。」前面已經提及，劉向搜集古人現成的成敗得失故事，纂輯《新序》，目的在于作爲諫諍的輔助，並不是編纂史籍。因此宋代以來不少人對《新序》的抨擊指摘，實際是没有搞清楚著書意圖。石先生的不少辯解，雖一定程度上出于維護劉向，仍是可以成立的。

總之，《校釋》的校勘廣泛細緻，定字審慎嚴謹，雖然依據宋本，但力斥佞宋，間有超越各種版本的改動增補，亦皆文從字順，犁然有據。自宋代曾鞏校定十卷本《新序》以來，對本書如此周密全面的校訂，也許是空前的。石先生校訂的精神和方法，也值得今天整理古籍作借鑒。

特別見出功力的，是《校釋》中的釋。所謂釋，首先是釋字、釋詞、釋義，疏通全文文義。作者參證羣書，考究始終，加以小學基礎深厚，文史知識嫻熟，雖然未能擺脱儒家的觀念，但已接受了近代民主和科學的熏陶，在理解和認識上，較之清代樸學家高出一頭。就是説具備清代樸學家之長，而在一定程度上能克服清代樸學家的拘執和局限。加以作者讀書廣泛，運思精密，所以能不避難點，不僅多方面吸收前人研究成果，而且時出新義，凡所闡釋，都持之有故，言之成理，解難釋疑，令人意肯，殊少扞格。學風的謹嚴，值得後人效法。

此外，對書中涉及的人物歷史、典章制度、文字音韻、地理名物等等，都旁徵博引，詳爲考釋。所據資料，除歷代有關典籍外，更多的採用清代樸學家的研究成果。其中不少書籍今已罕見，而且還有稿本和第一手材料，彌足珍貴。作者不僅重視清人的學術成就，並時時指摘他們的拘執、偏頗和失誤。往往在同一條目中，列舉數説，加以比較辨析，或從一是，或創新説，凡所創獲，大多證佐翔實，鞭辟入裏，不愧後來者居上之説。

所以，這部分考釋中的不少條目，實際可以作爲文史學的工具書使用；由于它資料集中，至少可供文史學研究工作者借鏡。事實上，本書的主要價值，恐怕就在於考釋的部分，其主要貢獻也在於此。可惜隨事釋義，分散在全書中，查索不易。原擬在整理時選録考釋中的有關條目，編爲索引，附於書後，以便於讀者檢索。但由于種種原因，整理者已無力及此，影響了本書的閱讀價值，這是必須向讀者致歉的。

《校釋》也有幾個較大的缺陷。首先是作者不理解文字是不斷發展的，應該遵守約定俗成的規則。研究古字古義，目的在于正確理解和闡釋古籍。可是作者却在文字上一味復古，雖然没有改動《新序》原文，而在注釋中加了大量「某當作某」的文字。作者自己當然寫古字，凡所引述，不管原文如何，亦大多改用古字。粗粗統計，所用古字有四百餘個。而其效果，在中興印書館排印的四卷中已充分反映，勉强雕刻的字，不僅全部模糊不清，而且字形完全走樣，不易辨認，加以錯誤累累（如「凥」錯成「尻」，「券」錯成「劵」），且無論排印本或稿本，前後用字混亂不一，簡直無法卒讀。著作出版的目的，是給現代的人閲讀的，作者却力求使現代的人讀不懂，而且還强求古代的人服從自己的標準，這種脱離實際，只顧偏嗜的方法，是不可取的。

校釋重複繁瑣，旁生枝節的缺陷，也較顯著。《新序》白文，不過三萬字左右，而《校釋》搞成百餘萬字，比白文多三四十倍，其中不少引證，實無必要。至于如前面舉出的一再援用《漢書·司馬遷傳》的「劉向博極羣書」和反復述説劉向精通三家詩，顯然都出於爲劉向辯護，其效果恐怕適得其反。

這次整理，做了如下工作。

一、稿本採用句逗標點，行間還加有密圈或密點，注文雙行，注中加注是雙行中的雙行。這種規格，今天的排版條件無法體現，所以中興印書館排印，已去掉行間的密圈，注中加注仍排單行，改用括弧加以表示。排印本和抄稿本句讀的用法也很特别，常有句中用「。」，句末用「、」的現象。整理時一律改用新式標點，密圈和注中出注的處理，沿用排印本的方式。凡校定的字和整段的引文，加引號，以便利閲讀及見出層次。而引號或括弧中的文字按例宜加單雙引號的地方，因爲加不勝加，徒然造成混淆，所以不採用引號中再套引號的辦法。

二、排印本上的累累錯誤和稿本上明顯的筆誤或奪漏，加以訂正。原文和注文不相適應或失枝脱節的處所，或調整，或删省。作者引用文字尚嚴謹，但亦多删省或换字，凡意思通貫的，不予增補、訂正，明顯失誤的地方，只要不是僻書，都加以補正。

三、原書所用古字，不僅徒增讀者閲讀困難，而且今天的排印條件，也無法適應。整理時除作者附有字義訓詁考釋的部分予以保留外，凡叙述或引文中的古字，一律改爲通行字（事實上所引原書亦大多爲通行字）。注文中「某當作某」的字様，亦大多加以删省。

四、原稿每卷末都有「肇林校字」四字，校釋中亦偶有肇林補注或考訂的文字。其人從有關文字中可以獲知是石光瑛先生之子，生平不詳。這次整理，保留了肇林的有關校補文字，卷末「肇林校字」四字删除。

整理者學殖淺陋，而本書内容龐雜，涵義艱深，引證繁富，凡所疑竇，雖不敢掉以輕心，勢難一一査核原始出處。某些字詞，雖屬顯誤，因未見原書，不敢輕以改動，這在一定程度上也影響了標點的正確。

就是引號，由于不少引證中都有反覆轉引，却又不易見到原書，雖就文義、規律竭力揣摩，確定起訖，亦難免失誤。原擬藏拙不使用引號，但考慮到即使偶有錯失，加上引號能區分出論辯的層次，總有助于讀者閱讀，所以勉爲其難。全書的整理，必然有不妥和失當處，所以如實列擧有關情況，懇望讀者不吝指正。

陳　新

一九八五年十一月

目録

卷第一　雜事

卷第二　雜事

卷第三　雜事

卷第五　雜事

卷第六 刺奢

卷第七 節士

卷第八　義勇

新序校釋卷第一

《隋、唐志》：《新序》三十卷，列《説苑》前。宋時亡二十卷，《宋志》止題十卷。

陽朔元年二月癸卯護左都水使者光禄大夫臣劉向上宋本二十二字作一行寫，以後每卷皆如此。通行本刊落此行。《意林》本題「河平四年都水使者諫議大夫劉向上言」。河平、陽朔，皆成帝年號，陽朔元年，即河平四年之明年。意向此書本于河平四年表上，後因續有修正，至明年陽朔改元二月，始奏進之，標題不同，或由于此。然《意林》所題，實有謬誤。《漢書・劉向傳》：「宣帝朝爲諫大夫，元帝擢給事中，成帝初，郎中，使領護三輔都水，遷光禄大夫，乃采傳記行事，箸《新序》《説苑》凡五十篇奏之。」則當奏進此書時，向已爲光禄大夫，不應仍稱諫議大夫，誤一。漢置諫大夫，在武帝元狩五年，初無諫議大夫之號，誤二。《漢・百官公卿表》：奉常、大司農、少府、水衡都尉、内史屬官，均有都水之名。劉攽謂都水官處處有之，是也。《三輔黄圖》云：「三輔皆有都水。」言三輔皆有，則三輔外先有可知。今泛稱都水使者，究爲何屬之都水乎？殽混不明，莫此爲甚，誤三。總此三誤，疑《意林》此題，或出妄人附益，未必馬總原書如此。觀其上言下綴，以曲彌高者和彌寡一條，水所以載舟亦所以覆舟一條，全是不知文義者所爲，可知此標題不足據矣。云二月癸卯者，箸進書之日也。護，領護也。云左都水使者，箸其爲三輔屬官也。三輔者，右内史更名京兆尹，（武帝太初年改。）中尉更名右扶風，（主爵中尉，秦官。漢景帝中六年更名都尉，武帝太初元年更名右扶風。）併左馮翊爲三。左，左馮翊也。《漢表》：「左内史更名左馮翊，屬官有都水。」如淳注《百官表》云：「律，都水治渠堤水門。」蘇林注《劉向傳》云：「三輔多溉灌渠，悉主之，故言都水。」此都水之義。何焯云：「都水屬太常，治都以内之水，故其官曰長。山陵所在，尤以流水爲急，故太常有專責也。」案：何説甚誤，漢制，郡有都水官，令長及丞，秩皆如縣道。見《續漢志》。又云：「凡郡縣有水池及魚利多者，置水官，主平水，收漁税。此設之外郡，前漢遥屬於司農，而東京改隸郡國。」是都水之官，内外有之。劉攽所謂處處皆有者，豈得謂治都内之水，故名都水乎。都者統詞，都水謂統治所在之處之水利，非謂都内之水。云光禄大夫者，《續志》：「凡大夫議郎，皆掌顧問應對，無常事，惟詔命所使。」《漢表》：「大夫掌論議，郎中令屬官，有太中大夫，中大夫，諫大夫，皆無員，多至數十人。武帝元狩五年初置諫大夫，秩比八百石。太初元年更名中大夫爲光禄大夫，秩比二千石，太中大夫秩比千石如故。」是諸大夫中惟光禄獨尊，奉秩視它大夫爲優。劉攽云：「《表》言太中大夫秩比千石如故，則中大夫舊小於太中，秩無二千石，故言更名中大夫爲光禄大夫，秩比二千石，太中大夫秩比千石也。」劉説近是。《續志》又云：「凡諸國嗣之器，則光禄大夫掌弔，後漢無員。」晁公武《郡齋讀書志》云：「《新序》，陽朔元年上，《説苑》，鴻嘉四年上。」是晁氏所據本，已有此題，與今本悉同，故今仍之，以存宋刻之舊。今所據即以宋刻爲主，有不合，即改而從是，並記異同於注，以資討究焉。

雜事

云雜事者，不專屬於一類之事。本書標題，若《刺奢》、《節士》、《義勇》、《善謀》，事類繁重，可別爲一篇。餘則博采傳記，人非一時，事非一類，大要以悟主安國，因事内誨爲歸，故名雜事。《漢書》本傳曰：「向采傳記行事，箸《新序》、《説苑》凡五十篇，（《新序》三十篇，《説苑》二十篇。）奏之。數上疏言得失，陳法戒，書數十上，以助觀覽，補遺闕。」沈欽韓謂：「《説苑》本有，劉向奏上，言所校中書《説苑》、《雜事》及臣向上民間書校讎，其事類衆多，章句相溷，除去復重，更造新事。則此二書舊本有之。向重爲訂正，非創自向也。」沈説近是。（見所箸《漢書疏證》。）但書雖非向造，而棄取删定，皆出向一人手，其反復啟沃，積誠悟主之心，千載下猶可窺見。其編訂之大義，亦具有終始，非徒以掇拾爲博也。所采中秘家藏民間之書非一種，故名曰雜，且本因舊名也。此皆雜事之義之可考者。

本書原名《新事》，奏進時改用今名。開章明義，以孝爲先。繼又由孝而推論仁道。傳曰，孝弟爲仁之本，豈不然乎。由此觀之，編次之本意，隱則乎《論語》，非苟焉已也。各本標題下有第一第二等字，宋本無，今從宋本。所以者何，本書原本三十卷，今存十卷，所存未必即前之十卷，則第一第二之號，無當於原書之目次也。

1 昔者，舜自耕稼陶漁而躬孝友，

舜爲大孝之聖人，書以舜開端，古聖王以孝治天下之意也。舜者五帝之一，姚姓，號爲重華，國號有虞氏。舜生三十徵庸，二十在位，五十載，陟方乃殂。都蒲阪，葬安邑鳴條。或以重華爲舜名者，非也。重華之稱，與放勳、文命同。堯、舜、禹爲名，放勳、重華、文命爲號。號者，後人紀其功業，就其行事而加之贊美，周代謚法之所從出也。鄭注釋舜爲充，張晏注《史》因之，並引《白虎通義》、《獨斷》以堯舜爲謚之説。前乎此者，董子《春秋繁露》已以顓頊、堯、舜皆謚，其説悉不足據。僞孔安國《書傳》釋重華云，言其光華重合於堯，不以爲名，又謂堯、舜、禹皆名。僞孔雖淺陋，而是説必本古文家舊訓。何以明之，《尚書》「師錫帝曰：有鰥在下，曰虞舜」，此君前臣名之詞，若舜非名，四岳不得舉其號。一也。「格汝舜，格汝禹，來禹」，皆名臣下之詞。二也。今文家説舜者僢僢，言推行堯道。（《白虎通義・號篇》。）又曰：「舜者，推也，循也，言其推行道德，循堯緒也。」（《風俗通義》引《尚書大傳》。案傳上文，堯者高也，饒也，皆以聲音通訓詁。推與舜音義皆遠，當據《太平御覽》引作準字。今《風俗通義》，淺人據《白虎通義》文改之。）舜之義既爲推行堯道，循堯緒，則當在攝位之後，何四岳薦舉時，方有鰥在下，而已稱爲虞舜乎。（高誘注《淮南》云：「受禪成功曰禹。」裴駰注《史記》襲之，非也。伯禹作司空，豈有受禪成功之事乎。）史臣追紀之法，亦不如是。三也。《白虎通義・謚篇》：「翼善傳聖曰堯，仁聖盛明曰舜。」馬融《書》注本之。無論太古有號無謚，（見《史記・秦始皇紀》。）死謚周道，古者死無謚，（見《禮記》。）卽云以生號爲死謚，則謚卽號也，仍難解於「有鰥在下曰虞舜」之説，況古人少二名乎。四也。《堯典》釋文引馬融注：「俗儒以湯爲謚，或爲號，言謚近之，名不在謚法，故無聞焉。」又云：「禹亦不在謚法，故疑焉。」據此，則馬未見謚有禹名，故爲疑詞，使古籍果有謚禹之文，馬不當言未見。今《書大傳》《白虎通義》之説，豈好事者依附馬注而羼之乎。五也。《説文》：「舜，草也；禹，蟲也。」皆無謚義，謚亦何取乎是。故《國策》言吾所賢者堯舜，堯舜名，可見以堯舜爲名，乃漢以前舊説，最古之誼。（《孟子》引《書》放勳乃殂落，趙岐注亦以放勳爲堯號。）六也。後人所以以放勳、重華、文命爲三聖之名者，爲其出於《史記》。不知古人文字簡質，其所云名卽號也。故《帝堯紀》云：「帝堯者放勳。」使放勳爲堯名，豈得遺名曰二字乎。蓋謂堯卽放勳。猶各史紀傳先名後字之例也。（王鳴盛《尚書後案》謂《史記》脱名曰二字，非。）《離騷經》「就重華而陳詞」，與《尚書》「放勳乃殂落」，皆舉其徽號言。（今《尚書》作「帝乃殂落」，疑姚方興所改，《白虎通義》引正與《孟子》同。）使放勳果名，作《書》者豈得直斥之於乃殂落後乎。《周書·謚法解》注云名謂號謚，此解最通。《孟子》「名之曰幽厲」，謂謚之名也。（古名與命通，猶云命爲幽厲。）後儒拘於《史記》名曰之文，義不得其解，惟鄭注《書序》「有虞氏舜名」一語爲得之。（《尚書》疏引。言舜則堯禹皆同，文不具引。）而注《尚書中候》又云重華舜名者，鄭君先通今文，今文家師説相傳云然，故《中庸》注亦有「舜之言充」之説。後注《古文尚書》，乃改棄舊説耳。（唐邱光庭《兼明書》卷一，有論放勳、重華、文命非名一條，義據深通，文繁不引。）閻若璩《四書釋地又續》，以放勳、重華、文命爲號，殊有卓見。江聲《尚書集注音疏》，以放勳、重華、文命爲三聖之氏，説近臆斷。至僞孔傳雖本舊説，謂堯、舜、禹爲名，然於《尚書》以重華、文命屬下爲句，則又非是矣。《史記》以舜爲顓頊七世孫，本於《大戴禮記》，書闕有閒，已難徵信。《吕子·當染篇》高誘注云：「舜，顓頊五世之孫。」又與《史》異，不知何據。《禮記·祭法》疏引《春秋命歷序》云：「顓頊傳二十世，（《詩·生民》《左氏文十八年傳》疏俱引作九世，是。）帝嚳傳十世。」（《左》疏引作八世。）安得舜與顓頊止七世、五世乎。古事芒昧，此等皆不可據。《漢書·古今人表》帝舜有虞氏，列第一等上上聖人。《孟子·公孫丑上篇》曰：「自耕稼陶漁，以至爲帝。」是舜嘗爲耕稼陶漁之證也。孝，孝父母。友，友昆弟。下文所陳是也。**父瞽瞍頑**，瞽叟父曰蟜牛，生帝舜。《漢表》作鼓叟，列八等。瞽從鼓聲，瞍從叟聲，通字。僞孔《書傳》云：「舜父有目，不能分別善惡，時人謂之瞽，配字曰瞍。」此説非也。梁玉繩曰：「《堯典》瞽子，《五帝紀》作盲者子，故《路史·後紀》十一稱天瞽。又《吕氏春秋·古樂》言瞽叟爲堯拌五絃之瑟，作十五絃，皆無目之驗。而瞍與瞽同義，似當作叟爲是。《帝繫》、《五帝紀》、《世表》、《墨子·非儒》、《吕氏·古樂》皆作叟，（原注：《漢書·律曆志下》同。）此表作叟，或以古文示意與。」（《人表考》卷八。）梁説亦非。

《呂書》所云改定瑟制，非無目者所能，何反以爲無目之證。瞍叟同字，叟爲古文，有何分別，乃妄生是非，謂班氏以古文示意，真郢書燕説矣。蔡氏雲清《白士集校補》云：「舜父雖頑，然《書》稱允若，《孟子》亦言底豫，非終於頑者。昔讀《孟子》從而揜之句，以爲俟其出而後揜，叟有不忍殺子之心。趙注全非，獨旋從階下之説爲可取，蓋亦俟其下而後焚，想見當時倉卒彌縫之苦，特制于嚚妻傲子，而不克整其綱，是則所謂頑耳。尊箸校《呂》，瞽叟有功堯樂，不得爲頑，卓識名論也。又案焚廩揜井，非無目人所能，感動夔夔齊栗之容，亦非以意推測而能感動也。蓋古時命名，不忌隱疾，否則爲玄冥師者名昧，豈亦目不別五色之章乎。」以上蔡説，解《孟子》不合經意，出從而揜之之出字，敍事詞也。蔡謂瞽叟俟其出而後揜，失之，解焚廩亦近臆斷。其謂古人命名，不忌隱疾，是已。而論瞽叟則不確，蓋瞽叟乃官名，非人名。汪氏中之説最當，其言曰：「舜之父見于《堯典》者，曰瞽而已。《左氏傳》、《孟子》、《呂氏春秋》、《韓非子》則皆曰瞽瞍，此非其名，乃官也。《春官·瞽矇》有上瞽、中瞽、下瞽，《周頌》謂之矇瞍。《周語》曰：瞽告有協風至。《左氏傳》師曠曰：吾驟歌北風，又歌南風。《鄭語》曰：虞幕能聽協風以成樂物生者也。《左氏傳》曰：自幕至于瞽瞍無違命。然則瞽之掌樂，周世官而宿其業，若虞夏之后夔矣，不必其父子祖孫，皆有廢疾也。《呂氏春秋·古樂篇》曰：帝堯立，乃命質爲樂，質乃效山林谿谷之音以歌，（原注：質當爲夔。）乃以麋輅置缶而鼓之，乃拊石擊石，以象上帝玉磬之音，以致舞百獸，瞽叟乃拌五弦之瑟，作爲十五弦之瑟，命之曰大章，以祭上帝。舜立，仰延乃拌瞽叟之所爲瑟，益之八弦，以爲二十三弦之瑟。是其據也。唐虞之際，官而不名者三：四岳也，共工也，瞽也。司馬子長易其文曰盲者子，失之矣。」汪氏之言，郅爲通達，若僞孔謂舜父有目不能分別善惡，故謂之瞽，配字曰瞍。則瞽瞍乃惡名，而僞《禹謨》以是直斥天子之父，無是理矣。近李慈銘謂「虞幕協風成樂，蓋始受封於虞，而世掌樂官，故《呂氏・古樂篇》云：帝堯立，瞽叟乃拌五弦之瑟，作爲十五弦之瑟。是瞽叟亦爲堯掌樂，而世嗣封於虞。故《左傳》云：自幕至于瞽叟無違命。而《堯典》稱舜曰虞舜，又二女之降曰嬪于虞，明爲虞君之子也。（原注：近人王崧《説緯》辨舜爲有虞國君之子，其説甚詳。）瞽叟非無目之人，亦非庶人，後以聽後妻言，遂憎舜而逐之。此如尹吉甫之賢，亦有伯奇之放，嗣終感舜而底豫允若，始終皆無失德，故亦云無違命也。《史記》云五世爲庶人，又云盲者子。蓋書闕，因舜往于田及發于畎畝之中等語，而疑其世爲庶人，因瞽子之語，而誤以爲盲者子，似亦不免傅會。」（《桃花聖解盦日記》已集。）光瑛案：汪、蔡、李三家，均不主盲目之説，蔡、李並爲瞽叟申辨，李氏據《左傳》無違命一語，以證其説，較蔡爲優。惟謂瞽叟爲虞國之君，援《堯典》虞舜、嬪于虞之文，左成其義，則似是而未必確。蓋舜耕稼陶漁居深山之中，與木石居，鹿豕游，明見《孟子》。固不得爲國君之子，不但于田號泣，發畎畝中二事，可爲反證已也。然則《書》何以稱虞舜及嬪虞，曰此殆瞽叟之先封虞，後失國，乃入爲堯官，故《史記》有五世庶人之説。云五世，則先代爲有國之君，史公以明告讀者，後人讀書未細，不詳其言耳。李氏亦知舜爲國君之子，則于田諸説，于理難通，故援尹吉甫事，而有逐舜之説，以爲此皆舜被逐後事。不知伯奇被讒放逐，詩人歌之，史傳書之，故後代無異詞。若舜被逐有何據乎？況既逐矣，而捐階焚廩諸事，又非異室者所能有，適足爲未被逐之據乎？李氏謂汪説未足深據，（見《受禮廬日記》辛集内。）予則謂李説多閒隙，不如汪氏之完善。故今參校衆家，斷從汪説，僞孔之傳，亦並箸其失云。**母嚚**，「舜母握登，感大虹而生舜于姚虚」，見《潛夫論》、《易・繫辭》疏、《史記索隱》引《帝王世紀》。此母乃舜之後母，別一人也，其名不詳。「心不則德義之經爲頑，口不道忠信之言爲嚚」，見《左氏僖二十四年傳》。《韓非子・忠孝篇》云：「瞽叟乃舜父，而舜放之，象爲舜弟，而殺之。」韓非之謬，敢於誣聖如此。及弟象傲，象，瞽叟後妻子，（《史記・五帝紀》。）舜之弟，後封有庳。《水經・溱水注》：「象謂之鼻天子。」鼻庳通用，《漢書・鄒陽傳》作卑。《漢表》列八等。皆下愚不移。《論語・陽貨篇》「惟上知與下愚不移」，《集解》引僞孔曰：「上知不可使爲惡，下愚不可使彊賢。」是不移二字，兼愚知言之。此引專屬愚言，斷章取義，今人遂有以此四字爲愚人專名者矣。舜盡孝道，以供養瞽瞍。《書・堯典》曰：「克諧以孝，烝烝乂，不格姦。」是也。瞽瞍與象，爲浚廩塗井之謀，欲以殺舜。《孟子・萬章篇》：「萬章曰：父母使舜完廩，捐階，瞽瞍焚廩。使浚井，出，從而揜之。」趙注：「完，治；廩，倉；階，梯也。使舜登廩屋，而捐去其階，焚燒其廩也。一說：捐階，舜即旋從階下，瞽瞍不知其已下，故焚廩也。使舜浚井，舜入而即出，瞽瞍不知其已出，從而蓋揜其井，以爲舜死矣。」案：完廩，此作浚廩。《說文》：「完，全也。」《左氏傳》曰「繕完葺牆」，完與繕葺同義。《說文》：「㐭，穀所振人宗廟粢盛，倉黄㐭而取之，故謂之㐭，從入回，象屋形，中有户牖。」今字作廩。「倉，穀藏也，倉皇取而藏之，故謂之倉」。《呂氏・季春紀》注：「方者曰倉。」《荀子・榮辱篇》注：「方曰廩。」是倉廩義同。《釋名》云：「階，梯也，如梯之有等差也。」《說文・木部》：「梯，木階也。」此皆可證趙義。《說文》又云：「捐，棄也。」棄去聲轉義近。趙又訓爲旋，捐旋音近。《爾雅・釋器》：「環謂之捐。」環者還也，旋亦還也，此以聲取義者也。《史記・五帝紀》云：「堯乃賜舜絺衣與琴，爲築倉廩，予牛羊。瞽瞍尚復欲殺之，使舜上塗廩，瞽瞍從下縱火焚廩。舜乃以網笠自扞而下，去，得不死。後又使舜穿井，爲匿空旁出。舜既入深，瞽瞍與象共下土實井，舜從匿空出，去。」《索隱》引《列女傳》云：「二女教舜鳥工上廩」是也。《正義》引《通史》云：「瞽瞍使舜滌廩，舜告堯二女，女曰：時其焚汝，鵲汝衣裳，鳥工往。舜既登廩，得免去。舜穿井，又告二女，二女曰：去汝裳衣，龍工往。入井，瞽瞍與象下土實井，舜從佗井出去也。」今《列女傳》但言舜飛出，無鳥工等語。焦循《孟子正義》謂飛出即趙注所謂旋，然事涉荒誕，不足據。或言從而揜之，乃瞽瞍不忍殺子之心，是不然。《孟子》敍此句于出字之下，蓋一方敍舜之出，一方敍瞽瞍之揜，非謂俟其出而後揜之也。玩上文兩使字，明著瞍爲主謀，曰瞽瞍焚廩，則躬親加害，爰書早定，何得末減乎。或又言本書浚廩塗井，當作塗廩浚井，則《通史》亦有滌廩之說，滌浚義近，便文互稱，不必深泥。塗亦俗字，當作涂。梁氏玉繩《史記志疑》云：「焚廩揜井之事，有無不可知，疑戰國人妄造。卽有之，亦非在妻二女之後。《新序·雜事》以耕稼陶漁及井廩事，在未爲天子時，《論衡·吉驗篇》謂事在舜未逢堯時，蓋近之矣。不然，四岳薦舜，何以言格，伯益贊禹，何以稱允若乎。此萬章隨俗之誤，孟子未及辯，而史公相承不察爾。宋司馬光《史剡》、《程子遺書》、洪邁《容齋三筆》及《古史》、《大紀》、《路史·發揮》、《通鑑》前編俱糾其謬，獨太原閻氏若璩譔《古文尚書疏證》與《四書釋地又續》，力主《孟子》《史記》，以爲萬章斷非傳聞，馬遷斷非無據，實由瞽象頑傲，舜既娶之後，猶欲殺之，而分其室，甚且以父母使舜完廩七十九字，爲古《舜典》之文，豈非妄排衆論，好逞胸臆者乎。」（卷一。）以上梁說，亦似有見。惟據《列女傳》二女教舜云云，雖事不可信，足證相傳舊說，皆謂此事在娶二女後也。益贊之辭，出僞古文，誤讀允若爲句，（趙注以允字句絕。）文義已乖，胡可深據。四岳格姦之語，並非感格之義。《孟子》言告則不得娶。又曰帝亦知告焉，則不得娶也。可見二女下降，瞍之頑德，無改於初，梁氏所駁，未足以服閻氏。竊謂古事荒遠難徵，姑據經傳所言，從而明之可耳。

舜孝益篤。

「篤」當作「篙」，謹厚也。《史記·五帝紀》：「舜父瞽瞍盲，舜母死，瞽瞍更娶妻生象。象傲，瞽瞍愛後妻子，常欲殺舜，舜避逃，及小有過則受罪，順事父及後母，與弟，日以篤謹，匪有懈。」是其事也。

出田則號泣，

《孟子·萬章篇》：

萬章曰：『舜往于田，號泣于旻天。』」《史記·屈原傳》曰：「人窮則反本，故勞苦倦極，未嘗不呼天。」即舜號泣呼天之意。趙岐注謂在耕歷山時，是也。《說文·号部》：「號，嘑也。」《口部》：「嘑，號也。」（從段本作嘑，今本皆作呼，二字義別。）《爾雅·釋言》曰：「號，謼也。」謼呼皆嘑之叚借字。段玉裁曰：「嘑号聲高，故從号；虎哮聲厲，故從虎。」年五十，猶嬰兒慕，可謂至孝矣。《孟子·告子篇》引孔子曰：「舜其至孝矣，五十而慕。」趙注：「孔子以舜年五十而思慕其親，不怠，稱曰孝之至矣。」嬰兒，小兒也。（案：注慕止於五十，或五十以後瞽叟殁矣。）《孟子·萬章篇》又曰：「人少則慕父母，知好色則慕少艾，有妻子則慕妻子，仕則慕君，不得於君則熱中。大孝終身慕父母，五十而慕者，予於大舜見之矣。」《禮記·檀弓》：「有子與子游立，見孺子慕者，有子謂子游曰：予壹不知夫喪之踊也，予欲去之久矣，情在于斯，其是也夫。」故耕於歷山，《墨子·尚賢中》：「古者舜耕歷山。」畢沅曰：「《史記集解》鄭玄曰：在河東。《水經注》：河東郡南有歷山，謂之歷觀，舜所耕處也。有舜井，嬀汭二水出焉。一說在今山西永濟縣。高誘注《淮南》云：歷山在沛陰成陽也，一曰濟南歷城山也。《水經注》又云：周處《風土記》曰：記云，耕於歷山，而始寧剡二縣界上舜所耕田，于山下多柞樹，吳越之間名柞爲櫪，故曰歷山。與鄭說異。《括地志》云：蒲州河東縣歷山南有舜井。又云：越州餘姚縣有歷山舜井，濮州雷澤縣有歷山舜井二所，又有姚虛，云生舜處也，及嬀州歷山舜井，皆云舜所耕處，未詳也。說各不同。」光瑛案：諸說當以鄭注在河東為長，《史記》上文云，舜冀州之人也，蒲州河東縣，本屬冀州。《正義》引宋永初《山川記》云：「蒲阪城中有舜廟，城外有舜宅，及二妃壇。」是其證也。《括地志》稱河東雷首山凡十一名，隨州縣分之，惟歷山有舜井，是舜所耕之歷山，在河東明矣。孫星衍獨信歷山在濮州之說，見所爲《括地志序》，非確論也。歷山之耕者讓畔；《韓非子·難一篇》：「歷山之農者侵畔，舜往耕焉，期年畎畝正。」（《藝文類聚》十一引作期年而耕者讓畔，《史記正義》引《韓非子》文，山字誤作云。）《淮南子·原道》云：「舜耕歷山，田者争處磽确，以肥饒相讓。」**陶於河濱**，《吕氏·慎人篇》「陶於河濱」，高誘注云：「陶，作瓦器。」《墨子·尚賢中篇》「濱」作「瀕」。案《説文》無濱字，《頻部》：「瀕，水厓人所賓附也。」《詩·召旻》釋文引張揖《字詁》云：「瀕，今濱。」是瀕濱古今字。《毛詩》「南澗之濱」，《宋書·何尚之傳》引作「瀕」。瀕本水厓，故有近義，引申之，訓比，訓數，本無二字。今人分頻瀕二字，謬也。畢沅曰：「《史記集解》云：皇甫謐曰，濟陰定陶西南陶丘亭，是也。《正義》曰：案於曹州濱河作瓦器也。《括地志》云：陶城在蒲州河東縣北三十里，即舜所都也。南去歷山不遠，或耕或陶，所在則可，何必定陶方得爲舜陶之陶也，斯或一焉。案：守節説本《水經注》，是也。」光瑛案：《韓子·難一》云：「河濱之漁者爭坻，舜往漁焉，期年而讓長。東夷之陶者器苦窳，舜往陶焉，期年而器牢。」此以河濱爲舜所漁之地，陶在東夷，與《史記》、《墨子》及本書均異。**河濱之陶者器不苦窳**；《史記集解》引《音義》音游甫反。駰謂：窳，病也。《正義》曰，苦讀如盬，音古，盬麤也。窳，音庾。案《荀子·王制篇》「辨其功苦」，楊倞注：「苦，謂濫惡者。」引《國語·齊語》韋注云：「功，堅；苦，脆也。」《荀子》它篇文多作楛。如《勸學》云「問楛者勿告也」，《彊國》云「莫不恭儉敦敬忠信而不楛」，《富國》云「芒軔僈楛」，《榮辱》云「其定取舍僈楛」，《議兵》云「械用兵革窳楛不便利者弱」，《王霸》云「則百工莫不忠信而不楛矣」，《天論》云「楛傷耕稼」。字皆作楛，注或云麤惡濫惡，或云不堅固，或兼訓之，其意一也。《史記·匈奴傳》「不備苦惡」，《集解》引弘嗣云：苦，猶麤也。蓋苦楛字同。又讀爲「王事靡盬」之盬。《周禮·典絲》注：「苦，即麤盬也。」又《周禮·酒正》注作「功沽」，賈疏：「惡者爲沽。」《論語》「沽酒市脯」，義亦如此。四字並音近通用。**漁於雷澤**，《史記·五帝紀》、《墨子·尚賢中》同。畢沅曰：「《太平御覽》、《玉海》引作濩澤。《通典》云：澤州陽城縣有濩澤水。《史記集解》云：鄭玄曰：雷夏兖州澤，今屬濟陰。案今山西永濟縣南四十里雷首山下有澤，亦云舜所漁也。」王云：「雷澤本作濩澤。此後人習聞舜漁雷澤之事，而以其所知，改其所不知也。《漢書·地理志》河東郡濩澤縣，應劭曰：有濩澤在西北。《穆天子傳》天子四日休於濩澤，郭璞曰：今平陽濩澤縣是也。濩，音穫。《水經·沁水注》曰：濩澤水出濩澤城西白澗渠，東逕濩澤，《墨子》曰舜漁濩澤。又東逕濩澤縣城南，蓋以澤氏縣也。《初學記·州郡部》正文出舜澤二字，注曰：《墨子》曰舜漁於濩澤，在濩澤縣西。今本《初學記》作雷澤，與注不合，明是後人所改。又《元和郡縣志》河東道下，《太平御覽·州郡部》九、《路史·疏仡紀》引《墨子》並作濩澤。是《墨子》自作濩澤，與它書作雷澤者不同。濩澤在今澤州府陽城縣西嶕嶢山下。下篇漁於雷澤，亦後人所改。」光瑛案：王説是。《墨》作濩澤，《韓子》言漁河濱，皆傳聞之異。《風俗通義·山澤篇》引《韓詩内傳》舜漁雷澤，在濟陰成陽縣。鄭《詩譜》云：「周武王既定天下，封弟叔振鐸於曹，今曰濟陰定陶是也。昔堯嘗游成陽，死而葬焉，舜漁於雷澤，民俗始化，其遺風重厚，多君子，務稼穡，薄衣食，以致畜積。」《漢書·地理志》畧同。蓋鄭君説本《韓詩》，中壘亦治韓學者也。（中壘兼通魯韓《詩》，近人或以爲專治魯者，非也。詳予箸《意原堂日記》。）至《後漢書·馮衍傳·顯志賦》云：「臯陶釣於雷澤兮。」則以舜事誤爲臯陶，文章家信手掇拾，殊不足爲典要。

雷澤之漁者分均。《史記·五帝紀》作「雷澤之人皆讓居」，敍在河瀕前，與此不同。分均，所得之魚，分之甚均平也。《莊子·胠篋篇》云：「分均，仁也。」《史記·陳丞相世家》曰：「里中社，平爲宰，分肉甚均。」**及立爲天子，天下化之，蠻夷率服。**「東方曰夷，南方曰蠻。」（《禮記·王制》。）率循來服，感其教化也。天下，指域中，由内而及外。言蠻夷，則西戎北狄賅之矣。率，《説文》作逹，先道也。段玉裁注云：「道，今之導字。有先導之者，乃有循而行者，此引申之義。」案：經典逹循字多作率，古文省借字。北發、《文選·漢武帝詔》「北發渠搜」，注：「晉灼曰：北發，似國名也。」善曰：「國名也，《大戴禮》北發渠搜，氐羌來服」。案善所引見《少閒篇》。盧辯注：「北發，北狄地名。」《漢書》顔注引《孔子三朝記》：「南撫交趾，北發渠搜。」則以北發南撫對文，不云國名，然《少閒篇》「南撫交趾，罔不率俾」，《五帝德篇》「南撫、交趾、大教、鮮支、渠搜、氐羌、北山戎發、（當作北發山戎。）息慎、東長、鳥夷、羽民」，則南撫亦當爲國名，且皆不與北發爲對也。《周書·王會解》北發作發人，以其國在北，故諸書多作北發。本書十卷王恢論擊匈奴云：「北發月氏，可得而臣。」則北發之爲國名審矣。（互詳十卷注。）然諸書中亦有以方隅對舉者，如《荀子·王霸篇》注引《尸子》云：「堯南撫交阯，北懷幽都，東西至日月之所出入。」《韓非子·十過篇》「昔者堯有天下，其地南至交趾，北至幽都，東西至日月之所出入者，莫不賓服。」《淮南子·脩務訓》云：「堯北撫幽都，南通交趾。」《賈子新書·脩正語上》云：「堯南撫交阯，北中幽都。」以上所舉諸文，皆以方隅對舉，但文勢與此不同，不可因此據謂北發南撫爲非國名。渠搜、《史記·五帝本紀》曰：「西戎、析支、渠廋、氐羌。」字作「廋」。《漢書·地理志》作「叟」，《列子·周穆王篇》「馳驅千里，至于巨蒐」，巨蒐即渠搜，皆聲近通用。（師古曰：叟讀若搜。）馬融曰：「昆侖、析支、渠搜，三山之野者，皆西戎也。」王鳴盛曰：「《周書·王會解》渠搜以鼩犬，孔鼂注：渠搜，西戎之別名也。是也。《釋文》以《漢志》朔方郡有渠搜縣當之，非。」王先謙曰：「《涼土異物志》古渠搜在大宛北界。《隋書·西域傳》鏺汗國都葱嶺之西五百餘里，古渠搜國也。」光瑛案：王説是也。《水經·河水》云「河水屈南過五原西安縣南」，注：「河水自朔方東轉，逕渠搜古城北。」此即《漢志》朔方郡之渠搜，在今陝西懷遠縣北番界中。

此渠搜爲西域之國，不當屬北方，足徵上文北發是國名矣。錢大昕《廿二史考異》謂《新序·雜事》云，北發渠搜，南撫交阯，是承武帝制策之誤，以南北爲方隅對待之稱。豈知武帝制策亦以北發南撫爲國名，觀渠搜不在北方可證。錢氏知北發爲北方之國，而未審南撫亦爲南方之國，故以制策及本書爲誤，是知二五不知一十也。辯詳南撫注中。**南撫**、南方國名，詳上北發注。《漢書·武帝紀》「北發渠搜」，顔注云：「北發，非國名也，言北即可徵發渠搜而役屬之。」錢大昕駁之云：「《大戴禮記·少閒篇》海外肅慎，北發渠搜，氐羌來服之文凡四見，而南撫交趾僅一見，文不相屬，則非以南北對舉明矣。師古以發爲徵召，誤亦有因。《公孫弘傳》載元光五年制詞，有北發渠搜，南撫交趾之語，明以南北相對。然此實制詞之誤，平津對策，畧而不言，蓋知其誤，而不欲訟言之耳。渠搜西戎之國，以爲北方，亦未通於地理。」又注云：「《新序·雜事》亦云：北發渠搜，南撫交阯，又承制策之誤。」案：錢氏知北發爲國名，而不知南撫亦同爲國名，但見制策及本書二句對舉，故以爲誤。不思渠搜在西戎，不屬北方，則北發之北，非方隅名稱可知，雖對舉何害其爲國名哉。《五帝德篇》「南撫、交趾、大教、鮮支、渠搜、氐羌、北山戎發、息慎、東長、鳥夷、羽民」，彙列四方國名，諸國不皆屬南方，則南撫二字，不足以統之，非國名而何。況《呂氏春秋·任數篇》注南撫，南極之國，高誘固明言之。而《史記索隱》猥謂北發當作北户，南方地名。小司馬不知北發南撫同爲國名，謬以南方之北户爲北發，改易史文，增加西北諸字。又云帝舜之德，皆撫及四方夷人，故先以撫字總之。則誤認南撫之撫字，爲撫綏之義，與錢氏正同，宜其説之格格不入矣。**交阯，**交阯，漢郡交州，今安南國交州府西。阯趾字通，凡足止字當作止，基阯字作阯，趾址皆後起字。**莫不慕義，麟鳳在郊。**《禮記·禮運》：「鳳凰麒麟，皆在郊棷。」《説文·鹿部》：「麒麟，仁獸也，（麒麟二字本無，段本依《初學記》補。）麇身牛尾一角。」

(《御覽》八百八十九引作馬身牛尾肉角。)麐下云：「牝麒也。」又麟下云：「大牡鹿也。」此别一義，經典多叚麟爲麐。又《鳥部》：「鳳，神鳥也。天老曰：鳳之像也，鴻前麐後，蛇頸魚尾，鸛顙鴛思，龍文虎背，燕頷鷄喙，五色備舉，出於東方君子之國，翱翔四海之外，過昆侖，(今本作崐崙，非。)飲砥柱，濯羽弱水，莫宿風穴，見則天下大安寧。從鳥，凡聲，𠑹，古文鳳，象形，鳳飛，羣鳥從以萬數，故以爲朋黨字，鵬亦古文鳳。」《毛詩·卷阿》傳：「雄曰鳳，雌曰凰」，此對文，若散文通稱鳳，猶《説文》云牝曰麐，則牡是麒可知，而散文止稱麟也。《春秋感精符》曰：「麟一角，明海内共一主也。王者不刳胎，不破卵，則出郊。」又曰：「王者德化旁流四表，則麒麟游其囿。」(《御覽》八百八十九引。)《漢書·終軍傳》：「從上幸雍，獲白麟，一角五蹄，又得木枝旁出，輒復合，上異之。終軍對曰：野獸并角，明同本也，衆枝内附，示無外也，若此之應，殆將有解編髮，削左衽，襲冠帶，要衣裳，而蒙至化者焉。」然則麟之來，爲四夷歸附之應，故承上「莫不慕義」言，與《春秋感精符》之説合，《説文》紀鳳之象，本《韓詩外傳》。(其詞甚繁，兹不引。)又《論語摘襄聖》云：「鳳有六像，一曰頭像天，二曰目像日，三曰背像月，四曰翼像風，五曰足像地，六曰尾像緯。有九苞，一曰頭符命，二曰眼合度，三曰耳聽達，四曰舌詘伸，五曰色彩光，六曰冠矩周，七曰距鋭鉤，八曰音激揚，九曰腹文户。行鳴曰歸嬉，止鳴曰提扶，夜鳴曰善哉，晨鳴曰賀世，飛鳴曰郎都。知我者惟黄持、竹實來，故子欲居九夷，從鳳嬉。」宋均注：「緯，五緯也；度，天度數也；周，當作朱，采，色好也；户，所由出入，陰陽出入亦閉户；善哉，應天下興平也；賀世，慶賀於時也；黄帝，中通理者也，鳳遇亂則潛居夷狄也。」(《御覽》九百一十五引。)此與《外傳》文互有出入，可藉以參證。《孝經援神契》曰：「王者德至鳥獸，則鳳皇翔。」又《鉤命决》曰：「孝弟之至，通於神明，則鳳皇巢。」(引俱同上。)凡與本書所言之旨相合。《尚書大傳》曰：「舜好生惡殺，鳳皇巢其樹。」《尚書帝驗》曰：「舜受終，赤鳳來儀。」《尚書中候》曰：「帝舜云：朕惟不乂，百獸鳳晨。」（引同上。）今文《尚書・皋陶謨篇》（今本作《益稷》）：「鳳皇來儀。」皆舜時鳳至之事可徵見者也。《爾雅》曰：「邑外謂之郊。」言郊則近地可知，言感應之合也。**故孔子曰：**孔子至聖，《漢表》列一等上上。**「孝弟之至，通於神明，光於四海。」**《孝經・感應章》文。光四海，《禮記》所謂推而放之東西南北海而準者也。**舜之謂也。**依文勢，此處當截爲一段，以下提行作別段。但各本俱連合不分，下文敍孔子事，亦以孝字提頭，意原一貫，今姑仍之，不敢專輒改古書也。以孝弟開端，全書大義要旨所在，猶《論語》言孝弟爲仁之本也。**孔子在州里，**二千五百家爲州，五家爲鄰，五鄰爲里。《論語集解・衛靈公篇》引鄭注作萬二千五百家爲州，萬字衍文。《周官・大司徒》五黨爲州，一黨五百家，五五二千五百家。鄭彼注及《州長》《內則》注並云二千五百家爲州，不應《論語》注獨異，故知衍也。《釋名・釋州國》曰：「州，注也，郡國所注仰也。」**篤行孝道。**篤，固也。（見王引之《爾雅義述聞》。）孔子言「志在《春秋》，行在《孝經》」，是篤行孝道之證也。**居於闕黨，**闕黨，闕里也。《漢書・梅福傳》：「今仲尼之廟，不出闕里。」師古曰：「闕里，孔子舊里也。」《太平寰宇記》：「孔子家在魯故城中歸德門內闕里之中，背洙面泗，矍相圃之東北，所謂洙泗之間也。」《漢書・古今人表》有厥黨童子，厥闕聲相近，古通用。《說文・足部》有蹶，或作蹷，是其證。未審孰爲正字，及其命名之義。閻若璩曰：「《家語》：顏繇字季路，少孔子六歲，孔子始教於闕里而受學焉。朱子引入《集注》，作孔子始教而受學焉，削去闕里字。讀《集註》者，皆不知其故。蓋孔子時無闕里之名，僅見《漢書・梅福傳》，東漢後方盛稱之。緣魯恭王徙於魯，於孔子所居之里造宮室，有雙闕焉，人因名孔子居曰闕里。或曰：有徵乎？余曰：一徵於《水經注》，孔廟東南五百步有雙石闕，即靈光之南闕。一徵於史晨《饗孔廟後碑》，以令日拜□孔子，望見闕觀，式路虔跽，既至升堂。爾時闕尚存，尚可得其名里之由，若後代迹既湮，譔闕里志者，有一能知者否？曾告之朱錫鬯，錫鬯爲躍然。顧氏《肇域記》，於曲阜縣則引《魯世家》煬公築茅闕門，謂已有闕之名。不知此自魯兩觀、魯象魏在雉門之旁者，《春秋》所謂雉門及兩觀災是也。豈孔子士庶，而故居於外朝之地哉。以此知《家語》果王肅私定，以難鄭氏，古文《家語》那得有闕里字，朱子削而存之，有以夫。」（《四書釋地》。）案史晨碑望見闕觀，乃指孔廟之闕觀。《水經·泗水注》雙石闕，即靈光之南闕，百餘步即靈光殿基，二者均與闕黨無涉，閻氏混而同之，誤矣。馮氏景《解春集補遺》內，有《與閻百詩論釋地書》，詳辯其失。即其所稱躍然之朱氏，其《曝書亭集》中《答閻徵君書》，正申顧氏之説以駁閻，則閻説殊未可信也。（二書文繁，不具引。）宋翔鳳《四書釋地辯證》據本書此文，證闕黨即曲阜之闕里，並引《太平寰宇記》以考其地，又引《禮記·檀弓》「吾與女事夫子於洙泗之間」，曾子、子夏，皆孔子居闕黨時受業弟子，洙泗之間，正是闕黨。其又名闕里者，蓋里黨對文異，散文通，當時以爲闕黨，後世可名闕里也。史晨碑所云，自指孔廟之闕觀。何休《公羊》注：「禮，天子外闕兩觀，諸侯内闕一觀。」漢高帝以太牢祠孔子，故當時廟貌，亦用王侯之制，得立闕觀。魯相饗孔子，望見此闕，自當起敬。若靈光南闕，與孔廟何涉，而式路虔跽邪。知既非靈光之雙闕，亦非《春秋》之兩觀矣。閻氏本《水經注》，謂闕里以雙闕得名者，穿鑿之説也。《兗州府志》云，滋陽縣東北一里有闕黨，前無典據，益出傅會。光瑛案：閻氏《四書釋地又續、三續》均云：闕里，里名。蓋已覺前説之失，惟以闕里別乎闕黨，據《兗州府志》爲説，則仍誤，故宋氏坿辯之。宋説極精，合馮朱二家集讀之，則閻説之非益顯然矣。

闕黨之子弟畋漁分，有親者得多，古稱父母爲親戚，或省言親。（詳同卷《祁奚章》。）稱父母爲親，今人尚如此。）有親者有甘旨之奉，故得多。《荀子·儒效篇》「畋漁」作

「罔不」，語詳五卷注中。《説苑・政理篇》「羅門之羅，有親者取多，無親者取少」，亦此意。得，猶取也。《呂氏春秋・順説篇》高注：得，取也。五卷引此事得字正作取。孝以化之也。盧文弨曰：「卷五孝下有弟字，《荀子・儒效篇》同。案：上文兼言孝弟，此處當有弟字，因孝及弟，古人文法恆如此。此采《荀子》文，亦不當删弟字。」（盧説見《新序拾補》。以後凡引盧説不注書名者，皆《拾補》文。盧校例言以各本異文，録入明何允中文中，以後凡稱何本者，皆即何允中本也。）疑此章偶奪或後人以承上句「有親」言，故妄删之耳。是以七十二子自遠方至，服從其德。《孟子・公孫丑上篇》：「以德服人者，中心説而誠服也，如七十子之服孔子也。」彼文言七十子，舉大數。魯有沈猶氏者，《孟子》有沈猶行，《漢書・楚元王傳》景帝封其子歲爲沈猶侯。晉灼曰：沈音審。《廣韻》二十一侵：沈，直深反。漢複姓魯有沈猶氏。朱彝尊《孔子門人考》謂據《廣韻》，則沈字不當讀上聲。錢大昕《潛研堂答問》九云：「問：沈猶之沈，當讀何音？曰：平上皆可。《廣韻》所云，（引見上，故從畧。）是平聲讀也。《漢書》楚元王子歲爲沈猶侯，《王子侯表》作沈猷，晉灼、顔籀並音爲審。沈猶蓋地名，魯有沈猶氏。曾子弟子有沈猶行，蓋以地爲氏者，則讀上聲亦可通。」案朱説本王觀國《學林》，然古人不分四聲，似不必膠泥，錢説是。旦飲羊，飽之，以鬻市人。飲羊飽之，使羊身重，可多取值。今俗宰牛羊豕者，噀水，輸入牛羊豕身中，食之損人，蓋即此類。公慎氏有妻而淫，慎潰氏奢侈驕佚，「佚」當作「泆」。《説文・人部》：「佚，佚民也，《論語》叚作逸。」又《水部》：「泆，水所蕩泆也。」二字義别，泆與淫同，皆取水泛溢爲義。古失佚逸泆字多通用，《左傳・隱四年》：「驕奢淫泆，所自邪也。」作泆，用正字，此用叚借字。魯市之鬻牛馬者善豫賈。「市」，各本作「氏」，今從宋本。鬻，沽也，當作賣，經典多叚鬻飯字爲之。「豫」，俗本作「遇」。王引之曰：「豫，猶誑也。」

《周官·司市》注曰使定物賈防誑豫，是也。（原注：豫與誑同義，賈疏云恐有豫爲誑欺者，失之。）《晏子·問篇》曰：公市不豫，宫室不飾。《鹽鐵論·力耕篇》曰：古者商通物而不豫，工致牢而不僞。不豫，謂不誑也。又《禁耕篇》曰：教之以禮，則工商不相豫。謂不相誑也。豫猶一聲之轉，《方言》曰：猶，詐也，詐亦誑也，惑謂之猶，亦謂之豫。（原注：《老子》與兮若冬涉川，猶兮若畏四鄰，與與豫同。）詐説惑人謂之猶，亦謂之豫，此轉語之相因者也。豫又作儲，《家語·相魯篇》：孔子爲政三月，則鬻牛馬者不儲賈。儲與奢古聲相近。（案古無麻馬禡等韵，奢音讀如渚，本書《節士篇》石奢，《吕氏春秋》《渚宫舊事》作石渚，可證。）《説文》：奢，張也。《爾雅》曰：侜，張誑也。亦古訓之相因者也。然則市不豫賈者，市賈皆實不相誑豫也。《淮南·覽冥訓》曰：黄帝治天下，市不豫賈。《史記·循吏傳》曰：子産爲相，市不豫賈。（原注：《索隱》云謂臨時評其貴賤，不豫定賈，失之。）《説苑·反質篇》曰：使師沼治魏，而市無豫賈。義並與此同。説者皆讀豫爲凡事豫則立之豫，望文生義，失其傳久矣。」（見所箸《經義述聞》。）俞樾《讀鶡冠子》：《泰録篇》百化隨而變，終始隨而豫，注「豫，暇豫也」，俞氏釋爲變，謂「凡言不豫賈者，皆謂不變其價值，而解者多以凡事豫則立之豫説之，王氏始正其誤。然但云豫猶誑，不知豫有變義，由未讀《鶡冠子》此文，故知古書不厭多讀」等語。光瑛案：王俞説是。變亦包有誑字之義，二訓相參，其義始備。惟僞《家語》作不儲賈，是以豫爲豫儲，乃王肅之謬，王氏曲爲解釋，未免傅會，不盡可信耳。《孔子世家》：「與聞國政，三月，粥羔豚者弗飾賈。」飾謂增其值，以待議減，可證此豫賈之義。

孔子將爲魯司寇，《史記·孔子世家》：「定公以孔子爲中都宰，一年，四方皆則之。由中都宰爲司空，由司空爲大司寇。」

沈猶氏不敢朝飲其羊，公慎氏出其妻，《説苑·權謀篇》魯有公索氏。索慎一聲之轉，疑卽公慎氏也。

慎潰氏踰境而徙，踰，越也。

「境」當作「竟」，言逃出境外。**魯之鬻馬牛者不豫賈，**「鬻」，《荀子》作「粥」。「馬牛」，《荀》作「牛馬」。各本奪「者」字，非。今據《荀子》補。《史記・孔子世家》：「孔子由大司寇攝行相事，與聞國政，三月，粥羔豚者弗飾賈。」案飾賈即豫賈也，足與上引王俞二說相參證。**布正以待之也。**「布正」，《荀》作「必蚤正」。俞樾曰：「必字衍文也。下文孝弟以化之也，與此對，下無必字，則此亦當無必字矣。蚤字無義，疑脩字之誤。脩字闕壞，止存右旁之胥，故誤爲蚤耳。《榮辱篇》曰脩正治辯矣，《非十二子篇》曰脩正者也，《富國篇》曰必先脩正其在我者，《王霸篇》曰內不脩正其所以有，皆以脩正二字連文，可以爲證。《新序》引此作布正，布，隸書或作希，亦與脩字右旁相似。」（見所箸《荀子評議》。）案：俞說近是。本書此文及五卷皆作布，並誤。《荀子・脩身篇》脩正爲笑，強國者隆在脩政矣。政與正通，即脩正也。《漢書・匡衡傳》：「聖德純備，莫不脩正。」《賈山傳》顔師古注：「修正，謂脩身正行者。」《宣帝紀》詔云：「吏民厥身脩正。」《潛夫論・巫列篇》：「人君身脩正，賞罰明者。」皆脩正二字之見於傳記者也。**既爲司寇，季、孟墮郈、費之城，**郈，叔孫氏邑，《昭二十五年左傳》注曰：「在東平無鹽縣南。」費，季氏邑，或作鄪，《玉篇》作𨚍。顧棟高《春秋大事表》曰：「郈在今山東泰安府東平州東南十里，定十二年墮郈，即此。」又曰：「費邑有二，魯大夫賈庵父之邑，在今兗州府魚臺縣西南；季氏之費邑，在今沂州府費縣治西南七十里。」江永《春秋地理考實》：「費伯帥師城郎，郎亦在魚臺，故城在今費縣西北二十里，今之費縣治祊城。」于欽《齊乘》謂伯國姬姓，魯懿公之孫，後爲季氏之邑，以費伯之費與季氏之費合爲一，非也。郈、費爲叔孫氏、季氏之邑，此言季孟者，便文稱之，且孟氏亦與有力也。墮，毀也。《左氏定公十二年傳》：「仲由爲季氏宰，將墮三都。於是叔孫氏墮郈。季氏將墮費，公山不狃、叔孫輒帥費人以襲魯。公與三子入於季氏之宮，登武子之臺。費人攻之，弗克，入及公側。仲尼命申句須、樂頎下伐之。費人北，國人追之，敗諸姑蔑。二子奔齊，遂墮費。」杜注云：「三都強盛，將爲國患，故毁之。仲尼時爲司寇」是也。據傳文，則三子皆與於斯役者，而孟氏之城，始終未墮，故順文言季孟墮郈費，讀者勿庸深泥。**齊人歸所侵魯之地，**《定公十年經》：「齊人來歸鄆、讙龜陰田。」杜注：「會夾谷，孔子相，齊人服義而歸魯田。」疏云：「《傳》言孔丘使茲無還揖對齊，要令反汶陽之田，乃與之盟，齊人爲是歸此三邑。知三邑皆汶陽田也。《孔子世家》叙孔子折齊侯事，稱景公懼，告其羣臣曰：齊以君子之道輔其君，而子獨以夷狄之道教寡人，使得罪於魯君，爲之奈何？有司進對曰：君子有過則謝以質，小人有過則謝以文，君若悼之，則謝以實。於是齊侯乃歸所侵魯之鄆、汶陽、龜陰之田，以謝過也。**由積正之所致也。**積，漸漬也。**故曰：「其身正，不令而行。」**《論語・子路篇》文，言以身正物，不待號令而人服。《禮記・大學》曰：「君子有諸己而後求諸人，無諸己而後非諸人，所藏乎身不恕，而能喻諸人者，未之有也。」《淮南・主術訓》曰：「禁勝於身，則令行於民矣。」《繆稱訓》曰：「無諸己，求諸人，古今未之聞也。」《論語・子路篇》又曰：「苟正其身矣，於從政乎何有。不能正其身，如正人何。」皆與此義相發。

2 **孫叔敖爲嬰兒之時，**孫叔敖，楚莊王令尹，《漢表》列三等。《續郡國志》注：「葬南郡江陵城中白土里。」嬰兒，小兒也。閻氏若璩《四書釋地》云：「趙氏注：孫叔敖隱處，耕於海濱，楚莊王舉之，以爲令尹。此亦隨文解之，事實無所徵。莊王時，楚南境東境，去海尚遠。而《史記》稱孫叔敖楚之處士，《荀子》、《呂氏春秋》並以爲期思之鄙人。期思，故城在今固始縣西北七十里，固始本寢丘，即莊王感優孟之言以封其子者，傳十世不絶。其得爲令尹也，《史記》、《説苑》、《列女傳》謂進自虞丘子，《呂氏春秋》謂沈尹莖力，《新序》謂楚有善相人者招聘之。（案：此事見五卷，乃莊王感相者之言，而求得孫叔敖、將軍子重等，非相者招聘之，閻説微誤。又本卷亦記虞丘子進叔敖事，閻氏失引。）皆無起家海濱説。蓋《孟子》所據之書籍今不可考矣。又考孫叔敖，卽宣十一年令尹蔿艾獵，乃蔿賈子。賈字伯嬴，宣四年官司馬，爲子越椒所惡，囚殺之。意者子遂式微，竄處海濱，不七八年，莊知其賢，擢爲令尹與。但蔿賈乃蔿吕臣子，吕臣繼子玉官令尹，出自公族，爲楚郢人，何得遠在期思之鄙。意者叔敖子實不才，世守封土，莫顯於朝，後人遂以其子孫占籍，上繫諸先人與。」毛奇齡《經問·答張燧》云：「孫叔敖自是處士，凡《荀子》、《吕覽》、《史記》以及《新序》、《説苑》、《列女傳》皆明載其人，趙注原是有據。以愚考之，則實楚之蓼國人，楚莊滅蓼，然後薦而舉用之。《史記·孫叔敖列傳》謂叔敖楚之處士，虞丘相薦於王，代爲楚相，未審何所人也。惟《荀子》、《吕覽》皆有孫叔敖爲期思之鄙人語，考期思本蓼國地，卽春秋寢丘，漢名寢縣，東漢名固始。楚子於宣八年滅蓼，宣十二年卽有孫叔敖名，見於《策書》，則以蓼名期思，必蓼滅而後，期思之鄙人，始得用虞丘之薦，而舉爲令尹。此固案之《春秋》，互證之它書，而顯有然者。況《史記·滑稽列傳》云：叔敖死，其子窮困負薪。莊王聽優孟言，封寢丘。正以寢丘卽期思，本叔敖故居，因封之。則是所居所封皆蓼國，爲蓼人無疑。若云楚公族，則公族世爵，未有身爲令尹，而子負薪者，又未有止封以地，而不卽予以爵者。此其誤始於服虔、杜預之注《左傳》，而孔氏《正義》不能辨正。《左傳·宣十一年》有令尹蔿艾獵城沂，其明年，晉楚戰於邲，又有令尹孫叔敖不欲戰，而楚王命之戰事。以爲兩年相距不遠，而止此令尹，必屬一人。而不知隔歲易官，列國多有之，況左氏行文，必名字兼稱，既曰令尹孫叔敖，又曰孫叔爲無謀，是必氏孫字叔，而敖其名，與蔿賈之子，明屬兩人。其所大誤者，則以戰邲時隨武子稱有蔿敖，而杜氏以爲卽兼稱也。武子以爲楚雖與戰，平時討鄭入鄭，軍政秩然，且以爲蔿敖爲宰，擇楚國之令典云云，此言平時也，其時蔿敖不在軍也。杜氏既疑令尹屬一人，而蔿敖一名，則又氏本蔿獵，而名近孫叔，是必一人而兼稱者，遂公然以叔敖當之。殊不知一軍之中，叔敖既帥師，又使典軍制，勢必不能。此蔿敖是宰。楚制有令尹，大宰二官，令尹極尊，大宰極卑，《策書》大宰伯州犂是也。孫叔令尹，豈得與蔿敖大宰合作一人。侍人賈舉非死者賈舉，名雖連稱，人實有兩也。襄十五年，蔿子馮爲司馬，此蔿艾獵之子也。《世本》亦不識叔敖出處，然不敢謂叔敖、艾獵是一人，但蔿艾獵者叔敖之兄，故其注蔿子馮則曰叔敖從子。今杜氏謂艾獵與叔敖一人，則蔿子馮爲艾獵子，卽叔敖子矣。乃其注是傳，亦曰叔敖從子，則何說焉。閻氏謂蔿賈官司馬時，爲子越椒所殺，故其子叔敖竄處海濱，則又不然。宣四年，蔿賈爲工正，與鬬椒共譖殺令尹鬬般，而椒爲令尹，賈爲司馬，既而椒復惡賈，因而殺之，因攻王，王遂滅鬬氏。是賈以怨殺，並非國法，且王滅鬬氏，隨取殺賈者而盡滅之，有何讎患，而竄處遠地，至於式微。然則其曰舉於海何居？曰：此正所謂期思之鄙人者也，蓼本楚外國，而期思又當淮西之地，淮水經期思之北，東注于海。《禹貢》淮與海並稱，《地志》淮康與海康共稱，居淮之濱，卽居海之濱，以淮通于海也，是以從來稱淮地多稱海疆。如《魯詩》來淮夷，則曰遂荒大東，至于海邦；《江漢》伐淮夷，則曰于疆于理，至于南海。蓋海不必在波濤間矣。況《國語》於吳曰奄有東海，於越曰濱於東海之陂，而蓼介楚外，原屬吳越，《春秋》楚滅蓼時，有云及滑汭，盟吳越而還，則正以期思以東，皆在吳越屬國中也。吳越名海，則期思亦海矣。」周氏柄中《辨正》云：「叔敖辟仇遠竄，此情事所或有，閻說近之。《僖二十四年傳》凡蔣邢毛胙祭，杜注：蔣在弋陽期思縣。《水經注》期思縣故蔣國，周公之後，楚滅之。然則非蓼國也。《文五年傳》楚滅蓼，杜注：蓼，今安豐蓼縣。然則非期思也。判然二地。毛說非是。」梁玉繩《漢書人表》亦譏毛氏逞肊好奇，不取其說。盧氏文弨《鍾山札記》謂：「《宣十一年傳》

杜注，以蔿艾獵爲叔敖，十二年邲之戰，隨武子言蔿敖爲宰，擇楚國之令典，軍行右轅云云。又云：令尹孫叔敖弗欲戰，南轅反旆。又云：王告令尹，改乘轅而北之。軍事以車爲重，而令尹實主之，則士會所稱蔿敖，非卽叔敖乎。則其爲一人，爲蔿氏，實無可疑。高誘注《吕氏春秋·情欲篇、知分篇》皆云：叔敖，薳賈之子，薳卽蔿也。（案：薳俗字，當作蔿。）服虔注《左傳》云：艾獵，蔿賈子孫叔敖也。杜氏從之。總之左氏蔿敖一言，可爲敖氏之確證，與其信諸子，不如信傳。」孫氏星衍《孫叔敖名字考》云：「蔿敖字孫叔，古人名與字配，孫讀爲遜，與敖相輔也。《左傳·宣十二年》曰：蔿敖爲宰，擇楚國之令典。下云：嬖人伍參欲戰，令尹孫叔敖弗欲。加字於名上，猶稱孔父嘉之例。下文參曰孫叔爲無謀矣，又孫叔曰進之，可證孫叔爲敖之字。孔穎達引《世本》，艾獵爲敖之兄。高誘注《吕氏春秋》云：孫叔敖，楚大夫蔿賈之子。是也。蔿賈蓋有二子，一蔿艾獵，一蔿敖，字孫叔，既稱叔，宜尚有兄矣。服、杜以艾獵與敖爲一人，與《世本》異。敖字孫叔，既兩見傳文，何以又名艾獵，以此知《世本》之說最古，可從。漢碑以爲名饒，饒敖音相近，當據古書有作孫叔饒者而言，碑云字叔敖，則誤。」案：諸說各有所見。周氏辨期思非蓼，郅確。毛氏以叔敖爲期思鄙人，非公族。然楚相非王族不用，前人考之已詳。毛氏《四書改錯》云：「孫叔，蔣之期思人，其地與蓼相近。」則固自知其失而改之矣。（《改錯》成書在最後。）毛釋海濱之說甚精，爲諸家所不及，未可盡非。朱氏謂孫叔字，敖名，讀孫爲遜，與敖配，則敖非美德，何以取爲名。又謂加字名上，猶孔父嘉之例，不知孔乃嘉之氏，非字也。朱氏讀孫爲遜，則是字，非其例矣。《潛夫論·志氏姓》云：令尹孫叔敖者，蔿章之子也。汪繼培箋謂「《左傳》服、杜注，皆以蔿賈爲孫叔敖之父。高誘注《吕氏春秋·情欲、異寶、知分篇》並云賈子。其注《淮南·氾論訓》則云：孫叔敖，楚大夫蔿賈伯盈子，或曰章子也。以叔敖爲蔿章子，蓋古有此說矣。」案此說諸家皆未引及，故並記此。疑章商通字，（記得《荀子》有考。）漢人稱賈爲商或遐，家諱如王孫賈之作王孫商也。且以孫爲字，終覺未安，或者孫乃其氏，食采于蔿，其人一名二字，任便稱之耳。（名饒之説，古書無徵，恐不可信，碑或别有據。）

出遊，見兩頭蛇，《爾雅·釋地》：「北方有比肩民焉，迭食而迭望，中有枳首蛇焉。」郭注：「岐頭蛇也，或曰今江東呼兩頭蛇爲越王約髮，亦名弩弦。」案：雪窗本枳作軹。《釋文》本或作⿱枝貝。郭巨宜反，孫音支，云蛇有枝首者，名曰率然。是孫讀爲枝，郭讀爲岐，岐枝枳⿱枝貝軹，音並相近。《廣雅》：「枳，枝也。」《楚辭·天問》注：「中央之州，有岐首之蛇，争共食牧草之實，自相啄嚙。」《顔氏家訓·勉學篇》「蟲有螝者，一身兩口，争食相齕，遂相殺也。」螝古之虺字，即枳首蛇也。羅願《爾雅翼》云：「枳首者岐頭，蓋兩頭也。大如指，一頭無目無口，然兩頭俱能行，一名越王蛇，亦名越王約髮，亦名越王弩弦。舊云見之令人不利，然孫叔敖殺而埋之，亦無它異，未可信也。今生甯國者，黑鱗白章，長盈尺，人家庭檻中，動有數十同穴。又予所見夏月雨後，有蛇如蚯蚓大，但身有鱗，蜿蜒而行，其尾如首，不纖殺，亦號兩頭蛇，則不足爲異明矣。《爾雅》以爲中央之異氣，今東南多有者，蓋彼四方皆極荒遠，此比之爲中爾。又今此蛇皆以越王爲名，則不獨在中央也。」（卷三十二。）劉恂《嶺表録異》云：「兩頭蛇，嶺外多此類，時有如小指，大者長尺餘。腹下鱗紅背錦文，（聚珍版本背譌爲皆，據《爾雅翼》引正。）一頭有口眼，一頭似蛇而無口眼，云兩頭俱能進退，謬也。昔孫叔敖見之不祥，乃殺而埋之。南人見之爲常，其禍安在哉？」（下卷。）陳藏器《本草拾遺》云：「兩頭蛇大如指，一頭無口目，兩頭俱能行，云見之不吉，故孫叔敖埋之，恐後人見之必死也。」（《本草綱目》卷四十三引。）張耒《雜志》云：「黄州兩頭蛇，一名山蚓，云是老蚓所化，行不類蛇，宛轉甚鈍。」（引同上。）此與羅氏之説合。郝懿行《爾雅義疏》引陳氏説而駁之云：「一頭無口目，何以能争食相齕。」又駁孫炎説云：「《孫子·九地篇》率然者常山之蛇，擊其首則尾至，非兩頭也。」案郝氏駁孫説是，至陳氏云一頭無口目，則一頭有口目可知。劉恂亦有是言，郝説俱未足以難之。《藝文類聚》九十六引郭璞贊云：「夔稱一足，蛇則二首，少不知無，多不覺有，雖資天然，無異駢拇。」殺而埋之，「埋」當作「薶」，《説文·艸部》：「薶，瘞也，從艸，貍聲。」《周禮》叚貍字爲之，今俗作埋。歸而泣。《賈子新書·春秋篇》作「孫叔敖之爲嬰兒也，出游而還，憂而不食」。《列女·仁智傳》作「楚令尹孫叔敖之母也。叔敖爲嬰兒之時，出游，見兩頭蛇，殺而埋之，歸見其母而泣焉」。《論衡·福虛篇》作「楚相孫叔敖爲兒之時，見兩頭蛇，殺而埋之，歸對其母泣」。其母問其故，《列女傳》、《論衡》無上「其」字。叔敖對曰：《賈子》作「泣而對」。《列女傳》、《論衡》無「叔敖」二字。「聞見兩頭之蛇者死，《賈》無此句。《列女傳》句首有「吾」字，無「之」字。《論衡》作「我聞見兩頭蛇死」。郝懿行曰：「蛇有枳首，與魚有比目，正復相同，比目魚所在皆有，兩頭蛇嶺外極多，人視爲常，而云見之者死，此流俗妄談耳。」（王安人《列女傳》注引。）嚮者吾見之，嚮字俗，當作曏，作向亦非，經典多省借作鄉。《賈》作「今日吾見兩頭蛇」，《列女傳》作「今者出游見之」，《論衡》作「向者出見兩頭蛇」，文各不同。恐去母而死也。」《賈》作「恐去死無日矣」。《列女傳》無此句。案：此語深表叔敖之孝，自不可省。《賈子》無「去母」二字，非。《論衡》作「恐去母死，是以泣也」。其母曰：「蛇今安在？」「蛇今」，《賈》作「今蛇」，《論衡》亦同。《列女傳》同本書。曰：《列女傳》、《論衡》句首有「對」字。「恐他人又見，殺而埋之矣。」《賈》作「吾聞見兩頭蛇者死，吾恐它人又見，吾已埋之矣」。《列女傳》作「吾恐它人復見之，殺而埋之矣」。《論衡》作「我恐後人見之，即殺而埋之」。文各小有異同。其母曰：「吾聞有陰德者，《賈》「曰」下有「無憂，汝不死」五字，「聞」下有「之」字。

《列女傳》「曰」下有「汝不死矣」句，「吾聞」二字作「夫」，下多不同。陰德，潛德，人所不知之善行也。《史記・韓世家》贊「此天下之陰德也」。《漢書・于定國傳》：「于公曰：我治獄多陰德，未嘗有所冤。」《丙吉傳》：「臣聞有陰德者必饗其樂。」《王陵傳》記陳平之言曰：「我多陰謀，道家之所禁，吾世即廢，亦已矣，終不能復起，以吾多陰禍也。」陰禍與陰德對，亦謂人所不知之奇禍。天報以福，《論衡》作「天必報之」。汝不死也。」《賈子》無此句，接「人聞之，皆諭其能仁也，及爲令尹，未治而國人信之」。顯有脱誤。《論衡》作「汝必不死，天必報汝。」叔敖竟不死，遂爲楚相。埋一蛇，獲二祐，天報善明矣」。引事至此止。及長，爲楚令尹，令尹，楚執政之官。《論語》邢疏云：「令，善也；尹，正也。言善人正此官也。」（案：楚官名多爲尹，不但令尹也。）《列女傳》於「汝不死矣」下，接云「夫有陰德者陽報之，德勝不祥，仁除百禍，天之處高而聽卑。《書》不云乎：皇天無親，惟德是輔。爾嘿矣，必興於楚。及叔敖長，爲令尹。君子謂叔敖之母知道德之次。《詩》云母氏聖善，此之謂也」。文多不同。未治而國人信其仁也。治迹未章於外，而人已信之，感孚在平時也。諸書記此事，詞語各有出入，無關宏恉。《御覽》九百三十三引《賈子》下注云：「《新序》同。」亦謂所記事實畧同耳。恐去母，孝也；殺蛇，仁也。孝弟者仁之本，此《論語》開篇大義，本書因之，故首章言孝，而次章由孝以及乎仁，舍孝無以求仁也。中壘之學，粹然純儒，即此可以窺見之。

3 禹之興也，以塗山：帝禹夏后氏，姒姓，（《周語》。）父曰鯀，母曰女志。（《帝繫》、《史記索隱》引《帝王世紀》。）生於西羌，（《後漢書・戴良傳》。）在位八年，（依《竹書》、《吳越春秋》説。）年百歲。（《史記集解》引《世紀》。）都安邑，（《水經注》六。）一曰平陽，（《唐風譜》疏引皇甫謐説。又云：或于安邑，或于晉陽。）又曰晉陽。（見上。）《漢表》列一等上上聖人。塗山，國名，《吳越春秋・無餘傳》：「禹因娶塗山，謂之女嬌。」《大戴記・帝繫》作女僑，《漢表》作女趫，《史記・夏本紀索隱》引《世本》作女媧，（案媧乃嬌之誤。）《路史》作后趫，注引《連山》作攸女。《楚辭・天問》注，謂禹以辛酉日娶于台桑之地。《尚書・皋陶謨篇》（今《益稷》。）曰：「娶于塗山，辛壬癸甲，啓呱呱而泣。」是其事也。《漢書・武帝紀》：「元封元年，登禮中嶽，見夏后啓母石。」師古注引《淮南子》，言塗山氏化爲石，石破生啓。《水經・淮水注》亦有啟生石中之語，其説荒誕，不足辯。女趫，《漢表》列二等。班氏自注云：「禹妃，塗山氏女，生啟。」師古曰：「趫，音邱遥反。」案《尚書》辛壬癸甲，史公以爲辛壬娶塗山，癸甲生啓。鄭康成云：「登用之年，始娶塗山氏，三宿而爲帝治水。」《吳越春秋》云：「取辛壬癸甲，禹行十月，女嬌生子啓。啓生不見父，晝夜呱呱啼泣。」《列女傳・母儀篇》曰：「啓母者，塗山氏長女也。夏禹娶以爲妃，既生啓。辛壬癸甲，啓呱呱而泣，禹去而治水。」諸家解辛壬癸甲之義，及啓生與治水前後，其説不同。《楚辭・天問》曰：「焉得彼塗山女，而通之於台桑。」王逸注，言禹治水，道娶塗山之女，而通夫婦之道於台桑之地。則更以娶女在治水之後。總由師説各別，傳聞異辭，要以鄭注所言爲得其實。《水經注》：「淮水自黄邪山東北逕馬頭城北，魏馬頭郡治也，故當塗縣之故城也。《吕氏春秋》曰：禹娶塗山氏女，不以私害公。自辛壬至甲四日，復往治水，故江淮之俗，以辛壬癸甲爲嫁娶日也。」《水經注》所引《吕氏春秋》，今書無此文，蓋久佚。其曰自辛壬至甲四日，復往治水，與鄭注合。足證鄭所據乃漢以前舊説，雖佚文，彌足珍貴。塗山之塗，《説文》作嵞，云：「嵞，會稽山也，一曰九江當塗也。民以辛壬癸甲之日嫁娶，《虞書》曰：予娶嵞山。」光瑛案：許備列二説，不加判斷，近儒解《尚書》者，亦多持游移之見。江氏聲謂時代久遠，傳聞異説，不能定其孰是，故許備著之。近人李慈銘《息荼闇日記》則以嵞山與塗山是兩地，嵞山自在會稽，因此山而特制嵞字；塗山則在漢爲九江當涂，在晉爲淮南壽春，（原注：《晉志》淮南郡下亦有當塗縣　注云：古塗山國。而杜氏云：在壽春東北。　案壽春今爲壽州，當塗今爲懷遠縣。兩處地界相接，非今太平府之當塗也。）在唐爲濠州。乃古塗山氏之國，禹所娶者。涂塗古今字，後人牽合嵞塗而一之，致滋異説。《漢志》九江當塗下應劭注曰：禹所娶塗山氏國也。其文甚明，等語。李氏調停二説，似得解而實無理。嵞塗通用字，使果爲二山，許君不當以九江當塗之説，注於嵞下矣。且會諸侯一地，娶女一地，許更不應引娶女之事，注於會合諸侯之山下矣。況《説文》引《書》曰予娶嵞山，字正作嵞，許用孔氏古文，安得謂禹所娶者是塗山非嵞山乎。且塗是俗字，李氏豈不知而乃與嵞山分爲二地，殊爲武斷。塗山之爲何地，許君已不能定，而詳考經傳，證之事理，則似以九江當塗之説爲優。《左傳》禹合諸侯於塗山，未嘗謂其即會稽山也。《魯語》：「昔禹致羣神於會稽之山，防風後至，禹殺而戮之。」亦未嘗謂其即塗山也。會稽山自在今浙江紹興府治東南十二里，塗山自在今安徽鳳陽府懷遠縣城東南八里，北麓下有古當塗城者，二地判然不同。自漢儒誤合内外傳所言爲一事，故《説文》以會稽山釋嵞山。段玉裁且云：「禹以前名塗山，禹以後名會稽山，許以今名釋古矣。」然考之《吴越春秋》，禹登茅山以朝羣后，乃大會計，更名茅山爲會稽。其文明白昭著，是會稽山本名茅山，不名塗也。會稽山之名，見於史傳者，若《史記·封禪書》、《漢書·劉向傳》，諸家注解，從無以塗山釋之者。而《漢·地理志》九江當塗下，應劭則明注云：禹所娶侯國。而當塗之縣，又以山得名，則其地當在今之懷遠，益無疑義。且會合諸侯，地取適中，會稽偏居東方，何取乎此。若塗山雖近南，尚非偏僻，故杜注以壽春東北當之。又案《帝王世表》，大禹元歲丙子會塗山，八歲癸未巡狩，崩於會稽。足證會塗山是一事，巡狩至會稽又是一事。會塗山，即《左傳》所言合諸侯於塗山；巡狩至會稽，即《外傳》所言致神，《吳越春秋》所言會計也。事隔八歲，何可混合。（因巡狩而修祡望祭祀之禮，故云致神。）且禹娶女在治水之先，爾時淮水未告成功，禹跡未至江南，何緣得娶會稽之女乎。故許君雖兩存其說，要終以後說爲長。

桀之亡也，以末喜。

桀，發之子，名癸，在位三十六年。（依《竹書》說。）湯放之於南巢三年，卒亭山。（《竹書》。）《漢表》列八等。末喜，桀妃，《晉語》作妹喜，《楚辭·天問》作妹嬉。《漢表》作末嬉，列八等。《呂氏春秋·慎大覽》：「伊尹奔夏三年，反報於亳曰：桀迷惑於末嬉，好彼琬琰，不恤其衆。衆志不堪，上下相疾。民心積怨，皆曰：上天弗恤，夏命其卒。湯謂伊尹曰：若告我曠夏盡如詩。伊尹又復往視曠夏，聽於末嬉，末嬉言曰：今昔天子夢西方有日，東方有日，兩日相與鬭，西方日勝，東方日不勝。伊尹以告湯。」《列女傳》：「桀置末喜於膝上，聽用其言。」案《呂氏》之說，頗屬誣妄，湯以至仁伐不仁，何待決之於夢，其不實可知。《晉語》「桀伐有施，有施人以妹喜女焉」。韋昭注：「有施，喜姓之國。」《楚辭·天問》曰：「桀伐蒙山何所得，妹嬉何肆湯何殛。」王逸注：「桀伐蒙山國而得妹嬉。」然則蒙山之國，卽有施氏喜姓國。沈約注《竹書》乃云：「桀伐山民，（山民當作岷山，下同。）山民女於桀二人，曰琬、曰琰，愛而無子，斲其名苕華之玉，苕是琬，華是琰。棄其元妃妹喜於洛，曰妹嬉氏，以與伊尹交，遂以夏亡。」其說尤怪謬。《路史·後紀》從之，無識甚矣。但桀當日所嬖，或不止末喜。梁玉繩《人表考》引《管子·輕重甲篇》，女華者，桀之所愛。《韓非子·難四》桀索岷山之女。《呂氏·慎大覽》桀迷惑於末嬉，好彼琬琰。《路史·國名紀》六謂蒙山卽岷山。則妹喜出於有施之國，非蒙山二女，辨王逸說誤。然《楚辭》明云桀伐蒙山，又曰妹嬉何肆。則妹嬉卽蒙山國女，亦卽有施氏女審矣。意者蒙山所得，不止妹嬉，更有琬琰，事未可知。而沈約謂桀愛琬琰，棄妹喜於洛，則此事不見經傳，不值深辯。《漢書·外戚傳》注云：「末喜，桀之妃，有施氏女也，美於色薄於德，女子行丈夫心，桀常置末喜於膝上，聽用其言，昏亂失道，於是湯伐之，遂放桀與末喜死於南巢。」是桀與末喜同被放死，無棄洛事，小顔之棄取甚明。《史記・夏本紀正義》引《淮南子》：「湯敗桀於歷山，與妹喜同舟浮江，奔南巢之山而死。」今《淮南子》無此文，或即小顔所本。而《淮南・脩務篇》但云「湯整兵鳴條，困夏南巢，譙以其過，放之歷山」，無與妹喜同舟浮江之文，蓋所記互有詳畧爾。末喜或作妹喜，或作末嬉，或作妹嬉，惟《荀子・解蔽》、《史記・外戚世家》及本書作末喜，皆聲近通用字。梁氏謂本作妹喜，未爲妹之省，宜從未，斥諸書作末爲非。不知未末一聲之轉，古字通用。翁方綱《跋倉頡廟碑》，謂以未爲末凡二處。俞樾《讀書餘録》云：「世以上畫短者爲午未字，上畫長者爲本末字，此俗説也，漢人尚無此分别。若以六書之義言，午未字象木重枝葉形，篆文作𣎵，則隸書上兩畫，長短如一，方有重木之象。至本末字從木，一在其上，則上畫長短可隨人便。觀此碑末字上畫反短，可知俗説之無據矣。」以上俞説是。凡未末土士等字，上下畫初無一定長短，梁氏《人表考》於曹沫下，謂沫字《索隱》音亡葛反，改從未爲誤，失與此同。末喜字或加女旁作妹嬉，猶旦己之加女旁作妲改，乃後出字。鄭珍《説文新坿考》六，言之詳矣。（《説文》無妹嬉二字，古止作末喜。）《漢表》以桀與末嬉並列八等。沈欽韓曰：「桀、紂並稱，猶之湯、武，不當分異。」錢大昕曰：「孟堅敍桀、紂，龍逢、比干欲與之爲善則誅，于莘、崇侯欲與之爲惡則行。可與爲惡，不可與爲善，是謂下愚。」依此，桀、紂當並列，桀與末喜、于莘在八等，紂列九等，又失載崇侯，皆傳寫之奪誤。

殷之興也，以有莘；

《國語》、《史記・外戚世家》作「有娀」。《列女・魏曲沃負傳》「殷之興也以有㜪」。《漢表》有㜪氏列二等。班氏自注云：「湯妃，生太丁。」師古曰：「㜪與莘同。」《列女傳》言「有㜪氏生外丙、仲壬。」《御覽》百三十五引《列女傳》云：「生三子，太丁、外丙、仲壬。」文各不同。案《後漢書・文苑・崔琦傳》注引《列女傳》：「湯娶有莘氏女，德高而明，伊尹爲之媵臣，佐湯致王，訓正後宮，嬪御有序，咸無嫉妒也。」《御覽》百三十五引「湯妃，有莘之女也，擇德高如伊尹者爲之臣，佐湯致王，訓正後宮，嬪妃有序，咸無嫉妒逆理之人。生三子，太丁、外丙、仲壬，教誨有成。太丁早卒，丙壬嗣登大位。」均與今本全不同。《呂氏·本味篇》作「有侁」，《楚辭·天問》又作「吉妃」。《左傳》：「趙武曰：商有姺邳。」字又作姺，皆聲近通用。《毛詩》「駪駪征夫」，《晉語》、《說苑·奉使》、《列女傳》二、《說文·焱部》並引作「莘莘」，《玉篇·人部》、《楚辭·招魂》注、《廣韵》十九臻並引作「侁侁」，卽其證也。有莘氏，國名。《竹書》：「河亶甲之世，侁人叛，入于班方，彭伯、韋伯伐侁，侁人來賓。」則侁在殷世爲彊國。《大戴記·帝繫篇》：「鯀娶於有莘氏之女，謂之女志氏。」《漢表》女志，鯀妃有㜪氏，《列女傳》太姒者，武王之母，禹後有㜪姒氏之女。胡承珙謂「於太姒別之曰禹後姒氏，而湯妃則曰有㜪氏，明非一地。若鯀所娶有㜪氏女，此唐虞以前之有莘，未知所在。《史記·殷本紀》云：阿衡欲干湯而無由，乃爲有莘氏媵臣。《正義》引《括地志》，古莘國在汴州陳留縣東五里故莘城是也。《元和郡縣志》：汴州陳留縣故莘城，在縣東三十五里，古莘國地。湯伐桀，桀與韋顧之君拒湯於莘之虛，此卽湯妃所生之國，伊尹耕於是野者也。閻氏《四書釋地》云：汴州陳留古莘國地，計其去湯都，不過四百里，所以湯使可三往聘。若太姒所產之莘國，則在今西安府郃陽縣南二十里，道遥遠矣。」（見所著《毛詩後箋》二十三。）案胡氏辨莘有二地，是也。**紂之亡也，以妲己。**「亡」，《史》作「殺」，「以」作「嬖」。紂，乙之子名辛。《尚書》作「受」，受紂音相近，非異名也。（見《西伯戡黎傳》）《周書·克殷》、《呂氏·當務篇》作「受德者」。嚴元照曰：「古人自有此例，受德二字，見《尚書·立政》。馬融曰：受所爲德也。《周書·克殷》則曰殷末孫受德。孔鼂注：紂字受德也。《史記·周本紀》作季紂，《正義》曰：《周書》作受德，受德，紂字也。《吕氏・當務》：受德，乃紂也。《尚書》鄭注、《書序》孔傳、《立政》皆以受德爲紂字，猶《大戴記・帝繫》云：瞽瞍産象傲。補注云：象爲人傲很，因以爲號。劉景升《與袁譚書》：昆弟之嫌，未若重華之於象傲。其實象傲之文，見於《堯典》，傲言其性，非號也，而乃云象傲。後人乍見此類，未有不疑其誤者，與受德可互證也。」（《娛親雅言》卷三。）案：嚴氏説極通，受德猶言桀德，（見《尚書》。）非其人之名字。僞孔不善體認語氣，猥云帝乙愛焉，爲作善字，則真寱語矣。紂在位五十二年，（依《竹書》説。）以甲子日兵敗，取寶貨自燔死。《漢表》列九等下下。梁玉繩曰：「桀、紂皆名也，而《獨斷》殘人多壘曰桀，殘義損善曰紂。《吕氏春秋・功名》注：殘義損善曰桀，賊仁多累曰紂。《史集解》：賊人多殺曰桀，殘義損善曰紂。《通典・禮六十四》遂以桀、紂爲謚，皆不足據。《書・戡黎》疏云：殷時未有謚法，後人見其惡，爲作惡謚耳。」（《人表考》卷九。）以上梁説，斷從《書》疏最允。惟桀、紂是字非名，以桀、紂爲惡謚。猶《白虎通義》以堯、舜、禹爲美名耳，（引見前。）《獨斷》壘字，疑纍之通借。人仁亦通用字。妲己，紂妃，（《漢書》注：妲，音丁葛反。）有蘇氏之女，己姓妲字，紂伐有蘇，以妲己女焉。（見《晉語》。）《竹書紀年》云：「帝辛九祀，伐有蘇，獲妲己以歸。」《通鑑》前編則在八祀。《初學記》引《帝王世紀》云：「紂二年納妲己。」諸説不同，未詳孰是，但《晉語》云：「黄帝之子青陽，與夷鼓同爲己姓。」則妲己固貴族之女也。《潛夫論・潛歎篇》：「昔紂好色，九侯聞之，乃獻厥女。紂乃大喜，以爲天下之麗莫若此也。簡妲己，妲己懼進御而奪己愛也，乃僞俯而泣曰：君王年即耆邪，明既衰邪，何貌惡之若此，而復謂之好也。紂於是渝而以爲惡。妲己恐天下之愈進美女者，因白九侯不道也，欲以此惑君王也，王而弗誅，何以革後。紂則大怒，脯厥女而烹九侯。自此之後，天下之有美女者，乃皆重室盡閉，惟恐紂之聞也。」《藝文類聚》、《御覽》諸書引《帝王世紀》：「周公爲司徒，使以黄鉞斬紂頭，縣於太白之旗。召公爲司空，又使以玄鉞斬妲己頭，縣於小白旗。」《古今注》云：「武王以黄鉞斬紂，故王者以爲戒。太公以玄鉞斬妲己，故婦人以爲戒。」是斬妲己者，一謂召公，一謂太公，説又不同。《周書·克殷》云：「乃適二女之所，既縊，王又射之，三發，乃右擊之以輕吕，斬之以玄鉞。」孔注：「二女，妲己及嬖妾。《史記·周紀》云：「已而至紂之二女，二女皆經自殺。」是妲己外尚有一人。梁玉繩據此，謂妲己未定是后妃。（案此辨《漢表》注云紂妃之説。）然《帝王世紀》又云：「二嬖妾與妲己亦自殺。」則妲己外有二人矣，此皆無可深考。但紂亡後，妲己亦死，則諸書所載甚明。惟《後漢書·孔融傳》謂武王以妲己賜周公，詼啁之語，近于侮聖，不足辯也。鄭珍曰：「《玉篇》作妲改，非古。《説文》無妲字，妲字古亦不從女，今凡《書傳》例作妲己，後世改耳。古女有名旦者，鄭旦是也。例以桀妃末喜，古籍多不從女，或加作妹嬉，正相似矣。」（《説文新坿考》六。）鄭説極是。明楊慎外集《字説》云：䵣己卽妲己。引《字統》云：「黑而有豔曰䵣。」考《説文·黑部》：「䵣，白而有黑也，從黑，旦聲。五原有莫䵣縣。」使䵣爲妲己之本字，《説文》不容不引。經傳亦從無書妲己字作䵣者。（《人表考》漏采此説。）楊説殊未可信。俞樾引《史記·楚世家》有熊䵣，《漢書·功臣侯表》有僕䵣，皆以容色得名。謂䵣爲妲己本字，不特得其字，且可想其容。其説殊滑稽，不免好異。見所著《茶香室續鈔》中，不敢引入經説，蓋亦自知其不可信也。妲己之字當作旦，從鄭説爲長。《漢表》列九等下下。

文武之興也，以任姒。

《史》作「周之興也以姜嫄及太任」，與此異者，《史》泛言周興，故推本於姜嫄，此專言文、武，故獨舉任姒。《毛詩》曰：「思齊太任，文王之母。」又曰：「太姒嗣徽音。」乃此文所本也。文王者，季歷之子，名昌。武王，文王之子，名發。謚法：「經天緯地，慈惠愛民曰文；剛強理直，克定禍亂曰武。文享國五十年，年九十七，都豐，葬于畢。武王爲西伯十一年，爲王六年，年九十三，（《路史》引《竹書》作五十四，今本作九十四，非也。羅泌不信《文王世子》之説，今姑從《禮記》。）遷都鎬，葬京兆長安鎬聚東杜中。（《史集解》引《皇覽》。）《漢表》並列一等上上。太任，文王母。《大明詩》「摯仲氏任」，《毛傳》：「摯國任姓之中女也。」《周語》注以摯爲仲虺後，《唐書・任氏薛氏世系表》、《路史・後紀、五國名紀》一謂仲虺後，祖己七世孫成徙封于摯，《潛夫・五德志》任作妊，後出字也。太姒，后妃，武王母，莘國之女。莘，禹後姒姓，與上有莘異地。（説詳上注。）汪師韓《韓門綴學》云：「鄒氏忠允以太姒爲文王繼妃。龍眠錢秉鐙《田間詩學》推明其説，以爲《大明》之詩曰：文王初載，天作之合。明爲文王即位之初年。文王年九十七，享國五十年，則四十七即位，若太姒年正及笄，齒不相當。《大明》又曰：纘女維莘。纘，繼也，明以莘女繼莘女也。意必文王爲世子時所娶莘女，是太姒之姊，不禄無子，中年再娶於莘，而得太姒，故曰俔天之妹。其曰長子維行，乃女子有行之行，禮重嫡長，珍重其女而尊稱之，即謂太姒居長亦可，安知太姒之姊，非其伯叔之女乎。此説甚新，余疑長子蓋指初娶莘女言，行訓爲往，必姊妹同嫁於周，猶謂娣姪從之，未定是不禄而卒也。」光瑛案：錢、汪説可備一解，而皆無確據。其解長子維行一句，終不能自圓其説也。舊注俔天之妹，言尊之如上帝之妹，此如後世稱天人天仙，凡贊美人者多如是，不必穿鑿傅會，多生曲説。太任、太姒，《漢表》列二等上中仁人。

幽王之亡也，以褒姒。

《史》作「而幽王之禽也，淫於褒姒」。已上皆《國語》所載史蘇之詞，又見《列女傳》。幽王，宣王子，名湦，見《竹書》。《皇王大紀》、《漢表》、《春秋世族譜》作「宫湦」，《周紀》作「宫湦」，《詩譜》疏引《紀》作「宫皇」，《呂氏・當染》注作「官皇」，《通鑑外紀》、《古史通志》作「宫渥」。宋庠《國語補音》謂宜從湦，《史集解》徐廣曰：一作生。諸説不同。梁氏《人表考》謂「作宫渥爲是，惟名湦，故又作生。《説文》腥鯹並作胜鮏，知古字凡從星者恒爲生也。」案：梁説近是。《賈子》先生者先醒也，亦其一證。謚法：蚤孤隕位，雍遏不通，動静亂常皆曰幽。在位十一年，爲犬戎所虜。《漢表》列九等下下。褒姒，幽王妃，褒國之女，姒姓，後立爲后。《水經注・沔水篇》：「褒水南逕褒縣故城東，褒中縣也，本褒國矣。南流入於漢。」案：漢褒中縣屬漢中郡，古褒國在今陝西漢中府褒城縣。《括地志》褒國故城在縣東二百步，是也。《史記・夏本紀》論云：「禹爲姒姓，其後分封，用國爲姓，故有褒氏。」《潛夫論・五德志》同。是褒國姒姓也，褒姒亡周，莫詳於《國語》史伯告鄭桓公語。《鄭語》云：「褒人褒姁有獄，而以爲入於王，王遂置之，而嬖是女也。使至於爲后，而生伯服。」又云：「王欲殺太子以成伯服，必求之申，申人弗畀，必伐之，若伐申，而繒與西戎會以伐周，周不守矣。」幽王八年而桓公爲司徒，九年而王室始騷，十一年而斃。」史伯之言，真如燭照數計，是幽王亡於褒姒之事也。《詩・正月篇》云：「赫赫宗周，褒姒滅之。」《漢表》褒姒列九等。

是以《詩》正《關雎》， 正，始也，《史》作「始」。《毛詩序》曰：「《周南》《召南》，正始之道，王化之基。是以《關雎》樂得淑女以配君子，憂在進賢，不淫其色，哀窈窕，思賢才，而無傷善之心焉，是《關雎》之義也。」案《列女・仁智傳》、《法言・孝至篇》、《史記・十二諸侯年表、儒林傳》、《漢書・杜欽傳》、《後漢書・明帝紀、皇后紀、馮衍傳》、《古文苑》張超《誚青衣賦》均以《關雎》爲刺時者，乃説《詩》之旁義，非正義。魏源《書古微》論之甚允，今人多申《毛詩》以難三家，不知三家詩與毛，初無不同。愚舊有《關雎詩時代考》，論之甚詳，別存集中，茲不覼縷。子政此文，蓋亦主旁義説。**而《春秋》褒伯姬也。** 伯姬，魯女，宋共公妻。《列女・貞順傳》云：「伯姬者，魯宣公之女，成公之妹也。其母曰繆姜，嫁伯姬於宋恭公，恭公不親迎，伯姬迫於父母之命而行。既入宋，三月廟見，當行夫婦之道，伯姬以恭公不親迎，致不肯聽命。宋人告魯，魯使大夫季文子如宋，致命於伯姬。還復命，公享之，繆姜出於房，再拜曰：「大夫勤勞於遠道，辱送小子，不忘先君，以及後嗣，使下而有知，先君猶有望也，敢再拜大夫之辱。（案《左傳》以爲如宋致女，與此異，于義左氏爲長。）伯姬既嫁十年，恭公卒。至景公時，嘗遇夜失火，左右曰：夫人少避火。伯姬曰：婦人之義，保傅不俱，夜不可下堂，待保傅來也。保母至矣，傅母未至也，左右又曰：夫人少避火。伯姬曰：婦人之義，傅母不至，夜不可下堂，越義求生，不如守義而死。遂逮於火而死。《春秋》詳録其事，爲賢伯姬，以爲婦人以貞爲行者也，伯姬之婦道盡矣。當此之時，諸侯聞之，莫不悼痛，以爲死者不可以生，財物猶可復，故相與會於澶淵，償宋之所喪，《春秋》善之。君子曰：《禮》婦人不得傅母，夜不下堂，行必以燭，伯姬之謂也。《詩》曰：淑慎爾止，不愆于儀。伯姬可謂不失儀矣。」案此叙伯姬事，本《穀梁·襄三十年傳》，中壘治《穀梁》，故引之也。（內惟敍保母先至爲異。）《公羊》亦美伯姬之賢。此外散見各書，如《淮南子·泰族訓》、《春秋繁露·王道篇》，皆以伯姬貞信，見大於《春秋》。惟《左傳》有女而不婦之言，胡安國著《春秋傳》因之以非伯姬。趙氏坦作《宋伯姬論》，反復申辨，以駁左氏之失，畧云：「伯姬之心，以禮爲重，以避去爲輕。禮之所在，卽義之所在，而謂舍禮而取義乎。古所謂權者，舍小節以全大節，非謂舍大以全小也。婦人之大節，其在守禮乎，抑在避害乎。況伯姬，嫠婦也，則亦安于禮而已矣，何權之足貴。楚王之將嫁季芈也，季芈曰：所以爲女子，遠丈夫也。鍾建負我矣，以妻鍾建。伯姬之見，固有出於季芈之上者，而謂不待傅姆而行乎。楚昭王嘗與貞姜約曰：召則以符。其後水大至，王使召，失持符，貞姜曰：符未至，不可去。卒歿漸臺。貞姜獨非婦人乎，何以非符不行，能識貞姜之所守，可與言伯姬矣。《公》《穀》得之。」陳氏立《公羊義疏》，鍾氏文烝《穀梁補注》，皆引申傳義，著伯姬之賢。陳氏更謂左氏于伯姬，初無貶辭，其説反復甚詳，玆不悉録。平心論之，伯姬自不失爲賢婦，但守經而未能達權，左氏之説最爲平允。趙氏必以避害爲輕，守禮爲大，此宋儒餓死事小失節事大之説，可以矯薄俗，而不可以語中庸，可以責賢智，而未可以繩氓庶。爲伯姬者，火至避之它所，援嫂溺則援之義，不害爲賢，君子必不從而譏之也。陳氏謂左氏初無貶伯姬之詞，甚是。伯姬之行，賢知之過，《春秋》大之，左氏安得貶之。女而不婦之説，亦别開一徑，教人以處事之宜耳。不然禮順人情，使必執魁琦絶特之行，責庸衆以所難，則事既窒而不通，人將疑吾道爲迂闊而不近人情，害滋大矣。然末俗澆漓，背理違義，習爲固然，恬而不怪。如伯姬者，行雖未適乎中，固吾道之干城，中流之一壺也。聞其風者，頑夫廉，懦夫有立志，《春秋》大之，不亦宜乎。（《淮南子·泰族訓》云：宋伯姬燒死，《春秋》大之，取其不踰禮也。）

樊姬，楚國之夫人也，樊姬，樊國姬姓之女，莊王夫人。《後漢書·列女傳》注引《列女傳》：「楚莊好田獵，樊姬故不食鮮禽以諫王。」與今本異。又《文選·女史箴》、景福殿賦》注所引，與今本亦多不同，疑今本有奪文。皆可參考樊姬之事。楚莊王罷朝而晏，楚莊王，熊旅，（《左氏》、《公羊傳》同。）《穀梁》作「吕」，《史記·世家、年表》作「侣」。案要脊字《説文》作吕，吕侣旅古通用字。在位二十三年，葬江陵縣西龍山鄉三十里。（《渚宫舊事》、《寰宇記》卷一百四十六。）謚法：叡圉克服，勝敵志強曰莊。《漢表》列四等，作嚴王，避漢諱也。《隸續·嚴訢碑》作「壯」，壯、莊通用字。問其故。《北堂書鈔》三十三引作「樊姬問故」。莊王曰：「今旦與賢相語，《書鈔》引無「今」字。不知日之晏也。」《書鈔》三十三、《藝文類聚》七十引無「之」字。《太平御覽》六百三十三引作「與賢相語，不知晏者也」，括省其文。樊姬曰：「樊」，宋本作「楚」，形近而譌。上下文皆作樊姬，《類聚》、《御覽》引同，不應此處作「楚」。今從衆本。「賢相爲誰？」《御覽》「爲」作「謂」。古書爲謂多通用，此必所據本作謂字也。王曰：「爲虞丘子。」《類聚》、《御覽》引無「爲」字。盧文弨曰：「虞丘子，《韓詩外傳》二作沈令尹。」案《列女傳》

記此事亦作虞丘子，《韓詩外傳》七：「虞丘子名聞於天下，以爲令尹，讓於孫叔敖。」則遇楚莊王也。《説苑・雜言篇》虞丘子作沈尹，則虞丘子與沈令尹，當即一人。蓋虞丘子食邑於沈，而官爲令尹。《左宣十二年傳》「沈尹將中軍」，即其人也。漢有吾丘壽王，吾虞聲轉，當即虞丘子後。沈或作寢，見《左傳》注。寢乃寢丘，《吕氏・贊能篇》「孫叔敖，期思之鄙人也」，期思即春秋寢丘，漢名寢縣，東漢名固始。莊王封叔敖子潘鄉，亦即其地。蓋虞丘子食邑於此，諗知孫叔敖賢，故薦之。陳丘樅疑虞丘子爲沈令尹之號，（《韓詩遺説考》。）非也。餘詳五卷注。《説苑・至公篇》亦記虞丘子舉孫叔敖事，不云樊姬所教。《吕氏・贊能篇》載沈尹筮薦叔敖，與《説苑・雜言篇》同。沈尹筮即沈令尹，其名各書不同，均詳五卷注中。**樊姬掩口而笑。**掩口，防露齒也。古者婦人笑不露齒。**王問其故。**《御覽》「王」下有「乃」字，各本均無。**曰：「妾幸得執巾櫛以侍王，**《説文・木部》：「櫛，梳比之總名也，从木，節聲。」段玉裁曰：「比讀曰毗，疏者爲疏，密者爲比。《釋名》曰：梳，言其齒疏也，數言比，比於梳，其齒差數也。比言細相比也，比之尤細者曰筐，見《竹部》。《考工記》楖字，櫛之古文也。」案：《左氏僖二十二年傳》「寡君之使婢子侍執巾櫛以固子也」，皆自謙之詞。**非不欲專貴擅愛也，**擅，猶專也，嘉靖本誤「檀」。愛，寵愛。**以爲傷王之義，故所進與妾同位者數人矣。**《類聚》引無「所」字。《外傳》作「與妾同列者十人，賢於妾者二人」，《列女傳》二作「今賢於妾者二人，同列者七人」。疑《外傳》十字是七字之譌。（十七互誤，詳《刺奢篇》注。）**今虞丘子爲相數十年，**盧文弨曰：「《列女傳》作十數年。」案：此文數十字互倒。《韓詩外傳》作「數年」，又奪去「十」字在「數」上耳。《説苑・至公篇》虞丘子自言爲令尹十年，舉成數也。《御覽》引亦誤。《左傳》：「令尹子文卒，鬭般爲令尹，爲子越椒所譖殺。越椒爲令尹，攻莊王，戰於皐滸，兵敗，族滅。」在宣四年，逮宣十二年，則孫叔敖爲令尹，中間不過數年，令尹屢易其人，無爲十餘年之虞丘子也。沈欽韓曰：「考楚國之法，自司馬爲令尹，未有一朝由布衣而躋令尹者。莊王以前，皆公子及鬬族爲之，無虞丘子其人也。文四年，楚滅若敖氏。十一年，令尹蔿艾獵城沂。十二年，令尹孫叔敖弗欲戰。則虞丘子爲相十餘年之説，全是虛妄。」案：沈説是，見《漢書疏證》十。

未嘗進一賢。知而不進，是不忠也；不知，是不智也。不忠不智，安得爲賢？」各本無「不忠不智」字。《御覽》引云「不知賢，是不智，知而不進，是不忠，不忠不智，安得爲賢」。盧氏《拾補》據此補四字，今從之。又一本「賢」下有「乎」字。《類聚》作「今虞丘子未聞進一人，未知其賢」，引至此止，蓋括省其文節引之。明日朝，王以樊姬之言告虞丘子。虞丘子稽首曰：「如樊姬之言。」《御覽》引無「樊」字。於是辭位而進孫叔敖。《説苑·至公篇》：「楚令尹虞丘子復於莊王曰：臣聞奉公行法，可以得榮，能淺行薄，無望上位，不名仁智，無求顯榮，才之所不著，無當其處。臣爲令尹十年矣，國不加治，獄訟不息，處士不升，淫禍不討，久踐高位，妨辱賢路，尸禄素餐，貪欲無厭，臣之罪當稽於理。臣竊選國俊下里之士曰孫叔敖，秀羸多能，其性無欲，君舉而授之政，則國可使治，而士民可使附。莊王曰：子輔寡人，寡人得以長於中國，令行於絶域，遂伯諸侯，非子如何。虞丘子曰：久固禄位者貪也，不進賢達能者誣也，不讓以位者不廉也，不能三者，不忠也。爲人臣不忠君王，又何以爲忠，臣願固辭。莊王從之，賜虞丘子采地三百，號曰國老，以孫叔敖爲令尹。少焉，虞丘子家干法，孫叔敖執而戮之。虞丘子喜，入見於王曰：臣言孫叔敖果可使持國政，奉國法而不黨，施刑戮而不骩，可謂公平。莊王曰：夫子之賜也已。」所敍虞丘子薦叔敖事如此，不言樊姬所教，與此異也。《北堂書鈔》於「不知日晏也」下，括引云：虞丘辭位進孫叔敖。孫叔敖相楚，國富兵強，各本無「國富兵強」四字。孫志祖曰：「《文選·楊荆州誄》注引孫叔敖相楚，國富兵強。今本奪去四字。」（《羣書拾補》引。）案：《文選》孫楚《爲石苞與孫皓書》注引亦有此四字，孫説是，今補。《御覽》不疊孫叔敖，蓋奪文耳。**莊王卒以霸，**卒，猶竟也。**樊姬與有力焉。**《韓詩外傳》、《列女傳》皆稱「楚史書楚之霸，樊姬之力也」。《御覽》引作「而莊王霸，樊姬之力也」。此條刺王氏之盛也。觀首章言用人，次言命相，三章卽及此，箸書之意可見矣。《詩》正《關雎》云云，當與集中極諫外家封事諸文並讀。

4 **衛靈公之時，**靈公，襄公子，名元，母曰婤姶，立四十二年。（《史記·侯表、世家》。）《莊子·則陽》云葬沙丘。而《魏書·地形志》謂冢在頓丘衛國縣。《一統志》謂墓在順德府平鄉縣南五里柴口村，又云在廣平府長桓縣東北十里，亦見山東曹州府觀城縣東南四十二里。《漢表》列九等。梁玉繩曰：「靈雖無道，然應夢而生，知人善任，於孔子爲際可之仕，當進上一格。」**蘧伯玉賢而不用，**伯玉，衛大夫，名瑗。「蘧」或作「璩」。（《淮南·泰族訓》、《檀弓上》釋文、《弘明集》、《牟子理惑論》均同。）謚成子。父無咎，謚莊子。（《吕覽·召類》注。）葬濮陽。（《三國·魏志·中山恭王袞傳》。在陳留長垣縣東南，見《文選》曹大家《東征賦》注、《水經·濟水注》。）《漢表》列二等。梁玉繩曰：「伯玉，襄十四年見傳，名德已重，必不甚少，歷至哀公初年，孔子主於其家，何年之長也。鄞縣全祖望《經史問答》曾疑之。」**彌子瑕不肖而任事，**《大戴禮·保傅篇》「彌」作「迷」，下並同。盧辯注：「彌聲誤爲迷。」案彌迷古通用。《周禮·春官·眡祲》「七日彌」，注：故書彌作迷。是其證。《左氏哀二十五年傳》作「彭封彌子」。梁玉繩曰：「《通志畧》謂子瑕是公孫彌牟之孫，非也。《檀弓上》注疏據《世本》文子彌牟生簡子瑕，則瑕乃彌牟之子，而彌子瑕衛靈時已用事，彌牟在出公、悼公之世，觀《左哀廿五傳》，二子先後相及，安得以彌子瑕爲簡子瑕，而謂爲文氏之孫乎。」（《人表考》卷九。）案：梁説是。彌子，《漢表》列九等。衛大夫史鰌患之，史鰌，字子魚，諸子屢以曾、史並稱。《荀子·非十二子篇》「盜名不如盜貨，田仲、史鰌，不如盜也。」則史鰌在春秋戰國之世，名甚赫赫。梁玉繩《人表考》曰：「杜譜列史鰌在雜人，蓋不得其族系。而閻氏《四書釋地又續》以爲史朝之子，高氏《姓名考》亦云史魚朝子，並謂即《檀弓》之太史柳莊，不知何據。」（卷四。）案：《説苑·雜言篇》：「仲尼言史鰌有君子之道三，不仕而敬上，不祝而敬鬼，直能曲於人。」《漢書·貢禹傳》注言其壹志，皆史鰌事之可考者。以爲史朝子及柳莊，皆未有確據。《漢表》列在四等。數以諫靈公而不聽。史鰌病且死，且，猶將也。《毛詩·谷風》「將恐將懼」，鄭箋曰：將，且也。《列子·説符篇》「其罪我也，又且以人之言」。本書《節士篇》引此事「且」作「將」。王引之《經傳釋詞》漏舉此訓，所稱且字句中語辭一類，皆當訓將。阮元《揅經室集》中釋且篇亦舉及此訓。謂其子曰：「我即死，即，猶若也，説詳《經傳釋詞》。（卷八。）案古則即二字聲轉通用，則有若訓，（亦見《釋詞》卷八。）故即亦訓若矣。孔廣森《大戴禮記補注》曰言死於今，一曰即就。二訓並非。治喪於北堂。孔廣森曰：「房中半以北曰北堂，禮死於適室，小斂於户内，大斂於阼，殯於西階上。今將殯側階，示不以禮也。」案《士昏禮》「婦洗在北堂直室東隅」，鄭注曰：北堂，房中以北。此孔氏所本。古宫廟之制，楊氏《儀禮旁通圖》頗爲分明，而北堂之説甚畧。焦循《羣經宫室圖》以北堂在室北，旁連兩房，殊屬杜譔。洪頤煊謂西房亦有北堂，皆謬。如其説，是北堂有二，經當以東西別之矣。俞樾《湖樓筆談》云：「鄭釋北堂爲房中半以北。夫房中爲地幾何？如賈氏疏，棟北一架爲室南壁，則室之深止五架之一耳，乃分前爲房後爲堂乎。且堂之與室，有墉以閒之，室之與房，亦有墉以閒之。若房與北堂，則無墉也，無墉則以何者爲節乎。愚謂北堂東房，一地而異名，以其對西房而言，故謂之房。然西房亦有北墉，而東房無北墉，故西房無堂名，而東房有堂名。曰北堂者，對前堂而言，前堂南鄉，此則北鄉也。婦洗在北堂。而《士虞禮》云：「主婦洗足爵於房中。」則北堂即是房中，禮有明證，其爲一地而異名明矣，鄭説失之。余前箸《羣經平議》，未見及此，嘗作《東房西室圖》猶泥鄭説也。」光瑛謂俞氏説禮，多與鄭違，不可信，而此論却甚精。引《士虞禮》證北堂即是房中，及云北堂者對前堂而言，均極明確。東房北鄉，與西房異，故亦稱北堂。直室東隅，明洗在北堂之西偏也。東房北堂，析言異，渾言自通。若然，此治喪北堂，與喪禮斂於牖下，小斂於户内，大斂於阼，殯於客位，祖於庭，葬於墓者不同，所以示貶也。胡培翬《儀禮正義》闕此卷，其弟子楊大堉所補，解北堂殊不明瞭，故復論及之。吾不能進蘧伯玉而退彌子瑕，「吾」下，《大戴禮記·保傅篇》有「生」字，《賈子新書·胎教》亦有。《家語·困誓篇》作「吾在衛朝」，與各書文異。是不能正君也。不能匡正君失。生不能正君，死不當成禮。《大戴記》云「吾生不能進蘧伯玉而退迷子瑕，是不能正君者，死不當成禮」。《外傳》七作「我數言蘧伯玉之賢，而不能進，彌子瑕不肖，而不能退，爲人臣生不能進賢而退不肖，死不當治喪正堂，殯我於室，足矣」。（案：觀此可見治喪北堂，即殯於室中，而北堂之即爲東房，亦即可見矣。）《家語》作「吾在衛朝，不能進蘧伯玉退彌子瑕，是吾爲臣不能正君也。生而不能正君，則死無以成禮」。諸文詞意，大畧相同，此用《賈子新書》文也。《大戴記》「是」下疑脱「不能正君也」五字。置尸北堂，《曲禮》：「在牀曰屍。《大戴記》亦作屍，《説文·尸部》：「尸，陳也，象臥之形。」「屍，終主也，从尸死。」二字義別，死者終也，尸者主也，終主者，方死無所主，以是爲主也。今經傳以尸爲屍，同音叚借字。「北堂」，《家語》作「牖下」，此不知北堂之義，王肅之謬也。於我足矣。」

《外傳》作「殯我於室足矣」。《家語》作「于我畢矣」。史鰌死，《大戴記》、《賈子》俱無此三字。《家語》「畢矣」句下作「其子從之，靈公弔焉，怪而問焉」。《外傳》「足矣」下直接「衛君問其故」。宋朱長文《琴史》引《琴操》，言史魚飲藥以死，此事它書未及，不可信。靈公往弔，孔廣森曰：「《喪禮》，君於大夫視大斂，有加則視小斂。」見喪在北堂，《大戴記》、《賈子》均無此句。問其故。怪其非常禮，故問也。其子具以父言對靈公。具，備也。《大戴記》、《賈子》作「其子以父言聞」，《外傳》同，但無「其」字。《家語》「對」作「告」，無「靈」字。《大戴記》、《賈子》無「靈公」二字。靈公蹴然易容，《大戴記》作「靈公造然失容」，《賈子》作「靈公戚然易容而寤曰」，《外傳》作「君造然」，《家語》作「公愕然失容曰」。《大戴記》注云：造然，驚惨之貌。《新書》作戚。孔廣森曰：「戚造二字，異形同聲。《韓非子》舜見瞽瞍，其容造焉，《孟子》作蹙。《詩・小明》以戚與奧爲韵。《周官・眂瞭》鼓鼜，杜子春讀爲憂戚之戚。《掌固》注則云：杜子春讀爲造次之造。明古音戚與造同也。」（以上所引孔說，均見所箸《大戴禮記補注》。）案：造戚蹙蹴皆一聲之轉，戚蹙古今字，《說文》有蹴戚無蹙，蹙在新坿，古止作戚。《文選・子虛賦》「襞積褰縐」，張揖注：「縐，戚也。」（今以蹙頞爲縐眉，其義正如此。戚字俗本《漢書》、《文選》注均譌爲裁。）《韓非子・難二篇》「景公造然變色」，顧廣圻校云：「造讀爲蹴。」鄭珍曰：「憂戚字加心作慼，《說文》有之，迫戚縐戚兩義，今經典多改爲蹙，亦作蹴。《左氏成十六年傳》南國蹴，見其文借作蹴。《樂記》其聲噍以殺，注云：噍，踧也。釋文云：謂急也。亦借作蹴，《哀公問》蹴然辟席。《衆經音義》十五引《通俗文》云：縮小曰瘷。《太平御覽》引許注《淮南子》云：瘷，減蹴也。噍瘷蹴一聲之轉，《說文》注中亦作此字。《手部》：摍，蹴引也。此爲迫戚，謂逼迫牽引也。《欠部》：歠，蹴鼻也。《糸部》：縐，一曰蹴也；縮，一曰蹴也。此爲縐戚。《詩・小雅》戚戚靡所騁，箋云：

戚戚，縮小之貌。（原注：今詩作蹙。）正字也。段氏解縮訓蹴爲蹴蹋，易縐注蹴爲戚字，兩失之矣。（案鄭駁段注是也。段不省戚蹴同字通用，故有此失。）若古言顰戚戚頞，此縐戚之義，猶《吕子·遇合篇》言孔子縮頞而食昌蒲菹，亦猶後世言攢眉縐面。今《説文》顰字注改作顰蹙，《孟子》戚頞字亦作蹙，其顰戚又作頻顣，因顰省作頻、戚亦加頁配之。又從口作嚬噈，見曹植《酒賦》。亦借作踧，《論衡》云計士嚬踧而脅從，是也。或曰《詩·小明》政事愈蹙，與下自詒伊戚爲兩文，儻蹙作戚，則爲重韵。不知詩固有此，《谷風》反以我爲讐，與賈用不讐；《蕩》下民之辟，與其命多辟；《蓼蕭》孔燕豈弟，與宜兄宜弟；《民勞》汔可小休，與以爲王休。並一章内同韵，一字而義各别。其它且有韵重而義不異者，如《七月》第五章兩韵户字；《正月》第三章兩韵禄字；《十月之交》第六章兩韵向字；《卷阿》第六章兩韵多字；《閟宫》末章兩韵碩字。古人固不避重韵也。《楚辭·涉江篇》亂詞連韵薄字，一爲林薄，一爲薄迫。其法自《詩》來，漢唐人詩賦，尚有效者。」（《説文新坿考》卷一。）以上鄭氏之説甚精。古字多以聲通轉，造蹴戚愀縐瘷噍踧，皆音轉字。蹙，戚之後起字，經典多以蹙爲戚，學者貴心知其意。若《家語》作愕然，則其義迥别，且愕是遌之俗字，不可從。**寤然失位，**盧文弨曰：「寤與遻通。」案《大戴記》、《外傳》、《家語》無此句，《賈子》以「寤」連上作「戚然易容而寤」，無下三字，此當是後人改之。《説文》：「啎，逆也。」亦通作悟。《韓子·説難》「大意無所拂忤」，《史記·韓非傳》忤作悟，《索隱》云：不拂啎于君。《正義》：拂悟當爲咈忤，古字叚借耳。按《列女傳》「不拂不寤」，亦用寤字。（按《左氏隱元年傳》莊公寤生，卽此誼，謂逆産也。）《吕覽·蕩兵篇》「百姓之悟相侵也」，亦見《禮記·哀公問》「午其衆」，注：逆其衆，王本作迕。又《士喪禮下篇》「無器則捂受之」，《正義》：捂，卽逆也。《釋名》：「女，青徐州曰娪。娪，忤也，始生時人意不喜，忤忤然也。」凡午悟寤捂娪遻迕皆通字。失位，辟席也。曰：「夫子生則欲進賢而退不肖，死且不懈，《大戴記》、《賈子》「不懈」作「未止」。又以尸諫，「尸」，一本作「屍」，《大戴記》、《賈子》亦作「屍」。案屍本字，尸叚借字，説見前。但本書上文作尸，此句當一律。《外傳》亦作尸，今从之。可謂忠而不衰矣。」《大戴記》、《賈子》無「而」字。衰，竭也。案上文「曰」字下，《大戴記》、《賈子》皆作「吾失矣，立召蘧伯玉而貴之，（貴，《賈子》作進。）召迷子瑕而退之，（迷，《賈子》作彌。）徙喪於堂，成禮而後去，衞國以治，史鰌之力也」，後始接「夫生進賢而退不肖，死且未止」云云。是此數句乃作者之詞，非衞君語也。本書「夫」下多一「子」字，引入衞君口氣，恐非。此與上文「寤然失位」句，疑均爲後人所改，幸有二書可以復勘。此處既改，下文又沾「史鰌字子魚」云云，而本書之真面目失矣。《家語》「曰」字下作「是寡人之過也，於是命之殯於客位，進蘧伯玉而用之」云云，與二書文畧同。《外傳》亦以生以身諫，死以尸諫許史魚，尤可證。不當作爲衞君語。於是乃召蘧伯玉而進之以爲卿，退彌子瑕，徙喪正堂，成禮而後返，衞國以治。史鰌字子魚，所謂直哉史魚者也。《論語·衞靈公篇》文。盧文弨曰：「以治下，《大戴記》云史鰌之力也，今此本作史鰌字子魚云云，疑後人坿益。」案盧説是。本書此條，多經後人竄改，説詳上注。史鰌以下，疑校者旁識語，而誤混入正文者。

5晉大夫祁奚老，祁奚，《呂氏·開春》作祈奚，《風俗通義·十反》、《易林·旅之隨》同。奚或作傒，（《史記·晉世家》。）或作徯。（《大戴禮記·衞將軍篇》。）程公説《春秋分記世譜》二云：「祁氏，其先獻侯之後，（僖十年殺之。）子瞞，（僖二十八年殺徇師。）子梁伯高、子奚。」鄭樵《通志·氏族畧》云：「祁氏，姬姓，晉獻侯四世孫奚，爲晉大夫，食邑於祁。或云隰叔之後，與士氏同族。」《晉語》注云：「祁奚，高梁伯之子。」（程譜作梁伯高，非。）《呂氏·去私》注云：「祁黃羊，奚之字。」高氏士奇《春秋地名考畧》云：「僖十年晉殺祁舉，蓋祁地先以處舉，後以賜奚。昭二十八年晉滅祁氏，分爲七縣，以賈辛爲祁大夫。漢置祁縣，今屬山西太原府。《路史》云：縣以近祁藪得名，《爾雅》所謂昭餘祁矣。今藪在縣東七里，又東南八里有古祁城，志以爲晉祁氏之邑。」梁玉繩曰：「高氏蓋未見程公説《分記》，惟據《通志》爲説。《史記・十二諸侯表、晉趙魏世家》亦但言公族宗家而已。程自言得《春秋世系》一書，不題譔人，紀列國諸侯大夫之系，旁行爲圖，次第可觀，則必有所本矣。《潛夫・志氏姓》謂郤氏之班有祁氏，亦非。」（《人表考》卷四。）案：祁奚，《漢表》列四等。《禮記・曲禮》「七十曰老而傳」，又曰「大夫七十而致仕」。奚請老在魯襄公三年，逮襄二十一年，尚乘馹而見范宣子，以救叔向，則其年甚壽矣。晉君問曰：晉君，悼公也。襄公曾孫，名周，或作糾，（《史・世家》集解。）或作雕，（《公羊》釋文毛本誤作離。）皆聲轉通字。襄公少子桓叔捷生惠伯談，談生悼公，（《史・世家》。）生十四年卽位，在位十五年。《周書・謚法解》：年中早夭曰悼，恐懼從處曰悼。朱右曾曰：「年不稱志，如晉悼公是也。」（《周書集訓校釋》六。）《漢表》列四等。「孰可使嗣？」欲其舉賢自代。祁奚對曰：「解狐可。」解狐，晉大夫。《左襄三年傳》曰：「稱解狐，其讎也。」《漢表》列五等。《韓詩外傳》九作解狐對魏文侯，所薦者爲荆伯柳。《藝文類聚》二十二同。《韓非子・外儲説左》言解狐薦其讎邢伯柳於簡主，（一云爲相，一云爲上黨守。）又記晉平公問趙武事畧同。（《藝文類聚》五十引《説苑》亦有此事，所稱邢伯子，當卽邢伯柳。）《羣書治要》卷四十引《韓子》佚文亦云「解狐薦邢伯柳」。邢荆音形俱近，古通用。《外傳》之荆蒯芮，《説苑・立節》作邢蒯聵。《韓非子・飾邪篇》：「荆恃吴而不聽齊，越伐吴而齊滅荆。」顧廣圻校云：「二荆字皆當作邢。」不知荆邢本通叚字也。《呂氏・去私》以爲晉平公問祁奚。《説苑・至公》又云晉文公問咎犯，皆各據所聞録之。（《晉語》

與内傳同。）君曰：「非子之讎邪？」對曰：「君問可，非問讎也。」但問可堪稱職，非問讎與不讎。晉遂舉解狐。後又問孰可以爲國尉，國尉，中軍尉，本祁奚自居之職，前薦解狐，將立之而卒，故晉君又以爲問也。前不稱官職，至此始言是國尉，古人文法如此，觀内傳自明。《晉語》云：「公知祁奚之果而不淫也，使爲元尉；知羊舌職之聰敏肅給也，使佐之。」元尉卽國尉，内傳作中軍尉。《成十八年傳》：「卿無共御，立軍尉以攝之。祁奚爲中軍尉，羊舌職佐之。」是其事也。杜注云：「省卿戎御，令軍尉攝御而已。」《正義》曰：「卿，謂軍之諸將也，若梁餘子養御罕夷、解張御郤克之類。往前恒有定員，掌共卿御，今始省其常員，唯立軍尉之官，臨有軍事，使兼攝之，令軍尉兼卿御也。」是此官乃晉悼創設，前此所無。其又稱爲元尉者，《正義》云：「元，大也。中軍尊，故稱大。上軍有輿尉與司馬。輿，衆也，官與諸軍同，故稱衆也。」若然，則本書稱國尉者，亦以中軍尊，一國之所寄，故稱之以國也。尉與司馬，無事時掌訓其軍之士卒，使相親以聽上命；有事則兼攝戎御。故傳曰：使訓卒乘親以聽命是也。祁奚對曰：「午也可。」午，奚子。《漢表》與解狐同列五等。《一統志》：葬太原祁縣南樂仁村奚墓之右。君曰：「非子之子邪？」對曰：「君問可，非問子也。」擇可而已，不必問誰之子。君子謂祁奚能舉善矣，以善爲舉，無閒於讎與子，故云。稱其讎不爲諂，立其子不爲比。《左氏襄三年傳》此下有「舉其偏，不爲黨」二句，指祁奚舉羊舌赤事言，本書不引此事，故省去二句。杜注云：「諂，媚也。」《正義》曰：「假令他人稱其讎，則諂以求媚也，立其子，則心在親比也。今祁奚以其人實善，故舉薦之。人見彼善，知奚不諂不比。諂者，阿順曲從以求彼意，故以諂爲媚，媚，愛也，言爲諂以求愛也。」案：若《節士篇》所載譚夫吾云：「我任而不受，佞也，佞不可以接士。」佞卽諂之謂。彼救其讎而讎不受，其心好名，不出於公，則近於諂也。

祁奚不然，但知舉善爲國。故其讎亦淡焉忘之。上言稱，下言立者，解狐未及立而卒，身未居職，但稱之而已；午卒爲中軍尉，故曰立也。《書》曰：「不偏不黨，王道蕩蕩。」杜注：「蕩蕩，平正無私。」案僞傳訓蕩蕩爲開闢，開闢者，寬廣之義，言王道甚寬廣，與偏黨之見局於其私者異也，似勝杜注。《論語·述而篇》「蕩蕩乎民無能名焉」，《集解》包咸注：「蕩蕩，廣遠之稱。」義同。兩「不」字今《尚書·洪範》及《左傳》引均作「無」，《漢書·王莽傳》、《呂氏·貴公篇》同；《史記·宋世家》、《漢書·車千秋傳》作「毋」，漢石經殘碑同；《史記·張釋之馮唐傳》贊、《漢書·東方朔傳》、《說苑·至公篇》均作「不」，與本書同。無毋通用字，作不者，經師所傳異文。又不無二字本互訓，詳王引之《經傳釋詞》十卷二字本條下。祁奚之謂也。外舉不避仇讎，內舉不回親戚，外舉謂讎，讎在外者也；內舉謂其子。回，猶辟也。《說文》曰：「回，轉也，從口，中象回轉之形。囘，古文。」又曰：「避，回也。」「遹，回辟也。」段玉裁注曰：「回辟之回訓衺，𧟟之叚借字，避回依本義訓轉，俗作迴，其義實相近。」案：經典多以辟作避，辟避通用字，辟又訓邪，故回爲回避，亦爲回邪。凡兩字訓義同者，此字義轉，而彼字因之，此訓詁之恒例，舊箸《國語韋解補正》解述道等字，及《意原堂日記》中屢言之。《爾雅》以台朕賚畀卜陽同訓爲予，亦此類也。《漢書·李廣傳》注：「回，繞也，曲也。」《食貨志》注：「回，曲繞也。」《素問·玉版論要篇》王砅注：「回，卻行也。」諸解皆有避義，猶今人言回避。而曲義又與邪辟爲近，辟訓邪，邪辟之人，不趨正道，旁皇岐路，義亦相因，故經傳衺辟字多叚回爲之。《左氏襄二十一年傳》：「叔向曰：祁大夫外舉不棄讎，內舉不失親。」此文用其語。或謂古人謂父爲親戚，《大戴記·曾子疾病篇》：「親戚既没，雖欲孝，誰爲孝。」《孟子·盡心篇》：「人莫大焉無親戚君臣上下。」是其證。（近儒錢大昕、王引之、孫詒讓均有此說。）案親戚二字，包同姓宗族父子昆弟而言。《墨子·兼愛下、節葬下、非命上、中》及《號令篇》皆有此稱，皆謂父母，與《曾子·疾病篇》同義。《孟子·盡心篇》之親戚，通父子言之，此文則專指子也。《公羊莊三十二年傳》曰「君親無將」，何休注：「親，父母也。」何意謂父母六親之始，故得專其稱。《大戴記·保傅篇》「無恩於父母」，《賈子》作「不姻於親戚」。又《賈子·六術篇》：「人之戚屬，以六爲法，人有六親。六親始曰父，父有二子，二子爲昆弟，昆弟又有子，（古人稱昆弟，卽今之兄弟，其所謂兄弟，卽今之同族兄弟，及族黨姻親。）子從父而昆弟，故爲從父昆弟；從父昆弟又有子，子從祖而昆弟，故爲從祖昆弟；從祖昆弟又有子，子從曾祖而昆弟，故爲從曾祖昆弟；曾祖昆弟又有子，爲族兄弟。備此六者之謂六親。親之始於一人，世世別離，分爲六親。親戚非六，則失本末之度。六親有次，不可相踰，相踰則宗族擾亂，不能相親。」是漢儒釋六親之義，以父母爲六親之始，亦非專指父母也。（馬融、王肅謂箕子是紂諸父，服虔、杜預謂紂諸兄。毛奇齡引《史記·宋世家》云箕子紂親戚以難之，見所箸《四書改錯》卷一。此由不知古人親戚二字之義也。若單以親字稱父母，則今尚有之。）《呂氏·論人篇》曰：「論人者又必有六戚四隱。何爲六戚，父母兄弟妻子。」高誘注：「六戚，六親也。」此親戚二字可包父子昆弟之驗也。（《左傳》曰：「親戚爲戮，不可以莫之報也。」此親戚兼指父兄言。）《周禮·天官·太宰》「二曰親親」，鄭注曰：「若堯親九族也。」《毛詩·行葦》傳曰：「戚戚內相親也。」箋曰：「戚戚猶親親。」《禮記·大傳》：「六世親屬竭矣，其庶姓別於上，而戚單於下。」正義曰：「戚，親也。」是二字義同。親戚一聲之轉，單言則或稱戚，或稱親；重言則稱親戚，或稱親親，戚戚。以上所舉，指同族而言，此親戚二字可包宗族之驗也。《國語·鄭語》曰：「是非王之支子母弟甥舅也，則皆荆蠻戎翟之人也，非親則頑。」韋昭注：「親，謂支子甥舅。」此親可稱子之驗也。焦循《孟子正義》謂漢儒説親戚，本屬同姓，母妻親屬稱黨，從無以異姓稱親戚者，其説良是。

此甥舅亦異姓，稱親者，統乎支子言之，行文之便也。《左氏昭二十五年傳》疏：「六親謂父子兄弟夫婦。」亦兼父子言之。《孟子》譏仲子無親戚，與下文君臣上下，語勢相配，亦必兼父子，其義始備。《墨子・親士篇》：「親戚不附，無務外交。」此親戚指遠近同族而言。《曲禮》：「兄弟親戚，稱其慈也。」《正義》曰：「親指族内，戚言族外。」此説非。兄弟指姻黨，親戚指同姓宗族也。其餘或專指父，或專指子，或兼指父子，或指昆弟宗族，各隨文勢解之，讀者觀其會通焉可也。可謂至公矣，唯善故能舉其類。陸氏《左襄三年傳》釋文，於傳文「能舉善也夫，唯善故能舉其類」，謂「夫音扶，絶句，一讀以夫爲下句首」。案《左傳》引經證事，每以感嘆出之，如無弔者也夫，歸於怙亂者也夫之類，此例至夥，當以夫字絶句，以申慨嘆之神，不當以夫屬下句讀。本書此文。正用《左氏》，是漢儒舊讀如此。它如《論語》引《唐棣》之詩而斷之曰：「未之思也夫。《孟子》述孔子語曰：「仁不可爲衆也夫。」又齊宣王引他人有心，予忖度之，夫子之謂也夫。諸文皆當從夫字句絶，近讀俱以夫字屬下讀，失與此同。陸氏不能辯明，兩存其説，失之不考。類，讀若《易・繫辭》方以類聚之類。《戰國策・齊策》：「淳于髡謂齊王曰：『夫物各有儔，今髡，賢者之儔也，王求士於髡，若挹水於河，而取火於燧也。』」蓋即此意。《詩》曰：「唯其有之，是以似之。」祁奚有焉。「唯」，《毛詩》作「維」，《左傳》引作「惟」，皆通字。案中壘治《穀梁》，亦通《左傳》、《公羊》。（中壘受《公羊》於顔安樂，見《六藝論》；呻吟《左氏》，見桓譚、王充之書。）如此事，諸書所載，各有不同，（注見上。）皆傳聞之誤。中壘斷從《左氏》，甚有卓見。（互見本卷《衛人逐獻公章》注。）觀其治詩兼通魯、韓，（中壘兼通魯、韓，前人或以爲專治魯，或以爲專治韓，皆非是。余别有考，存文集中。）而此不取《外傳》之説，尤異於專己守殘者。至《説苑・至公篇》存晉文公問咎犯之説，（戰國時稱魏爲晉，此殆與魏文侯説同，蓋悼公事誤作文公，遂以咎犯實之，又轉譌爲魏文侯也。《韓子》言薦之簡主者，因《左傳》王生薦張柳朔事傳譌。王生與簡子同時，柳朔與伯柳易混也。王生事與此甚相似。）不過廣采異聞，以存一説，非與此文立異。古人箸書，恒有此例，詳《節士篇・公孫杵臼章》注。以上三章，皆言進賢事。

6 **楚共王有疾，**共王，莊王子，名審。（《楚語》作「箴」。）生十一年即位，（《左氏襄十三年傳》。）在位三十一年。謚法：既過能改曰共。《左氏襄十三年傳》：「子囊議謚之言曰：赫赫楚國，而君臨之，撫有蠻夷，奄征南海，以屬諸夏，而知其過，可不謂共乎。」正取此義也。《漢表》列五等。《羣書治要》引作「恭」，共恭古今字。盧文弨曰：「《呂氏・長見篇》、《説苑・君道篇》俱作文王，是也。」案文王名熊貲，（《淮南・説山》作「庛」、《主術》作「庇」，庛乃庇之誤。）武王子，在位十三年。《漢表》列五等。《左傳》記楚文王告鄭申侯事，與此文後半相合，蓋即一時所言，故盧以作文侯爲是，其説信也。**召令尹曰：「常侍筦蘇，**令尹，楚執政者；常侍，内侍，奄官。《後漢書・宦者傳》曰：「勃貂、管蘇，有功於楚晉。」章懷太子注引本書云云，（《文選》亦載此文，李善注引本書同。）以管蘇與勃貂並舉，知蘇是奄宦，漢時奄官有十常侍之目，所從來遠矣。（錢大昕言：西漢時中常侍皆用士人，後漢並以宦者爲之，非西京舊制。不知春秋時已以宦者居此職矣。）筦管通用字，《史記索隱》汲古閣單行本管多作筦，唐余知古《渚宫舊事》注引本書、《説苑》筦俱作管，其正文則作管饒。（《范鎮碑》膺姿管蘇，靖共衛上，正用此事。洪适《隸釋》以爲管夷吾、蘇忿生，大誤。《州輔碑》亦云：昔管蘇之尹楚，以直見疏。字皆作管。）《呂氏・長見篇》作「莧譆」，《説苑》作「筦饒」，俱無「常侍」二字。《漢書・百官公卿表》五大夫，蘇輿曰：秦爵。莧譆爲五大夫，見《呂覽・長見篇》。今本作莧，無末點。《御覽》四百五十九引作「苑蘇」，下並同。苑乃筦字之誤，莧當作莧。蘇輿本張惠言說：《周易・夬卦》「莧陸夬夬」，虞翻本作萈，云說也，讀如夫子萈爾而笑之萈。張惠言《周易虞氏義》謂字當作萈，今從艸下見，傳寫誤耳。李慈銘曰：「今《周易集解》盧刻本、周刻本，惠氏《周易述》本、丁氏《周易鄭注訂正》本、盧氏《經典釋文》本、阮氏《注疏校勘記》本，皆作莧者，誤也。《說文》：萈，山羊細角者，從兔足，從苜聲，讀若丸，寬字從此，胡官切。蓋虞氏讀萈陸爲歡睦，而古或叚萈爲歡，歡字呼官切，呼胡不過輕讀重讀之分。《易》釋文云：莧，閑辯反。此以莧爲莧菜字，從馬鄭以莧陸爲商陸，宋衷以莧爲莧菜之説，其字從艸下見。《說文》：莧，侯澗切。閑爲類隔，侯用音和也。」又云：「三家音胡練反，此以莧爲萈字。三家者，王肅、李軌、徐邈，蓋皆同虞本，其字从苜下儿，胡練即胡官，古無四聲之別也。」（光瑛案：古侯音或讀如胡，胡練與侯澗同，非從虞讀爲胡官切，閑字亦非類隔也。）又云：「一本作莞，華版反，此即莞萈同音通用，可與《論語》互證。《論語》釋文：萈爾，萈，華版反，今本作莞。皆足申虞氏之義。《詩・斯干》釋文：莞音官。《說文》莞，艸也，可作席，胡官切。是《論語》之萈莞，皆叚借字，本字當作歡。歡爾猶《左氏》之驩焉，《家語》之懽然，輕讀則爲歡，重讀則爲萈。《孔子世家》作欣然，欣然即萈爾也。《易》之作莧者，古文。馬鄭皆傳費氏《易》，費氏本以古字號古文《易》，王弼亦用費《易》。江左以來，承用王《易》，故陸先用閑辯一音，以莧爲正文也。作萈者爲今文，蓋施孟相傳如是，虞傳孟《易》，故所據本作萈也。莧訓艸，萈訓說，各是一家之言，而《論語》本作萈爾，今作莞爾，無有從艸下見者，此學者所當分別也。今陳氏《論語古訓》、翟氏《考異》、阮氏《校勘記》、黃氏《後案》諸書作莧，皆非。」（《桃花聖解盦日記》辛集第二集。）案李氏謂作莧者古文，作萈者今文，其說近是。張氏謂作莧者傳寫之譌，則非也。諸家解莧陸，或以爲一艸，或以爲二艸，或以爲歡睦，說各不同，可見諸本有異。其以爲艸名者，字必從艸下見；其音胡官切，讀如歡者，字必作萈。不得是丹非素，執一而末殺其餘也。且從見從完之字，古多相通，陳氏玉樹解《毛詩》「睍睆黃鳥」云：「《說文》：睍，出目也，從目，見聲。《玉篇》：睍，下顯切，目出貌。《一切經音義》十九引《倉頡》：睆，目出貌也。《玉篇》、《廣韻》並訓睆爲目出，可證睍睆是一字。睍睆卽睍睍，亦作睆睆。《禮記·檀弓》華而睆，疏：使其睆睆然好也。韓愈《祭鱷魚文》伈伈睍睍，睍睍卽《莊子·天地》之睆睆矣。《小雅·杕杜》有睆其實，疏云：有睆然其實。宋本作睍，明監本作睆，此睍睆字同之證。從見從完之字，通者甚多。《易·夬卦》莧陸夬夬，釋文：一本作莞。虞注讀如夫子莧爾而笑之萈，今《論語》字作莞。《列子·天瑞篇》老韭之爲莞也，釋文：莞一作莧。《楚辭·漁父》莞爾而笑，一本作萈爾而笑。《管子·地員篇》蘖下於莧，莧下於蒲，莧蒲卽《大戴記·勸學篇》之莞蒲。《唐韻·二十四緩》綄候風羽，出《淮南子》。《御覽》七百七十二《舟部》引《淮南子》曰若綄之候風，今《淮南子·齊俗訓》綄作俔。此皆可爲睍睆字同之證。」（《毛詩異文箋》二。）以上陳說，釋見完通叚處甚確。可見作莧與萈，各有依據，不可斥作莧者爲傳寫之誤也。萈爲山羊細角者，（俗作羱。）無喜說之義，與莧皆聲近叚借字。前人解莧陸者，如王應麟《困學紀聞》、李富孫《易經異文釋》、陳鱣《簡莊疏記》，朱緒曾《開有益齋讀書志》，均不知有從見之字。宋袁文《甕牖閒評》引林氏《字源》，謂從从從見作萈字，其說遠在張氏之前，蓋人習見艸下見之莧，罕見萈字，故忽焉不察耳。至舊本釋文引虞注云：莧，蕢也；陸，商陸也。與《集解》所引大異，盧本已校正。陳鱣疑所引虞注乃董遇之說，庶幾近之。《墨子·備城門》「梳關一莧」，畢沅校：「莧，管字叚音。」孫詒讓曰：「或作莞，與莧形聲俱近。《說苑·君道篇》莞蘇，《呂氏·長見》莞作莧。」（《墨子閒詁》十四。）孫氏誤記本書爲《說苑》，今《說苑》實作莞饒，不作莞蘇也。又《非樂上篇》「將將銘莧磬以力」，《閒詁》引江云：「莧當爲萈，萈，喜說也，胡官反。王紹蘭云：莧莞音近通用，非誤也。力卽勒字，銘莧磬以力，謂作莞磬之銘而勒之。」（卷八。）江謂莧常作筧，與張説同，王謂莧莞聲近通用，與陳説同。若就解此字論，則王説是，江説近拘。至隸文從艸從竹字多混，而⺮混爲艸，亦經典所常有，此管筦莞莧諸字所以疊見不一也。譆蘇聲亦相近，《呂子》作莧譆，音轉之變也。與我處，《呂氏》、《説苑》無此三字。常思我以道，正我以義，《呂氏》作「數犯我以義，違我以禮」，《説苑》同。俞樾曰：「犯違讀範圍，叚借字。《周易·繫辭》傳：範圍天地之化。釋文曰：範，馬、張、王本作犯；圍，本作違。是其證。」（《諸子平議》二十二。）案：俞説亦通，然依本字讀，文理自明，似不必改字。本書作「思我以道，正我以義」，又將何説乎。《治要》止引一句，作「常勸我以義」，《御覽》引作「忠我以義」。忠思形近，疑作忠近是。吾與處不安也，不見不思也。《呂氏》止一句，作「與處則不安」。《説苑》作「與處不安，不見不思」，無兩「也」字。雖然，吾有得也，《呂氏》作「曠之而不穀得焉」。《説苑》無「雖」字，「也」作「焉」，一句讀。高注《呂子》曰：「曠察之，使我從義入禮，則不穀得不危亡。」畢沅注：「曠，猶久也。」案《廣雅·釋詁》：「曠，明也。」又《釋訓》：「曠曠，明也。」曠有明義，故字從日。（《説文》：曠，明也，从日，廣聲。）明卽察也，此高注所本。畢訓爲久，亦本《廣雅·釋詁》，于義兩通。然楚王此言，實由反察而得。且《呂子》用曠字多訓察，如伊尹親往視曠夏，卽親往視察夏也。此類尚多，自以高注爲長。《御覽》「有」下有「以」字。其功不細，必厚賞之。《呂氏》作「不以吾身爵之，後世有聖人，必以非不穀。於是爵之五大夫」。《説苑》作「必以吾時爵之」。《御覽》引無「厚」字。中侯伯與我處，「中侯伯」，《左氏僖四年、五年、七年傳》俱作「申侯」。杜注：「申侯，鄭大夫。」《漢表》與陳轅、濤塗同列七等，作楚申侯。蓋申，楚地，文王以其地封之，稱申侯，沿初稱耳。（猶巫臣之稱申公，亦曰申侯，詳見後。）非在鄭尚爲申侯，故《表》舉楚以明之。申侯與共王不同時，當作文王爲是。申，今河南南陽府南陽縣北三十里。一曰此申是鄭地，鄭人封之，《文八年左傳》所云自申至于虎牢之竟，是也，在今河南開封府汜水縣界。此説恐非。《左傳》曰：「申侯，申出也。」則申是國名，申侯母爲申國女，故楚因以申地封之耳。《呂子》、《説苑》，本書皆有「伯」字，伯其字或行次也。「與我處」三字，《呂氏》、《説苑》無之。「我」字各本奪，據《治要》引補。常縱恣吾，縱其意而恣所欲也。《呂氏》作「善持養吾意」。《説苑》無此句。吾所樂者，「樂」，二書作「欲」。《呂》無「者」字。勸吾爲之，《呂》作「則先我爲之」。《説苑》作「吾所欲者，勸我爲之」。吾所好者，先吾服之。服，事也，先吾而爲其事。《呂書》無此二句。《説苑》作「吾所樂者，先我行之」。吾與處歡樂之，喜其便給，能先意承志。不見，戚戚也。戚戚有二義，《論語》「小人長戚戚」，鄭注：「戚戚，多憂懼。」《毛詩·小明》「自詒伊戚」，傳：「戚，憂也。」案以憂訓戚，則戚乃慽之叚字。《説文》：「慽，憂也。」經典多通作戚，此一義也。《孟子·梁惠王篇》：「夫子言之，於我心有戚戚焉。」趙注：「戚戚然心有動也。」焦氏循《正義》曰：「王念孫《廣雅疏證》云：《方言》衝俶，動也，衝俶與《廣雅》衝休同，衝亦動也，方俗語有輕重耳。《釋訓》衝衝，行也；《説文》憧，不定也；《易·咸》九四：憧憧往來，皆動之象也。聲轉爲俶，《爾雅》動俶作也，是俶與動同義。《説文》：埱，氣出于土也。義亦與俶同。《孟子》於我心有戚戚焉，趙注云：戚戚然心有動也。戚與俶亦聲近義同。」如焦氏説，則戚乃俶之叚字。（案《左傳·襄十四年》孫文子如戚，《史記·世家》作如宿，亦戚俶音近之證。）今人用休戚字，亦一聲之轉，凡連緜語類然，猶衝休或作衝俶矣。此又一義也。本文戚戚字，當同第二義，訓心動，猶言心思念之，不當訓憂。至《詩·行葦》毛傳：「戚戚，内相親也。」《漢書·文三王傳》引《詩》，顔注用《傳》申釋之曰：「言王之族親，情無疏遠，皆昵近也。」此又別一義，與此不相涉。《說文》曰：「戚，戉也。」是戚本義，諸字皆引申用。《呂》作「與處則安」，無「不見」五字。《說苑》作「與處則安，不見則思」。《治要》引作「不見則戚」，無「也」字。《御覽》作「嘗與處不見思之」。可見戚戚當同第二義。**雖然，吾終無得也。**《呂書》作「曠之而不穀喪焉」。《說苑》作「然吾有喪焉」。《說苑》喪字，卽本書無得二字之義，與《呂書》相應。**其過不細，**《孟子》曰：長君之惡其罪小，逢君之惡其罪大也。**必亟遣之。」**亟，急也。遣，謂斥去之。《呂》作「不以吾身遠之，後世有聖人，必以非不穀」。《說苑》作「必以吾時遣之」。二書前後文俱無上一句。《御覽》引「過」下有「也」字。趙簡子沈鸞激於河，曰：吾嘗好聲色宮室良馬善御，皆爲吾致之，吾好賢士，而未嘗進一人，是長吾過而黜吾善也。與此言絕相類，然簡子能黜之於生前，而楚王必待將死時始遣之，則其平日克己勝私之功，不逮簡子。故中壘斷之曰：猶愈歿身不寤者。亦謂僅勝於彼耳。若簡子者，可謂後醒者也。唐玄宗言蕭嵩奏事常順指，既退，吾寢不安，韓休常力爭，既退，吾寢乃安。吾用韓休，爲社稷耳，非爲身也。若唐玄宗者，則可謂先醒也矣。**令尹曰：「諾。」**《說苑》作「大夫許諾」。《呂書》無此句，止有「於是送而行之」句，卽敘申侯如鄭事。**明日，王薨，令尹卽拜筦蘇爲上卿，**《呂書》作「爵之五大夫」，事在楚王生前。《漢書·百官公卿表》爵下九，五大夫。師古曰：大夫之尊也。沈欽韓曰：「《商子·境內篇》：爵五大夫，皆有賜邑三百家。亦見曹參、夏侯嬰、樊噲、傅寬傳：爵至五大夫，則復家，民爵不得及此者。案：復者，多也。蘇輿曰：秦爵莧譆爲五大夫，見《呂氏·長內篇》也。」案：據此，則春秋時已有此官，不始於秦也。《食貨志》曰：「入粟邊四千石爲五大夫。」《功臣表》凡二見，又見《司馬遷傳》。**而遂申侯伯出之境。**逐之使出境外也。《說苑》於「必以吾時遣之」下，接云「大夫許諾，乃爵筦饒以大夫，贈申侯伯而行之」，無「明日王薨」句。又云

「申侯伯將之鄭，王曰：必戒之矣，而爲人也，不仁而欲得人之政，毋以之魯衛宋鄭。不聽，遂之鄭，三年而得鄭國之政，五月而鄭人殺之」。案《説苑》「以吾時」三字，鄭重分明，言及文王生前爵之遣之也。下記申侯之鄭，王戒之云云，則必在王薨前所爲明矣。《吕書》亦云「以吾身爵之遣之」，與《説苑》同。此作共王時事，又謂王薨，令尹乃拜筦蘇爲卿，而出申侯伯，與二書不合。或疑《説苑》成書在《新序》後，蓋向晚年定論，宜得其實。不知《左氏》敍遣申侯事，雖在文王生前，而曰我死，女必速行，又曰既葬，出奔鄭，則其出亦必在王薨後也。蓋文王生時，雖有出之之語，然明日卽薨，申侯猶未去也。況申侯名始見僖公四年，及七年乃爲鄭殺，亦無得政五月卽被殺之事。本書惟以文王當共王爲誤，其餘所敍，確不可易，學者詳之。「之境」，《御覽》引作「於國」。 曾子曰：「鳥之將死，其鳴也哀；人之將死，其言也善。」《論語·泰伯篇》曾子告孟敬子之言。包咸注云：「欲戒敬子，言我將死，言善可用也。」曾子，孔子弟子，名參，字子輿。父點，字晳，亦孔子弟子，魯南武城人。《一統志》云：葬沂州費縣。又云：在濟甯嘉祥縣南武山之陽。未詳孰是。《漢表》列三等。梁玉繩曰：「孔門受道，惟顔曾子貢，則子貢尚宜居第二，與德行四賢齊列，何況曾子，乃表置於顔閔二冉之下，劉知幾已譏之矣。」（《人表考》卷三。）案此卷曾子之下有曾晳，子在父前，必有錯亂，非班氏之舊也。 言反其本性，此釋《論語》將死言善之義甚精。朱子《集註》云：「人窮反本，故言善。」蓋本於此。可見《集註》所采之博。 共王之謂也。故孔子曰：《治要》引無「故」字。「朝聞道，夕死可矣。」《論語·里仁篇》文。漢石經「矣」作「也」。舊注云：「言將至死不聞世之有道。」劉寶楠曰：「聞道而不遽死，則循習諷誦，爲德性之助；若不幸朝聞夕死，雖中道而廢，賢於無聞者。引此事及《晉書·皇甫謐傳》所載謐語，皆謂聞道爲己聞道。」（《論語正義》。）案劉氏引本書及士安語，以駁舊注，是漢、晉舊解如是。昔人云幸未死得聞高論，亦此意。《日知録》曰：「有弗學，學之弗能，弗措也；有弗問，問之弗知，弗措也；有弗思，思之弗得，弗措也；有弗辨，辨之弗明，弗措也；有弗行，行之弗篤，弗措也。不知年數之不足也，俛焉日有孳孳，斃而後已。故曰：朝聞道，夕死可矣。」顧氏所論，深得本經之旨。於以開後嗣，開，啓也，謂啓悟之。覺來世，猶愈沒身不寤者也。歿身不寤，如五卷所記齊閔王、郭君（今本作靖郭君，非，詳見本章注中。）之屬是也。（本書彼文云：故齊閔王、靖郭君，雖至死亡，終身不諭者也。）《說文・心部》：「悟，覺也，從心，吾聲。」《㝱部》：「寤，寐覺而有言曰寤；從㝱省，吾聲。一曰晝見而夜㝱也。」《宀部》：「㝅，寤也，從宀，吾聲。」㝅寤音義皆同，古書多叚寤爲悟，但寤本訓爲覺而有言，故《左傳》季寤字子言，與悟之單訓覺者，微有不同也。

7昔者魏武侯謀事而當，武侯，文侯子，名擊，在位十六年。謚法：剛彊理直，威彊叡德，克定禍亂，刑民克服，夸志多窮皆曰武。《漢表》列五等。《史索隱》引《竹書紀年》作立廿六年，非。羣臣莫能逮，逮，及也。朝而有喜色。當朝而色矜侈。盧文弨曰：「《荀子・堯問篇》、《吕氏・驕恣篇》俱作退朝。」案《吕書》云：魏武侯謀事而當，攘臂疾言於庭曰：大夫之慮，莫如寡人矣。初無退朝之言。下文述楚莊王事，始有之耳。玩《吕氏》文，此必在朝宣言，當無退字。《荀子》文有退字。《吴子》作「罷朝而有喜色」，盧引《吕書》，或《吴子》之記譌耳。《吕書》庭字當作廷。吴起進曰：盧文弨曰：「《吕書》吴起作李悝。」案吴起學于曾子，（見《吕氏・當染篇》，據釋文序録是曾申。）中矢而死，（《史記》本傳、《吕書・貴卒篇》。）或云枝解，（《秦策》、《韓非子》。）或云車裂，（《韓詩外傳》一、《墨子・親士》、《吕氏・執一》注，皆舉此事。）說各不同。《漢表》列六等中下。《吕書》作李悝，《魏志・文紀》注引《魏書》同，未知孰是。《吴子》亦載此事，文多異同，別録於後。「今者有以楚莊王之語聞者乎？」楚莊注見前。聞，聞之於君也。《荀子》作「亦嘗有以楚莊王之語聞於左右者乎」。武侯曰：「未也。莊王之語奈何？」《荀》無「未也」二字，「奈何」作「何如」。吴起曰：《荀》「曰」上有「對」字。「楚莊王謀事而當，羣臣莫能逮，《荀》無「能」字。朝而有憂色。「朝」上《荀》有「退」字。《吕子》文云：「李悝趨進曰：昔者楚莊王謀事而當，有大功，退朝而有憂色。」《吴子》作「昔楚莊王謀事，羣臣莫能及，罷朝而有憂色」。均作退朝事。玩下文義，似不當有退字，蓋退朝燕居，則容之憂喜，臣下何由知之而諫之乎。疑後人妄加。《韓詩外傳》六：「昔者楚莊王謀事而居有憂色。」此居字乃平居之義，兼在朝時言，非必指燕居時也。近周廷宷、趙懷玉校並云：居當作當。此誤以《荀》、《吕》、本書之文律《外傳》。《外傳》文以謀事絶句，而居有憂色五字爲申公巫句。下文「而與居不若其身者亡」之居，正釋此居字之義。申公巫臣進曰：巫臣，楚大夫屈巫，字子靈，封於申，故曰申公，亦曰申侯。（《説苑·君道》、《外傳》六。）《漢表》列六等。《一統志》：墓在蘇州長洲縣北平門東三里。《吕書》作「左右曰」。君朝而有憂色，《荀子》「君」作「王」，此句無退字，則下文不當有退字可知。《吕》作「王有大功，退朝而有憂色」，退字亦後人加之。何也？《吕》作「敢問其説」。莊王曰：吾聞之，「曰」下《荀》有「不穀謀事而當，羣臣莫能逮，是以憂也，其在中蘬之言也，曰」二十三字。《吕》有「仲虺有言不穀説之曰」九字。本書用《荀子》文，《吴子》異文太多，不關校勘，別録於後。中蘬即仲虺，音近通用。仲虺，湯左相也。諸侯自擇師者王，自擇友者霸，足己而羣臣莫之若者亡。足己，自足乎己也。《荀》作「諸侯自爲得師者王，得友者霸，得疑者存，自爲謀而莫己若者亡」。《吕氏》云：「諸侯之德，能自取師者王，能自取友者存，其所擇而莫如己者亡」。《外傳》云：「吾聞諸侯之德，能自取師者王，能自取友者霸，而與居不若其身者亡。」諸文畧同，惟《荀子》多「得疑者存」一句。郝懿行曰：「疑即師保疑丞之疑，謂可以決疑者也。今《書·仲虺之誥》亦缺此句，可知梅氏無識，不知此句不可缺也。」案郝説是。《禮記·文王世子》引記曰：「虞夏商周，有師保，有疑丞。」則疑丞之制，仲虺時固有之矣。《荀》、《吕》明引仲虺，《外傳》及本書括以吾聞二字，吾聞者，古有是言，實即仲虺之説也。今《書》亦云：「予聞曰，能自得師者王，謂人莫己若者亡。」夫《外傳》、本書之「聞」，聞諸仲虺，今作仲虺語，而曰予聞，果何説哉。僞書之謬，此亦一端，不但如郝氏所譏已也。「至」《荀子》作「得」，本書作「擇」，《外傳》作「取」，文雖異而意不殊，皆通。今以不穀之不肖，而議於朝，且羣臣莫能逮，吾國其幾於亡矣，幾，當作譏，近也。《荀》無「議於朝且」四字，「能」字作「吾」，無「其」字，「矣」字作「乎」。《吕》作「今以不穀之不肖也，羣臣之謀，又莫吾及也，我其亡乎」。吾是以有憂色也。《荀》作「是以憂也」。《吕》無此句，引莊王語至上句止。《説苑·君道篇》引莊王曰：「吾聞之，其君賢者也，而又有師者王；其君中君也，而又有師者霸；其君下君也，而羣臣又莫若君者亡。今我下君也，而羣臣又莫若不穀，不穀恐亡。」數語又見《賈子·先醒篇》，即《外傳》、《説苑》所本，與此文語勢微異。申公巫臣，彼文皆作申侯，《吴子》作申公，無巫臣二字，已見上注。莊王之所以憂，所用以爲憂。而君獨有喜色，何也？」《荀》作「楚莊王以憂，而君以憙」，無「何也」，作歇後語，更傳神。《吕》作「此霸王之所憂也，而君獨伐之，其可乎」，以曰字作更端之詞。武侯逡巡而謝曰：逡巡，退卻貌，字或作逡遁、逡循、後循、巡遁、遵循，又作悛悛、逡逡、恂恂。（詳顧炎武《金石文字記》，吴玉搢《别雅》。）陳立《公羊宣六年義疏》、《莊子·至樂篇》作「蹲循」。《賈子·過秦上》之逡巡，《漢書》引作遁巡。皆逡巡之異文。蓋逡巡本退卻之狀，故引申爲退讓及卻縮之義。古時書由口授，四方音讀不同，故各以聲之相近而意之可會者傳之，無定字也。（本吳氏說。）此類字當因聲以求其義，不當泥字而昧其聲。此言武侯初有矜色，及聞起言，遂斂其矜而呈退讓之容，且致卻縮不安之意也。「而謝」，《荀子》作「再拜」。「天使夫子振寡人之過也，天使夫子振寡人之過也。」《荀》不重句。《呂》作「武侯曰善」，無此二句，以下即入箸者斷語。《說文・手部》：「振，舉救也。」（段本依《韵會》救下補之字，非。《匡謬正俗》七引已無之字。）俗作賑，非。《貝部》：「賑，富也。」義不相涉。（《匡謬正俗》言之詳矣。）《荀子》注曰：「振，舉。」此訓振爲舉，即包救之義，王念孫駁之，亦非也。（王說見《荀子雜志》。）振訓救，古書證據甚多。宋吳曾《能改齋漫録》、劉昌詩《蘆浦筆記》，偶舉《左氏傳》、《周易》注爲證，殊嫌掛一漏萬。《吳子》記此事云：「武侯嘗謀事，羣臣莫能及，罷朝而有喜色。起進曰：昔楚莊王嘗謀事，羣臣莫能及，罷朝而有憂色。申公問曰：君有憂色，何也？曰：寡人聞之，世不絶聖，國不乏賢，能得其師者王，能得其友者伯。今寡人不才，而羣臣莫及者，楚國其殆矣。此楚莊王之所憂，而君說之，臣竊懼矣。於是武侯有慚色。」其文與此異，録以備考。

8衛國逐獻公，獻公，定公之子，名衎，母曰敬姒。立十八年奔齊，在外十二年，復入，立三年而卒。此言逐獻公，即出奔時事。謚法：聰明叡哲，知質有聖皆曰獻。《漢表》列七等。《史記・衛世家》：「十八年，獻公戒孫文子、甯惠子食，皆往，日旰不召，而去射鴻於囿。二子從之，公不釋射服，與之言，二子怒，如宿。（《左傳》作孫文子如戚，戚宿音近，通用字。）孫文子子數侍公飲，（即孫蒯也，見《左傳》。）使師曹歌《巧言》之卒章，師曹又怒公之嘗笞三百，乃歌之，欲以怒孫文子，報衛獻公。文子語蘧伯玉，伯玉曰：臣不知也。遂攻出獻公，獻公奔齊，齊置獻公於聚邑。孫文子、甯惠子共立定公弟秋爲衛君，是爲殤公。」《左氏襄十四年傳》曰：「孫蒯入使，公飲之酒，使太史歌《巧言》之卒章。太史辭，師曹請爲之。初，公有嬖妾，使師曹誨之琴，師曹鞭之，公怒，鞭師曹三百。故師曹欲歌之，以怒孫子，以報公。公使歌之，遂誦之，蒯懼，告文子。文子曰：君忌我矣，弗先，必死。并帑于戚，而入告蘧伯玉曰：君之暴虐，子所知也，大懼社稷之傾覆，將若之何。對曰：君制其國，誰敢奸之，雖奸之，庸知愈乎。遂行，從近關出。公使子蟜、子伯、子皮與孫子盟于丘宮，孫子皆殺之。四月丁未，子展奔齊，公如鄄，使子行於孫子，孫子又殺之。公出奔齊，孫氏追之，敗公徒于阿澤，鄄人執之。」此皆獻公被逐之事也，《左氏》所記尤詳盡。本書此章，亦用《左傳·襄十四年》之文。晉悼公謂師曠曰：悼公注見前。師曠，晉太師掌樂者，曠其名也。（韋、服、杜注內外傳皆如此，《廣韻》以師爲姓，恐非。）字子野。（《左氏昭八年傳》。）《莊子·駢拇篇》釋文云：「冀州南和人，生而無目。」《郡國志》注引《皇覽》云：「師曠葬在扶風漆縣。」（又見《御覽》五百六十卷引同。）《一統志》云：在平陽洪洞縣東南二十五里，又見泰安新泰東北，未詳孰是。《漢表》列五等。「衛人出其君，不亦甚乎。」甚，謂太過。對曰：「或者其君實甚也。」言過或在君。《左傳》無「也」字。夫天生民而立之君，使司牧之，司，主；牧，養也。使主養民之事。無使失性。性讀爲生，叚借字也，下文「困民之性」同。《周語》「懋正其德而厚其性」，《晉語》「以厚民性」，兩性字亦讀爲生。韋注皆釋爲情性，非。《晉語》「凡民利是生」，生讀爲性，言好利乃民之性也。韋注謂爲民生利，亦殊不詞。蓋叚借之不明久矣。性從生聲，古通用。此性字承上文司牧言，謂牧養之，使無失其生計也。《左氏》「無」作「勿」。良君將賞善而除民患，「除民患」，《左》作「刑淫」。愛民如子，「愛」，《左氏》作「養」。《詩》云「樂只君子，民之父母」也。蓋之如天，蓋，覆也，如天之無不覆幬也。容之若地。容，包容也，如地之無不容載也。「若」，《左氏》作「如」。如若義同，本書變如言若，互文耳。民奉其君，愛之如父母，《禮記·大學》曰：「民之所好好之，民之所惡惡之，此之謂民之父母。」《孟子》曰：「如此而後可以爲民之父母。」語本《尚書·洪範》曰：「天子作民父母，以爲天下王也。」仰之如日月，《毛詩·東方之日》傳曰：「日出東方，人君明盛，無不照察也。月盛於東方，君明於上，若日也；臣察於下，若月也。」《邶風·柏舟》箋曰：「日，君象也；月，臣象也。」（《十月之交》傳：月臣道，日君道。箋語用此。）彼文皆以日月分諭君臣，此但統諭君人之明察。敬之如神明，如堯稱神宗，（《汲郡古文》夏后受命于神宗，《路史·後紀》十三注：一云堯也。）禹稱神禹（《莊子·齊物論》。）之類。《呂覽》引《夏書》曰：「天子之德廣運，乃聖乃神。」（僞古文本此。）《左傳》曰：「王甚神聖也。」畏之如雷霆。《毛詩·常武》：「王奮厥武，如震如怒。」鄭箋曰：「而震雷其聲，而勃怒其色。」（《詩》讀如爲而，古如而通用。）又《采芑》詩曰：「嘽嘽焞焞，如霆如雷。」皆諭威怒之盛也。震，雷也，（《易》曰：震爲雷。）引申爲威怒之義。《周語》「君之武震，無乃玩而頓乎」，《晉語》「君有震武也」，韋注並曰：「震，威也。」《左氏成二年傳》曰「畏君之震」，亦訓震爲威。論者遂謂《常武》箋讀如爲而，則震字與下怒對，不必訓爲雷。不知鄭用本義，與訓威仍不相戾也。《説文·雨部》：「霆，靁餘聲鈴鈴，所以挺出萬物，從雨，廷聲。」案鈴鈴疊韻，從廷亦寓挺生之義。《禮記》曰：「地載神氣，神氣風霆，風霆流行，庶物露生。」即《説文》挺出萬物之義。《左氏》此下有「其可出乎」四字，語較圓足。夫君，神之主也，《孟子·萬章篇》曰：「使之主祭，而百神享之。」而民之望也。望，瞻依也，凡言民之望者準此。《孟子》曰：「寇至則先去以爲民望。」趙岐注曰：「使百姓瞻望而效之。」蓋望有瞻訓，故以瞻望釋之，彼民望雖與此義別，而訓瞻則同。今本《左氏》無「而」字，阮元《校勘記》曰：「宋本、淳熙本、岳本上句也字作而，與石經合。」天之愛民甚矣，《左傳》下接「若困民之主」云云，而此句敍在末處，此錯綜引之。豈使一人肆於民上，一人，謂君也。杜預曰：「肆，放也。」《左傳》「豈」下多一「其」字。以縱其淫，「縱」，《左傳》作「從」，古字通用。《論語》「七十而從心所欲，不踰矩」，日本天文本「從」作「縱」。（柳宗元《與楊誨之書》、朱子《和李伯諫詩》皆用此義。）《列子·仲尼篇》曰：「從心之所念，更無是非；從口之所言，更無利害。」殷敬順《釋文》曰：從音縱也。（俗本混入張湛注中，非是。）而棄天地之性乎，《孝經》曰：「天地之性，人爲貴。」及此性字皆讀爲生，說見上。一曰：天地以愛民爲心，必不縱一人而背其性。《左傳》無「乎」字。《漢書·谷永傳》曰：「臣聞天生蒸民不能相治，爲立王者以統理之。方制海内，非爲天子；列土封疆，非爲諸侯，皆以爲民也。垂三統，列三正，去無道，開有德，不私一姓，明天下乃天下之天下，非一人之天下也。」數語甚精，與此同意，漢儒去古未遠，尚明斯義，後世君權日尊，知此者尠矣。必不然矣。言必無是理。若困民之性，困其生計。乏民之祀，下民字當作神，字之誤也。盧文弨曰：「《左氏襄十四年傳》作困民之主，匱神乏祀，其文似不若此。」案匱神乏祀，文義難解。《釋文》云：「乏本作之，誤也。」是陸本已作乏。近徐友蘭《羣書拾補識語》云：「此文《左氏》有譌，以上文神之主、民之望列之，當從沈果堂改主爲生，乏爲之。性生古字通，匱乏同義。」案徐說是。生譌主，益足證上文性字當讀曰生。主字誤，則乏字亦誤，可以推知。陸反以作之爲誤，所謂以不狂爲狂也。金王若虛《五經辨惑》已訂今本《左氏》之失。《國語·周語》「匱神之祀」，韋昭注曰：「匱神之祀，不耕耤也。」據注，字當作之甚明，乃宋本《國語》仍作乏祀，蓋淺人據誤本《左傳》改之。不知彼文匱神之祀，而困民之財，兩句相對，財所以治生者也。以彼證此，文義益明。汪氏中《國語》校文，亦謂依注則正文當作之。至本書下民字，又沿上句民字而譌也。百姓絶望，社稷無主，《左傳》曰：「神所馮依，將在德矣。」主者，馮依之謂。將焉用之，「焉」，《左氏》作「安」，二字古通，經典習見。不去何爲？」「不」，《左氏》作「弗」。以上引《左氏》之文，先後微有不同。公曰：「善。」《左氏》無此句。此章中壘采用《左傳》文，《意林》及《北堂書鈔》九十八、《御覽》六百十、又六百十六，均引桓譚《新論》，言子政、子駿、伯玉父子，呻吟《左氏》，下至婢僕，皆能諷誦。《論衡·案書篇》曰：「劉子政玩弄《左氏》，僮僕妻子皆呻吟之。」其論卽本君山，君山親見三劉，語當可信。近人止援《漢書·劉歆傳》云「歆以爲左丘明好惡與聖人同，親見夫子，而《公羊》、《穀梁》，在七十子後，傳聞與親見，詳畧不同，數以難向。向不能非閒也，然猶自持其《穀梁》義」等語，以爲子政父子異學，必不用《左傳》。不知歆所執以非難者，指二傳之短，非以《左氏》難向也。向本治《穀梁》，自持其義，與呻吟《左氏》各爲一事，初不相涉。蓋鴻儒通人之學，與常士殊，君山、仲任，其言必非無據。就令與班書不合，猶當舍傳聞而信親見，况理無二致，語本相通。今《新序》、《説苑》、《列女傳》諸書具存，采用《左氏》者不一，何嘗有專己守殘黨同妒真之見乎。乃妄者又坿會以爲歆之所加，殊屬武斷。觀西京諸儒，多專治一經，惟向博通六藝，箸《五經通義》等書。于《詩》則兼治魯、韓，《春秋》則參取三傳，擬之東京，惟經神可以媲美，餘子不及也。

9 趙簡子上羊腸之坂，趙簡子，晉卿，名鞅，又名志父。（《左氏哀二年傳》志父無罪，《釋文》云：「志父音甫服虔曰：趙鞅入晉陽以畔，後得歸，改名志父。《春秋》仍舊猶書趙鞅。」《正義》曰：「簡子名鞅，又名志父者，服虔曰：趙鞅入于晉陽以畔，諸侯之策書曰晉趙鞅以畔，既復，更名志父，或當然也。楚公子弑君取國，改名曰虔，經卽書虔；公子棄疾弑君取國，改名曰居，經卽書居。今趙鞅改名志父，經書猶云趙鞅者，彼楚子既爲國君，臣下以其所改之名告於鄰國，故得書所改之名。趙鞅人臣，家國不爲之諱，仍以趙鞅名告，故書鞅也。」案杜注祇云志父趙簡子之一名，蓋不以服說爲然也。）文子武之孫，景子成之子。（《漢表》云武子孫，誤。子當作之，趙無武子也。）《漢表》列七等。《博物志》云葬臨水縣西，而《一統志》云墓在直隸廣平府邯鄲縣西南十二里。謚法：壹德不解，平易不疵皆曰簡。王應麟《小學紺珠》曰：「羊腸阪有兩：《漢書·地理志》上黨壺關，皇甫士安《地理書》太原北九十里，隋崔賾問而知之。」程恩澤《國策地名考》曰：「羊腸有三：一在懷澤間，即太行阪道，蔡澤謂應侯曰：決羊腸之險，塞太行之口。《正義》：太行山阪道盤紆如羊腸，南屬懷州，北屬澤州，《呂氏春秋》九山之一，是也。一在潞安府壺關縣東南百里，（原注：與澤州接界。光瑛案：周嬰《卮林》又以爲晉陽西北，即壺關之東南，羊腸蓋自一耳。若然，則三羊腸皆可相通。）樊餘謂楚王曰：韓兼兩上黨以臨趙，即趙羊腸以上危。蘇厲遺趙王書曰：秦以三郡攻王之上黨，羊腸之西，（原注：《正義》曰沁州在羊腸阪西。）句注之南，非王有已。（原注：此《趙世家》文，與《國策》小異。）《地理志》上黨郡壺縣有羊腸阪，是也。一在太原府西北九十里，吳起曰：夏桀之居，伊闕在南，羊腸在北。《郡國志》萬根谷山即羊腸阪。（原注：在交城縣東南五十三里。光瑛案：交城縣屬太原府。）《淮南子》注：晉陽西北九十里有羊腸阪，通河西上郡關。皇甫謐曰：羊腸塞在龍山。《水經注》：倉山有羊腸阪，在晉陽西北，石磴縈委，若羊腸焉，故倉阪取名矣。（原注：《寰宇記》羊腸又古積穀之所，後魏於此立倉，名羊腸倉。《後漢書·鄧訓傳》注，以羊腸倉在嵐州界，羊腸阪蓋亦相接。今爲岢嵐州。）《通典》：陽曲縣有乾燭谷，即羊腸阪，是也。三者，壺關與懷澤相連，而太原較遠，當各依本文解之。」王先謙《漢書補注》曰：「羊腸阪有三：壺關、鳳臺、陽曲。戰國時之羊腸，鳳臺近之，《紀要》云：阪長三里，盤曲如羊腸。」案王說是也。《說文·阜部》阪云：「坡者曰阪，从阜，反聲。一曰澤障也，一曰山脅也。」此阪乃山脅之義。（段玉裁曰：山脅，山胛也。《呂覽》阪險原隰，高注：阪險，傾危也。《小雅・阪田》箋曰：崎嶇墝确之處也。）魏武帝詩曰：「北上太行山，艱哉何巍巍，羊腸阪詰屈，車輪爲之摧。」此即懷澤間之羊腸阪也，所以推車之故，即此可明。後人承用，凡徑之小而曲者皆稱羊腸，非其本義。（如唐李端詩：石滑羊腸險。謂蜀道也。此類甚多。）坂俗字，當作阪。《藝文類聚》卷二十四引作「羊關阪」。**羣臣皆偏袒推車**，羊腸道險，不易行車，故以人力助之，偏袒所以便推也。《書鈔》百二十四「偏」作「編」，誤。《類聚》二十四「袒」作「裼」。**而虎會獨擔戟行歌不推車。**《書鈔》百二十四、《類聚》二十四引作「唐會」，《御覽》五十三作「宗會」，三百五十三作「席會」、又四百五十七「會」作「噲」。《說苑・尊賢篇》記此作晉文侯與隨會事，是也。唐會，即隨會也。隨會，陶唐之後，其先在周爲唐杜氏，故稱唐。作唐者是，虎席皆唐字之譌。蓋唐虎形近，草書與席字又相似，故展轉致誤也。明陳禹謨本《書鈔》及俞安期《唐類函》引皆作「唐」。（作宗者，與唐字形亦微相近，故誤也。）陳俞二公，好援近本妄改古書，而此唐字不改，豈明本《新序》尚有作唐者邪。《子華子》有《虎會問》一篇，僞書不足據。隨會即范武子，士蔿之孫，成伯之子，字季。初受隨封，後更受范，官至太傅。《漢表》二等有范武子，四等又有士會。梁玉繩《人表考》謂二等之武，乃獻字之譌。范氏有兩獻子，一士鞅，一士富。以敍次時代考之，此必士富無疑，似矣。然《史通・品藻》謂士會《表》在五等，今乃列第四，則與劉子玄所見不同。且隨會光輔五君以爲盟主，功業燦然，乃晉卿之最賢者，亦不宜屈居四等，蓋《表》爲後人錯亂者多矣。俞正燮《癸巳類稿》（卷十一。）云：「《人表》第四有士會，第六有井伯，第二有范武子，第三有百里奚。士會、井伯以奔亡在第四第六，范武子、百里奚以立功名在第二第三，推之南容以愼言在第三，南宮敬叔以魯臣在第四，范蠡以立功在第三，計然以致富在第四。一人兩見，

《人表》例也。」案俞説可備一義，存以俟參。其以井伯、百里奚、計然、范蠡爲一人二名，愚别有考，兹不具論。擔當作儋，《説文》儋，何也。今作擔荷者俗。韋昭《齊語》注曰：「背曰負，肩曰儋。」《釋名》：「戟，格也，旁有枝格也。」《説文・戈部》：「戟，有枝兵也，从戈榦省，《周禮》戟長丈六尺。」段玉裁注云：「兵者，械也，枝者，木别生條也。戟爲有枝之兵，則非若戈之平頭，而亦非直刃，似木枝之衺出也。戈刃之倨句平而稍侈，故曰外博，戟則大侈倨句一矩有半，故可刺可句。《考工記・冶氏》：戟廣寸有半寸，内三之，胡四之，援五之，倨句中矩，與刺重三鋝。鄭曰：戟，今三鋒戟也，内長四寸半，胡長六寸，援長七寸半。三鋒者，胡直中矩，言正方也。鄭司農云：刺謂援也。玄謂刺者箸柲直前如鐏者也。戟胡横貫之，胡中矩，則援之外句磬折與。《通藝録》曰：内三之，謂戟柄横出柲外者四寸有半也；胡四之，謂上連刃直而下垂者長六寸也；援五之，謂衺上之刃長七寸半也。刺者，謂横出之内有鋒也；倨句中矩者，謂刺模胡直正方之形也；不言援之倨句，言刺之倨句者，戟爲句兵，中矩者主於句也。據《二儀實録》雙枝爲戟，獨枝爲戈以爲證，説與鄭大乖異，然恐程説近是。《方言》匽戟，《廣雅》作偃戟。偃者仰也，據衺上之刃名之也。《周禮》棘門、《明堂位》越棘大弓，《左傳》子都拔棘以逐之，棘皆訓戟。棘者刺也，戟有刺，故名之曰棘，衺者爲援，則横者爲棘爲刺也。張揖注《子虚賦》曰：雄戟，胡中有鮔者。鮔同距，蓋於直垂之胡之中爲横出者是曰鮔，鮔亦有鋒，故《方言》三刃枝，郭注云：今戟胡中有小孑刺者，（原注：胡字今增。）所謂雄戟也。然則合援與刺與鮔，是爲三刃枝，鄭所言三鋒戟者，又不如是，古制茫昧難知，但曰援者，斷非直刃。凡《左傳》言公戟其手，《詩》毛傳言拮据戟挶也，許書言挶戟持也，据戟挶也，《史》言須髯如戟，皆取衺出，不取直上，是則信而有徵耳。《方言》曰：戟無刃，吴揚之間謂之戈。然則戟者戈之有刃者也，戟亦非直刃，謂之有刃者何，其刃幾於直也。

《少儀》曰：戈有刃者，櫝。戈之分別有刃無刃古矣。」案：解戈戟之制，自以程瑤田《考工創物小記》之説爲最詳，近孫詒讓作《周禮正義》，悉取其説，而以黄長睿《東觀餘論》及阮元《古戟圖考》之説左之，其言戈戟之制，與鄭注大異。段氏此注，亦多本於程氏，中有明引者，有不明引者。（如辨援非直刃之説，皆程氏書中語。）程、阮皆言得之目驗，故孫氏取之。然今所見之古器，果真爲數千年前之古物乎。鄭君生漢末，爾時郡國所出古器，宜較近世爲多，豈程、阮所見，鄭必皆未見乎。程氏辨援非直刃，據其圖説所云，亦似近理。然《毛詩·皇矣》云：「以爾鉤援。」鉤援二物，與臨衝文對，鉤爲曲兵，則援非直兵而何。況依文義論，援者援引而上之謂，程氏以横出者爲援，反以直者爲胡，可乎。段氏引《左傳》「公戟其手」，毛傳之「戟挶」，許書之「戟持、戟挶」，及《史》言「須髯如戟」，以證援非直刃，此徒襲程氏説，而不知鄭謂直刃爲援，非謂戟爲直兵也。戟取句戟爲義，故《淮南》引《晏子》云：「句戟何不句，直矛何不推。」本書《義勇篇》則曰：「直兵推之，曲兵句之。」戟之爲句兵，自不待言。以戟之訓曲，而攻直刃爲援之説，毋乃風馬牛不相及乎。援取推援之義，與直兵推之之説合，可爲鄭注作一旁證。蓋戟本句兵，而亦有直刃，故段氏誤會爾。嘗廣考諸儒言戟制者，終以江氏永《周禮疑義舉要》、戴氏震《考工記圖》之説爲優。其文甚繁，今弗復録。古制茫昧，器用之形，或與時而變遷，或並時而異制，真僞錯陳，疑信參半，與其創新解，不若信舊注。或謂援爲直刃，而戴圖有枝援在旁，横出作磬折形者何。曰名爲枝援，則與援異，枝者旁出之謂，其援仍在磬折之内，直而不曲，於注義初不背也。程氏儗鄭注戟圖，全失鄭意，以戴圖爲長。近黄氏以周《禮書通故》，亦斷从江、戴之説，可謂有識。若徐氏養原《頑石廬經説》内《戈戟倨句内外解》，謂舊説戈戟皆用曲胡，是誤解倨句之義，且泥于戈戟之爲句兵也。戈戟之胡皆直，有胡即可以句，記所言倨句，並指胡與内相形之勢耳。其説甚新，所解倨句内外及戈戟皆重三釪之説，翻盡前儒舊解，獨標新諦。然以戟胡爲直，終未敢信，且無堅據，今不取。行歌，且行且歌，一曰：行，語詞。非也。行，訓將，訓且，訓使，（黄以周有《釋行》詳論之。）此皆非所施。儋戟而行歌舒其氣，若今負重者之歌邪許矣。 簡子曰：「寡人上坂，羣臣皆偏袒推車，《治要》作「簡子曰，羣臣皆推車」，無上句及「偏袒」二字。《類聚》引無「皆偏袒」三字。《御覽》三百五十三無「羣臣」七字，四百五十七無「偏袒」二字，五十三引「簡子曰」下即接「人臣而侮其主，其罪若何」，無中間數語。案簡子，晉卿，寡人之稱，非所當有，或據此以證《説苑》作晉文侯之確。但他書記簡子語多類此，蓋趙氏得國後，史臣追尊之，中壘承用舊文，不足爲異。且春秋之末，大夫多僭君制，下文《中行寅章》稱主君先君，亦其一也。惟簡子不與隨會同時，自當從《説苑》作文侯爲是。秦漢子書傳記，載春秋前事，人名時代不合者甚多，口耳相傳，不能無失。采者或明知其誤，取其事資法戒，亦並箸之。甚或一人所述，而所采前後兩岐，自成矛楯，在當時原書具存，采者可不任責，且意主勸懲，不在事之得實也。後之人未見原書，從而歸咎采書者，又不審度箸書之意，横加指摘，若葉大慶、全祖望之集矢中壘，則甚冤矣。（互詳同卷《秦欲伐楚章》及《節士篇·公孫杵臼章》注。）或又疑隨會在文侯後，（顧炎武有此説，近儒畢沅和之，見所校《呂氏·尊師篇》。）則錢氏大昕《十駕齋養新録》引《左氏》士會攝右之文，正在文侯時以駁之，其説諦當不易。詳五卷《呂子章》注。 會獨擔戟行歌不推車，《治要》引無下三字。《類聚》無「儋戟」二字。《御覽》三百五十三無「儋戟行歌」四字，四百五十七脱「儋」字，五十三無此三句。 是會爲人臣侮其主。 主，君也，與下言人君同，與大夫稱主之主異。《左氏襄十九年傳》「事吴敢不如事主」，杜注：「大夫稱主。」二十一年傳「以范氏爲死桓主而專政矣」，《正義》曰：「大夫稱主。」是春秋時稱卿大夫皆曰主也。《國語·晉語》云：

「以歡之家，而主猶績。」《晉語》云：「主孟啗我。」是大夫妻亦稱主，以大夫之稱稱之也。主之稱次君一等，《晉語》：「欒氏之臣辛俞曰：『三世仕家君之，再世以下主之。』」蓋再世以下，其恩稍殺，君臣之分未定，故從所止之稱曰主，如主司城貞子、主顔讐由之主是也。相沿既久，遂爲通稱，主與君義不別。《管子》已有《七臣》《七主》之篇，老子書亦有萬乘之主之文。《秦策》甘茂引樂羊曰主君之力，《魏策》魯君擇言曰主君之尊。一指文侯，一指惠王。以及後世人主、主上之稱，見于載記者多矣。於是主之名愈尊，而其去本義也稍遠矣。《説文》無住字，主即住也，故住某所即曰主某家。尋而稱所在之主人曰主，尋而概作主君之稱，此主字之義之引申遞變者也。從其遞變者言之，主之義本一貫；從其各别者言之，主之稱有專屬。此主字對人臣言，當作主臣之主，與大夫稱主自不同也。《類聚》引無「人」字，「臣」下有「而」字。《御覽》五十三亦不引此句。爲人臣侮其主，其罪何若？」《類聚》不疊「爲人臣」句。《治要》引「主」下有「者」字，「何若」作「若何」。《御覽》三百五十三於「不推車」下即接云「而侮其主者其罪何若」。（案文有脱誤。）四百五十七「不推車」下云「會爲人臣而侮其主者，其罪何若」。（五十三卷異文，已見上注。）虎會對曰：《治要》引無上二字。《類聚》及《御覽》四百五十七俱同。《御覽》五十三、三百五十三俱作「會曰」。「爲人臣而侮其主者，死而又死。」《類聚》引作「臣侮主之罪當死」，下接「死者，身死，妻子爲戮也」。《御覽》五十三作「其罪死」，無「爲人臣」句。三百五十三作「爲人臣侮其主者，其罪死而又死」。四百五十七作「爲人臣侮其主者死」，下接「又曰，身死，妻子爲戮」。案身死妻子爲戮二句，《類聚》、《御覽》俱引之，今本下文作「身死，妻子又死」。《左傳·文十三年》士會對秦伯語有此，亦作「爲戮」，此爲士會語之一證也。《呂子·貴信篇》：「曹翽謂莊公曰：君甯死而又死乎，其甯生而又生乎。」蓋古有是語，而會稱之。簡子曰：「何謂死而又死？」怪其言，故問之。《類聚》及《御覽》五十三、四百五十七俱無此二句。《御覽》三百五十三引有。虎會曰：《治要》作「會曰」。《類聚》及《御覽》五十三無此句。四百五十七作「又曰」，三百五十三引作「席會對曰」。「身死，妻子又死，《治要》引「又死」作「爲徒」。《類聚》、《御覽》三百五十三、四百五十七皆作「爲戮」，徒字當是戮之誤。《御覽》五十三無此二句。若是謂死而又死。《治要》句末有「也」字。《類聚》、《御覽》五十三、四百五十七俱無此句。三百五十三作「謂之死而又死」，文止此，以後不引。君既已聞爲人臣而侮其主者之罪矣，《類聚》作「君雖聞爲臣侮主之罪」。亡兄光琦曰：「雖字讀惟，謂君惟聞臣侮主之罪也。」（雖惟古字通，見王念孫《漢書雜志》、王引之《經傳釋詞》卷三、又見卷八，本書十卷注引其説。）其説不易。《御覽》五十三無此句，四百五十七「侮」上有「而」字，句末無「矣」字。「已」，盧氏《羣書拾補》大書作「以」，注云已譌。案已以古字通，經典習見，盧説非。《治要》引亦作「已」。君亦聞爲人君而侮其臣者乎？」《類聚》同。《御覽》五十三無「爲」字「者」字，四百五十七引有「爲」「者」，無「而」字。簡子曰：「爲人君而侮其臣者何若？」《治要》無「爲人君」以下八字。《類聚》作「簡子曰，何若爲侮其臣者乎」。（案語意有別。）《御覽》五十三不引此數句，四百五十七「何若」作「如何」。虎會對曰：《治要》作「會曰」。《類聚》、《御覽》四百五十七俱無上二字。「爲人君而侮其臣者，《類聚》引無此句。《御覽》五十三自「簡子曰爲人君」以下至此，皆不引。四百五十七無「而」字「者」字。智者不爲謀，《御覽》五十三句首有「則」字。辯者不爲使，辯，口辯。使四方，貴有應對之才，故孔子曰：「使於四方，不辱君命，可謂士矣。」又曰：「誦《詩》三百，授之以政，不達，使於四方，不能專對，雖多，亦奚以爲。」是擇使宜用辯者也。不爲使，謂不肯爲用。勇者不爲鬬。鬬當作門，下同。傳曰：「殺敵爲果，致果爲殺。」明戰以勇爲主。不爲鬥，謂不肯殺敵，甚或委而去之。《御覽》五十三無上句「使」字，及此句「勇者不爲」四字，文勢難通，顯有奪誤，當補正。智者不爲謀，則社稷危；《類聚》句首有「夫」字，《御覽》四百五十七同。無忠謀則邪佞之言進，故危也。辯者不爲使，則指事不通；「指事」，各本作「使」，《治要》引亦作「使」，今從《類聚》。《御覽》四百五十七引作「指事」，蓋事字與使字義同。《漢書·高帝紀》如淳注：「事，謂役使也。」《墨子·尚賢上》云：「是在王公大人爲政於國家者，不能以尚賢事能爲政也。」事，卽使也。亡兄光琦曰：「古事字作㕝，與使旁吏相似，古書吏事二字多混，（見王念孫《讀史記雜志·絳侯世家吏事條》下。）疑《新序》作指吏，淺人不識吏之爲事，妄改作使，又删指字，並據誤本《新序》以改《治要》之文耳。」說甚有理，記此存參。勇者不爲鬭，則邊境侵；《御覽》五十三於上文「君亦聞人君而侮其臣乎」下，接云「則智者不爲謀，辯者不爲鬭，則其國危矣」，文多脱誤。無戰鬭之士，則見敵未戰而先自瓦解，故邊境不能保也。三者不使，則君難保。」各本俱無此二句，《類聚》及《御覽》四百五十七引有。會此言，極陳侮人臣者，於君不利，正對簡子發藥。二語自不可省，今據補入。使，用也；不使，謂不爲用。簡子曰：「善。」乃罷羣臣推車，各本「推車」上有「不」字。盧文弨曰：「不，衍文。」案《類聚》作「簡子乃罷推車」，《御覽》四百五十七作「乃罷羣臣推車」，俱無「不」字，盧説是，今據删。但依文法論，有不字亦可。二卷《靖郭君章》「罷民弗城薛也」，彼文弗字，正與此同。《韓非子·說林下》作「乃輟不城薛」，盧校《韓子》亦謂衍一「不」字，考《齊策》作「乃輟城薛」，似乎盧説有理。然古人文法似此者甚多，如本書五卷《魏文侯軾段干木之閭章》「乃輟不攻魏」，輟不攻魏，與輟不城薛，文法何異。《齊策》可無不字，《韓子》自有，不必執一，是丹非素也。推車乃僕御之事，使羣臣爲之，已無禮矣。會故儋戟行歌，以激其怒，因而規正之，侮臣之説，所由來也。簡子悟其意，遂罷之，聞過則改，所以興也。（當是晉文公事，注已見前，此姑依本文作簡子解之。）《御覽》五十三於「簡子曰善」下，即接「以宗會爲上客」，無中間數句。《治要》亦無，「曰善」下接云「乃以會爲上客」。**爲士大夫置酒，與羣臣飲，**《御覽》四百五十七作「以爲上大夫，酒舉，羣臣飲」。案本書此處文義譌舛，依《御覽》稍可讀。蓋簡子善會言後，以會爲上大夫，及置酒飲羣臣，又以會爲上客也。爲客與上大夫，各是一事。上大夫尊其秩位，爲客隆其禮貌，初不相蒙。今本奪去「以虎會」三字，誤「上」爲「士」，遂以「爲士大夫置酒」六字爲句。是但隆其禮貌，未有賞善之實，而從善如流之美不見。且爲士大夫置酒，文義亦難解，非事實。當云以虎會爲上大夫，置酒與羣臣飲，會爲上客，則情事脗合。蓋「以虎會」三字誤迻在末句，而末句首又當別有「會」字也。《御覽》所引，尚未甚誤，惟「酒舉」句亦有奪譌，「酒」上當依今本增「置」字，「舉」當作「與」，形近而誤，又本古通用字，讀者分別觀之，可耳。**以虎會爲上客。**

上客，上坐尊客。《左氏襄二十三年傳》「臧紇爲客」，杜注：「爲上賓。」《襄二十七年傳》「宋公兼享晉楚之大夫，趙孟爲客」，杜注：「客，一坐所尊敬，故季孫飲大夫酒，臧紇爲客。」孔疏云：「享宴之禮，賓旅雖多，特以一人爲客。燕禮者，諸侯燕臣之禮也。經云：小臣納卿大夫，卿大夫皆入門右，北面東上，乃云：射人請賓。公曰：命某爲賓。賓出，立于門外，更使射人納賓，公降一等揖之。賓卽客也，是客一坐所尊也。《魯語》云：公父文伯飲南宮敬叔酒，路堵父爲客，羞鼈小，堵父怒，相延食鼈，辭曰：將使鼈長而食之。遂出。文伯母聞之，怒曰：吾聞之先子曰：祭養上尸，享養上賓，鼈於何有，而使夫人怒也。是一坐所尊敬之事也。」案孔疏是也。《燕禮》：「公與燕，則大夫爲賓，與大夫燕，亦大夫爲賓。」（宋本與下有卿字，是。）此云與羣臣飲，不知爲卿或大夫。（疑皆在其内。）要之會爲大夫，則宜爲賓，故以會爲上客也。自《楚莊王章》

至此言君道。

10昔者周舍事趙簡子，周舍，簡子家臣。《漢表》列六等。惟見《韓詩外傳》七及此。立趙簡子之門，三日三夜。簡子使人出問之曰：《御覽》六百二十一引無「曰」字，蓋奪文也。「夫子將何以令我？」令猶教也，與命同義。《孟子·滕文公上篇》：「夷子憮然爲間曰，命之矣。」趙注：「命之矣，猶言受命教矣。」《禮記·坊記》「命以防欲」，注：「命，謂教命是也。」（六朝時詔敕或稱令，或稱教，義正相同。）《韓詩外傳》七作「子欲見寡人何事」。《御覽》四百二十八作「夫子將何以教寡人」。周舍曰：「願爲諤諤之臣，《外傳》「周舍」下有「對」字。「諤諤」，《史記·趙世家》集解引《外傳》作「鄂鄂」，今《外傳》仍作「諤諤」。（《史記》不載周舍語，下文亦作鄂鄂。）案鄂諤皆非本字，《說文》無諤，（鄂是地名，亦無直諫之義。）當作詻。《言部》：「詻，論訟也。」《周禮·保氏》注：「軍旅之容，暨暨詻詻。」《墨子·親士篇》：「君必有弗弗之臣，上必有詻詻之下」。《莊子·人間世》釋文引崔譔云：「逆擊曰詻。」《廣雅·釋訓》以詻詻諤諤共繫一條。（語也條下。）其實諤即詻字，詻正諤俗，鄂又音近叚借。《文選·三國名臣序贊》注引《字書》曰：「諤，直言也。」《諷諫詩》「諤諤黃髮」，注：「諤諤，正直貌。」又《長笛賦》注引《字林》云：「鄂，直言也。」又曰：「從邑者，乃地名也。」《曾子·立事篇》「君子出言以鄂鄂」，《漢費汜碑》「蹇鄂賢直」，《綏民校尉熊君碑》「臨翰蹇鄂」，字皆作鄂。李善意作鄂者諤之叚借，故云從邑乃地名，不知諤鄂皆詻之異文。又或作咢，（《漢書·韋賢傳》。）愕，（《鹽鐵論·國病篇》。）並字異，或後起，展轉借用。《史記·趙世家》引趙簡子語作鄂鄂，《商君列傳》作諤諤。《御覽》六百二十一引本書句首有「臣」字，四百二十八引「願爲」下有「君」字。（驚遻之字當作遻，華鄂字當作鄂，今人相承作愕蕚，非是。愕蕚二文皆俗字。）墨筆操牘，隨君之後，「墨」，《御覽》六百三引《外傳》作「秉」，今《外傳》仍作「墨」。墨筆，染墨于筆也。《管子・霸形篇》曰：「今百官有司削方墨筆。」《說苑・指武篇》：「王滿生曰：藉筆牘書之。」《晏子春秋》：「擁札摻筆。」（案古參喿旁字多混，音近故也。摻卽操字。）《莊子・田子方篇》：「宋元君將畫圖，衆史舓筆和墨。」是筆墨所起遠矣。自《說文》有「楚謂之筆，吳謂之不律，燕謂之弗，秦謂之筆」之文，論者遂誤云筆始于秦。又或疑古以刀爲筆，不用豪毛，此皆謬見。《禮記・曲禮》明云史載筆，《國語・魯語》臣以死奮筆，《晉語》董安于曰：方臣之少也，進秉筆贊爲名命；士茁對知襄子曰：臣以秉筆事君。皆三代典記所書，可謂筆始于秦乎。《周禮》「名書於王之大常」。《士喪禮》「爲銘各以其物，亡則以緇書名於末」。《論語》「子張書諸紳」。《禮記・玉藻》「史進象笏書思對命，受命於君前，則書於笏」。及本書、《外傳》此文所言，皆非用豪毛筆不能。況《大戴記・武王筆銘》明有豪毛茂茂之語，可云古筆不用豪毛乎。《說文・竹部》：「籥，書童竹笘也。」潁川人名小兒所書寫爲笘。《廣雅》：「笘，籥也。」顏師古注《急就篇》云：「觚者，學書之牘，削木爲之。」《說文・巾部》：「幡，小兒拭觚布也。」案籥觚皆叚借字，當作柧。（《漢書》云操觚之士，《西京雜記》傅介子好學書，嘗棄觚而嘆。皆卽此柧字。）此器本八棱，于其上學書，如今人用粉簰，寫滿則拭去再書，此非用筆墨而何。《博物記》、《古今注》並引董仲舒答牛亨曰：「有筆之理，與書俱生。」《尚書中候》曰：「龜負圖，周公援筆寫之。」其來尚矣。又曰：「蒙恬所造。」卽秦筆耳。仲舒大儒，所言必有所受。宋馮鑑《事始》謂筆始蒙恬，史繩祖《學齋佔畢》力辯其非，史說是也。《說文》：「牘，書版也。」《釋名》：「牘，睦也，手執以進見，所以爲恭睦。」《急就篇》曰：「簡札檢署槧牘家。」顏注：「牘，木簡也，既可以書，又執之以進見於尊者，形若今之木笏，但不挫其角耳。」《管子・霸形篇》削方，注云：「方，謂版牘也，欲書所定令也。」《春秋經傳集解序》：「大事書之策，小事簡牘而已。」《正義》曰：「簡之所容，一行字耳；牘乃方版，版廣於簡，可以并容數行。凡爲書字有多有少，一行可盡者，書之於簡；數行可盡者，書之於方；方所不容，乃書於策。」是牘即方版，其制大於簡而小於策也。《後漢・北海靖王興傳》「令作草書尺牘」，李賢注：「《説文》曰：牘，書版也。蓋長一尺，因取名焉。」漢人多言尺牘，（《史記》緹縈通尺牘，《漢書・陳遵傳》與人尺牘，主皆臧去。）或言尺書，《漢書・韓信傳》「奉咫尺之書以使燕」，顔注：「八寸曰咫，咫尺者，言其簡牘或長咫，或長尺，諭輕率也。」是牘之制，或爲咫，或爲尺。或又言尺一之書，（近人王國維所箸《簡牘檢署考》甚詳。）因等級關繫，及所書之繁簡爲差，（亦詳王氏書中。）初無一定。段玉裁曰：「《説文・木部》：槧，牘樸也，粗者爲槧，精者爲牘。」《御覽》六百二十一卷引本書「隨」字上有「日」字。

司君之過而書之，

司，古伺字。《説文・司部》：「司，臣司事於外者。」段玉裁注云：「《鄭風》邦之司直，傳：司，主也。凡主其事必司察恐後，故古別無伺字，司即伺字。（案伺在新附中。）《見部》曰：覹，司也；覗，司人也。《人部》曰：伏，司也；候，司望也。《頁部》曰：類，司人也。《犬部》曰：獄，司也。豸下曰：欲有所司殺。皆即今伺字。《周禮・師氏、媒氏》禁殺戮之注，皆云：司，猶察也。俗又作覗，凡司其事者，皆得曰有司。」案段説是也。鄭氏珍謂「伺古作獄，《説文》：獄，司空也，从㹜，臣聲。復説：獄，司空。《玉篇》：獄，獄官也，察也，今作伺覗。可證司空本是司察，故《玉篇》訓察本之，今本涉下獄司空致誤。漢時通用司作獄，故許以司解獄，他注亦止作司，取通俗也。復説上當脱一字，某復蓋人姓名。獄司空者，應劭《漢官儀》：縣道官有獄司空。獄司空治獄，必伺察罪人情狀，某復蓋引漢獄司空，以證古獄察字从㹜字之意。㹜者，獄之省文，注語今不完，非謂獄即獄司空之司字也。司空字自古作司，無作獄之理，《玉篇》徑本之訓獄官，恐出孫強、陳彭年等據誤本《説文》所加。」（《説文新附考》三。）光瑛謂：

鄭云復上有奪字是人姓名，其說本段氏舊注，是矣。至謂《說文》司空本是司察，則不如段以空字爲衍文之當。許君以司訓獄，乃疊韵爲訓之例。作察是《玉篇》文，不可溷入許書也。司已包察字之義，不煩更言察。又獄之訓司，與贓覗伏候䫙豸等字同。凡字有廣義，有狹義，伺察之字，古止作司，乃廣義也。獄官主伺察人者，字從二犬，所以守察犯人情狀，是專屬獄官之伺察言之，狹義也。若謂伺察字當作獄，則贓覗等字，亦可以爲伺之古字矣。鄭氏之說，未免爲《玉篇》所惑。不知《後漢書·光武紀》注云：「掌徒隸而巡察，故曰司隸。」明漢時以司爲伺。《呂氏·自知》云「湯有司過之士」，亦即此司過之義。（高注訓司爲主，非是。）皆不作獄，可驗司爲伺察本字。《說文》無伺，不可以獄當之。《外傳》作「從君之過而日有記也，月有成也，歲有效也」，文有脱誤。趙懷玉本「從」下加「君之後」三字，而下補「書之」二字，與本書文畧同。趙氏云：「據《御覽》引補。」今《廣韵·五質》引《外傳》與趙校合，是本書上文「隨」字，《外傳》作「從」也。《御覽》四百二十八引本書「司」作「伺」，無「之」字，皆非。日有記也，月有效也，歲有得也。」得，謂得於心。本卷《楚共王章》曰「吾有得也」，義與此同。《外傳》「效」作「成」，「得」作「效」。《御覽》六百二十一引本書「得」作「約」，誤。簡子悦之，悦當作説，悦俗字。與處。《外傳》文作「簡子居則與之居，出則與之出」。案與處謂引而置之左右，居處義同。居無幾何，而周舍死，居，辭也。《類聚》三十五引本書無「而」字。《御覽》四百八十八引無「何而周」三字。簡子厚葬之。《外傳》作「簡子如喪子」。三年之後，三年，免喪後也，古者爲長子服三年。《外傳》曰「簡子如喪子」，雖未必爲服，然緣情也，三年中，不飲酒食肉。言三年之後者，起下與諸大夫飲也。《類聚》三十五無上三字，以「後」字屬下爲句。與諸大夫飲，《御覽》四百八十八「簡子」下無「厚葬」七字，即接此句。酒酣，簡子泣。有淚無聲曰泣。《外傳》

作「後與諸大夫飲於洪波之臺，酒酣，簡子涕泣」。（案：以後字屬下句讀，與《類聚》引同。）《類聚》三十五引本書「泣」下有「曰」字，下即接「百羊之皮」云云，無中間數語。《御覽》四百八十八引同，但無「簡子」二字。**諸大夫起而出，曰：**《外傳》作「諸大夫皆出走曰」。案：「起」疑「趨」字之譌，二字形近，古書往往相溷。（如本卷下章及《范昭章》引《外傳》，皆其證也。）《外傳》「走」字，即「趨」字之義。宋本同誤。**「臣有死罪而不自知也。」**見簡子泣，未知所犯何罪，故云。《外傳》無「死也」二字。趙本據《御覽》四百九十一補「也」字。**簡子曰：「大夫反，**反，反其位也。時諸大夫出待罪，故云。《外傳》「反」作「皆」，連下爲句。**無罪。昔者吾友周舍有言曰：**「友」，《外傳》作「有」，趙本改作「友」。案友有字形聲俱近，古通用。《墨子·兼愛下篇》：「不識於兼之有是乎，於別之有是乎。」戴望校云：「有字皆友之聲誤。」《大取篇》有有於秦馬，有有於馬也。近人孫詒讓《閒詁》云：「疑當作有友於秦焉，有友於□焉。」《鹽鐵論·殊路篇》：「魯莊知季有之賢，授之政，晚而國亂。」盧文弨《拾補》改有作友，旁注云：「有譌。」張敦仁考證云：「有當作子，不知者改子爲友，因譌成有字。（原注：《拾補》作友，非。）」光瑛案：盧、張、戴、孫數君，未思友有同字，故疑各書之文爲誤，其失與趙校同。（趙氏校亦出盧抱經手，見嚴氏《悔學厂集》。）不知二字俱從又，有通友，猶有之通又也。（有又相通，經典習見，王引之《經傳釋詞》、鄭珍《巢經巢經說》所舉詳矣。）《釋名》曰：「友，有也，相保有也。」（《釋言語》。）《荀子·大畧篇》「友者所以相有也」，楊倞注：「友與有同義，相有謂不使喪亡。」《白虎通·三綱六紀》云：「友者，有也。」《論語·學而篇》「有朋自遠方來」，釋文云：「有本作友。」又《先進篇》「以友輔仁」，孔注：「友相切磋之道。」釋文注友本作有，皆二字關通之證。《說文》云：「同志爲友，從二又相交。」雖不言聲，而已包聲在內。與有字之從又聲，固相近也。至篆文[illegible]與[illegible]形近，更不待言。趙校改有作友，反失其真也。**百羊之皮，**《外傳》《史記》作「千羊」，《秦策·趙良説商君章》同。《類聚》二十五、《御覽》四百八十八引本書皆作「百」。**不如一狐之腋；**腋，俗字，本作亦，叚借作掖。《治要》引《外傳》作「掖」，今各本《外傳》仍作「腋」，蓋後人改之。《説文·手部》：「掖，以手持人臂也，从手，夜聲。一曰臂下也。」《禮記·儒行》「衣逢掖之衣」，《史記·吕后紀》「見物如蒼犬，據其掖」，皆用借字。《禮記·玉藻》「士不衣狐白」，注：「狐之白者少，以少爲貴也。」孔疏云：「言士不衣狐白，則卿大夫得衣狐白也。」是古者狐白之裘，卿大夫始得服之。蓋狐以白爲上，青次之，黄又次之。劉寶楠《論語正義》引《七月詩》「取彼狐貍，爲公子裘」，知狐貉是貴服，是也。《晏子春秋·外篇》：「景公賜晏子狐白之裘，玄豹之茈，其貲千金。」《淮南子·説山訓》曰：「天下無粹白之狐，而有粹白之裘，掇之衆白也。」（此即集掖成裘之義。）《漢書·匡衡傳》：「是有狐白之裘，而反衣之也。」注：「狐白，謂狐掖下之皮，其毛純白，集以爲裘，輕柔難得，故貴也。反衣之者，以其毛在内也。今人則以背毛爲裘，而棄其白，蓋取厚而温也。」是古者衣裘以狐白爲尤貴之證。狐白之裘，采之衆掖，非一狐之掖可成，故《墨子·親士篇》云：「千鎰之裘，非一狐之白也。」此云一狐之腋者，諭賤者之多，不如貴者之少，諷諸大夫不及周舍。掖從夜聲，夜古音有讀弋灼切者，亦字亦然。此掖字與諤爲均也。**衆人之唯唯，**唯，應聲。《國策》、《外傳》作「諾諾」。《外傳》無「之」字。**不如一士之諤諤。**「一士」，舊本作「周舍」，《類聚》三十五、《御覽》四百八十八並同。但二書自上文「簡子泣曰」下，（《御覽》無簡子二字。）即接此四語，作簡子之言。乃括引本書大意，改作周舍，以圖省文，猶《史記·世家》云「諸大夫朝，徒聞唯唯，不聞周舍之鄂鄂。」耳今既引作舍語，則不當自譬如此，疑後人反據《史》文及類書改之。《外傳》作「一士」，《秦策·趙良説商君章》同，今據更正。《羣書治要》引《外傳》作「直士諤諤」，《類聚》作「愕愕」，乃後起叚借字，説詳前。昔紂昏昏而亡，《外傳》作「昔者商紂默默而亡」。《史記・殷本紀》曰：「紂知足以距諫，言足以飾非，矜人臣以能，高天下以聲，以爲皆出己之下。」又殺比干，囚箕子，此其所以致亡之實也。《廣雅・釋訓》：「惛惛，亂也。」惛乃昏之俗字。《孟子・盡心篇下》：「今以其昏昏，使人昭昭。」趙注：「今之治國法度昏昏亂潰之政也。」《呂氏・有度篇》「不昏乎其所已知」，注：「昏，闇也。」又《誣徒篇》「昏於小利」，注：「昏，迷也。」昏兼潰亂迷闇義。武王諤諤而昌。「諤諤」與上句對，則上句當如《外傳》作「默默」。《國策》亦作「默默」，本書變文作「昏昏」，亦由默默而來也。昌，盛也。自周舍之死後，《外傳》句首有「今」字，句末無「後」字。《類聚》引無「之」字。《御覽》作「舍死」，無「周之後」三字。疑「之」「後」二字必有一衍。吾未嘗聞吾過也。舊本下「吾」字譌「君」。案《外傳》作「吾」，宋本《新序》同，吾君二字形似，古書往往相溷。《墨子・非儒下》「吾子若鍾」，畢校據彼上文改吾爲君，注云：「舊本君譌吾。」本書五卷《顏淵侍定公章》「不識吾子何以知之也」，宋本吾字誤君，皆其證也。（《詩・商頌・長發》「有震且業」，箋：「震，猶威也。」下引《春秋傳》曰「畏居之震，師徒橈敗」。（今本君字誤吾。）蓋君字古文作𠱃，與吾字形甚肖，故易誤，今從宋本改正。《類聚》引「過」作「罪」，《御覽》四百八十八作「非」，句首無「吾」字。故人君不聞其非，及聞而不改者亡，二語《外傳》所無，《類聚》、《御覽》皆不引，疑是中壘斷語，夾入敍記之中，古人文法恒如此。俞樾《古書疑義舉例》所稱《左傳》「不替孟明」，（僖三十三年傳。）「則使卜人反之」。（昭三年傳。）《史記・趙世家》云：「以至父子俱死，爲天下笑，豈不悲乎。」《魏世家》：「惠王之所以身不死國不分者，二家謀不和也，若從一家之謀，魏必分矣。故曰君終無適子，其國可破也。」諸文，（見三卷敍論並行例。）皆以議論敍事，參錯不分，與此同例。作類書止取其事，故不引也。若以爲簡子自言，文義稍隔。吾國其幾於亡矣，《外傳》作「吾亡無日乎」。《類聚》三十五、《御覽》四百八十八俱作「吾國幾亡乎」。依二書所引，幾當讀爲其。王引之《經傳釋詞》：「幾，其也。」（見五卷幾字下，徵引處不録。）是也。依今本文，幾當訓近，同卷《魏武侯章》記楚莊王語亦有此，彼文《荀子》作「吾國幾於亡乎」，《吕覽》作「我其亡乎」，亦讀幾爲其。疑《荀子》於字，淺人據本書加之，蓋乎者疑詞，與其訓相應，與近訓不相應。本書乎作矣，則訓近可也。此文《類聚》、《御覽》同作「幾亡乎」，則不當訓近，疑本文當依二書所引，删「其於」二字，「矣」改作「乎」。蓋淺人不知幾之訓其，又依上文楚莊王語以改之也。若謂兩書括引大意，不可爲據，何所引之適合邪。且「其亡乎」三字，正見憂勤惕厲，不可終日。作近於亡矣，則辭句轉婉，與《外傳》亡無日之語氣，不甚相應。今姑仍舊本，而辨其失於此。是以泣也。」「是以」下《外傳》有「寡人」二字。《類聚》「以」下有「垂」字，無「也」字。《御覽》有「垂」又有「也」字。《史·世家》「泣」作「憂」。

11魏文侯與士大夫坐，文侯名斯，亦曰擩子猉。（《史記索隱》引《世本》。）《史記·魏世家》、《漢書·古今人表》均以爲桓子之孫，而《世本》則云桓子生文侯。梁玉繩曰：「二説未定孰是。文侯之名，《史表》、《世本》並作斯，《國策》吴注作勘，乃斯之譌。《唐表》七十二中謂名都，殊非。蓋《世家》云：桓侯之孫曰文侯，都魏。讀者誤絶都字爲句，以魏連下文侯元年作一句。又各本於都字下，攙徐廣注曰《世本》云、斯也二語，遂錯認爲名耳。」（《人表考》卷四。）光瑛案：《史》文孫字，疑子字之誤。下文云：文侯與韓武子、趙桓子、周威王同時。武子名啓，康子子；桓子名嘉，襄子子。魏桓子正與韓康子、趙襄子同時，以理測之，其子亦必與武子、桓子同時也。猉斯俱從其聲，古字通用。梁謂《唐表》之誤，由讀《史記》

從都字絶句，固是。但《索隱》引《世本》後卽云：「與此系代亦不同。」則似《索隱》已誤認都爲文侯之名，謂非徒名有異，系代亦不同耳。（《魏世家》桓侯之孫曰文侯，都魏，文侯元年，卽秦靈公之元年也。各本於都字下，攙徐廣注曰：《世本》云斯也。《索隱》曰：《系本》桓子生文侯斯，其傳曰孺子瘨是魏駒之子，與此系代亦不同也。）《集解》引《世本》，亦似徵集異文，則承誤已久矣。（觀各本攙徐廣注於都字下，則徐氏亦誤讀矣。）《漢表》亦以文侯爲桓子孫，與《世家》同，恐以《世本》說爲長。（《世本》，《索隱》作《系本》，世代作系代，皆避唐太宗諱。）文侯立二十一年，爲侯，又十七年，卒，凡三十八年。（見《六國表》、《世家》，《竹書》作五十四年，《索隱》引《竹書》作五十年，皆非也。）謚法：經緯天地，道德博厚，勤學好問，慈惠愛民，愍民惠禮，錫民爵位皆曰文。《一統志》云：「葬汾州孝義縣西五里。」《漢表》列四等。《羣書治要》及《藝文類聚》二十四引俱無「士」字，疑本文「士」字衍。《呂氏·自知篇》作「魏文侯燕飲，皆令諸大夫論己」。《文選》孔融《薦禰衡表》注引作「問諸大夫，寡人何如主也」。雖文各不同，皆無「士」字。惟《御覽》四百二十八、四百五十七兩引皆有。

問曰：「寡人何如君也？」《呂氏》作「皆令大夫論己」。《文選》注與本書文畧同。（見上注。）《御覽》四百二十八引「何如」字誤倒。四百五十七引句末無「也」字。羣臣皆曰：「君仁君也。」《御覽》四百五十七無上「君」字。《呂》作「或言君之智也」。

次至翟黄，翟黄，魏文侯上卿。「黄」，諸書或作「璜」，《韓非·外儲說左》前作「璜」，後作「黄」，（古有此例，見顧廣圻識語。）蓋黄乃璜省文。《說苑·臣術》作「翟觸」，璜其字也。《韓非·外儲說左下》又作「翟角」，疑卽觸字爛文。（一曰觸爲璜之別名，黄式三《周季編畧》云：名觸，字璜。）《漢表》列三等。梁玉繩曰：「姓出翟國，本音狄，改音宅，（原注：見《通志·氏族畧》二。）今讀若雜，蓋宅音譌耳。」（《人表考》三。）案：從得姓之始言之，則當音狄。古無宅字音，（古無舌上音故。）翟狄字通。王引之《春秋名字解詁》云：「魏翟觸字璜。」《大戴記・保傅篇》：「下車以佩玉爲度，上有蔥衡，下有雙璜衝牙玭珠以納其間。」《玉藻》「佩玉有衝牙」，注：「居中央以前後觸也。」疏云：「佩玉必上繫於衡，下垂三道，穿以蠙珠，下端前後，以縣於璜，中央下端，縣以衝牙，動則衝牙前後觸璜爲聲。」曰：「君非仁君也。」《御覽》四百五十七無「也」字。曰：「子何以言之？」對曰：「君伐中山，不以封君之弟，而以封君之長子，《魏世家》：「文侯十七年，伐中山，使子擊守之。」是其事也。《左氏定四年傳》「中山不服」，哀三年傳「齊衛圍戚，求援於中山」，杜注並云：「中山，鮮虞。」又昭十二年傳「假道於鮮虞」，杜注：「鮮虞，白狄別種，在中山新市縣。」《春秋土地名》云：「中山鮮虞國，治盧奴縣。」《後漢書・光武紀上》注：「中山國一名中人亭，故城在今定州唐縣東北。」張曜《中山記》曰：「城中有山，故曰中山；盧奴，縣名，屬中山國，故城在今定州安喜縣。」案：新市故城在今直隸正定府新樂縣，其地有鮮虞亭，蓋鮮虞徙居中山，卽以爲國名，地固不甚相遠也。鮮虞本白狄別種，白狄有在晉之東者，鮮虞是也；有在晉之西者，成十三年傳云「白狄及君同州」，宣八年「白秋會晉伐秦」，是也。《鄭語》韋昭注以鮮虞爲姬姓，《世族譜》及《史記・趙世家》索隱、《穀梁》正義均同。《路史・國名紀》五謂本子姓國，未知何據。《御覽》四百二十八引無下「以」字「長」字，（與《呂書》畧同，其作任座語亦同，說見下。）四百五十七引無兩「以」字。文侯封太子擊於中山，而立次子訢爲嗣，見《韓詩外傳》八及《說苑・奉使篇》，黃之言，蓋因事納諫，有爲而發，非謂文侯重子而輕弟也。此「長」字似不可省，《御覽》誤。臣以此知君之非仁君也。」「也」字各本俱奪，《治要》、《類聚》引及《御覽》兩引俱有「也」字，今據補正。《呂書》「或言君之智也」下，接云：「至於任座，任座曰：（以翟黄任座互混，說見下。）君不肖君也，得中山，不以封君之弟，而以封君之子，是以知君之不肖也」。文雖不同，亦有「也」字。又《類聚》句首「臣」作「曰」，「此」作「是」。《御覽》四百二十八無「臣」字，「此」亦作「是」，四百五十七引無「此」「之」二字。文侯怒而逐翟黄，文侯欲廢擊而未明言，今黄觸其隱，故怒也。舊本「怒」上有「大」字，盧文弨曰：「大，衍文。」案《治要》、《類聚》及《御覽》兩引俱無「大」字，盧説是，今據刪。《治要》作「文侯怒而出之」。《吕書》作「文侯不説，知於顔色」，無出逐之語。高注云：「知，猶見也。」翟黄趨而出。趨出待罪也。《治要》及《御覽》四百二十八引無此句。舊本「趨」字俱作「起」，此因形近而誤。《類聚》二十四、《御覽》四百五十七皆引作「趨」，《吕氏》亦作「趨」，今據改。次至任座，座，文侯時直臣。《漢表》與翟黄、李悝、趙倉、唐屈、侯鮒、西門豹諸人同列第三等。師古曰：「座，音才戈反。」梁玉繩曰：「古座痤通用。《春秋·襄二十六年》宋世子痤，《穀梁》作座。故《史》、《漢》於公叔座、范座、景座，（原注：徐廣本作痤。）皆不從疒，而任座無作任痤者。顔亦音才戈反，何據。」（《人表考》卷三。）案《説文》無座字，止作坐。顔意座乃晚出俗字。古人取名，不諱隱疾，（《説文》：痤，小腫也，一曰族絫病。）故知當爲痤耳，梁氏駁之，非也。盧文弨曰：「《吕氏·自知篇》翟黄作任座，下任座作翟黄。」案《御覽》四百二十八引本書同，《御覽》此卷所引疑有誤。蓋不但任翟姓名互易，其文亦或同《吕書》，疑後人據《吕書》改之也。《類聚》引此句無「至」字，非；「座」作「坐」，下同。文侯問：「寡人何如君也？」《治要》引「問」下有「曰」字。《御覽》四百五十七同本文。《類聚》及《御覽》四百二十八不引此句，《吕書》亦無。任座對曰：《類聚》引無「任」字。《吕氏書》作「翟黄曰」。「君仁君也。」「仁」，《吕氏》作「賢」。《御覽》四百五十七無上「君」字。曰：「子何以言之？」《御覽》四百二十八引無「子」字，四百五十七不引此句。《吕氏·自知》亦無此句。對曰：《御覽》四百五十七無此句，自「君仁君也」下，即接「臣聞」句，與《吕書》同。

《呂氏》「仁」作「賢」。）「臣聞之，《御覽》四百二十八無「之」字，與《呂書》同。其君仁者其臣直。《呂書》作「其主賢者其臣之言直」。《御覽》四百二十八作「其君賢者其臣言直」。案上文「仁君」《呂》作「賢君」，故此句仁字亦作賢。《御覽》引本書上作仁，此作賢，則非。此皆後人據《呂書》妄改。向翟黄之言直，臣是以知君仁君也。」向，頃也，當作鄉。段玉裁嘗云：「漢人無以鄉頃字作向者。」《御覽》四百二十八引無「臣」字及下「君」字，「仁」上有「之」字，四百五十七同，但無「之」字。《呂》作「今者任座之言直，是以知君之賢也」。《國策》：「秦王與中期爭論，不勝，秦王怒，中期徐行去。人爲説秦王曰：此悍人也，適遇明君故也，遇桀紂，必殺之矣。因弗罪。」（此與晏子論弦章諫齊景公飲酒事同，蓋即祖晏子故智耳。見《晏子春秋・諫篇》。）《漢書・薛廣德傳》：「秋，上酎祭宗廟，出便門，欲御樓船。廣德當乘輿車，免冠頓首曰：宜從橋。詔曰：大夫冠。廣德曰：陛下不聽臣，臣自刎，以血汙車輪，陛下不得入廟矣。先歐光禄大夫張猛進曰：臣聞主聖臣直，乘船危，就橋安，聖主不乘危，御史大夫言可聽。上曰：曉人不當如是邪。」唐劉肅《大唐新語》云：「太宗嘗罷朝，自言殺卻此田舍漢，文德皇后問：誰觸忤陛下。太宗曰：魏徵每廷辱我，使我常不得自由。皇后退，朝服立于庭。太宗驚曰：何爲若是。對曰：妾聞主聖臣忠，今陛下聖明，故魏徵得盡直言，妾備後宫，焉敢不賀。於是太宗意乃釋。」《舊唐書・陽城傳》記城爭相裴延齡罷陸贄事時，金吾將軍張萬福聞諫官伏閤諫，趨往至延英門，大言賀曰：朝廷有直臣，天下必太平矣。已而連呼太平萬福。數事用意相類，萬福以一介胄武夫，能委曲全濟如此，尤所難也。故王應麟《通鑑答問》亟稱之，知進言補闕，自有妙道。宋呂祖謙云：「解人之怒，須是委曲順其意，説彼不是，然後徐以言語解之，其怒方息。若它人正説彼不是，我卻以爲是，是激之也。田蚡正怒灌夫，而竇嬰乃言夫名冠三軍，宣帝正怒蓋寬饒，而鄭昌乃言猛獸在山，藜藿不采，故二人皆不免於死。吳張溫被斥還郡，駱統表理溫，言溫洪雅之素，英秀之德，文章之采，議論之辯，卓躒冠羣，偉曄燿世云云。裴松之以爲權既疾溫名盛，而統方驟言其美，何異燎之方盛，又揭膏以熾之。此皆不善救人者。東坡下御史獄，張安道上書救之，令子恕至登聞鼓院投進，恕徘徊不敢投。久之，東坡出獄，見其副本，吐舌色動。人詢其故，不答。其後子由見之，云：宜吾兄之吐舌也，此事正得恕力。或問之，子由曰：獨不見鄭昌之救蓋寬饒乎，其疏云上無許史之屬，下無金張之託，正以激宣帝之怒爾。寬饒以犯許史輩有此禍，乃再訐之，是益怒也。東坡何罪，獨以名太高，與朝廷爭勝耳。安道之疏，乃云其實乃天下之奇才也，獨不激人主之怒乎。此皆可爲進言者前事之鑒，故備列之。」文侯曰：「善。」復召翟黄入，《治要》、《類聚》、《御覽》兩引俱至此至。時翟黄已出，故復召入謝之。拜爲上卿。《吕書》於翟黄語下，接云：「文侯喜曰：可反與。翟黄曰：奚爲不可。臣聞忠臣畢其忠而不敢遠其死，座殆尚在於門。翟黄往視之，任座在於門，以君令召之，任座入。文侯下階而迎之，終座以爲上客。」（上客注見前。高注云：客，敬也。非。）此所記較本書爲詳，但人名互易耳。黄式三曰：「《左傳》晉士會戒諫之莫繼，擊之立，任、翟繼諫而成功，不可無二。」《説苑》言趙倉、唐一使文侯爲慈父，擊爲孝子，則倉唐亦有功焉。

12中行寅將亡，《論衡·解除篇》句首有「晉」字。中行寅，荀吳之子，荀寅也。《漢表》列九等。亡，出奔也。《左氏定十三年傳》：「晉趙鞅殺邯鄲午。午，荀寅之甥也；寅，范吉射之姻也。將作亂，董安于聞之，以告趙孟曰：先備諸。趙孟曰：晉國有命，始禍者死，爲後可也。秋，七月，范氏、中行氏伐趙氏之宮，趙鞅奔晉陽，晉人圍之。范臯夷無寵於范吉射，欲爲亂於范氏。梁嬰父嬖於知文子，文子欲以爲卿。韓簡子與中行文子相惡，魏襄子亦與范昭子相惡。故五子謀，將逐荀寅，而以梁嬰父代之；逐范吉射，而以范臯夷代之。荀躒言於晉侯曰：「君命大臣，始禍者死，載書在河。今三臣始禍，而獨逐鞅，刑已不鈞矣。請皆逐之。」冬，十一月，荀躒、韓不信、魏曼多奉公以伐范氏、中行氏，弗克。二子將伐公，齊高彊曰：「三折肱知爲良醫，惟伐君為不可，民弗與也，我以伐君在此矣。三家未睦，可盡克也，克之，君將誰與。若先伐君，是使睦也。」弗聽，遂伐公，國人助公，二子敗，從而伐之。丁未，荀寅、士吉射奔朝歌，韓魏以趙氏爲請。十二月，辛未，趙鞅入於絳，盟于公宮。」《史記·趙世家》云：「晉定公十八年，趙簡子圍范中行於朝歌，中行文子奔邯鄲。定公二十一年，簡子拔邯鄲，中行文子奔柏人。簡子又圍柏人，中行文子、范昭子遂奔齊。趙竟有邯鄲、柏人，范中行餘邑入於晉。趙名晉卿，實專晉權，奉邑侔於諸侯。」以上是中行寅出亡之事，此云將亡，其在出境奔齊時乎。使其聽高彊之言，成敗未可知也。**乃召其大祝，**《論衡》無「乃」字。「大」，各本作「太」，《治要》、《御覽》六百二十七作「大」。案《周禮》大宗伯之屬有大祝、小祝，則字當作大爲是，今據改。《御覽》卷七百三十六引本文亦無「乃」字。此大祝乃中行氏家臣。《左傳·成十七年》「范文子使祝宗祈死」，襄二十七年傳曰：「其祝史陳信於鬼神，無愧辭。」是春秋時列國大夫家有祝史也。**而欲加罪焉，**《論衡》無「而」字。《御覽》六百二十七引「加」下有「以」字，七百三十六無「焉」字。**曰：「子爲我祝，**《論衡》「祝」作「祀」，下並同。《御覽》六百二十七無此下數句，直接「祝簡對曰」句。**犧牲不肥澤邪？**《論衡》「邪」作「也」，下句同。古也邪通用。（詳王引之《經傳釋詞》，俞樾《古書疑義舉例》。）《孟子》曰：「犧牲不成，不敢以祭。」趙注：「不成，不實肥腯也。」《禮記·曲禮》「豚曰腯肥」，注：「腯，亦肥也；腯，充貌也。」然則彼言腯肥，與此言肥澤同義。《左氏桓六年傳》「吾牲牷肥腯」，又云：「故奉牲以告曰：博碩肥腯，謂民力之普存也，謂其畜之碩大蕃滋也，謂其不疾瘯蠡也，謂其備腯咸有也。」古之致祝者，以此告神，不肥澤爲不敬。且齋戒不敬邪？《禮記·坊記》「七日戒」，注：「戒，謂敬齋也。」《儀禮·公食大夫禮》注：「此所以不宿戒者。」疏云：「散齋七日爲戒。」《易·繫辭上》傳：「聖人以此齋戒。」王弼注云：「防患曰戒。」案王注非。《禮記·祭義》：「致齋於内，散齋於外，齋之日，思其居處，思其笑語，思其志意，思其所樂，思其所嗜。」注：「致齋思此五者也。散齋七日，不御不樂不弔耳。」依鄭注，則所云戒者，戒此三事，不當以防患之通義釋之。且，猶抑也，更端以設問也。王引之《經傳釋詞》引《曾子問》：「葬引至於堩，日有食之，則有變乎，且不乎。」《齊策》：「王以天下爲尊秦乎，且尊齊乎。」《史記·魏世家》：「富貴者驕人乎，且貧賤者驕人乎。」諸文並與抑同義，是也。《御覽》七百三十六「子爲我祝」下云：「辭令不精邪，犧牲不肥澤邪，威儀不謹敬邪，齋戒不絜清邪。」較此多二句，文又不同，未審何據。《論衡》及《羣書治要》引與今本皆合，惟《論衡》「邪」作「也」爲異。使吾國亡，何也？」《治要》引無「吾」字。《御覽》七百三十六作「乃使吾國將亡，何也」。祝簡對曰：祝，官；簡，名；中行氏臣。《御覽》六百二十七「加以罪」下即接此句。「昔者吾先君中行穆子，穆子，寅之父荀吳也，荀偃之子，《淮南子》稱能手搏虎者也。《漢表》列五等。謚法：布德執義曰穆，中情見貌曰穆。各本無「中行」二字，案《治要》及《御覽》兩引俱有，《論衡》亦有，今據補。「者」，《論衡》作「日」，「穆」作「密」，下同。穆密聲轉通用。《御覽》兩引俱無「者」字。稱先君者，大夫僭諸侯之號也。有車十乘，「有」，各本作「皮」，《治要》及《御覽》六百二十七引亦作「皮」。或釋皮車卽革車，非也。皮者友字之譌，《御覽》七百三十六正作「友」，可證。友皮形近易混，若以革釋皮，不當前後文異。《治要》引已作「皮」，則承誤久矣。《論衡》作「有」，有友形聲義俱近，古通用。（見上《周舍章》注。）王充所見本尚不誤，今據改。不憂其薄也，《御覽》七百三十六無「也」字。古以車多爲富，十乘數少，宜嫌其薄。憂德義之不足也。《御覽》七百三十六「憂」下有「其」字。今主君有革車百乘，《御覽》兩引俱無「革」字，七百三十六卷「今」下有「之」字。春秋時大夫稱主，（見《周舍章》注。）今變言主君，則僭於國君矣。（諸侯之君稱主君，亦詳前注。）此古今稱謂變遷之可考者也。不憂德義之薄也，《論衡》無「德」字。《治要》、《御覽》七百三十六引無「也」字。唯患車之不足也。各本無「之」字，盧文弨據《御覽》六百二十七補。案上文「憂德義之不足也」句有「之」字，此當一律，《論衡》、《治要》及《御覽》兩引俱有，今從盧説補。夫船車飾則賦斂厚，「船」，各本作「舟」，《治要》、《御覽》六百二十七引作「船」，《論衡》亦作「船」，是古本《新序》本作「船」字，今據改。飾，崇飾之使華侈也。（《論衡》俗本作飭，非。）《御覽》七百三十六「夫船」作「且舟」，六百二十七無「賦」字，下句同。船車飾則賦斂厚，所謂車甚澤，人必瘁，宜其亡者也。賦斂厚則民怨謗，詛矣。賦斂厚則取于民者多，民不堪命，故怨謗作而詛隨之。《墨子・辭過篇》曰：（《治要》引並入《七患篇》，疑古本如此，今本乃後人妄分。）「故聖王作爲舟車以便民之事，其爲舟車也，全固輕利，可以任重致遠，其爲用財少而爲利多，是以民樂而利之；法令不急而行，民不勞而上足用，故民歸之。當今之主，其爲舟車與此異矣，全固輕利皆已具，必厚作斂於百姓以飾舟車，飾車以文采，飾舟以刻鏤。女子廢其紡績，而脩文采，故民寒；男子離其耕稼，而脩刻鏤，故民饑。人君爲舟車若此，故左右象之，是以其民饑寒並至，故爲姦邪。姦邪多則刑罰深，刑罰深則國亂，君實欲天下之治，而惡其亂，當爲舟車不可不節。」其言與此互相發明，而更詳盡。《論衡》無「怨」字「矣」字。《御覽》六百二十七無「賦」字「謗」字。（案《御覽》此卷所引無謗字，據盧氏《拾補》説：必有所本而云然。今鮑刻本仍有謗字，此刻世稱善本，其實譌誤百出，不甚可據，惜未得宋刊佳本校之。）盧文弨《羣書拾補》據《御覽》爲説，徐氏友蘭《拾補識語》云：「謗乃詛之異文，後人旁識，錯置正文中。」案盧徐二説均未確，此文以謗字爲句，詛矣二字爲句，詛矣卽申足上怨謗之意。謗甚於怨，詛又甚於謗，言怨謗後詛必隨之，古人文法多如此。《史記・高祖功臣侯年表》：「餘皆坐法殞命亡國，耗矣。」亡耗意相近，以耗矣二字爲句，申上隕命亡國，句法正與此同。《論衡》、《御覽》皆渾引本文耳。《治要》有「謗」字，與今本不異，《御覽》七百三十六引作「則民怨而謗詛矣」，多一「而」字，以謗詛連文，此未得本文之義，但亦足驗所見本必有謗字，與《治要》引本書同也。此「謗」字不當刪。

且君苟以爲祝有益於國乎，苟，誠也。此以祝詛對文，與《左氏昭二十年傳》、《晏子春秋・内篇諫上》記晏子言畧同。《毛詩・蕩篇》「侯作侯祝」，傳：「作，祝詛也。」此以祝爲詶之叚字。《説文・言部》：「詶，詛也，从言，州聲。」又：「詛，詶也，从言，且聲。」二字互訓，經典多叚祝爲詶。今俗以詶爲酬字，而變祝作咒，又改《説文》詶下詛爲譸，與《玉篇》及《衆經音義》所引不合，其謬不待細攻。此文及《左傳》、《晏子》所稱，乃祝之本義。《説文》：「祝，祭主贊詞者，从示从儿口，一曰从兑省，《易》曰：兑爲口爲巫。」巫所以祈禱神者，正其義也。段氏《説文》注引《左傳》，亦以祝爲詶，繫詶注下，此千慮之一失。《説文》祝下綴𥛺字，詶下綴詛䛆二字，䛆亦訓詶，各從其類也。《玉篇》以䛆爲𥛺之古文，祝𥛺詶䛆，古本相通也。然字各有本義，若如段説，何由以祝詛對言乎。《論衡》無「且」字，「爲祝」作「祀爲」；《御覽》六百二十七亦作「祝爲」，七百三十六引無「且」字，「祝」下多「之」字，句末無「乎」字。

則詛亦將爲損世，亡矣。《論衡》作「詛亦將爲亡矣」，文義甚明。《御覽》兩引俱無「損世」二字，七百三十六「詛」上有「謗」字。蓋此卷所引上文既加「而」字，以謗詛連文，故此處亦不得不以意加謗字也。然《論衡》上文作「則民謗詛矣」，亦以謗詛連文，而此句仍無謗字，足徵《御覽》加謗之非。《治要》所引，與今本無異，蓋「損世」當作一句，與「益國」

對，「亡耳」句與「詛矣」相應，謂一國訕詛，足損其世而召亡耳。一人祝之，一人，祝簡自謂也。以下「祝」字，《論衡》亦不作「祀」。一國詛之，指衆民也。一祝不勝萬詛，《御覽》六百二十七不引此數句，自「亡矣」下即接「國亡不亦宜乎」，以後不引。七百三十引「祝」上「萬」下均有「人」字。《左傳·昭二十年》曰：「祝有益也，詛亦有損，聊攝以東，姑尤以西，其爲人也多矣，雖其善祝，豈能勝億兆人之詛。」亦此意也。國亡，不亦宜乎，《御覽》六百二十七引至此止。七百三十六無「不」字，蓋奪文。祝其何罪。」中行子乃慚。《御覽》七百三十六作「中行子嘿然而慚」。《韓非子·説林下》：「晉中行文子出，過於縣邑，從者曰：此嗇夫公之故人，公奚不休舍，且待後車。文子曰：吾嘗好音，此人遺我鳴琴，吾好佩，此人遺我玉環。是振我過以求容於我者，吾恐其以我求容於人也。乃去之，果收文子後車而獻之君矣。」（《説苑·權謀》云：後車入門，文子問嗇夫所在，執而殺之。仲尼聞之曰：文子背道失義，以亡其國，然後得之，猶足以活其身，道之不可遺若此。）沈欽韓曰：「此事與《新序》所言，何明闇相反。」案：荀寅聞祝言而慚，尚非無一隙之明者。《左傳·哀二十七年》載其爲陳成子所斥而自艾云：「吾乃今知所以亡。君子之謀也，始衷終皆舉之，而後入焉。今我三不知而入之，不亦難乎。」亦可謂能自訟者矣。寅之亡，不過爲智、趙所排，本無大惡，但平日德澤不足以服人，又輕舉伐君，違高彊之言，是其罪耳。《漢表》列九等，似亦稍過。以上記受盡言之事。

13秦欲伐楚，使使者往觀楚之寶器。借觀寶爲名，以覘國之彊弱虛實也。寶器如白衍、（見《楚語》。）大曲之弓、不琢之璧，（《御覽》八百二引《魯連子》，曲一作屈。《左傳·昭七年》正義亦引。）及下所稱和璧、隨珠之屬。《類聚》六十四及《御覽》六百二十一不疊「使」字，《禮記·大學》正義同，又無「往」字，下接「楚王召昭奚恤而問焉，對曰：寶器在賢臣。王遂使昭奚恤應之」云云，蓋括引本文。《類聚》「楚」下有「王」字。《御覽》三百五「之」作「重」，無「器」字，八百三無「欲伐楚」三字。《渚宫舊事》三引無「者」字「之」字。楚王聞之，《渚宫舊事》作「宣王」，無「聞之」二字，連下「召令尹曰」爲句。《御覽》八百三亦無下二字，連下讀。案宣王，肅王之弟，名良夫。《漢表》列七等。謚法：善聞周達曰宣。班氏自注云肅王子，非也。《楚策》以昭奚恤爲宣王之臣。召令尹子西而問焉，《舊事》作「召令尹曰」。《御覽》三百五無「而」字，八百三無「令尹」二字。《類聚》不引此數句，直接「昭奚恤」句。子西，卽公子申，平王子，昭王庶兄，見《國語》注。《史記·世家》云平王庶弟，恐非。《漢表》列四等。《淮南·人間》作「子椒」。《表》有令尹子椒，列六等，卽讒毁屈原之人，官亦未爲令尹，其人當品下下，何以在第六，《表》恐誤。曰：「秦欲觀楚之寶器，《舊事》、《御覽》八百三俱不引此句。三百五、六百二十引無「之」字。吾和氏之璧，卞和得璧事，見本書五卷及《韓非子·和氏篇》。梁玉繩《人表考校補》疑卽《漢表》之潘和，説甚近理，詳五卷註中。潘和，《漢表》列六等，它書無考。《御覽》三百五引句首無「吾」字。隨侯之珠，《淮南子·覽冥》曰：「譬如隨侯之珠，和氏之璧，得之者富，失之者貧。」高誘注：「隨侯，漢東之國姬姓諸侯。甫侯見九蛇傷斷，以藥傅之，後蛇於大江中銜大珠以報之，因曰隨侯之珠，蓋明月珠也。」晉干寶《搜神記》：「隨縣溠水側有斷蛇丘，隨侯出行，見大蛇被傷中斷，疑其靈異，使人以藥封之，蛇乃能走，因號其處斷蛇丘。歲餘，蛇銜明珠以報之，珠盈寸，純白而夜有光，如月之照，可以燭室，故謂之隨侯珠，亦曰靈蛇珠，又曰明月珠，丘南有隨季良大夫池。」（見卷二十，《御覽》八百三所引較畧。）案：隨卽春秋之隨國，今湖北德安府隨州是，後爲楚滅，故珠亦入于楚。凡傳記書隨珠多作隋，乃後人妄改。《説文·肉部》：「隋，裂肉也，从肉，陸省聲。」徐鍇曰：「隋文帝以爲國號。」考《説文·示部》祡，重文㣔。注：「古文从隋省。」卽此字，音徒果切，聲義皆與隨不同。隓在𨸏部，敗城𨸏曰隓。隋文不學，國本號爲隨，嫌其從辵去之，裂肉敗城，不祥莫甚。（徐楚金已譏之。又曰隨從辵，辵，安步也，而去之，豈非不學之故。）然當時似未著爲功令，故《皇甫誕碑》碑首及碑文皆作隨。（顧炎武《金石文字記》云：隋字作隨，當時金石之文，二字通用，自温公《通鑑》後，始壹用隋字。而《水經》湞水東南逕隋縣西，字作隋，知古人省筆之字。謂文帝始去辵作隋，未必然也。孫志祖《讀書脞錄》云：文帝去辵之説，見《困學紀聞》引徐楚金，亦見《通鑑》注，本之《廣韵》也。隋隨音義各別，古人未必通用，蓋文帝始改國號爲隋，而當時學士沿寫已久，故金石文字仍或作隨。至《水經》之隋縣，則譌字，新刻本已改正矣。案六代人不明小學，任意減省通用，譌謬百出，隨之作隋，或亦當時有是體，而文帝因之也。）書隋楊之國名爲隋可也，此外皆宜作隨。至春秋之隨國，遠在隋楊之前，亦書作隋，謬矣。今《御覽》三百五、六百二十一皆改本書字作「隋」，惟八百三卷所引未改。《治要》及《渚宮舊事》亦皆作「隨」，乃本文也。可以示諸？」《御覽》三百五、六百二十一引句末俱有「乎」字。令尹子西對曰：「臣不知也。」各本無「臣」字。盧氏《拾補》云：「《御覽》六百二十一引有。」案《御覽》三百五亦有「臣」字，無「令尹子西」四字。依文義當有臣字，今據補。《渚宮舊事》作「令尹不對，昭奚恤進曰」。《御覽》八百三作「子西對不知」。皆括引之。召昭奚恤而問焉，昭奚恤，楚宣王時臣。（見《戰國策》。）昭，楚同姓大族。（《漢書·高帝紀》注。）王逸《楚辭注自序》云：「屈原爲三閭大夫，三閭之職，掌王族三姓，曰昭、屈、景。屈原序其譜屬，率其賢良，以厲國士。漢興，徙楚昭、屈、景於長陵，以強幹弱枝。」則三姓至漢初猶盛也。《莊子·庚桑楚篇》云：「昭景也，著戴也，甲氏也，著封也，非一也。」釋文：「昭景甲三者皆楚同宗。」王應麟《困學紀聞》疑甲氏卽屈氏。又曰：「秦欲與懷王會武關，昭雎、屈平皆諫王無行。襄王自齊歸，齊求東地五百里，昭常請守之，景鯉請索救於秦，東地復全。三閭之賢，忠於宗國，是以長久。」（見卷十。）全祖望箋云：「昭奚恤、昭陽亦戰將。」黄氏式三《周季編畧》卷六上：「楚以昭奚恤爲相下注云：依《大事記》編，以下與景舍論救趙事推之也。楚宣王十五年。式三案：《新序·雜事》有昭奚恤對秦客觀楚寶事，是昭奚恤與令尹子西、葉公子高等同仕。當在楚白公未亂，惠王十年之時，距此時一百二十餘年矣。《楚策》以昭奚恤爲宣王之臣，《通鑑》、《大事記》皆同，豈前後有兩昭奚恤乎，抑對秦客觀寶者非昭奚恤，而《新序》或譌與。疑不能詳，依舊存之，以竢通者。」案此文所言，當卽《國語》王孫圉對晉使論白衍事，（《後漢書·李固傳》：昔秦欲伐楚，王孫圉設壇西門，陳列名臣，秦使懼然，遂爲寢兵可證也。）與昭奚恤事誤合爲一。或卽一事，展轉譌傳，傅會於昭奚恤，以奚恤爲北方所畏，威名甚重故也。然如令尹子西、葉公子高，則與王孫圉同時，（宋本《外傳》作王子圉，誤。）在昭奚恤之前，司馬子發時代未定。蓋古無書册，僅憑口耳傳授，傅會譌傳，往往不免，中壘據舊文迻録，不暇定共是非故耳。（說詳後。）昭奚恤，《漢表》列五等。《類聚》「楚王聞之」下卽接此句，無「而」字。《御覽》三百五亦無「而」字。昭奚恤對曰：《治要》引無「對」字。《舊事》「對」作「進」。《類聚》無上二字。《御覽》三百五引無上三字。「此欲觀吾國得失而圖之，不在寶器，在賢臣。珠玉玩好之物，非寶重者。」謂秦以觀寶爲名，實欲覘國政之得失，當示以賢臣衆多，不宜以珠玉玩好應之。盧文弨曰：「得失上《御覽》有之字，下文作國之寶器，在於賢臣，當從之。珠玉玩好上有夫字，非下有國所二字。」案此數句各書所引，互有異同，盧所據者六百二十一卷文。《治要》作「此欲觀吾國得失而圖之，寶玉在賢臣，珠玉玩好之物，非寶之重者也」。《類聚》作「此觀吾國之得失而圖之，寶器於賢臣，夫珠玉玩好之物，非國之重寶也」。《舊事》作「此欲觀吾國得失，而國之寶在賢臣，非珠玉也」。（下國字各書多引作圖，屬上句。）《御覽》三百五作「此欲觀吾國之得失而圖之，非國之重寶也」，六百二十一「寶重」亦倒作「重寶」，盧校未及。細繹諸文，或括引本書，或詞有譌奪，如《治要》上「玉」字當作「器」，《類聚》「此」下當脱「欲」字，「寶器」下當奪「在」字。《禮記·大學》正義引作「寶器在賢臣」，即其證也。《御覽》三百五「而圖」之下，必有奪句。《舊事》及《御覽》八百三則皆括引原文者也。《事類賦》九所引，與《御覽》六百二十一卷同，諸書中惟此卷所引最詳，故盧氏欲改從之。然今本文理無閡，且宋本及何義門校本皆如此，故備録異文，仍存盧説，以俟學者擇焉。王遂使昭奚恤應之。《類聚》不引此句。《御覽》三百五無「王」字及「昭奚」二字，六百二十一「王」作「於是」。《大學》正義「寶器在賢臣」下即接此句。昭奚恤發精兵三百人，陳於西門之内，陳西門者，秦使從西來故也。《治要》無「發精兵」以下十二字，連下爲句。《類聚》作「遂使恤發精兵三百人，陳於西門之内」。《舊事》與《治要》同，但無「昭奚」二字。《御覽》三百五有此二語，亦無「昭奚」二字。六百二十一於上文「應之」下，直接下「奚恤稱曰」句，不引中間數語。（八百三引玉非寶之重者止，以後不引。蓋類書引事，各從其類，此卷屬珍寶之珠類，故非關於珠事者不引，餘可類推。）觀此所敍，昭奚恤實有應變之才，下卷言北方人畏之，非無因也。爲東面之壇一，爲南面之壇四，爲西面之壇一。《華嚴經音義》引《漢書音義》曰：「築土而高曰壇。」《禮記·祭法》「一壇一墠」，注：「封土曰壇。」《荀子·儒效》云：「君子言有壇宇。」注：「累土爲壇。」《書·金縢》「爲三壇」，僞傳曰：「壇，築土。」釋文引馬注云：「壇，土堂。」蔡邕《獨斷》：「壇，謂築土起堂，蓋於平野築土爲之。」《國語·吴語》「王乃之壇列」，注：「壇在野，所以講列士衆誓告之處也。」凡壇皆三等。《山海經·南山經》「成山四方而三壇」，注：「三壇形如人築，三相累也。」《史記·孔子世家》爲壇位土階三等，是也。《周官・司儀》爲壇三成，成，猶重也。黄以周曰：「鄭玄云：壇十有二尋。八尺曰尋，則方九十六尺也。三重者，自下差之爲三等，而上有堂焉。堂上方二丈四尺，上等中等下等，每面十二尺。金鶚云：壇之上安得有堂。經言祀方明于其上，方明者，上下四方之神也，其祭必露天，豈得于屋下乎。且壇三等，公于上等，侯伯于中等，子男于下等。若以上等爲堂，則公當在于中等，侯伯于下等，子男則于地，與經不合。鄭説蓋本于《周書・王會解》，然不足據。以周案：古人之稱堂，本不謂屋，太山下之明堂，亦非屋，與成周之明堂異。《覲禮》爲宫方三百步，鄭注：壝土爲封以象牆壁。《掌舍》爲壇壝宫，鄭注：平地築壇，又委壝土起堳埒以爲宫。是鄭本不謂有屋也。壇深四尺，鄭注云：从上向下曰深。謂从堂上望至地，其高四尺也。凡階一等一尺，則堂在三等之上也，故曰深四尺。堂上方二丈四尺，加上等每面十二尺，其方四十八尺；又加中等每面十二尺，其方七十二尺；又加下等每面十二尺，其方九十六尺。故曰十有二尋。」（《禮書通故・會禮》。）案：金氏輕于發難，其説與馬、蔡俱不合。黄氏謂古人稱堂本不謂屋，剖析郅精。方明者，上下四方神明之象，所謂明神。會同有壇者，因會同而盟，明神臨之，且爲講禮發言之所也。《公羊莊十三年傳》：「莊公升壇，曹子手劍而从之。」何注：「土基三尺，土階三等，曰壇。會必有壇者，爲升降揖讓，稱先君以相接，所以長其敬。」然則壇爲會盟習禮發言之所，不獨誓衆爲然。故《史記・孔子世家》會齊侯夾谷，爲壇位，土階三等，以會遇之禮相見。下兩敍孔子趨進，歷階而登，不盡一等，舉袂而言云云，是壇上發言之事也。《荀子》曰「君子言有壇宇」，亦其證也。下文昭奚恤自居西面之壇稱曰，必居壇乃稱者，亦以壇爲發言之地。故凡會同有盟有不盟，盟者，爲壇以祀神，司盟監之；不盟者，以爲講禮發言之所，亦有方明加于壇上。必加方明者，胡培翬曰：「會同爲非常之事，故設此以爲神所馮依。鄭注《司儀》云：加方明於壇上而祀焉，所以教尊尊也。王氏士讓云：「王者行事，百神享之，必有所依。高氏愈云：「蓋即協和萬邦而懷柔百神之意，是也。」（《儀禮正義》二十。）王者巡狩，亦爲壇以祀方明，但會同壇于國門之外，巡狩壇于方嶽之下，此爲異也。上文云陳于西門之内，今知壇在門外者，壇必于平野築土爲之，上文言兵在門内耳。《類聚》無中間句，《舊事》引無後二句，《御覽》三百五止引「爲東西之壇」五字。（案此西字是面字之譌，二字形似，此所敍與《舊事》文同，下文南面西面俱另文敍出，不應此處突出西字。）考下文南面四人，西面一人，各有職司，故先於此提明，作預伏之筆，似不可省，類書概括引之耳。**秦使者至，昭奚恤曰：**《類聚》、《舊事》、《御覽》三百五俱無「昭奚」二字。**「君客也，**《類聚》「君」作「貴」。**請就上位東面。」**《類聚》引至「上位」止。《大學》正義引「位」作「居」。阮元曰：「《七經考文》引宋版作位，閩監毛本作居。」案作居者誤。《舊事》引無「請」字，《御覽》三百五無「面」字，皆奪文也。又《大學》正義句末有「之壇」二字，盧文弨《羣書拾補》據以補本書。但諸書所引，俱無此二字，孔沖遠以意加之耳，今仍依舊本。上位，尊位也，古以東鄉爲尊。（鄉，《説文》作宫，凡宫背字如此。古書多叚鄉字爲之。）《史記·項羽本紀》：「項王、項伯東鄉坐，亞父南鄉坐，沛公北鄉坐，張良西鄉侍。」蓋東鄉至尊，南鄉次之，北鄉又次之，西鄉最下，項王自居尊位也。《魏其武安侯傳》：「田蚡坐其兄蓋侯南鄉，自坐東鄉，以爲漢相尊，不可以兄故私橈。」《漢書·王尊傳》：「尊劾奏丞相衡，與中二千石大鴻臚賞等，會坐殿門下，衡南鄉，賞等西鄉，衡更爲賞布東鄉席，起立延賞坐。衡設不正之席，使下坐上，相比爲惠於公門之中，亂朝廷爵秩之位」云云。蓋賞等本西鄉，在南鄉之次，衡改爲東鄉。使尊於己席，故曰使下坐上，亂爵秩之位。《後漢書·鄧禹傳》：「顯宗即位，以禹先帝元功，拜爲太傅，進見東鄉，甚見尊寵。」注：「臣當北面，尊如賓，故令東鄉。」是漢時亦以東鄉爲尊也。

秦使由西來，居東面賓位，昭奚恤自居於主人，故使子西等南面，而自就西面也。令尹子西南面，《舊事》「南」作「西」，誤。上文爲南面之壇凡四，此下列四位，當作南字。令尹尊於己，故使居己上，餘人則從令尹也。《御覽》三百五無「令尹」二字。太宰子方次之，太宰子方，未詳。今本作「大宗子敖」，《舊事》同。盧文弨曰：「宋本正義作大宗子牧，章懷注《後漢書・李膺傳》作太宰子方，（《李固傳》注同。）《御覽》亦作子方。」案：盧所云宋本正義，即《大學》正義。今阮刻本大作太，校勘記云：「閩本同，監本太作大，毛本牧作敖。」是各本已互異。《御覽》三百五作「太宗子方」、六百二十一引下文作「大宗子敖」。（不引此段。）《治要》、《舊事》亦作「子敖」，惟「宗」「宰」二字各異，《治要》作「宗」，《舊事》作「宰」。太宰，楚官名，（《左傳・成十年》有太宰子商，十六年有太宰伯州犂，昭元年薳啓彊爲太宰，二十一年有太宰犯。顧棟高云：楚以令尹、司馬爲要職，太宰之官非所重。）作宗者形近之譌。敖當作方，古方放通用。《書・堯典》「方命圮族」，馬、鄭注皆云：「方，放也。」《莊子・天地篇》「有人治道若相方」，釋文：「方，本亦作放。」《周禮・方相氏》注：「方相，猶言放想。」推之昉之作放，（《公羊》石經。）放之爲仿，（俗字。）理皆相通。蓋放從方聲，而義亦因之，《說文》諸形聲字多有此例。放形與敖牧皆近，別本《新序》必有作子放者，故誤爲敖與牧。故本文是牧敖，則無由誤方矣。今從《後漢》注改。葉公子高次之，沈諸梁也。《莊子》釋文云：「姓沈，名諸梁，字子高。」（《人間世篇》。）其說最確，詳見四卷注。《漢表》列三等。葉公子高不與昭奚恤同時，此必王孫圉事之傳譌，或奚恤別爲一事，而敍者誤合之，均未可知，已見前注。《舊事》作「葉萊公」，誤。司馬子反次之。「子反」，盧文弨據《大學》正義改作「子發」。（阮元《校勘記》云司馬子發次之，惠棟校宋本同，閩監毛本司馬子三字闕。）《治要》、《御覽》三百五、六百二十一引下文皆作「子反」。（不引此段。）《舊事》作「子發」，孫詒讓曰：「《舊事》所引，與孔、李又稍異。」（《札迻》八。）案反發一聲之轉，卽景舍也，古書記景舍事，多作子反，不必改字。《論衡・逢遇篇》「竊簪之臣，親於子反，鷄鳴之客，幸於孟嘗。子反好偷臣，孟嘗愛僞客也。」（卽用下引《淮南・道應》事。）字亦作反。（全祖望誤以子反爲共王時之公子側，詆中壘爲誤。此不明通叚之遇也。）子反爲楚三族之一。（三族注見前。）《淮南子・道應訓》曰：「楚將子發，好求技道之士，楚有善爲偷者，往見曰：聞君求技道之士，臣偷也，願以技齎一卒。子發聞之，衣不給帶，冠不暇正，出見而禮之。左右諫曰：偷者天下之盜也，何爲禮之。君曰：此非左右之所得與也。後無幾何，齊興兵伐楚，子發將師以當之，兵三卻。楚賢良大夫皆盡其計而悉其誠，齊師愈強。於是市偷進請曰：臣有薄技，願爲君行之。子發曰：諾。不問其辭而遣之。偷則夜解齊將軍之幬帳而獻之，子發因使人歸之，曰：卒有出薪者，得將軍之帷，使歸之於執事。明又復往取其枕，（又，《御覽》引作夕，是。）子發又使人歸之。明日，（此及下今日兩日字，《御覽》亦作夕。）又往取其簪，子發又使人歸之。齊師聞之，大駭，將軍與軍吏謀曰：今日不去，楚君恐取吾頭。乃還師而去。」又《脩務訓》曰：「蓋聞子發之戰，進如激矢，合如雷電，解如風雨，員之中規，方之中矩，破敵陷陳，莫能壅禦，澤戰必克，攻城必下。彼非輕生而樂死，務在於前，遺利於後，故名立而不墮，此自強而成功者也。」此所記子發事，與下文所云「當彊敵將百萬衆，所使皆趨湯火，蹈白刃，出萬死不顧一生者」，行事脗合。《列女傳・楚子發母》、《藝文類聚・武部》、《御覽・兵部》十二引作子反，可見二字古本通用。王安人照圓注云：「子發名舍，不知其姓，（案景舍與楚同姓，爲宗卿，王說失考。稱景舍者，景王之後也。）見《荀子》、《國策》，《類聚》誤作子反。」不知子發卽景舍，古聲近之字多通叚，非所云誤也，今仍依舊本作「反」。子發事散見它書者尚多，今不具引。《淮南》注云楚威王將。《楚策》莊辛對頃襄王，則以爲宣王時人，然《史記・蔡世家》記司馬舍滅蔡，若宣王時，蔡滅久矣。黄式三曰：「《國策》宣字是惠字之譌。鮑本改宣爲靈，則楚靈時句踐尚未立，《列女傳》載子發母引句踐伐吳事，以戒子發，何以解之邪。子發初爲楚將，在春秋子西爲政之時，《禮記・大學》正義引子發立壇對秦客事。由此推之，則子發爲將，在惠王十年白公未亂之時。近校《荀子》、《國策》、《史記》者，未及考檢，特詳辯之。」（《周季編畧》卷一注。）以上黄説近理，且與王孫圉時代相接，足爲余説印證，但與《國策》、《淮南》注俱不合。又《淮南・人間訓》記子發得罪於威王，出奔，時代相距百餘年，古事遥遠，無从臆决是非，姑闕疑可耳。若以理斷，則《淮南》亦采自它書，未暇考其時代，與本書同。終以黄説爲近。**昭奚恤自居西面之壇，稱曰：**必居壇乃稱者，壇爲講禮發言之所，已見上注。時秦使在東面，故自居西面，即主人之位。《御覽》三百五無「昭奚」二字，六百二十一自上文「於是遂使昭奚恤應之」下，即接此句，作「奚恤稱曰」，不引中段。**「客欲觀楚國之寶器，**《治要》、《舊事》引無「國」字。《大學》正義同，句末有「乎」字。《御覽》三百五無「欲」字「國」字，六百二十一不引此句。疑「國」字涉下句衍，故諸所引，皆無此字。**楚國之所寶者賢臣也。**《禮記・大學》引《楚書》曰：「楚國無以爲寶，惟善以爲寶。」鄭注：「楚昭王時書也，言以善人爲寶，時謂觀射父、昭奚恤也。」案觀射父事見《楚語》王孫圉告晉定公，鄭故並引爲證。其實昭奚恤在威、宣之世，鄭注牽連及之，以釋經文所謂善者，非謂二人爲同時也。《治要》引無「所」字。正義引無「國」字，又「賢臣」上有「卽」字。《御覽》三百五無「國之」二字，六百二十一與本文同。**理百姓，**《説文・王部》：「理，治玉也，从王，里聲。」此理字之本義。《國策》「鄭人謂玉之未理者爲璞」，本書五卷《卞和章》「乃使人理其璞而得寶焉」，是也。段玉裁曰：「理者，剖析也。玉雖至堅，得其䚡理，以成器不難，謂之理。凡天下一事一物，必推其情，至於無憾而後卽安，是之謂天理，是之謂善，此引申之義也。」案古書多用治，少用理，唐人避高宗諱，始以理代治，此「理」字疑唐人所改。實倉廩，《說文·倉部》：「倉，穀藏也，蒼黃取而藏之，故謂之倉，从食省，口象倉形。」又《㐭部》：「㐭，穀所振入也，宗廟粢（此字从段本。）盛，蒼黃㐭而取之，故謂之㐭，从入从回，象屋形中有户牖。」案：今人書倉㐭字多作廩，此㐭之或體，又稟給字亦廩，非是。《周禮》注曰「米藏曰廩」，用或字。使民各得其所，《舊事》「民」作「人」，避唐諱。《御覽》三百五、六百二十一「民」下又有「人」字，疑唐本皆改作人，校者記民字於旁，以存本文，遂混入正文中而誤引也。士農工商，各安其業，不相侵害，是各得其所。令尹子西在此；《舊事》無「子西」，《御覽》三百五無「令尹」，蓋皆奪文。奉珪璧，使諸侯，《御覽》六百二十一「璧」作「璋」。奉，執也。古者諸侯使大夫聘問鄰國，執珪璧以將命。《周禮·春官·典瑞》云：「瑑圭璋璧琮以頫聘。」是也。言圭璋璧琮者，或用珪璋。《荀子·大畧篇》云「聘人以珪」，《白虎通義·文質篇》云「璧以聘問」，各言一端，舉此以該彼耳。賈疏云：「此遣臣行聘問之所執者，若本君親自朝所執，上文桓圭之等是，若遣臣聘，不得執君之圭璧，無桓信躬與穀璧蒲璧之文，直瑑之而已，故云瑑圭璋璧琮。此謂公侯伯之臣也，若子男之臣，豈得過本君用以圭璋乎，明子男之臣亦用瑑璧琮也。」案賈說甚通，故本文以珪璧並言。與《周禮》文同。鄭彼注引鄭司農云：「瑑有圻鄂瑑起。」又《考工記》：「瑑珪璋八寸，璧琮八寸以頫聘。」注云：「瑑，文飾也。」疏云：「此謂上公之臣執以頫聘享，用璧琮於天子及后也；若兩諸侯自相聘，亦執之。侯伯之臣宜六寸，子男之臣宜四寸。凡諸侯之臣頫聘，不得執君之桓圭信圭之等，直瑑爲文飾也。」光瑛考：《論語》：「執圭，鞠躬如也，如不勝。」《集解》引包咸注：「爲君聘問鄰國，執持君之圭。」包所謂君之圭者，凡瑑珪璋璧琮，皆君之物，受命於朝，聘畢致玉於君，（《儀禮·聘禮》文。）非指瑞圭之等。

瑞圭如《周官·大宗伯》：「王執鎮圭，公執桓圭，侯執信圭，伯執躬圭，子執穀璧，男執蒲璧。」是也。鄭彼注云：「桓圭，蓋以桓爲瑑飾，長九寸。信當爲身，身圭、躬圭，皆象以人形爲瑑飾，圭皆長七寸。穀、蒲二玉，蓋或以穀爲瑑飾，或以蒲爲瑑飾，皆徑五寸。」鄭謂信圭躬圭，皆象人形，則二圭無别，故又云「文有麤縟」。若然，則信圭文縟，躬圭文麤，以此爲差，猶《玉人》注以加文飾、殺文飾爲大璋、中璋之判也。《禮記·曲禮》疏引江南儒者解云：「直者爲信，其文縟細；曲者爲躬，其文麤畧。」賈氏《儀禮·士相見禮》疏亦以信圭爲信伸通，此本鄭注而補其未及。段玉裁曰：「信古伸字，伸圭躳圭，同像人形爲瑑飾，而伸圭人形直，躳圭人形微曲。躳或从弓，取鞠窮意也。」陳祥道、陸佃、方苞、俞樾、孫詒讓説畧同，皆本江南儒者，其義直截，似勝鄭氏。然曰同像人形，則仍用鄭氏讀信爲身之説，否則曲直何必指人形也。況上文鎮桓信，下文穀蒲，皆實有其物，而信躳獨以形象言，未免參錯，故仍以鄭讀信爲身爲當。《韵會》引小徐《繫傳》：「身，躳也，从人，申省聲。」（大徐本作象人之身。）是身字有直申之義。《説文·呂部》：「躳，重文躬，俗从弓身。」弓亦象屈曲之形，鄭注固暗包二意。以直曲之説申鄭所未言則可，廢鄭説則不可。鄭知瑞圭亦有瑑飾者，《説文·王部》云：「瑑，珪璧上起兆瑑也，从玉，篆省聲。」上起兆瑑，卽先鄭瑑起之意。鄭意瑑圭文飾，與六瑞同，但不爲鎮桓身躬穀蒲之形耳。然猶曰蓋或以疑之，因經無明文，蓋其慎也。惠氏士奇駁鄭説云：「瑑者頫問之圭璧，六瑞則不瑑，故曰大圭不瑑，美其質也。康成依漢禮而言，遂謂六瑞皆瑑，如其説，則與頫聘之圭，何以異乎。説者又謂頫聘之圭有圻鄂瑑起，無桓信躬穀蒲之文。不知桓信躬穀蒲，乃玉之形體與其采，非瑑飾之文。故曰：和氏之璧，不飾以五采，隋侯之珠，不飾以銀黄。其質至美，物不足以飾之，六瑞無瑑飾者以此。《山海經》：圭璧十五，五采惠之。惠，猶飾也。祀山川造賓客皆曰素功，素功者，設色之工，畫繢之事，是爲瑑。書之八體，大篆小篆，亦以此取名焉。説者謂素功無飾，其不然乎。」（見所箸《禮説》。）以上惠説，似是而非。六瑞有瑑與不，經無明文。鄭以爲有瑑飾者，據鎮桓信躬穀蒲之名知之，説自不易。惠謂玉之形與其采如是，則誕妄矣。（黄以周《禮書通故》亦譏其臆測。）且六瑞無瑑，又何所據。若據《禮器》「大圭不瑑」之文，則彼自言玉笏之珽，與六瑞胡涉。謂鄭依漢禮爲説，漢禮亦放古制耳。和璧隨珠，天生異寶，六瑞度有長短，以人力爲之，未可同論也。鄭氏注經最細，必深思而後知其善，學者詳之。《聘禮》：「賓入廟門，公揖入，立于中庭，賓立接西塾，擯者出請命，賈人東面坐，啓櫝取圭，垂繅不起，而授上介，上介不襲執圭，屈繅授賓，賓襲執圭，擯者入告，出，辭玉納賓，賓入門左，三揖至于階，三讓，公升二等，賓升西楹西東面，賓致命，公側襲受玉於中堂與東楹之間，賓降，公側受宰玉。」此行聘時執圭以致君命之事也。《論語》所記及《曲禮》「上衡平衡」之説，《聘記》「上介執圭」諸文，皆記其禮容，尤爲詳盡，茲不具引。《説文·土部》：「圭，瑞玉也，上圜下方，古文圭作珪；又云剡上爲圭。」《白虎通義·文質篇》曰：「珪以爲信者何，珪者兑上，象物始生見於上也。萬物之始，莫不自潔，（潔當作絜，下句同。）圭之爲言潔也。兑，陽也；上方，陰也。」此釋圭之義與形象，凡各圭形當畧同。

解忿悁之難，《舊事》「悁」作「爭」，《御覽》三百五作「憤」，六百二十一作「狷」。案狷乃悁之誤，然義亦可相通。《説文·心部》：「悁，忿也，从心，肙聲，一曰德也。」段玉裁注云：「悁之言獧也，獧，急也。」考《説文》有獧無狷，狷乃獧之俗。（新坿收狷字，非。）獧訓疾跳，一曰急也。段氏取獧急義以訓悁，蓋凡獧急之人，多生忿怒，義固相因。《説文》以忿訓悁，是二字義同，乃連緜語耳。《澤陂詩》毛傳以悒悒訓悁悁，義與許亦近。《漢書·賈捐之傳》今陛下不忍悁悁之忿，是其證也。

交兩國之歡，《御覽》三百五「歡」作「欣」，三百二十一作「忻」。欣乃歡之譌，忻又因欣而誤。使無兵革之憂，《舊事》不引此句。《御覽》六百二十一引無「之」字。太宰子方在此；依《後漢》注改，説見上。各書異文同前。守封疆，謹境界，疆當作畺，境當作竟，經典多用疆境字。《舊事》引作「彊」，段借字也。守封畺，謹竟界，所謂慎固封守是也。不侵鄰國，鄰國亦不見侵，不侵鄰以啟釁，守備謹，鄰亦不敢侵之。《舊事》兩「鄰」字作「他」。《御覽》六百二十一「鄰」作「隣」，俗。葉公子高在此；《舊事》作「葉萊公在此」，誤。理師旅，理，治也，與上理百姓同。《説文》曰：「二千五百人爲師，从帀从𠂤，𠂤四帀，衆意也。」「軍之五百人爲旅，从㫃从从。」《周官·小司徒》：「五人爲伍，五伍爲兩，四兩爲卒，五卒爲旅，五旅爲師，五師爲軍。」鄭注云：「伍兩卒旅師軍，皆衆之名。兩二十五人，卒百人，旅五百人，師二千五百人，軍萬二千五百人。」《御覽》六百二十一「旅」作「徒」。整兵戎，《説文·戈部》：「𢦦，兵也，从戈，从甲，今作戎，隸省。」整，正治也。《史記·張耳陳餘列傳》曰：「今范陽令宜整頓其士卒以守戰者也。」整頓即正治之意。《御覽》三百五「整」作「正」，《舊事》無此二字。以當彊敵，《治要》、《舊事》、《御覽》「彊」作「強」。提枹鼓以動百萬之衆，《説文·木部》：「枹，擊鼓柄也，从木，包聲。」（舊本柄作杖，段本依《文選》注《元應音義》改。《左傳》音義引《字林》亦作柄。）《御覽》三百五、六百二十一皆引作「桴」。《左氏成二年傳》「右援桴而鼓」，《禮記·禮運、明堂位》皆云「凷桴土鼓」。元應云：「衛宏詔定古文官書，枹桴二字同體，音扶鳩切，鼓椎也。」案包孚聲近，古通用。《春秋·莊六年》「齊人來歸衛俘」，《左氏經》作俘，《傳》作寶，《公羊、穀梁經》並爲寶。保从𤓯省，𤓯即古文孚字，是包孚聲近之徵。凡从二字偏旁者多互通，不但桴與枹也。然桴自有本字，（即包孚亦非一字，俞樾《兒笘録》詳論之，引見四卷《楚莊王伐鄭章》注。）《説文·木部》：「桴，眉棟也，从木，孚聲。」是二字各有本義，作枹者鼓椎之正字，以桴爲枹者，古無輕唇音，讀桴爲包，因以包代桴，後人習於包孚通用，不思尚有眉棟之桴字耳。《舊事》引「動」字作「勤」，此形近而誤。所使皆趨湯火，《舊事》無「所」字。盧文弨曰：「《御覽》作使赴湯火，此衍二字。」案《治要》引與今本同，惟「趨」作「趣」。趨趣形聲義皆近，通用字。《御覽》三百五作「使皆赴湯火」，盧所據者，六百二十一卷文，是卷所引从畧，不得遽據以改本文。蹈白刃，《舊事》作「鋒刃」。《禮記・中庸》曰：「白刃可蹈也。」出萬死不顧一生，《舊事》及《大學》正義無「出」字。各本「生」下有「之難」二字。盧文弨曰：「章懷注及《御覽》皆無一生之難四字。」案盧氏所據，止六百二十一卷文。《治要》及《御覽》三百五、《渚宮舊事》皆有「一生」，無「之難」，《大學》正義引《史記》亦無，惟「生」下多「者」字。疑出萬死不顧一生之計，赴公家之難，語見《漢書・司馬遷傳》報任安書。今此「計」作「難」，緣牽涉彼文，又誤合二句爲一也。（《史記・張耳陳餘列傳》出萬死不顧一生之計。）各書所引既均無此二字，今據刪。依《遷傳》文義，「出」字直貫至「之計」，作一句讀，今無「之計」二字，則「出」字亦是衍文。但各書所引，多有此字，姑存以待參。司馬子反在此；依孔疏。《舊事》改「反」爲「發」，及各書異文説詳前。懷霸王之餘議，《御覽》三百五、六百二十一句首有「若」字。盧文弨曰：「章懷議作義。」案議義古通用，《御覽》兩引俱作「義」，《治要》、《舊事》作「議」，義正字，議叚借字。《莊子・齊物論》「有倫有義」，釋文：「崔本作議。」是其證也。義者法也，《吕子・貴公篇》「遵王之義」，高注：「義，法也。」懷霸王之餘義，謂挾五伯三王之遺法，其意與遵王之義畧同。攝治亂之遺風，盧文弨曰：「攝，章懷作獵。」案《治要》、《御覽》三百五、六百二十一引俱作「撮」，《舊事》與今本同，撮乃最之别字。《僞家語・始誅篇》「其居處足以撮徒成黨」，注：「撮，聚也。」《釋名》曰：「撮，捽也，擊捽取之也。」（《釋姿容》。）《衆經音義》引《字林》：「撮，手小取之也。」（卷六。）諸撮字皆當作最，《説文・目部》：「最，犯取也。」今人以最爲冣，因以撮爲最。然《說文·手部》：「撮，四圭也。」義別。（一撮字作此。）聚與取皆有攝義，《莊子·胠篋篇》「則必攝緘縢」，釋文引崔注：「攝，收也」；李注：「結也。」收與結亦有聚義，是二字字異義同。獵當作擸，《說文·手部》：「攝，引持也」；「擸，理持也。」與諸持之訓，同在一處。作獵者叚借字，（取物聚於一處曰擸，今粵中尚有此語。）獵从巤聲，亦有擸義。《文選·羽獵賦》注引賈逵注《國語》云：「獵，取也。」蔡邕《月令章句》曰：「獵者，捷取之名。」（《左氏隱五年傳》正義引。）《史記·日者列傳》「獵纓正襟危坐」，《索隱》：「獵，攬也。」（案：此正理持之義，當作擸。）攬與取義亦與攝同，《史記·自序》：「獵儒墨之遺文，明禮義之統紀，作《孟子荀卿列傳》第十四。」獵亦訓攬，謂綜攬其遺文也，其句法與此正同，皆擸字之叚借。諸文字殊而義互通，惟《大學》正義引《史記》作「撥理亂之風」，乃異文也。此攝義當爲綜攬。《舊事》「治」亦作「理」，唐人避高宗諱改。昭奚恤在此。以上諸文，《大學》正義引《史記》語多不同，如云：「理百姓，實府庫，使黎甿得所者，有令尹子西而能也；（而即能字，校者旁記異文，誤入注中。）執法令，奉圭璋，使諸侯不怨，兵車不起者，（車疑革之誤。）有大宗子牧能也；守封疆，固城郭，使鄰國不侵，亦不侵鄰國者，有葉公子高能也；整師旅，治兵戈，（戈當作戎。）使蹈白刃，赴湯蹈火，萬死不顧一生者，有司馬子發能也；坐籌帷幄之中，決勝千里之外，懷霸王之業，撥理亂之風，有大夫昭奚恤能也。」其文可與本書互證。「萬死」上無「出」字，足與愚前說相印。唯大國之所觀。」大國，謂秦也。《御覽》三百五引無「之」字。秦使者戄然無以對，《舊事》作「秦使無以對」，《大學》正義同，但句末有「也」字。《治要》、《御覽》六百二十一「戄」作「瞿」。案字當作矍，瞿通借字，戄俗字。《說文·瞿部》：「矍，隹欲逸走也，从又持之，讀若詩曰穬彼淮夷之穬，一曰視遽貌。」《文選·東都賦》曰：「西都賓矍然失容。」李善注引《說文》云：「驚視貌。」《廣雅·釋訓》：「矍矍，視也。」《後漢書・班彪傳》注：「矍，視遽之貌。」《易・震卦》「視矍矍」，釋文引馬注：「矍矍，中未得之貌」；又引鄭注：「矍矍，目不正也。」孔疏云：「矍矍，視不專之容。」皆矍字之本義也。《左氏文十二年傳》曰：「使者目動而言肆。」凡人心有所懾，則目先動，形見於外，爲欲逃之狀。《説文》視遽之義，卽逸走義之引申。而《選》注所云驚視，（古人引書，或止引其意，而詞不盡符，此類是也。）馬、鄭注所云中未得，目不正，孔疏所云視不專者，皆義之相印證者也。《荀子・非十二子篇》「瞿瞿然」，楊倞注：「瞿瞿，瞪視之貌。」考《説文》：「䀠，左右視也，从二目。」經典無䀠字，多借作瞿，或作懼。（如《漢書・惠帝紀贊》聞叔孫通之諫，則懼然，《東方朔傳》吳王懼然易容之類是也。）而瞿从䀠，訓鷹隼視，義亦相通。凡作瞿者，非䀠卽矍之借字。此文作瞿，亦矍之省文也。至戄字爲《説文》所無，《廣韻》始收之。《集韻》云：「驚也，一曰遽視。」此則義與矍同，正矍之俗字。《史記・管晏列傳》「晏子戄然攝衣冠謝曰」，張守節《正義》：「戄，許縛反。」字或作㦜，並俗。昭奚恤遂揖而去。《治要》、《舊事》、《御覽》六百二十一皆不引此句。（《大學》正義同。）三百五無上三字。秦使者反，言於秦君曰：《舊事》上文「無以對」下，卽接此句，無「秦使者」三字，「反」作「返」。（二字音義俱同，古通用。）《治要》及《御覽》三百五無上「秦」字，六百二十一無「秦使者」三字及「君」字。《大學》正義作「使歸告秦君曰」。「楚多賢臣，未可謀也。」謀，圖也。此兵家所謂伐謀者。《大學》正義下句作「無可以圖之」。《御覽》三百五引至此止。遂不伐楚。《御覽》六百二十一作「遂不敢伐」，與《治要》、《舊事》俱引至此止。《詩》曰：「濟濟多士，文王以寧。」《詩・大雅・文王篇》。毛傳曰：「濟濟，多威儀也。」孔疏云：「此多士是上世顯之人。」則諸侯及公卿大夫，此文皆兼之。《釋訓》云：「濟濟，容止也。」孫炎曰：「濟濟，多士之容止也。」然則濟濟總爲在朝之儀，故爲威儀也。《曲禮下》云：「大夫濟濟。」謂行容之貌，與此別。《少儀》云：「朝廷之儀，濟濟翔翔。」與此同矣。但此爲毛義，若魯義似以濟濟訓衆貌，故四卷引此詩，而先云：「王者勞於求人，佚於得賢，舜舉衆賢在位，垂衣裳，恭己無爲，而天下治，湯文用伊呂，成王用周邵，而刑措不用，兵偃而不動，用衆賢也。」《論衡·藝增篇》引此而釋之曰：「言文王得賢者多，而不肖者少也。」皆不及威儀之説，子政蓋用魯義。至《左氏成二年傳》引《詩》曰：「濟濟多士，文王以甯。夫文王猶用衆，況吾儕乎。」此爲下文王卒盡行作案，乃斷章取義，非《詩》之正解。雖以濟濟訓衆，與《魯詩》義別。斯之謂也。宋葉大慶《考古質疑》曰：「子反、子西、葉公子高，皆不與昭奚恤同時，奚恤以數子皆楚名臣，欲以此誇示秦使，故歷舉諸人，謂理民當國，守境治兵，皆有其人，乃寓言也。如東方朔對武帝，若以周邵爲丞相，孔子爲御史大夫，太公爲將軍，卞莊子爲衛尉，皋陶爲大理，后稷爲司農，魯班將作，史魚司直云云。諸公固非同時人，亦姑以是寓言之。知此，則知《新序》奚恤之言矣。」葉氏此説似近理，而實多窒礙。本文明云：「某人在此，唯大國之所觀。」則是實有其人，非寓言矣。若寓言，何以壇位恰符人數，而秦使亦言楚多賢臣，爲空言所懾邪，其説殆不足辯。全氏祖望《經史問答》云：「《新序》、《説苑》，並出劉向之手，然最爲譌謬，大抵道聽涂説，移東就西，其於時代人地，俱所不考。嘗謂古今稱善校書者莫如向，其實粗疏不足依據。即如此條，明是蹈襲王孫圉之事，而稍改其面目，然又舛錯四出。夫昭奚恤乃春秋以後人，以《國策》、《史記》考之，大抵當楚宣王時。而是條所指葉公子高、令尹子西，則昭王時人；若司馬子反，則共王時人；至大宗子敖，則其人從無所見，乃昭奚恤皆與之同班列，其妄甚矣。況昭氏出於昭王，今乃得與昭王之祖共王之臣比肩，則真妄人所造也。又參之章懷《後漢·李膺傳》注所引，大宗作太宰，子敖作子方。而太宰、子方，在春秋之世，亦無其人。及觀《李固傳》所上疏曰：秦欲謀楚，王孫圉設壇西門，陳列名臣，秦使懼然，（案懼卽䀠字，説見前，一本作慢字。）爲之罷兵。則又笑曰：劉向以王孫圉之事，移之昭奚恤；（案：依《李固傳》以爲王孫圉對秦使之事，與《國語》仍屬不合。蓋戰國時記載多譌，如此甚衆。）而此又以昭奚恤之事，還之王孫圉，真所謂展轉傳譌者。《新序》、《説苑》之誤，不可勝詰。其顯然者，如晉文公與欒武子同時，平公與舅犯同時，靈公與荀息同時，介之推與孔子同時，楚共王與申侯同時，屈建與石乞同時，而樂王鮒亦與葉公同時。又甚者，以城濮之師屬之楚平王，（諸所舉見本書者，其説各具本注。）乃攻朱子者欲奉以爲異聞，疏矣。」（《答盧鎬問大學楚書》條。）案全氏未諳古人箸書之例，欲以所知儆中壘以不知，適形其淺而妄。凡古人箸書，必有一定宗旨。苟於宗旨不謬，而其書又非信史，傳布後世，以事實爲重者，則甄録載籍，閒有抵捂，亦姑任之。中壘書陳善納誨，以啓沃爲主，不重事實。又戰國諸儒，好逞異論，如伊尹要湯，百里食牛之類。動滋謬戾。一由於處士之横議，二由當時印刷之術未興，口耳流傳，易於譌謬，此固無可如何之事也。況古人命名，不嫌蹈襲，如司馬相如慕藺相如爲人，遂取其名以自稱，此風在漢晉尚有之。戰國以前舊籍，百不一存，但據其存者，以相質難，無怪鑿枘不相入矣。中壘博極羣書，（語見《漢書·司馬遷傳贊》。）且時代近古，全氏所知者，豈猶不悉，而必留瑕以待後人之攻。正以私家箸述，與作史異，苟所采言論事實，有俾世教，不妨兼收並蓄，以廣異聞。《新序》、《説苑》舊本有之，中壘重加訂正，（見卷首《雜事》標題注。）所采具有來歷，非其自造，（所采各書，皆詳在注中。）全氏集矢中壘，果何爲哉。（互參《節士篇·公孫杵臼章》注。）至葉氏創爲調停之説，託之寓言，則所謂求其説不得，从而爲之辭者，今概不取。若子反又作子發，已詳前注。子發名舍，（卽景舍也，見上注。）發有舍義，（發以發矢爲義。《詩》曰舍矢如破，舍亦發也。又《孟子》云：途有餓莩而不知發，於是始興發，補不足。諸發字皆有施舍義。）與公子側字子反，取反側爲義者迥別。葉、全二公不能辯正，反引公子側爲説，而欲難中壘，過矣。（全集二十九卷《劉楊優劣論》，又言向所箸《新序》、《説苑》，記事多不足據，此乃秦火後舊籍無稽，據傳聞之異詞，而筆之書，非學術之疵等語。語稍和平，而仍未爲知言也。）

14 晉平公欲伐齊，平公名彪，悼公子，母悼夫人，杞女也。在位二十六年。謚法：治而無眚，執事有制，布綱持紀皆曰平。《漢表》列七等。使范昭往觀焉。范昭，晉大夫，蓋范氏之族。其行事不見它書，惟《晏子·内篇雜上》、《韓詩外傳》八及本書引此事，載其名耳。或以爲卽范昭子，恐非。《外傳》作「晉平公使范昭觀齊國之政」。景公觴之，酒酣，舊本「觴」作「賜」，則以「景公賜之酒」五字爲句，「酣」字自爲一句。案此文本《晏子春秋》，今《晏子·内篇雜上》作「景公觴之，飲酒酣」，是賜字爲觴字形近之誤，當以「景公觴之」四字爲句，「酒酣」二字爲句，玆據《晏子》改正。景公，名杵臼，靈公子，莊公弟。母穆孟姬，魯叔孫宣伯之女也。崔杼弒莊公，立之，在位五十八年。《一統志》云：「葬臨淄縣東南。」《史記·齊世家》集解引《皇覽》云：「與桓公冢同處。」謚法：由義而濟。布義行剛，耆意大慮皆曰景。《漢表》列七等。《外傳》作「景公錫之宴」，又無「酣」字，接「晏子在前，范昭趨曰，願君之倅樽以爲壽」云云。范昭曰：「願請君之樽酌。」《晏子》作「請君之棄罇」。《外傳》作「范昭趨曰，願君之倅樽以爲壽」。孫星衍曰：「《後漢書》注引《晏子》作序酌。」《文選》注作「范昭起曰，願得君之樽爲壽」。案《外傳》趨字乃起字之誤，（周趙校本俱仍其失。）當依《選》注正。《説文》：「尊，酒器也，或作尊。」《玉篇》或作樽僔，又云罇同樽。是樽僔罇皆尊之俗字。《後漢書·馬融傳》注引《晏子》「棄尊」作「棄酌」。倅，副也。《周禮·戎僕》注、《禮記·文王世子》注、《少儀》注訓同。《説文·人部》無倅字，新柎有之。蓋本字作卒，叚借作萃。《周禮·車僕》注：「萃，猶副也。」是其證。萃倅皆从卒聲，萃叚字，倅後起字。昭欲飲齊侯之尊，託言倅與棄者，措詞之體也。《後漢》注作序酌者，序，猶次也，與萃倅音近，其義亦不殊。**公曰：**《外傳》作「景公顧左右曰」。**「酌寡人之樽，進之于客。」**《外傳》作「獻之客」。獻進同義。**范昭已飲，**《外傳》無此句。**晏子曰：**晏子，齊臣，名嬰，平謚，仲字。桓子之子，萊之夷維人也。《水經·淄水注》云：「葬臨淄城北門外東北故宅，後人名之曰清節里。」《史傳》集解、《續郡國志》注引《皇覽》則云：「冢在臨淄城南，桓公冢西北。」恐非。《漢表》列二等。**「徹樽，更之。」**「樽」，《晏》作「罇」，前後文並同。《外傳》作「晏子對曰，徹去樽」，趙懷玉校本刪「對」字，（並補上句四字。）是，此涉彼文下太師對曰而衍。《後漢書·馬融傳》注引《晏子》「徹」作「撤」，俗。《文選》陸士衡《演連珠》注引《晏》作「徹去之」。更，革也，改也，皆雙聲字，義以聲起，古訓如此者甚多。謂革去舊尊，更易新者。嫌爲范昭所飲，褻君之尊故。**樽觶具矣，**《字林》曰：「觶，酒器。」（《禮記·檀弓》正義引。）《說文》觴下云：「實曰觴，虛曰觶。」又觶下引《禮》曰：「一人洗舉觶，觶受三升。」案《禮記》：「平公曰：寡人亦有過焉，酌而飲寡人，杜蕢洗而揚觶。」蓋觶爲酒器之虛者，揚之以示飲畢，舊注非是。言尊觶具者，具猶備也，示尊觶已備，無須更酌齊君之尊。此承上文更之句，言既更新尊，故無患其不備也。《外傳》無此四字。**范昭佯醉，不悅而起舞，**《說文》無佯，古書多以詳、陽爲之。《廣韵》始收佯字，云：詐也。《論語》「其愚不可及也」，孔注：「詳愚似實。」《史記·屈原列傳》「乃使張儀詳去秦」，《韓信傳》「詳狂爲巫」。（本書九卷《黃歇章》齊魏得地保利，而詳事下吏。）《禮記·檀弓下》注：「佯若善之。」《正義》曰：「凡外貌爲陽，內心爲陰。」實無內心，但有外貌者，謂之爲陽，故《史記》韓非《說難》云：「陽收其身而實疏之，陰用其言而顯棄之。」是也。此陽或言佯者，字相叚借，義亦通也。案依孔疏言，則字本作陽，如《漢書·高帝紀》：「陽尊懷王爲義帝，實不用其命。」《田儋傳》「儋陽爲縛其奴」，注：「陽，卽僞耳。」諸文皆用陽字，此外甚多，其實當作昜。凡水南山北爲陰，山南水北爲陽，字皆从阜。餘皆宜作陰昜，不从阜也。昜有外箸之象，外是而内非，卽有詐義。昜羊聲近字通。《漢書·地理志》注上下兩見，（謂上下二卷。）皆云昜古羊字。《左氏定十年傳》注：「陽不知也。」釋文：「陽本亦作佯。」古昜多叚陽爲之，故通作詳與佯也。然則昜正字，陽叚借字，詳佯乃遞相轉變之字。且佯字後出，是漢時俗字，不爲典要，故許書不收入耳。「悅」，《晏子》、《外傳》作「說」，此作「悅」，乃「說」之俗，《說文》所無。《外傳》無「佯醉而」三字。**謂太師曰：**《外傳》「謂」作「顧」。**「能爲我調成周之樂乎？吾爲子舞之。」**《公羊宣十六年傳》曰：「成周者何，東周也。」何休注云：「後周分爲二，天下所名爲東周，名爲成周者，本成王所定名，天下初號之云爾。」案《書·洛誥》云：「我乃卜澗水東，瀍水西，惟洛食；我又卜瀍水東，亦惟洛食。」疏引鄭注云：「觀召公所卜之處，皆可長久居民，使服田相食。瀍水東既成，名曰成周，今洛陽縣是也；召公所卜處，名曰王城，今河南縣是也。」考《後漢·郡國志》：「洛陽周時號成周，河南周公時所城洛邑，春秋謂之王城。」據此，二邑在漢時皆屬河南尹。《公羊》昭二十二年劉子、單子以王猛入于王城，《傳》曰：「王城者何，西周也。」二十六年天王入于成周，《傳》曰：「成周者，東周也。」其言皆可與鄭說相證。胡渭曰：「王城卽郟邑，漢爲河南縣，其故城在今洛陽縣西北；下都卽成周。漢爲雒陽縣，河南郡治，其故城在今洛陽縣東北二十里。二城東西相去四十里，而今洛陽縣居其中。古時澗水經河南故城西入洛，瀍水經河南故城東入洛，故澗東瀍西爲王城，而瀍東爲下都，《洛誥》之文甚明也。」（見所箸《禹貢錐指》。）以上胡說皆是。雒陽字當作雒，洛，雍州川名，蓋叚借字也。（詳十卷《封功臣章》注。）何休謂成周爲成王所定名，疏引鄭注《書序》云：「居攝七年，天下太平，而作此邑，乃名曰成周。」是爲本成王所定名也。蓋當時以豐鎬爲西都，雒陽爲東都，二都並建。逮平王東遷，乃名豐鎬爲西周，敬王以後，更以王城爲西周也。調，龢也。奏樂者必先龢協其音律，所以欲調成周之樂者。《公羊傳》曰：「（即上所引宣十六年傳文。）何言乎成周宣謝災，樂器藏焉爾。」何注：「宣王中興所作樂器。」臧氏琳《經義雜記》駁之曰：「案《左氏》以宣謝爲講武之坐屋。服、杜注皆本《漢書》，服謂宣揚威武，更得命名之義。火爲人火，見守戒之無人，而武功之廢弛也。《公》《穀》以宣謝爲臧樂器之所，董劉義同。故《漢志》曰：謝者所以臧樂器，宜其名也。蓋樂以宣節陰易，故名宣謝。何氏不得其解，而以爲宣王，並以樂器爲宣王中興所作，既違《公羊》，復乖《左氏》之義。」光瑛謂：臧説誤甚。漢儒説經，篤守師法。《漢書·五行志》分列《左氏》經説於下，以明其別於二傳，體例極明。今引《左氏》之義以難《公羊》，已失劭公本旨，復謬稱樂以宣節陰易，故名宣謝，望文生義，尤屬無取。不知《公羊》明言宣宮之謝，宣宮文與桓宮、僖宮同，非宣王之廟而何。特不言廟而曰謝者，疑宣王中興，嘗講武於東都，有此謝。後王追思前烈，因以爲功而祀之，並臧樂器，非廟制，故不云宮與廟也。（邵氏寶《春秋簡端》説如此，今本之。）謝之言射也，古止作射，俗作榭。服、杜从其命名始義而言之，故以爲講武之所。（成十八年《左傳》三郤將謀于榭，杜注曰：榭，講武堂。）二傳从其後事言之，故以爲宣宮之謝也。《楚語上》注：「積土爲臺無室曰謝。」胡安國《春秋傳》引呂大臨《考古圖·周邾敦銘》曰「王格于宣射」，以證是宣王之廟，其制如謝。然則何注之説，未可非議。但何氏知宣王作樂器者，舊疏云：「夷厲之時，樂器有壞，故宣王作之。」陳立《公羊義疏》引《周本紀》云：「懿王之時，王室遂衰。《禮記·郊特牲》云：下堂而視諸侯，天子之失禮也，由夷王以下。又《禮運》云：我觀周道，幽厲傷之。明禮樂俱有敗壞也。《本紀》又云：宣王卽位，二相輔之，修政法文武成康之遺風。又《詩·車攻》諸篇，美宣王復古，容亦作樂器焉。」以上陳説皆是，但未能引《晏子》、《外傳》、《新序》之文以相證爾。夫成周宣謝爲臧樂之地，而樂器又爲宣王所作，意其音律必流播人間，各國樂官从而習之，故范昭以爲請。其不請它樂而獨請此，亦必其樂爲當時所尊尚。是則宣王作樂，雖無明文，不啻有明文矣。以《公羊傳》證此文，脗合無間，不然，天子之樂亦多矣，而必專言成周以實之，豈無故哉。《外傳》作「子爲我奏成周之樂，願舞」，其文有奪誤，趙校依本書改正。案《晏子·雜上篇》文與此同，趙氏改之是也。下文太師對語，正斥范昭不可舞天子之樂。

太師曰：《外傳》「曰」上有「對」字，上文《外傳》晏子對曰之對，涉此而衍。此太師不詳其人名，傳者軼之。《周官》：「太師，下大夫二人；小師，上士四人。」劉氏寶楠《論語正義》云：「諸侯樂官，當止一人。」若然，此太師齊國樂官之長，齊無兩太師也。鄭氏《周官》注：「凡樂之歌，必使瞽矇爲焉，命其賢知者爲太師、小師。」賈疏云：「以其目無所睹見，則心不移於音聲。」凡稱師皆太師。

「冥臣不習。」冥，盲也，瞽者自稱。樂師必以瞽者爲之，見上句注。《外傳》作「盲臣」，冥盲雙聲，義亦通也。《周書·太子晉解》師曠自稱瞑臣，《説苑·建本篇》曠自稱盲臣，冥瞑盲義一也。《文選》陸士衡《演連珠》注引《晏子》作「盲臣不習也」，今本《晏子》仍作「冥臣」，無「也」字。《外傳》亦無「也」，蓋《選》注以意增改之。

范昭趨而出。《外傳》作「范昭起出門」，起乃趨字之誤。趨俗書作趍，與起形似，古書二字多混。《外傳》此「起」字，與上文「范昭趨曰」之趨字互誤，上文當作起，此當作趨。同卷《魏文侯章》「翟黄趨而出」之趨，俗本亦誤起，見本注下。

景公謂晏子曰：「晉大國也，使人來，將觀吾政也。今子怒大國之使者，將奈何？」《晏子》「吾政」下無「也」字。《外傳》作「夫晉，天下大國也，使范昭來觀齊國之政」，餘同。奈何，言若國何。

晏子曰：「夫范

昭之爲人，非陋而不識禮也，夫，猶彼也。陋，鄙陋。仕大國，非若生長下邑者不嫻禮儀也。《晏子》「人」下有「者」字，《外傳》同，但無「夫」字。「識」，二書作「知」。且欲試吾君臣，試，嘗也。《外傳》「且」作「是」，無「臣」字，趙本據《晏子》及本書補，是也。且，猶將也。《詩・谷風》「將恐將懼」，箋云：「將，且也。」將可訓且，故且亦訓將。王氏引之《經傳釋詞》漏舉此訓，阮元集有《釋且篇》，考之甚詳，互見《節士篇・伋壽章》注。《外傳》「且」作「是」，亦通。或疑且爲是字爛文，則以不狂爲狂矣。故絶之也。」絶，謂不從其請。《外傳》作「嬰故不從」。景公謂太師曰：「子何以不爲客調成周之樂乎？」《外傳》作「於是景公召太師而問之曰，范昭使子奏成周之樂，何故不調」。太師對曰：《外傳》不載太師對語，祇以「對如晏子」四字括之。本書文本《晏子》。「夫成周之樂，天子之樂也，宣王所作故也。若調之，必人主舞之。《晏子》無「若」字。此語可補禮經之闕，必人主舞者，所以尊天子之樂也。今范昭，人臣也，而欲舞天子之樂，臣故不爲也。」《晏子》「人臣」下無「也」字，下句無「而」字。《初學記》十五卷引《晏子》作「臣不敢爲之」，與今本異。范昭歸，以告平公曰：《晏子》「告」作「報」。《文選》注引《晏子》「以報」二字合作一「謂」字。《外傳》亦作「報」，無「以」字，句首有「於是」二字。報與告義同。「齊未可伐也。《外傳》及《選》注引《晏子》「伐」作「并」，今《晏子》仍作「伐」。臣欲試其君，《外傳》「臣」作「吾」，無「欲」字，下文同。當作「臣」爲是，此范昭對平公言，不宜自稱吾也。《後漢書》注引《晏子》「試」作「慚」。而晏子識之；《外傳》「識」作「知」，無「而」字。《文選》注、《後漢書》注引《晏子》亦作「知」，今《晏子》仍作「識」。臣欲犯其禮，《外傳》作「吾犯其樂」。王念孫曰：「案禮本作樂，此涉上下不知禮而誤。太師掌樂，故曰臣欲犯其樂，而太師知之，若禮，則非太師所掌。且上文屢言成周之樂，則此不得言禮明矣。《新序・雜事篇》作禮，亦校書者依俗本《晏子》改之。《韓詩外傳》八、及《文選》張協《雜詩》注、陸機《演連珠》注引《晏子》並作欲犯其樂。」案：王說太拘，以人臣而欲舞天子之樂，即犯禮之尤大者。禮可該樂，樂不可該禮，宋本《新序》已作禮字，則相沿已久，當姑隨舊文解之。黃以周校《晏子》亦用王說，今不取。**而太師知之。」**《外傳》無「而」字。《選》注引《晏子》此下有「於是輟伐齊謀」六字。**仲尼聞之曰：**《外傳》及《選》注引《晏子》「仲尼」作「孔子」。元刻本《晏子》奪「之曰」二字。**「不出於樽俎之閒，**「樽」，《晏》作「尊」，是。《外傳》作「善乎晏子，不出俎豆之閒」，文勢與此微異。**而知衝千里之外，**《外傳》止有「折衝千里」四字。《說苑・貴德篇》作「不出環堵之內，而聞千里之外」，《家語》作「不出環堵之室，而知千里之外」。俞樾曰：「兩文均有奪誤，當云不出環堵之室，而知衝千里之外。知衝即折衝，《晏子・雜篇》：夫不出於尊俎之閒，而知衝千里之外，其晏子之謂也。今本誤删衝字，而於下文增可謂折衝矣五字，大謬。《家語》作知千里之外，亦後人誤删衝字。此作聞千里之外，則誤而又誤，古書所以難讀也。」（見所箸《讀書餘録》。）案俞說本王念孫《晏子雜志》，引見下文，今从其說補「衝」字。《外傳》叙事止此。**其晏子之謂也。可謂折衝矣，而太師其與焉。」**《晏子》文同。黃以周校勘記引梁履繩云：「末二句疑後人妄增。」王念孫曰：「案此文本作夫不出於尊俎之閒，而知衝千里之外，其晏子之謂也，無可謂折衝矣五字。知衝即折衝也，知折聲相近，故字亦相通。（原注：見《經義述聞・大戴禮》。）《荀子・勸學篇》鍥而舍之，朽木不折，《大戴禮記》折作知。（原注：宋元明本皆如是，俗本依《荀子》改知爲折，辯見《經義述聞》。）是其證也。舊本知下奪衝字，而後人不知，又於晏子之謂也下，加可謂折衝矣五字，謬矣。（原注：高注《呂子・召類》云：衝車，所以衝突敵軍，而陷破之也。有道之國，不可攻伐，使欲攻己者折還其衝軍於千里之外，不敢來也。故曰不出於尊俎之間，而折衝千里之外。作知衝者，借字耳，不當更有可謂折衝矣五字。（光瑛案：《淮南・説山》注同。）《新序》與此同，亦校書者依俗本《晏子》改之。《後漢書・馬融傳》注、《御覽・器物部》六引《晏子》並作起於尊俎之間，而折衝千里之外。《文選》張協《雜詩》注、《册魏公九錫文》注、《爲袁紹檄豫州文》注、《爲石仲容與孫皓書》注、《演連珠》注、《楊荆州誄》注並引作不出尊俎之間，而折衝千里之外，晏子之謂也。皆無可謂折衝矣句。《大戴禮記・王言篇》明王之守也，必折衝乎千里之外，《吕氏春秋・召類篇》夫脩之於廟堂之上，皆折衝乎千里之外者，其司城子罕之謂乎。文義並與《晏子》同。《韓詩外傳》：孔子聞之曰，善乎晏子，不出俎豆之間，折衝千里。即本於《晏子》。且據《後漢》注、《文選》注、《御覽》所引，皆作折衝千里之外，則今本《晏子》知千里之外，知下奪去衝字，而知衝即是折衝，不當更有可謂折衝句，明矣。」案王氏謂《晏子》「知」下奪「衝」字，知衝即折衝，其説不易。謂「可謂折衝矣」句爲後人妄加，則不盡然。蓋「不出尊俎之間，而折衝千里之外」二句乃古語，故《吕子・召類》、本書《刺奢》、《大戴・王言》俱引之。孔子引古語美晏子，而重申之曰可謂折衝者，反復贊嘆之意。其所以不嫌重複者，緣上二句是引古語，此句則自加論斷也。（凡反復贊嘆之詞，每重言以申其意。如《左傳》孔子稱叔向古之遺直也，下文又曰可謂直矣，亦其例。）無五字，則下句不接。若如梁説，以末句亦爲後人妄增，則太武斷。且「其晏子之謂也」句，亦束不住矣。凡引古語後，即就其語中之詞，加以論斷，乃引書之恒例。如《左傳》引《詩》「亂離瘼矣，爰其適歸，歸於怙亂者也夫」；（宣十二年。）「協比其鄰，昏姻孔云，晉不鄰矣，其誰云之。」（襄二十九年。）《論語》引《詩》「豈不爾思，室是遠而，子曰，未之思也夫，何遠之有。」此類觸目皆是。此「可謂折衝矣」五字，亦就古語而申以詠嘆之神耳。至《後漢》、《文選》注及《御覽》不引此句，則以引書貴簡絜，上文晏子之謂也句，已作一小束，以下不必再引，非其所見本《晏子》必無此句也。又凡叙二人事，不可專論一人。（如本書《節士篇》敍張胥鄙譚夫吾事，兼論二人作結，是也。）此文晏子、太師兼敍，若斷語止及晏子，置太師於不問，無此文法，故知梁説不然也。折衝之解，以《吕子・召類》注之説爲善。衝俗字，當作幢。《説文・車部》：「幢，陷敵車也。」《毛詩・皇矣》傳曰：「衝，衝車也。」釋文：「《説文》作幢，陷敵車也。」《左傳・定八年》「主人焚衝」，釋文亦云爾。今衝行而幢廢。釋慧琳《一切經音義》八作衝，亦非。孫星衍曰：「折，挫之也。考折衝者，敵來伐而先有以逆折之，含不戰而勝之意。」如孫説，則是已戰折敵，不如高注遠矣。漢注之可貴，正以其多存古義。此與上《昭奚恤章》，皆論外交事，所謂上兵伐謀者。本書記事，排比連屬，各從其類，未嘗雜越，學者細觀深思，當自得之。餘類推。

15晉平公浮西河，盧文弨曰：「《説苑・尊賢篇》作趙簡子，《御覽》四百七十五云《新序》稱晉平公。」案《韓詩外傳》六亦作「晉平公」，惟「西」字作「於」，「河」下有「而樂」二字。《説苑》作「趙簡子」，文同，「樂」下有「之」字。《藝文類聚》二十八引本書亦作「平公」。《新序》、《説苑》同出中壘之手，而稱名歧異，緣皆采自它書，不改本文故爾。（宋黄朝英《緗素雜記》以此爲疑，未達箸書之旨。）甚至同在一書一卷之中，分一事爲二，連綴記之，私家箸述，弗以爲嫌，説詳《節士篇》注。《説文・水部》：「浮，氾也，从水，孚聲。」浮氾一聲之轉。《漢書・地理志》注：「浮，以舟渡也。」《廣雅・釋言》：「浮，游也。」浮游疊韵，其義皆同。《類聚》及《北堂書鈔》二十四引作「遊」字，俗。西河，晉地，後屬魏。《吕氏・觀表篇》記吴子望西河而泣，《史記・魏世家》魏武侯浮西河而下，稱其山河之固，以爲魏國之寶。《史記・儒林傳》曰：「子夏居西河。」《正義》：「在今汾州是。」程恩澤曰：「西河有二説。《史記》魏有西河上郡。又云：西河魏文侯所興，吴起爲西河守，王錯譖之。起曰：吾恐西河將爲秦有。遂奔楚。未幾，西河果入秦。又云：襄王五年，予秦河西地。《正義》曰：自華州北至同州，並魏河西地。（原注：《韓信傳》涉西河，《正義》：即同州龍門河，從夏陽渡者。案西河亦稱河西。）胡三省曰：高陵縣漢屬馮翊，其地在河西，所謂西河之外者也。此皆主今陝西言。《元和志》：汾州，《禹貢》冀州域，其在虞舜十二州及周皆屬并州。春秋時晉地，後屬魏，謂之西河。子夏居西河，吴起守西河，皆謂此。（原注：此説似誤，説見上。即子夏所居，亦不在此。或曰在今懷慶府境。胡渭以《水經注》子夏石室在今郃陽東，似誤。《正義》云：《括地志》：謁泉山一名隱泉山，在汾州堰城縣北。《隨國集記》云：此爲子夏石室，退老西河居此，有卜商神祠，今見在。未知孰是。）《綱目集覽》：西河今太原汾州是。（原注：今洪洞縣西南三十里有西河廢縣。）此皆主今山西言。蓋古西河郡原兼有今陝西、山西之地，在惠王以前，當據龍門以西言，惠王末年，當據龍門以東言也。」以上程説是。西河之地，所包者廣，以其在晉之西，河所經流得名，非指一處。此西河當在今山西汾州府汾陽縣治。中流而嘆曰：中流，半濟也。《説苑》無上三字。「嗟乎，安得賢士與共此樂者？」《外傳》作「安得賢士與之樂此也」，《説苑》作「安得賢士而與處焉」。《北堂書鈔》三十四「安」作「焉」，安焉古字通。「者」作「乎」。《類聚》二十八引亦作「乎」。《御覽》八百二作「安得賢士大夫共此憂樂乎」。《緗素雜記》引無「共」字，「者」下亦有「乎」字。宋張淏《雲谷雜記》引無「嗟乎」二字及「此」字。船人固桑進對曰：「船」，《書鈔》作「舡」，《説苑》作「舟」，《雲谷雜記》卷一引本書同。《緗素雜記》無上二字及「對」字，《御覽》八百二無「進」字。「固桑」，《説苑》作「古乘」，《外傳》作「盍胥」，《漢書·古今人表》作「固來」，《類聚》九十引《外傳》作「蓋胥」，《漢表》顔注云：「即固乘也。」趙懷玉校《外傳》引《表》作「固桑來」，未知何本。又云：「《文選》注凡四引《外傳》，皆作蓋胥。」

案：蓋盇古通用。蓋與古固聲轉，胥桑聲亦相轉，皆雙聲字。《説苑》作「乘」，乃「桑」字之譌。俗書桑字作桒，乘作乗，形似易混。古乘字作椉，亦與桑字形近。《釋文》卷一「乘欽」，注：「一本作桑欽。」舊拓《武梁畫像㠁㚇圖》，乘盾之乘作乗，與桒字祇爭一筆。《後漢書・班固傳》注引《説苑》作「吉桑」，吉乃古字之譌。（《循吏》《孟嘗傳》引《新序》《説苑》作古桑，是其證。）然下字仍作「桑」，足見古本《説苑》必作「桑」也。《漢表》作「來」。是桒字之誤。當作固桑，與《新序》同。《書鈔》三十四引本書作「周乘」，「周」又淺人因吉字而妄加者。孫校本改作固桑，甚是。其人蓋姓，名桑。（蓋姓見《廣韵》注。）音轉爲固爲古，形變爲乘爲來，又旁出爲吉爲周爲盇爲胥，不外聲形遷變。而周與固字形亦近，（或疑周其姓，譌爲固，又譌爲古爲吉；蓋其邑名，通爲盇也。然春秋時蓋不屬晉，恐非。）展轉沿譌不可究詰。《漢表》列固來六等。《説苑》作「舟人古乘跪而對曰」，《外傳》作「船人盇胥跪而對曰」。

「君言過矣。《説苑》無此句。《外傳》作「主君亦不好士耳」，與此文異。《御覽》八百二亦不引此句。過，謂不合於理。

夫劍産干越，「干」，各本作「於」，當作「干」，今正。干誤爲于，又誤爲於也。（《潛夫論・班禄篇》子弟事學不干財利，舊作於，何本作與，皆誤。汪繼培本改作干，注云：干誤于，又轉爲於也。正與此同。）干，國名，與越連言，對下文江漢，以二國對二水也。凡經典言干越者，今多誤爲于或於。王念孫曰：「《漢書・貨殖傳》譬猶戎翟之與干越，孟康曰：于越，南方越名也。師古曰：于，發語聲，戎蠻之語則然，于越猶句吳耳。案于本作干，干越者吳越也。《墨子・兼愛篇》：禹南爲江漢淮汝，東流之，注五湖之處，以利荆楚干越與南夷之民。（原注：今本脱干字，據《文選・江賦》注引補。）《莊子・刻意篇》夫有干越之劍者，釋文：司馬云：干，吳也，吳越出善劍也。案吳有谿，名干谿，越有山，名若邪，並出善鐵，鑄爲名劍也。《荀子・勸學篇》干越夷貉之子，楊倞注：干越，猶言吳越。（原注：宋本如是，近謝刻本改干爲于，又改注吳越爲於越，非是。）《淮南・原道篇》干越生葛絺，高注：干，吳也。（原注：道藏本如是，俗本改干爲于，與高注不合。）是干越卽吳越也。干越爲二國，故云戎翟之與干越，猶《墨子》之言荆楚干越，《荀子》之言干越夷貉也。（案本書以干越對江漢，其例正同。）若《春秋》之於越，卽是越，而以於爲發聲，視此文之干越與戎翟對舉者不同。孟康所見本正作干越，故曰干越南方越名，其意以干越爲越之一種，若漢時之有閩越、甌越、駱越耳。若於越卽是越，不得言南方國名矣。（原注：孟康之解，雖與高誘、司馬彪不同，然亦是干字，非于字。光瑛案：孟康說不可從，果爾，則干越是部落之一種，不得與下戎翟爲對矣。）《文選・吳都賦》包括干越，（原注：宋尤延之本如是，今本或與宋本同，或改干爲于。）李注引此文正作干越。又引音義云：干，南方越名也。（原注：此下有「《春秋》曰于越入吳，杜預注曰于越人發語聲」十七字，乃後人所加，與李注不合。）《御覽・州郡部》十六引亦作干，又引韋昭注云：干越，今餘干縣，越之別名。（原注：韋以干越爲餘干，雖非確詁，然亦是干字，非于字。）是其證。師古改干爲于，而以《春秋》之於越釋之，誤矣。於于古雖通用，而《春秋》之於越，未有作于越者。學者多聞於越，寡聞干越，故子史諸書之干越，或改爲于越，皆沿師古之誤。」（見《讀漢書雜志》，此外《荀子、墨子雜志》亦屢及之。）劉寶楠曰：「《莊子》釋文引司馬注：干，吳也，吳越出善劍。案《考工記》云吳粤之劍。是干越卽吳越之證，干卽邗也。《左傳》吳城邗。《說文》：邗，國也，今屬臨淮，从邑，干聲，一曰邗本屬吳。高注《淮南・道應訓》以干在臨淮，許以邗屬臨淮，二說相同，則干卽邗無疑。高謂干讀作寒，今邗溝尚有寒江之名，足證俗稱之闇與古合矣。其實邗屬廣陵，不屬臨淮，許氏誤記，而高誤從之。邗是國名，吳滅爲邑，以其本爲國名，故以與越並稱、吳滅邗，因稱吳爲干，又叚干爲邗，猶韓滅鄭，遂稱韓爲鄭也。（魏分晉，卽稱魏爲晉，亦即此例。)《管子·小問篇》昔者吴干戰，(原注：明沈鼎新本干字誤千。)尹知章注：干，江邊地也。干即邗，在江邊，即廣陵也。吴自魯成公時始見《春秋》，滅邗當在其前，故不載。」(見所箸《愈愚録》，文繁，節引之。劉氏本其從叔端臨之説，惟注謂王氏《讀書雜志》用《御覽》引韋昭説爲誤，今考王氏並不以韋説爲是，但引以證干字之不可作于耳，劉駁非。)案王氏辯干不可作于，並言《春秋》之於越，未有作于越者，其説諦當不易。劉氏以干爲即邗國，引許氏《説文》、高注《淮南》二説相同，(案許氏有《淮南》注，疑高注本于彼文。)並舉今人寒江之稱暗合高注，尤爲讀書得間。審此，則本文之由干譌于，更譌爲於，確無疑義。蓋吴越並産寶劍，不應舉越遺吴，(吴爲干，虞亦爲干，見《韓子·難二篇》。古吴虞字亦通用。)且與下文江漢不對也。《吴越春秋》云：「歐冶子、干將同師，莫邪，干將妻。干將作劍，采五山之鐵精，六合之金英，候天伺地，陰陽同光，百神臨觀，天氣下降，而金鐵之精不銷，淪流。莫邪曰：神物之化，須人而成，於是斷髮剪爪，投於爐中。使僮男女三百人，鼓橐裝炭，金鐵乃濡。劍成，陽曰干將，陰曰莫邪。」(參二卷《鄒忌章》注。)《越絶書·外傳》記寶劍云：「歐冶子因天之精神，悉其伎巧，造爲大型三，小型二。一曰湛盧，二曰純鈎，三曰勝邪，四曰魚腸，五曰巨闕。」又記越王云：「巨闕初成之時，吾坐露壇之上，宫人有四駕白鹿而過者，車奔馬驚，吾引劍指之，四駕上飛揚，不知其絶也。穿銅釜，絶鐵鑑，胥中失如粢米。」是皆吴越産寶劍之證也。宋黄朝英《緗素雜記》七卷引本文於作于，是宋時本尚有誤干爲于，未改作於者，亦足驗余于於遞誤之説不虚也。《外傳》無此句。珠産江漢，《外傳》作「夫珠出於江海」。《文選》李斯《上秦王書》注引「産」下有「於」字，「漢」作「南」，均誤。《御覽》八百三《珠部下》引《梁四公記》載洞庭山洞穴深百餘尺，旁行五十餘里，至龍宫，有美珠無數。(文繁不引。)又引盛弘之《荆州記》曰：「石韞玉以潤其堰，漢含珠而清其域。」是珠生江漢之事也。古珠多以玉爲之，故字从玉，此云産江漢，則卽今之蚌珠矣。《淮南子·説山訓》曰：「不愛江漢之珠，而愛己之鈎。」玉産昆山，「昆」，《緗素雜記》引本書作「崑」，乃昆字之俗。《御覽》八百二作「昆崗」，崗亦岡之俗。《史記·李斯傳》「今陛下致昆山之玉」，《正義》曰：「昆岡，在于闐國東北四百里，其岡出玉。」《淮南子》曰：「昆侖山曾城九重，有珠樹玉樹。」是玉産昆山之事也。《外傳》「産」作「出」，下有「於」字，「昆」亦作「崑」。《説苑》無此數句，但作「夫珠玉無足」云云。此三寶者，《外傳》無「劍産於越」句，故亦無此句。皆無足而至。《御覽》八百二「至」作「致」。《外傳》作「無足而至者」。《雲谷雜記》引無「皆」字。今君苟好士，《書鈔》引無「苟」字。「今君」，《雲谷雜記》作「君今」。則賢士至矣。」《緗素雜記》不引此二句。《外傳》作「無足而至者，猶（由同，趙本改作由。）主君之好也；士有足而不至者，蓋主君無好士之意耳」。《説苑》作「夫珠玉無足，去此數千里，而所以能來者，人好之也；今士有足而不來者，此是吾君不好之乎」。文異而意同。《御覽》八百二引至此止。平公曰：「固桑來。呼之前而告之。《外傳》、《説苑》俱無此三字。吾門下食客者三千餘人，《緗素雜記》引無「者」字「餘」字。《外傳》作「吾食客門左千人，門右千人」。《説苑》作「吾門左右客千人」。文各小異。朝食不足，暮收市租，暮俗字，當作莫，《外傳》作「夕」，「租」作「賦」，《説苑》作「征」，下並同。收市租謂收所入以養士。暮食不足，朝收市租。此「暮」字俗本作「日」，誤。「租」字異文同前。吾尚可謂不好士乎。」《外傳》無「尚」字。固桑對曰：《外傳》作「盍胥」。《説苑》句首有「舟人」二字。《緗素雜記》無「固桑」二字。「今夫鴻鵠高飛冲天，《説苑》無「今夫」二字。《外傳》有「夫」無「今」。「冲天」，《説苑》作「遠翔」。《外傳》下句作「一舉千里」。鴻鵠，見二卷《莊辛章》注。然其所恃者六翮耳。《外傳》無「然其」字，「耳」作

「爾」，耳爾聲近，古通用。《説苑》有「其」無「然」，「耳」作「也」。《雲谷雜記》引本書亦無「然」字。《説文・羽部》：「翮，羽莖也。」段注：「莖，枝柱也，謂衆枝之柱，翮亦謂一羽之柱。莖翮雙聲字。」案《楚策》莊辛論黄鵠云：「奮其六翮，而陵清風，飄摇高翔，一舉千里。」本書二卷作鴻鵠也。**夫腹下之毳，背上之毛，**《外傳》、《説苑》二句俱到敍，又無「夫」字。《説文・毳部》曰：「毳，獸細毛也，从三毛。」段玉裁曰：「《周官・掌皮》注：毳毛，毛細縟者。蓋毛細則叢密，故从三毛，衆意也。」**增去一把，飛不爲高下。**把，握也。謂或增一把或去一把，均無關於飛之高下也。《外傳》作「益一把，飛不爲加高，損一把，飛不爲加下」。《説苑》倒作「去之滿把，飛不能爲之益卑；益之滿把，飛不能爲之益高」。本書括二書文四句作二句，較覺簡勁。**不知君之食客三千餘人，**《外傳》作「今君之食客門左門右各千人」，《説苑》作「不知門下食客千人者」。舊本無「三千餘人」四字，盧文弨曰：「《御覽》引有，此奪。」案《緗素雜記》、《雲谷雜記》均無此四字，然《外傳》、《説苑》二書食客下均跟上文覆舉人數。盧説是，今據《御覽》引補。**六翮邪，**《外傳》作「亦有六翮在其中矣」，《文選》注引亦作「矣」，屬上句。《説苑》作「有六翮之用乎」。矣猶乎也，見《經傳釋詞》四。**將腹背之毛毳也？」**將猶抑也，詳《經傳釋詞》將字下。《外傳》作「將皆背上之毛，腹下之毳邪」，《説苑》作「將盡毛毳也」。（也邪亦通用。）各本無「毛」字，盧文弨曰：「一本有。」案《緗素雜記》引亦有「毛」字，《雲谷雜記》無。此文腹背並言，當兼舉毛毳，此字不可省。《外傳》、《説苑》亦皆兼舉，可證。今據補。**平公默然而不應焉。**《外傳》、《説苑》皆無此句。《緗素雜記》引無「而」字及「焉」字。

16 **楚威王問於宋玉曰：**威王，宣王子，熊商，在位十一年。謚法：猛以剛果，猛以彊果，彊義信正皆曰威。

《越絶書》云：「葬壽春東鳧陵亢。」《漢表》列七等。盧文弨曰：「《文選》作襄王。」案《御覽》九百三十八引《春秋後語》載此文亦作「威王」，然似以作「襄」爲是。襄王，詳二卷《莊辛章》注。宋玉，屈原弟子。（王逸《楚辭》注。）《水經·沔水注》以爲鄢人，《寰宇記》則云宜城人，（百四十五卷。）又云：「冢在唐州北陽縣。」（百四十二卷。）《漢表》列五等。《御覽》引《春秋後語》無「於」字。「先生其有遺行邪，」《禮記·曲禮》鄭注：「先生，老人教學者。」趙岐注《孟子》云：「學士年長者，故謂之先生。」《戰國策·衛策》高誘注云：「先生，長者有德者稱。」又《齊策》注云：「先生，長老，先己以生者也。」馬融《論語》注云：「先生，謂父兄。」又包咸注云：「先生，成人也。」（並《集解》引，前見《爲政篇》，後見《憲問篇》也。）《韓詩外傳》云：「古之知道者曰先生，何也，猶言先醒也。」《意林》引《風俗通義》：「先生當如醒，學者譬之如醉，言生俱醉，獨有醒者。」是二説皆以先生爲先醒之義，師之稱先生，亦先知覺後知之謂也。黄以周曰：「先生、夫子之稱，隨時變易，初無定名。禮經之先生，鄭注以爲卿大夫致仕者，稱最尊。後又通爲長老之稱，而《曲禮》一篇，先生與長者，猶分別言之。注謂老人教學者，明其與不教學之長者固有異也。説者謂老人教學，通稱先生，不必爲師。然侍坐於先生，請業請益，謂之非師，可乎。」（後署，原文考先生、夫子之稱甚詳，不具引，見所箸《禮説》。俞正燮《癸巳存稿》所考亦詳。）案黄説是。諸解各有不同，皆隨文變易。先生本年長有德之稱，義取啓覺後醒者。凡爲師者，宜長年有德，故又稱師爲先生。非師而自謙，以稱師之稱稱人，亦曰先生，皆引申義也。當時國君敬禮耆德，多稱曰先生，如秦王稱范雎，齊王稱淳于髡皆是。（其意以尊齒德，且以師禮敬事之。）遺，棄也。李善《文選》注曰：「可遺棄之行也。」《韓詩外傳》：「子路謂孔子曰：夫子尚有遺行乎，奚居之隱。」「邪」，《文選》作「與」，《御覽》引《後語》作「歟」，又七十二卷引本書作「也」。也邪通用，古本或有作也者。邪與一聲之轉，古無麻韵，（顧炎武説，確當不易。）讀邪如與，不甚分別也。何士民衆庶不譽之甚也？」不譽，不稱譽之，孫辭也，實則言士民衆庶共毁謗之。舉衆庶，見非一人。宋玉對曰：「唯，然，有之。《説文》：「唯，諾也。」《禮記・曲禮》：「父召無諾，先生召無諾，唯而起。」《玉藻》：「父命呼，唯而不諾。」是唯與諾異，許以諾訓唯者，對文異，散文通。《曲禮》注云：「應辭，唯恭於諾。」《正義》曰：「父與先生呼召稱唯，唯，呩也，不得稱諾。其稱諾，則似寬緩驕慢。但今人稱諾，猶古之稱唯，則其意急也；今之稱呩，猶古之稱諾，其意緩也。是今古異也。」案：趙岐注《孟子》云：「禮父召無諾，諾而不至也。」不至謂不即至，亦寬緩之義。《論語・里仁篇》「曾子曰唯」，《集解》引孔曰：「直曉不問，故答曰唯。」云直曉不問，則應之速可知，孔義與鄭同也。《説文》無呩字，呩从爾，音當近唯，蓋唐時方言。云唯又云然者，唯然皆答詞，唯急然緩。有之，正對「有遺行」句，傳先後酬答之神。猶孟子答萬章云「否，不然也，好事者爲之也」三句意同，亦傳一時急遽決絶之神也。願大王寬其罪，使得畢其辭。畢，竟也。寬恕其罪，不督責之，使得竟所欲言也。客有歌於郢中者，郢，楚都也，文王始遷郢，今湖北荆州府城十里紀南城是。其後昭王遷都，襄王遷陳，考烈王更徙壽春，命曰郢，則名是而實非矣。《郡國志》注引《荆州記》，分紀南城郢城爲二，《括地志》、《通典》諸書從之，程恩澤嘗辯其非，見所著《國策地名考》。姜氏臯曰：「《左氏桓十一年傳》君次於郊郢以禦四邑，杜注：楚地。（今湖北安陸府治鍾祥縣郢州故城是。）僖十二年傳：自郢及我九百里，注：郢，楚都。是楚有二郢也。《説文・邑部》：郢，故楚都，在南郡江陵北十里。班《書・志》：南郡江陵縣，故楚郢都，楚文王自丹陽徙此，後九世，平王城之。十世，秦拔郢，徙陳。又南郡郢縣下：楚別邑，故郢。錢坫、段玉裁皆疑此即郊郢。案秦拔郢事，以《史記・六國表、楚世家》證之，在襄王二十一年，宋玉對問時，大約尚都於郢也。又烈王都壽春，命曰郢，楚可稱爲三郢矣。」以上姜氏説未詳明，辯見二卷《莊辛章》。據其所言，則宋玉此對，當爲襄王，不當作威王。**其始曰下里巴人，**《御覽》五百七十二引《襄陽耆舊傳》「里」作「俚」。方以智曰：「《漢書·田延年傳》陰積貯葦炭諸下里物，孟康曰：死者歸蒿里，葬地下，故曰下里。其下里巴人之歌，卽蒿里薤露之類也。」張雲璈曰：「下文復有陽阿薤露，（案此據《文選》，故云。）此不得以下里爲蒿里。下里巴人，自是鄙俗之曲，有此二種。故《文賦》云綴下里於白雪，《長笛賦》云下采制於延露巴人。下里巴人，可以分用，而方氏槩以爲薤露之挽歌，誤矣。」案方説固屬望文生義，張氏分下里巴人爲二曲，亦未必然。「里」，當從《御覽》引《耆舊傳》作「俚」爲正，里省借字。下，卑下也。巴人所制曲，卑下鄙俚，故曰下里巴人。《文賦》、《長笛賦》或言下里，或言巴人，其實止是一種，非有二也。張説太泥。**國中屬而和者數千人，**屬，連續也。《漢書·路温舒傳》「斷者不可復屬」，師古曰：「屬，連也。」《御覽》引《耆舊傳》作「國中唱而和之者數萬人」，下文「屬」字亦作「唱」。**其爲陽陵採薇，**盧文弨曰：「《文選》作陽阿薤露。」案《御覽》引《耆舊傳》作「中而曰陽阿採菱」，與此又異。《古文苑》宋玉《舞賦》「臣聞激楚結風陽阿之舞」，章樵注引《列女傳》：「聽激楚之遺風。」《上林賦》「鄢郢繽紛，激楚結風陽阿。」所謂郢中寡和者，三者皆楚曲也。據此，則陵當作阿，但陵阿義近，或可通稱。《淮南·人間訓》：「夫歌采菱，發陽阿，鄙人聽之，不若此延路陽局。」《説山訓》「欲善和者始於陽阿采菱」，高注：「陽阿采菱，樂曲之和聲。有陽阿，古之名俳，善和也。」《御覽》五百六十五引《淮南》作「奏雅樂者，始於陽阿采菱」，又引許慎注曰：「楚樂之名也。」《楚辭·涉江》「采菱發陽阿」，王逸注：「楚人歌曲也。」依高注，則陽阿似爲古之名俳，許、王二注，渾言陽阿采菱是楚曲，不知其於陽阿以爲人名否。諸書俱作「菱」不作「薇」，則本書「薇」字當爲「菱」字之誤，「陵」

亦當作「阿」，「採」當作「采」。《說文・木部》：「采，捋取也。」是其義。采已从爪，不合更增手旁。**國中屬而和者數百人；**《御覽》引《耆舊傳》此句下作「既而曰陽春白雪，朝日魚離，含商吐角，絶節赴曲，國中唱而和之者，不過數人，蓋其曲彌高，其和彌寡」云云。**其爲陽春白雪，國中屬而和者，數十人而已也；**陽春白雪，曲之高貴者。「數十」上，《文選》有「不過」二字。「而已也」三字，當在下文「不過數人」句下，《文選》正是如此，但無「也」字。梁氏章鉅《文選旁證》云：「本書《琴賦》注：宋玉對問曰：既而曰陵陽白雪，國中唱而和之者彌寡。然集所載，與《文選》不同，各隨所用而引之云云。蓋《琴賦》本云紹陵陽，故引被文作注，此以陵陽作陽春爲異耳。六臣本無不過二字，人下有而已二字。宋沈括《夢溪筆談》云：世稱善歌者皆曰郢人，郢州至今有白雪樓。此乃引宋玉對問，遂謂楚人善歌，殊未深考。以楚之故都人物猥盛，而和者不過數人，則不知歌甚矣。陽春白雪，郢人所不能也，以其不能名其俗，豈不大謬。」（卷三十七。）案六臣本與本文正合，（其無不過二字，及人下有而已，皆同。）然依文義李本爲長。《博物志》曰：「白雪是天帝使素女鼓五絃琴曲名，以其辭高，人和遂寡。」張衡《同聲歌》曰：「素女爲我師，儀態盈萬方。」與其說同。然荒渺無稽，文士喜其奇麗，相沿引用，未可爲訓。**引商刻角，雜以流徵，**盧文弨曰：「《文選》角作羽。」梁章鉅《旁証》云：「本書《演連珠》注引《宋玉集》作含商吐角，絶節赴曲。」亦與《文選》不同。蓋《演連珠》本云絶節高唱，故亦隨所用而引之也。《御覽》引《耆舊傳》與《宋玉集》文正同，已見上注。承上文陽春白雪言，謂此歌聲之抑揚，頓由開口閤口而歸於齒舌之間，以曼聲歌之也。成公綏《嘯賦》「協黄宫于清角，雜商羽於流徵」，亦以聲言。《後漢書・黄瓊傳》「陽春之曲和者必寡」，注引此文如陽春白雪屬而和者不過數百人，是其曲彌高其和彌寡，其節引不誤，誤在以數十爲數百耳。周壽昌《漢書注校補》，謂「和寡者以引商刻角流徵之曲爲最高，屬文時巴陽春字面較工，故不用流徵，庾肩吾《與湘東王書》亦承其誤。此注漏引引商刻角一層，僅望文生訓，不如不注原典也。」案：周誤以引商刻角流徵爲曲名，反斥章懷爲謬，真所謂以不狂爲狂矣。國中屬而和者，不過數人。句末《文選》有「而已」二字。是其曲彌高者，《文選》無「者」字，六臣本「是」下有「以」字。宋吳曾《能改齋漫録》云：歌辭曰曲，未見其始，引《琴書》蔡邕嘉平初入青谿，訪鬼谷先生，所居山有五曲，一曲製一弄，三年曲成，出示馬融，甚異之。又引蘇武詩幸有絃歌曲，《韓詩章句》有章曲曰歌，無章曲曰謡，以證曲字之始。俞樾《攷吳》云：（見《曲園雜纂》第二十七。）「《周語》瞽獻典，韋注：典，樂典也。宋明道本作瞽獻曲，注云：曲，樂曲也。《襄十四年左傳》疏引《國語》瞽陳曲，並引韋注云：瞽陳樂曲，獻之於王。與今本文字有異，而是曲非典，則可證明道本之善。歌辭曰曲，蓋古語也。」又引宋玉對問云云，以爲不始蘇武詩。案俞説是。《文心雕龍·明詩篇》引葛天氏樂辭，有玄鳥在曲之語，疑後人爲之，不足據。其和彌寡。故鳥有鳳，而魚有鯨。盧文弨曰：「鯨，《文選》作鯤，下同。」案李善注云：「曾子曰：聞諸夫子曰，羽蟲之精者曰鳳，鱗蟲之精者曰龍。《淮南子》曰：孟春之月，其蟲鱗。許慎曰：鱗，龍之屬也。」胡紹煐《文選箋證》曰：「注引《淮南》，與正文無涉。《御覽》九百三十六引魚有鯤作魚則有鯨，下鯤魚朝發昆侖之虛同。鯨鯢條引《春秋後語》：宋玉對曰夫鳥有鳳而魚有鯨，下鯨魚朝發昆侖之虛，並作鯨。據此，則本作鯨不作鯤。今案鯤惟見《莊子·逍遥游》，而陸氏音義引崔譔，鯤當爲鯨，崔知鯤爲魚子，故改爲鯨。《説文》作䲔，海大魚也。本書《吳都賦》長鯨則吞航，劉淵林注：鯨，猶言鳳。是對鳳爲鯨，此舉魚之最大者曰鯨，猶舉鳥之大者曰鳳耳。」（卷二十九。）光瑛案：鳳非來儀之鳳，卽鵬字。《説文》朋鵬，皆古文鳳字。朋象形，鳳飛，羣鳥從以萬數，故以爲朋黨字。《字林》：「鵬，朋黨也，古以爲鳳字。」以鳳與鯨對言，猶《莊子》以鵬與鯤對言，故《莊子》釋文引崔譔音鵬爲鳳。六代人作注，往往以音釋代叚借，余箸《意原堂讀書記》已詳論之。崔音鵬爲鳳者，謂鵬卽古文鳳字，非謂鵬爲作鳳，故曰「非來儀之鳳」也。下文「鳳鳥上擊九千里，絶雲霓，負蒼天，足亂浮雲」云云，形容鳳鳥，正與《莊子》之言鵬相似，可知鳳卽鵬矣。（錢氏《養新録》已有此説。）《文選》鳳皇之皇本作鳥，以作鳥爲是。後人不知鳳卽鵬字，改鳥爲皇，若然則是來儀之鳳，何以《莊子》作鵬。而古書言鳳德者，從未及其有絶雲霓、負蒼天、上擊九千里之力乎。至鯨之爲鯤，崔注《莊子》已言其誤。然竊料古音必有讀鯨爲鯤者，何以明之，鯨之本字爲䲔，从畺聲，與彊同。《詩》「鶉之奔奔」，以彊叶奔君。（舊説以彊良爲韵，奔君首尾爲韵，恐非。）鯨从京聲，《禮記・檀弓》以九原爲九京，《皇矣詩》以京與疆韵，是古音二字可通也。《説文》無鯤字。《魯語》「魚禁鯤鮞」，韋注：「鯤，魚子。」張衡《東京賦》「摷鯤鮞」，薛綜注：「鯤，魚子也。」其訓同，皆本《爾雅・釋魚》。段玉裁曰：「魚子未生者曰鯤。鯤卽卵字，許慎作卝，古音讀如關，亦讀如昆。《禮・内則》濡魚卵醬，鄭讀卵如鯤。鯤卽魚卵，故許以卝包之。」若然，則鯤與卝音同，卝乃古文礦，《周禮》有卝人，鄭注：「卝之言礦也。」段注《説文》磺字云：「凡言之云者，皆就其雙聲疊韵，以得其轉注叚借之用。卝本《説文》卵字，古音如關，亦如鯤，引申爲總角丱兮之丱，又叚借爲金玉樸之磺，皆於其雙聲求之。」光瑛謂段氏不取顧炎武用韵有方音之説，而於卝之爲磺，則謂以雙聲求之，乃與顧説暗合。夫方音之轉變，皆由雙聲，磺从黄聲，與䲔从畺聲正同，卝讀如鯤，二音又相同。卝可借作磺，則鯤可借作䲔或鯨矣。近湘陰郭氏慶藩著《莊子集釋》，不取崔譔之説，而从方以智説，謂鯤本小魚，《莊子》用爲大魚之名。段氏亦云：「《莊子》謂絶大之魚爲鯤，此齊物之寓言，所謂汪洋自恣以適己者。」二説皆極無理。鯤爲魚子，而強以爲大魚，於義何取。若以爲寓齊物之意，則何不以斥鷃爲大鵬，而又用本字乎。解古書如是，將無往不可叚借，所謂求其説不得，從而爲之辭者也。胡氏以爲鯤當作鯨，其説是矣。顧鯨何以誤爲鯤，尚少契勘，且《御覽》引《春秋後語》既作鯨矣，何下非獨鳥有鳳而魚有鯤句仍作鯤，豈《後語》有誤有不誤乎。正惟鯤鯨通用，本是一字，鯨之爲鯤，猶鵬之爲鳳，故前後文可任便書之也。然則鳳當讀爲鵬，《文選》之鯤，又卽本書之鯨，其字以作鱷爲正。鯨爲或體，鯤叚借字也，以《莊子》文互勘，其義自明。諸説紛紛傅會，皆武斷穿鑿，不可爲訓，今不取。**鳳鳥，上擊于九千里，**《文選》「鳥」作「皇」，非，見上句注，又「擊」下無「于」字。《御覽》九百一十五無「擊于」二字。《莊子》曰：「鵬之徙南溟，水擊三千里，摶扶摇而上者九萬里。」**絶浮雲，負蒼天，**絶，負背也。《文選》作「絶雲霓」。六臣本二句下有「足亂浮雲」四字，李本無之，此四字義重，不當有。**翺翔乎窈冥之上，**翺翔，裴廻也。窈冥，深遠不可見之處，謂雲霄之上。「窈」，《文選》作「杳」。《莊子》曰：「絶雲氣，負蒼天，然後圖南，且適南溟也。」《御覽》引《後語》無「絶雲氣」二句。**夫鹵田之鴳，**「鹵田」，舊本皆作「糞田」。《文選》及《御覽》九百一十五、九百三十八引《後語》俱作「藩籬之鷃」。《説文・艸部》：「藩，屏也。」許書無籬字。《左氏襄二十七年傳》「以藩爲軍」，《正義》曰：「古人行兵，止則築爲壘塹，以備不虞，此藩籬爲軍者，方弭兵，示不相忌也。」則藩籬乃藩屏之義，以竹爲之，所以固界也。言藩籬者，諭其地小，所見不大，猶言井底之蛙爾。（《毛詩・板》傳亦云：「藩，屏也。」）《爾雅・釋鳥》鳸鴳，郭注：「今鴳雀。」郝懿行義疏云：《説文》「鴳，雇也。」又云：「老雇，鴳也。」鷃鴳同字。《晉語》「晉平公射鴳」，韋注：「鴳鳸，小鳥也。」（雇鳸亦同字。）《莊子・逍遥游篇》釋文引司馬彪注：「鴳，鴳雀也。」高誘注《吕覽・明理篇》云：「鴳，一名冠爵。」釋元應《音義》十二引《纂文》云：「關中有鴳濫堆是也。」顔師古《急就篇》注亦有鷃爛堆。今鷃爛堆如雀而大，東齊謂之阿鷂子，色如鶉鶬，善鳴，多聲。一種有毛角者，高誘所謂冠雀，今俗乎老兒角。然則老鳸之名，豈以此與。又《說文》老雇鷃，徐鍇本作鷃鷃，重文。《左昭十七年》疏引《爾雅》老鳸鷃，賈、服並云鷃鷃，亦聲音爲名也。然今驗其鳴聲，殊不相似，賈、服蓋失之。杜預注亦仍其失，張聰咸《辨證》論之是矣。（張氏有《左傳杜注辨證》六卷。）元應書又云：「鴳又作鷃，一名鳸，一名鶬鴳。」段玉裁云：「杜注《左傳》青鳥氏爲鶬鴳，而九鳸有老鳸鷃鷃，是別爲二鳥，不如元應所說也。《晉語》晉平公射鴳，《内則》云雉兔鶉鷃，又云爵鷃蜩范。雇下云：老雇，鴳也。皆不云鶬鴳。」段說是也。《說文》云：「鶬，麋鴰也」；「鴳，雇也。」明非一物。《爾雅》亦不具鶬鷃之目。張衡《西京賦》云：「況青鳥與黄雀。」李注引杜預《傳》注：「青鳥，鶬鷃也。」是杜注本作鶬鷃。然釋文已云鴳亦作鷃，則所見杜注已誤作鴳。顔師古注《漢書·百官公卿表》亦沿作鶬鴳，幸《西京賦》注得存其真耳。鴳正字，俗作鷃。《莊子》以斥鷃笑大鵬爲諭，正與此同。但糞田二字，義不可曉。徐友蘭《羣書拾補識語》云：「糞當爲藩，田當爲林薄之薄，番卽藩半字，共爲薄上艸，田爲甫爛餘。」其說牽合無理。竊疑矢溺字古作𦳊，（古未有以矢爲糞者，秦漢後始有此訓。）此糞田是鹵田之誤。鹵𦳊聲形皆近，鹵譌𦳊，轉譌爲糞，糞，矢也。《說文》「東方謂之斥，西方謂之鹵。」斥鹵，謂鹹地可煑鹽不任耕種者。此言鹵田之鴳，猶《莊子》言斥鷃耳。高誘注《淮南·精神訓》曰：「斥澤之鷃雀，飛不出頃畮。」斥澤，卽鹵田。斥乃斥鹵之義，崔注本《莊子》作尺，（見釋文。）通叚字。夏侯湛《抵疑》「尺鷃不能陵桑榆」，字亦作尺。而釋者遂謂鷃長惟尺，卽以尺名稱之，（《衆經音義》尺鷃下。）謬矣。（《莊子》釋文引簡文云：作尺非。）高注頃畮，卽謂鹵田，以《莊子》、《淮南》互證自明。昭明改糞田爲藩籬，誤。本孔衍蓋求其說不得，率臆改之，亦可見沿誤甚久矣。今以意改正，理有至當，不避專輒也。本書田字尚不誤，故尚可推測而得其致誤之由，若亦作藩籬，則無從救正矣。此古書所以戒妄改也。**豈能與之斷天地之高哉？**《御覽》引《後語》無上「之」字。盧文弨曰：「斷疑𢇍，《文選》作絶。」案𢇍古絶字，然斷卽有絶義，可不改字。且本文斷字不當作絶解，斷有判決之義。《荀子·富國篇》：「故爲之出死判亡，以覆救之。」注：「斷，猶判也。」（或疑判卽拚字之叚借，然拚亦取斷決之義。）又《禮論篇》「然而禮以是斷之者」，注：「斷，決也。」判決與料量義近，下文「量江海之大哉」作量，則本文斷字，義亦當同。與《易》釋文解「斷木爲杵」之斷爲斷絶，《儒行》釋文解「不斷其威」之斷爲絶者，不同。《文選》作「絶」，正由斷字與絶古字形似而誤，盧氏反欲據以改本書，過矣。鴳飛不出頃畮，不知天地之高，故云。作絶，文義反隔。又胡克家覆宋本《文選》作「料」，不作「絶」，盧所據不言何本，予見宋刊六臣本亦作「料」。料量義同，可證本文作「斷」不誤。《御覽》九百一十五、九百三十八兩引亦皆作「料」。**鯨魚，**《選》作「鯤」，已見上注。**朝發崑崙之墟，**崑崙墟皆俗字，當作昆侖虚。《爾雅·釋水》：「河出昆侖虚，色白。」郭注云：「《山海經》河出昆侖西北隅。虚，山下基也。」云朝發昆侖之虚者，從河源處言之，徵其遠也。《説文·水部》：「河水出敦煌塞外，昆侖山發原，注海。」《爾雅》釋文引郭音義云：「《禹本紀》及《山海經》皆云河出昆侖山。」《漢書》曰：「張騫使西域，窮河源，其山多玉石，而不見昆侖。」世人以此疑河不出昆侖。案《山海經》曰：「東望泑澤，河水之所潛也。」又曰：「敦薨之水，注於泑澤，出乎昆侖之西北隅，實惟河源也。」《西域傳》又云：「河有兩源，一出蔥領山，一出于闐，于闐在南山下，其河北流，與蔥領之河合，東注鹽澤。鹽澤一名蒲昌海，去玉門陽關三百餘里。（案《水經注》引三上有千字，是也。）輪廣三四百里，其水停，冬夏不增減，皆以爲潛行地下，而南出於積石山，而爲中國河云。」然則河出昆侖，便潛行地下，至蔥領及于闐，復分流岐出也。張騫所見，殆謂此矣。其去昆侖里數遠近，未得而詳。泑澤，卽鹽澤也。《元史・地理志》稱河源出吐蕃朵甘思西鄙，名火敦腦兒，譯言星宿海。朵甘思東北有大山，卽昆侖，其言昆侖，卽《禹貢》積石，近儒多能辨之。康熙、乾隆間，兩遣使尋河源，後得之阿勒坦郭勒之西，在星宿海之上三百餘里。徐松曰：「西藏岡底斯山，（在阿里之達克喇城，《水經注》之阿耨達山也。）分四榦，向西北者爲僧格喀巴布山，（譯言獅子口也。）繞阿里而北二千五百餘里，入西域，爲和闐南山，在今和闐境。和闐卽古于闐，《漢・西域傳》言河有兩源，一出葱領，一出于闐，其實出葱領者，尚有南河、北河之分，與于闐河爲三也。今以新疆地形驗之，和闐河二源皆出南山，東源曰玉隴哈什河，西源曰哈喇哈什河。二水分流，經和闐城東西又北流二百餘里，而合爲和闐河，是爲河源之一；葱領南河者，卽今葉爾羌河，二源，東源曰聽雜布河，西源曰澤普勒善河，二水分東北流，至葉爾羌城東南，而合爲葉爾羌河，是爲河源之二；葱領北河者，卽今喀什噶爾河，二源，南源曰雅璊雅爾河，北源曰烏蘭烏蘇河，分東流，至喀什噶爾城南，而合爲喀什噶爾河，是爲河源之三。三源分東流，至噶巴克阿克集，而合爲塔里木河，又東流一千四百餘里，瀦爲羅布淖爾，卽古鹽澤，亦謂之蒲昌海也。諸河水澄青無滓，獨喀什噶爾河之北源烏蘭烏蘇色赤而濁，而東至葉爾羌東北衡阿喇克之地，亦清流見底，故統謂之色白也。昆侖虛者，僧格喀巴布山，西北趨一千六百餘里爲葱領，葱領環千八百餘里，包西域之西，以周其北，外各半規，中謂虛地，故謂之虛。」案：徐氏讀虛如字，其説非是。本文所稱，舉河水發源處言。墟乃虛俗字，故郭以山下基言之。謂其緜亘迤歷諸山，皆得昆侖之號，亦以河源非一，總不外乎昆侖之虛故也。徐氏辨河源，考證極細，茲擇其關於昆侖虛者録之，旁及河源者，因本文舉昆侖，卽以河水發源處言故也。《御覽》引《後語》「發」下有「於」字。

暴鬐於碣石，暴當作㬥，作曝更俗。鬐，馬鬣也，引申爲項毛之通稱。《説文》無此字，大徐本新坿收之，據唐釋湛然《止觀輔行傳·宏決卷》八之一云：「鬐，項毛也，《説文》云：鬐，馬鬣也。」是唐本有此字。然唐人引《説文》，不盡可據，諸釋子書如元應、慧琳、沙麟等所引，往往與今本異。其實有本自它書者，所解字亦不盡遵南閣家法，未可信也。（沈濤《説文古本考》有是有非，當分別觀之。）《儀禮·士喪禮》「魚左首進鬐」，注：「古文鬐爲耆。」疑《説文》之耆即鬐字，不必更存鬐也。耆鬐古今字。碣石，兩見《禹貢》，胡渭氏《禹貢錐指》考定，以漢驪成有大碣石，纍縣有小碣石。《禹貢》之碣石，在今纍縣旁，非驪成。又从《水經注》淪海之説，謂今已亡其山，後之言碣石者多宗之。故友王君舟瑶嘗駁其説云：「班《志》右北平驪成下云：大碣石山在縣西南，莽曰揭石。案：驪成當在今永平府撫甯縣，而《錐指》以爲今灤州所領樂亭縣西南，非是。樂亭乃漢遼西郡海陽縣地，非驪成也。《錐指》謂撫甯本漢臨渝，爲遼西郡之東偏，勢不得越令支、纍縣、肥如、海陽而屬右北平。不知撫甯爲漢遼西之東偏，正右北平之南境，其地相接，故後漢省驪成入臨渝，則驪成自在撫甯。撫甯之西南境，即昌黎東北境，爲漢遼西郡纍縣地。碣石山在驪成西南，即跨及纍縣西北境，故班《志》纍縣下云：有碣石水，當即碣石山所出。然繫於纍縣，不與碣石山同繫驪成者，一則以碣石水與賓水皆南入下官水，下官水繫於纍縣，故碣石亦繫纍縣也。一則以碣石跨及纍縣北境，故亦可繫以纍縣也。文穎注《武帝紀》云：碣石在遼西纍縣，今罷入臨渝。案：孟堅云在驪成，而叔良云在纍縣，亦以纍縣之北境，即驪成之西南。此山跨纍縣境，言在驪成可，言在纍縣亦可也。班《志》以下，劉昭《續志注補》則繫於臨渝下，魏收《地形》則繫於肥如下，《隋志》又繫盧龍下，而《括地志》亦云碣石在盧龍縣南二十三里，《通典》平州盧龍有碣石山。自漢迄唐言碣石之所在，縣名屢變，而山實一。蓋後漢省驪成入臨渝，故《續志》注繫臨渝，晉省臨渝入肥如，故《後魏志》繫肥如。隋開皇六年又省肥如入新昌，又改新昌爲盧龍，故《隋志》繫盧龍，而《括地志》及《通典》沿之也。至《唐志》及《寰宇記》則云石城有碣石，歐陽忞《輿地廣記》云：石城，故驪成也。案歐陽所稱之石城，當是平州之石城，本唐臨渝，後改石城。《唐志》石城下云：本臨渝，武德七年省，貞觀十五年復置，萬歲通天二年更名。案：今撫甯縣東北有臨渝故城，東南三十里有臨渝山，下臨渝河，舊以此名縣。則《唐志》及《寰宇記》、《輿地廣記》所云石城，在今撫甯府無疑。撫甯爲漢驪成，故《廣記》曰故驪成也。胡氏乃以歐陽所稱石城，在今灤州西南，李兆洛《歷代地理志今釋》亦與之同，皆誤。平州之石城爲漢驪成，故《唐志》、《寰宇記》云石城有碣石。石城之西卽盧龍，故《括地志》、《通典》云碣石在盧龍。其言雖殊，其實一也。《水經注》濡水條下，既引文穎説，謂碣石在絫縣，又引班《志》説，謂大碣石山在驪成西南。是善長明知驪成與絫縣接境，此山實跨二縣，故並引之。若如胡説，在驪成者爲大碣石，在絫縣者爲小碣石，則善長何以漫無區别，孟堅何不於絫縣繫小碣石之名，諸志何不於某縣標大碣石山，某縣標小碣石山，而竟混稱之曰碣石山乎。胡氏云驪成山稱大碣石，則必有小碣石，蓋卽絫縣海旁之石，此實誤解班《志》大字之誼。蓋碣石一山，跨驪成、絫縣地，實河北之大山。故《燕策》曰南有碣石、雁門之饒，《貨殖傳》曰夫燕，勃碣之間一都會也。而秦皇、漢武巡游，亦必登此山以望海。班《志》因有大碣石之稱，非對小碣石而稱大也。若果有小碣石，諸書何以並未言及乎，知胡説實誤。至謂在海旁石，亦非是，蓋碣石既在驪成、絫縣，今撫甯、昌黎，實漢驪成、絫縣地，則碣石當於昌黎北撫甯南求之。《明一統志》云：碣石在昌黎縣北二十里，案今縣北有碣石山，其頂爲仙人臺，亦名仙臺山。顧祖禹云：昌黎縣境諸山，皆碣石之支阜，四面環列，得名者以數十計，其實一山也。碣石本爲河北大山，胡氏僅以海旁一巨石當之，烏足知碣石哉。且昌黎之北，正接撫甯之南，爲漢驪成地，與班《志》自合。今不求於昌黎之北，而索諸昌黎之南。昌黎之南，實無此山，則以没入海中，年久蕩滅；又以驪成爲在今樂亭西南。如其説，班《志》當云大碣石山在縣東南，今《志》云西南，與己説不合，於是以孟堅爲紕繆，而取叔良之説，展轉牽就，強與己合，無謂甚矣。至淪海之説，《水經注》凡三言之，（原注：五卷《河水》、十四卷《濡水》、四十卷《禹貢山水》。）似覺可信，然亦未必是也。考魏文成帝太安四年，東巡登碣石山觀海，改山名樂遊。善長卒於魏孝昌二年，上距文成登碣石之歲，不過六十九年，其時碣石尚可登臨，似在平陸，未淪海中也。唐河北道名山曰碣石，是碣石至唐時尚無恙也。善長謂枕海有石，如甬道，數十里，當山頂有大石，如柱形。案今昌黎北有仙人臺，即碣石之頂。郭造卿謂絶壁萬仞，上凌霄漢，其臺崇廣，有巨石爲天橋柱，人莫能至。其説似得之。而胡氏駁云：酈氏明言天橋柱在海中，又何移之平陸。不知碣石本在平陸，但海水汎溢時，偶然漸及山下，非真没於海中也。善長謂山在海中，已屬過當，而胡氏謂蕩滅無存，更誤。舍實有之山，而問諸蒼波浩渺間，是海上三神山之説矣。胡氏所以不信昌黎北之山，其一泥於善長之説，其一以其去海數十里，與夾右入河之誼不合。案碣石爲河北大山，去由海達河之道，不過三十里，故入海者望之以爲準。徐常吉謂海水漫天，入河之道難認，碣石高峙其右。由海望之，如在右爾。其説甚確，胡氏反不之信，以爲碣石不過一瀕海之巨石。若果是一巨石，《禹貢》何以與太行山、恒山並舉，蘇秦何以與雁門同言，史遷又何以謂之一都會邪，胡説誠不足信。此外若元人王克穎以今青縣南之石山爲碣石山，明人劉世偉以海豐縣北之馬谷山爲碣石山，皆無稽之言，不足致辯。」（《默盦集》卷二。）光瑛案：王説考碣石所在郅確，可釋千古之疑，故備録之，餘概不引。《御覽》引《後語》無此句。

暮宿於孟諸；

《御覽》九百三十八引《後語》「諸」作「津」，誤。《爾雅．釋地》「宋有孟諸」，郭注：「今在梁國睢陽縣東北。」《禹貢》作「孟豬」，《史記》作「明都」，《漢志》作「盟諸」，《周禮・職方》作「望諸」。《左傳》作「孟諸」，與《爾雅》及本文同。諸豬聲同，孟望明盟皆聲近通字。《元和郡縣志》：「宋州虞城縣孟諸澤，在縣西北十里，周迴五十里，俗號盟諸澤。」（《志》以作盟爲誤，非。）《晉書・地理志》：「梁國睢陽，春秋時宋都。」《漢書・地理志》：「故宋國，微子所封。」《禹貢》盟諸澤在東北，是郭注所本也。睢陽，今河南歸德府商丘縣。孟諸故澤，以屢遭河患，厓岸變易，不可復識矣。夫尺澤之鯢，一尺之澤，言所處者小。鯢，小魚也。一曰尺與斥通，斥澤與鹵田對文。《莊子・逍遥游篇》斥鴳，崔譔本作尺，（引見上注。）亦通。豈能與之量江海之大哉。《御覽》引《後語》無上「之」字。故非獨鳥有鳳而魚有鯨也，《文選》「鯨」作「鯤」，《御覽》引《後語》此句亦作「鯤」，無「也」字。士亦有之。《御覽》引《後語》至此止。夫聖人瑰意奇行，「奇」，《文選》作「琦」，字通用。瑰琦，皆以美玉比德。超然獨處，世俗之民，《文選》「世」上有「夫」字。又安知臣之所爲哉。」言君子處亂世，不改其度，亦不求人知。五卷言宋玉事襄王而不見察，意氣不得，形於顔色。又曰宋玉因其友以見楚襄王，襄王待之無以異，玉因讓其友。合此觀之，可知玉在當時所處之境矣。以上二章，言察賢事。賢自有真，人主求士，當取其真者，毋爲俗論所揜也。

17晉平公閒居，師曠侍。晉平公、師曠，注俱見前。侍，燕侍也。平公曰：「子生無目朕，「朕」，舊本作「眹」。案《説文・目部》無眹，新坿始收此字。鈕樹玉曰：「《玉篇》無眹，《廣韻》云：眹，目童子也，又吉凶形兆，謂之兆眹。《周禮》瞽矇，注：鄭司農云：無目眹謂之瞽，有目眹而無見謂之矇。（案《韓詩章句》無珠子曰矇，珠子具而不見曰瞍，與鄭説稍異。見《選》注引。）眹疑卽瞵字之俗，《隸釋》載高眹《修周公禮殿記》，洪氏曰：諸書多有誤眹爲眣者，則漢時已有眹字。」光瑛案：《説文》瞽下云：「目但有朕也。」段玉裁曰：「朕俗作眹，朕从舟，舟之縫理也。引申之，凡縫皆曰朕，但有朕者，才有縫而已。《釋名》曰：瞽，鼓也；瞑，瞑目平合如鼓皮也。鄭司農云無目朕謂之瞽，韋昭曰無目曰瞽，皆與許異。」以上段説，是也。朕，篆文作𦨖，鈕氏以瞵爲眹之本字，殊屬無理。止當作朕，後人改從目，洪氏反以朕爲誤。宋疏於小學，不足信也。近番禺徐氏灝作《説文段注箋》，謂段以目縫爲朕，非是。目但有朕，言但有體質而無精光，朕卽朕兆之義。考段以縫爲朕，縫者隙也，凡事有一隙之明可窺見者謂之朕，朕兆之義，卽由此而生。徐反援朕兆之説以駁段氏，非也。無目朕謂目全盲，並縫理無之。《莊子・駢拇篇》釋文，謂師曠生而無目，是其證。今從段説改眹爲朕。《御覽》四百二十八引無「朕」字。甚矣子之墨墨也。」墨墨，無所見之貌，古書多叚作默默。《御覽》引本文亦作「默默」，下並同。師曠對曰：「天下有五墨墨，而臣不得與一焉。」《御覽》「與」作「預」，俗。平公曰：「何謂也？」

師曠曰：「羣臣行賂以采名譽，「采」，《御覽》作「採」，字俗。行賂以采名譽，如以財結人主左右，使稱譽己，若隋廣之於文帝是也。又凡輕財厚施，要結人心，如《晏子》之稱陳氏，宋公子鮑施粟於國人，七十以上無不饋詒，皆是也。名者實所生，今以賂得之，心不可測也。百姓侵冤，無所告訴，《漢書・王莽傳》云：「州牧數存問，勿令有侵冤。」《潛夫論・考績篇》云：「令長守相，不奉法令，侵冤小民。」《述赦篇》「則且共横枉侵冤誣奏罪法」，又曰：「凶惡弊吏，掠殺不辜，侵冤小民。」蓋謂侵漁之，使受冤抑耳。「訴」，《御覽》引作「愬」，字同。而君不悟，此一墨墨也；忠臣不用，用臣不忠，下才處高，高，高位。不肖臨賢，臨，謂隷其上。《史記・屈原傳》：「人主莫不欲求忠以自爲，舉賢以自佐，然亡國破家相隨屬，而聖君治國，累世而不見者，其所謂忠者不忠，賢者不賢也。」而君不悟，此二墨墨也；姦臣欺詐，空虛府庫，以其少才，覆塞其惡，覆塞，謂揜飾。智足距諫，辯足飾非，使過惡不聞於上。賢人逐，姦邪貴，《御覽》作「邪臣貴」。而君不悟，此三墨墨也；國貧民罷，罷與疲同，聲近通用，詳《刺奢》首篇注。上下不和，而好財用兵，嗜欲無厭，所以國貧民罷，正由好財用兵嗜欲無厭所致，汲黯所以以多欲責武帝也。諂諛之人，容容在旁，容容，苟安取容之意。《説苑·臣術篇》：「懷其智，藏其能，容容乎與世沈浮，上下左右觀望，如此者具臣也。」《法言·淵騫篇》：「公孫宏容而已矣。」《漢書·左雄傳》注：「容容，和同也。」前書《翟方進傳》：「君何持容容之計，無忠固意。」師古曰：「容容，隨衆上下也。」又《隋書·柳彧傳》：「文帝嘉彧婞直，謂曰：大丈夫當立名於世，無容容而已。」邪佞之臣，遇事媕娿無短長，亦似有和同之狀，此義之相因者也。《史記·淮陰侯傳》曰：「百姓罷極怨望，容容無所倚。」彼文之容容，亦觀望無依之狀。顧炎武謂與顒顒同，亦非，誼與此異。《御覽》引無「之人容容」四字。而君不悟，此四墨墨也；至道不明，法令不行，吏民不正，百姓不安，五墨墨中，此爲尤甚。至道不明，則是非殽亂，道德陵夷；法令不行，則人民無所保障；吏民不正，則賄賂公行，綱紀蕩佚。如此而百姓得安，未之聞也。《孟子》曰：「上無禮，下無學，賊民興，喪無日矣。」此之謂也。而君不悟，此五墨墨也。國有五墨墨，而不危者，未之有也。臣之墨墨，小墨墨耳，《御覽》引無此四字。何害乎國家哉。」平公之言，輕慢其臣，師曠因事納規，其言深切可味。

18 趙文子問於叔向曰：文子名武，趙朔之子。母莊姬，晉景公之姊也。《漢表》四等有趙文子，五等又出趙武。梁玉繩《人表考》疑四卷之文當作景，即趙成也，伯樂稱其纂脩德業，無謗於國，其居中上等固宜。案《漢表》凌亂錯雜，重複者甚多，梁氏之言，亦以意度之耳。武之賢，梁氏亦謂不在其曾祖趙衰下，何以屈居五等，則意固已疑之。趙武事業，無甚表見，武卽不能及衰，何至並不及成。竊疑當卽四等之文子，以所厠時代考之，亦合。其五等趙武，則雜亂重出者也。叔向，羊舌氏，名肸，字向，亦稱叔譽。（見《禮記·檀弓》。）蓋一人兩字，猶子産一字子美也。（參四卷《晉平公過九原章》注。）食采於楊，父曰羊舌職。《一統志》云：「葬山西沁州城東南銅鞮故城東。」《漢表》列二等。**「晉六將軍孰先亡乎？」** 六將軍，六卿爲卿將者。時晉有六軍，以六卿將之。《淮南子·人間訓》云：「張武爲智伯謀曰：晉六將軍，中行文子最弱。」許注：「六將軍，韓趙魏范中行智伯也。」《道應訓》引本事注同。《墨子·非攻中》云：「昔者晉有六將軍，而智伯莫強焉。」《韓非子·儲説》云：「伯夷以將軍葬於首陽山之下。」程大中采其説入所箸《四書逸箋》，而譚瑩跋之云：（是書收入《粤雅堂叢書》四集，諸書跋記名伍崇曜、伍兆棠，實皆出譚氏手。）「將軍官名已古，《後漢書·西南夷傳》帝嚳時有吳將軍，或不可信。而《國語》鄭文公以詹伯爲將軍，《左傳》豈將軍食之而有不足，《檀弓》將軍文子，《孟子》愼子爲將軍，則周初有將軍官名，未必韓非臆譔。」汪氏遠孫《國語發正》亦引《穀梁傳》「使狐射姑爲將軍」，《公羊傳》「將軍子重」諸文，（中有譚氏已舉者，不再録。）以證古有將軍之稱。又云：「《吳語》吳王夫差黄池之會，十旌一將軍，韋解：將軍，命卿也。」（卷十。）黄以周《史説畧》云：「或謂《漢·百官公卿表》於前後左右將軍曰皆周末官，所云秦官，多見於戰國，而不曰周末，得毋自亂其例與？曰：不然。古之所謂將軍者，將其軍也，初非官名。《戴記》有將軍文子，《公羊》有將軍子重，《左傳》亦云豈將軍食之而有不足。是將軍之名，起於春秋之季，表云周末，指春秋而言。六國之官，自該於秦中，此周末官、秦官之例也。」案：黄氏謂將軍者將其軍，非官名，其説最正。韋昭以將軍爲命卿，可見以命卿兼之，若如後世以將軍爲專職，則不得稱命卿矣。譚汪二説均微誤。韋云命卿者，《周禮·夏官》軍將皆命卿，春秋戰國時，侯國亦以卿爲將，通謂之將軍。故《管子·立政》云「將軍大夫以朝」，《水經·河水注》引《竹書紀年》云「邯鄲命將軍大夫適子代吏皆貂服」，並以卿大夫爲將軍也。孔氏廣森《公羊通義》，注將軍子重句云：「子重，楚左軍將公子嬰齊也。」曰左軍將，則亦不以將軍爲實官。（如《左傳》云使狐射姑將中軍，而《穀梁》則云使狐射姑爲將軍也。）近人餘杭章氏《文録》云：「《老子》言偏將軍、上將軍，《左氏》言魏舒爲將軍，説者遂以是疑《老子》《左氏》，不知春秋時以卿將中軍上軍下軍，而無將軍。卿云者，自實職言，從其定名。將軍云者，自差遣言，從其叚名也。」其説亦與黄氏同。《漢表》所云周末官，謂此官名起於周末耳，讀者勿過泥。對曰：「其中行氏乎。」《淮南·道應訓》作「中行知氏」，多舉知氏，與此異也。中行氏注見前。文子當國時，中行氏執政者爲荀吳，卽上文所稱中行穆子是也。其人甚賢，不至如下文所云，豈其指荀偃邪。文子曰：「何故先亡？」對曰：「中行氏之爲政也，《淮南》作「其爲政也」。以苛爲察，明而後能察，苛細以察，非爲政之禮。以欺爲明，《淮南》「欺」作「切」，文義似勝。以刻爲忠，殘刻細民，以媚其上。《淮南》「刻」下有「下」字。以計多爲善，「善」，《淮南》作「功」，以協韻，無下句，上句多一「下」字，則二句四字，二句五字，文法較整。本書多下一句，此句非韻，上句少一字，則三句四字，二句五字。然《子華子·晏子篇》文，與本書悉同。《子華子》雖僞書，其所襲之文，則甚古也。計多爲善，謂尚詐不尚德。以聚斂爲良。《淮南》無此句。忠與明良韵，古音陽唐部與東部多通協。《孟子》曰：「今之事君者曰，能我爲君闢土地，充府庫，今之所謂良臣，古之所謂民賊也。」由此言之，後世之中行氏，何其多哉。譬之其猶鞹革者也，大則大矣，裂之道也。《淮南》「譬」下無「之」字，「鞹」作「廓」，「也」下有「廓之」二字。案廓當作彍，鞟同音叚借字。（鞟乃鞹之俗。）廓，擴而大之也。《文子·上禮篇》作廣，廣卽俗擴字。亦當作彍，誼訓引滿，與擴張意合。彍革者，張大其革，雖能致大，而革受傷，易敗裂也。《文子》作「大敗大裂之道也」，無「矣」字，「敗」乃「則」形近之誤，「矣」字當補，以本書互參自明。「則」誤「敗」，淺人遂妄删「矣」字，合二句爲一句。近人劉家立校《淮南》，反謂衍「矣」字，隔絶上下文法，義不可通，欲據《文子》删「矣」字，「敗」仍作「則」，其謬如此。當先亡。」《子華子·晏子篇》云：「昔先大夫中行文子之在位也，拔識賢良，振其滯淹，人之有技能，如出於厥躬，恪謹弗解，惟力是視。是以能相其君，以尋盟諸侯。逮其嗣主，以苛爲察，以欺爲明，以刻爲忠，以計多爲善，以聚斂爲良，崩角摘齒，恐人之軋己也。門如鬧市，惟利是視，憸人乘閒，而會逢其惡，極其回邪，如鬼如蜮，日移其志，以速厥罰，中行氏以亡」等語，其文與本書多同。文子卽荀寅，及身而亡，彼文贊譽之不容口，又謂其嗣乃亡，均謬。《淮南子·人間訓》：「張武爲智伯謀也，晉六將軍中行文子最弱，而上下離心，可伐以廣地，於是伐范中行氏，滅之矣。」

19楚莊王既討陳靈公之賊，殺夏徵舒，楚莊王注見前。陳靈公，共公子，名平國，在位十五年，爲夏徵舒所弑。《漢表》列九等。（靈謚義見前。）徵舒，夏姬之子，仕陳爲大夫。《漢表》有孔甯、儀行父、夏姬，獨無徵舒，蓋脱漏，當列九等下下。《左氏宣九年傳》曰：「陳靈公與孔甯、儀行父通於夏姬，皆衷其衵服，以戲於朝。」又十年傳：「公與甯、行父飲酒於夏氏，公謂行父曰：徵舒似女。對曰：亦似君。徵舒病之，公出，自其廐，射而殺之，二子奔楚。」又十一年傳：「冬，楚子爲陳夏氏亂故，伐陳，謂陳人無動，將討於少西氏，遂入陳，殺夏徵舒，轘諸栗門。」《列女·孽嬖傳》所記畧同。《史記·陳世家》惟載徵舒自立爲陳侯，太子午奔晉爲異。（《左傳》但云陳侯在晉。）餘同。得夏姬而悅之，夏姬，鄭穆公少妃姚子之女，靈公之妹，陳御叔之妻，夏徵舒子南之母也。《太平寰宇記》云：「夏姬墓在宋州柘城縣東北二百步。」（卷十二。）《漢表》列九等下下。《列女·孽嬖傳》：「夏姬美好無匹，內挾技術，蓋老而復壯者三，三爲王后，七爲夫人。（《史通·雜説》引作再爲夫人，三爲王后。）公侯争之，莫不迷惑失意。」宋姚寬《西溪叢語》引宇文士及《莊臺記序》云：「春秋之初，有晉楚之諺曰：夏姬得道，雞皮三少。」案今本《列女傳》「壯者」下不疊「三」字，是以「壯者」爲句，辭意未完，《藝文類聚》引重三字，是也。《史記正義》及《史通》均引三爲王后。王安人照圓《列女傳補注》引或説：「當作一，今作三，乃二一兩字誤合，二字屬上句，一字屬下句」云云。其説與諸書所引不合，且《莊臺記》雞皮三少句，即指老而復壯之事，可證不當作二字也。悦，説之俗字。將近之。申公巫臣諫曰：巫臣，屈氏別族，（《春秋分記》云不詳所系，《通志·氏族略》四以爲屈蕩之子。案昭、屈、景爲楚三王族，見上《昭奚恤章》注。）名巫，字子靈。食邑於申，後奔晉爲邢大夫，邢侯其後也。《一統志》云：「葬蘇州長洲縣北平門東三里。」《漢表》列六等。案巫臣叛國欺君，當列九等下下。「此女亂陳國，敗其羣臣，謂孔甯、儀行父之屬。嬖女不可近也。」嬖，孽嬖。莊王從之。令尹又欲取，案當時爲令尹者子重也，無欲取夏姬之事。《列女傳》作「將軍子反」，與《左傳》合。此采自它書，原本已誤，中壘因而不改。申公巫臣諫，令尹從之。後襄尹取之。襄尹，楚大夫襄老，官連尹者。《列女傳》：「莊王見夏姬美好，將納之，申公巫臣諫曰：不可，王討罪也，而納夏姬，是貪色也。貪色爲淫，淫爲大罰，願王圖之。王從之，使壞後垣而出之。將軍子反見美，又欲取之，巫臣諫曰：是不祥人也，殺御叔，弑靈公，戮夏南，出孔儀，喪陳國。（《左傳》作是夭子蠻，殺御叔，弑靈侯，戮夏南，出孔儀，喪陳國也。）天下多美婦人，何必取是。子反乃止。莊王以夏姬與連尹襄老」云云。其文多本之《左傳》，此亦中壘習《左傳》之證。至恭王與晉戰於鄢陵，楚兵敗，襄尹死，鄢陵，春秋時鄭地，詳二卷《莊辛章》注。《左宣十四年傳》曰：「射連尹襄老，獲之，遂載其尸。」是襄老死戰之事。但《左傳》云襄老死於邲，此以爲鄢陵之役，誤。邲之師，楚勝而晉敗，在莊王時。鄢陵之戰，則在夏姬逃亡十餘年後，爲共王時事。《列女傳》亦言襄老死於邲，亡其尸，及恭王即位，巫臣聘於齊云云。皆本《左氏傳》。此與下使齊奔晉諸事，俱在邲後，鄢陵之前。諸子之書，各據所聞爲說，不免有誤，中壘非不知之。觀上文言令尹，此言鄢陵，均與《列女傳》所叙不合，可見矣。其尸不返，數求晉，不與。夏姬請如晉求尸，楚方遣之。申公巫臣將使齊，私說夏姬與謀，及夏姬行，而申公巫臣廢使命，道亡，隨夏姬之晉。《左氏成二年傳》曰：「襄老死於邲，不獲其尸，其子黑要蒸焉。巫臣使道焉，曰：歸，吾聘女。又使自鄭召之，曰：尸可得也，必來逆之。姬以告王，王問諸屈巫，對曰：其信，知罃之父，成公之嬖也，而中行伯之季弟也，新佐中軍，而善鄭皇戌，甚愛此子。其必因鄭而歸王子與襄老之尸以求之，鄭人懼於邲之役，而欲求媚於晉，其必許之。王遣夏姬歸，將行，謂送者曰：不得尸，吾不反矣。巫臣聘諸鄭，鄭伯許之。及共王即位，使屈巫聘于齊，巫臣盡室以行。及鄭，使介反幣，以夏姬行，將奔齊。齊師新敗，曰：吾不處不勝之國，遂奔晉。晉人使爲邢大夫。」以上所叙，較《列女傳》爲詳。晉歸襄老尸于楚，以求知罃，亦在成公三年荀首佐中軍時事，鄢陵之前。又是晉先歸尸於楚，與此云數求晉不與之說不合。蓋當時晉患楚不肯歸知罃，故荀首云：不以人子，吾子其可得乎。乃射襄老與王子穀臣，一載其尸，一囚而還，豫爲交換地步。而共王歸知罃，方且自以爲德，而欲求報。（見《成三年左傳》。）是無求晉不與之事也。言廢使道亡者，謂使介反幣以夏姬行也。古使臣有正有介，正使有故，則介代致命。如郤克聘齊先歸，使欒京廬待命，巫臣聘齊道亡，使介反幣，皆以介使代正使之事。據《左傳》，巫臣先聘夏姬於鄭，後聘齊，行及鄭，而偕以逃，無夏姬請如晉之說。此文以夏姬歸鄭爲適晉，亦非。令尹將徙其族，遷徙其族，屏之遠方也。《左氏成七年傳》：「共王即位，子重、子反殺巫臣之族，子閻、子蕩及清尹弗忌，及襄尹之子黑要，而分其室。子重取子閻之室，使沈尹與王子罷分子蕩之室，子反取黑要與清尹之室。」與此言徙族異。時子重爲令尹，因諫賞申呂田事怨巫臣，亦非因夏姬也。言之於王曰：「申公巫臣諫先王以無近夏姬，今身廢使命，與夏姬逃之晉，《爾雅·釋詁》曰：「之，往也。」是欺先王也。請徙其族。」王曰：「申公巫臣爲先王謀則忠，戒以毋取大罰，不失爲忠。自爲謀則不忠。不自愛重，好色而棄信。是厚於先王，而自薄也，何罪於先王。」令尹以欺先王罪巫臣，故答之如此。遂不徙。《左氏成二年傳》：「巫臣奔晉，晉人以爲邢大夫。子反請以重幣錮之，王曰：止。其自爲謀也則過矣，其爲吾先君謀也，則忠。忠，社稷之固也，所蓋多矣。且彼若能利國家，雖重幣，晉將可乎；若無益於晉，晉將棄之，何勞錮焉。」案《傳》言禁錮，與此逈異。錮謂錮之它國，徙族則國內之法耳。後此子重、子反盡殺巫臣之族，使共王早有不徙之言，二子何敢如是，故知《左氏》義長。此及上章均言觀人之法，或似忠而實佞，或舍罪以論功，人主不可不察。

新序校釋卷第二

雜事

此卷所記，别爲二類。首章至《單父章》，言用賢宜專，勿信讒言以閒君子。《獻魚章》至末章，類記進言悟主之事，使人主見之，知安不忘危，改過不吝之益如此，剛愎無忌，輕慢士夫之害如彼，（如《勝殷》、《燕相》、《扁鵲》等章皆是。）庶得以借鏡而自省也。中壘論外戚、災異諸封事，語長心重，關繫漢代安危，故引古爲鑑，以悟成帝。宗臣憂國愛君之心，千載下猶可窺見。

1 昔者唐、虞崇舉九賢，崇，高也，謂舉之高位。九賢者，《漢書·劉向傳》：「向上封事曰：臣聞舜命九官，濟濟相讓，和之至也。」彼文九官，即此九賢。師古注云：「《尚書》禹作司空，棄后稷，契司徒，咎繇作士，垂共工，益朕虞，（劉逢禄曰：《説文》：倂，送也，从人，灷聲，古文以爲訓字。朕虞之朕，當爲倂，言訓庶虞之官。漢時不識古文，誤以倂爲⿰舟灷，王莽遂易⿰舟灷爲予矣。案：諸官皆不言⿰舟灷，虞獨言⿰舟灷，師古以⿰舟灷虞連文，不去朕字，似亦以朕虞爲官名。劉説雖無徵，姑存以備考。）伯夷秩宗，夔典樂，龍納言，凡九官也。」案顔説是。彼文言舜命，此兼舉唐、虞者，命官是舜攝位後事。爲堯舉之，至舜受禪後，九官猶存，或言舜命，或兼言陶唐，隨文所便也。舜舉亦稱堯命行之，故此並稱唐、虞也。布之於位，布，列也。**而海内大康，**《爾雅·釋詁》：「康，安也，又静也。」大讀如字。**要荒來賓，**要荒，《禹貢》要服、荒服也。綏服外五百里曰要服，要服外五百里曰荒服。《後漢書·南夷傳》：「其在唐、虞，與之要質，故曰要服。」《國語》「蠻夷要服」，韋昭注：「要結好信而服從之。」《詩譜·齊譜》疏引鄭云：「要服於周爲蠻服，其弼當夷服，在四千里之内。」江聲曰：「《周禮》衛服外方五百里曰蠻服，又其外方五百里曰夷服，上綏服之弼，當周之衛服，則此要服當周之蠻服，其弼當其夷服矣。」周之蠻服，亦名要服，故鄭注《皋陶謨》（今本作《益稷》。）言與周要服相當也。自甸服之中央，至禹所弼之外畔，四面，面各四千里，是在王城四千里之内。《皋陶謨》注云「去王城四千里」，是也。荒服者，《史記·夏本紀》集解引馬融曰：「政教荒忽，因其故俗而治之。」《周語》「戎狄荒服」，韋注：「荒荒忽忽，無常之言也。」義與馬同。《齊譜》疏引鄭云：「荒服於周爲鎮服，其弼當藩服，在五千里之内。」江聲曰：「《周禮》夷服外方五百里曰鎮服，又其外方五百里曰藩服，上要服之弼，當周之夷服，則此荒服當周鎮服，其弼當周藩服矣。」自甸服之中央，至禹所弼荒服之外畔，四面皆五千里，是在王城五千里之内。《皋陶謨》注「去王城五千里」，四面相距爲方萬里也。來賓，謂要荒諸國歸附，如賓至歸然，遠者來則近者可知。

麟鳳在郊。《爾雅》曰：「邑外謂之郊。」《春秋感精符》曰：「王者德化旁流四表，則麒麟游其囿。」（《御覽》八百八十九引。）《尚書·皋陶謨》曰：（今本作《益稷》。）「鳳皇來儀。」《尚書大傳》曰：「舜好生惡殺，鳳皇巢其樹。」又《帝驗》曰：「舜受終，赤鳳來儀。」《孝經援神契》曰：「王者德至鳥獸，則鳳皇翔。」（二事並《御覽》九百十五引。）《白虎通義·封禪篇》曰：「德至鳥獸，則鳳皇翔，鸞鳥舞，麒麟臻。」《潛夫論·本訓篇》曰：「麟龍鸞鳳，時出於郊。」**商湯用伊尹，**《漢表》師古注：「禹湯皆字，二王去唐、虞之文，從高古之質，故夏、殷之王，皆以名爲號也。」禹是名非號，已詳前卷首章注。至湯名履，又名天乙，則湯似非名矣。前儒或以爲謚，亦非。梁王繩《人表考》云：「《路史發揮》五注，謂湯是商國中一邑名，今相之湯陰，甚確。觀《史·秦紀》有亳王湯，可見。蓋以地爲號，故稱湯爲謚者固非，以爲字與名者亦非。禹乃是名，《史·夏紀》索隱言之矣。師古注本《殷紀》集解張晏説，然去文從質之論殊誤。」案顔説誠誤，梁從《路史》以湯爲地名，亦無明證。但湯有成湯之號，與周之言成周同，故羅泌因而傅會。然如《酒誥》云「自成湯咸至于帝乙」，《立政》云「亦越成湯」。設易成湯文爲成周，豈可通乎。況成湯實有其人，成周止言其地，胡可比儗。《堯典》疏及《白虎通義·姓名章》謂湯爲王後改名，此漢儒舊義，宜可從。至《易乾鑿度》以《易》之帝乙爲湯，近儒多能辨之。梁氏所箸《瞥記》，亦不以其説爲然，今不取。湯，契之後，子姓。父主癸，母扶都。《詩·商頌譜》疏云：「堯封契於商，湯取以爲代號。」其説是也。湯爲侯十七年，爲天子十三年，百歲，崩。《漢表》列一等上上。至湯墓所在，孫星衍與謝啓昆争辯甚烈，要皆無足徵信。近吾鄉李慈銘云：「孫據《史記集解》引《皇覽》之文，以爲湯葬濟陰，當在今山東曹縣。欲改滎河之祀，雖濟陰即薄，地近湯都，似爲近理。然裴駰所引《皇覽》，既與《水經注》所引互異，單文孤證，一無可考。孫氏又引《晏子春秋》齊景公伐宋，過太山，夢見湯與伊尹之言，以爲湯陵在濟陰之證，尤近傅會。謝氏初咨力駁孫説，援據詳明。後咨主劉向成湯無葬地一言，以爲兩地皆可存而不論，皆較孫説爲長。洪亮吉《乾隆府廳州縣圖志》不取孫説，惟引劉向之言，謂後來紀載，有亳城、偃師、蒙縣與寶鼎而四，疑皆後人所爲。洪與孫交契甚摯，而爲此言，則通人之論也。」（見所箸《日記》。）案：劉向已云殷湯無葬處，以中壘博極羣書，（《漢書·司馬遷傳》贊語。）叚有可考，必不肯爲此言。謝、孫之説，載孫氏《岱南閣集》中，兹不引。

伊尹者，伊氏，名尹，又名摯。《淮南子·原道訓》高誘注云：「伊尹名摯，郼湯之賢相也。《史記·殷本紀》索隱、《書·君夷》疏引鄭注並云以之尹正天下，故曰伊尹，非也。《禮記・緇衣》引尹吉，自稱尹躬，僞古文《太甲》襲之。此告君語，必自稱其名，非尹正之謂。若湯命以尹正天下，而身於太甲前，居之不疑，自呼自贊，有是理乎。《吕氏・本味》云：「有侁氏命之曰伊尹。」亦以尹爲名。古命名字通，伊尹名尹，又名摯，猶成湯名履，又名天乙也。《説文》伊下云：「殷聖人阿衡，尹治天下者，从人，从尹。」與鄭《書》注誼合。劉寶楠《論語正義》謂「伊氏，尹名，許云尹治天下者，就文説之，若《白虎通》説顓頊、嚳、堯、舜，皆有聖德，是也」。其説良是。又曰：「摯爲名，則尹爲字。」則仍游疑無一定見也。伊尹，力牧之後，見《索隱》引《世紀》。《路史・後紀》四以爲伊耆氏後，其説無稽，今不取。《索隱》又言阿衡是官，非名。梁玉繩曰：「所謂名者，非姓名之名，乃名號之名。後世因伊尹官阿衡，遂以爲號，《史》隨稱之耳。」（見《史記志疑》。）案梁説是。阿，《高彪碑》作猗，音近通用。《書序》沃丁疏、《殷本紀》正義、《水經・泗水注》並引《世紀》云：「伊尹以沃丁八年卒，年百餘歲。」據《論衡・感類》出張霸《百兩篇》，則亦漢人舊説。但霸造僞書，其言究未可深據。《竹書》有太甲潛出自桐殺伊尹之説，乃魏晉閒人目擊操、懿、師、昭之事，有激而言，不足深辯。《書序》、《殷紀》皆云伊尹葬亳。《詩・商頌》疏引臣瓚、《殷紀》集解、《續郡國志》注、《水經注》並引《皇覽》云：冢在濟陰己氏平利鄉。亳地近己氏，二説未嘗不合。《漢表》列二等上中。考伊尹爲湯之師，以先覺自任，應列一等，不知何故抑在二等。

而文、武用太公、閎夭，文武注見一卷。太公姜姓，名望，字子牙，號太公，尊爲師尚父。炎帝之裔伯夷，掌四岳有功，封於吕，子孫遂从其封姓。（《史記索隱》引譙周説。）《别録》云：「師之、尚之、父之，故曰師尚父。」（《詩》正義、《齊世家》集解引。此中壘之説，最明確。）《路史》云又名涓，注引《苻子・方外》作太公涓，均未可信。古書多稱吕尚，即尚父之簡稱。而或遂以尚爲名，引《世家》「文王曰：吾先君望之久矣，號曰太公望」之説，證望爲號，妄矣。梁玉繩已駁之。趙明誠《金石録》載《太公碑》亦云名望，《孟子》已稱太公望。故《詩》疏、《宋書・符瑞志》皆以望爲名，説不可易。《吕氏・當染》注、《當時》注、《淮南・氾論》注、《水經注》並云河内汲人。武王克殷，封於齊，卒，反葬於鎬京，陪文武墓。（《禮記・檀弓》正義之説如此，今從之。）《史記集解》、《續郡國志》注引《皇覽》云，冢在臨菑縣南，與反葬之説不合。蓋後人虚存其墓，以爲記念，而《皇覽》誤信之耳。《漢表》列二等上中。（太公爲文武師，亦當列上上。）閎夭爲十臣之一，僞孔《書》傳云：「閎氏，夭名。」《荀子》言其狀面無見膚，蓋多髭髯耳。《漢表》列二等。

成王任周、邵，「邵」，各本作「召」，《治要》引作「邵」。案宋戴埴《鼠璞》云：「古人姓從省文，去邑者多，如邾、郳、郤、酇、邵、鄣、郜皆是。」依其説，則字當作邵，省文作召。猶荀子之荀本作郇，變文爲荀也。四卷《有司請事章》字亦作邵，後人稱周召者多用召，少用邵，遂改之耳。如本爲召字，《治要》無緣引作邵也，四卷之作邵，乃改之未盡者。今從《治要》作「邵」，以存本書之真。成王名誦，（《竹書》作庸，音近通用。）武王太子，在位三十七年。（《竹書》。或云四十七，或云三十三，或云三十，或云二十八，見《通鑑外紀》及《通志》。）葬咸陽。（《文獻通考》卷百二十三。）謚法：安民立政曰成。《漢表》列二等。周文公，名旦，文王子，武王弟。武王崩，攝政，輔成王，長而致政。年九十九，（《通鑑外紀》引應劭及《金樓子》皆云周公年九十九。梁玉繩《人表考》注曰：疑。案應氏去古未遠，必有所受，牟氏廷相箸《周公年表》亦取此説，今姑從之。）從文王之墓葬於畢。（《尚書大傳》、《史世家》。）《漢表》列一等上上。事實詳牟廷相所譔《年表》。召康公，名奭。《白虎通義》以爲文王之子，（《王者不臣篇》。）《論衡》以爲周公之兄，（《氣壽篇》。）《尚書》正義、《毛詩》正義、《尚書》釋文、《禮》釋文並引皇甫謐云文王庶子。均無明證。《漢表》祇云周同姓。《史記・周本紀》云：「封弟周公旦於曲阜，曰魯，（《明堂位》及它書皆云成王所封。）封召公奭於燕，封弟叔鮮於管，弟叔度於蔡。」周公管蔡皆稱弟，惟召公獨否，則似非文王子也。（朱彝尊《報徐敬可處士書》亦辨召公爲文王子之非。）邵，采地。《説文·邑部》引《史篇》云名醜。（《路史·後紀》十云名顧，未知所據。）封北燕，壽最長，至百九十餘，乃卒。（《風俗通義·皇霸卷》、《論衡·氣壽篇》云年百八十。）謚法：淵源流通，豐年好樂，安樂撫民，令民安樂皆曰康。《漢表》列二等。**而海内大治，越裳重譯，**《漢書·賈捐之傳》「越裳氏重九譯而獻」，注：「晉灼曰：遠國使來，因九譯言語乃通也。張晏曰：越不著衣裳，慕中國化，遣譯來著衣裳也，故曰越裳也。師古曰：張説非也，越裳自是國名，非以襲衣裳始爲稱號，王充《論衡》作越嘗，此則不作衣裳之字明矣。」案張説迂曲無理，小顔駁之，當已。但衣裳字本作常，古書多與嘗通用，所駁則是，所以駁則非。越裳國在交趾南，《明史·外國傳》：「占城國古越裳地，秦爲林邑縣，漢曰象林，晉以後爲林邑國，後更號占城。」案：漢末區連據其地稱林邑王，自晉至隋仍之，唐時或稱占不勞，或稱占婆，其王所居曰占城，唐肅宗以後，改國號曰環，五代周時，遂以占城爲號。明時爲安南所滅，今安南南部之地是。重譯者，語言不通，經再譯而後得達也。重當作緟，經傳多省作重。《説苑·辨物篇》曰：「成王時有三苗，貫桑而生，同爲一秀，大幾盈車，民得而上成王。成王問周公，此何也。周公曰：三苗同秀爲一，意天下其和而爲一乎。後三年，則越裳氏重譯而朝，曰：道路悠遠，山川阻深，恐一使之不通，故重三譯而來朝也。（重三譯，猶云再三譯。）周公曰：德澤不加，則君子不饗其質；政令不施，則君子不臣其人。譯曰：吾受命於吾國之黄髮久矣，（黄髮，老成之人也。）天之無烈風淫雨，意中國有聖人邪，有則盍朝之。然後周公敬受其所以來矣。」《韓詩外傳》五所記畧同。陸賈《新語》曰：「周公躬行禮義，郊祀后稷，越裳奉貢，重譯而臻，麟鳳草木，緣化而應。《琴操》有《越裳操》，周公之所作也。周公輔成王，越裳重九譯而來獻白雉，周公乃援琴而歌之曰：於戲嗟嗟，非旦之力也，乃文王之德也。遂受之，獻於文王之廟。」《古今注》曰：「周公治致太平，越裳氏重譯來貢白雉一、黑雉二、象牙二，使者迷其歸路。周公錫以文錦二匹，輧車五乘，皆爲司南之制，使越裳氏載之以南。緣扶南、林邑海際，期年而至其國。使大夫宴，將送至國而還，亦乘司南，而背其所指，亦期年而後至。始制車，轄轊皆以鐵，還至，鐵亦銷盡。以屬巾車氏，收而藏之，常爲先導，示服遠人而正四方。」又見《論衡》及《宋書·符瑞志》。**祥瑞並降，**《尚書中候》云：「周公歸政於成王，太平，制禮，鸑鳥至。」《説文》：「鸑，亦神靈之精也，赤色五采，雞形，鳴中五音，頌聲作則至，周成王時，氐羌獻鸑鳥。」是其事也。又如三苗貫桑而生，同爲一秀，大幾盈車，（引見上。）而越裳氏至。亦其驗也。**遂安千載。**遂亦安也，連緜語。《詩·雨無正》「飢成不遂」，毛傳：「遂，安也。」《史記·趙世家》：「大業之後不遂者爲祟。」不遂，謂不安也。又見《説苑·復恩》、本書《節士》，互見《節士》注。遂安千載，謂澤及後世，周公制禮以治天下，百代後民受其澤也。**皆由任賢之功也。無賢臣，雖五帝三王，**五帝者，《大戴禮記·五帝德》、《世本·帝繫》、《史記·五帝本紀》、《白虎通義·號篇》、范甯《穀梁》注並云：「黄帝、顓頊、帝嚳、帝堯、帝舜。」《禮》疏引鄭注《中候勑省圖》云：「德合五帝座星者稱帝，則黄帝、金天氏、高陽氏、高辛氏、陶唐氏、有虞氏是也。實六人而言五者，以其俱合五德座星故也。」僞孔《書》傳序、《帝王世紀》并數少昊以下爲五帝，説各不同。世儒多言五帝中不當中缺少昊，然《五帝德》乃孔子答宰我語，已明著其人，豈可違背。少昊之爲帝與否，先儒多有異論，羣言殽亂，折衷於聖。史公斷從《五帝德》、《帝繫》之説，以作《五帝紀》，所見卓矣。三王者，夏禹、商湯、周文王也。《白虎通義·號篇》曰：「三王者何謂也，夏殷周也。《詩》曰：命此文王，于周于京。此改號爲周，易邑爲京也。《風俗通義》卷一《禮號謚記》說：夏禹殷湯周武王，是三王也。《尚書》說：文王作罰，刑茲無赦。《詩》說：有命自天，命此文王；文王受命，有此武功，儀刑文王，萬國作孚。《春秋》說：王者孰謂，謂文王也。案《易》稱湯武革命，《尚書》武王戎車三百兩，虎賁八百人，擒紂于牧之野，惟十有三祀，王訪于箕子。《詩》云：亮彼武王。襲伐大商，勝殷遏劉，耆定爾功。由是言之，武王審矣。《論語》文王率殷之叛國以服事殷，時尚臣屬，何緣便列三王哉。經美文王三分天下有其二，王業始兆於此耳，俗儒新生，不能采綜，多其辨論，至於訟鬩。太王王季，皆見追號，豈可復謂已王乎。」案三王或稱文王，或稱武王。《白虎通義》以夏殷周并舉，而獨詳於文王者，以禹湯及身王有天下，無庸致疑，惟周代列文不列武，故引《詩》以明始於文王，故列之也。應劭亦並舉二說，而以爲當列武王。不知文王受命稱王，見於傳記，徵驗甚多。王昶《春融堂集》有《文王受命稱王說》，侯康《雅詩多言文王少言武王說》，（見《學海堂二集》。）臚舉詳列，幾無遺蘊，文繁不復引。後儒以三代下之眼光，論三代上之事實，鮮能得當。陳立《白虎通疏證》云：「三王之名，定於後世。周人尊文王爲受命祖，故《孝經·聖治》云：昔者周公郊祀后稷以配天，宗祀文王于明堂以配上帝。文王親迎于渭，即以親迎爲天子之禮；文王造舟爲梁，即以造舟爲天子之制。是周人之尊文王，在武王之上，何得援《論語》服事之說，以相難也。《詩·文王序》云：文王受命作周也。《漢志》引劉歆作《三統歷》，考上世帝王，以爲文王受命九年而崩。《易乾鑿度》云：入戊午蔀二十九年，伐崇，作靈臺，改正朔，布王號於天下，受籙應河圖。《詩》疏引我應說：文王之戒武王曰：我終之後，恒稱太子，河洛復告，遵朕稱王。又引《元命苞》曰：西伯既得丹書，于是稱王，改正朔。《詩·棫樸》云左右趣之，箋：左右之諸臣，皆趣疾于事，謂相助積薪。唯天子祭天始燔柴，《繁露》亦引此詩，以說郊祭。據諸經緯之文，則文王在時，固已稱王。《孟子·告子下》云三王之罪人也，趙注亦以禹湯文王當之也。」以上陳説，與王、侯意亦相同。案《漢書・伍被傳》：「文王壹動，而功顯萬事，列爲三王。」此文王名列三王之證，西漢人舊説如此，確不可易。陳引趙注，閩監毛三本作周文武，若然，是四王非三王矣，（《左傳・成二年》四王之王也，杜注以四王爲禹湯文武。）謬顯然。朱子《集註》亦沿其失，可見承誤甚久，蓋朱註亦據誤本也。茲以《伍被傳》及《白虎》之説爲斷，餘槩不取。仲遠或見曹氏篡勢已成，故爲此説，以折其氣。觀孟德自比文王，董卓亦議廢立，可知矣。前儒立論，多有爲而發，不可以辭害意。**不能以興。**一人之智力有限，必藉衆賢共輔翼之故。**齊桓公得管仲，**齊桓公，名小白，襄公之弟，母曰衛姬，爲五伯之首，在位四十一年。《水經・淄水注》云：「葬齊城南二十里，女水西。」《元和郡縣志》云：「齊桓公墓在臨淄縣東南二十三里鼎足山上。」謚法：辟土服遠，克敬勤民，辟土兼國皆曰桓。《漢表》列五等。管仲，名夷吾，謚曰敬，桓公號爲仲父。杜預《春秋世族譜》云管氏出自周穆王，而《廣韵》及《路史・後紀》十以爲管叔之後，非是。蓋管有二族，《通志・氏族畧》言之甚明。《史記索隱》引《世本》，莊仲山之子。《史記》作潁上人，桓寬《鹽鐵論・相刺篇》作越人，恐誤。《括地志》云：「葬臨淄牛山上，即《孟子》所謂牛山之木者也。」謚法：夙夜警戒，夙夜恭事，善合法典皆曰敬。沈氏濤《銅熨斗齋隨筆》云：「《國語》昔管敬仲有言，注：敬仲，夷吾之字也。又曰齊桓舉管敬子，注：敬子，管子謚。二注不同。濤案：夷吾字仲，故桓公稱仲父，後人因其謚敬，遂謂之管敬仲，非字敬仲而謚敬子也。韋解字字，當是謚之誤。《晏子春秋・内篇》作管文仲，當亦敬仲傳寫之誤。汪明經中遂以爲字敬而謚文，非也。」案：韋注言敬仲夷吾之字者，謂仲是字，因傳文稱敬仲，故並舉敬字耳，不必深泥。古人注書，如此文法甚多。管仲，《漢表》列二等。**有霸諸侯之榮，**謂九合諸侯，一匡天下，爲五伯首。**失管仲而有危亂之辱。**

「危亂」，《治要》作「亂危」。謂五公子争立，桓公死，不葬，尸蟲出於户。宋襄公以諸侯伐齊，敗齊師，立孝公。**虞不用百里奚而亡**，《史記・吴世家》：「武王克殷，求太伯、仲雍之後，得周章。周章已君吴，因而封之，乃封周章弟虞仲於周之北故夏虚，是爲虞仲，列爲諸侯。」今山西解州平陸縣東北四十五里有虞城。《孟子・萬章篇》：「百里奚，虞人也。晉人以垂棘之璧與屈産之乘，假道於虞以伐虢，宫之奇諫，百里奚不諫。」又曰：「知虞公之不可諫，而去之秦。」是虞不用百里奚之事也。又《告子下篇》曰：「虞不用百里奚而亡，秦穆公用之而霸，不用賢則亡，削何可得與。」是本書所本也。《史記・李斯列傳》正義引本書云：「百里奚，楚宛人，仕於虞，虞亡，入秦，號五羖大夫也。」今本書無此文，蓋奪佚已久。《唐書・白氏世系表》云：「虞之公族，則非宛人矣。」然其説未詳所自，未必可信。梁履繩曰：「《僖十三年傳》百里，《通志・氏族畧》三云：百里奚家於百里，因氏焉。果以所居爲氏，《傳》不應單舉其氏。愚謂百乃氏，里其字，奚名也。《荀子・成相篇》亦祇稱百里，《韓子・難言篇》伯里子道乞。或其氏以伯爲百，僖三十二年正義遂以百里爲姓。檢隱十一年有許大夫百里，亦得謂單舉其氏乎。觀《廣韻》百字下引百里奚，不言複姓，可證。《氏族畧》引《風俗通》：百里氏，秦大夫百里奚之後。蓋子孫以字爲氏，甯得謂奚卽氏百里邪。」其兄玉繩曰：「余弟之説甚新，更補一證曰：《楚辭》王逸《九思》百貿易兮傳鬻。但究以氏百里爲愜，卽單舉其氏，亦無不可。不獨《荀子》稱百里，《楚辭・惜往日》曰聞百里之爲虜兮，《鶡冠子・世賢》曰百里醫秦，《備知》曰秦用百里，《易林・隨之復》曰穆違百里，《升之坤》曰百里南行。（案《楊雄傳》云百里入而秦喜。）況《吕氏・不苟篇》明言百里氏，與《公》《穀》百里子、《韓子》伯里子同。故僖三十二年疏依杜《世族譜》，以百里爲姓。而居於百里之説，本《風俗通》，《唐書・白氏表》亦載之。所可疑者，《左傳》之百里耳。《傳》先云百里，後云孟明，又云百里孟明視，則百里者，是孟明而非百里奚也。杜注：百里，秦大夫。極有斟酌。史遷《秦紀》謬以百里奚實之，遷且合奚與井伯作一人，何怪誤認孟明爲百里奚乎。奚之行事，《左傳》不見，《公》《穀》曾一及之。孟明乃奚之族，其舉用由公孫枝。杜譜從《史》謂孟明，奚子，《吕子・悔過》謂蹇叔子，均屬傳譌妄記。又《孟子》言奚去虞入秦，年已七十，魯僖五年，晉滅虞，至僖三十二年，秦襲鄭，奚尚在，則年百歲矣。《商君傳》曰相秦六七年，（案：奚去虞入秦，中間尚有之楚及贖身事，卽謂不足信，亦未必虞亡卽入秦。《孟子》之文，槩括言之耳。）蓋專指爲相言。」（此蒙下文三置晉君，一救荆禍，及東伐鄭等事言。謂六七年中，相業可稱已如此，非總括其爲相年數也。）以上二梁説，見《人表考》及《左通補釋》。仲子説非，伯子謂僖十三年之百里爲孟明，亦無實據。蹇叔疑是奚之同族，故《公》《穀》二傳以百里子、蹇叔子雙舉，《秦本紀》亦云百里奚、蹇叔二人哭之。《左傳》先叙蹇叔哭孟子之詞，後叙蹇叔子與師，哭而送之。孟子卽孟明，蹇叔子别爲一人。《史記》以孟明爲奚子，西乞術、白乙丙爲蹇叔子。孔疏駁之，謂孟明與西乞術、白乙丙同稱三帥，與蹇叔子但云與師者不同。其説是否，姑不論，但孟明則決非蹇叔子也。《公》《穀》二傳言百里子與蹇叔子，從其子而哭之。《秦紀》亦言百里奚、蹇叔二人哭之。梁氏疑百里自僖五年虞亡入秦，至此已百歲。然《左傳》叙穆公謂蹇叔曰：「爾何知，中壽，爾墓之木拱矣。」杜注：「上壽百二十，中壽百，下壽八十。」則奚與蹇叔，正當其年，故以中壽斥之。古人多享大年，不可斷爲必無也。《左傳》稱百里孟明視，則謂孟明爲奚之子，宜若可信。但古事茫昧，不盡可證，史公多采放失舊聞，必有所見而爲此言。孫志祖《讀書脞録》亦以奚在伐鄭時，年已百歲，及《商君傳》相秦止六七年爲疑。此亦未細讀《左傳》，及誤解《商君傳》語，（辯見上小注。）其失與梁伯子同。至奚字井伯，又見《晉世家》正義引《南雍記》、《世説》注引《楚國先賢傳》，梁氏

《人表考》以爲二人，因《漢表》分列第三、第六耳。然俞正燮云《漢表》一人分列，自有是例，則亦不必疑也。（引見一卷《虎會章》。）傳記多言奚爲楚宛人，而《孟子》稱虞人者，俞正燮引《秦策》：「秦王謂陳軫曰：子秦人也。而軫實楚人，高注云：軫仕秦，故曰秦人。《漢書·鄒陽傳》注，應劭云：百里奚，虞人也；《韓信傳》注云：本虞臣也；《呂氏·尊師篇》高注曰：百里奚，故虞臣。高有《孟子》注，知解《孟子》亦如此。證以陳軫秦人，知戰國時語本如此。《孟子》疏云：虞人、虞國大夫，有古義也。」（《癸巳類稿》十一。）以上俞説，辯論深通。奚惟宛人，故亡秦走宛，復其故鄉，致爲楚人所執，否則人宛何爲者。《水經·淯水注》：「梅溪水南逕百里奚故宅。奚宛人也，於秦爲賢大夫，所謂迷虞智秦者也。」《史記·商君傳》曰：「五羖大夫，荆之鄙人也。」此奚爲宛人之確證也。閻氏若璩《四書釋地又續》謂《孟子》言百里奚虞人，址貫見矣，未爲善讀《孟子》者。又謂《左氏》媵秦穆姬者，是虞大夫井伯，非百里奚；鬻於市之市，讀若《論語》市脯注云：市，買也；《説文》買，市也。蓋謂奚從買得來耳。俞氏駁之云：「奚子非柱史，周室爵禄，不得其詳，百里奚異時異國，何能悉其出處。（《漢表》兩見，例已見前，今不引。）《孟子》所列，曰畎畝之中，曰版築之閒，曰魚鹽之中，曰士，曰海，皆地與官，而獨以市爲買，非《孟子》旨也。」俞説得之。毛奇齡《四書賸言》云：「百里事，趙注《孟子》謂奚自賣五羖羊皮，爲人養牛，賣己物以養人牛，貧而不吝，可爲要譽之具。此依文度事，其解不過如此。實則百里五羊，有必不可解者。奚舊稱五羖大夫，其人全以此得名，是必有一五羊實事，流傳人間。乃言人人殊，如《扊扅之歌》曰：百里奚，新娶我兮五羊皮。是聘物也。又曰：西入秦，五羊皮。則携作客貲者也。《史記》百里奚亡秦走宛，楚鄙人執之，繆公以五羊之皮贖之歸秦。是又贖奚物也，其不可憑如此。若謂得五羊之皮，爲之食牛，從無此説，且此亦何足要譽。趙氏去古未遠，或有師承。」光瑛案：毛説甚謬，賣己物以養人牛，藉以要譽，天下無此人，亦必無此事。趙意殊不如此，所謂自賣五羊皮者，謂以五羊皮自粥其身耳。諸歌多出後人傅會，但如西人秦五羊皮，謂入秦時以五羊皮贖之，毛解爲攜作客貲，穿鑿可哂。趙氏佑《温故録》讀趙注賣字斷句，謂賣下五上，脱一得字，亦殊武斷。周氏柄中辨正云：「朱竹坨《五羖辨》，言趙注人言百里奚自賣五羖羊皮，爲人養牛，蓋言衣此食牛也。《扊扅之歌》曰：百里奚，初娶我時五羊皮；又曰：西入秦，五羊皮。然則奚蓋服五羊之皮入秦者。紉五羊爲裘，毛之最豐，而賤者所服也。范處義《詩補傳》釋《羔羊》之詩，云素絲必以五言，蓋合五羊之皮爲一裘，循其合處，以素絲爲英飾也。百里奚衣五羊之皮，爲秦養牲，蓋仿古制。古之羔裘，其製甚精，養牲者被五羊之皮，蓋賤者之服，而《召南》在位之君子亦服之，非節儉而何。其説竟與余合。《史記》百里奚亡秦走宛，楚鄙人執之，繆公聞百里奚賢，欲重贖之，恐楚人不與。乃使人謂楚曰：吾媵臣百里奚在焉，請以五羖羊皮贖之。楚人遂許與之。蓋奚在秦，五羖其素所被服，繆公慮楚不信，故以其所衣服與之。不然，五羖微物，楚人豈貪之乎。案《扊扅歌》乃漢詞賦家所爲，本不足據，其以《史記》贖奚事爲證，亦非是。《史》言欲重贖之，恐楚人弗與者，此卽齊請管仲於魯，而桓公謂知吾將用之，必不與我之意。故其謂楚人曰吾媵臣，微之也；贖以五羊皮，示其無足重輕也。所以杜楚人之疑，而使之不忌也。若謂以此取信於楚，則奚之素所被服，楚人烏得知之。《史記·商鞅傳》又載趙良之言曰：五羖大夫，荆之鄙人也。（案《史》云奚宛人；又云亡走宛，楚鄙人執之；此又云荆之鄙人。則荆之鄙人卽楚鄙人，楚鄙人卽宛人，皆是一地，奚爲宛人，此其的證。）自鬻於秦客，被褐食牛，期年，繆公知之，舉之牛口之下，而加之百姓之上。史遷所傳，已自爲矛楯，（此述趙良語，不得謂爲矛楯，俞正燮已言之。）則並贖奚之事，亦屬傳疑不足信也。至所引范處義釋《詩》之説，尤爲不根。夫五紽五緎五總，絲數，

非縫數也。戴侗《六書故》曰：紽緎總俱以五言，皆絲之量數。更證之《西京雜記》云：五絲爲縭，倍縭爲升，倍升爲緎。是緎爲絲數，益無可疑。范氏謂合五羊爲一裘，則羔羊，兒羊也，豈有兒羊而五皮，而可以成裘者哉。嘗考《韓詩外傳》云：百里奚，齊之乞者也，逐於齊，自賣五羊皮，爲一軛車，入秦。《戰國策》：百里奚，虞之乞人，傳賣以五羊之皮。《説苑》：百里奚自賣取五羊皮，伯氏養牛。又《臣術篇》云：賈人買百里奚以五羖羊皮，使將鹽車之秦。又《善説篇》云：百里奚自賣五羊之皮，爲秦人虜，繆公得之。諸説並以五羊皮爲自粥之直，竹坨所云，則昔人未有作此解者。惟《莊子・庚桑楚》云：湯以庖人籠伊尹，秦繆公以五羊之皮籠百里奚。陸德明《音義》既引《史記》贖奚事，又曰：或云百里奚好五色羊皮裘。此頗合於竹坨之解，而又不能引據，徒割截趙注，以就其説」等語。案周氏辨朱説是也。解《孟子》者，諸家之説俱有漏綻。前箸《恨綫草廬日記》云：《孟子》之文，當以自鬻於秦養牲者五羊之皮爲句，食牛以干秦穆公爲句，蓋以五羊皮爲身價也。所以明箸養牲者，因養牲者易得此物也。下文曾不知食牛以干秦穆公之爲汙也，正以食牛連下爲句。舊解以五羊皮諭百里之貧，言以五羊皮補湊成裘，又爲人食牛當賤役，以諭其失意，誤矣。古詩有「百里奚，五羊皮，憶別時，烹伏雌，炊扊扅。」亦似以五羊皮形容其貧，蓋歌詞出後人，未可信。《孟子》文義，必如予説，始可通也。又一則云：趙注人言百里奚自賣五羊皮，爲人養牛，正如予説。乃毛西河《四書賸言》誤會其意，以爲自賣己物以養人牛，又以百里奚妻歌，謂五羊皮爲奚聘妻之物。《史記》繆公贖之以五羊皮，爲贖己之物，（日記原注：其實非繆公贖之，秦人贖之也。言繆公者，渾括之詞耳。）趙氏佑《温故録》又讀趙注自賣爲一句，則正以五羊皮爲奚身上所衣矣。朱竹坨《五羊辨》亦如此，謂奚服五羊裘入秦，紉五羊爲裘，毛之最豐，而賤者所服，殊失趙注意。不知《召南》詩以五羊皮爲在位退食者所服，非賤服也。朱氏反引詩語，言此賤服，而

《召南》在位者服之，正形其儉，謬矣。且《史記》云繆公以五羊皮贖奚於楚，皮果賤物，楚人豈貪之，乃說者又謂正以賤物，示不足輕重之意，恐楚人覺其賢而留之，謬中之謬矣。（原注即有此說，亦不可以解經，尤不可以解《孟子》此文。）考《韓詩外傳》、《國策》、《說苑》諸文，（原記備引之，因已見前，不録。）皆云五羊皮爲奚自粥之直。惟《莊子·庚桑楚篇》，（原記亦引，今畧之。）則與《史記》說同，亦渾括言之，或傳聞異辭耳。《孟子》稱百里奚舉於市，正謂賣身於賈人之手也。焦循《孟子正義》臚引各說，甚詳，而罕所折衷，且未著眼養牲者三字，故復爲辨之於右。（《日記》四卷。）以上《日記》舊說，朱子解《孟子》正是如此，毛奇齡駁之，謬也。百里奚，《漢表》列三等，別有井伯，列六等。論百里事者，俞氏正燮《癸巳類藁》徵引最詳，惜文筆沓冗，詞意不明，兹故節引之，不舉其全文云。秦繆公用之而霸。秦繆公，名任好，成公弟也，在位三十九年。《史記·秦本紀》、《漢書·劉向傳》並云：「葬雍橐泉宮祈年館下。」謚法：布德執義，中情見貌皆曰穆。但秦穆之謚，經典又多作繆，則名與實爽之稱也。《漢表》列四等。梁玉繩曰：「秦穆之謚，《公羊》、《史記》作繆，與穆同。而《史·蒙恬傳》、《風俗通義·皇霸篇》以繆爲惡謚，讀靡幼反。宋姚鉉《唐文粹》有皮日休《秦穆謚論》及明楊慎《二伯論》並從之，惟唐段成式《酉陽雜俎續集》云：論者言秦穆謚爲繆，音謬，可笑也。」（《人表考》卷四。）案：《治要》引本書「繆」作「穆」。宋鄧名世《上進古今姓氏書辯證》有兩繆姓，謂音穆者爲宋繆公之後，音繆者爲秦繆公之後。元黄溍《日損齋筆記》駁之曰：「《史記·秦本紀》前書繆公，後書穆公，二字蓋通用。而秦穆公之見於《詩》、《書》、《春秋傳》皆正作穆，未聞穆字可讀如繆也。繆故有兩音，一與謬同，秦繆可音謬，安知宋繆不音繆乎。古人固有以紕繆之繆爲謚，如漢之張勃，晉之何曾者。（案《晉書·嵇紹傳》紹議陳準謚曰繆，事雖不從，朝廷憚焉。亦一證也。）若唐日休追咎秦伯舍重耳，置夷吾，而作《秦穆公謚繆論》，乃後世文人出奇立説，以寓褒貶云爾，非有其實，安可遂以爲據乎。」錢氏大昕《十駕齋養新録》云：「古書昭穆之穆，與謚法之繆，二字相亂。《禮記·大傳》序以昭繆，注：繆讀爲穆，聲之誤也。《坊記》陽侯殺繆侯而竊其夫人，釋文：繆音穆。《公羊傳》葬宋繆公，釋文：繆音穆。凡此後仿此。《史記·蒙恬列傳》昔者秦穆公殺三良而死，罪百里奚而非其罪也，故立號曰繆。然則秦繆公之謚，當讀如謬，所謂名與實爽曰繆也。蒙恬秦人，其言必有自。黄晉卿雜辨云云，（引見前，不重録。）蓋未檢《蒙恬傳》之文也。」光瑛案：秦繆之謚，當讀謬，不止見《蒙恬傳》、《風俗通義》，《論衡·福虚篇》亦載之，云：「儒家之徒董無心，墨家之役纏子，相見講道。纏子稱墨家佑鬼神，引秦穆公有明德，上帝賜之十九年。纏子（案當作董子。）難以堯舜不賜年，桀紂不夭死。堯舜桀紂，猶爲尚遠，且近難以秦穆公、晉文公。夫謚者，行之迹也，迹生時行以爲死謚，穆者誤亂之名，（案秦穆字皆當作繆。）文者德惠之表。有誤亂之行，天賜之年；有德惠之操，天奪其命乎。案穆公之霸，不過晉文，晉文之謚，美於穆公。天不加晉文以命，獨賜穆公以年，是天報誤亂，與穆公同也。」則亦以繆爲惡謚。顧其所以得惡謚之故，蒙恬則以爲殺三良，罪百里奚而非罪；《風俗通義》則云繆公受鄭甘言置戍而去，違黄髮之計而遇殽之敗，殺賢臣百里奚，以子車氏爲殉。罪狀累累，是漢儒相傳，本有是説，黄氏言未聞穆可讀繆，非也。二字既相通叚，即相通讀，豈得分爲二事。（黄氏言穆繆通用，故云。）且古穆音爲謬，故與繆通，《雝》詩肅穆爲韵，穆之讀如繆，猶肅古讀如蕭也。（案蕭並從肅聲。）若果秦繆之謚非惡，彼儒墨辨争，獨不慮敵人反脣，譏其誤解，而王充又何以無一言乎。但如應劭之言，所以貶繆公者，則非事實。何則，繆公受鄭甘言，違黄髮之計，信有罪矣，然知過能改，《秦誓》之作，自怨自艾，情見乎詞，君子與人爲善，必不追咎既往，一也；蒙毅祇云穆公罪奚，未嘗言殺之，繆能悔過，殽喪師之孟明，豈於智燭幾先之聖臣，獨置之死地。況《孟子》盛推奚智，而曰知穆公之可與有行也而相之，若之死不悟，耄年就戮，在穆公爲不足與有行，在奚亦不足爲智矣，二也。惟三良殉葬，大失人心，即此一事，足當謬亂之罪有餘，正不必旁引雜事，多所羅織。近吾鄉李慈銘，不信秦繆得惡謚之説，以此也。（見《受禮廬日記》上集。）皮、鄧之説，皆本漢儒，張勃、何曾亦援斯例。黄以爲出奇立説，考之未審。又孫氏志祖《讀書脞録》云：「《文選·演連珠》注引《韓詩外傳》，禽息，秦人，知百里奚之賢，薦之於穆公，爲私而加刑焉。公後知百里奚之賢，乃召禽息謝之。對曰：臣聞忠臣進賢不私顯，烈士愛國不喪志，奚陷刑，臣之罪也。乃對使者，以首觸楹而死，以上卿之禮葬之。案今本《外傳》無此事，蓋佚文也。《後漢書·朱穆傳》注引《外傳》曰：禽息，秦大夫，薦百里奚，不見内，當車以頭擊闑，腦乃精出，（原注：《孟嘗傳》注作播出。光瑛案：作播是。）曰：臣生無補於國，不如死。繆公感悟，而用百里奚，秦以大化。亦見《孟嘗傳》注，與《選》注又異。據《選》注所云，是秦穆公已知百里奚之賢，而謝之矣，又奚爲觸楹而死哉，當以章懷注爲正。」案：此即秦繆公罪百里奚事，雖未可盡信，必戰國以來傳有是説。

楚不用伍子胥而破， 伍子胥，名員，楚大夫伍奢之子，棠公尚之弟。《史記》本傳正義引高誘云：「楚之郢人。楚平王使伍奢傅太子建，費無極進讒於平王曰：建與伍奢，將以方城之外叛。王信之，囚奢。無極曰：奢之子材，在吳必憂楚，盍以免其父召之，彼仁，必來，不然，將爲患。王使召之曰：來，吾免而父。尚謂員曰：爾適吳，我將歸死。員遂適吳，封於申，故又稱申胥。王卒殺奢及尚。」事詳七卷《太子建章》及九卷《楚平王章》注。散見《史記·楚世家、伍子胥傳》、《左氏》内外傳、《吳越春秋》、《呂覽》、《淮南子》、《賈誼新書》等書。《漢表》列四等，作五子胥。梁玉繩曰：「五伍古通，《呂氏·異寶》、《抱朴子·嘉遁》皆作五員。《漢·藝文志》亦作五子胥也。釋文：員，音云。

但《唐書》員半千，其先本劉氏，以忠烈自比伍員，因改姓員。宋董衡《新唐書釋音》曰：員，王問切。《廣韻》平去二員字注並音運，姓也。《通志·氏族畧》四同。然則員雖讀云，亦可作云。（案：云古員字，見《詩·出其東門》正義。）而惟姓與名專音去聲，故子胥之名，半千之姓，均當音運。《唐書·張嘉貞傳》：當時語云：令君四俊，苗吕崔員。尤足取證。後人讀伍員平聲，卽唐人詩亦作平聲用，蓋仍釋文之誤，王觀國《學林》十曾辨之。《路史·後紀》八以讀運爲好異，《通雅》二十卷以作去聲爲非，皆未深考耳。又《吳語》子胥有縣目東門之言，《史記·吳越世家》及本傳皆述之，乃一時忿辭，非實有其事。而《莊子·盜跖》、《吕子·知化》、《韓詩外傳》七、《賈子新書·耳痹》、《楚辭》劉向《九嘆》並稱子胥抉眼。（案《説苑·正諫篇》亦載此事，顏《匡謬正俗》亦辨抉眼之誣。）又《荀子·宥坐》謂磔東門外，《吳越春秋》三謂斷頭置高樓，恐俱傳聞之誤。」（《人表考》卷四。）案古無四聲之説，讀古書正不必斷斷於平仄之分。顏師古、王觀國、孫奕、吳曾諸人，溺於俗學，不知聲韵之原。梁氏昆仲，小學甚疏，所言均不爲定論。員之音運與否，無足深議，卽前人詩文，亦不拘拘於此。（閻百詩云：陸游詩賴得伍員騷思少，未聞以令公四俊之謡，而病其不識字也。斯真通人之論。見《帶經堂詩話》十六卷。）如美惡字，今讀入聲，《離騷》「好蔽美而稱惡」，與寤古等字韵，則讀去聲，何有一定。况云員古今字，推求其朔，固當讀平不讀去邪。梁謂凡員字可讀云，惟姓與名專音去聲，尤爲紕繆，豈姓名字又當别設一音邪。（今人覃姓讀尋，翟姓讀澤，皆舌上音，古人所無，通儒所不取。）膠滯之見，深所弗取。陶氏方琦《春秋名字解詁補誼》：「楚伍員字子胥，云：《爾雅》胥，皆也。《詩》景員維何，傳：員，均也。皆與均義合。或曰員同云與胥皆爲語助，又曰員卽䚈，䚈，視也，胥相亦視也。」以上陶説。其第三説，與俞氏樾《春秋名字解詁補義》之説合，然不如第一説之自然。依第一二説，則員當讀平聲；依第三說，則⿰貝見本讀爲運，作去聲。故俞氏云：「世知伍員之員讀如運，而不知其本字爲⿰貝見，則不特子胥之義不見，所以讀如運者，亦終莫知其何故也。」又胡氏元玉《駁春秋名字解詁》云：「《詩·正月》員于爾輻，傳：員，益也。《爾雅》胥，相也。相字兼相見輔相二音二義，故胥又有輔義。《方言》六：胥，由輔也，吳越曰胥。《釋詁》二：由胥輔助也，求賢自輔，所以致益，故《論語》曰以友輔仁，又曰益者三友。車棄其輔，無益於載，故《詩》曰：無棄爾輔，員于爾輻。」以上胡說頗迂曲，不如陶第一說直截簡當。但依其解，則員亦當讀平聲，不作去聲。破，謂吳兵入郢，昭王奔隨，賴秦援僅得復國也。《治要》引無「伍」字。吳王闔廬用之而霸。「王」字各本無，依《治要》引補。《淮南·泰族》、《史記》、《漢表》、《吳越春秋》均作「闔閭」，聲近通用。闔廬，吳王夷昧之嫡子，（前儒或以爲諸樊子，非也，詳《節士篇》注。）卽公子光。《越絶·記地》云：「葬吳閶門外虎丘。」《漢表》列八等。《呂氏·首時篇》：「伍子胥欲見吳王，而不得。客有言之王子光者，見之而惡其貌，不聽其說而辭之。客請之王子光，王子光曰：其貌適吾所甚惡也。客以聞伍子胥，伍子胥曰：此易故也，願令王子居於堂上，重帷而見其衣若手，請因說之。王子許，伍子胥說之半，王子光舉帷，摶其手而與之坐。說畢，王子光大說。伍子胥以爲有吳國者，必王子光也。」《史記·伍子胥傳》：「闔廬既立，得志，乃召伍員以爲行人，而與謀國事。九年，吳王闔廬謂子胥、孫武曰：始子言郢未可入，今果何如。二子對曰：楚將囊瓦貪，而唐、蔡皆怨之，王必欲大伐之，必先得唐、蔡，乃可。闔廬聽之，悉興師與唐、蔡伐楚，五戰，遂至郢。」《左氏昭三十年傳》：「吳子問於伍員曰：初而言伐楚，余知其可也，而恐其使余往也，又惡人之有余之功也。今余將自有之矣，伐楚，何如。對曰：楚執政衆而乖，莫適任患，若爲三師以肄焉，一師至，彼必皆出，彼出則歸，彼歸則出，楚必道敝。亟肄以罷之，多方以誤之，既罷而後以三軍繼之，必大克之。闔廬從之，楚於是乎始病。」是用子胥得伯之事也。夫差非徒不用子胥也，夫差，闔廬子。《吳越春秋・闔閭内傳》謂是闔閭太子波之子，非也。爲越所滅，自縊而死。《越絕・記吳地請糴》及《吳越春秋・夫差内傳》均云：「葬卑猶。」《一統志》：「在長洲縣西北卑猶山。」《漢表》列九等。又殺之，《史記・伍員傳》曰：「吳王不聽子胥之諫，使子胥於齊。子胥臨行，謂其子曰：吾數諫王，王不用，吾今見吳之亡矣，汝與吳俱亡，無益也。乃屬其子於齊鮑牧，（《左傳》云：屬其子於齊鮑氏，爲王孫氏。）而還報吳。吳太宰嚭既與子胥有隙，因讒曰：子胥爲人，剛暴少恩，猜賊，其怨望，（其讀爲甚，古字通。）恐爲禍深也。前日王欲伐齊，子胥以爲不可，王卒伐之，而有大功，子胥耻其計謀不用，乃反怨望。而今王又復伐齊，子胥專愎彊諫，沮毁用事，徒幸吳之敗，以自勝其計謀耳。今王自行，悉國中武力以伐齊，而子胥諫不用，因輟謝詳病不行。王不可不備，此起禍不難。且嚭使人微伺之，其使於齊也，乃屬其子於齊之鮑氏。夫爲人臣，内不得意，外倚諸侯，自以爲先王之謀臣，今不見用，常鞅鞅怨望，願王早圖之。王曰：微子之言，吾亦疑之。乃使使賜伍子胥屬鏤之劍，曰：子以此死。伍子胥仰天嘆曰：嗟乎，讒臣嚭爲亂矣，王乃反誅我。我令若父霸，自若未立時，諸公子爭立，我以死爭之於先王，幾不得立。若既得立，欲分吳國予我，我顧不敢望也，然今若聽諛臣言以殺長者。乃告其舍人曰：必樹吾墓上以梓，令可以爲器，而抉吾眼，縣吳東門之上，以觀越寇之入滅吳也。乃自剄死。吳王聞之，大怒，乃取子胥尸，盛以鴟夷革，浮之江中。吳人憐之，爲立祠於江上，因命曰胥山。」以上吳王殺子胥事，散見《吳越春秋》、《越絕書》、《左氏》内外傳及各載記，所言互有詳畧，今不悉引。而國卒以亡。謂終子胥之言，縣目視越入吳。子胥死年先後，各書不同。《史記》敘在齊人弑悼公之前，又以爲鮑氏弑之，均與《左傳》不合。據《左傳》，子胥被殺在哀十一年，吳亡在哀二十二年，相距十一年，當從《左傳》爲允。**燕昭王用樂毅**，昭王，燕王噲之子，在位三十三年。《一統志》云：「葬直隸永平府玉田縣。」又云：「易州東十里。」謚法：昭德有勞，威儀恭明，聖聞周達皆曰昭。《漢表》列四等。注云：「三十九世，噲子。」梁玉繩曰：「《燕史》簡畧，代系多缺，故《表》以世言之。又《策》《史》以昭王爲太子平，恐不然。平已死齊難，昭王是噲之別子，說在《史記志疑》九。」（《人表考》卷四。）案《志疑》云：「《世家》集解索隱均引《年表》云：君噲及太子相子之皆死，則今本《年表》脫太子二字明矣。而所謂太子者，《世家》以爲太子平，即昭王，余深疑之。《世家》稱太子平，《年表》《紀年》稱公子平，冢庶不明，疑一；先是太子與子之爭權，舉兵攻子之，不克，百姓反攻太子，則其不爲國人所戴可知，如昭王不應有此，疑二；齊并燕二年，燕人共立平，夫既攻之而又立之，於理頗乖，且何以遲至二年復立平，二年之中，太子安在，疑三；昭王語郭隗曰：齊因孤之國亂而襲破燕，齊之入燕，實藉太子爲內應，今觀昭王之言，殊不合事情，疑四。考《趙世家》武靈王召公子職於韓，立爲燕王，使樂池送之，諸處俱不書。（原注：《集解》、《索隱》引《紀年》同，今世所傳《竹書紀年》無之。）《集解》疑趙聞燕亂，遥立職爲燕王，雖使樂池送之，竟不能就。斯乃虛揣之談，未見確證，而《索隱》遽譽裴駰得其旨，豈不惑哉。竊意職爲王時，在噲死之後，昭王未立之前。職立二年，卒，始立昭王。而昭王並非太子，太子已同君噲及相子之死於齊難矣。徐孚遠亦云：太子平與昭王，當是二人，或昭王名平，太子不名平。徐說甚覈，《世家》誤仍《國策》來耳。（原注：孫侍御疑昭王即公子職。）」案：梁說甚有理。愚意昭王即平，其稱太子者，非噲之太子，國人立之，乃尊爲太子耳，與死難者固屬兩人，可無疑也。樂毅，樂羊之後，羊封靈壽，子孫因家焉。燕昭王封爲昌國君，後惠王立，奔趙，趙封爲望諸君。《史記集解》云：「葬邯鄲西數里。」（唐柳宗元《弔樂生文》云：墓在燕之南。）《漢表》列三等。昭王用毅，事詳《史記・燕世家》

及《毅傳》，本書第三卷中。推弱燕之兵，《淮南・氾論訓》「故恩推則懦」，高注：「推，猶移也。」破彊齊之讎，「彊」，《治要》作「強」。案《說文・弓部》：「彊，弓有力也，从弓，畺聲。」彊從弓，本誼爲弓有力，引申爲凡有力之稱。又《虫部》：「強，蚚也，从虫，弘聲。彊籀文強，从蚰从彊。」經典多叚強爲彊弱字，觀強重文從彊，則是二字通用，史籀以前已然。《說文》又有勥字，乃勉勥之勥，今則強彊行而勥廢去。屠七十城，毅破齊事，詳三卷《毅答惠王書》及《燕、齊世家》。而惠王廢樂毅，更代以騎劫，「更」，《治要》作「變」。惠王，昭王子，在位七年，爲燕將成安君公孫操所弒。（《趙世家》。）謚法：柔質慈民，愛民好與皆曰惠。《漢表》列七等。騎劫，燕將，騎其姓，（《廣韵》注。）後爲齊將田單所殺。《漢表》列八等。兵立破，亡七十餘城。《史記・田單傳》曰：「燕既盡降齊城，唯莒、即墨未下。燕軍聞齊王在莒，并兵攻之。淖齒既殺湣王於莒，因堅守，距燕軍，數年不下。燕引兵東圍即墨，即墨大夫出戰，敗死，城中相與推田單，立以爲將軍，以即墨距燕。燕昭王卒，惠王立，與樂毅有隙。單乃縱反閒於燕，宣言曰：齊王已死，城之不拔者二年，樂毅畏誅而不敢歸，以伐齊爲名，實欲連兵南面而王齊，齊人未附，故且緩攻即墨，以待其事。齊人所懼，惟恐他將之來，即墨殘矣。燕王以爲然，使騎劫代毅，毅因歸趙。燕人士卒忿，而田單乃令城中人，食必祭其先祖於庭，飛鳥悉翔舞城中下食，燕人怪之。單宣言曰：神來下教我。乃令城中人曰：當有神人爲我師。有一卒曰：臣可以爲師乎。因反走，單乃起，引還，東鄉坐，師事之。卒曰：臣欺君，誠無能也。單曰：子勿言也。因師之，每出約束，必稱神師，乃宣言曰：吾唯懼燕之劓所得齊卒，置之前行，與我戰，即墨敗矣。燕人聞之，如其言。城中人見降者盡劓，皆怒，堅守，唯恐見得。單又縱反閒，言吾懼燕人掘我城外冢墓，僇先人。燕軍盡掘壟墓，燒死人。即墨人從城上望見，皆涕泣，共欲出戰，怒自十倍。田單知士卒可用，乃身操版插，與士卒分功，妻妾編於行伍之閒，盡散飲食饗士。令甲卒皆伏，使老弱女子乘城，遣使約降於燕，燕軍皆呼萬歲。田單又收民金，得千溢，令卽墨富豪遺燕將書曰：卽墨卽降，願無虜掠吾族家妻妾，令安堵。燕將大喜，許之，燕軍由此益懈。單乃收城中得千餘牛，爲絳繒衣，畫以五綵龍文，束兵刃於角，而灌脂束葦於尾，燒其端。鑿城數十穴，夜縱牛，壯士五千人隨其後，牛尾熱，怒而奔燕軍。燕軍夜大驚，牛尾炬火，光明炫耀，燕軍視之，皆龍文，所觸盡死傷。五千人因銜枚擊之，而城中鼓譟從之，老弱皆擊銅器爲聲，聲動天地。燕軍大駭，敗走，齊人殺其將騎劫。燕軍擾亂奔走，齊人追亡逐北，所過城邑，皆畔燕而歸田單。兵日益多，乘勝，燕日敗亡，卒至河上，而齊七十餘城皆復爲齊。乃返襄王於莒，入臨菑聽政。襄王封田單，號曰安平君。」案：田單之謀，淺拙已甚，昏庸如騎劫，始中其計，亦半出史臣傅會耳。縱火燒牛之事，必不可行。劓卒掘墓，祭祖師神，三尺童子能知其詐，以此制敵，偏其反矣。王莽昆陽之戰，房琯陳濤斜之敗，皆效法單所爲而召敗者也。

此父用之，子不用，其事可見也。

言事之成敗易見也。諸本「也」作「矣」。盧文弨曰：「矣一作也。」案《治要》引作「也」，宋本、嘉靖本同，今從之。

故闔廬用子胥以興，夫差殺之而以亡，昭王用樂毅以勝，惠王逐之而以敗，

「以敗」之「以」，諸本俱奪，《治要》引有。以上二句文勢律之，當從《治要》爲是，今據補。

此的的然若白黑也。

《說文・日部》：「旳，明也，从日，勺聲。《易》曰：爲旳顙。」段玉裁曰：「旳者，白之明也，故俗字作的。《漢魯峻碑》曰：永傳啻齡，晻矣旳旳。引申爲射旳。《詩》發彼有勺，叚勺爲旳字。」案《廣雅》，「的，白也。」《玉篇》：「遠也，明見也。」《史記・司馬相如傳》：「皓齒粲爛，宜笑的皪。」注：「鮮明貌。」《史記・五宗世家》：「程姬有所辟，不願進。」《索隱》：「姚氏案《釋名》云：天子諸侯羣妾，以次進御，有月事者止不御，更不口說，故以丹注面的

的爲識，令女史見之。」案今《釋名》云：「以丹注面曰的，的，灼也。」（的字依畢本。）《索隱》引「的的爲識」，今本作「灼然爲識」。又《索隱》姚氏引「王察《神女賦》」，以爲脱袿裳，免簪笄，施玄的，結羽釵，（案：王察當作王粲，施玄之玄字，今作華。）的即《釋名》所云也。」是勺灼與的通用，（《釋名》畢本的字，它本皆作勺，畢氏據《書鈔》、《御覽》引改作的。）的的然，猶灼灼然也。《仙經》：「鮑姑以艾灼龍女額，後人效之，謂之龍的。」亦灼的通用之證。顧氏炎武曰：「的字在入聲，則當入藥，音都畧切；轉去聲，則當入嘯，音都料切。後人誤音爲滴，轉上聲爲底。宋人書中，凡語助皆作底，無的字。」顧説是也。字從勺聲，故與勺灼通，不知何時改爲今音。白黑色不同，顯然易見，諭成敗之迹不同，亦易見也。各本俱無「也」字，《治要》引有，依文勢此處當有「也」字，今據補。秦不用叔孫通，叔孫通，薛人。秦時以文學徵，待詔博士。漢興，漢王拜通爲博士，號稷嗣，爲漢定禮儀，遷爲太常，賜金五百斤。項王不用陳平、韓信，而皆滅，項王，名籍，字羽，下相人。初起時，年二十四，五年而亡，年僅二十八歲，葬於穀城。《漢表》列六等。陳平，陽武户牖鄉人，初事魏王咎，爲太僕。説魏王，不聽，人或讒之，平亡歸項羽，從入破秦，賜爵卿，旋封信武君，拜都尉，間道亡歸漢，累官至丞相。韓信，淮陰人，初起從項梁，無所知名。梁敗，又屬項羽，羽以爲郎中，數以策干項羽，羽不用。漢王入蜀，信亡楚歸漢，未得知名，爲連敖，坐法當斬，滕公奇其言貌，釋之，言於上，上以爲治粟都尉。後以蕭何薦，築壇拜信爲大將，以功封齊王也。漢用之而大興，此引本朝事以悟主，其言尤切至。此未遠也。耳目接近，不事遠徵。《詩》曰：「殷監不遠，在夏后之世。」夫失賢者其禍如彼，用賢者其福如此。人君莫不求賢以自輔，「不」下疑有「欲」字。然而國以亂亡者，所謂賢者不賢也。《史記·屈原傳》：「人君無愚智賢不肖，莫不欲求忠以自爲，舉賢以自佐，（案：此傳不下亦有欲字。）然亡國破家相隨屬，而聖君治國累世而不見者，其所謂忠者不忠，而所謂賢者不賢也」等語，乃本文詞意所本。《治要》引「謂」作「以」，今各本作「謂」，與《史》同。或使賢者爲之，與不肖者議之，使智者圖之，與愚者謀之，語意本《荀子・君道篇》。又《韓非子・孤憤篇》云：「人主之左右，不必智也，人主於人，有所智而聽之，因與左右論其言，是與愚人論智也；人主之左右，不必賢也，人主於人，有所賢而禮之，因與左右論其行，是與不肖論賢也。智者決策於愚人，賢士程行於不肖，則賢智之士羞，而人主之論悖矣。」亦與此意相發明，非與李斯同師事荀子，故其言如此，在其書中，爲純正無弊者。本卷所記，如甘茂告秦王，宓子賤諷魯君，皆與此義相發明。不肖嫉賢，愚者嫉智，下「嫉」字《治要》引作「妬」。《説文・人部》：「傸，妎也，从人，疾聲。重文嫉，傸或从女。」又《女部》：「妎，妒也。」《字林》：「疾妎，妬也。」嫉妬義同，今嫉行而傸廢。是賢者之所以隔蔽也，盧文弨曰：「鬲，俗本作隔。」案《説文・鬲部》：「鬲，鼎屬也，實五觳斗二升曰觳，象腹交文三足。」無隔蔽之誼。《阜部》：「隔，塞也。」塞有蔽誼，《西京賦》曰「隴坻之隘，隔閡華戎」是也。依字誼當作隔爲正，宋本（嘉靖本）作「鬲」，用叚借字耳。盧反斥作隔者爲俗，可謂倒植。《治要》引本書亦作「隔」，今從《治要》及衆本。所以千載不合者也。《秦策》：「扁鵲謂秦武王曰：君與知之者謀之，而與不知者敗之，使此知秦國之政也，則君一舉而亡國矣。」《齊策》：「千里而一士，是比肩而立；百歲而一聖，若隨踵而至也。」本書五卷《卞和章》：「千歲一合若繼踵，然後霸王之君興焉，其賢而不用，不可勝載。」皆與此同義，中壘其有所感邪。或不肯用賢，或用賢而不能久也，各本作「或不肖用賢而不能久也」，文勢譌奪不可讀，宋本亦如此。今從《治要》引改，語氣始貫。肖字與肯形近，又涉前後文不肖字而誤，因更删「或用賢」三字，合爲一句，而本文之真面目全失矣。幸有《治要》正之，唐以前類書，所以可貴。不能久，與《大學》之不能先，皆爲國之通病，二義可互相足也。或久而不能終也，用賢而久，是謂世臣，與國同休戚者也。不終，謂聽信讒言，凶終隙末，如夫差之於伍員，句踐之於種、蠡是也。中壘蓋目擊夫周、蕭被誣，由恭、顯專政所致。又王氏柄政，屏棄忠良，引暱讒佞，故言之反復詳切如此。取《漢書》本傳及《蕭望之傳》讀之，自明。或不肖子廢賢父之忠臣，《論語》：「曾子曰：『吾聞諸夫子，孟莊子之孝也，其他可能也，其不改父之臣與父之政，是難能也。』」《集解》引馬注：「謂諒陰之中，父臣及父政，雖有不善者，不忍改也。」案馬説謬。孔子稱「三年無改於父之道，可謂孝」者，謂父有善道，已能守之，乃得爲孝，非謂有不善亦當承之也。臣賢政善，故以不改爲難。如本文稱賢父忠臣，是所不當廢也。其禍敗難一二録也，録，記也。言召禍敗之方，如上所舉者，難以一二記，承數或字來。然其要在於己不明而聽衆口也。舉其大要，禍敗之來，爲聽讒佞而違忠良也。《屈原傳》謂「懷王兵挫地削，客死於秦，由不知人之禍」，又曰：「王之不明，豈足福哉。」與此同意。孔子曰：「衆好之，必察焉，衆惡之，必察焉。」此之謂也。故譖愬不行，斯爲明矣。《周書·謚法解》「譖訴不行曰明」，注：「譖訴不行，能先覺也。」《論語》曰：「子張問明，子曰：『浸潤之譖，膚受之愬，不行焉，可謂明也已矣。浸潤之譖，膚受之愬，不行焉，可謂遠也已矣。』」夫譖而曰浸潤，愬而曰膚受，非宫妾宦寺左右便嬖之人不能。人主親信大臣，恒不及若輩之真，且其言尤易入，故深戒之。「衆口」下各本無「也故」二字。末「矣」字作「也」，今悉從《治要》補改。「愬」，各本同，《治要》作「訴」，與《周書》同，《論語》作「愬」，乃訴之或體。

2 魏龐恭與太子質於邯鄲，此下各本多連上爲一章。宋本提行，案《治要》引亦提行，是古本如此，今從之。以下二章，皆申明不用讒言之難，承第一章來，故後人合而爲一。「龐恭」，《魏策》作「龐葱」，葱乃恭之譌。姚師道校云：「孫作恭，作恭者是。《韓非・内儲説上》亦作恭，其下文有龐敬縣令也，疑卽一人。」姚説是。《治要》引作「共」，下亦同，是唐人所見已作「共」，共，古恭字。《事類賦》卷二十引《韓非子》亦作「共」，今《内儲説上》仍作「恭」。邯鄲，趙地，戰國時肅侯都此。《漢志》趙國有邯鄲縣，張晏曰：「邯山在東城下，單，盡也，城郭从邑，故加邑云。」《寰宇記》：「邯山至此而盡，因名。」本春秋時衛邑，哀四年，趙鞅降之，遂入於晉。《地理通釋》：「邯鄲北通燕涿，南有鄭衛，漳河之間一都會也。」故城在今直隸廣平府邯鄲縣西南二十里，俗呼舊城爲趙王城，雉堞猶存，有叢臺，趙王故臺也。謂魏王曰：魏王，惠王罃也。注見三卷首章。「今一人來，《治要》引無「來」字，《韓子》、《國策》亦無。言市中有虎，《韓子》、《國策》無「中」字。王信之乎？」王曰：「否。」《治要》作「不信也」。《韓子》作「曰不信」。《御覽》一百九十一、又八百二十七、又八百九十一、《事類賦》二十引《韓子》俱作「曰不」，不卽否字。《策》文與此同。曰：《韓子》、《國策》無「曰」字。「二人言，《韓子》、《國策》此下均有「市有虎」三字。王信之乎？」曰：《策》「曰」上有「王」字。「寡人疑矣。」《韓子》作「不信」。《策》「疑」下有「之」字。曰：《韓子》、《國策》無「曰」字。「三人言，《韓子》、《國策》此下均有「市有虎」三字。王信之乎？」曰：「寡人信之矣。」《韓子》無「矣」字。「曰」上《韓子》、《國策》均有「王」字。龐恭曰：「夫市之無虎明矣，「虎」下《韓》有「也」字。三人言而成虎。《治要》「成」下有「有」字。《韓子》、《國策》句首有「然而」二字。今邯鄲去魏遠於市，「去」上《韓子》有「之」字。「魏」下《韓子》、《國策》均有「也」字。「魏」，《國策》作「大梁」。議臣者過三人，謂不止於三人也。《韓子》「過」下有「於」字。《國策》作「而議臣者過於三人矣」。願王察之也。」《韓子》無「也」字。《策》「也」作「矣」。魏王曰：「寡人知之矣。」《策》作「自爲知」。及龐恭自邯鄲反，讒口果至，遂不得見。《治要》引「至」下有「矣」字。《策》作「於是辭行，而讒言先至，太子罷質，果不得見」。姚校本所引異文，又各不同。《韓子》於「願王察之」下，接「龐恭從邯鄲反，竟不得見」，無「魏王曰」二句及「讒口果至」一句。盧文弨曰：「見作閒，譌。」案《事類賦》二十引《韓子》「見」作「入」。（案作入者，謂不得入見，非謂讒言不行也。）《治要》引本書作「見」，與今《韓非子》及《國策》字同。古閒見諫三字，往往互用。《禮記·祭義》「見閒以俠甒」，王氏引之曰：「古見閒同聲，故借見爲閒，後人因閒爲見之叚借，旁識見字，傳寫不知而並存之，遂成見閒以俠甒。」（詳《經義述聞·通説》。）王説是也。《鬼谷子·權篇》「所以窺見閒姦邪」，見閒連文，正與《祭義》同。此亦本是見字，叚借作閒，因讀者旁識見字，混入正文者。《墨子·備城門篇》「弋長二寸，見一寸」，畢氏沅校云：「見疑閒字。」畢不知見閒通用，而云疑，非也。下文「弋閒六寸」字正作閒。又《大取篇》「聖人有愛而無利，俔日之言也」，孫詒讓《閒詁》云：「《説文·人部》：俔，譬諭也，一曰閒見。《爾雅·釋言》閒，俔也。案俔有閒訓，此疑亦當與閒義同。《方言》云：閒，非也。《孟子·離婁篇》政不足閒也。俔閒蓋謂駁難相非，故下云乃容之言。日疑當作曰。或疑當爲儒者之言，儒俗作僡，與俔相似而誤，亦通。」以上孫説，謂俔有見訓，義亦與閒同，是也。俔從見聲，俔訓閒，則見亦可訓閒，二字音義俱同，不必以爲譌也。但本文之義，則當爲覸見。或古本《新序》有作閒者，淺人以爲恭有言在先，釋閒爲離閒之義，則誠巨謬，宜盧氏譏之。至諫亦與見閒同聲，《韓非子·八經篇》「設諫以綱獨爲」，王渭曰：「諫讀若閒。」即其證。今從《治要》引作「見」。

3 甘茂，下蔡人也，舊本不提行。案《治要》引龐恭事至「遂不得見」止，則此當別爲一章甚明。宋本亦提行，今從之。甘茂，《説苑・雜言篇》作「戊」，古字通用。《漢表》亦作「戊」，列三等。《史記索隱》云：「《地理志》下蔡縣屬汝南也。」《正義》曰：「今潁州縣，即州來國。」考下蔡唐縣，屬河南道潁州，今安徽潁州府潁上縣南是。西入秦，數有功。《史記・甘茂傳》曰：「茂事下蔡史舉先生，學百家之説，因張儀、樗里子而求見秦王。」至武王，以爲左丞相，秦武王，名蕩，惠王子，生十九年而立，立四年，舉鼎絶臏而死。《史記・秦紀》集解引《皇覽》云：「墓在扶風安陵縣西北，畢陌。」《漢表》列四等。錢大昕曰：「孝、惠、昭、襄，皆在第六，武王好勇輕生，又其下者，豈當超居四等，此轉寫之誤。」秦武、任鄙、烏獲，皆宜與孟説同等。樗里子爲右丞相。樗里子，名疾，秦惠王異母弟。滑稽多智，號智囊。秦人諺曰：「力則任鄙，智則樗里。」封爲嚴君。（以上見本傳。）程氏恩澤《國策地名考》云：「《史記》言樗里子葬於渭南章臺之東。又云樗里子疾室，在昭王廟西渭南陰鄉樗里，故俗謂之樗里子。《路史・國名紀》，今渭南陽，（原注：疑誤。）鄉有樗里，本少昊後，嬴姓國。在今陝西西安府長安縣西北十五里，漢長安故城内，（原注：俗名楊家城。）故長樂宫之西。」（卷二。）《史記索隱》引《竹書紀年》作楮里疾，一本又作褚，皆音近通借字。《漢表》列三等。梁玉繩曰：「《竹書》赧王八年，秦公孫爰伐皮氏，疑即樗里子，爰乃疾之譌。」《史記・甘茂傳》曰：「惠王使茂將而佐魏章，畧定漢中地。惠王卒，武王立，張儀、魏章去東之魏，蜀侯煇相壯反，秦使甘茂定蜀。還，而以茂爲左丞相，以樗里子爲右丞相。」案：《韓非・外儲説右》記樗里子傾犀首事，《秦策》二以爲甘茂。蓋二人同謀逐之，皆詖險之尤者，何以並列第三，殊不可解。洪邁謂秦相不用宗族，亦不盡然，樗里疾固惠王異母弟也。左右相之名，古已有之，詳六卷《刺奢》首章注。樗里子及公孫子，公孫子，《史記》作「公孫奭」，《國策》作「公孫衍」。案公孫衛人，即犀首也。《漢表》列五等。此明言公孫子爲秦諸公子，則非衍明矣。且衍抵罪於魏，逃入秦，爲茂、疾二人所讒，不得志，逃入諸侯，（見《韓非子》及《秦策》，已見上句注。）何此疾又與衍合而排茂。疑《國策》誤。當從《史》爲得其實。豈因騶衍與騶奭齊名，因而致譌邪。**皆秦諸公子也，其外家韓也，**外家，母家。後世外戚之名本此。**數攻韓。**句有脱字。案下文甘茂恐二子私其外家，不肯攻韓，以負欺魏之咎，故以息壤要武王，可見二子之不欲攻韓也。此處突下「數攻韓」三字於「外家韓也」句下，則似二子不念外家之親，而反數起兵攻韓，於前後文勢不合。疑下句秦武王之秦字，當在此句之首。秦數攻韓，著其謀不出二子，非二子之本願也。此處既著秦字，下文不當復有，蓋掌此句而省秦字。淺人見《史記》、《國策》均作「秦武王謂甘茂曰」，遂迻秦字於下句武王上，以符二書。不知彼二書俱從武王之言徑敍，不及二子外家事，自當有秦字爲是，否則不知武王爲何國之君。本書此句奪一秦字，則文意全不聯屬矣。此雖無明證，可以意會。**秦武王謂甘茂曰：「寡人欲容車至周室者，**《秦策·秦武王謂甘茂章》作「寡人欲車通三川，以闚周室，而寡人死不朽矣」。《史記·甘茂傳》作「寡人欲容車通三川，以窺周室，而寡人死不朽矣」。近貴陽金氏正煒《戰國策補釋》云：「車乃東字之譌。《新序》云寡人欲容車至周室者，其道乎韓之宜陽，欲使甘茂伐韓，取宜陽，以通道至周室。蓋由不辨此文之誤，傅爲其説也。《趙策》秦之欲伐韓、梁，東闚於周室，可爲作東之證。」案金説甚謬。容有容内之誼，容車三川，猶内車至三川，不直言取之，而曰容車，措詞之體也。（容車謂車可安容，卽通車之意，避下文通三川句，改言容耳。）《漢書》：「梁孝王欲得容車之道，自梁屬長樂宮，以朝太后。」用容車字，正與此同。《史記》亦作容車，豈得謂諸書皆誤。或疑《左傳》言「周之亡也，其三川震」，杜注云：「三川，涇、渭、洛也。」川不可以容車，故金氏欲改車爲東，而刪去容字，但不引《史記》，是其疏耳。不知三川鄉無定稱，《國策·秦策》「親魏善楚，下兵三川」，高誘注曰：「三川，宜陽也。宜陽爲三川所經，故以名其地。」則此三川是地名非水名。下文云「其道乎韓之宜陽」，可爲高注得一切證。後秦置三川郡，其命名正本乎此，得謂三川郡爲水名邪。又近人周氏據《文選》謝希逸《宋孝武貴妃誄》注云：「容車，婦人所載小車也，其施蓋帷，所以隱蔽其形容也。」謂可補《集解》、《索隱》、《正義》之缺，其説尤謬。《選》注所引出於《釋名》，其容車乃是車名，與此訓容内者迥不相涉，何得並爲一談。且秦欲伐周取道三川，而用婦人所載小車往，於義何取。不審前後文勢，輕於立説，其怪謬遂至於此，可嘆也。其道乎韓之宜陽。」道，取道也。此言宜陽，故上句不言三川，《策》、《史》上句言三川，即無此句，可見三川卽宜陽也。程恩澤曰：「三川本以河洛伊三水得名，（案此本韋昭注，與杜又異，各隨文爲解。此三川當从韋注。）後乃以水名爲地名，或指洛州，或指宜陽，總不外此三水之間。」（案《策》、《史》此處所稱三川，及張儀所云下兵三川，皆指宜陽而言。）又曰：「《漢志》弘農郡有宜陽縣，故在澠池。《索隱》：弘農之縣，在澠池西南。《括地志》：故韓城一名宜陽城，在洛州福昌縣東十四里，卽韓宜陽城也。此韓之大郡，伐取之，三川路乃通。《通典》宜陽卽魏之一合鳩城，《水經注》一合鳩惟染一面，是也。《通雅》：黽池縣治，南對金門塢水南五里，舊宜陽縣治。（原注：亦見《水經注》。）今在河南河南府宜陽縣東北（原注：《漢志》作西。）十四里，本周初召伯聽訟之所，戰國時爲韓地。《策》云：宜陽城方八里，材士十萬，粟支數年，名爲縣，其實郡也。則亦險要矣。又注云：據《通典》，宜陽卽今福昌山。則宜陽本山名，蓋依山以爲固，卽因山以名縣也。」（《國策地名考》十三、又十四。）案：福昌地三面峭絶，黽池二殽，皆在境内，據天然之形勝，宜秦必全力以取之也。至宜陽以山名縣，與三川之以水名地，正同一例。程氏所考皆是。欲使甘茂伐韓，取宜陽，以通道至周室。《秦策》：「張儀請下兵三川，塞轘轅緱氏之口，當屯留之道，攻新城宜陽，以臨二周之郊。」即此意。在惠王時，已有獻此策者，因從司馬錯之言，方有事於蜀，故不果。其後蜀屬秦，秦益彊盛，至武王時，蜀侯煇相壯反，武王使甘茂將兵定之。既平蜀，追思張儀之言，故又欲使甘茂伐取宜陽，以貫徹其初志也。甘茂曰：「請約魏與伐韓。」此亦師張儀親魏之策，令魏絶南陽，以共攻韓。令向壽輔行。《史記正義》：「餉受二音，人姓名。」案輔當作俌，此俌佐本字。《策》注：「輔，副介也。」是也。使壽輔行者，欲以徵信，且爲下文遣壽先歸地。甘茂既約魏，魏許甘茂。各本不疊「魏」字，宋本有，依文義當疊字，今從宋本。還至息壤，《策》、《史》無此三句。《史》作「甘茂至，謂向壽曰：子歸言之王曰：魏聽臣矣，然願王勿伐。事成，盡以爲子功。向壽歸，以告王。王迎甘茂於息壤。甘茂至，王問其故，對曰：宜陽，大縣也」云云。上句甘茂至，是指至魏；下句甘茂至，指至息壤。《國策》上句「至」下多一「魏」字，敍事尤覺清楚。據本文，則甘茂先歸至息壤，而後王就迎之。據《策》、《史》，則似王先迎於息壤，待茂之至。且本文謂茂至息壤，然後使壽歸告，非至魏後即遣之也。情節與《策》、《史》稍異，亦較覺近理。中壘博極羣書，（見《漢書·司馬遷傳贊》。）其更變舊文處，必別有所本，非苟焉已也。高誘注《策》云：「息壤，秦邑也。」《史記索隱》云：「《山海經》啓筮曰：昔伯鯀竊帝之息壤，以陻洪水。或是此也。」案《淮南·時則訓》曰：「龍門河濟相貫，以息壤陻洪水之州。」高注：「禹以息土陻洪水，以爲中國九州之水中可居也。」（陻俗作堙，《說文》作垔。）高以息土訓息壤，則息壤非地名，與此異。（《淮南》注言禹以息土陻洪水，與《山海經》言鯀亦異。然《尚書·洪範》箕子云：鯀陻洪水。則以《山海經》之說爲是。）《索隱》說誤。然《策》注渾言秦邑，未詳所在，蓋息壤本無一定之地。程恩澤曰：「柳子厚言永州有之。《天文志》水澮地長，地長即息壤也。《路史》息生之土，長而不窮。（案：以息土陻水，正取其長而不窮也。）漢元帝時，臨淮徐縣地涌五六里，高二丈，又無鹽危山土起。唐江陵南門地隆起，如伏牛馬，去之輒復。顧遜園云：王襄敏公聽事，有土墳起，古息壤也。《通雅》息壤，坌土也。《莊子》隱坌，亦謂坌起也。《綱目集覽》隆州籍縣南一里，有地畝餘，踏之輒動，長老云，息壤也。息壤誠非一處，此所云不知所在。」光瑛案：《策》、《史》本文皆云王迎甘茂於息壤，是必實有其地，但不可考耳，未必取土自生長之義。高注渾言秦邑，不言何處，蓋其慎也。（《史正義》同。）謂向壽曰：「子歸言之王，使有正介，一人有事，不得還，則使一人先歸報命。《左傳》：「郤獻子先歸，使欒京廬待命於齊。」是也。茂留於息壤，以要武王之信，遣壽先歸報命，而後武王往迎之。較《策》、《史》謂王先迎於息壤，以俟茂至者，爲得其實。魏聽臣矣，聽，許也。謂許共秦伐韓。然願王勿伐也。」《策》、《史》此下有「事成盡以爲子功」一句，蓋茂故設此，以堅武王之心，非真勸其不伐韓也。果真勿伐，則何事之可成，何功之可居哉。向壽歸以告王，王迎甘茂於息壤，息壤，秦地，故自往迎之。問其故。問勸勿伐及不入國門之由。對曰：「宜陽，大縣也，《策》、《史》此下有「上黨南陽，積之久矣」二句，謂積貯在宜陽也。名爲縣，「爲」，《史》作「曰」。其實郡也。《說文・邑部》郡下曰：「周制，天子地方千里，分爲百縣，縣有四郡。故《春秋傳》曰：上大夫受縣，下大夫受郡，是也。（各本無縣下大夫受五字，段注本依《水經・河水注》引補，與《左氏傳》合，今從之。）至秦初置三十六郡，以監其縣。（段本作至秦初天下置三十六郡，以監縣，未知所據。初字下奪一兼字或并字。）从邑，君聲。」案《說文》引《傳》，見《哀二年左傳》趙鞅與鄭戰誓衆之詞，注云：「《周書・作雒篇》千里百縣，縣有四郡。」《呂氏春秋・季夏紀》：「是月也，令四監大夫合百縣之秩芻，以養犧牲。」注云：「周制，天子畿內方千里，分爲百縣，縣有四郡，郡有鄙，故《春秋傳》曰：上大夫受縣，下大夫受郡。周時縣大郡小，至秦始皇兼天下，初置三十六郡，以監縣耳。」應劭《風俗通義》説同。呂祖謙曰：「春秋之時，郡屬於縣。趙簡誓衆，所謂上大夫受縣，下大夫受郡是也。戰國之時，縣屬於郡。《秦紀》惠文十年，魏納上郡十五縣是也。方孝公商鞅時，并小鄉爲大縣，縣一令，尚未有郡牧守稱。及魏納上郡之後，十餘年，《秦紀》始書置漢中郡。或者山東諸侯先變古制，而秦效之與。」案呂説甚覈。《鶡冠子・王鈇》云：「十縣爲郡，有大夫守焉。」時郡已大於縣矣。《秦本紀》：「孝公十二年，并諸小鄉聚爲大縣，縣一令，四十一縣。」《六國表》：「孝公十二年，初取小邑爲三十一縣。」（兩文數目不同，依《商君列傳》，則紀文四字當是三字之譌。）《商君列傳》：「集小都鄉邑聚爲縣，置令丞，凡三十一縣。」諸文皆云并小聚鄉邑爲縣，而不言郡，疑當時郡之制，已不隸屬於縣矣。《漢書・百官公卿表》云：「郡守，秦官，景帝中二年，更名太守。」而《國策・趙策》説韓靳黈、趙馮亭，並云太守，吳師道謂當時已有此官。今以吳説考之，《史記・趙世家》云：「孝成王令趙勝告馮亭曰：敝國君使致命，以萬户都三封太守，千户都三封縣令。」《正義》曰：「爾時未合言太守，至漢景帝始加太守，此言太，衍字。」《正義》泥於《漢表》之言，以太字爲衍，不知漢改秦官，仍復古制也。且《趙世家》言太守則封萬户都三，縣令則封千户都三，是縣小於郡，不問可知。《墨子・號令篇》云：「非時而行者，唯守，及操太守之節而使者。」亦有太守之稱。卽謂此篇非墨翟，後人箸之，亦必出於其徒。當戰國之初年，得謂景帝之前無太守邪。夫郡之稱守，與縣之稱令並時。《韓非子》言衛嗣君之時，有人於縣令之左右，（從王先慎《集解》本，據《御覽》引補縣字，今本皆脱。然下文仍有縣令字。）本書三卷云田單爲卽墨令，（《樂毅歸昭王章》。）合以《商君傳》所言，則縣令之稱亦古矣。《燕策》：「張儀謂燕王曰：今時趙之於燕，猶郡縣也。」先言郡，後言縣，亦郡大縣小之證。近人貴陽金氏箸《戰國策補釋》，謂「《策》文郡當爲都，字形相似而譌。《周禮》四甸爲縣，四縣爲都；《禮記》小曰邑，大曰都；《齊策》戰者國之殘也，而都縣之費也。又曰通都小縣，置社。蓋周末猶是都縣之制，後人習言郡縣，因致傳寫之譌。」以上金說未確。古之言都，有大於縣者，《周禮》所云是也；有小於縣者，《商君傳》之集小都鄉邑聚爲縣是也；有卽是邑而稍大者，《禮記》所云小邑大都，《左傳》云凡邑有先君之廟曰都，無曰邑是也。（蓋宗廟所在，必擇稍大之邑。）言非一端，豈可偏泥。金氏未諗戰國之初，已郡大而縣小，見《策》文名縣實郡之言，疑其不合古制，遂妄疑郡當爲都。豈知《史記》、本書皆與《策》文相同，豈必三書同誤乎。究觀諸説，以呂説爲最通。《策》、《史》此上有「上黨南陽，積之久矣」二句，二縣之積，聚於宜陽，與縣之隸郡無異。故曰名雖爲縣，其實郡也。本書删上二句，則此二語之意不顯，疑傳寫者奪之也。

今王倍數險，倍與背北同，古字通用。《説文·人部》：「倍，反也。」反倍字當作倍爲正，引申爲加倍之誼。此用向背字，則當作北。各本作「陪」，陪倍並叚借字。宋本作「倍」，與《策》、《史》同，今從宋本。《史記正義》曰：「數險，謂函谷及三殽五谷。」**行千里，**《左氏傳》曰：「且行千里，其誰不知。」**攻之，難。**《策》作「而攻之，難矣」。

昔者曾參之處鄪，曾子注見一卷。《策》「參」作「子」，無「之」字。各本「鄪」作「鄭」。孫志祖曰：「《秦策》及《史記·甘茂傳》俱作費，迺作鄪，《史記·周公世家》以汶陽鄪封季友，俗譌作鄭。」案邑名之鄪當作鄪，作費者省借字。《説苑·尊賢篇》有「魯人攻鄪，曾子辭於鄪君」云云，（或疑卽《孟子》曾子居武城事，譌越爲魯。）則曾子固嘗居鄪矣。《仲尼弟子列傳》稱曾子南武城人，在今費縣西南八十里石門山下，此其證也。《魯世家》索隱云：「鄪今作費，音秘，與鄭形近而亂。又今人多見費，少見鄪，故誤耳。」今據《策》、《史》改，并正其字。因《説苑》字作「鄪」，與本書同出中壘，本文若不作「鄪」，則無緣譌爲「鄭」也。于欽《齊乘》云：「費城在費縣西北二十里，魯季氏邑。」《春秋大事表》云：「在今山東沂州府費縣治西南七十里。」（卷七之一。）人有與曾參同名姓者，《策》「參」作「子」，「姓」作「族」。注：「名，子；族，姓。」《史記》作「姓名」。《策》「人」上有「費」字，《史記》有「魯」字。陸賈《新語》敍此事亦云「人有與曾子同姓名者」，「人」上無字。殺人。《策》序此事在樂羊事後，「殺」上有「而」字。此用《甘茂傳》文。人告其母曰：《策》作「人告曾子母曰」。曾參殺人。其母織自若也。其母時方織，而人來告，母知其子不殺，故織如故，不改其度也。《策》作「曾子之母曰，吾子不殺人，織自若」。頃然，「然」，《史》作「之」。《策》作「有頃焉」。案：然焉古字通用，詳《經傳釋詞》。一人又來告之，《策》作「人又曰，曾參殺人」。《史》作「一人又告之曰，曾參殺人」。其母曰：「吾子不殺人。」《策》、《史》作「其母尚織自若也」。案織自若者，不待辯而決知其不然也。此言「吾子不殺人」者，已動於中，而猶信其不然，故辯之也。有頃，一人又來告，《策》作「頃之，一人又告之曰，曾參殺人」。《史》作「頃又一人告之曰，曾參殺人」。其母投杼下機，《策》「母」下有「懼」字，無「下機」二字。《說文·木部》：「杼，機持緯者，从木，予聲。」案：此字俗作梭，又作梦，與木名之柔字，以左形右聲、上形下聲爲別。踰牆而走。高注：「踰牆，逃走也。」案：踰，越也。急於逃難，恐爲人窺見，故踰牆而去也。《新語》亦載此事。夫以曾參之賢，與其母信之也，《策》無「其」字，「信之」作「之信」。然三人疑之，其母懼焉。《策》作「而三人疑之，則慈母不能信也」。《史》句首無「然」字。今臣之賢也，不若曾參，《策》《史》無「也」字。《策》「若」作「及」，「參」作「子」。王之信臣也，二書句末無「也」字。《策》句首有「而」字。又不如曾參之母之信曾參也；《史》無下「之」字。《策》作「又未若曾子之母也」。疑臣者非特三人也，《史》無「也」字。《策》作「疑臣不適三人」，鮑彪注：「適啻同。」案適從啻聲，故二字通用。《莊子·胠篋篇》「何適而無有道邪」，《呂氏・當務》作「奚啻其有道也」。字又通作翅，《孟子・告子下篇》：「奚翅食重，奚翅色重，豈其食重色重而已也。」趙注：「翅，辭也，若言何其不重，失之。」（朱注以何但釋之，是。）又作弟，《漢書・陳勝傳》「藉弟令毋斬而戍」，師古曰：「《漢書》諸言弟者甚衆。弟，但也，語有緩急耳。今俗人語稱但者，急言之，則音如弟矣。」又作地，《漢書・丙吉傳》「西曹地忍之」，李奇曰：「地猶第也。」師古曰：「地亦但也，語聲之急也。」（據此，知古音地字，有入之部，與今音同者。《易・繫辭》卑法地，廣大配天地，皆與之部字協韻。此外尚多。）特與第地啻適，皆一聲之轉，推之徒但獨等字皆然。古人訓詁，多由雙聲遞衍，不止此數字，凡同屬一義，多有此類。亦有以疊韵爲訓，如翅之與啻是。（此類更多，讀《釋名》自知之。）學者由聲以求其義，觸類旁通，自有左右逢原之趣矣。臣恐大王投杼也。「投」上《史》有「之」字。《策》作「臣恐王爲臣之投杼也」，一本「爲」上有「之」字。魏文侯令樂羊將而攻中山，魏文侯注見一卷。樂羊，宋樂喜裔孫，（《唐書・氏族表》。）封於靈壽，因葬焉。（《史記・樂毅傳》。）《漢表》作樂陽，列六等。梁玉繩曰：「古陽羊通用。《左傳・成十七年》夷羊五，又作夷陽五，《晉語》五、《趙策》畢陽，《列女傳》三作畢羊，《隸釋・綏民校尉熊君碑》以歐陽爲歐羊。《釋名》：陽，羊也。」（《人表考》卷六。）案：陽羊通用，又見梁氏所箸《瞥記》樂陽下。古書習見甚多，如陽狂作詳狂，又作佯狂，此最易見者。《策》敍此在曾參事上，此句無「而」字。（高注云：中山，狄都，今盧奴中山也。）《史記》敍次與此同，（本書文采《史記》。）「攻」作「伐」，上有「始張儀西并巴蜀之地，北開西河之外，南取上庸，天下不以多張子，而以賢先王」數句。《策》亦有，敍在「而攻之難矣」句下，後接本句。因《策》敍樂羊事在曾參之前，故數語亦在前，著此數語所以起下文樂羊辭功，歸美文侯也。《新序》删去數句，似稍脱節，疑傳寫者奪之。中山注亦見一卷。三年而拔之，《說苑》載文侯言吾以武下樂羊，三年而中山獻於我，與此說合。舊史以爲一年事，非，黃氏式三《周季編畧》已辨之。宋洪邁《容齋續筆》（卷四）云：「戰國事雜出於諸書，故有不可考信者。魏文侯使樂羊伐中山，克之，以封其子，故任座云：君得中山，不以封君之弟，而以封君之子。（本書一卷載其事。）翟璜云：中山已拔，無使守之，臣進李克。而《趙世家》書武靈王以中山負齊之強，侵暴其地，銳欲報之，至於變胡服，習騎射，累年，乃與齊燕共滅之，遷其王於膚施。此去魏文侯時已百年，中山不應既亡而復存，且膚施屬上郡，本魏地，爲秦所取，非趙可得而置他人，誠不可曉。惟《樂毅傳》云：魏取中山後，中山復國，趙復滅之。《史記・六國表》威烈王十二年，中山武公初立。徐廣曰：周定王之孫，西周桓公之子。此尤不然。」案中山滅而復立，當以《樂毅傳》所言爲得其實，但古書紀載脱畧，不可詳考耳。

樂羊反而語功，「語」，《史》作「論」。《策》注：「語，言也，言拔中山之力也。」

文侯示之謗書一篋。《呂氏・樂成篇》、《說苑・復恩篇》俱作「兩篋」。《說文・匚部》：「匧，械臧也，（《文選》應璩《百一詩》、任昉《奏范僕射詩》李注，兩引《說文》，皆云：篋，笥也。蓋所據本異。）从匚，夾聲。」篋或從竹，今字通行篋，匧字遂廢。《廣韻》：「匧，藏也；篋，箱篋也。」分一字爲二，更誤。《戰國策・魏策》曰：「樂羊爲魏將而攻中山，其子在中山，中山之君，烹其子而遺之羹，樂羊坐於幕下而啜之，盡一盃。文侯謂覩師贊曰：（覩，《後語》作堵。）樂羊以我之故，食其子之肉。贊對曰：其子之肉尚食之，其誰不食。樂羊既罷中山，文侯賞其功而疑其心。」《淮南子・人間訓》曰：「魏將樂羊攻中山，其子執在城中，城中縣其子以示樂羊。樂羊曰：君臣之義，不得以子爲私。攻之愈急。中山人因烹其子，而遺之鼎羹，與其首。樂羊循而泣之曰：是吾子已。爲使者跪而啜三杯。使者歸，報中山曰：是伏約死節者也，不可忍也。遂降之。爲魏文侯大開地，有功。自此之後，日以不信，此所謂有功而見疑者也。」案：樂羊事散見《韓非子》、《吕覽》、《説苑·貴德、復恩》諸篇。所謂謗書，疑即覩師贊之屬。古人記數字，如一二三四，皆累筆加之，易混亂，故一匧亦作兩篋，即二匧也。樂羊再拜稽首曰：此非臣之功也，《策》無「也」字。主君之力也。戰國時，諸侯亦稱主君，語見一卷注。樂羊初矜其功，文侯以謗書示之，羊感文侯之知遇，以爲中山之平，由文侯能不爲浮言所動，守之三年，以成其功，故曰主君之力，見譖愬不行之難也。引此者，明任賢宜專之意。一曰羊自誇其功，文侯故以謗書抑之，羊見書而懼，故云。此御將之法，漢武之責楊僕，蓋深得此意。其説與中壘立言之旨不合，今不取。今臣羈旅也，「羈」，嘉靖本作「覊」，字俗，今從衆本。「羈旅」下《策》、《史》有「之臣」二字。（與范雎説秦王語同。）《説文·网部》，「䍐，馬絡頭也，从网，从馽。」馽，馬絆也。羇，䍐或从革，今字通省作羈，而䍐羇俱廢。引申爲羈旅字，《廣雅·釋詁》三：「羈，寄也。」《左氏昭七年傳》「單獻公棄親用羈」，注：「寄客也。」《周禮·遺人》「以待羈旅」，鄭注：「過客寄止者。」皆是。樗里子、公孫子二人挾韓而議，《策》作「樗里疾、公孫衍二人者，挾韓而議」，《史》作「樗里子、公孫奭二人者，挾韓而議之」，二文不同，疑《策》爲誤，説見上注。此因二子外家在韓，恐其阻撓伐韓之計，故下文云「欺魏而受韓朋之怨」。張守節乃謂茂與秦王盟，恐後樗里子、公孫奭伐韓，殊誤。王念孫曰：「《史記》之字，涉下聽之而誤衍。《羣書治要》引無之字，《秦策》、《新序》並同。」王必信之。「信」，《策》、《史》作「聽」。是王欺魏，而臣受韓朋之怨也。「朋」字各本奪。《策》、《史》均作「受公仲侈之怨」。《國策》鮑注補一「朋」字，注云：「朋，公仲名。此書後或名朋，或名侈，朋侈字近，故誤。《史》並作侈。然《韓策》言公仲侈，又言韓侈，爲兩人，今定公仲名朋，別韓侈也。」吳師道《補正》曰：「《史·田齊世家》韓馮，徐廣曰：即公仲侈。《大事記》又有韓朋，韓侈，馮朋音混，侈明朋字譌，且當各存舊文。」案《漢表》五等有公中用，梁氏《人表考》依《繹史》本改用爲朋，云「公仲朋始見《秦、韓策》。韓公族，（原注：《西周策》高注。）亦曰公仲，（原注：《西周、秦、韓、楚策》。）亦曰韓公仲，（原注：《韓策》。）亦曰韓朋，（原注：《秦、韓、楚策》。）亦曰公仲侈，（原注：《史·甘茂傳》。）亦曰韓侈，（原注：《楚策》韓朋，元作侈。）亦曰公仲馮，（原注：《甘茂傳》徐廣注。）亦曰韓馮，（原注：《史·田完世家》。）亦曰韓明，（原注：《紀年》。）明與馮音近，朋與侈明字近，當是一人。然《韓策》言公仲死後，韓侈仕秦，何也。吳師道云難通，疑缺。」（卷五。）沈氏濤《銅熨斗齋隨筆》云：「《韓世家》公仲謂王曰，《索隱》云：公仲，韓相國，名侈。濤案：《戰國策》，公仲名朋，不名侈。又《田完世家》韓馮，《集解》引徐廣曰韓之公仲侈也。則公仲卽韓馮，馮朋聲相近，古字率相通，益見公仲名朋不名侈，朋侈字形相近，是以誤耳。《韓策》云韓相公仲使韓侈之秦，明韓侈別是一人。又《甘茂傳》：是王欺魏，而臣受公仲侈之怨也。徐廣曰：一作馮。侈字亦當作朋。」案：沈謂韓侈別爲一人，是也。公仲之名，疑本作倗。《說文·人部》：「倗，輔也，从人，朋聲，讀若陪位。」朋乃倗之省字。作侈者，《漢議郎元賓碑》朋作多，與多字形近，倗書爲侈，故誤作侈也。作馮者，古無輕脣音，讀馮如朋，華覈表以馮與庸隆中風爲韵。《左傳》：「翹翹車乘，招我以弓，豈不欲往，畏我友朋。」亦以朋韵弓，二字音近。馮河之馮，《釋文》本亦作淜，是馮朋通用之證。作韓明者，明與朋形近，乃譌字。《漢表》作公中用，中爲仲之省文，用亦朋之譌也。蓋韓倗之名，作倗則譌爲侈，省借作朋，又譌作明與用也。倗乃倗黨正字，今人多見朋，少見倗，遂沿譌作侈而不覺。今依《策》、《史》補「朋」字於「韓」下，並著其異同之故，以釋學者之惑。王曰：「寡人不聽也。」《策》、《史》句下俱有「請與子盟」四字。《策》又云「於是與之盟於息壤」，《史》删此句，接敘使丞相甘茂將兵伐宜陽，則下文息壤在彼之言，稍欠明憭。本書亦頗同其失。使伐宜陽。五月，而宜陽未拔，《策》

作「果攻宜陽，五月而不能拔也」，《史》作「卒使丞相甘茂將兵伐宜陽，五月而不拔」。樗里子、公孫子果爭之。爭罷伐韓也，承「未拔」句來，文意甚明，益徵上文「數伐韓」句上當有「秦」字，而張守節以爲爭伐韓之非。（見注。）下文有「欲罷兵」句，正以二子爭之故耳。《策》作「樗里疾、公孫衍二人在，爭之王」，《史》作「樗里子、公孫奭果爭之」。武王召甘茂，欲罷兵。《策》作「王將聽之，召甘茂而告之」。此與《史》同。甘茂曰：「息壤在彼。」《策》「曰」字上有「對」字。《史記正義》曰：「甘茂歸至息壤，與秦王盟，恐後樗里子、公孫奭伐韓，今二子果爭之。武王召茂，欲罷兵，故甘茂云，息壤在彼邑也。」案《策》、《史》言二人爭之者，謂阻其伐韓，非二子自欲伐韓也。其所以阻伐韓者，以二子外家爲韓，故上文云「二人挾韓而議，王必信之」。既舉大兵，聞於諸侯，中道而廢，茂所不甘，故與王盟於息壤，而後進兵，至此遂以前事動之。息壤在彼，猶云息壤之言尚在耳，《正義》說誤。互參「數攻韓」句注。王曰：「有之。」認有是言也。因悉起兵，使甘茂將擊之，《策》「使」上有「復」字，「擊」作「攻」。《史》「因」下有「大」字。又「將」字《策》、《史》俱無。將，將兵也。遂拔宜陽。《國策》：「甘茂謂秦之各將尉曰：我以羈旅，而得相於秦，我以宜陽餌王。今攻而不拔，公孫衍、樗里疾挫我於內，而公中以韓窮我於外，是無伐之日已，請明日鼓之。而不可下，因以宜陽之郭爲墓，於是出私金以益公賞。明日，鼓之，宜陽拔。」《史記》「拔宜陽」上有「斬首六萬」四字，《秦本紀》同。《容齋續筆》四云：「宜陽於韓爲大縣，顯王三十四年，秦伐韓，拔之。故屈宜臼云前年秦拔宜陽，正是昭侯時。歷宣惠王、襄王，而秦甘茂又拔宜陽，相去幾三十年，得非韓嘗失此邑，既而復得之乎。」案容齋說是也。及武王薨，昭王立，昭王，武王弟，名稷，又作側。（名稷見《趙世家》，《甘茂傳》索隱引《世本》作側，《秦本紀》索隱又云名則。側稷聲近，則乃側之省文。）母楚女，芈氏，生十九年而立，在位五十六年，葬茝陽。諸書或稱昭襄王，或簡稱昭王。謚法：昭德有勞，威儀恭明，聖聞周達皆曰昭；辟地有德，甲胄有勞皆曰襄也。《漢表》列六等，作昭襄王。**樗里子、公孫子讒之，甘茂遇罪，**事詳《史記·甘茂傳》。《孟子·離婁下篇》：「夫章子，子父責善而不相遇也。」趙岐注：「遇，得也。」《淮南子·精神訓》：「故事有求之於四海之外，而不能遇。」高誘注亦云：「遇，得也。」此遇字亦訓得。《春秋》隱四年「夏，公及宋公遇於清」，《穀梁傳》曰：「遇者，志相得也。」又桓十年「秋，公會衛侯于桃丘，弗遇」，《穀梁傳》曰：「弗遇者，志不相得也。」互參五卷《小臣稷章》注。**卒奔齊。故非至明，其孰能毋用讒乎。**毋，禁止辭也。元帝柔懦信讒，中壘躬親其禍，故言之明切如此。其上封事引《詩》曰：「憂心悄悄，慍於羣小。小人成羣，誠是慍也。」與此同意。其咎要在於不明。史公論屈原，所以有嘆於懷王不明之不足福也。

4 **楚王問羣臣曰：**盧文弨曰：「《楚策》作荊宣王。」案宣王，肅王弟，名良夫，在位三十年。《史記·世家》云「肅王無子，立其弟宣王」，是也。《漢表》列七等。班氏自注云：「肅王子。」非也。謚法：善問周達，施而不成皆云宣。**「吾聞北方畏昭奚恤，**昭奚恤，注見一卷。**亦誠何如？」**問奚恤爲人果何如也。**江乙答曰：**江乙，宣王時臣。宋本《國策》作「一」，他文仍作「乙」，一與乙通。《韓非子·七術篇》作「江乞」。《漢表》列五等。案《楚策》言「江乙欲惡昭奚恤於楚王，而力不能，故爲梁山陽君請封於楚。楚王曰：諾。昭奚恤曰：山陽君無功於楚國，不當封。江乙因得山陽君，與之共惡昭奚恤。」又曰：「江乙惡昭奚恤，謂楚王曰：人有以其狗爲有執而愛之，其狗嘗溺井，其鄰人見狗之溺井也，欲入言之。狗惡之，當門而噬之，鄰人憚之，遂不得入言。邯鄲之難，楚進兵大梁，取矣，昭奚恤取魏之寶器。臣居魏，知之，故昭奚恤嘗惡臣之見王。」又曰：「江乙欲惡昭奚恤於楚，謂楚王曰：下比周則上危，下分爭則上安，王亦知之乎？願王勿忘也。且人有好揚人之善者，於王何如。王曰：此君子也，近之。江乙曰：有人欲揚人之惡者，於王何如。王曰：此小人也，遠之。江乙曰：然則且有子殺其父，臣弒其主者，而王終已不知者，何也？以王好聞人之美，而惡聞人之惡也。王曰：善，寡人願兩聞之。」《策》叙此三事，皆乙短奚恤於宣王之言，合之此事而四。夫奚恤楚之良將，乙乃朋比讒人，以共毁短於王前，且巧爲設辭，使人人易中其説，真邪慝之尤者。伊古來君子受厄小人，靡不如此，《漢表》列之五等，未免過高，宜抑置八九等。

「虎求百獸食之，得一狐，《楚策》及《御覽》四百九十四引《尹文子》俱無「一」字。江乙之言，以虎喻宣王，以狐諭昭奚恤，蓋詆恤以諛楚王耳。本書引之，見人臣藉主之威以行其志，若委任不專，事掣其肘，則賢臣無所措手足，故曰：「君不用則威亡矣。」今人用狐假虎威事，正與中壘意相反。狐曰：子毋敢食我也，《御覽》引《尹文子》無「敢」字。「毋」，《策》作「無」，古字通用。毋敢食我，文義難解。敢當讀如噉，《説文·口部》：「啖，噍啖也，从口，炎聲。一曰噉。」段玉裁曰：「《韵會》無後三字，云或作噉。案《口部》無噉字，《玉篇》、《廣韵》皆正作噉，云啖同。以犨字例之，蓋《説文》本作噉。」光瑛案：《説文》所云一曰者，皆存别訓。若異文，則言或作或从，言古文籀文某，从無作一曰者。此處當從《韵會》作或作噉，否則校記之語，誤入正文也。噉後起俗字，段謂《説文》本作噉，恐非。《説文》又有啗字，與啖别。《爾雅·釋草》釋文：「啗，本亦作啖。」又作噉，《廣韵》：「啗，噉也。」則以爲一字。《後漢書·安帝紀》曰「更相噉食」，與此用字同。吴師道《戰國策補正》引一本標《十二國史春秋後語》「食我」作「噉我」，足爲敢字即噉字之證。（今所傳《後語》又不同，引見下。）天帝令我長百獸，虎爲百獸之長，今狐冒虎威，故云。今子食我，是逆帝命也。《國策》「逆」

下有「天」字，《御覽》引《尹文子》同。案古人稱天曰帝，《左傳》：「余得請於帝，帝許我罰有罪矣。」此類甚多，《策》承上文而有天字耳。以我爲不信，「以」上《策》有「子」字，《御覽》引《尹文子》同。吾爲子先行，子隨我後，觀百獸見我，無不走。《策》作「觀百獸之見我，而敢不走乎」，《御覽》引《尹文子》同，但無「而敢」二字。虎以爲然，隨而行。《策》作「遂與之行」。《尹文子》作「故遂與行」。獸見之，皆走。虎不知獸畏己而走也，《御覽》引《尹文子》「畏」上有「之」字。以爲畏狐也。今王地方五千里，帶甲百萬，《策》「地」上有「之」字。《史記·蘇秦傳》：「秦說楚威王（宣王子，名商。）曰：楚西有黔中巫郡，東有夏州海陽，南有洞庭蒼梧，北有陘塞郇陽，地方五千餘里，帶甲百萬，車千乘，騎萬匹，粟支十年，此霸王之資也。」而專任之於昭奚恤也，「任」，《策》作「屬」，無「於」字「也」字。案此「也」字當在下文「猶百獸之畏虎」句下，錯移於此，當據《策》改正。北方非畏昭奚恤也，「非」，《策》作「之」，無「昭」字。其實畏王之甲兵也，宋本「甲兵」作「兵甲」。案《策》文亦作「甲兵」，今從衆本。畏甲兵，言畏楚彊盛。猶百獸之畏虎。句末《策》有「也」字，文至此止。此「也」字蓋錯移於上文「專任昭奚恤」句下。故人臣而見畏者，見畏於人也。是見君之威也，君不用，則威亡矣。」此章繫前三章後，亦見人君任賢宜專，勿用讒言閒之，不專而聽讒，則賢者雖有才，亦不可見，申上三章之餘意也。乙之言，蓋短奚恤之無威，借以諫楚王耳。昔者秦畏廉頗、李牧，齊畏樂毅，一旦反間計行，或逃或誅，昔日之威安在。中壘借乙語以戒世主，勿信讒間，以快敵人之志，而自壞其萬里長城也。檀道濟、岳飛之死，敵人爲之置酒相慶。然則爲君者，信讒佞以誅大將，乃自喪其威，於將何與哉。明郎瑛《七修類藁》云：「此與《國策》楚宣王與羣臣問答事同，但其後二十餘言不同耳。」（卷二十二。）案《策》文大致相同，惟無「故人臣而見畏者」以下數句。然吳師道《補正》引《大事記》曰：「江乙之言如此，則昭奚恤爲敵國所畏可知。一本標《十二國史春秋後語》食我作噉我。」又云「人臣見畏者君威也，君不用而威亡矣。注：《尹文子》有」等語。今《尹文子》脱此文，《御覽》四百九十四引之，至「以爲畏狐也」止，亦無後四句。近上虞羅氏《鳴沙石室佚書》内《春秋後國語》有此文，與吳師道所引，微有不同，今坿録後云。「肅王十一年，卒，弟宣王立，以昭奚恤爲相，諸侯畏之。王問羣臣曰：吾聞北方畏奚恤，爾熙寡人何如。（句有譌。）江乙對曰：虎求百獸而食之，得一狐，狐曰：子无得食我，天帝令我長於百獸，長食我，（句誤。）是逆天帝之命。子以言我不信，（言我當作我言。）我爲子先行，子隨我後，觀百獸見我，能无走乎。虎以爲然，隨而後行，獸見之，皆走。虎不知獸之畏己而走，反以爲畏狐。今吾地方五千里，帶甲百萬，而專任於昭奚恤，北方非畏昭奚恤，其實畏王之甲兵。故人臣見者，畏君威也，君不用，則威亡矣。」「見者」二字中間，當有一「畏」字，蓋孔衍之文，正取之本書。注云《尹文子》有者，謂《尹文子》亦記此事耳。末四句，乃本書記此事之微旨。

5 魯君使宓子賤爲單父宰，

宓子賤，名不齊，魯人，孔子弟子。《顏氏家訓·書證篇》曰：「張揖云：虙，今伏羲氏也。孟康《漢書》古文注亦云：虙，今伏。而皇甫謐云：伏羲，或謂之宓羲。案諸經史緯候，從無宓羲之號。虙字从虍，宓字从宀，下俱爲必，末世傳寫，遂誤以虙爲宓。而《帝王世紀》因誤更立名耳。何以驗之，孔子弟子虙子賤，爲單父宰，即虙羲之後，俗字亦爲宓，或復加山。今兗州永昌郡城，舊單父地也，東門有子賤碑，漢世所立，乃云：濟南伏生，即子賤之後。是虙之與伏，古來通字，誤以爲宓，較可知矣。」案：陸德明、李涪皆云子賤姓虙，作宓者誤，其說即本顏氏。不知虙宓皆从必聲，古本通用。又古無輕脣音，讀伏如必，故又與伏通用。顏氏斥士安爲誤，殊非。梁玉繩曰：「據顏所辨，則子賤之姓，久誤爲密。然《淮南·泰族》、《家語·弟子解》並作密字。但考史籍中，伏字多有作宓者，如《漢書·律曆志、藝文志》作宓戲，《百官表、人表》作宓羲，（案顔氏謂經史緯候，從無宓羲之號，即此可知其妄矣。）《楊雄傳》作宓犧。而《藝文志》宓子卽子賤，師古皆音伏。又《韓子·難言》、《吕氏春秋·具備、察賢》並作宓子賤。蓋古借宓爲虙之省文，不定是誤。因宓本音密，遂轉誤爲密，（原注：《蜀志》秦宓，《後漢書·方術·董扶傳》作密；《晉書》李密，《華陽國志》作宓。）今俗直讀子賤之姓作密音，豈不謬乎。《禮·月令、明堂位》宓戲，釋文：宓音密。《路史·後紀》曰伏羲之後有宓氏，《通志·氏族畧》曰伏亦作宓，宓氏伏羲之後，後轉爲密異文者，其後之人以別族也。皆非。又考《戰國·趙策》馮忌稱服子，《淮南·齊俗》作宓子。（原注：《道藏》字是宓，俗本譌密。）又知與宓服亦通，益可證宓之當讀伏音也。子賤，《淮南·道應》稱季子，（季字當是孚之誤，孚宓聲相近，宓子作孚子，猶宓羲作包羲也。《御覽·人事部》引《淮南·齊俗》宓子正作孚子，二字皆讀重脣。）《文選》潘尼《贈河陽詩》稱虙生。至其年數，《索隱》引《家語》作少孔子四十九歲，與《史》同。今所傳毛本《家語》無九字，《索隱》引《史》作三十，並誤。又各本《史記》改《索隱》原文曰：《家語》少孔子三十歲，此云四十九，不同。妄也。」（《史記志疑》卷二十八，又畧見《人表考》卷三。）案：《論衡》本姓亦作密子賤，（錢大昕《金石文跋尾》續二載《兗公頌》作密賤。）蓋密字古作宓，古無輕脣音，讀服伏爲必。密宓本一字，（宓古密字。）《韓非·外儲説左》前作密，後作宓。顧廣圻校云：「密宓同字。」是也。顔説固非，梁氏以讀密爲謬，蓋疏於小學，不知聲音轉變之理。伏之讀爲必，猶服之讀爲備，（詳見錢竹汀《十駕齋養新録》。）費之讀爲祕也。《史記》、《論衡》字作密，古音卽此可以考見。梁氏但知《國策》服子，《淮南·齊俗》作宓子，證宓當讀伏，不知古音伏亦讀爲必也。《韓非·難言》云：「宓子賤不門而死人手。」他書未載此事，傳聞異辭，未足深信。《一統志》云：「葬鳳陽府壽州東南六十里，舊有碑云：爲魯使吳，卒於道，因葬焉。」若然，則不門死人手之説，益徵其謬。《後漢書・伏湛傳》説濟南伏生，卽不齊之後，與顔氏引《子賤碑》同，亦伏宓同字之證。《漢表》子賤列三等。單父，魯地，巫馬期、宓子賤，皆嘗宰是邑。《史記・穰侯列傳》：「又爲陶開兩道，幾盡故宋，衛必效單父，秦兵可全而君制之。」《魏策・秦敗魏於華章》作「又爲陰啓兩機，盡故宋，衛效尤憚，秦兵已合而君制之」，其文譌謬，當據《史》訂正。程恩澤曰：「父字篆形與尤相近，單字加心，又倒其文，當作單父爲是。《漢志》山陽郡有單父縣，本魯邑，戰國屬衛，與曹濮相近，南接虞城縣界，故宋地也。其曰爲陶開兩道者，《正義》：穰侯封定陶絳安邑，是陶北道，故宋及單父，是陶南道也。今在曹州府單縣南一里。」（《國策地名考》卷十五。）案程氏解《史》文以正《策》誤，甚是。蓋「陶」誤「陰」，（陶陰之誤，正是此等。）啓開義同，「道」誤「機」，「可全」誤「已合」，餘悉如程氏所訂。顧棟高《春秋大事表》曰：「地繫以父，魯人語音，如梁父、亢父、單父皆是也。」《吕氏・具備》「單」作「亶」，下並同。單亶音近，古字通用，詳三卷《臨武君章》落單句注。子賤辭去，因請借善書者二人，《吕氏》作「將辭而行，請近吏二人於魯君」。《家語・屈節解》「吏」作「史」，下文並同。吏史古字通，《説文序》：「諷籀書九千字，乃得爲吏。」《魏書・江式傳》吏作史，段注本改從之。其實二字本通用，不必改也。知書者謂之史，《吕書》雖作「史」，其義亦當爲吏。《家語》僞書，其文襲自《吕氏》，或王肅所見《吕書》亦作「史」也。《周官經》每官下有史數人，皆知書者也。朱子疑《詩大序》國史之語，不知古無文士之目，善筆札者卽稱爲史，《論語》「文勝質則史」，是也。國史猶言國中文士，何必疑哉。（説本鄒漢勛《讀書偶識》。）《藝文類聚》五十三引無「借」字及「二人」字。使書憲書教品，憲書，法憲之書；教品，教令之品也。《御覽》二百六十八引作「其憲法教品」，文有脱誤。魯君予之。《類聚》、《御覽》「予」作「與」。予乃賜予本字，《説文・予部》：「予，推予也，象相予之形。」段注云：「予與古今字。《釋詁》曰：台朕賚畀卜陽，予也。按推予之予，叚借爲予我之予，其爲予字一也，故台朕陽與賚畀卜皆爲予也。《爾雅》有此例，《廣雅》尚多用此例。予我之予，《儀禮》古文、《左氏傳》皆作余，鄭曰：余予古今字。」案段説是。賜予字當作予，經典多叚與爲之，今人多用與代予，予字漸廢。至單父使書，子賤從旁引其肘，《呂氏》作「與之俱至於亶父，邑吏皆朝，宓子賤令吏二人書，吏方將書，宓子賤從旁時掣搖其肘」，掣搖即引字之誼。《説文・肉部》：「肘，臂節也，从肉寸，寸手寸口。」《深衣》注：「肘當臂中爲節，臂骨上下各尺二寸。」然則自寸口至肘爲一節，故字从寸。今人言掣肘本此。書醜則怒之，醜，不善也。《呂》作「書之不善，則宓子爲之怒」。欲好書，則又引之。《御覽》引無「書」字。《呂書》無此句。書者患之，請辭而去，《類聚》引無「請」字。《呂書》作「吏甚患之，辭而請歸」，下有「宓子賤曰，子之書甚不善，子勉歸矣」二語，始接「二吏歸報於君」云云。《家語》文襲《呂氏》，畧同。歸，以告魯君。《呂書》作「二吏歸，報於君曰，宓子不可爲書。君曰何故，吏對曰，宓子使臣書，而時掣搖臣之肘，書惡而有甚怒。（有讀爲又，《家語》正作又字。）吏皆笑宓子，（此句《家語》作邑吏皆笑之，亦作吏字。）此臣所以辭而去也」。《家語》文襲《呂氏》，畧同。二書敘述，較本書爲詳。魯君曰：「子賤苦吾擾之，使不得施其善術也。」乃命有司無得擅徵發單父，單父之化大治。無與毋通。《説文・毋部》：「毋，止之詞也，从女一，女有姦之者，一禁止之，令勿姦也。」（依段注本補十字。）引申爲一切禁止之誼。段玉裁曰：「《詩》、《書》皆用無，《士昏禮》夙夜毋違命，鄭注：古文毋爲無。是古文作無，今文作毋。漢人多用毋，故《小戴禮記》、《今文尚書》皆用毋，《史記》則竟用毋爲有無字。又按《詩》毋敎猱升木，字作毋。鄭箋：毋，禁辭。」《類聚》、《御覽》引「善術」作「善政」，無「之化」二字。「治」，《類聚》避唐諱作「理」，引至此止。《北堂書鈔》七十八引云：「魯君使宓子賤爲單父宰，施其善政，單父大治。」寥寥數語，祇舉大意而已，然亦作「善政」，與《類聚》、《御覽》同。《吕書》云：「魯君太息而嘆曰：宓子以此諫寡人之不肖也，寡人之亂子，（句有脱譌。）而令宓子不得行其術，必數有之矣，微二人，寡人幾過。遂發所愛，而令之亶父，告宓子曰：自今以來，亶父非寡人之有也，子之有也，有便於亶父者，子決爲之矣，五歲而言其要。宓子敬諾，乃得行其術於亶父。」（案《吕書》亦作術字。）《家語》襲《吕氏》，惟此處加出一節云：「魯君以問孔子，子曰：虙子齊，君子也，其才任霸王之佐，屈節治單父，將以自試也，意者以此爲諫乎。公寤，太息而嘆曰：此寡人之不肖，寡人辭宓子之政，而責其善者，非矣，微二史，寡人無以知其過。遽發所愛之使告虙子曰：自今以往，單父非吾有也，從子之制，有便於民者，子決爲之，五年一言其要。虙子敬奉詔，（案奉詔等字，決非春秋時語言，《史記·始皇紀》丞相綰等議改命爲制，令爲詔。《集解》引蔡邕曰：制書，帝者制度之命也，其文曰制，詔書，詔告。《正義》曰：制詔三代無文，秦始有之。）遂得行其政。於是單父治焉，躬敦厚，明親親，尚篤敬，施至仁，加懇誠，致忠信，百姓化之。」案《家語》以爲魯君聞孔子之言而寤，與《吕書》言自寤者不同，《家語》非也。《吕書》後文敘「巫馬期觀化於單父，歸告孔子，孔子曰：宓子之得行此術也，魯君後得之也，魯君後得之者，宓子先有其備也。先有其備，豈遽必哉，此魯君之賢也。」孔子論宓子之賢，而歸美於魯君，以其能用賢也，魯君之能用賢，以能寤也。以魯君能寤而美之，則非待於孔子之告明矣。《家語》此處既拈出此段，下文敘孔子語，遂删去美魯君數句，以滅其迹，此王肅之謬。子賤治單父事，散見《淮南·道應》、《水經·泗水注》、《説苑·政理》各書，而《説苑·政理》言之尤詳，可與此事參證。

故孔子

曰：「君子哉子賤，《御覽》「子賤」作「若人」。魯無君子者，斯安取斯。」「安」，《論語》作「焉」，《御覽》同。古焉安通用。美其德也。《呂氏·察賢篇》、《韓詩外傳》八、《説苑·政理篇》均載子賤治單父，有父事者，有兄事者，有友事者，有所師者，故孔子美之。所云魯之君子，當卽指所父事兄事友事三人，言若魯無諸賢以輔子賤，子賤安所取法，以成其治乎。此所記又別一事，末引孔子語，以極稱子賤之賢，非謂孔子之語，專爲此事而發也。劉寶楠曰：「《新序》與《説苑》同出劉向，蓋魯君能信用子賤，而子賤又能取人以自輔，故孔子美之。漢人説經，皆有依據，皇侃、邢昺不知引證，而空爲贊嘆之詞，於義疏矣。」（《愈愚録》三。）案劉氏説是，此所引孔子語，實與《説苑》之誼互相補足，須合讀始知。古人箸述，自信必傳於後，恒有是例。

6 楚人有獻魚楚王者，曰：《類聚》九十一、《御覽》九百三十五引本書「魚」下均有「於」字，《書鈔》三十七引無。又《御覽》八百三十引「獻」下有「餘」字。「今日魚獲，嘉靖本「獲」作「穫」，誤。《類聚》引無「日」字。《書鈔》三十七、《御覽》四百五十七引作「獲魚」，又六百二十六引無「今日」二字，亦作「獲魚」，又九百三十五卷引與此同。食之不盡，賣之不售，售俗字，當作讎。《説文》無售字，新坿始收之，古止作讎。《韓詩》：「既阻我德，賈用不讎。」今《毛詩》作售，乃唐石經磨改。鄭箋云：「如賣物之不讎。」是鄭所見本作讎。陳氏奐《詩毛氏傳疏》謂鄭本《韓詩》，非也。《抑詩》傳云：「讎，用也。」不讐，言不用也。」棄之又惜，「棄」，嘉靖本作「弃」。《御覽》八百三十三「又」作「可」。故來獻也。」《類聚》引無「來」字，「也」作「之」。《御覽》四百五十、六百二十六、九百三十六引「也」皆作「之」，八百三十三引「也」上有「王」字。左右曰：「鄙哉辭也。」《御覽》六百二十六「哉」作「焉」，八百三十三不引此二句。楚王曰：「子不知漁者，仁人也。《御覽》四百五十引奪「子」字。六百二十六作「子不知魚人，其以此諭寡人也」，下接「於是」云云，不引中段。又八百三十三無「子不知」三字，止云「漁者仁人也，境内多貧，寡人聞之，未能行，漁者知之，以此諭寡人也。乃出倉粟，去後官，（官當作宫。）以妻寡夫」。（無妻者亦謂之寡，《左傳》齊崔杼生成及彊而寡，是也。）《書鈔》作「子不知，漁者知之」，下「於是」云云，蓋括引之。蓋聞困倉粟有餘者，國有餓民；「困」，《御覽》四百五十作「囷」，《類聚》引作「國」，誤。舊本此句下有注云：「今本作下民多飢，不知何人所校，宋本已然。」《御覽》四百五十「民」上有「死」字。「餓」，各本作「飢」，今從宋本，《類聚》及《御覽》九百三十五同。《説文·口部》：「困，廩之圜者，从禾在囗中。圜謂之困，方謂之京。」《管子》：「新城困京。」《吴語》注：「員曰困，方曰鹿。」鹿即京也。故《秦策》「困倉空虚」，齊注：「圓曰困，方曰倉。」又《月令》疏引蔡氏章句曰：「穀藏曰倉，米藏曰廩。」後宫有幽女者，下民多曠夫；幽，幽閉；曠，曠廢。《御覽》四百五引無「民」字。餘衍之蓄，衍，溢也。《御覽》九百三十五句首有「夫」字。聚於府庫者，《御覽》四百五十「聚」誤「衆」，無「於」字。境内多貧困之民；《御覽》九百三十五引「困」作「乏」。皆失君人之道。《御覽》九百三十二引脱「人」字。故庖有肥魚，「魚」，各本作「肉」，宋本、嘉靖本作「魚」。《御覽》九百三十五引同，《拾補》標題亦作「魚」。宋本「故」字下有注云：「一有困字。」各本亦有，（嘉靖本無。）但「困」字當作「厨」。盧文弨所校本亦作「厨」，《拾補》云：「此四字可删。」案作困者，涉上文困字而誤衍；有厨字者，一本作庖，一本作厨，校者旁識異字混入正文耳。（《類聚》引已有厨字。）舊注存舊本異同，可備參證，盧氏以爲當删，殊不可解。廄有肥馬，民有餓色，《御覽》九百三十五「餓」作「饑」，與《孟子》同。是以亡國之君，《御覽》九百三十五無「是以」二字。藏於府庫。言聚積在府庫，不肯減富於民。寡人聞之久矣，《類聚》「之道」下，此句上，止有「故厨庖有肥馬」六字，脱誤顯然。未能行也。自「故」字至此，《御覽》四百五十不引。聞而未行，蓋爲嗜慾所蔽，所謂非知之艱，行之惟艱。漁者知之，其以此諭寡人也，諭，譬諫也。《漢書·賈誼傳》注：「諭，譬也。」《華嚴經音義》下引《蒼頡》：「諭，諫也。」元應《音義》六引《蒼頡》：「諭，譬諫也。」漁者以魚爲譬而內諫，故曰譬諫。一本諭作喻，《御覽》九百三十五同，乃諭之俗字，今不从。《類聚》引脱此句。且今行之。」且，猶將也。此四字，《御覽》四百五十不引。又《類聚》及《御覽》九百三十五引句末有「矣」字。於是乃遣使恤鰥寡，而存孤獨；存，存問也。《書鈔》引作「合」。《御覽》四百五十引奪去「鰥」字。六百二十六以此句接「諭寡人也」下，九百三十五「鰥寡」下接「故漁者獻餘魚」句，皆有删節。出倉粟，發幣帛，而振不足；振，救也，《書鈔》作「賑」，俗。《御覽》四百五十「振」上有「賙」字，亦俗，當作「周」。六百二十六引無此字。《説文·貝部》：「賑，富也。」《手部》：「振，舉救也。」二字義别，顏師古《匡謬正俗》言之詳矣。餘詳一卷《魏武侯章》注。罷去後宫不御者，「去」，《御覽》四百五十作「出」，六百二十六仍引作「去」。案：此字不當作出，蓋緣下文有出字致誤，若作出，則與下複矣。出以妻鰥夫。《孟子》「老而無妻曰鰥」。言老者，極形民之窮，其實凡無妻者謂之鰥，猶凡無夫者謂之寡，初不限以年也。《御覽》六百二十六「以」誤「入」，四百五十引不誤。楚民欣欣大悦，欣欣，喜貌。《孟子》「舉欣欣然有喜色」。《御覽》四百五十無「欣欣」二字，六百二十六引有。悦當作説，悦，説之俗字。鄰國歸之。聞風慕義，而來歸也。「於是」以下至此，《類聚》不引。故漁者一獻餘魚，《御覽》四百五十引無「一獻」二字，《類聚》及《御覽》九百三十五引無「一」字。一本「一」作「壹」。而楚國賴之，賴，利也，二字雙聲。又恃也，《國語·楚語》「賴子之善，善之也」韋注，《左氏襄十四年傳》「緊伯父是賴」杜注，《廣雅・釋詁》三，《漢書・高帝紀》應劭注並云：「賴，恃也。」可謂仁智矣。《類聚》及《御覽》九百三十五不引末句。案：《説苑・貴德篇》：「孔子之楚，有漁者獻魚，甚强，孔子不受。獻魚者曰：天暑遠市，賣之不售，思欲棄之，不若獻之君子。孔子再拜受，使弟子掃除，將祭之。弟子曰：夫子將棄之，今吾子將祭之，何也。孔子曰：吾聞之，務施而不腐餘財者，聖人也，今受聖人之賜，可無祭乎。」《御覽》四百七十八亦引之，與此事頗相似，詎卽一事而傳聞互異者邪。

7 昔者鄒忌以鼓琴見齊宣王，《史記集解》引「鄒」作「騶」，王念孫謂古多以騶爲鄒，是也。(見《讀書雜志》三之三，原文徵引甚詳，茲不具引。)二字俱從芻聲，故互通用。《治要》亦作「鄒忌爲齊相，封下邳，號成侯」。《説苑・臣術篇》作「成侯卿」。《國策》稱「忌長八尺有餘，形貌昳麗」。《漢表》列四等。齊宣王，姓田氏，名辟彊，在位二十九年。《漢表》列六等。周氏廣業《孟子四考》云：「考《田完世家》，桓公六年，威王三十六年，宣王十九年，湣王四十年。詳檢《索隱》注文，卽知不然。六年救衛，桓公卒，注云：案《紀年》梁惠王十二年，當齊桓公十八年，後威王始見，則桓公十九年而卒，與此不同。又宣王二年，騶忌子，注云：按《紀年》威王十四年，田肦伐梁，戰馬陵。《戰國策》南梁之難，有張田對曰：早救之。此云鄒忌者，王劭云：此時忌死已四年。又齊威時未稱王，故《國策》謂之田侯，今此以田侯爲宣王，又横稱鄒忌，皆謬矣。又八年，魏惠王卒，注云：按《紀年》此時惠王改元稱一年，未卒也，而《系家》以其後卽爲魏襄王之年，又以此文當齊宣王時，實所不能詳考。又《孟嘗君傳》，宣公二年，田忌與孫臏、田嬰俱伐魏，敗之馬陵，注云：《紀年》當梁惠王二十八年，至三十六年，改爲後元。又宣王七年，嬰與韓昭侯、魏惠王會東阿，注云：《紀年》當惠王之後元十一年，彼文作平阿。

又云：十三年，會齊威王於鄄，與此明年齊宣王與梁惠王會鄄文同，但齊之威宣二王，文舛互並不同。又湣王即位十三年，而封田嬰於薛，注云：《紀年》以爲梁惠王後元十三年四月，齊威王封田嬰於薛，十五年，齊威王薨。皆與此文異。案此六引《紀年》，皆今本所無，且字多錯年，無可覆覈。然就其言考之，威宣不惟互見，兼多連稱。《戰國策》：蘇子謂秦王曰：齊威宣者，世之賢王也，德博而地厚，國富而民用，將武而兵彊，宣王用之，破韓威魏云云。（原注：又曰：今富非有齊威宣之餘也。）《史記·封禪書》：自齊威宣之時，騶子之徒，論著終始云云；自威宣、燕昭使人入海云云。鄒陽《上梁王書》齊用越人蒙而彊威宣；《儒林傳》威宣之際，孟子、荀卿之列；《貨殖傳》齊富彊至於威宣，《自序》《田完世家》亦云嘉威宣能撥濁世而獨宗周。夫《策》、《史》皆分威宣爲二王者也，而此言威王，又言宣王，明是一人。《史》動輒合稱，在本書則爲變例。參考時事，亦止一人，何也。騶衍後孟子，其倡怪迂之説，當在宣王末。燕昭求仙，踵宣之成轍也。荀卿游齊，又後於衍。故傳言田駢之屬，已死宣王時，若兼言威，卽大相抵牾。然則前後書法歧異如此者，無他，威宣實一人而兩謚，今則析兩謚爲二王故耳。蓋是時多複謚，或並稱，或約取，（原注：韓宣惠、趙武靈皆並稱，梁惠成，秦惠文單稱惠。）而錯舉一字，則自周貞定王已然。（原注：《漢表》、《竹書》稱貞定王，《周本紀》定王，《世本》貞王。）齊事傳之稷下，流播諸侯，此威彼宣，尤易雜出，《國策》因分繫之。而《世家》遂斷爲父子，視割裂梁惠爲甚矣。世系既差，年數自舛，據《紀年》桓公之立，應在《史表》威王之四年。而桓公十九年卒，與《世家》宣王卒年正同。《秦紀》本無年月，《史》蓋因其錯簡而倒植之，又以康公之卒爲桓公卒年，故愈不可曉。（原注：《世家》康公十九年，田和立爲諸侯，紀元年，和二年卒，桓六年卒。《六國表》康公二十六年，卒，明年，威王元。）今誠以周烈王元年，爲桓公之元，當魏武侯十二年，（原注：《表》齊威王四年。）至惠王十三年，適得十八年，明年十九年卒。又明年周顯王十三年，爲宣王之元，（原注：《表》威王二十三。）當惠王十五年，盡前元三十五年，加後元十五年，（原注：《表》魏襄十四，齊湣三。）始卒，適得三十六年。是《史》所云威王乃桓公，宣王卽威王。（原注：《戰國策》魯仲連曰：昔威王嘗行仁義矣，率天下諸侯而朝周，居歲餘，周烈王崩，諸侯皆弔，齊後往云云。案烈王之崩，《表》在齊威王十年，《世家》威王卽位九年，諸侯並伐，並無相率朝周事。）齊湣王前三年，實屬宣王。（原注：湣王實止三十七年。）桓公未稱王，故《國策》但稱齊侯及陳侯。宣有複謚，故亦稱威王，《淳于髡傳》謂威行三十六年者，是也。而《世家》所載鄒忌以鼓琴見威王事，見劉向《新序》，威王與魏惠王論寶事，見《韓詩外傳》，俱明言宣王。又《世家》楚圍我徐州，在宣王十年，而《越世家》乃云：威王使人說越王無彊伐楚，楚大敗越，北破齊於徐州。忽威忽宣，參錯不同，皆由於此。（原注：《吕子》載威王欲殺陳駢子，駢子奔，孟嘗君以車迎之。《新序》亦然。而《史》謂威王、孟嘗不同時。案《孟嘗君傳》，文爲薛公，在湣王十年左右，則此威亦必是宣也。光瑛案：本書無威王誅陳駢子事，周氏誤記耳。）《莊子》、《鬼谷子》俱云：田成子殺齊君，十二世有齊國。（原注：《鬼谷》引見《索隱》，今本無。）今由田完數至威宣王，正得十二世。（原注：《世家》敬中生穉孟夷，穉孟夷生湣孟莊，湣孟莊生須無，須無生無字，無字生乞，乞生常，常生盤，盤生白，白生和，篡齊，自立爲侯，和生桓公午，午生威王因齊，因齊生宣王辟彊，共十三世。威宣實一人，故云十二世。參考《紀年》，年世正相合。）莊子與宣王同時，《鬼谷》書蘇秦所述，既親見其人，爲追溯其世，豈若後人之横斷哉。威王名因齊，尤可異，名不以國，既名之，何得不諱。或據《司馬穰苴傳》單名因，（原注：傳云田常曾孫和因自立爲齊威王。和字下疑有脱誤。《通志》云：名因。）孟子對齊宣王有曰因無恒心，是直斥其先君之名。《國策》作嬰齊，則與庶子田嬰同名。《莊子》釋文引司馬注：名牟。（《則陽篇》釋文。）則當日又有大夫牟辛，皆必無之事。（原注：牟午形近，桓公名午，別本《莊子》因譌爲牟。）《漢表》缺而不書，蓋亦疑之。況齊事莫詳於《孟子》，《史記·世家》不敢采録一字，非因紊其昭穆世次，兼誤以梁惠王卒，繫諸宣王八年，與《孟子》中語氣事實，百無一合，有不得不盡行割棄者哉。至伐燕之役，支離尤甚，無論桓公五年，田臣思取燕桑丘一節，割裂《國策》，而滅燕燕畔，爲宣王一大舉動，反削去之。及敍《燕世家》云：噲立，齊人殺蘇秦，秦死而齊宣王復用蘇代。（原注：《蘇秦傳》齊宣王卒，秦勸湣王厚葬，燕噲立，齊人殺秦，秦弟代勸燕質子於齊。皆與此不合。）既依《燕策》，以噲立在宣王時矣，（原注：據此，則噲元年爲齊宣二十三年，何《六國表》又繫於齊湣王四年。）中忽襲《齊策》以齊伐燕爲湣王。此不惟齊宣年有矛盾，并噲之立，亦必有差互。《通鑑》、《大事記》等書，徒增損威湣年代，以曲從《孟子》之書，而終未知《史》之誤分威宣爲二，以致斯鶻突也。今亦未敢肊斷伐燕爲何年，但就《孟子》與《燕世家》前文，齊伐燕，總在宣王三十年内外。如是，則不特《國策》儲子請宣王伐燕，王令章子將兵，與《孟子》幣交與游相合，而吾惛之言，可知其在位日久。宣王之三十年，當顯王四十二年，去孔子卒百五十五年，去文武受命七百五十八年，與去聖未遠，數過時可亦合。而孟子游梁之歲，乃得而定之矣。」（節引原文，後從畧。）光瑛案：周氏反復累千餘言，證威宣之爲一人，其説似奇而實確，足訂歷來《史》、《傳》抵牾之誤，發前人所未發。若如舊説，以宣王爲威王子，無論如何損增威湣年代以合《孟子》，而鑿枘之迹，終不能免。且鄒忌與宣時代不相及，本書此章之説，先不可通矣。至伐燕是宣王，非湣王，孟子未嘗仕湣，周氏別有考，詳論之，其文徵引詳博，見三卷《燕易王章》注，此事《史記·田完世家》作齊威王，《集解》引本書，微有異同，別校列於後。宣王善之。鄒忌曰：「夫琴者所以象政也。」《治要》「善之」下，即接「與語三日」二句。遂爲王言琴之象政狀，及霸王之事。《史記・田完世家》曰：「騶忌子以鼓琴見齊威王，威王説而舍之右室。須臾，王鼓琴，騶忌子於户入曰：善哉鼓琴。王勃然不説，去琴案劍曰：夫子見容未察，何以知其善也。騶忌子曰：夫大弦濁以春温者，君也；小弦廉折以清者，相也；攫之深、醳之愉者，政令也；鈞諧以鳴，大小相益，回邪而不相害者，四時也。吾是以知其善也。王曰：善語音。騶忌子曰：何獨語音，夫治國而弭人民，皆在其中。王又勃然不説曰：若夫語五音之紀，信未有如夫子者也；若夫治國家而弭人民，又何爲乎絲桐之間。騶忌子曰：夫大弦濁以春温者，君也；小弦廉折以清者，相也；攫之深而醳之愉者，政令也；鈞諧以鳴，大小相益，回邪而不相害者，四時也。夫復而不亂者，所以治昌也；連而徑者，所以存亡也。故曰：琴音調而天下治。夫治國家而弭人民者，無若乎五音者。王曰：善。騶忌子見三月而受相印。」是言琴象政狀之事也，本書括敍其事，故不詳爾。宣王大悦，《治要》不引以上五句。與語三日，遂拜以爲相。《史記・孟子荀卿列傳》謂忌以鼓琴干齊王，封爲成侯，而受相印，是其事也。「三日」，《田完世家》作「三月」。齊有稷下先生，喜議政事，《治要》作「有稷下先生淳于髡之屬七十二人」，不引中數句。《史記・孟子荀卿列傳》索隱：「稷，齊之城門也。或云稷，山名。」謂齊之學士，集稷門之下。《田完世家》：「宣王喜文學，是以齊稷下學士復盛，且數百千人。」《集解》引劉向《别録》曰：「齊有稷門，城門也，談説之士，期會於稷下也。」杜預曰：「祀后稷之處。」又云：「稷，地名，六國時，齊有稷下館。」《索隱》引《齊地記》曰：「齊城西門側系水左右有室阯，往往存焉，蓋因側系水，故曰稷門，古側稷音相近爾。又虞喜曰：齊有稷山，立館其下，以待游士。亦異説也。春秋時，莒子如齊，盟於稷門，是也。」案：稷是城門名，以《别録》説爲正。地當在今山東臨淄縣北齊古城西。小司馬引《春秋傳》稷門證之，蓋亦主此説。鄒忌既爲齊相，以上三句，《治要》不引，「拜以爲相」下，即接「有稷下先生淳于髡」云云。稷下先生淳于髡之屬七十二人，《戰國策・齊策》云：「淳于髡一日見七人於宣王」，又「齊欲伐魏，淳于髡止之」。《史記・孟荀列傳》云：「淳于髡，齊人也，博聞強記，學無所主。其諫説慕晏嬰之爲人也，然而承意觀色爲務。」《滑稽傳》云：「淳于髡者，齊之贅婿也，長不滿七尺，滑稽多辯，數使諸侯，未嘗屈辱。説威王以隱，威王用其言，奮兵而出，諸侯震驚，皆還齊侵地，威行三十六年。」《寰宇記》云：「葬淄州淄川縣東六十七里。」《一統志》云：「在登州黄縣東北蔚陽山下。」又云：「在東昌茌平縣西二里。」《魏書・地形志》云：「在鄃縣。」未詳孰是。《漢表》列五等。淳于以國爲氏，《春秋桓五年左傳》「淳于公如曹」，杜注：「淳于，州國所都，城陽淳于縣也。」《水經・汶水注》云：「故夏后氏之斟灌國，周武王以封淳于公，號曰淳于國。」《元和姓纂》引《風俗通》曰：「春秋時小國也，一號州。」淳于公，《姓氏急就篇》：「淳于氏，春秋淳于公之後。」（元和初改于氏。）《大事表》云：「州國於淳于，在今山東青州府安邱縣東北三十里。」又《左傳・僖十四年》「諸侯城緣陵」，杜無注。《漢志》北海郡有營陵，臣瓚曰：「即春秋緣陵淳于公所都之邑。」《一統志》：「營陵故城在青州府昌樂縣南。」《方輿紀要》云：「縣東南五十里。」《孟荀列傳》云：「所舉有淳于髡、慎到、環淵、接子、田駢、騶奭，蓋皆稷下先生之傑者。」《治要》此下接「乃相與俱行，見鄒忌」云云。皆輕忌，以謂設以辭，鄒忌不能及，設，假設，謂假隱語以相諷也。《御覽》四百三十二引《説苑》作「皆輕鄒忌，爲設妙辭」，蓋即引本書也。《御覽》引《新序》、《説苑》二書，往往互亂主名，詳《刺奢篇・宛春章》注。《史記集解》引本文「皆輕」下有「騶」字，「設以」下有「微」字，「不能及」上有「必」字，「謂」作「爲」。爲謂古通用，微字似當有。乃相與俱往見鄒忌。「往」，《治要》引作「行」，古書行往二字多互用，形義俱相通，説見四卷《宋就章》注。《史記集解》引亦作「往」。《治要》此下即接「曰狐白之裘」云云。淳于髡之徒禮倨，倨，傲也，《集解》引作「踞」。案《説文》踞，居之重文，説解蹲跨下用踞字。踞倨並从居，聲義俱通。鄒忌之禮卑。淳于髡等曰：自此句起，至「使無擾民也」止，《集解》俱不引，蓋括舉本書之文也。「狐白之裘，補之以弊羊皮，狐裘貴而羊皮賤，諭不相稱也。何如？」鄒忌曰：「敬諾，諾，應辭。《治要》引無「鄒」字及「敬」字。請不敢雜賢以不肖。」任賢不敢參用不肖者。淳于髡曰：《治要》引無「淳于」二字。「髡」下疑奪「等」字，前後文俱有「等」字，此句不當獨異。但各本俱同，宋本亦無，則奪漏久矣。「方內而員釭，《治要》作「圜缸」。《説文・金部》：「釭，車轂中鐵也，从金，工聲。」案：車轂中孔宜員，方則不能運行。此言釭員而枘方也，即《史・世家》不能運方穿之説。（引見後。《説文・玉部》琮下曰：琮似車釭。）《方言》九：「釭謂之鍋，或謂之錕，自關而西謂之釭。」《釋名・釋車》：「釭，空也，其中空也。」《急就篇》：「釭鐧鍵鑽冶銅鐈。」王念孫《廣雅疏證》云：「凡鐵之空中而受枘者，謂之釭。《新序・雜事篇》淳于髡謂鄒忌曰，方內而員釭是也。內與枘同，車釭空中，故又謂之穿，在內爲大穿，在外爲小穿。《考工記・輪人》五分其轂之長，去一以爲賢，去三以爲軹。鄭衆注云，賢大穿，軹小穿是也。《説文》銎，斤斧穿也。斤斧穿謂之銎，猶車穿謂之釭。釭銎之爲言皆空也。」案王氏疏解，郅爲明憭，讀內爲枘極是，釭與內對文，不當以內外之誼釋之。《孟子荀卿列傳》：「持方枘欲內圜鑿，其能入乎。」《索隱》：「方枘，是筍也；圜鑿，是孔也。謂工人斲木，以方筍而內之圓孔，不可入也。故《楚辭》云：以方枘而納圓鑿者，吾知其齟齬而不入也。與此同意。」《説文・木部》無枘字，古止作內。賈昌朝《羣經音辨・入部》：「內，所以入鑿者也。注：如説切。鄭康成説《周禮》，謂其鑿內而合之。」周伯琦《六書正譌》曰：「內借爲儒税切，刻木耑，所以入鑿者。別作枘，非。」

賈、周二説，皆足證内爲古枘字。蓋内是納本字，卽取内入爲誼，後乃加木作枘，其音當從賈讀如説切爲當。《治要》作「釭」，乃釭之誤字。何如？」宋本、嘉靖本作「如何」，以前後文不一律，今從衆本。鄒忌曰：「敬諾，《治要》無「鄒」字「敬」字。請謹門内，不敢留賓客。」《治要》引無「賓」字。髠意以門有雜賓，則忠信之言不入，如車轂之方内員釭，不相入也。忌答以謹門内不留賓客，見尊事髠等，不内雜賓，意正相貫。《史》作「謹事左右」，亦其證也。前羊皮之諭，指用人言，此指賓客言，意畧同。淳于髠等曰：《治要》無「淳于」二字。「三人共牧一羊，羊不得食，人亦不得息，互委牧羊之責於他人，故羊不得食，互爭事功，故人亦不得息。諭冗吏多，政令紛歧，無所適從。《治要》引無「亦」字。何如？」鄒忌曰：「敬諾，《治要》無「鄒」字「敬」字。減吏省員，員字之稱，此時已有之。俞氏樾《日知録小箋》引《史記・平原君列傳》：「毛遂曰：願君卽以遂備員而行矣。」謂員之名，亦起于戰國，是也。使無擾民也。」吏多則擾民矣。《治要》引無「也」字。淳于髠等三稱，《集解》括引本書，故改「三稱」字作「稱辭」。《治要》引作「三稱辭」，承上設辭言，似當有「辭」字爲優。鄒忌三知之，《集解》亦無「三」字。《史記・田完世家》記淳于髠等見忌曰：「善説哉，髠有愚志，願陳諸前。鄒忌子曰：謹受教。淳于髠曰：得全全昌，失全全亡。鄒忌子曰：謹受令，請謹毋離前。淳于髠曰：豨膏棘軸，所以爲滑也，然而不能運方穿。（言以棘木爲車軸，以猪脂塗之，則滑而堅，然而穿孔方，則不能運轉。此卽本書方内員釭之説。）鄒忌子曰：謹受令，請謹事左右。淳于髠等曰：弓膠昔幹，所以爲合也，然而不能傅合疏罅。鄒忌子曰：謹受令，請謹自附於萬民。淳于髠曰：狐裘雖弊，不可補以黄狗之皮。鄒忌子曰：謹受令，請謹擇君子，毋雜小人其間。淳于髠曰：大車不較，不能載其常任；琴瑟不較，不能成其五音。鄒忌子曰：謹受令，請謹修法律而督姦吏。

淳于髡説畢，趨出至門，而面其僕曰：是人者，吾語之微言五，其應我若響之應聲，是人必封不久矣。居朞年，封以下邳，號曰成侯。」案《史》所記淳于髡等設五問，騶忌五答，與此云三稱三知者，數目既多寡縣殊，語言復參差互異，蓋各據所聞録之。如應響。如響應聲，相隨而至。宋本「響」作「嚮」，非。《治要》、《集解》、《御覽》引《説苑》皆作「響」。淳于髡等辭屈而去。《史記集解》「屈」作「詘」，屈詘聲義皆近。《説文・言部》：「詘，詰屈也。」是詘有屈義，古書每以詘作屈。（參《節士篇・越石父章》注。）《治要》引止此。騶忌之禮倨，《集解》亦作「踞」。淳于髡之禮卑。故所以尚干將、莫邪者，尚與上同，貴也。干將、莫邪見一卷《晉平公浮西河章》注。《莊子・刻意篇》釋文云：「吳有谿，名干谿，趙有山，名莫邪，並出善鐵，鑄爲名劍。」干將莫邪之名，當即取此，以爲人名者，好奇之説爾。貴其立斷也，立斷者，如越王謂巨闕初成之時，吾坐露壇之上，宫人有四駕白鹿而過者，車奔馬驚，引劍指之，四駕尚飛揚，不知其絶，是也。《御覽》引《説苑》「其」字作「于」。所以尚騏驥者，「尚」，各本作「貴」，《史記集解》引作「尚」。依上二句例之，作尚者是，貴字涉上句而誤耳，今从《集解》改。騏驥，千里馬也。爲其立至也。《御覽》引《説苑》無「其」字。騏驥日馳千里，頃刻立至。必且歷日曠久乎，歷，經歷也。曠，遠也，（《廣雅・釋詁》。）又久也，（《廣雅・釋詁》三。）隔也。（《家語》六本王肅注。）《集解》引無「乎」字。絲氂猶能挈石，《説文・犛部》：「氂，犛牛尾也，从犛省，从毛。」《周禮・樂師》有旄舞，注云：「旄舞者，犛牛之尾也。」《宋書》：「犛牛尾大如斗，置左騑馬軛上，所謂左纛也。」《談苑》：「犛牛出西域，尾長，中國以爲纓，人或射之，自斷其尾。」《爾雅翼》：「犛牛護尾特甚，性至麤硬，難制，然草木鈎其尾，則止不動，解乃得去。今欲所取其尾，使人歌於前，弭然乃可取矣。」以上皆氂字本義，引申之，毛之強健者曰氂。《小爾雅・廣訓》：「雜毛曰氂。」《廣雅・釋器》：「氂，毛也。」《爾雅・釋言》：「氂，罽也。」《淮南・說山》：「馬氂截玉。」《漢書・王莽傳》注：「毛之強曲者曰氂。」及此文所云絲氂，皆是也。經傳多以旄爲之。《說文・手部》：「挈，縣持也，从手，切聲。」挈石，言能引堅。駑馬亦能致遠。《荀子・勸學篇》：「駑馬十駕，功在不舍。」《史記・淮陰侯列傳》曰：「騏驥之局促，不如駑馬之安步。」是以聰明捷敏，人之美材也。《御覽》引《說苑》作「欲人之人也」。子貢曰：「回也聞一以知十。」美敏捷也。《論語・公冶長篇》文。子貢，孔子弟子，姓端木，名賜，字贛，衛人。《漢表》列三等智人。《說文・貝部》：「贛，賜也。」古人名字相應，故名賜，字贛，經傳多改作貢。互見七卷《原憲章》注。回，孔子弟子，姓顏，名回，字子淵，魯人，年三十二而卒。（顏子卒年多異說，茲从《史記索隱》引《家語》，梁玉繩《史記志疑》同。）《一統志》云：「葬曲阜東二十里防山南。」《漢表》列二等上中仁人。此章當與楚莊王以下三章連類而及，傳寫誤迻於此。（詳下章末處注。）四章所言，亦隱語之類。威王喜隱，淳于髡以隱說之，此亦其類，蓋上行下效，一時成爲風氣。末章宣王曰隱固寡人之所願也，無鹽女即以隱諫之，亦威宣一人之證。

8昔者燕相得罪於君，盧文弨曰：「《齊策》作管燕，其對者爲田需，語大同小異。」案盧氏所舉未盡。此事各書所記屢異，《韓詩外傳》七作宋燕，對者爲陳饒；《說苑・尊賢》作宗衛，其對者爲田饒。宋與宗形近，古無舌上音，讀陳如田，二字通用，（《潛夫論・氏姓篇》，齊人謂陳田矣，此古音讀陳爲田之切證。段玉裁謂古讀田如陳，此倒植之見。）饒與需義亦近。（《魏策》二有惠子說田需善左右事，或即此人，亦未可知，後終於魏。）但三家皆云相齊，此作燕相，疑有脫文。蓋「燕」上奪「管」字或「宋」字，「相」下奪「齊」字，至下文稱「燕相」，則又沿此處之誤而改之也。《漢表》五等有田饒，劇定哀之閒，當卽五卷之田饒。但其人去魯之燕，燕立以爲相，與此別爲一人。《國策》、《外傳》、《說苑》文多不同，今分別録後，以資參考云。將出亡，召門下諸大夫曰：「有能從我出者乎？」謂相從出亡諸侯也。《御覽》卷四百七十五作「能從我出乎」。三問，諸大夫莫對。不欲從亡故。《御覽》引無上三字。《說苑》所稱門尉田饒等二十七人，卽此文諸大夫也。燕相曰：「嘻，《說文》作譆，經典多以嘻爲譆。譆，悲痛聲。亦有士之不足養也。」言養士無用，臨難不得其力。《御覽》引無「嘻亦有」三字。大夫有進者，曰：《齊策》作「田需對曰」，《說苑》作「田饒」，《外傳》作「陳饒」，《韓子·内儲說下》有「陳需」。陳需田需、陳饒田饒，蓋皆一人。《御覽》引無「大夫」二字。「亦有君之不能養士，安有士之不足養者。兩「亦」字與相同，言抑君不善養士耳，非士之過也。《韓非子·難二篇》敍趙簡子圍衛郛郭，犀楯、犀櫓立於矢石所不及，鼓之而士不起。簡子曰：吾之士數弊也。燭過對曰：亦有君之不能耳，士無弊者。案：燭過二語，與此語勢正同。《吕氏·貴直》亦載其事，但耳字俗本誤取，則失其義矣。凶年饑歲，《御覽》作「飢年惡歲」，與今本異。此語見《孟子》。士糟粕不厭，《說文·米部》：「糟，酒滓也，从米，曹聲。」段玉裁注：「《内則》曰：重醴稻醴清糟，黍醴清糟，粱醴清糟。注云：重，陪也；糟，醇也；清，泲也。致飲有醇者，有泲者，陪飲之也。《周禮·酒正》共后之致飲于賓客之禮醫酏糟。注云：糟，醫酏不泲者，泲曰清，不泲曰糟。案今之酒但用泲者，直謂已漉之粕爲糟；古則未泲帶滓之酒謂之糟。從齊醴齊滓浮尤濁，盎齊緹齊沈齊差清。《莊子》音義、元應書皆引許君《淮南》注曰：粕，已漉麤糟也。然則糟謂未漉者。又曰：《周禮》注引《内則》清糟，字皆作䒀，云糟音聲與䒀相似，記之者各異耳。案䒀从酒，艸聲，亦糟字也。」光瑛案：鄭云糟音聲與䒀相似，則鄭意《内則》糟字當爲䒀，作糟者聲近叚借。若如段說，䒀卽糟字，鄭當言其爲同字，不當曰聲相似矣。《莊子》音義引許，見《天道篇》，元應書引稱《淮南子》注，見卷三。許言已漉麤糟者，謂已漉之麤糟，則糟粕當爲一物，不如段注所説也。古書多以糟粕連言，如此文糟粕不厭，厭訓足，當作猒，段猒笮字爲之，作饜更俗。惟是酒滓，故可云猒，若是不泲之酒，則不當言猒矣。《説文》無粕字，新坿始收之。《莊子·天道篇》作糟魄，釋文引司馬云：「爛食曰魄，一云糟爛爲魄。本又作粕，音同。」可見糟粕同物，不過粕爲糟之麤爛者耳。魂爲陽，主精氣，魄爲陰，主形質。《禮記》曰：「魂氣歸於天，形魄歸於地。」酒已漉，但存餘質而已，故謂之魄。粕是漢時俗字，《淮南》用漢字，許君隨文爲訓，若《説文》則不録漢後字也。《御覽》「厭」作「足」。**而君之犬馬有餘穀；**《説苑》作「三升之稷，不足於士，而君雁鶩有餘粟」。《外傳》「升」作「斗」，篆文二字形近，易溷。《孟子》引公明儀曰：「庖有肥肉，廄有肥馬，民有饑色，野有餓莩。此率獸而食人也。」又曰：「狗彘食人食而不知檢。」**隆冬烈寒，**《御覽》引「烈」作「冽」。案《説文》無冽字，正作洌，烈通借字。《毛詩·七月》「二之日栗烈」，傳：「栗烈，寒氣也。」字作烈，毛意讀如凓冽。《説文·仌部》：「凓，寒也。」《玉篇》：「冽，寒氣也。」又《下泉》傳云「冽，寒也」，《大東》傳云「冽，寒意」，皆同訓，但不破字耳。《下泉》、《大東》兩正義及《文選·古詩》注引《毛詩》傳皆作栗冽。蓋洌正字，冽後出字，烈叚借字也。段注《説文》洌下云：「許書有洌冽二篆。」案段本改瀨篆作冽，又於「凓寒也」句改爲「凓冽寒貌」，又增「詩曰二之日凓冽」七字，其所據，則以《詩》正義及《選》注引《説文》、《字林》冽字。不知唐人引《説文》字，爲今本所無者多矣，安可盡信。（唐人多引《字林》內《説文》，前人已詳論之。）而妄云許有洌冽二篆，武斷甚矣。**士短褐不完，**古云短褐字，多作裋褐。《説文·衣部》：「裋，豎使布長襦，从衣，豆聲。」劉氏獻廷《廣陽雜記》云：「《史記·始皇紀》夫寒食者利裋褐，《漢書·貢禹傳》裋褐不完，

《班彪・王命論》思有裋褐之褻，注：裋褐之裋音樹，謂僮豎所箸布長襦也；褐，毛布之衣也。《荀卿》、《淮南》諸子亦有之，皆音樹，絶無言短褐者。杜詩顛倒在短褐，應是誤刻。」（見五卷。）案劉氏斥作短爲誤，説本殷敬順《列子》釋文。其實短即裋之借字，《方言》曰：「襜褕者，其短者謂之裋褕。」又曰：「複褕，江淮之閒謂之襩。」襩即裋俗字。《墨子・魯問、公輸、非樂上》字並作短，《韓非子・説林上篇》、《賈子新書・過秦下篇》、《戰國策・宋策》、《史記・孟嘗君傳》、《文選・王命論》並同。《始皇紀》作裋褐，《集解》徐廣曰：「一作短，小襦也。」索隱本作短，音豎，（此以音釋代改字，法詳七卷《公子喜時章》注。）謂褐布豎裁，如勞役之衣，短而且狹，故謂之短褐，亦曰豎褐。《荀子・大略篇》「衣則豎褐不完」，楊倞注：「豎褐，僮豎之褐。」亦短褐也。短豎並裋之同聲叚借字，不必讀短如字，及斥爲誤，且釋豎爲僮豎及豎裁之褐也。此短褐屬士大夫言，必非。僮豎所服，其説不辨自明。《説文》云僮豎所箸布長襦者，蓋謂裋長於襦。然曰僮豎所箸，則正形其短，亦非以豎釋短，劉説失之。顧氏廣圻校《韓子》云：「短褐，藏本同，今本短作裋，誤。」顧氏佞宋成癖，故以異宋本者爲誤。不知短即裋之借字，短之讀裋，猶逗之讀住。古斗字有主音，豆字亦同例，凡尤部字讀入魚虞部者多矣。《説文・衣部》：「褐，編枲韤，一曰粗衣。」此用後一義。《詩・七月》「無衣無褐」，鄭箋云：「人之貴者無衣，賤者無褐。」是褐爲賤者所服，言裋之不完，則長衣可知；褐之不完，則貴者可知。《孟子》言褐寬博，又言許行之徒數十人皆衣褐，並形容其衣賤者之服也。《淮南・覽冥訓》注曰：「褐，毛布，如今之馬衣也。」四體不蔽，蔽，掩也。裋褐之服猶不完，故不蔽。而君之臺觀帷㡘錦繡，隨風飄飄而弊。帷㡘以錦繡爲之，以障臺觀也。《説文・巾部》：「帷，在旁曰帷，从巾，隹聲。」「㡘，帷也，从巾，兼聲。」然則帷㡘同物。臺觀之帷㡘，以錦繡爲之，形其奢費自奉，而薄於待士也。《説苑》作「從風雨弊」，「雨是而之譌，《外傳》正作「而」，當據本書及《外傳》訂正。《潛夫論・浮侈篇》引《外傳》作「綾紈綺縠，靡麗於堂，从外而弊」。《御覽》下六字作「自若」二字。財者君之所輕，多財故輕視之，言散之不難。死者士之所重也，死酬知己，故視之至重。君不能施君之所輕，而求得士之所重，不亦難乎。」《御覽》作「而求得士死，顧下厨焉」，譌誤直不可讀。《意林》卷一引《魯連子》「財者君之所輕，死者士之所重，君不能以所輕與士，欲得士之所重，不亦難乎」，蓋亦引此事也。燕相遂慙，遁逃，不復敢見。《吴越春秋・句踐陰謀外傳》所記越王及計倪之言，與此事極相類。《國策》、《外傳》、《說苑》與此所叙，事同而文各不同，茲分別録下，以備參考。《國策》云：管燕得罪齊王，謂其左右曰：子孰而與我赴諸侯乎。左右嘿然莫對，管燕連然流涕曰：悲夫，士何其易得而難用也。田需對曰：士三食不得饜，而君鵝鶩有餘食，下宫糅羅紈，曳綺縠，而士不得以爲緣。且財者君之所輕，死者士之所重，君不肯以所輕與士，而責士以所重事君，非士易得而難用也。《外傳》云：宋燕相齊，見逐，罷歸之舍，召門尉陳饒等二十六人曰：諸大夫有能與我赴諸侯者乎。陳饒等皆伏而不對。宋燕曰：悲乎哉，何士大夫易得而難用也。饒曰：君弗能用也，則有不平之心，是失之己而責諸人也。宋燕曰：夫失諸己而責諸人者何。陳饒曰：三斗之稷不足於士，而君雁鶩有餘粟，是君之一過也；果園梨栗，後宫婦人以相提擲，士曾不得一嘗，是君之二過也；綾紈綺縠靡麗於堂，從風而弊，士曾不得以爲緣，是君之三過也。且夫財者，君之所輕也，死者，士之所重也，君不能行君之所輕，而欲使士致其所重，猶譬鉛刀畜之，而干將用之，不亦難乎。宋燕面有慙色，逡巡避席曰：是燕之過也。《詩》曰：或以其酒，不以其漿。《說苑》云：宗衛相齊，遇逐，罷歸舍，召門尉田饒等二十有七人而問焉，曰：士大夫誰能與我赴諸侯者乎。田饒等皆伏而不對。宗衛曰：何士大夫之易得而難用也。饒對曰：非士大夫之難用也，是君不能用也。宗衛曰：不能用士大夫何若。田饒對曰：廚中有臭肉，則門下無死士。今夫三升之稷不足於士，而君雁鶩有餘粟；紈素綺繡靡麗堂楯，從風雨弊，（雨當作而，見前注。）而士曾不得以緣衣；果園梨栗，後宮婦人摭以相擿，而士曾不得一嘗。且夫財者君之所輕也，死者士之所重也，君不能用所輕之財，而欲使士致所重之死，豈不難乎哉。於是宗衛面有慚色，逡巡辟席而謝曰：此衛之過也。以上三書所記，各有異處，中段士糟粕不厭云云，與《獻魚章》庖有肥魚數語同重。疑此章當次在《獻魚章》後，上《鄒忌章》當繫在近末處，與楚莊王、靖郭君、無鹽女三章爲一類。四章所述，皆隱語諷諫也，傳寫者亂其次弟耳。

9 晉文公出獵，文公，獻公庶子，母曰狐姬，名重耳，惠公異母兄也。出亡十九年，反國，立九年而薨。閻若璩曰：「《史記·晉世家》重耳奔狄，是時年四十三。又云出亡凡十九歲而得入，時年六十二矣，果爾，誠可爲老。然遷多妄説，不若《左傳》、《國語》足信。《左傳·昭十三年》叔向曰：我先君文公，生十七年，亡九年。《國語》僖負羈曰：晉公子生十七年而亡。案此則文公入國，甫三十六歲，卽薨亦衹四十四耳。杜預言戰城濮，文公年四十。」（《四書釋地三續》。）案閻説是。《一統志》：「葬絳縣東南二十里。」（謚法義已見一卷《魏文侯章》注。凡謚義見前卷，則不復述，後同。）名列五伯之次。《漢表》列四等。《賈子新書·春秋篇》「獵」字作「畋」。《風俗通義》九句首有「昔」字。前驅曰：前驅，車前先導者。《賈子》「驅」下有「還」字，「曰」作「白」。「前有大蛇，高如隄，《説文·𨸏部》：「隄，唐也，（俗作塘。）从𨸏，是聲。」段注：「隄與唐得互訓，猶陂與池得互相訓也。其實窊者爲池、爲唐，障其外，爲陂、爲隄。」案段説是。隄唐雙聲，陂池疊韻，二者同類而小別，故許取爲訓。隄俗作堤，《説文》別有堤字，訓滯，非此字。《御覽》九百三十三引《賈子》及本書作「其高如隄」，今《賈子》作「高若隄」。《通義》作「見大蛇，高如隄」。阻道，竟之。」竟，極也，言竟極其道，無復餘地也。《賈子》作「橫道而處」，《通義》作「其長竟路」。文公曰：「寡人聞之，《賈子》作「文公曰：還車而歸。其御曰：臣聞祥則迎之，妖則凌之，今前有妖，請以從吾者攻之。文公曰：不可，吾聞之曰」云云，始接下文所叙之語。《通義》無「寡人聞之」四字。諸侯夢惡則修德，大夫夢惡則修官，士夢惡則修身，《賈子》作「天子夢惡則修道，諸侯夢惡則修政，大夫夢惡則修官，（本作言，誤。）庶人夢惡則修身」。《通義》作「天子見妖則修德，諸侯修政，大夫修官，（元本官誤宮。）士修身」。《御覽》引作「大夫夢則修身」，無庶人一句。《賈子》文與此數異，《御覽》引誤。《治要》引《桓譚新論》「《周書》曰：天子見怪則修德，諸侯見怪則修政，大夫見怪則修職，士庶見怪則修身」。《後漢書·楊賜傳》引《周書》同，惟「大夫」上有「卿」字，「士庶」下有「人」字。如是而禍不至矣。《賈子》「如」作「若」，「而」作「則」，無「矣」字。案而猶則也，《墨子·明鬼篇》「非父則母，非兄而姒也」，《史記·欒布傳》「與楚則漢破，與漢而楚破」，並以而則互用，説詳《經傳釋詞》。《通義》不引此下數句，接「乃卽齋館，忘食與寢，請廟曰」云云。今寡人有過，天以戒寡人。」《賈子》作「今我有失行，而天招以妖我，（潭本招作召，一本妖作戒，下句不疊我字。）我若攻之，是逆天命也」。《御覽》引作「而天感以妖」，「命」作「令」。《賈子》叙御者請攻之詞在前，故此處有攻之之語。還車而反。還車，反轍而行。前驅曰：「臣聞之，喜者無賞，怒者無刑。言善惡不可知，須詳以察之，恐以喜怒濫用其賞刑也。下云「禍福已在前，不可變」，言已昭著，不待察也。今禍福已在前矣，不可變，何不遂驅之。」此叙前驅之言，與《賈子》文不同，而意亦相類。文公曰：「不然。夫神不勝道，而妖亦不勝德，神能禍福人，妖能祟害人，而皆不勝有道德之士。《淮南子·繆稱訓》云：「身有醜夢，不勝正行，國有妖祥，不勝善政。」《説苑·敬慎篇》云：「妖孽不勝善政，惡夢不勝善行。」《劉子新論·禍福篇》云：「妖孽不勝善政，則凶反成吉；怪夢不勝善言，則禍反爲福。」（今本禍福字互易，誤。）又云：「人有禍必懼，懼必有敬，敬則有福。」《韓非子·解老篇》云：「人有禍則心畏恐，心畏恐則行端直，行端直則無禍害」云云，皆與此同意。禍福未發，未見知於事。猶可化也。」以上數語，《賈子》、《通義》皆無。化，運化也。還車反，宿齋三日，《禮記·禮器》「三日宿」，鄭注：「宿，致齋也。」《孟子·公孫丑下篇》「弟子齋宿而後敢言」，趙岐注：「宿，素也。」案：致齋三日，散齋七日，經言三日，故鄭知是致齋。以此文證之，鄭義確不可易。趙訓宿爲素，言素持敬心，失之。請於廟曰：《賈子》作「乃歸齋宿，而請於廟曰」。《通義》作「乃即齋館，忘食與寢，請廟曰」。「孤少，案：文公反國時，年不少矣，此句可疑，或下有脱文與。犧不肥，幣不厚，罪一也；言事神之物，不豐盛也。《賈子》記自罪與此文異，詳見下。《通義》作「孤犧牲瘯蠡，幣帛不厚，罪一也」，意與本書同。孤好弋獵，弋，繳射也。《説文·隹部》：「䧴，繳射飛鳥也，从隹，弋聲。」弋即䧴省。《周官·司弓矢》「矰矢茀矢用諸弋射」，注：「矰矢，弓所用也；茀矢，弩所用也。結繳於矢謂之矰。矰，高也；茀，矢象焉。二者皆可以弋飛鳥。」彼注言結繳於矢，即《説文》繳射之義。無度數，盤游無節。罪二也；《通義》作「游逸無度，不恤國政，罪二也」。（元本游字作遊，恤字作卹。）孤多賦歛，重刑罰，罪三也。言不能薄税省刑。《通義》作「賦役重數，刑罰懆剋，罪三也」。案《賈子》文云：「孤實不佞，不能尊道，吾罪一；執政不賢，左右不良，吾罪二；飭政不謹，民人不信，吾罪三；本務不脩，以咎百姓，吾罪四；齋肅不莊，粢盛不潔，吾罪五。」所舉五罪，此止有三罪，而文全不同。稱孤者，《左氏莊十一年傳》曰：「列國有凶稱孤，禮也。」請自今以來者，以來，猶而後也。以往亦同義，《左氏傳》曰：「自今以往，兵其少弭矣。」是也。關市無征，澤梁無賦斂，《孟子·梁惠王篇》：「關市譏而不征，澤梁無禁。」趙注云：「關以譏難非常，不征税也；陂池魚梁不設禁，與民共之也。」《禮記·王制》曰：「古者關譏而不征，林麓川澤，以時入而不禁。」鄭注謂古者爲殷時，《孟子》言文王治岐如此，然則紂廢其法，而文王脩復之。文公舉此，欲師文王之政也。赦罪人，後世大赦之法，疑出於此。舊田半税，新田不税。」所以勉民力田也。以上述善政。《賈子》作「請興賢遂能，而章德行善，以導爲姓，毋復前過，乃退而修政」。《通義》無述善政一段，三罪下接「有三罪矣，敢逃死乎」，卽叙其夜守蛇夢天殺蛇云云。行此令，未半旬，十日爲旬。《賈子》作「居三月」。盧文弨校云：「建本作三日，譌，今從潭本。」案此言未半旬，則以作三日爲是。《通義》作「其夜」，則時更促矣。守蛇吏夢天帝殺蛇，曰：「何故當聖君道爲，爲，句末語詞。《莊子·逍遥游篇》「奚以九萬里而南爲」，《左傳·襄十七年》「是之不憂，而何以田爲」，二十二年「何以聖爲」，昭十三年「是逃命也，何免之爲」，此例甚多。《賈子》作「而夢天誅大蛇，曰：爾何敢當明君之路」。《通義》作「其夜守蛇吏夢天殺蛇，曰：何故當聖君道爲」。而罪當死。」而，猶女也，謂蛇也。《賈子》、《通義》無此句。發夢視蛇，發夢，夢覺，發有啓發之義。《賈子》作「文公覺，（俗本覺下有發字。）使人視之」。《通義》作「及明視之，則已臭爛」，文至此止。臭腐矣。臭當作殠，《説文·歺部》：「殠，腐氣也，从歺，臭聲。」經典多叚臭爲殠，臭者氣也。《廣韻》：「腐，臭也。」是殠腐同義。《賈子》作「蛇已魚爛矣」，《通義》作「則已臭爛」，是此腐字又當訓爛。《説文·肉部》：「腐，爛也，从肉，府聲。」蓋腐兼殠爛二義，故許以腐氣訓殠，又以爛訓腐也。本書臭腐之義，卽此可定。謁之，《説文·言部》：「謁，白也。」燕惠王《與樂毅書》曰「敢謁其願」，見本書三卷。文公曰：「然。

然，應辭也。《孟子・梁惠王篇》：「王曰：然，誠有百姓者。」又《公孫丑下篇》：「孟子曰：然，夫時子惡知其不可也。」皆先應而後答之，今人言語尚多如此，古經傳中散見甚多。《論語・衛靈公篇》：子貢對夫子曰：「然，非與？」子貢意以爲非，而未能決，故用疑辭。夫子直告之曰：「非也，予一以貫之。」則用決辭矣。然者，將對而先應之詞，非初以爲然，旋又疑其非也。朱子注云將信而忽疑，殊失語意，蓋由未達古人措詞之妙故耳。夫神果不勝道，而妖亦不勝德，柰何其無究理而任天也，無，猶不也。上天垂戒，若之何不推究其理，而放任之，以干天怒也。應之以德而已。」應天以實不以文，故曰以德而已。《賈子》云：「文公大說，信其道而行之，不解，遂至於伯。故曰：見妖而迎以德，妖反爲福也。」《抱朴子・廣譬篇》「晉文回輪於勇蟲」，疑即指此事。梁玉繩《瞥記》三以爲誤記《韓詩外傳》齊莊迴車避螳螂事，非是。案：舊箸《意原堂日記》嘗辨之。中壘箸《洪範五行傳》，此與四卷記爵生鸇、星徙舍等事，皆疑《五行傳》所有。《說苑》所記，類此者尤多，可以例推。

10梁君出獵，見白雁羣。《治要》引同。《藝文類聚》六十六引《莊子》「羣」下有「下」字，《御覽》四百五十七引《莊子》「羣」下有「集」字。又三百九十引《說苑》與此文同，今《說苑》無此事。《御覽》引《新序》《說苑》二書，每多互混，（詳《刺奢篇》注。）疑即本書文，誤題《說苑》耳。宋彭叔夏《文苑英華辨證》已辨其失，是彭氏所見《說苑》，已無此文也。《金樓子・雜記篇下》「梁君」作「周君」，《困學紀聞》十卷引《莊子》佚文，亦載此事。《四庫全書提要・藝文類聚》下引《文苑英華辨證》云今《莊子》無其語，謂所摘中其失，不知此出《莊子》逸篇，《紀聞》亦據《類聚》、《御覽》諸書輯入。彭氏云《莊子》無此文者，謂其已逸，非以《類聚》所引爲誤而攻之也，《提要》之言，殊爲失考。又《金樓子・雜記下》又引鄭龍說趙簡子事，與此極相類。《御覽》四百五十七、八百三十二皆引其語，疑即一事之傳譌。今別録於後，以資參考云。梁君下車，彀弓，欲射之。《類聚》引無上四字，「弓」作「弩」。《治要》引本書亦作「弩」。《御覽》三百九十引《説苑》，四百五十七引《莊子》，與本文同。《困學紀聞》引《莊子》作「弩」，注云：「一本作弓。」《孟子·告子上篇》趙注：「彀，張也。」《説文·弓部》：「彀，張弩也。」「弩，弓有臂者。」下車彀弓，欲射之必得也。道有行者，道，路也。行者，往來之人。《御覽》三百九十引《説苑》句末有「觀」字，謂往觀之。梁君謂行者止，行者不止，梁君欲發矢，恐行者驚雁，故呼止之，使不行也。行者倉卒不諭其意，故不爲止也。《類聚》引《莊子》有此二句。《御覽》四百五十七作「道有行者，白雁羣駭」，三百九十引《説苑》作「道有行者觀，勸梁君止，雁羣駭」，《困學紀聞》引《莊子》作「道有行者，不止，白雁羣駭」，文各不同。梁君怒，《御覽》四百五十七「君」作「公」。欲射行者。《御覽》引《莊子》、《説苑》「射」俱作「殺」。《金樓子》作「周君鼓弩，欲射道之行者」。其御公孫龍下車撫矢曰：或作鄭龍説趙簡子，引見末句注。御，御車者。時梁君已下車，御者尚在車中，今見君欲射行者，故急下車撫其矢。《儀禮·士喪禮》注曰：「撫，以手案之也。」即此撫字之誼。《金樓子》作「拊」。《荀子·富國篇》注曰：「拊與撫同。」《儀禮·鄉射禮》注：「撫，拊之也。」二字音義俱近，故相通用。「龍」，各本作「襲」，下並同，《治要》引作「龍」，是唐人所見本尚不誤。《類聚》六十六，《御覽》四百五十七、八百三十二引《莊子》，三百九十引《説苑》俱作「龍」。《事類賦》十九引《新語》亦同，今《新語》無此文，蓋《新序》之誤也。今據諸書改正作「龍」，下文並同。《文苑英華》引本書已作「襲」，則承誤久矣。（北宋本同誤，故知之。）《御覽》四百五十八引《莊子》「撫矢」作「撫其心」，《困學紀聞》同。又《御覽》八百三十二作「其御公孫龍撫轡曰」，《類聚》止云「其御公孫龍止之」。《御覽》

引《説苑》作「其御公孫龍下車對曰，昔者齊景公」云云，蓋括引本文。公孫龍有三人，一見《仲尼弟子列傳》，字子石，楚人。（《集解》引鄭玄説云：「一云衛人。」）一平原君客，爲堅白異同之辨者，趙人，（《索隱》以爲卽仲尼弟子之公孫龍，大誤。沈氏濤《銅熨斗齋隨筆》已駁之。）著《公孫龍子》。併此而三。《文苑英華·驕陽賦》作孫武，誤，彭氏已糾其失。「君止。」止其發矢。梁君忿然作色而怒，《類聚》引《莊子》作「梁君怒」，《御覽》、《紀聞》引《莊》與此文同。曰：「龍不與其君，而顧與他人，何也？」與，猶助也。《國策·齊策》：「君不與勝者，而與不勝者。」高誘注：「與，助也。」《魏策》：「且夫魏一萬乘之國，稱東藩，受冠帶，祠春秋者，以爲秦之強，足以爲與也。」義同。《史記·淮陰侯列傳》：「足下爲漢則漢勝，與楚則楚勝。」與爲皆訓助。（與爲對文，義固不異也。）《類聚》無下「與」字及「何也」二字。《御覽》四百五十七上「與」字作「欲」，誤，《紀聞》引作「與」，可證。下「與」字不可無，今本《類聚》脱之。顧猶反也，古書顧反二字連用者甚多，詳三卷《樂毅書》注。公孫龍對曰：《類聚》引《莊子》無上三字，《御覽》、《紀聞》引有，《治要》引本書亦有此三字。「昔齊景公之時，齊景公，注見一卷《范昭章》。《治要》引本書「昔」下有「者」字，《御覽》、《紀聞》引《莊子》、《御覽》引《説苑》並同。《類聚》作「宋景公時」，《類聚》二引《莊子》亦作「宋景公」。據《文苑英華辨證》，則《類聚》引《莊子》、《御覽》引《説苑》皆作「昔先公時」，《類聚》一百卷作「昔先公時」，豈今本爲後人竄改邪。然《紀聞》原注已云：「齊一作宋。」卷末引《莊子》、《金樓子》記趙簡子事，此句皆作晉文公事。天大旱，三年，《治要》引無「天」字。《類聚》無「天」及「三年」三字。《御覽》引《莊子》、《説苑》均無「大」字，《紀聞》亦然。卜之曰：必以人祠，《類聚》無「曰」字，各本引皆有。乃雨。景公下堂頓首曰：《治要》引本書無「下堂頓首」四字，《御覽》三百九十引《説苑》亦無之，而四百五十七及

《紀聞》、《類聚》所引《莊子》皆有。《御覽》所引《説苑》，即本書也。（説見上。）疑本書本無此四字，後人據《莊子》遺文加入耳。凡吾所以求雨者，《類聚》、《御覽》、《紀聞》引《莊子》皆無「凡」字。《御覽》引《説苑》「凡吾」作「吾昔」。《治要》引與今本同。《類聚》句末無「者」字。爲吾民也，《類聚》、《御覽》、《紀聞》引《莊子》無「吾」字，《治要》引本書及《御覽》引《説苑》均有。今必使吾以人祠，《御覽》引《説苑》無「必使吾」三字，引《莊子》有。（《類聚》、《紀聞》同。）《治要》引本書亦有三字。乃且雨，《類聚》引《莊子》、《御覽》引《説苑》無「且」字，《治要》引本書及《御覽》、《紀聞》引《莊子》俱有。且，猶將也。寡人將自當之。自當其咎也。《類聚》無「寡人」二字，各書所引俱有。言未卒，卒，終也。而天大雨方千里者，《類聚》引《莊子》無「天」字及下四字。《治要》引本書無「者」字。《御覽》引《莊子》同，引《説苑》無「而者」二字。《紀聞》引《莊子》與本文同。何也？《御覽》引《莊子》無「也」字。《紀聞》「也」作「爲」。爲有德於天，而惠於民也。「於民」之「於」，《御覽》引《莊子》作「施」，此形近之誤。《紀聞》引《莊》作「有德於天，而惠施於民也」，删去「爲」字，加一「施」字，則承譌而以意改之矣。《御覽》引《説苑》不録此二句，《治要》、《類聚》皆作「於」，無「施」字，可證「施」是誤字。《類聚》一百引《莊子》作「爲于而惠於民」，句譌不可讀。今主君以白雁之故，《類聚》引《莊子》無「今主」二字及「之」字。（一百卷作今君以白雁而欲殺人乎。）《御覽》引《説苑》無「之」字。戰國時，稱國君曰主君，見一卷注。而欲射人，《治要》作「而欲射殺之」。《御覽》引《説苑》同，但無「射」字。《類聚》引《莊子》作「以欲射殺人」，《御覽》引《莊子》作「而欲殺人」。（俗作煞。）《紀聞》「殺」上多「射」字。龍謂主君言，無異於虎狼。」《治要》無上五字，句末有「矣」字。《御覽》引《莊子》、《説苑》均同，但無「矣」字，《紀聞》亦同，惟《御覽》引《説苑》「虎狼」作「狼虎」，爲小異耳。《類聚》引《莊子》作「主君譬人，無異於豺狼也」，語意似較合。《金樓子》作「君以雁射人，乃虎狼也」。梁君援其手，援，引也。《御覽》引《莊子》作「梁君與援手上車」。（八百三十二卷引《莊》作梁君援其手與歸。）時御者下車，撫梁君之矢，故引其手復上車也。與上車，前二人俱下車，此復與俱上也。《類聚》作「梁君乃與龍上車」。歸，入郭門，「郭」字舊本皆作「廓」，《治要》引作「郭」，《御覽》三百九十引《說苑》同，可證。又《御覽》四百五十七及《紀聞》引《莊子》亦作「郭」。（《紀聞》無歸字。）依文誼當作郭爲是，今據《治要》改。《類聚》引《莊子》無「入郭門」三字。呼萬歲，《治要》「歲」作「年」。詩人稱君子萬年，萬有千歲，爲後世呼萬歲之權輿。至戰國時，此風特盛。如宋康王飲酒室中呼萬歲，馮煖焚券民呼萬歲，尚不獨施之於君也。唐初有史萬歲，可見當時尚不以爲君主之專稱，故君下得取以爲名，其以二字尊稱人主，不知起於何時。按《後漢書・馮異傳》趙匡將兵助異，送縑穀，軍中皆稱萬歲。馬援封侯，擊牛釃酒，勞饗軍士，皆伏稱萬歲。吴甘寧入魏營，斬首數十級，還入營，作鼓吹，稱萬歲。皆以爲慶祝之通稱。《新唐書・禮樂志》：「元正冬至，受羣臣朝賀，在位者皆再拜舞蹈，三稱萬歲。」白居易《開元大行挽詞》「山呼萬歲是虛聲」，人君稱萬歲，或始於此。《元史・禮樂志》注：「凡傳山呼，控鶴呼譟應和曰萬歲，傳再山呼，應曰萬萬歲。」餘詳見趙翼《陔餘叢考》、劉寶楠《愈愚録》。曰：「幸哉，今日也。《類聚》「幸」作「樂」，無下三字。《御覽》四百五十七、八百三十二及《紀聞》引《莊子》亦皆作「樂」，八百三十二引「日」下有「獵」字，《紀聞》同，《御覽》引《說苑》亦同。惟《治要》引本書作「幸」，無「獵」字，與今本同。他人獵皆得禽獸，《治要》引無「他」字「禽」字，《類聚》、《紀聞》引《莊子》無「他」字，《御覽》四百五十七引《莊子》無「他」字「得」字，八百三十二止存「人得獸」三字。又三百九十引《說苑》止云「樂哉，今日獵也，獨得善言」。

吾獵得善言而歸。」《御覽》、《紀聞》引《莊子》「得」上多一「獨」字。案彭叔夏已云《莊子》無此文，則《紀聞》所引，卽从《類聚》、《御覽》傳輯也。此所引《類聚》引《莊》，見六十六卷，《御覽》引《莊》，見四百五十七卷。然《類聚》二及一百卷、《御覽》八百三十二卷，皆有引《莊子》語，其文較畧，非關校勘，則不悉引。《金樓子・雜記下》既引此事，又引趙簡子事，《御覽》四百五十七、八百三十二同，蓋卽一事之傳譌。茲分別坿録於後，以便參考。《金樓子》云：趙簡子出畋，命鄭龍射野人，使無驚吾鳥。龍曰：吾先君晉文公伐衛，不僇一人，今君一畋而欲殺良民，是虎狼也。簡子曰：人畋得獸，我畋得士，故緣木愈高者愈懼，人爵愈貴者愈危，可不慎乎。《御覽》四百五十七引《莊子》云：趙簡子出田，鄭龍爲右，有一野人。簡子曰：龍下，射彼，使無驚吾馬。（《御覽》兩引此文，鳥字皆作馬。）三命鄭龍，鄭龍不對。簡子怒，鄭龍曰：昔踐土之盟，不戮一人，虎狼殺人，固將救之。簡子還車輟田曰：今吾田也得士。又八百三十二引《莊》云：趙簡子田，鄭龍爲右，有一野人，簡子曰：龍下，射彼，使無驚吾馬。龍曰：昔吾先君伐衛免曹，退爲踐土之盟，不戮一人，吾今一朝田，而必曰爲我殺人，是虎狼殺人，故將救之。簡子愀然曰：不愛其身，以活人者，可無從乎。還車輟田，曰：人之田也得獸，今吾田也得人。三處皆出《莊子》，而文各不同，蓋引有詳畧，又以意增省之也。《莊子》、《金樓》記梁君事，又記此者，兩事所傳不同，各存其文，以待後人之考定。猶《韓非書》之存一曰，本書五卷記五帝師事，既引《外傳》，又引《呂書》異文也。古人著書，多有此，非不知兩事卽一事之譌傳，但欲廣異聞，則不得以前後矛楯爲嫌爾。其例詳七卷《公孫杵臼章》注。

11武王勝殷，得二虜而問焉，虜，俘虜也。《六韜》作「二大夫」。（據《平津館叢書》輯本，在佚文內。）曰：「而國有妖乎？」國家將亡，必有妖孼，故以爲問。「而」，《呂氏・愼大覽》作「若」，高誘注云：「若，汝；妖，怪。」案妖字本作祅，《説文・示部》祅，云：「地反物爲祅，从示，芺聲。」字省爲袄，經典通作妖。《漢書・五行志》：「凡艸物之類謂之妖，妖猶夭胎，言尚微；蟲豸之類謂之孽，孽則牙孽矣。」《中庸》疏云：「妖，猶傷也，傷甚曰孽。」《説文》云：衣服歌謡艸木之怪爲妖，禽獸蟲蝗之怪爲孽。」孔所引見《説文・虫部》蠥下。二字對言則異，散言則通。《六韜》作「殷國之將亡，亦有妖災乎」。

一虜答曰：「答」，《呂覽》作「對」。「吾國有妖，晝見星而雨血，《六韜》「雨血」作「雨石」，下有「大者如甕，小者如箕」八字，無晝見星事，有「常六月而雪深尺餘」一句。盧文弨曰：「而下舊無天字，依《呂氏・愼大覽》補。」徐友蘭《拾補識語》云：「而卽天之譌，唐人書天爲亢。」案：《呂覽》而天字並見，疑一本作而，一本作天，校者旁識，混入正文。徐説雖無徵，極爲近理。今姑仍本文，而坿二説於注，以備采擇。《金樓子・箴戒篇》曰：「帝紂時，天雨丹血布及石，大者如甕，小者如箕也。」《墨子・非攻下》曰：「還至乎商王紂，天不序其德，祀用失時，兼夜中十日雨土于薄，九鼎遷止，婦妖宵出，有鬼宵吟，有女爲男，天雨肉，棘生于國道。」此吾國之妖也。」一虜答曰：《呂書》「答」亦作「對」，答對雙聲，古書多以答爲對。近人張行孚謂答之本字爲對，亦未必也。「此則妖也，則有故訓。《莊子・齊物論篇》：「有成與虧，故昭氏之鼓琴也；無成與虧，故昭氏之不鼓琴也。」兩故字與則同義，詳見《經傳釋詞》故字下。故可訓則，則亦可訓故。故者本然之詞，與固通。《燕策》：「若曹沫之於齊桓公，則大善矣。」猶言固大善也。《左傳》呂相絶秦，（成十三年。）「則寡人之願也」，猶言固寡人之願也。此外以固訓則者甚多。王氏《釋詞》則下，偶漏舉及。此則字亦當訓固，言此二者固足爲妖，反跌「非其大者」句，作起下文勢。雖然，非其大者也。吾國之妖其大者，「其」，《呂氏》作「甚」。案其字卽有甚字之義，《荀卿書》作「綦」。古書以其代甚者極多，《呂書》甚字，卽其之叚借，綦後起字，今人語尚以極爲其字。又作期，《漢書・周昌傳》：「臣期期以爲不可，臣期期不奉詔。」顔注：「以口吃，故每重言期期。」劉攽云：「期讀如《荀子》曰欲綦色之綦，楚人謂極爲綦。」劉説是也。王念孫反駁之，謂期期乃吃者語急之聲，初無意義，申顔黜劉，又謂極不奉詔爲不詞。不知重言期，即爲語吃，無害其訓極也，小顔意亦如此。極不奉詔，猶言極不肯奉詔，何不詞之有。若如王説，口吃者何以不作他音，而作期期也。口吃之言，亦有其理，況期从其聲，字本通用，王説失之不細。子不聽父，弟不聽兄，君令不行，此妖之大者也。」《呂覽》下有「武王避席再拜之，此非貴虜也，貴其言也。故《易》曰，愬愬履虎尾，終吉」等語。《六韜》文於「雪深尺餘」下云：「其一人對曰：是非殷國之大妖也。殷國之大妖四：殷君喜殺人，喜以人飴虎，喜割人心，喜殺孕婦，喜殺人之父、孤人之子，喜刑禍，喜以信爲欺，欺者爲忠，忠諫者不實，（實當是賞之誤。《治要》作忠諫者死、阿諛者賞也。）以君子爲下，小人爲上，以便佞爲相，政苛令暴，萬民愁苦，田獵畢弋，走狗飾爲，喜修池臺宫七十有三所，大宫百里，喜爲酒池糟丘，而牛飲者三千人，喜聽讒用譽，無功者賞，無尺丈，無錙銖，無稱衡，無功賞，無罪誅，此殷國之大妖也。」此據平津館輯佚文，語有錯誤重複。其原文散見《治要》及《書鈔》二十、又二十一、《類聚》九、又七十一、《初學記》二十四、《御覽》二十一、又五十一、又八十三、又百七十三、又七百六十八、又八百七十四，諸所引，詳畧各有不同。《文選》三十四《七發》注、又三十五《七命》注所引，疑即此事，而文又不同，均可參考。《説苑・辨物篇》記趙簡子問翟封荼語，與此情節亦極相似。

12 晉文公出田，逐獸，碭入大澤，碭俗蕩字，《御覽》八百三十二引亦作「碭」，下文《靖郭君章》亦有「碭而失水陸居」之語，彼文《國策》及《韓非子・説林》、《淮南子・人間》俱作「蕩」，可證。《治要》引本文亦作「碭」，蓋六朝時俗字。《説文・石部》：「碭，文石也。」别一義，與蕩絶無涉。舊鈔本羅大經《鶴林玉露・天集》卷二薛客條引靖郭君事，亦作「碭」，卽用《新序》文。近見有校羅書者，所據日本覆明萬曆本，字亦作「碭」，校者改作「蕩」，注云：「原本誤作碭，從諸本改。」此不知六朝以來相承以碭爲蕩，是俗，非誤也，改之則失其真。（又同條網不能止，止訓執，訓獲，校者改作上，注云：原本作止，從諸本改。不知所謂諸本者反誤。此類皆不知而作，所謂校一書而一書亡者也。）又《御覽》七十二卷引本書此文，作「晉公逐獸於碭，入大澤」，則誤以碭爲地名矣。（四百九十又作晉文公出田，入大澤；六百三十三作晉文公獵於澤，有漁父諫曰云云。）皆由不省蕩俗書作碭，輕改本文，並删其字，此非《御覽》之過，後人妄改之過也。（鮑刊《御覽》號稱善本，脱文譌字，仍觸目皆是，俗本更無論矣。惜未得北宋本校之。）他卷所引，不以碭爲地名，故知此必後人妄改，他似此者可類推。迷不知所出。迷，失道，不得所從出之路也。《御覽》八百三十二引「出」作「爲」，誤。蓋校者讀作計無所出之出，而妄改之，忘下文有「道安從出」之句也。此卷不引此句，故校者致誤，然仍有「送出澤」等句，大約此書淺人妄校妄改甚多。（凡校書中引古書文不復覈原書者，往往有此失，學者宜知之。）其中有漁者，《御覽》四百九十引無「其中」二字。其中，大澤之中也。文公謂曰：「我，若君也。若，汝也。道安從出，安，焉也。問何從而出。我且厚賜若。」且，將也。《治要》不引此句。「出」下疑奪一字，《御覽》四百九十卷引作「出我，且厚若」。漁者曰：「臣願有獻。」文公曰：各本無「文」字，《治要》引有。案下「文公曰善哉」，亦有「文」字，此當一律。今從《治要》補。「出澤而受之。」於是送出澤。「送」，舊本作「遂」，《治要》引作「送」，是，今據改。《御覽》四百九十作「於是遂出」，八百三十二於「迷不知所爲」下云，「漁者送文公出澤」。又七十二引云「問漁者送出澤」，是「送」字不誤。公令曰：「子之所欲以教寡人者何等也？願受之。」宋本、嘉靖本、鐵華館本俱無「欲」字，各本皆有。案《御覽》四百九十引有「欲」字，無「以」字。疑一本作欲，一本作以，校者旁記，混入正文耳。但二字連用亦通，今姑從衆本。漁者曰：「鴻鵠保河海之中，保，安也。《御覽》八百三十二引「鵠」字作「乃」，誤不可通。厭而欲數移，徙之小澤，《爾雅·釋詁》：「之，往也。」「數」字各本俱奪，據《治要》引補。《御覽》四百九十作「厭而從之小澤」，「從」是「徙」之誤，二字形近故也。六百三十三作「鴻鵠厭江河而移入小澤」，八百三十二無「欲數移」三字，皆括省其文。則必有丸矰之憂；「丸矰」，各本皆作「九繒」，《治要》及《御覽》八百三十二引不誤。《御覽》四百九十作「丸繒」，六百三十三作「夫鴻鵠厭江海而移入小澤，則有矰繳之患」，此校者疑九繒無義而妄改之。孫詒讓《札迻》云：「九繒當爲丸矰，九丸形近而誤，繒與矰古字通。《楚策》治其繒繳，亦叚繒爲矰。丸謂彈，《説文·弓部》彈，行丸也。矰，謂繳矢也。」案宋本已作「九繒」，孫謂繒矰通用，是也，謂丸九形誤，則不盡然。《治要》、《御覽》所引不誤，則唐人、北宋人所見，尚不作九。此由南宋人避欽宗嫌名，改丸爲九，（北宋本亦多追改者。）以缺筆代本字，如牢丸之作牢九。即其切證。（牢丸避諱作牢九，説詳俞氏正燮《癸巳存藳》卷十。）各本從之，遂沿誤不覺。後世避諱字缺筆，宋時已有之。今據《治要》改正。黿鼉保深淵，《説文·黽部》：「黿，大鼈也，从黽，元聲。」蓋黿鼈同物，但有大小之別。《左傳》「楚人獻黿於鄭靈公」，是也。《説文》又云：「鼉，水蟲，似蜥易，長大。」《詩·靈臺》傳曰：「鼉，魚屬。」疏：「《月令》季夏，命漁師伐蛟取鼉。漁師，取魚之官，故知鼉是魚之類。《書》傳注云：鼉如蜥易，長六七尺。陸機疏云：鼉形似水蜥易，四足，長丈餘。生卵大如鵝卵，甲如鎧甲，今合樂鼉魚甲是也。其皮堅，可以冒鼓。」《御覽》八百三十二「保」下有「於」字，四百九十引作「龜魚保於淵」。《治要》引與今本同。厭而出之淺渚，《爾雅・釋水》：「小洲曰陼。」案陼俗字，當作渚，《說文》引正作渚。《釋名》曰：「渚，遮也，體高，能遮水，使從旁回也。」《詩・江有渚》毛傳：「渚，小洲也，水岐成渚。」釋文引《韓詩》云：「一溢一否曰渚，渚，小洲也。」洲爲水中可居者之稱，故渚也有此訓。《齊語》注、《莊子・秋水》釋文引司馬注、《淮南・地形》注並云：「水中可居者曰渚。」是也。《廣雅・釋水》：「渚，處也。」亦可居處之謂。《詩・鳧鷖》傳：「渚，沚也。」沚从止，亦遮止之意。則必有羅網釣射之憂。「羅網」，各本作「網羅」，宋本、嘉靖本不誤。盧氏《拾補》依宋本乙轉，是。《治要》及《御覽》四百九十、八百三十二引皆作「羅網」，與宋本同，今從之。《御覽》四百九十、八百三十二無「釣射」二字。今君逐獸，碭入至此，《御覽》七十二引此文，寥寥數語，然上文作「逐獸於碭」，則此句如何解釋。幸其不引及此耳，妄改者何未之思也。四百九十引作「今君逐獸至此」，無「碭入」二字，總由淺人未識碭字之義，同删節之。八百三十二與本文同，則其未經删節者也。何行之太遠也。」《御覽》四百三十二此下接「君歸國，臣亦反漁所」，文有脱誤。文公曰：「善哉。」《御覽》四百九十引至此止。謂從者，記漁者名。記其名，欲登用之。漁者曰：「君何以名爲？以，用也。漁者不樂仕進，故弗肯留名。爲，句末語詞，見上《晉文公出獵章》注。君其尊天事地，《白虎通義・爵篇》：「王者父天母地，爲天之子。」《後漢・李固傳》同。案天子敬事天地，晉爲諸侯，理亦宜然。敬社稷，固四國，四國，猶四境也。古國字與域通，域亦境也。《詩》之「四國無政」、「斬伐四國」，亦當如此解，毛、鄭以爲四方之國，其誼稍隔。一説晉爲伯主，當保衛四方諸侯之國，此與毛、鄭解四國不異。慈愛萬民，孫詒讓曰：「民，程榮《漢魏叢書》本作明，疑本作萌，萌民古字通。」案作明乃同音之誤，不必曲説。《治要》本作「民」。薄賦斂，輕租税者，臣亦與焉。惠及於民，漁者亦受其賜也。君不敬社稷，不固四國，宋本「固」作「周」，形近之誤。《治要》引本文字亦作「固」。外失禮於諸侯，內逆民心，一國流亡，流離亡散也。《詩·召旻》曰「民卒流亡」，又《左傳》引逸詩：（昭二十六。）「用亂之故，民卒流亡。」漁者雖得厚賜，《治要》「得」作「有」。不能保也。」保有之也。《治要》「能」作「得」。遂辭不受，文公蓋已先賜之。曰：「君亟歸國，《御覽》七十二引作「公亟反國」。臣亦反漁所。」「反」下各本俱有「吾」字。案既稱臣，復稱吾，前後錯雜，且於理不順。《治要》及《御覽》七十二引本文俱無「吾」字，是，今據删。又《御覽》六百三十三引本章，多删改其詞，異處甚多，今別録於後，以備參證。文云：晉文公獵於澤，有漁父諫曰：夫鴻鵠，厭江海而移入小澤，則有矰繳之患。今君棄宮殿，游至於此，何行之遠也。文公納諫而還，請賞之。漁父辭曰：君能尊天事地，敬神固國，受人（受乃愛之誤。）薄賦，徭役以時，則臣亦富矣；君若不能，雖有重賞，亦不能保也。但括引大意而已。《漢書·五行志》「成帝於鴻嘉、永始之載，好爲微行，置私田於民間，谷永諫」云云，此與下章所陳，皆爲此而發也。

13 晉文公逐麋而失之，《説文·鹿部》：「麋，鹿屬，从鹿，米聲，麋冬至解其角。」《山海經·中山經》注：「麋似鹿而大。」《急就篇》顔注：「麋似鹿而大，目上有眉，因以爲名也。」案鐘鼎文眉壽作麋壽，以此。《詩·巧言》「居河之麋」，即湄字。《御覽》八百三十二引作「鹿」，下同，三百九十引「之」作「迹」。《治要》引與今本同。問農夫老古曰：《御覽》八百三十二「古」作「者」，九百六引作「古老」，下並同。「吾麋何在？」《御覽》八百三十二「麋」作「鹿」。老古以足指曰：以足指示麋所奔處也。「如是往矣。」言循足所指之處往求之也。《御覽》八百三十二引作「如是行往」，三百九十及九百六引俱無「矣」字，舊本亦無，《羣書治要》引有。今據《治要》補。文公曰：「文」字各本俱奪，《御覽》三百九

十、八百三十二引亦無，九百六作「公問其故」。案《御覽》文多省節，下文有「文公曰」，則此處不當奪「文」字，《御覽》於下文「文」字，皆從省畧，可證也。《治要》引有「文」字，今據補。「寡人問子，子以足指，各本不重「子」字，於文未諧。《治要》及《御覽》三百九十、八百三十二均疊字，今據補。何也？」自「文公曰」以下，《御覽》九百六止作「公問其故」。

老古振衣而起曰：《御覽》九百六作「對曰」。《楚辭·漁父》「新浴者必振衣」，王逸注：「去塵穢也。」「一不意人君之如此也。老古聞公言，始知爲國君，故振衣以示敬，言不料以國君而至此。《爾雅·釋詁》「如，往也。」一猶乃也。《禮記·檀弓》「予壹不知夫喪之踊也」，《正義》訓壹爲專壹；又「子之哭也，壹似重有憂者」，《正義》曰：「壹者，決定之辭。」王引之《經傳釋詞》曰：「一，語助也，或作壹。」案王氏以壹爲語助，殊不盡然。《左傳·襄二十一年》：「猶將十世宥之，以勸能者，今壹不免其身，以棄社稷。」一與十對，世與身對，明非語詞。蓋壹字有數訓，一者獨也，但也。一是單數，故有單獨之誼，但亦獨也。《襄二十一年傳》及《檀弓》「壹似重有憂者」之一，當屬此訓。今人言獨不見，獨未知之語，意亦如此。又一者先也，一是數之最先，故有先訓，猶今人言先起也。《檀弓》「予壹不知夫喪之踊也」，言予先不知踊之取義，今乃知之也。又一猶乃也，《呂氏·知士篇》「一至此乎」，《商君傳》「爲法之敝，一至此哉」，及本文一字，皆屬此訓，不得汎以語詞釋之。（乃字之訓，《釋詞》亦及之。）其餘訓或、訓皆，則《釋詞》之言是也。蓋一有但義，反之則爲皆；一者決定之辭，反之則爲或，皆反正同訓之例也。《治要》引「一」作「壹」，一壹古字通用。「之」字各本俱奪，今依《治要》補。《御覽》八百三十二作「不意人君至此」。

虎豹之居也，厭閑而近人，《御覽》八百三十二作「虎豹之居也，厭深而得淺，故人亦得之，諸侯厭衆而亡其國」云云，脱誤至不可讀。三百九十「近人」作「之近」，亦非。閑者，無人之處，意正與人字對，此必淺人妄改，以求與下文「之深」句法相配耳。《治要》引與今本同，可證今本不誤。又九百六引無「之居也」三字。故得；爲人所得也。魚鼈之居也，厭深而之淺，深，深淵。之，往也。見《爾雅·釋詁》。故得；諸侯厭衆而亡其國。盧文弨曰：「《御覽》作諸侯之居也，厭衆而遠游，故亡其國。」案盧所據《御覽》，乃三百九十卷文，此必淺人妄改。《治要》所引，與今本同，可知今本並不誤。《詩》云：《治要》「云」作「曰」，《御覽》八百三十二奪此二字。他卷皆不引詩語。維鵲有巢，維鳩居之。《詩·召南·鵲巢篇》文。毛傳曰：「鳩，鳲鳩，秸鞠也。鳲鳩不自爲巢，居鵲之成巢。」案《毛序》言國君積行累功，以致爵位，夫人起家而居有之，德如鳲鳩，乃可以配焉。此毛義也，三家説此詩之義，未知如何。此所引云云，乃斷章取義，未必三家之本義也。鵲，《説文》作舄，小篆作鵲。毛知鳩爲鳲鳩秸鞠者，因序言德如鳲鳩，故知鳩卽鳲鳩也。鳩爲五鳩之總名，凡經文單言鳩者，傳必別爲某鳩。如《衛風》傳曰：「鳩，鶻鳩也。」《月令》注曰：「鳩，搏穀也。」是也。《説文·鳥部》：「鳩，鶻鳩也。」鶻鳩爲鳩之一種，不可釋鳩之總名，今本《説文》有譌奪。觀下鵴曰：「秸鞠，尸鳩也。」分別言之，可證，段注蓋已疑之。秸鞠，《説文》作秸鵴，《爾雅》作秸鵴，《方言》：「布穀，自關而東西梁楚之閒謂之結誥，周魏之閒謂之擊穀。」邢疏引義疏云：「今梁宋之閒謂布穀爲秸鵴，一名擊穀。」郭注云：「江東呼爲穫穀。」鄭注《月令》作搏穀。結誥、擊穀，皆秸鵴之音轉，穫搏與布聲近。至《方言》又以鳲鳩爲戴勝，則甚誤，余別有考。君放不歸，放，蕩也。《文選》嵇叔夜《與山巨源絶交書》「重增其放」，注：「放謂放蕩。」《漢書·藝文志》集注：「放，蕩也。」是其證。《御覽》八百三十二引作「今君不歸」。人將居之矣。」《詩·小宛》：「螟蛉有子，蜾蠃負之。」箋云：「諭有萬民不能治，則能治者將爲之。」卽此意也。「居」，舊本作「君」，盧文弨曰：「一本作居之。」案作君者，形近之譌。此承上文引《詩》

語，釋鳩居之義，當是居字無疑。盧但云一本作某，不直斥其誤，非也。《治要》及《御覽》八百三十二引均作「居」字，可證。又「矣」字各本皆脱，《御覽》八百三十二亦無之，今依《治要》分別改補。自《詩》云以下至此，《御覽》三百九十、九百六不引。於是文公恐歸，《御覽》八百三十二「恐」下有「而」字，引至此止。三百九十作「公恐，歸曰，寡人逐麋而失之，得善言，故有説色」。九百六作「公懼，歸，有説色」。遇欒武子。《御覽》九百六作「欒貞子」，三百九十及《治要》均作「武子」。武子名書，貞子枝之孫，欒盾之子。《一統志》云：「墓在正定府欒城縣西北五里。」《漢表》列六等。但武子時代，不與文公相接，叚令逮事文公，其齒亦必甚穉，豈能直匡君失，此所記必有誤，《史通·中左篇》已疑之。《御覽》九百六作「貞子」，較爲近理。貞子枝，書之祖，從文公出亡於外，反國後爲下軍將，必此人也。《漢表》有先軫、狐偃、賈佗、趙衰諸人，獨無欒枝。五等有欒悼子，晉又無悼子，梁氏《人表考》謂悼子必貞子之譌，後韓貞子作悼子，可互爲證明。是也。貞子，共子成之子，欒賓之孫，賓靖侯之孫，食采於欒，因以爲氏。所以不從《御覽》改者，因《治要》及《御覽》他卷俱作「武子」。劉知幾在唐時，所見已然，必校者以意改之。古書記事，各據所聞，時代不接，世次紊亂者多矣，未必非原書之誤。故姑仍舊文，不敢蹈竄改古書之失。欒武子曰：《御覽》九百六止作「欒貞子問焉，公曰，今日逐麋失之，而得善言，故忻也」，引止此。「獵得獸乎？侯有悦色。」「侯」，舊本俱作「而」，《治要》引作「侯」。案作侯者是也。侯有乃義，古讀而如乃，（故耐从而也。）故侯與而通，而亦訓乃，但皆非此訓。侯古音或讀如胡，（顧炎武説，近人張行孚駁之，然方音變轉有此讀，未可謂非。）胡猶何也，侯有何訓，（詳見《經傳釋詞》四卷。）此皆義之因乎聲者也。明方以智《通雅》卷四引《孔叢子》曰：「盧胡大笑。」胡，喉也。《漢書》捽胡，捽其喉也。盧胡，狀其掩口之聲，或曰「狼跋其胡」，亦跋其喉閒肉也。喉閒肉垂，故云。近人章氏《小學答問》亦云：「古侯轉爲何，爲遐，又轉爲胡。」然則侯卽何也，胡也，問何爲而有説色也。後人少見侯字訓何，故妄改爲而耳。叚令《新序》本作「而」，《治要》無緣引爲「侯」矣。幸《治要》尚存，可以考正。而訓爲乃與侯，（讀而爲乃，卽章氏日紐歸泥之説。）雖義亦相通，然此侯字訓何訓胡，則不得改爲而也。古書多經淺人妄改，如《禮運》正義謂《説苑》而字多作能，今亦爲後人盡改之矣。今依《治要》訂正。（肇林謹案：孔疏引《説苑》，卽此書之譌。今本書三卷《樂毅章》以能爲而，《鄒陽章》以而爲能，凡兩見，《説苑》則無之。詳見各章注。）文公曰：「寡人逐麋而失之，此處《御覽》三百九十引亦作「之」，益徵上起句不當作「迹」矣。得善言，直言謂之善言。《孟子》「禹聞善言則拜」，（《公孫丑上篇》。）又曰「禹惡旨酒而好善言」，趙岐注兩引《書》「禹拜讜言」。黨讜古今字，《周書・祭公解》「拜手稽首黨言」，《張平子碑》「黨言允諧」，《劉寬碑》「對策嘉黨」，《字林》：「讜言，美言也。」《荀子・非相篇》「博而黨」，楊倞注：「謂直言也」。古文《尚書》作昌言，今文作黨言，皆直言也。《字林》訓讜爲美，美與善義亦同。故有悦色。」欒武子曰：《治要》引無「欒」字。「其人安在乎？」《治要》及《御覽》三百九十引俱無「乎」字。曰：「吾未與來也。」《治要》引無「也」字，《御覽》三百九十引有。欒武子曰：《治要》無「欒」字。「居上位而不恤其下，驕也；恤，憂也。田游無度，以妨農事，是不恤下也。《治要》「居」作「處」，「恤」作「卹」。案《説文・心部》：「恤，憂也，救也。」（今本作收，誤；《玉篇》作救，是。）《血部》：「卹，憂也。」二字音義並同。《詩・杕杜、祈父》傳訓亦同。古恤卹字通用，習見甚多。緩令急誅，暴也；「緩」，《治要》引作「慢」，《荀子・宥坐篇》作「嫚」。慢嫚字通，（《韓詩外傳》作慢。）慢令卽緩令也。《論語・堯曰篇》「慢令致期」，《集解》孔曰：「與民無信，而虛刻期。」案孔説非是。《説文・心部》：「慢，惰也。」怠惰其命令，使民不備，而刻期急誅於後，所謂慢令致期也。「急誅」，誅，責也。《荀子》作「謹誅」，謹急一聲之轉。謹，嚴也，亦有急義。此急誅二字，可與《論語》致期之義，互相發明，期謂誅求之期限。若如孔說，不過失信於民，何以此謂之暴，而《論語》謂之賊乎。平日盤於游田，不急民以農功，一旦催科政迫，又責以嚴切之期限，是以爲暴。皆承上事言。取人之言，而弃其身，盜也。」御覽三百九十「吾未與來也，欒武子曰」下，即接此二句，前四句不引。《治要》引無「之」字。「弃」，今本作「棄」，《治要》、《御覽》(三百九十卷也，他卷不引及此。)俱作「弃」。宋本、嘉靖本亦作「弃」。弃，棄之古文，上从𠫓，下从廾，竦手去逆子，會意字也。篆隸變爲棄，中似世字，(俗並有作世者。)唐人諱世。故石經碑刻皆作弃，未必皆用古文也。《治要》作「弃」，或亦避諱而然。今以宋本爲主。故不取棄字，所據本非有謬誤，則不輕改也。既取用其言，而弃其身，無異盜人之物而私有之，故曰盜也。文公曰：「善。」還載老古與俱歸。《御覽》三百九十「善」下有「哉」字；「還」作「遂」，非。還者，返也，聞武子之言，返而載之，叙事始有曲折，若作遂，則徑直無餘味。此形近致誤。《治要》作「命車載老古俱歸」。此與上《出田章》事甚相類，文公既聽漁者之言，則不應再蹈故轍，而來老古之譏矣。或即一事，傳聞之異，本書連類載之。亦猶論五帝師，采《外傳》、《吕子》之說，連綴類志，以俟後人之論定也。《新序》、《說苑》此例甚多，詳七卷《公孫杵臼章》注。(互參同卷《梁君章》注。)《韓子·十過篇》云：「田成子游於海而樂之，顏涿聚諫，趣駕而歸，則聞國人有謀不内成子者矣。成子所以遂有齊國，顏涿聚之力也。故曰：離内遠游，則危身之道也。」與此事亦相似。《通鑑·魏紀》：「曹爽兄弟數俱出游，司農沛國桓範謂曰：總萬幾，典禁兵，不宜並出，若有閉城門，誰復内入者。爽曰：誰敢爾邪。後魏帝謁高平陵，爽及弟羲皆從，太傅司馬懿以皇太后令，閉諸城門，勒兵據武庫，授兵出屯洛水橋。召司徒高柔，假節行大將軍事，據爽營，太僕王觀，行中領軍事，據羲營。因舉爽罪惡，卒誅爽，夷三族。」亦此事之反證。晉文公、田成子以能聽善言而興，曹爽以不用善言而亡，此亦千古得失之林矣。

14扁鵲見齊桓侯，　扁鵲，秦氏，名越人，事詳《史記》本傳。「齊」，《文選·養生論》注引作「晉」，孫楚《爲石仲容與孫皓書》引《史》作「齊」。《漢書·高帝紀》十二年注：「韋昭曰：扁鵲，魏桓侯時醫。臣瓚曰：魏無桓侯。」《史記》作齊桓侯，《索隱》案：「傅玄曰是時齊無桓侯，裴駰云是田和之子桓公午也，蓋趙簡子頗亦相當。」（案《史記》言扁鵲療簡子疾，又云見齊桓侯，故云。）《文選·養生論》注引束皙云：「齊桓在簡子前，且二歲，桓公午去簡子，首末相距二百八年，（案：此說以年數計之，殊不盡合。）《史記》自爲舛錯。韋昭曰魏無桓侯，臣瓚曰魏桓侯，《新序》曰扁鵲見晉桓侯，此桓公竟不知何國也。」案《文選》注引韋昭曰魏無桓侯，而臣瓚云魏桓侯，與《漢》注所引，適得其反。疑韋昭云魏桓侯，臣瓚曰魏無桓侯，傳刻者之互誤也。宋刊六臣注《文選》無臣瓚曰六字。孫志祖曰：「《韓非·喻老》又作蔡桓侯。」（案《文選·七發》注引《韓子》作晉不作蔡，今本誤耳。）徐友蘭曰：「齊晉皆𪗋之變文，後人乃以晉當𣈆，《易》、《春秋》齊晉錯見，此同例。蔡齊文亦相近。」梁玉繩曰：「《國策》記扁鵲見秦武王，《韓非》云見蔡桓侯。余考當鵲與趙簡子同時，而蔡桓侯在春秋初隱、桓之世，秦武王立於周赧王五年，前後相去，各約二百年，何得親接。（原注：《韓子》一本蔡作秦，亦非。）余疑即趙桓子，《說苑》記虢太子事作趙，甚是。桓子爲簡子之子，《鶡冠子·世賢篇》言魏文侯問扁鵲，文侯與趙桓並世，可以爲證。裴駰以爲桓公午，然趙簡子去桓公午立，凡九十三年，何鵲之壽邪。或曰晉孝公，《紀年》作桓公，與魏文侯同時，當是扁鵲所見者，亦通。」以上梁說亦未妥。《史記》敘救虢太子與齊桓，各爲一事。如梁說，依《說苑》改虢爲趙，則始終一趙桓子，《史》

何必於救虢太子後，重叙扁鵲過齊見桓侯乎。藉謂史公誤分一事爲二，則諸書雖或云齊，或云晉，或云蔡，而皆爲桓侯，無作太子者，豈史公誤而諸書亦盡誤乎。即如其說，趙簡子卒於周元王元年，而扁鵲見秦武王，則在赧王時，相去已百六十餘年，亦不可通也。徐氏謂齊晉皆𪗋之變文，後人以晉當䨺。案：古晉字即齊字，《公羊昭十年傳》「晉欒施來奔」，即齊欒施也。晉卦之晉，《孟氏易》作齊。《說文·日部》：「䨺，从日，𪗋聲。」今人以晉易之，非。齊可爲晉，晉不可爲䨺，徐說是也。人知魏之稱晉，不知趙亦稱晉。《秦紀》王齕攻晉軍，斬虜六千，晉楚流死河二萬人。是也。韓趙魏三分晉國，故並得稱晉。若然，則齊晉趙皆是一國，《韓非》作蔡，是誤本，當依《選》注改作晉。如此解釋，宜若可通。而秦武王之見，又遠在其後，終無説以處之。況趙桓子立僅一年，又未爲侯。（《輔行記》引《春秋後語》亦作齊桓侯。）若謂是齊桓公午，又無解於趙簡子時代之不相及矣。況趙可稱晉，齊不可稱趙，則徐說仍未得之也。竊謂戰國之世，異論蜂起，諸子百家，各據所聞以立說。以經傳質之，時代違舛，先後易位者多矣，甯獨此一事。此在李善時，已不能定桓侯爲何人，但當闕疑，各存舊文，不必強生異說。予更疑扁鵲爲古善醫者通稱，如善射者皆名羿，美色者號西子，不專指一人，故諸書所載扁鵲時代不同。《史記正義》引《黄帝八十一難序》云：「秦越人與軒轅時扁鵲相類。」仍號扁鵲，是其證也。至扁鵲《史》云勃海郡鄭人，徐廣謂鄭當爲鄚，下文家於鄭同誤。《文選·七發》吕向注以爲鄭人，李善注引《史》作鄚人。（今本仍多誤作鄭。）《舊唐書·地理志》：「開元十三年，以鄚字似鄭改爲莫。」但鄚縣屬河間，不屬勃海。（小司馬謂勃海無鄚縣，徐說是也，不知勃海亦無鄭縣。）扁鵲自云勃海秦越人，此亦可疑。《魏書·邢巒》、《北史·邢峙、權會、黎景熙傳》、《北周書·黎景熙傳》皆作鄚，《說苑》序扁鵲自稱，亦作鄭醫秦越人。《楊子法言》云扁鵲盧人也，其說又異。（《史記正義》曰：號盧醫者，今濟州盧縣。徐昂發《畏壘筆記》據傳云：爲醫或在齊，或在趙。是在齊爲盧醫，在趙爲扁鵲。）又《周官·疾醫》釋文引《史記》傳云：「姓秦，名少齊，越人。」是扁鵲又名少齊矣。豈扁鵲本二名，而今本奪去一字邪。但下文鵲自稱，亦但云秦越人，則疑釋文或有誤也。此類皆當存疑，以待後定。宋樓鑰《北行日録》云扁鵲墓在湯陰。《一統志》云：「在河間任丘縣廢莫州城東。」《元和志》又謂在「朝城縣羅城西北隅」。未詳孰是。《漢表》列五等。立有間。言立少時。扁鵲曰：「君有疾在腠理，《史記正義》曰：「腠音湊，謂皮膚。」案《説文·肉部》無腠字，古止作奏。《儀禮·公食大夫禮》「載體進奏」，注：「奏，謂皮膚月理也，進其理本在前者。」《鄉飲酒禮》「皆右體進腠」，釋文作奏，云：「本又作腠。」鄭注：「腠，理也，進理謂前其本也。」案鄭訓奏爲皮膚月理，乃張守節《正義》所本。《後漢書·郭玉傳》曰「腠理至微」，章懷注：「腠理，皮膚之閒也。」《抱朴子·極言》曰：「脣焦脉白，腠理萎瘁者，血減之證也。」此亦以腠理爲皮膚也。不治將恐深。」《史記》無「恐」字。《文選》孫楚《爲石仲容與孫皓書》引「治」作「療」，亦無「恐」字，下並同。療俗字，當作㾾。桓侯曰：「寡人無疾。」《韓非子》奪「疾」字，盧文弨《羣書拾補》據本書、《史記》補，王先愼《集解》從之。扁鵲出，桓侯曰：《史》「曰」上有「謂左右」三字。「醫之好利也，欲治不疾以爲功。」欲治無疾之人，而居去疾之功也。不，猶非也，古書二字多互訓，詳《經傳釋詞》。《韓子》無「利也欲」三字，「疾」作「病」。《史記》作「欲以不疾者爲功」。居十日，《史》作「後五日」，《文選·與孫皓書》注引「後」作「過」。《韓子》文與此同。凡後文十日，《史》皆作五日。居猶處也。扁鵲復見，曰：「君之疾在肌膚，「疾」，《韓》作「病」。「之」，《史》作「有」。「肌膚」，《史》作「血脉」。《輔行記》引《後語》同。《文選·與孫皓書》注不引中閒「在血脉」一段。不治將深。」《史》作「恐深」。盧文弨曰：「《韓子》作將益深，下句同。」案：本文此句作「將」，而上句多一「恐」字，蓋上文《史》作「將」，此句及下句作「恐」，與本書不同。（本書蓋上句作恐，下二句作將，與《史》互易也。）校者旁記異同，而混入正文也。《韓子》「恐」字亦然。下兩「益」字，後人加之。桓侯不應。《史》作「桓侯曰，寡人無疾」。《文選·與孫皓書》注引亦作「桓侯不應」。扁鵲出，桓侯不悦。《韓子》「不」上有「又」字，下同。案：此句不當有「又」字，《韓子》文衍。居十日，《史》作「後五日」。扁鵲復見，曰：「君之疾在腸胃，「之」，《史》作「有」，句末有「閒」字。（《文選》注引同。）「疾」，《韓》作「病」。不治將深。」《韓》作「將益深」。桓侯不應。《韓》「不」上有「又」字。扁鵲出，桓侯又不悦。《史》無「又」字。居十日，《史》作「後五日」。扁鵲復見，《韓》無「復見」二字，連下爲句。望桓侯而還走。《史記》「望」下有「見」字，「還」作「退」。此與《韓子》同。王先慎曰：「還走，反走也。」《選》注引《史》無「退」字。桓侯使人問之，「使」上《韓》有「故」字。《史》作「桓侯使人問其故」。扁鵲曰：「疾在腠理，《史》作「疾之居腠理也」。湯熨之所及也；湯，湯藥。熨，熨治。及，謂施治時藥力可到之處。在肌膚，鍼石之所及也；鍼，鍼灸，俗作針。石，藥石也。《方言》曰：「鍼石刺病。」其術今不傳。《輔行記》引《春秋後語》作「鍼灸」。《齊東野語》云：「古者鍼以石爲之。昔金元起欲注《素問》，訪王孺以砭石，答曰：古人以石爲鍼，必不用鍼。《説文》有此砭字，許慎云以石刺病也。《東山經》云高氏之山多鍼石，郭璞曰：可以砭針。《春秋傳》美疢不如惡石，服子慎注云：石，砭石也。季世無復佳石，故以針代之耳。」在腸胃，《史》句首有「其」字。火齊之所及也；「火齊」，各本俱作「大劑」，宋本作「大齊」，《史記》作「酒醪」，《輔行記》引《後語》作「酒藥」，惟《韓非書》作「火齊」。王先慎《集解》云：「火齊湯治腸胃病。《倉公傳》齊郎中令循，不得前後溲三日，飲以火齊湯，而疾愈。又齊王太后病難於大小溲溺，飲火齊湯而病已。《新序》作大劑者，齊劑古字通，大乃火之誤，當依此訂正。」案王謂大劑當作火齊，是也，大火形近致譌。宋本作大齊，大字雖誤，而齊字未改。俗儒不識火齊之義，又不知大當作火，妄改齊爲劑以就之，王謂齊劑古通，不必然也。幸《韓非書》未誤，猶可據以訂正。在骨髓，司命之所無奈何也。「在」上《史》有「其」字，下句作「雖司命無奈之何」。《韓》「所」下有「屬」字。《輔行記》引《後語》作「司命所及，不可治也」。案：司，主也，謂主命者。《禮記・祭法篇》：「王爲羣姓立七祀，首司命，主督察三命。」《正義》曰：「司命，宮中小神。熊氏曰：非天之司命，故祭於宮中。」然則司命之義有二，一謂天之司命，一謂宮中小神，主督察三命者。《後漢書・張衡傳》注引《春秋佐助期》曰：「司命神名滅黨，長八尺，小鼻望羊，多髭癯瘦，通於命運期度。」《風俗通義》曰：「今民間祀司命，刻木長尺二寸，爲人像，行者儋篋中，居則作小屋，汝南餘郡亦多有，皆祠以腊，率以春秋之月。」二書所言，蓋皆宮中司命，即《禮記》所祀者，有主人生死之權，故曰通於命運期度。此言司命，蓋泛謂主命者耳。今在骨髓，臣是以無請也。」居五日，「居」，《史》作「後」，此處各書皆作「五日」。桓侯體痛，「痛」，《史》作「病」。王念孫曰：「病當爲痛，字之誤也。桓侯之病，由腠理而血脈，而腸胃，而骨髓，至此則病發而體痛。故《養生論》曰：桓公以覺痛之日，爲受病之始。若言體病，則非其指矣。《太平御覽・人事部、方術部》引此作體病，則所見本已誤。《文選・爲石仲容與孫皓書》注引此正作痛。《韓子・喻老》、《新序・雜事》亦作痛。」（見《讀史記雜志》。）案：痛亦病也。《漢書・賈誼傳》「夫辟者一面病，痱者一方痛。」病痛對稱，互文同訓。下文云「臣故曰一方病矣」，字又作病。蓋病痛誼同，今人尚言疾痛。《說文・疒部》：「痛，病也，从疒，甬聲。」《說文》以痛字次疾病二字之中，下綴以瘣痾諸字，其誼皆爲病，則痛卽病明矣。《史記・屈原傳》：「疾痛慘怛，未嘗不呼父母也。」以疾痛連言，誼亦同。王先謙補注《誼傳》，謂痛字爲病之誤，引《靈樞經》「痱之爲病，身無痛者」爲證，不知《誼傳》痛字，與《靈樞》痛字義别。上言病，下言痛，猶上言一面，下言一方，其訓皆同，避複文耳。王氏《雜志》言病爲痛字之誤，偶失照閲，不爲定論。《文選·七發》注、《養生論》注並引《史》文云：「桓侯不信，後病，召扁鵲」，雖括引其詞，然皆作「病」字也。**使人索扁鵲，**《史》「索」作「召」。索，求索也。**扁鵲已逃之秦矣，**《爾雅·釋詁》：「之，往也。」《國策》有扁鵲見秦武王事，當在此時，然與桓侯時代不相及。（注見前。）《韓非子》作「已逃秦矣」，《史記》作「扁鵲已逃去」。**桓侯遂死。故良醫之治疾也，**「故」字以下，與《史》文不同，本書蓋用《韓非子》文。「疾」，《韓》作「病」。**攻之於腠理，此皆治之於小者也。**舊本「此」下有「事」字，《韓子》無，「治」作「爭」。案：「事」字不應有，下文「事之禍福」，始推之於衆事。若此有「事」字，非特文義不順，且與下句意複，當卽涉下文誤衍「事」字，今據《韓子》删。本書所采，卽《韓子》文也。**夫事之禍福，亦有腠理之地，故聖人蚤從事矣。**《韓子》「矣」作「焉」。又「故」下有「曰」字，當衍，宜據此删。蓋《韓子·解老、喻老篇》凡用「故曰」，皆引《老子》之文也。本書全用《韓子》，則《韓》作「蔡桓侯」，必誤無疑。蚤，《説文》作「𧒒」，齧人跳蟲，从䖵，叉聲。叉，古爪字。重文蚤，或从虫。」經傳多叚蚤爲早。

15**莊辛諫楚襄王曰：**嘉靖本連上爲一章，誤。各本皆分章，宋本亦分，今據宋本及衆本。莊辛，楚襄王時臣。《通志·氏族畧》云：「楚莊王之後，以謚爲氏。」《楚策》吳師道注引《元和姓纂》同。（《越世家》棉有莊生，當與辛同族。楚又有莊舃。）《漢表》避諱作嚴辛，列五等。頃襄王，名横，在位三十六年，懷王子也。《淮南子·主術訓》曰：「頃襄好色，不使風議，而民多昏亂，其積至昭奇之難。」謚法：敏以敬順曰頃，慈仁和民曰頃，辟地有德曰襄，甲冑有勞曰襄。諸書或止稱一字，爲頃王，或襄王。（戰國時多如此，見《鄒忌章》注引《孟子四考》說。）始徙都陳，歿，葬鳧陵亢。（見《越絕書》二。）《漢表》列七等。《楚策》高注：「《荀子》莊辛謂楚莊王。」案莊是襄之誤。《策》文「諫」字作「謂」。

君王左州侯，右夏侯，

二人楚王幸臣，侍左右者。《荀子·臣道篇》：「楚之州侯，可謂態臣也。」《楚策·江乙爲魏使於楚章》：「州侯相楚，貴甚矣。」《左傳·桓十一年》：「鄖人軍於蒲騷，將與隨絞州蓼伐楚師。」杜注：「華容縣東南有州國。」《楚世家》考烈王元年，納州於秦，以平，即此。」《漢志》南郡有州陵縣，《晉書·地理志》南郡州陵，楚孽人州侯所邑。《水經注》：「江之右岸有雍口，東北流爲長洋港，又東北逕石子岡，岡上有州陵故城，莊辛所言左州侯國矣。」在今湖北荆州府監利縣東三十里。（《春秋》州公如曹之州，與此不同，彼州亦在今山東曹州府定陶縣，别一國。）江永曰：「自楚莊王討陳夏氏，鄉取一人以歸，謂之夏州，地近漢水，於是漢水遂有夏名。凡夏汭、夏口、夏首、夏侯及漢之江夏郡縣，皆以此立名。」然則夏侯封地，當在今武昌、漢陽之間也。

從新安君與壽陵君同軒，

《楚策》作「輦從鄢陵君與壽陵君」，一本「鄢」作「安」。案：《策》記江乙說安陵君事，即此莊辛所言之鄢陵君也，焉安古字通用，故鄢亦作安。鄢陵楚地，安陵魏地，截然不同。自徐廣注《史記》以楚召陵釋魏之安陵，李奇《漢書》注遂云：「鄢陵，六國時爲安陵。」遂合二地爲一。不知《楚策》作安陵者，用通借字也。《魏策》四：「安陵君曰：吾先君成侯，受詔襄王，以守此地。」胡三省《通鑑》注云：「安陵本魏地，襄王以封其弟。」又《魏策》四有安陵君使唐雎使秦，止以五百里地易安陵事，而云韓魏滅亡，安陵以五十里之地存。是魏固有安陵，其地當春秋時屬鄭，謂之鄢。莊公伐共叔段，段入於鄢，是其處。（魏之安陵，亦有作鄢陵者。《太平御覽》四百二十七引《新序》載秦王以五百里易地事，作鄢陵君，知鄢安古通也。今本書佚此文。）戰國時屬魏，與韓鄰，在今河南開封府鄢陵縣西北十五里。楚之鄢陵卽召陵，在今河南許州郾城縣東四十五里。春秋時，齊桓公伐楚，至於召陵，卽其地。本書鄢陵作新安，恐誤，豈當時一名新安與。但徐廣之誤，張守節已知之，故主鄢陵以糾其失。而吳師道援以說楚，又曰鄢陵召陵皆屬楚，謬矣。程恩澤曰：「鄢陵固稱安陵，而楚又別有一安陵，故城在今湖南郴州永興縣西南五十里，或者卽其所封，亦未可知也。」程說可備一義。但江乙所說之安陵君，與此同時，且爲王幸臣，則其爲一人，可斷言爾。壽陵未詳。程氏又云：「秦莊襄王二年，五國攻秦，取壽陵，至函谷。徐廣曰在常山，《正義》曰趙邑也，胡三省曰當在河東郡。蓋以《秦本紀》作秦卻於河外，故也。然河南亦稱河外，則卽謂壽陵在新安、宜陽之間，亦無不可。但此雖楚境所及，未必卽壽陵君之封邑也。或曰壽陵卽今壽州，亦無確證。」（並見《國策地名考》。）光瑛案：後說近是。《說文·車部》曰：「軒，曲輈藩車也，从車，干聲。」段注謂曲輈而有藩蔽之車。服虔注《左傳》、薛綜注《東京賦》、劉昭注《輿服志》皆云「車有藩曰軒」，與許說合。案：《聲類》：「軒，安車也。」《楚辭》注：「軒，輕車也。」杜注《左傳》於軒皆曰大夫車，《定九年傳》「與之犀軒」，注：「犀軒，卿車，所謂乘軒三百人者，謂大夫車也。」淫衍侈靡，淫，過；衍，溢也。謂佚樂太甚也。侈靡，多也。《國策》「衍」作「逸」，與溢義同。衍與溢逸佚，皆雙聲字，古通用。又句首《策》有「專」字。《御覽》四百五十七引「侈」作「多」。而忘國政，《御覽》引「忘」作「亡」，二字古雖通，而此屬誤字。《楚策》作「不顧國政」，不顧卽忘字注脚。郢其危矣。」郢，楚都，見一卷《楚威王章》注。顧棟高曰：「今爲湖廣荆州府治江陵縣。《史記》文王熊始都郢，孔穎達曰：《世本》及譜皆云武王都郢，又《左傳》沈尹戌曰：若敖蚡冒，至於武文，土不過同，猶不城郢。則楚之都郢，似不始於武王，蓋經營之數世，至武文而始定耳，初時未有城郭。文十四年，公子燮子儀因城郢作亂，事未得就，訖襄十四年，子囊將死，遺言謂子庚必城郢，楚於是始城之。至昭二十三年，囊瓦畏吳，復增修以自固。杜預所謂江陵縣北紀南城也，今紀南城在荆州府治北十里。」又云：「《史記》昭王十二年，吳伐楚，取鄀，楚恐，北去，徙都鄀。實當春秋定公之六年，吳入郢後二年，因仍謂之郢。今爲襄陽府之宜城縣，所謂鄢郢也。後頃襄徙陳，號曰郢陳，考烈王遷壽春，仍謂之郢。」（《春秋大事表》七。）據顧氏此說，則楚前後四都，皆以郢名。與一卷注引姜皋說以郢都並郊郢及壽春之郢爲三郢者異，與《大事表》五卷言昭王遷都旋還郢之說亦異。然《左傳》言還郢於鄀，則是以鄀爲郢，非遷鄀復還郢也。還郢之說，未詳所本。（殆誤采吳師道之說。）班《志》：「南郡江陵楚郢都，楚文自丹陽徙此。後九世，平王城之，十世，秦拔郢，徙陳。」則是秦所拔之郢，卽文王所徙之郢，與鄀地無涉。或因下綴徙陳二字，顧氏疑楚復都於此舊郢耳。然班《志》云文王徙郢，與《左氏》異，蓋別有本。至本書下文「王果亡巫山江漢鄢郢之地」，鄢郢當是二地，與江漢是二水同，且是舊都，非鄀都。故《白起傳》、《秦本紀》分別言之，其文甚明。（詳見下注。）顧氏以爲卽鄀都，混二地爲一，非是，其謂前後四都皆名郢，則甚確。又《郡國志》引《荆州記》，分紀南城、郢城爲二，程恩澤已駁之，茲不贅。王曰：「先生老惛歟，先生注見一卷《楚威王章》。各本「惛」作「㑯」，《御覽》引作「惛」。案：《說文》無㑯字，《心部》：「惛，不憭也。」（此明憭字俗作瞭。）《廣雅·釋訓》：「惛惛，亂也。」《秦策》「皆惛於教」，高誘注：「惛，不明也。」《詩·民勞》「以謹惛怓」，毛傳：「惛怓，大亂也。」《孟子·梁惠王篇》「王曰吾惛」，趙岐注：「惛，亂也。」《呂氏·貴直篇》「先生之老與昏與」，高誘注：「昏，亂也。」昏惛同義，詳諸文，皆爲昏亂不明之貌。㑯字見《太玄經》，乃惛之借字，今從《御覽》引作「惛」。《楚策》「惛」作「悖」。《說文·欠部》：「歟，安氣也。」今用爲語末之詞，經典多作與。安爲楚國妖歟。」安與亡同，亡，無也。安爲楚國妖，猶曰無亦爲楚國妖也。《策》作「將以爲楚國妖祥」，可知此妄是語助。《國語·越語下》「妄其欺不穀邪」，謂無乃欺不穀也。《禮記·儒行》「今衆人之命儒也妄常」，謂衆人譏儒，名之爲無常也。此皆讀妄爲亡之證。宋衛湜《禮記集説》引嚴陵方氏説《儒行》，以妄字絶句，常字屬下爲句，陳澔注從之，陳氏澧《東塾讀書記》亦駁鄭從方，此皆未憭於聲音通叚之理者。《莊子·外物篇》：「抑因寠邪，亡其畧弗及邪。」（郭注誤解。）《論衡·亂龍篇》：「不知都之精神在形象邪。亡將匈奴敬鬼，精神在木也。」（今本亡下多一也字，非。）《定賢篇》：「不知壽王不得治東郡之術邪，亡將東郡適當復亂，而壽王之治，偶逢其時也。」《吕氏春秋·審爲篇》：「子華子曰：君將攖之乎，亡其不與。」《愛類篇》：「墨子曰：必得宋乃攻之乎，亡其不得宋，且不義，猶攻之乎。」本書九卷《秦既解邯鄲之圍章》：「秦之攻王也，倦而歸乎，亡其力尚能進之，愛王而不攻乎。」諸亡字皆與此妄字同義，猶今人用拆字也。顧千里校《韓非子》，於《外儲説左上》云：「聽子之謁，敗子之道乎，亡其用子之謁」。顧氏校《國策》云：「又亡子之術，而廢子之謁，其行乎。」謂《韓子》有脱文，不知《韓子》亡字亦讀爲無，其原文當作亡其用子之道，而廢子之謁乎，今本文不完。至《國策》云云，乃淺人不知亡字文義，而妄改之，當據《韓子》校正。顧氏反欲以《策》正《韓》，讀亡爲存亡字，顛矣。本書此句「妄」字，《國策》作「將」，將猶抑也，見《經傳釋詞》。抑與無，亦皆轉語詞，一也。妄从亡聲，故與亡通，亡之爲無，或作毋，皆一聲之轉。《國語·吴語》：「今大夫老而不自安恬逸，而處以念惡，出則罪吾衆，撓亂百度，以妖孽吴國，妄爲妖言」云云，彼妖孽即此妖字之義。而妄爲字義迥別，《經傳釋詞》於無下兼收妄字，蓋得之矣。

莊辛對曰：《御覽》不引首二字。《楚策》無「對」字。「臣非敢爲楚妖，誠見之也。實見其然也。《策》作「臣誠見其必然者也，非敢以爲國祅祥也」。

君王卒近此四子者，《楚策》「近」作「幸」，無「此」字，句末有「不衰」二字。卒，終也，謂終近幸四子也。則楚必亡矣，」《策》無「則」字，「楚」下有「國」字。辛請留於趙以觀之。」以上二句，《御覽》不引，有「不出十月」四字，作莊辛口語，下接云「十月，王果亡失江漢鄢郢之地」，爲一章，後提行，別引「諷諫木《新序》曰楚襄王亡失江漢鄢郢之地，乃使召莊辛，辛曰」云云，又爲一章。諷諫木不知何義，以文勢論之，二章當連合爲一。《楚策》作「臣請辟於趙，淹留以觀之」。於是不出十月，《御覽》異文見上句注中。王果亡巫山江漢鄢郢之地。《策》作「莊辛去之趙，留五月，秦果舉鄢郢巫上蔡陳之地，襄王流揜於城陽」，所叙較詳。御覽「亡」下有「失」字，無「巫山」二字。案《楚世家》：「二十年，秦將白起遂拔我郢，燒先王墓夷陵，楚襄王兵散，遂不復戰，東北保於陳城。二十二年，秦復拔我巫黔中郡。」當即此時事，襄王因失郢而保陳，則此時蔡陳之地，尚未失也，本書無「蔡陳」二字，是。又《白起傳》：「起攻楚拔鄢鄧五城，明年，攻楚，拔郢，燒夷陵。」《秦本紀》：「武王二十八年，取鄢鄧，二十九年，取郢。」與《起傳》同。是鄢郢之拔，不在一歲，第云五月，恐誤。城陽見《齊策》，亦非楚地，當作陳城。據《白起傳》及《秦紀》，鄢郢當爲二地，不指都。程恩澤曰：「《漢志》南郡有巫縣。《水經注》：秦省郡立縣，以隸南郡。蓋即楚巫郡也。地據巫山之險，因以爲名。《正義》：楚自梁州漢中郡，南有巴渝，過江，南有黔中巫郡。《括地志》巫郡在夔州東百里。《通典》夔州巫山縣，楚置巫郡於此。又曰：今歸州巴東縣。《地理通釋》故城在今巫山縣北，（原注：本《後漢書》注。）今在巫山縣東。而湖北宜昌府之巴東，施南府之恩施、建始三縣，皆其地也。」以上程説是。江漢流域甚廣，此所指當在武昌、荆州一帶，二水合流處。程氏又云：「鄢，東水名。《括地志》：鄢水源出襄州義清縣西界託伏山，即蠻水也，又名夷水。《左傳》及鄢，亂次以濟；王沼夏將欲入鄢是也。古鄢子國於此，楚滅之，以爲別都。《括地志》故偃城在襄州安養縣（原注：今襄陽樊城。）北三里，古鄾子之國也，南去荆州二百五十里，在襄州北五里。《正義》：鄢在襄州率道縣（原注：今宜城縣。）南九里。據此，則鄢與偃亦非一地，當以《正義》爲是。楚嘗自郢徙此，踰年而復。高誘曰：秦兵出武關，則臨鄢；下黔中，則臨郢。《地理通釋》林氏曰：江陵，郢也；襄陽，鄢也。自江陵圖北，必經襄陽，襄陽，楚之北津也。」（程説見《地名考》六、七卷。）於是王乃使召莊辛至於趙，《策》作「於是使人發騶徵莊辛於趙，辛曰，諾」。案本書「至」字當衍，下文始言辛至，此處不當先有至字。據《策》文無「至」，可證也。《御覽》「作乃使召莊辛，辛曰」云云，括引之。辛至，《策》句首有「莊」字。王曰：「嘻，先生來邪。《策》無此二句。嘻當作譆，《説文·言部》：「譆，痛也。」經傳多以嘻爲譆，《説文》無嘻字。《公羊閔二年傳》注：「嘻，發痛語首之聲。」凡言部字多溷入口部。寡人以不用先生言，至於此，爲之奈何？」《策》作「襄王曰，寡人不能用先生之言，今乃至於此，爲之奈何」。《御覽》不引襄王語。以，猶因也。莊辛曰：《策》「曰」上有「對」字。《御覽》引無「莊」字。「君王用辛言，則可；可以補救也。不用辛言，又將甚乎此。又猶更也，與尤同，古字通。《策》無此四句，《御覽》亦不引之。庶人有稱曰：稱，道也。庶人，賤者之稱。《楚策》作「臣聞鄙語曰」。亡羊而固牢，未爲遲；見兔而呼狗，未爲晚。《策》作「見兔而顧犬，未爲晚也；亡羊而補牢，未爲遲也」，此倒其語。《御覽》引兩「未」字作「不」。言羊已亡而固葺其牢，猶未爲遲，不至於再亡也；狗以搏兔，見兔而後呼狗，猶可搏之也。禍至而爲之備，事至而爲之防，雖不如曲突徙薪之明燭幾先，尚不失爲後醒者也。楚已失地，故以亡羊爲諭，望其發憤自強，舉淮北地以雄諸侯，故以亡羊見兔諭也。《説文·牛部》曰：「牢，閑養牛馬圈也，從牛冬省，取其四周帀。」牢本爲牛馬圈，引申之，凡閉獸之圈謂之牢，又引申爲牢囚牢獄之義。牢以固爲主，《策》作「補」，補所以固之也，引申爲牢不可破之義。

「呼」，《策》作「顧」，顧亦所以呼之也。湯武以百里王，《孟子》言「湯以七十里」，又云：「臣聞七十里爲政於天下者，湯是也。」《史記・平原君列傳》：「毛遂謂楚王曰，遂聞湯以七十里之地王天下，文王以百里之壤而臣諸侯。」《韓詩外傳》四：「客有説春申君者曰：湯以七十里，文王百里，皆兼天下，一海内。」陸賈《新語・明誡篇》：「湯以七十里之封，而升帝王之位。」《荀子・仲尼篇》：「文王載百里地，而天下一。」《史記・三代世表》末補褚先生答張夫子問云：「堯知稷契皆賢人，天之所生，故封之契七十里，後十餘世，至湯，王天下；堯知后稷子孫之後王也，故益封之百里，其後世且千歲，至文王而有天下。」諸書所言，湯之起，皆由七十里，此獨云「湯武以百里王」者，舉大數也。《墨子・非命上》曰：「古者湯封於亳，絶長繼短，方地百里。」然則湯地固有云百里者。顧氏炎武《日知録》云：「湯以七十里，文王以百里，《孟子》爲此言，以證王之不待大爾。其實文王之國，不止百里，周自王季，伐諸戎，疆土日大。文王自岐遷豐，其國已跨三四百里之地，伐崇伐密，自河以西，舉屬之周。至於武王，而西及梁益，東臨上黨，無非周地。紂之所有，不過河内殷虚，其從之者，亦但東方諸國而已。一舉而克商，宜其如振槁也。《書》之言文王者曰：大邦畏其力。文王何嘗不藉力哉。」案諸書言文王百里者，如上所述，不止《孟子》。蓋文王初起時，地止百里，其後由岐遷豐，德化流行，歸者始衆。故《孟子》又云「文王由方百里起」，謂其起時有百里之地，非以百里終也。若如顧氏之言，則《論語》已明云三分天下有其二，豈孟子而不知此。又豈《孟子》誤而諸書與之俱誤乎。《左傳》、《周書》數文王之德曰：「大國畏其力，小國懷其德。」（僞《武成》文襲此。）大而負恃，則力征之，小而共命，則柔懷之。文王之力，即文王之德也，豈有二事乎。《楚策》句首有「臣聞昔」三字，「王」作「昌」。桀紂以天下亡，天下之地皆屬，不免於亡，以不務德用賢故也。今楚雖小，《策》「楚」下有「地」字。《御覽》「楚」作「國」。

絶長繼短，「繼」，《策》作「續」。《禮記·王制》曰：「凡四海之内，絶長補短，方三千里。」《孟子·滕文公篇》：「今滕絶長補短，將五十里也。」《戰國策·秦策》：「韓非説秦王曰：秦地形斷長續短，方數千里。」《墨子·非命上篇》：「古者湯封於亳，絶長繼短，方地百里。」諸文意義不殊。絶，斷也，絶長繼短，猶韓非云斷長續短矣。**以千里數，**《策》作「猶以數千里」。《御覽》引與此同。**豈特百里哉。且君王獨不見夫青蛉乎，**《策》無「且君」二字，「青」作「蜻」，是也。此作「青」，省借字。《説文·虫部》曰：「蛉，蜻蛉也，从虫，令聲，一曰桑根。」又「蜻，蜻蛚也，从虫，青聲。」段玉裁曰：「蜻蛉同此蜻，如蛜蝛同蛜蝛之蛜，螟𧒂同食穀之螟也。」段説是。此蟲或單呼爲蜻，《淮南·齊俗訓》「水蠆爲蟌莣」，注：「青蛉也。」（此注亦作青。）亦但謂之蜻，《吕氏·精諭篇》「海上有好蜻者」，高注云：「蜻，蜻蜓，小蟲，細腰四翅，一名白宿。」聲轉爲蟌，《淮南·説林訓》「水蠆爲蟌」，注云：「青蜓也。」蜓蛉亦音近，《爾雅·釋蟲》「虰蛵，負勞」，郭璞注：「或曰即蜻蛉也，江東呼狐梨，所未詳。」《廣雅》：「蜻蛉，蝍蛉，倉螘也。」《方言》「蜻蛉謂之蝍蛉」，郭注：「亦六足四翼蟲也，江東名爲狐黎，淮南人呼蠊蛜。」郝懿行曰：「倉螘、桑根、蝍蛉、蜻蛉，俱聲相傳；蠊蛜、倉螘、蜻蛉、虰蛵，又聲相近也」案郝注《爾雅》引或説，而曰未詳，則虰蛵之爲蜻蛉與否，郭蓋未敢臆定。《説文》：「蛵，虰蛵負勞也。」段注：「下文蛉下蜻蛉一名桑根，不與此爲伍，則許意不謂蜻蛉可知。」其説是也。郝謂虰蛵蜻蛉聲近，以爲一物，恐非。郝又引《本草》陶注：「蜻蛉一名諸乘。《古今注》云一名青亭，色青而大者是。小而黄者曰胡梨，一曰胡離，小而赤者曰赤卒，絳騶，一名赤衣使者，一名赤弁丈人，好集水上。案今呼赤色者爲火壺盧，即紅胡梨之聲傳也。大而青者，順天人呼老琉璃，亦曰馬郎，馬古讀如姥，姥負音近，郎勞音轉，然則馬郎即負勞之遺語乎。」以上郝氏溝通負勞之即馬郎，亦甚牽強。古輕唇音皆讀重唇，（見錢大昕《十駕齋養新録》。)負讀如背，與姥並不相近。錢氏大昕《十駕齋養新録》引《史記·魯周公世家》「南面倍依」，《漢書·徐樂傳》「南面背依」，皆卽負扆。《書·禹貢》「至于倍尾」，《史記》作「負尾」。《漢書·宣帝紀》「行幸萯陽宮」，李斐曰：「萯，音倍。」《東方朔傳》師古注：「倍陽，卽萯陽。」諸文爲證，是也。郝知古讀馬如姥，而未知古讀負如背，是知二五不知一十也。錢侗曰：「此蟲之名，以色而異，青者曰蜻蛉，蜻之言青也。又謂之蟌，《淮南·説林訓》水蠆爲蟌，注：青蜓也。蟌之言蔥也，《爾雅》青謂之蔥是也。黄者曰胡梨，胡梨之言黄鶩也。又謂之桑庚，桑根之言商庚也。《爾雅》倉庚，商庚，郭注：卽鶩黄也。赤者曰赤卒，卒之言赭也。《方言》卷三言楚東海之閒卒謂之赭，注：言衣赤也。是也。由是推之，蝍蛉亦青白相雜之名。《詩·小宛》正義引陸疏：脊令大如鷃雀，長脚，長尾，尖喙，背上青灰色，腹下白，頸下黑，如連錢。《埤雅》引《物類相感志》：鶺鴒，其色蒼白，似雪。義可相通矣。」錢繹曰：「此蟲止有四足，以爲六足者皆誤。淮南人呼蠊蚜者，《玉篇》蠊，蜻蛉也。《廣韵》義同。」(二錢説俱見《方言箋疏》。)此蟲又名厥昭，《列子·天瑞篇》「厥昭生乎溼」，釋文引《曾子》云：「狐蔾一名厥昭，恒翔繞其水，不能離去。」又引《師説名》云：「狐蔾，蜻蛉蟲也。」《御覽》引《尸子》云：「荆莊王命養由基射蜻蛉，拂左翼。」此蟲翼薄身輕，故中之爲難也。六足四翼，錢繹謂此蟲四足，非六足。《御覽》九百五十引《東方朔別傳》曰：「上置蜻蛉蓋下，羅諸數衆，獨使朔射之。對曰：馮翊馮翊，六足四翼，頭如珠，尾正直，長尾短項，是非句簍，卽蜻蛉是也。」蜚翔乎天地之閒，《説文·蟲部》：「蠹，臭蟲，負蠜也，或从虫。」《爾雅》：「蜚，盧蜰。」二説不同，皆以爲蟲名，古書多叚作飛字。《國策》作「飛」，用本字。此及下《楚莊王蒞政章》皆以蜚代飛。求蚊虻而食之，《策》作「俛啄蚊虻而食之」。案蚊虻俗字，當作蟁䖟。《説文·䖵部》：「蟁，齧人飛蟲，从䖵，民聲。重文蟁或从昏，以昏時出也。蚊俗蟲，从虫从文。」又蝱下云：「齧人飛蟲，从䖵，亡聲。」段注：「人當作牛。《楚辭》譬如牛馬處暑之既至，寅蠁之既多，而不能掉其尾。韋云：大曰寅，小曰蠁。《說苑》曰：蠹蝝仆柱梁，蚊蝱走牛羊。《史記》搏牛之蝱，不可以破蟣蝨。《淮南書》曰：蝨蝱不食駒犢。今尚謂齧牛者爲牛蝱。《本草經》有木寅、蜚寅。」案段說是。蝨蝱同類，故連及之。**時甘露而飲之，**《策》作「仰承甘露而飲之」。「時」字宋本、嘉靖本如此，各本俱作「待」。案：時待俱从寺得聲，古書多叚借通用。《易·歸妹》：「愆期之志，有待而行也。」釋文：「一本待作時。」（經文遲歸有時，亦當讀爲待，故傳以待釋之。）《月令》「毋發令而待」，《呂氏·季夏紀》作「毋發令而干時」。《方言》「萃離時也」，《廣雅》「時」作「待」。《離騷》「騰衆車使徑待」，與下期字爲韵。皆其證也。此文義當作待，字則叚時爲之，宋本、嘉靖本作「時」，乃本書之原文也。後人不識時字之義，徑改爲待，雖其義未誤，而本書之真失矣。今從宋本、嘉靖本，若本書作「待」，二本無緣改爲「時」也。《國策》作「承」者，時承亦通用，《大戴禮·少閒篇》「時天之氣」，即承天之氣。**自以爲無患，與民無爭也。**「民」，《策》作「人」。《御覽》引脱下句。（下文引有此句，故知此是脱文。）大抵《御覽》引此文，多删節脱落。古民與人字通，故唐人避諱，以人作民。《書·皋陶謨》「安民則惠」，《後漢書·左雄傳》作「安人」；《無逸》「懷保小民」，《漢書·谷永傳》作「小人」；《孝經》「民之行也」，釋文云：「民本作人。」皆其證。本書字作民，義亦訓爲人。**不知五尺之童子，**《策》及《御覽》引俱無「之」字。又「不知」下《策》有「夫」字。**膠絲竿，**《御覽》作「以竹竿」，誤。《策》作「方將調鉛膠絲」，鮑彪注本改鉛爲飴，注：「飴，米蘖所煎，調以餌之，又施膠於絲以挈之。」吴師道本正曰：「《急就章》注：以蘖消米，取汁而煎之，渜弱者爲飴，形怡怡然，此謂調以膠絲也。」又補曰：「膠一本作標膠，或作繆，言糾繆纏繞也。」案鮑、吴二說俱非。改鉛爲飴，膠爲繆，作糾繆，殊近肊斷。本意蓋謂調鉛如膠於絲竿以致之耳。本書止作膠絲竿，謂以黏質施於竿上，今世童子以竿黏蟬爲戲，蓋古已有之。《莊子·達生篇》：「仲尼適楚，出於林中，見痀僂者，承蜩猶掇之也。」注：「蜩，蟬也。以竿黏曰承。掇，手取也。」彼文之承蟬，猶此文之膠絲竿矣。

加之乎四仞之上，

「之」，《策》作「己」。「仞」，《孟子·盡心篇》作「軔」。仞正字，軔借字。（《子虛賦》玄鶴加，李注引《淮南》高誘曰：加，制也。按《詩·鄭風》弋言加之，胡承珙《後箋》引《埤雅》云此加與玄鶴加，加雙鴨之意同。蘇氏《詩傳》又引《史記》弱弓微繳加諸鳧雁之上，並此解。）先儒或言七尺爲仞，或言八尺爲仞。程氏瑤田《通藝録》有七尺曰仞說，云：「仞之數，《小爾雅》云四尺，《漢書·食貨志》注引應劭云五尺六寸，此其謬易見也。《說文》云：仞，人伸臂一尋八尺。王肅《聖證論》、趙岐《孟子》注、曹操、李筌《孫子》注、郭璞《山海經》注、顔師古《司馬相如傳》注、房玄齡《管子》注、鮑彪《楚策》注並曰八尺，而鄭康成《周官·儀禮》注、包咸《論語》注、高誘注《呂氏春秋》、王逸注《大招》《招魂》、李謐《明堂制度論》、郭璞注《司馬相如賦》見司馬彪說，則皆以爲七尺。《莊子》步仞注之丘，陸德明釋文亦曰七尺，《淮南子·原道訓》注八尺曰仞，而《覽冥訓》注則云七尺曰仞，其注百仞，亦曰七百尺也。《淮南》有許慎、高誘二人之注，證以《說文》，則八尺者當爲許氏所記雜高誘注中者，證以《呂氏春秋》注，則七尺者誘之說也。（案近人考出《道應》、《詮言》、《兵畧》、《人間》、《泰族》、《要畧》、《謬稱》、《齊俗》八訓皆許注，餘並高注。）近世方密之、顧亭林皆篤信八尺之說。瑤田以爲仞七尺者是也。楊雄《方言》云度廣以尋，杜預《左傳》仞溝洫，注云度深曰仞。二書皆言人伸兩手以度物之名，而尋爲八尺，仞必七尺，何也？同一伸手度物，而廣深用之，其勢自不得不異。人長八尺，伸兩手亦廣八尺，用以度廣，其勢全伸而不屈，故尋爲八尺；而用之以度深，則必上下其左右手而側其身焉，身側，則胸與所度之物不能相摩，於是兩手不能全伸，而成弧之形，弧而求其弦以爲仞，必不能八尺，故七尺曰仞，亦其勢然也。《玉篇》曰：度深曰測。《說文》解測字曰：深所至也。測之言側也，余之説仞字，以爲伸手度深，必側其身焉，義與此合矣。」段氏玉裁《說文解字》注曰：「程説甚精，仞説可定矣。《考工記》廣二尋，深二仞，謂之澮。倘其度同八尺，何不皆曰二尋，如上文廣二尺深二尺之例也。許書於尺下既尋仞兼舉，尋者，八尺也，見寸部；則仞下必當云七尺，今本乃淺人所竄易耳。」焦氏循《孟子正義》亦云：「仞説以程、段之言爲定。」案：程説乍看似極有理，惟許何以云八尺，而諸儒多從之；應劭何以云五尺六寸。許、應雖誤，必有其故，程氏於此，尚少契勘。段疑《說文》爲淺人所竄，亦近臆斷。近陶氏方琦《漢孳室文鈔·説文仞字八尺考》云：「古者法度，皆起於人身。而中人之身長八尺，《說文》夫字下云：周制八寸爲尺，人長八尺，謂之丈夫。尺字下云：周制寸尺咫尋常仞諸度量，皆以人之體爲法。咫字下云：中婦人手長八寸，謂之咫，周尺也。《通典·禮》十五引《白虎通》曰：周據地而生，地者陰也。以婦人爲法，婦人大率奄八寸，故以八寸爲尺。蓋古以十寸爲尺，周以八寸爲尺，是減其二，漢尺又減其一。許君所用，周尺也，故主八尺之説；鄭君所用，漢尺也，故主七尺之説。《漢書·食貨志》應劭注謂五尺六寸曰仞，似漢末之尺，又減其七之二，以周尺再倍除之，七八五十六，適合五尺六寸之數。惟《小爾雅》四尺謂之仞，倍仞謂之尋，前賢每疑有誤。王肅多用《小爾雅》説，王氏注《家語》云八尺曰仞，則《小爾雅》亦必是八尺曰仞。以與鄭氏之説異，其文當是八尺謂之仞，仞謂之尋矣。（原注：鄒伯奇亦曰：古者法度起於人身度，高與人等，即名爲仞。《小爾雅》四尺謂之仞，當作高八尺曰仞。）《鄉射禮》注：中人張臂八尺。蓋人長八尺，凡人張臂，長與身等，則人長八尺，正合一仞之度。諸家言仞皆同，所不同者，用尺之制耳。用周尺者，説多是八尺；用漢尺者，説多是七尺。則八尺七尺之分，不過遞減其制之異。許君《説文解字》明言周制八尺之説，覩於《淮南·原道》八尺曰仞之注，而後知《説文》所云，真爲許義。段氏必謂八尺義不合古，譏爲淺人竄改，是亦一曲之見，當取余説以正之。」以上陶説極確，勝於諸家，必如是而後諸解皆通，羣疑涣釋。若金氏鶚《求古録禮説·釋仞篇》駁鄭申許，其説多失之麤，茲不取。而下爲蟲蛾食已。《策》「蟲蛾」作「螻蟻」，「已」作「也」。《御覽》「蛾」作「蟻」，無「已」字。案《説文·虫部》：「蛾，羅也，从虫，我聲。」下接螘字云：「螘，蚍蜉也，从虫，豈聲。」是蛾螘一物。段注云：「蛾羅見《釋蟲》，許次於此，當是螘一名蛾。古書説蛾爲蚍蜉者多矣，蛾是正字，螘是或體。許意此蛾是螘，蚰部之𧓍是蠶𧓍，二字有别。郭注《爾雅》蛾羅爲蠶𧓍，非許意也。《爾雅》螘字本或作蛾，蓋古因二字雙聲通用，本爲一物，非叚借也。」案：蛾之爲螘，猶姼之爲㚰，漢以後歌韵多傳入支。然如祟古文作稓，則二類本通，此例甚繁，余别有考。郭璞以蠶蛾釋蛾羅，非惟失許意，並失經意，郝疏已駁之。《説文·虫部》無蟻，蟻後出字，今則蟻行而螘幾廢矣。青蛉猶其小者也，《國策》姚本有此句，鮑本無。姚本「青」作「蜻」，無「猶」字。《御覽》引無「也」字。夫黄爵，《策》及《御覽》引並無「夫」字，「爵」作「雀」。各本奪「黄」字，《御覽》引有，下文亦作黄雀，今據補。雀正字，爵同音叚借字。《説文·隹部》：「雀，依人小鳥也，从小隹，讀與爵同。」是二字音同，故相通用。又《鬯部》：「爵，禮器也，象雀之形，中有鬯酒，又持之也，所以飲器象雀者，取其鳴節節足足也。」是二字義亦相因。爵之字本取於雀，而又同聲，古書所由多叚爵爲雀也。雀者，今俗呼麻雀，其色褐，其鳴節節足足。又有似雀而色純黄者，乃爲黄雀，黄雀與雀不同類，以其似雀而稱之耳。《詩》所謂黄鳥，即其物也。今本落黄字，則似指依人之小鳥，而非黄鳥矣。《御覽》所據本尚有「黄」字，不知何時脱去，宋本已誤矣。俛啄白粒，《禮記》「俛焉日有孳孳」，釋文：「俛音勉。」

段注《說文》:「《過秦論》俛起阡陌之中,李善注引《漢書音義》:音免。《史記・倉公傳》不可俛仰,音免。《龜策列傳》首俛,《索隱》、《正義》皆音免。元應書兩云:俛仰,無辨切。《廣韻》俛,亡辨切,俯俛也。《玉篇・人部》俛,無辨切,俯俛也。此皆俛之正音。《毛詩》黽勉,李善引作僶俛,俛與勉同音,故古叚爲勉字。古無讀俛如府者,頫音同俛。《匡謬正俗》及小徐引俛皆作俗頫字,以讀同俯爲鮨,誤矣。」案俯俗字,當作頫。《匡謬正俗》引張揖《古今字詁》云:「頫,今之俯俛也。」是頫正字,俛俯皆後起字。故《上林賦》李注引《聲類》云:「頫,古文俯字。」段謂古俛字音勉,是已。然勉从免聲,古免字亦或讀如免,凡鞔娩卽免身之免,而字皆从免,是與今俯音相近也。《禮記・樂記》「今夫新樂,進俯退俯」,與儒女古下各字爲韻。《淮南・時則》注:「青州人謂伏爲俛。」伏俛一音之轉,古無輕唇音,高誘所讀蓋與今音同矣。《左傳》記《正考父鼎銘》:「一命而僂,再命而傴,三命而俯,循牆而走,亦莫余敢侮。饘於是,鬻於是,以糊余口。」以俯與僂傴走侮口韻,亦與今勉音異。蓋免古亦讀如免,故聲近而譌爲今之俯音,若止音亡辯切,何從而傳今音邪。(黽勉聲傳爲文莫密勿,此勉之正音非轉音。)「啄」,《策》作「噣」。古啄噣通用,《太玄經》「三歲不噣」,注:「噣,啄也。」《詩・韓奕》傳:「厄,烏噣也。」《釋名》、《小爾雅》作「烏啄」。詳五卷《東野稷》七卷《公孫杵臼章》注。《策》一本又作「嘱」,乃噣之誤。仰棲茂樹,茂密之樹。棲,俗栖字。鼓其翼,奮其身,「身」,《御覽》作「翅」。《策》作「鼓翅奮翼」,爲一句。自以爲無患,與民無爭也。「民」,《策》作「人」。《御覽》引無「也」字。不知公子王孫,公子王孫,貴者之稱。《策》「不知」下有「夫」字。左把彈,《策》「把」作「挾」,《御覽》引本文作「抱」。其義皆同。右攝丸,攝,引持也。定操持,審參連,《御覽》不引此二句,《策》亦無之,但云「加己乎十仞之上,以其類爲招」。本書無此二語,或有奪文。定操持者,定持弓矢上下也。鄭衆《周禮》注：「五射，一曰參連。」疏曰：「參連者，前放一矢，後三矢，連續而去也。」《吴越春秋》：「射之道，從分望敵，合以參連」。《列子》：「善射者，能令後鏃中前括，發發相及，矢矢相屬，前矢造準，而無絶落，後矢之括猶銜弦，視之若一焉」是謂參連。」李呈芬云：「參連，謂先發一矢，三矢夾於三指間，相繼拾發，不至斷續，此注矢之法。」黄以周曰：「參連，謂四矢參亭，連繹而中藝。《詩》曰：四鍭既鈞，舍矢既均。《毛詩》曰：鍭矢參亭，已均中藝。是其的證。參亭之言，猶參均也。《新序》定操持，審參連，亦謂彈丸上下參均，連繹而無絶落，義可互證。此射之貴乎均者，用諸散射，（原注：《詩》傳箋以爲養老之射，養老之射，散射也。）王肅以爲燕射，非。」案：黄氏以參亭爲參均之義，以釋參連之參字，似不如賈疏釋爲三矢連續而去之確。近人章氏文録，謂參連者，三矢反故，亦不取黄説。故晝遊乎茂樹，夕和乎酸鹹。和，當作龢。《説文·皿部》：「盉，調味也。」《廣川書跋》引味下有器字，段注以爲非。黎氏永椿《説文通檢》謂「調和字當作龢。或謂調和字作盉，諧和字作龢，唱和字作和，則妥協矣。余疑調和本言八音六律之相宜，協乎節奏，滋味之相配似之，故取以爲名耳。字當作龢。」黎説不誤。至盉字从皿，本器用類，《廣川書跋》所引，亦未可駁也，古經傳皆以和字爲之。和乎酸鹹，謂爲人所得，以供滋味，調酸鹹而食之。《策》「和」字作「調」，義同，下有「倏忽之間，墜於公子之手」二句。《御覽》引「夕」上有「而」字。黄爵猶其小者也，「黄」字據《御覽》補，彼引「爵」作「雀」，無「也」字。《策》作「夫雀其小者也」，此句反無「黄」字，一本有，有者是也。鴻鵠，「鴻」，《策》作「黄」，下有「因是以」三字。凡鴻鵠黄鵠，傳記每有異文。如五卷《田饒章》之鴻鵠，《外傳》亦作黄鵠。《説文·鳥部》：「鵠，鴻鵠也，（元應書引作黄鵠。）从鳥，告聲。」「鴻，鴻鵠也，从鳥，江聲。」段注：「經史言鴻鵠，皆謂黄鵠，或單言鵠，或單言鴻，又云黄鵠一名鴻。《詩·豳風》鴻飛遵渚，毛傳：鴻不宜遵渚。鴻飛遵陸，傳：陸非鴻所宜止。案鄭箋祇云：鴻，大鳥。不言何鳥。學者多云，雁之大者。鴻雁遵渚遵陸，亦其常，何以毛云不宜，以諭周公未得禮。正謂一舉千里之大鳥，常集高山茂林之上，不當循小洲之渚、高平之陸也。經傳鴻字，有謂大雁者，如《曲禮》前有車騎，則載飛鴻，《易》鴻漸于磐，是；有謂黄鵠者，此詩是。單呼鵠，累呼鴻鵠黄鵠，黄言其色。鴻之言琟，言其大，故又單呼鴻雁之大者曰鴻。字當作鳿，而叚借也。」案段説極是。《説文》以鴻次鵠，可知與鵠爲一類，非雁之屬，（段改鵠下鴻鵠爲黄鵠，則不必。又於雁下引毛傳大曰鴻，小曰雁，謂鴻訓大，非鳥名，其説與此又異。然如鴻漸于磐，則載飛鴻之文，皆不可謂非鳥名，當以此注爲是。）《説文·隹部》：「琟，重文鳿云，琟或从鳥。」《聲類》以爲鴻之或字，是段説所本。**嬉遊乎江河**，「河」，各本作「漢」，《御覽》引作「河」。案：下文「朝游乎江河」正作河，此處不應作漢，今據《御覽》改。《策》無「嬉」字，「乎」作「於」，上下文並作「江海」。**息留乎大沼**，《策》作「淹乎大沼」，淹息誼同。《御覽》「江河」下止作「修其六翮，一舉千里」，所引甚畧。**俛啄鰋鯉**，《策》作「俯噣蜷鯉」，鮑本改「蜷」爲「蟮」。案鰋《説文》作⿰魚妟，或从匽，今經傳皆用或體，鰋行而⿰魚妟廢矣。許以⿰魚妟次鮀鮎鮷中，鮀下云鮎也，鮎下云⿰魚妟也，⿰魚妟下云鮀也，鮷下云大鮎也，明四魚同爲一類。又鯉下云鱣也，下卽鱣字，云鯉也，二魚亦一類。《爾雅·釋魚》：「鯉鱣鰋鮎鱧鯇。」舍人注云：「鯉一名鱣，鱧一名鯇。」孫炎云：「鰋鮎一魚，鱧鯇一魚。」義皆與許合。惟郭注以爲六魚，《詩》疏引郭音義云：「先儒及《毛詩》訓傳皆謂魚有兩名，六魚種類形狀有殊，無緣强合之爲一物。」案：稱謂古今或異，不可以今之稱謂，盡改前人成説。許、孫、舍人，時代近古，必有所受。胡承珙曰：「郭云鰋今偃額白魚，偃者仰也，此卽鮎魚之狀。《爾雅翼》云：鮧魚，偃額，兩目上陳，頭大尾小，身滑無鱗，謂之鮎魚。是也。別録有鱯魚鮠魚，陶隱居以爲皆鮎之屬。今目驗此類，皆偃額而色白，蓋以其偃額，故曰鰋，以其身滑無鱗，故曰鮎。鮎猶黏，謂其黏滑也。郭氏分其所不當分，而陸德明乃謂目驗與毛不合，何邪。」王引之曰：「舍人及孫炎均謂經文一物而二名。郭曰：鱧，今赤鯉魚；鱣，大魚，似鱏而短鼻，口在頷下，體有邪行甲，無鱗，肉黃，大者長二三丈，今江東呼爲黃魚；鰋，今偃額白魚；鮎，別名鯷，江東皆呼鮎爲鯷；鱧，鮦也；鯇，今鯶魚，似鱒而大。又音義云：六魚種類形狀有殊，無緣合爲一物。引之謹案：舍人及孫注是也。鯉鱣鰋鮎，釋《詩》之鰋鯉也，鱧鯇魴鱮，釋《詩》之魴鱧也。郭氏徒以鯉鱣大小絶殊，遂分爲二物，並鰋鮎鱧鯇而亦分之。不知鯉鱣與鰋鮎並稱，而不與下文之鮥鮇相連，明非鱣鮪之屬也。自毛公釋《詩》之鱣鮪，始誤以鱣爲鯉，則不知鮪鱣之鱣，非鱣鯉之鱣也。郭氏又誤以《爾雅》之鯉鱣爲二物，而以鱣爲大魚，則不知鯉鱣之鱣，非鱣鮪之鱣也。若鯉鱣以下，各爲一物，則當云鯉魚鱣魚鰋魚鮎魚鱧魚鯇魚，方合本書之例，不得徑省其文，而稱鯉鱣鰋鮎鱧鯇也。鳥獸蟲魚，固多異物同名者，魵謂之鰕，鯢大者亦謂之鰕；似鮎之魚謂之鯢，雌鯨亦謂之鯢；鱣謂之鯉，鮻魚亦謂之鯉。然則鯉鱣之鱣，何嫌與鱣鮪之鱣同名乎。不然，鱣鮪之鱣絶大，作《爾雅》者，不應茫然不知，而與鯉混爲一物也。至白魚名鰋，鯶魚名鯇，皆以意爲說，書無所證。祇以鯉鱣既分爲二，遂連分四魚以從之耳。郭說似是而非，未可依據。」以上胡、王二說，駁郭注之誤，甚是。《爾雅》之例，從無平列諸物，一字一名者。嚴氏元照《爾雅匡名》、陳氏玉樹《爾雅釋例》均糾郭失，惟邵郝二家意，殊不可解。

仰奮陵衡，《策》作「仰嚙蔆衡」。《說文·奞部》：「奮，翬也，从奞在田上，《詩》曰不能奮飛。」即此奮字之義。陵，蔆之省文，《策》作「蔆」。鮑彪注：「衡，香草。」吳師道補正曰：「《周禮》蔆，芰蔆。蔆菱字通，《凡將篇》蔆从遴，今俗皆作菱。《武陵記》云：四角三角曰芰，兩角曰菱。衡與蔆並言卽荇接余，水草也。」光瑛案：蔆俗字，當作蔆。《說文艸部》：「蔆，芰也，从艸，淩聲。楚謂之芰，秦謂之薢茩，重文遴，司馬相如説蔆从遴。」此篆與芰薢茩並列，明同爲一物。《爾雅》云「蔆蕨攈」，郭注云：「今水中之芰。」又「薢茩、芵茪」，郭注云：「芵明也，葉黄鋭赤、華實如山茱萸，或曰蔆也，關西謂之薢茩。」郭注引或説，與《説文》合，是也。《廣雅・釋艸》「蔆芰薢茩」，是蔆卽薢茩，乃相承之古義。王念孫曰：「《爾雅・釋艸》如瓌鳥薞，澤鳥蕵，唐蒙女羅，蒙王女之類，多同實異名，前後分見。（案此例甚多，陳玉樹《爾雅釋例》名異物同例，卽指此。）薢茩芵茪，蔆蕨攈，或亦是也。蕨攈字孫炎作攈，音居郡反，又居羣反。蕨攈、芵茪、薢茩，正一聲之轉矣。《周官・籩人》加籩之實，蔆芡㮚脯，注：蔆，芰也。《楚語》屈到嗜芰，韋注：芰，蔆也。徐鍇《説文繫傳》因《周官》加籩有蔆，而《楚語》屈建有羊饋無芰薦，二者不合，遂謂屈到所嗜，非水中之蔆。又因《爾雅》注兼存決明及蔆之説，遂謂到所嗜爲決明之菜。案：決明名芰，於古無徵，《周官》、《楚語》，不必盡合，徐説疏矣。蘇頌《本草圖經》云：菱葉浮水上，花黄白色，花落而實生，漸向水中，乃熟。實有二種，一四角，一兩角。是則蔆之形狀雖殊，稱名則一，而《酉陽雜俎》引王安貧《武陵記》，四角三角曰芰，兩角曰蔆，強爲分別，其説非也。」以上王説極是。郭見經文芵茪當薢茩，光明誼同，遂以爲卽芵明，初無確據。小徐承其誤，故有此失。郝懿行謂今棲霞人猶謂蔆爲薢茩，此古之遺言，斯確證也。（郭氏棲霞人，所言郅確。又呼蔆角，角薢亦一音之轉也。）吳説未可信。衡，杜衡也，俗作蘅。《爾雅・釋艸》「杜，土鹵」，郭注：「杜衡也，似葵而香。」《楚辭・離騷》「雜杜衡與芳芷」，王逸注：「杜衡芳芷，香草。」《山海經・西山經》云：「天帝之山有草焉，其狀如葵，其臭如蘼蕪，名曰杜衡，可以走馬，食之已癭。」《廣雅・釋艸》：「楚蘅，杜蘅也。」《字始》作蘅，吳氏以接余之荅當之，恐非。或疑衡非草名，《説文》又無蘅字，杜衡可言杜，不可言衡，則非荅而何。不知子雲賦云「衡蘭芷若」，正單舉衡字。

《廣雅》之「楚衡」，以其出於楚而名之，（《御覽》引《苑子》計然云：楚衡出楚國。）猶宋玉《風賦》稱「秦衡」，此皆草稱衡之證。《本草》云：「杜若，一名杜衡。」而《子虛賦》衡若並言。《廣韻》：「杜衡，香草，大者杜若。」是杜若之外，固別有名杜衡者，《廣雅》之楚衡，亦其證矣。至衡之爲接余，諸經注皆無明文，吳氏以其爲水草，與蔆同類，故傅會之，今不從。

修其六翮，而陵清風，修，長也。翮，羽莖也。《策》「修」作「奮」，「陵」作「淩」。案淩陵通用，皆叚借字，本字當作夌。《説文・夊部》：「夌，越也。」是其誼。麃摇高翔，《策》作「飄摇乎高翔」。《説文・風部》：「飄，回風也。」《毛詩・鴟鴞》「風雨所漂揺」，字作漂。《漢書・外戚・李夫人傳》武帝賦：「縹飄姚乎愈莊。」馬融《廣成頌》「羽毛紛其髟鼬」，章懷注：「飛揚貌。」皆飄揺之變字。此作麃，音近叚借。揺有扶揺之誼，作飄遥皆俗。此承上句陵風言，麃揺高翔，言去地遠。一舉千里，《策》無此句。舉，飛舉也。本書五卷田饒曰：「夫鴻鵠一舉千里。」《漢書・張良傳》高祖爲戚夫人歌曰：「鴻鵠高飛，（《史記》鵠作雁，此淺人改之，由誤以鴻鵠之鴻爲鴻雁之鳿也。見上文鴻鵠句引段氏《説文》注。）一舉千里，羽翼已就，横絶四海。横絶四海，又可柰何，雖有矰繳，尚安所施。」又閭丘卭謂齊宣王曰：「黄鵠白鶴，一舉千里。」（見本書五卷《閭丘章》。）自以爲無患，與民無爭也。「民」，《策》作「人」。《御覽》無「也」字。不知弋者選其弓弩，「弋」，當作「隿」，《説文・隹部》：「隿，繳射飛鳥也。」經傳多叚弋爲之，弋行而隿廢矣。《丿部》：「弋，橜也，象折木衺鋭著形。」別一義。選，擇也。弩，弓之有臂者。《策》作「不知夫射者方將脩其弽盧」，弽蒲字同，所以造矢，《左傳》所謂萑澤之蒲也。盧玈字同，黒弓也，與弩別。《周禮》四弩，有夾弩、庾弩、唐弩、大弩諸名。（見《司弓矢》文。）《御覽》引「選」作「撰」，「弩」作「矢」，撰卽選字俗。修其防翳，《策》作「治其繒繳」。案《禮記・月令》「羅網畢翳」，鄭注：「翳，射者所以自隱也。」翳有隱蔽之義。《方言》十三：「翳，掩也。」《廣雅·釋詁》二：「翳，障也。」義並相近。射者以物隱蔽其身，恐鳥獸見而驚走也。《文選·射雉賦序》「習媒翳之事」，徐爰注云：「翳者，所隱以射者也。」又「擎場拉翳，停僮葱翠」，注云：「射者聞有雉聲，便除地爲場，拉翳於草。停僮，翳貌也；葱翠，翳色也。然則翳必實有一物。以此推之，防者，防禽獸之逸走，豫隔絶之，亦必實有其物也。」以上所言，皆本文防翳之確詁。修，謂修治之也。加繒繳其頸，投乎百仞之上，繒，矰之叚字，注見前。《策》無「加矰繳」句，「治其矰繳」下即接「將加已乎百仞之上」句。鴻鵠高翔，故言百仞。引纖繳，揚微波，折清風而殞。自「加矰繳」至此，《御覽》不引，疑有脱文。《策》作「彼礛磻，引微波，折清風而抎矣」。彼當作被，（各本亦作被，宋本誤。）纖微誼同。抎即損，《齊策》守齊國，惟恐失抎之，《墨子·天志篇》國家滅亡，抎失社稷，《尚賢篇》失損其國家，《非命篇》或雖昔者三代暴王桀紂幽厲之所以共抎其國家。王引之謂共抎即失抎，隸書失字與共相似，故譌，其説是也。《非命》之失抎，即《尚賢》之失損，《天志》之抎失。《説文·手部》：「抎，有所失也。」云員古今字，見《毛詩·出其東門篇》「聊樂我員」正義，是抎即古損字矣。《説文》無殞字，《𨸏部》有隕，云：「从高下也。」凡隕落隕越字當作此。《爾雅·釋詁》：「隕，下落也。」此言折清風而殞，正下落之誼，字當作隕爲正。孫氏詒讓《札迻》云：「波即磻之叚字，《史記·楚世家》曰碆新繳，《集解》徐廣曰：以石傅弋繳曰碆，碆音波。《索隱》：碆作磻。字並通。」案孫説是。《國策》鮑本注云：「磻，以石著隿繳也。」與徐廣釋碆誼同。磻正字，碆後起字。礛，鮑注引《集韵》：「劖，利也。」與微對文，則亦叚借字。然《説文·刀部》無劖，劖後起俗字，當作厱。《説文·厂部》：「厱，厱諸，治玉石也。」《玉篇》作「礛𥖁，治玉之石也，青礪也，或作厱。」當即此礛字。礛磻皆石類，可以傅弋者，與本書文異也。故朝遊乎江河，而暮調乎鼎俎。《策》「朝」作「晝」，「暮」作「夕」，「俎」作「㓾」，無「而」字。（一本無乎字。）案遊當作游，暮當作莫。調，鉌味也。以上引諭，《説苑・正諫篇》記吴舍人諫吴王伐荆語，頗似此。鴻鵠猶其小者也，《策》作「夫黄鵠其小者也」。《御覽》引本文無「也」字。蔡侯之事又是也。蔡侯，蔡聖侯也。《漢表》無聖侯，而有聲侯，列八等。近人金氏正煒《戰國策補釋》云：「蔡聖侯之聖當作聲，一聲之轉也。蔡滅於聲侯後十年。謚法：不生其國曰聲。疑聲侯先虜於楚，後乃盡滅其國耳。《公羊文十七年》葬我小君聖姜，二傳作聲姜，可證。」案金説頗近理。《史・世家》無聖侯，祇見《國策》。《策》及本書均未言蔡滅於聖侯，但云繫以朱絲，奏之宣王，則金氏先被虜之説，亦確有所據。惟聲侯與宣王子發皆不同時，仍當闕疑爲是。（參下子發受命宣王句注。）「又」，各本作「故」，文誼難解，《御覽》引作「又」。《策》作「蔡聖侯之事因是以」。以或作已，字同。因又、以也皆一聲之轉，《策》之「因是以」，即此文「又是也」也。黄丕烈校《國策》引《文選・詠懷詩》注，稱蔡聖侯因是已，延叔堅《戰國策論》曰：「因事已，因事已復有事也。」依此當讀以字絶句，連下者誤。案：《國策》上文黄雀黄鵠，皆言因是以，自當從以字爲句，連下則不通。王引之曰：「《策》文已字絶句，因是，猶是也。（案：猶又亦一聲之轉。）已，語終詞也。（王所見《策》以作已。）言黄雀之自以爲無恙，亦猶之蜻蛉也，下文各句誼同。《文選》注引延篤語，所解雖未了，而其以已字絶句甚明。今本改已爲以，（案宋本作以，以已通用，非改也。）而以黄雀因是以五字連下句讀之，則義不可解矣。」案：王氏説是也，因是已蓋當時方言如此。因者由也，古由與猶同。《孟子》「以齊王，由反手也」，「王由足用爲善」，皆以由作猶。已也同聲相轉，因是已即猶是也，本書作又是也，誼相近而微别。猶是謂猶之乎此，又是則又將如此也。《莊子・齊物論篇》亦有因是已之語，舊解均牽字誼，未爲確詁。蔡侯南遊乎高陵，大阜曰陵。《策》「陵」字作「陂」。北徑乎巫山，「徑」，《策》作「陵」，《御覽》作「經」。巫山，山名。《秦策》云「南有巫山黔中之限」，注：「巫山在南郡。」案《漢志》南郡巫縣，應劭曰：「巫山在西南。」郭仲産曰：「今山在縣東。」（錢坫曰：今山在縣北。）郭璞曰：「今在建平巫縣。」《江行記》：「自巫峽東至西陵峽，皆連山無斷處，非亭午夜分，不見日月，風無南北，惟有上下。《水經注》謂杜宇所鑿，以通江者。」顧祖禹曰：「巫山爲三峽之一，長一百六十里，所謂巴東三峽巫峽長也。」在今四川夔州府巫山縣東三十里。逐麋麕麛鹿，彉谿子，隨時鳥，嬉遊乎高蔡之囿，《策》無上三句，「巫山」下有「飲茹谿流，食湘波之魚，左抱幼妾，右擁嬖女」等句，本書亦無之。《御覽》不引此三句。麋，鹿屬，冬至解角。麕，篆作麇，麞也，籀文不省，作麕。麛，麋屬也。鹿，獸，篆文象頭角四足之形，鳥鹿足相似，故从比也。「彉」，宋本作「彍」，各本皆作「彉」，彉正彍俗，今從衆本。《説文·弓部》：「彉，滿弩也，从弓，黄聲，讀若郭。」《漢書·吾丘壽王傳》曰：「十賊彍弩，百吏不敢前。」師古曰：「引滿曰彍。」是也。谿子，弩名。隨，從也，謂追逐射嬉遊乎高蔡之囿。「高」，《御覽》作「商」。案《策》亦作「高」，鮑注云：「卽上蔡也。」上蔡屬今河南汝甯府，鮑以上蔡當高蔡，亦通。或疑高蔡囿名，非地名也。《策》作「與之馳騁乎高蔡之中」。《御覽》作「商」，形近而誤。溢滿無涯，溢滿，志氣高滿。涯當作厓，水邊也。言馳騁田獵，志高氣滿，無有厓涘也。《策》及《御覽》均無此句。不以國家爲事。《策》句首有「而」字。不知子發方受命宣王，子發、宣王注俱見一卷。《策》「不知」下有「夫」字，「受命」下有「乎」字。「宣」，鮑本《國策》改作「靈」，上文聖侯亦改靈侯。又以蔡靈侯與楚宣王不同時，故並改宣爲靈。然子發與靈王亦不同時，鮑氏將何以解之。盧文弨《荀子校勘補遺》曰：「蔡無聖侯，吳師道謂當作靈侯，或者古通稱與。鮑彪云：昭十一年，楚子誘蔡侯般，殺之於申，經傳不書子發，蓋使子發召之。楚子靈王，若宣王，蔡滅八十年矣。《淮南・道應訓》子發伐蔡，踰之，宣王郊迎；《人間訓》又言獲罪威王者，皆失考也。今案鮑、吳以爲楚靈王，然誘之與伐，其事不同，闕疑可也。」（此校《彊國篇》注語。）李氏慈銘《荀學齋日記》云：「蘇時斆元箸《爻山筆話》辨蔡三滅於楚。惠王之滅蔡也，蔡猶復建，更七十八年，至楚宣王時，而蔡始亡。據《戰國策》言子發滅蔡，當蔡聖侯時。子發者，楚宣王之大司馬景舍也。《淮南子》言子發以宣王時滅蔡，以威王時得罪出奔，其時世尤爲可據。楚宣王與梁惠王同時，當與惠王會泗上諸侯，固猶有蔡焉，則蔡不亡於楚惠王審矣。而陋者每溺於《史記》之説，反疑《國策》之文有誤，妄改聖侯爲靈侯，宣王爲靈王。幸楊倞注《荀子》引《國策》此文尚存其舊耳，此考戰國時事者未所及留心也。」案：前注引金氏説，謂聖侯即聲侯，（聖聲音近，似一人。）然據《史・世家》聲侯在楚惠王之時，與宣王、子發時代不相接。《漢表》以聲侯次鄭哀公下，亦似與惠王同時人。但戰國諸子傳説，叙事牴牾，顛倒時代先後者甚多，今亦不敢臆斷，姑存金、蘇二説，以備參考。至鮑注改聖侯爲靈侯，並改宣王爲靈王，則誠巨謬，宜蘇氏駁之也。厄以淮水，駐兵淮水，厄其要道。以下三句《策》及《御覽》均無。填以巫山，巫山注見前。填，謂兵守之。庚子之朝，朝，則遥反。庚子，蔡侯被執之日也。纓以朱絲，臣而奏之乎宣王也。「纓」，《御覽》引作「紲」，無「臣而」以下七字。《策》作「繫己以朱絲而見之也」。（一本無以字。）案《説文・女部》：「嬰，頸飾也，从女賏，賏其連也。」《貝部》：「賏，頸飾也。」《文選》謝靈運《述祖德詩》注：「纓，繞也。」此纓字，有頸飾圍繞之義。《史記・淮陰侯傳》「常山王奉項嬰頸而逃」，亦其義也。《御覽》作「紲」，淺人以意改之耳。《漢書・高帝紀》：「秦王子嬰係頸以組，降軹道旁。」《五代史・劉守光傳》「以組練獻於太廟」，此事古已有之。蔡侯之事，猶其小者也，宋本無「者」字，各本俱有。案：上下文均有「者」字，此句不當獨異，《御覽》引有

「者」無「也」，今從衆本。嘉靖本「之」下奪「事猶其小者也，今君王之事又是也，君王左州侯右夏侯」共二十二字，亦當依他本補正。《策》「蔡」下有「聖」字，「事」下無「猶」字。今君王之事又是也。「又是也」，《策》作「因是以」，注已見前。亦無「今」字。君王左州侯，各本無「又是也君王」五字，止用「遂以」二字，接下「左州侯右夏侯」云云，文義難解。《御覽》引有五字，無「遂以」二字，今據《御覽》改正。《策》無「君王」二字。右夏侯，從新安君與壽陵君，淫衍侈靡，康樂遊娛，馳騁乎雲夢之中，《策》作「輦從鄢陵君與壽陵君，飯封禄之粟，而載方府之金，與之馳騁乎雲夢之中」。《御覽》作「淫行康樂，遊娛馳騁」，無「乎雲夢之中」五字及下句，「行」乃「衍」之誤。《御覽》所引，割裂譌舛，不可據。《爾雅》十藪，楚有雲夢，郭注：「巴丘湖也。」《吕覽》九藪，雲夢居一。（又見《淮南子》。）《漢志》雲夢澤在華容縣南，此專以洞庭爲雲夢，固非。然或謂雲在江北，夢在江南，亦相沿舊説，殊不足信。胡渭曰：「杜注《宣四年傳》夢中云：夢，澤名，江夏安陸縣東南有雲夢城，則夢在江北。注《定四年傳》雲中云：入雲夢澤中，所謂江南之夢，則雲在江南。注《昭三年傳》江南之夢云：楚之雲夢，跨江南北，則南雲北夢，單稱合稱，無所不可，並無江北爲雲江南爲夢之説。蓋東抵蘄州，西抵枝江，京山以南，青草以北，皆古雲夢，孔疏所謂一澤而每處有名者也。」顧棟高曰：「今荆州府之監利、石首、枝江，安陸府之荆門、沔陽，黄州府之蘄州、黄岡、麻城，德安府之安陸，俱有雲夢之稱。蓋緜地甚廣，後世悉爲邑居聚落，故地之以雲夢名者非一，而安陸之雲夢則爲尤著云。」餘詳八卷《芋尹文章》注。不以天下與國家爲事。《策》無「與」字，句首有「而」字。《御覽》不引此句。不知穰侯方與秦王謀，穰侯，秦相魏冄也。其先楚人，秦昭王母宣太后之異父長弟，封於穰，復益封陶，號穰侯。卒，葬於陶。《策》注以爲魏人，非是。《史》傳止云姓魏氏，不言魏人，高誘誤記耳。（近王先慎《韓非子集解》一卷注，亦駁高誘之說。）《漢表》穰侯列六等。程氏恩澤《國策地名考》云：（卷三。）「《漢志》南陽郡有穰縣。郭仲産《南雍州記》穰，楚之別邑，秦初侵楚，封公子悝爲穰侯，後屬韓，秦昭王復取之。（原注：張琦曰：《史記》韓襄王十一年，秦取我穰，當秦昭六年。明年，魏丹爲相，故以封之。）《水經注》秦拔楚鄢郢，以穰爲縣，昭王時，封魏丹爲侯邑。仲産謂秦初侵楚，卽以封公子悝，誤也。《括地志》穰，鄧州所理。（原注：《後漢書》注同。）《元和志》穰，取豐穰之義。顧祖禹曰：穰故縣城在今河南南陽府鄧州東南二里。（原注：錢坫去東字。洪亮吉曰：在鄧州外城東南隅。）」以上程說，所考引皆是。秦王，昭襄王也，名稷。一作側，又作則，側則字通，稷則一音之轉，詳五卷《秦昭王章》注。諸書或單稱昭王，或單言襄王，戰國時多如此。（見《鄒忌章》引周廣業之說。）寘之以黽厄，而投之乎黽塞之外。」

「寘」，舊本作「窴」。《策》作「填黽塞之內，而投己乎黽塞之外」，鮑注：「填，兵滿也。」寘填皆從真，《說文》無寘字，新坿《宀部》收此字，云置也。然許書自有置字，作寘者誤耳。此寘當作窴，讀爲填，上文填以巫山，是其誼也。鄭君箋《詩·東山、常棣》云：「古音填寘塵同音。」《說文·穴部》：「窴，窒也，从穴，真聲。」《玉篇》曰：「窴，今作填。」本書寘字乃窴之譌，以《策》文證之可見。厄，塞也。字本作隘，俗作阨，傳爲厄，厄是戹之俗。《說文·户部》：「戹，隘也。」《御覽》無「寘之」以下六字，各本此下有一「而」字曰小字旁注，宋本同。（嘉靖本削去此注。）盧文弨曰：「此注可删。」案：此注旁識異文，何以當删，盧說殊不可解。《策》亦有「而」字，此注宋本已有，則有「而」字者，北宋以前本也，今從之。吳師道《戰國策補正》曰：「《左氏傳》冥阨，注：漢東道。《正義》曰：中州羅山縣，本漢鄳縣，州有清平關，蓋鄳縣之阨塞，又曰石城山。《楚世家》涉鄳塞，亦指此。」案：《左傳》之冥阨，卽黽厄，冥黽音轉，古通用。《魏策》：「伐楚，道涉山谷，行三千里，而攻危隘之塞。」危乃黽字形近之譌，《魏世家》正作冥字可證。《史記・蘇秦傳》「塞鄳阨」，《集解》引徐廣云：「鄳，江夏鄳縣。」《魏策》作黽隘，《燕策》作鄳隘，《韓策》作澠隘，《楚策》作黽塞，《蘇秦傳》作鄳阨，《左傳》作冥阨，《魏世家》作冥陒，《淮南・地形訓》作澠陒，皆是一地。《吕氏春秋》：「天下九塞，冥阨其一。」（《淮南子》同。）劉伯莊曰：「秦兵向楚有兩道，涉谷西道，河外東道，從褒斜入梁州，卽東南至中州，攻石城山，險阨之塞也。《括地志》石城山在申州鍾山縣東南二十一里，魏攻冥阨，卽此，山之上，有石城故城。《史記》音義或言冥阨在鄳縣箱山。」高士奇曰：「其地有大小石門，鑿山通道，實爲險阨，一曰平靖關。（原注：此義陽三關之一也。其二關一曰武陽，卽《左傳》大隧；一曰黃峴，卽《左傳》直轅。見《宋書・州郡志》。義陽唐申州。光瑛案：李慈銘《桃花聖解盦日記》丙集第二集，謂大隧卽黃峴，直轅卽武陽，誤倒其地，非也。武陽今名大寨領，寨隧一聲之轉，可證。）因山爲障，不營濠隍，故以平靖爲名。楚所以恃以爲固者，申息之間，方城之外，扼要惟此。在今河南汝寧府信陽州東南九十里，湖北德安府應山縣北六十五里。」張氏琦《戰國策釋地》云：「破鄢郢，燒夷陵，在黽塞之南，故曰內；東北保陳，在黽塞之北，故曰外。」以上諸説皆是。高誘以爲宏農澠池，張守節以爲卽《左傳》鄳三門之鄳，並非，程恩澤已駁之。投讀若投畀有北之投。襄王大懼，形體悼栗，《策》作「襄王聞之，顏色變作，身體戰慄」。各本「悼」誤「掉」，宋本作「悼」，是。吴師道《國策補正》引本書亦作「悼」。五卷《宋玉事襄王章》「恐懼而悼慄」，各本亦誤作「掉慄」，詳彼卷文注中。悼栗，猶戰栗也，今從宋本改正。《御覽》作「掉慄」。曰：「謹受令。」《策》無此四字。「謹」，各本誤作「謀」，《御覽》及吴師道《戰國策補正》引皆不誤，宋本亦作「謹」，今據改正。令，猶命也。乃封莊辛爲成陵君，《御覽》無「莊」字。《策》作「於是乃以執珪而授之爲陽陵君」。而用計焉，用其計策也。《御覽》引止此。封之以爵，酬其能定計之功。成陵、陽陵，地均無考。與舉淮北之地十二諸侯。《策》作「與淮北之地也」，蓋「與」下奪一「舉」字。或「與」當爲「舉」，亦未可定。《齊世家》：「吾臣有檀子，使守南城，則楚人不敢爲寇，東取泗上，十二諸侯皆來朝。」樂毅《報燕王書》云：「且右淮北宋地，楚魏之所欲也。」但十二諸侯，其國名已無可考。《史記索隱》云邾莒宋魯之比，亦以意決之耳。《後語》云：「與謀秦，復取淮北之地。」《大事記》作「復取江南（史作旁。）十五邑」。事在頃襄二十三年，卽《楚世家》所云復西取秦所拔我江南十五邑者。但《世家》所云指黔中巫郡而言，故曰西取，若淮北則在楚東南，非西也。淮北蓋今徐泗等州也。顧祖禹曰：「自沂兗以南，古所謂淮北地也。」《韓詩外傳》中記孫叔敖諫楚莊王，意與此同，疑卽因此事傳會之也。

16　魏文侯出遊，魏文侯注見一卷。日本武井驥《新序纂注》云：「舊本屬前章。」今據嘉靖本別提。見路人反裘而負芻。《御覽》六百九十四引無「路人」二字。《漢書・匡衡傳》：「是有狐白之裘，而反衣之也。」顏注：「反衣之者，以其毛在內也。」是古人衣裘毛在外，與今人異。芻，薪也。《治要》引作「蒭」，下並同，字俗。文侯曰：「胡爲反裘而負芻？」《御覽》五百四十三引作「何爲父反裘而負芻」，多一字。對曰：「臣愛其毛。」《御覽》六百九十四括引作「問之，對曰：愛毛也」。文侯曰：「若不知其裏盡而毛無所恃邪？」若，汝也。毛附於裏，裏盡則毛無所恃以存也。《傳》曰「皮之不存，毛將安附」。《御覽》六百九十四「若」作「爾」，「恃」作「附」。又六百二十七引「恃」作「植」，下同，無「邪」字。又五百四十三及《治要》引皆作「恃」。「邪」，《治要》作「矣」。矣猶乎也，見《經傳釋詞》。邪亦一聲之轉。明年，東陽上計，東陽，地當在今直隸、大名、廣平、順德等府，戰國時分屬趙、魏。《淮南子・人間訓》作東封，未確指其地。（《左傳》東陽凡四見，皆與此別。）上計，上歲計也。漢有計相，後更名主計，主郡國上計事，見《史記・張蒼傳》。《說文・言部》：「計，會也，算也。」《周禮・小宰》注：「日計日要，歲計曰會。」《大宰》注：「會，大計也。」引申爲計策之誼。銖布十倍，布，泉也。《周禮・外府》注：「其藏曰泉，其行若布。」讀爲宣布之布。《御覽》六百二十七引無「布」字，六百九十四引「其布十倍」，無「銖」字。倍，本義爲反，與背同，合正背兩面，爲加倍之數，引申爲今義。大夫畢賀。畢，盡也。《御覽》六百九十四作「大夫賀之」。文侯曰：「此非所以賀我也，言不當賀而賀也。宋本、嘉靖本奪「以」字。《治要》及《御覽》引有，各本亦有「以」字，今從之。《御覽》六百二十七引無「此」字，「也」作「者」。五百四十三與今本同，《治要》亦同。譬無異夫路人反裘而負芻也，《治要》「譬」譌「嬖」。《御覽》六百二十七「路人」上有「彼」字，五百四十三及《治要》引均無。將愛其毛，不知其裏盡毛無所恃也。《御覽》五百四十三引作「將愛其毛，不知愛其裏也，無所恃也」，文有脱誤。《魏志》三注引《魏略》明帝詔云：「而亮反裘負薪，裏盡毛殫。」其語正用本文。今吾田地不加廣，言無所加於往日。《御覽》五百四十三引無「吾」字。士民不加衆，人數無異於昔，非生財之人多也。而銖十倍，必取之士大夫也。《御覽》六百二十七引脱「之」字。《淮南子・人間訓》：「解扁爲東封，上計而入三倍，有司請賞之。文侯曰：吾土地非益廣也，人民非益衆也，入何以三倍。對曰：以冬伐木而積之，於春浮之河而鬻之。文侯曰：民春以力耕，夏以彊耘，秋以收斂，冬閒無事，又伐林而積之，負軛而浮之河，是用民不得休息也，民以敝矣。雖有三倍之入，將焉用之。此有功而可罪也。」與此當是一事。《淮南》所述，較爲詳盡。吾聞之，下不安者，取之無藝故不安。其上不可居也，下不安，則怨懟其上，居高位而爲怨府，故不可居也。各本奪「其」字，《治要》及《御覽》六百二十七引有，今據補。《御覽》五百四十三亦無「其」字。《治要》無「也」字，《御覽》有。此非所以賀我也。」「非」字各本俱奪，宋本、嘉靖本有，《治要》及《御覽》引亦有「非」字。此字脱落，不成文義，今從宋本、嘉靖本。又《御覽》六百二十七無「也」字，六百九十四於「大夫賀之」下云「文侯曰：民不增而税倍，亦何異反裘而負芻者，厚取於下，則上不安，此自危之道也，子何用賀乎」，與此文不同。《淮南子·説山訓》云：「魏文侯之見反披裘而負芻也，兒説之爲宋王解閉結也，此皆微妙，可以觀論者。」

17楚莊王問於孫叔敖曰：楚莊王、孫叔敖注俱見一卷。《後漢書·桓譚傳》、余知古《渚宮舊事》引俱無「於」字。「寡人未得所以爲國是也。」《後漢書·桓譚傳》引同此文，注云：「言欲爲國於是，不知何以得之。」《渚宮舊事》作「何謂國是」。孫叔敖曰：「國之有是，衆非之所惡也，《桓譚傳》引無「非之」二字，《渚宮舊事》引有，但無「也」字。臣恐王之不能定也。」《桓譚傳》無「臣」字「之」字，《舊事》亦無「之」字。王曰：「不定，獨在君乎？《桓譚傳》及《舊事》俱無「乎」字。亦在臣乎？」孫叔敖曰：《桓譚傳》作「對曰」，《舊事》作「叔敖曰」。「國君驕士，今孫本及舊鈔本《舊事》均奪去「君」字，《桓譚傳》無「國」字。曰：士非我無逌貴富。盧文弨曰：「逌，義與由同。」案：《舊事》「逌」作「道」，下句同，二字音形義均近。《桓譚傳》作「從」，下同，「貴富」二字互倒，從，由也。士驕君曰：國非士無逌安強。「國」，《桓譚傳》作「君」，「強」作「存」，《舊事》作「彊」，是。人君或至失國而不悟，「悟」，《舊事》作「悔」。士或至飢寒而不進，「飢」，《桓譚傳》引作「饑」，叚借字。君臣不合，國是無逌定矣。《桓譚傳》及《舊事》「國」上均有「則」字，此「逌」字二書俱作「從」。不合，志不相合。夏桀、殷紂，不定國是，桀紂注見一卷。而以合其取舍者爲是，以不合其取舍者爲非，此所謂以愛憎爲取舍，有國者之通患也。「而」，《舊事》作「乃」。而乃古字通用，（即近人章氏日紐歸泥之説。）説詳王氏《經傳釋詞》。《舊事》文云「乃以合己者爲是，不合己者爲非」。宋本《新序》下句「以」下有「爲」字，嘉靖本同，依文義不必有，今從衆本。故致亡而不知。」言致於敗亡，而不自知也。《舊事》「致」作「覆」，謂傾覆也。莊王曰：「善哉。《桓譚傳》「國是無從定矣」下，即接「莊王曰」句，不引中間數語，「善」下無「哉」字。《舊事》無「莊」字及「善哉」二字。願相國與諸士大夫共定國是，相國之名始見此。各本「諸」下有「侯」字。盧文弨曰：「俗本衍侯士二字，《後漢書・桓譚傳》注無。」（案：此本傳文，盧誤記爲注。）案：《舊事》無「諸侯」二字，疑舊本衍一「侯」字耳，今參改。《桓譚傳》句末有「也」字。寡人豈敢以褊國而驕士民哉。」褊，小也。《孟子・滕文公篇》：「夫滕，壤地褊小。」《左傳・隱四年》「衛國褊小」，昭元年「以敝邑褊小」，皆其義。《説文・衣部》：「褊，衣小也，从衣，扁聲。」引申凡小之稱。《桓譚傳》不引此句。「國」下各本俱奪「而」字，《舊事》引有，今據增。又《舊事》「士」下無「民」字。

18楚莊王莅政，三年不治，莅俗字，當作䇐。或作蒞涖，並非。《説文・立部》：「䇐，臨也，从立，隶聲。」《道德經》釋文云：「古無莅字，《説文》作䇐，是也。」三年不治者，俞氏正燮《癸巳存藁》云：「息嬀生堵敖及成王而未言，蓋守心喪禮也。《書・無逸》：昔在殷王高宗，亮陰，三年不言。《史記・殷本紀》：武丁即位，三年不言。亦是喪禮。《史記・楚世家》云：莊王即立，三年不出號令，日夜淫樂，居數月，淫益甚。《韓非子》云：莊王即位三年，無令發，無政爲也，又更半年，乃自聽政。楚莊亦守喪禮，後人以其日後圖治之勇，反謂其先三年淫樂。《列女傳》言樊姬三年不食禽獸之肉，亦與莊王同喪禮。乃謂莊王好田，三年，以樊姬改。古事以此多不明也。」案：俞説亦有理解。莊王楚之賢君，勵精圖治，何至前後判若兩人。此特後人因其聽政之後，奮發有爲，遂傅會其居喪以前，淫樂不治，以起士慶、樊姬之賢耳。不然，人雖無道，何必無令發，無政爲，形同木偶乎。孔子曰：「君薨，百官總己以聽冢宰三年。」此其義也。此事與淳于髡説齊威王事極相類，殆卽一事之傳譌，尤不足據。**而好隱戲。**《呂氏春秋・重言篇》「隱」作「讔」，下同。高誘注：「讔，謬言也。」案《史記・滑稽列傳》作「喜隱」。隱，廋辭也，作讔者俗字。高誘言謬者，謂謬爲他詞，不出以正語耳，非誇謬之謬也。《漢書・藝文志》有《隱書》十八篇，師古注引劉向《別録》云：「《隱書》者，疑其言以相問，對者以慮思之，可以無不諭。」王應麟曰：「《文心雕龍・諧讔篇》讔者，隱也，遯辭以隱意，譎譬以指事也。至東方曼倩，尤巧辭述。《晉語》有秦客廋辭於朝，《新序》齊宣王發《隱書》而讀之。」案劉彦和所言，正與此章所敘相合。餘見下《無鹽女章》注。**社稷危，國將亡。**

士慶問左右羣臣曰：士慶，楚臣。《楚世家》、《吳越春秋》作「伍舉」，舉與莊王不同時，殆傳聞之誤。《呂氏・重言篇》作成公賈，文不甚同。梁玉繩曰：「伍舉在康、靈之世，事莊王者，乃其父參。《史・世家》所敘與《子胥傳》同誤，何異《説苑・正諫篇》莊王以椒舉爲上客乎。然大鳥之諫，《史》誤以爲伍舉。（原注：《吳越春秋》及《大紀》誤從《史》。）而《韓子・諭老篇》稱右司馬，《呂氏・重言》作成公賈，《新序・雜事》二又作士慶，莫定所屬。」案：《困學紀聞》亦疑此事記載不同，惟諸子書各據所聞，時有舛錯，但宜各存舊文，不必强爲之説。《説苑・正諫篇》敘莊王立三年，不聽朝，下令誅諫者。蘇從入諫，王從之，授之以相位。其事亦與此相似。《史・世家》、《金樓子》記楚莊王卽位，不出號令，日夜爲樂，有諫者死，伍舉入諫，不從，居數月，益甚，蘇從乃入諫云云。其稱伍舉雖誤，然與蘇從之諫，各爲一事，則甚明。後又云任伍舉、蘇從以政，國人説，是歲滅戎，伐陸渾戎，觀兵周郊，問鼎輕重而歸。以《左傳》考之，楚莊王始見文公十四年，問鼎伐戎，事在宣公之三年。文公在位十八年，首尾凡八年，與即位三年之説不合。蓋諸子百家，其言各有出入，不足深辯。「王莅政事，各本無「事」字，宋本有，今從宋本。三年不治，而好隱戲，社稷危，國將亡，胡不入諫？」左右曰：「子其入矣。」左右不敢先諫，故使士慶。士慶入，再拜而進隱曰：「有大鳥，舊本「隱」字在「曰」下，誤，當乙在「曰」上，傳寫誤倒之耳。《史記・滑稽傳》作「國中有大鳥」，《楚世家》「伍舉曰：願有進隱。曰：有鳥在於阜」云云。《韓非子・諭老篇》：「右司馬御座而與王隱曰：有鳥止南方之阜」云云。《呂氏・重言篇》「對曰：有鳥止於南方之阜」云云。「有鳥」上俱無別字，《楚世家》以「進隱曰」三字連文，尤爲可證，今乙正。宋本已誤倒矣。來止南山之陽，《韓》、《呂》俱作「止南方之阜」，今各本「止」作「至」，宋本、嘉靖本作「止」。止至誼雖相通，而微有別。《舊事》引此事亦作「止」，《史記・滑稽傳》作「止王之廷」，惟《楚世家》作「在」耳。今從宋本作「止」。三年，不蜚不鳴，蜚本亦作飛，下並同，古書多叚蜚爲飛，互見《莊辛章》注。《呂氏》「不蜚」上多「不動」二字，《韓子》作「不翅」，餘文多異。不審其故何也？」王曰：「子其去矣，寡人知之矣。」《韓》、《呂》敘二語在「鳴必驚人」句之下。士慶曰：「臣言亦死，不言亦死，言則觸諱被誅，不言國危亡身難獨免，是進退皆死也。願聞其説。」問其知之之説。王曰：「此鳥不蜚，以長羽翼；不鳴，以觀羣臣之慝。《韓》作「三年不翅，將以長羽翼，不飛不鳴，將以觀民則」。《呂》作「王射之曰：有鳥止於南方之阜，其三年不動，將以定志意也；其不飛，將以長羽翼也；其不鳴，將以覽民則也」。文各不同，而皆協韵。本書翼慝爲韵，下文天人爲韵，亦與各書同也。是鳥雖不蜚，蜚必沖天；雖不鳴，鳴必驚人。」《韓》作「雖無飛，飛必冲天，雖不鳴，鳴必驚人，子釋之，不穀知之矣」。《呂》作「是鳥雖無飛，飛將冲天；雖無鳴，鳴將駭人，賈出矣，不穀知之矣」。兩書「不」字均作「無」，無不誼同，詳《經傳釋詞》。《楚世家》、《滑稽列傳》俱作「不」，與本書同。《世家》下亦有「舉退矣，吾知之矣」二語。士慶稽首曰：「所願聞已。」願聞，樂聞此言也。知王内其諫，故稽首謝。王大悦士慶之問，王知士慶忠，故説也。而拜之以爲令尹，令尹，楚執政官，詳一卷注。授之相印。士慶喜，喜王從諫如流。出門，門，朝門。顧左右笑曰：「吾王，成王也。」成王者，成此王道也。釋見《毛詩・下武》「昊天有成命」箋，及《噫嘻》傳，蓋古有是語，言吾王可與成此王道也。一曰如成王誦之能改過，亦通。《韓》、《呂》叙莊王語後，即言其發奮修政，以致治強之事。《史記・楚世家》記「王聞伍舉言，居數月，淫益甚，蘇從入諫，乃罷淫樂聽政」云云，（《金樓子》文已引見前。）與本書及《韓》、《呂》所述皆異，蓋別有本。中庶子聞之，中庶子，楚官名。以下所叙，《渚宮舊事》與上進隱事分爲二節，此事屬之士慶，蓋用本書文；上事屬之成公賈，用《呂子》文也。跪而泣曰：《舊事》作「中庶子跪於王前而泣之曰」。「臣尚衣冠御郎十三年矣，尚與掌同。本書《刺奢篇》「遽召尚書曰，書之」，《呂氏・驕恣篇》「尚」作「掌」。古尚衣、尚食，及此尚衣冠、《刺奢篇》尚書諸尚字，俱讀爲掌。蓋掌從尚聲，聲近叚借也。《孟子》「舜使益掌火」，《晉語》「使掌公族大夫」，注俱云：「掌，主也。」又見《廣雅・釋詁》三、《小爾雅・廣言》，此外散見經傳百家者，不可勝數。而《廣雅・釋詁》三亦云：「尚，主也。」《史記・呂后紀》「尚符節」，《集解》張晏曰：「尚，主也。」《外戚世家》「侍尚衣軒中」，《正義》：「尚，主也。」顔師古《匡謬正俗》五：「《惠紀》云尚公主，《易》曰得尚乎中行，王弼注云：尚，猶配也。説者曰尚者主也，引尚食爲類。或云尚者掌也，謂守掌之。均非其義。公主既尊，不可以主掌爲稱，弼説是也。」案：尚掌並有主誼，傳記所見甚多，是二字誼同。小顏雖不取掌主之訓以釋尚公主，然亦見古有是訓，故引及之。是二字不惟相通，其詁亦不異。《漢書·惠帝紀》注：「主天子物曰尚。」即此尚字之誼也。孫詒讓曰：「中庶子御郎，即《韓非子·説疑篇》所謂郎中，在郎門之外者也。」案孫説是。秦時蒙嘉爲中庶子，見《刺客傳》、《燕策》。嘉，秦王寵臣，則中庶子必左右近侍之官。《韓非子·有度篇》「勢在郎中」，注：「郎，近侍之官也。」則郎官之稱由來古矣。前爲豪矢，孫詒讓曰：「豪矢，即嚆矢也。《莊子·在宥篇》云焉知曾史之不爲桀跖嚆矢也，郭注：嚆矢，矢之猛者。釋文引向秀云：嚆矢，矢之鳴者。《字林》云：嚆，大呼也。成玄英疏云：嚆，前鏃有吼猛聲也。案：向秀説得之，嚆矢即鳴矢。《唐六典》注引《通俗文》云：鳴箭曰骹。（原注：《爾雅·釋鳥》鴘頭鵃，郭注云：鵃，音髐箭。髐骹字亦同。）嚆與豪骹，聲義並相近。《莊子》釋文引崔譔本作蒿，或作獢，亦聲近叚借字。崔釋云：蕭蒿，可以爲箭。陸德明釋獢爲揉，並非。嚆矢，奉先驅蓋引所用。此書與《莊子》，皆取前導之誼也。」案孫説皆是。而後爲藩蔽。《舊事》兩「爲」字上俱有「則」字。《毛詩·板》傳曰：「藩，屏也。」王賜士慶相印，而不賜臣，臣死有日矣。」言欲以死雪耻也。將，猶其也，詳見《釋詞》將字下。《舊事》引作「臣死無日矣」。王曰：「寡人居泥塗中，《舊事》無此句。塗當作涂，泥涂，諭污下，言治道之蕪薉也。《孟子》：「立乎惡人之朝，與惡人言，如以朝衣朝冠坐於塗炭。」與此諭意同。《左氏襄三十年傳》：「趙武曰：使吾子辱在泥塗之中。」彼所言別一誼。子所與寡人言者，内不及國家，言不知内政。外不及諸侯，言不諳外交。如子者，《舊事》「子」作「此」。可富而不可貴也。」賜之金帛，不假以名器，是可富不可貴也。《舊事》無「而」字「也」字。於是乃出其國寶璧玉以賜之，《舊事》作「乃出璧玉賜之」。曰：「忠信者，士之德行也；各本無「德」字，今依《舊事》補，緣與下句爲對，不可參錯故也。言語者，士之道路也。《舊事》二句俱無「也」字。道路不修治，治，理也。士無所行矣。」淺人以此句單言行，故删上文德行「德」字配之。

19 靖郭君欲城薛，靖郭君，田文之父田嬰也。《吕氏·知世》「靖」作「静」。封於薛，故曰薛公。沈欽韓曰：「《孟嘗君傳》，湣王卽位三年，而封田嬰於薛。《紀年》惠成王後十三年，齊威王封田嬰於薛，十四年薛子嬰來朝。案《史》旣云自威王時任職用事，何至歷兩王至湣王始封。又《齊策》云：宣王立，靖郭君之交，大不善於宣王，辭而之薛。足明威王已封之，《世家》《列傳》皆謬。」《齊策》一曰嬰子。《韓非·内儲下》：「靖郭君相齊，與故人久語，則故人富，懷左右尉，則左右重，久語懷尉，小資也，猶以成富，況於吏勢乎。」案：本書五卷有靖郭君出亡事，乃郭君之譌，說見彼文注。《史記集解》、《續郡國志》注並引《皇覽》云：「葬薛城東南陬。」《漢表》列六等。《史記索隱》云：「靖郭，或封邑號，漢齊王舅父駟鈞封靖郭侯。」考漢事見《漢書·文帝紀》。《史記》「靖」作「清」，《惠景閒侯者年表》有清郭，（王本作清都，監本作清源，並譌。）如淳注曰：「邑名，六國時齊有靖郭君。」是作清者，叚借通用字。錢大昕曰：「杜佑謂戰國之際，權設班寵，有加賜邑封君者，蓋加其位號，或空受其爵，如靖郭、武安之類。以言武安則可，以言靖郭則不可。」（見《廿二史考異》。）《漢志》魯國有薛縣，本仲虺國，戰國時，齊先滅薛，以遷邳。後又滅邳，以封田嬰。地在今山東兖州府滕縣南四十里。胡三省《通鑑》注以薛爲薛陵，非也。洪亮吉曰：「薛陵在今陽穀縣東北，與此别一地。」《國策·齊策》一、《韓非子·說林下》、《淮南子·人間訓》「欲」並作「將」。《孟子》「齊人將築薛」，當卽此時事。《齊策》有「靖郭君之交，不善於宣王，辭而之薛」云云，下文諫語，又有「君若無齊」云云，然則城薛所以自圖也。蓋嬰中知交之讒，與宣王有隙，故築城爲守禦計，而不知名分不可干，卵石亦不可敵也。《御覽》四百五十六引此文多異，今別録後，以備參考。而客多以諫，《策》無「而」字。《韓》亦無「而」，句末多「者」字。《淮南・人間》云：「客多止之，弗聽。」君告謁者，無爲客通事。君，靖郭君也。謁者，通謁之使也。《漢書・百官表》郎中令屬官有大夫郎謁者，皆秦官。謁者掌賓讚受事，員七十人，秩比六百石，有僕射。錢大昭曰：「闞駰《十三州志》云：謁者，秦官，皆選孝廉年未五十，曉解賓贊者，歲盡，拜縣令長史及都官府長史。」案謁者見《武紀》、《食貨》、《禮樂》、《藝文志》，英布、灌嬰、汲黯、終軍、王商、王嘉等傳。然《史記・始皇紀、范睢傳》已有之，蓋戰國時列國皆設此官矣。《續漢志》後漢有常侍謁者、給事謁者、灌謁者等稱。《漢書・武紀》注：「謁者令使者宣詔書之文。」（《續漢志・百官志》引明帝詔曰：「謁者乃堯之尊官，所以試舜，賓于四門，四門穆穆者也。」案：堯時不聞有謁者官，此舉後世之名，以稱古之官耳。）《韓非子》作「靖郭君謂謁者曰，無爲客通」。《淮南》同，但「客」作「賓」，句末多「言」字。《策》亦同《韓》，但無「曰」字耳。本書「言」字作「事」，舉事而言在其中矣。於是有一齊人曰：「臣願一言，《策》作「齊人有請者曰：臣請三言而已矣」。《韓》「請」下多「見」字，句末無「已」字。《淮南》同「韓」，但「臣請」下多「道」字。盧文弨曰：「如《齊策》，是以一言爲一字，此一言則一句也。」案《韓非・説林》、《淮南・人間》俱作「三言」，《御覽》四百五十六引本書亦作「三言」。古人有一言爲一句，亦有以一言爲一字者。如《論語》「詩三百，一言以蔽之，曰思無邪」，及「一言興邦，一言喪邦」。《左傳》「臣之業，在《揚水》卒章之四言」，趙簡子稱子太叔遺我以九言，此皆以一句爲一言。《關雎》疏所謂句則古謂之言者也，此一誼也。《論語》：「子貢曰：有一言而可以終身行之者乎，子曰：其恕乎。」《左傳》疏引《易》云：「伏羲作十言之教，曰：乾坤震巽坎離艮兑消息。」及《韓非》、《國策》、《淮南》此文，皆以一字爲一言。古人稱誦書數十餘萬言，（《漢書・東方朔傳》。）及詩體之四言五言七言，亦其證，此又一誼也。《御覽》、本書作三言者，蓋據《國策》、《淮南》之文，以意改之。**過一言，**《韓子》、《淮南》「一」俱作「三」。《國策》「過」作「益」，益，溢也，與過同誼。高注：「益，猶過也。」此句《策》作「一言」，一字誤，上文作三，此句不當作一，當依《韓子》、《淮南》訂正。**臣請烹。」**《淮南》無「臣」字。**謁者贊客，**《周語》「太史贊王」，《晉語》「韓宣子贊授客館」，韋注皆云：「贊，導也。」《漢書・東方朔傳、孔光傳》注皆云：「贊，進也。」贊有導進之誼，此贊誼正同。《史記・信陵君列傳》：「徧贊賓客，賓客皆驚。」亦謂紹介名字于賓客，卽導進之謂也。《策》及《韓子》作「靖郭君因見之」，《淮南子》作「靖郭君聞而見之」，所敍稍異。**客曰：「海大魚。」因反走。**此亦隱語之類。當時威王喜隱，羣臣國人，相習成風，以隱相尚，如淳于髡之難鄒忌，無鹽女之試宣王，亦其證也。《策》作「客趨而進曰」，《韓》作「客趨進曰」，《淮南》作「賓趨而進，再作而興，因稱曰：海大魚。則反走」，較各書多一句。**靖郭君曰：「請少進。」**《策》作「君曰：客有於此」。《韓子》作「請聞其說」。《淮南》同《韓》，但「請」作「願」。案少進者，欲其更詳言之。本書五卷《顏淵侍魯定公章》「定公曰：善，可少進與」，亦其誼也。《策》作「有於此者」，高注：「於此，止無走也。」鮑彪注：「言此言外應復有。」二說並非。有與又通，《禮記・文王世子》「以待又語」，注：「又語，爲後復論說也。」與本書少進誼同。**客曰：「否，臣不敢以死戲。」**《策》「否」作「鄙」，「戲上」有「爲」字。案鄙與否通，古無輕唇音，否字讀爲鄙。《論語》「予所否者」，《論衡・問孔》以「否」爲「鄙」，解爲鄙陋之行。《尚書・堯典》「否德忝帝位」，《史記・五帝本紀》「否」作「鄙」，釋文云：「又音鄙。」是二字古書通用。《策》作鄙者，否字之叚借，非以鄙臣連讀，本書可證也。《韓子》無「否」字，「戲」上亦有「爲」字。《淮南》文同《韓》，但「戲」作「熙」，上句「客」字作「賓」爲異。戲熙聲近通借，《淮南·俶真訓》「鼓腹而熙」，《説山訓》「則搏矢而熙」，《脩務訓》「木熙者」，及《人間訓》本文，高注並云：「熙，戲也。」《文選·登徒子好色賦》：「出咸陽，熙邯鄲。」注：「熙，戲也。」《晏子春秋·雜篇下》：「王笑曰：聖人非所與熙也。」言不可與戲。《蔡中郎集·陳仲弓銘》「於戲」字作「於熙」，蓋熙戲通用，訓熙爲戲，猶云熙讀曰戲，此漢人以訓詁代改字之例，（毛傳多此例，如《芄蘭》傳：甲，狎也；《溱洧》傳：蕑，蘭也，之類是。毛例不破字。）猶六代人以音釋代改字也。（余箸《意原堂日記》考之甚詳。）《説文·女部》：「熙，説樂也。」誼亦與嬉戲近。或謂諸熙字爲嫛之叚借，則非。靖郭君曰：宋本奪去「曰」字。《策》無上二字。「嘻，寡人毋得已，策作「亡更言之」，亡讀曰毋，句絶。高注以無釋亡，亦讀無爲毋，皆通用字，與此毋字異。此毋得已，言毋能已於問也。已，止也。試復道之。」《韓》作「願爲寡人言之」，《淮南》作「先生不遠道而至此，爲寡人稱之」，文異而意畧同。道，言也。客曰：「君獨不聞海大魚乎，《策》無「獨」字「海」字，《韓》無「獨不海」三字。《淮南》作「賓曰：海大魚」。網弗能止，《淮南》句末有「也」字。此「止」字各本皆同，《策》注云：「止，禁。」是，高注本亦作「止」也。俗本《鶴林玉露》載此事，「止」誤作「上」，余臧舊鈔本及日本覆明萬歷本，俱仍作「止」。乃近見一校本，謬改作「上」，注云：「原本作止，從諸本改。」可謂不知妄作，已於同卷《晉文公出田章》畧言之。不知止訓執也獲也，見《左氏莊九年》及《哀十二年傳》注。云網弗能止，猶網弗能獲，作上，反無意味矣。繳弗能牽，「繳」，《策》作「鉤」，《淮南》作「釣」。王念孫《讀書雜志》曰：「古多謂鉤爲釣。」故《廣雅》云：「釣，鉤也。」是二字形誼皆近，通用。又《淮南》句末多「也」字。鉤繳亦一聲之轉。「牽」，《韓》作「絓」，姚校本《國策》注引《韓》作「絆」，與今本異。顧千里、黄蕘圃校本及王氏《集解》均未引及，何也。碭而失水陸居，「碭」，《韓子》、《齊策》、《淮南》均作「蕩」，碭乃蕩之俗。《説文·石部》:「碭，文石。」别一誼，與蕩無涉，已詳同卷《晉文公出田章》注。《御覽》引「碭」作「忽」，又俗人不知碭字之誼，妄改之也。末二字《韓子》、《齊策》、《淮南》均無。則螻蟻得意焉。《韓子》無「則」字。《淮南》「蟻」作「螘」，（注見《莊辛章》。）下有「皆」字。《策》注云:「得意者，飽滿也。」且夫齊，亦君之水也，三書「且」俱作「今」。「水」，《韓》作「海」，《淮南》作「淵」，無「亦」字。且猶今也，《尚書》「徂茲淮夷」，徂讀爲且，言今茲淮夷也。《載芟詩》:「匪且有且，匪今斯今」，傳:「且，此也。」此亦有今字之誼。《史記·項羽本紀》:「沛公默然曰:固不如也，且爲之柰何。」言今爲之柰何也。凡言且夫者，與今夫同誼。言身爲齊臣，以齊爲歸，猶魚之依海。君長有齊，「長」，舊本作「已」，《韓子》、《齊策》作「長」，《御覽》引本書亦作「長」，文誼似勝，今據改。《淮南書》獨無此二句，蓋《淮南書》避長字諱，故去之，亦可見字本作長也。（長字艸書，形與已字相似。）《策》句末有「陰」字，陰讀曰蔭，古字通。《禮記·祭義》「骨肉散於下陰爲野土」，注:「陰讀爲依蔭之蔭。」《左氏昭元年傳》「趙孟視蔭」，釋文:「蔭，本又作陰。」是二字通叚之證。言長有齊國之庇蔭也。奚以薛爲，以，用也。言薛不足爲輕重。君若無齊，《韓》作「失齊」，《策作》「夫齊」。夫乃失之譌，吴師道據本書改作無，謂夫無音譌，又因上文夫齊字混。不知夫當爲失，形近而誤，以《韓子》、《淮南》文證之，可見。王念孫《讀書雜志》、黄丕烈《國策校記》均已辨之。《淮南》此二句作「君失齊，則薛能自存乎」，與諸書文異。《御覽》引作「君若一旦失齊」，亦是失字。雖隆薛之城到天，猶且無益也。」舊本作「城薛猶且無益也。」案:《齊策》作「雖隆薛之城到於天，猶之無益也」，《韓子》作「雖隆薛城至於天，猶無益也」，《淮南》作「則薛能自存乎」。吴師道《國策補正》引《新序》作「無齊，雖隆薛之城到天，猶且無益也」，據此，則吴氏所見《新序》必有「雖隆薛之城到天」數字。《御覽》引本書正作「雖隆薛之城到天」，今據增改。《齊策》注云：「隆，高也；到，至也。高薛城至於天，猶無益也。」案：此言區區之薛，不足以禦齊。靖郭君大悦，罷民弗城薛也。《韓》作「乃輟不城薛」，《策》作「乃輟城薛」，《淮南》作「乃止不城薛」。王先慎《韓非子集解》云：「輟乃輒之譌，《韓非書》輟輒多互亂，《御覽》一百九十三引乃不城薛，蓋不審輟爲輒之誤，而妄删之也。」案：王説殊不可解，輟不城薛，文誼甚明，改作輒字，反覺難通，《齊策》字亦作「輟」，盧文弨謂《韓》衍一「不」字，亦非。本書五卷《魏文侯軾干木之閭章》有「輟不攻魏」之語，一卷《趙簡子上羊腸之阪章》云：「乃罷羣臣不推車。」句法皆與此同。（惟不推車不字不當有，詳一卷注，引之者，見古人自有此文法耳。）《御覽》四百五十六引此章亦有不城薛之語，但其他文多出入，今録於下。云：田嬰，齊宣王弟，封靖郭君於薛。嬰自威王以來，任職有功，故封之。靖郭君將城薛，客多諫者，嬰謂謁者，有諫者勿通。於是人有請見者曰：臣請三言而已矣，過三言，臣則請烹。靖郭君見之，客趨進曰：海大魚。因返走。君不解，曰：更言之。客對曰：君不聞海大魚乎，網不能止，繳不能牽，忽而失水，則螻蟻得志焉。今齊，亦君之水也，若長有齊，奚以薛爲。君若一旦失齊，雖隆薛之城到天，猶無益也。君曰：善。遂不城薛。以上《御覽》引本章文，首數句今本所無，餘亦多同異。蓋本括引大意，不盡依其詞句，而今本《新序》又有奪佚也。此章與《韓子》、《國策》、《淮南》文均有異，考前後二章俱以隱語規諫，疑即《别録》所稱《隱書》之文，未必采自三書也。

20齊有婦人，極醜無雙，號曰無鹽女。無鹽，地名。《漢志》邑屬東平國，在今山東泰安府東平州東二十里。女鍾離氏，名春，事見《列女·辯通傳》。《北堂書鈔》一百二十九引作「貌極醜，號無鹽女」，《治要》引無「無雙」二字，《御覽》六百九十三引無「曰」字。此章與《列女傳》文多出入。其爲人也，《治要》、《書鈔》俱無此四字。《御覽》「號無鹽女」下直接「行年四十」句，所引甚畧。《列女傳》云：「鍾離春者，齊無鹽邑之女，宣王之正后也。其爲人極醜無雙」，下接「臼頭深目」云云。**臼頭深目**，王安人照圓《列女傳校注》云：「《初學記》臼作凹，凹謂頭頂窊陷也。《後漢書》注引作白頭，《新序》同誤。」案王所引《後漢》注，在《楊賜傳》，殿本作「臼」不作「白」，不知王據何本。卽使作白，亦臼字形近之誤。凹俗字，古所無。《治要》、《書鈔》引亦作「臼」。臼象其形，已有窊陷之誼，不必改作凹也。（凸凹二字，始見葛洪《字苑》，蓋魏晉間俗書。《神異經》：大荒石湖，千里無凸凹。）《世説·輕詆篇》注引作「黄頭深目」，皆譌字。《初學記》作「凹」，淺人妄改之耳。**長肘大節**，節，骨節。「肘」，宋本作「肚」，誤，各本俱作「肚」。《列女傳》作「指」，亦非。此字當作肘，長肘大節對文，與前後句法一律。肘字形與肚壯均似，若作壯，則句法參差，古書無此例也。《琱玉集》引本書正作「肘」，今據改正。（《古逸叢書》本。）《後漢》注、《世説》注、《初學記·人部下》、《御覽·人事部》五引《列女傳》，《治要》引本書，均作「壯」，皆誤。《書鈔》「壯大」互倒。**卬鼻結喉**，「卬」，各本作「昂」，《列女傳》作「卬」。王安人注云：「卬，仰也，仰鼻露孔也。」案：「昂」，（《列女傳》俗本譌作卬。）《治要》引本書亦作「卬」，今據改。《説文》無昂字，新坿始收之。《説文·匕部》：「卬，望也，欲有所庶及也，从匕从卪。」此俛仰本字。《人部》「仰，舉也。」此氐昂本字。故《角部》觲注云：「用角低仰便。」低當作氐，（《説文》無低字，新坿收之，當作氐。《日部》昏下云：从日氐省，氐者下也。氐目卽低目，氐，部首字。）氐仰，卽抵昂也。《馬部》驤注云：「馬之低仰用之。」義同。自後世以卬望字作仰，遂以氐仰字作昂，《漢蔣君衡碑》已有昂字，知是漢時俗體。又《文選·長門賦》「意慷慨而自卬」，卬謂激仰。見氐仰字最初亦止作卬，後乃加人旁。俛卬與氐卬，義本一母也。王氏以仰訓卬，以今字讀之，而忘其本爲一字，誤矣。卬鼻卽仰鼻，結喉謂喉高，似有結，如男子喉，皆婦人之異相。王以仰鼻露孔釋卬鼻。案：王氏念孫《讀史記雜志》解曷鼻云：（卷三之四。）「曷讀爲遏。（原注：《詩·長發》則莫我敢曷，《荀子·議兵篇》引作遏。）遏鼻者，偃鼻也，偃鼻者，仰鼻也。（原注：《廣雅》：偃，仰也。）故徐廣曰曷一作仰。（中閒引《列女傳》語不録。）偃遏一聲之轉，偃鼻之爲遏鼻，猶偃豬之爲遏豬，千金堰之爲千金遏也。」以上王說，可證此卬鼻之義，故録之。《書鈔》不引此句。《呂氏春秋》：「陳有醜人，名敦洽，脣薄鼻昂。」肥項少髮，「肥項」，《書鈔》作「質肥」，非。《詩》曰鬒髮如雲，古婦人以髮多爲美，少髮，是不美之一端也。折腰亞胸，腰當作要，《御覽·人事部》五引《列女傳》作「要」，今本亦作「腰」矣。王注：「折腰，駝背。」「亞」，各本作「出」，《列女傳》同。王注：「出，《後漢》注作凸。凸胸，言胸骨突出。」案凸亦俗字，（俞正燮《癸巳存藁》三突字條考之甚詳。）是亞之誤，出又因凸而誤，皆形近字。《治要》、《書鈔》引本書皆作「出」，《世說》注，《御覽》引《列女傳》同。《琱玉集》作「亞」。《說文·亞部》：「亞，醜也，象人局背之形。」近人章氏《新方言》四云：「今人呼局腰爲呼腰，呼即亞之古音，秦碑以亞駝爲呼沱，其證也。直隸或言悶腰，湖北則言訶腰，皆即亞字。凡亞聲語，後多轉爲可聲。如《易》笑言啞啞，《廣雅》轉爲歌歌、閜閜、呵呵是也。長沙人謂人醜劣無用爲亞寶，音如閜。（原注：呼雅反，籠口上氣呼之。）」文義殊勝，今據改。宋無名氏《釋常談》記此事作堊胸墜腰，堊即凸字。（凸凹字本作窅突，宋張有《復古篇》作坳堊，亦非。）皮膚若漆，諭其黑。《書鈔》作「膚如點漆」。行年三十，《列女傳》作「四十」，《御覽》六百九十三引本書同。案：當作三十爲是，古以積畫爲數，書四作亖，與三易混，《御覽》作四十者，後人據誤本《列女傳》改之也。《世說》注、《初學記》、《御覽·人事部》二十三引《列女傳》，並作「三十」，《治要》、《琱玉集》引本書亦然，可見今本《列女傳》誤。否則二書同出中壘，不應岐異如此。行年，猶歷年也。無所容入，無收容内入之者。《御覽》六百九十三引本書「入」作「人」，譌。衒嫁不售，王安人《列女傳注》曰：「《初學記》、《後漢》注引衒作行，衒，賣也，言自誇耀以求售也。」案《說文·行部》：「衒，行且賣也，从行言，衒或从玄。」是字當作衒，行言合體，會意字。凡以物衒耀於人，必以言助之，今人用誇炫字，當作此。（或作眩，亦非。）炫乃炫爛之義，《說文·火部》：「炫，爛燿也。」與焯爛焜等並列，蓋別一義。炫行而衒廢矣。「嫁」，各本作「家」，盧文弨曰：「家卽嫁也。」孫志祖曰：「婦人謂嫁曰歸，所謂女生而願爲之有家也。」光瑛案：《御覽》引本書作「嫁」，《列女傳》同，宋本、嘉靖本《新序》亦作「嫁」，今從之。售當作讎，（梁端《列女傳校注》本作讎，是。）不讎，不用也。《毛詩·國風·谷風》「賈用不售」，《御覽·資産部》引《韓詩》作「不讎」，《抑詩》「無言不讎」，鄭箋云：「教令之出，如賣物，物善則其讎賈貴，物惡則其讎賈賤。」鄭本《韓詩》，與毛傳訓同，作售者，後出俗字。《治要》、《書鈔》俱不引此及下一句。流弃莫執。「弃」，各本作「棄」，今從宋本。王安人《列女傳注》曰：「執，猶處也。」案：《周禮·環人》注：「折馘執俘而還。」賈疏云：「執，取也。」《淮南子·說山訓》「執牢獄者無病」，高誘注云：「執，主也。」（執政義從此訓。）此執字訓取訓主，言流離散弃，莫取其身，無所主也。《御覽》不引此句。於是乃拂拭短褐，拂拭，整絜之。褐，毛布。短褐，賤者之服，或作裋褐，詳見同卷《燕相章》注。《書鈔》引本書無「拭短」二字，《御覽》引無「拭」字。《治要》「於是乃」下卽接「自詣宣王」句，無「拂拭短褐」四字。自詣宣王，詣，謁也。《御覽》引本書作「請」，乃詣字形近之譌。《書鈔》引無「自」字，連上爲一句。宣王，詳同卷《鄒忌章》注。願一見。謂謁者曰：謁者注見上章。《書鈔》、《御覽》「宣王」下均作「曰：願當君王盛顏」，引至此止，無「願一見謂謁者」六字，而多「願當」一句。《列女傳》無「願一見」三字。然《御覽》及《文選·景福殿賦》注引《傳》，「宣王」下有

「願乞一見」句，始接「謂謁者曰」，則與本書正同。疑今本《列女傳》奪去四字，而本書别本必有作「自詣宣王曰：願當君王盛顏」者，故《書鈔》、《御覽》得引之也。《治要》括引作「於是乃自詣宣王曰」。「妾，齊之不售女也，人莫肯取，如竇物之不讎，故以爲諭。又借以諷宣王之不用賢也。聞君王之聖德，願備後宫之掃除。備掃除，即執箕帚之義。《吴語》曰：「一介嫡女，執箕箒以晐姓於王宫。」《漢書·高帝紀》：「吕公曰：臣有息女，願爲季箕帚妾。」備，備數中，謙言無用之詞。《列女傳》作「借」，誤，一本仍作「備」。頓首司馬門外，王安人《列女傳注》曰：「《三輔黄圖》宫之外門爲司馬門，漢未央、長樂、甘泉宫四面，皆有公車司馬門也。」案：《周禮·宫正》「幾其出入」，鄭注：「若今時無引籍，不得入宫司馬殿門也。」賈疏云：「司馬殿門，漢宫殿門，每門皆使司馬一人守門，比千石，皆號司馬殿門也。」《漢書·元帝紀》：「今從官給事宫司馬中者，得爲大父母父母兄弟通籍。」應劭曰：「司馬中者，宫内門也，司馬主武，兵禁之意也。」師古曰：「應説非也，司馬門者，宫之外門也。衛尉有八屯，衛候司馬主衛士徼巡宿衛，每面各二司馬，故謂宫之外門爲司馬門。」阮元曰：「《漢官儀》云：公車司馬掌殿司馬門，《周禮》注所云司馬殿門，即殿司馬門也。」錢大昭曰：「《漢舊儀皇帝起居儀》，宫司馬内，百官案籍出入，營衛周廬，晝夜誰何。」光瑛案：應以司馬中爲宫内門，顔以司馬爲宫之外門，顔説是。宫司馬中，謂宫中及司馬門中耳。《漢書·東方朔傳》引董君從東司馬門入，東司馬門，更名東交門。（入字今本脱，依《通鑑》及《御覽·居處部》一引補。王念孫亦以爲當有入字。）胡三省《通鑑》注云：「東司馬門，東闕内之司馬門。」然則司馬門隨其所向，皆可稱之，東司馬門即司馬門之一，後惟此改名東交門。《外戚趙后傳》「東交掖門」，即東司馬掖門也，餘仍不改。孫詒讓《周禮正義》引《列女傳》此語，謂司馬門之制，周季已有之，是也。漢之制度，多沿周秦，故鄭君注經，每以漢制況周制。

《治要》不引此句及下句。唯王幸許之。」《治要》亦不引。謁者以聞。宣王方置酒於漸臺，漸臺，齊宮中臺名也，漢未央、建章宮皆有漸臺。《漢書・王莽傳》「莽就車之漸臺」，此未央漸臺也。程大昌曰：「漸者，漬也。言臺在水中，受其漸漬也。凡臺之環浸於水者，皆可名漸臺。」案程說是，此漸臺當同義。左右聞之，莫不揜口而大笑曰：《列女傳》無「而」字。「揜」，各本作「掩」，《治要》同，宋本作「揜」。古揜掩字通，經傳以揜代掩者甚衆。《說文・手部》：「揜，自關以東謂取曰揜，从手，弇聲。」凡今人用掩取字，當作此揜，而相承多用掩字。《說文》又曰：「掩，斂也，小上曰掩，从手，奄聲。」此「揜」字當作「掩」，宋本作「揜」，叚借字，今以宋本爲主，苟無大謬，則不改也。《爾雅・釋器》：「圜弇上謂之鼒。」弇上卽掩上也。《治要》引無「大」字。掩口，懼縱聲失儀。「此天下強顏女子也。」強顏，厚顏也。《漢書・司馬遷傳》：「及以是言不辱者，所謂強顏耳。」顏注：「強，音之兩反。」於是宣王乃召而見之，《列女傳》無「而」字。《治要》此下接「但揚目銜齒」云云，不引中段。召見，欲以說窮之。謂曰：「昔先王爲寡人取妃匹，皆已備有列位矣。言後宮無闕。「列位」，《御覽》引《列女傳》作「位列」。寡人今日聽鄭衛之聲，句。謳吟感傷，「謳」，各本作「嘔」，誤，今依宋本正。揚激楚之遺風。激，激卬。楚，淒楚。楚聲悲，故引申爲淒楚之義，又引申作痛楚字，亦作「憷」。三句《列女傳》所無，然《史記・司馬相如傳》集解、《文選・舞賦》注，並引《列女傳》「聽激楚之遺風」十九字。蓋《列女傳》本有此三句，而今本脫之也。今夫人不容於鄉里布衣，夫音扶。夫人猶是人也，不欲斥言鍾離春。《列女傳》一本作「女子」，非。一本仍作「夫人」。《御覽》引《傳》亦作「夫人」。校《列女傳》者，疑鍾離氏室女，不當斥爲夫人，故改之耳，此不明夫人二字之義。「於」字各本俱奪，依文義當有，今據《列女傳》補入。而欲干萬乘之主，干，干謁。

亦有奇能乎？」《列女傳》作「亦有何奇能哉」。無鹽女對曰：「無鹽女」，《列女傳》作「鍾離春」。「無有。句。直竊慕大王之美義耳。」「直」，《列女傳》作「特」，二字通用。古音有舌頭，無舌上，（錢大昕說，見《十駕齋養新錄》。）故讀直如特。《詩・柏舟》「實維我特」，《韓詩》「特」作「直」。《禮記・檀弓》「行并植於晉國」，注：「植或爲特。」此外散見他書者甚多。王引之《經傳釋詞》亦詳言之。王曰：「雖然，何喜？」末字舊本皆作「喜」，宋本同。《列女傳》亦作「喜」，梁端校云：「善，舊誤喜，从《太平御覽》校改，下同。《新序》亦誤。」案梁說非是。何喜卽孟嘗問客何好之意，（見《齊策》。）於義極通。上文問有奇能乎，此句承上意來。問既無奇能，復有何好，猶孟嘗之以何好何能遞問也，自以作「喜」爲長。若改作「善」，則與上問意複，而下文自稱善隱，亦太居之不疑矣。喜善形近易溷，未必諸書皆誤，而《御覽》獨可據也。學者細審於詞氣先後之閒，當自辨之。梁校以誤改不誤，甚謬。今仍舊本作「喜」，坿訂其失於此。良久，曰：「竊嘗喜隱。」良久，思所以對。言喜隱者，以王好隱，故迎其意而告之。《史記・滑稽傳》：「齊威王時，喜隱。」《索隱》曰：「喜隱，謂好隱語。」方以智《通雅》：「廋辭讔謎，（讔謎皆俗字，當作隱迷。）謂《隱書》也。離合詩、井謎、商燈其流也。」周壽昌曰：「《漢・藝文志》有《隱書》十八篇，世謂之廋辭，亦謂之謎。《說文・言部》謎，隱語也。《文心雕龍》曰：自魏代以來，頗非俳優，而君子化爲隱語。隱也者，迴互其辭，使昏迷也。鞠窮庚癸，見《左傳》，卽隱之權輿。郡姓名字詩，見《孔北海集》；黃絹幼婦，見蔡邕題碑；井謎，見《鮑照集》，皆繼起者也。」案：隱語自古有之，戰國時最流行。《晉語》「秦客廋辭於朝」，注：「廋，隱也。」亦其義。宋吳曾《能改齋漫録》謂起於《春秋傳》，明楊慎《藝林伐山》則謂《書》云「時日曷喪」，其始也。予謂時日之語，因桀自比於日，而反詰之，非隱語可比。如《韓詩外傳》言周公善聽不言之說，《尚書大傳》

商子告伯禽橋梓之諭，庶幾近之，遠在春秋以前矣。明胡應麟《藝林學山》云：「唐皮日休有《隱書》，其詞乃山林之士，叚箸述以自見者。《漢志》，《隱書》在詩賦類，以皮書例推之，必漢時棲遁之流所作詩賦，如《考槃》、《逸民》等篇耳。若是隱語，當入子類雜家，不應類此。」予案胡説非也，楊慎之言，大致本《文心雕龍》。六朝舊解，相沿如此，即入詩賦畧何害。至謂隱語當入子類雜家，尤謬。《漢志》雜家，是何面目，胡氏蓋未足以知之。且以《七畧》爲本，而忽參以四部例之子部雜家，非驢非馬，不更可笑乎。

王曰：「隱固寡人之所願也，試一行之。」言未卒，忽然不見矣。《列女傳》無「矣」字。顧廣圻校云：「此二句有誤。隱，謂隱語。《吕覽·重言》、《史記·楚世家、滑稽列傳》、《漢書·東方朔傳》皆有其事。高誘、裴駰、司馬貞、顏師古所説，義訓顯白，非不見之謂也。《新序》誤亦同。」王安人《列女傳補注》亦云：「此七字《新序》同，殆不可曉。審爾，是遁形之術，非隱語之謂也。竊詳文義，言未卒下，當作瞑目不見四字，此即所謂隱也。」案：此二語以下，蓋淺人坿益。彼誤以隱語之隱，爲隱身之義，故妄加此數語，《御覽》引《傳》已如此，則亂真久矣。《治要》不引中間一段，蓋亦疑之。不知下文「揚目銜齒」云云，即隱之表示，何必有此駢枝乎。王氏謂言未卒下當作瞑目不見，亦意必之談，絶無確據，今不取。

宣王大驚，發《隱書》而讀之，「隱書」二字見此，與《漢志》名稱正同，足證胡應麟以爲隱士詩賦之謬。引見上喜隱句注。

退而惟之，「惟」，《列女傳》作「推」。案：惟，思也，義可兩通，作惟尤勝。《史記·太史公自序》「退而深惟曰」，語與此同。

又不能得。「不」，《列女傳》作「未」。

明日，復更召而問之，「復」，《列女傳》作「又」，義同。

不以隱對，案：下文即所謂隱也，何又言不以隱對。蓋淺人加之，謂不言其不見之由耳。自「謂曰昔吾先王」以下至此，《治要》不引。

但揚目銜齒，切齒也。

舉手拊肘，拊，擊也。《毛詩·邶風·柏

舟》「寤辟有摽」，傳：「辟，拊心也。」摽訓擊，（見《説文》。）故拊亦有擊義。《説文・手部》：「拊，循也。」拊循卽撫循，古作拊，今作撫。《尚書・皋陶謨》（今本《益稷》。）「予擊石拊石」。對文則拊輕擊重，散文則通，許從其本義言之。「肘」，《治要》引同，《列女傳》作「膝」。曰：「殆哉殆哉。」殆，危也。如此者四。宣王曰：「願遂聞命。」不諭其指，故問也。無鹽女對曰：「無鹽女」，《列女傳》作「鍾離春」。《治要》引無此三字。「今大王之君國也，君國，君於國中。西有衡秦之患，衡與横同，古通用字。南有彊楚之讎，戰國時，言強者，必以秦楚並稱。如《孟子》云「朝秦楚」，「可使撻秦楚之堅甲利兵」之類，見紀傳者不可勝數。黄歇謂天下莫強於秦楚，道其實也。此是設辭，故舉秦楚爲言。「彊」，各本俱作「強」，《治要》引同。今從宋本作「彊」。外有二國之難，二國卽指秦楚，承上言之。各本譌「二」爲「三」，《治要》亦誤，不知三國謂誰矣。《列女傳》正作「二」字，諸書所引同，今據改。内聚姦臣，「姦」，《治要》作「奸」，俗。衆人不附；國人不歸心。春秋四十，稱人年爲春秋，當時已有之。吕不韋説秦昭王太子，及此所言可證。（吕語引見下注中。）壯男不立，不務衆子，而務衆婦，言太子未有，而後宫多怨曠也。「不務」上《治要》有「故」字。案《列女傳》亦無「故」字，與本文同。尊所好而忽所恃，太子國本，國之所恃也；所好，謂後宫妃妾也。《孟子・梁惠王下篇》：「齊宣王曰：寡人有疾，寡人好色。」《戰國策・齊策》：「淳于髡謂王曰：先君好色，王亦好色。」《列女傳》俗本「恃」誤「時」。一旦山陵崩阤，「陵」，本作「林」，誤。山陵崩阤，諭君薨也。《趙策》：「觸龍曰：一旦山陵崩，長安君何以自託於趙。」（觸龍字讋，前人已辨之。）當時蓋有此語。宋吴曾《能改齋漫録》曰：「漢以來，人君所葬之地爲山陵，如高祖之長陵是已。然吕不韋説秦昭王太子曰：王之春秋高，一旦山陵崩，太子用事。注云：山陵，諭尊高也；崩，死也。

然則以葬地爲山陵久矣，出《戰國策》。」俞樾《改吴》曰：「山陵崩固當時常語，蓋諱言死，故文其辭曰山陵崩，非以山陵爲葬地也。吴説誤。然葬地稱陵，古亦有考。《漢書・地理志》河東郡襄陵，師古曰：晉襄公之陵，因以名縣。又陳留郡襄邑，師古曰：圈稱云本承匡襄陵鄉也，晉襄公所葬，故曰襄陵。則疑人君所葬稱陵，春秋之世已然矣。」案吴氏以《策》語山陵爲葬地，誠誤，俞氏駁之當已。意襄陵等名，或由後人稱之，未必當時有此名。《左氏僖三十二年傳》：「其南陵，夏后皋之墓也。」亦謂墓葬陵所，非以陵爲墓道之名，故杜注云大阜曰陵也。《説文・阜部》：「陁，小崩也。」段氏注云：「大曰崩，小曰陁。《吴都賦》曰崩巒陁岑，此其義也。《子虛賦》登降陁靡，《上林賦》巖陁甗錡，皆謂欹傾也。後人多用陊爲之，古書或用褫爲之。」以上段説是，崩陁即崩頽也。「大曰崩，小曰陁」二語，本《國語》韋昭注。《説文》：「陊，落也，从阜，多聲。」《吴都賦》「硩陊山谷」，今人多叚墮爲之。《説文》厠陊於陁陸隕之下，其義皆同。宋本作「陁」，俗。各本作「弛」，誤。今《列女傳》亦作「弛」，誤，蓋由俗人不識陁字之義，而妄改之。宋本雖用俗字，尚不失其真。《治要》引作「陁」，正，今從之。**社稷不定，**儲位未正，故社稷未能安定。《後漢書》注引《列女傳》「定」作「安」，今《傳》仍作「定」。**此一殆也。漸臺五重，**言其高。**黄金白玉，琅玕龍疏，翡翠珠璣，莫落連飾，**《治要》引無「琅玕」四字。「龍」，《列女傳》作「籠」，「莫落」作「幕絡」。王安人注云：「籠與櫳同，櫳，房室之疏也。言以琅玕飾櫳疏，又以翡翠珠璣連絡其間，以爲華也。《新序》幕絡作莫落，音義皆同。」案王説是。櫳，俗字，止合作龍。《荀子・正論篇》：「犀象以爲樹，琅玕龍茲華覲以爲實。」楊倞注：「琅玕似珠，昆侖山有琅玕樹。龍茲未詳。覲當爲瑾。華，有光華者也。或曰龍茲即今之龍鬚席，《公羊傳》曰衛侯朔屬負茲，《爾雅》曰：蓐謂之茲。《史記》曰衛叔封布茲，徐廣曰：茲者，藉席之名。《列女傳》無鹽女謂齊宜主，漸臺五重，黄金白玉，琅玕龍疏，翡翠珠璣，莫洛連飾，萬民罷極，此二殆也。（案：此所引《列女傳》籠作龍，幕絡作莫洛，與本書同。惟落作洛爲異。）疑龍兹卽龍疏，疏鬚音相近也。曹大家亦不解。實，謂實於棺槨中。或曰兹與髭同。」以上楊注，引或説解龍疏卽龍兹，疏鬚聲近，爲今之龍鬚席，亦似不確。近人郭慶藩謂「上言琅玕，下言華覲，則龍兹非席明矣。《列女傳》之龍疏，亦列於珠玉之閒，不得爲席。龍疏或卽龍兹，當爲珠玉名，猶《左氏昭二十九年傳》所稱龍輔，爲玉名也。」案：《荀》文上言樹，下言實，樹謂樹之壙中，實爲實於棺槨，則非指席郅明。席非實棺所應有，廁於上下文珠玉之間，亦不類。郭説以龍輔爲例，語稍近理，但苦無確證，今姑闕疑。《説文·玉部》琅下云：「琅玕，似珠者。」《尚書·禹貢》「厥貢璆琳琅玕」，鄭注云：「琅玕，珠也。」段玉裁曰：「《論衡》云：璆琳琅玕，土地所生，真玉珠也。案：出於蚌者爲珠，則出於地中者爲似珠，似珠亦非人爲之，故鄭、王謂之真珠也。」以上段説，融合許鄭王之義，亦通。然古以玉爲珠，則不必以蚌珠爲真，出地中者爲似也。僞孔傳謂琅玕石而似玉，説殊杜譔。《論衡》引《書》而斷之曰真玉珠者，真玉謂璆琳，真珠謂琅玕，分别甚明。今古文説皆同，從無以琅玕爲石而玉者。僞孔之謬，此亦一端。翡翠者，《説文》云：「翡，赤羽雀；翠，青羽雀，皆出鬱林。」玉之色似之，故叚其名也。古珠乃玉類，故字從玉，非蚌珠也。璣，珠之不圜者。段玉裁曰：「凡經傳沂鄂謂之幾，門槩謂之機，故珠不圓之字从幾。」是也。莫落者，郝氏《爾雅》疏於《釋詁》貉縮綸也下，引此文莫落卽絡索，謂以繩牽連緜絡之也。案：《文選·吴都賦》「孟浪之遺言」，劉逵注：「孟浪猶莫絡，不委細之意。」王念孫《廣雅疏證》云：「孟浪、莫絡、無慮，皆一聲之轉。」又近刊王氏《廣雅疏證補正》引《墨子·小取篇》「摹略萬物之然論」，求羣言之比，謂無慮、勿慮、摹略、莫絡、孟浪，並聲轉字。若然，則此莫落亦當同誼，王氏所謂總計物數是也。凡連緜語無正字，當依聲以求其義，不必泥字而昧其聲。**萬民罷極，**《治要》「罷」作「疲」。經傳多以罷代疲，《禮記·少儀》鄭注：「罷之言疲勞也。」《周禮》有罷民，鄭云：「民不慜作勞，有似於罷，是其義。」極，病也。讀若《尚書》「六極」，《史記·淮陰侯列傳》「百姓罷極怨望，容容無所倚」。罷極是連緜語，極字不作甚義解。**此二殆也。賢者伏匿於山林，諂諛彊進於左右，**《列女傳》無「伏」字「進」字。「彊」，《傳》作「強」，《治要》引本書同。強，猶多也，凡記數，多者曰強，少者曰弱。「進」字各本奪，以文勢與上句對，不可省。《列女傳》上句無「伏」字，故此句無「進」字，淺人不知強進之義，妄據《傳》文刪本書。今依《治要》引補正。**邪僞立於本朝，**「朝」，本作「廟」，僞。《列女傳》作「朝」，《治要》引本書同。宋本、嘉靖本亦作「朝」，今據正。《淮南·氾論訓》注曰：「本朝，國朝也。」在國謂之本國，猶在朝謂之本朝矣。詳五卷《秦昭王章》注。或云立與位同，亦通。然經典言立朝者甚多，似不必改字。《孟子》「立乎人之本朝」，尤不可作位，致與位卑句複。**諫者不得通入，**謁者不敢爲通，故云。**此三殆也。酒漿流湎，**《列女傳》作「飲酒沈湎」。本書各本「沈」俱作「流」，《御覽》引《列女傳》亦作「酒漿流湎」，與本書同，則今本之所承甚古矣。《樂記》曰「流湎以忘反」，《荀子·非十二子篇》「多少無法而流湎然」，原非誤字。蓋古流沈字通用，《荀子·君子篇》「士大夫無流淫之行」，《治要》引作「沈淫」；《勸學篇》「昔者瓠巴鼓瑟而流魚出聽」，《大戴禮記》作「沈魚」，《外傳》作「潛魚」，潛亦沈也，是其證。今《治要》引本書作「沈」，殆由後人習見沈湎，鮮見流湎，又以二字形近，疑其爲譌，遂據《列女傳》改之耳。（《御覽》引《傳》文，多與本書同。凡《御覽》引《說苑》、《列女傳》、《新序》三書多互溷，詳見《刺奢篇》注，不知其果用《傳》文否。）沈湎之沈，本字當作湛，《說文·水部》：「湎，湛於酒也。」今各本湛作沈，段注已正之。經典相承作沈湎，叚借字耳。今仍舊本作「流」字。**以夜續**

朝，「續朝」，《列女傳》作「繼晝」，義同。女樂俳優，《説文·人部》：「俳，戲也。」段玉裁曰：「以其戲言之，謂之俳，以其音樂言之，謂之倡，亦謂之優，其實一物。」案段説是。《説文》優下云：「一曰倡也。」從横大笑，言樂不以禮節也。「從」，《列女傳》作「縱」。外不修諸侯之禮，聘問禮廢。內不秉國家之治，內政多失。武井驥云：「一本治作政。」此四殆也。故曰：殆哉，殆哉。」重言殆哉，又復言之，明不一殆也。於是宣王掩然無聲，掩然，猶闇然，慘淡之貌。《列女傳》無「掩然」以下十二字。《御覽》引《傳》存「闇然無聲」四字，字正作闇。闇掩聲近通用。意入黃泉，言其思之深也。揚雄《解嘲》曰「深者入黃泉」，即此意。忽然而昂，昂即印，見上注。《治要》引無上八字。喟然而嘆，《治要》「嘆」作「歎」。《説文·口部》：「嘆，吞歎也，从口，歎省聲，一曰大息也。」段注云：「《九經字樣》引吞歎作吞聲，非。」嘆歎二字，今人通用，《毛詩》中兩體錯出，依《説文》則義異。歎近於歡，嘆近於哀，故嘆訓吞歎，吞其歎而不能發也。又《説文·欠部》：「歎，吟也，謂情有所悦，(字當作説。)吟歎而歌詠，(此十字各本無，段依《文選》注引補，本不足據，即段亦以爲演《説文》語，今因引段氏説，姑仍之。)从欠，鷜省聲。」段彼注云：「古歎嘆義别，歎與喜樂爲類，嘆與怒哀爲類。如《樂記》云：一唱而三歎，有遺音者矣。又長言之不足，故嗟歎之，嗟歎之不足，不知手之舞之，足之蹈之。《論語》喟然歎曰，皆是此歎字。《檀弓》戚斯嘆，嘆斯擗，《詩》而無永嘆，既其嘆矣，愾我寤嘆，皆是嘆字。」案：段説分析至精，《説文》以嘆廁呻嗞嘅啞等字下，而廁歎於欶歁歟歂字中，以類相從，未嘗混雜。自經典叚歎爲嘆，後人不知其同聲通用，遂各忘其本義耳。曰：「痛乎無鹽君之言，君者，尊敬之稱。吾今乃一聞寡人之殆，《列女傳》「今乃」作「乃今」，無下四字。《治要》引本書「一」作「壹」，無「吾」字。案：一壹通用字，一當訓始，始即先起之義，見同卷《晉文公逐麋章》注。猶言今始自聞其殆也。王引之《經傳釋詞》以一爲語助詞，未足包括一切。一是數之始，故凡始皆言一。寡人之殆幾不全。」「全」，俗作「痊」，《說文》無痊字。《周禮・醫師》「十全爲上」，鄭注：「全，猶愈也。」蓋古止作全。《列女傳》「一聞」下即接「於是」句，無「寡人之殆」以下十一字，然《文選》注引《傳》有「寡人之殆幾不全」句。疑《傳》文本與《新序》同，今本奪落耳。《治要》引本書不疊「寡人之殆」四字，文義亦未完足，蓋傳寫者脱之，當據此訂正。於是立停漸臺，「立停」二字，《列女傳》作「折」。《治要》「停」作「毁」，雖義別，於文皆通。《琱玉集》引本書亦作「停」。（《說文》無停字，當作亭。）罷女樂，退謟諛，去彫琢，「彫」，《列女傳》作「雕」，《治要》引本書亦作「雕」，皆叚借字。《說文・彡部》：「彫，琢文也。」凡琱琢字作琱，琢之成文則曰彫，彡者，毛飾畫文也。雕乃鵰鳥名，別一義，今人多以雕爲琱，而琱字幾廢。選兵馬，選，簡擇也，謂汰去老弱。《左氏桓六年傳》：「秋，大閱，簡車馬也」。實府庫，實，充實也。府之本義爲臧文書，庫之本義爲臧兵車，引申之，爲貯財物之通稱。四闢公門，「闢」，《列女傳》作「辟」，古通用字。《尚書》所謂「闢四門」是也。《治要》不引此句。招進直言，延及側陋，《尚書・堯典》「明明揚側陋」，《史記・五帝紀》作「悉舉貴戚及疏遠隱匿者」，然則側陋即疏遠隱匿之謂。史公從孔安國問故，此孔君舊說也。今文作仄字，義同。《宋書・恩倖傳論》「明敭幽仄」，張衡《思玄賦》「守此仄陋兮」，《漢書・循吏傳》「孝宣繇仄陋而登至尊」，班固《北征頌》「拔所用於仄陋」，皆今文作仄之證，但其義悉與孔不異。「延」，《治要》作「廷」，誤。擇吉日，立太子，《詩》曰「吉日維戊」，《楚辭》「吉日兮辰良」，蓋擇日之說，所起者遠矣。進慈母，顯隱女，《治要》引無此二句。《列女傳》無下一句。隱女，賢而隱匿者，如趙威后所問北宮之女嬰兒子，亦其類也。（見《齊策》。）顯，尊顯之。拜無鹽君爲后。「爲后」，《治要》作

「以爲王后」。而齊國大安者，各本無「齊」字，《列女傳》有，《治要》引本書亦有，各本脱耳。今據補。《治要》引無「者」字。醜女之力也。《列女傳》此下有「君子謂鍾離春正而有辭，《詩》云：既見君子，我心則喜。此之謂也」等語。《治要》「力」作「功」。以上三章，均言隱諫事，（《鄒忌章》同，疑當與此同列，傳寫者亂其次第耳。）蓋别録《隱書》之文。本書記樊姬、無鹽后之事，與進《列女傳》意同，因成帝溺情聲色，故舉古賢后妃事以告之。中壘憂國愛君，於此可見，成帝不寤，卒死女禍。《琱玉集》卷十四引此章，文多不同，（原書亡佚，無作者姓名，見存十二、十四二卷，遵義黎氏刊入《古逸叢書》中。）蓋括本書之意，而節引之。今具録後。文云：無鹽女，六國時齊無口邑之女，極醜。爲人長肘、戾股、細頸、結喉、鋭額、欠頤、亞胸、墜肩，身體枯骨，齵齒猷鼻。年過卅，行嫁不售。時齊宣王方置漸臺，（置下脱酒字。）無鹽乃自泣於宣王，申四殆之説。宣王於卽停漸臺，（於下脱是字。）罷談樂，退讒言，進直諫，卽拜無鹽爲皇后（皇乃王之譌，原注標出《新序》。）云云。姑存此以備參考。又《釋常談》引無鹽事，不審出何書，與《列女傳》及本書皆多不同。宋人説部，不足爲據，今置不録。

新序校釋卷第三

雜事

此卷首次章言治國用兵，以愛民爲本。餘皆明禮賢之效，如燕昭以用樂毅而強，惠王以去樂毅而弱，其明驗也。末借鄒陽書反復陳論，以申其言外之指。

1 梁惠王謂孟子曰：《史記・魏世家》：「武侯卒，子罃立，是爲惠王。」《六國表》：「周威烈王二十三年，韓趙魏始立爲諸侯。安王二年，太子罃生。二十六年，魏韓趙滅晉。」烈王元年爲魏惠王元年，距始列爲諸侯凡三十四年，距分晉僅六年。戰國時諸侯稱王，以魏爲首，魏又以惠王爲首。（諸侯稱王，周廣業《孟子出處時地考》謂凡數稱而後定。雖肊測，甚爲近理。）其名或作罃，或作嬰，（前見《莊子・則陽》，後見《國策・魏策》。）皆聲近通用字，茲從《史記》爲斷。徙治大梁，故又稱梁王；亦曰惠成王，（見《竹書紀年》。）亦曰文惠君。（《莊子・養生主》。）諸書多言惠王者，舉一言以便稱謂，如秦昭襄或稱昭王，或稱襄王也。（參二卷《鄒忌章》引周廣業說。）又稱夏王者，（《秦策》。）夏，大也。自立爲號，猶曰吾甚武，遂自號武王也。《竹書》稱惠王在位三十六年，改元，十六年薨。《史》以惠王三十六年卒，後十六年爲襄王，恐誤。《漢表》列六等。各本或譌惠爲武，今從馬驌《繹史》本引。孟子，名軻，鄒人。趙岐《孟子題辭》云：「字未聞。」宋王應麟《困學紀聞》曰：「《孔叢》云：字子車，（注作子居。）居貧坎軻，故名軻，字子居，亦稱子輿。王肅《聖證論》云《子思書》、《孔叢子》有孟子居，卽是軻也。《傅子》云：字子輿。疑皆傅會。史鶚《三遷志》云：孟子字，自司馬遷、班固、趙岐，皆未言及。魏人徐幹《中論》敍曰：孟軻、荀卿懷亞聖之才，著一家之法，皆以姓名自書，至今厥字不傳。原思其故，皆由戰國之士樂賢者寡，不早紀録耳。是直以孟子爲逸其字，與趙氏《題辭》同。」焦循曰：「王肅、傅玄生趙氏後，趙氏不知，肅等何以知之。《孔叢子》僞書，不足證也。」案：焦説是。《孔叢子》卽肅所僞譔，丁晏考之甚明。王伯厚斥爲傅會，最爲有識。（所引《孔叢子》見《雜訓》注，《聖證論》見《御覽》三百六十二，與《藝文志》注所引異。）孟子生於周烈王四年四月二日，卒周赧王二十六年十一月十五冬至日，年八十四。母仉氏。（亦曰李氏，見元張須《孟母廟碑》。）妻田氏。（以上見明人所纂《孟子譜》，云傳自四十五代孫孟寧，恐未必可據。）《續郡國志》注云：「葬騶城北。」（騶鄒字通用。）《一統志》云：「鄒縣東北三十里四基山西麓。」宋神宗元豐六年，進封鄒國公。明世宗嘉靖九年，改稱亞聖孟子。《漢表》列二等仁人。盧文弨曰：「此梁惠王，乃齊宣王之譌。」光瑛案：當從《孟子》爲正。宋葉大慶《考古質疑》謂此孟子與齊宣王問答，而《新序》乃以爲梁惠王，豈非誤乎。是葉氏所見本已作梁惠王矣。此如《孟子》書敍滕文公問齊人將築薛，孟子告以太王去邠，而《史記·列傳》云梁惠王謀欲攻趙，孟軻稱太王去邠。諸子史傳，或傳聞異辭，或記憶偶誤，未足爲異，正不必以爲譌字也。

「寡人有疾，寡人好色。」此與《孟子·交鄰章》宣王自稱好勇，口吻如一，可見不當作梁惠王。本書連合二事爲一，皆以爲答梁王語，蓋記録偶誤，抑别有本也。

孟子曰：「王誠好色，於王何有？」何有，舊有數訓。趙岐《孟子》注「於王之政，何有不可」，此一誼也。《論語》「於從政乎何有」，皇侃疏引衛瓘云：「何有者，有餘力也。」此又一誼也。

《後漢書・曹氏叔妻傳》引《論語》「能以禮讓爲國，於從政乎何有」，注云：「何有，言若無有。」此又一誼也。《孟子・任人章》「於答是也何有」趙岐注云：「於，音烏，嘆辭，何有爲不可答也。」此與《明堂章》注誼同。但讀於爲烏，則未是。（案漢末未有音切，全書祇此一見，此殆因孫氏音義云，丁、張並音烏，嘆辭也，誤混入注中。鄭君《禮》注閒有一二音切，亦《釋文》坿刊之後混入，與此同例。）焦氏循《孟子正義》申趙意，爲任人設難，不爲可答，與何氏解何有爲不難之説相反，此誤會趙注耳。趙以何有爲不可答六字連讀，猶言有何不可答，與何注訓何有爲不難者正合。但經文上言於，下言何有，與此文「於王何有」，《論語》「於從政乎何有」，文法同，不當以於爲嘆詞。又有倒於字在下者，如《論語》「何有於我哉」，《述而》、《子罕》兩見，皆不難之誼。《述而》篇集解引鄭注云「無是行於我獨有之」，其説迂晦，不可從。朱注「何有於我，言何者能有於我也」，則誤矣。學不厭，教不倦，乃夫子所自任，（見《述而篇》及《孟子・公孫丑篇》。）不當於此獨謙。細覈諸訓，以何注不難之解爲長。（孫奕《示兒篇》一卷《字訓辯》云：不難之謂何有。）朱子於《里仁篇》引申之曰：「能以禮讓爲國，則何難之有。」誼更圓足。（皇疏引衛注畧同。）以何難之有四字合爲何有，乃古人語急文省例。（語急例，詳俞樾《古書疑義舉例》中。）凡《論語》之「能以禮讓爲國乎何有」，「苟正其身矣，於從政乎何有」，（《論語》中凡言於從政乎何有，皆同此。）《孟子》之「於王何有」，「於答是也何有」諸文，皆屬此訓。亦有不盡作何難解者，當隨其上下文語氣定之。（如《左傳》之於人何有，人亦於女何有，謂何愛於人，人亦何愛於女也；蒲人狄人余何有焉，謂何愛於蒲狄人也。《魯語》之鼈於何有，謂何愛於鼈也。韋解爲何禮有鼈，失之。此何有讀爲親有之有，又別一誼。）因前儒解何有誼多不明憭，故爲詳論之如此。

王曰：「若之何好色可以王？」孟子曰：「太王好色。《詩》曰：《詩・大雅・緜》篇文。古公

亶甫，太王者，號也。古公亶甫，公祖之子，亶甫，名也。太王去邠邑岐，以其南有周原，改國號曰周。（《史記集解》。）《御覽·壽老部》引《六韜》云：壽百二十歲。《漢表》列二等。「甫」，舊本作「父」，甫父字通用。但《白虎通義》、《孟子經注》、《尚書大傳》、《論衡》、《吳越春秋》、《韓詩外傳》皆作「甫」。疑魯、韓詩本作甫字，中壘兼習魯、韓，所引詩亦必作甫，今本作父者，後人據《毛詩》改之耳，今正。趙岐《孟子》注：「亶甫，太王名也。」《詩·緜》毛傳曰：「古公，豳公也。古，言久也，亶父字。或殷以名言，質也。」焦循曰：「毛氏不定爲名爲字，趙以爲名者，如《春秋》齊侯禄父、季孫行父，皆以父得名，不必字也。古猶昔也，當謂古昔公亶甫，公亶甫三字稱號，猶公劉，公非公祖類，加公於名上而已。」光瑛案：古公者，後世以稱太王。（亦單稱古，見《楚辭·天問》。）毛謂古言久者，解其名稱所由得也。《呂氏·審爲篇》注云：「太王亶父，公祖之子，王季之父，文王之祖，號曰古公。」以古公爲太王稱號，必經師相傳舊説，焦氏以公亶父三字連讀，猶公劉，公非公祖，加公於名上，其説非是。《禮記大傳》：「追王太王亶父、王季歷、文王昌。」以亶父與王季、文王之名並舉，（是亶父不當爲字。）故趙斷以爲太王之名。毛云殷以名言質者，名終當諱，周制則然，古公處殷時，尚質，故得言之也。《詩》疏引鄭注《中候》「亶父以字爲號」，而申之云：「《士冠禮》爲冠者制字曰伯某甫，亶亦稱甫，故知字。」皮錫瑞《尚書中候疏證》駁之云：「古天子諸侯，有謚無字；大夫以下，有字無謚。古天子諸侯之字，不見於經傳，而春秋大夫有謚，亦是僭禮。此亶甫當爲太王之名，如燮父、禽父、祭公謀父之比。」以上皮説，與毛趙誼合，甚是。《白虎通義·姓名篇》亦云「太王名亶甫」，知《魯詩》説皆以爲名也。（盧文弨曰：亶父亦作單甫，古亶單多通用，故鄲單即鄲亶。見《抱經堂文集》十四卷。）**來朝走馬，**《玉篇·走部》：「趣，遽也。詩曰來朝趣馬，言早且疾也。」陳喬樅曰：「趣，《毛詩》作走，箋云：來朝走馬，言辟惡早且疾也。鄭意以走爲趣之叚借，故不煩改字，直訓爲疾。疑三家今文皆作趣字，顧野王所引蓋據《韓詩》文，鄭箋亦用韓誼申毛也。」（《韓詩遺説考》十一。）案：陳説近是。但云三家作趣，尚無確證，故陳書於《韓詩》改用趣字，魯、齊詩仍作走。中壘兼習魯、韓，此引《孟子》文，當從原文作走爲是。馬瑞辰曰：「《説文》趣，疾也。走馬即趣馬之叚借，故箋以早釋來朝，以疾釋走。《孟子》趙注釋詩來朝走馬，亦曰遠避狄難，去惡疾也。《玉篇》引詩作趣馬，言早且疾。是知古本《毛詩》蓋有作趣馬者，或以走馬爲單騎之始，失之。」（《毛詩傳箋通釋》二十四。）胡承珙曰：「來朝者，猶《召誥》太保朝至于洛，周公朝至于洛也。走馬者，見跋涉艱難之意。箋以爲辟惡早且疾，不知當時辟狄，邠人從之者衆，自必扶老攜幼以行。劉先主在荆州，人多歸之，尚不忍棄之獨行，致爲曹操所敗。而詩人乃謂太王清朝疾驅，獨與姜女聿來，不幾似明皇之奔蜀乎。」（《毛詩後箋》二十三。）光瑛案：馬氏讀走爲趣，是也。以爲古本《毛詩》作趣者，非也。野王所引，自本《韓詩》。當時魯、齊雖亡，《韓詩》猶在，故野王得引之，陳氏徑改其字於《韓詩遺説考》中，郅爲有見。若《毛詩》作趣，必先釋其義，不待鄭箋解説矣。邠人從遷，未必是一時事，胡氏引先主事以難箋，失之。至單騎之始，宋吳曾《能改齋漫録》謂「六國時始有單騎，蘇秦所謂車千乘、馬萬匹是也。古者服中乘馬以駕車，不單騎也。《曲禮》曰：前有車騎。《禮記》乃漢世書耳，經典無騎字。」以上吳説，宋人説部多辨之，兹不悉載。載俞氏樾《改吳》云：「此本《左傳正義》之説。案《周官・大司馬》職，師帥執提。鄭司農云：提，謂馬上鼓，有曲木提，持鼓立馬髦上者，故謂之提。後鄭不易其説，則亦以先鄭説爲然也。賈公彦疏云：先鄭蓋據當時已有單騎，舉以況周，其實周時皆乘車，無輕騎法也。賈意與孔穎達同，並謂古不單騎。然太公《六韜》有戰車、戰騎、戰步三篇，王伯厚謂其書出於末世，愚謂戰之有車、有騎、有步，古必兼用之。

徒兵明見《左氏傳》，苟不信古有騎戰，亦將謂古無步戰乎。詩云：古公亶父，來朝走馬。程大昌《雍録》曰：古皆乘車，今日走馬，恐此時或已變乘爲騎。《説文》：騎，跨馬也。段氏玉裁引趙旃以其良馬二，濟其兄與叔父，證古有單騎，此尤明白矣。」以上俞説，解執提從先鄭及駁古無騎戰之説，均當。引段注以明古有單騎，則《左傳》下文有棄車走林之説，恐仍是駕車所用，不如引左師展將以公乘馬而歸事，較覺諦當。

率西水滸，至於岐下，「於」，《毛詩》作「于」，於于通用字。毛傳曰：「率，循也；滸，水厓也。」鄭箋云：「循西水厓，沮漆水側也。」案《史記・周本紀》曰：「遂去豳，渡漆沮，踰梁山，止於岐下。」鄭以沮漆水側解水滸，本此。宋程大昌《雍録》謂渭水實在梁山下之南，循渭西上，可以達岐。或據此，疑水滸與漆沮無涉。其實沮漆與渭，皆由岐周之西，流入於東，率西水滸，槩指岐西一帶諸水言之。毛傳渾言水厓，趙岐《孟子》注云「循西方水滸來至歧山下」，皆不明言何水，可證。《漢書・地理志》：「右扶風美陽岐山在西北中水鄉，周太王所邑。」《水經注》：「岐水逕周城南，又歷周原下，北則中水鄉或周聚。」《括地志》：「故周城一名美陽城，在雍州武功縣西北二十五里，卽太王城也。」《輿地廣記》：「鳳翔府扶風縣岐陽鎮，漢美陽縣也。」周太王邑於岐山之下，卽此詩所謂居岐之陽也。岐，《説文》作郊，重文岐。詳十卷《婁敬章》注。太王遷岐，因周原之地，改國號爲周，在今陝西鳳翔府岐山縣東北五十里。

爰及姜女，聿來相宇。「相」，《毛詩》、《孟子》作「胥」。毛傳：「胥，相；宇，居也。」箋云：「於是與其妃太姜，自來相可居者。」趙岐《孟子》注云：「於是與姜女俱來相土居。」案：《文選・江賦》注引薛君章句：「聿，辭也。鄭訓自，趙訓俱，均失之。」詩中聿曰遹三字互用，戴氏震《毛鄭詩考正》、王氏引之《經傳釋詞》論之甚詳，茲不贅。胥相雙聲字。《公羊・桓四年傳》「胥命者何，相命也」，《詩・桑柔》「載胥及溺，不胥以穀」，《角弓》「無胥遠矣」，箋並云：「胥，相也。」其他散見各傳注者甚多，義本《爾雅·釋詁》。他文皆以相爲共，獨此傳與「篤公劉，于胥斯原」之訓相，讀息亮反，視也。《管子·樞言篇》「與人相胥」，注：「胥，視也。」《說文》：相，省視也。胥可爲視，猶相之爲省視。古人誼包四聲，不以音讀之異而生區別，（其實古無四聲之名，此以後世四聲言之，取其易曉。）故此字有彼字之義，其別義亦與彼字同。若誼隨聲轉者，此字轉，彼字亦隨之而轉。（如相視相共兩誼，隨聲而變，其胥字之誼亦變。）《爾雅》以台朕賚畀卜陽訓予同一條，《廣雅》以遂亹界吭畢殚終訓竟同一條，《易》兼簡易、變易、不易之訓。此其誼錢大昕、盧文弨、嚴元照諸人遞有發明，其例至繁，其理郅確。胥之訓相，爲共亦爲視，亦其一証。《爾雅》郭注但引《公羊》相命，以證胥相之誼，失之偏矣。姜女，太王妃太姜。《列女·母儀傳》曰：「太姜者，王季之母，有台氏之女，（台舊誤作呂，從梁本校改。）太王娶以爲妃。生大伯、仲雍、王季，貞順率導，靡有過失，太王謀事遷徙，必與太姜，君子謂太姜廣於德教。」（《史記·周本紀》正義引《傳》有色而貞順，率導諸子，至於成童，靡有過失。太王謀事，必於太姜，遷徙必與等語。《後漢書·崔琦傳》注引有賢而有色，化導三子，皆成賢德，太王有事，必諮謀焉等語。《類聚》、《御覽》引同。《類聚》更有詩曰，爰及姜女，聿來胥宇，此之謂也十四字，今本皆奪。）《詩·思齊》曰「思媚周姜」，即太姜也。《漢表》作姜女，班氏自注，太王妃，列二等上中。**太王愛厥妃**，厥，其；妃，匹也。《左氏傳》「惠公元妃」，《孟子正義》曰：「妃者名通適妾，故傳云陳哀公元妃鄭姬，生悼太子偃師，二妃生公子留，下妃生公子勝。」又曰：「妃者，配匹之言，非有尊卑之異。其尊卑殊稱，則《曲禮》所云天子之妃曰后，諸侯曰夫人，大夫曰孺人，士曰婦人，庶人曰妻是也。」案：妃之言配，上下可稱之。《左氏·桓二年傳》「嘉耦曰妃」，是也。此妃字指嫡配，厥妃即姜女也。**出入必與之偕**。《史記·周本紀》正義引《列女傳》曰：「太王謀事，必於太姜，遷徙必與。」是其證也。當是時，《孟子》句末有「也」字。盧文弨曰：「兩本皆無當字。」案宋本有，明嘉靖本亦奪「當」字，今據宋本補。內無怨女，外無曠夫。趙氏《孟子》注云：「普使一國男女，無有怨曠。」案：此所謂與百姓同者也。王若好色，與百姓同之，民唯恐王之不好色也。」「若」，《孟子》作「如」，末句作「於王何有」。此與《交鄰章》好勇事合併言之，彼文有此語，故此處亦著此句。中壘或別有本也。王曰：「寡人有疾，寡人好勇。」以下見《孟子・梁惠王下篇・交鄰章》。《孟子》作齊宣王語。孟子曰：「王誠好勇，於王何有？」《孟子》無以下數句，有「對曰，王請無好小勇。夫撫劍疾視曰，彼惡敢當我哉，此匹夫之勇，敵一人者也，王請大之」等句。下即引詩云云，末又有引書一段，與此異也。王曰：「若之何好勇可以王？」王好勇，喜於能王，故問也。孟子言梁惠王以土地之故，糜爛其民而戰之，大敗，將復之，恐不能勝，故驅其所愛子弟以殉之，此惠王好勇之證。本書之言，或別有所本，但仍從《孟子》作齊宣王爲正。孟子曰：「《詩》曰：《詩・大雅・皇矣篇》文。王赫斯怒，爰整其旅，以按徂旅，「按」，《孟子》作「遏」，今《詩》作「按」，釋文云：「本又作遏。」按遏一聲之轉，誼同字通，《爾雅》並訓爲止。陳氏啓原《毛詩稽古篇》云：「按字並無遏音，《韻會》始收入曷韻，朱傳以按音遏，豈宋世始有此俗音乎。」陳氏玉樹《毛詩異文箋》：「凡字之相通者，非聲同即聲近，非聲近即聲轉，《集傳》音遏，據《詩》釋文與《孟子》不誤。《說文・頁部》：頞，鼻莖也，从頁，安聲。或从鼻，曷聲，作齃，烏割切。《山海經》邊春之山有獸，名幽鴳。郭注：鴳，音遏。《廣韻》十二曷，烏割切紐內有胺字，注云：肉敗臭。《論語》作餲。又有咹字。頞鴳胺咹可音遏，按字何獨不可音遏乎。」案：所云聲轉者，謂兩聲相轉，今之雙聲字也。按遏雙聲，即可通用，此不必如近儒強分古韻部類以求之也。即依段氏韻部言之，安聲、匽聲同在十四部，安之通曷，猶匽之通曷，按之爲遏，猶偃豬之爲遏豬，千金堰之爲千金遏也。 陳長發深於詩訓，而疏於聲韵之理， 其書以稽古爲名，不喜宋儒之説，成見先據於胸，故立説不能無弊。 陳氏駁之，是也。「徂旅」之「旅」，《孟子》作「莒」。 毛傳云：「旅，地名也。」鄭箋云：「文王赫然與羣臣盡怒曰，整其軍旅而出，以卻止徂國之兵衆。」趙注言「文王赫然斯怒，於是整其師旅，以遏止往伐莒者。」三説不同。 鄭箋訓斯爲盡，（與水索之澌同誼。） 爰爲曰，均未是。 斯，語詞也。 趙以於是釋爰，爰于同訓，長言之卽爲于是，（曰亦訓于，見《爾雅·釋詁》。 于於古通字，鄭以爲出言之稱，則非。） 誼勝鄭箋。 毛以旅爲地名，鄭以旅爲兵衆，趙依《孟子》文作莒，以爲國名， 誼與毛近。 王念孫曰：「簇卽筥字。 玄應《音義》云： 筥又作簇。 古筥簇同聲，《周禮·掌客》注：筥讀如棟梠之梠。《大雅》以遏徂旅，《孟子》作徂莒，皆其證也。」（見所箸《廣雅疏證》。） 案膂篆作吕，卽旅吕通用之驗。 箋云「整其軍旅而出，以卻止徂國之兵衆」也者，鄭用《魯詩》説，以徂爲國名。 上文密人不共，敢距大邦，侵阮徂共，箋云：「阮也、徂也、共也，三國犯周，而文王伐之。」卽此徂旅之徂，與毛傳以阮共爲周地，密人往侵之誼不同。 陳奐謂「如箋説，經文當言阮徂共三國犯周，而密人助虐，不當先言密人之犯順。 其阮徂共犯周，與文王之伐阮徂共， 不見經傳，未知《魯詩》所據何書。」（《毛詩傳疏》二十三。） 案：陳説與《正義》引王肅、孔、晁疑阮徂共三國，書傳無徵，命意畧同。 然經文言密人距周，周師伐三國，下又言遏止徂國之兵衆。 則必徂人侵周，而周人報之可知，經意自明，何必遠徵他書乎。 洪亮吉據《韓非子·難二篇》云：「文王侵盂，克莒，舉酆，三舉事而紂惡之。 謂徂卽莒也，古字通，盂，今本作于，字近而誤，盂于同，《孟子》引《泰誓》侵于之疆是矣。 （案盂于聲近通假，非誤也，洪説失之。）《説文》酆，周文所都，在京兆杜陵西南，與共國亦近。 蓋于與阮、徂與莒、酆與共，皆聲近，故徂又可作旅也。」馮登府曰：「余考《路史·國名紀》於阮云文王侵阮，是矣。或云周中葉阮鄉侯，晉伐秦，圍邧新城，蓋與阮同。《姓纂》謂阮在汧渭之間。是有阮國矣。又於共云恭也，今朝歌之共城，文王侵阮徂共，即共伯國。是有共國矣。惟徂國無考，徂古作且，與莒同音，豈即莒與。下文以遏徂旅，《孟子》引作徂莒。《韓非子》云：文王伐莒。然鄭以阮徂共莒爲四國，則徂非莒。」以上洪、馮二説，均足解諸家疑《魯詩》之意，中壘兼治魯、韓，所用亦必魯説。惟馮謂鄭以阮徂共莒爲四國，則鄭並無此言。箋明云四國謂密也阮也徂也共也，有密無莒，馮氏自誤耳。于本作邘，周武王子所封地，盂于音同，邘阮聲轉，皆叚借字。解四國者，惟焦氏循《毛詩補疏》據《尚書大傳》以正《史記》之失，其説最爲詳覈，茲録於下。云：「按《尚書大傳》，文王受命，一年，斷虞芮之訟；二年，伐邘；三年，伐密須；四年，伐犬夷；五年，伐耆；六年，伐崇。虞芮密犬夷者，均見詩書，而邘無可考。以二年伐邘言之，疑邘即是阮。邘爲武王子所封，徐廣言在野王縣西北。余爲論之，文王所伐，大抵皆西伯所統轄，阮密須犬夷是也，耆即黎，在上黨壺關。殷之邦畿千里，壺關去朝歌不過三百里。故鄭氏注《尚書・西伯戡黎》云：戡黎入紂圻内，惟其入圻内，故祖伊恐，而奔告於紂。邘在野王，今懷慶府河内縣地，益在邦畿之内矣。使二年伐邘，即入畿内，在文王不應若是之迫，而祖伊之告，豈俟三年之後乎。邘之於阮，猶迂之於遠。阮邧邘三字，並見《説文》。阮，代郡五阮關也；邧，鄭邑也；邘，周武王子所封，在河内野王是也。五阮關，《漢志》作五原關，此與經無涉。邧訓鄭邑，偏檢《春秋傳》，鄭無邧邑。此阮蓋即鄔劉蔿邘之邘，野王之邘本作邘，鄭邑之邘本作邧，與秦邑在同州者同名。秦邑之邧，見《文四年左傳》。《太平寰宇記》以邧在同州澄城縣。《漢書・地理志》安定郡陰密，《詩》密人國，漢之陰密，今爲平凉之靈臺縣，皆近於周，故文王侵阮，而密人距之。若野王之邘，密人不得侵之，文王伐之，密亦不得距也。邧阮同音，又通邘。此《詩》稱侵，而《書》

傳稱伐邘，一也。乃《史記》之次異於《書》傳，虞芮決獄之後，明年伐犬戎，明年伐密須，明年敗耆國，明年伐邘，明年伐崇侯虎而作豐邑。移伐邘於伐耆之後，是連年侵伐王圻，於侵阮之時，既無所屬，而伐邘之舉，遂無實徵。鄭氏以《魯詩》之説，定阮爲周伐之國，其注《尚書》序云：紂聞文王斷虞芮之訟後，又三伐皆勝，始畏而惡之，拘於羑里。紂得散宜生等所獻寶，而釋文王。文王釋而伐黎，明年伐崇。亦用《書》傳而舍《史記》，固謂《史記》之所次，不若《書》傳之善也。黎可通於耆，而《殷本紀》又作飢，阮之作邘，又何異乎。徐廣謂鄂侯一作邘，音于，野王縣有于城，似以文王所伐，卽此侯矣。乃《史記》言九侯有好女，入之紂，九侯女不憙淫，紂殺之，而醢九侯。鄂侯爭之彊，辨之疾，並脯鄂侯。西伯昌聞之，竊嘆，崇侯虎知之以告紂，紂囚西伯羑里，使鄂卽邘。則其君方遭慘死，西伯既嘆之，旋復伐其國，等諸崇、密之流，豈文王之所爲乎。鄂而爲邘，益信文王所伐，非野王之邘也。」以上焦説，謂邘非野王之邘，邘之與阮，猶迂之與遠，聲近通用，所言極有理致。趙岐傳《魯詩》，此注獨不用魯説者，陳喬樅言趙順《孟子》本文爲解，疑從西京博士師説，或據程曾《孟子章句》之舊説。理或然與。

以篤周祜，以對於天下。

「篤」下今《詩》有「于」字，宋本無。《詩經考文》云古本有之。案：《詩》當有于字，《石經考文提要》言之甚詳，觀王應麟《詩考》引《孟子》列入異文，可證也。毛以「對」爲「遂」，鄭以「對」爲「答」。焦循曰：「《正義》申毛，謂遂天下心，則誼與箋云答天下鄉周之望相近。《廣雅·釋詁》對，揚也。《詩·江漢》對揚王休，《禮記·祭統》對揚以辟之，以揚連對。而毛傳、鄭注皆訓對爲遂。對揚乃疊字，對卽遂，遂卽揚，趙岐注《孟子》謂揚名於天下，正同毛誼。《月令》遂賢良注：遂，進也。進有舉誼。《説文》揚，飛舉也。是揚遂之誼相疊也。」案：焦氏謂毛訓與鄭箋誼近，非也。毛以遂釋對，傳內屢見。對，茂也，遂亦有長茂之意，與箋訓答迥異。近人章氏《小學答問》云：

「對對本二字，古文叚借，則以對爲對。對當爲艸木莩儷之誼。《後漢書・馬融傳》豐彤對蔚，注：皆林木貌。《高唐賦》𣊫兮若松榯，李注：𣊫，茂貌。《廣雅》薱薱，茂也。古字當衹作對，《易》象傳：先王以茂對時育萬物。茂對同誼，時讀爲播時百穀之時，本借爲蒔，蒔育誼亦近，謂茂育萬物也。虞仲翔言艮爲對時，侯果言對時育，文皆詰詘不可通。故知對必訓茂，从丵之誼，由是可通。从士者，當卽土字，从土从寸，與封同意。封本封土畺樹，《春秋傳》曰：宿敢不封殖此樹。故从㞢，㞢者，艸過屮枝莖益大也。以手畺土附艸木爲封，引申之，凡畺土皆曰封。建國必以大社之土，往封其社，故亦曰封。對字从土从寸，與封同意，漢文以爲从士者，古文大小篆士土形本無異，（案今人以上畫長者爲士，下畫長者爲土，古實不別。見俞氏樾《兒笘録》，章蓋本其師説也。）故誤認爲士爾。丵者，《説文》云：叢生艸也，象丵嶽相竝出也。艸叢生，故訓茂，相竝，故引申亦爲敵對。《釋詁》：妃，對也。《詩・大雅》傳：對，配也。對，從丵省聲，訓膺無方。膺對引申之誼，亦爲相敵相當，其與對本誼異，引申誼同，古文相通，漢文遂認爲一字矣。」案：章説似創實精，經典茂對、對揚等字，悉當訓茂。毛以遂釋對者，《廣雅・釋言》：「遂，育也。」《國語・齊語》「遂滋民」，韋注：「遂，育也。」又「犧牲不畧，則牛羊遂」，注：「遂，長也。」《後漢書・杜篤傳》注：「遂，生也。」《晉語》「吾必遂矣」，注：「遂，成也。」凡此諸訓，傳記習見。遂之誼爲育、爲生、爲長、爲成，與茂盛誼近，故毛以遂訓對。對於天下，承上篤于周祜言，謂厚用之福，且茂顯其德於天下耳。鄭訓爲答，用《魯詩》誼，中壘或亦當然，與毛不同。**此文王之勇也。文王一怒而安天下之民，**《孟子》「文王一怒」上有「而」字。**今王亦一怒而安天下之民，**趙注《孟子》云：「今王好勇，亦則武王一怒而安天下之民。」案：《孟子》論文王之勇後，尚有引《書》一段以言武王之勇，下乃接今王亦一怒云云。本書不敍武王事，與《孟子》異。焦循曰：「《晉語》奕世載德，韋注：奕，亦前人也，謂前人如是，後人效法之。故趙注以則解亦。」光瑛案：趙言則武王者，補出經所云一怒安民之事，非以則訓亦也，焦說拘泥鮮通，殊失趙意。民唯恐王之不好勇也。」「唯」，《孟子》作「惟」，字同。

2 孫卿與臨武君議兵於趙孝成王前，孫卿，荀況，趙人，受詩於根牟子，子夏之四傳弟子也。（釋文。）卒，葬蘭陵。（《史記》本傳。）年最老壽。（以《史記》所載考之，約百五十餘歲，恐未確。此事予別有考辨。）《漢表》列二等。《荀子・議兵篇》作「臨武君與孫卿子議兵於趙孝成王前」。臨武，地未詳。《史記・樊噲傳》漢王賜噲爵爲列侯，號臨武侯。《漢志》桂陽郡有臨武縣。章懷太子曰今郴州縣也，縣西有武水，故氏之。今爲湖南桂陽州臨武縣。又洪亮吉云：「今甘肅寧夏府，隋爲臨武郡，唐曰臨州。」案：桂陽、寧夏，俱非趙地，趙之臨武，必不遠取他地以爲號。當時封爵亦不盡以地名，闕疑可也。《荀子》注：「臨武君蓋楚將，未知姓名。」《戰國策》曰：「天下合從，趙使魏加見楚春申君曰：君有將乎。春申君曰：有矣，僕欲將臨武君。魏加曰：從少之時好射，臣願以射譬，可乎。春申君曰：可。魏加曰：異日者，更羸與魏王處京臺之下，更羸曰：臣能爲王引弓虛發而下鳥。有間，鳴雁從東方來，更羸以虛發而下之。王曰：射之精，乃至於此乎。更羸曰：此孽也。王曰：先生何以知之。對曰：其飛徐者，其故創痛也；其鳴悲者，久失羣也。故創未息，而驚心未去，聞弦音烈而高飛，故隕也。今臨武君嘗爲秦孽，不可以爲距秦之將。」（據此則臨武、荀卿俱楚臣，以事適至趙，未可知也。）或謂劉向敍云：「孫卿至趙，與孫臏議兵趙孝成王前，臨武君卽孫臏。」今案《史記》齊宣王二年，孫臏爲軍師，敗魏馬陵，至趙孝成王元年，已七十餘年矣，年代相遠，疑非孫臏也。案：臨武君亦不詳何人，中壘以爲孫臏，說誠可疑。或者孫臏善用兵，故後之好兵者襲其名以志景行。如扁鵲之稱非一人，（見二卷注。）諸子書所記人名時代不相接者，蓋多此類，乃當日風氣有此，至漢司馬長卿猶慕藺相如而效之，卽其證也。中壘之説必有所受，姑存以待考。孫臏，《漢表》列四等。（此敗龐涓之孫臏。）趙孝成王，名丹，惠文王子，在位二十一年。謚法：五宗安之，慈惠愛親，協時肇享皆曰孝，安民立政曰成。《一統志》云：「葬邯鄲西北二十里。」《漢表》列七等。盧文弨曰：「楊氏改書名作《荀卿子》，而此篇正文仍作孫卿子，（案：《治要》引作《荀卿子》，下文並同。）依漢以來相傳之舊也。」本篇内「微子開封於宋」句注甚明。謝墉曰：「荀卿又稱孫卿，自司馬貞、顔師古以來，相承以爲避漢宣帝諱。考漢宣名詢，漢時尚不諱嫌名，如李恂、荀淑、荀爽、荀悦、荀彧，俱書本字，詎反於周時人名見諸載籍者而改稱之。若然，則《左傳》自荀息至荀瑶多矣，何不改邪。蓋荀音同孫，語遂移易。如荆軻在衞，衞人謂之慶卿；在燕，燕人謂之荆卿。又如張良爲韓信都，《潛夫論》云：信都者，司徒也，俗音不正曰信都也。或曰申徒，或曰勝屠，（案：漢有申屠嘉、申屠蟠，皆同音通叚字。申屠蓋以官爲氏，卽司徒也。）然其本一司徒耳。荀之爲孫正如此比。」胡元儀曰：「謝氏駁荀卿之稱孫卿，不因避諱，足破千古之惑。以爲俗音不正，若司徒信都，則仍非也。荀卿之爲荀伯之後，以國爲氏，無可疑矣。且荀卿趙人，古荀國在今山西猗氏縣境，其地於戰國時正屬趙，故爲趙人。又稱孫者，蓋荀伯公孫之後，以孫爲氏也。《潛夫論·姓氏篇》云：王孫氏、公孫氏，國自有之。孫氏者，或王孫之班，或公孫之班也。是各國公孫之後，皆有孫氏矣。荀孫皆氏也，戰國之末，宗法廢絶，姓氏混一，故人有兩姓並稱者，實皆古之氏也。陳之稱田，荆之稱慶亦是類耳。若以俗語不正，同音遂至移易爲言，尚未達其所以然之故。」光瑛案：謝氏謂荀稱爲孫，不因避諱，胡氏辨孫爲公孫之後，以孫爲氏，非音同致異，其説皆諦當不易。惟陳之稱田，則因古無舌上音，讀陳如田。（段玉裁説古讀田如陳，殊爲倒植，余別有辨，見《恨綫草廬日記》。）荆之稱慶，則由聲近通變，胡氏概以爲兩姓並稱，與荀孫同例，失之不考。經典中陳田荆慶通用之證，觸目多有，不獨姓氏也。王曰：「請問兵要。」問用兵之要。《韓詩外傳》三「兵」下有「之」字，此與《荀子》文同。臨武君曰：「上得天時，《外傳》「曰」下有「夫兵之要」四字。《荀子》注云：「若順太歲反孤虚之類。」案注中反字，各本譌及，今據宋台州本正。下得地利，《荀子》注：「若右背山陵，前左水澤之比也。」案：二語見《史記・淮陰侯傳》引《古兵法》。觀敵之變動，各本無此五字。盧文弨曰：「地利下《荀子》有此五字，下文方可接。」案《外傳》亦無五字。但五字非與下文相屬，乃承上語，亦不可省。得天時地利，所謂先爲不可勝也；觀敵之變動，所謂待敵之可勝也。本書、《外傳》俱奪此句，或一書奪而後人據以删彼書耳。今依盧說，據《荀子》補。後之發，先之至，後發，所謂靜若處女；先至，所謂狡如脱兔。兵貴神速，二語盡之。此用兵之要術也。」術，猶道也。《外傳》作「此兵之要也」。孫卿子曰：《治要》引《荀子》作「荀卿曰」。「不然。臣之所聞古之道，《荀》無上「之」字。《外傳》無「臣之」句。凡用兵攻戰之術，各本作「凡戰用兵之術」。盧文弨曰：「《荀子》作凡用兵攻戰之術。」案：今《荀子》「術」作「本」。《治要》引「攻戰」作「戰攻」。蓋本書「戰」上奪一「攻」字，又誤倒「用兵」二字在下，語便難曉，今依《荀子》文正。「術」字承上「要術」，姑仍之。《外傳》衹作「夫兵之要」四字。在乎一民。「一」，《荀》作「壹」，字通用。《治要》引仍作「一」，句末有「也」字。《外傳》作「在附親士民而已」。案一民者，使民心齊一，《書》所謂惟一心也。弓矢不調，調，調協，與手所應也。弓矢，諭人心。羿不能以中微；羿，有窮國君，先世世爲射官，帝嚳賜彤弓素矢，封之於鉏。其後善射者皆謂之羿，亦猶扁鵲之非一人，（見前注。）故嚳時、堯時俱有羿。歷有夏之世，羿自鉏遷窮石。右臂長，善射。（《御覽》三百六十九引《淮南子》，《史記正義》引《帝王世紀》同。）因夏民以代夏政。八年，爲寒浞所殺。《漢表》列九等。參五卷《宋玉事楚襄王章》注。各本奪「微」字，案：《荀子》、《外傳》俱有，此與下致遠對文，奪之則句法參差，今依二書補正。《荀子》句首有「則」字，下文並同。《金樓子·立言》與本書同。六馬不和，六馬，駕馬之數也。《詩》曰：「良馬六之。」古天子駕六也。造父不能以御遠；造父，周繆王之御，伯益十三世孫。（《唐書》趙氏。）《史記·秦本紀》：「宅皋狼生衡父，衡父生造父，造父以善御幸於周繆王，得驥温驪驊騮騄耳之駟，西巡狩，樂而忘歸。徐偃王作亂，造父爲繆王御，長驅歸周，一日千里，以救亂。繆王以趙城封造父，造父族由此爲趙氏，别居趙，趙衰其後也。」《列子·湯問篇》：「造父之師曰泰豆氏。（《呂氏·聽言》作大豆，《淮南·脩務》云鉗且泰丙。）造父之始從習御也，執禮甚卑，泰豆三年不告，造父執禮愈謹，乃告之曰：汝先觀吾趨，趨如吾，然後六轡可持，六馬可御。造父曰：惟命所從。乃立木爲塗，僅可容足，計步而置，履之而行，趨走往還，無跌失也。造父學之三日，盡其巧。泰豆嘆曰：子何其敏也，得之捷乎，凡所御者，亦如此也。」《竹書紀年》造父封趙，在繆王十六年。《漢表》列六等。翟灝曰：「《韓子·外儲説右》造父爲齊王駙駕。蓋凡後之善御者，皆襲造父名也。」案此亦扁鵲、孫臏及羿之類，説各具前。《荀子》句首有「則」字，「御」作「致」。《外傳》亦作「致」，此二句在前，前「弓矢不調」二句在後，與《荀子》及本書互倒。士民不親附，湯武不能以必勝。各本無「必」字，句例參差，今依《荀子》文補。《荀子》句首有「則」字，句末有「也」字。《外傳》「必勝」作「戰勝」。故善用兵者，務在善附民而已。」二句首《荀》有「故善附民者，是乃善用兵者也」二語，此句作「故兵要在乎善附民而已」。王念孫曰：「此句善字，元刊本無，（原注：宋龔本同。）無善字者是也。下文臨武君曰豈必待附民哉，正對此句而言，則無善字明矣。宋本有善者，涉上文善附民者而衍。《羣書治要》引亦無善字。《外傳》不能戰勝下，作由此觀之，要在附親士民而已矣，亦無善字。本書有善字者，疑淺人據《荀子》誤本增之。」王説是也。臨武君曰：「不然。夫兵之所貴者，勢利也；所上者，變詐攻奪也。「奪」當作「敓」，此奪落字，下同。《荀子》無「夫」字，「上」作「行」，無「攻奪」二字。《外傳》作「夫兵之用，變故也，其所貴，謀詐也」。上與尚同，尚猶貴也。楊倞注《荀子》勢利云：乘勢爭利，注變詐云：奇計。案所謂兵不厭詐是也。善用之者，「之」，《荀》作「兵」。奄忽焉莫知所從出，「奄忽」，《荀》作「感忽悠闇」，「知」下有「其」字。楊注云：「感忽悠闇，皆謂倏忽之間也。感忽，恍忽也；悠闇，遠視不分辨之貌。莫知所從出，謂若九天之上，九地之下，使敵人不測。魯連子曰：弃感忽之恥，立累世之功也。」盧文弨曰：「《齊策》載魯仲連與燕將書云：除感忿之恥，而立累世之功。彼上文云去忿恚之心，而成終身之名，則下句不當又云感忿。此引作感忽，是也。《新序》又作奄忽，誼亦同。注立字舊脱，今補。」郝懿行曰：「案感讀如撼，撼揻古今字也。感忽，摇疾之意；悠闇，神秘之意。兵貴神速，如處女脱兔之諭也。」案：感奄聲近通用，奄忽猶飄忽也。《文選·古詩》「奄忽隨時化」，用此二字。忿忽，音轉形近致誤，魯連以感忽累世爲對，棄感忽之恥，猶云棄一時之恥也。言感忽者，諭其疾耳。（猶云累世者，諭其遠。）盧説是，郝讀感爲撼，非，曷不以本書文證之。《外傳》作「善用之者如脱兔，莫知其出」，正即此意。孫吳用之，《荀子》注云：「孫謂吳王闔閭將孫武，吳謂魏武侯將吳起也。」案：孫武字長卿，見《唐書·氏族表》七十三下。《越絶書》云：「葬吳巫門外，去縣二里。」梁玉繩謂武本齊田完之後，因葬吳，爲吳人。（詳《人表考》四孫臏名下。）是也。事實具《史記》本傳。《漢表》列五等。吳起，衛左氏中人，（見《韓非子·外儲説右上》。）學於曾子。（《呂氏·當染篇》。據釋文，當是曾申。）《史記》本傳、《呂氏·貴卒篇》皆謂起中矢而死，《戰國策·秦策》、《韓子·難言、問田》作支解，《外傳》

一、《呂氏・執一》注又云車裂，文各不同。《漢表》列六等。無敵於天下。敵，當也。天下莫當之也。由此觀之，豈必待附民哉。」待，俟也。《外傳》作「豈待親士民而後可哉」。孫卿子曰：「不然。臣之所言者，「言」，《荀子》《外傳》作「道」。王者之兵，《荀子》、《外傳》作「仁人之兵」。君人之事也。《荀》作「王者之志也」，《外傳》作「聖王之事也」。君之所言者，勢利也；君，斥臨武君也。「言」，《荀》作「貴」，案依上文當作「貴」。《外傳》「不然」下有「君之所道者，諸侯之兵，謀臣之事也」二句，《荀子》及本書均無之，疑有二句爲是，讀者詳之。所上者，攻奪也。《荀》作「君之所貴，權謀勢利也，所行，攻奪變詐也」，下有「諸侯之事也」五字。案：《荀子》上文無「攻奪」二字，此處補出權謀攻奪，文勢較整。本書上文有「攻奪」二字，此處又少「變詐」二字，則參錯矣。諸侯之事也，正對君人之事句，亦不可少，但依《外傳》敍在前，則尤整齊。疑本當作「孫卿子曰：不然。君之所道者，諸侯之兵，謀臣之事也；臣之所道者，王者之兵，君人之事也。君之所貴者，權謀勢利也，所行者，變詐攻奪也。仁人之兵，不可詐也。」如此，則文勢充適條暢矣。今姑依舊本，未敢擅定。仁人之兵，不可詐也，《外傳》無此二語，「聖王之事也」下即接「彼可詐者」云云。彼可詐者，怠慢者也，「怠」上《外傳》有「必」字，《荀子》無。落單者也，《荀子》「落單」作「路亶」，楊注：「路，暴露也；亶，讀爲袒。露袒，謂上下不相覆蓋。」郝懿行曰：「《新序》作落單，蓋離落單薄之意，楊注非。」王念孫曰：「路單，猶羸憊也。上不恤民，則民皆羸憊，故下句云君臣上下之閒，滑然有離德也。《孟子・滕文公篇》是率天下而路也，趙注：是率導天下之人以羸路也。（原注：今本作羸困之路，乃後人所改，辨見《管子・五輔篇》。）《管子・五輔篇》云：匡貧窭，振罷露，資乏絕。《韓子・亡徵篇》云：好罷露百姓。《呂氏春秋・不屈篇》云：士民罷潞。路露潞並通，則路爲羸憊也。《爾雅》：癉，病也。《大雅·板篇》下民卒癉，毛傳云：癉，病也。病亦謂羸憊也。《緇衣》引作下民卒⿸疒亶，釋文：⿸疒亶作亶。癉⿸疒亶亶並通。（案癉⿸疒亶通用，則知單亶亦通用矣，故單父地名，又作亶父，詳二卷注。）《秦策》士民潞病於內，高注：潞，羸也。（案《呂氏·不屈》注同。）潞病與路亶同誼，《新序》作落單。《晏子·外篇》云：路，世之政；單，事之教。或言路亶，或言路單，或言落單，其誼一而已矣。楊説皆失之。」案：王説是。落路聲轉誼同，（詳七卷首章注。）凡以聲得誼之字，初無專字。若如郝説，則與下二句意複矣。《外傳》無此句。君臣上下之間，渙然有離德者也。「渙」，《荀》作「滑」，《外傳》作「突」。「間」，《外傳》作「際」。楊注《荀子》云：「滑，亂也，音骨。言彼可欺詐者，皆如此之國。」王引之曰：「滑當爲渙。《説卦》曰：渙者，離也。《雜卦》曰：渙，離也。下文事大敵堅，則渙然離耳。是渙爲離貌，故曰渙然有離德。俗書渙字與滑字形畧相似，故譌。《新序》正作渙。《韓詩外傳》作突，又奐字之譌。渙奐古字通，《文選·琴賦》注引《倉頡篇》曰：奐，散也。」案：王説是，奐古渙字。故以桀詐桀，「故」，舊本作「若」，《荀》作「故」，《漢書·刑法志》同。疑此若字涉下文而誤，依文誼當作故，今依《荀子》改正。《外傳》「故」作「夫」，末「桀」字作「路」，「詐」上有「而」字。「詐」，《漢志》作「攻」。猶有幸焉，有，猶或也，詳《經傳釋詞》。兩桀相遇，猶或幸勝，《孟子》所謂地醜德齊，莫能相尚也。《刺奢篇》：「優莫謂趙襄子曰，今天下盡桀也，而君紂也，桀紂並世，焉能相亡。」亦此意。不能相尚相亡，故有幸勝之理。《荀子》「猶」下有「巧拙」二字，《治要》引無。《外傳》作「猶有工拙焉」，工巧同誼。《説文·工部》：「工，巧飾也。」《考工記》曰：「知者創物，巧者述之，守之世，謂之工。」今人言工於其事，即謂巧於某事也。故巧字從工。《漢志》作「猶有巧拙」。

以桀詐堯，舊本句首有「若」字，《荀子》、《外傳》、《漢志》俱無，此亦涉下而衍，今刪。《外傳》「桀」下有「而」字。堯帝之號曰放勳，在位九十八年，年百八十，葬濟陰成陽穀林。（《漢書・劉向傳》。）《漢表》列一等上上。譬之若以卵投石，《外傳》作「如以指撓沸，以卵投石」，無「譬之」二字，此句倒在下句之後。《漢志》無「譬之」字及「以」字，又無下三句。《漢志》括引大意，不足爲據。卵石，諭堅脆不敵。《墨子・貴義篇》：「子墨子曰，以其言非吾言者，是以卵投石也，盡天下之卵，其石猶是也，不可毁也。」《荀》語蓋本此。若以指繞沸，「沸」當作「鬻」，古傳記多叚沸爲之。《説文・鬲部》：「鬻，涫也，从鬲，沸聲。」今俗涫作滚，非是。（《水部》：涫，鬻也。）《文選・上林賦》「沿潗鼎鬻」，嚴夫子《哀時命》曰：「氣涫鬻其若波。」皆用正字。《水部》：「沸，滭沸，濫泉也，从水，弗聲。」别一誼。今則沸行而鬻廢矣。「指」，宋本、鐵華館本作「脂」，誤。《荀子》、《外傳》俱作「指」，《治要》引《荀》亦作「指」。《外傳》「若」作「如」。「繞」，宋本、鐵華館本作「澆」，《荀子》、《外傳》作「撓」。楊注《荀子》云：「撓，攪也，以指攪沸，言必爛也，《新序》作以指繞沸。」案：楊倞所見《新序》，已作「指」作「繞」，則宋本之誤明矣，今皆從衆本。撓繞俱從堯聲，古字通用。繞有環繞之誼，攪物者必環繞一周，故楊注以攪訓之。繞正字，撓叚借字。又繞，繚繞也，有紛亂意。《廣雅・釋詁》：「撓，亂也。」《詩・何人斯》「祇攪我心」，毛傳：「攪，亂也。」故楊以攪訓撓，皆聲近誼通字也。若抱羽毛而蹈烈火，舊本作「若羽蹈烈火」，句意未圓，蓋有奪字，今依《外傳》加「抱」字「毛」字「而」字，語始明憭。《荀子》作「若赴水火」，其語與本書、《外傳》異。入則焦耳，各本「焦」下有「沒」字。《荀子》作「入焉焦沒耳」，《荀》上文作「若赴水火」，故此句焦沒並言。此上文但言蹈火，則不當有沒字。《外傳》作「入則焦也」，正無沒字，可證，此必後人據《荀子》文妄加入耳，今删。焉，猶則也，《荀子》之「焉」與本書之「則」，文誼不殊。也，猶耳也。《外傳》之「也」亦即本書耳字之誼。並詳見《經傳釋詞》焉也二字下。夫又何可詐也。《荀》無此句，以下删省《荀子》原文甚多。《外傳》無「又」字，以下將《荀子》顛倒前後，亦有不同。故仁人之兵，《荀子》、《外傳》此下俱有「聚則成卒，散則成行」二句。延則若莫邪之長刃，莫邪注見一卷《晉平公章》。「延」，各本作「鋋」，宋本作「鋌」，並誤。《荀》作「延」，《外傳》作「延居」。「長」，舊本作「利」，涉下句而誤。《荀子》、《外傳》作「長」。延訓長，鋭訓利，各從其屬，此當作長爲是，今並據二書改正。延作鋋者，後人不知此論陣形，誤以爲論兵，故加金旁。猶下文鋭字《荀子》作兑，後人加金於旁，作鋭字耳。鋋，小矛，其非誼。鋌爲銅鐵樸，（並見《説文》。）更不相涉矣。嬰之者斷；「嬰」，俗作「攖」。《説文》無攖字，古止作嬰。《孟子·盡心篇》「虎負嵎，莫之敢攖」，趙岐注：「攖，迫也。」《淮南子·俶真訓》「攖人心也」，高誘注：「攖，迫也。」《説文·辵部》：「迫，近也。」蓋嬰本訓頸飾，（《説文·女部》曰：「嬰，頸飾也。」）頸飾必迫而繫之，故引申訓爲迫，迫近則有觸犯之誼，故又引申爲犯。《荀子·樂論篇》：「民和齊則兵勁城固，敵國不敢嬰也。」《韓非子·説難篇》：「説之者能無嬰人主之逆鱗，則幾矣。」《吕氏·本生篇》：「能全天之所生而勿攖之。」（注訓爲戾，誼亦相近。）諸文或作嬰，或作攖，皆訓觸犯。字又作纓，《文選》陸士衡《文賦》「若翰鳥纓繳而墜曾雲之峻」，謝靈運《述祖德詩》「兼抱濟物性，而不纓塵氛」，並其證。纓繳，謂觸犯其繳。纓塵氛，謂觸犯塵氛也。（注訓纓爲繞，則以嬰之本字釋之。嬰頸飾圍繞頸際，故訓繞。）嬰正字，纓叚借字，攖俗字。盧文弨曰：「謂横布則其鋒長，嬰之者皆斷也。」鋭則若莫邪之利鋒，當之者潰；「鋭」，《荀》作「兑」，《外傳》作「鋭居」。《荀子》書凡鋭字皆作兑，古字通也。楊注訓兑爲聚，與隊同，謂聚之使短。盧文弨曰：「謂直擣則其鋒利，遇之者潰也。」延鋭下《外傳》有兩「居」字，與下圜居一例，可知注未是矣。（郝懿行亦謂《外傳》延居、鋭居，與下圜居爲儷，其誼甚明，與盧説同。）俞樾曰：「楊訓兑爲聚，不如盧説之長，惟依《外傳》延居、鋭居爲説，則非也。延則若莫邪之長刃，兑則若莫邪之利鋒，與上文聚則成卒，散則成列，句法一律，不得有居字。下文云圜居而方止，此句以圜居方止相對成義。《外傳》因圜居之文，改作方居以對之，遂於此文延下鋭下各衍居字。盧據以説《荀子》，誤矣。延之言長也，故若長刃；鋭之言利也，故曰利鋒。以文義論，亦不當有居字。」案：《荀子》文自「聚則成卒」以下數句皆論陣勢，《外傳》延鋭下有居字，文誼更明，《荀子》、《新序》無居。蒙下文而省字耳。（俞氏《古書疑義舉例》有此一例。）否則延鋭二字，何所指乎，俞説非是。**圓居而方止，若盤石然，**「圓」，《荀》作「圜」，聲誼俱近，古字通用。「止」，《荀》作「正」，盧校據本書改，是也。楊注：「圜居方止，謂不動時也。則如大石之不可移動。」案：延鋭圓方，皆陣形也。《左氏定十四年傳》：「吳伐越，越子句踐禦之，句踐患吳之整也，使死士再禽焉，不動。」《宋史·岳飛傳》：「金人謂撼山易，撼岳家軍難。」謂其陣容之整肅也。布陣有延有鋭有圓有方，故以形爲名。止猶居也，盤俗作磐，《説文》無磐字。古作般，般正字，盤叚借字，磐後出俗字。《易·屯》「磐桓」，釋文：「本亦作盤，又作槃。」而《爾雅》釋文引作般桓，是陸所見本用正字也。《荀子·富國篇》「國安於盤石」，楊注：「盤石，盤薄大石也。」是其誼。《荀子》文自「聚則成卒」以下數句，諸解多不明憭。《外傳》作「圓居，則若丘山之不可移也；方居，則若盤石之不可拔也」，意同而文異。據楊注引《荀子》本文作「止」，則楊所見本已作「止」矣。（此謂今本作正之非。）郝懿行曰：「《外傳》語尤明晢，此方止卽方居，變文以儷句耳。」王氏先謙《荀子集解》云：「郝説方止非，説詳上。」案王氏所云説詳上者，卽引俞氏説耳。（已引見上注。）俞氏説非，已見上注。但卽如其説，亦第謂延鋭下不當有居字，非謂此方止之誼與方居異也。居與止誼本不殊，郝謂變文儷句，亦古書常有之例。何得引俞氏説以斥其非乎，此語殊不可曉。**觸之者隴種而退耳，**《外傳》作「觸之者摧角折節而退爾」，《荀》作「觸之者角摧案角鹿埵隴種東籠而退耳」，楊注云：「其義未詳，蓋皆摧敗披靡之貌。或曰鹿埵，垂下之貌，如禾實垂下然。埵，丁果反。隴種，遺失貌，如隴之種物然。或曰卽龍鍾也，東籠與涷瀧同，沾溼貌，如衣服之沾溼然。《新序》作隴種而退，無鹿埵字。」郝懿行曰：「鹿埵隴種東籠，皆摧敗披靡之貌。顧氏炎武《日知録》卷二十七引《舊唐書・竇軌傳》我隴種車騎，未足給公；《北史・李穆傳》籠涷軍士，爾曹主何在，爾獨住此。蓋周隋時人尚有此語，此等皆古方俗之言，不必強解。楊氏旣云未詳，又引或説鹿埵龍鍾涷瀧，似皆失之。《新序》止有隴種，無鹿埵。」盧文弨曰：「《荀》注垂下之貌，舊脱垂字，今補。《説文》禾實垂下謂之䅳，丁果切。楊意埵讀爲䅳，故音義與之同也。又卽龍鍾也，舊脱龍字，龍鍾乃當時常語，今補。又案《方言》瀧涿謂之霑漬，《廣韻》涷瀧，霑漬也。故楊云：涷瀧，沾溼貌。舊誤作涷隴，今改正，沾亦霑之誤字也。」劉台拱曰：「《荀》文鹿埵上角字，涉上而衍。案，語詞。」光瑛案：楊注不解案角二字，似所見本無此二字，原文當作「案角摧鹿埵隴種東籠而退耳」。今案字倒在下，又衍角字，遂不可通。案，語詞，《荀》文習見之。角與鹿，摧與埵皆協韻字。（古音角如鹿也。）楊讀埵爲丁果反，釋如禾實下垂，謬矣。下文隴與東，種與籠亦協韻字。劉謂案角角字，涉上而衍，以案爲語詞，是，但未知案字當在角摧上耳。此皆當時方言，郝解得之，楊引或説皆誤。此類字誼寄乎聲，無一定之字。今人以敗北狼籍者謂之郎當，亦曰踉蹌，（與詑沓之誼別。）郎與籠，當與東，亦一音之轉。或言籠諫，或言東籠，或言隴種、龍鍾，均無不可。猶鹵莽之雙聲，倒言之則爲滅裂，以鹵莽滅裂連言，初無不可也。（一云隴種言皆是也，今人尚有此語，但不如前説。）黄式三曰：（見所箸《周季編畧》。）「隴種正字作隆輴，東籠正字作涷瀧，言隆輴車如霑雨溼而去耳。」其説穿鑿。或又疑《荀》文祇作「案角摧隴種而退耳」，一本角摧作鹿埵，隴種作東籠，以音近致異，校者旁記異同，遂混入正文。但楊倞所見本，已以角摧鹿埵隴種東籠並言，或說雖近理，究無確據。夫又何可詐也。《荀》此處亦無此句。故仁人之兵或將，此下數語至「一也」止，《荀》敍在「入焉焦沒」句後，此句作「故仁人上下」。三軍同力，上下一心，《荀》作「百將一心，三軍同力」。臣之於君也，下之於上也，若子之事父也，若弟之事兄也，《荀》無下二「也」字，及末句「若」字。若手足之捍頭目而覆胸腹也。「捍」，《荀》作「扞」，是。捍字俗，經典或以捍爲扞。《禮記・祭法》「能禦大災、能捍大患則祀之」，《國語・魯語》作扞。《說文・手部》：「扞，枝也。」（今本誤忮。）乃枝柱之誼。許書無捍字。「胸」，嘉靖本作「胷」，皆俗，當作匈。《說文・勹部》：「匈，膺也，从勹，凶聲。」今字胸行而匈廢。詐而襲之，與先驚而後擊之，一也，《荀子》注云：「先擊頭目，使知之而後擊之，豈手臂有不救也。」王先謙《集解》曰：「言此兩者俱無所用，注誼似隔。」案：楊注止爲「先驚」二句作解，本不誤，王氏合三句解之，故譏爲隔。此言以詐掩襲之，與先告之使爲備而後擊之，皆無用也。《左氏莊二十九年傳》：「凡師，有鐘鼓曰伐，無曰侵，輕曰襲。」有鐘鼓，卽先驚後擊，輕，卽詐襲。杜注謂掩其不備，是也。夫又何可詐也。此處《荀》亦有此句。且夫暴亂之君，將誰與至哉，言與何人來伐我也。《左氏莊二十七年傳》曰：「欲禦我，誰與。」「亂」，《荀》作「國」。《外傳》作「且夫暴國將孰與至哉」。彼其所與至者，必其民也。來戰者，必用其民也。傳曰：無民孰戰。《外傳》作「彼其與至者，必欺其民」。民之親我，《荀子》句首有「而其」二字，意較明皙。《外傳》句末有「也」字。驩如父母，各本「如」上有「然」字，《荀》、《韓》無。案此與下句整對，「然」字不當有，今據二書文刪。《荀》作「歡若父母」，驩本馬名，古書多叚爲歡字。《漢志》作「鄰國望我，歡若親戚」，親戚猶父母也。說詳一卷《祁奚章》注。好我，句絕。《荀》句首有「其」

字。芳如椒蘭，「芳」，《荀》作「芬」，「如」作「若」，《漢志》同。《外傳》此句與上句互倒，作「芬若椒蘭，歡如父子」。案三書文，則上句不當有「然」字自明。《毛詩·唐風》「椒聊之實」，傳：「椒聊，椒也。」《陳風》「貽我握椒」，傳：「椒，芬香也。」《楚辭·九歎》「懷椒聊之蔎蔎兮」，王逸注：「椒聊，香草也；蔎蔎，香貌。」《說文》無椒字，祇作茮，入艸部。此實木而從艸，艸木散文得通也。又《說文·艸部》：「蘭，香草也。」《易》曰「其臭如蘭」，《左傳》曰「蘭有國香也」。案：芳艸，以諭臭味之相投。反顧其上，如灼黥，《外傳》「反」作「彼」。《荀子》「如」作「則若」，注曰：「如畏灼黥。」案：灼謂以火燒之。《廣雅》：「灼，爇也。」《素問》注：「燒也。」皆相近。《說文·火部》：「灼，灸也。」謂如身有病，人點灸之也。黥，墨刑也。《周禮·司刑》注：「墨，黥也，先刻其面，以墨窒之。」《說文·黑部》：「黥，墨刑在面也。」故其字從黑。《漢志》作「猶焚灼仇讎」。如仇讎。怨耦曰仇。《說文·人部》：「仇，讎也。」《言部》：「讎，猶譍也。」段注：「讎者以言對之，《詩》曰無言不讎，是也。引申之爲物價之讎，《詩》賈用不讎，《高帝紀》飲酒讎數倍，是也。又引申之爲讎怨，《詩》反以我爲讎，《周禮》父之讎、兄弟之讎，是也。仇讎本皆兼善惡言之，後乃專謂怨爲讎矣。」案：此譬字亦用引申誼，段說是也。「如」，《荀》作「若」。《外傳》作「彼顧其上，如憯毒蜂蠆之人」。段引《詩》「賈用不讎」，今《詩》讎作售。（售乃讎之俗字。）《御覽·資產部》十五引《韓詩》字作讎。人之情，雖桀跖，跖，盜跖。《莊子·盜跖篇》：「孔子與柳下惠爲友，柳下季之弟，名曰盜跖。盜跖從卒九千人，橫行天下，侵暴諸侯，穴室樞戶，驅人牛馬，取人婦女，貪得忘親，不顧父母兄弟，不祭先祖，所過之邑，大國守城，小國入保，萬民苦之。」釋文引李奇注《漢書》云：「跖，秦之大盜也。」俞氏樾《莊子人名考》云：「案《史記·伯夷傳》正義又云：蹠者，黃帝大盜之名。是跖之爲何時人，竟無定說。孔子與柳下惠不同時，柳下惠與盜跖亦不同時，讀者勿以寓言爲實也。」案：跖，黄帝時之大盜，後遂以爲盜之通稱。不專屬一人，如扁鵲及羿之類。（説俱見二卷。）《莊子》以爲柳下惠之弟，本寓言，不足信。《漢表》無盜跖名，蓋偶奪之，或亦不能定爲何時人也。《外傳》無「人之情」三字。桀，已見一卷注。豈有肯爲其所惡，而賊其所好者哉。爲，助；賊，害也。「有」，《荀》作「又」，無「而」字。案：有又通，古書叚借甚多，不可勝舉。《外傳》作「豈肯爲其所至惡，賊其所至愛哉」，《漢志》作「人情豈肯爲其所惡，而攻其所好哉」，句並小異。是猶使人之孫子，《荀子》、《外傳》倒作「子孫」。自賊其父母也。《孟子》曰：「率其子弟，攻其父母，自生民以來，未有能濟者也。」又云「仁者無敵」，與此意同也。《詩》曰：武王載發，有虔秉鉞，如火烈烈，則莫我敢遏。舊本「發」作「旆」，《外傳》同，《荀子》作「發」，宋王應麟《詩考》引《外傳》亦作「發」。今本字作「旆」，後人據《毛詩》改之耳。凡古書引《詩》，原出三家者，其異文多爲後人妄改以同毛。中壘兼習魯、韓，此所引明本《荀子》、《外傳》，不宜有異，今據《荀子》改正，以復其真。「遏」，舊本作「曷」，《荀》及《漢志》作「遏」，惟《毛詩》作「曷」，乃古文省借字。《御覽》三百四十一引《詩》亦作「遏」。今本《新序》、《外傳》亦皆爲後人改同毛矣，今並正。楊注：「武王，湯也。發，讀爲旆；虔，敬；遏，止也。湯建旆興師，本由仁義，雖用武持鉞，而猶以敬爲先，故得如火之盛，無能止之也。」郝懿行曰：「發，揚起也，猶《書》之言我武惟揚也。《毛詩》作旆，傳曰：旆，旗也。《毛詩》本出荀卿，不應有異。《説文》引《詩》又作坺。然則坺發蓋皆旆之同音叚借字。《韓詩外傳》引亦作旆。」光瑛謂郝既訓發爲揚起，又以爲卽旆之叚字，其説前後不同，皆非也。《外傳》作旆，乃後人妄改，與《詩考》不同，已詳上。元刊本《外傳》尚作遏，可證。《毛詩》作旆者，旆，是發叚借字。楊、郝皆以發爲旆叚借，斯倒植矣。王氏引之《經義述聞》云：「發，正字；毛作旆，《説文》作坺，並借字。發，謂起師伐桀也。《王制》曰：有發，則命大司徒教士以兵甲；《月令》曰：無發大衆。是其誼。《豳風・七月》箋曰：載之言則也。武王載發，武王則發也。《漢書・律曆志》述武王伐紂之言曰：癸巳，武王始發。（《漢志》以始代載，讀載爲哉，與自葛載、朕載自亳同。語正本《詩》，特所言武王不同耳。）與此發字同誼。《史記・殷本紀》曰：湯自把鉞以伐昆吾，遂伐桀。卽本此《詩》武王載發，有虔秉鉞之文。史公言把鉞而不言載旆，則所見本不作旆可知。」以上王説是也。毛訓旆爲旗，曷爲害，皆誤以叚字爲本字，魯、韓誼必不爾，今故不引。此之謂也。」《外傳》作「此謂湯武之兵也」。孝成王、臨武君曰：「善。《外傳》作「孝成王避席仰首曰，寡人雖不敏，請依先生之兵也」，文止於此。請問王者之兵。」《荀子》下有「設何道何行而可」二句。孫卿子曰：「子」字各本俱奪，今據《荀子》文補，始與前後一律。「將率者，末事也，各本「率」作「卒」，嘉靖本作「率」，與《荀子》同。《荀》上有「凡在大王」一句，無「者」字，注云：「率與帥同。」案：將帥字當作𧗿，經典多叚帥巾字爲之，（《説文・巾部》：帥，佩巾也，从巾，𠂤聲。重文帨。帥或从兑聲。今祇用帨字。）帥行而𧗿廢矣。《荀》作「率」，乃𧗿之省借字。本書舊本作卒，又率之誤文，今從嘉靖本作率，宋本亦誤。臣請列王者之事，君人之法。」列，陳也。《荀》作「臣請遂道王者諸侯彊弱存亡之效，安危之勢」，以下尚有多文。本書文至此，戛然而止，殊不可解。大抵此下必有脱文，不可考矣。臨武君言上得天時，下得地利，而孫卿子告之如此，所謂天時地利，不如人和也。孟荀之言，若合符節。《鼎録》：「荀況在嵩溪，作一鼎，大如五石甕，皆紀兵法。」則孫卿子固知兵者，故當日人主與議兵事也。

3 昔者秦魏爲與國，各本均連上爲一章，不提行，謬甚。上章已有脱佚，（見前注。）合此尤覺無理。宋本分章是，今從之。《國策・魏策》無「昔者」二字，高注云：「相與同禍福之國也。」《漢書・項籍傳》：「項梁曰：田假，與國之王也。」如淳曰：「相與友善爲與國。」（從《文選・辨亡論》注轉引。今《項籍傳》注止引張晏曰：與，黨與也。不引如說。又見《田儋傳》，作楚懷王語，與《項籍傳》異。）案：與，猶親也。《左傳・宣元年》：「鄭穆公曰：晉不足與也。」謂不足親之也。《莊子・大宗師》「孰能相與於無相與」，釋文：「與，猶親也。」《管子・形勢篇》「見與之交，幾於不親」，尹知章注：「與，親也。」（上言與，下言親，互文。）《荀子・王霸篇》「不欺其與」，楊注：「與，相親與之國。」皆其證。《國語・齊語》「桓公知天下諸侯多與己也」，韋注曰：「與，從也。」從亦相親之誼。高誘、如淳以同禍福相友善訓之，亦親愛之謂也，與訓許、訓助之誼別。

齊楚約而欲攻魏，魏使人求救於秦，事在魏安釐王十一年。《史記・魏世家》「約」上有「相」字，無「欲」字。冠蓋相望，使者前後相屬也。《史記》句末有「也」字。秦救不出。《史》「出」作「至」，句首有「而」字。魏人有唐且者，《策》、《史》下有「年九十餘」句。（《史》句末多「矣」字。）「且」，《史記》作「雎」，《戰國策・魏策》、《説苑・奉使》、《後漢書・崔駰傳》及本書皆作「且」，且雎通用字。黄式三曰：「《索隱》：雎，七餘反。（案：七疑子之誤。）《新序》作且，從目作睢，誤。」案：范雎、唐雎字均从且，俗或誤作睢，黄説是也。唐且魏臣，楚滅唐，以國爲氏。《漢表》列五等。梁玉繩曰：「《策》、《史》言雎年九十餘，爲魏安釐王十一年，説秦昭王救魏，歷四十二年，魏亡，又爲安陵君説始皇於魏亡之後，則雎百三十餘歲矣，何其壽也。」光瑛案：此事誠可疑，即謂雎有此壽，亦衰耄已甚，安能遠使秦廷，挺劍而起，欲效聶政、荆軻之事乎。黄式三謂年九十餘，當在後爲安陵君使之時，無論《策》《史》文，均繫且年於此事之前，萬難翻案。且敘此事，而遠引數十年後使事之年歲，前後文又皆不照應，亦太突兀無理矣。《記》曰：「九十者，天子欲有問焉，則就其室，以珍從。」（《王制》文。）卽如黄説，亦萬無以九十奉使之理，其言斷不可通也。《策》敘雎年，必據此時之歲數，故下文雎自稱老臣，秦王亦稱爲丈人。《後漢書·崔駰傳》亦云：「唐雎華顛以悟秦。」如黄説，豈崔駰誤讀《史記》乎。竊疑後此唐雎説秦，其事不足深信，烏有魏亡而安陵獨存之理。《説苑·奉使》誤本《國策》，未足爲據，前人已多辨之。即謂可信，亦必别有唐雎其人，非此之唐雎也。書闕有閒，以理斷之可矣。謂魏王曰：魏安釐王也，名圉，昭王之子，在位三十四年。《漢表》列七等。「老臣請西説秦，西往説秦王也。《魏策》「請」下有「出」字。《史記》句末有「王」字。令兵先臣出，可乎？」先已出秦境而發兵也。《史記》無「可乎」二字。魏王曰：「敬諾。」《史》作「魏王再拜」。本書多同《策》文。遂約車而遣之。《秦策》「請爲子約車」，又「王其爲臣約車并幣」，高誘注並云：「約，具也。」《齊策》「於是約車治裝，載契券而行」。遣，資送之也。且見秦王，秦王，昭襄王也，注見二卷《甘茂章》。《魏策》句首有「唐」字。《史》作「唐雎到，入見秦王」。《後漢書》注括引本文，作「西見秦王」。秦王曰：「丈人罔然乃遠至此，「罔」，《策》、《史》作「芒」。《後漢》注引《策》作「忙」。《漢書·外戚傳》注：「芒芒，無知之貌」。《莊子·齊物論篇》「人之生也，固若是芒乎」，注：「不知其所以然而然，故曰芒。」《禮記·少儀》「衣服在躬，而不知其名，爲罔」，鄭注：「罔罔，無知之貌。」罔芒二字，聲近通用。凡人芒迫則急無所知，故芒迫字亦作芒。《説文》無忙字。芒，艸端也，叚艸木之無知爲諭。《方言》：「茫，遽也。」茫與忙皆俗字，古止作芒。《孟子·公孫丑上篇》「芒芒然歸」，趙注：「芒芒，疲倦之貌。」急遽後必倦，誼亦相因也。段玉裁以明部朚當忙字，雖本玄應，究覺太遠不可從。本書罔字，乃芒之叚借，《策》、《史》作芒爲正，其誼則當訓遽，故《後漢》注引作忙也。又或訓遠，《左傳·襄四年》「芒芒禹迹」，杜注：「芒芒，遠貌。」《詩》「宅殷土芒芒」，毛傳：「芒芒，大貌。」《漢書·禮樂志》注：「芒芒，廣遠之貌。」此芒字訓遠，故下文云遠至此，觀其老年遠來，故知魏待救之急。近人金氏正焯《戰國策補釋》引《孟子》注訓芒爲疲倦，斥本書作罔爲字之譌，殊爲失考。案《孟子音義》引丁音忙，援音讀代訓詁之例。（六代以前人作音，此例甚多，詳余箸《意原堂日記》。）則丁亦以芒爲匆遽，惟匆遽故疲倦，而下文曰今日疲也。金氏昧於聲音通叚之理，妄斥本書爲誤，甚非。「遠」，宋本作「達」，嘉靖本作「遂」，皆誤，今從衆本。《策》、《史》文並作「遠」。甚苦矣。言其行路勞苦。魏來求救數矣，言已數使人來請救。《史》句首有「夫」字，「魏」下有「之」字。寡人知魏之急矣。」「矣」，《史》作「已」，字通。唐且答曰：「答」，《策》、《史》作「對」，答對一聲之轉。《毛詩·雨無正》「聽言則答」，本書五卷《閭丘卬章》、《漢書·賈山傳》並引作對。毛雖作答，亦讀爲對，始與前文協韵。近張行《字疑》對卽古答字，其言甚有理解。今對答之字通作答，許書無答字，蓋以此。「大王已知魏之急，而救不至，《史記》「至」作「發」。二書句末並有「者」字。是大王籌筴之臣失之也。不敢斥秦王，故委責於籌策之臣。「失之也」，《策》作「無任矣」，《史》作「臣竊以爲用策之臣無任矣」。筴卽策字，漢碑多如此作，如《靈臺碑》、《景君闕銘》皆是。《顏氏家訓·書證篇》云：「簡策字竹下施束。末代隸書，似杞宋之宋，亦有竹下遂爲夾者。猶如刺字之旁，應爲束，今亦作夾。徐仙民《春秋禮音》遂以筴爲正字，以策爲音，殊爲顛倒。」案：顏氏未知古人作音有以音釋代改字之例，如毛傳之以訓詁代改字也。未有音釋以前，漢人改字多云讀爲某、讀若某，或云當爲某，既有音釋，卽以音釋代讀爲矣。顏氏生於六代之末，已不能知。小顏承其家學。作《匡謬正俗》，遂多妄肆抨擊者。詳余箸《意原堂日記》及《平小顏書》中。（唐人作音，尚多知此例者。）段玉裁曰：「《曲禮》挾訓箸，《字林》作筴。」則不可代策字明矣。夫魏一萬乘之國也，《策》句首有「且」字，句末無「也」字。《史記》與此同。各本亦有「且」字，今從宋本。稱東藩，《左氏僖二十四年傳》：「是以衆建親戚，以藩屏周。」稱藩者，此諸侯之藩衛天子也，魏在秦東，故曰東藩。《史記·魯仲連傳》曰：「東藩之臣田嬰齊，後至，則斮。」齊亦在周東也。受冠帶，遵秦之法制。祠春秋者，春秋來助祭也。爲秦之強，足以爲與也。《策》句首有「以」字，《史》有「以」無「爲」。疑《策》文二字當衍其一。《史記索隱》云：「與，謂許其爲親而結和也。」案小司馬以許訓與，文誼殊隔。與，猶助也。《史記·淮陰侯傳》曰：「足下爲漢則漢勝，與楚則楚勝。」誼同。《齊策》「君不與勝者而與不勝者」，注：「與，助也。」是其證。今齊楚之兵，已在魏郊矣，《爾雅》曰：「邑外謂之郊。」言已及國也。《史》「在」字作「合於」。大王之救不至，《史》作「而秦救不發」。魏急，則且割地而約齊楚，《史》「不發」下作「亦將賴其未急耳，使之大急，彼且割地而約從」，較此多一句，文亦不同。《後漢書》注引《策》亦作「約從」，今《策》與本書皆作「約齊楚」。且，猶將也。《詩·小雅·谷風篇》「將恐將懼」，箋：「將，且也。」二字互訓。王雖欲救之，豈有及哉。是亡一萬乘之魏，而強二敵之齊楚也，亡，猶失也。敵，敵國。《史》作「王尚何救焉，必待其急而救之，是失一東藩之魏，而彊二敵之齊楚，則王何利焉」。《後漢書》注括引《策》文，作「是王亡一萬乘之魏，而強二敵之齊楚」。竊以爲大王籌筴之臣失之矣。」《史》無此句，祇有「則王何利焉」一句。《策》「失之」作「無任」。秦王懼然而悟，《策》作「秦王喟然愁悟」，《史》無此句。「懼」，各本作「瞿」，宋本、嘉靖本、鐵華館本作「懼」，今從之。盧文弨曰：「懼與瞿通，俗本徑改作瞿，非。」案：懼瞿通用之證，嚴元照、徐養原諸人舉之甚詳。其實字當作䀠，或作矍，懼瞿皆通叚字，不必強生優劣。說見一卷《秦欲伐楚章》注，盧說失之拘滯。遽發兵救之，《策》作「遽發兵日夜赴魏」。一本「遽」作「遂」。案：作遂者形近之譌。《史》作「於是秦王遽爲發兵救魏」，本書用《策》文，字亦作遽，可證。遽，急也。《策》文日夜二字，正爲遽字注脚，不當作遂明矣。馳騖而往。《策》文無此句。馳騖，亦形容急遽之狀，可證上文字當作遽。齊楚聞之，引兵而去，畏秦強故。《史》無此三句。《策》「引」上有「乃」字。魏氏復故。復故，復其舊狀，不受侵伐也。《策》「故」作「全」，《史》作「定」，誼與此異也。唐且一説，定強秦之筴，解魏國之患，散齊楚之兵，一舉而折衝消難，折衝見一卷《范昭章》注。消難，消除齊楚之禍難也。《策》於上文「魏氏復全」下衹有「唐且之説也」一句。《史》叙此事至「魏氏復定」句止。自「唐且一説」以下，皆中壘之詞。辭之功也。辭，辭令。孔子曰：「言語，宰我、子貢。」《論語・先進篇》文。《史記・仲尼弟子列傳》：「孔子曰：受業身通者，七十有七人，皆異能之士也。德行：顔淵、閔子騫、冉伯牛、仲弓；政事：冉有、季路；言語：宰我、子貢；文學：子游、子夏。」合之本書此文，是漢儒舊説皆以《論語》此節爲孔子之言，雖鄭康成注合上從陳蔡爲一章，與史不同，亦未嘗以此爲非聖語也。朱子《集注》從鄭合爲一章，而云弟子因夫子之言，記此十人，而並目其所長，分爲四科，與漢儒舊解全異。此朱子之創説，以意爲之，未可依據。宰我，宰姓，名予，字子我，魯人。（《史記集解》引鄭氏。）唐玄宗開元七年贈齊侯。（《舊書・禮儀志》、《新書・禮樂志》。）宋真宗大中祥符二年封臨菑公，度宗咸淳三年又稱齊公。（《宋史・禮志》。）《寰宇記》云：（二十一卷。）「葬曲阜西南。」《漢表》列三等。《史記》載宰予與田常作亂，以夷其族，孔子恥之，此史公之謬説。自司馬貞、蘇軾、蘇轍、洪邁、孫奕、張琪、王應麟、閻若璩、毛奇齡、全祖望、趙翼、梁玉繩諸人，均詳辨之。散見他家雜記短書者，更不勝僂指，茲不復論，但附箸其失於此。子貢見二卷《鄒忌章》注。故《詩》曰：「辭之集矣，民之洽矣；辭之懌矣，民之莫矣。」《詩・大雅・板篇》文。《毛詩》「集」作「輯」，傳云：「輯，和；洽，合；懌，説；莫，定也。」箋云：「辭，辭氣，謂政教也。王者政教和説順於民，則民心合定，此戒語時之大臣。」案《毛詩》作輯，叚借字，當作卙。《說文・十部》：「卙，詞之集也。（據《玉篇》、《廣韻》引，今本奪之。）」引《詩》詞之卙矣，从十，咠聲。《說文》辭作詞，輯作卙，與《毛詩》異。詞辭通用字，然云卙詞之集，是卙集誼同，卙本字，輯叚借字也。輯訓車和，（見《說文》。）雖誼別，與集亦通用。《左氏襄十九年傳》「其天下輯睦」，釋文：「輯本作集。」《漢書・賈誼傳》「則百姓黎民，化輯於下矣」，師古曰：「輯與集同，和也。」《敍傳》「招輯英俊」，師古曰：「輯與集同。」（此外尚多見。）《後漢書・盧芳傳》注：「輯，古集字。」《文選・上林賦》注：「輯與集同。」觀諸注所云，則輯集固同字也。《左氏襄三十一年傳》引《詩》曰：「辭之輯矣，民之協矣。」《列女傳》亦同。協洽音誼俱近。《詩・正月》「洽比其鄰」，《左傳》兩引，（僖二十二年，襄二十九年。）皆作協比。此類皆通叚字，無關義恉。《說文繫傳》引《毛詩》作緝。宋本《左傳》（襄三十一年。）懌作繹，釋文所據詩本同。（釋文：「繹本作懌。」）輯緝皆從咠聲。阮氏元《校勘記》云：「古無懌字，以繹爲之，亦通叚字，文異而誼不殊也。」惟毛、鄭以辭爲王者政教，似與此引《詩》意異。《左傳・襄三十一年》記孔子語，引《詩》以美子産之善於辭令，與本書同。然政教亦出辭之一端，引《詩》者斷章，不必三家、《左傳》之誼異於毛也。荀悅《漢紀》引「莫」作「慕」，慕莫亦一聲之轉。唐且有辭，魏國賴之，此用《左傳》「子産有辭諸侯賴之」語，故引《詩》亦與《左傳》意合。中壘呻吟《左傳》，此亦一證也。故不可以已。已，棄也。《孟子・盡心篇》「於不可已而已者，無所不已」，趙岐注：「已，棄也。於義所不當棄而棄之，則不可，所以不可而棄之，使無罪者咸恐懼也。」已有廢棄之誼。《論語》之三已，對上三仕言，則謂三廢棄也。句首疑有「辭」字，此亦用《左氏》語。

4 燕易王時，易王，文公太子，秦惠王之壻，在位十二年。《漢表》列六等。沈欽韓曰：「劉向誤以燕易王爲王噲。」

國大亂。齊閔王興師伐燕，屠燕國，載其寶器而歸。

齊閔王，宣王子，名地，（《史記·六國表、世家》。）一名遂。（《索隱》引《世本》。古地作墜，上形畧與遂相似，故誤耳。）諸書或作湣王，或作愍王，説詳五卷。在位四十年，爲淖齒所弒。謚法：在國逢難，使民折傷，在國連憂，禍亂方作皆曰愍。《漢表》列八等。《吕氏·正名》注：「湣王，齊田常之孫田和，立爲宣王，湣王，宣王之子也。」案高氏此注甚謬，田常之曾孫爲和，和之曾孫爲宣王。當云湣王，齊田常七世孫宣王之子也，文誼始明，今注云云，殆有錯亂耳。燕易王時，國内尚無大亂之事。齊伐燕，《孟子》稱宣王，又有遷其重器之説，則亦非在閔王時。易王死後，燕王噲立，讓國于相子之，國始大亂，齊襲破燕，取之，燕人畔，立太子爲燕昭王。今此言易王時國亂，下文又云易王死，燕國復，太子立爲燕昭王，明遺卻王噲一代，與諸書不合。《史記》、《國策》均無此語，殆後人竄改其文，或譌謬脱落耳。易王當作王噲，閔當作宣，始與事實符合。《史記》以伐燕事繫之閔王，異於《孟子》，前人辨者多矣。甚或以伐燕分爲前後二役，前屬之宣王，後屬之湣王，或上增威王十年，下割湣王十年，以就伐燕之歲，聚議紛紛，迄無定論。考之《史記·燕世家》云：「易王立十二年，卒，子噲立。齊人殺蘇秦，蘇秦之在燕，與其相子之爲婚，而蘇代與子之交，及秦死，齊宣王復用蘇代。燕噲三年，與楚、三晉攻秦，不勝而還。子之相燕，貴重，主斷。蘇代爲齊使於燕，燕王問曰：齊王奚如。對曰：必不伯。燕王曰：何也。對曰：不信其臣。代欲激燕王以尊子之也。於是燕王大信子之，子之因遺蘇代百金，而聽其所使。鹿毛壽謂燕王，不如以國讓相子之，燕王因屬國於子之。子之南面行王事，而噲老不聽政，顧爲臣，國事皆決於子之。（此事《韓子·外儲右》所記甚詳，《鄒陽章》注引之。）三年，國大亂，百姓恫恐，將軍市被與太子平謀攻子之。諸將謂齊湣王曰：（《策》作儲子謂齊湣王曰，《史》故改其文。）因而赴之，（赴，《策》作仆。）破燕必矣。齊王令人約燕太子平，太子因要黨聚衆，將軍市被圍公宮，攻子之，不克。將軍市被及百姓反攻太子平，將軍市被死，以徇。因搆難數月，死者數萬，衆人恫恐，百姓離志。孟軻謂齊王曰：今伐燕，此文武之時，不可失也。王因令章子將五都之兵，以因北地之衆以伐燕。士卒不戰，城門不閉，燕君噲死，子之亡。二年，而燕人共立太子平，是爲燕昭王。」（昭王與太子平之爲一爲二，辨在二卷。）此《史》敘齊伐燕事，其文皆本《國策》，其以伐燕爲湣王時，與《孟子》不合。閻氏若璩《孟子生卒年月考》云：「《史記·燕世家》載噲初立，有齊宣王復用蘇代之文，是噲與宣王同時，與《孟子》合，與《六國表》異。（案：《表》易王十年，當齊湣王元年。）據《表》，燕王噲五年乙巳，讓國於子之，當湣王八年；七年丁未，噲及子之死，當湣王十年；後年己酉，燕立昭王，當湣王十二年。若移此五年事於宣王八年，丙戌後、丁酉前，以合《孟子》游齊之歲月，則《國策》載儲子謂宣王宜仆燕，而儲子正爲相者也；王令章子將五都之兵以伐燕，而章子正與游者也。」王氏懋竑《白田雜箸·孟子敍説考》云：「《通鑑》據《孟子》以伐燕爲齊宣王，而宣王卒於周顯王之四十五年。又三年，愼靚王元年，燕王噲始立。又七年，齊人伐燕。則不可以爲宣王之事也。於是上增齊威王之十年，下減湣王之十年，以就伐燕之歲，其增減皆未有據。而又以伐燕爲宣王時，燕人畔爲湣王時，與《孟子》亦不合。湣王初年，彊於天下，與秦爲東西帝，其所以自治其國者，必有異矣。末年驕暴，以至敗亡，此特唐玄宗、秦苻堅之比，其初豈可不謂之賢君哉。故《孟子》謂以齊王由反手，王由足用爲善，皆語其實。而湣王之好色、好貨、好樂、好勇，卒不能以自克，末年之禍，亦基於此。後來傳《孟子》者，乃改湣王爲宣王，以爲孟子諱，蓋未識此意。今以宣王爲湣王，則處處相合，而《通鑑》之失，亦可置而不論矣。」周氏廣業《孟子出處時地考》云：「孟子事齊宣王始末，本書甚明，自《史記》誤以伐燕一事繫之湣王十年，以致諸家聚訟。《通鑑》割湣王十年以屬宣王，似矣，而録其文不計其世。赧王元年逆推至武王有天下，已八百有九年，可云由周而來七百有餘歲乎。古史直云先事齊宣王，後見梁惠、襄王，又事齊湣王。黄氏《日鈔》據《史記》伐燕有二事，一爲宣王，即《梁惠王篇》所載，一爲湣王，即《公孫丑篇》所載。時湣王尚在，故不稱謚，止稱齊王，皆泥《史記》，而變亂孟子之游歷者也。案：如黄氏説，燕易王時無大亂之事，何至水深火熱。又取寶貨、遷重器，皆在燕子之之時，且本書明繫之湣王，黄氏將何以自圓其説也。《史記》於攻伐，靡不詳記，獨齊之伐燕，世家、年表，俱絶不道一字，惟《燕表》書君噲及相子之皆死，其年當湣王十年矣，然亦不言爲齊所破。至《燕世家》本極疏畧，如惠侯以下皆失名，又不言屬桓獻二公，爲他書所無。而伐燕事，則撏撦《國策》之文，云易王初立，齊宣因喪伐我，取十城，蘇秦説使復歸。又云噲既立，齊人殺蘇秦，齊宣王復用蘇代。夫復用蘇代者爲宣王，則噲立秦死，俱不在湣王初明矣。而其下又言湣言齊，何也。且秦惠王十一年，燕王讓其臣子之，據《表》，是年子之死，是較遲二年。《趙世家》武靈王十年，齊破燕，燕相子之爲君，君反爲臣。據《表》在十二年，十一年王召公子職於韓，立爲燕王，使樂地送之，是較早二年。而立公子職即在明年，則燕之畔齊，亦不待二年矣。同在一書，而前後背馳如此。試以《國策》考之，《燕策·燕王噲既然立篇》，其用蘇代，及儲子勸齊宣王伐燕，孟軻謂齊王等語，俱明指宣王，與《孟子》悉合。《史》乃取其文，而改儲子爲諸將，於宣王之字，一改爲湣王，以曲護年表之失；一改爲齊王，以景附《孟子》之書。此其當從《策》而棄世家，不待智者決矣。又其前蘇秦死一篇，載蘇代見燕王噲曰：臣聞王居處不安，飲食不甘，思報齊，有之乎。王曰：我有深意積怨於齊，欲報之二年矣。齊者，我讎國也，寡人所欲報也。代又言：齊王，長主也，南攻楚，西攻秦，又舉五千乘之勁宋云云。《大事記》謂此説昭王之辭，《策》誤爲噲，是也。然此齊王決非湣王，何也。

湣王即位未久，其對齊貌辨自言寡人少，殆不知此，何得遽稱長主。其所稱舉宋者，據《宋策》康王前兩言齊攻宋，又言拔宋五城，即其事也。此依《田完世家》以湣王三十八年滅宋事當之，則燕昭王已立二十六年，與欲報二年更不合，則知是時宣王尚在也。宣王年老，故曰長主也。《齊策》曰：張儀以秦魏伐韓，齊王將救之。田臣思曰：王之謀過矣，子噲與子之國，百姓勿戴，諸侯勿與，秦伐韓，楚、趙必救之，是天以燕賜我也。齊國起兵攻燕，三十日而舉燕。所謂三十日舉燕者，非即《孟子》稱五旬而舉者乎。《策》繫之閔王即湣王，固誤。《史》則删卻子噲句，輙舉其詞雜入邯鄲之難、南梁之難二篇，繫之桓公五年，又繫之威王二十六年，又繫之宣王二十二年，文雖三見，終不及伐燕子噲一語，大可怪也。案田臣思索隱謂即田忌，《史》謂其與鄒忌不善，亡之楚，宣王召而復之。其説王伐燕爲宣王甚明。又《趙策》武靈王首篇云：齊攻燕，趙欲存之，樂毅請以河東易燕地於齊，王從之，楚、魏憎之，令淖滑、惠施之趙，請伐齊而存燕。武靈元年，《史表》當齊宣王十八年，《策》繫於首，則知破燕在其前矣。《魏策》襄王記云：楚許魏六城，與之伐齊而存燕，張儀欲敗之，謂魏王曰：齊畏三國之合也，必反燕地以下楚。據《史》，儀相魏，在襄王十三年，《張儀傳》魏入上郡少梁於秦，又在其前數年，則知敗魏伐齊之事，必在相秦惠王時。約其年，亦宣王時也。夫《史》之踳駁既如彼，《策》之明白又如此，伐燕之斷非湣王十年，而在宣王三十年内外，焯然無疑矣。至謂伐燕前事，即《梁惠王篇》所載，尤非。夫易王初立，何意虐民而謀置君，乘喪伐人，豈得云拯之水火；取僅十城，旋因蘇秦之説歸之，何云倍地，且欲出令反旄倪、止重器也。若以稱謚與否爲斷，則《莊暴章》終篇不見宣字，將亦謂之湣王邪。林希元《四書存疑》云：宣王曾以取燕問，不用孟子言，而致燕畔，此所以慙於孟子也，若湣王，何慙之有。不曰宣王而曰王，亦偶然致辭不同耳。」光瑛案：王説信《史》疑《孟》，周氏則信《策》疑《史》。

闓氏欲移五年事置於宣王八年丙戌後丁酉前，以合孟子游齊之歲月，而苦無確據。古書年遠，傳聞多異，難以肊斷。但周説反復辨證，詞意堅定，其歷引諸事，皆在宣王之時，頗足糾《史》之失。此與論威宣當卽一人之説，（引見二卷《鄒忌章》注。）皆似創實確，言之成理，故録之以諗讀者。宋葉大慶《考古質疑》引《越世家》言威王説越伐楚，楚大敗之，破齊於徐州，明是威王時事。而《表》敍徐州之役於周顯王三十六年，爲宣王之世，豈非自戾。徐州之役既爲威王時，則齊宣非立於顯王二十七年可見，是知伐燕爲宣王明矣云云。其説反復千餘言，又駁陳善《捫蝨新語》之誤，甚有見地。光瑛謂周氏以威宣爲一人，此亦一證。既爲一人。則《表》與《世家》非矛盾也。惜周氏之説，葉氏未及知耳。屠燕國，卽《孟子》所謂殺父兄係累子弟也；載寶器，卽《孟子》所謂遷其重器，及《樂毅書》所謂故鼎者也。易王死，及燕國復，太子立爲燕王，是爲燕昭王。燕昭王注見二卷。易王死後，尚有燕王噲之九年，燕人始立昭王，此誤以王噲爲易王也。昭王賢，卽位，卑身厚幣，以招賢者。謂郭隗曰：《燕策》「賢者」下有「欲將以報讎」一句，末句作「故往見郭隗先生曰」，此用《燕世家》文。郭隗，昭王師。《元豐九域志》云墓在德州，《一統志》云葬易州淶水縣東十里，未詳孰是。《漢表》列四等，繫燕昭王後。「齊因孤國之亂，而襲破燕，「國之」二字，《史》倒，此與《燕策》同。孤極知燕小力少，七國中燕於諸國爲小弱。《燕策》：太子丹謂荆軻曰，燕小弱，數困於兵。不足以報。然得賢士與共國，以雪先王之醜，共國，共圖國事也。先王，謂王噲也。「然」，《史》作「誠」。「與」，《史》作「以」。「醜」，《策》、《史》俱作「恥」。以與恥醜，並一聲之轉。盧文弨曰：「賈誼書多以醜代恥。」光瑛案：《秦策》「皆有詬醜大誹」，高注：「醜，恥也。」（《呂覽・節喪、慎人》注同。）《莊子・德充符》釋文引李注：「醜，慙也。」《淮南・説林訓》「莫不醜於色」，高注：「醜，猶怒也，一曰愧也。」恥慙愧誼皆相近。（參七卷《鮑焦章》注。）至以與二字通用，古書散見甚多，《經傳釋詞》已舉之詳矣。孤之願也。言力弱國小，故望得賢者助之。先生視可者，得身事之。」盧文弨曰：「生，一本作王。」案：先生稱郭隗也，作王謬。《史記》亦作「生」。《策》作「敢問以國報讎者奈何」，無「先生」二句。此用《史》文。可，謂可復讎者。齊人呼得曰登，登，即也。《吕氏·淫辭篇》注：「得，猶便也。」便亦登即之誼。《古詩·廬江小吏行篇》有「登即相應許」句，今俗諺尚有登時之語，謂即時也。隗曰：《史》句首有「郭」字。《策》有「郭隗先生對曰：帝者與師處，王者與友處，霸者與臣處，亡國與役處。詘指而事之，（指與恉通，乃叚借字。《管子·侈靡篇》承從天之指，注：指，意也。《吕氏·行論篇》布衣行此指於國，注：指，猶志也。與此指字誼同。詘屈亦通字。）北面而受學，則百己者至；先趨而後息，先問而後嘿，則什己者至；人趨己趨，則若己者至；馮几據杖，眄視指使，則廝役之人至；若恣睢奮擊，呴藉叱咄，則徒隸之人至矣。此古服道致士之法也。王誠博選國中之賢者，而朝其門下，天下聞王朝其賢臣，天下之士必趨於燕矣。昭王曰：寡人將誰朝而可。郭隗先生曰：臣聞古之君人，有以千金求千里馬者」云云，始接後段，即本書此下所敍者是也。《鶡冠子·博選篇》亦記其言。《説苑·君道篇》記隗語曰：「帝者之臣，其名臣也，其實師也；王者之臣，其名臣也，其實友也；霸者之臣，其名臣也，其實賓也；危國之臣，其實虜也。今王將東面目指氣使，以求臣，則廝役之材至矣；南面聽朝，不失揖讓之禮，以求臣，則人臣之材至矣；西面等禮相亢，下之以色，不乘勢，以求臣，則朋友之材至矣；北面拘指，逡巡而退，以求臣，則師傅之材至矣。如此，則上可以王，下可以霸，唯王擇焉。」此二段所記隗語極精要，與《孟子》「學焉而後臣」之説相表裏。鮑彪注《戰國策》云：「郭隗臣役之對，天下之格言，市馬之諭，萬世之美，史公何爲削之，亦異於孔氏刪修之法矣。」案：《史記》郭隗語大半删汰，此下但接「王必欲致士，先從隗始」云云，並千里馬一段亦遺之，不知何故。本書僅記千里馬一段，而於二書所載隗之精語，亦多芟棄，深覺可惜。故備録於注，以便省覽。「臣聞古之人君，「人君」，《策》倒作「君人」。《文選》任彦昇《策秀才文》注引本書無「人」字。孔融《論盛孝章書》注引《策》仍作「人君」，但此注所引與今《策》文大有不同，未必可據。有以千金求千里馬者，「求」，《選》注作「市」。三年不能得。《選》注無「能」字。涓人言於君曰：《戰國策》鮑注：「謁者也。」吴師道《補正》曰：「涓人見《國語》，韋昭曰：今之中涓。《漢書》顔注：中涓，官名，居中而涓潔也。如淳曰：主通書詔出入命也。」案：鮑注云謁者，即本如淳之説。請求之。君遣之，三月，得千里馬，馬已死，買其骨五百金，「骨」，《策》作「首」。案：首乃骨形近而譌，千金買駿骨，見於古人文字者多矣。反以報君。君大怒曰：自「涓人」下，《選》注括引作「人請來之，三月得馬，已死矣，買其骨，以五百金，君大怒之」。所求者生馬，安用死馬，捐五百金。《策》「用」作「事」，「捐」上有「而」字。案《老子》「治人事天」，注：「事，用也。」《廣雅·釋詁》一：「捐，棄也。」涓人對曰：死馬且市之五百金，「市」，《策》作「買」。況生馬乎，天下必以王爲能市馬，馬今至矣。王引之曰：「《爾雅·釋詁》：即，猶今也。故今亦訓即。《書·召誥》今休，又曰治民今休，皆謂即致太平之美也。《呂氏·驕恣篇》寡人請今止之，《秦策》臣今見王獨立於廟朝矣，《趙策》葺之軸今折矣，《魏策》樓公將入矣，臣今從，《韓策》十日之内，數萬之衆，今涉魏境；《燕策》馬今至矣，《史記·項羽本紀》吾屬今爲之虜矣，《鄭世家》晉兵今至矣，《伍子胥傳》不來，今殺奢也，諸今字並與即同意。」案：王説皆是。於是不能期年，「不」下各本奪「能」字，《燕策》有，《選》注引本書亦有，今據補。千里馬至者二。「馬」上《策》有「之」字，「二」作「三」。《御覽》八百十一引此章，寥寥數語，云：「郭隗謂燕王曰，古之人君，有以千金求千里馬，馬已死，買馬骨五百金，不能期年，千里馬至者二。」《選》注自「君大怒」之下，接入曰：「死馬骨且市之，況生馬乎，天下必以王爲好馬矣。於是不能期年，千里馬至者二。」今

王誠必欲致士，《策》無「必」字。《選》注引本書「必欲」字作「願」。請從隗始，「請」，《策》作「先」。隗且見事，況賢於隗者乎，《選》注引至此止。豈遠千里哉。」言不遠千里而來也。於是昭王爲隗築宮而師之。

昔人詩文多用黄金臺事，論者或謂燕昭築宮師事郭隗，未嘗爲臺，其事絶無出處。然《事類賦》九引《新序》云：「燕昭王置千金於臺上，以延天下之士，謂之黄金臺，先禮郭隗，於是樂毅自魏往」云云。今本文不載此數語，豈偶佚邪，抑别爲一章，在佚文中邪。盧氏《拾補》、《輯佚》亦失采此事。大抵唐以前詩文所用故事，有今書所未見者，或在漢前舊籍，早已散亡，未可便詆爲杜譔也。宋周密《齊東野語》十八卷考證此事頗詳，亦謂《新序》、《通鑑》皆云築宮不言臺，又引《白氏六帖》有燕昭王置黄金於臺上，以延天下士，謂之黄金臺云云。周氏未言《白帖》文引何書，則周氏所見本書，已無此數語，疑吴淑從他書轉引耳。今附録周説於後，云：「王文公詩：功謝蕭規慚漢第，恩從隗使愧燕臺。然《史記》書云爲隗改築宮而師事之，初無臺字。而李白詩有何人爲築黄金臺之語，吴虎臣《漫録》以此爲據。案《新序》、《通鑑》皆云築宮，不言臺也。李白慣用黄金臺事，如誰人更掃黄金臺；燕昭延郭隗，遂築黄金臺；掃灑黄金臺，招邀廣平客；如登黄金臺，遥謁紫霞仙；侍宴黄金臺，傳觴青玉案。杜甫亦有揚眉結義黄金臺，黄金臺貯賢俊多。柳子厚亦云燕有黄金臺，遠致望諸君。《白氏六帖》有燕昭王置千金於臺上，以延天下士，謂之黄金臺。此語唐人相承用甚多，不特本於白氏也。《唐文粹》有皇甫松《登郭隗臺詩》。梁任昉《述異記》：燕昭爲郭隗築臺，今在幽州，燕王故城中，土人呼賢士臺，亦爲招賢臺。然則必有

所謂臺矣。後漢孔文舉《論盛孝章書》曰：昭王築臺以延郭隗。然皆無黄金字。宋鮑照《放歌行》云：豈伊白屋賜，將起黄金臺。黄金臺之名始見此。李善注引王隱《晉書》：段匹磾討石勒，屯故燕太子丹黄金臺。又引《上谷郡圖經》曰：黄金臺在易水東南十八里，昭王置千金臺上，以延天下士。（案李善既引本書之文，而此事則止引《上谷郡圖經》，則疑《事類賦》所引誤也。）且燕臺事多以爲昭王，而王隱以爲燕丹，何也。余後見《水經注》云：固安縣有黄金臺，耆舊言昭王禮賢，廣延方士，故修建下都館之南陲，燕昭創於前，子丹踵於後云云，以此知王隱以爲燕丹者，蓋如此也。」以上周説，引證尚覺詳洽。宋人説部考此事者甚多，今但引周説，以槩其餘。**樂毅自魏往**，《説苑·尊賢篇》云：「燕昭王得郭隗，而鄒衍、樂毅以齊、趙至，蘇子、屈景以周、楚至。」與此不同，多蘇子、屈景，惟云樂毅自趙往，則非。《事類賦》九、《後漢書·隗囂傳》注引本書皆作「魏」，《文選》孔融《論盛孝章書》注同，《史記》亦作「魏」。下毅《報燕王書》云：「假節於魏，以身得察於燕。」則當作自魏往明矣。《賈子新書》作自齊、魏至，中壘即本《新書》，今本《説苑》字誤耳。樂毅注見二卷首章，後得罪於燕，始奔趙，封爲望諸君，豈得反云由趙適燕乎。**鄒衍自齊往**，《史記·孟子荀卿列傳》：「騶子重於齊。適梁，梁惠王郊迎，執賓主之禮；適趙，平原君側行襒席；如燕，昭王擁彗先驅，請列弟子之座而受業，築碣石宮，親往師之。」是衍亦由趙適燕，非自齊往。然《史》敍衍周游諸國，未必以先後爲次，但歷言其所至受諸侯之禮耳。黄式三曰：「《封禪書》云騶衍以陰陽主運，顯於諸侯，而燕、齊海上之方士傳其術，不能通，然則怪迂阿諛苟合之徒自此興，不可勝數也。鄒説之流弊如此。」案：鄒他書或作騶，《周禮·司爟》注、《禹貢》釋文作鄹，俱通用字。衍齊人，稱爲談天衍。《寰宇記》十九云葬齊州章丘縣東十里，又云在臨淄縣。（案：淄當作甾，《説文》無淄字。）《漢表》列五等。**劇辛自趙往**，劇姓，（《廣韻》注。）辛名，仕於燕。《漢表》列八等。《一統志》云：「葬保定府容城縣東二十五里，劇村。」梁氏玉繩《史記志疑》云：「樂毅諸人往，《史》本《國策》，然有可疑者，此劇辛自趙來，其年當非幼少，乃至後燕王喜十三年將兵伐趙，爲趙將龐煖所殺。（《鶡冠子》、《六國表》、《趙世家》俱云爲煖擒，自剄死於趙。而《燕世家》、《李牧傳》則云煖殺之。未知孰是。）計去昭王卽位時，已七十年，恐未必如是之壽，則其來似不在此時。案：《策》、《史》以辛之仕燕，與樂毅、鄒衍並稱，以當師傅之材，則是當時賢者，何以班氏列之下中。疑被龐煖殺者乃別一人，非此劇辛，卽《漢表》所列者也。」（《一統志》所稱，則當指此劇辛。）梁氏疑辛此時年非甚少，距被殺時七十餘年，誠能得閒，但謂其來不在此時，則仍屬遷就以求合。不知彼被殺之劇辛，果與此爲一人，則其輕於量敵，冒昧取敗，乃庸劣之下材，《史》何以取之與毅、衍同列，以當師傅之任乎。胡三省《通鑑》注云：「劇姓，莫知其所自出，班《志》北海郡有劇縣，蓋其先以縣爲姓也。」案：《漢志》劇縣兩見，一屬北海郡，一屬淄川國。錢大昕曰《志》稱淄川，後幷北海，則二劇疑卽一地。然北海之劇本是侯國，卽淄川懿王子錯所封，蓋析劇縣之鄉爲侯國，別屬北海，而劇縣之隸淄川如故，非重出也。今青州府壽光縣東三十里有劇故城。（當在縣西。）錢坫曰：「淄川之劇，在丹水之東，今在青州府昌樂縣西十里；北海之劇，在丹水之西，今在青州府臨朐縣西南。（當是東北之誤。）實一地也。」士爭走燕。

「走」，《策》作「湊」，《史》作「趨」，《後漢書·隗燕傳》注引本書作「赴」。案：湊從奏聲。《毛詩》「予日有奔奏」，《尚書大傳》、《孔叢子》二作奔輳，《後漢書·何顒傳》注引作奔走。《淮南子·說林訓》注：「走，讀奏記之奏。」《史記·蕭何世家》索隱曰：「走音奏，奏者，趨向之也。」《墨子·迎敵祠篇》曰「擇急而奏之」，謂擇所急而趨向之。走湊奏音誼俱近，輳後起俗字，當作湊。後人因史傳多以輻湊連文，輻從車，故幷湊字亦改從車旁耳。《漢書》多作輻湊，《王莽傳》

「四海輻湊」，偶用奏字，與《大雅》同。其實湊爲正字，走奏皆通借字，輳俗字。史作趨，誼亦與湊同。《淮南子·精神訓》曰「衰世湊學」，注：「湊，趨也。」《漢書·楊雄傳》注：「湊，趨也。」趨趣同，亦通用字。（趨趣與走，音誼亦俱近。）《隗燕傳》注作赴，是誤字，或以意引之耳。

燕王弔死問孤，弔本作吊，乃俗字之尤者。問，存問也。「孤」，《策》作「生」。與百姓同甘苦者二十八年，《策》同，下有「其」字。案《六國表》昭王二十八年，與秦、三晉擊齊，燕獨入至臨淄，取其寶器。《齊表》作湣王四十年，五國共擊湣王，王走莒。燕國殷富，士卒樂軼，「軼」，《策》作「佚」，《史記》作「軼」，與本書同，皆用通叚字。軼本誼爲車相出，經典多借爲安佚字。輕戰。輕死敢戰也。於是遂以樂毅爲上將軍，與秦、楚、三晉合謀以伐齊。《策》、《史》下有「齊兵敗，閔王出走於外，（《史》閔作湣，走作止。）燕兵獨追北，入至臨淄，盡取齊寶，燒其宮室宗廟，齊城之不下者，唯獨莒、即墨」（《史》唯獨作獨唯，莒上有聊字，下有其餘皆屬燕一句。）等語。案：樂毅稱善用兵，然伐齊之舉，以暴易暴，二城堅守，累年不降，使田單得揚言燕軍之酷虐，以激煽軍心，（見二卷注。）未必不由於此。然後知《孟子》仁者無敵之説之非虚也。本書删此數語不引，亦以其事不可以訓，非所以告君父耳，中壘去取之恉如此。樂毅之筴，得賢之功也。二句《策》、《史》所無，中壘之詞也。《韓詩外傳》七：「燕昭王得郭隗、鄒衍、樂毅，是以魏、趙興兵而攻齊，棲於莒，燕之地計衆不與齊均也，然所以信燕至於此者，（信讀爲申。）由得士也。」案：燕昭王在位三十三年，即位後尊賢使能，弔死問孤，與百姓同甘苦，凡二十八年。然後明告天下，起復讐之師，其堅忍沈毅之性，光明磊落之規，爲史籍所僅見，堪與少康媲美。視句踐之十年生聚，十年教訓，卧薪嘗膽，以圖沼吴，尚遠過之。宋孝宗鋭志恢復，實力未充，而貿然輕舉，卒遭挫敗，志意銷靡，一蹶不振，不如昭王遠矣。惠王不能象賢，聽讒棄才，後遂衰弱，功敗垂成，惜哉。

5 樂毅爲昭王謀，必待諸侯兵，齊乃可伐也。詳後毅《報燕王書》中。於是乃使樂毅使諸侯，所謂具符節南使臣於趙者也。《史記・樂毅傳》：「於是使樂毅約趙惠文王，別使連楚魏，令趙啗秦以伐齊之利。諸侯害齊湣王之驕暴，皆爭合從，與燕伐齊。樂毅還報，燕昭王悉起兵，使樂毅爲上將軍，趙惠文王以相國印授樂毅，樂毅於是幷護趙楚韓魏燕之兵以伐齊。」遂合連四國之兵以伐齊，《燕策》作「合五國之兵而攻齊」。《史記・樂毅傳》作「幷護趙楚韓魏燕之兵以伐齊」。梁玉繩曰：「伐齊者六國，此漏舉秦，燕齊楚三《世家》可證，《秦紀》及趙魏《世家》失書楚，《韓世家》止言與秦攻齊，《孟嘗君列傳》又失書韓楚。」案：上章言與秦楚三晉合謀以伐齊，《策》、《史》亦有此語，則六國均與伐明矣。《六國表》燕齊表均止五國，有秦無楚，蓋行文偶然脱節，未足爲異，梁氏辨之是。《荀子・王制篇》「閔王毁於五國」，《呂氏春秋・權勳篇》「昌國君將五國之兵以攻齊」，所謂五國，皆爲秦楚三晉也，高注乃謬云燕秦韓魏趙。夫燕是本國，不當更數，高誘蓋爲《秦紀》及趙魏《世家》所誤。大破之。閔王逃，僅以身脱，匿莒。脱當作挩，《説文・肉部》：「脱，消肉臞也。」《手部》：「挩，解挩也。」二字誼別。凡分散誼當作挩，遺落誼當作奪。今人概以脱爲之，而挩字廢，脱奪二字之本誼亦晦矣。（爭殺字今人亦作奪。）《説文・匚部》：「匿，亡也。」《廣韵》曰：「臧也。」程恩澤曰：「齊有二莒，一爲東境邑，《左傳》齊侯田於莒，陳桓子請老於莒是也。（原注：此亦莒地，但非其國都耳。高士奇曰：取地於莒，遂謂之莒。）一爲故莒國，《漢志》城陽國有莒縣。《郡國志》琅邪國莒縣，本國，故屬城陽是也。舊城有三重，皆崇峻，子城方十二里，内城周二十里，外城周四十里。蓋鑒於先時浹辰三都之克，加意修築，故守險難犯，閔王獨保此以爲固，而燕亦幷力攻之而不能下也。今爲山東沂州府莒州。」（《國策地名考》卷四。）**樂毅追之，遂屠七十餘城，**毅用兵如此，較齊之伐燕，又加甚矣，所謂以暴易暴者此也。**臨淄盡降，**臨淄，齊都。程恩澤曰：「《漢・地理志》齊郡有臨淄縣。《郡國志》屬齊國，注云：今青州縣。《水經注》：城對天齊淵，故有齊城之稱。《元和志》今縣理，即古臨淄城也。（唐人避諱，改治爲理。）《齊記》：城周五十里，（原注：《方輿紀要》作四十里。）有十三門，今臨淄縣城北有齊城，亦曰齊國城，即故城也。自獻公以下，皆都此。惟謂臨淄即古營丘，雖本《地理志》及《水經注》，而未可信其必然。案《志》既以臨淄爲師尚父所封，而於北海郡營陵縣（原注：今昌樂縣。）下，又云或曰營丘，則在班氏本兩存其說。《一統志》謂昌樂縣營丘社，即太公受封之地。又於臨淄縣下注云：本齊營丘地。蓋營丘地廣，今臨淄縣亦在其界內，（原注：二縣亦相近。）故曰臨淄即營丘，非太公實封於此也。不得以城中有小丘，偶與《爾雅》合，遂斷爲一地。」又曰：「《史記》營丘邊萊，此營丘非臨淄之切證。《晏子春秋》先君太公築營之丘。《吕氏春秋》：太公封營丘之渚，海阻山高，險固之地，其後五世胡公徙薄姑，（原注：《地理志》謂太公封薄姑，非是。）六世獻公（原注：或曰獻公，胡公弟。）徙臨淄，蓋自東而西也。《地理志》北海郡營陵縣，或曰營丘。應劭曰：師尚父封於營丘，陵亦丘也。《路史・國名紀》：營丘故城在濰之昌樂，故萊侯與太公爭營丘。皆足證營丘非臨淄之説。」（《國策地名考》卷四。）案：程氏辨營丘非臨淄，其説皆是。臨淄今山東青州府臨淄縣治。**惟莒、即墨未下，**下，降也。凡降服之降，與降下同誼。莒注見前。黄式三曰：「《通鑑》繫此事於燕昭王二十八年，即周赧王之三十一年。書六月之間，下齊七十二城，惟莒、即墨未下，譌也。承譌者求莒、即墨所以五年不下之故，尤譌也。據《史・樂毅傳》五歲乃下齊七十二城，《後漢書・朱儁傳》昔秦用白起，燕任樂毅，皆曠年歷載，乃能克敵。李注引

《史記》五年乃下齊七十餘城，是也。蘇氏《古史》、黄氏《日鈔》所言皆同。《稽古録》於赧王三十五年，書燕樂毅徇齊地，數歲下齊七十餘城。是司馬氏後知其誤，而不能追改《通鑑》也。」程恩澤曰：「《地理志》膠東國有卽墨縣，《郡國志》屬北海國。（原注：《左傳》棠邑在此。）《正義》：萊州膠水縣（原注：錢坫引作膠東縣，疑誤。）南六十里，卽墨故城。是也。《括地志》：卽墨故城，在今膠水縣東南六十里。（原注：《元和志》同。）《寰宇記》：墨山在膠水縣東北六十里，石色如墨，有墨水出焉。《太平御覽》城臨墨水，故曰卽墨。唐宋之膠水縣，皆今萊州府之平度州，故今平度州東南六十里有卽墨故城，卽古卽墨也。（原注：顧祖禹、錢坫並主此説。）今萊州府所屬之卽墨縣，則隋開皇十六年始置。（原注：漢爲不其縣。）注乃引此以證齊邑，謬矣。（原注：洪亮吉《乾隆圖志》亦誤。）」案：黄、程説皆是。（見《國策地名考》四。）阮元《小滄浪筆談》三云：「古泉刀文多作節墨，吉化無作卽墨者，節卽古字通。據此，齊卽墨正當作節墨，今作卽者省文耳。」卽墨，漢膠東國，古三齊之一，古卽墨城，正田單火牛城也。《燕世家》云「聊莒卽墨未下」，《燕策》亦有「三城未下」之語。高注：「聊莒卽墨，是聊亦在未下之列。」鮑彪注云：「牽合燕將守聊城之事而誤，恐亦未然。」《燕世家》索隱云：「案餘篇及《戰國策》並無聊字，此所據燕昭王收破燕後章《策》文，與此不同。」《燕世家》卽本彼《策》，而多聊字。疑聊城初亦未下，與莒卽墨同，後乃卒爲燕攻克，故《魯仲連傳》敍仲連遺書燕將事，首云燕將攻下聊城。夫特提攻下聊城，則此城非與七十餘城同下可知。故諸書或言三城，或言二城，云三城者，據最初言之，云二城者，據聊城克後言之也。《齊策》云：「燕將守聊城，田單攻之不下。」此聊城卒爲燕攻下之證也。《寰宇記》引《春秋後語》云唯卽墨與萊未拔，亦誤。盡復收寶器而歸，前齊所取者，樂毅書所謂「大呂陳乎玄英，故鼎反乎歷室」者是。復易王之辱。復，報也。易王，當作王噲，説見前。

樂毅謝罷諸侯之兵，謝罷，辭退也。而獨圍莒、即墨。《世家》謂燕兵獨追北入至臨菑者以此。時田單爲即墨令，田單，齊宗臣。《賈子·胎教》作「陳單」，田陳字通用。單仕齊，以功封安平君。（見《秦策》，而《趙策》又作都平君。）《漢表》列四等。梁玉繩曰：「案張晏注：舊在弟五，今列弟四，乃後人因張注升之。」案梁說是也。令，縣令，秦前已有之。《商君傳》「集小都鄉邑聚爲縣置令」，《韓非書》言衛嗣君之時，有人干縣令左右，則縣令之設遠矣，詳二卷《甘茂章》注。患樂毅善用兵，田單不能詐也，欲去之，盧文弨曰：「兩本俱作欲法之，疑誤。」案：宋本、嘉靖本、鐵華館本，俱作「去」，「法」字誤，今從諸本正。昭王又賢，不肯聽讒。會昭王死，會，遇也。惠王立，惠王，昭王子，注見二卷。田單使人讒之惠王，惠王使騎劫代樂毅，樂毅去之趙，不歸燕。之，往也。田單反閒事及騎劫代將，均詳二卷首章注。《史記·樂毅傳》曰：「惠王自爲太子時，嘗不快於樂毅，及即位，齊田單聞之，乃縱反閒於燕曰，齊城不下者，兩城耳。（案：據此，則聊城後亦降於燕也。）然所以不早拔者，聞樂毅與燕新王有隙，欲連兵，且留齊，南面而王，齊之所患，唯恐他將之來。於是燕王固已疑樂毅，得齊反閒，乃使騎劫代將，而召樂毅。樂毅知燕惠王之不善代之，畏誅，遂西降趙。趙封樂毅於觀津，號曰望諸君。（《索隱》曰：《戰國策》望作毅。梁氏玉繩《瞥記》云：藍諸君見《中山策》，而《燕策》蘇代云：望諸相中山，使趙，劫之求地，望諸攻關而出。豈樂毅之前已有號望諸君者乎。疑《燕策》兩望字當作藍，《索隱》反牽引藍諸作樂毅，合爲一人，則誤甚矣。）尊寵樂毅，以警動於燕。」是其事也。餘參二卷首章注，所引更詳。騎劫既爲將軍，田單大喜，設詐大破燕軍，殺騎劫，盡復收七十餘城。事見《史·田單傳》，二卷注已引之。單故爲流言，顯燕軍之殘暴，以激怒軍心，人人有欲戰之志，固兵不厭詐之誼。然亦毅之屠掠劫殺，先入人心，乃使單之言，足以堅士卒之信也。況毅取齊之財貨，分賞燕士，士卒既富，驕淫佚樂，安肯任戰。斯時也，單軍有必死之心，毅卒無應戰之志，固不俟騎劫之代，而已知其勝負所在矣。毅功名之士，未聞君子之大道，功敗垂成，自取之也。是時齊閔王已死，田單得太子於莒，立以爲齊襄王。閔王之「王」，各本譌「公」，宋本、嘉靖本不誤，今據正。（鐵華館本同。）閔，《史記》作湣，《田完世家》云：「湣王出亡之衞，衞君辟宫舍之，稱臣而共具。湣王不遜，衞人侵之，湣王去走鄒魯，有驕色。鄒魯君弗内，遂走莒。楚使淖齒將兵救齊，因相齊湣王，淖齒遂殺湣王，而與燕共分齊之侵地鹵器。湣王之遇殺，其子法章變姓名，爲莒太史敫家庸。太史敫女奇法章狀貌，以爲非常人，憐而常竊衣食之，而與私通焉。淖齒既以去莒，莒中人及齊亡臣相聚求湣王子，欲立之。法章懼其誅己也，久之，乃敢自言我湣王子也。於是莒人共立法章，是爲襄王，以保莒城，而布告齊國中，王已立在莒矣。襄王既立，立太史氏女爲王后，是爲君王后，生子建。」《齊策》所載畧同。襄王在位十九年。《漢表》列七等。（襄謚誼見前。）而燕惠王大慚，自悔易樂毅以致此禍，燕王蓋恐趙用毅以伐燕，毅仕燕久，知其國情，中所忌耳，豈真有悔悟之心。惠王乃使人遺樂毅書曰：《史記·樂毅傳》曰：「燕惠王後悔使騎劫代樂毅，以故破軍亡將，失齊；又怨樂毅之降趙，恐趙用樂毅，而乘燕之弊，以伐燕。燕惠王乃使人讓樂毅，且謝之。」其書詞與此不同，蓋《史》文全本《燕策》，以此爲燕王喜與樂閒書，與本書異，説詳後。觀《毅傳》所云，惠王實恐趙用毅以圖燕，非真悔過者。他日趙王欲使毅攻燕，毅謝曰：「臣昔之事昭王，猶今日之事大王也。若復獲戾，放在他國，終身不忍謀趙之徒隸，況燕後嗣乎。」見《後漢·鄧禹、寇恂傳》注引《史記》，又見《三國志·魏武紀》注。其言侃侃，可泣鬼神，感金石，視世之受人厚恩，一旦乘利反噬，若不相識者何如。而不能免惠王之疑，甚矣人不易知，而知人亦正不易也。「寡人不佞，佞，才也，兼美惡二誼，故古人自謙稱不佞。不能奉順君志，「志」，《策》作「意」。故君捐國而去，捐，棄也。寡人不肖明矣。《策》作「則寡人之不肖矣明矣」，多兩字，較條暢。敢謁其願，「謁」，《策》作「端」，鮑彪注：「端，猶專也，願欲復用之。」徐友蘭曰：「《策》當是謁譌端耳，下文敢以書謁之，正應此句，則當作謁明矣。」案《說文・言部》：「謁，白也，从言，曷聲。」《廣韵》：「白，告也。」今人言通謁，謂通白其事。《韓非子・難一篇》「管仲曰：微君言，臣固將謁之。」《燕策》「荆軻曰：微太子言，臣固得謁之。」諸謁字誼並同。而君弗肯聽也，《策》「弗」作「不」，無「也」字。謂毅遠留於趙，則雖有懷欲白，無從知其心之曲折，故弗肯聽也。故使使者陳愚志，「志」，《策》作「意」。君試論之。「試論」，各本皆作「誠諭」，形近之譌。《燕策》諸本俱作「試論」，謂平論其當否也，作誠諭無誼，今據《燕策》改正。語曰：仁不輕絶，智不輕怨。蓋古有是語也。仁者愛人，常欲化導而爲善，故不輕絶；智者愛身，不敢觸牾以招尤，故不輕怨。君於先王，世之所明知也。「君」下《策》有「之」字，「王」下有「也」字。詳此言，自是與樂毅書詞。蓋昭王之於樂毅，知遇非常，毅亦感激以圖報，一時相得，千古傳爲美談，故有是語。若王喜之於樂閒，則不過赦其罪而復用之，何足驚動世人哉。寡人望有非，則君覆蓋之，望，猶冀也。覆，掩覆；蓋，蓋藏。《策》「覆」字作「掩」，誼同。不虞君明罪之也；虞，度也。《左氏僖四年傳》曰：「不虞君之涉吾地也。」《策》文「君」下有「之」字。「罪」，各本作「棄」，（宋本作弃。）《策》作「罪」，今從《策》改，説詳下。望有過，則君教誨之，不虞君明弃之也。「弃」，各本作「罪」，《策》同。鮑本作「棄」，「君」下有「之」字。案：舊本棄罪二字，與鮑本《國策》互倒，當從鮑本爲是。明罪與覆蓋誼反，明弃與教誨誼反，事與望違，故曰不虞，若依舊本，則文意乖隔矣，此傳寫者誤。姚本《國策》上下句俱作「罪」，亦非，今據鮑本訂正，並依宋本棄作弃。下文並同，以宋本爲主故也。寡人之罪，百姓弗聞，君微出明怨，以弃寡人，謂寡人之罪，百姓初未聞知，而君章言之於外，故下文言未盡厚也。《策》作「且寡人之罪，國人莫不知，天下莫不聞」，恐誤。下文云「寡人之罪，國人不知，而議寡人者遍天下」，正申明此二句意。謂毅在他國明揚其罪，而燕民反不知之爾。若如《策》文，是自爲違戾。且既國人無不知天下無不聞矣，尚何覆蓋之有，其措詞亦未圓適，當據本書訂正。微出者，私出不使人知。《説文·彳部》：「微，隱行也。」（微細字當作散。）《詩·十月之交》「彼月而微」，箋：「微，謂不明也。」微出與明怨，相對爲文。下樂毅報書云「遁逃走趙」，意其去國，必隱秘，恐人襲之，故惠王書云然。鮑彪注《國策》謂閒雖無出之趙，以明有怨於我，人亦知之，其説迂曲。蓋由泥於莫不知莫不聞二語，故訓微爲無以就之，立説全誤。寡人必有罪矣，然恐君之未盡厚矣。「矣」字各本作「也」，宋本、嘉靖本、鐵華館本並作「矣」。《策》「然」上有「雖」字，二字自爲一句，亦作「也」，疑後人據《策》文改之。不知《策》用雖然二字轉下，自當作也爲是，本書自作矣字。今從宋本。諺曰：諺，古代遺言也。《説文·言部》曰：「諺，傳言也，从言，彥聲。」段玉裁注云：「諺傳疊韵，傳言者，古語也。古字從十口，識前言，凡經傳所稱之諺，無非前代故訓，而宋人作注，乃以俗語俗論當之，誤矣。」按：《國語·越語》注：「諺，俗之善謡也。」《左傳·隱十一年》釋文：「諺，俗言也。」《漢書·五行志》注：「諺，俗所傳言也。」是訓諺爲俗言，漢唐以來相承如此。（玄應《音義》卷二十引《説文》，有俗語也三字，或《説文》本有此三字，作別誼，今本脱之。）許云傳言者，謂時俗相傳之言耳，（《五行志》注可證。）段誤讀爲經傳之傳，失之不考。厚者不損人以自益，「損」，《策》作「毁」，句末有「也」字。仁者不危人以要名。「人」，各本作「軀」，案《策》作「人」，文誼爲長。下文云「救人之過者，仁之道也」，正申釋此句，則當從《策》明矣。淺人不識危人二字之誼，見穀答書有「臨不測之罪，以幸爲利」云云，以爲正答此語，遂改人字作軀以就之，不知其與前後文意全隔也。今案：危讀爲毁，危人以要名，猶毁人以要名也。毁與名，損與益，皆相對字。古危字與毁通，《爾雅·釋詁》曰：「垝，毁也。」《詩·氓篇》「乘彼垝垣」，毛傳曰：「垝，毁也。」（《説文·土部》：「垝，毁垣也，从土，危聲。《詩》曰：乘彼垝垣。」）垝從危聲，與危誼同字通。《文選》謝玄暉《和伏武昌登孫權故城詩》注引《莊子》司馬注曰：「垝，最高危限之處也。」《史記·律書》曰：「危，垝也。」《莊子·繕性篇》「危然去其所而反其性」，釋文：「危，崔本作垝。」並其證。垝訓毁，故危亦有毁誼。《禮記·儒行》「有比黨而危之者」，鄭注云：「危，欲毁害之也。」鄭君以毁害訓危，是亦讀危爲毁。凡古字形聲誼三者有一相近，皆可通叚，此危字與《儒行》之危字同，皆讀爲毁，下文明寡人之怨，揚寡人之辱，卽所謂危人以要名也。淺人以本字讀之，不得其誼，乃妄改人字爲軀。宋本已然，則沿誤甚久，幸有《國策》正之耳。損人而益己，抑人以揚己，皆世俗儇薄之行，仁厚者不爲也。故覆人之邪者，「覆」，《策》作「掩」。厚之行也。「厚」下《策》有「人」字。救人之過者，仁之道也。「仁」下《策》有「者」字。此以救人之過爲仁，則上文危字讀毁明矣。世有覆寡人之邪，「覆」、《策》作「掩」。救寡人之過，非君惡所望之。惡，猶安也。「惡所」，《策》作「心所」。一本作「恐」，吴師道云：「恐字有誤。一本作心所，姚同。」案：作心者，脱上半亞字；作恐者，惡字形近而誤，當據本書訂正。「所」字鮑本脱，「恐」改爲「孰」，並非。非君惡所望，言非君相知之深，更望何人也。今君厚受德於先王以成尊，「德」，《策》作「位」。盧文弨曰：「以，舊本作之，譌。」案：作「之」無理，《國策》正作「以」，今據改。成尊，謂居高位以成其尊貴也。輕弃寡人以快心，此以字與上以字對，益徵上句「以」字不當作「之」。「弃」，各本作「棄」，今依宋本。則覆邪救過，難得於君矣。「覆」，《策》作「掩」。怨毅不能如所期也。且世有薄而故厚施，行有失而故惠用，舊本作「且世有厚薄，故施異；行有得失，故患同」，文理譌謬不可讀，今依《策》改正。鮑注云：「世雖薄我，我反厚施之；行與我不合，反惠愛任用之。」吳師道補云：「有過失當棄，反順用之。」其文理明白諧鬯，患與惠，同與用，皆形近易殽。《後漢書·朱穆傳》「夫時有薄而厚施，行有失而惠用」，正用此書語。章懷太子注曰：「俗之凋薄，以厚御之；行之有失，以惠待之。」所言亦與此書意合，可知後漢人、唐人所見原書，詞意如此，舊本乃妄人所改，不可從。今寡人任不肖之罪，《策》「今」下有「使」字。鮑注：「任，猶負也。」而君有失厚之累，以失厚累盛名。於爲君擇無所取。爲君計，亦無取乎是也。《策》「擇」下有「之也」二字，「取」下有「之」字。國有封疆，「國」下《策》有「之」字。猶家之有垣墻，鮑本《國策》無「猶」字，姚本有。「墻」，鮑本作「牆」，姚作「墻」。案：墻乃牆之俗字，《説文·土部》：「垣，牆也，从土，亘聲。」段注云：「此言垣者牆也，渾言之；牆下曰垣蔽也，析言之，垣蔽者，牆又爲垣之蔽也。垣自其大者言之，牆自其高者言之。」案：段注云牆下曰垣蔽也者，申《説文·嗇部》牆字之訓也。《爾雅·釋宮》「牆謂之墉」。《釋名》曰：「牆，障也。」所以合好覆惡也。「覆」，《策》作「掩」。室不能相和，不能，猶不也。上章「不期年」《策》作「不能期年」，即其證。古語多以不能爲不，蓋古人語緩增字例，經傳中似此甚多。出訟鄰家，「訟」，《策》作「語」。《史記·樂毅傳》末載此書，寥寥數語，有云「室有語，不相盡，以告鄰里」，即二句之意。《正義》曰：「言家室有忿爭，不決，必告鄰里。今故以書相告也。」顧炎武曰：「謂一室之中，有不和之語，乃不自相規勸，而告之鄰里，此爲情之薄矣。《正義》謂必告者，非。」案：顧説是，如《正義》説，與下文寡人不爲君取之意戾矣。此盡字即上文其憂患之盡矣之盡，謂盡言忠告之也。同室人親，鄰里人疏，親者語不相盡，乃遠訴疏者乎。諭樂氏重臣，有言當盡以相告，不當弃疏遠之趙也，讀本文語意自明。未爲通計也；通計，通達之計。怨惡未見，而明弃之，未爲盡厚也。姚本《國策》無「爲」字，鮑本有。寡人雖不肖，《策》句末有「乎」字。未如殷紂之亂也；殷紂注見前。亂，暴亂也。君雖未得志，《策》「未」作「不」，「志」作「意」，句末有「乎」字。未如商容、箕子之累也。商容，殷賢臣，《漢表》列四等。《尚書大傳》曰：「武王入殷，封比干墓，表商容閭。商民曰：王之於賢也，死者猶封其墓，況生者乎；亡者猶表其閭，況存者乎。」《韓詩外傳》二曰：「商容嘗執羽籥，馮於馬徒，欲以化紂而不能。（化字今本作伐，誤。《史記·留侯世家》索隱、《通鑑》胡三省注引俱作化。王應麟《困學紀聞》引已作伐，疑後人據誤本《外傳》改之。全祖望《經史問答》云：商容仕於商朝，而欲伐紂，是何舉動，豈止於愚。韓嬰之言，適以污之，厚齋先生亦不審耳。孔疏止引《世紀》，正有斟酌也。案：全氏未知今本《外傳》之誤，故其言如此。不知《樂毅傳》云商容不達，卽不用之謂也；曰身辱，卽馮於馬徒也。曰以冀其變，謂欲紂變行以存邦，與上文以冀其聽，文誼相同，卽化紂之切證。下文接民志不入二子退隱云云，則化紂不能而卽引退，其閒必無欲伐紂之事明矣。燕王書以容、箕子並稱，謂二子皆切諫不內，行事相同，其欲化紂一也。故曰：紂負桀暴之累，二子不失忠聖之名。若容欲伐紂，紂廢之宜也，何負桀暴之累云，而容亦烏得爲忠臣哉。觀武王欲以爲三公，容猶不就，自以殷遺者，不肯臣周室，而謂忍伐殷乎。容欲化紂，僅見《外傳》，箕子之諫，則人所共知，此字一錯，容之德行沒矣。校勘之學之有關於論世者如此。）及武王克殷，立爲天子，欲以爲三公。商容辭曰：吾常馮於馬徒，欲以化紂而不能，愚也；不爭而隱，無勇也；愚且無勇，不足以備乎三公。」《尚書正義》引《帝王世紀》亦箸其事。《淮南子·繆稱訓》云：「老子學商容，見舌而知守柔矣。」注：「商容，神人也，吐舌示老子，老子知舌柔齒剛。」此事又見《文子·上德篇》、《説苑·敬慎篇》，並作常摐。常摐商容，音近易混。《漢志》有《常摐日月星气》二十一卷，師古注：「常摐，人姓名，老子師之。」《困學紀聞》以爲《淮南》，誤，當依《文子》、《説苑》。其實二字聲近通用，《淮南》之商容即常摐，别爲一人，與老子同時而較先，故許注以神人目之，以别於殷世之賢人也。（《淮南書》如《道應》、《詮言》、《兵畧》、《人間》、《要畧》、《泰族》、《繆稱》、《齊俗》八篇注，皆出許君手，近人考之甚詳。今本混合入高注中。）《禮記·樂記》「使之行商容而復其位」，鄭注以商容爲商禮樂之官，非人姓名。案：《大傳》存亡二字，别上文死生言，則亡乃逃亡之誼。（亡字從乚，本誼爲乚匿。）鄭意容既逃亡，則無復位之事。諸書多言表商容之閭，（惟東晉古文改表爲式，甚非。詳在十卷《漢三年章》注中。）亦不云其復位。且經文「使之行商容」，容乃容儀之稱，不容以商容賢人當之。故隨文爲訓，此注經之慎也。《吕氏春秋·審應覽》曰：「人主之無度者，無以知此，故商容以此窮。」亦謂馮於馬徒之事。以上皆商容事迹之可考者也。箕子，名胥餘。（見《莊子·大宗師》釋文，《文選·非有先生論》注引《尸子》。釋文又引或云，比干名。）紂太師，封於箕，故曰箕子。劉寶楠曰：「《左氏僖三十三年經》晉人敗狄于箕，注：太原陽邑縣有箕城。閻氏若璩《四書釋地》謂在今山西遼州榆社縣東南三十里，而《彙纂》謂在太谷縣東南三十五里，是榆次縣西。亦一邑兩載，皆在圻内，未知孰是。又《左傳》焚我箕郜，江氏永《春秋地理考實》謂今山西隰州蒲縣東北有箕城，當卽其地。然去朝歌甚遠，必非箕子所封邑也。」（《論語正義》二十一。）《宋世家》曰：「箕子諫，不聽，乃被髪佯狂爲奴。」是所謂累也。箕子葬梁國蒙縣北亳城西，見《水經·汳水注》。梁玉繩曰：「箕子居朝，何以冢在蒙亳，可疑也。」《漢表》列二等。梁氏又云：「《商書》、《左傳》、《論語》注疏，馬、鄭、王以箕子爲紂諸父，服、杜以爲紂庶兄。高誘注《吕子・必己、離謂、過理》等篇云紂諸父，而注《淮南・主術》云紂庶兄。考《商書》箕子呼微子爲王子，則箕子非王子矣，微子稱箕子爲父師，則箕子爲諸父矣。庶兄之解，殊非事實。」光瑛案：《宋世家》云：「箕子者，紂親戚也。」親戚卽諸父之稱，詳見一卷《祁奚章》注。史公從安國問故，此臨淮舊誼，當從之。《史記・惠王與樂閒書》，前半不叙，首卽云：「紂之時，箕子不用，犯諫不怠，以冀其聽。商容不達，身祇辱焉，以冀其變。及民志不入，獄囚自出，二子退隱。故紂負桀暴之累，二子不失忠聖之名。何者，其憂患之盡矣」，下始接入「今寡人雖愚，不若紂之暴也」云云，較有根據。本書及《國策》皆漏叙此數語，接箕子、商容，稍嫌突兀。且商容諫紂之事，各書失載，亦僅賴此數語表章之，似不可省也。然不内盡寡人，「盡」，《策》作「蓋」，「然」下有「則」字。鮑本有「蓋一作盡」四小字旁注。案作盡者，承憂患之盡及室有語不相盡等句來。然不内盡其忠，以告寡人也，《策》及本書漏敍數語，又無「室有語不相盡」之文，則盡字無根，故校者改作蓋，以爲形近而誤耳。蓋盡互混，見四卷《晉平公章》注。明怨於外，明播怨詞於外。《策》句首有「而」字。恐其適足以傷高義而薄於行也。「高義」，《策》作「於高」。非然，苟可以成君之高，明君之義，《策》「明君之義」句在前，「成君之高」在後。寡人雖惡名，不難受也。雖受惡名，而有益於君，亦所不辭，反見其毁人而無利於己也。《策》無「寡人」二字，「雖」下有「任」字。此數語正承上損人以自益，危人以要名來，可證危當讀毁。本以明寡人之薄，「本」下《策》有「欲」字。紹弼按：「以」下宋本有「爲」字，《策》同。而君不得厚，揚寡人之辱，「揚」，姚本《國策》作「楊」；「辱」，舊本作「毁」，今據《國策》改正。薄厚榮辱，相對成文，作毁無誼，與下文毁人句同誤。而君不得榮，所謂一舉而兩失也。言己人兩無所得。《策》「所謂」二字作「此」。義者不虧人以自益，「虧」，舊本作「毀」，此與上毀字同誤。虧與益相反爲誼，傷與損相同爲誼。《策》正作「虧」，今據改。況傷人以自損乎，傷人而又自損，卽所謂明人之薄，而己不得厚，揚人之辱，而己不得榮者也。傷，謂傷其令聞。願君無以寡人之不肖，《策》句首無「願」字。累往事之美。累，害也。往事之美，謂厚受德於先王以成尊也。昔者柳下季爲理於魯，「季」，《策》作「惠」，「理」作「吏」，無「爲」字。《論語·微子篇》曰：「柳下惠爲士師，三黜。人曰，子未可以去乎。曰，直道而事人，焉往而不三黜，枉道而事人，何必去父母之邦。」卽此事也。理者，治獄之官，謂士師也，作理爲長。《太平御覽》四百二引《論語》鄭注：「柳下惠，魯大夫，士師展禽也，其邑名柳下，謚曰惠。」《文選·陶徵士誄》注引文畧同，惟士師作大夫，邑名作食采。《淮南子·說林訓》注：「柳下惠，魯大夫展無駭之子，名獲，字禽，家有大柳樹，行惠德，因號柳下惠。一曰：柳下，邑。」劉寶楠曰：「《左傳·僖二十六年》疏：《魯語》展禽對臧文仲云，獲聞之。是其人氏展名獲，字禽，柳下爲邑名者。柳下若桑中棘下之類，其地今不可考。閻氏若璩《四書釋地》述《國策》顏斶言：秦攻齊，令有敢去柳下季壟五十步而樵采者，死不赦。古人多葬於食邑，壟所在，卽邑所在，則柳下自當在齊南魯北二國接壤處，昔爲魯地，後爲齊有也。惠爲謚者，《列女傳》柳下惠死，門人將謚之，妻曰，夫子之謚，宜爲惠乎，門人從以爲謚。是惠爲謚也。高誘以柳下爲號，趙岐《孟子·公孫丑篇》注同。以柳下號與晉陶潛號五柳先生同，（案：此劉氏釋高、趙注意，高、趙不得見陶潛也。）疑未必然。至惠之爲謚，明見《列女傳》，而亦以爲生前之號，（案：此言柳下是號耳，謚字連帶敍入，不必泥。）均與鄭異誼，非也。又高誘以柳下惠爲無駭之子，亦不知所本。」（《論語正義》十八。）案劉氏從鄭駁高、趙，互有是非。鄭以柳下爲邑名，恐有未確。（《廣韻》及《唐書·宰相表》從鄭說。）《路史》引《地理風俗記》云：「高城縣東北五十里有柳亭故縣，世謂辟亭，展禽邑也。」案《漢志》勃海郡有柳縣，應劭曰：「在高城縣東北五十里。」《寰宇記》「故城在鹽山縣東七十里。」今屬直隸天津府，此地距魯甚遠，惠食邑不應至是，《水經注》亦載此地，不云惠邑。羅泌之説最妄，不可據。《藝文類聚》十九引許慎注，亦以柳下爲所居地名。《莊子》釋文、《荀子·成相、大略》注並同。魯無柳下之邑，展季居士師末職，亦未必有食邑，則柳下是所居地無疑。《國策》有梧下先生，亦其類也。俞氏樾《湖樓筆談》謂以所居爲號，始於樗里、鬼谷，失之。《春秋釋例·世族譜》云：「展氏，司空無駭公子展之孫，魯公族夷伯，展氏祖父。展禽食邑柳下。」《隱公八年左傳》云：「無駭卒，公命以字爲展氏。」杜注：「無駭，公子展之孫，故爲展氏。」《僖公十五年傳》曰：「震夷伯之廟。」注云：「夷伯，展氏祖父。」《二十六年傳》曰：「公使展喜犒師，使受命於展禽。」注曰柳下惠。《國語·魯語》「臧文仲欲以辭告於展禽，對曰，獲聞之。」韋注：「展禽，魯大夫展無駭之後柳下惠也，字季禽，獲，展禽之名也。」以上皆展氏爲魯公族大夫之證。《魯語》「文仲聞柳下季之言」，注：「柳下，展禽之邑；季，字也。」説與鄭同。《莊子·盜跖篇》「孔子與柳下季友」，《齊策》「敢有去柳下季壟五十步而樵采者」，皆稱季，則季爲字也。高誘以爲字禽，古人常有二字，柳下惠字季，又字禽，故韋昭兼言之曰字季禽也。孔穎達《左傳正義》云：「季是五十字，禽是四十字。」此其明證。孔氏言之鑿鑿，且能斷定四十五十之年限，必有所本，惜今不可考耳。趙岐以禽爲柳下之名，其説獨異於諸儒，未免好怪，今不取。《漢表》無柳下，馬驌《繹史》補在三等。錢氏大昕云：「此必刊本脱漏，孟堅最尊信《論語》，二十篇中所載人物，畧無遺闕，豈有獨遺柳下之理。《表》中漏落甚多，因不敢以意增補，若柳下，則可信其必在第二等，以微箕三仁例之，可弗疑也。」三絀，「絀」，《策》作「黜」，與《論語》同。此作絀者，古書多叚絀詘爲黜。《説文·黑部》：「黜，貶下也，从黑，出聲。」《糸部》：「絀，絳也，从糸，出聲。」黜爲正字，絀叚借字，今人多以絀爲黜，而絀之本誼廢矣。《荀子・不苟篇》「不能則恭敬縛絀以畏事人」，注：「絀與黜同。」《書・舜典》「黜陟幽明」，《史記・五帝本紀》作「絀陟遠近」。《詩・有客》箋：「成王既絀殷命。」釋文：「絀本作黜。」《左傳・僖二十三年》注：「絀稱伯。」釋文：「本又作黜稱伯。」《穀梁・莊二十七年》注：「時王所絀也。」釋文：「本亦作黜也。」皆絀黜通用之證。《莊子・徐無鬼》釋文：「黜，司馬本作咄，本又作出。」蓋諸字皆以出爲聲，故互相通也。三絀猶數黜。汪氏中《述學・釋三九》云：「一奇二偶，一二不可以爲數，二乘一爲三，三者，數之成也。積而至十，復歸於一，十不可以爲數，九者，數之終也。凡一二所不能盡者，則以三爲之節，如三加、三推之屬是。三所不能盡者，則以九爲之節，如九章、九命之屬是。此制度之實數也。因而生人之措詞，凡一二所不能盡者，則約之三以見其多，三之所不能盡者，則約之九以見其極多。此言語之虚數也，實數可稽，虚數不可稽。《易》近利市三倍，《詩》如賈三倍，《論語》焉往而不三黜，《春秋傳》三折肱知爲良醫，（原注：《楚辭》作九折肱。）此不必限以三也。《論語》三思而後行，三嗅而作，《孟子》三咽，此不可知其爲三也。《論語》三仕三已，《史記》管仲三仕三見逐於君，三戰三走，田忌三戰三勝，范蠡三致千金，此不必果爲三也。《楚辭》雖九死其猶未悔，此不能有九也。《詩》九十其儀，《史記》若九牛亡一毛，腸一日而九迴，此不必限以九也。《孫子》善守者藏於九地之下，善攻者動於九天之上，此不可以言九也。故知三九皆虚數也，學古者通其語言，則不膠其文字矣。」案：汪説甚通，故詳録以諗學者，舉一反三，可自得之。而不去。不忍去父母之國。或曰：《策》作「或謂之曰」。可以去矣。《策》無「矣」字。柳下季曰：「季」，《策》作「惠」。苟與人異，苟猶若也，讀如《易》「苟非其人」。異，謂行事剛直，殊乎流俗也。《策》「人」下有「之」字。惡往而不絀乎，言安所適而不遭棄也。《論語》作「直道而事人，焉往而不三黜」，即此意。「絀」，《論語》、《國策》作「黜」。三是虛數，故此不言三也。猶且絀也，且，將也。「絀」，《策》作「黜」；「也」，《策》作「乎」。王引之曰：「猶，均也，物相若則均。猶訓若，故亦有均誼。《左氏襄十年傳》猶將退也，謂均將退。《論語》猶之與人，謂均之與人。此猶且黜，謂均將黜也。」案：王説是。寧故國耳。寧，願詞也。《策》「故」上有「於」字。柳下季不以絀自累，「絀」，《策》作「黜」，上有「三」字。言不以絀故累其心。故自前業不忘；《策》無「自」字。盧文弨曰：「此字衍。」案有自字亦可。業與葉同，《詩・長發》「昔在中葉」，傳：「葉，世也。」《文選》陸士衡《文賦》「俯貽則於來葉」，注同。「葉業音近通用。」前業不忘，猶《詩》云「前王不忘」也。一曰：業，事也。謂前事爲人所稱誦，不忘於時也。不以去爲心，故遠近無議。遠世近世，無或非議之。寡人之罪，國人不知，《策》句首有「今」字，「不」作「未」。此言國人不知，益徵上文作莫不知莫不聞之誤。而議寡人者偏天下。舊本奪「偏」字。盧文弨曰：「當從《策》補。」案《策》作「遍」，俗，當作偏。《説文・彳部》：「偏，帀也。」《廣韻》始收遍字。此言寡人之罪，國人不知，而天下偏議之，明是毅在外，出怨言以揚其過也。可知上文百姓弗聞之誼。而鮑注謂雖無出之趙，以明有怨於我，人亦知之。其説與此處語意違隔，前謂當據本書訂《策》誤者以此。偏字奪去，不成文誼，今從盧説據《策》補，而正其字作偏。紹弼案：元至正本正作「偏」。諺曰：諺誼解見上。《策》「諺」作「語」。仁不輕絶，疑當作仁不絶利，始與下句相配，於下文簡棄大功，輕絶厚利等句，意亦相貫。今作輕絶，蓋涉上文仁不輕絶，及下輕絶厚利而誤。《國策》亦同。以文法論，一書中兩見此諺，亦嫌重疊，但相承已久，各本俱同，未敢肊改，姑附著所見於此。知不簡功。《策》「曰」字下有「論不脩心，議不累物」二句，「知」作「智」。（當作智爲正。）鮑注曰：「簡與附反，猶棄也。」案：鮑注是，簡功，謂輕棄前日之功也。**簡棄大功者仇也，**舊本作「簡功棄大」，茲從《策》乙正，始與下句相配。姚本《國策》奪「簡」字，則句法參差矣。「仇」，《策》作「輟」，其誼未詳。鮑注云止也，亦非。此恐誤字，依本書作「仇」爲是。凡二書參校，必互有是非，平心折衷，以求其是，則得之矣。**輕絶厚利者怨也；**以有怨，故寧棄厚利而不悔也。**仇而弃之，**「弃」，本作「棄」，今依宋本。「仇」，《策》作「輟」。**怨而累之，**累，謂使任不肖之罪，及議者偏天下也。**宜在遠者，**疏遠之臣，或宜有此。**不望之乎君。**君乃先王親信之臣，如此，則非所望也。句末《策》有「也」字。**今寡人無罪，**「今」下《策》有「以」字。**君豈怨之乎。願君捐忿和怒，**「捐」，舊本作「損」，形近而誤。宋本、嘉靖本、鐵華館本俱作「捐」，《策》亦作「捐」，今據改正。古書捐損互誤者甚多，《後漢書・王符傳》「消損白日」注：「損或作捐。」（案王符《潛夫論》捐損互誤者，有數處。）同卷《鄒陽章》捐子之之心句，官本《漢書》作捐，他本作損，是二字相混之證。捐，棄也。和，平也。棄其忿心，平其怒氣，所以遠怨也。《策》無「和怒」二字。**追順先王，**順，循也，承也，謂循承先王之緒。一曰：順，愛也。《孟子・萬章篇》「爲不順於父母」，趙注：「順，愛也。」追愛先王，推愛以復教寡人也，亦通，惟不如第一說。一曰：順當作顧，字之誤也。顧訓念，《策》此字作「惟」，亦思念之誼，與下不顧先王句相對。案：作順文誼自明，不煩改字。**以復教寡人。**「以復」二字，《策》互倒。**意君曰：**舊本作「寡人意君之曰」。案《策》不重「寡人」，亦無「之」字。盧文弨曰：「意讀與抑同，《策》作抑君曰。」今考《國策》姚本、吳本、鮑本均仍作意，不作抑，盧所據不知何本。意抑聲轉誼通，王念孫《讀史記雜志》三之四、三之五，王引之《經義述聞》、《經傳釋詞》、武億《羣經義證》七、徐養原《論語魯讀考》、黄以周《經說畧》一、孫詒讓《墨子閒詁》四諸書，於意、抑、噫、億、懿五字關通之說，考之郅詳。（余案：亦字亦有此訓，《韓非子·難二篇》亦有君之不能耳，本書二卷《燕相章》亦有君之不能養士，皆與抑同誼，互見二卷注。）其他散見前人經說引證者甚多，茲不複舉。舊本「寡人」二字，涉上文衍，如盧說，當刪。「之」字亦當刪。今據《燕策》折衷盧說，祇存意君曰三字。舊本文誼難解，仍存注中，以備識者參究。凡此書改舊本處皆如此，不但此處然也。鮑注訓意爲意度，非是。余將快心以成而過，「將快」，《策》作「且慝」。案：且，猶將也。（注見前。）慝字無誼，當作㥷。《說文·心部》：「㥷，快也。」《國策》載樂毅報書云「先王以爲㥷其志」，與此誼同，㥷與慝形似而譌。本書於此㥷字，及毅書㥷字，俱改作快，觀彼可以證此。鮑注云：「待之以不善之心。」是訓慝爲惡，以傅會其說，今不取。《小爾雅·廣詁》：「而，汝也。」此訓經傳習見。不顧先王，以明而惡。《詩·商頌·那篇》「顧予烝嘗」，鄭箋：「顧，猶念也。」上文今君厚受德於先王以成尊，輕棄寡人以快心，與此文誼正相應。使寡人進不得脩功，「脩功」，舊本作「循初」，今據《策》改。二字形近易誤，然文誼兩通，功與過對較優。且循初不過遵循成憲，無所謂進也。循脩古書互混甚多，《易·繫辭》傳：「損，德之脩也。」釋文：「脩，馬作循。」《莊子·大宗師篇》「以德爲循」，釋文：「循，本作脩。」《史記·平津侯主父偃列傳》「夫上不觀虞夏殷周之統，而下脩近世之失」，《漢書》脩作循。又下文「秦不行是風，而脩其故俗」，《漢書》脩亦作循。《曆志》「朕唯未能循明也」，《漢書》循作脩。（以上《史》、《漢》異文，皆以《漢書》爲長。）其他見於經子百家書，互誤者不可勝數。《金石銘》曰「《後漢·百官志》注：河南尹官屬有循行一百三十人」，而《晉書·職官志》「縣吏皆有循行」。《漢景君碑》陰，載故吏都昌台邱暹而下十九人，皆作脩行，他漢晉碑多有之，亦與此碑陰同。豈循脩二字相近，故致譌謬邪。《隸續》曰：「脩循二字，隸法止爭一畫，書碑者好奇，所以從省借用。」觀洪氏此論，可知二字互混之由矣。退不得變過，變，更也。《策》作

「改」，誼同。《論語》曰：「過則勿憚改。」此君所制，《策》作「君之所揣也」，鮑注：「言閒量我也。」案鮑説非，揣乃制之誤，曾本《國策》作剬可證，剬又制之誤。言肯教寡人與否，皆在乎君，故曰此君所制也。《越絶書·外傳》記吳王占夢云：「闔廬口剬子胥之教。」孫氏詒讓《禮札移》云：「剬與制同。《史記·五帝本紀》依鬼神以制義，《正義》本制作剬，云剬古制字。（原注：剬卽制之譌體。《説文·刀部》别有剬字，云斷齊也，从刀，耑聲。與此字異，張説未審。）」案張守節以剬爲制之古字，非，孫氏駁之是矣。古書制字多譌爲剬。《文心雕龍·原道篇》「剬詩緝頌」，又《宗經篇》「據事剬範」，剬皆當作制。《齊策》「夫剬楚者王也」。《淮南·主術訓》「其立君也，所以剬有司，使無專行也」，兩剬字亦當作制。或謂剬有制誼，亦非也。篆文制字作㓡，隸作制，形與剬相似，（今隸楷亦相似。）故易溷耳。若《策》之作「揣」，則緟紕貤繆，岐中又岐者，幸有本書可校正爾。唯君圖之。此寡人之愚志，「志」，《策》作「意」，句末有「也」字。敬以書謁之。」謁，問也。（已見上注。）《策》、《史》並以此爲燕王喜與樂閒書，獨本書以爲惠王與毅。吳師道云：「考毅答惠王書云：今足下使人數之以罪。而《史》所載惠王讓毅，無數罪之語，前章燕王讓毅書云云，當是此章之首，蓋錯簡也。且《策》以此爲與樂閒書，而末云閒，乘怨不用其計，於乘何與。《史·趙世家》：孝成王十五年，廉頗殺栗腹，虜慶秦、樂閒。則是閒爲將而被虜。《燕世家》則云奔趙。又趙孝成王十六年，廉頗圍燕，以樂乘爲武襄君。二十一年，孝成王卒，廉頗將兵攻繁陽，取之，使樂乘代之，頗攻乘，乘走。據《策》、《史》所記多舛，故知此書非樂閒事。而《新序》之説爲是云。」馬氏《繹史》曰：「《史記》、《國策》以爲燕王喜與樂閒。案二書往復辭旨，頗相酬答，當以《新序》爲是。」梁氏玉繩《史記志疑》曰：「《日知録》稱燕王遺樂閒書卽樂毅事，傳者誤以爲其子，然《史》、《策》書辭既殊，而《策》復有留趙不報之言。余疑燕惠遺毅，燕喜遺閒，或係二事，未可並而爲一。蓋《國策》不載遺閒書，止載遺毅書，而誤分爲兩章。《史》又止載前半，截去寡人不佞以下。其實書辭條暢婉麗，不可刪也。此百餘字，當是喜遺閒書，但文雖別而意則同，豈古之視草者，亦襲舊謂乎。」案：據《趙世家》，閒兵敗被虜，則非怨燕王而去，固無致書之理。即信《燕世家》奔趙之説，亦不過因燕王不用其言，且其父在趙，故往依之，非有深怨，何至如書詞所云，明怨於外，致譏者偏天下之甚乎。書又言厚受德於先王以成尊，又曰君於先王世所明知，非毅孰當此語。閒雖受封，然襲父爵耳。惠王因樂毅之書，赦其罪而復其爵，初非大用，何言成尊與厚受德，又何足動世人之耳目乎。書又云簡棄大功者，仇也。毅光復全燕，破齊七十餘城，威震天下，故曰大功。若閒之於燕，有何功乎。書又有室不相和，明語於外等語，明指惠王爲太子時不快於毅，及即位聽讒之事。閒之於喜，不過言不見用，何不和之可言。且書中屢稱先王，與毅答書事必舉先王相同，馬氏所謂相酬答者以此。統上數端言之，不待外求，即本書中之言，已可決其爲遺樂毅之詞，非閒也。中壘博極羣書，（《漢書·司馬遷傳》贊語。）《戰國策》乃其手校，又稱遷有良史才，豈於二書絶無聞見，而敢於立異，此必有説矣。至吳氏謂前章數語，是此書之首，則非。此書首尾完具，加入前章，成何文體，或者先後有二書耳。觀書首云敢諷其願，而君弗肯聽，故使使者陳愚志。是此書之前，先有一書明矣。《史》分爲二，其一即前書，非刪也。梁氏謂惠王遺毅書，王喜遺閒書，分爲二事；又以此書屬之於毅，謂《史》所載與閒書意與此書同，爲視草者襲舊謂。其説穿鑿無理，今不取。鮑彪謂書辭條達明麗，天下之至文也。

6 **樂毅使人獻書燕王曰**：各本俱連上爲一章，宋本提行。盧文弨曰：「當提行，燕王上一本有報字。」案：二書相承，不提行亦可，但今以宋本爲主，自當從之。又宋本「燕王」下注「一有報字」四字，各本皆同此注，依盧説，當在「燕王」二字上，今注在「燕王」下，則似一本從「燕王」爲句，「報曰」自爲一句矣。依文誼，當從盧説爲長，《國策》正作「獻書報燕王」可證也。然嘉靖本有報字，繫在曰字上，則正與注合，又删去其小注。蓋傳刻時不審注誤，又以意增删之也。此書前人謂次宋本一等，而謬妄如此，明刻書所以不可信也。今從宋本，以旁注改存注中，並箸其得失於此。「臣不肖，《燕策》及《史記·樂毅傳》「肖」作「佞」，下並同。不能奉承王命，《策》作「不能奉承先王之教」，此與《史》同。依《策》則謂昭王，此及《史》稱王，則指惠王矣，文誼兩通。奉承二字始見此，今人以爲諂諛之稱，誤也。以順左右之心，左右，謂近侍嬖倖之徒，構造讒言者，燕王書云左右誤寡人是也。恐抵斧鉞之罪，抵，當也。鉞當作戉，《説文·戉部》：「戉，大斧也。」經傳相承用鉞字。《燕策》作「質」，今亦相承用鑕矣。鈇鑕，腰斬之刑。古書多與斧鉞連合用之，詳見《節士篇·蘇武章》注。《史記》無此句，蓋偶脱耳。無此句，則下文「傷先王之明，害足下之義」等句，俱無所承。以傷先王之明，伏法而死，死離罪名，是損先王知人之明也。《史》「以」作「恐」。有害足下之義，有讀爲又，連上句讀。言既傷先王之明，而又害足下之義也。《策》作「而」，亦連上爲誼。有又通用，經典習見，王氏《釋詞》舉之詳矣。害義者，謂無罪見殺，人將謂惠王不能容父之臣，是損害其義也。故遁逃奔趙。「奔趙」二字各本俱奪，今據《燕策》補，文誼始足。《史》「奔」字作「走」。自負以不肖之罪，鮑注《國策》云：「負，言荷罪在身。」而不敢有辭説。《史》無此二句。《策》「而」作「故」，「有」作「爲」。古有爲二字誼同，有同敍一事，此書作爲，而彼書作有者；有前作有，而後作爲者。詳見王引之《經傳釋詞》爲有二字下。俞樾曰：「《論語》臧武仲以防求爲後於魯，謂求有後於魯也。」不敢辭説，言不敢申辯無罪。今王數之以罪，「今王」下《策》有「使使者」三字。《史》作「今足下使人數之以罪」。臣恐侍御者不察先王所以畜幸臣之理，侍御者斥惠王，謙言之，猶敢告僕夫之誼，下同。《策》「者」下有「之」字。舊本無「幸」字，今依《策》、《史》補。鮑注：「畜，養也。」幸，親愛之，此字不可省。不白乎臣之所以事先王之心，《策》句首有「而又」二字，「乎」作「於」。鮑注：「白，猶明也。」《史》句首有「又」字，無「乎」字。故不敢不以書對。《策》、《史》無二「不」字。

臣聞賢聖之君，不以祿私親，功多者授之；不以官隨愛，而當者處之。祿所以賞有功，不私其所親暱；官所以處賢能，不隨其所私愛。《荀子・儒效篇》：「故明主譎德而序位，所以爲不亂也；忠臣誠能然後敢受職，所以爲不窮也。」與此義通。隨，謂從而予之；當，謂才副其職也。《史》「私親」下作「其功多者賞之，其能當者處之」，無「不以官隨愛」句，此奪文耳。祿可言賞，不可言處，況四語整列，文誼甚明，宜據本書補正。《策》「私」下「隨」下均有「其」字，「而」作「能」，即近人日紐歸泥之説。各本多作「能」，宋本、嘉靖本、鐵華館本並作「而」。而能古字通用，詳見《經傳釋詞》。盧文弨曰：「作能，後人所改也。《禮運》正義謂《説苑》能字皆作而，今《説苑》書中不見有能字作而者，亦皆爲後人改之。《論衡・福虛》云：如在户，則宜高其户，誰而及之者。此則古書改之未盡者。」（《龍城札記》卷二。）案：盧説是。本章能字作而，同卷《鄒陽章》而字作能，凡兩見。孔疏稱《説苑》，殆即本書。先儒每以二書互溷稱之，《列女傳》亦然。（詳《刺奢篇》注。）盧未知《説苑》即本書，故正之。（《韓非子・六反》云：人主挾大利以聽治，故其任官者當能。又云：臣挾大利以從事，故其行危至死，其力盡而不望。即此誼。）凡古書多經淺人妄改，幸有一二改存者，俗儒不知其誼，反或改從俗本以就之，古書所以日失真也。故察能而授官者，舊本「故」下有「曰」字，當衍，今從《策》、《史》刪。察，考察也。成功之君也；任官惟能，則舉事足以成功。論行而結交者，立名之士也。先論其君之行誼如何，而後締交，則無凶終隙末之患。彼此相倚，如臂指然，故功名可立也。臣以所學觀先王舉措，措與錯同。《説文・手部》：「措，置也。」《論語・爲政篇》集解引包注：「錯，置也。」《策》亦作「錯」。《論語》釋文：「錯，鄭本作措。」《漢費鳳碑》「舉直措枉」，與鄭本合。蓋措正字，錯叚借字。鄭注：「措，猶投也。」投亦置之誼。《廣雅・釋器》「鋁謂之錯」，誼別。《策》「學」下有「者」字，「觀」下、「先王」下並有「之」字。《史》作「臣竊觀先王之舉也」。有高世主之心，有高出世上人主之心。《策》無「主」字。《史》句首有「見」字。《正義》云：「樂毅見燕昭王有自高尊世上人主之心，故假魏節使燕。」故假節於魏，以身得察於燕。假，借也。節當作卪。節，竹節字。（引申爲節儉節義。）《説文・卪部》：「卪，瑞信也，守邦國者用玉卪，守都鄙者用角卪，使山邦者用虎卪，土邦者用人卪，澤邦者用龍卪，門關者用符卪，貨賄用璽卪，道路用旌卪，象相合之形。」《周禮・典瑞》注云：「瑞，節信也。」《掌節》注：「節，猶信也，行者所執之信。邦節者，珍圭、牙璋、穀圭、琬圭、琰圭也。」假者，本非出使，而借事使燕，以察昭王之賢否。行者必以節，故曰假節也。《吕氏春秋・首時篇》：「往見楚王，説之，與將軍之節，以如秦也。」即此假節之意。上文言先王舉措有高世主之心，第以所學窺之，非身親察，不審然否，故復叚節而往察之也。鮑彪云：「戰國時，諸侯不通出關，則節傳之，故上言毅自魏往見王。」王念孫曰：「察讀爲交際之際，際，接也。（原注：見《爾雅》及《左傳・昭四年》注、《孟子・萬章篇》注。）言叚魏節使於燕，而以身得接見先王也。際察同聲通用，《淮南・原道篇》施四海，際天地，《文子・道原篇》作施於四海，察於天地。」（見《讀書雜志》三之四。）案：察字對上文觀字言，觀淺而察深，故《論語》言觀所由察所安，以淺深次第爲誼。《爾雅・釋詁》：「察，審也。」《説文・宀部》：「察，覆審也。」《吕氏・恃君篇》「忠臣恃於得察」，注：「察，知也。」審而後知，此其誼也。《策》、《史》上文作「竊觀」，意尤銜接。又《吕氏・慎大覽》:「湯告伊尹曰,若告我曠夏盡如詩,伊尹又復往視曠夏。」注:「曠,察也。」此察燕與曠夏同誼,如王說轉迂。**先王過舉,**句絶。猶今人言謬引也。或連下「擢之賓客之中」爲一句,然下文二句整對,且「擢」字《史》作「廁」,如何可連,斯無理矣。**擢之賓客之中,立之羣臣之上,**「擢」,《史》作「廁」。《策》二句之下有「乎」字,「立之」上有「而」字。《説文・手部》:「擢,引也。」《廣雅・釋詁》:「擢,拔也。」《方言》三、《莊子・駢拇》釋文引司馬注同。擢有引拔之誼,《小爾雅・廣物》「拔根曰擢」。立讀爲位,古字通借。《論語・衛靈公篇》「知柳下惠之賢而不與立也」,俞氏樾《羣經平議》云:「立當讀爲位。《周官・小宗伯》掌建國之神位,注:故書位作立,立讀爲位。古者立位同字,古文《春秋經》公即位爲公即立。然則不與立即不與位,言知柳下惠之賢,而不與之禄位也。」案:俞説亦是,立即位字省借,此立字正當讀位。擢之賓客之中,立之羣臣之上。二句平列,非串説。擢之賓客之中,謂擢拔之,以賓禮相待,不等於外臣。立之羣臣之上,謂尊寵之,使殊異於羣臣也。若謂在衆賓客中拔之,使立羣臣之右,便失語意,觀《史記》擢作廁可見。(廁,猶列也。列賓客之中,立羣臣之上,二句對舉,皆言優遇之事。第二之字下有乎字,其誼尤明。)《樂毅傳》云:「於是爲魏昭王使於燕,燕王以客禮待之。」此所謂擢之賓客之中。又云:「樂毅辭讓,遂委質爲臣,燕昭王以爲亞卿。」即所謂立之羣臣之上也。《史》文明析如此,後人猶或誤解何邪。**不謀父兄,**《孟子・滕文公篇》「父兄百官皆不欲」,趙岐注:「父兄百官,滕之同姓異姓諸臣也。」趙意謂父兄同姓,百官異姓,是父兄指同姓宗卿。《史記正義》引杜預云:「父兄,同姓羣臣。」是也。謀,咨詢也。《國語・魯語》「咨事爲謀」。《燕策》「謀」下有「於」字,言親臣尚不與謀,見任毅出昭王獨斷。所以然者,恐親臣或疑毅疏遠新附,意圖阻撓,拒之,則傷親親之誼故也。**以爲亞卿。**《左氏文六年傳》「爲亞卿焉」，杜注：「亞，次也。」《策》作「而使臣爲亞卿」。臣自以爲奉令承教，「臣」下《史》有「竊不自知」四字。可幸無罪，故受命而不辭。自審才力足以勝任，故不辭也。奉令承教，謂循文書行故事而已。無罪而曰幸，皆謙也。《策》「可」下有「以」字，「罪」下有「矣」字。《史記》「命」作「令」。先王命臣曰：「臣」，《策》、《史》作「之」。我有積怨深怒於齊，不量輕弱，積，蓄；量，度也。輕弱，諭力。欲以齊爲事。事，兵事也，言欲伐齊。《左氏襄二年傳》曰：「若不得請，事將在齊。」杜注：「將伐齊。」《昭十七年傳》：「晉侯使屠蒯如周，請有事於雒與三塗。萇弘謂劉子曰，客容猛，非祭也，其伐戎乎。」古者國之大事，在祀與戎，（見《成十三年左傳》。）故二者並得稱事。《策》、《史》句首俱有「而」字。臣對曰：夫齊者，霸王之餘業，戰勝之遺事，言齊伯王之後，以往事徵之，戰常決勝。《策》、《史》無「者」字，「王」俱作「國」，句末並有「也」字。「業」，《策》作「教」。「戰」，《策》作「驟」，《史》作「最」。王念孫曰：「最當爲冣，字之誤也。冣與驟同，即古聚字。《周官・獸醫》注：趨聚之節。釋文：聚本亦作驟。驟聚取三字，古聲並相近，故驟亦通作冣。驟勝者，數勝也。齊嘗破燕滅宋，取楚之淮北，故曰驟勝之遺事。《燕策》正作驟勝。」（《讀書雜志》三之四。）案：驟從聚聲，聚最冣並從取聲，古字皆通用。《小爾雅・廣詁》：「最，叢也。」誼亦與聚近，驟最冣俱一音之轉，經典冣字，多叚最爲之，最非誤字明矣。閑於兵革，「閑」，《史》作「練」。《革》，《策》、《史》作「甲」。閑者，嫺之借字，嫺，習也。《說文・女部》：「嫺，雅也。」段注：「嫺雅，今所謂嫺習也，古多借閒爲之，習則能暇，故其字从閒。」案：古書嫺習字多叚作閒，或作閑。閑於兵革，謂常戰鬬，習兵革之事也。或疑兵革不可云閑，《廣雅・釋訓》「閑閑，盛也」，言兵甲盛多，其說過泥。習兵革，謂習其事，非與兵革習，古書句法類是者多矣。若訓盛，則《史》文作練，又將何解。練者練習其事，與閑字異誼同。惟閒習同訓，故下句變文爲對，詞意顯明，不必繙新立異。習於戰攻，貫孰攻戰之事。閑兵革，習戰攻，皆伯王之後，屢勝使然。王若欲攻之，「攻」，《史》作「伐」。必與天下圖之，《策》句首有「則」字，「與」作「舉」，「圖」上有「而」字。案：舉從與聲，古字通用。《易·象上》傳「物與无妄」，虞翻注：「與，舉也。」《楚辭》「舉世皆然兮」，王逸注：「舉，與也。」二字聲誼皆近，《策》文以「而」字遞落，則作舉者正字，作與者省借字。舉天下而圖之，謂盡天下之力，合共謀之。與天下圖之，舊本無「與天下」三字。案：《策》複文作「舉天下而圖之」，《史》亦複「與天下」三字。蓋此句複舉，重在上三字，不重在「圖之」二字。言天下之大，欲與共伐齊，從何處著手，然後落出下意云莫若先結趙，是三字萬不可省。古人遇疊句多作兩點，傳寫者以爲祗疊二字，故僅存「圖之」二字，而不知其文誼不完也。今依《史記》補三字。莫若徑結趙。《策》作「莫徑於結趙矣」，《史》作「莫若結於趙」。此言舉天下以圖之，則以結趙爲最先務也。徑有先捷之義，如徑行徑直，皆有先字意味。本書作「莫若徑結趙」，猶莫若先結趙也，與《策》文意大同。且淮北宋地，「且」下《策》、《史》俱有「又」字。鮑注《國策》云：「楚欲得淮北，魏欲得宋，時皆屬齊。」案：淮北謂徐、泗等州。顧祖禹云：「自沂、兗以南，古所稱淮北地也。」程恩澤曰：「《宋世家》王偃四十七年，（原注：《年表》止四十三年，《通鑑》同。）齊與楚魏滅之，（原注：《通鑑》齊獨滅之。）三分其地。或云齊得其濟陰、東平，魏得其梁、陳留，楚得其沛，恐未必然。濟陰、東平本齊地、何待滅宋始得之。是時齊主兵，疑沛、梁、陳留，亦必有剖分而食者，故楚、魏欲得而甘心耳。《田完世家》齊遂伐宋，宋王出亡，死於温，齊南割楚之淮北，西侵三晉，欲以并周室，爲天子。則楚、魏之地，齊尚奪之，又何有於宋地哉。」（《國策地名考》卷五。）又曰：「張氏琦曰：宋地自今河南歸德府以東，江蘇之徐州府，安徽宿亳二州，北有山東曹州府之菏澤、曹縣、定陶、單縣、城武、鉅野，濟甯之金鄉、魚臺皆是。恩澤案：今河南府商丘縣，其故都也。」（《地名考》卷十五。）梁玉繩曰：「湣王滅宋，未嘗與楚、魏共伐而三分其地，《六國表》及各世家俱不書，惟《宋世家》有之。《大事記》以爲魏得其梁、陳留，齊得其濟陰、東平，楚得其沛，蓋據此也。《國策》吳注曾論之云：蘇代説燕曰：齊王南攻楚，西困秦，又以其餘兵舉五千乘之勁宋。説秦曰：齊強，輔之以宋，楚、魏必恐。使當時齊與楚、魏合，其言豈若是乎。《史》稱齊既滅宋，南割楚之淮北，西侵三晉，是其乘滅宋之強，並奪楚、魏地，而謂與之分宋地，豈其實哉。樂毅勸燕昭王約趙、楚、魏伐齊曰：攻齊莫若結趙，又淮北宋地，楚、魏之所欲。《年表》書楚、趙取齊淮北。則楚、魏分地，當是樂毅破齊後事，此論甚確。或問《田完世家》載齊伐宋，蘇代爲齊説秦王語，實襲《國策》韓人攻宋一章，史公改韓作齊，未知何據，竊意偕齊滅宋者，非楚、魏，乃韓耳。余謂不然，韓伐宋分地，《史》無明文。（案：《田完世家》有西侵三晉之文，則韓亦在其内。如與齊伐宋，齊何故反侵之，此説之誤明矣。）《趙策》：韓珉處趙，去齊三千里，魏疑齊有秦私。蘇代説奉陽君曰：秦内韓珉于齊。又曰：東勉齊王，必無召珉。而《韓策》有韓珉相齊之語，蓋韓珉爲齊伐宋也。《國策》首句韓人，即珉之譌。（案此疑唐人避諱，改民爲人，傳刻者因仍不改耳。）斯亦吳氏所辨，史公改韓作齊，決非無據，惟以珉作聶，疑有二名。又考《秦紀》、《年表》及魏、田完兩《世家》，言王偃出亡，死於温，（原注：《策》言逃倪侯之館，得病而死，蓋館即在温地也。）則《宋世家》云殺王偃，誤。而温爲魏地，若魏、梁同伐，何以反走於温，此又魏不與齊伐宋之一驗。」（《史記志疑》卷二十一。）案：程、梁諸人辨分地及共滅宋之非，其説確鑿，足正呂氏之誤。（謂《大事記》。）司馬温公作《通鑑》，書齊獨滅宋，蓋早已見及此。涑水學識，非東萊所及也。齊滅宋，乘勝侵楚、魏，故楚、魏根之。毅言淮北宋地，楚、魏所同欲，正以固有疆土，欲復得而復之故耳。楚

魏之願也。《策》「之」下有「所同」二字，《史》作「所欲」，無「願」字。願欲誼同，一聲之轉。言燕仗義執言，返楚、魏被侵之地，二國必樂從。**趙若許，約楚魏盡力，四國攻之，**《國策》姚本「魏」下有「宋」字，此涉上宋地而衍。毅意蓋以取齊所得宋地，分與楚、魏，此時宋滅久矣，安得數宋入四國中。四國者，并燕言之也。約者，謂破齊後，予二國以淮北宋地也。多一宋字，與前文意都不貫，當依本書訂正。鮑本作「楚、趙、宋盡力」，注云：「宋雖已舉，其遺民怨之。」尤誤。正文易魏爲趙，亦不可通。金氏正煒《戰國策補釋》云：「此文當以趙若許約爲句，舊讀蓋誤。」不知約是與楚、魏訂分淮北宋地，非與趙約也。《史記》作「趙若許而約四國攻之」，無「楚魏盡力」句，則當從許字絕句，明矣。或有連下至盡力爲一句者，亦非。上《燕易王章》云與秦、楚、三晉合謀以伐齊，此不及秦、韓者，或當時定謀，止約四國，後乃更合秦、韓耳。《樂毅傳》云令趙啗秦以伐齊之利，是其事也。**齊可大破也。先王曰：善。**各本奪「先」字，盧文弨據《國策》補，是也。上下文屢稱先王，此句不得獨異，明是奪文。今從盧說補。《史》作「先王以爲然」，亦有先字可證。**臣乃受命具符節，南使趙，**具，備也。符節注見上。《策》作「臣乃口受令，具符節，南使臣於趙」，《史》作「具符節，南使臣於趙」，無「受命」句。金氏正煒《戰國策補釋》云：「口當爲躬，古書躬作躳，因缺損爲口。《儀禮·士昏禮》已躳命之，注：躳，猶親也。或本作口，闕文之識也。《周書·周祝篇》萬民之患在口言，注：人以口言受患。王念孫《雜志》以□爲闕文，古書往往誤□爲口，此其類也。南使下臣字疑衍，《策》與《史》文不盡同，《史》無臣乃受命句，故宜有臣字。」案：金氏釋□爲躳之闕文，其説無據。謂下臣字爲衍文，不如謂句首臣字爲衍之當。蓋受與授通，乃口受令具符節，皆指昭王説，故接云南使臣於趙。後人據本書加臣字於首，遂不可通矣。一曰口受命，即受口命，此倒用字法，恐非。**顧反，**王念孫曰：「顧反者，還反也。《文選》沈約《鍾山詩》注引《蒼頡篇》曰：顧，旋也。《穆天子傳》吾顧見女，郭璞曰：顧，還也。故還反謂之顧反。《屈原傳》曰：使於齊，顧反，諫懷王。《呂氏春秋·觀表篇》曰：郈子爲魯聘於晉，過衞，右宰穀止而觴之，顧反，過而不辭。《韓子·外儲説左篇》曰：曾子之妻之市，其子隨之而泣，其母曰，女還顧反，爲女殺彘。《趙策》曰：公子魏牟過趙，趙王迎之，顧反，至坐前。《淮南·人間訓》曰：陽虎赴圍而走，顧反，取其出之者，以戈推之。皆謂還反也。」（《讀書雜志》三之四。每季之孟，皆有《月令》還反之文。）案顧有反誼，見《經傳釋詞》。《漢書·賈誼傳》、「足反居上，首顧居下。」師古曰：「顧亦反也，言如人反顧然。」古人文字，不避重複，如十年尚猶有臭之類是也。金氏正煒《戰國策補釋》引《後漢書·馮衍傳》「顧嘗好俶儻之策」，注：「顧，猶及也。」以及訓顧，亦通，可補《釋詞》所未及。又《釋詞》舉顧反有二事，皆與此顧反誼別，學者分別觀之。（一舉《齊策》顧反聽命於韓也，一舉《史記·蕭相國世家》顧反居臣等上，王氏皆以反訓顧，恐非。古書多以顧乃連文，彼二顧字當訓乃，不當訓反。）《策》、《史》「反」下並有「命」字，依王讀，則命字宜屬下爲句；依金説，則顧反命三字爲句。上文受命，此言反命，前後意貫，亦一通也。起兵攻齊。《策》「攻」上有「隨而」二字。《史》「攻」作「擊」。以天之道，先王之靈，天道棄逆助順，言先王威靈，善則稱君之誼。河北之地，隨先王而舉之，濟上之兵，受命而勝之，《策》作「隨先王舉而有之，於濟上，濟上之軍，奉令擊齊，大勝之」，《史》作「隨先王而舉之濟上，濟上之軍，受命擊齊，大敗齊人」。本書括省其文，而意自明。《史記正義》曰：「濟上，在濟水之上。」程恩澤曰：「《水經注》濟水自滎澤東流至乘氏縣西，分爲二，南爲菏水，北爲濟瀆，又東北流至琅槐縣故城北，會河水入海。以今地言之，凡山東濮州、曹縣、定陶、鉅野、壽張、東平、東阿、平陰、長淸、齊河、歷城、章丘、鄒平、長山。新城、高苑、博興、樂安諸地，皆其所經流，（原注：此據禹迹言之，與今異。）皆齊地也。」（《地名考》四。）輕卒鋭兵，長驅至齊。「齊」，《策》、《史》作「國」。姚本《國策》注云：「錢作齊。」案：作齊者是，以本書斷之，則中壘所見本必作齊也。至齊者，至其國都，凡國都皆可以國名表之。王念孫曰：「後人以上文既言擊齊，此不當復言至齊，故據《史記》改爲至國。不知至齊之齊，與擊齊之齊異義，至齊謂齊都，猶言至國也。《齊策》馮煖長驅到齊，亦謂到齊都也。《文選·東京賦》注、《爲曹洪與魏文帝書》注、《爲石仲容與孫皓書》注、《晉紀·總論》注引《策》文並作至齊，《新序》亦然。又《文選·天監三年策秀才文》注引《史記》：輕卒鋭兵，長驅至國。然則《史記》作國，《戰國策》作齊明矣。」（《讀戰國策雜志》二之三。）案：王説極是。卒，士卒；兵，兵器也。齊王遁逃走莒，齊湣王也，注見同卷《易王章》。「遁逃」二字，《策》倒轉。「逃」，《史》作「而」。僅以身免，《史記·田齊世家》、《呂氏·權勳》、本書五卷皆記其事。珠玉貨寶，「貨」，《史》作「財」。車甲珍器，皆收入燕。「皆」，《策》、《史》作「盡」，《史》「入」下有「於」字。大呂陳於元英，陳，列也。《史記索隱》曰：「大呂，齊鐘名；元英，燕宫殿名也。」案：金氏正煒《戰國策補釋》引《呂氏春秋·侈樂篇》曰：「齊之衰也，作爲大呂。」《貴直篇》「無使齊之大呂陳之廷」，注：「齊之鐘律也。」鮑注《國策》云：「大呂，律均；元英，燕樂名。」非是。《史記》此句敍在「齊器」句後。故鼎反乎歷室，「歷」，各本作「磿」，宋本如此，今從之。《策》作「歷」，《史》作「磿」，《集解》徐廣曰：「磿，歷也。」《索隱》曰：「燕鼎，前輸於齊，今反入於磿室。磿室，亦宫名，《戰國策》作歷室也。」《正義》曰：「《括地志》云，歷室，燕宫名也。」高誘云：燕噲亂，齊伐燕，殺噲，得鼎，今反歸燕故鼎。」案：徐廣云磿歷也者，六代人以訓詁代改字之例，非謂磿有歷訓，猶云磿當作歷耳。凡魏晉六朝人注書，多以訓詁音讀改字，其用音讀又有二例，一徑改本字，一聲明叚借。其用訓詁者，例本毛公之釋《詩》。毛傳不破字，人户知之。魏晉六代人，以訓詁音讀改本字，則自顔之推、師古、孔穎達諸人，尚多未憭。余箸《意原堂日記》，詳發明之，茲不贅。知故鼎爲燕鼎者，本文言故，是已固有之物。《孟子》稱齊伐燕，毁宗廟，遷重器，重器非鼎而何。知歷室爲燕宫名者，上文元英既是宫殿，此亦宜然。且言反，則必昔日陳鼎之處矣。引高誘云云者，疑高氏《國策》舊注，今本佚之，吴師道已云今注無，則其亡久矣。磿乃歷之誤，梁氏玉繩《史記志疑》云：「《史記·功臣表》磿，《漢表》作歷，縣屬信都。《史》譌爲磨，當作磿，音歷，古與歷通用。《山海經·中山經》歷室之山，郭注：或作磿。是也。《周禮·地官·遂師》抱磿，釋文：劉音歷。《史·樂毅傳》磿室，《國策》、《新序》作歷室，（案今各本作磨，梁所據宋本。）《春申君傳》濮磿之北，《説苑》作歷，（當作《新序》，見九卷。）今本俱譌磿作磨。《顔氏家訓·勸學篇》譏太山羊肅讀《世本》容成造麻，以爲碓磨之磨，則知此字傳譌久矣。」案：《説文·石部》：「磿，石聲也，从石，厤聲。」《太平御覽》引左思《蜀都賦》云：「鬼彈飛丸以礔礰。」（今賦無此語。）《集韵》礰即磿字，是也。歷者，肖其聲歷歷然。故《玉篇》云：「石小聲。」《周禮·遂師》注：「磿者適歷，執綍者名也。」是後鄭以磿爲歷之叚字。二字本通用，故或作磿，或作歷，而作磿者又轉譌爲磨也。《墨子·尚同中篇》「是故靡分天下」，靡當爲磿，即歷之叚字。（近人孫詒讓説。）《非攻下篇》「磨爲山川」，磨亦當作磿，與歷通。兩歷字，並訓離，謂離分天下，離爲山川也。（亦用孫説。）《吕氏春秋·順民篇》：「湯以身禱於桑林，於是翦其髮，𨟾其手，以身爲犧牲。」《三國志·郤正傳》注引𨟾作攦，《文選·辯命論》注引作磿，《論衡·感虚》作麗。其實《吕書》字本作磿，亦歷字，訓離。離，麗也，故《論衡》作麗。磿字經傳罕見，故展轉致誤。鮑注《國策》云：「凡鼎以占休咎，故歸之律歷之室。」其説望文生誼，非是。吴師道《補正》引《括地志》云：「元英歷室，燕二宫名，在幽州薊縣西四里寧臺之下。」程恩澤曰：「《郡國志》歷室在𨟙縣界。」(《地名考》卷十五。)當矣。齊器設於寧臺，以戰勝所得齊器，陳於寧臺。齊器，齊珍器也。《史記索隱》：「寧臺，燕臺也。」鮑注《國策》同。程恩澤曰：「案《通典》寧臺，燕國都碣石宮。《地理通釋》在𨟙縣東二十里。今爲大興縣，東有碣石館，燕昭王師鄒衍處也。」(同上。)《史記》此句敍在「大吕」二句之前。

薊丘之植，植於汶篁。薊當作𨟙，薊俗。「篁」，《策》作「皇」，省借字。鮑本仍作「篁」。《説文·竹部》：「篁，竹田也，从竹，皇聲。」卽此篁字之誼。言燕國𨟙都之植，植於齊汶上之竹田也。《文選·西京賦》「篠蕩敷衍，編可成篁。」《漢書》「篁竹之中」，注：「竹田曰篁。」是其誼。今人多訓篁爲竹，失之。《史記集解》引徐廣解篁字不誤，惟謂燕之疆界，移於齊之汶水，則詞意迂晦。《索隱》云：「言燕𨟙丘所植，植齊汶上之竹。」則正與本文語意相反，且訓篁爲竹，亦非。鮑注《國策》云：「𨟙，幽州國；植，旗幟之屬；汶水，出泰山萊蕪原；竹田曰篁，言燕以齊爲塞。」案：鮑氏惟釋篁及汶水不誤，餘並非。吴師道曰：「此言燕𨟙丘之所植，移植於汶上之竹田。樓昉集古今文，以毅書爲首，有策問云，夷門之植，植於燕雲，蓋用毅語。《左氏傳》以太宫之椽，歸爲盧門之椽，句法正同。」以上吴説，最善，惟引《左氏》語，則正與《索隱》意近，與前説相反，非所擬也。程恩澤曰：「《博雅》皇與堭通，《易》城復於隍，《子夏傳》作堭，云：城下池也。《説文》：有水曰池，無水曰隍。《策》蓋言𨟙丘之植，植於汶上之城池耳。《從征記》：汶水入萊蕪谷，夾路連山百數里，水隍多行石澗中，出藥草，饒松柏，林藿緜濛厓壁，殆卽所云汶皇也。因上句植字，遂譌皇爲篁，説者因以竹田訓之，謬矣。」(《地名考》卷四。)程氏繙棄常解，獨闢新説，穿鑿無理。植物何以必在城池，已不可通，況《國策》雖作皇，亦有作篁者，而《史記》、《新序》則皆作篁，豈盡誤乎。至斥竹田之訓爲謬，尤所謂以不狂爲狂，不足深辯。俞氏樾《古書疑義舉例》云：「此乃倒句法，若順言之，當云汶篁之植，植於鄚丘耳。宋人言宣和事云：「夷門之植，植於燕雲，便不及古人語妙矣。」俞氏亦主小司馬説，故譏樓文失語妙，然如此倒句，殊不可通。蓋篁爲竹田，非地名，不可與鄚丘相倒。金氏正煒《戰國策補釋》云：「於，猶爲也。言鄚丘之所植，乃爲汶上之竹。」金氏亦主《索隱》説，皆不如吳説之正，（於訓爲，見《經傳釋詞》。）特較勝俞説耳。《索隱》云：「薊丘，燕所都者。考鮑注《策》云：鄚，幽州國，燕在幽州，故云。」程恩澤又曰：「《水經注》昔武王封堯後於鄚，（原注：見《周本紀》，與《樂記》言黄帝後者異。）今城内西北隅有鄚丘，因丘以名邑。（原注：《日知録》鄚在漁陽之西，《唐書·地理志》幽州范陽郡治鄚，開元十八年析置漁陽郡，治漁陽，屬鄚州。及遼改鄚爲析津縣。因此鄚之名，遂沒於此而存於彼。今人乃以漁陽爲鄚，而忘其本矣。樂毅所云鄚丘，即《水經注》所指也。）《正義》：幽州鄚地西北隅有鄚丘。《明一統志》：在舊燕城西北隅，古鄚門也，舊有樓館，並廢，今有二土阜，林木蓊鬱。洪亮吉曰：今都城德勝門外有土城關，相傳即鄚丘也。」（《地名考》卷十五。）肇林謹案：於字有以訓，與于通。《左氏宣十二年傳》：「其君無日不討國人而訓之，于民生之不易，禍至之無日，戒懼之不可以怠。在軍，無日不討軍實而申儆之，于勝之不可保，紂之百克，而卒無後。」兩于字訓以，與下訓之以、若敖、蚡冒，篳路藍縷，以啓山林，句法字誼皆同。《韓非子·解老》云：「慈於戰則勝，以守則固。」於亦訓以，上言於，下言以，互文耳。若讀云鄚丘之植，植以汶篁，則篁字既無窒礙，豈不勝於作倒句讀邪。俞氏不信吳説，反以樓文爲失語妙，不自知其説之不可通也。或解爲燕鄚都之植，以齊汶上之篁，指齊物移入燕者言，於誼亦通，然不若前解爲長。龔輔之《桼原録》：「《史記》蘇秦曰，燕北有棗栗之利。又《樂毅傳》曰：鄚丘之植，植於汶篁。釋者謂竹曰篁，謂燕之疆界，移於齊之汶水，然則齊魯間棗栗，殆自燕北而移植歟。故《青州圖經》引《齊民要術》曰：青州有樂氏棗，豐肥細好，爲天下第一。經云：樂毅破齊時，自燕移來，因種於此，故以姓得名。」**五伯以來，**《史》句首有「自」字，「以」作「已」，字通。五伯者，《白虎通義・號篇》曰：「五霸者何也，昆吾氏、大彭氏、豕韋氏、齊桓公、晉文公也，昔三王之道衰，而五霸存其政，率諸侯朝天子，正天下之化，興復中國，攘除夷狄，故謂之霸也。昔昆吾氏，霸於夏者也；大彭氏、豕韋氏，霸於殷者也；齊桓、晉文，霸於周者也。或曰五霸謂齊桓公、晉文公、秦穆公、楚莊王、吳王闔閭也，霸者，伯也，行方伯之職，會諸侯朝天子，不失人臣之義，故聖人與之，非明王之張法。（案：末句一本作非明王之法不張，此據元刊本，皆有誤。五霸字當作伯，叚借作霸，此云霸者伯也，亦以訓詁明叚借之例。）霸猶迫也，把也，迫脅諸侯，把持其政。《論語》曰：管仲相桓公，霸諸侯。《春秋》曰：公朝於王所，於是時晉文之霸。（一本作於是知晉文之霸也，此據元刊本。依前後文例之，當作於是知齊桓、晉文之霸也。）《尚書》曰：邦之榮懷，亦尚一人之慶，知秦穆之霸也。楚勝鄭而不告 從而攻之，又令還師而佚晉寇，圍宋，宋因而與之平，引師而去，知楚莊之霸也。蔡侯無罪，而拘於楚，吳有憂中國心，興師伐楚，諸侯莫敢不至，知吳之霸也。或曰：五霸謂齊桓公、晉文公、秦穆公、宋襄公、楚莊王也。宋襄伐齊，不擒二毛，不鼓不成列。《春秋傳》曰：雖文王之戰，不是過。知其霸也。」《孟子・告子下篇》：「五霸者，三王之罪人也。」趙岐注用《白虎通義》第三說。《左氏成二年傳》「五伯之霸也」，杜預注用第一說。惟《荀子・王霸篇》云：「齊桓、晉文、楚莊、吳闔閭、越句踐，謂之五霸。」此《通義》所不載。竊疑五伯本無定名，其指目隨時而變，故毛氏奇齡《四書賸言》謂趙注之五霸，是漢儒之言；《荀子》所稱五霸，戰國時所定，與後漢不同。其說良是。又引明盧東元謂秦霸西戎，未霸中國。丁公著謂夏昆吾、商大彭、豕韋列於五霸，與孟子稱桓公爲盛，就當時盟會較量優劣，語氣未合。案：伯西戎亦可稱伯，秦之不能伯中國，猶齊、晉之不能伯西戎耳，於伯業何損，盧說殊泥。毛氏引《孟子》證夏昆吾三人之不宜列入五伯，則顛撲不破之論也。閻氏若璩《四書釋地三續》云：「崑山顧亭林炎武，謂五伯有二。有三代之五伯，杜注《成二年傳》者是；有春秋之五伯，趙注五霸章是。《孟子》止就東周後言之，而以桓爲盛，如嚴安所謂周之衰三百餘歲，而五伯更起者也。然亭林欲去宋襄而進句踐，亦未允。襄雖未成伯，然當時以其有志承桓，故並數爲五，有是稱謂云爾。豈惟趙氏，卽董仲舒亦云然矣。仲舒云：仲尼之門，五尺之童，皆羞稱五伯。夫惟宋襄輩在仲尼之前，故言羞稱，不然，句踐也伯，不且出仲尼後哉。」光瑛案：閻駁顧說甚精，惟顧謂五伯有二，有三代之五伯，有春秋之五伯，則其言不易。（毛說卽本於此。）趙注所言，卽春秋之五伯，此文所指，疑當同荀說。謂齊桓、晉文、楚莊、吳闔閭、越句踐，爲戰國之五伯也。又全氏祖望《鮚埼亭集・五霸失實論》以齊桓、晉文、襄、景、悼公爲五伯，齊一而晉四，其論過偏。王氏端履《重論文齋筆録》引之，又引蔣氏烱《五霸考》之說，游移無定，莫衷一是，今並不取。伯字又作百，《韓非子・難二篇》「得管仲爲五百長」，百讀爲伯，通用字。**功業之盛，未有及先王者也。**《策》、《史》作「功未有及先王者也」。**先王以爲快其志，**「快」，《策》作「愜」，卽㥦字，說見上章《燕王書》注。鮑本作「順於其志」，《史》作「慊於志」。慊者，俗以爲㥦字。段玉裁注《說文》嘗辨之。諒毅對秦王曰，膳啗慊於口，卽㥦字之誼。又《大學》「此之謂自謙」，鄭注：「謙讀爲慊。」慊之言厭也，厭有厭足之意，亦通。《索隱》云：「亦作嗛。」嗛者，常慊然而不愜其志也，此則與本文意正相反，不可從。**以臣不損令，**《史》無此句。《策》作「以臣爲不頓命」。鮑注：「頓，猶墜也。」案：頓有挫抑、廢墜兩誼，《漢書・賈誼傳》「賤人安得如此而頓辱之哉」，頓辱謂挫辱也。（袁文《甕牖閒評》卷二，譏一士人謝及第啓用頓挫場屋字，以頓挫爲摧挫之失。此袁氏之陋也。）《說文・广部》：「廢，屋頓也。」段玉裁曰：「頓之言鈍，謂屋鈍置，無居之者也。引申之，凡鈍置皆曰廢。」《淮南・覽冥訓》四極廢，高誘注：廢，頓也。案：《漢西嶽華山碑》「修廢起頓」，以頓廢對言，頓卽廢也。廢墜誼近，凡室廢則墜，高誘以頓訓廢，正謂四極傾墜耳。本書頓作損，損與隕同。《說文・阜部》：「隕，从高下也。」列隊降等字後，亦與墜同誼。損隕並從員，聲近通用。**故裂地而封臣，使比小國諸侯。**《策》、《史》「臣」作「之」。下句《策》作「使之得比乎小國諸侯」，《史》「使」下有「得」字。《說文・衣部》：「裂，繒餘也。」本殘帛之意，引申爲分散殘餘之稱。《史記・項羽本紀贊》曰：「分裂天下，而封王侯。」古書字又作列。云比小國諸侯者，在國内封，比於列侯，若附庸也。古有關内侯，卽此屬。《策》此下有「臣不佞，自以爲奉令承教，可以幸無罪矣，故受命而弗辭。」《史》作「臣竊不自知，自以爲奉令承教，可幸無罪，是以受命不辭」。案：數語總束本段，回應上文，似不可少。本書各本均無此數句。**臣聞賢聖之君，**「聖」，《策》作「明」。**功立而不廢，**「立」，俗本作「力」，音之誤也。宋本作「立」，與《策》、《史》同。功立與下名成相對。「而」字各本皆奪，《策》、《史》有此二句，與下文配，不可參差。今從《國策》、《史記》補「而」字。**故著於《春秋》；**春秋，列國史之通稱。崔氏應榴《吾亦廬稾》云：「《楚語》：莊王問教太子法於申叔時，對曰，教之以《春秋》。《晉語》：羊舌肸習於《春秋》。《管子・權數篇》：《春秋》者，所以記成敗也。是齊晉楚皆有《春秋》。《墨子・明鬼篇》有周之春秋、燕之春秋、宋之春秋、齊之春秋。又云：吾見百國春秋。《戰國・燕策》蘇代曰：今臣逃而紛齊趙，始可箸於《春秋》。樂毅曰：賢明之君，功立而不廢，故箸於《春秋》。」顧氏《日知録》曰：「周燕宋齊之史，未必皆《春秋》也。云《春秋》者，因魯史之名，名之也。《韓非子・備内篇》引《桃左春秋》，此不知何國之史。《周禮・秋官・冥氏》，鄭司農曰：冥讀爲《冥氏春秋》之冥。賈公彥釋曰：《冥氏春秋》者，冥氏作，《春秋》書名，若《晏子》、《呂氏春秋》之類。唐劉允濟采魯哀公後十二世，接戰國，爲《魯後春秋》。（原注：戰國時有《虞氏春秋》、漢陸賈有《楚漢春秋》、趙君山有《吳越春秋》，後世之書以《春秋》名者尤衆，備見朱竹垞《經義考》。）」光瑛案：《孟子》稱晉之《乘》、楚之《檮杌》、魯之《春秋》，趙岐注云：「此三大國史記之名異。」是趙氏以《春秋》爲魯史專名，故顧氏言周燕宋齊之史，未必皆《春秋》，因魯史之名名之。然考杜預《春秋經傳集解敍》云：「《春秋》者，魯史記之名也。」孔氏正義曰：「周世法則，每國有史記，同名《春秋》。獨言魯史記者，仲尼修魯史所記，以爲《春秋》。止解仲尼所修《春秋》，故指言魯史，言修魯史《春秋》，以爲襃貶之法也。」孔氏此說，與趙意異。《集解敍》又云：「史之所記，必表年以首事，年有四時，故錯舉以爲所記之名。則《春秋》爲國史之通稱明矣。（其不言夏冬者，春秋日夜陰陽均，王者之政教如之，故取以爲名。）《墨子書》言吾見百國《春秋》，又錯舉周燕宋齊《春秋》，豈得盡以爲蒙魯史之名乎。」《正義》又云：「《外傳》申叔時、司馬侯，乃是晉楚之人，其言皆云《春秋》，不言《乘》與《檮杌》，然則《春秋》是其大名，晉楚私立別號，魯無別號，故守其本名。」其說最通。孔氏先引趙注，後申己意，是邠卿之說，孔固明見之而不取也。申叔時、司馬侯，以本國之臣稱其國史，豈肯棄本名，而襲取小國之魯之史名哉。顧氏惑於趙說，殊爲失考。此所言《春秋》，亦必泛指列國之史，若謂魯史專名，即失其語氣矣。

蚤知之士，鮑注《國策》云：「蚤知，先見也。」案鮑訓是。古書多以知爲見，如《呂氏・自知》云「文侯不說，知於顏色」，謂見於顏色也。《韓詩外傳》六「此言困而不見據賢人也」，見亦訓知。故下文云「困而知疾據賢人」，又云「夫困而不知疾據賢人而不亡者，未嘗有之也」。《淮南・修務訓》「今使六子者易事，而明弗能見者何」，注：「見猶知也。」《易畧》例以所見釋文，見一本作知。本章下文云「子胥不蚤見王之不同量」，正應此句，可證。（參下《鄒陽章》注。今人尚稱先知爲先見。）蚤當作早，經典或叚蚤爲之。《説文》作蚤，云齧人跳蟲也。名成而不毁，故稱於後世。毁讀爲危，上章燕王書「仁者不危人以要名」，危讀爲毁。二字古通用，詳見前注。下文云「免身全功，臣之上計」，即所謂名成而不危也。又云「離虧辱之非，臣之大恐」，又云「臨不測之罪，以幸爲利，義不敢出」，皆反復發明名成不危之意。若謂明哲保身，不離令名，是讀毁爲本字，文誼雖通，與前後文意，尚隔一閒。若先王之報怨雪醜，「醜」，《策》、《史》作「恥」，見上《燕易王章》注。夷萬乘之尊，夷，平也。「尊」，《策》、《史》作「彊國」。（彊，《策》作強，字通。）收八百年之積，積，謂珠玉貨寶車甲珍器之屬。鮑注《國策》云：「八百歲，通太公數之。」案：「年」，《策》、《史》作「歲」，「積」上並有「蓄」字。鮑謂通太公數者，以田氏篡齊，至湣王時，未及八百歲，故知併姜氏之年數之，其説是也。言八百者，舉大數。及其弃羣臣之日，「其」，《策》、《史》作「至」。「弃」，各本作「棄」，今從宋本。君死不忍斥言，謂之弃羣臣。餘令詔後世之義法，執政任事，循法令，順庶孽，施及萌隸，皆可以教後世。餘令，猶遺詔也。詔，告誡也。言昭王終時遺詔，所以告誡後世之義法，使執政任事之臣，遵循法令，順庶孽之分，其恩施逮及氓庶，皆可以訓後世也。庶，妾生子也，孽，猶庶也。（《説文・子部》：「孽，庶子也。」）《禮記・玉藻》「公子曰臣孽」，鄭注：「孽當作枿，聲之誤也。」段玉裁曰：「此記文本作枿，注曰枿當作孽。後人因注改經，又因經改注，師古《匡謬正俗》未之知也。凡木萌旁出皆曰櫱，人之支子曰孽，其誼畧同，故古或通用。」何休注《公羊》曰：「庶孽，衆賤子，猶樹之有櫱生。」得其誼矣。（見《襄二十七年傳》是則臣僕庶孽之事也注。）案孽後起字，本作櫱，取旁出爲誼，何注是也。櫱即枿字，《毛詩》「苞有三櫱」，傳云：「餘也。」《漢書・敍傳》引作枿。《説文・木部》：「𣟺，伐木餘也，从木，獻聲，《商書》曰，若顛木之有㽕𣟺。重文櫱，云或从木，辥聲。」《丂部》㽕下，又引《書》「若顛木之有甹枿」。蓋枿㯻櫱皆實一字，《說文·木部》無枿，栓字注云：「亦古文㯻。」栓卽枿字，作枿者俗。（《爾雅·釋詁》：「枿，餘也。」釋文：「枿本或作栓，又作𣎴，《說文》作㯻。」庶子旁出之誼，由此引申。後世文字日繁，偏旁各從其類，於是言木者作櫱，言人者作孼，所謂孳乳寖多也。鄭謂孼當作枿，枿乃栓之譌，從其本誼言之。小顏譏鄭之失，固非。段謂經注字互易，亦涉武斷。萌者，民也，古字通用。《呂氏春秋·高義篇》：「墨子曰：翟度身而衣，量腹而食，比於賓萌。」高注：「賓，客也；萌，民也。」《商子·來民篇》「其寡萌賈息」，孫氏詒讓《札移》謂當作「賓萌貸息」。賓萌卽客民，對下文土著之民，正引《呂書》爲證，其說是也。（孫氏原注：萌氓通，亦作甿，古凡外來旅居之民謂之氓，《周禮·旅師》謂之新甿，是也。民甿散文則通，對文則異，詳《周禮》正義》。）《史記·周本紀》：「命南宮括散鹿臺之財，發鉅橋之粟，以振貧弱萌隸。」用字與此同。萌隸，諭微賤。《策》作「餘令詔後世之遺義，執政任事之臣，所以能循法令順庶孼者，施及萌隸」。《史》作「餘教未衰，執政任事之臣，修法令，慎庶孼，施及乎萌隸」。案循脩二字，古書多混，詳上《燕王書》注。（修字亦同。）《史》作「修」，非是。慎順聲相近，古通用。《荀子·彊國篇》：「爲人上者，不可不順也。」楊倞注：「順當爲慎。」《管子·小匡篇》「惟順端愨」，尹知章注：「順一作慎。」《禮記·禮器》「順之至也」，釋文：「順本作慎。」《孟子》之王順，《漢書·人表》作王慎。此順之通慎者也。《易·坤卦》王弼注：「施慎則可」，釋文：「慎，本作順。」《大壯》「而慎禮也」，《繫辭》「慎斯術也」，釋文均云：「慎本作順。」《荀子·富國篇、仲尼篇》注均云：「慎讀爲順。」《史記·孔子世家》子慎，《漢書·孔光傳》作子順。此慎之通順者也。此外散見他書，不可勝舉。唐人寫經中慎字多作順。《史》文字異而誼不殊也。宋本「順庶孼」下有小注云：「《史》作餘教未衰，執政任事之臣，修法令，慎庶孼」，凡十九字，各本刪去，今仍錄於此，以存宋本之舊云。

臣聞

善作者不必善成，善始者不必善終。作，創作；成，守成也。《詩》曰「靡不有初，鮮克有終」。二句蓋古語，穀引之。《史》「聞」下有「之」字。昔伍子胥説聽於闔閭，伍子胥、闔閭注俱見二卷。《國策》「昔」下有「者」字。姚本「伍」作「五」，伍五通用。《漢表》有五參，子胥姓亦作五，（伍奢、伍尚作伍。）説見前注。「於」，《策》作「乎」，於于乎古字亦通。説聽，游説而見采内也。吴爲遠迹至郢，《策》句首有「故」字，「爲」作「王」，「至」下有「於」字。《史》句首有「而」字，「爲」亦作「王」。言吴王足迹遠至於郢。郢，楚都也，注見一卷《楚威王章》及二卷《莊辛章》。吴伐楚入郢，昭王奔隨，事見《春秋定四年傳》及《史・世家、伍子胥傳》、《吴越春秋》等書。《淮南・泰族訓》：「五戰入郢，燒高府之粟，破九龍之鐘。」《賈子新書・耳痺篇》：「郢之門執高兵，傷五藏之實，毁十龍之鐘。」夫差不是也，「不」，《策》、《史》作「弗」。鮑彪云：「不然子胥之説。」案：鮑説是。一曰與闔閭之行不同也，即下文「王不同量」之意，亦通。夫差，闔閭子，注見二卷首章。賜之鴟夷，沈之江。「沈」當作「湛」，一本作「沉」，尤俗。《策》、《史》作「浮」，上有「而」字，不如本書作沈，與下文相應。《史記・鄒陽傳》「子胥鴟夷」，《索隱》引韋昭曰：「以皮作鴟鳥形，名曰鴟夷，鴟夷，皮榼也。」服虔曰：「用馬革作囊，以裹尸，投之於江。」《漢書・鄒陽傳》注引應劭曰：「吴王取馬革爲鴟夷，受子胥，沈之江。鴟夷，榼形。」師古曰：「即今之盛酒鴟夷幐。」案後人稱馬革裹尸，本此。范蠡去越浮海，變姓名，號鴟夷子皮，亦以句踐爲人，可同患難，難處安樂，借子胥事爲名以自鑑也。夫差不計先論之可以立功也，各本句首有「故」字，《史》無，「夫差」作「吴王」，「計」作「寤」，無「也」字。《策》句首亦有「故」字，「夫差」上有「吴王」二字，「計」作「悟」，亦無「也」字。案寤悟誼近，古書多叚寤爲悟，見一卷《楚共王章》注。先論，先日之言論也。句首「故」字疑《策》衍，後人又據《策》加本書字，今從《史》删，見下句注。故沈子胥而不悔；鮑本《國策》「不」作「弗」。案：本書及《史記》均作「不」，當以姚本爲是。「故」字各本奪，據《策》、《史》文補。上句「故」字不應有，此處文誼有「故」字，始與下文配。傳寫時誤移此字於上句之首以從《策》文，又見二「故」字重，遂删此句之「故」耳。「沈」各本作「沉」，俗，當作湛。子胥不蚤見王之不同量也，量，器量。言夫差與前王器量不同也。「王」，《策》、《史》作「主」，句末無「也」字。蚤早叚借，見前。故入江而不化。「化」，《策》作「改」。《史》作「是以至於入江而不化」，《索隱》云：「言子胥怨恨，故雖投江而神不化，猶爲波濤之神也。」王念孫曰：「小司馬誤解化字，化者變也，猶言至死不變耳。《燕策》作不改，改亦變也。上文曰吳王不寤先論之可以立功，故沈子胥而不悔。不悔與不化，意亦相近。」案王説是。化卽《燕王書》以冀其化之化，二書用字同，可證爲一時酬答。子胥雖死，而志不變，何也，由不早知王量之不同也。吳師道反引《索隱》以注《策》文，可謂無識。夫免身而全功，《策》、《史》無「而」字。《史》「全」作「立」。全功，謂以功名自全，不受禍也，故與免身連文。作立無誼，蓋立字古作⿱大一，與全形似而誤。以明先王之迹，明先王好賢之前迹。句末《策》有「者」字。臣之上計也；離虧辱之非，離，麗也，相反爲離分之誼。虧，虧體；辱，辱身也。「非」，各本作「誹」。案：《史》作「誹謗」，《策》作「非」。《史》文與《策》不同，後人據《史》文改作「誹」字耳，今正。墮先王之明，《策》、《史》「明」作「名」，《策》「名」下有「者」字。案名乃明之叚借字。盧文弨曰：「此與上文傷先王之明同誼，名亦明也。《釋名》：名，明也。《漢冀州從事郭君碑》失名，卽《檀弓》喪明。」盧讀是也。名明通用之證，佗書散見甚多。臣之大恐也。《史》「之」下有「所」字。臨不測之罪，以幸爲利，義之所不敢出也。「利」下《策》有「者」字。《索隱》云：「既臨不測之罪，以幸免爲利，今我仍義先王之恩，身託外國，而心亦不敢出也。」案《索隱》所解殊不明憭，此言臨不測之罪，以希幸免死爲利，謂不肯逃之趙也。則於誼不敢出，恐身被殺而墮先王之明也。如此，始與上意銜接一氣。臣聞君子絶交無惡言，去臣無惡聲，《策》作「臣聞古之君子，交絶不出惡聲，忠臣之去也，不潔其名」。《史》同，但「去也」作「去國」，無下「之」字，「潔」作「絜」。潔，俗絜字。《孟子·公孫丑篇》「惡聲至，必反之」，焦氏循正義云：「惡聲，猶惡言也。《史記·仲尼弟子列傳》曰：自吾得由，惡言不入於耳。《集解》引王肅云：子路爲孔子侍衛，故侮慢之人，不敢有惡言。惡猶過也，指斥過惡之言也。」案：焦説是。臣雖不肖，《策》、《史》「肖」作「佞」。數奉教於君子。《策》、《史》句末有「矣」字。《索隱》云：「數，音朔。」言我以數經奉教令於君子。君子卽識禮之人，謂己在外，猶云己罪，不説王之有非。故下云「不察疏遠之行」，斯亦忠臣之節。臣恐侍御者親交之説，侍御者，斥惠王，與親交別，注見前。各本「交」作「左右」，與《策》、《史》同。《策》、《史》「親」上有「之」字。宋本作「交」。案：本書與《策》、《史》不同，意亦微異。《策》、《史》文謂恐惠王親近左右嬖幸之説，不察其所行。本書則以親交與侍御者對舉，謂恐惠王與左右親交之言，未察毅之用心也。後人用《策》、《史》文改本書之「交」字爲「左右」，幸宋本尚存，可以校正。今從宋本。不察疏遠之行，疏遠，毅自謂也。《策》句首有「而」字，句末有「也」字。《史記》疏本作疎，字俗。故敢以書謝。」「謝」，《策》作「報」，下有「惟君之留意焉」句。《史》作「故敢獻書以聞，唯君王之留意焉」。案：謝猶告也，《漢書·高帝紀上》注：「謝亦告。」《陳餘傳》注引晉灼曰：「以辭相告曰謝。」此訓散見各傳注中甚多，與《策》作報同誼。《樂毅傳》云：「毅上此書後，燕王復以毅子閒爲昌國君，毅往來復通燕，燕趙以爲客卿，後卒於趙。」夏侯玄謂毅非不能速取二城，蓋不欲使燕齊之士，流血城下，以暴易暴，以墮稱兵之義爾。呂祖謙《大事記》引延平陳氏：「謂毅之下齊，止侵畧，寬賦斂，除暴令，修舊政，求逸民顯而禮之，祀桓公、管仲於郊，表賢者之閭，封王蠋之墓，凡可以説其民者，無不爲之，此孟子所以教齊者，齊王不能用之於燕，而毅能用之於齊」云云。不知毅之伐齊，焚掠劫殺，與齊伐燕無以異。故朱子曰：「毅亦戰國之士，何嘗是王者之師。」又曰：「毅初合秦魏之師，又因人怨湣王之暴，故一舉下齊七十餘城，湣王死，人心之怒已解，恐三國分功，故急遣之，以燕之力，亦止於此。況田單忠義死節，堅守二城，自不可攻，非不欲取，蓋力不能爾。毅在當時，亦恣意虜掠，正孟子所謂毁其宗廟，遷其重器者爾。」吳師道亦曰：「毅之伐齊，取寶器，燒宫室，見於《田齊世家》，《樂毅傳》、《國策》皆然，徵以毅之自言，蓋不誣矣。陳氏首以止侵畧爲美，似未察其實也。齊以燕伐燕，燕以齊伐齊，孟子所以教齊王者，毅實違之，是尚爲能用之乎。雖有寬賦、除暴、反政、禮賢數端，不足以掩其罪也」等語。合以上二説觀之，知予前論之不謬。吳駁陳説極當，朱子之言尤洞中當日情事，故録之以諗讀者。

7齊人鄒陽，客遊於梁。陽事詳見《史記》、《漢書》本傳。人或讒之於孝王，孝王，文帝子，母竇太后，景帝之少弟也，《漢書·陽傳》曰：「陽與吳嚴忌、枚乘等俱仕吳，以文辯著名，吳王陰有邪謀，陽上書諫，不内。是時梁孝王貴盛，亦待士。於是陽與乘、忌知吳不可説，皆去之梁，從孝王游。陽爲人有智畧，忼慨不苟合，介於羊勝、公孫詭之閒。勝等疾陽，惡之孝王，孝王怒，下陽吏，將殺之。陽客游，以讒見禽，恐死而負累，乃從獄中上書」云云。孝王怒，繫而將欲殺之。鄒陽客遊見讒，自寃，「自寃」，《史》、《漢》本傳作「恐死而負累」，《史記正義》曰：「諸不以罪死爲累。」案：負累者，謂身遭讒毁，死蒙惡名爾。前《燕王書》未若箕子之累，與此累字誼同，正義之説非。乃從獄中上書。其辭曰：「臣聞忠無不報，忠者必受知於主，報以爵賞也。信不見疑。以誠事君，無所疑也。二句蓋古語。臣常以爲然，徒虛語耳。虛有此語，非事實也。《漢紀》作「蓋有以然，今定虛矣」，意亦同。昔者荆軻慕燕丹之義，白虹貫日，太子畏之；《漢書》無「者」字，《史記》、《漢紀》、《文選》均有。荆軻者，衛人。《博物志》云：「荆軻，字次非。」注謂「荆將軍墓，與羊角哀鄰，地在苑陵之原，其碑名軻字次非也」。梁玉繩曰：「考《呂覽·知分》稱荆有次非，赴江刺蛟，孔子善之。（原注：《淮南·道應》作佽非，《後漢·馬融傳》作兹飛，《文選》郭璞《江賦》作荆飛，《漢書·宣帝紀》如淳注引《呂》作兹非。《水經·江水三》注、《後漢·馬融傳、蔡邕傳》注、《江賦》注、《北堂書鈔》百三十七並引《呂》作佽飛，與蔡邕《釋誨》同。）則與荆卿爲二人。《通雅》二十卷疑軻慕次非，以爲字，或當然歟。《史通·品藻》言軻居六等，今在第五，蓋傳寫失之。」（《人表考》卷五。）《寰宇記》云：「墓在開封縣東四十里，招魂葬此。」吴騫曰：「《九域志》京兆府、河中府並見，蓋招魂葬，或不止一處也。」（《瞥記》引。）沈欽韓曰：「《燕丹子》載荆軻刺秦王，秦王請聽琴聲而死，琴女鼓琴之聲曰：羅縠草衣，可裂而絶；三尺屏風，可超而越；鹿盧之劍，可負而拔。王於是奮袖超屏風走之，軻不能琴，故及於難。案事起倉卒，千載下猶爲之戰悼失色，何琴之可御。叚有其人，能從容布指，則智勇又在軻上。當上殿時，甯不覩於眉睫之儆哉。秦政所以不死者，幸袖先絶耳，尚待琴聲，軻能忍須臾乎。小説家不顧事理，亦可笑也。原注引《人物志·七繆》曰：荆叔色平而神勇，爲衆勇之傑也。」（《漢書疏證》卷九。）燕丹，燕王喜之太子丹也，使軻刺秦王，不中，秦大怒，伐燕，喜斬丹，獻之秦。事詳《燕策》、《史世家》、《刺客傳》。沈氏又曰：「丹發憤爲國，誠貫金石，事之不成，天也。韓、趙、魏孰非坐而待亡者乎，而王喜怵趙嘉之謬計，斬丹以企漏刻。嗚呼，人之不仁，甚於虎狼。」（同上。）案太子丹、荆軻，《漢表》均在五等。《漢書》注應劭曰：「燕太子丹質於秦，始皇遇之無禮，丹亡去，厚養荆軻，令西刺秦王，精誠感天，白虹爲之貫日也。」如淳曰：「白虹兵象，日爲君，爲燕丹表可克之兆。」《史記集解》、《文選》李善注並引《列士傳》曰：「荆軻發後，太子相氣，見白虹貫日不徹，曰：吾事不諧矣。後聞軻死，太子曰：吾知其然也。」《索隱》曰：「王劭又云：軻將入秦，待其客未發，太子丹疑其畏懼，故曰畏之。其解不如見虹貫日不徹也。《戰國策》云聶政刺韓傀，亦曰白虹貫日，是也。」李善又曰：「畏者，畏其不成也。」師古曰：「精誠若斯，太子尚畏而不信也，太白食昴，義亦如之。」光瑛案：《爾雅》螮蝀謂之雩。螮蝀，虹也。蜺爲挈貳。郭注云：「俗名美人虹，江東呼雩。」蜺，雌虹也，見《離騷》，挈貳其別名，見《尸子》。《說文·虫部》：「虹，螮蝀也，狀似蟲。」《毛詩》作蝃蝀，叚借字也。《釋名》以蝃爲啜飲，失之傅會。《古微書》引《春秋元命苞》曰：「陰陽交爲虹霓。」是虹乃陰陽雜氣。《後漢·楊賜傳》：「今殿前之氣，應爲虹蜺，皆妖邪所生，不正之象。」李賢注引《韓詩序》云：「蝃蝀在東者，邪氣乘陽，人君淫泆之徵。」然則白虹貫日者，亦陰乘陽。臣下謀君之兆。《說文·雨部》：「霓，屈虹，青赤也。一曰白色陰氣也。」（此從《釋文》所引。）霓卽蜺字，虹霓散文則通，對文則異。此其證也。郝氏懿行《爾雅義疏》云：「虹從工聲，故《釋名》曰：虹，攻也。《釋文》引《字林》工弄反，此古音也。又引陳國武古巷反。郭音講，俗亦呼青絳也。案今登萊人謂虹爲醬，絳亦爲醬，皆方音之轉。」郝說是也。諸家解畏字，俱不明憭。王先愼曰：「荆軻未去，太子屢疑之，事詳《國策》。畏之者，畏其不去也。白虹貫日，乃軻發後事，特舉以見軻之精誠達天，取與衛先生之事爲配。如、李泥於正文，以見虹貫日不徹，知事不成，釋此文畏字之誼，小司馬轉謂說長於王，不思與下文信不諭主，情事不合也。」以上王說稍勝舊解，然仍未得畏字確詁。此畏字當訓疑，變文言畏，與下疑字相避，其誼固不殊也。經典以疑訓畏，雖未見明文，然疑畏連言則甚多，可見二字誼本相近。《禮記·雜記》「皆爲疑死」，鄭注：「疑猶恐也。」恐與畏同誼，疑可訓恐，卽可訓畏。《論語》「子畏於匡」，謂夫子貌似陽虎，見疑於匡人，引兵圍之，畏亦當訓疑。（舊解以爲有戒心，失之。）《史記・留侯世家》「此屬畏陛下不能盡封，恐又見疑平生過失」，本書十卷删恐字，蓋畏已有疑恐二字之誼，蒙上文而省。《孫子・計篇》：「故可與之死，可與之生，而民不畏危。」曹公注：「危者，危疑也。」畏危皆訓疑，故二字連用。孟氏注一作人不疑，卽其證也。此文畏字，必如此解，始與下文意貫。《燕策》云：「太子迓之，疑其改悔。」所謂疑卽指此矣。

衛先生爲秦畫長平之計，太白食昴，昭王疑之。

「計」，《史》、《漢》、《選》作「事」，《漢紀》作「策」。「食」，各本作「蝕」，與《史記》、《漢紀》同。宋本作「食」，與《漢書》、《文選》同，今從宋本。（《說文》無蝕字。《玉篇》收之，蓋後出字。）昭王注見二卷《甘茂章》、《史記》「昭王」上有「而」字。長平事詳《白起傳》，《史記集解》蘇林曰：「白起爲秦伐趙，破長平軍，欲遂滅趙，遣衛先生說昭王益兵糧，爲應侯所害，事用不成。其精誠上達於天，故太白爲之食昴。昴，趙封也，將有兵，故太白食昴。食，干歷之也。」如淳曰：「太白，天之將軍也。」《索隱》引如淳云：「太白主西方，秦在西，敗趙之兆也。」又王充云：「夫言白虹貫日，太白食昴，實也，言荆軻之謀，衛先生之策，感動皇天，而貫日食昴，虛也。」案：《秦策》「昭王既息民繕兵，章長平之事」，鮑注：「《後漢志》泫氏有長平亭，在上黨郡南山中百二十里。」吳師道補曰：「《正義》云在澤州高平縣西。」程恩澤曰：「長平有二，一是魏地，在今河南陳州府西華縣東南（原注或作東北。）十八里，《地理志》汝南郡有長平縣，《括地志》長平故城在陳州宛丘西六十六里，《通鑑》始皇五年，蒙驁伐魏取長平，是也；（原注：卽《左傳》鬼閻，其地有辰亭，所謂辰陵也。）一是趙地，在今山西澤州府高平縣西北二十一里，（原注：又在長子縣南四十里。）《郡國志》上黨郡泫氏縣有長平亭，《括地志》長平故城在澤州高平縣西三十一里，卽白起敗趙括處，是也。《上黨記》長平城在郡之南，秦壘在城西，城之左右，沿山互隰，南北五十許里，東西二十餘里，悉秦趙故壘遺壁，舊存焉。《通典》長平有頭顱山，築臺於壘中，因山爲臺。志云：長子南有長平關，即江豬領，上有石，如豬。（原注：此説似誤，《左傳》與華氏戰於赭丘，《後漢志》陳國長平縣有赭丘，《水經注》亦云。蓋即江豬領也，正在魏之長平，以云長子，非是。）《圖經》云：關蓋置於武紇領，秦趙戰於長平，趙兵敗，白起追之，至此領。又縣西北二十里有漳澤驛，長平北出道也。」（《地名考》八。）夫精變天地，變，感動也。《漢紀》、《文選》「精」下並有「誠」字，《史》、《漢》無。王氏先謙《漢書補注》增誠字，引宋祁曰精下疑有誠字。案誠字不必增。而信不諭兩主，諭，曉也。《漢紀》作「喻」，俗。下有「於」字。豈不哀哉。今臣盡忠竭誠，「竭」，當作「渴」。俗以渴爲飢瀊字，又以竭爲謁，而瀊字廢。俗本此字作謁，今從宋本作竭，與《史》、《漢》、《選》同。《漢紀》無「竭誠」及下「願知」字，作「今臣盡忠畢義」，合二句爲一。誠即信也，應起二句。似不可省。畢義與願知對，盡忠與竭誠對，《漢紀》各删其半，非是。畢義願知，「義」，《史》、《漢》、《選》作「議」。張晏曰：「盡其計議，願王知之也。」《漢紀》作「義」，與本書同。義即議，省借字。《莊子・齊物論篇》「有倫有義」，釋文引崔本作議。本書一卷《秦欲伐楚章》「懷霸王之餘議」，《治要》、《渚宮舊事》、《後漢書》注及《御覽》兩引皆作義，見前注。左右不明，卒從吏訊，張晏、顔師古、司馬貞皆云：「左右不明，不欲斥王也。」顔云：「訊，謂鞫問也。」案：如顔説，吏者獄吏，言從獄吏之後，而訊問其罪，殆非也。《漢書・司馬遷、甘延壽傳》俱有卒從吏議之語。詳彼文誼，謂從吏所定罪名罪之。訊議誼同，《爾雅・釋言》：「訊，言也。」從吏言，即從吏議，三傳語意不殊，不當岐爲二解。梁氏章鉅《文選旁證》引何云：「下文皆言爲左右所排，非避指斥也。左右，謂勝、詭之徒。」案：此句語氣，左右自指梁王爲是，何説非。爲世所疑，疑其真有罪。是使荆軻、衛先生復起，而燕、秦不悟也，言無異再見昔日之事也。「悟」，《漢》、《選》作「寤」，叚借通用字，詳一卷《楚共王章》及本卷上章注。「起」，《漢紀》作「出」，「也」作「矣」。《文選旁證》云：「六臣本無而字、寤作悟。」《史記》亦作「悟」。願大王熟察之。《史》、《漢》「熟」作「孰」，是，熟後起俗字。《漢紀》無此句。昔者玉人獻寶，楚王誅之，事見《韓非子・和氏篇》及本書五卷。《史》、《漢》、《選》、《紀》俱無「者」字，《文選》六臣本有。「玉人」，《史》作「卞和」，「誅」作「刖」。（刖俗字。）《索隱》本皆與此同。宋祁曰：「南浙本《漢書》作玉尹。」案：玉尹乃理璞之人，非獻璞者，南浙本誤。李斯竭忠，胡亥極刑，李斯，楚上蔡人。元吾丘衍《學古篇》云：「斯字通古，官至秦丞相，具五刑，要斬咸陽市。」《寰宇記》：「墓在上蔡縣西二里。」（卷十一。）《鹽鐵論・毀學篇》：「方李斯之相秦，始皇任之，人臣無二，然而荀卿爲之不食，覩其罹不測之禍也。」《史記・李斯傳》曰：「初，趙高爲郎中令，所殺及報私怨衆多，恐大臣入朝奏事，毀惡之，乃説二世弗視朝，見大臣。二世從之，事皆決於高，高聞李斯以爲言，乃見丞相曰：關東盜多，上急發繇治阿房宫，聚狗馬無用之物，臣欲諫，爲位賤，此真君侯之事，君何不見。李斯曰：固也，吾欲言之久矣，今時上不坐朝廷，居深宫，吾有所言，不可傳也，欲見無閒。高曰：君誠能諫，請候上閒語君。於是高、二世方燕樂，婦女居前，使人告丞相，上方閒，可奏事。丞相至宫門上謁，如此者三，二世怒曰：吾嘗多閒日，丞相不來，吾方燕私，輒來請事，豈少我哉，且固我哉。（《索隱》謂以我幼，故輕我也。一云固我者，以我爲短小且固陋也，於義爲疏。案二説皆謬，少者不滿之意，古書習見，小司馬以幼及短小釋之，可笑。固與錮通，謂禁錮之，不使得娱樂也。以本字讀之，自不得其解。不滿，人謂之少，猶稱美人謂之多也。）高曰：如此，殆矣。沙丘之謀，丞相與焉，今貴不益，其意欲裂地而王矣。且陛下不問臣，臣不敢言，丞相長男由，爲三川守，楚盜陳勝等，皆丞相傍縣之子，以故楚盜公行。過三川，城守不敢擊，聞其文書往來，未得其審，故未敢以聞。且丞相居外，權重於陛下。二世乃使人案驗三川守與盜通狀，李斯聞之。是時二世在甘泉，方作觳抵優俳之觀，斯不得見，因上書言高之短。二世曰：朕實賢之，君疑之，何也。斯更言之，二世私告高。高曰：丞相所患者獨高，高死，丞相即欲爲田常所爲。於是二世曰：其以李斯屬郎中令趙高案治。斯居囹圄中，仰天嘆曰：昔桀殺關龍逢，紂殺王子比干，吳王夫差殺伍子胥，此三臣者，豈不忠臣，然而不免於死，所忠者非也。今吾智不及三子，而二世之無道，過於桀、紂、夫差，吾以忠死，宜矣。於是二世使高責斯與子由謀反狀，收捕宗族賓客，搒掠千餘，不勝痛，自誣服。從獄中上書，高使吏棄去，不奏。使其客十餘輩，詐爲御史謁者侍中，更往覆訊，斯更以實對，輒又搒之。後二世使人驗斯，斯以爲如前，不敢更言，辭服，奏當上。二世喜曰：微趙君，幾爲丞相所賣。二世二年七月，具斯五刑，論要斬咸陽市。斯謂其中子曰：吾欲與若復牽黄犬，俱出上蔡東門，逐狡兔，豈可得乎。遂父子相哭而夷三族。」（已上節引《李斯傳》。）是李斯盡忠而受極刑之事也。斯朋比趙高，以致大亂，不得爲忠，而此言忠者，就其上書極諫一事言也。《漢表》李斯列六等。沈欽韓曰：「二世及斯，均宜入九等下愚。」案沈説是，然班氏以斯列此者，殆亦取其不忘直諫之事。《法言・重黎篇》有答或人李斯盡忠之問，當時蓋有以爲忠者。《史記・李斯傳贊》曰：「人皆以斯極忠，而被五刑死，察其本，乃與俗議之異。」史公卓見，高於班、揚。胡亥，即二世，始皇少子，立三年，爲趙高所弑，事見《始皇紀》及本書五卷。葬杜南宜春苑中。《漢表》列八等。梁玉繩曰：「當入九等。」是

以箕子佯狂，「佯」，俗本作「徉」，今從宋本。《漢書》、《文選》作「陽」，六臣本作「詳」。當作「易」爲正，古書多叚作陽，詳或作佯，見一卷《晉平公欲伐齊章》注。箕子見本卷《燕王書》注。佯狂，僞爲狂易狀。《廣雅・釋詁》：「狂，癡也。」《後

漢書・陳忠傳》注：「狂易，謂狂而易性也。」（案：易當讀爲傷。）《論語・微子篇》曰：「箕子爲之奴。」劉寶楠曰：「《周官・司厲》：其奴，男子入于罪隸，女子入于舂槀。凡有爵者，與七十者，與未齔者，皆不爲奴。鄭注謂坐爲盜賊而爲奴者，輸于罪隸。此據漢法以況爲盜賊之罰，其實凡有罪皆得輸入，箕子是有爵者，雖有罪，不得爲奴，故必佯狂，而後得以没入。先鄭《司厲》注云箕子爲之奴，罪隸之奴也，是也。」光瑛案：《戰國策・秦策》：「范雎說秦王曰：箕子接輿，漆身爲厲，被髮爲狂。」《文選》東方朔《非有先生論》注引《尸子》曰：「箕子胥餘，漆體而爲厲，被髮佯狂。」沈欽韓曰：「箕子名胥餘，見《莊子》釋文引司馬注。（見《大宗師》釋文，沈誤記爲《應帝王》。）《策》謂胥餘爲接輿，是分一人爲兩人矣。《韓詩外傳》三：太公曰：愛其人及屋上烏，惡其人者憎其胥餘。（又見《說苑・貴德篇》。）則胥餘正是爲奴之事，非箕子名也。崔譔又以胥餘爲比干名，亦非也。」又曰：「羅泌《路史》以箕子爲舜後箕伯之後，傅會《宋世家》云：箕子，紂親戚也，蓋外親。不知《史》所云親戚，卽是父兄之稱。（中有引證親戚二字之誼，因一卷《祁奚章》已言，故從畧。）泌妄人也，舉一端，可以槩其杜譔僻戾，而不足齒矣。」以上沈說皆是，駁羅泌說尤允當。潘氏維城《論語古注集箋》亦云：「《史記・宋世家》正義引司馬彪說，箕子名胥餘。錢坫《論語後録》引《司厲》注，謂胥餘疑以罪言之，非名也。《詩》淪胥以鋪，淪胥卽重胥，重以爲閽，胥者胥靡之胥，餘猶言刑餘也。《吕氏春秋》曰：傅說，高宗之胥靡。《漢書・楚元王傳》：申公白生諫，不聽，胥靡之。是古有此刑矣。汪中《經義知新録》引《莊子・大宗師》云：若將不偕務光、伯夷、叔齊、箕子、胥餘、紀它、申徒狄，是役人之役，適人之適，而不自適者也。然則胥餘非箕子之名也。」以上潘氏引錢、汪二說爲證，亦不以胥餘爲箕子名，可與沈說互證。《尚書・微子篇》僞孔傳，以父師太師爲箕子，少師爲比干，與《史記・殷、周本紀、宋世家》不合。集解於《宋世家》遂云：「時比干已死，而云微子欲去，問太師少師，似誤。」宋周密《齊東野語》卷一云：「三處皆以太師少師非箕子比干。獨《周本紀》明言太師名疵，少師名彊。《漢表》亦有太師疵、少師彊，殊與孔傳不合。二子同武帝時人，何以見異而言不同」等語。不知孔傳本王肅僞造，暗襲鄭注，鄭注以前，並無以太師少師當箕、比者，此不足深辯。或疑《韓非·説林》謂紂爲長夜飲，失日，以問左右，盡不知。以問箕子，箕子曰：爲天下主，而一國皆失日，天下危矣，一國不知，我獨知之，吾其危矣。辭以醉而不知。以爲此即佯狂之證。然紂雖無道，何至失日，即失日，亦何至舉國皆忘，而箕子獨知之。其言荒誕不經，出於戰國策士譎言，沈欽韓亦已駁正，不宜據以解此。**接輿避世**，《高士傳》曰：「陸通，字接輿，佯狂不仕，時人謂之楚狂。」（陸通姓名，本《列仙傳》。）《韓詩外傳》二：「楚狂接輿躬耕以食，其妻之市，未返，楚王使使者齎金百鎰造門，曰：大王使臣奉百鎰，願請先生治河南。接輿笑而不應，使者不得辭而去。妻從市而來曰：先生少而爲義，豈將老而遺之哉，門外車轍，何其深也。乃夫負釜甑，妻戴紝器，（紝即任字，任器見《周禮》及《晏子内篇·諫上》，猶今言什物也。《説文·人部》：什，相什保也。《周禮·族師》注：保，猶任也。《周禮·牛人、司隸》皆有任器，注：任，猶用也。《列女傳》亦作紝字。《外傳》俗本作織器，《渚宫舊事》引作紝，與《列女傳》合。）變易姓字，莫知其所之。」此接輿避世之事，與《列女傳》老萊子妻、楚於陵妻事畧同，殆一事而傳之者異也。（《外傳》九有莊王使使聘北郭先生事，亦一事之傳譌。）包咸《論語》注以接輿爲作者七人之一。《莊子·逍遥游》釋文：「輿，一作與。」梁玉繩曰：「《史記評林》載胡纘宗謂接輿是與夫子之輿相接，妄也。《莊子·逍遥游、人閒世、應帝王》、《戰國·秦策》、《荀子·堯問》、《楚辭·涉江》、《韓詩外傳》二、《史記·鄒陽傳》、《法言》並稱接輿，胡孝思豈俱未寓目乎。乃近時有仍其説者，謂前云楚狂接輿，後云孔子下，有輿字在前，不復用車字，見《論語》書法之妙，《莊子》以爲人名，不足信。見閻氏《四書釋地三續》。毛氏奇齡《西河集・答柴陛升論子貢弟子書》亦謂接輿與孔子下爲文，不是人名。而錢唐馮氏《解舂集》又謂接其姓，輿其名，引齊有接子作證，余皆未敢然之。」案：包咸注《論語》孔子下云：「下，下車也。」蓋亦以接輿爲接孔子之輿。江氏聲《論語竢質》謂其不欲人知，而以皇甫謐造設姓名爲妄。翟灝《四書考異》反據謐說，證接輿之非姓名，謬矣。方氏觀旭《論語偶記》云：「案《國策》，范雎對秦王曰：箕子接輿，漆身爲厲，被髮爲狂。不惟傳其名，並傳其行，戰國去孔子未遠，當足爲據。鄭注孔子下云：下堂出門也。《莊子・人間世篇》孔子適楚，楚狂接輿游其門曰，鳳兮鳳兮云云，則遇非過車前，何得因其接輿而歌，遂彊名之。」以上諸說，皆辨接輿非以接孔子車爲名，是也。接輿作歌以風孔子，必遯隱後之所言。《外傳》記楚王聘治河南，接輿乃與妻偕隱，變易姓字，則接輿乃其未隱時所傳之名，必非因接夫子之車而得名明矣。《楚辭・涉江》云「接輿髡首」，髡首如仲雍之被髮，與漆身同爲陽狂之行，故《策》及此文，均以與箕子並稱也。《漢表》列四等。**恐遭此變也。**「變」、《史》、《漢》、《漢紀》、《文選》俱作「患」。《文選》無「也」字。**願大王熟察玉人、李斯之意，**《漢書》、《荀紀》、《文選》無「熟」字，《史》作「孰」，是，熟字俗。「玉人」，《史》作「卞和」。**而後楚王、胡亥之聽，**《索隱》謂以楚王、胡亥之聽爲謬，故後之而不用。後，猶下也。李善、顏師古說畧同。《漢紀》句首有「然」字，「後」下有「改」字。案：後，謂且以爲後也，不曰改而曰後，措詞之婉也。《漢紀》加一「然」字，似失語妙，下文「後魯宋之聽」句同。**無使臣爲箕子、接輿所歎。**歎，《史》、《漢》、《選》、《紀》皆作「笑」。「無」，《漢》、《選》作「毋」，是無叚借字。**臣聞比干剖心，**比干，紂諸父，見《孟子・告子篇》（《易林》泰之剥，家人之革，稱爲干叔。）及《論語》注。趙岐注《孟子》言紂與微子、比干有兄弟之親。此因微子於紂爲兄弟，連及之。如《孟子》云「以紂爲兄之子且以爲君，而有微子啟、王子比干」，亦因比干而互及微子，古人文法每如此。《史記·殷本紀》云：「紂愈淫亂不止，微子數諫，不聽，乃與太師少師謀，遂去。比干曰：爲人臣者，不得不以死爭。乃強諫紂，紂怒曰：吾聞聖人心有七竅。剖比干，觀其心。」此比干剖心之事，又見《書·僞泰誓》、《史記·宋世家》、《韓詩外傳》、本書《節士篇》、《史記·殷紀》正義引《括地志》等書。《書》疏引《帝王世紀》云：「紂剖比干妻，以視其胎。」此因《書》有刳剔孕婦之文，傅會之，疑未足據。《呂氏春秋·過理篇》云：「紂殺比干而視其心，不適也。孔子聞之曰：其竅通，則比干不死矣。」注：「孔子言紂一竅通，則比干不殺也。」《路史·國名紀》四：「商後有比國，卽沘水，爲比干之封。」是以比爲國，干其名。又《後紀》十注云：「以四月四日生。」均未詳所本。《水經·清水注》云：「葬朝歌縣南牧野。」《史記·周本紀》正義：「比干墓在汲縣北十里，武王克殷，始封其墓。」《史記》稱比干爲紂之親戚，古人稱父爲親戚，說詳一卷《祁奚章》注。諸父亦稱親戚者，猶諸父兄弟子得稱父子之例也。（見七卷《延陵季子章》注。古同族昆弟，亦可稱親戚。《祁奚章》注詳論之。）又《路史·後紀》十、《通志·氏族》林氏注云比干子名堅，亦未詳。《漢表》列二等。《漢記》此句下接「夫偏聽生姦」一段。子胥鴟夷，子胥注見二卷首章。鴟夷見上章注。臣始不信，乃今知之，知，謂明其理。一曰：知，猶見也。《呂氏·自知篇》：「文侯不說，知於顏色。」高注：「知，猶見也。」《管子·內業篇》：「和於形容，見於膚色。」鎦績注：「和當作知。」彼文與此同誼，凡經傳中，如見義不爲無勇也，見賢而不能舉，見不善而不能退諸文，見皆訓知。又《呂氏·報更篇》「齊王知顏色」，注：「知，猶發也。」《情欲篇》「而終不自知」，注：「知，猶覺也。」發與覺，皆與見誼近。《孟子》「王知夫苗乎」，知亦訓見。上章《樂毅書》「蚤知之士」，鮑彪注《國策》：「蚤知，先見也。」正取此誼，（參上章注。）似勝前一說。顧大王熟察之，少加憐焉。「熟」，《史》、《漢》作「孰」，注見前。《史》、《漢》、《選》三書無「之」字。諺曰：《漢》、《選》「諺」作「語」。諺，古代遺言，見上《燕王書》注。有白頭而新，《文選》無「有」字。「而」，三書俱作「如」，古而與如聲轉通用。《孟子》：「文王視民如傷，望道而未之見。」而卽如也，上言如，下言而，互文耳。此例甚多，凡而如互通用之證，《日知録》、《經傳釋詞》舉之甚詳。（顧書卷三十二、王書七卷而如二字條下。）《史記索隱》引服虔云：「人不相知才能，交至白頭，猶如新也。」《漢書》注：「孟康曰：初相識至白頭不相知。」宋祁曰：「此注未安。越本孟康作師古，南本初相識作初不相識。」王先謙曰：「初相識，謂識面也，至白頭不相知，謂不知心也，故尚如新識面之人，注文不誤，宋説誤也。《史記集解》引《桓譚新論》，言內有以相知與否，不在新故也。《文選》注引《漢書音義》曰：「或初不相識相知，至白頭不相知。卽引孟注，於至上妄增相知二字，文誼益不可通。」案：王説皆是。傾蓋而故，「而」，三書作「如」。凌稚隆曰：「《説苑》作白頭而新，傾蓋而故。」案凌引《説苑》卽本書，記憶之誤也。文穎曰：「傾蓋，猶交蓋駐車也。」《索隱》曰：「傾蓋如故，如吳札、鄭僑也。」《家語》「孔子遇程子於途，傾蓋而語。」又《志林》云：「傾蓋者，道行相遇，駢車對語，兩蓋相切，小欹之誼，故云傾蓋也。」案李善《文選》注亦引《家語》事，以證傾蓋之誼。傾蓋者，立談之頃。故，謂故交。立談之頃，卽如舊相識也。何則，知與不知也。知則傾蓋如故，不知則白頭如新。或知或不知，故有新故之別，不在時之久暫。昔者，樊於期逃秦之燕，藉荊軻首，以奉丹之事，「昔者」，《史》作「故昔」，《漢》、《選》無「昔」字及下「之」字。（六臣本有下之字。）之燕之之，往也，見《爾雅·釋詁》。樊於期，《漢武梁碑》作「於其」，其期同聲通用，本秦將，亡之燕，客太子丹所。《燕策》：「荊軻謂於期曰：秦之遇將軍，可謂深矣，父母宗族，皆爲戮没，今聞購將軍首，金千斤，邑萬家，將柰何。樊將軍仰天太息流涕曰：臣每念，常痛於骨髓，顧計不知所出耳。軻曰：今有一言，可以解燕國之患，而報將軍之仇者，何如。樊於期乃前曰：柰何。荆軻曰：願得將軍之首，以獻秦，秦王必喜，而善見臣，臣左手把其袖，而右手揕抗（紹弼案：《國策補注》揕一作抗，故他本連有二字。《索隱》：抗，拒也。義非。然則不當連書甚明，蓋箸者一時失考。）其胸，然則將軍之仇報，而燕國見陵之恥除矣，將軍豈有意乎。樊於期偏袒扼腕而進曰：此臣日夜切齒拊心也，乃今得聞教。遂自歾。乃遂盛於期首，函封之，爲裝遣荆軻。」是其事也。《一統志》云：「樊於期葬直隸保定府蠡縣東北四十里。」《魏書·地形志》謂在陳留浚儀。《寰宇記》一謂在開封縣南十三里。未知孰是。《漢表》列於期五等。師古曰：「藉，假也。」案：古書多以藉爲借，同聲通用字。奉，猶助也。《淮南子·説林訓》「風雨奉之」，高注：「奉，助也。」即此奉字之誼。王奢去齊之魏，臨城自刎，紹弼案：宋本作「剄」，當從之。以卻齊而存魏。《史記集解》引《漢書音義》曰：「王奢，齊人也，亡至魏，其後齊伐魏，奢登城，謂齊將曰，今君之來，不過以奢之故也，夫義不苟生以爲魏累，遂自剄也。」三書「刎」作「剄」。《説文》無刎字，新附收之，古止作歾字。王奢、樊於期，非新於齊、秦，而故於燕、魏也，三書句首有「夫」字，此承上文新故言。謂二子肯爲燕、魏死，而去齊、秦若浼；其非以與齊、秦爲新交，於燕、魏有故情，明矣。何則，以二子自齊、秦出奔，齊、秦乃其故主，燕、魏是新交，而厚薄易位，即白頭而新傾蓋而故之説。所以去二國，死兩君者，二國謂齊、秦，兩君，燕、魏之君也。兩。當作兩。兩，二十四銖字。行合於志，而慕義無窮也。《漢書》無「而」字。言燕、魏兩君行誼，合乎二子之志，故感慕其恩，尋釋於無窮也。是以蘇秦不信於天下，爲燕尾生；《索隱》：「服虔曰：蘇秦於秦，不出其信；於燕，則出尾生之信。韋昭曰：尾生守信而死者。」案：言蘇秦於燕，獨守信如尾生，故云爲燕之尾生也。晉灼曰：「説齊宣王使置燕十城，又令閔王厚葬以弊齊，終死爲燕也。」師古曰：「尾生，古之信士，守志亡軀，故以爲諭。」案：蘇秦東周雒陽人，蘇忿生之後，（見《索隱》。）所居乘軒里。《趙策》字季子，（《史集解》引譙周以爲字，《索隱》謂其嫂呼爲小叔耳，未必是字也。）車裂於齊之市。（《趙、楚策》及本傳。）《趙策》吳注引《河南志》云：「葬洛陽城東御道北孝義里西北隅。」《一統志》云：「在青州益都縣東二十五里。又見般縣西。」未詳孰是。《漢表》列六等。《論衡・答佞篇》：「蘇秦、張儀，從横習之鬼谷先生，掘地爲坑，曰：下説我，令我泣出，則耐分人君之地。蘇秦下説，鬼谷先生泣下沾襟。」此單言蘇秦説之。《明雩篇》又云：「蘇秦、張儀説坑中鬼谷先生，泣下沾襟。」則兼及張儀矣，或因秦而並及儀與。《淮南・説林》云「蘇秦以百誕成一誠」，蓋卽二語之確詁。尾生卽微生高，見《漢表》顔注，尾微一聲之轉。《説文・尾部》：「尾，微也。」尾與微聲誼皆同，故相通假。吳氏玉搢《别雅》云：「《尚書》鳥獸孳尾，《史記・五帝紀》作微。」是其證也。《論語》「孰謂微生高直」，僞孔注：「微生姓，高名。」光瑛案：以微生畝例之，則謂微生爲姓是也。或言古書多言尾生，未必但舉其姓，當以尾爲姓，生者，如賈生、董生之比，卽先生之短言，未必然也。《莊子・盜跖篇》：「尾生與女子期於梁下，女子不來，水至，不去，抱柱而死。」《燕策》「蘇代曰：信如尾生高。」《説苑・立節篇》：「王子比干殺身以成其忠，尾生殺身以成其信，（《韓詩外傳》作柳下惠，非，柳下惠無殺生之事。趙懷玉校本反據以駁《説苑》，大誤。）伯夷、叔齊殺身以成其廉。」《史記・蘇秦傳》曰：「今有孝如曾參，廉如伯夷，信如尾生。」《陳丞相世家》：「今有尾生孝己之行，而無益於勝負之數，陛下何暇用之乎。」《淮南・氾論訓、説林訓》皆言尾生之信。《漢書・東方朔傳》：「勇若孟賁，捷若慶忌，廉若鮑叔，信若尾生。」是尾生之事，爲古人所盛稱，當時亦競傳其直，故夫子辯之。《淮南・説山》云：「尾生死於梁柱之下，此信之非者。」持論亦允。《説林》云：「尾生之信，不如隨牛之誕。」則貶之似少過。高硜硜自守，不失爲廉静之士。《漢表》列在五等中中，最當。服虔謂秦於秦不出其信，若然，是獨不信於秦，非不信於天下也。晉灼引令宣王還燕十城，及令閔王厚葬以弊齊證之，是獨不信於齊，亦於天下胡與。且説閔王乃蘇代事，非蘇秦也。愚謂欲云秦爲燕尾生，乃先云不信於天下，此文章抑揚之妙，措詞稍有輕重，不必過執，更不必求其事以實之。沈欽韓曰：「《燕策》蘇秦嘗以曾參、尾生激説燕易王，不當云爲燕尾生也。」此説亦近膠固。又云：「《韓策》公仲數不信於諸侯，諸侯錮之，蘇代曰：此方其爲尾生之時也。」與此語相類，鄒陽亦約畧言之，則通論也。（沈氏亦辯晉灼誤引蘇代事。）《史記》「爲」上有「而」字。《文選》六臣本無「於」字，李善注本有。

白圭戰亡六城，爲魏取中山。

中山注見一卷。《史記集解》張晏曰：「白圭爲中山將，亡六城，君欲殺之，亡入魏，文侯厚遇之，還拔中山。」《史記·貨殖列傳》：「白圭，周人也，當魏文侯時，李克務盡地力，而白圭樂觀時變。人棄我取，人取我與，薄飲食，忍嗜欲，節衣服，與用事童僕同苦樂，趨時若猛獸鷙鳥之發，天下言治生祖白圭。」《吕氏·先識篇》云：「白圭之中山，中山之王欲留之，固辭去，又之齊，齊王欲留之，又辭去。人問其故，曰：二國者皆將亡。所學有五盡，何謂五盡，曰：莫之必，則信盡矣；（《説苑·權謀》作莫之必忠，則言盡矣。）莫之譽，則名盡矣；莫之愛，則親盡矣；行者無糧，居者無食，則財盡矣；不能用人，又不能自用，則功盡矣。國有此五者，必亡，中山，齊皆當此。」《韓非·内儲下》云：「白圭相魏，暴譴相韓，圭爲（謂同。）譴曰：子以韓輔我於魏，我以魏待子於韓，臣長用魏，子長相韓。」以上白圭事之大畧也。《漢表》白圭列四等。閻若璩《四書釋地續》云：「《貨殖傳》之白圭，圭其名。《孟子》之白圭，名丹，圭則字爾。先後不同時，趙氏傅會以爲一人。《韓非書》白圭相魏，《鄒陽書》白圭戰亡六城，爲魏取中山，又白圭顯於中山云云，魏拔中山，在文侯十七年癸酉，下逮孟子乙酉至梁，凡七十三年，縱存，尚能爲國築隄防，治水害乎。」毛奇齡《四書改錯》説畧同。（惟誤引《鄒陽傳》語作《韓非子》。）全氏祖望《經史問答》云：「宋人鮑彪已言之，但魏人當昭王時，是孟子之後輩，見《國策》，不知潛丘何以不引及，鮑彪謂當是孟子所稱者。」周氏廣業《孟子時地出處考》云：「閻氏、毛氏並言有兩白圭，今考《韓非子》有云：白圭之行隄也，塞其穴，故無水難，《呂子》載白圭與惠施析辯二條，《新序》有孟嘗君問白圭之文，則其爲別一人無疑。乃《史》又稱白圭自言，吾治生産，猶商鞅之行法，則正與孟子同時。《戰國策》昭王時白圭始見，而拔中山者言樂羊，不言白圭。《史》及鄒陽之説，又恐誤以武侯當文侯。」梁氏玉繩《人表考》云：「七國時前後有兩白圭，《史・貨殖傳》白圭，當魏文侯時，（原注：《史》述其言有商鞅行法語，乃記者潤益之。）卽《韓子》、《鄒陽傳》之白圭，乃周人之白圭也，圭其名。《呂子・聽言、先識、不屈、應言、舉難、知分》等篇，稱白圭與惠施、孟嘗君問答，《韓子・諭老》白圭行隄，塞其穴，無水難，《魏策》載白圭二事，在昭王時，蓋爾時猶存，此魏人白圭也，丹名圭字。《漢表》列白圭於孟子、魏惠王之閒，（案：三人不同等，此語殊不可解。）則爲魏白圭無疑。（案：梁氏此説甚誤，《漢表》列白圭於商鞅之前，則必爲魏文時之白圭。）閻氏《四書釋地續》曾辨之，惟趙岐誤注周人，《國策》鮑注指其誤，而高注《呂覽》亦曰周人，凡三見，並錯合爲一人。《法言》曰：子之治産，不如丹圭。已先錯矣。」沈欽韓曰：「《呂子・應言》之白圭，與惠施相難，與孟子同時。《國策》之白圭，在昭王時，去惠王時已四十年。而《鄒陽傳》之白圭，又在文侯時，若非兩人，便是鄒陽之誤。《孟子》圭自稱其治水，《韓子》言白圭行隄塞穴，是以無水難，是圭果有治水之名。」王氏先謙《漢書補注》云：「《魏世家》樂羊爲魏文侯拔中山，《説苑・復恩篇》吳起爲魏將，攻中山，爲軍人吮疽。無白圭取中山事。圭與孟子同時問答，據《呂覽・先識篇》：白圭之中山，中山之王欲留之，又之齊，齊王欲留之，圭皆不就。有五盡之説，後中山果亡於趙，齊閔王爲燕所破殺，與孟子時事吻合。是圭實當後中山亡時，若前中山之見滅於魏時代不相及也，此別一白圭，與樂羊、吳起同時，爲魏將兵者。」總以上諸説觀之，白圭之非一人，確鑿無疑義。張晏謂圭戰亡六城，中山君欲殺之，乃亡之魏。《呂氏·先識》謂白圭之中山，中山君欲留之，圭固辭去。使爲一人，斷無欲殺復留之理。況詳圭所言，似本不仕中山。則《呂書》所載之白圭，與此白圭決非一人。惟《貨殖傳》之白圭，余尚疑其非取中山之白圭，蓋圭既善用兵，何以列之《貨殖傳》，一也；既列《貨殖傳》，胡不一及其取中山事，二也；取中山之白圭，僅見《鄒陽傳》及張晏注，初未言爲周人，閻、毛諸人，亦不過因傳言其與魏文侯、李克同時，定其爲一人爾，初無別據，三也；圭取中山，人或惡之於文侯，文侯投以夜光之璧，則是尊寵任職，得君如此其專，何至規規爲治生之事，與童僕雜作，四也；既云與文侯同時，何以自比孫、吳、商鞅，夫吳起尚及事文侯，商鞅則遠在其後，梁氏謂記者增益，實無解於史公之矛盾，而爲之辭爾，五也。有此五證，故疑《貨殖傳》之白圭，非即取中山者，或又別爲一人，有三白圭與。宋翔鳳《孟子趙注補正》引管氏説，亦斷白圭有三人，謂《貨殖傳》之白圭，史公誤以爲與文侯同時，其説良是。而宋氏又謂《貨殖》白圭，與《孟子》之白圭爲一人，則游疑無定，不如管氏以《韓子》行隄治水之白圭，爲即《孟子》所稱者之確。白圭戰亡六城，不容於國，亡入魏，反爲魏取中山，其人反覆傾險，視樂毅之奔趙不敢謀及燕之徒隸者，相去遠矣。不識鄒陽何以稱之。《韓子·内儲》相魏之白圭，與此當爲一人，觀其通鄰國之相，欲長有韓、魏，冒利無恥，可以概見。陽於李斯，且許以盡忠，何有於圭。但有圭而後世之效圭所爲，賣君國以求榮者紛紛矣，此可慨也。

何則，誠有以相知也。六臣本《文選》「誠」誤「成」。言士爲知己所用。蘇秦相燕，人惡之於燕

王，燕王按劍而怒，食之以駃騠；《史記集解》引《漢書音義》曰：「駃騠，駿馬也，而更膳於珍奇之味。」《索隱》引《字林》云：「馬父贏子。贏俗作騾，北狄之良馬也。」《正義》曰：「食音寺，駃騠音決蹄。」（師古注畧同。）李善曰：「惡，謂讒短也。」案《蘇秦傳》：「燕易王使蘇秦復故官，益厚遇之。易王母，文侯夫人也，與蘇秦私，燕王知之，而事之加厚。秦乃説燕王曰：臣居燕，不能使燕王重，而在齊，則燕王必重。燕王曰：唯先生之所爲。於是蘇秦詳爲得罪而適齊，齊宣王以爲客卿。宣王卒，湣王立，説王厚葬，高宮室，大苑囿，欲破敝齊而爲燕。」又記燕昭王云：「先王嘗有德蘇氏，子之之亂，而蘇氏去燕，燕欲報齊，非蘇氏莫可。」皆燕王厚遇蘇秦之事也。《説文・言部》：「誣，相毁也。」古書每叚惡爲之，凡内外傳言相惡交惡，皆當作誣。《漢書・廣川惠王越傳》「若數惡望卿」，注：「惡，謂讒毁也。」《樊噲傳》「人有惡噲黨於吕氏」，師古注曰：「惡，謂毁譖，言其罪惡也。」《張禹傳》「數毁惡之」，注曰：「惡，謂言其過惡。」諸惡字並是誣字叚借。惡從亞聲，故周亞夫印字作惡。（宋人説部記劉原父説，習見。）《説文・手部》：「按，下也。」此本誼，引申爲拊揗之誼，故《説文》數字亦相次也。小司馬引《字林》説，本於許氏。《説文・馬部》：「駃，駃騠，馬父贏子也，从馬，夬聲。」「騠，駃騠也。从馬，是聲。」《廣雅・釋獸》：「駃騠，馬屬。」《周書・王會篇》「正北以野馬、騊駼、駃騠爲獻。」《衆經音義》二：「駃騠，駿馬也。《列女傳》曰：生月超其母。是也。」案：今《列女・辯通》作「生七日而超其母」，與《史記集解》引《漢書音義》同。《李斯傳》：「而駿良駃騠，不實外廐。」《索隱》引郭璞《上林賦》注作「生三日而超其母」。《後漢書・杜篤傳》注與《漢書音義》同，《通典》又作十日，皆傳説之異。玄應書月字誤，當作日，上奪一字。《廣韵》「駃馬日行千里」，《史記・匈奴傳》索隱引《發蒙記》云：「駃騠，刳其母腹而生。」《淮南・齊俗訓》六「騏驥騆駃騠」，許注：「駃騠，北翟之良馬也。」《廣志》作決蹄。王念孫曰：「騠或作題。《御覽》引《尸子》云：文軒六駃題，無四寸之鍵，則車不行。駃之言赽，騠之言踶，疾走之名也。《釋詁》云：赽，疾也。《釋宮》云：駃，奔也。《説文》：趹，馬行貌。赽，踶也。高誘注《淮南・脩務訓》云：踶，趨走也。」（《廣雅疏證》卷第十下。）案：本字當取赽踶爲誼，王説是也。因馬屬，故字從馬，孳乳字也。《史記》作「燕人惡之於王，王按劍而怒，食以駃騠」。《漢書》無「於」字，多下「之」字。《文選》無下「之」字。

白圭顯於中山，中山人惡之於魏文侯，文侯投以夜光之璧。

李善曰：「言白圭拔中山而尊顯，而人説短於侯。」師古曰：「以拔中山之功而尊顯也。」各本不疊「文侯」二字，案：《史》、《漢》、《選》三書均疊字。上文燕王複舉，則此二字亦當複明矣。今依三書補「文侯」二字。六臣注《文選》本不疊，與此同誤。又《漢書》、《文選》不疊「中山」字，六臣本《文選》有。《史記》無「於」字，「以」上有「之」字。《漢書》「投」作「賜」，無「以」字。（一本仍有以字。）賜以璧者，因人惡而益尊寵之。投賜誼近，讀如投我以木瓜之投。夜光者，璧名。《戰國策》曰：「張儀爲秦破從連横，説楚王，楚王遣車百乘，獻駭雞之犀，夜光之璧。」《淮南子》曰：「和氏之璧，揖讓而進，以合歡；夜以投人，則爲恐　時與不時。」據此，則夜光璧卽和氏璧。故下文云：「夜光之璧，以暗投人於道，莫不按劍相盻。」（盻宋本作眄，非，詳下注。）又云「雖出隨侯之珠，夜光之璧」，《漢書》作「雖出隨珠和璧」，皆其證。隨珠亦名夜光，又名明月。《文選・西都賦》注引許慎《淮南子》注曰：「夜光之珠，有似明月，故曰明月也。」高誘以隨侯爲明月，（上引高誘《淮南》注，故云。高注已引在一卷《秦欲伐楚章》注，茲不復引。）許慎以明月爲夜光。班固上云隨侯明月，下云懸黎垂棘，夜光在焉。然班以夜光非隨珠明月矣。以《三都》合爲一寶，經典不載夜光本末，故説者參差。《西京賦》曰流縣黎之夜光，《吳都賦》曰隨侯於是鄙其夜光，鄒陽云夜光之璧，劉琨云夜光之珠，《尹文子》曰田父得寶玉徑尺，置之廡上，其夜明照一室。然則夜光爲通稱，不繫之於珠璧也。」案《選》注之說最通，此云夜光，則自指和璧言之。何則，兩主二臣，兩主，燕王、文侯，二臣，蘇秦、白圭。剖心折肝相信，「折」，各本作「析」，與《漢》、《選》同。宋本作「折」。與《史》同。師古曰：「析，分也。」則字本作析。《文選旁證》云：「《史記》析誤折。」案：析折本通用字，折亦有分訓。《公羊桓十一年經》「盟于折」釋文：「折本作析。」《說文·木部》：「析，破木也，一曰折也，從木、從斤。」則析折之通用明矣。（《說文》斯字、披字下並曰：析也。皆取破分之誼。）宋本及《史》作「折」，用叚字不誤。今人但知折有屈折誼，故以折爲非，今仍宋本不改。紹弼案：宋本作析，不作折，不知箸者何據而云然。豈移於游辭哉。《周易·繫辭下》曰：「誣善之人其辭游。」《正義》曰：「游，謂浮游。誣罔善人，其辭虛漫，故言其辭游也。」師古曰：「不以浮說而移心。」案：師古以浮訓游，正合《易·繫》之誼。游辭二字，語亦本於《易·繫》。紹弼案：「游」當從宋本作「浮」。故女無美惡，居宮見妬，《漢紀》自此下至「豈惑於浮辭哉」止（浮辭，此作衆口，《史》、《漢》、《選》同。）一段，移在「以左右先爲之容也」句下，其敍次與諸書不同。妬俗字，當作妒。諸書「居」作「入」。言女勿問貌美惡，在宮無不受妒者，處勢使然也。古無發聲之例，四聲通押，美惡字讀烏怒反，與妒爲韻。猶《離騷》云「好蔽美而稱惡」，以惡字與寤固古爲韻，亦讀烏怒反。顧炎武、錢大昕諸人，論之詳矣。士無賢不肖，宋祁曰：「南本《漢書》賢下有愚，衍字，不可從。」案《漢紀》作「士無賢愚」，疑古本作「士無愚賢」，《荀紀》亦同。後人妄加不肖字，旁注其下。入朝見嫉。言士無論賢不肖，在朝則無不受嫉。《說文》無嫉字，《人部》㑵下云：「妎也，从人，疾聲。」段注云：「妎者，妒也。《離騷》注：害賢曰嫉，害色曰妒。如曰女無美惡，入宮見妒，士無賢不肖，入朝見嫉。是也。渾言則不別。古亦叚疾。」案：㑵正字，疾省借字，嫉字俗，今則嫉行而㑵廢矣。肖與嫉不合韻，

《漢紀》作「士無賢愚」，南本《漢書》作「士無賢愚不肖」，不肖字淺人妄加，當作士無愚賢，賢與疾爲韻。（依段表，賢聲疾聲同列十二部。）今本誤倒其字，但《史》、《漢》、《選》及本書皆同，承譌已久，姑仍其舊。**昔者，**各本無「者」字，宋本有。案《史》、《選》亦有「者」字，今從宋本。**司馬喜臏於宋，**諸書「於」上有「脚」字。「臏」《史》作「髕」，是，臏者髕之俗。《史記集解》「晉灼曰：司馬喜三相中山。蘇林曰：六國時人，被此刑也。」《索隱》曰：「事見《戰國策》及《呂氏春秋》。」李善《文選》注：「《尚書・呂刑》曰：臏者，脱去人之臏也。」郭璞《三蒼解詁》曰：「臏，膝蓋也。」案：「喜」《策》作「憙」，聲誼俱近，通用字。憙事中山，《策》凡三見，蓋亦縱横反覆之徒，與范雎同。陽詞人，未聞道，故稱述之爾。《呂覽・應言》云「司馬喜難墨者師於中山王前以非攻」，高誘注：「趙之相國。」誘蓋誤以中山爲趙。《漢表》列五等。《説文・骨部》：「髕，膝耑也。」《大戴禮》曰：「人生朞而髕。」髕即今人所謂膝蓋。胡氏紹煐《文選箋證》云：「李善注引《呂刑》語，今《呂刑》無此文。梁氏《旁證》引王鳴盛云：剕辟疑赦，伏生《書傳》剕作髕，《周本紀》同。《漢書・刑法志》剕罰之屬，亦作髕罰之屬。《公羊襄二十九年》疏引鄭駁異義云：皋陶改髕爲剕，《呂刑》有剕，周改剕爲刖。《司刑》注：刖，斷足也。髕臏誼通，善注臏者句，疑是《呂刑》古注。（紹煐案：《古微書》引《書刑德考》曰：臏者，脱去人之臏也。與此引同。）蓋本《尚書緯》之文，當本作《尚書傳》曰，如《易傳》之類，後人不察，因改爲《呂刑》也。」案：胡氏謂善注引《尚書緯》文，是也；謂後人妄改，非也。古人引傳注緯書，每蒙用本書之名，如《後漢・匈奴傳》注引前書曰南郡秭歸人，此本《漢書音義》，見《元帝紀》注。《隋書・經籍志》：《世本》二卷，劉向譔。又《世本》四卷，宋衷譔。劉、宋皆非箸書之人，亦以注蒙本書之名，故王氏疑爲《呂刑》古注也。其引緯蒙經名者，如《禮記經解》引《易》曰「君子慎始，差若豪釐，謬以千里」之類，是。《書刑德考》亦緯名，《文選・西征賦》注亦引此語。稱《尚書刑德考》，卽孫瑴所本，（孫瑴輯《古微書》者。）善注正采此文。段氏玉裁《說文解字注》云：「古者五刑，髕宮劓墨死。臏者髕之俗，去膝頭骨也，周改髕作跀，其字借作刖，斷足也，漢之斬趾是也。（《說文》無趾字，古但作止。）髕者廢不能行，跀者尚可著踊而行。踊者，刖足者之屨。《莊子》兀者叔山無趾踵見仲尼，崔譔云：無趾故以踵行。（案：足跟字當作歱。《說文・止部》：歱，跟也。《足部》、踵，追也，一曰往來皃。二誼判別。《釋名》云：足後曰跟，或曰踵。則已混歱踵爲一字，今則踵行歱廢。）是則刖輕於髕也。《古文尚書・呂刑》說夏刑作剕。《周本紀》、《漢・刑法志》、《周禮・司刑》注引《尚書大傳》皆作髕。《周禮》注云周改髕作刖，而《公羊》疏引鄭駁異義云臯陶改髕爲剕，《呂刑》有剕，周改剕爲刖。與《周禮》注不合。《足部》云：𨁈，跀也。𨁈卽剕字，是許謂𨁈卽跀矣。鄭析𨁈跀爲二，不知其制何以分別。竊謂《周禮》注爲長，駁異義則未定之論，許說亦非是也。剕惟見於《呂刑》，他經傳無言𨁈言剕者。蓋𨁈者髕之一名，故《周禮》說周制作刖，《呂刑》說夏制，則《今文尚書》作臏，《古文尚書》作剕，實一事也。周改髕爲跀，卽改𨁈爲跀也。許釋𨁈爲跀，非。鄭云臯陶改髕爲𨁈，亦非也。髕作𨁈，如《禹貢》蠙作玭，《商書》紂作受，音轉字異，非有他也。」黄氏以周《禮書通故》云：「鄭意，臏者，脫其臏也；剕者，斷其趾也；刖者，斷其足也。《白虎通義・五刑篇》曰：剕者，脫其臏也。是以剕爲臏。《漢・刑法志》孟康注：臏者，刖左右趾。是又以臏爲剕也。《說文》剕作𨁈，刖作跀。𨁈，跀也；跀，斷足也。是又以剕爲刖也。《史記》龐涓召孫臏，以法刑斷其兩足。是又以刖爲臏也。《說文》：髕，膝耑也。脫其髕，謂剔去其膝耑骨，使不能行，重於剕而輕於刖。」孫氏詒讓《周禮正義》曰：「黄氏推駁異義說，深得其恉。但《莊子》釋文引崔譔說，亦以剕爲刖。蓋髕剕刖通言之皆爲足刑，故古書咸不甚析別，唯駁異義顯區爲三，故謂臏與剕異。《周禮》注直云周改臏作刖，下引《呂刑》復以剕爲髕，是鄭實如段說，謂剕臏實爲一刑，與駁異義說自不同。賈并爲一，非也。」光瑛案：《說文·肉部》云：「腓，脛腨也。」蓋脛後謂之腓，足之筋節在焉，去腓則不能行，重於刖而輕於髕，故改髕爲剕，改剕爲刖也。䠊之爲剕，猶跀之爲刖，因去腓，故字從非也。鄭注《周禮》云周改髕作刖者，渾言之；《公羊》疏引駁異義云皋陶改髕爲剕，周改剕爲刖者，析言之也。諸書或以髕爲䠊，或以䠊爲跀者，則誠如孫氏之言，皆爲足刑，故不甚分析也。理本甚明，初無窒礙抵牾之處，諸家紛紛辯難。皆自爲多岐，轉失其恉，今故詳引而辯之。卒相中山，事見《中山策》也。范雎拉脇折齒於魏，卒爲應侯。《史》、《選》「拉」作「摺」。《漢紀》作范雎「折脅於魏」。《索隱》：《應侯傳》作「折脅摺齒」，是也。《說文》云：「拉，摧也，音力答反。」李善曰：「《史記》曰：范雎隨魏中大夫須賈使齊，齊襄王賜范雎金十斤，及牛酒。須賈以爲持魏國陰事告齊，以告魏相魏之諸公子魏齊，使舍人笞擊范雎，折脇摺齒。雎得出亡，入秦，爲應侯。」《廣雅》曰：「摺，折也，力合切。」案：范雎事詳《史記》本傳。《漢書·揚雄傳》曰：「范雎以折摺而危穰侯。」又曰：「范雎，魏之亡命也，折脅拉髂。」《文選·解嘲》（當作啁。）拉作摺。晉灼於折摺句注云：「摺，古拉字。」是拉摺字同。錢大昭曰：「《公羊莊元年傳》拉幹而殺之，《史記》公子彭生抱魯桓公上車，摺其脅，又引晉灼注證摺卽拉字。」（《漢書辨疑》十八。）光瑛案：錢說是也。《公羊傳》一本作搚。《說文·手部》：「搚，摺也，从手，劦聲，一曰拉也。」搚拉摺三字誼同，故相關通。《說文》又云：「拉，摧也」，「摺，敗也」。敗卽摧敗之誼，此又訓詁之引申者也。《揚雄傳》云「拉脅拉髂」，官本《漢書》注引蕭該音義：「髂，口亞反。《字林》腰骨也。」《文選》注引《埤蒼》：「髂，腰骨也。」（《說文》無腰字，古書作要。）此言拉脇折齒不同者，紀載家各據所聞，小有出入。又文人秉筆，隨意所如，不規規於一二字句閒故也。范雎名，《韓非子·外儲說左上》、《漢武梁碑》作且。梁玉繩曰：「古人每以雎爲名，如《東周策》馮雎、《秦、楚、魏策》唐雎是已。而雎多作且，且與《燕策》夏無且、《衛策》殷順且、《史記》龍且之類同。故馮雎、唐雎《策》元作且，范叔之名，可例觀也。鮑注《衛策》云：名且者，皆子余反。《魏世家》索隱云：七餘反。乃《通鑑》胡注、《秦策》吳注皆音范雎爲雖。」錢宫詹曰：「范雎音雖，是誤爲目旁耳。」案：范雎名不當從目，前人多辨之，梁、錢説是。雎更姓名爲張禄，《説苑·善説篇》：「張禄掌門，見孟嘗君，孟嘗君爲之書寄之秦王，往而大遇。」或疑此即范叔詭名，非也，彼張禄別是一人。范雎説秦王云：「臣在山東，但聞齊有孟嘗，不聞有齊王。」《説苑》張禄見秦王，極言孟嘗之賢，而秦王且遺孟嘗千金。則非爲一人明矣。范雎《漢表》列五等。應者，地名。《秦策》應侯謂昭王章鮑注云：「《秦紀》應亭。《索隱》曰在河東臨晉。（今同州府朝邑縣西南二里。）徐云：潁川父城縣應鄉。《括地志》應鄉在汝州魯山縣東。後《策》應侯失韓之汝南，説者謂與應鄰，則在汝者爲是。」程恩澤曰：「《漢志》潁川郡父城縣應鄉故國，周武王弟所封。應劭曰：《韓詩外傳》周成王與弟戲，以桐葉爲珪，曰：吾以此封汝。周公曰：天子無戲言。王應時而封曰應侯。即此。（原注：《呂覽》、《史記》並以爲叔虞事，《史記·孝王世家》亦作封應，與《晉世家》不同。）《括地志》故應城因應山爲名，在汝州魯山縣東三十里，今同。（原注：洪亮吉作寶豐縣西南，蓋寶豐是父城縣，而應鄉在其西南，則當在魯山縣也。）」以上程説皆是。（《國策地名考》卷三。）小司馬以河東臨晉當之，失之不考。卒，終也。言二人終致通顯也。

此二人者，皆信必然之畫，捐朋黨之私，挾孤獨之交，故不能自免於嫉妬之人也。

盧文弨曰：「孤，本作狐，譌。」案《史記》「交」作「位」。《漢紀》無「皆」字，「獨」作「特」，「嫉妬」作「讒諛」，句末無「也」字。師古曰：「言直道而行，不求朋黨之助，謂忠信必可恃也。」畫，計也，音獲。王先謙曰：「信必然之畫，以爲計畫必行，果於自信。」案：王説是，勝小顔。捐，棄也。孤獨，謂在朝獨立，無黨援也。**是以申徒狄蹈流之河，**《史記》作「自沈於河」。《漢》、《選》作「蹈雍之河」。《史集解》引《漢書音義》曰：「殷之末世人。」《索隱》：「《莊子》申徒狄諫而不用，負石自投於河。韋昭云：六國時人。《漢書》云：自沈於雍河。服虔云：雍州之河也。又《新序》作抱甕自沈於河，不同也。」李善注《文選》引服虔曰：「殷之末世人也。」（與《集解》、《索隱》不同。）善曰：「《爾雅》曰：水自河出爲雍，言狄先蹈雍而後入河也。」小顔注畧同，並引江有沱河有雍爲證，駁服虔雍州之河之説。考狄事見《莊子》、《韓詩外傳》及本書七卷。《莊子》釋文云：殷時人，負石自沈於河。崔本作司徒狄。案：《史記·留侯世家》「以良爲韓申徒」，徐廣曰：「申徒，即司徒，語音譌轉，字亦隨改。」其説是也。《大戴記》爲信都太傅。《潛夫論》信都，司徒也。俗前音不正同信都，或曰申徒，或勝屠，然其本一司徒耳。申信同聲相轉注，都屠音近，故皆通用。漢有申屠嘉、申屠蟠，即司徒之族，以官爲氏者。（《元和姓纂》引《風俗通》云：申徒本申屠氏，隨音改爲申徒。）又有勝屠公，爲河東守，見《史·酷吏周陽由傳》，《索隱》引《風俗通》云：「勝徒即申屠也。」申信之通，經傳習見，信之爲司，猶鮮之爲斯，西施之作先施。（皆聲之轉。）《留侯世家》云以良爲韓申徒。《韓王信傳》云：「張良以韓司徒降下韓故地，得信，以爲韓將。」則申徒即司徒明矣。《漢書·功臣表》又作「申都」，《索隱》引《漢書》作「自沈於雍河」，與今本異。又引《新序》作「抱甕自沈於河」，今本書七卷及本文並無此語。（《節士篇》作負石沈於河。）師古、李善注均言先蹈雍，後入河，則顔、李所見《漢書》，與今本同，不作自沈於雍河也。王氏念孫《讀漢書雜誌》曰：「雍讀爲甕，謂蹈甕而自沈於河也。《井》九二甕敝漏，釋文甕作雍。《北山經》縣雍之山，郭璞曰：音汲甕。《水經·晉水篇》作縣甕。是甕與雍古字通也。《史記》作申徒自沈於河，《索隱》曰：《新序》作抱甕自沈於河。今《新序》作蹈流之河，後人改之也。彼言抱甕，此言蹈甕，誼相近也。蹈甕之河，負石入海，皆欲其速沈於水耳。《莊子》謂申徒狄負石自投於河，意與此同。《漢紀·孝成紀》荀悦曰：「雖死猶懼形骸之不深，魂神之不遠，故徐衍負石入海，申徒狄蹈甕之河。此尤其明證也。服虔以爲蹈雍州之河，師古以爲初蹈雍，後入河，皆失之遠矣。」周氏壽昌《漢書注校補》曰：「王氏欲據《索隱》引《新序》及荀悦《漢紀》，改雍爲甕，抹去舊注。壽昌案：今《新序·雜事篇》實作蹈流之河，與《索隱》所引，傳寫各異。《荀紀》或誤雍爲甕，未可知。且服虔後漢人，特爲雍作注。《文選》亦作雍，李善注同，皆確據，似不能別立新説也。又《新序·節士》、《韓詩外傳》一皆作負石沈於河，無抱甕語。」光瑛案：抱甕之河，負石入海，文勢爲對，《索隱》又引本書作抱甕，則王説似未可非。且服虔漢人，已爲雍作注，使《漢書》不釋作抱甕則亦無緣作雍。今《漢書》作蹈雍，知雍是甕叚字，以本書及《索隱》引作抱甕證之，可見也。子慎不知雍甕是通借，乃以本字讀之，後人疑爲蹈雍州之河，遂妄改抱字爲蹈，并改本書字作蹈流之河，而誼遂不解矣。《漢紀》此文作雍。以《成紀》作甕證之，益知雍卽甕字，王説確不可易。至顔、李注云先蹈雍，後入河，誼殊迂曲。服注亦止云雍州之河，《漢書音義》言自湛於雍河，不曰蹈雍而又入河也。《索隱》引本書，聲明不同，則所見本必與今本異，卽依今本《漢書》作蹈雍，亦止當如服虔説。不當如顔、李注強分爲二事。古書年代遥遠，傳寫不能無誤，又多用叚字，易滋誤會，再三尋繹，當如《索隱》作抱甕，及王氏之讀爲長。《莊子·大宗師篇》注，記申徒狄因紀佗赴水，亦赴水而死。此事他書未及，解《漢書》者亦從未引此，特揭出之。（《荀子·非十二子篇》利足而迷，負石而墜，是天下之所棄也。楊注於負石句以申徒狄事當之，於利足句注，苟求利足，而迷惑不顧禍患也。此解非是。利足負石，相對爲文，疑亦指狄事。本書《節士篇》所謂爲濡足之故，不救溺人者也。此亦從來考狄事所易忽者。）至申徒狄時代，裴駰引《漢書音義》、顏、李注引服虔注：皆云殷末世人。《索隱》引服虔注無此語，又引韋昭注云六國時人。考《韓詩外傳》一、暨本書《節士篇》「狄謂崔嘉，昔者桀殺關龍逢，紂殺比干，而亡天下，吳殺子胥，陳殺泄冶，而滅其國」云云。引及泄冶、子胥事，則非殷末人甚明。且憤世捐軀，亦戰國任俠之士所爲，殷代質樸，當無此風氣。顏、李所引服注，似誤。然《太平御覽》八百二引《墨子》曰：「周公謂申徒狄曰」云云。（又一引申徒謂周公曰，賤人何可薄也云云。孫詒讓《墨子閒詁》引入附録。）《淮南・説山訓》注、《莊子・大宗師》釋文，均言申徒狄殷末人。又《通志・氏族畧》引《風俗通》：「申徒狄，夏賢人也。」林寶《元和姓纂》説同。《莊子・外物篇》「湯與務光，務光怒，申徒狄因以踣河」，此卽應説所本，則時代更古矣。唯《御覽》八百二引，既以狄與周公同時，而又有和氏之璧語。孫詒讓《墨子閒詁》遂疑周公或爲東西周君，不思文引《墨子》，墨子不及見二周君也。和璧之語，當是後人附益，不則周公乃王室卿士通稱，如周公楚、周公黑肩之比耳。古事遥遠，諸子書各據所聞，未可究詰，沈欽韓疑有兩申徒狄，一在殷末，一爲六國時人，亦强爲調停之説，且必併夏末之申徒狄爲三，始無遺漏。讀者姑各就本文解之，不强通所難通，庶有合乎多聞闕疑之誼爾。孫氏《墨子閒詁》、梁氏《文選旁證》皆云韋説爲近，胡紹煐《文選箋證》則主服説，以本書載吳殺子胥二語，爲後人增入，亦不免武斷。《九嘆・惜賢》云：「申徒狄之赴淵。」《鶡冠子・備知》云：「申徒狄以爲世溷濁不可居，故負石自投於河，不知水中之亂，有逾甚者。」徐友蘭《羣書拾補識語》疑本文流當作灘，李注引《爾雅》云云，《雅》注正作灘，此可備一説。但苦無的證，姑存此以備學者參采。

徐衍負石入海，

《史記集解》引《列士傳》：「周之末世人。」《索隱》曰：「見《莊子》。」《漢》注引服虔，《選》注引《漢書音義》説同。師古曰：「負石者，欲速沈也。」李善曰：「《論語讖》曰：徐衍負石，伐子自貍，守分亡身，握石失軀。

宋均曰：貍，猶殺也，力之切。」《潛夫論・賢難篇》：「此鮑焦所以立枯於道左，徐衍所以自沈於滄海者也。」案：申徒狄、徐衍名，並不見《漢表》。衍尤名聲黯然，《選》注所引，出《論語摘襄聖承進讖》文，見二十卷注。（彼文但引徐衍守分身亡二句。）僅賴此數語，及鄒陽、王符之文，畧見其行事梗概而已。貍與務通，務者剥也，劃也，古有務面之刑，引申爲殺誼。不容於世，《文選》「容」下有「身」字，注引《新語》曰：「窮澤之民，身不容於世，無紹介通之。」《漢紀》句首有「皆」字。義不苟取比周於朝，《選》注：「善曰：言皆義不苟取比周朋黨，妄求合也。《六韜》曰：連結朋黨，比周爲權。」案《論語・爲政篇》「君子周而不比，小人比而不周」，鄭注云：「忠信爲周，阿黨爲比。」（今《集解》引作孔注。）《左氏文十八年傳》「頑嚚不友，相與比周」，杜注：「比，近也；周，密也。」（鄭注據此傳正義引，乃孔襲鄭，非鄭襲孔也。）比周皆密切之意，對文則異，《論語》所稱是也；散文則同，《左傳》及此書所云是也。江聲曰：「《説文解字》：比，密也。二人爲从，反从爲比，然則从者公正，比者偏私矣。」（《論語竢質》卷上。）餘詳《節士篇・原憲章》注。以移主上之心。《文選》六臣本「主上」作「人主」。《漢紀》奪此句。於「朝」下即接「百里奚」云云，殊嫌突兀，當據諸書補正。移，遷移也。故百里奚乞食於道路，繆公委之以政；百里奚、秦繆公事並詳見二卷注。《漢書》注：「應劭曰：虞人也，聞秦繆公賢，欲往干之，乏資，乞食以自致也。」《選》注引《説苑》：「鄒子説梁王曰，百里奚乞食於路，而穆公委之以政。」（語見《尊賢篇》，多與此書語同，當即此鄒陽與梁王也。）案：《史記》、《漢紀》、《文選》均無「道」字，六臣本及《漢書》有，《選》注引《説苑》亦無「道」字。《文選》正文及注「繆」均作「穆」。（説詳二卷首章注。）《荀紀》無「故」字，「委」作「授」，「繆」上有「秦」字。甯戚飯牛車下，而桓公任之以國。《漢書》無「而」字，《荀紀》「而」作「齊」。飯，各本作飰，乃飯之俗，如汳之作汴也，今正。

應劭曰：「齊桓公夜出返家，甯戚疾擊其牛角，高歌曰：南山矸，白石爛，生不逢堯與舜禪，短布單衣適至骭，從昏飯牛薄夜半，長夜曼曼何時旦。（歌詞不類春秋人語。）桓公召與語，説之，以爲大夫。」師古曰：「矸字與岸同。骭，脛也。薄，止也。骭音下諫反，曼音莫幹反。」宋祁曰：「注文高字合作商，韓昌黎詩，爲我商聲謳，乃用此事也。浙本亦作商，作高蓋監本誤刊耳。」案：《史記集解》引應説正作商歌，本書五卷亦云「擊牛角疾商歌」。《索隱》曰：「事見《呂氏春秋》，商歌者，謂爲商聲而歌也，或云商旅人歌也，二説並通。案當從第一説。」則字當作商明矣。《選》注引《説苑》「鄒子説梁王曰：甯戚和轅行歌，桓公任之以國。」（參上二句注。）考甯戚事詳《齊語》、《管子·小匡、小問》、《呂氏·舉難、勿躬》、《淮南·道應訓》、本書《雜事》五等篇。《呂子·舉難》云衛人。《亢倉子·賢道》作甯籍，籍戚聲之誤也。《淮南子》作甯越，《韓非子·外儲説左》作甯武，皆戉字之譌。古戉與戚通，詳五卷《甯戚章》注。明何孟春《餘冬敍録》引《淮南子》作戉字。《呂氏·勿躬》作甯遬，高注：「甯遬，甯戚。」畢沅曰：「古戚速同音，遬卽速字。」案：戚有宿音，故蹙字從之。《詩·節南山》「戚戚靡所騁」，箋云：「戚戚，縮小之貌。」（戚縮疊韻爲訓。）《小明》以戚與蹙穫宿覆爲韻，故通作遬。《寰宇記》（卷二十。）云：「葬萊州膠水縣西鳴角阜。」《漢表》列三等。餘悉詳在五卷注。此二人者，豈藉宧於朝，假譽於左右，然後二主用之哉。「藉」、《史》作「借」。古書每叚藉爲借，如上文藉荆軻首，亦其一也。《漢書》「藉」作「素」，「假」作「借」。《文選》同，惟「宧」作「官」，又無「者」字。（一本仍作宧。）《漢紀》無「然後二主用之」六字，「藉」亦作「素」。盧文弨曰：「宧兩本俱作宦。」案北宋本作宧，（嘉靖本作官。）與《史》、《漢》合，今從之。言此二人不叚借仕宧之力，求左右揄揚，而後得用，乃人主自尊敬之。感於心，性情相感。合於行，行誼相合也。《文選》「行」作「意」。案：下文有「意合則胡越爲昆弟」

語，則此句當作行爲是。**堅於膠漆，**如膠投漆，不可分離也。「堅」，《史》作「親」。「於」，《漢》、《選》作「如」，古於如字通。《左傳・昭三年》：「今嬖寵之喪，不敢擇位，而數於守適。」《莊子・大宗師篇》：「陰陽於人，不翅於父母。」《燕策》「且非獨於此也」。諸於字皆讀如。（惟《莊子》上一於字用本誼。）此於字當依本誼讀之，與上下句用字一律，作如者叚借字。「漆」，《漢書》作「桼」，古漆字。**昆弟不能離，**男子先生者爲昆，後生者爲弟。今所謂兄弟，古之昆弟也；古之兄弟，今之親戚也；古之親戚，今之父母兄弟及同族人。離，離間也。《漢紀》作「衆口不能離」。**豈惑於衆口哉。**昆弟之親，尚不能間，況衆人悠悠之口乎。《漢紀》「衆口」作「浮辭」。**故偏聽生姦，**偏聽一面之言，則人能間之，故生姦。「故」字《漢紀》作「夫」，以此段接上「無使臣爲箕子接輿所笑」下，以「故女無美惡」，至「豈惑於浮辭哉」一段，繫以「左右爲之先容也」句下，與諸書先後不同。**獨任成亂。**任，用也。親用一二人，不能博訪周咨，則易受蔽而亂成。**昔魯聽季孫之説逐孔子，**「昔」下《史》有「者」字，「説」下《史》、《選》及《漢紀》有「而」字，《漢書》及六臣本《文選》無，《荀紀》「昔」作「是以」。師古曰：「季孫，魯大夫季桓子也，名斯。」《論語》云：「齊人歸女樂，季桓子受之，三日不朝，孔子行。」蓋桓子故使定公受齊之女樂，欲令去孔子也。案桓子乃平子之子。《史記・孔子世家》：「孔子由大司寇攝行相事，與聞國政三月，粥羔豚者弗飾賈，男女行者別於涂，涂不拾遺，四方之客至乎邑者，不求有司，皆予之以歸。齊人聞而懼曰：孔子爲政，必霸，霸則吾地近焉，我之爲先并矣，盍致地焉。犂鉏曰：請先嘗沮之，沮之而不可，則致地，庸遲乎。於是選齊國中女子好者八十人，皆衣文衣而舞康樂，文馬三十駟，遺魯君，陳女樂文馬於魯城南高門外。季桓子微服往觀再三，將受，乃語魯君爲周道游，往觀終日，怠於政事。子路曰：夫子可以行矣。孔子曰：魯今且郊，如致膰乎大夫，則吾猶可以止。桓子卒受齊女樂，三日不聽政，郊又不致膰俎於大夫，孔子遂行，宿乎屯。而師已送曰：夫子則非罪。孔子曰：吾歌可夫。歌曰：彼婦之口，可以出走，彼婦之謁，可以死敗，優哉游哉，聊以卒歲。師已反，桓子曰：孔子亦何言。師已以實告，桓子喟然嘆曰：夫子罪我，以羣婢故也夫。」此卽季孫去孔子之事，《韓子·内儲》謂齊景公以女樂遺哀公者誤也。孔子仕魯，在定公十二三年間，去魯，當在十三年春，魯郊在春故。江氏永《鄉黨圖考》所言郅確。《孟子》稱孔子於季桓爲見行可之仕，《世家》言行乎季孫，三月不違，其任孔子不可謂不專。及死，命康子必反孔子，亦不可云不知孔子者。女樂之受，不能自克，而亦未嘗短毁孔子。聞師已言而嘆，正悔心之萌，但天理不克人欲耳。此言用季孫説逐孔子，未知所本。或疑説者非短毁之謂，乃説魯君受女樂之謂。逐亦非真逐，乃使孔子不得不行，無異於逐也。但下文有讒諛積毁，及後宋、魯之聽等語，則似季孫當時實有短孔子之事，豈《史》失載而今不可考歟。《漢表》季康子列六等，而桓子在九等下下，殆亦以逐聖之故深惡之歟。

宋信子冉之計逐墨翟。《史》及《漢紀》「計」下有「而」字。（《文選》李注本此句亦無而字。）諸書「逐」皆作「囚」。「信」，《漢書》作「任」；「冉」，《史》作「罕」，《索隱》：「《左氏》司城子罕，姓樂，名喜，乃宋之賢臣也。《漢書》作子冉，不知冉是何人。文穎曰：子冉，子罕也。《荀卿傳》云：墨翟，孔子時人，或云在孔子後。又《襄二十九年左傳》：宋饑，子罕請出粟。時孔子適八歲，則墨翟與子罕不得相輩，或以子冉爲是，不知何如也。」李善曰未詳。案：樂喜《漢表》列四等。詳見《刺奢篇》注，此子冉必非樂喜。（説詳後。）墨翟，宋大夫，魯人。（見《呂氏春秋·當染、慎大》注，而《神仙傳》以爲宋人，荒誕不足據。）墨姓，（《廣韻》注。）墨台氏之後，（見《通志·氏族》四，恐亦意必之談。）翟名也。（《呂氏·當染、慎大》注、《淮南·脩務》注、《漢書·藝文志》注同。）諸子書每以孔墨並言。（戰國時儒老墨三教並盛，儒墨皆主救世，故諸書多以相提並論。《孟子》言楊朱、墨翟之言盈天下，天下之言不歸楊，則歸墨。楊朱，老子弟子，觀此可知其故矣。）其書稱子墨子，自呼曰翟，則知其爲姓名也。其學博愛、明鬼、尚同、薄葬、非命。《漢表》列四等。顧炎武曰：「子罕是魯襄公時人，墨翟在孔子後，子冉當別一人，文穎注非。汪中曰冉罕以音近溷耳。」（見《舊學蓄疑》。）案《文選》注：善曰未詳。蓋亦疑子罕不與墨翟同輩。宋王應麟《困學紀聞》云：「襄九年，樂喜爲司城以爲政，卽子罕也。《左氏》載其言行，《檀弓》亦稱之，賢大夫也。宋無兩子罕，諸説妄矣。」胡紹煐《文選箋證》亦引王説，謂此後人僞譔，以誣子罕。梁氏章鉅《文選旁證》云：「《呂氏春秋》注言春秋子罕殺宋昭公，子罕賢臣，安有此事。而《韓非子》、《韓詩外傳》、《淮南子》、《説苑》諸書，並云子罕逐君擅政，蓋子罕之後，以字爲氏。或世爲司城，如鄭罕氏之世掌國政，故戰國時亦有子罕，得與墨翟相涉耳。」光瑛案：胡氏疑後人僞譔以誣子罕，其用心雖爲賢者辯護，而實無理。子罕擅政劫君之言，諸子書如《呂》、《韓》、《淮南》、韓嬰、劉向皆言之，豈能一一僞譔乎。況不誣他人而獨誣子罕，於義何取。梁氏以爲樂喜後人世爲司城亦稱子罕，其説亦無據。沈欽韓曰：「考樂喜卒於元公之初，華氏之亂，樂祁爲司城，已是其孫。《呂子·召類》言子罕相平公、元公、景公三君者，既誤矣，而高誘注子罕殺宋昭公，不但相三君以終身，直誤以春秋後之子罕爲一人，賢奸合併，深可笑也。凡諸書所言劫君專政之子罕，乃別一人，官氏偶同耳。」（《漢書疏證》卷八。）又曰：「《史記》作子罕爲是。」（同上卷二十六。案：罕冉音近，卽一人，不必強分是非。）梁玉繩曰：「此子罕必樂喜之後，以罕爲氏，如鄭罕氏常掌國政者，墨子與之並時，證一；《李斯傳》上二世書、《韓子·二柄、外儲右下、説疑、忠孝》等篇、《韓詩外傳》七、《淮南·道應訓》、《説苑·君道》等篇，皆言子罕劫君擅政，證二。而前人誤以爲樂喜，《困學紀聞》六亦辨李斯諸説爲誣。不知劫君之子罕，並墨翟世，乃樂喜之後爲司城者。高誘注《吕子·召類》云：「春秋子罕殺宋昭公。」考宋有兩昭公，前昭公當魯文時，後昭公當戰國，皆與樂喜不同世。諸書但言宋君，高氏以昭公實之，殊妄。況《召類篇》言子罕相宋平、元、景三公，孔子稱其仁節，則政是樂喜，（案《吕氏》之言亦誤，沈欽韓所駁是也。）柰何以爲殺君。或者樂喜之後，當後昭公時，有劫君之事歟。（原注：《韓詩外傳》六、《賈子·先醒篇》有昭公出亡反國事，故余有此疑。然亦止是劫君，而非殺君也。）然不可以注春秋仁節之子罕也。囚墨翟事無所見。」又曰：「《左通》曰：『《韓子·内儲説下》言皇喜殺宋君而奪其政，蓋皇喜亦字子罕，（案：罕有説誼，故名喜者多字子罕，見王氏《春秋名字解詁》。）遂誤以爲樂喜矣。皇喜事亦無考。』」（《史記志疑》卷三十一。）以上梁伯子説，與梁氏《旁證》畧同，不如仲子本《韓非書》以子罕爲皇喜之有據。（《吕子校補》説與《志疑》畧同。）孫詒讓謂「此事《史世家》不載，以墨子年代校之，前不逮景公，後不逮辟公，所相直者，惟昭公、悼公、休公三君。昭之時，與墨正相當。惟高云春秋時，誤并兩昭公爲一耳。《宋世家》不云昭公被弒，然秦漢古籍，所紀非一，高説不爲無徵。《賈子新書》、《韓詩外傳》六（案：本書五卷亦載之。）並云昭公亡而復國，而《説苑》云子罕逐君專政，或昭公實爲子罕所逐而失國，因誤傳被殺，亦未可知。」（《墨子後語》卷上。）案：以昭公被逐，誤傳爲弒，説稍近理。但諸書渾言宋君，未嘗實指昭公，僅見高誘注。誘既誤以子罕爲春秋時人，則其説昭公，亦不可信。豈以《韓子》言宋君專慶賞爵禄之權，而以誅罰殺戮事屬之子罕，已當其美，臣當其惡，與《賈子》、《外傳》、本書五卷所言無不曰吾君聖者之説合，遂傳之昭公邪。然究無確據，不可從。孫氏以墨子與昭相直，故以高注屬之昭公爲是，然安知被劫之宋君，非悼、休二公乎。古事茫昧，李善已不能知，但當以理斷之。昭公賢君，決無被弒之事，惟子罕之爲皇喜，則有《韓非書》可證，當可信耳。又近蘇時學斅元箸《爻山筆話》：「據《韓子》云：戴氏奪子氏於宋。又曰：司城子罕取宋，韓非每論戴氏，必與齊之田氏並言，而《呂氏春秋》於宋偃之亡，亦曰此戴氏所以絶也，不言子氏而曰戴氏，其事甚明。《竹書紀年》云：宋易城肝廢其君璧而自立。璧者，宋桓侯也。易城肝，殆卽司城子罕。」李慈銘申其説曰：「易城肝，《戰國策》作剔成，其名義皆不可解。蘇君此證，既發戴氏簒宋之案，而以易城肝爲子罕之譌，亦甚近理。（案肝罕聲形皆近，易與司亦微相近，故李云然。）《鄒陽傳》言宋信子罕之計而囚墨翟，而國以危，則戰國時有子罕之簒，其明證也。」（《孟學齋日記乙集》中。）蘇、李説亦可備一誼，但戴、皇不同族，與梁、孫二説不能相合，姑存之以資參采。

夫以孔、墨之辯，而不能自免。辯，才辯也。諸書無「而」字，句末有「讒諛」二字及「而二國以危」一句。《漢紀》「辯」作「辨」，六臣本《文選》作「翟」，非。孔、墨皆舉其氏，不可參錯，説見前。

何則，衆口鑠金，積毁銷骨。《漢紀》「鑠」作「爍」。「銷」，宋本、嘉靖本作「消」，諸書皆作「銷」。案銷鑠同誼，《説文·金部》：「銷，鑠金也」，「鑠，銷金也。」二字並列一處。《國語》韋注：「鑠，銷也。」銷消誼同。三書均作銷，今從衆本，《索隱》引《國語》云：「衆心成城，衆口鑠金。」賈逵注：「鑠，消也。衆口所惡，雖金亦爲之消亡。」（案此韋注所本。）又《風俗通》云：「或説有美金於此，衆人或共詆訿，言其不純金，買者欲其必售，同取鍛燒，以見其真，是爲衆口鑠金也。」（《御覽·珍寶部》十引同。）師古曰：「美金見毁，衆共疑之，數被燒鍊，以至銷鑠。讒佞之人，肆其詐巧，離散骨肉，而不覺知。」案：《中山靖王傳》亦有此二語，蓋古之遺言也。胡氏紹煐《文選箋證》云：「顔注卽本《風俗通》，而《論衡》又云：五行二曰火，五事二曰言，言與火宜，故曰金。以情理準之，二説均屬傅會，賈注得之。此云鑠金，猶下句銷骨。銷骨，謂骨銷亡，故或作銷國，亦非銷毁骨肉之親也。」沈欽韓《漢書疏證》曰：「《周語》注：衆口所諟，雖金猶可銷。《鬼谷子·權謀篇》：衆口鑠金，言有曲故也。師古於此弄巧，非本意。」光瑛案：金與骨皆取堅爲諭，謂衆口積毀，無堅不破耳。應、顏説誤，師古以骨爲骨肉，更非。《御覽》八十一引《風俗通》稱俗説，云俗説，則非典要可知。仲遠亦姑存此誼，以待參證耳。汪遠孫《國語發正》反引此以正韋注，可謂倒植。李善注《文選》祇引賈侍中説，當矣。《史》、《漢》句末並有「也」字。**是以秦用戎人由余而霸中國，**自此句以下，至「豈足爲大王道哉」一段，《漢紀》不引。「戎人」二字，各本皆無，《史》、《漢》、《選》均有，此與下句文勢爲對。下句有越人，則此句必當有戎人矣，今據三書補。《漢書》無「是以」二字，「霸」作「伯」。師古曰：「伯讀曰霸。」案：伯正字，霸段借字，顏反讀伯爲霸，失之。「由余」，《漢表》作「繇余」。事見《韓非子·十過》、《呂氏·不苟》、《説苑·尊賢》、《秦紀》、《李斯傳》等篇。《廣韵》以由爲姓。《賈子新書·禮篇》記由余之言曰：「乾肉不腐，則左右親；苞苴時有。筐篚時至。則羣臣附；（《説文》：筐，匡之重文。）宦無蔚臧，腌陳時發，則載其上。詩曰：投我以木瓜，報之以瓊琚，匪報也，永以爲好也。」齊桓與穆公並世，其詩未必能傳於戎狄，《賈子》所傳，蓋《魯詩》之説，以爲臣下思報禮而作，與毛誼異也。《韓詩外傳》九曰：「昔戎將由余使秦，秦繆公問以得失之要，對曰：古有國者，未嘗不以共儉也；失國者，未嘗不以驕奢也。由余因論五帝三王之所以衰，及至布衣之所以亡。繆公然之，於是告內史王廖曰：（廖今本作繆，下並同。案《漢表》廖列四等。《文選·四子講德論》注引《外傳》正作廖。《韓非子·十過》、《呂氏·不苟》、《秦本紀》並作內史廖。《説苑·尊賢》作王子廖，《反質》作內史廖。則《外傳》繆字之非明矣。廖繆形近，又涉繆公字致譌。）鄰國有聖人，敵國之憂也，由余，聖人也，將若之何。王廖曰：夫戎王，居僻陋之地，未嘗見中國之聲色也，君其遺之女樂，以淫其志，亂其政，其臣下必疏。因爲由余緩期，使其君臣有閒，然後可圖。繆公曰：善。乃使王廖以女樂二列遺戎王，爲由余請期。戎王大說，許之。於是張酒聽樂，日夜不休，終歲淫縱，卒馬多死。由余歸，數諫，不聽，去之秦。秦公子返拜之上卿，遂并國十二，辟地千里。」此事見各書，所言畧同，卽秦用由余之事也。（參十卷《善謀》下《王恢章》注。）《漢表》由余列四等。齊用越人子臧而彊威宣，「彊」，各本作「強」，今從宋本，三書同。子臧事未詳。《史》作越人蒙，《索隱》：「越人蒙未見所出。《漢書》作子臧，又張晏云：子臧或是越人蒙字也。」李善曰：「言齊任子臧，故威、宣二王所以彊盛。《史記》曰：齊桓公卒，子威王因齊立，威王卒，子宣王辟強立。張晏曰：子臧，越人也。」案：以威宣爲二王，近周廣業不以爲然，詳所爲《孟子四考》。李善引張注與《索隱》不同，蓋子臧下脱或是二字，人下脱蒙字也三字。正文已言越人，無再注越人之理也。沈欽韓曰：「《宋策》齊攻宋，使臧子索救於荆。《韓非·說林》作臧孫子南，蓋此人後仕於齊。又《鹽鐵論·相刺篇》：越人夷吾，戎人由余，待譯而後通，並顯齊秦。則子臧又名夷吾。」光瑛案：《宋策》、《韓非》所稱，未必卽此子臧。引《鹽鐵論》名夷吾，與由余並稱，近是。（由夷一聲之轉，吾余音誼俱近，故云。）胡紹煐曰：「《史記》作越人蒙，《漢書》作子臧，故張晏以越人注子臧。此正文子臧上不得有越人二字，疑衍誤，觀下由余子臧是矣。單言子臧，可證。善注：齊任子臧，亦無越人二字。」以上胡說，甚誤。越人與戎人對文，萬不可省，且《新序》、《文選》皆同，亦無三書並衍之理。卽如其說，仍無解於《索隱》引張注之不同也。下文單舉子臧，猶由余之不稱戎人，乃一定文法。若加戎人、越人於名上，臃腫成何句法邪，此在稍識文誼者知之，不足深辯。沈曾植曰：「《潛夫論·論榮篇》：由余生於五狄，越象產於八蠻，而功顯齊秦，德立諸夏。越象與由余並舉，疑卽子臧。《史》作越人蒙，蒙蓋象之誤。」以上沈說，亦非。象與蒙下形甚肖，象乃蒙之誤耳。王引之《春秋名字解詁》云：「越人蒙字子臧，臧亦藏字。蒙，包藏也。《鄘風·君子偕老》傳：蒙，覆也。《昭十三年左傳》杜注：蒙，裹也。皆包藏之誼。」是王氏以蒙爲子臧之名，本張晏説，惟作蒙始與臧誼傅，作象則不傅矣。此二國豈拘於俗，《漢書》「拘」作「係」。言不爲流俗之見所拘束。牽於世，世，猶俗也。繫奇偏之辭哉。繫，猶拘牽也。「奇」，《史》作「阿」。《漢書》「之」下有「浮」字。王先謙曰：「《班史》上句作係於俗，則此不當復用繫字。《史記》、《文選》係作拘，是也。奇偏無誼，《史》作阿偏，奇阿形近致誤。」案：王氏謂上文係當作拘，其説得之。奇有偏倚之誼，故畸零字古多作奇，奇偶之奇，亦少數之意。奇偏謂得其一不得其二，凡從奇字多訓偏，詳十卷首章注，《史》作「阿」，誤。奇偏屬世俗言，不屬人主言。《漢書》增一「浮」字，文勢甚明。王氏反謂作阿爲是，失之甚矣。公聽共觀，耳目寄之於衆，古所謂明目遠聽者也。「共」，三書作「並」，誼同。師古曰：「公聽，言不私；並觀，所見齊同也。」案：師古解並觀非是，李善易之云：「公聽，言不私；並觀，言無偏也。《尸子》曰：論是非者，自公心聽之，而後可知也。」李説是。垂名當世。盧文弨曰：「名，《漢》、《選》作明。」案：明與名古字通用，見同卷《樂毅書》注。故意合，則胡越爲兄弟，由余、子臧是也；「子臧」，《史》作「蒙」。「也」，三書作「矣」，《文選》六臣本作「也」，下同。「兄」，《選》作「昆」，非。古兄弟與昆弟誼異，説見一卷。不合，則骨肉爲仇讎，朱、象、管、蔡是也。「爲仇讎」，《史》作「出逐不收」。三書「也」作「矣」。《漢》、《選》「仇讎」作「讎敵」。師古曰：「朱，丹朱，堯子；象，舜弟；管蔡，周之二叔也。」善曰：「《史記》曰：『舜弟象傲，常欲殺舜；丹朱，堯子。讎敵未聞。』《尚書》曰：『周公位冢宰，羣叔流言，乃致辟管叔于商，囚蔡叔于郭鄰。』」案：《紀年》云：「帝堯五十八年，使后稷放子朱於丹水。」《漢書·律曆志下》：「堯讓天下於虞，使子朱處丹淵，爲諸侯。」此《孟子》所謂封之或曰放者也。梁玉繩曰：「孔傳，胤國，子爵。疏言古有胤國，求官而薦太子，以下愚爲啓明。揆之人情，必不然，此説殊謬。《五帝紀》作嗣子丹朱。《孟子》趙注、《呂氏春秋·去私》高注並稱丹胤嗣之子也。又朱之葬。《寰宇記》五十謂在相州永定縣東，與《路史》以爲在華陽同。《一統志》以爲在保定府慶都縣東門外，則《山海經》謂在蒼梧之陰非矣。」（《人表考》卷八。）案：朱《説文》引《書》作絑，此絑紫正字。《漢表》列八等。沈欽韓曰：「《韓非子·忠孝篇》瞽叟乃舜父，而舜放之，象爲舜弟，而殺之。此語又在萬章問孟子之下也。」（《漢書疏證》十。）光瑛曰：韓、孟所言，即仇敵之證。蓋戰國處士横議，妄造此言，文章家援用之，不足信也。管叔，名鮮，文王子，武王弟，周公兄。趙岐以管叔爲周公之弟，《淮南·氾論》、《列女傳》、《白虎通義》三引《詩傳》並有是説。近人陶方琦申其誼，覶縷數百言，未免好異。（《淮南·齊俗》又以蔡叔爲周公兄，管叔爲周公弟，皆荒誕不足據。）《周書·作雒》云自經而卒，而諸書皆以爲周公誅之。《水經·濟水注》云：「冢在熒陽城外。」（原本熒作榮，誤，今正，説詳十卷《酈食其章》注。）蔡叔，名度，管叔之弟也。（古書皆繫管叔於蔡叔之前，是管叔爲兄。《淮南·齊俗》之謬，可想而知。）《左氏昭元年、定四年傳》皆云：「殺管叔，蔡蔡叔。」釋文：「上蔡字音素葛反，《説文》作𥼞。」《正義》曰：「《説文》𥼞爲放散之義，故訓爲放，隸書改作，已失本體，𥼞字不可復識，全類蔡字，至有重爲一蔡字重點以讀之者。」定四年正義同。考《説文·米部》：「𥼞，糅散之也，从米，殺聲。」《孟子》「殺三苗於三危」，亦即此字。據陸、孔所云，《説文》𥼞下，當有引《左氏傳》語，而今本奪之。否則何以知《説文》用此字耶。《周書·作雒》云因蔡叔於郭鄰，此僞古文所本，與《左傳》異。《漢表》管、蔡並列九等。近人王先謙《漢書補注》云：「《選》注以堯子讎敵未聞，案《書》云：無若丹朱傲，惟慢遊是好，暴虐是作，朋淫於家。其與父爲讎可知也。」王説穿鑿無理。文章家有連類並稱之例，（俞樾《古書疑義舉例》有此一例。）如《論語》云：「禹、稷躬稼，而有天下。」躬稼是因稷而及禹，有天下又因禹而及稷也。《孟子·離婁下篇》：「禹、稷當平世，三過其門而不入。」亦因禹而並言稷。《史記·秦楚之際月表》：「湯、武之王，乃由契、后稷修仁行義十餘世，不期而會孟津八百諸侯，猶以爲未可，其後乃放弒。」會孟津八百諸侯，乃武王事，因武而並括湯。此類古書習見甚多。此文若單舉管、蔡，則不成詞，（其實讎敵但指管、蔡，象亦不在内。）故必連言朱、象，稍識文法者知之。史公已疑朱無讎敵事，故改云出逐不收，然不能包括，轉不若《漢書》作讎敵，與前文作對，爲整飭矣。一云：謂其行誼如讎敵之不相合耳，不必泥事實以求之，此解尤順。朱象管蔡，上文不見，此處突出，古人行文錯綜奇變如此。今人主如能用齊、秦之明，「如」，三書作「誠」。明，明察也，《史記》作「義」。後宋、魯之聽，與上「後楚王、胡亥之聽」句例同，詳上文注中。則五伯不足侔，五伯，注見前章。《文選》「伯」作「霸」。侔，等也，字當作牟，俗加人旁作侔，《史記》作「稱」，讀爲稱配之稱，誼同。不足牟，謂出其上。三王易爲比也。三王注見二卷。《史》、《漢》無「比」字。《漢書》句前有「而」字，《文選》無，六臣本亦有「而」字。比，並也，次也。一曰方比也，誼皆相因。是以聖人覺悟，「人」，三書作「王」。《史》、《漢》「悟」作「寤」，字通，説在一卷注。捐子之之心，子之，燕相。燕王噲讓國於子之，而國大亂，齊師伐燕，殺子之，醢其身。（見《竹書》、《燕策》及《世家》云子之亡，恐非。）《孟子》曰：「子噲不得與人燕，子之不得受燕於子噲。」《漢表》列七等。錢大昕曰：「《表》例，亡國之君，篡弒之臣，皆在下下，此刊本差錯，宜退下兩格。」（見所箸《廿二史考異》。）此言子之爲有謀燕之心，故與田常並言。「捐」，《漢書》毛本作「損」。王先謙補注云：「官本作捐，是，《史記》同。」案：《文選》亦作「捐」，捐損形近易溷，詳前《燕王書》注，但此文似以作損爲是。損子之之心，謂戢損臣下有如子之之邪心者。子之、田常，皆就臣下言。損與不説，則屬人主言。若作捐訓棄，則仍就臣下言，與聖王覺悟句不相應矣。今《史記》、

《文選》皆誤作「捐」，幸有毛本《漢書》正之，王氏反謂作捐爲是，作損爲非，可謂以不狂爲狂矣。子之謀燕事，《韓非子書》屢言之，如《説疑篇》云：「燕子之之爲臣也，明黨比周，以事其君，隱正道而行私曲，上逼君，下亂治，援外以撓内，親下以謀上，不難爲也。如此臣者，唯聖王智主能禁之，若夫昏亂之君，能見之乎。」又曰：「燕君子噲，邵公奭之後也，地方數千里，持戟數十萬，不安子女之樂，不聽鐘石之聲，内不湮汙池臺榭，外不畢弋田獵，又親操耒耨，以修畎畝，子噲之苦身以憂民，如此其甚也，雖古之所謂聖王明君者，其勤身而憂世，不甚於此矣。然而子噲身死國亡，奪於子之，而天下笑之，此其故何也，不明乎所以任臣也。」《二柄篇》云：「燕子噲好賢，故子之明不受國，故子之託於賢以奪其君者也。」《外儲説右下》云：「蘇代爲秦使燕，見無益子之，則必不得事而還，貢賜又不出，於是見燕王，乃譽齊王。燕王曰：齊王何若是之賢也，則將必王乎。蘇代曰：救亡不暇，安得王哉。王曰：何也。曰：其任所愛不均。王曰：其亡何也。曰：昔者齊桓公愛管仲，以爲仲父，内事理焉，外事斷焉，舉國而歸之，故一匡天下，九合諸侯，今齊任所愛不均，是以知其亡也。王曰：今吾任子之，天下未之聞也。於是明日張朝而聽子之。潘壽謂王曰：不如以國讓子之，人所以謂堯賢者，以其讓天下於許由，必不受也，是堯有讓天下之名，而實不失天下也，今王以國讓子之，子之必不受，是王有讓子之之名，而與堯同行也。於是燕王舉國而屬之，子之大重。一曰潘壽闞者，燕使人聘之，潘壽見燕王曰：臣恐子之之如益也。王曰：何益哉。對曰：古者禹死，將傳天下於益，啓之人相與攻益而立啓。今王信愛子之，將傳國子之，太子之人盡懷印，爲子之之人無一人在朝廷者，王不幸棄羣臣，則子之亦益也。王因收吏璽，自三百石以上，皆效之子之，子之大重。人主之所以自羽翼者，巖穴之士徒也，今巖穴之士徒，皆私門之舍人也，是何也，奪褫之資在子之也。一曰燕王欲傳國於子之，問之潘壽，對曰：禹愛益而任天下於益，已而以啓人爲吏，及老，而以啓爲不足任天下，故傳天下於益，而勢重盡在啓也。已而啓與友黨攻益，而奪之天下。是禹名傳天下於益，而實令啓自取之也，此禹之不及堯舜明矣。（萬章問至於禹而德衰，蓋當時自有此種妄説。）今王欲傳之子之，而吏無非太子之人也，是名傳之，而實令太子自取之也。燕王乃收璽，自三百石以上，皆效之子之，子之遂重。」以上所記，皆子之謀燕之事也。**能不説於田常之賢，**《史》「能」上有「而」字，《漢》、《選》「能」作「而」，無「於」字。六臣本《文選》句末有「良」字。《史記集解》應劭曰：「田常事齊簡公，簡公説之，而殺簡公。」使人君去此心，則國家安全也。田常，陳乞之子，謚曰成子。《左傳》作陳恒，漢人避文帝諱，改恒爲常，如恒娥之爲常儀矣。《漢表》作田恒不諱者，班氏作書時，去文帝世已遠也。《表》列田恒八等，而簡公被弑，反在九等，殊覺未當，宜退入九等下下。常本不賢，而云賢者，謂其飾爲賢，以愚人主，庸君説之，則以爲賢。王氏念孫《讀史記雜志》云：「能與而同，《漢書》作而，《新序》作能，其實一字。下文獨化於陶鈞之上，而不牽於卑亂之語，《新序》而作能，是其證也。《史記》作而能者，一本作而，一本作能，而後人誤合之耳。能字古讀若而，故與而通。説見《經義述聞》能不我知下。」案：而能互通，上章《樂毅書》注已言之，即日紐歸泥之證。王氏疑二本不同，後人誤合之，非也。蓋校者據《班書》，注異文於旁，傳寫時混入正文耳。一曰淺人不知能字之誼，妄加而字。**封比干之後，修孕婦之墓，**《史記集解》徐廣曰：「紂刳妊者。觀其胎産也。」《索隱》：「案封比干之後，後謂子也，不見其文。」《尚書》作封比干之墓，又云刳剔孕婦，則武王雖反商政，亦未必修孕婦之墓也。梁氏章鉅《文選旁證》云：「《索隱》曰比干子不知其名。案《元和姓纂》：比干爲紂所滅，其子堅逃難長林之山，遂姓林氏。」光瑛案：《索隱》言不見其文，未云不知其名，梁氏因引《姓纂》有子堅之名，遂改古書以炫博，傲古人以不知，殊非質實之道。（《胡氏箋證》承其誤。）不見其文者，謂封比干後事，不見經傳，無可考證耳，非不知比干子名也。《旁證》又云：「《書·泰誓》正義引《帝王世紀》：紂剖比干妻以視其胎。據此，則封比干墓，即爲修孕婦之墓矣。」案：《姓纂》及《世紀》之說，均未可信。《通志·氏族畧》引譜家言，正本《姓纂》，鄭樵已言其妄，《世紀》說上注亦已辨之，梁玉繩《史記志疑》反爲所惑，可謂無識。周壽昌曰：「《史記》但言封比干墓，未言孕婦，疑此是鄒陽設言，不必有此事。孕婦何人，死葬何在，尚有墓可修乎。」（《漢書注校補》三十七。）其說是也。**故功業覆於天下。**《史》作「復就於天下」，「就」字衍，復與覆通也。師古曰：「覆，猶被也。」案被者，衣被之誼，淺人不知復爲覆之省借。讀如復蒙之復，又於《史》文妄加就字。不知此言聖王功業，指創業者言，非中興之謂，不可云復就於天下明甚，當依本書及《漢》、《選》删就字。**何則，欲善無厭也。**欲，猶好也。俞樾曰：「凡可欲者即可好，故曰耆好，亦曰耆欲，曰好惡，亦曰欲惡。《孟子·告子篇》所欲有甚於生者，《中論·夭壽篇》作所好。《荀子·不苟篇》欲利而不爲所非，《韓詩外傳》作好利。是欲與好誼通。《左傳·襄八年》親我無成，鄙我是欲。蓋謂晉親我而我不與之成，楚鄙我而我反與之好也。《集解》言楚欲以鄭爲鄙邑，而反欲與成，不知傳言是欲，不言欲與戎，此解非是。」（《左傳平議》。）案：俞說是也，古書以欲惡對舉者不可殫數。此欲善即好善，好善之心，無有厭足，故收效如是。盧文弨曰：「猒，俗本作厭。」案：宋本作厭，不誤，今從之。**夫晉文公親其讎，而彊霸諸侯；**各本「彊」作「強」，下同，今從宋本。《史》、《漢》無「而」字。晉文公注見二卷。《漢書》無「公」字。張晏曰：「寺人勃鞮爲晉獻公逐文公，斬其袪，及文公即位，用其言，以免呂郤之難。」李善曰：「《國語》曰：初，獻公使寺人勃鞮伐文公於蒲城，文公踰垣，寺人斬其袪，及入，寺人求見。於是呂郤畏偪，悔納公，謀作亂。伯楚知之，故求見公，公遽見之，伯楚以呂郤之謀告公。」韋昭曰：「寺人掌內；袪，袂也；勃鞮，字伯楚。」案：《內傳·僖二十四年》所記更詳。《晉語》「公使閹楚刺重耳」，韋注：「楚，謂伯楚，寺人披之字也，於懷公時爲勃鞮。」韋氏此注甚誤，勃鞮卽披之長言，披卽勃鞮之合音，如壽夢之爲乘耳。韋見《內、外傳》有勃鞮名，在文公初入國時，遂傅會以勃鞮爲懷公時名，武斷可笑。《文選·報任少卿書》及《宦者傳論》注作履貂，《後漢·宦者傳》作勃貂，《史記·晉世家》作履鞮。宋庠《國語補音》云：「勃鞮，宦名。」梁玉繩據《宋志》謂勃鞮、履貂，皆宦號之異，蓋主屨者，若周之鞮鞻氏，鞮是革履，貂是皮履，勃乃排比之誼。《說文》：勃者，排也。依梁說，韋注爲勃鞮三字，雖可通，然究無的據。且《內傳》文公反國後，尚有問原守於寺人勃鞮一語，不得專屬之懷公時爲此宦也。梁氏譏惠棟《儀禮古義》以勃鞮爲披之反切，似非。余謂寺人已爲內宦總名，下又稱宦，未免重疊。且勃披雙聲，確合反切，疑惠說未可非。今主惠氏解，附録宋、梁之說，以備參考。寺人披，《漢表》列五等。齊桓公用其仇，而一匡天下。李善曰：「《左傳》寺人披謂晉侯曰，齊桓公置射鉤，而使管仲相。《論語》曰：管仲相桓公，霸諸侯，一匡天下，民到於今受其賜。」案：匡，正也。齊桓公、管仲注俱見二卷。用仇事見五卷《公子糾章》注。《漢書》無「公」字。此句三書俱有「而」字。宋本避諱，「匡」字闕末筆。何則，慈仁殷勤，「殷」，《史》作「慇」。慇，痛也，叚借字。誠加於心，「加」，《選》作「嘉」，亦叚字。六臣本仍作「加」。不可以虛辭借也。《文選》句首有「此」字。至夫秦用商鞅之法，商鞅，衞庶孽公子，名鞅，氏公孫。《史記·商鞅傳》：「鞅事魏相公叔痤，爲中庶子，痤知其賢，未及進。會痤病，魏惠王親往問病，曰：公叔病有如不可諱，將柰社稷何。公叔曰：痤之中庶子公孫鞅，有奇才，願王舉國而聽之。王嘿然，王且去，痤屏人言曰：王卽不能用鞅，必殺之，無令出境。王許諾而去。公孫痤召鞅謝曰：今王問可爲相者，我言若，王色不許，我方先君後臣，因謂王卽弗用鞅，當殺之，王許我，汝可疾去。鞅曰：「王不能用君之言任臣，又安能用君之言殺臣。卒不去。公叔既死，鞅因秦孝公下令求賢，乃西入秦，因寵臣景監以求見。既見，語事良久，孝公時時睡，弗聽。罷而孝公怒景監曰：子之客，妄人耳，安足用。監以讓鞅，鞅曰：吾説公以帝道，其志不開悟矣。後五日，復求見，鞅見孝公益愈，然而未中旨。罷而孝公復讓景監，監亦讓鞅，鞅曰：吾説以王道，而未入也。請復見，鞅復見孝公，公善之，而未用也，罷而去。孝公謂景監曰：汝客善，可與語矣。鞅曰：吾説公以伯道，其意欲用之矣，誠復見我，我知之矣。鞅復見公，與語，不自知膝之前於席也，語數日不厭。景監曰：子何以中吾君，吾君之驩甚也。鞅曰：吾以彊國之術説君，君大説之，然亦難以比德於殷、周矣。」以上鞅説孝公之事，其變法事在九卷中。《漢表》列四等。梁玉繩曰：「鞅刻薄少恩，卒受惡名於秦，其書言民不可學問，以禮樂詩書等爲六蝨，若鞅者，何以居中上哉。」案：鞅安知帝王之道，其矯爲此言，亦自知其法之大亂舊章，欲委過於君，以爲分謗之地耳，不知逢君之惡之罪之尤不可赦也。欲天下之人諒我之無可柰何於吾君，而不加責焉，不以天下之亂易目前之富貴，而以富貴之謀致天下之亂，商鞅、李斯之所爲，如是焉已矣。表列中上，意不可曉，梁説是。

東弱韓、魏，立彊天下，「彊」，各本作「強」，今從宋本。「立」，《史》作「兵」，《漢》、《選》作「立」，與本書同。《史記·韓世家》「昭侯元年，秦敗我西山。」據《六國表》，昭侯元年，當秦孝公四年，正鞅用事之時也。《商鞅傳》：「鞅説孝公曰：秦之與魏，譬若人有腹心之疾，非魏并秦，秦卽并魏。何者，魏居嶺阨之西，都安邑，與秦界河，而獨擅山東之利，利則西侵秦，病則東收地。今以君之賢聖，國賴以盛，而魏往年大破於齊，諸侯畔之，可因此時伐魏。魏不支秦，必東徙。秦據河山之固，東鄉以制諸侯，此帝王之業也。公以爲然，使鞅將而伐魏，魏使公子卬將而擊之。鞅遺卬書曰：吾始與公子驩，今俱爲兩國將，不忍相攻，可與公子面相見，盟，樂飲而罷兵，以安秦、魏。卬以爲然，會盟，已飲，而鞅伏甲士襲虜卬，因攻其軍，盡破之。魏惠王恐，乃使割河西之地獻於秦，以和。遂去安邑，徙都大梁。」案：此舉不但關繫秦、魏強弱，秦并天下之機實由於此，河西亡而秦人東出之道通，如虎出柙，不可復制矣。惠王昏庸，任用非人，以致喪師失地，伏異日滅亡之禍，深可恨也。

而卒車裂商君；《漢書》無「而」字。三書句末「商君」字作「之」。秦封鞅於商十五邑，號曰商君，詳見九卷注。《商君傳》曰：「孝公時，太子犯法，鞅曰：法之不行，自上犯之。將法太子。太子，君嗣也，不可施刑，刑其傅公子虔，黥其師公孫賈。明日，秦人皆趨令。孝公四年，公子虔復犯約，劓之。孝公卒，太子立，公子虔之徒告鞅欲反，發吏捕鞅，鞅亡，至關下，欲舍客舍。舍人不知其是鞅也，曰：商君之法，舍人無驗者坐之。鞅喟然嘆曰：嗟乎，爲法之敝，一至此哉。去之魏，魏人怨其欺公子卬而破魏師，弗受。鞅欲之他國，魏人曰：商君，秦之賊，秦彊而賊入魏，弗歸不可。遂內秦。鞅既入秦，走商邑，與其徒屬發邑兵，北出擊鄭。秦發兵攻商君，殺之於鄭黽池，車裂之以狥，曰：莫如商鞅反者。遂滅商君之家。」《呂氏·無義篇》云：「公孫鞅詐取公子卬，秦惠王立，以此疑公孫鞅之行，故加罪焉。（案：此所謂不信乎朋友，弗獲乎上者也。）公孫鞅以其私屬與母歸魏，襄疵不受，曰：以君之反公子卬也，吾無道知君。」高誘注：「鞅執公子卬，有罪於魏。推此言之，復歸魏安矣。」《戰國策》曰：「鞅欲歸魏，秦人曰：商君之法急，不復出也，惠王得而車裂之。」沈欽韓曰：「案《商君列傳》所叙，自相乖謬，商君亡自關下，欲舍客舍，弗納，去之魏。夫無驗而不舍，豈能無舍而出關哉。《鹽鐵論》商君困於彭池，則般桓觀望，皆在殽黽閒耳，歸魏之説信妄。」（《漢書疏證》八。）案：史公好采雜説，自爲矛楯，誠有如沈氏所譏者。卽如魏既內鞅於秦，何以又能走商邑，發兵擊鄭，卒勞大兵攻襲，始克授首，此理之不可信者。史公蓋深惡鞅天資刻薄，而當時人又深快鞅之死，作爲此言，史公遂録之，以章天道好還之戒爾。然亦可以鑒矣。**越用大夫種之謀，擒勁吳，霸中國，卒誅其身。**「擒」俗字，當作「捦」，三書作「禽」，亦非。《史》「國」下有「而」字，《漢》、《選》「而」字在「霸」上，「卒」作「遂」。李善曰：「《史記》曰：越王句踐舉國政屬大夫種，越平吳，以兵北渡淮，東方諸侯畢賀，稱霸王。范蠡乃去，遺大夫種書，種見書，稱疾不朝，人或讒種作亂，越王乃賜種劍而自殺。」案：大夫種事，詳《外傳》、《吳越春秋》、《越絶書》、《史・世家》，即文種。《文選・豪士賦序》注引《吳越春秋》云：「字少禽，楚南郢人。」高誘注《呂氏・當染》云楚之鄒人，注《尊師》又云楚鄞人。鄒、鄞當時非楚地，皆郢之譌字。全祖望曰：「王伯厚、黄東發據高氏注，以種爲鄞産，因謂蠡、種同功一體，蠡可去而種不可去者，以父母之邦也。然以予覈之，有可疑者。《越絶書・外傳》曰：范蠡始居楚，内視若盲，反聽若聾，大夫種入其縣，知有賢者，得蠡，大説，俱見伯兆出於東南，相要而往，止於吳，吳任子胥，去之越。又曰：范蠡要種入越，越大夫石買曰：客歷諸侯，渡河津，無由自致，殆非真賢。然則種非鄞人矣。《吳越春秋・内傳》曰：勾踐還自吳，范蠡謂種曰：子可去矣。種不然之，其後内憂不朝，謂其妻曰：吾王雪恥於吳，我悉徙宅自投出亡之地，悔不隨范蠡之謀。又曰：勾踐賜以屬鏤之劍，嘆曰：南陽之宰，而爲越王之禽。然則由種將死之言考之，益非鄞人矣。夫《越絶書》雖非出子贛手，然固西京之筆；《吳越春秋》雖係皇甫摭拾之書，要亦東京以來傳之。兩先生據高氏之一言，而盡棄諸左證，恐不其然。又考《吳越春秋》注引高注曰：大夫文種，字會，（案：禽字之譌。）楚鄒人。（案即《當染》注，鄒乃郢之譌。）然後恍然曰：鄒與鄞字相近而譌也。」（《鮚埼亭集》三十五。）錢大昕曰：「鄞爲越地，鄒爲魯地，與楚並不相涉，均未可信。《太平寰宇記》敍荆州人物云：文種，楚南郢人。乃知《呂覽》注本是郢字，樂史生於宋初，所見《呂》注尚未譌也。又考高氏注以范蠡爲三户人，蓋本《吴越春秋》，今世所傳《吴越春秋》，亦非足本。然張守節注《史記》引之云：大夫種，姓文，字子禽，荆平王時爲宛令，之三户之里。范蠡從犬竇蹲而吠之，从吏恐，文種慙，令人引衣而障之。是大夫種嘗爲宛令，因范蠡要之，乃棄楚而適越。其爲楚人非越人，固信而有徵矣。《會稽典録》載虞翻、朱育所説會稽先賢，未有一言及文種。《乾道四明圖經》、《寶慶四明志》初不列入人物，至厚齋始表章之。然清容居士厚齋高弟，而延祐修志不取其説，蓋已疑而未信矣。明楊實修郡志，收入人物，沿譌到今，全氏雖未能據《寰宇記》以證其譌，亦可謂先得我心者。」（《潛研堂文集》十九。）孫氏志祖《讀書脞録》又舉《豪士賦》注引《吴越春秋》以種爲南郢人，以證錢説，皆精確不可易。全氏謂鄞爲鄮字之誤，失之不考。種之字，或曰禽，（《吕氏·尊師》注。）或曰少禽，（《豪士賦》注引《吴越春秋》。）或曰子禽。（《史記·越世家》正義。）蓋古人名字，皆用一言，曰少曰子，與稱甫之伯仲叔季，及一切助詞，乃足其字以便稱謂耳。《越絶書》言種助勾踐伐吴，有九術。《吴越春秋》亦云：「越王謂種曰：子有陰謀兵法，傾敵取國，九術之策，今用三，已破強吴，其六尚在子所，幸以餘術爲孤前王於地下，謀吴之前人。遂賜以屬鏤之劍。種嘆曰：南陽之宰，而爲越王之禽。自笑曰：後百世之末，忠臣必以吾爲諭矣。」此種被誅之事也。《越絶書》云葬山陰之種山，《吴越春秋》作西山，《續郡國志》會稽山注引《越絶》作重山。重乃種之省文，以文種得名，猶吴之胥山以伍子胥得名也。《漢表》種列第四，次范蠡一等。

是以孫叔敖三去相而不悔，孫叔敖注見一卷。《索隱》：「三得相不喜，知其才之自得也；三去相不悔，知非己之罪也。」李善注畧同。師古曰：「叔敖三爲楚相，而三去之，繒丘之封人謂之曰：吾聞處官久者士妒之，禄厚者衆怨之，位尊者君恨之，今相國有此三者，而不得罪於楚之士衆，何也。叔敖曰：吾三相楚而心愈卑，每益禄而施愈博，位滋尊而禮愈恭，是以不得罪於楚人也。」案小顏所引見《荀子·堯問篇》繒丘封人，《列子·說符》、《韓詩外傳》七、《淮南子·道應訓》並作狐丘丈人，文亦小異。梁玉繩曰：「《莊子·田子方》、《呂覽·知分》皆云：叔敖三爲令尹，三去令尹，《荀子·堯問》亦有三相楚之語，故鄒陽述之，《史·循吏傳》載之，他如《淮南·道應、氾論》、《說苑·尊賢、雜言》並仍之，然不足信也。《呂覽》注云：《論語》言子文，不言叔敖。《隸釋》叔敖碑取材最博，獨不及三去相事。《困學紀聞》七謂與子文相類，恐是一事。《四書釋地又續》曰：叔敖爲令尹，見宣十一年，癸亥；叔敖死於莊王時。爲令尹僅七八年。（原注：莊王在位二十三年。《呂子·贊能》云叔敖爲令尹十二年，而莊王霸。則其爲令尹，必不始於宣十一年矣，此言未的。）以莊王之賢，豈肯暫已叔敖，意是子文事傳譌耳。大全辨載一說，謂叔敖實三仕三已，譌爲子文。不信《論語》，真顛倒見矣。全氏祖望《經史問答》辨子文亦未嘗三爲令尹，子文於莊公三十年爲令尹，至僖公二十二年讓位子玉，凡二十八年。子玉死，蔿呂臣繼之，子上繼之，大孫伯繼之，成嘉繼之，是後楚令尹不見於《左傳》。文公十二年子越之亂，追紀子文卒，鬬般爲令尹。（案：子越之亂在宣公四年，非文十二年也，全氏誤記。《淮南子·道應訓》莊王時有令尹子佩。）意者成嘉之後，再起子文爲令尹，而仁山先生以爲子上之後者，誤也。然則子文爲令尹者再，其初以讓人，其後卒於位。據全氏說，則子文之事見於《論語》、《國語》尚難盡憑，況叔敖乎。然《國語》鬬且曰：子文三舍令尹，無一日之積。又曰：成王每出子文之祿，必逃，王止而後復。則二十八年中，必有逃而後復者，三仕三已，槩可想見，當以《論語》爲信。」案：梁說徵引郅詳，然汪氏中《述學》云：「《論語》子文三仕三已，《史記》管仲三仕三已、三戰三走，田忌三戰三勝，范蠡三至千金，此不必果爲三也，三者虛數也。」（《釋三九篇》。）汪說最通，三仕三已，猶言屢仕屢已耳，諸家紛紜之論，皆覺無謂。胡紹煐《文選·褚淵碑文》注引《莊子》：「肩吾問於孫叔敖曰：子三爲令尹，而不榮華，三去之，而無憂色，何也。」與《史記》合，此三字亦約舉之數爾。

於陵仲子辭三公，爲人灌園。

三書「仲子」作「子仲」，事見《列女傳》。《史記集解》引《列士傳》曰：「楚於陵子仲，楚王欲以爲相，而不許，爲人灌園。」《索隱》：「《孟子》云：陳仲子，齊陳氏之族兄，爲齊卿，仲子以爲不義，乃適楚，居于於陵，自謂於陵子仲，楚王聘以爲相，子仲遂夫妻相與逃，爲人灌園。《列士傳》字子終者，是也。」師古、李善注亦載其事，文畧同。（李注作《列女傳》，女字誤。顔注不引所出。）今《孟子》書無此文，或是外書之語。《列士傳》云楚於陵子仲，似以爲楚人。《索隱》引《孟子》云齊陳氏之族，得之。又云乃適楚，居於陵，則又以於陵爲楚地。考閻氏若璩《四書釋地續》云：「顧野王《輿地志》齊城有長白山，陳仲子夫妻所隱處。酈注：魚子溝水，南出長白山，東抑泉口，山即陳仲子夫妻所隱。唐張説《石泉驛詩》目下自注：於陵仲子宅。漢於陵故城，章懷太子賢曰：在今淄川長山縣南，與《通典》合。石泉非《孟子》所謂井者邪。江繡江，發原長白山南，今章丘縣淯河是。計於陵仲子家離其母所居，幾二百里矣。」據此則於陵是齊地，非楚邑，今山東濟南府長山縣西南二十里是也。（《大事表》作三十里。）《索隱》所引未免有誤。《一統志》云：葬濟南長山縣東。《漢表》列六等。《淮南・氾論訓》注以仲子爲孟子弟子，《國策》鮑注又以趙威后所問與《孟子》所説爲兩人，梁章鉅《文選旁證》從之。焦氏循《孟子正義》云：「《齊策》趙威后問於陵子仲尚存乎，是其爲人也，上不臣於王，下不治其家，中不索交諸侯，此率民而出於無用者，何爲至今不殺乎。」周氏柄中辨正云：「鮑彪注此自一人，若《孟子》所稱，已是七八十年間矣。案：陳仲子齊宣王時，趙威后齊王建時，考《六國表》，自宣王元年至王建元年，凡七十有九年，仲子若壽考，何妨此時尚在。況云其率民而出於無用，明是《孟子》所稱。《韓子・外儲説左》云：齊有居士田仲者，宋人屈穀

見之曰：田仲不恃仰人而食，亦無益人之國，亦堅瓠之類也。（案此節引原文幾不明其誼。）田仲卽陳仲，不仰人而食，所**謂一介之士，窮不苟求者也**。《淮南子·氾論訓》：「季襄陳仲子，立節抗行，不入汙君之朝，不食亂世之食，遂餓而死。」高注以爲齊人，孟子弟子，未詳所出，趙氏所不用也。」（俞氏樾《孟子古義擇從》亦辨孟子弟子之說。）案：以陳仲子爲孟子弟子，不過以其名見《孟子》，初無別證，此與以公伯寮爲孔子弟子，同一可疑。趙后之問，聲明於陵子仲，則明是《孟子》所言居於陵之人矣。又問尚存乎，則正訝其老而不死。且不臣於王等語，亦與《孟子》所稱相合。鮑、梁之說，所謂疑不當疑者也。仲子雖爲《孟子》所譏，然在當時則甚知名，諸子書多稱道之。《荀子·非十二子篇》云：「盜名不如盜貨，陳仲、史鰌，不如盜也。」諸子書屢言田仲、曾史，仲與曾史並言，則其名聲赫奕可知。《荀子》又云：「忍性情，綦谿利跂，苟以分異人爲高，是陳仲、史鰌也。」《荀子》所譏，亦與《孟子》意同。**今世主誠能去驕傲之心**，「世」，三書作「人」。《史》、《選》「傲」作「慠」。《說文》無慠字，驕傲之傲，古書多叚敖爲之，唐人多作慠，慧琳《音義》遂以爲傲本作慠，謬矣。（慧琳書多用俗字，不可據，予別有考辨之，又見《意原堂日記》。蓋六書之學，唐賢已不盡講求，何況緇流，玄應、慧琳等書皆然。）《文選旁證》引無「誠」字，疑奪。《史》、《漢》及本書皆有，宋刊本亦有。六臣本仍作「傲」。**懷可報之意**，李善曰：「言士有功可報者，思必報。」王文彬曰：「報屬士言，豫讓所謂衆人遇我，我以衆人報之，國士遇我，我以國士報之也。人主推誠隆禮以待士，自爲可報之地，陽欲梁王懷此意也。觀下文桀犬跖客，荆軻要離云云，語意自明。李說未合。」案：王氏說是。如李注，當云必報，不當云可報。可者，與人以可之謂，報屬士言，與人以可報，則其權仍在人主也。**披心腹，見情素**，師古曰：「見，顯示之也；素，謂心所向也。」李善曰：「《戰國策》蔡澤說應侯曰：公孫鞅事孝王，竭知謀，示情素。」案：《説文·手部》：「披，從旁持曰披，从手，皮聲。」凡從皮字，如陂披皆有旁誼，心腹居中，以手從旁持之故曰披，此古人用字之妙。《史記·淮陰侯列傳》曰：「臣願披腹心，輸肝膽。」《蔡澤傳》：「應侯曰：披腹心，示情素。」凡言腹心，無不用披字，俗人習訓披爲開，（《廣韵》披，開也，分也，散也。諸誼皆後起引申。）昧其本誼，而古人之語妙不可見耳。《釋名·釋喪制》曰：「兩旁引之曰披，披，擺也，各於一旁引擺之，備傾倚也。」成國尚知古誼。六臣本《文選》「腹」作「腸」，非。《治要》引《尸子·分篇》云：「達情見素，則是非不蔽。」王念孫《讀漢書雜志》曰：「師古以鄭注《中庸》訓素爲向，故以爲心所向。然非此所謂素也，情素，猶情實也，下文云濟非見情實，即此所謂見情素也。《文選》謝靈運《還舊園詩》注引《史記》：披心腹，示情素。（原注：《蔡澤傳》。）而釋之曰：素，猶實也，俗作愫。《集韵》：愫，誠也。（案誠亦有實誼。）情素與心腹對文，則素非心所向之謂。（案：《國策》以與知謀對文，亦一證也。）王文彬曰：顔訓素爲心所向，是心所向爲素，猶心所之爲志也。《後漢書·張衡傳》注：素，猶志也。但此非素本誼。《説文》素下云：白緻繒也。《管子·水地篇》注：無色謂之素。蓋素爲質始，推言之，凡物之不加彫飾者，皆謂之素。故《廣雅·釋詁》曰：素，本也。《中庸》素其位而行，謂即本其位而行，此所謂素，亦謂心之本然也。訓向訓實，皆微隔。又案此處文意，情素乃根心腹爲言，與下文肝膽德厚對文，言披心腹以見情素，墮肝膽以施德厚也。王以心腹情素對稱，又失之。」光瑛案：素本無色之謂，無色乃本然之質，引申之，即有誠實之誼，非有兩解。若以上下六字貫讀，似不如《雜志》各自爲對之安。又德厚二字平列，則情素亦當平列，（詳下注。）不得訓爲心之本然。《國策》述蔡澤云：「公孫鞅事孝王，竭知謀，示情素。」豈得亦訓爲竭知謀以示情素乎。《淮陰侯傳》云：「披腹心，輸肝膽。」豈得亦訓爲披腹心以輸肝膽乎。予意終以高郵之説爲長，凡古書文，如遇此等句法，（如上所舉諸文。）皆平列。 墮肝膽，師古曰：「墮，毀也。」李善無注。 王念孫《讀漢書雜志》曰：「墮者，輸也，謂輸肝膽以相告也。《昭四年左傳》寡君將墮幣焉，服虔曰：墮，輸也。 是古謂輸爲墮也。 《史記・淮陰侯傳》作輸肝膽。」（此釋《漢書・蒯通傳》説淮陰侯之文，《史》在《淮陰傳》中，故云。）案王説極當。 輸疏聲相近，《爾雅・釋詁》注：「齒墮更生細者。」釋文：「墮又作疏。」《易・説卦》「爲果蓏」，釋文：「果蓏，京本作果墮之字。」是墮有疏音，故通作輸。 又輸者，歸也，墮亦有歸誼。 見《廣雅・釋詁》二，二字音誼俱近。 《詩・正月》「載輸爾載」，箋云：「輸，墮也。」《春秋經》：隱六年鄭人來輸平。《公羊傳》曰輸平猶隳成，何言隳成，敗其成。 及《昭四年左傳》服注，證輸爲隳壞之誼，（《公羊》言敗其成，敗有毀敗之誼，亦有勝敗之誼，故輸亦訓爲敗。）子路將隳三都是也。 今本隳作墮，考隳俗字，當作隓，或作𡐦。 輸可訓隳，墮亦可訓輸，王説不易。 近人沈氏曾植云：「墮與隋同，《儀禮》墮祭，諸篇參差，或作墮，或作隋是其證。 《説文》：隋，裂肉也，裂肝胆也。 卽上文剖心肝意。」光瑛案：墮隋通借字，沈訓亦通。 但隋爲裂肉，不聞凡裂皆謂之隋，且墮不可訓裂肉，終以王誼爲優。 小顏訓毀，非是。 又案《尚書・臯陶謨》「萬事墮哉」，釋文：「墮，許規反。」《説文》無墮隳二字，《阜部》：「隓，敗城阜曰隓，許規切；重文作𡐦。」卽墮字。 移易其偏旁也。 墮又音徒果切，字通陊。 《説文》：「陊，落也。」規毀𡐦陊段表皆在十六部，古音相近。 施德厚，《禮記・樂記》：「然後立之學等，廣其節奏，省其文采，以繩德厚。」《正義》曰：「謂準度以道德仁厚也。」《史記・樂書》集解引王肅注：「繩，法也，法其德厚薄也。」王引之《經義述聞》曰：「德厚，猶仁厚，二字平列。 下文律小大之稱，比終始之序，以象事行，事行二字亦平列。 《鄉飲酒義》曰：主人者，接人以仁，以德厚者也。 《管子・形勢篇》：無德厚以安之，無度數以治之。 《荀子・君道篇》：德厚者進，而佞説者止。 《韓非子・外儲説右》：德厚以與天下齊行。 《齊策》：

德厚之道得，貴士之力也。《秦本紀》：施德厚骨肉，而布惠於民。《孝文紀》：德厚侔天地，利澤施四海。《鄒陽書》：墮肝膽，施德厚。司馬相如《上林賦》：費府庫之財，而無德厚之恩。德厚二字皆平列。《正義》謂準度以道德仁厚，於義稍疏。而王注乃謂法其德之厚薄，於厚下加薄字，其失甚矣。」（胡紹煐《文選箋證》引王念孫説同，因《述聞》所言較詳，故舍彼録此。）胡紹煐曰：「德厚與肝膽對，解爲德之厚，則全失語意矣。」案王、胡説是。

終與之窮通，無變於士。

三書「通」作「達」，「變」作「愛」。善曰：「於士所求，無所愛惜也。」案師古亦有無所吝惜之言，則唐人所據本已作愛字。愛變字形相似，往往譌亂，如《潛夫論·邊議篇》人有變化，舊本變字作愛，汪繼培箋本改正作變，即其例也。此字當依本書作變，以正三書之譌。蓋後人不知二句之誼，承一本之誤，據以改他本，致展轉同誤。本書作變，幸未被改耳，作愛無誼，且與上句不貫。（孫志祖亦云：《新序》作變，與上句終與之窮達意相貫。以愛字爲誤。）王文彬曰：「窮，盡也。言舉情素德厚，盡達之於士，而無所愛惜也。」王氏誤以上下六字串讀，故其言如此。然窮達對文，訓窮爲盡，殊嫌不詞，小顔及李注並非。諸解之誤，猶泥視上文今世主句，以二句承上屬人主言，不知身爲國君，可以窮達人，不能自爲窮達，於是曲爲之説，展轉傅會。李、顔則不知愛字之誤，於窮達句無所發明，且既以二句屬人主言，則自以作愛爲是，作變爲非，所以三書皆爲淺人所改也。王氏則求其説不得，迂曲遷就以解之，又誤以二句六字串讀，文理益晦。不知二語皆就士説，謂士人不以窮達變其爲主之心耳。惟士人始可言窮達，作變始與窮達字相串，諸解泥牽上文世主句，見一本作愛，似爲人主立言，遂改未誤之本以就之，並以作變者爲誤，則本書之未改廑焉者爾。或疑二句屬士説，似與上今世主句不相應，此不必疑也。二句文意，與上文懷可報之意同。報屬士言，而使之可報，則屬人主言；窮達無變屬士言，而使士人窮達無變，則仍就人主言。若曰世主苟能披心腹，見情素，墮肝胆，施德厚，使士人效忠，窮達無變，則桀犬可使吠堯，跖客可使刺由矣。文理何等明晳，何必支離牽傅，曲徇誤本，使文誼詰鞫不通乎。本康莊大道，而故爲多岐，總緣糾纏上句文誼，又適見誤本作愛字，遂滋生曲說耳。徐氏友蘭《羣書拾補識語》云：「變疑戀之譌，戀有愛誼。」此不知愛是誤文，亦泥上文世主立言，以作戀爲是，作變爲非，妄加推測，以斳通於愛字之訓，其說益傅會，不足辨。《旁證》謂當各依本讀，亦非。

則桀之狗可使吠堯，跖之客可使刺由，「狗」，《漢書》作「犬」，六臣本《文選》同。「跖」，《史》作「蹠」，古書二字通用。《說文·足部》：「跖，足下也。」「蹠，楚人謂跳躍曰蹠。」皆音之石反。《史》、《選》「跖」上有「而」字。桀、堯、跖注俱見前。應劭曰：「由，許由；蹠，盜蹠也。」韋昭曰：「言恩厚無不使。」李善曰：「《戰國策》刀鞮謂田單曰：跖之狗或哦堯，非其主也。哦音吠，並同。」（《說文》無哦字，蓋當時俗體。）師古曰：「此言被之以恩，則用命也。」宋祁曰：「《漢書》犬字，從浙本作狗，則近古而語直。」案：許由，《漢表》作許繇，列二等，詳五卷《吕子章》注。《史記·淮陰侯傳》曰：「跖之狗吠堯，堯非不仁，狗因吠非其主。」（《漢書·蒯通傳》作狗各吠非其主。）亦作跖狗，此云桀者，因避下跖客刺由，便文稱之。古書多以堯、桀對之，（如《荀子》言以桀詐堯，《孟子》言堯服桀服，此類甚多，不勝舉。）二句蓋亦古語也。陽爲此言，語意殊不純，自託於桀犬、跖客，亦甚卑賤，與推許李斯、白圭同失。蓋有才而未聞道，又染於游士之習，一言不知，君子惜之。

況因萬乘之權，假聖王之資乎。《漢》、《選》句首有「何」字。假，藉也。言桀爲天子，暴虐，失人心，跖則匹夫聚徒肆行者耳。今以恩德結人，人尚爲之效死，況以萬乘之大，藉神聖之資，有不趨奉之乎。陽意重在此二句，桀犬云云，雖文章家抑揚之法，故甚其詞，然究不可以爲訓。

然則荆軻沈七族，荆軻見前注。舊本「軻」下有「之」字。盧文弨曰：

「之衍。」案盧説是。《史記》雖有「之」字，而下句亦有，以相配，今下句無之，則此句不當有，《漢書》、《文選》可證也。後人據《史記》加此「之」字，今依盧校删。「沈」，三書作「湛」，此湛没正字，本書作沈，叚借字。《説文·水部》：「湛，没也。」「沈，陵上滈水也。」二字誼別。應劭注云：「荆軻爲燕刺秦始皇，不成而死，其族坐之湛没也。」字亦作湛。師古注：「湛讀曰沈。」則反以沈爲正字，未免倒植。（俗作沉字，更非。）《漢書》無「荆」字，師古注：「此説云湛七族，無荆字也，尋諸史籍，荆軻無湛族之事，不知陽所云者，定何人也。」劉敞曰：「王充書言秦怨荆軻，並殺其九族，殺即是湛矣，非必沈之水也。」宋祁曰：「淳化本作荆軻，景祐本無荆字。」案：浙本、郭本去荆字，云據注無荆字，南本徐鍇亦滅荆字。錢氏大昭《漢書辨疑》曰：「閩本則下有荆字。」王念孫《讀漢書雜志》曰：「劉説是也。《論衡·語增篇》云：傳語云，町町若荆軻之閭。言荆軻爲燕太子丹刺秦王，秦王誅荆軻九族，其後恚恨不已，復夷軻之一里，一里皆滅，故曰町町，此言增之也。夫秦雖無道，無爲盡誅荆軻之里，或時誅軻九族，九族衆多，同里而處，好增事者則言町町也。仲任不信町町之説，而信滅九族之語。九族七族，小異而大同，則漢時傳語，固有荆軻滅族之事矣。且荆軻湛七族，要離燔妻子，相對爲文，則正文内當有荆字，若無荆字，則應注當云：軻，荆軻也。今直云荆軻爲燕刺秦始皇，則正文原有荆字甚明。師古所見本，偶脱荆字，遂云不知何人，誤矣。諸校本去荆字，卽惑於師古之説也。《史記》、《新序》、《文選》皆有荆字。」王先謙《漢書補注》曰：「《治要》引此文，亦有荆字。《文選》劉孝標《廣絶交論》約同要離焚妻子，誓殉荆軻湛七族，卽用此文，明有荆字，師古未深考耳。《索隱》：七族，父之姓一也，姑之子二也，姊妹之子三也，女之子四也，母之姓五也，從子六也，及妻父母凡七族也。」（案王引《絶交論》，亦本高郵王氏説，《文選旁證》引之。《索隱》解七族，殊近肊造。）周壽昌《漢書注校》補曰：「古無族誅，漢承秦法，止於三族。張晏乃云七族上自曾祖下至曾孫，此說迂鑿。鄒陽不過甚其詞，以明秦酷，何關事實也。案王氏《雜志》說是。《索隱》所解七族，亦以意爲之。」沈欽韓《漢書疏證》亦不以小顔說爲然，可與高郵說印證。（文繁不引。）宋王楙《野客叢書》云：「湛之爲誼，言隱没也。軻得罪秦，凡軻親屬，皆竄迹隱遯，不見於世，如高漸離變姓名，匿於宋子，非謂滅其七族。」此說牽強無理，陽言湛七族，乃極言其受禍之慘，若但隱没避世，則適見寬大，何以章秦法之酷乎。鄒陽時代，去秦不遠，所言必有所受，書闕有閒，未敢斷此事爲必無也。張晏釋七族，上自曾祖，下至曾孫，夫曾祖至曾孫，無同時被殺之理，其說固謬，而說者謂秦以前無族刑，則又不然。孫詒讓《墨子閒詁》十五卷引《家語》、《楚世家》、《酷吏列傳》證三族是古軍法，所言良塙，以非本事，不録。梁玉繩《史記志疑》引小顔注及王楙說，而不爲斷，未免闇於抉擇。要離燔妻子，《史》作「要離之燒妻子」，《索隱》曰：「事見《呂氏春秋》。」案：《呂氏·忠廉篇》云：「吳王欲殺王子慶忌，而莫之能殺，吳王患之。要離曰：臣能之。吳王曰：汝惡能乎，吾嘗以六馬逐之江上矣，而不能及，射之，矢左右滿抱，而不能中今汝拔劍則不能舉臂，上車則不能登軾，汝惡能。要離曰：士患不勇耳，奚患於不能，王誠能助臣，請必能。王曰：諾。明旦，加要離罪焉，摯執妻子，焚之而揚其灰。要離走，往見慶忌於衛，慶忌喜。要離謂慶忌曰：吳之無道也，愈甚，請與王子往奪之國。慶忌乃與俱涉江，中江，拔劍以刺慶忌。慶忌捽之，投之於江，浮則又取而投之，如此者三，其卒曰：汝天下之國士也，幸汝以成而名。要離得不死，歸吳。吳王大說，請與分國。要離曰：夫殺妻子，焚之而揚其灰，以便事也，臣以爲不仁；爲故主殺新主，（此語誤，當從《吳越春秋》作殺故君之子。）臣以爲不義。捽而浮乎江，三入三出，特慶忌爲之賜而不殺耳，臣已爲辱矣。夫不仁不義，又且已辱，不可以生。吳王不能止，遂伏劍而死。」《吳越春秋》四：「吳王既殺王僚，又憂慶忌之在鄰國，（慶忌蓋僚子。）恐合諸侯來伐，以問子胥。（中畧。）子胥見要離於王，王曰：子何爲者。要離曰：臣國東千里之人，細小無力，迎風則僵，負風則伏，（負讀爲背。）大王有命，臣敢不盡力。吳王心非子胥進此人，默然不言。要離卽進曰：大王患慶忌乎，臣能殺之。王曰：慶忌之勇，世所聞也，筋骨果勁，萬夫莫當，走追奔獸，手接飛鳥，骨騰肉飛，拊膝數百里，吾嘗追之於江，駟馬馳不及，射之，闇接矢，不可中，今子之力不如也。要離曰：王有意焉，臣能殺之。王曰：慶忌明智之人，歸窮於諸侯，不下諸侯之士。要離曰：臣聞安其妻子之樂，不盡事君之義，非忠也；懷家室之愛，而不除君之患，非義也。臣詐以負罪奔，願王戮臣妻子，斷臣右手，慶忌必信臣矣。王曰：諾。要離乃詐得罪，出奔，吳王取其妻子，焚棄於市。要離如衛，見慶忌曰：闔閭無道，王子所知，今戮吾妻子，焚之於市，無罪見誅，吳國之事，吾知其情，願因王子之勇，闔閭可得也，何不與我東之吳。慶忌信其謀。後三月，揀練士卒，遂之吳，將渡江，於中流，要離力微，坐與（讀爲於。）上風，因風勢，以矛鈎其冠，順風而刺慶忌。慶忌顧而揮之，三捽其頭於水中，乃加於膝上，嘻嘻哉，（句有誤。）天下之勇士也，乃敢加兵刃於我。左右欲殺之，慶忌止之，因令還吳，以旌其忠。於是慶忌死，要離渡至江陵，愍然不行。從者曰：君何不行。要離曰：殺妻子以事其君，非仁也；爲新君殺故君之子，非義也；重其死不貴無義，今吾貪生棄行，非義也。夫人有三惡，以立於世，吾何面目以視天下之士。言訖，投身於江，未絶，從者出之。要離曰：吾寧能不死乎。從者曰：君且勿死，以俟爵祿。要離乃自斷手足，伏劍而死。」以上所記，視《呂書》尤詳，情節亦微有出入，然其事殊不可信。吳王於要離，初無大恩，特因子胥之薦用之耳。焚妻子以要人信，慘刻不近情理，就令有之，亦不足尚。諸書皆以慶忌爲王僚子，案《左傳·哀二十年》：「吳公子慶忌驟諫吳王，不聽，出居於艾，聞越將伐吳，請歸平越，欲除不忠者以說於越，吳人殺之。」此慶忌若是別一人，不應同爲吳公子，而又同名。但所事者夫差非闔閭，殺之者亦非要離，且其人初不以勇名，疑要離事出於戰國游俠之徒所傅會。《左氏》所載，爲得其實，鄒陽好奇，遂引用之耳。《漢表》無要離名，疑孟堅亦不信此事也。豈足爲大王道哉。言所報者，不止於上二人之行也。《史》作「豈足道哉」。明月之珠，《史》、《漢》、《選》、《紀》句首俱有「臣聞」二字。明月珠，卽隨侯珠，故下文云「雖出隨侯之珠」。此珠夜光，如明月，故名。注見一卷《秦欲伐楚章》。夜光之璧，注詳前文，卽和氏璧。以闇投人於道路，《漢》、《選》無「路」字，六臣《選》本有。「闇」，《史》作「暗」，《漢紀》作「以闇投之」。《説文·門部》：「闇，閉門也。」門閉則幽暗，故古書多叚作暗字，《史》作「暗」爲正。投，猶抵也。衆無不按劍相盻者。「盻」，宋本、嘉靖本、鐵華館本作「眄」，與三書合，衆本作「盻」。盧文弨曰：「盻譌。」案《説文·目部》：「盻，恨視也。」正合此句之意。《孟子·滕文公篇》「使民盻盻然」，趙岐注：「盻盻，勤苦不得休息之貌。」丁公著本作「肹」。據注，則作肹爲是，非此誼也。《説文》又曰：「眄，目偏合也，一曰衺視也，秦語。」二誼均與本文不甚關合。疑三書之眄，皆當作盻，眄盻形近易譌，世人習見眄。少見盻，遂皆改爲眄矣。《新序》宋本亦誤，嘉靖、鐵華兩本出於宋本，誤同。諸本作盻，乃未改之幸存者。盧氏反斥爲譌，是以不狂爲狂也，今從衆本。「衆」，《史記》作「人」。人衆同訓，荀卿書屢言人百姓，謂衆百姓也，見王念孫《讀荀子雜志》。（《王霸篇》。）《漢》、《選》「無」作「莫」，《荀紀》作「人莫不按劍爲怒」。《淮南子》曰：「和氏之璧，夜以投人，則爲恐。」蓋古有是諭也。何則，無因至前也。「至」上三書有「而」字。蟠木根柢，輪囷離奇，「奇」，《史》作「詭」。輪囷、離奇、離詭，皆疊韵字。《集解》張晏曰：「根柢，下本也，輪囷離詭，委曲槃戾也。」《索隱》孟康曰：「蟠結之木也。」晉灼曰：「槃櫝木根也。」《漢》注：「蘇林曰：柢音蔕。師古曰：蟠木，屈曲之木；困，音去輪反；離，音力爾反；奇，音於綺反。一曰離奇各讀如本字。善曰：《廣雅》曰：蟠，曲也；困，去倫切；離，薄綦切；奇，音庇。」案：依晉灼注，似讀蟠爲槃。錢大昭《漢書辨疑》曰：「《說文》：橎，橎木也，讀若樊。即此字。晉、錢二說，不如顏、李注之確。柢，木直根也。凡木直者曰直根，横者曰曼根，名見《韓子·解老篇》。或借蒂字及氐字爲之，《詩·節南山》傳曰：氐，本也。輪囷亦作轔囷，《文選·西京賦》垂鼻轔囷是也。輪轔聲轉字。《吳都賦》輪囷糾蟠，善注：輪囷，屈曲貌。《七發》注引《漢書》張晏曰：輪囷，委曲也。」按：此承上蟠木言，謂木勢蟠曲宛延，狀態離奇也。**而爲萬乘器者，以左右先爲之容也。**《史》、《選》「以」上有「何則」二字。《漢紀》「器」上有「之」字。《索隱》：「左右先加彫刻，是爲之容飾也。」師古曰：「萬乘器，天子車輿之屬也；容，謂彫刻加飾。」善曰：「器，謂服玩之屬；容，謂彫飾。杜預《左傳》注曰：容，形容也。」案：李訓器爲服玩，非是，木不可以爲服玩。顏以車輿當之，亦未盡，萬乘器指殿陛棟梁及一切器用之屬。至先容之誼，三書注均以彫飾解之，非也。周壽昌《漢書注校補》曰：「訓容爲彫刻加飾，蓋泥於上爲萬乘器句，卽未檢上無因至前一語，與此對舉乎。此明云珠璧闇投，轉致按劍，爲無因至前也。雖爲萬乘之器，必左右先爲之容導也。語本明，注反滯矣。」案：周說近是。容之言慂，自動謂之從容，動人謂之慫慂，故從容與慫慂字通。（說見《經義述聞·通說》從容章。）《史記·吳王濞傳》「鼂錯數從容言吳過，可削。」從容卽慫慂。凡史傳中云從容言事，多屬此訓。先容，卽先爲慫慂，誇其質之美善耳。《後漢書·孟嘗傳》引此語，下云「王者取士，宜拔衆之所貴」，其意正與周說合。彫飾之解，李善蓋亦疑之，故別引杜注，釋爲形容，然亦失之。本文下有「有人先游」及「素無根柢之容」二語更明。胡鳴玉《訂譌雜錄》反引小司馬、小顏注，以訂俗誤，可謂無識。**故無因而至前，雖出隨侯之珠，夜光之璧，祇足以結**

怨而不見德，宋本、嘉靖本、鐵華本「德」作「得」，雖通用字，然三書皆作「德」，今從衆本。《史》無上「而」字，下句作「猶結怨而不見德」。《漢書》作「雖出隨珠和璧，秪怨結而不見德」。《文選》「隨」作「隋」，無「以」字。《漢紀》此段不引，自「先爲之容也」下，接「故女無美惡」一段，至「豈惑於衆口哉」止，接下「是以聖王不牽於卑亂之語」云云，次第先後與各書異，蓋以意删改顛倒之。隨作隋者，謬，見一卷《欲秦伐楚章》注。秪，適也，秪借字。故有人先游，《漢書》無「故」字。《史》、《選》「游」作「談」。師古曰：「先游，謂進納之也。」善曰：「游或作談。」《旁證》本作談，注：「談或爲游。」案游者游揚之。《史記·季布傳》曰：「僕游揚足下之名於天下。」是也。《史》、《選》作「談」者，談與游揚意同。《韓非子·孤憤篇》：「學士不因，則養禄薄，禮卑，故學士爲之談也。」舊注：「談者，爲重人延譽。」與此談字誼同，延譽即游揚之謂。《文選·廣絶交論》「是曰談交」，謂延譽之交也。此句乃上先容句㱙廢。周壽昌曰：「游者，游説之謂，即上所云借譽於左右也，顔説殊晦。」則枯木朽株，《史記·司馬相如傳》曰：「枯木朽株，當爲難矣。」《説文·歺部》：「㱙，腐也。重文朽，㱙或从木。」今字皆作朽，朽行而㱙廢。各本「則」下有「以」字，與《史》合；嘉靖本、鐵華本無「以」字，與《漢》、《選》合。今從宋本。樹功而不忘。師古曰：「樹，立也。」案：不忘，謂功德在人，人不能忘。今夫天下布衣窮居之士，「夫」，各本作「使」，宋本作「夫」，今從宋本。《史》、《漢》正作「夫」，《文選》無此字。紹弼案：宋本「夫」亦作「使」。雖蒙堯、舜之術，堯舜注見前。句上《史》、《選》有「身在貧賤」一句，《漢書》同，但「賤」作「羸」。師古曰：「衣食不完，故羸瘦也。一曰羸謂無威力。」《史記》「蒙」作「包」，包蒙誼同。《索隱》曰：「言蒙被堯舜之道也。」則似《索隱》本亦作蒙也。（王念孫《讀史記雜志》亦謂包本作蒙，亦據《索隱》注爲證。）中壘以「身在」句與窮居意複，故删之。挾伊、管之辯，伊尹、管仲也，注俱見前。挾，持也；辯，才辯也。此句下《史》有「懷龍逢比干之意，欲盡忠當世之君而。」共十五字，《文選》同，《漢書》止有「懷龍逢比干之意而」八字。素無根柢之容，根柢之容，即上所謂蟠木根柢，左右先爲之容也。讀此益見小顔，小司馬二注之誤。而欲竭精神，開忠信，輔人主之治，《史》作「雖竭精思，欲開忠信，輔人主之治」，《選》同，但「思」字作「神」，《漢書》作「雖竭精神，欲開忠於當世之君」，文各微異。竭當作渴，今人以渴爲激，遂以竭爲渴，而激字廢。輔當作俌，俌，左也。善曰：「《小雅》曰：開，達也。」師古曰：「開，謂陳説也。」王念孫曰：「李説是。」案：李引《小雅》即《小爾雅》，或奪一字，今《小爾雅·廣詁》有此訓。《文選旁證》曰：「六臣本校云：治，善本作政。」則人主必襲按劍相盻之迹矣，襲，蹈襲。「盻」，宋本、嘉靖本、鐵華本作「眄」，三書同誤。今從衆本作「盻」，説見上注。「襲」，《史記》作「有」，句末無「矣」字。師古曰：「襲，重也，言躡其故迹也。」是以布衣不得當枯木朽株之資也。三書「以」作「使」，《漢》、《選》「布衣」下有「之士」二字。「當」，宋本作「爲」，與三書同，各本俱作「當」。案：爲訓如，與當誼近，蓋本書作當，《史》、《漢》作爲，校宋本者據三書改之，各本尚存本書之真也，與上盻字同。若本作眄作爲，則各本無緣誤爲盻爲當矣。凡一書之誤，必有其理，今參校諸本，亦但擇理之是否以定從違，雖以宋本爲主，並不泥守其非，如黄丕烈、顧廣圻輩，先存一佞宋之見也。「朽」，一本《漢書》作「巧」，誤。《文選旁證》云：「六臣本校曰：善無也字。」紹弼案：宋本亦作「當」。是以聖王制世御俗，獨化於陶鈞之上，《史記集解》裴駰案《漢書音義》曰：「陶家名模下圓轉者爲鈞，以其能制器爲大小，比之於天。」《索隱》張晏云：「陶，治；鈞，範也。作器下所轉者名鈞。」韋昭曰：「陶，燒瓦之竈；鈞，木長七尺，有絃，所以調爲器具也。」崔浩曰：「以鈞制器萬殊，故如造化之運轉裁成也。」師古曰：「陶家名轉者爲鈞，蓋取周回調鈞耳。言聖王制馭天下，亦猶陶人轉鈞，非陶家轉象天也。」善曰：「《論語考比讖》曰：引王子以避俗，遠邦殊域，莫不向風。」案：小顏及崔浩說是。《漢紀》「獨化」七字在「衆多」之下。**能不牽乎卑亂之言**，「能」，三書俱作「而」，而能同字，詳同卷《樂毅書》及上文「能不誤於田常之賢」句注。《毅書》作「而」，正《禮運》正義所稱向書能字作而之一二存者。何焯校本改作能，謬矣。「乎」，《史記》、《漢紀》作「於」。「言」，三書作「語」。「亂」，《漢紀》、《文選》作「辭」，官本《漢書》同，浙本作「亂」。盧文弨曰：「亂，《漢書》、《文選》作辭。」盧所見是官本，故云。《文選旁證》言《史》、《漢》辭並作亂，梁氏所據乃浙本也。王先謙曰：「下言語，上不得言辭，《史》、《漢》本是也。」案：《選》注：「聖人有深謀善計，而卽行之，不爲卑辭所牽制。《戰國策》蘇秦曰：卑辭以謝君。」是李善所見本已作辭矣。辭亂形近易混。或謂卽下文諂諛之辭，亦通。**不惑乎衆多之口**。「惑」，諸書作「奪」。「乎」，《史記》、《漢紀》作「於」。師古曰：「奪者，言欲行善道，而爲佞人奪其計也。」《漢紀》此下有二句云「獨化於陶鈞之上，而觀乎昭曠之道」，以後卽接「臣聞盛飾入朝」一段，中間大段不引。**故秦皇帝任中庶子蒙嘉之言**，中庶子，秦官，漢因之。《百官表》有庶子，屬太子太傅少傅。應劭注：「員五人，秩五百石。」錢大昭曰：「《馮野王傳》、《王商傳》有太子中庶子，《漢舊儀》中庶子五人，職如侍中，秩六百石；庶子秩比四百石，如中郎，無員。亡新改爲中翼子。據此，則中庶子與庶子有別矣，應所注乃中庶子也。《表》於庶子上脱中字，庶子下脱庶子二字。」案：《史記·儒林、王莽傳》並有中庶子，《續志》後漢有庶子、中庶子二官，蓋亡新改其名，中興後復之，皆承秦制也。《史記·甘茂傳》：「甘茂年十二，爲文信侯少庶子。」少庶子屬於侯國，與中庶子迥異。「嘉」，宋本作「恬」，誤，（《燕策》鮑彪注已糾其失。）今從衆本。《漢書》無「嘉」字。師古曰：「蒙者，庶子名。今流俗書本蒙下輒加恬字，非也。」王氏先謙補注云：「顧炎武曰：《史記》秦王寵臣中庶子蒙嘉，爲先言於秦王。非蒙恬，亦非蒙名，傳文脱嘉字耳。先謙案蒙嘉事並見《燕策》，《新序》此文，《史記》、《文選》皆作蒙嘉。」（案：王氏所見《新序》，蓋非宋本。）案：《選》注引《燕策》事以注此書，則本文有嘉字明甚。小顔所據本脱嘉字，又見一本作恬字，與宋本《新序》同，正小顔所斥爲俗本者。荆軻因嘉以爲先容，遂得見秦王而行刺，見左右先容之不可恃。合《燕策》、《刺客傳》觀之，其事自明，與前後文意都一貫。淺人習聞蒙恬事，誤書作恬，而宋本《新序》因之，小顔又不參證史文，（凡《史》、《漢》異文，互有是非，有《漢書》字譌而《史》文未誤者，小顔每以己意曲説，不能參證。如《武安侯傳》「夫從坐上語侵之」，「從」《漢書》誤「徙」，師古遂釋爲遷徙，此類甚多，姑舉一事明之。此文脱嘉字。亦其例也。）妄以蒙爲人名。梁氏章鉅《文選旁證》，沈氏欽韓《漢書疏證》皆斥其非。《燕策》鮑注引《後語蒙類》注云：「蒙恬弟也。《漢表》有蒙恬，列四等，無蒙嘉名。

以信荆軻之説，故匕首竊發。「故」，三書作「而」。《漢書》無「之説」二字。六臣本《文選》校云：「善本無以字。」師古曰：「匕首，短劍也。」《史記索隱》曰：「《通俗文》云其頭類匕，故曰匕首，短而便用也。」善曰：「《戰國策》曰：荆軻既至秦，持千金之資幣，厚遺秦王寵臣中庶子蒙嘉，嘉爲先言於秦王曰，燕願舉國爲内臣，如郡縣。又獻燕督亢之地圖，圖窮而匕首見，秦王驚，自引而起，乃引其匕首以擿秦王。」案事見《燕策》及《史記·刺客傳》。竊發，謂出人不料，乘間而發，如竊者之不欲人知。

周文王校獵涇渭，載吕尚而歸，以王天下。校與較同。《孟子·萬章篇》「魯人獵較，孔子亦獵較」，趙注：「獵較者，田獵相較奪禽獸得之，時俗所尚，以爲吉祥。」是其誼也。三書無「校」字。（《説文》無較字，比校字當作校。）《漢書》無「而」字。《文選》無「王」字，六臣本有。《禹貢·雍州》：「涇屬渭汭，」又導渭，東會于涇。」《詩·谷風》正義引鄭注云：「涇水、渭水，發源皆幾二千里，然而涇小渭大，屬於渭而入於河。」又引《地理志》：「涇水出今安定涇陽西幵頭山，東南至京兆陽陵，行千六百里，入渭。即涇水入渭也。」陳奐《詩毛氏傳疏》曰：「考陽陵《漢志》在左馮翊，此云京兆陽陵者，鄭從《東漢志》也。《郡國志》陽陵故屬馮翊，云行千六百里，《漢志》作千六十里。考涇原出今甘肅平凉府西北，至陝西高陵縣西南，入渭，計行不及千里，則六百當是六十之誤。鄭從《漢志》，而云幾行二千里者，此兼渭水言耳。涇入渭，與渭入河，傳所謂涇渭相入也。」程氏恩澤《國策地名考》云：「案《地理志》，涇水原出安定涇陽縣（原注：今甘肅平凉縣西四十里。）西幵頭山，（原注：今固原州東南七十里。）東南至陽陵，（原注：今陝西高陵縣西南三十里。）入渭，（原注：《説文》同。）錢坫曰：涇水出固原州西南山，（原注：似應作東南，錢以六盤山爲幵頭山，故云在西，蓋本《元和郡縣志》而誤。）東南流，逕平凉府城北，崇信縣北，涇縣北，（原注：胡渭作南，非是。）長武縣北，邠州北，三水縣南，（原注：句應删，在三水南者，乃西溪河、温凉河之入涇者，非涇河也。）淳化縣西南，（原注：胡渭無南字。）涇陽縣南，三原縣南，（原注：句亦可删。）至高陵縣南，入渭。今以地圖考之，俱在咸陽西北，而《策》云南帶涇渭，殊不可解。《左傳・襄十四年》：濟涇而次，至於棫林。疏引《世本》云：棫林，即京兆鄭縣，爲今華州。是涇水下流，古時當在華州東南，與今不同，故《策》爲此説。《禹貢》涇屬渭汭，豈涇渭同流，凡謂水入河之處，亦可稱涇水歟。（原注：《長安志》涇陽、高陵、櫟陽、雲陽、三原、富平、醴泉七縣，皆涇水所溉地。按圖，涇水遠在櫟陽東，與石川河合，即古沮水，則其與渭合流通稱可知矣。）」又曰：「《地理志》渭水原出隴西首陽縣（原注：今甘肅蘭州府渭原縣東北。）西南鳥鼠同穴山，（原注：今渭原縣西七十六里，舊志作二十里。）東至船司空，（原注：今陝西華陰縣東北五十里。）入河。（原注：《説文》渭水出隴西首陽渭首亭南谷，東入河。）錢坫曰：渭水出渭原縣西，東南流，逕鞏昌府城北，折南，又東，逕寧遠縣北，伏羌縣北，秦州北，秦安縣南，（原注：胡渭作先逕秦安，後至秦州，非是。）清水縣南，（原注：胡渭作西。）隴州南，寶雞縣北，（原注：胡渭作南，《大事表》同，疑誤。）郿縣北，盩厔縣北，興平縣南，咸陽縣南，（原注：《雍録》渭水逕漢渭城之南，即秦咸陽也。）西安府城北，臨潼縣北，渭南縣北，華州北，華陰縣北，入河。以今地圖按之，渭之上流，在咸陽西少北，其合涇入河處，正在咸陽東南也。」案：《詩·谷風》「涇以渭濁」，鄭箋云：「涇水以有渭水，故見渭濁。」釋文云：「舊本如此，一本下渭作謂，後人改耳。」阮氏元校勘記：「以作謂與下云故謂己惡之謂字誼同。《正義》曰：涇水言以有渭，故人見謂己濁。則《正義》本亦作謂字，以一本爲長。」自來釋詩者，多言渭清涇濁，乾隆五十五年陝西巡撫臣秦承恩復奏，親詣察視，涇水約寬一二十丈，入陝後，併支流一十有四，其流與江漢諸川相似；渭水約寬七八十丈，入陝後，併支流三十有三，其色與黄河正同。合流處，涇北渭南，一望可辨，七八里始溷爲一。涇係石底，四時常清；渭係沙底，四時常濁。並於急流各取水澂之，涇一石滓三升，渭一石滓斗許，以所目驗，考之碑乘，詢之土著，涇清渭濁，絶無疑誼等語。若然，則箋當作渭濁，不作謂濁矣，抑豈如昔人所云下流不同之故邪。而《史記·河渠書》載秦人之歌云：「涇水一石，其泥數斗。」抑又何也。彼以秦人歌秦事，宜必無誤，豈合流後仍稱涇水，故云爾邪。秦奏云：以所目驗，考之碑乘，詢之土著，詳晳如此，其言自可徵信。呂尚，太公望也，注見二卷。《呂氏·首時篇》云：「太公望，東夷之士也，欲定一世而無其主，聞文王賢，故釣於渭以觀之。」（《謹聽篇》云釣於滋泉。）《史記·齊世家》：「呂尚窮困年老，西伯將出獵，卜之曰：所獲非龍非彲，非虎非羆，所獲伯王之輔。於是獵而果遇太公於渭之陽，與語，大説曰：自吾先君太公曰，當有聖人適周，周以興，子真是耶，吾太公望子久矣。故號之曰太公望，載與俱歸，立爲師。」是出獵載歸之事也。諸書皆云太公釣渭，兹言涇渭者，本言渭，連類及溼，古人文法常如此。《說苑·尊賢篇》「鄒子說梁王曰：太公望，故老婦之出夫也，朝歌之屠佐也，棘澤迎客之舍人也，年七十而相周。」（鄒子說梁王，當即此書之文，所記互有詳畧爾。）《荀子·君道篇》「文王倜然舉太公於州人而用之，行年七十有二，齫然而齒墮矣。」其言太公筮仕之年畧同，惟高誘注《淮南·說山》云：「呂望年七十，始學讀書。」宋玉云：「太公九十，乃顯榮兮。」論者遂傅會，以爲七十而學，九十始仕。（俞樾《湖樓筆談》即有此說。）此與《顏氏家訓》云「曾子七十乃學」，（《勉學篇》。）同一無稽。疑七十乃十七之譌，宋玉文之九字，又七字之譌也。《抱朴子》言文王接呂尚，桑陰未移，而知其可師，其說本《說苑·尊賢》云，堯舜相見，不違桑陰。文王舉太公，不以日久，皆極言其相契之速爾。其餘諸子百家記太公事，多謬悠，今悉不引。

秦信左右而弒，《史記》句首有「故」字，「弒」作「殺」，《漢》、《選》作「亡」。案：弒殺一聲之轉，古書通用。《公羊傳·昭二十五年》「昭公將弒季氏」，釋文作將殺，音試，下及注同。漢石經作「試」，唐石經諸本皆作「弒」。《儀禮·士冠禮》注：「篡殺所由生。」釋文云：「殺本又作弒。」《說苑·正諫篇》：「孟嘗君將西入秦，賓客諫之而通，則不聽也，曰：有客以人事諫我，我盡知之，若以鬼事諫我，我則殺之。謁者入，曰：有客以鬼道聞。曰請客入。」此殺字卽試字，孟嘗君意謂惟鬼事未聞，欲試聞之也。若讀如本誼，則既欲殺之，何以又請客入耶。試與弒同音，殺可爲弒，卽亦可爲試。《漢書·轅固傳》：「爲博士，與黃生爭論於上前，黃生曰：湯武非受命，迺殺也。」《史記》殺作弒。此弒殺通用之證，不可枚舉。段玉裁《經韵樓集》內有《春秋殺弒二字辨別考》及《公羊經傳弒字辯》兩文，俱言弒殺不可通用，六書叚借，必其音同部，弒從殺省，式聲；殺從殳，杀聲，一在脂部，一在之部，不相叚借。不知弒既從殺省，卽有殺字之誼，六書叚借，不廑諧音一端。況古音分十七部乃段氏一家之說，不爲定論。卽以諧音言，古無韵書，其用字多由方音轉變，而方音之轉變，不外雙聲疊韵，弑殺正是雙聲，何不可通之有。段、王（高郵父子。）諸人，拘於之脂支三部不通之說，以論古音，殊多窒礙，馮氏登府《十三經詁答問》已駁其說。然則卽依段表分部之脂亦本可通，（《答問》所舉是也，又嚴可均《說文聲類》所引三部通韵之字甚多。）何則，以雙聲不限在何部故也。余論古音，素不喜分部之說，（段、王諸人主張支脂之三部不通最力，且張大其詞，以爲非深通三代先秦人語言，不足以知之。其實理有至當，顯爲易知，未有韵書以前，皆以方音取諧，方音萬變，不外雙聲疊韵，舍雙聲疊韵，何以通古韻之郵。雙聲不限一部，則此部之字，不能禁使不通於彼部，不必强分界限，亦故爲張皇，以預杜後人之口實也。）於《意原堂日記》中已詳言其理，兹故不贅。（參《節士篇·延陵季子意》注。）梁玉繩《史記志疑》曰：「刺秦不中，何得言殺，《漢書》、《文選》作亡，尤非。」梁氏章鉅《文選旁證》說同。不知此句泛論秦王由信用左右，不承上句言，（見下句注。）二梁之說殊泥。

周用烏集而王。《史記集解》裴駰案《漢書音義》曰：「太公望涂遠卒遇，共成王功，若烏鳥之暴集也。」《索隱》韋昭云：「呂尚適周，如烏之集也。」師古曰：「言文王之得太公，非因舊故，若烏鳥之暴集。」王先謙曰：「諸說皆非也，上句亡字《史記》作殺，秦王未爲荆軻所殺，亦未以此亡，是信左右不指蒙嘉，則用烏集亦不指太公也。秦二世信趙高，殺身亡國，是信左右而殺亡也。烏集，猶言烏合，《文選》曹元首《六代論》：故漢高奮三尺之劍，驅烏集之衆。李注引《曾子》曰：烏合之衆，初雖相歡，後必相吐，是以烏集爲烏合也。周武王伐紂，至孟津，八百諸侯，不期而會，若烏鳥之集然，是用烏集而王也。文意承上文推究言之。」案：王說是。左右至親，烏集至疏。用左右而亡，所謂親戚畔之；用烏集而王，所謂天下順之。《漢書·谷永傳》：「烏集雜會，飲醉吏民之家。」師古曰：「言聚散不恒，如烏鳥之集。」亦訓烏集爲烏合。烏集，蓋古之常語。宋氏翔鳳《過庭録》引此文而釋之云：「烏集當是書篇名，出《太公陰符》，《戰國・秦策》得太公陰符之謀，伏而誦之，簡練以爲揣摩。又曰：於是乃摩燕烏集闕。蓋《策》本作燕集，燕烏古人音同叚借，校者注烏字於下，又於烏集不得其解，又注闕字於下，謂言誼闕也。久之惑亂，高誘遂以闕爲塞名，甚謬。」案：宋説以意推測，穿鑿不根，不逮王訓遠甚，今不取，仍駁正之。何則，以其能越攣拘之見，各本「見」作「語」，三書同。宋本作「見」。文誼似勝，今從宋本。（嘉靖本作語，鐵華作見。）越，邁也。攣拘者，手曲而不申，諭人識見迂拘。《説文・手部》：「攣，係也。」亦係束之誼。《文選》「攣拘」作「拘攣」。馳域外之議，域外，諭所見者大，不局於一隅也。議，《文選》作「義」，六臣本仍作「議」。梁氏《旁證》云：「六臣本是。《史記》、《漢書》並作議。」案義即議字省借，古書二字多通用。《莊子・齊物論篇》「有倫有義」，釋文：「崔本義作議。」是其證。梁説非。獨觀於昭曠之道也。「於」，《漢書》作「乎」。師古曰：「昭，明也；曠，廣也。」今人主沈於諂諛之辭、「人主」，宋本作「主上」。案：前後文俱稱人主，或世主，此宜一律，三書亦俱作「人主」，今從衆本。（嘉靖本作人主。）《漢》、《選》無「於」字，六臣《文選》有。沈當作湛，溺也，沈叚借字。（見上注。）《戰國策・秦策》、「沈於辯，溺於辭」，《齊策》「沈於諂諛之臣」，諸沈字同。《荀子・勸學篇》：「以不善先人者，謂之諂；以不善和人者，謂之諛。」紹弼案：宋本亦作「人主」。牽於帷牆之制，「牆」，一本作「墻」；字俗，今從宋本。《史》作「裳」，《漢書》作「廧」，《集解》駰案《漢書音義》曰：「言爲左右便辟、侍帷裳臣妾所見牽制。」善注引《説文》曰：「牆，垣蔽也，言帷妾之所止，牆臣之所居也。」案：依《音義》，似孟康所見《漢書》本亦作裳，然《選》注引《音義》字仍作牆，蓋裴駰改之，以就《史記》耳。牆裳音近通用。《禮記・檀弓》「周人牆置翣」，注：「牆，柳衣也。」《雜記》「至於廟門不毀牆」，注：「牆，帷裳也。」是其證。《説文》無廧字，本作牆。釋慧琳《一切經音義》四：「牆，浄陽反，或作廧。」是廧乃牆之或字。《詩·常棣》「兄弟鬩于牆」，釋文：「牆本或作廧。」《左氏襄二十六年傳》「寺人惠廧伊戾」，釋文：「廧或作牆。」《成三年左傳》之「廧咎如」，《穀梁傳》作牆咎如。古書廧牆二字互用甚多，《史》作裳，用本字，牆廧皆借字，參五卷《君子曰章》注。紹弼案：宋本亦作「墻」，嘉慶重刻宋本《文選》同。使不羈之士，與牛驥同皁，羈當作䍜。《説文·网部》：「䍜，馬絡頭也，从网，从馽」；「馽，馬絆也。䩭、䍜或从革。」今字省作羈，作覊羇皆俗。《史記集解》引《漢書音義》曰：「食牛馬器，以木作如槽也。」《索隱》：「言駿足不可羈絆，以比諭逸才之人。」應劭曰：「皁，歷也。」韋昭云：「皁，養馬之官，下士也；養馬之官，其衣皁也。又郭璞云：皁，養馬之器也。」《正義》引顔云：（即師古《漢書》注。）「不羈，言才識高遠，不可羈係。皁，在早反。《方言》云：梁宋齊楚燕之間，謂櫪曰皁。」梁氏《旁證》云：「依文誼當如郭説，不當如韋説。」王先謙曰：「牛不當與驥同皁，故以諭賢愚雜處。」周壽昌曰：「言使才識高遠之士，與庸流並進，如牛與驥共一皁耳。」與字與如通，《廣雅》曰：「與，如也。」司馬相如《子虚賦》、「楚王之獵，孰與寡人乎」，郭璞注：「與，猶如也。」案：韋注謬，王、周説是。與如互訓，經傳不可勝舉，《釋詞》論之詳矣。《説文·馬部》：「驥，千里馬也。」宋文天祥《正气歌》云「牛驥同一皁」，正用此語。此鮑焦所以忿於世，而不留於富貴之樂也。各本「焦」下有「之」字，宋本無。案三書俱無，今從宋本。《史》、《選》無下「於」字，《漢書》無「而不」以下八字。鮑焦事見《趙、燕策》、《莊子·盜跖篇》、《韓詩外傳》一、本書《節士篇》、《説苑·雜言》、《潛夫論》、《風俗通義·愆禮》等篇。《漢表》列四等。留，戀也，言心因忿世，故不留戀世俗之富貴，而死洛水上也。《索隱》及顔、李注引子貢曰：「此誰之有哉。」誰誤焦。又云：「棄其蔬乃立枯洛水之上。」乃字當在棄字上，誤移於下句之首，可見唐時已譌，故三人所引同也，當據本書《節士篇》訂正。臣聞盛飾入朝者，各本「入」作「以」，宋本作「入」，與三書同，今從之。**不以私汙義；**《史》「私」作「利」。此言在朝右服盛飾者，不徇私而汙其道義也。**砥礪名號者，不以利傷行。**「砥礪」，《漢書》作「底厲」，是。《史》「礪」作「厲」，「利」作「欲」。案：砥，底之重文。《說文》無礪字，新附收之，古止作厲。師古曰：「底厲，言其自修廉隅，若磨厲於石也。」善曰：「孔安國書傳曰：砥，磨石也。《論語譔考讖》曰：子罕言利，利傷行也。言好名之人，不敢以嗜利而傷其素行。」**故里名勝母，而曾子不入；**「里」，《史》作「縣」，與《尸子》及本書《節士篇》同。《漢》、《選》及《鹽鐵論》作「里」，與本書此篇同。又《漢》、《選》無「而」字。曾子注見一卷《楚共王章》。師古曰：「曾子至孝，以勝母之名不順，故不入也。」《旁證》云：「勝母非縣，《史記》誤也。《索隱》引《尸子》作孔子事，而《淮南·說山訓》、《說苑·譚叢篇》、《論衡·問孔篇》、《鹽鐵論·晁錯篇》、《新論·鄙名篇》、《顔氏家訓·文章篇》並作曾子，與此同。」胡紹煐曰：「《論語譔考讖》云：（原注：見《御覽》百五十七引。案梁玉繩《史記志疑》引作《比考讖》，誤，見楊氏守敬《水經注疏》九。）里名勝母，曾子斂衿。作曾子。（案此語《顔氏家訓》所本。）謝承《後漢書》鍾離意曰：臣聞曾參迴車於勝母之鄉，惡其名也。（案：曰鄉，則作縣之非自明。）亦同。」梁玉繩曰：「此傳聞異解，如《水經注》、《說苑》、《論衡》言孔子不飲盜泉之水，《淮南子》言曾子立廉，不飲盜泉也。」案《文選·猛虎行》注及《水經·沂水注》引不入勝母事，亦作孔子。俞樾《湖樓筆談》七謂鄒陽以孔子事爲曾子。宋王正德《餘師録》引《吳均集·破鏡賦》卽《家訓》所引，梁氏謂傳聞異解，是也。又《論語譔考讖》云：「水名盜泉，仲尼不漱。」與《說苑》、《論衡》、《水經注》同。《漢紀》不引此四句。**邑號朝歌，墨子回車。**《史記》「墨」上有「而」字，「回」作「迴」，《文選》同。《正義》曰：「朝歌，今衛州縣。」晉灼曰：「《史記·樂書》紂作朝歌之音，朝歌者，不時也。」善曰：「《淮南子》曰：墨子非紂，不入朝歌。然古有此事，未詳其本。」師古曰：「朝歌，殷之邑名也。」孫星衍謂《山海經》朝歌之山，當以此得名，非紂都。楊氏守敬《水經注疏》云：「《山海經》朝歌之山，在歷山之西五百十里。歷山在河南，則《山海經》之朝歌非紂都，審矣。」沈欽韓曰：「《呂覽·貴因篇》墨子見荆王，錦衣吹笙，因也。迴車之語虛矣。」（《疏證》二十八。）《文選旁證》云：「案《新論》及《顏氏家訓》載此作顏淵事，《水經·淇水注》引《論語譔考讖》（《志疑》譔作比，誤。）云：邑名朝歌，顏子不舍，七十弟子掩目，宰予獨顧，由蹷墮車。惟《淮南子》作墨子，與此同。」胡紹煐曰：「《文選》曹植與《吴季重書》墨翟不好伎，何過朝歌而迴車乎。亦作墨子。」梁玉繩《史記志疑》所引各説，與《旁證》畧同。《文選》吴季重《答東阿王書》、《古文苑》載司馬相如《美人賦》，亦以回車事爲墨子。諸書作顏淵者，皆傳聞異解。《淮南子》言墨因非樂，故不入朝歌，其説獨近理。

今欲使天下寥廓之士，各本奪「欲」字，三書俱有，宋本亦有。（嘉靖本亦奪欲字。）依文誼不可省，今從宋本。寥當作廫，《説文·广部》：「廫，空虚也，从广，膠聲。」今俗相承作寥字。《文選》「寥」作「恢」。師古曰：「寥廓，遠大之度也。」籠於威重之權，「籠」，《選》及《漢紀》作「誘」。案：籠乃讋之叚借字，《説文·言部》：「讋，失气言，一曰言不止也，从言，龖省聲，傅毅讀若慴。」段注云：「此與慴音誼同，《東都賦》曰陸讋水慄，是也。」讋與脅對舉，其誼畧同。《史》作「攝」，攝亦慴之借字，意不殊也。或謂籠謂爲所籠絡，非。重，尊也，權尊謂之重。《韓非書》屢言重人，即此誼。脅於位勢之貴，脅，威脅也。勢，亦位也。《禮記·禮運》「在勢者去」，注：「勢，勢位。」《荀卿書》言「勢在人上，勢不在人上」，（《儒效篇》。）「勢位至尊」（《正論篇》。）諸文，皆同誼。師古曰：「脅，迫也。」《史記》「脅」作「主」。本書一本作「勢位」，與《漢紀》同，三書俱作「位勢」，（嘉靖本《新序》亦作勢位。）今從宋本。位與勢，威與重，誼皆無異。回面汙行，以事諂諛之人，《史》句首有「故」字。《索隱》杜預云：「回，邪也。」師古曰：「汙，不絜也，音一故反。或曰曲也，音一胡反。」王先謙曰：「回訓爲邪，邪面不詞。《説文》曰：回，轉也。《後漢書·郎顗傳》注：回，易也。《孟子·梁惠王下篇》注：回，向也。（原注：《廣雅·釋詁》：面，嚮也。）此謂轉易其向，而汙穢其行耳。《史記·司馬相如列傳》回首面内，卽回面之意。《後漢書·西南夷傳論》莫不舉種盡落，回面而請吏，《晉書·應貞傳》方隅回面，並與此誼同。」案：王説亦通。但此文回與汙對，訓邪，卽《爾雅》所云戚施面柔者。邪面卽柔面，未爲不詞，王説可備一誼，不可廢舊解也。求親近於左右，諸書句首有「而」字。則士有伏死崛穴巖藪之中耳，《史》無「有」字，疑奪，此字不可省。「巖藪」，《史》作「巖巖」，非。「崛」，三書作「堀」，《漢紀》作「窟」。師古曰：「堀與窟同。澤無水曰藪。」案《集解》引《詩》「維石巖巖」，則裴氏所見本，已疊巖字矣。崛當作堀，《説文·山部》：「崛，山短而高也。」與此誼遠。又土部：「堀，突也。」段云：「突爲犬從穴中暫出，因謂穴中可居曰突，亦曰崛。俗字作窟，古書多譌掘。如《秦策》窮巷堀門，《齊策》堀穴窮巷，今皆譌爲掘，《鄒陽傳》之堀穴，尚不誤也。」案：掘堀皆叚借字，非譌字。釋慧琳《一切經音義》八引《考聲》：「巖，岸也，小厓也」，下引《字書》：「穴，孔子空也。」安有盡精神而趨闕下者哉。「安」下《史》有「肯」字，與《潛夫論·本政篇》末處同。「精神」，三書皆作「忠信」。精神忠信雙聲字。《本政篇》末處云：「今世得位之徒，依女妹之寵以驕士，藉亢龍之勢以陵賢，而欲使志義之士，匍匐曲躬以事己，毁顔諂諛以求親，然後乃保持之，則貞士採薇凍餒，伏死巖穴之中而已爾，豈有肯踐其闕而交其人者哉。」其文調全襲此。書奏孝王，孝王立出之，卒爲上客。《史》「奏」下有「梁」字。立，卽卒，竟也。出，出之獄也。上客，上坐之客。何義門校本此下有注云：「申徒狄蹈流之河，流字《史》作雍字。」共十三字，不知何人所記，附識於此。

新編諸子集成續編

新序校釋

中

〔漢〕劉向 編著
石光瑛 校釋
陳 新 整理

中華書局

新序校釋卷第四

雜事

此卷首章至晉平公章，言用人宜當其才。柯盟至中牟章，言守信。莊王伐鄭三章，言君德。宋就至寒葅章，言存厚。鄉校至田虢章，言知懼。平公過九原二章，言臣道。子期二章，言存誠。彗星以下雜記災異，與《洪範五行傳》相表裏。可勸可懲，告君之體也。

1 管仲言於齊桓公曰：舊本「言」下奪「於」字。案《呂氏春秋・勿躬篇》作「管子復於桓公」，無「齊」字。《御覽》二百七十三引《呂》作「言於桓公」。今據補「於」字，文勢乃足。《呂子》注云：「復，白也。」「夫墾田刱邑，墾，開墾也。《説文》無「墾」字。段玉裁曰：「《説文》：艱，土難治也。疑古艱即墾，墾从貇，與艱同，从艮，聲也。」鈕樹玉曰：「《説文・攴部》：敳，有所治也，讀若貇。蓋墾古作貇，而貇又敳之通叚字。」鄭珍曰：「段、鈕二説皆可通，但據《爾雅・釋訓》釋文、《文選・上林賦》注、張載《七哀詩》注竝引《蒼頡篇》：墾，耕也。恐是先秦所有字，許君偶遺。《案：讀若貇之貇，小徐本作墾，則似許書本有墾字。》」案：鄭説近是。刱，開刱也，字从井从刅。經典多叚創爲之，創乃刅之或體。《説文・刅部》：「刅，傷也。重文作創。」又《井部》：「刱，造法刱業也。从井，刅聲，讀若創。」二字誼別。叚創爲刱則可，以創作刱則不可。今

入書刅多作办，如梁刱等字皆然，此非古法，當作刅，或省作刅。刱邑者，刱造荒地，如舜所居二年成邑也。《周禮》「四井爲邑」。《左傳》稱「凡邑有宗廟之主曰都，無曰邑」。《説文・邑部》：「邑，國也。」此大名，如夏邑、商邑、大邑周是也。此云「刱邑」，與《周禮》、《左傳》言「邑」同，乃國中之邑，小名也。《管子・小匡篇》作「墾草入邑」。《呂氏・勿躬》無「夫」字，「刱」作「大」，大亦刱大之意。畢沅校云：「《韓詩外傳》作墾田仞邑。」今考《外傳》無此文，當是《韓子・外儲》之譌。《外儲説左下》作「墾草仞邑」，注：「仞，入也。」俞氏樾《韓非子平議》云：「仞當作刱，謂刱造其邑也。仞乃字之誤，舊注訓爲入，未詳其誼。《新序》載此事正作刱，當據訂正。」王氏先慎《韓非子集解》云：「《管子・小匡篇》仞作入，卽舊注所本，俞氏失考耳。《廣雅・釋詁》三：入，得也。」徐氏友蘭《羣書拾補識語》云：「仞爲刱爛餘，入爲創爛餘。」案：俞説是，仞無入誼。《韓》注自本《管子・小匡》文，但彼文作入，與刱誼別，今以入訓仞，則不可也。王氏譏俞説失考，未爲允愜。其引《廣雅》「入，得也」，以解舊注，尤不可曉。豈以入訓仞，又以得訓入乎。《小匡》之「入邑」，謂入他人之邑於己。《韓子》「仞」字，明是「刱」之譌文，焉可傅會，究當從俞説訂正爲是。徐謂「入爲創爛餘」，亦謬。創卽刱之叚字，何得以創釋刱。（經師以音釋改字，自有此例，但此則非其比。）觀《韓》注云：「仞，入也。所食之邑，入其租税也。」則注文明是「入」字。徐氏未見舊注，僅據盧文弨《拾補》云「《韓子・外儲説左下》作墾草仞邑，注：仞，入也」之文，以意推測，故有此謬。凡考一事，不察原書，但據他書轉引，輕於立説，每有此弊，學者所宜戒也。近人據《韓子》或有讀仞爲牣，訓滿者，亦未是。又或以入爲「大」之爛文，亦非。**闢土殖穀**，《呂子》「闢」作「辟」，「殖穀」作「藝粟」。《管子》作「辟土聚粟」。《韓》作「辟地生粟」。案：開闢字當从門作闢，誼本爲開門，引申爲凡開拓之稱，作辟者省借字。殖，生殖也。《説文・歺部》：「殖，脂膏久殖也。」段注云：「脂膏以久而敗，財用以多臧而厚亡。故多積者謂之殖貨，引申叚借之誼。」光瑛案：殖从歺，歺爲列骨之殘，反訓爲生，不待曲説。又殖與植通，植有種植之誼，與《吕子》作「蓺」意同，種殖則生矣。《御覽》二百七十三引《吕子》「蓺」作「生」，蓋誼本相因，不相妨也。盡地之利，如李悝之盡地力，使地無遺利也。《禮記·禮運》曰：「貨惡其棄於地。」《管子》句上有「多衆」二字。《吕書》「地」下有「力」字，《御覽》二百七十三引無，疑今本衍文。《韓非子》無此句。則臣不若甯戚，《管》、《吕》書無「則」字。《韓非子》「若」作「如」，「戚」作「武」，武者，形近之譌。《管子》作「戚」，與本書同。《吕覽》作「甯遬」，高注：「甯遬，甯戚。」遬戚一聲之轉，古字通用。《淮南子·道應訓》作「甯越」，越乃戉之誤。戉戚古通用，淺人妄改作越，詳五卷《甯戚章》注。甯戚事亦見三卷《鄒陽章》注。請置以爲田官。「田官」，《吕》作「大田」，《韓子》同，又無「置」字。《管子》「置」作「立」，無「以」字，「田官」作「大司田」。登降揖讓，「揖讓」，當作「撎攘」，經典叚揖讓字爲之。「登」，《管子》作「升」，誼同。「揖」，《韓子》作「肅」，即「撎」也。《左氏成十六年傳》曰：「爲事之故，敢肅使者。」杜注：「肅手至地若今撎，字亦作撎。」是也。《吕氏》「揖」作「辭」。進退閑習，「閑」，當作「嫺」，或作「閒」，亦通。閒，暇也，事習則能出以整暇，故嫺從之，聲包誼字。《説文·女部》「嫺，雅也。」古書嫺字多作閒，嫺雅，即今所謂嫺習也。（本段注之説。）又《説文·門部》：「閑，闌也。」誼別。引申爲防閑。古嫺習字，亦多叚閑字爲之，聲近通用也。（參三卷《樂毅書》注。）《韓子》作「以明禮待賓」。《管子·小匡》下有「辨辭之剛柔」一句。臣不如隰朋，「如」字，《吕》皆作「若」，《韓》皆作「如」，本書參雜用之，不一律。隰朋，齊大夫，事見《春秋左氏傳》、《國語》、《管子·大匡、小匡、小問、戒篇》。《史記·齊世家》集解云：「朋或作崩。」梁玉繩曰：「《漢書·五行志中上》引《易·復卦》朋來作「崩來」。《釋文》云：「京作崩，疑古通。案崩从朋得聲，古通用字，不必疑也。」韋昭《國語注》云：「朋，齊莊公之曾孫戴仲之子，成子也。（此莊公別一人，非崔子所弒之莊公。）莊公子廖，事桓公，封于隰陰，故以爲氏。」梁氏《人表考》曰：「莊公至桓公百有餘年，廖安得逮事之，《通志》桓公字必誤。」案：此敘隰朋得姓之由，桓字不應誤。莊公名購，成公之子，僖公之父，在位六十四年。中間僖公三十二年，襄公十二年，距桓公之立百有八年，其子當不逮事桓公，恐是子字誤耳。《括地志》云：「葬臨淄東北七里。」（《史·世家》正義引。）《漢表》列三等。《管子·戒篇》曰：「管仲寢疾，對桓公曰：鮑叔之爲人，好直而不能以國詘，賓胥無好善而不能以國詘，甯戚能事而不能以足息，孫在善言而不能以信默。臣聞之，消息盈虛，與百姓詘信，然後能以國甯。勿已者，朋其可乎。言終，喟然而嘆曰：天之生朋，以爲夷吾舌也，其身死，舌焉生哉。」（管子卒十月，隰朋亦卒。）考《管子》書言鮑叔死，管仲哭之，與此言矛盾，前人多辨之，疑未足信也。

請置以爲大行。

置，《管》、《韓》作「立」。《管》無「以」字。《廣雅·釋詁》四：「置，立也。」此訓散見經傳者甚多。《周禮》「廢置以馭其吏」，置與廢對，亦訓立，相反爲罷置字。（置从网直，與罷从网能同誼。見小徐《繫傳》說。）又通作植。《論語·微子篇》「植其杖而芸」，漢石經作「置」。《詩·商頌·那》「置我鞉鼓」，箋云：「置，讀曰植。」《正義》引《金縢》鄭注云：「植，古置字。」《說文·木部》：「植，或作⿰木置，从置。」依《詩》箋，則「置」「植」本二字。《金縢》注言「植，古置字」者，謂古以植爲置，叚借之誼也。植有植立之訓，本書作「置」，與《呂》、《韓》作「立」意同。《呂子》注云：「大行，官名也。」《周禮》大行人，掌大賓客之禮，以親諸侯。」《管子》注：「大行，大使之官。」案《周禮·大行人》，大司寇屬官，自大行人至掌貨賄十一職，並掌四方朝聘賓客及使命往來之官。屬秋官者，以大司寇掌佐王刑邦國，詰四方，故以義類屬之也。」《周語》：「敵國賓至，關尹以告，行理以節逆之。」韋

注：「理，吏也。行理，小行人。」理又作李，《左傳・襄八年》「一介行李」，杜注：「行李，行人也。」又《襄十四年傳》引《夏書》「遒人以木鐸巡于路」，杜注云：「遒人，行人之官也。」《漢書・食貨志》：「孟春之月，行人振木鐸徇于路，以采詩，獻之。」此杜注所本。蓋行人乘輶軒而巡天下，因謂之輶人，輶遒逌古字並通。亦稱辺人，《説文・丌部》：「辺，古之遒人，以木鐸記詩言。」是也。僞孔傳以遒人爲宣令之官，臆斷無據。云「大行」者，《周禮》大行人，中大夫二人，小行人，下大夫四人。故言大行，以别乎小行人也。**蚤入晏出**，「蚤」，當作「早」。經傳多叚蚤爲早莫字，詳三卷《樂毅書》注。入，入朝堂也。晏，天清也。（見《説文》。）日餔時天星晏，（星，即今之晴字。）故引申爲晏莫之誼。蚤入晏出，言勤於國事。《管》、《韓》無此句。**犯君顔色**，《韓》作「犯顔極諫」。《禮記・檀弓》曰：「事君有犯而無隱。」《論語・憲問篇》「勿欺也，而犯之」，僞孔注曰：「事君之道，義不可欺，謂當犯顔諫争。」是也。**進諫必忠**，忠者，盡心之謂。《孝經》曰：「進思盡忠，退思補過。」《韓子》無以下三句。**不重富貴，不避死亡**，人臣之不敢盡忠極諫，皆由貪富貴畏死亡之心致之，故以不重不避爲難也。《管》、《吕》二句先後互倒。《吕》「富貴」作「貴富」。《管子》「重」作「撓」，撓，屈也。言不以保存貴富，撓屈其志。**則臣不若東郭牙**。《管》、《韓》、《吕》三書無「則」字。「若」，《韓》作「如」。《漢表》無東郭牙，蓋偶遺之。《説苑・權謀篇》作「東郭垂」，《管子・小問》作「東郭郵」。案：郵乃垂之借字，郵從垂，故通用。依段音表，郵在第一部，垂在第十七部。（一部平聲之咍，十七部平聲歌戈麻。余素不喜諸家分部之説，以爲古音轉變，不外雙聲疊韵，不必分部，强古就我。今仍以分部言者，取人易曉耳。）二部字通轉最多。《金樓子》五作「東郭邦」，邦又郵之爛文。牙，段表在五部，（平聲魚虞模。）與垂郵迥不相涉，末由溝通。蓋牙當作手，形近而譌。手，古垂字。《説文・我部》我从戈手，手，古文垂也。手

誤作牙，或依今字作垂，又借爲郵，後人遂不復知爲一字。許君於我下取「手古文垂」之說，而垂下重文不收手字，蓋許亦不能定手爲何字，僅録古來相傳舊說，以爲古文垂。《說文》序所云「不知蓋闕」，此類是也。然幸有此舊說，遂足以定東郭牙之誤文，斷手與垂是一字，漢儒舊說之可寶如此。至牙字，今人以入麻韵，不惟變其音，且歧其字。古無麻馬禡等韵，今之牙字，即古互字也。今麻馬禡等韵字，古音多入魚虞模。今人分牙互爲二，又謂㸦爲古互字，與牙不同，(《資暇録》已有此說。)皆非也。牙㸦之別，祇在丿乀小異，此結字時隨意取勢，不分二字。《漢書》材字或作枒，與牙之作㸦正同，豈得謂材枒是二字乎。今將互字第三筆引而長之，末畫斜挑，即成牙字之形，此變之未盡者也。別牙於㸦，猶之別茶於荼，別余於佘，乃村俗不經之尤者，而自李濟翁以來，已不識此誼。宋吳曾《能改齋漫録》，謂牙㸦形近易輥，亦爲俗論所惑。今誠以經典證之，《易·大畜》「豶豕之牙」，鄭康成注讀牙爲互。(《釋文》引。)《說文·牙部》：「牙，牡齒也，象上下相錯之形。」相錯，即交互之謂也。又《竹部》：「䈇，可以收繩者也，从竹，象形，中象人手所推握也。」重文「互，䈇或省」。其實䈇從互，乃形聲字，與枑從互聲同。許君謂「象人手所推握」，反失其誼。其作互者，省借字耳，不當列入重文。顧炎武發明古無麻韵之說，而作《唐韵正》，於牙下繁稱博引，獨不悟牙即互字，是知二五不知一十也。然鄭君《易》注，讀牙爲互，許又以互當䈇之重文，似漢時已不識牙之即互而分爲二字矣，(古字變遷，雖許君亦有未盡知者，故有「不知蓋闕」之說。其於垂下不收手重文者，許固自言博采通人，信而有證，苟無其證，即不列入。不然，古籀異文，許書所載者豈僅此數已乎。由此而推，則許所不知而不列者，多矣。手之爲垂，牙之即互，漢時已不能知，許鄭之誤分，無怪也。)於顧氏何尤。幸經典中猶有以互作牙者，(牙字古文作𤘗，本象齒牙交錯之形，引申爲交互字。余嘗疑犬牙相錯，即交互相錯之譌，犬牙誼不可曉。詳《恨綫草廬日記》。）鄭君又以今字讀如互，後儒尚可尋繹而辨其爲一字耳。且如古人文詞多用歟字，（或作與。）後世多用邪字。（今作耶。）邪从牙，古音正讀爲歟，實一字也。故回袤即回互，袤从互聲也。互郎主互市，今謂之牙郎。（見陶宗儀《輟耕録》。）《周禮·考工記》："輪人爲輪。牙也者，以爲固抱也。"牙即交互之謂。易牙字雍巫，以易有互體。筮人掌三易，五曰巫易，牙巫亦同聲，故取爲字也。《魯大僕敦》牙作彑，《莫敖敦》作彑，《魯季姬牙父敦》作彑，均與互字形似，可以旁證。或疑東敦牙、字垂，此不知六書者之言。俞樾、胡元玉諸人作《春秋解詁》，亦爲所惑，不知牙乃手之誤。手即垂，是一字，不得分爲名與字也。牙手二字之沈埋久矣，今因論東郭牙字之誤並及互牙二字，詳列爲論，以諗學者。請置以爲諫臣。《管》作「請立以爲大諫之官」。盧文弨曰："《呂氏》爲下有大字。"案《御覽》二百七十三引《呂子》作「大諫」，無「臣」字。《韓子》作「諫臣」，與本書同。後人以《韓子》及本書校《呂子》，旁記異文，遂以臣字混入正文耳。置，《韓》作「立」。（誼見上注。）《管子·小匡》云「使鮑叔牙爲大諫」，鮑叔乃東郭之譌。此處作「管子曰：犯君顔色，進諫必忠，不辟死亡，不撓富貴，臣不如東郭牙，請立以爲大諫之官」，是其證。《晏子·春秋問篇》及《韓》、《呂》本書皆同。又《桓公問篇》稱東郭牙能以正事爭於君前，使主嘖室之事，則當作東郭牙明矣。以手誤作牙，淺人習知鮑叔牙，不知東郭牙，遂以意妄改之，不知其前後文語矛楯也。決獄折中，「決」，俗本作「决」。《呂子》敘此在王子城父之後。《管子》先敘隰朋，次甯戚，次王子城父，次賓胥無，次東郭牙。《韓子》先弦商，次隰朋，次甯武，（武當爲戚。）次公子城父，次東郭牙。各書先後之序不同。折中，言不偏聽也。不誣無罪，不殺無辜，《管》、《呂》二句倒上，「無」字皆作「不」。《韓子》云："辯察於辭，清潔於貨，習人情，夷吾不如弦商。"與各書異。則臣不若弦寧，「弦寧」，《管子》

作「賓胥無」，《韓》作「弦商」，《吕》作「弦章」。《晏子問》上元刻本作「甯」，與本書同，餘刻均作「章」，與《吕子》同。（《治要》引作弦甯。）黄以周校云：「弦章，景公臣，見《諫上篇》及《外末篇》，此當依元刻作弦甯。蘇輿曰：此乃事桓公者，與諫景公飲酒之弦章，相隔百餘年。明是誤文，今从諸校改作弦甯。」孫志祖《讀書脞録》云：「《晏子書》載晏子殁後十七年，弦章尚存。而《説苑·君道篇》述晏子云：吾先君桓公，左右多過，刑罰不中，則弦章侍。蓋誤以弦甯爲章也，章，疑即甯之後。」盧文弨校《韓子》云：「《新序》作寗，《吕子》誤作章。」以上諸説，皆以弦章爲景公時人，以《困學紀聞》之言，先人爲主，（諸説皆本王深甯。）故不以作章爲是，其實未深考也。王念孫曰：「《管子》賓胥無，本作弦章。後人以上文云其相曰夷吾，大夫曰甯戚、隰朋、賓胥無、鮑叔牙，用此五子者何功，遂改弦章爲賓胥無。（猶上文改東郭牙爲大諫作鮑叔牙也，説見上。）不知上文自謂用此五人而成伯功，不謂以賓胥無爲大理也。《大匡篇》曰：賓胥無堅強以良，可以爲西土。則不使爲大理明矣。又上文曰使東郭牙爲大諫，（原注：今本作鮑叔牙，亦後人所改。辨見上。）王子城父爲將，弦子旗爲理，甯戚爲田，隰朋爲行，此文云隰朋爲大行，甯戚爲司田，王子城父爲大司馬，東郭牙爲大諫，皆與上文同。而弦子旗即弦章之字，則爲大理者，乃弦章而非賓胥無矣。《吕氏春秋》、《韓子》、《新序》並云，以弦章爲大理，即本於《管子》也。（原注：《韓子》作弦商，商與章古字通。《費誓》我商賚女，商，徐邈音章。《荀子·王制篇》審詩章作審詩商，皆是也。《新序》作弦寗，即弦章之譌。）而《困學紀聞》乃謂弦章在景公時，當以《管子》作賓胥無爲正，不知桓公時亦有弦章，不嫌與後人同名。且上文弦子旗即弦章之字，則此文當作弦章明矣。上文是記事之詞，故稱弦子旗，此文是管仲告君之詞，故偁弦章。而《羣書治要》所載亦作賓胥無，則唐初本已誤。」（《讀管子雜志》）案：王説是。古書商章通用之證甚多，《漢書·律歷志》

曰「商之言章也」。《左傳・僖二十五年》注「商密，今南陽丹水縣」，《續漢書郡國志》南陽郡丹水有章密鄉，《水經・濮水注》亦云「商漳聲相近」，並足爲王氏增左證。《周語》司商協名姓，亦當讀商爲章，謂司樂章也。若云專司商聲，則無誼。《説苑・君道篇》弦章之名凡兩見，一以爲景公時人，一引晏子語，以爲桓公時人，深甯未詳考耳。《左氏哀六年傳》「弦施來奔」，或疑卽景公時之弦章。（故《晏子書》記晏子殁後十七年，弦章尚存。）章施，見《尚書・皋陶謨》，（今本作《益稷》。）此説亦有理。晏子卒於魯定公十年，（據《齊世家》，夾谷之會，齊反魯侵地。是歲，晏嬰卒。）定公在位十五年，加哀公六年，距晏子之亡十一年耳。以晏子殁後十七年弦章尚存之説證之，則謂弦施卽章，其説良是。《御覽》二百七十三引《呂子》弦章下，小注四字云「章賓胥無」，此不知何人所注，誤以章、賓胥無爲一人，大謬。（亦因《管子》文爲後人妄改弦章爲賓胥無故耳。）惟王氏謂本書作寗，爲章字之誤，則不若謂爲商之誤，於甯形尚近。一曰：章其名，寗與旗皆其字，故諸書作章，又作寗，春秋一人二名者甚多，不足異也。《漢表》無弦寗名，蓋偶遺之。

請置以爲大理。

《管》作「請立爲大司理」。王念孫曰：「當從《治要》作請立以爲大理，司字亦涉上文大司馬而衍。」（同上。）《韓子》「置」作「立」。《呂書》注云：「大理，治獄官。」案：古刑官或稱司寇，或稱司敗，或稱司理，其實一也。孫詒讓曰：「古通以士爲刑官之稱。《書・舜典》皋陶作士，卽刑官之正。故大司寇亦曰大士，大或作泰。《晏子春秋・諫上篇》景公曰：爲夫婦獄訟之不正乎，則泰士子牛存矣。《周書・王會解》亦有泰士、彌士，彌士蓋小司寇也。士又通作理，《文子・精誠篇》云皋陶喑而爲大理，《管子・法法篇》作皋陶爲李。又《小匡篇》云賓胥無爲大司理。理李字通，《漢書・胡建傳》引黄帝李法，則黄帝已立此官。李法，卽司寇官也。」案孫説是。《曲禮六大有大士，王引之謂卽士師之屬，蓋卽大理之別稱也。理本治玉之誼，引申爲獄官之名，獄官，治人者也。作李，叚借字。平原廣國，「國」，舊本俱作「囿」。《管子》作「牧」。尹知章注云：「廣遠可牧之地。」《呂書》作「城」，畢校云：「城，疑域。《新序》作囿。」案尹注甚誤，《管子》文以平原廣牧爲對，則牧是地名，不當訓爲游牧之誼。《爾雅·釋地》：「邑外謂之郊，郊外謂之牧，牧外謂之野。」與此牧字誼同。《左傳》所謂「牧隰皋井衍沃」者也。（《襄二十五年傳》。此從釋文説，以牧爲州牧之牧。杜注仍解爲芻牧之誼，非是。）本書作「囿」，囿非用兵之所。盧文弨曰：「《呂》作域，是。」盧所據《呂子》與畢本不同，畢本城字，必當作域無疑。然《御覽》引《呂》已作「城」，則其誤甚久。疑盧據改正之本作「域」，非原文如是。域國古字通，《廣雅·釋詁》四：「域，國也。」《説文·戈部》：「或，邦也。或作域。」又云：「國，都也。」或域國三字，古誼並同。本書囿字當作國，即域。以域作國，再譌爲囿，而本誼不可復識矣，今改正。《爾雅·釋地》：「廣平曰原。」《左傳·襄二十五年》正義引李巡注：「謂土地寬博而平正，名曰原。」古以車戰，故必平原廣域，而後便於馳騁角逐。淺人不知國即域字。認爲國家之國，遂臆改爲囿，不思囿非戰地也。《韓子》無此數句，作「三軍既成陳，士視死如歸，臣不如公子成父」。成、城，父、甫，亦通用字。（見下注。）其文與《管》、《呂》及本書異。車不結軌，「軌」，《管子》作「轍」。《呂子》注云：「結，交也。」車兩輪間曰軌。士不旋踵，士，士卒也。旋，與還同。不旋踵有二誼：一言有前無卻，踵不回旋也，如此文及《司馬相如傳》之「義不反顧，計不旋踵」是也。一言其速，謂不待旋踵之頃而已然，如本書九卷《秦趙戰于長平章》「樞機之發，間不旋踵」。《漢書·霍光傳》「今日之議，不得旋踵」，師古曰「宜速決」之類是也。鼓之，而三軍之士視死若歸，今《呂子》無「而」字，《御覽》引有。（二百七十三卷。）「若」，《管子》作「如」，如歸，謂情甘效死，若歸其室家然。《左傳》曰「賓至如歸」，（襄三十一年。）亦其意也。軍以鼓進，以金退，

《左傳》：「張侯曰：『師之耳目，在吾旗鼓也。』」（成二年。）則臣不若王子成甫，「王」，《韓》作「公」。「甫」，《管》、《呂》、《韓》俱作「父」。「成」，《管》、《呂》作「城」。《晏子問》上篇作「成甫」，與此同。成、城，父、甫，古字並通。王先慎曰：「《魏王基碑》以爲王子比干之後，見錢大昕《金石文字跋尾》，明公當爲王之誤。」案王説是。王子成父，見《左氏文十一年傳》。（《齊、魯世家》亦作「城父」。）梁玉繩曰：「城父不知何王之子，韓文公《王仲舒神道碑》、《通志·氏族畧》五，以爲姬姓，《王基碑》又以爲王子比干後，未知孰是。」（《人表考》卷四。）案《王基碑》時代較近，宜可信。依韓鄭説，亦當作王子。《漢表》城父列四等。《史記·律書》亦作「王子」。請置以爲大司馬。《管子》「置」作「立」，《韓》無「置」字。《呂子》注云：「司馬，主武之官也。《周禮》大司馬之職，掌建國之九法，以佐王平邦國也。」案鄭目録云：「馬者，武也，言爲武者也，古音馬如姥。」鄭以武訓馬，以聲取誼，深得命名之意。《説文·馬部》：「馬，怒也，武也。」皆聲近字。《左氏襄六年傳》「司武而逐於朝」，杜注：「司武，司馬。」故馬爲武也。《白虎通義·封公侯篇》曰：「司馬主兵。言馬者，馬陽物，乾之所爲，行兵用焉，不以傷害爲文，故言馬也。」此别一誼。《藝文類聚·職官部》引韋昭《辯釋名》曰：「大司馬。司馬，武也，大，總武事也。」此與鄭誼合。春秋時，晉有中軍司馬、元司馬、輿司馬之屬，散見内外傳，兹不悉引。言大者，别於他司馬。君如欲治國彊兵，「彊」，本作「強」，今依宋本。「如」，《管》、《呂》作「若」。句上《管子》有「此五子者，夷吾一不如，然而以易夷吾，夷吾不爲也」諸句，始接入此句。則此五子者足矣，《管》、《呂》無「此」字。「足」，《管》作「存」。《韓子》作「治齊五子足矣」止一句。如欲霸王，「霸」，當作「伯」。「如」，《管》作「若」，《呂》作「君」。近人孫人和作《呂氏春秋舉正》，據《御覽》二百七十三引《呂》「君」下有「若」字，引《管子》作「若欲霸王」，《韓非》作「將欲霸王」，本書作「如欲霸王」，證若字不可少。案：《呂書》「君」字當是「若」之誤，古書二字多混。《荀子·儒效篇》「此君信義乎人矣」，本書五卷引此「君」作「若」字，蓋此若連文，君卽若之誤。（詳五卷注。）《韓子·難一篇》「此非君所知也」，君當作「若」。《商子·更法篇》「今若變法不循秦國之政」，本書九卷作「今君變法不循故」，皆其證也。後人記異文，混入正字，而《御覽》誤引之耳。則夷吾在此。」三書無「則」字。《管子·小匡篇》云：「其相曰夷吾，大夫曰甯戚、隰朋、賓胥無、鮑叔牙，用此五子者何功。」俞樾釋彼文云：「尹注言何功不成，然正文止有何功二字，尹注非也。據下文管仲請立隰朋爲大行云云，然則五子指此五人，不數夷吾。明桓公所以伯，皆夷吾之力，若止用五人，則何功之有。故下文曰則惟有明君在上，察相在下也，正見齊桓明君，夷吾察相，相得而成伯功，非由此五大夫也。傳寫奪王子城父，又誤東郭牙爲鮑叔牙，與後文五子不合，遂數夷吾爲五子，而何功之誼不可解矣。《管子》此篇多與《齊語》同，蓋本齊國史文。《齊語》末云惟能用管夷吾、甯戚、隰朋、賓胥無、鮑叔牙之屬，而伯功立。此自是當時公論。管氏之徒取其文入《管子》書，則獨歸功於仲，而他人不與焉。以其書固管氏之書也，今本錯誤大非其旨矣。」案俞説甚確。此雖釋彼文，而與此有連帶關繫，故備録之。夫管仲能知人，謂所舉五子，各當其職。桓公能任賢，桓公聞管仲之言，令五子各治其事，以受令於管仲。所以九合諸侯，一匡天下，九合之説，前人聚訟紛如。劉寶楠《論語正義》曰：「九合者，合會也，謂合諸侯也。《左傳》言晉悼公八年之中，九合諸侯，又祁午謂趙文子再合諸侯，五合大夫，皆計實數，與此文同。《管子·小匡》云：兵車之會六，乘車之會三，《史記·齊世家、封禪書》並云：兵車之會三，乘車之會六，與《管子》互異，均以大槩言之。《穀梁莊二十七年傳》：衣裳之會十有一，未嘗有歃血之盟也，信厚也。兵車之會四，未嘗有大戰也，愛民也。《論語》言九合不以兵車，則爲衣裳之會，解者莫知所指，鄭氏此處亦無注。惟釋《穀梁》廢疾，畧存其誼，而又爲後人增亂，莫可究詰。今案鄭云：自柯之明年，葵丘以前，去貫與陽穀，固已九合矣。考柯會在莊十三年冬，鄭不數柯，而以明年爲始，則以十四年鄄會始也。十五年又會鄄，十六年盟幽，二十七年又盟幽，僖元年會檉，五年會首戴，七年盟甯母，九年會葵丘。是葵丘以前止有七合，並葵丘數之，亦止有八耳。其二年會貫，三年會陽穀，鄭不據之者，《穀梁》疏引劉炫以爲貫與陽穀，非管仲之功。劉意以《穀梁傳》言貫之盟，有江黄，管仲謂爲近楚遠齊，齊不能救，則無以宗諸侯，桓公不聽，遂與之盟，其後楚伐江滅黄，桓公不能救，故君子閔之。又陽穀之會，亦有江黄。二會非管仲意，故鄭數九合，去貫與陽穀。此劉申釋鄭氏，以意知之也。愚案：鄭注《論語》，一匡天下，以陽穀指一匡，一匡是管仲功，可有陽穀，豈九合不可有陽穀邪。九合去陽穀，則鄭以一匡爲陽穀，先自矛盾。竊謂江黄遠來就盟，正是管仲之力，其後齊不能救，雖爲桓失，不得因此而謂貫與陽穀非爲衣裳之會也。反復思之，疑《穀梁》疏所引釋廢疾去貫與陽穀五字，當是誤衍，疏家不能辨證，而一匡指陽穀，亦並載其誼，而不知正與九合去陽穀之言相背，此疏家之失，非鄭恉也。若然，鄭數兩鄄、兩幽、檉、貫、陽穀、首戴、甯母，正符九合之數。鄄會在柯後一年，甯母在葵丘前二年，故云自柯之明年，葵丘以前，已有九合也。今就《穀梁》爲鄭疏之。傳云：莊公十三年春，齊人、宋人、陳人、蔡人、邾人會于北杏，是齊侯、宋公也。其曰人，何也，始疑之，何疑焉？桓非受命之伯也，將以事授之者也。曰：可矣乎，未乎，舉人衆之辭也。是北杏之會，諸侯尚未許桓爲伯也。傳又云：冬，公會齊侯盟于柯。曹劌之盟也，信齊侯也。桓盟雖內與不日，信也。范甯《集解》：桓公之信，著於天下，自柯之盟始。其明年會鄄，又明年會鄄，皆謀推齊爲伯。又明年同盟于幽，經書同，則成爲伯矣。二十七年，又同盟于幽。傳云：于是而後授之諸侯也。其授之諸侯何也？

齊侯得衆也。桓會不致，安之也，桓盟不日，信之也。信其信，仁其仁。觀此，則桓伯始於柯，而成於鄄，故鄭亦不數柯，而云柯之明年，則明指九合爲始鄄矣。《呂氏春秋・貴信篇》言柯之盟，莊公與曹劌，皆懷劍劫盟云云。下云夫九合之而合，壹匡之而匡，皆從此生矣。《新序・雜事篇》亦云：柯之盟，齊不倍盟，天下諸侯翕然而歸之。爲鄄之會，幽之盟，諸侯莫不至焉。爲陽穀之會，貫澤之盟，遠國皆來。又云：九合諸侯，一匡天下，功次三王，爲五伯長。本信，起乎柯之盟也。皆以九合在柯後，知鄭說非無據矣。至貫之盟，《左傳》云服江黃也，《公羊傳》謂江人黃人不召而至。雖《穀梁》有楚伐江滅黃，齊不能救，君子閔之之言，然閔其不能救，非不肯救也，且以哀江黃之服德而無援也，此固無損於齊伯。至陽穀之會，《左傳》曰謀伐楚也，《公羊》曰無障谷，無貯粟，無易樹子，無以妾爲妻，《穀梁》曰桓公委端搢笏而朝諸侯，諸侯皆諭乎桓公之志。此桓盛會，亞於葵丘，九合當數之無疑矣。至檉謀救鄭，首戴謀甯周，甯母謀伐鄭，皆無異辭。至葵丘爲桓極盛，亦於是始衰，故鄭不數葵丘，已有九也。自鄭釋廢疾傳寫有去貫與陽穀五字，而申鄭者遂不得其解。」案以上劉氏《正義》說，覼縷甚詳。其釋鄭解九合自柯盟之明年爲始，說最明確。惟以「去貫與陽穀」五字爲衍文，則尚無確證。凡古書誤衍，必有其故，不得其說，而強命之曰誤曰衍，則蹈輕改古書之失，且啓弁髦傳注之風。此劉氏雖辯，不敢苟從者也。解九合者，異說繁多。《穀梁》疏引劉炫謂有洮與葵丘，以當貫與陽穀之數，且以《穀梁傳》洮會兵車爲誤，此一說也。《後漢・延篤傳》注從之，然傳以洮爲兵車之會，必有所受，今因求鄭說不得，強爲申釋，至不惜斥傳爲誤，恐非鄭釋「廢疾」本意。凌氏曙《四書典故覈》亦從其說，謂洮會在八年，明年會葵丘，葵丘以前皆衣裳，用管仲也，以後用兵車，管仲死也。不知洮之會因謀王室之難，其用兵車，切合事理之宜，豈得以爲傳誤乎。范甯以十三年會北杏，十四年會鄄，十五年又會郠，十六年會幽，二十七年又會幽，僖元年會檉，二年會貫，三年會陽穀，五年會首戴，七年會甯母，九年會葵丘，凡十一會。皇侃《論語疏》引范注，謂鄭不取北杏及陽穀，爲九會，此又一説也。《論語》釋文謂范以北杏、柯、兩郠、兩幽、檉、貫、陽穀、首戴、甯母，爲十一會，鄭不取北杏陽穀爲九，則進柯而退葵丘，與皇疏不合，此又一説也。盧文弨《釋文考證》云：「鄭釋廢疾言去貫與陽穀，或云：與，猶數也。言數陽穀，故得爲九。僖九年盟于葵丘，疏云《論語》一匡天下，鄭不據之，而指陽穀者，鄭據《公羊》之文，故指陽穀。然則鄭注不數貫而數陽穀，陸言鄭有貫無陽穀，互誤。陳氏鱣《論語古訓》説同，則有柯、陽穀二會。」此又一説也。數説各有偏向，劉寶楠駁之云：「北杏在柯會前，柯會不數，北杏安得數之。其數柯與葵丘，顯與鄭誼不合。又，鄭《論語》此文無注，盧誤記有注。凡諸述鄭，未符厥恉。」其説良是。其訓與爲數，亦嫌不詞。至《穀梁》疏列二説，一分葵丘會盟異時爲二，一取公子結如齊宋盟爲九，皆爲劉炫所駁，（見《穀梁》疏内。）不足取信。劉敞以始幽終淮爲九。羅泌以爲第九次合諸侯，專指葵丘。朱子《論語集註》謂九讀爲糾。萬斯大《學春秋隨筆》以莊二十七年會幽，並檉、貫、陽穀、首戴、甯母、洮、葵丘、鹹，爲九。異説紛紜，莫可究詰。要皆以意進退，未爲確詁。江氏聲《論語竢質》依陸氏《釋文》説，進柯而退葵丘，又去北杏、陽穀爲九，云：「《公羊》言桓公之信著乎天下，自柯之盟始，則九合斷宜始柯。北杏在其先，范氏數北杏，非也。《左氏傳》曰：秋，會于陽穀，謀伐楚也。言謀伐楚，則兵車有無未可知，不應在九合之數。《公羊傳》云：（僖九年）葵丘之會，桓公震而矜之，叛者九國。則亦不應入九合之數矣。鄭解九合，確不可易，若必改九爲糾，則似終桓之世，未有兵車之會。《穀梁氏》兵車之會四，何以云焉，曷弗思之邪。」案江氏駁《集註》讀九爲糾之説，甚當。惟所主鄭説，見《經典釋文》，據《穀梁》疏引鄭，明云「去貫與陽穀」，又云「柯之明年」至「葵丘以前」，其界限至爲清析。今數柯與貫在九合之内，未必鄭意如此。諸家引鄭説各不同，未可深信，若去貫與柯，又止七合耳。（鄭云葵丘以前，則葵丘亦不數在内也。）鄭意如何，既無明據，學者以意推測，故爲説多岐。（或謂九合以地言，十一會中，二幽二鄄，四會并而爲二，則恰得九數，此可備一説。亦未必確，且非鄭意也。）考錢氏玷《論語後録》引《管子》：「一會諸侯令曰：非元帝之命，毋有一日之師役。再會諸侯令曰：養孤老，食常疾，收孤寡。三會諸侯令曰：田租百取五，市賦百取二，關賦百取一，毋乏耕織之器。四會諸侯令曰：修道路，偕度量，一稱數，藪澤以時禁發之。五會諸侯令曰：修春秋冬夏之常祭，食天壤山川之故祀，必以時。六會諸侯令曰：以爾壤生物，共元官諸四輔，將以禮上帝。七會諸侯令曰：官處四體而無禮者，流之焉莠命。八會諸侯令曰：立四義而無議者，尚之于元官，聽于三公。九會諸侯令曰：以爾封内之財物，國之所有爲幣。九會大命焉出常至。」以此當九合之目，亦一通也。蓋鄭説既不確知其數，牽彼舍此，動多窒碍，不若闕所不知，别求一較安之説以當之也。又一通云：九者數之究，一者數之總，言諸侯至多，而已九合，天下至大，而能一匡。九合不必陳其數，一匡不必指其事。其兵車之會六，乘車之會三，亦約畧言之，故與《史記》互異。《論語》言「九合諸侯，不以兵車」者，即《穀梁》所謂「未嘗有大戰」也。要盟可犯，而桓公不欺，曹子可讐，而桓公不怒，桓公之行，著乎天下，自柯之盟始，皆管仲之力也。其説見《論語發微》，與汪氏中《述學·釋三九》之説正符，雖與鄭異，亦勝於削趾適屨，不顧其安者也。解九合者，以此二説爲愜，餘皆不取。至一匡之釋，鄭以陽穀當之，亦不如《發微》所言，不必指其事之當。然陽穀爲伐楚而會，乃所以正天下，故鄭據之，以釋匡正之誼也。

不用兵車，管仲之功也。《論語·憲問篇》「用」作「以」，「功」作「力」。此引其文，而以訓詁代本字，即《史記》引《尚書》例也。以、用，功、力，訓同。《左傳》「臣何力之有」，即何功之有也，「子之力也」，即子之功也。《詩》曰：「濟濟多士，文王以寧。」《詩・大雅・文王篇》文，《左氏成二年傳》引此，而斷之曰：「文王猶用衆，況吾儕乎。」是「以寧」之「以」，《左氏》釋爲「用」，言文王用多士以安寧也。餘見一卷引詩注。桓公其似之矣。自「夫管仲」以下，皆中壘之詞。似讀如以，古以與似通。《詩・旄丘》「必有以也」，《儀禮・特牲饋食禮》注作「必有似也」。《史記・高祖本紀》「鄉者夫人嬰兒皆似君」，《論衡・骨相篇》同，《漢書・高紀》「似」作「以」。（《漢書》凡以字多作㠯，此作以者，以以爲似也。非謂呂后、惠帝貌似高祖，言其貴約畧相似耳。）《易・明夷》「文王以之」，釋文：「以，荀向本作似。」皆其證也。古人引書，每即其書中之詞，輕加點綴，以明本意。如《論語》引詩「豈不爾思，室是遠而」，即繼之曰「未之思也夫，何遠之有」。《左傳・襄二十九年》引詩「協比其鄰，昏姻孔云」，即繼之曰「晉不鄰矣，其誰云之」。《宣十二年》引詩「亂離瘼矣，爰其適歸」，即繼之曰「歸於怙亂者也夫」。斯例甚多。此似之之似讀爲以，即詩中以寧之以也。蓋以寧之以訓用，非虛字。（見上注。）「桓公其以之」者，言桓公能如文王，用多士以安寧其國也。

2有司請吏於齊桓公。《羣書治要》引無「齊」字，「吏」作「事」。盧文弨曰：「叓，古事字。《呂氏・任數篇》作事，俗本譌吏。」案《史記・絳侯世家》「吏事方驗而出之」，王念孫曰：「當作吏方驗而出之，不當有事字。蓋古文事作叓，與吏相似，故吏誤爲事。今本作吏事者，一本作吏，一本作事，而後人誤合之耳。《漢書・周勃傳》無事字。」（《經義述聞・周禮下》又謂「事與史相似，而誤爲史」，其說可參。）案王說與盧意同，皆謂吏事古文相似易譌，竝非也。吏即古事字，非所云譌。近人王氏國經著《釋史篇》云：「《說文》事，職也，从史，㞢省聲。又吏，治人者也，从一，从史，史亦聲。然殷人卜辭皆以史爲事，是尚無事字。周初之器，如《毛公鼎》、《番生敦》二器，卿事作事，大史作史，始別爲二字。而《毛公鼎》之事作□，《小子師敦》之卿事作□，《師寰敦》之嗇事作□，从中，上有㫃，又持之，亦史之繁文。或省作□，皆所以徵與史之本字相別，其實猶是一字也。古之官名，多由史出，殷周閒王室執政之官，經傳作卿士，《毛公鼎》、《小子師敦》、《番生敦》作卿事，殷虛卜辭作卿史，是卿士本名史也。天子諸侯之執政通稱御事，殷虛卜辭則稱御史，是御事亦名史也。又古之六卿，《甘誓》謂之六事，司徒、司馬、司空，《詩·小雅》謂之三事，又謂之三有事，《左氏》謂之三吏，此皆大官之稱。若吏卽稱史者也。《書·酒誥》有正有事，茲乃允惟王正事之臣，立政，立事，正與事對文，長官謂之正，庶官謂之事。庶官之事，卽稱史者也。史之本誼爲持書之人，引申而爲大官及庶官之稱，又引申而爲職事之稱。其後三者各需專字，於是史吏事三字於小篆中截然有別，持書者謂之史，治人者謂之吏，職事謂之事。此蓋出於秦漢之際，而詩書之文尚不甚區別，由上文所徵引者知之矣。」以上王說極通，可證吏卽古事字，無所謂譌，亦無所用通也。本文作吏，乃古字之僅存者，或反欲改事以從俗，謬矣。《韓非子·難二篇》作「齊桓公之時，晉客至，有司請禮」，《論衡·自然篇》作「或復於桓公」也。桓公曰：「以告仲父。」《韓》作「桓公曰，告仲父者三」，《論衡》作「公曰，以告仲父」，下均無複文。仲父者，桓公尊管仲之稱，如太公稱師尚父也。有司又請。桓公曰：「以告仲父。」《呂書》無「桓」字，「以」字，《韓子》、《論衡》無此數語，卽接下意。若是者三，《呂書》無「者」字。在側者曰：「在側」，《呂》作「習」，高注云：「習，近習，所親臣也。」案：習卽在側二字之合音，以二字急呼，卽成習字。如吳壽夢稱乘，寺人勃鞮稱披也。《韓子》作「而優笑曰」，注「優，俳優，樂者名」。《論衡》作「左右曰」，左右與在側同誼。《韓子》文疑有譌字，舊注非。「一則告仲父，二則告仲父，《吕書》無二「告」字，《韓》作「一曰仲父，二曰仲父」，《論衡》與《吕》同。易哉爲君。」此倒句法，猶言爲君易也。《韓子》此句在「一曰仲父」二句之前，亦用倒句。《論衡》作「爲君乃易乎」，則順敍矣。桓公曰：「吾未得仲父，則難；已得仲父，《治要》引下有「之後」二字，《吕書》亦有。《論衡》無，「則」字作「故」。曷爲其不易也。」「爲其」，一本倒作「其爲」，非。宋本、嘉靖本俱不誤，今從之。《治要》引本文亦作「爲其」，《吕書》同。《論衡》作「何爲不易」，曷何誼同。也，讀爲邪，古字通用。（見《經傳釋詞》及《古書疑誼舉例》。）《韓子》自「桓公曰」下，作「吾聞君人者，勞於索人，佚於使人，吾得仲父已難矣，得仲父之後，何爲不易乎哉」，文既不同，又以「勞於索人」二句爲桓公之言，與本書異。故王者勞於求人，「人」，《治要》作「賢」。以下中壘之言，反復開導，以冀成帝之一悟，其忠如此。《漢書·王褒傳》亦曰：「君人者勤於求賢，而佚於得人。」佚於得賢。《治要》「佚」作「逸」，字同，「賢」作「人」。《韓》以二句爲桓公語。勞於求賢，《孟子》所謂「堯以不得舜爲己憂，舜以不得禹皋陶爲己憂」也。佚於得賢，《論語》所謂「夫何爲哉，恭己正南面而已矣」也。《荀子·王霸篇》云：「明主好要，而闇主好詳。主好要，則百事詳；主好詳，則百事荒。君者，論一相，陳一法，明一指，以兼覆之，兼照之，以觀其盛者也。相者，論列百官之長，要百事之聽，以飾朝廷臣下百吏之分，度其功勞，論其慶賞，歲終奉其成功，以效於君，當則可，不當則廢。故君人勞於索之，而休於使之。」亦此意也。舜舉衆賢在位，如《尚書》二十有二人，《左氏傳》所稱八元八愷之類是。垂衣裳，裳，當作常。《易》曰：「黄帝堯舜垂衣裳而天下治。」恭己無爲，見《論語·衛靈公篇》，已引見上。而天下治。湯、文用伊、吕，成王用周、邵，注均見二卷首章。「邵」，他書多作「召」，亦見二卷注。「用」，《治要》引作「任」，誼同。而刑措不用，措，置也，或作「錯」。置刑不用，言無凶人也。《治要》引無「而」字。兵偃而不動，偃，息也。《治要》不引此句。用衆賢也。《治要》「賢」下有「故」字，引至此止。《荀子·王霸篇》：「故君人者立隆政本朝而當，所使要百事者誠仁人也，則身佚而國治，功大而名美，上可以王，下可以霸。立隆正本朝而不當，所使要百事者非賢人也，則身勞而國亂，功廢而名辱，社稷必危，是人君之樞機也。故能當一人而天下取，失當一人而社稷危，不能當一人，而能當千人百人者，説無之有也。既能當一人，則身有何勞而爲，垂衣裳而天下定。故湯用伊尹，文王用吕尚，武王用召公，成王用周公旦。卑者五伯，齊桓公閨門之内，縣樂奢泰游抏（注：抏與玩同。）之脩，於天下不見謂脩，然九合諸侯，一匡天下，爲五伯長。是亦無它故焉，知一政於管仲也。」《詩·卷阿》云：「伴奂爾游矣，優游爾休矣。」鄭箋云：「伴奂，自縱弛之意也。賢者既來，王以才官秩之，各任其職，則得伴奂而優游，自休息也。孔子曰：無爲而治者，其舜也與，恭己正南面而已。言任賢故逸也。」諸文並同誼。桓公用管仲則小也，言其不及伊、吕、周、邵。《孟子·公孫丑篇》引曾西曰：「管仲得君，如彼其專也；行乎國政，如彼其久也；功烈，如彼其卑也。」即此小字之誼。孟子不爲管仲，亦此意。故至於霸，而不能以王。至，止也，言及伯而止，不能致君於堯舜，故曰小。以，用也，《左氏傳》曰「能左右之曰以」，《孟子·公孫丑篇》曰「以齊王，由反手也」。故孔子曰：「小哉管仲之器。」《論語·八佾篇》「小哉」在「之器」下，此與上「易哉爲君」，皆倒句法。古人引經不必悉如原文也。蓋善其遇桓公，惜其不能以王也。言仲遇桓公信任之專，而所成就止此，斯其器量狹小致然，若小器之不可容大也。中壘釋《論語》意如此，使得用於漢，亦不屑爲仲，與孟子同也。《史記·管晏列傳》曰：「管仲世所謂賢人，而孔子小之。豈以爲周道衰微，桓公既賢，而不勉之至王，乃稱霸哉」與此同意，即中壘所本。劉氏寶楠《論語正義》云：「霸與伯同，（案霸叚借字，當作伯。）王伯之分，天子諸侯之異稱耳。王季、文王，當殷時爲西伯，伯豈不美之名。今謂管仲器小，由爲伯，非也。《春秋繁露·精華篇》、《法言·先知篇》（原文從畧。）皆以驕矜失禮爲器小，無與於桓公稱伯之是非也。惠氏棟《九經古義》據《管子·小匡篇》施伯曰：『管仲天下之賢人也，大器也。』是當時有以仲爲大器者，故夫子辨之。」俞氏正燮《癸巳存藁》云：「周之僖惠，未比殷紂，齊桓之德，不及文王。文王久始得之，奈何欲以齊奪周祚。管仲反坫、樹塞門、三歸，官事不攝，自謂功成，身泰意侈，即是器小。自古未聞以不能謀反叛逆訾詆人者，故知器小是侈泰也。孟子不爲管仲者，不爲其功烈。當孟子時，齊不當復言伯功，史公直以之論管仲，非《論語》言管仲一匡天下意也。」案劉、俞二氏皆不取管仲不能勉君至王僅稱伯爲器小之説。劉氏以西伯爲比，然西伯之伯，與王伯之伯，究有區別。況文王受命稱王，傳記歷有明文，固不疑於爲伯邪。俞氏以齊王爲欲奪周祚謀反，此以後世眼光論三代以上事，甚謬固，不脱學究之見。夫天下歸往即謂之王，天下公器，豈一家一姓所得私有。孟子稱「仲尼之徒無道桓文之事」，又曰「無以，則王乎」，又引曾西語斥管子功烈爲卑，而曰以齊王由反手。則賤伯貴王乃孔門之正義，功烈卑即器小之確詁。（《荀子·王霸篇》亦云「卑者五伯」。）豈得以史公及中壘之説爲誣也。況中壘此書乃告君之言，豈有不樂其君爲堯舜，而欲其爲桓文者。漢家庶事草創，本以雜伯行之，（漢宣帝告元帝語。）以水濟水，又何謂矣，所以讀書當論世也。至劉氏引董、楊之言，證器小爲驕矜失禮，無與於稱伯與否，其説自本先漢經師緒論，然此乃器小之旁誼。仲尼之門，五尺童子羞稱五伯，獨非董氏之言乎。董説見《漢書》本傳，其語本《荀子·仲尼篇》，引見下。《法言》一書，崇王黜伯之説，尤不可枚舉。即以驕矜言，亦不能致王之一端，固與中壘此意不相妨爾。

至明主則不然，所用大矣。言不止於伯，且可以王。《孟子》曰：「大則以王，小則以霸。」《荀子・仲尼篇》云：「仲尼之門人，五尺之豎子，言羞稱乎五伯，是何也。曰：然，彼非本政教也，非致隆高也，非綦文理也，非服人之心也。鄉方略，審勞佚，畜積脩鬥，而顛倒其敵者也。詐心以勝矣，彼以讓飾爭，依乎仁而蹈利者也，小人之傑也，彼固曷足稱乎大君子之門哉。彼王者則不然，致賢而能以救不肖，致彊而能以寬弱，戰必能殆之，而羞與之鬥。委然成文以示之天下，而暴國安自化矣，有灾繆者，然後誅之。故聖王之誅也綦省矣，文王誅四，武王誅二，周公卒業，至於成王，則安以無誅矣。故道豈不行矣哉。」案荀子此言，乃孔門貴王賤伯之精意，豈必教人并吞周室，奪其神器哉。本書所謂「明主不然其用大」者如此。依仁蹈利云云，乃王伯之界別，即《孟子》久假不歸之說也。**《詩》曰：「濟濟多士，文王以寧。」此之謂也。**此欲成帝之爲文王也。時政在王氏，植黨營私。政事愈壞。中壘之意，欲衆賢競進，以分王氏之柄，王氏去，而漢室可安矣。其上封事，於君子小人之進退，國家存亡安危之機，一篇之中，三致意焉。故既引秦漢外戚之禍爲戒，此又引文王能用多士以爲法，其言固相爲表裏也。

3 **公季成謂魏文侯曰：**「公季成」，魏文侯母弟，《戰國策・魏策》、《韓詩外傳》三、《史記・魏世家》作「魏成子」，《說苑》作「公孫季成」，《韓非子・五蠹篇》、《史記・李斯傳》、《鹽鐵論・詔聖篇》、《文選》枚乘《七發》皆作「樓季」，（《七發》注引許注《淮南子》云「樓季，魏文侯之弟也」。）《呂氏・舉難篇》與本書又作「季成」，《說苑・臣術篇》作「季成子」，皆一人也。《漢表》四等有魏成子，五等又有公季成，或遂疑季成與成子爲二人，未必然也。馬驌《繹史》以魏成子爲重出，今亦不能定其在何等，或者公季成當重出耳。《世家》記李克言翟璜惡得與魏成子比，是成子賢於璜，今璜列三等，成子退居第四五，似有倒亂之失。（沈欽韓亦謂五等李成複出。）至《史記·虞卿傳》以樓緩爲魏文侯之弟，當即誤認爲樓季，其説郅不可信，辯見九卷《秦既解邯鄲圍章》。文侯注見一卷。「田子方雖賢人，田子方，名無擇，見《莊子·田子方篇》注，亦曰田方。（《韓子·外儲説左》。）《吕氏·當染》云「田子方學於子貢」，《莊子·田子方篇》「文侯曰：子之師誰邪。子方曰：東郭順子」，又《史記·儒林傳》「田子方、段干木、吳起、禽滑釐之屬，受業於子夏之倫」，其説各異。《淮南·人間》云「田子方見老馬，束帛而贖之，罷武聞之，知所歸心矣」。（高誘曰：楚謂士爲武。）子方爲文侯師，見《魏世家》。《漢表》列三等。《一統志》：「葬曹州范縣東南五十里。」然而非有士之君也，《治要》引無「之」字。君常與之齊禮，「齊」，同也，言以同等之禮待之。假有賢於子方者，君有何以加之。」下句「有」字，各本皆作「又」，《治要》引作「有」。古有又通用，見《經籍纂詁》及《經傳釋詞》。此必古本作「有」，故《治要》據之也。今從《治要》引作「有」。「何以加」，言禮數已極，更無能加乎其上。假者，設辭也。文侯曰：「如子方者，非成所得議也。言分量相去遠，不可以輕議。子方，仁人也，仁人也者，國之寶也；《禮記·大學》曰「惟善以爲寶」。智士也者，「智」，當作「𥏼」，經傳相承用智，或作知，而𥏼字廢矣。《御覽》四百三十二引無「也」字。國之器也；《論語·公冶長篇》：「子貢問曰，賜也何如。子曰，女器也。」博通之士也者，舊本無「之」字，今據《治要》引補。下文有「博通之士」句，則此句當有「之」字。「也者」，嘉靖本作「者也」，誤，今據諸本正。國之尊也。舉國當尊敬之。故國有仁人，則羣臣不爭；化其仁澤故也。傳稱范宣子讓，其下皆讓，欒黶爲汰，莫敢違也。范氏偶有讓德，效猶如此，況仁德感人之深者乎。國有智士，則無四鄰諸侯之患；運籌決勝，足以服人，諸侯畏之，戰禍可弭。如隨用季梁，楚不敢伐；趙用李牧，匈奴遠遁，是其事也。《御覽》引作「則無諸侯之憂」，括省其意引之。國有博通之士，則人主尊。博古通今，足以折敵。觀其臣如此，則人莫敢侮其主，故曰尊。固非成之所得議也。」「得」字各本俱脱，此覆應前句，依文誼不可省，今據《治要》引補。公季成自退於郊，三日請罪。古者請罪，必待命於郊，示將退位也。《左傳》曰「請待於郊，以聽國人」，又「甯喜出舍於郊，季平子請待於沂上，以察罪」是也。《治要》引脱去末句。

4魏文侯有弟曰季成，友曰翟黄，文侯、季成、翟黄，注俱見前。《吕氏·舉難篇》無「有」字，黄作璜，下並同。黄乃璜之省文，名觸字璜，誼見一卷注。文侯欲相之，而未能決，以問李克。「李克」，《吕書》作「季充」，形近而譌，下並同。《韓詩外傳》十「李」作「里」，古字通。《左氏閔二年傳》之里克，《吕覽·先己》作李克，古行李字或作理。大理，獄官名。《管子·法法篇》「臯陶爲李」，字作「李」是其證也。本書及《吕氏·適威》、《淮南·道應訓》、《史記·魏世家》均作李克。《漢·藝文志》云「克，子夏弟子」。陸德明《經典釋文》云「子夏傳詩曾申，申傳魏人李克」，則克是子夏再傳弟子，二説不同。然《史》、《漢·儒林傳》俱云「田子方、段干木、吳起、禽滑釐皆受業子夏之倫，爲王者師」。克與子方諸人同時，諸人親受業子夏，則克亦宜在及門之列。陳喬樅《韓詩遺説考》據《釋文》而疑《漢志》，謂克乃子夏門人非弟子，（以門人爲再傳弟子，其説本宋歐陽氏，近人多辨其妄。）其説非也。意克先受詩於曾申，後更受業卜子，則未可知。《漢志》有《魏文侯》六篇，《李克》六篇，諸書所記克與文侯問答之語，蓋本於此，乃遺文之僅存者。《漢表》李克列四等。事迹散見《外傳》八及十，《説苑·政理、反質》各篇，本書五卷，《史記世家》各書。李克對曰：「君若置相，則問樂商與王孫苟端孰賢。」高誘《吕氏》注云：「置，立也。」樂商之「商」，《吕氏》作「騰」，下同。二人事他書無所考見。文侯曰：「善。」以王孫苟端爲不肖，翟黄進之；樂商爲賢，季成進之，「樂商」上《吕》有「以」字，「商」作「騰」。故相季成。此所謂觀近臣以其所爲主也。《史記・魏世家》曰：「魏文侯謂李克曰：先生嘗教寡人曰：家貧則思良妻，國亂則思良相，今所置非成則璜，二子何如？李克對曰：臣聞之，卑不謀尊，疏不謀戚。臣在闕門之外，不敢當命。文侯曰：先生臨事勿讓。李克曰：君不察故也。居視其所親，富視其所與，達視其所舉，窮視其所不爲，貧視其所不取，五者足以定之矣，何待克哉。文侯曰：先生就舍，寡人之相定矣。李克趨而出，過翟璜之家。翟璜曰：今者聞君召先生而卜相，果誰爲之，李克曰：魏成子爲相矣。翟璜忿然作色曰：以耳目之所覩記，臣何負於魏成子。西河之守，臣之所進也；君内以鄴爲憂，臣進西門豹；君謀欲伐中山，臣進樂羊；中山已拔，無使守之，臣進先生；君之子無傅，臣進屈侯鮒。臣何以負於魏成子。李克曰：且子之言克於子之君者，豈將比周以求大官哉。君問而置相，非成則璜，二子何如？克對曰君不察故也。居視其所親，富視其所與，達視其所舉，窮視其所不爲，貧視其所不取，五者足以定之矣，何待克哉。是以知魏成子之爲相也。且子安得與魏成子比乎，魏成子以食禄千鍾，什九在外，什一在内。是以東得卜子夏、田子方、段干木。此三人者，君皆師之。子之所進五人者，君皆臣之。子惡得與魏成子比也。翟璜逡巡再拜曰：璜，鄙人也，失對，願卒爲弟子。」其言較此加詳。《戰國魏策》《韓詩外傳》三疑亦采自《魏文侯》、《李克》二書中。故知人則哲，哲，明也。《尚書・皋陶謨》曰：「知人則哲，能官人也。」進賢受上爵，《孟子》稱「爲天下得人者謂之仁」，故宜受上等賞賚。季成以知賢，故文侯以爲相。季成、翟璜，皆近臣親屬也，以所進者賢別之，別季成於璜也，故單言賢。或疑賢下奪「否」字，非。《吕子》云：「季成，弟也；翟璜，友也。」猶不能知，何由知樂騰與王孫苟端哉。疏賤者知，親習者不知，理無自然。自然而斷相過，季充（當作李克，注見上。）之對文侯亦過。」此與本書所論誼異。邑固有理，然克之言，實觀人之要術。中壘采其事，論而進之，以諷成帝，意固別有在也。自「故知人」以下，皆中壘之詞。時帝方惑於王鳳故，政在五侯，依阿成風，朋黨盈朝，究鳳之所進，有樂商其人否。成帝苟省乎此，可憬然悟矣，此奏進之意也。故李克之言是也。沈欽韓曰：「案《魏世家》、《韓詩外傳》三、《說苑·臣術篇》文侯問相於李克，與此語又不同，一事而傳者異也。」案《世家》文引見上注，與《魏策》、《外傳》、《說苑》畧同，沈言不同者，據《世家》諸文，則成所進乃卜子夏、田子方、段干木，黄所進五人爲吳起、西門豹、樂羊、李克、屈侯鮒，無樂商及王孫苟端之名故也。《說苑·臣術篇》又載田子方與王問答，許其將爲相。黄對曰：君母弟有季成者，進子夏而君師之，進段干木而君友之，進先生而君敬之，彼其所進師也、友也，所敬者也。臣之所進，皆守職守禄之臣，何以至魏相乎等語，所言與此又異。蓋皆傳聞之不同耳。

5孟嘗君問於白圭曰：孟嘗君，田文，孟字，嘗邑名。（見《史記索隱》。）威王孫，靖郭君田嬰子，以五月五日生，戰國四公子之一也。封於薛，僭稱公，葬徐州滕縣五十二里。（《史正義》引《括地志》，又《水經·泗水注》云：冢在薛郭側。《續郡國志》薛國注引《皇覽》冢在城中白門東北邊。案梁氏《人表考》引薛文、薛公、孟嘗諸名，而遺《韓非子·内儲上篇》文子之號，何也。）《漢表》列五等。鮑彪《戰國策》注云：「孟嘗君，邑名，在薛旁。」案《詩》「居常與許」，卽此嘗也。程氏恩澤《國策地名考》云：「《詩》疏：常，魯南鄙。鄭箋：或作嘗，在薛之旁，六國時齊有孟嘗，食采於薛。《管子·小匡篇》管仲勸桓公親諸侯，反其侵地，故歸魯嘗潛。（原注：《國語》常作堂，洪頤煊云常與棠通，卽公矢魚于棠之棠。案棠爲今魚臺縣，非此地。）《史記·越世家》顧齊之試兵南陽莒地，以聚常郯之境，《索隱》：常，邑名，卽田文所封，或以爲謚，非是。《路史》嘗在南陽，田文之封，今滕縣薛南十里有孟嘗集，或云卽古嘗邑。近志以《史記・公孫宏傳》有菑川國薛縣誤文，因以淄川爲田文封邑，謬矣。」（卷五。）案：今山東兖州府滕縣東南四十里有薛城，嘗邑近薛，是爲魯之南境也。《齊策》馮煖爲田文收責於薛，長驅到齊，晨而求見，其來往不過一日，亦足爲近薛之證。白圭有三人，詳見三卷《鄒陽章》注。此與《漢表》四等之白圭別，彼白圭與魏文侯同時，故表列於商鞅之前。高誘以文侯時取中山之白圭，及此白圭，同爲周人，蓋誤以爲一人也。（見《呂氏・先識篇》及《舉難篇》注。）「魏文侯名過於桓公，《呂氏・舉難篇》無「於」字。《治要》引「桓公」作「齊桓」。而功不及五伯，何也？」五伯，見三卷《樂毅書》注。「何也」《治要》引作「者何」。白圭對曰：「魏文侯師子夏，《治要》引無「魏」字，《呂書》亦無，當衍。子夏，孔子弟子，姓卜，名商，衞人。《水經・河水四》注云：「葬郃陽。」子夏爲文侯師，又見《呂氏・察賢篇》，《漢表》列三等。梁玉繩曰：「子夏少孔子四十四歲，孔子卒時，子夏年二十九。而授經於魏文侯，蓋年幾百歲矣。」（《人表考》三。）案：《禮記・樂記》載文侯問樂於子夏，其言甚詳，則傳經之説殆非虛語矣。友田子方，子方注見前。敬段干木，段干姓，木名。《呂氏・尊師》云：「段干木，晉之大駔，學於子夏。」又《當染篇》云「段干木學於子夏」。《淮南書》亦載之，正本《呂書》。《魏世家》云：「文侯受子夏經藝，客段干木。」《水經・河水四》注、《寰宇記六》並云葬芮城東北十五里。《漢表》列三等。案《史記・老子列傳》云：「老子之子名宗，宗爲魏將，封於段干。」裴駰《集解》云：「此云封於段干，段干應是魏邑名也。而《魏世家》有段干木、段干子，《田完世家》有段干朋，（《索隱》十三云：段干，姓；朋，名也。《戰國策》作段干綸。）疑此三人是姓段干也，本蓋因邑爲姓。《風俗通・氏姓篇》注云姓段，名干木，恐或失之矣。天下自別有段姓，何必段干木邪。」光瑛案：裴氏此説是也。《列子・楊朱篇》有段干生，《御覽》四百九十三引作段干木。後人以段干木爲單氏段者，如臧氏庸《拜經日記》云：「庸考《風俗通・十反》云：干木息偃以藩魏，包胥重璽而存郢。（案璽是繭之誤，重繭見《國策》及《淮南子》。）亦以干木爲名。左太沖《魏都賦》千乘爲之軾廬，諸侯爲之止戈，則干木之德，自解紛也。劉淵林注《呂氏春秋》曰：段干木者，魏文侯敬之，過其廬而軾之。其僕曰：干木，布衣耳，而君軾其廬，不亦過乎。文侯曰：干木不趨俗役，懷君子之道，隱處窮巷，聲馳千里之外，未肯以己易寡人也。寡人先乎勢，干木富於義。（原注：見《開春論・期賢篇》，與今本異。）此先秦古書，非漢魏以後文人割裂之解可擬。而首連舉其姓，次獨稱其名，與應氏合。《水經・河水注》云：有段干木冢，干木，晉之賢人也。亦以爲姓段，名干木。《顏氏家訓・音解篇》：梁世有一侯，嘗對元帝飲謔，自陳癡鈍，乃成颸段。元帝答之曰：颸異涼風，段非干木。以段姓惟干木爲最著也。（原注引《劉子・文武篇》袁孝政注：魏之隱士，姓段，名干木云云。）蓋段干氏出老子後，段氏出干木後，其段干子、段干朋，俱係老子後，與干木譜系無涉。且鄭共叔段之後爲段氏，是干木之前先有段氏，魏亦何妨並有段氏、段干氏乎。應仲遠身處漢世，所據皆先秦古書，如無的見，不得定言姓段名干木。裴氏知有段干一姓，與干木名適合，便欲追議干木不姓段，亦過矣。」以上臧説。近鈕氏樹玉《日記》亟稱之，以爲不易。其所據者，以應劭爲漢人，多見先秦舊書，必有所受，一也。諸詩文多以干木連稱，二也。劉淵林注《魏都賦》引《呂氏春秋》已以干木爲名，（按《三都賦》李善注云張載爲注《魏都》，此云劉淵林，誤。）此先秦古書，非後世文人割裂之比，三也。段干木之名，偶有干字，後人遂混於段干一氏，四也。然此四證，皆不確實，試一一辨之。凡考訂先儒説之是非，以理爲斷，以證輔之，不能但以時代先後爲解。應氏之説，豈能無誤。今以其生於漢世，多見古書，遂深信之，已不足服人矣。即以時代論，應氏之古，孰與司馬遷、班固。今司馬氏明云「老子之後名宗，封於段干」，未嘗以爲氏。而班氏《幽通賦》亦云「木偃息以蕃魏，申重繭以存荆」，此二語正應劭《十反》所本。（沈欽韓《漢書疏證》引《幽通賦》「干木偃息以蕃魏」，首有干字，以爲誤本《淮南》，此沈氏自誤耳。王觀國《學林》卷二假字條引班賦，亦無干字。）其稱木而不言干，正以段干爲姓故也。應氏固多見先秦舊書，豈班氏獨染文人割裂之習邪。況《通志·氏族畧》、《路史·後紀七》注引趙岐《三輔決録》云：「段干木之子隱如入關，去干字，亦爲段氏。」則隱如以前，趙氏因明明謂爲氏段干矣。應氏爲漢人，趙岐獨非漢人乎。誤一也。文士摘詞，類取配儷，馬卿葛亮，由來舊矣，干木之稱，正復同例。臧氏廣引諸驗，悉不外此。誤二也。然臧氏亦自知諸證之不足服人也，乃據張載注引《吕書》，（張載今本誤題劉淵林，臧氏承其誤，見上小注。）屢稱干木。以《吕氏》爲先秦舊書，與文士割裂之解不同。而又自注云，所引與今本異。夫既與今本異，則是注者之誤，非《吕書》之誤。今《吕書》具在，注所引爲干木，皆作段干木，未嘗割裂以成辭也。臧氏明知其異，而偏引以自張其説，豈以爲《選》注所引乃真本《吕子》，而今本皆爲後人竄改邪。（案注引多同《淮南》，或誤記《淮南》爲《吕書》。）不知古人引書，多以意增省，未嘗規規於字句之間。惟其以干木爲名，故删《吕書》段字，以爲無碍於誼，而不知已失《吕書》之真。幸《吕書》未亡，尚得據以正其失，臧氏反信《選》注而棄今本，但知好異，不顧其安。（好據他書所引以改本書，是乾嘉諸儒習氣，高郵父子亦不免此失，臧氏尤甚。不知他書所引，有是有非，亦有意爲删改，不可一概取信。）誤三也。至謂裴氏知有段干一姓，與干木名適合，遂欲追議干木不姓段，則其説益繆。據趙岐《三輔決録》，則段干之後爲段氏，與共叔段後之段不同。夫同一段氏尚有二宗，則段干之氏，豈得與共叔之後並爲一談哉。且如其説，則趙岐已先裴駰而受攻矣。誤四也。總此四失，故臧氏之言，未有信讞，而段干木之以邑爲姓更無可疑。（《魏策》有段干崇，蘇代稱爲段干子，又見《史記·魏世家》。或疑卽段干宗，崇宗音形俱近，但宗爲老子之子，時代不相接，非也。）自《淮南》始有干木之稱，其後《論衡·非韓篇》、《風俗通義·十反》、《三國志·衛臻傳》、《水經·河水四》注、《高士傳》、《文選·魏都賦》、《抱朴子·嘉遁、逸民、欽士、譏惑、博諭》、劉晝《新論·薦賢、文武遇不遇》諸篇，俱稱干木。謝靈運《述祖德詩》則云段生，惟《高士傳》云：木，晉人也。單言木，則固以段干爲氏。其後稱干木，便辭耳。由斯例之，則諸書之稱干木從可識矣。《風俗通義》云：「武威段姓，出段干木之後。」此自指隱如去以後而言，聲明武威，所以別於共叔後之段氏也。沈欽韓並此駁之，則誤。俞樾據《論衡·非韓篇》稱干木，以段爲姓，以爲漢人舊說。（見《讀論衡》。）不知《淮南》已先言之，皆文人措詞之便，未爲典要。黄式三《周季編畧》則以段干爲姓，（見四卷注。）勝於俞氏。宋翔鳳《孟子趙注補正》亦主臧説，與俞失同。《唐書·宗室世系表敍》云：「老子後有李宗者，封於段，爲干木大夫。」其説詭異，不足據。宋周密《齊東野語》疑而不能斷，識不足也。段干地在何，書闕有間，殆不可考。程恩澤《國策地名考》云：「《史》注，段干，魏邑。《路史》段干，李姓邑，初邑段，後邑干，因邑而氏。案《通鑑》注：《唐人氏族志曰》李耳之後有李宗，魏封於段，爲干木大夫。（此卽《唐書·世系表》之説。）此似以段干木三字皆爲地名，殊不可通。（原注：孫星衍《元和姓纂校》亦以爲非。）《國策》有段產，則以一字爲姓；又有段干，越人，則以兩字爲姓，未聞以木亦爲邑者。蓋木本人名，非地名也。卽段干二地，亦無的處。《春秋》十七年，同監于斷道，《左傳》謂之卷楚，世本作段，則段斷古通。吳氏曰：今沁州東有斷梁城，三面絶澗，廣袤二里，《水經注》卽銅鞮縣之上虒亭也。段地無考，或卽此與。又云：干本衛地，《詩》出宿于干是也。地有發干山。（原注：《寰宇記》別有干言山，在堯山縣西五里。）《漢志》東郡有發干縣，又衛公國有竿城。劉昭曰：即故發干城也。《水經注》河水東逕鐵邱南河之西岸，有竿城。（原注：引《郡國志》云云。）今在東昌府堂邑縣西南二十五里。（原注：《方輿紀要》謂在直隸清豐縣西南三十里，《乾隆圖志》謂在開州北，俱似未的。）然《路史》云蹇叔處干，干，國也。開封有邗溝、段干木廟，則其地並無一定。高誘《呂覽》注以爲吳邑，卽干遂，更與此無涉。」（並見十七卷。）案程氏本《路史》說，分段干爲二邑，其說亦未必確。《史記》但云「老子之子名宗，宗爲魏將，封於段干」，不言其氏段干也。段干氏自是段干木之後，以邑爲氏者，諸家於此多誤解。若如羅泌分段干爲二邑，則《史》當云封於段與干，不當云封於段干矣。程氏求段干之處不得，遂從羅說分爲二地。然就其所考，二地各在一處，迥不相接，有是理邪。《史集解》但以段干爲魏邑，蓋已不詳其處。但以段干爲氏，則其言出於史公，（《魏世家》蘇代稱段干子，此以段干爲氏之明證也。老子之後，無氏段干之說，此當是段干木後。）斷可信爾。《史·世家》載李克告翟璜，謂卜子夏、田子方、段干木，此三人者，君皆師之。《説苑·臣術篇》載翟璜對田子方，則云師卜子夏，友段干木，敬先生。《呂子·察賢》謂文侯師卜子夏，友田子方，禮段干子。禮卽敬也。《舉難篇》與此文同。而《魏世家》上文又言文侯之師田子方，（又云文侯受子夏經藝，客段干木。）與下李克言合。《韓詩外傳三》記此事「君皆師之」作「君皆師友之」，較覺概括。閻若璩曰：「史稱田子方、段干木受業子夏之倫，干木與子夏，皆客魏，爲子夏弟子可知。」案閻説是，子方亦同。朱彝尊《孔子門人考》并收之。

此名之所以過於桓公也。《呂子》無「於」字。桓公但任管仲而已，不如文侯得士之多。卜相，則曰成與黃孰可，《呂書》無「則」字，「黃」作「璜」。高誘注：「卜，擇也。成，季成；璜，翟璜也。」案：言其但問二人，皆近臣親屬，不若桓公用及仇讎也。此功之所以不及五伯也。據此，則文侯之相季成，當時頗有違言。合之上章注引《呂子》之言，可與此誼互相發明。以私愛妨公舉，謂私其弟與友也。《吕書》云：「相也者，百官之長也。擇者，欲其博也。今擇而不去二人，與用其讎亦遠矣。（齊桓置射鉤之恥而相管仲，是用其讎也。）且師友也者，公可也，戚愛也者，私安也，以私勝公，衰國之政也」云云。本書括舉之。文侯有卜子夏、田子方、段干木諸賢，而不任爲相。其告李克曰非成卽璜，是徇私愛妨公舉也。在職者不堪其事，徇私，則恃愛妄行，使人不克堪其事也。故功廢，《治要》引下有「也」字。以上三句，括舉《吕書》大意。然而名號顯榮者，謂名過桓公。三士翊之也。三士，卜子夏、田子方、段干木也。翊，當作翼。《説文・飛部》：「翼，翄也。」今體上从羽作翼，俗人以翌翼形似，謂翌卽翼字。不知翌訓飛貌，在《説文・羽部》，二字不同。而訓明之昱字，經典多叚作翌，凡翌日字皆當作昱。天寶閒衛包奉詔改《尚書》，以翌盡改爲翼，於是翌日爲翼日，翌室爲翼室，而昱字之本誼廢矣。此文翊字取翄翼爲誼，不當作翌。《吕書》「翊」作「羽」。畢沅校本據《文選・四子講德論》注引，羽下補翼字。案：高氏注云：「羽翼，佐也。」則本有翼字甚明。本書或亦有翄字。如相三士，則王功成，豈特霸哉。」案：季成、翟黄雖爲文侯弟與友，然亦賢臣也。以其賢不及卜子夏、田子方、段干木，故從而貶之，以爲暱親近遠士夫者戒。然則任外戚而棄忠良，所用如五侯王氏者，其視季成、翟黄，相去又何如。此中壘立言之恉也。

6晉平公問於叔向曰：平公、叔向，注並見一卷。《韓非子・難二篇》無「於」字。「昔者，齊桓公九合諸侯，一匡天下，注見前。《治要》引無「者」字。二句蓋古語，已先《論語》而有之矣。不識其君之力乎，其臣之力乎？」《御覽》八百六十一引此文云：「平公問叔向曰：齊桓公合諸侯，一匡天下，如是君不知臣力何也。」文誼譌奪不可讀。《韓非子・難二篇》作「不識臣之力也，君之力也。」古也邪通用，見《經傳釋詞》及《古書疑義舉例》。《文選・四子講德論》注引《韓子》文「也」皆作「邪」。（乾道本脱「君之力也」四字。）《御覽》六百二十引《韓子》無二「也」字，蓋淺人不識也之爲邪，而妄刪之。叔向對曰：「管仲善制割，《說文・刀部》：「剌，裁也。从刀未。未，物成有滋味，可裁斷。一曰止也。」又云：「割，剥也。从刀，害聲。」或疑制當作剬，剬，斷也。古制剬二字多互混。（詳三卷燕王注。）案：《說文・衣部》「裁，製衣也」，「製，裁衣也」。製與制通，故制下云裁也。亦謂裁衣，引申爲裁制百事之誼。此文裁衣爲論，正用制字本誼，不當改作剬也。《韓子》文亦作「制」字。制當作剌。隰朋善削縫，「隰朋」，《韓》作「賓胥無」，注云：「言損益若女工剪削彌縫。」案：《治要》引本文「縫」作「齊」，蓋涉下「齊和」而誤。《說文・糸部》：「縫，以鍼紩衣也。」《詩・召南》「羔羊之縫」，傳曰：「縫，言縫殺之大小得其宜。」即此意。隰朋注見前。賓胥無善純緣，「純」，《治要》引作「補」。《韓子》賓胥無作隰朋，以二人事互易。注云：「言增飾若女工之純緣也。」案：《說文・糸部》：「純，絲也。」段注：「禮之純，釋爲緣，實即緣之音近叚借也。」段說非是，禮之純與緣同誼，非叚借字。《說文》又曰：「緣，衣純也。」《爾雅》純謂之緣。深衣注：「純，謂緣之也。」如段說以純爲緣同聲叚借字，是以緣釋緣，豈復可通。解純緣之制者，莫詳於任大椿《深衣釋例》，今録其說如後，云：「案《方言》，無緣之衣謂之襤。又曰以布而無緣，敝而紩之，謂之褸。蓋惟敝乃不施緣。《後漢書・明德馬后紀》：常衣大練裙，不加緣，特崇儉也。《荀子・正論篇》殺赭衣而不純，注：純，緣也，殺之以異於常人之服，故服以緣爲正制，不緣其變也。《鹽鐵論・刺議篇》以袍袷不緣爲非古，則古人之服無有不緣者矣。《閒傳》曰：大祥素縞麻衣。注：純用布，無采色。《喪服記》公子爲其母麻衣縓緣。《檀弓》練練衣黃裏縓緣。《雜記》注：長衣，深衣之純以素也。據此，凶服皆緣，他可知矣。《玉藻》童子之節也，緇布衣錦緣冠。《禮》將冠者采衣。采衣即錦緣，然則童子之衣，猶致飾焉。《爾雅》純謂之緣。《儀禮》注：飾衣領袂曰純，裳邊側曰綼，下曰緆，其統名則曰純緣。（案：觀此益知段説之誤。）《韓非・外儲説》隰朋善純緣，（案《難二篇》文，此誤引篇名。）《説苑》説賓胥無善純緣。（案此引《説苑》，乃《新序》之譌。）凡緣無不兼言綼緆者，而衹言善純緣，是純緣統綼與緆言之也。《詩》青青子衿傳：青矜，青領也。箋：禮，父母在，衣純以青。《詩》素衣朱襮傳：領也。箋：中衣以綃黼爲領，丹朱爲純也。《賈子》后以緣其領，《後漢書・禮儀志》絳領袖緣，《輿服志》絳緣領袖，又《輿服志》太皇太后皇后隱領袖緣以絛，此領與袖均有緣之證也。《吳越春秋》越王服犢鼻，著樵頭，夫人衣無緣之裳。明裳本有緣，無緣，所以自抑也。《釋名》緣裙，裙施緣也。此裳有緣之證也。凡吉服緣皆以繒，《書儀・家禮》緣黑繒。《國策》下宫糅羅紈，曳綺縠，而士不得衣緣。明士本得衣緣也。《春秋繁露・服制》古者天子衣文，諸侯不以燕，大夫以緣，亦不以燕。云文，文繒也，是知緣皆以繒也。《漢書・賈誼傳》白縠之表，薄紈之裏，緁以偏諸，美者黼繡，是古天子之服也。師古曰：偏諸，若今之織成，以爲腰襻及標領者也，古謂之車馬裙，其上爲乘車及騎從之象也。晉灼以偏諸緁著衣也。師古曰：以偏諸緶著之也。蓋尊者之緣，可以盡飾，故天子緣織成，諸侯緣丹朱，大夫緣文，士庶可以緣繢與青，此其差也。」以上任説，釋純緣之制郅爲詳明，故備録之。今人以襤褸爲衣敝之誼，幾不知有無緣之説矣。賓胥無，齊大夫，賓姓。（見《廣韵》注。）《管子・大匡篇》稱其堅強以良，可以爲西土。《小匡篇》稱其決獄折中，可爲大理者也。（此與本卷首章不同，説見前。）《漢表》列四等。桓公知衣而已。亦其臣之力也。」師曠侍，

曰：師曠，見一卷注。凡言侍，皆侍坐也。《古文孝經》「仲尼閒居，曾子侍坐」，今文作「仲尼居，曾子侍」。《史記・項

羽本紀》「項王、項伯東向坐，亞父南向坐，沛公北向坐，張良西向侍。」侍亦坐也，故下文云「樊噲從良坐」可證。《韓子》作「師曠伏琴而笑之。公曰：太師奚笑。師曠對曰：臣笑叔向之對君也。凡爲人臣者，猶炮宰，和五味而進之君，君弗食，孰敢強之也。臣請譬之，君者壤地，臣者草木也。必壤地美，然後草木碩大，亦君之力也，臣何力之有。」其文與此異。「臣請譬之以五味，」《御覽》引作「臣請以諭五味」，誤。《左氏昭元年傳》「天有六氣，降生五味」，杜注：「謂金味辛，木味酸，水味鹹，火味苦，土味甘，皆由陰陽風雨而生。」《正義》曰：「《尚書・洪範》云，五行一曰水，二曰火，三曰木，四曰金，五曰土。水曰潤下，火曰炎上，木曰曲直，金曰從革，土爰稼穡。潤下作鹹，炎上作苦，曲直作酸，從革作辛，稼穡作甘。」《僞孔傳》云：「鹹，水鹵所生也；苦，焦氣之味也；酸，木實之性也；辛，金之氣味也；甘，味生於百穀也。是五味爲五行之味，以五者並行於天地之間，故《洛書》謂之五行。物皆有本，本自天來，陰陽風雨晦明，合雜共生五味。先儒以爲雨爲木味，風爲土味，晦爲水味，明爲火味，陽爲金味，五陰氣屬天，不爲五味之主。此杜所不用也。」案：杜解五味，依五行爲説，本於《洪範》，是也。管仲善斷割之，斷割，切剥之也。隰朋善煎熬之，《方言》曰：「熬，聚、煎、僨、鞏，火乾也。凡以火而乾五穀之類，自山而東，齊楚以往，謂之熬；關西、隴冀以往，謂之僨；秦晉之間或謂之聚。凡有汁而乾，謂之煎，東齊謂之鞏。」《説文・火部》：「煎，熬也。」「熬，乾煎也。」重文作䵅。」《廣雅》「䵅，乾也。」又曰：「煎，乾也。」乾者，水盡之稱。《成二年左傳》「余姑剪滅此而朝食」，杜注：「剪，盡也。」此誼之從聲關連、展轉相生者。《淮南・本經訓》「煎熬焚炙」，《楚詞・九思》「我心兮煎熬」。聚，《説文》作𩱦，熬也。僨，《説文》作𤎺，以火乾肉也。籀文作𤒎，《廣雅》「𤎺，乾也。」鞏即烘，聲之轉。《説文・火部》：「烘，燎也。」引《詩》「卬烘于煁」。毛傳及《爾雅》、《釋言》並同。今人以𩱦作炒，𤎺作焙，皆俗字。

諸字誼異同。**賓胥無善齊和之。**齊，讀爲劑，齊劑古今字。「和」當作「龢」，凡調龢字本言八音六律之相宜，協乎節奏。滋味之相配似之，故取爲名也。詳二卷《莊辛章》注。齊和，謂調劑和勻之。《漢・藝文志》「調百藥齊和之所宜」，師古曰：「齊，音才詣反；和，音乎卧反。」《說文・刀部》：「劑，齊也。」《爾雅・釋言》「劑，剪齊也。」劑，齊也。劑从齊，聲包誼字，劑本以齊物。《周禮》「質劑約劑」，鄭訓爲券書。大鄭曰：「質劑謂市中平價，今時月平是也。」鄭云：「長券曰質，短券曰劑。」是劑所以齊物也，凡言劑，則有齊和之誼。《周禮》又多用齊字。**羹以熟矣，**《治要》、《御覽》引「以」作「已」，古以已字通。《禮記・檀弓下》「則豈得不已」，注：「以已字本同。」是也。（以古作㠯，與篆文巳近。）《內則》「由命士以上」，《釋文》本作已。《論語・先進篇》「毋吾以也」，《釋文》鄭本作已。又《微子篇》「其斯而已矣」，漢石經作「其斯以乎」。《詩・谷風》「不我屑以」，《孟子・公孫丑上》注引作「屑已」。皆其證也。近人章氏《小學答問》云：「問《說文》巳，巳也。四月陽氣巳出，陰氣巳藏，萬物見成文章，故巳爲蛇，象形。又㠯，用也，從反巳。取誼迂遠，似未安。答曰：《說文》包字解，象人裹妊，巳在中，象子未成形也。則巳即胎字。反巳爲㠯，形少異而音誼同，猶丿與乀、亅與乚矣。胎得聲㠯，古音巳㠯本如胎。《釋文》言芣苢令人宜子，蓋芣苡得名於胚胎。《緯書》說禹母吞意苡生禹，故姓似氏。意苡亦得名於胎，賈侍中說㠯爲意㠯實，蓋由此也。子肖其父謂之似，從人，㠯聲，亦取胎誼。子繼其父謂之嗣，《小雅》似續妣祖，傳：似，嗣也。箋：似讀如巳午之巳。《廣雅》：子、巳，似也。明巳㠯胎似嗣，本㠯一文，衍爲數誼，更相孳乳，其體遂多。巳之音別如里，《考工記》里爲式，即巳爲式，是其例也。故聲轉又爲了，同具子形，無左右手。㠯字亦然，待人而動，故能左右之曰㠯，引申訓用，已訓不用，猶治亂苦快之例爾。」案章說甚有理解，故録之。「熟」，俗字，當作孰爲正。**奉而進之，**《說文・

收部》：「奉，承也。」案奉承皆以下進上之稱，今人以諛人爲奉承，誼取諸此。《御覽》引無「奉」字。而君不食，而如古字通。《孟子·離婁篇》「文王視民如傷，望道而未之見，而亦如也。」上言如，下言而，互文耳。而君不食，假設之詞，言如君不食也。盧文弨曰：「食，何本誤入。」案各本多作「入」，不止何本。宋本、嘉靖本不誤，《治要》引亦作「食」。入即食之爛文，食脱去下半，與入相似故譌。或疑入讀如水漿不入口之入，誼雖可通，然此的爲誤字，不必曲解从俗，今依宋本改正。誰能彊之。彊，勉彊也。《治要》作「強」。案《説文·力部》：「勥，迫也。」凡勉勥字當作勥，經傳多叚彊強爲之，而勥字廢矣。亦其君之力也。」「其」字各本奪，依《治要》引補，與上文「亦其臣之力也」文法相同。《御覽》八百六十一引此文甚畧，盧氏采入佚文，誤矣。

7 昔者，齊桓公與魯莊公爲柯之盟。魯莊公，名同，桓公之子，母曰文姜，在位三十二年。《漢表》避諱作嚴公，列七等。柯之盟在莊十三年。杜預曰：「此柯，今濟北東阿，齊之阿邑，猶祝柯今爲祝阿。」顧棟高曰：「齊威王烹阿大夫，即此。今故城在兖州府陽穀縣東北五十里，曰阿城鎮，有阿城上下二閘，爲運道所經。」（《大事表》七之一。）案：春秋時柯有二，莊十三年盟于柯，齊地也；襄十九年會晉士匄于柯，衛地也，在今河南彰德府黄縣境。故杜言此柯，以別於彼柯也。高氏士奇《春秋地名考》混兩地爲一，非是。侯氏康《春秋古經説》曰：「柯，《公羊》作阿，原同音通用，如《水經·河水注》之柯澤，即《左傳·襄十四年》之阿澤。但此地則實作柯，不作阿，一徵之《漢郡國志》云平原郡祝阿，春秋時曰祝柯；一徵之《水經·濟水注》、《春秋襄公十九年》諸侯盟于祝柯，（原注：俗刻譌阿，武英殿本不誤。）《左傳》所謂督揚者也，漢興，改之曰阿矣。據此，知明是《公羊》漢世始著竹帛，習於當時之稱，因以阿易柯，而不知非聖經本文也。（原注：

哀三年城啓暘，《公羊》作開陽，亦因避景帝諱改，《穀梁》仍作啓。《公羊》後出于《穀梁》，此亦一證。）」按侯說是。《左傳》、《穀梁》皆作柯，自漢始改阿。則阿大夫之阿亦當作柯，阿叚借字。魯大夫曹劌謂莊公曰：「曹劌」，《齊、燕策》、《史記·刺客傳、齊、魯世家》作「曹沬」，《呂覽·貴信篇》作「曹翽」，《史記·魯仲連傳》索隱作「曹昧」，皆聲近通借字。《漢表》列三等。《索隱》：「沬，音亡葛反，从未。」梁仲子疑其誤，不知未末字通。《論語》「抑末也」，《釋文》「末，本作未。」《左氏昭十五年傳》夷末，《公羊》作夷昧，《漢表》作餘昧。《山海經·中山經》「末山末水出焉」，注：「末，《水經》作沬。」皆其證也。今人以未末字分上畫之長短，此謬說。二字篆體不同，與土士以上畫長短分別同誤，已於一卷末喜注詳論之矣。近人吳氏箸《字説》曰：「《説文》沐沬二字連文，沐，濯髮也；沬，洒面也。沬，古文作湏。又頁部，𩔈，昧前也，从頁，㬮聲，讀若昧。疑亦沬之古文。許書一字隸兩部者甚多，㬮象髮下垂形，置水於皿，披髮就之，正象濯髮形，當卽古沐字。蓋沐沬本一字，今燕趙閒謂洗面爲沬面，與沐同音。沬沐一聲之轉，或謂之沐，或謂之沬，方言之小異也。」如吳說，則沐沬且不分，何論沬沫哉。本書所采，見《公羊莊十三年傳》，《史記·刺客列傳》亦用之。「齊之侵魯，至於城下，城壞壓境，君不圖與？」《公羊》注「城壞壓境」云：「齊數侵魯取邑，以諭侵深也。」陳立疏云：「《釋文》壓境，於甲反。案陸本當作厭竟。《定十五年傳》壓死，《釋文》作厭死，音於甲反可證。竟，唐石經諸本同，鄂本作境，俗字也。謂齊數侵魯，致令城郭壞敗，卽壓齊境，故注云以諭侵深也。」案：《史記·刺客傳》：「曹沬者，魯人也，以勇力事莊公。莊公好力，曹沬爲魯將，與齊戰，三敗，魯莊公懼，乃獻邑之地以和，猶復以爲將。」齊桓公許與魯會于柯而盟，桓公與莊公既盟於壇上，曹沬執匕首刼齊桓公。是刦盟之議，起於曹劌也。莊公曰：「嘻，《公羊僖元年傳》注：「嘻，發痛語首之聲。」寡人之生不若死。」《公羊》「不」上有「則」字，句末有「矣」字。何注：「自傷與齊爲讐，不能復也。伐齊納糾，不能納，反復爲齊所脅而殺之。」案：此自傷三敗之辱耳，不專爲納糾事，何注迂泥。曹劌曰：「然則君請當其君，臣請當其臣。」「曹劌」，《公羊》作「曹子」。注：「當，猶敵也，將劫之辭。」陳立疏云：「《國策·秦策》所當未嘗不破也，注：當，敵。又《齊策》天下不能當，注：當，敵也。《呂覽·無義》云魏使公子將而當之，當，亦敵也。」案當訓敵者，凡物相敵，然後能相當。《孟子·梁惠王篇》：「彼惡敢當我哉，此匹夫之勇，敵一人者也。」上言當，下言敵，固明明以敵訓當矣。此詁見經傳者，不可勝數。及會，《公羊》作「莊公曰，諾，於是會乎桓」。兩君就壇，《公羊》作「莊公升壇」，注：「土基三尺，土階三等曰壇。會必有壇者，爲升降揖讓，稱先君以相接，所以長其敬。」案：壇制詳一卷《秦欲伐楚章》注。就，即也。《公羊莊四年傳》云：「古者諸侯必有會聚之事，相朝聘之道，號辭必稱先君以相接。」是何注所本也。兩相相揖。相，贊君之禮者。《公羊》作「於是會乎桓，莊公升壇，曹子手劍而從之」，無此二句也。曹子手劍拔刃而進，《公羊》注：「隨莊公上壇，造桓公前而脅之。」「拔」，嘉靖本作「援」，誤。案手劍，謂以手持劍，猶《檀弓》言手弓也。《檀弓》疏釋「手弓而可」爲可能手之弓，繆甚。此當從陳澔《集說》爲允。鄭注當亦如此。迫桓公于壇上，迫，脅也。曰：「城壞壓境，君不圖與？」上圖，自爲也；此圖，欲桓公代爲圖。《公羊》「而從」之下接「管子進曰，君何求乎。曹子曰，城壞壓境，君不圖與。」注：「君，謂桓公。圖，計也，猶曰君不當計侵魯太甚。」陳立疏云：「《說文·口部》：圖，畫計難也。《詩·小雅·常棣》云是究是圖，傳：圖，謀也。《禮·聘禮》君與卿圖事，注：圖，謀也。謀，即計也。《史記》：桓公左右莫敢動，而問曰，子將何欲。曹沫曰，齊彊魯弱，而大國侵魯，亦以甚矣，今魯城壞即壓齊境，君其圖之。以壓境爲壓齊之境，語意未詳。《新序》意與傳同，謂侵魯太甚，必將攻復，君不許及之與。」案：何陳二說均非也，何謂不當計侵魯太甚，其語意晦澀，陳謂必將攻復，君不許及之，此曲爲何氏解，其實並非何意也。此言魯受齊攻，城壞而壓於境矣，君猶數侵伐魯，曾無圖謀安魯之心。語意本明，解之太深，反晦。管仲曰：「然則君何求？」《公羊》「何」上有「將」字，注云：「所侵邑非一，欲求何者。」案：此言但問其意欲何爲，不如何注所云也。曹劌曰：「願請汶陽田。」「劌」，《公羊》作「子」，下文並同。「田」上有「之」字。顧棟高曰：「定十年，齊人歸鄆讙龜陰田，三邑皆汶陽也。」（《大事表》七之一。）案：齊取汶陽，經無明文。《左傳・僖元年》「公賜季友汶陽之田及費」，則汶陽固在魯矣。成二年，晉敗齊師于鞍，使齊人歸我汶陽之田，是再失再得。及八年，晉侯使韓穿來言汶陽之田，歸之于齊，於是汶陽終爲齊有。逮夾谷之會，慚於孔子之言，始以三邑歸魯。此汶陽之地得失之可考者也。《水經・汶水注》云：「蛇水西南流，逕汶陽之田，齊所侵也。自汶之北，平暘極目，僖公以賜季友，即此，又西南逕鑄鄉城西。」據此，當在今山東泰安府泰安縣西南樓上村東北。《史記・齊世家》：「魯將盟，曹沫以匕首劫桓公於壇上，曰，反魯之侵地。」即指此也。管仲謂桓公曰：「君其許之。」《公羊》作「管子顧曰，君許諾」，注：「諸侯死國不死邑，故可許諾。」陳立疏曰：「《禮記・曲禮》國君死社稷，是諸侯死國也。舊疏云，即《曲禮》下篇云：國君去其國，止之曰，若之何去社稷矣。是無去國之文，不言若之何去田邑，故知不死邑也。」朱氏彬《經傳考證》云：「諸侯死國不死邑，必古有是語，而何氏述之，非弟如《曲禮》所云。案《呂覽》云：以地衛君，非以君衛地，君其許之，乃與之盟。亦此誼。」案：《呂覽》之說即述此事，無煩引以述何。此爲古語，朱說是。桓公許之，《公羊》作「桓公曰，諾」。《齊世家》云「桓公許之」，與此同。《刺客傳》「桓公乃許盡歸魯之侵地」，《呂覽》云「乃遂封於汶南，與之盟」。汶在齊南魯北，故云。曹

劌請盟，「劌」，《公羊》作「子」。**桓公遂與之盟。**「遂」，《公羊傳》作「下」，注：「下壇與曹子定約，盟誓莊公也。必下壇者，爲殺牲不絜，又盟本非禮，故不于壇上也。」孔氏廣森《公羊通義》云：「壇上本兩君會盟之所，故桓公下壇，與曹子盟。」案孔説極通，遠勝何注。壇上兩君相見，不容餘人參加，故《吕覽》敍魯莊刼桓，管仲、鮑叔進，曹劌按劍當兩陛之間，曰，且二君將改圖，毋或進者，是曹子亦不從至壇也。《公羊》言「曹子手劍而從之」，則是從至壇，此傳聞之異。而下即接云「管子進曰，君何求乎」，蓋曹子不應至壇，今見從至壇，又手執劍，故有此問，足見壇上惟兩君得至。《公羊》雖傳聞異辭，亦以爲曹沫不當至壇，故今與曹子盟，改在壇下也。若謂因殺牲不絜，則魯君與曹子何異，豈可與魯君盟，獨不可與曹子盟乎。何言「盟本非禮」者，據《桓三年傳》「古者不盟，結言而退」，然兩君爲盟，亦在壇上，是亦不能自圓其説也。《荀子·王制篇》云「桓公刼於魯莊」，《史記·魯仲連傳》：「曹子爲魯將，三戰三北，而亡地五百里，（此無稽之言，《孟子》言今魯方百里者五，若亡地五百里，何以爲國。文人喜鋪張過甚，此類是也。）辭氣不悖。三戰之所亡，一朝而復之，天下震動，諸侯驚駭也。」**已盟，摽劍而去。**「摽」，宋本、嘉靖本、鐵華館本並作「標」，誤，今從衆本。《公羊傳》同。何注：「摽，辟也，時曹子端劍守桓公，已盟，乃摽劍置地，與桓公相去離故云爾。」陳立疏云：「《釋文》，摽，音普交反，辟也。劉兆云：辟，捐也。《孟子·萬章篇》摽使者，注：摽，麾也；音義：摽，音杓，又音抛，與此同。《詩·邶風·柏舟》云寤辟有摽，傳：辟，拊心也；摽，拊心貌。《釋文》，摽，符小反，與此異。而摽辟爲拊心，則摽即是辟，與此同也。《説文·手部》，擘，撝也；撝，裂也，一曰手指撝也。麾，旌旗所以指麾也。麾即俗麾字，麾訓撝，撝訓擘，擘即擗。趙氏訓辟爲麾，猶此訓辟也。《詩·召南》摽有梅，傳：摽，落也。摽乃受字之借，曹沫摽劍置地，摽誼與受同，亦謂墜落其劍，置於地而去。《廣雅·釋詁》：摽，擊也，與此異。」案陳氏謂摽爲𠬪之叚借，是也。字俗作抛，抛行而𠬪廢，此與詩「寤辟有摽」之摽異，不得以何訓爲辟，與詩文相同，遂併一談也。凡兩字互訓者，一字兼別誼，則其互訓之字，往往從之，此例甚多。故陳氏引詩爲證，已明其異，復謂其同也。何訓摽爲辟，而云摽劍置地，則辟亦𠬪落之意，與詩文之辟訓拊心不同。粵中語謂𠬪去物曰撇，當作此辟字，其誼甚古。《刺客傳》云：「既已言，曹沫投其匕首，下壇，北面就羣臣之位，顏色不變，辭令如故。」《齊世家》：「已而曹沫去匕首，北面就臣位。」皆摽劍後之事。左右曰：「要盟可倍，倍與背，音誼皆同。《說文・人部》：「倍，反也，从人，咅聲。」段玉裁曰：「此倍之本誼。《中庸》爲下不倍，《緇衣》則民不倍，《論語》斯遠鄙倍，皆是也。引申爲倍文之倍，《大司樂》注：倍之曰諷，不面其文而讀之也。又引申爲加倍之倍，以反者覆也，反覆之，則有二面，故二之曰倍。俗人鎃析，乃謂此專用加倍字，而倍上倍文則皆用背，餘誼行而本誼廢矣。」案：倍上字當作倍，此文下作可負，負爲負約之負，亦爲敗負之負。總之背爲背約之背，又爲敗北之北。（北，古背字。）前謂兩字互訓者，一字有別誼，則其互訓之字從之。此則背負本爲一字，緣古無輕脣音，讀負爲背，遂分爲兩字耳。（竊負鑼負之負，今北人呼爲背，亦別誼相從之證。）背與負同，則作背爲正，至背文爲不面其文，則更當作背矣。但倍背古字通用，聲誼不殊。倍之或體爲偝，見《坊記》、《投壺》、《荀子》，則段注亦既引之矣。《公羊》於「摽劍而去」下，接云「要盟可犯，而桓公不欺，曹子可讐，而桓公不怨，桓公之信，著乎天下，自柯之盟始焉」，其文稍畧。何注：「臣約其君曰要，彊見要脅而盟爾，故云可犯。」陳立疏云：「《漢書・文帝紀》注：文穎曰，要，劫也。《荀子・王霸篇》臣下曉然皆知其可要也，注：要，約也。臣劫約其君曰要君，《論語・憲問》云雖曰不要君，是也。」案：《漢書・高帝紀》之要束，卽約束，今北人尚讀約爲要。《左氏襄九年傳》「大國不加德音，而亂以要之」，杜注：「謂以兵亂之力強要鄭。」即此誼也。傳又云「昭大神要言焉」，又云「我實不德，而要人以盟」，又曰「要盟無質，神弗臨也，所臨唯信。信者，言之端也，善之主也，是故臨之，明神不蠲要盟，背之可也。」此即要盟可倍之説也，倍盟字《左傳》作背。曹劌可讎，《公羊》注：「以臣劫君，罪可讎也。」請倍盟而討曹劌。」管仲曰：「要盟可負，而君不負。負，猶倍也；説見前。可負尚不忍負，則不可負者可推矣。《齊世家》：「桓公後悔，欲無與魯地，而殺曹沫。管仲曰：夫劫許之，而倍信殺之，愈一小快耳，而棄信於諸侯，失天下之援，不可。」《刺客傳》亦云：「桓公忽欲倍其約。管仲曰：不可，夫貪小利以自快，棄信於諸侯，失天下之援，不如與之。」《吕氏·貴信篇》記其事尤詳，別引見後。此所謂可負而不負者也。曹劌可讎，而君不讎，本可讎，因重信，故不讎。信著天下矣。」宋本、嘉靖本、鐵華館本並作「著信」。案《公羊傳》云：「桓公之信，著乎天下，自柯之盟始焉。」則當作信著爲是。本書用《公羊傳》文也。衆本同作「信著」，今從衆本。遂不倍。《刺客傳》：「於是桓公乃遂割魯侵地，曹沫三戰所亡地盡復與魯。」是不倍之事也。天下諸侯翕然而歸之，翕，合也；歸，歸附之也。《齊世家》：「於是遂與曹沫三敗所亡地於魯，諸侯聞之，皆信齊而欲附焉。」《公羊》注：「諸侯猶是翕然服從。」爲鄄之會，鄄會者，魯莊公十四年冬，單伯會諸侯于鄄，十五年，齊侯又會諸侯于鄄是也。《左氏》於十五年復會，著齊始霸，然前年會鄄，已云宋服，伯業早見矣。杜注：「鄄，衛地，今東郡鄄城。」程恩澤曰：「鄄城於秦屬東郡，晉爲濮陽國，並無東郡之説。杜稱今東郡鄄城，未審何據。《漢志》濟陰郡有鄄城縣。（原注：《説文》同。）《水經注》河水又東逕鄄城縣北，故城在河南岸十八里，河上之邑，最爲峻固，（原注：城周七里有奇。）戰國時屬齊。宣王八年與魏惠王會於鄄，是也。」（《國策地名考》卷五。）顧棟高曰：「鄄後爲齊豹邑，《昭二十年左傳》奪之司寇與鄄，即此。今山東曹州府濮州東二十里舊城集，故鄄城也。」（《大事表》七之二。）案成十一年「劉子盟于鄄」，杜注：「鄄，周邑。」此别一地，此鄄屬衛。《史記》書齊地作甄，即鄄也。《竹書》亦作甄，古字通用。幽之盟，《左氏莊十六年傳》「冬，同盟于幽，鄭成也」，二十七年傳「夏，同盟于幽，陳鄭服也」。《穀梁傳》云：「于是而後授之諸侯也，齊侯得衆也。」范甯《集解》云：「桓公之信，著於天下，自柯之盟始。其明年會鄄，又明年會鄄，皆謀推齊爲伯。又明年同盟于幽，經書同，則成爲伯矣。」何休《公羊注》云：「諸侯猶是翕然信鄉服從，（猶由同。）再會于鄄，同盟于幽，遂成伯功，故云爾。」是先儒皆以二鄄二幽爲成伯功之表見者，故中壘著之，何、范之説，或亦本此。《史記·齊世家》云：「七年，諸侯會桓公于鄄，而桓公於是始霸焉。」蓋用十五年《左氏傳》文，亦中壘之所本也。幽地當在今河南歸德府考城縣境。諸侯莫不至焉；此《穀梁傳》所謂「于是而後授之諸侯，齊侯得衆，信其信，仁其仁」者也。爲陽穀之會，《左氏僖三年傳》「會于陽穀，謀伐楚也」。《公羊傳》於陽穀之會曰：「無障谷，無貯粟，無易樹子，無以妾爲妻。」《穀梁傳》曰：「桓公委端搢笏而朝諸侯，諸侯皆諭乎桓公之志。」是此會爲桓公極盛之時期，故中壘數之也。鄭注《論語》以「一匡天下」指陽穀，而釋「穀梁廢疾」又云「去貫與陽穀」，固已九合矣。案《穀梁》以貫與陽穀爲服江黄而會，（《左傳》亦以盟貫爲服江黄。）本書九卷亦載之。《穀梁》于貫會後，惜桓公不能救江黄，此推究始末而言，要不可謂非桓公威德遠被所致。鄭不數陽穀於九合，蓋以别乎一匡故。其不數貫，則弟就《穀梁》文誼言之。其注《論語》，固仍以貫在九合之内也。（見《釋文》，其分合詳見首章注。）中壘治《穀梁》學，采其説於本書九卷，而於此則盛推二役之功，與鄭意同。蓋言非一端，誼各有當，其事實爲桓伯極盛之時，不可誣也。杜預云：「陽穀，齊地，在東平須昌縣北。」《春秋輿圖》云：「在今山東兖州府陽穀縣北五十里。」貫澤之盟，《左氏僖二年傳》：「盟于貫，服江黄也。」《公羊》作貫澤，《左氏》、《穀梁》皆作貫，此文及九卷皆作貫澤。九卷之文，全用《穀梁》，而不同傳作貫者，蓋貫澤卽貫，本是一地，取其與陽穀文配故爾。杜預云：「貫，宋地，梁國蒙縣有貰城，貰與貫字相似。」案：《莊十二年左傳》「宋萬弒閔公于蒙澤」，卽此貫地。（莊子，蒙人，生於此。）《括地志》云「貫城，今名蒙澤城」，是也。今河南歸德府商邱縣北有蒙澤。餘詳見九卷注。《穀梁傳》云：「貫之盟，不期而至者，江人黄人也。江人黄人者，遠國之辭也。中國稱齊宋，遠國稱江黄，以爲諸侯皆來至也。」（《公羊傳》畧同。）案《穀梁》於僖十二年傳，不以桓公受江黄内附爲然，而於此傳則盛推其功，前注所謂言非一端，誼各有當也。**遠國皆來。**即指江黄二國，詳《穀梁傳》及本書九卷。

南伐彊楚，各本彊作強，宋本如此。凡彊弱字當作彊，今從宋本。（鐵華本同。）**以致菁茅之貢；**《左氏僖四年傳》：「齊侯以諸侯之師侵蔡，遂伐楚。楚子使與師言。管仲對曰，爾貢苞茅不入，王祭不共，無以縮酒，寡人是徵。對曰，貢之不入，寡君之罪也，敢不共給。」是致菁茅之貢之事也。《史記·齊世家》集解引賈逵注：「包茅，菁茅，包匭之也，以供祭祀。」杜注云：「包，裹束也。茅，菁茅也。束茅而灌之以酒爲縮酒。《尚書》包匭菁茅，茅之爲異未審。」《正義》曰：「《禹貢》荆州，包匭菁茅。孔安國云：其所包裹而致者。匭，匣也。菁以爲菹，茅以縮酒。《郊特牲》云：縮酌用茅。鄭玄云：泲之以茅，縮，去滓也。《周禮·甸師》祭祀供蕭茅。鄭興云：蕭字或爲莤，莤讀爲縮，束茅立之，祭前沃酒其上，酒滲下去，若神飲之，故謂之縮。縮，滲也。故齊桓公責楚不貢苞茅，王祭不共，無以縮酒。杜用彼鄭興之説也。孔安國以菁與茅别，杜云茅菁茅，則以菁茅爲一，特令荆州貢茅，必當異於餘處。但更無傳説，故云茅之爲異未審也。沈氏云太史公《封禪書》云：江淮之間，一茅三脊。杜云未審者，以三脊之茅，比目之魚，比翼之鳥，皆是靈物，不可常貢，故杜云未審也。」

案：《禹貢》「包匭菁茅」，《史記集解》引鄭注云：「菁茅，茅有毛刺者。」《管子・輕重丁篇》「江淮之間，一茅三脊，名曰菁茅。」是菁茅之爲一物明矣，僞孔分爲二艸，非也。（賈注云：包茅菁茅，則亦爲一物。漢以前傳注，無分菁與茅爲二事者。）祭用茅者，《毛詩・野有死麕》傳：「白茅，取絜清也。」《靜女》「自牧歸荑」，傳：「荑，茅之始生也。」箋云：「茅，潔白之物，自牧田歸荑，其信美而異者，可以供祭祀。」然則以茅縮酌，亦取其絜清。祭祀之品，以絜爲尚，故《孟子》曰「粢盛既絜」，《左傳》曰「吾享祀豐絜」，（參下《楚莊王伐鄭章》旆旌句注。）《易・繫辭》傳：「初六，藉用白茅，無咎。子曰：苟錯諸地而可矣，藉之用茅，何咎之有。慎之至也。夫茅之爲物薄，而用可重也，慎斯術也以往，其无所失矣。」祭用茅，蓋取諸此也。**北伐山戎**，《左氏莊三十年傳》「冬，遇于魯濟，謀山戎也，以其病燕故也」，三十一年傳「夏，六月，齊侯來獻戎捷」。《齊語》注：「山戎，今之鮮卑。」《齊世家》「二十三年，山戎伐燕，燕告急於齊，齊桓公救燕，遂伐山戎，至于孤竹而還」。又云「北伐山戎、離支、孤竹」。《管子・小問篇》「桓公北伐孤竹，未至卑耳之谿十里」。《韓非・説林上篇》「管仲隰朋，從於桓公而伐孤竹」。統上諸書所記，皆莊三十一年之事。顧氏祖禹《讀史方輿紀要》云：「永平府，春秋時爲山戎肥子二國之地，今支城在府東北，離支，即令支之譌也。孤竹城，在府南十五里，今古迹已不可考。城或後人所築，而冠以古名云。」案隱九年北戎侵鄭，桓六年北戎伐齊，僖十年齊侯許男伐北戎，皆此戎也。襄四年「無終子嘉父」，杜注：「無終，山戎國名。」是山戎一名北戎，又名無終。（《晉語》七注亦云：無終，山戎之國，今爲縣，在右北平。）顧氏炎武《日知録》云：「玉田，漢無終縣。《漢書・地理志》故無終子國。浭水西至雍收入海。《史記》封韓廣爲遼東王，都無終。今爲縣，在右北平。《水經・鮑丘水》注：藍水出北山東，屈而南流，逕無終縣故城東。故城，無終子國也。《魏土地記》曰：右北平城西北百三十里有無終城，無終之爲玉田，無可疑者。（原注：玉田縣，屬直隸遵化州。《春秋輿圖》曰：無終國在縣治西，即山戎，亦曰北戎。《史記・匈奴列傳》正義引《括地志》云幽州漁陽縣，本北戎無終國。漁陽縣，今爲順天府密雲縣。蓋戎地遼濶，兼入密雲境也。）然《左傳・襄公四年》無終子使孟樂如晉，請和諸戎，昭公元年晉中行穆子敗無終及羣狄于太原，《漢書・樊噲傳》擊陳豨，破得綦毋卬尹潘軍於無終廣昌，則去玉田千有餘里。豈無終之國，先在雲中代郡之境，而後遷于右北平與。（原注：《左傳正義》曰：釋例土地名似北戎山戎無終三名爲一，北平有無終縣，太原，即太原郡晉陽縣是也。計無終在太原東北二千里，遠就太原，來與晉戰，不知其何故也。蓋與諸戎近晉者，相率而來也。）」光瑛案：諸戎部落不一，又逐水草而居，遷徙往來無常處。杜注以無終山戎北戎爲一，不過謂同一種族云爾，至其部落，則非一致，倏忽來往，未必定在一地也。爲燕開路。《史記・齊世家》：「齊桓公救燕，伐山戎，燕莊公遂送桓公入齊境。桓公曰，非天子，諸侯相送不出境，吾不可以無禮於燕。於是分溝割燕君所至與燕，命燕君復修召公之政，納貢於周，如成康之時。諸侯聞之，皆從齊。」《賈子新書・春秋篇》：「齊桓公之始伯也，翟人伐燕，桓公爲燕北伐翟，乃至於孤竹。反，而使燕君復召公之職。桓公歸，燕君送桓公，入齊地百六十六里，桓公問於管仲曰：禮，諸侯相送，固出境乎。管仲曰：非天子不出境。桓公曰：然則燕君畏而失禮也，寡人恐後世之以寡人爲存燕而欺之也。乃下車而令燕君還車，乃割燕君所至而與之，遂溝以爲境而後去。諸侯聞桓公之義，口雖不言，而心皆服矣，故九合諸侯，莫不樂聽，扶興天子，莫不勸從。誠退讓，人孰不戴也。」《說苑・貴德篇》亦記其事。即此所謂北伐山戎，爲燕開路者也。此燕，非燕國。（別有南燕，故胙國也，今河南衛輝府延津縣是。）伯爵，（《史記》云侯爵。）都於鄭，今直隸順天府大興縣是。《北堂書鈔》一百一十四引本書云：「齊桓公伐楚，以致苞茅，北伐山戎，奉朝覲。」今本伐上有南字，楚上有彊字，苞作菁，無奉朝覲句。三存亡國，《左傳・僖十九年》「齊桓公存三亡國，以屬諸侯」，杜注：「三亡國，魯、衛、邢。」《正義》曰：「《齊語》云：魯有夫人慶父之難，二君弑死，國絶，無嗣，桓公使高子存之。狄人攻邢，桓公築夷儀以封之。狄人攻衛，衛人出廬于曹，桓公城楚丘以封之是也。衛則狄滅之矣，魯邢不滅而言亡者，美大齊桓之功也。」案孔説是。《左氏昭四年傳》：「衛邢無難，敵亦喪之。」本書九卷敵作狄，洪亮吉、孫志祖皆云邢未爲狄滅，當從《左傳》作敵，讀此疏，足釋其惑矣。餘詳在九卷注。一繼絶世，《論語・子張篇》曰：「興滅國，繼絶世。」此指存魯立僖公之事。尊事周室，九合諸侯，一匡天下，注見前。功次三王。三王，夏禹、商湯、周文王也，誼詳二卷首章注。言其功業比次於三王也。爲五伯長，《孟子・告子下篇》「五霸桓公爲盛」，《韓非子・難二篇》「昔者，桓公宫中二市，婦閭二百，被髮而御婦人。得管仲，爲五百長。」百伯通用字。《吕氏・貴公篇》「用管仲而爲五伯長」，齊注：「長，上也。」下章言文公上次齊桓，是桓公爲五伯之長也。本信，句絶。謂原本於信。起乎柯之盟也。此事《管子・大匡篇》、《史記・齊世家、刺客傳》、《吕氏・貴信篇》均載之。其散見各子史者甚多，而管吕二書爲最詳，兹録於後。《管子・大匡》云：「齊伐魯，魯不敢戰，去國五十里而爲之關。魯請比於關内，以從於齊，桓公許諾。魯人請盟，曰：魯，小國也，固不帶劍，今而帶劍，是交兵聞於諸侯，君不如已，請去兵。桓公曰：諾。令從者毋以兵。管仲曰：不可，諸侯加忌於君，君如是以退可，君果弱魯君，諸侯又加貪於君，後有事，小國彌堅，大國設備，非齊之利也。桓公不聽。管仲又諫曰：君必不去魯，胡不用兵，曹劌之爲人也，堅強以忌，不可以約取也。桓公不聽，果與之遇。莊公自懷劍，曹劌亦懷劍踐壇，莊公抽劍其懷曰：魯之境，去國五十里，亦無不死而已。左揕桓公，右自承，曰：均之死也，戮於君前。管仲走君，曹劌抽劍當兩階之間，曰：「二君將改圖，無有進者。」管仲曰：「君與地，以汶爲境。」桓公許諾，以汶爲境而歸。桓公歸，而脩於政，不脩於兵革，自圉辟人，以過弭師。」《呂子・貴信》云：「齊桓公伐魯，魯人不敢輕戰，去魯國五十里而封之。魯請比關内侯以聽，桓公許之。曹翽謂魯莊公曰：君甯死而又死乎，其甯生而又生乎。莊公曰：何謂也。曹翽曰：聽臣之言，國必廣大，身必安樂，是生而又生也；不聽臣之言，國必滅亡，身必危辱，是死而又死也。莊公曰：請從。於是明日將盟，莊公與曹翽皆懷劍至於壇上。莊公左搏桓公，右抽劍以自承，曰：魯國去境數百里，今去境五十里，亦無生矣，鈞其死也，戮於君前。管仲、鮑叔進，曹翽按劍當兩陛之閒，曰：且二君將改圖，毋或進者。莊公曰：封於汶則可，不則請死。管仲曰：以地衛君，非以君衛地，君其許之。乃遂封於汶南，與之盟。歸而欲勿予，管仲曰：不可，人特劫君而不盟，君不知，不可謂智；臨難而不能勿聽，不可謂勇；許之而不予，不可謂信。不智、不勇、不信，有此三者，不可以立功名。予之，雖亡地，亦得信，以四百里之地，見信於天下，君猶得也。莊公，仇也；曹翽，賊也。信於仇賊，又況於非仇賊者乎。夫九合之而合，壹匡之而聽，從此生矣。管仲可謂能因物矣，以辱爲榮，以窮爲通，雖失乎前，可謂後得之矣，物固不可全也。」案《呂子》所記較他書尤詳盡，必如此，方符君當其君臣當其臣之説。乃《公羊傳》「曹子手劍而從之」句何注：「從，隨也。隨莊公上壇，造桓公前而脅之，曹子本謀當其臣，更當其君者，見莊有不能之色。」案何注所言，顯與君當其君之言相違，未免臆造故實，當以管呂二書所言爲正。《公羊》不言莊公，文有詳畧耳。本書及《刺客傳》、《齊世家》同。此事自司馬貞《索隱》、劉知幾《史通》、葉適《習學記言》、王應麟《困學紀聞》遞辯其誣。小司馬並疑《公羊》之曹子無其名，未必卽爲曹劌。葉氏則謂莊公九年内糾，敗於乾時，幾獲。十年有長勺之勝，劌實主之，齊猶未已，與宋次乘丘，公子假敗宋師，齊乃還。十三年會北杏，齊將稱伯，其冬乃及齊盟于柯。是三戰而再勝，未嘗失地，三年不交兵，何用要劫。劉王則以曹子命世大才，藹然儒者，必無要劫之事。其言各有所見，惟小司馬疑曹子非曹劌，與葉夢得《春秋考》以曹沫與劌爲二人，同屬不經之談，未可據依。此外趙匡、孫覺諸人各有辯正，大旨皆論劫盟之誣，今擇録先儒數説如下。顧棟高《春秋大事表》云：「汶陽之田歸在成二年，八年而復致之齊，至定十年復來歸。桓莊之世，不聞有歸田事，《公羊》特作誇大語耳。史公列之《刺客》，殊少著實。據《左傳》曹劌論戰，係節制之師，必不作匹夫之勇，此蓋公羊齊人，口授相傳，漫以歸田事逐之此日耳。」(《五禮原流口號》注。)盧文弨曰：「曹沫事，出於戰國之人所譔造，事既不實，辭亦鄙誕。但以耳目所見，施之上世，而不知其有不合也。」(從畢校《吕子注》轉引。)梁玉繩《史記志疑》云：「此事《史記》之《年表》、《齊、魯世家》、《管仲、魯連傳》、《自序》皆述之，《刺客傳》尤詳，《荆軻傳》記燕丹語，仍《國策》，並及其事，蓋本《公羊》也。《公羊》漢始著竹帛，不足信。即如歸汶陽田，在齊頃公時，當魯成二年，乃《公羊》以爲桓公盟柯，因曹子功而歸之，其妄可見。況魯未嘗戰敗失地，何用要劫。曹子非操匕首之人，春秋時亦無操匕首之習，前賢謂戰國好事者爲之耳。《仲連傳》云亡地五百里，《吕覽》云封以汶陽四百里，(原注：《管子》多後人羼入，而其《大匡》但云與地以汶爲境也。)《齊策》及《淮南・氾論》云喪地千里。魯地安得如此之廣，汶陽安得如此之大，不辨可知其妄矣。」光瑛案：梁説較前人尤詳，其云曹子非操匕首之人，即王深甯稱其問戰諫觀社，藹然儒言，史公列之《刺客傳》，爲卑視曹子之説也。然則刼盟事且不足信，而莊公之有無與力於其間，更不值辯矣。此必齊人爲齊誇大，公羊氏習聞其説，從而録之，殊不足據。梁謂春秋時無操匕首之事，亦有卓見。

8晉文公伐原，《左氏僖二十五年傳》作「冬，晉侯圍原」，《晉語》作「文公伐原」，《韓子》作「晉文公攻原」。《左傳》杜注：「原在沁水縣西。」案：《呂氏·爲欲篇》高誘注：「原，晉邑。文公復國，原不從，故伐之，今河内軹縣北原城是也。」《淮南·道應訓》注：「原，周邑。周襄王以原賜文公，原叛，伐之也。」二注不同。蓋《道應》注出於許君故也。《漢志》河内郡軹縣。孟康曰：「原鄉，晉文公所圍。」是也。《水經·湛水篇》「湛水出軹縣西北山」，注云：「出縣南原湛溪，南流過其縣北，下入波。」又濟水注：「濟水自河東垣來，重源出軹縣西北平地，水有二源，東源出原城東北，西源出原城西，合流。又東逕原城南，又東南，分爲二。一東南流爲衍水，即沇水也，下入波；一枝津南入溴水。溴水出原城西北原山勳掌谷南，逕原城西，春秋會于溴梁。梁，水隄也。又東南逕陽城東，與南源合。南源出陽城南溪，陽，亦樊也，一曰陽樊。其水東北合漫流水，又合北水，又合濟水枝渠，又東南合塗溝水，下入波。」據《水經注》所言，原與温、陽樊地皆相接，（欑茅亦同。）故同賜文公，而命以南陽之名也。《郡國志》引杜注：「沁水西北有原城。」（《水經·濟水注》引沁作沇。案此漢河内郡之沁水縣，與今澤州府沁水縣不同。）《史記·晉世家》正義引作「河内沁水縣西北有原城」，與今注不同，蓋釋例土地名如是。原有二，一國名，《左傳·僖二十四年》所謂爲文之昭者；一邑名，蘇忿生所封。原國受封，當在武王時，蘇忿生亦同時爲司寇，二地必不在一處。《路史》謂澤之沁水縣，（即今山西澤州府屬之沁水縣。）西北有故原城，疑是文王之後。而注云卽蘇忿生邑，殊爲殽混，蓋二地亦相接近故爾。此原當是蘇忿生邑，與温、樊同壤，今河南懷慶府濟源縣西北原鄉是。與大夫期五日，盧文弨曰：「《左氏僖二十五年傳》作三日，《呂氏·爲欲》作七日，《韓非·外儲説左》作十日，下並同。」案《晉語》及《淮南·道應訓》作三日，與《左氏》同，《韓非》作十，乃十字之譌，十古文七字，中直短而横畫長，與十形似。凡古書七作十者，每與十字溷。説詳《刺奢篇·鹿臺章》注。「大夫」，《呂子》作「士」，《韓》作「遂與大夫期十日至原」，上有「裹十日糧」四字。五日而原不降，《呂》「五」作「七」，「降」作「下」。《晉語》、《淮南子》「五」作「三」，《韓子》作「十」，「降」亦作「下」，《左傳》無上三字。文公令去之。徹兵去也。《左傳》、《呂子》無上二字，《晉語》作「公令疏軍而去之」，（韋注：疏，徹也。）《韓》作「擊金而退，罷兵而去」。吏曰：《淮南》「吏」上有「軍」字，《呂書》作「謀士言曰」，《左傳》、《國語》作「諜出曰」，《韓》作「士有從原中出者曰」。案《呂書》謀字是諜之誤，謀與諜形近。杜預曰：「諜，閒也。」案：《韓子》云「士有從原中出者」，此諜字之確詁。韓非固傳左氏學者，合諸文審之，《呂》字誤明矣。「原不過三日，將降矣，」《左傳》作「原將降矣」，《晉語》作「原不過一二日矣」，《呂》作「原將下矣」，《淮南》作「原不過一二日，將降矣」，《韓》作「原三日即下矣」。文各不同，《外傳》、《淮南》之一二日，當是三日之譌。宋本《國語》一二字並在一格，而上畫微長，以別於三字，可見其本爲一字也。《淮南》下文有「吾不知原三日而可得下也」，（吾下疑脱非字。）明言三日，尤可證。且《韓子》亦作三日也。紹弼案：《淮南》作「吾不知原三日而不可得下也」，與著者所據本不同。然《淮南》上文言「期三日」，（《國語》《左氏》均同。）則此當言一二日爲是。作三，則前後文乖甚。君不如待之。」《左傳》作「軍吏曰，請待之」，《晉語》作「軍吏以告」，《呂》作「師吏請待之」，《韓》作「羣臣左右諫曰，夫原之食竭力盡矣，君姑待之」。師吏，即軍吏。本書渾括言之，故單稱吏，且在軍，則明其爲軍吏也。《韓子》云「士有從原中出者」，即《左傳》諜告之事。下敘左右羣臣諫，與諸書作「軍吏」文異，而實亦不殊也。君曰：「得原失信，吾弗爲也。」原人聞之曰：「有君義若此，不可不降。」遂降。《左傳》作「公曰：信，國之寶也，民之所庇也，得原失信，何以庇之，所亡滋多。退一舍而原降，遷原伯貫于冀，（杜注：伯貫，周守原大夫也。）趙衰爲原大夫，狐臻爲温大夫」，《晉語》作「公曰：得原而失信，何以使人。夫信，民之所庇也，不可失，乃去之。及孟門而原降」，《吕氏》作「公曰：信，國之寶也，得原失寶，聖不爲也。遂去之。明年，復伐之，（此傳聞之異，與諸書不合。）與士期必得原然後反。原人聞之，乃下」，《淮南》作「君曰：吾不知原三日而可得下也，以與大夫期，盡而不罷，失信得原，吾弗爲也。原人聞之曰：有君若此，可弗降也，（此也字讀如邪。）遂降」，《韓子》作「公曰：吾與士期十日不去，是亡吾信也，得原失信，吾不爲也。遂罷兵而去。原人聞曰：有君如彼其信也，可無歸乎。乃降」。諸書所紀文異而意不殊，惟《吕書》有「明年復伐之」說，乃是傳聞之異耳。然皆云原聞其義而降，即《左傳》所謂伐原以示之信者也。

温人聞之，亦請降。故曰：伐原而温降，此之謂也。

《左傳》不言温叛復降，然於攻原下敍云：「遷原伯貫于冀，趙衰爲原大夫，狐臻爲温大夫。」二邑大夫同時被命，則温繼原後降可知，不然，温大夫當早命矣。《韓子》云：「衛人聞曰，有君如彼其信也，可無從乎，乃降公。孔子聞而記之曰，攻原得衛者，信也。」《吕子》云：「衛人聞之，以文公之信爲至矣，乃歸文公。故曰攻原得衛者，此之謂也。文公非不欲得原也，以不信得原，不若勿得也，必誠信以得之。歸之者非獨衛也，文公可謂知求欲矣。」《韓》、《吕》以温爲衛，自是傳聞異詞，然攻原得衛，必古相傳有此說，故稱故曰以述之。《左傳》言衛侯欲與楚，國人不欲，故出其君以說于晉，衛侯出居于襄牛。其上下言圍曹，無攻衛之事，則衛已早服也，安知非因伐原示信致然。古書記載疏畧，故無明文耳。若然，《韓》、《吕》所記，與他書各明一事，不相妨也。《淮南》作「温人聞，亦請降」，許注：（《道應》、《詮言》、《兵畧》、《人間》、《要畧》、《泰族》、《繆稱》、《齊俗》八篇注出許氏，近人考之甚明。）「時周人亦以温予文公，温相連俱叛也。」許知然者，以《淮南》云温繼原而降，故知其早叛，且與本書文同。當時賜晉地，尚有陽樊，亦叛，與原温情事相類。《左傳》明載之，故例推知之，此言伐而温降加故曰者，引古書之詞，卽攻原得衛之説，所傳者異也。温本蘇忿生邑，《漢志》河内郡温縣注：「故國，已姓，蘇忿生所封。」是也。（漢時石奮，温縣人。）《水經·濟水篇》：「沇水東至温縣西北爲濟水，（《禹貢》沇水東流爲濟。）又東過其縣北」注云：「濟水自沇來，至温城西北，與故瀆分，南逕温縣故城西，又歷虢公臺西，又南入河。」《述征記》云：「濟出河内温縣，注於河。」蓋沿歷之實證，非爲謬説也。下入河南成皋，其濟水故瀆，於温城西北東南出，逕温城北，又東逕虢公冢北。濟水當王莽之世，川瀆枯竭，其後水流逕通津渠，埶改尋梁脈水，不與故瀆同，故瀆合奉溝水下入脩武。案《續郡國志》，温，蘇子所都。《一統志》云：「故城在今河南懷慶府温縣西南三十里。」

於是諸侯歸之，遂侵曹，伐衛，《春秋僖二十八年經》「晉侯侵曹，晉侯伐衛」，是其事。侵曹者，文公過曹時無禮，欲觀駢脅，及不用僖負羈，而乘軒者三百人。《毛詩·候人序》曰「曹共公遠君子而近小人」，是其罪也。晉文之過衛，衛文公亦不禮焉，至是將伐曹，假道於衛，衛人不許，又南服於楚。文公乃還，自南河濟師，侵曹伐衛也。

爲踐土之會，晉勝楚，作王宮于踐土，盟諸侯於是。杜預曰：「踐土，鄭地。」《史記·周本紀》注引《括地志》：「熒澤縣（熒，今誤滎。）西北十五里有王宮城，城内東北隅有踐土臺，去衛雍三十餘里。」案熒澤今屬開封府。梁履繩《左通補釋》云：「《史記索隱》杜預云：踐土，鄭地。然據此文，晉師還自衛雍，衛雍在河南，故劉氏云踐土在河南，下文踐土在河北，（原注：並《晉世家》文。）今元城縣西有踐土驛，義或然也。履繩案：傳五月，盟于踐土，冬，天王狩于河陽，公朝于王所。《史記》乃云：朝王于踐土，故《索隱》云，冬，朝于王。當合於河陽温地，不合取五月踐土之文，故於踐土在元城之説疑之。元城，今屬直隸大名府，去衛太遠，於傳文難合。《周本紀》集解引賈逵曰：踐土，鄭地名，在河内。則河北之説爲謬也。」（卷八。）案梁説是。《續漢郡國志》：「河南尹有垣雝城，或曰古衛雍。」是衛雍爲鄭地，踐土必與相近，亦當爲鄭地也。《史記》云朝王於踐土，繫在狩河陽下，説誤，不可從。温之盟。温之會，在僖二十八年，經不書盟。《左氏傳》曰：「會于温，討不服也。」温地注見上。後南破彊楚，破楚城濮，在會温踐土之前。此言後者，本記伐原事，從伐原言之。謂在其後，不連上温踐土言，下云「本信由伐原」可證也。或疑後乃復之誤，非是。彊本作強，今從宋本。尊事周室，遂成霸功，霸，當作伯。上次齊桓，功與齊桓相次比。本信，句。由伐原也。言起於伐原之役。

9 昔者趙之中牟叛，中牟，本晉范氏之邑，後趙氏取之。顧棟高以爲地不可考，約當在今直隸順德、邢臺、邯鄲之閒。案：中牟當在今河南彰德湯陰縣境，顧氏以《左傳正義》云中牟在河北，不復知其處，故云，考覈未細。或又以今開封府中牟縣當之，益誤，説詳《義勇篇·佛肸章》注。佛肸以中牟叛，在簡子時，非此所謂。《淮南·道應訓》云：「簡子死未葬，中牟入齊。」注：「中牟自入於齊也。」當即此時事。趙襄子率師伐之。襄子，名無恤。《史記》作「毋卹」，《淮南·道應》作「無卹」。無毋、恤卹，皆通用字。（《説文·血部》：卹，憂也。與《心部》恤音誼皆同。俗从邑，謬。）簡子之子，後追稱爲王。（《燕策》皆稱趙王。）《淮南·道應訓》、《説苑·建本篇》俱載趙簡子以襄子爲後，董安于曰：「無恤不才，今以爲後，何也。」簡子曰：「是其人能爲社稷忍羞。」沈欽韓曰：「按安于之死在定十四年，哀十七年趙簡子圍衛，相距甚遠。疑安于死時，未當置後。又《史記》云：簡子知毋卹果賢，則其臣下盡悉其賢矣，不容安于尚以爲不才也。」（《漢書疏證》卷八。）案：《左傳·哀公二十七年》云：「悼之四年，晉荀瑶伐鄭，將門，知伯謂趙孟，入之。對曰：主在此。知伯曰：惡而無勇，何以爲子。對曰：以能忍恥，庶無害趙宗乎。」《説苑》之文多采自他書，當卽由此景譔。襄子忍恥之對，乃深憾知伯，語含諷刺，非事實也。沈辯其誤甚允。襄子非嫡嗣，當時伐主蓋必有異辭，（《世家》曰：「母曰翟婢。」）故好事者造爲此説，以資話枋耳。《一統志》云：「葬山西忻州定襄縣東南五里。」《漢表》列四等。《韓詩外傳六》作「昔者趙簡子薨，而未葬，而中年畔之，葬五日，襄子興師而攻之」。（攻，今本誤次，趙懷玉本據《太平御覽》引改。）《淮南·道應訓》，趙簡子死未葬，中年入齊，已葬五日，襄子起兵攻之，是其事。

圍未合，而城自壞者十堵，

《外傳》「合」作「匝」，誼同，字當作帀。《説文·帀部》：「帀，周也，从反之而帀也。」段注云「凡物順逆往復，則周徧矣」，是也。

一本無「者」字，宋本、嘉靖本、鐵華館本俱有，今從之。《外傳》、《淮南》「堵」作「丈」。《詩·毛氏傳》曰：「一丈爲板，五板爲堵。」《説文·土部》：「堵，垣也。」案堵雉之説，古今聚訟紛如，惟焦循《羣經宮室圖》之説最允，云：「雉之説，諸家不同。《左傳》疏引異義、古周禮及左氏説云：一丈爲板，板廣二尺，五板爲堵，一堵之牆長丈高丈，三堵爲雉，一雉之牆長三丈高一丈。鄭注《考工記》云：雉長三丈，高一丈。此定數也。《毛詩·鴻雁》百堵皆作，傳云：一丈爲板，五板爲堵。《正義》云：五板爲堵，累五板也，板長二尺。然則毛公説板以長言，説堵以高言，與《周禮》、《左氏》説同。箋引《春秋傳》云：五板爲堵，五堵爲雉，雉長三丈，則板六尺。所引乃《定公十二年公羊傳》，其言五堵爲雉，與三堵爲雉之説不同。（原注：《詩》疏引王愆期注《公羊》云，諸儒皆以爲雉長三丈，堵長一丈。疑五誤，當爲三。）鄭云則板六尺者，蓋雉爲高一丈廣三丈之定名。今曰五堵，則由一雉而五之，每堵得高一丈，廣六尺，又由一堵而五之，每板得高二尺，廣六尺。毛以一丈爲板，則三堵爲雉，鄭以六尺爲板，則五堵爲雉。説板有不同，而雉之數則一也。（原注：《左傳》疏云。賈逵、馬融、鄭玄、王肅之徒，爲古學者，皆云雉長三丈。）

何休注《公羊傳》云：八尺爲板，堵凡四十尺，雉二百尺。《毛詩》疏以爲取《韓詩傳》。按《左傳》疏引《戴禮》及《韓詩説》云：八尺爲板，五板爲堵，板廣二尺，積高五板爲一丈。五堵爲雉，雉長四丈。此但板長八尺爲異，五板爲堵，仍累二尺爲五，與毛鄭同也。何休則以累八尺者爲五之，故以堵爲四丈，又累四丈者五之而爲雉，故雉長二十丈，百雉長二千丈。二千丈得十一里三分里之二，制且大於王城，非《公羊傳》義。書傳云，雉長三丈，度高以高，度長以長，其説近古，鄭所取也。（原注：《毛詩》疏引鄭駁異義云，鄭伯之城方五里，積千五百步，大都三國之一，則五百步也。五百步爲百雉，則知雉五步，五步於度長三丈，則雉長三丈也。雉之度量，於是定可知矣。）據此，天子之城徑五百四十雉，周二千一百六十雉；公之城徑四百二十雉，周一千六百八十雉；侯伯之城徑三百雉，周一千二百雉；子男之城徑一百八十雉，周七百二十雉。（原注：每里爲雉六十，爲步二百，爲丈一百六十。）若何休以百雉二萬尺，凡周十一里三十三步二尺，爲公侯之制。又引禮天子千雉，伯七十雉，子男五十雉。如是，則千雉爲二十萬尺，凡周一百十一里三十三步二尺，方徑得二十七里一百二十步五尺，城不應如是之大。子男五十雉，周五里，一百六十六步三尺有奇，方徑一里一百十六步十五尺有奇，於地又太狹。何氏本《春秋》説，與鄭不合，存其異説可也。」案古文家説以板爲横數，堵爲直數。何注云八尺曰板，堵凡四十尺，則誤以五板爲長數。《詩》疏謂其取《韓詩傳》，其實與異義所引《韓詩説》絶異，惟八尺曰板之文同耳。後人輯《韓詩》者，遂誤以何説爲《韓詩傳》文，不知韓之異毛，惟言板制不同，餘皆無異，初不如何氏所云也。《毛傳》簡質，雖不明言雉數，其必用古《左氏》、《周禮》説，以三丈爲雉，可推知之。鄭君箋《詩》與注《禮》不同，當以《匠人》注之説爲長。據此，五板爲堵，此云十堵，則五十丈，亦當以長言。謂城闕五十丈，與詩之言堵以高言得一丈同。蓋一堵之牆，長丈高丈，横直得通言之。《外傳》、《淮南》堵作丈，則十丈之微，脩復甚易，何必使之城而後攻乎，當從本書作堵爲是。城崩至五十丈，故言天助，而襄子不乘人於利、迫人於險之義亦見，可以理推知之。襄子擊金而退士。軍以鼓進，以金退。金，鉦也。《外傳》「士」作「之」，形似之誤。軍吏曰：《外傳》、《淮南子》「曰」上有「諫」字。「君誅中牟之罪，而城自壞，是天助也。《外傳》「壞」下有「者」字，「助」下有「之」字。趙校本據本書删「之」字，是。《淮南》「也」作「我」。君曷爲去之。」《淮南》作「何故去之」，《外傳》「去」作「退」，「爲」下有「而」字。襄子曰：「吾聞之於叔向曰，叔向注見一卷。《淮南》無「於」字。君子不乘人於利，謂己有利而乘機以取之也。利屬己，下句險屬人。《淮南》「於」作「之」，非。不迫人於險，迫，薄也，《外傳》作「厄」。「於」，外傳作「之」。紹弼案：上下二於，《淮南》、《外傳》均同。使之城而後攻。」使繕完其城，固而復攻之。《淮南》作「使之治城，城治而後攻之」，《外傳》「之」作「其」，下有「成」字。成城，謂使其城完成也，本書文更簡勁。紹弼案：《外傳》作「使其城然後攻之」，城下無成字。參校《淮南》、本文及《外傳》，城下疑奪「治」字。中牟聞其義，乃請降。「乃」，《外傳》作「而」，而乃聲近字通。《詩》曰：「王猷允塞，徐方既來。」《詩·大雅·常武篇》文。各本「猷」作「猶」，陳喬樅《詩經四家異文考》引《新序四》作「猷」，未知所據何本。然此文采之《外傳》，《外傳》作猷，本書當同之。各本作猷，後人據《毛詩》改之也。下《勇士章》引《詩》同。今從《外傳》文改正。猷猶同字，後人強分爲二。此之謂也。襄子遂滅知氏，伐中牟在葬五日後。古者大夫三月而葬，滅知伯事在其後，故推究言之。知伯，荀瑶，宣子甲之子，躒之孫，其名或作摇，（《墨子·所染》。）或作繇，（《淮南·脩務》注。）本書《義勇篇》有知伯嚚，疑卽其人。互見彼注。知伯與韓魏圍趙襄子於晉陽，襄子用張孟談謀，往説韓魏，使爲内應，與共攻殺知伯墼臺之上，三分其地，襄子最恨知伯，漆其頭以爲飲器。事見《國策》、《史記》、《韓非子》、《吕氏》、《淮南》等書。《漢表》列七等。案中行寅、范吉射在九等，寅知悔過，賢於瑶，瑶何以反列第七，恐有譌誤，抑豈因其能以國士待豫讓故耶。敍此者，見趙氏之興，非謂中牟之師爲伐知氏之張本也。并代爲天下彊，代，當作世，言世世爲天下彊國也。此唐人避太宗諱改之。本由伐中牟也。《左傳》及《説苑·貴德篇》記中行穆子伐鮮虞圍鼓事，與此極相似。蓋即一事，而傳聞者異詞也。

10楚莊王伐鄭，楚莊王，注見一卷《塗山章》，事在春秋宣十二年春。《渚宫舊事》作「敗」，無「楚」字。《韓詩外傳六》亦載其事，爲此文所本。克之。《外傳》無此句。《左氏宣十二年傳》：「楚子圍鄭，旬有七日。鄭人卜行成，不吉，卜臨于大宫，且巷出車，吉。國人大臨，守陴者皆哭。楚子退師，鄭人脩城，進復圍之。三月，克之，入自皇門，至于逵路。」《公羊宣十二年傳》曰：「莊王伐鄭，勝乎皇門，放乎路衢。」皇門，鄭城門也。鄭伯肉袒，鄭襄公，名堅，靈公弟，見《史·世家》及《表》。（《世家》集解引《表》弟作兄。）又作臤，（《公羊成四》。）又作賢，（《公羊》疏引《穀梁》。）又作絙，（《玉篇》同堅。）在位十八年。《漢表》列七等。鄭都，今河南開封府新鄭縣是。袒，《説文》作膻，云肉膻也，引《詩》「膻裼暴虎」。今《詩》膻作襢，《大叔于田》釋文：「襢，本又作袒。」是也。《説文·人部》又曰：「但，裼也。」段注云：「衣部曰，裼者，但也，二誼爲轉注。古但裼如此，袒則訓衣縫解，今之綻裂字也。今之經典，凡但裼字皆改爲袒裼矣。衣部又曰：嬴者，但也，（今作裸字，俗。）裎者，但也。（今本皆作袒，段改是。）釋訓《毛傳》皆曰袒裼，肉袒也；肉袒者，内外見無衣也，引申爲徒也。凡曰但、曰徒、曰唐，皆一聲之轉，空也。今人但謂爲語詞，而尟知其本誼，因以袒爲其本誼之字，古今字之不同類如此。」案：許以肉膻字作膻，但裼字作但，分爲二字，然必但裼而後肉膻乃見。故《毛詩》以肉袒釋袒裼，誼本相因也。但本無衣之稱，無衣則素體靡所附著，故引申爲徒但誼。徒但者，僅此而無所附著之詞也。鄭注《玉藻》「袒而有衣曰裼，以別無衣曰袒者」，孫炎《爾雅》注云「袒，去裼衣」，是其證也。陳氏立《公羊義疏》云：「袒與肉袒異，《禮・鄉射禮》注：袒，左免衣也。謂袒去左袖，露臂衣。肉袒則見體矣。賈疏云：凡事無問吉凶，皆袒左，唯有受刑袒右。則肉袒禮亦宜然。《左傳》云鄭伯肉袒牽羊以逆，《史記》注引賈逵云：肉袒牽羊，爲臣隸也。」陳說是。記曰：不有敬事，不敢袒裼。肉袒牽羊，比於臣僕，以示敬楚。且爲袒而割牲也，故下文接敍鸞刀。**左執旄旌，**「執」，《外傳》作「把」。「旄」，《公羊》及《外傳》作「茅」。何注《公羊》云：「茅旌，祀宗廟所用，迎道神指護祭者，斷曰藉，不斷曰旌。用茅者，取其心理順一，自本而暢乎末，所以通精誠，副至意。」則字當作茅爲正，旄叚借字。《史記・秦始皇本紀贊》：「鄭伯茅旌鸞刀，嚴王退舍。」（嚴字後漢人追改，避明帝諱。）字亦作茅，可證。王氏引之《經義述聞》云：「《周禮・春官・司巫》祭祀則共蒩館。鄭注蒩之言藉也，祭食有當藉者，引《士虞禮》苴刌茅長五寸。《史記・封禪書》曰：古之封禪，江淮之間一茅三脊，所以爲藉也。是茅之藉物者，或曰藉，或曰苴，而無稱旌之文。何注斷曰藉，不斷曰旌，未知何據也。茅爲草名，旌則旗章之屬，二者絕不相涉，何得稱茅以旌乎。今按茅當讀爲旄，旄正字，茅借字也。蓋旌之飾，或以羽，或以旄。《春官・司常》析羽爲旌，《爾雅》注旄首曰旌，李巡注旄牛尾著於首，是也。其用旄者，則謂之旄旌矣。《地官・掌節》道路用旌節，鄭注。今使者所持節，是也。《後漢書・光武紀》注：節所以爲信也，以竹爲之，柄長八尺，以旄牛尾爲其眊三重。《桓十六年左傳》壽子載其旌以先。《邶風・二子乘舟》傳作竊其節而先往，《正義》引《史記・衛世家》盜其白旄而先，釋之曰，或以白旄爲旌節也。

《漢書・蘇武傳》：「仗漢節牧羊，卧起操持，節旄盡落。」是節卽旄旌也。《周語》曰：「敵國賓至，行理以節逆之。」然則鄭伯執旄旌者，其自比於行人執節以逆賓與。何氏據借字作解，而不求其正字，非也。旄從毛聲，茅從矛聲，古毛聲矛聲之字往往相通，如《詩》髧彼兩髦之髦，《説文》作髳；如蠻如髦之髦，《牧誓》作髳，是其例也。《新序》載此事正作旄旌，唐佘知古《渚宫舊事》同，（案舊鈔本《舊事》正作茅字，王氏未見耳。）蓋出嚴氏《春秋》也，較何本爲長。」陳氏立《公羊義疏》云：「按《史記・宋世家》：『武王伐殷，微子肉袒面縛，左牽羊，右把茅。』又《左傳》云前茅慮無，注：『或曰時楚以茅爲旌識。』蓋古有此制，今不可考矣。茅旌鸞刀，皆祭祀所用，示不能有其宗廟之意。若謂執旄旌以自比行人，則執鸞刀又將何爲乎。惠氏士奇《禮説》云：『菹，説者以爲藉祭之物，而祭之用菹，非徒藉祭而已。志六穀之名謂之齍，卽《肆師》之表齍盛也；護羣神之位謂之旌，卽《左傳》之羣屏攝也。皆以菹爲之，一共之鄉師，一共之甸師，而司巫共館，所謂包匭菁茅，故館一作包。然則茅之爲物薄，而用也重矣。鄭伯左執茅旌，蓋以宗廟將不血食，歸首於楚，以爲不如是不足以動仁人孝子之心也。鄭衆亦云：「屏攝，攝束茅以爲屏蔽。」韋昭以屏爲屏風，攝爲要扇，非是。』」案：以上陳説，與王氏大異，其引惠氏之言以證茅字之誼，亦允愜，似勝王説。古者祭用白茅，取其純絜。《左傳・僖四年》：「爾貢苞茅不入，王祭不共，無以縮酒。」是茅爲祭祀要需。而國之大事，在祀與戎，戎事與祭事相通。故《爾雅》以祭名講武旌旗，同隸《釋天》。《禮記・王制》：「天子將出征，類乎上帝，宜乎社，造乎禰，禡於所征之地，受命於祖。」此戎事祭事相關之證也。祭旣用茅，安見旌不可用，王氏以茅爲草名，與旌絶不相涉，似考之未審，其曰「執旄旌自比行人」，尤與下文鸞刀之意不貫。陳氏引微子事爲證，極確，又云「示社將不血食，歸首於楚」，又云「茅旌鸞刀，皆祭祀所用，示不能有其宗廟之意」，所言俱有理解。至本書作旄，乃叚借字，王氏謂矛聲毛聲之字多通用，是也。趙懷玉校《韓詩外傳》，斥本書爲非，亦誤也。**右執鸞刀**，《公羊》注：「鸞刀，宗廟割切之刀，環有和，鋒有鸞，執宗廟器者，示以宗廟不血食，自歸首。」陳立疏云：「《禮記·郊特牲》割刀之用，鸞刀之貴，貴其義也，和而後斷也。又《祭義》云：祭之日，君牽牲，卿大夫序從，既入廟門，麗於碑，卿大夫袒，而毛牛尚耳，鸞刀以刲，取膟膋。又《祭統》云：鸞刀羞齊以擊之也，其末曰鋒，言若蜂刺之毒利也，其本曰環，形似環也。鸞刀之鸞當作鑾，《説文·金部》：人君乘車，四馬鑣，八鑾鈴，象鸞鳥聲和則敬也。鸞和並車馬之飾，鑾刀亦取象和鑾，法其有節。故《詩·小雅·信南山》云執其鑾刀，傳：鸞刀，刀之有鸞者，言割中節也。《正義》：鸞卽鈴也。是也。《禮記·經解》注引《韓詩内傳》曰：鸞在衡，和在軾。《大戴禮·保傅篇》曰：《詩·蓼蕭》傳曰在軾曰和，在鑣曰鸞，是和鸞皆鈴也。其分別環鋒，未知何有本否。又曰：舊疏云言己宗廟將墮滅，斟酌在楚耳，故言自歸首矣。今律之犯罪自首，謂自行投首也。云血食者，《禮器》云君親制祭，注：謂朝事進血膋時所制者。又云血毛詔於室，灌地迎神後，取血及毛，告神爲先也。」案陳氏謂鸞刀之鸞當作鑾，以其取象和鑾，其説亦似有理。然俞氏樾《古書疑義舉例》云：「《呂氏春秋·孟春紀》來鸞輅，一本作鑾。高注：鸞鳥在衡，和在軾，鳴相應和，後世不復能致，鑄銅爲之，飾以金，謂之鸞輅也。高意鑄銅象鸞鳥，故其字從金從鸞省。若本是鸞字，不必有鑄銅飾金之説矣。今作鸞輅者，後人據《禮記》改之，遂並高注而竄易之。」光瑛案：俞論《呂書》文作鑾，已近臆斷，至鸞刀本字，爲取鸞鳥和鳴，明見高注。《説文》亦有象鸞鳥聲之説，則不得謂鸞當作鑾矣。高誘「鸞鳥在衡，鳴相應和，及後世不能致」云云，語涉怪誕，不可從。當如《説文》云象鸞鳥聲和則敬耳。蓋鸞鳳鳴和，軾與鑣聲之相應似之，故取爲名。其從金者，依類而加偏傍，孳乳相生之字，此例最多，不得謂鑾正而鸞反爲叚字也。至高注謂

「在衡爲鸞，和爲軾」，與《大戴記・保傳》、《續漢書・輿服志》載《魯詩説》同。《左氏桓二年傳》、《禮記》經解正義引《韓詩内傳》亦云。《左傳正義》云：「《毛詩》傳：在軾曰和，在鑣曰鸞。（後引《韓詩内傳》云云，已見上。）鄭氏《禮記》注用《韓詩》説，《秦風》箋則云：置鸞於鑣，異於乘車也。其意言乘車之鸞在衡，田車之鸞在鑣。《商頌》箋又云：鸞在鑣。是疑不能定。《考工記》：輪崇車廣衡長參如一。則衡在容，唯兩服馬耳。詩每言八鸞，當謂馬有二鸞，鸞若在衡，衡唯兩馬，安得置八鸞乎。以此知鸞必在鑣，鸞既在鑣，則和當在衡矣。」以上《正義》引毛説，見《蓼蕭》傳，其謂衡不能容八鸞，説甚明辯。《五經異義》兩存《戴記》《毛詩》之説，以爲經無明文，或殷周異制。《説文・金部》則專用毛説，是許君晚年定論，宜從之。劉昭《續漢注》引許慎、《史記・禮書》集解引服注《左傳》、《漢五行志》注、《後漢・張衡傳》注、《説苑・説叢篇》並云鸞在鑣。朱大韶曰：「軾不可縣，縣則和倚於軾而無聲，則和不在軾明矣。」（《春秋傳禮徵》卷二。）其説極諦。中壘傳魯韓詩，而《説苑》不取其説，必有見矣。此論鸞和之制，與鸞刀無關，因陳氏謂鸞刀取象和鸞，故附論及之。茅旌鸞刀，皆祭祀所用，歸首於楚，用祭器者，所以動仁人孝子之心，閔其宗廟不血食也。《左氏傳》曰：「徼福於厲宣文武，不泯其社稷。」即此意。與《公羊》何注之説，互相發明也。

以迎莊王。「迎」，《公羊》作「逆」，誼同。《外傳》作「進」，形近之誤，下有「言于」二字，又後人因誤文妄加之。

曰：「寡人無良邊陲之臣，「陲」，《公羊》作「垂」，是。陲訓危，别一誼。凡邊垂字當作垂，縣𠂹字作𠂹，陲則訓危。今以垂爲𠂹，陲爲垂，而𠂹廢不用。何氏《公羊》注：「良，善也，無善，諭有過，言己有過於楚邊垂之臣，謙不敢斥莊王。」陳立疏云：「《詩・日月》德音無良，傳：良，善也。《廣雅・釋詁》同。《説文・畐部》，良，善也。無善，即有過也。《成十三年左傳》虔劉我邊陲，《韓詩外傳》作垂。《説文・土部》：垂，遠邊也，从土，烝聲。猶稱執事之屬也，故不敢斥莊王。」案：《國語·吳語》「今句踐申禍，無良草鄙之人」，句意與此同，當从申禍句絶，無良以下六字爲句。韋解从良字斷讀，云申重也，良善也，遠邊稱鄙，言吳侵越之邊垂，心懷怨恨。如其説，則謂句踐重禍不善，所以不善者，因吳侵越之邊垂也。又草鄙之人，似是直斥句踐，越臣不應出此。無良草鄙之人，言不能善遇吳之邊鄙也，與何注可相印證。不言得罪吳楚之君，而言得罪其草鄙邊垂之人者，措詞之體則然。何注言謙不敢斥，深得當日立言之旨。（舊箸《國語韋解補正》論之甚詳。）或曰：無良邊垂之臣，謂邊臣無有善者，是以輕啓邊釁，激怒大國，委過於臣，使若己不預知者然，冀楚君見憐，得便轉圜。故下文云，君之不令臣，正答此句之意，亦一通也。以干天之禍，《公羊》無「之」字，《外傳》作「以干大禍」，非。沈氏野竹齋本「禍」作「裼」，尤誤。何注：「干，犯也。謙不敢斥莊王，歸之於天。」案：言犯天禍者，猶謂得罪於天，天方相楚，而已叛之，俾楚得申天討。《左傳》曰：「孤不天，不能事君，使君懷怒，以及敝邑。」即此意，何説非。是以使君王昧焉辱到弊邑。《外傳》作「使大國之君沛焉遠辱至此」，《公羊》「昧」亦作「沛」，「弊」作「敝」。何注：「沛然者。怒有餘之貌，猶傳曰力沛若有餘。」陳疏引《漢書·禮樂志》注：「沛然，泛貌。《後漢書·袁術傳》注：沛然，自恣縱貌。《李固傳》注：沛然，寬廣之意。《耿純傳》注引何氏此注云：沛，有餘優饒貌。自引者以意增減，非有别本也。沛訓爲大，故沛然爲有餘之意，怒有餘曰沛然，力有餘亦曰沛然，故引《文十四年傳》諭之也。《廣雅·釋詁》怖，怒也。此自怖字，與此無涉。」案：何訓沛然爲怒有餘之貌，夫傳文無怒字，何得增字解經。陳氏廣引沛然之訓，亦無有釋爲怒者。何引《文十四年傳》「力沛若有餘」爲證，更非。彼有餘屬沛言，不屬怒言。又傳文明有力字，故可承力爲説，此傳無怒字，則不當以怒爲訓。必欲訓怒，則當讀沛爲悖，爲勃，聲轉相借。段玉裁謂《孟子》沛然莫之能禦，卽勃然之叚借是也。沛勃聲相近，（依段表同在十五部。）故通用。（或訓爲順流直下之意，如《詩·江漢》言武夫滔滔也，其説雖通，但非何意。）悖勃亦通用，凡言勃然悖然，皆狀怒貌。如此解釋，雖可通，但非本傳之意也。本書作昧，沛昧聲近，（沛昧依段表亦同在十五部。）昧正字，沛叚借字。中壘讀沛爲昧，故改其字。焉與然同，昧焉猶芒然，芒昧一聲之轉。《國策·魏策》「秦王曰，丈人芒然乃造至此」，本書三卷作罔然，《後漢》注引《策》作忙然，（詳三卷《秦魏爲與國章》注。）芒忙罔昧，皆聲轉字。芒，廣遠也。（故《外傳》云沛然遠辱至此，《魏策》芒然下亦云乃遠至此。）一曰，遽也，俗作忙，猶今人之言忙迫到此也。二訓以前説爲正。（昧有冥昧之誼，凡事忙迫，則冥然不察，聲轉而誼亦隨之引申。）何氏泥本字讀之，故不得其解。陳疏曲爲申釋，彌失傳意。幸本書作昧，用正字，猶得據以通傳文耳。或反疑本書昧是誤字，或叚借字，可謂倒植。味芒訓遠及遽，誼均詳見三卷注中，玆不複引。弊敝亦通字，經傳均作敝。弊，亦當作獘，弊俗字。

君如憐此喪人，《外傳》無以下三句，《公羊》「憐」作「矜」。《毛詩·鴻雁》傳曰：「矜，憐也。」是二字誼同。（矜憐字當作矜，詳見章末注。）何注謂自比喪亡，陳疏引《禮記·檀弓》注，喪謂亡失其位，故死謂之喪，失位亦謂之喪。《昭二十五年傳》「喪人其何稱」，《檀弓》「喪人無寶」，卽《大學》之亡人也，皆言如己喪亡之誼。案：稱喪人，自比於失國者，《檀弓下》公子重耳自稱亡臣，可證。古者列國有災，稱孤以自貶，今鄭爲楚所入，幾亡國，不止爲有災之比，故重貶號，自謂喪人。

錫之不毛之地，何注：「墝确不生五穀曰不毛，謙不敢求肥饒。」凌氏曙《公羊問答》曰：「《詩·丘中有麻》傳云：丘中，墝确之處。《漢書·食貨志》磽，墝确也，謂瘠薄之田也。《淮南子》舜耕歷山，田者爭處墝确，以肥饒相讓。《管子》而欲土地之毛，注：毛謂黍苗。《穀梁傳》毛澤未盡，注：邵曰，凡地所生謂之毛。《公羊傳》曰：錫之不毛之地。」陳立曰：「案《左傳·隱三年》澗溪沼沚之毛，注：毛，草也。又昭七年食土之毛，注：毛，草也。凡生地者皆曰毛，不必苗穀也。《蜀志·諸葛亮傳》深入不毛，亦謂不生草木者也。《載師》宅不毛者有星布，先鄭注：宅不毛者，謂不樹桑麻者也。蓋凡地所生皆曰毛，故《古今注》云：地以名山爲輔，石爲之骨，川爲之脈，草木爲之毛。五穀亦毛之一。載師命種植，故據桑麻言也。何氏此注，亦舉重者言之。墝，《説文》作磽，《石部》云：磽，磬石也。《漢書·賈山傳》地之磽者，注：磽确，瘠薄也。《孟子·告子》云：則地有肥磽。《一切經音義》引《孟子》注：磽确，薄瘠地也。又引《通俗文》云：物堅硬謂之磽确。《淮南·原道》田者爭處墝埆，注：墝埆，讀人相墝椽之墝，墝埆疊韵字，單舉則墝亦訓埆。《淮南·脩務》肥墝高下，注：墝，埆也。《楚語》瘠磽之地，注：磽，确也。是也。趙注《孟子》云：墝，薄也。（案澆薄之誼取此。）墝埆與肥饒對，故云不敢求肥饒也。」案：陳申注誼甚詳明，是也。唯君王之命。」《公羊》句上有「使帥一二耋老而綏焉」句，句首有「請」字。時楚僭號稱王，故稱之爲君王也。唯命，言無所於擇也。《左傳》曰：「其俘諸江南，以實海濱，亦唯命；其翦以賜諸侯，使臣妾之，亦唯命。若惠顧前好，徼福於厲宣文武，不泯其社稷，使改事君，夷於九縣，君之惠也，孤之願也，非所敢望也。」《史記·鄭世家》所記畧同。莊王曰：「君之不令臣，交易爲言，《外傳》「之」作「子」，誤，趙本改正。何注云：「是亦莊王謙不敢斥鄭伯之辭。令，善也。交易，猶往來也。言君之不善臣數往來爲惡言。」陳疏云：「《易·繫辭下》傳：交易而退，謂彼此交互變易，故有往來之誼。洪氏頤煊《讀書叢録》云：交，通作狡。狡，猾也；易，輕也。言不善臣數爲狡猾輕慢之言。《説文》：傷，輕也，一曰交傷。其卽本此，洪説亦可通。」案：洪氏破字讀爲狡傷，其説極是，然未盡也。爲亦當讀譌，《詩，正月》「民之訛言」箋：「訛，僞也。」《説文》無訛字，當作譌。《言部》：「譌，譌言也。」古譌僞爲三字通，《唐風》「人之爲言」，定本作僞言。《尚書》「南譌」，《周禮》注《漢書》作南僞，《史記索隱》本作南爲。小司馬云：「爲依字讀，春言東作，夏言南爲，皆是耕作營爲勸農之事。」然則爲言卽譌言，彼文爲作譌，此則譌作爲，言鄭之臣狡傷譌言，服楚而又叛事晉，故楚加兵伐之。《左傳·宣十一年》「鄭既受盟于辰陵，又徼事于晉」，是其證也。洪氏不明爲爲譌之叚借，誼當訓僞，其說得失參半。何注則不明叚借，槩以本字釋之，誤矣。一曰君指鄭伯，不令臣則兼二國言之。謙言楚之臣，鄭伯亦得君之也，是以接云交易爲言。交易者，並二國之臣數之，言交爲惡言，兩任其咎也。上文無良邊垂之臣，亦謂邊臣無善良者，（此卽上注一通之說。）妄啓邊釁。此句正答其意，言二國臣交易流播惡言，非獨鄭任咎也。委過於臣者，予以可轉之機也。本書《刺奢篇》：「齊景公曰，寡人無良左右，淫湎寡人，以至於此。」寡人無良左右，與寡人無良邊垂之臣句法相同。此解不如洪說，及讀爲爲譌之正。是以使寡人得見君之玉面也，《公羊》無「也」字。而微至乎此。」《公羊》何注：「微，諭小也，積小語言，以致於此。」孔氏廣森《公羊通義》云：「微，畧也，深入國邑，而言畧至乎此，遜辭也。」案何氏釋微爲小，而曰積小語言，是增字解經，殊爲不詞。孔說是也。王引之《經義述聞》云：「謹案《邶風·式微》傳：微，無也。言寡人得見君面，徒以君之不令臣激怒使然耳。而其實貳而伐之，服而舍之，無或至於滅國遷君，若此之甚也。微至於此，卽是赦鄭之語，故下文遂言攜軍退舍。何訓微爲小，而加積言語三字，殆失之迂矣。上已云交易爲言矣，何又云積小言語邪。且鄭伯請不毛之地，待命甚殷，豈得置之不答，而但言伐鄭之由乎。《韓詩外傳》載此文，而省去君如矜此喪人四句，遂使微至於此文誼不明，蓋西漢時人已不識傳意矣。」陳氏立《義疏》云：「按何意以微至乎此，仍據不令臣爲言，自是重複。且彼不過謙不斥鄭伯，諉過臣下之辭，何爲數數言之。王誼以微爲無，亦迂，不如孔氏較爲直捷。」光瑛案：陳疏斷從孔說，甚正。微至乎此，與上文昧焉辱到敝邑鍼對。《外傳》上句作「遠辱至此」，以遠與微對文，詞意尤極明晳。王氏反譏其不識傳意，誤矣。莊王親自手旌，左右麾軍，退舍七里。「麾」，《公羊》作「撝」。「退」，各本作「還」，宋本亦誤。案《公羊》、《外傳》、《渚宫舊事》俱作「退」，是，今據改。此與下文「還師而軼晉寇」之「還」字疑互誤，彼文還譌退，此退譌還。然《儀禮·鄉飲酒禮》注：還猶退。則二字之誼本通也。《外傳》作「莊王受節，左右麾楚軍，退舍七里」，手受、旌節，皆一聲之轉。受節即手旌，謂手持旌，指麾軍，使退舍七里。（手旌，與《檀弓》言手弓，上《柯盟章》言手劍同。）何注云：「自以手持旌也。緇廣充幅長尋曰旐，繼旐如燕尾曰旆，加文章曰旗，錯鳥革曰旟，注旄首曰旌。」陳立疏云：「《公羊通義》，手旌，手持旌節也。《周禮》曰，析羽爲旌。按《書·牧誓》：右秉白旄，以麾。《逸周書·克殷解》：武王乃手大白以麾。《左傳·桓十年》：壽子載其旌以先，《衛世家》作盜其白旄以先。然則白旄也，大白也，旌也，一物也。手執之爲旌節，載之武車則爲師節。《司馬法》偃伯靈臺，注：伯，師節，是也。亦曰武節，漢武帝詔躬秉武節是也。古文伯帛白通，康叔封衛，分以少帛，卽武王之小白也。注緇廣以下，皆《爾雅·釋天》文。舊疏云其間少有不同者，蓋所見異，或何氏潤色之。校勘記出緇廣云，解云今《爾雅·釋天》縿作緇字。按此，則何注本作縿廣充幅，當訂正。又出加文章曰旗云，旗當作旂，疏同。疏引《爾雅》及孫炎注皆作旂。又注，監毛本作註，非，疏同。按《釋天》郭注云：帛全幅長八尺。舊疏引孫炎注：緇，黑繒也。與何本作縿誼合。《說文·㫃部》：旐，龜蛇四游，以象營室，游游而長，引《周禮》曰縣鄙建旐。如郭誼，帛全幅廣二尺四寸爲旐，其長八尺也。蓋用黑色繒，故《爾雅》作緇。旐畫龜蛇，屬北方，色宜黑。又《禮記·檀弓》：設旐，夏也。旐從夏制，知黑色矣。鄭注《周禮》引《爾雅》云：緇布廣充幅長尋曰旐。於緇下增布字，布充幅廣二尺二寸，非何誼也。《釋名·釋兵》云：龜蛇曰旐，旐，兆也。龜知气兆之吉凶，建之於後，察度事宜之形兆也。《釋天》又云：繼旐曰旆。何氏增如燕尾三字，故郭彼注云：帛續旐末，爲燕尾者也。舊疏引孫炎云：帛續旐末，亦長尋。《詩》云帛旆英英是也。《說文》云：旆，繼旐之旗也，沛然而垂。《釋名》云：白旆，殷旌也，以帛繼旐末也，雜帛爲旆，以雜色綴其邊爲燕尾也。（爲如古字通用，《經傳釋詞》舉之甚詳。故何注作如，郭劉皆作爲也。）將帥所建，象物雜也。蓋以雜色帛言之，何不言帛，當從同也。亦作茷，（古無輕脣音，讀茷如旆也。）疏及釋文旆俱作茷，《左傳》之蒨茷是也。旆正字，茷叚借也。《釋天》又云：有鈴曰旂。郭注：縣鈴於竿頭，畫交龍於旒。《周禮·司常》云：交龍爲旂。注：諸侯畫交龍，一象其升朝，一象其下復也。《儀禮》疏引《白虎通》云：《禮記》曰，天子乘龍，載大旂，象日月升龍。即何氏所云加文章也。《釋天》又云：錯革鳥曰旟。郭注：此謂合剥鳥皮毛置之竿頭，即《禮記》云載鴻及鳴鳶。舊疏引李巡云：以革爲之，置於旐端。《詩·六月》傳：鳥章，錯革鳥爲章也。李郭所本也。《詩》疏引孫炎云：錯，置也；革，急也。畫急疾之鳥於縿也。按鄭志答張逸云，畫急疾之鳥隼，則孫氏所本。而《說文》云：錯革畫鳥其上，所以進士衆。旟，衆也，引《周禮》曰：州里建旟。則又置革而兼畫矣。《御覽》引《爾雅》舊注云：刻爲革鳥置竿首也。與諸家誼又不合。何氏無説，未知所從。《釋天》又云：注旄首曰旌。郭注：載旄於竿頭，如今之幢亦有旒。《詩》疏引李巡云：旄，牛尾，牛尾著竿首。孫炎云：析五采羽，注旄上也，其下亦有旒縿。《說文》云：游車載旌，析羽注旄首，所以精進士卒。按《禮記·明堂位》云：緌，有虞氏之旌也。注云：注旌杠首，所謂大麾。不言析羽，蓋有虞氏質，但著牛尾於竿首。《釋名》云：析羽曰旌。旌，精也，有精光也。緌，有虞氏之旌也，注旄竿首，其形燊燊然也，故謂之緌，周則加五采羽於其上與。《周禮·天官·夏采》注，謂有虞氏已以夏翟羽爲緌，未知然否。《釋名》又云：交龍爲旂，旂，倚也，畫作兩龍，相依倚也。鳥隼爲旟，旟，譽也，軍吏所建，急疾趨事，則有稱譽也。誼並同。」以上陳説，解釋尚詳明，故録之。麾當作𢷎。《説文·手部》：「𢷎，旌旗所以指𢷎也，从手，靡聲。」段注云：「凡旌旗皆得曰𢷎，故許以旌旗釋𢷎。叚借之字作戲，《淮陰侯傳》、《項羽本紀》皆曰戲下，是也。又凡旗之所指曰指𢷎，師之耳目，在吾旗鼓，是也。《牧誓》曰：右秉白旄以麾。《小雅》曰：麾之以肱。」光瑛案：《説文·手部》別有「撝」字，訓裂也，一曰手指撝也。《説文敍》曰：比類合誼，以見指撝。《易》撝謙注，指撝皆謙，是其證也。許意凡以手指撝字作撝，以旌旗指𢷎字作𢷎，二字音近，今俗皆作揮或麾，而本誼失矣。《左氏》注以舍爲三十里，《僖二十八年傳》「退三舍辟之」，注：「一舍三十里。」是也。賈逵云：「《司馬法》從遯不過三舍，三舍九十里，此傳云退三十里而許之平。」杜注：「退一舍以禮鄭。」《史記·鄭世家》：「莊王爲卻三十里而後舍。」《楚世家》：「莊王自手旗左右麾軍，引兵去三十里而舍，遂許之平。」皆與《左傳》合。此云退舍七里，蓋傳聞異辭。又以舍爲軍士安息之所，非里數之稱，故《世家》一云「而後舍」，一云「而舍」，彼兩文舍字，與《公羊》退舍之舍同。退舍七里，猶云退兵七里，以立營舍於外耳。凌氏曙《公羊問答》云：「或以爲即用鄭伯之茅旌以撝，可從否。答曰，此俗儒之臆説也。《淮南子》武王左操黄鉞，右秉白旄，瞋目而撝之。注：撝，揮也；舍，次宿也。按此軍中之儀制也，見《司馬法》。設鄭伯不執茅旌，軍中將無以爲指撝之具乎，是不然矣。」凌説極有理，此旌不必指茅旌。且茅旌當時鄭伯執之，無緣入於莊王之手，俗儒所以誤者，緣《外傳》手旌作受節，以爲此節受於敵人之證。不知受手、旌節，聲轉相通，即令受讀如字，而莊王在軍，必無親自執節之理。臨事指麾，必取之他人以爲用，不必指鄭伯所執之茅旌，而後可謂之受也。**將軍子重進諫曰：**將軍，注見一卷《趙文子問叔向章》。《公羊通義》曰：「子重，楚左軍將公子嬰齊也。」案《漢表》有子反，無子重，蓋偶脱。《公羊》無「進」字。「夫南郢之與鄭，相去數千里，南郢，注見一卷《楚王問宋玉章》及二卷《莊辛章》。鄭，注見上。《公羊》注：「南郢，楚都，不能二千里，言數千里者，欲深感莊王，使納其言。」案此由文人措詞抑揚過當，非必當時直言如此。諸大夫死者數人，斯役死者數百人。《外傳》無「諸」字，下句脱「死」字，趙本補。《公羊》、《舊事》「役」下有「扈養」二字。「斯」，《公羊》、《外傳》、《舊事》俱作「廝」。案斯，斯之俗字，毛本《公羊》改「廝」，更謬。盧文弨曰：「《易》斯其所取災，注：斯，賤之役。則斯字爲古。」何注：「艾草爲防者曰廝，汲水漿者曰役。」陳立疏云：「《史記·張耳陳餘傳》注：韋昭曰，析薪爲廝。《漢書·楊雄傳》蹂屍輿廝，注：廝，破析也。又《嚴助傳》廝輿之卒，注：廝，析薪者。亦或作斯，《哀二年左傳》去斯役，《易》旅斯其所取災，王弼注：斯爲斯賤之役，是也。《方言》宦婢女廝，謂之娠，注：女廝者，婦人給使，亦謂之娠。《玉篇》廝，使也，賤也。斯訓爲析，故謂析薪者曰廝，此艾草與析薪事相近，故艾草爲防者亦曰廝。其實廝爲賤役之通稱，《淮南·覽冥訓》廝徒馬圉，注：廝，役也。《一切經音義》引《字書》謂賤役者也。《廣雅·釋詁》廝，賤也。《廣韵》廝，養也。《漢書·嚴助傳》注：張晏曰，廝，微也。是也。《史記·蘇秦列傳》廝徒十萬，《索隱》：廝，養馬之賤者。則廝與扈同矣。《正義》又以廝爲炊亨供養雜役，則又與養同。案《史記·張耳陳餘傳》有廝養卒，總之爲雜役之名，故不必定詁也。艾草爲防者，《詩·小雅·車攻篇》東有甫草，傳：甫，大也，田者大芟草以爲防。《釋文》芟作艾，《穀梁昭八年傳》艾蘭以爲防，注：防爲田之大限，田獵者，必大芟殺野草，以爲防限，止舍其中。所謂置旃以爲轅門，以葛覆質，以爲槷流旁握是也。明行軍亦宜然也。役者，《説文·殳部》役，戍邊也。引申之，服使賤者皆曰役。《廣雅·釋詁》云：役，使。《楚辭·大招》云不歡役只，注：役，賤也。《周禮·甸師》

以薪蒸役外內饔之事，注：役，爲給役也。又《典祀》徵役於司隸而役之，注：役之作使之。又《罪隸》掌役百官府，注：役汲共小役。汲水漿亦賤者事，對則異，散則通，不必爲汲水漿者專名焉。」案：以上陳說，均詳明。《說文·斤部》：「斯，析也，从斤，其聲。」斯析一聲之轉。段注云：「以疊韵爲訓，《陳風·墓門有棘》斧以斯之，傳：斯，析也。叚借訓爲此，亦疊韵字，其聲未聞。斯字自三百篇及《唐韵》在支部，無誤；而其聲在之部，斷非聲也。」以上段注，斯本訓析，引申爲析薪之誼。而析薪二字疾言之，音亦似斯。古以析薪爲勞苦之事，故曰其父析薪，其子弗克負荷。引申之，勞苦乃賤役者所爲，遂以斯爲賤役之通稱也。役本訓戍邊，戍邊亦勞苦之事，凡戍邊者必有所任之務。引申之，凡勞苦任務謂之役，勞苦任務，類以賤者爲之，故役亦爲賤者通稱也。段氏創分古音十七部，而謂支之脂終古不通，斯在支部，其在之部，故言其聲未聞。余論古音，不取分部之說，而支之脂三部終古不相通，亦段王諸人膠泥之見。（王念孫更張大其詞，以爲非深通三代古音不足以知此，其實瑕隙甚多。）馮登府、嚴可均、陳壽祺諸人皆疑之，詳見《意原堂讀書日記》。

今克而不有，無乃失民力乎。」

「克」，各本作「尅」，當作克。《說文·克部》：「克，肩也，象木下刻屋之形。」又《力部》：「勊，尤極也，从力，克聲。」二字誼別，凡訓能、訓勝字皆當作克。段注於克下引《左傳》凡師得儁曰克，以爲克能之誼所引申。其說是也。而於勊下又云：「勊訓勮，以力制勝其事，爲尤勞勮。許書勊與克誼不同，克，肩也，肩者，任也。以《春秋》所書言之，如辛巳雨，不克葬；戊午日下昃，乃克葬。如晉人納捷菑于邾，弗克納，此克之誼也。如鄭伯克段于鄢，（案克篆注亦引此證得儁之誼。）傳曰：得儁曰克。此勊之誼也。」其說與克篆注自爲矛盾，（段注時有此失，不止此二字。）不知勊從克聲，古書通用，而凡訓能、訓勝字皆作克。蓋古無四聲，同訓之字，甲字有兩誼，則乙字往往從之。如克訓肩，肩者任也，能肩荷其事，則謂之勝任。勝任之勝，與勝敗之勝，後世分二音，古止一字耳。能勝戰事之任，始可望勝，此誼之引申也。克勝訓同，故勝字通克，而有兩誼。勝任之勝，肩克之誼也；勝敗之勝，克捷之誼也。訓本相因，豈得分爲二字。至勊從力訓勮，乃尅苦字，與此無涉。本書以勊爲克字之叚借，但當作勊，譌從刀爲剋，又譌尅，（段云：勊之字譌而從刀，猶勮之譌而从刀也。）而勊之本誼亦失。今改從《外傳》作克。《公羊》「民」下有「臣之」二字，《外傳》同。「不」作「弗」，《舊事》作「今君王勝而不有，無乃失人臣之力乎」，人即民字，避唐諱改之。民字承斯役言，臣字承諸大夫言，非人臣之謂也。《鄭世家》：「楚羣臣曰，自郢至此，士大夫亦久勞矣，今得國舍之，何如。」《楚世家》亦云：「楚羣臣曰，王勿許。」《左傳》：「左右曰，不可許也，得國無赦。」諸文意同。莊王曰：「吾聞之，古者盂不穿，皮不蠹，不出四方，《公羊》無「吾聞」之句，「盂」作「杅」，「不出」上有「則」字，下有「於」字。《外傳》無「之」字，「盂」亦作「杅」，末句無「則」字。《春秋繁露・王道篇》無下三字。《舊事》與《公羊傳》同。何注：「杅，飲水器；穿，敗也；皮，裘也；蠹，壞也。言杅穿皮蠹，乃出四方。古者出四方朝聘征伐，皆當多少圖有所喪費，然後乃行。諭己出征伐，士卒死傷，固其宜也，不當以是故滅有鄭，恥不能早服也。」杅乃盂之叚借字，今本《釋文》杅音于，舊疏若今馬盂，則亦讀爲盂矣。舊説謂杅是衧字，若今食㑭，謬也。《説文・木部》：「杇，槾也，所以涂也。」與此文誼不相涉。又《皿部》：「盂，飯器。」即此杅也。淩曙《公羊問答》云：「問，注杅飲水器，《説文》盂，飯器，二字不同，何也。曰：杅即盂之叚借字也。《既夕禮》兩敦兩杅，注：杅，盛湯漿。《尸子》：君如杅，民如水，杅方則水方，杅員則水員。」陳立曰：「《後漢書》引《方言》，盌謂之杅。又《呂強傳》注：杅，椀屬也，亦作盂。《禮記・玉藻》出杅，注：杅，浴器也。《既夕禮》注：今文杅爲桙。蓋爲盛水之具也。故《玉藻》疏云：杅，浴之盆也。是也。《新序》作盂。《荀子・君道》云：「槃圓而水圓，杅方而水方。」按此與《既夕》皆飲器，與《玉藻》之浴器別，名同物異也。」光瑛案：盂本飯器，引申之，凡盛他物者皆謂之盂。此文盂字，當訓飯器爲是，何釋爲飲水器，用引申誼，非也。（説詳後。）穿訓敗者，凡物爛裂謂之穿。《詩・行露》「何以穿我屋」，是也。《説文・穴部》：「穿，通也。从牙在穴中。」通乃爛損，故貫穿卽貫通，又引申爲敗壞之誼。皮訓裘者，《孟子・梁惠王篇》「事之以皮幣」趙注：「狐貉之裘。」《説文・皮部》：「剥取獸革者謂之皮。」故凡言皮，皆指有毛者言，無毛謂之革，亦謂之鞹，名稱異也。蠹訓壞者，《説文・䖵部》：「蠹，木中蟲也。重文，螙，或从木，象蟲在木中。」譚長説蟲食木而壞，故蠹有壞誼。陳立云：「《國策・秦策》：則是一舉而壞韓蠹魏。又云：有漢中蠹。高注並云：蠹，害也。《一切經音義》引《字林》蠹，木中蟲，穿食器物者也。《左傳襄二十七年》財用之蠹，注：蠹，害物之蟲。蓋蠹本以壞物，故謂蠹爲壞。《襄三十一年傳》而朽蠹以重敝邑之罪是也。」孔氏廣森《公羊通義》云：「杅積而穿，器有餘也；皮臧而蠹，幣有餘也。此與《漢書》云：粟陳腐不可食，錢貫朽不可校，其諭相類。言師出則費財，故國必餘富，然後敢從四方之事。以明今伐鄭，致有損喪，固其所也。」光瑛案：何注迂晦，未得傳意，孔氏增字解經，尤近臆測，二説均不明瞭。盂飯器，皮裘屬，盂穿裘敝，諭衣食不足也。云古者，謂古明王之事，諸侯受地於王，有效職貢之義。三句蓋古語，謂古明王尚德不尚利，諸侯職貢有闕，苟王國之人不至盂穿裘敝，衣食不足，不輕言出師，以討不庭。所以然者，不以求利之故，而害其親親之恩也。出四方，謂命將出征，不關朝聘之事。苟有盂皮，尚不爲之，況無端得國乎。何不知盂穿諭食闕，故注爲飲水之器，又泛牽朝聘以注出四方，失傳意矣。諸侯不修職貢，於法宜討，王者大度優容，以禮愧之，冀其感悟。至於盂穿皮蠹，不復可忍，然後六師移之，此極言重禮賤利之故，非謂諸侯失職，王者可不過問也。《孟子》言湯遺葛伯牛羊，使衆爲耕，亦此意。如此解釋，諭意既顯，於前後文義似都一貫。以是見君子重禮而賤利也。《公羊》作「是以君子篤於禮而薄於利」，《外傳》作「以是君子之重禮而賤財也」。「以是」下奪「見」字，趙校據本書補，是。《舊事》與《公羊傳》同，惟「篤」字作「奮」，恐誤耳。（篤，厚也，與薄爲對，中間與奮字形似。）賤猶輕也，與重對。《公羊》注云：「不惜杅皮之費，而貴朝聘征伐者，厚於禮義，薄於財利。」案何注混牽朝聘言，又誤解杅皮二句，非是，説見上注。《賈子·先醒篇》：「莊王曰，古之伐者，亂則整之，服則舍之，非利之也。」要其人不要其土，何注：「本所以伐鄭者，欲要其人服罪過耳，不要取其土地，猶古朝聘欲厚禮義，不顧杅皮。」案何此注與上注同失。陳疏云：「此即《左傳》怒其貳而哀其卑，叛而伐之，服而舍之之謂。」陳説是。人告從而不赦，不祥也，《公羊》無「人」字「而」字，「也」字「祥」作「詳」。《外傳》作「人告以從，而不舍，不祥也」。《舊事》與《公羊》同。何注：「從，服從。善用心曰詳。」案赦舍聲誼皆近，詳祥古字通。《爾雅·釋詁》「赦，舍也」。玄應《音義》五引《三蒼》同。《周禮·司刑》「掌三刺三宥三赦之法」注，《漢書·刑法志》集注均同。《左傳·成十六年》「德、刑、詳、義、禮、信」，《正義》曰：「詳者，祥也，古字同耳。」《荀子·修身篇》「則可謂不詳少矣」，注：「詳，當爲祥。」《成相篇》「慎墨季惠百家之説，誠不祥」，注：「詳，或爲祥。」《易·履卦》「視履考祥」，釋文：「祥，本亦作詳。」《大壯卦》「不詳也」，釋文：「王肅本作祥」。《孟子》「申詳」，《檀弓》作「申祥」，皆其證。何云：「從，服從也者。」《説文·从部》：「从，相聽也，从二人，相聽，謂聽服也。」《左傳·僖五年》「吾撫女以從楚」，《襄八年》「請從楚」，《十年》「從之將退，不從亦退，不如從楚，亦以退之」。諸從字皆訓服，爲服從也。《史記·鄭世家》曰：「所爲伐，伐不服也，今已服，尚何求乎。」亦以服從爲説。言善用心曰詳也者，何意亦讀詳爲祥。《爾雅·釋詁》「祥，善也。」《詩·大明》「文定厥祥」傳，《易・大壯》釋文引王肅注，《儀禮・士相見禮》「與衆言忠信慈祥」注，《禮記・禮運》「是謂大祥」注，《祭義》「非不祥也」注，《廣雅・釋詁一》並云：祥，善也。此外散見羣書傳注者甚多。何以善釋詳，故知其讀爲祥也。嚴氏元照《娛親雅言》云：「祥字，漢人皆訓善，詳祥皆從羊聲。善本作譱，从言，从羊，義類本相近耳。善用心，猶曰以善存心也。」陳疏亦云：「凡從羊之字，多取誼於吉與善。」武氏億《羣經義證》謂何不知詳祥通，因文解之，非是。此武氏誤也。何注例不破字，其以善釋詳，則正讀詳爲祥，何得謂其不明叚借乎。陳立疑詳或祥之借，此不必疑者也。《春秋繁露・王道篇》引傳亦作詳，《繁露》云：「《春秋》美楚莊，爲其以質待諸侯，故大之，以救文也。」

吾以不祥立乎天下，「吾」，嘉靖本作「君」，二字古書多互誤，見一卷《周舍章》注，今依宋本正。「立乎天下」四字，《公羊》作「道民」，舊鈔本《舊事》作「吾以不祥遵，災及吾身，遂與之平」，引止此，文誼譌奪不可讀。平津館本無「遵」字，更謬。蓋本用傳文「道民」，道誤遵，（草書形似致誤。）又多脱字，校者見其難曉，並删遵字，愈失其真。道當爲導，引也，經典多叚道爲導。《論語・爲政篇》道之以政，道之以德，是也。本書作「立乎天下」，與《外傳》同，其意與導民不殊也。

菑之及吾身，何日之有矣。」《公羊》無「之」字「矣」字，《外傳》「日」作「取」，亦無「矣」字。「菑」，各本作「甾」，《公羊》、《外傳》、《舊事》並作「災」。案：菑本訓不耕之田，以聲近叚借，當作𡿧爲正。《説文・川部》：「𡿧，害也，从一雝川。《春秋傳》曰川雝爲澤，凶。」會意字。天火字作烖，或作灾。籀文災从𡿧。又《艸部》：「菑，不耕田也，从艸田，𡿧聲。《易》曰不菑畬。重文，甾，或省艸。」三字誼各不同。然籀文烖字从𡿧，菑亦从𡿧，古音皆相似，故互通用。災、菑字今人去中一畫，則雝川之意不見，殊不可通。今仍叚字作菑，以存本書之舊。何注：「何日之有，言無有日。」按無有日者，言禍在目前，不可以日計，諭其速也。如《左傳》言亡無日、禍至之無日、惡至無日，皆同。既而晉人之救鄭者至，《公羊》「而」作「則」，《外傳》無「而」字「人」字。則，猶而也，見《經傳釋詞》。何注：「荀林父也。」陳疏云：「既，已也，猶《論語·憲問篇》既而曰之既。已爲語終詞，《書·洛誥》云公定，予往已，是也，結上楚子服鄭事也。《左傳》、《楚世家》敍晉救鄭，俱在潘尫人盟子良出質後。故《左傳》云：及河，聞鄭既及楚平，桓子欲還，是也。《鄭世家》云：晉聞楚之伐鄭，發兵救鄭，其來持兩端，故還，比至河，楚兵已去，晉將率或欲渡，或欲還，卒渡河。故此以既字括之也。」《通義》云：「本楚伐鄭，而晉救之，故經以楚爲客，晉爲主，救鄭不書者，舉重，與戰不言伐同例。」又《左傳》曰：「晉師救鄭，荀林父將中軍。」《鄭世家》：「莊王聞，還擊晉，鄭反助楚，大破晉軍於河上，林父奉君命故也。」按：稱既者，著救鄭之還也。請戰，《公羊》、《外傳》句上有「曰」字。何注：「荀林父請戰。」陳疏云：「按《左傳》晉師救鄭，及河，聞鄭既及楚平，桓子欲還。曰，無及於鄭而勦民，焉用之。唯先縠欲戰，以中軍佐濟。此云林父主戰者，林父主帥故也。《左傳》韓獻子謂桓子曰，彘子以偏師陷，子罪大矣。子爲元帥，師不用命，誰之罪也。失屬亡師，爲罪已重，不如進也。事之不捷，惡有所分，與其專罪，六人同之，不猶愈乎。師遂濟。故注順其文，謂荀林父請戰也。」案：林父身爲主帥，偏將之行，亦以主帥之名誼行之，故何注云。莊王許之。「之」，《公羊》作「諾」。將軍子重進諫曰：《公羊》無「進」字。「晉彊國也，「彊」，各本作「強」，下並同，今從宋本。《公羊》「彊」作「大」。何注：「國大衆彊。」道近力新，「力新」，《外傳》作「兵鋭」，《公羊》無此句，此多同《外傳》。楚師疲勞，《外傳》「疲勞」作「奄罷」，《公羊》作「王師淹病矣」。何注：「淹，久也，諸大夫廝役死者是。」案《廣韵》：「淹，漬也，滯也，久留也，敗也。」《水經》：「淹水出越嶲，遂久縣徼外，東南至青蛉縣，又東過姑復縣南，東入於若水。」淹久之訓，殆以此而得，作奄者，通借字。

《詩·臣工》箋曰：「奄，久也。」是也。《左傳》：「鄭皇戌使如晉師，曰：楚師驟勝而驕，其師老矣，而不設備。令尹孫叔敖曰：昔歲入陳，今茲入鄭，不無事矣。」是疲勞淹病之證也。上文言大夫斯役死事之衆，亦淹病之可見者，故何引爲言。疲罷古字通，經典多以罷爲疲，疲正字。君請勿許。」勿與戰也。《公羊》句末有「也」字，《外傳》「請」字作「其」，《左傳》作「孫叔敖不欲戰」，不及子重。莊王曰：「不可。《公羊》無「不可」二字。彊者我避之，弱者我威之，「彊」，各本作「強」。彊者指晉，弱者謂陳鄭。威，威脅之也。《公羊》二「我」字作「吾」，二句互倒。《左傳》曰：「聞晉師既濟，王欲還。嬖人伍參欲戰，曰：君而逃臣，若社稷何。王病之。」其言逃臣，即含有避彊之意，但其言出於伍參，不出莊王，且莊王本欲還，聞言惡之，而後反與晉戰，與此所記不同。此從後事檃括言之。是寡人無以立乎天下也。」《公羊》「是」下有「以使」二字，句末無「也」字。何注：「以是故必使寡人無以立功名於天下。」《通義》云：「言避晉將爲天下羞。」案《通義》説是也。無以立乎天下，猶云無面目見天下人耳。何注以立功名爲訓，犯增字解經之病。且本書上文云，「吾以不祥立乎天下，豈亦云立功名乎。遂還師以逆晉寇，「遂」，《公羊》作「令之」，《外傳》句首有「乃」字。還，反；逆，迎也。何注：「言還者，時莊王勝鄭去矣，會晉師至，復還戰也。言寇者，傳序經意，謂晉如寇虜。」案《左傳》曰：「楚子北師次於郔，沈尹將中軍，子重將左，子反將右，將飲馬於河而歸。聞晉師既濟，王欲還，伍參欲戰，令尹孫叔敖弗欲。伍參言於王曰：晉之從政者新，未能行令，其佐先穀，剛愎不仁，未肯用命。其三帥者，專行不獲，聽而無上，衆誰適從，此行也，晉師必敗。且君而逃臣，若社稷何。王病之，告令尹，改乘轅而北之，次于管以待之。」是逆晉師之事也。《通義》云：「《春秋》惡晉，傳故寇晉也。」莊王援枹而鼓之，晉師大敗。晉人來，渡河而南，及敗，奔走，欲渡而北，卒爭舟，而以刃擊引，舟中之指可掬也。《公羊》作「莊王鼓之，晉師大敗，晉衆之走者，舟中之指可掬矣」，《外傳》作「莊王援桴而鼓之，晉師大敗，士卒奔者，爭舟，而指可掬也」。本書所敘，較二書爲詳，蓋卽《公羊》之意而申解之，辭語尤明白。援者，《說文·手部》云：「引也。」《毛詩·皇矣》「無然畔援」，傳：「無是畔道，無是援取。」是援有取誼，引與取意畧同也。「枹」，《外傳》作「桴」，凡從包從孚之字，聲近，多通用，不但此二字。《說文·木部》曰：「枹，擊鼓杖也。（杖，《文選》注及《衆經音義》引作「柄」。）从木，包聲。」又「桴，眉棟也，从木，孚聲。」與本誼無涉。《左氏成二年傳》「右援桴而鼓」，字亦作桴，皆叚借字。俞氏樾《兒笘録》云：「《說文》捊，引取也，重文抱，曰或從包。按捊抱非一字，艸部有從孚之莩，又有從包之苞，木部有從孚之桴，又有從包之枹，火部有從孚之烰，又有從包之炮，肉部有從孚之脬，又有從包之胞，邑部有從孚之郛，又有從包之⿰包阝，水部有從孚之浮，又有從包之泡，並是二字二誼，獨手部以抱爲捊之重文，何邪。且許謂桴爲棟名，枹爲擊鼓杖，而《禮運》蕢桴土鼓，《左傳》右援桴而鼓，並叚桴爲枹，豈得以桴枹爲一字乎。捊抱音近，古或叚用，如桴枹之例，然合爲一字，則非。抱當爲袌之或體，衣部，袌，懷也。然古書止作抱，《尚書·召誥》、《呂氏·下賢》、《釋名·釋姿容》所言抱，皆許書袌字之誼，而非捊字之誼。古書亦無以捊爲保抱字者，則抱非捊之重文可知矣。」以上俞說，極爲有見。今許書以抱爲捊重文，蓋爲後人所竄改。因古音包聲孚聲字多通用，古無輕脣音，讀孚如包，猶讀封如邦，服如備之例，因以孚代包。（如《左氏經》齊人來歸衞俘，傳作衞寶。《公》、《穀》經文亦爲寶，亦其旁證。）後人習見包孚通用，遂以爲一字，不知各有本誼，不可混也。抱爲捊重文，亦後世妄人習知桴枹通用，而強取袌之重文，（或許書本無抱字，亦未可知。）以綴捊下。幸錢大昕始發明古輕脣讀重脣之說，可以考其誤之所由，而糾正之耳。參首卷《秦欲伐楚章》注。時晉都絳，故城在今山西平陽府太平縣南二十五里，晉救鄭，宜渡河而南，今既敗，帥師歸國，故復渡而北也。爭舟者，懼楚追擊，爭先逃遁。掬，俗字，當作匊。《說文・勹部》：「匊，在手曰匊，从勹米。」《詩・椒聊、采綠》毛傳、《左氏宣十二年傳》杜注、《公羊宣十二年》何注均云：「兩手曰匊。（二傳注俱作掬。）猶今人言以兩手奉物耳。舟指可匊，謂士爭赴而逃，無戰心，雖刃之，不畏也。何注云：「時晉乘舟度泌水戰，兵敗反走，欲急去，先入舟者斬後扳舟者指，指隋舟中，身隋泌水中而死。可掬者，言其多也，以兩手曰掬。《禮》天子造舟，諸侯維舟，大夫方舟，士特舟。」陳立疏引本書文證之，又引《左傳》遂疾進師，車馳卒奔，乘晉軍，桓子不知所爲，鼓於軍中，曰：先濟者有賞。中軍下軍爭舟，舟中之指可掬也爲證。謂「此何氏推度當日情勢言之，不必有成文也。」光瑛按：《左傳》云：「士季使鞏朔、韓穿帥七覆於敖前，故上軍不敗。趙嬰齊使其徒先具舟於河，故敗而先濟。」此終戰後事言之。其敍敗事，則曰「晉師右移，上軍未動，工尹齊將右拒卒，以逐下軍」，蓋此役中軍將爲荀林父，先縠佐之，上軍將爲士會，郤克佐之，下軍將爲趙朔，欒書佐之。趙括、趙嬰齊爲中軍大夫，鞏朔、韓穿爲上軍大夫，荀首、趙同爲下軍大夫。晉之三軍，上在左，中在中，下在右，今中下軍皆走，故曰右移。上軍不敗，故未動也。言趙嬰齊使其徒先具舟於河，而得先濟，則是中軍所具之舟。下軍既敗，而爭乘之，中軍不讓，故以刃擊其引舟之指，下軍亦不退，故指多可掬也。其後上軍見中下軍皆敗，獨力難支，遂殿其卒而退，終不敗也。又擊鼓所以進兵，今林父固兵敗，令士卒渡河而北，當鳴金，而反擊鼓，正形其不知所爲，錯亂之象。《左傳》敍當時情形，歷歷如見。何注渾言士敗爭舟，蓋不取《左傳》之說，故陳云推廣而言，不有成文也。陳氏又引《小爾雅・廣量》兩手謂之掬，與《毛傳》、《釋名》合。後引「《說文》云：在手曰掬。《禮記》受珠玉者以掬，注：掬，手中。蓋以手掬之，則作匊，若訓爲兩手之掬，則當在臼。《説文》臼，叉手也，从𦥑彐，手指相向，兩手之象形也。」陳氏此説，與段氏《説文注》大異。段謂「《説文》在手當作兩手，引手部持，握也；握，搤持也；搤，捉也；捉，搤也；把，握也。在手者曰捉、曰搤、曰握、曰持、曰把，不曰匊也。《玉篇》云：古文作臼。此語尤誤，臼者，叉手也；叉者，手指相錯也。《廣韵》以兩手牽物訓臼，誤矣。」是段氏不以臼與匊同訓。光瑛案：匊之本誼爲在手，而兩手亦謂之匊，蓋言在手，則可包兩手。段必謂許書在字爲兩之誤，未免拘泥。陳氏分在手爲匊，兩手爲臼。夫臼訓叉手，與匊誼不同，誠如段注所云，安得合爲一訓。蓋由泥於在手兩手之别，強爲之説。所謂楚失，而齊亦未得也。陳又云：「《小爾雅》舊注：匊，一升也。《考工記》疏引《小爾雅》云：二升爲匊，二匊爲豆，豆四升。則匊亦量名。古律度量衡，多取法人身，蓋一手爲溢。《小爾雅》云：一手之盛，謂之溢也。《禮·喪服傳》注：二十四兩曰溢，爲米一升二十四分升之一。蓋一手一升稍強，兩手則二升也。胡氏承珙《小爾雅義證》云：古量甚小，漢二斗七升當今五升四合，以古之五，當今之一。則溢爲米一升二十四分升之一，不過當今二合稍贏，一手之盛，足有此數，則一匊不過四合也。」按：陳氏引證尚詳明，引胡説是。

莊王曰：「嘻，吾兩君之不相能也，

嘻，悲痛聲。《外傳》作「噫」，《公羊》、《外傳》俱作「吾兩君不相好」。按能與好皆有善誼，謂相善也。《荀子·勸學篇》「非能水也」，楊倞注：「能，善也。」《漢書·百官公卿表上》集注、《敘傳下》集注俱同。能本獸名，引申爲賢能之誼。賢能者作事必善，又引申爲善，故不相能即不相善，與好同誼。（好惡之好讀如字，與去聲一也。）《左氏文十六年傳》「不能其大夫，至於君祖母以及國人」，《僖九年傳》「入而能民」，《襄二十一年傳》「范鞅以其亡也，怨欒氏，故與欒盈爲公族大夫，而不相能」，《昭十一年傳》「蔡侯獲罪於其君，而不能其民」，《尚書·康誥》「不能厥家人」，《公羊僖二十四年傳》「不能乎母也」；並其證也。何注云：「敵大夫戰言兩君者，林父本以君命來。」陳疏引《鄭世家》莊王還擊晉，鄭反助楚，破晉軍於河上。稱晉君，誼同。光瑛案：陳氏此疏不可解，《世家》稱晉軍，不謂晉君，考其前後文亦無晉君二字，陳説異矣。百姓何罪。」

乃退師以軼晉寇。《公羊》作「令之還師而佚晉寇」。《外傳》「退」下有「楚」字，「軼」亦作「佚」。《文選・蕪城賦》注：「佚與軼通。」其實皆同聲叚借，本字當作逸。《説文・兔部》：「逸，失也，从辵兔，兔謾訑善逃也。」逸以善逃爲誼，故字從兔辵。還師而逸晉寇，猶云退師俾晉寇脱逃耳。古書逸佚軼泆諸字往往互用。退與還同誼，《儀禮・鄉飲酒》注：「還，猶退。」是也。此退字疑是還之誤文，然《外傳》作退楚師，此文又多本《外傳》，故姑仍之。或因上文還師而逆晉寇，是進軍，此是退軍，故改言退歟。（《白虎通義・號篇》作還，用《公羊傳》文。）何注云：「佚，猶過，使得過渡邲水去也。」陸戰當舉地，而舉水者，大莊王閔隋水而佚晉寇。」按：何氏讀佚爲泆，《説文・水部》：「泆，水所蕩泆也。」時晉軍敗，爭舟競渡，如水之蕩泆而過，故訓過，云使得過渡邲水去也。《尚書・禹貢》「泆爲熒」，《地理志》泆作軼，是泆軼通用之證。然不若訓逃作逸，於誼尤順。《鄭世家》云：「大破晉軍於河上。」（《楚世家》同。）《賈子・先醒篇》云：「乃南與晉人戰於兩棠，大克晉人。」兩棠當即邲地。《淮南・人間》注：（此許注也。）「邲，河雍地也。」何云邲水者，邲字又作泌。（何注上文亦作泌。）《水經・濟水注》：「楚軍於邲，音卞。京相璠曰：在敖北。」顧氏棟高《春秋大事表》云：「今河南開封府鄭州東六里有邲堆，（杜注云：邲，鄭地。《説文・邑部》：邲，晉邑也。《春秋傳》曰：晉楚戰于邲。許君從學賈逵，此賈注舊説，與杜異。顧祖禹曰：其地蓋即熒口受河之處，今在河陰縣西。按河陰縣今屬開封府。）亦爲邲水，即今之汴河，濟水於此。又兼名邲，即晉楚戰處，明季爲河所奪，今湮。」（卷八上。）又曰：「邲水一名汴水，楚漢時謂之鴻溝，三國時謂之官渡。」（卷九。）以上顧説是。汴，俗字，當作汳，猶飯俗作飰也。古輕脣音皆讀爲重脣，讀汳爲卞，遂譌爲汴也。邲汴一音之轉，故邲水又名汴水。《水經·河水篇》：「河水又東逕卷縣北，晉楚戰，晉軍爭濟舟，舟中之指可掬，楚莊祀河告成而還，即是處也。」諸書晉楚戰事，多詳水地，何云陸戰者，晉楚戰在邲城，今鄭州東六里，地臨邲水，故史云破於河上。又晉軍爭舟得渡，由楚縱之，故諸書多詳水地耳。《左傳》曰：「晉人或以廣隊，不能進，楚人惎之脱扃，少進，馬還，又惎之拔旆投衡，乃出。」此即軼晉寇之證。所以然者，因莊王行善，閔隋水而故縱，故《春秋》大之也。武氏億《羣經義證》云：「按《左氏傳》先濟爭舟，及餘師宵濟，皆於所濟之水無明文。《史記·楚世家》晉救鄭，與楚戰，大敗晉師河上。《晉世家》晉軍敗走河，爭渡，船中人指甚衆。《新序》於大敗下，疏以晉人來，渡河而南，及敗奔走，欲渡而北。是晉既敗而西，北趨河，當時渡者實河，注乃謂邲水。《水經注》濟水又兼邲目，楚軍於邲，即是水也。蓋邲水爲濟之支流，勢弱而狹，渡者必不涉險難，至於斷指，未審注所據，而爲此説。」光瑛按：晉軍所渡者，依本文及《水經·河水篇》所言，自指河水。但當時戰地在邲，必先渡邲，乃得至河。《左傳曰》：「楚師軍於邲，晉之餘師不能軍，宵濟，亦終夜有聲。」宵濟承次邲言，似亦謂是邲水。叚莊王不縱晉寇，未必安然得渡，劭公蓋於本言之耳。又古人稱水皆曰河，安知《史·世家》之河上，不謂邲水乎。（古人稱水皆曰河，見《漢書·司馬相如傳》文穎注，《文選·詠懷詩》注，宋祁筆記亦言之，詳九卷《楚平王章》注。）鴻溝官渡，皆戰事扼要之區，武氏稱其勢弱而狹，渡者必不涉險難，至於斷指，是未詳考地理，輕於駁斥先儒，過矣。

《詩》曰：「柔亦不茹，剛亦不吐。不侮鰥寡，不畏强禦。」莊王之謂也。

《外傳》引至「不吐」止，下無斷詞。《詩·大雅·烝民篇》文。此用《外傳》文，即本韓誼。按《外傳》六，三引是詩。一云：「君子崇人之德，揚人之美，非道諛也；正言直行，指人之過，非毀瓶也，詘柔順，從剛強猛毅，與物周流，道德不外。」下引此四語。又八卷亦兩引之，其一云：「逐而直，上也，切次之，謗諫爲下，懦爲死。詩曰：柔亦不茹，剛亦不吐。」其釋誼與毛畧同。《毛詩》鰥作矜，經傳二字通用者甚多，今不悉引。《釋名・釋親屬》云：「無妻曰鰥。鰥，昆也，昆，明也。愁悒不寐，目恒鰥鰥然也，故其字从魚，魚目恒不閉也。」《説文・魚部》：「鰥，鰥魚也。」《齊風》箋讀鰥爲鯤魚之鯤，蓋昆鰥聲近。字亦作矜，矜憐也，無妻之人爲窮民，在矜憐之列也。案：矜寡字本憐之叚借，近人張行孚《説文發疑》考之甚明，其駁段注《説文》及《拜經日記》改矜爲矝之失。謂古侵蒸與真諄部韵多通押，語極詳明，遠勝劉書年《貴陽經説》承襲臧段之誤，以文繁不録，附記于此。《釋名》之説亦非。《春秋繁露・竹林篇、觀德篇》皆謂春秋予楚子而夷狄晉。《白虎通義・號篇》亦深許楚莊王之賢。蓋漢人經説相承如是，皆可與此説相印證。

11晉人伐楚，《淮南・道應訓》無「人」字。三舍不止，楚師退三舍避之，而晉不止也。一舍三十里，三舍九十里。《御覽》四百二十三引無此句。大夫請擊之。舊本「大夫」下有「曰」字，爲一句。《淮南・道應訓》無「曰」字，《御覽》引作「楚大夫請擊之」，亦無「曰」字。蓋緣涉下「大夫曰」句衍，今從《淮南》、《御覽》删。莊王曰：「先君之時，「之」，《御覽》引作「在」。晉不伐楚，及孤之身，而晉伐楚，見伐自貶稱孤，著莊王有禮。《左氏莊十一年傳》曰：「列國有灾，稱孤，禮也。」是孤之過也，「孤」，舊本俱作「寡人」。按上文稱孤，此處不當别稱，雖孤寡同誼，（以爲寡德之人者非。）究涉兩歧。《淮南》書作「孤」，是。《御覽》本引書亦作「孤」，無「也」字。今據兩書改爲「孤」。如何其辱諸大夫也。」《淮南》作「若何其辱」，無下四字，下句作「羣大夫曰」。按《淮南》原文當作「若何其辱羣大夫，大夫曰」，因古人書疊字多作二點，寫者不知其爲重文，遂奪大夫二字，而以羣大夫下屬爲句矣。羣大夫之稱，傳記罕見，知必當屬上句。蓋《淮南》無「也」字，兩大夫字相連，故省作二點。《御覽》引本書亦無「也」字，此乃引書時刊落語詞，非關異文。大夫曰：「先臣之時，「臣」，各本作「君」，《淮南》書作「臣」，是也。大夫之言，與莊王爲配，見君臣各引咎自責。又春秋時多世卿，故曰先臣之時也。今從《淮南》校改。《御覽》不引「先臣」以下四句。晉不伐楚，及臣之身，紹弼案：「及」，《淮南》作「今」。而晉伐楚，是臣之罪也。世臣與國同休戚，宜有是言。後世人主獨裁，不聞此等議論矣。《御覽》引無「也」字。請擊之。」《淮南》一本「請」下衍「三」字。紹弼案：「三」非衍文，乃「王」字之殘，北宋本正作「王」。莊王俛泣而起，拜諸大夫。《淮南》作「王俛而泣，涕沾襟，起而拜羣大夫」。《御覽》引本書無「而」字。晉人聞之曰：「君臣爭以過爲在己，且君下其臣猶如此，謂俛泣而起，拜諸大夫也。《淮南》「君」作「輕」，無「如此」二字。《御覽》引無此句，《左傳宣十二年》「莊王曰，其君能下人，必能信用其民矣」，亦此意。所謂上下一心，三軍同力，《淮南》無此二句。上下一心，三軍同力，《荀子》文屢用之，本書三卷亦引。蓋古有是言，故用「所謂」二字領之。凡書中云故曰，云所謂，皆引古語也。《御覽》引删「所謂」二字，非。未可攻也。」《淮南》作「不可伐也」。乃夜還師而歸。「而歸」二字，各本俱奪，據《淮南》及《御覽》引補。還師，謂反旆北還。歸，歸國也。還歸各有取誼，淺人以爲一意，故删下二字。《御覽》所引尚是未删之本，蓋本書文采之《淮南》，凡《御覽》所引與《淮南》同與今本異者，多爲舊本如此。惟語詞删減，則不可泥。《御覽》無「乃夜」二字。夜還師，謂宵遁也，恐楚襲擊之。《淮南》亦無「乃」字，下引《老子》曰：「能受國之垢，是謂社稷主。」中壘書凡用《淮南》文者，下引《老子》語均不采，如同卷《伐原》、《中牟》、《宋景公》等章皆是，非如引《外傳》文，下引《詩》之語亦載之也。蓋中壘是書，別擇至嚴，務在推明儒術，故下引孔子語代之。《説苑》則稍參雜説矣，此學者所當知也。（參下《宋就章》注。）按《左傳》莊王與晉戰於邲，此外不聞兩國搆兵，惟北陵之役，因救鄭相遇，楚囚解揚，晉人乃還。此晉伐鄭之從楚，非伐楚也。此與《説苑·奉使篇》記莊王用豚尹言而伐晉，均傳聞之異，疑未可信。孔子聞之曰：聞，讀如所聞世之聞。孔子不與莊王同時。「楚莊王霸其有方矣，「霸」，當作「伯」，下同。方，道也。《禮記·樂記》「是先王立樂之方也」，鄭注：「方，道也。」《論語·雍也篇》「可謂人之方也已」，《集解》引孔曰：「方，道也。」《禮記·經解》「謂之有方之士」，注：「方，猶道也。」（《荀子·禮論篇》注同。）《荀子·大略篇》「博學而無方」，注：「方，法也。」《後漢書·郎顗、桓譚傳》注同。法亦道之誼。朱子解《論語》之知方爲向，又申爲向義，不知方有義訓，故曰義方，不必如此迂折也。《韓詩外傳》三引孔子此語，美楚莊王不祭河事，（《左傳》作楚昭王事，得之。）與此不同。下士以一言，而敵還，以安社稷，謂下人不過一言，而敵爲之卻，社稷以甯也。士者，男子之大號，（經傳中此訓最多，不可勝舉。）包卿士大夫言之。又士，卿士也，《儀禮·喪服》「公士大夫之衆臣爲其君」，鄭注正以卿士釋士。又《聘禮》「皆士牽羊以致之」，注云：「士亦大夫之貴臣。」則此士亦指大夫也，一通云士者，人也。《詩·葛覃》傳「庶士以下」，釋文：「士，本作人。」《詩·褰裳》首章「豈無他人」，次章「豈無他士」，鄭箋云：「他士，猶他人也。」然則士有人訓，下士猶下人，於誼亦順。其霸不亦宜乎。」有方，故宜。《詩》曰：「柔遠能邇，以定我王。」此之謂也。《詩·大雅·民勞》之篇。毛傳：「柔，安也。」箋：「能，猶侞也，安遠方之國，順侞其近者。」釋文云：「侞，檢字書未見所出。《廣雅》云：如，若也，均也，義音相似，而字則異，舊音如庶反，義亡難見。鄭注《尚書》云：能，恣也。與此不同。」案侞與如通。

爲如順之意。《廣雅》「如，若也。」若亦順也，古傳記習見此訓。《正義》引「《尚書·無逸》云柔遠能邇，注以能爲恣，則此云侞者與恣同，謂順適其意也。安遠方之國，當先順侞其近者，卽《論語》所謂悦近來遠是也。」案：今《無逸》無「柔遠能邇」之文，《舜典》及《顧命》皆有之，孔氏誤記耳。如者，適也，適與順同誼。《説文·心部》：「恣，縱也。」亦順適之誼。（適爲適往之適，亦爲順適之適，如爲如往之如，亦爲如順之如，前謂一字有數誼，則其同訓之字往往同之，此類是矣。）釋文引徐云：「能，如字，鄭，奴代反。」據徐音，則是讀能爲耐，侞當訓忍，今人用茹忍，亦此字也。毛讀如字，則訓安訓善，與《左傳》不能其大夫，《公羊》不能乎母諸能字同。（參上章不相能句注。）讀法異，而訓亦同也。孔疏溝通恣侞之訓甚通，陸謂《書》注訓恣誼異，非是。徐讀能同耐，亦一通也。中壘此文，當用《魯詩》。《説苑·君道篇》：「牧者，所以辟四門，明四目，達四聰也。是以近者親之，遠者安之。《詩》曰：柔遠能邇，以定我王，此之謂矣。」則亦以能爲親順之誼。其釋詩意，與毛傳不殊，引此者，言莊王能修德以服遠邇。

12 晉文公將伐鄴，鄴，本齊桓公所置。《管子》「築五鹿中牟鄴以衛諸夏」，（《國語》作蓋與牡邱。）是也。後屬晉，戰國時魏文侯得其地，改曰魏，故後世稱魏郡，尋復爲鄴，西門豹爲鄴令是也。《史記·趙世家》：「悼襄王六年，魏與趙鄴。」則地又入趙。《漢志》屬魏郡，大河在其東北，大行山在其西北，歷代用兵要地也。《元和郡縣志》云：「鄴故城在鄴東五十步。」按今在河南彰德府臨漳縣西二十五里。趙衰言所以勝鄴者，爲畫所以勝鄴之策也。趙衰，晉卿夙之弟，字子餘，從文公出亡在外十九年，歸國後使處原，故曰原季，（《晉語》四。）又曰原衰，（《後漢書·崔駰傳》。）謚曰成。《漢表》列三等。師古曰：「衰，音楚危反。」《呂氏·不苟篇》作「趙衰言所以勝鄴之術」。文公用之而勝鄴。《呂氏》「而」作「果」，無「鄴」字。將賞趙衰，《呂氏》作「還將行賞」。謂旌其謀畫之功。趙衰曰：《呂書》無「趙」字。「君將賞其末乎，賞其本乎？此卽漢人徙薪爛額之意也，《呂書》本末字互易。賞其末，則騎乘者存；古以車戰，謂身赴前敵致死者。賞其本，則臣聞之郄虎。」《呂氏》作「郤子虎」。按《說文·邑部》：「郤，晉大夫叔虎邑也，从邑，谷聲。」郄，俗字。《說文》有郗，云周邑也，在河内。與此別。《晉語》一「郤叔虎朝」，韋解曰：「郤叔虎，晉大夫郤芮之父郤豹也。」蓋其人名豹字虎，曰叔曰子，皆加之以便稱謂耳。汪氏遠孫《國語發正》云：「《呂子·不苟篇》有郤子虎，《新序》作郤虎，受賞於文公之朝，此云郤芮之父。芮焚公宮，爲文公所誅。不得更賞其父也，當不是一人。」按《漢表》不列郤豹，汪氏之言，亦以意推度之耳。父子兄弟，罪不相及，芮之焚公宮，亦各爲其主，安見其父之不可受賞乎。或疑郤虎卽霍虎，乃解揚之名，（見《說苑·奉使篇》。）亦無實據，當從舊說爲長，不必騁爲之說。公召郄虎曰：《呂》作「文公召郤子虎曰」。「衰言所以勝鄴，鄴遂勝，「遂」，《呂》作「既」，誼同。將賞之。曰：蓋聞之子，子當賞。」《呂書》作「蓋聞之於子虎，請賞子虎」。畢校云：「《新序》四、《御覽》六百三十三皆無兩虎字，是。」案：此涉前後文子虎字而衍，畢說是。郄虎對曰：《呂》作「子虎曰」。「言之易，行之難。此所謂羹以熟，奉而進之，而君不食，誰能強之者也。《僞說命》云：「非知之艱，行之惟艱。」語本此，其言固不可易。臣，言之者也。」言行之者趙衰。二人互讓，功成不居，和之至也。公曰：鐵華館本「公」下衍一「子」字。「子無辭。」無毋通。辭，當作辤，下同。經傳多叚辭爲之。郄虎不敢固辭，《呂書》作「郤子虎」。固，猶再也，經訓習見。一曰，堅也。乃受賞。《呂書》「賞」作「矣」，下云：「凡行賞欲其博也，博則多助，今虎非親言者也，而賞猶及之，此疏遠者之所以盡能竭智者也。晉文公亡久矣，歸而因大亂之餘，猶能以霸，其由此歟。」賞宜當功，不以博爲貴，中壘不取此論者以此。

13梁大夫有宋就者，宋就事僅見此。《賈子新書·退讓篇》無「有」字。爲邊縣令，各本句首有「常」字，嘉靖本作「嘗」。（古字通用。）宋本、鐵華館本無，與《賈子》文同，今從宋本。邊縣，臨近邊界之邑，蓋失其名。與楚鄰界。邊縣與楚爲鄰，境界相接。梁之邊亭，古亭屬於縣。《漢書·高帝紀》「高祖爲亭長」，注：「秦法，十里一亭，亭長者，主亭之吏也。」亭，謂停留行旅宿食之館。顧氏炎武《日知録》云：「秦制，十里一亭，十亭一鄉。（原注：《風俗通》曰，漢家因秦，大率十里一亭。亭，留也，蓋行旅宿會之所。）以今度之，蓋必有居舍，如今之公署。《周禮·遺人》注曰：若今亭有室矣。故霸陵尉止李廣宿亭下，張禹奏請平陵肥牛亭部處，上以賜禹，徙亭他所。而《漢書》注云：亭有兩卒，一爲亭父，掌開閉掃除；一爲求盜，掌逐捕盜賊。（原注：任安先爲求盜亭父，後爲亭長。）是也。（原注：晉時有亭子，劉卞爲縣小吏，功曹衡之，以他事補亭子。）又必有城池，如今之村堡。（原注：今福建、廣東凡巡司皆有城。）《韓非子》吳起爲魏西河守，秦有小亭臨境，起攻亭，一朝而拔之。《漢書》息夫躬歸國，未有第宅，寄居丘亭，姦人以爲侯家富，常夜守之。《匈奴傳》見畜布野，而無人牧者，怪之，乃攻亭。《後漢書·公孫瓚傳》卒逢鮮卑數百騎，乃退入空亭是也。又必有人民，如今之鎮集。漢封功臣有亭侯是也。亦謂之下亭，《風俗通》鮑宣州牧行部，多宿下亭是也。其都亭則如今之關廂，司馬相如往臨邛舍都亭；嚴延年母止都亭，不肯入府；何並斬王林卿奴頭，并所剥建鼓，置都亭下。《後漢書》陳王寵，有彊弩數千張，出軍都亭；會稽太守尹興使陸續於都亭賦民饘粥；酒泉龐娥，刺殺讎人於都亭；《吳志》魏使邢貞拜權爲吳王，權出都亭候貞是也。京師亦有都亭，《後漢書》張綱埋其車輪於雒陽都亭；竇武召會北軍五校士屯都亭；何進率左右羽林五營士屯都亭；王喬爲葉令，帝迎取其鼓，置都亭下是也。蔡質《漢儀》雒陽二十四街，街一亭，十二城門，門一亭，人謂之旗亭。《史記·三代世表》褚先生言與方士考功，會旗亭下是也。（原注：《西京賦》曰旗亭五重，薛綜注：旗亭，市門樓也，立旗於其上，故取名焉。）後代則但有郵亭驛亭之名，而失古者居民之義矣。（原注：《晉書·載記》慕容垂請入鄴城，拜廟，苻丕不許，乃潛服而入。亭吏禁之，垂怒，斬吏燒亭而去。是晉時尚有亭名。）」案以上顧説，考核精詳，惟皆是漢後亭制。據此文，則亭名戰國時已有之，不始於秦也。亭人能夜往鄰亭搔瓜代灌，或不如後世設城立堡，備禦之周。《北堂書鈔》引《風俗通義》云：「亭吏舊名負弩，今改爲亭長，或謂亭父。」按：《漢書》高帝在秦時爲亭長，則負弩之稱，疑在戰國前矣。又《漢舊儀》云：「亭長皆調五兵，言弩、戟、弓、劍、鎧也。」負弩之名，或取於此。《賈子》及本書此文作尉，尉即長也。《史記·高紀》《正義》曰「《國語》有寓室，即今之亭；亭長，蓋今里長。民有訟諍，吏留平辨，得成其政」是也。邊亭者，邊縣之亭，亭屬於縣，縣皆有之，但此言邊縣耳。尉亦屬於令，故下云尉以請宋就也。**與楚之邊亭，皆種瓜，各有數。**謂各記其瓜之數。**梁之邊亭人劬力，**劬，勞也。《詩·蓼莪》曰：「生我劬勞。」《北山》曰：「或慘慘劬勞。」《説文·力部》無劬字，新附始收之。鈕氏樹玉《新附考》云：「按《説文·人部》，佝，務也。（原注：小徐本作覆也，不可解。）即古劬勞字。務，謂趣事急功。《力部》勞訓劇，劇訓務，足以互證。段氏因《玉篇》佝下引《楚辭》直佝愗而自苦，改佝，訓佝瞀，謂是愚蒙誼，失古劬字矣。」鄭知同曰：「古亦通作軥、拘，《荀子·榮辱篇》軥録，《君道篇》拘録，《淮南·主術》作劬録是也。勤勞謂之軥録、拘録者，古從句聲字，皆有屈曲之誼，録者，逯之借。《説文》逯，行謹逯逯也，一曰曲脊貌。凡人力作時，恒傴僂其背，是以謂之軥録，佝趯其正字也。又《説文》竘，健也，亦有劬勞誼。近鈕氏據《明堂位》注無句作磬，釋文，句字又作劬，以證古劬有作句者，可通。又疑《説文》勮訓務，劬卽勮之別體，不知劬古音如鉤苟雊也。鈕氏不審音，大抵如此，總由不識佝字。若《走部》趯讀若劬，許君注文自取通俗。」（以上二説，均從鄭氏《説文新附考》卷六引。）案佝愗當與溝瞀同誼，段氏訓愚蒙，是也。《荀子》文屢用之，鈕説非。鄭謂劬古音如鉤苟雊，用江氏以虞入侯之説，亦不盡然。古音魚虞部字多與侯部通者，以方音異而雙聲爲之轉也。（顧氏方音轉變之説最通，勝於後儒強分韵部。）卽如溝瞀字入侯部，讀瞀如茂，作佝愗，則皆御遇韵字矣。《後漢書·馮異傳》：「臣聞管仲謂桓公曰，願君無忘射鉤，臣無忘檻車。」鉤從句聲，與車韵，豈得讀如鉤苟雊乎。《春秋經》鸜鵒，《説文》作鴝鵒，是句聲如瞿。《説文》趯讀若劬，亦劬有勮音之證。鄭氏謂許取通俗，遁辭知窮矣，此類甚多。必謂某字當讀某音，此泥於近人分部之説，非定論也。至劬之本字作佝，不如作勮之當，學者詳之。

數灌其瓜，《賈子》「數」上有「而」字。灌，灌溉也。瓜美；此與下句「瓜惡」，《賈子》文並奪「瓜」字。蓋疊字處本作二點，傳寫者不知爲字，而畧之耳。與上章「大夫曰」句《淮南》文奪大夫字同，當從本書校正。

楚人窳而稀灌其瓜，瓜惡。《賈子》盧校本作「楚窳而希灌其瓜惡」，別本「窳」上有「亭田」二字。案：二本皆非，楚窳既不辭，下又奪瓜字。（見上句注。）以窳指亭田，則非關人事之失，與前文劬力，後文竊灌，俱失照應。蓋如此，則劬力句爲泛設，而田窳則田任其咎，非人力所能施，何以下言代爲灌溉，而瓜日以美乎。當從本書作「楚人窳而稀灌其瓜，瓜惡」，删「亭田」字，補「人」字及「瓜」字，始爲允愜。《治要》引《賈子》正如此，是唐以前本尚未誤也。《説文·穴部》：「窳，污窬也。」段注云：「與污衺同，亦謂下也。以衺與窊同韵，窬與窳同韵，故分别其辭也。《史記》舜陶河濱，器不苦窳。裴駰曰：窳，病也。按器窳者，低陷之謂，亦汙窬之意也。《釋詁》曰：「窳，勞也。」郭云：「勞苦者多惰窳。」《大雅》毛傳曰：「訿訿，窳不供事也。」《史記》呰窳偷生，晉灼曰：「呰，病窳隋也。」許於《此部》呰下亦云，窳也，即用《毛傳毛詩》訿即呰也。此等窳皆訓惰嬾，亦汙窬引申之誼。釋玄應屢引楊承慶《字統說》：「嬾者不能自起，如瓜瓠在地，不能自立，故字從㼌。又懶人恆在室中，故從宀。夫穴訓土室，不必從宀而後爲室也。而《召旻》正義曰：「艸木皆自豎立，惟瓜瓠之屬臥而不起，似懶人常臥室，故字從宀。宀音眠。此亦用《字統說》，而與玄應所據異。且陸氏釋承孔氏《正義》，皆引《說文》窳懶也，而《說文》無此語，闕疑載疑，不敢於宀部補窳義。」案唐人引《說文》，多出他字書，或解許君之書，不可盡信。段不補窳義，是也。而臧氏庸《拜經日記》據《詩》釋文正義及玄應《音義》引《爾雅》，皆作㝃，宋單疏本《爾雅》亦作㝃，訂作窳者爲失，當從宀作㝃，窳別爲一字，與㝃迥異。其說反復千餘言，不如段氏闕疑之得。蓋穴亦土室，於誼何害。果經有㝃字，許書不得遺之，安知非漢後俗體日增，別造㝃字訓懶，以代窳字乎。汙衺有低陷之誼，從穴故爲低陷，若從宀，宀爲交覆深屋，與低陷誼遠矣。在臧氏固分別汙衺者爲窳，訓懶與病者爲㝃，然惟汙衺故病，惟病故懶，諸誼展傳相因，似不能分爲二事也。況《說文》呰下云窳也，即用毛傳誼，而字從穴。《玉篇》、《廣韻》皆不收㝃字，至《集韻》始收之，明是後起俗字。又臧氏所引《史記》、《漢書》、《毛傳》、《鹽鐵論》諸書正文及注作㝃，今檢臧本多作窳，以此爲《說文》㝃字之證，毋乃以一手揜天下目乎。好據他書及孤文單證，以改經字，乃乾嘉時諸儒習氣，臧氏濡染至深，其立說標新領異，穿鑿破碎，不顧其安，多類此也。《說文·禾部》：「稀，疎也。」疎與少誼近，許書無希字，而從希得聲之字甚多。蓋偶奪希字耳。《賈子》作「希」，聲誼並通。《事類賦》二十七引本書不疊瓜字，誤與今本《賈子》同。《治要》引《賈子》悉合本書，則二書之奪瓜字，皆由不寫二點故耳。

楚令因以梁瓜之美，怒其亭瓜

之惡也。令，縣令也。縣令之官，蓋始戰國之初。《史記·商君傳》：「集小都鄉邑爲縣，置令。」其後各國皆有縣令，田單爲卽墨令，其最著者。詳二卷《甘茂章》注。「因」，《賈》作「固」，形近之譌。《治要》引《賈》爲「因以」六字。楚亭人心惡梁亭之賢己，《賈子》無「人心」二字，下「亭」字作「瓜」，《治要》引仍作「亭」。《儀禮·鄉射禮》「右賢於左，左賢於右」，鄭注：「賢，猶勝也。」《論語·陽貨篇》「爲之猶賢乎已」皇侃疏，《秦策》「尚賢在晉陽之下」高誘注，均同。《晉語》「敬賢於請」韋解，《呂氏·任數篇》「而賢於有知有爲」高注，並云：「賢，愈也。」愈與勝誼近。上二句言令怒瓜之不如梁亭，此句言楚亭人嫉忌梁瓜之美。蓋令怒而責亭尉，尉責其下，其亭人竊而忌，遂毁梁瓜以自蓋，所謂恥獨爲小人者也。因夜往竊搔梁亭之瓜，皆有死焦者矣。「夜往」，各本作「往夜」，《治要》引《賈子》亦然，今《賈書》作「夜往」。《事類賦》二十七引本書作「夜往搔之，梁之瓜有死焦者矣」，詞句小異，亦作「夜往」。今依《賈子》及《事類賦》乙轉，文誼似稍順。《治要》引《賈》「死」作「華」，無義，蓋萎字之譌。《說文·手部》：「搔，刮也。」《禮記·内則》「疾痛苛養，而敬抑搔之」，注：「抑，按，搔，摩也。」段注《說文》曰：「摩馬曰騷，其聲同。刮者，掊杷也，各本作括，今正。括，絜也，非其誼。」案：段注說是。焦，萎黄也。被搔刮而瓜傷萎黄，將死之象，言或死或黄也。梁亭覺之，多無故而死焦，故覺也。因請其尉，尉，亭官。《漢官儀》：「大縣兩尉，長安四尉分左右部。」是尉屬於縣。漢官多承前制，蓋亦亭長之類。亦欲竊往報搔楚亭之瓜，尉以請宋就。尉不敢專，故請於縣而後往。就曰：《賈書》不疊「就」字，亦少寫二點而奪。「惡，《孟子·公孫丑篇上》「惡，是何言也」，趙岐注：「惡者，不安事之歎辭也。」焦氏循《孟子正義》云：「葉夢得《避暑録話》述此文惡作烏，云：烏蓋齊魯發語，不然之辭，至今用之，作鼻音，亦通於汝潁。周氏廣業《孟子逸文考》云：《音義》，惡音烏，非作烏也。《韓詩外傳》、《新序》載楚邱先生答孟嘗君曰：惡，何君謂我老。（案本書作噫，不作惡，句亦小異。）則惡烏信齊音。王氏引之《經傳釋詞》云：惡，不然之詞也。《莊子·人間篇》曰：惡，惡可。上惡字不然之詞，下惡字訓爲安。《荀子·法行篇》：惡，賜何言也。《韓子·難篇》云：啞，是非人君之言也。啞與惡同，按啞惡二音，今皆有之，實一聲之轉，意不然而驚咤之則云啞，不然而直拒之則云惡。」按焦説以今音讀之，誠然，但啞惡同字，不必分二音二誼。（今人雖分二音二誼，其實仍相近可通。）十卷載韓信之言曰：項王喑噁叱咤，一本噁作啞。《詛楚文》之亞駝，即惡池。周惡父印，即周亞夫印。（葉夢得記劉敞辨周惡父印事，宋人説部亦多轉載之。）皆其證也，焦説失之不考。解詳十卷《韓信大將章》注。

是何可，《賈子》作「是何言也」。按《孟子·公孫丑上篇》「惡，是何言也」。

搆怨召禍之道也，一宋本「搆」字闕，有小字填其内云，太上御名。嘉靖本同。按此宋本當在孝宗初年，太上謂高宗也，嘉靖本從宋本出，仍録其注，可云不去葛龔，然亦足證其實出宋刊。（錢謙益謂此爲明覆宋本之佳者，弟未録「劉向校上」一行耳。）各本無「召」字，盧文弨曰：「《賈子·退讓篇》有。」按盧校《賈子》作「是講怨分禍之道也」，盧注云：「講，與搆同，見《戰國策》，别本作搆怨召禍。」考分字無誼，當作召，召禍與搆怨對文。本書脱召字耳，今據《賈子》文補。

人惡亦惡，何褊之甚也。人以惡事加我，我亦復之，是何器量狹小之甚也。褊，本誼爲衣小，引申爲凡小之稱。《賈子》作「惡，何稱之甚也」，譌脱不可讀。稱乃褊之誤，字形甚近，惡上當依本書補「人惡亦」三字。

若我教子，必每暮令人往，「每暮」，《賈》作「晦莫」，蓋以暮下之日，迻於每字之旁矣。下文作每夜往，則本書「每」字不誤，《賈》文誤也。然暮實甚俗字，莫已從日，不應再有日，宜作莫爲是。

竊爲楚亭夜善灌其瓜，勿令知也。」《賈子》作「令勿」，非，宜據本書乙正。盧文弨曰：「何本作弗，兩本俱作勿。」案：宋本作「勿」，《賈子》雖誤倒，然亦是「勿」字，嘉靖本亦作「勿」，今從宋本。**於是梁亭乃每暮夜，竊灌楚亭之瓜。**《賈子》「暮夜」作「夜往」。按：若楚亭田果竊，不任培植，則宋就之謀收效亦僅矣。此實由人力之不足，非田之咎，而上文「楚人竊」句之不可作「楚亭田竊」明矣。**楚亭旦而行，**句。**瓜則又皆以灌矣，瓜日以美。**舊本《賈子》作「楚亭旦而往瓜，則已灌，瓜日以美」。盧本作「楚亭旦而行瓜，則此已灌矣，瓜日以美」，於行瓜爲句，注云：「舊作往瓜，今從《新序》改。行，音下孟反。」又盧校本書云：「行瓜行字，讀如行縣之行，胡孟切。」按盧氏以行瓜爲句，文理甚迂，其改《賈書》往作行亦不必。行猶往也，古書行往二字互用者極多。《漢書·陸賈傳》「不得行來」，行來，猶往來也。經典以去訓行者，不可勝數，去亦往也。《漢書·酈食其傳》：「食其勸漢王立六國後，漢王曰善，趣刻印，先生因行佩之。」謂因往佩之也。（本書十卷亦載此事。）《趙禹傳》：「公卿相造請，禹終不行報謝，務在絶知友賓客之請。」謂不往報謝也。（顔注從不行下注斷，以報謝屬下句，大誤。宋袁文《甕牖閒評》已駁之。劉敞亦云：報謝當屬上句，言公卿造請，而禹終不詣之。劉説即糾小顔注斷之誤，但今不行下並無注斷，已爲後人妄改，非劉袁所見之舊。而之請下注云：以此意告報公卿。則其以報謝下屬之意顯然。）《論語·述而篇》「吾無行而不與二三子者」，猶言無往而不與二三子也。包咸以行爲釋之，非是。然則《賈子》之往，即本書之行，往與行訓同字通，無爲改《賈子》文以從本書也。旦而往，謂往視之也。瓜則已灌，瓜日以美，言以灌而愈美，文誼甚明。今以行瓜爲句，不詞甚矣。本書「以」字《賈》作「已」。以已古字通，詳同卷《晉平公問叔向章》注。盧本《賈子》瓜則已灌句，作「則此已灌矣」，勝舊本。此乃皆字之譌，皆字脱下半，上半之比又譌爲此。若改作皆，以瓜字屬下讀，則文誼井然，與本書悉合矣。《事類賦》引本書「行」作「往」，與《賈子》

同。楚亭怪而察之，察，司察也。《事類賦》引本書「怪」作「往」。則乃梁亭之爲也。「之爲」二字，各本皆脫。舊本《賈子》作「則梁亭之爲也」。盧校本亦無「之爲」二字，《事類賦》引作「則梁亭爲也」。今補「之爲」二字，文气乃完足。楚令聞之，大悦，悦當作説，悦俗字。因具以聞楚王。具，備也。《賈子》無「因」字。楚王聞之，《賈書》不叠「楚王」，文气未足，亦傳寫時作二點失落耳。惄然愧，以意自閔也，《賈子》「惄」作「恕」，「意」作「志」，「閔」作「惛」。志意惛閔，或通用。或誼同。惟惄作恕無誼，此形近之誤，當從本書校改。《詩·小弁》「惄焉如擣，」毛傳：「惄，思也。」案惄然，思而自失之貌。《方言》一：「自關而西，秦晉之閒，凡志而不得，欲而不獲，高而有墜，得而中亡，謂之溼，或謂之惄。」不得不獲中亡，皆失也，引申爲自失之誼。凡人心有所歉而自訟，謂之自失。歉者，不足之謂。《爾雅·釋言》：「惄，飢也。」《説文·心部》：「惄，飢餓也，从心，叔聲。」飢乃惄之本訓，食不足爲飢，引申爲一切不足之詞，故心歉亦謂之惄也。告吏曰：「微搔瓜者，得毋有他罪乎？微，非也。言非搔瓜一事，得毋尚有他端開罪於梁者乎，返省之詞也。恐爲人所容而不知，故發此問。《賈子》無「者」字及「有」字。「微」，各本作「徵」，誤，今從《賈子》改。凡引《賈子》，皆據盧氏抱經堂本，如引別本，則聲明。此章多引舊本，謂何鏜本也。何本《賈子》無此數句，但作「楚王曰，此梁之陰讓也」，盧本有數句，是。陸心源嘗謂何鏜本多脱漏，誠不誣矣。此梁之陰讓也。」「此」，《賈子》作「説」。按：作此，爲楚王指示邊吏之詞；作説，則起下文謝幣之事，作敍事語矣。以禮讓人，不使人知，故曰陰讓。乃謝以重幣，而請交於梁王。舊本《賈子》至此止，以下盧本皆有之，《治要》引《賈》亦有，知舊本脱漏甚多。按謝幣内交，固睦鄰之要政，然惰窳之民，驕縱之吏，不加懲治，何以奉法。或當時行之，而此未及書與。楚王時則稱説梁王，以爲信。句恐有誤。盧文弨曰：「時則稱說，舊作時稱則祝，譌，今從《賈子》改正。」案：雖改，仍恐有誤。或疑「則」當作「時」，謂時時稱說梁王也。草書則字似時，致誤，此說不知如何也。稱當作偁，稱，稱量字。故梁楚之歡，由宋就始。語曰：轉敗而爲功，因禍而爲福。二句蓋古語，《燕策》亦引之。老子曰：老子，李氏，名耳，字伯陽，謚曰聃。（《呂氏·重言》作老耽。）史本傳之言如此。《索隱》引葛玄云：「李氏女所生，因母姓。」又云：「生而指李樹，因以爲姓。」許慎云：「聃，耳漫也，故名耳，字聃，今作字伯陽，非正也。」然老子號伯陽父，此傳不稱。《正義》引《神仙傳》曰：外字曰聃。按謚字皆號也，疑老子耳漫無輪，故世號曰聃，按史云謚聃者，謚亦號也，讀若《司馬相如傳》謚爲至愚之謚。小司馬謂老子耳漫無輪，故世號曰聃，其說得之。世傳老子多異說，皆出後人傅會，梁氏《人表考》辨之甚詳。汪氏中《述學·老子考異》以老子有三人，一即儋，著書入函谷者；一孔子所從問禮者；一即老萊子。史公混合爲一，其說甚辨。今節引如下云：「《史記·孔子世家》南宮敬叔與孔子俱適周，問禮，蓋見老子云。《老莊申韓列傳》孔子適周，將問禮于老子。按老子言行，見於《曾子問》者凡四，是孔子之所從學者可信也。夫助葬而遇日食，然且以見星爲嫌，止柩以聽變，其謹禮如是。至其書則曰：禮者，忠信之薄，而亂之首也。下殤之葬，稱引周召、史佚，其尊信前哲如是。而其書則曰：聖人不死，大盜不止。彼此乖違甚矣。故鄭注謂古壽考者之稱，黄東發《日鈔》亦疑之，而皆無以輔其說，其疑一也。本傳云：楚苦縣厲鄉曲仁里人。又云：周守藏室史。按周室既東，辛有入晉，司馬適秦，史角在魯，王官之族，流播四方，列國之産，惟晉悼嘗仕於周，他無聞焉。況楚之於周，聲教中阻，又非魯鄭之比。且古之典籍舊聞，惟在古史，其人並世官宿業，羈旅無所置其身，其疑二也。本傳謂老子隱君子也，身爲王官，不可謂隱，其疑三也。《列子書》記列子與關尹子問答，列子與鄭子同時，見本書

《六國表》。鄭殺子陽，在韓列侯二年，距孔子之歿凡八十二年，關尹子年世既可考而知，則爲關尹著書之老子，其年世亦從可知矣。《文子·精誠篇》引《老子》曰："秦楚燕趙之歌，異傳而皆樂。"按《精誠篇》言燕自文侯，始與冠帶之國。文侯爲桓公子，其元年，距孔子歿凡百二十六年，老子與秦楚魏並偁，則以及見文侯之始彊矣。又魏之建國，距孔子之歿凡七十五年，而老子以與三國齒，則老子已及見其侯矣。楊朱爲老子弟子，及見子貢之死。（見《列子·楊朱篇》。原文備引，今從略。）則朱所師之老子，不得與孔子同時也。《説苑·政理篇》楊朱見梁王言治天下如運諸掌，梁稱王始惠王，其元年，距孔子之歿凡百十八年，朱已及見其王，則朱師事之老子，其年世可知矣。本傳云："見周衰，遂去，至關。"《抱朴子》以爲散關，又以爲函谷關。散關遠在岐州，函谷在靈寶縣，正當周適秦之道，關尹又與鄭之列子相接，則以函谷爲是。函谷之置，書無明文，當孔子之世，二殽猶爲晉地。惟《賈子·過秦篇》云秦孝公據殽函之固，則是舊有其地矣。秦自躁懷以後，數世中衰，至獻始大，是關之置當在獻世。由是言之，孔子所問禮者聃也，其人爲周守藏史，言行則《曾子問》所載者是也。周太史儋，見《秦紀》，在獻公十一年，去魏文侯之歿十三年，而老子之子宗爲魏將，封於段干，則爲儋之子無疑。而言道德之意五千餘言者，儋也，其入秦見獻公，即去周至關之事，本傳言或曰儋即老子，其言韙矣。至孔子見老萊子，今見《大戴禮·衛將軍文子篇》，《史記·仲尼弟子列傳》亦載其説，而所云貧而樂者，與隱君子之文正合。老萊子爲楚人，又見《漢書·藝文志》，蓋即苦縣厲鄉曲仁里也。而老聃之爲楚人，則又因老萊子而誤。故本傳老子語孔子，去子之驕色與多欲，態心與淫志。而《莊子·外物》則曰："老萊子謂孔子，去汝躬矜與汝容知。"《國策》載老萊子教孔子語，《孔叢子·抗志》以爲老萊語子思，而《説苑·敬慎》則以爲常摐教老子。然則老萊子之稱老子也舊矣。實則三人不相蒙也，若《莊子》

載老聃之言，率原于道德之意，而《天道篇》載孔子西藏書于周室，尤謬。後人寓言十九，固已自揭之矣。」以上汪說，有是有非。（有極允確者，亦有太迂泥，不必辨者。余別有論詳之，此不復及。）惟分老聃及儋與老萊子爲三人，後人誤合爲一，則其近理，爲前儒所未發，茲故列其說以待參。其他異說，槩不取。鄭注言古壽考者之稱，立說至矜慎。鄭不以問禮之老子，爲著道德五千言之人可知。《漢表》老子列四等，張晏以爲太貶。邊韶《老子碑》又謂班氏以老子絕聖棄知，以禮爲亂首，與仲尼道違，故抑而下之。沈氏欽韓《漢書疏證》云：「卞隨、務光之流，並列三等，墨者之徒，儼然頡頏，獨絀老子，豈通論乎。趙希弁《讀書志》載徽宗詔，《漢書・古今人表》升老子於上聖，與唐明之愚，同出一轍。」光瑛按：沈說亦是。老子曾升爲上聖，今書位置，已出後人移易，不足據。

「報怨以德。」《道德經・恩始章》「大小多少，報怨以德。」《廣雅・釋言》「報，復也。」《玉篇》「報，酬也，答也。」按：《說苑》屢引《老子》之言，其書廣采雜說，稍涉泛濫。本書則抉擇綦嚴，一以儒學爲歸，凡采《韓非》、《淮南書》之引及《老子》者，無不刊落，獨此章及《子韋章》兩引之，皆有其故。《子韋章》別見後，此章采《賈誼書》，仍存其引老氏說者，以德報怨之言，見於《論語》，夫子雖不許之，然《禮記・表記》稱其爲寬身之仁，則固無害於誼。蓋世風日下，此語亦中流之一壺也。《漢志》有劉向《老子》四篇，其書不傳。中壘非不知老氏者，但爲此書，以章儒術，正君心，意別有在，自不容參以異說也。（參《晉人伐楚章》注。）

此之謂也。夫人既不善，胡足效哉。

「也」，《賈》作「乎」。夫人，彼人也。效，法也，本作効，字俗。傳曰：尤而效之，罪又甚焉。凡引書後，多以也夫字嘅嘆作收，獨此章夫字屬下句讀，因夫人者外之之詞。《賈子》文「也」作「乎」，明以夫人連讀故也。《治要》引《賈子》，自「皆有死焦者矣」句下多所刪節。

14梁嘗有疑獄，游移未定之獄。羣臣半以爲當罪，《賈子·連語篇》脱「羣臣」二字，當據本書補入，文誼始完。《治要》引《賈子》亦有此二字，是唐人所見本，尚未脱也。半以爲無罪，《賈》作「半以爲不當」，一本亦有「罪」字。《治要》引與本書同。雖梁王亦疑。《賈子》潭本無此句，建本别本有，盧校本從潭本。梁王曰：「陶之朱公，「陶之朱公」，《賈》作「陶朱之叟」，《治要》引作「陶之朱叟」。意其人姓朱，居於陶，非范蠡所稱陶朱公也。沈欽韓曰：「魏稱王，徙都大梁，於陶爲近。其事在惠成王三十一年，當周元王仁三年，距越滅吴已一百三十四年，則陶朱公又非范蠡也。以理論之，范蠡既伯越滅吴，苟非逃諸山林，仍處通都爲富人，則蹤迹之者必不已，亦不得爲智矣。」（《漢書疏證》七。）案沈説甚近理。此文所稱陶之朱公，前人多誤以爲范蠡，然本書稱「陶之朱公」，《治要》引《賈》作「陶之朱叟」，安知非陶邑朱姓之人，其名稱適與范蠡相同，致滋誤會乎。況范蠡稱陶朱公，但見《史·世家》，與《國語》云「乘輕舟以浮五湖，莫知所終」，《賈子新書》云「范蠡負石而蹈五湖」，《吕子·悔過》云「范蠡流於江」。所言各不同，則范蠡之稱陶朱公，其事有無，尚不可知。《新書》稱「陶朱猗頓之富」，（《過秦篇》。）其人之爲范蠡，抑或即此朱叟，未可臆斷。安有范蠡至此尚存，猶能爲王從容決獄者。或疑梁之稱王，爲後人進尊，此亦臆説。進尊當稱魏，不當稱梁，其稱梁，則必在惠王遷都大梁之後，此可以理斷者也。《史記正義》引《括地志》：「陶山在濟州平陰縣東三十五里，此山之陽也，今山南五里猶有朱公墓。」《集解》：「今之濟陰定陶。」案《漢志》定陶屬濟陰。《水經·濟水注》：南濟自寃句來，東北逕定陶恭王陵南，又逕定陶縣故城南，側城東注，縣故三鬷國也，湯伐三鬷，即此。南濟又屈從縣東北流，右合菏水，下入乘氏。菏水自陳留濟陽來，東進陶丘北，墨子以爲釜邱，《紀年》薛侯會魏襄王於釜邱也。菏水東北出於定陶縣，北合氾水，又逕定陶縣南，右會黄水枝渠，下入乘氏。汜水西分濟瀆，東北逕縣南，東入菏，高帝即位處也。黄水枝渠，上承黄溝，東北入菏。北濟自吕都來，東逕定陶縣故城北，下入乘氏。」又《泗水注》：「黄水自陳留外黄來，東北逕定陶縣南，下入山陽成武。」顧祖禹《讀史方輿紀要》云：「今山東曹州府定陶縣西有陶城。」以布衣富侔國，侔，等也，字當作「牟」。本牛鳴字，借爲牟子牟等，俗作眸侔，非也。《史記·越世家》云：「范蠡居陶，約要父子耕畜、廢居、候時、轉物，逐什一之利，居無何，則致貲累巨萬，天下稱陶朱公。」世俗以此朱公富侔國，與范蠡事適同，故傅合爲一。不知本文明言布衣，蠡非布衣，且曾居卿相之位，不待外索，即此已足證其決非一人矣。又下文云「臣鄙民也」，鄙民謂邊鄙之民，意此朱公必生長於陶，世爲土著。范蠡則楚人，仕越適齊。又徙於陶，以爲陶居天下之中，交易有無之路通，爲生可以致富，故居之。其於陶爲寓公，爲客賈，其非一人，又斷然甚明也。是必有奇智。」奇智，思慮出人意表者。乃召朱公而問曰：《賈子》「問」下有「焉」字。「梁有疑獄，獄吏半以爲當罪，下句「獄」字，《賈書》無，疑亦奪寫兩點耳。半以爲不當罪，《賈子》無「罪」字，此據盧本言，别本仍有。以本書校之，則有者是。雖寡人亦疑。「疑」下《賈書》有「焉」字。吾子決是，奈何？」《賈》無「子」字，潭本上句「焉」字作「爲」，屬下爲句，作「爲吾決是」。盧本删去「爲」字，文誼遂不可通。當從潭本，或依本書補「子」字。朱公曰：「臣，鄙民也，「民」，《賈》作「人」，《治要》引仍作「民」。鄙民，鄙野之民，言不與朝政者。顔師古《匡謬正俗》以鄙人爲貪鄙之誼，失之。詳《刺奢篇·孟獻子章》注。不知當獄。《漢書·賈誼傳》注引如淳曰：「決罪曰當。」《路温舒傳》師古注曰：「當，謂處其罪也。」雖然，臣之家有二白璧，《賈子》無「雖」字「之」字，《治要》引仍同本書。其色相如也，如，猶若也。其徑相如也，徑口大小同。其澤相如也，温潤之澤又同。《禮記·聘義》：「温潤而澤，仁也。」以澤爲玉之美德，故及之。建潭本《賈子》脱去此句，盧本有，《治要》引亦有。本書文采自《賈書》，則潭本奪字明矣。然其價，《賈子》句末有「也」字，《治要》引無。按《説文》無價字，新附有，云物直也。鄭氏珍《説文新附考》云：「先秦經子及史漢，並止作賈，閒有作價者，《漢書》今唯《食貨志》通卷未改。蓋賈本商賈字，久之，商賈所市之物值亦同曰賈，本無二事，後人別其字，並別其音。《白虎通·商賈篇》云：古《論語》我待賈者也，《魯論語》我待價者也，足明古作賈，漢加作價矣。（原注：漢世賈與價別字別誼，當是解古《論語》者以賈者二字屬文，猶言賈人；解《魯論語》者乃以待價屬文，者屬孔子也。）」按鄭説是。賈本買賣之稱，引申之，則買者之所出，賣者之所入，皆謂之賈。俗人強生分別，沾出價字，以爲物值之名，古無是也。惟鄭引《白虎通》有古《論語》、《魯論語》云云，則文有譌繆。考《白虎通義·商賈篇》：「商之爲言商也，商其遠近，度其有無，通四方之物，故謂之商也。賈之爲言固也，固其有用之物，以待民來，以求其利者也。行曰商，止曰賈。《易》曰：先王以至日閉關，商旅不行。《論語》曰：沽之哉，我待價者也。」其文如此，初無分別古《論語》、《魯論語》之説。且詳班氏文誼，引《易》以釋商，引《論語》以釋賈，其原文當作待賈，謂待賈人。（賈者二字連讀。）今本作待價，則與引經之意及前後文均不相應矣。此價字明爲後人妄改，鄭氏所據，不知何本。（今所引者元大德本，徧考各本，亦俱如此。）然鄭治學有本末，不宜妄改本書以就己説，當是原稿字迹不明，校者以意改刊，成此巨謬耳。然不能訂今本《白虎》之誤文，又強分古魯《論語》云云，終未是也。一者千金，一者五百金。」引而不發，以待王之問也。王曰：「徑與色澤皆相如也，舊本無「皆」字，《賈子》有，《治要》引亦有。依文誼，有「皆」字爲長。此複述朱公言，以總括出之，故曰皆。本書偶奪此字，今據《賈子》文補。一者千金，一者五百金，何也？」怪其值相縣太甚。朱公曰：「側而視之，從側面視也。一者厚倍，一者，值千金者也。厚倍，質厚加倍。《説文・人部》：「倍，反也。」此倍之本誼，與背字音誼皆同，故經傳多以倍作背。反者，覆也，凡物反覆之，則有二面，故引申爲加倍之誼也。《賈子》句首有「其」字，句末有「之」字。是以千金。」梁王曰：「善。」《賈子》無「梁」字，《治要》引有。故獄疑則從去，賞疑則從與，疑，未定之辭。從，決定之辭。獄者天下之大命，出入所關至巨。《左傳・襄二十六年》引《夏書》曰：「與其殺不辜，甯失不經。」故從去，去者，去免其罪也。賞所以勸善，失之稍濫，不失爲鼓舞之資，失之稍嗇，將必有怨叛之害。項羽印刓不與，而韓信、陳平諸人咸不樂爲用，漢王捐陳以東傅海盡與韓信，捐睢陽以北至穀城盡與彭越，（本書十卷亦載其事。）使各自爲戰，遂收垓下之績。此尤彰明較著者也，故從與，與所以爲取也。《賈書》「與」作「予」。（《治要》本仍作「與」。）《説文・予部》：「予，推予也。」段玉裁注：「予與古今字，推予之予，借爲予我之予。」是也。此與字正推予之誼，當作予爲正。篆作𠄔，象以手推物付之之形。今人推予字多作與，而予之本誼漸晦矣。梁國大悦。《賈子》無「國」字，「悦」作「説」，是。悦俗字，一本仍作「悦」，《治要》引亦然。盧校云：「別本從《新序》作大説。」按：別本是，此大字不當省。本書用《賈子》文，盧反云別本從《新序》，誤矣。疑盧所據本偶脱大字。由此觀之，《賈書》作「以臣誼竊觀之」，俗本誼作義。凡經典字誼多叚作義，惟此賈生自舉其名，不可用借字。以下皆《賈子》之言，本書轉録之。墻薄則亟壞，墻，俗字，當作牆。亟，速；壞，敗也。盧文弨曰：「壞，本作壤，譌。」按宋本、嘉靖本、程本、何本皆作「壞」，餘本亦同，盧所據不知何本，乃形似之誤。以下四句「則」字《賈書》皆作「咫」，咫則一聲之轉。（《治要》引無四「咫」字。）《賈子》文多用咫字，如《淮難篇》云：「陛下於淮南王，不可謂薄矣，然而淮南王，天子之法，咫蹂促而弗用也，皇帝之令，𡰥批傾而弗行也。」又曰：「陛下無負也，如是，𡰥淮南王，罪人之身也，淮南王子，罪人之子也。」又曰：「是立𡰥泣沾衿，卧𡰥泣交項。」以上諸𡰥字，並與則同誼，不但此篇然也。至《晉語》「吾不能行𡰥，聞則多矣」，（從王引之説，行下删也字，以𡰥上屬爲句。）此𡰥字訓耳，語詞，又别一誼。《楚語》「是知天𡰥，安知民則」，天𡰥民則對文，則𡰥亦法則之誼，謂天道也。𡰥則音近字通，則爲語詞之則，亦爲法則之則，𡰥誼隨之。所謂兩字互訓，一字有旁誼，則其同訓之字與之俱轉也。王引之《經傳釋詞》以《楚語》之𡰥，亦訓爲耳，與《晉語》之𡰥同，似覺未當。繒薄則亟裂，《説文·糸部》：「繒，帛也，从糸，曾聲。」玄應《音義》引同，又云：「謂帛之總名曰繒也。」《三蒼》「雜帛曰繒」。《禮記·禮運》「瘞繒宜祝嘏辭説」，注：「幣帛曰繒。」《漢書·匈奴傳》「赤綈緑繒」，注：「繒者，帛之總稱。」此訓又見《漢·灌嬰傳》注、《急就篇》注、《文選·雪賦》李注引《字林》均同。《三蒼》云雜帛，正謂一切帛也。《説文·巾部》又云：「帛，繒也。」二字互訓。裂，破裂也。器薄則亟毁，毁，壞也。酒薄則亟酸，《莊子·胠篋篇》「魯酒薄而邯鄲圍。」酒气薄，則味易變爲酸。以上四句，言物之薄者，皆速敗，不堪持久，故宜厚。夫薄而可以曠日持久者，殆未有也。曠，隔也。曠日持久，見《韓非子·説難篇》。故有國畜民施政教者，「畜」，各本作「蓄」，宋本、嘉靖本、鐵華館本並作「畜」，與《賈子》同，今從宋本。畜蓄誼畧同，畜，猶養也。《易·師》象曰：「君子以容民畜衆。」《説苑·政理篇》：「尹逸對成王曰：民善之，則畜也；不善，則讎也。」《毛詩·谷風》「不我能慉」，傳：「慉，養也。」（孫疏引傳作興也，釋文以訓養爲王肅誼。）慉訓養，則與畜同。《説文·心部》：「慉，起也，从心，畜聲。」引《詩》「能不我慉」。起，卽興也，今本毛傳訓養，非本文。宜厚之而可耳。《賈子》作「臣竊以爲厚之而後可耳」。此括引賈語，故省其文。

15楚惠王食寒葅而得蛭，惠王，名章，昭王子，母越女也。《墨子·貴義篇》作獻惠王。在位十七年。謚法：柔質慈民，愛民好與皆曰惠。《漢表》列七等。葅，俗字，當作蒩。《説文·艸部》：「蒩，菜也，从艸，祖聲。」《廣雅·釋草》「蒩，蕺也。」蒩亦蒩之俗。《玉篇》「蕺，菜也。」蒩蕺一聲之轉，崔豹《古今注》「荆揚人謂蒩爲蕺」，此方音之轉也。字又作蔖，段公路《北户録》曰：「蔖，秦人謂之葅子，或作蒫者，誤。」張衡《南都賦》「其園圃則有蓼蕺蘘荷」，李善注引《風土記》云：「蔖，香菜，根似芽根，蜀人所謂蒩香。《後漢書·馬融傳》「茈薑芸蒩」，章懷注云：「其根似芽根，可食。」左思《蜀都賦》「樊以蒩圃」，劉逵注云：「蒩，草名也，亦名土茄，葉覆地而生，根可食，人飢，則以繼糧。」李注引《埤倉》云：「蒩，蕺也。」謝靈運《山居賦》「畦町所藝，蓼蕺葼薺。」《北户録》引《越絶》云：「蕺山，越山，句踐種蕺處。」《本草》注云：「蕺菜，葉似蕎麥，肥地亦能蔓生，莖紫灰色，多生溼地、山谷陰處，山南江左好生食之，關中謂之葅菜。」又作菹，《齊民要術》云：「菹菜，紫色有藤。」皆後起俗字也。《説文》無蕺菹葅蒩等字，段玉裁曰：「即今魚腥草，凶年人掘食之。」《爾雅·釋魚》曰：「蛭，蟣。」郭注：「今江東呼水中蛭蟲入人肉者爲蟣。」《説文》「蛭，蟣也。一曰齊謂蛭曰蟣。」《廣韵》「蛭，水蛭。」引《博物志》曰：「水蛭三斷而成三物。」蓋此物至難死，碎斷能復活也。《本草·水草》「一名蚑」，唐注：「一名馬蜞。」《釋名》亦名馬耆。並與蟣音同也。寇宗奭云：「汴人謂大者爲馬鼈，腹黄者爲馬黄。」郝氏懿行《爾雅義疏》云：「今俗人呼馬彫，或呼馬蜞，喜生濁泥水中，有大如拇指者，其小者齧人尤猛也。」按：此物生卑下溼地，寒蒩亦生溼地，故食蒩得蛭也。《説文》列蛭字於蟣蝚之間，蝚篆下云：「蛭蝚至掌也。」《爾雅·釋蟲》亦有「蛭蝚至掌」之文。《本草》水蛭，别録一名蚑，一名至掌，與《釋魚》之蛭蟣同爲一物，故許君連類而及之。郝氏《釋蟲疏》云：「蛭，水屬，在《釋蟲》者。陶注《本草》有山蚑，唐本注有草蛭，在深山草木，蜀本注有石蛭泥蛭。《論衡·商蟲篇》云：下地之澤，其蟲曰蛭，蛭食人足。則蛭屬其在草泥山石間者，並能齧人手足，恐人不識，故《爾雅》留至掌之稱矣。」宋羅願《爾雅翼》：「蟣，其讀如祈，大者長尺，呼馬蛭，亦呼馬蜞，蜞即古語蟣也。別其所稱，有石蛭、草蛭、泥蛭之異，並能傅著人及牛馬股閒，唾疾血，甚者入肉中，產育爲害，耘者尤以爲苦。楚惠王食蛭而愈疾，《論衡》曰：蛭，食血之蟲，惠王殆有積血之疾，故食食血之蟲而愈。陶隱居亦以爲蛭能去結積，雖曰陰祐，亦物性兼然。古法有以此啗瘡者，卒求之不可得，崔知悌令兩京預養之，以備緩急。又有一種細而長，亦入人肉，曳之輒斷，俗呼爛蜞，段成式云。」考羅氏分蛭屬，有石蛭草蛭泥蛭之異，即郝說所本。此言食葅而得者，殆或草蛭也。嶺南地勢卑溼，此物最多，形如蚯蚓，毒者齧人至死。斷分數段，猶能各活，《博物志》之言是也。得，猶過也，詳五卷《小臣稷章》注。蓋庖宰食監進寒葅，蛭雜葅中而不知，食乃遇之也。因遂吞之，腹有疾而不能食。食蛭後感得此疾。令尹入問，令尹，楚執政之官，注見前。曰：「王安得此疾也？」《賈子》無「也」字，《治要》引有。《論衡》作「令尹問王安得此疾也」。按也讀爲邪，言從何而致此疾邪。王曰：「我食寒葅而得蛭，念譴之而不行其罪乎，《廣雅·釋詁》：「譴，責也。」《說文·言部》：「譴，謫也。」玄應《音義》三引《倉頡篇》云：「呵也。」諸訓誼同。《漢書·賈誼傳》「其有在大譴大呵之列者」，是譴呵同訓之證。是法廢而威不立也，「法廢」，《論衡·福虛篇》作「廢法」。徒有其法，而不能行，是法廢，法廢則無威。非所以使國聞也，使國人聞之，將謂法不信。《賈子》舊本作「非所聞也」，譌脫不成句。盧校云：「四字不類原文，今去之。」按《治要》亦不引此句，然本書有之，似不可去，當補「以使國人」四字爲是。《論衡》「國」下亦有「人」字，「聞」下有「之」字。譴而行其誅乎，《賈書》無「乎」字，建本並無「其」字，潭本有，《治要》引亦有，

《論衡》無。則庖宰食監，《論衡》「宰」作「廚」，句末有「者」字。「食監」，《賈子》作「監食」，《治要》引同。以下《論衡》皆稱「監食」。按《史記·馮唐傳》有尚食監，蓋即此官也。《周禮》有庖人、内饔之屬，庖宰食監，亦其類與。《治要》引《賈》「庖宰」作「脆嘗」，大誤。庖誤爲脆，嘗疑尚之誤。《治要》原引或作庖宰尚食，尚猶掌也。（二卷《楚莊王涖政章》有尚衣冠之稱。）今本奪去宰食二字，又譌其文，遂不可通。法皆當死，心又不忍也。「不」，《賈子》作「弗」，《治要》引作「不」。故吾恐蛭之見也，《論衡》作「吾恐左右見之也」，語尤明皙。因遂吞之。」《賈子》無「因」字，《治要》引有。令尹避席再拜而賀曰：「臣聞天道無親，《賈子》「天道」作「皇天」，《治要》引《賈》及《論衡》均作「天道」。按《僞太甲》作「皇天」，《史記·伯夷傳》作「天道」，下句作「常與善人」。《左氏僖五年傳》曰：「鬼神非人實親，惟德是依。」《晉語》：「范文子曰：天道無親，惟德是授。」疑天道無親，乃當時常語，本書不誤，淺人反據僞書文改《賈子》耳。惟德是輔。輔，佐也。《論衡》、《治要》引《賈》「惟」作「唯」，古字通。君有仁德，《賈子》、《論衡》「君」作「王」，《治要》引亦作「王」。天之所奉也，《淮南子·説林訓》「風雨奉之」，《脩務訓》「今無五聖之天奉」，高誘注並云：「奉，助也。」即此奉字之誼。病不爲傷。」傷，害也。雖病不爲害。是夕也，《賈子》建本「夕」作「昔」，《治要》引同，潭本作「夕」。夕昔古字通用。《列子·周穆王篇》「昔昔夢爲國君」、「昔昔夢爲人僕」，昔昔即夕夕也。詳下《宋景公章》及五卷《齊閔王章》注。盧本從建本作「昔」。惠王之後蛭出，《賈子》、《論衡》「後」下有「而」字，《治要》引《賈》亦然。《論衡》下段極論此事之虛，亦有「之後蛭出，安得佑乎」之言。之後之誼未詳。故其久病心腹之積皆愈。《論衡》作「及久患心腹之積皆愈」，《治要》引《賈》無上四字。俞樾曰：「故字衍文，《論衡》無。」按俞説是。本書故字，當在下文「天之視聽」句上，誤迻於此。《賈子》此句及下句並有故字。蓋此句之故，後人據本書加之，不審其誤耳。久，舊也，舊訓久者，字本作肍。「積」，各本作「疾」，謬，宋本亦誤，《賈子》、《論衡》皆作「積」。王充言：「惠王心腹久積，殆積血也。」陶宏景謂蛭能去結積，則不當作疾字明矣。今據《賈子》、《論衡》、《治要》改正。**天之視聽，不可謂不察也。**各本脱「謂」字。盧文弨曰：「《賈子》有。」按無「謂」字不成文誼，《論衡》亦有，今依兩書增。句首亦當從兩書增「故」字，（説見上句注。）因文誼無礙，姑仍之。《賈》無「也」字，《治要》不引末二句，《論衡》作「故天之親德也，可謂不察乎」。俞樾曰：「《論衡》視聽作親德，是也。上云臣聞皇天無親，惟德是輔，故此云天之親德，即承上文爲説也。《廣雅·釋詁》察，至也。不可謂不察者，不可謂不至也。後人不達察字之誼，疑與天之親德意不相承，遂以形似之字易之，而爲天之視聽矣。」按俞説非是。天視天聽之文，見於《泰誓》，（《孟子·萬章篇》引。）即《賈》語所本。親德乃形近之譌，本書與《賈子》同，未必兩書同誤。況作視聽，亦未嘗不與上意相承。《賈子·耳痺篇》云：「其牧芒，其視察。」是視察之文，明見《賈子》，與此誼合，無待旁證。俞乃訓察爲至，以傅合王書之誤字，迂矣。王充極論此事之不足稱，以爲惠王久患積血之疾，故食食血之蟲而愈，其理甚正，論甚通。本書采《賈》文，但取其事有關君德，而以爲諷。意固未計此也。

16 **鄭人游於鄉校，**「游」，俗本作「遊」，下同。「於」，嘉靖本作「于」。今並依宋本，《左氏襄三十一傳》文，杜注：「鄉校，鄉之學校。」《正義》曰：「《詩序》子衿，刺學校廢，是校爲學之別名。」案：《子衿序》鄭箋云：「鄭國謂學爲校，言可以校正道藝。」《正義》曰：「《襄三十一年左傳》云：鄭人游於鄉校，然明謂子産曰，毁鄉校。是鄭國謂學爲校，校是學之別名，故序連言之。又稱其名校之意，言於其中可以校正道藝，故曰校也。此序非鄭人言之，箋見《左傳》有鄭人稱校之言。

故引以爲證耳，非謂鄭國獨稱校也。《漢書》公孫弘奏云，三代之道，鄉里有教，夏曰校，殷曰庠，周曰序。（按見《儒林傳》。《文獻通考》引作殷曰序，周曰庠，與《孟子》文合。）是古亦名學爲校也。」按《漢書》言鄉里有校，則三者皆鄉學也。《孟子·滕文公篇》：「設爲庠序學校以教之，庠者養也，校者教也，序者射也，夏曰校，殷曰序，周曰庠。」（此與《儒林傳》異。）蓋庠序校皆鄉學之名。《鄉飲酒》「主人迎賓於庠門之外」，《周禮·黨正》「屬民飲酒於序」，《左傳》「鄭人游於鄉校」，是三者皆鄉學之證也。趙岐注《孟子》云：「教者，教以禮樂射御，禮樂，道也，射御，藝也。」鄭言可以校正道藝，與《孟子》校者教也之訓，初無異致。孔疏謂非鄭獨稱校，是也。以議執政之善否。《左傳》作「以論執政」。按「之善否」三字宜删，「議」當作「論」，始與下文不犯複，《左傳》是也。本書多三字，疑涉下而衍。《僞家語·正論解》作「鄭有鄉校，鄉校之士，非論執政」，夫游校以論國政，猶今人擇場所以議事也。不限在校内之士，校士亦未必定在其列，故曰「夫人朝夕退而游焉」。言游，則平時不在校可知。又議論兼善否言，豈必有非議而無稱揚。傳文「吾行吾改」，何等包括。王肅之說，與傳意違謬也。然明謂子産曰：然明，鄭大夫，蔑也，以貌惡聞。《漢表》列五等。同時齊亦有鬷蔑，莊公外嬖，爲杼所殺，見《襄二十五年左傳》。（外嬖見杜注。按莊公鬷聲姬，蔑聲姬之同族，爲莊公姻黨，故殺之耳。外嬖之云，未詳所據。）表與子皮並列，必鄭之鬷蔑也。《廣韻》以鬷爲姓，《春秋分記》謂是然丹子革之子，鄭穆子子然之孫，若如其說，則以然爲氏矣。但杜譜然明見雜人，《分記》之說，未詳所據。《左氏襄二十四年傳》：「鄭行人公孫揮如晉聘，程鄭問焉，曰：敢問降階何由。子羽不能對，歸以語然明，然明曰：是將死，不然將亡。既登而求降階者，知人也，不在程鄭，其有亡釁乎。不然，其有惑疾，將死而憂也。」《二十五年傳》：「晉程鄭卒，子産始知然明，問爲政焉。對曰：視民如子，見不仁者誅之，如鸇鶻之逐鳥雀也。子産喜，以語子太叔，且曰：他日吾見蔑之面而已，今吾見其心矣。」又《昭二十八年傳》：「叔向適鄭，鬷蔑惡，欲觀叔向，從使之收器者而往，立於堂下。一言而善，叔向將飲酒，聞之，曰：必鬷明也。下，執其手以上，曰：昔賈大夫惡，娶妻而美，三年不言不笑，御以如皋，射雉獲之，其妻始笑而言。賈大夫曰：才之不可以已，我不能射，女遂不言不笑夫。今子少不颺，子若無言，吾幾失子矣。言不可以已也如是，遂爲故知。」總上數事觀之，以叔向、子産之賢，幾皆失之於鬷明，知人之難若此。孔子所以有以貌取人之嘆也。吾見蔑面一語，正是惡字注脚，謂其不颺也，以爲泛論者非。王氏引之《春秋名字解詁》云：「鄭鬷蔑，字明。《説文》蔑，勞目無精也。《檀弓》鄭注：明，目精也，名蔑，故字明。蔑莧聲同而誼近。（原注：《玉篇》莧，莫結切。）《説文》莧，火不明也。字通作眛，《説文》眛，目不明也，从目，未聲。《玉篇》音莫蓋切。按蔑，猶眛也。《國語·周語》王而蔑之，是不明賢也。與上文王而尊之，是不尊貴也；王而棄之，是不庸勳也；王而弱之，是不長老也；王而虐之，是不愛親也等句，皆相對爲文。蓋卑與賢，棄與庸，弱與長，虐與愛，蔑與明，皆相反爲註。名蔑字明，猶闇沒之名没字明也。没眛蔑，俱一聲之轉，楚唐蔑一作唐眛。《左氏隱元年經》公及邾儀父盟于蔑，《公》、《穀》經文作眛。《文七年》晉先蔑，《公羊》作先眛。《説文·目部》眛，目不明也；《苜部》：蔑，勞目無精也，誼亦相近。是眛蔑通用之證。《後漢書·張衡傳》注：蔑，蒙氣也。蔑蒙皆不明之誼，故名蔑字明也。」子産，鄭大夫公孫僑，《後漢·陳寵傳》、《吕氏·下賢》注、《隸釋·元賓碑》作喬，僑喬古字通。錢氏大昕《後漢書考異》云：「古人名字恒相應，産者，生也，木高曰喬，有生長之誼，故名喬，字子産，後人增加人旁。」梁玉繩《人表考》云：「考《説文》僑，高也。與産之誼亦合。木之高大者爲美材，故别字子美。（見《襄二十五年左傳》。）蓋僑喬古通，《左傳》長狄僑如、叔孫僑如，《釋文》、《史記·魯世家》、

《漢書·五行志上》竝作喬，《劉向傳》張子僑，師古曰：或作喬。《列仙傳》王子喬，《隸釋·樊敏碑》作僑。張注《列子·說符篇》異伎云僑人，郭注《山海經》長股國言有喬國，今伎家僑人象此。」（卷二。）王氏《名字解詁》云：「僑與産，皆長大之意。《說文》僑，高也。《大戴禮記·衛將軍文子篇》其橋大人也，盧辯注曰：橋，高也，高大之人也。《爾雅》喬，高也。又曰：大磬謂之毊，大管謂之簥，大籥謂之産，是僑與産皆長大也。《漢書·馮奉世傳》馮逡，（原注：讀若駿，《爾疋》駿，大也。）字子産。《後漢·宦者傳》鄭衆，字子産。其意皆爲大也。一字子美者，《說文》美从大，則美亦大也。《隱五年公羊傳》登來之者，美大之之辭也。按錢氏以僑字爲後人加人旁，不知僑亦訓高，殊爲失考。」梁氏說是。王氏解僑産名字相應，皆取誼於大，美文亦從大。其說尤有理。《續郡國志》、《水經·潩水注》並云葬河南密縣陘山。《漢表》列二等。「何不毀鄉校？」《左傳》作「毀鄉校，何如」，杜注云：「患人於中謗議國政。」《家語》連上合作一句，云「鬷明欲毀鄉校」。子産曰：「胡爲？「胡」，《左傳》作「何」，《家語》作「何以毀爲也」。夫人朝夕游焉，《左傳》「游」下有「退而」二字。夫人，猶彼人也。以議執政之善否，其所善者，吾將行之，《左傳》、《家語》「將」作「則」，下同。其所惡者，吾將改之，即擇其善者而從之，其不善者而改之之誼也。《家語》「惡」作「否」，古無四聲之分，惡字去入同讀。是吾師也，《荀子·脩身篇》「非我而當者，吾師也。」《家語》無此句。如之何毀之。「如」，《左傳》作「若」，《家語》作「若之何其毀也」。吾聞爲國忠信以損怨，「吾」，《左傳》、《家語》作「我」。「信」，《家語》作「言」，恐是誤字，《左傳》作「善」，注云：「爲忠善則怨謗息。」「爲國」二字，《左傳》、《家語》無。損，謂減損之也。不聞作威以防怨。杜注云：「欲毀鄉校，即作威。」「作」，《家語》作「立」。譬之若防川也，《左傳》作「豈不遽止，然猶防川」，《家語》「譬之」作「防怨」。案《國語・周語》「召穆公告厲王曰，防民之口，甚於防川」，此語本之。**大決，**句。**所犯傷人必多，**犯傷，謂横溢衝潰之災。**吾不能救也。**「能」，《左傳》、《家語》作「克」。《公羊隱元年傳》「克者何，能也。」水勢泛濫，人力不能救。**不如小決之使導，**導，引也。《左傳》作「道」，古文省借。《説文・寸部》：「導，引也。」段注云：「經傳多叚道爲導，道本通也。」杜注《左傳》曰：「導，通也。」按杜訓道爲通，亦引而通之之意。《法言・問道篇》「道也者，通也」，杜本此，亦讀如導也。導正字，道叚借字。導从寸，許訓爲引，引之必以法度也。《家語》作「不如小決使導之」。《尚書・禹貢》曰：「九河既道。」《周語》召穆公曰：「川壅而潰，傷人必多，民亦如之，是故爲川者決之使導，爲民者宣之使言。」子産蓋用其語。漢賈讓云：「治土而防其川，猶止兒啼而塞其口，豈不遽止，然其死可立而待也。」（《漢書・溝洫志》。）其意亦與此同。**吾聞而藥之也。」**《左傳》句首有「不如」二字，杜注云：「以爲己藥石。」《正義》曰：「言不如不毁鄉校，使人游處其中，聞謗我之政者，而即改焉，以爲我之藥石也。」《家語》作「不如吾所聞而藥之」，亦有「不如」二字。上四句皆以防川爲諭，此句轉入正意，故用不如二字蟬聯而下，本書删之，揆法稍嫌突兀。《商君傳》引語曰：「苦言藥也，甘言疾也。」**然明曰：「蔑也，**蔑，然明名。**乃今知吾子之信可事也。**「乃今知」，《左傳》作「今而後知」。按：乃有然後之誼，見王引之《經傳釋詞》。乃今，倒字法，即今乃。今乃，即今然後也。上卷《鄒陽章》曰「乃今知之」，《莊子・逍遥游篇》「而後乃今培風，而後乃今將圖南」，言而後又言乃今，古人自有此複語耳。然明語《家語》俱不引。一曰：乃而也，乃今即而今，又即如今，而如一聲之轉，乃而字通，即近人日紐歸泥之説。**小人實不材，**小人，然明自謂也。「材」，《左》作「才」，古字通用。**若果行此，其鄭國實賴之，**其，猶則也。王引之《經傳釋詞》於則下有其訓，於其下反無則訓，未免遺漏。

《韓非子·外儲説左》「爲虛辭其無用而勝，實事其無易而窮也」，兩其字，即訓則之顯然者。此其字亦當訓則。實，是也，賴，利也。皆聲轉字。豈惟二三臣。」二三臣，然明等自指也。《左氏昭七年傳》曰：「其先君鬼神，實嘉賴之，豈惟寡君。」句法與此同。又《昭三年傳》「豈惟寡君舉羣臣實受其賜」，（舉，猶與也，古字通。十一字作一句讀，舊訓舉爲皆，誤。）其自唐叔以下，實休嘉之。」則倒句法也。「惟」，《左傳》作「唯」，字同。仲尼聞是語也，杜注云：「仲尼以二十二年生，於是十歲，長而後聞之。」《正義》曰：「《公羊傳》於二十一年下云：十有一月庚子，孔子生。《穀梁傳》於二十一年十月之下云：庚子，孔子生。二十一年賈逵注經云：此言仲尼生，哀十六年夏四月己丑卒，七十三年。昭二十四年服虔載賈逵語云：是歲孟僖子卒，屬其子使事仲尼，仲尼時年三十五，定以孔子爲襄二十一年生也。（洪亮吉《左傳詁》引此疏，從服虔處起，至生也止，所引不全，殊不明憭。乍看，似謂此年孟僖子卒，孔子三十五矣，須連昭二十四年五字引之，始明白也。）《孔子世家》云：魯襄公二十二年，而孔子生，年七十三，魯哀公十六年夏四月己丑卒。杜此注從《史記》也。」按：孔子生卒年月日，前人辯論紛繁，以孔氏廣牧之説爲最善，堪稱定論。曰：「由是觀之，」「由」，各本作「以」，殆據《左傳》文改之，今從宋本。以由一聲之轉，誼同。人謂子產不仁，吾不信也。」爲國者，利國之謂仁。子產不毁鄉校，尊崇輿論，與勸子孔焚書定國云衆怒難犯，專欲難成，同一識解，所以謀利國之力至矣。故夫子許其仁，而反詞以明之，信之至也。子產作丘賦，著刑書，以猛治國，當時蓋必有疑其不仁者。夫子原其心而特許之，又引此事以實之，與《論語》稱子產爲惠人同意。惠者，仁德之所布也。夫子於管仲，稱之曰如其仁，如其仁。以《法言》句法例之，如其者，不許之詞。（俞樾説，甚確。）其視子產之原其心而反詞以明之者，相去遠矣。世俗多以管仲、子產並稱，甚或謂仲之德不勝才，子產才不勝德，豈其然哉。此等皆録《左氏傳》文，當時《左傳》未立學官，西京諸儒著述絶少稱引，中壘父子校書中秘，始得見之。桓譚、王充謂向父子呻吟《左氏》，婢僕皆能諷誦，此一證也。班固謂歆以《左氏》義難向，向不能非閒，猶自持《穀梁》義，（説已見前。）謬矣。或疑是書引《左傳》皆歆所闌入，故《史記索隱》以爲歆譔。不知此書奏進在向生前，去取具有深意，豈歆所能羼雜。《漢志》儒家，大書劉向所序六十七篇，注《新序》云云。今本所傳，祇有闕少，而無增多，豈可舍班固而信司馬貞哉。盧氏《拾補》不引《班志》，又不考進書及歆繼父業之年月，僅據隋唐志之文，以駁《索隱》之説，蓋其疏也。兹故不引盧説，並附辯其失，以諗學者。

17 **桓公與管仲、鮑叔、甯戚飲酒，**齊桓公、管仲，注見二卷首章。甯戚，注見三卷《鄒陽章》。鮑叔，齊大夫，姒姓之後，鮑敬叔之子叔牙也。（敬叔，《世譜》作叔敬，非。）姒敬叔仕齊，食采於鮑，爲鮑氏。（見《通志·氏族略》三、《路史·後紀》十四。）今山東濟南府歷城縣東三十里有鮑城，是其地。《一統志》云：「葬河間縣。」又云：「在濟南歷城縣東鮑山下。」又見兖州滕縣北，未審孰是。《漢表》列三等，與隰朋、甯戚同。《吕氏·直諫篇》句首有「齊」字，「桓公」下無「與」字，「甯戚」下有「相與」二字。《管子·小稱篇》作「桓公管仲鮑叔牙甯戚四人飲」。**桓公謂鮑叔，**《管子·小稱》句首有「飲酣」二字，末有「牙曰」二字。《吕氏》首有「酣」字，末有「曰」字。**「姑爲寡人祝乎。」**姑，且也。祝，上壽致祝辭也。《吕書》作「何不起爲壽」，《管子》作「闔不起爲寡人壽乎」。闔，即盍字。《治要》及《御覽·禮儀部》十八並引作「盍」，盍何一聲之轉。尹注《管子》云：「奉尊者酒，祝今增壽。」**鮑叔奉酒而起祝曰：**「酒」，《管子》作「杯」，《吕書》同。「起」，《吕》作「進」。「祝」舊在「曰」下，屬下句。按《後漢書·隗囂傳》注引本書，起下有祝字，下文「祝吾君」之祝，當迻在此。「吾君」，《管》、《吕》作「使公」，俱無祝字可證。《後漢》注引下二句亦無祝字，章懷所見《新序》，尚未亂也。《尸子》亦無祝字。蓋寫《新序》者，偶顛到其文，今依各書正。「吾君無忘其出而在莒也，無毋通，禁止辭。《管》、《吕》作「毋」，下並同。《管》作「使公毋忘出如莒時也」，《吕》作「使公毋忘出奔在於莒也」，《後漢書·隗囂傳》注引本書作「吾君無忘出莒也」，《馮異傳》注引作「管子語云，願君無忘出奔于莒也」。同是《新序》，同出一書徵引，而事逈別，（一以爲鮑叔語，一以爲管仲語。）殊不可解。盧氏《拾補》以《後漢》注二條，采入佚文中，然《隗囂傳》注所引，與此無甚異同，盧既引以校本章，又采入佚篇，愈不可解。豈偶忘之歟，抑姑采以備數歟。王念孫《讀管子雜志》云：「《管》文上二句，當依《治要》作使公毋忘出而在於莒也，使管仲毋忘束縛在於魯也。在於魯與在於莒對文，莒與魯下爲韵。今本出而在於莒作出如莒時，則失其韵矣。《藝文類聚·人部》七、《御覽·人部》一百引此並作在莒，《吕氏春秋·直諫篇》作出奔在於莒，《新序·雜事篇》作出而在莒，皆無時字。」按王説是，數句皆是韵語。《史記·齊世家》云：「襄公無道，羣弟恐禍及，故次弟糾奔魯，其母，魯女也，管仲、召忽傅之。次弟小白奔莒，鮑叔傅之。小白母衞女，寵於釐公，小白自少善大夫高傒，及無知弑，高國先陰召小白於莒。魯亦發兵送公子糾，而使管仲別將兵遮莒道，射中小白帶鉤，佯死，以誤管仲。已而載温車中，（温與輼同。輼輬與温涼通，本非喪車，詳見《漢書·霍光傳》注。《説文·車部》輼輬下竝云：卧車也。《韓非子·外儲説》有乘輼車至李史門者，宋玉《九辯》云，前輼輬之鏘鏘兮，後輜乘之從從。則輼輬各爲一車，本非喪車明矣，小顔注之説最允。此亦謂載小白輼車中，非謂詐死而置之喪車中，以誤敵也。）馳行，亦有高國内應，故得先入立，發兵距魯。」《管子·大匡篇》：「襄公逐小白，小白走莒。三年，襄公薨，公子糾踐位，國人召小白。鮑叔曰：胡不行矣。小白曰：不可，管仲知，召忽彊，雖國人召我，猶不得入也。鮑叔曰：管仲得行其知，可謂亂乎，召忽彊武，豈能獨圖我哉。乃命車駕，鮑叔御，小白乘而出於莒，鮑叔爲前驅，入國逐糾。管仲射小白，中鉤，仲與公子糾、召忽遂走」云云。此篇記敍駁異，其云子糾既立復出，尤舛謬，節引之，以存桓公在莒時事。《呂氏春秋》云：「管子束縛在魯，鮑叔荐以爲相。桓公曰：夷吾，寡人之賊也，射我者也，不可。鮑叔曰：夷吾，爲其君射人者也，君若得而臣之，則彼亦將爲君射人。」統諸書所言，所謂毋忘在莒，卽指射鉤，幾瀕於死（語見《齊語》。）之事也。《呂氏》注云：「毋忘之者，欲其在上不驕。」使管仲無忘其束縛而從魯也，《管子·小稱篇》作「使管子毋忘束縛在魯也」。按《呂子》注云：「不死公子糾之難，出奔於魯，魯人束縛之以歸於齊。」考《左氏莊九年傳》：「鮑叔帥師來言曰：子糾，親也，請君討之。管召，讎也，請受而甘心焉。乃殺子糾於笙瀆，召忽死之，管仲請囚，鮑叔受之，及堂阜而稅之。」《呂氏》書亦言：「齊使人告魯曰，管夷吾，寡人之讎，願得之而親加手焉。魯君許諾，乃使吏鞹其拳，膠其目，盛之以鴟夷，置之車中。至齊境，桓公使人以朝車迎之，祓以爟火，釁以犧豭焉，生與之如國。」又《順說篇》曰：「管子得於魯，魯束縛而檻之，使役人載而送之齊。其謳歌而引，管子恐魯之止而殺己也，欲速至齊，因謂役人曰，我爲汝唱，汝爲我和。其所倡適宜走，役人不倦，而取道甚速。」以上皆管子束縛於魯之事也。使甯子無忘其飯牛於車下也。」《管書》「甯子」作「甯戚」，無「其」字「於」字。《呂》作「使甯戚毋忘其飯牛而居於車下」。按甯戚事，見《呂氏·舉難篇》、《淮南·道應訓》及本書五卷。《淮南》「戚」誤作「越」，注見本事。《後漢書·隗囂傳》注引與此文同，但「子」字亦作「戚」。《尸子》載此事一作「甯戚祝」，見《御覽》七百七十三，一作「鮑叔祝」，見《御覽》七百三十六。其作鮑叔祝者云：「使臣無忘在莒時，管子無忘在魯時，甯戚無忘車下時。」（《管書》首句「時」字，淺人據此加之。而忘其不協也，此各句皆有韻。）作甯戚祝者云：「使公毋忘在莒，管子毋忘在魯，臣毋忘車下。」詞句又各有異。數語或以爲管子，或以爲鮑叔，或以爲甯戚，皆各據所聞述之，當以《管子》及《呂氏》本書所言爲正。**桓公辟席再拜曰：**「辟」，本作「避」，今據宋本。辟避通借字。《呂氏書》作「避」，《管》作「辟」，以作避爲正，經傳多叚辟爲避。《呂子》注曰：「避席，下席也。」按古時席地而坐，有所敬則避席。《史記·魏其武安侯傳》：「武安起爲壽，坐皆避席伏；已，魏其侯爲壽，獨故人避席耳，餘半膝席，灌夫不說。」是膝席之敬不如避席也。**「寡人與二大夫，**二大夫，謂管仲、甯戚。《呂書》無「二」字。**皆無忘夫子之言，**夫子，謂鮑叔。《管子》「皆」作「能」，《呂氏》「皆」上更有「能」字，「無」作「毋」。**齊之社稷，必不廢矣。」**《管子》：「則國之社稷，必不危矣。」《呂子》作「則齊國之社稷、幸於不殆矣」。《左氏定三年傳》「廢於鑪炭」，杜注：「廢，隋也。」隋者傾墜之誼，《說文·广部》：「廢，屋頓也，从广，發聲。」段注云：「頓之言鈍，謂屋鈍置，無居之者也。引申之，凡鈍置皆曰廢。《淮南·覽冥訓》四極廢，高注：廢，頓也。」按段說非是。頓，謂傾隋也，《淮南》之誼亦然。《說文·頁部》：「頓，下首也。」引申之，凡自上而下皆曰頓。（頓首，以頭下至地也。）《荀子·仲尼篇》「頓窮則從之」，楊倞注：「頓，困躓也。」《禮論篇》注同。躓，正傾隋之誼。《堯戒》曰「人莫躓于山而躓于垤」，是也。漢《西嶽華山碑》「修廢起頓」，以頓廢對文，可爲切證。此文《管子》作「危」，《呂》作「殆」，本書廢字，必與危殆誼近，當從杜訓作隋。《說文》廢厠㢈庮二篆之閒，㢈訓屋從上傾下，正隋字之確詁；庮訓久屋朽木，屋久而朽，亦有傾隋之憂。此以誼相關連，自爲比次，以許書之例律之，可以推知其訓。**此言常思困隘之時，**隘，與戹同。《說文·户部》：「戹，隘也，从户，乙聲。」今俗通用厄字。本書二卷「寘之以[illegible]厄」，《魏策》作「鄖隘」。（說見彼注。）《左氏昭元年傳》「所遇又阨」，《定四年傳》「還塞大隧」「直轅、冥阨」。釋文皆云：「阨本作隘。」蓋阨卽隘之俗。隘與戹通，故阨厄亦通。《易·大畜》注「不憂險阨」，釋文本作厄，是其證也。（其他證據甚多，不具引。）困戹，窮也。**必不驕矣。**此卽居安思危之誼。人勞則思，思則善心生，逸則淫，淫則忘善，忘善則惡心生。（見《魯語》。）唐明帝狃於開元之治，肆志宴樂，遂生天寶之亂。宋李沆謂王旦以四方災旱之説入告，以戢人主侈心之萌，意正如此。桓公既知拜鮑叔之重，及其末年，管鮑繼殂，溺情内嬖，啓五公子之禍，知及之，仁不能守之，惜哉。

18**桓公田至於麥丘，**《韓詩外傳》十作「齊桓公逐白鹿，至麥丘之邨」，《晏子春秋·内篇諫上》作「景公遊于麥丘」，以爲景公事。《治要》引《晏子》，此篇在雜上，與今本異。閻若璩曰：「《新序》此事或以爲寓言，及讀酈注《水經·汶水》云：萊蕪谷有平丘，面山傍水，土人悉以種麥，云：此丘不宜殖稷黍，而宜麥，齊人相承以殖之，故謂麥丘。乃知真有其地，則亦真有其人矣。而酈氏辨麥丘愚公谷在齊，不在魯，蓋志者之謬耳。余謂劉向首言桓公田至於麥丘，今萊蕪縣正齊魯二國之境，彼桓氏好獵，雙甄所指，不避陵壑。況桓公伯主，越境而田，其孰禦之。遥此者乃必于此辨，泥矣。」（《四書釋地續》。）按：讀麥丘邑人與桓公問答之詞，其爲齊之邑人無疑，下文有封之以麥丘之語，尤可證。閻氏必欲強辯，何也。又此章文采自《外傳》，非中壘自記。《初學記》八、《太平寰宇記》十二引桓譚《新論》：「齊桓公行，見麥丘人，問其年幾何。對曰：八十三矣。公曰：以子壽祝寡人乎。對曰：使主君甚壽，金玉是賤，以人爲寶」等語，所引甚略。「麥」字，《初學記》作「麦」，形近而誤。**見麥丘邑人，問之：**《外傳》「至麥丘之邦」下接「遇人曰」三字，《御覽》七百三十六引《外傳》作「至海丘，見封人」。陳氏喬樅《韓詩遺説考》云：「邦人卽封人，封邦古字通用，《御覽》引《外傳》亦作麥丘封人。（按陳氏引《御覽》，亦據七百三十六，其文作海丘，不作麥丘也。」惟《新序》作邑人，蓋叟爲其邑之封人也。按封讀邦，邦人卽邑人，古無輕脣音也。古有封人，卽附庸之君，如驪戎男，《莊子》稱之艾封人，宋有蕭封人是也，與此異。此封人猶邑人耳。」陳氏說誤，《漢表》作「麥丘人」可證。封人稱齊桓爲主君，必是齊之臣子，麥丘非齊邑而何，益知閻說之不當。《外傳》下文於本書稱邑人處，皆作邦人。漢諱邦，韓嬰漢臣，不宜稱邦，宜據《御覽》改爲封。《晏子》「游於麥丘」下，接「問其封人曰」一句，與二書不同。《漢表》麥丘人列四等。「子何爲者也？」《外傳》無「子」字，「爲」作「謂」。趙懷玉校本據《御覽》引，句首增「爾」字，又據本書改「謂」爲「如」。按謂爲通用，古書習見，不必改字。趙本出於盧文弨，（見嚴元照《悔學菴文集》。）盧氏《羣書拾補》於謂爲通用處，多以爲誤而妄改，卽本書已屢見，此不精小學之過。也，讀爲邪，古也邪字通。王氏《經傳釋詞》、俞氏《古書疑義舉例》皆詳言之。自此至「公曰」句，《晏子》文無。對曰：「麥丘邑人也。」《外傳》作「臣麥丘之邦人」，《御覽》引作「臣麥丘封人也」。或疑本書邑字當作邦，與封字通，後人見邦邑同誼，故改爲邑，不知其當讀封字也。其說無據，且誤解封人之誼。漢諱邦，中壘不當用國諱字，此不祧之廟，非祧則不諱者可比。《晏子》雖作封人，而下文自稱作鄙人，鄙人卽邑人也。《外傳》下文亦稱「野人」。公曰：「年幾何？」《外傳》作「桓公曰，叟，年幾何」，《御覽》引同，《晏子》末有「矣」字。按下文稱桓公曰，此及下公曰句，當依《外傳》有「桓」字爲是。末處「公曰善」句亦然，疑今本脫之。對曰：「八十有三矣。」《御覽》八百十一引本書作「八十矣」，《晏子》作「鄙人之年，八十有五矣」，並誤。《外傳》作「臣年八十有三矣」，《初學記》、《寰宇記》引《新論》作「八十三矣」，並與此文合。公曰：「美哉壽乎，《外傳》作「桓公曰，美哉，與之飲」，《晏子》止有「壽哉」二字。子其以子壽祝寡人。」《外傳》作「曰，叟，盍爲寡人壽也，（也字讀爲邪。）對曰，野人不知爲君王之壽，桓公曰，盍以叟之壽祝寡人矣」，中數句本書从畧。《晏子》作「子其祝我」，《御覽》八百十一引本書作「以子之壽祝寡人乎」。麥丘邑人曰：《外傳》作「邦人奉觴再拜曰」，《晏子》作「封人曰」，《御覽》引本書止一「曰」字。「祝主君，《晏子》、《外傳》、《御覽》引本書，俱無此三字。使主君甚壽，《外傳》作使吾君固壽」，《初學記》八、《太平寰宇記》十二引《桓子新論》與本書同。《晏子》作「使君之年長于胡」，孫星衍曰：「《詩》胡考之甯，傳：胡，壽也。《周書・謚法解》彌年壽考曰胡，保民耆艾曰胡。」俞樾曰：「按胡者，蓋謂齊之先君胡公靜也。《詩・齊譜》正義：言胡公歷懿王、孝王、夷王，是其享國久矣。謚法：保民耆艾曰胡。則胡公壽考令終可知，故封人以爲祝。而《史記》乃有見殺之說，或傳聞之異，不足據也。」蘇輿曰：「俞說較優。」按胡有壽誼，猶耄耋期頤之有壽誼也。胡公長壽，故謚爲胡，而邑人所祝，未必卽指胡公。若指胡公，則當云使君年長于先君胡公，不得但言長于胡也，以孫說爲正。《外傳》「固」字，卽「胡」之譌文，胡固音相近。一曰：固猶甚也，久也，亦通。《治要》引《晏子》作「使君之年長于國家」，蓋連下宜國家句，脱去「胡宜」二字。以下《晏子》文與本書多異。金玉是賤，以人爲寶。」各本無「以」字，《初學記》、《寰宇記》引《桓子新論》有。諸書此處俱分作二句，《御覽》引本書亦有「以」字，可證今本奪之，今依《御覽》引補。《外傳》作「金玉是賤，人民是寶」，趙本據《初學記》引改「之」作「是」。按之猶是，故之子卽是子，不改亦可。《晏子》無此二句，有「宜國家」三字，蓋《晏子》文以胡家爲韵，此則以壽寶爲韵也。壽寶依段表同列第三部，薛尚功《鐘鼎款識・周運父鐘銘》「萬年眉壽，子子孫孫無疆寶」，亦以寶壽爲韵。（此類甚多，徐氏時棟《煙嶼樓讀書志》十一，論此文用韵，廣引他書以證，其文甚繁，徒詞費耳。）《禮記・大學》引《楚書》曰「惟善以爲寶」也。桓公曰：「善哉。《晏子》無「桓」字，《外傳》「善哉」下有「祝乎，寡人聞之矣」七字。至德不孤，《易·坤卦·文言》曰：「敬義立而德不孤。」《論語·里仁篇》曰：「德不孤，必有鄰。」漢桓寬《鹽鐵論·誹篇》引而釋之曰：「故湯興而伊尹至，不仁者遠，未有明君在上，而亂臣在下也。」按寬所引，是釋有鄰之誼，非釋不孤之誼。如《易·文言》所云内外各有立，（《文言》曰：君子敬以直内，義以方外，敬義立而德不孤。）始爲不孤。不孤者，言非一德也。《漢書·董仲舒傳》：「孔子曰，德不孤，必有鄰，皆積善累德之效也。」積善累德，即不孤之確誼，與下文言必再必三之意正合。善言必再，《晏子》無此二句。吾子其復之。」使復廣言之。《晏子》句首無「吾」字，《外傳》作「叟盍優之」，優乃復字形近之譌，下同。復，再言也。《御覽》引《外傳》作「叟盍復祝乎」，北宋時所據本，尚未誤也。麥丘邑人曰：《外傳》作「邦人奉觴再拜曰」，《晏子》無上四字。「祝主君，《晏子》、《外傳》俱無此句。使主君無羞學，無惡下問，賢者在側，諫者得入。」羞學惡問，皆恥下人之意。古以羞惡連言，惡亦羞也。《論語·公冶長篇》：「敏而好學，不恥下問，是以謂之文也。」好學下問，人情所難，故以此復祝也。側，在傍也。諫者不拒，故得入。入，聽其言也。《左氏宣三年傳》云：「諫而不入，則莫之繼。」又曰：「不入，則子繼之。」是其誼也。舊本「側」作「傍」，「入」作「人」，大誤。《外傳》作「使吾君好學士而不惡問，賢者在側，諫者得入」，字亦作側。側入爲韵，與上祝壽寶爲韵同，淺人以傍側同誼妄改之。「人」字是「入」之誤，今依《外傳》更正。《晏子》作「使君之嗣，壽皆若鄙臣之年」。（臣當作人，與前後文一律，王念孫説。）嗣年亦韵。第二祝《晏子》之文與《外傳》本書不同。桓公曰：「善哉。《外傳》下有「祝乎，寡人聞之」六字。至德不孤，善言必三，《晏子》無此二句。吾子其復之。」宋本、嘉靖本、鐵華館本「其」作「一」。盧文弨曰：「本亦作其。」按：作其是，一字無誼，疑其之爛文耳。此複用前語，不當有異，今从衆本。《外傳》

作「叟盍優之」，辨見上注。《晏子》句首無「吾」字。麥丘邑人曰：《晏子》作「封人曰」。（王念孫據此謂第二祝當補封人二字，是也。《外傳》作邦人奉觴再拜曰。）「祝主君。《晏子》、《外傳》俱無此句。使主君無得罪於羣臣百姓。」《外傳》作「無使羣臣百姓得罪於吾君，無使吾君得罪於羣臣百姓」。或據閻氏若璩《四書釋地又續》言：「百姓誼有二，有指百官言者，《書》百姓與黎民對，《大傳》百姓與庶民對是，有指小民言者，不必夏代，亦始自唐虞之時，百姓不親，五品不遜是。四書中百姓凡二十五見，惟百姓如喪考妣三年指百官，蓋有爵土者爲天子服斬衰三年，禮也。《孟子》已明下注脚曰：舜帥諸侯爲堯三年喪。如喪考妣三年，即《檀弓》方喪三年耳云云，是百姓有謂百官者。下文桀得罪於湯，紂得罪於武王，皆非小民，是有爵土者，可證此百姓亦當爲百官也。按百姓與羣臣連言，訓作百官，誼近重複。下文湯武云云者，湯武是桀紂之臣，民望所歸，得罪湯武，即得罪臣民矣。《晏子書》作「無得罪」，可見百姓即民，不必緐新立說。桓公怫然作色曰：《說文・心部》：「怫，鬱也。」作色，動色也，心有鬱而色變，其說雖通，但非此誼。此怫然即勃然，盛怒貌。《孟子・萬章下篇》「王勃然變乎色」是也。字又作悖，《莊子・庚桑楚篇》「徹志之勃」，釋文：「勃本又作悖。」《左氏莊十一年傳》「其興也悖焉」，杜注：「悖，盛也。」釋文：「悖，本亦作勃。」《方言》「拂謂之悖」，是二字通川之證。古無輕脣音，讀佛爲悖。（猶服讀爲備，宓讀爲必也，又轉爲勃也。）《廣雅・釋訓》「勃勃，盛也。」《後漢書・陳蕃傳、馮衍傳》注並云：「勃，盛也。」《文選・長笛賦》「氣噴勃以布覆兮」，注：「勃，盛貌。」勃訓盛，故艸木勃發爲盛發，勃然而怒即盛怒也。《史記・太史公自序》「五家之文怫異」，《索隱》：「怫，悖也。」怫悖音轉訓通，故怫然即悖然，亦即勃然矣。此類當以音求其訓，不當泥誼而昧其音，若訓爲怫鬱動色，則失之矣。《外傳》作「桓公不說曰」，《晏子》作「公曰」。「吾聞之，子得罪於父，臣得罪於君，未嘗聞君得罪於臣者也。《外傳》無此四句，《晏子》作「誠有鄙，民得罪于君，則可，安有君得罪于民者乎」。蘇輿曰：「鄙字疑涉上鄙字衍。」按：蘇説非，誠有鄙三字爲句，言竟有此鄙倍者也。《孟子·梁惠王上篇》：「王曰：誠然，誠有百姓者。」句法與此同。言此適成其爲百姓之意，謂其不知大體也。俞正燮《癸巳類藁》説畧同。

此一言者，非夫二言者之匹也，子更之。」《外傳》作「此言者，非夫前二言之説，叟其革之矣」，《晏子》無此二句。按《詩·文王有聲》作「豐伊匹」，毛傳：「匹，配也。」匹配一聲之轉。《禮記·三年問》「失喪其羣匹」注：「匹，偶也。」《白虎通義·爵篇》「匹，偶也。與其妻爲偶，陰陽相成之義也。」偶與配誼同。更革亦一聲之轉，（《外傳》作革。）《詩·皇矣篇》「不長夏以革」，毛傳：「革，更也。」《左氏襄十四年傳》「失則革之」，《公羊成二年傳》「革取清者」，注並云：「革，更也。」此外二字互訓，散見各傳注者甚多。大抵革聲轉爲更爲改，皆去故之誼，又轉爲急爲亟爲棘，皆甚誼。（《檀弓》夫子之病革矣，若疾革之類皆是，不可盡舉。）又轉爲甲爲鼓，則皮革之誼。古人誼出於聲，聲轉而誼同，即此可見。或疑《外傳》「夫」下有「前」字，此似奪。不知夫訓彼，經訓習見，言彼已賅前字之誼，不必加字。

麥丘邑人坐拜而起曰：《外傳》作「邦人潸然而涕下曰」，《晏子春秋》作「晏子諫曰」，以下爲晏子語。按：坐，危坐，即跪也。《孟子·公孫丑下篇》「坐而言」，趙岐注：「客危坐而言。」閻若璩曰：「按朱子有跪坐拜説一篇，其畧曰：《儀禮》、《禮記》、《老子》所言坐，皆謂跪也。然記有授立不跪，授坐不立，則跪與坐又不同。疑跪有危誼，兩膝著地，伸腰及股，而勢危者爲跪，兩膝著地，以尻著蹠，而少安者爲坐。《小雅》不遑啓居，箋云：啓，跪也。《爾雅》妥爲安坐，疏：安定之坐也。夫以啓對居，而訓啓爲跪，則居之爲坐可見。以妥爲安坐之坐，則跪之爲危坐亦可知。蓋兩事相似，但一危一安，小不同耳。因最賞趙岐《孟子》注，於坐而言，曰危坐，於坐我明語子，單曰坐。蓋危坐者，客跪而言留孟子之言，追不聽，然後變色而起。孟子於是命之以安坐，以聽我語。此兩坐字不同，而《孟子》文字止於前後著兩坐字，中間絶不敍客起立之狀，而起立自見，此文章家草蛇灰綫之法。趙注則於勿敢見下先補一筆曰：言而遂起，退，欲去，請絶也。爲下文坐字張本。漢注精妙至此，宋儒不能及也。」（《潛丘劄記》五、《四書釋地又續》。）按閻説是也。劉熙《釋名·釋姿容》云：「跪，危也，兩膝隱地，體危阸也。」體危阸，即朱子所謂伸腰及股而勢危也。朱子分坐跪爲二，以安危別之。然如《左氏昭二十七年傳》「坐行而入」杜注：「坐行，膝行也。」膝行者必直其腰，不得以尻著蹠明矣。故趙岐訓坐爲危坐，危坐即跪。《禮記·曲禮》「先生書策琴瑟在前，坐而遷之」，孔氏《正義》云：「坐，亦跪也。」坐通名跪，跪不通名坐，則坐跪一也，對文則異，如朱子所言，散則通也。此文下有拜起字，則此坐當爲危坐明矣。（拜如今之曲腰，《愛日齋叢鈔》考之甚詳，近儒考九拜尤詳。）此一言者，夫二言者之長也。長，上也，言加乎前二言之上。《呂氏·貴公篇》「用管子而爲五伯長」，高注：「長，上也。」《勿躬篇》「雖不知可以爲長」，注：「長，上也。」《外傳》作「願君孰思之，此一言者，夫前二言者之上也」，字正作上可證。《晏子》無此二句，止有「君過矣」一句。子得罪於父，可以因姑姊叔父而解之，父能赦之；《外傳》作「可因姑姊妹謝也，父乃赦之」。沈氏野竹齋本「姊」作「娣」，譌。俞正燮曰：「儒言古婦人嫁後歸甯，此外無至父母家者，或爲遠嫁異國者言之。《儀禮·士冠禮記》云：入見姑姊，如見母。《韓詩外傳》云：子得罪於父，可因姑姊妹謝也。《新序·雜事》云：可因姑姊叔父而解之。姑姊可在家，何云婦人不在母家乎。《詩·葛覃》正義引《鄭志》云：大夫妻以下，父母既歿，亦歸甯，不得用王后諸侯夫人之義。」（《癸巳類藁》卷四。）按《曲禮》云：「姑姊妹女子，已嫁而反，兄弟弗與同席而坐，弗與同器而食。」《趙策・觸龍説趙威后》云：「媪之嫁燕后也，祝使弗反，豈非計久長有子孫，相繼爲王也哉。」由前之説，是女子有歸甯之證，由後之説，是女子父母殁不歸甯。父母在，亦僅有時歸甯者，（《葛覃》傳文。）乃計久長有子孫相繼爲王之意。可見爲王后諸侯夫人爲然，大夫妻以下不適用之。《左傳》記大夫妻歸甯之事多矣，《鄭志》説不可易。（近儒泥於《葛覃》、《載馳》傳誼誤解。）「能」，《外傳》作「乃」，下同。能乃一聲之轉，古書能乃而三字互用甚多。（而與乃能通用，即日紐歸泥之説。耐字从而，《禮運》聖人耐以天下爲一家，中國爲一人者。耐，讀爲能，今音則與乃相似，《正義》言之詳矣。）《淮南・人間訓》「此何遽不能爲福乎」，《藝文類聚・禮部下》引能作乃。《漢書・匈奴傳》「東援海代，南取江淮，然後乃備」，《漢紀》乃作能。此類舉之不盡。一説：本書此能字，當讀而，此「而解之」及下「而謝之」兩而字當衍。原文作「可以因姑姊叔父解之父能赦之」，十三字作一句讀。解之又能赦，謂解之於父而赦之也。《禮運》正義謂劉向書而多作能，正是此類。《外傳》亦無兩而字，可證。蓋校者注而字於旁，以别於才能之字，淺人遂改其文，移而字在解之謝之上，分爲二句。遂失本書之真矣。此説亦善，但各本俱如此，以無他證，且文誼亦無碍，故不敢輒改。一曰父能赦之，與《晉語》是以民能欺之，句法相類，能俱讀爲乃，此説是也。近儒或以父弟爲叔父非古者，讀此可以解之。

臣得罪於君，可以因便辟左右而謝之，君能赦之。

《外傳》作「臣得罪於君，可使左右謝也，君乃赦之」，無「便辟」二字。「謝」字，上句作「解」，解謝誼同。《晏子》此六句併作四句，云「彼疏者有罪，戚者治之，賤者有罪，貴者治之」，與本書《外傳》文異。便辟者，《論語集解》引馬融注云：「便辟，巧辟人之所忌，以求容媚。」（《季氏篇》注。）按如馬注，辟當讀爲避。釋文：「辟音婢亦反，注同。」是誤以馬注讀辟爲婢亦音矣。盧文弨《釋文考證》云：「《公羊定四年傳》疏云：便辟者，謂巧爲譬諭。又云：今世間有一《論語》音便辟爲便僻者，非鄭氏之意，通人所不取。據此，則讀辟爲譬本鄭注，馬融則讀爲避，與鄭誼異，故皇本注中作避。惠氏云：「馬鄭皆讀辟爲避，誤。」以上盧校是也。劉氏寶楠《論語正義》云：「巧爲譬諭，已是便佞，鄭君此誼，未爲得也。考文載一本高麗本，經注皆作便僻。《後漢書・爰延傳》注、《太平御覽・交友部》引《論語》亦作僻，與《公羊》疏所稱世閒之音合，而徑寫經注字作僻，此直以義改。夫善柔便佞，皆邪僻之行，則作便僻，便是渾言，無所指稱，宜爲通人所不取也。《後漢書・佞幸傳》贊：咎在親便嬖，所任非仁賢，故仲尼著損者三友。此又讀便辟爲便嬖。《孟子・梁惠王篇》爲便嬖不足使令於前與，便嬖是近倖小臣，不得稱友。且若輩亦非盡無良，以釋此文，未爲允也。」光瑛謂：劉氏盡駁諸說，皆不以爲然，其意似主馬說，讀辟爲避，而又不敢誦言。且未及便辟之誼，當作何解，似亦芒無定見。其疑鄭君讀辟爲譬，混下便佞，非也。佞不專指口才，凡利便捷給，工於說人者皆是。但巧爲譬諭，乃言語之長，聖門所不廢，何以云損。讀《說苑・善說篇》記惠施對梁王彈弓之諭，可知譬諭有益言論，鄭誼究覺未安，當以便嬖之說爲長。便嬖卽嬖幸，惟左右親近之人，始克當之，故此文與左右連言。《孟子》使令於前四字，正指左右。《後漢・佞幸傳》亦明引《論語》證之，其誼不可易。劉謂便嬖是近幸小臣，不得稱友，不知友之之人，非卽所爲嬖幸之人。古來交結宦寺，賄通宮掖，以至身敗名裂者多矣。劉氏所駁，殊未足以服之。至云若輩不盡無良，則豈有高尚能絜之人，而甘稱嬖幸者乎，此說尤誤。

昔桀得罪於湯，紂得罪於武王，此則君之得罪於其臣者也，莫爲謝，至今不赦。」

今本《外傳》止存「昔者桀得罪於臣也，至今未有爲謝也」二句。《御覽》七百三十六引《外傳》作「昔者桀得罪於湯，紂得罪於武王，此君得罪於臣也，至今未有爲謝者」，與本書文畧同。今本脫落甚多，趙懷玉本據《御覽》補，是也。（本書正采《外傳》文。）《晏子》作「君得罪于民，誰將治之，敢問桀紂君誅乎，民誅乎」，與本書、《外傳》異。公曰：「善。《外傳》作「桓公曰，善哉」。賴國家之福，社稷之靈，使寡人得吾子於此。」賴，藉也。《外傳》作「寡人賴宗廟之福，社稷之靈，使寡人遇叟於此」。按得亦遇也，古書二字互訓者甚多，詳五卷《小臣稷章》注。《晏子》止有「公曰，寡人固也」二句。《治要》引作「寡人過矣」，固乃過字之音誤。扶而載之，自御以歸，自爲御，致敬於邑人。《左氏襄二十二年傳》曰：「自御而歸，不能當道也。」禮之於朝，封之以麥丘，而斷政焉。斷政，使聽斷政事也。《外傳》作「薦之於廟，而斷政焉」。（薦，進也，廟疑朝之誤。）無「封之以麥丘」五字，下云：「桓公之所以九合諸侯，一匡天下，不以兵車者，非獨管仲也，亦遇之於是。（此遇字訓得。）詩曰：濟濟多士，文王以寧」等語。本書五卷全采其語入《小臣稷章》，惟引詩異耳。《晏子》作「於是賜封人麥丘以爲邑」。

19哀公問孔子曰：哀公，魯君，名蔣。《史・侯表、世家》作「將」，古字通也。定公子，母定姒。（《穀梁》姒作弋。）亦稱出公，（《漢表》悼公下。）在位二十七年。《元豐九域志》云：「墓在東平府。」謚法：「蚤孤短折，恭仁短折俱曰哀。《漢表》列七等。《荀子・哀公篇》作「魯哀公問於孔子曰」，此文采自《荀書》。「寡人生乎深宮之中，長於婦人之手，《國策・秦策》：「范雎對秦王曰，居深宮之中，不離保傅之手。」盧文弨曰：「於，何本譌乎。」按作乎者，不但何本。宋本、嘉靖本、鐵華館本下句字作「於」，今從之。《荀子》文上下句俱作「於」。《家語・五儀解》「中」作「內」。寡人未嘗知哀也，未嘗知憂也，未嘗知勞也，未嘗知懼也，未嘗知危也。」言生長安樂，不習知勞苦哀懼憂危之事，故問之。《家語》無五「也」字，下有「恐不足以行五儀之教，若何」二句。孔子辟席曰：《荀子》無「辟席」二字，

《家語》作「孔子對曰」。《呂氏·直諫篇》注：「避席，下席也。」辟避古通字。唐明皇《孝經注》：「古者師有問，則避席而對。」按避席所以示敬，見前《桓公章》注。猶今人離坐起立，不必弟子於師爲然。前章桓公聞鮑叔語，辟席再拜，是君施之臣，此則臣施於君。「吾君之問，乃聖君之問也，《荀子》「吾君之問」作「君之所問」，下句句首無「乃」字。丘小人也，何足以言之。」小人，謂細民。《荀子》「言」作「知」，楊注云：「美大其問，故謙不敢對也。」《家語》敘孔子語止有三句，云「如君之言，已知之矣，則丘亦無所聞焉」。是飾僞以對君，非聖人語氣。哀公曰：「否。吾子就席，微吾子，無所聞之矣。」就，即也。時孔子辟席而起，故哀公命復即席，使得暢所欲言。微，猶非也。《荀子》止有「非吾子無所聞之也」共八字。《家語》作「公曰，非吾子，寡人無以啓其心，吾子言也」。兩書字皆作「非」。《詩·柏舟》「微我無酒」，鄭箋：「非我無酒。」《禮記·檀弓》「雖微晉而已，天下其孰能當之」，鄭注：「微，非也。」《國語·晉語》三：「雖微秦國，天下孰弗惡。」此微字亦訓非，與《檀弓》語勢相類。韋昭訓微爲無，謂雖無秦國，天下諸侯，有害人君父者，誰不患疾。失其語意，詳見舊著《國語韋解補正》。《禮記·儒行篇》「哀公命席」，注：「爲孔子布席於堂，與之坐也。」古者席地而坐，故有前席、割席、離席、辟席之説。凡欲深言，必當就席也。孔子就席，曰：《荀子》、《家語》無「就席」二字，因上文不言辟席，故此畧之，本書所敍較細。舊本「曰」下有「然」字，盧文弨曰：「然字衍，《荀子·哀公篇》、《家語·五儀解》皆無。」按盧校是。此承上文「微吾子無所聞」句來，若有然字，直是居之不疑矣，今從盧説刪。凡言曰然者，有不以爲然之意。（如有是哉，有不以爲是之意，今人語言尚多如此。）如《孟子》「王曰，然，誠有百姓者」，「孟子曰，然，夫時子惡知其不可也」。《論語》「對曰，然，非與」，《國策·趙策》「魯仲連曰，然，梁之比於秦若僕邪」（《史記》改然字作嗚呼，即失其語妙。此然字乃驚訝之詞，先應其言，以致其驚訝意，如俗言之哦字咦字。）之類皆是。俞正燮《癸巳類藁》四有此説，此非所施也。**「君入廟門，升自阼階」**，《荀子》「門」下有「而右」二字，《家語》「而」作「如」，而如古通字。《孟子·離婁篇》「文王視民如傷，望道而未之見」，而卽如也，上言如，下言而，互文耳。「升」，《荀子》、《家語》作「登」，義同。「阼」，《荀》作「胙」，楊倞注云：「謂祭祀時，胙與阼同。」按《説文·阜部》阼下云，主階也，則字當作阼爲正。《荀子》作胙，叚借字也。阼爲主階，《漢書·匡衡傳》注同。主階，主人所登降之階，卽東階。謂之主者，主位在東故也。《禮記·曲禮》：「主人就東階，客就西階，客若降等，則就主人之階，主人固辭，然後客復就西階。」是其證也。《尚書·顧命》「由阼階隮」，《正義》曰：「阼階，東階也。」謂之阼者。《儀禮·冠禮》鄭注：「阼，猶酬也，東階所以答酢賓客。」是其誼。《禮記·郊特牲》「適子冠於阼」，鄭注：「東序少北，近主位也。」顧炎武曰：「《大戴禮·武王踐阼》、《禮記·曲禮》踐阼臨祭祀，《正義》曰：踐，履也。阼，主人階也。天子祭祀，升阼階，履主階行事，故云踐阼也。《文王世子》篇：成王幼，不能涖阼，周公相，踐阼而治。注：踐，履也，代成王履阼階。《史記·文帝紀》辛亥，皇帝卽阼，《正義》曰：主人階也。古時殿前兩階，無中閒道，故以阼階爲天子之位。《漢書·王莽傳》引《逸書·嘉禾篇》云：周公奉鬯立於阼階，《隋書》載北齊邢子才議曰：君位立阼階，故有《武王踐阼篇》。啖氏《春秋傳》曰：凡天子崩，諸侯薨，既殯，而嗣子爲君，《康王之誥》是也。未就阼階之位，來年正月朔日，乃就位南面而改元，《春秋》所書是也。公卽位，卽阼階之位也。」光瑛按：阼之言醋，（今作酢字。）所以酬酢賓客，鄭誼確不可易。君卽位而告廟，踐自阼階，歲時祭祀，履主階行事，遂有踐阼國阼享阼之稱。此名以義起者也。惟謂卽位爲阼階之位，則非楊注知謂祭祀者。《曲禮正義》云：「燕在寢，若相朝饗食，皆在廟。」此云君入廟門，嫌於相朝饗食，又下俯見几筵，器存人亡云云，明謂祭祀時，文以思哀爲主，故揭明之。仰見榱棟，《荀子》、《家語》「見」作「視」，「棟」，《家語》作「桷」。楊注《荀子》云：「榱，亦椽也。」按《説文・木部》：「榱，椽也，秦名屋椽也，周謂之椽，齊魯謂之桷。」（依段注改本，各本無椽也二字，作秦名爲屋椽，周謂之榱。段氏據《左傳・桓十四年》音義、《周易・漸卦》音義引正，甚是。詳在本注。）又云：「桷，榱也。」是桷榱同物。《爾雅・釋宮》云：「桷謂之榱。」是也。（雖下文有椽方曰角一語，但究是一物而已。）以下文几筵爲二物例之，則作桷者，王肅之謬也。《説文》又云：「棟，極也。」段注：「極者，謂屋至高之處。《易・繫辭》上棟下宇，五架之屋，正中曰棟。《釋名》曰：棟，中也，居屋之中。是棟與榱有别。」段注是也。極在至高，凡稱皇建有極，建中立極之誼，取此，引申爲一切最甚之稱。俯見几筵，「俯」，《荀》作「俛」；「見」，《家語》作「察」。《説文》無俯字，當作頫。俯俛音讀，詳見二卷《莊辛章》注。几，俗作机，《説文・几部》：「几，尻几也，象形。」按：尻，處也，謂人所止處之几，象形者，高而上平，可倚，下有足，尻處凥三字从此。（居本蹲居字，今人以居代尻，遂以踞代居，而尻字廢。）《周禮・司几筵》注：「筵，亦席也，鋪陳曰筵，藉之曰席。」《説文・竹部》：「筵，竹席也，从竹，延聲。」《周禮》曰：「度堂以筵，筵一丈。」按：許云竹席，如《顧命》篾席厎席豐席筍席之類。若《周官》之五席，不盡用竹也。《考工記・匠人》云：「室中度以几，堂上度以筵。」段玉裁曰：「《周禮》度九尺之筵，此不合，未詳。」按：筵一丈三字，恐後人以漢制説之，非許本文。錢坫曰：「此一丈卽九尺。」則以爲舉大數。其器存，其人亡，《家語》作「其器皆存，而不覩其人」。君以此思哀，則哀將安不至矣。「安」，《荀》作「焉」，下並同，焉安古字通。元刻《荀子》「焉」下有「而」字，下四句並同。盧文弨曰：「而，當訓爲能，若以爲衍，不應五句皆衍。楊注《王霸篇》云：『而爲皆語助也。』又《齊策》：『管燕謂其左右曰，子孰而與我赴諸侯乎。』

鮑彪注：「而，辭也。」以而字作語辭，亦可，然訓能，語更誘順。高注《呂氏春秋·去私篇》：「南陽無令，其誰可而爲之。」又注《士容篇》：「柔而堅，虚而實。」皆訓而爲能，其注《淮南》也亦然。《易·屯》象：「宜建侯而不寧。」釋文：「而，辭也。」鄭讀而爲能，然則此焉而正當讀爲焉能，不可易矣。」王念孫曰：「盧説是。《文選·王文憲集序》注引此有而字，其引此無而字者，皆後人不知古訓而刪之也。古書多以而爲能，詳見《淮南·人間篇》。」按楊注云「哀將焉不至」，言必至也，則楊注本無而字。疑古本有而字，後人據本書刪之，元刊本所據，尚不失古本之真。而乃能三字，古音皆近，通用。高誘訓而爲能者，乃漢人以訓詁代改字之例。（毛傳最多用此例。）猶鄭注之讀而爲能，非謂而有能訓也。而能之相通，以聲不以誼，盧説雖是，尚隔一塵，王氏亦未及正。《家語》作「君以此思哀，則哀可知矣」，襲古而失其語意，下數句並同。本書無而字，乃語急例，古人自有此文法。（詳《古書疑義舉例》。）

君昧爽而櫛冠，《荀子》注：「昧，闇；爽，明也。謂初曉尚暗之時。」《家語》作「昧爽夙興，正其衣冠」。《尚書·牧誓》曰：「時甲子昧爽。」《左傳》載《讒鼎之銘》曰：「昧旦丕顯。」昧旦，即昧爽也。（《僞太甲》襲其語作「昧爽丕顯」。）杜注以早起釋之，此渾解一句大意，非昧旦二字之确詁，楊注得之。《漢·郊祀志》作昒爽，昧曶聲轉通用。《説文·日部》：「昧，旦明也。」旦明者，將明未全明之謂，楊注本之許。《説文·木部》：「櫛，梳比之總名也。」《考工記》作楖，楖櫛古今字。疏者爲梳，密者爲比。（俗作篦。）謂昧旦之時，始櫛髮加冠也，櫛冠皆活字。《家語》作「正其衣冠」，以冠作實字，意雖不害，失其誼矣。

平旦而聽朝，「旦」，《荀》作「明」，平明，齊明也，與昧爽異。他書或作夷明，夷者平也。又作遲明，遲夷聲近通用，故陵夷亦稱陵遲。《詩·小雅·四牡》「周道委遲」，《文選·琴賦》注，《毛詩》釋文並引《韓詩》作倭夷。《文選·西征賦》注引《韓》又作威夷。薛君章句曰：「威夷，險也。」是其證。

《史記・衛青傳》《正義》、《索隱》並云：「遲音值。」（此以音讀代改字之例。猶云遲讀爲值，非謂遲有值音也，説屢見前。）小司馬更訓爲待，胥失之。又作黎明，遲黎亦通用。《衛青傳》之遲明，徐廣曰「遲一作黎」，是也。《漢書》作會明，諸本多作黎明。鄒氏云：「黎，遲也，然黎黑也，候天將明而猶黑也。」按：黎訓黑，遲訓待，各依本誼解之，立説雖通，但古人字隨聲轉，聲近字多可通用，不必膠柱鼓瑟。《史記・高帝紀》「黎明，圍宛城三帀」《索隱》：「黎，猶比也。」《吕后紀》「黎明，孝惠還」《集解》引徐廣曰：「黎，比也。」皆望文生誼。黎明即平明，不必訓比，亦不必以待訓遲、以黑訓黎也。黎字又通作犂、遻。《史記・趙佗傳》「犂旦，皆降伏波」，徐廣引吕靜曰：「犂，結也，結猶連及逮至也。」元李治《古今注》曰：「犂，開也。取耕墾之誼，或以昏明分色雜言之，亦得，今訓結，無謂，傳注初無以結訓犂也。又云連及逮至，益穿鑿矣。《漢書》作遲旦，遲讀如餟，待也。犂旦或作黎明，又作遻明。遻，遲也。書傳中又有詰朝質明之語，詰朝猶問人曰明未，（按詰及聲轉通用字，李説謬矣。）亦遲旦之意。質明，實明也，又或爲交質之誼。」以上李氏駁徐説，徐説固非，李説尤拘泥不通。結即詰也，不作詰問解。（如李説，詰朝相見，將解爲明未相見乎。）質者遲之去聲，質明猶遲明，平明夷明齊明，以誼通，遲夷齊黎犂遻質，以聲轉。平明別昧爽言，昧爽在半明時之間，平明即齊明，謂全明也。李氏説經多謬論，小學尤非所知。袁文之徒，亦多牽泥字誼，不顧其安。（袁説見所著《甕牖閒評》，不復引。）恐誤學者，故詳辯之。《家語》作「平旦視朝，慮其危難」。

一物不應，《家語》「不應」作「失理」。物，事也，古書以事訓物者極多。《易・繫辭下》傳「唯其時物也」韓注、《詩・烝民》「有物有則」毛傳，並云：「物，事也。」《周禮・大司徒》「以鄉三物教萬民而賓興之」，注：「物，猶事也。」《禮記・月令》「兼用六物」、《文王世子》「行一物而三善皆得者」，注並同。《禮記・哀公問》「則庶物從之矣」，注：「庶物，謂衆事也。」《緇衣》「言有物而行有格」，注：「物，謂事驗也。」此外散見子史百家傳注者不可勝舉。不應，不合乎道也，言一事不合乎道，則亂機所生。

亂之端也，《家語》作「亂亡之端」。按：端，始也。《公羊莊十三年傳》注「時曹子端劍」，疏云：「端猶始。」《荀子・富國篇》「至于疆埸，而端已見矣」，注：「端，首也。」《非相篇》注同。《禮記・禮器》「二者，居天下之大端矣」，注：「端，本也。」首與本，皆有始字之誼。又《禮記・禮運》「五行之端也」，疏引王氏曰：「端，始用五行者也。」《孟子・公孫丑篇》「仁之端也」各句，趙注：「端者，首也。」皆其證，此外甚多。端从耑聲，《說文・耑部》：「耑，物初生之題也。」題者頭也，故端有首字始字之誼。《立部》：「端，直也。」發耑字作耑，端直字作端，經典多叚端直字爲發耑字，凡訓首訓始字皆當作耑。

君以此思憂，則憂將安不至矣。「安」，《荀》作「然」，元刊「然」下有「而」字。《家語》作「憂可知矣」。

君平旦而聽朝，「旦」，《荀》作「明」。《家語》作「日出聽政」。按《禮記・玉藻》：「朝辨色始入，君日出而視之，退適路寢聽政。」此王肅所本。

日𣅡而退，「𣅡」，宋本、嘉靖本作「昗」，各本作「昃」，當作𣅡爲正。《說文・日部》：「𣅡，日在西方時側也，从日，仄聲。《易》曰：日𣅡之離。」此以形聲包會意。昃昗皆隸變，小徐本夨部又出昗字，則重複矣。段注謂：「日在仄旁，猶晏景晷旱之在上，不可易也。日在上而干聲，則爲不雨，日在旁而干聲，則爲晚，然則日在西方，豈容移日在上。形聲之内，非無象形也。」按段說郅精妙。鄭氏珍《說文逸字》謂：「古日西字，本有昃昗二文，昗从日夨者，蓋頭偏左望日，必在西方時。《韻會》引作从日矢，矢亦聲，是也。自鉉本脱後，《廣韻》、《集韻》諸書因無昗，（案《廣韻》承《唐韻》來，不承鉉本來，此誤。）大徐於昃下云：俗別作昗。非，蓋失檢。」光瑛案：大徐明云昃俗作昗，必有所據，鄭氏據《韻會》曲爲之解，反謂大徐本脱字，不知大徐斥昗爲俗，非不知有昗字也。且𣅡字不云亦聲，何以昗字獨從《韻會》所引，亦不可通，今從《説文》作昃。《家語》作「至於中冥」，以下詞句，亦多不同，蓋王肅以意改之。退，退朝也。**諸侯之子孫，必有在君之門廷者，**「門」，《荀子》作「末」，「廷」作「庭」。《家語》作「諸侯子孫，得來爲賓，行禮揖讓，慎其威儀」，《家語》雖僞書，而王肅時代去古未遠，尚知古誼，數語即此二句之注釋。《荀子》注云：「諸侯之子孫，謂奔走至魯而仕者，自平明至日昃，在末庭而修臣禮，君若思其勞，則勞可知也。諭哀公亦諸侯之子孫，不戒慎修德，亦將有此奔亡之勞也。」按：以上楊注非是，楊見末庭二字，望文生誼，以爲臣下所居之處，故有諸侯子孫奔亡仕魯之説。不知就《家語》文證之，則祇諷哀公敬慎不怠，毋遺遠人羞。言君平明視朝，日昃而退，以爲勞矣，及見諸侯子孫有遠去其國，至魯爲賓，行禮揖讓，慎其威儀者，其勞不更甚乎，未嘗有奔亡稱臣之説。下文思懼，始及亡國之事，此處不當重複也。《家語》之謬，前儒舉出者甚多，若置其僞，而以爲訓詁解釋之書，其精確要亦有不可没者，故因此文發明之。**君以此思勞，則勞將安不至矣。**「安」，《荀》作「焉」，元刊本作「焉而」。《家語》作「則勞亦可知矣」。此句獨多「亦」字。**君出魯之四門，以望魯之四郊，**《史記·五帝本紀》集解引馬融曰：「門，四方之門也。」《爾雅·釋地》「邑外謂之郊」。《禮記·曲禮》曰「四郊多壘」，《正義》曰：「四郊者，王城四面並有郊，近郊五十里，遠郊百里。諸侯亦各有四面之郊，里數隨地廣陝，故云四郊。」下句《荀子》無「之」字，《家語》作「緬然長思，出於四門，周章遠望」，語與此異，亦以意改之。**亡國之虚列，**句。**必有數矣，**《荀》作「亡國之虚，則必有數蓋焉」，《家語》作「亡國之墟，必將有數焉」。「虚」，各本作「墟」，宋本亦然，《荀子》注引本書作「虚」，今從之。虚墟古今字，《説文·丘部》：「虚，大丘也，昆侖丘謂之昆侖虚，古者九夫爲井，四井爲邑，四邑爲丘，丘謂之虚，从丘，虍聲。」按《説文》有虚無墟。段注：「虚者，今之墟字，猶昆侖今之崐嵛字也。虚本大丘，大則空曠，故引申爲空虚。如魯少皞之虚、衛顓頊之虚、陳大皞之虚、鄭祝融之虚，皆本帝都，故謂之虚。又引申爲不實之稱，《詩·邶風》其虚其邪，傳：虚，虚也。謂此虚字乃謂空虚，非丘虚也。一字有數誼數音，則訓詁有此例。如許書：巳，巳也。謂此辰巳字，其誼爲已甚也。虚訓空，故丘亦訓空，如《漢書》丘亭是。自學者罕能會通，乃分用虚墟字，别休居邱於二切，而虚之本誼廢矣。」光瑛按：段説是也，墟後起俗字。《漢書·賈誼傳》「凡十三歲而社稷爲虚」，謂丘虚。《王莽傳》「遂令天下城邑爲虚」，注：「虚，讀曰墟。」《荀子·儒效篇、解蔽篇》及本篇注皆云：「虚，讀爲墟。」是墟爲後起字也。顔楊不知墟爲俗字，故云讀爲，非是。或從二書以虚字絶句，亦非。楊注云「有數蓋焉」，猶言蓋有數焉，倒言之耳。《新序》作「亡國之虚列必有數矣」，注引本書文者，證有數下不容有蓋字，故以爲倒文，其説牽彊已甚。盧文弨曰：「數蓋，猶數區也。魯有少皞之虚，大庭氏之庫也。」盧説極是。《荀子》「言之信者，在乎區蓋之間」，區蓋連稱，其誼同也。郝氏懿行《荀子補注》云：「此虚則卽虚列之譌，蓋者，苦也。言故虚列其間，必有聚廬而居者，觀此易興亡國之感。」郝以本書校正《荀子》，改則爲列，極有識。則列形近易溷，若然，王肅所見已誤作則，故《家語》從虚字絶句，不知虚列連文，此其謬也。惟郝訓蓋爲苦，則不如盧説之當，或反疑本書列字當從《荀》改則，則更非矣。君以此思懼，則懼將安不至矣。「安」，《荀》作「焉」，元刊本作「焉而」。《家語》則作「懼可知矣」。丘聞之，《荀子》句首有「且」字。《家語》無此句。君者，舟也，《家語》句首有「夫」字。庶人者，水也。水則載舟，水則覆舟，兩「則」字《家語》作「所以」。按：則者，或也，見王氏《經傳釋詞》。二句蓋古語，他書常引之，言民之從違，視上之行爲轉移。君以此思危，則危將安不至矣。「安」，《荀》作「焉」，元刊本作「焉而」。《家語》作「危可知矣」。《荀子》文本事止此，以下本書別據他書之文，但不知所出。《家語》下文作「君既明此五者，又少留意於五儀之事，則於政治何有失矣」，乃結篇題五儀本意，與本書異也。**夫執國之柄，**柄，政柄。**履民之上，**履，猶立也，踐也。讀若《易》「履虎尾」。**懔乎如以腐索御奔馬。**懔，當作凜，取凜冽之誼。人有所懼，則震栗，如寒者之凜冽也。《説苑·政理篇》：「子貢問治民於孔子，孔子曰，懔懔乎如以朽索御奔馬。」《僞古文·五子之歌》襲此二子，小變易其語，作「予臨兆民，懔乎若朽索之馭六馬」。惠氏棟《古文尚書考》云：「《説文》曰：古文御作馭，从又、从馬。棟按經傳無言六馬者。鄭駁《五經異義》曰：《周禮·校人》養馬乘馬，一師四圉，四馬曰乘。《顧命》曰：皆布乘黄朱。以爲天子駕四。漢世天子駕六，非常法也，乃知六馬之謬。」按：《五經異義》天子駕數，易孟京《春秋公羊説》天子駕六，《毛詩説》天子至大夫同駕四，士駕二，《大戴禮記》、《荀子·勸學篇》俱有六馬仰秣之文。《禮》王度記曰：天子駕六，諸侯與卿同駕四，大夫駕三，士駕二，庶人駕一。《白虎通義》天子之馬六者，示有事於天地四方也。王肅同《異義》，孔晁王基皆不從其説。但《毛詩·干旄》「良馬四之、五之、六之」，傳言驂馬五轡，四馬六轡，則大夫同駕四。《異義》所引，雖古詩家説，而亦不廢大夫駕三之説也。大夫駕三之説既不廢，則天子駕六説亦必有據。鄭據古文語以駁今文，故不從其言耳，要不得謂經傳無言六馬也。王肅既用《異義》説，故僞古文亦作六馬。**《易》曰：履虎尾。**《易·履卦》之辭。虞翻以爲謙旁通，以坤履乾，坤爲虎，乾爲人，乾兑乘謙，震足蹈艮，故履虎尾。姚氏配中《周易姚氏學》云：「既云坤履乾，又云坤爲虎，乾爲人，則是虎履人矣。云乾兑乘謙，謙坤爲虎，則爲剛履柔。或以坤履乾爲以乾履坤之誤，與經亦不合。又曰兑爲虎、爲口，二之正互艮、止兑，口不見，故不咥人亨。二化應五也，二化震爲足，兑澤動，下三在兑後，故履尾。」按姚説亦是。此據六三爻文，諭君人撫有兆民，一失其道，則民叛去，有履虎尾咥人凶之象。李鼎祚云：「六三爲履之主體，説應乾，下柔上剛，尊卑合道，是以履虎尾，不咥人通。今於當爻，以陰處陽，履非其位，互體離兑，水火相刑，故唯三被咥凶矣。」《詩》曰：如履薄冰。《詩·小旻、小宛》俱有此語。《小旻》傳曰：「恐陷也。」單引「如履薄冰」句，則是據《小宛》文。《小旻》上有「如臨深淵」句也。薄冰易散，履行其上，至危，諭君臨民，易失民心，亦如此。冰，當作仌，冰古凝字，經傳多借仌字也。不亦危乎。」單承危者，知危，則知哀、知憂、知勞、知懼矣。哀公再拜曰：「寡人雖不敏，請事斯語矣。」《論語·顔淵篇》有此語。《集解》引王曰：「敬事此語，必行之。」按：事謂從事，言我雖不才，當從事斯語，以求實踐，王説非是。

20 昔者，齊桓公出遊於野，遊，當作游。《爾雅·釋地》：「邑外謂之郊，郊外謂之牧，牧外謂之野，野外謂之林，林外謂之坰。」《説文·里部》：「野，郊外也。」《詩·駉》傳：「坰，遠野也。邑外曰郊，郊外曰野，野外曰林，林外曰坰。」《説文·冂部》亦云：「邑外謂之郊，郊外謂之野，野外謂之林，林外謂之冂。」俱與《爾雅》異，無郊外謂之牧句。《詩·叔于田》箋、《周禮·遂人》注亦云：「郊外曰野。」《文選·西都賦》注引《爾雅》，亦作「邑外曰郊，郊外曰野」。是李善所據《爾雅》本，與毛鄭許同。釋文引李本「牧」作「田」，《素問·六節藏象》及《三部九候篇》王砅注，又引牧爲甸，甸田聲近，當是通字。下文又云：「甸外爲牧，牧外爲林，林外爲坰，坰外爲野。」則與今本異。當從毛鄭許所引爲正，今本或後人改之。見亡國故城郭氏之墟，墟，俗字，當作虚，見上章注，下並同。郭，國名，文王之弟虢仲後也，今作虢。而以郭爲城郭字，詳見下章注。或疑此郭別一國名，非虢國，其説亦無據，見後注。杜注云：「虢，今弘農陝縣是。」顧氏棟高《春秋大事表》云：「西虢舊都，在今陝西鳳翔府寶雞縣東五十里，後隨平王東遷，更封於上陽，今河南陝州東南有上陽城。（按《左傳》晉侯圍上陽，卽此地。）其支庶留於故都者爲小虢。」（卷五。）按郭爲晉所滅，事在齊桓之末年，但其地不與齊接壤，桓公游野，何從見之，恐卽下章晉文事傳譌耳。五卷記郭君事誤作靖郭君，當卽此之郭氏，亦卽晉滅之虢，詳見彼注。此事又見《韓詩外傳》六。《御覽》五十六括引本書，作「齊桓公出，見遺墟」，文甚疏畧。問於野人曰：「是爲何墟？」《御覽》祇有「問諸野人」四字，《治要》引桓譚《新論》作「齊桓公出，見一故墟而問之」。野人曰：「是爲郭氏之墟。」稱郭氏，猶云秦漢氏也。《治要》引《新論》作「或對曰，郭氏之墟也」，《御覽》引作「野人曰，是虢之墟」，明作虢字。桓公曰：「郭氏者，曷爲墟？」問何故亡國爲墟。《御覽》引作「公曰，虢氏何爲亡」，《治要》引《新論》作「復問，郭氏曷爲墟」。野人曰：「郭氏者，善善而惡惡。」《御覽》不引此數句，直接「善不能行」句。《新論》作「曰善善而惡惡焉」。桓公曰：「善善而惡惡，人之善行也，善行，美行。其所以爲墟者，何也？」《新論》作「桓公曰，善善惡惡，乃所以爲存，而反爲墟，何也」，意同文異。野人曰：「善善而不能行，惡惡而不能去，此所謂非知之艱，行之惟艱者也。《新論》無「野人」二字，「行」作「用」，下有「彼善人知其貴己而不用，則怨之，惡人見其賤己而不好，則仇之。夫與善人爲怨，惡人爲仇，欲毋亡，得乎」，其語特精妙。君山當别有所本，不知本書何以節去。數句乃實發亡國之所由，不可遺也。但《治要》引《新論》亦敍止此，不引後事。《禮記·大學》曰：「見賢而不能舉，舉而不能先，命也；見不善而不能退，退而不能遠，過也。」此之謂也。是以爲墟也。」若是者，天理明而爲人欲所勝，知及之，仁不能守之者也。《御覽》作「對曰，善不能行，惡不能去，所以爲墟矣」，接上「何爲亡」句，文至此止，所引不全。桓公歸，以語管仲。管仲曰：各本不重「管仲」，盧文弨曰：「此處當疊二字。」按：下文亦稱管仲曰，則此處當有管仲二字，俗本脱去明矣。亦由誤認二點爲非字，而妄删之。（説見前。）盧説是，今補此二字。「其人爲誰？」桓公曰：「不知也。」未問其姓名。管仲曰：「君亦一郭氏也。」言棄善人，亦如郭君之善善而不能用。於是桓公招野人而賞焉。賞其言善。宋胡安國取此以爲《春秋郭公傳》，毛氏奇齡《春秋傳》從之，且謂經文公字是亡字之譌。此事見《管子》，又適與桓公、管仲同時，故可信。按《説文·邑部》：「郭，齊之郭氏墟，善善不能進，惡惡不能退，是以亡國也。」段玉裁注云：「郭本國名，虚墟古今字，郭國既亡，謂之郭氏墟。如《左氏》言少昊之虚、昆吾之虚、太昊之虚、祝融之虚也。郭氏虚在齊境内。」又云：「事見《韓詩外傳》，《新序》、《風俗通》皆有，亦有取此説《春秋》者。」以上段説，似以郭爲别一國，滅後，地入於齊，與虢不同。蓋本之應劭《風俗通義》云：「郭氏古之諸侯，善善不能用，惡惡不能去，故善人怨焉，惡人存焉。」既云古之諸侯，則似非春秋之虢，許君意亦如此。然以下章事證之，情節皆同，當爲一事。書闕有閒，劉許應三君，皆疑以傳疑，闕而不論，蓋其慎也。汪喜孫云：「或據齊桓公問郭何以亡一事，遂改經郭公爲郭亡。按東虢亡於春秋之前，西虢亡於僖公之五年，此時安有虢亡之事。郭公之見於《春秋》者，其事不可得知，必求其事以實之，則鑿矣。」光瑛按：胡毛諸人皆不以郭公當春秋之虢，且正以《公》、《穀》「赤歸于曹郭公」連文。是郭公名赤，亡國歸於曹，此時虢尚無恙，故決其别爲一國，非虢也。汪説似不足以難之。然應劭明言古之諸侯，則亦不與桓公同時。且郭是郭仲所封，春秋時未聞别有郭國，桓公出游而見其虚，則郭亡久矣。毛以爲適與桓公、管仲同時而信之，不知同時之云，衹合乎春秋之郭公。（《公羊莊二十四年傳》。）而於《外傳》、本書、《風俗通義》、《新論》郭亡之文皆不相合。既不兩合，則此郭非春秋之郭公，抑又可知。胡毛之説，可謂顧東而忘其西者矣。況子政、叔重、仲遠諸君，但以此郭别乎虢，以時虢未滅故，而未嘗以郭爲春秋之國也。

以郭亡當郭公，胡氏之創見，前儒皆無此説。毛氏平日不喜宋儒，於胡傳尤肆抨擊，何獨於此信之，殊不可解。至宋邢凱《坦齋通編》雖不取胡説，而據《本草》布穀江東呼爲郭公，疑即此物，見書於經，猶書螽之例。夫螽爲災，故書，布穀乃常有之物，何取而書。且以聖人效夷言，尤近兒戲，不足與辯。

21**晉文公田於虢**，虢，當作郭，二字古通用。《公羊莊二十四年傳》釋文：「郭，音虢。」凡記虢事，《公羊》皆作郭。昭元年會於虢，《公羊》作漷、《穀梁》作郭。《周書·王會解》注：「郭叔，虢叔，文王弟。」《戰國·秦策》「夫晉獻公欲伐郭，而憚舟之僑存。」又曰：「因而伐郭。」高誘注：「古文言虢也。」則漢人已以虢代郭矣。《説文·虎部》：「虢，虎所攫畫明文也，从虎寽聲。」無國名之説。乃郭之叚字，三傳中惟《公羊》得其正。汪喜孫曰：「《左氏昭元年》會虢，《穀梁》作郭，《急就篇》郭破胡，顔注：虢叔，周王季子也，受封於虢，其地今陝州陝縣也，後爲晉所滅，虢公醜奔周，遂姓郭氏。郭者，虢之聲轉也。《隸釋·郭輔碑》：其先出自有周王季之穆，有虢叔者，實有懿德，文王咨焉，建國命氏，或謂之郭。《元和姓纂》：郭，周文王季弟，受封於郭，或曰郭公，因以爲氏。《通志·氏族畧》：春秋有郭公，遂以爲氏，或云，虢爲晉滅，公子配奔周，（案配當是醜譌，子字衍，公上奪去虢字。）遂爲郭氏，今虢氏無聞，惟著郭氏。《姓氏急就篇》郭下自注：郭氏，虢叔之後，聲轉爲郭，其後爲郭氏。又春秋有郭公，亦國也。」以上汪氏所引各説，似皆以郭爲虢之聲轉，若然，則虢正字，郭叚借字，可謂倒植之見。蓋六書之學，唐時人已多未瑩矣。今依《説文》爲主，定郭正虢借。虢地，詳上章注。**遇一老夫而問曰**：盧文弨曰：「焉，兩本作曰」。按宋本、嘉靖本、鐵華館本俱作「曰」，《治要》引同，疑一本「曰」上更有「焉」字，校者旁加此字，作一曲鉤，傳刊者遂以爲删去「曰」字耳，今姑從宋本。「老」，宋本作「田」，此涉上下文田字而誤，嘉靖本作

「老」，各本同，《治要》引亦同，是唐人所見本作老字。詳下文所言，不類田夫語氣，且田獵當在農隙，亦無緣見農夫也，今依衆本作老字。此與上章所記，當屬一事，而傳聞異辭，中壘類記之，以廣異聞，古書多如此。「虢之爲虢久矣，《治要》不引此句。言今日虢國淪爲虢邑久矣，謂被晉滅也。（見滅而曰爲虢，措詞之妙。）晉滅虢，在僖公之五年，距晉文歸國時已二十餘年，故曰久矣。子處此故矣，故，猶肍也，謂處此地甚肍。（凡舊字訓久者，字當作肍，今止作舊。）作田夫，則此句無意義。《治要》引「矣」作「也」。虢亡，其有説乎？」問所以亡之由。以老人目擊前事，必能知其詳，故問之。對曰：「虢君斷則不能，謀則無與也，「謀」，各本作「諫」，宋本亦然。案：諫字不可解，且與下文不能用人意隔。《治要》引作「謀」，是，今據改。「無」，《治要》作「不」。不能斷，即上章所云善善而不能用也。所用既非賢，孰與謀國，乃惡惡不能去所致。故下文接云不能用人，正申釋此句之意，語誼實與上章同。無與不同訓，見《經傳釋詞》。唐太宗有房玄齡能謀，杜如晦能斷，而天下治，可與此證。不能斷，又不能用人，邪佞執政，則賢智裹足，不肯爲用，故云。此虢之所以亡也。」「也」字各本俱奪，宋本亦無之，今依《治要》引補，文氣較完足。文公以輟田而歸，以已同，古字通用，見同卷《晉平公問叔向章》注。《治要》引無「而」字。輟者，《論語·微子篇》「耰而不輟」，《集解》引鄭注：「輟，止也。」《爾雅·釋詁》「輟，已也。」已止同誼。《説文·車部》：「輟，車小缺復合者也。」引申爲凡作輟之稱。凡言輟者，取小缺之意。遇趙衰而告之。趙衰，晉卿，越成子也，夙之弟，見同卷《晉文公將伐鄴章》注。趙衰曰：《治要》引無「趙」字。「今其人安在？」以下四句，《治要》不引。君曰：「吾不與之來也。」君，謂文公。不，猶未也。無，訓不，亦訓未，《經傳釋詞》舉之詳矣。故不訓無，亦訓未，王書於不下偶闕此訓。（經傳中此訓甚多。)後半情事，與上章尤相似，與二卷《逐麋章》事亦相似。趙衰曰：「古之君子，君子，在上位執政者，下同。《孟子・公孫丑篇》燕人畔章所稱古之君子、今之君子，亦同。此君子之本誼，猶稱無位者爲小人，乃小人之本誼也。有德行者宜居上位，庸衆宜在下無位。故引申之，君子爲有德之稱，小人反是。聽其言而用其人；「人」，《治要》作「身」。今之君子，聽其言而弃其身。弃，各本作棄，宋本如此，《治要》引同，今從之。聽其言，謂徒聽之而已，不用其身，焉能行也。哀哉，晉國之憂也。」此晉國之憂，甚可哀也，倒句法。文公乃召賞之，召老夫而賞之。於是晉國樂納善言，國人受晉君之化，以内善言爲樂。納，當作内。文公卒以霸。卒，竟也。以，用也。竟用是成其伯，謂内善言也。霸當作伯。《治要》引末有「也」字。此與上記齊桓事無一不似，必一事而傳聞異解者。中壘連綴卷内，以志異同，猶《韓非子》著一曰之例。《説苑》類敍介子推、舟之僑不受賞事，及智伯、趙簡子欲襲衛，先以璧馬遺衛君事，皆一事分屬二人。或以爲甲，或以爲乙，並出前哲記録，難以偏斷，故兩存以俟後世之論定。所謂多聞闕疑，蓋其慎也。後人不知古人著書之例，詆爲矛楯複出，過矣。虢爲晉滅，明見《春秋》，則此事屬之晉文，較覺可信。中壘明知之，顧仍存齊事者，猶《公羊》於叔術妻嫂事，著顔夫人者，嫗盈女也云云，《穀梁》於郤克伐齊事，著季孫行父禿云云。孔廣森《公羊通義》、鍾文烝《穀梁補注》皆言傳所不信，聊廣異聞。蓋古人著書，自有此體，校釋中屢及之，分見一卷《祁奚》《虎會》二章，及《節士篇・公孫杵臼章》各注。《御覽》八百三十二引此章，多與今本異，脱謬不可卒讀，今别録於後云：「晉文公畋於虢，還，見老問曰，(據此，亦可見老字不當作田。)虢亡，何也。對曰，虢君斷則不能用人也。文公輟畋而歸。趙襄子曰，其人安在。(襄子不與文公同時，襄乃衰字形近之誤，子字妄人加之。)公曰，吾不與來。襄子曰，君聽其言不用其身，文公乃召賞之。」所引既畧，以趙衰誤作襄子，尤爲紕繆。

22晉平公過九原而歎，曰：晉平公，注見一卷。歎當作嘆，古字通用。《國語・晉語》《禮記・檀弓》皆作趙文子與叔向之言，與此異。《韓非子・外儲説左》作平公問叔向，與此同。韓非傳《左氏》學，不當背傳立説，蓋本不信，聊記異聞耳。（觀其以解狐擧讐、與趙武擧讐連敍可知，參上章注。）《檀弓下篇》「是全要領以從先大夫於九京也」，鄭注云：「晉卿大夫之墓地在九原。」京蓋字之誤，當爲原。《國語・晉語》八「趙文子與叔向游乎九京」，韋解云：「京當作原。九原，晉墓地。」天聖明道本正文作原，解云，原當爲京也，京，晉墓地。（按：天聖明道本注也字當作九，連下爲句。）二本不同。」黄丕烈校記云：「鄭《禮記》注破京作原，即依《外傳》爲説。韋氏云當作京者，考《水經・汾水注》云：京陵縣故城，於春秋爲九原之地，其京尚存，漢興，增陵於其下，故曰京陵。《地理》、《郡國》二志皆曰京陵，是韋正依當日地名，傅會趙文子從先大夫於九京爲説，與鄭不同。鄭易京爲原，此則易原爲京耳。司馬彪曰：京陵，春秋時九原。是亦從京不從原也。別本京原互易，乃宋公序用鄭改韋。」以上黄校，所言極細。沈氏濤《銅熨斗齋隨筆》三云：「《風俗通義・山澤篇》曰：謹案《爾雅》：邱之絶高大者爲京，謂非人力所能擧，乃天地性自然也。（此與《説文》訓京爲人所爲絶高丘也説相反。）《春秋左氏傳》莫之與京，《國語》趙文子與叔向游於九京。今京兆京師，其誼取於此，則作京爲是。康成破京爲原，宏嗣破原爲京，與鄭不同。後人據鄭改韋，遂致京原互易，幸有明道本可證。京爲高邱，（原注：《定之方中》傳。）古人墓地，皆在高阜，似不必破讀爲原。《戚伯著碑》京字作泉，與原似。然則京之作原，隸變之譌也。」又云：「酈氏既云其京尚存，則九原必在九京，後人習聞九原，遂爾妄改。《郡國志》曰京陵，春秋九京，正酈氏所本。」以上沈説，與黄札記畧同，皆以別本傳注爲京原互誤，其論確不可易。惟從韋易鄭，則非。陳氏喬樅《禮記鄭讀考》一云：「先子曰：《檀弓下》文，晉趙文子與叔譽觀乎九原，鄭破京爲原。據此，《正義》引《韓詩外傳》云：晉趙武與叔向觀於九原。又引《爾雅》云：絶高曰京，廣平曰原，京非葬之處，原是墳墓之所，故爲原也。《新序》四，晉平公過九原而歎，卽此地也。喬樅謹案：李惇《羣經識小》曰：晉大夫之墓地在九原，故曰，全要領以從先大夫於九原，猶漢晉都雒陽，而稱北邙也。此二字自晉稱之，方確，後人汎用，已屬叚借。意九原原字，監本作九京，京卽古原字，故注亦讀爲原，釋文依注音原。今人讀京作京音，而用者更作九京，尤爲錯誤。喬樅謂古原字作邍，源字作厵，《説文》厵，水泉本也，从灥出厂下，又重文原，篆文从泉。（段氏曰：後人以原代高平曰邍之邍，而別製源字爲本原之原，積非成是久矣。）是原卽源字，後人借用爲邍隰之邍。京者，《説文》云：人所爲絶高丘也，从高省，京象高形。京或作泉，《戚伯著碑》泉鼂府录，卽京兆府丞也，原古亦借用泉字，《左氏昭三年》滕子原卒，《公羊》作泉，是其證也。泉泉字形相似，故致誤與。」案：陳氏謂京或作泉，與泉形近，沈氏則謂與泉形近，俞樾《禮記鄭讀考》同沈説。陳引李氏又云原古作京，與京形近，三説均通，爲二字互混之由。惟俞氏《禮記鄭讀考》及胡氏紹煐《文選箋證》（卷二十六。）均據俗本《國語》，謂韋破京爲原，與鄭注同。則考之未審，不如黄沈二説之當。竊疑九京京字本作京，卽原字，李惇之論最精。冲遠謂京非葬處，原是墳墓之所，其申釋鄭意，確鑿無疑。韋氏但據今地名爲説，故與鄭異。不知京陵之京字，本作京，卽原字，後人沿譌不察，改爲京耳。《文選》傅季友《爲宋公修張良廟教》「過九京者，流連於隨會」，李注：「京當爲原。」亦用鄭説，審擇頸精。《後漢書・銚期傳》「更始將卓京」，注云：「京或爲原。」此亦京原互誤之證也。《水經・汾水注》「又西逕京陵故城北」，考二《漢志》、《晉志》京陵縣屬太原郡。《魏書・地形志》太原郡，平遥有京陵城，魏省京陵，改置平遥也，在今平遥縣東。善長以此爲春秋九原之地。顧氏炎武《日知録》駁之云：「《漢志》太原郡京陵，師古曰：即九京，因記文或作九京，傅會之爾。古者卿大夫之葬，必在國都之北，必不遠涉數百里，而葬於今之平遥也。志以爲太平之西二十五里有九原山，近是。」光瑛按：顧氏所駁，至有理解。如其説，則京陵之爲九原，本不足信，何得據以反鄭注乎。至平遥在今山西汾州府平遥縣治，太平今山西平陽府太平縣治。平陽之地，當晉國都之北，九原山在其西，字正作原，不作京。以今地證之，益見鄭注精覈，萬不可易也。嗟乎，此地之藴吾良臣多矣，嗟，俗字，當作謯。《説文・言部》：「謯，嗞也，（今人以咨代嗞。）从言，差聲。」又訏下，「訏，詭譌也，一曰訏謯。」（今字作吁嗟。）凡言部字，多與口部混。《説文》無藴字，《論語・子罕篇》「韞匵而藏諸」，《集解》引馬曰：「韞，藏也。」釋文引鄭注：「韞，裹也。」臧裹誼同。（《後漢書・逸民傳》注引作藴櫝。）《説文》亦無韞字，虞翻《易・繫辭》注：「緼，藏也。」按《説文・糸部》：「緼，紼也。」無藏訓，則緼亦叚借字。惠棟《周易述》謂韞緼古今字，誤也。訓藏之字當作藴，《説文・艸部》：「薀，積也，从艸，温聲。《春秋》傳曰：蕰利生孽。」此藴之正字。《繫辭》「乾坤其易之緼邪」，爲叚借字。《方言》：「藴，包也。」包裹誼同。《説文・勹部》：「勹，裹也。」（今人以包妊字代勹，而勹字廢。）勹包古今字。此藴字當作蕰，訓藏，爲埋藏之誼，謂良臣死埋藏於其地者多也。若使死者可起也，「可」字各本奪，《治要》引有。案《檀弓》云「死者如可作也」，《國語》「如」作「若」，並有「可」字。人死無復起之理，有可字，文意始活，今據《治要》引補。作，亦起也。吾將誰與歸乎？」《檀弓》、《國語》作「吾誰與歸」。王引之《經傳釋詞》曰：「與字有在句中作語助者，《禮記・檀弓》曰：誰與哭者。（案此倒句法，謂哭者誰與也，非以與字在中作語助。）又曰：死者如可作也，吾誰與歸。是也。家大人曰：與，音餘。吾誰與歸、與誰與哭者，文同一例，猶言吾將誰歸也。釋文與字無音，《正義》曰：「吾於衆大夫之內，而誰最賢，可以與歸。」與字並讀上聲，失之。」（卷四。）案王説非也。與讀上聲，仍爲句中語助。不必音餘始得爲語助也。《左氏哀八年傳》「魯雖無以立，必有與斃。」與猶以也，上言以，下言與，是互文。《昭元年傳》「國於天地，有與立焉。」與《哀八年傳》之與字同，謂有以立也。誰與歸之與字，亦訓以，謂以誰爲歸也。《莊子・齊物論篇》「吾誰與爲親」，句亦相似。此等句法，古書觸目皆是。《文選・北山移文》「磵石摧絶無與歸」，正用《檀弓》語，亦其證也。一曰：與，讀若「吾與點也」之與。《論語・述而篇》「子行三軍則誰與」，《微子篇》「吾非斯人之徒與而誰與」，諸與字誼同。與猶許也，與歸連緜詞，皆推服之意，其解亦通，不如上誼自然。如王説，則本書有與又有乎，於文不已贅邪。叔向對曰：《國語》無「對」字，《檀弓》作「叔譽曰」，注：「叔譽，叔向也。」案叔向注見一卷《趙文子章》。向與譽，皆羊舌肸之字，一人兩字，如鄭公孫僑字子産，又字子美也。王氏引之《春秋名字解詁》云：「向讀爲蠁，肸蠁，布寫之貌。《説文》肸，響布也。蠁，知聲蟲也。蚼，司馬相如蠁从向。《漢書・司馬相如傳》衆香發越，肸蠁布寫，顔注：肸蠁，盛作也。《揚雄傳》薌呹肸以掍根兮，注：言風之動樹，聲響振起。（原注：《禮樂志》曰：肸，振也。）《揚雄傳》又曰肸蠁豐融。左思《蜀都賦》景福肸蠁而興作。則風動而四布者，皆謂之肸蠁矣。肸之言，肹也。《説文》曰：肹，動作切切。又曰：佾，（許訖切。）振也。肸从佾聲，故有振起之誼也。又字叔譽者，譽之言旟，《小雅・都人士傳》：旟，揚也。亦振起之誼。錢曉徵以譽爲響字之譌，失之。」以上王説，解向字誼確不可易。其趙武乎。」《治要》無「其」字。趙武，文子名，注見一卷《趙文子章》。以上《韓非子》作「平公問叔向曰，羣臣孰賢，曰，趙武」。《國語》、《檀弓》叔向稱趙武，作「趙文子稱隋武子」也。公曰：「子黨於子之師也。」《論語・衛靈公篇》「羣而不黨」，《集解》引偪孔注：「黨，助也。」又「吾聞君子不黨」，孔曰：「相助匿非曰黨。」《説文·黑部》：「黨，不鮮也，从黑，尚聲。」此黨之本誼。朋黨字當作攩，《手部》：「攩，朋羣也，从手，黨聲。」經傳多借黨爲攩，今則黨行而攩廢耳。也，讀爲邪，也邪古字通用，詳見《釋詞》。《韓子》作「子黨於師人」。**對曰：「臣敢言趙武之爲人也，**劉氏淇《助字辨畧》云：「《書·湯誓》敢昭告於皇皇后帝，《禮記·投壺》賓曰，敢固辭，主人曰，敢固請，《儀禮·士虞禮》敢用絜牲。鄭注云：敢，冒昧之辭。疏云：凡言敢者，皆以卑觸尊，不自明之意。」案：鄭賈説是也，對於所尊敬，不敢直致其詞，故曰敢。王氏《釋詞》失收此字。《韓非子》無此二句也。**立若不勝衣，言若不出口，**《檀弓》作「文子其中退然如不勝衣，其言吶吶然如不出其口」，《韓子》作「向曰，武立如不勝衣，言如不出口」。《淮南子·氾論訓》云：「周公之事文王也，行無專制，事無由己，身若不勝衣，言若不出口。」二語蓋形容敬畏之意。「口」上，各本有「於」字，《治要》引無。案二句勢相對，與《檀弓》不同，自不當有於字，《韓子》亦無於，可證。各本有於者，衍文耳，今從《治要》引删。**然其身所舉士於白屋下者四十六人，**「所」字各本奪，據《治要》引增。《韓非·外儲説左》兩稱此事，皆有所字。《檀弓》云「所舉於晉國管庫之士七十有餘家」，《韓非子》作「然其所舉士也數十人」，二書亦有所字。白屋，貧士所居室，無善飾者也。言白者，家徒壁立之意。《後漢·高彪傳》注：「白屋，匹夫也。」《説苑·尊賢篇》曰：「周公旦白屋之士所下者七十人，而天下之士皆至。」又曰：「周公攝天子位七年，窮巷白屋，所先見者四十九人。」《漢書·蕭望之傳》「致白屋之意」，注：「白屋，謂白蓋之屋，以茅覆之，賤人所居。」《漢》注以白屋爲白蓋之屋，亦謂室中一無所有。《檀弓》作管庫之士，注云：「管庫之士，府史以下，官長所置也。」夏氏炘《學禮管釋》云：「《士冠》、《士昏》之有司，鄭皆以府史以下解之，其服玄端，與主人同，其賓主迎送揖讓，與敵者同。非如後世之吏，長官以奴隸視之也。漢人以吏起家爲大官者甚多，猶有古人遺意，此古人養羣吏之廉恥，而三代之吏，不至如後世之舞文弄法也。」考夏氏論府史亦得稱士，以本書文但舉所舉士於白屋下者，證《檀弓》府史之注，其誼自見。意四十六人與七十餘家，多寡之數不同，則各據所聞爲説故也。皆得其意，《韓子》「皆」下有「令」字。舊注云：「稱叔向，故得意。」盧文弨曰：「令士得其意，皆可以盡其材也，注謬難曉。」案：此注有譌奪，盧説是。乾道本《韓子》無「令」字，藏本有，與《御覽》引同，盧氏據補，然本書亦無「令」字。而公家甚賴之。士各呈其才，故公室利賴之。及文子之死也，四十六人皆就賓位，以上四句《治要》不引。就賓位，謂以客禮待之，不引爲私暱也。言此者，所以解公黨師之惑。《韓子》作「況武子之生也不利於家，死不託於孤」，可與此意相發明。《韓非》武子之子字當衍，趙武謚文子，非武也。或疑武爲文之誤，亦非。君前臣名，上文既稱武，此當一律，本書作文子者便文耳。是其無私德也，言薦賢爲國，不私其德於己。盧文弨曰：「其，何本作以。」案宋本、嘉靖本、鐵華館本並作「其」，《治要》引亦然，今從宋本、嘉靖本正。臣故以爲賢也。」《韓子》「故」作「敢」，文至此止。案：敢當作故，形近而譌。或據本書上文「臣敢言趙武之爲人也」，謂字當作敢。不知此是結上之詞，上句乃起下之詞，用字不同。《治要》引本書亦作「故」。平公曰：「善。」《治要》引至此止，以下中壘之言，他書所無。夫趙武，賢臣也，相晉，天下無兵革者九年。案：趙武以襄二十五年執晉政，至昭元年卒，首尾不過八年，此云九年，誤也。《昭元年左傳》：「祁午謂趙文子曰：子相晉國，以爲盟主，於今七年矣。再合諸侯，三合大夫，服齊狄，寧東夏，平秦亂，城淳于，師徒不頓，國家不罷，民無謗讟，諸侯無怨，天無大災，子之力也，有令名矣。」師徒不頓云云，即所謂無兵革也。傳云七年者，杜注云：「襄二十五年始爲政，以春言故云七年。」《正義》曰：「《襄二十五年傳》云：趙文子爲政，至此八年也。而云七年者，殷周雖改正朔，常以夏正爲言，此春正月，故爲七年，年末醫和則云八年。」光瑛案：《正義》以本年傳醫和謂趙孟云，子相晉國，於今八年。（《晉語》八同。）此在春正月，當夏之十一月，以夏正計之爲七年。並謂殷周雖改正朔，常以夏正爲言。分析極精細。朱氏大韶《實事求是齋經説》有《春秋書閏月説》一篇，謂「左氏書事，每雜夏正。如隱三年夏四月，鄭祭足帥師取温之麥，秋，又取成周之禾。四年秋，諸侯之師敗鄭徒兵，取其禾而還。皆用夏正。前儒謂晉用夏正，其説不可據，蓋不獨晉事爲然也。」其文覼縷甚詳，亦引左氏此傳爲證，其説至爲精博。此如絳縣老人之年，以甲子紀數，不得不從建寅之月推算。蓋周正特國史所書，時俗習貫，多用夏正。證之《周官》，隨處可見，非可以空言爭也。以無兵革歸美文子相晉者，其時雖值晉楚弭兵，向戌爲之媒，亦由文子力主其事。故《左傳》於弭兵之會，首著齊人難之。陳文子曰，晉楚許之，我焉得已。言諸侯視晉爲轉移，晉視文子之志爲從違，故祁午以師徒不頓，國家不罷，歸功文子，而曰子之力有令名者也。又文子初卽政，告魯叔孫豹曰，自今以往，兵其少弭矣。又曰，武也知楚令尹。其時向戌未倡弭兵之説，而文子言如此，可見弭兵爲文子素志。其自言善楚令尹，則不盡賴向戌之力可知。故宋盟以前，子産已云晉楚將平，諸侯將和，楚至是故昧於一來。（《襄二十六年左傳》。）是弭兵之説，楚鄭二國固知之，推之他國，亦必預知之，非文子之志早決於中而箸之於外，孰能言之明切如此。中壘故歸美之也。

而《春秋》書曰：「晉趙武之力。」蓋得人也。

此引《左氏昭元年傳》祁午語。（卽子之力也，有令名矣句。）稱《左傳》爲《春秋》，以其傳《春秋》故，猶五卷《田贊章》引《穀梁》「善爲國者不師」，《田饒章》引《穀梁》「少長於君則輕之」，七卷引《穀梁》「五帝不告誓」之語爲《春秋》也。漢儒多言《左氏》不傳《春秋》，（見《楚元王傳》劉歆語。）惟中壘獨以《春秋》稱《左氏》，與所素習之《穀梁》同，所謂呻吟《左傳》，此亦一證。（見一卷《衛人逐獻公章》注。）又漢人引羣書傳注，皆得襲本書之名，此例甚多。詳余箸《意原堂讀書記》。（如《易緯》之稱《易》。《詩緯》之稱《詩》，則人人盡知之矣。）則以《左傳》、《穀梁》爲《春秋》，固不足異也。「蓋」，各本作「盡」，宋本亦然。盡蓋形近易誤，詳三卷《燕王書》注。此字作盡無誼，今以意改正。

23 葉公沈諸梁問樂王鮒曰： 各本無「沈」字。盧文弨曰：「《北堂書鈔》九十七引有。」今據增。南海孔氏校刊《書鈔》本無「沈」字，非也。沈爲諸梁之姓，似不可省。（今《御覽》六百十四引亦無沈字，並非）云葉公者，《論語集解》孔注云：「食采於葉，僭稱公。」案：《左氏定四年傳》葉公諸梁之弟后臧，從其母於吳。《哀十六年傳》稱沈諸梁。《莊子釋文》云：「姓沈，名諸梁，字子高。」（葉公子高，已見一卷《秦欲伐楚章》，其注則詳在此章下。）《禮記·緇衣》注：「葉公，楚縣公。」杜預於《左宣三年傳》注云：「葉，楚地，南陽葉縣，其故城距今縣治二十里。」據《左傳》葉公是縣尹，非食采之邑，故鄭注以爲縣公也。高誘注《呂覽·察微篇》、《淮南·覽冥訓》並云：「春秋時，楚僭稱王，其守邑大夫皆稱公也。」此僞孔所本，以公爲僭稱，自漢以來，相承有是説。今知不然者，《鄉飲酒禮》：「賓若有遵者，諸公大夫，則既一人舉觶，乃入。」注云：「大國有孤四命謂之公。」《士喪禮》注：「公，大國之孤四命也。」《春秋傳》曰：「吾公在壑谷。」鄭云公大夫之孤四命者，據《周禮·典命》文也。引《春秋傳》者，《左氏襄三十年傳》文，證諸侯之臣，亦得稱公也。王氏引之《經義述聞》云：「《左傳宣十一年》諸侯縣公，皆慶寡人。杜注曰：楚縣大夫皆僭稱公。引之案：縣公猶縣尹也，與公族之公不同，如謂楚僭稱王，其臣僭稱公，則楚官之貴者，無如令尹司馬，何以令尹司馬不稱公，而稱公者反在縣大夫乎。《襄二十五年傳》齊棠公之妻、東郭偃之姊也。杜注曰：棠公，齊棠邑大夫。齊之縣大夫亦稱公，則公爲縣大夫之通稱，（原注：《正義》謂其家臣僕呼之曰公，傳卽因而言之。非也。作傳者非其臣僕，何爲與臣僕同稱。）非僭擬於公侯也。若以爲僭，則公尊於侯，齊君但稱侯，豈有其臣反稱公者乎。據《鄉飲酒禮》注，（引見前，故畧。）則孤卿得稱公，亦非公族之公也。」（卷十八。）俞氏樾《儀禮諸公考》云：（見《第一樓叢書》八之二。）「《燕禮》：若有諸公，則先卿獻之。鄭注曰：諸公，謂大國之孤也，孤一人，言諸者，容牧有三監。後儒以三監是殷法，多疑其説，於是有以諸爲不定之辭者，有謂統公卿大夫言者，有謂兼寄公言者，有謂兼致仕者言者。胡氏匡衷《儀禮釋官》悉辯其非，謂惟鄭誼爲允。（案胡氏云：經文言若，已是不定，則諸不得更爲不定之辭。下云：無諸公，則大夫辭加席。《燕禮》、《大射》皆云：若有諸公，先卿獻之。則諸自專屬公言，亦不統卿大夫也。《禮》云：諸侯不臣寄公，《大射》：公命徹羃，賓及諸公卿大夫皆降拜。言降拜，則亦在臣列，非寄公矣。至致仕之説，在此《鄉飲酒篇》可通，而《大射》是將祭擇士之射，皆就在位者言之，不得有致仕者，故惟鄭意爲允耳。）案《吕氏春秋·離俗篇》遇高唐之孤叔無孫，高誘注：高唐，齊邑也。孤，孤特位尊。叔姓，無孫名，守高唐之大夫也。是古者守外邑大夫，得有孤稱，《儀禮》諸公，或兼外邑大夫言。蓋大國之孤稱公，而外邑大夫亦有孤稱，則亦得有公稱矣。《吕覽》先秦古書，足可依據。秦御史監郡者稱監公，見《史記·曹相國世家》，此三監稱公之遺也。楚邑大夫稱縣公，見《宣十一年左傳》。楚漢之際有滕公、戚公、柘公、薛公之屬，此守外邑大夫稱公之遺也。説者謂楚僭王，故邑大夫稱公，此亦不然。齊不稱王，而《左傳》所載邢公、棠公，然則外邑大夫之稱公，非僭也。古天子於諸侯，有不純臣之義，諸侯於外邑大夫，稍優假之，隆其名號，亦禮所宜然乎。此足補鄭注之所未及。」光瑛案：王氏謂古縣公稱公，其説最通。其引令尹司馬不僭公號，以駁縣大夫僭公之説，及齊君稱侯，其臣不得反稱公，議論俱極明快。古者大夫之屬稱大夫爲主，後世或稱明公，或稱君侯；縣公稱公，亦猶是耳。《風俗通義·正失篇》云：「謹案《春秋左氏傳》，葉公子高，名諸梁。古者令曰公。」是縣公稱公之明證，而葉公爲葉令，非食采於葉，亦從可見矣。葉公在楚爲賢者，不宜有僭稱之事。俞氏謂《儀禮》諸公兼外邑大夫言，雖近阸度，未必是。然其謂外邑大夫有孤稱，因亦得稱公，及引秦漢制，以證爲古之監外邑大夫稱公之遺，其説俱精當，不可易。高誘注及僞孔、杜預之誤，從此可明。葉者，《漢志》南陽郡葉縣，楚葉公邑。《春秋大事表》曰：「楚遷許于葉。」王子勝曰：「葉在楚，方城外之蔽也。」楚子乃使遷許於析，而更以葉封沈諸梁，號曰葉公。今河南南陽府葉縣南三十里有古葉城。」《元和志》：「《後漢書》葉縣爲小長安。（案《郡國志》注：小長安在育陽，與葉非一地。）言士沃人豐。閻若璩曰：「葉故城距今縣二十里，有方城山，蓋楚適諸夏，必從此出，累石於此，以爲固。」高士奇曰：「葉有東坡，東西十里，南北七里，志稱沈諸梁所鑿，其故城在今南陽府葉縣南三十里，舊縣鎮是也。」《左傳·定五年》杜注及《楚語》韋注並云：「葉公，楚左司馬尹戌之子。」《通志·氏族略》引《風俗通》云：「楚沈尹戌生諸梁，食采於葉，因氏焉。」（案此説與《正失篇》矛楯，恐有誤。）《潛夫論·志氏姓》云：「左司馬戌者，莊王之曾孫，葉公諸梁戌之弟三弟也。」二説不同，所傳異辭，以時代考之，杜韋説近是。《新唐書·宰相世系表》云：「沈氏出自姬姓，周文王之子聃叔季，字子揖，食采於沈，今汝南平輿沈亭是也。魯成八年，爲晉所滅。沈子生逞，字修之，奔楚，遂爲沈氏。生嘉，字惟良，生尹戌，戌生諸梁，諸梁子尹射，字修文。其後入漢，有爲齊王太傅敷德侯者，有爲驃騎將軍者，有爲彭城侯者。《宋書》沈約自敍云：「金天氏之後沈國，在汝南平輿，定公四年，爲蔡所滅。秦末，有逞者，徵丞相不就。」其後畧同《唐表》。宋洪邁《容齋隨筆》（卷六。）駁之云：「聃季所封，自是一國，與沈了不相涉。春秋成八年，晉侵沈，獲沈子揖。昭二十三年，吴敗頓胡沈蔡之師于雞父，沈子逞滅。定四年，蔡滅沈，殺沈子嘉。今表云聃季，字子揖，成八年爲晉滅，是文王之子，壽五百餘歲矣。逞爲吴所殺，而表云奔楚，《宋書》云秦召爲相。沈尹戌戰死柏舉，與嘉同時，而以爲嘉之子。尹射名見《左傳》，先於諸梁，乃以爲其子。（後畧。）沈約一代文宗，妄譜其上世名氏官爵，又不分別兩沈國。其金天氏之裔，沈姒蓐黄之沈，封於汾川，晉滅之。春秋之沈，封於汝南，蔡滅之。顧合而爲一，歐公畧不筆削，爲可恨也。」以上洪説是。王引之《春秋名字解詁》云：「沈諸梁，字子高。《廣韻》楚文王庶子，有食邑諸梁者。諸都古字通，《夏書・禹貢》孟豬，《周禮・職方氏》作望諸，《史記・夏本紀》作明都。諸梁，即都梁也。《史記・建元以來王子侯者年表》都梁侯，長沙定王子，《漢・地理志》零陵郡都梁侯國，《水經・資水注》都梁縣西有小山，上有渟水，其中悉生蘭草，俗謂蘭爲都梁，山因以號，縣受名焉。案：梁者高大之意，故山多以爲名。若《書》治梁及岐，《詩》奕奕梁山，《爾雅》梁山晉望，梁山之犀象，《孟子》去邠，踰梁山，《齊策》睪黍梁父，《山海經》嬰梁山、高梁山，《水經注》嵩梁山之類，都梁山亦是也。」梁履繩曰：「哀十六年稱沈諸梁，蓋仍兼食沈邑，諸梁其名。而《氏族畧》又云：諸梁氏，楚莊王之後，食邑諸梁，因氏焉。此蓋以地命名，如鄭游楚字子南，衛公子鄭字子南之類，其子孫遂以名爲氏耳。」（《左通補釋》卷二十九。）光瑛案：《通志》説不可從，沈尹戌已氏沈，梁謂兼食沈邑亦非。今定沈氏，諸梁名，爲葉縣公，故稱公。沈以邑爲氏，今河南汝甯府汝陽縣東南六十里有沈故城，諸梁乃戌之子，餘一切雜説，槩不取。或謂諸爲語詞，如孟施舍之例，然無確據，亦不取。《荀子・非相篇》言葉公微小，短瘠，行若不勝其衣。《續郡國志》引《皇覽》云：「葬南陽葉縣西北。」《漢表》列三等。樂王鮒，晉大夫。《廣韻》王字注：以樂王爲複姓。梁玉繩《人表考》云：「《左傳・昭元年》叔孫豹云：鮒也賄，似姓樂王，名鮒。」然傳兩稱王鮒，一稱樂桓子，則是姓樂，名王鮒，叔孫單呼之。《廣韵》殊非，程氏《春秋分記》因以爲樂氏矣。梁履繩《左通補釋》云：「案宋有樂氏，晉之樂氏未詳所出。疑《昭傳》之樂徵、樂霄，（原注：廿二、廿八年傳。）《哀傳》之樂丁，（原注：二年傳。）皆其後也。《襄廿三年傳》稱王鮒，《昭元年傳》樂桓子，則樂爲氏可知。《廣韵》云複姓，非。」以上二梁説皆是。《漢表》列三等。沈欽韓曰：「案叔向語，樂王鮒從君者也，其人槩可知，列第三，舛矣。」梁伯子亦舉叔向語，謂表廁之智人之列，可乎。皆公允之論。「晉大夫趙文子，爲人何若？」《書鈔》無「爲人」二字，「若」作「如」。趙文子，晉卿趙武也。卿與大夫，對言則異，散言則通。樂王鮒與文子同朝，固諗知其爲人。然二子皆在魯襄昭之世，葉公子高在定哀時，恐不相接，此傳者之誤也。中壘此書，意取格非，不以事實爲主，故雖知其誤而亦引之。對曰：「好學而受規諫。」身既好學，又能受人之善言也。《書鈔》引止此。葉公曰：「疑未盡之矣。」疑此二事未盡文子所長，葉公未知二事之難能，意鮒有所隱而不告。對曰：自「葉公」以下至此共十字，《御覽》六百十四卷不引。「好學，智也；多識前言德行，以益其智。受規諫，仁也。受善言，則善足以及物，故曰仁。江出汶山，其源若甕口，至楚國，其廣十里，無他故，其下流多也。」「汶」，《御覽》作「岷」，「十」作「千」。案汶輕脣音，古讀如岷，轉重脣，見錢大昕《潛研堂答問》。《史記·夏本紀》作汶，《漢志》作崏，《説文》無岷崏二字。《山部》：「㟩，山在蜀湔氐西徼外，从山，敃聲。」乃岷之正字，《史》作汶，叚借字。源，當作𠫓，或作原，源俗字。《水經·江水注》：「岷山卽瀆山，水曰瀆水，又謂之汶阜山。」胡氏渭《禹貢錐指》云：「古今言岷山者凡四處，一在今四川松潘衛，《地理志》：岷山在湔氐道西徼外，江水所出。《蜀志》秦宓曰：蜀有汶阜之山，江出其腹。《華陽國志》：岷山，一名沃焦山，其附曰羊膊。皆是也。一在茂州，《元和志》：汶山縣有汶山，卽岷山，去青城山百里。《輿地廣記》：岷山在汶山縣西北，俗謂之鐵豹領。是也。一在灌縣，杜光庭《成都記》：岷山連峯接岫，千里不絕，灌縣青城山，乃其第一峯。是也。一在今陝西岷州衞，（今改州，屬甘肅鞏昌府。）《括地志》：岷山在岷州溢樂縣南，連緜至蜀，幾二千里，皆在岷山。是也。大氐岷山北起於溢樂，而南迄於青城，或專指松潘，亦非篤論。然大江所出，則必直氐道西徼外者也。」洪亮吉曰：「今灌縣西北有天彭闕。常璩云：出汶山，本出傅會。《明一統志》又以彭縣之彭門爲天彭闕。（程恩澤曰：按《水經注》氐道縣有天彭山，兩山相對，其形如闕，謂之天彭門，亦曰天彭闕。江水自此已上至微，所謂發源濫觴者也。氐道卽湔氐道，此又在灌縣西北六百餘里，則天彭闕蓋有三。）以今考之，大江所導，自在松潘爲合。若甕口，言其源小；下流者，諸水會合於江，水性就下，故曰下流。會合多，故流廣也。《書・禹貢》：岷山導江，東別爲沱，又東至于澧，過九江，至于東陵，東迆北會于匯，東爲中江，入于海。《山海經・中山經》云：中次九經岷山之首曰女几之山，又東三百里曰岷山，江水出焉，東北流注於海。郭注曰：岷山，今在汶山郡廣陽縣西，大流所出，至廣陵縣入海。又東北一百四十里崍山，江水出焉，東流注大江。郭注曰：邛來山，在漢嘉嚴道縣南，江水所從出也。又東一百五十里曰岷山，江水出焉，東流注於大江。郭注曰：北江。又《海内東經》云：大江出汶山，北江出曼山，南江出高山，高山在城都西入海，在長州南。郭注曰：今江出汶山郡升遷縣岷山，東南經蜀郡、犍爲，至江陽東北，經巴東、建平、宜都、南郡、江夏、弋陽、安豐，至廬江南界，東北經淮南、下邳，至廣陵郡入海。《漢・地理志》：蜀郡湔氐道，《禹貢》岷山在西徼外，江水所出，東南至江都入海，過郡七，行二千六百六十里。（案二千當依《説文繫傳》作七千爲是。）《説文・水部》云：江，水出蜀湔氐徼外岷山入海，从水，工聲。《水經》云：岷山在蜀郡氐道縣，大江所出，東南過其縣北；又東南過犍爲、武陽縣，青衣水、沫水從南來合而注之；又東南過僰道縣北，若水、淹水合從西來注之；又東，渚水北流注之；又東過江陽縣南，洛水從三危山東過廣魏洛縣東南注之；又東過符縣北邪東南，鰼部水從符關東北注之；又東北至巴郡江州縣東，強水、涪水、漢水、白水、宕渠水五水合南流注之；又東至枳縣西，延江水從牂柯郡北流西屈注之；又東過魚復縣南，夷水出焉；又東出江關，入南郡界；又東過巫縣南，鹽水從縣東南流注之；又東過秭歸縣之南；又東過夷陵縣南；又東南過夷道縣北，夷水從佷山縣南東北注之；又東過枝江縣南，沮水從北來注之；又南過江陵縣南；又東至華容縣西，夏水出焉；又東南當華容縣南，涌水入焉；又東南，油水從東南來注之；又東至長沙下雋縣北，澧水、沅水、資水合東流注之，湘水從南來注之；又東北至江夏沙羨縣西北，沔水從北來注之；又東過邾縣南、鄂縣北；又東過蘄春縣，蘄水從北來注之；又東過下雉縣北，利水從東陵西南注之。（案《水經》江水合沔後，止於下雉縣。沔水內訂其錯簡：又東過彭蠡澤，又東過皖縣南，又東至石城，分爲二，其一東北流，又東北出居巢縣南，又東過牛渚，又過毗陵縣，爲北江。參以末記《禹貢》山水澤地，北江在毘陵北界，東入於海，則下雉縣以下入海之大畧固在也。其錯佚蓋自宋時已然。）以下闕逸。」案大江原出岷山，廣數千里。《禹貢》岷山，據《漢志》在湔氐道，即今四川松潘廳邊外西番地羊膊領者也。又有北原岷山，在今陝西岷州；其南原岷山又有二，一在茂州，一在灌縣，皆不如《漢志》可據。岷江正流之原有二，一北原，出阿林水從東麓東南流；一南原，曰那哥多母精。阿林從南麓流至灌縣，分二派，支渠從橫。其南流經温江、崇慶、雙流、新津、彭山、青神、樂山、犍爲、宜賓、南溪、瀘州者，大江正流；其東流經郫縣、新繁、成都、新都、金堂，南經簡州、資陽、資縣、富順，至瀘州復合者，江沱也。入楚以後，會合諸流，其勢日益浩大，故廣十里。《水經》所記諸水入江者是，故曰下流多也。《水經注》：「江水自天彭闕東逕汶關，歷氐道縣北，僅可濫觴；南下至北部，始百餘步；又西南至溼阪，稍大；又東逕成都，東南流逕魚復縣故城；又東出江關，入南郡界；又東逕宜昌縣之流頭灘。」則江未入楚以前，其流尚不甚大，此與孔子告子路語意相同。見《荀子》、《韓詩外傳》、《説苑》諸書。人而好學，受規諫，宜哉其立也。」立者，卓然功業有以自見，不爲事勢所牽制。《御覽》「多也」下作「好學受規諫，宜哉」，文誼脱漏不可讀。《詩》曰：「其惟哲人，告之話言，順德之行。」此之謂也。《詩·大雅·抑》篇文。毛傳：「話言，古之善言也。」《正義》曰：「若其維賢哲之人，告之以善言，則順其道德之行而行之。」此引以證受規諫之意，如大江容内百流，是以浸大，所謂惟善人能受盡言也。三家解此章誼，當與毛不異，故中壘引之。

24 鍾子期夜聞擊磬聲者而悲，《漢書·司馬遷傳》：「蓋鍾子期死，伯牙終身不復鼓琴。」師古曰：「伯牙、鍾子期，皆楚人也。伯牙鼓琴，子期聽之，方鼓琴而志在泰山，子期曰，巍巍乎若泰山；旣而志在流水，子期又曰，湯湯乎若流水。及子期死，伯牙破琴絶弦，終身不復鼓琴，以時人無足復爲鼓琴耳。」案事見《吕氏春秋·精通篇》，注云：「鍾姓，子通稱，期名也，楚人鍾儀之族。」《荀子·勸學篇》「伯牙鼓琴而六馬仰秣」，楊倞注：「伯牙，古之善鼓琴者，亦不知何代人。」考春秋以前，未聞伯牙之名，《列子》書雖載之，然《列子》多記後事，亦未足據，至戰國乃盛稱道之。疑鍾子期、伯牙，皆戰國初人。《楚辭·七諫·謬諫》曰：「伯牙之絶弦兮，無鍾子期而聽之。」王逸注：「伯牙，工鼓琴也；鍾子期，識音者也。言鍾子期死，伯牙破琴絶絃，不肯復鼓，以世無知音也。」又《九嘆·愍命》曰：「破伯牙之號鍾兮。」注：「號鍾，琴名。」此借號鍾之名，以言伯牙耳，非謂伯牙之琴，名爲號鍾也。《軒轅紀》云：「黄帝之琴名號鍾。」傅玄《琴賦》：「齊桓公有鳴琴曰號鍾。」《長笛賦》「號鍾高調」。是號鍾不始於伯牙矣。《漢表》無鍾期、伯牙二人，蓋偶脱之。《爾雅・釋樂器》云：「磬，罄也，其聲罄罄然堅緻也。」《説文・石部》：「硜，古文磬。」《史記・樂書》「石聲硜」，今《禮記・樂記》作「石聲磬」。罄磬硜三字並通，磬亦以聲名之。《論語・憲問篇》：「子擊磬於衛，有荷蕢而過孔子之門曰，有心哉，擊磬乎。既而曰，鄙哉硜硜乎。」言硜硜者，正形容擊磬之聲，他樂器不能移也。《樂記》云：「樂者，音之所由生也，其本在人心之感於物也。」又曰：「其哀心感者，其聲噍以殺。」注云：「噍，蹴也，蹴，猶蹴踖，不安舒之貌。殺，減也。」凡感於哀心，其聲衰減，抑而不揚。此擊磬之人，感懷身世，其心一寓於音，故鍾子期聞其聲，而知其志之悲也。《吕氏・精通篇》無「聲」字，疑本書作「聲」，校者以《吕書》「者」字旁注，以記異文，傳録者誤入之，今有「聲」又有「者」，文誼稍重疊矣。

旦召問之，《吕》作「使人召而問之」。案上言夜聞，故著「旦」字，此字似不可省。

曰：「何哉，子之擊磬，若此之悲也？」《吕》作「曰，子何擊磬之悲也」。案兩書也字，皆讀爲邪，古也邪字通，屢見上注。

對曰：「對」，《吕》作「答」，按對答一聲之轉。《毛詩・雨無正》「聽言則答」，本書五卷《閭丘卬章》引《詩》「答」作「對」。蓋二字古通，毛作答，亦讀爲對，始與上下韻協。近人張行孚謂《説文》無答字，對即古答字，其説近是，詳五卷注。

「臣之父不幸而殺人，不得生，臣之母得生，而爲公家隸，臣得生而爲公家擊磬。

此數句，舊本作「臣之父殺人而不得，臣之母得而爲公家隸，臣得而爲公家擊磬」，文誼譌奪，幾不可通，今據《吕書》改正。「隸」字《吕》作「爲酒」，「臣得生」作「臣之身得生」，今姑隨舊文，不欲大更變也。惟首句「殺人」上，從《吕書》增「不幸而」三字，「殺人」下删一「而」字，措詞稍活。各「得」字下均增「生」字，（增舊本文。）如此文勢始諧。大意謂其父殺人，牽連家族身死，妻子没官爲奴耳。戰國時已有族誅之刑，下二句兩著「得生」字，見有不可生之道，其得生已幸也。此章誤句甚多，盧氏《拾補》因仍舊文。並未舉出，何邪。《呂書》亦閒有誤處。臣不睹臣之母，三年於此矣，没入公家，各有職司，不得私相見也。「睹」，《呂》作「覩」，字同。《説文·目部》：「睹，古文从見作覩。」又《呂書》無「於此」二字。昨日爲舍市而睹之，舍市未詳。《呂》作「昔爲舍覩氏臣之母」，案：氏市音混。（依段表，氏在支部，十六部也；市在之部，第一部也。段以謂自古不通用，然則何以相溷，可知其不盡然。）本書卷一「魯市之鬻牛馬者善豫賈」，各本多以氏爲市，是二字通用之證，但語仍未明。意欲贖之，無財，身又公家之有也，閔母年老爲奴，思贖之，無財，而身亦隸於公家，不得贖也。《呂》作「量所以贖之，則無有，而身固公家之財也」。孫志祖曰：「《新序》載此微不同，以《新序》誼爲長。」按：《呂書》「財有」二字互易，文遂難解。高注訓量爲度，謂審度所以贖之之道也。度量本皆量器，引申爲籌度思量，一字之誼轉爲他誼，而同類之字亦隨之而轉，六書中斯例甚多，故此量亦可訓爲思量矣。《呂書》此處不如本書誼長，孫説是，當從本書校正，不可執一。是以悲也。」「以」，《呂氏》作「故」。

鍾子期曰：《呂》「曰」上有「歎嗟」二字。「悲在心也，非在手也；手非木非石也，悲於心而木石應之，各本「非木」上無「手」字。按《呂書》作「悲夫悲夫，心非臂也，臂非椎非石也，悲存乎心，而木石應之」，彼文臂字，即此手字，脱去則句意不圓，今據補。此言人之悲存於心，與手何與，至於木石，則更非心所附著，乃人心感於此，而木石應於彼，所謂人心之感於物者非邪。磬本石聲，兼言木者，因文勢難單言，故連及之，非謂磬爲木也。《呂書》意同，而詞小異。《荀子·勸學篇》：「昔者瓠巴鼓瑟而流魚出聽，（《大戴禮記》作沈魚，《論衡》作蟫魚，《韓詩外傳》作潛魚，皆聲轉通用。《荀》作流魚，流沈亦通用，詳二卷《無鹽章》注中。）伯牙鼓琴而六馬仰秣，然則精誠所至，物類爲之感移，況在人乎。故曰：「凡音之起，生於人心者也。」又曰：「移風易俗，莫善於樂。」此之謂也。以至誠故也。」《孟子・離婁篇》曰：「至誠而不動者，未之有也，不誠，未有能動者也。」《呂》作「故君子誠乎此而諭乎彼，感乎己而發乎人，豈必彊說乎哉」，敍本事止此。以下皆中壘之詞，告成帝以誠感人。人君苟能至誠動於內，萬物必應而感移，推言及爲君者，本書固奏進之作，意主啓沃。誠動物應，所謂正朝廷以正百官，正百官以正萬民也。堯舜之誠，感於萬國，《尚書・禹貢》曰：「東漸于海，西被于流沙，朔南暨聲教，訖于四海。」《皋陶謨》曰：（今本作《益稷》。）「帝光天之下，至于海隅蒼生，萬邦黎獻，共爲帝臣。」本書一卷首章：「舜立爲天子，天下化之，蠻夷率服，北發渠搜，南撫交阯，莫不慕義，麟鳳在郊。」是堯舜修德以誠感萬國之事也。《孟子》曰：「責難於君謂之恭。」若中壘之以堯舜望其君，可謂責難矣。動於天地，如使之主祭，百神享之之類是也。故荒外從風，荒外，荒服之外也，要服外五百里，謂之荒服。《史記・夏紀》集解引馬融曰：「政教荒忽，因其故俗而治之。」《周語》「戎狄荒服」，韋注：「荒忽無常之言也。」誼與馬同。本書二卷首章云：「唐虞時要荒來賓。」詳彼注也。鳳麟翔舞，《史記・五帝紀》：「於是禹乃興九招之樂，致異物，鳳皇來翔，天下明德，皆自虞帝始。」《說苑・修文篇》同。《公羊哀十四年傳》疏引鄭云：「簫韶九成，鳳皇來儀者，若樂九變，則人鬼可德而禮，故致得鳳皇來儀。雄曰鳳，雌曰皇。來儀，止巢而乘匹，翔者集也，謂集而且舞也。」互參一二卷首章注。下及微物，咸得其所。微物，如惴耎之蟲，肖翹之物皆是。得所，得其處所，謂咸遂其生也。所舞協韵。《易》曰：「中孚豚魚吉。」此之謂也。《易・中孚》卦辭。象曰：「豚魚吉，信及豚魚也。」管氏禮耕曰：「虞注讀豚爲遁，以爲遁魚。李鼎祚謂失化邦之指。王注曰：魚者，蟲之隱者也；豚者，獸之微賤者也。爭競之道不興，中信之德敦著，則雖微隱之物，信皆及之。後儒又疑物之微者甚多，何獨取豚魚爲象，且豚魚無知，不可以化邦之信及之。於是有以豚魚爲江豚魚，謂江豚知風物之有信者，人之信能及之，則吉也；有以豚魚爲士庶人賓祭所用，言苟有中信之德，則雖豚魚之薦亦吉也。案虞以豚魚爲遁魚，不特失化邦之意，且於信及二字亦不可通，其説固非。若江豚，南方水族，文王繫《易》未必嘗見，且其知風，特氣化使然，人何取乎及之，而亦無以及也。賓祭之説，理亦可通，第二篇用享，西隣禴祭，皆著有明文，此經並無賓祭之説，何得遽爲強定。則二説皆非。王注雖是常解，要不可易。蓋中孚豚魚吉五字，當以中孚豚魚四字作句，吉字又爲句，謂中誠孚於豚魚，則吉莫大焉。如履虎尾、艮其背、同人于野，皆連卦名爲句，《易》固有此例也。彖傳分釋之者，一則《中孚》卦名，不容不釋；一則古人文簡，既以信及豚魚釋豚魚吉，則四字連讀之意自在，不必更舉卦名也。後人不詳彖意，一如尋常卦名讀法，遂不得其解矣。獨言豚魚者，《中孚》以三四爻爲主。鄭康成曰：「三辰在亥，亥爲豕，爻失正，故變而從小名言豚耳；四辰在丑，丑爲鼈蟹，爻得正，故變而從大名言魚耳。」豚魚以諭小民也。其實豚魚不必爲諭，精誠所至，雖木石之頑猶可感極，況於有血氣者乎。瓠巴鼓瑟而鱏魚出聽，伯牙鼓琴而駟馬仰秣，一藝之精，感通若是，誰謂化邦之信，不可及於豚魚哉。」（《操殺齋遺書》卷一。）案管氏闡發王注，誼多精當。其以中孚豚魚四字爲句，吉字自爲一句，引《履》、《艮》、《同人》諸卦爲證，及釋經文所以取豚魚爲象之故，皆有理解。《淮南子·繆稱》云：「同言而民信，信在言前也；同令而民化，誠在令外也。動於上不應於下，情與令殊也。」觀於牙琴巴瑟，魚馬爲之感聽，豚魚之吉，又何疑乎。

25勇士一呼，三軍皆辟，士之誠也。士雖勇，不足以當三軍，而或爲之辟，其精誠足以靡之也。《外傳》

六「三軍」上有「而」字，「辟」作「避」。《御覽》四百三十七引此數句，「辟」下有「易」字，則不當讀爲「避」，其下文所引與此全不同。盧文弨、嚴可均二家，均采入佚文中。《淮南·繆稱訓》作「其出之誠也」，出士形近，似優。俞樾謂古書出士二字多相亂，引《史記·五帝紀》稱以出，《集解》引徐廣曰出一作士，及《淮南》、《新序》此處異文爲證，是也。（見《荀子平議·王制篇》內。）一曰「士」當作「志」。

昔者，楚熊渠子，《史記·楚世家》：「熊揚生熊渠，熊渠生子三人。當周夷王之時，王至微，諸侯或不朝，相伐。熊渠甚得江漢閒民勞，乃興兵伐庸楊粵，至於鄂。熊渠曰，我，蠻夷也，不與中國之號謚。乃立其長子康爲句亶王，中子紅爲鄂王，少子執疵爲越章王，皆在江上楚蠻之地。及周厲王之時，暴虐，熊渠畏其伐楚，亦去其王。」《漢表》舊無熊渠，六等有楚摯紅，渠子。馬氏驌《繹史》引作熊渠，注云：錫子。梁氏《人表考》云：「案楚自熊渠始大，僭竊王號，表不應獨闕。又九等熊摯注云：渠子。尤表有熊渠之論，《繹史》據別本更之，是也。而熊摯熊紅，乃渠之二子，摯以疾廢，（原注見《左傳·僖廿六年》。）紅嗣渠而立。史誤合摯紅爲一，此表俗本繆仍之。蓋因表失列熊紅，後人因史妄改爾。《索隱》引譙周謂渠卒，子翔立。豈紅卽位改名與。」（卷六。）沈欽韓曰：「《楚世家》熊揚之子熊渠，而表於此作摯紅，（渠子。）應是傳寫錯誤。」案：梁沈說是也。表於熊麗、熊狂、熊艾、熊盤、熊繹、熊霜、熊紃等，事迹無甚表見，皆列載之，豈於始僭王號之熊渠，反爲遺漏。且《繹史》所據，多與今本不同，往往勝於今本。卽如此條，今本誤以摯紅合爲一人，不問可知其誤。梁氏引熊摯下注云渠子，爲表有熊渠之論，確鑿無疑。表例見於注者，無不列其名，從無二人共繫一條者，以此觀之，當作熊渠明矣。渠稱王而繫以子者，從其本號，或事在未僭以前，及既削之後，均未可知。

夜行見寢石，《韓詩外傳》脱「見」字，趙懷玉本據本書補入，是也。無見字，文誼難通。寢石，石卧草中，如人寢狀。

以爲伏虎，伏，潛伏也。見石誤以爲虎，夜行視不審也。《御覽》三百四十七引本書無此句，三百五十引作「似伏獸寢狀」，句小異。關弓射之，「關」，《外傳》六作「彎」，關彎聲近，古字通。《孟子·告子下篇》「越人關弓而射之」，《文選·三都賦》劉逵注引作彎，《說文·弓部》：「彎，持弓關矢也，从弓，䜌聲。」《說文》以關訓彎，其誼一也。《左氏昭二十一年傳》「將注豹，則關矣」，杜注：「注，傅矢；關，引弓。」釋文云：「關，本作彎。」《呂氏·壅塞篇》「中關而止」，高注：「關，謂關弓。」皆其證。關又通作貫，《儀禮·鄉射禮》「不貫不釋」，注：「古文貫作關。」《漢書·儒林·轅固傳》「履雖新，必貫於足」，《史記》貫作關。惠氏棟曰：「《呂氏》所云中關而止，謂關弓弦正半而止，即《儀禮》所謂不貫也。」徐氏養原《儀禮古今文異同疏證》云：「貫關古字通。《史記·伍子胥列傳》伍胥貫弓執矢嚮使者，《集解》：貫，烏還反。《索隱》曰：劉氏貫音彎，又音古患反，謂滿張弓。《孟子》越人關弓而射之，《音義》曰：關，丁張並音彎。《說文·心部》患，憂也，从心上貫吅。古文作悶，从關省。蓋患之爲言貫也，从關，亦取貫誼。」案徐說是。惟劉氏云貫音彎者，非謂貫有彎音，謂貫讀爲彎，以音讀代改字之例。（說已見前，丁張云關音彎，亦同此例。）其古患一音卽關字，是關彎貫三字並同也。貫又作毌，《史記·匈奴傳》「士力能彎弓」，王念孫曰：「彎，本作毌，此後人據《漢書》改之也。《史記》彎弓字或作貫，《陳涉世家》士不敢彎弓而報怨，《伍子胥傳》貫弓執矢，是也。《說文》：毌，穿物持之也。是毌爲古貫字。（原注：《六國表》、《田完世家》並云：齊宣公伐衞，取毌。《正義》引《括地志》曰：故貫城卽古貫國。）故貫弓之貫又作毌也。《索隱》本出毌弓二字，注曰：上音彎。今本既改毌爲彎，又改注文曰彎音烏還反，不知毌爲彎之叚借字，故必須音釋。（案此亦以音讀代改字之例。）若本是彎字，則無須音釋矣，（原注：凡《史記》彎字，《索隱》皆無音。）何不思之甚也。」（《讀書雜志》三三六。）是又作毌之證。又通扞，王氏《廣雅疏證》曰：「抓之言扜。《説文》扜，滿弓有所鄉也。亦作扞，《吕氏・壅塞篇》因扞弓而射之，注：扞，引也。古聲與抓同，彎亦抓也，語之轉耳。」光瑛案：關彎貫毌，皆聲近相通，其作扜者，雙聲之轉，且誼同故也。《説文》以弙次彎引字下，是三字同誼。《山海經・大荒南經》「有人方扜弓射黄蛇」，郭璞注：「扜，挽也，音紆。」《史記・伍子胥傳》「伍胥貫弓執矢嚮使者」，郭引《史記》貫弓以注扜字，是謂扜卽貫字，誼同也。扜從于不從干，《淮南・原道訓》「射者扜烏號之弓」，今本皆作扞，惟《山海經》不誤，賴郭氏之意尚存耳。《論衡・儒增》作將弓，此別一誼。《御覽》三百五十引無「關弓」二字。滅矢，《外傳》作「沒金」，《御覽》引無此二字。飲羽；言矢深入石中，沒及矢頭之羽也。《論衡・儒增》云：「儒書言楚熊渠見石，以爲伏虎，將弓射之，矢沒其衛。或曰：養由基見寢石，以爲兕也，射之，矢飲羽。或言李廣。便是熊渠、養由基、李廣主名不審，無實也。或以爲虎，或以爲兕，兕虎俱猛，一實也。或言沒衛，或言飲羽。羽則衛，言不同耳。要取以寢石似虎兕，畏懼加精，射之入深也。夫言以寢石爲虎，射之矢入，可也。言其沒衛，增之也。善射者能射遠中微，不失豪釐，安能使弓弩更多力乎。人之精乃氣也，氣乃力也，有水火之難，惶惑恐懼，舉徙器物，精誠至矣，素舉一石者，倍舉二石。然則見伏石射之，精誠倍故，不過入一寸，如何謂之沒衛乎。如有好用劍者，見寢石，懼而斫之，可能斷石乎。以勇夫空拳而暴虎者，卒然見寢石，以手椎之，能令石有跡乎。巧人之精與拙人等，古人之誠與今人同，使當今射工射禽獸於野，其欲得之，不餘精力乎。及其中獸，不過數寸，跌誤中石，不能內鋒，箭摧折矣。夫如是，儒書之言楚熊渠子、養由基、李廣射寢石、矢沒衛飲羽，皆增之也。」宋彭乘《續墨客揮犀》云：「《史記・李廣傳》廣夜見石，以爲虎，射之，沒鏃。《漢書》云飲羽。史遷與廣同時，必不誤。鏃能入石逾寸，亦足爲異，必無竹能入石過尺之理。雖云精誠所至，恐物理不然，殆班氏之飾詞也。」梁玉繩曰：「此事《吕氏·精通篇》謂養由基，《韓詩外傳》六、《新序》四謂熊渠子，與李廣爲三。王充辨其無實，黄東發亦云，此事每載不同，皆相承之妄言。考《荀子·解蔽》、《淮南·氾論》、《文選》鮑照《擬古詩》注引《闕子》，皆記寢石誤虎飲羽事，或世傳其言，遂取善射之人以實之爾。」案梁説是。王充辨沒衛之非，而云深入不過一寸。彭氏亦云入石逾寸，已足爲異。不知沒金及一寸，亦事所必無，或石偶有裂縫，矢適注及其間，文人好奇，遂從而誇大之耳。此事李廣後遞有記載，前人考之已詳。大氏景傳三人事，以鋪張善射，均不足信，茲槩不引。又《論衡》引熊渠事作「沒衛」，本書及《外傳》皆作「飲羽」。下視，知石也，《外傳》作「下視，知其爲石」，趙本「石」下有「也」字。卻復射之，卻，猶還也，凡卻者必還，故引申有還誼。《史記·封禪書》：「居頃之，自卻復中。」皇甫謐《三都賦序》：「而卻爲魏主述其都畿，宏敞豐麗，奄有諸華之意。」又轉也，轉亦有還誼。又語詞，如忘卻、滅卻之類，此別一誼。王氏《釋詞》未收此字，因經傳少用故耳。沈本《外傳》「知其爲石」下即接「石爲之開，而況人乎」，無「卻復」以下十七字。趙懷玉本及陳喬樅《韓詩遺説考》本有「因復射之，矢躍無迹，熊渠子見其誠心而金」十七字，蓋所據别一本也。矢摧無迹。摧，折也，言矢折而石如故，無傷壞之迹也。趙陳本《外傳》「摧」作「躍」。熊渠子見其誠心，而金石爲之開，況人心乎。言石而兼及金，猶上章言石而兼及木，非更有射金事也。《外傳》末句作「而況人乎」。唱而不和，《詩·鄭風·蘀兮》曰：「倡予和女。」唱，唱和本字，古書多以倡作唱。又古唱和字不讀去聲，至唐猶然，故和韻又作同韻。動而不隨，「隨」，《外傳》作「僨」，未詳。《毛詩·鄭風·丰》序曰：「陽倡而陰不和，男行而女不隨。」二語本《丰》序。《困學紀聞》引葉氏云：「漢世文章，未有引《詩序》者，魏黄初四年詔云：《曹詩》刺君遠君子近小人，蓋小序至此始行。」陳啓原《毛詩稽古篇》駁之云：「司馬相如《難蜀父老》云：王事未有不始於憂勤，而終於逸樂者也。此《魚麗》序。班固《東都賦》：德廣所及。此《漢廣》序也。一當漢武帝時，一當明帝時，可謂非漢世邪。」錢大昕亦舉《孟子》説「《北山》勞於王事，而不得養父母，卽小序説。惟小序在《孟子》前，故《孟子》得引之。」案陳錢之説是也。《新序》之文，本於《外傳》，已引用序語，（《韓序》多同毛，前人已言之。）則孰謂漢世文章不用序乎。**中必有不全者矣。**「必」，《外傳》誤「心」，當據此校改。或「心」下奪「必」，如《淮南》文，引見下。不全，猶不足也，内不足者，不可以感人。《淮南·繆稱訓》云：「故倡而不和，意而不戴，中心必有不合者也。」合，乃全之誤。《文子·精誠篇》作「意而不載」，《淮南》戴字或亦讀爲載，見王氏《讀書雜志》。《淮南》注：「訓意，恚聲。」（讀爲噫。）戴，嗟也。誼别。**夫不降席而匡天下者，求之己也。**降，下，匡，正也。求之己，謂不待乎外。《易》曰：「君子居其室，出其言善，則千里以外應之。」此之謂也。《淮南》作「故舜不降席而王天下者，求諸己也」，《文子》作「不下席而匡天下」。《淮南》「王」字當作「匡」，亦詳《雜志》。**子曰：「其身正，不令而行；其身不正，雖令不從。」**《論語·子路篇》文。注：「令，教令也。」《漢書·公孫弘傳》：「上古堯舜之時，不貴爵賞，而民勸善，不重刑罰，而民不犯，躬率以正，而遇民信也；末世貴爵厚賞，而民不勸，深刑重罰，而姦不止，其上不正，遇民不信也。」《淮南·主術訓》云：「是故有諸己不非諸人，無諸己不求諸人，所立於下者，不廢於上，所禁於民者，不行於身。所謂亡國，非無君也，無法也。無法者，非無法也，有法者而不用，與無法等。是故人主之立法，先自爲檢式儀表，故令行於天下。孔子曰：其身正，不令而行，其身不正，雖令不從。故禁勝於身，則令行於民矣。」以上所引，並與《論語》誼相發明。至《淮南·繆稱》同令而民化云，已引見上章注。**先王之所以拱揖指揮，**揖，當作撎。揮，當作撝。凡以手指撝字作撝，以旌指麾字作麾，見同卷《楚莊王章》注。《外傳》指揮作麾，與揮並非。而四海來賓者，「來」字各本奪，據《外傳》補。誠德之至，已形於外也。舊本無「也」字。《外傳》作「誠德之至也，色以形於外也」。趙據本引本書「外」下有「也」字，謂《外傳》似有衍文。按《文選》注引此數句，無「拱揖」二字，「來賓」作「賓服」，「至」下有「也」字，盧嚴二家皆采入佚文，疑是節録此章語。今本《外傳》「至」下有「也」字，即緣彼注而誤。今從趙本引本書「外」下加「也」字，刪「至」下「也」字。蓋《選》注節引本文，故至下可加也字，若以全文論，則「外」下既有「也」字，「至」下不當更有「也」字也。「外」下之「也」，依文誼不可省。「已」，《外傳》作「以」，古通字，注屢見。故《詩》曰：「王猷允塞，徐方既來。」今《詩》「猷」字作「猶」，本書舊本亦作「猶」，蓋後人據《毛詩》改之。此章全本《外傳》，《外傳》作猷，本書當同之。《說文》有猶無猷，古猷猶字同，後人乃分爲二耳。又見前《中牟章》注。此之謂也。《外傳》無此句。凡《外傳》引《詩》，多戛然而止，不加論斷。以上二章，俱言至誠則能動物，爲人君發也。

26齊有彗星，《爾雅·釋天》曰：「彗星爲欃槍。」郭注曰：「亦謂之孛，言其形孛孛似埽彗。」《說文·又部》：「彗，埽竹也，从又持甡，或从竹作篲。」按彗之本誼爲埽甡者，衆生並立之貌，取排比之誼，故俗呼爲埽星。《釋名》云：「彗星，光稍似彗也。」郭注言亦謂之孛者，《春秋文十四年》「有星孛入于北斗」，《公羊傳》曰：「孛者何，彗星也。」《穀梁傳》曰：「孛之爲言猶茀也。」《晏子·諫上篇》「茀又將見矣」，《外篇》「茀又將出」。《續漢·天文志》引茀作孛，《御覽·咎徵部》二引同，《史記·世家》作茀，是二字音誼皆同。昭十七年，有星孛于大辰，《左傳》曰：「彗所以除舊布新也。」哀十三年，有星孛于東方，《公羊傳》曰：「其言于東方何，見於旦也。」是彗星亦謂之孛也。《資治通鑑》卷八十六：「有星孛于北斗。」史炤釋文云：「彗星謂之孛。」胡三省曰：「此杜預説也。然彗自是彗，孛自是孛，彗長，其光芒如埽箒，故謂之彗；孛者，光芒蓬勃四出，孛孛然也，孛之爲災甚於彗。《通鑑》有書彗者，有書孛者，別其爲災有淺深也。」按胡氏別孛於彗，以爲二星，斥史氏之説爲本杜預，是直未讀《公》、《穀》傳文，輕於立説。不知彗者言其象，孛者言其氣，命名各有取誼，其實一也。彗取埽誼，故有除舊布新之象。《史記・天官書》曰：「天棓長四尺，末兑；彗星長二丈，類彗；天欃長四丈，末兑；天槍長數丈，兩頭兑。」《正義》曰：「天彗者，一名埽星，本類星，末類彗，小者數寸長，長或竟天，而體無光，假日之光，故夕見則東指，晨見則西指，若日南北，皆隨日光而指。」此言彗之形狀，及得名之誼甚明。然據《天官書》所云，則彗與欃槍不同。故《衆經音義》引孫炎曰：「妖星也，四曰彗。」孫意以欃槍棓彗四者皆爲妖星。《漢書・天文志》曰：「欃槍棓彗雖異，其殃一也。」亦以彗星欃槍爲非一星，與《爾雅》異也。彗星環繞地球而行，首小尾大，形如埽，光四射。此星軌道，常與他行星軌道相截，其軌道之形，亦不一致，或爲極長橢圓，或爲抛物綫，或爲雙曲綫。以此之故，不常出見，或數年，或數十百年，或千年，非如諸行星之易於發見。惟不易見，故世人多以爲災，而謂之妖星也。此用《左氏昭二十六年傳》文。孫星衍云：「《晏子・諫上篇》：景公游於公阜，言古而無死；及據與我和，日莫西面望睹彗星，云，夫子一日而三賚我。《雜下》又云：昔者吾與夫子游於公邑之上，一日而三不聽寡人。是爲一時之事。《左傳》則以古而無死、據與我和之言，在魯昭二十年，其齊有彗星，降在魯昭二十六年者，蓋緣陳氏厚施之事，追溯災祥及之耳，此事本不見《春秋經》。然則彗星見實在昭二十年，齊景之二十六年。《史記・十二諸侯年表》誤在魯昭二十六年，齊景之三十二年，非也。」（見《問字堂集》卷三，《晏子春秋序》。蘇輿本《晏子春秋》一卷采此説。）按《史記》之説，本於《左傳》。諸子百家之書，各據所聞爲説，不當反據以疑傳，孫説非也。（追溯災祥之言，尤嫌無據。）杜預曰：「彗星出齊之分野，不書，魯不見。」《正義》曰：「傳言齊有此星，而齊侯使禳之，明出齊之分野，出於玄枵之次也。彗，即孛也。文十四年有星孛入于北斗，十七年有星孛于大辰，彼皆書，此不書者，時魯不見，或陰不見。」《論衡·變虛》作「齊景公時有彗星」。齊侯使祝禳之。《左氏昭二十六年傳》無「祝」字。《晏子·外篇》「齊侯」作「景公」。《論衡》作「人禳之」。盧文弨曰：「禳，宋本作穰，譌，下並同。」按盧説是，今從衆本。祝，大祝也。杜注云：「祭以禳除之。」是也。晏子曰：「無益也，祇取誣焉。祇，適也，謂適見其誣。各本作「衹」，嘉靖本作「祇」，不誤。《左傳》、《晏子》、《論衡》皆作「祇」，石經本《左傳》作「衹」。段注《説文》謂「《周易》無衹悔，釋文：音支，辭也。馬同，音之是反。此讀衹爲語辭，適也。《五經文字》衣部，衹，止移切，適也。《廣韻》同。唐石經《易》衹既平，《左傳》衹見疏也，《詩》衹攪我心，《詩》、《論語》亦衹以異，字皆從衣，正用張參字様。近日經典訓適者，皆不從衣，與唐不合。」按自段氏爲此説後，阮氏元《校勘記》、王氏引之《經傳釋詞》皆以訓適之字爲當從衣。其實古止借祇敬字爲之，傳寫或省一點，此偶誤耳，斷無借用神祇之理也。唐人從衣作衹，或從禾作秖，皆不可訓。張參、唐元度之徒不通六書，未足爲據。段氏尊重絞長，乃於此偏取其所不收之字，何也。張唐之説，近儒已多辨正，而段往往爲所誤。今從三書及嘉靖本改正。天道不諂，《左傳》「諂」作「謟」，杜注：「謟，疑也。」釋文：「本又作慆，他刀反。」洪亮吉曰：「前人云杜於謟慆二字，皆以疑爲訓，而不考其意。謟慆雖通，而各有本訓。此言天道不濫，惟德是與，觀下文可見。」按《晏子》亦作「謟」（《左傳·哀十七年》有此語，字亦作謟。《論衡·變虛篇》作不闇。《左傳》監本、毛本作「諂」，與本書同。阮氏元《左傳校勘記》云：「依《論衡》，則闇與諂媚字同韻，或《左傳》古有作諂之本。」光瑛謂：下文云「不貳其命」，（貳當作貮，見下注。)則字當作慆訓疑爲是，諂恐是形近之誤，闇亦與疑誼近。《西京賦》李善本作滔。(五臣作謟。)《說文》無謟字。《昭二十七年左傳》「天命不慆久矣」，此爲正字。俗作謟，轉譌爲諂耳。(舀臽旁字易混，見《學林》九卷。)今亦不敢輒改，洪阮說並非。紹弼按：宋本作謟，當據正。不貳其命，此貳字當從王引之說，以爲貣字之譌。貣，忒之借字，見《經義述聞》十七《左傳》「不可以貳」諸文條下。互見《詩》「士貳其行」、《禮記》「宿離不忒」句下。王氏之說有是者，亦有不必改者，分別觀之，此字則當作貣。若之何禳之也。《左傳》無「也」字，《晏子》《論衡》有。且天之有彗，《左傳》句末有「也」字。以除穢也，彗有埽誼，故以除穢爲言。穢當作薉，下並同。《說文·艸部》：「薉，蕪也，从艸，歲聲。」許書無穢字，經典相承作穢，惟《周禮》注多作薉字。君無穢德，又何禳焉；無穢，則無所禳。若德之穢，禳之何益。穢則應埽除之，非禳所得已。盧文弨曰：「宋本益作損，何本作益，譌。」按嘉靖本亦作「損」，與《左傳》、《晏子》同，《論衡》引作「益」，與本書同。此非譌字，宋本從《左》、《晏》改作「損」耳。上文言無益，下文又曰祝史之爲無能補也。補即益字之誼，前後文勢關合。若釋爲無損於彗，誼雖通，而稍曲矣，今從何本。《左》、《晏》所以作損者，損即益也，古書二字多互用。如亂之爲治，相反作訓也。《僖十五年傳》曰：「史蘇是占，勿從何益。」益亦訓損，杜注謂不能益禍，失之。

詩》曰：惟此文王，小心翼翼，昭事上帝，聿懷多福，厥德不回，以受方國。「惟」，宋本作「唯」，《毛詩》、《晏子》作「維」，皆通用字。杜注：「《詩·大雅》。翼翼，共也。聿，惟也。回，違也。言文王德不違天人，故四方之國歸往之。」《正義》曰：「《詩·大雅·大明》之篇也。惟此文王，愼小其心，翼翼然共順也，又能明事上天，惟行上天之道，思使自得多福，其德不有回邪，以受四方之國，言四方皆歸之。」按：杜注以回訓違，爲違背之誼，《正義》則讀回爲复，訓邪。《正義》説長。（唐人疏不破注，此孔以杜訓未安轉改之。） 經傳釁辟字，多叚回爲之，見一卷《祁奚章》注。 君無違德，《論衡》「違」作「回」。 惠氏棟曰：「回邪也，與上文不回，下文回亂合。」今按本書作「違」，與《左》、《晏》同。 違德即回德，似不必改字，讀此益知上句孔疏易杜之善也。 方國將至，何患於彗。 盧文弨曰：「何本彗譌慧。」《詩》曰：我無所監，無，發聲也。 詳《經傳釋詞》十卷無字下。 夏后及商，用亂之故，民卒流亡。「流」，《晏》作「沶」，即流隸變。 元本、明本作「流」，下竝同。 杜注：「逸詩也。 言進監夏商之亡，皆以亂故。」按杜注未明，此言夏商君德昏亂，故民多流亡也。 若德之回亂，《左傳》、《論衡》無「之」字。 民將流亡，祝史之爲，無能補也。」 補，益也。 公説乃止。 此亦全録《左傳》之文，偶有小異同，悉本《晏子春秋·外篇》。 以下三章，皆言災異事，與《鴻範》《五行》轉相表裏。

27宋景公時，景公，元公子，名兜欒。《昭二十五年左傳》止作「欒」，《世家》作「頭曼」，《金石録》作「䜌」。 頭兜欒曼皆叠韵字。《山海經·大荒南經》「驩頭國」，即驩兜也。 作欒者，語急省字也。（䜌即欒字。）母曰景曹，小邾女。（見《左氏哀二十三年》、《昭二十五年傳》。） 在位四十八年。 景謚誼見前。《漢表》列七等。《呂氏·制樂篇》、《淮南·道應訓》、《論衡·變虚篇》「時」上俱有「之」字。 熒惑在心，《史記·宋世家》：「景公三十七年，楚惠王滅陳，熒惑守心。」梁玉繩曰：「陳滅于魯哀十七年，爲宋景三十九年，此誤。 而熒惑守心，亦不定在三十七年，説見表。」案《十二諸侯年表》云：「宋景公三十年，熒惑守心，子韋曰，善。」梁云：「熒惑守心，何善之有，於誼未明。 此事《左傳》不載，出於諸子，如《呂氏·制樂》、《淮南·道應》、《新序·雜事》四，皆稱之，然不定在是年。 若依延年二十一歲之説，亦當在二十七年，（原注：景公四十八年卒。）而又誕，不足據也。」以上梁說近是。《呂氏·制樂》高注云：「熒惑，五星之一，火之精也。心，東方宿，宋之分野。」考五星者，歲星東方木，熒惑南方火，鎮星中央土，明星西方金，辰星北方水也。《爾雅》止記明星，無四星。《廣雅·釋天》：「營惑謂之罰星，或謂之執法。」字作營者，營熒聲近通用。《開元占經·熒惑占篇》引韓揚云：「熒惑之爲言熒惑，以象讒賊，進退無常，不可爲極。」是字當作熒爲正。《說文·焱部》：「熒，屋下鐙燭之光也，从焱冂。」鐙在屋下，光熒熒然，不明之義。《莊子·齊物論篇》「是黃帝之所聽熒也」，釋文引司馬云：「聽熒，疑惑也。」李云：「不光明貌。」崔云：「小明不大了也。」合諸說觀之，熒惑之誼可定，而其字文當爲熒，亦可定矣。《太平御覽》引黃石公《陰謀秘訣法》云：「營惑者，御史之象，主禁令刑罰。」《天官書》正義引《天占》云：「熒惑爲執法之星。」皆可證張揖之說，云東方宿宋分野者。《淮南·天文訓》、《漢書·地理志》、《史記·天官書》正義引《星經》及《晉書·天文志》所載范蠡、鬼谷先生、張良、諸葛亮、譙周、京房、張衡諸家說星次分野，及《廣雅·釋天》均云房心宋，是心爲宋分野也。心爲火星，大火爲大辰，亦謂之辰。《左氏昭元年傳》曰：「遷閼伯於商邱，主辰，商人是因，故辰爲商星。」《十七年傳》曰：「宋，火辰之虛也。」《月令章句》云：「自亢八度至尾四度，謂之大火之次。」《分野畧例》云：「於辰在卯爲大火，東方爲木，心星在卯，火出木星，故曰大火，是心爲東方宿也。」《爾雅》「大火謂之大辰」郭注：「大火，心也，在中，最明，故時候主焉。」《公羊》疏引李巡云：「大火，蒼龍宿之心，以候四時，故曰大辰。」又引孫炎說，與郭注畧同。《堯典》云：「日永星火，以正仲夏。」《夏小正》云：「五月初昏大火中。」《左氏昭三年傳》「火中，寒暑乃退。」《豳風·七月流火》傳：「火，大火也；流，下也。」箋云：「大火者，寒暑之候，火星中而寒暑退。」唐虞夏皆五月昏火中，故《堯典》與《夏小正》合；周則六月昏火中，七月西流，故《豳風》、《左傳》與《月令》合，後世歲差之法出於此。《左氏昭十七年傳》：「火出於夏爲三月，於商爲四月，於周爲五月。」是也。《周語》云：「火見而清風戒寒」，《哀十二年傳》「火伏而後蟄者」是也。《周官·司爟》「季春出火、季秋内火」，《莊二十九年傳》「火見而致用」，《昭四年傳》「火出而畢賦」，《周語》又曰：「火之初見，期於司里。」是因火以候四時修庶政之說也。《史記·宋世家、十二諸侯年表》及《論衡·變虚篇》「在」俱作「守」。近人劉文典《三餘札記》謂《吕氏·制樂》、《淮南·道應》、《新序·雜事篇》並作「在心」，下文亦云「熒惑在心」，此不得獨作守心。按：劉説近泥，守謂守其處，即有存在之誼，其意同也。懼，《吕氏》、《淮南》、《論衡》「懼」上有「公」字。在宋分野，故懼也。《史》作「景公憂之」。召子韋而問焉。《論衡》「焉」作「之」。《吕》注：「子韋，宋之太史，能占宿度者。」按：王嘉《拾遺記》云：「子韋賜姓子氏，名韋。」《淮南》許注云：（《道應》注出許君，近人考之甚明。）「子韋，占星者也。」《史》作「司星子韋」，《文選·辨命論》注作「司馬子韋」，司馬乃司星之誤，宜爲太史，主占星者也。《漢表》列五等。《拾遺記》書子韋被草負笈，以見景公，言未來已往事，萬不失一，夜則觀星望氣，晝則執算被圖，不服寶衣，不甘奇食。其語涉怪誕，不足據。但《漢志》陰陽家有《宋司星子韋》三篇。（馬國翰《玉函山房叢書》有輯本。）是子韋固精於天象者。《説苑·尊賢篇》記司城子罕貴，子韋入共食，出同衣，子罕出亡，子韋不從。子罕來，復召而貴之，左右以爲言。子罕曰：「吾惟不能用子韋，是以亡，今得復，尚是子韋之遺德餘教也，吾故貴之。吾臣之削迹拔樹以從我者，奚益於吾亡哉等語。考司城子罕在平公時，與子韋時不相接，此子罕或別是一人，非樂喜，否則傳聞之誤也。據《説苑》所言，子韋固當時賢者，不但以術數見稱。此及《吕氏》、《淮南》所云，或即本之子韋書與。紹弼按：宋本無「焉」字。曰：「熒惑在心，何也？」子韋曰：「熒惑，天罰也；心，宋分野也。禍當君身，《呂書》「惑」下「心」下俱有「者」字，「宋」下有「之」字，「君身」作「於君」。《淮南》「分野」下無「也」字，末句作「禍且當君」。《論衡》與本書文同，但無「身」字。雖然，可移於宰相。」移當作迻，下並同。宰相，執政者也。前人多言秦漢前無相之官，所謂相，非實職也。自顧炎武、惠棟諸人首持是説，近儒皮錫瑞之徒和之，迂泥鮮通，動多窒礙。辯在七卷《桀作瑶臺章》注，玆不贅。公曰：「宰相所使治國也，「使」，《呂》作「與」。三書「國」下並有「家」字。而移死焉，不祥，而，如也。祥，善也。寡人請自當也。」三書俱無此句。子韋曰：「可移於民。」公曰：「民死，將誰君乎，《呂》作「寡人將誰爲君乎」，《淮南》同，但「將誰」作「誰與」。《論衡》作「寡人將誰爲也」，也即邪字，與乎與同誼。「爲」下疑脱「君」字，可據《呂氏》、《淮南》訂正。一曰：爲，猶助也，亦通。《呂書》注曰：「傳曰，后非衆無以守邑，故曰將誰爲君乎。」案：東晉古文《大禹謨》云：「衆非元后何戴，后非衆罔與守邦。」此襲《國語》周内史過之詞，高氏未見僞古文，故但引《外傳》，此亦作僞之一驗也。將誰君，言國無民，將誰奉以爲君，又爲何人之君乎。寧獨死耳。」《左氏定十三年傳》「董安于曰：與其害於民，寧我獨死。」寧，願詞也，安寍字作寍，與此異。《呂書》無「耳」字。子韋曰：「可移於歲。」公曰：「歲饑民餓，必死，《呂》作「歲害則民饑，民饑必死」。（害，傷害。《左氏僖二十一年傳》曰：饑而不害。）《淮南》作「歲，民之命，歲饑，民必死矣」。《論衡》止有「民饑必死」四字，與此各不同。近人孫氏譔《呂氏春秋舉正》云：「《呂》文本作歲饑民餓必死，與《新序》同。因餓誤爲饑，後人遂改作歲害則民饑，民饑必死。然高注明云穀不熟爲饑，非飢餓之飢矣。《治要》引此文作歲饑民必餓死，必餓誤到。《類聚》一引作歲饑民餓必死，《事類賦》二引作歲饑人餓必死，《後漢書・郎顗傳》注節引此文亦作歲飢人餓。」以上孫説近是。爲人君者，欲殺其民以自活，《呂》「欲」

作「而」，無「者」字，句末有「也」字。《淮南》、《論衡》同，但「而」下更有「欲」字。移禍，故可自活。紹弼按：宋本「君」下亦無「者」字。其誰以我爲君乎。《淮南》、《論衡》「乎」上俱有「者」字。《吕》注云：「傳曰，衆非元后何戴，故曰其誰以我爲君。」案高氏未見僞古文，故祗引《外傳》，説見上注。但誰以爲君，謂爲民棄，無有奉之，與衆非元后何戴語意正相反。高氏引此，未諭其恉，或下奪一句。是寡人之命固盡矣，《吕》「矣」作「已」。《淮南》「固」下有「已」字。《論衡》作「是寡人命固盡也」。子無復言矣。」《論衡》「無」作「毋」，無「矣」字，無毋古字通用。《淮南》文「子」下有「韋」字，當衍，宜據本書及《吕子》、《論衡》校删。（集證本亦無韋字。）子韋還走北面再拜曰：「還」，《論衡》作「退」。《儀禮・鄉飲酒禮》注：「還，猶退也。」又戒賓節注：「退，亦還也。」二字誼同，互見同卷《楚莊王章》注。「再」，《吕書》作「載」，載再亦通字。《孟子・滕文公下篇》「自葛載」注引一説，言當作再。《詩・小戎》「載寢載興」，《文選》注十引俱作再。《禮記・玉藻》「酒肉之賜弗再拜」疏云：「再，猶重也。」《後漢書・張曹鄭傳、楊震傳、傅毅傳》注並云：「載，重也。」是二字誼亦同。「臣敢賀君。《淮南》無「臣」字。《儀禮・士虞禮》疏云：「敢者，以卑觸尊不自明之意。」詳同卷《晉平公章》注。天之處高而聽卑，「聽」，《論衡》作「耳」。《鶡冠子・天則篇》「天居高而耳卑者，此之謂也。」字亦作「耳」。《賈子新書・耳痺篇》引此語作「聽」。言天之處雖高，而其聽能及甚卑之所也。君有仁人之言三，「仁人」，《吕》作「至德」，《史記》、《淮南》、《論衡》作「君人」。天必三賞君。「必」下《淮南》有「有」字。（集證本無。）此因下文「故有三賞」句衍，當依本書、《吕子》、《論衡》校删。今夕星必三徙舍，「三」字各本奪，據《淮南》增，始與上下句應。《吕》作「今昔熒惑其徙三舍」，（《治要》引「其」作「必」。）《論衡》作「今夕星必徙三舍」，並有「三」字。《吕書》「昔」字本亦作「夕」，畢本依李氏本作昔，訓夜。案昔夕古字通，《說文·日部》：「昔，乾肉也，从殘肉，日以晞之。」《左氏襄四年傳》「爲一昔之期」杜注：「使鑾不知備，而夜結期。」以夜訓昔，卽讀爲夕。《穀梁莊七年傳》：「日入至於星出，謂之昔。」王逸《楚辭章句》十引《詩》「樂酒今昔」，《列子·周穆王篇》「昔昔夢爲國君」、「昔昔夢爲人僕」，皆以昔爲夕。《文選·思玄賦》「發昔夢于木禾兮」，舊注：「昔日夢至木禾，今親往，是發昔日之夢也。」此誤解昔字。《鶡冠子·天權篇》「昔行不知所爲」，昔行猶夜行。陸注以昔之亡羊者說之，亦未達其誼。《穀梁》釋文云：「昔，夜也。」昔夕同訓夜，此與《哀四年左傳》注合。蓋昔本爲乾肉，其物經夕乃乾，言夕或言久，皆叚借及引申誼，互見同卷《楚惠王章》及五卷《齊閔王章》注。君延壽二十一歲。」《呂氏》、《淮南》「壽」作「年」，《論衡》作「命」，「歲」字作「年」。《史·世家》不載延年之說。《十二諸侯年表》熒惑守心在景公三十七年，梁氏《史記志疑》謂梁有其事，當在二十七年。（已引見前注。）案：此事誕妄不足據，高誘、王充均辨之。景公在位之年，《侯表》、《世家》作六十四，《六國表》作六十六，梁氏新從《左傳》作四十八，益難強合。當從《左氏》爲是。公曰：「子何以知之？」《淮南》「何」作「奚」，《論衡》作「奚知之」。對曰：「君有三善，故三賞，《呂》作有「三善言，必有三賞」，《淮南》作「君有君人之言三，故有三賞」。《論衡》與本書同，但「故」下多一「有」字。星必三徙舍，「徙」字各本奪，依《淮南》補。《論衡》無「舍」字。《呂》作「熒惑有三徙舍」，「有」字誤，畢校據本書及《淮南》改作「必」字，是也。舍行七星，《呂》注：「星，宿也。」《淮南》「星」作「里」，形近之譌。（集證本已改正。）王念孫云：「古謂二十八宿爲二十八星，七星，七宿也。《呂氏》、《新序》、《論衡》皆作星，下有星當一年四字，於誼爲長。舍行七星，三舍，則行二十一星，星當一年，故延二十一歲也。《呂氏》亦云星一徙，當七年。」案王說是。《論衡》作「三徙行七里」。星當一年，《呂》

作「星一徙，當七年」，《淮南》無此句，（集證本有。）當依王氏說補正。（王說見上句注。）俞樾曰：「《呂氏》星字，衍文也。舍行七星，故一徙當七年，中間不應有星字。案《後漢書·郎顗傳》注、《藝文類聚》一引《呂書》，並作星當一年，與本書及《論衡》同。疑古本《呂子》如是，當據校改。」俞說存參。此獨畢公本作「七」字，衆本皆作「一」。三七二十一，故曰延壽二十一年。《呂》作「臣故曰，君延年二十一歲矣」。《淮南》作「故君移年二十一歲」，（集證本移改延。）移乃涉上文誤，當改作延。《論衡》作「故君命延二十一歲」，字亦作延。延移一音之轉。臣請伏於陛下以司之，「司」，《呂》作「伺候」，《淮南》、《論衡》作「伺」。盧文弨曰：「司，古伺字，各本皆同。何本作伺，非。」案盧說是。伺，後起俗字，詳一卷《周舍章》注，今从宋本作司。「陛」，《論衡》作「殿」。《呂書》多一「候」字，亦恐旁注混入正文者。星不徙，《呂》作「熒惑不徙」。《論衡》「不」上更有「必」字。臣請死之。」以死徵所言之信也。《呂》無「之」字，下有「公曰可」三字，《淮南》亦有。《論衡》「之」字作「耳」。紹弼按：宋本亦有「公曰可」三字，當據補。是夕也，星果三徙舍。舊本無「果」字，今據《淮南》文補。《呂》作「熒惑果徙三舍」，《論衡》作「火星果徙三舍」，皆有果字可證。如子韋言。《呂氏》、《淮南》文至「徙舍」止，以下無之。《論衡》「言」上有「之」字。老子曰：「能受國之不祥，是謂天下之王也。」本書不引《老子》語，凡采《韓非》、《淮南》文有引《老氏》者，悉爲刊落。此章亦采《淮南》文。獨存此二句者，蓋以陰諷成帝，欲其及時修省也。子政言五行，皆主人事立論，觀此與上章所記可見。其采在《漢·五行志》，閒有涉及渺芒者。顧棟高云：「不言天，則天道廢，所謂後天而奉天時也。專言天，則人事惑，所謂先天而天不違也。兼此以說經，其識遠矣。」案顧說是。自《彗星章》至卷末，皆言災異之事，當與《五行傳》及災異封事並讀。《史·世家》記此事甚畧，文又多異，別録於下，以備參證。云：景公三十七年，楚惠王滅陳，熒惑守心。心，宋之分野也，景公憂之。司星子韋曰：可移於相。公曰：相，吾之股肱。曰：可移於民。景公曰：君者待民。曰：可移於歲。景公曰：歲饑民困，吾誰爲君。子韋曰：天高聽卑，君有君人之言三，熒惑宜有動。於是候之，果徙三度。六十四年，景公卒。《論衡》引《子韋書》君出三善言，熒惑宜有動，於是候之，果徙舍。不言三。王充云：世增言三，遂虚生二十一年之壽。此説可解梁伯子之疑。（引見前延年二十一歲句注。）而本文各書，皆采自《子韋》三篇，又可見矣。

28宋康王時，康王名偃，元公佐八世孫，辟公子，剔成之弟。（《吕氏·順説》注謂名侵，一本作梫，或作祲，皆偃之誤也。）《吕氏·順説》作「康成公」，或當時以二字爲謚，而單稱之，（如楚頃襄稱襄，秦惠文稱惠之例。）亦未可定。《荀子·王霸篇》作「宋獻」。楊注：「《吕氏春秋》云宋康王，此云獻，國滅之後，其臣各私爲謚，故與此不同。」宋氏翔鳳《孟子趙注補正》亦以魯滑、宋獻，爲臣民各懷舊德私謚。俞氏樾《湖樓筆談》云：「宋王偃《史記》無謚，而《吕子》作宋康王，《荀子》作宋獻王。此猶金主守緒之謚，承麟謚之曰哀，其遺臣私爲之謚，則或曰閔宋，或曰義宋也。」俞説甚通。謚法：淵原流通，豐年好樂，安樂撫民，全民安樂皆曰康；聰明叡哲，知質有聖皆曰獻。在位六十一年。（梁氏《人表考》云：依《皇王大紀》，《表》作四十三，《世家》作四十七，《吕氏·順説》作四十五，並非。）齊滅之，出亡，死於温。（見《秦紀》、《六國表》、《魏田完世家》，而《宋世家》云：殺王偃。恐非。《國策》及《賈子》、本書皆云逃倪侯之館，或其館在温也。《説苑·立節》云：成公趙欲刺宋康公，逾年而康公病死，成公趙立槁於彭山之上。其説與諸書不同，豈别一人與。）《漢表》列九等下下。《吕氏·過理》云：「宋王飲酒，室中有呼萬歲者，堂上盡應，堂下盡應，門外及中聞之，莫敢不應，不適也。」又《壅塞》

云：「宋王使人候齊寇所至 使者還曰：齊寇近矣，國人恐矣。左右謂宋王曰：此所謂肉自生蟲者也，以宋之彊，齊兵之弱，惡能如此。宋王因怒而詘殺之，如此者三。其後又使人往視，使者遇其兄曰：國危甚矣，若將安適。其弟曰：爲王視齊寇，不意其近，而國人恐如此也；今又私患，鄉之先視齊寇者，皆以寇之近也，報而死，今也報其情，死，不報其情，又恐死，將若何。其兄曰：如報其情，有且先夫死者死，（有又同。）先夫亡者亡。於是報於王曰：殊不知齊寇之所在，國人甚安。王大喜，左右皆曰：鄉者之死宜矣。王多賜之金，寇至，王自投車上，馳而走。」此所記雖形容過甚，而闇主佞臣，相爲欺蒙，如燕雀處堂，亦確有此情況，正下文所云不謀及距諫之徵。秦趙高之於二世，宋賈似道之於度宗，事正與此相似。《列子·黄帝篇》記惠盎見宋康王，康王蹀足謦欬疾言曰：寡人之所説者勇有力也，不説爲仁義者也，客將何以教寡人等語，亦與此言爲冠以示有勇，及射天、笞地、罵國老、剖傴者背、鍥涉者脛諸行事相合。

有爵生鸇於城之陬，

《説文·鬯部》：「爵，禮器也，[illegible]，象雀之形，所以飲器象雀者，取其鳴節節足足也。」案：經典叚爵爲雀者，以此。又《隹部》：「雀，依人小鳥也，从小隹，讀與爵同。」是雀爵音誼俱相近。今俗呼麻雀，色褐，其鳴節節足足，正爵文所取象者，棲宿人堂宇。又《鳥部》云：「鸇，晨風也。」《左傳》云：去之如鷹鸇之逐鳥雀。性鷙，能搏擊百鳥。《國策》作⿰鳥旗，《通鑑》同。高氏《策》注云：「⿰鳥斿，王鵰也，羽虫之孽也。」是高氏所據《策》作⿰鳥斿。⿰鳥斿，鸇俗字，今作⿰鳥旗，形近而譌耳。姚氏續校不省⿰鳥旗字之誤，反引本書作鸇，以存異文，豈未見高注邪。至鮑彪以鴟鴞釋⿰鳥旗，鴟鴞即鵂鶹鳥，乃不祥之尤者。吳師道以鶀鴈當之，鶀爲小鴈，不得云巨。其説並非。又高氏《策》注云「陬，隅也。」以隅訓陬者，《説文·阜部》：「陬，阪隅也。」引申爲凡隅之誼，故隅下曰陬也，二字互訓。《爾雅》「正月爲陬」，亦取寅方在東北隅之意。《金樓子》一以有爵生鸇，在西伯時。蓋古書每以宋事景射殷事，詳見後注。使史占之。曰：「小而生巨，巨，大也。《賈子·春秋篇》作「大」。案《國策》亦作「巨」。古占驗之辭必有韻，巨與下爲韻，作大則非韻矣。此淺人妄改，當從本書及《宋策》訂正。《説苑·敬慎篇》：「孔子曰，昔者殷王帝辛之時，爵生鳥於城之隅，工人占之曰，凡小以生巨，國家必祉，王名必倍。」以爲帝辛事，説詳後。惟字亦作「巨」，可證也。必霸天下。」《賈子》「霸」作「伯」，是，下有「於」字。《策》注云：「史，太史。能辨吉凶之妖祥，康王無道，不敢正對，故云必霸天下，危行言孫，太史有焉。」案太史此言，適以侈康王之心，君暗臣諂，安得不亡，高誘反以危行言孫稱之，何其謬也。康王大喜，於是滅滕，伐薛，「薛」，《賈》作「諸侯」，此與《策》同。滕國，今山東兗州府滕縣西南十四里。薛，今山東兗州府滕縣南四十里，有薛城。滕，姬姓，文王子錯叔繡之後，武王封之。薛，任姓，黄帝之苗裔奚仲，武王封爲薛侯。（薛先見二卷注。）取淮北之地。淮北地，見三卷《樂毅書》注。《史記·宋世家》：「君偃十一年，自立爲王，東敗齊，取五城，南敗楚，取地三百里，西敗魏軍，乃與齊魏爲敵國。」梁玉繩《史記志疑》曰：「《年表》、《世家》皆無宋取齊楚地、敗魏軍事。惟《田完世家》，湣王七年，（原注：依《表》當偃十二年，其實是齊宣廿六年，偃王三十年。）有與宋攻魏，敗之觀澤語。然考《年表》、《魏、趙世家》並言齊敗魏、趙于觀澤，非止敗魏，亦不言與宋攻之。時宋方與齊爲敵國，無緣共宋出兵，則《田完世家》固非，而此亦虚語也。又《宋策》云：齊伐宋，宋索救於荆，齊拔宋五城，而荆王不至。雖未知事在何年，而注家謂爲宣王，荆爲威王，其時甚合，則此誤以齊取宋城爲宋取齊也。又《宋策》云：康王滅滕，伐薛，取淮北之地。《漢·地理志》、《世族譜》稱滕爲齊滅，《竹書》言於越滅滕，《通志》謂秦滅之。《策》言宋滅，恐與《竹書》、《通志》俱難信，而取淮北一語，得毋即此取楚地乎。然云三百里，似誕。《路史·國名紀》一，以越所滅者是黄帝後之滕。」案梁説是也。諸書紀宋康事，多過甚其詞，未足爲據。乃愈自信，欲霸之亟成，高氏《策》注：「亟，速也。」鮑本「亟」誤「速」，則注爲贅矣。故射天笞地，《吕氏·過理》云：「宋王築爲蘗帝，鴟夷血，高縣之，射著甲胄從下，血墜流地。」高注：「蘗當作巘，帝當作臺，蘗巘音同，（詳三卷《樂毅書》注。）帝臺字似。言築爲臺，革囊之大者爲鴟夷，盛血於臺上，高縣之，以象天，著甲胄自下射之，（案：據此，高所據本當作著甲胄從下射。）血流墜地，與之名，言中天神，下其血也。」《史記·宋世家》曰：「盛血以韋囊，縣而射之，命曰射天。」《燕策》：「蘇子謂齊王曰，宋王射天笞地，鑄諸侯之象，使侍屏匽，展其臂，彈其鼻。」《史記·蘇秦傳》：「蘇代約燕述秦告齊之詞曰，宋王無道，爲木人以寫寡人，射其面。」此不及射天笞地之事，互有詳畧也。案《殷本紀》：「武乙無道，爲革囊盛血，而仰射之，名曰射天。」《龜策傳》：「紂殺人六畜，以革爲囊，盛其血 與人縣而射之，與天帝爭彊。」何三君所爲，如出一轍邪。（《説苑·敬慎篇》記孔子語，則以爲帝受之事。）蓋即一事展轉稗販，又以宋爲殷後，古事多稱宋爲商，故景射傳譌。其究實當爲宋事，抑爲殷事，未可知也。（《金樓子》以爵生鸇爲在西伯時，則以爲帝受之事。）或謂蘇子與康王同時，所言當不妄，則似是宋事。然《吕氏·禁塞》及《宋世家》注，皆有宋復爲紂之語。安知非當時欲甚宋康之惡，乃取其先朝之事，以傅著之邪。或謂康王實欲效殷之故事，諸書所言，各據所聞，皆得其實。此説亦通，但未必相似若是之甚。吴師道《國策補注》以爲一事而記者不同，是也。斬社稷而焚之，「斬」，《賈》作「伐」。《策》「焚」下有「滅」字。曰：「威伏天地鬼神。」各本「威」下有「嚴」字，《策》及《賈子》「伏」作「服」。盧文弨曰：「嚴字衍，《策》及《賈子》均無。」案：盧説是，今删嚴字。作伏文誼似勝，且伏服通用字，故仍之。罵國老之諫者，國老，國之元老。《策》作「罵國老諫曰」，鮑本改「曰」爲「臣」。黄丕烈校引本書文，以「曰」爲「者」之壞字。案《賈子》文與本書同，黄説近是。《史記》曰：「淫於酒婦人，羣臣諫者輒射之。」《吕氏・淫辭篇》：「宋王謂其相唐鞅曰，寡人所殺戮者衆矣，而羣臣愈不畏，何也。唐鞅對曰，王之所罪，盡不善者也，罪不善，善者故不畏。王欲羣臣之畏，不若無辨其善與不善，而時罪之，若此，則羣臣畏矣。」高注：「宋王，康王也。」爲無頭之冠，「冠」，舊本作「棺」，語不可曉，《賈子》文同。《策》作「無顏之冠」，鮑注：「冠不覆額也。」亦望文生誼。竊疑《策》「顏」字當作「頭」，本書及《賈子》「棺」字乃「冠」之叚借。棺冠通用，又見五卷《周文王章》。無頭之冠，謂冠去其頂，示不畏死之意，故下文云以示勇也。《御覽》六百八十四引桓譚《新論》正作「無頭之冠」，《治要》引《賈》亦作「冠」，可證。今據改。以示有勇，《策》無「有」字。《賈》「示」作「視」，古視示字通用，習見。剖傴者之背，傴，駝背也。《策》無「者」字，《韓子・安危篇》曰：「桀天也，（舊本桀作殺，依顧千里校本。）而無是非，賞於無功，使讒諛以詐僞爲貴，誅於無罪，使傴以天性剖背。」康王之行正類此，故當時呼爲桀宋。（見《史記・宋世家》。）鍥朝涉之脛，《荀子・勸學篇》曰：「鍥而舍之。」楊注：「鍥，刻也。」《賈子》鍥作斮，僞古文《泰誓》襲其語。（畢校《吕子・古樂篇》云：古之《泰誓》有斮朝涉之脛語，究不知何出。《春秋繁露・王道》云：斮朝涉之足。《水經注》九：而沈吟難濟，紂問其故，左右曰，老者髓不實，故畏寒也，紂乃於此斮脛而視髓。是相傳有此事也。案畢氏偶未考《賈子》及本書文，故有此説爾。）而國人大駭。《策》及《賈子》無「而」字。《宋世家》云：「於是諸侯皆曰桀宋。」《索隱》引《晉太康地記》云：「言其似桀也。」齊聞而伐之，「齊」下《賈》有「王」字。《宋世家》：「諸侯皆曰：宋其復爲紂，（案《金樓子》以爵生鸇爲西伯時事，其説即因此傅會。）不可不誅，告齊伐宋。」據此，是諸侯來告，齊始伐之，非自齊先自伐之也。民散，城不守，王乃逃兒侯之館，事詳前引《吕氏・

壅塞篇》。「兒」，《賈》作「郳」，《策》作「倪」，兒郳古今字，倪叚借字也。《世家》記齊湣與魏、楚伐宋，殺王偃，三分其地，與此及《賈子》、《國策》不同，已詳前注。《吕子·禁塞》注云：「康王，元公六世孫，即位四十七年，齊湣王與楚、魏伐宋，而三分其地，故曰死於溫。」此注悉本《世家》，惟不引殺王偃之語，含混其詞曰死於溫，高誘蓋亦疑之。《年表》，偃王立止四十三年，宋康爲元公八世孫，非六世，其滅在六十一年，非四十七與四十三。其取齊魏地，敗魏師，亦未必可信。並見前注。當時並取楚地，未必有三分之事，見三卷《樂毅書》注。兒即春秋小邾國，曹姓，邾俠之後夷父顔，有功於周，周封其子友於郳，爲附庸。程恩澤曰：「杜氏《春秋釋例》，東海昌慮縣東北有郳城，今在滕縣東南。齊桓公時，進爵爲子，號偁小邾。《左傳》疏云：春秋後六世，爲楚所滅。胡三省謂泗北十二諸侯，有滕薛郳等國，則此時郳未亡也。」（《地名考》十六。）**遂得病而死。**盧文弨曰：「《策》及《賈子》無病字。」案：今《賈子》一本仍有「病」字。黄丕烈校《策》謂得，獲也，即《世家》殺王偃事，《新序》誤衍「病」字。其説非也，上文已敘偃王出走，此忽言被擒，於情事不合，遂獲而死，文亦不詞，蓋《策》脱「病」字耳。本書所記，與《世家》不同，黄詆爲誤，是以不狂爲狂也。**故見祥而爲不可祥，**句。**反爲禍。**《策》作「見祥而不爲祥，反爲禍」，無「故」字。爲不可祥，謂所爲悖亂，無可致祥之理。此當祥字句絶，觀《國策》文誼可見。**臣向愚以《鴻範傳》推之，**鴻、洪，古字通用，習見。《書·皋陶謨》：（今本作《益稷》。）「洪水滔天」，《史記·夏本紀》作「鴻水滔天」。《洪範》「鯀陻洪水」，又「天乃錫禹洪範九疇」。《史記·宋世家》洪竝作鴻。（又：不畀洪範九疇，《宋世家》作不從鴻範九等，《後漢書·質帝紀》作鴻範九疇。）《禮記·少儀》注：「鴻殺之意。」釋文：「鴻，本作洪。」《樂記》注：「聲之鴻殺也。」釋文：「鴻，本作洪。」皆二字互通之證。《漢書·藝文志》書家：劉向《五行傳記》十一卷。以下所言，當爲傳記逸文。宋王應麟《漢志考證》云：「本傳作《洪範五行傳論》。沈約曰：伏生創紀大傳，五行之體始詳；劉向廣演洪範，休咎之文益備。然則此所稱《鴻範傳》，卽伏生之傳，以下所云，乃傳記之文也。《隋志》云：伏生之傳，惟劉向父子所箸《五行》，是其本法，而又多乖戾。」按：下文之詞，《漢志》不采。中壘箸書，皆案時勢以立言，與所上災異封事，互爲表裏。人主威權無尚，唯災祥之説可以警之，乖戾之云，所謂訾非其理者。宋史之占非也。此黑祥，傳所謂黑眚者也。此就上見祥爲不可祥之説，推進一意。眚，災也。鄭注《周易》：「異自内生曰眚，自外曰祥。」《策》注引《五行傳》以爲「黄眚」，與此異。《吕覽・應同》「天必先徵祥乎下民」，高注：「祥，徵應也。」《左氏昭十八年傳》「將有大祥」，注：「祥，變異之氣。」《莊子・庚桑楚篇》「而孽狐爲之祥」，釋文引李注：「祥，怪也。」《書・咸乂》序「亳有祥」，僞孔傳曰：「祥，妖怪。」《正義》引《漢書・五行志》云：「凡草物之類謂之妖，自外來謂之祥，祥是惡事先見之徵，故爲妖怪也。」蓋祥本誼爲善、爲吉，反誼則爲妖、爲異。此祥之訓屬之，與上見祥而爲不可祥之祥誼異，所謂美惡不嫌同辭也。《漢志》引伏生《五行傳》曰：「聽之不聰，時則有黑眚黑祥。」猶魯之有鸜鵒，「鸜」，當作「鴝」，《説文・鳥部》鴝鵒二文下並云：「鴝鵒也。」唐段成式《酉陽雜俎》云：「鴝鵒之交句其足，往往墮地，人掩之，以爲媚藥。」宋朱翌《猗覺寮雜記》卷上引《字説》解鴝鵒，句其足而欲見。袁文《甕牖閒評》七云：「鴝鵒交則以足相句，故字從句，謂之鴝鵒者以此。案句與瞿音近，故字亦作鸜。」（《玉篇》、《廣韻》並以鸜爲鴝之重文。）袁説本之《字説》，《字説》本之《雜俎》。若然，則鴝當讀如鉤，入侯部，何以又从瞿而讀如具乎。唐宋人不講小學，望文生訓，《字説》尤妄，不可從也。段玉裁曰：「鴝鵒，今之八哥。」案：《考工記》曰：「鸜鵒不踰濟。」《説文》引濟作泲。泲正魯境水，故異而書於經，作濟者叚借字，事在昭公二十五年。《公羊》作鸛，音權。《穀梁》作鸛，亦作鸛，聲轉字也。《荆楚歲時記》：「五月鴝鵒子毛羽新成，俗好登巢取養之，以教其語。」《淮南·萬畢術》「寒皋斷舌使語」，注：「寒皋，一名鴝鵒。」（《御覽》九百二十三引。）故段云今之八哥也。宋羅願《爾雅翼》曰：「鸛鵒飛輒成羣，多聲，字書謂之哵哵鳥。」《山海經》：「又原之山，其鳥多鸛鵒。」**爲黑祥也，**《漢書·五行志》：「昭公二十五年，夏，有鸛鵒來巢。劉歆以爲羽蟲之孽。其色黑，又黑祥也，視不明，聽不聰之罰也。劉向以爲有蜚有蜮不言來者，氣所生，所謂眚也；鸛鵒言來者，氣所致，所謂祥也。鸛鵒，夷狄穴藏之禽，來至中國。（《五經異義》引《公羊》、《穀梁》説正如此。小顏云未諭其意，似失考。）不穴而巢，陰居陽位，象季氏將逐昭公，去宮室而居外野也。鸛鵒白羽，旱之祥也。穴居而好水，黑色，爲主急之應也。天戒若曰：既失衆，不可急暴，急暴，陰將持節陽以逐爾，去宮室而居外野矣。昭不寤，而舉兵圍季氏，爲季氏所敗，出奔于齊，遂死于外野。董仲舒指畧同。」按《志》引中壘之説甚詳，乃此文之切實注脚。**屬於不謀，其咎急也。**《漢志》引伏傳曰：「聽之不聰，是謂不謀，厥咎急，時則有黑眚黑祥。」又解之曰：「言上偏聽不聰，下情隔塞，則不能謀慮利害，失在嚴急，故其咎急也；水色黑，故有黑眚黑祥。」此言宋王距諫好諛，下情隔塞，不能上達，是不謀所致，失在嚴急也。**鸇者，黑色，食爵，**陸機《毛詩草木鳥獸蟲魚疏》云：「鸇鷂，青黃色，燕頷，句喙，向風揺翅，乃因風飛，急疾擊鳩鴿燕雀食之。」蓋其色或青或黄，青卽黑色也。《詩》言「鴥彼飛隼」，又曰「鴥彼晨風」。（晨風卽鸇。）《説文·鳥部》：「鴥，鸇飛貌。」是鸇卽飛隼，鸇隼聲相轉也。**大於爵，害爵也。**害，謂傷害之。**攫擊之物，**《禮記·儒行》曰：「鷙蟲攫搏。」《説文·手部》：「攫，扟也。」又「扟，从上挹取也。」段注引《通俗文》曰：「從上取曰扟。」又引《倉頡篇》曰：「攫，搏也。」《通俗文》：「手把曰攫。」《淮南子》曰：「鳥窮則搏，獸窮則攫。」按從上取之訓，形容鷹隼擊物之狀甚肖。**貪叨之**

類。「叨」，當作「饕」。《説文・食部》：「饕，貪也，从食，號聲。重文叨，俗饕，从口，刀聲。」是叨卽俗饕字。今俗以叨與饕别用，非也。貪饕一聲之轉。《後漢書・盧植傳》注曰：「叨，貪也。」《方言》二：「叨，殘也。」《莊子・漁父篇》曰：「好重大事，變更易常，以挂功名，謂之叨。」按饕從食，叨從口，皆以貪食爲誼，引申爲一切貪冒之稱。爵而生䳭者，是宋君且行急暴擊伐貪叨之行，且，猶將也。距諫以生大禍，距，當作歫，距叚借字。歫，抵也。足距字亦作歫。拒，俗字，《説文》無。以自害也。故爵生䳭於城陬者，以亡國也，明禍且害國也。康王不悟，遂以滅亡，以，用也。此其効也。効，當作效，驗也。以上三章，皆記災異之事，言修德足以勝妖，遂禍必且召亡，使人主自知所處，與上災異封事意同。

新序校釋卷第五

雜事

此卷所記，各以類次。《魯哀公》、《吕子》二章，言親學之益；《祝網》、《枯骨》，言行仁之效；《管仲》、《里鳧須》，言棄怨；（宋本分爲二章，説詳後。）《甯戚》、《小臣稷》、《魏文侯》、《秦昭王》、《田贊》、《東益宅》，言下賢；《東野畢》至《李克》，言用人行政宜尚寬大；《趙襄子》至《齊侯問晏子》，言爲君治國之道；《宋玉》以下，皆懷才不遇之詞。意以悟主風世，而又自傷也。

1 魯哀公問子夏曰：魯哀公、子夏，注並見四卷。《韓詩外傳》五無「魯」字，「問」下有「於」字。「必學而後可以安國保民乎？」「而」，《外傳》作「然」。《孟子・梁惠王篇》：「保民而王，莫之能禦也。」趙岐注：「保，安也。」經傳中以保訓安者不可勝數，兹舉保民注以概其餘。上言安，下言保，互文耳。子夏曰：「不學而能安國保民者，未嘗聞也。」「嘗聞」，《外傳》作「之有」。《説苑・君道篇》：「郭隗曰：帝者之臣，其名臣也，其實師也；王者之臣，其名臣也，其實友也；伯者之臣，其名臣也，其實僕也。」賈子《新書・官人篇》：「故與師爲國者帝，與友爲國者王，與其臣爲國者伯，與左右爲國者强，與侍御爲國者若存若亡，與廝役爲國者亡可待也。」亦此義。哀公曰：「然則五帝有師乎？」五帝，注見二卷首章。子夏曰：「有。《外傳》無「有」字。臣聞黄帝學乎大真，黄帝軒轅氏，名荼，亦曰軒，字玄律。（《路史·後紀》五。又注：荼，古舒字，或作余。）亦曰有熊氏，歸藏氏，見《白虎通義·號章》，《易·繫辭》疏引《帝王世紀》，《周禮·大卜》注。《易·繫辭》正義謂都涿鹿，葬橋山。《春秋繁露·三代改制》、《白虎通義·謚章》、《論衡·道虚》、《獨斷》俱以黄帝爲謚。梁玉繩曰：「此説未可馮，謚起於周，三皇時安得有之？以黄爲謚，猶以顓頊、嚳、堯、舜、禹、湯、桀、紂爲謚也。又鄭注《中候》、杜注《左傳》以帝鴻氏是黄帝，然《漢表》别列帝鴻，定是兩人。又《史記·五帝紀》正義，以黄帝爲縉雲氏。但縉雲乃黄帝官名之一，《左傳》可證。《路史》以縉雲是帝鴻之胄，亦非。」案：梁説大致近是，但古書言謚，即名也、號也。司馬相如《諭巴蜀檄》「謚爲至愚」，謂名爲至愚、號爲至愚也。故凡名其德者通謂之謚，非謂上古時已有周代之謚法。《白虎通義·號章》云：「黄者，中和之色，自然之性，萬世不易。黄帝始作制度，得其中和，萬世常存，故稱黄帝。」是其義也。梁氏於此，尚少契勘。黄帝，《漢表》列一等上上聖人。（《表》又别有歸藏氏，列二等。）「大真」，《荀子·大畧篇》注引作「大填」，與《漢書人表》同。《外傳》作「大墳」，又一本《外傳》作「大撓」，《御覽》四百四引《外傳》作「大顛」，《路史·後紀》注謂或作「大莫」。真填顛同聲通用字，墳乃僨之譌，僨有顛義。莫真形近而誤。《通志·氏族畧》四、《路史·前紀》六並云：「大填，大庭氏之後。」《宋史·禮志》：「徽宗大觀三年，封涿鹿公，即大撓也。」下章引《呂氏》作「大真」，今《呂子》作「大撓」，故知一人，《呂子》注引《呂·勿躬篇》大橈作甲子爲證。《續漢書·律曆志》及《呂子·勿躬》撓皆作橈，撓橈亦通用字。《漢表》大填列二等，班氏自注云：「黄帝師。」《潛夫論·讚學篇》云：「黄帝師風后。」《漢表》又有大山稽，亦注云：「黄帝師。」《淮南·覽冥》注亦云：「力牧，大山稽，黄帝師。」顓頊學乎緑圖，顓頊，帝高陽氏，母曰女樞，生於若水。（《吕子·古樂》云：女樞感瑶光而生顓頊於若水也。）在位七十八年，（見《竹書》、《易·繫辭》正義。韓愈《佛骨表》云七十九，羅泌《路史》云七十六。）年九十八，（《史記集解》引《世紀》。《外紀》或云九十一歲。）都帝丘，葬濮陽城外廣陽里。（《左氏昭十七年》疏，《續郡國志》注。）同卷《閭丘卬章》云：「顓頊行年十二而治天下。」《竹書》注：《宋書·符瑞志》並云生十年佐少昊，二十登帝位。（《路史》云十五佐小昊，《鬻子》云十五佐黄帝，非。）梁玉繩曰：「《山海經》有少昊孺帝顓頊之語，郭璞注云：孺義未詳。徐文靖《竹書統箋》謂顓頊十年佐少昊，故有孺子之稱，又十年登位，孺帝猶後世稱孺子王。其嗣少昊，以臣代君，故以少昊孺帝顓頊連言之。」案：徐説是也。其傳世享國之年，各書不同，《人表考》備列之，今從闕疑。《白虎通義·號章》云：「謂之顓頊何？顓者專也，頊者正也，能專正天人之道，故謂之顓頊也。」《漢表》顓頊列一等。盧文弨曰：「緑圖，《荀》作録。」考盧引《荀》即楊倞《荀子注》。（《大畧篇》。）盧所據宋本，今本作「禄」，《外傳》作「録」，《御覽》引作「禄」，《漢表》、《白虎通義·辟雍》皆作「緑」。（《白虎通義》俗本作繆，大誤。）《廣韵》注、《路史·後紀》八作「渌」。《後紀》注云：「渌從水，作緑、録非。」又《國名紀》六以渌爲國名。二説並非是。緑録禄渌，皆同聲通借字。《漢表》緑圖列二等。又有大款、柏夷亮父，並注云：「顓頊師。」柏夷亮父，即下章引《吕子》所稱者也。王符《潛夫論》又云：「顓頊師老彭。」（《讚學篇》引古志。）**帝嚳學乎赤松子**，帝嚳高辛氏。嚳又作佶，（《管子·修靡》、《史記·三代世表》及《封禪書》並同。）亦曰辛侯，（《竹書》。）亦曰夋。（《史記·五帝本紀》索隱引《世紀》。）梁玉繩曰：「《史記正義》引《世紀》作岌，譌。《路史·後紀》九作逡。《山海·大荒西經》作俊，注云：俊宜爲嚳。但經言帝俊處甚多。郭注謂古舜字借音。《路史》皆以爲嚳，似未的。案夋俊逡，亦同聲通借字，作岌，形近而誤。郭注借音之説非。《白虎通義・號章》：謂之帝嚳何？嚳者，極也，言其能施窮極道德也。俊亦才德極出之名，故嚳亦名俊。《禮・祭法》帝嚳能序星辰以固民，是其事也。在位七十年。（《易正義》、《史記集解》引《世紀》。《竹書》云六十三，《外紀》七十五。）年百五歲。（《史記集解》引《世紀》。《外紀》云一百，或云九十八，又或云九十二。）都亳殷。（《水經・穀水注》。）葬濮陽頓丘城南臺陰野之秋山。（《史記集解》、《水經・淇水注》、《路史》。）」梁氏又曰：「顓頊、嚳皆是名，服虔注《左傳》以爲德號，蓋仍《白虎通・號章》爲説，《風俗通・皇霸》因之，與張晏《史》注以爲字，同妄。」又曰：「顓頊、舜、禹不出於黄帝。少昊及嚳，是黄帝裔，非其親子與曾孫。堯、稷、契亦非嚳親子，並非親兄弟。詳《史記志疑》一。而《五德志》謂嚳，伏羲後，堯，神農後，（原注：《隸釋・帝堯碑》同。）舜，黄帝後，禹，少昊後，湯，顓頊後。皆不同祖。其説又别，未知所本。」以上梁説，並見《人表考》。其《志疑》説徵引甚繁，今弗録。（案黄帝、伏羲、神農之名，皆爲稱頌德號，則顓頊、帝嚳亦同一例，梁皆以爲名，恐未確。惟堯、舜、禹則當爲名，説在一卷首章，當分别觀之。）《漢表》帝嚳列一等。帝嚳學赤松子，《外傳》、《白虎通義》同。《淮南・齊俗》松作誦，松誦音近通用。梁氏謂猶祝融，武梁畫像作祝誦，是也。《淮南》注：「赤松子，上谷人，病癘，入山道引輕舉。」《列仙傳》云：「神農時爲雨師，服水玉，教神農，能入火自燒。」（《漢書・張良傳》、《後漢書》班固、張衡、馮衍各傳注、《文選・兩都賦》注引。）《神仙傳》又云：「高辛時復爲雨師。」（《路史・後紀》注引。）案：高誘去古未遠，必有所受。而《路史・後紀》三、《國名紀》六、《餘論》二皆以赤爲國，謂赤松子爲炎帝時諸侯，以高注證之，其説非矣。《漢表》列二等。《潛夫論・讚學》云：「帝嚳師祝融。」祝融疑即赤松子，故有入火自燒之説。其名皆或作誦。融松誦，音並相近。《漢表》又有祝融，同在二等，又有柏招，亦注云：「帝嚳師。」

堯學乎尹壽，「尹壽」，《外傳》作「務成子附」。

堯注見三卷。盧文弨曰：「尹，《荀》作君。」案：宋台州本及今通行各本《荀子》楊注引本書文均作「尹」，又一宋本作「君」，即盧所見者。（元刊本亦作君。）《荀子·大畧篇》本文作「君疇」。吳秘注《法言》引本書亦作「君疇」。君與尹，疇與壽，皆通用字。《隱三年左氏經》「君氏卒」，《公》、《穀》作尹氏。《詩·祈父》箋引《書》「若疇祈父」。釋文：「疇，此古疇字，本或作壽。」孔注《尚書》：直留反。馬、鄭音受。並其證。《漢表》尹壽列二等，自注云：「堯師。」《荀子》同。而《外傳》五、《白虎通義·辟雍章》皆云堯師務成子，舜師尹壽。蓋所聞異辭。周廷寀校《外傳》，據本書、《漢表》，疑《外傳》文互倒，未必然也。《潛夫論》亦云：「堯師務成。」《路史·後紀》十「尹壽」作「尹中」，中乃壽之爛文。舜學乎務成跗，盧文弨曰：「跗，《荀》作昭。」案：楊注引本書仍作「跗」。《外傳》云：「堯學務成子附，舜學乎尹壽。」附、跗，俱從付聲，古字通用。楊注引《尸子》有務成昭，教舜云云。又《漢·藝文志》小說有《務成子》十一篇，班氏自注云：「稱堯問，非古語。」或其人跗字昭名也。《路史·後紀》十二作務成軺。軺昭形音均近，蓋即一人。其云諸侯，未知所據。《潛夫論》又云：「舜師紀后。」后，君也，昭爲諸侯，豈即紀后與？但《路史》說多妄，不可據。又《漢志》五行家有《務成子災異應》十四卷，房中家有《務成子陰道》三十六卷，蓋皆後人僞託者。禹學乎西王國，《荀子》、《外傳》文同。楊倞注：「西王國，未詳所說。或曰大禹生于西羌，西王國，西羌之賢人也。」案：《白虎通義·辟雍章》「禹師國先生」，國先生蓋即西王國。《路史·後紀》四作「西王悝」，注云：「西王慖也。」《潛夫論》又云：「禹師墨如。」《路史·後紀》四云：「禹封怡，以紹烈山，是爲默怡。」《國名紀》作墨台，皆一人。湯學乎威子伯，《荀子》注引本書作「成子伯」，《外傳》作「貸子相」。一本「子」作「乎」。案：成字乃威之誤，作貸、作相，皆形近而誤。子作乎，更非。《白虎通義》、《潛夫論》皆云「湯師伊尹」，下章引《呂子·尊師》亦云「湯師小臣」。小臣，謂伊尹。《楚辭・天問》云：「成湯東巡，有莘爰極，何乞彼小臣，而吉妃是得。」王逸注：「小臣，謂伊尹也。」稱爲小臣者，蓋以其初爲媵臣，仍戰國處士之邪説耳。《孟子》：「湯之於伊尹，學焉而後臣之。」亦謂伊尹爲湯師。湯於伊尹之外，未聞别有所師，此威子伯亦伊尹也。威伊聲相近。（蟲有伊威，卽以疊韵爲名。）伊尹亦稱伊子，又曰伊伯，見《易林》《否》之解，《歸妹》之剥。古人名字，每加子字於中，如顏淵稱子淵，宰我稱子我之類，或以行次，或以語助，（行次如仲弓、伯牛之類，語助如孟施舍、孟之反之類，皆是。）一也。威子伯卽威伯，亦卽伊伯，伊伯卽伊尹，非有二人。至小臣或疑非指伊尹，其説恐未足信，詳下章注。湯、伊尹並見二卷首章注。梁氏《人表考》所舉郅詳，今不復引。**文王學乎鉸時子斯**，《荀子》注引作「時子思」，《外傳》作「錫疇子斯」，盧校《荀子》云：「時子斯，《新序》作鉸時子思。」案：今本書作「斯」不作「思」，盧所據不知何本。「鉸時」恐卽「錫疇」之爛文，俗書「疇」作「畴」，其形與「時」甚似。《白虎通義》、《潛夫論》及下章引《呂子》，俱言文王師太公望，無鉸時子斯之名。鉸時子斯及錫疇，他書罕見，均未詳。（近見陳氏玉樹《毛詩異文箋》，亦謂鉸時爲錫疇之譌，其引本書亦作思。）思斯同音通用，《詩・我行其野篇》「言歸斯復」，唐石經作「思復」；《泮水篇》「思樂泮水」，《禮器》疏作「斯樂」；《論語》「再斯可矣」，唐石經作「再思」。《毛詩》之「思」爲語詞，卽斯字也。《漢表》稱太公爲師尚父，蓋亦以太公爲文王師。**武王學乎郭叔**，《外傳》「郭叔」作「太公」。案：郭叔，文王之弟。《左氏僖五年傳》：「宫之奇曰：虢仲、虢叔，王季之穆也，爲文王卿士，勳在王室，藏於盟府。」《晉語》四：「文王敬友二虢，咨於二虢。」郭、虢古今字。《公羊僖二年》「晉滅虢」，《傳》皆作郭，凡九見。《秦策》：「夫晉獻公欲伐郭，而憚舟之僑存。」又曰：「因而伐郭。」高注：「古文言虢也。」是郭爲虢之古文，虢者後起假借字。《説文・邑部》：「郭，齊之國氏虛。」又《虎部》：「虢，虎所攗畫明文也。」各有本義。今人以郭當城𩫏字，而以虢代郭，𩫏字遂廢。《左氏隱元年、僖五年傳》正義及《國語·周、鄭語》注並云：「虢叔封西虢，虢仲封東虢。」《左傳·僖五年》正義曰：「鄭滅一虢，晉滅一虢，不知誰是仲後，誰是叔後。賈逵云：仲封東虢，制是也；叔封西虢，虢公是也。馬融云：叔，文王同母弟，仲，異母弟；仲封下陽，叔封上陽。案：《傳》上下陽同是虢國之邑，不得分封二人，若二虢共處，鄭復安得虢國而滅之。賈説亦無明證，各以意斷，不可審知。」案：馬説非是，孔駁之當已，賈逵去古未遠，必有所受。李貽德曰：「《晉語》文王敬友二虢。韋注：文王弟虢叔、虢仲也。又《鄭語》言濟洛河潁之間，虢鄶爲大。注：虢，東虢，虢仲之後。《史記·鄭世家》集解引虞翻曰：虢，姬姓，東虢也。《漢書·地理志》注引臣瓚曰：初，桓公寄孥與賄於虢會之間，幽王既敗，二年而滅會，四年而滅虢。《鄭世家》集解引徐廣曰：虢在成皋。《地理志》河南郡成皋注云：故虎牢，或曰制。《隱元年傳》云：制，巖邑也，虢叔死焉。蓋即東虢封地。《鄭語》西有虞虢。注：虢，虢叔之後，西虢也。《地理志》弘農郡陝注云：故虢國。此即所謂西虢，虢公，指虢公醜。《正義》謂賈氏東虢西虢之言，亦以意解，不可審知。案《國語》既指虢叔之封，曰西有虞、虢，是當時自指虢仲之封爲東虢矣。《隱元年傳》杜解亦曰：虢叔，東虢君也。《正義》曰：言所滅之君字叔也。案：《傳》燕國有二，則一稱北燕；邾國有二，則一稱小邾。此虢國有二，而經傳不言東西者，於時東虢已滅，故西虢不稱西。其並存之日，亦應以東西别之。是疏於杜義，亦以東西之稱爲然也。」（《左傳賈服注輯述》卷六。）以上李説，剖晰至明。引《國語》以證虢仲之封爲東虢，駁孔疏謂賈逵止以意斷，尤爲得間。《路史·國名紀》五云：「虢叔葬滎陽虢亭。」恐是虢仲之誤。《漢表》虢叔列三等。梁玉繩曰：「二虢不劣於閎散諸人，叔尤勝仲，何以置第三。王光禄《尚書後案》已非之。錢宫詹曰：《君奭篇》叙殷周賢臣，表皆列第二，伊陟、臣扈、巫賢、虢叔之在第三，後人校刊亂之也。虢仲亦應列二等。」（《人表考》三。）案：梁氏引王、錢諸人説是。此文《外傳》作太公，而《白虎通義》作尚父，尚父即太公也。《白虎》上文言文王師吕望，此又云武王師尚父者，蓋文武皆嘗師之。《詩》曰「維師尚父，時維鷹揚」，此武王師太公之證。《潛夫論》亦言文武師姜尚。下章引《吕子》云「文王、武王師吕望、周公旦」，周公，武王之弟，恐無受師之理，吕説疑誤。《外傳》及《白虎・辟雍章》皆云「周公師虢叔」，互見下注。周公學乎太公，周公、太公，注俱見二卷。《外傳》作「周公學乎虢叔」，《白虎通義》同。武王周公之師，此與《外傳》互爲倒植，以《外傳》爲優，疑傳寫者誤。本書此章即採之《外傳》也，互詳下章注。《潛夫論》云「周公師庶秀」，未詳。仲尼學乎老聃。孔子問禮於老聃，見《史記・老子傳》。《禮記・曾子問》亦載其詞。師老聃，見《白虎通義》。《吕氏・當染》云：「孔子學於老聃，孟蘇、夔靖叔。」高注云：「三人皆體道者，亦染孔子。」案：孟、夔二人行事未詳，他書亦罕見。老子注見四卷。此十一聖人，未遭此師，則功業不著乎天下，《外傳》「業」作「名」，（趙本作業。）「不」下有「能」字。著，顯著也。名號不傳乎千世。《外傳》「不」下有「能」字，「千」作「後」，句末有「者也」二字。《詩》曰：不愆不忘，率由舊章。《外傳》文自此止。《詩・大雅・假樂之篇》鄭箋：「愆，過率循也。成王之令德，不過誤，不遺失，循用舊典之文章，謂周公之禮法。」此毛義也。《外傳》六：「孔子曰：可與言終日而不倦者，其惟學乎。其身體不足觀也，勇力不足憚也，族姓不足稱也，宗祖不足道也，而可以聞於四方，而昭於諸侯者，其惟學乎。《詩》曰：不愆不忘，率由舊章。夫學之謂也。」所引與此同義，皆《韓詩》義也。（《外傳》或用引申義，所謂詩無達詁，全書多如此。）《孟子・離婁篇》引此而申之云：「遵先王之法而過者，未之有也。」趙注：「愆，過也，所行不過差矣，不可忘者，以其循用舊政文章，遵用先王之法度，未聞有過也。」案：趙注與鄭大同小異，鄭以不愆不忘平列，趙以不愆爲不過差，而不忘則屬下，謂不可忘者，因其遵舊法而無過。趙岐傳《魯詩》，或魯説如此，與毛、韓各異。《繁露·郊語篇》云：「舊章者，先聖之謂文章也。」與鄭、趙同，此用《外傳》文，當從韓義。

此之謂也夫。

句。凡引《詩》後，多以贊嘆語結之，贊嘆語多用也夫字。如《左傳》引《詩》「樂只君子，邦家之基，有令德也夫。上帝臨女，無貳爾心，有令名也夫」。（《襄二十四年傳》。）又引《詩》「亂離瘼矣，爰其適歸，歸於怙亂者也夫」。（《宣十二年傳》。）此類甚多。《論語》、《孟子》引《詩》亦然。今人多以夫字屬下句，誤也。如《論語》「未之思也夫，（句。）何遠之有」，《孟子》「夫子之謂也夫，（句。）我乃行之，反而求之，不得於心」，又「仁不可以爲衆也夫，（句。）國君如仁，天下無敵」，皆在引《詩》之後。諸子書亦如此，可類推。又《孟子》引《滄浪歌》，述孔子言：「自取之也夫」，（句。）下接「人必自侮」云云，今人誤以夫字屬下，則分節亦誤。他如「吾王之好鼓樂夫」、「吾王之好田獵夫」，兩夫字與下文兩與字同屬下讀，則文義詰籥。此類雖非引詩，可以例求，此夫字亦當絶句。下文「不學不明古道」云云，複述上文，可以爲證。

不學不明古道，而能安國家者，未之有也。」

世俗之人，以爲古今異宜，昔之所陳，今未必適用。不知政治之變遷，原於風俗之遞嬗，不明乎古，即必不切於今。猶治病者，不諳病狀所由，及病人平日之盛衰强弱，而漫爲立方以求痊也，有是理乎。故曰：「不明古道，而能安國家者，未之有也。」《孟子》曰：「上無禮，下無學，賊民興，喪無日矣。」舉世皆原伯魯，禮教曷由修明，禮教不修，而欲賊民之不興，猶却行而求前也，喪之無日，不亦宜乎。烏呼，古今國家衰亂之由，未必不因乎此也。此所記與下章引《呂子》文多不同，中壘特兩存之，以廣異聞，猶《韓非書》存一日之例也。古人著書，多有此例，不以前後矛楯爲嫌。（詳七卷《公孫杵臼章》注。）故今凡本文與他書異者，皆臚舉衆説，詳列注中；與《呂子》異者，非資援證則不引。

2呂子曰：呂子，呂不韋也。一曰濮陽人，（《秦策》。）一曰陽翟人。（《史記》本傳。）《史記索隱》云：「翟，音狄，又音宅。《地理志》縣名屬潁川。《戰國策》以爲濮陽人，又記其事跡，亦多與此傳不同。班固雖云太史公據《戰國策》，然爲此傳當別有所聞見，故不全依彼說。或者劉向定《戰國策》時，以己異聞，改易彼書，遂令不與史遷記合也。」案：小司馬謂史公別有聞見，不全依《國策》，是也；謂中壘改易《國策》，非也。不韋封文信侯，爲秦相，後以罪免，徙處蜀，恐誅，飲酖死，葬洛陽北邙道西，妻先葬，故其冢名呂母。（《始皇紀》索隱，本傳正義引《皇覽》。）《漢表》列五等。《史記》本傳曰：「當是時，魏有信陵君，楚有春申君，趙有平原君，齊有孟嘗君，皆下士，喜賓客，以相傾。不韋以秦之彊，羞不如，亦招致士，厚遇之，至食客三千人。是時諸侯多辯士，如荀卿之徒，著書布天下。不韋乃使其客，人人著所聞，集論，以爲八覽、六論、十二紀，二十餘萬言。以爲備天地萬物古今之事，號曰《呂氏春秋》，布咸陽市，懸千金其上，延諸侯游士賓客，有能增損一字者，予千金。」（以上本傳文。）此所引出《呂氏·尊師篇》。本書録他文，引原書僅見此，因欲存上章異文，故特著之。

「**神農學悉者**，諸「學」字今《呂書》並作「師」。「者」，各本作「老」，《呂》作「諸」。高注：「悉，姓；諸，名也。」《漢表》同列二等。班氏自注：「炎帝師。」古文諸字，多省作者，而者亦爲諸。《説文·言部》：「諸，辨也，从言，者聲。」古無麻馬禡等韵，讀者如諸，故以者爲聲。秦《詛楚文》：「置者冥室，宰者侯之兵，箸者石章。」諸者字皆讀爲諸。《大戴禮記·少閒》「繁諸」，注作「繁者」。此諸假者字代之者也。《禮記·郊特牲》：「不知神之所在，於彼乎，於此乎，或諸遠人乎。」《僖九年左傳》：「以是藐諸孤。」（杜訓諸爲諸子，非是，辨見王伯申《經義述聞》及《釋詞》。）《爾雅·釋魚》：「龜俯者靈，仰者謝，前弇諸果，後弇諸獵。」諸字皆讀如者。此者假諸字代之者也。此「悉者」即「悉諸」，本書文省爲者，因誤作老。者老形近，老字右乚稍長，引上之，形宛如者，此致誤之由也。今改正作「者」，以復本書之真。神農、炎帝，三皇之二。名魁，以火德王，故曰炎帝；作耒耜，故曰神農。（《史記》注張晏説。）又曰烈山氏，（《左氏昭二十九年》、《國語·魯語上》。）亦曰厲山氏。（《禮記·祭法》，烈厲一聲之轉。）姜姓。（《左氏哀九年》、《晉語》。）都陳。（《水經·渠水注》。）《潛夫論·五德志》云：「有神龍首出常羊，感任姒，生赤帝魁，隗身，號曰炎帝，世號神農氏。」《御覽》七十八引《帝王世紀》云：「神農母曰任姒，有喬氏之女，名女登，爲少典妃，游於華陽，有神龍首感女登於常羊，生炎帝。」又引《孝經鉤命決》云：「任巳感龍生帝魁。」注云：「魁，神農名；巳，或作姒。」在位百二十祀，（《易正義》引《世紀》，《初學記》引同。《路史》作百四十五祀。）葬長沙茶陵。（《宋史·禮志》、《路史》。）《呂覽·慎勢》言神農十七世有天下，《路史》引作七十，《御覽》七十八引《尸子》同，七十蓋十七之倒文。《漢表》列一等上上。**黄帝學乎大真，**注詳前。《呂》作「黄帝師大撓」，大撓蓋即大真。**顓頊學伯夷父，**《漢表》作「柏夷亮父」，列二等。班氏自注云：「顓頊師。」顔注：「父讀曰甫。」案：古柏伯字通，《舜典》伯與，《左傳·莊十九年》邊伯，《文十八年》伯奮伯虎，《襄四年》伯因，《二十年》逢伯陵，《二十八年》伯封，《列子》伯益，《尸子》伯陽，諸伯字《表》皆作柏。《穆天子傳》「河宗之子孫蒯伯」，注：「古伯字多從木。」《左氏成十五年傳》「伯州犂」，《呂覽·重言》作「柏」。《襄四年傳》「伯明」，《潛夫論》作「柏」。《定四年經》「柏舉」，《公》、《穀》二傳作「伯」，《燕策》同。《論語》伯達、伯适，《漢表》亦作「柏」。此類不可勝舉。（《表》中伯仲字多作柏。）亮疑伯夷之字。《路史·後紀》八分夷父、亮父爲二人，與《表》不合，恐誤。《山海經·海內經》作「伯夸父」，又《路史·前紀》六以柏夷父、柏招諸人皆柏皇氏後，《通志·氏族譽》同，皆望文生説，未知所據。宋人疏於小學，羅泌尤妄，不可信。《漢表》除柏夷亮父、緑圖外，尚有大款，亦顓頊師，其行事無考。《通志・氏族畧》引《風俗通義》以爲大庭氏之後，亦無徵。**帝嚳學伯招。**《漢表》「伯」作「柏」，列二等。自注云：「帝嚳師。」伯柏字通，詳上句註。《路史》以爲柏皇氏之後，不可信。**帝堯學乎州支父，**《呂》作「子州支父」。《莊子・讓王》及《呂氏・貴生篇》云：「堯以天下讓子州支父，子州支父對曰：以我爲天子，猶可也。雖然，我適有幽憂之病，方將治之，未暇在天下也。」《呂子》舊本「支」作「友」，《御覽》五百九引《高士傳》「支」亦譌「友」，皆形近之誤。畢校《呂子》改作「支」，是。凡支友交三字，古書多互誤。如《潛夫論・實貢篇》「四支不相兼」，《後漢・王符傳》支作友。《韓子・説林上》「公孫友自刖而尊百里」，友當爲支。支枝同字。（支字左筆稍長，即成友字。又草書交字，亦與支相似。參同卷《相人章》及七卷《原憲章》注。）餘詳予箸《意原堂日記》中。又《尊師篇》舊本亦脱「支」字，畢據《御覽》引補。與《莊子・讓王》、《漢表》、皇甫謐《高士傳》合。本書無「子」字，各本「子」作「文」，盧文弨云：「作文譌。」案：宋本作「支」，不誤，今據改。支父又曰支伯，《莊子》：「堯讓天下於子州支父，舜讓天下於子州支伯。」釋文：「李云：支父字即支伯。」《高士傳》：「堯以天下讓子州支父，舜又讓之。」亦以爲一人。明王世貞疑支父支伯是父子，（見所箸《讀書後》。）謬也。《漢表》子州支父列二等。李慈銘曰：「《鬻子》載禹治天下，得七大夫，曰皋陶、杜子業、既子、施子黯、季子甯、然子湛、輕子玉，自皋陶以外無考。《呂氏・求人篇》云：得陶化益真窺横革之交五人佐禹。《荀子・成相》云：禹得益皋陶横革直成爲輔。王厚齋《紀聞》謂：陶，皋陶也；化益，伯益也；真與直相類；真窺即直成也；横革字同，惟之交未詳。盧文弨謂窺是鏡字，與成音近。王念孫以盧説爲確。景差《大招》直贏在位，近禹麾只。姚氏範引《荀子》、《呂覽》，又引《國策・齊策》禹有五丞，謂直贏卽五丞之二。蓋以直爲直成，贏爲贏，指伯益也，惟之交二字無釋。今案之交蓋支父之譌，據《莊子·讓王》及釋文、《高士傳》所云。（原文引各書語，因已見前，故從畧以省繁。）子州支父與禹同時，《新序》作州支父，省文則爲支父矣。《吕氏·尊師》又云禹師大成贄，《新序》引作禹學大成執。大成卽直成，大猶直也。《易》曰：「直方大。」贄執音轉，卽支父也，單言之則爲支爲贄爲執，連其字則爲支父，重言之則爲子州支父，子州支皆一音之轉也。杜子業等六人，及直成横革，皆《漢表》《四八目》等書所無，王氏《小學紺珠·名臣類》亦不載禹之七大夫五丞。」（《桃華聖解盦日記》辛集。）以上李説，謂之交卽支父，大成卽直成，俱極近理。謂大成執亦卽支父，則《吕氏》此文所舉十聖人各一師，不應重復，且一人而前後異文，似不可信。《漢表》有支父無支伯，是支伯、支父決非二人，《莊子》李注之説是也。**帝舜學許由**，《漢表》「由」作「繇」，見三卷注。古由字多作繇，經傳屢見。《金樓子》云：「由字道開，長八尺九寸，父名耳。」《路史·後紀》四及《餘論·許繇篇》皆以爲四岳之後。《高士傳》云：「許由，陽城槐里人，字武仲。」《史記·伯夷傳》正義、《後漢·馮衍、崔駰傳》注同。《莊子·逍遥游》釋文倒作仲武，恐誤。《淮南·氾論》注：「堯欲以天下讓許由，洗耳不就。」洗耳之説，出於此。宋氏翔鳳《尚書畧説》以許由爲卽伯夷。據《尚書大傳》陽伯，鄭注以陽伯爲伯夷掌之。《左氏隱十一年》：「夫許，大岳之胤也。」《墨子·所染》、《吕子·當染》並云「舜染於許由伯陽」。由與夷、夷與陽，並一聲之轉。《書大傳》之陽伯，《墨》、《吕》之許由、伯陽，與《書》之伯夷，正是一人。伯夷封許，故曰許由。《史記》「堯讓天下於許由」，（原注本《莊子》。）正傳會「咨四岳巽朕位」之語。百家之言，自有所出，近人章氏駁之，而申其説云：「高誘以伯陽爲老子，説誠誣繆。然《尸子》言舜得六人，曰雒陶、方回、續耳、伯陽、東不識、秦不空，皆一國之賢者也。是固別有伯陽，非許由矣。余以許由卽咎繇，

《人表》作許繇，正與咎繇同字。《夏本紀》曰：封皋陶之後於英六。或在許。古者多以後嗣封邑並稱其先人，以其子姓封許，因稱咎繇曰許繇，亦猶契曰殷契，棄曰周棄也。禪讓之説，本在夏世，《夏本紀》言帝禹立，舉皋陶薦之，且授政焉。而皋陶卒，乃展轉譌遷，以爲堯讓。古事芒昧，未足怪也。《伯夷傳》云：余登箕山，其上有許由冢。《夏本紀》言益讓禹子啟，啟避居箕山之陽。益固咎繇子也。高注《吕氏·當染》以許由爲陽城人。箕山者，下臨陽城。（原注：《括地志》陽城縣在箕山北十三里。）由冢在是，歸葬故里也。益避在是，暫守父墓也。亦猶禹避商均於陽城，陽城以北爲崇伯之國，將守故封而視，終身不奸天室之政矣。（原注：《夏本紀》正義：陽城縣在嵩山南二十三里。案：嵩本作崇，即崇伯鯀所封，禹由封邑相鄰，特分南北耳。）若《皇覽》言咎繇冢在廬江六縣，與箕山之説不相應。此猶堯葬濟陰，（原注：《五帝紀》集解引劉向及《皇覽》。）而《墨子·節葬》以爲蛩山，《吕氏·安死》以爲穀林，舜葬九疑，（原注：《五帝本紀》。）而《孟子·離婁》以爲鳴條。（案《孟子》言卒於鳴條，非葬也，章氏誤。）古事芒昧，亦未足怪也。又《御覽》百七十七引戴延之《西征記》曰：許昌城本許由所居，大城東北九里有許由臺，高六丈，廣三十步，長六十步。由耻聞堯讓而登此山，邑人慕德，故立此臺。是説則後起者。然許昌即許縣，與陽城同屬潁川。（原注：《續漢·郡國志》。）意咎繇封邑，本自陽城達許，其後世封許，亦即守其故土，未可定也。或曰：《墨》、《吕》既著舜染許由之文，又言禹染於皋陶、伯益，誠使許由、咎繇爲一人，何故變名更舉。是則以堯讓之謏言，遠起三王，子墨、吕固習聞焉，而不察其爲異稱也。」以上宋、章二説，皆無確徵。《漢表》伯夷、許由、皋陶分列三人，未可合爲一。伯益爲皋陶子，前儒辨之已詳，（參七卷《公孫杵臼章》注。）許由以辭天下逃名爲高，而皋陶爲刑官，歷堯至禹，未嘗一日去朝，行事迥不相似。又皋陶葬地，從未聞有在箕山之説，章氏以許由當皋陶，遂以箕山爲皋陶葬地，據《伯夷傳》孤文委曲傅會，殊涉武斷。意必之談，經儒所戒。太史公論許由，已云文詞不少概見。《文選·演連珠》注引譙周《古史考》，不能知許由、巢父爲一爲二。李善亦云書傳之説參差不同，後人紛紛妄議，胡爲哉。

禹學大成執，「執」，《呂》作「贄」，《路史·後紀》四作「摯」，注云《呂覽》作「摯」，《新序》作「執」。案：《説文》無贄字，祇作摯，其字皆從埶，（俗本作從執，則非聲矣。今依段氏注本改正。）故通用。執當作埶，乃摯省文。《呂書》之贄，亦當從埶爲是。李慈銘謂大成卽《荀子·成相》之直成，是也。謂埶卽子州支父，則意必之説，不可從，見州支父句注。疑埶其名，大成其氏或號。大直同訓，故又單稱直成耳。《漢表》無埶名。

湯學小臣，《呂子》注：「小臣謂伊尹。」王逸《楚辭·天問》注同。《孟子·公孫丑下篇》：「湯之於伊尹，學焉而後臣之。」《呂氏·當染》、《淮南·覽冥》注俱引《孟子》，曰王者師臣，卽謂此也。李慈銘曰：「以伊尹爲小臣，甚不詞。《呂氏》所舉十聖六賢之師，皆人名，何伊尹獨以小臣稱。疑小是卞字之譌，卞臣卽卞隨耳。臣有隨義，音亦通轉。湯師卞隨，正與上文堯師子州支父、舜師許由一例。《墨子·尚賢下篇》有湯有小臣一語，然其中篇曰：伊摯，有莘氏女之私臣。下篇又曰：伊尹爲莘氏女師僕。皆以伊尹與舜及傅説並言。此處湯有小臣，則與禹有皋陶，文王有大顛、閎夭、南宮括、散宜生並言，則小臣亦是誤字，未必指伊尹也。《楚辭》注所云，謂伊尹本爲有莘之小臣耳，高誘蓋因此而傅會。」案：小臣指伊尹，王逸、高誘説同，又見《墨子》，明是以伊尹初爲媵臣，故以此稱之。李氏指爲卞隨，殊謬。豈有《呂》、《墨》本書三處皆誤之理乎。齊桓公見小臣稷，見《韓子·難一》、《呂氏·下賢》、《韓詩外傳》六、本書同卷，其以小臣加名上，正效伊尹之稱小臣耳。

文王、武王學太公望、周公旦，「太公望」，《呂》作「呂望」。案：周公稱文王我師，不當復爲文武之師。卽謂文師太公，武師周公，四人分配，然周公爲武王之弟，亦不應儼然受師，此説可疑。或言周公旦下脱學郭叔三字。蓋文武同師太公，見於各傳記者甚明。（《齊太公世家》云要之爲文武師，《潛夫論・讚學》云文武師姜尚，此外尚多有。）周公師郭叔，又見《韓詩外傳》及《白虎通義》也。然《呂氏》本文已如此，未必兩書皆奪，且《呂》明云十聖六賢，若多周公，則十一聖矣。即謂文武合數爲一，如後儒言三王之爲禹湯文武者。但三王並數武王，已非確論，（詳二卷首章注。）然以朝代區分，人雖有四，朝代則三，尚持之有故。此則以人區分，萬不能併二爲一。況《墨子・所染》《呂子・當染》俱云「武王染於太公望、周公旦」，以彼證此，明非脱文。觀周公告《金縢》，有「玄孫不若旦多才多藝」之説，而孔子亦稱周公之才美。意者周公上聖，天稟過人，武王亦尊敬之。又因《墨子》有《當染》之説，以文勢便利，遂因太公而並及周公之名耳。（此如《孟子》云：「禹稷當平世，三過其門而不入。」因禹而並舉稷也。）拙見如此，姑闕疑以俟知者。**齊桓公學管夷吾、隰朋，**《呂書》無「隰朋」，《墨子・所染》、《呂子・當染》並云「齊桓染於管仲、鮑叔」。《孟子・公孫丑下篇》云：「桓公之於管仲，學焉而後臣之，故不勞而霸。」皆桓公師管仲之證。（管仲有仲父之稱，以擬師尚父，亦其證也。）隰朋爲師未詳。齊桓公、管仲注俱見二卷首章，隰朋注見四卷首章。**晉文公學咎犯、隨會，**咎犯，孤突之子，名偃，字子犯，文公之舅，故稱舅犯。《廣韵》以舅爲姓，蓋緣誤讀《説苑・復恩》之文耳。舅通作咎，《儀禮・士昏禮》鄭注：「古文舅作咎。」《穆天子傳》五「咎氏」，郭注云：「咎猶舅也。」經傳稱舅犯多作咎，用假借字，《晉語》、《禮記・檀弓、大學》作舅，用本字。又通作臼，見《三國志・劉表傳》注引司馬彪《戰畧》。《晉語》四：「文公父事狐偃，師事趙衰，長事賈佗。」《呂》云「文公師咎犯」，傳聞之異也。閻氏若璩《四書釋地續》云：「晉獻公娶二女於戎，大戎狐姬生重耳。杜注：大戎，唐叔子孫別在戎狄者。《晉語》云：狐氏出自唐叔，孤姬伯行之子也，實生重耳。又云：父事狐偃，狐偃其舅也。當春秋時，吾府（太原。）交城縣爲狄地，距吾家西寨村所謂鼻祖汾隅者，僅九十里。案舅犯實生於其地。余向久淤，寓其父子兄弟，合爲祠廟，祭賽最盛，非同他志乘之傅會者。」王引之《春秋名字解詁》云：「偃讀爲隱，古字通。（原注：《齊語》隱五刃，《管子·小匡》作偃五兵；《漢表》徐隱王，注：即徐偃王也。）《檀弓》事君有隱而無犯。名偃字犯，以相反爲義。」隨會即范武子，注見一卷。顧炎武《日知録》謂隨會在文公後。畢校《吕子》云：此與《説苑·尊賢篇》晉文侯行地登隧，隨會不扶，皆記者之誤。梁伯子云：《列子·説符》又以隨會與趙文子並時，亦非。案：錢大昕《養新録》云：「《左傳》叙城濮之役，舟之僑先歸，士會攝右，則隨會固與文公同時。」案：錢説是。《左傳·襄二十七年》楚康王稱嘆范武子之德曰：「能歆神人，宜其光輔五君，以爲盟主也。」（又見昭二十年。）杜注：「五君，文、襄、靈、成、景。」正義引「《晉語》：訾祏對范宣子曰 武子佐文、襄，諸侯無二心，爲卿以輔成、景，軍無敗政，及爲元帥，居太傅，國無姦民，是以受隨范。是其光輔五君也。服虔云：文公爲戎右，襄、靈爲大夫，成公爲卿，景公爲太傅也。」前儒解釋明白如此，此眼前事，何顧、畢、梁諸人均未考及此乎。惟士會請老，在魯宣之十七年，逆推上城濮之時共三十九年，會年當尚少，文公反國已垂莫，（《晉世家》云：年六十二，反國，在位九年。）未必有師隨會之事，亦傳聞之誤也。《墨子·所染》云：「晉文公染於咎犯、高偃。」《吕氏·當染》作「郗偃」，郗乃郭字之誤，高當爲𩫏，即郭字，與高形近而譌。《左傳》「晉大夫卜偃」，《晉語》作「郭偃」，《商子·更法》、《韓子·南面篇》同，《御覽》六百二十引《吕氏》正作郭偃，即其證。又高亦可讀爲郭，彼文稱郭偃不舉隨會，似得其實。《漢表》狐偃列三等，范武子列二等，又有士會列四等。梁氏謂武子當作獻子，即士富也，未詳確否。均詳一卷注。卜偃亦在四等。

秦穆公學百里奚、公孫支，秦穆公、百里奚俱見二卷注。「支」，

《吕》作「枝」。高誘注：「百里奚，故虞臣也；公孫枝，大夫子桑也。」案：枝支古字通用。《史記·秦本紀·李斯傳》皆作支，與本書同。《通志·氏族略》三云：「嬴姓。」《史記正義》引《括地志》以爲岐州人，游晉，後歸秦。案：《通志》嬴姓之説，未詳所本，殆以其稱公孫傅會之耳。梁氏《人表考》遂疑爲秦之公族，不知李斯《諫逐客書》云「求丕豹、公孫枝於晉」，枝、豹並稱，明非秦人。斯之志，正舉外客之賢者，以明逐客之非計，假令枝爲秦公族，必不稱舉之矣。且秦相不用宗族，其風沿及戰國尚然，洪邁《隨筆》言之甚詳。疑枝本他國之公族游晉歸秦者，其爲何國，則不可考。《漢表》列四等。**楚莊王學孫叔敖、沈尹竺**，楚莊王、孫叔敖注俱見一卷。「竺」，《吕》作「巫」，畢校云：「舊本尹作中，譌。其名多不同，《當染篇》作沈尹蒸，《察傳篇》作沈尹筮，《贊能篇》作沈尹莖，此又作巫，《新序》作竺，《渚宫舊事》作華，文皆相近。」案：《吕書·去宥篇》有沈尹華，云荆威王學書於華。高注云：「威王，懷王之父。」《漢表》列五等，厠江乙、馮赫間，則與《舊事》之沈尹華爲別一人。《説苑·雜言》記沈尹舉孫叔敖事，本書一卷及《列女傳》作虞丘子，《韓詩外傳》二作沈令尹。（《説苑·至公》、《外傳》七亦作虞丘子。）孫詒讓《墨子閒詁》云：「李惇曰：《宣十二年左傳》邲之戰，孫叔敖令尹也，而將中軍者爲沈尹。注云：沈或作寢，寢，縣也。《韓詩外傳》所載楚樊姬事，與《淮南子》、《新序》正同，但《淮南》、《新序》並曰虞丘子，惟《外傳》則曰沈令尹，乃知沈尹即虞丘子，令尹其官，沈其氏或食邑也。詒讓案：李説是也。沈尹莖《吕氏·察傳》作沈尹筮，字形並近，未知孰爲正也。至余知古《渚宫舊事》作沈尹華，以《吕氏·去宥篇》考之，乃楚威王臣，誤併爲一也。」以上孫説。今考《淮南書》無樊姬言虞丘子之事，事在《列女傳》，李氏誤記，孫又沿其失。至《舊事》作華，字形亦近，未必誤合荆威王時之沈尹華爲一人也。梁玉繩曰：「《宣十二年左傳》沈尹將中軍，杜注：沈或作寢，今固始縣。疏引哀十八年寢尹吳由于爲證。而《荀子·非相》、《吕子·贊能》稱孫叔敖期思之鄙人，蓋其隱處期思，即《春秋》寢丘，漢名寢縣，（光瑛案：《漢志》汝南郡有寢縣，又别有期思，其地蓋相接，然非一處。寢故城在今河南東州府沈丘縣東南三十里，期思故城在今河南光州固始縣西北，蔣鄉在縣東。）東漢名固始。然則沈尹官於叔敖所隱之縣，知其賢而薦之，事非無因者。虞丘不可考，或是傳聞之誤。沈尹之官，誤增令字、《吕》誤作申字。（原注：尹字近申，故誤。）而曰筮、曰竺、曰蒸、曰巫，並以音形相鄰致譌，莫定其孰是耳。」（《史記志疑》三十五。）以上梁説。以《外傳》令字爲誤者，因宣四年越椒死後，至十二年，叔敖已爲令尹，中間不過數年，無沈令尹爲相十餘年之事，其説是也。但古書記事多異，不必盡符。虞丘薦叔敖自代，必其官實爲令尹。況邲之役，沈尹將中軍，明明位與叔敖敵，非舊令尹能若是乎。故斥其十餘年爲相之誤可，以虞丘子薦賢之説爲誤亦可，若就事論事，則不得以令字爲誤增。（洪亮吉謂沈尹藍、尹連、尹城麇，尹皆是縣尹，與梁謂令字爲衍文之説合。見《曉讀書齋初録》下卷。）又梁氏謂沈尹官於叔敖所隱之地，故知其賢。然身爲令尹，何以得官寢丘，不若謂其食邑於沈，較爲無弊。莊王封叔敖後於潘鄉，即固始地，見邯鄲淳所爲《叔敖碑》。蓋因其隱地以封之。餘詳一卷注中。

吳王闔閭學伍子胥、文之儀，吳王闔閭、伍子胥注並在二卷。《吕子》注云：「文氏，之儀名。」又見《吕書·當染篇》。《墨子·所染》作「文義」，義儀通用字，之語詞，猶《孟子》庾公之斯《左傳》作庾公差也。《羣書治要》引《墨子》無「文義」二字，此條《治要》頗有異文。越王句踐學范蠡、大夫種，越王句踐，允常子，一曰菼執。（見《竹書》。）長頸烏喙。（《史記·越世家》。）卒於晉悼公之十年。（《竹書》。）《漢表》列四等。范蠡注見四卷《梁有疑獄章》。大夫種即文種，注見三卷《鄒陽章》。此皆聖人之所學也。「人」，各本作「王」，宋本作「人」。《吕》作「此十聖六賢者，未有不尊師者也」，詞意較清晰。疑此人字當作賢，隱括《呂》文，但無確證，今姑從宋本。且夫天生人，《呂子》無「夫」字，「人」下有「也」字。《意林》引《呂子》文有省節。而使其耳可以聞，不學，其聞則不若聾；《呂子》各句皆無「則」字。使其目可以見，不學，其見則不若盲；高注：「聾，無所聞也；盲，無所見也。」《意林》引《呂》作「耳有所聞，不學而不如聾；目有所見，不學而不如盲」。王充《論衡》曰：「知今而不知古，謂之聾瞽。」語意蓋本此。使其口可以言，不學，其言則不若喑；《呂子》「喑」作「爽」。高注：「爽，病無所別也。」《御覽》三百六十六引作「其言曲以爽」。《說文·口部》：「宋齊謂兒泣不止曰喑，从口，音聲。」案：泣不止乃喑之本義，啼極則無聲，故引申之爲喑啞。此喑字疑淺人改之，當從《呂覽》作爽。聾盲爽狂，句句有韵，作喑則失其韵矣。《老子》：「五色令人目盲，五音令人耳聾，五味令人口爽，馳騁田獵令人心發狂，難得之貨令人行妨。」其字亦作爽，用韵亦同。（顧亭林謂《老》、《呂》兩文聾字獨非韵，不知古陽唐庚部字多與東冬江等部音通也。）使其心可以智，《呂子》「智」作「知」。案：智愚字本作𥏼，《說文·白部》：「𥏼，識詞也，从白亏知。」經典相承叚作智，或作知。此以智狂對文，當作𥏼，智知皆借字。不學，其智則不若狂。《呂》注：「闇行妄發之謂狂。」《御覽》引作「其知暗以狂」，文各不同。故凡學非能益之也，《呂子》無「之」字。《御覽》引《呂》「非」下有「爲」字。達天性也，所謂率性之謂道，修道之謂教也。能全天之所生，而勿敗之，《說文·心部》：「性，人之陽氣，性善者也，从心，生聲。」天之所生即性也。古生性字通，《晉語》「凡民利是生」，謂凡民以利爲性也；《周語》「懋正其德而厚其性」，謂正德厚生也。韋皆以本字讀之，非矣。性從心，生聲，乃聲苞義字，此生字雖不必讀爲性，然天之所生，即指性言。卒性則能全，修道則不敗，君子所以勉學也。《孟子》曰：「存其心，養其性，所以事天也。」又曰：「君子所性，雖大行不加焉，雖窮居不損焉，分定故也。」所謂全天之所生而勿敗之者如此。」可謂善學者矣。」「可」，《呂》作「是」，無「者矣」二字。善學者因其性而利導之，若禹之治水，行其所無事也，若穿鑿以爲智，則妄矣。

3 **湯見祝網者，置四面，** 此采《呂氏・異用篇》文。高注：「置，設。」《史記・殷本紀》作「湯出適野，張網四面」。《賈子新書》文凡兩見，一在《禮篇》，一在《諭誠篇》，《禮篇》文同本書，《諭誠篇》作「湯見設網者四面張」。盧文弨校從建潭本，刪《禮篇》此段，止存數語，文亦多異。（即抱經堂本。）今爲考列異文計，仍存《禮篇》異同，梁元帝《金樓子・興王篇》亦載此事，作「湯出見野張網四面」。**其祝曰：**《史記》及《賈子・諭誠》、《金樓・興王》俱無「其」字。**「從天墜者，**《賈子・諭誠》「從」作「自」，「墜」作「下」，字異義同。《呂》注云：「墜，隕也。」案：《説文》無墜，墜新附字，古止作隊。**從地出者，**《賈子・諭誠》「從」作「自」。**從四方來者，**《諭誠》「從」作「自」，以上三句同。自，古鼻字，人之始生，莫先於鼻，故有鼻祖之説，引申爲一切原始之義。（又人自稱則指其鼻，故引申爲自己之義。）《説文・自部》：「自，鼻也，象鼻形。」自本象形字，後爲引申義奪，始别造鼻爲形聲字，而本義反晦。從，從來也，凡事必有從來，亦原始之意，故與自誼同。《諭誠》「來」作「至」。來牟，麥名，自天降，故引申爲至義。**皆離吾網。」**《史記》作「自天下四方皆入吾網」，《金樓子》同，惟「天」字作「上」，似優。（上，古作丄，以一畫爲天。又草書天字作3，與上字形似易混。上下，即此文所謂天墜地出也。）《金樓》此文，全用《史記》，蓋六代人所見本尚未誤也。（唐以前書，雖一字異文，亦關校勘，所以可貴。）《易・序卦》傳：「離者，麗也。」古書多叚離爲麗，（離本義爲鳥名，即黄離，今俗作鸝。）《説文・鹿部》：「麗，旅行也，鹿之性，見食急，則必旅行，从鹿，丽聲。《禮》麗皮納聘，蓋鹿皮也。」又云：「丽，古文麗字。」案：《士冠禮》「束帛儷皮」，鄭注：「儷皮，兩鹿皮也。」古文儷爲離，《白虎通義》麗皮皆作離皮，則麗爲正字。離儷皆叚借字，麗皮者，合兩皮爲一，有附合之義，即鹿旅行亦有附合義。如《詩》之「雉離于羅」，《月令》「宿離不貸」，《易》之離卦，皆取此義也。反言之，皮既爲兩，則有中分義，如《中庸》「不可須臾離」，即取此義，乃離分離别之説也。又《説文·艸部》：「蘼，艸木相附蘼土而生。《易》曰：百穀艸木蘼於地。」此則專指草木之本附蘼言，故字從艸，乃麗之狹義。二字音義並同，（《説文》引《易》作蘼，然上文日月麗乎天，則不當從艸，今《易》一律作麗，是也。蓋蘼乃麗之孳乳字，知《説文》引經，亦有改字，以明所釋之字，不盡關所據本之不同也。）此離字亦是附著之意，當讀爲麗。《賈子》兩篇俱作「罹」，本書別本同，盧校從宋本作離，云俗作罹，盧説是。《説文》無罹字，新附始有之，蓋俗字也。古書皆作離，《吕書》亦作離，（孔子作《序卦》曰：離，麗也。實開漢儒讀爲讀曰之例，蓋聲音訓詁之學，聖人所不能廢也。）皆麗之借字。又《諭誠篇》「吾」作「我」。

湯曰：「嘻，盡之矣，

俗言一網打盡，蓋本此。嘻當作譆，《説文》無嘻字，《言部》：「譆，痛也。」經傳多叚嘻爲譆，而譆字廢。《公羊閔二年傳》何注云：「嘻，發痛語首之聲。」（參七卷《越石甫章》注。）

非桀其孰爲此。」

非桀之虐，孰肯如此。所以言者，以桀横征重斂，取民無藝，與此祝網之情同，非謂此祝網者是桀。《吕書》句末有「也」字，注云：「孰，誰也。」《諭誠》作「非桀其孰能如此」。爲，猶如也，二字古書通用甚多，詳《經傳釋詞》。此爲字亦當訓如，言桀今正如此也。《史記》、《金樓子》均無此二句。

乃解其三面，

《禮篇》舊本句首有「湯」字，「乃」作「來」。《諭誠》作「令去三面」。《史記》「解」作「去」，《金樓子》同。《吕子》作「收」。畢本引舊校云：「收一作放。孫云：李善注《文選》張平子《東京賦》、楊子雲《羽獵賦》引此，收並作拔，舊校當是一作拔。」

案收拔放字形皆近，義亦互通。**置其一面，**置，留也，（《漢書·高帝紀、外戚傳》集注。）不去也，（《公羊宣八年傳》注。）又立也，（《廣雅·釋詁》四。）皆此文置字之義。《諭誠篇》作「舍一面」。《史記》、《金樓》無此句。**更教之祝曰：**《史》無上三字，《呂》無「之」字，《金樓》作「祝之曰」，《諭誠篇》盧本「更」作「而」，俗本「之祝」二字互到。**「昔蛛蝥作網，**《賈子》兩篇「蝥」作「蟄」，盧本《諭誠篇》作「蝥」。《呂書》句末有「罟」字，畢校云：「賈誼書《諭誠篇》蛛蝥作網，舊本蝥作蟄，誤。」案：畢引《賈子》作蟄，是所據誤本。《説文》無蝥蟄字。《廣雅·釋蟲》：「蛛蝥罔工蠾蝓蝳蝓也。」**今之人循序，**「循序」，《呂》作「學紓」，注：「紓，緩。」《賈子》兩文「序」作「緒」。別本《諭誠》「循」作「脩」，盧本作「緒」，古書循脩二字多混。畢沅曰：「紓疑與杼通，注訓爲緩，非是。」案：紓杼序皆從予聲，皆叚借通用字，《賈》作緒爲正，緒、序亦通用。（古緒杼字與序通，如《尚書大傳》諸侯疏杼，鄭注：杼亦牆也，即《説文》序東西牆也之訓。《周頌》繼序思不忘，傳：序，緒也。此謂序爲緒之叚字。）高誘訓緩，望文生義，宜畢氏駁之。（《説文》：緒，絲耑也。紓，緩也。高泥於紓字本義，致失其解。）**欲左者左，欲右者右，欲高者高，欲下者下，吾取其犯命者。」**《史》作「欲左左，欲右右，不用命乃入吾網」，《金樓》同。《諭誠》作「吾請受其犯命者」。**漢南之國聞之曰：**《史》作「諸侯聞之曰」，《金樓》同。《禮篇》舊本上有「其憚害物也如是」一句。《諭誠篇》作「士民聞之曰」。《呂》注：「漢南，漢水之南。」**「湯之德及鳥獸矣。」**「鳥」，各本作「禽」，今從宋本。《賈子·禮篇》、《文選·賢良詔》注、《四子講德論》注引《尸子》並作「鳥」。《諭誠》及《呂子》作「禽」。《史》作「湯德至矣，及禽獸」，《金樓》同，但「及」下多一「於」字。**四十國歸之。**《賈子·諭誠》無此句，接云「而況我乎，於是下親乎上」。宋胡宏《皇王大紀》云：「桀疾其大得諸侯和也，召之，囚於夏臺。」畢校《呂子》引梁伯子云：「《文選・東京賦》注作三十國。」案：《賈子・禮篇》亦作四十，本書下文有「以網四十國」句，則當作四十爲是。古書四字或疊畫爲亖，此字鮮見，讀者遂誤認爲三耳。人置四面未必得鳥，以下《呂子》文，他書所無。《史記》、《金樓》叙本事至「及禽獸」爲止，《賈子・禮篇》至「四十國歸之」爲止。湯去三面，置其一面，「去」下《呂》有「其」字。以網四十國，「網」下《呂》有「其」字，本書删之，較優。非徒網鳥也。言湯得諸侯，所網者大。高注《呂子》云：「徒，猶但也。」

4周文王作靈臺及爲池沼，靈臺，文王臺名也。沼亦池也。《孟子・梁惠王篇》：「文王以民力爲臺爲沼，而民歡樂之，謂其臺曰靈臺，謂其沼曰靈沼。」趙岐注云：「文王雖以民力築臺鑿池，民由歡樂之，（由猶字同。）謂其臺沼若神靈之所爲，欲使其多禽獸，以養文王也。」《詩・靈臺》毛傳云：「神之精明者稱靈，四方而高曰臺。」鄭箋云：「觀臺而曰靈者，文王化行，似神之精明，故以名焉。」據諸書所言，則靈台非文王自名之。《詩正義》曰：「以此言文王之臺，故因言文王之化行耳，其實天子之臺，皆名曰靈臺。服虔注《左傳》云：天子曰靈臺，諸侯曰觀臺是也。」案：孔說太泥，靈臺、辟雍皆文王創制，後遂以爲世法，非文王造臺時已用天子之制稱靈臺也。《孟子》兩「謂其」字，指點親切，明謂百姓加之美號，後人表揚前烈，遂以靈臺之名屬之天子，亦無忘前王之意。而疏家傅會，以靈臺、辟雍爲文王受命之徵，斯不然矣。《說苑・修文》云：「積恩爲愛，積愛爲仁，積仁爲靈。靈臺之所以爲靈者，積仁也。」其義與古經傳記皆合。然則靈臺固文王所創造，而神靈之號，必無自尸而居之之理，其爲民意公祝，不待問也。靈沼亦同，沼池同義，（毛傳：沼，池也。）而連言者，取足文勢。《御覽》五百三十四引無「爲」字。掘地得死人之骨，《呂氏・異用篇》作「周文王使人抇池，得死人之骸」，不及靈臺事。《說文·手部》：「掘，搰也。」又：「搰，掘也。」二字互訓。《吳語》「狐埋之而狐搰之」，韋注：「搰，發也。」《玉篇》：《左傳》搰褚師定子之墓，本亦作掘。是二字同訓，又相通叚。今俗語尚呼發地下之藏爲掘也。段玉裁曰：「凡字書韻書，謂掘亦作闕者，似是而非也。《左傳》闕地及泉，闕地下冰而牀焉。《國語》闕爲深溝，通於商魯之間。韋云：闕，穿也。凡言闕者，皆謂空之，與掘義別。」案：段說是。《呂子》作「扣」，《說文》無扣字，扣後起俗書。死人骨埋於地，不應在池，宜據本書改正。《御覽》五百三十四引本書無「地之」二字。吏以聞於文王。文王曰：「更葬之。」更，改也。《御覽》引此下接「天下聞之」句，中段不引。吏曰：「此無主矣。」言莫適爲主。文王曰：「有天下者，天下之主也；有一國者，一國之主矣。「矣」，各本作「也」。《羣書治要》引本書作「矣」，是也，蓋本書改《呂子》文。時文王爲諸侯，未有天下。四句雖平列，而意有側重。下二句所以自況，易「也」爲「矣」，語氣始肖。淺人反據《呂子》文改作「也」，失本書之真。今依《治要》引正。寡人固其主，又安求主。」《呂》無此二句，有「今我非其主也」一句。也邪通用，《御覽》八十四引《呂書》正作「邪」。又安求主，言不必更求他主也。遂令吏以衣冠更葬之。「冠」，各本作「棺」，《呂子》同，《治要》引本書亦同。馬驌《繹史》引本書作「冠」，文義爲長，但棺、冠音近，古本通用。本書四卷《宋康王章》「爲無頭之棺」，《國策》作「無顏之冠」。《御覽》六百八十四引《桓譚新論》，《治要》引《賈子新書》俱作「冠」，（今《賈子》作棺。）是二字相通之證。棺乃叚借字，非誤字，今從《繹史》本作「冠」，用本字爾。天下聞之，皆曰：「文王賢矣，《呂書》無「皆」字。《賈子·諭誠》作「士民聞之曰」。澤及朽骨，朽，㱙之或體字。各本作「枯」，義同，今從宋本。《說文·歺部》：「㱙，腐也。」《治要》、《御覽》引本書並作「朽」，《呂書》作「髊」，高注：「骨有肉曰髊，無肉曰枯。」與此意反。《賈子・諭誠》作「槁骨」，槁當作槀，（詳七卷《鮑焦章》注。）與殀枯同義。**又況於人乎。**」「又」，《御覽》作「而」，引至此止。**或得寶以危國，**「危」下《吕》有「其」字。**文王得朽骨以喻其意，**《吕》注云：「喻，說，說民意也。」案：喻俗字，當作諭。古書無以説訓諭者，惟《莊子・齊物論》云：「自喻適志與，不知周也。」釋文引李注：「喻，快也，自快適其志。」快、説義近，以彼文例此，故訓爲説。又此言文王以德感人，故爲説民意也。但以其字屬民言，究嫌不辭。此喻字當訓導，《淮南・脩務訓》「此教訓之所諭也」，注：「諭，導也。」與此喻字同。文王得朽骨以施仁政，有啟導斯民之意，故曰得朽骨以導其意。此處各本及《吕書》均作「朽」字。**而天下歸心焉。**《吕》此句作「故聖人於物也，無不材」，與本書異。以上兩事，均見《異用篇》，相連類叙，本書亦類録之。《賈子・諭誠篇》云：「文王晝卧，夢人登城而呼己曰：我東北陬之槁骨也，速以王禮葬我。文王曰：諾。覺，召吏視之，信有焉。文王曰：速以人君禮葬之。吏曰：此無主矣，請以五大夫。文王曰：吾夢中已許之矣，奈何其倍之也。士民聞之曰：我君不以夢之故而倍槁骨，況於生人乎。於是下信其上。」（此引《賈子》，依盧校本。）案：此說荒誕，不如《吕書》可信，故中壘不采。然如不以夢故倍槁骨，況生人乎等語，正所謂得朽骨以導其意也。喻當訓導，得《賈子》文益明。《淮南子》言文王葬死友之骸，而九夷歸之，卽指此事。《御覽》三百七十五引本書云：「文王之葬枯骨，無益，衆庶説之，恩義動人也。」（此亦啟導之意。）今本書無此數語，《治要》引亦無之，不知《御覽》何本。盧文弨、嚴可均輯《新序》佚文並引之，疑卽此章之佚句也。

5 **管仲傅齊公子糾，鮑叔傅公子小白。**管仲、鮑叔、公子小白，注俱見前。「糾」，嘉靖本作「紏」，俗，下又作「糾」，宋本作「糺」，下並同，《管子・大、小匡》、《淮南・氾論》亦作「糺」。盧文弨曰：「當一例作糾，何本糺、糾雜出，不可從。」今從盧説。《史記・齊世家》：「襄公次弟糾，其母魯女也；次弟小白，其母衛女也，有寵於僖。」則糾與桓爲異母昆弟。《漢表》列六等。《管子・大匡篇》云：「齊僖公生公子諸兒、公子糺、公子小白。使鮑叔傅小白，鮑叔辭，稱疾不出。管仲與召忽往見之，曰：何故不出。鮑叔曰：先人有言云，知子莫若父，知臣莫若君，今君知臣不肖，是以使賤臣傅小白也，賤臣知棄矣。召忽曰：子固辭，無出，吾權任子以死亡，必免子。鮑叔曰：子如是，何不免之有乎。管仲曰：不可，持社稷宗廟者不讓事，不廣閒，將有國者未可知也，子其出乎。召忽曰：不可，吾三人之於齊國，譬猶鼎之有足也，去一焉，則必不立矣，吾觀小白，必不爲後矣。管仲曰：不然，夫國人憎惡糺之母，以及糺之身，而憐小白之無母也；諸兒長而賤，事未可知，所以定齊國者，非二公子無已也。小白之爲人，無小智惕而有大慮，非夷吾莫容小白，天不幸降禍加殃於齊，糺雖得達，事將不濟，非子定社稷，其將誰也。召忽曰：百歲之後，吾君卜世，犯吾君命而廢吾所立，奪吾糺也，雖得天下，吾不生也，兄與我齊國之政也。（兄卽況字。）受君令而不改，奉所立而不濟，是吾義也。管仲曰：夷吾之爲君臣也，將承君命，奉社稷，以持宗廟，豈死一糺哉。夷吾之所死者，社稷破，宗廟滅，祭祀絶，則夷吾死之。非此三者，則夷吾生，夷吾生，則齊國利，夷吾死，則齊國不利。鮑叔曰：然則奈何。管子曰：子出奉令，則可。鮑叔許諾，乃出奉令，遂傅小白。」以上《管子》所記三人傅二公子事，或出齊人傅會鋪張管子功業者所爲，要可得其大凡。自羣經傳注，以及百家諸子，皆謂糾兄桓弟，故鮑叔有使賤臣傅小白臣知棄矣等語，召忽有小白必不爲後等語，以桓卑幼，分不當立故也。此外《史記》、《莊》、《荀》、《韓非》、《越絶》、《説苑》諸書，無不如此，無異詞者。惟漢薄昭《上淮南王長書》言齊桓殺其弟以反國，顔師古注引韋昭曰：「子糾兄也，言弟者諱也。蓋長於漢文帝爲弟，不敢斥言殺兄，故曰諱。其説是也。」宋程氏據此孤證，遂欲更易次序、顛倒糾、桓長幼。汪克寬、顧棟高諸人從而和之，可謂無識。昔人謂糾、桓孰兄孰弟，三傳初無明文。今案《公羊》莊九年齊小白入于齊，傳曰：「曷爲以國氏，當國也；其言入何，篡辭也。」又齊人取子糾殺之，傳曰：「其稱子糾何，貴也；其貴奈何，宜爲君者也。」《公羊氏》稱子糾之貴當爲君，而責齊桓以篡，則桓爲糾弟明矣。《穀梁》齊小白入于齊，傳曰：「以惡曰入。」又曰：「公子糾、公子小白不能存，出亡。」又曰：「公子小白不讓公子糾先入，又殺之于魯，故惡之。」傳既言以惡曰入，其不與桓公可知。又敘糾居小白上，其長幼之序亦甚明，使桓公爲兄，則入國先立，乃理之常，傳何以責其不讓子糾邪。《左氏》於糾、桓長幼，雖未明言，然《荀卿書》云：「桓公殺其兄爭國。」荀卿傳《左氏》學，其時去春秋未遠，必有所據，則《左氏》亦必以糾爲兄矣。前儒又以程子及胡傳據《公》、《穀》經文納糾不稱子，故以糾爲弟，其説尤誤。夫稱子或否，何足爲桓兄確證。況《公羊傳》曰：「何以不稱公子，君前臣名也。」則《公羊》原不以稱糾爲桓弟之辭，據其經而忘其傳可乎。程子又以小白書齊，故桓宜爲兄。不知子糾不書齊，由蒙上文公伐齊而省，齊小白入于齊則自爲文。亦猶納糾不稱子，壓於魯公，而下文齊人取子糾殺之則自爲文，而仍得稱子也。因文解經，其義自見。且《經》書齊小白入于齊，與《哀六年經》書齊陽生入于齊，文法正同，不得云《經》與陽生當立也。子政兼通三傳，尤習《穀梁》，此文繫糾於小白前，與《穀梁》大書公子糾、公子小白不能存，出亡，繫糾於前同義，學者觀之，可無疑於糾之爲兄。而宋儒紛紛傅會之説，亦不攻自破矣。

齊公孫無知殺襄公，無知，襄公從弟，僖公母弟夷仲年之子。《漢表》作「亡知」，亡無通用字。襄公名諸兒，（《漢表》無諸字。）僖公子，在位十二年，（《史·侯表、世家》。）爲無知所弑。《漢表》二人同列九等下下。《史記·齊世家》：「釐公三十二年，（釐僖通用字。）公同母弟夷仲年死，其子曰公孫無知，公愛之，令其秩服奉養比太子。三十三年，釐公卒，太子諸兒立，是爲襄公。襄公始爲太子時，嘗與無知鬥，及立，絀無知秩服，無知怨。十二年，初，襄公使連稱、管至父戍葵丘，瓜時而往，及瓜而代。往戍一歲，卒瓜時而公弗爲發代，或請爲代，公弗許，故此二人怒，因公孫無知謀作亂。連稱有從妹在公宫，無寵，使之間襄公，曰：事成，以女爲無知夫人。冬十有二月，公游姑棼，遂獵沛丘，見大彘。從者曰：彭生。公怒，射之，彘人立而啼。公懼隊車，傷足失屨，反而鞭主屨者茀三百，茀出宫。而無知、連稱、管至父等聞公傷，乃還率其衆襲宫，逢主屨茀。茀曰：且無入驚宫，驚宫未易入也。無知弗信，茀示之創，乃信之，待宫外，令茀先入。茀先入，即匿襄公户間，良久，無知等恐，遂入宫。茀反與宫中及公之幸臣攻無知等，（案《莊八年左傳》有石之紛如鬥死於階下，當即此所云公之幸臣也。）不勝，皆死。無知入宫求公，不得，或見人足於户間，發視，乃襄公，遂弑之，而無知自立爲齊君。」所記多同《左氏》，文則互有詳略。

公子糾奔魯，小白奔莒，齊人誅無知，逆公子糾於魯。

《莊八年左傳》曰：「初，襄公立，無常。鮑叔牙曰：君使民慢，亂將作矣。奉公子小白奔莒。亂作，管夷吾、召忽奉公子糾來奔。」《齊世家》云：「初，襄公之醉殺魯桓公，通其夫人，殺誅數不當，淫於婦人，數欺大臣。羣弟恐禍及，故次弟糾奔魯，其母魯女也，管仲、召忽傅之。次弟小白奔莒，鮑叔傅之，小白母衛女也，有寵於釐公。小白自少好善，大夫高傒及雍林人殺無知，（雍林，《左傳》作雍廪，音近字通。杜注謂雍廪爲齊大夫，謬矣。）議立君，高國先陰召小白於莒。魯聞無知死，亦發兵送公子糾。」所記與本書不合。本書言齊人逆公子糾於魯，而小白先入。《史》則謂高國之徒陰召桓公，迨魯聞無知死，而自發兵納糾。此其不同也。《公羊》何注云：「是時齊以無知之難，小白奔莒，子糾奔魯。齊迎子糾，欲立之，魯不與，而與之盟。齊爲是更迎小白，然後乃伐齊，欲納子糾。」《穀梁傳》亦云：「當可納而不納，齊變而後伐。」《左傳》疏引賈逵、服虔，亦以爲齊大夫迎子糾，公不亟遣，而盟以要之，齊人歸迎小白。此必秦漢經師舊説，覩經文先書公及齊大夫盟于蔇，（《公》、《穀》作暨。）後書公伐齊納子糾，（《公》、《穀》無子字。）顯分兩事，先盟後納，見納之遲也。《左傳》雖不明言魯公遷延失事之故，然於盟蔇下著之曰：「齊無君也。」見此時齊正無君，公不急納而盟，責備之意已具言外。《史》所言，從其變後言之，本書用《穀梁》義，從其未變之初言之，似異而實不異也。本文敘二子出奔，糾先於小白。又言齊人迎糾，明糾之當立，身爲兄也。《穀梁》又云：「盟納子糾也，不日，其盟渝也。當齊無君，制在公矣，當可納而不納，故惡内也。」可納不納，《穀梁》兩言之，又云制在於公，明此盟之爲多事，徒遷延納糾之機，致齊人急君而生變，皆與賈、服、何之説同。

公子糾與小白爭入，管仲射小白，中其帶鉤，小白佯死，遂先入，是爲齊桓公。

《齊世家》云：「魯發兵送公子糾，而使管仲別將兵遮莒道，射中小白帶鉤，小白詳死，管仲使人馳報魯，魯送糾者行益遲。六月，至齊，則小白已入，高傒立之，是爲桓公。桓公之中鉤，詳死以誤管仲，已而載溫車中，馳行，亦有高國内應，故得先入立，發兵拒魯。」《呂子·貴卒篇》云：「管仲扜弓射公子小白，（扜卽彎字，見四卷注。）中鉤。鮑叔御，公子小白僵。管子以爲小白死，告公子糾曰：「安之，公子小白已死矣。」鮑叔因疾驅先入，故公子小白得以爲君。鮑叔之智，應射而令公子小白僵也，其智若鏃矢也。」案：此與《世家》所言，情節略同。《管子·大匡篇》又謂襄公逐小白，小白走莒。公薨，子糾踐位，國人召小白，鮑叔請行，遂入國，逐公子糾。管仲射小白，中鉤。仲與公子糾、召忽出走，魯桓公踐位，伐齊，納糾，而不能，（其文甚繁，兹節録大意。）等語。其謂子糾既立復出，及誤魯莊爲魯桓，皆甚舛謬。又《呂氏·不廣篇》記管仲、鮑叔、召忽三人言志，仲決小白必得立，及己不肯爲糾死事，與《大匡》所云略同，（《大匡》文已引，見首句注。）皆事後傅會，果爾，則此時不必有射鉤事矣。**公子糾死，管仲奔魯。**據《左傳》：「鮑叔帥師來言，請魯討糾，受管、召而甘心焉，魯乃殺糾。」則糾非死於軍前也。此云公子糾死，管仲奔魯，似糾死後，仲乃奔魯者然，與《左傳》所記迥異。《齊世家》云：「秋，與魯戰於乾時，魯兵敗走，齊兵掩絕魯歸道。齊遺魯書曰：子糾兄弟，弗忍誅，請魯自殺之；召忽、管仲，讎也，請得而甘心醢之，不然將圍魯。魯人患之，遂殺子糾於笙瀆，召忽自殺，管仲請囚。」此云掩魯歸道，似子糾死在軍中矣。然一殺一死一囚，仍是一時間事，非有先後也，本書蓋別有所據。《韓非書》言公子糾將爲亂，桓公使使者視之，使者報曰：笑不樂，視不見，必爲亂。乃使魯人殺之。又似事定後糾欲爲亂，始請魯殺糾者。諸子書各據所聞，未足爲信讞也。**桓公立，國定，使人迎管仲於魯，遂立以爲仲父。**仲父見四卷注。《管子·小匡篇》云：「桓公自莒反於齊，使鮑叔爲宰。鮑叔辭曰：君有加惠於臣，使臣不凍餒，則是君之賜也；若必治國家，則非臣之所從也，其唯管夷吾乎。臣之不如夷吾者五：寬厚愛民，臣不如也；治國不失秉，臣不如也；忠信可結於諸侯，臣不如也；制禮儀可法於四方，臣不如也；介冑執枹立於軍門，使百姓皆加勇，臣不如也。夫管仲，民之父母也，將欲治其子，不可棄其父母。公曰：管夷吾親射寡人，中鉤，殆於死，今乃用之，可乎。鮑叔曰：彼爲其君勤也，君若宥而反之，其爲君猶是也。公曰：然則爲之奈何。鮑叔曰：君使人請之魯。公曰：夫施伯，魯之謀臣也，彼知吾將用之，必不吾與。鮑叔曰：君詔使者曰，寡君有不令之臣，在君之國，願請之以戮於羣臣，魯君必諾。且施伯之智，夷吾之才，必將致魯之政。夷吾受之，則魯能弱齊矣；夷吾不受，彼知其將反齊，必殺之。君亟請之，不然無及。公乃使鮑叔牙行成曰：公子糾親也，請君討之。魯人爲殺公子糾。又曰：管仲讎也，請受而戮之。魯君許諾。施伯謂魯侯曰：勿與之，非戮之也，將用其政也。管仲，天下之賢人也，今齊求而得之，必且長爲魯國憂。君何不殺之而授其屍。魯君曰：諾。將殺管仲。鮑叔趨進曰：殺之齊，是戮齊也；殺之魯，是戮魯也。寡君願生得之，以徇於國。於是魯君乃不殺，生束縛以與齊。」《國語・齊語》亦有其事，詳略互見。此外《左傳》、《史記》諸書所記較略。《呂氏・贊能》篇：「管子束縛在魯，桓公欲相鮑叔。鮑叔曰：吾君欲伯王，則管夷吾在彼，臣弗若也。桓公曰：夷吾，寡人之賊也，射我者也，不可。鮑叔曰：夷吾爲其君射人者也，君若得而臣之，則彼亦將爲君射人。桓公不聽，强相鮑叔，固辭讓而相，桓公果聽之。於是乎使人告魯曰：管夷吾，寡人之讎也，願得之而親加手焉。魯君許諾，乃使吏鞹其拳，膠其目，盛之以鴟夷，置之車中。至齊境，桓公使人以朝車迎之，祓以爟火，釁以犧猳焉，生與之如國，命有司除廟筵几而薦之曰：自孤之聞夷吾之言也，目益明，耳益聰，孤弗敢專，敢以告于先君。因顧而命管子曰：夷吾佐予。管仲還走再拜稽首，受令而出。管子治齊國，舉事有功，桓公必先賞鮑叔，曰：使齊國得管子者，鮑叔也。」亦可與《管子》、《左》、《國》、《史記》諸書參證。又《說苑・尊賢》云：「桓公使管仲治國，管仲對曰：賤不能臨貴。桓公以爲上卿，而國不治。公曰：何故。對曰：貧不能使富。公賜之齊國市租一年，而國不治。公曰：何故。對曰：疏不能制親。桓公立以爲仲父，齊國大安，遂伯天下。孔子曰：管仲之賢，不得此三權者，亦不能使其君南面而伯矣。」此事與《韓非・難一》所記略有出入，疑後人傅會之詞，故韓非駁之，以爲仲有失行也。委國而聽之，九合諸侯，一匡天下，《論語》稱管仲之詞，注見四卷。爲五伯長。《呂子・貴公篇》云：「桓公行公去私惡，用管子，而爲五伯長；行私阿所愛，用豎刁，而蟲出於户。」注：「長，上也。」《孟子》曰：「五伯，桓公爲盛。」語亦見四卷，此處文勢未完，當連下文爲一章，見後注。里鳧須，各本此處連上爲一章，宋本提行另叙。案：上文文勢戛然而止，固有未安，此段結處雙綰桓、文，以文理論，不可分而爲二，今從衆本。「里鳧須」，《左氏僖二十四年傳》及《晉語》四俱作「竪頭須」，《韓詩外傳》十與本書同。杜預《左傳》注云：「頭須，一曰里鳧須，竪，左右小吏。」（韋注《國語》亦標異名。）《正義》曰：「一曰里鳧須者，《史記》謂之里鳧須，與傳文不同，必有一謬，故辨出其別，不敢正之。鄭玄《周禮》注云：竪，未冠者之官名。」案：孔説甚誤，《史記》不載里鳧須事，而曰《史記》謂之，誤一。頭徒一聲之轉，與鳧音近，梁玉繩謂古讀頭叶同都切。里蓋其氏，此傳聞之別，故韋、杜並著之，非有二名。惠士奇亦謂鳧與頭古音同。其説皆是。頭從豆聲，《常棣》以豆韵飫具孺，故古書竪褐亦作裋褐。頭鳧同韵，聲轉字耳，而曰必有一謬，誤二。大抵音韵之學，唐儒已不甚講求，何論宋後。《漢表》亦作竪頭須，列第四等。**晉公子重耳之守府者也，**《左傳·僖二十四年》及《晉語》均作「守藏」，藏即府也。《論語·先進篇》「魯人爲長府」，《集解》鄭曰：「長府，藏名也，藏貨財曰府。」案：《周官·玉府》：「掌王之金玉玩好兵器，凡王之獻金玉兵器文織良貨賄之物，受而藏之。」《内府》：「掌受九貢九賦九功之貨賄，良兵良器，以待邦之大用，凡四方之幣獻之，金玉齒革兵器，凡良貨賄入焉。」是府爲藏貨財之證。《左傳·僖二年》「若得志於虞，猶外府也」，《公羊》言「出之内藏，藏之外府」，《穀梁》作「取之中府，藏之外府」。（《韓非》作取之内府，藏之外府，本書九卷此處用《穀梁》文。）然則中府即内藏，府藏皆藏貨財之所也。彼外府指虞，對内府言，與《周禮》之外府不同。《周語》曰：「余一人僅亦守府。」注：「府，先王之府藏。」守府字蓋本此。**公子重耳出亡於晉，里鳧須竊其寶貨而逃。**《韓詩外傳》十：「晉文公重耳亡，逃曹，里鳧須從，因盜重耳資而亡，重耳無糧，不能行，子推割股肉以食重耳，然後能行。」《晉語》四：「文公之出也，竪頭須守藏者也，不從。」《國語》所云不從，即指竊寶逃亡事，謂不肯從重耳周游各國，非謂其不從在外也。周廷寀校《外傳》，以爲與《國語》異，疑别有據。不知《左氏》、《國語》同出邱明之手，《左氏》云：「晉侯之豎頭須，守藏者也，其出也，竊藏以逃，盡用以求納之。」明著其竊藏在從亡之後，何嘗有不從在外之説乎。惟韋注云「盡用以求納公」，乃誤解内傳。杜注於求納句注，亦言求納文公。果爾，則須乃忠於重耳，何以拒見，須又何必自承有罪乎。蓋盡用求納，謂鳧須自求，與文公無涉，韋、杜誤會傳意耳。公子重耳反國，立爲君，里鳧須造門願見。造，詣也。文公方沐，其謁者復，《文選·西京賦》薛綜注曰：「謁者，寺人也。」復，復命也。文公握髮而應之，曰：大禹一饋而十起，一沐而三握髮，事見《淮南子》，周公事反在其後。「里鳧須邪？」此「里」字宋本及嘉靖本並作「吾」，誤，今從衆本改。曰然。謁者答也。謂鳧須曰：命謁者謂之也。「若猶有以面目而復見我乎。」《外傳》作「文公使人應之曰，子尚何面目來見寡人」。謁者謂里鳧須，以君語告之。鳧須對曰：「臣聞之，沐者其心覆，《國語》韋注云：「沐則低頭，故心反覆也。」《外傳》十作「臣聞沐者其心倒」。心覆者言悖，《左傳·僖二十四年》作「沐則心覆，心覆則圖反」。（《國語·晉語》同。）《外傳》作「心倒者其言悖」。《説文·言部》：「誖，亂也，从言，孛聲。重文悖，誖或从心。」籀文作䛒，或，古國字，取兩國相違，舉戈相向意，會意字也。君意沐邪，君謂文公。意沐邪，猶曰意者沐邪，古人自有此省文法，與三卷《燕王書》意君曰之意字不同。何悖也。」《外傳》作「今君不沐，何言之悖也」，所記與本書及《左傳》異。本書言文公當時實沐，鳧須借以譏之；《外傳》則以爲鳧須設言之辭，故上文鳧須問君沐邪，使者對之曰否；《左傳》則曰及入求見，公辭焉以沐，又似文公實未沐，設辭以却鳧須。三書所記各異也。謁者復，以鳧須言復命。文公見之，曰：「若竊我貨寶而逃，我謂汝猶有面目而見我邪。汝曰君何悖也，是何也？」知其言必有爲，故怪問之。鳧須曰：「然，君反國，國之半不自安也。謂吕、郤餘黨，爲惠、懷致死者。君甯弃國之半乎，甯，願詞也。「弃」，各本作「棄」，今依宋本。其甯有全晉乎？」誅異志，安反側，是有全晉國也。文公曰：「何謂也？」鳧須曰：「得罪於君者，莫大於鳧須矣，君謂赦鳧須，謂讀爲爲，古書通用習見。顯出以爲右，顯出，明示於外。右，車右也。如鳧須之罪重也，君猶赦之，況有輕於鳧須者乎。」有讀爲又，亦通借字。《外傳》記鳧須之語云：「里鳧須仰首曰：離國久，臣民多過君，君反國而民皆自危，里鳧須又襲竭君之資，避於深山，而君以餒，介子推割股，天下莫不聞，臣之爲賊亦大矣，罪至十族，未足塞責。然君誠赦之罪，（誠，《後村詩話》引《外傳》作試，非。）驂乘，游於國中，百姓見之，必知不念舊惡，人自安矣。」所記尤詳。然介推割股，事涉荒誕，本書於此及七卷《介推章》俱不引，以其不足信也。中壘著書，雖博采異説，然於失實太甚者，亦必淘汰。《史記》蒯徹説武信君使范陽令乘朱輪華轂，驅馳燕趙之郊，（《張耳陳餘列傳》。）及張良勸高祖封雍齒爲侯，（《留侯世家》。）以安反側，皆祖此意。文公曰：「聞命矣。」遂赦之。明日出行國，使爲右，故顯示國人。翕然晉國皆安。《爾雅·釋詁》：「翕，合也。」引申爲和合之義。《外傳》作「於是文公大説，從其計，使驂乘於國中，百姓見之，皆曰，夫里鳧須且不誅而驂乘，吾何懼焉，是以晉國大甯」。所記較詳，末數語即雍齒且侯，吾屬無患矣之意。語曰：桓公任其賊，而文公任其盜。賊，害也，謂害己者，射鉤是也。盜，謂竊貨而逃之事。任用賊盜，人情所難，二句蓋古語。故曰：明主任計不任怒，不以私怒壞國之大計。闇主任怒不任計，逞報復之私心，忘國家之大計。計勝怒者强。以理克己，則計勝怒而國强。怒勝計者亡。任情妄行，則怒勝計而國亡。自語曰以下，亦見《荀子·哀公篇》，楊注謂盜指寺人勃鞮，非是。兩「不任」之「任」字，《荀子》作「信」，兩

「者」字作「則」。《戰國策・秦策》云：「晉文公用中山盜，而勝於城濮。」梁玉繩《瞥記》以爲此語不見所出。（卷三。）案：此與漢鄒陽言晉文公親其讎而强伯諸侯，及此云文公任盜，皆指里鳧須及寺人勃鞮事，梁以爲無出，失之不考。中山注見一卷《魏文侯章》，國近晉，然則鳧須其中山人與。此之謂也。引古語雙綰桓、文，知與管仲事不可分爲二章。此校雖以宋本爲主，然亦參合衆本，擇善而從也。

6甯戚欲干齊桓公，干，求也，字本作迁，經典多叚干爲之。甯戚，衛人，注見三卷。《淮南・道應》作「甯越」，越乃戉之誤，古戉與戚通。《司馬法》：「夏執玄戉，殷執白戚，周左杖黄戉，右把白髦。」（《説文》引。）戚卽戉也。《説文》戉訓大斧，以戚訓戉，其字從戉，尗聲，故二字通用。淺人不知戉卽戚字，以意補作越，不思越乃戰國時人，何可互混。明何孟春《餘冬叙録》引《淮南》正作甯戉，是其所據本尚不誤，今本則皆作甯越矣。《韓子・外儲》作「甯武」。武亦戉字之譌。《漢書・揚雄傳》「或釋褐而傅」，孟康注：「甯戚也。」諸書不言戚爲傅事。沈欽韓謂是甯越之譌，引《呂覽・博志》云「甯越學十五歲，而周威公師之」爲證，其説是也。亦因越旁作戉，與戚之作戉相混而誤。窮困無以自進，「窮困」，《淮南》作「困窮」，「進」作「達」。《文選・嘯賦》注引同，《御覽》四百四十四引《淮南》仍作「進」，四百八十六引本書同。《呂氏・舉難篇》亦作「進」。進達形義俱近。於是爲商旅，賃車以適齊，適，往也，自衛往齊。盧文弨曰：「《淮南・道應訓》作將任車。」案：《御覽》引《淮南》任作牛，此淺人因飯牛事妄改。《淮南》注：「任，載也。」（《道應訓》出許慎，今本《淮南》注許高合混。）引詩「我任我輦」，則字當作任。《呂氏・舉難》亦作將任車，爲《淮南》所本。任訓載者，《管子・兵法》云：「鼓所以任也。」注：「任，猶載也，謂今之俶装也。」《呂氏・博志篇》「則不能數里任重」，注：「任，載也。」皆其義。今《吕書》注云：「任，亦將也。」與《淮南》異。（此亦《淮南》注出許氏之證。）畢校云：「注非是，與下辟任車不可通。《淮南》注，任，載也。詩曰，我任我輦，此則是矣。」案：畢校斷從《淮南》注，雖是，然《説文・貝部》：「賃，庸也，从貝，任聲。」此賃之本義。本書字作「賃」，若訓爲載，則是任之叚字，不如訓庸賃尤通，安知《吕子》、《淮南》不用叚字乎。（《治要》引本書亦作賃。）《列女傳》云：「將車宿齊東門之外。」彼上文云爲人僕，故文有不同，高誘殆據此而誤。「適」，《吕》作「至」，適至義同。《淮南》作「商於」，商乃適之爛文，適字右旁與商似，淺人又妄加於字耳。上言爲商旅，此又作商，則復矣。**暮宿於郭門之外。** 暮當作莫。《御覽》四百八十六引云：「於是爲商歌，宿於郭門之外，擊牛角而悲歌。」上歌字疑旅字之譌，因承上句「無以自進」來，依文理當作旅字也。《列女傳》云：「甯戚欲見桓公，乃爲人僕，將車宿齊東門之外。」然則此郭門齊東門也。**桓公郊迎客，** 郊迎上國之客。**夜開門，辟賃車者，** 辟，讀若《孟子》「行辟人」之辟。二書無「者」字。**執火甚盛，** 盧文弨曰：「《淮南》作辟任車，爝火甚盛。」案：《吕氏》與《淮南》文同，《淮南》注云：「爝，炬火也。」此作執，義別，言從人執火隨君迎客者。《治要》不引執火以下八字。**從者甚衆。甯戚飯牛於車下，** 《世説・汰侈篇》注引《相牛經》曰：「《牛經》出甯戚，傳百里奚，漢世河西薛公得其書，以相牛，千百不失。本以負重致遠，未服輜軿，故文不傳，至魏世高堂生又傳以與晉宣帝，其後王愷得其書焉。」案此説不可信，當即因此事傅會。「於」，《吕》作「居」，《淮南》無「於」字。**望桓公而悲，** 《治要》引無此五字。《淮南》「望」下有「見」字。**擊牛角疾商歌。** 擊牛角以案歌，若今人案板以歌矣。疾，速也，如今之急調，疾擊之。《文選・嘯賦》引《淮南》注云：「甯戚，衛人。商，金聲清，故以爲曲。歌曰：出東門兮厲石班，上有松柏兮清且閑，粗布衣兮緼縷，時不遇兮堯舜，牛兮努力食細草，大臣在爾側，吾當與爾適楚國。」今本無此注。據《氾論訓》甯戚之商歌句，高注云：「其歌曲在《道應訓》。」則當有此注，今不然者，蓋今本《淮南》混合許、高二注爲一，如《道應》、《詮言》、《兵畧》、《人間》、《泰族》、《要畧》、《繆稱》、《齊俗》八篇，皆出許注，近人考之甚明，日本島田翰氏《古文舊書考》援證尤詳。觀此歌詞，與《吕》注絶異，決不出一人之手，亦一證也。（近人有作《淮南集證》者，引此歌補入注中，是混高注入許注矣。）《吕子》注則云：「歌《碩鼠》也，其詩曰：碩鼠碩鼠，無食我黍，三歲貫女，莫我肯顧，逝將去女，適彼樂土，樂土樂土，爰得我所。碩鼠碩鼠，無食我麥，三歲貫女，莫我肯德，逝將去女，適彼樂國，樂國樂國，爰得我直。碩鼠碩鼠，無食我苗，三歲貫女，莫我肯逃，逝將去女，適彼樂郊，樂郊樂郊，誰之永號者是也。」（案高誘治《魯詩》，無食之無，當依石經作毋，貫女之貫，當依石經作宦，逃當作勞，皆後人依《毛詩》改之。惟樂土等字皆疊字，不重句，《魯詩》石經殘碑亦如此。）兩注歌詞絶異，蓋傳聞異詞。畢本引孫氏曰：「《後漢書・馬援傳》注引《説苑》曰：甯戚飯牛於康衢，擊車輻而歌《碩鼠》，正與此合。梁仲子云：今《説苑・善説篇》云：甯戚飯牛康衢，擊車輻而歌顧見，桓公得之，時霸也。（案：原書引《説苑》奪時字，此與上文時王、下文時强相對，時字不可省，今依《説苑》補。）以上下文義求之，顧見當是《碩鼠》之譌。」（《讀書脞録》亦引此説。）又引盧云：「《史記・鄒陽傳》集解引應劭曰：齊桓公夜出迎客，而甯戚疾擊其牛角，商歌曰：南山矸，白石爛，生不遭堯與舜禪，短布單衣適至骭，從昏飯牛薄夜半，長夜漫漫何時旦。此歌出《三齊記》，《藝文類聚》又載一篇云：滄浪之水白石粲，中有鯉魚長尺半，穀布單衣裁至骭，清朝飯牛至夜半，黄犢上坂且休息，吾將舍女相齊國。李善注《文選》成公綏《嘯賦》又載一篇云云。（案原文有此歌，引已見前，今從畧以免復。）三歌真贋，雖不可知，合之亦自成章法。仁和陳嗣倩云：疾商歌，（據應注當以疾字爲句。）殆非一歌也，今故具録之，以備參考焉。案三歌又見《後漢書・蔡邕傳》注、《孟子・舜發於畎畝之中章》疏、洪興祖《離騷補注》、郭茂倩《樂府》亦引之。明馮惟訥《詩紀》引《蜩笑外藁》云：「此歌不似春秋人語，蓋後世所擬。」光瑛謂三歌語意，似仿《碩鼠》爲之。高注言歌《碩鼠》，不言作《碩鼠》，後人乃別爲此歌以擬之，辭旨淺薄，決不足據也。「角」下《淮南》有「而」字，《呂書》無「商」字。桓公聞之，撫其僕之手，撫，止之也，與《曲禮》「君撫僕之手」，其義不同。參八卷《崔杼弒莊公章》注。《治要》引無此五字。盧文弨曰：「宋本作撫其僕之手，《淮南子》及《呂氏・舉難篇》同，何本作執，非。」案：盧說是，今從宋本。曰：「異哉，此歌者，非常人也。」《御覽》引作「異哉之歌非常人也」。《淮南》無「此」字，《呂氏》「此」亦作「之」。之，此也，義同。命後車載之。《毛詩・緜蠻》箋曰：「後車，倅車也。」案：《周禮・夏官》戎僕，掌倅車之政；道僕，掌貳車之政；田僕，掌佐車之政。蓋朝祀之副曰貳，兵戎之副曰倅，田獵之副曰佐。彼文言聘問之事，而鄭云倅車者，對言則別，散言則通也。此後車往迎客，亦朝祀之類。詳八卷《芊尹文章》注。桓公反至，《淮南》「反」誤「及」。《治要》引無「至」字。從者以請，高注《呂子》云：「請所置也。」桓公曰：「曰」字《淮南》、《呂子》皆無。案：此字不可省，説詳下。「賜之衣冠，「賜」，《淮南》作「贛」。案：贛有賜義，故子贛名賜。《御覽》四百四十四引《淮南》仍作「賜」，蓋後人據《呂子》、本書改之。將見之。」自「至」字以下至此句，《治要》不引。將，領也，傳也，讀若《論語》「將命者」，謂傳領見於桓公也。與下文將任之將義別。《史記・始皇紀》「將軍擊趙」，《正義》：「將，領也。」《儀禮・士相見禮》「請還贄于將命者」，注：「將，猶傳也。」並是其義。《淮南》作「桓公贛之衣冠而見之」，此省文也。《呂書》上句「桓公」下奪「曰」字，畢校仍之，非是，當依本書補「曰」字。「賜之衣冠將見之」七字，乃桓公之語，蓋從者以請，而桓公答之如此，奪曰字，失其義矣。若以將字作將然解，則將者未定之辭，下文突接甯戚見，毋乃唐突乎。甯戚見，説桓公以合境內。「合」，《呂》作「治」，《治要》引作「全」，形近而誤。《淮南》作「説以爲天下」，止此一句，蓋括省其文。明日復見，説桓公以爲天下。爲，猶治也。桓公大説。宋本「説」作「悦」，《治要》引同，乃説之俗字，今從衆本。《呂子》、《淮南》皆作「説」。《列女傳》云：「甯戚欲見桓公，乃爲人僕，將車宿齊東門之外，桓公因出，甯戚擊牛角而商歌，甚悲。桓公異之，使管仲迎之，甯戚稱曰：浩浩乎白水。管仲不知所謂，不朝五日，而有憂色。其妾婧進曰：君不朝五日，而有憂色，敢問國家之事邪，君之謀也。管仲曰：非汝所知也。婧曰：妾聞之也，毋老老，毋賤賤，毋少少，毋弱弱。管仲曰：何謂也。（孫校云：此下當奪婧曰二字。）昔者太公望年七十，屠牛於朝歌市，八十爲天子師，九十而封於齊，老可老邪。夫伊尹，有㜪之媵臣也，湯立以爲三公，天下之治太平，賤可賤邪。墨子生五歲而贊禹，（案墨子卽墨如，禹師墨如，見《潛夫論》，非倡兼愛之墨子也。）少可少邪。駃騠生七日而超其母，弱可弱邪。於是管仲乃下席而謝曰：昔公使我迎甯戚，戚曰浩浩乎白水，吾不知其所謂，是故憂之。其妾笑曰：人已語君矣，古有白水之詩云：浩浩白水，鯈鯈之魚，君來召我，我將安居，國家未定，從我焉如。此甯戚之欲得仕國家也。管仲大説，以報桓公。公乃修官府，齋戒五日，因以爲相，齊國以治。」所載與諸書絶異，殆不可信。戚之舉，非由仲也。《管子·小問篇》記管仲婢語，並引及吳干之戰，及百里奚遇秦繆公事，皆在戚後，並與此同。將任之，《呂》注：「任，用也。」《治要》引「之」下有「而」字，《呂子》《淮南》俱無。羣臣爭之曰：爭，諫也。《荀子·臣道篇》：「有能進言於君，用則可，不用則死，謂之爭。」《呂氏·功名篇》「爭其上之過」，高注：「爭，諫也。」又《説文·言部》：「諍，止也。」爭與諍同，經傳多以爭爲諍，諍有諫止之義，故爭亦訓諫。「客衞人，二書句末有「也」字。戚，衞人，蓋甯武子之後。去齊五百里，不遠，二書作「衛之去齊不遠」。不若使人問之，二書句首有「君」字。而固賢人也，任之未晚也。」《呂》作「而固賢者也，用之未晚也」。《淮南》作「問之而故賢者也，用之未晚」。案：而讀爲如，古字通用。《孟子·離婁下篇》：「文王視民如傷，望道而未之見。」而亦如也，上言如，下言而，互文耳。凡而如互用之證甚多，詳《經傳釋詞》七卷而字下。故與固通，亦見《釋詞》。本卷《齊閔王章》「王故尚未之知邪」，故即固也，即讀本字亦通。《治要》引本書無「五百里」三字，省文也；「而固賢人」二句，引作「而賢也，用之未晚也」。今本書各本作「固賢人也」，無「而」字，「用之」作「任之」。案：此而固字，《呂書》、《淮南》均同，《治要》從省刪「固」字「人」字耳，使本書無「而」字，《治要》無緣改「固」作「而」也，今據《治要》及二書補「而」字，仍存「固」字。至「人」之爲「者」，「任」之爲「用」，文義本同，即仍其舊。

桓公曰：「不然。問之恐其有小惡，「恐」，兩書作「患」。《淮南》句末有「也」字。《治要》引無「其」字。以其小惡，「其」，二書作「人之」。忘人之大美，「忘」，《呂書》作「亡」，字通用。《淮南》「忘」上有「而」字。案：此句作「人之」，則上句亦當同，或竟刪「其」字爲一句亦可，今本恐有誤。此人主所以失天下之士也。二書「主」下有「之」字。《呂書》句末有「已」字。且人固難全，權用其長者。」言人無全才，當權取所長，因材器使。《論語》曰：「及其使人也器之。」此之謂也。《呂子》二句上有「凡聽必有以矣，今聽而不復問，合其所以也」三句。《淮南》作「凡聽必有驗，一聽而弗復問，合其所以用也」。詞語微異。又《呂書》「權」下有「而」字。《淮南》「全」作「合」，下有「也」字，「者」下有「而已矣」三字。合乃全字形近之譌，當據《呂子》及本書改正。遂舉大用之，《治要》引無下三字。而授之以爲卿。《晏子·問下》云：「舉以爲大田。」案：《呂子》《淮南》無此二句。當此舉也，《呂子》奪「此」字，《淮南》「此」作「是」，義同。《治要》引本書亦作「此」。當此舉，猶云處斷此事也。《漢書・刑法志》「以其罪名當報之」，注：「當，謂處斷也。」又《楊惲傳》「廷尉當惲大逆無道」，注：「當，謂處斷其罪。」桓公得之矣，《淮南》此下有「故老子曰，天大、地大、道大、王亦大，域中有四大，而王處其一焉，以言其能包裹之也」等語。《淮南》篇名《道應》，故其言如此，中壘純儒，不取雜説，本書引《老子》語止二見。（四卷《宋就章》注言之已詳。）又凡采他書之文，遇此類皆從刊落。（亦見《宋就章》注。）《呂子》文至此止。所以成霸也。此句二書所無，中壘自加之。「成」字各本俱奪，《治要》引有，今據補。

7 齊桓公見小臣稷，嘉靖本「小」誤「十」。《外傳》六無「稷」字。《韓非子・難一》作「齊桓公時有處士曰小臣稷」。二書文多不同，此采《呂氏・下賢篇》。其人名稷，蓋賢而隱於草莽之間者，故曰小臣，《韓子》稱爲處士是也。一日三至，不得見也。《呂書》「不」作「弗」，無「也」字。《外傳》六作「三往不得見」。《羣書治要》引本書亦無「也」字。《韓子》作「桓公三往而弗得見」。高誘注《呂子》云：「稷不見之也。」從者曰：「萬乘之主，見布衣之士，布衣，處士之服。「見」字各本奪，盧文弨據《呂氏》補。案：《治要》引有「見」字，無下「之」字。今依盧校補「見」字，一日三至而不得見，「不」，《呂》作「弗」。盧云：「何本有而字，兩本俱無。」案：宋本亦無「而」字，《呂子》、《外傳》俱有，今從何本。亦可以止矣。」《外傳》自「不得見」下接云：「左右曰，夫小臣，國之賤臣也，君三往而不得見，其可已矣。」《韓非子》無從者語，「弗得見」下卽接「桓公曰」云云。桓公曰：「不然。《外傳》作「桓公曰，惡，是何言也。」士之傲爵禄者，《呂書》「傲」作「驁」，無「之」字，「爵禄」倒作「禄爵」，下文並同。高注：「驁，亦輕也。」宋本傲作慠。案《説文・馬部》：「驁，駿馬。」《人部》：「傲，倨也。」《女部》：「嫯，侮易也。」傲嫯義近，驁則絶遠，聲同通借字，猶驕字從馬，引申爲驕慢之義也，慠乃傲之俗。《廣韻》傲下注云：「《説文》作敖。」不知《説文》自有傲字，但古書多叚敖爲傲耳。（或作奡。）今云《説文》作敖，則後人將疑傲篆非許書所有矣。今從衆本，下文並同。固輕其主；其主傲霸王者，亦輕其士。不肯效伯王之行事，若傲之者然。《外傳》此數句作「吾聞之，布衣之士不欲富貴，不輕身於萬乘之君；萬乘之君不好仁義，不輕身於布衣之士」。《韓非子》作「桓公曰，吾聞布衣之士不輕爵禄，無以易萬乘之主；萬乘之主不好仁義，亦無以下布衣之士」。辭異而意畧同。縱夫子傲爵禄，《吕》「傲」作「驁」，下並同。又「爵禄」字倒。夫子，謂小臣稷也。吾庸敢傲霸王乎。」庸，何也，豈也，安也。《吕子》注以庸訓用，非。王引之《經傳釋詞》分晰郅詳。《外傳》作「縱夫子不欲富貴，可也；吾不好仁義，不可也」。《韓非子》無此二句。五往而後得見。《吕》作「遂見之不可止」。《外傳》句末有「也」字，「而」下無「後」字。《韓》作「於是五往，乃得見之」。本書以上用《吕子》文，以下則本之《外傳》，可見中疊采掇不止一書。天下聞之，「天下」下《外傳》有「諸侯」二字。案下文有「而況國君」及「相率而朝」等語，則似以有二字爲是，疑今本奪之。《吕子》於「遂見之不可止」下，接云：「世多舉桓公之内行，内行雖不修，霸亦可矣；誠行之此論，而内行修，王猶少。」與本書異。皆曰：「桓公猶下布衣之士，而況國君乎。」《外傳》「皆曰」作「謂」。下，謂屈己下之。於是相率而朝，靡有不至。靡，無也。《治要》引至此止。桓公所以九合諸侯一匡天下者，遇士於是也。九合一匡，注見四卷。《外傳》作「桓公之所以九合諸侯一匡天下者此也。」遇，得也。《孟子·離婁下篇》「夫章子子父責善而不相遇也」，趙岐注：「章子子父親教，相責以善，不能相得。」《韓子·難二篇》：「事遇於法則行，不遇於法則止。」（今本事上衍以字，依顧千里校删。）謂得其法則行，不得其法則止也。（遇合之訓，亦與得義近，故相得又云相合。）《外傳》十

《麥丘章》：「桓公所以九合諸侯一匡天下，不以兵車者，非獨管仲也，亦遇之於是。」此正用其語。遇亦得也。又《麥丘章》傳「使寡人遇叟於此」，本書四卷作「使寡人得吾子於此」。《外傳》五：「獨明乎先王所以遇之者，所以失之者。」（《君者民之原也章》。）遇與失對言。《荀子·君道篇》作「曉然獨明於先王之所以得之，所以失之。」得即遇也。《外傳》九：「其所以任賢使能而霸天下，始遇之於是也。」（《楚有善相人者章》。）遇亦訓得。（俞樾《讀韓詩外傳》云：始是殆之誤，義固不同。遇當作得，本書得字有誤作遇者。《子夏問篇》：夫先王所以遇之者，所以失之者。遇失對文，則亦得之誤。《齊桓公篇》亦遇之於是，此遇字亦當作得。二字形聲俱遠，而致誤，不可解也。案：俞氏不知遇有得訓，而以《外傳》爲誤，甚非。始亦有殆義，不煩改字。）皆二字互訓之證。一曰，遇猶待也，《管子·任法》云：「奇術技藝之人，莫敢高言孟行，以過其情，以遇其主矣。」注：「遇，待也。」《漢書·公孫宏傳》：「躬率以正，而遇民信也。」注：「遇，謂處待之而已。」今人尚有待遇之稱，亦其證也。亦通，然不如訓得爲當。於讀爲如，古字通。《莊子·大宗師篇》：「陰陽於人，不啻於父母。」下於字卽如也。《左傳·昭三年》「今嬖寵之喪，不敢擇位，而數於守適」，杜註：「不敢以其位卑，而令禮數如守適夫人。」亦讀於爲如。《戰國策·燕策》「且非獨於此也」，於亦如也，言不但如此。斯例甚多，凡於于如三字互相通借，見經傳者不可屢數。此言桓公所以成九合一匡之勳，其得士之心，如此其盛也。

《詩》曰：「有覺德行，四國順之。」（《詩·大雅·抑篇》文。《外傳》五云：「水淵深則魚鼈生之，山林茂盛則禽獸歸之，禮義修明則君子懷之。故禮及身而行修，禮及國而政明，能以禮扶身，則貴名自揚，天下順焉，令行禁止，而王者之事畢矣。詩曰：有覺德行，四國順之。」其文雖本《荀子·致仕篇》，而引詩則與《荀》異，此《韓詩》之說，與毛、鄭亦同。惟毛訓覺爲直，與梏較之字通異耳。合《外傳》、本文引詩之義觀之自明。桓公其以之矣。《外傳》無此句。盧文弨曰："以，各本作恤。"案：作"恤"無理，宋本作"以"，他本亦間有作"以"者，今從之。以，用也。又讀爲似，兩義俱通。《易·明夷》彖傳"文王以之"，又"箕子以之"。虞翻注："以，用也。"正此文句法所本。釋文："以，荀向本作似。"以似古通字，故亦可讀爲以，（《史記·高祖本紀》鄉者夫人嬰兒皆似君，《漢書》似作以。）然不如訓用義長。《呂子·謹聽篇》云："齊桓公之見小臣稷，魏文侯之見田子方，皆可謂能禮士矣。"《下賢篇》："謂行之而内行修，王猶少。"（文引見前。）其推許可云極至。《韓非子》則謂小臣稷宜戮，桓公禮之，是以輕上侮君之俗，教於齊國也。《韓非》任法而不知仁義，故其言如此，然身卒死於法，將非所謂樞機之發，榮辱之主者乎。世之曲學阿世，顛倒是非，以蕲媚於上者，可以鑑矣。

8 魏文侯過段干木之閭而軾。

魏文侯注見一卷，段干木注見四卷。《呂氏·期賢篇》句末有"之"字。《淮南·脩務》作"段干木辭禄而處家，魏文侯過其閭而軾之"，高誘注："閭，里。《周禮》二十五家爲閭。軾，伏軾，敬有德也。《曲禮》曰軾視馬尾，又曰兵車不軾，尚威武也。"《呂》注畧同，此爲同出一人之證。（參《甯戚章》注。）《北堂書鈔》三十四引本書魏文侯軾段干木之閭，即括引此文。高注云"軾，伏軾，敬有德者"。古軾字通作式，如《曲禮》户必式，《論語》式負版者是。《釋名》："軾，式也，所以式敬。"其制詳八卷《芊尹文章》注。引《曲禮》軾視馬尾者，今《禮》軾作式，鄭注云："小俛。"《正義》曰："馬引車，其尾近在車欄前，故車上馮式下頭時，不得遠矚，而令瞻視馬尾。"是也。云兵車不軾，尚威武者，《曲禮》亦作式。注："尚威武，不崇敬。"《正義》："兵車尚威猛，宜無推讓，故不爲式敬也。"《曲禮》云："入里必式。"二十五家爲里，里即閭，故高注云"閭，里"。孔疏謂"里巷首有門，十室不誣，故入里則必式而禮之爲敬也。里必式，則門閭亦式，故門閭必步，不誣十室也。」若然，尋常里閭尚當致敬，今閭是段干木所居，以賢聞於國中，宜文侯禮之。而其僕尚云云者，文侯爲君，與士禮異，又當時禮教廢闕，君不下士，故其僕懷疑而致問也。其僕曰：僕，御車者。「君何爲軾？」「何」，《呂書》作「胡」。曰：「此非段干木之閭與？「與」，各本作「乎」，今從《治要》引改，《呂子·期賢篇》同。《淮南》作「文侯曰，段干木在，是以軾」，下有「其僕復問」語，文與此異也。段干木蓋賢者也，吾安敢不軾。《淮南》于「是以軾」下云：「其僕曰，段干木布衣之士，君軾其閭，不已甚乎。文侯曰，段干木不趨勢利，懷君子之道，隱處窮巷，聲施千里，（《魏世家》正義引《高士傳》、《文選·魏都賦》注引《呂子》施皆作馳。）寡人敢不軾乎。」下即接「段干木光於德」云云，較此爲詳。此用《呂子》文。《御覽》四百七十四引此二句，作「段干木蓋賢者，安敢不軾」，蓋括省其文。且吾聞段干木未嘗肯以己易寡人也，高注《呂子》云：「謂以己之德易寡人之處不肯也。」案：《孟子》曰：「在彼者皆我所不爲也，在我者皆古之志也。」又曰：「樂其道而忘人之勢。」又引曾子曰：「彼以其富，我以吾仁，彼以其爵，我以吾義，吾何慊乎哉。」皆卽此意。《治要》自此至「高之」皆不引。盧文弨曰：「《御覽》引人下有之貴二字。」案：《呂書》亦無此二字。吾安敢高之。「高」，《呂》作「驕」。案：驕從喬聲，與高聲義形俱近，故漢歐陽高亦作歐陽喬。《說文》「馬高六尺曰驕」，是驕有高義。高正字，驕通叚字。高誘注：「驕，慢之也。」以本字讀之，似失其旨。《御覽》引本書無此句。段干木光乎德，寡人光乎地；下「乎」字《御覽》引作「於」，《治要》並上句亦作「于」，句首有「且」字。蓋删去「吾聞」以下，「且」字直接此處也。《魏世家》正義引皇甫謐《高士傳》，「光」皆作「先」，誤。又「地」作「勢」，畢校《呂子》引孫云：「李善注《文選》左太沖《魏都賦》地作勢。」案：注《魏都》者，劉淵林也，孫說誤。彼文引《呂子》多與今書不同，與《淮南》亦異，未詳所據。今《淮南》亦作勢，《治要》、《御覽》引皆作地。近人合肥劉氏校《吕子》，謂兩光字與廣通，即廣乎德廣乎地也。其説亦通，然以本字讀之，亦無隔閡。段干木富乎義，寡人富乎財。上「乎」字《御覽》引作「於」。《文選·魏都賦》引《吕子》止有「寡人光乎勢，干木富於義」，無此二句，蓋有脱佚。《治要》皆作「乎」，《淮南》四句皆作「於」，於乎古通字。地不如德，財不如義，《淮南》作「勢不若德尊，財不若義高」，《史記正義》引《高士傳》同，但「尊」字作「貴」。《魏都賦》注引《吕書》亦同。《淮南》惟兩「若」字作「如」。今《吕子》無此數句。「富于財」下接云：「其僕曰，然則君何不相之，於是君請相之，段干木不肯受，則君乃致禄百萬，而時往館之。」高注：「時往詣其館也。」與本書下文往問義同。《淮南》此下接云：「干木雖以己易寡人不爲，（高注：使以干木之賢，易寡人之尊，不肯爲之。案：此注較《吕》注更明晰。）吾日悠悠慚於景，子何以輕之哉」等語，後即接叙其後秦將起兵伐魏事，皆與本書不同。焦循《孟子正義》「彼以其富」四句下，謂文侯之言似曾子，文侯受經子夏，宜得聞曾子之言也。其説亦有理。《漢志》有《魏文侯》六篇，此及他書他卷所記文侯事，疑皆六篇遺文也。寡人當事之者也。」《御覽》引至此止，無「者也」二字。遂致禄百萬，而時往問之。致，歸也。問，存問也。請相不肯，而後致禄。《吕書》所叙較詳，否則文侯好賢，反蹈見賢而不能舉之譏矣。《治要》引無「往」字。國人皆喜，相與誦之曰：「國人」上《吕書》有「於是」二字。「吾君好正，段干木之敬；吾君好忠，段干木之隆。」「正敬」「忠隆」二句各爲韵。之，是也，猶之子爲是子也。《治要》引本書省去此五句。《吕子》注：「隆，高也。」案：隆高也者，謂尊隆高顯之。居無幾何，秦興兵欲攻魏，《治要》「兵」下有「而」字。《淮南》作「其後秦將起兵伐魏。」司馬唐諫秦君曰：舊本作「司馬唐且」，《淮南》「唐」作「庾」，無「秦君」二字。盧文弨曰：

「《呂氏》無且字。《淮南·脩務訓》作庚，注云：『庚，秦大夫也，或作唐。』（嚴可均輯《全梁文》有庚元威，引《御覽》作唐元威。唐庚形近易亂，此亦一證。）然則且字後人誤加也。唐且是魏人，此在秦者，非其人也。《古今人表》有司馬庚。」案：唐且不但未嘗爲秦司馬，且在戰國末年，時代不相接，此且字必誤。《治要》引已有，則承譌已久矣，今删且仍作唐，以同《呂氏》，不改作庚者，因本書文必作唐，與《呂氏》同，後人始疑以爲唐且，而妄加且字，且高注已云一作唐也。《文選·魏都賦》注引《呂》作「康」，乃唐之誤。梁玉繩曰：「考《韓策》，秦有司馬康，《史·韓世家》作司馬庚，徐廣曰：一作唐，形聲俱相近。然康在秦昭、韓襄之世，上距秦攻魏文侯時幾百年，疑是二人。」（《人表考》五。）梁氏《呂子校補》又云：「《魏策》及《魏世家》康亦作庚，其人在秦昭、魏襄之世，其文前後不同。校補魏字乃韓字之誤，彼文之司馬庚，別爲一人。」梁説是也。《漢表》、《淮南》作「庚」，亦與唐形似，凡庚唐康庚等字，形皆相似，此名作唐作庚，未審孰是。（作唐者《呂子》、本書；作庚者《淮南》、《漢表》。）高誘已不能定，姑依本文，以從闕疑。司馬庚，《漢表》列五等。**「段干木賢者也，而魏禮之，**《淮南》作「段干木賢者，其君禮之」，下有「天下莫不知，諸侯莫不聞」二句。本書文同《呂子》，無後二句，與《淮南》異。**無乃不可加兵乎。」**《選》注引《呂子》作「乎兵」，誤。《淮南》作「舉兵伐之，無乃妨於義乎」。**秦君以爲然，乃案兵而輟不攻魏。**《呂》作「乃案兵輟不敢攻之」。畢校云：「敢字疑衍。」案之字疑魏之誤，因下句《呂》有魏字，疊字作兩點於旁，與之字似，又誤倒在上耳。《淮南》作「於是秦乃偃兵輟不攻魏」。偃，息也，與案義近。《魏世家》：「文侯受子夏經藝，客段干木，過其閭，未嘗不軾也。秦嘗欲伐魏，或曰，魏君賢人是禮，國人稱仁，上下和合，未可圖也。文侯由此得譽於諸侯。」《劉子·文武篇》注亦引此事。**文侯可謂善用兵矣。**《呂》句首有「魏」字。《淮南》文以下全異，云：「夫墨子跌蹶而趍千里，以存楚、宋，段干木闔門不出，以安秦、魏，夫行與止也，其勢相反，而皆可以存國，此所謂異路而同歸者也。夫君子之用兵也，《北堂書鈔》一百一十三引無「夫」字。舊本「之」字俱作「善」，涉上句而譌。《治要》、《書鈔》引俱作「之」。《呂子》作「嘗聞君子之用兵」，亦是「之」字。今從三書校改。不見其形而攻已成，《呂》作「莫見其形，其功已成」。《治要》引本書亦作「莫」。盧文弨曰：「攻，《呂》作功，與攻同。」案：盧説是。《治要》、《書鈔》引本書亦作「功」，《書鈔》句末有「也」字。《荀子·議兵篇》「械用兵革攻完便利者强」，楊倞注：「攻當爲功。」《漢書·董賢傳》集注：「功字或爲攻。」本書攻字亦當讀爲功。其此之謂也。《治要》引無「其」字。《魏都賦》：「千乘爲之軾廬，諸侯爲之止戈。則干木之德自解紛也。」正用此事。野人之用兵也，「也」字各本俱奪，據《書鈔》、《治要》引補，始與上文相配。《呂子》亦有「也」字。鼓聲則似雷，號呼則動地，呼當作嘑。聲讙，地若爲之震動也。塵氣充天，充，滿也。盧文弨曰：「充字各本同，與《呂氏》合，何本作冲，非。」案：《治要》、《書鈔》引本書亦作「充」，盧説是。古用車戰，車多故塵動。《孫子》曰：「塵高而鋭者，車來也。」戰國時始有騎戰，騎多，步卒衆，則塵亦動。流矢如雨。如雨，言其多。《詩·雨無正》序曰：「衆多如雨。」扶傷舉死，《呂子》「舉」作「輿」。畢校云：「死與尸同。」盧文弨亦謂當從《呂》作「輿」，死即屍字。案《書鈔》、《治要》引亦作「舉」。舉，猶援也，見《淮南·脩務》注。《説文·手部》：「振，舉救之也。」振俗作賑，與舉皆有救義。輿尸雖見《易·師》爻，然此字依本文讀之自通，不必破字。《呂》作「輿」者，輿乃與之誤，古舉與字通。《左傳·昭三年》「豈惟寡君舉羣臣實受其賜」，舉羣臣謂與羣臣也。《禮記·禮運》「選賢與能，講信修睦」，四項平列，與能謂舉能也。（注疏不釋與字之義，則是讀爲本字，失之。）此例甚多，《漢書·司馬遷傳》「虜救死扶傷不給」，救死即舉死。蓋古有是語，故史遷用之，然則不當作輿屍亦明矣。履腸涉血，履，足踐之也。涉，與喋同。《史記·魏豹彭越傳》「喋血乘勝」，《集解》引徐廣曰：「喋一作啑。」《集韵》「啑或從妾。」（古妾聲疌聲字多通用，見八卷《陳恆弑君章》注。）玄應《衆經音義》八引《字書》云：「啑，喋也，書亦作歃，所洽反，謂以口微吸之也。」是啑唼喋三字通用，然皆俗字，當作嚛爲正。玄應《音義》六云：「唼，古文嚛。」案《説文·口部》：「嚛，噍也，从口，集聲，讀若集。」又「噍，齧也。」玄應好引俗字，此云唼古文嚛，是以俗爲古，然唼之爲嚛，則無疑義。其訓則爲噍，爲以口微吸。（《史記·吕后紀》始與高帝啑血盟，《漢書·王陵傳》作唼血。故《集韵》云：啑或從妾。）涉嚛聲相近，古通用，《文選》邱希範《與陳伯之書》「朱鮪涉血於友于」，李善注：「涉與喋同。」是其證也。涉血與履腸對文，履以足踐，嚛以口吸，皆諭死亡之衆也。《史記·文帝紀》「啑血京師」，《索隱》：「《漢書》啑作喋，音跕，丁牒反。《漢書》陳湯、杜業皆言喋血，無盟歃事。《廣雅》云：喋，履也，謂履涉之。」案：《漢書·文紀》注，「服虔曰：喋音蹀，屣履之蹀。如淳曰：殺人流血滂沱爲喋血。師古曰：喋音大頰反，本字當作蹀，蹀謂履涉之耳。」周壽昌曰：「喋自爲唼喋之喋。《司馬相如傳》唼喋荇藻，注：唼喋，鳥食之聲也，正借作唼血訓，若口唼之也。《史記·魏豹彭越傳》集解引徐廣：喋一作唼。足證二字本通。至蹀字從足，《淮南》許注：蹈也。不能以蹀作喋。」王先謙曰：「《史記》作啑，啑唼同字，周説是也。」光瑛案：《廣雅·釋詁》一：「蹀，履也。」字作蹀，不作喋。小顔讀喋爲蹀，《索隱》從之，並改《廣雅》之字作喋，非也，其誤始於服虔。《史記集解》引徐廣，明言喋一作唼。案：唼啑涉字同誼通，王氏斷從周説當已。蹀字又作跕者，《漢書·地理志》「女子彈弦跕躧」，如淳曰：「跕音蹀足之蹀。」《索隱》説本此，然止可注從足之蹀字。此字作喋，與唼啑同，則非其誼也。蹀字《説文》作⿱楚足，與嚛不同。無罪之民，其死者已量於澤矣，《吕子》無「已」字。

高注：「量，猶滿也。」案：《荀子・富國篇》「然後葷菜百疏以澤量」，注：「以澤量，言滿澤也。」與高注意同。《莊子・人間世篇》「死者以國量乎澤若蕉」，此用其語。近人章氏《莊子解故》云：「國，當爲馘，《王制》以訊馘告，注：馘或爲國。是其例也。澤者，獻馘之處。《夏官・司弓矢》澤共射椹質之弓矢，鄭司農注：澤，澤宫也。《射義》曰：天子將祭，必先習射於澤。《周頌》於彼西雝，傳：雝，澤也。則澤宫卽辟雝，天子訊馘在辟雝，諸侯在泮宫，泮宫亦在澤，同得澤名。蕉，《説文》云：生枲也。言死者以馘獻於澤宫，數之其多如枲，猶云死人如麻。上説輕用民死，見衛民死者甚多；此説死者以馘量乎澤若蕉，並見他國民爲衛而死者亦多。他國戰死者多，則衛民罷於奔命可知。暴骨以逞，主客交弊，故下文云：民其無如矣。」以上章説，讀國爲馘，釋蕉爲枲，皆極允確。惟以澤爲辟雝，則近傅會。澤卽草澤，謂死者滿乎草澤，又如麻耳。（《淮陰侯列傳》父子暴骸骨於中野，不可勝數，卽死者量於澤之意。）解《莊子》者，多不明晰，得此可以釋然。於與乎義同，《書鈔》引作「已死者量於澤矣」，誤，已當在者字下。而國之存亡，主之死生，南海孔氏刊《北堂書鈔》奪「主之」二字，連上爲一句，文理難通。陳禹謨本有此二字。猶未可知也，「未」，《呂》作「不」。《治要》引無「可」字。其離仁義亦遠矣。《魏世家》正義引《高士傳》，《魏都賦》引《呂子》，文多不同，附録於後，以備參考。《高士傳》曰：木，晉人也，守道不仕，魏文侯欲見，造其門，干木踰牆避之。文侯以客禮待之，出過其閭而軾。其僕曰：君何軾。曰：段干木，賢者也，不趣勢利，懷君子之道，隱處窮巷，聲馳千里，（《淮南》馳作施，高注：施，行也。似亦讀爲馳。）吾安得勿軾。干木先乎德，寡人先乎勢，干木富乎義，寡人富乎財，勢不若德貴，財不若義高。又請爲相，不肯。後卑己固請見，與語，文侯立倦不敢息。劉淵林注引《呂子》云：段干木者，魏文侯敬之，過其廬而軾之。（此作廬，賦文亦同。）其僕曰：干木布衣耳，而君軾其廬，不亦過乎。文侯曰：干木不趣俗役，懷君子之道，隱處窮巷，聲馳千里之外，未肯以己易寡人也。寡人光乎勢，干木富於義，勢不如德尊，財不如義高，（案此處當脱引二句。）吾安敢不軾乎。秦欲攻魏，而司馬康諫曰：段干木賢者，而魏禮之，天下皆聞，無乃不可加乎兵。秦君以爲然，乃止。干木寂然不競於俗，故曰：職競弗羅也。（《左傳・襄八年》弗作作。）逸詩云：兆云詢多，職競弗羅。此不知誤引何書爲《呂子》，與今《呂書》文全異。《論衡・非韓篇》論此事甚當，可與此章相發明，文繁不引。惟以狂譎與段干木並稱，則似不倫。（《淮南・人間》亦以二人並舉。）狂譎華而不實，故太公誅之，段干木聖門之徒，豈可與之同論。

9 秦昭王問孫卿曰：昭王注見二卷《甘茂章》。孫卿名況，注見三卷《議兵章》。《荀子・儒效篇》「卿」下有「子」字。「儒無益於人之國。」孫卿曰：《荀子》「卿」下有「子」字。「儒者法先王，論者謂荀子言法後王，與孟子相反，不知荀子之後王，謂文武以下，即孟子之先王也。對遠古言，則曰後王。此云儒者法先王，與孟氏初無少異。法，取法。隆禮義，隆，尊崇也。謹乎臣子，而能致貴其上也。《荀子》無「能」字。楊倞注：「謹乎臣子，謂使不敢爲非。致，極也。」案：注訓致爲極，是讀致爲至，其説非也。致有歸義，《國語・魯語》「子冶歸，致禄不出」，韋注：「致，歸也。」《公羊宣元年傳》「退而致仕」，何注：「致仕，還禄位於君。」《禮記・王制》「七十致政」，鄭注：「致政，還君事。」還亦歸也，《淮南・氾論訓》「周公屬籍致政」，高注：「致，猶歸也。」此言能謹臣子之節，歸貴於上耳。下文言儒在人上之效是也，不必破字讀爲至。人主用之，則進在本朝而宜，舊本奪「而宜」二字。《荀》作「則勢在本朝而宜」，今據補。「而宜」與下「而慤」對，因下文慤字誤作敵，淺人遂妄改此處而宜字作還，而屬下句讀，又以下文而敵連下必爲順下矣爲句。幸《荀子》原文具在，尚可藉以補正耳。楊注讀勢爲權勢，謂儒者得權勢在本朝，則事皆合宜。王念孫駁之云：「勢猶位也，《禮運》在勢者去，注：勢，勢位也。下文曰：勢在人上。《仲尼篇》曰：勢不在人上，而羞爲人下。《正論篇》曰：勢位至尊。是勢與位同義，楊以爲權勢，失之。」（《讀荀子雜志》。）案：本書作進在本朝，明指位言之，王説極當。《淮南・氾論》注云：「本朝，國朝也。」王引之曰：「家大人曰：朝廷者一國之本，故曰本朝。《漢書・李尋傳》：宜固志建威，閉絶私路，拔進英雋，退不任職，以彊本朝。夫本彊則精神折衝，本弱則招殃致凶。是其義。《秦策》：本國殘，社稷壞。在國謂之本國，猶在朝謂之本朝也。《大戴記・保傅篇》：賢者立於本朝，而天下之豪，相率而趨之。《管子・重令篇》：謹於鄉里之行，而不逆於本朝之事。《晏子・諫篇》：本朝之臣，慚守其職。《問篇》：直稱之士，正在本朝也。《孟子》：立乎人之本朝，而道不行，恥也。《荀子・仲尼篇》：本朝之臣莫之敢惡也。（案楊注云：本朝之臣，謂舊臣也。）《儒效篇》：儒者在本朝則美政。《王霸篇》：立隆政本朝而大。《呂氏春秋・音律篇》：本朝不静，草木早槁。《應言篇》：諸侯之士，在大王之本朝者，盡善用兵者也。皆謂朝廷爲本朝。」（《經義述聞・通説上》。）以上王説皆允確。《魏志・夏侯玄傳》載玄與司馬宣王議時事，末云：「樸素之教興於本朝，則彌侈之心自消於下矣。」以本朝對下言，文意尤明。魏世去古不遠，尚知此誼也。

不用，則退編百姓而慤，必爲順下矣。

楊注云：「必不爲勃亂也。」案：勃卽誖之叚字，今經典相承作悖。（悖，誖之或體，見上《管仲傳公子糾章》注。）退編百姓，謂退爲編氓。古者邦國土地人民户口，各有圖籍，案户編列。漢蕭何入關，得秦圖籍，知天下戹塞户口多少彊弱之處，謂此也。舊本作「置而不用，則退編百姓，而敵必爲順下矣」，文勢詷舛不可讀。蓋置字上半似而，下半似宜，因慤字誤敵，淺人遂臆改而宜爲置，更臆加而字連下爲句。慤字上半與敵形近致譌，遂亦屬下連讀。宋本已然，蓋臆改古書之失，不自明人始矣。而宜而愍文執相對。而宜，謂進用在朝，處事皆得其宜也。《說文·心部》：「愍，謹也。」經典相承作愍。譌敵不通，且失其句讀，今悉依《荀子》原文校正。雖窮困凍餧，「餧」，各本作「餒」，今從宋本。《荀》亦作「餧」，《治要》引作「餒」。案：《說文·食部》：「餧，饑也，从食，委聲。一曰魚敗曰餧。」段本改作餒。《玉篇》：「餧，徒罪切，饑也。一曰魚敗曰餒。」《五經文字》：「餧，饑也。」經典相承，別作餒爲饑餒，以餧爲餧餉，其言分晰如此，則餒字後出明矣，段氏妄改，非是。《釋文》引《說文》作餒者，（《論語·鄉黨》及《爾雅·釋器》釋文引。）唐人引《說文》，不盡可信。《華嚴經音義》十三，亦引許書作餒，並云：「有從食邊委者，於僞反，乃餧飤之字。」尤誤。委妥止是一字，《說文》無妥，妥卽委字。陶氏方琦《漢孳室文鈔》內，有《說文無妥字說》一篇，考之甚精。段改餧爲餒，遂於《女部》臆沾妥篆，不知《史記·孔子世家》已作「魚餧肉敗」。《漢書》餒皆作餧，見魏相、谷永、西南夷等傳。證以餒挼等字，《說文》皆從委，則餧字不當獨作餒明矣。唐時以《說文》、《字林》二書試士，學者僮而習之，徵引往往互誤，亦猶《御覽》、《禮記正義》之引本書爲《說苑》也。（見三卷《樂毅章》注。）今人以餒爲飢餧字，以餧爲餧養之義。然餧養自有本字，作萎，《說文》訓食牛也，引申爲一切餧養之稱，不當借用餧飢字。王氏筠謂《釋文》經人竄改，安知所標之大字，不本作餧，所引字書作鯘，弟指魚旁不同。承氏培元亦疑唐時《論語》、《爾雅》尚作餧，譌餒在後。今《釋文》亦後人所改。二家之見，皆極明通。近人孫詒讓《墨子閒詁》一亦云：餒當爲餧。其說是也。必不以邪道爲食，言不以禮雖得食，亦不爲也。「食」字承上文窮困凍餧來，《荀子》各本作「貪」，形近之譌。無置錐之地，此語又見《荀子·王霸篇》、《呂氏·爲欲篇》「其視天下也與無立錐之地」同，《漢書·食貨志》「富者連仟佰，貧者無立錐之地」，蓋古有是言。

《說文・金部》:「錐,鋭也。」錐刀之末至鋭細,並置錐之地無之,言窮甚也。古置與植通。《書・金縢》「植璧秉珪」,鄭注:「植,古置字。」《論語》「植其杖而芸」,漢石經植作置。《方言》十二:「植,立也。」《左氏定十年傳》「皆至而立如植」,釋文:「植,立也。」《荀子・非相篇》注同。是置錐即立錐也。**而明於持社稷之大計,** 持,主持也。「計」,《荀》作「義」。**叫呼而莫之能應,** 盧文弨曰:「叫,《荀》作嗚。」案:楊注:「嗚呼,嘆辭也。」郝懿行《荀子補注》云:「嗚俗字,古止作烏。言儒雖困窮凍餒,若不以禮聘,欲致呼召之,而必不能應也,此對昭王輕儒而言。必云烏呼者,李斯《諫逐客書》:擊甕扣缶,歌呼烏烏,真秦之聲。故以此言反之,注以爲嘆辭,不成文義。」王念孫曰:「嗚乃嘄字之誤,嘄與叫同。《爾雅》:祈,叫也。《周禮・大祝》注:叫作嘄。《小雅・北山》傳:叫,呼也。《周官・銜枚氏》:禁嘂呼歎嘑于國中者。並字異義同。上言嘄呼,故下言莫應,若作嗚呼,則與下文義不屬矣。《新序》作叫呼,是其明證也。」案:王說是。《漢書・息夫躬傳》「如使狂夫嘄呼于東崖」,字亦作嘄。《玉篇》有⿰口⿱県木無嘄,⿱県木,梟首正字。《漢・地理志》鉅鹿鄡縣,今《說文》作鄡縣。《廣韵》引《漢・刑法志》⿱県木首,今本作梟首,云聲也,亦作叫。皆足爲王說沾證。此與上無置錐意相承,言士當困窮之時,雖曰以救國之說號呼於人,而人莫之知,無繼應者,故其效不見,然彼實有妙道,即下文所云是也。如此解釋,前後文義都貫,楊、郝二說皆謬。**然而通乎裁萬物、養百姓之經紀。** 裁,裁成也。《易》曰:「后以裁成天地之道。」《荀》作「財」,古字通用。(《易・泰卦》釋文:財成。《荀》本作裁。)經紀,猶經綸也。以治絲爲諭,言儒者雖窮在下,猶不忘治國之道。**勢在人上,** 勢,猶位也,見上文引王說。楊注:「在人之上,謂爲人君也。」**則王公之才也;** 「才」,《荀》作「材」,古字通。**在人下,** 居人臣之位。**則社稷之臣,國君之寶也。** 《孟子》曰:「有安社稷臣者,以安社稷爲說者也。」《禮記・大學》曰：「惟善以爲寶。」雖隱於窮閭漏屋，「閭」，《荀》作「閻」，義同。楊注：「窮閻，窮僻之處。閻，里門也。漏屋，弊屋漏雨者也。」王念孫曰：「《廣雅》閻謂之衖。（原注：與巷同。）窮閻，即《論語》所云陋巷，非謂里門也。（原注：巷謂之閭，亦謂之閻；猶里門謂之閻，亦謂之閭也。）漏爲陋巷之陋，《説文》：陋，阸陜也。陋屋與窮閻同意，非謂弊屋漏雨也。《爾雅》：陋，隱也。《大雅・抑》尚不愧于屋漏，箋曰：漏，隱也。是陋與漏通。《羣書治要》引作窮閻陋屋，《韓詩外傳》作窮巷陋室，（案：見《外傳》五卷。）皆其證。」案：王説是。屋漏字，劉熙《釋名》以漏雨釋之，失與楊注同。《説文》：「漏，以銅受水刻節，晝夜百節，從水屚，取屚下之義，屚亦聲。」此漏之本義。《説文》陋訓阸陜，引申之，凡隱處皆可稱陋。《堯典》「明明揚側陋」，孔疏解爲僻側淺陋，非是。側陋與側微同，微亦隱也。《禮記・喪大記》「甸人取所徹廟之西北厞薪用爨之」，《正義》引皇氏云：「厞，謂西北厞隱之處。厞在西北隅，即屋漏也。」《爾雅・釋言》：「厞，隱也。」《玉篇》：「厞，陋也。」是屋漏本字當作陋之明證。陋爲幽隱之稱，於雨漏無涉，若訓雨漏，豈儒者所居，必在雨漏之室乎。《素問・解精微論》有毚愚仆漏之問，漏亦當讀爲陋。人莫不貴貴，道誠存也。下「貴」字各本及《荀子》俱作「之」，《治要》引《荀子》無「之」字，疊一「貴」字。王先謙曰：「《脩身》《非相》二篇，皆有人莫不貴之文，俱無之字，蓋貴是重文，或省作二，傳寫誤爲之耳。《君道篇》云：文王欲立貴道。又云：於是乎貴道果立。正與此貴道同義。」案王説是也。《君道篇》及此篇均以貴道與貴名對舉，是《荀子》文常用之，本書作「貴之」，乃後人又據《荀子》文改之耳，今正。仲尼爲魯司寇，《荀》作「仲尼將爲司寇」。沈猶氏不敢朝飲其羊，公慎氏出其妻，慎潰氏踰境而走，「走」，《荀》作「徙」，本書卷一亦作「徙」。魯之鬻牛馬者不豫賈，「鬻」，《荀》作「粥」，是粥賣正字。「者」字各本奪，依文義不可省，今據《荀書》

補。豫賈注詳一卷。布正以待之也。「布正」，《荀》作「必蚤正」，說並詳一卷。居於闕黨，注見一卷。闕黨之子弟罔罟分，有親者取多，「罟」，《荀》作「不」，元刊《荀子》「不」下有「必」字。盧文弨曰：「必畢古通用。《新序》作罔罟分，有親者取多；其卷一作畋漁分，有親者得多。與此不同。」郝懿行曰：「必字衍，當依《新序》作罔罟分。《說苑》七云：羅門之羅，有親者取多，無親者取少。正與《新序》同爲一事。」劉台拱曰：「罔不分當作罔罘分，罘，兔罟也，一曰麋鹿罟也。《新序》一作畋漁分，有親者取多；其卷五作罔罟分，有親者取多，與此文亦同。元刊妄增必字，不可從。」王念孫曰：「罔不分，宋吕錢本並如是。不卽罘字，《晏子·內篇》曰：結罘罔。是其證。」案王說是。《說文·网部》：「𦉪，兔罟也，從网，否聲。」隸省爲罘，此又省爲不耳。罔罘必分，言罔罘所得必分，不自私利也。《月令》鄭注：「獸罟曰罝罘。」楊注讀罔爲無，讀不如字，誤。罔取魚，罘取獸，與《新序》畋漁分義同。元刊有必字，於義亦通。親，謂父母也。孝悌以化之也。「悌」，俗字，《荀》作「弟」，是。卷一文無弟字，有親者取多，是孝弟之化也。儒者在本朝則美政，言達而在朝，則政事修明美善。在下位則美俗，此在下位與上文在人下不同，彼謂爲人臣爲在下。此下位卽上文隱於窮閻漏屋是也。「下」，元刊《荀子》作「其」，誤。蓋古文其字作丌，與下形似故耳。儒之爲人下如是矣。」王曰：「然則其爲人上何如？」孫卿對曰：《荀子》無「對」字。「其爲人上也廣大矣，「上」字各本脱，盧文弨謂當依《荀子》補入，是，今從之。志意定於內，心有主宰，指揮若定。禮節修於朝，治國以禮爲先。法則度量正乎官，官定其程，而通布之，齊其不一。楊倞曰：「官，百官。」王念孫曰：「官與朝對。《曲禮》在官言官，在朝言朝，注：官謂版圖文書之處。《富國篇》亦云：節奏齊於朝，而百事齊於官。楊注云百官，失之。」案：官讀如官天下之官，與私爲對，言無敢私定法則度量也。忠信愛利形乎下，《荀》注：「形，見也。」案：形讀爲型，或省作刑，刑，法也。言忠信愛利之德，足以爲法於下，而下亦化之。詩曰「儀刑文王」，是也。行一不義，殺一無罪，而得天下不爲也。「無罪」，《孟子·公孫丑篇》作「不辜」。無不義同，古罪字作辠，與辜形義俱近，致誤。依原文，義雖可通，但《孟子·盡心篇》「殺一無罪非仁也」，亦作罪，則彼文當同一律。二句蓋古語，故《孟》、《荀》皆引之。若義信乎人矣，「若」，《荀》作「此君」。王念孫曰：「君當爲若字之誤也，此若義猶云此義，若亦此也。言此若者，古人自有此複語，此若義三字，承上文言，《新序》作若義，是其證也。《禮記·曾子問》：子游之徒，有庶子祭者，以此若義也。（原注：鄭讀以此句，若義也爲一句，非。見《經義述聞》。）《管子·山國軌篇》此若言何謂也，《墨子·尚賢篇》此若言之謂也，《史記·蘇秦傳》王何不使辯士以此若言說秦。（原注：今若譌爲苦，《燕策》作若此言。）皆並用此若二字。」案：王說極是，《墨子》文亦屢以此若字連用。此見《讀荀子雜志》，王引之《經傳釋詞》七若字下疏舉尤詳。近人湘鄉陳士芑謂此若卽若此，古人自有用倒字例，其說亦甚有理。引見莫天一書目孫經世《經傳釋詞續編下》。至君字與若互誤，古書多有之，如《列子·周穆王篇》：「指社曰，此若里之社。」《藝文類聚》二十四引若作君。（下文同。）《韓子·難一篇》「此非君所知也」，君當作若。此類甚多，舉此以見一斑。通於四海，則天下之外，盧文弨曰：「之外二字衍，《荀子》無。」應之而懷之，盧文弨曰：「而懷之，《荀》作如讙。」案：楊注云：「以君義通於四海，故應之如讙。讙，喧也，言聲齊應之。」案：楊誤解此若義，說見上。讙乃喧之正字。是何也，貴名白而天下治也。《荀子》「貴名」上有「則」字。案：貴名與貴道對，足見上文道誠存也句上當有貴字，不當作之字。楊注云：「貴名，謂儒名可貴白明顯。」盧校云：「俗本注末有之貌二字。」顧廣圻曰：「治疑當作願。《榮辱篇》：身死而名彌白，小人莫不延頸舉踵而願。楊注：願，猶慕也。《王制篇》：若是名聲白，天下願。楊注：願，謂人人皆願。《致士篇》：而貴名白，天下願。楊注：天下皆願從之也。此願同《榮辱篇》之願，此天下願同《王制篇》、《致士篇》之天下願，明甚。楊此篇無注，蓋已誤爲治，其實非也。」案：本書用《荀》文亦作治，則似治字不誤，然顧説甚通，作治義亦無礙，今姑存顧説，以備參擇。**故近者謌謳而樂之，**「謌」，《荀》作「歌」，是。謌乃後出字，古止作哥，經典多叚作歌。《孟子》曰：「謳歌者不謳歌堯之子而謳歌舜。」**遠者竭蹷而趨之，**「蹷」，各本作「走」，《荀》作「蹶」。楊注：「竭蹶，顛倒也。遠者顛倒趨之，如不及然。」徐友蘭曰：「走當作蹷，蹷正字，蹶叚借字。」案：徐説是。《説文・走部》：「蹷，蹠也。」《足部》：「楚人謂跳躍曰蹠。」又「蹷，僵也。一曰跳也。」二字音義皆同，似當以蹷爲正。走乃蹷之爛文，與下趨字義複，自當作蹷，以符《荀子》之文。《荀子・議兵篇》亦有此數語，彼文亦作蹷，可證也，今從徐説改。**四海之内若一家，通達之屬，**《荀子》注：「通達之屬，謂舟車所至人力所通之處也。」案：《呂子・諭大篇》「武王欲及湯而不成，既足以王道矣。」俞樾《平議》曰：「《呂》原文當作既足以王通達矣。《務大篇》曰：湯武欲繼禹而不能，既足以王通達矣。是其證。《荀子・儒效篇》通達之屬，注云云。（原文引注，今從畧。）《荀子》屢言通達之屬，蓋古有是語，《呂氏》亦循用之耳。通達字形相似，此文通譌爲道，又奪達字，致文不成義，當據《務大篇》訂正。」以上俞説甚通，以彼二文證此，益知通達之義。《説苑・政理篇》：「孔子曰：夫通達之國皆人也，以道導之，則吾畜也，不以道導之，則吾讎也，若何而無畏。」**莫不從服，夫是之謂人師。**《荀》注：「師，長也。言儒者之功如此，故可以爲人之師長也。」郝氏補注曰：「師，衆也。言合爲四海爲一家，成爲大衆，謂衆所歸往也。《王制》、《議兵》二篇同。《爾雅》：師，人也。此言人師，其義則一，注非。」王先謙曰：「如郝説，夫是之謂人衆，不詞甚矣。（案郝以人師爲義一，則釋作夫是之謂衆衆，尤不詞。）師長之義甚古，長亦君也。《周語》古之長民者，韋注：長，猶君也。《廣雅·釋詁》：長，君也。人師猶言人君。《王制》、《議兵》兩篇語意亦同，注並訓爲師長。又《王制篇》云：上無君師。《正論篇》海内之民，莫不願得以爲君師。又云：然則是誅民之父母，而師民之怨賊也。《禮論篇》云：尊先祖而隆君師。皆作君長解。若如郝説，豈可通乎。案：長者養也，師所以教人，古者教人之人，即養人之人，故人君兼教養之任。《書》稱天降下民，作之君，作之師。（《孟子》引《書》如此。）是其義也。」王説甚是，郝解不可從。《詩》曰：自西自東，自南自北，無思不服。《荀》注：「《詩·大雅·文王有聲》之篇，引此以明天下皆歸之也。」俞氏樾《荀子詩説考》云：「《王霸篇》、《議兵篇》並引此詩，與《孟子》以德服人之説合。」案魯學出於荀子，此《魯詩》義。思，詞也，猶言無不服也。此之謂也夫。句。此亦引詩後以贊歎語結之者。楊注以夫字屬下爲句，非。此種句唐人已多誤讀，猶習見此之謂也四字爲句故耳，今正。説詳同卷首章。其爲人下也如彼，爲人上也如此，「爲人上」上《荀》有「其」字。何爲其無益人之國乎。」「爲」，《荀》作「謂」，「乎」作「邪」，「益」下有「於」字。盧文弨《羣書拾補》改本書「爲」字從《荀》，注云：「爲字譌。」案謂爲互通，經傳觸目皆是，盧氏校書，於此二字通借，必指爲譌，甚非。也邪古通用，《荀子》「乎」作「也」，蓋讀爲邪，與乎義同。昭王曰：「善。」秦自孝公用商鞅以後，輕仁義，尚功利，廢禮教，重刑罰，昭王言儒無益，有自來矣。孫卿以理應之。而昭王稱善，可見秦非甚無道不可救之國。惜其徒李斯不能闡揚師説，而重以刑罰之説濟之，致釀焚阬之禍，身死國亡不旋踵，是秦之不幸，而亦儒術之不幸也。曲學阿世，禍烈洪水，悲夫。

10田贊衣儒衣而見荆王。《吕氏·順説篇》「儒」作「補」。高注：「田贊，齊人也；補衣，弊衣也。」案：本書下文有「夫儒服先王之服也」句，則此儒字必不誤。徐友蘭曰：「儒或爲襦，又因下衣譌補。」此説近是。儒衣，韋布之衣，古者士稱韋布，儒服不美觀。一曰儒與絮通，《説文·糸部》：「絮，挈緼也，一曰敝絮。」引《易》「需有衣絮」，今《易》作袽，虞翻注：「袽，敗衣也。」（《説文·衣部》：䘫，敝衣也。王引之謂䘫與袽同。）故高以弊衣訓之。《説文》絮訓挈緼者，絮訓麻之一耑，緼訓爲紼，紼訓亂系，謂搥亂麻成緼，以充衣也。《韓詩外傳》「士褐衣緼著」，《儀禮·士喪禮》注：「著，充之以絮也，音義同褚。」古無木棉，貧賤之服，難得緜與絮著，故以絮充衣也。觀《外傳》、《士喪禮》之文，蓋貧士所常御，故曰先王之服也。此説亦通，然讀儒爲本字，亦無礙，姑存之以備參采。荆王曰：「先生之衣，何其惡也。」也讀爲邪。《論語》曰：「士志於道，而耻惡衣惡食者，未足與議也。」贊對曰：「衣又有惡於此者。」「贊」上《吕書》有「田」字，「者」下有「也」字，「於」字各本奪，《吕》有。案：下文「甲惡於此」，正承此句言，此於字不可省，今依《吕子》文補。又，猶更也，與尤同。（詳後文注。）惡於此，言此未爲極惡也。荆王曰：「可得而聞邪？」「邪」，《吕》作「乎」。對曰：「甲惡於此。」《吕子》注：「甲，鎧也；此，惡衣也。」案：此惡衣也者，此字承上，指惡衣言。王曰：「何謂也？」怪其言，故問之。對曰：「冬日則寒，夏日則熱，「熱」，《吕》作「暑」。衣無惡於甲者矣。言無更有惡於甲者。「於」，《吕》作「乎」，無「矣」字。贊貧，故衣惡也。《吕》「贊」下有「也」字。《御覽》三百五十六引《吕子》疊一「貧」字，今《吕子》無之。今大王，萬乘之主也，富厚無敵，「厚」，《吕》作「貴」。而好衣人以甲，「人」，《吕氏》作「民」，是。此作人，蓋唐人避太宗諱改之。臣竊爲大王不取也。《吕》作「臣弗得也」。高注：「得，猶取也。」案：得取也者，凡物取而後得之，故得有取義。上章之「有親者取多」，本書卷一作「得多」，即其證也。意者爲其義邪？爲讀爲謂，古通用，説已見前。義，名義，與下實對，故下云「其名尤甚不榮」。甲兵之事，《吕》作「甲之事，兵之事也」。本書括省其文，更勝。折人之首，「折」，衆本作「析」，今從宋本。《易·離卦》「有嘉折首」，周師寰鼎亦有折首字。折與析通，析，分也，猶今言身首異處也。《吕書》此句作「刈人之頸」。折析同字，見三卷《鄒陽章》注。刳人之腹，《説文·刀部》：「刳，判也，从刀，夸聲。」段注：「《内則》云，刲之刳之。案刲謂刺殺之，刳謂空其腹。《易·繫辭》刳木爲舟，亦謂虚木之中。刳木一作挎木。《鄉飲酒禮》：相者二人，皆左何瑟，後首挎越内弦。賈公彦曰：瑟底有孔，越以指深入而持之也。手部無挎。」光瑛案：段釋刳爲空其腹，是也。《秦策》亦有刳腹折頤之文，與此可相證。釋玄應《衆經音義》十引同。《泰誓》「刳剔孕婦」，《正義》引作刲也，此解失之。刳對孕婦言，正空腹之謂。《音義》又引《周易》「刳木爲舟」，釋云：「刳，謂空其腹也。」可爲段説沾一左證。墮人城郭，墮，毁也。城郭高，故言墮，毁之使墮壞也。（高注：墮，壞也。誼同。）《左傳·定十二年》：「仲由爲季氏宰，將墮三都。」杜注謂「三都彊盛，將爲國害，故仲由欲毁之。」是亦訓墮爲毁。《吕子》「人」下多一「之」字。係人子女，《吕》作「刑人之父子也」，高注：「刑，殺也。」與本書義異，係謂係累之。《孟子》曰「係累其子弟」也。其名尤其不榮。「尤」，《吕》作「又」。尤從乙，又聲，音近通用。尤者，過也，甚也；又，亦有過之誼。名不榮者，高注云：「兵殺人以逆名，不得爲榮。」案：此言甲兵之事，傷殘人道，雖勝亦不足榮也。高注非。意者爲其實邪？「實」，各本作「貴」，《吕》作「實」，是也。實與名對，先言義，後言實，義謂名義，實指事實，兩文相配。若作貴，便無理，且與下文語意全隔矣。此形近之譌，《鬼谷子·捭塞篇》「貴得其指」，俞樾《讀書餘録》云：「貴乃實字之誤，上云以求其實，此云實得其指，兩文相承。」案：俞說是，亦可見二字形近易混，與此文例同，今據《呂子》校改。《墨子·非攻下篇》：「意將以爲利天乎，意將以爲利鬼乎，意將以爲利人乎。」句法與此相似。《荀子·君道篇》以爲親邪數句，亦似。**苟慮害人，人亦必慮害之；苟慮危人，人亦必慮危之。**苟猶若也，讀若《易·繫辭》苟非其人。慮，謀也，讀若《韓非》白公勝慮亂。必者，決詞，言報施不爽。《孟子》曰：「殺人之父，人亦殺其父，殺人之兄，人亦殺其兄，然則非自殺之也，一間耳。」《左氏宣十四年傳》曰：「貪必謀人，謀人人亦謀己。」皆與此同意。高注意者以下三句云：「不得財寶也，爲財利廣出，苟謀害人，人亦必謀害之。傳曰：晉侯誣人，人亦誣之，其此之謂也。」案：此注前二句頗支離，疑有誤字耳。**其實又甚不安，**句。**之二者，**句。**爲大王無取也。」**「實」，各本作「貴」，今依《呂書》改，說見上。「又」，各本作「人」，《呂子》亦作「人」，下有「則」字。今案人乃又之爛文，又甚不安，與上文又甚不榮爲對，則字當在又上。之，此也，經訓習見，言此二者皆無所取也。自《呂子》誤本將高注加於之字下，云：「其爲事如此，甚不得安也。」（此注當在安字下。）又於二者句下注云：「二者害與危，臣爲大王計，無取此二者也。」夫高誘明云此二者，是亦釋之爲此，以之字屬下句。不知何時誤寫，從之字斷注，後人篤信高氏，未審其誤，見其句法參差，以爲此句非與上句配，而人字之誤，遂不能正，即本書貴字之誤，亦並不能正矣。今依文勢改人作又，從安字句絕，以之字屬下三字爲句，以顯高注本之舊。理有至當，不避專輒，庶本書明而《呂》注之義亦明耳。至《呂子》畢本引舊校云：「人則一作久則。」光瑛案：久亦又字之譌，久又字形更近。觀別本作久，益信此人字必當爲又，而《呂書》則字之應在又上，亦從可定矣。肇林謹案：俞氏樾《呂子平議》亦謂人當作又，之字屬下爲句，但以則爲衍文，又不知高注爲後人移亂其處，則其說仍誤。家大人注此時，未見俞說，今審其誤，故不復引。俞氏引《莊子·逍遥游》之二蟲,《吕氏·先識篇》之二國者,《慎勢篇》之二臣者諸句法,證此之二者文法,甚允。高誘注言甚不得安,不言甚不得安之,亦明是以安字斷句,之字屬下之證。荆王無以應也。《吕子》無「也」字。昔衛靈公問陳,舊本「陳」作「陣」,乃敶之俗字,今依《論語》改,釋文本亦作「陣」。《説文·攴部》:「敶列也,从攴,陳聲。」鬥下云:「讀若軍敶之敶。」蓋軍敶必陳列,敶本陳列正字,引申爲軍敶字。鬥下之讀,卽其證也。《論語·衛靈篇》作陳,用省借字,今則陣行而敶陳皆廢矣。(《顏氏家訓·書證篇》謂陣字始見王羲之小學章,是晉時俗體字。)孔子言俎豆,自此以下,《吕書》所無,中壘自爲之。《論語》曰:「衛靈公問陳於孔子,孔子對曰:俎豆之事,則嘗聞之矣,軍旅之事,未之學也。明日遂行。」《説文·且部》:「俎,禮俎也,从半肉在且上。」「且,薦也,從几足有二横,一,其下地也。」《明堂位》曰:「俎,有虞氏以梡,夏后氏以嶡,殷以椇,周以房俎。」注:「梡,斷木爲四足而已;嶡之言蹷也,謂中足爲横距之象;椇之言枳椇也,謂曲橈之也;房謂足下跗也,上下兩間,有似於堂房。」聶崇義《三禮圖》:「案舊圖云,俎長二尺四寸,廣尺二寸,高一尺,漆兩端赤,中央黑。」《論語集解》僞孔注云:「俎豆,禮器。」案:俎以盛牲體,豆以載醯醬之屬,皆祭祀所用,是爲禮器也。賤兵而貴禮也。夫儒服,先王之服也,《孝經》「非先王之法服不敢服」。《孟子》言「堯之服,桀之服」,趙岐注云:「堯服,衣服不踰禮也;桀服,譎詭非常之服。」傳曰:服之不衷,身之災也。」而荆王惡之;兵者,國之凶器也,《老子曰》:「夫唯兵者不祥之器。」(今本唯作佳,誤。)而荆王喜之。所以屈於田贊,而危其國也。故《春秋》曰:「善爲國者不師。」《穀梁莊八年傳》文,引作《春秋》者,以其釋《春秋》之義故也,與四卷引《左傳》文作《春秋》同。爲,猶治也。不師者,范注云:「導之以德,齊之以禮。江熙曰:鄰國望我歡若親戚,何師之爲。」疏引舊説曰:「謂古明王時，導德齊禮，不起軍師，而四海賓服，則黄帝、堯、舜是也。」案鈔本《北堂書鈔》引《周書·大武》曰：「善政不攻。」亦此意。此之謂也。《呂書》敍至「無以應也」下云：「田贊可謂能立其方矣，若夫偃息之義，則未之識也。」注云：「段干木偃息以安魏，田贊辯説以服荆，比之偃息，故曰未知誰賢之也。」案：此注文有誤，疑知當作之，誰當作識，一以音近，一以形近而譌。但注義非，《呂》言田贊不及段干木之賢耳，本書不取《呂》説，深得《春秋》善善從長之恉。

11 哀公問於孔子曰：「寡人聞之，東益宅不祥，哀公注見四卷。《淮南·人間訓》、《論衡·四諱篇》、《御覽》一百八十引《風俗通》俱作「西益宅不祥」，惟《家語·正論》與此同。孫志祖曰：「此當從《淮南》、《論衡》作西，今形家尚忌之。」（《家語疏證》。）俞正燮曰：「蟲蛇在地，有象在天，東蒼龍，西白虎，相宅法忌白虎，而古人有白虎觀。《淮南·人間》云，西益宅不祥；《論衡·四諱》云，俗有大諱四，西益宅居其一；《藝文類聚》引《風俗通義》亦有西益宅不祥之説，惟《新序》五及《家語·正論解》則云，東益宅不祥。《家語》蓋録《新序》之文。」（《癸巳存稿》十一。）案：《淮南》以此爲哀公傅宰折睢告公語，《論衡》同，但折作質，折質音近通用。下列三不祥語，亦與此文不同。《類聚》六十四、《御覽》一百八十引《風俗通義》云：「宅不西益。」俗説西者爲上，上益宅者妨家長也，即西益宅不祥之説，似當作西爲是。信有之乎？」信，誠也。孔子曰：「不祥有五，二書止作三不祥。而東益宅不與焉。「宅」字各本奪，下並同，不成文理。《淮南》、《論衡》各句俱有「宅」字，《家語》録《新序》文已無之，則疑脱已久矣。今據二書補，下文並同。夫損人而益己，《家語》作「損人自益」。身之不祥也；《家語》無「也」字，下並同。棄老取幼，《家語》「老」下有「而」字。家之不祥也；釋賢用不肖，釋，猶舍也。《家語》「賢」下亦有「而」字。國之不祥也；老者不教，幼者不學，老不教，不慈其幼；幼不學，不敬其老。末俗之通弊也。俗之不祥也；風俗如是，是不祥也。聖人伏匿，伏，隱也；匿，藏也。《說文》訓匿爲亡，《廣韵》訓亡，亦訓藏，亡藏義近。言隱伏匿亡在野不仕。《論語》曰：「天下有道則見，無道則隱。」又曰：「賢者辟世。」《家語》下有「愚者擅權」一句。天下之不祥也。聖人以身繫天下安危，非但家國之景響而已。故不祥有五，而東益宅不與焉。《家語》無「故」字「宅」字。（各本亦無宅字，說見上。）《詩》曰：各敬爾儀，天命不又。《詩·小雅·小宛篇》，毛傳：「又，復也。」箋云：「今女君臣各敬慎威儀，天命所去，不復來也。」《左傳·昭元年》趙孟賦《小宛》之二章，杜注卽用鄭説以解趙孟之意，合之此所引，其義不殊，蓋三家與毛、鄭義同。引此者，戒哀公益敬慎威儀，以祈天永命。未聞東益宅之與爲命也。」各本及《家語》俱無「宅」字。《淮南》文云：「魯哀公欲西益宅，史爭之，以爲西益宅不祥。（《論衡》首處有傳曰二字，下句無之字及西益宅三字，蓋卽引《淮南》文，而畧以意增損之。）哀公作色而怒，左右數諫，不聽。（《論衡》作而弗聽。）乃以問其傅宰折睢，（《論衡》作以問其傅宰質睢，《御覽》引《淮南》作曼折曜。）曰：吾欲西益宅，而史以爲不祥，（《論衡》無而字。）子以爲何如。（《論衡》無上三字。）宰折睢曰：（《論衡》折作質。）天下有三不祥，西益宅不與焉。哀公大說而喜，頃復問曰：（《論衡》無而喜二字，頃上有有字。）何謂三不祥。對曰：不行禮義，一不祥也；嗜欲無止，二不祥也；不聽强諫，（强，《論衡》作規。）三不祥也。哀公默然深念，（《論衡》默作繆，念作惟。）憒然自反，（《論衡》憒作慨。）遂不西益宅。（《論衡》無西字。）」以上《淮南》文，《論衡》畧同，其異文各細注句下，以資參考。二書所記，不但東西各別，主名不同，卽事之起因，文之繁簡，亦與此不類。明何孟春《餘冬敍録》三云：「原宅所以不西益者，《禮記》南鄉北鄉，以西方爲上。《爾雅》曰：西南隅謂之奥，尊長之處也。不西益者，恐動摇之耳。審西益有害，增廣三面，豈能獨吉乎。」沈欽韓曰：「《淮南》書言哀公爲室，而大，公宣子諫。則哀公實有益宅之事，非泛問也。」(《漢書疏證》十下。)案沈説雖臆揣，亦頗近理。

12 顏淵侍魯定公於臺，顏淵，孔子弟子，名回，字子淵，顏路之子。葬曲阜東二十里，防山南。(《一統志》。)《漢表》列二等，上中仁人。定公，昭公之弟，名宋，在位十五年。謚法：大慮靜民，安民法古，純行不爽皆曰定。《漢表》列八等。《荀子·哀公篇》、《韓詩外傳》二、《僞家語·顏回篇》所記與此同。《莊子·達生篇》、《吕氏·適威篇》「定公」作「莊公」，「顏淵」作「顏闔」。《莊子》釋文李曰：「魯莊公或謂與顏闔不同時，當是衛莊公也。」高誘《吕子》注云：「顏闔在春秋後，魯穆公時人，後莊公十二世矣，若實莊公，顏闔爲妄，若實顏闔，莊公爲妄，由此觀之，咸陽市門之金可載歸也。」畢本引梁伯子云：「此本《莊子·達生篇》釋文引李説，以爲是衛莊公。考《莊子·人間世篇》言顏闔將傅衛靈公太子。《讓王篇》言魯君致幣顏闔，李云魯哀公，亦見本書《貴生篇》。又《莊子·列禦寇篇》言魯哀公問顏闔，則此爲衛莊公是也。而《荀子·哀公篇》、《韓詩外傳》二、《新序·雜事》五、《家語·顏回篇》皆云魯定公問顏回東野之御，蓋傳聞異辭耳。高氏未加考覈，誤以爲魯莊公，訾《吕氏》妄説，思載咸陽市門之金，何其陋也。」俞正燮《癸巳存稿》十二云：「《吕氏》言顏闔事，與《莊子》文同，《莊子》釋文李曰：魯莊公或曰衛莊。案《莊子·讓王》、《吕氏·貴生》並云魯君聞顏闔得道之人，使以幣先焉，《莊子》釋文李曰：魯哀公。又《莊子·列禦寇篇》有魯哀公問顏闔，《人間世篇》言顏闔事衛靈公太子，則《適威》之莊公，定是衛莊，得見魯哀公。又《荀子·哀公篇》顏闔與定公言，(案《荀》作顏淵，俞氏誤。)亦及魯定時。《莊子·達生》之李頤注爲誤，而高誘以魯莊、顏闔不同時，思載其金。(案近李慈銘《日記》譏俞氏此言輕薄，失箸書之體。蓋未知高先有取金之説，俞故反唇以駁之耳。觀李氏原文自明。）不悟《吕氏》並未言魯莊，何由取金。明方孝孺以魯莊與顔闔論馬，爲《吕氏》病，《日知録》又有傳記不考世代一條，亦襲之，豈非高誘利令智昏之所致邪。」案：梁、俞二説駁高注皆是，高氏誠未免冒昧。惟各書記此事，互有不同，梁、俞以爲指衛莊爲允，范家相《家語疏證》謂《莊子》先於諸家，宜從之。光瑛案：《晏子》書言昔衛東野氏之駕也，公説之，則似畢是衛人，自以衛莊公之説爲允。中壘以荀、韓大儒，言宜可信，故斷從之，所采即《外傳》之文。《外傳》「侍」下有「坐」字。東野畢御馬於臺下。《莊》、《吕》作「東野稷」，《荀》、《韓》、《家語》文皆作「畢」，與本書同。《漢表》亦同。稷畢聲相近，通用。《漢表》畢列六等。亦稱東野子，見《荀子·哀公篇》。東野氏，周公之後伯禽季子，名魚，食采東野，因以爲氏。見孔東塘《出山異數記》。定公曰：「善哉，東野畢之御。」《荀子》作「定公問於顔淵曰，東野子之善馭乎」。《家語》作「子亦聞東野畢之善御乎」。彼文兼襲《荀子》、《外傳》。馭御古通用，《荀子》注曰：「馭與御同。」是也。《荀》文蓋奪「子亦聞」三字，《家語》雖僞，此類可證古書，蓋王肅所見本尚未脱也。顔淵曰：「善則善矣，雖然，其馬將失。」《外傳》無「雖然」二字，「失」作「佚」，下並同，句末有「矣」字。《莊》、《吕》失作敗，義同。《家語》亦作「佚」，上有「必」字。此與《荀子》文同，《荀》注：「失讀爲逸，奔也。」案：失古佚字，佚逸音義皆同。《莊子·養生主》：「老聃死，秦失弔之。」釋文：「失本又作佚。」《周禮·大宗伯》「以防其淫失」，釋文：「本亦作佚。」《莊子·徐無鬼》「若卹若失」，司馬本作佚。《説文》：「佚，逸民也。」《漢·刑法志》、李廣、董仲舒、杜欽、梅福、司馬相如、司馬遷、韋玄成、外戚、王莽各傳注，皆云佚與逸同。《論衡·儒增》引《無逸》作《無佚》。釋玄應《衆經音義》二十二引《三蒼》，佚亦逸字。《廣雅·釋詁》：「逸，失也。」皆三字互通之證。其他見於諸經傳注者，不可勝舉。又通作泆軼妷等字。定公不悅，《家語》「不」上有「色」字。「悅」當作「說」。以告左右曰：「以告」，《荀》作「入謂」。《家語》無「以」字。「吾聞之君子不讒人，《荀子》無此句。《外傳》「讒」作「譖」，讒譖義同，一聲之轉也。凡字之孳衍，多由聲轉。《家語》亦無此句，下句云：「君子固有誣人也。」改讒譖爲誣，失其義，此王肅之謬。也字讀爲邪。君子亦讒人乎。」當時稱顏淵爲君子，故定公以此譏之。《荀子》「亦」作「固」，《外傳》「讒」作「譖」，《家語》引見上。顏淵不悅，「悅」，當作「說」。歷階而去。歷，經也。《荀》無此二句。《外傳》、《家語》衹作「顏淵退」三字。須臾，馬敗聞矣。《荀子》云：「三日而校來謁，曰：東野畢之馬失，兩驂列，兩服入廐。」《家語》云：「後三日，牧來訴之曰：東野畢之馬佚，兩驂曳兩服入於廐。」《外傳》衹作「俄而廐人以東野畢馬佚聞矣」。《荀子》所記，較本書、《外傳》爲詳，《家語》文襲之，全失其意。案：《荀》注云：「兩服馬在中，兩驂，兩服之外馬，列與裂同，謂外馬擘裂，中馬牽引而入廐。」俞樾《荀子平議》云：「注以七字爲句，非。兩驂列者，兩驂斷鞅而去也。兩驂在外，故得自絕而去，於是止存兩服馬還入廐矣。故曰兩驂列，（句。）兩服入廐。（句。）」以上俞解極通，王肅以爲兩驂曳兩服入廐，謬甚。楊注蓋爲肅所誤，故以七字爲句。近人攻《家語》作疏證者，皆未舉其失，何也。此文前後皆作馬失，此句不當用《莊》、《呂》文敗。疑敗是失之誤，《莊》、《呂》作敗者，敗失義同，失卽佚字，然則馬敗卽馬佚也。定公躐席而起曰：「躐」，《外傳》作「揭」，《荀》作「越」。案：躐有越義，故越級謂之躐等。《說文》無躐字，止作獵，經典多作躐。凡從巤偏旁字俗作葛，如獦臈之類是也，《外傳》作揭，疑獦字之誤文。獦卽獵字，蓋急於起，故越席而過，形容其速也。《禮記·仲尼燕居》「子貢越席而對曰」，亦是急於問故耳。《家語》作「公聞之，越席而作」。「趨駕《荀子》注：「趨，讀爲促，速也。」《外傳》作「趣」。案：趨速趣促，皆一聲之轉。六卷《齊景公飲酒章》之速駕，《晏子》作趨駕。《説文·走部》：「趨，走也。」又「趣，疾也。」二字相連。又《人部》：「促，迫也。」《辵部》：「速，疾也。」四字音義皆近，經典互用者，不可勝數。此趨駕請顔淵，與六卷速駕迎晏子，文法正同。楊注是。請顔淵。」「請」，《荀子》、《外傳》、《家語》俱作「召」。「淵」，《家語》作「回」。顔淵至，《家語》作「回至」。定公曰：《家語》無「定」字。「向寡人曰：善哉東野畢之御也。「向」，《外傳》作「鄉」，是。段玉裁曰：「漢以前無以方鄉字，鄉頃字作向者，蓋後人改之。」《荀子》作「前日寡人問吾子」。《家語》「問」下有「以東野畢之御」六字，與此及《外傳》均異。「之」字各本皆奪，據《外傳》補。吾子曰：善則善矣，雖然其馬將失矣。「曰」下《荀》有「東野畢之馭」五字，句末無「矣」字。《外傳》「善矣」下作「然則馬將佚矣」，句譌，一本「則」作「而」，是。《家語》作「而子曰，善則善矣，其馬將佚」。不識吾子何以知之也？」《荀子》、《外傳》、《家語》均無「也」字。《外傳》「何以」倒作「以何」，《家語》「何」作「奚」。「吾子」，宋本作「君子」。案：君吾二字，古書多混，説見一卷《周舍章》。此文不當作君，《荀子》、《外傳》可證，本書正采《外傳》文，今從衆本。顔淵曰：《荀》「曰」上有「對」字。《家語》同，但「淵」字亦作「回」。「臣以政知之。《家語》無「臣」字。昔者舜工於使人，工使人，謂知愛惜民力。《論語》曰：「使民以時。」又曰：「擇可勞而勞之，又誰怨。」是也。《荀子》無「者」字，「工」作「巧」，「人」作「民」。本書及《外傳》作「人」者，蓋唐人避諱改之。《説文·工部》：「工，巧飾也。」《公羊成元年傳》注：「巧心勞手以成器物曰工。」是二字誼同，故巧字從工，引申爲一切巧善之誼。造父工於使馬，造父，伯益十三世孫，（《唐書·氏族表》。）父曰衡父，以善御事周穆王，後封於趙城，爲趙氏。翟灝曰：「《韓子·外儲説右》造父爲齊王駙駕，蓋凡後之善御者，亦襲造父之名也。」案：翟説是。此如富者稱周公，貴者稱趙孟，美男稱子都，美女稱西子。（第一事見《論語》，餘並見《孟子》。《孟子・告子下篇》之西子蒙不潔，與惡人對文，明非實指其人，餘類推。）皆襲古人名，不必以本人解之。《荀子》句首有「而」字，「工」作「巧」。《家語》亦作「巧」。工使馬，謂養其力，知其情，而控御之。舜不窮於其民，窮，極也。謂極其力。盧文弨曰：「於字疑衍。」案：《荀子》、《外傳》、《家語》俱無「於」字，本書下句亦無，盧説近是。造父不盡其馬，盡窮誼同，《荀子》、《家語》作「窮」。《外傳》作「極」，極與窮盡誼亦同。是以舜無失民，此句本書亦作「民」字，蓋後人改之未盡者。《荀子》無「以」字，《御覽・工藝部》三引有，疑今本脱之。《外傳》、《家語》「失」作「佚」。造父無失馬。《荀》句末有「也」字，趙懷玉校《外傳》據增，不知本書用《外傳》文，正無「也」字，此增所不必增也。《外傳》、《家語》「失」作「佚」。今東野畢之御也，「御」，《荀》作「馭」，句末無「也」字。《外傳》無「御也」二字，以「之」字連下爲句。周廷寀校本補「御」字。上車執轡，「上車」，《家語》作「升馬」，失其義，此王肅之謬也。轡，《説文》作䡊，「馬轡也，从絲从𨔶，與連同意。（桂本云：連當爲疐。）詩曰：六轡如絲。」玄應《音義》三引《字書》：「䡊，馬縻也，所以制牧車馬也，字從絲從𨔶。」桂馥曰：「𨔶當爲疐。《玉篇》作𨔶，云一本作疐。馥謂疐省作𨔶，轡亦從疐省。本書，疐礙不行也，從叀，引而止之。者叀，如叀馬之鼻，從此，與牽同意。案：鼻下脱一字，當云㪍從此。《漢書・陳遵傳》一旦叀礙，顏注：或以叀爲疐。本書廏從㲃，㲃下云，𠧪古文叀字。李陽冰説疐云：車前重不前，合從車，宜上畫平，不從屮。馥謂轡今從車，皆陽冰之説惑之也。石鼓文作䜌，周愓功勳銘作䜌。（後引各證，茲畧之。）」案：桂説是也。段本改從車，注云：「《廣韻》轡下云：《説文》作䡊。此陸法言、孫愐所見僅存者，以絲運車，猶以牀輓車，故曰䡊與連同意，祇應從車，不煩從叀也。」案段氏止據《廣韻》孤證，盡改舊説，殊嫌武斷。釋慧琳《一切經音義》八引《説文》：「轡，馬轡也，从叀。叀音專，與連同音，从絲。」叀音專三字，慧琳語，下音字當作意，字之誤也。是慧琳所見《説文》亦從叀。段於叀下注云：「叀之義引申，讀同繯，繯，維也，有所牽掣之謂。」此與轡義正合，然則何以改轡字之叀爲車乎。桂氏又云：「《急就篇》注，轡亦謂之勒。劉芳《毛詩箋音義》證轡是御者所執者也，不得爲勒。且舊語言馬勒，不云轡，以勒爲轡者，北人避石勒名也。今南人皆云馬勒，而以鞚爲轡，反復推之，此爲明證。《詩》稱執轡如組，又云六轡在手，以所執爲轡審矣。今俗儒仍以轡爲勒，曾無寤者。」案：桂氏辨轡與勒異，説尤明快。轡手所執，以資控送，故有如琴之諭，若勒則何以稱焉。即此已證其謬，不待細攻。御體正矣；《荀子》、《外傳》、《家語》「御」均作「銜」。《荀》注：「銜體，銜與馬體也。」案：銜與御形近，疑御之譌字，否則注義竟不可解矣。周旋步驟，《荀子》、《家語》作「步驟馳騁」。朝禮畢矣；楊注《荀子》云：「步驟馳騁，朝禮畢矣，謂調習其馬，或步驟馳騁，盡朝廷之禮也。」此注難曉。郝懿行曰：「此讀宜斷體正禮畢相屬，上句言馭之習，下句言馬之習也。朝與調古字通，《毛詩》言調饑卽朝饑。此言馬之馳驟，皆調習也。」案：郝説亦非，其謂朝讀調，訓調習，則是。御體正，言御者之體既正也；朝禮畢者，禮，猶理也。《禮記·仲尼燕居》：「禮也者，理也。」《樂記》：「禮也者，理之不可易者也。」《管子·心術篇》：「故禮者，謂有理也。」皆其證。又禮者，方也，見《大玄·玄衡》。方，法也。此言調習之理法已畢也。御體朝禮，文義相屬，如郝讀反覺支離。歷險致遠，而馬力殫矣。《荀子》、《家語》「殫」作「盡」。三書皆無「而」字。案：殫從單，單有盡義。《毛詩·公劉》「其軍三單」，鄭箋：「單者，無羡卒也。」《禮記·郊特牲》「唯爲社事單出里」，注：「二十五家爲里。畢作，人則盡行，非徒羡也。」曰非徒羡，曰無羡，皆盡之義。《史記·春申君傳》「王之威亦單矣」，《索隱》：「單，盡也。」文亦見本書九卷，是皆單訓盡之證。

殫後起字，古止作單，與盡字異義同。然求不已，《荀》作「然猶求馬不已」，《外傳》作「然猶策之不已」，本書括省其文耳。《家語》作「然而猶乃求馬不已」，則煩而近於贅矣，此亦王肅之謬。求，誅求，謂盡其力。是以知其失也。」《荀》作「是以知之也」，《外傳》作「所以知佚也」，《家語》作「臣以此知之」。嘉靖本「也」作「矣」。定公曰：「善。可少進與？」《荀》作「可得少進乎」。《外傳》與本書同，但句末無「與」字。《家語》作「誠若吾子之言也，吾子之言，其義大矣，願少進乎」。亦殊嫌贅。顏淵曰：「獸窮則觸，「觸」，《荀子》、《家語》作「攫」，此句叙在鳥窮句下。《外傳》「觸」作「齧」。《淮南・齊俗訓》：「鳥窮則啄，獸窮則觸。」鳥窮則啄，各本「啄」作「喙」，今從宋本。《外傳》亦作「喙」，趙本從《荀子》、《家語》校改。案：喙即啄字，《禮器》「大圭不琢」，注：「琢當爲篆，字之誤也。」釋文：「琢字又作瑑，文轉反。」蓋瑑與篆同字，其形與琢相近，其義亦通。《周禮・典瑞》「瑑圭璋璧琮」，鄭司農云：「瑑有圻鄂瑑起。」瑑篆古通用，《巾車》「孤乘夏篆」，注：「故書夏篆爲夏緣。鄭司農云：夏，赤色；緣，緑色。或曰夏篆篆讀爲圭瑑之瑑，夏瑑，轂有約也。」《漢書・董仲舒傳》「良玉不瑑」，注：「瑑，謂雕刻爲文也。」是篆瑑古通之證。琢本治玉之稱，琱琢亦作彫瑑。《漢書・王吉傳》「工不造琱瑑」，《東方朔傳》「陰奉琱瑑刻鏤之好，以納其心」，《司馬遷傳》「今雖欲自彫瑑」，《楊雄傳下》「除彫瑑之巧」。皆用瑑字，瑑，即琢也。《列子・黄帝篇》「雕瑑復朴」，釋文：「瑑本作琢。」《爾雅・釋訓》「如琢如磨」，釋文：「琢本或作瑑。」諸書之以瑑爲琢，未必皆是誤文，（《經義述聞・通説下・形近而譌章》考二字互誤甚詳，然其實亦通用字耳。）蓋因彖形與豕形近，而瑑通於篆，義爲雕刻，與琢義亦近，故通借用耳。《禮記・郊特牲》「大圭不琢」，鄭注讀亦與《禮器篇》同。啄又通作噣，《東方朔傳》與彀竇等字爲韵，互見七卷《公孫杵臼章》。本書二卷「俛啄白粒」，《國策》啄作噣。人窮則詐，

《家語》下有「馬窮則佚」句，王肅所加。自古及今，窮其下能無危者，未之有也。「無」，《外傳》作「不」。舊本「窮」上有「有」字，衍文也。蓋《荀子》、《家語》作「未有窮其下而能無危者」，此「有」字涉彼文而衍，乃校者以彼文注本書之未刊落者。然本文采之《外傳》，《外傳》無「有」字，文義始順，若上既言有，下又言未之有，於文爲贅矣。今從《外傳》删。能讀爲而，《禮運》疏謂劉向書多以能作而，此其一也。此外多爲後人妄改，此則未改之僅存者。《荀子》、《家語》文「而能」二字，疑亦當衍其一。蓋本書改而作能，能即而字，後人以本書異文，記於二書原文之旁，傳寫時并入正文，遂將而能二字連讀耳。《詩》曰：執轡如組，兩驂如舞。《詩·鄭風·大叔于田》之篇，毛傳：「驂之與服，和諧中節。」箋云：「如組者，如織組之爲也，在旁曰驂。」陳喬樅曰：「《周官·保氏》注：五御之法，有舞交衢。賈疏云：御車在交道，車旋應於舞節。然則詩言兩驂如舞者，謂其騑驂之安行，如舞者之有行列，從容中節也。」（《韓詩遺説考》四。）案：陳説與毛義微有不同，毛以兩驂連兩服言，謂與服相應，如舞之和而有節，其説是也。觀次章言兩驂雁行，三章言兩驂如手，皆以驂連服爲比，則毛義自明。陳以如舞祇屬兩驂言，不如毛之確，但其解如舞，可備一義。《外傳》三引此詩，皆以御馬論御民，一即五卷此事，一在二卷。蓋《韓詩》大義所在，其解經則當與毛義同也。自「詩曰」以下，他書所無，惟《外傳》有之，益見本書文采《外傳》。《家語》下有「公説，以告孔子，孔子對曰，夫其所以爲顔回者，此之類也，豈足多哉」云云，虚譔故實，乃王肅之長技，殊堪齒冷。善御之謂也。」定公曰：「善哉，寡人之過也。」《外傳》無「善哉」二字。一本「也」作「矣」，趙本同。

13 孔子北之山戎氏，之，往也，見《爾雅·釋詁》。山戎，北狄。《左傳·隱九年》北戎侵鄭，《桓六年》北戎伐齊，《莊三十年》齊人伐山戎，皆即此。在今直隸永平府境。《禮記・檀弓》作「孔子過泰山側」，《論衡・遭虎篇》作「孔子行魯林中」。（《家語》異文，別録於後。）俞正燮曰：「泰山側，《新序》作北之山戎氏，此路蓋經泰山西。今泰山西桃峪上原有老虎窩，猛虎溝，云是其遺迹。《論衡・遭虎》云孔子行魯林中，《定賢》云魯林中哭婦，俱稱林中者，殆齊配林之類。《詩》泰山巖巖，魯邦所瞻。魯主泰山，得祭泰山，故至季氏亦旅之，亦有配林。《續漢志》注引盧植《禮器》齊配林注云：小山，林麓配泰山者。《公羊成十七年》何休注作蜚林。」（《癸巳存稿》卷第二。）案：俞説是。有婦人哭於路者，其哭甚哀。《檀弓》「路」作「墓」，無「其哭甚」三字，止作「而哀」二字。《論衡》作「婦人哭甚哀」。孔子立輿而問曰：立，止不行也。《檀弓》作「夫子式而聽之，使子貢問之」，與此不同。「子貢」，一本作「子路」，説詳後。《論衡・遭虎》、《家語・正論》俱作「使子貢問之」。《文選・册魏公九錫文》，謝靈運、張子房詩兩注引《禮記》文亦皆作「子貢」。「曷爲哭哀至於此也？」也讀爲邪。《檀弓》作「子之哭也，壹似重有憂者」。《論衡》作「何以哭之哀也」。俱作子貢語。婦人對曰：《論衡》無上三字。《檀弓》作「而曰然」。「往年虎食我夫，今虎食我子，是以哀也。」《檀弓》作「昔者吾舅死於虎，吾夫又死焉，今吾子又死焉」。《論衡》作「去年虎食吾夫，今年食吾子，是以哭哀也」。孔子曰：「嘻，嘻，《説文》作譆，悲痛之聲也。若是則曷爲不去也？」也亦讀爲邪。《論衡》作「子貢曰，若此，何不去也」。《檀弓》作「夫子曰，何爲不去也」。《家語・正論》亦以此爲子貢之語。曰：「其政平，其吏不苛，平，公平。苛，苛刻也。《檀弓》作「曰無苛政」。《論衡》作「其政之不苛，吏之不暴也」。王引之曰：「《檀弓》：夫子曰：何爲不去也。曰：無苛政。夫子曰：小子識之，苛政猛於虎也。鄭注不釋政字，釋文亦不作音。引之謹案：政讀曰征，謂賦税及繇役也。誅求無已，則曰苛征。《荀子·富國篇》：厚力布之斂，以奪之財；重田野之稅，以奪之食；苛關市之征，以難其事。楊注曰：苛，暴也；征，亦稅也。是也。古字政與征通，《王制》：五十不從力政；八十者，一子不從政；九十者，其家不從政；廢疾非人不養者，一人不從政；父母之喪，三年不從政；齊衰大功之喪，三月不從政；將徙於諸侯，三月不從政；自諸侯來徙家，期不從政。《雜記》：三年之喪，祥而從政；期之喪，卒哭而從政；九月之喪，既葬而從政；小功緦之喪，既殯而從政。皆借政爲征也。而《新序·雜事篇》載此事，乃云：其政平，其吏不苛。則已誤爲政事之政矣。」（此下引政讀爲征，列證甚多，因與本文無涉，不備引。）案：《禮》文政讀如字，其誼甚通，王氏必欲破字讀征，未審其故。中壘漢人，解此事已云「其政平，其吏不苛」，而王氏斥爲誤，未免武斷。《論衡·定賢篇》云：「魯林中哭婦，虎食其夫，又食其子，不能去者，善政不苛，吏不暴也。夫酷，苛暴之黨也。」則亦讀政爲如字。即鄭君此文無注，亦必讀爲如字也。王氏安得自申己意，一筆抹殺乎。王氏又謂鄭注《雜記》云：「從政，從爲政者教令，謂給繇役。」既訓爲給繇役，則是讀政爲征，而又云從爲政者教令，非也。從爲政者教令六字，後人所增，此亦强古就我之說。又謂「《樂記》庶民弛政，注：弛政，去其紂時苛政。釋文：苛政，本又作苛役。《史記·樂書》集解引此作苛役。案：作苛役者是，弛政之政當爲征，謂繇役也。」此解難通，然既讀政爲征，則不必以作役本爲是矣，且安知役字非政字之誤乎。況言政，則可苞征役在内，言征役，不過政事之一端，何必舍其全而就其偏乎。《周禮·旅師》：「新甿之治，皆聽之，使無征役。」鄭注引《王制》不從政之文證之，則凡《王制》、《雜記》諸從政字，鄭皆讀爲征，但不可以例此政字耳。王氏説經好易字，間涉武斷，此乃乾嘉時學人習氣，不可爲訓，因此文畧論及之。

吾以是不能去也。」《檀弓》無此句。《論衡》亦無，有「子貢還報孔子」一句，下接「孔子曰，弟子識諸」云云。

孔子顧子貢

曰：《檀弓》作「夫子曰」。《論衡》作「孔子曰」。張敦仁《禮記撫本鄭注考》：「岳氏云，興國及建諸本皆作子路，石本、舊監本越上注疏本作子貢。案：此於釋文、《正義》無所見，唯唐石本爲可據，撫本與石本以下同者當是矣。嘉靖本、十行本皆作子路，蓋出於建本，而十行本之祖，乃岳氏所謂建本有音釋注疏也。興國軍於氏本，今未見，就岳所舉各條訂之，說少是者，可知其非善本。」光瑛案：以本書及《論衡》證之，自當作子貢爲是。子貢注見二卷。「弟子記之，《檀弓》「弟」作「小」，「記」作「識」。《論衡》「記之」作「識諸」。夫政之不平，而吏苛，乃甚於虎狼矣。」《檀弓》「識之」下止有一句，云：「苛政猛於虎也。」《論衡》作「苛政暴吏，甚於虎也」。《詩》曰：「降喪饑饉，斬伐四國。」《詩・小雅・雨無正篇》文。毛傳：「穀不熟曰饑，蔬不熟曰饉。」案：四國猶四方也，國與域通用，猶今人言四境，孔疏解爲四方之國，似非。夫政不平，乃斬伐四國，詩人以昊天諭王，猶《板》、《蕩》以上帝諭王也。然則饑饉乃諭虐政，故曰政不平乃斬伐四國。此解與毛、鄭不同，蓋《魯詩》義，子政兼治魯學。而況二人乎。其不去，宜哉。二人，謂夫與子也，言所失不止此，是以不去。《家語》云：「孔子適齊，過泰山之側，有婦人哭於野者而哀。夫子式而聽之，曰：此哀一似重有憂者，使子貢往問之。而曰：昔舅死於虎，吾夫又死焉，今吾子又死焉。子貢曰：何不去乎。婦人曰：無苛政。子貢以告孔子，孔子曰：弟子識之，苛政猛於暴虎。」其文與本書、《論衡》、《檀弓》皆有出入，蓋兼襲諸書之文成之。

14 魏文侯問李克曰：魏文侯注見一卷，李克注見四卷。《呂子・適威篇》作「魏武侯之居中山也，問於李克曰」。《淮南・道應訓》作「魏武侯問於李克曰」。《北堂書鈔》一百二十三引本書亦作「魏武侯」。案《呂子》注云：「樂羊伐中山，得中山，故武侯居之也。」則似作武侯爲是。武侯注見一卷。《韓詩外傳》十「李」作「里」，里李古字通用，說詳在四卷。《文子》記此事，全襲《淮南》，又以李克之言爲老子語，可謂不善作僞者。近人或反以爲《淮南》襲《文子》，是真倒植之見矣。「吴之所以亡者，何也？」《書鈔》引無「也」字。李克對曰：《外傳》「李」作「里」，下文並同。《書鈔》此句下即接「數戰則民罷」云云，蓋括省本書之文引之耳。「數戰數勝。」《淮南》、《外傳》「戰」下有「而」字。《吕子》「數」作「驟」，亦有「而」字，下並同。高注：「驟，數也。」案：驟數義同，音亦相近。《廣雅·釋詁》三、《小爾雅·廣言》皆訓驟爲數。《楚辭·悲回風》「驟諫君而不聽兮」，王逸注：「驟，數也。」《宣三年左傳》「宣子驟諫」，服虔注：「驟，數也。」又《衆經音義》引賈逵《國語注》云：「驟，疾也。」疾亦有數之義。《論語》之「事君數」，即驟諫也。《襄二十五年左傳》「驟如崔氏」，即數如崔氏也。《吕書》與本書文義不殊，李克之對，引而不發，蓋以起文侯之問。文侯曰：《吕氏》、《淮南》作「武侯」，此同《外傳》文。「數戰數勝，《外傳》無上二字。《吕子》「戰」下有「而」字。國之福也，《吕》「國」下有「家」字，《淮南》同，但無「也」字。此同《外傳》文。其所以亡，何也？」《吕》作「其獨以亡，何故」，《淮南》同，但句末有「也」字。《外傳》作「其獨亡，何也」。李克曰：《吕子》、《淮南》作「對曰」。《外傳》作「里克對曰」。「數戰則民疲，《吕子》、《淮南》作「罷」，下同。罷疲古字通用。此同《外傳》文。以下四語，《文子》引作老子語。案：《淮南》篇名《道應》，每引一事，必稱老子語證之，使老氏果有此言，《淮南》豈得反指爲李克語乎，即此可徵其謬。數勝則主驕，《淮南》「驕」作「憍」，下並同，字俗。以驕主治疲民，「治」，《吕子》、《淮南》作「使」。《外傳》自「則主驕」下接云：「驕則恣，恣則極，上下俱極，吴之亡猶晚矣，此夫差之所以自殁於干隧也」。《吕氏》此句下接云：「然而國不亡者，天下少矣。驕則恣，恣則極，物罷則怨，怨則極慮，上下俱極，吴之亡猶晚，此夫差之所以自殁於干隧也」。《淮南》文云：「以憍主使罷民，而國不亡者，鮮矣。憍則恣，恣則極慮，上下俱極，吳之亡猶晚矣，此夫差之所以自剄於干隧也。故老子曰：功成，名遂，身退，天之道也」。文皆大同小異，《文子》全襲《淮南》，其以李克語作老子，是《淮南》引老氏言以自解其語，有是理乎，謬甚。此其所以亡也。」以上李克對文侯語，亦當在《漢志·文侯六篇》、《李克六篇》書中，合之《説苑·政理、反質》、《韓詩外傳》八及十、《韓非子·難二篇》暨本書四卷，及諸書所記文侯、李克之言，蓋其遺文之僅存者。《呂氏》作「然而國不亡者，天下少矣」。是故好戰窮兵，《書鈔》引無「是故」二字，「兵」作「武」。未有不亡者也。末二句中壘之言，他書所無。

15 趙襄子問於王子維曰：趙襄子注見四卷。王子維，趙氏之臣也。《御覽》六百三十三引《説苑》作王離，乃字之誤。今《説苑》無此文，當是引本書文耳。《御覽》引《新序》、《説苑》、《列女傳》三書，往往互亂名稱，因三書同出子政手故，説詳三卷《梁君出獵章》注。「吳之所以亡者，何也？」《御覽》引《説苑》「吳」作「國」。對曰：「吳君𠫤而不忍。」盧文弨曰：「𠫤，吝之俗體。《御覽》六百二十引作悋，亦俗字。」案：《御覽》引《説苑》亦作「悋」，無「吳」字，「不」下有「能」字，「此」下有「是以亡爾」一句。襄子曰：「宜哉，吳之亡也。謂其有當亡之道。𠫤則不能賞賢，舊本「則」下注云：「一作而。」案：而猶則也，王氏《經傳釋詞》舉例甚詳。不能賞賢，若項羽之使人有功當封爵，印刓綬弊，忍不能予，是也。中壘爭陳湯、甘延壽之封，蓋亦此意。《論語》曰：「猶之與人也，出納之吝，謂之有司。」不忍則不能罰姦。若宋元公之不誅寺人柳，而反寵之；晉厲公不聽胥童之言，誅欒書、中行偃，反爲所弒之類是。孔子曰：「小不忍則亂大謀。」朝廷之賞罰，賢姦之從違繫焉，不可不慎。賢者不賞，有罪不能罰，盧文弨曰：「下能字衍。」

案：《御覽》引本書無「能」字，疑涉上句而誤衍之。不亡何待。」《御覽》引《說苑》「是以亡爾」句下，接云：「襄子曰：何爲其然也。曰：恡則不能賞賢，不忍則不能罰罪，賢者不賞，罪者不罰，不亡何也」。與此小異大同。其言則可謂深切著明者矣。自古國家之敗，由君子退而小人進，人人欲爲君子，國雖弱必興，人人甘爲小人，國雖强必覆。要其所以毆而使之欲爲君子與小人者，不外賞罰舉措之間，使人人知所避就而已。賢不賞，人無所勸而不樂爲善；罪不罰，人有所冀而不憚爲惡。馴至小人多而君子勢孤，在野則成羣結黨，釀成風俗之憂，在朝則壞法亂紀，積爲政治之蠹。國欲不亡，詎可得邪。

16孔子侍坐於季孫，「侍坐」，《家語・正論篇》作「適」，以下文多不同。季孫之宰通曰：宰，大夫私臣，主家政者。《檀弓》「莫若妻與宰」，謂其家大夫也。」「通」，《家語》作「謁」。案：《韓詩外傳》五下文有「告宰通曰」之語，則通是宰名無疑，王肅謬以爲通謁之義，遂於此改通爲謁，荒陋可笑如此。「君使人假馬，其與之乎？」皇侃《論語疏》七卷引《韓詩外傳》「乎」上有「不」字，今本《外傳》無。孔子曰：「吾聞君取於臣謂之取，「君」字各本俱奪，依文義不可省，今據《外傳》五補。不曰假。」《周禮・天官・玉府》「凡王之獻」，鄭注：「古者致物於人，尊之則曰獻。」王肅引《家語》此文，謂「君取於臣曰取，與於臣曰賜，臣取於君曰假，與於君曰獻」，以此難鄭。馬昭引《禮記》曰：「尸飲五，君洗玉爵獻卿。況諸侯之中，有二王之後，何得不云獻也。」案：王肅之說，得一遺二，徒剽竊《外傳》此文，僞《家語》以難鄭。不知言非一端，各有當也。夫君取臣曰取，與臣曰賜，此道其常也。若喬木世臣，國所尊敬，則隆其稱曰獻。《檀弓》「晉獻文子成室」，鄭注：「作室成，晉君獻之。」是也。況對異散通，經典用字類此者多矣。孔子目擊季氏專橫，魯君失柄，故借假馬之名，以警季孫，有爲而發，豈若後世小儒，斷斷於一字之異同，以爲升降哉。此與《論語·子路篇》辨冉有有政之對，皆聖人正名之義，非可據以作訓詁者也。季孫悟，告宰曰：《外傳》「宰」下有「通」字，蓋宰名。「自今以來，《外傳》無「自」字，「來」作「往」。案：來往義反，而散文亦通，猶而後也。君有取謂之取，無曰假。」無與毋通。故孔子正假馬之名，《外傳》作「孔子曰，正假馬之言」，譌舛不可讀。趙校本删「曰」字，據皇侃疏引文也。不知皇疏引《外傳》文，與本書同，趙既據之，而不增「故」字，又疑「曰」是「一」字之誤，則仍漫無定見。而君臣之義定矣。義，名義。《論語》曰：「必也正名。」《外傳》句末有「乎」字，《論語》同，在《子路篇》，告子路語。《集解》馬融曰：「正百事之名。」《儀禮·聘禮》疏引鄭注：「《論語》云，古者曰名，今世曰字。」案：馬、鄭説驟視似不同，然物各有事，事各有名，書字之名，可賅百事，二説似異實同。本書及《外傳》此文引《論語》，謂爲正百事之名可，謂爲正書字之名亦可，此其證也。朱子引衛輒拒父事，以爲正祖禰之名，亦不能出馬、鄭二説之範圍。《詩》曰：「無易由言，無曰苟矣。」《詩·大雅·抑篇》文。《外傳》引《詩》作「君子無易由言」，則是《國風·谷風篇》文矣。此恐後人所改，中壘所據當不誤。可不慎乎。《外傳》引詩後無斷語。趙校本於句末增「名正也」三字，亦屬臆造。《家語》記此事云：「孔子適季孫，季孫之宰謁曰：君使人假于馬，將與之乎。季孫未言，孔子曰：吾聞之，君取於臣謂之取，與於臣謂之賜，臣取於君謂之假，與於君謂之獻。季孫色然悟曰：吾誠未達此義，遂命其宰曰：自今以往，君有取之，一切不得復言假也。」等語。案：此文與《外傳》、本書，頗有出入，君取於臣四語，鄭重分明，爲《外傳》、本書所無，蓋肅特著在此，以爲難鄭張本，其私心，千載下尚可以窺見也。

17君子曰：《韓詩外傳》五作「傳曰」，此必古哲遺語。「天子居闉闕之中，《詩·鄭風》「出其闉闍」，傳：「闉，曲城也。」《説文·門部》：「闉，闉闍，城曲重門也。」許以闉爲門外之曲城，是説字從門之恉也。《説文》又云：「闕，門觀也。」段注云：「《爾雅·釋宫》：觀謂之闕。此觀上加門者，觀有不在門上者也。凡觀與臺在平地，則四方而高者曰臺，不必四方者曰觀；在門上，則中央闕然，左右爲觀，曰兩觀。《周禮》之象魏，《春秋經》之兩觀，《左傳·僖五年》之觀臺是也。若中央不闕，則跨門爲臺。《禮器》謂之臺門，《左傳》謂之門臺是也。此云闕，門觀也者，謂門有兩觀者稱闕。」案：段説最清晳可信。「闉闕」，《外傳》作「廣廈」，「中」作「下」。帷帳之内，《史記·鄒陽傳》獄中上梁王書，「今人主沈於諂諛之辭，牽於帷裳之制」。《文選》李善注引《漢書音義》，帷裳字作牆，下引《説文》云：「牆，垣蔽也。」言帷妾之所止，牆臣之所居也。」《漢書》字作廧，《集解》引《漢書音義》言爲左右便辟侍帷裳臣妾所見牽制。此帷帳意亦畧同，謂深宫之内，帷幄障蔽之地也。《説文·巾部》曰：「帷，在旁曰帷。」（《周禮》注同。）劉熙《釋名》：「帷，圍也，所以自障圍也。」《説文》又曰：「帳，張也。」《釋名》曰：「帳，張也，張施於牀上也。」《史記·高帝紀》「復留止張飲三日」，注：「張，幃帳也。」《後漢書·班固傳》「供張置乎雲龍之庭」，注：「供張，供設帷帳也。」然則帳亦作張，古省借通用字。廣廈之下，旃茵之上，旃讀爲氈。《説文·毛部》：「氈，撚毛也，从毛，亶聲。」案：撚毛者，謂撚毳毛以成氈，古多叚旃爲之。《釋名》：「氈，旃也，毛相著旃旃然也。」《説文》旃或從亶作旜，二字均從亶聲。《老子》王弼注：「必知氈裘。」釋文：「氈本作旃。」《漢書·王吉傳》：「夫廣廈之下，細旃之上。」師古曰：「廣廈，大屋也；旃與氈同。」此正用古語，與《外傳》文合，皆旃氈通用之證。（《漢書·司馬遷傳》旃裘之君長咸震怖，《文選·報任少卿書》旃作氈，李注：氈裘，匈奴所服也。）《説文·艸部》：「茵，車重席也。」此以爲几席之稱。《詩・秦風》傳：「茵，虎皮也。」《廣雅》「靯韉謂之鞇。司馬相如說，茵從革」。《漢書・霍光傳》作絪。茵鞇絪音義並同，取獸之皮革爲之。氈茵皆取其温厚。不出襜幄，《外傳》此上有「被躧舄」三字。周廷寀校云：「被下疑脱一袞字。」案周校是。此句《外傳》作「視不出閫襜」。《說文・衣部》：「襜，衣蔽前，从衣，詹聲，俗作幨。」又《木部》：「楃，木帳也，从木，屋聲。」襜本爲蔽前衣，楃所以蔽内外，襜楃連言，有所蔽不盡見也。《說文》無幄字，止作楃。《釋名》：「幄，屋也，以帛衣板，施之形如屋也。」楃字本從木，訓木帳，後人以帛衣版，乃始易木從巾。《後漢書・劉盆子傳》「絳襜絡」，注：「帷也，車上施帷，以屏蔽者，交絡之以爲飾。」則襜是車帷，有屏蔽之義，故以蔽前之字名之。《漢書・陸賈傳》「去黄屋稱制」，注：「黄屋，謂車上之蓋也。」《獨斷》云：「黄屋者，以黄爲裏也。」是乘輿之黄屋，即黄幄，必先立版，而後帛有所傅。襜幄皆是車上之飾，今此言襜幄，則但取隱蔽，不必泥爲車飾。《外傳》作「閫襜」，謂閫内之襜圍，定不謂車飾也。《左傳・哀十四年》「子我在幄」，注：「幄，帳也，聽政之處。」《小爾雅・廣服》「覆帳謂之幄。」而知天下者，知天下之事也。傳曰：「王者不出户，知天下。」《外傳》句首有「莽然」二字。以有賢左右也。」左右，親近輔弼之臣也。「有」，《外傳》作「其」。周廷寀校云：「其當從《新序》作有。」案：《外傳》「其」下疑奪一「有」字，周校非。故獨視不如與衆視之明也，獨聽不如與衆聽之聰也。《外傳》兩「如」字作「若」，下更有「獨慮不若與衆慮之切也，故明主使賢臣輻湊（趙本作輳。）並進，所以通中正而致隱居之士。詩曰：先民有言，詢于芻蕘。此之謂也」諸文。内切字不合韵，趙本改作功，是。功切形近而誤，毛本作工，乃功之叚借字。《風俗通義・孝文帝章》引劉向對成帝言，稱孝文禮言事者，不傷其意，忍容言者，含咽臣子之短。此大臣因事進言，納約自牖之義，與此章意相發明。亦因成帝志溺房幃，恣情聲色，故引此爲言，因症發藥，中壘愛國之心，於此可見。

18晉平公問於叔向曰：晉平公、叔向注俱見一卷。《説苑·善説篇》無「於」字。「國家之患孰爲大？」《説苑》記此事云：「晉平公問叔向曰：歲饑民疫，翟人攻我，我將若何。對曰：歲饑來年而反矣，疾疫將止矣，翟人不足患也。公曰：患有大於此者乎。」次乃叙叔向對語，所記事之起因，較本書爲詳。對曰：「大臣重禄而不極諫，《説苑》「曰」下有「夫」字。重禄，謂以禄爲重，恐失其禄，不肯極諫也。與《墨子》言持禄義同。近臣畏罪而不敢言，近臣，侍從親近之臣。《後漢書·陳忠傳》引作「小臣」，無二「而」字。「罪」，舊本皆作「罰」，盧文弨曰：「當依《説苑》作罪。」案：字本作辠，《羣書治要》引本書作「罪」，隸書罪字與罰形近致譌，盧説是，今據改。下情不上通，《説苑》作「左右顧寵於小官，而君不知」，與此異也。此患之大者也。」《説苑》「此」下有「誠」字。《後漢》引無「也」字。公曰：「善。」《治要》引至此止。於是令國曰：《後漢書》「令國」作「下令」。《説苑》「國」下有「中」字。「欲進善言，謁者不通，不肯爲通也。謁者，通謁之官，名已見於此。罪當死。」科以死刑。《後漢書》作「吾欲進善，有謁不通，罪至死」。《説苑》作「欲有諫者爲隱，左右言及國吏罪」，文義譌舛不可曉，疑吏乃事之誤。古吏事字多混，詳四卷《有司請事章》注中。欲有諫者爲隱，是一事，左右言及國事，又是一事。左右爲隱，罪在蔽賢，左右言事，罪在干政。之二者，皆罪之也。本書文從省畧。

19楚人有善相人者，「者」字各本奪。盧文弨曰：「《吕氏·貴當篇》、《韓詩外傳》九有者字。」案：《渚宮舊事》作「郢人有善相者」，亦有「者」字，郢，楚都也。依文義「者」字不可省，今據補。《吕書》「楚」作「荆」，無上「人」字。（亦有

「者」字。）所言無遺策，《外傳》「策」作「美」，譌。周廷寀校謂當依本書、《呂子》作「策」，是也。孫詒讓《札迻》云：「漢隸策字多作筴，見《北海景君銘》、《鄭令景君闕銘》、《馮焕殘碑》、《靈臺碑》，與美形近而誤。」案孫説極是。《漢藁長蔡湛頌》「協筴公門」，又以筴爲策。隸書從竹從艸，字形多亂，然筴實俗字，《顔氏家訓·書證篇》已言之。又古算字亦作筴，見近人王氏國維《觀堂集林》六《釋史篇》。《外傳》此美字，則當爲策之譌。（因作筴而譌。）《渚宫舊事》亦作「策」。《呂子》注：「遺，猶失也。」光瑛謂此言相者代人策畫，趨吉避凶，無所遺漏，高注非是。聞於國。《呂》注：「國人聞之也。」《外傳》句末有「中」字。《治要》及《舊事》引《呂子》均無此句，蓋括省其文。莊王見而問其情，「其」，嘉靖本作「於」，誤，今從衆本。楚莊王注見一卷。《外傳》作「莊王召見而問焉」，《呂書》同，無「召」字。《舊事》作「莊王問焉」。對曰：「臣非能相人，《呂子》、《外傳》句末並有「也」字，《舊事》亦有。（鈔本《舊事》無。）能觀人之交也。觀，《外傳》作「相」。「交」，《呂子》、《外傳》、《舊事》俱作「友」，下文並同。古書交支友三字，往往互混。七卷《原憲章》「比周而友」，俗本友作交，當據《莊子》、《外傳》訂正，詳見彼注。餘詳《意原堂日記》及同卷《呂子章》注中。《孟子》稱「吾聞觀近臣，以其所爲主；觀遠臣，以其所主。」又曰：「尹公之佗，端人也，其取友必端矣。」《戰國策·魏策》李克對文侯云：「居視其所與，達視其所取。」皆即此意。蓋聲應氣求，各以類至，理固可券也。觀布衣也，「觀」字各本脱，《呂子》、《外傳》均有。《舊事》雖無「觀」字，然《舊事》引此文多有删節，不可據。下文有「官事君者也」句，宜是觀之譌，可見此句應有觀字，今據《呂》、《韓》二書補。《外傳》、《舊事》「也」作「者」，也猶者也，詳《經傳釋詞》四卷也字、及九卷者字下。古書二字往往互用。其交皆孝悌篤謹畏令，「交」，《呂》、《韓》、《舊事》作「友」。《呂子》「篤」作「純」。案：篤當作筥，信厚也。

畏令，畏法令也。《論語》曰：「君子懷刑。」悌亦俗字，當作弟。如此者，其家必日益，《外傳》無「其」字，《舊事》「其」作「則」。呂子注：「益，富也。」身必日安，《外傳》作「而身日安」。盧文弨曰：「安，《呂》作榮。」案：《呂子》句末有「矣」字。《治要》引《呂》仍作「安」，又無「矣」字。此所謂吉人也。《呂》無「此」字，《治要》引有。《外傳》「人」下有「者」字。《舊事》無「此也」二字。吉人吉士，俱見《詩・卷阿篇》，鄭箋訓吉爲善。高誘於下文吉臣句注云：「吉，善也。」當注此爲是。觀事君也，舊本「也」上有「者」字，與《呂子》文同。案：《外傳》無「也」字。《治要》引《呂》作「事君也」，《舊事》作「事君者」，各省一字。者也疊用，於文爲複。《呂子》下句觀人主也，上句觀布衣也，均無者字，則此句者字當刪，文法始一律。蓋校《呂子》者，以《外傳》也作者，加注其旁以識異文，傳寫時混入正文耳。《治要》引《呂》無「者」，即其明證。本書者字，亦由此衍，或後人據《呂書》加入，均未可知。今依上句例，刪「者」字。「觀」，舊本作「官」，聲近而譌，今據《呂子》、《外傳》校正。其交皆誠信有行好善，「交」，《呂》、《韓》作「友」，「行」字各本皆奪，不成文義，今據《呂》、《韓》二書補。《舊事》無「有行」二字，但本書既有「有」字，則必當有「行」字。如此者，事君日益，「事君」，《外傳》作「措事」，《舊事》作「在官」。官職日進，「進」，各本作「益」，兩益字複，必誤。宋本作「進」，與《呂子》、《外傳》合，今從之。盧氏《拾補》亦云：「當作進。」此句《渚宫舊事》作「功業日修」，與諸書異。蓋因上句改事君爲在官，已有官字，遂並此句改之耳。此所謂吉士也。《呂子》、《外傳》、《舊事》「士」俱作「臣」，《舊事》無「也」字。高注《呂子》云：「吉，善也。」此注當移在吉人句，説見前。主明臣賢，《呂》作「觀人主也，其朝臣多賢」。《治要》引無「觀」字「其」字。《外傳》作「人主朝多賢」。周本據《呂》補「觀也臣」三字。《舊事》作「人主則朝臣多賢」，則疑明字之誤。《外傳》文亦有譌脱，「朝」下當有

「臣」字，與下句對。左右多忠，主有失，《外傳》「失」下有「敗」字。《舊事》無「有」字。皆敢分爭正諫，「分」，《呂子》、《外傳》、《舊事》皆作「交」。《呂》注云：「交，俱也。」《呂》「正」作「證」，《舊事》無下二字。分亦有交義，盧文弨謂恐是力之譌，未必然也。畢校《呂子》引本書、《外傳》作「正」，謂證亦諫也，見《説文》。案：《呂氏・知士篇》「士尉以證靜郭君」，（從畢本。）注亦曰：「證，諫也。」但正諫與分爭對，畢説非。如此者，國日安，主日尊，天下日富，《外傳》作「名聲日顯」。《呂書》「富」作「服」。《舊事》「交爭」下作「則國家日尊，天下日服」，與諸書異。高注《呂子》云：「服其德也。」案：富服一聲之轉，《禮記・郊特牲》「富也者，福也」。富福皆從畐聲，古無輕唇音，讀富如備。《説文・宀部》：「富，備也。」《禮記・曲禮》「不饒富」，注「富之言備也」。《廣雅・釋詁》二：「福，備也。」《禮記・禮運》「是謂承天之福」，注：「福也者，備也。」《易》「服牛乘馬」，《説文》引作「犕牛乘馬」。《後漢書・皇甫嵩傳》注：「犕，古服字。」《集韵》：「犕，通作服。」犕備皆從葡聲，知富服亦同聲通叚也。《儀禮・特牲・饋食禮》「尸備答拜焉」，注：「古文備爲服。」《左氏哀十五年傳》「寡君使蓋備使」，注：「備，猶副也。」蓋富與備，與福服復副，皆聲近義同，此富字當讀爲服也。上文「其交皆孝弟篤謹畏令」云云，及此處諸句法，與《墨子・所染篇》「士亦有染」以下句意畧同。又所言觀國法，當與《荀子・富國篇》參觀。此所謂吉主也。《舊事》無「也」字。舊本「所」作「之」。案：《呂子》、《外傳》、《舊事》「之」俱作「所」，本書上文兩句亦作「所」，今從三書改，以歸一律。臣非能相人，《呂》、《韓》句末有「也」字。《舊事》不引此數句，接「王善之，於是疾壯士夜不懈，遂霸天下」。壯當作收，夜上脱日字。（據舊鈔本。）《舊事》文括省引之。能觀人之交也。」《外傳》作「觀友者也」。以上各「交」字，諸書皆作「友」，似當改友爲是，但作交字義亦通，故仍之爾。莊王曰：「善。」《外傳》無「莊」

字。《呂書》作「莊王善之」。於是乃招聘四方之士，夙夜不懈，《呂》作「於是疾收士日夜不懈，遂霸天下」，《治要》、《舊事》引同。孫本《舊事》見其有譌字，文義難通，（引見上。）遂依本書文改之，下並標注本書，以爲出處，不悟其本《呂書》也。孫氏刊書，每有擅改之失，學者詳之。遂得孫叔敖、將軍子重之屬，以備卿相，備，備位也。孫叔敖、將軍子重，注並見一卷。以下諸文，《呂》、《韓》二書所無。遂成霸功。《詩》曰：「濟濟多士，文王以寧。」此之謂也。《詩·大雅·文王篇》文，言文王能用士，士歸者衆，國家遂賴以安也。《外傳》自「王曰善」以下接云：「其所以任賢使能而霸天下者，始遇之於是也。詩曰：『彼其之子，邦之彥兮。』」與此迥異，蓋中壘因事納誨，欲其君親賢臣，遠小人，與論災異封事同意，所以改《外傳》也。《外傳》文遇訓得，見同卷《小臣稷章》注。始或疑殆之譌，然殆始並從台聲，古訓相通。《詩·七月》「殆及公子同歸」，毛傳云：「殆，始。」是其證。不必改字。

20齊閔王亡居衛，齊閔王注見三卷。《呂氏·審己篇、過理篇》記此事俱作「湣」，他書亦多作湣者。案：閔湣愍三字皆通用。玄應《音義》二引《字詁》：「古文愍，今作閔，又通作湣。」魯閔公，《史記·世家》作湣公。《文選·四子講德論》注：閔與湣同。又通作文，《禮記·儒行》「不閔有司」，注：「閔，或爲文。」《史記·六國年表》魯文侯，《集解》引徐廣曰：「一作湣。」《魯世家》「是爲文公」，《索隱》引《世本》作湣公。皆其證。《韓非·內儲説上》「淖齒聞齊王之惡己也」，臧本齊下有文字。顧廣圻謂湣作汶，而脱其旁，未知文湣之通用也。《史記·田完世家》：「齊伐宋，宋王出亡，死於溫。齊南割楚之淮北，西侵三晉，欲以并周室，爲天子。泗上諸侯鄒魯之君，皆稱臣，諸侯恐懼。湣王三十九年，秦來伐，拔我列城九。四十年，燕秦楚三者合謀，各出鋭師以伐，敗我濟西，王解而卻。燕將樂毅遂入臨淄，盡取齊之寶藏器，湣王出亡之衛。」是其事也。《吕氏·審己》「居」下有「於」字，注云：「亡，出奔。」晝日步走，「走」，《吕氏·審己》作「足」，誤。謂公玉丹曰：公玉丹，閔王臣。《吕氏·過理》作「公王丹」。《史記索隱》引《風俗通義》作「公玉冉」。盧文弨曰：「程榮本作王，音肅，下同。」案：《吕子·審己》作「玉」，《過理》作「王」。畢校云：「公王丹即公玉丹，古玉字作王，三畫勻。」又曰：「《史記·孝武紀》索隱云：《風俗通》齊滑王臣有公玉冉，音語録反。」又引《三輔決録》云：「杜陵有玉氏，音肅，今讀公玉，與《決録》音同。」盧云：「案：丹與冉字形相近，實一人。賈誼書記號君事，與此畧同。」（又曰以下，《審己篇》校語。）宋鄧名世《古今姓氏書辯證》卷二云：「《漢·郊祀志》：濟南人公玉帶，上黄帝時（《守山閣叢書》本黄誤皇，今據宋槧不全本改。）明堂圖。師古曰：《吕氏春秋》齊有公玉丹，蓋其舊族。而説者讀玉爲宿，非也。」（族字，守山本奪，今亦據宋本補入。）鄧氏此文，徵引不全。師古謂公玉姓，帶名也。單姓玉者，後漢司徒玉況，自音宿耳，是程榮本之誤可知。《索隱》於公玉音語録反，玉氏音肅，鄭重分別言之，與小顔説同。徐友蘭曰：「玉亦玊也，玉本爲王，有考者爲玉，·以處其考，何止上下逐便，意亦左右都宜。後人介王玊之間，更王爲玉，以別於三畫連中之王，乃定玉爲玊，以別於珠玉之玊。經傳字書，俱經更變，此書公玉，亦碩果矣。」案：徐説是。珠玉字當以古文作𤣩爲正，因偏旁之便，省其二垂，故作王耳。郭忠恕《汗簡》𤣩字玉旁，仍有二垂，可爲古文偏旁本有二垂之證。既省作王，後人見其與帝王字無別，因加點於旁以識之，易垂形爲點，又因有肅嗅二音，高其點以別之。郭氏《佩觿》言玉有欣救、魚録、息足、相逐四翻，俗別爲玊；可見其説之起於俗人也。又創爲玉字三畫勻，王字上二畫稍近下畫遠之説，以分二字之界域，其言悠謬無根，與分未末士土等字，以上下畫長短爲識，同一傅會。畢氏亦爲所惑，何也。又段氏玉裁深於《説文》之學，而於珚篆改爲王，尤爲巨謬，兹附辯之。至丹冉二字形近，作冉者惟見應劭書，本書作丹，與《呂氏》兩篇文同，則作冉者誤。又《戰國策・燕策》奉陽君告朱讙章，有公王曰，亦即公玉丹也。丹字古文作𠕁，與曰字形近，故譌爲曰。「我已亡矣，亡，出亡，謂失國走衛。而不知其故。《呂子・審己》注：「不自知爲何故而亡。」吾所以亡者，其何哉？」「其何哉」，《呂氏・審己》作「果何故哉」。高注：「果，亦竟也。」（畢本校云：「李本作一竟也。」）竟爲何等故亡哉。」案《呂》文此下有「我當已」三字。已，改也，謂今後當改之也。公玉丹對曰：「對」，《呂》作「答」，答對聲轉字通。《毛詩・雨無正》「聽言則答」，本卷《閭丘卬章》及《漢書・賈山傳》引詩，答俱作對。《廣雅》：「對，答也。」段玉裁曰：「古借答爲對，異部叚借也。《論語》多作對，《孟子》多作答。詩書以答爲對，皆屬漢後所改。」案：《說文》無答字，古書多作荅。然《說文》荅訓小尗，與對義遠。近人或以畣爲答，亦無確據。雷氏浚《說文外篇》謂答正字似即合字，《說文》，「合，合口也。」合口者，答口也。《爾雅・釋詁》：「合，對也。」《宣二年左傳》「既合而來奔」，杜注：「合，猶答也。」此古字之僅存者。（分合字當作匌。）張氏行孚又謂答之本字爲對，李慈銘《荀學齋日記》亟取其說，謂與其舊說相合。（石印本三十二册三十二葉。）此二說俱近理，雷說尤長。古書多以同訓借韵，答讀對亦其一例，別詳《意林堂日記續編》中，茲不贅。「臣以王爲已知之矣，王故尚未之知邪？故固同，詳《經傳釋詞》。盧文弨曰：「之知二字，舊誤到。」案：宋本不誤，《呂氏・審己篇》正作「之知」，與宋本合，今乙正。王之所以亡者，以賢也，《呂氏・審己篇》無下「以」字，「者」上多一「也」字。以天下之主皆不肖，《呂》無「以」字，「主」作「王」。而惡王之賢也，因相與合兵而攻王。盧文弨曰：「因相二字，兩本無。」案：宋本未奪，諸本或脫二字，或奪一「相」字，依文義闕一不可，《呂氏・審己篇》亦有此二字，今從宋本。此王之所以亡也。」閔王慨然太息曰：《呂氏・審己》「閔」作「湣」，「然」作「焉」。「賢固若是其苦邪。」《賈子・先醒篇》作虢君語，即此章之靖郭君，本書後人妄加靖字。國名之虢本作郭，城郭字作𩫏。《説文・虎部》：「虢，虎所攫畫明文也，從虎寽。」（寽下各本有聲字，段本删之，極是，此會意字。）乃別一義。今人以國名之郭爲虢，因以城𩫏字爲郭，而𩫏字遂廢不用矣。靖郭君者，田文之父嬰，未聞有被逐出亡事，淺人不知郭是虢國本字，因當時無郭國，（相沿作虢故也。）遂妄加靖字於郭上。又以閔王事與郭君相類，遂誤傳閔王語爲郭君耳。呂不韋與閔王時代接近，宜可信，本書所據，即《呂氏》二篇文。中壘亦以二事相似，故連類記之。《呂子》此下有「此亦不知其所以也，此公玉丹之所以過也」二句，高注云：「湣王不自知其所爲亡之故，愚惑之甚也，故曰，亦不知其所以也。過，謂不忠也。湣王愚惑，阿順而説之也。」注義可與本書下文相發明。《審己篇》語至此止，以下用《呂書・過理篇》文。丹又謂閔王曰：《呂子・過理篇》上文云：「齊湣王亡居衛，謂公王丹曰：我何如主也。王丹對曰：王賢主也。臣聞古人有辭天下而無恨色者。」云云，即本書下文所采者。「古人有辭天下無憂色者，《呂子・過理》「天下」下有「而」字，「憂」作「恨」。臣聞其聲，《呂書》注：「聲，名也。」案：聞其聲，猶云舊聞此言。於王見其實。「王」下《呂》有「而」字，高注云：「所行之實。」案：猶云今見其實然也，高注非。王名稱東帝，閔王與秦嘗共稱帝，齊稱東帝，秦稱西帝，後乃各致帝號，復稱王，故云。實有天下，「有」《呂》作「辨」，高注云：「辨，治也。」案辨與徧通，《廣雅・釋詁》二：「辨，徧也。」《墨子・脩身篇》：「守道不篤，徧物不博。」俞樾讀徧爲辯，引《儀禮・鄉飲酒禮》「衆賓辨有脯醢」，《燕禮》「大夫辨受酬」，《少牢饋食禮》「辯擩于三豆」，今文辯皆作徧，是辯與徧通。用物言徧，是非言辯，文異而義同。光瑛案：俞氏解《墨子》義未確，而謂辯徧字通則是，別詳《恨綫草廬日記》中。辯與辨古亦通用，《樂記》「其治辯者其禮具」，鄭注：「辯，偏也。」《史記・樂書》辯作辨。此言齊王稱帝，名雖域於東方，而權力實偏天下，不僅限東國也。與本書有字之義相合，高訓爲治，失之。去國居衛，容貌充盈，「盈」，《呂書》作「滿」。顔色發揚，高注《呂子》曰：「光明也。」案：發揚者，志意發舒，見於顔面，高注非。無重國之意。」高注云：「言輕之也。」案：言輕之也者，謂王不以去國爲意，漠然不重視之。丹語實有玩弄閔王之意，閔王不悟，反引爲知己，愚誠可閔也。王曰：「甚善，丹知寡人。引丹言爲知己。案：此處稱丹，則公王是複姓明矣。《呂書》上文有「王丹對曰」，王上當脱公字，非以王丹爲名也。寡人自去國而居衛也，帶三益矣。」各本無「寡人」二字，《呂書》有。案：古書遇疊字，多省作二點，傳寫時以爲非字而誤落之，此亦一證也。（本書此例甚多，分注在各章内。）今依《呂子》補，文氣始完足。《呂子》無「而」字，「帶三益矣」作「帶益三副矣」，高注：「副或作倍。度滑王之亡國宜也，但湎涎無憂耻辱，喜於公王丹巧佞之言，因云丹知寡人也。帶益三倍，苟活者肥，令腹大耳。」案：據高注，則讀副如倍。古無輕唇音，讀負爲背，福爲備，（參上章注。）故副亦讀爲倍。或本作倍，同音通用字，非與作副本異也。帶大三倍，頗疑遠於事情，本書渾言三益，於義尤長。《呂氏・過理篇》文至此止。梁玉繩曰：「魯昭公居喪而三易衰，猶有童心也；齊湣王去國而三益帶，全無心肝也。苟活者肥，當亦是古語。」（《呂子校補》卷二。）遂以自賢，以，用也。驕盈不止。閔王亡走衛，衛君避宫舍之，避正宫以處之，諸侯事天子之禮。衛畏齊强，故初事之如此。稱臣而供具。供，古書或作龔。《説文・人部》：「供，設也，从人，共聲，一曰供給。」又《共部》：「龔，給也。」二字音義皆同。《尚書》「共行天罰」，漢人引皆作龔。供具，供給器用備具。《史記・田完世家》供作共，古字通也。閔王不遜，衛讙而益驕。衛人侵之，侵辱之。閔王去，走鄒、魯，有驕色，鄒、魯不納，遂走莒。「納」，當作「内」，經傳多叚納爲之。《史記》作「内」，「不」作「弗」，上有「君」字。自閔王亡走，至淖齒殺閔王，分齊地，俱《史・世家》文。又《魯仲連列傳》：「齊湣王將至魯，夷維子爲執策而從，謂魯人曰：子將何以待吾君。魯人曰：吾將以十太牢待子之君。夷維子曰：子安取禮而來吾君，彼吾君者，天子也。天子巡狩，諸侯辟舍，納管籥，攝衽抱机，視膳於堂下，天子已食，乃退而聽朝也。魯人投其籥，不果納，不得入於魯。將之薛，假途於鄒，當是時，鄒君死，湣王欲入弔。夷維子謂鄒之孤曰：天子弔，主人必將倍殯棺，設北面於南方，然後天子南面弔也。（案湣王嘗稱東帝，故夷維子以天子之禮詔諸小國。然是時致帝久矣，欺其弱小，故皆不服。）鄒之羣臣曰：必若此，吾將伏劍而死。固（故同。）不敢入於鄒。」是鄒魯不内之事。魯連與閔王同時，且爾時爲齊遺書燕將，身與其事，言必可信。楚使淖齒將兵救齊，因相閔王，淖齒擢閔王之筋，而懸之廟梁，宿昔而殺之，而與燕共分齊地。淖氏，楚公族。（《路史・後紀》八。）《漢表》淖齒列八等。師古注：「淖音女教反，字或作卓。」案：《呂覽》作「卓」，《史記・田單傳》作「悼」，《潛夫論・明闇篇》作「踔」。梁玉繩曰：「淖悼卓踔四字，疑古通借。晉之卓子，《史・晉世家》作悼子；趙悼襄王，《鶡冠子・世賢》作卓襄；《楚策》有卓滑，即淖滑；《秋水篇》跉踔，釋文本作卓。」光瑛案：古無四聲之分，淖悼踔均從卓聲，自可通叚，不必疑也。近人金氏正煒《戰國策補釋》謂淖齒字以形近而岐，非是。《韓非子・姦劫弑臣篇》卓齒，北宋本作卓，道藏本、今本作淖，《御覽》三百七十五引《韓子》亦作淖。《廣雅・釋詁》云：「擢，拔也。」《方言》三：「擢，拔也。自關而西，或曰拔，或曰擢。」《小爾雅・廣物》「拔根曰擢」，《爾雅・釋木》釋文引《倉頡篇》「擢，抽也」。皆此擢字之義。「懸」，當作「縣」。廟梁，廟中梁木。「宿昔」，《國策》作「宿夕」，《韓非子・姦劫弑臣篇》、《史記・范雎傳》

與此同。昔夕古字通用，《列子・周穆王篇》「昔昔夢爲國君，昔昔夢爲人僕」，昔，皆夕之叚借。王逸《楚辭章句》引《詩》「樂酒今昔」，今《詩》作今夕。《文選》張平子《思玄賦》「發昔夢於木禾兮」，昔亦夕也。舊注云「發昔日之夢」，以本字讀之，似失其旨。《鶡冠子・天權篇》「昔行不知所如，往而求者則必惑」，昔行者，夕行也。陸注以昔之亡羊者釋之，亦非。《穀梁・莊七年》「辛卯昔」，釋文：「昔，夜也。」亦讀昔爲夕。（此以訓詁代改字也。）淖齒弑閔後襄王保莒事，詳三卷《樂毅爲昭王謀章》注，兹不引。《齊策》云：「齊負郭之民有狐咺者（《呂覽》作狐援，書其事甚詳。）正議，閔王斮之檀衢，百姓不附。齊孫室子陳舉直言，殺之東閭，宗族離心。司馬穰苴爲政者也，殺之，大臣不親。以故燕舉兵使昌國君將而擊之，齊使向子將而應之，齊軍破，向子以一輿一乘亡。達子收餘卒，復振，與燕戰，求所以償者，閔王不肯與，軍破走。王奔莒，淖齒數之曰：夫千乘、博昌之間，方數百里，雨血沾衣，王知之乎？王曰：不知。嬴、博之間，地坼至泉，王知之乎？王曰：不知。人有當闕而哭者，求之則不得，去之則聞其聲，王知之乎？王曰：不知。淖齒曰：天雨血沾衣者，天以告也；地坼至泉者，地以告也；人有當闕而哭者，人以告也。天地人皆以告矣，而王不知戒，何得無誅乎。於是殺閔王於鼓里。太子乃解衣免服，逃太史之家，爲溉園。」又曰：「王孫賈年十五，事閔王，王出走，失王之處。其母曰：女朝出而晚來，則吾倚門而望；女莫出而不還，則吾倚閭而望。女今事王，王出走，女不知其處，女尚何歸。王孫賈乃入市中曰：淖齒亂齊，殺閔王，欲與我誅者，袒右。市人從者四百人，與之誅淖齒，刺而殺之。」《淮南・氾論訓》：「湣王專用淖齒，而死於東廟。」以上皆淖齒弑閔王事，其散見他書，如《楚策》、《韓詩外傳》、《荀卿書謝春申君》、《呂子・正名》、《韓非子》之《內外儲》、《七術》、《難一》、《姦刼弑臣》之屬甚多。《史・世家》所記，已引見三卷《樂毅章》，此亦不復引。）考《樂毅答燕王書》言「淮北宋地，楚、魏所欲，趙若許約，楚、魏盡力，合四國攻之，齊可大破。」《田完世家》於湣王四十年書燕、秦、楚、三晉合謀，各出銳師以伐，敗我濟西。而《年表》亦有楚取淮北事，則樂毅之謀讐矣。楚既與伐齊，何又忽令淖齒救齊；齒奉命以出，何以忽爲齊相；既相矣，何又忽弒之。疑楚當日與燕攻齊，使淖齒陽以救齊爲名，入其國，竊其政，而弒其君，因與燕共分齊地。淮北之取，所自來也。史雖不明言其故，可以意會。《韓非子·内儲説上》謂淖齒聞齊王之惡己，乃矯爲秦使以知之。則齒來齊之有詐審矣。「與燕」之「燕」字，宋本作「之」，鐵華館本同，皆誤。下文有「地奪於燕昭」之語。《史·世家》云與燕共分齊之侵地，可證此字當作燕，今從衆本。肇林附案：顧廣圻校《韓非子》四卷末葉六行：「卓齒字，宋本如此，或加水於卓旁，不知卓淖同字。或疑後文《七術》、《外儲説右》、《難一》皆作淖，何也？曰：此《韓子》有其例也。《有度》上文曰開地，下文曰啟地；《姦刼弑君》上文云以視君，下文云以示君；《説疑》上文云疑物，下文云四擬，皆互見。人名則《外儲説左》上言翟璜，下言翟黄；《六微》上言黄，下言璜；《外儲説右》上言田成恆，下言田成常；《難一》上言咎犯，下言舅犯，皆同字也。《十過》、《七術》之董閼於，與《觀行》之董安于；《説林上》之韓傀，與《六微》之韓廆；《難三》之芒卯，與《顯學》之孟卯；并此卓齒之與淖齒，亦同字也。明乎全書之例，而後決之，則鮮誤矣。《漢表》淖齒，師古曰：字或作卓。《吕氏·正名篇》任卓齒，此又作卓之證也。」（見《士禮居續跋·景鈔宋本韓非子》條下。）以上顧氏説亦是。但凡古書多如此，不但《韓非書》爲然。因古人多用叚借字，或用本字，信意所之，猶今人寫《説文》字，亦參用隸楷，無容心於其間也。惟啟地之或爲開地，田成恒之或爲田成常，疑後人避諱所改，非本文有不同，其作啟作恆者，改之未盡耳。顧悉引以爲證，稍欠推究。悲夫。

閔王臨大齊之國，臨，涖也。地方數千里，然而兵敗於諸侯，指濟西之役，見上注。地奪於燕昭，事見三卷。宗廟喪亡，社稷不祀，宮室空虛，身亡逃竄，甚於徒隸，徒隸，爲人執賤役者。尚不知所以亡，觀於淖齒三問，王悉答以不知，真可謂至死不悟者矣。甚可痛也。痛，傷也。猶自爲賢，豈不哀哉。人苦於不自知，惟以人爲鑑，可知得失。閔王用公玉丹之徒，而遠賢士，宜其亡也。公玉丹徒隸之中而道之，承上文「甚於徒隸」句言，閔王身居徒隸之中，丹尚稱道之，言其賢。一曰：道導同，謂啟其驕侈之心。諂佞甚矣。閔王不覺，覺，覺悟。追而善之，追，從也。以辱爲榮，以憂爲樂，《左氏昭元年傳》曰：「可憂而樂，取憂之道也，憂必及之。」此指容貌充盈，顏色發揚，及三益帶事。其亡晚矣，而卒見殺。沈欽韓《漢書疏證》曰：「以上所述，閔王可謂至死不悟者矣。下流之人，衆毁所歸，或出游士增飾其狀態，固未可知。然之鄒、魯一節，魯連亦言之，悉肖其爲人，則未可以爲虚誣也。」案：自「悲夫」以下至此，皆中壘之言，蓋深慨乎前有恭、顯，後有王氏，相繼竊政。元、成柔闇，溺情聲色，親佞遠賢，聲生於心，沈痛乃爾。先是郭君殘賊其百姓，各本作「靖郭君」。盧文弨曰：「《賈子·先醒篇》所記虢君事，與此畧同，郭虢古今字。若靖郭君，乃孟嘗之父田嬰，不聞有死亡之事，疑靖字乃後人妄加之。」案：《韓詩外傳》六記此事作郭君，無靖字，則此字爲淺人妄加無疑。其所以妄加之原因，已見上注。宋本同誤。今據《外傳》删靖字，下文並同。《賈子》文有「晉師伐之，虢人不守」云云，此郭君當即虢公醜，《漢表》列八等。《晉世家》集解引《皇覽》云：「葬河内温縣郭東濟水南。」害傷其羣臣，《賈子》云：「昔者虢君驕恣自伐，諂諛親貴，諫臣詰（《治要》引此字作誅，是。）逐，政治踳亂，國人不服，晉師伐之，虢人不守。」與此異。國人皆背叛，共逐之。《賈》謂「晉伐之而國人弗爲守」，與《左傳》合。此以爲國人叛而逐之，或者晉師既至，國人倒戈以迎，叛逐其君。觀士蔿論虢公驕，驟得志於我，必棄其民，無衆而後伐之，欲禦我誰與云云，（《莊二十七年左傳》。）則衆叛親離久矣。其御知之，豫裝齎食。「裝」，當作「莊」。莊，辦也。《廣雅·釋詁》云：「齎，持也。」豫理行莊，持宿糧，以俟之。及亂作，郭君出亡，至於野而飢，《賈子》作「虢君出走，至於澤中，曰：吾渴而欲飲」。《外傳》作「昔郭君出郭，謂其御者曰：吾渴欲飲」。彼兩文兼言渴，此獨言飢，所記小異。各本作饑，乃饑饉字，與飢餓字別。今從宋本。其御出所裝食進之。郭君曰：「何以知之而齎食？」知之「之」字，疑當作「亡」，之亡形似而譌。對曰：「君之暴虐，其臣下之謀久矣。」郭君怒，不食，曰：「以吾賢至聞也，吾之賢稱，至聞於天下。何謂暴虐。」其御懼曰：「臣言過也。過，猶誤也。君實賢，惟羣臣不肖，共害賢。」謂忮害其賢也。此與公玉丹之言何異。然後郭君悦，「悦」，當作「説」。然後食。故齊閔王、郭君，雖至死亡，終身不諭者也。諭，曉也。言終身無所知。孔子曰：「朝聞道，夕死可矣。」如卷一楚共王之臨歾而寤，是後醒者，猶勝於閔王、郭公甚遠也。悲夫。《賈子·先醒篇》及《外傳》六所記，與此事同，而文各異，兹附録後，以備參考。《賈子》云：「昔虢君驕恣自伐，諂諛親貴，諫臣詰逐，（《治要》作誅逐。）政治踳亂，國人不服。晉師伐之，虢人不守，虢君出走，至於澤中，曰：吾渴而欲飲。其御乃進清酒。曰：吾飢而欲食，御進腶脯粱糗。虢君喜曰：何給也。御曰：儲之久矣。曰：何故儲之。對曰：爲君出亡而道飢渴也。君曰：知寡人亡邪。（《治要》引作子知寡人之亡也，也讀爲邪。）對曰：知之。曰：知之何以不諫。對曰：君好諂諛而惡至言，臣願諫，恐先虢亡。虢君作色而怒，御謝曰：臣之言過也。有間。君曰：吾之亡者誠何也。其御曰：君弗知邪。（《治要》引邪作也，疑後人不知也邪通用，妄改爲邪。）君之所以亡者，以大賢也。（大讀爲泰。）虢君曰：賢，人之所以存也，乃亡，何也。對曰：

天下之君皆不肖，夫疾吾君之獨賢也，故亡。虢君喜，據式而笑，曰：嗟，賢固若是苦邪。遂徒行而於山中居，（《治要》而下有逃字，是，今本脱之。）飢倦，枕御膝而卧。御以塊自易，逃行而去。（《治要》無逃行二字。）君遂餓死，爲禽獸食。此已亡矣，猶不寤，所以亡，（《治要》亡上有存字。）此不醒者也。（以上引《賈子》據抱經堂本。）《外傳》云：昔郭君出郭，謂其御者曰：吾渴欲飲。御者進清酒。曰：吾飢欲食，御者進乾脯粱糗。曰：何備也。御者曰：臣儲之。曰：奚儲之。御者曰：爲君之出亡而道飢渴也。曰：子知吾且亡乎。御者曰：然。曰：何不以諫也。御者曰：君喜道諛而惡至言，欲進諫，恐先郭亡，是以不諫也。郭君作色而怒曰：吾所以亡者誠何哉。御轉其辭曰：君之所以亡者，太賢。曰：夫賢者，所以不爲存而亡者，何也。御曰：天下無賢而獨賢，是以亡也。郭君伏軾而嘆曰：嗟乎，夫賢人者如此乎。於是身倦力解，（懈同。）枕御膝而卧。御自易以塊，疎行而去。身死中野，爲虎狼所食，此其不生者也。（生讀爲醒，此據趙懷玉本。）合二書觀之，則郭君之卽爲虢君，而不當有靖字審矣。《左傳·哀十一年》載陳轅頗事，與此極相似。文云：「夏，陳轅頗出奔鄭。初，轅頗爲司徒，賦封田以嫁公女，有餘，以爲己大器。國人逐之，故出。道渴，其族轅咺進稻醴粱糗腶脯焉。喜曰：何其給也。對曰：器成而具。曰：何不吾諫。對曰：懼先行。」豈卽一事之傳聞異詞邪，抑兩事之偶合也。《史記·始皇紀》記閻樂射二世坐幃，左右皆惶擾不鬥，旁有宦者一人侍不敢去。二世入内，謂曰：公何不蚤告我，乃至於此。宦者曰：臣不敢言，故得全，使臣蚤言，皆已誅，安得至今。本卷《二世章》亦載其語，與此御者畧同。自古亡國敗家之主，其行事何多出一轍也。

21 宋昭公出亡，「宋昭公」，各本作「宋昭王」，宋本亦然，惟嘉靖覆宋本作「公」。《賈子·先醒篇》、《韓詩外傳》

亦同作王。字誤，今從嘉靖本。宋有兩昭公，一成公子，名杵臼，在位九年，爲襄夫人所殺。（事見《左傳·文十六年》、《史記·世家》。）《漢表》列七等。《左傳》稱昭公無道，未聞爲賢，亦無被逐出亡事。一爲元公曾庶孫，名特，見《史記·宋世家》。《左氏哀二十六年》正義引《世家》作得，蓋音近通用。在位四十七年，當即此昭公也。《左傳》敘其立事，與《史記》異，孔疏疑之，史公或別有據。此昭公《漢表》列八等，云景公子，又與《傳》、《史》異。蓋《左傳》謂景公無子，取公孫周之子得與啟，畜諸宮，景公卒，先立啟，後立得。《世家》謂特父公孫糾，糾父褍，秦元公少子也。三說不同，似當依《傳》爲是。《世家》謂景公殺昭公父糾，故昭公怨，攻殺太子而自立。以《左傳》證之，啟之立本出大尹私意，舍長立幼，國人弗順，且非太子也。諸書稱宋昭改過不吝，豈肯以私怨弑太子，而取其位乎。宋景公無子，《傳》有明文，《史》亦不異，《表》注云景公子，殆爲人後者爲之子之義耳。然則《表》似與《傳》、《史》異，而實不異也。但昭公之賢，賈、韓、劉三書亟稱之，何反列八等，居彼昭公之下。此則顛倒失序，疑後人所亂。同卷又有一宋昭公，無注，則重出者也。諸書記宋昭出亡反國事，蓋宋之賢君，而《史》文失載，《表》又失序，抑之下等，寃矣。此章各本連上不提行，宋本、嘉靖本、鐵華館本俱提行，別爲一章。案：上章末句已作一結束，此事雖與上兩事相反，亦當提行，後人見《外傳》、《賈子》與郭君事連敘，疑本書亦然，故合爲一耳，今從宋本。《外傳》句首有「昔者」二字，《賈子》有「昔」無「者」。至於鄙，《外傳》無此句。「鄙」，《賈》作「境」。案：《説文》無境字，止當作竟。喟然嘆曰：喟，嘆聲。《外傳》作「謂其御曰」。「吾知所以亡矣。「知」下《外傳》有「其」字，此下有「御者曰，何哉，昭公曰」等句。《賈子》句上有「嗚呼」二字。吾朝臣千人，發政舉吏，無不曰吾君聖者；侍御數百人，被服以立，無不曰吾君麗者。《外傳》作「吾被服而立，侍御者數十人，無不曰吾君麗者也，吾發言動事，朝臣數百人，無不曰吾君聖者也」。《賈子》文與《外傳》畧同，但數十人「十」字作「百」，無兩「也」字，「發言動事」作「發政舉事」，「數百人」作「千人」，爲小異耳。本書蓋用《賈子》文，而倒其先後之次。「事」，各本作「吏」。盧文弨曰：「吏，古事字，俗譌吏。」案：吏即古事字，非所云譌也，詳見四卷《有司請吏於桓公章》注中。今仍依原書作吏，而讀爲事。此及四卷之請吏，皆古字之僅存者。一本《賈子》事亦作吏，盧本改爲事。內外不聞吾過，內謂侍御，外謂朝臣。《賈》、《韓》「內外」作「外內」，「聞」作「見」，句首有「吾」字。《外傳》句末多一「失」字。是以至此。」《外傳》作「是以亡也」。《賈子》句首有「吾」字，下有「吾困宜矣」一句，亦昭公語。由宋君觀之，由，以也。以下中壘之詞，欲使人君觀之，得以借鏡也。《賈子》於「吾困宜矣」下，接云：「於是革心易行，衣苴布，食䴵餕，晝學道而夕講之。二年，美聞於宋，宋人車徒迎而復位，卒爲賢君，謚爲昭公。既亡矣，而乃寤，所以存，此後醒者也。」《外傳》於「是以亡也」下云：「於是改操易行，安義行道，不出二年，而美聞於宋。宋人迎而復之，謚爲昭，此其後生者也。」各等語。本書用《賈子》文，引從省畧。人主之所以離國家失社稷者，離，去也，謂出亡也。失，失守。諂諛者衆也。此等語皆有爲而發也。故宋昭亡而能悟，「悟」，《賈子》作「寤」，二字音義同。卒得反國云。宋本、程榮本、嘉靖本、鐵華館本「卒」并作「蓋」。盧文弨曰：「蓋字俗本脱。」案：他本蓋字多作卒，文義較適，今從之。

22秦二世胡亥之爲公子也，胡亥，秦始皇少子，始皇崩，李斯、趙高矯詔殺長子扶蘇於上郡，而立之爲帝，後爲趙高弑之於望夷。詳見三卷《鄒陽章》注。稱二世者，《史記·始皇紀》云：「二十六年，制曰：朕聞太古有號無謚，中古有號，死而以行爲謚。如是，則子議父，臣議君也，甚無謂，朕弗取焉。自今已來，除謚法，朕爲始皇帝，後世以計數，二世三世，至千萬世，傳之無窮。」蓋死謚周道，至秦而廢之，故稱二世也。《賈子新書・春秋篇》無「秦也」二字。昆弟數人，詔置酒饗羣臣。召諸子，諸子賜食先罷，《賈子》不疊「諸子」二字。胡亥下堦，《賈子》「堦」作「陛」。案：堦俗字，當作階。《説文・阜部》：「階，陛也。」與《賈子》字異義同。視羣臣陳履狀，古者臣侍燕於君，上殿脱屨。毛奇齡《經問》引《曲禮》户外有二屨，言聞則入，言不聞則不入。又云：侍坐於長者，屨不上於堂。謂古無倚卓，布席而坐，恐屨污席，故去之。凡禮飲則君臣賓主，無不脱屨。故《鄉飲酒禮》賓主皆降，脱屨而後登席，此固是已。又謂《漢書・蕭何傳》賜劍履上殿。操、莽亦有此禮。古惟燕飲脱屨，朝祭則否，以朝祭不當有坐理也。漢後則大不然，凡郊廟，帝皆脱舄，升壇上殿。自漢至唐，并朝祭脱屨，與古者朝祭不跣之制，正相抵牾。光瑛案：《儀禮・士相見禮》：「若君賜之爵，升席卒爵，退坐取屨，隱辟而後屨。」《燕禮》：「卿大夫皆脱屨。」《禮記・少儀》：「凡祭於室中，堂上無跣，燕則有之。」此古人燕禮脱屨之證也。所以然者，燕坐所以爲安，有屨則不安，故《鄉飲酒》、《燕禮》司正請安賓，賓皆脱屨，云請安乃脱，則爲安適之意可見也。若夫朝祭尸坐，禮尚嚴肅，皆不脱屨。《士虞記》「尸坐不脱屨」，鄭注：「侍神不敢燕惰。」是也。《説苑・辨物篇》：「晉平公置酒虒祁之臺，使郎中馬章布蒺藜於階上，令人召師曠。師曠至，履而上堂。平公曰：安有人臣履而上人主堂者乎。」此亦燕禮，非朝禮，其布蒺藜，特因以爲戲，慮困羣臣，非盛德事也。《左傳》趙盾侍靈公酒，遂跣以下。（依服虔本作跣。）亦燕飲之禮。《吕氏春秋・至忠篇》、《論衡・道虚篇》並記文摯治齊王疾，不解履登牀，爲王所殺。蓋故爲此以激王怒，怒而後疾可治，事雖近誕，亦因視疾須登牀，恐屨污席，故以脱屨爲敬，與屨不上於堂之意同也。但古人燕禮雖去屨，仍有邪偪護體，《詩》所謂邪幅在下，《内則》所云偪屨著綦，皆其遺制。鄭注訓偪爲行縢，《詩》箋亦云邪幅今行縢。偪束其脛，自足至膝，故曰在下。古無輕脣音，讀幅如偪，《詩》之邪幅，即《内則》之偪。鄭別膝以言足，則偪自足跗邪纏及膝，非但束踝以上，故必先偪而後屨。屨雖去，偪猶存，與喪禮之徒跣不同，徒跣則並偪去之也。韈制不知起於何時，大約取以代偪。《左傳·哀二十五年》：「衛侯與諸大夫飲於藉圃，師聲子韈而登席，公怒。」此衛侯之失禮，夫燕飲去屨，非去偪也。今以韈代偪，而並欲去之，則與徒跣無以異。覩師聲子言：「臣有疾異於人，若見之，君將殺之。」是韈以内無偪，而即取以代偪可知，烏可去也。喪禮之徒跣主哀，與燕禮之跣主安，判然不同。夏氏炘《學禮管釋》謂脱屨即跣，古人之跣，即今之赤足。是混徒跣爲跣。如其説，則衛侯之怒師聲子，反爲合禮矣，今不取。云下階視陳履者，《曲禮》：「解屨不敢當階，就屨跪而舉之，屏於側。」鄭注不敢當階云：「爲防後升者。」注屏於側云：「屏亦不當階。」《正義》曰：「解，脱也。屨既不上於堂，故解之於階下。」然則古人去屨舉屨，胥不當階，故胡亥下階，始得視之也。《曲禮》言侍坐於長者之禮，蓋燕坐然，君臣之燕禮亦然。「狀」，賈子作「杖」，杖不可踐，當是誤字。盧本作「狀」，是。善者，因行踐敗而去。《賈子》「踐」作「殘」，誤。盧本仍作「踐」。《禮記·曲禮》「毋踐屨」，《正義》曰：「踐，蹋也。既並脱屨户外，其人或多，若後進者，不得蹋先入者屨。」若然，踐履乃敗德事。孔言後進者不得蹋先入者屨，則早退者亦不得蹋未去者屨甚明。諸子聞見之者，《賈》作「諸侯聞者」，（盧本者作之。）誤，當據本書校正。當時封建已廢，安得諸侯乎。莫不太息。嘆其無愛物之心。及二世即位，皆知天下必弃之也。弃，各本作「棄」，今據宋本。《賈子》「必」作「之」，文至此止。故二世惑於趙高，趙高，趙疏屬，昆弟數人，皆生隱宫，嘗教胡亥書及獄律令法事，胡亥私幸之。始皇崩，高與李斯矯詔廢太子扶蘇而立胡亥，後又弒之，而立王子嬰，尋爲子嬰所誅，族其家。《漢表》列九等下下。輕大臣，不顧下民，是以陳勝奮臂於關東，閻樂作亂於望夷。陳勝，字涉，陽城人。《史記・世家》云：「二世元年七月，發閭左適戍漁陽九百人，屯大澤鄉。陳勝、吳廣皆次當行，爲屯長。會天大雨，道不通，度已失期，失期，法皆斬。陳勝、吳廣乃謀曰：今亡亦死，舉大計亦死，等死，死國可乎。陳勝曰：天下苦秦久矣，吾聞二世，少子也，不當立，當立者，乃公子扶蘇。扶蘇以數諫，上使外將兵，今或聞無罪，二世殺之，百姓多聞其賢，未知其死也。項燕爲楚將，數有功，愛士卒，楚人憐之，或以爲死，或以爲亡。今誠以吾衆，自稱公子扶蘇、項燕，爲天下唱，宜多應者。吳廣素愛人，士卒多爲用者。將尉醉，廣故數言欲亡，忿恚尉，令辱之，以激怒其衆。尉果笞廣，尉劍挺，廣起奪而殺尉，陳勝佐之，並殺兩尉，召令徒屬曰：公等失期，當斬，藉毋斬而戍，死亦十六七，壯士不死即已，死即舉大名耳，王侯將相，甯有種乎。徒屬皆曰：願受命。乃詐稱公子扶蘇、項燕，袒右，稱大楚，爲壇而盟，祭以尉首。勝自立爲將軍，廣爲都尉。」以上所叙，皆陳勝起兵之事，在函谷以東，故曰關東也。勝稱王凡六月，其御莊賈殺之，謚隱王，葬碭。高帝時，爲置守冢三十家。《漢表》列六等。閻樂《漢表》列九等。望夷，宫名。《史記集解》張晏曰：「宫在長陵西北長平觀道東故亭處是也。臨涇水，作之以望北夷。」《正義》引《括地志》曰：「秦望夷宫在雍州咸陽縣東南八里。」《史記・始皇紀》云：「趙高前數言關東盜毋能爲也，及項羽虜王離等鉅鹿下，而前。章邯軍數卻，上書請益助。而燕、趙、齊、楚、韓、魏皆立爲王，自關以東，大抵盡畔秦吏，應諸侯。諸侯咸率其衆西鄉，沛公已屠武關，使人私於高。高恐二世怒誅，乃謝病，不朝見。二世夢白虎齧其左驂馬，殺之，心不樂，怪問占夢。卜曰：涇水爲祟。二世乃齋於望夷宫，欲祠涇，沈四白馬。使使責讓高以盜賊事。高懼，乃陰與其婿咸陽令閻樂、其弟趙成謀曰：上不聽諫，今事急，欲歸禍於吾宗，吾欲易置上，更立公子嬰。子嬰仁儉，百姓皆載其言。使郎中令爲内應，詐爲有大賊，令樂召吏發卒追，刼樂母置高舍。遣樂將吏卒千餘人，至望夷宫殿門，縛衛令僕射曰：賊入此，何不止。衛令曰：周廬設卒甚謹，安得賊敢入宫。樂遂斬衛令，直將吏入，行射郎，宦者大驚，或走或格，格者輒死，死者數十人。郎中令與樂俱入，射上幄坐幃。二世怒，召左右，左右皆惶擾不鬥。旁有宦者一人侍，不敢去。二世入内，謂曰：公何不蚤告我，乃至於此。宦者曰：臣不敢言，故得全，使臣蚤言，皆已誅，安得至今。閻樂前卽二世，數曰：足下驕恣，誅殺無道，天下共畔足下，足下其自爲計。二世曰：丞相可得見否。樂曰：不可。二世曰：吾願得一郡爲王。弗許。又曰：願爲萬户侯。弗許。曰：願與妻子爲黔首，比諸公子。閻樂曰：臣受命於丞相，爲天下誅足下，足下雖多言，臣不敢報。麾其兵進，二世自殺。閻樂歸報趙高，高乃悉召諸大臣公子，告以誅二世之狀，復立子嬰爲秦王，以黔首葬二世杜南宜春苑中。」是閻樂作亂望夷之事也。閻樂，趙高之壻也，壻本作婿，宋本從士旁胥。《説文·士部》：「壻，夫也，从士胥。重文婿，壻或从女。」今依宋本。爲咸陽令，詐爲逐賊，將吏卒入望夷宫，攻射二世，就數二世，欲加刃。謂麾兵進之時。二世懼，入，將自殺，有一宦者從之。二世謂曰：「何謂至於此也？」盧文弨曰：「謂乃爲之譌。」案：謂爲古通用，經傳習見，不可勝舉，盧謂其譌，何也。（互見《秦昭王章》。）宦者對二世語，《史》叙在閻樂數二世之前，本書改叙在後，於情事較合，前注引《史記》此段本擬删去，以避重複，因叙次有異，仍並存之，以備參考。宦者曰：「知此久矣。」「知」，宋本作「如」，形近之誤，今從衆本。二世曰：「子何不早言？」對曰：「臣以不言，故得至於此；使臣言，死久矣。」然後二世喟然悔之，喟然者，無可如何之情。愚昏如二世，未必知悔，中壘亦因其喟然而以爲悔，使後世人主知所借鑒爾。遂自殺。閻樂迫令自殺。

23齊侯問於晏子曰：《論衡．定賢》「侯」作「詹」，因形近而誤，當據本書正之。宋羅壁《識遺》卷八作「昔齊景公問晏子曰」。「忠臣之事君也何若？」《說苑．臣術》、《論衡．定賢》「君」上均有「其」字。「何若」，《論衡》作「若何」。《識遺》作「忠臣之事如何」，「事」下疑奪「君」字。對曰：《晏子春秋．内篇問上》「對曰」上有「晏子」二字。元刊本「對」作「敳」，誤，此爭敳字。「有難不死，出亡不送。」《左傳．襄二十五年》：「晏子曰：君爲社稷死則死之，爲社稷亡則亡之，若爲己死而爲己亡，非其私暱，誰敢任之。」《呂子．務大》云：「鄭君問於被瞻曰：竊聞先生之義，不死君，不亡君，信有之乎。對曰：有之。夫言不聽道不行，則固不事君也，若言聽道行，又何死亡哉。」皆與此章所言相印證。君曰：《晏子》作「公不說曰」，《論衡》作「詹曰」，《識遺》作「公曰」。「列地而與之，《晏子》、《說苑》「列」作「裂」，《晏》「裂」上有「君」字。案：《說文》無裂字，止作列，列古裂字。《荀子．哀公篇》「兩服列，兩服入廄」，注：「列與裂同。」《管子．五輔篇》「大袂列」，注：「列裂同。」《禮記．内則》「衣裳綻列」，釋文：「裂本或作列。」並其證。「與」，《晏》作「封」，（《治要》引作富。）《論衡》作「予」，予與古通字。《識遺》不引此二句。疏爵而貴之，「疏」，《論衡》作「疎」。《史記．黥布傳》「上裂地而王之，疏爵而貴之」，正用《晏子》語。《集解》引《漢書音義》曰：「疏，分也，禹疏九河是也。」案：《音義》說是。疏有分疏之義，猶流有分流之義也。疏爵與列地，相對成文。貴之，顯貴之也。君有難不死，「君」，《說苑》作「吾」，古書二字多混，見一卷《周舍章》注，同卷《顏淵章》並此已三見。然疑此君字當作若，君若二字亦易混，見四卷首章及同卷《秦昭王章》注。此處作若，文氣較活。《治要》引《晏子》無「君」字，《識遺》無「君有」二字。出亡不送，《識遺》無「亡」字。可謂忠乎？」王念孫謂《晏子》此句本作「其說何也」，下文晏子對詞，正申明不死不送之說。今本作「可謂忠乎」者，後人依《說苑》、《論衡》改之，《治要》及《御覽・治道部》二並作「其說何也」。案：本書亦作「可謂忠乎」，王氏偶失引，其說亦未爲定論。對曰：「言而見用，終身無難，《論衡》無下一句，蓋奪文也，當依《晏子》及本書、《說苑》補此句，始與下文相配。終身無難，卽古人願爲良臣，無爲忠臣之說也。臣奚死焉；《說苑》「奚」作「何」，下同。《治要》引《晏子》亦同。諫而見從，《晏子》、《說苑》「諫」作「謀」。《識遺》「從」作「聽」。終身不亡，《晏子》「亡」作「出」。臣奚送焉。若言不見用，《晏子》無「見」字。有難而死，《晏子》、《說苑》句末有「之」字。孫星衍《晏子音義》謂《說苑》死作使，此是誤本，宋本、明鈔本《說苑》皆作死。（《治要》引《晏子》無之字，下句同。）《識遺》作「言不用而難死之」，合二句爲一句。是妄死也；《左傳・襄二十五年》：「人問晏子曰：死乎。曰：獨吾君也乎哉，吾死也。」晏子不肯以身輕死如此。諫不見從，《晏子》作「謀而不從」。《說苑》、《論衡》「諫」下俱有「而」字。出亡而送，《晏子》、《說苑》句末有「之」字。（《治要》引無。）《識遺》作「諫不用而亡送之」，亦合二句爲一句。是作爲也。《晏子》、《論衡》「爲」作「僞」。案：古爲僞字通，《毛詩・采苓》「人之爲言」，疏引定本作僞言，《白帖》九十二引同。《左傳・成九年》「爲將改立君者」，釋文：「爲本作僞。」《定十二年傳》「子爲不知」，釋文：「爲本作僞。」《禮記・月令》「毋或作爲淫巧，以蕩上心」，鄭注：「今《月令》作爲爲詐僞。」釋文亦云：「作爲本作詐僞。」《荀子・性惡篇》：「人之性惡，其善者僞也。」錢大昕云：「僞字讀如爲，謂在於人爲也。」（錢說見《十駕齋養新録》。）皆其明證。本書、《說苑》作「爲」，乃古書之幸存未改者。《識遺》作「是僞送也」，此言諫既不從，心不慊於君，而猶送之，是虛僞之行。故忠臣也者，《說苑》、《論衡》、《識遺》俱無「也」字。能盡善與君，盡進同，《列子》書多以盡作進。（見劉向校上表。）進善，猶陳善也。《晏子》作「能納善於君」，《說苑》

同。《論衡》唯「與」字作「於」。案：納進義同，與於古字通，本書《刺奢・鄒穆公章》「取倉之粟移之於民」，《賈子》於作與。繁欽《定情詩》「何以結相於」，孔融文「不得與足下岸幘廣坐，舉杯相於，以爲邑邑」，諸於字俱讀爲與。元李治《古今黈》五，釋相於爲相爲，相爲亦相與之義。明方以智《通雅》、胡鳴玉《訂譌雜録》徵引尤詳。而不能與君陷於難。」嘉靖本奪「君」字，各本俱有。《晏子》無「而」字。《論衡》無「君」字。《説苑》無「於」字，句末有「者也」二字。《識遺》此二句作「盡善於君而生，不蹈惡於君而死」，文與諸書均異，蓋以意改之耳。毛奇齡《忠臣不死節論》意似本此，而立言不可以訓。《晏子》爲齊侯言，以警爲君者耳，毛氏豈能藉口。《僞古文・君陳》襲《禮記》「爾有嘉謀嘉猷」數句，作成王之詞，已爲閻若璩所譏，所謂言非一端，各有所當也。全祖望謂忠臣固不必盡死節，而死節者要不可不謂之忠臣，斯論最允確，見集內《忠臣不死節辨》，讀者可毋爲毛氏所惑矣。

24 宋玉因其友以見於楚襄王，宋玉見一卷注，襄王見二卷《莊辛章》注。《韓詩外傳》七無「以」字「於」字，一本作「見楚相」，一本仍作「楚襄王」。《北堂書鈔》原本三十三引作「見懷王」。案：玉生後於屈原，當懷王時，玉未必出仕，以作襄字爲是。他書記宋玉襄王問答事甚多，從無作懷王者。襄王待之無以異，以衆人遇之，不優異於他臣也。《外傳》同。《御覽》四百引《外傳》作「王待王亦無異」，下王卽古玉字。宋玉讓其友。讓，責也，字本義如此。揖攘字作攘，反義爲攘奪，所謂美惡不嫌同辭也，經典多叚讓作攘字。《外傳》「宋玉」作「乃」。其友曰：「夫薑桂因地而生，不因地而辛；婦人因媒而嫁，《外傳》「婦」人作「女」。《渚宮舊事》「嫁」作「成」。薑，《説文》作䕬。不因媒而親。地生薑桂，媒合男女，而辛與親初不在乎地與媒。諭己薦玉于王，其寵貴仍待玉之自爲，非關薦者之事。

《書鈔》原本三十三引《宋玉集序》：「宋玉事楚懷王，友人言之王，王以爲小臣。玉讓友人，友曰：『薑桂因地而生，不因地而辛，女因媒而嫁，不因媒而親也』云云。陳禹謨本改題《新序》。嚴可均曰：「《韓詩外傳》作見楚相，《新序》作見襄王，（案《外傳》一本作見襄王，與本書合，其作見楚相者誤本耳。）《書鈔》作懷王。懷王、襄王、楚相雖互異，而薑桂等語，屬之友人，則無異也。梅鼎祚《文紀》題作《報友人書》，甚誤，不知下文又有宋玉辨語也。」案：梅氏《文紀》據《書鈔》引至『不因媒而親』止，不復審覈原書，以友人之言誤作宋玉，妄爲擬題，誠是巨謬，宜嚴氏駁之。《說苑·善說篇》記『孟嘗寄客於齊王，三年不見用，客以問孟嘗君。孟嘗君曰：寡人聞之，縷因針而入，不因針而急；女因媒而成，不因媒而親。夫子之材必薄矣，尚何怨乎寡人哉。』其語意與此絶類，客對語亦以韓盧逐兔爲比，疑一事之傳譌也。劉台拱曰：「二文蓋各引古語，而小變其說。」（《經傳小記》。）子之事王未耳，言女之事王，未盡其道耳。《舊事》作「子事主未耳」，「王」作「主」。何怨於我。」宋玉曰：《舊事》無「宋」字。「不然。昔者齊有良兔曰東郭㕙，《外傳》作「昔者齊有狡兔」，無下四字。《舊事》作「昔齊有良兔東郭狻」。《說文》無㕙字，新附收之，云：「狡兔也，從兔，夋聲。」案《齊策》云：「東郭逡者，海内之狡兔也。」又云：「世無東郭俊盧氏之狗。」此以東郭俊爲犬名，文有脱譌。但其字作俊，則狡兔之本字。俊，輕俊也，狡兔以善走得此名，逡叚借字，俗改從兔，失之。若《舊事》作「狻」，疑亦俊之誤文。《說文》：「狻，狻麑，如虦貓，食虎豹，從犬，夋聲，見《爾雅》。」此別一義，不可以稱狡兔也，當改作俊字爲是。蓋一旦而走五百里，「蓋」，《外傳》作「盡」，形似而譌。凡蓋益盡三字，古書多互誤，詳舊箸《意原堂日記》中。「旦」，《外傳》作「日」。《舊事》引無「蓋」字。於是齊有良狗曰韓盧，《外傳》無此下二句。《舊事》作「有良狗韓子盧」。《說苑·善說》云：「周氏之嚳，韓氏之盧，天下疾狗也。」《齊策》：「淳于髠説齊王曰：韓盧者，天下之捷犬也，東郭逡者，天下之狡兔也。韓盧逐東郭逡，環山者三，騰山者五，兔極於前，犬疲於後，田夫見而兩獲之。」亦一旦而走五百里。使之遥見而指屬，使盧遥見兔，但指屬之，謂不縱紲也。《外傳》作「使之瞻見指注」，《舊事》作「使人遥見而指屬之」。（此以遥見屬人言。）案注屬同義，《國語·晉語》五注：「屬，注也。」俞樾曰：「《左傳·襄二十三年》杜注：注，屬矢於弦。《荀子·禮論篇》楊倞注：注續，即屬續也。屬矢謂之注，屬續亦謂之注，屬與注音近義通。《詩正義》曰：注者，著也，言爲之解説，使義著明也。《禮記正義》：注者，卽解書之名。玄應《音義》六引《字林》：註，解也。註卽注字。《廣雅》云：俙屬，解也。注爲解，故屬亦爲解矣。」以上俞説，溝通注屬二字之義，證其同訓通借，其説皆是。惟此屬字，讀如《史記·灌夫傳》「將軍貴人也屬之」之屬，不得訓爲解。《外傳》作「注」，卽屬字之通借耳。則雖韓盧不及衆兔之塵；《外傳》「韓盧」作「良狗」，「衆」作「狡」；《舊事》作「良」，無「之塵」二字。案：衆兔者，別狡兔言之，猶《淮陰侯傳》言騏驥之局促，不如駑馬之安步也。以韓盧之善走，不縱紲而但指屬之，則雖衆兔尚不可得，況東郭異種乎。文本意如此，作良作狡，皆後人以意改之，或他本異也。「塵」上疑奪一「絶」字，謂奔軼絶塵也。若躡迹而縱緤，《外傳》作「攝緤而縱紲之」。《舊事》無「若」字，「緤」作「之」，「迹」作「跡」，字俗。案：《外傳》攝緤二字誤。躡迹，謂躡兔迹；縱緤，謂脱其絆也。凡畜犬者以索絆之曰紲。《説文·足部》：「躡，蹈也，从足，聶聲。」蹈迹，謂踵其迹也。《文選·藉田賦》注引《説文》：「躡，追也。」與今本異。又《糸部》：「紲，系也，从糸，世聲，《春秋傳》曰：臣負羈紲。重文緤，云或从枼。」段本系上增犬字，注云：「《少儀》：犬則執緤，牛則執紖，馬則執靮。注曰：緤紖靮皆所以繫制之者。許以此篆次於牛系牛縻之後，其用《少儀》顯然。紲本犬系，引申之馬亦曰紲，故上文繮下曰，馬紲也。」以上段説。案：《左傳》服注：「一曰犬繮曰紲。」古者行必有犬，可見紲爲繫犬之正字。其作馬繮用者，對文則異，散文則通也。（《説文》稱馬紲，服注稱犬繮，皆互言之。）杜預注云：「紲，馬繮。」與服不同者，《正義》引服或説如此，其正訓當亦訓馬繮，爲杜預所本，《正義》不引。又《正義》引《説文》云：「紲，係也。」紲是係之別名，故係馬係狗，皆得稱紲。段本增犬者，據《少儀》言之，欲以明紲之專訓。其實據《正義》引，則唐時《説文》已無犬字，段以意加之也。《漢書·蕭何傳》：「發縱指示獸處者人也。」指示者，指獸所在以示犬，即此所云遥見指屬也。發縱者，發之言放也，放縱犬以逐禽，即此所云躡迹縱緤也。

則雖東郭鵕亦不能離。離謂去遠，遥見指屬，不去其紲，空言使令之。諭用賢者空言尊寵，實束縛之，使不盡其才也。躡迹縱緤，謂脱其羈絆，使躡良兔之迹。諭用賢者能盡其長，勿牽制之也。不及兔塵，兔不能離，言待遇不同，收效亦異。《外傳》於「若攝纓而縱紲」之下，直接「瞻見指注與」云云，文譌脱不可讀。《舊事》無「亦」字，句末有「也」字。

今子之屬臣也，屬讀若《春秋傳》「屬其子於鮑氏」之屬，與指屬義亦同，謂付託於王也。《舊事》引無「之」字「也」字，「臣」作「我」。言因女以見王之時，女之付託我於王，處我何等。

躡迹而縱緤與，《舊事》作「躡迹而縱耶」，句有譌脱。《外傳》自「則雖」下至此，句皆佚。趙懷玉本據本書補入，是也。

遥見而指屬與？《外傳》作「瞻見指注與」。《舊事》「與」作「耶」。

《詩》曰：將安將樂，弃我如遺。「弃」，各本作「棄」，今以宋本爲主，故從之。《詩·小雅·谷風篇》文。「我」，《外傳》及《毛詩》作「予」。《爾雅·釋詁》疏、《文選》郭泰機《答傅咸詩》注引作「我」，歐陽建《臨終詩》注引作「余」。《嘆逝賦》注引《韓詩章句》「遺」作「隤」，章句曰：「隤，猶遺也。」今《外傳》仍作「遺」，誤。（本書文本《外傳》，亦當作隤。）凡今《外傳》引《詩》，與《詩考》及他書所引《外傳》異文者，皆由後人臆改。蓋校者不知毛、韓時有異文，見其不同於毛，遂據《毛詩》改之，此類觸目皆是，本書此文我字，幸猶未改耳。又《外傳》沈氏野竹齋本「如」字作「作」，恐譌，他本皆作「如」。至以「予」作「我」，或疑其出《魯詩》，然此引《韓詩外傳》文，自是《韓詩》如此，非魯也。《舊事》無此二句。**此之謂也。」其友人曰：「僕人有過，僕人有過。」**《外傳》引《詩》後即止，無此四句。《舊事》「僕」作「鄙」，不重句。本書蓋終言之。

25 **宋玉事楚襄王，而不見察，**不知其才。《舊事》「玉」下有「初」字。**意氣不得，形於顏色。**不得，不自得。形，猶見也。《舊事》無此二句。**或謂曰：「先生何談說之不揚，**《舊事》無「談」字。揚，發舒貌，言談說時意氣不發舒也。**計畫之疑也。」**畫，策畫也。憂讒畏譏，故計畫多疑。**宋玉曰：**《舊事》無「宋」字。**「不然。子獨不見夫玄蝯乎，**《渚宮舊事》作「元猿」。《說文》「蝯，善援。禺屬。」《干祿字書》：「猿俗，猨通，蝯正。」案：《說文·田部》：「禺，母猴屬。」蝯即其類之別者。郭璞《山海經》傳曰：「蝯似獼猴而大，臂脚長便捷，色有黑有黃，其鳴聲哀。」柳宗元謂猴性躁而蝯性緩，二者迥異。《爾雅·釋獸》「猱蝯善援」，此從爰之義。《詩》曰「毋教猱升木」，是其善援之證也。**當其居桂林之中，峻葉之上，**「峻葉」，《舊事》作「芳華」。**從容游戲，**從容，猶竦踊也。王引之《經義述聞·通說上》曰：「從容一訓紓緩，一訓舉動。」（下徵引甚繁，今畧之。）又曰：「舉動謂之從容，跳躍謂之竦踊，聲義並近，故竦踊或作從容。」下引本文爲證，云：「從容即竦踊也。自動謂之從容，動人謂之慫慂，聲義亦近。故《史記·吳王濞傳》：『鼂錯數從容言吳過，可削。』從容即慫慂也。《漢書·衡山王傳》之縱臾，《史記》作從容。」案：王說極是，原文徵舉甚詳，今但最其與本文有關繫者引之。下文言超騰，即竦踊之義，或以暇豫解之，非是。**超騰往來，**超騰，即跳躍之義。《舊事》引作「倏怨」。龍興而鳥集，其往來召類之狀如此。悲嘯長吟，蝯善哀鳴，故云。當此之時，《舊事》不引以上三句。雖羿、逢蒙，不得正目而視也。《舊事》無「也」字。羿，有窮之君，姓偃，（《路史・後紀》十四。）字本作芎，先世世爲射官，帝嚳賜彤弓素矢，封之於鉏。（《書》及《左傳》疏引賈逵注，《史記正義》引《世紀》。）《説文》云「羿，帝嚳射官」，是也。羿爲善射之稱，故嚳時、堯時皆有羿，逮后羿自鉏遷窮石，（見《左傳》。）因其地爲國，號曰有窮，猶有夏、有殷、有周之比也。逢蒙，羿家衆，學射於羿。《韓非子》作龐蒙，《漢表》作逢門子，皆聲近通借字。《表》逢門子在八等。（羿列等已見三卷《臨武君章》注。）《孟子・離婁下篇》：「逢蒙學射於羿，盡羿之道，思天下惟羿爲愈己，於是殺羿。」趙岐注：「羿，有窮后羿，逢蒙，羿之家衆也。《春秋傳》曰：羿將歸自田，家衆殺之。」趙云有窮后羿者，因古司射官皆名羿，此羿爲有窮之君，非他司射之官也。引《春秋傳》，乃《左氏・襄四年傳》文。傳云：「羿將歸自田，家衆殺而亨之，以食其子。」引此者，證羿爲家衆所殺，此云逢蒙殺羿，是逢蒙爲羿家衆也。《楚辭・離騷》云：「羿淫游以佚田兮，又好射夫封狐，固亂流其鮮終兮，浞又貪夫厥家。」（案：此明謂有窮后羿。會稽李慈銘謂《楚辭》所稱之羿，皆堯時之芎也，其説非是，引見後。）言羿因夏衰亂，代之爲政，娱樂田獵，不恤民事，信任寒浞，使爲國相，浞行媚於内，施賂於外，樹之詐慝，而專其權勢，羿田將歸，使家臣逢蒙，射而殺之。是《左傳》所謂家衆，即逢蒙也。孔氏《正義》曰：「家衆，謂羿之家衆人，反羿而從浞，爲浞殺羿也。」然則家衆非止一人，蒙蓋與其列，又實行殺羿者耳。吳仁傑《兩漢刊誤補遺》云：「陶唐、夏后氏，各有一羿。《孟子》書逢蒙殺羿，此堯時羿也；寒浞虞羿於田，殺而亨之，此有窮后羿也。二人俱嘗爲射官，又皆不得其死，故世或以爲一人，正自不然。」孫氏志祖《讀書脞録》、李氏惇《羣經識小》、趙氏翼《陔餘叢考》並從吳説。近吾鄉李侍御慈銘《息荼庵日記》

云：「《説文·弓部》：芎、帝嚳射官，夏少康滅之。又《羽部》：羿，亦古諸侯也，一曰射師。又《邑部》：窮，夏后時諸侯，夷羿國也。案芎羿自是一字，從羽猶從弓也。而帝嚳射官之芎，卽堯時所謂射十日，殺窫窳，斬九嬰，射河伯者。《論語》所稱羿善射，《孟子》所稱逢蒙學射於羿，皆是人也。羿爲蒙所殺，故南宫适云不得其死。古人論人，必時地相値，南宫正以羿、奡、禹、稷同時，並爲堯臣，（案此説亦本吳斗南。）故取以衡量，必非夏時之羿、澆也。羿爲寒浞與家衆所殺，非殺於逢蒙。羿、澆皆亂賊，不容誅，豈得云不得其死，尤不得以尚力不尚德蔽之。許於芎下引《論語》曰芎善射，於窮下曰夏后時諸侯夷羿國，分别畫然。而羿下云亦古諸侯者，謂夏之有窮后羿；云一曰射師者，謂一説羿卽帝嚳射官之芎。蓋許自序稱《論語》皆古文，則所見《論語》作芎爲古，而用羿亦可通。帝嚳及堯時之羿爲射官，未爲諸侯；夏時之羿，爲有窮國君，未爲射官。凡《山海經》、《歸藏》、《楚辭》、《莊子》、《淮南子》所稱之羿，皆堯時之羿也。（案此不盡然，見上小注。）堯時之芎，蓋如稷與共工之比，卽以其官名之；夏時之羿，乃名字偶同，而後人傅會。自賈景伯言羿之先祖，世爲先王射官，於是郭璞以爲后羿慕羿射，故號此名。孔穎達則以爲羿是善射之號，非人名字，故嚳時、堯時及夏，皆有羿，不知后羿名爲何。鄭樵則以爲羿必太康時人，以射得名，堯、嚳時亦有善射之人，世謂以爲羿。景純、仲遠，皆望文爲説，羌無實據，漁仲直不學而妄言矣。其爲析言之者，叔重而後，吳斗南辨之最明。或疑許於芎下云：夏少康滅之，似亦從世爲射官之説。不知此五字，蓋是後人羼入，既云帝嚳射官，則芎非諸侯國名，亦非氏族名，何得云少康所滅。況夏羿乃寒浞所滅，少康惟滅澆豷，寒浞已非少康所滅，何論羿邪。」以上李説，大意亦本吳斗南。惟許君學出於景伯，《説文》芎下云夏少康滅之，正用景伯注。芎從弓，羿從羽，皆善射之稱。蓋古凡善射者謂之羿，猶美女之稱西子，名醫之稱扁鵲也。孔疏之説甚通，古有善射之羿爲帝嚳射官，其後遂爲諸侯，亦事之恆有，何必實以羿爲人名，又强分爲二事乎。（《孟子》羿之教人射，與大匠對文，大匠非人名，則羿亦非人名。猶西子蒙不潔，與惡人對文，二者皆非人名也。）梁氏玉繩《人表考》不從吳説，周氏柄中《四書典故覈正》亦云：「逢蒙殺羿之羿，乃是有窮之君，《春秋傳》所謂家衆殺之者。堯時之羿，《淮南子》稱其有功於天下，死爲宗布，人皆祀之，無不得其死之説。」所辨郅爲明允。王逸、趙岐並以逢蒙所殺之羿，爲有窮后羿，王、趙去古未遠，必有所受，苟無確據，不當輕易舊説。又堯時之羿與帝嚳之羿，是一是二，亦無明文。依孔疏則似分爲三人，錢氏坫《論語後録》從之，較爲有理，此皆吳、李二説之可議者也。《史記·龜策傳》：「羿名善射，不如雄渠蠭門。」《集解》引《淮南子》曰：「射者言以逢蒙門子之巧。」逢蠭聲同，蒙門一聲之轉，長言之曰逢蒙門子，短言爲逢門子，又短言爲逢門，或逢蒙耳。《七畧》有蠭門射法。《荀子·王霸》云：「羿、蠭門者，善服射者也。」注：「蠭門即逢蒙，學射於羿。」《呂氏·聽言》云：「蠭門始習於甘蠅」，《具備》云：「今有羿、蠭蒙繁弱於此，而無弦，則必不能中也。」注云：「羿，夏之諸侯，有窮之君也，善射，百發百中。」兩注畧同，是高誘亦以逢蒙殺羿爲卽有窮后羿，與王逸、趙岐同。此皆漢儒舊義，師師相傳，故吻合無閒如此。《孟子》記逢蒙殺羿事，與《列子·湯問》言紀昌殺飛衛，甚相似。顔師古《匡謬正俗》云：「逢姓者，蓋出於逢蒙之後，讀當如其本字，更無別音。今之爲此姓者，自稱乃與龐同音。案德公、士元，所祖自別，殊非伯陵尹父之裔，不應棄其本姓，混兹音讀。乃猥云逢姓之逢，與逢遇字別，妄爲釋訓，何取據乎。」案：古無輕唇音，讀逢薄紅反，與龐音近，卽謂二姓同音，亦非同族也。顔説殊不明憭。至逢字音讀，錢大昕《十駕齋養新録》（卷五。）云：「古音逢如蓬，《詩》鼉鼓逢逢，釋文：逢，薄紅反。徐仙民音豐，亦讀豐，重唇也。《爾雅》歲在甲曰閼逢，《淮南·天文訓》作閼蓬。《莊子·山木篇》雖羿、蓬蒙不能眄睨，（原注：今本蓬作逢，乃淺人妄改，兹據陸氏釋文。）即《孟子》之逢蒙也。後世聲韻之學行，妄生分别，以鼓逢逢讀重脣，入東韻；相逢字讀輕脣，入鍾韻；又别造一逄字，轉爲薄江切，訓人姓，改逢蒙、逢丑父之逢爲逄以實之，則真大謬矣。洪氏《隸釋》引司馬相如云：烏獲、逢蒙之巧；王褒云：逢門子彎烏號。《藝文志》亦作逢門，即逢蒙也。《古今人表》有逢於何數人，陽朔中有太僕逢侯，《左傳》有逢伯陵、逢丑父矣，（案：僖六年傳有逢伯，哀元年傳有逢滑。）漢有逢萌，《莊子》羿、逢蒙不能睥睨，《淮南子》重以逢蒙門子之巧，皆作逢迎之逢。石刻有漢故博士趙傅逢府君神道，逢童子碑，其篆文皆從夆，魏元丕碑有逢牧，孔宙碑陰有逢祈，逢盛碑陰有逢信，亦不書作逄。又謂漢儒尚借蠭爲逢，則恐諸逢當讀爲鼉鼓逢逢之逢。洪説是也。漢魏以前未有逄字，其爲六朝人妄造無疑。《廣韻》江部又有韸字，訓鼓聲，此即鼉鼓逢逢之逢，音轉爲薄江切，俗師改從音旁，又改逄爲夆，皆所謂不知而作也。」案：錢説極通。梁玉繩《人表考》亦辨逢蒙之逢不當作逄，惟謂宜讀如本字，篷音其通讀。則不知古無輕脣音，逢遇之逢，亦讀如篷，其説不如錢氏精密，故棄彼録此。此姓作逄，始唐以後，孫奭采入《孟子音義》，朱子從之，郭忠恕《佩觿辨證》、李文仲《字鑑》並以從夆爲誤。袁文《甕牖閒評》謂逄丑父姓，陸德明無音，據《千姓篇》歸在逄字門下，與逢蒙同，當讀爲龐。二經皆當從夆，誤從夆。此皆所謂以不狂爲狂者，並小顔之辨，亦未寓目。不必廣證，即《荀子》、《吕子》、《史記》各書引逢作蠭，是其字當從逢，不從逄。古江韻字原與東韻通，亦不必改作逄而後讀如龐也。《漢志》有《逢門射法》二篇，字亦作逄。《廣韻》三鍾收逢，四江收逄，强爲分别，並引《左傳》逄丑父亦作逢，謬矣。錢氏以逄字爲六朝人妄造，恐六朝人尚無此説也。《列子·仲尼篇》「逢蒙之弟子曰鴻超」。梁玉繩云：「夷羿、逢門，皆篡弒賊，何以一在第八，一在第九，當置逢門九等。」及其在枳棘之中也，《舊事》

「在」作「居」，無「也」字。枳，枳實，木可爲籬，枳棘中，樊籬中也。棘從二朿，朿，木芒也，爲籬，以防逸。**恐懼而悼慄，**宋本如此，各本「悼慄」作「掉慓」，形近之譌。嘉靖本作「掉慄」，「掉」字譌。《莊子·山木篇》記莊子遇魏王事，所言與此畧同，正作「悼慄」。《舊事》亦作「悼慄」，無「而」字。**危視而蹟行，**《舊事》無此句。危視，瞻視中有懼色也。蹟行義不可曉，孫詒讓《札迻》云：「蹟當作蹐。《説文·足部》：蹐，小步也。」案：孫説亦未必確，疑蹟乃側之誤，蹟側雙聲，音近易亂。《莊子·山木》作「危行側視」，此倒用其語耳。**衆人皆得意焉。**得意，謂欺陵之以快意也。如《左傳》言足以辱晉，吾亦得志是也。諭賢人爲世所束縛，屈處下位，爲衆所譏笑。**此皮筋非加急，而體益短也。**「皮筋」，《莊子·山木》作「筋骨」。筋急體短，則不能騰躍，言此蝯筋體無異於昔，無加益急短之病。《荀子·勸學》云：「登高而招，臂非加長也，而見者遠；順風而呼，聲非加疾也，而聞者彰。」**處勢不便故也。**所處之地，不便於騰躍也。《舊事》引無此二句。各本「勢」作「世」，聲之誤也，下句作「勢」，則此「世」當爲「勢」明矣。《莊子》亦作「勢」。宋本、嘉靖本、鐵華館本並不誤，今從之。凡勢世二字，古書多互譌。《韓非子·孤憤篇》「處勢卑賤」，乾道本勢作世；《難三篇》「夫處勢而不能用其有勢」，乾道本亦作世，皆誤。古語處勢，猶今人言地位也。（勢位同訓，見同卷《秦昭王章》引王氏説。）《史記·蔡澤傳》「其處勢非不遠死也」，《漢書·陳湯傳》「處勢高敞」，與本書及《莊子》所云義並同。**夫處勢不便，豈可以量功校能哉。**《舊事》引無「以」字，至此止。量，度也。校與較同，《周禮·校人》注：「校之言挍也，主馬者必仍挍視之。」陸氏釋文曰：「比挍字當從手旁。」張參《五經文字》云：「挍，經典及釋文或以爲比校字，字書無文。」案：張氏以《説文·手部》無挍，故云。唐石經於考校字皆從木。郭忠恕《佩觿》云：「五經字書，不分校挍。」自注：「挍，古效翻，比挍；校，户教翻，校尉，又荷校減耳。以《説文》、陸氏釋文知之，張氏《五經文字》皆從木，非也。」鄭氏珍《説文逸字》據此收挍字，謂《説文》原有校挍二字，今脱，云據《周禮》注，校人本取挍量爲名，經借作校，以鄭證許，《説文》必有挍字。其子知同又云：「張參言字書無文，知陸氏以後，《説文》、《字林》諸書，從手之挍，概爲俗删。張參精博，且不及見許君舊文。自後開成石經，凡比挍字無不從木，傳至今日，經典無從手之挍。甚有杜譔云以避明諱，省校從手者。幸存郭氏所據，猶可以補《説文》，正經字也。」案：鄭説頗武斷，既云陸氏以後《説文》挍字已爲俗删。張參精博，且不及見許書舊文，則郭忠恕何以得見之，以矛刺楯，無以自解。且既云校人本取挍量爲名，則字當作校矣。但許書《木部》亦不及比校之義，段玉裁謂古無正文，較榷等皆可用，是也。唐人引《説文》，已不盡可信，況郭忠恕以下乎。（錢大昕《十駕齋養新録》三，謂《説文》無挍字，漢碑木旁字，多作手，此隸變，非本字，六朝俗師妄生分别，元朗從而和之。《廣韵》三十六效校字兩音，一胡教切，一古孝切。而於胡教切下云，又音教，不别收挍字。校之釋文，實爲精當。或謂鄭注以校釋校，必是異文，然《孟子》徹者徹也，《禮記》齊之爲言齊也，皆以義釋名，非有異文。案：鄭注本作校之爲言校也，陸本下校字作挍，故錢氏云然。盧文弨説同，其論皆確當不易。）《詩》不云乎：駕彼四牡，四牡項領。夫久駕而長不得行，項領不亦宜乎。《詩·小雅·節南山篇》文。毛傳：「項，大也。」箋云：「四牡者，人君所乘駕，今但肥大其領，不肯爲用，諭大臣自恣，王不能使也。」此《毛詩》義，與此所引意不合。此引以諭王不能用賢，如四牡然，但養之使肥大其領，久駕而長不得行也，蓋魯義如此。案：上文言「瑣瑣姻婭，則無膴仕」，言幽王昵近左右親屬，疏遠君子，姻婭私親，布滿朝列，賢者不能盡其才，但徒食禄委蛇，如四牡之肥大其領，長不得行也。前後文意一貫。王符《潛夫論・三式篇》云：「周公之戒，不使大臣怨乎不以，詩云：駕彼四牡，四牡項領。」徐幹《中論・爵祿篇》云：「良農不患疆場之不修，而患風雨之不節；君子不患道德之不建，而患時世之不遇，詩曰：駕彼四牡，四牡項領，我瞻四方，蹙蹙靡所騁。傷道之不遇也，豈一世哉。」二書引詩，皆言賢者有才而不得試，義與此合。王、徐均傳魯學者也。《隸釋・堂邑令費鳳碑》云：「退己進弟，不營榮祿，栖遲歷稔，項領滯畜。」《易林》履之剥，否之屯，噬嗑之歸妹，未濟之明夷，並云：「名成德就，項領不試。」《抱朴子・嘉遯篇》云：「空谷有項領之駿者，孫陽之恥也」；《勗學篇》云：「項領之駿，騁迹於千里」；《博諭篇》云：「兩絆而項領，則騏騄與蹇驢同矣。」義並同。《史記・屈原傳》：「屈原既死之後，楚有宋玉、唐勒、景差之徒者，皆好辭，而以賦見稱，然皆祖屈原之從容辭令，終莫敢直諫。」今以此事合上章觀之，婉而多風，哀而不迫，所謂從容辭令，莫敢直諫，信有徵矣。《易》曰：臀無膚，其行趀且。此之謂也。」《易・夬卦》文。「趀」，各本作「越」，或作「趦」。宋本、嘉靖本作「趑」，今《易》作「次且」，釋文：「次，本亦作趑，或作踿。《說文》及鄭作趀，同七私反。馬云，卻行不前也。且，本亦作趄，或作跙，同七餘反。馬云：語助。王肅云：趑趄，行止之礙也。」案：《集解》本作「趑趄」。《說文・走部》：「趀，倉卒也，从走，朿聲，讀若資。」又有趑趄二篆。趑下云：「趑趄，行不進也」；趄下云：「趑趄也。」釋文既引《說文》作趀，并引倉卒之訓，（釋文又引《說文》云：趀，倉卒也。）何以不見趑趄二篆，可疑者一；《說文》叙《易》用古文，馬鄭之《易》出於費，亦古文也，釋文引鄭作趀，與《說文》同，又引馬訓趀爲卻行不前，且爲語助，何以許用古文，復有趑趄之引，可疑者二。段玉裁謂「馬云卻行不前者，於次本字，得其義也；云語助者，《王風》毛傳所云且辭也。馬鄭同用費《易》，而馬次鄭趀不同，趑者。後出俗字，趄又因趑而加走旁者也，許斷不錄。鉉之前已有趑字，鉉又因補趄篆，爲十九文之一，今姑皆存之，俟好學者深思焉。」光瑛案：趑趄二篆，必非許書本有，爲陸氏所未及見，其出於何時，固不可考。但由上所疑二事觀之，則段云許斷不録，其説固可深信也。趑音七私反，且音七餘反，並非。當音子私、子餘反。趑且正字，次叚字，趑趦欧趄跙，并後起俗字。且當從馬作爲語辭，以存費《易》舊義，不當作連緜語解。各本作「趑趦」，皆俗字。宋本、嘉靖本作「趑」，是趑之省文，更俗。此等字皆子政所未見，不可不改，今依鄭《易》作「趑且」，並附正諸本之失於此云。

26 田饒事魯哀公，而不見察。田饒事迹，僅見《韓詩外傳》二及此章，他書罕引。《漢表》列五等，在定、哀之間，必此人也。《説苑・尊賢篇》又有一田饒，仕齊見逐，《韓詩外傳》七作陳饒，《齊策》又作田需。需饒義近，古音陳如田，字通，其人在戰國，與此田饒同名，別爲一人。《外傳》首處有「伊尹去夏入殷，田饒去魯適燕，介子推去晉入山」三句，疑他處之文誤入於此，否則下有脱文。《治要》引《外傳》從此句起，無上三句。田饒謂魯哀公曰：「臣將去君而鴻鵠舉矣。」鴻鵠注見二卷《莊辛章》。鴻鵠高翔，網羅所不能及，諭賢者辟世，爵禄所不能加。《外傳》二無「而」字，「鴻」作「黄」，下并同。《古文苑》楊雄《逐貧賦》章樵注引本書有「而」字，亦作「鴻鵠」，與今宋本合。段玉裁曰：凡經史言鴻鵠者，皆謂黄鵠也。哀公曰：「何謂也？」謂讀曰爲，問其何因而去也，一作何説解，亦通。蓋哀公聞鴻鵠之説，未得其解，故以爲問。下文正釋其所問之事。田饒曰：今本《外傳》無「田饒」二字，《治要》引有，與本書同。「君獨不見夫雞乎，頭戴冠者，文也；「頭」，《外傳》作「首」。足傅距者，武也；《國語・晉語》「未傅而鼓降」，韋注：「傅，箸也。」《淮南・原道訓》「傅旄象」，高注：「傅，著也。」著，箸之俗字，作着更俗。《外傳》「傅」作「搏」，字之誤也。《治要》引作「傅」，趙懷玉本從之，陳喬樅《韓詩遺說考》亦改作「傅」。《左氏・昭二十五年傳》曰：「季氏介其雞，郈氏爲之金距。」《儀禮・少牢饋食禮》疏引服注曰：「以金踏距。」《吕子・察微》注云：「以利鐵作鍛距，沓其距上。」《淮南・人間》注云：「施金芒於距也。」《漢書・五行志》注，師古曰：「距，雞附足骨，鬥時所用刺之。」案：冠距皆雞身所固有，言戴與傅者，行文形容譬説詞耳。距，雞附足骨，所恃以鬥。以金踏距，益致其堅，用以勝敵，非此所謂。敵在前敢鬭者，勇也；鬭當作鬥，此鬥争本字。見食相呼，《外傳》作「得食相告」，或疑得字古作㝵，誤爲見，此説非也。《治要》引《外傳》亦作「見」，二句下有「者」字。仁也；有愛羣之心，故爲仁也。守夜不失時，信也。詩曰：「風雨如晦，雞鳴不已。」是其信也。雞雖有此五德者，《外傳》無「雖」字，《治要》引有。君猶日瀹而食之，《説文・水部》：「瀹，漬也。」與此義別。此瀹乃鬻之叚借字，《説文・䰜部》：「鬻，内肉及菜湯中，薄出之，从䰜，翟聲。」段注：「内，今納字；薄，迫也。納肉及菜於沸湯中，而迫出之，今俗所謂煠也。玄應曰：江東謂瀹爲煠，煠，音助甲切。鬻，今字作瀹，亦作汋。《通俗文》曰：以湯煮物曰瀹。《廣雅》曰：瀹，湯也。孫炎説夏礿之義曰：新菜可汋。」案：段説是也。大徐訓鬻爲渫，渫當爲煠。《爾雅・釋天》釋文：「汋，燂菜也。」燂俗字，當作燅，俗又作燖。《廣雅》：「鬻，湯爚也。」爚當作瀹。《玉篇》曰：「瀹，煮也，内菜湯中而出也。」義本《説文》。煮，《説文》作鬻。《治要》引《外傳》「瀹」作「烹」，蓋以意改之。何則，《外傳》「何」下有「也」字，以「則」字屬下句讀。蓋《外傳》本作「也」，校者以本書作「則」，注異文於旁，混入正文耳。陳喬樅《韓詩遺説考》改同本書，是也。以其所從來近也。近者易得，故賤視之。俗云物離鄉貴，意正如此。「近」上《外傳》有「者」字。夫鴻鵠一舉千里，「鴻」，《外傳》作「黄」。舉，飛舉也。《漢書・張良傳》：「高祖爲戚夫人歌曰：鴻鵠高飛，（《史記》作鴻雁，非，辨見二卷。）一舉千里。」其語正本此。本書十卷亦載之。止君園池，止，栖息也。食君魚鼈。啄君菽粟，《外傳》「菽粟」作「黍粱」。《文選·辨命論》注引作「稻粱」。《説文·尗部》：「尗，豆也，象尗豆生之形也。」（《説文》無菽字，衹作尗。）《淮南·時則訓》注：「菽，豆連皮也。」孫穀《古微書》引《春秋説題辭》：「菽者，屬也，春生秋孰，理通體屬也。」《廣雅》曰：「大豆，菽也；小豆，荅也。」《禮記·檀弓》釋文曰：「叔，大豆也。」《吕氏·審時》云：「大菽則圜，小菽則摶以芳。」是大豆小豆皆得名菽，對文異，散文通也。吴師道謂古語衹稱菽，漢以後方呼豆，此説非是。《禮·投壺》云「壺中實小豆焉」，《國策》豆字凡兩見，則不起於漢矣。《説文·鹵部》：「㮚嘉穀實也，从鹵，从米，孔子曰：㮚之爲言續也。」《廣雅》：「粟，續也。」《春秋説題辭》：「粟助陽扶性，粟之爲言續也。」宋均注：「續，謂續陽生長也。」《廣韵》：「粟，禾子也。」《論衡·量知》云：「穀之始孰曰粟。」又云：「故夫穀未舂烝曰粟。」蓋粟米之辨，在連皮與否，粟併穀皮言，米專指其實。《後漢書·章帝紀》「但患不能脱粟瓢飲耳」，李賢注：「晏子相齊，食脱粟之飯。脱粟者，言僅脱皮，論粗糲也。」《漢書·公孫弘傳》「弘身食一肉脱粟」，師古曰：「才脱粟而已，不精鑿。」是也。脱粟爲脱皮，則粟有皮可知。經典有以粟爲米實者，亦對異散通之例也。陳喬樅《韓詩遺説考》引《外傳》作「稻粱」，從《文選》注改。《治要》引仍作「黍粱」。無此五者，君猶貴之，以其所從來遠也。《治要》引《外傳》「貴之」下有「何者」二字，與上文爲配，今本無。又《外傳》「遠」上有「者」字，「也」作「矣」。《文選》注引仍作「也」，趙本據《選》注改。臣請去君而鴻鵠舉矣。」《外傳》作「臣將去君，黄鵠舉矣」。案：各本無「去君而」三字，此複述上語作照應，與《外傳》文法同，各本奪去三字，非，今依《外傳》補。多一「而」字者，因本書上文有「而」字也。劉台拱《經傳小記》引《外傳》作「鴻鵠」，亦非。哀公曰：「止，止毋行。吾書子之言也。」書之以志不忘，若《國語》臧文仲書展禽之言以爲三匧是也。但云書其言，則無用賢之決心。觀饒去國而不強留，則哀公禮賢之怠慢可知，故曰「有士不用，何書其言爲」也。《外傳》二作「吾將書子言也」。《治要》引《外傳》仍與本書同。**田饒曰：「臣聞食其食者不毀其器，蔭其樹者不折其枝。**言受其利益，則有愛護之心，於物且然。今得賢者之利益，而不能用，是輕賢也。毀器折枝，諭屏棄君子，摧殘道術。《外傳》「蔭」作「陰」，古字通用。《左傳・昭元年》「趙孟視蔭」，注：「蔭，日景也。趙孟意衰，以日景自諭。」釋文：「蔭，於金反，本亦作陰。」依注義訓日景，則當爲陰，依釋文音於金反，亦讀蔭爲陰，此以訓詁音讀代改字之法。（詳余箸《意原堂日記》。）《治要》引《外傳》仍作「蔭」。**有士不用，何書其言爲。」**爲，助詞。《莊子・逍遥游篇》「奚以之萬里而南爲」，《論語・顏淵篇》「何以文爲」，《季氏篇》「何以伐爲」，句例相同，餘類推。《外傳》「士」作「臣」，無「爲」字，《治要》引有。此章《治要》所引，多同本書，中壘正采《外傳》文，今本《外傳》多奪漏。**遂去，之燕，**之，往也。**燕立以爲相。**立，置也。**三年，燕之政大平，**平，治也。《外傳》無「之」字。「大」，各本誤「太」，宋本及嘉靖本不誤。《外傳》亦作「大」，今從宋本。**國無盜賊。**晉用士會，而晉國之盜逃奔於秦，用善人故也。善人進，則惡人遠矣。**哀公聞之，慨然太息，**《外傳》無「聞之」二字，「慨」作「喟」。案：哀公有一尼父而不能用，及死而誄之，爲子貢所譏，何論田饒。將非所謂見賢而不能舉，舉而不能先者邪。**爲之避寢三月，**寢，正寢。避寢示悼。**抽損上服，**《外傳》「抽」作「減」。案：《說文・手部》：「㨨，引也，从手，畱聲。抽，㨨或从由；𢭃，㨨或从秀。」此訓抽爲引，字之本誼也。《儀禮・喪服》傳「抽其半」，鄭注：「抽，猶去也。」《詩・楚茨》「言抽其棘」，毛傳：「抽，除也。」除、去並與減誼近。《廣雅・釋詁》三：「𢭃，縮也。」𢭃卽抽字，縮減誼同，皆旁誼也。本書「抽損」，卽《外傳》之「減損」，或疑抽爲捐字之譌，殊未必然。薛虞畿《春秋別典》亦作抽，依本文解之自通。曰：「不慎其前，而悔其後，盧文弨曰：「後，一本作從，譌。」何可復得。」《外傳・高牆豐下章》、《説苑・建本篇》並以二句爲孔子之語。

《詩》曰：「逝將去女，適彼樂土；適彼樂土，爰得我所。」下句「適彼」字，宋本作「樂土」，嘉靖本及各本均疊二句，今從之。案：《外傳》引「適彼樂國，樂國樂國，爰得我直」。一本疊「適彼」句，與此所引相類。疑《外傳》文本如此，本書《節士篇・介子推章》亦重「適彼樂郊」句可證也。（《外傳・楚狂接輿章》，一本引詩亦疊適彼句。）後人據《毛詩》改二書原文，不知魯、韓之文，多與毛異，子政兼通二家，此所引《外傳》，必用《韓詩》也。石經《魯詩》殘碑適彼樂郊下，重樂郊二字，則《魯詩》文當與毛同。陳喬樅謂子政專習《魯詩》，王引之、馬瑞辰又謂子政習《韓詩》，皆一偏之見。中壘之學，不主一家，已開東京高密先路，故於《詩》則韓魯並通，於《春秋》則三傳兼習，包羅今古，籠罩百家，鴻儒通人，學應如是。陳氏於《新序》、《説苑》、《列女傳》三書引《詩》，皆收入《魯詩遺説》，見此文及《外傳》疊適彼字，與石經不同，遂以爲後人轉寫之誤，可謂武斷。俞樾曰：「《詩》中疊句成文者甚多，如《中谷有蓷篇》疊嘅其歎矣兩句，《丘中有麻篇》疊彼留子嗟兩句，《東方之日篇》疊在我室兮兩句，《汾沮洳篇》疊美無度兩句，皆是也。毛與韓本不異，因古人遇疊句，皆省不書，止於字下加二畫以識之。《宋書・禮樂志》所載樂府詞皆如是，如《秋胡行》疊願登泰華山，神人共遨游二句，則書作願〻登〻泰〻華〻山〻，神〻人〻共〻遨〻游〻，是其例也。此詩亦當作適〻彼〻樂〻土〻，傳寫誤作樂土樂土耳，下二章同。」案俞氏引詩中用疊句成文者，以證《韓詩》疊適彼句之文，甚是。謂《毛詩》亦當疊適彼句，爲傳寫者誤，則與陳氏謂《韓詩外傳》疊適彼句爲傳寫之誤，同一虛造。既每字有二字旁注，則無緣衹疊末二字矣。即如其説，何解於石經殘本之疊樂郊，豈《魯詩》石經，亦後人臆改之邪。《法言·實知篇》云：「真僞真僞則政核」，司馬光注：「真僞真僞，當作真真僞僞。」古書多然，司馬氏所言，則通論也。王引之《經傳釋詞》云：「逝，發聲也，字或作噬。《詩·日月》逝不古處，《碩鼠》逝將去女，《有杕之杜》噬肯適我，《桑柔》逝不以濯，逝皆發聲，不爲義也。傳箋或訓爲逮，或訓爲往，或訓爲去，皆於義未安。」案：王説俱是。《春秋》曰：「少長於君，則君輕之。」《僖二年穀梁傳》文。稱《春秋》者，以其傳《春秋》，故得蒙經名也。漢人於緯候傳注，皆得蒙本經之稱，本書四卷《晉平公過九原章》引《左傳》爲《春秋》，亦其例也。互見彼章注及舊箸《意原堂日記》。此之謂也。由此觀之，田饒蓋有才，而年甚少，亦閭丘卬之類也。

27子張見魯哀公，子張，孔子弟子，姓顓孫，名師，陳人。（《史記·仲尼弟子列傳》。）《呂氏·尊師》云：「子張，魯之鄙家也。」《通志·氏族畧》云：「顓孫氏出公子顓孫。《左傳·莊二十二年》顓孫自齊來奔，張蓋其後，故又爲魯人。」是也。錢大昕《潛研堂答問》云：（卷九。）「子張是陳顓孫之後，以字爲氏，故稱陳人。既從孔子游，而其子申詳爲魯繆公臣，則居於魯非一世矣。」錢坫《論語後録》云：「《史記》云：子張，陳人。鄭篇目弟子云陽城人，《漢書·地理志》陽城屬陳留郡，即陳地。案《呂氏春秋》云：子張，魯之鄙家，學於孔子。子張爲陳公子顓孫之後，顓孫自齊來奔，故魯人而亦得爲陳人也。子張之子爲申詳，申亦顓孫也，周秦之間，申孫聲相近，又因之而變。」案：《史記·儒林傳》：「自孔子卒後，七十子之徒，散游諸侯，大者爲師傅卿相，少者友教士大夫，或隱而不見，故子張居陳。」然則張後卒老於陳，歸其故土，故後世追贈，如開元封陳伯，（《唐志》。）宋真宗封宛丘侯，徽宗改封潁川侯，度宗加封陳國公，（《宋志》。）皆以陳地爲封號也。《一統志》云：「葬徐州蕭縣南掘坊村，申詳祔。」《漢表》列三等。七日而哀公不禮。《羣書治要》引「七日」上有「見」字，無「而」字。《後漢書・崔駰傳》注引亦無「而」字，句末有「焉」字。《文選》任彦昇《天監三年策秀才文》注引本書，（一本作引《莊子》，誤。）及《御覽》九百二十九引俱無上三字。又《御覽》四百七十五引《莊子》，後注《新序》同，其文云：「子張見魯哀公不禮。」《困學紀聞》卷十引《莊子》佚文，作「子張見魯哀公不禮士也」。**託僕夫而去，**託僕夫，託其致詞，即下云云是也。《崔駰傳》注引無上三字。《治要》引無「而」字。《御覽》九百二十九引《莊子》，下注《新序》亦載四字，文作「僕大夫」，大字衍文。《選》注祇有「去曰」二字。蓋皆以意省之。**曰：「臣聞君好士，故不遠千里之外，**《御覽》九百二十九及《選》注俱不引此數句，「曰」字下即接「君之好士」句。《困學紀聞》、《御覽》四百七十五引《莊子》無「之外」二字。（《御覽》及他書引《莊子》文甚多，獨采此及九百二十九卷者，以其後注《新序》同之故，餘不悉引。）子張居魯鄙，而曰不遠千里者，蓋此時歷仕他國，歸於魯耳。**犯霜露，冒塵垢，**冒，蒙也。《治要》不引此二句。《春秋傳》曰：「跋涉山川，蒙犯霜露。」**百舍重趼，不敢休息，**《莊子・天道篇》有此二語，釋文引司馬注：「百舍，百日止宿也。趼，胝也。趼音古顯反，胝音陟其反。許慎云：足指約中斷傷爲趼。」案：釋文引許説，見《淮南・修務訓》注。《淮南》作「重跰」，跰乃趼之誤字。高誘注：「趼，足生胝也。」字通作繭。《修務訓》又云：「曾繭重胝。」高注引《幽通賦》「申重繭以重胝」。《賈子・勸學篇》「百舍重繭」，《宋策》「墨子百舍重繭」，皆趼之叚字。高誘《策》注：「重繭，累胝也。」《廣韵》曰：「趼與⿰繭皮同，皮起也。」⿰繭皮乃後起俗字，古止叚作繭，正字作趼。《類篇》「久行傷足謂之趼」，皆其義也。重趼即胝足，所謂胼手胝足者是。成元英《莊子》疏云：「趼，脚生泡漿創也，百經旅舍，一不敢息，涂路既遥，足生重趼。」此解最明，凡重趼必遠行始有之，此承不遠千里句，故云。**以見君。**《御覽》四百七十九引《莊子》作「以見」，《紀聞》作「而見」，俱無「君」字。上接「不遠千里」，下接「君之禮士也」句，中間數句俱不引。七日而君不禮，《治要》引句首有「見」字。案：前文「七日」上，《治要》引亦有「見」字，蓋俱以意加之，明哀公非不見子張，但以衆人遇之，不加禮貌耳。君之好士也，有似葉公子高之好龍也。葉公子高注見首卷《秦欲伐楚章》及四卷《葉公章》。《選》注、《後漢》注引上句無「也」字。《紀聞》、《御覽》引《莊子》「好」作「禮」，下句無「也」字。葉公子高好龍，《選》注引無「子高」二字，《御覽》九百二十九引亦同。鉤以寫龍，鑿以寫龍，鉤鑿之物，皆作龍形。諸書不引此二句。屋室雕文以寫龍，屋室雕鏤文采，亦寫龍形，見好之至也。《御覽》三百八十九、四百七十五、九百二十九引《莊子》皆作「室屋雕文，盡以寫龍」，《紀聞》亦同，《選》注引本書文亦如此。《治要》引與今本同。《白帖》九十五引《莊子》作「室屋皆畫龍」。《藝文類聚》九十六引《莊》作「雕文畫之」。並括省其文。於是天龍聞而下之，「天」，各本作「夫」。盧文弨曰：「作夫者譌。」「降之」，兩本同，何本作「下之」。案：《後漢》注、《選》注、《治要》、《御覽》引本書此文皆作「天」，《紀聞》及《六帖》九十五、《御覽》三百八十九、四百七十五、九百二十九引《莊子》，無一不作「天」者，則「夫」字之誤明矣，今依盧校改。《紀聞》引《莊子》無「聞而」二字。《治要》引本書「於是」下有「也」字，似衍文。「降之」作「下之」，諸書皆同，宋本、嘉靖本亦同，惟《後漢書·崔駰傳》注引本書作「降」字，無「於是」二字。降下義不殊，蓋古本一作「降」耳，今從宋本作「下」。窺頭於牖，《説文·片部》：「牖，穿壁以木爲交窗也，从片户甫。」段注：「交窗者，以木横直爲之，即今之窗也。在牆曰牖，在屋曰窗，此則互明之，必言以木者，字从片也。古者室必有牖，牖東户西，皆南鄉。《毛詩》曰向北出牖也，北或有穴通明，至冬塞之。然《士虞禮》祝啟牖鄉注云：鄉牖一名。《明堂位》達鄉注：牖屬，是南牖亦名向。《士喪禮》寢東首於墉下，《喪大記》作北墉下，今本墉皆譌牖，非也。牖所以通明，故假爲誘，《召南》吉士誘之，《大雅》天之牖民，傳皆訓曰道也，道卽導。」案：段説皆是。對言則在牆內爲牖，在屋爲窗，散言則通。此牖亦謂窗耳，窗，囱字重文，《説文》部首有囱字。拖尾於堂，拖俗字，當作拕。《紀聞》引《莊子》作「施」，《御覽》引仍作「拖」，則施乃誤字。蓋草書方字旁與才形似故也。（九卷《黄歇章》王施之以東山之險，施字亦當作拕，詳見彼文注中。）《治要》、《選》注、《後漢》注、《御覽》引皆作「拖」，惟《御覽》七百五十引本書作「掉」，彼卷引甚簡畧，無關於校勘，此掉字亦以意改之，未必本書之異文。葉公見之，弃而還走，「弃」，各本作「棄」，今從宋本。《治要》引同。「還」，《選》注引作「退」。失其魂魄，五色無主。《治要》引無下句。《文選·勸進表》注引《莊子》「色」作「情」，《御覽》三百八十九引《莊》「色」作「神」，《類聚》九十六，《御覽》四百七十五、九百二十九引《莊》皆作「色」，（《白帖》引《莊子》去此句。）《後漢》注、《選》注引本書亦作「色」。言貌中五色迭見，不主於一，驚恐之至也。一曰五藏各有其色，發見於外，旁皇無主。是葉公非好龍也，《紀聞》及《御覽》四百七十五引《莊子》「非」下有「不」字，下「君非好士」句同。《選》注引「好」下有「真」字。好夫似龍而非龍者也。夫，猶彼也，下同。《御覽》、《紀聞》引《莊子》無「者」字。《御覽》九百二十九作「好夫似龍而非真」。《後漢》注引本書無「也」字。今臣聞君好士，故不遠千里之外，以見君，七日不禮，此三句諸書俱不引，惟《治要》引。君非好士也，《紀聞》、《御覽》四百七十五引《莊》「非」下有「不」字，《御覽》句首更有「今」字，九百二十九引作「今君非好士也」。（一本非上有之字，衍。）《選》注引本書作「今君之好士也」。好夫似士而非士者也。《御覽》九百二十九引無下「士」字。《選》注、《紀聞》及《御覽》各卷俱引至此止。《詩》曰：中心藏之，何日忘之。敢託而去。」「中心」二句，《詩·小雅·隰桑篇》文，鄭箋云：「我心善此君子，又誠不能忘也。孔子曰：愛之能勿勞乎，忠焉能勿誨乎。」案：漢以前解是經者，皆有盡忠規諫之意。如《孝經》云：「君子之事上也，進思盡忠，退思補過，將順其美，匡救其惡，故上下能相親也。詩云：心乎愛矣，遐不謂矣，中心藏之，何日忘之。」《禮記·表記》：「子曰：事君欲諫不欲陳。詩云：心乎愛矣，遐不謂矣，中心藏之，何日忘之。」鄭箋引《論語》亦此意也。子張託僕夫以告哀公，而引此詩，亦謂雖去國，不忘直言規諫，故託僕夫以致其詞耳。否則自居於賢，而責哀公以不能心臧，已鄰乎傲，若謂哀公棄賢，己不能忘，則怨懟無禮，更非賢者所宜有矣。宋神宗誦蘇軾「瓊樓玉宇高處不勝寒」之詞，歎曰蘇軾畢竟愛君，即何日忘之之義也。《紀聞》、《御覽》引《莊子》與此畧同，今《莊子》無此文，蓋脱佚久矣。王伯厚已云佚文，則疑修《御覽》時亦未必見，據他書轉録之耳。《治要》引本書此文後，有《孟子見齊宣王於雪宫》一章，在《鄒穆公有令章》前，疑《刺奢篇》逸文。本書《刺奢》、《義勇》兩篇卷帙特少，闕漏必多，盧氏拾補輯佚，漏采此條，則緣盧未見《治要》故耳。附録《御覽》七百五十引本書云：「葉公子高好龍，門亭軒牖，皆畫龍形。一旦真龍垂頭於窗，掉尾於户，葉公驚走失措焉。」又《後漢書·崔駰傳》注引云：「子張見魯哀公，七日，哀公不禮焉而去。曰：君之好士，有似葉公子高好龍，天龍聞而降之，（案此處疑有脱句。）窺頭於牖，拖尾於堂，葉公見之，失其魂魄，五色無主。是葉公非好龍也，好夫似龍而非龍者。」案：二書所引殊畧，《御覽》括引大意，非依本文，尤不足以資校勘，故兹注不復引，附記於此，以備參考。

28 昔者楚丘先生，《意林》引無「昔者」二字，《韓詩外傳》十同。楚丘有二：一在今山東曹州府曹縣，一在今河南衛輝府滑縣。滑縣之楚丘，齊桓公遷衛之處；曹縣之楚丘，戎伐凡伯之處。此先生蓋楚丘人，佚其名，因以所居地號之。其與孟嘗相見，地必近薛，當是曹縣之楚丘，他事未聞也。先生，學士年長者之稱，見趙岐《孟子》注。《曲禮》「從於先生」，鄭注：「先生，老人教學者。」《儀禮·鄉飲酒禮》注云：「先生，鄉中致仕者。」（《曲禮》疏引《儀禮·鄉射》注：先生，鄉大夫致仕者。今彼注無此文，一本又誤作《周禮》注。詳阮元《校勘記》中。）諸解不同，各依文勢釋之。《曲禮》疏云：「先生，師也，言彼先己而生，其德多厚也。」《論語》：「有酒食，先生饌。」先生之號，亦通父兄。崔靈恩云：「凡言先生，謂年德俱高，又教道於物者。」《國策·衛策》「乃見梧下先生」，高誘注：「先生，長者有德之稱。」《齊策》：「孟嘗君讌坐，謂三先生」，注云：「先生，長老，先己以生者也。」案：《賈子·先醒篇》「此先醒也」，《韓詩外傳》作「其先生者也」，生醒通用字，醒猶覺也，則先生猶先覺之義。稱師爲先生者，謂其以先知覺後知，以先覺覺後覺也。齊宣王喜文學之士，自騶衍、淳于髡以下七十六人，皆賜列第，爲上大夫，不治而議論，號稷下先生。此楚丘先生，豈梧下、稷下之類與。行年七十，行年，猶歷年也。《外傳》十無此四字，當是脱文。去此句，則下文「先生老矣，春秋高矣」諸句，皆無所承，於文爲突兀矣。《意林》引無「行」字。《曲禮》曰：「七十曰老。」披裘帶索，「裘」，《外傳》作「蓑」，似優。蓑與索爲類，形其老而貧也。本書作「裘」，恐形近之譌，既披裘，則不宜帶索矣。《意林》引亦作「裘」，無「帶索」二字。往見孟嘗君，孟嘗君，田文，注見四卷，戰國四公子之一也。《意林》無「往」字。欲趨，不能進。見尊者而趨，所以示敬，年老步艱，故不能進也。《外傳》無此句。孟嘗君曰：《意林》引無上二字。「先生老矣，春秋高矣，《意林》無此句。《外傳》此下有「多遺忘矣」一句。何以教文？」意輕之也。「文」，孟嘗君名，各本皆作「之」，《意林》引作「寡人」，《外傳》作「文」。案：之與文形近而誤。孟嘗君稱寡人者，就國於薛，自比諸侯，故僭稱之，然因此可知此字必當屬孟嘗自言也。今從《外傳》改。楚丘先生曰：《意林》無上二字。「噫，將我而老乎！《外傳》作「惡君謂我老，惡君謂我老」，連疊二句。此噫是不平聲，與下不同，卽《外傳》惡字之轉聲也。而讀爲乃，古字通用，詳《經傳釋詞》。言將謂我乃老邪。噫將使我追車而赴馬乎，投石而超距乎，逐麋鹿而搏豹虎乎。《外傳》作「意者將使我投石超距乎，追車赴馬乎，逐麋鹿搏豹虎乎」。噫意字通，此及下文兩噫字，俱讀爲意，與上噫字義別。（説詳後注。）《意林》於「先生曰」下接云「欲使追車趁馬，逐鹿搏虎」，隱括引之。赴又誤趁，《説文·走部》：「赴，趨也。」此赴之本義，赴馬，謂趨及奔馬。投石，以石投人，《春秋傳》曰「礮石以投人」，是也。距當作歫，（距，雞距也。）《説文·手部》無拒，此歫本字。《止部》：「歫，止也，一曰超歫。」彼此相抵爲歫，歫則止矣。經典多叚距拒爲歫。《漢書·甘延壽傳》：「投石拔距，絶於等倫，嘗超踰羽林亭樓。」應劭曰：「拔距，卽下超踰羽林亭樓是也。」張晏曰：「拔距，超距也。」《史記·王翦傳》「投石超距」，《索隱》：「超距，猶跳躍也。」《文選·吴都賦》「拔距投石之部」，劉逵注：「拔距，謂兩人以手相按，能拔引之也。」案：以上諸説各異。歫之本義爲抵歫，然《説文》云一曰超歫，則是別一事。劉逵泥於本義，謂兩手相按，能拔引之，不知拔歫卽超歫，超拔義近。張晏以超距訓拔距，是也。解爲拔引，轉失之迂。投石超歫，古習勇者常爲之，投石視遠，超歫視高。應劭、小司馬之解近是，但訓爲跳躍，猶未盡善。歫者格也，（格卽抵也。）格必有物，故與投石爲對。《左傳·僖三十三年》「左右超乘而下」，乘亦所格之物也。《哀八年傳》「私屬徒七百人，三踊於幕庭」，杜注：「於帳前設格，令士試躍之。」格卽歫也，任設一物以爲之格，而跳躍之，則曰超歫，又謂之距躍。《左傳·僖二十八年》「距躍三百」，《通鑑》「邱行恭距躍大呼」，胡三省注：「距躍，超距而跳躍也。」跳躍上加超距二字，其義始完，此卽《説文》一曰超歫之義也。《管子·輕重丁篇》「戲笑超距，終日不歸」，訓亦同此。搏，擊也。《孟子》曰：「晉人有馮婦者，善搏虎。」各本「豹虎」多作「虎豹」，宋本、嘉靖本不誤。此數句皆協韻，《外傳》亦作「豹虎」，與老距馬爲韻可證。若豹字在下，即不諧韻，淺人但見經傳百家多言虎豹，少言豹虎，遂以意乙之，大謬。今從宋本改正。俗本《外傳》亦有改豹虎爲虎豹者，宋、明善本皆不誤。《意林》括引本文，不作搏豹而作搏虎，亦不失韻。吾已死矣，何暇老哉。《意林》「已」作「即」，《外傳》作「則」，則即一聲之轉，古多通用。《意林》「哉」作「邪」。已死，已同於死。何暇老，無復優游養老之歲月也。噫將使我出正辭而當諸侯乎，決嫌疑而定猶豫乎，《意林》作「若使決嫌疑定猶豫」。《外傳》作「將使我深計定謀乎，定猶豫而決嫌疑乎，出正辭而當諸侯乎」，較此多一句。當，對也。《漢書・司馬相如傳》「恐不得當也」，注：「當，謂對偶也。」當爲對偶之對，亦爲應對之對，古同訓之字，一字有數義者，此義通而彼義與之俱通，此訓詁之正例，詳《意原堂日記》中。決嫌疑，定猶豫，《禮記・曲禮》文。王引之《經義述聞》云：「家大人曰：猶豫，雙聲字也，或作猶與，分言之則曰猶，曰豫。《管子・君臣篇》民有疑惑貳豫之心。《楚辭・九章》壹心而不豫兮，王注：豫，猶豫也。《老子》與兮若冬涉川，猶兮若畏四鄰。《淮南・兵畧篇》擊其猶猶，陵其與與。合言之則曰猶豫，轉之則曰夷猶，曰容與。《楚辭・九歌》君不行兮夷猶，注：夷猶，猶豫也。《九章》然容與而狐疑，容與亦猶豫也。《曲禮》卜筮者先聖王所以使民決嫌疑，定猶與也。《離騷》心猶豫而狐疑兮。《史記・李斯傳》狐疑猶豫，後必有悔。《淮陰侯傳》猛虎之猶豫，與騏驥之蹢躅，孟賁之狐疑並言。嫌疑狐疑、猶豫蹢躅，皆雙聲字，狐疑與嫌疑，一聲之轉耳。後人誤讀狐疑二字，以爲狐性多疑。又因《離騷》以猶豫與狐疑對文，而謂猶是犬名，犬隨人行，每豫在前待人，不得，又來迎候，故云猶豫。又謂猶是獸名，聞人聲即豫上樹，久之復下，故曰猶豫。又以豫字從象，謂猶豫俱是多疑之歎。以上諸説，具見於《水經注》、《顏氏家訓》、《禮記正義》、《兩漢書》注、《文選》注、《史記索隱》諸書。夫雙聲之字，因聲以見義，不求諸聲而求諸字，宜其説之多鑿也。」以上王氏説，極通，可爲定論。猶豫之轉音甚多，其字又作冘豫、由與、淫與等，不可勝舉，可以類推。古人連緜語，多取雙聲疊韵，字隨聲轉，靡有一定，膠泥以水，未有能得當者。《外傳》以謀疑矦三字爲韵，矦字古亦與三韵通，如《白駒》「爾公爾矦」與期思韵是也。本書讀矦如胡，（顧炎武以胡爲矦之本音。）與豫爲韵。古無四聲，平去通押也。觀此，益可知前豹虎之不當作虎豹矣。王氏《經傳釋詞》又云：「噫與抑意億懿五字並通，皆詞之轉也。《新序》此文噫將使我數句，《韓詩外傳》作意，是其證。」案：王謂五字通用，是也。惟《外傳》意下有者字，不讀與抑同，與本書同卷《里鳧須章》「君意沐」之意同訓，仍作志意解。本章兩噫字亦然，皆讀若意，不作轉詞讀也。知者，因上文「噫將使我」句，前無所承，不可作轉語，且《外傳》意下有者字也。噫既通意作轉詞用，亦可作意志用，即前所云同訓之字有數義，此義通而彼義亦通者也。《爾雅》以台朕賚畀卜陽同訓予，《廣雅》以畺畛㽘畢冬弊同訓竟，（此例甚多，姑舉此二条。）學者以此例深思之，於古訓發明，當自不少。王氏於此，尚少契勘。吾始壯矣，《意林》作「吾即少也」，即訓則。《外傳》作「吾乃始壯耳」，乃亦有則訓。（詳《經傳釋詞》。）《曲禮》：「三十曰壯。」耳矣字通。何老之有。」《意林》作「何暇老邪」，以意改之，非。孟嘗君逡巡避席，逡巡注見一卷。避或作辟，乃避之省借字。避席，起立致敬。《孝經·開宗明義章》：「曾子辟席曰」，唐玄宗御注云：「禮，師有問，避席起答。」蓋古人席地而坐，愛而親之，則謂之前席。秦孝公之於商鞅，漢文之於賈誼，是也。（引其席而前，以示親近，故曰前席。）有所敬，起立以致禮，則謂之避席。面有愧色。《意林》括二句爲一句，云「孟嘗君乃有愧色」，引至此止。《外傳》作「孟嘗君赧然汗出至踵，曰文過矣，文過矣，詩曰，老夫灌灌」，至此而止，文有脱譌也。《詩》曰：「老夫灌灌，小子蹻蹻。」《詩·大雅·板篇》文。「蹻蹻」，《列女傳》三作「矯矯」，鄭注《尚書大傳》作「蟜蟜」。《魯頌》「矯矯虎臣」，釋文作蟜蟜，云亦作蹻蹻。矯蟜蹻均從喬聲，字並通用。中壘兼通魯、韓，則作矯者《魯詩》也。此章采《外傳》文，今《外傳》引至「老夫灌灌」而止，未知《韓詩》作蹻蹻否，姑從衆本，或韓字與毛同也。（陳奂云：《韓詩》多同於毛。）毛傳云：「灌灌，猶欵欵也；蹻蹻，驕貌。」箋云：「老夫諫女欵欵然，女反蹻蹻然如小子，不聽我言。」與此章義同。言老夫欲盡其謀，而少者驕而不受也。此云少者驕而不受，亦以驕訓蹻蹻，與毛義同。蹻驕聲義俱近，鄭惟以蹻蹻之容，有似小子，此則直指少者爲異，餘大意悉同於毛。

秦穆公所以敗其師，秦穆公，名任好，注見二卷。敗其師，謂殽之師也。穆公師敗，自悔不用蹇叔之言，且詈之曰：「爾何知，爾墓之木拱矣。」輕棄老成，果招敗喪，歸而作《秦誓》，其言曰：「尚猶詢兹黄髮，則罔所愆。番番良士，旅力既愆，我尚有之；仡仡勇夫，射御不違，我尚不欲；惟截截尚諞言，俾君子易辭，（《公羊》作易怠。辭，籀文作辝，形近而誤，當從《公羊》。）我皇多有之。」自艾深矣，此《賈子》所謂後醒者也。然事後而悟，毋甯先事而防，中壘之言，反復丁甯，足以爲戒。殷紂所以亡天下也。《尸子》曰：「商紂有臣曰王子須，弃黎老之言，而用姑息之謀。」《墨子·明鬼篇》：「昔者殷王紂，播棄黎老，賊誅孩子。」僞古文襲之。故《書》曰：「黄髮之言，則無所愆。」括引《秦誓》文。（已引見上注。）《詩·閟宫》箋：「黄髮台背，皆壽徵也。」老人之髮黄，故云。愆，過也。《詩》曰：「壽胥與試。」美用老人之言以安國也。《詩·魯頌·閟宫篇》文，詳此引詩之意。胥，皆；試，用也。言老成之言皆見用，卽下句所斷者是也。鄭箋謂「壽而相與試，謂講氣力不少倦」，此申毛義，與三家不同。

29齊有閭丘卬，閭丘卬惟見本書，他無可考。蓋中壘所采之原書，久亡佚矣。《漢表》列四等。左傳有閭丘嬰、閭丘明、閭丘息。（見襄二十五、哀八、哀二十一。）《說苑・善說篇》有閭丘先生，與齊宣王同時，《漢表》作閭丘先。（今本誤光。孫志祖曰：「先卽先生也，漢人稱先生，或單稱爲先。」案孫說是。）是閭丘氏世仕齊有名，卬當是其族。《春秋・襄二十一年》「邾庶其以漆、閭丘來奔」，杜預注：「二邑在高平，南平陽縣東北有漆鄉，西北有顯閭亭。」《正義》曰：「杜解地邑，自爲其例，言在者，指知其處；言有者，以示不審。此言二邑在高平者，知其在高平郡界耳。又言有者，並不審其處也。釋例曰：漆，高平南平陽縣東北有漆鄉，閭丘，高平南平陽縣西北有顯閭亭。是二邑知在高平，而不審其地，故言有也。」沈欽韓《左傳地名補注》云：「《續志》南平陽有漆亭、閭丘亭。《水經注》今漆鄉在縣東北，漆鄉東北十里有閭丘鄉，杜云顯閭，非也，顯閭自是別亭。《山東通志》：漆城在兗州府鄒縣西境，閭丘在縣北境，（案《春秋輿圖》云：漆在鄒縣北，閭丘在縣南，與此異。）南平陽城在縣西十三里。」光瑛案：閭丘蓋以邑爲氏者。各本「卬」作「邛」，宋本作「卬」，與《漢表》同。梁玉繩曰：「《新序》邛字譌。」盧文弨《羣書拾補》亦謂作「邛」者誤。案，梁所見《新序》是俗本，不足據，今從宋本。**年十八，道遮宣王，**《說文・辵部》：「遮，遏也。」謂要遏之於道也。**曰：「家貧親老，願得小仕。」**小仕，小官也。《孟子》曰：「仕爲貧者，辭尊居卑，辭富居貧。」**宣王曰：「子年尚稚，**稚字俗，當作稺。《說文・禾部》：「稺，幼禾也。」引申爲凡幼之稱。**未可也。」閭丘卬對曰：「不然。昔有顓頊，行年十二，而治天下，**「有」字宋本、嘉靖本、鐵華館本同，各本俱作「者」，文義兩通，今以宋本爲主，故從之。顓頊注見同卷首章。《竹書紀年》注、《宋書・符瑞志》並云：「顓頊生十年，佐少昊，二十登帝位。」《路史》云：「十五佐小昊」《鬻子》云：「十五佐黃帝。」諸說紛紜，莫衷一是，已於前注詳引之，此所述又與諸書異。

秦項橐七歲而爲聖人師。「而」字各本脱，今補，説見下句注。《漢書・董仲舒傳》對策曰：「臣聞良玉不瑑，資質潤美，不待刻瑑，此亡異於達巷黨人不學而自知者也。」注：「孟康曰：黨人，項橐也。」皇甫謐《高士傳》：「達巷黨人，姓項，名橐。」《國策・秦策》、《淮南・脩務訓、説林訓》注、《論衡・知實篇》皆言項橐七歲，爲孔子師，與董生云不學而自知之語正合。蓋其人稱孔子博學，孔子謙言執御，後人因其童幼，躋之師列以爲美談。此正韓愈所謂樂其誕而自小者，非事實也。「橐」，《淮南》作「託」，《論衡・實知》、《抱朴子・微旨》同。《漢童子逢盛碑》作「后橐」，洪适云：「項橐七歲爲孔子師，后鮜偏旁相類，鮜有項音，故借后爲鮜，又借鮜爲項也。」（見《隸釋》。）案洪説迂滯，項后一聲之轉，橐託音近，古皆通用，不必借后爲鮜，又轉爲項也。錢氏坫《論語後録》云：「達是巷黨名，巷黨二字連讀。《雜記》余從老聃助喪於巷黨，是也。孟康以人即項橐，《史記》作達巷黨人童子曰，孟康蓋本《國策》。」案：錢氏以巷黨連讀，是。孟康以黨人爲項橐，已失其讀。明黃瑜《雙槐歲鈔》稱項橐七歲而亡，保定府滿城縣南門有先聖大王祠，號小兒神。此蓋因《顔氏家訓・歸心篇》有項橐短折之説，因加傅會耳。鄭注《論語》不言達巷黨人爲項橐，梁玉繩曰「《新序》謂項橐爲秦人，誤。」今案中壘亦未必以項橐爲達巷黨人。《一統志》：「達巷在滋陽縣西北五里，相傳即達巷黨人所居。」滋陽今屬兖州府，故梁氏疑中壘爲誤，然安知項橐之必不爲秦人邪。況《一統志》之説，疑亦傅會，未必可據。達巷黨人《漢表》列三等。《淮南子・説林訓》云：「項橐使小兒矜。」謂嬰兒以橐相矜也。

由此觀之，「由此」下宋本有「而」字，各本無。盧文弨曰：「此而字可省。」案：「而」字當在上句「爲聖人師」上，誤迻於此，宋本雖誤，尚存此字，可以據補，俗本則並脱之，盧説亦非是。今删此「而」字，迻入上句，與「而治天下」句天然相配。卬不肖耳，不能似聖賢。年不稚矣。」長於顓頊、項橐之年，故不穉矣。宣王曰：「未有咫角驂駒，而能服重致遠者也。咫角，牛始生角，長及咫者。周尺八寸爲咫。《説文》「馬生二歲曰駒」，《周禮・廋人》注同。服讀爲負，一音之轉，言牛馬小者不堪負重，諭年幼者不能任以國事。由此觀之，此句及下「由此觀之」句，皆無「而」字，足證上句而字之誤引。夫士亦華髮墮顛而後可用耳。」《後漢書・邊讓傳》李賢注云：「華髮，白首也。」《墨子・修身篇》：「華髮隳顛，而猶弗舍者，其惟聖人乎。」畢沅曰：「隳字當爲墮。」孫詒讓曰：「《説文・髟部》云：鬌，髮墮也。《頁部》云：顛，頂也。墮與鬌通，墮顛即禿頂。」後引本書爲證。案：孫説非是，華髮墮顛，謂白髮垂於顛耳，不待破字爲鬌也，故又稱華顛。《後漢書・崔駰傳》曰：「唐且華顛以悟秦。」李賢注：「華顛，謂白首也。」煩言之爲華髮墮顛，簡言之爲華顛，一而已矣。閭丘卬曰：「不然。夫尺有所短，寸有所長，尺有時見短，寸有時見長，諭長年者未必盡賢，年幼者未必皆不肖。二語又見《楚辭・卜居篇》，蓋古有是言。華騮緑驥，各本「華」作「驊」，「緑」作「騄」。《説文・馬部》：「騮，赤馬，黑毛尾也。」又「驥，千里馬也，孫陽所相者。」許書無驊字騄字。馬赤色黑鬣毛，其形神駿，有文采，故謂之華。緑耳，周穆王八駿之一，見《列子・周穆王篇》，《玉篇》引作騄耳。《漢書・地理志》「華騮緑耳之乘」，字尚不誤。緑耳，驥名，故稱緑驥，與華騮對。淺人以其爲馬，悉加馬旁，不知小顔注已云華騮言其色如華之赤，緑耳耳緑色，則不當加馬於旁明矣。緑字本書各本尚有作緑者，而宋本、嘉靖本已誤作騄，至華字則無不從馬，後世詩文，沿謬尤衆。此文華騮緑驥黄鵠白鶴，各以二物相形作配，華緑黄白，皆論其色，不可從俗。猶《列子・周穆王篇》以蘤騮緑耳、赤驥白𣚬相對，蘤古華字，𣚬古義字，亦各舉二物爲説也。今悉改正。天下之俊馬也，俊與駿同。《説文・馬部》：「駿，馬之良材者。」此作俊，蓋駿之叚字。

使之與貍鼬試於釜竈之間，《説文・豸部》：「貍，伏獸，似貙。」段注：「伏獸，善伏之獸。鄭注《大射》云：貍之言不來也，其詩有射諸侯首不朝者之言，故以名篇。皇侃以爲舊解云，貍之取物，則伏下其頭，然後必得，言射亦必中，如貍之取物矣。上云貙似貍，此云貍似貙，言二物相似，卽俗所謂野貓。」又《鼠部》鼬云：「如鼠，赤黄色，尾大，食鼠者。」段注：「如鼠，小徐作如鼦，鼦乃俗貂字。貂，鼠屬也。赤黄色云云，見《小正》、《爾雅》，今之黄鼠狼也。」案：段注皆是。試，比試也。釜乃鬴之或體字，經傳皆作釜，惟《周禮》字作鬴。釜竈之間，偪仄無馳騁地，不如貍鼬跳躍便利，諭大才固不宜小用，而小才亦未可竟棄也。其疾未必能過貍鼬也；疾，速。過，越也。《説苑・雜言篇》：「甘戊曰：騏驥騄駬，（卽緑耳之俗字，見上注。）足及千里，置之宮室，使之捕鼠，曾不如小貍。」《莊子・秋水篇》：「騏驥驊騮，一日而馳千里，捕鼠不如狸狌。」言殊技也。黄鵠白鶴，《國策・楚策》：「黄鵠游於江海，淹於大沼，奮其六翮，而陵清風。」賈生《惜誓》：「黄鵠一舉兮，知山川之紆曲；再舉兮，知天地之圜方。」漢高祖爲戚夫人歌：「鴻鵠高飛，一舉千里。」《毛詩》曰：「鶴鳴于九皋，聲聞于天。」一舉千里，舉，飛舉。使之與燕服翼試之堂廡之下，廬室之間，《説文・虫部》：「蝙蝠，服翼也。」《方言》：「蝙蝠，自關而東謂之服翼，或謂之飛鼠，或謂之老鼠，或謂之僊鼠；自關而西秦隴之間謂之蝙蝠，北燕謂之蟙䘃。」案：《爾雅・釋鳥》「蝙蝠，服翼」，郭璞注：「齊人呼謂蟙䘃，或謂之仙鼠。」《通卦驗》「雨水蝙蝠出」。《孝經援神契》曰：「蝙蝠服匿，故夜食。」《廣雅》：「伏翼、飛鼠、天鼠、仙鼠，蟙䘃也。」伏服僊仙蟙蟙皆同字。《古今注》：「蝙蝠一名仙鼠，一名飛鼠，五百歲色白腦重，集則頭垂，故或謂之倒折，食之神仙。」《本草》：「伏翼味鹹，主目瞑，明目，夜視有精光，一名天鼠，一名蝙蝠，生山谷。」陶宏景注：「李當之曰：天鼠，《方言》一名仙鼠。《水經注》：交州丹水亭下有石穴，甚深，不能測其遠近，穴中蝙蝠大者如烏，各倒縣。」與《古今注》之説合。此物今人家所在有之，翅足相連，色黑似鼠，晝伏夜出，常巢於屋間。或云地鼠所化，未離鼠形，故有鼠名。玄應《音義》引《方言》，⿱卷鼠作靈鼠，⿱卷靈意同，非爲二號。王德瑛曰：「燕服翼是一物，今東齊人謂之燕蝙蝠。」郝懿行取之，並言今登州謂蝙蝠爲蟞蚨，語聲之轉。蝙蝠以夜出，飛翔庭院，掠蚊蝱食之，俗言爲鼠所化，形還類鼠，毛紫黑色，肉翅與足相連，巢於屋檐，孳乳其中，未必是鼠所化也。《説文・广部》：「廡，堂下屋也。」《釋名》：「大屋曰廡。字從無，有大義，故蕃廡字叚用之。」寄居之處曰廬。《説文・广部》：「廬，寄也，秋冬去，春夏居，从广，盧聲。」周禮》「十里有廬」，《左傳》「立戴公以廬於漕」，是也。堂廡廬室，不離一室之内，諭所就者小。**其便未必能過燕服翼也；**便，利便。堂廡地小，鵠鶴不足回翔，惟燕服翼利便之。《莊子》以蜩鷽鳩笑大鵬爲諭，亦謂小大各有所適，易則皆傷。卬言此，諭小仕爲己所能任。孔子曰：「君子不可小知，而可大受也；小人不可大受，而可小知也。」用違其才，鮮不僨事。**辟閭巨闕，**《越絶書外傳》記寶劍云：「歐冶子因天之精神，悉其伎巧，造爲大刑三，小刑二。（刑今模型字，當作型。）一曰湛盧，二曰純鈞，三曰勝邪，四曰魚腸，五曰巨闕。」辟閭卽湛盧，言湛湛然黑色也。《越絶書》又記越王云：「巨闕初成之時，吾坐於露壇之上，宫人有四駕白鹿而過者，東奔馬驚。吾引劍而指之，四駕上飛揚，不知其絶也。穿銅釜，絶鐵鑪，胥中，失如粢米。」《文選・吳郡賦》注：「越王有寶劍五。一曰純鈞，（《越絶》作鈞，是。王念孫《讀淮南雜志》辨之甚詳。）二曰湛盧，三曰莫邪，四曰豪曹，五曰巨闕。」其名畧異，蓋聲音轉變，無有定字也。**天下之利劍也，擊石不缺，**各本「缺」作「闕」，乃叚借字。《説文》：「闕，門觀也」；「缺，破器也。」各有本字。經傳多叚闕爲缺，宋本作「缺」，用本字，今從之。**刺石不銼，**《説文・手部》：「挫，摧也。」《考工記》「揉牙内不挫」，注：

「挫，折也。」是摧折本字，當作挫。《史記・楚世家》「兵銼藍田」，與此文皆叚銼爲挫。銼挫並從坐聲，故通用。《說文》：「銼，鍑也。」此銼之本義，《玉篇》同。使之與菅稾決目出眯，「菅」，各本作「管」。「稾」，各本作「槀」，下從木，宋本亦然，今正。盧文弨曰：「此字當從禾，作木者非。」其說是也，從木乃枯藁字，今人迻左作槁，與此異義。《說文・禾部》：「稾，稈也。」段注：「《廣雅》、《左傳》注皆云：秆，稾也，叚借爲矢幹之稾，屈平屬草稾之稾。案秆乃稈之或體，稈，禾莖也。引《左傳》者，見昭二十七年傳曰：或取一編菅也，或取一秉秆焉。字正作秆，彼文以菅秆並稱，則此管字是菅之誤無疑。」（下同，凡從艸從竹字，隸體多混。）《說文・艸部》：「菅，茅也。」茅稈同類，故卬連言之。今各本皆作管，管，樂器，與稾不同類。茅稈質柔韌，故能入目出眯。《說文・目部》：「眯，草入目中也。」字從目，今本誤從日。今悉據宋本正。其便未必能過菅稾也。由此觀之，此句「由此」下亦無「而」字，與前同。華髮墮顛，與卬何以異哉。」言但小仕而已，則老成大人，與幼穉無異。卬蓋謙言之，以卑下自處，亦借以諷宣王之不能用賢也。宣王曰：「善。子有善言，何見寡人之晚也？」知其諷己，故善之，又怪其來見之晚。卬對曰：「夫雞豚讙嗷，《說文・言部》：「讙，譁也，从言，雚聲。」案：此卽喧本字。《荀子・彊國篇》「無敢讙敖」，敖與嗷同。楊注：「讙，喧嘩。」《儒效篇》「則天下應之如讙」，注：「讙，喧也。」又作諠，《毛詩・車攻》傳：「無讙譁之聲」，釋文云：「讙本作諠。」《左氏昭元年傳》注：「不得惡讙譁之聲」，釋文：「讙本作諠。」皆其證。玄應《音義》卷九引《三蒼》：「讙，言語訩訩也。」與諠譁義同。又卷十二：「讙，古文作吅。」又與喧同。張有《復古篇》云：「鼎臣以吅爲喧，楚金以嚻爲喧，實與叔重義不合。叔重明云：吅，驚呼也；嚻，呼也；讙，譁也。是讙卽喧本字。又《尉繚子》讙譁者有誅，《史記》諸將盡讙，《叔孫通傳》無敢讙譁，《霍光傳》民間讙言。皆讙卽喧之證，不當以吅囂爲喧也。」光瑛案：《説文》讙譁二字互訓，與吅訓驚呼義别。近人或以吅爲古讙字，非，張説是也。慧琳《一切經音義》十五諠猥下云：「上香袁反，或作讙。皆正。鄭注《禮記》云：諠，囂也。《廣雅》鳴也。經文作喧，俗。古文作吅，會意字也。」是亦以吅爲古讙字，其誤在鼎臣之先矣。玄應、慧琳、希麟諸僧，溺於俗學，不知恪守許義，近人或以其書改許書，誤。《説文·口部》：「吺，讙聲也。」引《詩》「載號載吺」。許引《詩》以證讙義，因毛傳云：號，呼；吺，讙也。是讙吺二字同義。**卽奪鐘鼓之音，雲霞充咽，**咽與益溢同，滿也。《説文》：「咽，嗌也。」又「嗌，咽也。」咽嗌音相近，溢從益聲，亦有滿義，皆通用字也。《呂氏春秋·審時篇》：「春之易而食之香，如此者不益。」注：「益，息也。」畢校云：「《御覽》八百三十九引作蕀，舊校云一作蒜。」案：蒜蕀皆𦯔之譌，𦯔爲嗌之籀文，上象口，下象頸脈理也。食之不益者，謂食之氣息通利，不至哽嗌。是益嗌互通之證，咽可通嗌，卽可通益與溢矣。《説文·皿部》：「益，饒也，从水皿。皿，益之意也。」又《水部》：「溢，器滿也，从水，益聲。」是二字皆有滿義。此文本字當作益，叚借爲咽。《呂子》本文當作嗌，叚借爲益。高誘以息詁之，未得其解，蓋古書通叚之不明久矣。**則奪日月之明。**則猶卽也，古通。（見前註。）**讒人在側，是以見晚也。**讒人忌賢，遏使不得見，不得已而道遮，故云。**《詩》曰：「聽言則對，譖言則退。」**《詩·小雅·雨無正篇》文。今詩對作答，對答一聲之轉，當讀爲對。張行字謂對古答字，非也。古同訓字，每每同聲叚用，如《文王詩》「無遏爾躬」，讀躬爲身，與天韵。《小旻》「是用不集」，讀集爲就，與咎韵。此例多有，蓋訓詁之原出于聲音，余别有説詳之，兹不贅。對退協韵，作答則不諧，錢大昕舉此及是用不集，爲雙聲協韵之證。（見《養新録》。）不知雙聲可以爲韵，則無一字不有雙聲，不必復言韵矣。此乃聲近叚借，集當讀就，答當讀對，魯韓用本字，毛用叚字，非所云雙聲協韻也。箋云：「答，猶距也。有可聽用之言，則以其辭距而違之，有譖毁之言，則共爲排退之，羣臣並爲不忠，惡直醜正。」與此引詩義同。庸得進乎。」庸，猶豈也。宣王拊軾曰：拊軾者，在車中故也。拊與撫同，（詳《義勇篇・崔杼章》注。）《曲禮》注：「撫，猶據也，據式小俛崇敬也。」軾制詳《義勇篇》注。「寡人有過，寡人有過。」遂載與之俱歸，而用焉。載，載之後車也。《詩》曰：「命彼後車，爲之載之。」故孔子曰：「後生可畏，安知來者之不如今。」此之謂也。「安」，《論語》作「焉」。焉安音義皆近，古字通。《荀子》書多作安。此言後生之年富力强，誠若可畏，然後生往往恃其年而不肯力學，焉知韶華一去，無復再來，可畏之時，倏焉已過，來日之光陰，豈復如今日乎。至於四十五十而無聞，則不足畏矣。其言爲後生作莫鼓晨鐘。不如猶不似，（與不及義殊。）不如今之今字，即指後生。來者，即指後生異日之光陰也。（四十五十即來者二字注脚。）焉知二字，乃過來人指點迷津口氣。後生未至其年，以爲精力可以常恃，故正告之。《集解》但云後生謂年少，其說不詳。朱子解爲焉知其將來不如我之今日，是聖人自誇其能，非聖不自聖之義，且非所以示後生也。黄庭堅謫宜州詩：「老色日上面，歡情日去心，今既不如昔，後當不如今。」正用《論語》經文，所解尚不誤，疑相承舊詁如此。毛奇齡《四書解錯》之說，亦與愚見合，惜其不詳明耳。《曾子・立事篇》云：「三十四十之間而無勢，即無勢矣，五十而不以善聞，則無聞矣。」與此章義亦同。

30 荆人卞和得玉璞，璞，玉之未理者。「卞和」，《韓非子・和氏篇》作「和氏」，《藝文類聚》七、《白孔六帖》五、《事類賦》九引《韓子》皆作「卞和」。今本《韓子》「荆」作「楚」，「玉璞」下有「楚山中」三字。諸書所引「楚山」上有「於」字，《類聚》、《白帖》無「璞」字。卞和，《漢表》所無，梁玉繩《人表考校補》云：「《漢表》潘和，疑即卞和。和獻玉被刖，事閱三君，諸書不同，而《韓子·和氏》以爲厲、武、文，《史記·鄒陽傳》注以爲武、文、成，世次俱不紊。《表》列文王時，或其人與。卞弁古通，俱有槃音，與潘音近，且楚有潘族，和或系出於潘與。」梁學昌《庭立紀聞》引蔡鐵耕説畧同，並引《堯典》「於變時雍」，《漢書·成帝紀》作於蕃，《隸釋·孔宙碑》作於弁爲證。其説雖無據，要極近理。潘和《表》列六等。《文選》盧子諒《覽古詩》「趙氏有和璧」，注引蔡邕《琴操》曰：「楚明光者，楚王大夫也，昭王得瑀氏璧，欲以貢於趙王，於是遣明光奉璧之趙。」李善謂瑀古和字。（案《史記·藺相如傳》：和氏之璧，秦以十五城願易之。則璧後在趙，當即此時所贈也。此所引《琴操》，與下注《渚宫舊事》所引不同，當别是一事。）故《淮南子·説山訓》云：「得瑀氏之璧，不若得事之所適。」字又作瑀，皆通用。諸書稱和氏璧，便文爲稱，未必和爲其人之氏也。而獻之荆厲王，《韓子》句首有「奉」字。盧校引孫志祖曰：「《楚世家》無厲王，《後漢書·孔融傳》注引作武王、文王、成王，疑今本誤。」顧廣圻《韓子識誤》曰：「《新序》云荆厲王、武王、共王，亦不同，厲王無可考，闕之可耳。」王先慎《韓非子集解》曰：「《後漢》注引是，《御覽》二百七十二、六百四十八引作武王、文王、成王，是其證。」案：《史記·鄒陽傳》索隱云：「事見《國語》及《吕氏春秋》。」今兩書無此文，所稱《國語》，蓋孔衍書，《吕氏》則誤記也。宋張淏《雲谷雜記》云：「案《楚世家》，熊通自立爲武王，楚之王自通始，其先無所謂厲王者。豈其兄蚡冒耶，姑置勿論。以武王即位之年言之，是歲爲周平王三十一年辛丑，至文王即位之年壬辰，已五十二年，若加以厲王，當不至於此。和雖三獻，不應歷年如是之久，疑有舛誤。然此事見於它書，亦多異同。《新序》無文王而有共王，《淮南子》注及《前漢·鄒陽》、《後漢·孔融、陳元》三傳注，俱無厲王，而有成王。又《趙壹傳》注引《琴操》又有懷王及其子平王。（此所引《琴操》，亦與《舊事》所引不同。）其不同如此，既無明據，不敢以臆見定是否。但武王至共王，已六世，幾於百年。平王在懷王之前，相去甚遠，初非父子，此乃謬妄顯然者。」孫志祖《讀書脞録》云：「《韓子》載卞和三獻玉事，作楚厲王、武王、文王，蓋文王始使人理其璞而得寶。故傅玄《豫章行》曰：琅玕溢金匱，文璧世所無。盧諶《答魏子悌詩》曰：恨無隨侯珠，以酬荆文璧。然考《史記·楚世家》無厲王，但云蚡冒立十七年，卒，蚡冒弟熊通弒蚡冒子而代立，是爲楚武王。豈蚡冒謚厲，而史缺邪。（案此説本之張淏。）《漢書·鄒陽傳》、《後漢·陳元、孔融傳》各注引《韓非子》，並作武王、文王、成王，（原注：《文選·答賓戲》注引同，曹子建、徐幹詩注引作武王、成王、文王，誤。）是《韓非子》有二本也。《新序》載此事作楚厲王、武王、共王，《琴操》作懷王、平王，（原注：見《後漢·趙壹傳》注。）以平爲懷子，尤謬。」以上孫説，即盧氏所引者，其言多本之張淏。《淮南·脩務》注止引武王、文王，中少一代，又以剖石得玉屬之文王。而《覽冥訓》注又以爲武王、文王、成王，與《後漢》注同。其時代世次，遞相銜接，較覺可信，王氏斷從之，是也。孫氏據盧諶、傅玄詩，以理璞得玉爲文王事，與《脩務訓》注同。然文人使事，信筆取用，未必得實。《文選》鄒陽《上梁王書》注又稱跀和者，爲武王、成王，李善誤記耳，應劭注《漢書》不誤。本書用《韓子》文，或後人據《韓子》誤本改之，厲王事既不可考，姑從蓋闕。張、孫疑即蚡冒之謚，尤非其理。

使玉尹相之，玉尹，治玉之官也。楚官如左尹、右尹、工尹之屬，皆以尹爲稱。《韓非子》作「玉人」，下並同，句首疊「厲王」二字。相，視也。曰：「石也。」「曰」上《韓》有「玉人」二字。王以和爲謾。「謾」，《韓》作「誑」，下同。《後漢書·孔融傳》注引《韓子》作「謾」，下多一「己」字。《御覽》六百四十八、八百五、《事類賦》九引《韓》皆作「謾」。《説文·言部》：「謾，欺也。」《史記·魏其武安侯列傳》「欺謾」，《季布傳》「面謾」，皆其義。韋昭《漢書》注曰：「謾，相抵讕也。」而斷其左足。「斷」，《韓》作「刖」。厲王薨，諸侯死曰薨，天子曰崩。《韓子》句首有「及」字。武王即位，武王，蚡冒弟，名達，始僭稱王，在位五十一年。（《侯表》、《世家》。）葬汝南鮦陽縣葛陂鄉東北。（《水經·汝水注》、《世家》集解、《續郡國志》、《御覽》五百六十引《皇覽》。）《漢表》列五等。和復奉玉璞而獻之武王。武王使玉尹相之，案：此句疊「武王」二字，則上文疑亦當同《韓》疊「厲王」二字。曰：「石也。」「曰」上《韓》有「又」字，「尹」作「人」。又以爲謾，《韓》作「王又以和爲誑」。而斷其右足。《韓》「斷」字作「刖」。武王薨，共王即位，《韓子》作「文王」。共王注見一卷。和乃奉玉璞而哭於荆山中，《韓》作「和乃抱其璞而哭於楚山之下」。王先慎曰：「楚山，當作荆山，涉上文得玉於楚山而誤。《藝文類聚》荆山下引正作「荆山」，《白孔六帖》同。」案：《雲谷雜記》引亦作「荆山」，但楚山即荆山，似不必改字，王説泥。三日三夜，泣盡而繼之以血。《韓子》「泣」作「淚」，藏本仍作「泣」。共王聞之，使人問之，《韓》作「使人問其故」。曰：「天下之刖者衆矣，舊本「之刖」皆作「刑之」。盧文弨曰：「之字衍文。」案：非衍也，乃倒文，又有譌字，《韓子》作「之刖」是。刖當作跀，刖，絶也，經傳多叚刖爲跀，刖與刑相似而譌耳，今據《韓子》文改正。《説文·足部》：「跀，斷足也，从足，月聲。重文䟔，跀或从兀。」《莊》「魯有兀者叔山無趾」，兀，䟔之省借字。子獨何哭之悲也？」「獨」，各本作「刑」。盧文弨曰：「當從宋本作獨。」案：作刑者，亦刖字之誤，今從宋本。《韓子》無「獨」字，「何」字作「奚」。對曰：《韓》「對」作「和」，下「有吾非悲刖也」句，又有「悲夫」二字，連下爲句。「寶玉而名之曰石，貞士而戮之以謾，「名」，《韓》作「題」，「戮」作「名」，「謾」作「誑」。此臣之所以悲也。」《韓》無「之」字，以下文多不同。共王曰：「惜矣，吾先王之聽，難剖石而易斬人之足。言剖石辨其真僞，至易事也，猶不肯爲，反輕於刖人之足也。《淮南·脩務》注以此爲文王語。夫死者不可生，斷者不可屬，「夫」，宋本作「夭」，誤，今從衆本。刖足非夭死也，且下文二句整對，不可參差。「屬」本作「續」，今從宋本、程本。《漢書·路温舒傳》：「死者不可復生，𢇍者不可復屬。」師古曰：「𢇍，古絶字。」此斷字當作𢇍，斷與絶同義，形尤相似。屬與續同。《説文》「𢇍，古文絶，象不連體絶二絲。」《説苑·政理篇》：「衞靈公問於史鰌曰，政孰爲務。對曰，大理爲務，聽獄不中，死者不可生也，斷者不可屬也。」彼斷字亦當作𢇍，世人多見斷字少見𢇍字，遂改其文耳。何聽之殊也。」偏聽異於人也。自「共王曰」以下至此，《韓子》所無。乃使人理其璞而得寶也，治玉爲理，此理字本義。故名之曰和氏之璧。「故名之」，《韓子》作「遂命」，命名古通用。《春秋繁露·深察名號篇》：「名之爲言，鳴與命也。」《説文·口部》：「名，自命也。」《孟子》「其間必有名世者」，《三國志》注引作「命世」，皆其證。《渚宮舊事》引《琴操》云：「成王剖卞和之璞，封和爲陵陽侯，和不就而去，作追怨之歌，曰：悠悠沂水，到荆山矣，精氣鬱結，谷巖巖兮，中有神寶，灼爍明兮，穴山採玉，難爲工兮，於何獻之，楚先王兮，遇王暗昧，信讒言兮，紫之亂朱，粉墨同兮，俛仰嗟嘆，心摧傷兮，天監孔明，竟以彰兮，沂水滂滂，流於汶兮，進寶得刑，體離分兮，斷者不續，豈不寃兮。」案：此歌亦後世好事者僞造，歌詞鄙俗，不類周人語言，沂、汶亦非楚境所有。

故曰：珠玉者，人主之所急也，《韓》作「夫珠玉，人主之所急也」。和雖獻寶而美，未爲玉尹害也，進寶且若彼之難也，況進賢人乎。《韓》作「和雖獻玉而未美，未爲王之害也，」（《韓子》王字一本作主，注以楚王當之，誤甚。蓋王下脱尹字耳。）然猶兩足斬而寶乃論，論寶若此其難也」。與本書文不同，當據本書校正，今本《韓子》多誤。此言和進玉而美，不至奪玉人之寵，而玉人且嫉之，誣以爲石，況進賢人則邪臣退，尤易招其忌乎。寶玉有形易知之物，難進如此，況賢人之行難知，易誣尤甚於玉，進之又豈易乎。其言反復沉痛，殆有感於王氏之嫉賢蔽能，欲以感悟成帝也。「害」字各本作「用」，宋本亦誤，今據《韓子》校正。（《韓子》文多誤，惟此字當從《韓》作害。）害之譌用，猶割之譌周。《公羊宣五年傳》「靈公有周狗」，《爾雅·釋畜》注引作「喜狗」，宋雪窗書院本、元大德本皆作「害狗」。《書·君奭》「割申勸甯王之德」，《禮記·緇衣》引作「周田觀文王之德」，鄭注：「古文周田觀甯王之德爲割申勸甯王之德，今博士讀爲厥亂勸甯王之德，三者皆異，古文近之。割之言蓋也，言文王有誠信之德，天蓋申勸之，集大命於其身，謂命之使王天下也。」《正義》謂周之爲割，田之爲申，觀之爲勸，皆字體相涉，今古錯亂。案：割古本作害，（割亦讀爲害，《賈誼傳》日中必熭，操刀必割。以熭與割韵，割從害聲故也。）篆文與周字形近。《正義》云：字體相涉錯亂是也。周從用口，害誤周，亦可誤用，此字作用則無義，知《書》古本作害者。古字割害通用，《大誥》「天降割于我家」，馬本作害。害篆體與周相涉，作割則不類。又《堯典》「湯湯洪水方割」，割亦讀爲害也。知《韓子》文誤，當據本書校正者。《論衡·對作篇》記此事，用玉尹字，與本書同，且本書正用《韓子》文也。惟《韓子》「害也」下有「然猶兩足斬而寶乃論」一句，文氣較完，本書無之，亦無大礙。賢人與姦臣，猶仇讎也，邪正不並立，是仇讎也。自此至「不可勝載」，皆《韓》文所無，中壘志在格非，故言之詳切如此。《韓非》之言，意主明法，與中壘用心逈異，參讀自明。於庸君意不合。於，猶與也。（詳同卷《齊侯問晏子章》注。）言庸君不喜賢臣，而樂近小人。夫欲使姦臣進其讎於不合意之君，其難萬倍於和氏之璧，欲姦臣進其仇讎，已爲難矣，況又加以君意之不合乎。又無斷兩足之臣以推，以寶諭賢，以卞和諭進賢者，姦臣既不肯進仇，又無斷兩足之卞和以明之。推，讀如《司馬遷傳》「推賢進士」之推，謂薦舉也。其難猶拔山也。《項羽紀》「力拔山兮氣蓋世」。千歲一合，若繼踵，然後霸王之君興焉，嘉靖本「霸」作「賢」，今從衆本。踵當作«踵»，《說文·彳部》：「«踵»，相迹也。」合，謂明君賢臣相合。《國策·齊策》：「千里而一士，是比肩而立；百歲而一聖，若隨踵而至也。」即此文千歲若繼踵之義。《吕子·觀世》云：「千里而有一士，比肩也；累世而有一聖人，繼踵也。士與聖人之所自來，若此其難也，而治必待之，治奚由至。雖幸而有，未必知也，不知則與無賢同，此治世之所以短，而亂世之所以長也。」《抱朴子·百家篇》：「先民嘆息於才難，故百世爲隨踵。」其賢而不用，不可勝載。以上《韓子》無。故有道者之不戮也，直白玉之璞未獻耳。「直」，舊本作「宜」，乃直字形近而譌，今改正。《韓子》作「然則有道者之不僇也，特帝王之璞未獻耳」。帝王之璞，謂法術也，其命意與此異。惟本書文勢，則本《韓子》。言善人在下，猶璞之未獻，幸不被戮耳，謂隱退之士也。古無舌上音，讀直如特，故二字通用。《詩·柏舟》「實維我特」，《韓詩》特作直。《禮記·少儀》「不特弔」，釋文：「特本或作犆。」《荀子·正論篇》「豈特元之耳哉」，《吕氏·分職篇》「豈特宮室哉」，楊、高注皆云：「特，猶直也。」《禮記·檀弓》「行並植於晉國」，注：「植，或爲特。」皆二字關通之證。

新序校釋卷第六

刺奢

王氏五侯奢侈逾制，故向以此風之。《漢書·成帝紀》：「永始元年詔曰：朕過聽將作大匠萬年言，昌陵三年可成，作治五年，中陵司馬殿門内，尚未加功，天下虚耗，百姓罷勞。」又《向傳》曰：「營起昌陵，數年不成，復還歸延陵，制度泰奢，向上疏諫。」案：成帝以渭城延陵亭部爲初陵，在建始二年；以新豐戲鄉爲昌陵縣，在鴻嘉元年；罷昌陵反故陵，在永始元年。此書進於陽朔元年，當在爲初陵之後，昌陵之前。向疏言陛下即位，躬親節儉，始營初陵，其制約小，天下莫不稱賢。又言初陵之橅，宜從公卿大臣之議。則此時主德尚未即於奢侈。刺五侯而兢兢致意於君道者，正朝廷以正百官之旨也。逮後昌陵之作，故陵之反，皆增飾崇麗，窮泰極侈，觀《谷永傳》所載財竭力盡，愁恨感天，然後知中壘此篇防患未然，真無愧乎大臣格君非之道也。視它卷文字爲少，奪佚者多。謹參考衆籍，據可考者校正之，其佚文則别輯爲卷云。

1 桀作瑶臺，以玉爲臺飾。罷民力，罷與疲同，《説文·网部》：「罷，遣有罪也，从网能，网，罪网也。言有賢能而入网，即貰遣之。《周禮》曰議能之辟。」是也。又《疒部》：「疲，勞也，从疒，皮聲。」二義判然不同，經傳多叚罷爲疲。

《少儀》「師役曰罷」，鄭注：「罷之言疲勞也。」云之言者，以聲通義之詞。《周禮》有罷民，鄭云：「民不愍作勞，有似於罷。」《齊語》「罷士罷女」，韋昭曰：「罷，病也。」此皆叚罷爲疲。（餘散見經傳甚多。）段玉裁謂罷之音讀如疲，而與疲義殊。案：罷字古音讀如婆，與疲之从皮聲近，故相通借。本義雖殊，通叚之義不殊也。《御覽》一百七十七引無此句，蓋删節甚多，不足據。殫民財。《說文・歹部》：「殫，極盡也。」段注：「古多叚單爲之。」案：單古殫字，單本義爲大，反義爲單薄。數至單亦盡矣，此引申義。殫後起字。《列女傳》：「桀造瓊室瑶臺，以臨雲雨，殫財盡幣，意尚不厭。」《韓詩外傳》二無「作瑶臺」以下九字。《御覽》引作「殫百姓之財」。爲酒池糟隄，以酒爲池，以糟爲隄。《說文・阜部》：「隄，唐也。」段注云：「隄唐互訓猶陂池爲互訓，其實窊者爲池、爲唐，障其外者爲陂、爲隄也。」《說文・米部》：「糟，酒滓也。」《外傳》四作「糟丘」。《列女傳》曰：「桀爲酒池，可以運舟，一鼓而牛飲者三千人，輢其頭而飲之於酒池，醉而溺死者，末喜笑之以爲樂。」縱靡靡之樂，靡靡，曼聲。一鼓而牛飲者三千人。一鼓，以鼓爲節也。如牛之飲然，縱酒無度。《外傳》二無「一鼓」二字及「人」字，非是，當依本書補入。《列女傳》亦有此三字，此承上文靡靡之樂言，似不可省。無人字，文意尤不完。《外傳》四記此事亦無「一鼓」二字，蓋此文有奪，後人又據此删之。羣臣相持歌曰：《尚書大傳・湯誓》云：「夏人飲酒，醉者持不醉者，不醉者持醉者，相和而歌。」《外傳》作「羣臣皆相持而歌」，無「曰」字。「江水沛沛兮，《廣雅・釋訓》：「沛沛，流也。」王褒《九懷》曰：「望淮兮沛沛。」水流爲沛，猶雨流爲霈，亦有叚沛作霈者。《孟子》「沛然下雨」，此霈之叚字，如「水之就下，沛然誰能禦之」，則用正字也。《外傳》不疊「沛」字。舟楫敗兮，「楫」，宋本作「檝」，《通鑑前編》引同。案：《說文・木部》：「楫，舟櫂也，从木，咠聲。」「檝，弋也，从木，戢聲。」二字義別，當作楫爲正。凡戢聲咠聲字多通用，今从衆本。敗，壞也。**我王廢兮**，廢，曠廢。言有沛沛之江水，而舟楫毀壞不修，諭有國家而王不能治之。一曰，江水沛沛，宜以運舟楫，今以酒池之故而敗之，所以然者，我王爲酒池，實始廢之也。言我王者，專責桀之辭。**趣歸薄兮**，《説文·走部》：「趣，疾也，从走，取聲。」《辵部》：「速，疾也，从辵，束聲。」又《人部》：「促，迫也，从人，足聲。」三字音義皆畧同。《詩·棫樸》「左右趣之」，箋云：「左右之諸臣，皆促疾於事。」是趣有促義也。趣速同訓疾，引申之，則有督促之訓。今人言指趣歸趣，乃後起引申義，非本義。此趣與速同，當訓疾，言疾速歸附於薄也。薄者湯都，《漢書·地理志》「山陽郡薄」，臣瓚曰：「湯所都。」又，「河南郡偃師尸鄉，殷湯所都。」臣瓚曰：「湯居亳，今濟陰縣是也，今亳有湯冢。」師古曰：「瓚説非也，皇甫謐所云湯都在穀孰，事並不經。劉向云：殷湯無葬處，安得湯冢乎。」閻氏若璩《尚書古文疏證》云：「亳有三：一南亳，後漢梁國穀孰縣是，湯所都也；一北亳，梁國蒙縣是，卽景亳，湯所盟地；一西亳，河南尹偃師縣是，盤庚之遷都也。鄭康成謂湯亳在偃師，皇甫謐卽據《孟子》以正之曰：湯居亳，與葛爲鄰，葛卽今梁國寧陵之葛鄉。若湯居偃師，去寧陵八百餘里，豈當使民爲之耕乎。亳，今穀孰縣是也。」其説精矣。王氏鳴盛《尚書後案》云：「皇甫謐以偃師爲西亳，而别以蒙爲北亳，穀孰爲南亳。案《續志》梁國屬縣有蒙、有穀孰，劉昭注卽引謐《帝王世紀》蒙北亳、穀孰南亳之文。梁國屬縣又有薄，司馬彪自注：湯所都。此蓋彪本之臣瓚者。劉昭又引杜預《左傳》注注之云：蒙縣南北有薄城，中有湯冢。於是張守節《史記正義》云：湯卽位都南亳，後徙西亳。謐又以《孟子》言湯居亳與葛鄰，葛在寧陵，去偃師八百里，太遠，故知湯本居南亳穀孰，後乃遷西亳偃師。與葛鄰，乃是居南亳時事。見《帝告釐沃序》疏。《盤庚》言商先王五遷，鄭馬王皆以湯始居商丘，後遷於亳，當五遷之一。（案《盤庚》疏引鄭注：湯自商徙亳，數商亳囂相耿爲王。釋文引馬注同。)《水經》汳水東經大蒙城北。大蒙城在今河南歸德府商丘縣北四十里，穀孰故城在今商丘縣東南四十里，湯本居此，後乃遷偃師，即其後微子封此，亦以湯之舊邑而封之，謐説似非無據。但馬鄭惟言湯曾居商丘，商丘本不名亳。觀《漢志》但於偃師言湯都，而梁國蒙縣、山陽郡薄縣不言是亳，可見謐因經言三亳，遂造北亳、南亳配偃師而爲三。其實蒙、穀孰古但名商丘，不名亳也。杜預、臣瓚、司馬彪皆晉人，劉昭梁人，妄相附和，豈如班固、鄭康成之可信乎。其辨一也。既名三亳，宜遠近相等，商丘、偃師，相去七八百里，蒙、穀孰相去祇數十里，分之無可分也。即如其説，祇有東西二亳耳，柰何於數十里强分爲二，欲以充數乎。其辨二也。商丘平衍，與成皋等地大不類，何山險之有，而云阪乎。(謐因《書・立政》三亳阪尹之言，造成三亳之説，故云。)其辨三也。《漢志》云：宋地今之沛、梁、楚、山陽、秭陰、東平，及東郡之須昌、壽張，皆宋分也。蓋諸郡國皆微子所封，社猶稱亳，當時人或以亳在宋地。班氏於此文下又云：昔堯游成陽，舜漁雷澤，湯止於薄。則此爲湯嘗游息之地，後人遂往往指稱亳在梁國沛陰、山陽之間。而其實湯都則在偃師，與宋地無涉也。蓋薄縣者，漢本屬山陽郡，後漢分其地置蒙、穀孰，與薄並改屬梁國。晉又改薄爲亳，且改屬沛陰，故臣瓚謂湯都在沛陰亳縣者，即其所謂山陽薄縣者也。亦即司馬彪所謂在梁國薄縣，杜預所謂在蒙縣北亳城者也。而亦即皇甫謐所分屬於蒙、穀孰者也。本一説也。薄，薄也，非亳也。《立政》三亳，鄭解爲遷亳之民，而分爲三。亳本一耳，焉得有三。湯都定在偃師，而所謂偃師去葛太遠，不便代耕，不足辨矣。」案：以上王説甚辯，但薄亳通用字，此文之薄，《尚書大傳》、《外傳》皆作亳。《管子・地數篇》：「湯有七十里之薄」。《周書・殷祝解》：「湯放桀而復薄。」《荀子・議兵》云：「湯以薄，武王以滈。」《墨子・非攻下》：「湯奉桀衆以克有(下當奪夏字。)屬諸侯於薄。」字皆作薄，是二字通叚之證。《説文・高部》

「亳，京兆杜陵亭也。」《秦本紀》「寧公二年，伐蕩社，三年，與亳戰，亳王奔戎。」徐廣曰：「蕩一作湯，社一作杜。」錢大昕引皇甫謐以爲亳號湯，西夷國。又云：「周桓王時，自有亳王，號湯，非殷也。《封禪書》于杜亳有三杜主之祠。蓋京兆之亳，乃戎王號湯者之邑，徐廣以爲殷湯所起，其不然乎。」（《史記考異》。）案：《六國表》明言作事者必於東南，收功實者常於西北。下文歷禹興西羌，湯起於亳，周始豐鎬，秦以雍州興，漢興自蜀漢云云，則明明以關中之亳系之湯矣。古事茫昧難考，今姑從馬鄭舊説，以河南偃師爲湯之都，即亳地，餘姑存蓋闕之疑。（俞正燮《癸巳存稿》主《説文》之説，以爲湯都即在杜陵之亳，亦無確證。）《外傳》「薄兮」作「於亳」，趙校本據本書改。俞樾曰：「趙此改非是，此歌兮上一字皆是韵，亳字非韵，則不當用兮字，下文去不善而从善，何不樂兮，善字非韵，則不用兮字，兩歌一律也。（原注：今本誤作去不善兮，周氏廷寀本已校正矣。）」案：俞説太泥，如其言，則本書反誤矣。古歌不必句句有韵，如《伐檀》一詩，「彼君子兮」句，子字非韵，亦有兮字，此例甚多。原注謂周本已改正，今周本作「去不善，善何不樂兮」，校云：「案《新序》善上疑奪從字。」則似但疑增一從字，並未删兮字也。但周校亦微有誤，説見下。薄亦大兮。」薄亦大者，言湯將有天下。「兮」《外傳》作「矣」，《尚書大傳》同。又曰：「樂兮樂兮，四牡蹻兮，《外傳》「蹻」作「驕」，古字通用。《詩·大雅·板篇》「小子蹻蹻」，毛傳：「蹻蹻，驕貌。」詳五卷《楚丘先生章》注。《詩·碩人》「四牡有驕」，毛傳曰：「驕，壯貌。」《説文·馬部》：「馬高六尺曰驕。」驕正字，蹻通字。引申爲驕恣之義。六轡沃兮，沃，盛壯之貌。《詩·皇皇者華》云：「我馬維駱，六轡沃若。」去不善而從善，何不樂兮。」歌言可樂兮，可樂兮，四牡蹻然而健捷，六轡沃然而盛壯，我將乘此以歸於薄，棄不善之桀都，而就善地，有何不樂也。與《碩鼠》之「適樂國」同意。彼云樂土，亦謂可樂之土，此云何不樂，謂善地可樂也。桀以酒池糟隄爲樂，當時之臣民反以爲憂，而以薄爲樂土，此桀所以亡也。《外傳》作「去不善兮，善何不樂兮」，當有誤字。趙本依本書改，校云：「而從本皆作兮，但不善韵不協，不當爲句，今從《新序》改。」周廷寀本未改，校云：「案《序》善上疑奪從字。」案：周氏之意，以《外傳》「善何不樂兮」句文義不完，欲據本書增「從」字於句首，而校語簡畧，殊未明晰，驟讀之，似所見《新序》「而」字作「兮」，與《外傳》同者。不知本書以「從善」屬上爲句，與周氏所讀迥異，且「而」「兮」異文，竟未言及，易滋讀者誤會。語簡而不達意，亦校勘家之病也。趙依本書改正，甚是，惟以「不善」非韵爲辭，則非，宜來俞氏之譏矣。

伊尹知天命之去，「天命」，《大傳》、《外傳》作「大命」。「去」，宋本、嘉靖本作「至」，《通鑑前編》引同，《外傳》作「將至」。趙校云：「林本作去，下文大命至矣句同。」案：下句本書所無，然依文誼言，此時伊尹在桀，自桀言之，則當作去爲是。《外傳》「大命去矣」句，尤不當作「至」。大命去，即《蕩》詩所謂「大命以傾」也，作「至」字無理。《大傳》云「大命之亡有日矣」，可以爲證。若謂「至」是指湯，則告桀而言大命在湯，且以至爲内辭，尤不入情。今從衆本。舉觴而告桀曰：《説文·角部》觴下云：「實曰觴，虛曰觶。」段注：「《投壺》命酌曰，請行觴，觴者，實酒於爵也。《韓詩説》：爵觚觶角散五者，總名曰爵，其實曰觴。觴者餉也，觥者罰爵，非所以餉，不得名觴。然投壺之行觴，固罰爵也。凡《禮經》曰實者，皆得曰觴，獨於觶言之者，舉觶以該它也。」案：段説是。實酒於爵，以告桀者，見國之亡將由於酒也。「告」，《外傳》作「造」，二字古通用。《列子·楊朱篇》「密造鄧析而謀之」，殷敬順釋文云：「造本作告。」是其證。造者至也，就也。本書作「告」，與《大傳》同。（至就之訓，傳注習見，不復引。）「君王不聽臣之言，亡無日矣。」無日，不可以日計，諭其速也。《大傳》作「大命之亡有日矣」，謂隨日而至，其意亦同。《外傳》無「之」字，中多「大命去矣」句。（去誤至。）桀拍然而作，《大傳》作「憪然嘆」，《外傳》作「拍然而抃」，俗本「拍」又譌「相」，當依本書校正，「抃」亦形近之誤。《釋名》曰：「拍，搏也。」《説文》作拍，拊也。謂拊几而起也。搏拊義同。一説憪撊字通。《左氏昭十八年傳》注：「撊然，勁忿貌。」啞然而笑曰：「啞」，《外傳》作「嗑」，俗本作「盍」，亦形近之誤。嗑，多言也，與笑義無涉。「子何妖言，妖言，妖妄之言。《外傳》作「子又妖言矣」。本書二卷《莊辛章》：「楚王曰：先生老惛與，妄爲楚國妖與。」《漢書·路溫舒傳》：「秦之時，過過者謂之妖言。」吾有天下，如天之有日也。《外傳》「如」作「猶」。日有亡乎，四字各本皆奪，據《通鑑前編》引補。《大傳》「乎」作「哉」。《外傳》亦有此四字。日亡吾亦亡矣。」《御覽》一百七十七作「伊尹諫之，桀曰，吾有天下，猶天之有日，日亡乎，吾亡矣」。《書·湯誓》「有衆率怠不協，曰，時日曷喪，予及女偕亡。」《孟子·梁惠王篇》引「曷」作「害」，（古字通借。）斷之曰：「民欲與之皆亡，雖有臺池鳥獸，豈能獨樂哉。」趙岐注言：「桀爲無道，百姓皆欲湯共伐之，湯臨士衆而誓之，言是日桀當大喪亡，我及女俱往亡之。」案：趙訓害爲大，以此爲湯誓衆伐桀之詞，與《大傳》、《外傳》、本書均異。鄭本《大傳》之説注《湯誓》云：「桀見民欲叛，乃自比於日。曰，是日何嘗喪乎，日若喪亡，則我與女皆喪亡。引不亡之徵，以脅恐下民也。」與《孟子》引《書》之解又異。（鄭注《大傳》云：「自比於天，言常在也；比於日，言去復來也。與《書》注義同。）江氏聲《尚書古文集注音疏》云：「桀自比於日，民即叚日以諭桀。言是日何時喪乎，我將與女皆亡，甚欲桀之亡也。予者，民自予也。及，與也。女，女日也。叚日以諭桀，實則女桀也。」案：江氏説本朱子《集注》，而諱其所自，此漢宋門户之見。《集注》説甚精，遠勝鄭、趙。觀《書》上文言「有衆率怠不協曰」，則此數語爲夏民之詞甚明，下云「夏德若茲，今朕必往」，因民言以章夏德之暴也。（《史記·殷本紀》作「有衆率怠不和，曰，是日何時喪，予與女皆亡」。宋氏翔鳳《孟子趙注補正》云：「詳《史記》之詁，合諸經文及《孟子》民欲與之皆亡，則此二語爲夏民之言爲順。蓋日以諭君，夏民不敢斥言，故曰是日何時喪乎。女亦指日，言民遭暴君亂世不聊生，故曰予與女皆亡。皆亡與皆樂相對。」案：宋說甚是。亦必桀先自比於日，而後民以日諭之。宋氏亦用朱注，皆不明引，此當時習氣。）如此既與《大傳》、《外傳》、本書不違，又深合《書》辭及《孟子》、《史記》之意。江氏雖惡宋儒，諱稱其説，亦不得不用之矣。若趙注以此爲湯誓衆之言，予者，湯自稱；女，女民也，則「夏德若茲」二語，如何接得《孟子》引《詩》言「文王與民同樂，民亦樂其樂」；引《書》言「桀不與民同樂，民遂欲與皆亡」。若作湯諭民往亡桀之詞，既無以見桀之失道，而下文民欲與之皆亡一語，意成兩橛，亦接不上矣。趙説不但與各書不合，即與《孟子》引《書》本旨亦相背。其訓害爲大，亦昧害曷相通之義。至毛氏奇齡《四書改錯》，謂《大傳》桀言吾之有民，猶天之有日，是以天自指，日指民，故民願與日亡，謂從此可及天耳。《集注》改吾之有民爲吾有天下，則以日自指矣。凡書有改數字而義頓殊者，如此。附録張文嵐云：「與日偕亡，則天與桀未亡，故可獨樂，不然，下文豈能獨樂説不去矣等語，皆强辭奪理。無論「吾有天下」四字出《韓詩外傳》及本書，非朱子所改，且桀不比日，民何至恨及日，而欲與偕亡。若謂民欲自殺，故願與日同亡。然經文女字，明是對己之稱。《孟子》民欲與之皆亡，此之字亦明指桀。毛、張二説，不但厚誣朱子，其於經文語意，亦不甚了了也。僞孔以爲民以日比桀亦非。句末「矣」字，《外傳》作「也」。「亦」字，《大傳》作「乃」。

於是伊尹接履而趣，「伊尹」二字各本並奪，《通鑑前編》引亦無之，依文義似不可省，今據《外傳》補。接讀爲戢，斂也。謂急於去，不及内履也。《節士篇》「蒙袂接履」，亦其義，但彼是力憊不能履爲異耳。《檀弓》作「輯屨」，《吕子·介立》注引作「戢其屨」。戢正字，輯接皆聲近叚借字。一曰，接履謂前後步履相接，諭行之速，非是。趣讀爲趨，二字通用，《外傳》正作「趣」。遂適湯，湯立爲相。顧炎武謂古無相之官名，惠棟、俞樾均主其説。皮氏錫瑞謂古云相某君，是虚字，不以爲官。《古文尚書》「爰立作相」，誤沿漢制而不覺。《左傳》「仲虺爲湯左相」，亦可疑。案：《左氏襄二十五年傳》：「崔杼立景公，相之，慶封爲左相。」是明明有相之名矣。古雖不以相名官，而相實爲執政者通稱。子韋以彗星之災告宋景公曰：可移於宰相。公曰：相吾之股肱。此事散見《吕覽》、《淮南子》、《史記》、《新序》、《論衡》各書，豈盡可疑乎。《吕子·舉難篇》云：「相者，百官之長也。」是明明以爲官之長矣。伊尹相湯，周公相武王，舜相堯，諸相字雖虚詞，亦必有其職。傅説相武丁，見《史記·殷本紀》、《吕子·求人篇》、賈生《服鳥賦》，非盡作僞杜譔也。古總百官爲之長者謂冢宰。相之本誼，當爲瞽者執持之杖，其字從目從木，會意。（《説文·目部》：「相，省視也。」蓋已不得其義。）瞽者恃杖以爲助，故引申爲瞽相義，又引申爲一切助導之義。臣之助君稱相，義即取此，連稱之則爲宰相。其訓省視者，瞽不能視物，相反爲訓之例也。《史記·孔子世家》：「孔子爲魯司寇，攝行相事。」曰攝事，則必有實職，不當泛作贊助解。《公羊隱五年傳》曰：「天子三公者何，天子之相也。」尤足證相之名不始於漢。《尚書·顧命》「伯相命士須材」，《正義》：「召公爲二伯，相王室，故曰伯相。」相之稱古矣，謂沿秦稱猶不可，況云漢制。不思丞相之名，明見《始皇紀》及《李斯傳》耶。皮氏經生，疏於史學，不可以據。《外傳》作「遂適於湯，湯以爲相」。故伊尹去夏入殷，「夏」，宋本作「官」。盧文弨曰：「《大傳》作夏。」案：《通鑑前編》引《新序》亦作「夏」，是舊本如此，作「官」者誤。子政《進荀子表》引亦作「夏」，今從衆本。《外傳》無此二句，「爲相」下即接云「可謂適彼樂土，爰得其所矣。《詩》曰：逝將去女，適彼樂土，適彼樂土，爰得我所。」與本書異。殷王而夏亡。案：《尚書大傳·殷傳·湯誓》云：「夏人飲酒，醉者持不醉者，不醉者持醉者，相和而歌曰：「盍歸于亳，盍歸于亳，亳亦大矣。故伊尹退而閒居，深聽歌聲，更曰：『覺兮較兮，吾大命格兮，去不善而就善，何不樂兮。』伊尹入告於桀曰：『大命之亡有日矣。』桀憪然嘆，啞然笑，曰：『天之有日，猶吾之有民也，日有亡哉，日亡，吾乃亡矣。』是以伊尹遂去夏適湯。」此文衆書所引，互有出入，此從《路史·後紀》十四《夏后紀》引，與本書畧有異同。餘詳陳氏壽祺《尚書大傳輯校》中。末二句見《外傳》四及《楚策》，子政《進荀子表》文亦引之。

2**紂爲鹿臺**，《漢書·張良傳》注：「臣瓚曰：鹿臺，臺名，在今朝歌城中。」案：《水經·淇水注》南單之臺，蓋鹿臺之異名也。《管子·山至數篇》：「鹿臺之市，散諸濟陰。」近人章氏云：「《逸周書·克殷解》、《史記·殷本紀、齊世家、留侯世家》、《淮南·主術訓、道應訓》皆云鹿臺之錢。《説苑·指武篇》則言鹿臺之金錢。皆指紂之錢府也。齊之錢府，必非襲亡國之名，然則鹿臺本爲錢府之通名，非紂所創立可知。鹿當借爲録，《尚書大傳》致天下於大麓之野，注：麓者，録也。《魏受禪表》及公卿上尊號奏皆作大鹿，是録鹿通用之證。《説文》：録，金色也。古謂銅曰金。《荀子·性惡》文王之録，注：劍，以色名，古劍亦以銅爲之也。是銅有録色者，録臺則取銅錢之色以爲名。」案：章説雖近肊測，頗近理。諸書俱言鹿臺之錢，（詳王念孫《讀史記雜志》中。《善謀篇·漢三年章》注引之。）則鹿臺自爲錢府無疑。明楊慎謂紂有鹿臺，以养鹿，望文生義。陳燿文《正楊》已辨之，兹不復引。或者紂因錢府舊地，恢侈其制，以適游觀之樂耳。《呂氏春秋·慎大篇》注云：「鹿臺，紂錢府。」**七年而成**，《御覽》一百七十七引作「十年乃成」。古書七字與十字多混，蓋鐘鼎古文凡十字均作十，或作†、作乚作十，（第一種如《文姬匜》，第二種如《聘鐘》及《公緘鼎》，第三種如《高克尊》，第四種如《曶鼎》是也。）與甲骨諸文相似。其有文作十形者，均爲古文七字。秦漢之器莫不然，東漢初亦然。後七行而十廢，而十爲七字之古文，知者遂鮮。近溧陽端方箸《匋齋臧石記》，始明辨之，今節録其說如下：「記云，兩漢彝器欵識，或不詳年月，欲攷其制器之後先，則凡十字作十，七字作十者，均屬西京之物。若易十爲七，則爲東漢中葉之器。如薛氏《鐘鼎欵識》所載《孝成鼎》。作於延平三年，而月上之字作十，即三年七月也；又《好時鼎》兩上之字亦作十，即二斤七兩也。阮氏《鐘鼎彝器欵識》亦載漢《好時鼎》文曰：好時共廚銅鼎第十八斤一兩。第十者，就鑄鼎之次第言，即古七字，非十八連文作十八斤也。漢《元延鋗》月上十字，與上章十五兩之十字異形，亦七月也。漢《尚浴府金行燭盤銘》云：第初八十四，十與上一十一兩十字異形，亦疑七字。以上諸文，薛阮均以十字釋之，不知西漢諸器，凡十均作十，至東漢中葉後，始作十，與七字形相混。如建安弩機四月十三日，漢染棓一斤十四兩，魏景初帳構銅五月十日，十均作十是也。東漢初七仍作十，故《大官壺銘》有建武十十之文，阮氏以二十釋之，其誤顯然。但亦有所由來，薛書載《汾陰宫鼎》有銅鼎蓋十十枚、銅鼎十十枚之文，薛以二十枚釋之，不知此乃七十枚三字也。下文又云：第二十三，使總數僅二十，尚安得有二十三之文乎。即建武宫壺薛書亦譌十七爲二十，惟又易書爲十十，以就其說，復譌七下選字爲年，更出阮書下耳。蓋西漢時雖攻金摶埴之工，均諳悉古文七字，建武而降，雖在經師仍多譌十爲十。《考工記》凡攻木之工七，鄭注：故書七爲十。鄭司農云：十當爲七。（按《考工記·輈人》軌前十尺而策半之，注：十或作七，合七爲弦，四尺七寸，爲句以求其股，股則短矣，七非也。此亦七十互混之證。）此非故書之誤也。蓋七書爲十，仍係古文，猶《莊子·達生篇》十日戒、三日戒，十本作十，後人譌書爲十，非《莊子》與《禮記》異文也。《考工記·輈人》軌前十尺，注：十或作七。亦二字互譌之徵。《史記·周本紀》，史儋言合十七歲而霸王出，《秦本紀》作七十七，《老子列傳》又作七十，蓋七十乃十七之譌，其作七十七者，則又上衍七字，亦二字互譌之徵也。故《孟子·萬章篇》舜薦禹於天七年，禹崩，《史記·夏本紀》作十年，帝禹東巡狩至於會稽而崩。蓋《史記》亦書七爲十，後人譌爲十字，遂與《孟子》不同。又如《鬻子》云：是以禹嘗據一饋而七十起，《藝文類聚》十二引作七起，（原注：《羣書治要》及《御覽》所引均同。）七下無十字，蓋《鬻子》原文作七起，別本譌七爲十，校者並而存之，遂作七十起，亦二字互譌之徵也。」（卷一《測景日晷跋》。）七十互譌之故，古書所見甚多，（參四卷《伐原章》注。）是書所舉未盡，（如《論語》作者七人，鄭注：七當爲十。《韓非子·說林下篇》七月而仇由亡矣，《御覽》引作十月，《吕氏·權勳篇》作七日。列女傳》二同列者七人，《韓詩外傳》二作十人。本书八卷《卞莊子章》殺十人而死，《外傳》作七十人。）但其說剖析精細，確當不易，故録之以諗學者。

其大三里，《北堂書鈔》卷二十《奢侈門》「鹿臺大三里」下注引《新序》，《漢書·張良傳》注亦引「大三里，高千尺」二句。

高千尺，《帝王世紀》：「紂造傾宮，作瓊室，飾以美玉，七年乃成，其大十里，其高千丈，多發美女，以充傾宮之室，婦人衣綾紈者三百人。」案：千丈，丈字當作尺，十字則所據本異文。

臨望雲雨。臨雲雨，言其高。《御覽》引此下止有「故天下叛」四字。

作炮烙之刑，《列女傳》：「紂爲炮烙之法，膏銅柱，加之炭，令有罪者行其上，輒墮炭中，妲己乃笑。」《吕氏春秋·過理論》注云：「格，以銅爲之，布火其下，以人置上，人爛墮火而死。」高注之銅格，即《列女傳》之銅柱也。王念孫曰：「《史記·殷本紀》於是紂乃重刑辟，有炮烙之法。段若膺云：炮烙本作炮格。江鄰幾《雜志》引陳和叔云：《漢書》作炮格。（原注：此謂《谷永傳》榜箠瘖於炮格也。師古曰：膏塗銅柱，加之火上。此正釋炮格二字，而今本亦改烙矣。光瑛案：宋本《史記》作炮格，王氏未之見，錢泰吉《甘泉鄉人藁》第五卷曾言之。）今案《索隱》引鄒誕生云：格，（原注：今本譌烙。下同。）一音閣。又云：爲銅格，炊炭其下，使罪人步其上。又楊倞注《荀子·議兵篇》，音古賁反。觀鄭、楊所音，皆是格字無疑。鄭康成注《周禮・牛人》云：互，若今屠家縣肉格，意紂所爲亦相似，庋格庋閣，兩音皆可通。《呂氏春秋・過理篇》云：肉圃爲格。高注：格，以銅爲之，布火其下，以人置上，人爛墮火而死。《列女傳》所説亦相類，是其爲格顯然，而不但以燔灼爲義，今諸書皆爲後人改作炮烙矣。念孫案：段説是也。《韓子・喻老》曰：紂爲肉圃，設炮格，登糟丘，臨酒池。肉圃、炮格、糟丘、酒池，皆相對爲文，今改格爲烙，則文不相對矣。《難勢篇》又云：桀紂爲高臺深池，以盡民力，爲炮格，以傷民性。（光瑛案：此性字讀爲生。）言設言爲，則必有所設所爲之物，今改格爲烙，則不知何物矣。」（《史記雜志》三之一。）案：段、王二君，皆以作炮格爲是，作炮烙爲非。盧文弨《鍾山札記》卷二、馮登府《十三經詁答問》卷三，説畧同，近儒多主其説，兹不悉引。俞樾曰：「段氏此説，洵足訂正歷來傳寫之誤。惟炮格似有二義，《荀子・議兵篇》紂刳比干，因箕子，爲炮格刑。楊注引《列女傳》，炮格爲膏銅柱加之炭上，令有罪者行焉，輒墜火中，紂與妲己大笑。此則炮格爲淫刑以逞之事，是一義也。若此文云：紂爲肉圃，設炮格，登糟丘，臨酒池，則似爲飲食奢侈之事，别爲一義。蓋爲銅格布火其下，欲食者於肉圃取肉置格上，炮而食之也。如此説，方與肉圃、糟丘、酒池一類，且因爲象箸而至此，正見其由小至大，箕子所以畏其卒而怖其始也。若是炮格之刑，則不特與肉圃諸事不類，且與上文爲象箸事，亦絶不相干矣。《呂氏春秋・過理篇》曰：糟丘酒池，肉圃爲格。格卽炮格，不言炮格而直曰爲格，卽承肉圃之下，是於肉圃中爲格也，其爲炮肉之格明矣。高注曰：格，以銅爲之，布火其下，以人置上，人爛墮火而死。夫糟丘酒池肉圃，皆是飲食之地，何故卽於其地炮炙人乎。蓋古書説炮格者，本有二義，當各依本書説之，學者但知有前一義，不知有後一義，古事之失傳久矣。」（《諸子平議》二十一。）案：俞氏分炮格爲二義，其説尤精，足補段、王諸儒所未及。惟烙格俱從各聲。（烙在《説文》新附。）《史記・酷吏傳》:「楊僕購告言姦，置伯格長。」徐廣曰:「一作落，古村落字一作格，街陌屯落，皆置督長也。」是格音本讀如落。（《尚書大傳・殷傳》所載夏人歌以格韵較樂，引見上章注。）但烙字經傳罕見，故人不察耳。二字古本通用，未必格是而烙譌。其義則當如俞説，分爲二事，庶得之矣。戮無辜，奪民力，奪其耕稼之力，以爲土木玩好之屬。寃暴施於百姓，謂斮朝涉者之脛，刳孕婦以觀胎之類。慘毒加於大臣，如殺比干、囚箕子之類。天下叛之，願臣文王。《論語》所謂「三分天下有其二」也。及周師至，令不行於左右。二語見《荀子・議兵》及《外傳》。《史記》:「紂聞武王來，發兵七十萬人，距武王。王使師尚父與百夫致師，以大卒馳帝紂師，紂師雖衆，皆無戰之心，心欲武王亟入，紂師皆倒兵以戰，以開武王。武王馳之，紂兵皆崩，畔紂；紂走反入，登於鹿臺之上，蒙衣具珠玉，自燔於火而死。」《荀子》曰:「殺紂者非周人，殷人也。」《淮南子》曰:「紂卒皆倒戈而射，傍戟而戰，武王左操黄鉞，右執白旄以麾之，則瓦解而走，遂土崩而下。紂有南面之名，而無一人之德，此失天下也。」是其事。以下數句，並見《荀子》文。悲夫！當是時，求爲匹夫，不可得也，紂自取之也。此言自作孽不可逭，禍福無不自己求之。《漢書・伍被傳》:「故孟子曰，紂貴爲天子，曾不如匹夫。是紂先自絶久矣，非死之日天去之也。」與此意同。上二句當見《孟子》外篇。人主觀此，則宜親賢内善，懍朽索六馬之懼，無至有求爲匹夫而不得之時也。

3　魏王將起中天臺，《意林》作「魏王欲築中天之臺」。《藝文類聚》六十二、《御覽》一百七十七引「將」下有「欲爲」二字，無「起」字，「天」下亦有「之」字。又《御覽》四百五十六同，惟作魏襄王。近敦煌新出土本《春秋後語・魏語》殘卷亦作魏襄王。以《魏策》許綰時代推之，此爲襄王無疑。襄王，惠王之子，名赫，即《孟子》之梁襄王也。顧炎武以襄王、哀王合爲一人，非是，焦循《孟子正義》已駁之矣。（《漢表》哀王列五等，注云：襄王子。襄王列六等，注云：惠王子。顯是二人。《西京雜記》：廣川王發古冢，有魏襄王、哀王冢。則襄、哀是二人無疑。江氏永《羣經補義》、梁氏玉繩《史記志疑》均申顧氏之説，謂襄哀字形相近，《史》誤分多一代。然焦氏已引顧、江説而詳辨之，則梁説亦不足成立矣。）謚法：辟地有德，甲胄有勞皆曰襄，《漢表》列六等。或原文本有襄字。言中天臺者，中之言半也，臺曰半天，諭其高，與桀、紂之臺稱以臨雲雨同意。（《列子·周穆王篇》載王爲化人築臺，其高千仞，臨終南之上，號曰中天之臺。是其義也。）令曰：《御覽》四百五十六「令」作「誠」，又一百七十七及《意林》引無「令」字。「敢諫者死。」《類聚》不引此二句。許綰負蘽操鍤入曰：蘽，土籠也。鍤，起土之具。《類聚》作「許綰負插而入曰」，《御覽》一百七十七作「許綰入曰」，四百五十六作「綰乃負畚操捶而入曰」，《意林》作「許綰負蔂操畚入曰」。各本無蘽字，盧氏從《意林》引補，今從之，鍤字則仍其故。（《淮南子》曰：禹身執蘽臿，剔河而導九岐，鑿江而開九路。）許綰，見《魏策》，即勸魏王朝秦，爲周訢所斥者，封長信侯。孫志祖曰：「《呂氏·應言》有許綰，注以爲秦臣，疑卽此人，是魏臣，非秦臣。」（見《讀書脞録》。）「聞大王將起中天臺，《御覽》四百五十六作「臣聞大王將爲中天之臺」，一百七十七及《類聚》引同，但無「臣」字。《意林》作「聞王欲爲中天之臺」。諸書各以意改，小有出入。臣願加一力。」願以一人之力參加之。《類聚》及《御覽》一百七十七引無「臣」字，四百五十六作「願加一力焉」。《意林》作「願效力焉」。綰故言此，以發魏王之問。王曰：「子何力有加？」疑綰非勞力之人，無可致力於爲臺也。《類聚》不引以下數句，直接「臣聞天與地相去萬九千里」云云。《御覽》一百七十七作「子何力能加」，四百五十六作「王曰何也」。《意林》亦不引數句，與《類聚》同。何力有加，猶言有何力能加，此倒句法，古人文法多如此。縮曰：《御覽》一百七十七無「縮」字，四百五十六作「對曰」。「雖無力，能商臺。」能商議築臺之法，以下所陳者是也。自「雖」字至「曰」字，諸書皆不引。王曰：「若何？」問商臺之說。曰：《御覽》兩引，無此數句。「臣聞天與地相去萬五千里，《類聚》作「九千里」。《御覽》四百五十六無「與」字，「萬」誤作「方」，蓋萬依俗書爲万，轉譌爲方也。前人或有以十千字當作万者，（宋袁文《甕牖閒評》卷一、王觀國《學林》卷九俱有此說。俞氏樾《湖樓筆談》卷五及近人章氏《小學答問》與之合。）此字不見經典，漢碑始有之。（《隸續》建平五年《郫縣碑》。）蓋當時俗字，爲許書所不收。十千，正字當爲曼，曼有多義，（古人有以曼多名者。）故曼衍訓爲無極。（《莊子》釋文引司馬彪注。）枝曼、漶漫字从曼，並有多義。《說文》：「曼，引也。」數引而長則爲曼。《詩・閟宮》毛傳曰：「曼，長也。」《荀子・正論篇》「曼而饋」，楊注：「曼當爲萬。」楊不知曼爲十千本字，而云當爲，失之。《鶡冠子・近迭篇》「乃纔居曼之十分一耳」，陸佃注：「曼作受。」謬。此二條乃古書用十千正字之僅存者，而二注均不知，蓋翳晦久矣。《石鼓文》書水漫漫字作澫澫，可證以萬代曼，古人常用。其所以作萬者，緣漢人隸變曼或作㬅，（《校官碑》蔓作𦶇。）又省上半，則爲万。如今闤闠俗人，書銀無金，初去衣，乃荒謬不經之尤者，而遂欲以爲十千本字，過矣。其轉譌爲方，則帝虎魯魚，愈變而愈失其真。《御覽》本無善校，此等字不可不正，餘詳《恨綫日記》中。《意林》作「臣聞天去地一萬五千里。」今王因而半之，名曰中天。當高及其半。《類聚》於「九千里」下，但云「其趾當方一千里，盡王之地，不足爲臺趾，王默然，罷築者」，如是而已，其文殊簡畧，且方一千里句又有譌字。當起七千五百里之臺。「千」，宋本作「阡」，今從衆本。因天地相去之半數，當得七千五百里。《意林》作「應高七千五百里」，《御覽》一百七十七作「當立七千五百里高」，句有誤，四百五十六作「當高七千五百里」。高既如是，《意林》及《御覽》兩引均無此句。其趾須方八千里，《意林》作「基廣八千里」。《類聚》「須」作「當」，「八」作「一」，誤也。《御覽》一百七十七作「其趾當方八千里」，四百五十六作「基趾當廣八千里」。趾俗字，當作阯，下並同。盡王之地，不足以爲臺趾。「爲」，《意林》作「成」。《御覽》四百五十六「以爲」下接云：「大王必欲爲之，先起兵以伐諸侯及四夷，盡有地，乃足矣。然以林木之積，人徒之衆，倉廩之輸，當給其外，乃可以作。」其文多以意删改。一百七十七引與今本多合。《意林》此句下作「王宜起兵伐諸侯，盡有其地，猶不足以，又伐西夷，乃足之矣。須具材木人徒稱此，然後可作也。魏王默然，乃罷築」，亦括引本書詞句，非全用原文，其中西夷西字，乃四字形近之譌，據本書、《御覽》可證。《類聚》引無「以」字。古者堯舜建諸侯，地方五千里，《尚書·臯陶謨》曰：（今作《益稷》。）「弼成五服，至于五千，州十有二師，外薄四海，咸建五長。」《鹽鐵論·地廣篇》曰：「古者天子立於天下之中，縣内方不過千里，諸侯列國，不及不食之地。禹貢至于五千里，各供其君，諸侯各保其國，是以百姓均調。而繇役不勞也。」《説苑·修文篇》曰：「禹定九州，各以其職來貢，不失厥宜，方五千里，至於荒服。」《漢書·賈捐之傳》曰：「以三聖之德，地方不過數千里。」《王制》疏引《五經異義》、今《尚書》歐陽夏侯説：「中國方五千里。」《御覽》六百二十六引《孫子》云：「夫帝王處四海之内，居五千里之中，焉能盡專其利，是以分建諸侯，以其利利之，使食其土之毛實，役其人民之力，故賦税無轉徙之勞，繇役無怨曠之歎矣。」《白虎通義·爵篇》曰：「帝王之德有優劣，所以俱稱天子者何，以其俱命於天，而王治五千也。」《論衡·别通篇》云：「殷周之地，極五千里，荒服要服，勤能牧之，漢氏廓土，牧萬里之外。」以上各説，皆《尚書》今文家言，今文家不謂古建國有萬里，蓋由不信實有萬國之説。近人皮錫瑞《今文尚書考證》言之詳矣。王必起此臺，《御覽》一百七十七作「王必願爲臺」，四百五十六作「王必欲爲之」。先伐諸侯，盡有其地，猶不足，又伐四夷，得方八千里，乃足以爲臺趾。《御覽》一百七十七作「先起兵以伐諸侯及四夷，盡有地，乃足矣」。四百五十六引及《意林》引見前注。《意林》「猶不足」下有「以」字，以，用也，疑後人妄删，《御覽》兩引均無「其」字。材木之積，「材」，各本作「林」。盧文弨曰：「材字之譌。」案：《御覽》一百七十七引作「材」，四百五十六作「林」，《意林》作「材」，依文義作材爲長。宋本亦作「材」，今從宋本。人徒之衆，倉廩之儲，「廩」，何本作「稟」。案當作㐭，說見一卷首章注。作廩，或字。《月令》疏引蔡氏《月令章句》曰：「穀藏曰倉，米藏曰廩。」「儲」，《御覽》兩引俱作「輸」，音近誤。數以萬億。《御覽》一百七十七「以」下有「千」字。度八千里之外，當定農畝之地，足以奉給王之臺者。臺具以備，乃可以作。」謂更須立得地以共給臺中之費用也。《御覽》一百七十七作「足以奉給王臺具已備，乃可作」。魏王默然無以應，乃罷起臺。《類聚》作「王默然，罷築者」，《御覽》一百七十七作「王默然而罷」。餘見前注。

4 衛靈公以天寒鑿池，衛靈公詳一卷注。宋何坦《西疇常言》引作「晉靈公」。案：晉靈距諫無道，未必有此，何氏誤記耳。抑豈以宛春爲卽《左傳》被執之人，（僖二十八年傳。）與衛靈公時代不合，故改作晉靈以就之與。然宛春究有二人，不可强合。（詳後。）宛春諫曰：《鹽鐵論·鹽鐵取下》第四十一作「海春」，今通行本仍改作「宛春」，與宋本及《治要》引異。《呂氏·分職篇》亦作「宛春」。《鹽鐵》原文「人之言曰」以下，乃賢良難大夫之詞，《治要》誤以爲海春語，冠「海春曰」三字於上，甚不可解。語中長城胡代及商鞅諸事，豈衛靈公時所有邪。（疑《治要》原文無「海春曰」三字，今本誤衍。）梁履繩云：「《呂覽·分職》載衛靈公天寒鑿池，以宛春諫而罷役，《左傳》有拘宛春於衛之文，遂有謂宛春爲衛大夫者。殊不知楚子玉使宛春以復衞請於晉，因往告於衞，焉有用衞人之理。且衞靈公立於昭七年，宛春不及同時，蓋別一人，《新序·刺奢篇》亦載之，然無庸牽合也。韋昭《晉語》注以宛春爲楚大夫，是已。」（《左通補釋》八。）案：《史記·晉世家》集解引賈逵曰：「宛春，楚之大夫也。」韋注本此。此宛春與《左氏傳》之宛春，決非一人，梁説是。《廬州府志》載宛春爲廬州人，蓋卽《左氏》之宛春，亦未知所據。

「天寒起役，起，猶興也。恐傷民。」

《呂氏》注：「傷，病也。」案：高誘注《呂氏·本生篇》「性惡得不傷」，《侈樂篇》「其生必傷」。皆云：「傷，病也。」《淮南·主術訓》「故一舉而不當，終身傷」，高注云：「傷，病也，亦敗也。」《國語·晉語》「枯且有傷」，韋注云：「傷，病也。」《孟子》「文王視民如傷」，蓋亦痌瘝在抱之義，焦循《孟子正義》引《呂書》此注爲説，是也。《御覽》二十七引《説苑》作「恐怠民也」，怠字誤，今《説苑》無此文，疑卽《新序》此章，誤題《説苑》耳。（盧文弨、嚴可均輯《説苑》佚文，均不采。）如二卷梁君射白雁事，《御覽》三百九十六引作《説苑》，申鳴事，《御覽》二十七、八百十一俱引《説苑》，四百三十八則引《新序》。（今本書無此文。）其它如齊使淳于髡至楚事，三百四十三、三百四十六、三百七十八、七百三十六、七百七十九各卷，均引作《説苑》，而四百三十七則引作《新序》。顔斶諫齊景公事，六十及四百五十六、四百六十八均引《説苑》，而三百五十三則引作《新序》。又有此書與彼書所引不同。如子路爲蒲令條，《治要》引作《新序》，《御覽》一百九十則引《説苑》。（今見《説苑》。）柳下惠妻諫柳下惠條，《北堂書鈔》百之一引作《説苑》，《御覽》五百九十六則引《列女傳》。（今見《列女傳》。）鄂君事，《書鈔》一百三十八引作《新序》，而百之六、一百三十四、一百三十七及《藝文類聚》七十一、《御覽》五百七十二、六百九十二、六百九十七、七百之七、七百七十、七百七十一、八百一十五、《初學記》二十五則俱引《説苑》。（今見《説苑》。）蓋《新序》、《説苑》、《列女傳》三書，同出中壘手，動輒牽混。況《新序》佚卷過半，據各類書傳注所引，多出今本之外。（盧抱經、嚴鐵橋所輯佚文，多有漏采之篇。）其爲佚文，正未可知。然如上所舉數事，則可決爲誤引，不在佚卷内也。（惟《治要》所引一條，或爲本書佚文。）公曰：「天寒乎？」《鹽鐵論》作「天寒哉，我何不寒哉」。《治要》引《呂書》亦有「哉」字。宛春曰：「君衣狐裘，坐熊席，以熊爲席。隩隅有竈，《御覽》引《說苑》無此句。《呂氏》「隩」作「陋」。《說文・阜部》：「隩，水隈厓也。」與此義別。此隩乃奥之借字。《爾雅》「室西南隅爲奥」，釋文：「奥或作隩。」《呂氏》作陋者，即指奥隅也。劉書年曰：「古人之竈，有在庖廚者，亦有在室中者。庖廚之竈，所以炊爨具食也；室中之竈，則設火以禦寒。《說苑・刺奢篇》云：（案《說苑》是《新序》之譌，《說苑》無《刺奢篇》。）衛靈公天寒鑿池，宛春諫曰，天寒起役，恐傷民，公曰，天寒乎，宛春曰，公衣狐裘，坐熊席，隩隅有竈，是以不寒。隩即奥字。《爾雅》釋文：奥或作隩。孫炎本作隩。《書・堯典》正義引孫炎注云：室中隱隩之處也。（原注：古奥隩通用，《堯典》厥民隩，《文選・赭白馬賦》注引鄭注云：奥，内也。《禹貢》四隩即宅，《前漢・地理志》引作奥。）《呂覽・分職篇》亦載此事，隩隅作陋隅，陋隅即指隩隅也。是古人天寒，於室之西南隅，設竈置火以禦寒矣。《衛策》云：衛人迎新婦，車至門扶，教送母曰：滅竈，將失火。主人笑之。《昏禮》：婦至壻家大門外，即下車入；升自階西入室，此新婦方至門下車，扶以入，庖廚遠在北堂之後，無由見之，是必室中之竈，入門望見火盛，故使滅竈，恐失火焚屋。夫婦禮成，室中未有存竈不徙它處者，說士設辭，不必實有其事，然足見平時室内有之也。又《莊子・寓言》：陽子居南之沛，至於梁，其往也，其家公執席，妻執巾櫛，舍者避席，煬者避竈。未有君子舍於逆旅主人，而入其爨下者。《困學紀聞》卷十引《莊子》逸篇：仲尼讀《春秋》，老子據竈下而聽。庖廚非讀書之地，孔、老豈相率入廚肄業乎，是必皆室中之竈矣。置之奥隅，室中惟此至深密而不鄉風，又尊者所常居耳。但此竈必可常施，亦可常徹，非如廚竈一定不移。《説文》：烓，行竈也；煁，烓也。《爾雅》：煁，烓也。惟可施可徹，故竈能行，煁、烓卽此竈之名也。《小雅·白華》樵彼桑薪，卬烘于煁。箋：人之樵取彼桑薪，宜以炊饔饎之爨，以養食人；桑薪，薪之善者也，我反以燎於煁竈，用照事物而已。案古人夜居於室，不用膏鐙，燎薪於竈，取明以照物事，與用燭同，是確爲室中有竈之證。而此竈可以禦寒，亦以取明，則不僅於嚴冬用之，四時並可常設也。其制據《白華》正義云：烓者，無釜之竈，此竈上然火照物，若今之火爐。案炊爨之竈，爲上穿以置釜，旁穿以內火；無釜之竈，則窊其上以置火，而不爲旁穿，形卑於竈，以照室則四壁皆明，以暖身則四旁皆可坐人，孔説當矣。就竈暖身，則謂之煬。《玉篇》煬，對火也。《廣韵》煬，向也。」（見所箸《貴陽經説》。）案：劉説考證郅確，《論語》之媚奧媚竈，亦當釋爲室中之竈，凡以奧竈對言者準此。是以不寒。今民衣弊不補，「弊」，一本作「幣」，譌。履決不苴，決，決壞；苴，藉也。《漢書·賈誼傳》：「冠雖弊，不以苴履。」顏注：「苴者，履中藉也。」《説文·艸部》：「苴，履中艸也。」《呂氏·分職》作「組」，通字。引申爲苞苴。《爾雅·釋草》「萹蓄」，郭注作履苴草，蓋卽一物。《御覽》三十四引《呂書》作「苴」。君則不寒，《呂書》句末有「矣」字。民誠寒矣。」《呂書》「誠」作「則」。《御覽》二十七引《説苑》作「民寒甚矣」。公曰：「善。」令罷役。《御覽》引《説苑》作「公乃罷役」，蓋括引其詞。左右諫曰：左右，親侍之臣。《呂書》「諫」上有「以」字。《治要》引《鹽鐵論》上文亦作「海春以諫」。「君鑿池，不知天寒，以宛春知而罷役，《呂書》作「君鑿池，不知天之寒也，而春也知之，以春之知之也，而令罷之」。是德歸宛春，怨歸於君。」《呂書》作「福將歸於春也，而怨將歸於君」。《御覽》三十四引《呂氏》「福」亦作「德」。案：德怨相對爲文，福卽德也。《禮記·哀公問篇》「百姓之德也」，鄭注：「德，猶福也。」《正義》：「德，恩德，謂福慶之事。」《國語・晉語》六：「夫德福之基也。」又《晉語》四：「所生不疑，唯德之基。」此德字正訓爲福，韋昭以常義釋之，遂不得其解。詳予箸《國語韋解補正》中。公曰：「不然。宛春魯國之匹夫，匹夫，無祿位者。據此言，知宛春是魯人，仕於衛，與告晉之宛春不同，非但時代不相接而已。《呂書》作「夫春也，魯國之匹夫也」。吾舉之，《呂》作「而我舉之」。民未有見焉，見，猶知也。《呂覽・自知篇》：「文侯不說，知於顏色。」高誘注：「知，猶見也。」言春本微者，我舉擢之，民未知其才識之過人安在也。或以本義釋之，亦通。《呂書》句首有「夫」字。今將令民以此見之。以此令民知其才識，答左右以春知罷役，德歸春而怨歸君之意。蓋左右恐民知春之善，而歸怨於君，靈公則欲民知春之善，而見己之舉春非過也。且春也有善，寡人有春之善，句誤，疑下句當疊一「春」字，「寡人有春」四字爲句，「春之善」又爲一句。古書於重文多作二點，傳寫時奪之，此例甚多。或寡人上有「如」字。《呂書》作「曰春也有善，於寡人有也」。於如通用，（詳《經傳釋詞》。）《治要》引《呂》正作「如」，無「也」字。本書增一「如」字，卽與《治要》同。非寡人之善與。」《呂》作「春之善，非寡人之善與」，可驗「春之善」三字當爲一句。數語卽《孟子》「善與人同，樂取於人以爲善」，《書・秦誓》「人之有技，若己有之」之意。《戰國策・齊策》燕攻齊章：「單之善，亦王之善也。」語與此同。靈公論宛春，可謂知君之道矣。《呂書》「論」上有「之」字，「君」下無「之」字，文勢較適。本書「之」字，當在上句「論」字上，誤移於此，當依《呂書》校正。《晏子春秋・內篇諫上》記景公之時，「雨雪三日而不霽，公被狐白之裘，坐堂側陛。晏子入見，立有間。公曰：『怪哉，雨雪三日而天不寒。』晏子對曰：『天不寒乎。』公笑。晏子曰：『嬰聞古之人君，飽而知人之飢，溫而知人之寒，今君不知也。』公曰：『寡人聞命。』乃令出裘發粟與飢寒。」

《賈子新書·諭誠篇》："楚昭王當房而立，愀然有寒色，曰：寡人朝飢時，酒二䣾，重裘而立，猶憯然有寒气，將柰我元元之百姓乎。是日也，出府之裘以衣寒者，出倉之粟以振饑者。二年，闔閭襲郢，王奔隨，諸當房之賜者，請還戰，至死之寇，闔閭一夕而五徙卧，不能賴楚，曳師以去。"（《北堂書鈔·歲時部》引《尸子》云："楚雨雪，莊王披裘當户曰，我猶寒，彼百姓賓客甚矣。乃使巡國中百姓賓客之無糧者，諸侯畏之。與此同一事，惟以爲莊王，則誤也。）二事均可與此參觀。孔子言衛靈公無道不喪，由仲叔圉、祝鮀、王孫賈諸人之各當其用。即此可見，靈公之長，在知人善任而已。

5齊宣王爲大室，齊宣王注見二卷《鄒忌章》。《吕覽·驕恣》"大"作"太"，畢校本據本書改正，是也。惠氏棟《明堂大道録》以此大室即世室，春居諫而毁，非也。居所諫者，是未成之巨室，非舊有之明堂也。大蓋百畝，蓋覆也，一曰辭也，爲室占百畝地。《吕氏春秋》"蓋"作"益"，此形近之誤。古書二字多亂，蓋字俗書作盖，與益相似。《史記·楚世家》"還蓋長城以爲防"，徐廣曰："蓋一作益。"《墨子·非命上》"益蓋嘗觀於聖王之事"，此蓋字讀若盍，（蓋从盍聲，古通用字。）一本譌作益，校者旁注蓋字，後人誤合之耳。下文云："今天下之士君子，或以命爲有，益嘗尚觀於先王之書。"益亦蓋字之誤，説詳王念孫《讀書雜志》。又《備城門篇》"蓋求齊鐵"，孫詒讓《閒詁》云："蓋當爲益，字形之譌。"此皆二字相亂之驗。堂上三百户，能容三百户居之。以齊國之大具之，《説文·廾部》："具，共置也，从廾，从貝省。"古以貝爲貨，此具字之本義。《漢書·劉澤傳》"田生子請張卿臨親修具"，顔注："具，供具也。"《爾雅·釋詁》"共，具也"，郭注謂備具。《周禮·大宰》"祀五帝，則掌百官之誓戒，與其具脩。"注："具，所當共。"《小宰》"以法掌祭祀朝覲會同賓客之戒具"，注："戒具，戒官有事者所當共。"是共具訓同，引申之，則爲備足之義。言以齊國力之厚，人民之衆，共置之。三年而未能成，《吕子》注云：「成，立也。」羣臣莫敢諫者。「者」，《吕氏》作「王」。香居問宣王曰：「香居」，《吕氏》作「春居」，下並同。梁玉繩曰：「作香者非也。」《困學紀聞》謂「卽《書大傳》之春子，《大傳》名衛。觀春居諫宣王爲大室，知《孟子》巨室之論，指見在事，非虚論也。」案：宋鄧名世《古今姓氏書辯證》云：「士人游宦南方者，二廣有香氏，不知其得姓之由，舊姓書未有此氏，《新序》有香居諫宣王爲大室，詳此，則六國已有香氏，今增入。」其説與王深甯不同，鄧氏引《新序》已作香，則由來已久矣。王氏以《大傳》之春子，傅合《吕書》春居，又言其名不同，以致所疑。然今《大傳》實作子春，似其人之字，與王氏所言不合，豈今本文誤，抑王氏誤記與。香春形近易混，古事年遠，茫昧無徵，但當各隨本文解之，未可遽斷《新序》爲誤也。至梁氏以《孟子》巨室之論爲卽指此事，翟氏灝《四書考異》已有是説，皆近傅會，今不取。「荆王釋先王之禮樂而爲淫樂，釋，舍也。下四字《吕》作「而樂爲輕」，文誤，輕當作淫，樂字當在淫下。然高誘注：「語曰，君子不重則不威，而反自樂，何以爲賢也。」以不重釋輕，則高氏所見本已誤，然義殊迂曲，當依本書校正。古書如此等甚多，不得因注解在前，遂曲爲之説，並諱其誤也。敢問荆邦爲有主乎？」「邦」，《吕氏》作「國」，下句同。王曰：「爲無主。」高注云：「爲無賢主。」案：無賢主稱無主，猶無賢人稱無人也。《左氏襄十五年傳》曰：「必無人焉。」二十三年傳：「臧孫聞之曰，國有人焉。」亦謂有賢人與無賢人也。此類甚多，餘例推。《孟子》曰：「不信仁賢，則國空虚。」「有賢臣以千數而莫敢諫，此句各本俱奪，據《吕書》補入，有此句文氣乃完，且下文「羣臣莫敢諫」句亦有根蒂。若依今本，則連上荆王釋先王之禮樂爲説，不但突兀，且殽混不明矣。敢問荆邦爲有臣乎？」「邦」，《吕》作「國」。王曰：「爲無臣。」高注：「爲無賢臣。」案：釋詳前爲無主句。居曰：《吕書》無此二字，古書自有此種文法，不必據本書故之。「今王爲大室，三年不能成，」「大室」句下，《吕》有「其大益百畝，堂上三百户，以齊國之大具之」十七字，始接「三年」句，「不能成」作「而弗能成」。而羣臣莫敢諫者，《吕》無「而」字「者」字。敢問王爲有臣乎？」王曰：「爲無臣。」不言君者，對宣王言，措辭之體也。《左氏成二年傳》「郤克曰：有先君之明，與先大夫之肅，故捷，克於先大夫，無能爲役。」不承先君言，與此詞意相似。羣臣莫諫，卽爲無臣，正承上文有賢臣以千數而莫敢諫，荆邦爲無臣句意來，益徵上文十字不可省。《吕書》句末無「臣」字，畢校據本書補入。案：《吕書》形容倉卒應對詞氣未畢之神，此字不補亦可，《新序》文取完足，故於上文「今王」上增「居曰」二字，又於此處增一「臣」字，似宜各就本文讀之爲是。香居曰：「臣請避矣。」避位也。《吕》作「辟」，通用字，經典多以辟爲避。趨而出。己亦與不賢之列，故當避位讓賢。古者臣見君則趨。王曰：「香子留，」《吕》作「春子春子反」，重言春子，亦形容急遽之神。《吕氏》此文極意傳神，本書悉改就整飭，故上文居曰字、臣字，不可據本書增入。俞正燮《癸巳存藁》引《魏書·傅豎眼傳》云「垣公垣公」，《五代史·楊光遠傳》「遥稽首於遼曰：皇帝皇帝，誤光遠矣。」與《吕氏》句法同。又有心惡其言，故學而重呼之者，《齊策》：「王曰：召相田單而來。貂勃曰：王曰單單，安得此亡國之言乎。」《魏書·静帝紀》：「高澄怒曰：朕朕狗脚朕。」（後畧不引。）亦複語之一種也。何諫寡人之晚也，恨聞道晚也。寡人請今止之。」此句各本奪，今據《吕書》補。有此句，文勢乃足，否則下文「香子止寡人」句意無所承矣。蓋下文止字，正本此止字來，故此六字萬不可省。遽召尚書曰：尚書，掌書事者。尚，主也，如尚衣、尚食之稱，皆是。《漢書·惠帝紀》注：「主天子物曰尚。」是也。《吕書》「尚」作「掌」，掌從尚聲，二字通用，詳二卷《楚莊王隸政章》注。「書之。命書其事也。尚書主書事，蓋左右史之屬，記曰：「動則左史書之，言則右史書之。」是也。寡人不肖，好爲大室，「好」上《吕》有「而」字。香子止寡人也。」《吕》無「也」字，下有「箴諫不可不熟，莫敢諫，若非弗欲也。春居之所以欲之與人同，其所以入之與人異，宣王微春居，幾爲天下笑矣 由是論之，失國之主多如宣王，然患乎無春居之臣。故忠臣之諫者，亦從人之不可不慎，此得失之本也」等語，皆論諫諍之法，本書畧之。

6 趙襄子飲酒，趙襄子詳四卷《中牟叛章》注。五日五夜不廢酒，不廢，猶不去。謂侍者曰：侍者，左右近幸之臣。「我誠邦士也夫，邦士，猶言國士，飲酒出一國之右也。飲酒五日五夜矣，而殊不病。」病，困苦也。優莫曰：優人，名莫，亦侍者之一。「君勉之，反辭以激之，譎諫之類也。不及紂二日耳。紂七日七夜，《韓非子·説林上篇》云：「紂爲長夜之飲，懽以失日，問其左右，盡不知也。使人問箕子，箕子謂其徒曰：爲天下主，而一國皆失日，天下其危矣。」是紂飲酒不計日，此言紂飲七日夜，蓋當時有此傳説耳。今君五日。」不言五夜，其詞未畢。一曰：五日下當奪五夜二字。襄子懼，謂優莫曰：「然則吾亡乎？」紂以沈湎亡，故以爲問也。優莫曰：「不亡。」襄子曰：「不及紂二日耳，不言夜者，舉日以晐夜。不亡何待？」優莫曰：「桀、紂之亡也，遇湯、武。桀遇湯，紂遇武王，皆並時生，以至仁伐至不仁，故亡也忽焉。今天下盡桀也，而君紂也，言時無湯、武之主。桀、紂並世，謂暴虐相同。焉能相亡。明薛虞畿《春秋别典》引無「相」字，蓋偶奪此字耳。然亦殆矣。」殆，危也，雖不亡，亦可危。《孟子》稱「今天下地醜德齊，莫能相尚。」又曰：「以燕伐燕。」《荀子》言「以桀攻桀，猶巧拙有幸焉。」《韓非子·亡徵》云：「兩桀不能相亡。」皆此意。

7**齊景公飲酒，**齊景公注見一卷《晉平公欲伐齊章》。此及上章，俱敍淫湎之事。**而樂，**樂故忘禮。**釋衣冠，自鼓缶，**言廢禮之事。《晏子·外篇》七作「景公飲酒，數日，而樂，釋衣冠，自鼓缶」。（《羣書治要》引此文在《諫上篇》。今案《內篇·諫上》亦記此事，而文多不同。）《韓詩外傳》九作「齊景公縱酒，醉而解衣冠，鼓琴以自樂」。周廷寀校云：「鼓琴，《新序》作鼓樂。」案：今《新序》各本皆作「鼓缶」，與《晏子》文同，疑周氏誤記耳。《羣書治要》、《北堂書鈔·衣冠部》三、《御覽·人事部》一百九、《服章部》十三引《晏子》，並作「去冠破裳，自鼓盆甕」，《御覽·器物部》三又引「自鼓盆甕」。王念孫謂今本乃後人依《新序》改之，是也。《爾雅·釋器》「盎謂之缶」，郭注：「盆也。」孫注：「瓦器也。」《說文》：「缶，瓦器，所以盛酒漿，秦人鼓之以節歌。」案：《史記·藺相如傳》：「請奉盆缻秦王，以相娛樂。」又云：「秦王不說，爲一擊缶。」《李斯傳》：「擊甕叩缻，真秦之聲也。」缻俗缶字，《漢書·楊惲傳》：「家本秦也，能爲秦聲。」下云：「仰天拊缶，而歌烏烏。」然則缶卽盆甕。《呂氏·鼓樂篇》：「帝堯命質爲樂，置缶而鼓之。」呂不韋秦人，此亦秦擊缶之說也。然《詩·陳風·宛丘》云「坎其擊缶」，《易·離卦》「不鼓缶而歌」，及《晏子》、《新序》此文，又不專說秦人矣。《外傳》作「鼓琴」，豈疑齊人不當爲秦聲，故改以就之與。**謂侍者曰：**《晏子》、《外傳》「侍者」作「左右」，謂近臣也。**「仁人亦樂是夫？」**《御覽》引《晏子》作「仁者亦樂此夫」。《外傳》「是」作「此」，「夫」作「乎」。《治要》引《晏子》作「仁人亦樂此樂乎」。夫猶乎也，二字古通用，詳見《經傳釋詞》。**梁丘子曰：**《晏子》作「梁丘據對曰」，《外傳》作「左右曰」。《廣韻》注：「梁丘，複姓。」《禮記·投壺》釋文云：「據又作處，同音据。」案：據字子猶，見《左氏》昭二十年及二十六年傳。《史記·魯世家》作子將。齊之幸臣，《漢表》列八等。唐柳宗元作贊稱之。考《說苑·建本篇》：「梁丘據謂晏子曰：吾至死不及夫子矣。晏子曰：嬰聞之，爲者長成，行者長至，嬰非有異於人也，常爲而不置，常行而不休者，故難及也。」是其人亦有志學道者，觀其對於晏子極致尊崇，晏子犯顔諫諍，直斥其同而不和，亦怡然不敢置辯，蓋亦叔世所難矣。「仁人耳目，亦猶人也，耳之於聲，目之於色，性也，仁人不異於庸衆。《晏子春秋》「仁人」下有「之」字。《外傳》無「亦也」二字。奚爲獨不樂此也。」句首《晏子》有「夫」字。《治要》引「此」下有「樂」字。《外傳》作「何爲不樂乎」。案：此也字讀爲邪。公曰：「速駕，「速」《晏子》作「趣」，字同。迎晏子。」晏子仁人，公聞據言，故使迎之。《外傳》作「駕車以迎晏子」。晏子朝服而至。《晏子》奪「服」字，「而」作「以」。案：以而通用，見王氏《經傳釋詞》。《外傳》「朝服」上有「聞之」二字。公曰：「寡人甚樂此樂也，願與夫子共之，《晏子》無「也」字，「願」作「欲」。《外傳》作「今者寡人此樂，願與大夫同之」。請去禮。」以晏子朝服而至，故爲此言。《外傳》無此三字，與上下文理不貫，當據本書及《晏子》補入。晏子對曰：《外傳》無「對」字，亦當補入。「君之言過矣。《外傳》無「之」字。齊國五尺之童子，力盡勝嬰，而又勝君，句首《晏子》有「今」字，「盡勝」作「皆過」，「而又」作「又能」，「又過矣」下有「羣臣皆欲去禮以事君，嬰恐君子之不欲也」（子字當是衍文。）二句。《治要》引云「今齊國小童，自中以上」，與今本異。《外傳》作「自齊國五尺以上，力皆能勝嬰與君」，文尤簡約。五尺卽五尺童子，古書文法每如此，猶《漢書》云提三尺取天下，三尺謂劍也。前人或疑三尺下無劍字，不成文義，此未諳古書句法，妄生異議耳。所以不敢亂者，「所以」，《晏子》作「然而」。《外傳》無「亂」字。畏禮也。今本《晏子》「禮」下有「義」字，孫星衍本、吳鼒本删去。王念孫曰：「孫删義字，非也，此義非仁義之義，乃禮儀之儀。《周官·大司徒》以儀辨等，則民不越，注：儀，謂君南面，臣北面，父坐，子伏之屬，故曰不敢亂者，畏禮儀也。古仁義字本作誼，禮儀字本作義，後人亂之久矣。此文作義，乃古字之僅存者。《外傳》、《新序》無義字者，言禮而儀在其中，故文從省耳，不得據彼刪此。各本及《治要》皆有義字。」案：王説亦是，附識於此。上若無禮，「上」，《治要》引《晏子》作「君」，非是。上下文對，下文有上字可驗。無以使其下，無禮則下不從故。下若無禮，無以事其上。臣無禮則有刑。夫麋鹿唯無禮，「唯」，《晏子》作「維」，古字通用。故父子同麀，《禮記·曲禮》「夫唯禽獸無禮，故父子聚麀」，鄭注：「鹿牝者曰麀。」案：彼文言禽獸無禮，故舉鹿之聚麀，以晐它獸及禽，此則專指鹿聚麀。人之所以貴於禽獸者，以有禮也。此由麋鹿推及禽獸皆無禮。上「以」字《晏子》無，《治要》引有，元刻本亦有，蘇輿校本補入，是也。此下《晏子》、《外傳》尚有一段，其文意同而詞有異，本書不引。《詩》曰：『人而無禮，胡不遄死。』《詩·鄘風·相鼠篇》文，毛傳：「遄，速也。」「胡不」，《外傳》作「不若」，蓋《韓詩》文。然《外傳》它條引詩亦作胡不，疑後人以《毛詩》改之耳。今試以王應麟《詩考》所存《外傳》異文校今本，已多改从毛者，可以知其故矣。此因文不在《外傳》句末，人不注視，幸而僅存。乃陳喬樅《韓詩遺説考》、《詩四家異文考》，李富孫《詩經異文釋》，及各家輯《韓詩》佚文者俱不采及，何也。中壘兼傳魯韓《詩》，此引《晏子》文，故作「胡不」。故禮不可去也。」公曰：「寡人無良左右，良，善也，言左右無善人也。「寡人」下《晏子》有「不敏」二字，《外傳》作「不仁」。淫湎寡人，「湎」，《晏子》作「蠱」。《説文·水部》：「湎，湛於酒也，（依段本作湛。）从水，面聲。《周書》曰：罔敢湎于酒。」段玉裁注云：「鄭注《酒誥》曰：飲酒齊色曰湎。《大雅》天不湎爾以酒，（《蕩篇》文。）箋云：天不同女顏色以酒，有沈湎於酒者，是乃過也。鄭意此字从面會意，故釋齊色，謂同飲者至於同色也。許則謂形聲。」案：齊色之解迂曲，許誼爲長。以至於此，請殺之。」《外傳》作「請殺左右，以補其過」。晏子曰："左右何罪。"《外傳》"何罪"作"無過"，《治要》引《晏子》作"無罪"，今《晏子》與本書同。君若好禮，左右有禮者至，《晏子》、《外傳》無"左右"二字。無禮者去；孔子曰："上好禮，則民不敢不敬。"傳曰："上之所爲，民之所歸也。"記曰："下之事上也，不從其所令，從其所行，上好是物，下必有甚焉者矣。"此之謂也。君若惡禮，亦將如之。""惡禮"下《外傳》作"則無禮者至，有禮者去"，《晏子》同，但先敍君若無禮，後敍好禮，與《外傳》倒植耳。又《外傳》無兩"若"字，本書敍次與《外傳》同，而文有省括。晏子之言，歸本君德，可謂知本者。《孟子》曰："惟大人爲能格君心之非，君仁莫不仁，君義莫不義，君正莫不正，一正君，而國定矣。"公曰："善。""公曰"上《外傳》有"左右何罪乎"一句，又"善"下有"哉"字。請革衣冠，《晏》作"易衣革冠"。革，更也，二字聲轉，與易同義。更受命。"乃廢酒而更尊，朝服而坐，觴三行，晏子趨出。案："廢酒"句，《晏子》、《外傳》俱無之。廢酒更尊，謂罷酒而更設講禮之席也。受命下，《晏子》所敍不同，其文云："晏子避走，立乎門外，公令人糞灑改席，召衣冠以迎晏子，晏子入門，三讓，升階，用三獻焉，嗛酒嘗膳，再拜告饜而出，公下拜，送之門，反命，徹酒去樂，曰，吾以彰晏子之教也。"案此云糞灑改席，即廢酒更尊之事，其文較本詳明。三行趨出者，《左氏宣二年傳》曰："臣侍君宴，過三爵，非禮也。"孔疏云："此謂侍君小飲，非正燕禮。燕禮獻酬之後，方脱屨升堂，行無算爵，非止三爵而已。其侍君小飲，則三爵而退。《玉藻》云：君子之飲酒也，受一爵而色洒如也，二爵而言言斯禮矣，三爵而油油以退。"鄭注云："禮飲過三爵，則敬殺，可以去矣。"是三爵禮訖，自當退也。案：《正義》引《玉藻》文證此傳，最合。彼上文云："君若賜之爵，則越席再拜稽首，受，登席，祭之，飲，卒爵而俟，君卒爵，然後受虚爵。"與燕禮所稱公卒爵而後飲不同，明謂朝夕侍君之小燕也。又燕禮先受爵而後奠爵再拜，此經則再拜而後受，又受三爵而退，明非大饗之飲，與《左氏》過三爵非禮之文合，故孔疏引爲證。《公羊莊元年傳》亦云：「禮飲酒不過三爵。」何注：「過三爵則敬殺，可以去矣。」《詩·賓之初筵篇》曰：「三爵不識，矧敢多又。」亦其義也。此文當亦侍君小飲，故三行趨出，正與《左傳》、《玉藻》所言同也。曾子稱晏子知禮，（《檀弓》文。）於此可見一斑。

8 魏文侯見箕季，魏文侯注見一卷《魏文侯與士大夫坐章》。箕季，魏臣，春秋時晉有箕鄭，文公以爲箕大夫。《路史·國名紀》五以爲武穆之分，則箕鄭是晉公族，季疑其後也。《廣韻》注謂箕是姓，蓋以邑爲氏者。其牆壞而不築，「牆」，各本作「墻」，字俗，今從宋本，下並同。《御覽》九百七十九「築」作「治」。文侯曰：「何爲不築？」對曰：「不時。」非農隙之時也。《論語》曰：「使民以時。」其牆枉而不端，枉，不直也。問曰：文侯問也。「何不端？」何故任其不端。曰：「固然。」固故同。言故日如此，不改作者，不欲侵及它人之地。故下文云：「教我無侵封疆也。」下章宋司城子罕不改擁出之牆，亦此意。從者食其園之桃，從者，文侯左右，同往箕季家者。箕季禁之。禁止之。少焉，有頃也。日晏，進糲餐之食，瓜瓠之羹。《淮南子·精神訓》注：「糲，粗也。」案：《説文·米部》：「糲，粟重一秳爲十六斗，大半斗舂爲米一斛，曰糲，从米，萬聲。」作糲者今字。段玉裁曰：「古從萬聲，與牡蠣字正同。《漢書·司馬遷傳》糲粱之食，與許篆體合。」（《説文注》。）案：《韓非子》「堯糲粢之飯。」（粢即齋之或字，《淮南·精神訓》注：粢，稷也，與今本《韓子》皆誤爲粢。經典齍盛之齍通作粢，非糲粢之義，當從禾作粢。）又云：「孫叔敖爲令尹，糲飯菜羹。」《漢書·外戚傳》「妄誇布服糲食」，孟康曰：「糲，粗米也。」《玉篇》「糲，麤糲也。」《史記·刺客傳》「麤糲之資」，《正義》：「脱粟也。」其義皆同。《詩·大雅·召旻》箋云：「米之率，糲十，粺九，鑿八，侍御七。」《史記·太史公自序》集解張晏曰：「一斛粟，七㪷米，爲糲。」（案依《九章算術》等所云，則一斛粟止得糲米六㪷，張説誤。）臣瓚曰：「五斗粟，三斗米，爲糲。」《孫子算經》：「今有粟一斗，問爲糲米幾何？答曰：六升。」《九章算術》：「米之率糲十，粺九，糳八，侍御七，粟率五十，糲米三十，粺二十七，糳二十四，侍御二十一。」《闕澤九章》：「粟飯五十，糲飯七十，粺飯五十，糳飯四十八，御飯四十二。」《張邱建算經》：「今有惡粟一斛五㪷，舂之得糲米七㪷。」《夏侯陽算經》：「粟五斗爲糲米三斗，三十乘之，五十而一，爲粺米二斗七升；二十七乘之，五十而一，爲糳米二斗四升；二十四乘之，五十而一，爲御米二斗一升，二十一乘之，五十而一。」《北堂書鈔》一百四十四引作「進糲食瓜瓠之羹」。（《飧篇》、《羹篇》俱引。）《御覽》八百八十一作「進糲飧瓜瓠之羹」，九百七十九但云「進瓠羹」，又九百六十七不引此數句。文侯出，其僕曰：僕，御車者。「君亦無得於箕季矣。無所得益也。曩者進食，臣竊窺之，窺司之。糲餐之食，瓜瓠之羹。」文侯曰：「吾何無得於季也，所得者精，從者不足以知之。吾一見季而得四焉。言所得之多。其牆壞不築，云待時者，《御覽》四百五十七引各納木《新序》，「不築」下有「吾問何不築，對曰，不時」等語，複述上文，下亦如此。各納木不知其義。同卷引莊幸條稱諷諫木《新序》，亦未詳。教我無奪農時也；無奪其耕穫之時。《孟子》曰：「不違農時，穀不可勝食也。」《御覽》九百七十九引作「教我無奪民農功」。牆枉而不端，對曰固然者，教我無侵封疆也；保其故有之土，不侵它國封疆以自益，則民力紓，則邊患弭矣。固同故，見前。從者食園桃，箕季禁之，豈愛桃哉，教我下無侵上也；志不在桃，欲借以立教耳。《御覽》九百六十七、《事類賦》二十六引「侵」並作「犯」，義同。食我以糲餐者，《御覽》四百五十七作「食我糟飡之食，瓜瓠之羹」，糟是糲字之誤。八百六十一引仍作「糲」。季豈不能具五味哉，《説文・廾部》：「具，共置也。」此具之本義，引申爲備足之義，注見同卷《衛靈公天寒鑿池章》。《御覽》四百五十七、八百六十一兩引俱無「哉」字。教我無多斂於百姓，斂，賦斂也。《孟子》曰：「是故明君取於民有制。」以省飲食之費也。」《御覽》屢引此文，皆從節省，不引全文，此類非關文字異同者，不録。它類書傳注所引似此者，悉準是例。

9工尹池爲荆使於宋，「工」，各本俱作「士」。《御覽》四百十九引《呂氏春秋》作「工尹他」，今《呂氏》此文見《召類篇》，仍作「士尹池」，與本書同。案：工尹楚官名。《左氏文十年傳》「使子西爲工尹」，杜注云：「掌百工之官。」後有工尹齊、工尹襄、工尹路、工尹赤、工尹壽等，皆主此官者。（《左昭二十七年》王尹麇，服虔注：王尹，主宫内之政。疏：王一作工。案彼王尹主宫政，當别是一官，作工誤也。）或後遂以爲氏，（如司馬、司徒之類。）亦未可知。但此工尹池當時必居是職，故所言皆百工之事，亦慎敬官守之義也。池他形聲俱近，古池字作沱，他作它或作佗，通用字。《御覽》所引得之，《新序》誤工爲士，淺人反據以改《呂書》，《御覽》所引尚其未改者也。今據《御覽》校正，下並同。司城子罕止而觴之。司城注見後。此子罕與三卷《鄒陽章》之子罕不同，詳見彼注及四卷《宋景公章》注。《淮南・精神訓》注：「子罕，戴公六世孫西鄉士之子，司城樂喜也。」案：戴公生樂甫術，（一作衎。）術生碩甫澤，澤生夷父須，須生東鄉克，克生西鄉士曹，曹生子罕喜。（《左傳文十八年》正義，《檀弓》疏引《世本》互有不同，見《人表考》。）子孫以樂父字爲氏。梁玉繩曰：「《左文十八》有樂呂，《通志》謂公子衎曾孫樂莒，莒孫喜，《唐表》謂衎孫須生呂，呂孫喜，《左》疏引《世本》亦云：須生大司寇呂，而《檀弓》疏引則云傾生東鄉克，傾乃須譌。蓋須有二子，曰呂曰克，子罕是克孫，以爲呂孫者誤也。或疑克卽呂，非。」（《人表考》卷四。）以上梁説是。（其上世人名異同，此不悉引。）《淮南》注西鄉士，《檀弓》疏作西鄉士曹，未詳孰是。《漢表》子罕列四等中上。《呂書》無「止而」二字。南家之牆，「牆」，各本作「墻」，字俗，此依宋本。擁於前而不直。「擁」，《呂書》作「犨」，高誘注云：「犨，猶出，曲出子罕堂前也。」徐友蘭曰：「犨無出義，實搯叚，搯故引，引申爲出，字亦爲抽。《太玄經》注：抽，出也。是也。《新序》作擁，蓋搯之譌。」案：徐説頗覺傅會。《呂》作「犨」，蓋讐之借字，讐俗作售，售有出義，展轉相通。本書作「擁」，又別一義，不當以爲搯誤也。搯擁音遠，何緣致譌，但當云遮擁之在己室前耳。高注以曲出形容不直，訓誼精當。西家之潦，潦，行潦。《詩·召南》「于彼行潦」，毛傳曰：「行潦，流潦也。」《左氏隱三年傳》「潢汙行潦之水」，杜注：「潢汙，停水；行潦，流潦。」《正義》服虔云：「畜小水謂之潢，水不流謂之汙，行潦，道路之水是也。」《孟子·公孫丑篇》「河海之於行潦」，趙岐注云：「道旁流潦。」段玉裁駁服、趙説云：「以道釋行，非。潦水流而聚焉，不必在道旁也。」案服意稱道路，以見爲流行之水，因潦水多流道旁，非以道釋行，亦非謂必道旁始有潦也。趙注明言流潦，與毛傳同，更非以道釋行。段氏申毛而駁服、趙，殊不可解。《説文·水部》：「潦，雨水也，（各本作雨水大貌，今從段氏注本，上所引段説亦見此注。）从水，尞聲。」潦蓋雨水之流行者，故又稱行潦，雨多流道旁故也。經其宮而不止。「經」，《呂書》作「徑」，《御覽》引仍作「經」。畢本引舊校云：「一作注。孫云：《文選》張景陽《雜詩》李注引作注於庭下而不止。」案：三字字別而誼俱通，經徑字同，詳《善謀篇·黄歇章》注，又巠字俗書作坙，亦與注字主旁相似，但文義當作經爲優。今《呂書》作「徑」，用叚字，其義亦訓經過，下文「潦之經吾宮也利」句正作經。《御覽》引本作「經」，高注云：「經子罕之宮。」是高所據本亦必作經也。《文選》注引作「注於庭下」，乃括引書之大意，不當據以改《呂書》。一本作注者，乃形近而誤，或轉據《選》注改之，不可從。工尹池問其故，池主工政，故以此爲問也。司城子罕曰：司城卽司空，亦主工政者。《左氏桓六年傳》曰：「宋以武公廢司空。」杜注：「武公名司空，廢爲司城。」是也。子罕爲司城，始見襄六年宋華弱來奔傳，其九年傳云：「宋災，樂喜爲司城以爲政。」杜注：「樂喜，子罕也，爲政卿。」《正義》曰：「此傳言以爲政，謂爲救火之政耳。但歷檢此後傳文，鄭人討賊、宋人獻玉、扶築臺之謳、削向戌之賞，皆是政卿之任，故言爲政卿也。」案：政者正也，子罕爲司城，兼攝正卿之事，猶後世以尚書入相耳。前此討華弱時，尚未攝政，至宋災後始爲之，故傳著之於此，杜謂爲政卿，是。下文又云：「知將有火災，素戒爲備火之政。」孔疏申之云：「下晉侯云，宋災，於是乎知天道。是宋人自知天道當有火災，故子罕素相戒敕，爲備火之政也，自伯氏司里以下，巷伯儆官以上，皆是子罕素戒之也。其享祀之事，是政卿命之，非子罕也。」則又以爲政爲備火之政，似子罕與政卿當分爲二。前後違異，殊不可解。疏説傅會天道，尤覺無理。不知子罕官爲司城，兼攝政卿，此文稱其官司城，又尊之曰相國，是其切證。蓋宋六卿右師、左師、司馬、司徒、司城、司寇，司城班在第五，宋以子罕之賢，越級而使爲政，猶哀七年傳曰使爲司城以聽政也。凡傳言爲政者，皆謂正卿。如宣十八年郤獻子爲政，成六年子爲大政，襄二十四年范宣子爲政，二十五年趙文子爲政，昭二十八年魏獻子爲政之類，不可勝舉，可以例推。工尹告王，以君相並舉，非正卿而何。杜、孔説皆未明瞭，享祀諸文分屬政卿所命，亦近肊測無據。「南家，工人也，爲鞔者也，《吕氏》「者也」舊本譌作「百也」，畢本校改。爲，猶作也。高注：「鞔，履也，作履之工也。」一曰：鞔，鞙也，作車鞙之工也。」二説似以前説爲優。《説文・革部》：「鞔，履空也，从革，免聲。」徐鍇曰：「履空，猶履殼也。」段玉裁注云：「空腔古今字，履腔如今人言鞵幫也。」高注不言履空者，渾言之也。《三倉》：鞔，覆也。《周禮・考工記》注：

飾車，謂革鞔輿也。此鞔引申之義，凡鞔皆加綴幫於底。」案：段說是。吾將徙之。欲直其牆，故徙之也。其父曰：吾恃爲鞔，已食三世矣；恃此業爲食，更三代也。「已」，《呂》作「以」，字通用。今徙，是宋邦之求鞔者，「邦」，《呂書》作「國」。不知吾處也，不知其處，則業不興盛，故有乏食之憂。凡商業忌遷處，古今皆同。高注云：「鞔不售無以自食。」案：不售即不知其處所致。又地有興廢，失其地，亦不售也。《論語》曰：「百工居肆，以成其事。」售俗字，當作讐。吾將不食，願相國之憂吾不食也。爲相者當先天下之憂而憂，匹夫匹婦有失其所，則曰是予之咎也。相國之稱始此，漢後遂以爲官名。爲是故吾不徙。「不」，《呂氏》作「弗」，句末有「也」字。西家高，吾宮卑，「卑」，《呂》作「庳」，字俗。潦之經吾宮也利，此句「經」字，《呂覽》與本書同，可見上文作徑是通字。利，謂水勢利便也。《孟子》曰：「水無有不下。」或言於子罕有利，非。潦經其宮，何利之有，且以利己而不禁，亦不得稱仁相矣。或云利西家，亦非，但逆水就下之性而治之，則必害於民矣。爲是故不禁也。」以上皆工尹司城所主之政，可謂在官言官者也。工尹池歸荆，使畢，歸致命於君。荆王適興兵欲攻宋。「荆王」二字，各本皆奪，今據《呂覽》補。此處不出荆王，則下文「諫於王」句無根矣。「欲」，《呂書》作「而」。工尹池諫於王曰：「王」上《呂》有「荆」字。「宋不可攻也，其主賢，《呂子》注云：「主，君。」案：能用仁相，足知其賢。其相仁，《呂子》注云：「相，子罕。」案：能愛人，所以爲仁也。賢者能得民，「能」字各本奪，今據《呂書》補。有此字文氣始足，且與下句相配，斷不可省。大抵此卷奪佚甚多，今但就其可考者補正，不能盡也。《呂子》注云：「得民歡心。」仁者能用人，《呂子》注云：「人爲之用也。」案：能得人心，故能用人。攻之無功，爲天下笑。」《呂氏》作「荆國攻之，其無功而爲天下笑乎」，本書較簡。楚釋宋而攻鄭。「楚」，《呂》作「故」，據上文皆稱荆，則此處當一律，疑作楚者誤。孔子聞之曰：「夫修之於廟堂之上，而折衝於千里之外者，下「於」字《呂》作「乎」。高誘《呂》注云：「衝車所以衝突敵之軍，能陷破之也。有道之國，不可攻伐，使欲攻己者折還其衝車於千里之外，不敢來也。」案：高注是也。衝俗字，當作轒，說詳一卷《晉范昭章》注，亦引孔子之言。司城子罕之謂也。」句首《呂》有「其」字，「也」作「乎」。《御覽》四百一十九引《呂書》，文既簡畧，且多謬誤，不足據。《禮記·檀弓》云：「陽門之介夫死，司城子罕入而哭之哀。晉人之覘宋者，反報於晉侯曰：陽門之介夫死，而子罕哭之哀，而民說，殆不可伐也。孔子聞之曰：善哉覘國乎。《詩》云：凡民有喪，扶服救之。雖微晉而已，天下其孰能當之。」與此事極相似，皆有孔子贊語，則子罕之折轒尊俎，非一事矣。

10魯孟獻子聘於晉，韓宣子止而觴之。孟獻子，魯大夫仲孫蔑，文伯穀之子。《漢表》列四等。韓宣子，晉大夫韓起，獻子厥之子。（《史記·吳世家》正義引《世本》名秦，恐非。）《漢表》作韓宣子厥。考韓厥名列四等，此韓宣子在五等，當卽起也。梁玉繩曰：「《表》原注當是厥子二字傳寫譌，厥爲大字，又脱子字。或謂厥乃起之誤，非也。」（《人表考》五。）以上梁說近理。各本無「韓」字及「止而」二字。盧文弨據《文選·西京賦》注及《御覽》四百七十二引補此三字。案：盧補極是，韓字自不可省，無「止而」二字，文義亦不完足，今依盧說補正。但鮑刻本《御覽》四百七十二引本文亦無「止而」二字，與盧氏所據本異。三徙，三易其處。句首《御覽》引有「飲」字，《選》注同。鍾石之懸，鍾石，金石樂也。懸當作縣，繫也。鍾本酒器，借爲樂金之鐘。《說文·金部》：「鐘，樂金也」，「鍾，酒器也。」二字義別，今經典相承，多借鍾爲鐘。《禮記·明堂位》「垂之和鍾」，《周語》「二閒夾鍾」，《太玄·玄數》「黄鍾生林鍾」。（注：林鍾，酒器也，一曰樂器。案酒器之説非，正猶以鍾代鐘而誤。）《周禮》有鍾師，《考工記》「梟氏爲鍾」，皆以鍾爲之。其餘散見子史者甚多，不可殫舉，《選》注引作鐘，縣字加心，後起俗字，《匡謬正俗》已詳辯之。不移而具。移，徙也，字當作迻。具，備也，不待迻器而已具備，故下文稱其富。（《漢書·賈山傳》鍾鼓帷帳，不移而具。語本此。）獻子曰：「富哉家。」以鍾石之具備足，知其富。《御覽》引無「家」字。宣子曰：「子之家孰與我家富？」與如二字通用，孰與猶何如也，詳王引之《經傳釋詞》。盧文弨曰：「我下家字，《御覽》引無。」案：《國語》有宣子憂貧之事，其告叔向曰：吾有卿之名，而無其實，無以從二三子。」是宣子家不富，與此言異也。又韓起爲政時，獻子已前卒，（卒在襄十九年。）此或其未爲正卿時事。獻子曰：「吾家甚貧，惟有二士，曰顏回、茲無靈者，《御覽》「惟」作「我」，「茲」作「慈」，「者」上有「此二士」三字。案：孟獻子卒於魯襄公十九年。據《史記》，顏子少孔子三十歲，孔子生魯襄公二十二年，（皆本《史記》。）不逮見獻子，何況顏子，此傳聞之誤也。陳壽祺疑顏回，茲無靈在獻子友五人之列，謂《新序》雜采諸子，言若可信。又以其時代不接，疑有二人。（從宋翔鳳《孟子趙注補正》轉引，陳氏有《新序説苑校本》，未刊行，此豈其校語與。）沈欽韓《漢書疏證》亦謂顏回與顏淵同名。（卷八。）均未免傅會。宋氏翔鳳《孟子趙注補正》亦采陳説，不知孟子當時已忘三人之名，使顏回在其内，豈有遺忘之理。諸子百家，好引異説，其時代不接，紀載失實，若此者衆，中壘亦姑存其説，以資法戒，不必曲爲之解也。茲無靈，未詳其人。《左氏定四年》夾谷之會傳有茲無還，當卽其後。茲無氏，靈名。《御覽》作「慈」，誤。使吾邦家安平，百姓和協。協，本作恊，俗。惟此二者耳，吾盡於此矣。」言此外無所餘矣。《御覽》不引此十字。客出，客，一坐所尊敬者，詳一卷《趙簡子章》注。時獻子爲客也。宣子曰：「彼君子也，君子鄙人，以位言之。

董子曰：「明明求仁義，常恐不能化民者，卿大夫意也；明明求財利，常恐困乏者，庶人之事也。」以畜賢爲富；「畜」，各本作「養」。盧文弨曰：「俗作養，今從兩書改。」案：宋本作「畜」，與《御覽》同，盧所稱兩書，自指《選》注、《御覽》而言。今《西京賦》注止引不移而具句止，盧氏誤記耳。《説文·田部》：「畜，田畜也。」謂力田之畜積，是畜字本義，引申爲一切畜積之稱。畜賢，謂多積畜賢人，如田家之畜田也。畜養字古作嘼，今人溷亂久矣。我鄙人也，鄙野之人也。顏師古《匡謬正俗》：「或問愚陋之人謂之鄙人，何也？答曰：本字作否，否者蔽固不通之稱，音與鄙同。《詩》曰：於呼小子，未知臧否。臧者，善也；否者，惡也，故以相對。《書》云：否德忝帝位，而司馬子長撰《史記》，改否爲鄙，以其言同，故用鄙字。自爾以來，因曰鄙人。又問曰：鄙非邊鄙之謂邪。美好者謂之都，言習京華之典則；醜陋者謂之鄙，謂守下邑之愚蔽，不其然與？答曰：非也。都者自是閑美之稱。《詩》曰：不見子都，乃見狂且。又云：洵美且都。《楚辭》云：此德好閑習以都。皆非上京之謂。曹劌云：肉食者鄙。孔子曰：鄙夫可與事君也與哉，出辭氣，斯遠鄙倍矣。漢武帝詔賢良曰：性命之情，或夭或壽，或仁或鄙。董仲舒對策曰：堯舜行仁，則民仁壽，桀紂行暴，則民鄙夭。楊惲云：昆戎舊壤，子弟貪鄙。班固云：周勃爲布衣時，鄙朴庸人。曹大家《女誡序》云：鄙人愚闇，受性不敏。皆非田野之謂也。至如《詩》有《都人士篇》者，此自別指都邑爾。後文士敍觀游，皆云都人士女，直述其殷盛，亦無繫於賢愚也。蹈道則爲君子，違義則爲小人，豈必都邑之人皆爲賢智，邊鄙之士悉皆頑劣。詳而言之，則不通矣。」案：以上顏説，實未知字義之本。《荀子·非相篇》：「楚之孫叔敖，期思之鄙人也。」楊倞注：「鄙人，鄙野之人。」《呂氏春秋·贊能篇》「沈尹莖辭曰：期思之鄙人有孫叔敖者，聖人也。」《漢書·司馬相如傳》「鄙人固陋，不識所謂。」又「此鄙人之所願聞也。」皆謂邊鄙之人，時蜀在西鄙也。又《呂氏・異寶篇》以和氏之璧與百金以示鄙人，鄙人必取百金矣。此鄙人與上文兒子對言，正謂村野無知，與兒僮等，非貪鄙之義。《貴直論》「宣王怒曰：『野士也。』」高注言鄙野之士。《論語》「先進於禮樂，野人也。」《孟子》「將爲野人焉。」皆是此義。今人自稱鄙人，蓋謙言之，云伏處鄙邑，見聞未周，猶野人野老之自稱爾。若貪啚字當作啚，與鄙義別，經典多叚鄙爲之。人無甘居貪鄙者，以之自稱，斯不倫矣。至都之本義爲都邑，居都邑者多嫺習禮儀。故《有女同車》毛傳以閑訓都，此引申義也。（古嫺字多作閑。）人苟嫺習禮儀，必容止可觀，故又訓爲美貌，引申之引申也。《詩》之子都，《國策・齊策》「妻子衣服麗都」，（高注：麗都皆美稱。）皆屬此訓。此如君子小人，本以位之高下爲説，因有德者宜居上位，遂以君子爲有德之通稱，而小人遂爲邪僻之名詞矣。然稱人爲君，自稱小人，尚從最初之一義，與稱鄙人同，非自居於邪僻之人。亦豈得曰顯貴之儔皆爲賢智，寒微之子悉稱頑劣邪。顔氏所舉諸證，除漢詔及《左傳》、董策、《楊惲傳》所稱，當訓貪啚，其餘皆鄙野之義。此文宣子之意，謂獻子好賢，能盡卿大夫之職，己則但知鍾石金玉，不免爲鄙夫之見耳。孔子稱樊遲爲小人，亦此意。（趙翼《陔餘叢考》亦辯顔説之誤，見二十二卷。）以鍾石金玉爲富。」孔子曰：「孟獻子之富，可著於《春秋》。」此引孔子言及孟、韓問答事，必本它書，今不可考矣。鮑本《御覽》兩句之末，均有「也」字，盧氏《校補》止言上句有「也」字，當據本不同也。《禮記・大學》引獻子云：「畜馬乘，不察於雞豚。」又曰：「與其有聚斂之臣，寧有盜臣。」《韓非・外儲説左》云：「孟獻伯相魯，堂下生藿藜，門外長荆棘，食不二味，坐不重席，無衣帛之妾，（原文句首衍晉字。）居不粟馬，出不從車。」（原文誤以爲晉卿，下又專説晉事，此乃本書錯誤，晉無孟獻伯。沈欽韓《漢書疏證》疑爲晉中行偃，非也。本文有獻伯相魯之説，是未盡誤，其行事與它書叙獻子事正合，必指仲孫蔑無疑。）其清節可見。《左氏襄十五年傳》：「宋向戌來聘，見孟獻子，尤其室，曰：子有令聞，而美其室，非所望也。對曰：我在晉，吾兄爲之，毁之重勞，且不敢聞。」此明獻子雖有美室，非出於己，且其儉德習聞於諸侯，故傳特著之，以明其賢。此三事俱可與此印證。

11鄒穆公有令，穆公，鄒君。謚法：布德執義，中情見貌皆曰穆。其行事詳見《賈子·春秋篇》。食鳧鴈，

「鴈」，宋本作「雁」。《羣書治要》引同，「雁」下有「者」字。案：雁鴈經典通用甚多，段玉裁曰：「雁與鴈別，鴈從鳥爲鵝，雁從隹爲鴻雁，今字雁鴈不分矣。」（《説文》注。）王筠曰：「《説文·隹部》雁下云：鳥也，从隹从人，厂聲，讀若鴈。大徐曰：雁，知時鳥，大夫以爲摯，昏禮用之，故从人。《鳥部》鴈下云：鵝也，从鳥人，（原注：當兩言从。）厂聲。大徐曰：从人从厂，（原注：二字誤多。）義無所取，當从雁省聲。竊謂鼎臣兩説正顛倒矣，二字久不別，故許特異其訓以區別之。蓋謂摯當用鴈，故特説之曰鵝，而《莊子》殺其不能鳴者，亦即鵝也。吾鄉於鵝之蒼翼者，猶冢鴈名。聖人制禮，不用難得之物，大夫本多，親迎者尤多，六禮須用五鴈，帝都之内，一歲而昏者萬人，可云極少，然五萬隨陽之雁，豈可得哉。竊意鴈以行禮，故其字從人，雁則從鴈省聲。」（見所箸《説文釋例》。）案：王説有理。惟雁鴈通用，故鄭君以雁爲鴈。俞氏樾《兒笘録》云：「古人謂鵝曰鴈。王氏引之《經義述聞》於《周禮》膳用六牲，及《儀禮·士昏禮》用鴈下詳言之。然鵝可謂之鴈，而鴈非專謂鵝也。鴈雁實一字，經傳皆通用，今分鴻雁字作雁，鳧鴈字作鴈，則泥而不可通矣。《詩》鴻鴈于飛，毛傳：大曰鴻，小曰鴈。鴈爲鴻鴈字，亦爲鳧鴈字，一字二義。猶《隹部》雡，天鸙也，一曰雉之莫子爲雡。⿰黎隹，⿰黎隹黄也，一曰楚雀也。並一字二義也。《鳥部》又有鷚字，曰天鸙也，此亦許君誤分一字爲二字。大徐本因改《隹部》雡篆下天鸙二字爲鳥大雛，以別於鷚字，而鷚雡二字遂不可復合矣。夫鷚雡並從翏聲，然《隹部》有⿰方隹，《鳥部》有鴋，並從方聲；《隹部》有雃，《鳥部》有鳽，並

從幵聲。以是例之，猶未敢遽定爲一字也。若雁鴈二字，並從厂聲，又並從人，則爲一字無疑。《隹部》雞，籀作鷄；雛，籀作鶵；雕，籀作鵰；𨾊，籀作鴟；雇，籀作鳸；䧿，籀作鷻。是小篆從隹，籀文多從鳥，疑鴈亦雁之籀文也。《火部》㷳，從火雁聲，讀若鴈。許君誤分雁鴈爲二字，故云然，實則雁聲卽鴈聲耳。」以上俞說，甚是，存以備參。（張行孚《説文發疑》亦主此說。）本文則仍從衆本作鴈，因是鳧雁字，當從鳥，不敢遽易古師說也。必以粃，無得以粟。粃，《説文》作秕，（又有粊篆，段本改作柴，云卽粃字。）云：「不成粟也，从禾，比聲。」段氏謂不成粟之字从禾，惡米字从米。（卽柴字。）然《廣韻》柴下已云《説文》作粊，《玉篇》亦然，段說存疑。《左氏定十年傳》「若其不具，用秕稗也」，杜注：「秕，穀不成者。」《吕氏春秋·辯土篇》：「凡禾之患，不俱生而俱死，是以先生者美米，後生者爲粃。」（高注：「粃，不成粟也。」）又云：「肥而扶疏則多粃。」又云：「是故不知稼者，其耨也，去其兄而養其弟，不收其粟而收其粃。」（粃，舊本作粗，誤，今據畢校改本引。）《審時篇》：「後生之禾，多粃而不滿。」又言先後時之稻多粃。是粃亦通稱也，古書多以粃康並稱，如《莊子·逍遥游》「塵垢粃康」，《墨子·備城門》「灰康粃杯馬矢」，此類甚多。康爲米脱粟之稱，與粃義相近，故秕字從禾，明不成粟也。《説文》「㮚，嘉穀實也。孔子曰：『㮚之言續也。』」《廣雅》「粟，續也。」《春秋説題辭》「粟，助易扶性，粟之言續也。」宋均注：「續，謂續陽生長也。」（《説文》穀下亦云續也。）《廣韻》「粟，禾子也。」案：《禹貢》「四百里粟，五百里米」，《孟子》有「粟米之征」，《禮記·曲禮》「獻粟者執右契，獻米者操量鼓」。是粟與米異。故《春秋繁露》云：「米出於粟，而粟不可謂米。」（《實性篇》。）《論衡》云：「穀之始孰曰實。」又曰：「故夫穀未舂烝曰粟。」（《量知篇》。）然則粟連皮言之，米則專指穀實也。《漢書·公孫弘傳》「弘身食一肉，脱粟飯」，師古注：「才脱粟而已，不精鑿也。」《後漢書·章帝紀》「但患不能脱粟瓢飲耳」，李賢注、

「晏子相齊，食脱粟之飯。」云脱粟，則粟爲有皮之稱可知。但粟米對文則異，散言則通。經典言粟，多卽指米，實不必泥爲有皮之穀也。（參五卷《田饒章》注。）《春秋説題辭》又曰：「粟五變，一變而以陽生爲苗，二變而秀爲禾，三變而粲然爲粟，四變入臼米出甲，五變而蒸飯可食。」此文粲然爲粟之粟，是粟之本義；粟五變之粟，乃由苗禾至飯之總稱。可見粟名本無一定，當隨本文釋之，不必膠執一義也。《賈子新書·春秋篇》「得」字作「敢」，羣書治要》引本文無「得」字。於是倉無粃，「無粃」，《治要》作「粃盡」。而求易於民，購之民間。二石粟而得一石粃，「得」，《賈子》作「易」，《秘府畧》引《賈子》仍作「得」，無「而」字。（《秘府畧》，日本天長八年勅譔，凡一千卷，當吾國唐文宗大和四年，近上虞羅氏刊入《吉石盦叢書》。）二石粟易一石粃，是粃反貴於粟，故吏以爲費也。吏以爲費，費，糜費。《治要》引無「爲」字。《賈子》作「吏請曰，以粃食鴈，爲無費也，今求粃於民，二石粟而易一石粃，以粃食鴈，則費甚矣，請以粟食之」。「請以」以上數句，本書不引。請以粟食之。請以粟食鳧鴈也。穆公曰：「去，非汝所知也。斥之使去，而又曉之。《賈子》作「公曰：去，非而所知也」。夫百姓飽牛而耕，「飽」，《賈子》作「煦」。《治要》引無此四字。汪中曰：「此漢以前有牛耕之明文也。《新序》作飽，於義爲長。」（《舊學蓄疑》。）案：牛耕之始，前人論辯紛如，趙春沂有文論之甚詳，今節録其要於後，餘説悉不引。文云：「《漢志》搜粟都尉趙過爲代田，始用牛犂。《後漢書》王景遷廬江太守，百姓不知牛耕，景乃驅率吏民，教用犂耕。是牛耕始於漢之説也。《文選·藉田賦》：『總牿服於縹軛兮，紺轅綴於黛耜。』注：『古耕以耒，今以牛者，蓋晉時創制，不沿於古也。』是牛耕始於晉之説也。《山海經·海内經》云：『稷之孫叔均，是始作牛耕。』是牛耕始於叔均之説也。駁之者曰：『賈誼書及《新序》載鄒穆公曰，百姓飽牛而耕，孔子有犂牛之言，冉耕亦字伯牛，（案：司馬牛名犁，亦其證。)《月令》季冬出土牛，示農耕早晚，何待趙過，是牛耕不始於漢矣。(《續墨客揮犀》引宋子京説，謂冉耕字伯牛，古非不知以牛耕，但趙過教人驅馭之法，耒耨之器，爲備善耳。王弼《易》注謂牛稼穡之資，是不原漢始用牛耕之意，説雖不見於經書，必有所見也。)潘岳所賦，乃指載耒耜之車牛，非即耕牛，是牛耕不始於晉矣。《山海經》作於伯益，與后稷同時，何自知後世事，是牛耕不始於叔均矣。案《周禮・里宰》鄭注：合人耦，則牛耕可知。《閭師》掌六畜之數，注：掌六畜者，農事之本。竊思牛之爲牲，非庶民燕祭之所得用，而大車之載，亦非庶民家得有之，可悟周時已有牛耕之制。《晉語》曰：其子孫將耕於齊，宗廟之犧，爲畎畝之勤，此尤牛耕之確證。特是周雖有牛耕，而牛耕不始於周，蓋與耒耜並興。《莊子・天下篇》釋文引《三蒼》：耜，耒頭鐵也。《考工記》二耜爲耦，注云：今之耜，歧頭兩金，象古之耦。疏云：用牛耕種，故有兩脚。耜爲牛耕而設，則耦亦即爲牛耕而設，耦耜同制，有耦已有耜，有耜已有牛耕。考之《易》，作耒耜始於神農，則牛耕當始自神農氏矣。」以上趙説甚精。(見《經義叢鈔》。)前讀聚珍本《項氏家説》，館臣附案語亦引《山海經》爲證，以爲始於叔均，不及趙氏之確。(江永《羣經補義》説同，皆不如趙氏。)《韓非子・外儲説左下》有牛子耕，人名，亦牛耕不始於趙過之徵。名姓義相聯屬，自古時已有之矣。**暴背而耘，**「暴」，俗作「曝」，今《賈子》書如此，字當作㬥。耘字本作⿰耒員，或作⿰耒芸，今作耘，省借字。《説文》：「⿰耒員，除苗間穢也。」(段云：當作薉，是。)《小雅》毛傳：「耘，除草也。」又省作芸。(《秘府畧》引《賈子》作芸，又粃字皆作秕。)《論語》「植其杖而芸」，《集解》孔曰：「除草曰芸。」是也。漢石經作耘，《治要》引本書「耘」作「耕」，括兩句爲一句。古人引書，自有此例，不關文字之異同。暴背，烈日炙背也。**勤而不敢惰者，**「敢」字各本俱奪。《治要》引有，《賈子》亦有「敢」字，今據補。**豈爲鳥獸也哉。**各本無「也」字，據《治要》引補。《賈子》文同。（《秘府畧》引無也字。）非爲鳥獸耕耘，故所穫不可以食鳧雁。粟米，人之上食也，「粟米」，《治要》作「米粟」，《賈子》與此同。「也」字各本奪，據《治要》補，《賈子》亦有。上食，上等之食也。奈何其以養鳥。其，猶乃也，《經傳釋詞》有此訓，此其字當如此讀之。句末《賈子》有「也」字，《治要》引亦無。且爾知小計，「爾」，《賈子》作「汝」，與上文一律，《治要》同。計，算計也，《治要》作「利」，非。而不知大會，「而」字各本奪，據《治要》引補，《賈子》亦有。「會」，《賈子》作「計」。《治要》「會」下有「也」字。案：會亦計也，《說文・言部》：「計，會也，算也。」《周禮・天官・小宰》「聽出入以要會」，注：「謂計最之簿書，日計曰要，歲計曰會。」「太宰受其會」，注：「會，大計也。（大計之名始見此。）零星算之爲計，總合算之爲會。」此注分晰最明，與此文所用適合。會計連緜語，《孟子》與茁壯對文，猶成功連緜語，《論語》以與文章對文也。（成功二字，用高郵王氏說。）今人解此二字多串讀，謂會而計之，蓋古義之失傳久矣。周諺曰：囊漏貯中。而獨不聞歟。貨之在囊，與在貯無異，囊漏貯中，猶在囊也。即楚弓楚得之意。王引之《經義述聞》於《左傳成三年》「置諸褚中」句下云：「杜注、孔疏，皆不言褚爲何物。案《玉篇》：褚，裝衣也，字或作䘢。《一切經音義》十四引《通俗文》曰：裝衣曰䘢。《說文繫傳》曰：褚，衣之橐也。《集韵》：褚，囊也。襄三十年傳：取我衣冠而褚之，杜注：褚，畜也。《呂子・樂成篇》作我有衣冠而子產貯之。褚可以裝衣，亦可以裝衆物。《說文》：⿰甾宁，⿰巾盾也，所以盛米。又曰：⿰巾盾，載米⿰甾宁也。《繫傳》曰：⿰甾宁，囊也。《莊子・至樂篇》褚小者不可以懷大。《賈子・春秋篇》囊漏貯中。褚䘢貯⿰甾宁，字異義同。褚可以裝物，亦可以裝人，故鄭賈人欲置荀罃於褚中以出。哀六年《公羊傳》陳乞以巨囊載公子陽生，事與此相類。」案：王說謂褚䘢貯⿰甾宁同義，甚是，今備録以釋此文。《說文・欠部》：「歟，安氣也。」今用爲語末之詞，亦取安舒之意，經典多作與。《賈子》「不」作「弗」。《治要》「而」作「汝」，「歟」作「耶」。夫君者民之父母也，「也」字各本無，據《賈子》及《治要》補。取倉之粟，移之於民，「於」，《賈子》作「與」。於與通用字，詳五卷《齊侯問晏子章》注。此非吾之粟乎。「吾」下《賈子》及《治要》引俱無「之」字。「乎」，《治要》作「耶」。鳥苟食鄒之粃，《治要》無「苟」字。《賈子》文同此。不害鄒之粟而已，言以粟易粃，粟在民，則仍爲我有，我所求者，但使鳥食粃不食粟，毋害及民食而已。各本「而已」字作「也」，失其語氣，《治要》引與《賈子》文俱作「而已」，今據改。害，猶病也。粟之在倉，與在民，《賈子》「與」下有「其」字。於我何擇。」在倉與在民不異，言無有所擇。句末《治要》有「耶」字。鄒民聞之，《治要》無「鄒」字。皆知其私積之與公家爲一體也。「其」字「之」字，各本無，據《治要》引補。《賈子》文同。因穆公之言而悟也。此之謂知富邦。「邦」，《治要》作「國」，句末有「矣」字。案：邦漢高帝諱，似當作國爲是。《賈子》無此句。周氏廣業《孟子四考》云：「穆公之行仁政，見於《賈子新書》。（下引本事，文不重録。）《新序》稱穆公食不衆味，衣不雜采，自刻以廣民，親賢以定國，親民如子，鄒國之治，路不拾遺，臣下順從，故以鄒子之細，魯衛不能輕，齊楚不能脅，穆公死，鄒之百姓若失慈父，行哭三日，四境之鄰於鄒者，士民鄉方而道哭。據其言，與《孟子》所言上慢殘下者迥異，豈壅於上聞，罪固專在有司，而孟子一言悟主，乃側身修行，發政施仁，以致此與。（原注：《集注考證》曰：蓋因孟子之言而自反者與。）夫親賢定國，宜莫如孟子，而當日不聞大用，意穆公耄年悔過，不久即薨也。然《史記》敘十二諸侯，必曰鄒魯，則穆公以後，鄒已班在魯前，君子居人國，其君用之，則安富尊榮，豈虚語哉。《韓非》又有田駟欺鄒君事，不知是穆公否。《史記·貨殖傳》云：鄒魯濱洙泗，猶有周公遺風，俗好儒，備於禮，故其民齪齪畏罪遠邪。由今言之，殆又孔孟之教澤也。」案：周氏引《新序》云云，今本書無此文，見《賈子·春秋篇》，周氏誤記耳。二書敘穆公事，與《孟子》所稱，賢否判若兩人，周氏謂其聞孟子之言，自反改過，理或有之。觀《國策》、《史記》所載，穆公死，齊王欲入弔，行天子之禮，鄒之羣臣曰，必若此，吾儕將伏劍死，齊王於是不敢入鄒。（《趙策》及《魯仲連傳》。）非穆公之賢，亦不能有此臣也。宋程大昌《演繁露》以《孟子》之穆公爲指魯穆公，故有魯臣死三十三人之説，（卷十五。）未知何本，要不足據。或又疑穆繆二字古通用，而美惡迥殊，《孟子》之穆公，或本謚繆，借用穆字，别爲一人。然考其時代，穆公正與孟子相接，或説未必然也。可異者，穆公知愛粟，又知在民與在倉無異，何獨不知遂養鳧鴈之費，而悉以養賢邪。倉無秕而求易於民，意囿内鳧鴈之費必侈，故使秕奪粟直。然則穆公之言，毋乃放飯流歠，而問無齒決邪。不知大會知小計，其自道之而自蹈之邪。《孟子》稱其民轉溝壑，府庫倉廩充實，知富國者不宜若此。諸子之言，揄揚過分，未必以實。竊疑穆公於當時，不愧有爲之主，而用人不當，國弊壅於上聞，固亦有之，故孟子言有司莫以告，明罪在有司也。又勉以行仁政，則民親上死長，知穆公尚可與有爲也。諸書或稱之任情，或貶之過當，似均失實。《治要》引此條下尚有田巴先生一條，臧孫行猛政一條，子路治蒲一條，皆在佚文中，爲盧氏《拾補》所漏采。其田巴、臧孫兩條，盧據它書所引采入，不及《治要》之詳。治蒲一條，則全未引及，與孟子見齊宣王於雪宮條，（説見上卷。）皆本書佚文之僅存者，盧氏未見《治要》，故皆失采。又《御覽》四百五十七引魯哀公爲室公儀子諫一條，當在此卷佚文，事屬刺奢故也。此及《義勇篇》佚文最多，據其可考者箸之。

新序校釋卷第七

節士

西京諸儒，多澒洞隨俗，曲學干世，元成間又甚焉。新莽竊政，頌功德者至數萬人，所由來者漸矣，非一朝一夕之故也。中壘叙節士，意欲挽回薄俗，樹之風聲，使人主遠便佞而崇氣節，用心良苦。其於漢臣獨取一蘇武，微意可見矣。

1 堯治天下，伯成子高爲諸侯焉。 堯注見三卷《臨武君章》。俞樾《莊子人名考》曰：「《通變經》云：老子從此天地開闢以來，吾身一千二百變，後世得道，伯成子高是也。（案引見《莊子》釋文。）《通變經》未詳何書。葛洪《神仙傳》云：按《九變》及《元生十二化經》，老子未入關時，固已入聃矣。《通變經》疑即《九變》、《十二化》之類。《廣韻》十四清成字注：複姓十五氏。《莊子》有伯成子高，則伯成其氏也。《列子·楊朱篇》稱伯成子高不以一毫利物，舍國而隱耕，而《黄帝篇》又云列子友伯高子。《山海經·海内經》：華山青山之東，有山名曰肇山，有人名曰柏子高。郭注：柏子高，仙者也。伯高子與柏子高，未識即伯成子高否？」案：伯高子與列子爲友，列子當鄭繻公時，（詳後《子列子章》注。）與伯成子高，自非一人。《路史·後紀》四「禹師墨如子高」，注云：「桓成子高。」桓乃柏字之譌，柏伯古通用。（詳五卷《呂子章》

注。)諸書紀子高事，說多悠謬，不足取。《莊子》成玄英疏云：「不知何許人，蓋有道之士。」《淮南子·氾論訓》注云：「堯時人。」二説皆得闕疑之旨。《漢表》不列子高，蓋亦疑之。「爲諸侯焉」，《莊子·天地篇》作「立爲諸侯」，《呂氏·長利篇》同。

堯授舜，舜授禹，授，授位。伯成子高辭爲諸侯而耕。《呂書》無「爲」字，《莊子》有。禹往見之，則耕在野，《爾雅·釋地》：「邑外謂之郊，郊外謂之牧，牧外爲之野。」案：《毛詩·野有死麕》「干旄」傳，《叔于田》「野有蔓草」箋，并云：「郊外謂之野。」《說文·里部》：「野，郊外也。」《冂部》曰：「邑外謂之郊，郊外謂之野，野外謂之林，林外謂之冂。」(《爾雅》作坰，字同。)皆與今《爾雅》異，疑古本然。《內經》王砅注引《爾雅》作「邑外謂之郊，郊外謂之甸，甸外謂之牧，牧外謂之林，林外謂之坰，坰外謂之野。」其說頗異，不足從。《詩·出車》「于彼牧矣」，箋云：「牧地在遠郊。」是郊之遠者爲牧。《周禮·載師》說同。

禹趨就下位而問焉。《莊》、《呂》「位」作「風」。《莊子》「風」下有「立」字，疑本書奪一「風」字，位卽立字也，古位與立字通。《周禮·小宗伯》「掌建國之神位」，注云：「故書位作立。」鄭司農云：「立讀爲位。」古者立位同字。《古文春秋經》公卽位爲公卽立，是其證。《論語》「知下惠之賢而不與立也」，俞樾讀立爲位，其說最通。淺人不知位卽立字。文本《莊子》，而妄删「風」字，不知曠野寥闊，但可言風，不可言位，兩書可證也。句末「焉」字《呂書》無。

曰：「昔者堯治天下，《莊子》無「者」字。《呂書》「治」作「理」，無「昔者」二字。治作理者，唐人避諱改之。吾子立爲諸侯焉；二書無「焉」字。此立字及《莊》、《呂》上文立字，皆當讀爲位。堯授舜，吾子猶存焉；猶爲諸侯。及吾在位，子辭諸侯而耕，何故？」《莊》作「堯授舜，舜授予，而吾子辭爲諸侯而耕，敢問其故何也」。《呂》作「今至於我而辭之，故何也」，無「堯授舜」數句，「故」上當奪「其」字。伯成子高曰：《莊》作「子高曰」。

「昔堯之治天下，《莊》無「之」字，《呂》作「當堯之時，未賞而民勸，未罰而民畏，民不知怨，不知說，愉愉其如赤子。今賞罰甚數，而民爭利，且不服，德自此衰，利自此作，後世之亂自此始。夫子盍行乎，無慮吾農事，協而耰，遂不顧」。其文與此異也。舉天下而傳之他人，不傳子而傳賢。至無欲也；無私天下之心，是無欲也。擇賢而與之其位，與之以位，爲天下擇人。至公也。有天下不自私，是至公也。以至無欲至公之行示天下，以上二書俱不叙。故不賞而民勸，不罰而民畏，二書無「故」字，《呂》兩「不」字作「未」。《莊子》成玄英疏云：「夫賞罰者，所以著勸畏也。而堯以無爲爲治，物物從其化，故百姓不待其褒賞，而自勉行善，無勞刑罰，而畏惡不爲，此顯堯之聖明，其德如是。」案：不待刑罰而勸畏，所謂以身教者從也。《禮記·大學》曰：「堯舜帥天下以仁，而民從之也」。舜亦猶然。猶，仍也，兩書無此句。今君賞罰而民欲，句。且多私，《莊》作「今子賞罰而民且不仁」。案：且不仁謂不能如堯舜帥天下以仁而民從也，《呂書》異文見前。是君之所懷者私也。懷當作褱。此褱抱字，經典叚懷爲之。以下二句，《莊》、《呂》二書無。百姓知之，謂誠於中形於外。貪爭之端，自此始矣。德自此衰，刑自此繁矣。《莊》作「德自此衰，刑自此立，後世之亂，自此始矣」。《呂》文同《莊子》，惟「刑」字作「利」，「立」作「作」，句末無「矣」字。案：德刑承上文賞罰言，《呂書》利字，乃刑字形近之誤。成玄英云：「盛行賞罰，百姓猶不仁。至德既衰，是以刑譖滋起，故知將來之亂，從此始矣。」案：此戰國時託爲子高之言，以譏先聖。觀《孟子·萬章》曰：「人有言，至於禹而德衰，不傳於賢而傳於子。」知當時自有此種議論，微孟子辭而闢之，後儒鮮不爲所惑矣。吾不忍見，以是野處也。以下三句《莊》、《呂》無。「野處」各本作「處野」，今依宋刊本。今君又何求而見我？言我在野，無求於君，君又何所求而見我邪？君行矣，無留吾事。」《莊》作「夫子闔行邪？無落吾事」。《呂》作「夫子盍行乎？無慮吾農事」。高誘注：「盍，何不也。行，去也。慮，猶亂也。」畢沅校云：「《莊子》作無落吾事，慮落聲相近。」近人章氏《莊子解故》云：「王念孫曰：《方言》：露，敗也。《昭元年左傳》：勿使有所壅閉湫底，以露其體。《周書・皇門解》云：自露厥家。《管子・四時篇》云：國家乃路，《呂氏春秋・不屈篇》云：士民罷潞。露路潞並通。無落吾事，謂無敗吾事也。落露聲近義同。」案：闔盍通用字，《莊子》釋文：「本亦作盍。」又曰：「落猶廢也。」（成玄英疏同。）落慮留均一聲之轉，三書字異義同。陸訓廢，高訓亂，皆與敗義近，亂露亦一聲之轉也。留有留滯之義，落有停落之義。凡事留滯停落，則廢敗淩亂，此亦訓之相因者。凡音近字，牽引而長之，至十餘字，皆同一義，如此文留落慮亂露，是其一例。郭象《莊子》注云：「禹時三聖相承，治成德備，功美漸去，故史籍無所載，仲尼不能間，是以雖有天下而不與焉，斯乃有而無之也。故考其時，而禹爲最優，計其人，則雖三聖，故一堯耳。時無聖人，故天下之心，俄然歸啟矣。夫至公而居當者，付天下於百姓，取與之非己，故失之不求，得之不辭，忽然而往，侗然而來。是以受非毁於廉節之士，而名列於三王，未足怪也。莊子因斯以明堯之弊，弊起於堯，而釁成於禹，況後世之無聖乎。寄遠迹於子高，便棄而不治，將以絶聖而反一，遺知而寗極耳，其實則未聞也。莊子之言，不可以一途詰，或以黄帝之迹，禿堯、舜之脛，豈獨貴堯而賤禹哉。故當遺其所寄，而錄其絶聖棄智之意焉。」以上郭說，闡發《莊子》立言之旨，致爲明晰。《論衡・逢遇篇》云：「舜王天下，皋陶佐政，北人無擇深隱不見；禹王天下，伯益輔治，伯成子高委位而耕。非皋陶才愈無擇，伯益能出子高也。然而皋陶、伯益進用，無擇、子高退隱，進用行耦，退隱操違也。」案王充此文，上有堯溷舜濁云云，則亦有軒輊聖王之意。蓋承戰國之餘習，未可爲訓。至本書記此事，又借以警鄙夫之患失者，非真斥禹之傳子，爲有私天下之心，讀者會其意於言外，而勿泥迹以求，庶乎得之。耕而不顧。《呂》作「協而耰，遂不顧」。高注：「協，和説也；耰，覆種也；顧，視也。」《莊子》句首有「佀佀乎」三字，釋文引《字林》：「佀佀，勇壯貌。」成疏云：「佀佀，耕地之貌。」案《説文》無佀字，《人部》：「仡，勇壯也。」《尚書·泰誓》「仡仡勇夫」，僞孔曰：「仡仡，壯勇之夫。」《公羊宣六年傳》「仡然從乎趙盾而入」，何注：「仡然，壯勇貌。」仡佀音近義同。成疏釋爲耕地，望文生義，非也。《世説·言語篇》注引《莊子》皆與今本同。《書》曰：「旁施象刑維明，《尚書·皋陶謨》之辭，（僞古文作《益稷》。）今《書》旁作方，維作惟。古無輕唇音，方音近旁，（音補房反。）故方旁通用。《説文》魴，籀文作鰟。《廣雅》：「旁，方也，《儀禮·士喪禮》注云：「今文旁爲方。」《荀子書》之方皇，即旁皇也。（《禮運篇》。）《堯典》「共工方鳩孱功」，《史記·五帝紀》作「共工旁聚布功。」《甫刑》「庶僇方告無辜于上」，《論衡·變動篇》方告作旁告。段玉裁謂「《儀禮》文古作旁，今作方。《尚書》文古作方，今作旁。（《説文》迒字注。）惟二字通用，故兩書今古互異。凡經傳無論今古文，皆有通叚字。段知《儀禮》古作旁今作方者，據鄭注言之也。知《尚書》古作方今作旁者，據中壘、王充悉治今文，與《古文尚書》異言之也。史公雖從安國問故，而字體多用今文。《説文》中用歐陽、夏侯及三家詩文尤夥。蓋安國古文，當時以今文讀之，（見《漢志》。）傳以授徒，故史公引《書》亦用今文也。」朱緒曾《開有益齋經説》駁段氏强爲分别，其説非是。維惟亦通用字。《白虎通義·聖人篇》云：「聖人而能爲舜陳道，朕言惠，可底行，又旁施象刑維明。」（王應麟《漢書藝文志考》引同。）《法言·先知篇》云：「唐虞象刑維明，夏后肉刑三千。」崔駰《大理箴》「旁施作明」，蔡邕《司空文烈侯楊公碑》「旁施四方維明」，皆同今文，以明屬刑言。《史記·夏本紀》：「令民皆則禹，不如言，刑從之，舜德大明。」以明屬舜德言，此古文家説也。（班固謂

《史記》、《堯典》諸篇多古文説。蓋説雖從古，字體不異今，且諸篇外，亦多同今文説也。）《史》文隱括大意，非以則訓方。孫星衍《尚書今古文注疏》云：「史公説方施爲令民皆則禹云云者，《詩》傳：方，則也。是説方爲則。説象刑爲不如言刑從之者，言設此畫象以示民，告以不從教則當加刑，而民無犯者，故云舜德大明也。」皮錫瑞駁之云：「方可訓則，旁不可訓則。」（見所箸《今文尚書考證》。）案：方旁同字，即可訓則。然以則訓則禹爲一事，以施象刑爲一事，中間省去不如言三字，成何文義。孫説甚誤，不足取。本書亦用今文説，敷施字本作𢼊，經傳多叚施字爲之。及禹不能。」謂施肉刑三千之類。《春秋書》曰：「五帝不告誓。」《穀梁隱八年傳》：「誥誓不及五帝，盟詛不及三王，交質不及二伯。」此隱括其語。漢人引傳注，多承用本經之名，如《禮記》經解引《易緯》「君子慎始，差若豪氂，謬以千里」，而稱爲《易》是也。（此例甚多，詳余箸《意原堂筆記》。）此引《穀梁傳》而曰《春秋》，猶四卷《晉平公章》引《左氏傳》爲《春秋》也。告，古誥字。中壘治《穀梁》，自引書以下，《莊》、《呂》所無，蓋中壘加之也。《公羊桓三年傳》曰：「何言乎相命，近正也。此其爲近正奈何，古者不盟，結言而退。」即《穀梁傳》盟詛不及三王之説。（《五經異義》從左氏説，以爲古有司盟之官，於禮得盟。鄭無駁。）《穀梁》范注云：「五帝者，黄帝、顓頊、帝嚳、堯、舜。誥誓，六誓七誥是其遺文。五帝之世，道化淳備，不須誥誓而信自著。」案：不誥誓，即上文所云不賞而勸，不罰而畏也。《禮記・檀弓》曰：「有虞氏未施信於民而民信之。」又曰：「殷人作誓而民始畔，周人作會而民始疑。」孔疏云：「案《尚書》夏啟作《甘誓》，此言殷人作誓。《左傳》云夏啟有塗山之會，又禹會塗山，此云周人作會者。據身無誠信，徒作誓盟，民因誓因盟而始疑畔，非謂殷人始作誓，周人始作會。若夏啟作《甘誓》、禹會塗山，皆身有誠信，於事善也。《穀梁傳》云告誓不及五帝，盟詛不及三王者，五帝三王身行德義，不專用告誓盟詛，故云不及，與此不同。」案：孔疏亦是，此用《穀梁》文，與《禮記》異。傳云不及五帝，則謂五帝時尚無告誓之作，與《正義》謂不專用告誓者意殊，故此括其文爲不告誓也。侯康《穀梁禮證》云：「《尚書·僞大禹謨》有禹誓師事，彼疏引《穀梁傳》誥誓不及五帝。《穀梁》漢初始作，不見經文，妄言之耳。楊疏亦引《大禹謨》文而釋之曰：舜是五帝之末，命禹徂征，是禹之事，故云不及五帝。按此二疏皆不知《大禹謨》之僞，從而爲之解者也。孔並詆《穀梁》妄言，尤謬。《司馬法·天子之義篇》：有虞戒于國中，欲民體其命也。夏后氏誓于軍中，欲民先成其慮也。殷誓于軍門之外，欲民先意以待事也。周將交刃而誓之，以致民志也。於夏商周皆言誓，於虞獨言戒，卽誥誓不及五帝之證。或據《墨子·兼愛下篇》云：不惟《泰誓》爲然，雖禹誓亦猶是也。謂僞古文實本《墨子》。然《墨子》非記事之書，容可以後世名稱，加之前代。」光瑛按：以上侯説皆是。孔惑于僞古文，故有不專用之説，非傳意也。云六誓七誥者，案《尚書大傳》言六誓五誥，謂《甘誓》、《湯誓》、《太誓》、《牧誓》、《費誓》、《秦誓》、《大誥》、《康誥》、《酒誥》、《召誥》、《雒誥》也。范幷《梓材》、《康王之誥》，故爲七誥。《穀梁疏》不數《梓材》，有《湯誥》，此枚氏古文，范未必見，若見，則《仲虺之誥》亦不當遺也。范注五帝，依《大戴記·五帝德》、《世本·帝繫》，其説最正，詳見二卷首章註。信厚也。教化行而民俗忠信淳厚，不待告誓也。

2 桀爲酒池，見《刺奢篇》注。足以運舟，運，行也，言其深。糟丘，足以望七里，二「足」字，《韓詩外傳》四作「可」，「七」作「十」。古書七十字多混，説詳《刺奢篇·鹿臺章》注。「糟丘」，《刺奢》從《外傳》二作「糟隄」，隄，唐也，與池同義。此作丘，言其多，積之如丘也。下云「足以望七里」，則當作丘，隨文爲説，故各不同也。一鼓而牛飲者三千人。《外傳》四無「一鼓」二字及「人」字，當據《刺奢篇》及此文補。《列女傳》亦有三字，餘均詳前注。《論衡·

語增篇》極辯紂無三千牛飲之事，其説殊有理，此言桀，亦同。所謂不善不如是之甚也，中壘兩列其事，蓋移録舊文，意主格非，未必以爲實然也。關龍逢進諫曰：關龍逢，桀臣，《潛夫論・志氏姓》以爲董父之後，作豢龍氏。羅泌《路史・後紀》八，又十四，《國名紀》三，同。又《路史》注云關音豢，作平聲，非。案：豢關音相近通用，據此，則以關爲龍逢姓者誤。《唐表》之説，疑未足據。豢龍，舜所賜氏，其姓爲董，以能馴龍得氏，或其子孫改作關氏耳。《太平寰宇記》二云：「葬陳留開封縣東南。」又卷六云：「在靈寶縣西南，龜頭源左脇。」二説不同，未詳孰是。《漢表》列三等，梁氏《人表考》引程大中云：「龍逢、比干，皆死節之臣，一在第二，一在第三，或傳寫之譌也。」「逢」，宋本作「逄」，案：逄乃俗字，錢氏大昕《養新録》以爲六朝人妄造，今從衆本作「逢」。「爲人君，身行仁義，「爲人君」，《外傳》四作「古之人君」，「仁義」作「禮義」。此括用其文。愛民節財，故國安而身壽也。愛民則民信服之，節財可省嗜欲之奉。民服則國安，嗜欲省故身壽。《外傳》句末無「也」字。今君用財若無盡，用如泥沙，若有不盡之藏。《外傳》「盡」作「窮」。用人若恐不能死，《外傳》作「殺人若恐不勝」。案：《史記・項羽紀》：「樊噲曰：夫秦王有虎狼之心，殺人如不能舉，刑人如恐不勝。」其語意與《外傳》同。此作用人，又云不能死，又别一義。蓋謂用人惟恐不竭其力，若欲速之死，懼其不能也。不革，《外傳》作「君若弗革」。革，更也，改也，三字一音之轉。凡字義同者，由聲類展轉相傳，此例甚多。或以疊韵，或以雙聲，觸目皆是。天禍必降而誅必至矣，《外傳》「禍」作「殃」，義同。誅，天誅，蒙上文省。《伊訓》曰：「天誅造攻自牧宫也。」君其革之。」立而不去朝。欲其必從諫。桀因囚拘之。《外傳》作「桀囚而殺之」，是也。《潛夫論・志氏姓》云：「豢龍逢以忠諫，桀殺之。」《荀子・宥坐篇》：「孔子曰：以忠者爲必用邪？關龍逢不見刑乎。」《説苑・雜言》、《韓詩外傳》七皆云「桀殺關龍逢。」《莊子·人間世》「且昔者桀殺關龍逢，紂殺王子比干。」此外散見各書者甚多。此但言囚拘，於事實未備，且於下文意不貫，當依《外傳》爲長。

君子聞之曰：末之命矣夫。

「末」，鐵華館本作「未」，「命」作「念」，並誤。《外傳》作「天之命也」。周廷寀校引本書作「夭之命矣夫」。趙懷玉本「也」作「矣」。案：《外傳》天字，乃末字形近之譌。周引本書作夭，未知所據何本，今從宋本作「末」作「命」。末之有二義。一訓微末之末，《禮記·檀弓》「公曰：末之卜也。」鄭注：「末之猶微哉，譏卜國無勇。」案：微末之哉，俱一聲之轉，猶今人言最下等也，此蓋古語。《論語·陽貨篇》：「子路不説曰：末之也已，何必公山氏之往也。」當從此訓，重讀子路口中公山氏三字，便見語妙。蓋夫子歷干時君，均不見用，今乃降格而應陪臣之聘，故子路以爲微也。其意曰：道雖不行，亦何至仕及公山氏乎。觀夫子答之曰：「如有用我者，吾其爲東周乎。」見時君既不能用，則雖公山召，亦可以爲東周。其語意箴對活妙如此。僞孔訓末爲無，之爲往，既失語妙，又嫌不辭，集注沿用之，非也。王引之《經傳釋詞》訓《禮記》之末之爲未是，亦非，皆俞樾所謂未達古語者也。（《古書疑義舉例》有此一例。）此一義也。一訓亡末之末，末，無也，猶今人言無可復説。（俗語没有字，即此末。）《論語·雍也篇》「亡之命矣夫」，亡當訓末，即無字，乃《外傳》及《新序》此文所本。《漢書·楚元王傳》作「蔑之命矣夫」，蔑亦末也，無亡、蔑末皆一聲相轉。《楚元王傳》注：「蔑，無也。」是也。《論語·憲問篇》「果哉，末之難矣」，亦屬此訓。末之二字句，難矣又爲一句。何註釋爲無難，以四字爲句，全失慨嘆之神。錢坫《論語後録》引鄭注《檀弓》，以釋此末之，亦與當時語意不合，皆失之不考。此又一義也。鐵華館本稱出自宋本，然宋本「末」字「命」字皆不誤，故今據以改正。此事《列女·孽嬖傳》與六卷第一章所言，合爲一事，與此異。此用《外傳》文。

3紂作炮烙之刑，炮烙有二義，詳見《刺奢篇・鹿臺章》注。兩章文俱屬第一義。王子比干曰：比干見三卷《鄒陽章》注。「主暴不諫，暴當作㬥。凡㬥疾㬥虐㬥虎字，皆從本，作㬥。曓乾字從米作曓，隸體一之爲暴，而曓㬥等字皆廢矣。非忠臣也；盡心之謂忠，不諫則不能自盡其心。故《孟子》曰：「吾君不能，謂之賊。」古語稱忠言逆耳以此。《外傳》四無「臣」字。畏死不言，非勇士也；勇者不懼。《外傳》無「士」字。見過則諫，不用則死，君有大過，則諫，反復之而不聽，則易位。此重臣有權力者能之，比干非其倫，而去國又宗臣之誼所不忍出，故有死而已。兩「則」字《外傳》作「卽」，聲轉義同。忠之至也。」遂進諫，三日不去朝。欲其必從。紂囚而殺之。「囚」，各本譌「因」，今據《外傳》改正。《史記・殷本紀》云：「紂淫亂不止，微子數諫，不聽，乃與太師、少師謀，遂去。比干曰：爲人臣者，不得不以死爭。乃强諫紂。紂怒曰：吾聞聖人心有七竅。剖比干，觀其心。箕子懼，乃佯狂爲奴。紂又囚之。」此以比干之死，在微子去國之後，箕子佯狂之前。又《宋世家》云：「紂爲淫泆，箕子諫，不聽。人或曰：可以去矣。箕子曰：爲人臣諫不聽而去，是彰君之惡，而自悦於民，吾不忍爲也。乃被髮佯狂而爲奴，遂隱而鼓琴，以自悲，故傳之曰《箕子操》。王子比干者，亦紂之親戚也。見箕子諫不聽，而爲奴，則曰：君有過而不以死爭，則百姓何辜。乃直言諫紂。紂怒曰：吾聞聖人之心有七竅，信有諸乎。乃遂殺王子比干，刳視其心。」此又以比干之死，在箕子佯狂之後，《史》文自爲抵牾，蓋由博采衆説所致。《殷本紀》正義引《括地志》云：「比干見微子去，箕子狂，乃嘆曰：主過不諫，非忠也；畏死不言，非勇也。過則諫，不用則死，忠之至也。進諫不去者三日。紂問何以自持，比干曰：修善行仁，以義自持。紂怒曰：吾聞聖人心有七竅，信諸。遂殺比干，刳視其心也。」此亦以比干死在箕子陽狂後，其文雜採《外傳》、《宋世家》，疑未足深據。

《韓詩外傳》六云：「比干諫而死，箕子曰：知不用而言，愚也；殺身以彰君之惡，不忠也。二者不可，然且爲之，不祥莫大焉。遂解髮佯狂而去。」又《外傳》七云：「紂殺王子比干，箕子被髮佯狂。」此皆謂陽狂在比干死後。梁玉繩《史記志疑》云：「比干刳心，在箕子佯狂之先；微子行遯，在刳心佯狂之先。蓋微子去而後比干强諫，箕子見比干死而後佯狂。周乃伐紂，《殷紀》可據。（原注：《楚辭・天問》注言箕子見醢梅伯佯狂，醢梅伯與剖心同時也。世傳《箕子操》是僞作，然亦云紂殺比干，乃佯狂。）《宋世家》既誤以箕子佯狂爲諫不聽之故，又誤以比干見箕子爲奴，遂直諫以死，而微子始去，傎矣。」案：梁説斷從《殷本紀》，以佯狂在剖心後，是也。見剖心而懼，乃佯狂以避禍，情事宛然。惟謂微子去在佯狂剖心之先，則尚未確。蓋箕子見比干死，乃託於佯狂。微子見二人一死一奴，知紂之不可復諫，而去志始決。古宗臣本無去國之義，微子之去，出於必不得已，故孔子原其心而許爲仁也。（微子去國，與抱祭器歸周非一時事。前人或以去國爲適周，考之古籍，無一合者。）《宋世家》以宋人所載，自述其先代事，當較得實。梁氏於此，尚少契勘。（其實《殷本紀》云：微子數諫，不聽，乃與太師、少師謀，遂去。亦綜前後事渾括言之，未必卽以微子去爲比干諫之先也。且以少師卽比干，駁《宋世家》之説，亦非。史公自謂太師疵少師彊，此今文家説。自鄭、孔以前，從無以太師、少師爲卽箕、比者。《集解》採僞孔説，乃於《史》文太師、少師勸微子去遂行下注云：是時比干已死，而云少師，似誤。此裴駰之陋耳。）至王應麟《困學紀聞》（卷十一。）引劉氏慶説，以爲微子去而後箕子奴，比干死。聖言固有次第，此以意揣測，不爲典要。若然，箕、比猶未罹禍，微子以宗臣之誼，宜與國同休戚，乃坐視不諫，輕去其國，以其君爲不足有爲，乃孟子所謂不敬莫大者，聖人何以反許其仁乎。《詩》曰：「昊天太幠，予慎無辜。」（《詩・小雅・巧言篇》文。「太」，《毛詩》鄭箋作「泰」，釋文云：「太本或作泰。」案：《説文》𠅘，古文泰，省借爲大。《書·古文大誓》、隋顧彪《古文尚書義疏》作「泰」，大泰古今字。《外傳》引此文亦作「大」。《閟宫》「泰山巖巖」，釋文作大，云本又作泰。毛傳：「愼，誠也。」鄭箋云：「泰，甚也。王甚敖慢，我誠無罪而罪我。」案：毛於上句亂如此憮，訓憮爲大，本《爾雅·釋詁》文，疏申之云：「王甚虐大，我誠無辜而辜我，是虐大也。」箋上句訓憮爲敖，本《爾雅·釋言》文，疏申之云：「王甚敖慢。」箋説非。此憮字可訓敖，上文亂如此憮，若訓敖，則不辭矣。且此詩爲刺信讒而作，非關敖慢。《新序》引本《韓詩》，當與毛同義。**無辜而死，不亦哀哉。**二句子政所加，《外傳》無之。蓋有感於蕭、周等之死非其罪也。

4 **曹公子喜時，字子臧，**喜時，宣公庶子，《左氏傳》作「欣時」，此同《公羊傳》。《漢表》作剎時，列第三等。師古曰：「即曹欣時也。剎，音許其反。」《左傳》釋文：「欣時如字。徐云：或作欵，亦音欣。案：《公羊傳》作喜時，宜音忻。」案：喜剎欣聲義皆近，剎通作歆。徐云欵亦音欣者，欵疑歆字之誤。又徐以欣音歆。陸云宜音忻者，六朝以前，音讀有二例：一以音讀代改字，一以音讀代訓詁。歆與欣忻，判然不同，而音欣忻，此以音讀代改字之例。六代人常有之，唐人已不盡明憭。如小顏《匡謬正俗》論鄉人禓云：「禓音傷，或爲獻，或爲儺。而徐仙民音禓爲儺。今讀者遂不可言禓，失之。」不知徐音禓爲儺，正以音讀代改字。猶《漢》注所云某當爲某聲，或形之誤也，小顏不知而妄駁。書中此類甚多，予箸《匡謬正俗平》，已隨事糾正。（《顏氏家訓·書證篇》，徐仙民《春秋禮音》，以筴爲正字，以策爲音，殊爲顛倒。《史記》又作悉字誤而爲述，作妬字誤而爲妒。裴、徐、鄒皆以悉字音述，以妬字音妒，則亦可以亥爲豕字音，以帝爲虎字音乎。案黄門不知六代人作音，不破本字，以音讀代破字之例，故有此説。小顏亦承家學之誤耳。）元朗獨深明此例，釋文所載，如《爾雅·釋詁》䞼，郭音屈。《毛詩》「敦琢其旅」，敦，徐音彫之類，不可勝數。其散見羣書者，如《史記·河渠書》顏之音岸，《穆天子傳 注山川諫之，諫音閒，《顏氏家訓》引劉昌宗、周續之音灌木之灌爲聚之屬，（見《書證篇》。）任舉六代人音釋書，此例觸目皆是。其以音讀代訓詁，亦指不勝屈。前儒謂《毛傳》不破字，每以訓詁代改字。如《芄蘭》傳訓甲爲狎，《溱洧》傳訓蕑爲蘭之類，是不知六代人作音，亦正多如此。予箸《意原堂》、《恨綫草廬》兩筆記中，先後舉此甚詳，今畧最其概於此，不更覶縷。（肇林謹案：近人李慈銘日記，於《周禮》以擾萬民，釋文：徐、李音尋倫反。李氏謂此字無馴音，不知鄭注云：擾，馴也。擾有擾亂之義，故音尋倫反，以明其義爲馴，以别之。此即以音讀代訓詁之例，李氏亦未知也。）欲之音欣忻，亦代改字之例也。《樂記》「天地訢合」，鄭注：「訢讀爲熹。」《韓詩外傳》八「景公嘻然而笑」，即欣然而笑。又師古讀剎如字，亦昧於古書通叚之法。蓋古無四聲名目，剎即喜之借字。云公子喜時字子臧者，王引之《春秋名字解詁》云：「《小雅·頍弁篇》爾殽既時，毛傳曰：時，善也。《士冠禮》嘉薦亶時，言嘉薦亶善也。《周書·小開篇》何敬非時，言何敬非善也。欣時，喜善也。時善聲之轉，欣喜亦聲之轉，故《公羊傳》作喜時，字子臧者。《爾雅》：臧，善也。」案：王説釋名字相應之由甚當。《一統志》云：「欣時墓在曹縣安陵集。」曹宣公子也。宣公名廬，文公子。（《左氏傳》作盧。）在位十七年，（《侯表》、《世家》。）梁玉繩曰：「案《世家》作宣公彊，與經傳及《侯表》、《人表》異。考曹有幽伯彊，何容宣以彊名，必《世家》誤。《檀弓下》稱曹桓公，鄭注謂謚宣，言桓，聲之誤。（原注：恐亦是傳譌，去宀加木。）蓋猶范宣子《説苑·善説》作范桓子也。」案：宣桓音形皆近，梁説是也。宣公《漢表》列六等，《左氏成十三年傳》杜注云：「公子負芻、欣時，皆宣公庶子。」宣公與諸侯伐秦，卒於師。事在魯成公十三年。曹人使子臧迎喪，使公子負芻與太子守，負芻，曹成公名。《史記·曹世家》、《漢表》自注，皆以爲宣公弟。杜注謂是宣公庶子，杜説近是。《索隱》據《史》文，至並謂子臧爲宣公弟，益非。成公在位二十三年，《漢表》列八等。《公羊成十六年傳》注云：「賢喜時爲兄所篡，終無怨心。」則亦以負芻爲宣公子也。負芻殺太子而自立。事在魯成公十三年。子臧見負芻之當立也，負芻，子臧之兄。《史記·吳世家》集解引服虔云：「子臧，負芻庶兄。」而《公羊成十六年傳》注有「賢喜時爲兄所篡，終無怨心」云云，是以喜時爲負芻弟，與服注異。案：子臧自云爲君非吾節，蓋以身爲負芻之弟，非嫡非長故也，何説近是。子臧不義負芻而出亡，是不以爲當立，此云當立者，蓋太子已死，於次宜立。宣公既葬，子臧將亡，杜注《左傳》云：「不義負芻故。」國人皆從之。《左氏十三年傳》「皆」下有「將」字，是，疑此奪。負芻立，是爲成公。時晉人未暇討曹罪，故負芻弑太子，得安然自立。成公懼，告罪，且請子臧，懼其得人，請其復留。子臧乃反，成公遂爲君。子臧不反，成公之位不定。《公羊成十六年傳》曰：「公子喜時者，仁人也，內平其國而待之。」何注云：「和平其臣民，令專心於負芻。」是也。觀左氏叙後此曹人請晉之辭，可見人心歸於成公，子臧之力也。其後晉侯會諸侯，晉侯，厲公，名州滿，（今經作州蒲，古書二字多混。案《史·侯表、世家》作壽曼，而《成十年左傳》疏及釋文並云：「又作州滿」，州壽曼滿音近，當作滿爲是。《史通·五行志雜駁篇》亦云作蒲，誤。）在位八年。《一統志》：「葬平陽翼城縣東南十六里。」《漢表》列八等。會諸侯者，謂成十五年戚之會。執曹成公，歸之京師，獻其罪於王。將見子臧於周天子而立之。晉人聞其賢，故欲立之。子臧曰：《左傳·成十六年》「曰」上有「辭」字，文意較足。「前記有之曰：前記，古傳記之書也。《左傳》「記」作「志」，義同。《孟子·滕文公篇》：「且志曰：喪祭從先祖。」趙岐注：「志，記也。」《周禮·小史》掌邦國之志。」案：《釋名·釋典藝》云：「記，紀也，紀識之也。」《周禮·保章氏》注云：「志，古文識。」志之爲記，即記之爲識矣。《春官·小史》注引鄭司農云：「志，謂記也。《春秋傳》所謂周志，《國語》所謂鄭書之屬是也。」《廣雅·釋詁》云：「記，志識也。」《呂氏春秋·貴當篇》高注云：「志，古記也。」《國語·楚語》：「教之故志，使知廢興者而戒懼焉。」韋注云：「故志，謂所記前世成敗之書。」以上各説，並可考見古時志記之大畧。蓋邦國之志，掌於小史，而各國亦自有其本國之志記也。聖達節，謂通達權變，得事之宜。杜注云：「聖人應天命，不拘常禮。」次守節，通經而未能達權也。杜注：「次，謂賢者。」下失節。失節，喪其所守。杜注云：「愚者妄動。」《正義》曰：「節，猶分也，人生天地之閒，性命各有其分，聖人達於天命，識己知分。若以曆數在己，則當奉承靈命，不復拘君臣之交，上下之禮，舜、禹受終，湯、武革命，是言達節者也。若自知己分不合高位，得而不取，與而不受。子臧、季札、衛公子郢、楚公子閭之類，皆守節者也。下愚之人，不識己分，侜張妄作，取非其理，干紀亂常，如此之輩，古今多矣。州吁、無知之等，皆失節者也。」案：各本「失節」上有「不」字，衍文。《左傳》所無，依文義不當有，今依《左傳》刪。爲君，非吾節也。《左傳正義》曰：「子臧自以為身是庶子，不合有國，故言爲君非吾節也。」案：子臧，負芻之弟，非嫡非長，故云。《正義》説未備。雖不爲聖，敢失守乎。」言不敢仰希上聖，猶不肯入於下流。玩此言，則下失節句，不當衍「不」字明矣。遂亡奔宋。「亡」，左氏作「逃」，義同。曹人數請於晉，「於晉」二字，各本皆奪。盧文弨曰：「當有此二字。」案：無二字，則文義不明，盧説是也。《左氏成十六年傳》亦有此二字，今據增。晉侯謂子臧反國，《左傳》無「國」字，《史記·曹世家》索隱引有之。吾歸爾君。杜注：「以曹人重子臧故。」《左傳》「爾」作「而」，古字通用。於是子臧反國，晉乃言天子，請命於天子。歸成公於曹，子臧遂以國致成公，致，歸也。成公爲君，子臧不出，《左氏傳》曰：「子臧盡致其邑與卿而不出也。」曹國乃安。以子臧在故。子臧讓千乘之國，言千乘者，概括之詞。可謂賢矣。故《春秋》賢而褒其後。此採用《左氏傳》文，亦爲中壘習《左氏》之證。

5延陵季子者，吳王之子也。季子，名札。吳王，壽夢也。札，壽夢少子，諸樊（即遏。）少弟，封於延陵，故曰延陵季子。後復封州來，又稱延州來季子。（梁玉繩《人表考》注，襄三十一、昭二十七、哀十年傳，《說苑·尊賢篇》來作萊，而《檀弓》注疏及襄三十一年傳疏引《釋例》，以延州來爲一地名，非也。）《續郡國志》引《越絕·皇覽》云：「葬吳毘陵縣南上湖中暨陽鄉。」相傳墓額爲孔子所書。《困學紀聞》八引唐張說表云：「孔篆吳札之墳。」梁玉繩謂孔篆說始見此。《漢表》列二等。《左傳·襄三十一年》正義曰：「《釋例》土地名，延州來闕，不知其處。則杜謂三字共爲一邑。服虔云：延，延陵也，州來，邑名。季子讓王位，升延陵爲大夫，食邑州來，傳家通言之。案：傳文謂之延陵季子，則延州來必不得爲一，但不知何以呼爲延陵耳。或延陵亦是邑名，蓋兼食二邑，故連言之。」光瑛案：《正義》後說是也。《咸淳毗陵志》：「武進縣本吳之延陵邑。」州來今鳳陽府鳳臺縣。吳王者，名壽夢，亦作乘，壽夢合音爲乘。《吳世家》索隱引《世本》作孰姑。杜注謂壽夢爲乘之號，非也。梁玉繩《人表考》云：「《左傳·襄十年》正義引服虔云：壽夢發聲，蠻夷言多發聲，數語共成一言，壽夢一言也。經言乘，傳言壽夢，欲使學者知之。顧氏炎武《左傳杜解補正》因之曰，夢，古音莫騰反，一言爲乘，二言爲壽夢。與注疏不同，存之以備一說。而孰姑亦非異名，孰祝與壽音近，姑諸與吳音近，孰姑猶戴吳然。」案：孔疏申杜難服，謂壽夢與乘聲小相涉，服以經傳之異，即欲使同之，然則餘祭戴吳，豈復同聲也，當是名字之異。以上孔說。

以今音考之，壽夢與乘似不同聲，然顧氏謂夢古音莫騰反，其說極是，以三百篇用韻考之，可見。乘古讀如繩，與壽雙聲無可疑者。王引之曰："古音寬緩，依類相從，不若後世之拘牽破碎。《左傳》宋太子欒，《史記·世家》作頭曼。董逌《廣川書跋》云："孫炎以緣爲頭曼合聲。《史記·貨殖傳》范子計然，徐廣注："范蠡之師，名研。研亦計然之合聲，計與研，頭與欒，俱不同位。鬬成然之合爲旃，猶終葵之合爲椎，今韻亦不同位。"(《春秋名字解詁》鬬成然條。)案：王說甚通。據此，計然終葵，尚可合聲，況壽夢與乘，本爲同位者乎。至孰姑之稱，梁說是。吳至壽夢始大，稱王，在位二十五年。《漢表》列六等。「吳王」下疑奪「壽夢」二字，或「乘」字。嫡同母昆弟四人，《說文·弟部》："「罤，周人謂兄曰罤。」此昆弟本字。段玉裁注云："「昆行而罤廢。《爾雅·釋親》："晜，兄也。注："今江東通言曰晜。案晜者，罤之誤，男子先生爲兄，後生爲弟，此本定稱，謂兄罤者，周人語也。《詩》惟《王風》有昆字，此周人謂兄之證也。諸經皆言兄，如《尚書》乃寡兄勖，《春秋》衛侯之兄縶，《周禮》父之讎、兄弟之讎、從父兄弟之讎，《詩》瞻望兄兮，皆是。惟《禮經·喪服經》傳，大功已上，皆曰昆弟，小功已下，同異姓皆曰兄弟，不相殽亂。蓋禮經欲別服之親疏隆殺，遂以周人謂兄者，專系之同姓大功已上，以爲立言之別也。戴先生曰："兄弟與昆弟，在《儀禮·喪服》、《爾雅·釋親》截然有辨。《喪服》傳曰："何如則可謂之兄弟，傳曰小功已下爲兄弟。此傳中引傳相證明也。《爾雅》曰母與妻之黨爲兄弟，又曰婦之黨爲婚兄弟，壻之黨爲姻兄弟。《詩·小雅》兄弟無遠，鄭箋云："兄弟，父之黨，母之黨。蓋兄弟云者，或專言異姓，或兼同姓異姓，皆舉遠，不以關大功之親。記曰："兄弟皆在他邦加一等，不及知父母，與兄弟居，加一等。此惟小功已下，即於疏，故加等。若大功已上，則昆弟也，世父母叔父母也，從父昆弟也，豈可以皆在他邦，及少孤相依而加等哉。大功之服，分當相恤，不相恤，是賊其性者也。小功已下而相恤，斯進之也。記又曰：夫之所爲兄弟服，妻降一等。篇内明云夫之昆弟無服，此兄弟服，卽所謂小功者兄弟之服是也。謂夫爲之小功者，妻降一等，則緦。如從祖祖父母，從祖父母，及外祖父母，從母，在小功章。夫之諸祖父母，在緦麻章。此降一等之謂。《禮記·服問篇》：公子之妻爲公子之外兄弟。謂爲公子之外祖父母，從母緦也。禮之稱兄弟，通乎尊卑如是。凡同姓異姓，既漸卽於疏者，而與之相親好，皆得稱兄弟。玉裁案：《大司徒》聯兄弟注，兄弟，昬姻嫁娶也，與《調人》職兄弟不同。知以昆弟兄弟異其辭者，惟禮經，它經不爾。」案段、戴説所論皆允愜。長曰遏，《公羊襄二十九年傳》作「謁」，後並同，卽諸樊也。謁遏皆從曷聲。《説苑·至公篇》亦作「謁」，古同聲字多通用。《漢表》遏列七等，又有諸樊，列五等，蓋重出也。樊俗字，當作棥，下半從艸。次曰餘祭，《漢表》注：「壽夢子。」師古曰：「祭，音側介反。」（依《繹史》本，各本注脱。）亦曰句餘，見《左氏襄二十八年傳》，杜注以爲卽夷末，《史記索隱》以爲别一人，並非。《左傳》疏引服虔謂是餘祭，其説甚確。又稱戴吳，（《襄三十一年傳》。）亦句餘之轉音也。在位四年，（《史》誤作十七年。）因觀舟，爲閽人所弑。《漢表》列八等。次曰夷昧，《左氏昭十五年傳》作「夷末」，《吳越春秋》及《漢表》作「餘昧」，《史·侯表、世家》與《左氏》同。《公羊》及《史記·刺客傳》、《新序》並作「夷昧」。夷餘昧末，皆同聲相轉。（未末同字，見一卷《塗山章》注。）在位十七年。（《史》誤作四年，與餘祭年互易。）《漢表》列第九等。梁玉繩曰：「屈狐庸言夷昧甚德而度，獨不可與其兄遏同居第七乎，且吳兄弟三人，分列三等，莫測其旨，豈轉寫之誤與。」次曰札。札卽季子，最小而賢，兄弟皆愛之，《公羊襄二十九年傳》曰：「季子弱而才，兄弟皆愛之，同欲立之以爲君。」既除喪，除壽夢之喪。將立季子。《史記·吳世家》：「季札賢，而壽夢欲立之，季札不可，於是乃立長子諸樊，攝行事，當國王。諸樊元年，諸樊已除喪，讓位季札，季札讓」云云。此章自「既除喪」以下至「乃舍之」，本《左氏襄十四年傳》文。《吳越春秋》（卷一。）云：「吳王諸樊元年，已除喪，讓季札曰：昔前王未薨之時，嘗晨昧不安，吾望其色，意在於季札。又復三朝悲吟，而命我曰：吾知公子札之賢，欲廢長立少，重發言於口，雖然，我心已許之。然前王不忍行其私計，以國付我，我敢不從命乎。今國者，子之國也，吾願達前王之義。札謝曰：夫適長當國，非前王之私，乃宗廟社稷之制，豈可變乎。諸樊曰：苟可施於國，何先王之命有，太王改爲季歷，二伯來入荆蠻，遂城爲國，周道就成，前人誦之，不絶於口，而子之所習也。札復謝，引曹宣公」云云。即下文所叙是也。較《左傳》、《史記》稍詳。**季子辭曰：**辭當作辤。《説文·辛部》：「辤，不受也，從受辛，受辛宜辤之也。」此會意字，與辭説之訓迥異，經傳多以辭代辤，而辤字幾廢。**「曹宣公之卒也，諸侯與曹人不義曹君，**《史記·吳世家》集解引服虔曰：「宣公，曹伯廬也，以魯成公十三年會晉侯伐秦，卒於師。曹君，公子負芻也，負芻在國，聞宣公卒，殺太子而自立，故曰不義之也。」案：《左氏傳》曰：「負芻殺其太子而自立也，諸侯乃請討之。」是諸侯不義曹君之事也。又曰：「既葬，子臧將亡，國人皆將從之。」是曹人不義其君之事也。（已見上章。）**將立子臧，子臧去之，遂不爲也，**《史記》無「遂不爲也」四字。不爲，不肯爲君。**以成曹君。**《公羊十六年傳》曰：「公子喜時者，仁人也，内平其國而待之，外治諸京師而免之。」此子臧成曹君之事也。《吳越春秋》作「以成曹之道」。**君子曰：能守節矣。**子臧以不敢失守自期，故當時君子即以此許之。《史記索隱》云：「君子者，左丘明所爲史評，仲尼之辭，指仲尼爲君子也。」《左氏成十五年傳》無「矣」字，《史記》有。**君義嗣也，**《史記》無「也」字。《集解》王肅曰：「義，宜也。嫡子嗣國，得禮之宜。」杜預曰：「諸樊嫡子，故曰義嗣。」案本書上文云：「嫡同母昆弟四人。」《公羊傳》：「謁也，餘祭也，夷味也，與季子同母者四。」則四人皆嫡，非獨諸樊。云義嗣者，諸樊居嫡而又最長故，此承上文不義曹君來，札以子臧自比，嫌比其君爲成公，故聲言義嗣，以明斷章取義之意。**誰敢干君。**《説文·干部》：「干，犯也。」《左氏襄二十三年傳》「干國之紀」，注同。今《左氏》此文作奸，古字通。《文選·上書吳王》「則無國而不可干」，李注：「干與奸同。」是也。干從一，從反入，反入者，上犯之義。**有國，非吾節也，**札於四子中居末，義不當有國，故曰非吾節。**札雖不才，願附子臧，以無失節。」**《左傳》「附」下有「於」字。《史記》、《吳越春秋》皆作「願附於子臧之義」。蓋子臧以能守節稱，故引以自況。云附者，謙辭，即附驥尾意，不敢正比於子臧也。**固立之，**遏固欲傳位。《史記·世家》云：「吳人固立季札。」蓋國人之意僉同也。**棄其室而耕，**《説文·宀部》：「室，實也，从宀，从至，至所止也。」《釋名·釋宫室》云：「室，實也，人物實滿其中也。」（《廣雅·釋詁》四：「室，實也。」）《禮記·曲禮》疏：「因其貯物充實，則曰實。」《國語·晉語》「納其室以分婦人」，韋注：「室，妻妾貨賄也。」又《楚語》「施二帥而分其室」，注：「室，家資也。」凡《左傳》中云分其室取其室者，當指家產財貨言。《成二年傳》「巫臣盡室以行」，室亦謂財貨，故七年傳，子重子反殺巫臣之族，凡巫臣族黨，如子閻、子蕩、清尹弗忌、襄尹子黑要之室，皆爲人所有，而獨不及巫臣之室，蓋早挈以俱行矣。杜注訓盡室行爲室家盡去，失之不考。棄室而耕，表示堅決。句首《史》有「季札」二字。**乃舍之。**自「既除喪」至此，用《左傳》文，《史記·吳世家》畧同。**遏曰：**《公羊》作「謁曰」。**「今若作而與季子，**自「遏曰」以下，本《公羊襄二十九年傳》文。《公羊》「作」作「迮」，「若」下有「是」字，句末有「國」字。盧文弨曰：「迮，俗本僞作字，今從《公羊傳》改。」案：迮與乍同，《公羊》何注云：「迮，起也，倉卒意。」《説文·辵部》：「迮，迮起也。」段玉裁曰：「《孟子》乍見孺子，將入於井。乍者，倉卒意，即迮之叚借也。」又《説文·人部》

「作，起也。」段氏云：「《辵部》迮，迮起也，作迮，二篆音義同，古文叚借乍爲作。」段説是也。經典作乍通用之證，不可勝舉，迮作皆從乍，音義無別。徐友蘭《拾補識語》云：「迮叚字，當作乍，鐘鼎文多以乍爲作，不譌。」案：徐謂作非譌字，是；謂迮叚借當作乍，則未免倒植。蓋迮古作乍，古時字少，一字苞衆義；逮後更有迮字，別爲迮起之義，而乍遂專屬止亡詞矣。今仍本文「作」字，並正盧説之誤。何注云倉卒意者，迮猶驟也，（迮驟一音之轉。）猶今俗云驟然。季子必不受，莫爲之前故。《公羊》作「季子猶不受也」。請無與子而與弟，弟兄迭爲君，《公羊》注：「迭，猶更也。」《廣雅・釋詁》：「迭，代也。」《易・説卦》傳「迭用柔剛」，注：「迭，遞也。」迭代遞皆一音之轉，與更義合。《小爾雅・廣詁》及《太玄・玄文》「陰陽迭循」注並云：「迭，更也。」而致諸侯乎季子。」「諸侯」，《公羊》作「國」，此作「諸侯」，無義。疑本文作「而致諸季子」，或作「而致乎季子」，「諸侯乎」三字，必衍其二。但宋本已如此，不敢臆定其文，姑仍之。《吳越春秋》（卷一。）曰：「季札賢，壽夢欲立之，季札謙曰：禮存舊制，奈何廢前王之禮，而行父子之禮乎。壽夢乃命諸樊曰：我欲傳國季札，爾無忘寡人之言。諸樊曰：周之太王，知西伯之聖，廢長立少，王之道興，今欲授國於札，臣誠耕於野。王曰：昔周行之，德加於四海，今汝於區區之國，荆蠻之鄉，奚能成天子之業乎。且今子不忘前人之言，必授國以次及於季札。諸樊曰：敢不如命。壽夢卒，諸樊以適長攝行事，當國政」云云。是授國之意，實自壽夢發之，諸樊承其志耳。《吳越春秋》所叙，較此文及《公羊傳》爲詳。《史記・吳世家》亦云：「季札賢，壽夢欲立之，季札讓，不可。乃立長子諸樊，攝行事，當國。」與《吳越春秋》説合。《刺客傳》云：「諸樊知季子札賢，而不立太子，以次傳弟，欲卒致國季子札。」皆曰：「諾。」四人意同。故諸兄爲君者，皆輕死爲勇，「兄」，宋本作「其」，誤。明嘉靖繙宋本、鐵華館本同。今從衆本作「兄」。《公羊》無此字，本書作諸兄者，遏、餘祭、夷昧三人，皆札之兄。諸，衆辭，言兄，以別乎季子也。輕死爲勇者，以輕性命敢死爲勇，欲早傳位及札。《吳越春秋》云：「諸樊驕恣，輕慢鬼神，仰天求死，將死，命弟餘祭曰：必以國及季札。」蓋四人中札年最少，以次相及，尚有三君，故皆速欲死，俾季子早得國也。《左氏襄二十五年傳》：「吳子諸樊伐楚，門於巢，巢牛臣曰：吳王勇而輕，若啟之，將親門，我或射之，必殪，是君也死，疆其少安。從之。吳子門焉，牛臣隱於短牆以射之，卒。」是即輕死之事。《公羊》疏云：「或輕其死，或爲勇事，如餘祭不遠刑人，謁爲巢門所殺是。」案《公羊》疏舉二君輕死爲證，是矣。又分輕死與爲勇作二事，訓爲勇爲爲勇事，則非。輕死爲勇，四字連讀，不可間斷。《春秋》書閽弑吳僚，嚴不近刑人之戒，正謂其輕性命，不知自重耳。

飲食必祝曰：《公羊》注：「祝，因祭祝也。《論語》曰雖疏食菜羹瓜祭是也。」案：臧鏞堂《拜經日記》曰：「《古論語》：雖疏食菜羹瓜祭，必齊如也。《魯論語》雖疏食菜羹必祭，必齊如也。《公羊》注引瓜祭。案何邵公止通今學，不當引《古論》，即兼通古學，義當全引，必不從瓜祭而止。此蓋用《魯論》必祭之文，以證傳中飲食必祝之義。疏家不能詳其所出，後人誤據今本《論語》改之。」李惇《羣經識小》曰：「必字從八弋，篆文作[illegible]，與瓜相近而誤。」案：臧、李二説皆是。陳立《公羊義疏》云：「飲食必祭者，《周禮·大祝》辨九祭，一曰命祭，二曰衍祭，三曰炮祭，四曰周祭，五曰振祭，六曰擩祭，七曰絶祭，八曰繚祭，九曰共祭。皆言祭食之禮，皆出少許，置之籩豆之間，或上豆或醬湇之間。然《玉藻》云：唯水漿不祭。注：水漿非盛物。此引《論語》疏食菜羹，至微至薄，亦祭，明凡飲食必祭也。《禮運》云：後聖有作，然後修火之利，所爲祭始爲飲食之人，不忘本故也。《雜記》孔子言少施氏食我以禮，吾祭，作而辭曰：疏食，不足祭也。蓋主人謙辭。」案：何注引《論語》以明因祭而祝之義，《周禮》九祭掌於大祝，是祭食必祝也。又古養老禮有祝哽、祝噎之官，亦飲食用祝之事，可爲旁證。**「天若有吾國，**

《公羊》「若」作「苟」，「吾」作「吴」。注：「猶曰天誠欲有吴國，當與賢弟。」疏云：「言天誠有吴，而不滅之，我當將國以與賢弟也。」案：苟有若訓，見《經傳釋詞》。何訓爲誠，亦通也。必疾有禍予身。」「必疾」，《公羊》作「尚速」，「禍」作「悔」，「予」上有「於」字。何注：「尚，猶努力；速，疾也；悔，咎；予，我也。欲急致國于季子。」案《説文·八部》：「尚，曾也，庶幾也。」《漢書·叙傳》「尚粤其幾」，注：「尚，庶幾也，願也。」此尚當訓願，庶幾亦願詞，何訓努力，非也。傳作尚，詞婉；本書作必，詞決。言速疾也者，《爾雅·釋詁》「疌，速也」，郭注：「速亦疾也，籀文作遬。」《吕子·辯士》云：「弱不相害，故遬。」高注：「遬，疾也。」故本書速作疾。《賈子·容經》：「悔者，凶也。」凶與咎與禍義同，悔禍一聲之轉。予，我，《釋詁》文，乃余之借字。《白虎通義·號篇》「予，亦我也。」《禮記·曲禮下》「予一人」，注：「予余古今字。」《史記·弟子傳》「宰予字子我」。皆其證也。《説苑·至公篇》：「謁乃爲約曰：季子賢，使國及季子，則吴可以興。乃兄弟相繼，飲食必祝曰：使吾早死，令國及季子。」與傳文所述畧同。「予」字依宋本，各本作「於」。盧校云：「宋本是。」光瑛案：依《公羊》，則二字皆當存。宋本去「於」存「予」，尚可，若依衆本存「於」去「予」，則文義不安。疑宋本與衆本各奪一字，明嘉靖覆宋本、鐵華館本並與宋本同，今姑從之。故遏也死，餘祭立；事在襄公二十五年。餘祭死，夷昧立；在襄公二十九年。夷昧死，在昭公十五年。僚弒在二十七年，共在位十三年。以上數句，《公羊傳》於各人名下，悉依首句例，有一「也」字。而國宜之季子也，「而」，《公羊》作「則」，「季子」下有「者」字。案：而猶則也，詳《經傳釋詞》。（卷七。）之，至也。《詩·柏舟》「之死矢靡他」，鄭箋云：「之，至也。」《戰國策·秦策》「義渠君之魏」高注，《法言·重黎篇》「卒之屏營」李注，皆同，與訓往義别。季子使而未還。「未還」，《公羊》作「亡焉」。《史記·刺客傳》：「夷昧死，（《史》文惟此作夷昧。）

當傳季子札，季子札逃，不肯立。」《吳越春秋》：（卷一。）「餘昧立四年，卒，（餘昧在位年與《史》同誤。）欲傳位季札，季札讓逃去，曰：吾不受位明矣，昔前君有命，已附子臧之義，絜身請行，仰高履尚，惟仁義是處，富貴之於我，如秋風之過耳。遂逃歸延陵。」案《史記》、《吳越春秋》皆以季子爲逃亡，《公羊》則云使而亡，蓋謂託使以亡，與逃歸延陵之說大異。考《左氏昭二十七年傳》云：「吳子欲因楚喪而伐之，使公子掩餘、公子燭庸帥師圍潛，使延州來季子聘於上國，遂聘於晉，以觀諸侯。」謂吳王僚志大，欲侵上國，使季子來觀强弱，非季子託焉而亡，亦非僚初立時事。出使必以君命，非可自專，即謂季子請君命以行，藉以辟位，而夷昧既欲傳位季子，亦必無使之出聘之理。《公羊》所言，殊與情事不合。《左傳》敘季子出使在僚弒之年，僚弒而季子適還。《公羊》則謂季子使在僚未立時，既出使，僚乃即位，歸而君事之。其後闔廬弒僚，致國季子時，季子歸國久矣。然考夷昧之卒，在昭公十五年，此數年中，經無書季札出聘之事，帷餘祭被弒之年，適季札來聘。《公羊》得之傳聞，或誤記餘祭爲夷昧，又誤以襄二十九年之聘，當餘昧卒之年也。當以《左傳》所紀，爲得其實。此文及《說苑・至公篇》云：「夷昧死，次及季子，季子時使行不在。庶兄僚曰：我亦兄也。乃自立爲吳王。季子使還，復事如故」等語。皆用《公羊傳》，以季子出使爲在夷昧卒時，而借使逃亡之說，蓋亦深疑其非，故此處變文作「未還」，《至公篇》則云「使行不在」，託以見意，此中壘之深心也。

僚者，長子之庶兄也，

《公羊》作「僚也，長庶也」。孫志祖曰：「《新序》長字，疑季字之譌。」盧文弨曰：「長兄之庶子，俗本譌作長子之庶兄。」案：盧說甚誤，下文季子言爾殺吾兄，是明明以僚爲兄矣。長子之庶兄，謂庶兄而最居長者。《公羊》作「長庶」，文義尤簡明。《左氏昭二十七年傳》云：「光曰：我王嗣也。」孔疏引服虔注：「夷昧生光而廢之，僚者，夷昧之庶兄，夷昧卒，僚代立，故光曰我王嗣也。」此用《公羊》說也。又《史記・吳世家》、《吳越春秋》、何休《公羊》注，皆以光爲諸樊子，杜預本之。《春秋正義》及《史記集解》引《世本》云夷昧生光，服注本之。（孔疏引服注，與《呂覽》高注說同。）惠氏棟《左傳補注》從服說，引襄三十一年屈狐庸曰：「若天所啟，其在今嗣君乎，有吳國者，必此君之子孫實終之。注云：嗣君謂夷昧，則光是夷昧之子審矣。如光爲諸樊子，則《左傳》宜曰我亦王嗣也，不當僅以王嗣爲言。」惠解最通。《公羊》謂不從先君之命，則我宜立，正以光爲夷昧嫡長之子，不傳及則傳世，立固其宜也。張氏聰咸《左傳杜注辨證》云：「《史記索隱》據《公羊》、《世本》，以正《史》誤，咸以爲《世本》在史遷前，當得其實」錢大昕《潛研堂答問》亦主《世本》之說，而《左傳正義》又謂班固言史遷采《世本》爲《史記》，今之《世本》，與遷言不同，《世本》多誤，不足據，故杜以《史記》爲正。言王嗣者，謂是世嫡之長孫也，其語殊倒植，不足取。惟僚爲季子庶兄，故本書上文言嫡同母昆弟四人。此嫡字《公羊》所無，中壘箸重聲明，正恐後人誤疑僚既爲兄，何以不當立爾。僚於光爲諸父行，故下文云父子兄弟相殺。（《說苑·至公篇》亦有此語。）蓋光爲季子殺僚，是爲弟殺兄；光以從子弒諸父，季子又爲僚報仇而殺光，則是父子相殺也。古人於父昆弟皆稱父，昆弟子稱子。《漢書·疏廣傳》廣謂兄子受曰，豈如父子相隨出關。蔡邕叔父質，爲程璜所中，邕自陳表，謂欲陷臣父子。卽此文父子之義。《史記》以僚爲餘昧之子，（《呂氏·首時》注以僚爲夷昧庶長子，亦誤，與《忠廉》注云光篡庶父之說不合。）或據此譏服虔，稱僚爲夷昧庶兄，亂父子之序。然《公羊》明云：「僚也，長庶也。」本書上文言嫡同母昆弟四人，而此云僚者長子之庶兄，則是僚年長於四人，乃庶妾所生，與服義正合。何注云：「何以不書僚篡，緣季子之心，惡以己之是，揚兄之非，故爲之諱。」則何氏亦以僚爲季氏兄矣。《說苑·至公篇》「庶兄僚曰：我亦兄也。乃自立爲吳王。」亦兄云者，庶而非嫡之謂，亦者，强詞也，故上文稱庶兄僚曰以明之。則《說苑》

亦明明稱僚爲季子兄矣。如《史記》說，以僚爲夷昧之嗣，則季子既讓國，僚之立宜也，光何爲不平而弒其兄，以致國於諸父乎。如曰光實爲諸樊之子，則夷昧死，季子亡，僚更宜立矣，豈有不傳世而反傳位於先君之子之理乎。（此宋藝祖之子孫所以不得立也。）如曰僚實爲諸樊庶子，如盧氏謂此文當爲長兄之庶子者，則無論與《公羊》、《説苑》、本書不合，卽與《史記》謂僚爲餘昧之子之說亦異，進退無據，不知何所本也。唐陸廣微《吳地記》以僚爲餘昧之子，說與《史》同。臧氏琳《經義雜記》謂僚爲季子庶兄，甚合；又謂光爲諸樊子，則非。梁玉繩《人表考》並引二說，不敢臆決光爲何人之子，均不如惠說之明確。至《左氏昭二十三年傳》「吳太子諸樊入郹」，杜注：「諸樊，吳王僚之太子。」彼諸樊別是一人，且是諡字，《正義》已言之。或者《漢表》重出之諸樊，卽其人與。自立爲吳王。案《史・世家》云：「四年，王餘昧卒，欲授弟季札，季札讓逃去。於是吳人曰：先王有命，兄卒，弟代立，必致季子，季子今逃位，則王餘昧後立，其子當代，乃立王餘昧之子僚爲王。」據此，則僚之立，出於國人之同意，與此云自立者異矣。然《史記》博采衆說，其以僚爲餘昧子，根本錯誤，所言自未可依據。本書稱自立，是也。季子使而還，《公羊》「還」作「反」。致而君事之。致，致使命也。《公羊》作「至而君之爾」。左氏叙光謀弒僚，告鱄設諸曰：「我王嗣也，吾欲求之，事若克，季子雖至，不吾廢也。」又曰：「季子至，曰：苟先君無廢嗣，民人無廢主，社稷有奉，國家無傾，乃吾君也。吾誰敢怨」云云。均在季札聘晉之後，爲光弒僚時事。此從《公羊傳》，以季子出使而還，在僚初立時。二說不同，辨已具上注。遏之子曰王子光，光卽闔廬，注見一卷。《史記・世家》云：「公子光者，王諸樊之子也，常以爲吾父兄弟四人，當傳至季子，季子卽不受國，光父先立，卽不傳季子，光當立。陰內賢士，欲以襲王僚。」案：此與《說苑・至公》皆承《史記》說，以光爲遏子，與《春秋正義》、《史記集解》引《世本》及服虔注《左傳》不合，辨已詳上注。稱王子者，時吳僭王號故。《公羊》無此句。號曰闔閭，不悦曰：悦當作説。《公羊》無「號曰不説」四字。闔閭爲號，始見此。「先君之所爲不與子而與弟者，凡爲季子也，《公羊》「爲」作「以」，「與子」下有「國」字，「季子」下有「故」字。凡，猶一切也。《公羊》疏云：「三君皆然，故言凡；凡者，非一之辭。」將從先君之命，《公羊》句末有「與」字。則國宜之季子也；《公羊》「季子」下有「者」字。如不從先君之命而與子，《公羊》作「如不從先君之命與」。我宜當立者也，《公羊》作「則我宜立者也」。盧文弨曰：「宜當二字衍一。」案：盧説非也，文以足辭，不辟重複，如《左傳》之十年尚猶有臭，《離騷》之覽相觀於四極兮。古人行文，類此甚多，前儒論者備矣。《史記・刺客傳》：「公子光曰：使以兄弟次邪，季子必當立；必以子乎，則光真嫡嗣，當立。」《吳越春秋》云：「光曰：札之賢也，將卒傳付嫡長，以及乎札矣。及札爲使，亡在諸侯，未還，餘昧卒，國空。（案此亦以札之使在僚未立時，與《公羊》、《説苑》之説同，辨已見上。）有立者，嫡長也，嫡長之後，即光之身也。」《説苑・至公》云：「謁子光曰：以吾父之意，則國當歸季子；以繼嗣之法，（案兩以字，當是从之譌，从以形近。）則我適也，當代之，僚何爲也。」諸書皆以光爲遏子，然既曰不從先君之命，則得國者當屬夷昧之子矣。諸書皆在《世本》后，故服虔斷從《世本》，説已具前。僚惡得爲君。」《公羊》句末有「乎」字。釋文作「僚焉」，云：「焉，音於虔反，本又作惡，音烏。」阮元《校勘記》云：「唐石經鄂本作惡，閩監毛本改作焉。」案：據本書，則作惡者是。於是使專諸刺僚，而致國乎季子。《説苑・至公》云：「刺僚，殺之，以位讓季子。」《吳越春秋》云：「季札使還，至吳，闔閭以位讓季札也。」「專諸」，《左傳》、《吳語》作「鱄設諸」。《公羊傳》、《戰國策・魏策》、《呂氏・論威》、《史記・刺客傳》、《吳越春秋》、《説苑・至公》、《漢書・人表》及《賈誼司馬相如列傳》皆作「剸諸」。

鱄刺專同聲通用。《吳越春秋》云：「其貌碓顙深目，虎膺熊背。」《史·刺客傳》云：「吳堂邑人。」《廣韻》注云：「音專，未知何本，疑因刺王，故稱刺諸，因進魚，字又作鱄，其作專者，省借字也。」（剸乃鱄之重文。）《公羊》注云：「專諸膳宰，僚耆炙魚，因進魚而刺之。」《左氏昭二十七年傳》云：「夏四月，光伏甲於堀室，而享王。王使甲坐於道，及其門，門階户席皆王親也，夾之以鈹。羞者獻體，改服於門外，執羞者坐行而入，執鈹者夾承之，及體以相授也。光僞足疾，入於堀室。鱄設諸置劍於魚中以進，抽劍刺王，鈹交於胸，遂弒王。闔廬以其子爲卿。」《史記》注引服虔云：「全魚炙也。」與何注合。《吳世家》：「光伏甲於窟室而謁王，僚使兵陳於道，自王宮至光之家，門階户席皆王僚之親也，人夾持鈹。公子光佯爲足疾，入於窟室，使專諸置匕首於炙魚之中，以進食，手匕首刺王僚，鈹交於胸，遂弒王僚。」又《刺客傳》云：「使專諸置匕首魚炙之腹中而進之，既至王前，專諸擘魚，因以匕首刺王僚，王僚立死。」所叙均與《左傳》合。《吳越春秋》：「專諸曰：凡欲殺人者，必前求其所好，吳王僚何好。光曰：好味。專諸曰：何味取甘。光曰：好嗜魚之炙也。專諸乃去太湖，學炙魚。」又曰：「光伏甲士於窋室中，具酒請僚，僚白其母，其母曰：光心氣怏怏，常有愧恨之色，不可不慎。僚乃被棠鐵之甲三重，使兵衛陳於道，自宮門至於光家之門，階席左右皆王之親戚，使坐立侍，皆操長戟交軹。光佯爲足疾，入窋室。裹足，使專諸置魚腸劍炙魚中，進之。既至王僚前，專諸乃擘炙魚，因推匕首。立戟交軹，倚專諸胸，胸斷肊開，匕首如故，以刺王僚，貫甲達背。」此所叙較它書爲詳，且於王僚受享儆備非常之故，言之歷歷，皆它書所未見。其言炙魚取禍，則諸書皆同，何、服二注之所本也。炙魚者，以火炕魚食之也。

季子曰：《公羊》「季子」下有「不受」二字。**「爾殺我君，**「我」，《公羊》及《說苑·至公》作「吾」。校勘記云：「唐石經鄂本殺作弒，閩監毛本作殺。」釋文：「殺，音申志反。」注：「殺僚同。」《公羊》注：「各本俱作殺。」案：古弒殺字同聲通用，詳三卷《鄒陽章》注。其音殺申志反，卽六代經師以音讀代改字之例也。（見上《子臧章》注。）言我君者，王僚之立久，成其爲君。吾受爾國，「受」，各本作「授」，此譌字，宋本已誤，今據《公羊傳》、《説苑·至公篇》改正。下文有「以其不受國爲義」句，亦作「受」字可證。是吾與爾爲亂也；「亂」，《公羊》作「篡」。《説苑》「篡」上有「共」字。不討賊又受其位，無異與於篡弒也。爾殺我兄，「我」，《公羊》、《説苑》作「吾」。吾又殺爾，「爾」，《説苑》作「汝」。是父子兄弟相殺終身無已也。」《公羊》何注云：「兄弟相殺者，闔廬爲季子殺僚。」案：何意僚爲長庶，乃札之兄，光爲札弒僚，是兄弟相殺也。云父子者，光於僚與札爲從子，光弒僚，札爲僚復仇而殺光，皆父子相殺也。從父稱父，從子稱子，已見上注。王引之《經義述聞》云：「家大人曰：父子兄弟非一人，不得言終身，蓋因下文終身不入吳國，而衍身字。終，竟也。終無已者，竟無已時也。《禮記·檀弓》：爾責於人，終無已夫。《莊子·則陽篇》：其可喜也，竟無已。《呂子·知變篇》：是耳目人終無已也。文義悉與此同。《昭二十七年》疏引此，已衍身字，則不始於唐石經矣。《新序·節士篇》亦作終身無已，後人據誤本《公羊》增身字也。」案：下文有終身字，此先見之，於詞爲複，王氏謂涉下文而衍，其説可信。或疑終身無已卽終無已，古人語妙，不必沾滯以父子兄弟非一人爲疑。此説非也，隔句兩用終身字，古書無此文法。《説苑·至公篇》：「季子曰：爾殺吾兄，吾受爾國，是吾與爾爲共篡也；爾殺吾兄，吾又殺汝，則是昆弟父子相殺無已時也。」《説苑》文增一則字，兄弟作昆弟，身字無，已下增時字，文義尤明，可爲王説旁證。肇林謹案：《呂氏·知度篇》「是耳目人終無已也」，《韓非·外儲説左上》作絶無已。終絶同訓，絶無已卽終無已，皆與竟字義近。去而之延陵，終身不入吳國，《公羊》無「而」字。吳國，吳之國都也。何注：「延陵，吳下邑。禮，公子無去國之義，故不越境。」

案：《漢書・地理志》：「會稽郡毘陵，季札所居。」師古曰：「舊延陵，漢改之。」《越絶書》：「毘陵故爲延陵，吴季子所居。」又云：「毘陵上湖中冢者，延陵季子冢也，去縣七十里上湖通上洲季子冢，古名延陵虚。」是季子終於延陵，並葬其地，所謂終身不入吴國，此其徵與。《漢書・蕭望之傳》注：「張晏曰：吴公子札食邑延陵，薄吴王之行，棄國而耕於皐澤。」亦終身不入吴之證。

故號曰延陵季子。《公羊》無「號曰」六字，連下爲句。君子以其不受國爲義，《公羊》無「國」字。《説苑》作「不取國」。義，謂合乎守節之大義。以其不殺爲仁，親親之恩不失，所以爲仁也。《説苑》二句互倒。是以《春秋》賢季子而尊貴之也。自「遏曰今若是作而與季子」，至「以其不殺爲仁」，皆用《公羊傳》文。此章參用二傳，鴻儒通人之學，所爲異於專己守殘黨同妒真者也。臧氏琳《經義雜記》有《春秋名季子辨》一篇，發明《春秋》賢季子之旨，頗爲詳盡，兹附録後云：「嘗讀胡安國《春秋傳》，至吴子使札來聘，未嘗不嘆胡氏説經之謬也。案：杜注《左氏》云：不稱公子，禮未同於上國。《正義》引《釋例》曰：吴晚通上國，其君臣朝會，不同於例，猶楚之初始也。《公羊傳》：賢者不名，此何以名，許夷狄者不一而足也；曷爲不足乎季子，許人臣者必使臣，許人子者必使子也。何注：緣臣子尊榮，莫不欲與君父共之，字季子則遠其君，夷狄常例，離君父辭，故不足以隆父子之親，厚君臣之義。《穀梁傳》其名成尊於上也，范注云：札名者，成吴之尊稱，直稱吴則不得有大夫。是三傳皆無稱名爲貶之説。唐獨孤及曰：以季子之閎達博物，慕義無窮，使當壽夢之眷命，接餘昧之絶統，必能光啟周道，以伯荆蠻，大業用康，多難不作，闔閭安得謀諸窟室，專諸何所施其匕首。乃全身不顧其業，專讓不奪其志，所去者忠，所存者節，善自牧矣，謂先君何。吴之覆亡，君實階禍。獨孤氏之言，本非知季子者，然尚未傳會聖經，胡氏因之加刻。惟明王世貞云：彼見吴俗很戾好戰，日尋干戈，而僚以貪愎躁勇之性，光以狡悍忍詬之資左右焉，其人目睍齒擊，未嘗一日忘王位也。札欲以禮息門而不能，以義割恩而不忍，身之不恤，何有於國，故孰計而舍之，非得已也。札聽樂而辨六國之興衰，獨不知吳之將亡，而默不一救乎，彼不欲以身殉鴟夷也，可謂燭照當日之情勢矣。嗟乎，季子何人，卽其聘列國觀之，見叔孫而慮其不得死，説晏平仲而告以免難之法，與子產交而憂鄭之將敗，聞孫文子鐘爲之懼禍而不止，説叔向而恐其好直以離難，其於萍蹤適合之人，尚爲之深思遠慮，惓惓如是，況宗社乎。故吳之興亡，必籌之孰，慮之審矣，特時勢流轉，非人力可回，與其以身殉之，躬受篡弑之禍，而不能有所濟，孰若見幾引去，全身絜己之爲愈哉。闔閭使專諸刺僚，而致國乎季子，季子曰：「爾殺吾君，吾受爾國，是吾與爾爲篡也；爾殺吾兄，吾又殺爾，是父子兄弟相殺終身無已也。季子之志，至是而始白。然其初讓時，已見之明決矣，非固讓以全小節，而罔念國家之大禍者也。唐蕭定曰：「《易》稱知幾其神，季子之見，可謂知幾，季子之明，可謂知進退存亡不失其正。嗚呼，其知季子者哉。」以上臧説。案：宋儒喜爲高論，刻以繩人，其論季子，與《春秋》賢而尊貴之之意適相反，讀此可釋其陋。

6 延陵季子將西聘晉，案：季子聘晉者二，一在魯襄公二十九年，一在昭公二十七年，此所敘在襄公時。蓋徐之嗣君，義不受劍，以章先君之過，亦有道之主也。吳滅徐在魯昭公之三十年，其君名章禹，去昭二十七年不過三年，必非此所稱之嗣君。《史世家》敍此事，連襄二十九年來聘時事言之，可證。帶寶劍以過徐君。聘晉取道於徐也。徐，子爵，嬴姓，伯益佐禹有功，封其子若木於徐。自若木至偃王三十二世，爲周所滅。復封其子宗爲徐子，宗十一世孫章禹，昭三十年爲吳所滅。（見《通志·氏族畧》二。）《左氏僖十五年傳》杜注：「徐國在下邳僮縣東南。」（昭元年正義引杜云：「下邳僮縣東南有大徐城。」《方輿紀要》云：「徐城廢縣，在今安徽泗州西北五十里，古徐子國。」徐君觀劍，《文選》謝靈運《廬陵王墓下詩》及劉孝標《重答秣陵劉沼書》注，兩引本書此文，俱無「觀劍」二字。不言而色欲之。有欲得之色，赧於發言也。延陵季子爲有上國之使，上國，諸夏之國。《選》注兩引「使」並作「事」，使事義通。篆文「史」字亦與「事」形似。未獻也，然其心已許之矣。《選》注兩引無「其」字「已」字。致使於晉，致君命於晉，使事畢也。《左傳·宣二年》「致果爲毅」，注：「致，謂達之於敵。」顧反，舊本「顧」皆作「故」。盧文弨曰：「《選》注兩引皆作顧，今俗本作故，譌。」案：盧説是，宋本已誤，今依《選》注改。顧亦反也，二字同義，説見三卷《樂毅答燕惠王章》。又案：《左氏襄九年傳》「然故不可誣也」，釋文：「故又作顧。」二字本可通用，但《選》注兩引作顧，可見本書文本作顧，其作故者，音之誤耳。則徐君死於楚，《選》注兩引無末二字。謝詩注引「則」作「見」。蓋徐君朝楚而死於楚。於是脱劍致之嗣君。脱當作挩，下並同。《説文·手部》：「挩，解挩也，从手，兑聲。」又《肉部》：「脱，消肉臞也，从肉，兑聲。」二義判然不同。今人多以脱爲挩，脱行而挩廢矣。《衆經音義》引《三蒼》：「致，與也。」《公羊莊三十一年傳》「吾將焉致乎魯國」，注同。從者止之曰：《論衡·祭意》「從者」作「御者」。「此吴國之寶，干越出寶劍，見一卷《晉平公章》注。非所以贈也。」延陵季子曰：「吾非贈之也，贈，遺也。本欲以其物遺人，則謂之贈，今我初無是心，故曰非贈之也。先日吾來，先日，前日也。徐君觀吾劍，不言而其色欲之，吾爲有上國之使，此句作「使」字，則上文當同一例。未獻也，雖然，吾心許之矣。今死而不進，進，猶獻也。是欺心也，自欺其心且不可，則口惠而實不至者，滋可愧矣。愛劍僞心，僞，亦欺也，同義變字，古人自有此文法。廉者不爲也。」遂脱劍致之嗣君。

與其子，以償夙志。嗣君曰：「先君無命，無遺命。孤不敢受劍。」父死稱孤。案：脱劍贈嗣君事，《史記・吴世家》、《論衡・祭意篇、書虚篇》記此事均未及之。本書叙此獨詳，中壘蓋别有所本也。於是季子以劍帶徐君墓樹而去。《廣雅・釋詁》三：「帶，束也。」《詩・有狐》傳：「帶，所以申束衣。」《禮記・少儀》「葛絰而麻帶」，注：「帶，所以自結束也。」帶以束身，故訓爲束，此亦束字之義，下帶丘墓句同。《史記》作「繫」。《正義》引《括地志》：「徐君廟在泗州徐城縣西南一里，卽延陵季子挂劍之徐君也。」徐人嘉而歌之曰：嘉，美也。「延陵季子兮不忘故，《藝文類聚》卷十九引作「延陵季子兮，不忘舊故」。又三十四卷及《御覽》一百六十五卷引同，但無「兮」字，此以意增省之。脱千金之劍兮帶丘墓。」《類聚》三十四引「墓」作「樹」，無「兮」字。《御覽》作「千金之劍，以帶丘墓」，全改爲四字句。又《類聚》三十四引此文甚畧，亦微有異同，兹全録於下云：「延陵季子使過徐，徐君心欲得其寶劍，弗忍言。季子心許之，而未及與。及還，而徐君已薨，乃脱寶劍，縣於墓樹。徐人奇之曰：（案奇當作哥，乃古歌字，形近致誤，各本同。）延陵季子，不忘舊故，脱千金之劍帶丘樹。」又《史記・吴世家》云：「季札之初使，（聲明初使時事，文連襄二十九來聘之年。）北過徐君。徐君好季札劍，口弗敢言。季札心知之，爲使上國未獻，還至徐，徐君已死，於是乃解其寶劍，繫之徐君冢樹而去。從者曰：徐君已死，尚誰予乎。季子曰：不然，始吾心已許之，豈以死倍吾心哉。」《論衡・祭意篇》云：「延陵季子過徐，徐君好其劍，季子以當使於上國，未之許與。季子使還，徐君已死，季子解劍，帶其冢樹。御者曰：徐君已死，尚誰爲乎。季子曰：前已心許之矣，可以徐君死故負吾心乎。遂帶劍於冢樹而去。」又《書虚篇》云：「季子使於上國，道過徐，徐君好其寶劍，未之卽予。還而徐君死，解劍帶冢樹而去」。各書所敍，皆不如本書詳明，然亦可備參考，故並録之。

7許悼公疾瘧，許悼公名買，靈公甯之子。靈公遷葉，悼公遷夷，又遷白羽。《漢表》作許男，列第七等。《御覽》引服虔云：「瘧，寒疾也。」《說文·疒部》：「瘧，熱寒休作，从疒，从虐，虐亦聲。」段注：「謂寒與熱一休一作相代也。《釋名》曰：瘧，酷虐也。凡疾或寒或熱耳，而此疾先寒後熱，兩疾，似酷虐者。《周禮》曰：秋時有瘧寒疾。」案：段氏引《釋名》，申《說文》虐亦聲之旨甚合。今河南許州許昌城是舊許地。**飲藥毒而死。**張洽曰：「以瘧言之，今之治瘧，必以砒煅而餌之，多愈。然煅不得法，則反殺人，悼公之死，必此類。」案：張說雖臆測，頗近理。**太子止自責不嘗藥，**止不嘗藥，《公》、《穀》二傳皆同此說。《左氏昭十九年傳》則云：「許悼公瘧，飲太子止之藥，卒。」《御覽》引服虔云：「禮，醫不三世，不使；君有疾，飲藥，臣先嘗之；親有疾，飲藥，子先嘗之。公疾未瘳，而止進藥，雖嘗而不由醫，而卒，故國史書弒，告於諸侯也。」據服意，止實嘗藥，但不由醫，故傳言太子止之藥，以明書弒之故在此也，其說與二傳不同。案：《左氏》下文云：「盡心力以事君，舍藥物可也。」明悼公之卒，由藥之誤，非關於嘗不嘗。故杜注云：「止獨進藥，不由醫。」或左氏家說，與二傳異也。此用《穀梁昭十九年傳》文。陳立曰：「《潛研堂答問》云：楚商臣蔡般之弒，子不子，父亦不父也。許止不嘗藥，非大惡，特書弒，以明孝子之義，非由君有失德。故楚、蔡之君不書葬，而許獨書葬，所以責二君之不能正家也。錢氏所論亦是，然非《公羊》義也。孔氏《通義》云：書葬者，起非實弒也，蔡景公亦書葬，所以得相起，固弒而代之者般，買弒而代之者非止，是可以辨矣。《穀梁傳》曰：我與乎弒者，不立乎其位，君子即止自責而責之。善乎斯言，孝子之至也，推止之心過矣，而死其父，則自不欲復生，即死而天下明之，謂由愛父以死，雖死猶未安也。死而天下責之，謂由弒父以死。是以一朝之過，終古蒙惡。夫如是，而後罪可少償耳。若止者，雖不慎其始，可謂善其終矣。叔武不欲其兄有殺弟名，《春秋》爲之諱殺，喜時不欲負芻有篡名，《春秋》爲言復歸。 推此以說，《春秋》卽止自責而責之者，獨附於藥，成賢者之意也。且止惟自責，然後君子赦之，不然，進藥而藥殺，曰非故也，誤也，甚或曰非藥之誤，疾不可爲也。設有不肖，欲速代其父，宜補故瀉之，宜瀉故補之，宜寒故溫之，宜溫故寒之，亦曰藥殺乎，疾不可爲乎，是尚可道乎。 故止與趙盾加弒似同，然止自責，則書葬，盾不自責，則不書葬，此其意甚微，而辭甚顯也。 《左傳》言止奔晉，殆辟晉以致國乎弟，而實哀慕咎悔，以隕其身者也。 或因彼文，遂疑止實酖弒，若然，止之奔，乃與宋萬同科，經必特書，而悼公又與閔公同科，不得書葬矣。 爲此說者，是其心必以加弒爲過，苟以加弒爲過，是必以誤殺爲無罪，卽與於亂臣賊子之甚者也。 邪說橫議，經義日晦。 案《御覽》引《春秋決事》云：甲乙與丙爭言相鬥，丙以佩刀刺乙，甲卽以杖擊丙，誤傷乙，甲當何論。 或曰毆父也，當梟首，論曰：臣愚以爲父子至親，聞其鬥，莫不有怵惕之心，扶杖而救之，非所以欲詬父也。 《春秋》之義，許止父病，進藥於其父而卒，君子原心，赦而不誅。 甲非律所謂毆父，不當坐。 蓋彼以甲子乙父，甲毆丙，誤傷父，過失傷，與許止同也。《後漢書・霍諝傳》：「《春秋》之義，原心定過，赦事誅意，故許止雖弒君而不罪，趙盾以縱賊而見書，此仲尼所以重王法，是也。」（《公羊義疏》六十四。）案：孔氏說雖釋《公羊傳》，實深得《穀梁》之旨，陳說引證，亦甚愜當。 鍾文烝曰：「《左氏》以爲飮止之藥。 古者藥皆由醫，未有不爲醫而用藥製方者， 是《左》之誤也。 《公羊》言止進藥而藥殺，而董生說《公羊》，以爲不嘗藥，則知《公羊》所云進藥者，謂其不嘗而遽進之，與《穀梁》同，與《左氏》異也。 凡金玉土石草木菜果蟲魚鳥獸之類，可以祛邪養正者，總謂之藥。 見王冰《素問》注。 子事父必嘗藥者，《曲禮》：君有疾，飮藥，臣先嘗之；親有疾，飮藥，子先嘗之。鄭注：嘗度其所堪。 《文王世子》載世子之記曰：疾之藥，必親嘗之。 鄭注：試毒味也。 此二注《正義》無說。 《素問・五常政大論》岐伯曰：「能毒者以厚藥，不勝毒者以薄藥。」王注謂氣味厚薄者也。鄭解《周禮》毒藥，以爲藥之辛苦者。林億等校正《素問》引《甲乙經》：「胃厚色黑大骨肉肥者，皆勝毒；其瘦而薄胃者，皆不勝毒。」凡此即《禮》注意也。《五常政大論》下文論病有久新，方有大小，有毒無毒，服之皆有約。「下品大毒，治病十去其六；中品常毒，治病十去其七；上品小毒，治病十去其八；上中下品無毒，治病十去其九。」皆至約而止。「以五穀五肉五果五菜，隨五藏宜者，食養以盡其餘病。餘病不盡，復如前四約治之，必無使過。」觀岐伯此論，足明醫之用藥，亦於毒者爲尤慎也。夫治療之道，物齊之宜，官有專書，事參秘術，常人所不習，聖人有不知。至於醫既定方，則不得以未達不嘗爲說。藥之氣味，與夫人之體質，固較然易知矣。臣子之於君父，無所不盡其心，禮有爲君嘗羞之文，有火孰先君子之説，況藥者，扁倉之所難言也。是故先王重焉。今以爲許君體不勝毒，醫用厚藥，止不嘗而遽進之，遂以藥卒也。卒由飲藥，故傳聞之誤，則以爲止之藥也。止初不知此禮，後乃知之，而哀痛自責，推原其事，許君不得無咎。此《春秋》文外之意也」（《穀梁補註》二十二。）鍾説推闡，亦頗合情事。毛奇齡《經問》謂止不立而讓之它人，此其情亦甚苦，後儒之深文，皆可省也云云，皆平情之論。歐陽修必謂止與於弑，此宋人喜爲高論，責人無已之習，不可從也。明季紅丸案，紛紛議論，正坐不明經義。近人李慈銘《孟學齋日記》辨之甚明，一空舊説之陋，可與許止事相證。**不立其位，與其弟緯。**「緯」，《穀梁》作「虺」。陳立曰：「《定公六年經》有鄭游遬帥師滅許，以許男斯歸之文，此後不見卒葬，知繼立者斯也。」緯虺斯音近，古通。**專哭泣，**既以位讓緯，已專心於痛父。有聲曰哭，無聲曰泣。《穀梁》無「專」字。**啜飦粥，**「啜」，《穀梁》作「歠」。《説文·口部》：「啜，嘗也，从口，叕聲，一曰喙也。」又《飲部》：「歠，飲也，从飲省，叕聲。」段玉裁謂二字義異。案：嘗與飲義亦相近，二字皆以叕爲聲。凡聲同之字，皆可相通。《孟子·滕文公篇》「歠粥」，（粥字當作鬻。粥，粥賣字。）字亦作歠。「餰」，《穀梁》作「飦」，《孟子》同。趙岐注：「飦，粥也。」《禮記·檀弓》作「饘」，釋文：「饘，本作飦。」《說文·食部》：「饘，糜也。周謂之饘，宋謂之餬。」又「鬻，鬻也，从䰜，侃聲，重文餰、飦、鍵。」又鬻鬻下皆云：「鍵也。」《爾雅·釋言》：「餬，饘也。」焦循曰：「餬即鬻，粥即鬻。」《釋名》：「糜，煮米使糜爛也，粥濁於糜，粥粥然也。」今俗以整米煮爲粥，粉米爲餬。古之饘即今之粥，古之粥即今之餬，饘糜飦爲粥，而糜亦通稱餬，粥亦通稱饘。趙氏釋飦爲糜粥，則粥之清而稀者，異於餬之濁而膏者，是飦宜爲饘也。案：莊述祖《五經小學述》謂餈饘不同字，糜麋不同聲，鬻音糜，閩之反，今《說文繫傳》本誤作閩六反。其說引證甚繁，茲不復錄。其辨糜麋二字，一從米聲，一從麻聲，判然不同，說尚可通。至云鬻音閩之反，引《玉篇》爲證，則未免好異。又以餈饘異字，則《穀梁》飦字，本書作餰，與《檀弓》作饘，同是一物，不能分而爲二。惟餰音今作諸延反，古當讀衍平聲，故鄭注《周禮》酏食，破酏爲餈，從《內則》之文，以酏餈是雙聲也。後人以餰饘同物，故以饘音餈耳。啜餰粥，居親喪之禮。嗌不容粒，《穀梁》注：「嗌，喉也。」案《說文·口部》：「嗌，咽也。籀文作𦏧，上象口，下象頸脈理也。」嗌咽雙聲，許書互相訓，喉亦訓咽也。哭泣過節，則咽傷，故不容粒也。《孟子》曰：「三年之喪，齊疏之服，飦粥之食，自天子達於庶人，三代共之。」痛己之不嘗藥，未逾年而死，《左傳》以爲奔晉，《穀梁》以爲自責而死，蓋奔晉以致國於弟，而又自瘁以死，二傳所記，可互足也。此用《穀梁》文。「逾」，《穀梁》作「踰」。《說文·辵部》：「逾，越進也。」又足部：「踰，越也。」二字義同而小別，古通用。未逾年而死者，鍾文烝曰：「傷腎乾肝焦肺，毀甚以至死也。言未踰年，或死在葬前矣。」案古者嗣子即位，踰年稱君，此言未踰年，明在期年中，悔恨哀毀，以至死也。故《春秋》義之。據悼公書葬，知《春秋》已赦止罪也。（《公羊》説。）赦止者，義止之自責。

8 **衛宣公之子，伋也、壽也、朔也，**宣公名晉，在位十九年。（《史記·侯表、世家》。）《漢表》列七等。何楷《詩經世本古義》云："案《詩譜疏》引《世家》以宣公爲桓公子，誤也。今本《世家》作莊公子，桓公弟，亦未的，疑是桓庶兄。"（梁氏《人表考》用何氏説，而不明引，《史記志疑》亦然。）《詩·旄丘》正義作衛伯。李超孫曰："《衛世家》自康叔至貞伯不稱侯，頃侯賂夷王，始爲侯，平王命武公爲公，謂爲三公，爵仍侯也。此云衛伯，以知宣公非州牧，而爲牧下二伯，以周之州長曰牧，以長一方言之，謂之方伯。"（《詩氏族考》一。）伋，宣公太子，夷姜所出，《左氏桓十六年傳》作急子，急伋聲相近，通用字也。壽，宣公子，宣姜所出，朔之兄，《左傳》作壽子，《史記·世家》作子壽。《漢表》衛太子伋、公子壽同列三等。朔，宣公子，壽弟，宣姜所出，在位二十一年，謚曰惠，《史記·世家》作子朔。《漢表》列六等。梁玉繩曰："當與宣公同在七等。"《左傳》"惠公之卽位也少"，杜注云："蓋年十五六。"**伋，前母子也，壽與朔，後母子也。**前母夷姜，後母宣姜，卽初爲伋取於齊之女，宣公見其美而奪之。見《左氏桓十六年傳》、《史記·衛世家》、《毛詩·二子乘舟序》。前儒疑夷姜非宣公庶母，自宋洪邁《容齋隨筆》始，後顧棟高《春秋大事表》、毛奇齡《經問》、焦循《左傳補疏》、梁玉繩《史記志疑》、丁晏《左傳杜解集正》等書，均承其説。李超孫《詩氏族考》引洪説，又采何楷《詩經世本古義》引鄒忠允之説，依違無所折衷。胡承珙《毛詩後箋》則謂《左傳》原委分明，無不可信。其餘零星散見諸家文集筆記辨論此事者，尤指不勝屈，要以焦氏、梁氏二書之説爲詳。今節録如下。焦循《左傳補疏》曰："宣公此事，洪容齋極辯其誣，謂宣公立僅十九年，不應烝夷姜而生伋，又納伋妻而生壽、朔。伋能娶，必十五以上；朔能譖兄，壽能代兄死，必在十歲以上。此十九年間，何以消破。鄒忠允駁之，言莊卒而桓立，十三年，入《春秋》，至魯隱四年，則衛桓十六年，宣以是冬立，烝夷姜，生伋子，當在桓公之世。毛奇齡又辨之云：莊公死後，莊姜治宮政，惟禮是視，戴嬀歸陳，莊姜送之，作《燕燕》之詩，其宮中去就有禮如此。幾見桓公宮中，莊姜二嬀具在，可容一嫪毒而不覺者。既使宣公早見獸行，則不特衛人絶之，討賊如石碏，肯迎之乎。乃以夷姜爲莊公妾者，緣服虔上淫曰烝之訓，（原注：見《詩正義》。）杜依之耳。烝，《廣雅》訓爲淫。《史記·世家》云：宣公愛夫人夷姜，姜生子伋，以爲太子，而令右公子傅。《列女傳》云：宣公夫人夷姜生伋，以爲太子。明以夷姜爲宣公夫人。《新序》云：伋，前母子也，壽與朔，後母子也。《史記》所謂愛夫人夷姜，即《左傳》所謂烝於夷姜，謂寵溺之也。宜以《史記》明《左傳》，而知杜依服氏之非。《正義》乃斥馬遷爲謬，失之矣。」梁玉繩《史記志疑》曰：「明李詡《戒菴漫筆》云：洪容齋疑《左傳》叙夷姜事難曉，（案：此處本引原文，已見前，從畧。）德清陳霆駁之云：衛莊公以平王三十六年卒，是年，子桓公立，越十三年而入《春秋》，又四年而蹈州吁之難。是年十二月，國人殺州吁，迎立宣公，宣乃莊衆子，莊之卒，距宣公立，凡十七年。其烝夷姜，當在桓公嗣位後，意者莊公甫卒，宣公即上行無禮，而桓公以逼於州吁，慮其合而搆也，故不加禁。迨宣公入立，伋之生，既勝冠矣，夷姜亦當小君之禮，專寵宮闈。既而新歡間舊，幼子加長，嫌隙日生，始則以夷姜之愛，而爲伋娶，終則以宣姜之故，而置伋死。此其前後恩怨之反，而伋母子戕隕之由也。苟宣公未立，亦未能所事如志也。然則宣公末年，壽、朔當踰男子化生之期矣，譖兄越境，奚爲不能哉。洪氏曾不致推於爲公子之時，徒以烝母奪婦，與前後生子，併於十九年之内，宜不可通矣。是説勝容齋，而《大事表》有《夷姜辨》云：《左傳》：衛宣公烝夷姜，生伋子，予嘗覈其年，而知《左氏》之誣也。據《閔二年傳》惠公之即位也少，杜注謂蓋年十五六。宣公之在位，止十九年，而朔尚有其兄壽，則奪伋妻之事，計當在即位之元二年，伋年可娶，亦必當十五六。宣公之兄桓公，凡十六年而爲州吁所弒，則烝夷姜當在桓公即位之初年矣。凡先君之妾媵，嗣君當嚴閉深宮，無有它公子得濁亂宮掖者。而宣公爲公子時，又出居邢，遠寄它國，無由得近。即令有之，亦當秘不令宣，何乃顯然屬諸右公子，猖狂無忌如此。且夷姜何人，當即莊姜之姪娣也，而右公子即宣公之兄弟。莊姜嚴正，惡州吁之好兵，豈反不慮宣公之淫亂。石碏老成謀國，手定大難，痛深創鉅，豈肯迎穢迹彰聞之公子，而奉以爲君，此萬萬必無之理。竊意夷姜是未即位時所娶之適夫人，後因寵衰見廢，横加之罪，左氏因而甚之耳。《史記》俱不及烝淫事，曰夫人，曰太子，此可徵者也。（原注：《新序·節士》伋前母子也，亦其一證。）宣公奪子婦，無足深道，獨惜伋兄弟爭死，而其母蒙不韙之名，不得不爲之辨。鄭箋《匏有苦葉》云：刺夷姜而取證於雉鳴求其牡，竟似襄夫人之欲通公子鮑矣。罪狀展轉增加，夷姜有知，得毋叫寃地下乎。（原注：《經史問答》云，毛西河力主《史記》，然此事但可爲疑案也。）案夷姜爲莊公之妾，經傳初無明文，服、杜據傳文烝字，以意解之，本未可據。焦引《廣雅》止訓烝爲淫，立論最通。烝夷姜云者，意姜本非宣室，因淫而後内之，曰烝，從其朔言之也。若如陳霆之説，宣公淫父妾，已在桓公初年，何以衛人立晉時又在邢乎。古者六禮不備，則謂之淫奔，左氏書烝，著姜之不能正其始；書縊，責公之不能全其終。孔疏泥上淫之義，斥史遷爲謬。不知上淫曰烝，下淫曰報，旁淫曰通，（見《小爾雅》。）古人特概括言之，其實對異散通，不可深泥。故《廣雅·釋詁》一、《方言》十二俱但曰：烝，淫也。若必泥以求之，則如《牆有茨序》，公子頑通乎君母，是上淫；《左襄二十五年傳》莊公通崔杼之妻，又是下淫；宣三年文公報鄭子之妃，鄭子文公叔父，亦上淫也，而何以謂之通與報乎。夷姜爲宣公配，始合不以禮，故謂之烝。後人因服、杜之誤解，並集矢左氏，寃矣。（李慈銘《越縵日記》謂焦說可爲左氏功臣，永垂竇書，是也。）至毛奇齡謂夷姜乃宣公夫人，《史》云愛夫人，非以正夫人而愛之。又云夷姜生子伋，以爲太子，曰以爲者，謂非正宣夫人所生，而愛所生也，則是以夷姜爲宣公妾，不如焦、顧二說之善。觀本書稱前母、後母，是夷姜名位與後日宣姜同也。」梁氏引陳霆說，大意與鄒忠允說同，皆不能解毛、顧所駁。顧氏以夷姜爲宣嫡夫人，是矣，而不明左氏烝字之義，反斥左氏爲誣，亦考之未審。蓋莊公初娶莊姜，無子，又娶陳氏二嬀，並無夷姜其人。宣公未烝夷姜以前，亦未聞别有嫡室，杜注之妄，不問可知。明乎烝字之義，則面面俱通，可無疑於左氏加甚之說矣。若胡承珙誤信杜注，以杜說爲左氏之說，謂桓公爲世子時，親見州吁驕暴，即位後，尚容之十六年。闇弱如此，安能防閑其庶母及弟，後公子頑之事，亦當惠公在位時，可以破疑矣。不知桓雖闇弱，莊姜、石碏諸人，豈盡聾聵者。公子頑之事，外受强齊壓迫，內利穉子無知，故左氏特著即位年少，以明其公然烝淫之故。則桓公在位時，宣公不得顯然誘亂宮掖可知，況有在邢之證乎。胡氏引此爲說，適足自破，今不取。

壽之母與朔謀，欲殺太子伋而立壽也，壽母宣姜也，欲立己所生子。使人與伋乘舟於河中，將沈而殺之。沈當作湛，此湛没本字，俗本作沉，更非。《毛詩·二子乘舟》傳曰：「宣公爲伋取於齊女，而美，公奪之，生壽及朔。朔與其母愬伋於公，公令伋之齊，使賊先待於隘而殺之。壽知之，以告伋，使去之。伋曰：君命也，不可以逃。壽竊其節而先往，賊殺之。伋至曰：君命殺我，壽有何罪。賊又殺之。國人傷其涉危遂往，如乘舟而無所薄，汎汎然迅疾而不礙也。」所敍伋、壽爭死事，與《左傳》、本書、《列女傳》、《史記》畧同。惟本書謂宣姜與朔謀殺伋立壽，使人與伋乘舟河中，將湛殺之，毛則謂二子乘舟，比其涉危遂往，非事實也。且依毛，則《乘舟》之詩，作在二子死後，國人傷而思之；依本書，則伋傅母恐伋之死，閔而作詩，在其生前也。此魯、毛異說，不可强通。即宣公取子婦事，本書、《列女傳》一字不言，或亦不信有此事。魏源《詩古微》曰：「詩有乘舟之役，則非待隘之文；曰汎汎其逝，不瑕有害，則非既死之詞。詩作於事前，不能害諸水，而後改謀害諸陸，《新序》勝矣。」馬瑞辰《毛詩傳箋通釋》曰：「首章中心養養，二章不暇有害，皆未死時恐其被害之詞，非追悼之詞。且二子如未乘舟，不得直言乘舟也。」此皆主本書說。陳奐《詩傳疏》謂「《新序》此文，與《列女·孽嬖篇》不同，子政習《魯詩》，兼習《韓詩》也，《韓詩》多同毛義。」案：《列女傳》敍伋、壽爭死事，並不牽涉《二子乘舟》詩文，本書亦敍此事，惟此謂伋載壽屍還，至境，自殺。彼文則云，伋爲盜殺，與毛傳合耳。陳氏所云不同者如此，而以乘舟爲事實，則二書初未顯其不同之處。陳喬樅《魯詩遺說考》於此詩異義尚少發明，讀者各依本文解之，可也。

壽知不能止也，蓋諫而不聽，故不能止。

因與之同舟，舟人不得殺。漢惠之於趙王如意，事頗類此。

伋方乘舟時，伋傅母恐其死也，閔而作詩，此《魯詩》說也。前儒多言子政習《魯詩》，其論始於王伯厚，近馬瑞辰則謂子政書所引，多本《韓詩》，其作《傳箋通釋》，亦以此條所言爲《韓詩》。其實中壘兼通三家，不主一師之說，所謂鴻儒通人之學，與儒生不同者也。（語本《論衡》。）此章當用《魯詩》，雖無確證，可以意會。其敍伋死事，與《列女傳》不合，一也；下文引《黍離詩》爲壽所作，與《韓詩外傳》所云及《御覽·人事部、百穀部》引《韓詩》，以爲伯封作者不同。下文既不用《韓詩》，則此所云，亦必非韓說矣，二也。（其它引《韓詩》者則甚多。）

《二子乘舟》之詩是也。

其詩曰：「二子乘舟，汎汎其景。願言思子，中心養養。」此《二子乘舟》之首章也。養養，毛、鄭皆訓爲憂。馬瑞辰曰：「《爾雅·釋訓》：洋洋，思也。邢疏引中心養養爲證。《爾雅·釋詁》及《說文》並曰：恙，憂也。養與洋，皆當爲恙字之叚借。」案：馬說是。《魯詩》解此，既與毛異，凡諸儒解是經，依毛立說，與魯有礙者，概不引用。（下《黍離》同。）於是壽閔其兄之且見害，且，猶將也。《小雅·谷風》箋云：「將，且也。」王氏《釋詞》漏舉此義。經傳中以且將互訓者甚多，如《左傳·僖二十八年》「吾且柔之矣」，《史記·田蚡傳》「惡人衆，亦且毀君侯」，本卷《子列子章》「其罪我也，又將以人之言」，《列子·説符》將作且；《論衡·知實篇》引《論語》「固天縱之將聖」爲且聖；《漢書·賈誼傳》「彼且爲我死，彼且爲我亡，夫將爲我危」，夫將即彼且也，變言以互文耳，即王氏所云且爲抑也。所引各條，皆可作將字解，蓋將亦有抑訓故也。然如此文且字，則止可訓將，不可訓抑。阮氏元集中有《釋且》一篇，亦舉及此訓。又《莊子·齊物論》「果且有彼是乎哉，果且無彼是乎哉」，諸且字，王氏以爲句中語辭，亦當訓將爲正。作憂思之詩，《黍離》之詩是也。此以《黍離》爲公子壽作，與《説苑·奉使篇》不同。《説苑》云：「魏文侯封太子擊於中山，三年，使不往來。趙倉唐爲太子奉使於文侯，文侯曰：子之君何業。唐曰：業詩。文侯曰：於詩何好。倉唐曰：好《晨風》、《黍離》。」（《説苑》本《韓詩外傳》卷八。）胡承珙曰：「此亦以《黍離》爲公子壽之詩，故倉唐於文侯父子之閒，借以爲風，《新序》、《説苑》，劉向一人所作，其説詩旨趣當同。」案：《説苑》雜采古書，非盡出子政手，本書亦然。即子政説詩，亦兼習魯、韓，不專一家。此文當用《魯詩》，而《説苑》則本《韓詩外傳》。據《御覽·人事》一百十、《百穀》六兩引《韓詩》，以爲伯封作。《羽族》十載《令禽惡鳥論》：「昔尹吉甫信後妻之讒，而殺孝子伯奇，其弟伯封，求而不得，作《黍離》之詩。」陳思王正用《韓詩》，彼文所引，蓋與此異。倉唐意以太子憂思見廢，故借伯封以感悟文侯，胡氏謂是公子壽作，是溷韓説爲魯説矣。魏源又以伯封爲公子壽字，宣公夙不子伋，直欲以壽爲適子，故字之伯封，以示無兄。自曹植徵引誤與《小弁》伯奇相混，不思吉甫周之賢卿，非同衛宣昏詩，安得伯奇未譖以前，遽以伯字其弟，（節引《詩古微》。）其説武斷無徵，尤不足取。案：《後漢書·郅惲傳》：「惲理《韓詩》、《嚴氏春秋》，光武令授太子《韓詩》，侍講殿中。及郭后廢，太子意不自安，惲說太子曰：『昔高宗明君，吉甫賢臣，及有纖芥，放逐孝子。』」夫《惲傳》既明言其習《韓詩》，又明舉吉甫事相證，確鑿如此，安得歸咎陳思而指爲誤乎。觀其稱《御覽》引《韓詩傳》云云，謂齊、魯詩說，皆以《黍離》爲《衛風》，不知《御覽》明引《韓詩》，與齊、魯胡涉，況《韓詩》亦決不以爲《衛風》也。（全祖望《經史問答》三云：以《黍離》爲二子作，見於《新序》，先儒以爲是齊詩。光瑛案：此先儒殆指王厚齋，其說則殊舛誤。）魏氏於三家流別，不甚了了，但知混合三家以攻毛傳，而三家之中，又各自有家法，胥不過問，故涉筆多誤。惟陳喬樅《三家詩遺說考》分別魯、韓異同，尚有條理。至本書與《外傳》、《說苑》引《黍離》之作，與毛各有不同，三家家法既異，不可強合。胡承珙申毛抑魯，魏源又力辨毛傳，以爲王朝卿大夫作，則當列變雅，不當列民風，並斥降爲《國風》之謬說。諸家聚訟紛紜，莫衷一是，茲概不引及，但依本文解之。至宋葉大慶《考古質疑》引毛序以難本書，謂本書爲誤，是直不知三家詩說各有不同，其陋尤甚，殆不足辯。其

詩曰：「行邁靡靡，中心愮愮。知我者謂我心憂，不知我者謂我何求。悠悠蒼天，此何人哉。」

《爾雅·釋訓》：「愮愮，憂無告也。」郭注：「賢者憂懼無所訴也。」陳喬樅曰：「案《爾雅》釋文，愮本又作摇，邢疏云：樊作遥，毛傳云，摇摇，憂無所愬。（案《毛詩》作摇摇。）愮遥並摇之俗字。（案：遥俗字，當作摇。）《說文》愮下引《爾雅》：懽懽愮愮，憂無告也。字並作愮。然則《魯詩》文當作愮愮也。」案：《說文》無愮字，《方言》有之，《玉篇》：「愮，憂也。」引詩「憂心愮愮」。蓋《魯詩》本從俗作愮愮，《說文》懽下暨《玉篇》所引，用《魯詩》也。舊本皆作摇摇，此文既用《魯詩》，當作愮愮爲是，今本後人據《毛詩》改之耳。今仍改作愮愮，以復《魯詩》之舊。凡古書引三家異文，經後人妄改者甚多，舉此

以明一例。又使伋之齊，之，往也。（見《爾雅・釋詁》。）言又者，別起一事。將使盗見載旌，要用殺之。旌，節，要，遮也。《列女傳》曰：「宣姜欲立壽，乃與壽弟朔謀搆伋子，公使伋子之齊，宣姜乃陰使力士待之界上而殺之。曰：有四馬白旄至者，必要殺之。壽聞之，以告太子，曰：太子其辟之。伋子曰：不可，夫棄父之命，則惡用子也。壽度太子必行，乃與太子飲，奪之旄而行，盗殺之。伋子醒，求旄，不得，遽往追之，壽已死矣。伋子痛壽爲己死，乃謂盗曰：所欲殺者乃我也，此何罪，請殺我。盗又殺之。二子既死，朔遂立爲太子」《史記・衛世家》曰：「宣公正夫人與朔共讒惡太子伋，宣公自以其奪太子妻也，心惡太子，及聞其惡，大怒。乃使太子伋於齊，而令盗遮界上殺之，與太子白旄，而告界盗，見持白旄者殺之。且行，子朔之兄壽，太子異母弟也，知朔之惡太子，而君欲殺之，乃謂太子曰：界盗見太子白旄，即殺太子，太子可毋行。太子曰：逆父命求生，不可。遂行。壽見太子不止，乃盗其白旄，而先馳至界。界盗見其驗，即殺之。壽已死，而太子伋又至，謂盗曰：所當殺乃我也。盗并殺太子伋，以報宣公。宣公乃以子朔爲太子。」二書所記，均與本書合。惟謂伋爲盗殺，非載屍還至境自殺異耳。《左傳》、毛傳雖不言以旄爲識，然下文一曰壽子載其旌以先，一曰壽竊其節而先往，則見旌施殺，自在言外，初無相違之處也。王安人照圓《列女傳補注》謂「《干旄》之詩，即爲此事而作，白旄取易識別，以詩言素絲，故知爲白旄。浚，衛之界上，宣姜使盗待伋之地也。姝，忠順貌，姝子謂伋子也。畀，與也。言彼四馬白旄，忠順之子，何故以此與之，深痛惜之辭也」云云。陳喬樅、魏源並取其說。然臆測無據，且四馬可傅會此事，下文良馬五、良馬六，又將何說。《中論・虛道篇》引「彼姝者子，何以告之」，以爲賢者自視不足，故人願告之而不倦。徐幹爲魯學者，其說如此，則王注之妄可知。陳氏《遺說考》於《干旄章》既引《中論》，復於《日月章》以王說爲有據，矛楯不可解。

壽止伋，止勿往。伋曰：「棄父之命，棄，猶廢也。非子道也，不可。」壽又與之偕行，壽之母知不能止也，蓋止不見聽。因戒之曰：「壽無爲前也。」欲其同行居後，蓋旌在前，使盜殺前行者。此數語各書所未載。壽又爲前，竊伋旌以先行，志代兄死，言竊者，伋友愛，知之必不聽行。幾及齊，幾，近也。《左傳》云：「使盜待諸莘。」莘卽毛傳所謂隘，《列女傳》、《史記》所謂界上也。《水經·漯水注》：「京相璠曰：陽北縣北十里有故莘亭，道阸限險要，自衛通齊之道也。望新臺於河上，感二子於宿齡，詩人乘舟，誠可悲也。」案：莘在今山東東昌府莘縣北八里。盜見而殺之。見旌在前，誤以爲伋。伋至，見壽之死，痛其代己死，涕泣悲哀，遂載其屍還，至境而自殺，《左氏傳》、《史記》、《列女傳》、毛傳皆謂伋至，請盜殺己而死。此云伋載尸還自殺，蓋所據各有不同，中壘各依其本文録之。兄弟俱死。君子義此二人，而傷宣公之聽讒也。《列女傳·宣姜頌》云：「衛之宣姜，謀危太子，欲立子壽，陰設力士。壽乃俱死，衛果危殆，五世不寧，亂由姜起。」與此文互相發明。《中庸》以去讒遠色並言，蓋溺色未有不信讒者。中壘此言，其有感於王氏之禍邪。傷當作慯，此憂慯本字，傷創傷字，經傳多叚傷爲慯，而慯字廢。

9　魯宣公者，魯文公之弟也，「弟」字，各本皆同。盧文弨曰：「當是子。」近藤縣蘇時學斅元箸《爻山筆話》，亦以本書弟字爲誤。案：盧、蘇之説非也，作子者左氏古文説，作弟者今文説，不可强合。中壘治《穀梁》，此文本《穀梁宣十七年傳》，此處作弟，故下文云「文公之子赤立爲魯侯」，言子以别乎弟。若此作子，則下但云太子赤立可矣。今古文師説既有不同，代遠年湮，無以決其是非，當各依本文解之。案：《左氏文十八年傳》：「文公二妃敬嬴，生宣公。敬嬴嬖，而私事襄仲；宣公長，而屬諸襄仲。襄仲欲立之，叔仲不可。仲見於齊侯而請之，齊侯新立，而欲親魯，許之。冬十月，仲殺惡及視，而立宣公。書曰子卒，諱之也。」此叙宣公奪位事甚明。宣爲文公妃敬嬴所出，故下文哀姜有殺適立庶之言。《史記·魯世家》云：「文公長妃齊女哀姜，生子惡及視，次妃敬嬴，生子俀。俀私事襄仲，襄仲殺子惡及視，而立俀，是爲宣公。」其以私事襄仲，屬之宣公，不謂敬嬴，雖與左氏不同，而其敍世次則甚合。此《春秋古經》左氏義也。《公》、《穀》以宣公母爲頃熊，楚女。故何氏云宣公爲僖公妾子，與《左傳》、《史記》並殊。陳立曰：「《新序》七云：魯宣公者，文公之弟也。劉向習《穀梁》，則《穀梁》亦以宣公爲僖公子矣。《禮記·檀弓》云：遇懿伯之忌，敬叔不入。下云不可以叔父之私，不將公事。鄭注：敬叔於昭穆，以懿伯爲叔父。考懿伯爲孟獻子之子，獻子爲桓公子公子慶父之曾孫。自桓公至懿伯六世，桓公生莊公，莊公生僖公，僖娶頃熊，生宣公及叔肸，肸生嬰齊，嬰齊生叔老，叔老生弓，是爲敬子，敬子卽敬叔。自桓公至敬叔七世，懿伯正爲其叔父，是宣公爲僖公子明矣。」案：陳説甚有理解，孔疏謂鄭注爲轉寫有誤，得此可以解之。鄭君注《禮》多用今文説也，此弟字不誤。《左傳正義》引《世家》云：「宣公名倭，或作接。」今《史記》作挼。《左氏》釋文云：「名倭，一名接，又作委。」字形皆近，倭俀委古音同，從委從妥之字，又多互用，作接者譌字耳。宣公在位十八年。《漢表》列七等。（《漢表》自注云：「文公子。」）文公名興，母聲姜。（《公羊經》作聖姜。）在位十八年。《太平寰宇記》云：「葬曲阜縣南六里。」（二十一卷。）《漢表》列六等。梁玉繩曰：「《春秋》魯十二公，惟僖列第五，文公豈優於十君，而居六等乎。」文公薨，諸侯死曰薨。

文公之子赤，立爲魯侯。 觀此云文公之子，知上文弟字不誤，若是子字，則此句於文爲複矣。赤卽惡也，古音赤如郝，郝亦從赤得聲，（如赫字從二赤，《桑柔詩》與作獲爲韵。《淮南子》注云：蠚讀如赫赫明明之赫，是也。）與惡音近。《公羊》作「子赤也」。

宣公殺子赤而奪之國， 奪當作敓爲正。奪，奪落字，經典多叚奪爲敓。 **立爲魯**

侯。公子叔肸者，「肸」，各本作「肹」，謬，今正，下文同。《春秋宣十七年經》稱公弟叔肸。《漢表》無叔肸名，蓋偶奪之。宣公之同母弟也，宣公殺子赤，而肸非之。《公羊》注：「稱字者賢之。宣公篡立，叔肸不仕其朝，不食其禄，終身於貧賤，故孔子曰：篤信好學，守死善道，危邦不入，亂邦不居，天下有道則見，無道則隱。此之謂也。《禮》盛德之士不名，天子、上大夫不名。《春秋》公子不爲大夫者不卒，卒而字者，起其宜爲天子、上大夫也。孔子曰：興滅國，繼絶世，舉逸民，天下之民歸心焉。」《公羊》之義與《穀梁》相近，惟《穀梁》以稱弟爲賢之，是少異耳，詳後注。宣公與之禄，則曰：「我足矣，何以兄之食爲哉。」以，用也。食，謂禄也。言己富足，不用得兄禄，託詞以自絜也。江氏永曰：「食與禄，通言之則同，分言之，有田者爲禄，無田者授之粟爲食。《周禮·司士》以功詔禄，以久奠食，是也。食亦名秩，《左傳》：惠王奪子禽祝跪與詹父田，而收膳夫石速之秩。明散官無田有秩也。」《穀梁》注云：「宣公與之財物，則言自足以距之。」鍾文烝補注云：「室家治生之道，亡求有，有求多，今曰我足，雖是距詞，亦所謂古之沈冥，常内足於懷。」案：「禄」，《穀梁》作「財」，本書變「財」言「禄」，因下句云「何以兄之食爲哉」，明所與者禄也。《傳》作「財」，亦指田產言，財即禄也。《孟子·萬章篇》「我何以湯之聘幣爲哉」，句法與此同。織屨而食。以織屨自食其力。終身不食宣公之食，下食字亦訓禄。其仁恩厚矣，據不去國，篤於親親之情，故曰仁恩厚。其守節固矣，據不食宣公之食，爲守節固也。《穀梁》注：「泰曰：宣公弑逆，故其禄不可受，兄弟無絶道，故雖非而不去。論情可以明親親，言義足以厲不軌，書曰公弟，不亦宜乎。」（案：此當是范泰之説，武子采之，或泰所自加也。）此注論情二語，即此二句注脚。何休引守死善道以稱之，即守節固之説。《公羊》家止得其一端，不如《穀梁》之義備。故《春秋》美而貴之。《穀梁傳》曰：「其曰公弟叔肸，賢之也。其賢之何也，宣弒而非之也。非之則胡爲不去也，曰：兄弟也，何去而之。」又云：「君子以是爲通恩也，以取貴乎《春秋》。」案《傳》以稱弟爲賢叔肸，《公羊》注則云稱字者賢之，二義相輔。而《穀梁》以守節親親並舉，義尤完密。《白虎通義·王者不臣篇》云：「盛德之士不名，尊賢也，《春秋》曰公弟叔肸。」此用《公羊》義。《鹽鐵論·論儒》云：「闔廬殺僚，公子札去而之延陵，終身不入吳國；魯公殺子赤，叔肸退而隱處，不食其禄。虧義得尊，枉道取容，效死不爲也。」此亦但明守節一義。惟本書仁恩二語，深得《穀梁》大義，子政治《穀梁》學精密，即此可見。陳立曰：「衛侯之弟鱄去君稱名者，彼注云：刺鱄兄爲彊臣所逐，既不能救，又移心事剽，背爲姦約，獻公雖復國，喜得反誅之，小負未爲大惡，而深以自絶。所謂守小信而忘大義，拘小介而失大忠，故不得與叔肸等也。《穀梁》疏云：衛侯之弟專去君，傳曰合於《春秋》，此不去君，云取貴於《春秋》者，《易》稱君子之道，或出或處，或默或語。專以衛侯惡而難親，恐罪及己，故棄之而去，使君無殺臣之惡，兄無害弟之愆，故得合於《春秋》。此叔肸以君有大逆，不可受其禄食，又是孔懷之親，不忍奮飛，使君臣之節兩通，兄弟之情俱暢，故取貴於《春秋》。叔肸書字，專直稱名者，叔肸内可以明親親，外足以厲不軌，比專也賢乎遠矣，故貴之稱字。專雖合於《春秋》，無大善可應，故直書名而已。此疏闡發傳文通恩之旨，極爲精覈，其論叔鱄，又較何注爲允。若但知守節，而不明通恩之義，必至孤介特立，無補於世，甚或流爲慘覈寡恩，戕賊仁義。古來苛酷之吏，類多耿介，而終不免爲小人之歸，以其不近人情耳。讀《穀梁傳》然后知《春秋》賢叔肸之義，又以知其説之勝於《公羊》家言萬萬也。」

10 晉獻公太子之至靈臺也，《論衡·異虚篇》無「之」字「也」字，「晉」作「衛」，盧文弨據《論衡》改作「衛」。

案：《書鈔》一百四十一引作「晉獻公太子至靈臺」，《事類賦》二十八、《御覽》九百三十三俱作「太子申生至靈臺」，則晉字似不誤。衛獻之太子即襄公，亦未聞有此。但申生死事，詳《左傳》、《國語》、《史記》、《檀弓》諸書，與此不同。或轉録別書，傳聞異説，以迹涉荒誕，不爲《内、外傳》所采，亦未可知，今姑隨本文解之。晉獻公，武公子，名詭諸，（三傳同，《史記·世家》作佹諸。佹詭字通。）在位二十六年。《一統志》：「葬絳縣東槐泉村。」《寰宇記》云：「獻公冢在濠州定遠縣東，去驪姬冢十步。」二説不同，未審孰是。《漢表》列八等。太子即申生，母齊姜，謚曰共。《一統志》：「葬曲沃縣西門内。」《漢表》列四等。靈臺未詳，《左傳·僖十五年》有靈臺，杜注：「在京兆鄠縣，周之故臺。」今陝西鄠縣東有酆宫，又東有靈囿，囿中有靈臺，即《詩·靈臺篇》所稱是也。臺在秦境，必非此之所謂。或疑《哀二十五年左傳》衛侯爲靈臺於藉圃，《韓子·難四》亦言衛有靈臺，似《論衡》作衛爲優。然《左傳》云靈公始作，則獻公時未作可知，況獻公太子亦未聞有自殺事。古靈臺惟天子得有之，（見《詩·靈臺》疏引《五經異義》。）衛靈之作靈臺，僭制耳。時代不符，不可以爲衛獻太子之證。

虵繞左輪。虵當作它。《説文·它部》：「它，虫也，从虫而長，象寃曲垂尾形。」重文作蛇，虵俗字。《書鈔》引亦作「蛇」，凡從它從也偏旁字，每每易混，或於也上加人作佗，尤謬。它也字異音近，韵書於從它之字多入歌韵，從也之字多入支韵，非獨昧於字體，並不知音也。「繞」，《論衡》作「遶」，《御覽》引本書同。《説文》無遶字。《糸部》：「繞，纏也，从糸，堯聲。」當作繞爲是，遶亦俗字。它有龍形，左者君位，故御者以爲吉徵。**御曰：**御，御車者。**「太子下拜。吾聞國君之子，虵繞左輪者，**《論衡》作「虵遶車輪左者」。**速得國。」**《書鈔》此句下止云「太子聞之，伏劍而死」，它文皆不引。**太子遂不行，**「行」，《論衡》作「下」，盧氏《拾補》從之。案：本書文自作「行」，爲下文反舍作起。蓋太子聞御言，遂止其行，而反舍也。返乎舍。「返」，《論衡》作「反」。《説文·辵部》：「返，還也，从辵反，反亦聲，《商書》曰：祖伊返。」（各本伊作甲，今從段注本訂改。）重文彶，《春秋傳》返从彳。」（今《左傳》無此字，蓋後人改之矣。）又《又部》：「反，覆也，从又厂。重文反，古文。」案：經典返字，多以反爲之，二字義近通用。返從反亦聲，則返有反義矣。疑古止有反字，返乃孳乳字。返舍承上文不行言，若上句作下字，則此句無根，且上句遂字亦虚設矣。《論衡》作「下」，是誤字，當據本書校正。盧反從之，誤。御人見太子，太子曰：「吾聞爲人子者，盡和順於君，和，柔和；順，卑順。盡和順之道於君，謂下氣怡色柔聲之屬也。舊本無「於」字，《論衡》有，依文義不可省，今據補入。不行私欲；一舉足，一出言，不敢忘父母，何私欲之有。恭嚴承命，《書·無逸》曰：「嚴恭寅畏。」《左氏襄二十三年傳》曰：「爲人子者，患不孝，不患無所，敬共父命。」又閔二年傳曰：「不共是懼。」又文十五年傳曰：「請承命於亞旅。」「恭」，《論衡》作「共」，古書省借通用。不逆君安。君所安則勿違之，此養志之説。若太子申生謂君安驪姬，非是寢不安，食不飽，我辭，姬必有罪，君老矣，吾又不樂。是也。今吾得國，是君失安也。如晉獻公聞驪姬之讒，而謂不可與政，未殁而亡政，不可謂武。又謂我授之政，諸侯必絶，能絶我必能害我云云。是得國而君失安之徵也。數語頗類申生口氣，疑即因申生事而傅會之。見國之利而忘君安，非子道也；唐肅、憲二宗，惜未聞此語。聞得國而拜其聲，非君欲也。《論衡》作「得國而拜，其非君欲」，句有譌奪。盧校疑本文聲字誤，欲據下文改爲孽，非是。從孝子之心言之，則可謂之孽，承得國言之，則孽字無根矣。且聲孽二字，形聲義皆遠，何緣致誤。聲與實對，（下《晏子章》察實者不留聲，《史記·周本紀》聲畏天下，天下以聲畏秦，必東合於齊是也。）凡未成事實者謂之聲。聞得國而拜其聲，猶聞得國之説而拜耳。本文自明，不煩改字。廢子道，不孝；《論衡》「道」下有「者」字。逆君欲，不忠。《論衡》「欲」下有「則」字。而使我行之，《論衡》「使」作「欲」，此作「使」，是。而與如同，如使，假設之詞。下文句同。殆吾欲國之危明也。」舊本「吾欲」二字倒，今從《論衡》乙正。太子所言，皆自克之詞，非責御者也，責御何必自殺。觀下文云「是欲國之危明也」，亦自責語，可證。拔劍將死，「拔劍」，《論衡》作「投殿」，下云「其御止之，不能禁，遂伏劍而死」。引本事止此。御止之曰：「夫禨祥妖孽，禨當作鬾，妖當作祅，孽當作蠥。《説文・鬼部》：「鬾，鬼俗也，从鬼，幾聲。《淮南傳》曰：吳人鬼，越人鬾。」案：鬼俗謂事鬼成俗，此字經典多從示作禨，宋本此文作機，下同，蓋形近而誤，今從衆本。《説文・示部》：「祅，地反物爲祅，從示，芺聲。」字省爲祆，經典通作妖。又《虫部》：「蠥，衣服歌謡艸木之怪謂之祅，禽獸蟲蝗之怪謂之蠥，从虫，辥聲。」《漢書・五行志》：「凡草物之類謂之妖，妖猶夭胎，言尚微；蟲豸之類謂之孽，孽則牙孽矣；及六畜謂之旤，言其箸也；及人謂之痾，痾，病貌，言寖深也。甚則異物生謂之眚；自外來謂之祥，祥猶禎也；氣相傷謂之沴，沴猶臨莅不和意也。」此所説與許小異，蓋所傳不同矣。《禮記・中庸》：「國家將興，必有禎祥；國家將亡，必有妖孽。」此文禨祥，即《中庸》之禎祥，與鬾之本義有異。彼文孔疏云：「禎祥，吉之萌兆，祥，善也。國本有今異曰禎，本無今有曰祥。何胤云：國本有雀，今有赤雀來，是禎也；國本無鳳，今有鳳來，是祥也。妖孽，謂凶惡之萌兆也，妖猶傷也，傷甚曰孽。謂惡物來爲妖傷之徵，若魯國鸜鵒來巢，以爲國之傷徵。《左傳》曰：地反物爲妖。《説文》云：衣服歌謡草木之怪爲妖，禽獸蟲蝗之怪爲孽。」案：孔疏所釋郅明，諸書所舉，分言則異，通言則同。故孔疏又云：「《尚書》祥桑穀共生於朝，是惡，此經云善何。得入國者，以吉凶先見者，皆曰祥，別無義也。」其説尤通。（《五行志》之所謂禎祥，亦非吉徵。）此文禨祥妖孽對舉，禨祥屬善，妖孽屬惡，與《中庸》禎祥妖孽對舉文法正同，不必拘泥解説。天之道也；《易》曰「天垂象，見吉凶」也。恭嚴承命，人之行也；人之所當爲。拜祥戒孽，禮也；戒，警戒，所謂遇災而懼也。言拜祥不害於恭嚴承命，與孝道不相妨。嚴恭承命，「嚴恭」當作「恭嚴」，與前後一律。不以身恨君，孝也。恨讀曰很，很，違也，謂不以身違君也。下同。此申上句承命言。《説文・彳部》：「很，不聽從也，一曰盭也。」《國語・吳語》「今王將很天而伐齊」，韋昭注：「很，違也。」古書叚恨作很者甚多，《齊策》：「蘇代謂齊王曰：今不聽，是恨秦也。」《漢書・李夫人傳》「何爲恨上如此。」《晏子・雜篇》：「君歡然與子邑，子必不受以恨君，何也。」諸恨字皆讀很，訓違，與此同。（説本王念孫《漢書雜志・劉向傳》。）今太子見福不拜，福猶祥也。《周禮・大祝》注：「福祥是吉慶之事。」失禮；殺身恨君，失孝；失，虧失。言禮與孝兩有虧也。從僻心，從讀曰縱，古書習見。僻，偏僻也。棄正行，正行，中正之行。非臣之所聞也。」平日問道君子，不聞有此説。太子曰：「不然。我得國，君之孽也；子以我得國爲祥，而君以爲孽，則所謂祥者乃孽也。此孽字承上戒孽來，太子聞御者言，始與論戒孽之義，愈見上文拜聲之聲字，不當作孽。拜君之孽，不可謂禮。破拜祥之説，解失禮之惑。見禨祥而忘君之安，國之賊也；賊，害也。懷賊心以事君，不可謂孝。此破其失孝之説。挾僞意以御天下，以孝教人而先懷不孝之心，是挾僞意以御天下也。懷賊心以事君，邪之大者也，邪與正對，破其棄正行之説。而使我行之，而與如同，此句應上文。亦作使字，則上文使字不誤可知。是欲國之危明也。」遂伏劍而死。《左傳・襄三年》「將伏劍」，《正義》曰：「謂仰劍刃，身伏其上，而取死也。」君子曰：自此以下，蓋中壘自加論斷之詞。晉太子徒御使之拜虵祥，猶惡之，至於自殺，爲見疑於欲國也，欲國，欲得國。己之不欲國以安君，亦以明矣。以已同，詳四卷《晉平公章》注。爲一愚御過言之故，過言，誤言。至於身死，廢子道，闕晨昏定省之禮。絶祭祀，滅世斷宗，絶祭祀之禮。不可謂孝，別嫌明微，古人所貴，故里名勝母，曾子不入；邑號朝歌，墨子回車。況愚御明言得國，使之下拜，爲人子者，豈得默然而已乎。然事有大小，理有重輕，廢子道，絶祭祀，乃不孝之大者。爲太子者，聞愚御之言，還車反舍，以理斥之，足矣。疾惡過甚，以身殉名，反自陷於不孝，所謂可與立未可與權者與。《論衡》云：「夫虵遶左輪，審爲太子速得國，太子宜不死，獻公宜疾薨。今獻公不死，太子伏劍，御者之占，俗之虚言也。或時虵爲太子將死之妖，御者信俗之占，故失吉凶之實。」案：殉名自殺，乃戰國俠士輕生取譽者所爲，春秋時未有此風氣，疑六國後人，即申生之語，景譔此事，王充見不及此，何邪。可謂遠嫌一節之士也。守小節，而未聞君子之大道也。考《御覽》九百三十三引此文殊畧，玆附録下。云：太子申生至靈臺，虵遶左輪，御曰：速得國之祥。太子遂不反，伏劍而死。所引如此，不反與今本書異，疑不下奪一下字，謂不下而反也。

11申包胥者，楚人也。洪亮吉《左傳詁》曰：「服虔云：楚大夫王孫包胥，申包胥。《國策》作棼冒勃蘇，《文選》注引《策》文又作棼冒勃蘇。今考棼冒勃蘇即申包胥之轉音，棼與申，胥與蘇同音，包急讀之則爲冒勃，至棼之作樊，又同音而轉也。吾友莊述祖曰：包胥，楚之公族，棼冒卽楚之先蚡冒，猶若敖後有若敖氏也。《潛夫論》伍氏亦楚之公族，故亦爲王孫氏。」案：包胥姓名，異説甚多，《鶡冠子·備知、世賢》作「麃胥」，亦曰「申麃」；《韓非子·説疑》作「申胥」；《國語》稱伍員皆作申胥，韋注：申胥，楚大夫伍奢之子胥也，名員。魯昭二十年，奢誅於楚，員奔吳，吳子與之申地，故曰申胥。案此名易與申包胥相混。）《吳語》或稱「包胥」，又曰「王孫包胥」；《類篇集韵》包作鮑；《楚策》則曰「棼冒勃蘇」；《通志·氏族畧》謂申是氏，包胥爲字；《史記正義》以爲封於申，姓公孫；《困學紀聞》六、《楚策》鮑注並疑爲蚡冒之裔。考包胥或稱王孫，或稱蚡冒，必楚之宗姓。鄭樵以申爲氏，包胥爲字，非是。申乃包胥封邑，包胥其名也。包胥爲蚡冒後，故服氏以王孫稱之，《史正義》作公孫，亦非姓也。鮑注云：「棼冒卽蚡冒，勃蘇包胥聲近，蘇胥古通用，（案：五胥之爲姑胥，乃音轉而通用。）非有二名。」其説郅通。明方以智《通雅》謂棼乃申音，冒勃乃包音，殊屬牽强。錢大昕又謂申篆文作𦥔，冒卽𦥔之誤，棼字後人妄改，亦以意揣測耳。如其説，又何解於《選》注之作樊冒乎。洪氏言包急讀之則爲冒勃，其失與方氏同，與下引莊説自爲矛楯。解申包胥者，自當以王氏《紀聞》、鮑氏《策》注及莊氏之説爲長，其餘皆不足取。王伯厚甚稱包胥，以爲似張子房，自夏靡後，忠之盛者，二子而已，惟漢諸葛武侯可以繼之。推許如此，蓋有感於宋室末造，衣冠淪于異族，莫能挽救也。《漢表》名列五等，似未足稱之。

吳敗楚兵於柏舉，柏舉，楚地，《公羊》作「伯莒」，《穀梁》作「伯舉」。柏伯莒舉音近，皆通字。《水經·江水注》：「江水又東逕上磧北，山名也，仲雍謂之大小竹磧北岸烽也。」又云：「舉水南流注於江，謂之舉口，南對舉洲。《左傳·定公四年》吳楚戰於伯舉，京相璠曰：漢東地矣。江夏有洰水，或作舉，疑卽此也。於漢爲邾，屬江夏郡。」《元和志》：「龜頭山在黄州麻城縣東南八十里，舉水之所出，春秋吳楚戰於柏舉，卽此。」顧氏祖禹《方輿紀要》云：「湖廣黄州府麻城縣東六十里龜峰山，上有白黑二龍井，卽舉水之原也，又縣東北三十里有柏子山，吳楚陳於柏舉，蓋合柏山舉水而名。《一統志》：舉水原出麻城縣東北黄蘗山，西南流，入黄岡縣西三十里入江，在麻城名岐亭河，入黄岡縣界謂之舊州河，其入江處謂之三江口。《春秋大事表》云：《名勝志》湖廣黄州府麻城縣東北三十里有柏子山，縣東南有舉水，柏舉之名，蓋用柏山舉水而得。」《吕子・首時》注云：「柏舉，楚南鄙邑。」案：當在今湖北黄州府麻城縣境。《左氏定四年傳》：「十一月庚午，二師陳於柏舉，闔廬之弟夫槩王晨請於闔廬曰：楚瓦不仁，其臣莫有死志，先伐之，其卒必奔，而後大師繼之，必克。弗許。夫槩王曰：所謂臣義而行，不待命者，其此之謂也，今日我死，楚可入也。以其屬五千先擊子常之卒，子常之卒奔，楚師亂，吳師大敗之。子常奔鄭，史皇以其乘廣死。」此柏舉敗事，《吳越春秋》四所叙畧同。惟經傳皆云十一月庚午，彼作十月爲異，當從經文。**遂入郢。**郢，楚都，詳第一卷《襄王問宋玉章》及二卷《莊辛章》注。《左傳》：「吳從楚師及清發，將擊之。夫槩王曰：困獸猶鬥，況人乎，若知不免而致死，必敗；我若使先濟者知免，後者慕之，蔑有鬥心矣，半濟而後可擊也。從之，又敗之，楚人爲食，吳人及之，奔，食而從之，敗諸雍澨，五戰及郢。」《吳越春秋》云：「楚人未濟漢，會楚人食，吳因奔而擊破之雍滯，（滯澨音相近。）五戰徑至於郢也。」**昭王出亡在隨，**昭王，平王子，母秦嬴，（秦嬴事詳《列女傳》。）名壬，（《御覽・太子部》作任。）亦作軫，（名壬見《春秋》昭十九及二十六，名軫見哀六。《史記・侯表、世家》作珍。）亦作熊珍，（《世家》、《楚語》注、《吕氏・高義》注並同。）在位二十七年。《渚宫舊事》：「昭王墓在江陵西北百里，沮水之西。」《水經沮水注》云：「葬沮水南。」未詳孰是。《文選・登樓賦》、謝朓《暫使下都詩》注並云：「墓在當陽東南七十里。」《漢表》列七等。《左傳》：「己卯，楚子取其妹季芈畀我以出，（《吳越春秋》無畀我。）涉睢，（《吳越春秋》作出河濉。）鍼尹固與王同舟，王使執燧象以奔吳師。庚辰，吳入郢，楚子涉睢濟江，入於雲中。王寢，盜攻之，以戈擊王，（《吳越春秋》作擊王頭。）王孫由于以背受之，（吳越春秋》作大夫尹固隱王，以背受之。案：鍼尹，官名，作尹固，誤，當有脱字。）中肩。王奔鄖，鍾建負季芈以從，由于徐蘇而從，鬥辛與其弟巢以王奔隨。

吳人從之，謂隨人曰：「周之子孫，在漢川者，楚實盡之，天誘其衷，致罰於楚，而君又竄之。周室何罪，君若顧報周室，施及寡人，以獎天衷，君之惠也，漢陽之田，君實有之。」楚子在公宮之北，吳人在其南，子期似王，逃王而己爲王，曰：「以我與之，王必免。」隨人卜與之，不吉，乃辭吳曰：「以隨之僻小，而密邇於楚，楚實存之，世有盟誓，至於今未改。若難而棄之，何以事君。執事之患，不唯一人，若鳩楚境，敢不聽命。」吳人乃退。（《楚世家》作隨人卜予吳，不吉，乃謝吳王曰：「昭王亡，不在隨。」吳請入自索之，隨不聽，吳亦罷去。《吳越春秋》作吳師多其辭，乃退。）鑪金初宦於子期氏，實與隨人要言。王使見，辭曰：「不敢以約爲利。」王割子期之心，以與隨人盟。」《吳越春秋》四畧同。（稍異者已注出。）《淮南子·泰族訓》云：「闔閭伐楚，五戰入郢，燒高府之粟，破九龍之鐘，鞭荆平王之墓，舍昭王之宮。昭王奔隨，百姓父兄攜幼扶老而隨之，乃相率而爲致勇之寇，皆方命奮臂而爲之鬥，當此之時，無將率以行列之，各致其死，卻吳兵，復楚地。」以上皆昭王奔隨事。隨，漢東姬姓國，今湖北德安府隨州是其地。

申包胥不受命，而赴於秦乞師，未受君命，自赴秦求救。《史記·伍子胥列傳》曰：「始，伍員與申包胥爲友。員之亡也，謂包胥曰：我必覆楚。包胥曰：我必存之。及吳兵入郢，伍子胥求昭王，既不得，乃掘楚平王墓，出其尸，鞭之三百然後已。申包胥亡於山中，使人謂子胥曰：子之報讎，其以甚乎。吾聞之，人衆者勝天，天定亦能破人，今子故平王之臣，親北面而事之，今至於僇死人，豈其無天道之極乎。伍子胥曰：爲我謝申包胥，曰吾日莫涂遠，吾故倒行而逆施之。於是申包胥走秦告急，求救於秦。」《吳越春秋》卷四所敍畧同。《左傳》：「初，伍員與申包胥友，其亡也，謂申包胥曰：我必復楚國。申包胥曰：勉之，子能復之，我必能興之。及昭王在隨，申包胥如秦乞師」云云。以上三處所敍，皆謂申包胥自往求救，與本書言不受命相合。而《楚世家》則云：「昭王之出郢也，使申包胥請救於秦。」是包胥乃奉使以出，與本書異。然觀《左傳》包胥與員對答之言，則乞師之舉，當出包胥自意，蓋欲踐與楚之説，舍求救無它法也。左氏記包胥求秦之詞，與本書多同，云寡君失守社稷，越在草莽，使下臣告急。史公泥其語，遂以爲昭王使包胥求救。不知包胥自往求秦，亦必假君命以行，此應對之權變，事勢之必然。左氏聲明昭王在隨，包胥如秦，則非奉命可知。《伍子胥傳》及《吳越春秋》云申包胥亡於山中，則非從奔又可知，何從而受昭王之命乎。觀後日昭王復國，賞始包胥，正以其專命以出，安社稷、利國家故耳。若奉命以往，誰則不能，又安得自誇爲君非爲身，且以有德於平王之子旗爲比而尤之邪。（皆左氏記包胥辭賞語。）《淮南子・脩務訓》言「吳與楚戰，莫囂大心撫其御之手，曰：今日拒强敵，犯白刃，蒙矢石，戰而身死，卒勝民治，全我社稷，可以庶幾乎。遂入不返，決腹斷頭不旋踵，運軌而死。申包胥曰：吾竭筋力以赴嚴敵，伏尸流血，不過一卒之才；不如約身卑辭，求救於諸侯。於是贏糧跣走，跋涉谷行，上峭山，赴深谿，游川水，犯津關，躐蒙籠，蹷沙石，蹠達膝，曾繭重胝，七日七夜，至於秦庭，鶴跱而不食，晝吟宵哭，面若死灰，顔色黴黑，涕液交集，以見秦王」云云。此事先見《楚策》，所言畧同，《渚宮舊事》亦記其事。詳諸書所言，求救純出包胥自意，乃其下文亦有使下臣告急之語，可見臨事託辭，非其實也。本書及《説苑・至公篇》皆直言申包胥不受命，以顯其功。二書同出中壘手，中壘稱博極羣書，（見《漢書・司馬遷傳贊》。）豈其未睹《左傳》、《史記》，而故爲是枘鑿之言哉，正惟善讀傳文，故能會其意於言外。亦猶鄭商人弦高，涂遇秦師，矯君命以犒敵人，當時事勢，固有不得不然者。以彼例此，情事正合，又何疑於本書此文哉。（《吳越春秋》敍申伍問答後，接云：申包胥知不可，乃之於秦，求救。則亦以爲包胥自意也。）「而赴於秦」，《説苑》作「西見秦伯」。

曰：「吳爲無道行，封豕長蛇，《左傳》無「無道行」三字。《淮南》「豕」作「豨」，

「長」作「脩」。《淮南書》辟厲王諱，凡長字皆以脩代之，高注云：「封脩，皆大也；豨虵，諭貪也。」《左傳》注：言吳貪害如蛇豕。義同。案：《淮南・本經訓》云：「堯之時，封豨脩蛇爲民害，乃使羿斷脩蛇於洞庭，擒封豨於桑林。」釋道宣《廣弘明集》十一：「斬脩蛇於洞庭，戮封豕於大澤。」蓋二者，皆古時害人之物，故引以比吳也。 蠶食天下 征上國，始於楚。 《左傳》作「以薦食上國，虐始於楚」，《淮南》同，惟「薦」亦作「蠶」。杜注：「薦，數也。」義與蠶食相近。高注：「蠶食，盡無餘也；上國，中國。虐害始先也，言將以次至秦也。」《吳越春秋》作「吳爲無道，封豕長蛇，以食上國，欲有天下，政從楚起」。《說苑》作「吳無道，兵强人衆，將征天下，始於楚」。諸書文意畧同。「征」，各本作「從」，誤，今依《說苑》改。篆文征字與從相似，致譌。《吳越春秋》云：「政從楚起。」政亦征也，古通字。《周禮・小宰》注：「政，謂賦也。」其字或作政，或作正，或作征，以多言之，宜從征。《小司徒》注：「政當作征。」《均人》注：「政讀爲征。」此例甚多，則此字當作征明矣。征讀如力征經營之征，與上伐下義別。 寡君失社稷，《左傳》、《淮南》「失」下均有「守」字。《說苑》作「寡君出走」。

越在草莽， 《說苑》作「居雲夢」。《淮南》一本作「莽」，一本作「茅」，高注：「越遠在於隨也。」案：莽茅一聲之轉。《左傳》釋文：「草莽舊作茅，亡交反，今本多作莽，莫蕩反，下同。」案：莽古音讀如母，據陸氏此言，則古本《左傳》亦作茅也。《淮南》此下云：「百姓離散，夫婦男女，不遑啟處，使下臣告急，求救。」詞止於此。《吳越春秋》作「寡君出在草澤」，詞異而意同也。高氏以遠訓越，案：《左氏襄十四年傳》：「聞君不撫社稷，而越在它境。」杜注：「越，遠也。」王引之《經義述聞》云：「家大人曰：越之言播越也。昭二十六年，茲不穀震盪播越，竄在荆蠻，與此越在它境同義。《桓十六年公羊傳》越在岱陰齊，義亦與此同。又昭二十年，寡人不佞，失守社稷，越在草莽。《定四年傳》寡君失守社稷，越在草莽。皆謂播越也。《晉語》延及寡君之紹續昆裔，隱悼播越，託在草莽。亦與越在草莽同義。」案：王説皆是。使下臣告急，下臣，下國之臣，謙詞也。告急，告國之危急。本書及《説苑》、《淮南》均有此句，而皆以求救爲包胥之意，則此爲權詞審矣。《吳越春秋》作「使來告急」，下接「如此七日，桓公（注：桓當作哀。）大驚，楚有賢臣如是，吳猶欲滅之，寡人無臣若斯者，其亡無日矣，爲賦《無衣》之詩」云云，下接「包胥曰：臣聞戾德無厭，王不憂鄰國，疆場之患，（宋本場作埸，非。）逮吳之未定，王其取分焉；若楚遂亡，於秦何利，則又亡君之土也。願王以神靈存之，世以事王」。後又敍「秦伯使辭焉」云云，將包胥語分作二截敍，與《左傳》異。但秦君既言楚有臣若此云云，則已爲包胥之言所動，且爲賦《無衣詩》，何以後又辭之，不如左氏之長。《史記·伍子胥傳》亦云：「包胥立於秦庭，晝夜哭，七日七夜，不絕其聲。秦哀公憐之曰：楚雖無道，有臣若是，可無存乎。乃遣車五百乘救楚。」《説苑·至公》云：「申包胥不罷朝，立於秦庭，晝夜哭，七日七夜，不絕聲。哀公曰：有臣如此，可不救乎。興師救楚。」皆不言後有復辭之事。本書從《左傳》一直敍下，是也。曰：吳，夷狄也，夷狄之求無厭，左氏「曰」下作「夷德無厭」。《吳越春秋》作「臣聞戾德無厭」。滅楚，則西與君接境，秦在楚西故也。《左傳》無此句。若鄰於君，「鄰」，各本作「隣」，俗，今從宋本正。杜注云：「吳有楚，則與秦鄰。」疆埸之患也。「埸」，各本作「場」，謬。《左傳》釋文：「埸，音亦。」凡疆埸字多爲淺人妄改作場，不知此字從易得聲，無從昜之理。今人或竟讀爲疆場，尤爲非是。逮吳之未定，逮，及也。及吳未定楚之先，尚可救也。盧文弨曰：「何本逮下脱之字。」案：宋本、各本皆有，《左傳》亦有「之」字，今從宋本。君其圖之。欲其早圖救之。《左傳》作「君其取分焉」，措詞之體益婉。杜注：「與吳共分其地。」《吳越春秋》作「王取其分焉」，注：「分，扶問反。」案：斯時秦未稱王，依杜注，分亦當讀如字。

若存撫楚國，存，存問；撫，撫恤也。《左傳》此上有「若楚之遂亡，君之恥也」二句，此句作「若以君靈撫之」，杜注云：「撫，存恤也。」是也。世以事君。」「世」上各本有「當」字，宋本無，《左傳》亦無。《吴越春秋》作「世以事王」，亦無「當」字。此字淺人妄增，今據宋本删。秦伯使辭焉，曰：「寡人聞命矣，聞楚君之命，蓋包胥託君命以致詞，故云然。《説苑》作「哀公曰：諾，固將圖之」。子其就館，「其」，《左傳》作「姑」。案：其猶且也，《吴越春秋》此字正作「且」，與姑義同，《經傳釋詞》失收此訓。《左傳》中如「君其修德而固宗子」，「君其務德，無患無人」；「今吾子不後寡君，寡君未知所過，吾子其少安」。諸其字皆訓且。此外見各經子史者甚多。館謂客舍，使臣所居。就，即也。將圖而告子。」《左傳》、《吴越春秋》均無「子」字。圖，謀也，審也，即《説苑》「固將圖之」之義。言審謀而後見告，婉詞却之。對曰：「寡君越在草莽，未獲所休，《吴越春秋》作「寡君今在草野，未獲所伏」，《左傳》「休」亦作「伏」。案：休字與下安字相對，文義似長。然杜注云：「伏，處也。」則所見傳已作伏矣。休伏二字，古書多互用。《禮記·月令》「毋休于都」，鄭注云：「今《月令》休爲伏。」考《吕氏春秋》正作伏，與今《月令》同。高誘注以伏爲伏藏都國。《列子·天瑞篇》：「君子息焉，小人伏焉。」殷敬順釋文：「荀卿作小人休焉。」張湛注：「去離憂苦，昧然而死，小人之所以伏也。」是張湛所見亦作伏，與息爲韵。（古讀伏如弼。）下文引《晏子》云：「仁者息焉，不仁者伏焉。」注：「唯死而後休息寢伏之。」其作伏字非休，更明。蓋休與伏形近義通，《左傳》作伏，未必誤字。杜訓伏爲處，即寢伏之義。至陳喬樅《禮記鄭讀考》疑《廣韵》四十九宥有伏字，爲鳥伏卵之伏。《集韵》宥韵亦云「伏或作覆」，又云「覆通作伏，並音扶富切」。則伏休二音相近，似可通用。不知古無輕脣音，讀伏如弼，《廣韵》、《集韵》皆後世之音，不可以論古書也。休與伏義自相通，不必曲爲之説。下臣何敢即安。」《吳越春秋》無「下」字。卽，就也。安，謂客館。倚於庭牆立哭，《左傳》作「立依於庭牆而哭」，《吳越春秋》作「立於庭，倚牆而哭」，句異意並同。倚依聲義俱近。日夜不絶聲，《説苑》云：「申包胥不罷朝，立於秦庭，晝夜哭，七日七夜，不絶聲。」《史記・伍子胥傳》：「包胥立於秦庭，晝夜哭，七日七夜，不絶其聲。」水漿不入口，《左傳》作「勺飲不入口」。《吳越春秋》無「漿」字。《國策・楚策》作「七日不得告，水漿無入口」。《史記・伍子胥傳》、《説苑・至公》均無此句。七日七夜。《左傳》無「七夜」二字。《吳越春秋》「七日」敘在「使下臣告急」之下，此處遂刪此句。《左傳》言日不言夜者，因上文日夜不絶聲，言日可概夜矣。本書承上文增二字，與《史記》、《説苑》同。《禮記・檀弓》：「曾子謂子思曰：伋，吾執親之喪也，水漿不入於口者七日。子思曰：君子之執親之喪也，水漿不入於口者三日。」曾子疾時失禮，矯枉過中，至於七日。若依禮，居喪大事，絶水漿不逾三日，教民勿以死傷生也。今包胥絶水漿，與曾子同者，示悲痛逾恆，冀以感動秦伯。秦哀公爲賦《無衣》之詩，「哀公」，《吳越春秋》作「桓公」，誤。梁氏《人表》所據本作「柏公」，柏又桓之誤。（如《路史》注，柏成子高作桓成子高。）哀公，景公子，在位三十六年。（《秦紀》、《侯表》。）《漢表》列七等。《吳越春秋》以賦詩敘在「使下臣告急」之下，分作兩截，辯已見上。《左傳》「爲」下有「之」字，無末二字。《無衣》，《秦風》，杜注：「取其王于興師，脩我戈矛，與子同仇，與子偕作，與子偕行。」案：杜注括舉全詩者，凡賦詩云，賦某詩之某章，皆斷章以賦，但云賦某詩者，賦全篇也。三章意同，故一概賦之。《吳越春秋》止敘首章，省文耳。言兵今出。《毛詩・摽有梅》傳曰：「今，急辭也。」《左傳》無此句。包胥九頓首而坐，《左傳》無「包胥」二字。閻若璩曰：「杜注：《無衣》三章，章三頓首。據每章闋祇宜一頓首，今遂三頓首，蓋中包胥故重其禮，以謝秦君。若禮之正，如襄四年歌《鹿鳴》

之三，三拜，三拜乃三揖耳，豈得至頓首，而又九頓首者乎。故曰：此禮之至變也。」又曰：「此坐卽跪也。故下文云：秦師乃出。」（《潛邱劄記》五《答萬公擇》。）顧炎武曰：「包胥元是三頓首，未嘗九也。杜注：《無衣》三章，章三頓首。每頓首必三，此亡國之餘，情至迫切，而變其平日之禮者也。韓之戰，晉大夫三拜稽首。古但有再拜稽首，無三拜，申包胥之九頓首，晉大夫之三拜也。《楚語》湫舉遇聲子，降三拜，納其乘馬，亦亡人之禮也。」（《日知録》二十八。）案：《吳越春秋》於「不入口下」云：「秦伯爲之流涕，卽出師而送之。」**秦哀公曰：「楚有臣若此而亡，吾無臣若此，亡無日矣。」**《說苑》作「哀公曰，有臣若此，可無救乎」。《史記・伍子胥傳》作「楚雖無道，有臣若此，可無存乎」。《吳越春秋》作「桓公大驚，（此下當脱曰字。）楚有賢臣如是，吳猶欲滅之，寡人無臣若斯者，其亡無日矣」。所言畧同。哀公之言，所以愧厲其臣也。哀公本無救楚之心，徒感於包胥之忠憤，遂興師以從之，忠義之感人深矣哉。齊桓公聞弘賁之死，曰：「衛之亡也以無道，今有臣若此，不可不存。」（事見八卷。）於是救衛於楚邱。楚、衛之復國，皆賴賢臣，二事正相類。**於是乃出師救楚。**《左傳》作「秦師乃出」，無上文四句。《國策・楚策》記秦王語云：「寡人聞之，萬乘之君，得罪一士，社稷其危，此之謂也。遂出革車千乘，卒萬人，屬之子滿與子虎」云云，詞稍異也。**申包胥以秦師至楚，**以下在《左氏定五年傳》。**秦大夫子滿、子虎，**二子秦臣。「滿」，《左傳》及《吳越春秋》作「蒲」，《國策》作「滿」，與此同。古書蒲滿字每相亂，《左氏成十六年》「晉弑其君州蒲」，釋文：「本或作州滿。」《正義》引應劭《諱議》云：「周穆王名滿，而有晉侯州滿。」則作滿是也。《史記》作「壽曼」。州壽曼滿，俱音近。又曼卽古萬字，（見六卷《魏王起中天臺章》注。）萬，盈數也，義亦與滿相通。《史通・五行志・雜數篇》以作州蒲爲誤，謂出王劭《讀書志》。又《呂子・愼行》有盧滿嫳，《左傳》作盧蒲嫳，皆其證也。蒲滿字形本近，此當各依原文，不能臆決孰是。（近見一校書者，引宋滿中行《澠水燕談録》，不知此書乃王闢箸，李元綱《厚德録》引作蒲中行，因書前有蒲氏作序，李誤記之，亦猶其引孫升《談圃》爲劉延年，因卷首有劉序也，此已可笑，再譌爲滿，更謬。然《郡齋讀書志》十九卷已有滿中行之名，近長沙王氏刊本，因仍其誤。各藏書家書目，亦間有引滿中行敍者，甚矣校書之難也。）《淮南子》作「屬之子虎」，無子滿名。一本更譌子爲鍼，高注：「秦大夫子車、鍼虎也。」此注謬，子車、鍼虎，乃殉繆公葬者，三良之一人，與此時代迥不相接，何得混合爲一。一本譌子爲鍼，殆即因高注致誤。帥車五百乘。杜注：「五百乘，三萬七千五百人。」案：《淮南·脩務》云：「秦王乃發車千乘，步卒七萬，屬之子虎。」《國策·楚策》云：「出革車千乘，卒萬人。」案：既云千乘，則不止萬人，萬上當有脱字。二書並與《左傳》異，惟《史記》、《吴越春秋》及本書與《傳》合。《左傳》句末有「以救楚」三字，本書上文已出救楚，故此删三字。子滿曰：「滿」，《左傳》作「蒲」，詳上注。《吴越春秋》作「二子曰」。「吾未知吴道。」杜注：「道，猶法術。」案：杜説是，作道路解非。《左傳》考證：「臣浩案，杜以吴時已據楚，不得爲吴之道路也。」法術，謂吴人攻戰之術。使楚人先與吴人戰，而會之，「而」下《左傳》有「自稷」二字。《吴越春秋》作「使楚師前與吴戰，而即會之」。《史記·世家》云：「秦以車五百乘救楚，楚亦收餘散兵與秦擊吴。十一年六月，敗吴於稷。」此即楚人與吴戰而秦會之之事也。杜注云：「稷，楚地。」案：稷當在今河南南陽府桐柏縣境，《左傳》以稷爲相會之地，下文大敗夫槩王於沂，始是敗吴之地。《史記》則云「敗吴於稷」，（《伍子胥傳》亦云：敗吴兵於稷。《索隱》曰：《左傳》作稷丘。杜注：稷丘，地名。案：今《左傳》並不作稷丘，其引杜注亦不合，蓋小司馬誤記耳。）又不載沂之敗，微有不同。蓋兩文互有詳畧耳。會稷後即遇吴師而敗之，追至於沂，又敗之，情事可以推見。《方輿紀要》

云：「西塞山在武昌縣東百三十里，近山有流沂城。」**大敗吴師。**《左傳》曰：「大敗夫槩王於沂，吴人獲薳射於柏舉，其子帥奔徒以從子西，敗吴師於軍祥。秋七月，子期、子蒲滅唐。九月，夫槩王歸，自立也，以與王戰而敗，奔楚，爲堂谿氏。吴師敗楚師於雍澨，秦師又敗吴師，吴師據麇。子期將焚之，子西曰：父兄親暴骨焉，不能收，又焚之，不可。子期曰：國亡矣，死者若有知也，可以歆舊祀，豈憚焚之。焚之而又戰，吴師敗。又戰于公壻之谿，吴師大敗，吴子乃歸。」《吴越春秋》云：「七月，楚司馬子成，秦公子子蒲，與吴王相守，私以閒兵伐唐，滅之。子胥久留楚，求昭王，不去。夫槩師敗，卻退。九月，潛歸，自立爲吴王。闔閭聞之，乃釋楚師，欲殺夫槩，奔楚。（案此處當疊夫槩字。）昭王封夫槩於棠溪，闔閭遂歸。子胥、孫武、白喜留，與楚師於淮澨，（淮當爲雍之爛文，此句有脱字。）秦師又敗吴師。楚子期將焚吴軍，子西曰：吾國父兄身戰，暴骨草野焉，不收，又焚之，其可乎。子期曰：亡國失衆，存殁所在，又何殺生以愛死，死如有知，必將乘煙起而助我，如其無知，何惜草中之骨而亡吴國。（案吴當是吾之誤。）遂焚而戰，吴師大敗。子胥等相謂曰：彼楚雖敗我餘兵，未有所損我者。孫武曰：吾以吴干戈，西破楚，逐昭王，而屠荆平王墓，割戮其屍，亦已足矣。子胥曰：自伯王已來，未有人臣報讎如此者也，行去矣。吴軍去後，昭王反國。」以上皆是秦會楚敗吴事。《淮南子》但云：「擊吴濁水之上，果大破之。」所記殊畧。《史記·伍子胥傳》：「秦遣車五百乘，救楚，擊吴。六月，敗吴兵於稷。會吴王久留楚，求昭王，而闔廬弟夫槩乃亡歸自立爲王，闔廬聞之，乃釋楚而歸。擊其弟夫槩。夫槩敗走，遂奔楚，楚昭王見吴有内亂，乃復入郢。封夫槩於堂谿，爲堂谿氏。楚復與吴戰，敗吴，吴王乃歸。」所記亦畧。《説苑》於「救楚」下卽接「吴人聞之，引兵而還」。一似未曾戰者，所敍更疏畧矣。**吴師既退，**因敗，且聞夫槩自立故。案：包胥求救事，《國策》所述與各書多可互參，茲附録下。云：「昔吳與楚戰於柏舉，三戰入郢，寡君身出，大夫悉屬，百姓離散。冒勃蘇曰：『吾被堅執銳，赴强敵而死，此猶一卒也，不若奔諸侯。』於是贏糧潛行，上峥山，踰深谿，蹠穿膝暴，七日而薄秦王之朝，雀立不轉，晝吟宵哭，七日不得告，水漿無入口，瘨而殫悶，旄不知人。秦王聞而走之，冠帶不相及，左奉其首，右濡其口，勃蘇乃蘇。秦王身問之：『子孰誰也？』棼冒勃蘇對曰：『臣非異，楚使新造盩棼冒勃蘇。吳與楚人戰於柏舉，三戰入郢，寡君身出，大夫悉屬，百姓離散，使下臣來告亡，且求救。』秦王顧令不起，寡人聞之，萬乘之君，得罪一士，社稷其危，今此之謂也。遂出革車千乘，卒萬人，屬之子滿與子虎，下塞以東，與吳人戰於濁水，而大敗之。亦聞於遂浦。故勞其身，愁其思，以憂社稷者，棼冒勃蘇是也。」案：此段乃《淮南書》所本。昭王復國，復，反也。《賈子新書·諭誠》云：「楚昭王當房而立，愀然有寒色，曰：『寡人朝饑饉時，酒二甂，重裘而立，猶憯然有寒氣，將柰我元元之百姓何？』是日也，出倉之粟，以振飢者。居二年，闔閭襲郢，昭王奔隨，諸當房之賜者，請還，致死於寇。闔閭一夕而五徙卧，不能賴楚，曳師而去。昭王乃復，當房之德也。」案：此特昭王復國之一原因耳。《左傳》曰：「鬬辛聞吳人之爭宮也，曰：『吾聞之，不讓則不和，不和不可以遠征。吳爭於楚，必有亂，有亂，必速歸，焉能定楚。』」此乃吳敗而楚復之真因也。而賞始於包胥。賞時先及包胥，以爲功首。包胥曰：「輔君安國，輔，助也。非爲身也；非爲一身之榮富。救急除害，非爲名也；行乎心之所安，不求人聞。功成而受賞，是賣勇也；賣當作𧶠、此衒𧶠字、謂自衒其勇也。「是」，宋本作「非」，鐵華館本同，各本皆作「是」。案：作「非」文義違反，此涉上文兩非字而誤。《説苑·至公篇》作「申包胥辭曰：『救亡非爲名也，功成受賜，是賣勇也。』辭不受」云云，正作是字。今依衆本，據《説苑》改。君既定，定，定位也。《左傳》句末有「矣」字。又何求焉。」《左傳》無「焉」字。

不爲身與名，自無所求也。遂逃賞，終身不見。逃以避賞，不見昭王也。《左傳》：「申包胥曰：吾爲君也，非爲身也，君既定矣，又何求。且吾尤子旗，其又爲諸。遂逃賞。」《說苑》作「遂退隱，終身不見。」案：包胥言爲君，不如言爲國之當。君子曰：以下當是中壘論斷之詞。申子之不受命赴秦，稱申子，則申當爲氏明矣。不受命赴秦，再申言之。忠矣；《公羊莊十九年傳》曰：「大夫出境，有可以安社稷利國家者，則專之，可也。」況包胥之使秦，關繫楚之存亡者乎，故中壘以忠許之。七日七夜不絕聲，厚矣；富愛國心。不受賞，不伐矣。伐，誇也。《易》曰：「勞而不伐。」然賞所以勸善也，辭賞，亦非常法也。賞罰王者馭世之大柄，不爲一人。包胥之辭，以激厲世俗，斯可矣；若人人如此，將功可不賞，而過亦可不罰乎，故曰非常法也。《呂子·察微篇》云：「魯國之法，爲人臣妾於諸侯，有能贖之者，取其金於府。子貢贖魯人於諸侯，來而不取其金。孔子曰：賜失之矣，自今以往，魯人不贖人矣。取其金，則無損於行，不取其金，則不復贖人矣。子路拯溺者，其人拜之以牛，子路受之，孔子曰：魯人必拯溺者矣。」意亦同此。前一事又見《淮南·道應訓》、《說苑·政理篇》，後一事《淮南·齊俗訓》亦引，與子貢讓金事並言之。所謂辭賞非法，於此可見。

12 齊崔杼者，崔杼，齊臣。《唐表》七十二下卷、《通志·氏族略》三、《路史·後紀》四注並云：「齊丁公嫡子季子讓國叔乙，食采於崔，生穆伯，穆伯生沃，沃生野，八世孫夭，夭生杼。」而《淮南·說林訓》注則謂杼爲野之子，殆非也。《左氏襄二十五年傳》「君出自丁」，《廣韵》注云：「丁公子食采於崔，因以爲氏。」後爲慶封攻滅，自縊而死，以棺尸於市，謚曰武。《漢表》列七等。《左氏襄二十七年傳》「成請老於崔」，杜注：「濟南東朝陽縣西北有崔氏城。」案：《春秋輿圖》東朝陽故城在今山東濟南府章邱縣西北六十里，則有六十餘里矣。《通志》云二十五里，誤。齊之相也，莊公既弒，杼立景公而相之，慶封爲左相也。《春秋大事表》五、《史記·齊世家》：「景公立，以崔杼爲右相。」是齊高、國二卿之外，于時復立左右二相。案：崔杼弒逆，欲引慶封以助己，設二相之制以媚之，事出非常，非舊制也。相爲古執政之通稱，詳六卷首章注。弒莊公，莊公名光，靈公子，母鬷姬。謚法：兵甲亟作曰莊，屢征殺伐曰莊，武而不遂曰莊。光之謚，殆取此三義。在位六年，爲杼所弒，當魯襄公二十五年，葬士孫之里。《魏書·地形志》云：「莊公冢在臨淄。」《漢表》列九等。《左傳·襄二十五年》：「崔杼娶東郭姜，莊公通焉。崔子因是，又以其閒伐晉也，曰：『晉必將報。』欲弒公以説於晉，而不獲閒。公鞭侍人賈舉，而又近之，乃爲崔子閒公。夏五月，莒爲且于之役故，莒子朝於齊。甲戌，饗諸北郭。崔子稱疾，不視事。乙亥，公問崔子，遂從姜氏，姜入於室，與崔子自側户出。公拊楹而歌，侍人賈舉止衆從者而入，閉門，甲興。公登臺而請，弗許，請盟，弗許，請自刃於廟，弗許。皆曰：『君之臣杼疾病，不能聽命，近於公宫，陪臣扞掫有淫者，不知二命。』公踰牆，又射之，中股，反隊，遂弒之。」是其事也。止太史無書君弒及賊。弒君則爲亂賊，杼諱言弒，又刼之，使不書賊。太史不聽，遂書賊，曰：「崔杼弒其君。」崔子殺之，其弟又嗣書之，嗣，繼也。崔子又殺之，死者二人，《左傳》作「其弟嗣書而死者二人」。其弟又嗣復書之，乃舍之。《左傳》作「其弟又書，乃舍之」。《史記·齊世家》：「齊太史書曰：『崔杼弒莊公。』崔杼殺之，其弟復書，崔杼復殺之，少弟復書，崔子乃舍之。」所記畧同。此三人無名，《漢表》同列三等。南史氏是其族也，《左傳序》正義云：「南史是佐太史者，當是小史，居在南，謂之南史，非官名也。」閻若璩曰：「此文杜無注。南史，齊史在外者，安得以其南字縣揣有南北二史官，真妄而謬矣。」黄太沖云：

崔杼弑其君，此檮杌之史書法，南史楚史官，執簡而往書齊國之事，何異於送死乎。太沖之徒驫，此其一斑。」（《潛邱劄記》一。）梁履繩曰：「太沖誠未免好異，崔子弑其君，固南史所書，故不稱國名及君名。若楚史，則當云齊崔杼弑其君光矣，乃云檮杌書法，殊爲傅會。」（《左通補釋》十八。）案：《正義》謂南史乃小史居在南，佐太史者，説殊杜譔，黄説尤謬，閻氏駁之，是也。梁謂崔子弑君，固南史所書，故不稱國名君名，亦微有誤處。崔杼弑其君，乃齊太史所書，若南史聞既書而還，則是始終未書也。《傳》、《史》鄭重分明，稱齊太史書曰，何緣誤爲南史乎。林注之説，亦本孔冲遠而誤。惟本書稱南史氏是其族也，一語解紛，可以息衆喙矣。南史氏，《漢表》列三等，與太史三人同。梁氏《人表考》引《正義》小史居南之説，而駁之云：「史有内外大小左右之别，而無南北之稱，《正義》之説欠妥。東西南北，人各有居，何獨此史以居南爲號。竊疑古史官之職，四時分掌之，故有青史氏、南史氏，青史主春，南史主夏，崔杼弑君在夏五月，記注政其職矣。又注云：《通志畧》四，言董狐之子，受封青史之田，因以爲氏。非也。」案：梁説極是，南史蓋卽太史三人之同族，而主夏事者。

聞太史盡死，執簡以往，簡策制度，古來聚訟多矣。黄以周曰：「蔡邕云：策者，簡也。其制長二尺，短者半之，其次一長一短，兩編。賈公彦云：鄭作《論語序》云：《易》、《書》、《詩》、《禮》、《樂》、《春秋》，策皆尺二寸，《孝經》謙半之，《論語》八寸策者，三分居一，又謙焉。是其策之長短。鄭注《尚書》三十字一簡之文，服虔注《左氏》云：古文篆書一簡八字，是一簡容字多少。孔穎達云：鄭玄《論語序》以《鉤命決》云《春秋》二尺四寸書之，《孝經》一尺二寸書之，故知六經之策，皆長二尺四寸。蔡邕言二尺者，謂漢世天子策制所用，與六經異也。以周案：孔賈二疏，皆引鄭君《論語敍》，其言簡策長短，不應有異，當依孔作二尺四寸，以《論語》八寸策者三分居一推之自見。《漢·藝文志》：劉向以中古文校歐陽、大小夏侯三家經，率簡二十五字，脱亦二十五字；簡二十二字，脱亦二十二字，與鄭注三十字異者，蓋古篆體有繁簡，繁者宜疏，簡者可密，故字有不同。《説文・册部》：册，符命也，諸侯進受於王也，象其札一長一短，中有二編之形。褚少孫曰：其册一長一短，皆有意義。鄭注《尚書》云三十字，據簡之長言。服云古文篆書一簡八字，單疏本作一簡八分字，《要義》引同，今毛本奪分字。六經之策二尺四寸，以簡三十字分之，則每字得八分也，此當據古尺言。束晳《穆天子傳敍》曰：以前所考定古尺度，其簡二尺四寸，可證。蔡説策二尺者，以漢尺言。《南史・王僧虔傳》：盜發楚王冢，獲竹簡十餘，廣數分，長二尺，與蔡説合。蔡説本據律令，以古尺言，亦用二尺四寸，見《鹽鐵論》及《曹褒傳》，或曰三尺律，本《漢・杜周傳》。」黄氏又曰：「《獨斷》云：短半之。據六經之册言，《書》疏引顧氏説，策長二尺四寸，簡長一尺二寸。一尺二寸，卽短半之之説，若《孝經》、《論語》之册，短亦半之，恐不其然。蓋《孝經》尺二寸之册，卽用六經之短；《論語》八寸之册，卽用《孝經》之短。則六經之短者，半之；《孝經》之短者，三分之一也；《論語》之短者未聞。《論衡・正説》云：《論語》數十百篇，以八寸爲策。亦不及其短，豈《論語》無短與。」（《禮書通故》。）案：賈氏引鄭，見《儀禮・聘禮》疏，服説見《禮記》疏，孔引鄭見《左傳序》正義，黄氏之説甚精。前箸《簡册制度考》亦以賈疏爲誤，又駁段玉裁改三分居一爲三分居二，及翁方綱引鄭六經策皆四尺四寸之非，餘大畧與黄説同。今既見黄説，不復録前作矣。（近李慈銘《荀學齋日記》戊上，仍主段説，非是。）或有傅會賈疏，委曲解釋，此與誤八寸策爲八十宗，曲爲之説何異。（見《北史・徐遵明傳》。）又近人王國維箸《簡牘檢署考》，徵引詳博，有黄氏所未言者，今擇録於下。王云：「《儀禮》疏謂簡據一片而言，策是連編之名。《左傳》疏亦曰：單執一札謂之簡，連編諸簡名爲策。是賈、孔均以簡爲策中之一札。然孔氏於《尚書疏》又引顧彪説，二尺四寸爲策，一尺二寸爲簡。則又以長短别之。前説是也。」又曰：「古策有長短，最長者二尺四寸，其次二分取一，其次三分取一，最短者四分取一。《論衡·量知篇》：截竹爲筒，破以爲牘，加筆墨之蹟，乃成文字，大者爲經，小者爲傳記。又《謝短篇》：二尺四寸，聖人文語，故可務知，漢事未載於經，名爲尺籍短書，比於小道。《説文》引莊都説：典，大册也，五帝之書名典。則以策之大小，爲書之尊卑，其來遠矣。（中畧。）且不獨古六經爲二尺四寸也，荀勗《穆天子傳敍》：以臣勗前所考定古尺，度其簡長二尺四寸，以墨書，一簡四十字。則周時國史記注策，亦二尺四寸也。（案：此正可引以解此文。）禮制法令之書，亦然。《後漢書·曹褒傳》：褒譔天子至於庶人冠昏吉凶終始制度，以爲五十篇，寫以二尺四寸簡。則禮書之制也。《鹽鐵論·貴聖篇》：二尺四寸之律，古今一也。則律書之制也。（此與黄説畧同而加詳，故録之。）此上所云尺寸，皆漢尺，非周尺。周尺二種，一以十寸爲尺，一以八寸爲尺，其以八寸爲尺者，漢之二尺四寸，正當周之三尺。故《鹽鐵論》言二尺四寸之律，而《史·酷吏傳》稱三尺法，《漢·朱博傳》言三尺律令，蓋猶沿周時語也。（案：此可補黄説之闕，極有理解。《重論文齋筆録》二引汪繼培《周代書册制度考》，謂杜周、朱博，厪舉其大數，謂之三尺，周律與漢律簡並，當用二尺四寸，其説非矣。至蔡氏《獨斷》制長二尺之説，黄謂以漢尺計，若以古尺，當爲二尺四寸；王則謂或古制稍短，或舉成數，不可考云。似以王説爲長。）二尺四寸爲最長之簡，二分取一，則得一尺二寸，《孝經》策是也。漢以後官府册籍，亦爲一尺二寸，《漢書·元帝紀》注：應劭曰：籍者爲尺二竹牒，（原注：今本作二尺，從《玉海》八十五所引，及崔豹《古今注》卷下之説改正。）記其年紀名字物色，縣之宫門。《續漢書·百官志》注引胡廣曰：符木長尺二寸，蓋始用竹，而後改用木也。《御覽》六百六引《晉令》：郡國户口黄籍，皆用一尺二寸札，已在官籍者載名。疑亦用漢制也。三分取一爲八寸，《論語》策是也。《論衡・正説篇》：説《論語》者，皆知説文解語而已，不知《論語》本幾何篇，但周以八寸爲尺，不知《論語》所獨一尺之意。夫《論語》者，弟子記孔子之言行。敕記之時甚多，數十百篇，以八寸爲尺，紀之者約，懷持之便也。以其遺非經傳文，紀識恐亡，故以但八寸尺，不二尺四寸也。又《書解篇》云：秦雖無道，不燔諸子，諸子尺書，文書具在。此尺書當亦以八寸尺言，則諸子亦八寸策也，四分取一爲六寸，符算是也。《説文》：符，信也，漢制以竹長六寸而相合。又算長六寸，紀曆數者。此種短簡，連編不易，故不用於書籍，惟符信之但須二印相合者用之。算籌則本分别用之，亦以短爲便，故周時用一尺二寸者，漢亦用六寸。此周、秦、兩漢簡策種類之大畧也」以上王説尤詳盡，折衷羣言，了無疑義，今故擇録兩家之説，餘概不及焉。將復書之，《左傳》無此句。聞既書矣，乃還。杜注《左傳》云：「言齊有直史，崔杼之罪所以聞。」案：杜明云齊之直史，則黄説之誤益見。閻氏謂南史氏杜無注，讀此亦不啻有注矣。君子曰：古之良史。與《左傳》孔子稱董狐語同，蓋中壘取以許齊史臣也。

13齊攻魯，求岑鼎，事見《吕子・審己篇》。《韓子・説林下》「攻」作「伐」，「求」作「索」，「岑」作「讒」。《左氏昭三年傳》引讒鼎之銘，杜注：「讒，鼎名也。」《正義》引服虔云：「疾讒之鼎，《明堂位》所謂崇鼎是也。一云讒地名，禹鑄九鼎於甘讒之地，故曰讒鼎。二者並無案據，其名不可審知，故杜直云鼎名而已。」案：讒岑崇俱一音之轉，服所謂疾讒之鼎，則讒正字，岑崇叚借字也。然岑崇二字俱有高義，《孟子》：「方寸之木，可使高於岑樓。」岑亦高也。讒與嶃通，《釋名》：「岑，嶃也，嶃嶃然也。」《説文・厂部》「厰，崟也。」《山部》：「嵒，山巖也，讀若吟。」又「岑，山小而高」；「崟，山之岑崟也」；「崇，山大而高也。」《史記・司馬相如傳》「岑巖參差」，《漢書》作岑崟。《揚雄傳》「玉石嶜崟」，蕭該《音義》引《字詁》

云：「譖，古文岑字。」然則讒鼎之讒，其聲與岑相近，其義亦與高相通。《廣雅·釋詁》「巉巖岑，高也。」巉有高義，讒與巉同從毚聲，故義亦相通，言魯國高大之鼎爾，未必以疾讒爲義，及以地得名也。《困學紀聞》六：「讒鼎即魯鼎，《明堂位》有崇鼎，服説不爲無據。」案：王氏聲明讒鼎爲魯鼎，而云服有據者，因孔斥爲無據，而反言之。但服已明引《明堂位》，孔謂疾讒之説無據，非謂其引《明堂位》無據，王説不足以難孔。又《左氏宣三年傳》：「昔夏之方有德也，鑄鼎象物。」是禹鑄鼎之證，與服引第二説合。然如此，則讒鼎是禹鼎，非魯鼎，禹鼎在周京，齊欲得前朝之重寶，當觀兵周室，如楚莊王之爲，不應舍而攻魯，又取柳下惠之言以爲重也。故知訓讒爲地名者非，以讒鼎爲禹鼎更非，孔謂名不可知，固考之未審；服以疾讒爲説，亦望文生義。此類聲轉字，當因聲以通其義，不當泥字而昧其聲。至鄭君注《明堂位》，以崇爲國名，此特以意言之，初無確證。近人楊氏校《韓非子》，謂「讒當作鬵，《説文》云鼎大上小下曰鬵，讀若岑，《説文》鉹下云一曰鬵鼎。呂、劉作岑，韓作讒，皆聲近借字，以讒爲地名，及釋爲疾讒之鼎，並非是。」其説亦辯，但《説文》鬵鼎，别是一物，未必即爲魯鼎。此鼎《明堂位》與貫鼎大璜封父龜並言，當是國之重器，故齊興師以求之。若鬵鼎果即此鼎，叔重何得不言，但以大上小下釋之乎，故不如訓高大爲長。

魯君載岑鼎往。此「岑」字《呂氏》作「他」。《韓非子》作「魯以其雁往」。本書渾言岑鼎，亦必謂雁，但未明敍耳。

齊侯不信而反之，以爲非也，《呂書》無「以也」二字，不成文義。高注云：「反，還也，以爲非岑鼎，故還也」陳昌齊曰：「爲非二字，疑因注而衍。」案：陳説非是，當據本書增以也二字，以爲非與下文以爲是相對。高注以爲非岑鼎，正申釋此句之義，非衍文。

使人告魯君，《呂書》「君」作「侯」，句末有「曰」字。

柳下惠以爲是，「惠」，《呂》作「季」，下並同。柳下惠見三卷《燕惠王章》注。

因請受之。「因請」，《呂氏》作「請因」，謂請於魯君而受之也。《韓子·説林下》：「齊曰：使樂正子春來，吾將聽子。」與《呂子》及本書異。梁履繩曰：「《呂子》、《新序》作柳下季事，疑當在僖公二十六年，齊伐魯北鄙，展喜犒師之時，至昭三年，晏子與叔向語，引讒鼎之銘，則鼎已久在齊矣，故晏子述之。若爲樂正子春，乃曾子弟子，出春秋之後矣。」案：梁氏疑此爲展喜犒師時事，亦未有的證；引晏子語此時鼎久入齊，案昭三年叔向告晏子引讒鼎之銘，非晏子所引，梁説殊誤。惟韓非以柳下事屬之樂正子春，亦恐不實。《左氏哀十四年傳》：「小邾射以句繹來奔，曰：使季路要我，吾無盟矣。使子路，子路辭。」事正與此相類。匹夫行信義，其感人甚於王公，有志者可以奮然興矣。《顔氏家訓·名實篇》：「仲由之證鼎，重於登壇之盟。」（近本改證鼎作言信，此據宋本。）證鼎非仲由事，顔氏誤合爲一，亦正以二事之相似耳。**魯君請於柳下惠，**「魯君」上各本有「請」字。案：此魯君請柳下惠，非齊人迫魯君請之也，句首「請」字當衍。《呂書》無之，今據删。**柳下惠對曰：**「對」，《呂氏》作「答」。**「君之欲以爲岑鼎也，**《呂》作「君之賂以欲岑鼎也」，句有譌。畢校云：「猶言賂以所欲之岑鼎。」説殊牽强可笑。俞樾《呂子平議》知畢説之非，而云當作君之賂以岑鼎也，欲以免國也，欲字誤移在上句，則文不成義。不知欲以爲岑鼎，正見其甘心作僞，若移在下句，便失語妙，且似賂以真岑鼎矣。此言君欲以僞爲真，免受兵禍，本書詞意明白，當據以校正。以爲二字，屬柳下言，不屬魯君言。可見上文載岑鼎句，亦謂雁鼎，但未明敍其故，欲人自得之耳。一説：以，用也；爲與僞通，古書二字往往互用。《荀子·性惡篇》「其善者僞也」，僞讀爲爲。（錢大昕説。）《禮記·月令》：「毋或作爲淫巧，以蕩上心。」爲又讀僞，此類不可殫舉。欲以爲岑鼎也，猶言欲用僞岑鼎耳，亦通。但細玩語氣，不如前説之長。**爲以免國也。**免國於危難。**臣亦有國於此，**高注《呂子》云：「亦有國於此，言己有此信以爲國也。」**破臣之國，**

以免君之國，使己以僞爲真，是破其信行，故曰破臣之國。此臣所難也。」「所」上《吕》有「之」字。難，難從也。婉却之，君子之重信行如此。魯君乃以真岑鼎往。此句始敘出前者爲僞。《吕書》句末有「也」字。畢校云：「《韓非》作讒鼎，又屬之樂正子春，若是兩事，則各是一鼎，名各不同，否則傳者互異，岑與讒，通轉耳。」案：此事説見前，畢疑兩事，鼎名不同，非是，當屬傳聞之誤。柳下惠可謂守信矣，《吕》作「且柳下季可謂此能説矣」，文義難解，必有譌奪。或訓此爲之，亦近牽強。非獨存己之國也，又存魯君之國，「又」下《吕》有「能」字，高注：「《論語》云，非信不立，柳下惠有信，故能存魯君之國。」案：魯君若不以真鼎往，齊必怒而攻魯，是國有敗亡之虞也。反覯自明，高注未得本文之義。信之於人重矣哉，猶輿之有輗軏也。盧文弨曰：「之下各本脱有字，宋本有。」案：鐵華館本、明嘉靖本並稱出自宋刊，亦無有字，或所據本不同，今依所見宋本增。盧説是。輗軏詳見下注。軏，《説文》作軏。故孔子曰：「大輿無輗，小輿無軏，其何以行之哉。」兩「輿」字各本皆作「車」，今從宋本。此兩字承上文來，不當兩岐，後人據今《論語》改之耳。（《論語·爲政篇》文。）《論語集解》包咸注：「大車，牛車；輗者，轅端横木，以縛軛。小車，駟馬車；軏者，轅端上曲鉤衡。」案：包注與許氏《説文》、鄭注《論語》異，近儒多致不滿之詞。劉寶楠《論語正義》會粹衆説，頗能折衷一是，今撰録如下。劉云：「大車小車者，言人所乘車有大小也。《考工記·車人》：柏車轂長一柯，其圍二柯，其輻一柯，其渠二柯者三五分，其輪崇以其一爲之牙圍。羊車二柯，有參分柯之一，柏車二柯。是言柏車、羊車之制，柯者斧柄，長三尺，工人用以爲度。鄭注：柏車，山車，輪高六尺，牙圍尺二寸。鄭司農云：羊車，謂車羊門也，玄謂：羊，善也，善車若今定張車，較長七尺。柏車二柯，較六尺也。賈疏：羊車較長七尺，下柏車較長六尺，則羊車大矣。而《論語》謂大車爲柏車，小車爲羊車者，以柏車皆説轂輻牙，惟羊車不言，惟言較而已。是知柏車較雖短，轂輻牙則長；羊車較雖長，轂輻牙則小，故得小車之名也。《釋名》云：柏車，柏，伯也，大也，丁夫服任之車也。是柏有大義。又云：羊車，羊，祥也；祥，善也，善飾之車，今犢車是也。用犢者，以其爲小車也。此訓羊爲善，與後鄭義同。（案近人陳澧疑劉熙是鄭君弟子，見所箸《東塾讀書記》十五，其説頗可信。）又云：立人，象人立也，或曰陽門。在前曰陽門，兩旁似人也。此與前鄭車羊門之説合，羊陽古通用。毛奇齡《四書改錯》以鹿車輢較外向，而鉤以駕馬，有似鹿角，故稱鹿車，意車羊門亦是其制。其説得之。《釋名》又云：贏車、羊車，各以所駕名之也。此謂以羊駕車，惟晉武淫昏之君一用之，不謂《釋名》先有此謬説。又案：《車人職》別有大車，鄭注以爲平地載任之車。又小車有兵車，故詩稱小戎，此注皆不及之者，亦是舉柏車、羊車以該衆車矣。」又其釋輗軏，先解包注，次引諸儒駁包申鄭之説，云：「《考工記·輈人》：是故大車登阤，不伏其轅，必縊其牛；及其下阤也，不援其邸，必緧其牛後。是大車駕牛也。《釋名》云：小車駕馬，輕小之車也。駕馬宜輕，使之局小也。駟者四馬，所謂兩服兩驂也。則小車駕馬矣。轅端轅之前端，《釋名》：轅，援也，車之大援也，又謂之輈。《輈人》注：輈，車轅也。今謂之車杠。軛，《説文》作槅，云：大車挖。《釋名》：槅，扼也，所以扼牛頸也。轅端横木謂之衡，衡者横也，大車謂之鬲。轅端横木以縛軛，用以解輗之制，則包以輗卽鬲也。《説文》：軛，轅前也。鉤衡皇本作拘衡，鉤拘同字。《説文》：軥，軛下曲。軥鉤同，此注上曲，當是下曲之誤。包以軏卽《説文》之軛，（案：此句有病，許君在包咸後也。）卽謂車轅也。皇疏云：古時作牛車，先取一横木縛著兩轅頭，又別取曲木爲枙，縛著横木，以駕牛脰。四馬之車，中央一轅，先横一木於轅頭，而縛枙著此横木。疏申此注，至爲明憭。鄭注云：輗，穿轅端著之；軏，因轅端著之。車待輗軏而行，猶人之行不可無信也。

鄭解輗軏，與包異義，鄭氏是也。《説文》：輗，大車轅端持横者，或體作⿰車宜輗。軏，車轅端持衡者。今《論語》作軏，張參《五經文字》以爲隸省，是也。許説與鄭合，與包異。近儒若戴震、阮元，皆能言包之非，而莫詳於淩焕《古今車制圖考》，其畧云：元戴侗《六書故》曰：轅端横木卽衡也，輗乃持衡者。不爲包説所誤。戴震曰：《韓非子·外儲説》墨子曰：吾不如爲車輗者巧也，用咫尺之木，不爲一朝之事，而引三十石之任。案大車鬲以駕牛，小車衡以駕馬，其關鍵則名輗軏。轅所以引車，必施輗軏而後行，信之任人，亦交接相持之關鍵，故以輗軏諭信。包氏以踰丈之輈，六尺之鬲，而當咫尺之輗軏，疏矣。阮元曰：《太玄經》云：閑次之關無鍵，盜入門也；拔我輗軏，貴以仲也。此子雲用《論語》義，其曰拔，則爲衡上之鍵可知，且與上關鍵同一義。焕案：衡鬲横縛轅端，則非兩材相合釘殺可知，若釘殺，則加槷焉，卽可無事，輗軏之持，又不必加縛矣。且轅端圍僅九寸餘，衡鬲圍亦必如之，若兩材牝牡相穿，鑿損當三四寸，加輗軏之横穿，鑿損又二三寸，轅端之恃以能引重者，所存幾何。兩服馬稍有左右，則轅頸與衡鬲，必捩折矣。然則其制奈何，曰：今之舁棺，用獨龍杠，杠端鑿孔，横木爲小杠，鑿孔相對，以長釘貫縛之，其横木可隨舁夫左右轉折，意衡鬲亦當如此。《説文》：轙，衡三束也。徐鍇曰：乘車曲轅木爲衡，别鑽孔縛之。《説文》又云：䩌，大車縛軛靼，靼，柔革也。《釋名》：䩌，懸也，所以懸縛軛也。徐説甚合古制。今定轅端與横木之中，俱鑿圜孔相對，以軏直貫而縛之，是爲一束；横木下左右縛軛，是爲衡，三束。是《説文》之轙，統指衡之束轅束軛言之。衡軛既活，服馬卽有轉折，無傷轅端，車亦弗左右摇，《輈人》所謂和則安也。又云：軏之用與轄同，皆爲鍵，鍵從金，則輗軏當以金爲，事在金工，故《車人》不著矣。案淩君博通《説文》及戴、阮之説，甚確。其謂輗軏用金，與《韓非子》用木之説異，而於情事却合。竊疑當是木質，用金爲裹，如車輪之制。宋氏翔鳳《過庭録》云：《户子》云：文軒六駃，是無四寸之鍵，則車不行，小者亡則大者不戒也。此四寸謂小車之軏。鄭注：軏因轅端著之。因，就也，謂就輈衡之大小以著。軏衡圍一尺二寸八分，直徑三分之一，則中穿以受軏者，不過四寸，知軏之修亦四寸也。《韓子》言咫尺爲大車之輗，鄭注：輗，穿轅端著之。云穿，當是兩頭穿出。《考工》不詳鬲圍之數，意大車任重，其鬲圍當倍於衡圍，輗又穿出著之，故得有咫尺之度。戴東原謂輗軏同是咫尺者，誤。鄭珍《輪輿私箋》亦據鄭義解之，云：因者，蓋軏植定在轅上，駕時但以衡中孔就箸之，若牛車兩轅兩輗，駕時乃旋以輗，穿鬲貫轅。《太玄經》拔我輗軏，足明著時自上而下也。宋、鄭二說畧同，其分別輗軏之制，亦得鄭義。」以上劉氏《論語正義》說，徵引諸家，辨包注之誤，明晳無疑，可爲定論。近孫詒讓著《周禮正義》，論軶與衡當爲二物，反復數百言，徵引亦至詳洽。惟謂《説文》軶，轅前也；軥，軶下曲者，謂與《小爾雅》同誤以軶當衡。不知《説文》但云轅前，云軶下曲，未嘗謂軶卽衡也。衡承於轅之曲中，而軛在轅前，安得誤混爲一。《説文》以軏當《論語》之軏，《五經文字》所言甚明，亦非以軶爲軏。衡軶同在輈端，孫氏亦自言之，何獨疑於許君之説乎，豈孫氏疑許君以軶爲《論語》之軏乎。故置彼疏，獨取劉説，以見鄭、許之説，無不合云。此之謂也。自「信之於人重矣哉」下，《呂書》所無，蓋中壘之言也。

14宋人有得玉者，《左氏襄十五年傳》作「宋人或得玉」。獻諸司城子罕，司城卽司空，避宋武宗諱，改爲司城，與子罕均詳六卷《工尹池章》注。《左傳》無「司城」二字。子罕不受。獻玉者曰：「《初學記》十七引無「玉」字。「以示玉人，《初學記》不引此句，《周禮・冢宰・敘官》「玉府工八人」，鄭注：「工能攻玉者。」是也。凡工皆庶人在官者，諸官有造作之事者並有之。玉人以爲寶，《左傳》句末有「也」字。故敢獻之。」以上《呂氏・異寶篇》云：

「宋之野人耕而得玉，獻諸司城子罕。子罕不受，野人請曰：此野人之寶也，願相國爲之賜而受之也。」《韓非子・諭老篇》云：「宋之鄙人得璞玉，而獻之子罕，子罕不受。鄙人曰：此寶也，宜爲君子器，不宜爲細人用。」子罕曰：「我以不貪爲寶，爾以玉爲寶。《韓非子》作「爾以玉爲寶，我以不受子玉爲寶」。《呂》作「子以玉爲寶，我以不受爲寶」。《初學記》引本書同，但「受」字作「貪」，疑當作「貪」。若與我者，《左傳》「若」下有「以」字，無「者」字。皆喪寶也，不若人有其寶。」《左傳正義》曰：「我得不貪，女得其玉，是我女二人各有其寶。」《初學記》引「人」作「各」。自「我以不受」以下，《呂》、《韓》二書不再敘事，本書以上悉用《左傳》文，與二書畧有不同，中壘之心折《左氏》如此，以後始全録《呂書》。故宋國之長者曰：《文選・三都賦》李注曰：「厚重自尊，謂之長者。」案：長者有以年言者，如《孟子》「子爲長者慮」等句，《禮記・曲禮》之「長者賜，少者賤者不敢辭」之類是也；有以德言者，如《史記・項羽紀》「吾知公長者」，《張敖傳》「貫高曰，吾王長者不倍德」（此時敖年甚少。）之類是也。此長者似兼有二義，蓋指年德俱尊者。宋袁文《甕牖閒評》謂長者爲惇厚之稱，不問男女，似祇知後一義。李慈銘《荀學齋日記》謂長者指富貴家，漢魏間古義，此又別一說，非可引以證此文也。俞正燮《癸巳類稿》有《長者義》一篇，考之甚詳。「子罕非無寶也，所寶者異也。」《初學記》無「者」字，所引止此。今以百金與搏黍以示兒子，搏，圓貌。黍，穈黍。《説文》：「穈，穄也」；「穄，穈也。」穈穄二名一物。《倉頡篇》：「穄，大黍也，似黍而不黏，關西謂之穈。」《玉篇》：「穄，關西穈，似黍，不黏。」《穆天子傳》「赤烏之人，獻穄麥百載」，郭注：「穄，似黍而不黏。」又「曹奴之國，獻穄米百車，文山之人，獻穄米千車，鶤韓氏穄麥之所草。」《呂子・本味》云「飯之美者，陽山之穄」，高注：「關西謂之穈，冀州謂之䵚。」《説文》：「䅭程，穀名。」《廣雅》「䵒䵝䅭程，穄也。」《玉篇》：「䅭䅘，穄名。」《廣韻》：「穈⿱臤黍，穄别名；䅭䅘，穄名。」皆是物也。高注《廣韻》之⿱臤黍，即⿱殸黍之省字。程瑶田曰：「《古今注》：禾之黏者爲黍，亦謂之穄，亦曰黄黍，是謂黍爲禾之黏者，其不黏者即禾矣，大謬。今山西人無論黏與不黏，統呼穈黍。又冒黄粱之名，呼黏者曰軟黄粱，不黏者曰硬黄粱。太原以東，則呼黏者爲黍子，不黏者爲穈子。余居武邑，武邑人亦呼黍子穈子，而呼黍之米曰黄米，穈之米曰稷米。北方稷穄音近，穄奪稷名，承譌日久，論者因謂是一物，而以黏否分黍稷，失之矣。穈一曰穄，飯用米之不黏者，黏者釀酒，及爲餌餈酏粥之屬，故簠簋實穈爲之，以供祭祀，故又異其名曰穄。《少牢、特牲饋食禮》，尸嘏主人本爲炊穈，爲飯不相黏著，故有摶黍之儀。若用黏黍，胡爲乎必令佐食者摶之，而後授尸哉。」案：程説是。此摶黍即是穈，而稱爲黍者，黍是大名，觀穈字從黍可知。高注云：「兒子，小兒也。」兒子必取摶黍矣；以和氏之璧與百金以示鄙人，和氏璧，即卞和所獻於荆王者，事見五卷。《史記·藺相如傳》：「和氏璧，天下所共傳寳也。」《文選》盧子諒《賢古詩》注引《琴操》：「昭王得瑀氏璧。」字亦作瑀。鄙人注詳六卷《孟獻子聘於晉章》。鄙人必取百金矣；兒子不識百金，鄙人不識和璧，故遺精取麤。以和氏之璧與道德之至言，此「與」字《吕書》無之，疑奪，可據本書補入。以示賢者，賢者必取至言矣。此即贈人以言，賢於贈財之義。其知彌精，其取彌精；其知彌⿰牜角，其取彌⿰牜角。知讀如字，彌當作镾。《説文·長部》：「镾，久長也，从長，爾聲。」今人以弓部之⿰弓璽代镾，又省去王字，而镾字廢矣。吕注：「精，微妙也；⿰牜角，麤疏也。」案：《説文》無⿰牜角字。《莊十年公羊傳》：「⿰牜角者曰侵，精者曰伐。」何注：「⿰牜角，麤也。」《禮記·月令》「其器高以粗」，《吕氏》作高以⿰牜角。《漢書·藝文志》「庶得麤⿰牜角」，《敍傳》「⿰牜角舉僚職」，顏注：「⿰牜角，粗略也。」諸文⿰牜角字皆當作⿰爿角，《説文·角部》：「⿰爿角，長貌，从角，爿聲。」「⿰爿角本訓角長，引申爲一切麤長之稱。《公羊隱元年》釋文引《説文》：「犕，大也。」唐人引許書，不盡可據，至慧琳《一切經音義》五十卷犕注引《説文》云：「牴也，从角，从牛。」似許書應有犕篆，然慧琳書四十四卷觸注又引《説文》，牴也。又云經作犕，古字也。是佛經以犕爲觸，慧琳引《説文》觸字之訓以釋之，更不足爲許書有犕之證矣。兩「取」字上，《呂書》俱有「所」字。子罕之所寶者至矣。」至，至精也。《呂子》無此句。《韓非子》文自「我以不受子玉爲寶」句下，接云「是鄙人欲玉，而子罕不欲玉，故曰欲不欲而不貴難得之貨」。文全不同，而意義亦相近。

15 昔者有饋魚於鄭相者，「饋」，宋本作「餽」，非。《説文・食部》饋列饁饟餉下，云：「饟也，从食，貴聲。」「餽，吴人謂祭曰餽，从食鬼，鬼亦聲。」餽乃祭鬼之食，與饋贈義别，今從衆本。「鄭相」，《韓非子・外儲説右》、《淮南・道應訓》、《韓詩外傳》三、《史記・循吏傳》俱作「公儀休」。（《淮南》别本作公儀子，又一本作公孫儀，高注：公儀休，魯博士也。是高誘所見本亦作公儀休也。俗本《韓子》亦誤作公孫儀，宋本、藏本不誤。）此鄭字疑當作魯，《孟子・萬章篇》有饋生魚於鄭子產事，或即因此景譔致誤，亦未可知。若作魯，便與諸書脗合，公儀休固爲魯相也。然《意林》引本書此文作「遺鄭相魚」，則鄭字之沿誤已久矣。鄭相不受。《意林》引無「鄭相」二字。或謂鄭相曰：《韓子》及《外傳》俱作「其弟諫曰」。《淮南子》作「其弟子諫曰」。王先慎《韓子集解》謂《淮南》爲誤。案：彼文下有夫子嗜魚而不受，何也，則似有子字爲長，弟子對夫子言也。《意林》引本書作「人曰」，《史記・循吏傳》作「客曰」，文各不同。「子嗜魚，何故不受。」對曰：「吾以嗜魚，故不受魚。受魚失禄，無以食魚；不受得禄，終身食魚。」《意林》引「吾以」作「惟」，下句「不受」下有「魚」字。《韓非子》文云：「夫即受魚，必有下人之色；有下人之色，將枉於法；枉於法，則免於相。

雖嗜魚,此不必能致我魚,(一本作不能自給致我魚,此校者以《外傳》、《淮南》作自給,校記於旁,致混入正文耳。)我又不能自給魚;即無受魚,而不免於相,雖嗜魚,我能長自給魚。」《淮南子》云:「夫受魚而免於相,雖嗜魚,不能自給魚;毋受魚而不免於相,則長能自給魚。」《外傳》云:「受魚而免於相,則不能自給魚;無受而不免於相,長自給於魚。」《史記》云:「今爲相,能自給魚;今受魚而免,誰復給我魚者,吾故不受也。」諸書文意近而語各異,皆不如本書之簡質。以後各書均有論斷語,本書删棄不取。

16**原憲居魯,**原憲,魯人,(《史記集解》引《鄭氏家語·弟子解》作宋人,非。)字子思,原其姓,(《廣韻》注。)孔子弟子。《檀弓》稱仲憲,蓋其次也。《史記·游俠傳》云:「季次原憲,閭巷人也,讀書懷獨行君子之德,義不苟合當世,當世亦笑之。故季次原憲,終身空室蓬户,褐衣疏食不厭,死而已。四百餘年,而弟子志之不倦。」其推許如此。唐開元中贈原伯,宋封任城侯。《漢表》列第三等。**環堵之室,**堵雉之説,諸家不同。《禮記·儒行》:「儒有一畝之宫,環堵之室。」鄭注:「環堵,面一堵也,五版爲堵,五堵爲雉。」孔疏云:「環,謂周迴也,東西南北唯一堵。」案:《公羊傳》:「五版而堵,五堵而雉。」何休以爲堵四十尺,雉二百尺。《五經異義》引《戴禮》及《韓詩》説,謂八尺爲版,五版爲堵。古《周禮》及《左傳》説,一丈爲版,版廣二尺,五版爲堵,一堵之牆,長丈廣丈,三堵爲雉,長三丈,廣一丈。鄭注《坊記》用《左氏》之説,此注獨引《公羊傳》者,以《左氏》説堵長一丈,室無周迴止一丈之理,《公羊》説一堵有四十尺,庶幾近之。鄭注之精,即此可見。**茨以生蒿,**成玄英疏《莊子》云:「以草蓋屋,謂之茨蒿。」《莊子·讓王篇》、《世説·言語篇》注引《家語》俱作「草」,《韓詩外傳》一作「草萊」。《左傳》曰:「斬其蓬蒿藜藿也。」**蓬户甕牖,**《禮記》疏:「蓬户謂編蓬爲户,又以蓬塞門,謂之蓬户。」釋文：「蓬户，以蓬爲户也。」與正義前説同。案《説文》：「蓬，蒿也。」蓬蒿，草之賤穢者，故以諭貧人所居也。甕牖者，疏謂牖窗圓如甕口，又云以敗甕口爲牖。釋文云：「甕，烏貢反；牖音酉，以甕爲牖也。」《漢書·陳勝項籍傳贊》注：「孟康曰：瓦甕爲窗也」此均與正義後説同。正義謂牖如甕口，言其室狹而牖小也。《莊子》釋文引司馬彪注云：「破甕爲牖。」亦即正義後説。《禮記》音義取之，此説是，見下注。**揉桑以爲樞，**此二句《莊》作「蓬户不完，桑以爲樞，而甕牖」。《世説》注同，但無「以爲」二字。揉當作煣，《説文·火部》：「煣，屈申木也，从火柔，柔亦聲。」段注謂「曲直之也」。今《繫傳》、《考工記》皆作揉，非古也。《手部》無揉字。《漢書·食貨志》煣木爲耒。」段説是也，煣桑爲樞，言曲折桑枝以當户樞。桑枝柔，故可曲折也。《外傳》此句作「桷桑而無樞」，與本書異。《莊子》釋文引司馬彪注云：「屈桑條以爲户樞。」正合本書揉字之義，疑《外傳》有誤。**上漏下溼，**《莊子》上有「二室，褐以爲塞」二句。案：蓬以爲户，甕以爲牖，桑以爲樞，褐以爲塞，皆極形其貧不能備物，而以賤物代之。則上文甕牖之解，當從司馬注及正義後説爲長，正義前説非也。本書無此二句。「溼」，宋本作「濕」，俗，今從衆本。**匡坐而絃歌。**《世説》注無「匡」字。《莊子》作「弦」，無「歌」字。司馬注云：「匡，正也。」案：匡訓正，見《爾雅·釋言》，此訓習見。《淮南子·主術篇》「匡牀蒻席」，高注：「匡，安也。」二詁皆通，後訓尤勝。**子贛聞之，**子贛注見二卷《鄒忌章》，彼文作貢，叚借字耳。此文各本亦作「貢」，宋本作「贛」。《説文·貝部》：「貢，獻功也。」「贛，賜也，从貝，竷省聲。」子贛名賜，古人名字相應，字當作贛，經典多叚貢爲之。贛籀文作贛，今從宋本，下並同。《外傳》無「聞之」二字。**乘肥馬，衣輕裘，**《論語·雍也篇》釋文：「衣，音于既反；輕裘，裘之貴者。」《莊子》作「子貢乘大馬」，無「衣輕裘」句。**中紺而表素，**《莊子》釋文引李注曰：「紺爲中衣，加素爲表。案：

《説文》:「紺，深青而揚赤色也。」《釋名·釋采帛》:「紺，含也，青而含赤色也。」許、劉義同。《廣雅·釋器》:「紺，青也。」不言赤者，畧也。《淮南·説山訓》云:「以涅染紺，則黑於涅。」以紺爲黑者，深青近黑色。《説文》:「黚，淺黄黑也。」黚與紺同，淺黄近赤，深青近黑。段玉裁謂紺卽今之天青，又名紅青，以《考工·鍾氏》疏纁入黑汁爲紺之義爲非，其説良是。今人染有黑中透淺紅色者，亦有作深黑色者，視所染之深淺以爲差。**軒車不容巷，**《外傳》無「車」字，趙懷玉本據本書及《莊子》補入。《世説》注「弦歌」下卽接「子貢軒車不容巷，往見之」，無中間數語。不容巷，車馬高大故。**往見原憲。原憲冠華冠，**《莊子》、《外傳》俱無上「冠」字，《外傳》作楮冠，《莊子》作華冠，本書舊本作桑葉冠，宋本有葉無桑字。案：此句與下杖藜杖文勢爲對，不應多一桑字。蓋本是華，誤作葉，又誤爲桑，校者旁注異本，遂混入正文耳。今改正，又從宋本刪桑字。知本書作華者，《莊子》釋文云:「華，胡化反，以華木皮爲冠。」是字當作華也。郭慶藩曰:「華，樗也。《説文》樗，木也。以其皮裹松脂，讀若華，或作檴。《玉篇》檴樗，並胡霸、胡郭二切，字通作華。《上林賦》華楓枰櫨，張揖曰：華，皮可以爲索。」此華冠之證也。知華誤葉又誤桑者，華葉字形相近，《漢繁陽令楊君碑》:「早葉隕林。」字作葉，缺下兩點，中直貫通，卽成華字。《戰國策·秦策》「謀之於葉庭之中」，《六帖》引作華亭，姚校引《春秋後語》作章華之庭。近人上虞羅氏《景敦煌本後語》，得此卷，亦作華庭，與《六帖》同。又《秦策》華陽君，《趙策》作葉陽君，此華誤爲葉之證。桑字俗作桒，與葉形似，故又誤爲葉也。一本作葉，一本作桒，校者注記其旁，故混爲桑葉矣。本書兩冠字與兩杖字文對，故多上一冠字。**杖藜杖，**《外傳》「藜」作「黎」，省借字。成玄英《莊子疏》云:「藜藿爲杖。」是也。司馬本藜杖作扶杖。《漢書·婁敬傳》「杖馬箠」，師古曰:「杖謂柱之也。」案杖藜杖，與上句法同。**而應門，**《莊子》「見原憲」下，作「原憲華冠縰屨，杖藜而應門」，無下「杖」字也。正冠則纓絶，《説文》：「纓，冠系也。」段注：「冠系，可以系冠者。系，係也。以二組系於冠，卷結頤下，是謂纓，與紘之自下而上系於笄者不同。冠用纓，冕弁用紘，纓以固武，即以固冠，故曰冠系。」案：段説是。纓久毀壞，故正冠則絶也。衽襟則肘見，各本「衽」作「袵」，俗。《説文·衣部》：「衽，衣裣也。」《類篇》始收袵字。宋本作「衽」，是，今從之。襟亦俗字，當作裣。《説文》：「裣，交衽也。」段玉裁曰：「《爾雅·釋器》曰：衣皆謂之襟。孫、郭皆曰：襟，交領也。《鄭風·青青子衿》毛傳：青衿，交領也。《方言》衿謂之交。案裣之字，一變爲衿，再變爲襟，字一耳。而《爾雅》之襟，毛傳、《方言》之衿，皆非許所謂裣也。《爾雅》、《詩》傳、《方言》，皆自領言之。《深衣》曲袷如矩以應方，注：袷，交領也。古者方領，如今小兒衣領。《玉藻》袷二寸，注：曲領也。《曲禮》天子視不上於袷，《玉藻》侍於君，視帶以及袷，注皆云：交領也。袷者交領之正字，從合。《左傳》作襘，會與合一也。交領宜作袷，而毛傳、《方言》作衿，殆以衿袷爲古今字與。若許云：裣，交衽也。此謂掩裳際之衽，當前後幅相交之處，故曰交衽。裣本衽之稱，因以爲正幅之稱，正幅統於領，因以爲領之稱，此其推移之漸，許必原其本義而言。凡今聲金聲之字，皆有禁制之義，禁制於領，與禁制前後之不相屬，不妨同用一字。」案：段説皆是。裣之變而爲襟，殆亦取禁制之義。此云衽襟肘見，當指前後幅相屬之裣，非謂交領也。裣衽同物，而云衽裣則肘見者，此衽字與上冠華冠、杖藜杖之第一字同，謂舉起其裣，即見肘耳。「衽」，《外傳》作「振」。振，舉也，經訓習見，振衽聲相似。一曰本文當作振衽，無襟字，校者以《外傳》文注襟於旁，遂誤入正文，又落去振字耳。此説存參。納屨則踵決。決，穿敗也。納足於屨，則近踵之處穿敗，言其屨之敝也。《外傳》屨作履，宋本此處作屨，下文拖（俗拕字。）屨字作履，未免參差。今從衆本作屨，以歸一律。子贛曰：「嘻，先生何病也。」原憲仰而應之曰：承納履言，納履必俛，故仰以應之。「憲聞之，無財之謂貧，學而不能行之謂病，「之謂」，《莊》作「謂之」。《史記・弟子傳》作「無財者謂之貧，學道而不能行者謂之病」。《金樓子・立言篇》「無財謂之貧，學道不行謂之病。」皆作謂之。今《家語》七十二《弟子解》及《世説》注引，亦作謂之。此用《外傳》文。憲貧也，《莊子》及《世説》注引《家語》，句首有「今」字。非病也。《莊子・山木篇》：「莊子衣大布而補之，正緳係履而過魏王，魏王曰：何先生之憊邪。莊子曰：貧也，非憊也。士有道德不能行，憊也；衣弊履穿，貧也，非憊也，此所謂非遭時也。」彼文意與此同，憊即病也，憊病一聲之轉。若夫希世而行，希承世俗之意以行事，謂若漢公孫弘曲學阿世之比。《莊子》司馬注云：「希，望也，所行常顧世譽而動。」又《世説》注及《莊子》俱無「若」字。比周而友，比周之義，二卷《鄒陽章》注已畧及之。《左氏文十八年傳》：「頑嚚不友，是與比周。」杜注：「比，近也；周，密也。」《正義》曰：「比是相近也，周是親密也，唯是親愛之義，非爲善惡之名。《論語》云：君子周而不比，小人比而不周。以君子小人相對，故鄭玄云：忠信爲周，阿黨爲比，（案今《集解》引此作孔注，可證孔注之僞，乃孔襲鄭，非鄭襲孔。）觀文爲説也。」案：據《論語》文，則周爲美德，比乃惡名。《晉語》：「叔向曰：吾聞事君者比而不黨，夫周以舉義，比也，舉以其私，黨也。」又曰：「君子比而不別。」則比又爲美德之稱，所謂美惡不嫌同辭也。孔疏觀文之論最通，唯謂比周止言親愛，非關善惡，則不知《左傳》之文與此文之比周，皆爲惡名，反失觀文之旨矣。《哀十八年傳》「周仁之謂信」，杜注：「周，親也。」《離騷》「雖不周於今之人兮」，王注：「周，合也。」合與親，皆有比密之義。比周而友，猶今人言朋比爲姦耳。「友」，各本俱作「交」，《莊子》、《外傳》作「友」。友與己韵，慝與飾韵，此字不當作交。古書交支友三字形似，常互溷，詳舊箸《意原堂日記》，又見五卷《楚有善相人者章》，注，今據兩書改正。學以爲人，教以爲己，學本爲己，而干禄之心中之，則反爲人矣；教本爲人，而鄙吝之心中之，則反爲己矣。此君子之所疾也。成玄英疏《莊子》云："「學以爲人，自求名譽也；教以爲己，多覓束脩。」仁義之慝，《外傳》「慝」作「匿」，周校云："「《新序》作慝，非。」案："盧氏《拾補》亦謂此字當從《外傳》。考《莊子》、《世説》注均作「慝」，司馬注云："「依託仁義爲姦惡。」（成疏云："託仁義爲姦慝。"）此注頗迂曲。匿有亡義，《説文》："「匿，亡也，从匸，若聲。」匿訓亡，乃本義，引申爲藏，爲伏，爲微。仁義之匿，謂仁義喪亡耳。慝與飾對文，非實字，訓爲姦惡，又加依託字以解之，誤矣。盧、周以本書作慝爲非，亦未當。慝卽匿字之俗，《廣韻》："「匿，陰姦也。」《周禮・環人》「察軍慝」，注："「慝，陰姦也。」義正同。《爾雅・釋訓》「崇讒慝也」，釋文言隱匿其情以飾非。《説文》無慝字，古止作匿，慝乃後起俗字。輿馬之飾，「輿」，《外傳》作「車」。飾，修飾也。《史記・弟子傳》曰："「子貢結駟連騎，排藜藿，入窮閻，過謝原憲。」與本書所記畧同。則此言蓋以風子贛。憲不忍爲也。」《世説》注引《家語》至此止。今《家語・弟子解》無其文，其起處云："「原憲字子思，孔子弟子。」則必是原憲名下之文，今《家語》原憲下寥寥數語，而子貢名下反有此事，但其文全不同，可見今本《家語》，已爲後人竄亂，非復劉孝標所見之本矣。子贛逡巡，面有愧色不辭而去。逡巡注詳一卷《魏武侯章》。《莊子》「面」作「而」，此句敘在「夫希世而行」諸句之前，與本書《外傳》不同。《史記・弟子傳》作「子貢慚，不懌而去，終身恥其言之過也」。《外傳》「愧」字作「慚」。原憲曳杖拖履，《外傳》作「乃徐步曳杖」，無「拖履」二字。宋本「履」作「屣」，今從衆本，説見上。行歌《商頌》而反，行歌見一卷《虎會章》注。句首「行」字，《外傳》無。如出金石。《御覽》三百八十八引「原憲見子貢，曳杖行歌，聲若金石」，止三句，前後文不引。天子不得而臣也，諸侯不得而友也。史公稱其義不苟合當世，觀此及《論語》辭粟事，可思其耿介。故養身者忘家，各本脱「養身者」五字，據《外傳》補入。無此句，則下句跌落無勢。養志者忘身，此數語及上正冠則纓絶等句，與《莊子·讓王篇》述曾子事畧同。身且不愛，孰能累之。「累」，《外傳》作「忝」。養志者以身爲輕，先立乎大，忘其四體之困，是不愛身也。累謂爲物欲所誘。《列子·楊朱篇》載楊氏説：「二子之行，皆不可，可在樂生逸身，善樂生者不窶，善逸身者不殖。」此楊朱爲我之説，與此相反也。《詩》曰：「我心匪石，不可轉也；我心匪席，不可卷也。」《詩·邶風·柏舟篇》文。《漢書·劉向傳》：「向上封事曰：詩曰：我心匪石，不可轉也。言守善篤也。」《説苑·立節篇》：「詩云：我心匪石，不可轉也；我心匪席，不可卷也。言不失己也。能不失己，然後可與濟難矣，此士君子所以越衆也。」二條皆中壘釋此詩之義，故録之，餘説概不引。此之謂也。《史記·弟子傳》、《家語·弟子解》記此事，文多不同，本書用《外傳》文。

17晏子之晉，之，往也，奉君命而往。見披裘負芻息於途者，芻，薪也；息，休息也。《晏子春秋·內篇雜上》、《吕氏·觀世篇》「披裘」作「反裘」。《晏子》「見」下有「弊冠」二字。《史記·晏嬰傳》正義引《晏子書》「芻」作「薪」。「途」，《晏子》作「塗側」，《吕氏》作「塗」，《御覽》四百七十五引《晏子》作「途」。案：塗途並俗字，當作涂。以爲君子也。君子，有德之稱，晏子望其容貌而決知之。使人問焉，曰：「曷爲而至此？」曷，何也。以爲有德之士，故問之。對曰：「齊人，句。纍之，「纍」，《吕》作「累」，高誘注：「累之，累然有罪。」案：高説非也。纍累通用字。畢校云即《史記》所謂在縲紲中，亦微誤。孫星衍校《晏子》云：「《吕子》、《新序》作齊人累之，（原注：《新序》作纍。）《史記》承其誤，則云在縲紲中。考此文云負芻息於塗側，又云見使將歸，又云我猶且爲臣，請鬻於世，則非罪人也。案《晏子春秋》越石父自言吾爲人臣僕，又云不免凍餒之切吾身，是以爲僕，又自言爲僕三年，可得而贖。則似以窮困賣身爲傭者，與犯法没官輩迥異。《史記》縲紲之説，《正義》已云與《晏子》文異。梁玉繩謂史公明言《晏子書》世多有之，是以不論，論其軼事。則所采不在《晏子春秋》中，乃後人集録而異其詞者。」光瑛案：孫氏斥縲紲之妄，似也。然《新序》、《吕子》已有纍之之文，（《吕書》纍作累。）纍乃縲紲正字，《晏子書》雖不言纍紲，而標題云《晏子之晉，睹齊纍越石父，解左驂贖之與歸第二十四》，亦明明有纍字，不得謂與《史記》及諸書異也。且謂史公承《吕氏》誤，猶可；謂史公承《新序》之誤，則謬矣。（劉向在史遷之後。）梁氏疑采自它書，亦難解於《晏子》標題之有纍字。孫氏《晏子音義序》解爲以負累作僕，其失亦同。蓋嘗反復其故，疑此文之字當訓至，《詩·柏舟》「之死矢靡它」，鄭箋：「之，至也。」《吕子·貴生篇》「彼且奚以此之也」，高注：「之，至也。」下文「必察其所以之」，注同。此訓散見經傳甚多，上文問何爲至此，此正答其至此之情形，言是齊人係累而至耳。古惟罪人始充奴僕，《周禮·秋官·司厲》：「其奴，男子入于罪隸，女子入于舂稾。」鄭注引鄭司農云：「今之奴婢，古之罪人也。故《書》曰予則奴戮女，《論語》曰箕子爲之奴，罪隸之奴也。」然則古惟犯罪者始爲奴，越石父貧困賣身，而亦係累者，既爲奴，則以罪人之法待之。《漢書·賈誼傳》：「今民賣僮者，爲之繡衣絲履，編諸緣，内諸閑中。繡衣絲履，編諸之緣，所以飾僕，而必内諸閑中，防其逸也。」與此文披裘負芻而係纍意同。此語非泛設，與問詞鍼對，不然，則齊人下著纍之二字，下又接云吾名曰越石父，文義斷續不聯，且上文何爲而至之問，亦落空無著矣。故今定齊人二字爲句，而以纍之訓纍至，别爲一句云。**吾名曰越石甫。」**《吕》無「吾」字，「曰」作「爲」。「甫」字，《晏》、《吕》、《史記》並作「父」。（下並同。）父甫古字通。《漢表》無越石甫名。**晏子曰：「嘻！」**《吕》作「譆」，是。《説文》：「譆，痛也，从言，喜聲。」《左傳》「或叫于宋大廟，曰譆譆出出」；「鳥鳴于亳社，如曰譆譆。」皆悲痛之音也。許書《口部》無嘻字，蓋本作譆，經典多以嘻字代之。《公羊閔二年傳》「慶父聞之曰嘻」，何注：「嘻，發痛語首之聲。」《史記・藺相如傳》「秦王與羣臣相視而嘻」，注：「嘻，驚而怒之辭也。」《禮記・檀弓》「夫子曰嘻」，注：「嘻，悲恨之聲。」諸解各隨文勢而異，此當從悲痛一義，蓋閔其賢而痛惜之。遽解左驂以贖之，遽，疾也。解左驂，解左服驂馬，以贖其爲奴之價也。《禮記・檀弓》：「孔子之衛，遇舊館人之喪，使子貢說驂而賻之。子貢曰：於門人之喪，未有所說驂，說驂於舊館，無乃已重乎。」是說驂爲非常之事，今晏子以施之越石父，明其好賢之誠也。鄭彼注云：「騑馬曰驂。」孔疏云：「《說文》：騑，旁馬。是在服馬之旁。又詩云：騏騮是中，騧驪是驂。驂在外也。《王度記》：天子駕六馬，諸侯四，大夫三，士二。古《毛詩》云：天子至大夫皆駕四。孔子既身爲大夫，若依《王度記》，則有一驂馬；若依《毛詩》記，則有二驂馬也。」案：此言左驂，亦謂服馬之旁在左者，晏子時爲齊卿，其得驂馬，與孔子同也。「贖」，《晏》作「贈」。孫星衍曰：「使償其庸值也。」愚謂贈乃贖字之譌，《文選・講德論》注、《御覽》四百七十五引《晏子》俱作「贖」，本書、《呂子》亦作「贖」。又《晏子》標題云《解左驂贖與俱歸》，是當作贖明矣，贈贖形近致誤。贖謂贖其爲奴，孫以爲償庸值，亦非。載而與歸。至舍，舍，客舍。不辭而入，「不」，《呂》作「弗」。越石父怒而請絕。《呂》無「而」字，《晏》有。《選》注引《晏子》「怒」作「立」。晏子使人應之，曰：「嬰未嘗得交也，《呂子》畢本引舊校云：「交一作友。」案《晏子》作「吾未嘗得交夫子也」，則交字是。交友形近，古書多溷，已於上章注言之，此亦一證也。未嘗得交，言素不相識。今免子於患，吾於子猶未可也。」言素昧平生，而肯爲援手，豈於汝意尚未滿邪。「也」，宋本作「邪」，何本作「也」，今從何本。蓋古本作「也」，後人昧於也邪通用之例，改也爲邪，何所據尚是未改本也。凡何本異宋本者，儘有佳勝過宋本處。錢謙益謂何氏重刻宋本，但未録校上一行。今考之，何本雖多妄改，仍有絶勝可依據者，校者務求其是，勿先存一佞宋之見，則得之矣。《吕書》「也」作「邪」，無「可」字。畢校云：「舊本下復有一也字，古也邪通用，後人注邪於旁，以代音，而傳寫誤入正文。今去也留邪，以便讀者，使不致惑。」如畢説，則《吕子》亦本作「也」，後人誤加邪字，益知《新序》作也之古。而畢氏去也留邪，亦未是也。《晏子》「猶」作「尚」，「也」作「乎」，前後尚有數語。**越石甫曰：「吾聞君子詘乎不知己，**「詘」，《吕》作「屈」，《史記》、《晏子》作「詘」，與本書同。案：詘屈古字通用，《説文·言部》：「詘，詰屈也，一曰屈襞，从言，出聲。重文誳，詘或从屈。」是詘有屈義。又《尾部》：「屈，無尾也。」古詘申字作詘，不作屈，經典多叚屈爲之。如《易·繫辭》「失其守者其辭屈」，《左氏襄二十九年傳》「曲而不屈」之類，皆是叚借字也。「知己」，《吕》作「己知」，下句同，《意林》引《吕》作「知己」，與《晏子》、本書同，近是。此二句「乎」字，《史記》並作「於」。**而信乎知己者，**「信」，《晏》作「申」，無「者」字。《吕》作「伸」，此與《史》同。《索隱》：「信讀曰申，《周禮》皆然。申於知己，謂以彼知我，而我志獲申也。」案：申本字，伸孳乳字，信通用字。《説文·人部》「伸，屈伸，从人，申聲。」段玉裁曰：「疑此字不古，古但作詘信，或用申爲之。本無伸字，以屈伸訓伸篆，亦非説解之體。宋毛晃曰：古惟申字，後加立人以別之。又《申部》申下注云：古屈申字作詘申。亦叚信，其作伸者俗字，或以孱入許書《人部》耳。」案：段説雖無確據，而伸屬孳乳後起字，則無疑義。漢有申屠氏，即信都（信都即司徒轉音。）之轉音，以官爲氏者，又作勝屠。**吾是以請絶也。」**「而信乎知己者」下，《史記》尚有數句云：「方吾在縲紲中，彼不知我也，夫子既以感寤而贖我，是知己，知己而無禮，固不如在縲紲之中」等語；無此句，文亦與《晏子》不同。《吕子》文似采《晏子》。

《晏子》「信乎知己」下云：「故君子不以功輕人之身，不爲彼功詘身之理。吾三年爲人臣僕，而莫吾知也，今子贖我，吾以子爲知我矣，鄉者子乘，不我辭也，吾以子爲忘，今又不辭而入，是與臣我者同矣。我猶且爲臣，請鬻于世」等語；文甚詳明。本書從《呂子》刪此數句，則「請絶」句稍無根蒂。晏子乃出見之，《晏子》無「乃」字。曰：「向也見客之容，「向」，《晏》、《呂》作「嚮」，皆俗字，當作曏爲正。「也」，《晏子》作「者」。而今也見客之意。猶云昔吾見子之面，今吾知子之心也。「而」下《呂》有「已」字，屬上爲句。《晏子》文與本書同。「意」，《呂》作「志」。嬰聞察實者不留聲，《呂書》高注：「實，功實也。言欲察人之功實，不復留意考其名聲也。」案：此句與下句意同，言觀人之行，當考其實，不在聲音辭貌之閒。《晏子》作「省行者不引其過，察實者不譏其辭」，文義更明。觀行者不幾辭，「幾」，《晏》、《呂》作「譏」，字通用。高注云：「欲觀人之至行，不譏刺之以辭。」案：高注甚謬，如此是晏子責石甫，非解謝語氣矣。幾，猶察也，讀如關幾而不征之幾。《禮記·王制》注引《周禮》：「國凶札，則無門關之征，猶譏。」今《周禮》作幾，孔氏《正義》云：「譏，謂呵察。」是也。言觀人之行，不徒察其言辭，與上句意同，二語互相足也。晏子不辭而入，致石甫之怒，故引此自解。下文「嬰可以辭而無棄乎」，正補足此二句之意。言今復致辭謝汝，汝可舍其前愆而不見棄乎。語意本明，依高注反晦。嬰可以辭而無弃乎。」高注云：「辭，謝也，謝不敏而可以弗棄也。」案：此説是。「弃」，各本作「棄」，今從宋本。弃，棄之古文。越石甫曰：「夫子禮之，謂加禮之。敢不敬從。」「越石甫」上《晏子》尚有二句云：「嬰誠革之，迺令糞灑改席尊醮而禮之。」又云：「越石父曰，吾聞之，至恭不修途，尊禮不受擯，夫子禮之，僕不敢當也。」乃接下句。晏子遂以爲上客。上客，居衆客之上。《呂子》無「上」字，《晏子》有。高注云：「客，敬。」近人孫氏《呂氏春秋舉正》謂高讀客爲愨，於義未安，此失高之指。客敬，猶《左氏襄二十七年傳》杜注云：「客一坐所尊敬。」非訓客爲敬。俗人之有功則德，有功於人，即自以德也。《呂子》無「之」字，《晏子》有。又句上有「君子曰」三字，蓋引後人之言也。史公明言《晏子書》世多有之，論其軼事，則所采必非《晏子》文。今《晏子》有此，及感御妻言以御爲大夫事，皆史公采自《晏書》外者，疑非史公所見本，後人采《晏子》軼事，附入原書。此君子曰亦後人之論斷者。德則驕，自居有德，則驕心生。《孟子》稱所識窮乏者得我，即此意也。《史記·信陵君傳》：「客説公子曰：夫人有德於公子，公子不可忘也；公子有德於人，願公子忘之也。公子乃自驕而功之，竊惟公子不取也。」以信陵之賢，尚有此失，驕之難制如此。晏子有功，《呂書》無「有」字，又句首有「今」字。免人於厄，「厄」，《呂》作「阨」，《晏》作「戹」，以戹爲正，厄阨皆非。句末《呂》有「矣」字。而反詘下之，「詘」，《呂》作「屈」，已見上注。其去俗亦遠矣。識量去俗人甚遠。此全功之道也。能自全其功之道。假令有功而德，德而驕，必予人難堪，而人亦不念其前功，是毁功矣。孔子曰：「使驕且吝，其餘不足觀也已。」此之謂也。「全」，《呂》子作「令」，此形近之誤。《晏子》亦作「全」，當據本書、《晏子》校改，令字無義。

18子列子窮，子列子，名禦寇，一作御寇，（《莊子》二十三。）又作圄寇，（《楚策》、本書此章。）鄭人，與穆公同時。（劉向《列子序》。）《漢表》列五等。王觀國《學林》譏之，以爲列子有道之賢，莊周嘗師之，不應居第五。案：班氏不尊莊、列，老子且居四等，何有於列，王氏此言，未達班恉。晉張湛注云：「載子于姓上者，是弟子之所記。」考《公羊隱十一年傳》「子沈子曰」，何休注：「子沈子，後師稱子冠氏上者，著其爲師也。」張注本此。凡稱子某子者例同。本書此文，見《列子·説符篇》，中壘采自原書，故仍子列子之稱。宋葉大慶《考古質疑》云：「劉向校《列子》云：列子與鄭繆公同時，蓋有道者也。孝、景時尚黃老術，此書頗行於世。大慶案：繆公立於魯僖三十二年，薨於魯宣三年，與魯文公並世。《列子·楊朱篇》云：孔子伐木於宋，圍於陳、蔡。夫孔子生魯襄二十二年，距繆公薨五十五年。陳、蔡之厄，孔子六十三歲，統言之，已一百十八年。列子繆公時人，必不及知陳、蔡之事，況其載魏文侯、子夏之問答，則又後於孔子者也。不特此爾，第二篇載宋康王之事，第四篇載公孫龍之言，皆戰國時事，上距鄭繆公三百年矣。晉張湛爲之注，亦覺其非，獨於公孫龍事云：後人增益。無所乖錯，而有所發明，亦何傷乎。如此皆存而不除。大慶尚有疑者，《莊子·讓王篇》言子列子與鄭子陽同時，（原書引原文甚長，卽此章所記，今括引之。）考《史記·鄭世家》，子陽乃繻公時，二十五年，殺其相子陽，卽周安王四年，癸未歲也。然則列子、子陽，乃繻公時人。劉向以爲繆公，意者誤以繻爲繆與。（中畧。）蓋列與莊相去不遠，莊乃齊宣、梁惠同時，列先於莊，故莊子箸書多取之。若列子爲鄭繻公時人，彼公孫龍乃平原之客，赧王十七年，趙王封弟勝爲平原君，則公孫龍之事，蓋後於子陽之死一百年矣；而宋康王事，又後於公孫龍十餘年，列子烏得豫書之。信乎後人所增，如張湛之言矣。然則劉向之誤，觀者不可不察；而公孫龍、宋康王之事，爲後人所增益，尤不可以不知。（卷三。）」案：葉氏謂鄭穆公當是繻公之誤，中壘誤以繻爲繆，繆穆古字通，遂譌爲穆。其說唐柳宗元已發之，而又疑爲魯穆公。明胡應麟又謂「中壘博極羣書，不應乖錯至是，當是向序本作繻公，後人不解，因見秦、魯二公皆謚繆，遂改繻公爲繆公。繆穆音義本同，故繆再譌爲穆，而與繻逈不同矣。張湛注亦以穆公爲疑，知晉世已誤，不始唐也。」（《九流緒論》上卷。）以上胡說，謂中壘本作繻，傳寫者改爲繆，又轉爲穆。二說皆非是。考《鄭世家》注：「繻或作繚。」繻繚二字，皆謚法所無，其字並與繆形近。疑劉序本作繆公，傳寫或譌爲穆，而《史記》之繻公，卽繆之譌字，當以劉序正《史》，不當據《史》反斥劉爲誤也。穆公雖與魯文公同時，然穆爲美行，繆是惡號，二者判然不同。安見穆公後不當復有謚繆者。後人習見經傳繆穆通用，以爲繆卽穆字，遂集矢中壘序文乖錯，不知穆繆本有二謚也。至繻繚之謚，它處未聞，而《鄭世家》又有立成公庶兄繻爲君之文。《左氏成十年傳》亦曰：「子如立公子繻，夏四月，鄭人殺繻，立髡頑，子如奔許。」則繻乃鄭君先代之名，豈有用先君名以爲謚之理。《文選・琴賦》注引劉序：「列子者，鄭人，與繆公同時。」字正作繆，不作穆。宋本《列子》前有劉序，亦作繆字，皆可證也。至《列子》書中有列子以後事，爲後人附入，此由承學者取相類之事，或相通之說，增附以廣師傳，古書多然，不足爲異，亦不可以是斷其書爲僞。蓋古人質實，附入後仍蒙原書之名，如《爾雅・釋詁》出自周公，其它多後人附益，而仍用《爾雅》名，以爲周公所作是也。《管》、《莊》諸書皆然，詳舊箸《意原堂日記》。張湛謂無乖錯而有發明，亦何傷乎，其說最通，是善讀書者。

容貌有飢色。

《列子・說符篇》、《呂子・觀世篇》「飢」作「饑」，《莊子・讓王篇》作「飢」，下並同。案《說文》「穀不孰爲饑」，此饑饉正字；又「飢，餓也」，二字義別，此當作飢爲是。但經典二字多通用，《論語》「年饑」，「因之以饑饉」，鄭注本皆作飢，見釋文。

客有言於鄭子陽者曰：

《列子》「於」作「之」，《莊》、《呂》「於」上更有「之」字。（於猶之也，見《經傳釋詞》。）鄭子陽，《史記・六國表、鄭世家》、《漢書・人表》俱作駟子陽。其行事，散見《列子・說符》、《莊子・讓王》、《韓非子・說疑》、《呂氏・適威、首時、觀世》、《淮南子・氾論訓》諸篇。高誘於《適威》、《氾論》注皆云：「鄭君也，一曰鄭相。」於《首時》、《觀世》注云：「鄭相也，一曰鄭君」，是高誘已不能決其爲何人。案：《韓非子》云：「鄭子陽身死，國分爲三。」與周威、陳靈、荆靈諸君並列。本文亦有君過而遺先生，及君非自知我之說，此高注鄭君之說所本也。《史記・鄭世家》：「繻公二十五年，殺其相子陽；二十七年，子陽之黨弒繻公。」《漢表》列八等，標鄭相駟子陽，爲表例所僅見。似子陽乃駟氏之族，《史記·六國表》亦稱駟子陽，此高注鄭相之説所本也。竊疑子陽本有二人，一爲鄭君，一即鄭相駟氏，故《漢表》創例，聲明鄭相，以別於鄭君之子陽。《呂子·適威》云：「子陽極也，好嚴有過，而折弓者恐必死，遂應猘狗而弑子陽也。」高注：「子陽，鄭君也，一曰鄭相，好嚴猛，於罪刑無所赦。家人有折弓者，恐誅，因國人有逐狡狗之擾，而殺子陽，極於刑之故也。」《首時》云：「鄭子陽之難，猘狗潰之。」注：「子陽鄭相，或曰鄭君，好行嚴猛，人家有猘狗者，誅之，人畏誅，國人皆逐猘狗也。」（案此與《左傳》華臣被逐事相似。）《淮南·氾論》云：「昔者齊簡公釋國家之柄，專任大臣將相，攝威擅勢，私門成黨，公道不行，故陳成常、鴟夷子皮得成其難，呂氏絶祀，陳氏有國者，此柔懦之所生也。鄭子陽剛毅而好罰，其於罰也，執而無赦，舍人有折弓者，畏罪恐誅，則因猘狗之驚，以殺子陽，此剛猛之所致也。」高注：「國人逐猘狗以亂擾，舍人因之以殺子陽，畏其嚴也。」《韓非子·説疑》云：「周威公身殺，國分爲二，鄭子陽身殺，國分爲三。（《韓子》上文有鄭王孫申，當即《淮南》所云之舍人也。）陳靈公身死於夏徵舒氏，荆靈王死於乾谿之上，隨亡於荆。吴并於越，智伯滅於晉陽之下，桓公身死，七日不收。」以上諸書所稱，俱是鄭君之子陽，俱無以駟字連文者。故《淮南》以與齊簡并舉，《韓非》以與周威、陳靈、荆靈諸君并舉，若謂爲相，斯儗不以倫矣。《列子》所言之子陽，亦是鄭君，故《莊子·讓王》、《列子·説符》、《呂子·觀世》暨本書述列子之言，皆稱之曰君，若謂爲相，不應有此稱謂。至《史記·鄭世家》，明言其相子陽，《六國表》亦稱駟子陽，《漢表》又標明官職與氏，以別於鄭君之子陽，此皆爲相之子陽也。春秋時，晉知伯伐鄭，駟桓子求救於齊，此子陽當是桓子之後。梁玉繩疑《首時》注所云，與高氏它注言折弓者因猘狗之驚，而殺子陽之説不合，謂《首時》注爲誤。（《呂子校補》一。）不知鄭君令嚴，家有猘狗者必誅，人逐猘狗，因呈擾亂之象，舍人因人心之怨而弑其君。（案：鄭君之舍人王孫申，見《韓非子·説疑篇》。）此注與它注正爲發明，並無矛楯。特高誘見《史記》稱子陽爲相，與諸書不合，遂兩存其説，不敢斷定，不寤子陽與駟子陽之有異耳，故爲折衷而詳辯之。至鄭君之子陽，未詳其謚。考《鄭世家》，繻公死，立幽公弟乙爲君，後爲韓滅。是時除幽公外，被殺者爲繻公，疑子陽卽繻公矣。又徐廣注："一本云立幽公弟乙陽爲君，是爲康公。"或乙陽卽爲子陽，謚康公與。書闕有閒，無有明證，姑存其説以備考。繻公，《漢表》作繚公，與《鄭世家》注或本同，列八等，康公乙列九等。子陽必是二君之一也。

「子列子圉寇，

《莊》、《列》二書無兩「子」字，《吕書》無下「子」字，畢本删同《莊》、《列》。「圉」，各本作「禦」，與三書同，一本又作「圄」，宋本作「圉」。案《説文·示部》："「禦，祀也，从示，御聲。」《口部》："「圄，守之也，从口，吾聲。」「圉，囹圉，所以拘罪人，一曰圉垂也。」又《攴部》："「敔，禁也，一曰樂器椌楬也。」列子名以捍禦爲義，則字當作敔，圉圄禦皆借字也。《莊子書》作「御寇」，《説文·彳部》："「御，使馬也。」古文作馭，亦叚字。李富孫《説文辨字正俗》云："「禦爲祀，未見經傳，此必有所受。（案：禦從示，訓祀是本義。）御爲駕御，敔亦禁禦字。《釋詁》："圉，垂也。郭注：守圉在外垂也。《管子·大匡》安能圉我，《輕重甲篇》莫之能圉，《墨子》邊足以圉風寒，《莊子》其來不可圉，並與捍禦字同。《釋言》："禦，圉禁也。《詩》以我御冬，毛傳："御，禦也；孔棘我圉，箋云："圉，當作禦。曾是彊禦，不畏彊禦，《漢書·王莽傳、敍傳》並引作圉，是三字古皆通用。（案："《釋名》："圄，禦也。《左氏宣四年》圉伯嬴于轑陽，注："圄，囚也。此圄字與禦圉通用之證，李書未及。）今相承以禦爲捍禦，敔專爲柷敔，圉爲邊圉，囹圉亦作圄字。段氏曰："禦，後人用爲禁禦字，古祇用御字。又曰："敔與圉禦音同，許禦訓祀，圉訓囹圉，則敔爲禁禦本字，禦行而敔廢。古叚借作圉、作御。一曰樂器以下後人妄增，敔所以止樂，故以敔名。上云禁也已苞此物，無庸別舉。」以上李書所引諸字通叚甚明。宋本作「圂」，與圂禦御同爲叚借字，今姑依宋本。蓋有道之士也，居君之國而窮，君無乃爲不好士乎。」《莊》、《列》「無」作「无」。玩此辭，則此子陽是鄭君明矣。《莊子》釋文以爲鄭相，非是。子陽令官遺之粟，句首「子」上三書均有「鄭」字。《莊》、《列》「令」上有「即」字。成玄英《莊子》疏云：「命召主倉之官，令與之粟。」數十秉。三字《莊》、《列》無，《呂》有，此文采自《呂子》。「秉」，各本作「乘」，形近之誤，《呂》作「秉」。《聘禮記》：「十六斗曰籔，十籔曰秉。」鄭注：「秉十六斛。」此言遺粟，則是秉明矣。王念孫《廣雅疏證》：「秉之言方也，方者大也，量之最大者也。」作乘無義，今據《呂書》改正。《論語》「冉子與之粟五秉」，《集解》馬曰：「十六斛曰秉，五秉八十斛也。」子列子出見使者，《莊子》無「出」字。再拜而辭。使者銜君命往，故再拜也。成玄英《莊》疏云：「御寇清高，辭謝不受也。」使者去，子列子入，其妻望而拊心曰：《莊》、《列》「望」下有「之」字。拊心，椎胸也。《詩·邶風·柏舟》「寤辟有摽」，毛傳：「辟，拊心也。」毛義見《爾雅·釋訓》，《玉篇·手部》引《詩》作擗。《楚辭·九懷》「寤辟摽兮永思」，王逸注同毛傳。辟擗古今字。《説文·手部》：「摽，擊也。」乃形容拊心之貌。拊又通作腐，《史記·刺客傳》「此臣之日夜切齒腐心」，王引之曰：「腐讀爲拊。《燕策》正作拊心，《索隱》訓爲爛，非也。」案：王説是。腐拊音近，腐從府聲，府拊俱從付聲，古書凡同從一聲之字，多相通用。小司馬以常訓解之，轉失其恉。「聞爲有道者妻子，句首《莊》、《列》有「妾」字，「者」下有「之」字。《呂氏》文與此同。皆得佚樂。「佚」，《呂》作「逸」，字同。今妻子皆有飢色矣，《莊》、《列》作「今有饑色」。（《莊》作飢，《列》、《呂》作饑。）《呂子》與本書同，但無「皆」字。君過而遺先生，《莊》、《列》、《呂》句末並有「食」字。《列子》「過」作「遇」，形近而誤。過，過存也，作遇無義。釋文云：「一本作過，或作適，以一本爲是。」王先謙《莊子集解》云：「言相君過聽，有此嘉惠。」此誤以子陽爲鄭相，又誤訓過聽。一云：過猶多也，言多以遺先生也。《吕子·貴當篇》：「田獵之獲，常過人矣。」高誘注：「過，猶多也。」卽此過字之義。先生又辭，「又辭」，《莊》、《列》作「不受」。《吕》作「先生又不受也」。豈非命也哉。」《列》作「豈不命也哉」，《莊》作「豈不命邪」。不卽非也，古書二字互用者不可勝舉，王氏《經傳釋詞》非不匪等字下，論之詳矣。本書文同《吕氏》。子列子笑而謂之曰：《莊》、《列》無「而」字。畢本《吕子》引舊校云：「笑一作歎。」（案：作歎非是。）「君非自知我者也，言非自知我賢。三書俱無「者」字。以人之言而知我，三書俱無此句。以人之言而遺我粟也，《莊》、《列》無「也」字。其罪我也，《莊》、《列》句首有「至」字。《吕》作「至已而罪我也」。又將以人之言，《莊》、《列》「將」作「且」。且有將訓，詳見上《伋壽章》注。《吕》作「有罪且以人言」。畢校云：「罪字衍，有與又同。」案：畢説是。罪字已見上句，此處不應重見，淺人不知有又古通，妄增罪字耳。此吾所以不受也。《韓非子·説林篇》記魯丹謂其御語。《史記·季布傳》載布在河東被召，對文帝云：「臣無功竊寵，待罪河東，陛下無故召臣，此人必有以臣欺陛下者；今臣至，無所受事，罷去，此人必有以毁臣者。夫陛下以一人之譽而召臣，一人之毁而去臣，臣恐天下有識者聞之，有以闚陛下也。」其語意並與此同。且受人之養，以下至「豈義哉」數句，《莊》、《列》所無。《吕書》在敍事之下作論斷語，（文亦小異。）不如本書作列子語，文義尤順也。不死其難，不義也；《左傳》載子路曰：「食焉不辟其難。」《史記·淮陰侯列傳》云：「食人之禄者，死人之事，故臣死君，士死友，其義一也。」漢景、武以後，誅鉏豪俠，擴張君主威權，故後世惟臣之於君尚知此義，而死友者鮮矣。死其難，是死無道之人，豈義哉。」《吕子》云：「受人之養，而不死其難，則不義；死其難，則死無道也，死無道，逆也。」下接「子列子除不義去逆也，豈不遠哉」等句，與此小異也。其後民果作難，「後」，三書作「卒」。《列子》釋文：「難，一本作亂。」殺子陽，子陽死事，已詳前注。《呂書》於「此吾所以不受也」下，即接此二句，後乃接「受人之養」等句。然細繹文義，以本書爲優，殆中壘所改定也。《莊》、《列》「殺」上有「而」字。子列子之見微除不義遠矣。《呂》作「子列子除不義去逆也，豈不遠哉」。且子列子内有飢寒之憂，《呂》作「且方有饑寒之患矣」，患即憂也。何本「憂」作「色」，盧氏《拾補》以爲譌，是也。本書文采《呂子》，憂患義同，可證不當作色。宋刊本亦作「憂」，今從之。猶不苟取，《呂》句首有「而」字。見得思義，見利思害，況其在富貴乎。故子列子通乎性命之情，可謂能守節矣。楊時、吴與弼知此，必不赴蔡京、石亨之招矣。世有受人厚恩，臨難而背之，或助敵下石，宣泄其罪，此又與於不義之尤者。自「見得」以下，與《呂子》文字不同。《呂》於「而猶不苟取」下，接云「先見其化也，先見其化，而已動遠乎性命之情者也」。末二句有譌。畢校云：「遠疑達之誤。」竊謂動亦通之誤，本書作通可證。高注引孔子曰：「貧觀其所取。」此之謂也。案：此與上章皆見《呂子·觀世篇》，文亦相連，足爲本書采自《呂子》之證。

19屈原者，名平，楚之同姓大夫，《史記·屈原傳》正義云：「屈景昭皆楚之族。」王逸云：「楚王始都，是生子瑕，受屈爲卿，因以爲氏。」案：屈子《離騷》云：「攝提貞于孟陬兮，惟庚寅吾以降。」又云：「名余曰正則兮，字余曰靈均。」是名平，字原，以正月庚寅日生，爲楚三閭大夫。王逸云：「三閭之職，掌王族三姓，曰昭屈景，屈原敍其譜屬，率其賢良，以厲國士」云云。考《楚辭·漁父》云「子非三閭大夫與」，是原爲三閭大夫之證。《史記》稱原爲左徒，張守節《正義》謂左右拾遺之類。考周考烈王時，黄歇自左徒爲令尹，則其職甚尊，或三閭大夫即左徒之兼職耳。王逸所云：「入則與王圖議政事，決定嫌疑；出則監察羣下，應對諸侯。同列大夫上官靳尚妒害其能，共譖毀之。」與《史記》敍原爲左徒事語俱合。則左徒與三閭大夫，非有二職可知。　王逸謂太歲在寅曰攝提格；孟，始也；正月爲陬；庚寅，日也。言己以太歲在寅正月始春庚寅之日，下母體而生。陳瑒《屈子生卒年月考》云：「楚宣王二十七年，戊寅，其建寅之月朔己巳，二十二日爲庚寅。」近人劉師培箸《古曆管窺》，以夏曆推之，楚宣王二十七年戊寅，距入乙卯蔀四十九年，積月六百零六，閏餘一，積日萬七千八百九十五，小餘六百五十四，大餘十五，得庚午爲正月朔，庚寅爲正月二十一日，屈子之生，當在是年也。　宗懍《荆楚歲時記》謂原以五月五日投汨羅死，或疑《史》稱《懷沙》爲屈子絶筆，其文有陶陶孟夏語，則非死於五月。然《史》稱絶筆，不過謂此爲屈子最後之作，未必文成卽死。但代遠年湮，《歲時記》之説，終無確據。今人相沿以五月五日祭屈原，殆卽本宗懍之説，究不如闕疑爲是。　宋王應麟《困學紀聞》云：「漢興，徙楚昭屈景三族於長陵，以强幹弱支。（見《婁敬傳》。）則三姓至漢初猶盛。《莊子》曰：（原注：《庚桑楚》。）昭景也，著戴也；甲氏也，箸封也，非一也。説云：昭景甲三者，皆楚同宗也。（原注：此陸氏《莊子》釋文之文。）甲氏其卽屈氏與。」案：王氏謂甲氏卽屈氏，其説是也。　司馬温公譏屈子露才揚己，故作《通鑑》不采《離騷》一字。不知屈子爲楚同姓宗卿，拳拳君國，義不忍釋，其忠愛纏緜之懷，溢於詞表，史公稱其與日月爭光，《漢表》亦列入二等，與孟、荀諸大儒同科。馬、班史識，殆非温公所能及矣。

有博通之知，言其學之高。

清潔之行，言其德之著。

懷王用之。懷王，威王子，名槐。　梁玉繩《人表考》云：「懷王名見《史·六國表、世家》。而方勺《泊宅篇》、姚寬《西溪叢話》據秦《詛楚文》，謂名熊相；宋歐陽修《六一題跋》、董逌《廣川書跋》又謂熊相是頃襄。並非。」又云：「懷王立三十年，卒於秦，見《史記》。而《賈子新書·春秋篇》云：懷王逃秦，克尹殺之西河；《越絶書》云：葬黽陵亢。」（卷七。）案：《史記・屈原傳》云：「身客死於秦，爲天下笑。」言客死，則非被殺可知。若是被殺，張儀何敢再往，頃襄何至忘仇，而屈平、昭雎諸人，胡不聞一語及之乎。《賈子》之説，未可信也。至《詛楚文》稱懷王名相，或謂姓書以熊相爲芈姓，如熊相禖、熊相祈、熊相宜僚，皆芈姓，列國類不名其君，故特稱其姓。其説亦未妥。相槐字形相近，金石文出自當時，宜較可據，《史》作槐，傳寫之誤。謚法：執義揚善，慈仁短折皆曰懷，懷王之謚，當取第二義。懷，思也。《史記・項羽紀》云：「懷王入秦不返，楚人憐之至今。」則當時國人之思慕可知，其謚爲懷，或亦以此與。《漢表》列七等。秦欲吞滅諸侯，并兼天下，屈原爲楚東使於齊，以結彊黨。「彊」，本亦作「强」，今從宋本。秦國患之，使張儀之楚，之，往也。張儀，魏人，（《齊策》注云：魏氏之餘子，仕爲秦相。）與蘇秦同事鬼谷子，習縱横之術。《吕氏・報更篇》記張儀入秦事，與《史記・張儀傳》不同，未詳孰是。《寰宇記》云：「葬開封縣東北七里，與張耳墓南北相對。」《漢表》列六等。沈欽韓曰：「儀斥蘇秦反覆詐僞，迹其行事，尤甚於秦，其詐懷王一事，豬狗不食其餘矣，當列下下。《紀年》今王七年，張儀卒。《世表》儀死在哀王之七年，《魏世家》、《張儀傳》皆與表合，《紀年》所載，較差三年。」（《漢書疏證》。）貨楚貴臣上官大夫、靳尚之屬，貨，賂之也。上官，姓，史失其名。漢有上官桀，殆即其後。《漢表》列五等。錢大昕曰：「當列七等。」是也。靳尚，楚用事者，（見《屈原傳》。）後爲張旄所殺。（《楚策》。）《漢表》列七等。梁玉繩曰：「《新序・節士篇》以上官卽靳尚，王逸《離騷序》仍之。但《國策》言尚爲張旄所殺，在懷王世，而上官大夫爲令尹子蘭所使短屈平於頃襄王者，當别是一人。《漢表》兩列，等數亦不同。又注云：《唐表》七十三下、《通志畧》三，謂子蘭爲上官大夫，不足據。」案：梁氏辨子蘭非上官大夫，是矣。謂《新序》以上官卽靳尚，而王逸《楚辭序》仍之，則甚誤。詳本文著之屬二字，是非一人之詞。王序云：「同列大夫上官靳尚妒害其能，共譖毀之。」曰共譖毀，則亦不以爲一人矣。梁氏見上官無名與靳尚連言，故誤會共以爲一人耳。上及令尹子闌、司馬子椒；内賂夫人鄭袖，令尹、司馬，楚執政之卿，權最重。「闌」，它書作「蘭」，以作蘭爲正，闌省借字。（《漢書·王莽傳》與牛馬同蘭注：蘭，謂遮蘭之。此以蘭爲闌，蓋二字古通用。）《風俗通義·六國篇》作子蕑。（通行本如此，元大德本作蕳，乃蕑之譌，草書凡從竹從草二部字多相溷。）古蕑蘭通用。《毛詩·鄭風·溱洧》「方秉蕑兮」，傳：「蕑，蘭也。」毛以訓詁代本字也，毛傳例不破字。（説見本卷《公子喜時章》注。）子蘭，懷王稺子。王逸《楚辭注》云「懷王少弟司馬子蘭」，誤。司馬子椒，《漢表》作令尹，或其後居令尹之職耳。表二人同列六等。《史記》不載子椒，梁玉繩謂「椒不爲令尹，必傳寫譌倒椒蘭二字。二人讒短屈原，陷懷王客死於秦，當列下下，何以居第六。」（《人表考》卷六。）考子椒官司馬，權次令尹，安知後不爲之。梁以爲誤倒，非也；言二人當列下下，是也。《潛夫論·明闇篇》云：「屈原得君，而椒蘭構讒。」《反離騷》「靈修既信椒蘭之唼佞兮」，蘇林注：「令尹子椒也。」亦以椒爲令尹。鄭袖，懷王幸姬，《楚策》作襃。《韓非子·内儲説下·六微》云：「荆王所愛妾有鄭袖者，荆王新得美女，鄭袖因教之曰：王甚喜人之掩口也，爲近王，必掩口。美女入見，近王，因掩口。王問其故，鄭袖曰：此固言惡王之臭。及王與鄭袖、美女三人坐，袖因先誡御者曰：王適有言，必亟聽從。王言美女前，近王甚，數掩口，王悖然怒曰：劓之。御因揄刀而劓美人。一曰：魏王遺荆王美人，荆王甚説之，夫人鄭袖知王説愛之也，亦説愛之，甚於王，衣服玩好，擇其所欲爲之。王曰：夫人知我愛新人也，其説愛之甚於寡人，此孝子所以養親，忠臣之所以事君也。夫人知王之不以己爲妒也，因爲新人曰：王甚説愛子，然惡子之鼻，子見王，常掩鼻，則王長幸子矣。於是新人從之，每見王，常掩鼻。王謂夫人曰：新人見寡人，常掩鼻，何也。對曰：不己知也。王强問之，對曰：頃嘗言惡聞王臭。王怒曰：劓之。夫人先誡御者曰：王適有言，必可從命。御者因揄刀而劓美人。」是鄭袖事，卽讒屈原之人也。《漢表》在九等。梁氏以爲卽南后，亦非，諸藹堂辨之，見《庭立紀聞》。此由誤讀《國策》，與前誤讀本書及王逸序，謂上官、靳尚爲一人同。沈欽韓曰：「《楚策》三：南后、鄭褏以金千觔進，張儀、鄭褏亦以金五百觔進。是有兩鄭袖也。後云靳尚謂幸夫人鄭袖，以其有兩名，特異言之，當卽設詐劓美人鼻者。」案：沈説是。此與《左傳》書侍人賈舉，以別於死難之賈舉，文法相同。《史記》載張儀行賂事，在屈原放逐儀再使楚之時，與此異。徐昂發《畏壘筆記》（卷一。）云：「《新序》此文，與《史記》相出入，可補《史》所未備。然則屈原之放，雖由上官大夫、子蘭等之譖，亦張儀之謀也。以貨賂而棄其良臣，喪其國都，豈不悲夫。」**共譖屈原。屈原遂放於外，**屈原放逐，似有二次，一當懷王之時，一當頃襄之世，此其第一次也，本書所記甚明。《史記·屈原傳》云：「平爲楚懷王左徒，上官大夫與之同列争寵，而心妒其能。懷王使屈平造爲憲令，屈平屬草藁未定，上官大夫見而欲奪之，屈平不與，因讒之曰：王使屈平爲令，衆莫不知，每一令出，平伐其功，曰，以爲非我莫能爲也。王怒而疏屈平。屈平憂愁幽思，而作《離騷》。」與此所記不同。此言平爲楚使齊，結二國之好，秦患之，乃使儀行閒譖原。又儀行賂，《史》載在秦割漢中地與楚求和，儀再奉使之時，此敍在屈原初次見逐之先，二書之不同如此。疑合齊遠秦，乃屈子生平不二政策，其初奉使如齊，已中秦忌，故有靳尚、上官之讒，非但因屬草小事也。及藍田敗後，王追悔不用屈子，以至敗挫，遂復用屈子。屈子爲再使齊以結强援，貫徹最初政策，會張儀至楚，行賂而去，屈子適還，勸王追之，不及，此爲第二次使齊，必在屈子復用時。本書繫於復用屈原下，文義甚明。迨懷王中子蘭邪説，輕入虎口，平力争不得，卒爲秦留，頃襄繼立，聽讒，遷屈子於江南，屈子由是再被放逐。本書云復放屈原，復者不一之詞也。平一日在位，秦謀一日不得逞，齊交一日不得絶，張儀陽許割地以誤懷王，必在平去位時，聞平去之，而後得行其計。《史》繫於屈原既絀之下，復綴以其後二字，是也。而又曰：「是時屈平既疏，不復在位，使於齊，顧反，諫懷王曰：何不殺張儀。」則不如本書繫在復用屈原下，爲得其實。蓋平非復用，何能諫懷王，何能奉使於齊，後此又何能沮懷王入關，此事理之至易見者。《史》文不敍復用事，而一則曰不忘欲反，再則曰不可以反，見懷王之終不寤，一似終懷王之世，屈子未有還朝之日者，文殊牴牾，幸有本書正之耳。或疑《史》於上官奪草下，僅言王怒而疏屈平，未嘗言及流放。（案洪興祖本《楚辭·王逸序》王怒而疏屈平句下，注云：疏一作逐。）其下文「雖放流」一段，繫在「頃襄王立」之下，似懷王世，平實未曾放流者。顧炎武《日知録》亦云：「放流一節，當在頃襄王怒而遷之之下，史公信筆書之，失其次序。」梁玉繩《史記志疑》云：「自雖放流至豈足福哉一段，似宜在怒遷之後，如此，則上下文義協通，中無隔閡，不致矛楯。」不知雖放流下，明云懷王終不寤，則非頃襄王時事。史公敍《離騷》作在疏屈平句後，而它日又云：「屈原放逐，乃著《離騷》。」此傳亦曰：「離騷者，猶離憂也。」王逸序曰：「離，別也；騷，愁也。」無別離，何有愁，非放逐，曷云別。則平之被放，明在著《騷》前矣，即其言不忘欲反，不可以反，亦皆爲放逐之明證。若謂爲在頃襄世，則平當頃襄世，猶拳拳懷王，希其覺寤，殊不可通矣。至張儀内賂，《史》著在儀再奉使時，雖與本書異，然屬草一事，或亦致讒之一端。儀致賂以間屈平，既行之而效，則它日使楚，踵此故智，内貨賂，施詭辯，亦非不可能之事。此違異之小者耳。子政博極羣書，其離合《史》文，悉有根據，讀者幸勿忽視焉。

乃作《離騷》。

《史記索隱》應劭曰：「離，遭也；騷，憂也。」王逸序：「離，別也；騷，愁也。」二説俱通。史公釋之曰：「離騷者，猶離憂也。」蓋似讀離爲罹，與應義同。梁玉繩曰：「《史記》言《離騷》作自懷王之世，原始見疏所爲。考《離騷》之文，斥剌子蘭，宜在懷王末年，頃襄王世。」案：梁氏不知平放逐有二次，見《史》有屈原放逐乃著《離騷》之文，以爲懷王世原未被逐，子蘭亦未與爲難，故爲此説。不知平初放在懷王時，（見前注。）被逐之原因，見於本書，正因子蘭之譖，非但上官奪草致之也。即以《離騷》證之，離別之名，既爲放流而設，（見前注。）而《騷》所云「余既不難離別兮，傷靈修之數化」，正指去國之事。蓋作《騷》在懷王世，作《懷沙》《漁父》等篇在頃襄之世。《哀郢篇》所紀途程，由郢至陵陽，自西徂東；《涉江篇》由鄂渚至漵浦，自東北徂西南。是前後遷逐，東西異地。若屈子在頃襄世被遷江南，何必迂道而東，頃襄王又何得任其流蕩，而不予以定所邪。或疑原雖兩度被逐，而史公明言不可以反，是終未嘗復用。或原謫後，懷王追念其言，召之至闕，後又被逐於頃襄耳。不知本書明言復用屈原，使齊之事，《史》亦載之，不用何以出使。聯齊拒秦，乃屈子唯一政策，至此欲實行之。《史》文既疏不復在位之説，於事實不合，無可爲諱，中壘不從，必有所見，信本書可也。

張儀因使楚絶齊，許謝地六百里，懷王信左右之姦謀，聽張儀之邪説，遂絶强齊之大輔。「輔」當作「俌」。俌，援也，經傳多叚輔爲俌。楚既絶齊，而秦欺以六里，懷王大怒，舉兵伐秦，大戰者數，秦兵大敗楚師，斬首數萬級。《屈原傳》曰：「屈平既絀，其後秦欲伐齊，齊與楚從親，惠王患之，乃令張儀詳去秦，厚幣委質事楚，曰：秦甚憎齊，齊與楚從親，楚誠能絶齊，秦願獻商於之地六百里。楚懷王貪，而信張儀，遂絶齊，使使如秦受地。張儀詐之曰：儀與王約六里，不聞六百里。楚使怒去，歸報懷王，懷王怒，大興師伐秦，秦發兵擊之，大破楚師於丹陽，斬首八萬，虜楚將屈匄，遂取楚之漢中地。明年，懷王乃悉發國中兵，以深入擊秦，戰於藍田。魏聞之，襲楚至鄧，楚兵懼，自秦歸。而齊竟怒，不救楚，楚大困。」事又見《楚世家》，情節畧同，茲不再引。《陳軫傳》云：「張儀說楚王曰：大王誠能聽臣，閉關絶約於齊，臣請獻商於之地六百里，使秦女得爲大王箕帚之妾，秦楚娶婦嫁女，長爲兄弟之國，此北弱齊而西益秦也。楚王大說而許之，羣臣皆賀，陳軫獨弔之。楚王怒曰：寡人不興師發兵，得六百里地，羣臣皆賀，子獨弔，何也。陳軫對曰：不然，以臣觀之，商於之地不可得，而齊秦合，齊秦合，則患必至矣。楚王曰：有説乎。陳軫對曰：夫秦之所以重楚者，以其有齊也，今閉關絶約於齊，則楚孤，秦奚貪夫孤國，而與之商於之地六百里。張儀至秦，必負王，是北絶齊交，西生患於秦也，而兩國之兵必俱至。善爲王計者，不若陰合而陽絶於齊，使人隨張儀，苟與吾地，絶齊未晚也；不與吾地，陰合謀計也。楚王曰：願陳子閉口毋復言，以待寡人得地。乃以相印授張儀，厚賂之，於是遂閉關絶約於齊，使一將軍隨張儀。張儀至秦，詳失綏墮車，不朝三月。楚王聞之曰：儀以寡人絶齊未甚邪。乃使勇士至宋，借宋之符，北罵齊王。齊王大怒，折節而下秦。齊秦之交合，張儀乃朝，謂楚使者曰：臣有奉邑六里，願以獻大王左右。楚使者曰：臣受令於王，以商於之地六百里，不聞六里。還報楚王，楚王大怒，發兵而攻秦。陳軫曰：軫可發口言乎，攻之不如割地反以賂秦，與之并兵而攻齊，是我出地於秦，取償於齊也，王國尚可存。楚王不聽，卒發兵而使將軍屈匄擊秦，秦齊共攻楚，斬首八萬，殺屈匄，遂取丹陽漢中之地。楚又復益發兵而襲秦，至藍田，大戰，楚大敗，於是楚割兩城以與秦平。」以上皆張儀詐楚事也。商鞅之法，斬敵一首者爵一級，故謂之首級。《魯仲連傳》「今秦棄禮義而尚首功之國也」，正謂此。今人呼首爲首級，沿譌習用，不審級是爵級之稱，而某氏隨筆反云：「加級者，首級也，秦法斬一首者予一級，蓋軍功也，後世因它事亦稱加級矣。」不知爵一級之級，正指品級言，某氏以首級當之，妄矣。謂首級二字沿用秦語而誤，則可；謂加級爲誤，則不可。某氏無學，自儗其書於《困學紀聞》、《容齋五筆》，庸妄已甚，本不足辯，因其薄有浮名，恐誤後學，故駁之，而仍削其書名人名。（肇林謹案：某氏書，章實齋攻之尤力，其自擬王洪，見尺牘中復孫淵如書。）

秦使人願以漢中地謝，懷王不聽，願得張儀而甘心焉。張儀曰：「以一儀而易漢中地，何愛，儀請行。」遂至楚，楚囚之，上官大夫之屬共言之王，王歸之。

《史記·張儀傳》「遂取丹陽漢中之地」，《正義》：「漢中，今梁州也，在漢水北。」案：地當在今陝西漢中府南鄭縣東境。《楚世家》於楚願張儀下，敘「張儀請之楚，秦王曰：楚且甘心於子。儀曰：臣善其左右靳尚，尚又能得事於楚王幸姬鄭袖，袖所言，無不從者。且儀以前使負楚以商於之約，今秦楚大戰有惡，臣非面自謝楚，不解。且大王在，楚不宜敢取儀，殺儀以便國，臣之願也。儀遂使楚，至，懷王不見，因而囚儀，欲殺之。儀私於靳尚，尚爲請於王曰：拘儀，秦必怒，天下見楚無秦，必輕王。又謂鄭袖：秦王甚愛張儀，王欲殺之，今將以上庸之地六縣賂楚，以美人聘楚王，以宮中善歌者爲之媵，楚王重地，秦女必貴，而夫人必斥矣，不若言而出之。」《張儀傳》所記情事畧同，後記鄭袖説王之詞云：「人臣各爲其主用，今地未入秦，秦使張儀來，至重王。王未有禮而殺儀，秦必大怒攻楚，妾請母子俱遷江南，毋爲秦魚肉也。」《楚策》：「楚懷王拘張儀，將欲殺之，靳尚爲儀謂楚王曰：拘張儀，秦王必怒，天下見楚之無秦也，楚必輕矣。又謂王之幸夫人鄭褏曰：子亦自知且賤於王乎。鄭褏曰：何也。尚曰：張儀者，秦王之忠信有功臣也，今楚拘之。秦王欲出之。秦王有愛女而美，又簡擇宮中佳玩麗好玩習音者以懽從之，資之金玉寶器，奉以上庸六縣，爲湯沐邑，欲因張儀内之楚王，楚王必愛。秦女依强秦以爲重，挾寶地以爲資勢，爲王妻以臨於楚，王惑於虞樂，必厚尊敬親愛之，而忘子，子益賤而日疏矣。鄭褏曰：願委之於公，爲之柰何。曰：子何不急言王，出張子，張子得出，德子無已時，秦女必不來，而秦王必重子。子内擅楚之貴，外結秦之交，畜張子以爲用，子之子孫，必爲楚太子矣，此非布衣之利也。鄭褎遽説楚王出張子。」以上皆儀再使時設詭辯之事，與《儀傳》記儀料楚王不殺之詞，可相參證。又《楚策》：「楚王將出張子，恐其敗己也。靳尚謂楚王曰：請隨之，儀事王不善，臣請殺之。楚小臣，靳尚之仇也，謂張旄曰：以張儀之知，而有秦楚之用，君必窮矣，君不如使人微要靳尚而刺之，楚王必大怒儀也，彼儀窮，則子重矣，楚秦相難，則魏無患矣。張旄果令人要靳尚，刺之。楚王大怒秦，搆兵而戰，秦楚爭事魏，張旄果大重。」以上張旄殺靳尚事，附著於此。又秦以漢中地謝楚，《楚世家》、《屈原傳》皆同，《張儀傳》又依《國策》，言欲以武關之外易黔中，似乎不同。然《儀傳》又載儀説王，言大王誠聽臣，請效萬室之都，以爲湯沐之色。於是楚王已得儀，而重出黔中地，欲許之云云。是《國策》所記，或秦初意如此，而其後楚固未出黔中之地也。《屈原傳》：「明年，秦割漢中地與楚以和。」亦未嘗言易黔中地。是時懷王悔不用屈原之策，以至於此，於是復用屈原。屈子再用事，《史》所不載，賴此文證明。屈原使齊還，此第二次使齊，與起處所云，非一時事。本書緊接「復用」下敍，當爲復用後事甚明。《楚世家》載齊王遺楚書，及昭雎説王合齊絶秦，皆是此一年中事也。聞張儀去，大爲王言張儀之罪，懷王使人追之，不及。《張儀傳》：「懷王欲從張儀之請，屈原曰：前大王見欺張儀，儀至，臣以爲大王烹之，今縱不忍殺之，又聽其邪説，不可。王曰：許儀而得黔中，美利也，後而倍之，不可。故卒許張儀與秦親。張儀去楚，遂之韓」云云。似屈子當時目擊力爭，非事後追諫其失策，亦無追儀之事。事定儀始去楚之魏，則當屈子爭時，儀固未去也，與《屈原傳》、《楚世家》及本書均異。史公博采羣書，致多抵觸，此則從《楚世家》、《屈原傳》説也。後秦嫁女於楚，秦楚爲婚，基於張儀請絶齊之時，申説於儀再至楚請易黔中之役，其事詳見《張儀傳》。儀教靳尚以賂女之説恐鄭袖，遣袖救之，而卒致秦女於楚，其反復傾險如此。與懷王歡，爲藍田之會。藍田，秦地。《史記正義》云：「在雍州東南八十里，從藍田關入藍田縣。」案：地當在今陝西西安府藍田縣治。屈原以爲秦不可信，願勿會，羣臣皆以爲可會，懷王遂會。《屈原傳》：「時秦昭王與楚婚。欲與懷王會，懷王欲行，屈平曰：秦虎狼之國，不可信，不如無行。懷王稚子子蘭勸王行，柰何絶秦歡。懷王卒行。」《楚世家》：「秦昭王遺楚王書曰：始寡人與王約爲弟兄，盟于黄棘，太子爲質，至驩也。太子陵殺寡人之重臣，不謝而亡去，寡人誠不勝怒，使兵侵君王之邊。今聞君王乃令太子質於齊，以求平。寡人與楚接境壤界，故爲婚姻，所從相親久矣，而今秦楚不驩，則無以令諸侯。寡人願與君會武關，面相約，結盟而去，寡人之願也，敢以聞下執事。楚懷王見秦王書，患之，欲往，恐見欺；無往，恐秦怒。昭雎曰：王毋行，而發兵自守耳，秦虎狼，不可信，有并諸侯之心。懷王子子蘭勸王行，曰：柰何絶秦之驩心。於是往會秦昭王。」案：屈原之言，與昭雎説同，《索隱》以爲二人同諫，是。楚之王族，何多賢也。果得囚拘，客死於秦，爲天下笑。《屈原傳》：「懷王入武關，秦伏兵絶其後，因留懷王，以求割地。懷王怒，不聽，亡走趙，趙不内，復之秦，竟死於秦而歸葬。」《楚世家》：「懷王往會秦昭王，昭王詐令一將軍伏兵武關，號爲秦王，楚王至，則閉武關，遂與西至咸陽，朝章臺，如蕃臣，不與亢禮。懷王大怒，悔不用昭子言，秦因留楚王，要以割巫黔中之郡。楚王欲盟，秦欲先得地，楚王怒曰：秦詐我，而又彊要我以地，不復許秦。秦因留之，楚大臣告於齊，立頃襄王，乃告於秦曰：賴社稷神靈，國有王矣。秦要懷王，不可得地，楚立王以應秦。秦昭王怒，發兵出武關，攻楚，大敗楚軍，斬首五萬，取析十五城而去。二年，楚懷王亡，逃歸，秦覺之，遮楚道。懷王恐，乃從閒道走趙，以求歸。趙主父在代，其子惠王初立，行王事，恐，不敢入楚王。楚王欲走魏，秦追至，遂與秦使復之秦，懷王遂發病。頃襄王三年，懷王卒於秦，秦歸其喪於楚，楚人皆憐之，如悲親戚，諸侯由是不直秦。」所敍較詳。《屈原傳》又曰：「懷王以不知君臣之分，故內惑於鄭袖，外欺於張儀，疏屈平而信上官大夫、令尹子蘭，兵挫地削，亡其六郡，身客死於秦，爲天下笑，此不知人之禍也。」此文用之。《賈子·春秋篇》言懷王爲齊所襲，師潰，逃適秦，克尹殺之西河，爲天下笑，此好矜不讓之罪也。此傳聞之異，不可從，辨見上注。**懷王子頃襄王，**頃襄王見二卷《莊辛章》注。**亦知羣臣諂誤懷王，不察其罪，**不察羣臣諂誤之罪。**反聽羣讒之口，復放屈原。**此屈子第二次放逐，即《屈原傳》所云「令尹子蘭聞之，大怒，卒使上官大夫短屈平於頃襄王，頃襄王怒而遷之」者也。本書一則曰復用，再則曰復放，可見原被放必有二次。《渚宮舊事》三：「王子蘭爲令尹，使上官大夫靳尚譖屈原於懷王，王遷之江南。」已誤混二事爲一。蓋子蘭爲令尹，在頃襄時，《屈原傳》所謂長子頃襄王立，以其弟子蘭爲令尹是也。本書上文云令尹子蘭者，終言之，與《屈原傳》謂懷王疏屈原而聽上官大夫、令尹子蘭同，非子蘭爾時已爲令尹也。故《屈原傳》云懷王穉子子蘭勸王行，不言令尹，可證。王逸《楚辭序》云：「襄王復用讒言，遷屈原於江南，屈原放在草野，復作《九章》，援天引聖以自證明，終不見省。」案：《九章》之作，非一時事，朱子已言之，此及班固《離騷贊序》，皆以爲《九章》作於是時，不盡然也。《哀郢》所紀，其經程皆徂東，《涉江》所紀皆徂南。蓋原第一次被逐之地，在陵陽，今江西饒州東南界；其後則在江南，由沅入溆，以至遷所，當今湖南辰州府辰溪縣西南，後又北行至汨羅，投淵而死。《懷沙篇》曰：「造路北次兮，日昧昧其將莫；舒憂娛哀兮，限之以大故。」是其事也。兩次遷謫之地，判然不同，屈子遺文，歷歷可考，前賢未細察耳。**屈原疾闇王亂俗，汶汶嘿嘿，**疾，惡也。《楚辭·漁父篇》云：「安能以身之察察，受物之汶汶者乎。」《荀子》注引汶汶作惛惛。案：汶汶與察察對，當作惛爲正，汶汶叚借字。《説文·心部》：「惛，不憭也。」（憭即明瞭字。）《廣雅·釋訓》：「惛，惛亂也。」《孟子·梁惠王篇》：「王曰：吾惛。」趙注：「言情思惛亂。」《詩·民勞》「以謹惛怓」，毛傳：「惛怓，大亂也。」惟不憭故亂，義本相因。字亦作昏，《孟子·盡心篇》：「賢者以其昭昭，使人昭昭；今以其昏昏，使人昭昭。」《楚辭·涉江篇》「固將重昏而終身」，王注：「昏，亂也。」是其證也。汶惛音近通用，嘿嘿猶墨墨也。本書一卷，「晉平公謂師曠曰：甚矣子之墨墨也。對曰：天下有五墨墨，而臣不得與一焉。」汶汶墨墨，皆茫昧無知之貌，下文以是爲非云云，即其義。《荀子·解蔽》云：「墨以爲明。」楊倞注：「墨，蔽塞也。」是也。《説文》無嘿字，嘿墨音近通用。《史記·賈生傳》：「于嗟嚜嚜兮，生之無故。」字又作嚜。《集解》應劭曰：「嚜嚜，不自得之貌。」蓋嘿嚜皆默之俗字，人不自得，則神志蕭索，似靜默者；愚昧之人，不辨曲直，亦默默然。義兩通也。以是爲非，以清爲濁，不忍見污世，「污」，各本作「於」。盧文弨曰：「污誤於。」案：作於者，因污字爛左旁，爲于，又轉譌爲於耳。宋本正作「污」，今據改正。將自投於淵，漁父止之。漁父，失其名，《漢表》列二等。金王若虚《滹南集·雜辨》云：「《離騷·漁父篇》，叚設以見意，《人表》遂列其名。使誠有是人，不過委順從俗，以求自全，何遽至九等中第二哉。」案：《史記·屈原傳》及本書、晉嵇康《高士傳》皆采漁父之言，似不可與亡是公、烏有先生並論。屈原曰：「世皆醉，我獨醒；世皆濁，我獨清。《楚辭》作「舉世皆濁我獨清，衆人皆醉我獨醒」。以下隱括《楚辭》原文，頗有異同。吾聞之，舊本「吾」下有「獨」字。盧文弨曰：「獨衍文。」案：宋本已有此字，然依文義不當有，當緣上文兩獨字而衍，今從盧校删。新浴者必振衣，新沐者必彈冠，振，舉也；彈，擊也。舉衣去垢，彈冠去塵，欲其絜也。《楚辭》二句互倒。又惡能以其泠泠，更事汶汶嘿嘿者哉，泠泠，清絜之貌。「汶汶」，各本作「世之」。盧文弨曰：「世之一作汶汶。」案：一作本是，宋本有之無世，文義難通。蓋汶汶嘿嘿，承上文言，不應單舉嘿嘿二字。宋本本作「汶汶」，因重文汶字作二點，遂誤爲之，又奪上汶字，淺人見其義難解，遂妄補一世字耳。然正惟缺世事，轉可據一作本以得其故，今從盧校一作本改正。泠泠汶汶嘿嘿，皆用疊字也。《楚辭》作「安能以身之察察，受物之汶汶者乎」，下尚有數句，無「吾甯投淵而死」句。吾甯投淵而死。」《説文・丂部》：「甯，願詞也。」徐鍇曰：「猶今人言甯可如此，是願如此也。」遂自投湘水汨羅之中而死。《史記集解》引應劭曰：「汨水在羅，故曰汨羅。」《正義》：「故羅城在岳州湘陰縣東北六十里，春秋時羅子國，秦置長沙郡而爲縣也，縣北有汨水及屈原廟。」案：今湖南長沙府湘陰縣東六十里有羅城，蓋即其處。

20 楚昭王有士曰石奢，《呂子・高義篇》：「荆昭王之時有士焉曰石渚。」字作渚，下並同。奢渚俱從者聲，古無麻韵，讀奢爲渚，通用字也。《渚宮舊事》亦作「渚」，（《舊事》原注：《史記》作石奢。）《韓詩外傳》二、《史記・循吏傳》俱作「奢」，與本書同。《類聚》四十九、《御覽》一百三十一引本書亦作「奢」。《書鈔》五十三引作「奮」，乃奢字之譌，下並同。《漢表》石奢列六等。其爲人也，《類聚》引無此四字。公正而好義，《外傳》作「公而好直」，《呂》作「公直無私」，《史》作「堅直廉正，無所阿避」。本書用《外傳》文。《書鈔》引無「而」字，《御覽》四百三十八引《外傳》「公」下有「正」字，趙懷玉本據補。案：有正字是，本書可證。王使爲理。理，掌刑之官。《呂氏》作「政」。《史記》云：「石奢者，楚昭王相也。」梁玉繩《史記志疑》曰：「楚相即令尹，昭王時，子西尸之，未聞有石奢。《呂子・高義篇》言昭王使石渚爲政，與此同。（原注：渚乃奢之譌。光瑛案：此非譌字，通用字，説見前。）《史》蓋本《呂》而誤。《韓詩外傳》二、《新序・節士篇》

並言使石奢爲理。」案：梁説是，《類聚》引本書亦作「理」。《書鈔》引作「廷理」，句首有「楚昭」二字。於是廷有殺人者，「廷」，《外傳》作「道」，《史》同。《呂書》舊本作「廷」，畢校改從《外傳》、《史記》作「道」，云：「如此方與下文追之及反立於廷相合，《新序》並誤。」案：《舊事》亦作「廷」。殺人於廷，必逃，逃而追之，事所必至，有何不合。此廷即大理之廷，奢父恃奢爲理，故在廷殺人，於事理較近，若在道殺人，奢何至自追之乎。《外傳》及《史》作「道」者，概敍之詞，不得據彼改此。《類聚》「廷」下有「尉」字。《書鈔》無上三字，「殺」作「煞」，俗。《御覽》二百三十一引亦無上三字。石奢追之，《書鈔》作「奮追之」，誤，説見上。《史》作「相追之」，亦非。則其父也，《外傳》無「其」字。《史記》「則」作「乃」，乃猶則也，見《經傳釋詞》。趙懷玉校《外傳》據《御覽》引增「其」字。《書鈔》下接「奮曰，以父成政」云云。遂反乎廷，《外傳》「遂」作「還」。《呂》作「還車而反，立於廷」。《舊事》無「而反」二字。《類聚》作「及乎廷尉」，及乃反之誤。反者，本在此而復至之稱，此言遂反乎廷，正見上文字當作廷，畢反因此改廷爲道，異矣。《史》作「縱其父而還自繫焉」。曰：「殺人者，僕之父也，《外傳》「僕」作「臣」。《類聚》不引二句。《史》「曰」上有「使人言之王」五字，「僕」亦作「臣」。蓋此廷是大理之廷，故使人告王，不告則不及知也。以父成政，成，立也。《呂子》、《舊事》作「行法」，《史》作「立政」，言借父以立法也。不孝；《呂子》作「不忍」，《舊事》同。《外傳》作「非孝也」，《史》作「不孝也」。《書鈔》五十三、《類聚》四十九、《御覽》二百三十一引與《史》同。不行君法，《呂》作「阿有罪廢法」，《舊事》同，但「廢」下更有「國」字。《史》作「廢法縱罪」。不忠。《呂》作「不可」，《舊事》作「不敢」，《外傳》作「非忠也」，《史》同，《御覽》二百三十一引亦同。《類聚》作「不忠也」，《書鈔》引亦無「也」字。弛罪廢法，而伏其辜，弛，縱也。縱有罪之父，以廢國法，因以身抵廢法之罪也。《吕》作「廢法伏罪」。《史》及《舊事》無此二句。《類聚》引無「廢」字。《書鈔》「弛」作「施」，古通用字。《論語》「君子不施其親」，施讀爲弛，廢也；《晉語》「施邢侯氏」，孔晁注：「廢其族也。」《漢書・衛綰傳》「劍人之所施易也」，施亦讀弛。二字音義俱近，故相通用。僕之所守也。」「僕」，《外傳》作「臣」。《吕》作「人臣之義也」。《史》於「非忠也」下止云「臣罪當死」，無此二句。《書鈔》下接「遂刎頸而死」，引至此止。遂伏斧鑕，《漢書・王訢傳》「訢已解衣伏質」，師古曰：「質，鍖也，欲斬人，皆伏於鍖上。」案：質卽鑕字，《說文・金部》無鑕，《後漢書・馮魴傳》注引《說文》云：「鑕，椹也，从金，質聲。」鄭珍據此收入逸字。李楨曰：「經典惟《公羊傳・襄二十七年》執鈇鑕，《昭二十五年》不忍加之鈇鑕，偏旁從金，與《馮傳》同。（原注：《公羊》景帝時始著竹帛，前此皆口授，則鑕是用漢人所製之字。）他如《周官・司弓矢》：王弓弧弓，以射甲革椹質者。注：質，正也，樹椹以爲射正。《考工記》工人利射革與質，注：質，木椹。《昭八年穀梁傳》以葛覆質，注：質，椹也。《詩》取厲取鍛，箋：鍛，石所以爲質。疏云：質，椹也。《史記・項羽紀》身伏鈇質；《范雎傳》今臣之胸，不足以當椹質；《張丞相傳》解衣伏質；《漢書・英布傳》伏斧質淮南市；《王訢傳》訢已解衣伏質；《揚雄傳》製以質鈇；《敍傳》潤鑊伏質。皆不作鑕。《說文・弓部》引《周禮・司弓矢》文椹質作甚質，甚不肯從木，質豈肯從金。（光瑛案：《王訢傳》師古注作鍖，乃俗字尤甚者。）章懷注本專屬鈇，不屬鑕耳。《耿弇傳》注：鑕，鍖也。不引《說文》，是其證。又注云：玄應《音義》卷五、卷十三，鈇，兩引《說文》，質作櫍，兩引《埤蒼》，此又許無櫍字之證。」（《說文逸字辨證》。）案：李說甚是。鑕，漢後俗字，古止作質。餘詳同卷《蘇武章》注中。「遂」字各本奪，不成文義，今據《外傳》補。曰：「命在君。」以上八字，《類聚》不引。「曰」字各本奪，不成文義，亦據《外傳》補。此章文多同《外傳》，與他書異，知其本《外傳》也。《吕》作

「於是乎伏斧鑕請死於王」，《舊事》無「於是乎」三字，易一「乃」字。《舊事》所采，蓋《吕氏》文也。君曰：《吕子》、《舊事》、《史記》並作「王曰」。此與《外傳》同。「追而不及，《類聚》不引此句。庸有罪乎，庸，猶豈也。欲解説其罪。《吕》作「豈必伏罪哉」，《舊事》同，但句末無「哉」字。《史》作「不當伏罪」。子其治事矣。」令復居舊位治事。《吕》作「子復事矣」，《舊事》同。本書文與《史》及《外傳》同。石奢曰：《外傳》「曰」下有「不然」二字。《吕子》、《舊事》「曰」上有「辭」字。「不私其父，《吕子》「父」作「親」，《舊事》同。非孝也；《吕》作「不可謂孝子」，《舊事》同，但無「子」字。《史》作「非孝子也」。不行君法，《吕》作「事君枉法」，《舊事》同。《史》作「不奉主法」。非忠也；《吕》作「不可謂忠臣」，《舊事》同，但無「臣」字。《史》作「非忠臣也」。以死罪生，非廉也。當死而幸生，是謂偷生，故曰非廉也。《吕子》、《舊事》、《史記》俱無此二句。《外傳》「非」字作「不」。君赦之，《外傳》「君」下有「欲」字。《吕子》作「令吏赦之」，一本作「君令赦之」，（畢本從此。）《舊事》作「令吏捨之」，捨赦義同，音近通用。《史》作「王赦其罪」。上之惠也；《吕子》、《舊事》、《史記》俱無「之」字，自「以死罪生」至此句止，《類聚》俱不引。臣不敢失法，失，廢也。《吕》作「不敢廢法」，無「臣」字，《舊事》同。《外傳》「敢」字作「能」。《史記》作「伏誅而死也」。下之行也。」《吕子》「下」作「臣」。《外傳》「行」作「義」。《舊事》作「臣節也」。《史》作「臣職也」。文各小異。遂不離鈇鑕，前伏斧鑕請死，王令赦之，猶不肯離，見志之堅也。《外傳》「離」作「去」，《吕》同，但無「遂」字，《舊事》同《吕》。《類聚》引前後文「鈇」俱作「斧」。刎頸而死於廷中。《史》作「遂不受令，自刎而死」。《吕》作「殁頭乎王廷」，《舊事》作「刎頸於王廷」。案：《舊事》用《吕子》文，今《吕子》作頭，乃譌字，當據《舊事》改正。《説文》無刎字，新附收之。蓋古字少，止借用歾字。《荀子·彊國篇》

「欲壽而歾其頸」，此古字也。楊注：「歾當作刎。」此依俗言之。《呂子》作「殁」，亦歾之俗字，然可證古有歾無刎。《衆經音義》十三自刎注云：「古文歾同，亡粉切。」是也。（《集韵》、《韵會》皆云：刎或作歾。）《呂》以廷爲王廷。概括言之，猶言王之法廷耳。《外傳》句末無「中」字。《類聚》作「刎頸而死」，引至此句止。《御覽》二百三十一作「遂刎頸而死」，《御覽》此條，所引甚畧，不關異文也。君子聞之曰：以下悉用《外傳》文，它書所無。「貞夫，句。法哉。」貞，正而固也；法，守法也。《外傳》此下有「石先生乎」四字。孔子曰：「子爲父隱，父爲子隱，《論語·子路篇》文，二句互倒，與此異也。直在其中矣。」以上三句，引孔子之言，以論奢事耳，非以奢爲直躬也。某氏隨筆竟云石奢卽直躬，其妄如此。直躬事見《呂子·當務》及《韓子·五蠹》，二說不同，要無以奢當之者，豈其事與此相似，又引《論語》文，某氏遂誤記邪。（肇林謹案：此卽前章所引之某氏，家大人不欲箸其人，故削名。）《詩》曰：「彼己之子，邦之司直。」《詩·鄭風·羔裘篇》文。《毛詩》「己」作「其」，此用《韓詩》文。《詩·揚之水》箋云：「其或作記，或作己，讀聲相似。」蓋古人於此，以聲爲主，不嫌異字。推之《大叔于田》之忌，《崧高》之近，皆然。然其字各有師承，不可殽亂，如《毛詩》必作其，《韓》必作己，歷考《揚之水》、《汾沮洳》、《椒聊》、《候人》、《毛詩》及《外傳》所引詩文，用字從無或異者，此學者所當知也。後人不明三家與毛師承各異，多妄改古書，以求合於毛。此等尚幸而未改者，舉例於此，以發其凡，餘可類推。石子之謂也。惜乎奢未聞竊負而逃之説，毁身以陷於不孝，蓋一節之士，未聞君子之大道也。「子」字《外傳》作「先生」。

21 晉文公反國，晉文公注見二卷。《外傳》二作「晉文侯使李離爲大理」。文侯卽文公重耳，非前此之文侯也。本書文公告李離語引及管仲事，可證。反國，謂秦繆内入之時。李離爲大理，大理，獄官也。《書鈔》五十三、《御覽》

二百三十一引《外傳》無「大」字。《史記・循吏傳》云：「李離者，晉文公之理也。」《漢表》列五等。梁玉繩《人表考》引本書稱李先生，誤。過殺不辜，過殺，誤殺也。《論衡》曰：「刑故無小，宥過無大。」《外傳》、《史記》作「過聽殺人」。自繫曰：《外傳》作「自拘於廷」。《史記》作「自拘當死」。「臣之罪當死。」《外傳》作「請死於君」。文公令之曰：《史》無「令之」二字。《外傳》作「君曰」。「官有上下，法有輕重，是下吏之罪也，非子之過也。」言官有上下之差，法有輕重之等，過殺不辜，執行下吏之咎，長官罪止失察，不當死也。《外傳》作「官有貴賤，罰有輕重，下吏有罪，非子之咎也」，《史》文同《外傳》，但「罪」作「過」，「咎」作「罪」爲異。李離曰：《外傳》「曰」上有「對」字。「臣居官爲長，不與下讓位；《外傳》「下」下有「吏」字，《史》有「吏」無「下」。言平日忝顔爲長官，不聞讓位於下吏也。受禄爲多，《外傳》「禄」作「爵」，非。《御覽》引亦誤。趙懷玉本據本書及《史記》改爲「禄」字。不與下分利。《外傳》「下」下有「吏」字。二句言得禄獨厚，不聞分利於下吏也。過聽誤殺無辜，委下畏死，非義也。委下，委過於下也。高位厚禄，不與下共之，至有罪而委罪下吏，非義士之行。《外傳》作「今過聽殺人，而下吏蒙其死，非所聞也」。《史》作「今過聽殺人，傳其罪下吏，非所聞也」。案：《史》文傳字疑是傅之譌，謂傅致之也。臣之罪當死矣。」《外傳》作「不受命」。《史》作「辭不受令」。文公曰：《外傳》作「君曰」。「子必自以爲有罪，《外傳》無「有」字。《史》「必」作「則」。則寡人亦有過矣。」《外傳》「過」作「罪」。《史》作「寡人亦有罪邪」。言國君理一國之事，亦不能辭其過也。李離曰：「君量能而授官，量，度也。自此至「君何過之有」，《外傳》、《史記》俱不敍，本書所記稍詳。臣奉職而任事。臣受印綬之日，綬，所以維印者。《說文・糸部》：「綬，韍維也。」段注云：「韍，古文作市，韠也。韍維，所以維韍者。《釋器》曰：璲，瑞也。此謂玉瑞也。又曰：璲，綬也。郭云：卽佩玉之組，所以連繫瑞，因通謂之瑞。（原注：今本字誤。）古者韍佩皆系於革帶，佩玉之系謂之璲，俗字爲繸，又謂之綬，韍之系亦謂之綬，《爾雅》渾言之，許析言之，言韍可以該佩也。謂之綬者，韍佩與革帶之閒，有聯而受之者，故曰綬。《玉藻》曰：天子佩白玉而玄組綬，公侯佩山玄玉而朱組綬，大夫佩水蒼玉而純組綬，世子佩瑜玉而綦組綬，士佩瓀玟而緼組綬，孔子佩象環五寸而綦組綬。是其制也。司馬氏《輿服志》曰：五伯迭興，戰兵不息，於是解去韍佩，留其系璲，以爲章表。故詩曰琄琄佩璲，此之謂也。至秦乃以采組連結於璲，以爲章表，轉相結受，故謂之綬。漢承不改。夫《大東》所言，其時未嘗去玉。綬見《玉藻》、《爾雅》，非至秦漢乃有此名。古之所謂綬者，璲也，秦漢之繸也。秦漢之所謂綬者，所以代古之韍佩也，非古之綬也。然則許曰綬韍維也，又曰組綬屬也，此古之綬也。又曰繸綬維也，緺綬紫青色也，綸青絲綬也，此秦漢之綬也。秦漢改韍佩爲璲。遂改綬爲繸，此名之遷移，當正者也。」案：段注細矣，然徑改《爾雅》之繸作璲，究嫌武斷，此等字散言皆通也。君命曰：必以仁義輔政，輔當作俌，俌助字如此。今則輔行而俌廢矣。寧過於生，無失於殺。失，亦過也。《左氏襄二十六年傳》引《夏書》曰：「與其殺不辜，甯失不經。」亦此意。失生但廢法，失死不可復生。臣受命不稱，不稱其職。壅惠蔽恩，壅蔽，障塞也。君命無失於殺，今乃濫殺，是君有恩惠，己壅蔽之，使不下逮也。如臣之罪，乃當死，君何過之有。君已有命，故得無過。此段《外傳》、《史記》不敍。然上文文公曰：「子必自以爲罪，則寡人亦有過矣。」此段正解明君無過而己有過，似不可省。且理有法，理，理官，所以守法也。《史》無「且」字。《外傳》無此句。失生則生，失殺卽死。《史》作「失刑則刑，失死則死」。《外傳》作「法失則刑，刑失則死」。語異而意並同。失生失殺，卽上文所謂過於生失於殺也，失生不過失刑，失殺必至寃濫，故因其情節輕重，以分厚薄也。君以臣爲能聽微決疑，《史記》「君」作「公」。《索隱》云：「言能聽察微理，以決疑獄。故《周禮・司寇》以五聽察獄，詞氣色耳目也。又《尚書》：服念五六日，至于旬時。是也。」案：《北堂書鈔》五十三引《外傳》此語「微」作「獄」，非是，疑校者妄改。今《外傳》各本此字仍作「微」也。故任臣以理，《外傳》「任」作「使」，「以」作「爲」。《史》作「故使爲理」。今離刻深，刻，苛刻，深，深文。不顧仁義，以下一段，《外傳》及《史》無之。《外傳》云：「今過聽殺人之罪，罪當死。」《史》同，但上句無「之罪」二字，下即接云「遂不受令，伏劍而死」，其文尤簡於《外傳》。信文墨不察是非，聽他辭不精事實，辭，獄辭。他辭，違實之辭也。精，精察也。掠服無罪，搒掠無罪之人，使辭服也。《漢書・路温舒傳》曰：「箠楚之下，何求而不得也。」使百姓怨。天下聞之，必議吾君；議，非議。諸侯聞之，必輕吾國。刑罰不中，則民無所措手足故輕之也。怨積於百姓，惡揚於天下，權輕於諸侯，如臣之罪，是當重死。」所謂死而又死也。（見一卷《虎會章》。）文公曰：《外傳》自此以下，詞多不同，本書蓋別有本。「吾聞之也，直而不枉，不可與往；「往」上疑脱一字。方而不圓，不可與長存。四句用韵，蓋古語。員，古文作云，圓從員聲，故讀圓如云，與存韵。猶《鄭風・出其東門》以員韵存也。願子以此聽寡人也。」《外傳》作「君曰，棄位委官，伏法亡國，（趙校云：疑是忘國。）非所望也，趣出，無憂寡人之心」，詞句全異，然意仍不殊。李離曰：《外傳》有「對」字。「君以所私害公法，殺無罪而生當死，死罪不誅，是生所當死。二者非所以教於國也，二，謂害公法，生當死也。離不敢受命。」文公曰：「子獨不聞管仲之爲人臣邪，身辱而君肆，行汙而霸成。」身辱，謂請囚如齊。肆，安肆也。管仲不死子糾之難，故能成桓公之伯，桓公得管仲，委國以聽之，身佚而國治。傳曰已得仲父，曷爲其不易，是也。（見四卷。）行汙，謂不恥小節，而恥功名不顯於天下。**李離曰：「臣無管仲之賢，而有辱汙之名，無霸王之功，而有射鉤之累。**使天下議吾君，輕吾國，其累有甚於管仲射中帶鉤。**夫無能以臨官，**臨，涖也。**籍汙以治人，**馮籍汙行，以爲民上。**君雖不忍加之於法，**「忍」，各本作「能」，誤，今從宋本改。**臣亦不敢汙官亂治以生。臣聞命矣。」遂伏劍而死。**伏劍見上《晉獻公太子章》注。自末段「李離曰」以下，《外傳》作「李離對曰，政亂國危，君之憂也；軍敗卒亂，將之憂也。夫無能以事君，闇行以臨官，是無功以食祿也。臣不能以虛自誣，遂伏劍而死。君子聞之曰：忠矣乎。詩曰：彼君子兮，不素餐兮。李先生之謂也」。詞多不同，末論斷處，亦本書所無。（《御覽》引《外傳》，誤字盈紙，不足據，《史》文則更畧矣。）

22**晉文公反國，酌士大夫酒，召咎犯而將之，**咎犯，文公舅狐偃，字子犯。它書多作舅，此作咎，叚借字也。詳五卷《呂子章》注。**召艾陵而相之，**艾陵未詳。**授田百萬。介子推無爵齒而就位，**介子推，從文公出亡者。《左傳》作「介之推」。《列仙傳》云：「姓王，名光。」《史記·晉世家》作「介推」。案：子之皆是語詞，介山名，推人名。（本《左傳》杜注。）《大戴記·將軍》作「介山子推」，《史記·仲尼弟子傳》作「介山子然」，《荆楚歲時記》引《琴操》作「介子綏」。綏推聲相近，然字疑誤。《楚辭·惜往日、悲回風》、《淮南·説山訓》又單稱「介子」，均一人也。宋陳元靚《歲時廣記》十五引劉向《列仙傳》：「介子推，晉人也，隱居無名，晉公子重耳異之，與出居外十餘年，勞而不辭。及還介山，伯子常晨來呼推去，曰：可去矣。推辭爵祿，與母入山中，從伯常游。後文公遣數千人以玉帛求之，不出。」（案此所引，與《御覽·服用部》引及今本，均微有出入。）初無焚死之説。又謂其姓王名光，未知所據。《説苑·尊賢篇》云：「介子推行年十五而相荆，仲尼聞之，使人往視。」王安人校正《列仙傳》謂子推與仲尼同時，明爲仙者也，其説頗誕。梁玉繩《人表考》云：「此劉向誤記，據《家語》六本是荆公子，抑豈有兩介推邪。」案：向書廣存異説，原不必問事之有無。古人箸書，自有宗旨，私家纂述與國史不同，後人讀書論古，考定真僞斯可矣，若以議書之牴牾，似可不必也。至禁火之説，《初學記》卷四、《容齋三筆》、《路史·發揮·改火篇》均已辨之，兹不復及。《漢表》子推及推母並列第三等。《晉世家》云：「文公賞從亡者及功臣，大者封邑，小者尊爵，未盡行賞。周襄王以弟帶難，出居鄭地，來告急晉。晉初定，欲發兵，恐它亂起，是以賞從亡未至隱者介子推，推亦不言禄，禄亦不及。推曰：獻公子九人，唯君在矣，惠、懷無親，外内弃之，天未絶晉，必將有主，主晉祀者，非君而誰。天實開之，二三子以爲己力，不亦誣乎。竊人之財，猶曰是盗，況貪天之功，以爲己力乎。下冒其罪，上賞其姦，上下相蒙，難與處矣。其母曰：盍亦求之，以死誰懟。推曰：尤而效之，罪有甚焉，且出怨言，不食其禄。母曰：亦使知之，若何。對曰：言，身之文也，身欲隱，安用文之，文之，是求顯也。其母曰：能如此乎，與女偕隱。至死不復見。介子推從者憐之，乃縣書宮門曰：龍欲上天，五蛇爲輔，龍已升雲，四蛇各入其宇，一蛇獨怨，終不見處所。文公出，見其書，曰：此介子推也，吾方憂王室，未圖其功。使人召之，則亡。遂求所在，聞其入緜上山中。於是文公環緜上山中而封之，以爲介推田，號曰介山，以記吾過，且旌善人。」以上《史》文，大致本之《左傳》。（僖二十四年。）號曰介山者，表其有貞介之操，而後人因山以名其人，稱爲介推，或作介子推，又作介之推、介山子推、介子、介山子然、介子綏，其義一也。《史記集解》賈逵曰：「緜上，晉地。」杜預曰：「西河介休縣南有地名緜上。」案《輿地廣記》：「山西汾州介休縣有緜上山，今謂之介山。」《一統志》：「介山在汾州府介休縣南四十里。」顧氏炎武《日知録》（三十一卷。）云：「《水經注》：石桐水卽緜水，出介休縣之緜山，北流逕石桐寺西，卽介子推之祠也。袁崧《郡國志》：界休縣有介山，有緜上聚，子推廟。然考之于《傳襄十三年》，晉侯蒐于緜上以治兵，此必在近國都之地。又定六年，趙簡子逆宋樂祁，飲之酒于緜上，自宋如晉，其路豈出西河介休乎。況文公時，霍山以北，大抵皆狄地，與晉都遠不相及。今翼城縣西亦有緜山，俗謂之小緜山，近曲沃，當必是簡子逆樂祁之地。今萬泉縣南二里有介山，《漢書·武帝紀》：詔曰：朕用事介山，祭后土，皆有光。《地理志》：汾陰介山在南。（原注：汾陰，今萬泉地。）《揚雄傳》：其三月，將祭后土，上迺帥羣臣橫大河，湊汾陰，既祭，行游介山。又雄作《河東賦》曰：靈輿安步，周流容與，以覽于介山，嗟文公而愍推兮，勤大禹於龍門。《水經注》亦引此，謂《晉太康記》及《地道記》與《永初記》並言子推隱於是山，而辨之以爲非，然可見漢時已有二説矣。」以上顧説，雖與舊注異，亦持之有故，言之成理，姑存以備參考。《孟子·公孫丑下篇》：「天下有達尊三，爵一，齒一，德一。」觴三行，三爵之後。介子推奉觴而起曰：「有龍矯矯，將失其所；龍，諭文公失所，出亡在外也。有虵從之，周流天下；蛇，子推自諭。周流，謂適各國也。虵俗字，當作蛇。龍入深淵，「龍」下各本有「既」字，宋史繩祖《學齋佔畢》二、陳元靚《歲時廣記》十五引本書俱無，是宋人所見本無「既」字，今據删。得其安所；諭文公反國爲君。《歲時廣記》引作「得安其所」。虵脂盡乾，諭己窮困。《佔畢》、《廣記》引作「有蛇從之」。獨不得甘雨。諭賞不及己。《左傳》所謂禄亦不及也。此何謂也？」《吕氏·介立篇》記此事云：「晉文公反國，介子推不肯受賞，自爲賦詩曰：有龍于飛，周徧天下，五蛇從之，爲之丞輔，（高注：五蛇諭趙衰、狐偃、賈佗、魏犨、介子推。《史記索隱》有胥臣，無賈佗。又謂舊云五臣有先軫、顛頡，今恐二人非其數。梁玉繩《呂子校補》云：此與《左傳》及杜注、《史・世家》及《索隱》所說各異，蓋因下云一蛇羞之，槁死中野，故去胥臣而加入介推耳。案：《左傳》、《世家》所舉之五人，不必卽此五蛇，當各依本注解之。）龍返其鄉，得其處所，四蛇從之，得其露雨，一蛇羞之，橋死於中野。懸書公門而伏於山下。」所記歌詞，與此不同。《說苑・復恩》云：「晉文公出亡，周流天下，舟之僑去虞而從焉。文公反國，擇可爵而爵之，擇可祿而祿之，舟之僑獨不與焉。文公酌諸大夫酒，酒酣，文公曰：二三子盍爲寡人賦乎。舟之僑進曰：君子爲賦，小人請陳其辭。辭曰：有龍矯矯，頃失其所，一蛇從之，周流天下，龍反其淵，安寧其處，一蛇耆乾，獨不得其所。文公瞿然曰：子欲爵邪，請待旦日之期；子欲祿邪，請今命廩人。舟之僑曰：請而得其賞，廉者不受也；言盡而名至，仁者不爲也。今天油然作雲，沛然下雨，則苗草興起，莫之能禦。今爲一人言施一人，猶爲一塊土下雨也，土亦不生之矣。遂歷階而去。文公求之不得，終身誦《甫田》之詩。」此以介推事作舟之僑。案：《左傳》舟之僑以失律見殺，無退隱事，蓋卽介推之傳譌。其上章卽記子推事，連類而及，所以廣異聞耳。上章事與《世家》畧同，玆不復引。（《世家》文引見上。）引其歌詞云：「有龍矯矯，頃失其所，龍饑無食，一蛇割股，龍反其淵，安其壤土，四蛇入穴，皆有處所，一蛇無穴，號於中野。」《淮南・說山》注引歌詞又云：「有龍矯矯，而失其所，有蛇從之，而啖其口，龍既升雲，蛇獨泥處。」所記各皆不同。《學齋佔畢》、《歲時廣記》引本書歌詞，亦微有出入，《路史》引《琴操》更大不同，宋朱長文《琴史》引《琴操》，又與《路史》異。大抵此歌每引必有不符，而歌意則大畧相近，蓋引者以意增竄之耳。畢校《呂子》云：「《左傳》記介推之言曰：身將隱，焉用文。安肯自爲詩而縣於公門之事。《說苑・復恩》以爲從者憐之，乃縣書宮門，（案《史・世家》已有此說，宮門疑當作公門。）說尚可通。」又引梁仲子云：「橋死疑槁死，《御覽》九百二十九引無橋字。」光瑛案：橋槁通借字，橋從喬聲，槁從高聲，喬高形聲義三者俱近。《説文・内部》离下引歐陽喬説，离，猛獸也，與《文選・西都賦》引《歐陽尚書》説同，卽歐陽高也。校《御覽》者，不識橋字之義，妄爲删去，此書面目，蓋已十失六七矣。文公曰：「嘻，是寡人之過也。吾爲子爵與，句。待旦之朝也，卽《説苑》所謂待旦日之期也。《禮記・王制》曰：「爵人於朝，與衆共之，所以示公也。」古無舌上音，朝止讀如招。（《左傳》注：朝見曰朝，夕見曰夕，《漢書・賈誼傳》春朝朝日，秋莫夕月。皆其證也。）爵與朝韵，依段氏表，同在第二部，四聲通押也。爲訓與，詳王氏《釋詞》。吾與子田與，句。河東陽之間。」田間爲韵。與亦爲也，上言爲，下言與，互文耳。謂以河東陽之地封之爲俸田。段表田在十二部，間在十四部，謂漢以前分用畫然，覩此覺不盡然。介子推曰：「君子之道，四字疑涉下而衍，依文義不當有，且複下。謁而得位，謁，請也。道士不居也；道士，有道之士。《春秋繁露・循天之道篇》「古之道士有言曰」云云，亦同此義。爭而得財，廉士不受也。」文公曰：「使我得反國者子也，《莊子・盜跖篇》、《韓詩外傳》十、《淮南・説山》注皆記文公出走乏食，子推割股以食文公。此外散見各傳記子注者甚多，皆齊東野言，不足深信。吾將以成子之名。」謂尊寵之使異於衆。介子推曰：「推聞君子之道，爲人子而不能承其父者，則不敢當其後；不敢承襲爲後。爲人臣而不見察於其君者，則不敢立於其朝。然推亦無索於天下矣。」索，求也。無求於人，志在歸隱。遂去而之介山之上。之，往也。介山名從後追書之。文公使人求之不得，爲之避寢三月，寢，正寢；避寢，示憂懼不安。《吕子》作「避舍變服」。號呼朞年。號呼，示思慕。《淮南・説山》注曰：「文公求介子推不得，而號泣之。」《詩》曰：「逝將去汝，適彼樂郊；適彼樂郊，誰之永號。」《詩·唐風·碩鼠》文。今詩「汝」作「女」，下句「適彼樂郊」作「樂郊樂郊」。《外傳》二兩引此詩，一引樂土章，一引樂國章，皆疊適彼字，是《韓詩》文如此，説詳五卷《田饒章》注。後人反據《毛詩》以改《外傳》及本書，豈非夢夢。此之謂也。文公待之，不肯出，求之，不能得。以謂焚其山宜出，謂讀曰爲，古書多通用。及焚其山，遂不出，而焚死。《歲時廣記》引云：「乃焚山求之，子推燒死，因禁火以振之。」案：焚死事《左傳》不載，梁玉繩以爲起於戰國好事者傳會。是以《莊子·盜跖》云抱木燔死，《楚辭·惜往日》云忠而立枯，《新序》又有焚死之説，流俗相傳，遂有禁火之事。所述之推亡月，或云冬中，或云寒食，或云三月三日，或云五月五日，俱無稽之言。又云：「《史記》文公聞介之推入緜上山中，乃環山中而封之，以爲介推田。據《左傳》云：晉侯求之，不獲，以緜上爲之田。非入緜上山中，若隱山中，則求之即得，何不獲之有。《呂氏春秋》言伏於山中，亦不知何山。《史》似誤。且其封非推生前事也。《日知録》云：推隱未幾而死，故以田禄其子爾。《楚辭·九章》：思久故之親身兮，因縞素而哭之。明文公在時，推已死。若如《史記》，則受此田者何人乎，於義有所不通矣。至被焚禁火事，均傳會。（此處原文從畧，已見上文故也。）甚且謂推之妹介山氏，亦積薪自焚，（原注：見《元好問集》。）《日知録》二十五卷辨之。）豈不誣哉。」（前説見《人表考》，後説見《史記志疑》。）案：梁説是。《楚辭·惜往日》云：「封介山而爲之禁兮，報大德之優游。」王注：「言文公以介山之民封子推，使祭祀之，又禁民不得有言燒死，以報其德。」洪興祖補注云：「封介山而爲之禁，以爲介推田也，逸説非是。」光瑛謂洪注最通，後人因《楚辭》之禁字，生出禁火、禁言諸謬論。禁火之説，前人辨者詳矣，至禁言則其事本迂，又因有報德句，景譔割股之説，《韓詩外傳》等書皆載之，益不足信。顧氏謂以田禄其子，其子何人，初不見經傳，顧説想當然耳。《左傳》求之不得，敍在遂隱而死句後，明因其死而後不得，若徒隱匿山中，安見其不可得，而必計出於焚乎。至山名《列仙傳》以爲介山，介山卽緜山，見《説苑》。意推隱緜山，未幾卽死，晉侯求之不得，遂因其地而封之，使民歲時祭祀，禁壠上樵采。如越王句踐命環會稽三百里以爲范蠡地，秦禁去柳下季壠五十步采樵，皆其例也。《説苑》云：「聞其入緜山，乃表緜上山中田，以爲介推田，號曰介山。」非其證與。如此，則情事脗合，《左傳》與《史記》、《説苑》，均無抵觸。至《水經·汾水注》引王肅《喪服要記》，桂樹起於子推，説更荒誕，酈氏已駁之。《異苑》載子推抱樹燒死，文公拊木哀嗟，伐而制屐，每懷割股之功，俛視其履，曰嗟乎足下，足下之稱始於此等語。均出傅會，今不取。

23申徒狄非其世，《莊子·大宗師》釋文云：「申徒狄，殷時人，負石自湛於河。崔本作司徒狄。」案：申司古通字，詳三卷《鄒陽章》注。申徒狄之時代，世多異説，亦辨見彼章。非，非議也。《後漢書·周黄徐姜申屠傳》注引本書作「申徒狄非時」，無「其」字。易世爲時，避唐諱也。將自投於河。崔嘉聞而止之，曰：崔嘉，未詳。「吾聞聖人仁士之於天地之間，《後漢書·周黄徐姜申屠傳》注作「吾聞聖人從事於天地之間」。《韓詩外傳》一句末有「也」字。民之父母也。《後漢》注「民」作「人」，亦避唐諱。今爲濡足之故，濡足，涉水洗足，諭自絜也。《外傳》一「濡足」作「儒雅」，誤，趙懷玉本據本書及《御覽》六十一改正。（原校又云：《初學記》引作今以濡足之故。）蓋儒濡形聲俱近，雅古作疋，古文亦以疋爲足字，故致誤也。《後漢書·崔駰傳、周黄徐姜申屠傳》兩注引本書皆作「濡足」。《荀爽傳論》「陵夷則濡跡以匡時」，濡跡卽濡足也。注云：「解見《崔駰傳》。」故知之。不救溺人，可也？」不救溺人，諭非世自殺。言徒欲絜身，不顧世將危亂也。「也」字各本作「乎」，與《外傳》及《後漢》注兩引合，宋本作「也」，也邪古通用。（詳王氏《經傳釋詞》、俞樾《古書疑義舉例》。）今從宋本。申徒狄曰：「不然。昔者桀殺關龍逢，紂殺王子比干，而亡天下；事並見本卷。吴殺子胥，子胥，伍員字，見二卷注。申徒狄語及子胥、洩冶，則必非殷時人矣，説見三卷《鄒陽章》。陳殺洩冶，洩冶，見《春秋宣公九年經》文。《公》、《穀》作「泄」，唐石經三《傳》皆作「洩」，避唐諱改。（凡從世多改作曳。）《説文》有泄無洩。《漢表》亦作泄，列五等。案：《左傳》：（宣九年。）「陳靈公與孔甯、儀行父通於夏姬，皆衷其衵服，以戲於朝。洩冶諫曰：公卿宣淫，民無効焉，且聞不令，君其納之。公曰：吾能改矣。公告二子，二子請殺之，公不禁，遂殺洩冶。孔子曰：詩云民之多辟，無自立辟，其洩冶之謂乎。」《史記・陳世家》所記亦同，但較省畧。《傳》引詩語見《大雅・板篇》，三家如何解釋，今不可詳。毛傳則云：「辟，法也。」鄭箋云：「民之行爲，多爲邪辟，乃女君臣之過，無自謂所建爲法也。」孔疏云：「今民之所行，皆多邪辟，乃汝君臣之過，汝無自謂所建立者爲法，當更改行，無得行此惡政。」據此，則夫子引詩，非譏泄冶，謂泄冶之諫，意如詩之所言爾。杜預黨司馬氏，視忠正如仇讐，乃曲爲之説，云「邪辟之世，不可立法，國無道，危行言孫」，又云「泄冶直諫於淫亂之朝，以取死，故不爲《春秋》所貴，而書名。」其論甚謬，與稱孔父仇牧書名爲罪之説同。（孔父非名，其名曰嘉，杜説顯與《傳》違。）若然，則亂世之臣，皆當如寒蟬，如仗馬，始得稱明哲，將全軀保妻子之臣，持禄養交，一無建白者，皆可推尚；而忠臣義士，正色立朝，謇諤不阿者，反爲聖賢所擯斥矣。有是理乎。焦循《左傳補疏》，於預譏孔父仇牧事，將預之心迹，和盤寫出，如鑄鼎然犀，物無遁形，獨於泄冶事未及論。羅泌《路史・前紀》有辨甚快，（文多不引。）又惜未明《左氏》引詩之義，因預之謬，並疑《傳》文爲誣爾。丁晏《尚書餘論》謂以泄冶之忠，直諫捐軀，《春秋》所深予，杜氏諂事子雍，黨同《家語》，（上文引孔疏稱《家語》云云。）致貶死節之臣。陳澧《東塾讀書記》亦謂杜於泄冶，以《文七年傳》爲例，遂誣忠臣以罪狀，誣《春秋》以罪賤忠臣，深可怪駭。（原注：《傳》稱孔子引詩云云，殿本注疏考證：臣照案，孔子蓋哀之也，非譏之也。又曰：《公羊》何注亦以爲泄冶有罪，其作《膏肓》又以爲無罪，欲破《左傳》非其罪則不稱名之例也，何氏之自相矛盾如此。）二説均能誅杜氏之心，猶恨未能詳明。至孔疏引杜氏釋例云：「魯哀之可諫者甚衆，未聞仲尼之苦言，至陳恆弑其君，沐浴而朝，告哀求討。不義顯事，施舍足以致益者，固人臣所當造膝也。若乃情色之惑，君不能得之於臣，父不能得之於子，臣子而欲顯直於其君父，適所以益謗致罪。陳靈公宣淫，悖德亂倫，志同禽獸，非盡言所救，泄冶進無匡濟遠策，退不危行言孫，安昏亂之朝，慕匹夫之直，忘蘧氏可卷之德，死而無益，故經同罪賤之文，《傳》特稱仲尼以明之。忠爲令德，非其人，猶不可，況不令乎，此其義也。」杜氏此文，反復百餘言，殆即以代討王凌、毌邱儉、諸葛誕諸人之檄矣。夫孔子之時，三桓方强盛，孔子仕哀日淺，又哀公行事，亦非陳靈淫昏之比，安得引以爲證乎。杜舉請討陳恒，適顯其黨於篡弑之罪。其謂情色之惑，非臣下所宜言，不知宣淫至於衵服戲朝，荒亂極矣，此而不言，不識人臣所宜言者何等也。《正義》又引《家語》：「子貢問泄冶與比干，可謂仁乎。孔子曰：比干於紂，親則諸父，官則少師，忠欵之心，在存宗廟，固當以必死争，冀死後君悔悟，本志存於仁者也。泄冶位在大夫，無骨肉之親，懷寵不去，仕於亂朝，以區區之身，欲止一國之淫昏，死而無益，可謂狷矣。詩曰民之多辟，無自立辟，其泄冶之謂乎」等語。《家語》王肅僞譔，肅與司馬氏有連，借司馬力推行其學，以攻鄭君，正杜預一流人。此文因《左氏傳》有引詩語，景譔子貢之問，以斥泄冶，全是一腔私心。不知詩語固不如是，引詩之意，亦不如是也。泄冶之忠，可擬比干，肅以位爲大夫，無骨肉之親少之。肅於司馬氏，固有骨肉關連，於魏則路人，毋惑乎與司馬氏同謀篡逆，公然無忌，以爲此固前志所許者也。經術不明，禍患烈於洪水猛獸，此種謬論，不可不辯。或疑《左氏昭二十八年傳》晉司馬侯引此詩及張衡《思玄賦》「覽烝民之多僻兮，畏立辟以危身」，均與杜注同，是當時固有此解。愚謂張衡治《魯詩》，或魯說如此。然衡《東京賦》又云：「姬周之末，政由多僻。」多僻二字，明是斥執政之詞，於泄冶何與。即依其解，亦不過悼泄冶忠而見殺，若曰去位則可免耳，甯如王、杜之言，惡其進忠諫，稱名以斥之哉。肅治《詩》號申毛以難鄭，其申毛多失毛意，前人論之已詳，此又取魯說以傅會《傳》文曲濟其私，若忘其平日之以宗毛號召者，進退失據莫此爲甚。考《穀梁傳》曰：「稱國以殺其大夫，殺無罪也。」《公羊》何注以爲治有罪，後作《膏肓》，已棄其前說，謂爲無罪。中壘治《穀梁》，此必用《穀梁》義也。陳立《公羊義疏》云：「泄冶於陳是否同族，均無明據，何所見無骨肉之親；即異姓之臣，見君淫亂若是，不盡一言，謬效卷懷，開天下巧猾之端，非聖人教忠之旨。與杜預之言，同爲得罪名教之語。」陳氏此論，不爲舊注所惑，詞意嚴正，猶未知王、杜私心。丁晏《左傳杜解集正》云：「杜、孔謂泄冶直諫取死，不爲《春秋》所貴，是以緘默苟容者爲賢，捐軀犯難者爲不肖也。孔氏謂其懷寵不去，王氏經世有言，必欲皆爲子哀、叔肸，則亂世何賴有君子。《左傳》假託孔子之言，而《正義》復遠引《家語》，謂孔子論此事，泄冶不得同於比干。是朝廷自一二宗族大臣外，舉無一可諫者也，豈不爲世教罪人哉。」此說亦正，惟以《左傳》引孔子語爲叚託，則亦未明引詩之義，故復詳論之，以補焦氏所未及。餘詳《路史辨》中，凡彼文已言者，今亦不更論也。《大戴禮記·保傅》云：「靈公殺泄冶，而鄧元去陳，以族從。」宋王應麟《困學紀聞》曰：「鄧元事，惟見於此，當考。」（案：《賈子·雜事》文同，記文當卽采之賈書。）而亡其國。故亡國殘家，「殘」，《外傳》作「滅」。非無聖智也，「無」字各本奪，不成文理。盧氏《拾補》據《外傳》一補入，是，今從之。不用故也。」遂負石沈於河。負石，令重而易湛。《史記・鄒陽傳》索隱引本書作「抱甕自沈於河」。詳三卷《鄒陽章》注。《外傳》作「遂抱石而沈於河」，（沈一本作投，案：沈字當作湛。）趙校云：「《新序》、《初學記》、《御覽》抱石皆作負石。」案：抱負同義，古包聲字與孚聲字多通用，故抱負音亦相近。《楚辭・九嘆・惜賢》云「申徒狄之赴淵」。君子聞之曰：「廉矣，如仁與智，《外傳》作「如仁歟」，以與爲助詞，無「智」字，下句首有「則」字，文義與此異也。吾未見也。」《外傳》作「則吾未之見也」。案：如仁與智，吾未見也，與《論語》「若聖與仁，則吾豈敢」，句法相類。如猶若也。《外傳》改「智」爲「則」，連下句讀，疑淺人改之。《詩》曰：「天實爲之，謂之何哉？」《詩・邶風・北門篇》文。哀狄不遇而死，若天意厄之然。此之謂也。《外傳》無此句。凡《外傳》引詩，多用此之謂也四字申之，本書此文本《外傳》，則疑原文本有四字也。狄一節自守，未聞君子之大道，故引詩以惜之，此儒家立言之旨也。若《莊子・大宗師》云：「狐不偕、務光、伯夷、叔齊、箕子、胥餘、紀他、申徒狄，是役人之役，適人之適，而不自適其適者也。」乃游心物外之言。《鶡冠子・備知》云：「申徒狄（注：殷之末世，枯槁者也。）以爲世溷濁不可居，故負石自投於河，不知水中之亂，有逾甚者。」乃憤世滑稽之言，不可與此同論，意各有在也。

24 齊大飢，飢當作饑，見上《列子章》注。黔敖爲食於路，黔敖，《漢表》作禽敖，列第六等。師古曰：「即黔敖也。」《廣韵》注引敖作熬，云黔姓。《風俗通義・愆禮》作傲，皆古通字。（古書傲倨字多作敖。）梁玉繩曰：「黔之姓，古讀若禽，故二字通寫。《廣韵》音巨金反，則釋文作其廉反者非也。」案：禽黔並從今聲，音本相近，非但姓黔惟然。釋文音其廉反，後世之音耳，其廉反與禽亦一聲之轉。爲猶治也。以待餓者而食之。盧文弨曰：「舊本餓作飢。」案：宋本作「餓」，與《禮記・檀弓》同，今從之。有餓者，蒙袂接履，《檀弓》「接」作「輯」，「履」作「屨」。鄭注云：「蒙袂，不欲見人也；輯，斂也；斂屨，力憊不能屨也。」案《說文・衣部》：「袂，褎也，（褎俗作袖。）从衣，夬聲。」郭璞云：「襟即袂字。」蒙袂，以袂蒙面，下文揚目去袂，則此蒙袂爲不欲見人也。云輯斂也者，《呂子・介立篇》高注引此事，作「有人戢其履」。《說文・戈部》：「戢，臧兵也。」臧斂義近，戢本訓臧兵，引申爲一切臧斂之義。戢輯並從咠聲。《周頌・時邁》「載戢干戈」，毛傳曰：「戢，聚也。」（聚者，聚而藏之，義亦相因。）毛以聚訓戢，與《周南・螽斯》傳揖揖訓會聚同，戢與揖通，故又與輯通也。接音與輯戢並近，戢正字，輯接皆叚字。本書《刺奢篇》「於是伊尹接履而趨」，與此同義，猶今俗言趿履矣。（趿本義爲進足擷取物，此非其義。）云力憊不能屨者，據久餓知然。經著此語，正形其餓之甚，與《刺奢篇》之接履爲急欲去桀不及內履不同，而不以足入履一也。解彼文者，或以步履相接釋之，說雖可通，似昧於聲音通叚之理。此餓者經傳佚其名，《漢表》列六等，禽敖之下。貿貿然來。《檀弓》注：「貿貿，目不明之貌。」焦循曰：「《孟子》則眸子眊焉，注：眊者，蒙蒙目不明之貌。」《廣雅》：「蒙蒙冥冥昧昧，暗也。」《荀子・非十二子篇》「世俗之溝猶瞀儒」。瞀蓋即貿之正字。《說文・目部》：「瞀，氐目謹視也。」《玉篇》：「瞀，目不明貌。」不明故氐目謹視，二義互相足也。《說文・子部》㝅瞀，即《荀子・儒效》之溝瞀，皆訓不明，詳言則曰溝猶瞀儒。眊貿蒙冥昧瞀，均一聲之轉。《呂氏・介立篇》高注引此事作「瞢瞢而來」。案：《說文》：「瞢，目不明也，从苜，从旬。」旬，目數搖也。」（俗作懵。）《周官・眡祲》「六曰瞢」，司農注：「日月瞢瞢無光也。」無光即不明之義。又《春官・序官》「瞽矇」，司農注：「有目眹而無見謂之矇。」《詩・靈臺》傳：「眸子而無見曰矇。」《晉語》「矇瞍不可使視」，韋昭注同。瞢矇貿亦一聲之轉，推之盲薉眯等字皆然。古同義之字，多由聲變，此一定之理。鄭云：

「貿貿，目不明之貌。」蓋讀貿爲瞀，承上蒙袂言，以蒙袂故不明，非謂有目疾。知者，因下文揚目而視，是非有目疾也。黔敖左奉食，右執飲，曰：「嗟來食。」食，食具；飲，飲器，奉執皆謂持之。《檀弓》正義曰：「黔敖既見餓者而來，乃左奉其飯，右執其飲，見其餓者困，咨嗟愍之，故曰：嗟乎來食。」俞樾曰：「來乃語助詞。《莊子·大宗師篇》嗟來桑户乎，此云嗟來食，文法正同。下文予惟不食嗟來之食，是嗟來二字連文之證。《正義》解爲嗟乎來食，誤以來食連讀，失之。」（《禮記平議》。）案：俞説本之王氏，極通。嗟來食即《孟子》「嘑爾而與之」之謂，《正義》以爲咨嗟愍之，非也。（鄭注：嗟來食，雖閔而呼之，非敬辭。孔氏之誤本此，然鄭注概括言之，未嘗訓嗟爲愍也。）若如其解，此嗟乃是發於惻隱之心，餓者何故拒之。下文曾子云「嗟也可去」，可知嗟是傲慢，非咨嗟愍惜之意，孔説失之不考。餓者揚其目而視之曰：《檀弓》無「餓者」二字，本書增之更明，否則或誤會爲夾叙之詞，謂黔敖揚目矣。「視」，《吕》注引作「應」。案：揚目承貿貿言，前蒙袂故不見人，至此乃去袂開目而視也。「予唯不食嗟來之食，以至於此也。」從而謝焉，終不食而死。「此」，《檀弓》作「斯」。高注「唯」作「惟」，無「也」字，下二句作「黔敖隨而謝之，遂去，不食而死」。《檀弓》注：「從，猶就也。」疏云：「餓者聞其嗟己，無敬己之心，於是發怒，揚舉其目而視之曰：予唯不食嗟來無禮之食，以至於斯。斯，此也。以至於此病困，怒而遂去。黔敖從逐其後，辭謝焉，餓者終不食而死。」案：孔疏知嗟己爲不敬無禮，則不當訓爲嗟愍。嗟者，呼斥聲。《史記·淮陰侯傳》「項王喑噁叱咤」，《漢書》作「意烏猝嗟」。意即噫，嗟即咤字。（嗟咤字皆俗，見十卷《漢王章》注。）李奇曰：「猝嗟，猶咄嗟也。」晉灼曰：「猝嗟，形發動也。」師古曰：「暴卒嗟嘆也。」李説近是。猝嗟叱咤一聲之轉，皆怒斥聲。《戰國策·趙策》：「威王勃然怒曰：叱嗟，而母婢也。」叱嗟亦叱咤也，皆嗟字訓呼斥之證。餓者不肯食嗟來之食以求生，正爲此，與《莊子》之嗟來微別。《孟子》曰：「一簞食，一豆羹，得之則生，弗得則死，嘑爾而與之，行道之人弗受，蹴爾而與之，乞人弗屑也。」餓者之謂也。又曰：「好名之人，能讓千乘之國，苟非其人，簞食豆羹見於色。」黔敖之謂也。**曾子聞之曰：「微與，其嗟也可去，其謝也可食。」**曾子注見一卷《楚共王章》。《檀弓》注：「微，猶無也；無與，止其狂狷之辭。」疏云：「曾子聞之曰微與者，微，無也；與，語助。言餓者無得如是與，初時無禮之嗟也，可怒之而去，其終有禮之謝也，可反迴而食。曾子嫌其狂狷，故爲此辭。狂者進取，一概之善，仰法夷、齊耿介；狷者直申己意，不從無禮之爲。而餓者有此二性，故止之。」朱氏芹《十三經札記》云：「曾子此語，非小之也，言其嗟可去，其謝可食，辨於禮義之介者微也，鄭、孔説非。」案：微訓無，乃下文兩可字反義。曾子惜餓者未聞大道，故舉以示人，無或效之。嗟去謝食，理本自然，何微之足辨也。朱説不如鄭注義長，末句君子與人爲善之意。高氏引此以注袁旌目事，以爲一介相似，旌目其類也，故本書下文亦連及之。

25**東方有士曰袁旌目，**舊本「旌」作「族」。盧文弨曰：「《列子·説符》作旌。」案《列子》作「爰旌目」，《呂氏·介立篇》同。（下文並同。）《後漢書·張衡傳》作「旌瞀」，注云：「一作爰精目。」下引《列子》作精目。袁爰音近，（袁盎又作爰盎。）古通用。精從青聲，青從生聲，旌亦從生聲，故從生從青之字，義得關通。《釋名·釋兵》：「旌，精也。」孟郁《修堯廟碑》「師工旌密」，即精密字。《呂氏·慎大覽》「靖箕子之宮」，即旌箕子之宮也。旌之爲精，猶爲靖矣。（高注彼文云：清淨其宮以異之，非是。）瞀從目聲，故與目通。本書作「族」，乃「旌」之譌，今正。《金樓子·雜記上篇》作「旌因」，因乃目譌。《列》、《呂》「士」下有「焉」字。《列子》「士」作「人」。《漢表》無袁旌目，蓋偶漏列也。**將有所適，**適，往也。《列》、

《吕》作「將有適也」，《金樓子》同，但無「也」字。**而飢於道。**何本「飢」作「饑」，段借饑饉字，飢餓字以作飢爲正。宋本、嘉靖本、鐵華館本並作「飢」，今從之。《列》、《吕》文皆作「餓」。**狐父之盜曰丘，見之，**舊本作「狐父之盜丘人也」，文譌不可讀，今從《列》、《吕》文改。蓋本書奪一「曰」字，又涉下文衍「我人也」三字。《金樓子》作「狐丘之盜父見之」，又以「父丘」二字互易其處。下「之」字《列》、《吕》作「而」。《漢表》無狐父之盜名。**下壺餐以與之。**《金樓子》「餐」作「飱」。案：《左氏僖二十五年傳》「昔趙衰以壺飧從徑餒而不食」，《越語下》「觥飲不及壺飧」，字皆作飧。《説文·食部》：「飧，餔也」；餐，「吞也，重文湌，餐或从水。」段玉裁曰：「《鄭風》使我不能餐兮，《魏風》彼君子兮，不素餐兮，是則餐猶食。《鄭風》還予授子之粲兮，《釋言》、毛傳皆曰：粲，餐也。謂粲爲餐叚字也。餐訓吞，引申爲人食之，又引申之爲人所食，故曰授餐。飧與餐，其義異，其音異，其形則飧或作飱，餐或作湌。《鄭風》、《釋言》、音義誤認餐爲飧字，而《集韵》、《類篇》竟謂飧餐一字矣。」案：飧從夕，訓夕食。（《説文》：飧，餔也；餔，日加申時食也。案：日夕爲晡，《文選·神女賦》注：晡，日昳時也。晡時而食，因謂夕食爲餔。《説文》無晡字，蓋即以餔字引申爲之。）後人移上夕於左，尚非大謬，一變爲飧，再變爲飱，遂與餐形近，又與餐重文湌易混。唐以後人，多合飧餐爲一字，誤自元朗始。《漢書·韓信傳、梁孝王武傳》集注皆云：「餐古湌字。」（案：此又譌湌字作飡，從仌。）《王莽傳》注則云：「飧，古湌字。」（俞樾《兒笘録》謂湌當爲飧之重文，誤迻餐字下，其説與此暗合。）是亦仞餐飧爲一字。此壺餐字，《列》、《吕》、《新序》皆同，未必三書盡誤。蓋飧訓餔，餐引申訓食，義本相近。又今之元寒韵，唐以前尚通押，故餐與飧聲亦非遠，此二字互用之由。然以爲通叚則可，以爲一字則不可，追言其本，段説未可易也。「與」，《列子》作「餔」，餔爲日加申時食，則此字當從《金樓子》作飧爲正。今《金樓子》作飧，乃飡之俗字。下者，自上絀下與之，故下文云「仰而問焉」，仰字與此下字相應。疑狐父是山名，盜據山上，旌目經其下而飢，故絀以與之也。袁旌目三餔而後能視，此句本文亦作「餔」，益見上句「餐」是叚借字。《呂氏》「餔」下有「之」字。各本無「後」字，今據《列》、《呂》二書文補。仰而問焉，自上絀下與之，故仰而問也。《列》、《呂》無此句。曰：「子誰也？」也讀爲邪。《列》、《呂》作「子何爲者也」，《金樓子》作「問子誰也」，讀並同。曰：「我狐父之人丘也。」舊本作「我狐父之盜丘人也」，譌不可讀，今依《列》、《呂》文改。蓋人雖爲盜，無有公然自承其名者。《列》、《呂》下文作「汝非盜邪」，始出盜字。盜諱言人，故明其爲盜以問之，其詞婉。本書下文作「汝乃盜也」，亦因其諱盜，而正言以斥之，其詞嚴。要之盜字皆出自旌目口中，此處敍盜語，不當先承爲盜，淺人因下文有盜字，並改此處作「盜」，又忘刊落「人」字，而誤廁「丘」下，遂譌舛不可解矣。《金樓子》作「我狐丘之盜父也」，亦誤。盧氏《拾補》依今本書此句，於中間盜字下，小字夾注云：「《列》無，案不當有。」則似止删盜字已足，不知丘人二字，亦不可誤倒也。或疑狐丘是山名，《列子》有壺丘子林，《漢表》作狐丘子林，當從《金樓子》作狐丘之盜父，父人名也，其説似近理。然則《呂》皆作「狐父之人丘」，在此句亦無自承爲盜之理，或説無確證，今姑從《列》、《呂》文。袁旌目曰：「嘻，《史記·藺相如傳》注：「嘻，驚而怒之之辭。」案《列》、《呂》作「譆」。《説文》無嘻字，以譆爲正，古從口從言二部字多混。此字多異解，詳見同卷《越石甫章》注。此當從驚怒之一義。汝乃盜也，盜諱言盜，故正明其爲盜以斥之。此也字不讀邪，與《列》、《呂》作「汝非盜邪」詞氣不同。彼文爲詰辭，此則實指之辭，不必因彼文作邪，遂疑此也字亦讀邪也。盜字自旌目口出，益徵上句「人」字不當作「盜」。何爲而食我？「何」，《列》、《呂》作「胡」。「食」，《列子》作「餐」。以吾義不食也。」舊本奪「義」

字。《列》、《吕》作「吾義不食子之食也」，文意較暢。《金樓子》作「吾不食也」，無「以」字。今依舊本於「吾」下增「義」字，不欲大改，而文義可讀。兩手據地而歐之，「歐」，《吕》作「吐」。俗書此字作嘔，謬。不出，各本無此二字，《列》、《吕》、《金樓》皆有，《一切經音義》十引本書亦有，今據增。無此二字，則下文之死無由矣。喀喀然，喀喀，吐聲。《説文》無喀字，《廣韻》始收之。《集韻》云：「與䶗同，並音客。」此類皆當時方言，無有正字。《晉語》「王伏弢䶗血」，《左氏哀二年傳》作嘔血。遂伏地而死。「地」字《列子》無，《吕》有。《金樓子》無「遂」字，句末有「也」字。縣名勝母，曾子不入；邑號朝歌，墨子回車。縣當作里。四語解在三卷《鄒陽章》。故孔子席不正不坐，以下二句，《論語·鄉黨篇》文。《周禮·春官·序官》注：「鋪陳曰筵，藉之曰席。」案：筵席對言則異，散言則同。不正者，謂陳席之時，有所偏邪。如《列女傳》黔婁妻之言布被也。《論語》：「君賜食，必正席，先嘗之。」《禮記·曲禮》「主人跪正席。」可知凡坐時，皆有正席之禮，引申之，凡坐席不以禮，皆爲不正。《漢書·王尊傳》：「尊劾奏丞相衡，與中二千石大鴻臚賞等，會坐殿門下，衡南鄉，賞等西鄉，衡更爲賞布東鄉席，起立延賞坐，衡設不正之席，使下坐上，相比爲惠於公門之中，亂朝廷爵秩之位。」王尊之言，正本《論語》。趙氏坦《寶甓齋札記》云：「《曲禮》：『席南鄉北鄉，以西方爲上；東鄉西鄉，以南方爲上。』注：『上，謂席端也。坐在陽則上左，坐在陰則上右。』案《論語》席不正不坐，亦由席無正鄉，上下無別，所謂席而無上下，則亂於席上也，故不坐。」趙氏此説，與王尊所言，正相發明，皆引申之義也。本書與「割不正不食」句連引，則用本義。割不正不食，《論語》疏云：「割不正，謂析解牲體脊脅臂臑之屬，禮有正數，若解割不得其正，則不食。」案《少牢饋食禮》「牢，心舌載於肵俎，心皆安下切上，午割勿没，其載於肵俎，末在上；舌皆切本末，亦午割勿没。」注：「牢，羊豕也；安，平也。**平割其下，於載便也。凡割本末，食必正也。**」賈疏引《論語》「割不正不食」之文證之，則彼言祭禮，與此燕食同也。毛奇齡曰：「此與《周禮》掌割烹之事，必先辨體名，《少牢禮》辨羊豕，必分前體後體，自肩臂臑膊及三脊三脅，凡十一體，所謂諸子正六牲之體者，不特大祭祀有之。」毛說最通。凌氏廷堪《禮經釋例》云：「邢疏之說甚明，即如《鄉飲酒》，賓俎脊脅肩肺，主人俎脊脅臂肺，肩尊臂卑，倒置即爲割不正矣。」凌說引申疏義，亦甚明切。惟謂牲體爲割，胾膾爲切，《少牢》所云，是切非割，譏賈公彥引《鄉黨》爲證之非，不知禮文上言切，下言午割，割切互言，賈氏之說，未可非也。江氏永《鄉黨圖考》云：「凡割切皆當有法，肉體亦有不能盡割以正者，聖人惟食其正者耳。」愚謂順其理而割切，即謂之正，不必泥也。江說與凌說不同，而義互相足。本書引《論語》，則但取方正之義。又江氏《羣經補義》云：「食肉惟取其方正者，則不正之割，自不來前矣。」此與《圖考》說互明，皆泥解正字，失之拘隘。邢疏云：「割謂以刀裂之。」案：《爾雅·釋言》：「割，裂也。」《周禮·內饔》注：「割，肆解也。」義同。割切對異散通，亦不必事事分別。**不飲盜泉之水，**《水經淇水注》引《論語撰考讖》云：「水名盜泉，孔子不飲。」《說苑》、《論衡》並有此說，惟《淮南子》引作曾子事爲異。說見三卷《鄒陽章》注。**積正也。**積正見一卷首章，謂漸積於正也。**旌目不食而死，潔之至也。**潔俗字，當作絜。自「伏地而死」下，《列》、《呂》、《金樓》三書所無，《列子》下接云：「狐父之人則盜矣，而食非盜也，以人之盜，因謂食爲盜而不敢食，是失名實者也。」案：此與《孟子》譏陳仲子蚓而後充其操之意同。若汪中《狐父之盜頌》，則有激之論也。

26 **鮑焦衣弊膚見，**鮑焦注見三卷《鄒陽章》。**挈畚捋蔬，**「挈」，各本同，宋本作「潔」。案：潔乃絜之俗字，詳三卷《樂毅報燕王書》注。《周禮·夏官·挈壺氏》注：「絜，讀如絜髮之絜。」絜挈俱從㓞聲，故相通用，潔又轉依俗字。

《韓詩外傳》一亦作「挈」。《説文・手部》：「挈，縣持也，从手，㓞聲。」此字作挈爲正，今從衆本。「捋」，舊本作「將」。《外傳》作「持」，下同。《御覽》四百二十六引作「采」。俞樾曰：「持將均捋字之誤。捋，取也。」案：《説文》訓挈爲縣持，已有持義，不應下文復言持。本書作「將」，與「捋」形近，亦誤。俞説是也。《説文》：「捋，取易也。」《詩・芣苢、桑柔》傳並曰：「捋，取也。」《御覽》引作「采」，與取義合，可爲俞説旁證。《廣韻・六術》云：「寽，持取，今寽禾是。」兹從俞説改作「捋」。

遇子贛於道。不期而會曰遇。道，路也。各本「贛」作「貢」，宋本如此，説見同卷《原憲章》。今從宋本，下並同。子贛曰：「吾子何以至此也？」怪其窮困，故問之。也讀爲邪。《外傳》「至」下有「於」字。焦曰：「天下之遺德教者衆矣，遺，棄也。吾何以不至於此也。反詞以答之。案：此句有「於」字，可見上句亦當然。也亦讀爲邪。吾聞之，世不已知，而行之不已者，是爽行也；《爾雅・釋言》：「爽，差也，忒也。」《詩・氓》：「女也不爽，士貳其行。」毛傳：「爽，差也。」鄭注《易・豫》象曰：「忒，差也。」（王引之謂《氓詩》貳爲忒之譌，貣即忒之借，凡經傳貣字，多譌爲貳，其説是也。詩變差言忒，互文耳。《爾雅》信誓旦旦，悔爽忒也。正説此詩，知王義不易。）此爽字亦是差忒之義，言人莫己知，而我强以道義行之，是差忒其行也。一曰：《廣雅・釋詁》：「爽，傷也。」言是傷敗其行也。傷行與毁廉爲對，傷毁義同，此説亦通。上不已用，「用」，各本作「知」。案：上文已云知，此句與上對，不得復用知字。《外傳》作「用」，是，今據改。而干之不止者，干，求也。字本作迂，經典多叚干字爲之。是毁廉也。毁，敗也。行爽廉毁，沈氏野竹齋本《外傳》作「毁廉」，文勢參差，當乙正。然且不舍，然，尚也。王氏《釋詞》解然且爲而且，非是，當改爲尚且。《莊子・逍遥游篇》「而宋榮子猶然笑之」，謂猶尚笑之也。《孟子・公孫丑篇》「識其不可，然且至」，謂知齊王不可有爲，尚且至也。又《告子篇》「一戰勝齊，遂有南陽，然且不可」，謂雖勝齊而取南陽，尚且不可也。諸然字皆訓尚，不可訓而。王氏所舉諸然且字，可訓而，更宜訓尚，則王氏之誤明矣。此文然且，與《孟子》兩處之然且，句例正同。「不」，《外傳》作「弗」。惑於利者也。」心醉利祿故。子贛曰：「吾聞之，非其世者不生其利，謂不賴其利以養生。污其君者不履其土。《外傳》無此句，趙本據本書補入，是也。二句正答上文世不己知、上不己用之語。污其君，謂以其君爲鄙污也。履，踐也，不踐其土，遠適它國也。非其世而捋其蔬，此誰之有哉。」《外傳》「之有」作「有之」，趙本乙同本書。又「此」上有「詩曰，溥天之下，莫非王土」十字。《史記・鄒陽傳》索隱、《漢書・鄒陽傳》顔注、《文選》鄒陽《獄中上梁王書》李注引「誰」字並作「焦」。焦誰形近易混，猶誰何之作譙呵矣。《風俗通義・愆禮》云：「鮑焦耕田而食，穿井而飲，非妻所織不衣，餓於山中，食棗。或問之曰：此棗子所種邪。遂歐吐立枯而死。」以誰作焦，猶問棗爲子所種也，義得兩通。「捋」，舊本作「將」，説見上。鮑焦曰：「嗚呼，《外傳》作「於戲」，古字通。此字以作「烏嘑」爲正。吾聞賢者重進而輕退，《儒行》所謂難進易退也。廉者易醜而輕死。」醜，恥也。《外傳》作「愧」，愧醜形義俱近。《漢書・賈誼傳》「終不知反廉愧之節」，《賈子・時變篇》作廉恥。王念孫曰：「古無以廉愧二字連文者，愧當爲醜，醜恥也，故《賈子》作廉恥。下文捐廉恥，禮義廉恥，《賈子・俗激篇》並作廉醜，凡《賈子書》恥字多作醜，《逸周書》亦然。」案：王説近理。此章與《外傳》愧醜異文同訓，亦其證。乃弃其蔬而立槁於洛水之上。「乃」，《外傳》作「於是」。《後漢書・崔駰傳》注引《外傳》作「焦弃其蔬而立槁死於洛濱也」，與今本稍異，蓋以意引之。「弃」，古文「棄」字，宋本如此，各本作「棄」。「槁」，各本作「稿」，誤。今悉依宋本。《史記索隱》、《漢書》、《文選》注並將「乃」字逐

「立」上，無「而」字。案：《說文・木部》：「槀，木枯也。」今人迻上高字在右旁，非是。槀訓木枯，引申爲凡枯之稱，枯槀字從之。又引申爲以膏潤物，潤物者以物枯槀，故槀勞字從之。今枯槀字作槁，槀勞字作犒，並俗。《左傳》服注云：「以師枯槀，故饋之飲食。」（僖二十六年正義引。）子慎尚知古義。何休注《公羊》云：「牛酒曰犒。」高誘注《淮南》云：「酒肉曰餉，牛羊曰犒。」此後起之義，孳乳相生之字，非古義古字矣。《韓非子・八說》云「鮑焦木枯」，此以木枯諭人枯，用本義。《莊子・盜跖》云「鮑子立乾」，用引申義。古人文字明訓詁如此。《潛夫論・賢難》云：「鮑焦所以立枯於道左。」《說苑・雜言》云：「鮑焦抱木而立枯。」言抱木而枯，與此微異。君子聞之曰：「廉夫，句。剛哉。句。夫山銳則不高，水狹則不深，山銳勢削，故不能高；水狹流急，故不能深。狹當作陜，此俗字。《外傳》作「徑」。徑，直也，同卷不一見，皆作徑，似優。行特者其德不厚，《外傳》無「其」字，「特」作「磏」，同卷不一見。徐友蘭曰：「磏爲厲石，引申爲廉。許君云讀若鎌，凡讀曰字皆可通用，特疑磏之譌。」案：本書自作「特」，不必同《外傳》。特，異也。謂行義卓特，有異於人也，文誼本明，不煩改字。且特與鎌形聲義三者俱遠，何緣致誤乎。徐說非是，今不取。志與天地疑者，「疑」讀爲「儗」，《外傳》正作「擬」。（此擬度字，比儗字作儗，二誼判然。經典多叚擬爲儗，而儗字幾廢。）《漢書・食貨志》「遠方之能疑者，幷舉而爭起矣」，《何武王嘉師丹傳贊》「疑於親戚」，師古注並云：「疑讀曰擬。」宋蘇軾《跋晁補之所藏文與可畫竹》四注本載蘇自說云：「予少時，見前輩皆不敢輕改書，故蜀大字本書皆善本。《莊子》用志不分，乃疑於神，此與《易》陰疑于陽必戰，《禮記》使西河之民疑女於夫子同，今四方本皆作凝。」案：蘇氏此說甚精。據此，知宋人疏於小學，妄改古書，已開明代風氣。所引《易》、《禮》二疑字，皆當讀爲儗。元李治《古今黈》反駁其說，以爲不當，所謂以不狂爲狂者。今人侈談宋槧，不究是非，毋乃爲蘇氏所笑。其爲人不祥。祥，福也。言不載福。鮑子可謂不祥矣，「子」，《外傳》作「焦」。其節度淺深，節度，猶分量也。適至是而止矣。」各本無「是」字。《外傳》作「適至於是矣」，是。本書「至」下奪「是」字，今據《外傳》增。《詩》曰：《外傳》「曰」作「云」。「亦已焉哉，各本無「亦」字，《外傳》有。王應麟《詩考》引《外傳》亦有。蓋《韓詩》文如此，本書此文用《外傳》，當存「亦」爲是，淺人依《毛詩》删之耳。今據《外傳》增。天實爲之，謂之何哉。」引詩同上章。此多「亦已焉哉」一句。《後漢書·崔駰傳》注引《說苑》曰：「鮑焦衣木皮，食木實。案焦志節美，而未聞大道，故君子惜之。」《風俗通義》譏其似陳仲子，又比之狷者有所不爲，蓋亦不深許之。惟《趙策》魯仲告辛垣衍，則深以焦所行爲是，連亦焦之類也。

27 公孫杵臼、程嬰者，公孫杵臼、程嬰，《漢表》同列四等。杵臼，宋神宗時封忠智侯，高宗加通勇忠智侯，又加封英畧公，嬰，神宗時封成信侯，高宗封忠節成信侯，又加封彊濟公。（見《宋史·神宗、高宗紀、禮志》、《文獻通考》卷百三。）蓋宋自以爲趙氏後，二子有功趙氏，故封之。此事發議於吳處厚，所箸《青箱雜記》（卷九。）載其始末最詳。《一統志》云：「二人墓在平陽太平縣西南趙盾塋中。」又云：「嬰葬忻州西南原上，杵臼葬忻州西北七里。」又云：「嬰墓在邯鄲縣西十五里。」《元豐九域志》又云：「公孫杵臼墓在絳州。」其說不一，俱荒渺不可考。此所記本《史記·趙世家》，與《說苑·復恩》互有詳畧。晉大夫趙朔客也。朔，趙盾字，謚曰莊。《漢表》列六等中下。晉趙穿弑靈公，《史記·晉世家》云：「盾昆弟將軍趙穿襲殺靈公於桃園，而迎趙盾。」《左氏宣二年傳》：「乙丑，趙穿攻靈公於桃園。」杜注云：「穿，趙盾之從父昆弟子。」《正義》曰：「《晉語》云：趙衰，趙夙之弟。《世族譜》盾是衰子，穿是夙孫，是穿爲盾之從父昆弟之子也。」

《世本》夙爲衰祖，穿爲夙之曾孫。《世本》轉寫多誤，其本未必然也。」惠氏棟《左傳補注》云：「趙夙注：趙衰兄。案《世本》公明生孟及夙，夙生成季衰。《史記》以衰爲夙之孫，《晉語》以爲夙之弟，無緣謬戾至此。且夙與衰世次相縣，不應爲弟兄，必傳寫之誤。《史記》傳聞異詞，當以《世本》爲主。」又近人陳慶年作《趙聖傳傳》云：（見《續碑傳集》七十五。）「《成十年左傳》：晉侯夢大厲，曰：殺余孫不義。疏引《世本》云公明生趙夙，《晉語》云趙衰，趙夙之弟，則括之祖公明是也。服虔又以爲公明之鬼。君正之云：此後人誤改《世本》，服所據者乃原文，其文云：公明夙生共孟及季衰。《晉語》韋注於趙衰云：公明之少子成子衰也。於趙穿云：趙盾從父昆武子穿也。韋自序以《世本》考其流，則其所據，《世本》原文也，與服虔注足互明。疏從杜注，以衰爲夙弟，乃因杜誤會《國語》文義。此疏及宣二年疏皆引《晉語》云：趙衰，趙夙之弟。閔元年疏更引《晉語》云：趙衰，先君之戎御趙夙之弟也。考此爲宋公孫固告襄公語，原文作趙氏，不作趙夙。宋明道本《國語》與今本並同，云趙氏之弟，則不得徑指爲夙之弟矣。《晉語》蓋謂衰爲共孟之弟，公孫固告襄公時，夙已死，故舉共孟言之。共孟者，衰之兄及穿之父也，故《世本》於趙氏譜與衰並著之。穿後世爲大夫，有世譜，故必箸之。又必衰是夙適子，孟雖長，乃庶出，故士會謂爲趙之側室。合觀《內、外傳》及《世本》，於此世次並合，以公明爲夙字，亦相配云。」以上趙說，陳氏稱其足以明杜氏之失。光瑛案：《左傳》注與《史·世家》所敍趙穿世繫，相差一代。《趙世家》云夙生共孟，當魯閔公之元年，共孟生趙衰，是穿又與衰爲兄弟，其說自爲抵牾。且共孟生於閔公元年，距僖二十四年晉文反國，首尾纔二十六年，而趙衰已嘗卜事獻公及諸公子。後從重耳亡日久，在狄時，且娶婦生子，則謂共孟生衰，其荒誕已不待辨。惠氏謂夙與衰世次相縣，然衰從亡之年，與夙時代相接，安見夙、衰不可爲兄弟。韋昭注《國語》稱趙衰，晉卿公明之少子，與服注以大厲爲公明之鬼，其説又合，此弟字必非譌字。惠所引《世本》，見《趙世家》索隱。韋自序云以《世本》考其流，則韋不當與《世本》違戾，蓋小司馬所見《世本》誤耳。趙氏以公明爲夙之字，其義雖配，絶無確徵，所謂服據《世本》原文當云云，皆鑿空武斷之詞耳。杜預以衰爲夙弟，與服氏合，趙臆造《世本》，始岐而爲二。尤可異者，《晉語》明云趙衰先君之戎御趙夙之弟也，此夙字明道本及各本皆同，公孫固實指其人，決無泛作趙氏之理。趙乃謂明道本與今本作氏不作夙，今明道本具在，將誰欺。又所謂今本者，何指乎。即謂趙所見又一明道本，然《外傳》明云先君之戎御，則必是夙字非氏字，蓋即據《閔元年傳》趙夙御戎言之。況唐疏已引作夙，豈宋槧反古於唐疏乎。而又臆造所稱趙氏是共孟，任意翻覆，不顧其安，説經所大戒也。梁玉繩云：「夙乃衰兄，盾與穿不得爲昆弟。」蓋因《晉世家》稱盾昆弟穿而誤。錢唐汪繩祖云：「穿謚武子，未見所出，疑武子卽之子之譌。《通志·氏族畧》三云：趙盾從父昆弟子曰趙穿。與《世族譜》合。」（汪説從梁履繩《左通補釋》轉引，《補釋》謂衰爲夙子，不信《晉語》之説，不如伯子見優，故不引。）案：梁氏據《晉語》以駁《世家》，其説不易；汪疑武子當是之子之譌，則不如謂武字爲弟字之誤，尤爲直截。李氏貽德《春秋賈服注輯述》云：「共孟當卽公明，字異聲相近。《書》被孟豬，《夏本紀》作明都，是其證。《世本》以公明共孟爲父子，非也。夙、衰同時，衰不得爲夙孫，《晉語》衰爲夙弟，當得其實。共孟當從《世本》爲夙父，《史》反以爲夙子者，史遷言世系，往往抵牾也。《宣二年傳》疏云《世本》夙爲衰祖，《世本》轉寫多誤，其本未必然也。則亦當據《晉語》爲正。趙氏先祖，其人非一，而服以爲公明之鬼者，以趙夙始受封邑，雖不逮事景公，有故臣之義，不得仇君；公明在武、獻前，所事之君，當是昭、哀，與景公無君臣之分，故得爲厲。此服以意斷之也。」以上李説，以共孟爲卽公明，與予舊記合。舊記又言衛有公明賈，當卽公孟縶之族。明孟古書通用，不可勝舉，魯有公明儀、公明高，蓋皆其後。是共孟、公明，以一人之身而分父子，甯非笑柄，李說證據深通，可爲定論。至《史記》謂夙生共孟在閔之元年，又謂趙衰卜事獻公及諸公子，其時代乖錯，已如前說。史公雖采雜書，不至前後數行，抵牾如此，蓋傳録有誤耳。今定夙、衰爲昆弟，穿爲盾從父昆弟之子，以《晉語》正誤本《史記》之謬。范寧《穀梁》注云：「穿、盾從父昆弟，並緣《史》文而誤。《左氏文十二年傳》注：穿，夙庶孫。正義亦據《世族譜》，謂爲盾從父昆弟之子。穿別爲邯鄲氏，趙旃、趙勝、邯鄲午是其後。」陳立《公羊義疏》引《宣二年左傳》正義，又引《晉世家》，於二文異同，畧不言及，殊不可曉。穿，《漢表》列八等。靈公名夷皐，襄公子，母穆嬴，在位十四年。謚法：死而志成，亂而不損，極知鬼神，不勤成名，死見神能，好祭鬼神皆曰靈。《左傳·文元年》：「楚成王縊，謚之曰靈，不瞑，曰成，乃瞑。」則當時以靈爲惡謚，故楚共王請爲靈若厲也。（《襄十三年傳》。）《一統志》：「晉靈公葬絳縣東磨裏村。」《漢表》列九等。郭延年《史通評釋》云：「晉靈公居九，而趙穿第八，則臣可弒君矣。」蓋譏其位置不當也。二人皆當列下下。

趙盾時爲貴大夫，盾，衰之子，母狄女叔隗，謚曰宣子，故稱宣孟。爲貴大夫，謂執政當國也。《一統志》：「趙盾葬平陽太平縣南十五里汾陽村。」《漢表》列四等中上，次衰一等。漢儒論盾多恕詞，自宋歐陽修始爲異論，宋以後儒，蓋無不以盾爲弒君主謀者矣。

亡不出境，「出境」，《左氏宣二年傳》作「越境」。案：境俗字，古止作竟。言盾出亡不逾晉國之境也，不逾境，則疑於知情，故書之弒，以立萬世臣子之大閑。《春秋》之法，不爲一人設也，故曰爲法受惡。後儒必謂盾爲知情，屏斥三《傳》，自詡誅心，以儗於《春秋》，深文之論，未必與事實相合。案：《宣二年左傳》「遂自亡也」，杜注：「靈輒亦去。」王引之曰：「此謂盾亡，非輒亡。自宣子田于首山，至不告而退，明盾得免之由。盾既免，遂出奔，出於己意，不待君之放逐，故曰自亡。有亡乃有復，故下文言宣子未出山而復，而大史謂之亡不越境也。若以此爲輒亡，則《傳》尚未言盾亡，下文何以遽云復乎。《史記·晉世家》誤以靈輒爲示眯明，（《呂氏·報更》、《説苑·復恩》俱云：靈輒鬥死。又混入提彌明之事。）云明亦因亡去，又云盾遂奔，不知遂自亡也。即謂盾奔，非謂輒亡，杜蓋因《史》而誤。《穀梁》敍此事亦云：「趙盾出亡，至於郊。」案：王説甚確。遂自亡也一句，結上起下，《左氏》習用文法。**還不討賊**，「還」，《左傳》作「反」。賊，謂趙穿等。言穿弑逆，盾反國不能討，申大義滅親之誼。《左傳》：「盾反國，使穿逆公子黑臀於周而立之。」是不討賊之事。**故《春秋》責之**，此用《左傳》義，可證中壘非不取《左氏》學者。盧文弨曰：「責一本作貴，譌。」案：貴責形近致誤，責卽責備之義。**以盾爲弑君。**《公羊宣五年傳》：「晉史書賊曰：晉趙盾弑其君夷獋。趙盾曰：天乎，無辜，吾不弑君，誰謂吾弑君者乎。史曰：爾爲仁爲義，人弑爾君，而復國不討賊，此非弑君而何。」此皆爲千古臣子立大閑，非偏責一人之詞。故《左氏》引孔子云：「董狐，古之良史也，書法不隱。趙宣子，古之良大夫也，爲法受惡，惜也，越境乃免。」此聖人之辭，詞意最平。左氏親受經於聖人，習聞緒論而紀之，後人又以爲僞造聖語。夫舍親受紀録之説不信，而於數千年去聖久遠之後，臆決真僞，此妄人也。趙盾之罪，止在不越境，不討賊，此千古爰書定論，不可爲諱。蓋不越境，則於國之關繫未絶；不討賊，則疑以君弑爲不足重輕，故加之弑以正其罪，爲萬世計也。在盾或不忍親親之情，或力未足以制之，（觀河曲之役，趙穿違命獨進，而宣子不能制，亦其證也。）皆不可知。此與王導之待王敦相似，較之躬刃其君及發縱指示者固有間。卽較之司馬昭之殺成濟，朱全忠之殺柳燦、蔣元暉，名討賊而實爲賊首，情節亦判然不同。《穀梁》記史狐云：「子爲正卿，入諫不聽，出亡不遠，君弑反不討賊，則志同，志同則書重，非子而誰。」其説與《左氏》、《公羊》大同，皆爲萬世立論，不爲盾一人發。屠岸賈之事，雖屬子虚，而就《史記》與《説苑》及此章所言，韓厥既明盾之無罪，即屠滅趙宗之屠岸賈，亦言盾雖不知，猶爲賊首。夫明其爲不知，則固未嘗爲後儒之誅心，以盾爲發縱指示，主謀弑逆者也。使盾果有此謀，豈能盡掩其迹，禁羣臣之口，並禁仇讐屠岸氏之口哉。善乎《春秋繁露》之論也，（《玉杯篇》。）曰：（上畧。）「案盾事而觀其心，愿而不刑，合而信之，非篡弑之鄰也。案盾辭號乎天，苟内不誠，安能如是。故訓其終始，無弑之志，挂惡謀者，過在不遂去，罪在不討賊而已。臣之宜爲君討賊，猶子之宜爲父嘗藥也。子不嘗藥，故加之弑父；臣不討賊，故加之弑君，其義一也。所以示天下廢臣子之節，其惡之大若此也。故盾之不討賊爲弑君也，與止之不嘗藥爲弑父，無以異，盾不宜誅，以此參之。問者曰：夫謂之弑而有不誅，其論難知，非衆之所能見也，故赦止之罪，以傳明之，盾不誅無傳，何也？曰：世亂義廢，背上不臣，篡弑覆君者多，而有明大惡之誅，誰言其誅，故晉趙盾、楚公子比，皆不誅之文，而弗爲傳，弗欲明之心也。問者曰：人弑其君，重卿在而不能討者，非一國也；靈公弑，趙盾不在，不在之與在惡有薄厚。《春秋》責在而不討賊者，弗繫臣子爾也；責不在而弗討賊者，乃加弑焉，何其責厚惡之薄，薄惡之厚也？曰：《春秋》之道，視人所惑，爲立説以大明之。今趙盾賢而不遂於理，皆見其善，莫知其罪，故因其所賢而加之大惡，繫之重責，使人湛思而自省悟以反道。曰：吁，君臣之大義，父子之道，乃至乎此，此所由惡薄而責之厚也。他國不討賊者，諸斗筲之民，何足數哉。弗繫人數而已，此所由惡厚而責薄也。傳曰輕爲重，重爲輕，非是之謂乎。故公子比嫌可以立，趙盾嫌無臣責，許止嫌無子罪。《春秋》爲人不知惡，而安行不備也，是故重累責之，以矯枉世而直之，矯者不過其正，弗能直，知此而義畢矣。」據董子之言，知漢儒於趙盾，視之與許止同科。許止事已具前，盾事比例可推，《漢表》所以列四等也。《漢書·司馬遷傳》：「爲人臣子不通於《春秋》之義者，必陷篡弑誅死之罪。其實皆以善爲之，而不知其義，被之空言而不敢辭。」蘇林注：「趙盾不知討賊，而不敢辭弑君之罪。」此史公之定論，孰聞於董生者也夫。三《傳》責盾之詞，漢儒方疑爲薄罪厚責，而後儒反宗歐陽氏之説，斥三《傳》爲非，以盾爲主謀弑逆，亦異乎董子之所聞矣。（葉適《習學記言》論盾事最得其平，惟罕有發明，故不引。）屠岸賈者，《漢表》作屠顔賈，列八等。師古曰：「即屠岸賈也。」梁玉繩曰：「《通志·氏族畧》五複姓有屠岸氏。《晉語》二：大夫屠岸夷，蓋其先也。顔岸一聲之轉，故通用。《史記·河渠書》商顔，即商岸。《集解》服虔曰：顔，音岸。」（原注：今本譌作音崖，《日知録》二十七卷辨之。光瑛案：顔音岸，即音釋代改字之例，説見前。）案：梁説是。《史記·趙世家》於叙屠岸賈事，前先著一段云：「晉景公之三年，大夫屠岸賈欲誅趙氏。初，趙盾在時，夢見叔帶持要而哭，甚悲，已而笑，拊手，且歌。盾卜之，兆絶而後好，趙史援占之曰：此夢甚惡，非君之身，乃君之子，然亦君之咎，至孫趙將，世益衰。」下始接「屠岸賈者」云云。《説苑·復恩》所言畧同，惟「持要」作「持龜要」，「乃君之子」「乃」作「及」，「趙將」作「趙朔」。除「龜要」「龜」字當是衍文，「及」當從《史》作「乃」外，「趙將」「將」字必當作「朔」。《史·世家》此文多誤，所叙趙氏世系，必傳寫之譌也。本書不叙此事，近吾鄉李慈銘《桃華聖解盦日記》壬集第二集云：「屠、杜二氏，本爲一，蓋皆出杜伯之後，故《左傳》晉屠蒯，《檀弓》作杜蕢。而屠岸别爲複姓，《晉語》里克及丕鄭父使屠岸夷告公子重耳於狄，韋注：屠岸夷，晉大夫也。其後有屠岸賈，見《史記·趙世家》。岸夷、岸賈二名無義，自以屠岸爲氏。《莊子》及《韓詩外傳》、《説苑》諸書所稱楚之屠羊説，蓋亦同族，謂以屠羊爲業者，子孫緣飾之臆説也。余又疑兩屠岸皆當作屠羊，岸羊字相似而誤。《漢表》屠岸賈作屠顔賈，顔羊亦一聲之轉。晉之有屠羊氏，猶羊舌氏之比。《元和姓纂》、《廣韻》、王氏《姓氏急就章》皆祇載屠姓，而系屠岸夷、屠岸賈於屠下，蓋未之思也。惟《通志・氏族畧》載屠岸複姓，最爲得之。」以上李説，辨屠岸是複姓非單姓，訂《元和姓纂》、《廣韻》、《姓氏急就章》諸書之誤，是矣。謂屠岸即楚之屠羊，岸當作羊，則意必之談，語太無徵，非公孟、公明之比，今不取。《左傳》有杜原款，爲獻公所殺，余疑杜原二字爲氏，即屠岸氏也。屠杜通用，原岸亦音近通用，但無明證耳。（段表厚岸同在十四部。）**幸於靈公。** 幸，寵也。《史記・趙世家》、《説苑・復恩》皆云：「始有寵於靈公。」**晉景公時，賈爲司寇，**《史》作「及至於景公，而賈爲司寇」。《説苑・復恩》同，但「景公」上有「晉」字。景公，成公子，名獳，（《春秋成十年經》文。）又名據，（《史・侯表、晉世家》。）在位十九年。《漢表》列七等。司寇，掌刑之官。鄭氏《三禮目録》云：「寇，害也。」《史記・衛世家》集解引馬融《書》注亦云：「司寇，主誅寇害。」《左氏襄三年傳》：「魏絳曰：請歸死於司寇。」**欲討靈公之賊，盾已死，欲誅盾之子趙朔，**《史》作「將作難，乃治靈公之賊以致趙盾」。《説苑》同。致，傳致之罪。**徧告諸將曰：** 盧文弨曰：「徧各本譌偏。」案：宋本作「徧」，今從之。王念孫《讀墨子雜志》云：「古書多以偏爲徧，不煩改字。《墨子・非儒篇》遠施周偏，《公孟篇》今子偏從人而説之，皆是徧之借字。《益》象傳：莫益之，偏辭也，本或作徧。《檀弓》二名不偏諱，《大戴記・勸學篇》偏與之而無私，《魏策》偏事三晉之吏，《漢書・禮樂志》海内偏知上德，皆以偏爲徧。又《漢書・郊祀志》其游以方偏諸侯，《張良傳》天下不足以偏封，《張湯傳》偏見貴人，《史記》並作徧。若諸子書中以偏爲徧者，則不可枚舉。《漢三公山碑》：興雲膚寸，偏雨四海，亦以偏爲徧。」以上王説極是。徧之爲偏，乃叚字，非誤文，盧以爲譌，失之不考。《史記》、《説苑》此字並作「徧」，與宋本同。**「盾雖不知，**盾在外，不知情也。**猶爲首賊；** 盧文弨曰：「各本俱作賊首。」案：《史記》作「賊首」，《説苑》作「首賊」，今從宋本，與《説苑》合，義則皆同。觀此言，則賈亦不謂盾爲知情也。案：「盾雖不知」上，《說苑》有「趙穿弒靈公」一句，文較有根。此與《史》同，疑皆奪五字。賊臣弒君，「賊」，《史》作「以」，《說苑》無此字，「弒」作「殺」。殺弒一聲之轉，古字通用，說見三卷《鄒陽章》注。此句《說苑》疑奪一「賊」字，蓋疊字作二點，傳寫者以爲非字而妄删之耳。子孫在朝，謂趙朔等。何以懲罪。《說文・心部》：「懲，忿也。」《詩・閟宫》箋：「懲，艾也。」艾乃叚字，作忿爲正。孔疏謂懲艾皆割，故爲艾，此非鄭本意也。懲經典或作徵，亦叚字，與乂艾之爲忿同。「罪」，《史記》作「辠」。《說文・辛部》：「辠，犯法也，从辛自，言辠人蹙鼻苦辛之憂，秦以辠似皇字，改爲罪。」又《网部》：「罪，捕魚竹网，從网非，秦以罪爲辠字。」案：古書止有叚字，無改字，此改字之始。經傳多出秦後，故相承用罪。請誅之。」誅殛之。韓厥曰：《史記・韓世家》索隱引《系本》云：（唐人避諱，改世爲系。）「萬生賕伯，賕伯生定伯簡，簡生輿，輿生獻子厥。」（《唐書・世系表》七十三，下同。）杜預《宣十二年左傳》注云：「厥，韓萬之玄孫。」韋昭《晉語》注同。案：《宣十二年傳》正義曰：「《韓世家》云：韓之先事晉，得封韓原，曰韓武子，後三世有韓厥。《世本》云：桓叔生子萬，萬生求伯，求伯生子輿，子輿生厥。《史記》所云武子，蓋韓萬也。如彼二文，厥是萬之曾孫，而服虔、杜預皆言厥韓萬玄孫，不知何所據也。」案：李貽德《左傳賈服注輯述》云：「僖二十八年載盟諸侯之要言曰：及其玄孫，言以玄孫爲遠孫也，此不必用《雅》訓，服以《世本》不可盡信，故稱玄孫以概之也。」光瑛謂《史記索隱》所引《世本》，與《左傳正義》所引不同，蓋賕伯之下，尚有韓簡一代，并數之，則厥當爲萬玄孫。服、韋、杜之說不誤，沖遠所據本誤耳。《韓世家》云：「韓之先與周同姓，姓姬氏，其後苗裔事晉，得封於韓原，曰韓武子，武子後三世有韓厥。」所稱武子，謂韓簡，非韓萬，韓原之役，簡躬與行閒，故即以其地封之。沖遠誤認爲萬，故疑服、杜說不同，又以誤本《世本》爲證，益相鑿枘。李氏不得其說，遂疑玄孫即遠孫，引《僖二十八年傳》及其玄孫爲例，不知彼文泛言玄孫，此則確舉代數，安可同日而論。且服氏何不徑稱遠孫乎，其説曲護遷就，失之不考。《公羊襄元年經》作韓屈，厥屈音近通用，《文十年經》厥貉，《昭十一年經》厥憖，《公羊》皆作屈，是其證也。（此梁玉繩《人表考》説。）《一統志》：「韓厥墓在山西忻州南十五里。」宋徽宗時封義成侯，高宗時加封忠定義成侯，又加封啟佑公，（《宋史・高宗紀》，《通考》卷一百三。）蓋即以存趙孤功封之。《漢表》列四等。《史・世家》贊云：「韓厥之感晉景公，紹趙孤之子武，以成程嬰、公孫杵臼之義，此天下之陰德也。韓氏之功於晉，未覩其大者也，然與趙、魏終爲諸侯十餘世，宜哉。」史公既敘此事於《趙世家》，又於《韓世家》畧帶敘及，贊内反復嘆賞，至以韓之興，止賴此一事。史公遭刑下蠶室，左右親近不爲一言，交游莫救視，恨無如韓厥其人，仗大義，申公論，以拯其禍患者，美厥，正自傷也。然則史公所以箸此事之指可知矣。「靈公遇賊，趙盾在外，吾先君以爲無罪，先君，成公黑臀也。故不誅。今諸君將妄誅，妄誅，謂之亂臣；《史記》、《説苑》作「今諸君將誅其後，是非先君之意，而今妄誅，（《説苑》今作後。）妄誅，謂之亂臣」。有大事，君不聞，「君」上《史記》、《説苑》有「而」字。大事，甲兵之事。《漢書・刑法志》「大刑用甲兵。」《左氏成十三年傳》「國之大事，在祀與戎。」賈矯君命以誅趙氏，君實不與聞，下文言「賈不請而擅與諸將攻趙氏於下宫」，又曰「屠岸賈爲之，矯以君命，并命羣臣」，是其證也。是無君也。」《桓二年左傳》：「君子以督爲有無君之心，而後動於惡。」《孟子》曰：「楊氏爲我，是無君也。」屠岸賈不聽，韓厥告趙朔，趣亡。此敘韓厥事，殆因《左傳・成八年》韓厥言於晉侯曰一段，景譔出來，必趙、韓得國後，諸臣鋪張先世者所爲，絶不可信，其辨詳後。趣讀曰速，二字音轉通用。本書《刺奢篇・齊景公飲酒章》：「公曰速駕，迎晏子」，《晏子春秋》速作趣，亦其證。蓋趨速趣促四字，音義皆近，古書互用者甚多，不可殫舉。《說苑》字作「趨」，句首無「韓」字。**趙朔不肯，**《史》無「趙」字。**曰：「子必不絕趙祀，子死不恨。」**信韓厥能保全之。「子」，《史記》、《說苑》作「朔」。《說苑》「不」上多一「且」字。**韓厥許諾，稱疾不出。**詐疾不朝，示不欲與聞其事。**賈不請而擅與諸將攻趙氏於下宮，**不請君命，各以其屬攻趙氏。擅，專也。下宮，趙氏所居。**殺趙朔、趙同、趙括、趙嬰齊，**《說苑》奪「趙同」二字，《史》有。趙同即原同，趙括即屏括，趙嬰齊即摟嬰。括、嬰齊爲中軍大夫，見《左氏宣十二年傳》，杜注云：「括、嬰齊，晉趙盾異母弟。」案：《僖二十四年左傳》：「狄人歸季隗於晉，而請其二子，文公妻趙衰，生原同、屏括、摟嬰。」又曰：「趙姬請逆盾，以爲適子，而使其三子下之。」是其證也。杜注不云嬰齊即趙嬰，然《趙世家》云：「重耳在晉時，趙衰妻亦生趙同、趙括、趙嬰齊。」是嬰齊即嬰明矣。《漢表》無三人名。**皆滅其族。**同、括之亡，因朔妻姬氏通於趙嬰，爲二子所放，故姬譖之晉侯，曰：原、屏將爲亂，欒、郤爲徵。魯成公八年，晉討趙同、趙括，武從姬氏畜于公宮，以其田與祁奚。韓厥言於晉侯曰：成季之勳，宣孟之忠，而無後，爲善者其懼矣。三代之令王，皆數百年保天之祿，夫豈無辟王，賴前哲以免也。乃立武，反其田，始末不過如此。是時趙朔已死，同、括受討，亦奉君命以往，何來一屠岸賈橫與其間。此事本不足信，史公好奇，故取之爾。**趙朔妻，成公姊，**《說苑》無「趙」字。成公，文公庶子，襄公弟，（《漢表》注作靈公弟，恐非。此依《史記》。）名黑臀，母夢神規其臀以墨，而生，故名。（見《國語》。）在位七年。（《史記·侯表、世家》。）《漢表》列六等。朔妻，趙莊姬也。梁玉繩曰：「賈、服、杜俱以莊姬爲成公女，《左成八年》疏駁《史》云：衰適妻是文公女，若朔妻成公之姊，則亦文公之女，父之從母，不可以爲妻，且文公之卒，距此四十六年，莊姬此時尚少，不得爲成公姊也。余謂姊必女字之譌，或成公是景公之謂。」又曰：「韋注《國語》云景公之姊，或據《僖二十四年傳》叔隗爲內子，則文公女是妾，不得爲父之從母。此說非也，以叔隗爲適，乃姬之賢，而究未嘗以姬爲妾，故宣三年趙盾爲旄車之族，自居於庶子，以括爲適也。」又曰：「有謂朔之妻爲襄公之女者，亦非。」案：梁說是。《史記》敍世系多誤，此亦一端。《說文·女部》：「姊，女兄也。」此姊妹正字，俗作姐，謬甚，姐乃蜀人謂母之稱，不可溷用。此文當作景公姊爲是。**有遺腹，**《漢書·賈誼傳》曰：「植遺腹。」蓋謂君死而世子生者也，此必古有是語。**走公宮匿。**匿，藏也。《左傳成八年傳》武從姬氏畜於公宮，杜注：畜，養也。因彼文景謨，生出此語。**公孫杵臼謂程嬰，胡不死。**《史》「公孫」上有「趙朔客曰公孫杵臼」一句，下接「杵臼謂朔友人程嬰曰，胡不死」云云。本書首處已將二人來歷敍明，故此從畧。又此下一大段，《說苑》不載，「走公宮匿」下，接「後生男，乳，朔客程嬰持亡匿山中」，後便接「居十五年，晉景公疾」云云，此全用《趙世家》文，所敍較詳。古者食人之食，必死人之事，臣之於君，士之於友，一也，故公孫氏以爲問。後世則惟臣有死君，而士死友者鮮矣。說詳《意林堂日記》，互見八卷《莊善章》注。**嬰曰：「朔之妻有遺腹，**「嬰」上《史》有「程」字，「妻」作「婦」。**若幸而男，吾奉之；卽女也，**卽，猶若也，詳《經傳釋詞》，又訓爲或，見《讀史記雜志》，（卷三之五。）文繁不引。此及下「卽不滅乎」句兩卽字，皆當訓若，與上句若字義同。上言若，下言卽，互文耳。卽又或作則，如《刺客傳》「若曹沫之於齊桓公，則大善矣，則不可，因而刺殺之」是也。也字讀爲邪。**吾徐死耳。」**徐，緩也，緩死未晚也。**無何，**居無幾何，省言作無何。《史記》「無」上有「居」字。**而朔妻免生男，**《史記》「妻」作「婦」，「免」下有「身」字。免當作嬔，《說文·女部》：「嬔，生子齊均也。」又《兔部》：「娩，兔子也。」二字義別。經典多以免作嬔，今人多用娩，皆非本字，或作娩，更俗。**屠岸賈聞之，索於宮。**索，搜也，搜索一聲之轉。《史記》句末有「中」字。 朔妻置兒袴中，「朔妻」，《史》作「夫人」，「袴」作「絝」。案：作絝是，《說文·衣部》無袴字，《糸部》絝下云：「脛衣也。」《漢書·貢禹傳》：「衣服履絝刀劍，亂於主上。」師古曰：「絝，古袴字。」《孝昭上官后傳》「皆爲窮絝」，師古曰：「絝，古袴字。」是絝古而袴俗之徵驗也。 祝曰：「趙宗滅乎，若號；若，汝也。哭有聲者曰號。 卽不滅乎，卽訓若，見上注。《釋詞》所引各證，遺漏尚多，前箸《恨綫草廬日記》卷八詳論之，兹不復及。《史記》句末無「乎」字。 若無聲。」及索兒，竟無聲，已脱。 脱，免於難也。脱當作挩，《說文·肉部》：「脱，消肉臞也」，《手部》：「挩，解挩也。」今人多以脱爲挩，而挩字幾廢。 程嬰謂杵臼曰：《史》「謂」下有「公孫」二字。 「今一索不得，後必且復之，言一度搜索趙孤，不能得，必將再至。且猶將也，《釋詞》漏采此訓，見同卷《伋壽章》注。《史記》「復」下有「索」字，删去，文氣更勁。 奈何。」奈當作柰，或作奈，更俗。 杵臼曰：《史》句首有「公孫」二字。 「立孤與死，孰難？」嬰曰：《史》「嬰」上有「程」字。 「立孤亦難耳。」《史》作「死易，立孤難耳」。 亦猶乃也，《釋詞》亦漏舉。本書二卷《燕相章》「亦有士之不足養也」，又云「亦有君之不能養士」，（又見《韓非子·難三篇》。）兩亦字與此文勢同，皆宜訓乃，詳舊箸《恨綫日記》。 杵臼曰：「趙氏先君遇子厚，遇，待也。《管子·任法篇》：「奇術技藝之人，莫敢高言孟行，以過其情，以遇其主矣。」注：「遇，待也。」《漢書·公孫弘傳》「躬率以正而遇民信也」，注：「遇，謂處待之而已。」《文選·出師表、廣絶交論》注並云：「遇，謂以恩相接也。」今人尚有待遇之稱。 子彊爲其難者，「彊」，各本作「强」，今從宋本，與《史》同。强彊同字，本字當作勥，重文作𢐇，勉勥也。强彊皆叚借字。 吾爲其易者，吾請先死。」《史》無下「吾」字。 而二人謀取他嬰兒，「而」，《史》作「乃」，乃而義同，古通用。本書古本能字皆作而，（見《禮運》正義，以爲《説苑》如此，實則本書亦同。）能乃一聲之轉，亦通用，以而作乃，即近人日紐歸泥之説。《東谷贅言》（下卷。）引《古源日録》，論杵臼殺兒存孤爲不仁，其論甚正。但杵臼取他兒代孤，非己子也，《史》文甚明，近人多誤會。至梨園劇本亦著其事，知沿誤甚久，本屬傅會，不必計其合義與否矣。**負以文褓**，《史》作「負之，衣以文葆」，《集解》徐廣曰：「小兒被曰褓。」案：褓俗字，當作緥。《説文·糸部》：「緥，小兒衣也，从糸，保聲。」此字或作保，《史記·封禪書》「業隆於繈保」，《後漢書·桓郁傳》「越在繈保」，是也。或作葆，《史記·趙世家》「衣以文葆」，《魯世家》「成王少，在强葆之中」，是也。或作抱，《漢書·賈誼傳》「昔者成王幼，在繈抱之中」，是也。皆叚借字，以作緥爲正。**匿山中。**《説文·匸部》：「匿，亡也。」《廣韵》：「匿，藏也。」字從匸，《説文》：「匸，衺徯有所夾藏也，從乚，上有一覆之。」匿從此，以若爲聲，是已苞藏字之誼。亡者退藏於密，義本相因也。**嬰謂諸將曰：**《史》作「程嬰出，謬謂諸將軍曰」。**「嬰不肖，不能立孤，**《老子》「若肖久矣」，王弼注：「肖，善也。」《賈子新書·修政語下》「行者惡則爲不肖矣」。案：不肖訓不似，經傳習見。此肖當訓善，不似者，謂不及先人，引申爲一切不善之稱。《史》「立」下有「趙」字。**誰能與吾千金，**「吾」，《史記》作「我」。**吾告趙氏孤處。」**告以孤所在地。**諸將皆喜，許之，發師隨嬰攻杵臼。**《史》有「程」字及「公孫」字。**杵臼曰：**「曰」上《史》有「謬」字。**「小人哉程嬰，下宫之難，**「下宫」上《史》有「昔」字。**不能死，與我謀匿趙氏孤兒，今又賣之；**如市物然，逐利而棄之。「之」，《史》作「我」。賣當作𧶠，與賣别，下同。**縱不能立孤兒，**《史》無「孤兒」二字。**忍賣之乎。」**句首《史》有「而」字。讀此句，知上文「賣之」不當作「賣我」，當據本書以正《史》文之誤。蓋嬰以千金易兒，是以兒爲市也，故曰賣之，之字指兒言。此句正應上句，則上句不當作我明矣。**抱兒**

呼曰：「天乎，舊本作「抱而呼天乎」。案：「而」乃「兒」之譌，「呼」下奪「曰」字，《史》作「抱兒呼曰天乎天乎」，可證，今據《史》改。本書不疊「天乎」二字。趙氏孤兒何罪，請活之，言孤兒無知，當全其身。獨殺杵臼也。」《史》「也」上有「可」字。諸將不許，遂殺杵臼與兒。《史》「兒」上有「孤」字。案：此非真孤兒也，故本書删去「孤」字，可見中壘翦裁之精。諸將以爲趙氏孤兒已死，「兒」下《史》有「良」字。皆喜，喜除後患。然趙氏真孤兒乃在，《史》無「兒」字，「乃」下有「反」字。程嬰卒與俱匿山中。卒，究言之，謂終如此也。居十五年，晉景公病，案：此因夢厲致疾事景譔。「病」，《史》作「疾」，《説苑》亦同。（下並同。）卜之，嘉靖本「卜」譌「十」。大業之胄不遂者爲祟。大業，女脩之子，大費之父，大費卽伯益。《史記·秦本紀》：「秦之先，帝顓頊之苗裔孫曰女脩，女脩織，玄鳥隕卵，女脩吞之，生子大業。」《正義》云：「《列女傳》陶子生五歲而佐禹，曹大家注云：陶子者，皋陶之子伯益也。」案：此知大業是皋陶。《秦紀》又云：「大業取少典之子曰女華，女華生大費。」《索隱》云：「此卽秦、趙之祖，嬴姓之先，一名伯翳，《尚書》謂之伯益，《系本》、《漢書》謂之柏益。是也。尋檢《史記》上下諸文，伯翳與伯益，是一人不疑，而《陳杞系家》卽敍伯翳與伯益爲二，未知太史公疑而未決邪，抑亦謬誤爾。」案：柏益、伯益、柏翳、伯翳，音轉文異，自是一人無疑。益之爲翳，猶皋陶之爲咎繇也。梁玉繩《史記志疑》（卷十九。）反覆辨論，其事已明，可不復論。益封於費，故《竹書》云：「費侯伯益出就國。」《秦本紀》云：「大費佐舜調馴鳥獸，鳥獸多馴服。是爲柏翳。」《潛夫論·志氏姓》云：「皋陶子柏翳，能議百姓以佐舜、禹，擾馴鳥獸，舜賜姓嬴。」梁氏謂《秦紀》大費輔禹平水土，卽《尚書》「曁益奏庶鮮食」也。所謂調馴鳥獸，卽《書》「益作朕虞」，《孟子》「益焚山澤」也。是大費卽伯益，亦有明證。惟謂益爲皋陶之子，以大業當皋陶，梁氏力辨其說。愚謂益必非臯陶子，不待它徵，以《書》文覈之自明。《書》記禹云：「予乘四載，隨山刊木，曁益奏庶鮮食，烝民乃粒，萬邦作乂。」當時臯陶在廷，聽禹稱頌其子，而曰「俞，師女昌言」，有是理乎。即此謬誤已見，旁徵博引，徒嫌詞費。至《唐宗室世系表》謂大業生女華，女華生臯陶，爲堯大理，生益，則更大謬。女華乃大業所取少典氏女，張守節謂大業即臯陶，而表以女華爲大業子，臯陶爲大業孫，憑空增出兩代世系。鄭樵無識，取以入《通志》，鑿空無據，更不足辨。《漢表》臯陶列二等，無大業名，其事迹不可深考。《史記正義》、《詩·秦風》疏之以大業爲臯陶者，由深信益爲臯陶子之說也，今不取。「胄」本作「胃」，謬。各本「胄」下奪「不遂」二字，亦非，今據《史記》、《說苑》補，無二字，則文意不完。《說苑》「胄」作「後」，「卜之」下有「曰」字。《說文·示部》：「祟，神禍也。」玄應《衆經音義》曰：「謂鬼神作災禍也。」（卷四。）《急就篇》「卜問譴責父母恐」，顔注：「鬼神譴責，用致禍祟。」並其義。不遂者，《毛詩·雨無正》「飢成不遂」，傳：「遂，安也。」不遂謂不安。一曰：遂，申也。《國語·晉語》「是遂威而遠權」，《禮記·鄉飲酒義》「節文終遂焉」，韋解、孔疏並云：「遂，謂申也。」言被冤不得申雪，亦通。秦、趙皆大業之後，故云胄，猶後也。（《周語》、《晉語》韋解。）**景公問韓厥，**「景公」下《說苑》有「疾」字。俞樾曰：「疾衍字，涉上文晉景公疾而衍，《史記》無此疾字。」（見所箸《讀書餘録》。）案：俞說是。本書同《史記》，亦無「疾」，可證。韓厥知趙孤存，厥陰主其事，故知之。「存」，《史記》、《說苑》作「在」。**乃曰：「大業之後，在晉絶祀者，其趙氏乎。夫自中衍皆嬴姓也，**「中衍」下《史》有「者」字，各本作「中行衍」，下同。《史記》、《說苑》俱無「行」字。晉文公作三行以禦狄，荀林父將中行，（《僖二十八年左傳》。）其後以中行爲氏，與趙不同族。此必本譌衍作行，校者改正於旁，傳寫時混入正文耳。《史記·秦本紀》云：「大廉玄孫曰孟戲、中衍，鳥身人言，帝大戊聞而卜之，使御吉，遂使致御而妻之。自大戊以下，仲衍之後，（此字《史》作仲，上文作中，中，仲之省文。）遂世有功，以佐殷國，故嬴姓多顯，遂爲諸侯。」《竹書》稱費侯仲衍人面鳥噣，爲殷大戊車正。《路史》謂孟虧（卽孟戲，《漢表》作獻，戲獻虧三字形聲俱近。）當夏中世，至中衍臣大戊。其說與《史》稱孟戲、中衍爲兄弟，雖有不同，要皆或書中，或書仲，或稱費侯仲衍，從無作中行衍者。知行字不當有，今據《史記》、《說苑》削去，下並同。《漢表》仲衍列四等。《史記索隱》云：「舊解以孟戲仲衍是一人，今以孟仲分字，當是二人名也。」梁玉繩曰：「《索隱》是。《人表》亦分作二人。但《秦紀》鳥身上，似脱中衍二字，不然，大戊之妻當何屬，而下文所謂中潏者，又誰之玄孫。」（《史記志疑》四。）案：梁說是也。方苞《史記注補正》以爲一人，名號並舉，引郭解翁伯爲證；亦曰果二人，則中潏果爲何人之裔。不知《史》文中潏之上，已明著中衍之後，遂世有功等語，則中潏句必承中衍説矣。惟大戊卜御而妻之云云，尚無定指，若依梁說補中衍二字，則文理昭晳，無可疑者。《趙世家》及本書下文云中衍人面鳥噣，又以中衍二字領起，可爲梁說旁證。《趙世家》云：「趙氏之先，與秦共祖，至中衍爲帝大戊御。」又云：「中衍人面鳥噣，降佐殷大戊。」可知人面以下，專承中衍，不關孟戲矣。若以爲一人名號，則孟仲迭出，毋乃不倫。蓋必古書疊字作二點，傳寫者以爲非字而削之。梁氏又云：「《史》以孟戲、仲衍爲弟兄，而伯益卒於夏啟時，其五世孫已及殷戊，中間幾閱六百年，何壽之長也。《路史》謂孟虧當夏中世，至仲衍臣大戊，理或然與。乃《後紀》七又謂舜封孟虧於蕭，則其說仍無定據，故表但云益後而已。」（《人表考》四。）案：梁氏疑伯益五世孫，不當及見大戊。然大費至中衍，首尾六代，由啟之末年，遞推及大戊，不及六百歲。古人多享大年，未必遂無其事。《路史》之說，多不可信，不如仍據《史記》也。云皆嬴姓者，《趙世家》明言趙之先，與秦共祖，其後賜趙城，始别爲趙氏。《潛夫論·志氏姓》及《秦本紀》所記世系甚明。顧氏炎武《日知録》云：（卷二十三。）「六國時，秦、趙同爲嬴姓，《史記》、《漢書》多謂秦爲趙。自注云：《秦本紀》太史公曰：秦以其先造父封趙城爲趙氏。《陸賈傳》秦任刑罰不變，卒滅趙氏。《索隱》曰：案韋昭云：秦伯翳後，與趙同出蜚廉，造父有功，周穆王封之趙，由此一姓趙氏。《漢書·武五子傳》趙氏無炊火焉，韋昭曰：趙，秦之别氏。《南越傳》蒼梧秦王，晉灼曰：秦王，即趙光也，趙本與秦同姓，故曰秦王。《淮南子》亦稱秦始皇爲趙政。（案《潛夫論·志氏姓》云：六世而始皇生於邯鄲，故曰趙政。）《三國志》陳思王上疏：絶纓盗馬之臣赦，楚、趙以濟其難。注：秦穆公有赦盗馬事，趙則未聞。蓋以秦亦趙姓。《文選》王融《策秀才文》訪游禽於絶澗，作伯秦基。李注引《韓非子》所載趙董閼于事，而云：《史記》云：趙氏之先與秦共祖。以其共祖，故雖趙，亦號曰秦。又左思《魏都賦》二嬴之所曾聆，李注：秦穆公、趙簡子。《史記》趙氏之先，與秦共祖，故曰二嬴也。」以上顧説，援證詳博，可據。中衍人面鳥噣，《秦本紀》作「鳥身人言」，此與《趙世家》同。《説苑》「噣」作「喙」。《説文·口部》：「噣，喙也。」段注云：「《詩·韓奕》傳：厄，鳥噣也。鳥噣，《釋名》、《小爾雅》作鳥啄。」案：噣喙義同，《説苑》作喙，文殊而義不異。毛傳之鳥噣，《釋名》、《小爾雅》作啄者，古豕聲字與蜀聲字通用，故獸俗作椓。啄喙字古書亦多互用，詳五卷《東野畢章》注。《秦本紀》正義曰：「身體是鳥，而能人言。」又云：「口及手足似鳥也。」彼文是鳥身人言，故《正義》云云，當以後説爲是。古開國之君，其先祖多秉異形，皆由子孫鋪張，國史傅會，不足深辨。降佐殷帝大戊，降，降生也。詩曰：「維嶽降神，生甫及申。」言天生是人以左大戊也。「殷」字各本俱奪，依《史記》、《説苑》補。殷帝對下文周天子言，似不可省，否則不知爲何代之帝矣。大戊，湯玄孫雍己弟，號曰中宗，又名密，（見《竹書》。）在位七十五年。（《尚書·無逸》。）《漢表》列二等。《文獻通考》云：「葬大名内黄縣東南。」（見一百二十三卷。）**及周天子，皆有明德，**《秦本紀》云：「仲衍之後，遂世有功，故嬴姓多顯，遂爲諸侯。其玄孫曰中潏，在西戎，保西垂，生蜚廉。蜚廉生惡來，惡來多力，蜚廉善走，父子俱以材力事紂。周武王伐紂，殺惡來，是時蜚廉爲紂石北方，還無所報，爲壇霍太山而報，得石棺，銘曰：帝令處父，不與殷亂，（《索隱》：處父，蜚廉別號。案：此説與子異，譙周已疑之。）賜爾石棺，以華氏死，遂葬於霍太山。蜚廉子曰季勝，生孟增，孟增幸於周成王，是爲宅皐狼。皐狼生衡父，衡父生造父，造父以善御，幸於周繆王，繆王以趙城封造父，造父族由此爲趙氏。自蜚廉生季勝已下，五世至造父，別居趙，趙衰其後也。」此趙氏事周天子之事也。惡來有子曰女防，女防生旁皐，旁皐生大几，大几生大駱，大駱生非子，非子以造父之寵，皆蒙趙城姓趙氏，此嬴、趙同稱之由也。周孝王封非子爲附庸，邑之秦，使續嬴氏祀，生秦侯，秦侯生公伯，公伯生秦仲，仲爲西戎所殺，其子莊公，伐西戎，破之。宣王復予秦仲後及其先大駱地，犬丘幷有之，爲西垂大夫。莊公居其故西犬丘，生子三人，其長男世父，欲報西戎之仇，讓其弟襄公爲太子。莊公卒，襄公代立，犬戎西戎與申侯伐周，殺幽王，襄公救周，戰甚力，有功。周平王東遷，襄公以兵送平王，平王封爲諸侯，賜以岐西地，襄公始爲諸侯，此秦受封之始也。秦、趙共祖，觀此甚明，而所云事周天子有明德者，亦具可見矣。**下及幽、厲無道，**幽王注見一卷《塗山章》。厲王名胡，夷王子，在位之年未詳。梁氏《人表考》云：「據本紀，是三十七年奔彘，五十一年崩。《外紀》、《通志》謂在位四十年，通共和五十四年。《竹書》作十二年奔彘，二十六年陟，未定孰是。」《寰宇記》云：「葬晉州霍邑縣東二十九里。」謚法：暴慢無親，殺戮無辜皆曰厲。《漢表》列九等下下。《詩·韓弈》所稱汾王，即厲王。**而叔帶去周適晉，**盧文弨曰：「帶一作帝，譌。」案：叔帶，奄父之子，去周如晉，事晉文侯，五世而生趙夙。《漢表》列六等。**事先君文侯，**「文」，各本作「繆」。繆侯，獻侯籍之子，其名《史・侯表》從《世本》作弗生，《世家》。《詩・唐風》疏作費王，《竹書》作費生。《索隱》：「或作濆生，或作濆王，或作弗王，或單作生。」案：王乃生字之譌，費弗同聲，古通用，當從表爲正，單作生者，奪字耳。在位二十七年。《漢表》列七等。《史・趙世家》作「文侯」，凡兩見，《説苑》亦作「文侯」。案：叔帶去周適晉，以幽王無道，（言厲王者，連及之詞。）知王室將亂，故先去之。考犬戎殺幽王時，文侯已立十年，是叔帶奔晉，斷當在文侯時，無遠及繆侯之理。蓋穆侯卒後，弟殤叔自立，三年，周宣王崩，四年，太子仇（即文侯。）率其徒襲殤叔，而立，距宣王崩止一年。幽王在位共十一年，當繆侯時，幽王尚未即位，安得謂逮幽王無道，去周適晉乎。「繆」字必傳寫之誤，但各本皆同，今據《史記》、《説苑》改正，并辨其失如右。文侯名仇，繆侯子，母姜氏。（《左氏桓二年傳》。）《尚書・文侯之命》鄭注云：「字義和。」（《書》正義引。）在位三十一年。《漢表》列六等。 至於成公，注見前。 世有立功，未嘗絶祀。 《趙世家》云：「自叔帶以下，趙宗益興。」《説苑》「絶」上有「有」字。 今及吾君獨滅之，《史》作「今吾君獨滅趙宗」。各本「之」字下有「趙宗」二字，《説苑・復恩》同。案：「之趙宗」三字連文，殊爲不辭，若以之爲衍文，不當《説苑》同衍。蓋《史》無及字，之字作趙宗，本書及《説苑》有及字，承上文言，則省趙宗二字，以之字代之。校二書者以《史記》作趙宗，加註於旁，以證異同，傳寫時混入正文耳。今存「之」字，删「趙宗」二字。 國人哀之，故見龜筴， 筴，策之俗字，《史記》、《説苑》作「策」，是。龜所以卜，即指卜得大業之後爲祟事。 唯君圖之。」景公問：「趙尚有後子孫乎？」 《説苑》「問」下有「云」字。 韓厥具以實告，具，備也。「告」，《説苑》作「對」。 景公乃與韓厥謀立趙孤兒， 《史》及《説苑》句首有「於是」二字。 召匿之宮中。 《史》及《説苑》「召」下有「而」字。 諸將入問病，「病」，《史記》、《説苑》作「疾」。 景公因韓厥之衆以脅諸將，脅，迫也，迫使從討屠岸賈。《春秋》時卿大夫皆有私徒，《宣十七年左傳》「郤克請以其私屬伐齊」，是也。此云韓厥之衆，蓋用厥私屬。而見趙孤兒，二書無「兒」字。孤兒名武。《説苑》作「孤名曰武」，《史》作「趙孤名曰武」。案：趙武即趙文子，乃《漢表》四等列趙文子，五等又有趙武名 梁氏《人表考》疑四等之文字當作景，即趙成也，然亦無確據。諸將不得已，見迫故。乃曰：「昔下宫之難，屠岸賈爲之，矯以君命，矯，詐也。上言「賈不請而擅與諸將攻趙氏於下宫」，此又言「矯君命」者，蓋當時賈實以君命，脅服諸將使從己。上文則就其事實而言耳。「命」，《説苑》作「令」，義同。并命羣臣，非然，孰敢作難。《左氏成十七年傳》曰：「厲公將作難。」《公羊隱四年傳》「請作難」，何注：「難，兵難也。」然則作難即稱兵，作猶起也。微君之病，二書「病」作「疾」。微，無也。言即無君之病也。時景公因病，卜得大業之後爲祟，故云。一曰：微，非也，非因君有病，早欲訪求趙後立之。説雖通，不如前義長也。羣臣固將請立趙後，「將」，二書作「且」。且將同義，見同卷《伋壽章》注及上文「必且復之」句注。今君有命，「命」，《説苑》作「令」。羣臣之願也。」舊本作「羣臣願之」，宋本亦同。案：二書「願之」並作「之願」，句末有「也」字，蓋傳録者互倒其文，又奪「也」字耳。「願之」詞氣稺弱，不類古書語言，今據二書改正。於是召趙武、程嬰，各本「武」皆作「氏」，宋本作「武」，是也。鐵華館本出自宋本，亦未譌，惟下二「氏」字亦當作「武」，《史記》、《説苑》可證，今宋本及鐵華館本皆作「氏」矣。此時趙氏止存趙武孤兒，無所謂氏也，今悉據二書改正。偏拜諸將，《説苑》句末有「軍」字。遂俱與程嬰、趙武攻屠岸賈，「俱」，《史》作「反」，《説苑》作「返」，義同。又「遂」上有「將軍」二字，疑衍文。「武」，各本作「氏」，今改，説見上。滅其族，復與趙武田邑如故。如趙朔之時。各本「武」作「氏」，今改，說見上。《說苑》敘事止此，後附論語云：「故人安可以無恩，夫有恩於此，攻復於彼，（攻疑取之譌。）非程嬰則趙孤不全，非韓厥則趙後不復，韓厥可謂不忘恩矣」等語。趙武冠，《禮記·曲禮》：「二十曰弱冠有室。」案：言二十冠者，謂士庶人之子，今趙武爲卿大夫，則十五以上當冠，其冠儀與士同也。《郊特牲》云：「無大夫冠禮，若國君與大夫之子，亦二十而冠。」爲成人，冠者，以成人禮見，將以責成人之禮焉者也，見《禮記·冠義》。文子冠謁見諸大夫，《晉語》載其事甚詳。程嬰乃辭諸大夫，各本無「諸」字，依文義不可省，今據《史記》補。謂趙武曰：「昔下宮之難，皆能死，謂趙氏家臣之屬。我非不能死，思立趙後。《史》作「我思立趙氏之後」。今子既立爲成人，「子」字《史》作「趙武」。案：對武言，不當直斥其名，本書作「子」是，《史》文有譌。趙宗復故，《史》作「復故位」，言復位如昔也。我將下報趙孟與公孫杵臼。」「下」，嘉靖本譌「不」。《史》「趙」下有「宣」字。宣孟，趙盾也，《左氏成八年傳》曰：「成季之勳，宣孟之忠。」盾謚宣，故稱宣孟。報，告也。趙武號泣固請，請其勿死也。《史》作「啼泣頓首固請」。曰：「武願苦筋骨以報子，至死，願竭力報嬰，終身不衰。而子忍弃我死乎。」「弃」，各本作「棄」，《史》作「去」，今從宋本。弃去形似，義亦通。弃古文棄字。程嬰曰：「不可，彼以我爲能成事，彼，謂杵臼等。事，立孤之事。故皆先我死，《史》無「皆」字。今我不下報之，《史》無「下」字「之」字。是以我事爲不成也。」《史》無「也」字。遂自殺。趙武服衰三年，衰，齊衰也。《史》有「齊」字。衰字當作縗，經傳多叚衰爲之。服縗三年，報以喪親之禮。爲祭邑，「爲」下《史》有「之」字。春秋祠之，盧文弨曰：「祠，何本作祀。」案：祠祀通用字，《史記》亦作「祠」。世世不絕。各本不疊「世」字，今依《史記》補。此亦以疊字作二點而誤刊落者。君子曰：「程嬰、公孫杵臼，可謂信交厚士矣；忠信之交，篤厚之士。嬰之自殺下報，亦過矣。」案：此事本《史記・趙世家》，《後漢書・馮衍傳》注引《史記》，與今本微異，蓋括引大意，非關異文也。《晉世家》所載，全本《左傳》，與此不合。唐劉知幾《史通》、孔穎達《左傳正義》、宋洪邁《容齋隨筆》、《朱子文集》、（七十一卷。）吕祖謙《大事記》、王應麟《困學紀聞》皆遞辨之，此後散見各家文集筆記者尚多。惟毛奇齡《經問》、梁玉繩《史記志疑》、沈欽韓《漢書疏證》之説，尤爲明快，（趙翼《陔餘叢考》所辯畧同。）今分别節録於下。毛曰：「予初極喜《趙世家》文，且極喜屠岸賈治弑靈公之賊，族滅趙氏，可謂國法之最快者。無如其記事乖謬，並不可信，如云景三年攻下宫，則《春秋》夫子所記，在成八年，是年爲晉景公之一十七年，非三年也，一謬也。云殺趙同、趙括、趙嬰齊，則前二年鞌之戰，欒書代朔將下軍，以朔死故也，至是已六年，而朔猶得與同、括並殺，二謬也。又云趙朔妻爲成公姊，夫成公者，文公之子也，趙衰適妻爲文公之女，豈有祖孫爲僚壻者，況文公之卒，已四十六年，豈有以幼孫而妻六十餘歲之從祖母者，三謬也。（案：此事孔疏已辨之。）又云公孫杵臼匿孤兒一十五年，晉景公夢大厲爲祟，然後立武爲朔後，（案：《史》無夢厲之説，此毛氏之誤。）而復還武田，則尤不然。夫子書晉侯獳卒，卽景公也，見《成十年經》，其距八年經文殺同、括時，才二年耳，安得十五年後，尚有景公其人者，四謬也。此乃戰國時見趙興，稱誦趙功德，因而譽盾，譽朔，並譽武，非事實也。」梁曰：「下宫之事，後儒歷辨其誣，惟劉向采入《説苑・復恩》、《新序・節士》。《皇極經世》依《世家》書之前編，分載賈殺趙朔在周定王十年，趙姬譖殺同、括在簡王三年，皆不足據。考靈公在位十四年，成公七年，景公十九年。《左傳》魯宣十二年，爲晉景公三年，趙朔將下軍；宣十五年，趙同獻狄俘於周；至魯成二年，爲晉景十一年，欒書始代趙朔將下軍，蓋朔前卒矣。成二年，趙括爲卿；成五年，同、括因趙嬰齊通於朔妻莊姬，放諸齊，成八年，爲晉景十七年，莊姬譖同、括，殺之。則安得言晉景三年殺趙朔、同、括、嬰齊乎。且趙氏家亂，無關於國，若果治賊，則當其時不能治，迨十年之久，致其誅於子若弟，有是情哉。韓厥既諫不見聽，奚以不告景公，但令趙朔趣亡，與許其立後乎。莊姬爲成公女，故趙武從母畜公宮，同、括被殺，去朔卒已逾七年，武之生雖幼，亦十歲以上，安得言其是遺腹，而或索宮中，或匿山中乎。且孤兒處公宮，客何計以出之哉。《左傳》韓厥請立趙後，即在晉景十七年，閱二年，景公卒，安得言居十五年，韓厥因公病祟，謀立趙孤乎。《晉語》獻公時有屠岸夷，其後無考。（原注：或云賈之父，非。）藉使有賈，晉方鼎盛，烏容擅兵相殺，横索宮闈，而諸大夫竟結舌袖手，任其專恣無忌邪。匿孤報德，視死如歸，乃戰國俠士刺客所爲，春秋無此風俗，則斯事固妄誕不可信，而所謂屠岸賈、公孫杵臼、程嬰，恐亦無其人也。（案：諸人未必是亡是公、烏有先生一流，此説不確。）蓋周末好事者緣趙氏廟祀董安于一節，（原注：見《左昭三十一》。光瑛案：《昭三十一年傳》無此文，在《定十四年傳》。）又併魯藏保母事，（原注：見《公羊昭三十一年》及《列女傳》。）景譔出來。史公愛奇，述之，兼著於《年表》、（原注：據《集解》有之。）《韓世家》、《自序傳》中，不然，《晉世家》所書與《左傳》合，詎非矛盾兩傳與。僞《子華子》曰：大有造於趙宗，程本自以爲嬰後。（原注：《韓詩外傳》稱齊程本，則非趙人矣。《朱子語録》謂《子華子》近年巧於雜儗者所爲。光瑛案：朱子云大有造一語，用《呂相絶秦書》，其不足信明甚。）然語屬不經，徒成乖越。而張守節云：今河東趙氏祠先人，猶别舒一坐祭二士，至宋神宗、高宗，分封嬰、杵臼、厥三人爲侯，建廟致祭，不尤可笑邪。」沈曰：「其時執政爲欒書，邲之戰，書佐朔下軍。故《晉語》云：文子冠，見欒武子。武子曰：昔吾逮事莊主。是與朔有舊，雖討同、括，必不並害其遺孤，其妄一。成五年，原屏放嬰齊於齊，八年，晉誅同、括，而《世家》、《新序》皆並誅嬰齊，其妄二。又云諸將入問病，景公因韓厥之衆以脅諸將，見孤兒，則是景公受制於賈，諸將隨同朋奸，何以處范文子、知武子諸賢，其妄三。成二年，欒書已代朔將下軍，又六年而有原屏之難，武何得爲遺腹，而八歲之兒，豈能匿於綺中，其妄四。《成三年傳》，晉作六軍，凡十二卿，無屠岸賈，賈非軍將，焉能興兵作難，其妄五。趙盾以括爲公族，族皆統於宗子，括誅則收其田邑，故立武反田，二年而景公卒，安有居十五年，始以疾卜趙宗爲祟，其妄六。前後乖舛，不通道理，誕妄之尤者。」案：三君所辨，均極詳確，沈説多前人所未發，毛謂戰國時見趙興而誦功德者所爲，梁謂春秋時無此種任俠之風，（案：洪邁已先有是説。）並有卓識。近人王氏崧著《説緯》，强合《左》、《史》之説。趙氏新箸《左傳質疑》，力翻舊案，以立孤事爲未必盡誣，李慈銘《荀學齋日記》和之，皆好奇之見，今不取。惟毛氏又以《晉世家》之言出於司馬談，《趙世家》爲遷所增益，則以臆揣妄生分别，不知古人箸書之例。史公録此於《趙世家》，而《晉世家》仍用《左傳》者，古人私家箸作，有一定宗旨，但求貫徹，不沾沾於事實之異同。如《新序》、《説苑》二書，所載古事，皆采自它書，前後違異，顛倒時代，叙事失實者，不可勝數，其宗旨則證今援古，志格君非。中壘博極羣書，（《漢書·司馬遷傳》贊語。）非不知所記有未當，以其足資啟發，兼收並載，並不爲嫌，若曰但與吾書宗旨無鉏鋙焉，足矣，它非所問也，此一義也。又或事縱可疑，而真僞難知，尚待論定，苟其有俾身心，不妨存録異聞，俟後人之抉擇，如《韓子》之多存一曰，以記異説，卽其例，此又一義也。凡若此者，非一經箸録，遂以其事爲不誣。後人論古，在心知其意，葉大慶、全祖望之流，集矢中壘，抨擊《新序》、《説苑》二書，殊爲無謂。試舉例言之，如《説苑》類敍介子推、舟之僑事，及智伯欲襲衛，以馬璧先遺衛君，趙簡子欲襲衛，亦以馬璧遺衛君；又本書四卷，齊桓公游於野，晉文公田於虢二事，皆傳聞異辭，必有一誤，子政接連類敍，不一致疑，非以存異聞邪；又如本書叙子西、子發、葉公子高、子反諸人同時，士會與趙簡子同時之屬，非舍事實而但取其言論邪。舉此數事，餘可類推。嚴可均《書説苑後》云：「向所類事，與《左傳》及諸子，間或時代牴牾，或一事而兩説三説兼存。《韓非子》亦如此，良由所見異詞，所聞異詞，所傳聞異詞，不必同李斯之法，别黑白而定一尊。淺學之徒少見多怪，謂某事與某書違異，某人與某人不相值，生二千載後，而欲畫二千載以前之人之事，甚非多聞闕疑之意。善讀書者，豈其然乎。」嚴氏之言，可稱卓識。孔廣森《公羊通義》於叔術妻嫂事，謂自顔夫人者嫗盈女也以下，皆傳所不信，聊廣異聞。鍾文烝《穀梁補注》於郤克伐齊事，謂季孫行父秃云云，姑廣異聞，原不深信。二君可謂深知古人箸書之旨。而近人李慈銘《荀學齋日記》並詆之，以爲曲護本經，蓋解人之難索久矣。史公書尤多是例，讀者不可不察。

28吴有士曰張胥鄙、譚夫吾，二人行事未詳，它書罕見。前交而後絶。先交好，後割絶。張胥鄙有罪，拘，《説文·句部》：「拘，止也，从手句，句亦聲。」案《左氏莊九年傳》「是以皆止」，《魯語》「掎止晏萊焉」，杜、韋注並云：「止，獲也。」又《左氏僖十七年傳》：「齊人以爲討，而止公」，杜注：「内諱執，皆言止。」言胥鄙犯罪見執獲。將死，罪入死刑。譚夫吾合徒而取之，徒，屬也，率屬篡取之也。出至於道，而後知其夫吾也，道，路也。胥鄙初不知救己者爲誰，出在涂，始見爲夫吾也。輟行而辭曰：輟，止也。止不前行，欲反就司敗。辭當作辤，《説文·辛部》「辤，不受也，从受辛，受辛宜辤之也。」又「辭，訟也，从𤔔辛，𤔔辛猶理辠也。」二義判然各别，經典皆叚辭爲辤，而辤字幾廢，更或以辤爲辭説事，尤非。《左傳哀六年》「五辭而後許」，釋文：「辭，本又作辤。」此爲正字矣。《御覽》一百十引「而」作「有」，誤。「義不同於子，《御覽》作「吾義不同子」。故前交而後絶。吾聞之，君子不以安肆志，肆，縱也。不以安樂而縱佚其心。各本脱下五字，《御覽》引有。案：下文分應二句，則此處應有此五字，但宋本已奪。盧文弨《羣書拾補》據《御覽》文補入，是，今從之。不爲危易行，爲，猶以也。言不以處境之危，變易其行誼。今吾從子，是安則肆志，危則易行也。既從其救，不得復與之絶，是變易其行也。與吾因子而生，因，由也。王引之曰：「與，猶如也。《晏子春秋·問篇》：正行則民遺，曲行則道廢，正行而遺民乎，與持民而遺道乎。《國策·齊策》：顏斶對齊王曰：夫斶前爲慕勢，王前爲趨士，與使斶爲慕勢，不如使王爲趨士。《孟子·萬章篇》：與我處畎畝之中，由是以樂堯舜之道，吾豈若使是君爲堯舜之君哉，吾豈若使是民爲堯舜之民哉，吾豈若於吾身親見之哉。《史記·魯仲連列傳》：吾與富貴而詘於人，甯貧賤而輕世肆志焉。諸與字皆訓如。」案：王説是，經傳中與訓如者尚多，《御覽》引删去「與」字，非是。不若反拘而死。」反拘，反就拘囚。闔閭聞之，闔閭注見二卷。令吏釋之。吏，獄吏也。「令」，《御覽》引作「命」。張胥鄙曰：《御覽》作「胥鄙辭曰」。「吾義不同於譚夫吾，固不受其任矣。任，任氣力也，任俠之誼取此，見《史記·季布傳》集解。「固」，《御覽》作「故」，二字古通。今吏以是出我，吴王嘉其志節釋之也。《御覽》「吏」作「利」，譌。出，出之獄也。「我」，《御覽》誤「誠」。以譚夫吾故免也，言今釋我，以譚夫吾救我而起也。「以」上疑奪「是」字。吾庸遽受之乎。」遽同詎，庸詎皆豈也。《莊子·齊物論》：「庸詎知吾所謂知之非不知邪，庸詎知吾所謂不知之非知邪。」遽又通作渠，《漢書·陸賈傳》「何渠不若漢」，即何遽不若漢也。《匡謬正俗》一：「俗語云未渠央，亦言未遽央，遽與渠同，言未遽中耳。古詩云調絃未遽央，即是其事。」渠又作詎，（《説文》無詎字，新附始有，古但作渠字。）《張平子碑》「庸渠限其所至哉」，渠即詎也。《漢書·孫寶傳》「掾郡渠有其人乎」，注：「渠，讀曰詎。」《淮南子·齊俗》云：「庸遽知世之所自窺我者乎。」皆渠遽詎通用之證。又《韓非子・難四》云：「衛奚距然哉。」距亦詎也。《漢書・高帝紀》：「沛公不先破關中，公巨能入乎。」巨，《史記》作豈，亦詎也。《荀子・正論》云：「是豈鉅知見侮之爲不辱哉。」鉅亦詎也，皆通用字。推之《吳語》云「此志也，豈遽忘於諸侯之耳乎」，《呂氏・具備》云「豈遽必哉」，《荀子・王制》云「豈渠得免夫累乎」，《墨子・公孟》云「吾言何遽不善，而鬼神何遽不明」，《史記・張儀傳》「吾甯渠能乎」，《秦策》「君其試焉，奚遽叱也」。或言豈遽，或言豈渠，或言何遽，或言甯渠，或言奚遽，皆與庸遽同，聲近通叚字。（此注參采《讀書雜志》、《經傳釋詞》二書之説，間有删竄，不同原書，故不引名。）此等字皆當依聲以求義，不當泥字而昧其聲。遂觸牆而死。本作「墻」，俗。譚夫吾聞之曰：「我任而不受，「我」，《御覽》作「致」，疑我下本有致字，《御覽》節引之耳。佞也；佞，諂也。不知而出之，愚也。不知其不肯受，而出之，故爲愚也。佞不可以接士，接，交接也。「士」《御覽》譌「上」。愚不可以事君，吾行虛矣，虛此一救也。人惡以吾力生，人，謂胥鄙也。吾亦恥以此立於世。」此，指佞與愚。乃絶頸而死。絶頸，自刎也。君子曰：譚夫吾其以失士矣，張胥鄙亦未爲得也，可謂剛勇矣，未可謂得節也。君子曰以下，蓋中壘論斷之詞。曾子論黔敖餓者事，云其嗟可去，其謝可食，胥鄙知此義，可以不死。死而無名，是血氣之剛，未合中庸之行也。

29蘇武者，武字子卿，事詳《漢書》本傳。故右將軍平陵侯蘇建子也。案《蘇建傳》：「建，杜陵人，以校尉從大將軍青擊匈奴，封平陵侯，後以右將軍再從大將軍出定襄，亡翕侯，失軍，當斬，贖爲庶人，其後爲代郡太守，卒於官。」此獨稱右將軍平陵侯者，舉其所歷最顯之階言之。孝武皇帝時，以武爲栘中監，武帝名徹，景帝子。「栘」，各本誤「移」，今從宋本改正。《漢書》注：「栘中，廐名，爲之監也。栘，音移。」案：《論衡・別通》云：「孝明之世，讀《蘇武傳》，見武官名曰栘中監，以問百官，百官莫知。夫倉頡之章，小學之書，文字備具，至於無能答聖國之問者，木旁多文字，且不能知，其欲及董仲舒之知重常，劉子政之知貳負，難哉。」然則謂栘爲移者，其能免於仲任之譏乎。使匈奴。武以中郎將奉使，此從畧敍之。是時匈奴使者數降漢，故匈奴亦欲降武以取當。取相當之勢也。《蘇武傳》曰：「武既至匈奴，方欲發使送武等，會緱王與長水虞常等謀反匈奴中。緱王者，昆邪王姊子也，與昆邪王俱降漢，後隨浞野侯没胡中。及衛律所將降者，陰相與謀，刼單于母閼氏歸漢。會武等至匈奴，虞常在漢時，素與副張勝相知，私候勝曰：『聞漢天子甚怨衛律，常能爲漢伏弩射殺之，吾母與弟在漢，幸蒙其賞賜。』勝許之，以貨物與常。後月餘，單于出獵，獨閼氏子弟在，常等七十餘人欲發。其一人夜亡，告之單于子弟，發兵與戰，緱王等皆死，常生得。單于使衛律治其事，勝恐前語發，以狀語武。武曰：『事如此，必及我，見犯乃死，重負國。』欲自殺，勝等止之。常果引張勝，單于怒，召諸貴人議，欲殺漢使者。左伊秩訾曰：『卽謀單于，何以復加，宜皆降之』」云云。與此不同也。單于使貴人故漢人衛律說武，《漢書・李陵傳》：「衛律者，父本長水胡人，律生長漢，善協律都尉李延年，延年薦言律使匈奴。使還，會延年家收，律懼并誅，亡降匈奴，匈奴愛之，常在單于左右。」律說武事，在《蘇武傳》。武不從。乃設以貴爵重禄尊位，終不聽。事並見《武傳》。於是律絶不與飲食，武數日不降，又當盛暑，以旃厚衣并束，三日暴。以旃裘厚衣約束其身，暴之盛暑日中，困苦之，有三日也。《漢書・司馬遷傳・報任安書》曰：「旃裘之君長咸震怖。」《文選》旃作氊，李注：「氊裘，匈奴所服也。」武心意愈堅，終不屈撓，此所記武事可補《班史》所未及。《班書・武傳》止言

「天雨雪，武卧齧雪與旃毛並咽之，乃徙北海上無一人處，使牧羝」而已。此記盛暑處境之艱，合觀始見一年間無時不在憂患中也。中壘去武時代尤近，言必可信，不知《班史》何以畧之。（《劄記》五卷亦云此可補《史》。）稱曰：「臣事君，由子事父也，」「由」，《漢書》作「猶」，古字通用。《孟子》：「以齊王，由反手也」，「我由未免爲鄉人也」。音義並引丁氏音云：「由，義當作猶，猶，猶如也。」《荀子・富國篇》「由將不足以勉也」，楊注：「由猶義同。」子爲父死，無所恨。」《班史》以此數語爲武對李陵所言，此渾括敘之。守節不移，雖有鈇鉞湯鑊之誅而不懼也，數語中壘美蘇武之言，此卷敘節士，漢臣惟此一人耳。（其旨述於卷首。）《説文・金部》：「鈇，斫莝刀也，（依段注本。）从金，夫聲。」段注：「各本作莝斫刀。今案《尹翁歸傳》注作斫莝刀。莝者，斬芻也。斬芻之刀，今之鍘刀。《禮記》屢言鈇鉞，《秋官・掌戮》注：斬以鈇鉞，若今要斬，殺以刀刃，若今棄市。古多訓鈇爲椹質，《文選・册魏公九錫文》注引《倉頡篇》：鈇，椹質也；鉞，斧也。《公羊傳》不忍加之鈇鑕，鑕卽質。何注云：斬腰之刑。范雎曰：身當椹質，要待斧鉞。《漢・王訢傳》：暴勝之將斬訢，訢已伏質而仰言，因壯而貰之。然則斬人者，皆胸伏椹質，説《倉頡》者，謂椹質爲鈇，以古詩斬芻之質，謂之稾砧，隱語夫字言之，是也。然則許此解當云：莝，刀質也。俗人不得其解，删去質字耳。若《五經文字》云：鈇音斧，又與斧同。則甚誤。《後漢・獻帝紀》加鈇鉞虎賁，注引《倉頡篇》：鈇，斧也。此奪去椹質也鉞四字，爲俗誤所本。」案：段注至詳明，惟鈇斧字可通用，范雎言要待斧鉞，字亦作斧。又鉞，《説文》作戉，大斧也，與鈇連言，則本亦同類。《史記・藺相如傳》「君不如肉袒伏斧質請罪」，字正作斧。此外斧鑕、斧鉞連用，見經傳者甚多，似不必曲生分别，增字改注也。此鈇字，舊本譌鐵，蓋俗書鐵字作鉄，與鈇形近，又轉譌而爲鐵，今依宋本改正。尊官顯位而不榮也，不失節以求榮。匈奴亦由此重之。《武傳》曰：「衛律知武終不可脅，白單于，愈益欲降之。」由，從也，因也。言因此從此愈重之也。武留十餘歲，武在匈奴前後十九年。竟不降下，下，猶降也。古無四聲之分，讀降屈字，與降下字同也。可謂守節臣矣。《節士篇》以蘇武終，其意如此，中壘反復明之。（此段兩言節字。）《法言・淵騫篇》云：「張騫、蘇武之奉使也，執節殉身，不屈王命，雖古之膚使，其猶劣諸。」（言没身者，從其志言之耳。）劉、楊並博極羣書，（注見前。）其推重武如此。《詩》云：「我心匪石，不可轉也；我心匪席，不可卷也。」引詩見同卷《原憲章》，注亦詳前。蘇武之謂也。

匈奴紿言武死，紿者，詒之叚借字。《説文・言部》：「詒，相欺詒也。」《方言》注：「汝南人呼欺亦曰詒，音殆。」又《説文・糸部》：「紿，絲勞即紿，从糸，台聲。」無欺謾義。《史》、《漢》多叚紿爲詒，今人反以紿爲欺謾之正字，詒廢不用矣。《蘇武傳》「紿」作「詭」，宋祁曰：「江浙本作紿。」案：本書亦作紿，則江浙本是。其後漢聞武在，使使者求武，《武傳》言「常惠教漢使謂單于，言天子射上林中，得雁，足繫帛書，言武等在某澤中。使者如惠語，以讓單于，單于視左右而驚，謝曰：武等實在。」乃還武等。此言漢自聞之，乃使使者求武等，與《漢書》異。中壘時代，與武接近，且雁足繫書，語涉兒戲，本書所云，宜得其實。匈奴欲慕義，《文選》司馬相如《諭巴蜀檄》：「延頸舉踵，喁喁然，皆鄉風慕義。」李注引《論語譔考讖》曰：「孺悲欲見，鄉黨慕義。」《史記》「張良曰：百姓莫不鄉風慕義，願爲臣妾。」歸武，以爲典屬國，《漢書・百官公卿表》：「典屬國，秦官，掌蠻夷降者。武帝元狩三年，昆邪王降，復增屬國，置都尉丞候千人，屬官九譯令。成帝河平元年，省併大鴻臚。」《武帝紀》：「匈奴昆邪王降，置五屬國以處之。」師古注：「凡言屬國者，存其國號，而屬漢朝，故曰屬國。」《霍去病傳》注：「不改其國之俗，而屬於漢，故號屬國。」王應麟《玉海》：「典屬國，卿也，所以統邊郡屬國都尉等官也。」《歷代職官表》云：「漢以蠻夷降者，置屬國處之，沿邊諸郡，皆仍其故名，而設都尉治之。」據兩漢《地理志》所載，安定、上郡、天水、五原、張掖、西河、北地屬國，以處匈奴降人；金城屬國，以處降羌；廣漢、蜀郡、犍爲屬國，以處西南夷降人。其中酋長，有仍其位號者。《匈奴傳》屬國千長義渠王，胡三省《通鑑》注屬國義渠之君長，是也。有授以漢官者，《景武昭宣元成功臣表》輝渠侯雷電，故匈奴歸義，以五原屬國都尉，與貳師將軍擊匈奴，是也。有以部落之長，率兵從征者，《功臣表》昆侯渠復累，以屬國大首擊匈奴侯，是也。蓋以屬國、都尉分治，而典屬國居中統總之。顯異於他臣也。

《武傳》曰：「武以始元六年春至京師，詔武奉一太牢，謁武帝廟，拜爲典屬國，秩中二千石，賜錢二百萬，公田二頃，宅一區。後上官桀數疏霍光過失，予燕王，令上書告之。「又言」蘇武使匈奴二十年，不降，（師古曰：「實十九年，言二十年者，欲久其事，以見寃屈，故多言也。《霍光傳》注云：「實十九年，言二十者，舉成數也。」二說微異，《武傳》注是。）還，乃爲典屬國；大將軍長史無功，爲搜粟都尉」云云。則當日酬庸之典，固有不滿人意者，無怪李陵僞書，尚援以爲口實矣。後武竟以與上官桀、桑弘羊有舊，數爲燕王所訟，免官。宣帝立，始以與翊戴功，復召用。

新編諸子集成續編

新序校釋

下

〔漢〕劉向 編著

石光瑛 校釋

陳新 整理

中華書局

新序校釋卷第八

義勇

《論語》曰：「君子義以爲上，君子有勇而無義爲亂，小人有勇而無義爲盜。」《禮記・聘義》曰：「有行之謂有義，有義之謂勇敢，故所貴乎勇敢者，貴其能以立義也；所貴於立義者，貴其有行也；所貴於有行者，貴其行禮也。故所貴於勇敢者，貴其敢行禮義也。故勇敢强有力者，天下無事，則用之於禮義；天下有事，則用之於戰勝。用之於戰勝，則無敵，用之於禮義，則順治。外無敵，内順治，此之謂盛德。故聖王之貴勇敢强有力如此也。勇敢强有力，而不用之於禮義戰勝，而用之於爭鬥，則謂之亂人，刑罰行於國，所誅者亂人也。如此，則民順治而國安也。」合二説觀之，可省命篇之義。篇中所載，皆有義之勇，閒有似義而實非義者，必附辯之，如《卞莊子章》是。又有似無勇而實合義，不愧大勇者，如仇牧、莊善、陳不占等章是。要皆以義帥勇，非好勇忘義，故名之曰義勇。先言義者，以義爲主也。《荀子・榮辱篇》曰：「爲事利，爭貨財，無辭讓，果敢而振，猛貪而戾，恈恈然惟利之見，是賈盜之勇。」若斯之倫，悉無取焉。此篇與《刺奢篇》文，奪佚甚多，辭義譌謬顛倒，亦較它篇尤甚，今但據其可知者正之。

1 陳恒弑簡公而盟，盟者皆完其家，不盟者殺之。「陳恒」，《韓詩外傳》六作「田常」，注見三卷《鄒陽章》。《漢表》作「田恒」，韓嬰爲漢諱恒，班固世遠，則不諱也。古音讀陳如田。（古舌上音，讀如舌頭故。段玉裁讀田如陳，則倒植矣。）簡公，悼公子，名壬，《史記·侯表》及《吳語》作任，通用字。謚法：一德不懈，平易不訾皆曰簡。在位四年。《漢表》列九等。案：陳恒弑君，名列八等，被弑者反在九等，殊未爲公，已於三卷注辯之。簡公之謚，蓋取平易不訾爲義。《左傳·哀十四年》：「齊陳恆弑其君壬於舒州，孔丘三日齊而請伐齊。公曰：魯爲齊弱久矣。對曰：陳恒弑其君，民之不與者半，以魯之衆，加齊之半，可克也」云云。觀其劫國人以求盟，可見助之者寡，聖人之言驗矣。其猶得半助之者，則以陳氏累世好施，能得人心。觀《左傳》晏子對叔向之言，及《莊子·胠篋篇》云：「田成子一旦殺齊君而盜其國，所盜者豈特其國邪，並與其聖知之法而盜之。故田成子有乎盜賊之名，而身處堯舜之安，小國不敢非，大國不敢誅，十二世有齊國」等語，可以見矣。盟者，劫盟以助陳氏也。完，全也。《外傳》作「乃盟於國人曰，不盟者死及家」，文義尤簡。弑君大惡，事在絶筆獲麟之後，故《春秋》不書，而《論語》補志之，疾之深也。石他人曰：《外傳》無「人」字，下同。《御覽》四百一十八作「召他人」，召字誤。他人，齊臣。「昔之事其君者，皆得其君而事之，謂不易其君。今謂他人曰：舍而君而事我。上而字，汝也。陳氏弑逆，劫國人盟，是欲人舍君助己。猶崔子盟國人云「所不與崔慶者」之類也。他人不能。自「昔之」以下，《外傳》云：「古之事君者，死其君之事，舍君以全親，非忠也，舍親以死君之事，非孝也。他則不能。」文意明白，本書文從省畧。雖然，不盟，則殺父母也，從而盟，從服陳氏而與盟。是無君臣之禮也。同於逆黨故。《外傳》作「然不盟，是殺吾親也，從人而盟，是背吾君也」。生於亂世，不得正行，逼之使爲不正之行。劫於暴上，暴上，謂陳恒也。不得道義。《外傳》作「嗚呼，生亂世不得正行，劫乎暴人，不得全義」。以全義與正行對舉，文理爲優，此誤。道，疑當作遵。故雖盟不以父母之死，不如退而自殺，以禮其君。」盧文弨曰：「不以二字疑。」案：數語譌外不可讀，《外傳》作「乃進盟以免父母，退伏劍以死其君」。《御覽》引作「乃盟以免父母，退而自殺以禮其君」。此當從《御覽》改正。乃自殺。盟以全親，自殺以謝君，非義之義，君子哀其志焉。

2 陳恒弒君，使勇士六人劫子淵接，「接」，舊本作「棲」。盧文弨曰：「《左氏昭二十六年傳》有子淵捷，古捷接多通，此棲字疑接字之譌。」案：盧説是也。捷從疌聲，接從妾聲，兩聲相近。《春秋莊十二年》「秋八月甲午，宋萬弒其君捷」，今《左氏》、《穀梁》作捷。《公羊》作接，解云正本皆作接字。故賈氏云：「《公羊》、《穀梁》曰接也。」據此，知賈所見《穀梁》本與《公羊》同作接矣。又僖三十二年，鄭伯接卒；文十四年，晉人納接菑於邾婁。《公羊》皆作接，《左氏》、《穀梁》作捷。《説文·竹部》：「箑，或作篓。」《爾雅·釋詁》注：「捷，謂相接續也。」《釋名》：「睫，接也。」《衆經音義》卷十七引《字詁》：「古文疌，今作接，同。」是凡從疌之字，並有接義。《御覽》四百三十七引本書作「子川捷」，尤其確證。《淮南子·説山訓》云「陳成恆之劫子淵捷也」，高注：「陳成子將弒簡公，使勇士十六人脅其大夫子淵捷，欲與分國，捷不從，故曰劫也。」正引此事，但六人作十六人，疑本文奪十字耳。據此，足證古本《新序》作捷無疑，今作接，通借字。川淵義同，《御覽》作「川」，所據唐本，避唐諱也。今並改正。曰：「子與我，請分齊之半以予子，」與，助也。予，施予正字，今多叚與爲之。據《淮南》注所言，此是將弒君時事，故豫爲要約也。不吾與，「不」上疑當疊「子」字。今此是已。」劫時示欲殺之之形。以上十九字，各本俱奪，據《御覽》四百三十七引補。子淵捷曰：「捷」，舊本作「棲」，今改，注見上。「子之欲與我也，「也」字各本奪，依《御覽》引補。「與我」二字當互乙，《御覽》已誤，此沿上文而譌。或以爲述陳恆之言，非是。以我爲知乎，臣弒君，非知也。言不能早見以免君於難，是不知也。知當作𥏼，經典多以知爲之，知行而𥏼廢矣。俗又作智，《御覽》引亦作「智」字，然𥏼從白，不從日，隸體譌變多此類。以我爲仁乎，見利而背君，非仁也。從其劫，是利齊之半，以背舊君也。「背」，《御覽》作「倍」，古字通用。背，負也。以我爲勇乎，劫我以兵，四字諸本奪，據《御覽》引補。無此句，則下句無根矣。此卷及《刺奢篇》佚文漏句甚多，故卷帙視它卷爲少，此類是也。懼而與子，非勇也。勇者不懼。非心所服，懼劫而從之，是非勇也。使吾無此三者，三者智仁勇。與子，何補於子；上「子」字諸本奪，依《御覽》補。「何」，《御覽》引作「無」。若吾有此三者，《御覽》引無「吾」字。終不從子矣。」乃舍之。以人望不敢殺之。

3 宋閔公臣長萬，閔公，莊公子，名捷。謚法：在國逢艱曰閔。《史記・侯表、世家》作「湣」，《漢表》作「愍」，《中論・法象篇》作「敏」。皆通用字。《漢表》列八等。長萬，南宮萬，長猶伯仲叔季之稱。梁履繩曰疑長是其字，未必然也。以勇力聞。《史記・宋世家》云：「萬有力。」又《集解》引服虔曰：「宋萬多力，勇不可執，故先使婦人飲之酒，醉而縛之。」萬與魯戰，師敗，爲魯所獲，囚之宮中，數月，歸之宋。《公羊莊十二年傳》：「萬嘗與莊公戰，獲乎莊公，莊公歸，散舍諸宮中，數月然後歸之，歸反爲大夫於宋。」《左氏莊十一年傳》：「乘丘之役，公以金僕姑射南宮長萬，公右歂孫生搏之，宋人請之，宋公靳之，曰：「始吾敬子，今子，魯囚也，吾弗敬子矣。」病之。」何休曰：「獲不書者，士也。」《史記集解》引賈逵曰：「南宮氏，萬名，宋卿。」二說相盩。陳立《公羊義疏》申何義云：「舊疏云：「《公羊》之例，大夫見經，故也。杜以萬及仇牧皆卿，以其名見於經。夫萬弒君之賊，不能不明舉其名，若不名，則當稱人，《左傳》又有稱君君無道之說，不自相矛楯乎。」案：如陳氏說，則宋萬弒君書名，無害其爲士，獨不思《公羊》明云反爲大夫於宋，云大夫則非士矣。何意蓋謂獲時爲士，反始爲大夫，杜預亦然。知者，注云宋大夫。又云不書，獲時未爲卿，則杜意亦以萬獲時爲大夫，歸始爲卿也。陳氏於何、杜二說，均觀之未審。賈君意不然者，萬見獲歸宋，爲時甚暫，未必此時爲卿，閔公因以其爲囚，遂不加敬，豈肯反遷擢之。又萬與閔公博，必是左右近臣，閔公云：始吾敬子，今子魯囚也，吾弗敬子矣。亦謂前爲卿，故敬之，後爲囚，故輕之，經文簡畧，遂不書獲耳。猶太宰督以正卿被殺，亦不書於經，何足怪也。又《公羊》言反爲大夫於宋，及《春秋繁露·王道》論此事大夫不適君云云，諸大夫皆統卿言之，卿亦可稱大夫。《左氏莊十四年經》「單伯會伐宋」，注：「單伯，周大夫。」《正義》：「單伯，天子卿。此云周大夫者，大夫亦卿之總號。」是也。若如何注謂萬被獲時爲士，則於宋本無足輕重，宋人何故必欲魯歸之乎，終當以賈說爲是。《穀梁傳》：「宋萬，宋之卑者也。」說乃何氏所本。

宋閔公博，《史記·宋世家》：「湣公與南宮萬獵，因博，爭行，湣公辱之」云云。明弒事由博而起。故《繁露》云：「古者人君立於陰，大夫立於陽，所以別位明貴賤。今與臣相對而博，置婦人在側，此君臣無別也，故使萬稱他國卑閔公之意。閔公藉萬而身與之博，下君自置，有辱之婦人之房，（有讀爲又。）俱而矜婦人，獨得殺死之道也。《春秋》曰：大夫不適君，遠此逼也。」《公羊》何注亦云：「傳本道此者，極其禍生於博戲，相慢易也。」皆以弒爲博而起，但因爭行致辱，則各書所未言耳。《公羊》釋文：「博，如字，戲名。」字書作簙，葉本簙作薄。案：字當作簙，博叚借字。《家語》：「哀公問於孔子曰：吾聞君子不博，有之乎？孔子曰：有之，爲其二乘也。公曰：有二乘何爲不博？孔子曰：爲其兼行惡道也。」《說文·竹部》：「簙，局戲也，六箸十二棊也。」《史記·蔡澤傳》：「君獨不觀夫博者乎，或欲大投，或欲分功，此皆君之所明知也。」薛孝通譜曰：

「烏曹作博，（曹一作肙，非。）其所由來尚矣，雙箭以象日月之照臨，十二棋以象十二辰之躔次。」《方言》：「簙謂之蔽，或謂之箘，秦晉之閒謂之簙，吳楚之閒或謂之箭裏，或謂之簙毒，或謂之夗專，或謂之匳璇，或謂之棊；所以投簙謂之枰，或謂之廣平；所以行棋謂之局，或謂之曲道。」《荀子·大畧篇》「六貳之博」，楊倞注云：「即六博也，今之博局，亦二六相對也。」《楚辭·招魂篇》「菎蔽象棋，有六簙些」，王逸注：「菎，玉也；蔽，簙箸。以玉飾之也。投六箸，行六棊，故謂六簙也。」《西京雜記》：「許博昌善陸博，法用六箸，以竹爲之，長六分，或用三箸。」《列子·說符篇》釋文引《六博經》曰：「博二人相對坐，向局，局分爲十二道，兩頭當中名爲水，用棋十二枚，法六白六黑，又用魚二枚，置於水中，其擿采以瓊爲之，二人互擿采行棋，棋行到處卽豎之，名爲驍棋，卽入水食魚，亦名牽魚，每牽一魚獲二籌，翻一魚獲三籌，若已牽兩魚而不勝者，名曰被翻雙魚，彼家獲六籌，爲大勝也。」已上諸書所述，均可考簙之遺制。焦氏循《孟子正義》云：「博蓋今之雙陸，博之棋上高而鋭，如箭亦如箸，今雙陸棋俗謂之鎚，尚可考見其狀，故有箭著之名。今雙陸枰上亦有水門，其法古今有不同。如弈古用二百八十九道，今則用三百六十一道，亦其例也。蓋弈但行棋，博以擿采而後行棋，後人不行棋而專擿采，遂稱擿采爲簙，與弈益遠矣。」焦氏之説，極明晳。《公羊》及《韓詩外傳》八皆謂萬與閔公博，故盧文弨云：「宋當作與。」似矣。又云：「博與搏通，《詩·小旻》傳：徒博曰暴虎。釋文：博音搏。」（案此亦以音釋代改字之例。）則甚誤。此博卽簙字，不當作搏，下文遂搏閔公，其字始作搏耳。又《繁露》云置之婦人之房，竊疑閔公與大夫博，未必在宮中，《公羊》、《外傳》、《新序》但言婦人在側，而《左氏》稱宋萬弒閔公於蒙澤。蒙澤澤名，在今河南商丘縣北，則非宮中審矣。又宋下或宋上疑奪萬與二字，據《外傳》可證，有二字文義始完。盧謂「宋當作與」，亦未盡然。

婦人在側，《公羊》及《外傳》八「在」上有「皆」

字。公謂萬曰：「魯侯孰與寡人美？」《公羊》、《外傳》但述萬語，此作因閔公問而萬答之，似較近理。孰與，猶何如也。王引之曰：「《秦策》秦昭王謂左右曰：今日韓、魏孰與始强；今之如耳、魏齊孰與孟嘗、芒卯之賢；《齊策》田侯召大臣而謀曰：救趙孰與勿救；司馬相如《子虛賦》楚王之獵，孰與寡人乎，郭璞注：與，猶如也。」（見《經傳釋詞》。）案：與如一聲之轉，王說是。如與與通，猶於于之與與通也。萬曰：「魯君美。天下諸侯，唯魯君耳，宜其爲君也。」魯莊公威儀技藝，當時必以美聞，故閔公有此問，而萬答之如此，讀《齊風・猗嗟》一詩，尚可想見。《公羊》、《外傳》作「萬曰：甚矣魯侯之淑，魯侯之美也，天下諸侯宜爲君者，唯魯侯耳」。無閔公問，述萬語亦不及此之近情。蓋宜爲君，不過謂其容止可觀，有君人之度，若謂天下諸侯唯魯侯宜爲君，則敵以下所難堪，太不爲閔公地矣。閔公矜婦人，妬，因言曰：「爾魯之囚虜，爾何知。」《公羊》作「閔公矜此婦人，（句。）妬其言，（句。）顧曰：（句。）此虜也，（句。）爾虜焉故，（句。）魯侯之美惡乎至。（句。）」《外傳》作「閔公矜此婦人，妒其言，顧曰：爾虜，焉知魯侯之美惡乎」。《繁露》作「閔公妒其言曰：此虜也，爾虜，焉知魯侯之美惡乎」。《公羊》注云：「色自美大於此婦人，顧謂側婦人曰，此萬也。虜，執虜也，爾，女也，謂萬也。更向萬曰：女嘗執虜於魯侯，故稱譽爾。惡乎至，猶何所至。」惠氏《公羊古義》云：「董仲舒《春秋繁露》曰：此虜也，爾虜，焉知魯侯之美惡乎。致萬怒，搏閔公，絕脰。」《韓詩外傳》引此同。如何注，義反迂曲。趙懷玉校《外傳》云：「此文出《公羊》，必本與之同，疑後人妄改之。」案：《外傳》與《繁露》同，董生在何休前，所見《公羊》已如此，趙疑後人妄改，謬也。陳立曰：「董生讀此《傳》，故作知，爾虜絕句，美惡乎絕句，至屬下萬怒爲句，與《外傳》同，與何所見本異也。」（《公羊義疏》二十一。）俞樾曰：「《韓詩外傳》、《春秋繁露》引此文，並作爾虜焉知魯侯之美惡乎，是此《傳》故字，古本作知，何劭公所據本誤也。惟於乎字絶句，至字作致，屬下讀，甚爲不詞。今案爾虜焉知，四字爲句，言爾虜何所知也；魯侯之美惡乎至，七字爲句，至猶甚也。《孟子·萬章篇》充類至義之盡也，趙注曰：至，甚也。惡乎至，卽惡乎甚。因宋萬曰甚矣魯侯之淑，魯侯之美也，故折之曰：魯侯之美惡乎甚也。若解作何所至，於義轉迂矣。」（《羣經平議》二十三。）案：惠氏主《繁露》讀，引《外傳》爲證，然《外傳》美惡乎下，初無致字，以至爲致，屬下讀，誠屬不詞。俞說解惡乎至之義甚精，然與韓、董、何之說又皆戾，且《繁露》尚可以七字爲句，若《外傳》無至字，又將何說以解之。竊謂何讀辭甚古拙，必非錯誤，惡乎至，與惡乎定、惡乎執文法相同，至字正對上文甚字言，未可詆何爲誤。經文傳本有異，句讀不同，由師授各別，（嚴彭祖、顔安樂爲董生三傳弟子，劭公以爲甚可閔笑。蓋何氏《公羊》學出於李育，育出於胡毋生，與董生本不同派故。）當各就本文解之，不可强合。何注言何所至卽謂惡乎甚，非有二義，漢注古拙類此者多矣。美惡人人共知，不限於囚虜，何義爲長。何氏《公羊序》言嚴、彭之於經，以無爲有，失其句讀，正指此類也。本書爾何知句，卽與《外傳》、《繁露》焉知意同，惟閔公矜婦人妬三句，當有奪誤，與《公羊》、《繁露》、《外傳》俱不合。矜妬當屬閔公言，矜者矜於婦人之前，妒者妒其美魯侯也。若謂閔公矜而婦人妒，則全失其義，子政本文，殆必不爾。盧文弨謂因字當作其，如其言，則當以人字爲句，是也。妬俗字，當作妒。《史記》謂因博争行，湣公怒辱之曰：始吾敬若，今若魯虜也，所記畧同《左傳》，與此不同。蓋閔公怒辱，因其譽魯侯之美，而實則由博爭行起，兩文相參，其事始備也。

萬怒，遂搏閔公，頰齒落於口，絶吭而死。《說文·手部》：「搏，索持也，从手，專聲。」段玉裁曰：「謂摸索而持之，凡搏擊者，未有不乘其虛怯，搗其要害，猶執盜賊必得其巢穴也。」《公羊》作「萬怒，搏閔公，絶其脰」。《外傳》、《繁露》文畧同。何注：「脰，頸也，齊人語。」《宋世家》：「萬有力，遂以局殺湣公於蒙澤。」吭俗字，當作亢，或加頁作頏。仇牧聞君死，仇牧，宋大夫。《鶡冠子・備知篇》作「裘牧」，音近通用。《廣韻》注云：「姓本作仇，避讎改裘。」《漢表》列三等。「死」字《公羊》、《外傳》並作「弒」。趨而至，遇萬於門，擕劍而叱之。《公羊》、《外傳》「擕」作「手」，何注：「手劍，持拔劍叱罵之。」案：凡以手持物謂之手，《公羊莊十三年傳》「曹子手劍而從之」，手劍即擕劍也。《説文・手部》：「擕，提也，从手，巂聲。」提擕與持，其義一也，故《周書・克殷》云：「武王乃手大白以麾諸侯。」《史記・周本紀》手作持。《禮記・檀弓》「子手弓而可」，手弓即持弓也。《宋世家》「大夫仇牧聞之，以兵造公門」，以兵即擕劍矣。叱，呵也。萬多力，牧知不敵，杖義無畏，可謂至勇者也。萬臂擊仇牧，《公羊》、《外傳》「擊」作「摋」。《史記》作「萬搏牧」。《公羊》注云：「側手曰摋。」釋文：「臂，本又作辟。」阮元《校勘記》云：「此當作辟。」王引之《經義述聞》曰：「臂短，不可以擊人，作辟者是也。辟，椎擊也。《爾雅》：辟，拊心也。郭注謂椎胸也。是辟有椎擊之義。辟之言批也。《左傳》述此事云：遇仇牧於門，批而殺之。《玉篇》引作𢱧，此辟聲之轉耳。摋當爲殺，辟殺仇牧者，批殺仇牧也。《左傳》曰批而殺之，此云萬辟殺仇牧，其義一也。若作摋，而訓爲側手，則與辟義相複，辟已是手擊，何須又言側手。何氏所據摋字，蓋誤本也，古本《公羊》蓋作殺，不作摋，故《説文》無摋字。」案：王説是也。釋玄應《衆經音義》引《左傳》亦作「𢱧而殺之」。《説文》：「𢱧，反手擊也，从手，𣬈聲。」段玉裁注：「俗作批。」是批乃𢱧之俗字，𢱧辟一音之轉。古臂辟字通用，《周禮・内饔》「馬黑脊而般臂」，《禮記・少儀》「臂臑」，釋文皆云臂本作辟，是其證。𢱧之義爲反手擊，與何注訓摋義同，不當重出。王氏不引《説文》爲證，又不知臂辟皆𢱧之叚字，而謂臂不可以擊人，作辟爲是，尚不免小失。孔廣森《公羊通義》謂以臂撞而殺之，亦非。辟亦不專訓椎擊。而殺之，《公羊》、《外傳》無此三字，有「碎其首」三字。蓋此殺卽《公羊》、《外傳》之掇也，益足驗掇爲殺之俗字，何注之失，不辯自明。**齒著乎門闔。**著，附著也。《左氏宣四年傳》曰：「著於丁甯。」《公羊》何注云：「闔，扇。」（《宋世家》集解注作闔門扇，是。）案：《左傳・襄十七年》「以枚數闔」，《荀子・儒效篇》「外闔不閉」，注皆云：「闔，門扇也。」《禮記・月令》注云：「用木曰闔，用竹葦曰扇。」蓋對文異，散文通。《宋世家》云：「萬搏殺之，齒著門闔死。」**仇牧可謂不畏彊禦矣，**不畏彊禦，《詩・烝民篇》文。毛氏傳無訓，而上《蕩篇》「曾是彊禦」傳曰：「彊梁禦善也。」箋以跋扈訓之。《公羊》何注云：「禦，禁也，言力彊不可禁。」案何氏以圉爲禁，未得《傳》意。王氏引之《經義述聞》云：「禦亦彊也，詩以與掊克鰥寡相配，皆二字平列。《史記・周本紀》集解引《牧誓》鄭注曰：彊禦，謂彊暴也，字或作彊圉，又作强圉。《離騷》云：澆身被服彊圉兮。王注：彊圉，多力也。《淮南・天文訓》巳在丁曰强圉，高注：在丁，言萬物剛盛，故曰强圉。《周書・謚法篇》威德剛武曰圉。《春秋繁露・必仁且智篇》曰：其强足以覆過，其禦足以犯詐。是禦與彊同義。下文云：彊禦多懟。《昭元年左傳》彊禦已甚，《十二年傳》曰吾軍帥彊禦。皆二字同義，非彊梁禦善之謂也。」以上王說極是。陳立疏申何云：「圉有禁義，《漢書・王莽傳》不畏彊圉，顏注：彊梁圉捍也。因不可禁禦，遂亦謂禦爲彊，《國策》注引詩作不避强禦。」案：陳說迂曲，小顏失與何氏同。彊禦猶强暴跋扈之義，王逸訓爲多力，義亦相近，此《傳》之彊禦，當從王逸。萬以多力聞，牧能以義叱之，故曰不畏彊禦也。**趨君之難，顧不旋踵。**「君」，舊本作「臣」。盧文弨曰：「君之譌。」案：作臣無義，盧說是，今據改。不旋踵見四卷首章注，此言其捷。杜注《左傳》云：「仇牧不稱名，不警而過賊，無善事可褒。」焦循補疏駁之云：「《左氏》叙牧事雖不詳，亦無貶辭。劉敞謂牧之智則未，忠則盡矣，劉克莊謂牧殺身而不能執賊，皆囿於杜之詖辭。覩其手劍叱賊，千古下英氣猶存，其不勝而死，卽李豐恨力劣不能擒滅也。牧之被擬而死，亦豐之築於刀環也。家鉉翁曰：「大夫死君難，乃曰無善可褒，可乎。君前臣名，自是書法應爾。杜每以名字爲褒貶，曲爲之說，其病甚大。」案：焦氏說皆是，可與其論孔父事相參。

4 崔杼弑莊公，崔杼與莊公，並見七卷注。令士大夫盟者，與崔氏盟也。崔子弑君，恐國人異己，故劫與盟。《史記·齊世家》曰：「景公立，以崔杼爲右相，慶封爲左相，二相恐亂起，乃與國人盟曰，不與崔慶者死。」《左氏襄二十五年傳》所謂盟國人於大宮，是也。「令」，《韓詩外傳》二作「合」，字形之誤。《晏子·內篇雜上》作「令無得不盟者」。皆脫劍而入，脫劍備非常。言不疾，指不至血者死。疾，速也，心不誠則言不速。以指歃血爲盟誓，無血則殺之。《晏子春秋》曰：「崔杼既弑莊公而立景公，杼與慶封相之，劫諸將軍大夫及顯士庶人於大宮之坎上，令無得不盟者。爲壇三仞，埳其下，以甲千列環其內外，盟者皆脫劍而入，維晏子不肯，崔杼許之。有敢不盟者，戟拘其頸，劍承其心，令自盟曰：不與崔慶而與公室者，受其不祥。言不疾，指不至血者死，所殺七人。」《外傳》作「言不疾指血至者死」，文有奪誤。周廷寀校謂指字屬上爲句，若《新序》則屬下爲句，分《外傳》與本書爲兩讀，非也。趙懷玉據本書及《晏子》改正，是。指不至血，謂以指歃血爲盟，不至血則爲不願盟，故殺之，文意明白，何得屬上讀。「血」，俗本誤作「盟」，今從宋本改正。本書文本《外傳》。所殺十人，「十人」，《晏子》作「七人」，《外傳》作「十餘人」，七乃十字之誤。古金文七字作十，十字或作七，二字形近，每易殽混，說詳《刺奢篇·鹿臺章》注。本書作十，舉成數也。或疑十人蓋賈舉、州綽、邴師之屬，然彼十人之死，在盟誓之前，未必然也。次及晏子。《後漢書·馮衍傳》注引《晏子》「次」作「而後」，今《晏子》

仍作「次」，後乃次形近之譌。**晏子**《外傳》不重此二字，趙本補入，是。《晏子》亦疊此二字。**奉桮血仰天歎曰：**《晏子》文同。《呂氏·知分篇》作「晏子俛而飲血，仰而呼天曰」。《後漢》注引《晏子》作「晏子奉血仰天曰」。《外傳》「仰天」下有「而」字。**「惡乎，**嘆詞。《晏子》作「嗚呼」，字同。**崔子將爲無道，殺其君。」**《晏子》無「將」字，「殺」作「弑」。弑殺同字，見三卷《鄒陽章》注。《外傳》、《晏子》「道」下有「而」字。《後漢》注引《晏子》作「崔氏無道」。案：將猶乃也，《左氏宣六年傳》「使疾其民，以盈其貫，將可殪也」，與此文將字並訓乃。《外傳》亦有「將」字，本書、《外傳》皆用《晏子》文，疑淺人妄删將字，以爲劫盟在弑後故耳。不知此將字訓乃，不當去也。《晏子》此下有云：「不與公室而與崔慶者，受此不祥，俛而飲血」。《呂氏·知分篇》：「晏子與崔杼盟，其辭曰：不與崔氏而與公孫氏者，受其不祥。晏子俛而飲血，仰而呼天曰，不與公孫氏而與崔氏者，受此不祥。」《左氏》作「晏子仰天嘆曰，嬰所不爲忠於君利社稷者是與，有如上帝，乃歃」。《史記·齊世家》云：「晏子仰天曰，嬰所不獲唯忠於君利社稷者是從，不肯盟。」其文各有不同，此節引《晏子》文。**盟者皆視之，**《外傳》一本「之」作「足」。盧文弨曰：「作足較勝。」趙校亦以作之爲非，趙書多出盧手故也。周校則云：「作之是，作足者非。」案：足字乃之字之譌，經典從足從之之字，互混多矣，作足字無理。視之者，驚其敢言異衆。**崔杼謂晏子曰：「子與我，**與，助也，讀若《淮陰侯傳》「與楚而楚勝」，《國策·秦策》「不如與魏以勁之」，《齊策》「君不與勝者，而與不勝者」，《呂覽·順說篇》「因其來而與來」，《樂成篇》「吾其與之」。高誘注並云：「與，猶助也。」與有黨與之義，同黨必相助，故引申爲助也。《晏子》、《呂子》皆作「子變子言」。《外傳》及《後漢》注引《晏子》與此同。**我與子分國；**《晏子》作「崔杼謂晏子曰：子變子言，則齊國吾與子共之」。《呂氏》文同，但首處有「崔子不說，直兵造胸，句兵鉤頸，謂晏子曰」等句。《外傳》「我」作「吾將」。子不吾與，《晏》、《呂》作「子不變子言」。《外傳》及《後漢》注引《晏子》作「子不與我」。吾將殺子。《晏子》止云：「戟既在脰，劍既在心，維子圖之也。」《呂氏》止作「則今是已」四字。《外傳》無「吾將」二字。直兵將推之，曲兵將句之，《毛詩・皇矣篇》「以爾鉤援」，傳：「鉤，鉤梯也，所以鉤引上城者。」《正義》曰：「鉤援一物，正謂梯，以梯引城，相鉤引而上，援即引也。」俞樾曰：「下句與爾臨衝，傳曰：臨，臨車；衝，衝車。《正義》謂臨者在上臨下之名，衝者以旁衝突之稱。臨衝非一車，則鉤援當非一物，蓋皆兵器也。鉤句古字通，兵器曲者謂之句，《考工記・廬人》句兵欲無彈，鄭注曰：句兵，戈戟屬。是也。直者謂之援，《考工記・冶人》援四之，鄭司農曰：援，直刃也。是也。《晏子春秋・雜篇》曲刃鉤之，直兵推之。《呂氏春秋・知分篇》直兵造胸，句兵鉤頸。古言兵器，必兼曲直，故詩以鉤援並言。鉤援有曲直之分，臨衝有從上從下之别，正見古人立言之不苟矣。」（《羣經平議》卷十一。）案：俞説是。《晏子》文云：「戟既在脰，劍既在心。」則所云曲直，明謂此二器。又《淮南・精神訓》注引《晏子》云：「句戟何不句，直矛何不摧。」文雖不同，亦以曲直分兵器。毛以鉤梯釋鉤援，指爲一物，文勢參差，不如俞義之確。近人管氏禮耕《操縵齋遺書》內《鉤援臨衝辨》，曲爲毛傳申釋，引《墨子・備城門篇》載攻守之具十二，有臨鉤衝而無援，證成三物之説，亦近傅會，今不取。至戟爲句兵，程氏瑶田《考工創物小記》引據郅詳，惟謂援非直刃，與鄭注大異，其文甚繁，玆不復引。其違鄭注之失，已於一卷《羊腸阪章》注詳辯之。「句」，《外傳》作「鉤」，下同。俞氏云鉤句通用，是也。《晏子》云：「戟既在脰，劍既在心。」《後漢》注引無兩既字。唯子圖之。」「唯」，《晏子》作「維」，字同。以上四句，《呂氏》止作一句。（引見上。）《外傳》此句作「吾願子之圖之也」。《晏子》文句末亦有「也」字。晏子曰：「嬰聞回以利而背其君者，回，轉也。（《説文》。）謂以利而轉變其心。《呂氏·知分》注求福不回云：「樂易之君子，求福不以邪道，順於天性，以正直受大福。」則以邪釋回。（《表記》注同。）《毛詩·大明》傳：「回，違也。」此回字亦當同訓，謂文王小心之德，不違於道。（陳奐疏釋毛如此。）《説苑·修文篇》引詩曰：「莫莫葛藟，施于條枚，豈弟君子，求福不回。鬼神且不回，而況於人乎。」亦似以違釋回，鬼神且不回，與《易·乾卦》「天且不違」，文義正同。竊謂此回字與詩言「求福不回」，下文「嬰不之回」等句，前後呼應，訓詁當一律。違轉義近，釋邪則於此處不辭。《詩·雲漢》「昭回于天」，毛傳：「回，轉也。」《荀子·儒效篇》「圖回天下於掌上，而辨白黑」，注：「回，轉也。」下文「嬰不之回矣」，《外傳》、《晏子》作「嬰不革矣」，革亦轉變之義。下文「嬰可謂不回矣」，《晏子》作「今嬰且可以回而求福乎」，（《呂氏》無今字，餘同。）訓邪於義固通，訓轉與違亦適。參前後文勢，以轉違二義釋回爲優。句首二字，《晏子》無，一本《外傳》亦無，一本作「吾聞」。「回」，《外傳》作「留」。周校云：「當從《新序》作回。」案：《後漢》注引《晏子》亦作「留」，今《晏子》仍作「回」。「背」，《外傳》作「倍」，句末無「者」字。《晏》作「回吾以利而倍其君」，背倍古字通。非仁也；「仁」，《晏子》作「義」。劫以刃而失其志者，《晏》作「劫吾以刃而失其志」。此二句倒在上，上二句在下。《後漢》注「志」作「意」。《外傳》此句末亦有「者」字。非勇也。」《詩》云：「詩云」之上，《晏》、《呂》多「崔子子獨不爲夫詩乎」一句。俗本《晏子》誤作「天討」，孫星衍本據《呂書》改正。爲，讀女爲《周南》、《召南》矣乎之爲。「愷悌君子，求福不回。」《晏》、《呂》、《韓》引詩，均有「莫莫葛藟，延于條枚」二句，（《呂》、《韓》作藟，是，《晏》作虆，俗字。又延，《晏》作施。）《後漢》注引《晏子》無之。毛氏津逮秘書本《外傳》「延」作「施」，誤。鄭箋云：「延，蔓于木之條枚而茂盛。」鄭用《韓詩》也。施延訓同字異，毛本作施，淺人據《毛詩》改之。本書不引二句，疑是奪文，猶後

《屈廬章》之奪引「莫莫葛藟」數句也。（説見後本章。）彼文有莫莫二句，則此亦當有。況《晏》、《呂》、《外傳》均同，《新序》不當獨異。「愷悌」，《呂》作「凱弟」，《禮記・表記》注引同。畢沅校曰：「愷弟正，豈通，凱悌俗。」案：今《毛詩》作豈弟。高誘《呂氏》注云：「《詩・大雅・旱麓》之卒章，莫莫，葛藟之貌，延蔓于條枚之上，得其性也，樂易之君子，求福不以邪道，順於天性，以正直受大福。」案：高誘以邪釋回，本《魯詩》義，韓、毛皆訓回爲違，（高誘用《魯詩》，詳陳喬樅《魯詩遺説考》。毛訓違，見上注。《説苑・修文》用韓義，中壘兼通韓、魯，注中屢及之矣。）詳《晏》、《呂》、《外傳》及本書前後文義。回當訓轉，違義亦與轉近，韓、毛之説優於魯誼，説已詳上。嬰可謂不回矣。此句有誤。《呂氏》作「嬰且可以回而求福乎，子惟之矣」。《晏》同，但句首有「今」字，無下四字。惟當作推，今字後人妄加，《後漢》注引無之可證。且即今也，詳《經傳釋詞》，不當言今又言且，由淺人不識且字之義，以意增之，當據《呂子》、《後漢》注删。《外傳》作「嬰其可回矣」。矣，猶乎也，亦詳《釋詞》矣字下。其，即豈字之義。惟本書文誤不可解，在晏子亦不當自贊，疑本文當同《外傳》，後人不知其矣二字之義，妄加改竄耳。直兵推之，曲兵句之，此「句」字一本亦作「鉤」，與上參差，今從宋本。《晏子》二句倒，「曲兵」作「曲刃」。《淮南・精神訓》注引作「句戟何不句，直矛何不摧，不撓不義」，與今《晏子》文異，「摧」當作「推」。《後漢》注引《晏子》「直兵」作「劍刃」。嬰不之回也。《呂》無此三句。《外傳》「回」作「革」。《晏子》作「嬰不革矣」，革亦轉易之誼，説見前。崔子舍之，《外傳》作「崔子曰：舍晏子」。《晏子》文云：「崔杼將殺之，或曰：不可，子以子之君無道，而殺之，今其臣，有道之士也，又從而殺之，不可以爲教矣。崔子遂舍之」。（舍，《後漢》注作釋。）案：《左氏傳》云：「人謂崔子必殺之，崔子曰：民之望也，舍之得民。」《史記・齊世家》云：「慶封欲殺晏子，崔杼曰：忠臣也，舍之。」

《呂氏春秋》云：「崔杼曰：此賢者，不可殺也。罷兵而去。」皆謂他人欲殺晏子，而舍之乃出自崔杼，與《晏子》文正相反，疑各是一時情事。蓋崔子初欲殺晏子，因或言而止，其後人請殺之，又舍之以示寬大也。孔子曰勇者不懼，觀晏子折崔子之言，足以當之矣。

晏子趨出，《左傳》云：「門啟而入，枕尸股而哭，興，三踊而出，崔子舍之」，下接云：「若大夫爲大不仁，而爲小仁，焉有中乎，趨出。」《外傳》作「晏子起而出」。起乃趨字之譌，《晏子》、本書文並作「趨」，可證。猶本書一卷《晉平公欲伐齊章》「范昭趨而出」，《外傳》作「起出門」；《魏文侯章》「翟黄趨而出」，本書各本皆誤起，說各見本注。古書二字多亂。

授綏而乘，《呂氏》作「晏子援綏而乘」。畢校云：「援，舊多作授，汪本作受。案：《意林》作援，今從之。」盧文弨亦云：「當從《意林》引作援。」案：《說文》：「綏，車中把也。」《廣雅》：「靶，謂之綏。」《禮記·曲禮》「君出就車，僕并轡授綏」，《正義》曰：「綏有二，一是正綏，儗君之升；一是副綏，儗僕右之升。」案：副綏卽貳綏，《曲禮》「奮衣由右上取貳綏」是也。《曲禮》又云：「凡僕人之禮，必授人綏，若僕者降等，則受，不然，則否；若僕者降等，則撫僕之手，不然，則自下拘之。」注：「撫，小止之，謙也；自下拘之，由僕手下取之也。僕與己同爵，則不受。」《正義》曰：「凡僕人之禮，必授人綏者，謂一切僕，非但君僕。車上僕爲主，故必授綏，與所升之人也。若僕者降等則受，謂士與大夫，大夫與卿御也。御者卑降，則主人不須謙，故受取綏。不然則否者，謂僕者敵體，主人宜謙，不受其綏。撫僕之手者，謂僕雖卑，而受其綏，猶當撫止僕手，若不聽自授，然後乃受。自下拘之者，謂不降等者，既敵不受，而僕者必授，則主人當卻手，從僕手下自拘取之。」以上所釋授綏之制甚明，作援無義，乃字形近而譌耳。盧、畢二君反據以改《呂書》，非是。黄以周校《晏子》云：「授當作受，與《呂書》汪本合。」愚謂自《晏子》言，字當作受；而自僕人言，則宜作授爲是。惟其字本作授，故《意林》誤引爲援，若初是受字，則形既不肖，無緣致誤矣。此授綏屬僕人言，因倒莊其僕二字在下句，後人遂誤會以爲此句屬晏子事，不知古書文義變化，往往有此。若今人必云其僕授綏而乘，將馳，則義固明白，而文勢平直無味。且下文有晏子撫其手（本書作拊其手，說見後。）一語，正以僕授綏故，即《曲禮》所謂僕者降等，則撫僕之手，是此授綏爲指僕人明矣。若改授作受，則撫手之義無著，而晏子處變不失禮之長亦不見，此字豪釐千里，不可不正。但《呂書》文晏子下奪趨出二字，以本書及《晏子》校之，可推知也。「綏」，《外傳》俗本作「纓」。「乘」，各本譌作「垂」，宋刊本亦然，皆形近之誤。今據《晏》、《呂》、《韓》諸書改正。**其僕將馳，**將馳，欲避其害。《外傳》無「將」字，《晏》、《呂》有。**晏子拊其手，**「拊」，《晏》、《呂》、《韓》作「撫」。《呂》「其」下有「僕之」二字。舊本「撫」作「無良」，今從畢本。俗本《新序》作「附」。案：撫拊字通，《晉語》「叔向見司馬侯之子，撫而泣之」，注：「撫，拊也。」《儀禮·鄉射禮》「左右撫矢而乘之」，注：「撫，拊之也。」《家語·曲禮子夏問》「無拊膺」，注：「拊，猶撫也。」是二字義同。《荀子·富國篇》「拊循之」，注：「拊與撫同。」《爾雅·釋訓》「辟拊心也」，釋文：「拊，本亦作撫。」《詩·蓼莪》「拊我畜我」，《漢書·梁竦傳》作「撫我畜我」，又二字闕通之證也。撫手有二義，一以示謙，《曲禮》所謂若僕者降等，則撫僕之手是；一以止車，《曲禮》「君撫僕之手，而顧命車右就車」，鄭注：「撫，案止也。」又「客跪撫席而辭」，注：「謂撫以手案止之。」是也。此拊手亦兼此二意，蓋既謝其授綏，止之不聽自授，又以禁其馳，使按轡徐行也。《爾雅·釋訓》「撫掩之也。」郭注：「撫掩猶撫拍，謂慰卹也。」撫又有拊循之義。今從宋本作「拊」，與《晏》、《呂》、《外傳》字異實同，非有二致。**曰：「虎豹在山林，其命在庖廚，**《晏子》「曰」下有「徐之」二字，下作「疾不必生，徐不必死，鹿生于野，命縣于廚，嬰命有繫矣」。《呂》作「晏子撫其僕之手曰：安之，毋失節，疾不必生，徐不必死，鹿生於山，而命縣於廚，今嬰之命，有所縣矣」。《外傳》作「麋鹿在山林，其命在庖廚」。三書文義均勝。虎豹非常見物，不可以在庖廚。疑麋鹿二字之譌。本書文本《外傳》，覩其與《晏》、《呂》不同處，多合《外傳》，可證。馳不益生，緩不益死。」益，加也，謂不以馳而加其可生之道，不以緩而加其就死之機也。《晏》、《呂》作「疾不必生，徐不必死」，二句在上兩句之前。《外傳》「庖廚」下作「命有所縣，安在疾驅」，四句爲韵，與此異也。孔子曰：「君子居易以俟命。」晏子有焉，所以無入不自得也。按之，按其轡也。《漢書·周亞夫傳》曰：「於是天子乃按轡徐行。」《外傳》作「安行」，與《晏子》及本書異。盧文弨謂當從《外傳》，誤矣。成節，然後去之。古者車行有節。《禮記·玉藻》曰：「君子在車，則聞鸞和之聲。」言其從容中節也。下「之」字《晏子》無，疑衍。《詩》曰：「彼己之子，《毛詩》作「其」，《晏》、《韓》皆作「己」，此三家異文。其己通字。舍命不偷。」《詩·鄭風·羔裘篇》文。「偷」，舊本作「渝」，《外傳》作「偷」。（俗本從《毛詩》文改作渝。）引詩有「羔裘如濡，恂直且侯」二句，此及《晏子》止引後二句。蓋作偷者，三家異文，後人據《毛詩》改之耳。偷渝並從俞，聲近通用。今仍改作偷，以復本書之舊。孫星衍曰：「《詩》箋：舍，猶處也。據此當爲捐舍，鄭説非。」毛傳：「渝，變也。」據《韓詩》亦可讀爲偷生之偷，案：《唐風》「他人是愉」，鄭箋：「愉，讀曰偷。」愉偷同字。《表記》注云：偷，苟且也。義亦相近。「舍命」，《管子·小問》作「澤命」，澤釋古字通，釋即舍之音轉。依《晏》、《韓》及本書文，讀爲處命不變，亦通。

晏子之謂也。《呂子》「命有所縣矣」下云：「晏子可謂知命矣，命也者，不知所以然而然者也，人事智巧以舉錯者，不得與焉。故命也者，就之未得，去之未失，國士知其若此也，故以義爲之決而安處之。」高注云：「蹈義就死，未必死也，故曰就之未得；苟從不義以去死求生，未必生也，故曰去之未失也。」案《呂氏》文及注，闡發居易俟命之理，極爲透闢，故並錄之。《淮南子·道應訓》云:「晏子與崔杼盟,臨死地不變其儀,此皆有所遠通也,精神通於死生,則物孰能惑之。」亦卽此意。

5佛肸以中牟叛,《論語集解》引僞孔曰:「佛肸,晉大夫趙簡子之邑宰。」案:佛肸,唐石經《論語》本同,皇侃本作「胇肸」,《史記·孔子世家》作「佛肸」,《漢表》作「茀肸」。佛茀胇三字音近通借,唐張參《五經文字》曰:「肸肸,上《說文》,下隸省。」《寰宇記》云:「佛肸墓在中牟縣。」(卷二。)《漢表》列八等。《史記·孔子世家》:「佛肸爲中牟宰,趙簡子攻范、中行,伐中牟,佛肸畔,使人召孔子。」是中牟本范、中行氏邑,佛肸爲范、中行之臣,時爲中牟宰,故趙氏伐之。《左氏哀五年傳》:「夏,趙鞅伐衞,范氏之故也,遂圍中牟。」佛肸之叛與召孔子,當在此時。王氏瑬《四書地理考》:「洪亮吉曰:《管子》云築五鹿、中牟、鄴者,三城相接也。五鹿今直隸大名府元城縣,鄴今河南彰德府安陽縣,是中牟在當時,與二邑相接矣。《韓非子》晉平公問趙武曰:中牟三國之股肱,邯鄲之肩髀。邯鄲今直隸廣平府邯鄲縣,是中牟在當時,又與邯鄲咫尺矣。臣瓚引汲郡古文云:齊師伐趙東鄙,圍中牟。趙時已都邯鄲,是中牟又在邯鄲之東矣。《戰國策》昔者趙氏襲衞,魏主身披甲底劍,挑趙索戰,邯鄲之中騖河山之間亂,衞得是藉也,亦收餘甲而北面,殘剛平,墮中牟之郭。是中牟又在衞之北境矣。《太平寰宇記》湯水在湯陰縣北,源出縣西牟山,去縣三十五里。《元豐九域志》亦云湯陰縣有牟山。《戰國策》舊注云中牟在相州湯陰縣。《史記》佛肸爲中牟宰,《索隱》云:此河北之中牟,蓋在漢陽西。漢陽蓋濮陽之誤,今湯陰縣正在濮州西也。張守節《史記正義》亦云:湯陰縣西五十八里有牟山,蓋中牟邑在此山側。則中牟在湯陰無疑也。今湯陰去安陽,不五十里,去邯鄲元城,亦不出一二百里,益信《管子》、《韓非子》所云相接,云肩髀,無一字妄談也。《春秋傳》晉車千乘在中牟，中牟人欲伐之。哀五年，趙鞅伐衛，圍中牟。杜預以熒陽中牟爲注，而疑其回遠，裴駰《集解》又以中牟非自衛適晉之次。不知《春秋傳》之中牟，即今湯陰中牟也。晉在衛之西北，今湯陰縣正在滑縣等西北，爲衛入晉必由之道。若河南之中牟，漢雖立爲縣，而其名實未嘗見於經傳。班固《地理志》於河南郡中牟縣注云：趙獻侯自耿徙此。則以鄭之中牟，爲趙之中牟，雖偶有未檢，然殊非小失矣。《左傳正義》以爲中牟在河北，不復知其處，而又引臣瓚云：中牟當在温水之上。《史記集解》引瓚説，温水又作漯水，則又未知何據也。璧案：定九年，衛侯將如五氏，過中牟。五氏在今邯鄲縣西南，蓋衛侯自今開州至邯鄲，而路由湯陰，是時中牟屬晉。至哀五年，趙鞅伐衛，圍中牟，則中牟屬衛矣。豈因佛肸之叛，地入於衛與。若臣瓚之説，引作温水，或引作漯水，疑當爲湯水之譌也。」案：洪氏説考覈甚細，全氏祖望《經史問答》、莊氏述祖《别記》畧同。王氏疑中牟後屬於衛，案《左傳哀五年》云：「趙鞅伐衛，范氏之故也，遂圍中牟。」蓋中牟本范氏邑，趙鞅惡衛助范氏，故並伐之。《傳》文加一遂字，又著明范氏之故，明以范氏爲主也。伐衛與圍中牟是兩事，不必謂此時屬於衛，但因伐范氏之中牟，遂先加兵衛境耳。若謂佛肸以地叛入衛，則中牟後爲趙氏所取，見本書此文及《説苑·立節篇》，並無言及入衛之事，王説殊近臆測。曹氏之升云：「河北之險，莫如鄴，次即中牟，以有漳水之固，又與鄴相近，亦一都會也。」據此，趙氏必爭中牟之故可見矣。《晉書·地理志》以熒陽郡中牟爲趙都，失承班氏。又《史記》謂佛肸是范、中行邑宰，而僞孔以爲趙簡子邑宰，史遷受業安國，親從問故，不應背棄師説，即此足徵其不出安國矣。《御覽》六百四十五引首有「田單處中牟」五字，單乃卑字之誤，下文並同。置鼎於庭，《説苑·立節》云：「設禄邑炊鼎。」致士大夫曰：致，招致。「與我者受邑，不吾與者烹。」《説苑》作「不與我者其烹」。大夫皆從之，

《御覽》引無「皆」字。《説苑》作「中牟之士皆與之」。**至於田卑，**《説苑》作「城北餘子田基獨後至」，明鈔本「田」下缺一字，下並同。盧文弨曰：「《水經注》作田英。」案明鈔本缺字者，殆因本書及《水經注》稱名不同，故空名以待審定。《漢書・人表》有田果，列在六等。（《御覽》引作田畢，顯是誤字，不入異文中。）梁玉繩引《御覽》七百二十五引《尸子》云：「齊有田果，命其狗曰富，命其子曰樂，狗入於室，叱之曰富出，巫曰不祥；長子死，哭之曰樂，而不似悲也。」據此，則田果乃一愚人，何以與周舍、燭過並列，疑果爲卑字之譌，皆趙簡子時事。《新序・義勇篇》中牟人田卑，不從佛肸之叛，趙氏求而賞之，辤賞去。《水經・渠水注》作田英，《説苑・立節篇》又作城北餘子田基云云，基果形亦相似。」如梁氏言，則英字之誤審矣。徐友蘭曰：「卑當爲畀，畀與基通，如綦或爲綥，璂或爲基矣，英當爲萁。」徐説畀基通，近似，且畀形與果形亦微似，可備參擇。宋本此下有小注「田卑中牟之邑人也」，共八字，何本列入正文，非是。又《御覽》六百三十三引《説苑》，與今書全不同，亦作田英，未審其故。**曰：「義死不避斧鉞之罪，義窮不受軒冕之服。」**謂以義而死，雖斧鉞嚴刑有不辤，以義而窮，卽軒冕榮身有弗受也。《孟子》稱舍生取義，及富貴不淫、貧賤不移、威武不屈者如此。《説苑》作「基聞之，義者軒冕在前，非義弗受，斧鉞於後，義死不避」。《御覽》六百四十五引本書「窮」上奪「義」字，六百三十三引《説苑》有，但與今《説苑》文全異。軒者，大夫車也，《説文・車部》：「軒，曲輈藩車也，从車，干聲。」段玉裁注云：「謂曲輈而有藩蔽之車也。曲輈者，戴先生曰：小車謂之輈，大車謂之轅，人所乘，欲其安，故小車暢轂，梁輈。大車任載而已，故短轂，直轅。《艸部》曰：藩者，屏也。服虔注《左傳》、薛綜解《東京賦》、劉昭注《輿服志》，皆云車有藩曰軒，皆同許説。許於藩車上必云曲輈者，以輈穹曲而後得言軒，凡軒舉之義，引申於此。曲輈所謂軒轅也。杜注《左傳》於軒皆曰大夫車，定九年曰：「犀軒，卿車。」案：段注皆是。軒爲大夫車，故軒冕並稱，爲大夫之飾也。無義而生，不仁而富，《孟子》曰：「生亦我所欲，所欲有甚於生者，故不爲苟得也。」又引陽虎曰：「爲富不仁矣，爲仁不富矣。」不如烹。」《御覽》引「烹」作「死」。褰衣將就鼎，《說苑》作「遂祛衣將入鼎」，無「不如烹」三字。《御覽》引「就」作「入」。褰當作攐，《說文・手部》：「攐，摳衣也，从手，褰聲。」《詩・鄭風・褰裳》，釋文：「褰，本或作騫。」段玉裁曰：「詩言褰裳，當作攐，褰訓絝，非其義。亦有作騫者，謂虧其下體之衣，較作褰爲長。」光瑛案：攐褰騫皆同聲通叚，攐正字，褰騫皆借用字。佛肸脱屨而生之。脱屨，不及屨也。脱當作挩，《說文・手部》：「挩，解挩也，从手，兑聲。」段玉裁曰：「今人多用脱，古則用挩，是古今字之異也，今脱行而挩廢矣。案《說文・肉部》：脱，消肉臞也。義別。」段説是。《禮記・曲禮》曰：「坐而納屨。」今急起止其死，故不及屨也。《說苑》作「佛肸播而之」，文勢譌謬不可讀。《御覽》引本書作「佛肸説乃止」，説，明是脱字之誤，乃止二字，淺人以意改之。但本文生字，疑當作止，生止形近易混，作生文義雖通，然不如止字之適。又《御覽》四百二十一引《說苑》作「佛肸止之」。趙氏聞其叛也，攻而取之；《御覽》作「趙氏攻取之」。據此文，則中牟旋即爲趙氏所得，必無折入衛之事明矣。《說苑》作「趙簡子屠中牟，得而取之」，亦不言有屬衛事。屠者，恨中牟人之與佛肸，與賞田卑意正同。聞田卑不肯與也，求而賞之。《說苑》云：「論有功者，用田基爲始。」田卑曰：《御覽》引無「田」字。「不可也。一人舉而萬夫俛首，俛首，懷慚之貌，故下云賞一人以慚萬夫也。智者不爲也；《御覽》引無「也」字，下句同。賞一人以慚萬夫，《御覽》引「以」作「而」。案：以而一聲之轉，古書多互用，詳《經傳釋詞》。義者不取也。一人舉句屬卑自言，賞一人句屬簡子言，智與義則皆卑自爲審度之辭，不取者，嫌其因人短以見己長。卑不欲趙氏多爲屠戮，故云。我受賞，使中牟之人懷恥，「懷」，《御覽》引作「皆」。不義。」《御覽》引此下止云：「吾去耳，遂南之楚。」蓋括省其文。不言智者，舉義以包之。辭賞徙處，辭當作辤，經典多叚辭爲之。徙處，徙易所居，不使簡子物色得之。「徙」，各本作「從」，宋本亦然。盧文弨曰：「從譌，下文云南之楚，則當作徙。」案：盧説是。從徙形近而譌，《説苑》亦有南徙於楚之文，可證作徙爲是，今據改正。曰：「以行臨人，不道，臨者，在上之詞。傳曰「君子不欲多上人」，是也。吾去矣。」《御覽》引「矣」作「耳」，聲之誤也。遂南之楚。楚在晉之南。《説苑》述田基語云：「吾聞廉士不恥人，如此而受中牟之功，則中牟之士，終身慚矣，襁負其子，南徙於楚，楚王高其義，待以司馬。」末處所云，本書所無，餘文異義同。此與《淮南·人間訓》所記弦高辤賞，及本書《節士篇》申包胥辤賞事相似。彼文云辤賞亦非常法，而此不及者，當時范、中行氏與趙氏，地醜德齊，佛肸之事，在趙氏謂之叛，在范、中行則謂之忠，由君子觀之，蠻觸競爭，無關得失，義與不義，特從事後成敗言之，非定論也。但趙氏得君與智氏之助，名義較順，兵力亦較彊，而肸聞田卑之義，能止而不殺，則亦有過人者。（《列女傳》載佛肸之母云：「妾之子，少而不慢，長又能使，妾何負哉。」則肸之爲人，非無可取者。）卑之不助佛肸，特不欲置身蠻觸之中，故其後雖簡子賞之，而亦不受，以行臨人云云，特有託而逃，非其本意，且以陰諷趙氏之專殺耳。中壘推原其隱，故偶箸其事，不復論其辤賞之失云。

6 楚太子建以費無極之譖見逐，太子建，楚平王子，郹陽封人之女所生，（《左氏昭十九年傳》、《史記·楚世家》云：「其母蔡女。」）字子木。後亡鄭，謀亂，爲鄭所殺。（見《左氏哀十六年傳》。）《水經·陰溝水注》云：「葬安平縣大棘鄉。」《漢表》列七等。費無極，《漢表》作亡極，《淮南·人間》作无忌，《史記·侯表、楚世家、伍子胥傳》、《呂子·慎行》、

《吳越春秋》俱作無忌。無亡无通用，忌極一音之轉。《晉書·馮紞傳》作楚費，亦文章之省詞也。仕楚爲少傅，傅太子，譖逐之，後爲囊瓦所殺。（《左昭二十七年傳》。）《漢表》列九等。《左氏昭二十年傳》：「費無極言於楚子曰：建與伍奢，將以方城之外叛，自以爲猶宋鄭也，齊晉又交輔之，將以害楚，其事集矣。王信之，問伍奢。伍奢對曰：君一過多矣，何信於讒。王執伍奢，使城父司馬奮揚殺太子，未至，而使遣之。三月，太子建奔宋。」《史記·楚世家》云：「平王二年，使費無忌如秦，爲太子建娶婦。婦好，來未至，無忌先歸，說平王曰：秦女好，可自娶，爲太子更求。平王聽之，卒自娶秦女，生熊珍，更爲太子娶。是時伍奢爲太子太傅，無忌爲少傅，無忌無寵於太子，常讒惡太子建。建時年十五矣，其母蔡女也，無寵於王，王益疏外建也。六年，使建居城父，守邊。無忌又日夜讒太子建於王曰：自無忌入秦女，太子怨，亦不能無望於王，王少自備焉，且太子居城父，擅兵，外交諸侯，且欲入矣。王召伍奢責之，奢知無忌讒，乃曰：王奈何以小臣疏骨肉。無忌曰：今不制，後悔也。王遂囚奢，令奮揚召建，欲誅之。太子聞之，亡奔宋。十年，楚太子建母在居巢，開吳，吳使公子光伐楚，遂敗陳蔡，取建母去。楚恐，城郢，又使公子光因建母家攻楚，滅鍾離、居巢。十三年，平王卒，將軍子常曰：太子珍少，且其母乃前太子建所當娶也，欲立令尹子西。子西，平王之庶弟也，有義。子西曰：國有常法，更立則亂，言之則致誅。乃立太子珍，是爲昭王。昭王元年，楚衆不說費無忌，以其讒亡太子建，殺伍奢子父與郤宛。宛之宗姓伯氏子嚭及子胥，皆奔吳。吳兵數侵楚，楚人怨無忌甚，楚令尹子常誅無忌以說衆，衆乃喜。」以上所記無忌始末及進讒事尤詳盡。《淮南子·人間訓》云：「費无忌復於荆平王曰：晉之所以伯者，近諸夏也；而荆之所以不能與之爭者，以其僻遠也。王若欲從諸侯，不若大城城父，而令太子建守焉，以來北方，王自收南方，是得天下也。楚王說之，因令太子建守城父，命伍子奢傅之。居一年，伍子奢游人於王側，言太子甚仁且勇，能得民心，王以告費无忌。无忌曰：「臣固聞之，太子內撫百姓，外約諸侯，齊晉又輔之，將以害楚，其事已構矣。王曰：爲我太子，又尚何求。曰：以秦女之事怨王。王因殺太子建而誅伍子奢，此所謂譽人而適禍之者也。」所敘與《左氏》畧有出入。《說苑·辨物篇》云：「王子建出守於城父，與成公乾遇於疇中，問曰：是何也。成公乾曰：疇也。疇也者何也。所以爲麻也。麻也者何也。曰：所以爲衣也。成公乾曰：昔者莊王伐陳，舍於有蕭氏，謂路室之人曰：巷其不善乎，何溝之不浚也。莊王猶知巷之不善，溝之不浚。今吾子不知疇之爲麻，麻之爲衣，吾子其不主社稷乎。王子果不立。」據此，則建之爲人，與周子之兄不辨菽麥者何異，何以奢言其仁勇邪。建有子曰勝，在外，子西召勝，使治白，號曰白公。《左氏哀十六年傳》曰：「楚太子建之遇讒也，自城父奔宋，又辟華氏之亂於鄭，鄭人甚善之。又適晉，與晉人謀襲鄭，乃求復焉，鄭人復之，如初。晉人使諜於子木，請行而期焉，子木暴虐於其私邑，邑人訴之，鄭人省之，得晉諜焉，遂殺子木。其子曰勝，在吳，子西欲召之。葉公曰：吾聞勝也，詐而亂，無乃害乎。子西曰：吾聞勝也，信而勇，不爲不利，舍諸邊境，使衛藩焉。葉公曰：周仁之謂信，率義之謂勇，吾聞勝也，好復言而求死士，殆有私乎。復言非信也，期死非勇也，子必悔之。弗從，召之，使處吳境，爲白公。」（《外傳》記此事尤詳，文繁不復引。）《楚世家》：「惠王二年，子西召故平王太子建之子勝於吳，以爲巢大夫，號曰白公。」《集解》徐廣曰：「《伍子胥傳》曰：使勝守楚之邊邑鄢。」駰案服虔曰：「白，邑名，楚邑大夫皆稱公。」杜預曰：「汝陰褒信縣西南有白亭。」高氏士奇《春秋地名考畧》云：「案《楚世家》，子西召勝於吳，爲巢大夫，號曰白公。巢今廬州府巢縣，褒信縣，東漢屬汝南郡，晉屬汝陰郡，今息縣東有白城，東北七十里有褒信城。」梁履繩曰：「《楚語》：靈王虐，白公子張驟諫，此先勝而爲白公者。蓋楚縣與吳接壤，故息縣東北，界安徽潁州府之靈丘縣，巢縣本吳橐皋地，《土地名》以爲楚地。愚謂魯與吳會，不得在楚。疑巢在吳楚界上，於楚爲巢，於吳爲橐皋，此時巢已入吳，即有餘地偪近於吳，故傳曰處吳境，史曰爲巢大夫。解者乃謂勝本習吳，因以楚之縣公出居吳地，無是理也。」（《左通補釋》三十二。）案：梁説極是，建以受晉諜謀亂，爲鄭所殺，時建母在吳，故勝往依之。既習居吳，故即以邊地處之，非謂以楚之縣出居吳地也。白公後作亂，爲申鳴所殺，見《韓詩外傳》十、《説苑・立節篇》。又《列子・説符》云「死於浴室」，《淮南・道應》同，注云：「楚殺白公於浴室之地也。」《吕氏・精諭》作法室，注：「法室，司寇也；一曰浴室，澡浴之室也。」與《淮南》注異。《道應訓》爲許注本，故與吕注不合。《左氏傳》云「白公奔山而縊」，所紀各異。子西已見一卷《秦欲伐楚章》注。舊本此下有注云：「子西，太子建之弟，勝之叔父也。」共十二字，不知何人所爲。《史記》以子西爲平王之庶弟，與《國語》注不合。此注蓋用韋説，是也。**勝怒逐其父**，怒楚國信讒言逐其父也。案：信讒乃平王時事，於惠王何與，即謂勝追思前恨，然伍員復楚，怨已雪矣，此言殆非也。《楚世家》云：「白公好兵而下士，欲報仇。六年，白公請兵令尹子西伐鄭。初，白公父建亡在鄭，鄭殺之，白公亡走吳，子西復召之，故以此怨鄭，欲伐之，子西許而未爲發兵。八年，晉伐鄭，鄭告急於楚，楚使子西救鄭，受賂而去。白公勝怒，乃遂與勇力死士石乞等，襲殺令尹子西、子期於朝，因劫惠王，置之高府，欲弒之。惠王從者屈固負王亡走昭王夫人宫，白公自立爲王。月餘，會葉公來救楚，楚惠王之徒與共攻白公，殺之，惠王乃復位。」是勝之叛，起於子西之不伐鄭，成於子西之救鄭，非因逐父也。《左氏》敍此事云：「白公請伐鄭，子西曰：楚未節也，不然，吾不忘也。他日又請，許之，未起師，晉人伐鄭，楚救之，與之盟。勝怒曰：鄭人在此，讎不遠矣。」此正史公所本。蓋勝欲伐鄭，爲父復仇，子西既許而不爲出師，且又救鄭與盟，故移其仇以報子西。所謂好復言而求死士，殆天性使然。使子西不許伐鄭，尚未必至於作亂，況遠修逐父之仇，則無是理也。將弑惠王及子西，將者，未然之詞。惠王注見四卷《寒葅章》。《左氏哀十六年傳》曰：「勝自厲劍，子期之子平見之曰：王孫何自厲也。曰：勝以直聞，不告女，庸爲直乎，將以殺爾父。平以告子西，子西曰：勝如卵，余翼而長之，楚國第，我死，令尹司馬非勝而誰。勝聞之，曰：令尹之狂也，得死，乃非我。子西不悛，勝謂石乞曰：王與二卿士，皆五百人當之，則可矣。乞曰：不可得也。曰：市南有熊宜僚者，若得之，可以當五百人矣。乃從白公而見之，與之言，說；告之故，辤；承之以劍，不動。勝曰：不爲利諂，不爲威惕，不泄人言以求媚者，去之。吳人伐愼，白公敗之，請以戰備獻，許之，遂作亂。秋，七月，殺子西、子期於朝，而劫惠王。子西以袂掩面而死。子期曰：昔者吾以力事君，不可以弗終。抉豫章以殺人而後死。」案：本文所敍，在未舉事之前，易甲名不見經傳，疑卽《左氏》所稱市南熊宜僚也。蓋勝請宜僚爲助，正在將舉事時，與此情事頗合。舊本此下有注云「惠王亦子西之姪，惠王之叔也」，共十二字。此注文勢鄙俚，不可解，蓋用《史記》說，以子西爲平王庶弟，而又有奪文。欲得易甲。舊本有「人姓名」三字注。案：易甲之名，獨不見於《漢表》。《左氏》云：「市南有熊宜僚者，若得之，可以當五百人矣。」（《莊子》紀宜僚事，雖寓言，亦可想見其名之重。）是白公所欲得者，正此人也，其不肯附亂，亦與易甲同，故疑爲一人。《漢表》已有熊宜僚，列五等，故不更登易甲。不然，王子閭、莊善之徒，皆見於表，胡甲之名氏獨付闕如哉。陳士勒兵，陳，列也。士，士卒。勒，部勒也。以示易甲，以威劫之。曰：「與我，無患不富貴；不吾與，則此是也。」劫時示欲殺之之形。此與《呂子》記崔杼劫晏子，本卷陳恒劫子淵接，詞相似。《渚宮舊事》引無此二句，蓋省節其文。易甲笑曰：「吾子嘗言吾義矣，言子嘗稱我爲義也。

《左傳》所謂與之言說者似此。「吾子」二字，各本奪去，不成文義，今據舊鈔本、《渚宮舊事》引補。吾子忘之乎。言豈忘平日推許之言乎。立得天下，不義，吾不取也；立，讀如《孟子》可立而待也之立。言雖立可得天下，苟不合於義，猶不妄取。舊鈔本《舊事》引「取」字作「敢」，句末無「也」字。案：敢乃取字形近之誤。威吾以兵，不義，吾不從也。雖以兵威脅於我，苟其事不義，亦不肯從也。四句申明義之作用，與《左氏》稱不爲利諂不爲威惕之語正合。舊鈔本《舊事》無「也」字。今子將弒子之君，《舊事》「弒」作「殺」，無「子之」二字，句末有「而死」二字，恐誤，疑即下句首「而使」二字音譌，但下句仍有「使」字，則重謬矣。古弒殺同字，說詳二卷《鄒陽章》注。將，亦未然之詞。而使我從子，非吾前義也。非平昔立身之義。《舊事》作「使我從子，非吾義也」，無「而」字「前」字。子雖告我以利，威我以兵，吾不忍爲也，《舊事》不引此三句。子行子之威，則吾亦得明吾義也。子加我以兵，吾盡忠之大義益明。《舊事》作「子行其威，吾行其義，不亦可乎」。逆子以兵，爭也；易甲自言雖不從白公，亦不舉兵伐之，若以兵逆白公，是啟兵爭也。《舊事》「逆」作「遂」，形近而誤。應子以聲，鄙也。《舊事》作「應子以聲爲鄙」。謂雖不從白公，亦不附和其言，及以言論反對之。所謂不洩人言以求媚者，正指此也。甲此言，蓋遜辭自免，以安白公之心。吾聞士立義不爭，行死不鄙。」拱而待兵，顏色不變也。《舊事》無「也」字，下即接敍屈廬事，合爲一條。孫刊本仍分列二則，分者是，但兩本各有相勝處。

7白公勝將弒楚惠王，《後漢書·黃琬傳》注引本書奪「將」字。《史記·楚世家》云：「因劫惠王，置之高府，欲弒之，從者屈固負王亡走昭王夫人宮。」《左氏哀十六年傳》：「石乞謂白公曰：焚庫弒王，不然，不濟。白公曰：弒王不祥。遂不從也。」王出亡。《左氏傳》曰：「白公以王如高府，石乞尹門，圉公陽穴宮，負王，以如昭夫人之宮。」圉公陽卽屈固，惠王從者。令尹司馬皆死，令尹子西、司馬子期也。楚執政中，惟令尹司馬之權最重，故當時每以二職并舉。如《左氏宣四年傳》：「子越爲令尹，己爲司馬。」《哀六年傳》「若禜之，可移於令尹司馬。」《十六年傳》：「令尹司馬，非勝而誰。」又「沈諸梁兼二事，國寧，乃使寧爲令尹，寬爲司馬。」此類甚多。令尹掌國政，司馬主軍政，勝初謀亂，以王與二卿士各分五百人當之，足徵其權力之偉大矣。拔劍而屬之於屈廬，屬，猶著也。《左氏僖二十三年傳》「其左屬櫜鞬」，杜注：「屬，著也。」《儀禮・士冠禮》「屬于缺」，《喪服》傳「條屬」，《既夕》「屬引」，注皆云：「屬，猶著也。」此謂以劍著附其體。屈廬，楚同姓大夫。屈氏，王族，見《節士》注。翁元圻注《困學紀聞》云：「廬亦三閭之賢者。」《渚宮舊事》云：「石乞將盟屈廬，拔劍而屬之。」曰：「子與我，將舍子；子不與我，必殺子。」《舊事》不引此數句。《後漢》注引本書「必」作「將」。《御覽》四百二十一引云：「與我，將捨之；不與我，將殺之。」字亦作「將」，惟「之」字誤。屈廬曰：盧文弨曰：「屈字舊本奪。」案：《後漢》注引有「屈」字，今從盧說補。「《詩》有之，曰：『莫莫葛藟，延于條枚，愷弟君子，求福不回。』今子殺子叔父，而求福於廬也，可乎？惠王及子西、子期，皆勝之叔父，故云。引《詩》義見前。盧文弨曰：「舊本子殺子叔父上，奪《詩》有之曰以下二十一字，又子殺子叔父句，奪下一子字，孫詒穀據《後漢書・黃琬傳》注補。《御覽》四百三十八引同。」案：《渚宮舊事》引亦有此二十一字，觀本文有求福於廬句，則此屬佚文無疑，今從盧、孫說補正。《舊事》「今」字下無「子殺子叔父」五字，有「覆國」二字。《御覽》四百三十八奪「叔」字。《後漢》注引《詩》「藟」作「櫐」，此從《舊事》。「延」字《舊事》作「施」，乃後人據《毛詩》妄改，子政習魯、韓詩，字當作「延」，《後漢》注可證。

盧氏亦引《漢》注作「施」，誤矣，今分別改正。又《列女傳》四、《説苑・修文篇》引《詩》四語，今本亦皆作施。陳喬樅作《三家詩遺説考》，遂分《魯詩》作施，《韓詩》作延。然《吕氏・知分篇》引此詩作延，高誘注：「莫莫，葛藟之貌，延蔓于條枚之上，得其性也，樂易之君子求福，不以邪道干天性，以正直受大福。」高誘用《魯詩》，陳氏已詳言之。而此本文作延，注又有延蔓條枚之上云云，是魯、韓同作延，固無疑義，其作施者，亦後人據《毛詩》改之耳。乃陳氏又云：「齊、魯文雖作施，而亦訓爲延蔓，與韓義同。」（見《韓詩遺説考》十一。）其説自爲矛楯，不知魯、韓皆同作延，初無異處也。

且吾聞之，「且」字「之」字舊本俱奪。盧氏《拾補》云：「孫詒穀據《後漢》注引補，《御覽》四百三十八引同。」今依盧、孫説補。《舊事》「且」字下直接下句，無「吾聞之」三字。《御覽》自「屈盧曰」以下，「且」字以上，删去不引。知命之士，見利不動，臨死不恐；見利不動，所謂進以禮，退以義，得之不得，曰有命也，死合於義，何恐之有。孔子稱見利思義，見危授命者如此。「臨死不恐」，《後漢》注引作「臨死則死」，無下三句。動恐協韵。為人臣者，時生則生，時死則死，因其可之謂時，時當生則生，當死則死，君子居易以俟命，無成心焉，彼偷生畏死者，不之思耳。是謂人臣之禮。死生合乎時世之宜，謂之禮。《論語》曰：「事君能致其身。」《御覽》四百二十一無「人臣」二字。以上三句亦韵。故上知天命，知天命之廢興。《御覽》四百三十八奪此句。下知臣道，知爲臣致身之道。《御覽》四百二十一作「故人知天命，不知人臣之道」，譌謬至不可讀。其有可劫乎，有讀曰又，《後漢》注引無此字。子胡不推之。」胡，何也；推，推刃也。上《崔杼章》云：「直兵將推之。」白公勝乃内其劍。内者，出内本字。《説文・入部》：「内，入也，從冂入，自外而入也。」凡納入字當作内，經典多叚納爲之，納行而内之本義晦矣。今人以内外字爲内之本義，不知此乃引申義，非本義也，所入之處爲内。又《説文・糸部》："納，絲溼納納也，从糸，内聲。"此别一義。"白公勝"，《舊事》作"乞"。（謂石乞。）《後漢》注及《御覽》兩引内字俱作入。

8 **白公勝既殺令尹、司馬，**注見上《易甲章》。**欲立王子閭爲王，**子閭，昭王兄，名啟，字閭。《左傳》注："閭，平王子啟，五辟王者。"《漢表》作公子閭，列四等。（此依馬驌《繹史》本，各本誤閭爲闔。錢大昕、梁玉繩俱云：即公子閭。）王引之《春秋名字解詁》云："《説文》：閭，里門也。名啟，字閭，取啟門之義。王氏南陔曰：啟與閭皆行陳之名，《左氏襄二十三年傳》言齊侯伐衛，其軍有啟有胠，孔疏以左翼曰啟爲賈逵説。《周書・武順篇》：一卒居前曰開，一卒居後曰敦，左右一卒曰閭。孔晁注：開猶啟，皆陳名。"案：二説皆通，故王氏並存之。《墨子・魯問篇》云："孟山譽王子閭曰：昔白公之禍，執王子閭，斧鉞鉤要，直兵當心，謂之曰：爲王則生，不爲王則死。王子閭曰：何其侮我也，殺我親而喜我以楚國，我得天下而不義，不爲也，又況於楚國乎。遂而不爲。王子閭豈不仁哉。子墨子曰：難則難矣，然而未仁也。若以王爲無道，則何故不受而治也；若以白公爲不義，何故不受王，誅白公然而反王。故曰：難則難矣，然而未仁也。"案：白公與兵造亂，閭豈肯受其擁戴，若然，是先陷於不義，爲張邦昌矣，墨説殊非。《左氏哀十七年傳》及《渚宫舊事》俱無"王"字，《御覽》四百三十八引本書、四百二十一引《説苑》均有。其稱《説苑》，疑卽本書之誤題耳，今《説苑》不載此事。《御覽》引二書，多互誤標題，説詳二卷《梁君射鴈章》及六卷《宛春章》注中，兹不贅。**王子閭不肯，劫之以刃。**《左傳》曰："白公欲以子閭爲王，子閭不可，遂劫以兵。子閭曰：王孫若安靖楚國，匡正王室，而後庇焉，啟之願也，敢不聽從；若將專利以傾王室，不顧楚國，有死不能。遂殺之，而以王如高府。"所敍與本文畧同。以上數句，《舊事》括作"王孫勝立子閭，子閭不肯，劫之以刃」，無「王」字。《御覽》及《後漢書・皇甫嵩、朱儁傳論》注引有。王子閭曰：《左氏傳》無「王」字。《舊事》引止作「閭曰」。《御覽》、《後漢》注引與本文同。「王孫輔相楚國，《左傳》作「王孫若安靖楚國」。匡正王室，匡亦正也。時楚僭號稱王，此王室謂楚也。《御覽》引「匡」作「扶」，蓋宋人避宋藝祖諱改之。而后自庇焉，自，王子閭自謂也。庇，覆也。《左傳》及《舊事》引俱無「自」字。《御覽》引「自」作「嗣」，無「而」字。案：作嗣者聲之誤。「后」，《左傳》作「後」，古字通。啟之願也。「啟」，各本俱作「閭」，《舊事》引作「啟」，與《左傳》同，是也。啟，子閭之名，此處合稱名，今據改正。但字本作启，启，開也，經典多叚啟爲之。名启字閭，義正相應。《左傳》此下有「敢不聽從」一句。今子假威以暴王室，假借兵威，以逞暴行於王室。殺伐以亂國家，肆行殺伐，爲亂於國家。吾雖死，不子從也。」不肯惟子是從也。《左傳》作「若將專利以傾王室，不顧楚國，有死不能」。《舊事》無「子也」二字。白公勝曰：「楚國之重，天下無有，天下所尊重，無出其右也。此重字讀若《戰國・秦策》「使趙大重」，又《史記・蘇秦傳》「秦願攻魏重楚」，《索隱》：「重，尊也。」義皆同。天以與子，子何不受也。」子閭曾五辭王位，衆望所歸，故白公欲立之，以維繫人心，而掩其作亂之罪，非有愛於閭也。叚閭果從其言，不過如高貴鄉公、魏孝靜帝之虛擁尊號，政令所出仍在白公之手，安能受王而誅白公，如壘氏所云邪。（壘説引見前。）及閭不從而遂殺之，亦惡其不成己志耳。不然，何於屈廬、宜僚則舍之，於閭則必殺之哉。天與云云，意謂民心所附，卽天意所歸，其志昭然可見。也邪通用字。王子閭曰：《舊事》引無上二字。「吾聞辭天下者，非輕其利也，欲以明其德也；各本無「欲」字，據《舊事》引增。《舊事》「德」下無「也」字。不爲諸侯者，《舊事》無「者」字。非惡其位也，《後漢》注及《舊事》引俱無「也」字。欲以絜其行也。「欲」字據《舊事》增。《舊事》句末無「也」字。「絜」，各本作「潔」。盧文弨曰：「作潔者非。」案：潔俗字，當作絜，詳三卷《樂毅書》注。《後漢》注、《舊事》引亦作潔，宋本作絜尚不誤，今依宋本。今吾見國而忘主，見得國之利，忘舊主之恩。《御覽》四百二十一引《説苑》於「劫之以刃，王子閭曰」下，即接此句，無「今吾」二字，「國」下有「滅」字，「主」作「王」，皆誤。《舊事》亦無「今吾」二字。舊鈔本「忘」作「亡」，非。《後漢》注不引此下四句。子閭實未許爲王，今吾者設然之詞。不仁也；此答上「楚國之重，天下無有」二句。《淮南·繆稱訓》云：「王子閭張掖而受刃，不以所託害所歸也。」孔子曰：「志士仁人，無求生以害仁，有殺身以成仁。」孟子曰：「行一不義，殺一不辜，而得天下，不爲也。」閭之行，庶幾殺身成仁者，而墨子猶靳其爲仁何哉。《舊事》及《御覽》引句末無「也」字，下同。劫白刃而失義，不勇也。義本在我，畏白刃而失其守，是無勇也。孔子曰：「勇者不懼。」《舊事》、《御覽》引無「也」字。《御覽》四百二十一引《説苑》此下始作「吾雖死，不子從也」二句。子雖告我以利，威我以兵，《後漢》注「子」上有「今」字。吾不爲也。」白公彊之，《舊事》作「勝彊之」。舊鈔本「勝」又譌「遂」，與下句複。不可，子閭不可。遂殺之。《御覽》引《説苑》作「遂縊而殺之」。葉公子高率衆誅白公，葉公注見四卷。各本奪「子」字，據《後漢》注引補。子高，葉公字。又《後漢》注「衆」上有「楚」字，下有「以」字。《左氏傳》曰：「葉公亦至，及北門，或遇之曰：君胡不胄，國人望君如望慈父母焉，盜賊之矢若傷君，是絶民望也，若之何不胄。乃胄而進，又遇一人曰：君胡胄，國人望君，如望歲焉，日日以幾，若見君面，是得艾也，民知不死，其亦夫有奮心，猶將旌君以徇於國，而又掩面以絶民望，不亦甚乎。乃免胄而進，遇箴尹固帥其屬，將與白公。子高曰：微二子者，楚不國矣，棄德從賊，其可保乎。乃從葉公，使與國人以攻白公，白公奔山而縊。」《淮南子·道應訓》云：「白公勝得荆國，不能以府庫分人，七日，石乞曰：不義得之，又不能布施，患必至矣，不若焚之，毋令人害我。白公弗聽也。九日，葉公入，乃發太府之貨以予衆，出高庫之兵以賦民，因而攻之。十有九日而擒白公。」案《淮南》所言，可補史傳之畧。《左傳》亦云：「石乞曰：焚庫弒王，不然，不濟。白公曰：不可，殺王不祥，焚庫無聚，將何以守矣。乞曰：有楚國而治其民，以敬事神，可以得祥，且有聚矣，何患。弗從。葉公在蔡，方城之外，皆曰：可以入矣。子高曰：吾聞之，以險徼幸者，其求無饜，偏重必離，聞其殺齊管脩也，而後入。」此所敍即《淮南》石乞勸焚庫之事。又《左傳》「使與國人以攻白公」，陸氏釋文本與作興，云：「一本作使興，興謂興廢也。」案：作興者是，與國人，即所謂率楚衆以攻白公也。此興字當訓起，讀若《詩·秦風》「王子興師」之興，陸以興廢説之，誤矣。白公死事，諸書互異，見《易甲章》注。案：《呂氏》注云：「法室，司寇也。」《淮南》注：「楚殺白公於浴室之地。」與《呂》注異。（浴室是地名，另注云澡浴之室，亦非。）《淮南》注出許慎，是也。《左傳》曰：「白公奔山而縊，其徒微之，生拘石乞，而問白公之死焉。對曰：余知其死所，而長者使余勿言。曰：不言將亨。乞曰：此事也，克則爲卿，不克則亨，固其所也，何害。乃亨石乞。」夫云奔山，則非司寇用法之地，且白公死所，當時尚未之知，而謂其定罪於司敗，無是理也。《呂書》法字當是浴之誤。**而反惠王於國。**迎之復位也。《楚世家》云：「會葉公來救，惠王之徒共攻白公，殺之，惠王乃復位。」案：《左氏》、《史記》俱云惠王亡走昭夫人宫，則固猶在境内，而此云反國者，謂迎反惠王復掌楚國之政爾。

9 **白公之難，楚人有莊善者，**盧文弨曰：「《渚宫舊事》注引《新序》作莊義之。」案：《舊事》原注云：「《韓詩外傳》云莊之善，《新序》作莊義之。」今《新序》各本皆作「莊善」，《御覽》四百六十九引本書同，無作「義之」者，而《外傳》一又作「仕之善」，兩書文皆不同。疑莊省作壯，又譌爲仕，義乃善之誤，此人姓莊名善，加之字於中，以便稱謂，古人名多如此，又誤倒作義之耳。《舊事》引《外傳》尚作莊，而《御覽》四百二十一引本書、四百二十九引《外傳》作壯，此莊省爲壯之證。陳喬樅曰：「《漢書·人表》有嚴善，列中中第五等，即《外傳》之莊之善，避明帝諱，改莊爲嚴也。《新序》正作莊善，無之字，俗本《外傳》作仕之善。蓋古莊壯通用，（案：《隸釋·嚴訢碑》楚莊王作楚壯王。）因譌壯爲仕。《渚宮舊事》注引《新序》作莊義，義又善之譌字。」案：陳説皆是。惟引《舊事》注奪「之」字，又原注引《外傳》作「莊之善」，陳不一及，則似僅從它書轉引，未見原注者，未免小誤。趙本《外傳》改作「莊之善」。辭其母，將往死之。《外傳》作「辭其母，將死君」，《舊事》同。孫本注《舊事》文本《新序》。案：舊事此條，與《新序》多異，蓋采《外傳》也。其母曰：《御覽》四百二十一引奪「將往死之其母」共六字，四百六十九引與此同。「棄其親而死其君，可謂義乎？」《外傳》作「棄母而死君，可乎」。《舊事》同，但「親」下無「而」字。莊善曰：「吾聞事君者，《外傳》、《舊事》俱無「而」字，疑奪。內其祿而外其身。內讀如出內之內，與外字對，內外字義由此引申。古讀出內字與內外字音同，蓋古無發聲之例，一字數義者，多讀爲一音。如《離騷經》「好蔽美而稱惡」，惡音烏路反，與寤古等爲韵，而仍與美對文是也。此其説錢大昕、盧文弨諸人論之詳矣。今所以養母者，君之祿也，《御覽》四百二十一「也」作「而」，屬下句讀；四百六十九「君」作「臣」，字之誤也。古時食人之祿者死人之事，臣之於君，士之於友，一也。故信陵君欲以食客死秦軍，灌夫與從奴赴吳楚軍，皆其平日所豢養者也。後世則惟臣之於君，有致死之義，而又昧其所由然，至死友之風，則革絶久矣。觀灌夫與所善願從者數十人馳入吳軍，及壁門，莫敢前，而從奴則無一人還者，可見此事，人人視爲天經地義，不敢有異義也。自漢世禁止游俠，而其風始息。（信陵以客赴秦軍，欲與俱死，此事若在後世，必不能行矣。）此古今風俗之異，蓋專制之主，惡其不利於己，故禁絶之。予著《意林堂日記》論此甚詳。《外傳》「今」下有「之」字。身安得無死乎。」《御覽》四百二十一句首有「而」字，四百六十九句末無「乎」字。遂辭而行。《外傳》無此二句，止作「請往死之」，接「君之禄也」句下。《舊事》同。足徵其采自《外傳》。比之公門，公門，諸侯之外朝也。戴氏震《三朝三門考》云：「天子之室，有皋門，有應門，有路門；諸侯之室，有庫門，有雉門，有路門。皋門天子外門，庫門諸侯外門，應門天子中門，雉門諸侯中門，異其名，殊其制，辨等威也。」潘氏維城《論語古注集箋》云：「陳奂《詩疏》據《周禮·閽人、朝士》鄭司農注：王有五門，外曰皋門，二曰雉門，三曰庫門，四曰應門，五曰路門，路門一曰畢門。廣援經傳，以證天子之有庫雉，而諸侯之有皋應未及也。維城案：《書·大傳》云：諸侯之宫，三門三朝，其外曰皋門，次曰應門，又次曰路門；其皋門内曰外朝，應門内曰内朝，路門内曰路寢之朝。則諸侯當有皋應而無庫雉。而《禮記·明堂位》云：庫門天子皋門，雉門天子應門。此記皆言魯制，則魯所謂庫雉者，其卽它國之皋應，而如天子皋應之制與；其以制如天子皋應，故獨謂之庫雉，以避嫌與；其以皋門内爲内朝，則猶以庫門内爲外朝，誤甚。」案：外朝在庫門外，洪頤煊《禮經宫室荅問》言之郅詳，兹不覼縷。潘氏引《書·大傳》文，謂諸侯有皋應，無庫雉，此今文經師舊説，實不足據。《周禮·秋官·朝士》注引《明堂位》説「魯公宫曰：庫門天子皋門，雉門天子應門。言魯用天子之禮，所名曰庫門者，如天子皋門；所名曰雉門者，如天子應門。則魯無皋門應門矣。」詳鄭此注，亦似謂魯用天子禮，而本爲諸侯，故雖儗其制，猶不敢襲其名。云「則魯無皋門應門矣」者，見魯且無，則它諸侯可知。然《毛詩·緜篇》云：「迺立皋門，皋門有伉；迺立應門，應門將將。」傳云：「王之郭曰皋門，王之正門曰應門。」鄭箋則云：「諸侯之宫外曰皋門，朝門曰應門，內有路門，天子之宮，加以庫雉。」此從今文說，與毛傳及《朝士》注不同。依毛說，則諸侯不得有皋門應門也。《詩疏》引《襄十七年左傳》「宋人稱皋門之晳」，證諸侯有皋門之義；又引《家語》「衞莊公易朝市，孔子曰：繹之於庫門之內，失之矣。」魯以周公立庫門，而衞亦有庫門者。《家語》言多不經，未可據信。或以康叔賢，亦蒙褒賞故也。案劉敞云：「《明堂位》言魯用王禮，故門同王門，其制雖同，而名不同，皋應非諸侯門也。《春秋》曰雉門及兩觀災；子家曰：設兩觀，乘大路，諸侯之僭禮也。譏兩觀不譏雉門，雉門者諸侯之禮，兩觀者天子之禮也。」戴氏震、焦氏循說略同。據此，則諸侯三門，當有庫雉，無皋應。《左傳》「皋門之晳」，杜本作澤門，陸氏《釋文》並斥作皋者爲誤，孔氏據以申鄭，非矣。《家語》雖僞書，不足信，然《禮記・郊特牲》亦引孔子言：「繹之於庫門內，失之矣。」此諸侯有庫門之證，孔氏豈忘之邪。若天子五門，兼有庫雉，孔廣森引《郊特牲》王之郊獻命庫門之內，《周書・作雒》亦有應門庫臺；孫詒讓據《御覽・禮儀部》引《周書》逸文說明堂制，亦有庫門雉門，其說雖與《匠人》不合，然可證天子本有庫雉二門。（《周禮正義》卷十四。）其說皆確當不易。公門本通外門中門言之，此「公門」《外傳》作「朝」，《舊事》同。朝者外朝，在庫門之外，惟公門爲外朝，故亦稱朝也。三廢車中。《史記・淮陰侯傳》「千人皆廢」，《索隱》引孟康曰：「廢，伏也。」張晏曰：「廢，偃也。」伏與偃，皆震越失次之貌。三廢，言其數也，狀恐懼之甚。其僕曰：「子懼矣？」矣猶乎也，詳《經傳釋詞》。此句是僕人問詞，不當作常解。曰：「懼」。答僕人之詞。「既懼，何不返？」僕人再問也。《外傳》作「其僕曰：子懼，何不反也」。《舊事》作「子懼，可速返」。（舊鈔本返作迴，非。）《御覽》四百二十一作「其僕曰：子懼矣。曰懼。則何不反乎」。隱括本文引之。莊善曰：「懼者，吾私也；《外傳》無「者」字，《舊事》同。死義，吾公也。食焉不避其難，是義之事也。《外傳》「死義」作「死君」，《舊事》及《御覽》四百二十一引本書同，四百六十九仍作「死義」。又「吾公也」，《御覽》兩引俱作「公義也」。吾聞君子不以私害公。」《舊事》無上二字。此「吾」字《外傳》有，本書各本皆奪，與上文「吾聞」句相反。實則兩處皆當有，兩書皆有脱，今據《外傳》補正。《御覽》兩引本書，並有「吾」字，可證也。宋本亦奪此字。及公門，及，至也。此方云至，故上文比爲近，若上已云及，則其僕不得言返，此句亦犯複矣。《御覽》四百六十九作「遂至公門」。《外傳》、《舊事》、《御覽》四百二十一俱無此句。刎頸而死。《外傳》作「遂死之」。《舊事》作「遂往死之」。《御覽》四百二十一作「遂刎頸而死」，刎古借歾爲之，刎新附字。君子曰：「好義乎哉。」《外傳》作「君子聞之曰，好義哉，必濟矣夫。《詩》曰：深則厲，淺則揭。此之謂也」。本書蓋括引其語。乎猶矣也，二字互訓，王氏《釋詞》乎下失收此訓。

10齊崔杼弑莊公也，事見《節士卷》注中。有陳不占者，陳不占，齊大夫。《漢表》列四等。《御覽》四百九十九引《韓詩外傳》有此事，與此章所叙畧同，而今本《外傳》無之，蓋脱佚久矣。《御覽》「不占」下有「東觀漁者」四字，似不占爲漁者之名。《孟子·離婁篇》「有不虞之譽，有求全之毁」，趙注云：「若陳不瞻（俗作贍。）將赴君難，聞金鼓之聲失氣而死，可謂欲求全其節，而反有怯弱之毁者也。」字又作瞻，焦循曰：「《廣雅·釋言》曰：占，瞻也。占與瞻古通，《襄公二十五年左傳》曰：崔杼之難，申蒯侍漁者，退，謂其宰曰：爾以帑免，我將死。其宰曰：免，是反子之義也。與之偕死。杜預注謂侍漁爲監取魚之官。侍之言寺也，寺之言司也，侍漁即司漁，即所謂東觀漁者。申陳音近，申蒯蓋即陳不占。占之爲蒯，猶覘之爲窺。周秦人姓氏，往往記録有異同，以聲音求之，尚可仿佛耳。」以上焦説。俞氏樾《楚辭人名考》陳不占下亦暗引之。近人章氏《劉子政左氏說》云：「申蒯即邢蒯，曰邢蒯瞶者，蒯瞶疊韻爲名，本可單舉。《韓詩外傳》作荆蒯芮，荆即邢之誤，蒯芮亦疊韻。《說苑》之邢蒯瞶，即襄二十一年之邢蒯。彼云知起、中行喜、州綽、邢蒯出奔齊，故蒯後爲齊臣。申邢異者，邢蒯當是申公巫臣之子。《成二年傳》：巫臣奔晉，晉人使爲邢大夫，故其子謂之邢侯。明邢蒯亦其子姓也。若然，《襄二十一年傳》云：邢蒯，欒氏之黨也。而子政賢之者，邢蒯奔齊，在欒盈奔楚後，入曲沃前，是時盈尚非叛臣，特范氏以讒逐之耳，雖黨欒氏，無損於義也。至《外傳》又云：崔杼弒莊公，陳不占東觀漁者，聞君難，將往死之。（案：此從《御覽》轉引，章氏未注明。）此又別生枝節，分一人爲二。西漢今文諸師，疏於史傳，每多此誤，蓋自六國已然矣。」以上章說。案：焦氏謂申蒯即陳不瞻，章氏則並謂申蒯即邢蒯，又稱邢蒯瞶亦即陳不占，其分爲二名，由今文經師疏於史傳之故。是二說皆有可疑，謂不占爲即申蒯，徒以《左氏》有申蒯侍漁者之文，而《御覽》引《外傳》，又適有東觀漁者一語，且申陳音又近故耳。然《漢表》有申蒯，又有陳不占，且二人同列四等，並在一處，則其同時而非一人可知。藉謂《漢表》多重複，而《御覽》引《外傳》今本雖佚，但《外傳》別有荆蒯芮事，荆蒯芮即邢蒯瞶，亦即申蒯，其所敍與陳不占不同，是韓君必不以不占爲即申蒯也。《御覽》三百六十九、四百一十七、四百三十八各卷引《新序》，謂崔杼弒莊公，申蒯漁於海而後至，將死之，至門，勿内，乃斷左臂以示，杼令其入，蒯拔劍呼天，鬥而死。此條今本《新序》佚去，（他類書尚多引之。）中壘原本必有之。叚不占與蒯本爲一人，中壘不必分敍兩事，是劉君亦不以不占爲即申蒯也。且不占無勇，至於餐則失匕，上車失軾，聞戰鬥之聲，恐駭而死，豈能斷臂示杼，拔劍決鬥。一人之身，前後勇怯相異如此，是不占非蒯，已無疑義。《御覽》東觀漁者之稱，偶合《左氏》，或當時司漁之官，非止一人故耳。章氏謂申蒯即邢蒯，又作邢蒯瞶，其說似矣。又云《外傳》作荆蒯芮，荆乃邢之誤，其作陳不占，是分一人爲二名，今文經師疏於史傳，則誤與焦氏等，且又甚焉。邢荆古字通用，故《外傳》九之荆伯柳，《韓非·外儲説左》作邢伯柳；《外傳》之荆蒯芮，《説苑·立節》作邢蒯聵，此外散見傳記，通叚者甚多。（參九卷《黄歇章》注。）章氏以作荆爲誤，失之不考。至邢蒯本欒氏力臣。《左傳》「欒王鮒謂宣子曰：盍反州綽、邢蒯，勇士也。」（襄二十一年。）以州綽之勇，蒯與並稱，其鷙猛可知，豈有失匕失軾之人，可擬爲一人者。章氏謂蒯爲巫臣之子，説殊武斷，蒯已奔齊，何又別有邢侯，豈非矛楯不能自圓其説乎。總而論之，申蒯與邢蒯聵之爲一人，雖無確據，而音近字通，大要可信。至不占與蒯之非一人，則不叚取證《漢表》，但即《外傳》、《新序》兩書驗之，有以知其決然者也。（《文選·長笛賦》蒯聵能退敵，不占成節鄂二句分列，亦明以爲二人。）至段玉裁謂「不占卽《左氏傳》之陳書。《哀十一年傳》曰：爲郊戰故，公會吴子伐齊，陳僖子謂其弟書：爾死，我必得志。將戰，陳書曰：此行也，吾聞鼓而已，不聞金矣。甲戌，戰于艾陵，大敗齊師，獲陳書。考陳書字子占，占瞻同音，《新序》作陳不占，趙注作不瞻，三書同記此事，《左傳》聞鼓不聞金，如其言而死。邠卿云：聞金鼓之聲，采自它書，不明晢。《新序》與趙注合，但謂齊莊見弒時誤耳。《正義》謂《史記》之文，非也。（案：今《史記》不載此事，《正義》誤記耳。）又《文選·長笛賦》不占成節鄂，李善注引《韓詩外傳》云：不占，陳不占，齊人。崔杼弒莊公，陳不占聞君有難，將往赴之，食則失哺，上車失軾，其僕曰：敵在數百里外，而懼如是，往其益乎。不占曰：死君之難，義也，無勇，私也。乃驅車而奔之，聞鼓戰之聲，遂駭而死。君子謂不占無勇而能行義，可謂志士矣。今《外傳》無此文，李所引與《新序》大同。《漢表》有陳不占，在中上。錢竹汀引此李注，而不知卽《左傳》陳書也。然班氏以與申蒯爲伍，亦謂齊莊時，班氏雜采舊籍，非必典要。」（《經韵樓集·補孟子疏》一則。）案：段氏疑不占卽陳書，因書字子占，又有聞鼓不聞金一言，載在《左氏傳》，與趙注聞金鼓之聲失氣而死說，足相景射，遂定爲一人，亦未有確證。且《漢表》以不占與祝佗父、申蒯並列，以爲同時人，段氏既已知之，不得謂班固雜采舊籍，遂斥爲不盡典要也。聞鼓不聞金之語，千載下讀之，猶有生氣，非無勇如不占者所能道，則段氏之說亦非也。《楚辭·九嘆》注以不占爲齊臣，未詳及其時代。胡氏紹煐《文選箋證》主焦氏說，固考之未審。而謂莊公之難，在襄公二十五年，至哀公十一年，相隔八九十年，恐非即陳書，以駁段説，則甚有見。要之此事《左氏》不載，自當出於古史之流傳，不必牽合傅會，以習見之人擬之，讀者各就本書解之，可矣。（案：《漢表》別有邢蒯，與申蒯同時，是亦以爲二人，兹姑從焦、章説。）本書此文，蓋即采之《外傳》。

聞君難，將赴之。《御覽》引《外傳》作「聞君有難，將往死之」。《文選》注「死」作「赴」，與本書同。**比去，**比，及也。《選》注、《御覽》引《外傳》無此二字。**餐則失匕，**匕，今之飯匙也。《説文·匕部》：「匕，相與比較也，从反人，匕亦所以用比取飯，一名柶。」段玉裁注云：「以者，用也，用字衍；下比字當作匕。漢人曰匕黍稷、匕牲體，凡用匕曰匕也。匕即今飯匙，《少牢饋食禮》注所謂飯橾也。《少牢饋食禮》廩人概甑甗匕與敦，注曰：匕，所以匕黍稷者也。此亦即飯匕。案禮經匕有二，匕飯、匕黍稷之匕蓋小，經不多見；其所以別出牲體之匕，十七篇中屢見。喪用桑爲之，祭用棘爲之，又有名疏、名挑之別。蓋大如飯匙，其形製畧如飯匙，故亦名匕。鄭所云有淺斗狀如飯橾者也。以之別出牲體，謂之匕載，猶取黍稷謂之匕黍稷也。匕牲之匕，《易》、《詩》亦皆作匕，《大東》傳、《震卦》注皆云：匕，所以載鼎實。是也。《禮記·雜記》乃作枇，本亦作朼。鄭注《特牲》引之，而曰朼畢同材，曰朼載。蓋古經作匕，漢人或作朼，非器名作匕，匕載作朼，以此分別也。若《士喪禮》、《士虞禮》、《特牲》、《有司篇》，匕載字皆作朼，乃淺人所改。鄭注《易》亦云匕牲體薦鬯，未嘗作枇牲體也。注中容有木旁之朼，經中必無，劉昌宗分别，非是。《木部》曰：「禮有柶，柶，匙也，所以取飯。」案《方言》：「匕，謂之匙。」蘇林注《漢書》北方人名匕曰匙，釋玄應《一切經音義》匕或謂之匙也。」案：段注甚詳明。失匕者，心懼不在餐，以至失之，言懼甚。上車失軾。《御覽》引《外傳》作「食則失哺，上車失軾」，《文選》注引同。失軾者，廢於車前，恐懼之至也。《説文·車部》：「軾，車前也，从車，式聲。」經傳多叚式爲之。其制詳下《芊尹文章》注。御者曰：御者，僕人也。「怯如是，去有益乎？」《御覽》引《外傳》作「僕曰，敵在數百里外，今食則失哺，上車失軾，雖往，其有益乎」。《文選》注引作「敵在數百里外，而懼怖如是，雖往，其益乎」。均較本文稍詳。不占曰：「死君，義也；食其禄者死其事，故曰義也。《文選》注作「死君之難」。無勇，私也。怯懦生于天性，是一人之私畏。不以私害公。」《選》注、《御覽》引《外傳》並無此句。害，妨害。遂往，聞戰鬭之聲，恐駭而死。《御覽》引《外傳》云：「遂驅車，比至門，聞鼓鍾之音，鬥戰之聲，遂駭而死。」《文選》注引作「乃驅車而奔之，至公門之外，聞鼓戰之聲，遂駭而死」。《孟子》注作「聞金鼓之聲，失氣而死」。「鬭」當作「鬥」。人曰：「不占可謂仁者之勇也。」人曰，述前人之言也。《論語·憲問篇》：「孔子曰：仁者必有勇，勇者不必有仁。」不占以仁行其勇，故曰仁者之勇，言與血氣之剛異也。《御覽》引《外傳》作「君子聞之曰：陳不占可謂志士矣，無勇而能行義，天下鮮矣」。《選》注引作「君子謂不占無勇而能行義，可謂志士矣」。李慈銘曰：「此條本之《外傳》，今《外傳》無此文。《太平御覽》卷四百九十九引之，而文加詳。其下斷語，皆與人爲善之辭，不責難，不求備，中材以下，可以勉爲也。西漢諸儒所謂微言大義，此等最有關於世道人心。」（《荀學齋日記》己集下。）案：玩趙注《孟子》反有怯弱之毁云云，是不占之死，漢儒必有爲深刻之論者，故李氏云爾。子政以仁者之勇許之，較《外傳》更進一解，與上《莊善章》斷語，俱詞簡意深，不可畧過。所謂義勇者如此，非徒恃血氣之剛者可比也。

11 知伯囂之時，知伯囂，未詳其人。孫詒讓曰：「知伯名瑶，不名囂。疑當作嚻，《説文·㗊部》：嚻從㗊，頁聲與寬聲類同。《史記·六國年表》秦厲共公二十九年，晉大夫智寬率其邑人來奔。蓋智瑶既亡，其子姓尚有據邑以叛者，智伯嚻當卽智寬。據《史表》，則寬奔秦，未嘗見殺，劉所述，或傳聞之誤。」案：《御覽》四百一十八引此文，止作知伯之時，無囂字，囂瑶音相近，或卽瑶之誤文耳。孫説未必確，因此文明云知伯之死，則是瑶，非寬也。有士曰長兒子魚，長兒子魚亦未詳。絶知伯而去之。絶，絶交。三年，將東之越，古者去國三年不反，則收其田里。言三年者，見去國之久也。「越」，《御覽》作「魯」，是。越在晉東南，非東也，且適越不但乘車而已，故知然。而道聞知伯囂之死也，中道聞其死。《御覽》作「而道聞知伯死」。謂御曰：「還車反，旋車反故處。吾將死之。」御曰：「夫子絶知伯而去之，三年矣。三年，情之終極，故喪禮止三年。御者之問，蓋亦以此爲重也。今反死之，是絶屬無別也。」屬，續也，與絶對，或作屬從義，亦通。無別，謂無以異。長兒子魚曰：「不然。吾聞仁者無餘愛，有愛於人，稱情以報，故無所餘也。無餘屬己言。自「謂御曰」以下至此句，《御覽》俱不引，有奪文無疑。忠臣無餘禄。報國之分，逾於禄所施，是謂無餘禄。吾聞知伯之死，而動吾心，有不忍之心。《御覽》引無「之」字。餘禄之加於我者，《御覽》引無「之」字「者」字。至今尚存，言尚懷受禄之恩，未盡報也。夫子魚之可不死者三：先絶，一也；去國三年，二也；越境，三也。乃以天良之不忍，驅而往死其事，其行義尤高出尋常。數言精義入神，足補經傳所未及。東晉古文《仲虺之誥》曰：「以義制事，以禮制心，其庶幾焉。」此真所謂義勇者也。吾將往依之。」《御覽》作「將往吾佐之」。

案：「依」當作「佐」，此誤。惟《御覽》「吾」字倒在「將往」下，亦非。遂反而死。句首「遂」字，各本奪，文義不完，今據《御覽》引補。「反」下疑有奪文，或是鬥字。

12衛懿公有臣曰弘演，懿公，惠公子，名赤。《論衡・儒增》作「哀公」，古哀讀如依，與懿聲近，在位九年。謚法：溫柔聖善曰懿。《漢表》列八等。「弘演」，《韓詩外傳》七一本作「洪演」，《漢表》作「弘夤」，列三等。《呂氏春秋・忠廉篇》注云：「演，讀如胤子之胤。」事散見《淮南・繆稱訓》、《論衡・儒增》、《南齊書・張敬兒傳》、《水經・濟水注》，皆作「弘演」。（王氏合刊《水經注》本避諱作宏演。）弘洪、演夤胤，皆古通用字。遠使未還。奉懿公命，出使於外也。《呂氏》作「有所於使」。《外傳》作「受命而使未反」。此文用《呂氏・忠廉篇》。狄人攻衛，《呂書》「狄」作「翟」，下並同。狄翟古通用。《外傳》句首有「而」字。其民曰：「君之所與祿位者鶴也，所富貴者宮人也，君使宮人與鶴戰，余焉能戰。」《呂氏》作「君之所予位祿者鶴也，所貴富者宮人也」。予，施予本字；與，通借字。《外傳》作「君之所貴而有祿位者鶴也，所愛者宮人也，亦使鶴與宮人戰，余安能戰」。《賈子新書・春秋篇》作「士民曰：君亦使君之貴優，將君之愛鶴，以爲君戰矣，我儕棄人也，安能守戰」。文異而意畧同。下「君」字宋刊本作「召」，《呂氏》作「君」，此文本《呂氏》，作召者形近而誤耳，今改正。《左氏閔二年傳》曰：「冬十二月，狄人伐衛，衛懿公好鶴，鶴有乘軒者。將戰，國人受甲者皆曰：使鶴，鶴實有祿位，余焉能戰。」《史記・衛世家》曰：「懿公卽位，好鸖，（鸖，鶴之俗字。）淫樂奢侈。翟伐衛，懿公欲發兵，或畔。大臣言曰：君好鸖，鸖可令擊翟。翟於是遂入，殺懿公。懿公之立也，百姓大臣皆不服，自惠公朔之讒殺太子伋代立，至於懿公，常欲敗之，卒滅惠公之後，而更立黔牟之弟昭伯頑之子申爲君，是爲戴公。」以上敍衛亂始末事尤詳盡。蓋懿公之死，遠因於惠公之譖殺伋壽，爲國人所不直，近因則懿公淫樂奢侈，内作色荒，外作禽荒，以至人心皆叛。諸事所載，均無異辭，惟《史記正義》云：《括地志》：「故鶴城在滑州匡城縣西南十五里。《左傳》云：衛懿公好鶴，有乘軒者，狄伐衛，公欲戰，國人受甲者皆曰：使鶴，鶴實有禄位，余焉能戰。俗傳懿公養鶴於此城，因名也。」此以鶴爲地名，不過謂因懿公養鶴於此，遂以名其城，引今地以證古事耳，非謂《左氏》、《史記》之鶴，當作地名解也。乃王氏端履箸《重論文齋隨筆》，誤讀《正義》，謂「鶴乃地名，非鳥名。春秋時禄位，皆世臣公族受之，懿公好鶴邑之人，而與之禄位，有仕至大夫者，故曰鶴有乘軒。傳文以國人與鶴相對，言無事則以禄位與鶴，有事則以甲授國人。況鶴有禄位，則可以戰，國人無禄位，則不能戰，曰鶴實有禄位，余焉能戰，所以申明使鶴之故也。懿公所好，皆嬖倖左右之人，平日本不知兵，臨事恇怯，委之國人，國人久無禄位，無兵柄，故不能戰也。當時國人爲大夫者，止石祁子、甯莊子，故與之玦與矢，而使守，下渠孔子伯、黄夷、孔嬰齊諸人，想即鶴人，故致敗績。杜於鶴無注，《正義》以鳥釋之，失其旨矣」等語。又云：「《史記正義》言俗傳懿公養鶴於此城，因名，則望文生義矣。」又云：「《新序》其民曰：「君之所與禄位者鶴也，所富者宫人也。」宫人與鶴對文，正是外嬖之屬。《吕覽·忠廉篇》同。」以上王氏説，謬誤武斷，不經之尤。夫好鶴邑之人，而省其語曰好鶴，於文爲不詞；獨好鶴邑之人，於理爲不順；又一邑人甚多，豈能徧好，若以少數而冒稱一邑，斯不通之論也。且杜征南精於地理，鶴果是邑名，豈宜闕而不注。藉謂好鶴而至乘軒，近於兒戲，宜不足信，然惟其兒戲，是以亡國。前記所載官蛙給廩，與愛鶴乘軒，事正相類，（晉惠帝事，見《晉書》。）不可遽斷爲虚造也。況《春秋左氏》學在漢儒傳之最先者，莫若賈誼，《賈子·春秋篇》云：「衛懿公喜鶴，鶴有飾以文繡而乘軒者，賦斂繁多，而不顧其民，貴優而輕大臣，羣臣或諫，則面叱之。」又云：

「故賢主不以草木禽獸妨害人民，進忠正而遠邪僞，故民順附，而臣下爲用，今釋人民而愛鳥獸，遠忠道而貴優笑，反甚矣」等語。夫曰飾以文繡，則是物非人可知；荒禽者必至横征暴斂，如唐代五坊之虐政，故有賦斂繁多之説。至云不以草木鳥獸妨害人民，今釋人民而愛鳥獸，則是謂鶴爲鳥名，尤爲明顯。王氏何得鑿空立説，盡翻舊解邪。又既據《史記正義》，則宜篤信其説。案《正義》云「俗傳懿公養鶴於此城，因名也」，可備一説。乃王氏於《正義》原文，强生分别，獨取其以鶴爲城，而城因養鶴得名之説，又斥爲望文生義。是合己説則取之，異己説則排之。而王氏所據之《史記正義》，非復古來相傳之《正義》矣。至《新序》以宫人與鶴對，王氏以爲外嬖與内寵相對，不思色荒禽荒，亦可以爲對也。要之衛人積惡懿公已久，好鶴特致亡之一端，國人所言，亦藉以爲名，其亂本尚不止乎此。王氏泥於傳語，遂謂國人無禄位，無兵柄，故不能戰，亦膠柱鼓瑟之見耳。近李慈銘《桃華聖解盦日記》獨取王説，謂「乘軒非鶴所樂，汪容甫已疑之；且國君好鶴，即有靡費，亦何至國人皆怒，臨難不戰。況以《吕覽》、《新序》所言證之，似亦指人。春秋時如晉厲公、齊莊公，皆以嬖倖死，非無稽也。」（丙集第二集。）案：李説乃阿私鄉曲之見。乘軒非鶴所樂，適以形懿公之愚，懿公之亡，本非一端，前既已言之，非徒因好鶴召國人之怒也。若謂《吕覽》、《新序》所言，似亦指人，則不知何見而云然。況李氏胡不據《賈子新書》以證之邪。王充《論衡》斥内肝之妄，而於好鶴無疑辭，可謂善讀書者矣。或云：此宫人即寺人，謂受宫刑之人，故《賈子》有貴優而輕大臣，及遠忠道而貴優笑之説，非謂宫内女謁也。其言亦近理，存以備參。

遂潰而去。潰，散也。狄人追及懿公於熒澤，「熒」，各本作「滎」，《左氏傳》作「熒」。案：當作熒爲是，詳十卷《酈食其章》注，今據《左傳》改。《外傳》亦作「熒澤」，《吕氏》作「榮澤」。《竹書紀年》作「洞澤」，皆音近通用字。《尚書·禹貢》「熒波既豬」，《正義》：「鄭云：

今塞爲平地，滎陽民猶謂其處爲滎澤，在其縣東。（言在滎澤縣之東也。）馬、鄭、王本皆作滎播，《春秋閔二年》衛侯及狄人戰於滎澤，不名播也。鄭玄謂衛狄戰在此地，杜預云此滎澤當在河北，以衛敗方始渡河，戰處必在河北。蓋此澤跨河南北，但在河内多，而得名耳。」胡氏渭《禹貢錐指》云：「衛狄戰地，或河北自有一熒澤，如魏獻子之所田，別是一大陸，非《禹貢》之大陸，亦未可知。」（卷八。）沈氏欽韓《左傳地名補注》云：「《水經注》：旃然水既斷，民謂其處爲熒澤，狄人屠懿公，弘演報命内肝處也。案熒澤不當云在河北。《禹貢》云：入于河，溢爲熒。蓋濟水本在河北，自入河之後，方溢爲熒，熒在河南明矣。《元和志》：熒澤在鄭州熒澤縣北四里，今濟水亦不復入也。《水道提綱》：濟瀆源出懷慶府濟源縣西北，與山西桓曲、陽城二縣接界之王屋山，頂曰天壇，有太乙池，渟泓不流，卽濟源東數十里出地，東流經濟源縣城北。又東分爲二派，一經柏香鎮之南，東南流入河，（原注：南岸爲鞏縣，西北境連山。）一東流，逕鎮北。又東曰豬龍河，經府城南境。又東逕温縣北境。又東南至武陟縣南之澗溝村入河。（原注：南岸爲汜水縣，東北及河陰縣西北境，河陰之西南爲熒澤，東爲熒陽，自西漢末，不復南溢爲熒矣。）歷考諸書，從無言熒在河北者。蓋懿公帥師迎狄師，望風而遁，至河南，狄人追及熒澤，乃盡覆之也。」案：沈説甚有理，前人言熒澤在河北，此泥杜注及孔疏河北亦得稱熒之説，又因傳云狄入衛，遂從之，又敗諸河。此時方在河，則熒澤必在河北。且狄兵從北來伐衛，不得先戰於河南，故爾。殊不知衛人怨懿公，軍無鬥志，望風逃潰，及熒澤而被追及，與上文所叙，情事宛合。其云從之又敗諸河者，指留守之兵也。上文言「狄人囚史華龍滑、與禮孔，以逐衛人。二人曰：我太史也，實掌其祭，不先，國不可得也。乃先之，至則告守者曰：不可待也。夜與國人出」云云。蓋懿公帥兵拒狄，使石祁子、甯莊子守，懿公所部既潰，而守兵尚固。及二子告以不可待，始知懿公軍敗身死，倉皇帥守兵渡河，又爲狄所敗耳。守兵與戰兵分二事敘，傳文甚明。此熒澤雖未能確指其地所在，亦與《宣十二年傳》之熒澤不同，（彼熒澤是鄭地。）要其在河南，則屬可信。疑沇水溢，隨處瀦爲澤地，皆得此名，不必泥在一處。「追」，《吕書》作「至」。「而」下《外傳》有「皆」字，下云：「狄人攻懿公於熒澤。」殺之，盡食其肉，獨舍其肝。《吕書》「舍」作「捨」，字同。捨釋字，經典多作舍，蓋古字少，止有舍字，後更有捨，凡後起偏旁字多如此。弘演至，報使於肝畢，報使，復使命也。「畢」上《外傳》有「辭」字。呼天而號，號當作号。《説文·号部》「号，痛聲也，从口在丂上。」段玉裁注：「号，嘑也，凡嘑號字古作号。《口部》曰：嘑，号也。今字則號行而号廢矣。丂者，氣舒而礙，雖礙而必張口出其聲，故口在丂上，号呺之象也。」案：此號字《吕書》作「啼」，（啼亦俗字，當作嗁。）則正是号嘑之義。《史記·屈原傳》曰：「人窮則反本，故勞苦困極，未嘗不呼天也。」《孟子·萬章篇》曰：「舜往于田，號泣于旻天。」盡哀而止。《外傳》作「哀止」。《論語》曰：「喪至乎哀而止。」（《子張篇》。）曰：「臣請爲表。」《吕書》「表」作「襮」，高注：「襮，表也。納公之肝於其腹中，故曰臣請爲襮者也。」案：襮表一音之轉，義亦同。《外傳》作「若臣者，獨死可耳」，與此異。因自刺其腹，《外傳》云：「於是自刳出腹實。」《吕氏》作「因自殺，先出其腹實」。内懿公之肝而死。内俗作納，詳前《屈廬章》注。《論衡·儒增篇》云：「儒書言弘演致命於肝，痛哀公之死，身肉盡，肝無所附，引刀自刳其腹，盡出其腹實，乃内哀公之肝而死。言此者，欲稱其忠矣，言其自刳内哀公之肝而死，可也，言盡出其腹實，乃内哀公之肝，增之也。人以刃相刺，中五臟，輒死，何則，五臟氣之主也，猶頭脈之湊也。頭一斷，手不能取它人之頭著之於頸，奈何獨能先出其腹實，乃内哀公之肝。腹實出，輒死，則手不能復把矣。如先内哀公之肝，乃出其腹實，則文當言内哀公之肝，出其腹實，今先言盡出腹實，内哀公之肝，又言盡，增其實也。」案：王充所辯誠是，本書但云刺腹内肝，無出腹實之語，蓋中壘已疑之矣。《外傳》作「於是自刳出腹實，内懿公之肝，乃死」。《呂書》作「因自殺，先出其腹實，内懿公之肝」。著一先字，尤爲無理。此文雖本《呂覽》，然删去實字，正與王充之論合，細讀之，始知中壘斟酌之善。齊桓公聞之曰：齊桓公注見二卷首章。「衛之亡也，以無道，《呂氏》作「以爲無道也」。《外傳》作「以無道也」。無道，如愛宮人、好鶴之類。今有臣若此，不可不存。」衛之亡也，内有許穆夫人，外有弘演，抒忠憤以致大國之援，它無聞焉。足見懿公平日暱比羣小，致失人心，至於身死國亡，而莫之助也。於是救衛於楚丘。《呂》作「於是復立衛於楚丘」，《外傳》同。《鄭志》：「張逸問楚宮今何地。答曰：楚丘在濟河間，疑在今東郡界中，然衛本河北，至懿公，乃東徙渡河，野處漕邑，則在河南矣。升漕虚，望楚丘，楚丘與漕，不甚相遠，亦河南明矣。故疑在東郡界中。」（《詩·定之方中》正義引。）顧炎武《日知録》曰：「楚丘詩所謂作于楚宮，非戎伐凡伯之楚丘也。必在今滑縣、開州之閒，滑在河東，故唐人有魏、滑分河之録矣。《水經注》乃曰：楚丘在成武西南，即衛文公所徙。誤矣。」（卷二十三。）案：朱子謂漕、楚丘皆在滑州，是也。在成武者爲南楚丘，今山東曹州府曹縣治，在滑縣者爲北楚丘，今河南衛輝府滑縣治。班固《地理志》於山陽郡成武下，注云：「有楚丘亭，齊桓公所城，遷衛文公於此。」則以滑縣之楚丘，混合於曹縣，誤不始於道元矣。顧氏駁之，甚允。《輿地廣記》：「開德府（今直隸大名府之開州。）衛南縣，本楚丘，衛文公自曹邑徙此。」案：衛南今省入衛輝府滑縣。《一統志》：「衛南故城在滑縣東十里。」

13 芋尹文者，芋尹文惟見本書及《漢表》。盧文弨曰：「芋舊誤芊，當據《漢表》改。」案：師古注：「芋，音于具反。」

《左傳・昭七年、哀十五年》釋文並音于付反，盧説是，作芊形近之譌，今改正。 芋尹，官名，《春秋傳》楚有芋尹無宇、芋尹申無亥。 此人文名，佚其姓，官居芋尹。 鄒漢勛《讀書偶識》以爲「芋即《禹貢》惟箘簬枯之枯，經文箘簬枯，一作箭足杅，箘箭聲近，足乃路之壞字，杅即枯之同聲叚借。《考工記》妢胡之竹箭，《春秋傳》芋尹無宇，芋尹申無亥，《新序》芋尹文爲江南令，是芋乃江南縣名，而文即其尹也。考之聲韵，杅枯胡芋皆近，而秦漢謂豫章長沙皆曰江南，漢豫章郡有雩都，則枯當即在雩都，此枯國也。《考工》之妢胡，亦鄠字之通叚，鄠雩皆漢豫章地，其地宜竹箭，由是言之，則胡即枯益信。 三國皆荆南垂。」（卷二。）案：《昭七年左傳》有芋尹無宇，《正義》曰：「芋是草名。 哀十七年陳有芋尹蓋，以草名官，不知其故。」據《正義》説，則芋尹之芋非地名，陳有芋尹，其非地名益信，鄒氏鑿空妄造，殊未足據。 且芋爲楚地，杜征南不容不注明，足知其謬。 沈氏欽韓《漢書疏證》云：「《新序》此文，因《昭七年左傳》令尹子圍爲王旌以田， 芋尹無宇斷之， 今此芋尹官又同，一事而譌傳也。 子期賢大夫，必不復犯子圍之不韙，是芋尹文之人，莫須有耳。 《表》取之，殊爲寡識。」（卷九。）案：沈説極是。秦漢諸子所記事，多傳聞異辭，不止此一端。 《新序》亦採自它書，特今已亡，不可考耳。

荆之歐鹿彘者也。

「歐」，《渚宮舊事》作「驅」，下有「逐」字。 孫氏詒讓《札迻》云：「歐當爲毆之誤。」案：毆乃驅使正字，《説文・馬部》：「驅，馬馳也，从馬，區聲。毆，古文驅從攴。」其實歐毆皆從區聲，古字通用。 《漢書・食貨志》「今歐民而歸之農」， 師古曰：「歐亦驅字。」是其證。 孫以作歐爲誤，非也。 《北堂書鈔》一百二十卷引「歐」作「歌」， 陳俞本「歌」下更有「歐」字， 蓋校者校正後，附注於旁，漏删去耳。 毆鹿彘，賤吏從獵之役也。 芋尹，其最終之官，此時文未爲芋尹，但執賤役以從子期田獵，後乃爲江南令，而終於芋尹，此從其最後官追書之。

司馬子期獵於雲夢，

子期，楚公子結，平王子，昭王兄，令尹子西弟也。「期」，《史·楚世家》、《莊子·讓王》、《説苑·正諫》皆作「綦」，《吕覽·高義》作「旗」，《越絶書》又作「其」，皆同音通用字。後爲白公勝所殺，同卷亦詳其事。《漢表》列六等。雲夢，澤名，《書·禹貢》「雲土夢作乂」，卽其地。《周禮·夏官·職方氏》「正南曰荆州，其澤藪曰雲夢。」鄭注：「雲夢在華容。」《爾雅·釋地》「楚有雲夢」，郭注：「今南郡華容縣東南巴丘湖是也。」《漢·地理志》：「南郡華容雲夢澤，在南荆州藪。」《風俗通義·山澤篇》「九藪，荆州曰雲夢，在華容縣南，今有雲夢長掌之。」《水經·夏水注》：「夏水又東逕監利縣，土卑下，澤多陂池，西南自州陵東界，逕于雲杜池陽，爲雲夢之藪矣。」韋昭曰：雲夢在華容縣。案《春秋·魯昭公三年》：鄭伯如楚，子産備田具，以田江南之夢。郭景純言華容東南巴丘湖是也。杜預云：枝江縣安陸縣有雲夢。蓋跨川亙隰，兼苞勢廣矣。」（又《水經禹貢山水澤地所在》云：雲夢澤在華容縣之東。）邵晉涵《爾雅正義》云：「《左氏昭三年、定四年傳》以雲夢分舉，後儒家遂謂夢在江南，雲在江北。唐人改《禹貢》爲雲土夢作乂，（案沈括《夢溪筆談》云：太宗得古本，始改之。此太宗乃宋之太宗，胡渭誤以爲唐太宗，王西莊及邵氏皆沿其誤，近丁晏《禹貢集釋》已辯之。）以爲從古本《尚書》，於是雲與夢分爲二地，轉有致疑于《職方》、《爾雅》者。然《史記·夏本紀》述《禹貢》云雲夢土爲治，《漢志》引《禹貢》云雲夢土作乂，均連舉雲夢，則唐人所言古本《尚書》，未足據。《左傳》雲夢分舉，不過省文耳，傳文言江南之夢，則江北有夢地可知，故杜注云跨江南北。後儒謂夢在江南者非也。吴師五戰及郢，昭王自郢西涉阻，渡江而南，東行入雲中，杜注云入雲夢澤中。所謂江南之夢，是雲中卽江南之夢，後儒謂雲在江北者非也。」案：邵説極是。《楚辭·招魂》云：「與王趨夢兮課後先。」王逸注：「夢澤中也，楚人名澤爲夢中。」據此，則夢者楚人之方言，雲者此澤之專稱也。故《淮南·地形訓》云：「南方曰大夢。」言南方，正指楚。高誘注：「夢，雲夢。」則夢爲楚人之方言明矣。《史記索隱》以雲夢爲二澤，誤。漢華容故城，在今湖北荆州府監利縣。胡渭《禹貢錐指》云：「《漢志》南郡華容縣雲夢澤，在南荆州藪，編縣有雲夢宫，江夏西陵縣有雲夢宫。華容今監利、石首二縣，監利在江北，石首在江南，編縣今荆門州，西陵今蘄州及黄岡、麻城，皆在江北。《水經沔水注》云雲杜縣東北有雲夢城，雲杜今京山縣。又《夏水注》云自州陵東界逕于雲杜、沌陽，爲雲夢之藪。州陵今沔陽州，沌陽今漢陽縣也。《元和志》云雲夢澤在安陸縣南五十里，東南接雲夢縣界。以上諸州縣皆在江北。由是言之，東抵枝江，京山以南，青草以北，皆爲雲夢。」丁晏《禹貢集釋》云：「雲夢，諸書有合稱者，《周禮·職方》、《爾雅》十藪、《吕覽》、《淮南》同，《戰國策》楚王游於雲夢，宋玉《高唐賦》楚襄王與宋玉游於雲夢之臺，此合稱雲夢者也。有單稱雲者，《左傳·定四年》楚子涉睢濟江入於雲中，《楚語》雲連徒州是也。有單稱夢者，宣四年，棄子文於夢中；昭三年，楚子以鄭伯田江南之夢；宋玉《招魂》曰與王趨夢兮課後先是也。或合稱連文，或單稱省文，雲夢一而已。自沈括、羅泌等創江南爲夢、江北爲雲之説，蔡傳分爲二澤，其説支矣。」案：諸家辯雲夢分二澤之説，均極精覈，一掃俗儒之陋。雲夢一藪，水則瀦爲洞庭，郭注所云巴丘湖是也。陸地則跨漢陽、德安、安陸、荆州、黄州五府之境，司馬相如《子虚賦》「雲夢者方八九百里」，雖夸大，要近之矣。

載旗旗長抴地，下「旗」舊作「之」，「抴」作「拖」，盧氏《拾補》改如此。注云：「旗譌之，抴譌拖。」又云：「《渚宫舊事》作旗長抴地，今從之。」案：盧説是也。今孫刻本《舊事》作「載旗之長抴地」，與本書舊本同，惟舊鈔本《舊事》「之」作「旗」，蓋即盧氏所見。古書叠字多作二點，與草書之字形似，鈔者遂譌爲之，孫刻又據誤本《新序》改之耳。抴作拖亦誤，今悉從盧校改正。《書鈔》引亦作「之」，又「抴」作「搆」，並非。《説文·手部》：「抴，捈也。」俗作拽，非。蓋抴字近拖，故致誤，拽則不近矣。

芋尹文拔劍，齊諸較而

斷之。「較」，舊作「軫」。盧文弨曰：「軾謁軫，或作角，下同。」案：《渚宮舊事》作「角」，孫星衍校云：「程榮本《新序》作軫。」其實作軫不止程本，《書鈔》引亦作「軫」。孫詒讓曰：「盧校作軾者，據下文大夫之旗齊於軾也。《渚宮舊事》載此事齊諸軫，及下大夫之旗齊於軾，軫軾二字並作角，是也。角較音近字通，齊角，即謂齊車輢較也。《昭十年左傳》：公卜使王黑以靈姑銔率吉，請斷三尺焉而用之。《考工記・輿人》疏引服虔注云：斷三尺使至于較，大夫旗至較。又引《禮緯》云：諸侯旗齊軫，大夫齊較。《左傳・昭七年》孔疏引《禮緯稽命徵》云：禮，天子旗九刃曳地，諸侯七刃齊軫，大夫五刃齊角，士三刃齊首。此下文云：王者之旗拕於地，（原注：今本奪此句，盧據《渚宮舊事》補。）國君之旗齊於軫，大夫之旗齊於角。與《禮緯》差次正同。今本齊角作齊軾，説雖可通，而與緯文不合矣。（原注：凡齊較，據兩輢距軫三尺處言之，非謂角之上端也，《禮緯》説三等仞數，並不爲典要。詳《周禮正義》。）」案：孫説皆是。（見《札迻》卷八。）《書鈔》引下文正作較，可爲孫氏沾一左證，今從《書鈔》改作「較」。《説文》無較字，《車部》：「較，車輢上曲鉤也，从車，爻聲。」即今較字。《周官・考工記・輿人》「以其隧之半爲之較崇」，注：「較，兩輢上出式者，兵車自較而下，凡五尺五寸，故書較作榷。杜子春云：當爲較。」蓋較較古今字，角榷聲近通叚字也。至孫氏辨仞數及服注之誤，詳所箸《周禮正義》，別引見下注。貳車抽弓於韔，援矢於箙，貳車，副車。《説文・貝部》：「貳，副益也。」《周禮・夏官・道僕》「掌貳車之政令」，鄭注：「貳亦副。」彼謂象路之副車。賈疏引《顧命》有次路、典路，鄭注以爲象路之貳。《周書・器服篇》云次車羔冒，《穆天子傳》亦有次車之乘，是也。《大戴記・朝事篇》云：「天子乘大輅，貳車十有二乘。」彼大輅指玉路，是玉路亦有貳車。《周禮・秋官・大行人》：「上公貳車九乘，侯伯七乘，子男五乘。」《國語・魯語》：「大夫有貳車，備承事也。」是天子、諸侯、卿大夫皆有貳車。《既夕》記主人乘惡車，亦有貳車，則士禮也。《韓非·外儲説左》云：「晉國之法，上大夫二輿二乘，中大夫二輿一乘，下大夫專乘。」二輿亦卽貳車。凡此所舉，皆不必象路之副也。故曾釗據《少儀》乘貳車必式注云：「貳車，副車，謂非象路獨得是名。」孫詒讓據《周禮·司戈盾》云：「軍旅會同授貳車，戈盾軍旅乘革路，會同乘金路，而咸名貳車，則不專爲象路之副。《大行人》説五等諸侯來朝，各有貳車，乘數不同，亦不必皆象路也。蓋分言之，則象路稱貳車，戎路稱倅車，田路稱佐車；通言之，則王五路之副，各十二，共六十乘，統稱貳車。」（曾説見所箸《周禮注疏小箋》，孫説見所箸《周禮正義》。）案：曾、孫説是。此田事宜稱佐車，而亦曰貳車，可爲二説旁證。《禮記·少儀》：「乘貳車則式，佐車則否。」注：「貳車、佐車，皆副車也，朝祀之副曰貳，戎獵之副曰佐。」孔疏引熊安生云：「戎獵之副曰佐者，據諸侯禮也。故莊九年，公及齊師戰於乾時，公喪戎路，佐車授綏，是也。」熊説殊誤。鄭云朝祀之副、戎獵之副者，謂貳佐之名，對文則異；云皆副車者，散文則通。熊乃以爲天子諸侯異名，賈疏因之，未免膠柱之見。佐車授綏，亦非乾時戰文。（見下。）《賈子·禮篇》云「天子佐輿十乘」，案：依《大戴記》宜十二乘，而賈云然者，舉大數，或奪二字耳。副車所以幾察備禦非常，故《檀弓》云：「魯莊公及宋人戰於乘丘，敗績，佐車授綏。」《左氏成二年傳》：「鄭周父御佐車，宛茷爲右，載齊侯以免。」此云貳車抽弓援矢，蓋疑文有異圖，欲先制之。《説文·手部》援㩅皆訓引，㩅，重文作抽。《詩·小戎》毛傳曰：「韔，弓室也。」《説文·韋部》：「韔，弓衣也。」箙，竹器，以注矢。《説文·竹部》：「箙，斷竹也，从竹，甬聲。」此器蓋以斷竹爲之，其音與筩相近，如後世之箭筩矣。（《説文》：筩，通簫也。無作器皿之義，當作箙爲正。）启弓衣取弓，引矢於箙，欲以射文。

引而未發也。

引滿待發。

司馬子期伏軾而問曰： 舊鈔本《舊事》「曰」譌「舊」，俗書舊作旧，與曰形近致誤。伏軾所以示敬，子期知文之所爲，必有見，故伏軾以問也。《少儀》言「乘貳車則式，佐車則否」，此田事佐車而亦式者，變禮示敬以起文之言。《釋名》曰：「軾，式也，所伏以式敬者也。」《史記·淮陰侯傳》集解引韋昭曰：「軾，今小車中隆起者。」《論語》：「凶服者式之，式負版者。」皇侃云：「古人乘路車，如今龍旂車，皆於車中倚立，倚立難久，故於車箱上安一横木，以手隱凴之，謂之爲較。詩云倚重較兮，是也。又於較之下，未至車牀半許，安一横木，名爲軾。若在車上應爲敬時，則落手凴軾。」《曲禮》孔疏説畧同。案：式卽軾字，經典通叚式爲軾。江永《周禮疑義舉要》云：「式有通指其地者，參分其隧，一在前，二在後，以揉其式，注謂兵車式深尺四寸三分寸之二，是也。有切指其木者，參分軫圍去一以爲式圍，是也。因前有凴式木，故通車前三分隧之一，皆可謂之式。其實式木不止横在車前，有曲而在兩旁，左人可凴左手，右人可凴右手者，皆通謂之式。人立車前，皆式之地也。其言揉其式何也，蓋揉兩曲木、自兩旁合於前，所以用曲木者，不欲令折處有棱角，觸礙人手，如今人作倚子扶手，亦揉曲木，是也。式崇三尺三寸，並式深處言之。兩端與兩輢之植軹相接，軍中望遠，亦可一足履前式，一足履旁式，《左傳》長勺之戰，登軾而望，是也。式木嵌入輿版，其内又有轛木承之，甚固，故可履也。車制如後世紗帽之形，前低後高，式崇三尺三寸，不及人之半腰，故御者可執轡，射者可引弓，而凴式須小俛也。此式之真形狀，前人但知式車前横木，不細考《輿人》車前三分之一處，通名爲式，而可凴之木，又有在兩旁者，是以不得其狀。於鄭注較兩輢上出式，遂意其在横木之上，於是輿制皆謬亂矣，自孔氏誤釋《曲禮》始。試思較若在横木上，則人凴式首觸較矣。較崇五尺五寸，及人之胸，射者亦不便於引弓。横木在較下，將必以筍貫入轛木，而轛圍甚小，如何能貫式木，又如何能登軾。式在前陰版之内，則車外不見式矣，記如何云苟有車，必見其式。式上有皮，覆之爲幦，若在版内，如何能覆。事事推之，必不然矣。」案：江説甚精，可正皇、孔諸家之誤。田車式，蓋深一尺四寸。「吾有罪於夫子乎？」《書鈔》引「吾」下有「其」字，「罪」下無「於」字。對曰：「臣以君旗抴地故也。「抴」，各本作「拽」，俗。此處無作拖字者，益見前文拖字之誤。《舊事》、《書鈔》俱不引此句。臣聞之，王者之旗抴於地，此十字舊本俱奪，據《舊事》、《書鈔》引補。盧校止補下七字，引《廣雅》「天子十二斿至地，諸侯九斿至軫，卿大夫九斿至軹」。案：上三字亦應補，奪去三字，則文義不完矣。盧氏不補三字，未審其理。國君之旗齊於軫，《書鈔》引無「國」字。《説文·車部》：「軫，車後横木也，从車，㐱聲。」《周禮·輿人》注：「軫，輿後横者也。」《方言》：「軫謂之枕。」《詩·小戎篇》「小戎俴收」，毛傳：「收，軫也。」段玉裁注《説文》引戴震曰：「輿下之材，合而成方，通名軫，故曰軫方以象地。鄭注專以輿後横木爲軫，以輢之所尌三面爲軌，又以軌爲任正。如其説，宜記於《輿人》，今《輈人》爲之，殆非也。《輿人》爲式較軹轛軫輢軌，《輈人》爲輈衡軸伏兔，記不言輢軌衡伏兔之度，輢軌輿拚版耳衡圍準乎軸，伏兔取節於輈，當兔省文互見。姚鼐曰：記云軫方象地，蓋軫方六尺六寸，記曰參分車廣，以其一爲隧，蓋以二尺二寸爲輿後，其前廣如軫，而深四尺四寸，以設立木焉，是爲收。毛公曰：收，軫也，謂輿深四尺四寸，收於軫矣，非謂軫名收也。玉裁案：姚氏之説爲完合，輿下三面之材，輿後横木而正方，故謂之軫，亦謂之收。軫從㐱，密緻之言也。《中庸》振河海而不泄，注，振，猶收也。振軫同音而得其誼，故曰猶，鄭未嘗不謂合四面爲軫矣。六分車廣，以一爲軫圍，輢軾所尌之圍，亦在其中矣。渾言之，四面曰軫；析言之，輢軾所尌曰軌，輢後曰軫；又析言之，軾前曰軌。許言車後横木，可知車後非無植者衡者以接於輢。或其制庳於軾耳，不獨有合於三面材者也。」（戴、姚説各備見所箸書中，茲因采段氏折衷説，故不復引，但引段注《説文》。）鄭珍曰：「康成注加軫與轐云：軫，輿也。是非不以軫爲四方庛軫，軫間爲兩旁矣。而注車軫四尺云：「軫，輿後橫木，注六分其廣以爲軫圍，又云然者，以此經軫圍，獨爲輿後橫木之數也。知者，以左右前三面材之圍，在下《輈人》也。四方皆軫，其圍宜同，而後獨異者，以輿後止人所登下，非若三面範輿任正之外，又須於上置闌，故其圍狹於三面也。四方圍數雖異，同連輿底，自歸輿人爲之，而任正圍不與軫圍同見《輿人》，乃見之《輈人》者，以軫圍出數於車廣，任正圍出數於輈長也。軫圍一尺一寸，兩邊厚一寸四分，兩面廣四寸一分，長六尺六寸。鄉前一邊中爲漕，深七分，以受底版；兩端爲中筍，貫左右，任木之鑿，達於外。自面槷之，以輈踵承其下，當軫中爲圓孔，連踵通之，上大下小，合時，以一圓木旋轉關之，令上，與軫面平，復以橫槷鍵其下。若解輿，則鄉上旋轉，脱之。輈與輿固合，而不稍移掉傾脱者，鉤心之後全賴此。軫之名轉，琴柱之名軫，皆由斯義。輿上諸材，惟軫非正方，後人以正方算之，又不知軫與任正異圍之所以然，經注大旨全失。」又駁姚説云：「此説名爲依經，實與經背。經於參稱者止舉車廣，其車長之不與輪崇衡長如一已見。若是正方，與深卽在長上，但云三分車長去一以爲隧，卽車長與深並顯，何以反取數於廣乎。等方不等方，要得爲方，豈象地定須等方乎。毛以收訓軫，明是謂收卽軫，如云收是收短於軫，則當云收收軫也，可乎。段氏因之，又增出車後亦有植者橫者，以接乎輢，或其制庳於軾之説，益非。今推車度，其廣六尺六寸，其長與深四尺四寸，後軫廣四寸一分，前軌之外，廣四寸六分，通長五尺二寸七分。」（見所箸《輪輿私箋》。）案：鄭駁段、姚説皆是，其推算精密，似優於前儒。依鄭則軫圍爲橢方圍，江永、金榜、江藩皆以爲正方形，云軫方徑二寸七分有半。經注既無明文，不敢臆決，姑存衆説，以俟達者審擇焉。其田車之軫圍，蓋一尺五分云。

大夫之旗齊於較。

「較」，舊作「軾」。《書鈔》引作「較」，與角同，無「之」字。《舊事》作「角」。今據《書鈔》改正。《釋名》：「較，在車箱上爲辜較也。重較，其較重，卿所乘也。」《詩·淇奧》「猗重較兮」，傳：「重較，卿士之車。」字本作較。《説文》：「較，車輢上曲鉤也。」案：重較爲金材，此與拙地拙軫並言，謂木工所爲之較，與重較異，《説文》所釋者重較也。《周禮·考工記·輿人》注：「較，兩輢上出式者。」賈疏云：「較，謂車輿兩箱，今人謂之平鬲。言兩輢，謂車箱兩旁豎之者，二者既別，而云較兩輢上出式者，以其較之兩頭，皆置於輢上，二木相附，故據兩較出式言之。」鄭珍曰：「《説文》：輢，車旁也。則輢止是車兩旁之稱。注云：兩輢，猶兩旁也。上出式者，兩旁之上，高出於式之平木爲較，猶較前平木爲式。式崇、較崇並是平木，距箱底之高，非指豎木承式較者，豎木不得有此高也。詳鄭注《考工》及它經，並不見車兩旁有版處，謂旁是版，自賈疏其見已然。」孫詒讓曰：「子尹説輢較之制是也。但賈意較爲車箱上端之横木，輢爲箱間豎木，以承較者。較木平設，故謂之平鬲，其説亦不誤。輢較在車兩旁，通謂之箱。故《續漢書·輿服志》注引徐廣云較在箱上，又引《通俗文》車箱爲較。古車制，輿上三面，皆有横植木而無版，貴者所乘，則有輓革。」案：以上孫説俱是。又《輿人》注：「兵車自較而下，凡五尺五寸。」孫氏云：「此亦謂距軫之數也，下距地則九尺五寸。賈疏云：以其前文式已崇三尺三寸，更增此隧之半二尺二寸，故爲五尺五寸。案《昭十年左傳》：公卜使王黑以靈姑銔率吉，請斷三尺而用之。服注云：斷三尺使至於較，大夫旗至較。案《禮緯》諸侯旗齊軫，至較五尺五寸，斷三尺得至較者，蓋天子與其臣乘重較之車。諸侯之臣，車不重較，故有三尺之較也。或可服君誤。江藩云：式崇三尺三寸，較崇二尺二寸，去三尺至較，是二尺五寸也。賈據《禮緯》言三尺之較，與禮制不合。據賈説，豈天子與卿士之較崇六尺，倍於三尺，故言重較與。案賈意當如江説。《禮緯》諸侯旗齊軫，大夫齊較。節服氏疏引《含文嘉》，《左氏傳·昭七年》孔疏、《公羊傳·襄十八年》徐疏引《稽命徵》並同。《新序·義勇篇》芋尹文曰：大夫之旗齊軾。《廣雅・釋天》又云：卿大夫七斿至軹。文並小異。竊謂軾高於軫三尺三寸，君旗齊軫，斷三尺適可至軾；較雖高於軾二尺二寸，而兩輢上下，通得較稱；自較以上三尺，雖非較盡之處，而不得謂非較也；至軹又即較橫直材。是齊較、齊式、齊軹，文並得通。但據《含文嘉》、《稽命徵》說，並言天子旗九仞，諸侯七仞，大夫五仞，士三仞，則皆於禮難通，故《左傳》疏亦疑其誤。服注據《緯》與《周官》車制及《左傳》斷三尺之文，必不能合，不足取證。賈乃謂三尺爲諸侯之臣，車不重較，是較卑於式，其說殊謬。田車較崇蓋二尺一寸，崇於軫五尺二寸五分云」（以上並見《周禮正義》。）案：孫氏此說，據本書大夫之旗齊於軾，不謂軾爲較之譌，與前引《札迻》說不合，《札迻》之作在後，蓋定論也。至言兩輢上下通得較稱，自較以上三尺，雖非較盡之處，而不得謂非較。辯才無礙，與《札迻》小注亦合。較本作較，角通字，本文當作較，與軾形近致譌，上文譌軫亦同。若作角，則無由致誤，《舊事》所據本，或用叚字耳。黄以周《車制通故》云：「人立車上，高於軫六尺；諸侯齊軫，短於天子四尺；大夫齊式，短於諸侯三尺三寸；士齊首，短於大夫二尺餘。若大夫齊較，則短於諸侯五尺半，高於士不及尺，非其差也」等語。然若知較所在非專定一處之義，則亦不必致疑矣。**今子出自荆國**，謂與王同族也。「出自」二字各本奪，據《舊事》補。**有名大夫**，有讀爲又，言既是王族，又爲大夫之知名者。淺人以本字讀之，故妄删上文「出自」二字，連爲一句矣。有又古書通用甚多。《書鈔》引句末多一「也」字。**而滅三等**，滅，棄也，謂廢棄三等之制。《周語》「是蔑先王之官也」，滅與蔑通，亦謂廢棄。韋解訓欺，非是。彼上文言不蔑民功，韋云：「蔑，棄也。」（明道本作蔑求也，誤。此據別本。）兩蔑字義同，不當異訓。《書鈔》引「滅」下有「之」字，蓋三誤爲之，校者改正於旁，傳刻時混入正文耳。**文之斷也，不亦可乎。」**《舊事》作「雖文斷之，不亦可乎」。《書鈔》作「雖文之斷也，不亦可乎」。**子**

期悦，聞善而服，故喜説也。悦俗字，當作説。孫本《舊事》「悦」下有「之」字。載之王所。以後車載往王所，此王謂昭王也。昭王見七卷《申包胥章》注。舊鈔本《舊事》引奪「載」字。王曰：「吾聞有斷子之旗者，自「王曰」以下，《書鈔》不引。其人安在，吾將殺之。」子期以文之言告，「殺」之下，《舊事》有「臣固將謁之，彼鞭朴之使，而敢斷臣之旗，勇也；臣問之而服臣以法，智也；勇且智，臣願君王用之。昭王曰：善」，凡四十一字，疑此書舊本如此。大抵此章奪文暨經後人妄删者甚多，盧僅據《舊事》補「王者之旗抴於地」七字，殊爲疏畧。今未審前後文勢如何，亦未敢輒補。此王爲昭王，亦賴《舊事》知之。王悦，使文爲江南令而大治。《舊事》作「乃使爲江南令，大治」，無「而」字。楚地言江南者，所苞甚廣，見《春秋大事表》，此句亦汎言之，不必實指其地所在。

14卞莊子好勇，養母，卞，魯邑。《論語》「卞莊子之勇」，《集解》引周曰：「卞邑大夫。」是也。莊，其謚也。（《史記·張儀傳》索隱云：字莊子。非。）《左傳·僖十七年》「會於卞」，杜注：「魯國卞縣。」《漢書·東方朔傳》卞作弁；莊子，《人表》莊作嚴。弁卞古字通，《左氏昭九年傳》「豈如弁髦」，釋文本作卞；《詩·關雎序》疏以卞隨作弁隨；《漢書·杜欽傳》引《小弁》爲《小卞》，皆其證。《漢表》作嚴者，避明帝諱也。王鎏《四書地理考》曰：「卞在今兖州府泗水縣東五十里。」《荀子·大畧篇》：「齊人欲伐魯，忌卞莊子，不敢過卞。」是莊子爲卞邑大夫也。《路史·國名紀》、《氏族大全》並以卞爲莊子之姓。梁玉繩《人表考》據《秦策》作管莊子，疑其人姓管，斥《張儀傳》索隱本作館，謂逆旅館舍之非。案：羅泌《路史》以卞姓曹叔振鐸之後，食采於卞，因以爲氏。然卞非曹地，鄭樵《通志》已辨之。管卞音近，古通用字，王伯厚引《索隱》之説，已爲何焯所駁。（《困學紀聞》卷十一。）梁謂管爲莊子之姓，亦近肊斷。孔廣森《經學卮言》云：「卞莊子始末，不見於《左傳》，疑即孟莊子也。襄公十六年，齊侯圍郕，孟孺子速徼之，齊侯曰，是好勇，去之以爲之名，速遂塞海陘而還。是孟莊子有勇名，或嘗食采於卞，因以爲號，若合左師苦成叔之比。卞本魯邑，《檀弓》弁人有其母死而孺子泣者，即此卞也。《左傳》齊歸孟穆伯之喪，卞人以告。則卞爲孟氏之私邑，非無稽言。自注：《楚語》魯有弁費，謂孟孫、季孫也。冠弁之弁，篆體作[illegible]、（案當作[illegible]，[illegible]乃是或體，見《說文·皃部》。）隸變作亓，因變成卞，故《漢書·杜欽傳》《小弁》作《小卞》，《東方朔傳》以卞莊子爲弁嚴，其實弁卞一字。」以上孔說，與周氏柄中《四書典故辨正》引江永說同。其謂弁卞同字，是矣；謂卞莊子即孟孺子速，則甚不然。爲此說者，蓋以《韓詩外傳》言卞莊子善事母，而孟孺子亦以孝稱。《左傳》言齊師畏孟孺子勇，即釋郕圍，以全其名，（在襄十六年。）《荀子》亦云齊人忌莊子，不敢過卞，其事迹巧合，足相傅會。惟孝莫大於守身，孟莊之孝，見稱於聖人，而卞莊乃以滅世斷宗，詒譏於後世，似不可同日而論。且孟莊子卒於襄公二十三年，非以戰死，其始末明載《左傳》，不得以莊子之稱偶同，遂定爲一人也。至謂卞爲孟氏私邑，引《文十五年左傳》卞人以告爲證，然案彼文正義，卞人是卞邑大夫，其邑近堂阜，故見之而告魯君，則未可以爲孟氏邑之徵。又引《國語》魯有弁費，爲指孟孫、季孫，然彼文言國有大城，於主不利，歷引鄭之京櫟，衛之蒲戚，宋之蕭蒙，魯之弁費，晉之曲沃，秦之徵衙，皆是大城，未嘗指人言。況韋注云：弁費，季氏之邑。孔氏豈未之見，而猥云弁謂孟孫乎。韋所以知弁費爲季氏邑者，以《襄二十九年內傳》季武子取卞，明是取以自益，事在楚靈王之前，故無宇所稱是季氏邑，據其時言之也。蓋卞本魯邑，故文十五年卞人以告，《正義》謂告魯君，其後季氏取之，故韋知爲季氏邑也。若如江、孔之說，豈季氏取諸孟氏乎。其說紕繆無理，今不取。（近吾鄉李慈銘亦取孔氏之說，皆好奇之故。）《論語》釋文引鄭注：「莊子，秦大夫。」秦乃魯字之譌。或疑鄭意以陳軫對秦王言管莊子，則當爲秦人，鄭意正未必然。（此劉寶楠《論語正義》說）《一統志》云：「卞莊子葬兗州泗水縣東北四十里宫娥埠。」（志又見東昌府聊城縣。）《漢表》列三等。《韓非子·五蠹篇》云：「魯人從君三戰三北，仲尼問其故，對曰：吾有老父，身死，莫之養也。仲尼以爲孝而上之。以是觀之，夫父之孝子，君之背臣也。」又云：「仲尼賞而魯民易降北。」《御覽》四百九十六引《尸子》云：「魯人有孝者，三爲母北，魯人稱之。」汪繼培云：「此即卞莊子事。」王先慎曰：「《韓詩外傳》、《新序·義勇篇》並云養母，與《尸子》同，《韓子》以爲養父，非也。」案：韓非以孝親爲背臣，開近世仇孝之謬說，甚爲悖理。其誤以養母爲養父，乃傳聞之異，可不論也。「養母」，《韓詩外傳》十作「母無恙時」。三戰而三北，

北，敗也。《漢書·高帝紀》：「田榮歸沛公，項羽追北。」服虔曰：「師敗曰北。」韋昭曰：「古背字也，背去而走也。」師古曰：「北，陰幽之處，故謂退敗奔走者爲北。《老子》曰：萬物鄉陽而負陰。許慎《説文解字》云：北，乖也。《史記·樂書》曰：紂爲朝歌北鄙之音，朝歌者不時，北者敗也，鄙者陋也。（案北鄙之北，當讀爲倍，謂鄙倍也，顔釋爲敗，非。）是知北即訓乖訓敗，無勞借音，韋昭之徒，並爲妄矣。」王念孫曰：「《説文》：北，乖也，從二人相背。《廣雅》：背，北也。（原注：北音背。）則北爲古背字明矣。《管子·君臣篇》云：爲人君者，倍道棄法，而好行私，謂之亂；爲人臣者，變故易常，而巧官以諂上，謂之騰。亂至則虐，騰至則北。北，謂背其君也。（原注：尹知章注以北爲敗北，非是。）《齊策》食人炊骨，士無反北之心。反北，即反背也。北取乖背之義，故敗走亦謂之北。《桓九年左傳》以戰而北，釋文：北，嵇康音胸背。《吴語》吴師大北，韋昭注：軍敗奔走曰北。北古之背字，是敗北之北，古音與背同，取背而去之之義。（原注：《甘誓》正義：北，謂背陳走也。）《説文》訓北爲乖，正與此義相合。而師古乃云：北，幽陰之處，故謂退敗奔走者爲北。其失也鑿矣。（原注：《後漢·

減宮傳》注：「人好陽而惡陰，北方幽陰之地，故軍敗者均謂之北。」此亦襲師古之謬説。惟《荀子·議兵篇》注：「北者，乖背之名，故以敗走爲北。」尚能遵用古訓，不爲顔注所惑。）師古不讀北爲背者，特以北爲入聲，背爲去聲，不可合而一之耳。不知背北古同聲，故北爲古背字，而背邶二字，並從北聲，敗北之北，亦取乖背之義。故嵇康、韋昭相承讀而爲背，《樂書》訓北爲敗，安知其不讀爲背乎。《大雅·行葦》之黄耇台背，與翼福韵；《桑柔》之職涼善背，與極克力韵；《瞻卬》之譖始竟背，與忒極慝識織韵。皆讀背爲入聲，此背北同聲之明證也。膠柱之見，亦可以廢然而反矣。」（見《漢書雜志》。）案：北古背字，非爲借音，小顔泥於四聲，不取讀北爲背之説，固屬拘滯，而服、韋諸説，及王氏所辯，亦考之未盡也。敗所以稱北者，因北即背字，而負字亦訓爲敗。古無輕唇音，讀負如背，故北即負也。負爲勝負之負，亦爲襁負之負，負恩之負，今北人呼負子猶曰背，而負心亦謂之背德，蓋負背古音同也。背字音短言之即爲北。又今北方人謂北亦如背，本一字也。若以爲背去而走，立説反迂，宜小顔之不服矣。《説文》：「背，乖也。」此乖背之義，與敗北别爲一訓，不必引彼釋此，諸家於此，亦分之未明。古人義由聲起，負讀如背，則訓北爲敗，又轉爲奔，奔敗北皆一音之轉。《廣雅》：「北，伏也。」奔者必伏，其義亦通。古讀伏如備，備與北亦一音之轉也。諸家之説，俱未達一間。上三字各本奪，據《外傳》補。交遊非之，非笑之。國君辱之，輕辱之。卞莊子受命，顔色不變。九字各本皆奪，《外傳》有此二語，《後漢書·班固傳》注引本書，與《外傳》同。此章正用《外傳》文，今據補。及母死三年，終喪之後也。齊與魯戰，「齊」，各本作「冬」，蓋齊俗書作斉，冬乃斉之爛文。盧文弨曰：「《後漢書》班固崔駰等傳，注俱作齊，當從之。」案：盧説是，今據改正。《外傳》此句作「魯興師」。卞莊子請從，句。至，句。請於魯將軍曰：「至」字各本奪，依《班固傳》注引增。「請」，《外傳》作「見」。將軍注見一卷《趙文子章》。「初獨與母處，是以戰而三北；「獨」字，「戰而」字，並據《班固傳》注補。《外傳》作「前猶與母處，是以戰而北也」，猶字乃獨字之譌。莊子意謂戰而北者，獨以有母故耳。古書用字法多如此，淺人不知獨字之誼，妄改爲猶，意味便淺薄矣。今母歾矣，句上《外傳》有「辱吾身」三字。舊本「歾矣」二字作「死」，今依《班固傳》注引改，與《外傳》正合。「歾」，注作「没」，字俗。請塞責而神有所歸。」下五字《外傳》及《後漢》注俱無之。母歾則神專注於國事，故曰有所歸。遂赴敵而鬬，「赴」，《外傳》作「走」。各本奪「而鬬」二字，今據《班固傳》注引補，《外傳》同。鬬當作鬥，凡鬬接字作鬬，爭鬥字作鬥，經典多叚鬬爲鬥，今則鬬行而鬥廢矣。獲一甲首而獻之，曰：「此塞一北。」得齊將披甲者首也，塞一敗之辱。《外傳》作「獲甲而獻之，請以此塞一北」。《左傳・桓六年》「獲甲首三百」，杜注：「甲首，被甲者首。」又入，句。獲一甲首而獻之，曰：「此塞再北。」《外傳》作「又獲甲首而獻之，請以此塞再北」，此下有「將軍止之曰，足，不止」等句，文小異此。又入，句。獲一甲首而獻之，曰：「此塞三北。」《外傳》作「又獲甲首而獻之，曰，請以此塞三北」。《班固傳》注括引作「獲甲首而獻」，無三獲之文。將軍曰：「毋殄爾宗，言毋輕身以絶宗嗣也。「宗」，各本作「家」，與下「宗」字各本譌「家」同，今改正。下文「斷宗」句正承此言。宜止之，請爲兄弟。」宜訓爲如，古書習見。宜如一音之轉，《孟子》「宜若小焉」，「宜若無罪焉」之類，是也。（《經傳釋詞》如字條，如猶當也，當與宜誼相近。）兄弟，婚姻也。（古書言兄弟者，多指婚姻，與昆弟誼別。）《後漢》注兩引，俱不引此數句，自「遂赴敵而鬥」下，即括敘獲甲首句，下即接敘莊子之語。《外傳》作「將軍止之曰，足，請爲兄弟」。莊子曰：《外傳》句首有「卞」字。「夫三北以養母也，言爲養母故然。《外傳》作「夫北以養母也」。各本奪「夫」字，《後漢》注兩引俱有，今據補。是子道也，今母歿矣，吾責塞矣。舊本作「今士節小具而塞責矣」，今依《外傳》改正。《班固傳》注不引此二句，《崔駰傳》注引與今本同，詳末句注。吾聞之，節士不以辱生。」不含垢而生存也。遂返敵，「返」，各本作「反」，是正字。此依宋本。殺十人而死。《外傳》作「遂奔敵，殺七十人而死」。古七十字形相似，多溷，（見《刺奢篇・鹿臺章》注。）蓋校者加注於旁，誤入正文耳。《後漢》注兩引本書，俱作十人，當據本文删去七字。君子曰：《外傳》「曰」上有「聞之」二字。《崔駰傳》注與今本同。「三北已塞責，「已」，各本作「又」，涉下句「又」字而誤。《崔駰傳》注作「已」，與《外傳》合，今據改。「責」字《崔傳》注無，《外傳》有。又滅世斷宗，「又」字各本奪，依《外傳》補。「宗」，舊本俱作「家」，今據《外傳》及《崔駰傳》注改正。士節小具而於孝未終也。」謂莊子初全身以養母，不愧爲孝，繼殺身以覆宗，乃不孝之大者，惜其孝行之不終也。故《外傳》下引「詩曰靡不有初，鮮克有終」，重惜之。「未」，舊作「不」，據《崔駰傳》注改正。《外傳》亦作「未」。凡又字、家字、不字，皆依《後漢》注改，用盧文弨説。「士」，《崔駰傳》注引作「志」，非。士節承上文節士句來，就其自言而反折之。舊本「是子道也」句下，作「今士節小具而塞責矣，吾聞之，節士不以辱生，遂反敵，殺十人而死。君子曰：三北又塞責，滅世斷家，於孝不終也」。除又字、家字、不字，已從盧説改爲已字、宗字、未字外，今依《外傳》加「又」字於「滅世」上，將「母歿矣吾」四字補在「今」字下，「塞責矣」上，將「塞責」倒爲「責塞」，又將「士節小具而」五字，迻在「斷宗」之下，「於孝」之前，則文理明白無滯。若如舊本，斷鳧續鶴，不成文義。且「士節小具」句，是論者因莊子有節士不以辱生之語，從而許之，若作爲莊子自譽，於情理亦未合。然《崔駰傳》注引本書已如此，則其誤久矣。《外傳》作「君子聞之曰：三北已塞責，又滅世斷宗，士節小具，而於孝未終也」，本書正用《外傳》之文，則「士節」五字，決不當在「是子道也」句下明甚，幸《外傳》未誤，尚可依以校正耳。大抵此篇及《刺奢篇》，奪落譌謬，較它篇尤甚，（故二篇篇帙獨少。）相沿既久，盧氏僅依後漢注改正數字，殊嫌疏畧，此條校竟，爲之一快。士節小具，於孝未終者，明有節而無孝，卽爲有勇而無義。此卷以義勇名篇，而終以卞莊子之事，其指可微會也。二句一錯亂，則本文誤而作書之指亦從而晦矣。

新序校釋卷第九

善謀

篇名善謀，言謀國不可無人也。謀而曰善，不專尚詐術，故以仁智爲先。開宗明誼，大意可見矣。上卷述往代事，下卷專記本朝事，此分篇之由也。

1 齊桓公時，江國、黄國，小國也，《元和姓纂》曰：「江，嬴姓，顓頊玄孫伯益之後，爵封於江，後爲楚所滅，以國爲氏。」杜預曰：「江國在汝南安陽縣。」案：今故安陽城及江城，在河南汝寧府正陽縣東。《姓纂》又曰：「黄，陸終之後，受封守黄，爲楚所滅。」杜預曰：「黄國，嬴姓，今弋陽縣。」《路史·國名紀》（卷二〇）曰：「黄，子爵國。」程恩澤《國策地名考》據《姓纂》以爲即此黄國，誤。陸終之後，爲楚滅者，國在今羅山縣西十二里。此黄國在今河南光州西十二里，今其地有黄城。在江淮之間，近楚。楚，大國也，數侵伐，欲滅取之。江人、黄人患楚。齊桓公方存亡繼絶，《公羊傳》曰：「桓公嘗有繼絶存亡之功。」救危扶傾，如封衛、遷邢、定魯難之類，是也。尊周室，攘夷狄，攘，攘卻之，如伐楚責苞茅不入貢於周之類。爲陽穀之會，《左氏僖三年傳》：「會於陽穀，謀伐楚也。」案：陽穀，齊地，在今山東兖州府陽穀縣北五十里。貫澤之盟。盧文弨曰：「澤，何本譌津。」案：下文各本皆作貫澤，《公羊僖二年》秋九月，有貫澤之盟，《左氏》、《穀梁》作貫，《左氏傳》曰：「盟於貫，服江、黃也。」宋本、嘉靖本、鐵華館本均作澤字，不誤，今據正。杜預注云：「貫，宋地，梁國蒙縣有貰城，貰與貫字相似。」（今本如此，《呂氏集解》及舊注本作貫與貰。）沈欽韓《左傳地名補注》云：「《水經注》汳水又東逕貰城南，俗謂之薄城，非也。闞駰《十三州志》以爲貫城，在蒙縣西北。杜云貰貫字相似，貫在齊，謂貫澤也，非此矣。《一統志》：蒙澤故城，在曹州府曹縣南十里，卽古貫地。《括地志》貫城今名蒙澤城，與今河南歸德府商丘縣接界。」江人、黃人慕桓公之義，來會，盟於貫澤。《穀梁僖三年傳》：「貫之盟，不期而至者，江人、黃人也。江人、黃人者，遠國之辭也。中國稱齊宋，遠國稱江黃，以爲諸侯皆來至也。」《公羊傳》畧同。管仲曰：「江、黃遠齊而近楚，楚，爲利之國也，若伐而不能救，無以宗諸侯，「管仲曰」以下，《穀梁僖十二年傳》文，子政治《穀梁》，故稱引之也。爲利，但圖私利也。范甯注曰：「宗諸侯，謂諸侯尊之。」鍾文烝《穀梁補注》曰：「以宗爲尊，非其意。《風俗通》曰：宗，長也。《字林》曰：主也。言彼求與中國會盟，而中國受之，則當終庇之，我既主諸侯爲長，可因其遠而不能救乎。管仲恐桓伯盛極而衰，難以及遠，故勸使勿受。《管子書》以爲管仲垂死，勸桓公歸江、黃於楚，蓋記者傳聞之誤。」案：鍾注是，范注亦通，本《毛詩·公劉》箋。《晉語》四：「不能修身，而又不能宗人。」韋注：「宗，尊也。」正與此注同。《穀梁》句末有「矣」字。不可受也。」桓公不聽，范宣子謂有陳，非吾事也，無之而後可。正鑒此事之前車。度德量力，非好大喜功者所知。遂與之盟。管仲死，楚人伐江滅黃，桓公不能救，《穀梁傳》無「人」字。鍾文烝曰：「伐江在文之篇，傳因黃事連言之耳。又疑上經伐黃，《穀梁》作伐江，先儒其說莫能明焉。疏曰：案《史記》管仲卒，在桓公四十一年，當魯僖十五年，與傳不合。文烝案：《史記》不足據，而《左傳》是年冬，管夷吾平戎於王，亦與傳異，或平戎事在前年也。傳必記管仲死者，明管仲在猶能救。」案：鍾氏疑經書伐黄，《穀梁傳》作伐江，及平戎事在前年，皆不必疑也。此自《穀梁》誤記，不得强爲之説。齊召南《穀梁注疏考證》云：「《穀梁》謂管仲既死，桓公伯業不終。但《史記》以仲之卒，在桓公四十一年，當魯僖公十五年，考據必確。《左傳》雖無管仲卒年月明文，然僖十七年，齊侯小白卒，傳曰：公與管仲屬孝公於宋襄公，以爲太子。雍巫因寺人貂以薦羞於公，有寵，公許立武孟。管仲卒，五公子皆爭求立。冬十月乙亥，齊桓公卒云云。是由五公子爭立，追叙管仲既卒，非謂仲卒於十七年。總之在十二年，仲必未卒。《左傳》是冬，齊侯使管夷吾平戎於王，王以上卿之禮享仲，仲受下卿之禮而還。是冬仲固無恙也。宋襄公嗣位，在僖九年，即與葵丘之會，時未終喪，經書宋子，桓公與仲屬立孝公，當不在此時。其後數年，齊宋並無會盟之事，惟十三年會于鹹，十四年城緣陵，十五年盟牡丘，次于匡，齊宋並在。疑屬立孝公，當在此時也。後人見此數年中，伯業不振，斷爲仲必前卒。不知齊桓末年，小人雜進，任仲亦必不如初年。雍巫因寺人貂以干進，雖不知確在何年，而寺人貂漏師多魚，在僖二年。當伯業方盛之日，則嬖倖竊權久矣。小人害伯，管仲臨卒，尚爲桓公言之，又焉知仲卒不在十五年，如《史記》所云乎。」以上齊説甚辯，可證《穀梁》之誤。左丘明親見百二國寶書，較公穀二家，僅憑口授，不主事實者，紀載自較可信。柳興恩《穀梁大義述》云：「管仲逆料江、黄之難保，即黄滅在管仲未卒之先，亦不害其先見。《穀梁》非早二年餘即死仲也。傳以伐江滅黄並言，江之被伐而滅，尚在文公時，則仲死久矣，故於此統言之。」案：柳氏謂《穀梁》以江被伐，在仲卒後，相連而及。然傳言伐江，不言滅江，安知此數年中，楚無伐江之事乎。《春秋》之例，不赴告則不書，江、黄以數被楚侵伐，始來求盟，欲託庇於齊，中壘固已言之。然當貫澤之盟之前，經亦未嘗書楚伐江也。傳以伐江滅黄對言，正恐人誤認文公時滅江事，而先儒尚據以爲說。不知傳言管仲死，卽繼之曰桓公不能救，明謂仲卒桓存之日。若江被滅，桓卒已久，晉襄方伯，安能責桓之不救乎。其說尤牽泥，不足信。君子閔之。《穀梁》句首有「故」字，句末有「也」字。范注云：「閔其貪慕伯者以致滅。」鍾文烝曰：「閔黄，卽以病桓也。黄與弦皆以近楚被滅，而黄列桓盟，爲《春秋》所閔。故滅弦非桓病，滅黄乃病也。桓德之衰，至城緣陵而辭始著，而其端見於不救黄，則當管仲之歿也，（案此亦爲傳說所誤。）其機伏於盟貫，則以違管仲之言也。卽此一事，前後貫通，足明桓公之盛，皆由仲父之功，雖管夷吾名氏，不見於經，而經意可知矣。董仲舒曰：弗能察，寂若無；能察之，物無不在。《穀梁》之於經，善察者也。」案：周公不欲受越裳之貢，（注見二卷首章。）與管仲不欲受江、黄之盟，意正同也。是後桓公信壞德衰，以下子政之說，發明《穀梁》之大誼，以箴世主好大喜功之失。賈捐之議棄珠厓，意亦如此。黄丕烈藏北宋本無「德」字，云別一宋本有之，今所據宋本，亦有德字。黄跋謂所藏者爲原本，然信壞德衰，相對爲文，德字自不可無。今仍依所據本存「德」字，嘉靖本同。諸侯不附，附，屬也。遂陵遲，不能復興。遲與夷通，陵遲，猶陵夷也。詳見四卷《哀公章》注中。夫仁智之謀，卽事有漸，仁智之謀，所謂善謀也。卽，就也。力所不能救，未可以受其質，質，平也，成也。故質明爲平明。（《士婚禮》注）《詩·天保》「民之質矣」，《緜》「虞芮質厥成」，《抑》「質爾人民」，傳皆訓成。又質有盟信之誼，《哀二十年傳》「先主與吴王有質」，杜注：「質，盟信也。」《國語·晉語》「而賜之盟質」，韋注：「質，信也。」並其證。一曰質讀爲摯，謂朝聘時就摯以相見也。《荀子·大畧篇》：「錯質之臣，不息雞豚。」楊注：「質，讀爲贄，古字通。」案：《說文》無贄字，當作摯。諸解皆通，以盟信之訓爲長。桓公受之，過也，過，失也。管仲可謂善謀矣。篇名之誼取此。善此謀者，仁智之謀。《詩》云：

「曾是莫聽，大命以傾。」《詩・大雅・蕩》末章之詞。大命，天命也。《刺奢篇》「伊尹知天命之去」，（宋本、嘉靖本去作至，非。見《刺奢》注。）《尚書大傳》、《韓詩外傳》俱作大命，是其證。《雲漢》箋以衆民之命釋之，別一誼。此言厲王之時，無能用老成典型，以治事者，故天命傾覆其國家。以，用也。此之謂也。盧文弨《抱經堂文集》二十一卷《答臧在東書》，譏管仲不能止桓公盟江、黄，一似未睹《穀梁傳》及本書者，可怪。蓋《羣書拾補》中，固明明有校《新序》也。凡本篇結句，多云某人之謀也。此第一章獨引詩，以爲不用善謀則傾其大命，中壘匡君垂戒之意深矣。

2 晉文公之時，周襄王有弟太叔之難，襄王，惠王子，名鄭，後母惠后，陳嬀，在位三十三年。（依《史・侯表》。《紀》作三十二年，誤。）《漢表》列七等。沈欽韓曰：「《公羊》誼以襄王不能事母，漢人多依其説，故在第七。」太叔帶，襄王之弟，食邑於甘，故稱甘昭，陳嬀惠后所出也。《漢表》列九等。《史記・周本紀》云：「襄王母早死，後母曰惠后，惠后生叔帶，有寵於惠王，襄王畏之。三年，叔帶與戎翟謀伐襄王，襄王欲誅叔帶，叔帶奔齊，齊桓公使管仲平戎於周。九年，齊桓公卒。十二年，叔帶復歸於周。十三年，鄭伐滑，王使游孫伯服請滑，鄭人囚之，王怒，將以翟伐鄭，富辰諫，不聽。十五年，王降翟師以伐鄭，王德翟人，將以其女爲后，富辰又諫，王不聽。十六年，王絀翟后，翟人來，誅殺譚伯，富辰以其屬死之。初，惠后欲立王子帶，故以黨間翟人，翟人遂入周，襄王出奔鄭，鄭居王於氾，子帶立爲王，取襄王所絀翟后，與居溫。十七年，襄王告急於晉，晉文公納王，而誅叔帶，襄王乃賜晉文公珪鬯弓矢，爲伯，以河內地與晉。」《左氏僖二十四年傳》：「初，甘昭公有寵於惠后，惠后將立之，未及而卒。昭公奔齊，王復之，又通於隗氏，王替隗氏。頽叔桃子奉太叔以狄師攻王，王御士將禦之，王曰：先后其謂我何，寧使諸侯圖之。王遂出，及坎欿，國人納之。秋，頽叔桃子奉太叔以狄師伐周，大敗周師。王出適鄭，處于氾，太叔以隗氏居于温。」所載較《史》尤詳。出亡居於鄭，不得入，使告難于魯、于晉、于秦。《左氏僖二十四年傳》：「冬，王使來告難，曰：不穀不德，得罪于母弟之寵子帶，鄙在鄭地氾，敢告叔父。臧文仲對曰：天子蒙塵於外，敢不奔問官守。王使簡師父告于晉，使左鄢父告於秦。」是其事也。《春秋》書「天王出居于鄭」，《公羊傳》曰：「王者無外，此其言出何，不能乎母也。魯子曰：是王也，不能乎母者，其諸此之謂與。」《漢書·霍光傳》：「五辟之屬，莫大不孝，周襄王不能事母，《春秋》曰天王出居于鄭，由不孝出之，絶之于天下也。」《嚴助傳》：「助上書稱天王出居鄭，衛侯朔入于衛。」皆是也。《占經》引《鉤命決》曰：「周襄王不能事其母，孛入北斗。」《新語·無爲篇》：「周襄王不能事後母，出居于鄭，而下多叛其親。」《鹽鐵論·孝養》云：「周襄王之母，非無酒肉也，衣食非不如曾晳也，然而被不孝之名，以其不能事父母也。」又曰：「周襄王富有天下，而有不能其母之累。」注：「夏侯勝曰：五辟之屬，莫大不孝，周襄王不能事母。」以上皆《公羊傳》誼。據《左傳》，則惠后欲廢適，立其子叔帶，未及而先卒。襄王即位，叔帶奔齊，王用富辰言召而復之，帶又通於王后隗氏，及襄王知之，廢隗氏，而帶且稱兵叛亂，公然引狄兵伐周。襄王之御士將禦之，王曰：先后其謂我何。蓋斯時惠后崩已久，尚推母之愛，不忍加兵，以待命於諸侯。而帶又公然逐王，據温自立，且納狄女隗氏爲后，王出奔鄭。迹襄王所爲，乃失之懦弱無斷，非失之刻薄寡恩也。西京諸儒，多未見《左傳》，故其言如此。惟《杜鄴傳》云：「襄王内迫惠后之難，而遭居鄭之危。」措詞稍平。然曰内迫后難，似斯時惠后尚存者，與他書所云，同失事實。抑思襄王果不孝，晉文、秦穆焉肯出兵助之，且自居大義，爲之殺叔帶以遂其惡乎。《穀梁傳》於出居事云：「天子無出，出失天下也；居者，居其所也；雖失天下，莫敢有也。」則其不與叔帶可知。中壘治《穀梁》，兼通《公羊》，

《六藝論》云：向受《公羊春秋》於顏安樂，安樂受之眭宏。此鄭君之說，必不誤。）而本書記此事，則專用《左傳》，其識力爲西京諸儒之冠。桓譚、王充謂其呻吟《左氏》，此亦一證。彼篤信班史，持向、歆父子異學之論者，烏足以知之。其明年，秦伯師於河上，將納王。明年，魯僖公二十五年也。秦伯，繆公也。秦居河西，故出師河上，示將東渡。狐偃言於晉侯曰：狐偃，文公之舅，字子犯，注見五卷《吕子章》。晉侯，文公，注見二卷。「求諸侯莫如勤王，杜預《左傳》注曰：「勤，納王也。」且大義也，諸侯信之。《左氏僖二十五年傳》二句倒敍。繼文之業，而信宣於諸侯，今爲可矣。」杜注：「晉文侯仇，爲平王侯伯，匡輔周室。」《正義》曰：「言欲繼文侯之功業，而使信義宣布於諸侯，今日納王，是爲可矣。」案：文侯，名仇，繆侯子，母姜氏，在位三十五年。（《侯表》、《世家》。）《漢表》列六等。（案：鄭桓、秦襄，俱在第五，而文侯降列第六，亦未聞。）《左氏隱六年傳》曰：「我周之東遷，晉鄭焉依。」杜注：「幽王爲犬戎所殺，平王東徙，晉文侯、鄭武公左右王室，故曰晉鄭焉依。」《正義》曰：「申侯與犬戎攻殺幽王於驪山下，諸侯與申侯共立平王，以西都逼戎。晉文侯、鄭武公夾輔平王，東遷雒邑。《毛詩》、《尚書》、《國語》、《史記》皆載其事。」《晉語》四：「冬，襄王避昭叔之難，居於鄭地氾，使來告難，亦使告於秦。子犯曰：民親而未知義也，君盍納王，以教之義；若不納，秦將納之，則失周矣，何以求諸侯。不能修身，而又不能宗人，人將焉依。繼文之業，定武之功，啟土安疆，於此乎在矣，君其務之。公說，乃行賂于草中之戎，與麗土之狄，以啟東道。」使卜偃卜之，各本無「使」字，《左傳》有，是也。下文「公曰筮之」，可見卜筮皆出於公命，否則似卜偃自卜矣，今依《左傳》增。卜偃，卽郭偃。《晉語》注：「晉掌卜大夫郭偃。」《墨子·所染篇》作「高偃」，《吕氏春秋·當染》作「郄偃」。（郄，俗郤字。）王念孫曰：「高當爲亭，亭卽城郭之郭，形與高近，因譌爲高。

《賈子·過秦篇》據億丈之𩫖，今本𩫖譌高，《墨子》多古字，後人不識，故傳寫多誤耳。《吕書》郤字，卽郭字之譌，非郤氏之郤也。（畢校《墨子》云：「晉有郤氏。」）《御覽·治道部》一引《吕氏》，正作郭偃。」梁履繩曰：「高與郭，聲之轉也。」俞樾曰：「高亦可讀爲郭，《詩·緜篇》毛傳：王之郭門曰臯門。郭偃之爲高偃，猶郭門之爲臯門也。」案：王説是，梁、俞二説並非。臯門乃郭門別名，非聲轉之證。《韓非·南面篇》：「郭偃之始治也，文公有官卒戒民之備也。」《商子·更法篇》：「郭偃之法曰：論至德者不和於俗，成大功者不謀於衆。」《趙策》四：「客見趙王曰：郭燕之法，（黄本作燕郭，誤。）有所謂柔癰者，（黄本作桑雍，亦誤。）王知之乎。」曾子固本作郭偃之淫，淫是法之誤。劉本亦作郭偃，燕偃聲之轉也。如上所述，則卜偃爲晉文造法，戰國時盛稱引之，故《墨子》云「晉文公染於咎犯、郭偃也」。（今本作高。）《漢表》卜偃列四等中上。曰：

「吉，遇黄帝戰於阪泉之兆。」

「於」，《左傳》作「于」，古字通用。杜注：「黄帝與神農之後姜氏，戰于阪泉之野，勝之，今得其兆，故以爲吉。」《正義》曰：「《大戴禮·五帝德》曰：黄帝與赤帝戰於阪泉之野。《晉語》云：昔少典娶於有蟜氏，生黄帝、炎帝，黄帝爲姬，炎帝爲姜，二帝用師以相濟也。韋昭注云：濟讀爲擠，擠，滅也。《史記》稱黄帝伐炎帝之後於阪泉之野，炎帝卽神農也。黄帝將戰，卜得吉兆，今卜復得彼兆，故以爲吉也。」案：《史記正義》：「《括地志》云：阪泉今名黄帝泉，在嬀州懷戎縣東五十六里，東出五里至涿鹿，東北與涿水合。又有涿鹿故城，在嬀州東南五十里，本黄帝所都也。言阪泉之野，則平野之地也。」《春秋地名考畧》云：「阪泉，今在直隸保定境。」《御覽》七十九引《歸藏》曰：「昔黄帝與蚩尤爭門涿鹿之野，將戰，筮于巫咸，巫咸曰：果哉而有咎。」《周書·嘗麥解》云：「昔天之初，□作二后，乃設建典，命赤帝分正二卿，命蚩尤于字少昊，以臨四方，司□□上帝未成之慶。蚩尤乃逐帝，爭于涿鹿之河，九隅無遺，赤帝大懾，乃説于黄帝，執蚩尤，殺之于中冀，以甲兵釋怒。」《史記》解云：「昔阪泉氏用兵無已，誅戰不休，并兼無親，文無所立，智士寒心，徙居至于獨鹿，諸侯叛之，阪泉以亡。」（朱右曾《逸周書集訓校釋》云：《史記》云：炎帝欲侵陵諸侯，諸侯咸歸軒轅，軒轅乃修德振兵，與炎帝戰于阪泉之野。此炎帝即班固所謂參盧，皇甫謐所謂帝榆罔也。神農本都陳，又都曲阜，榆罔徙于獨鹿，在阪泉之側，因又稱阪泉氏，或以爲即蚩尤，非也。《括地志》云：阪泉，今名黄帝泉，在嬀州懷戎縣東五十六里，東出五里至涿鹿，東北與涿水合，今直隸宣化府保安州南有涿鹿故城，即獨鹿也。）《列子・黄帝篇》：「黄帝與炎帝戰于阪泉之野，帥熊羆狼豹貙虎爲前驅，雕鶡鷹鳶爲旗幟，此以力使禽獸者也。」《史記・五帝紀》：「炎帝欲侵陵諸侯，諸侯咸歸軒轅，軒轅乃修德振兵，治五氣，藝五種，撫萬民，廣四方，教熊羆貔貅貙虎，以與炎帝戰于阪泉之野，三戰然後得其志。蚩尤作亂，不用帝命，於是黄帝乃徵師諸侯，與蚩尤戰于涿鹿之野，遂擒殺蚩尤。」《漢書・律歷志》下：「黄帝與炎帝之後戰於阪泉，遂王天下。」《史記・封禪書》索隱云：「鄧展云：神農後子孫亦稱炎帝，而登封者。《律歷志》黄帝與炎帝戰于阪泉，豈黄帝與神農身戰乎。皇甫謐云：炎帝傳位八代也。」統以上各書所言，阪泉與涿鹿，分爲二事，阪泉爲黄帝與神農之後名爲炎帝者所戰之地，涿鹿爲黄帝伐蚩尤之地，後人每混二事爲一，非矣。（案《路史・後紀》四曰：蚩尤，炎帝之裔，逐帝榆罔而自立，號炎帝。此説他書未見，不知何本。羅泌妄人，所言不足據，亦後人混炎帝爲蚩尤之故也。）梁履繩曰：「《賈子新書・不定篇》云：黄帝行道，而炎帝不聽，故戰涿鹿之野，後人遂以爲即阪泉一戰，非也。蓋阪泉、涿鹿地相近，因誤合之，當以《史記》爲定。蚩尤乃神農時諸侯，（原注：本《莊子》釋文下。）與炎帝之後自別。故《戰國・秦策》云：黄帝伐涿鹿而擒蚩尤。《莊子・盜跖篇》：黄帝與蚩尤戰於涿鹿之野。可證。（原注：釋文：涿鹿音卓，本又作濁。案《周書》作獨鹿，亦卽濁鹿也。）善乎《郡國志》之注曰：于瓚案《禮五帝德》云黄帝與赤帝戰於阪泉之野，（赤帝之名，又見《淮南·時則》。疑古赤字作大火，與炎字甚似，致譌。或因其火德王，故爲赤帝。）不在涿鹿，是伐蚩尤之地也。」以上梁説，分別最精。（見《左通補釋》卷七。）至鄒氏漢勛《讀書偶識》（卷二。）謂古有四蚩尤。（引見十卷。）疑蚩尤本古之惡人，爲黄帝所誅，後作亂爲惡者，遂亦加以此號，如盜跖之例耳。公曰：「吾不堪也。」杜注：「文公自以爲已當此兆，故曰不堪。」對曰：「周禮未改，今之王，古之帝也。」杜注：「言周德雖衰，其命未改，今之周王，自當帝兆，不謂晉。」公曰：「筮之。」筮之，遇大有之睽，杜注：「乾下離上大有，兑下離上睽，大有九三，變而爲睽。」曰：「吉，遇公用享於天子之卦，《左傳》殿本句末有「也」字，一本無。杜注：「大有九三爻辭也。三爲三公，而得位，變而爲兑，是爲説，得位而説，故能爲王所宴饗。」戰克而王享，《左傳》「享」作「饗」，古字通用，説詳下。《正義》曰：「卜遇黄帝吉兆，是戰克也，筮得大有，是王享也。」吉孰大焉。杜注：「言卜筮協吉。」案：言吉無有大於此者，示不必疑，以堅文公之心。且是卦也，杜注：「方更總言二卦之義，不繫於一爻。」天爲澤以當日，天子降心以迎公，不亦可乎，「迎」，《左氏》作「逆」，誼同。杜注：「乾爲天，兑爲澤，乾變爲兑，而上當離，離爲日，日之在天，垂曜在澤，天子在上，説心在下，是降心逆公之象」案：天子降心，亦説公用享於天子之誼。大有去睽而復，亦其所也。」杜注：「言去睽卦還論大有，亦有天子降心之象，乾尊離卑，降尊下卑，亦其義也。」晉侯辭秦師而下。杜注：「辭讓秦師，使還，順流故曰下。」三月，甲辰，次于陽樊，《史記集解》引服虔曰：「陽樊，周地。陽，邑名也；樊，仲山之所居，故曰陽樊。」李詒德曰：「案周地者，周圻内之地，陽邑名者，賜晉後事名，陽處父食邑卽此。《詩·烝民》生仲山甫，傳：仲山甫，樊侯也。

疏：《周語》稱樊仲山甫諫宣王，是山甫爲樊國之君也。韋昭曰：食采於樊。若然，是樊爲圻内國名，而陽則其食邑，猶《何人斯》傳以蘇爲國名，而其食邑則爲温也。此陽樊之誼也。」（《春秋左傳賈服注輯述》七。）案：陽樊亦南陽之地，《潛夫論·氏姓篇》云：「封於南陽，南陽者，在今河内。」《郡國志》：「河内郡修武，故南陽。」顧氏祖禹《讀史方輿紀要》云：「河南懷慶府濟源縣西南十五里陽城，古陽樊也。（《大事表》七之一，作東南三十里。）樊在東畿河北，故曰陽樊，在晉國之南，故又曰南陽也。又《漢書·地理志》南陽郡宛縣，申伯國。《潛夫論》宛西三十里有呂城，呂或作甫。鄭注《禮記》以仲山甫爲甫侯，此三家詩説。或以此南陽，誤當漢之南陽耳。毛云仲山甫樊侯者，謂仲山甫封於樊爲侯。顧棟高以爲東遷後，仲山甫子孫所封，非也。詩疏引杜預云：經傳不見畿内之國，稱侯男者，天子不以此爵賜畿内也。如預之言，畿内本無侯爵，傳言樊侯，不知何所案據。」考《外傳》明言樊仲山甫，是山甫爲樊國之君，杜説非是，近儒已多辯之。右師圍温，叔帶所居地也，在今河南懷慶府温縣西南三十里，周畿内國，詳見四卷《圍原章》注。左師逆王。逆，迎也。

夏，四月，丁巳，王入于王城，今河南河南府洛陽縣城西偏，即王城故阯。平王東遷，至景王十一世，皆居此。敬王遷成周，王城廢，至赧王，復居之。（《春秋大事表》七之一。）取大叔于温，注：擒取之。而殺之于隰城。《左傳》無「而」字。《水經注》：「沙溝水又東逕隰城北，殺太叔于隰城，是也。」今河南懷慶府城西三十里有期城，即其地。

戊午，晉侯朝王，王享醴，「享」，《左氏傳》一本作「饗」，宋本及釋文石經本作「享」。杜注「王享醴」二句云：「既行饗禮，而設醴酒，又加之以幣帛，以助歡也。宥，助也。」沈欽韓曰：「享醴爲初見時事，非食饗也。《大行人》、《司儀》及《聘禮》本分明，後人因杜注混解，俗本遂改享爲饗。」又曰：「《聘禮》：賓執圭致命，公受玉，賓出，擯者出請賓，奉束帛加璧，享庭實，乘皮，公受幣，聘于夫人用璋，享用琮，擯者出請賓，告事畢，奉束錦以請覿，擯者入告，出辭，請禮賓，公出迎賓，宰夫實觶，以醴薦脯醢，公用束帛庭實乘馬。其享禮之次第，獻錢之儀物如此。若諸侯朝王，其次序亦同。大行人職：上公之禮，廟中將幣，三享，王禮再祼。三享，即《聘禮》之加璧享。《覲禮》所謂三享，皆束帛加璧庭實，惟國所有也。再祼，即《聘禮》之醴賓也。前乎此者致館、致飧，後乎此者致饔餼、致饗食。《大行人》云：饗禮九獻，食禮九舉。鄭注：饗，設盛禮以飲賓也。醴賓之時，不名爲饗，以其但有脯醢，無牲牢也。杜云：王覲羣后，始則行饗禮，（《莊十八年傳》注。）此目不見《禮經》、《周禮》者也。」（《左傳補注》。）案：饗禮用酬幣，不用侑幣，亦不用醴，杜説誠繆。然沈必謂享是饗非，抑又不然。《説文解字》云：「亯，獻也，從高省，曰象進熟物形。」引《孝經》「祭則鬼享之」。是祭祀謂之享，引申之，凡下獻上亦謂之享。燕饗字用此者，叚借也。又曰：「饗者，鄉人飲酒也，从食，从鄉，鄉亦聲。」是鄉飲酒曰饗，引申之，凡飲賓客及鬼神來食，亦曰饗。祭享字用此者，叚借字也。段玉裁《經韵樓集·亯饗二字釋例篇》及《説文饗字考》、《與黄紹武書》、《論千里弟三札二篇》，考之至詳。此傳及莊十八年王饗醴，命之宥；僖二十八年王享醴，命晉侯宥，皆當作大飲賓之饗。而或用祭享字爲之，《左氏》用六書叚借之法也。沈氏謂此享字不可作饗，與段説異，非是。蓋古書享饗多互用，饗禮九獻，亦有獻誼，故多叚享爲之，未必享是而饗譌。但杜混食禮之侑幣於饗，且肊譔饗禮用醴，則與《禮經》、《周禮》所記，無一相合。朱氏大韶嘗辯之云：「《大行人》：上公再祼而酢，饗禮九獻；侯伯一祼而酢，饗禮七獻；子男一祼不酢，饗禮五獻。《掌客》：上公三饗三食三燕，侯伯再饗再食再燕，子男一饗一食一燕，祼與饗異禮異日。《聘禮》於受玉後請醴賓，賓禮辭聽命，宰夫實觶以醴，加柶於觶，面枋。（原注：冠婚醴並用觶。）侯國於聘賓用醴，則王祼諸侯，當用鬱鬯。《春官·肆師》凡賓客之祼事，和鬱鬯以實彝而陳之，是也。饗備獻酢酬之節，用酒以實爵，不聞用醴以實觶。《士冠》云：若不醴則醮用酒。又云：若庶子則冠於房外，南面，遂醮焉。《士昏》贊醴婦，贊者酌醴加柶面枋，婦以柶祭醴。記云：若庶婦，則使人醮之。是禮之重者用醴，輕者用酒，醴尚其質，酒取其文。既用饗禮而設醴，先文而後質，先今而後古，古無此禮，此杜肊說。」又曰：「醴與禮古字通，故鄭注《禮》多讀醴爲禮。《覲禮》王饗禮，乃歸。《傳》言饗禮，與《禮經》言饗禮，《大行人》饗禮九獻七獻五獻，《掌客》王合諸侯而饗禮，同，非稻醴黍醴粱醴之醴。」以上朱說，辯杜氏饗禮用醴之非，尤爲詳盡。其引《覲禮》文，證《傳》享醴字當讀禮，亦甚通適。《儀禮》以醴敬賓曰醴賓，鄭注多改爲禮賓，此二文相通之證。蓋必如此讀，然後《傳》文《禮經》，兩不抵觸。**命之侑**，「侑」，《左》作「宥」，《國語》與本書同。《儀禮·聘禮》「致之以侑幣」，鄭注：「古文侑皆作宥。」《説文·女部》：「姷，耦也，从女，有聲，讀若祐。重文侑，姷或从人。」《管子·法法篇》：「文有三侑，武毋一赦。」此叚侑爲宥。凡言侑觴、侑幣，雖訓侑爲勸，然必本有是物，而以他物勸之，故亦有耦誼也。杜云：「既行饗禮而設醴，又加之幣帛，以助歡也。宥，助也。」《莊十八年傳》：「王饗醴，命之宥。」杜云：「王之覲羣后，始則行饗禮，先置醴酒，示不忘古，飲宴則命以幣物。宥，助也，所以助勸敬之意。」《正義》曰：「命之宥者，命之以幣物，所以助歡也。禮主人酌酒於賓曰獻，賓答主人曰酢，（案當作醋，後人以醋爲酢，遂以酢爲醋，二字互易已久，不可復正。）主人又酌以酬賓曰酬。謂之酬幣，蓋於酬酒之時賜之幣也。」案：酬幣與侑幣不同，饗禮止用酬幣，不用侑幣，説已具前。孔疏似亦知之，（案《詩·小雅·鹿鳴序》箋云：飲之而有幣，酬幣也，食之而有幣，侑幣也。孔疏分别饗禮食禮用幣之文甚明，此疏強爲杜申說，自爲違反，可笑也。）故引酬幣之文，以傅會杜説，所謂強爲之辭也。王引之《經義述聞》云：「杜謂以幣物助歡者，蓋據《公食大夫禮》，公受宰夫束帛以侑也。然《聘禮》曰：若不親食，使大夫各以其爵朝服致之以侑幣，致饗以酬幣。是侑幣用於食禮，非饗禮所用也。且如杜説，命以幣物助歡，則傳當云命宥之，不當云命之宥也，尋文究理，殆有未安。今案《爾雅》曰：酬，酢，侑，報也。則侑與酬酢同誼。（案：酬酢亦取相配耦之誼，謂侑爲報，其意如此。）命之侑者，其命虢公、晉侯與王相酬酢與，或獻或酢，有施報之誼，故謂之侑，命之侑者，所以親之也。《僖二十八年傳》：晉侯朝王，王享醴，命晉侯宥。其爲命晉侯與王酬酢，較然甚明。若謂助以幣帛，則《傳》但云王享醴，宥之，可矣，何須云命晉侯宥乎。（原注：杜注既饗，又命晉侯助以束帛，以將厚意，失之。）又《僖二十五年傳》：晉侯朝王，王享醴，命之宥。《晉語》作王饗醴，命公胙侑。胙即酢之借字，蓋如賓酢主人之禮，以勸侑於王，故謂之酢侑與，而韋乃以胙爲賜祭肉。時當饗醴，安得有祭肉之賜乎。（原注：韋又云：命，加命服也；侑，侑幣也。皆失之。）《傳》所言者饗禮也，而解者乃當以食禮之侑幣，雜以吉禮之賜胙，失《傳》意矣。」案：王説甚通，引《外傳》侑胙，謂胙即酢之叚借，侑胙連文，足徵宥訓報，不當訓助，尤爲確證。解此《傳》者，當以此爲定論矣。朱大韶亦云：（朱氏之説，見所著《春秋傳禮徵》，與上注同一則。）「禮饗有酬幣，食有侑幣。《聘禮》曰：若不親食，使大夫各以其爵朝服致之以侑幣，饗以酬幣。又曰：若不親饗，則公作大夫，致之以酬幣，致食以侑幣。《公食大夫》曰：公受宰夫束帛，以侑賓，明日，拜食與侑幣。又曰：大夫相食侑幣，束錦也，饗之幣何言酬，賓既酢主人，主人復酬賓，故用幣以致之。鄭云：酬賓，勸酒之幣是也。食之幣何言侑，《大司樂》王大食三侑，《特牲》尸三飯，告飽祝侑。凡禮食皆侑，故用幣以致之。鄭云：侑，勸也，以爲食賓客殷勤之意未至，復發幣以勸之，欲用深安賓也。是也。然則饗當言酬，不當言侑，酬幣侑幣，皆所以酬賓勸賓，無須命，亦不當言命之。命之者，命其人也。《僖傳》曰命晉侯侑，是也。如杜說，當云侑虢公、晉侯，（此據《莊十八年傳》言，故云。）不當言命之侑。《晉語》紀文公事曰：王饗禮，命公胙侑。韋注：命，加命服也；胙，賜祭肉也；侑，侑幣。謂既食以束帛侑之。如韋說，則命也，胙也，宥也，爲三事。以命爲命服，《傳》當云錫公命，不得言命公。宗廟之胙，與侑食之幣，二者不得連言，王饗諸侯，不聞以錫以胙肉也。大韶謂醴與禮通，（中畧一段，引見前。）宥侑古字亦通。《釋詁》云：酬，酢，宥，報也。侑與酢同，惟賓主敵者，得親酢主人，餘皆主人自酢，不得酢尊也。王饗諸侯，諸侯不得酢王，王特命之侑。《内傳》言命晉侯宥，《外傳》言命公胙侑，（原注：胙酢字同。）胙侑皆報也。然則命之侑者，命其酢王也；命晉侯宥者，命晉侯酢王也。否則酬幣侑幣，本禮之常，何須言命。」（後畧。）又曰：「凌氏廷堪《禮經釋例》引此《傳》曰：（謂《莊十八年傳》。）饗謂饗禮，醴謂醴賓，馬者，蓋謂饗及醴賓之庭實。故《聘禮》醴賓亦云賓執左馬以出，杜注行饗禮先設醴酒，恐誤。《士昏》婦見舅姑，贊醴婦，婦饋舅姑，舅姑饗婦。亦分醴饗爲兩事。大韶謹案：凌據《禮經》分別饗醴，勝杜說矣。但王祼諸侯，在朝禮畢後，與《聘禮》聘畢請禮賓同。饗在賜諸侯車服後，《覲禮》末言饗禮乃歸，則醴與饗不同日。況據《大行人》云：祼事用鬱鬯，不用醴。王饗諸侯，玉用琥璜。《禮器》曰：琥璜爵。惠氏《禮說》曰：琥以繡，璜以黼者，謂天子饗諸侯，諸侯自相饗，酬以繡黼，而將以琥璜。今云五瑴，非琥璜。《說文》：珏，二玉相合。魯僖納玉於王，與晉侯，皆十瑴，則賜以玉五瑴，自出當時之意，非侑幣。」以上朱說，與王氏畧同，而讀醴爲禮，足補王氏所未及，引證亦彌詳備，皆爲此《傳》確訓。凌說雖非，而引《士昏禮》證饗與醴分兩事，則甚明晰。饗禮久亡，無可考，前儒說饗禮，多以飲宴禮溷之，黄以周《禮經通說》言之詳矣。《詩·行葦》箋云：「進酒於客曰獻，客答之曰酢。」《蒼頡篇》：「主答客曰酬，客報主曰酢。」（《廣韻》引。）侑與酬酢同訓，見於《爾雅》，其說最古。《禮記·郊特牲》曰：「天子無客禮，莫敢爲主焉。」蓋天子至尊，臣下莫敢酬酢，故王加禮晉侯，特命之胙侑，如賓酬主人之禮，以勸侑王，所以示親也。《内傳》云命之宥，《外傳》云命之胙宥，則胙宥即宥，非分兩事。命字專屬胙侑甚明，何謂突出服字，既以命爲命服，則《内傳》命字，又作何解，時方設饗，何來胙肉。其説殊不可通。至沈氏謂《傳》文是享非饗，則又未明古字通叚之原，與享饗字誼之别，其説尤不足辯。要之王、朱之論，卓然不可易矣。**予之陽樊、温、原、欑茅之田，**盧文弨曰：「欑，何本作攢，譌。」案：嘉靖本、鐵華館本亦作「攢」，二本均出於宋本，則宋本必有作攢者，今所據宋本作欑，與盧説合。洪亮吉《左傳詁》亦云作攢者非，故據改正。《國語》作「賜公南陽樊温原州陘絺組攢茅之田」，（字亦作攢，或通用字。）韋注：「八邑，周之南陽地。」考《内傳》云：「晉於是乎始啟南陽。」杜注：「在晉山南河北，故曰南陽。」則南陽爲賜晉所得之名，與韋説異，見下注。陽樊、温，注見前，原注在四卷《伐原章》。欑茅，見《左氏隱十一年傳》杜注云：「在懷縣西南。」《春秋大事表》云：「今河南懷慶府修武縣西北二十里有欑城，即其地。」（卷七之一。）沈欽韓《左傳地名補注》云：「《地理通釋》，欑茅今爲大陸村。」案：《正義》引《括地志》有茅亭，在懷州獲鹿縣東北二十里，則欑茅本兩邑，而杜預誤合爲一也。**晉於是始開南陽之地。**「開」，《左傳》作「啟」，無末二字。此避景帝諱改開，若啟母石作開母石矣。閻氏若璩《四書釋地》曰：「南陽即今太行山之南，河内、濟源、修武、温縣地。（四縣並懷慶府屬。）《孟子》遂有南陽，注：山南曰陽，謂岱山之南也。二南陽所指不同。《公羊閔二年傳》：齊桓使高子將南陽之甲，立僖公而城魯。注：南陽，齊下邑。（案：此即《孟子》之南陽。）《春秋大事表》云：杜注：晉山南河北，故曰南陽。又文元年：晉使告於諸侯而伐衛，及南陽。杜注：今河内地。然則南陽地極寬大，兼涉衛境，不止晉有矣。蓋本周圻内地，文公始受之，故曰啟。馬融曰：晉地自朝歌以北，至中山，爲東陽，朝歌以南，至軹，爲南陽。應劭曰：「河内殷國也，周謂之南陽，後又爲魏鄭衛三國之地。」（《水經清水注》引。）魏卽分晉地，應蓋本其後而言之耳。徐廣曰：「河内郡修武縣，古名南陽。」劉原父曰：「修武有古南陽城。」蓋南陽其統名，而修武則魏之南陽邑也。今河南懷慶府修武縣有南陽故城。」（卷七之三。）光瑛案：應劭云周謂之南陽，謂周時所謂南陽，非以爲南陽之名，周固有之也。韋昭誤讀應注，故以南陽爲周地，（韋年輩稍後仲遠。）不知南之云者，自晉言之。杜注云在晉山南河北，故曰南陽，是也。讀《左傳》始啟二字，自得其誼。南陽爲賜晉後所得之名，杜説勝韋。其後三年，文公遂再會諸侯，以朝天子，謂踐土及温兩役，事在魯僖公二十八年。天子錫之弓矢秬鬯，以爲方伯，《晉世家》云：「天子使王子虎使晉侯爲侯伯，賜大輅、彤弓矢百、玈弓矢千、秬鬯一卣、珪瓚、虎賁三百人。」《左傳》：「王命尹氏，及王子虎、内史叔興父策命晉侯爲侯伯，賜之大輅之服、戎路之服、彤弓一、彤矢百、玈弓矢千、秬鬯一卣、虎賁三百人。」《史記集解》引賈逵曰：「彤弓赤、玈弓黑也，諸侯賜弓矢，然後征伐。」《詩·彤弓》疏引服注云：「矢千則弓十。」案此二注杜全用之。《説文·丹部》：「彤，丹飾也，从丹彡，彡其畫也。」《詩·彤弓傳》曰：「彤弓，朱弓也。」許書無玈字，（新附始收之。）當作黸。《説文·黑部》：「黸，齊謂黑爲黸。」是也。省字作盧，《尚書·文侯之命》：「盧弓一，盧矢百。」是也。《公羊定四年傳》注：「天子雕弓，諸侯彤弓，大夫黑弓，士盧弓。」《荀子·大略》云：「天子雕弓，諸侯彤弓，大夫黑弓。」然則彤弓以賜晉侯，盧弓賜晉之大夫士，以備用也。《禮記·王制》：「諸侯賜弓矢，然後征。」注云：「得其器乃敢爲其事。」是賈誼也。以彤弓一而矢百，故推知矢千則弓十，傳省文耳。此服誼也。釋文引一本云：「玈弓十，玈矢千。」是後人妄加，非服君所據。《周禮·大司寇》「入束矢」，注：「古者一弓百矢，束矢其百个與。」鄭誼與服同也。《集解》又引賈云：「秬，黑黍；鬯，香酒也，所以降神。卣，器名。諸侯賜珪瓚，然後爲鬯。」杜注亦用之。云秬黑黍者，《爾雅·釋草》文。《說文》作𪏰，云：「黑黍也，一稃二米以釀。」又《說文·禾部》秠下云：「秠，一稃二米。」《爾雅》文同，郭璞注：「此亦黑黍。」則秬與秠同類。《說文》秬𪏰，或從禾，云鬯香酒也者，《周禮·春官·序官》注云：「鬯，釀黍爲酒，芬香條暢於上下也。」《詩·江漢》箋云：「秬鬯，黑黍酒也，謂之鬯者，芬香條鬯也。」（鬯暢音近，通用。）《易》「不喪匕鬯」及《禮記·王制》鄭注並云：「鬯，秬酒也。」是鄭專以秬黍爲鬯。世儒或據《周禮·春官》鬱鬯，屬於《鬱人》，則單言鬯與秬鬯同，與鬱鬯異。然《江漢》傳曰：「鬯，香草也，築煮合而鬱之。」《白虎通義·考黜篇》曰：「鬯者，以有草之香，鬱金合而釀之，成爲鬯。」《說苑·修文篇》曰：「鬯者，百草之本。」《周禮·鬯人》「共介鬯」，先鄭云：「鬯，香草。」是皆以香草爲鬯，與鄭異也。其實鬯兼香草秬黍，合而爲酒，無香草，〔曷〕以達芬。故《禮記·郊特牲》云：「周人尚臭，灌用鬯臭，鬱合鬯。」賈君注亦以香酒訓鬯，與秬分別言之，是其證也。先儒以香草訓鬯者，謂草以和鬯，猶《禮緯中候》謂鬯草耳。鄭於《春官·序官》注云：「鬱，鬱金，香草，宜以和酒。」是鄭亦知鬱之宜和酒矣。《明堂位》注云：「鬱，鬯之器也。」則明知鬯之當用鬱矣。孔氏謂古今書傳，香草無名鬯者，不知鬯雖非香草名，而非香草則無以成鬯。漢注簡質，未嘗分析言之，固不可以辭害意也。《說文·鬯部》：「鬯，以秬釀𩰪草，芬芳攸服，以降神也，从凵；凵，器也，中像米；匕，所以扱之。《易》曰：不喪匕鬯」云象米，見鬯必以秬黍。（段云：※即米字斜書之。）云以𪏰釀𩰪，見秬必兼用𩰪。（凡鬱鬯字作𩰪。鬱，鬱林，郡名。許書：𩰪，芳草也，十葉爲貫，百廿貫，築以煮之，爲𩰪，从臼缶冖鬯，彡其飾也；一曰：𩰪鬯，百草之花，遠方鬱人所貢芳草，合釀之以降神，鬱，今鬱林郡也。在鬯部。又鬱，木叢生者，从林，𩰪省聲。在林部。二誼判然，經傳多叚鬱爲𩰪，而𩰪字廢。據《說文》鬱從𩰪省，𩰪字當在鬱之先，而鬱下復有遠方鬱人所貢芳草云云，似鬱字由鬱取誼者。許書所載一曰，多不為典要，以本說爲正。）觀古人制字之誼，可知秬鬯之用。若以秬鬯屬《鬯人》，鬱鬯屬《鬱人》，強分爲二，則《周語》云鬱人共是鬯亦共自鬱人，又何說邪。《王制》疏云：「釀秬黍爲酒，和以鬱金之草，謂之鬱鬯，不以鬱和，直謂之鬯。」此徒泥《周官》分屬之文，不知一物兩屬，初非奇異。《周官》鬱鬯秬鬯云云，不過隨事立名，非爲二鬯不同之證。鄭君以黑黍秬黍釋鬯，舉其原質，猶先鄭之但舉香草，各以一端言之，非謂黑黍之外，不得再用鬱也。云卣器也者，本《爾雅·釋器》文，疏引孫炎云：「罇、彝爲上，罍爲下，卣居中。」《鬯人》注：「卣，中尊，謂獻象之屬，尊者，彝爲上，罍爲下。」孫炎，鄭君再傳弟子，（孫炎受業康成之門人，見《三國志·王肅傳》。）其說卽本鄭氏。云諸侯賜珪瓚然後爲鬯者，亦《王制》文。《左氏僖二十八年傳》：「王命尹氏，及王子虎、內史叔興父策命晉侯爲侯伯。」《周官·內史職》曰：「凡命諸侯，則策命之。」是策命侯伯，固內史之專職。加二卿者，杜注云「三官命之以寵晉」，是也。《曲禮》「五官之長曰伯」，此伯字之誼，非五等之爵。肇林謹案：鬱鬯皆非實物，《王度記》云：「天子以鬯，諸侯以薰，大夫以蘭芝，士以蕭，庶人以艾。」《禮緯》云：「鬯草生郊」。《中候》云：「鬯草生庭。」皆以鬯爲草，殆卽以鬱金名鬯，猶許書云：「鬱，芳草也。」又云：「築以煮之爲鬱也。」（許又云：「百草之花，遠方所貢。則凡草之芬芳可以合鬯者，皆可謂之鬯草矣。）從其气之積言之，則謂之鬱；從其香之散言之，則謂之鬯；合香草秬黍和之爲酒，則謂之鬱鬯。觀許君鬯字鬱字之說，其意固相通也。晉文公之命是也。《史記·晉世家》曰：「天子使王子虎命晉侯爲伯，作晉文侯命。」以文侯爲重耳，與此說同，與《書序》異。王先謙《尚書孔傳參正》云：「《書序》釋文，馬本無平字，是馬說與《史記》同，不以爲平王。鄭說與僞孔同，蓋別有本。《後漢·丁鴻傳》：永平十年，召見，說《文侯之命篇》。丁用今文，當無異誼。李賢注：平王東遷洛邑，（洛當作雒，説在十卷。）晉文侯仇有功，平王賜以車馬弓矢，而策命之，因以名篇。亦非。」又云：「據馬本，今古文皆無平字，鄭始以義和之義爲文侯仇字。《書》疏引王肅云：幽王既滅，平王東遷，晉文侯、鄭武公夾輔王室，晉爲大國，功重，故平王命爲侯伯。蓋本鄭説而申之，僞孔因於序首加字，此又僞傳出肅之一證也。」案：《史記索隱》云《尚書·文侯之命》是平王命晉文侯仇之語，今此文乃是襄王命文公重耳之事，代數縣隔，勳策全乖，太史公雖復彌縫左氏，而系家頗亦時有疏謬。裴氏《集解》亦引孔、馬之注，而都不言時代乖角，何習迷而同醉也。然計平王至襄王，爲七代；仇至重耳，爲十一代而十三侯。又平王元年，至魯僖二十八年，當襄王二十年，爲一百三十餘歲矣，學者頗合討論之。劉伯莊以爲蓋天子命官，同此一辭，尤爲非也。皮錫瑞《今文尚書考證》云：「史公用今文，與鄭君古文説不同，《索隱》不考今古文之異，妄詆史公，非也。段玉裁説此及自序云：嘉文公錫珪鬯，作《晉世家》第九。劉向《新序·善謀篇》亦稱晉文公之命，皆用今文《尚書》説也。」光瑛謂《史記》用今文，近儒雖主是説，然史公究爲安國弟子，安知其不用古文。皮氏謂以爲命文侯仇者是古文，命重耳者爲今文，然則馬本無平字，其説必與《史》同，（據其解義和不以爲文侯之字，可以知之。）何以又爲古文乎。陳喬樅謂古文《尚書》不以此爲平王錫文侯仇，其説勝於皮氏。鄭君讀義和之義爲儀，訓匹。乃文侯仇字，當别有所據，非古文舊誼。至王肅云：「晉文、鄭武，夾輔王室，晉爲大國，功重，故平王命爲侯伯。」則立論甚謬。夫晉鄭同輔周室東遷，何知晉功獨重。且以理言之，鄭桓與武，相繼爲司徒，勤勞王家，當較晉功更偉，胡以策晉爲伯，而不及鄭。若謂晉大鄭小，是論勢力，不論功業，胡以服鄭之心。況晉自曲沃滅翼，而後兼併諸國，勢始強大。入春秋之初，鄭莊強於諸侯，而晉屢遭篡弒之禍，敝弱已甚。觀《楚語》白公子張説：齊桓、晉文之入，四封不過同。推之文侯仇之時，諒亦如是。惟救周一役，差強人意，故功烈爲世稱道耳。肅強爲誤序分解，不案時以立言，動滋繆戾。由此觀之，當從《史記》及本書作命文公重耳爲長，今古文師說，皆如此也。近人章氏《劉子政左氏說》謂義和當借爲羲和，周時以方伯兼羲和，稱父羲和，猶云父方伯也。其說雖新，案之書傳，終無確據，今不取。卒成霸道，狐偃之謀也。夫秦、魯皆疑，謂狐疑不肯内王。晉有狐偃之善謀，以成霸功，故謀得於帷幄，得，當也。《說文》無幄字，當作楃。《木部》：「楃，木帳也。」《周禮・春官・巾車》翟車有握，陸氏釋文曰：「握，干馬作幄。」是。字又通作屋。《詩・大雅・抑篇》「尚不愧于屋漏」，鄭箋：「屋，小帳也。」《漢書・高紀》「黄屋左纛」，字皆作屋。蓋楃正字，屋省借字，握亦同聲通叚字。作幄最俗，今人皆承用幄，而楃字廢矣。則功施於天下，施，加也。二句蓋古語。狐偃之謂也。自「其後三年」以下，皆中壘叙論之詞。

3虞、虢，皆小國也，虢，當作郭，經傳多叚虢字爲之，注見四卷。《史記・吴世家》曰：「周武王克殷，求太伯、仲雍之後，得周章，周章已君吴，因而封之，乃封周章弟虞仲於周之北故夏虚，是爲虞仲，列爲諸侯。」閻氏若璩《四書釋地》云：「杜注：虞國在河東大陽縣。余謂即山西之平陸縣也。虢，西虢國，弘農陝縣東南有虢城，余謂河南之陝州也。名雖二省，而界相連。裴駰引賈逵云：虞在晉南，虢在虞南。一言之下，形勢憭然。爾時爲晉獻公十九年，正都於絳，絳在太平縣之南，絳州之北，土人至今呼故晉城，遺址宛然。《春秋大事表》云：虞，今山西解州平陸縣東北四十五里，有虞城。」（第五卷。）虞有夏陽之阻塞，《左氏經》書「虞師晉師滅下陽」，《公》、《穀》下作夏。夏下音近，叚借。陸淳曰：「據上陽、下陽，俱虢邑都，《左氏》爲是。」江永曰：「夏大同誼，《漢》爲大陽縣。」案：《漢》稱大陽，據《公》、《穀》經文改之，陸說是也，作夏者叚借字。《隸續・斥彰長田君斷碑》：「假印綬，守廣平夏曲陽，令斥彰長。」洪氏云：「鉅鹿之四邑，曰任、曰廣平、曰下曲陽、曰斥章，碑以下爲夏，以章爲彰，亦其例也」（《左傳》服本作夏。）《水經・河水注》：「鄍水又東南逕夏陽縣故城南。服虔曰：夏陽，虢邑也，在大陽東三十里城南。」《元和郡縣志》：「下陽城在陝州平陸縣東北二十里，今屬山西解州。」杜預云：「下陽，虢邑，在河東大陽縣。」此本服說。今大陽廢縣在山西解州平陸縣東五十里，又東北三十里，卽古下陽城也。《經》書「虞師晉師滅下陽」，則下陽屬虢，故服、杜皆云虢地。《公羊傳》：「夏陽者何，郭之邑也。」（郭，虢之本字。）此言虞有夏陽之阻塞者，蓋夏陽在虢之北，虞之南，虞在晉南，虢在虞南，二國邊境要塞之地，故下文言虞虢共守之也。夏陽在虢爲河北地，虢界跨有河南北，以故晉師先滅夏陽，後取虢。虞、虢共守之，晉不能禽也。云虞虢共守之者，《穀梁傳》曰：「夏陽者，虞虢之塞邑也。」注：「其地險，故二國以爲塞。」則夏陽爲二國邊境扼要之區，故二國共守之也。《經》書滅夏陽，服、杜以爲虢邑。本書上言虞有夏陽之阻塞，皆各舉一偏言之，其實二國之公地。禽，獲也，字本作捦。《說文・手部》：「捦，急持衣裣也，从手，金聲。」通作禽，俗加手爲擒。故晉獻公欲伐虞、虢，此下用《穀梁僖二年傳》文。《穀梁》無「虞」字。《公羊僖二年經》「虞師晉師滅夏陽」，傳：「虞，微國也，曷爲序乎大國之上，使虞首惡也，曷爲使虞首惡，虞受賂，假滅國者道，以取亡焉；其受賂奈何，獻公朝諸大夫而問焉，曰：寡人夜者，寢而不寐，其意也何。（案此卽《說苑》所謂虞有宮之奇，而獻公終夜不寐者也。）諸大夫有進對者曰：寢不安與，其諸侍御有不在側者與。獻公不應，荀息進曰：虞郭見與。獻公揖而進之，遂與之入而謀曰：吾欲攻郭，則虞救之；攻虞，則郭救之。如之何，願與子慮之。荀息曰：君若用臣之謀，則今日取郭，而明日取虞爾，君何憂焉。獻公曰：然則奈何。荀息曰：請以屈產之乘」云云。是獻公本意欲兼伐虞虢，而妨其互救，非但欲伐虢，利用虞國假道，從而生心也。本文上半章雖采《穀梁》，而以欲伐虞虢並言，深得《公羊》之指。獻公，武公子，名詭諸，（《世家》作佹諸。）在位二十六年。《一統志》云：「葬絳縣東槐泉村。」《寰宇記》：（百二十八。）「冢在濠州定遠縣東，去驪姬冢十步。」《漢表》列八等。（案：晉别有獻侯，在獻公前，非此獻公。）

荀息曰：荀息，晉大夫。《潛夫論·志姓氏》作郇，是。梁玉繩《人表考》云：「《竹書》言：晉曲沃武公滅荀，以賜大夫原氏黯，是爲荀叔。傳稱荀息曰荀叔，應卽原黯。仲弟履繩著《左通》，謂黯名，息字，或當然也。武公，曲沃莊伯子。《竹書》莊伯時有荀叔軫，似軫乃黯之父，言荀叔者，蓋追號之，與荀林父異族。高氏士奇《春秋左傳姓名同異考》、顧氏棟高《春秋大事表》並本《潛夫論》，以林父與息同族，疑未足據。《通志·氏族畧》三、《路史·後紀》十，叙荀氏晉之公族，獨不及荀息。（原注：《路史》云：孫息食知爲知氏、智氏，孫荀古通，息乃首字之譌，謂荀首也。）《路史·國名紀》五叙武穆之分云：荀逝遨采。《史·趙世家》索隱引《世本》：晉大夫逝遨，生桓伯、林父。則爲兩荀氏可知。竊意武公以荀賜原氏，遂改爲荀氏，荀息死子卓之難，豈能世守采地，必惠公文公奪絶，更賜逝遨耳」案《公羊》以荀息與孔父、仇牧，並稱爲賢，故《漢表》列入三等。然息實非二子比，沈欽韓嘗辯之。《廣韵》十八諄荀字注云：「荀姓本作郇，後去邑爲荀。」「君胡不以屈產之乘，與垂棘之璧，假道於虞？」《公羊傳》作「請以屈產之乘，與垂棘之白璧往，必可得也」。《穀梁》無「與」字，「假」作「借」，上有「而」字，句末有「也」字。《孟子·萬章篇》、《呂氏·權勳》、《韓非子·十過》、《淮南·人間》皆先言垂棘而後及屈產之乘。《公羊》何注云：「屈產，出名馬之地；乘，備駟也；垂棘，出美玉之地，玉以尚白爲貴。」《穀梁》范注云：「屈邑產駿馬，垂棘出良璧。」案：何氏以屈產爲地名，趙岐注《孟子》本之，云：「屈產地，良馬所生；乘，四馬也。」

《公羊》徐氏疏云：「謂屈産爲地名，不似服氏謂産爲産生也。」《吕氏・權勳》注：「垂棘，美璧所生之地，因以爲名也。屈産之乘，屈邑所生，四馬曰乘，今河東北屈，駿馬者是也」高、服時代先後畧同，皆以屈爲地名，高氏並引今地以釋之，其説堅確，實范注所本，（杜注亦同。）似勝。閻氏《釋地》云：「《通典》：慈州文城郡，今理吉昌縣。（唐人諱治爲理。）春秋時晉之屈邑，獻公子夷吾所居，漢河東北屈縣。《左傳》云：晉有屈産之乘，此有駿馬，與劉昭注《後漢志》同。余謂今山西吉州是，樂史傳會爲石樓縣。但石樓乃漢西河上軍縣，非北屈縣。」《春秋大事表》云：「今爲山西吉州州治，東北二十一里有北屈廢縣，爲晉北屈邑，即夷吾所居之屈也。」閻、顧二説，均極明確，可證高氏之注。《水經注》：「龍泉出在京城東南道左山下，牧馬川上，多産名駒，亦名屈産泉。」惟産是産生之誼，故古人取以名泉也。陳氏立《公羊義疏》云：「《左傳》言二五言於公曰：狄之廣莫，於晉爲郡。則知蒲屈鄬皆狄地也。案：《周禮・大宗伯》以天産作陰德，注：天産者，動物，謂六牲之屬。此服氏所本。（李詒德亦據《周禮》文，謂馬可名産。）然屈産、曲棘並稱，似屈産爲地名，爲得其實。」以上陳説，爲何注回護，殊嫌勉強。屈本狄地，晉得後即爲晉有，於理何礙。至謂屈産、曲棘並言，當以二字爲名，則豈荀息設謀時，必求二字地名相配，爲後世操觚者地乎。抑古人爲文，可不問事實，而但以文詞相對爲主乎。即以文論，屈本地名，所以必加産字者，正取其字數之相配也。若如陳説，古人有以馬卿、葛亮爲文者，將亦謂相如之姓本爲馬，卧龍之氏本爲葛乎。況陳氏不能指明屈産當今何地，徒守疏不破注惡例，强云得實，何以服人。善乎梁氏履繩之言曰：「《僖十五年左傳》：古者大事，必乘其産。又曰：今乘異産。《哀二十三年傳》有不腆先人之産馬。則産斷不可爲地名，《吕氏》高注，昀然可據。自何休注《公羊》、趙岐注《孟子》，俱以屈産爲地名，後人襲之，而《寰宇記》至云：屈産，泉名，馬飲此泉者良。尤屬傳會。

故朱子注《孟子》，亦舍趙而從杜。」（《左通補釋》五。）其去取至當矣。垂棘者，《公羊》釋文云：「一本作蘇。」（《孟子》注：垂棘，美玉所出地名。）閻氏《釋地》云：「垂棘，又見成五年，杜但注云：晉地。考垂棘，解《春秋傳》者多不詳所在。沈欽韓《左傳地名補注》云：『《一統志》：三垂山，在潞安府潞城縣西南二十里，又有臺壁，在縣北，即垂棘之誤。』其說未知何如也。」凌氏廷堪《禮經釋例》云：「《呂氏·權勳篇》：晉獻公乃使荀息以屈產之乘爲庭實，而加以垂棘之璧，以叚道於虞，而伐虢。是謂晉人聘虞行享禮時，束帛所加之璧，爲垂棘之璧；庭實所設之馬，爲屈產之乘也。《聘禮》：賓裼奉束帛和璧享。記曰：凡庭實，皮馬相間，可也。間，猶代也。晉地多馬，故《聘禮》享庭實用皮，而晉代以馬也。何休、范寧、杜預、趙岐皆不知引享禮以釋之，疏矣。」鍾文烝《穀梁補注》云：「《呂氏春秋》不言聘，凌說似是而非。此專爲借道，非聘也，聘享用璧，而有庭實，自是常禮，又未有不受者。《穀梁》下言小國所以事大國，言幣重不便，又言不借吾道，不敢受吾幣，（案《呂氏》亦云：若不吾叚道，必不吾受也。）其非享禮明矣。借道之事，依《聘禮》文，但用束帛，許而後受幣，故下云然也。」朱氏大韶《春秋傳禮徵》云：「案《聘禮》：若過邦，至於境，使次介叚道，束帛以將命於朝，下大夫取以入告，出許，享用庭實。叚道但用束帛，不特不用乘馬，並不加璧。虞虢相依，晉欲伐虢，故以重寶叚道，本非聘也。若以屈產之乘爲庭實，則用《聘禮》於虞，復云叚道，其可通乎。帥伐虢之師，而入聘人國，亦無此法。此子書之不經，非注者之疏。」光瑛案：鍾、朱二說皆是。鍾謂叚道許而後受幣，聘則未有不受者；朱謂叚道但用束帛，帥師以入聘人國，無此法。皆足以折凌說之角，至當不易。《韓子·內儲說下》：「晉獻公欲伐虞虢，乃遺之屈產之乘，垂棘之璧，女樂二八，以榮其意而亂其政。」是當時尚有女樂，他書所未及也。

公曰：「此晉國之寶也，彼受吾幣，不借吾道，則如之何？」「幣」，各本作「璧」，聲之誤也。十卷《留侯章》「公誠無愛金玉璧帛」，彼文璧亦當作幣，璧與玉誼復。《淮南·時則訓》「幣禱鬼神」，注：「幣，圭璧也。」此以聲近取誼，幣可晐璧，璧不可晐幣。今依《穀梁傳》改作「幣」，因此采《穀梁》文故也。《呂氏·權勳》云：「獻公曰：夫垂棘之璧，吾先君之寶也；屈産之乘，寡人之駿也。若受吾幣而不吾假道，將奈何。」《韓子·十過篇》云：「君曰：垂棘之璧，吾先君之寶也；屈産之乘，寡人之駿馬也。若受吾幣，不假之道，將奈何。」諸文皆作受吾幣，不作璧字，是也。本書下文亦云：「彼不借吾道，必不敢受吾幣。」則此璧是誤文明矣。璧僅賂虞之一種，不當偏舉，宋本已誤。或疑《左傳》：「公曰：是吾寶也。對曰：若得道於虞，猶外府也。」公意止重在璧，故云是吾寶，而荀息亦僅以外府爲對。不知文有詳畧，《公》、《穀》、《呂》、《韓》皆以外府外廐並言，寶亦兼璧馬言之，覩本書下文作幣，則此字之誤，從可決矣。 **荀息曰：「此小國之所以事大國也。** 上「國」字各本俱奪。案：下文既有「國」字，則此處亦不可省，今據《穀梁傳》增。《穀梁》注云：「此，謂璧馬之屬。」案：言如此厚禮，惟小事大則有之，今大國反施之於小，故彼不叚道決不敢輕受。《韓子·說林下》記智伯將伐仇由，以大鐘遺仇由之君，（仇，《呂氏·權勳》作厹，《西周策》作厺，《史記·樗里子、甘茂傳》作仇猶。）君大說，將內之。赤章蔓枝曰：不可，此小之所以事大也，而今也，大以來，卒必隨之。」（《呂氏·權勳》亦記此事，文多不同。）與此意同。 **彼不借吾道，必不敢受吾幣；** 《呂氏》作「荀息曰：不然，彼若不吾叚道，必不吾受也」。《韓子》作「荀息曰：彼不叚我道，必不敢受我幣」。 **受吾幣而借吾道，** 《穀梁》句首有「如」字。《呂》作「若受我而叚我道」。《韓》作「若受我幣而叚我道」。案：諸文及二傳叙荀息答語，皆言受幣，則上文公語璧字之誤益明矣。 **則是我取之中府，置之外府，取之中廐，置之外廐也。」** 《三蒼》云：「府，文書財物藏也。」得道則虞可并得，故以外府、外廄爲諭，言不異己物。廄，各本作廐，字俗，今從宋本。《穀梁》中府中廄下，並有「而」字。句末「也」字，各本皆無，亦據《穀梁》增，有「也」字文氣方足。《左傳》止云：「公曰：是吾寶也。對曰：若得道於虞，猶外府也。」《公羊》作「則寶出之內藏，藏之外府，馬出之內廄，繫之外廄爾，君何喪焉」。《呂氏·權勳》作「是猶取之內府，而藏之外府也，猶取之內皁，而著之外皁也」。《韓子·十過》作「則是寶，猶取之內府，而藏之外府也，馬猶取之內廄，而著之外廄也，君勿憂」。

公曰：「宮之奇存焉，必不使受也。」以下問答一段，《呂》、《韓》所無，《淮南·人間》並前問答語亦不敘。宮之奇，虞臣。《廣韻》注：「宮姓。」《路史·國名紀》作郚，云其先姬姓，郚國。案：《說文》無郚字，《路史》之說不知何本，恐不足信。《一統志》云：「葬解州平陸縣東辛宮里。」《漢表》列三等。《荀子·堯問篇》：「虞不用宮之奇，而晉併之。」《春秋繁露·滅國上》云：「虞公託其國於宮之奇，晉獻患之。」《說苑·尊賢篇》、《淮南·泰族訓》、《鹽鐵論·崇禮篇》並云：「虞有宮之奇，晉獻公爲之終夜不寐，食不甘味。」（終夜不寐，即《公羊》寢而不寐之說，而加甚其詞者。）語雖過當，亦可見奇之一身，繫虞之存亡，而爲獻公所忌，宜乎有此問矣。「受」下《穀梁傳》有「之」字。《左傳》止有「公曰：宮之奇存焉」二句。《公羊》作「獻公曰：諾。然宮之奇存焉，如之何」。意皆畧同。

荀息曰：「宮之奇知固知矣。知當作智，後並同。此句及下「雖然」句，參用《公羊傳》，《穀梁》無之。《公羊》「固」作「則」，何注云：「君欲言其知，實知也。」何意以上知字，就獻公意中語目之，若曰君謂其知，則誠知矣。其以實訓則，實者誠也，誠實皆與固同意。王氏《釋詞》則下無固字之訓，而故下則云：故，猶則也。古固故字通，故訓則，故則亦訓固，展轉相通也。雖然，其爲人也，《穀梁》止作「荀息曰：宮之奇之爲人也」。《左傳》「荀息曰」作「對曰」。《公羊》「雖然」下作「虞公貪而好寶，見寶，必不從其言，請終以往。於是終以往，虞公見寶許諾」云云，所叙不及《穀梁傳》及本書之詳。**通心而懦，**《穀梁》「通」作「達」，下同。范注云：「懦，弱。」案：俞氏正燮《癸巳存稿》云：「《文選》注引《韓詩》云：何謂素餐，素者，質也，人但有質樸，而無治民之材，名曰素餐。尸禄者，頗有所知，善惡不言，默然不語，苟欲得禄而已，譬如尸矣。其所謂素者，近於懦；尸則達心而不忠矣。《韓非子·備内》云：守法之臣，爲釜鬲之行，則法獨明於胸中而已。《亡徵》云：早見而心柔懦，知有可斷，而弗敢行者，可亡也。」（卷一。）其釋達心與懦之誼甚新，説詳後。**又少長於君，**少長卽少，謂年少於君也，其兼言長者，古書自有此例。俞樾《古書疑誼舉例》所謂因此以及彼是也。十卷《趙地亂章》，且以長少，先立武臣爲王，以持趙心。彼文長少謂長也。（《史記·張耳陳餘傳》作少長。）顧炎武《日知録》謂古人之辭，寬緩不迫，如失曰得失，害曰利害，急曰緩急之類，旅列甚詳，引見十卷《留侯章》注。其實今時人語言，尚多似此，皆取婉約不直切之意。覩下文言則君輕之，可知少長卽謂少矣。**通心則其言之畧，**《穀梁》「通」作「達」，無「之」字。通達誼同，此「之」字在上文「必不使受」下，則與《穀梁》脗合。疑原本漏落，校者加注在彼文之旁，傳寫時誤移入別行也。因無大礙，故仍之。范注云：「明達之人，言則舉綱領要，不言提其耳，則愚者不悟。」案：范注與前引俞正燮説逈異，實皆非也。明達之人，豈必不能盡言，其理先不可通。俞以尸禄貶之，則宫之奇乃一小人，獻公何必忌畏，至於不寐；而《孟子》何反引宫之奇之諫，以形百里奚之不諫乎。夫尸禄者，罪在不言，而奇固竭力指陳，反復開導於其君者也。如是猶貶以尸禄，則百里奚之不諫而去，又將何説。竊疑達心謂僅達於心，而不能暢諸口，蓋口吃一流，故曰其言畧也。**懦則不能強諫，**強諫，固諫也。**少長於君則君輕之。**君挾長，故輕其言。**且夫玩好在耳目之前，而患在一國之後，**玩好，謂璧馬也。耳目之前，諭近。患，謂取虞，在滅虢之後，諭遠也。王引之《經義述聞》云：「此論地之大小，非論時之遠近，不得云一國之後，之後二字，蓋後人增之，以與耳目之前相對，而不知其不可通也。耳目之前至小，一國至大，耳目之前，得所玩好，而一國以亡，故曰玩好在耳目之前，而患在一國。下文獻公亡虢五年，而後舉虞，則患在一國之謂矣。唐石經始衍之後二字，《新序》亦衍，蓋後人據誤本《穀梁》增之也。」柳氏興恩《穀梁大義述》云：「王說蓋曲說也。一國者，指虢言，非指虞言。下傳，獻公亡虢五年而後舉虞，固已明明自注。王曰此患在一國之謂，蒙請更之曰：此所謂患在一國之後也。」案：柳說是。一國之後，謂虢亡後患始及虞也，文章本極明白，王誤以爲衍，其論地之大小句，亦甚不可解。**中知以上，乃能慮之，**言中人之知以上，始料及之。《穀梁》句首有「此」字。《論語》曰：「唯上知。」又曰：「中人以上，可以語上也。」**臣料虞君，中知以下也。」**「以」，嘉靖本作「之」，諸本多作「以」，今從宋本。料，度也。《論語》曰：「中人以下，不可以語上也。」鍾文烝曰：「虞爵非公，故荀息不曰虞公。《公羊》則曰：虞公貪而好寶矣」案：此亦曲說，公君皆稱謂之辭，下文虞公弗聽，則《穀梁》固明明稱公矣，而又解之曰便文。然則《左氏》、《公羊》之稱虞公，獨非便文乎。鍾蓋據後晉人執虞公傳文，傳成其說耳。虞公佚其名，《漢表》列八等。馬氏驌《繹史》謂前所列桓十年虞公之重出。梁氏《人表考》云：「此蓋以求劍求玉之人，斷無不貪璧馬者。然相距四十餘年，恐非一君。」案：馬說謬，彼虞公名在七等，與虞叔並列，班氏正恐人誤認爲亡國之虞公也。《桓十年左傳》已云虞公出奔共池，豈忘之邪。**公遂借道而伐虢。**公，獻公。借虞道而伐虢也。**宮之奇諫曰：**以下參用《公羊傳》文。**「晉之使者，**《穀梁》「晉」下有「國」字。**其幣重，其辭卑，**《穀梁》作「其辭卑而幣重」。《僖十年左傳》：「郤芮曰：幣重而言甘，誘我也。」**必不便於虞。**《國策·秦策》「或謂救之便」，高注：「便，利也。」《齊策》「必不便於王也」，注同。此外習見。**語曰：脣亡則齒寒矣。**脣，俗本作唇，謬，今正。范注：「語，諺言也。」案：諺言也者，《左氏僖五年傳》曰：「諺所謂輔車相依，脣亡齒寒者，其虞虢之謂也。」明引諺辭，故知爲諺言也。諺是時俗傳言，《説文·言部》：「諺，傳言也。」段氏玉裁誤讀爲經傳之傳，遂斥宋人以俗語訓諺爲非，辯見三卷《燕惠王書》注。本書用《穀梁》作「語」。《公羊》作「記」。《莊子·胠篋篇》「故曰脣竭則齒寒」。凡言故曰，皆引古之詞。《吕氏·權勳》作「先人有言曰」。總以上所稱，可知俗語之流傳甚古矣。《吕氏》云：「宮之奇諫曰：不可許也，虞之與虢也，猶車之有輔也，車依輔，輔亦依車，虞虢之勢是也。先人有言曰：脣竭而齒寒。（竭，《國策》作揭。揭，正字，竭，叚借字。此與亡別爲一誼。高誘注此云：竭，止也。失之。揭誼當訓爲反。）夫虢之不亡也，恃虞；虞之不亡也，亦恃虢也。若叚之道，則虢朝亡，而虞夕從之矣，奈何其叚之道也。虞公不聽，而叚之道。」《韓子·十過》、《淮南·人間》文，所叙稍畧，意亦畧同。《穀梁》「必不便於虞」下接云：「虞公弗聽，遂受其幣，而借之道。宮之奇諫曰：語曰：脣亡則齒寒，其斯之謂與。」《穀梁》將宮之奇諫語，分兩處叙，明其諫非止一次，且言之畧也。（兩處諫語，皆不發明其所以然，活寫口吃達心人神理。）王引之《述聞》曰：「家大人曰：下諫字衍。晉國之使者云云，宮之奇諫虞公之詞也，故終之曰：虞公弗聽。其語曰脣亡則齒寒云云，則宮之奇知虞將亡，退而私論也，故終之曰：挈其妻子以奔曹。（《國語》云：適西山。高誘《國策》注以爲適秦，恐非。）明前説爲諫君，而後説則否也。當爲宮之奇曰，涉上文衍一諫字。《左傳》宮之奇諫曰，虢，虞之表也云云，弗聽，許晉使，此宮之奇諫其君而弗聽也。下又曰宮之奇以其族行，曰虞不臘矣云云，則宮之奇將去虞，私論其必亡也，與此正相似。」鍾文烝駁之云：「弗聽之後，無妨復諫，脣亡句，《左氏》、《公羊》皆爲諫辭，王説未是。」柳興恩曰：「上諫曰者，諫其初叚道也；下諫曰者，諫其復叚道也。傳文簡，故不舉復叚之文，以爲遂受其幣而借之道，已足包之耳。」案：柳、鍾二説是。尤有進者，則《穀梁》故分作兩叙，詞各甚簡，以形其達心而懦，言之畧耳。《左氏》於初叚道傳云：「宫之奇諫，弗聽。」於復叚道，更詳叙其詞，是諫有二次也。俞正燮《癸巳存稿》云：「虞在今平陸之東北，虢在今陝州之東南。以地形言，晉在北，虞在西南，虢在南。三國爲鄰，虢又包於虞之南，自晉之虢，不由虞。晉人伐虢，叚道於虞者，繞道行師，如晉荀吴滅肥，叚道於鮮虞，金人伐宋，叚道於夏也。宫之奇曰：虢，虞之表，輔車相依，脣亡齒寒者。蓋虞本與晉鄰，若虢舉，則晉又出虞之表，北東南三面包虞，在虞爲脣亡齒寒。又晉師歸，行國中，虞不爲備，故舉虞甚易。」**故虞、虢之相救，非相爲賜也，**《公羊》無「故」字「也」字。《穀梁·晉人執虞公傳》亦有此下三句，「賜」下有「也」字，此參用之。《公羊》注：「賜，猶惠也」陳立《義疏》云：「《説文·貝部》：賜，予也。《玉篇》：賜，施也。施予皆有惠誼。」案：非相爲惠者，謂虞虢相救，即爲自救，非加惠於所救之國也。虞公不爲虢計，亦當爲虞計，故言此以深警之。《左氏文七年傳》「吾受子之賜」，《御覽》百四十六引服注，《禮記·檀弓》「申生受賜而死」鄭注，並云：「賜，猶惠也。」《國語·晉語》「報賜以力」，韋解：「賜，惠也。」《論語·憲問篇》「民到于今受其賜」，皇侃疏云：「賜，恩惠也。」《儀禮·鄉飲酒禮》注拜賜爲謝恩惠。此外散見各傳注，以惠訓賜者，不可殫舉。《韓非子·諭老篇》賜作德，德亦惠也。《論語·憲問篇》「以德報怨」，《集解》：「德，恩惠之德。」即其證。虞之滅自夏陽始，《春秋》重而書之。《穀梁傳》曰：「非國而曰滅，重夏陽也。」《公羊傳》：「虞受賂，假滅國者道，以取亡焉。」明虞之亡，由於滅夏陽，夏陽之亡，由於二國不相救也。**今日亡虢，而明日亡虞矣。」**《公羊》作「則晉今日取郭，而明日虞從而亡」。此同《穀梁》五年傳文。范注：「言明日，諭其速。」《呂》、《韓》並云：「若叚之道，則虢朝亡，而虞夕從之矣。」《左傳》：「虢，虞之表也，虢亡，虞必從之。」又曰：「將虢是滅，何愛於虞。」范言明日論速者，晉滅虢，還反，數年而後取虞，宫之故極言之，以形其從亡之速耳。《吕》、《韓》之言朝亡夕從，亦同意。虞公不聽，舊本奪「虞」字，今從《穀梁傳》補，始與晉獻稱公有别。《公羊》作「虞公不從其言」。《吕》、《韓》、《淮南》與本文同，皆有虞字可證。遂受其幣，而借之道。《公羊》作「終叚之道以取郭」，何注：「明郭非虞不滅，虞當坐滅人。」案：《左傳》曰：「虞公許之，且請先伐虢。」然則夏陽之滅，虞實爲之，《春秋》所以列虞公於晉之先，見虞之爲禍首也。《公》、《穀》皆不書虞伐虢事，然觀何注云云，則知虞必有助兵之舉矣。陳立《公羊義疏》云：「《水經·河水篇》：河水又東，沙澗水注之。注：北出虞山，東南逕傳巖，傳巖東北十餘里，即巔軨阪也，《左傳》所謂入自巔軨者。東有虞城，周武王以封太伯後虞仲於此，是爲虞公。《太原地記》所謂北虞也。」《一統志》：「吴山在解州安邑縣東南三十二里，跨夏縣平陸縣界，一名虞山，一名虞阪。晉假道於虞，即此路。」旋歸四年，反取虞。《公羊》無「歸」字，何注：「還復往，故言反。」《穀梁傳》作「獻公亡虢五年，而後舉虞」。鍾氏補注曰：「當依《公羊》爲四年，字之誤，疏以爲僖五年，非也。」案：《韓非子·十過》作三年，本書與《公羊》同。《左氏僖五年傳》曰：「虞不臘矣，在此行也，晉不更舉矣。冬，十二月，晉滅虢，虢公醜奔京師。師還，館於虞，遂襲虞，滅之，執虞公。」是以虞虢爲同時滅也。鍾文烝謂《左氏》以爲再借道而滅虢，還師滅虞。《穀梁》以滅夏陽爲亡虢，或以後之滅虢，由夏陽而起。或傳意此年滅夏陽後，旋即滅虢之都，與《公羊》郭君在夏陽之意雖異，而與其言取郭則同，皆與《左傳》異也。光瑛案：《公羊》以滅夏陽爲滅郭，而曰君存焉爾，此不見策書之辭。據《經》書滅夏陽，不言滅郭也。然中壘書以夏陽爲二國阻塞，明二國共之。《經》文不書滅虞，豈虞亦此年被滅乎。所以書滅夏陽者，明滅夏陽爲滅虢張本，舉重以見輕也。諸家數虞亡之年，多從滅夏陽爲虢亡之日始，亦此意。陳立據《竹書紀年》獻公會虞師伐郭，滅夏陽，郭公醜奔衛，是郭君在夏陽之徵，則是此役郭已滅矣。陳君主《公羊》師說，與左氏異，立說不得不然。但《紀年》後出書，不足據。以理論，郭君在夏陽，夏陽爲郭之一邑，且與虞共之，何至滅而出奔，棄國不顧。且《左傳》此後叙虢公敗戎於桑田，晉卜偃曰：「虢必亡矣，亡下陽不懼，而又有功，必易晉而不撫其民矣。」明下陽滅後，虢尚存，故繫虢滅於僖五年傳。若謂左氏說，不可以難《公羊》，則《史記·世家》叙伐虢，亦分二次，事實具在，不可誣也。左氏親見策書，凡誼與《公》、《穀》異者，可歸之師說不同，若事實，則斷當舍二傳而從《左氏》。《紀年》諸書，尤誣妄，不可信。鍾氏謂《穀梁傳》意滅夏陽後，旋即取郭之都，此臆說，欲爲《穀梁》解，而實厚誣《穀梁》也。《穀梁》意以滅夏陽無異滅虢，故從滅夏陽之日起，計數亡虞之年，與《經》書滅夏陽而不言滅虢同意，所謂善於《經》者也。《史記》注引賈逵云：「虞在晉南，虢在虞南，故言反取虞。」其釋反取之誼極諦。以左氏說爲允。此叙宫之奇諫事，在魯僖公二年，晉滅虞虢，在五年。《左傳》稱晉侯復叚道於虞以伐虢，是晉伐虢有二次。《公羊》、《新序》言四年者，包前後事言之也。《韓子》作三年，除伐虢之年言之也。三書與左氏，未嘗不合。（韓非傳左氏學，近儒多主此說。）惟《穀梁》作五年，與事實乖刺，五當爲四之誤。（古人記數，多以積畫爲記，故誤。）疏以爲僖公五年者，謬也。又《左傳》云不更舉，在後一役言；《公羊》、《新序》云旋歸反取，合前一役言，似異實同。本書此章用《穀梁》，自「語曰」以下，參以《公羊》傳文，爲之正其誤，補其畧。覩此，益見子政兼通三傳，無黨同妒真之見，此其所以爲鴻儒也。《公羊》注「還復往，故言反」者，復往即指再伐郭事，虞在虢北，故言反，是劭公亦謂伐郭有兩次也。

荀息牽馬抱璧而前曰。「抱」，《穀梁》作「操」。《公羊》本文作「虞公抱寶牽馬而至，荀息曰：臣之謀何如。公曰：子之謀，則已行矣，寶則吾寶也，雖然，吾馬之齒，亦已長矣」。《穀梁》於舉虞後云：「荀息牽馬操璧而前曰：璧則猶是也，而馬齒加長矣。」《呂氏》作「荀息操璧牽馬而報，獻公喜曰：璧則猶是也，馬齒亦薄長矣」。《韓子・十過》作「荀息牽馬操璧而報獻公，獻公説曰：璧則猶是也，雖然，馬齒亦益長矣」。此於牽馬句用《穀梁》，（惟操字作抱異。）以下仍參用《公羊》。牽馬抱璧不作虞公，而作荀息；璧則猶是二句不作荀息，而云獻公，俱較近理。《史記・晉世家》：「荀息牽曩所遺屈産之乘馬，奉之獻公。獻公笑曰：馬則吾馬，齒亦老矣。」亦不以牽馬屬虞公，而下二語不以爲荀息，與本書脗合。可見子政剪裁有本，能擇善而從也。（鍾文烝謂劉子政説祭伯來、己卯晦，已雜以《公羊》先入之見，何論其他。此不知子政父子之學，不主一家，已開東京馬、鄭一派。且向受《公羊》於顔安樂，見《六藝論》。呻吟《左傳》，見桓譚、王充之書。西京諸儒，如兒寬、夏侯始昌皆然。觀其治《魯詩》，又通《韓詩》，《新序》、《説苑》、《列女傳》所引，班班可考，不可以常士之學測之。詳余著《意原堂日記》。）《淮南子・泰族訓》：「晉獻公欲伐虞，賂以寶玉駿馬，宮之奇諫而不聽，言而不用，越疆而去。荀息伐之，兵不血刃，抱寶牽馬而去。」王念孫《讀書雜志》云：「去當爲至，涉上文越疆而去而誤。《僖二年公羊傳》正作虞公抱寶牽馬而至。」案：王説非是，《淮南》就虞言之，故謂之去，此去字不誤。《公羊》作至者，《公羊》以抱寶牽馬屬虞公，就晉言之故也。《淮南》文承上荀息伐之來，則以抱寶牽馬爲荀息事，與本書、《穀梁》、《史記》、《呂》、《韓》合。近北平劉家立《淮南集證》引王説，逕改去作至，失之不考。

「臣之謀何如？」獻公曰：「璧則猶是，而吾馬之齒加長矣。」

《公》、《穀》、《呂》、《韓》異文，已見上注。《公羊》何注云：「以馬齒長戲之，諭荀息之年老。」案：何注因《公羊》有蓋戲之也之文，故以此爲戲荀息，然比羣臣於犬馬，殊不近情。獻公蓋謂中經四年，曠日持久，吾馬之齒，亦畧長矣。作情趣語，故曰戲之，何説非是。然就其所云，亦足見二句必不當作荀息之言，子政雖治《穀梁》，於其誼短，亦不阿護如此。韓《吕》皆以此二句作獻公語。**晉獻公用荀息之謀而禽虞，**執虞公，故曰禽。以下中壘之詞。**虞不用宮之奇而亡。**《戰國策》：「魏謂趙王曰：昔者晉人欲亡虞而伐虢，伐虢者，亡虞之始也。故荀息以馬與璧叚道於虞，宮之奇諫而不聽，卒叚晉道，晉人伐虢，反而取虞。故《春秋》書之，以罪虞公。」《淮南·泰族》論此事云：「國之所以存者，非以有法也，以有賢人也；其所以亡者，非以無法也，以無賢人也。（中敘本事，已見上，故畧。）故守不待渠塹而固，攻不待衝降而拔，得賢之與失賢也。」《後漢書·曹節傳》：「虞公抱寶牽馬，（此用《公羊傳》。）魯昭見逐乾侯，以不用宮之奇、子家駒，以至滅辱。」《御覽》四百四十七引「而」上有「謀」字。**故荀息非霸王之佐，**霸，當作伯。佐，當作左。今人書左右字，當作ナ又。**戰國幷兼之臣也；**宋本倒作「兼幷」。案：《御覽》四百四十七引作「幷兼」，各本皆同，今從之。云戰國幷兼之臣者，見有謀而不爲善，爲之詭遇，君子羞之。陳立曰：「《後漢書·馮衍傳》：《顯志賦》曰：善忠信之救時兮，惡詐謀之忘作；聘申叔於陳蔡兮，禽荀息於虞虢。謂惡荀息之詐謀，宜就禽也。」案：惡詐謀云云，與本書説合。《公羊》注：「晉至此乃見者，著晉楚俱大國，後治同姓也。以滅人見義者，比楚先治大惡，親疏之别。」此《公羊》誼也。**若宮之奇，則可謂忠臣之謀也。**忠臣之謀，真善謀也。《韓》、《吕》、《淮南》所記，情節畧同，但小有出入，此文則全采自二傳。貶荀息，與何注云貶獻公意同。

4 **晉文公、秦穆公共圍鄭，**秦穆之穆或作繆，注見二卷首章。《左氏僖三十年傳》作「九月甲午，晉侯秦伯圍鄭」。**以其無禮而附於楚。**《左傳》作「以其無禮於晉，且貳於楚也」，下有「晉軍函陵，秦軍氾南」二句。杜注：

「文公亡過鄭，鄭不禮之」案：《史記·鄭世家》曰：「文公三十六年，晉公子重耳過，文公弗禮，文公弟叔詹曰：重耳賢，且又同姓，窮而過君，不可無禮。文公曰：諸侯亡公子過者多矣，安能盡禮之。詹曰：君如弗禮，遂殺之，弗殺，使即反國，爲鄭憂矣。弗聽。三十七年，公子反國，立，是爲文公。四十一年，助楚擊晉。自晉文公之過，無禮，故背晉助楚。四十三年，晉文公與秦穆公共圍鄭，討其助楚攻晉者，及文公過時之無禮也。」此杜預注所本。《世家》又曰：「初，鄭文公有三夫人，寵子五人，皆以罪蚤死。公怒，溉（《集解》曰一作瑕，《索隱》音既，《左傳》作瑕。案：疑槩之誤，連下五字爲句。）逐羣公子。子蘭奔晉，從晉文公圍鄭。（《左傳》曰：請無與圍鄭。與此異。）時蘭事晉文公甚謹，愛幸之，乃私於晉，以求入鄭，爲太子。晉於是欲得叔詹爲僇，鄭文公恐，不敢謂叔詹言。詹聞，言於鄭君曰：臣謂君，君不聽臣，晉卒爲患；然晉所以圍鄭，以詹，詹死而赦鄭國，詹之願也。乃自殺。鄭人以詹尸與晉，晉文公曰：必欲一見鄭君，辱之而去。鄭人患之，乃使人私於秦曰：破鄭益晉，非秦之利也。秦兵罷」云云。所言多傳所未及，史公或別有據，孔疏不能引以證傳，疏矣。鄭文不用叔詹言，反聽自殺，以求解於晉，而卒無補，藉非燭之武詞令動人，社稷將不血食矣。燭之武有功於鄭甚大，史公削其詞不載，亦深不解。

鄭大夫佚之狐言於鄭君曰：《左傳》無「鄭大夫」三字，「君」作「伯」。佚之狐之名，《漢表》不收，蓋行事他無可考，故畧之。《類聚》二十五引《傳》作「侯之狐」，誤。

「若使燭之武見秦君，佚之狐、燭之武，之皆語詞，狐、武其名也。《後漢書·張衡傳》作「燭武」，無「之」字，可證。《通志·氏族畧》云：「之者，猶介之推、佚之狐。」《漢表》列四等。梁玉繩曰：「武蓋以邑爲氏，故《水經·洧水注》云邑在燭城，《廣韻》注遂云燭姓，而《通志畧》謂燭之武不得氏，以其居於燭地，故言燭，恐非。」（《人表考》四。）案：梁説近是，其弟履繩《左通補釋》説畧同。《左傳》句上「有國危矣」三字。圍必解。」《左傳》作「師必退」。鄭君從之，「鄭君」，《左傳》作「公」。召燭之武使之。往使秦軍也。《左傳》無此句。辭曰：「臣之壯也，猶不如人，猶，尚也。今老矣，無能爲也。」怨鄭君不早用之。《左傳》句末有「矣」字。鄭君曰：《左傳》作「公曰」。「吾不能蚤用子，「蚤」，《左傳》作「早」，古書多叚蚤爲早。《說文》作蝨，詳三卷《樂毅書》注。今急而求子，急，危急。是寡人之過也；然鄭亡，子亦有不利焉。」國亡則身家焉附。子產曰：「棟折榱崩，僑將壓焉。」是亦有不利也。」燭之武許諾，感鄭君之言而許諾，愛國之盛心也。《左傳》止有「許之」二字。夜出，《左傳》「夜」下有「縋而」二字，謂縋城出也。見秦君曰：「君」，《左傳》作「伯」。「秦晉圍鄭，鄭知亡矣，「鄭」下《左傳》有「既」字。若亡而有益於君，「亡」下《左傳》有「鄭」字。敢以煩執事？杜注：「執事，亦謂秦。」案：敢，不敢也；煩，勞也。不敢勞秦師遠攻，當早降服，措詞之體也。一曰言任秦攻之，非是。鄭在晉之東，秦在晉之西，越晉而取鄭，《左氏》祇作「越國以鄙遠」一句，言簡而賅。鄙，讀如鄙我亡也之鄙，謂取爲邊邑也。俞正燮《癸巳類稿》曰：「越國鄙遠，春秋戰國最多。齊有廩丘，鄭有州、有祊，邾戍過魯，魯田在許，杞田在成，晉有范、有戚，又有烏餘之邑；卽大夫亦有之，晉有欒氏州邑，范趙韓皆欲之，齊以宋地封秦涇陽君，趙以靈丘封楚春申君，魯桃在今泗水，萊柞在今萊蕪，而以萊柞爲桃山，皆鄙遠之證。《鄭語》：虢、檜十邑，皆有寄地。亦內外傳相應。僖公三十年，秦晉圍鄭，鄭謂秦曰：越國以鄙遠，君知其難也。言晉大國，數欺秦，秦難越之以鄙遠，明他國不難也。至晉文卒，秦潛師欲得鄭，是謂晉襄無能爲，欲循越國鄙遠之事，其誼互明矣。此事在《左傳》甚多，而誼甚隱，故言地理者，多有地遠之疑。」（卷五。）案：俞氏謂晉數欺秦，秦難越以鄙遠，明他國不難，傳意未必如此。但秦有函殽之塞隔絕，視他國尤難耳。戰國後，秦取魏西河，山東諸侯日夕受攻，疲於奔命，昔難今易，其明驗也。俞氏所舉春秋戰國鄙遠之事，信有之，此與南北朝僑置州郡不同，彼虛列其名，此實有其地也。**君知其難也。**言君當自知之。**焉用亡鄭以陪晉？**「晉」，《左傳》作「鄰」；「陪」，作「倍」，石經本作「陪」。案：作陪者正字，倍叚借字。《論語·衛靈公篇》「陪臣執國命」，馬注：「陪，重也。」《説文·阜部》：「陪，重土也。」引申爲凡附益之誼。《廣雅·釋詁》二：「陪，益也。」《尚書·禹貢》「至於陪尾」，《漢書·地理志》作倍尾，師古曰：「倍，讀曰陪。」《左氏定四年傳》「分之土田陪敦」，釋文：「陪，本亦作倍。」皆二字通用之證。物加倍者必益，誼亦相因也。杜此注云：「陪，益也。」與《廣雅》訓同，則所據本當作陪。釋文：「倍，蒲回反。」則陸氏本亦必作倍也。**晉，秦之鄰也；**《左傳》無此句。上句「晉」字作「鄰」，則此句可省，行文簡净之妙也。**鄰之強，君之憂也。**《左傳》「強」作「厚」，「憂」作「薄」。作厚與上陪誼銜接，作薄又與厚誼銜接。**若舍鄭以爲東道主，**舍鄭罪而存之，秦有事於東方，可倚以爲主。今俗語謂主爲東道，本此。宋王楙《野客叢書》云：「《左傳》有倚鄭爲東道之言，後漢光武謂耿弇、鄧晨、彭寵等，皆曰北道主人。《北史》魏孝武謂咸陽王曰：昨得汝主簿爲南道主人，於是又有南道主人之説。史傳之間，獨未聞西道主人説耳。又觀《趙肅傳》，獨孤及東討，肅監督糧儲，軍用不竭。魏文帝謂人曰：趙肅可謂洛陽主人也。又有洛陽主人之説。《容齋隨筆》但引《左傳》、《後漢》東北道主人語出處，而不考其他。」明周嬰《巵林釋》曰：「《北史》：明元帝謂薛辨曰：朕委卿西藩，志在關右，卿宜克終良算，與朕爲長安主人。《北史》又曰：高歡入洛之始，本有奸謀，今蔡儁作牧河濟，厚相恩贍，爲東道主人。《陳書》：魯廣達假節晉州刺史，王僧辯討侯景，廣達資奉軍儲，僧辯謂沈炯曰：魯晉州亦是王師東道主人。則東道之説，不特鄭國也。《北史》又曰：魏孝武令毛鴻賓鎮潼關，爲西道之寄，車駕西幸，奉獻酒食，返於稠桑，武帝把其手，曰：「事平之日，甯忘主人。此非所謂秋方典客者乎。」（卷三。）案：趙翼《陔餘叢考》所引，更有出諸書之外者：「唐鄭餘慶爲嶺南節度，與羅讓善，鄭還朝，薦讓，讓至，謁鄭，鄭指語坐客曰：此吾南道主人也。又《大唐創業起居注》：帝遣書諭馮翊賊帥孫華，華率騎數千至自郃陽，帝厚加撫遇，仍命華先濟，爲西道主人，華大説而去。是又有西道主人矣。《通鑑》：顔真卿起兵拒安禄山，清河人李蕚乞師於真卿，且曰：今當先擊魏郡，執禄山所署太守袁知泰，納舊太守司馬垂，使爲西南主人。是又有西南道主人矣。」（卷三十九。）以上所舉，皆王、周諸人所未及，王謂史傳中獨無西道主人，考之未審也。

行李之往來，杜注：「行李，使人。」《正義》曰：「《襄八年傳》一介行李，杜云：行李，行人也。《昭十三年傳》行理之命，杜云：行理，使人。李理字異，爲注則同，都不解理字。《周語》行李以節逆之，賈逵云：理，吏也，小行人也。孔晁注《國語》，其本亦作李字，注云：行李，行人之官也。然則兩字通用，本多作理，訓之爲吏，故爲行人、使人也。」案：理本治玉，引申爲治事，又引申爲治獄之官，理李聲近通借。《管子·法法篇》「臯陶爲李」，尹知章注：「古治獄之官，作此李字。」《大匡篇》「國子爲李」，注：「李，獄官也。」李理同。《史記·天官書》「左角李」，《索隱》：「李即理，法官也。」《漢書·胡建傳》「黄帝李法曰」，注：「李者，法官之號也。」皆其證。理正字，李借字。尹注謂古治獄官作此李字，用借字，非李古而理今也。又引申爲吏，故有行人、使人之訓。唐李匡乂《資暇録》辨《左氏傳》行李作行𡵆，謂𡵆古使字，宋王觀國《學林》駁之，（案：宋人説部駁李説者甚多，申之者亦不少，今不復傍引。）云：「古文字多矣，濟翁（匡乂字。）不言𡵆出何書，未可輕改。」袁文《甕牖閒評》云：「𡵆字出《玉篇》，山部載之甚詳，觀國作《學林》，多引《廣韻》、《玉篇》，獨不知𡵆字，何也。」光瑛案：王氏偶忘《玉篇》有𡵆字，誠失之不考，然濟翁之説，實不可信。袁謂其理甚當，以前未有此說，非也。《玉篇》不盡可據，𡵂與李形似，𡵂字可譌爲李；作理，又當何說。況《玉篇》所采，如𡵓古族字，𡵆古會字，皆許書所無，不見經傳，何獨𡵂字屢用，而又悉誤爲李邪。其謬不待細攻。共其資糧，共，給也；資，財也。《左傳》「資糧」作「困乏」。釋文云：「本亦作供。」案：供俗字。亦無所害。《左傳》句首有「君」字。言何損於君，而必亡鄭以陪晉也。且君立晉君，晉君許君焦、瑕，《左傳》作「且君嘗爲晉君賜矣，許君焦瑕」。杜注：「焦瑕，河外五城之二邑。」案：《襄二十九年傳》「司馬侯曰：虞虢焦滑，皆姬姓也，晉是以大。」是焦本國名，與晉同姓。宣二年，秦圍焦，趙盾救焦，即此。《漢志》弘農陝縣，故虢國，有焦城，故焦國。《水經注》：「上陽虢大城中有小城，古焦國也。」惟以爲神農之後，則非。《括地志》：「陝縣有故焦城，周同姓國也。」《路史》注：「召公譙侯之舊國，故城在陝州東北百步。」此姬姓國之明據。其神農後之焦國，在譙郡，今安徽亳州。此在今河南陝州南二里。有焦城，因焦水爲名。顧棟高《春秋大事表》云：「文十三年，晉侯使詹嘉處瑕，以曲沃之官守之，故瑕亦名曲沃。《戰國策》每以焦曲沃並稱，如《傳》之言焦瑕，知瑕即曲沃矣。今河南陝州西南三十二里有曲沃城，即詹嘉所處瑕邑。」梁履繩《左通補釋》云：「焦瑕，《釋例·土地名》闕，而於文十二年之瑕云：河東猗氏縣東北有瑕城。則知與焦瑕之瑕異，顧表之說，存以俟考」案：《左傳文十二年》，秦師侵晉，入瑕，即十三年詹嘉處瑕之瑕。《傳》文隔年相承，不容闕斷，杜氏以河東猗氏縣東北之瑕城解之，謬矣。（江永以瑕爲解梁城，在解西南五里。張聰咸《左傳杜注辨證》主其說，謂燭之武於河外舉焦，河內舉瑕，以二邑概其餘，亦臨文省便之法。不知二邑必境地相接，故燭之武連言之，不容分爲內外也。）彼乃郇瑕氏之瑕，在河北，安得與此相混。梁氏反據以疑顧說，可謂倒植矣。曲沃有三：《漢志》河東郡聞喜，故曲沃，此桓叔所封之曲沃也；後魏大和十一年，改絳邑縣爲曲沃，屬正平郡，此晉遷新田之地也；《國策・秦策》「取曲沃」，高注：「在今弘農縣東三十五里道北曲沃城，戰國秦兼有之。」此秦地，今河南陝州西南四十里，即焦瑕之瑕也。《括地志》：「曲沃在陝州西南三十二里，因曲沃水爲名。」《水經注》：「菑水出常烝之山，西北逕曲沃城南，春秋時晉侯使詹嘉處瑕，以守桃林之塞，以備秦，以曲沃之官守此，故名。」蓋秦取河西後，此地始入於秦，高注謂在弘農，甚確。又云戰國時秦兼有者，謂魏獻河西之後也。高士奇曰：「《西征記》：陝州有曲沃臺，即瑕也。」（見所箸《左傳地名考畧》。）顧炎武《日知録》謂晉有二瑕，一爲郇瑕氏之瑕，而焦瑕爲河外五城之二。又謂瑕有胡音，以《漢志》弘農郡之湖縣當之，不知湖縣，即今閿鄉縣，與瑕迥不相涉，失之遠矣。總之焦瑕地連，由秦至晉，皆渡河而東，始得達，且設版亦必同在一處。顧棟高之説，與高誘合，不可易也。朝得入，而夕設版而畫界焉，《左傳》作「朝濟而夕設版焉」，杜注：「朝濟河，而夕設版築以距秦，言背秦之速。」案：晉惠公自秦内之反國，故曰濟河。《史記・晉世家》：「乃使郤芮厚賂秦曰：即得入，請以晉河西之地與秦，秦乃發兵送夷吾於晉，是爲惠公。惠公元年，使邳鄭謝秦曰：始夷吾以河西之地許君，今幸得入，大臣曰，地者，先君之地，君亡在外，何以得擅許秦者。寡人争之，弗能得。故謝秦。」《晉語》：「秦使公子縶弔夷吾於梁，夷吾私於公子縶曰：亡人苟入，掃宗廟，定社稷，亡人何國之與有，君實有郡縣。（與《内傳》人實有國句意同，注言君亦自有郡縣，非所謂無也。失之。）且入河外列城五，豈謂君無，亦爲君之東游津梁之上，無有難急也。」又曰：「惠公既接位，而背秦賂，使丕鄭聘於秦，且謝之。」《左氏僖九年傳》曰：「晉郤芮使夷吾重賂秦以求入，曰：人實有國，我何愛焉，入而能民，土於何有。從之。齊隰朋帥師會秦師納晉惠公。」又曰：「丕鄭聘於秦，且謝緩賂。」又曰：「晉侯許賂秦伯以河外列城五，東盡虢畧，南及華山，内及解梁城，既而弗與。」皆其事，諸文所記，互有詳畧。君之所知也。知，猶見也。知見二字，古書多互訓，見三卷《樂毅書章》注。夫晉何厭之有，厭，當作猒，足也，經典多以厭代猒。厭，即今壓字。壓，壞也，與猒誼別。《說文・厂部》：「厭，笮也。」今人以壓代厭，因以厭代猒，而猒字廢矣。《說文・甘部》：「猒，飽也。」（段本依《韵會》加足也二字。）飽足誼近，凡物具足則猒惡心生，故引申爲憎猒、猒券之訓。俗以憎猒、猒券字作厭，以猒飽字作饜，皆不可從。既東取鄭，又欲廣其西境，《左傳》作「既東封鄭，又欲肆其西封」，杜注：「封，疆也，肆，申也。」文異而意不殊。不闕秦，將焉取之；言晉欲廣西境，不取於秦，將何所取。《左傳》唐石經初刻本作「不闕秦，焉取之」，「不」上無「若」字，「焉」上無「將」字。淳化本、南宋石經及《御覽》四百六十引同。《正義》述經標題，亦無此二字，其解釋引沈云：「不闕秦家，更何處取之。」似沈、孔本皆無此二字也。宋岳珂《九經三傳沿革例》云：「依建上諸本並《文章正宗》，增若字將字。」若然，此二字選文者妄增，建上諸本誤從之，宋人泥於文勢，好臆改古書，不可爲訓。本書無「若」字，可見中壘所見已如此。《類聚》卷二十五引《左傳》，亦無「若」字。闕秦而利晉，「而」，《左傳》作「以」。而以一音之轉，經典通用甚多。而可作以，以亦可作而，詳王氏《經傳釋詞》卷一及卷七各本字下。願君圖之。」「願」，《左傳》作「唯」。唯與惟通，惟訓思，思亦願之意。秦君說，宋本「君」作「伯」，與《左傳》同。盧文弨曰：「何本譌君。」案：上文已稱秦君，鄭伯亦稱鄭君，此當一律，宋本作伯，涉《左傳》文誤耳。假令本書本作伯，何本無緣改爲君也，況何本亦出於宋，盧斥爲誤，非是，今從何本。嘉靖本「君」作「兵」，此則誤字之顯然者。引兵而還。《左傳》作「與鄭人盟，使杞子、逢孫、楊孫戍之，乃還」。《史記・鄭世家》云：「乃使人私於秦曰：破鄭益晉，非秦之利也。秦兵罷。」本書及《史》俱不言留戍事，以非本文命意所在，故畧之。咎犯請擊之，「咎犯」，《左傳》作「子犯」，晉文公舅狐偃也，注見五卷《吕子章》。杜注：「請擊秦也。」文公曰：「不可，《左傳》無「文」字。微夫人之力，不能弊鄭。夫人，是人也，謂繆公。《左傳》作「微夫人力不及此」，（一本力上有之字。）與此異。晉文非秦伯之力，不得復國。《左氏僖二十八年傳》「微楚之惠不及此」，又《十年傳》「微子則不及此」，《成十八年傳》「狐始願不及此，雖及此，豈非天乎」，《昭八年傳》「王曰，城麇之役，女知寡人之及此，女其辟寡人乎？對曰，若知君之及此，臣必致死禮以息楚」，《哀六年傳》「公使朱毛告於陳子曰，微子則不及此」。凡諸文言及此者，皆謂君位，秦内晉君，晉賴秦力，而反欲弊之，是不仁也。此作不能弊鄭，亦謂非秦不得復國，卽無以報鄭之怨，與《左傳》詞異意同。因人之力以弊之，「以」，《左傳》作「而」，與上闕秦而利晉之而字互易，則與《傳》不異。恐亦傳寫時與他行字互易致誤，與上章「通心則其言之畧」句誤同。（見上章彼句注中。）但而以字本通，亦正不必改爾。（見上注。）「弊」，《左傳》作「敝」，字通。此弊之屬秦言，與上句弊鄭異。秦兵既退，鄭無大損，何得云弊。不仁；背惠尋讎，是不仁也。失其所與，秦晉爲與國，今擊之，是失所與也。不知；知當作智。不能得鄭，而先失秦，是不智也。以亂易整，杜注：「秦晉和整而還，相攻更爲亂也。」案：杜説得之。不武。據《成十三傳》吕相絶秦云：「鄭人怒君之疆埸，我文公帥諸侯及秦圍鄭，秦大夫不詢於寡君，擅及鄭盟，諸侯疾之，將致命於秦，文公恐懼，綏靖諸侯，秦師克還無害，則是我有大造於西也。」是此役諸侯亦從圍鄭，不止秦晉二國，率諸侯以擊一秦，是不武也。杜預彼注云：「時無諸侯，諸侯遥致此意。」劉炫直以爲吕相誣秦之辭，實無諸侯，舉以規杜，孔疏已駁之矣。吕相書固多誣，然事實豈容揑造邪。吾其還矣。」「矣」，《左傳》作「也」。亦去，《左傳》句末有「之」字。鄭圍遂解。《鄭世家》云：「晉文公欲入公子蘭爲太子，以告鄭，鄭大夫石癸曰：吾聞姞姓，乃后稷之元妃，其後當有興者，子蘭母，其後也。且夫人子盡已死，餘庶子無如蘭賢，今圍急，晉以爲請，利孰大焉。遂許晉，與盟，卒而立子蘭爲太子，晉兵乃罷去。」《左傳》亦載其事也。燭之武可謂善謀，句末疑奪一「矣」字。忠於國，故曰善謀也。惜鄭君不早用之。一言存鄭而安秦。鄭君不蚤用善謀，蚤早同，説見前。燭之武以口舌御兵戎，其平居謀畧，必有過人者，惜鄭君不早用之。所以削國也；國雖不亡，不免危削，中壘告君之意在此。困而覺焉，所以得存。此賈子所謂後醒者也。雖愈於歾身不悟，而國家元氣，傷喪已多，得存亦僅矣。《禮記・大學》曰：「小人之使爲國家，菑害並至，雖有善者，亦無如之何矣。」有國者毋恃後醒之猶可補綴，而信任便佞，戕賊忠良，屏遣善謀之臣，以自壞其萬里長城也。漢末有子政，亦可云善謀者，以疏廢不用，故亡。

5 楚靈王即位，靈王，名圍，共王子。（《論衡・吉驗》作子圍，非。）《楚世家》集解作回，古字通用，猶夏辟之叚作回也。（注見一卷《祁奚章》。）後改名虔，弑郟敖立。十二年，遇亂，縊死芋尹申亥氏。《漢表》列九等。欲爲霸，會諸侯，霸當作伯。欲會諸侯以顯伯功。使椒舉如晉，椒舉，伍參之子，奢之父也。《左氏襄二十六年傳》作「伍舉」，《隸釋・叔敖碑》作「五舉」，《楚語》作「湫舉」。湫椒伍五，皆通用字。《左傳・昭十三年》「之子服湫」，即子服椒；《哀元年》「敗越於夫椒」，《史記・伍子胥傳》作夫湫。伍員之姓，《漢書・人表、藝文志》、《呂氏・異寶》、《抱朴子・嘉遯》皆作「五」。《通志・氏族畧》：「伍參食邑於椒，後爲椒氏。」考《襄二十六年傳》有椒鳴，《通志》之説是也。《説苑・正諫篇》：「楚莊王欲伐陽夏，椒舉進諫。」此傳聞之誤，椒舉必不逮事莊王也。沈欽韓《漢書疏證》曰：「《襄二十六年傳》，伍舉始見，上距魯文公十四年，莊王即位，已六十七年。昭四年，靈王合諸侯，使舉致命，則舉不及事楚莊明矣。而《史記・伍子胥傳》云伍舉以直諫事莊王，《楚世家》有莊王即位，三年不出號令，伍舉入諫云云。夫伍舉於莊王之始，已爲臣而諫，則其年必二三十歲也，至靈王世，殆百歲人，復能奉使，非復人情。《傳》云舉是伍參之子，《宣十二年邲之戰傳》云嬖人伍參欲戰。計參年未甚大，故曰嬖人，豈有子先直諫，而父尚號嬖人，直是史遷荒陋，不通書傳，橫以伍舉兼莊王、靈王之世。循繹《世家》莊王、共王、康王、郟敖之年數，亦自易了。劉恕作《外紀》，仍《世家》之文，可謂迷而不知反矣。」（卷九。）案：沈氏未知古人箸書，兼存異聞之例，故極詆《史記》，其詞橫決，無儒者氣象，此沈氏之陋也。但其言伍舉不逮事莊王，則是。《漢表》舉列五等。

求諸侯。椒舉致命曰：致楚王之命於晉也。《左氏宣十五年傳》曰：「遂致其君命。」「寡君使舉曰：日君有惠，各本無「日」字。盧文弨曰：「《左傳》有。」案：日者，前日也，此追論前事，則日字不可省，疑本書奪之，今據《左傳》補。嘉靖本「君」誤「若」。古書君若二字多互誤，《韓子·難一篇》「此非君所知也」，君字當作若，本書五卷《秦昭王章》「若信義乎人矣」，《荀子·儒效篇》若作此君。互參彼卷及四卷首章注文。賜盟于宋，宋盟在魯襄公二十七年。曰晉楚之從，交相見也。宋本句末無「也」字，嘉靖本及諸本皆有之，與《左傳》合，今從衆本。從，屬國也。晉楚各有所從屬之國，今既爲盟好，宜更相朝見。《襄二十七年傳》：「子木謂向戌，請晉楚之從，交相見也。」向戌復於趙孟，趙孟曰：「晉楚齊秦，匹也，晉之不能於齊，猶楚之不能於秦也。楚君若能使秦君辱於敝邑，寡君敢不固請於齊。」左師復言於子木，子木使馹謁諸王，王曰：釋齊秦，他國請相見也」是其事。舉意欲從晉之國往朝楚。以歲之不易，杜注：「不易，言有難。」沈欽韓曰：「言歲月不易得，以其閒闊也，杜謂有難，非。」案：杜說未可駁，下文云：「君若苟無四方之虞，則願假寵，以請於諸侯。」夫無虞者可無諸侯，則請諸侯者屬有難明矣。諸侯會盟，所以同恤災危，備救凶患，（見《成十三年傳》。）故合諸侯，先言不易，措詞之體也。（猶後世言時多艱虞。）古無四聲之別，難易之難，與患難之難不異。（《左氏襄二十四年傳》：僑聞君子長國家者，非無賄之患，而無令名之難。《昭十六年傳》：僑聞君子非無賄之難，立而無令名之患。僑聞爲國，非不能事大字小之難，無禮以定其位之患。難與患對，誼同。《孟子·離婁篇》於禽獸又何難焉，難亦訓患。《左傳》釋文於《襄二十四年傳》云：難如字，又乃旦反。於《昭十六年傳》云：難，乃旦反，又如字。是兩讀同訓。）不言多難，而曰不易，婉詞也。《襄三年傳》「晉將合諸侯，使士匄告於齊曰：寡君使匄，以歲之不易，不虞之不戒，寡君願與一二兄弟相見，以謀不協。」彼文言不易，亦以不虞之不戒爲辭，可證杜注多難之誼。曰以謀不協，下文又云齊侯欲勿許，而難爲不協。即同恤災危，備救凶患之説也。杜於彼注，亦以多難訓不易。（又《襄二十八年傳》：鄭游吉曰：以歲之不易，聘於下執事。注：言歲有飢荒之難，故鄭伯不得自朝楚。）若以爲歲月閒濶，其誼反迂，且易字與閒闊亦不相涉，沈説非是。「易」，程榮本、何允中本、嘉靖本並作「芻」，形近而譌，今據宋本改正。寡人願結驩於一二三君，使舉請閒。驩與歡同，本馬名，古書多叚爲歡樂字。一二三，少數詞，謙言之，措詞之婉也。杜注云：「欲得諸侯謀事補闕。」案：此承不易言，欲諸侯合好，共圖患難耳。「閒」，一本作「問」。《釋文》云：「請閒，徐音閑，一音如字。」則陸氏所據本，必作閒矣。請閒，謂請晉君於閒暇之隙，不用諸侯之時，俾楚得以合諸侯也，故下文云苟無四方之虞。作問字，意味便淺薄，宋本、嘉靖本不誤，今從二本正。君若苟無四方之虞，杜注：「虞，度也。」王引之《經義述聞》曰：「家大人曰：虞，憂也。范望注《太玄·玄瑩》曰：虞，憂也。《繫辭》傳曰悔吝者，憂虞之象也，《襄三十年傳》曰以晉國之多虞，《哀五年傳》曰二三子閒於憂虞，（案：此與請閒二句意同。）則有疾疢，《晉語》曰衛文公有邢狄之虞，（原注：韋注：虞，備也。失之。）《吳語》曰越曾足以爲大虞乎，（原注：韋注：虞，度也。亦失之。）又曰今伯父有荆蠻之虞。皆其證也。」案：王説是。虞訓娱，又訓憂，美惡不嫌同辭也。言苟無意外可憂之事，須合諸侯以同其憂，則願請諸侯如楚。言若又言苟者，古人自有此複語，如《僖五年傳》「十年尚猶有臭」，言尚又言猶也。其例甚多，不具舉。則願假寵，以請於諸侯。」杜注：「欲借君之威寵，以致諸侯。」案：《易·師卦》「承天寵也」，釋文引鄭注曰：「寵，光耀也。」《晉語》：「又不自退，而寵其政。」韋注：「寵，榮也。」假寵，猶曰以君之靈耳。今俗託人言事，有借面子之稱，亦其意也。請諸侯云假寵者，謙言之，若楚力不及。晉君欲勿許，「君」，《左傳》作「侯」。司馬侯曰：司馬侯，晉大夫女叔齊也。《内傳》稱女叔齊，亦稱女齊、司馬侯、叔侯、司馬女叔侯。《外傳》稱司馬侯。《漢表》作女齊，列四等。沈欽韓《漢書疏證》曰：「官司馬，名齊也。」「不可。楚王方侈，《國語·吴語》「以廣侈吴王之心」，韋注：「侈，大也。」案：侈訓大者，謂其志廣大，有伯諸侯之思。侈或從大，作奓。（《文選·西京賦》注引《聲類》，又見《集韻》。）《集韻》引《字林》：「侈，汰也。」《荀子·正論篇》：「然而暴國獨侈，安能誅之。」注：「侈，謂奢汰放縱。」皆其誼。天其或者欲盈其心，以厚其毒，而降之罰，《左傳》無「其」字，「盈」作「逞」。盧文弨曰：「二字亦通用。」案：凡言逞者，經傳多訓快，人必盈滿其欲，而後爲快，此誼之相因者也。言二字通者，逞從呈聲，與盈相近。《左氏昭二十三年傳》「沈子逞」，《公羊》逞作楹，《穀梁》作盈。《史記·晉世家》「欒氏宗逞者」，《集解》徐廣曰：「《左傳》逞作盈。」是二字變通之證也。厚毒降罰者，如向戌謂子産曰：不十年侈，其惡不遠。惡遠而後棄也。」（見《昭四年傳》。）未可知也，其使能終，謂終其天年，不降罰也。亦未可知也。視楚王能修德以蓋愆否，故曰未可知。唯天所相，《左傳》句首有「晉楚」二字。杜注：「相，助也。」案：相訓助者，謂天助之，則使能終，不助，則降之罰。故曰唯天所相，誼亦通。但詳《傳》文唯天二字，乃未定之詞，不當偏言助。《周禮・大司徒》「以相民宅而知其利害」，鄭注：「相，占視也。」《考工記・矢人》「凡相笴」，注：「相，猶擇也。」占視與擇，亦未定之詞。《周禮・犬人》注：「凡相犬牽犬者屬焉」，注：「相，謂視擇知其善惡。」皆此相字之確詁，訓助語意稍隔。二句屬楚王言，與晉無涉，唯唯天所相，故下文言修德以待其歸也。《左傳》「晉楚」二字，疑衍文。後人習見《成二年傳》云「齊晉亦唯天所授」，《十六年傳》云「晉楚唯天所授」，故妄加晉楚二字於《傳》文句首。不知此承上二未可知意來，與彼二傳文異，且相與授意亦不同，（《宣十五年傳》天方授楚，即唯天所授之授。）幸有本書文證之。杜、孔俱不爲晉楚作釋，疑所據本亦無此二字。不可與爭，聽命於天，故不當爭。君其許之，許與諸侯。修德以待其歸。或降之罰，或使能終，視所歸以定應敵之方也。《左傳》句首有「而」字，「修」作「脩」，字通。若歸於德，吾猶將事之，況諸侯乎；有德，必爲天所佑，晉未可與敵，何況諸侯。若適淫虐，適，猶歸也，與上歸於德之歸同。變歸言適，互文也。《左氏宣十二年傳》「歸於怙亂者也夫」，歸怙亂與適淫虐，用字相似。《昭十五年傳》：「好惡不愆，民知所適。」杜注：「適，歸也。」楚將棄之，嘉靖本「棄」作「弃」，今從宋本。杜注：「棄不以爲君。」案：棄之，謂民所棄也。《成十五年傳》曰：「使重其罪，民將叛之，無民孰戰。」爲民棄，則不能有其楚，遑論諸侯。吾誰與爭。」言無與我争者。《左傳》「吾」下有「又」字。公曰：「晉有三不殆，杜注：「殆，危也。」案：言有不危之道三，不懼楚。其何敵之有。謂無有能敵者。國險而多馬，晉國表裏山河，足以自固，又屈地産馬，所謂屈産之乘，是也。齊楚多難，杜注：「多簒弑之難。」釋文弑作殺，巾志反，可爲弑殺通用之證。詳三卷《鄒陽章》注。有是三者，何嚮而不濟。」《左傳》「嚮」作「鄉」。釋文云：「本又作嚮。」案：嚮字俗，當作向，鄉叚借字，屢見前注。何向不濟，猶言何往不利也。**對曰：「恃險與馬，**舊本作「恃馬與險」，與《左氏》互倒，今改正。下文亦言「恃險與馬」，不應此處獨異。蓋晉侯先言險，後言馬，女齊之對，亦先險後馬，豈容顛到次序。蓋傳寫者涉筆之誤耳。**而虞鄰之難，**「鄰」下《左傳》有「國」字。虞有期望之誼，《左氏僖四年傳》「不虞君之涉吾地也」，謂不期君師來侵吾地，《昭六年傳》「始吾有虞於子」，謂始吾有期望於子也。（杜注：虞，度也，言準度子產以爲法則。其說非是。）此虞鄰國之難，虞亦當訓望。又虞與娛通，《文選·羽獵賦》注、謝玄暉《始出尚書省詩》注、《後漢書·馬融傳》注均言之。丁公著《孟子音義·盡心篇》驩虞如也，云：「驩虞義當作歡娛，古字通用耳。」又《易·中孚》「虞吉」荀注，《儀禮·既夕》「三虞」注，《廣雅·釋詁》一，《周語》「虞於湛樂」注，並云：「虞，安也。」《白虎通義·號篇》、《呂覽·愼人》注、《周書》酆謀注，並云：「虞，樂也。」安與樂，皆娛誼之引申。虞訓憂，（注見前。）又叚借爲娛，訓安與樂，相反爲訓之例也。此較期望之訓，尤爲切近。虞人之難，猶曰利人之災，安人之危也。而，猶與也，詳《經傳釋詞》三。三項平列，故曰三殆。不當毌讀，（毌，俗作串，即毌字橫書之。）避上文與字作而耳。**是三殆也。**對三不殆言，恃其不殆，而殆乃至也。**四嶽，**杜注：「東嶽岱、西嶽華、南嶽衡、北嶽恒。」案：古止言四嶽，無五嶽。俞氏樾謂「《白虎通義·巡守篇》：岳之言捔也，捔，功德也。《風俗通義·山澤篇》云：岳者，捔功考德，黜陟幽明也。然則岳本以王者巡守所至，捔功考德，是以名之。《虞書》載巡守之制，有東西南北，而無中，是中央無捔功之所，何岳之有。（岳卽嶽之重文。《說苑·辨物篇》亦有五嶽之名，皆起於周以後矣。）《堯典》咨四岳，四岳者，十二牧之長。蓋王者設方岳以捔功考德，故總領天下諸侯者，即以方岳之名名之。岳止四，官亦止四，事相因也。《史記·封禪書》引《尚書》而說之，於北岳恆山下曰：中岳，嵩高也。此自史公依後世之制，連屬言之。

何休《公羊》注引《尚書》有云：還至嵩，如初禮。蓋本緯書之説，未可據以增益經文，使其言然，則從古無不五岳矣，《昭四年左傳》司馬侯之言四岳，何以稱也。《詩・崧高》傳：嶽，四嶽也，東嶽岱、南嶽衡、西嶽華、北嶽恆。又何以不數中嶽也。近邵氏晉涵據《禹貢》太岳之文，謂唐虞以霍太山爲中岳。竊疑霍太山所以稱太岳者，或上古天子，嘗於其地揃考諸侯，故有岳稱，其事在唐虞前，故曰太岳。且山以岳名者甚多，如敦物狄山，皆名爲岳，豈在五岳之内乎。《禹貢》於岱、華、衡、恆，皆著本名，而不言岳，可知太岳稱岳，乃沿前代之舊，直以爲山名而已。冀州曰至於岳陽，若以爲中岳故稱岳，則華陽、衡陽皆可云岳陽，華陰亦可云岳陰矣，不著其名，而直謂之岳，知是何岳乎。故邵氏以《禹貢》稱岳，明其爲岳；愚正以《禹貢》稱岳，決其非岳。五岳者，周制也。」（後半有誤處，故不引。）以上俞説，辨五嶽之名起於周，唐虞所未有，其論極諦，發前人所未發，見所爲《詁經精舍自課文》中。其下考五嶽之名，則未合，學者節取焉可也。釋五嶽諸家聚訟，紛如亂絲，自顧炎武、閻若璩、胡渭、邵晉涵、臧庸、金鶚、夏炘等，各據所見爲説。皆偏於一端，未能折中至當。孫詒讓《周禮正義》斷從應、郭，其見獨韙。然又信金鶚之説，以吴嶽爲中嶽者，周初之制，嵩高爲中嶽者，東遷後從殷制，則仍惑於異説。故友黄巖王君舟瑶《默盦集》内，有《釋五嶽》一篇。精密可傳，兹録於後。云：「五嶽之説，諸家互異，論者謂由《爾雅》前後歧出而誤。不知《爾雅》並不歧出，歧之者，康成也。《釋山》首言河南華、河西嶽、河東岱、河北恆、江南衡，此釋五山之名，並無五嶽之號，固未嘗指此五山爲五嶽也。至篇末言泰山爲東嶽，華山爲西嶽，霍山爲南嶽，恆山爲北嶽，嵩高爲中嶽，則始釋五嶽之名。自來注《爾雅》者，皆知其然。故李巡云：華，西嶽華山也；岱，東嶽泰山也；恆，北嶽恆山也；衡，南嶽衡山也。不以吴嶽當其一。（原注：見《左昭四年傳》正義。）孫炎云：雍州鎮有吴嶽山，（原注：《御覽》四十四引。）

郭璞云：嶽，吴嶽。並不指爲西嶽是諸家固未以此山當五嶽也。伏生《大傳》、班氏《白虎通義》、許君《説文》皆以岱霍華恆嵩爲五嶽，説與《釋山》末篇同。《史記·封禪書》、《孝經·鉤命訣》以及何劭公《公羊》注、服子慎《左傳》注所論五嶽亦不異，惟改霍山爲衡山，亦名異而地一。（原注：《風俗通義》：衡山一名霍山。是衡霍同一山，猶泰山一名岱山。自武帝以衡山遼曠，移其神於天柱山，於是霍之名，爲天柱所專，而衡山反無霍山之稱。故孫叔然疑《爾雅》霍字爲衡字之譌，而郭注竟以天柱當霍山，則大誤矣。）鄭注《周官·大宗伯》數岱、衡、華、恆、嵩高爲五嶽，其説與諸家同，本不誤。而注《大司樂》云：五嶽，岱在兗州，衡在荆州，華在豫州，嶽在雍州，恆在幷州。而説始歧。其實鄭以《職方氏》之九州鎮山，分配《大司樂》之四鎮五嶽，故指此五山爲五嶽，而初未嘗本《爾雅》爲説。（案：郝蘭皋駁邵二雲説正如此，近吾鄉李慈銘《桃花聖解盦日記》已集反謂郝不如邵，斯倒植矣。）後人見其與《釋山》篇首所列五山相合，又見鄭《雜問志》云：周都豐鎬，故以吴嶽爲西嶽。而遂以篇首所列，爲周之五嶽，斥篇末所列，爲漢人附益。（原注：近邵氏晉涵説。光瑛案：夏氏炘《學禮管釋》亦主是説。）又或以《爾雅》前所述者，成周之制，後所述者，夏殷及東遷後禮。（原注：臧氏庸説。）又或以岱衡華恆霍大爲唐虞夏之五嶽，東遷以後，復用殷制。（原注：金氏鶚説。）而異説滋起矣。不知五嶽之名，就天下之形勢定之，岱在東，故爲東嶽；衡在南，故爲南嶽；華在西，故爲西嶽；恆在北，故爲北嶽；嵩高居河南，當爲天下之中，故爲中嶽。四嶽仍於古，五嶽起於周，就天下之形勢言之，確然不可移易也。若必據所都以爲定，則五嶽之名，無代不改。誠有如孔冲遠所譏，軒居上谷，處恆山之西；舜居蒲阪，在華陽之北。豈當據己所在改嶽祀乎。至於五嶽之名，始見《周官》，虞夏之書，僅聞四嶽，而史公、何劭公説《尚書》而及嵩高，已覺據後概前，乖違經旨。（案：此與俞氏説同。）而近儒復有見霍大山有太岳之稱，遂據之以當唐虞之中嶽，（原注：閻百詩、胡朏明、邵二雲、金誠齋皆有是説。）此尤望文生訓，無徵不信之説。（案：原文以下尚有數句，爲俞氏所已言，兹節而不引。）夫東岱、南衡、西華、北恆、中嵩高，證諸《爾雅》，既有明文，按之地勢，又不可易。故自伏生、司馬子長、班孟堅、許叔重、應仲遠諸人，皆信之不疑。今人必舍篇末之明文，而按篇首之別誼，（案：夏炘《學禮管釋》之説正如此。）亦何爲哉。」以上王説，辨難極精，可掃前儒之陋。惟譏郭氏以天柱山當霍山爲誤，則郭意正不如此。考郭氏云：「霍山在衡陽湘南縣南，今在廬江灊縣西，卽天柱山，灊水所出也。漢武以衡山爲遼曠，因讖緯皆以霍山爲南嶽，故移其神於此。今其土俗人皆呼之爲南嶽，南嶽本以兩山得名，非從近也。而學者多以霍山不得爲南岳，又言從武帝始乃名之，如此言，漢武在《爾雅》前乎，斯不然矣。」是郭意明明以南嶽爲衡陽之衡山。衡山一名霍山，漢武移南嶽神於廬江之天柱，天柱本不名霍山，因漢武移祀，遂有霍山之號。故曰今在，言今以別於古也；曰土俗人呼之南嶽，明古之南嶽，非其地也。後人不知天柱改名霍山，而謂霍不當爲嶽，霍爲嶽自武帝始。是不省霍本衡山之別名，《爾雅》已以霍爲南嶽，故曰南嶽以兩山爲名，（兩山，謂衡霍二名。）非從近也。曰漢武豈在《爾雅》前，明衡與霍一山兩名。謂今之霍山，非古五嶽之一，可；謂霍山之名，不當爲南嶽，不可；謂武帝始名霍山爲南嶽，尤不可也。《崧高》疏、《尚書大傳·虞夏傳》云：「霍山爲南嶽。」此與《爾雅》，皆在漢武移祀之前，已以衡爲霍，則霍卽衡山可知。郭注語意本自明白，王君偶失照察耳。至於謂古有四嶽，無五嶽，及斷從應、許舊説，以定五嶽之名，皆不可易。要之釋五嶽者，孫、王二家爲優，（孫謂《大宗伯》注爲鄭未定之論，此經作於周初，凡五嶽當如《大司樂》注，此誤信金誠齋説，甚倒植，不可從。）俞氏得失參半，（惟謂五嶽之名，起於周，則其説最詳確。）餘各家所説，各倚一偏，數之不能終，辯之不勝辯，兹悉不引。惟汪師韓《韓門綴學續編》云：「衡霍一山而二名，湘之衡可名霍，灊之霍可名衡，古人多以霍爲衡，後人多以衡名霍。《漢書・諸侯王表》：北界淮瀕，略廬衡爲淮南。注：廬、衡，二山名也。唐盧潘作《廬江四辯》曰：衡卽今霍山。此霍山名衡之證也。（原文引證處已見前者，不復引。）《吴越春秋・越王無余外傳》曰：禹治水始於霍山。注云：南嶽衡山，又名霍山。泰與岱，衡與霍，皆一山二名。晉李石《續博物志》曰：衡山卽霍山。《山海經》衡山卽岣嶁山。志蓋引《山海經》，以證衡之名霍。其他見於唐詩者，如杜甫《送王十六判官》云：衡霍生春早，瀟湘共海浮；劉長卿《王處士草堂壁畫衡霍諸山》云：愛此衡霍近，捲簾如可攀；郎士元《題劉相公三湘圖》云：昔别醉衡霍，迴來憶南州。皆是。雖詩人之辭，多不深考，要皆衡山名霍之證也。」光瑛案：汪氏以天柱山亦名衡山，其説爲諸家所未及。至衡山一名霍山，則自來經師傳注，説皆如此，（已引見前。）無待徵及唐人詩詞，唐人亦援用舊説耳。惟天柱所以得衡山之名，殆以武帝移神於此，以爲南嶽，故遂以古南嶽之名稱之歟。」（其實天柱山名霍又名衡，皆因移祀後得名，既可改爲霍，卽可兼名衡矣。）汪氏所列各證，皆精鑿可據，故並録之。以諗學者。

三塗，塗，俗字，當作涂。《説文》新附收塗字。非也。《水經伊水篇》注引服虔云：「塗，道也。三塗，太行、轘轅、殽澠也。」杜注云：「在河南陸渾縣南。」《正義》曰：「服以三塗爲三處道，杜則以三塗爲一。《釋例・土地名》云：『三塗，河南陸渾縣南山名』，或曰三塗，伊闕、大谷、轘轅三道也。傳曰：晉將伐陸渾，而先有事於洛與三塗。先祭山川也，謂三道皆非也。是杜據彼《十七年傳》文，知三塗是山，非三道也。」案：《傳》文以三塗四嶽對言，則三涂決非一地。大行、轘轅、殽澠，均險要戹塞之所，司馬侯數九州之險，豈得遺之。又道可賅山，山不可賅道，服言道則山在其中，後儒強爲分析，謂服訓道名，杜訓山名，亦未盡是。三涂皆有山，荀吴將伐陸渾，先有事於三涂，此當爲陸渾南之山，與昭四年之三涂，别爲一地。《水經伊水注》：「伊水歷厓口山峽也，翼厓深高，壁立若闕，厓上有塢，伊水逕其下，歷峽北流，卽古三涂山也。杜預《釋地》曰山在縣南，闞駰《十三州志》云今在東南。今是山在陸渾故城東南八十許里。《周書》武王問太公曰：吾將因有夏之居，南望過于三涂，北瞻望于有河。（《度道解》。）《春秋昭公四年傳》司馬侯曰：四嶽、三塗、陽城、大室、荆山、中南，九州之險也。服虔曰三塗，太行、轘轅、殽澠，非南望也。京相璠著《春秋土地名》亦云：山名也。以服氏之説涂道也，準《周書》南望之文，或言宜爲轘轅、太谷、伊闕，皆爲非也。春秋晉伐陸渾，請有事於三涂，知是山明矣。」善長此注，極爲杜氏張目，然其堅據不過二端。一援《周書》南望之文，一據《内傳》三涂之祀。三涂之祀，既辯如前，《周書》此文，亦同此例。蓋《傳》文因伐陸渾而有事，則其地必近陸渾，《周書》言南望，卽非此三涂之地。下文舉嶽鄙，嶽鄙卽太行恆山邊鄙，果爲此三涂，是複出太行矣。若此文三涂四嶽對言，與下陽城、大室、荆山、中南專舉一地者不同，故未足以難服氏也。《禹貢》太行恆山，《漢書·地理志》河内郡山陽，東太行山在西北，《水經·禹貢山水澤地所在篇》云在河内野王縣西北。山陽今河南修武縣，山在縣西北，野王今河南懷慶府。《漢·郡國志》：「緱氏縣有轘轅關。」薛綜《東京賦》注曰：「轘轅阪十二曲，（一云九十二曲。）將去復還，故名，《左傳》使候出諸轘轅，卽此。」《括地志》云：「轘轅山，在緱氏縣東南四十里。」《河南通志》：「轘轅山，一名萼領，在登封縣西北三十里。」洪亮吉曰：「今在河南偃師縣，東南接鞏、登封二縣，界上有關。錢坫以轘轅爲卽緱氏山，非也。」殽，俗作崤。《淮南·地形訓》注：「殽阪，弘農郡澠池殽欽吟是也。」《風俗通義》曰：「東殽西殽，澠池所南。」《公羊僖三十三年傳》：「必於殽之嶔巖。」《括地志》：「三殽山，一名嶔崟山，在洛州永寧縣西北二十里。」（《郡縣志》作二十八里。）嶔巖嶔崟，皆一地，聲轉而字異。《穀梁》作嚴唫，《説文》作欽崟，《淮南》

注作欽吟，並同。《水經河水注》：「石殽山徑委深，峯阜交蔭，故可以避風雨。漢建安中，曹公西討巴漢，惡南路之險，更開北道。」《地理通釋》云：「自東殽至西殽三十五里。注：東殽長阪數里，峻阜絶澗，車不得方軌；西殽石阪十二里。」顧祖禹《讀史方輿紀要》云：「殽底一名黽池，又名殽阪，在今河南永寧縣西北七十里，殽谷之底也。」洪亮吉又云：「《山海經》白石之山，澗水出其陰，世謂廣陽山，亦名黽池，在今澠池縣東北二十里。」總以上所稱，大行爲全晉之脊。《范雎傳》所謂「北斷太行之道，則上黨之師不下」；《楚策》云「驥服鹽車，上太行，蹄申膝折，尾湛胕潰，漉汁洒地，白汗交流，外阪遷延，負轅而不能上。」其險可知。《管子・地圖》：「凡兵主者，必先審知地圖，轘轅之險，濫車之水。」以轘轅與濫車並舉，謂礙車阻戹者爲轘轅矣。《公羊傳》稱「晉人敗秦師於殽，匹馬隻輪無反者」；《左氏襄十四年傳》：「晉禦其上，戎亢其下，秦師不復，譬如捕鹿，晉人角之，諸戎掎之，與晉踣之。」數語寫殽澠之險，尤爲盡致。司馬侯數險，豈得舉伊闕一山，而盡畧諸地哉。陽城，杜注：「在陽城縣東北。」《正義》曰：「陽城，山名也。《土地名》云：『河南陽城縣東北山，淆水所出也。』」案《孟子・萬章篇》：「禹避舜之子於陽城，益避禹之子於箕山之陰。」趙岐注：「陽城、箕山之陰，皆嵩山下深谷之中，以藏處也。」《史記・夏本紀》云：「禹辭辟舜之子商均於陽城。」《集解》引劉熙云：「今潁州陽城是也。」《紀》又曰：「益讓帝禹之子啟，而辟居於箕山之陽。」《集解》云：「《孟子》陽字作陰。劉熙曰：『崇高之北。』」閻若璩曰：「漢潁川郡有陽城縣，以山得名，淆水所出。武后改曰告成，後人曰陽邑，五代周省入登封。故此山在今登封縣北三十八里，去嵩山幾踰三十里，安得云即嵩山下之深谷與。箕山爲嵩高之北，而張守節云箕山一名許由山，在洛州陽城縣南十三里，《括地志》遂云陽城縣在箕山北十三里。守節又云陽城縣在嵩山南二十三里，《括地志》遂云嵩山一名方外山，在洛州陽城縣西北二十三里。足互相證明，斷斷其非一山也。酈道元注先敘太室山，次五渡水，並屬崇高縣。又敘禹避商均於此，及周公測日景處，次箕山，及上有許由冢，並屬陽城縣。雖同見潁水章内，而山固區以別矣。」（《四書釋地》）周氏炳中辨正曰：「箕山爲嵩高之北，本劉熙注語，北當作南，山南爲陽，山北爲陰。陽城在箕山北，故張守節云陰，即陽城也。《史記》作陽，與《孟子》不合，故張守節疑箕字是嵩之譌。蓋陽城在嵩山南二十三里，則爲嵩山之陽也。《括地志》：陽城縣在箕山北十三里，嵩山在陽城縣西北二十三里。則陽城在嵩山之南，箕山又在陽城之南，非北也。」光瑛案：周説甚是。《方輿紀要》云：「陽城山在今河南河南府登封縣北（《一統志》作東北。）三十八里，俗名車領山。」劉熙注南誤作北，閻氏不爲糾正，其説遂抵觸而不自知，亦可怪也。大室，杜注：「在河南陽城縣西北。」《正義》曰：「大室，即嵩高也。《釋山》云：嵩高爲中嶽。郭璞注云：大室山也，別名外方，在今河南陽城縣西北。《土地名》云：大室，河南陽城縣西嵩高山，中嶽也。《地理志》云：武帝置密高縣，以奉大室之山，是爲中嶽，又有少室，在大室之西也。」案《漢志》潁川郡密高縣，武帝置，以奉太室山，爲中嶽，有太室少室山廟。古文以崇高爲外方山也。師古曰：「密古崇字，今名崇山。（案《説文》無嵩崧二字，衹作崇字。）在河南登封縣北十里。」《左傳》曰：「大室，即崇山也。」於四嶽外別言之，可見嵩高不在古時四嶽之内，《爾雅》嵩高爲中嶽，説周制耳。韋昭曰：「嵩高有大室、少室之山」戴延之《西征記》云：「東曰大室，西曰少室，相去十七里，嵩高其總名。」錢坫曰：「《水經注》合而言之爲密高，分而言之爲二室，西南爲少室，東北爲大室。」（《新斠注地理志》。）胡渭《禹貢錐指》曰：「古時皆指嵩高爲太室，而韋昭、戴延之則兼二室并稱。然前賢題詠，猶以大室稱嵩山，而少室則仍其本名，故有嵩少之目。其山東跨密縣，西跨雒陽，北跨鞏縣，緜亘百五十里。太室中爲峻極峯，左右列峯各十二，凡二十四；少室峯三十六。先儒皆以嵩高爲外方。金吉甫曰：嵩高世名中嶽，安得與江夏內方，相爲內外哉。據《唐志》：陸渾山一名方山，蓋古外方云。此說非是。嵩高當禹時，未爲中嶽，即爲中嶽，而仍名外方，與東岱、西華、南衡、北恆一例，理無可疑。且陸渾方山，亦何以知其爲外方乎。」又曰：「《詩·大雅》崧高維嶽，兼五嶽言之。《爾雅·釋山》曰：山大而高崧。郭注：今中嶽嵩高山，蓋依此名。邢疏李巡曰：高大曰崧。此則山高大者自名崧，本不指中嶽。今中嶽名嵩高，或取此文以立名乎。無正文，故云蓋以疑之，是亦不以《詩》之嵩高爲中嶽也。自劉熙《釋名》云嵩字或爲崧，則二字通作一字，世遂以降神生甫，專歸之中嶽。文士錯解，詒誤至今，間有能正之者，反以爲非，可嘆也。」光瑛案：胡說是。太室即爲嵩高，嵩高即外方，明見《漢志》，金氏妄疑，非也。太室、少室，皆在嵩高之中，亦見《漢志》，言太室，則少室包舉之矣。崧嵩皆後起字，古止作崇。（《漢志》作崈，即崇字移易上下。）《大雅》「崧高維嶽」，毛傳、鄭箋皆以嶽通四嶽言之，崧爲高貌，並不以太室山之嵩高當之。後儒以「降神生甫」，專歸中嶽，猶未知崇字本誼，及古時並不以嵩高爲中嶽故耳。**荆山**，杜注：「在新城沶鄉縣南。」釋文：「沶音市，又音示。《漢書》音義音穉，或一音隸，則當水旁作爾，恐非。本或作渫，字誤也。」胡渭《禹貢錐指》曰：「荆山有三：一在雍域懷德北條之荆，大禹鑄鼎處也；一爲荆豫界臨沮南條之荆，卞和得玉處也；一在豫域，與《禹貢》無涉。《漢·郊祀志》公孫卿曰：黃帝采首山銅，鑄鼎於荆山下。案《唐志》：虢州湖城縣有覆釜山，一名荆山。《元和志》山在縣南，即黃帝鑄鼎處。晉灼注以爲在馮翊懷德縣，非也。湖城，元省入閿鄉縣，山在今縣南二十五里。（原注：縣屬河南陝州。）韓愈詩云：荆山已去華山來，日照潼關四扇開。李商隱詩云：楊僕移關三百里，可能全是爲荆山。即此山也。蘇傳以《禹貢》荆山爲北條之荆，因晉灼注而誤。」光瑛案：杜氏所稱者，乃今湖北鄖陽府房縣西南二百里之景山，《水經注》以爲荆山之首，至襄陽南漳縣爲荆山者也。但據司馬侯所言，當與大室、終南、陽城地勢相近，皆就近晉之地，耳目所及，親切指點，當爲今河南陝州閿鄉縣南二十五里之荆山，必不遠舉房縣西南之山也。張聰咸《左傳杜注辨正》、梁履繩《左通補釋》俱承杜注之謬。惟沈欽韓《左傳地名補注》説不誤。**終南**，「終」，《左傳》作「中」。《詩·秦風》「終南何有」，毛傳曰：「終南，周之名山，中南也。」《正義》曰：「《地理志》稱扶風武功縣東南有大山，（案：大下當有一字。）古文以爲終南，其山高大，是爲周地之名山也。」《昭四年左傳》曰：「荆山中南，九州之險。」是此一名中南也。潘岳《關中記》曰：「終南一名中南，言在天下之中，居都之南也。」（《初學記》引之。）則是一山二名，張聰咸、梁履繩謂終中字通，疑未必然。杜注：「在始平武功縣南。」案《郡國志》：「武功有太一山，本終南。」劉昭補注云：「前志在縣東。」《晉書·地理志》始平郡武功縣，亦云：「太一山在東，古文以爲終南。」杜云在武功南者，張聰咸據《元和志》云：「終南山在鄠縣南三十里，其武功縣下云武功蓋在渭水南，今鄠縣地。是也。然則唐武德三年以後，武功已非復舊理，其舊理已屬於鳳翔之郿縣，故終南不在武功而在鄠縣矣。」案：張説頗不可曉，自漢晉志皆云太一在武功縣東，杜預獨以爲在縣南，此與武德故縣治奚涉。況依《元和志》，則武功舊治，爲今之鄠縣，而志亦云在鄠縣南三十里，與杜合，而與漢晉志及劉昭注不合，張氏何無一語辨之。案《春秋大事表》云：「中南山，在今陝西西安府長安縣南五十里，亘鳳翔、岐山、郿縣、武功、盩厔、鄠縣、長安、咸寧、藍田九縣之境。」顧祖禹《方輿紀要》曰：「終南脈起昆侖，尾銜嵩嶽，作都邑之南屏，爲雍梁之巨鎮，關中有事，終南其必争之險。」（卷八。）據此，則終南所包之地甚廣，言東言南，不過約畧指陳。《漢志》右扶風武功縣東有大壹山，古文以爲終南者，太一爲終南主峯，故班氏注於武功下。《初學記》引劉向《五經要義》云：「終南山，長安南山也，一名太一。」則不專指武功可知，追論區區方向。王先謙《尚書孔傳參正》，據《水經注》太一山在武功縣南，斥班志東字爲誤，非也。胡渭《禹貢錐指》曰：「終南之名唯見於《秦風》，而《小雅》則稱南山，不一而足，又有北山。蓋南山謂都南諸山，終南、太一在焉；北山謂都北諸山，九嵕、甘泉、嶻嶭等也。古終南止於盩厔，自秦襄取周地爲諸侯，徙都於汧，國人作詩美之，以終南起興，終南遠接岍岐，蓋自此始。說者遂以終南蔽南山，謂西起秦隴，東徹藍田，橫亘八百里，皆其地。漢人又以都南之山爲秦嶺，《西都賦云》睎秦嶺，是也。而終南則以武功之太一當之，若盩厔以東，無終南焉，殊不可曉。今案張衡《西京賦》於前則終南、太一，潘岳《西征賦》面終南而背雲陽，又云太一巃嵸。李善注云：《漢書》武功縣有太一，古文以爲終南。（案：此引無東字。）此賦下云太一，明與終南別山。《西京賦》云於前則終南、太一，二山明矣。竊意太一垂山，皆《禹貢》之惇物，後人改名，離爲二山耳。（中畧。）程大昌《雍録》云終南山既高且廣，多出物產，故《禹貢》曰終南惇物，不當別有一山，自名惇物。此肊說也。經文簡奧，鳥鼠同穴，已省却二字，而終南之下，加以惇物，不幾成附贅縣疣邪。」以上胡說，以太一終南，岐爲二山，殊涉武斷。丁氏晏《禹貢錐指正誤》駁之曰：「《漢志》右扶風武功，自注：大壹山，古文以爲終南。孟堅所稱，卽孔壁古文說也。《初學記》終南引《五經要義》云：終南山，長安南山也，一名太一。《要義》劉向所譔，在班氏之前，向親校中秘古文，與《漢志》合，則知孟堅所據者，真古文書也。《續郡國志》太一山本終南。《水經·渭水注》引杜預曰中山亦曰太白山，太一亦名太白山也。《初學記》引《秦州記》、《福地記》，皆以終南太一爲一山。胡氏沿薛綜之誤，以爲二山，非也。《錐指》既以終南太一爲二，於惇物下謂垂山爲太一，皆是惇物。案《漢志》，垂山，古文以爲惇物，垂字誤也。《水經·禹貢篇》：華山爲西嶽，在弘農華陰縣西南。注：古文之惇物山也。如酈之說，則垂山當作華山，字形之誤。華山與終南，綿亘相望，鳥鼠爲渭水所出，華山在渭水南，地勢接連，故曰終南惇物，至於鳥鼠。胡氏以惇物爲太一，大謬，又不知垂山之譌。孫星衍疏知垂字之誤，然改垂山爲岳山，亦非也。」案：丁氏謂垂山是華山之譌，引《水經注》證之，其説極確。駁胡氏分終南太一爲二山，亦當惟終南是總名，太一在武功，爲終南主峯。丁氏必謂終南即太一之別名，説亦太泥。此如嵩高爲總名，而太室亦稱嵩高也。故謂太一即終南，可；謂終南即太一，不可；謂終南爲太一之別名，尤不可也。班言古文以爲終南，則今文家初無此説，張、潘或用今文説耳。即以古文論，太一終南，對異散通，言終南又言太一，舉總名，復舉單名，此例甚多。胡氏遽據以爲二山，丁則直斥其誤，皆非。《淮南・俶真訓》云：「孟門終隆之山。」注：「終隆則終南山。」錢氏坫曰：「古隆讀臨，南臨同物，故終南爲終隆也。」案：隆讀臨者，臨隆音轉，故隆慮亦作林慮；南臨同物者，古讀南如臨，《凱風》以南與心韻，《何人斯》以南與風（古音方林反。）心韻，《株林》以南與林韻。此例甚多，皆雙聲相轉。釋例又謂之大臺山，臺乃壹字之誤，古書二字多混。九州之險也，是不一姓；杜注：「雖是天下至險，無德則滅亡。」案：不一姓，言主者迭更，見滅亡之多。冀之北土，馬之所生也，《左傳》無「也」字。杜注：「冀北爲燕代」案：《初學記・州郡部》引盧毓《冀州論》曰：「北接燕代。」是冀北爲燕代也。宋孫奕《示兒篇》云：「冀北出馬，名馬曰驥，以出良馬之地得名。今天水有驥縣，是其地。」《呂氏・長攻篇》曰：「代郡宜馬。」後世謂代爲馬郡，（又有馬邑。）因此。無興國焉。恃險與馬，不足以爲固也，固，守固。《左傳》「足」作「可」，一本仍作「足」。從古以然。以已字同，詳四卷《晉平公問叔向章注》。是以先王務修德音以享神人，舊本無「修」字。盧文弨曰：「務下《左傳》有修，享作亨。」徐友蘭曰：「修即務之錯而長者，下務險與馬可爲列。」案：徐説謬，此文奪一修字，今據《左傳》補。有修字，豈便不與下文爲列耶。務德音三字，文勢不完，當從《左氏》。下文恃此三者而不修政德，正與此修字相應可證。亨享古字通用。杜注：「通也。」《正義》曰：「《易・文言》亨者嘉之會。嘉會禮通謂之亨，是亨爲通也。言治民事神，使人神通説，故云以亨神人也。」王引之《經義述聞》曰：「陸粲附注：劉向《新序》作享，古通。傅遜辨誤曰：劉自誤，非通也。陳芳林考正曰：亨古享字，固然，但此處作通誼解爲長。引之謹案：亨當從《新序》讀爲享，杜不然者，蓋以神可言享，人不可言享耳。不知古人之文，多有從一而省者，人固不可言享，亦得因神而並稱之。《襄二年傳》：萊人使正輿子賂夙沙衛，以索馬牛，皆百匹。《正義》曰：《司馬法》：邱出馬一匹，牛三頭。則牛當言頭，而亦言匹者，因馬而名牛曰匹，並言之耳。經傳之文，此類多矣。《易・繫辭》潤之以風雨，《論語》沽酒市脯不食，《玉藻》大夫不得造車馬，皆從一而省文也。然則以享神人，亦同此例。《襄二十七年傳》能歆神人，杜注曰：歆，享也。使神享其祭，人懷其德，彼言歆神人，此言享神人，皆是因神而及人也。又亨古享字，以誤解爲通，故古字得存，若杜解爲享祀之享，則後人必改爲享矣。《大有》九三：公用亨于天子，《隨》上六：王用亨于西山，《升》六四：王用亨于岐山。皆古享字，王弼誤解爲通，故古字得存。故傳注誤解者，亦可以考見古本云。」案：王説極當。古書文法，多舉此以晐彼者。如《論語》言「禹、稷躬稼，而有天下」，《孟子》言「禹、稷當平世，三過其門而不入」之類，亦與此相似。（李富孫《春秋三傳異文釋》亦引王説。）俞樾《左傳平議》於《襄二十七年傳》之歆讀爲欣，訓喜，失之。此好改字之病。

不聞其務險與馬也。未聞專以保險畜馬爲事。盧文弨曰：「《左傳》此下有鄰國之難，不可虞也二句，舊脱，有二句，下方可接。」徐有蘭曰：「下有若何虞難，故人之難不可虞也等句，不補亦可。」案：徐説亦是。

或多難以固其國，開其疆土；所謂多難興邦者。「開」，《左傳》作「啟」，此避漢景帝諱改，本書原文如是。

或無難以喪其國，失其守宇。無難則侈心易生，故亡也忽焉。守，封守也。杜注：「於國則四垂爲宇。」《正義》曰：「《易》稱上棟下宇，宇，謂屋簷也。於屋則簷邊爲宇也，於國則四垂爲宇也。四垂，四境邊垂。」**若何虞難？齊有仲孫之難，而獲桓公，**杜注：「仲孫，公孫無知，事在莊九年。」案：無知事詳五卷《管仲傅糾章》注。獲，得也，下同。齊有無知之亂，桓公始得入國爲君。**至今賴之；**《論語・憲問篇》曰：「管仲相桓公，伯諸侯，一匡天下，民到于今受其賜也。」**晉有里克之難，而獲文公，**「克」，《左傳》作「丕」，謂里克、丕鄭也，本書單舉里克以概其餘。里或作李，（《呂氏・先己》注。）或作理。（《通志・氏族略》四。）晉中大夫里克，殺奚齊卓子而內惠公，惠公在外，許賂里丕黨，使內己，既歸國，背賂，先後殺之，由是羣臣不服。事詳見《內、外傳》及《史世家》。及惠公薨，懷公命無從亡人，期而不至，無赦。會秦納公子重耳以入，是爲文公。狐偃監秦晉大夫於郇，使人殺懷公於高梁。所謂惠懷無親，外內棄之。里丕之死，文公復國之機也。里克，《漢表》列七等。梁玉繩曰：「克中立以聽申生之死，又殺君母及二君、一大夫，何以居第七，當退下兩格。」杜注：「里克丕鄭，事在僖九年。」**是以爲盟主；**文公賢，諸侯服之，遂主夏盟。**衞邢無難，狄亦喪之，**「狄」，《左傳》作「敵」。杜注：「閔二年，狄滅衞；僖二十五年，衞滅邢。」是讀敵如字。洪亮吉曰：「《新序》作狄，非，邢非喪於狄也。」案：狄人亦有伐邢之事，齊桓公存衞救邢，所謂邢遷如歸，衞國忘亡。古人恆以二事並稱，邢遷而後存，則亦可云喪矣。又三存亡國，邢亦在內。《僖十九年傳》曰：「齊桓公存三亡國，以屬諸侯。」杜注：「三亡國，魯、衞、邢。」《正義》曰：「魯有夫人慶父之難，二君弒死，國絕無嗣，桓公使高子存之；狄人攻邢，桓公築夷儀以封之；狄人攻衞，衞人出廬於曹，桓公城楚丘以封之。是也。衞則狄滅之，魯邢不滅而言亡者，美大齊桓之功耳。」光瑛案：《正義》說是。子魚言此時，邢尚未爲衞滅，可知喪亡之云，謂不能保其固有之土地耳。邢遷都僅存，魯則國亂君弒，亦瀕於喪矣。《左氏》作

「敵」，乃狄字之叚借，正當引本書以得《左氏》之誼，洪說太泥。孫志祖校本書，亦有邢非狄滅之說，與洪說用意同，見《羣書拾補》引。故人之難，不可虞也。恃此三者，而不修政德，一本作「德政」，宋本、嘉靖本、鐵華館本均作「政德」，與《左傳》同，今從之。政，政事；德，德音也。倒作德政，則似串讀矣。亡於不暇，《經傳釋詞》一：「於，猶之也。亡於不暇，猶亡之不暇也。《昭十年傳》：『王貪而無信，唯蔡於感。』言唯蔡之恨也。於與之同誼，故於訓爲之，之亦訓爲於，互見之字下。」案：《潛夫論·賢難篇》「皆敗績厭服於不暇」，句法同此，其語意亦效《襄三十一年傳》子產語。有何能濟，《左傳》「有」作「又」。有又通用，經典習見。君其許之。紂作淫虐，文王惠和，《周書序》：「紂作淫亂，民散無性，習常，文王惠和，化服之。」與此傳文同。（盧校本云：「民散無性習常六字中，疑尚脫二字。」）案：淫虐，如作酒池、肉林、鹿臺，及用炮烙刑之類。《書·無逸》曰：「文王惠鮮鰥寡，用咸和萬民。」是其證也。殷是以霣，《左傳》「霣」作「隕」。《說文·阜部》：「隕，从高下也。」凡隕落、隕越字當作此。霣叚借字，俗作殞，非。周是以興，夫豈爭諸侯哉。」夫，猶彼也。經傳中如夫豈不義，夫豈無辟王，夫不惡汝乎，諸夫字皆同此訓。《左傳》無「哉」字。乃許楚。《左傳》句末有「使」字，下云：「使叔向對曰：寡君有社稷之事，是以不獲春秋時見，諸侯君實有之，何辱命焉」等語。靈王遂爲申之會，申，爲楚之重地。城濮之戰，楚子入居於申；伐庸之役，申息之北門不啟。《成七年左傳》：「子重請取於申呂以爲賞田，申公巫臣曰：不可，此申呂所以邑也，是以爲賦，以禦北方，若取之，是無申呂也，晉鄭必至於漢。」則申地之關繫重要可知。今河南南陽府南陽縣北三十里是。與諸侯伐吳，會申在六月，伐吳在七月，克吳之朱方，執齊慶封，斬以徇於師，遂滅賴，遷賴於鄢。申無宇曰：「楚禍之首，將在此矣，召諸侯而來，伐國而克，城竟莫校，王心不違，民其居乎，民之不處，其誰堪之，不堪王命，乃禍亂也。」是冬，吴伐楚，入棘櫟麻，以報朱方之役。皆見《左傳》。起章華之臺，《左氏昭七年傳》注：「章華，南郡華容縣。」《外傳·吴語》注：「章華，地名，楚子初即位時，於其地作宫，繼又築臺於此。」華容，今湖北監利縣。《楚語》：「伍舉對楚子曰：今君爲此臺，國民罷焉，財用盡焉，年穀敗焉，百官煩焉，舉國留之，數年乃成，願得諸侯，與始升焉，諸侯皆距，無有至者，而後使太宰啟疆，請於魯侯，懼之以蜀之役，而僅得以來，臣不知其美也。」（案：伍舉言舉國留之者，留有留滯之誼，故下文言其日不廢時務，正反應此句。本書七卷首章無留吾事，《莊子》作無落吾事，落，停落。與留滯誼同，詳見彼卷注。彼留字與此留字同訓。）宋沈括《夢溪筆談》四云：「天下地名，錯亂乖謬，率難考信，如楚章華臺，亳州城父縣、陳州商水縣、荆州江陵、長林、監利縣皆有之，（案《魏書·地形志》汝陽郡汝陽縣注云：亦有章華臺。）乾谿亦有數處。據《左傳》：楚靈王七年，成章華之臺。杜注：臺在華容城中。華容即今之監利縣，非岳州之華容也，至今有章華故室，在縣谷中，與杜説相符。亳州城父縣有乾谿，其側亦有章華臺，故臺基下，往往得人骨，云楚靈王戰死於此。商水縣章華之側，亦有乾谿，《東京賦》注引《左傳》乃云：楚子成章華之臺於乾谿。皆誤説也。」（俞正燮主在亳州乾谿之説，其文甚詳，引見後。）劉獻廷《廣陽雜記》四云：「郡志言章華有二：一在沙市，一在監利縣，離湖之側。《水經注》揚水又東入華容縣，有靈港水，西通赤湖，水口地多下湖，周五十里，城下陂池，皆來會同。水東入離湖，湖在縣東七十五里，湖側有章華臺，高十丈，基廣十五丈。《國語》：楚築臺於章華之上，王與伍舉登之，舉曰：臺高不過望國之氛祥，大不過容宴之俎豆。譏其奢而諫其失也。言此瀆靈王立臺之日，漕運所由也。此則監利之章華臺矣。監利，古華容地，今離湖之迹猶在也。」俞正燮《癸巳類稿》二云：「《左傳·昭公七年》楚靈王爲章華之宫，注云：南郡華容縣。楚子成章華之臺，注云：今在華容城内。華容今監利地。《湖廣通志》言監利東北三十里章華臺，西三十里荆臺。又言江陵城東南十五里沙市，有章華臺。案《水經注》：江水逕郢城南，又東得豫章口，或言因楚王豫章臺得名，是江陵非章華也。《魏書·地形志》汝陽郡汝陽縣，注云：有章華臺。今陳州《商水縣志》云：縣西北三里有章華臺。《江南通志》云：亳州有章華臺故址，由乾谿也。《史記·十二諸侯年表、楚世家》俱云：靈王七年，就章華臺。就者，非所都治，如後言行在。《世家》又言十一年，次於乾谿，十二年，樂乾谿，不能去也。是章華必在乾谿。《昭公十二年左傳》：右尹子革言祭公止周穆王，穆王獲殁于祗宫，以感靈王，靈王不食不寢，數日，不能自克，以及于難。與《史記》樂不能去合。《國語》云：靈王爲章華之臺，伍舉曰：君爲此臺，舉國留之數年。（案：數年下奪乃成二字，俞蓋以數年斷句，乃成顧又爲一句，誤。其解留之之誼，亦非。）是不在國城，如魯築臺于郎、于秦、于薛也。《賈誼新書》云：翟使之楚，楚享之章華臺，三休，乃至上。即所謂高五百仞者，是西漢人以章華爲乾谿臺也。《陸賈新語》云：楚靈王築乾谿之臺，高五百仞。《後漢書·邊讓傳》：讓，陳留人，作《章華臺賦》云：楚靈王既游雲夢，於是遂作章華之臺，築乾谿之室。言自南行，又遠行居此也。《文選·東京賦》薛綜注云：《左氏傳》楚子成章華之臺於乾谿。是三國以前《左傳》説，皆言章華在乾谿，與《史記》同。晉司馬彪《續漢·郡國志》：汝南郡城父縣，故屬沛，春秋時曰夷，有章華臺。是晉時猶有人守古説。劉昭注云：杜預言在華容縣城内，則專宗新説矣。」案：俞説甚辯。然解《外傳》舉國留之句，以留爲留外之誼，則非，已見上注。《年表》、《世家》兩言就章華臺，就恐是成就之謂。俞解爲往就，謂如後言行在，或未必確。惟《世家》有樂乾谿不能去之文，稍可爲證。但《陸賈新語》云：「楚靈王爲乾谿之臺，高五百仞。」不言章華而曰乾谿，安知非乾谿别有營構，故樂而忘返乎。邊賦以章華之臺乾谿之室對言，可證其爲二事，若是一事，於文爲複矣。　薛綜引《左傳》楚子成章華之臺於乾谿，今《左傳》無是語，薛以意引之，不爲典要。　但《吴語》注云：「楚子初即位時，於其地作宫，　繼又作臺於此。」則宫與臺當同在一地，《左傳》言章華之宫者，是也。邊賦云築乾谿之室者，《爾雅》室謂之宫，是宫在乾谿，臺亦宜然，此則可自完其説耳。　大抵古事茫昧，後人侈談遠蹟，樂於傅會，往往一墳一地，數處皆有，亳州、陳州、荆州、汝陽之各有章華臺，亦猶是也。　今亦不敢實定其處，姑旅列衆説，以待後賢之論定。　而意有未安，亦附箸其説，庶覽者有采焉。　爲乾谿之役，《左氏昭十二年傳》曰：「楚子狩于州來，次于潁尾，使蕩侯、潘子、司馬督、囂尹午、陵尹喜帥師圍徐以懼吴，楚子次於乾谿，以爲之援。」杜注：「在譙國城父縣南。」（《昭六年傳》注：「乾谿，在譙國城父縣南，楚東境。《楚語》韋注：「乾谿，楚之東地。」）《春秋大事表》云：「今安徽潁州府亳州東南七十里，有乾谿，與城父村相近，卽漢城父縣也。」（卷七之四。）《夢溪筆談》云：「章華與乾谿，元非一處，楚靈王十二年，王狩于州來，使蕩侯等圍徐以懼吴，王次于乾谿，此則城父之乾谿。　靈王八年，許遷于夷者，乃此地。　十三年，　公子比爲亂，使觀從從師于乾谿，王衆潰，王亡，不知所在，平王卽位，殺囚，衣之王服，而流諸漢，以靖國人，　而赴以乾谿。　靈王實縊於芋尹申亥氏，他年，申亥以王柩告，乃改葬之，而非死於乾谿也。　而《春秋》書云：弑其君於乾谿。　則後世謂靈王實死於是，理不足怪。」（卷四。）案：《春秋》從赴告，故書弑于乾谿，沈説是。　至章華與乾谿，是否一處，已詳上注矣。　百姓罷勞怨懟於下，罷，與疲通。　《史記·淮陰侯傳》曰：「百姓罷極怨望，容容無所倚。」羣臣倍畔於上，所謂楚將棄之。《説文·人部》：「倍，反也。」此倍之本誼。　反者覆也，覆有二面，　故引申爲加倍之誼。（段玉裁注。）今人以倍叛字作背。加倍字作倍，不知偝爲倍之或體，音誼皆近，古通用，　不得但以餘誼爲本誼也。　畔爲田界，　經典多借爲叛字。《楚世家》

云：「十二年春，楚靈王樂乾谿，不能去，國人苦役。初，靈王會兵于申，僇越大夫常壽過，殺蔡大夫觀起，起子從亡在吳，（案：觀起死事，見《左傳·襄二十二年》，非靈王所殺，《史記》誤。）乃勸吳王伐楚，（案：《左傳》云：觀起之死也，其子從，在蔡，事朝吳。起非蔡大夫，從亦無勸吳伐楚事，史公誤以朝吳爲吳耳。）爲間越大夫常壽過作亂，爲吳間，使矯公子棄疾命，召公子比於晉，至蔡，與吳越兵欲襲蔡，令公子比見棄疾，與盟於鄧，遂入，殺靈王太子祿，立子比爲王，子晳爲令尹，棄疾爲司馬，先除王宮。觀從從師于乾谿，令衆曰：國有王矣，先歸復爵邑，後者遷之。衆皆潰去而歸。」《左氏昭十三年傳》：「楚子之爲令尹也，殺大司馬薳掩，而取其室，及即位，奪薳居田，遷許而質許圍。蔡洧有寵於王，王之滅蔡也，其父死焉，王使與於守而行。申之會，越大夫戮焉，王奪鬬韋龜中犨，又奪成然邑，而使爲郊尹。蔓成然故事蔡公，故薳氏之族，及薳居、許圍、蔡洧、蔓成然，皆王所不禮也，因羣喪職之族，啟越大夫常壽過作亂，圍固城，克息舟，城而居之。觀起之死也，其子從在蔡，事朝吳，曰：今不封蔡，蔡不封矣，我請試之。以蔡公之命召子干、子晳，及郊，而告之情，強與之盟，入襲蔡。蔡公將食，見之而逃，觀從使子干食坎用牲，加書而速行，己徇於蔡，曰：蔡公召二子，將納之，與之盟，而遣之矣，將師而從之。蔡人聚，將執之，辭曰：失賊成軍，而殺余，何益。乃釋之，朝吳曰：二三子若能死亡，則如違之，以待所濟；若求安定，則如與之，以濟所欲，且違上。何適而可？（違上句屬上讀，上謂靈王也。言若但求安目前，則從蔡公之命，以濟所欲，而姑叛王。何適句是問辭，謂兩者擇一，何從而可也。上文違之，謂違蔡公，與違上句對。杜注以且違上二句連讀，云不可違上也。上謂蔡公，既誤，句讀又失語意。解何適而可句亦落空。）衆曰與之，乃奉蔡公，召二子，而盟于鄧，依陳蔡人以國。楚公子比、公子黑肱、公子棄疾、蔓成然、蔡朝吳，帥陳蔡不羹之師，因四族之徒，以入楚。蔡公使須務牟與史猈先入，因正僕人殺太子祿及公子罷敵，公子比爲王，公子黑肱爲令尹。次於魚陂，公子棄疾爲司馬，先除王宫，使觀從從師於乾谿，而遂告之，（從，追也，讀若晉師從齊師之從。）且曰：先歸復所，後者劓。師及訾梁而潰。」以上是臣民愁怨倍叛之事，傳史不同處，當以《左傳》爲正。公子弃疾作亂，各本弃作棄，宋本、嘉靖本、鐵華館本如此，今從之。靈王亡逃，卒死於野。《楚世家》：「王聞太子祿之死也，自投車下，曰：人之愛子，亦如是乎。侍者曰：甚是。王曰：余殺人子多矣，能無及此乎。右尹曰：請待於郊，以聽國人。王曰：衆怒，不可犯也。曰：且入大縣，乞師於諸侯。王曰：皆叛矣。又曰：且奔諸侯，以聽大國之慮。王曰：大福不再，祇取辱耳。於是王乘舟欲入鄢，右尹度王不用其計，懼俱死，亦去。（以上叙事，與《左傳》略同，故不復引傳文。）王獨傍偟山中，野人莫敢入王，王行，遇其故鋗人，謂曰：爲我求食，我不食三日矣。鋗人曰：新王下法，敢饟王從王者，罪及三族，（案三族之刑，此時已有之。）且又無所得食。王因枕其股而卧，鋗人以土自代，逃去。（案《韓詩外傳》六記郭君出亡事，正如此，疑即一事之傳譌，故《左傳》不載。）王覺而弗見，遂飢不能起。芋尹申無宇之子亥求王，遇王飢於釐澤，奉之以歸。夏，五月，癸丑，（《左傳》作癸亥，是。癸亥，五月二十六日。《史記正義》亦以《傳》爲是。）王死申亥家，亥以二女從死，並葬之。」此逃亡卒死於野之事。故曰：晉不頓一戟，而楚人自亡，頓，挫也；戟，有枝兵也。二句蓋古傳記之遺言。司馬侯之謀也。依《左傳》子革對楚靈王之語，則晉此時實不能使諸侯之不來，司馬侯之謀，亦審時量力，因勢以利導者也，然其語則可謂明切矣。此二卷每章下，多云某人之謀也，以結本篇命名之意。發例於此，餘可類推。

6 楚平王殺伍子胥之父，伍員，字子胥，注見二卷首章。其父伍奢，受費無極讒，爲平王所殺，詳《義勇篇》

注。（《太子建章》。）平王，名棄疾，卽位，更名居，靈王之弟，在位十三年。《御覽・地部》引伍端休《江陵記》云：「葬江陵城北。」又云：「枝江斑竹岡，亦有平王冢。」《漢表》列九等。

子胥出亡，挾弓而干闔閭。

闔閭，夷昧子，公子光，注見二卷首章，及七卷《延陵季子章》。《穀梁定四年傳》「挾弓」下有「持矢」二字。《公羊定四年傳》作「挾弓而去楚，以干闔廬」。何注云：「不待禮見曰干，欲因闔廬以復讎。」范氏《穀梁》注本之。《釋名・釋姿容》曰：「挾，夾也，在旁也。」《越絕書・吳內傳》云：「吳憂中邦奈何乎，子胥父誅於楚，子胥挾弓身干闔廬。」《吳越春秋・王僚使公子光傳》云：「楚遣使追捕子胥，胥乃貫弓執矢去楚，（貫、關通，詳四卷《勇士章》注。）楚使者追及無人之野，胥乃張弓布矢，欲害使者，使者俯伏而走。」何休《公羊》注云：「挾弓者，懷格意也。」格，猶拒也。卽謂欲害使者之事。《賈子・耳痺篇》曰：「昔者楚平王有臣曰伍子胥，王殺其父，而無罪，奔走而之吳，曰：『父死而不死，則非父之子也；死而非補，則過計也；與吾死而不一明，不若舉天地以成名。』於是行身而不□，適闔閭，治味以求親。」是干闔閭之事也。干，求也，字當作迁，經傳相承用干字。《史記・伍子胥傳》曰：「王囚伍奢，使人召尚與員曰：『來，吾生汝父；不來，今殺奢也。』伍尚欲往，員曰：『楚之召我兄弟，非欲以生父也，恐有脫者，後生患，故以父爲質，詐召二子，去俱死，何益，令讎不得報。不如奔他國，借力以雪父恥，俱滅無爲也。』尚曰：『我知往終不能全父命，然恨父召我以求生，而不往，後不能雪恥，終爲天下笑耳。汝能報殺父之讎，我將歸死。』尚就執，使者捕伍胥，伍胥貫弓執矢向使者，使者不敢進，伍胥遂亡，聞太子建在宋，往從之。伍尚至楚，楚并殺奢與尚也。伍胥既至宋，宋有華氏之亂，乃與建俱奔鄭，鄭人甚善之。建又適晉，晉頃公曰：『太子既善鄭，鄭信太子，太子能爲我內應，而我攻其外，滅鄭必矣，滅鄭而封太子。』太子乃還鄭，事未會，會自私欲殺其從者，從者知其謀，乃告之於鄭，鄭定公與子產殺太子建。建有子名勝，伍胥乃與勝俱奔吳，到昭關，昭關欲執之，伍胥與勝獨身步走，幾不得脫。追者在後，至江，江上有一漁父，乘船，知伍胥之急，乃渡伍胥。伍胥既渡，解其劍曰：此劍直百金。以與父。父曰：楚國之法，得伍胥者，賜粟五萬石，爵執珪，豈徒百金劍耶。不受。伍胥未至吳，而疾，止中道，乞食至吳。吳王僚方用事，公子光爲將，伍胥因光以求見吳王。久之，楚平王以其邊邑鍾離，與吳邊邑卑梁氏俱蠶，兩女子爭桑，相攻，乃大怒，至於兩國舉兵相伐。吳使公子光伐楚，拔其鍾離、居巢而歸。伍子胥説吳王僚曰：楚可破也，願復遣公子光。光謂王曰：彼伍胥父兄，爲戮於楚，而勸王伐楚，欲以自報其讎耳，伐楚，未可破也。伍胥知光有內志，欲殺王而自立，未可説以外事，乃進專諸於光，退而與太子建之子勝耕於野。」此記伍子胥奔吳事，較他書獨詳。

闔閭曰：「大之甚，勇之甚。」

舊本無「闔閭曰」三字，此亦因重文作二點，傳寫奪落，並奪去曰字，本書中如此者甚多，下「甚」字舊本亦脱。盧氏《拾補》大書「大之甚、勇之甚」六字，注云：「據《穀梁》補。」則盧所據本，尚未奪上三字也。否則此六字憑空結譔，文勢何所屬乎。今本止存「大之甚勇之」五字，盧校補一「甚」字，故云據《穀梁》補。然以「大之甚勇之甚」六字標題，則似此六字盧本俱脱，文誼不明，盧書恆有此弊。據徐友蘭識語云：「述古自有詳畧，不補亦可。」則徐以「大之」爲句，「甚勇之」爲句。知盧本但補「甚」字者，以今各本但存「大之甚勇之」五字推見之，今從盧校補「闔閭曰」三字，及下「甚」字，與《穀梁傳》同，本書固用《穀梁》文也。《公羊》大之甚大字作士，何注：「言其賢士之甚。」案：《穀梁》及本書作大，范注云：「子胥匹夫，乃欲復讎於國，其孝甚大，其心甚勇。」明大字不誤，何注曲解，非是。俞樾《公羊平議》云：「士當作大，《穀梁傳》可據以訂正。大字隸書每變作士，如赤幸壺壹等字，其上皆從大，今皆作士，是其証也。大譌爲士，何氏因曲爲之説，於誼終不安也。」陳立《公羊義疏》云：「《越絕書・吳內傳》亦云：「闔閭曰：士之甚。與《公羊》同。蓋士之者，猶言人之，謂其足爲士也。」案：俞說是。《越絕》誤同《公羊》，陳氏墨守不破注例，強爲之說，不知《越絕》可證《公羊》士字，則本書作大，亦可以證《穀梁》之字矣。解士之爲足爲士，亦甚不詞，今不取。子胥始見吳，言伐楚之利，爲闔閭所阻，《左傳》、《史記》及《呂氏・首時篇》、《吳越春秋》均有是說。此用《穀梁》義，言闔閭稱子胥勇，欲伐楚，子胥反止之者，蓋一敍其初至吳在王僚之時，一敍闔閭初即位時事也。讀《左傳》闔閭問伍員伐楚之語，自明。（見昭三十年。）爲是而欲興師伐楚。子胥諫曰：「不可。臣聞之，君不爲匹夫興師，爲是，於是也。（詳下注。）舊本「君」下有「子」字，此淺人妄加。《穀梁》無之。《公羊》「君」作「諸侯」，文誼尤明。《春秋繁露・王道篇》云：「諸侯不得爲匹夫興師。」《越絕書・荊平王內傳》云：「子胥居吳，三年，大得吳衆，闔閭將爲之報仇。子胥曰：不可，諸侯不爲匹夫報仇。」《說苑・至公篇》：「吳王闔閭爲伍子胥興師復仇于楚，子胥諫曰：諸侯不爲匹夫興師。」總以上諸證，足證君下不當有子字，今據《穀梁》刪。何注云：「必須因事者，其義可得因公託私，而以匹夫興師討諸侯，則不免於亂。」案：因公託私之說，殊爲害義，非堂堂正正之師，何休於是爲失言矣。且事君猶事父也，虧君之義，復父之讐，臣不爲也。」於是止。君爲匹夫興師，不免於亂，是虧君之義，重義而輕君，故不爲也。公羊「臣聞之」三字在「且」字下，餘同。《說苑・至公篇》亦載「子胥曰：且事君猶事父也，虧君之義，復父之讐，臣不爲也。於是止，其後因事而後復其父仇也。如子胥，可謂不以公事趨私矣。」其義較何休因公託私之說爲圓。《越絕書・吳內傳》亦云：「虧君之行，報父之仇，不可，於是止。」諸書文意畧同。鍾文烝《穀梁補注》采何注而不采《說苑》，可謂無識。蔡昭公朝於楚，昭公，悼公弟，名申，三傳《春秋》及《史表》皆同。孔疏釋文謂昭侯是文侯申玄孫，乃與高祖同名，二中必有一誤。《史世家》作甲，梁玉繩曰：「文侯父莊侯名甲午，亦不應同名。」在位二十八年，爲公孫翩所射殺。（見《左傳・哀四年》。《史・世家》則云：賊利殺之，而誅賊利以解過。豈利即翩歟。）始遷於州來。《漢表》列八等。有美裘，《公羊》句末有「焉」字。楚令尹囊瓦求之，囊瓦，字子常，令尹子囊之孫，（見《呂氏・慎行》注、《楚語下》注、《左傳・昭二十三年》杜注。）郄尹光唐之子。（見《呂》注。）《漢表》列八等。王引之《春秋名字解詁》曰：「常讀爲瓽，皆從尚聲，故叚借作常。」《説文》：「瓽，大盆也。」《廣雅》：「瓽，甕也。」《急就篇》：「甑瓽甂甌瓨罌盧。」或曰：「以甎甃井也」。《漢書・游俠傳》：「觀瓶之居，居井之眉，一旦叀礙，爲瓽所轠。」注：「瓽，井以甎爲甃者也。大盆謂之瓽，井甃亦謂之瓽，皆瓦質也。」《穀梁》「楚令尹」三字作「正是日」，范注：「正是日，謂昭公始朝楚之日。」陳立《公羊》疏引《穀梁》「正」字作「焉」。《公羊》無上三字。昭公不予，《公羊》、《穀梁》「予」作「與」，古通字。於是拘昭公於郢，《穀梁》「於」作「爲」，「郢」上有「南」字。《公羊》同。此章二傳「爲是」字，本書多作「於是」，爲，猶於也。《西周策》「君不如令弊邑陰合爲秦」，《史記・孟嘗君傳》爲作於。《晉語》「稱爲前世」，韋注：「言見稱譽於前世。」《僖二十年穀梁傳》「謂之新宮，則近爲禰宮」，言近於禰宮也。《秦策》「朝爲天子」，言朝於天子也。《老子》「故貴以身爲天下，若可寄天下，愛以身爲天下，若可託天下」，《莊子・在宥》引其文，爲皆作於爲。此必《莊子》作於，《老子》作爲，後人旁注異文，而澜入正字也。又《莊子・齊物論》「爲是而有畛也」，爲是亦即於是。南郢，楚都，詳一卷《楚成王章》注。（參二卷《莊辛章》注。）《易林・泰之恆》云：「蔡侯適楚，留連江濱，踰日歷月，思其后君。」謂是事也。數年而后歸之。《穀梁》作「數年然後得歸」，《公羊》作「數年然後歸之」。后後古通用，習見。《史記・蔡世家》：「昭侯十年，朝楚昭王，持美裘二，獻其一於昭王，而自衣其一。楚相子常欲之，不與。子常讒蔡侯，留之楚三年，蔡侯知之，乃獻其裘於子常，子常受之，乃言歸蔡侯。」《越絶書・吳内傳》云：「蔡昭侯南朝楚，被羔裘，囊瓦求之，昭公不與，即拘昭公南郢，三年然後歸之。」《定三年左傳》云：「蔡昭侯爲兩佩與兩裘，以如楚，獻一佩一裘於昭王，昭王服之，以享蔡侯，蔡侯亦服其一。子常欲之，弗與，三年止之。唐成公如楚，有兩肅爽馬，子常欲之，弗與，亦三年止之。唐人或相與謀，請代先從者，許之，飲先從者酒，醉之，竊馬而獻之子常，子常歸唐侯，自拘於司敗，曰：君以弄馬之故，隱君身，棄國家，羣臣請相夫人以償馬，必如之。唐侯曰：寡人之罪也，二三子無辱。皆賞之。蔡人聞之，固請而獻佩於子常，子常朝見蔡侯之徒，命有司曰：蔡君之久也，官不共也，明日，禮不畢，將死。蔡侯歸及漢，執玉而沈曰：余所為濟漢而南者，有若大川。蔡侯如晉，以其子元，與其大夫之子爲質焉，而請伐楚。」三傳所叙事畧同，以《左氏》爲詳也。

昭公濟漢水，沉璧曰：「諸侯有伐楚者，寡人請爲前列。」

《穀梁》作「乃用事乎漢，曰：苟諸侯有欲伐楚者，寡人請爲前列焉」。《公羊傳》作「於是歸焉，用事乎河，曰：天下諸侯，苟有能伐楚者，寡人請爲之前列」。案：《公羊》作河，《左傳》、《穀梁》作漢，河乃衆水通稱，《公羊》之河，即漢也。沈約注阮籍《詠懷詩》云：「古人呼水皆爲河。」《漢書・司馬相如傳》文穎注：「冀州人言水皆謂之河。」宋祁《筆記》：「南方之人謂水皆曰江，北方之人謂水皆曰河，隨方言之便，而淮濟之名不顯。司馬遷作《河渠書》，并四瀆言之。《子虛賦》曰：下屬江河。事已相亂，後人宜不能分别之也。」（元李治《古今黈》亦有是説，畧同。）案：河漢對言則異，散言則通。何注云：「時北爲晉，請伐楚，因濟河。」是以爲河水之河，意蔡侯返國，不當濟河，因如晉，乃濟河也。《左傳》、《史・世家》雖皆有蔡侯之晉之説，然《左傳》叙在蔡侯誓川之後，可見此誓時，未嘗之晉也。下文云天下諸侯苟有能伐楚者，苟有能，乃未定之辭，若如晉，則請晉伐楚，有專屬矣，何注蓋誤。《越絶書·吳内傳》云：「昭公去至河，用事曰：天下誰能伐楚，寡人願爲前列。」河亦漢也，陳立以爲傳者不一，記載各殊，此強爲何注回護，殊不可通。前列，猶前驅也。《詩·伯兮》：「伯也執殳，爲王前驅。」《左傳·昭二十九年》「實列授民」，《正義》：「列，謂行列。」凡戰以前驅爲勇，請先啟行，與於將士之列，示恨楚之深，且謙辭也。楚人聞之怒，「怒」上《穀梁》有「而」字。《公羊》無，何注：「見侵後，聞蔡有此言而怒。」陳立疏云：「以上《經》楚人圍蔡，在侵楚後故也。」案：蔡無侵楚之事，《左氏定四年傳》曰：「沈人不會於召陵，晉人使蔡伐之。夏，蔡滅沈，秋，楚爲沈故圍蔡。」《史記·蔡世家》云：「夏，爲晉滅沈，楚怒，攻蔡。」是楚因蔡滅其與國，故伐之，非爲受侵後也，何注誤。於是興師伐蔡，《公羊》作「爲是興師，使囊瓦將，而伐蔡」。《穀梁》「於」作「爲」，「師」下有「而」字。《越絶書》云：「楚聞之，使囊瓦興師伐蔡。」蓋蔡之滅沈爲助晉，助晉爲叛楚，楚因沈故圍蔡，即因蔡助晉叛楚故也。聞者，聞蔡侯誓川之言，誓川之言，神人共聞之，即助晉叛楚之言也。何注必以見侵後聞之爲説，迂矣。蔡請救于吳。《蔡世家》曰：「蔡昭侯使其子爲質於吳，以共伐楚。」《左傳》曰：「楚爲沈故，圍蔡，伍員爲吳行人以謀楚。楚之殺郤宛也，伯氏之族出，伯州犂之孫嚭，爲吳太宰，以謀楚。楚自昭王即位，無歲不有吳師，蔡侯因之，以其子乾，與其大夫之子，爲質於吳。冬，蔡侯、吳子、唐侯伐楚。」子胥曰：舊本「曰」上有「諫」字。此涉上文而衍，依文誼不當有諫字。子胥此時方贊吳之伐楚，何諫之有。今《穀梁》亦無諫字，本書文采《穀梁》，今據删。《公羊》前後文均作「伍子胥復曰」。《越絶書》作「子胥於是報闔廬曰」。復猶報也，非諫亦明矣。「蔡非有罪也，楚人無道也，上「也」字及「人」字，《穀梁傳》無。《公羊》無下「也」字，「無道」上有「爲」字。謂蔡受伐非罪，楚人貪冒、欺陵之。君若有憂中國之心，則若此時可矣。」上「若」字《公羊》作「如」，無「此」字。何注：「猶曰若是時，可興師矣，激發初欲興師意。」《越絶書》：「昭公聞子胥在吴，請救蔡，子胥於是報闔廬曰：蔡非有罪，楚爲無道，君若有憂中國之心，意者時可矣。」（意者二字，乃下若字之確詁。）《白虎通義·號篇》曰：「蔡侯無罪而拘于楚，吴有憂中國心，興師伐楚，諸侯莫敢不至，知吴之霸也。」《公羊傳》云：「吴何以稱子，夷狄也而憂中國，皆因子胥語許之也。」《公羊》作「則若時可矣」，陳立疏云：「《詩·秦風·駟驖》奉時辰牡，傳：時，是也。《大雅·生民》箋、《爾雅·釋詁》均云：時，是也。若，猶此也，單言之，則曰若，連言之，則曰若此。《通義》云，若時，言如此時也。《荀子·儒效》云：此若義信乎人矣。彼此若，即此若時也。初興師意，即上言闔廬將爲之興師而復讐於楚也。」案：此時字不當訓是，本書及《穀梁》有此字，此即是也，《公羊》無此字，省文耳，句中固含有此字之誼。王引之曰：「若，猶此也，連言則曰若此，或曰此若。」下引《公》、《穀》此文爲證。又引《曾子問》以此若義也，《荀子·儒效篇》此若義信乎人矣，《管子·山國軌篇》此若言何謂也，《地數篇》此若言可得聞乎，《輕重丁篇》此若言曷謂也，《墨子·尚賢篇》此若言之謂也，《節葬篇》以此若三聖王者觀之，又以此若三國者觀之，《史記·蘇秦傳》王何不使辯士以此若言説秦。皆並用此若二字。（《經傳釋詞》七若字下。）案：王氏解此若即此誼極當，（五卷《秦昭王章》亦引之。）解本文若此爲此則非。謂《公羊》若字訓此，猶可，謂《穀梁》、本書文若此亦訓此，則又非。若猶似也，若此時可，猶曰似乎此時則可也。《越絶書》作意者時可矣，意者未定之辭，參以活語，措詞之體也，與本文及《穀梁》若此誼同。王氏所舉各證，皆此若連文，其若此連文者，僅此一證，其誼即不同。孔、陳二説并非。

於是興師伐楚，《穀梁》「於」作「爲」，「伐」上有「而」字。《公羊》作「於是興師而救蔡」。《越絶書》云：「闔廬於是使子胥興師救蔡而伐楚。」《荆平王内傳》又云：「其後荆將伐蔡，子胥言之闔廬，即使子胥救蔡而伐荆。」是伐楚救蔡，本屬一事，《公羊》言救蔡，即伐楚也。**遂敗楚人於柏舉，**柏舉，楚地。《公羊》作「伯莒」，《穀梁》作「伯舉」，皆音近通借字。詳見七卷《申包胥章》注。自此句以下，中壘之詞。**而成霸道，**霸，當作伯。《白虎通義》曰：「吳有憂中國心，興師伐楚，諸侯莫敢不至，知吳之霸也。」本書二卷首章云：「楚不用伍子胥而破，吳闔廬用之而霸。」是當時有此語也。**子胥之謀也。故《春秋》美而褒之。**《公羊》注云：「不書與子胥俱者，舉君爲重；子胥不見於經，得爲善者，以吳義文得成之也。雖不舉子胥，爲非懷惡而討不義，君子不得不與也。」《穀梁》疏云：「此傳開端，似同《公羊》，及其結終，不言子胥之善。夫資父事君，尊之非異，重服之情，理宜共均，既以天性之重，降於義合之輕，故忠臣出自孝子，孝子必稱忠臣。今子胥因一體之重，忽元首之分，以父被誅，而痛纏骨髓，得耿介之孝，失忠義之道，而忠孝不得並存。傳不善子胥者，兩端之間，論忠臣，則傷孝子之恩，論孝子，則失忠臣之義。《春秋》料量至理，尊君卑臣，子胥有罪明矣。君者臣之天，天無二日，土無二王，子胥藉吳國之兵，戮楚王之尸，可謂失矣。雖得壯士之偏節，失純臣之具道，傳舉見其爲，不言其義。蓋吳子爲蔡討楚，申中國，屈夷狄，非直申子胥之情，不嫌子胥得善也。」陳立《公羊義疏》云：「楊疏之言，自爲正論。古之君臣，與後微殊，分土而治，固無分民，三諫不從，得去，所以孤惡人君。楚王信任讒邪，子胥父兄，無罪受誅，慘痛之情，血氣所共，君臣之義既絶，責求之備可寬。然《春秋》不見子胥，但爲褒吳之辭，蓋亦實與文不與爾。」案：子胥之事，前賢論難紛如，大都同楊疏之説爲多。近寶應劉恭冕集有《伍員論》，發揮此意，尤爲詳盡，所言皆正。然古者君臣之分，與後微殊，誠有如陳氏之説。草芥寇讎，孟子已昌言之，況子胥父兄被讒，死不當罪，激烈奮決，情在可矜，豪傑所行，不必律以聖賢之分。合觀《公羊》注及本書所言，漢儒蓋無不許子胥者。《春秋》爲萬世立防，舉吳爲重，而與子胥之意，已在言外，何休之説，蓋得之矣。至鞭尸之事，本屬無稽，顧炎武、吴偉業皆詳辨之，顧説尤確。此不過因鞭墓傅會，而近人尚有深信此説者，好異而不顧其安，滋可嘆也。

7 **秦孝公欲用衛鞅之言，**衛鞅，商鞅也，詳見三卷《鄒陽章》注。秦孝公，名渠梁，（《史記索隱》。）獻公子。《越絶書外傳・記地》作平王。正月庚寅生，年二十一立，徙都咸陽，在位二十四年。（俱見《史記》。《越絶書》云在位二十三年，非。）葬弟園。謚法：「五宗安之，慈惠愛親，協時肇享皆曰孝。」《漢表》列六等。**更爲嚴刑峻法，易古三代之制度。**《文選・豪士賦》注引本書云：「商鞅爲嚴刑峻法，易古三代之制。」《史記・秦本紀》曰：「孝公卽位，河内以東，彊國六，小國十餘，諸侯力政相併。秦僻在雍州，不與中國諸侯之會盟，夷翟遇之。孝公布惠，振孤寡，招戰士，明功賞，下令國中，賓客羣臣有能出奇計彊秦者，尊官，與之分土，乃出兵東圍陜城，西斬戎之獂王。衛鞅聞是令，西入秦，因景監求見孝公。二年，天子致胙。三年，衛鞅説孝公變法修刑，内務耕稼，外勸戰死之賞罰。孝公善之，甘龍、杜摯等弗然，相與争之，卒用鞅法。」正此時事，在孝公卽位之三年也。餘詳《鄒陽章》注。**恐大臣不從，於是召衛鞅、甘龍、杜摯三大夫御於君，**《毛詩・六月》「飲御諸友」傳，《禮記・月令》「三公九卿諸侯大夫皆御」，《儀禮・大射儀》「士御於大夫」鄭注，《廣雅・釋言》、《小爾雅・廣言》並云：「御，侍也。」《廣雅・釋詁》、《周禮・九賓》注、《晉語》「朱也當御」注，並云：「御，進也。」《周禮・天官・序官》「女御」注：「御，猶進也、侍也。」此二訓散見他書甚多，皆此御字之誼。甘龍、杜摯，皆秦臣，《漢表》同列五等。《史記索隱》：「甘氏出春秋時甘昭公子帶之後。」杜摯與王稽攻趙，見《國策》，與此非一人。**慮世事之變，計正法之本，**慮，謀思也；計，籌劃也。《商君書・更法篇》「計」作「討」。近人朱氏師轍作《解詁》云：

「討，治也。《論語》世叔討論之。」案：討疑計字形近而譌。**使民之道，**《商君書》秦四麟本、范欽本同。元本句首有「求」字。一曰使當作便，求所以利便於民之道也，亦通。然本文無礙，且兩書皆同，不必改字。**君曰：**君，孝公也。**「代位不亡社稷，**《商子》作「代立不忘社稷」。孫詒讓《札迻》云：「立位、忘亡，俱古通字。」案：孫説是。代位，謂嗣立也。《趙策・武靈王與肥義論胡服章》文多同此，作「嗣立不忘先德」。本書位亡字當讀爲立忘，用叚借字也。**君之道也；錯法務明主長，**錯措同，置也，經典多叚錯爲措。「明」，《商子》作「民」，「長」作「張」。孫詒讓曰：「錯法務民主張，句誼殊不可通，《新序》作錯法務明主長，是也，當據校正。《戰國策・趙策・武靈王與肥義論胡服章》作錯質務明主長，明長二字，與《新序》正同，可以互證。」又旁注云：「錯法錯質，誼兩通，當各如本書。《商子》第九篇名《錯法》，與此誼同。（光瑛案：依文誼作錯質，訓委摯，於意尤明。《商子》作錯法，疑以第九篇名致誤，後人又承其誤，以改本書耳。錯質字又見《荀子・大畧篇》，楊注正讀質爲摯，言委摯爲臣，當善則歸君也。武靈語多本《商子》，疑不誤。但《商子》及本書俱作法，相沿既久，今亦不敢輒改，姑隨本文釋之。）錢本、張本亦改長，而民字仍未校正，蓋未檢《新序》也。」案：明民通借字，不改亦可。孫於本書二卷《晉文公出田章》，謂民萌古通，見《商子》校語。然萌從明聲，萌民可通，則明民亦可通矣。《賈子・大政下》：「夫民之爲言萌也，萌之爲言盲也。」萌盲民三字，古音相近，《商子》作民，用叚借字。欲明主長者，善則稱君之誼，下文恐天下議己，正承此句意，可見字當作長也。朱師轍《商君書解詁》云：「《商子》明程榮本、吳勉學本、四庫本俱作錯法務民主長，長字不誤，足證孫説確。錯，施行也。」案：錯訓施行，不如訓置，置植古通，經傳習見，植有立誼，謂立法也。此時甫議變法，未及施行，孝公恐變法之初，天下議己，故曰立法務明主長。長張或亦通用字。《國策》姚本

「長」上有「之」字，金氏正煒《補釋》云：「之字疑衍，此與嗣立爲對。《魏策》梁王，長主也；《燕策》今夫齊王，長主也。此文疑亦當爲長主，而字誤倒置。明亦疑期字之譌，言委質爲臣者，務期得長主而事之。」以上金說，謬甚。《國策》有之字，益可證明主長爲善則歸君之誼。金惟以錯質爲委摯，語本《荀子》，尚爲有據，餘如改主長爲長主，改明作期，皆武斷。豈爲人臣者，遇幼主即不當事之邪。金氏不取本書及《商子》《史記》互勘，亦宜貫徹本文。下文云：「爲人臣者，窮有弟長辭讓之節，通有補民益主之業。」夫曰辭讓，曰益主，皆功則歸君，過則歸己之誼，爲務明主長四字確詁，何得望文生訓，專輒妄改。王紹蘭《讀書雜記》校《商子》，亦謂錯措古通用，謂措置國法，務明人主之長。其說是也。臣之行也。《趙策》「行」作「論」。金氏《補釋》云：「論與倫通。《論語》言中倫，包注：倫，道也、理也。《莊子·齊物論》有倫有義，釋文：倫，崔本作論。《荀子·儒效篇》人倫盡矣，注：倫當爲論。」案：金氏此說是。今吾欲更法以教民，吾恐天下之議我也。」更，變也。非常之原，黎民所懼，故恐人議之。《商子》作「今吾欲變法以治，更禮以教百姓，恐天下之議我也」。案：《商子》文「更」上疑奪一「民」字，變法以治民，更禮以教百姓，二句誼對，本書括省其文耳。《史記·商鞅傳》曰：「孝公既用衛鞅，鞅欲變法，恐天下議己。」重一鞅字，此孝公恐人議己，故鞅勸之勿疑，非鞅自恐人議之也。王念孫《讀書雜志》辨之甚明。公孫鞅曰：公孫者，鞅之姓也，其祖本姬姓。《史記》作「衛鞅曰」，下並同。「臣聞疑行無名，疑事無功，《商子》「聞」下有「之」字，「名」作「成」。此從《史》作「名」，《趙策》同，但二句先後互倒。孫星衍校《商子》曰：「《史記》作名，《御覽·人事部》引作名，各本作成。」案：名與功對，成亦與功對，《論語》「巍巍乎其有成功也，煥乎其有文章」。成功與文章，皆連緜字，本高郵王氏說。是作名作成均可，並與功爲韵。君亟定變法之慮，亟，急；慮，謀也。言先定此計劃。行之無疑，殆無顧天下之議。《商子》無「行之無疑」四字，末有「之也」二字。朱師轍曰：「殆，庶幾也；顧，念也。」案：殆訓庶幾，於語氣未合，此殆當訓其，謂其無顧天下之議也。（《經傳釋詞》失收此訓，其實習見甚多。）一校本云：「此文當從殆字句絕。殆，亦疑也。《史記·扁鵲倉公傳》良工取之，拙者疑殆，與此用字同。《襄五年公羊傳》注訓殆爲疑；《論語》多聞闕疑，多見闕殆，疑殆同訓，與尤悔同，皆變文以協韵。《吕子·去尤篇》以黄金投者殆，《莊子·達生》殆作殙，殙，迷也，亦疑惑之意。凡訓殆作助詞者，如《易》顔氏之子，其殆庶幾乎，《孟子》殆於不可，殆不可復，《史記·張儀傳》吾殆弗如也，《扁鵲傳》殆非人也，《司馬相如傳》意者其殆不可乎。諸殆字，皆疑而未定之詞，蓋即疑訓之引申。（原校注：劉淇《助字辨畧》訓殆爲將、爲乃，並非。）言疑又言殆，古人自有復語耳。若如今本《商子》以殆無顧天下之議之也作一句讀，則殆是助詞，無論若何解釋，終有未安。」光瑛案：疑殆聲相近，一校本之説，與王氏《經義述聞》通説殆字下説同。然《商君書》無「行之無疑」四字，則殆字自應屬下讀。《趙策》亦云殆無顧天下之議，下文君無疑矣，寡人不疑矣，皆承此句，言疑而不及殆，則此句不當疑殆連讀明矣。《經傳釋詞》其猶殆也，其訓殆，殆亦訓其，而《釋詞》殆字不收此詁，蓋偶失照察耳。或疑《趙策》殆字，亦後人妄加，此無徵不信之談，今不取。且夫有高人之行者，固負非於世；《史記》「負」作「見」，《商君書》元本同。秦本、范本作「必見非」。嚴萬里校本據《史記索隱》引作「固見負於世」，朱氏《解詁》即據嚴本，注云：「見負於世，謂見譏於世。《漢書》士有負俗之累，顔注：謂被世議論也。」案：被世議論之被字，乃爲負字作詁，非以被世議論四字詁負字也。（《趙策》作必負遺俗之累，即漢詔語所本，顔注亦非。）負讀重脣即爲被，朱説誤。見當是負形近之譌，負非猶負咎負罪之比，下文有見驁，此句不當重用見字，《後漢書·馮衍傳》引作負，可證也。

《索隱》云：「《商君書》非作負。」非字是見之譌，嚴氏不審文誼而妄改，非是。有獨知之慮者，必見謷於民。「謷」，《史》作「敖」，《商子》元本同。嚴校據《索隱》引作「必見謷於人」改。惟人字仍作民，因唐避太宗諱，改民爲人，非《商子》文本作人也。秦本、范本作「因見毁於民」，此與上「必見非」句，俱與《索隱》所引不合。《後漢書・馮衍傳》引云：「有高人之行者，負非於世；有獨見之慮者，（見亦知也，見三卷《樂毅書章》及《鄒陽章》二注。）見贅於人。」注：「語見《商君傳》。贅，猶惡也。」（惡音烏路反。）案：此贅字，明是謷字之譌，章懷解作惡，則所見本尚未誤也。敖謷音近通用，《爾雅・釋訓》「謷謷，敖也。」釋文引舍人注：「謷謷，衆口毁人之貌。」《漢書・食貨志》注：「謷謷，衆口愁聲也。」是謷字與訾毁誼同。《後漢書》引《史》作疑，與今本異，草書敖字與疑字形近，或疑卽敖之譌，亦未可知，不必妄改。又今本嚴校引《索隱》謷字誤驁，正文亦承誤作驁，此校刻不精之過。朱謂嚴作驁，亦非。語曰：愚者暗成事，知者見未萌。《史》無「語曰」二字。「暗」，兩書及《趙策》作「闇」。《説文・門部》：「闇，閉門也。」經典多借爲幽暗字。萌，萌櫱也，諭事未形，如草未萌櫱也。愚人於已成之事，尚多冥昧，智者不然，未來之事，坐獨幾先，言相去遠也。暗字見字下，二書並有於字，句較活。民不可與慮始，慮，謀也。言民愚易惑，改革之始，未能與謀。可與樂成功。功萌亦韻。古陽唐庚部字，多與東韵相通。（上疑行無名二句亦同。）《史記》「可」上有「而」字，「成」下無「功」字。此與《商子》同，嚴校依《史》增删，豈未見本書邪。《史記》引書，多改原文，本書同《商子》，則中壘所見已如此。郭偃之法曰：《史》無此五字。郭偃，卽卜偃，注見同卷《晉文納王章》。云郭偃法者，郭偃爲文公造法制之書，《趙策》所稱郭燕之法是也。並詳上注。論至德者，不和於俗；成大功者，不謀於衆。和，諧也，言不能諧協衆人之意。一曰：和，附和也，謂不求世俗之附和。二解並通。諧龢字當作龢，附和字作咊，經典皆以和爲之。法者所以愛民也，法令以愛民爲主，民困不知變，非立法之本意。禮者所以便事也，所謂禮從宜也。便事，便於事也。求便於事，乃制禮本意，非以守故爲高。《史記》無此二句。《趙策》作「夫服者，所以便用也；禮者，所以便事也」。是故聖人苟可以治國，「故」，兩書作「以」；「治」，兩書作「彊」。不法其故；故，舊也。苟可以利民，不循其禮。」循，遵也。嚴校《商子》云：「舊本作於禮，與文誼不合，今據上文及《史記》改。」案：此等當各依本文，不可輕改，嚴校多妄改處。此四句《趙策》作「是故聖人苟可以利其民，不一其用；果可以便其事，不同其禮」。孝公曰：「善。」甘龍曰：「不然。臣聞聖人不易民而教，易民，謂易其習俗也，故下文云因民而教。知者不變法而治。《趙策》作「知者不變俗而動」。因民而教者，不勞而功成；此即太公報政，因其俗而教之之意。《論語》曰「因民之所利而利之」，亦此意也。「功成」，《史》作「成功」，《趙策》同。據法而治者，據，依也。《史》作「緣」，緣乃據字之誤，二字形近。吏習而民安之。習，孰習也。《商子》無「之」字，此與《史》同。《趙策》作「據俗而動者，慮徑而易見也」。今若變法不循故，「若」，各本作「君」。《商子》作「今若變法，不循秦國之故」。案：若君形近易溷，詳見四卷首章及五卷《秦昭王章》注。本文當作若爲長。此時討論變法，尚未實施，參以活句，較合。今據《商子》改。更禮以教民，更，革也。臣恐天下之議君，願君熟慮之。」熟，當作孰；慮，思也。《商子》作「願孰察之」。自「今君」以下至此，《史記》不引。公孫鞅曰：「子之所言，世俗之所知也，《史》作「衛鞅曰：龍之所言，世俗之言也」。《商子》同，惟「龍」字作「子」，「衛鞅」作「公孫鞅」。《趙策》云：「今卿之所言者，俗也；吾之所言者，所以制俗也。」意同文異。常人安於故習，常人，平常之人；故習，猶舊俗也。舊本作「所習」。案：《史》作「故俗」，《商子》作「故習」，（元本與《史》同。）句首有「夫」字。《文選·東京賦》注引《商子》亦作「故俗」。（注東京者薛綜，嚴校引作李善注，誤。）習俗同訓，高郵王氏書論之詳矣。今本涉下句譌故爲所，反與下句字複，今據《商子》改正。學者溺於所聞，溺，没也。（朱訓爲惑，非。）《秦策》沈於辯，《齊策》沈於國家之事，又沈於諂諛之臣，（諸沈字當作湛。）沈與溺，誼同。《趙策》作「常民溺於習俗，學者沈於所聞」。此兩者，《史記》句首有「以」字。所以居官而守法也，《史》作「居官守法，可也」。此同《商子》文，《商子》句末無「也」字。非所與論於典法之外也。《史》無「與」字「典」字。《商子》亦無「典」。范本句末無「也」字。《趙策》云：「此兩者，所以成官而順政也，非所以觀遠而論始也。」三代不同道而王，「道」，《史》作「禮」。嚴校《商子》云：「此篇禮法並舉，舊本作道，譌，今據《史》改正。」案：本書亦作道，則嚴説非是。孫詒讓校《商子》引本書作「得道」，今宋本及各本「得」皆作「同」，蓋得字草書與同字形似，傳寫者譌得，非孫氏所據本作得也。五霸不同法而霸，霸，當作伯。五伯，詳見三卷《樂毅書》注。知者作法，作，創作也。《商子》句首有「故」字。《趙策》「法」作「教」。而愚者制焉，《史》無「而」字。朱師轍曰：「《淮南子·氾論》：聖人作法，而萬物制焉，賢者立禮，而不肖者拘焉。高誘注：制，猶從也。」光瑛案：《文選·解嘲》「制以鑕鐵」，李善注引服虔曰：「制，縛束也。」即此制字之誼。制訓縛束，始與下拘誼一貫，高誘訓從，望文生誼，非。賢者更禮，不肖者拘焉。《趙策》「更禮」作「議俗」。《商子》「不肖」上有「而有」字。朱師轍引高注曰：「拘，猶檢也。」案：拘亦束也，《後漢書·曹褒傳》注：「拘攣，猶拘束也。」《仲長統傳》注：「拘絜，謂自拘束而絜其身者。」皆此拘字之誼。《文選·西京賦》薛綜注（嚴校亦誤引作李善。）引《商子》文，無「而」字，與《史記》、本書合。拘禮之人，宋本、嘉靖本、鐵華館本「拘」作「更」，誤。此與下制法對言，不當作更明矣，今從衆本正。《商子》亦作「拘」。以下五句，《史記》不引。不足以言事，制法之人，不足與論治。「治」，《商子》作「變」。《趙策》云：「夫制於服之民，不足與論心；拘於俗之衆，不足與致意。」句小異。君無疑矣。」嘉靖本「無」誤「及」，今正。説孝公獨斷於心，勿爲羣議所搖惑。杜摯曰：「利不百，「曰」下《商子》有「臣聞之」三字，本書、《史記》俱無。不變法；無百倍之利，不輕言更法。功不什，不易器。「什」，兩書作「十」。言有十倍之功，始可改易器用。法就政治言，器就物質言。臣聞之，《商子》無「之」字，連下爲句。盧文弨曰：「臣，何本作兩，譌。」案：各本多作兩，不止何本。蓋此與上利不百四句，皆述古語，故《商子》「利不百」上亦有「臣聞之」句。本書刪上句，存此句，校者記異同於旁，作兩者。謂有兩臣聞字也。傳寫混入正文，以致臣字遂不可通。宋本、嘉靖本、鐵華館本均不誤，今據正。法古無過，《孟子》：「遵先王之法而過者，未之有也。」此釋《詩》「不愆不忘，率由舊章」之誼。過，即愆也。循禮無邪，言遵禮以行，則民不入於邪僻也。《傳》曰：「教以義方，勿内於邪。」《趙策》作「且循法無過，修禮無邪」。一本修作循，是，兩字古書多混。君其圖之。」《史記》無此句。公孫鞅曰：「前世不同教，何古之法？前代政教，各有不同，可見不必法古。《趙策》作「古今不同俗，何古之法」。帝王者不相復，何禮之循。《商子》無「者」字，文勢較整。《史記・高祖功臣侯年表》曰：「帝王者，各殊禮而異務。」《秦始皇紀》：「李斯曰：五帝不相復，三代不相襲，各以治，非其相反，時變異也。」《漢書・武帝紀》：「朕聞五帝不相復禮，三代不同法，所繇殊路，而建德一也。」《韓安國傳》：「臣聞五帝不相襲禮，三王不相復樂，非故相反也，各因世宜也。」《匡衡傳》：「臣聞五帝不同禮，三王各異教，民俗殊務，所遇之時異也。」數家語意同，而文各少異。《禮記・樂記》曰：「五帝殊時，不相沿樂，三王異世，不相襲禮。」復，蹈襲也。《趙策》作「帝王不相襲」。伏犧、神農，神農，見五卷《呂子章》注。伏犧，太昊，三皇之首，又曰庖犧，（或作包、作炮，皆通借字。）風姓，生於成紀，代燧人氏，在位百二十載，（《易·繫辭》疏引《帝王世紀》，《路史》作百六十四載，《通鑑外紀》作百一十年，《通志》作百十六年。）年百九十有四。（《路史》。）都於陳，葬宛丘。（《通考》百二十三。司馬貞補《史記》注及《路史》云：葬南郡襄陽，又謂在山陽高平）《漢表》列一等，上上聖人。「伏犧」，《商子》作「伏羲」，《趙策》作「宓戲」，本書一本亦作「羲」。李慈銘曰：「伏犧本無定字，《管子》作虙戲，亦作虙羲，《莊子》作伏戲，《周禮·太卜》注作虙戲，《禮·月令》注作宓戲，《易》釋文引孟京《易》俱作伏戲，此皆古字也。作虙作戲爲最古，宓卽虙之省，羲卽戲之通借，作伏作犧爲最後，若作虧，則惟《太卜》及《月令》釋文兩引又作虧。張有《復古篇》謂作宓虧，不知何據。」（《桃花聖解盦日記》己第二集）俞樾曰：「《尚書》釋文羲亦作戲，引張揖《字詁》曰：羲古字，戲今字。《廣雅·釋詁》羲戲並訓施，必是釋伏羲之誼。據《書序》正義引《律曆志》曰：結作網罟，以取犧牲，故曰伏羲。又引顧氏讀包爲庖，取其犧牲，以共庖廚。所説皆淺陋。《白虎通義·號篇》曰：伏而化之，故謂之伏羲。《風俗通義·皇霸篇》曰：伏者，別也，變也，戲者，獻也，法也。伏犧始別八卦，以變化天下，天下法則咸伏貢獻，故曰伏羲也。二説較有理。張書羲戲並訓施，殆古説伏羲，有此誼與。」（《廣雅釋詁疏證補遺》。）案：李、俞二説並非。伏犧、庖犧，自是以犧牲共庖廚得名，猶燧人、神農之稱，亦以取火教稼得名也。（軒轅以造舟車得名。）《律歷志》之説，確不可易。伏犧之字，以作庖羲爲正，（今《易》作包犧，包叚借字，《説文叙》作庖犧。）餘皆聲近叚借。羲古犧字，《説文·牛部》：「犧，宗廟之牲也，从牛，羲聲，賈侍中説，此非古字。」段注云：「犧牲犧尊，本叚羲爲之，漢人乃加牛旁，故賈云非古字，許厠諸部末，是也。」二《通義》所釋，迂遠難通，俞氏反稱爲有理，斥前二説爲淺陋，過矣。《易·繫辭》疏引《帝王世紀》，謂庖羲字，後世音謬爲伏。蓋古音有重唇，無輕唇，伏讀爲偪，故虙亦作宓。又伏聲與孚同，庖從包聲，包孚聲轉通用，如枹作桴，胞作脬，古皆通借。《春秋》「齊人來歸衛寶」，《左氏》經作衛俘，亦其證也。故庖羲轉爲伏羲，皇甫謐去古未遠，尚知古音也。梁玉繩《人表考》反謂包孚一聲，以駁庖音謬爲伏之説，不思伏字如讀今音，（芳禄反。）何以能與包字聲轉。此與其謂宓譌爲密之言，俱疏於小學，不知聲變叚借之理。無怪其引《路史》云，宓傳誤密，廣加引證，以爲之説也。（俱見《人表考》宓羲名下。）釋文於《月令》、《明堂位》，宓字皆音密，梁氏譏爲舛，亦謬。至顔之推《家訓》論虙宓二字，不相通用，更有俗復加山之説，由亦以時俗音虙爲伏，宓爲必，故分爲二字。又不知宓即古密字，若知古伏亦讀爲必，則無誤會矣。餘詳二卷《宓子賤章》注。

教而不誅；誅，責也。「教」，嘉靖本作「化」，今從宋本，衆本並同。**黄帝、堯舜，誅而不怒；**雖誅責，不加怒，已異於伏羲、神農之爲治也。黄帝注見五卷，堯注見三卷，舜注見一卷。**及至文武，各當其時而立法，因事而制禮。**

文武注見一卷。言歷禹湯至文武，因時審事，以立法制禮，又異黄帝堯舜時矣。不言禹湯，畧之。《管子·正世篇》曰：「古之所謂明君者，非一君也，其設賞有薄有厚，其立禁有輕有重，迹行不必同，非故相反也，皆隨時而變，因俗而動。」《商子·壹言篇》：「聖人之爲國也，不法古，不修今，因世而爲之治，度俗而爲之法，故法不察民之情而立之，則不成，治宜於時而行之，則不干。」《商子》無「其」字。《趙策》作「及至三王，觀時而制法，因事而制禮」。**禮法兩定，制令各宜，甲兵器備，各便其用。**

《商子》作「禮法以時而定，制令各順其宜，兵甲器備，各便其用」。《趙策》作「法度制令，各順其宜，衣服器械，各便其用」。案：《儀禮·特牲饋食禮》「宗人舉獸尾告備」，注：「備，具也。」《廣雅·釋詁》二：「備，具也。」具爲具足之具，亦爲器具之具。凡二字互訓者，此字引申作他誼，彼字亦因之，六書中此類甚多。此備字訓備給，則是具足之誼，此文當訓器具之具，《趙策》作器械，可證。一曰《淮南·修務訓》云「遂爲天下備」，高誘注：「備，猶用也。」備訓用，則器備猶器用也，因下有用，故變文作備。亦一通也。便，利也。謂衹求利用，不相襲也。臣故曰：自「前世不同教」至此，《史記》不引。**治世不一道，便國不必古。**「必」，《史》作「法」。《商子》元本、范本與本書同，秦本作「不必法古」。此亦因校者旁記異文，混入正字，嚴校反從之，過矣。《趙策》作「故理世不必一道，便國不必法古」，彼兩句皆用不必字，當别論。理當作治，此唐人避諱所改。**故湯武之王也不循古，**湯武開革命之局，以王天下，是不循古也。「循」，《商子》文同，句末有「而興」二字，嚴校據《史記索隱》引改作「脩」。案：《史記》文正作「循」，《索隱》云：「《商子》作脩」古書脩循二字多亂，蓋隸書形近畧同。《莊子·大宗師篇》「以德爲循」，釋文：「循本亦作脩。」《漢北海景君碑陰》循行作脩行，皆形近而譌。本書三卷《燕王書》「使寡人進不得循初」，《國策》循初作脩功，是，説見彼注。嚴校據《索隱》單文改舊本，非，上下文俱有循古字，何可改也。**殷夏之滅也不易禮。**一本倒作「夏殷」。《史記》亦云：「夏殷不易禮而亡。」然《索隱》云指殷紂夏桀，則司馬貞所見本，亦作殷夏也，今從宋本。嚴校《商子》云：「元本作殷夏，《史記》同，（嚴所謂同者，同作殷字耳。）秦本、范本作商夏。又《史記》無之王也之滅也六字。」孫詒讓曰：「作商者，疑宋本避諱改，《新序》亦作殷夏。」孫説是也。黄丕烈《跋北宋本新序》云：「九卷殷夏之滅也，顧大有所藏宋本，譌湯爲夏。」據此，則黄氏所據北宋本，夏字作湯矣。殷湯之滅，文義難通，雖稍識字人亦知之，果北宋本如此，又何足貴。題跋又載金錫爵一跋云：「余得蔣氏宋本《新序》，乞得蕘圃藏本參校，知蕘圃已先於辛酉據校矣。以此本爲初刻，蔣本爲覆刻，審定郅確。其記異同，曰衍，曰脱，亦道其實，曰誤，予以爲正不誤也。惟湯易夏當別記，不應改本文，而蕘圃墨守初刻，必以不同初刻者即爲誤，余未敢信，跋而還之」云云。是黄氏佞宋成癖，不免骨董習氣，當時已有譏之者矣。今所據宋本仍作殷夏，嘉靖本、程榮本、何允中本同。（餘本亦同。）盧氏《拾補》所見本亦作殷夏，注云：「《史》作夏殷。」案今《史記》作夏殷者，後人據時代先後改之，觀《索隱》注先殷紂後夏桀，是小司馬所見本尚作殷夏，與本書同。《商子》句末有「而亡」二字。《趙策》二句作「古聖人之興也，不相襲而王，夏殷之衰也，不易禮而亡」，意同句異。然則反古者未可非也，《商子》無「也」字，「未」下有「必」字。《史》作「反古者不可非」。孫星衍《問字堂集・帝堯皋陶稽古論》，據此以證《禮記・中庸》生乎今之世，反古之道，災及其身。謂言變古之道，解者誤以反古爲復古，則孔子之祖述憲章，皆非矣。觀《商君書》言反古未可必非，益證反古之道，卽謂變古。近儒申之，謂《中庸》下文言非天子，不議禮、制度考文，不敢作禮樂，嘆杞宋之無徵，皆率由舊章，守前王之法之誼，今人以爲復古，非是。光瑛案：孫氏訓反爲背，以解《商子》文則是，若《中庸》之反古，則當如舊説。鄭注云：「反古之道，謂曉一孔之人，不知今王之新政可從。」其誼甚明。下文嘆杞宋之無徵，而曰吾從周，又曰今天下，車同軌、書同文、行同倫，則法後王之意可見。且彼文古道，與今世相對，惟生今世，故當從宜從俗，而不可泥古。若如孫説，則生今句爲虚設，而下文學夏禮學殷禮云云，是反今之道，非反古之道矣。涵泳前後文誼，知鄭注確不可易。至同一反古，而訓釋與此不同者，言非一端，義各有當，古書似此甚多。循禮者未足多也。《史》作「而循禮者不足多」。《商子》「多」下有「是」字，此淺人妄加。凡古書言多，如《史記・游俠傳》「蓋亦有足多焉」，《魏其武安侯傳》「士亦以此多之」之類。多皆訓重。（此詁散見各書甚多，不引。）蓋多本誼爲有餘，有餘卽緟益之誼，古緟益字多借作重，故引申爲推重也。推重必人所稱美，故又引申爲美。如《詩》「旨且多」，多訓美，亦旨也。（多、旨、嘉，有時諸字皆同誼，有時二訓，見《經義述聞·通説上》。）反多爲少，少爲不足，不足則爲人所輕，故凡言少之，或云意有不足，皆輕視之詞。此多字訓美訓重，與非爲對，淺人不知，而妄加是字，以配非字，當據《史記》、本書正之。《趙策》作「然則反古未可非，而循禮未足多也」，亦無是字可證。嚴校、朱詁本俱承譌不察，何也。觀此句作循字，則上文不循古不當改作脩，又可見矣。君無疑矣。」《史記》無此句。孝公曰：「善。《史》引辨論語止此，下孝公語俱不引。吾聞窮鄉多怪，《趙策》「怪」作「異」，訓同。《商子》作「窮巷多恡」。孫詒讓曰：「錢熙祚校本恡作怪，校云：『原作恡，依《御覽》五百九十五改。』案《新序》作窮鄉多怪，錢校是也。」光瑛案：《趙策》作「異」，則恡是怪字之誤無疑，異即怪也，怪恡字形相近，易混。窮鄉辟陋，故多所怪。曲學多辯，《商子》、《趙策》作「辨」，經典多以辯代辨，叚借字也。《説文》辯在辡部，辨在刀部。辨訓判，辯訓治，誼各不同。今人辯辨溷爲一，（辦又誤從力。）而辦辨反分爲二，非是。曲學，鄉曲之學也。愚者之笑，《商子》倒作「笑之」。孫詒讓曰：「《新序》作之笑，與下文狂夫之樂相對，是也，當據乙正。」朱師轍曰：「四庫本下文作狂夫樂之，與此句笑之正相對，當不誤。」案：《趙策》作「狂夫之樂，知者哀焉，愚者之笑，賢者戚焉」，文與此異，而亦作之笑之樂。知者哀焉，狂夫之樂，賢者憂焉。「憂」，《商子》作「喪」。孫詒讓曰：「《新序》作憂，誼較長。」案：《趙策》作「戚」，與憂誼同，則憂誼長明矣。拘世之議，「之」，《商子》作「以」。朱師轍《解詁》曰：「孝公言不復疑惑拘世俗之議而不變法，似亦以作之爲是。」然《趙策》多同本文，其言云雖敺世以笑我，則拘當作敺，拘敺音近而誤。《商子》作「以」，是也。謂敺舉世之人以議我，我亦不疑也，「議」下當奪「寡人」二字。今兩書作「拘」，幸有《趙策》文正之。

寡人心不疑矣。」「寡」字各本俱奪。《商子》作「寡人不之疑矣」。孫詒讓曰：「此文人上當脱寡字，上文鞅兩言君無疑，故此云寡人心不疑。若作人心不疑，則與上文不應，足知其誤。」案：孫説是，今據增「寡」字。兩書對勘，各有長處，可以互相校正。於是孝公違龍、摯之善謀，違，不從也。遂從衛鞅之過言，過，謬也。《商子》云：「於是遂出墾草令。」是也。法嚴而酷，酷，刻也。刑深而必，深，深文。必，讀如信賞必罰之必。守之以公，上下同之。當時取彊，取，用也。彊，各本作強，今依宋本。遂封鞅爲商君。《史記・商君傳》：「衛鞅既破魏還，秦封之於、商十五邑，號曰商君。」《集解》徐廣曰：「弘農商縣也。」《索隱》：「於、商二縣名，在弘農。」《紀年》云：「秦封商鞅，在惠王三十年。」與此文亦同。（謂梁惠王也。）《正義》：「於商在鄧州内鄉縣東七里，古於邑也。商洛縣在商州東八十九里，本商邑，周之商國。按十五邑近此三邑。」案：《秦策》「臣請使秦王獻商於之地方六百里」，高注：「商於，秦邑。」鮑注：「在今順陽郡南鄉、丹水二縣有商於，（於當作城。）在於中，故名，弘農商縣是也。」程氏恩澤《國策地名考》曰：「案《郡國志》，商屬京兆，南陽、丹水，故屬弘農。（原注：《索隱》曰：《地理志》丹水及商屬弘農，魏晉始分置順陽郡，商城、丹水俱隸之。）注云：南鄉、丹水二縣有商城，張儀與楚商於之地。裴駰曰：有商城，在於中，故曰商於。《水經注》：丹水經南鄉、丹水二縣間，歷於中北，所謂商於者也。《通典》：今内鄉東七里有於村，亦曰於中。或曰商即商於，即内鄉也。自内鄉至商州，凡六百里，皆古商於地。（原注：秦封衛鞅以商於十五邑，即此地。）洪亮吉曰：今河南南陽府淅川縣西有商於城，（原注：顧祖禹曰：在内鄉縣西。）又南入折丹涪水，本與楚商於之地接，則其境亦廣矣。」案：今商州東八十五里商洛鎮，即唐商洛故城，鞅所封也。及孝公死，國人怨商君，觀趙良告鞅所云，則國人之致怨於鞅，非一日矣。至於車裂之。注見三卷《鄒陽章》。**其患流漸至始皇，**「流漸」，各本倒作「漸流」。案：漸，積也。此文以七字爲句，《史記・高祖功臣侯年表》：「子孫驕溢忘其先，淫嬖至太初。」以淫嬖五字爲句，文法正同。《漢書・劉歆傳》「陵夷至於暴秦」，句法亦如此。若作漸流，則此四字與下「至始王」三字，各自爲句，反淺薄無味。宋本、嘉靖本不誤，今從之。**赤衣塞路，**赤衣，赭衣，罪人所服。塞，滿也，言犯法者衆。《漢書・司馬遷傳》曰：「魏其，大將也，衣赭衣，關三木。」**羣盜滿山，**山林嘯聚者多。《漢書・賈山傳、吾丘壽王傳》俱有此二語，又見本書十卷《王恢章》。**卒以亂亡。**卒，竟也。**削刻無恩之所致也。**《漢書・賈誼傳》曰：「商君遺禮義，棄仁恩，并心於進取，行之二歲，秦俗益敗。」《史記・商君傳贊》：「太史公曰：商君，其天資刻薄人也。」《索隱》謂天資其人，爲刻薄之行。刻，謂用刑深刻；薄，謂棄仁義，不悃誠。案：天資卽天性，《索隱》説非。賈、馬之言，皆此語所本也。**三代積德而王，**《孟子》曰：「三代之得天下也以仁。」（《離婁篇》。）《國語・周語》：「太子晉曰：后稷始基靜民，十五王而文始平之，十八王而康克安之，其難也如是。」《文選》干寶《晉記總論》「平之」下，多「十六王而武始居之」一句，「安之」下云：「故其積基樹本，經緯禮俗，節理人情，恤隱民事，如此之纏綿也。」《史記・秦楚之際月表》曰：「湯武之王，皆由契、后稷修行仁義十餘世。」三代，謂夏殷周也。**齊桓繼絶而伯，**《公羊傳》曰：「桓公嘗有繼絶存亡之功。」**秦、項嚴暴而亡，**秦皇、項羽，以嚴刻暴虐失天下。項羽注見二卷。盧文弨曰：「項，舊譌夏。」案：各本皆譌，嘉靖本亦誤，惟宋本、鐵華館本作「項」，今據校正。**漢王垂仁而帝。**謂立法三章，除秦苛法，高祖所以勝項籍，不外仁與不仁而已。《孟子》曰：「不嗜殺人者能一之。」又曰：「三代之得天下也以仁，其失天下也以不仁。」有旨哉。**故仁恩，謀之本也。**商鞅之謀秦，足以驟致富强，而其流弊乃至如此。篇中類記善謀之事，獨此章舉不善者以爲戒。仁恩爲謀之本，中壘之旨，與《孟子》同，粹然純儒之言。一曰：謀下當有國字。

8秦惠王時，惠王，孝公子，名駟，（見《史記索隱》、《呂氏·首時、去宥》注、《後漢書·西羌傳》注。）謚曰惠文。言惠，單稱之也。生十九年而立，立二十七年，葬公陵，在咸陽縣西北十四里。（《秦紀》正義引《括地志》。）惠文謚誼，已見前。《漢表》列六等中下。蜀亂，國人相攻擊，告急於秦。《史記·張儀傳》曰：「苴蜀相攻擊，各來告急於秦。」正義曰：「《華陽國志》云：昔蜀王封其弟於漢中，號曰苴侯，因命之邑曰葭萌。苴侯與巴王爲好，巴與蜀爲讐，故蜀王怒，伐苴，苴奔巴，求救於秦。秦遣張儀從子午道伐蜀，王自葭萌禦之，敗績，走至武陽，爲秦軍所害，秦遂滅蜀。（案：《秦策·張儀傳》但言貶蜀王號爲侯，無殺蜀王事。後乃爲其相壯所殺，見《秦本紀》。）因滅巴蜀二郡。」（句恐有譌脱。）《括地志》云：「苴侯都葭萌，今利州益昌縣五十里葭萌故城是，蜀侯都益州巴子城，在合州石鏡縣南五里，故墊江縣也，巴子都江州，在都之北，又峽州界也。」《集解》徐廣曰：「譙周曰：益州天苴，讀爲苞黎之苞，與巴相近，以爲今之巴郡。」《索隱》：「苴音巴，謂巴蜀之夷自相攻擊也。今作苴者，按巴苴，草名，今論巴，遂誤作苴也。或巴人巴郡，本以芭苴得名，所以其字遂以苴爲巴也。注引天苴卽巴苴也。譙周，蜀人也，知天苴之音讀爲芭犂之芭。按芭犂卽織木葺，所以爲葺籬也，今江南亦謂葺籬曰芭籬。」光瑛案：據《華陽國志》所言，則苴巴本爲二國。《三巴記》：「《禹貢》梁州之域，古巴國也，閬白二水東南流，曲折如巴字，故謂之巴。」是巴國，本以水爲名，《索隱》説誤。巴，今四川重慶府巴縣治。顧祖禹曰：「今保寧、順慶、夔州、重慶及瀘州等處，皆其地。」程恩澤曰：「《史記》昌童娶蜀山氏女，生帝高陽，後封其支庶於蜀，歷夏商，至周衰，稱王，長曰蠶叢，次曰柏灌，次曰魚鳧。《通典》利州益昌縣，（原注：今昭化縣。）古劍閣道，秦伐蜀所由，謂之石牛道。（原注：今在劍州東北。）陳子昂云：昔蜀與中國不通，秦以金牛美女啖蜀侯，使五丁力士棧褒斜，鑿通谷，（原注：《通釋》：褒斜道，一名石牛道，今由漢中府鳳縣連雲棧西南過金牛峽，亦曰石牛，至川口凡九百餘里。）迎秦之饋，秦隨以兵，而地入中州。蔡澤所云范睢相秦，棧道千里，通於蜀漢者也。今四川成都、雅州、邛州、茂州及松潘廳等處，皆蜀故地。（原注：或以嘉定、龍安、潼川及保寧府劍州以西，均爲蜀地，與《地理志》不合。）」（《地名考》三。）惠王欲發兵伐蜀，以爲道險峽，難至，「峽」，《史記·張儀傳》作「狹」，皆借字，當作陜。言地陜隘險阻，難以進攻。而韓人來侵秦。「人」，《史》作「又」。秦惠王欲先伐韓，恐蜀亂；先伐蜀，恐韓襲秦之弊，《史》作「秦惠王欲先伐韓，後伐蜀，恐不利；欲先伐蜀，恐韓襲秦之敝。」與此微異。猶與未決。嘉靖本「猶」誤「酒」，今據各本正。猶與，即猶豫也。王引之《經義述聞·通説上》考猶豫之誼甚詳確，可空舊説之陋，五卷《楚丘先生章》注亦引之。凡連綿語多以聲取誼，無定字也。司馬錯與張子争論於惠王之前，張子，張儀，注見七卷《屈原章》。司馬錯，秦臣，亦稱客卿錯，（見《六國表》、《白起傳》。）亦曰左更錯，（左更，官名，見《秦本紀》。）蓋初仕秦爲客卿，後官左更也。錯屢爲秦立功，再定巴蜀，（昭襄王六年，蜀侯煇反，司馬錯定蜀，事見《秦紀》。）攻魏河内，攻楚，赦罪人遷之南陽，又發隴西，因蜀攻楚黔中，又取軹及鄧。皆見《秦紀》。《漢表》列五等。司馬錯欲伐蜀，鐵華館本「欲」作「以」，誤。《秦策》、《史記》並作「欲」，衆本亦作「欲」，今依宋本正。張子曰：「不如伐韓。」王曰：「請聞其説。」《國策》姚本引錢云：「聞，舊作問，曾劉集亦作問。」案：聞問古字通。《莊子·消遥游篇》「乃今以久特聞」，釋文：「聞，崔本作問。」《庚桑楚篇》「因失吾問」，釋文：「元嘉本作聞。」王引之《經義述聞》於《易》終莫之聞也句，《詩》亦莫我聞、則不我聞等句，均考之甚詳，不具引。對曰：「親魏善楚，鐵華館本「魏」作「衛」，誤，今正。《秦策》、《史記》並作「魏」，各本亦皆作「魏」，下文魏楚並見，可證不當作「衛」，此音之誤。鐵華館本稱出自宋本，不知何故舛誤如此。下兵三川，《策》注：「三川，宜陽也。」案：秦武王欲車通三川以闚周室，即此三川。詳二卷《甘茂章》注。塞什谷之口，《策》注：「塞，斷也。」盧文弨曰：「《秦策》作塞轘轅緱氏之口。」案：《史》作「塞斜谷之口」，（《索隱》單行本斜作什，下並同。）《集解》徐廣曰：「一作尋，成皋、鞏縣有尋口。」《索隱》云：「尋斜聲相近，故其名惑也。《國策》作轘轅緱氏之口，亦其地相近也。斜谷，地名。」（案：《索隱》單行本無此四字。）《正義》引《括地志》云：溫泉即尋源，出洛州鞏縣西南四十里。注：《水經》云：鄩城水出北山鄩溪，又有故鄩城，在鞏縣西南五十八里。案洛州緱氏縣東南四十里，與鄩溪相近之地。梁玉繩曰：「《索隱》本作什谷，是。湖本譌斜谷，《策》作轘轅緱氏之口，語雖不同，其地相近，一在河南鞏縣，一在緱氏縣東南。轘轅，關也。《通鑑地理通釋》曰：《郡縣志》：鞏縣有尋谷水。徐廣云：什，一作尋。成皋鞏縣有尋口，尋什聲近，故其名異。《水經注》謂之洛汭，《郡縣志》謂之洛口。（原注：《新序・善謀》亦作什谷。）」光瑛案：據梁氏所引，及王伯厚說，與今殿本《史記正義、索隱》，均有不同。殿本承明監本，竄改在所不免，當以王氏所引及單行本爲據。尋斜什均一音之轉，尋谷斜谷什谷，要是一地。尋之作什，猶任器之作什器也。《說文・人部》：「什，相什保也。」段注：「《周禮・族師》注：保，猶任也。後世曰什物，古曰任器。任，急言之曰什，如唐人詩十可讀如諶也。（案：今人以甚麼爲什麼，亦同。）《周禮・牛人、司隸》皆有任器，鄭注：任，猶用也。」光瑛謂段以任器與什物，爲古今語，恐未必然。但任什音轉相通，則甚確。任讀如諶，今吾鄉音尚然。諶什爲雙聲，尋斜與什亦雙聲。可以類推，不必謂什是而尋斜非也。什口在鞏縣，《水經注》：「洛水入河之處，清濁異流，（案洛當作雒，詳十卷《漢六年章》注。)亦名什谷。」《元和志》：「洛水(亦當作雒，下同。)東經洛汭，北對琅邪渚，入河，謂之洛口，亦名什谷。」張儀所云即此。今鞏縣北有鄩谷水，亦謂之什谷。《爾雅》：「鞏，固也。四面有河山之固也。」今河南河南府鞏縣西南三十里，有鞏城。

當屯留之道，《策》注：「屯留，今上黨縣。」《史記正義》曰：「屯留，潞州縣也，道，即太行羊腸阪道也。」程恩澤曰：「屯留，本春秋赤狄留吁地，晉滅留吁，遂爲晉地，謂之純留。(原注：《水經》謂之戎屯。)襄十八年，晉人執孫蒯於純留，是也。《地理志》上黨郡有純留縣，《郡國志》作屯留。(案：此説誤，《漢志》正作屯留，不作純留。)注：《上黨記》曰：有鹿谷山，濁漳所出。(原注：《志》作絳水，即漳水也。光瑛案：《志》云桑欽言絳水出西南東入海，海字當作漳。王念孫曰：《水經·濁漳水注》絳水東逕屯留入漳，故桑欽云絳水出屯留西南東入漳。後人以《班志》信都國下信都下云：《禹貢》絳水亦入海，故改漳爲海字。然彼爲班氏説，此引桑欽説，不可強同。濁漳水注又曰：《地理志》云絳水發原屯留，下亂漳津。則此文當作漳明矣。案：王説是也，程氏謂絳水即漳水，其説甚誤，不可從。)《括地志》：屯留故城在潞州長子縣東北三十里，今在潞安州屯留縣西十里之平村，一名卞和莊。(原注：或作東南十三里，疑誤。)」《春秋大事表》曰：「今潞安府屯留縣東南十里有純留城。」案：此即程注疑爲誤者，但少三里不同耳。

魏絶南陽，《策》注：「魏與南陽絶也。」《史記正義》：「南陽，懷州也。是當屯留之道，令魏絶斷壞羊腸韓上黨之路也。」案：《國策·秦召周君章》「將以使攻魏之南陽」，高注：「南陽，魏邑。」又云：「南陽，晉山陽河北之邑，河内温陽樊之屬皆是。」(見《地理志》注。)程恩澤曰：「《左傳》晉啟南陽，相傳後爲魏地。馬融曰：自朝歌以南至軹爲南陽。應劭曰：河内殷國也，周名之爲南陽。杜預曰：在晉山南河北，故曰南陽。又曰：今河内地。然則魏之南陽，雖與韓南陽(原注：今河南南陽府。)有別，而其爲域亦廣矣，即《左傳》原文可按也。自《水經注》以南陽專屬修武，唐宋以下宗之，乃謂南陽其統名，而修武則魏之南陽，疏矣。」（《地名考》十一。）案：韓之南陽，在南山之南，漢水之北，今河南南陽境，與此無涉，此當屬魏地。本卷《晉文公章》南陽注，可以參證。金氏正煒《戰國策補釋》云：「《吕覽·知接篇》：又絶諸侯之地，以襲國。注：絶，過也。《史記·李將軍傳》南絶幕，《正義》：絶，度也。《文選·西京賦》横西洫而絶金墉，薛綜注：絶，度也。南陽時屬魏，而與周韓地接，故欲以魏兵度南陽，而收周韓也。」光瑛案：金説是。高注謂魏與南陽絶，夫秦此時方親魏，約共攻韓，何反令南陽絶於魏乎，於理殊不可通。鮑注云：「秦使之絶。」亦未明憭。**楚臨南鄭，**《策》注：「鄭，今河南新鄭也。」《史記正義》：「是塞斜谷之口也。今楚兵臨鄭，南塞轘轅斜口，斷韓南陽之兵也。」案：楚之南鄭，在今漢中府城東二里，與此無涉。此新鄭地，韓滅鄭，自平陽徙居之，今河南開封府新鄭縣是。**秦攻新城、宜陽，**《史記索隱》：「新城，當在河南伊闕之左右。」《正義》曰：「洛州福昌縣也。」程恩澤曰：「秦新城有二：《左傳》梁伯益其國而不能實也，命曰新里，秦取之，文四年，晉侯伐秦，圍邧新城，即此，在今陝西同州府登城縣東北二十里；又云諸侯伐鄭，圍新密，鄭所以不時成也，《春秋》書之曰新城，在今河南開封府密縣東南三十里。」（《地名考》卷三。）宜陽本韓地，後屬秦，詳二卷《甘茂章》注。**以臨二周之郊，**《策》注：「二周，東周西周也。」案：高氏又云：「東周成周，今雒陽，（舊誤洛。）西周王城，今河南。」宋趙與時《賓退録》云：「高説甚畧，姚寬《世系譜》亦未備，其指鞏爲東周，又小誤。鮑彪注東西二周一節，極爲舛謬，深誤學者。今學者但知鎬京即西周，東遷爲東周而已，若敬王之遷成周，固已漫漶，至於兩周公之東西國，則非熟於考古者，芒不知其所以也。昔武王克殷，經營雒邑，有都雒之意，而未暇及，先遷九鼎焉。周公相成王，繼武之志，營以爲都，是爲王城，其地實郟鄏，亦名河南。《雒誥》所謂我乃卜澗水東，瀍水西，爲洛食者也。雒陽者，周公營下都，以遷殷頑民，是爲成周，其地又在王城之東。《雒誥》所謂我又卜瀍水東，亦惟洛食者也。《雒誥序》云：周公往營成周，則成周乃東都總名，河南，成周之王城也，雒陽，成周之下都也。王城非天子時會諸侯，則虛之，下都，則保釐大臣所居治事之地，周人朝夕受事，習見既久，遂獨指爲成周矣。平王東遷，於王城奠居，自是始有東西周之名。謂之東者，別於鎬京之西耳，河南雒陽，未分畫也。王子朝之亂，餘黨多在王城，敬王畏之，徙都成周。後九十餘年，考王弑兄自立，懼弟揭之議己，以王城封之，以續周公之官職，是爲西周桓公。此時未有東周公，而稱西周者，後人推本言之也。桓公傳威公，威公傳惠公，考王十五年，西周惠公封其少子班於鞏，以奉王，是爲東周惠公，而西周惠公長子自爲西周武公。自是周公之國，始分東西，成周爲東周，王城復爲西周矣。蓋自河南桓公，續周公之績，而秉政三世，益專，所以別封少子使奉王者，殆欲獨擅河南之地，不復奉王。且王城成周，皆爲東西周君所有，天子直寄焉耳。東周者，指周王所居之雒陽也，鞏，班之采邑也。《世本》曰：東周惠公名班，居雒陽。是班秉政於雒陽，而采邑則在鞏。《漢地理志》曰：鞏，東周所居。姚令威用其説，非也。赧王時東西周分治，王復徙都西周，至五十九年，秦昭王使將軍摎攻西周，西周君奔秦，頓首受罪，盡獻其邑三十六，秦受其獻，歸其君於周。蓋權移於下，其極乃至於盡獻其邑於他人，亦不出於天子之命矣。是歲，赧王卒，國先絶。西周武公亦卒，秦遷西周君於憚狐，實武公之子公子咎者。而東周惠公之後，亦尚能一傳。後七歲，秦莊襄王盡滅東西周，周始不祀，大畧如此。《戰國策》之西周，即揭之西周；《戰國策》之東周，即班之東周。西周建國在前，舊書躋東周於西周之上，爲失其次。鮑氏以《西周策》分繫之安赧二王，蓋直以西周爲天子，而不知二周之策，皆曰周君，自謂曰小國，曰寡人，皆諸侯之辭，其間或及周王，則直稱王，或稱天子，非不明白，鮑氏乃比而一之，可乎。原其致誤之由，蓋亦有説。温人之辭云：今周君天下，則我天子之臣。周君天下者，言周王之君天下也，鮑必誤以爲君有天下矣。又東周君與西周戰，韓救西周，或爲東周謂韓王曰：西周者，故天子之國也，多名器重寶。是時周王未徙西周，故天子之國者，謂敬王故都也。鮑必愈疑西周君卽天子矣。不特此也，周王周公，國號既同，《史記》不爲二國立世家，而混書其事於紀。宋忠注：周君、赧王卒。又不知周君、赧王，此年俱卒，但見二者連文，遂謂赧王卒，謚西周武王。小司馬、張守節皆能辨之，然世多承其誤。《通鑑》直以奔秦獻邑者爲赧王，《稽古録》復以西周桓公爲東周，無責乎鮑也。」案：以上趙説，甚辯。惟《公羊宣十六年傳》曰：「成周者何，東周也。」《昭二十二年傳》曰：「王城者何，西周也。」《二十六年傳》曰：「成周者何，東周也。」是東西周之名，當起於敬王以後。蓋成王以豐鎬爲西都，雒陽爲東都，二都並建。逮平王遷雒，乃名舊京爲西周，敬王以後，則更以王城爲西周也。二周非天子，趙氏之言極當。觀《策》言西周者，故天子之國也。云故天子，則今非天子可知。鮑反因此誤會，則可異矣。本章下文言誅周主之罪，又曰挾天子以令天下，周主天子，分别言之，可證。餘見一卷《范昭章》注。**誅周主之罪**，「主」，舊本作「王」，《史記》同。《策》作「主」，高注：「周主，周君。」是高誘所見本作主也。周主非天子之稱，（見上句注。）淺人以爲指周王，故妄改《史》文及《新序》之文，不知果真天子，豈得言誅其罪乎。今依《策》改正。**侵楚魏之地**。上言親魏善楚，何以忽欲侵楚魏之地，語不可曉。或云：《説文》侵，漸進也，謂漸進兵於楚魏之地也。或又云：侵楚魏之地，卽上句注脚，所以爲周主之罪也。前説尚可通，後説無理。金氏正煒《補釋》云：「侵當作侠，與挾通。地當爲從，《六書通》地，一作埅。與從相似致誤。挾楚魏以臨周，故周自知不救。或侵爲復字之譌，復其侵地，以市德於楚魏，而并力於周韓也。」金氏二解俱牽強，引

《六書通》俗字以證古書，尤陋。（卽如其說，挾楚魏之從，亦與上文意複，無此文法。）此時二周微弱已甚，何能侵取楚魏地耶。姑闕之以俟知者。**周自知不救，九鼎寶器必出，**《桓二年左傳》曰：「武王克商，遷九鼎于雒邑。」杜注：「九鼎，殷所受夏九鼎也，武王克商，乃營雒邑而後去之，又遷九鼎焉。時但營雒邑，未有都城，至周公乃卒營雒邑，謂之王城，卽今河南城也。故《傳》曰：成王定鼎于郟鄏。」《正義》曰：「據《宣三年傳》，知九鼎是殷所受夏九鼎也。《戰國策》齊救周，求九鼎，顏率謂齊王曰：昔周伐殷而取九鼎，一鼎九萬人挽之，九鼎八十一萬人挽之。挽鼎人數，或是虛言，要知其鼎有九，故稱九鼎也。」案：顏率之言，本屬無稽，鼎果有九，則楚莊問大小輕重，不知何鼎之問，而王孫滿答詞，敘鼎所由有，亦祇似一鼎，何也。當如汪中《釋三九篇》說，以九不爲實數，始與《左傳》合，孔疏誤。「不」下《史》有「能」字。**據九鼎，按圖籍，**蕭何入關，亦先收圖籍，以知天下阸塞户口多少彊弱之處，圖籍之重要如此。**挾天子以令於天下，**《策》無「於」字，《史》有。挾，刼持也。**天下莫敢不聽，**聽，服從也。**此王業也。今夫蜀，西僻之國，而戎狄之倫也，**「狄」，《史》作「翟」，古字通借。「倫」，《史》作「長」，黃丕烈校宋本《國策》云：「《春秋後語》作倫，《新序》作偷。」案：今本書宋本作「偷」，而各本亦有作「倫」者，偷乃倫之誤，今據《史》改正。作偷無理，不以宋本而曲從之也，凡此校不從宋本者可類推。《策》作「長」，與下文同。但此處文勢，以作倫爲是。倫，類也，細玩語氣自知之。疑今《策》涉下句而誤。**弊兵勞衆，**鮑本《國策》「兵」作「名」，誤。「弊」，史作「敝」，案：弊俗字，當作獘，古通作敝。**不足以成名，**《策》注：「辟遠不足成伯王之名。」**得其地，不足以爲利。**物産不饒，非必争之地。**臣聞争名者於朝，争利者於市，**二句蓋古語。朝者士夫所集，易以得名，市者百貨所聚，易於圖利。何允中本「臣」上有「今」字。

盧文弨曰：「各本俱無，惟何本有，當去之。」案：《策》、《史》無「今」字，何本涉下句而誤。今三川周室，天下之朝市也，《策》作「市朝」，此與《史》同，上文亦先朝後市。天下之朝市，言其地在必爭。劉寶楠曰：「古人言市朝有二解。《考工記》面朝後市，市朝一夫；《周官·鄉師》以木鐸徇于市朝；《檀弓》遇諸市朝，不反兵而鬥，奔喪，哭避市朝；《孟子》若撻之於市朝；《史記·孟嘗君列傳》日莫之後，過市朝者。皆謂市中官治之所。《司市》云：掌市之治教政刑量度禁令，以次叙分地而經市。注云：次，謂吏所治舍，思次，介次也，若今市亭然。此即是市朝，與《論語》吾力猶能肆諸市朝，爲二，各別也。」（《論語正義》十七。）案：劉説是。《禮記·王制》：「刑人於市，與衆棄之。」《論語》文本言市朝者，連類及之。《檀弓》「杞梁妻曰：君之臣不免於罪，則將肆諸市朝，而妻妾執。」是其誼也。《策》文言市朝，是二項平列相對，謂市與朝也。而王不爭焉，顧爭於戎狄，顧，猶反也，又乃也，但也。盧云：「戎，何本譌夷。」案：宋本及各本俱作「戎」，與《策》、《史》同，今從之。「狄」，《史》作「翟」。去王遠矣。」《策》「王」下有「業」字。姚校云：「曾錢劉無業字。」或疑《史記》亦有「業」字，據上文此王業也，此句反申上意，似當有業字爲長。然本書宋本，已無業字，與曾錢劉本同。王念孫曰：「《史記》王下本無業，此涉上王業句誤衍。王，讀王天下之王，謂秦不争於三川周室，而争於戎翟，則不能王天下，故曰去王遠矣。下文三資者備，而王隨之，正對此句言。《索隱》本出去王遠矣四字，注：王，音于放反。則無業字明矣。《策》有業，亦後人據誤本《史記》改之，《新序》亦無業字。」（《讀史記雜志》三之四。）案：王説是。本書正用《史》文，（多與《史》同，與《策》異，故知之。）則中壘所見《史記》本，尚無業字，下文欲王者句，亦無業，可證也。司馬錯曰：「不然。臣聞之，欲富者務廣其地，有土此有財。《策》、《史》「富」下有「國」字。姚校《國策》云：「曾錢劉本作國富。」欲彊者務富其民，有財此有用。「彊」，各本作「強」，今從宋本。《策》、《史》「彊」下有「兵」字。欲王者務博其德，有德此有人。博，廣大也。三資者備，《孝經》鄭注曰：「資者，人之行也。備，具足也。」而王隨之矣。《策》注：「隨，從也。」今王地小民貧，《策》「王」下有「之」字。故臣願先從事於易。《策》無「先」字。先其易，則收效捷。《左氏哀十一年傳》「不如早從事焉」，杜注：「從事，擊之。」夫蜀西僻之國，《策》、《史》句末有「也」字。而戎狄之長也，「狄」，《史》作「翟」。有桀紂之亂，《策》句首有「而」字。以秦攻之，譬如以豺狼逐羣羊也。嘉靖本「豺」作「犲」，俗。鮑本《國策》「譬」作「避」，誤。狼逐羊，諭無不勝。得其地，足以廣國，《策》「得」作「取」，句末有「也」字。取其財，足以富民繕兵，句。不傷衆而服焉。《策》「取」作「得」，二字與本書互易，此同《史》文。「服焉」，《策》作「彼已服矣」。《史記正義》從民字絶句，以繕兵屬下讀，於民下注云：「《戰國策》取作得。」於服焉下注云：「繕音膳，同饍，具食也。」金正煒《戰國策補釋》云：「《周禮・夏官序官・繕人》注：繕之言勁也。《禮記・曲禮》急繕其怒，注：繕，讀曰勁。勁兵猶云張軍。」案：《正義》及金説皆非。繕猶治也，經訓習見，不必更求新解。《左氏僖十五年傳》「征繕以輔孺子」，《成十六年傳》「繕甲兵」，《襄九年傳》「繕守備」，注均云：「繕，治也。」《廣雅・釋詁》三，同。《釋詁》四又訓補，補亦治之誼。《後漢書・公孫瓚傳》注：「繕，修也。」修治誼亦同。《正義》訓具食，則具食兵固不詞，饍字尤俗，不可用。金氏訓勁，亦捨近求遠。此繕兵當屬上爲句，不必求與上句對，《正義》説非。傷衆，即上文所云弊兵勞衆是也。服一國而天下不以爲暴，「服」，《策》、《史》作「拔」。《策》句首有「故」字。有桀紂之亂，故人不以爲暴。利盡西海，《史記索隱》曰：「西海，爲蜀川也。海者，珍藏所聚生，猶謂秦中爲陸海然也。其實西亦有海，所以云西海。」《正義》

曰：「海之言晦也，西夷晦昧無知，故言海也。言利盡西方羌戎。」案：《索隱》說是。鮑本《國策》「西」作「四」，誤。而諸侯不以爲貪，非天下所必爭，故不以爲貪也。《策》無「而」字，《史》有，惟「諸侯」作「天下」。是我一舉而名實附也，《策》作「名實兩附」，無「也」字。《史記索隱》曰：「名謂博其德，實謂土地財寶。」又有禁暴正亂之名。「正」，《史》作「止」。兩書句首俱有「而」字。今攻韓，劫天子，劫天子，即上文所謂「挾天子以令於天下」也。劫天子，惡名也，舊本不疊上三字。盧云：「《策》疊一句，是。」案：《史》文亦不疊，以文誼論，攻韓不得謂惡名，盧說是也。下文「有不義之名，而攻天下所不欲」，兩項分承，以不義承劫天子，以天下不欲承攻韓，則不得以惡名也句兼承二事明矣。此亦因重句作連點，傳寫時誤脱者，古書中如此者甚多。今依盧校，從《國策》補三字。而未必利也。無必勝之券可操，下因乎齊趙云云，是也。有不義之名，句首二書有「又」字。案：此句複述上語，非追深一步論，不必有「又」字。兩書有「又」者，涉上文又有句而衍也。嘗見一校本，謂上又有句是《策》注語，混入正文。蓋又有者，追深一步意。上句言名實兩附，故注以禁暴正亂釋名字，若作正文，則二句重複，又非追深一步意，於文爲贅矣。《史記》、本書亦有此句者，後人據誤本《策》文加之也。試去此句讀之，何等簡明。光瑛案：上文名實兩附，謂有得地之名而實足以廣國，有取財之名而實足以富民繕兵也。下句又有禁暴正亂之名，乃別出一意，並不重複。況各本均有此句，相沿已久，今不取前說，附辯於此。而攻天下所不欲，《策》「下」下有「之」字。危矣。《策》無「矣」字。臣請謁其故，《策》注：「謁，白。」案《史》作「論」，《索隱》曰：「論者，告也，陳也；故謂陳不宜伐之端由也。」王念孫曰：「《史記》論字當作謁，後人以意改之。《索隱》本作謁，故注云云，今本既改正文作論，又改注云：論，告也。夫訓謁爲告，本《爾雅》，若論字，則古無訓爲告者，後人之改謬矣。《策》及《新序》並作謁。」案：王說極是。本書用《史》文，是中壘所據本作謁。《說文·言部》：「謁，白也。」《左氏襄二十七年傳》注：「謁，告也。」可證《策》注及《索隱》之誼。後人但以謁訓見，而不知有告白之說，故於《燕策·燕王書》「敢謁其願」，既譌謁爲端，（詳三卷《燕王書章》注。）於《史》此文謁字，亦並注改作論矣。**周，天下之宗室也，**天下共宗之，有天子在故也。**齊，韓之與國也，**盧文弨曰：「《策》韓下有周字。」案：吴師道本補云：「齊字恐衍。」然本書及《史記》皆有齊字，無周字，疑周乃《策》之衍文耳。與國誼詳三卷《秦魏爲與國章》注。**周自知失九鼎，韓自知亡三川，將二國併力合謀，**《策》「將」上有「則必」二字，注：「二國，周韓也。」《史記正義》曰：「韓自知亡二周，故與周并力合謀也。」併，本作并。案《說文·从部》：「并，相從也。」人部：「併，竝也。」二字誼別，此作併爲是，作并者叚借字。宋本亦作「併」，今從之。正義「二周」二字，恐有譌謬。**以因乎齊趙，而求解乎楚魏，**因齊趙以轉求和於楚魏也。齊本韓之與國，趙齊方睦，故因之。讀此，知上文齊字，決非衍文，吴師道之說繆。（見上齊韓之與國句注。）解，解釋也。**以鼎予楚，以地予魏。**「予」，宋本作「與」，《策》、《史》同，今從衆本，下同。凡施予字當作予，《說文·予部》：「予，推予也，象相予之形。」叚借爲予我字。後人以予專作予我，而施予字反叚作與，此古今之異也。**以鼎予楚，以地予魏，**盧文弨曰：「二句《策》不重疊，予作與，宋本同，下並作與。」案：《史記》亦不重句，依文勢，此二句不重亦可。但宋本已如此，中壘當別有據，姑仍之。**王不能止，**彼内鼎地以求解於二國，無得禁止之。「止」，本作「正」，《策》作「禁」。《史》句末有「也」字，「不」作「弗」。案：《策》注：「禁，止也。」則作止是，作正者，形近而譌耳。古書止正二字多互誤，上文又有禁暴正亂之名，正亦當從《史》作止，與禁誼傅。因各本俱同，且作正誼亦通，故不改耳。若此句止字，萬不宜作正。盧校本作止，注云正譌，是也。今從宋本。此臣所謂危也，不如伐蜀完。」盧云：「此，一本譌北。」案：《策》作「此臣所謂危，不如伐蜀之完也」。本書採《史記》文，《史》「臣」下有「之」字。《策》注：「必不傷敗，故曰完也。」秦惠王曰：「善。兩書無「秦」字。寡人請聽子。」《策》無「請」字，注云：「司馬錯也。」卒起兵伐蜀，卒，竟也，竟從錯謀。十月取之，秦取蜀在惠王九年，見《秦本紀》。《左傳》曰：「凡書取，言易也。」遂定蜀，《秦紀》：「武王六年，蜀侯煇反，司馬錯定蜀」與此不同。蓋初定蜀後更反，而錯又定之也。觀其文稱蜀侯煇，則已在降號爲侯之後矣。蜀王更號爲侯，「王」，《策》作「主」。此與《史》同，作王字始與下貶號爲侯相應。《文選·蜀都賦》劉注引揚雄《蜀王本紀》曰：「秦惠王討滅蜀王，封公子通爲蜀侯。」亦作王字，但《史》文作「貶蜀王更號爲侯」。梁玉繩《史記志疑》云：「《史記·紀、表》，王死蜀滅，無貶號之事，而《張儀傳》亦有此語，當因封公子通爲侯而誤。」案：《秦紀》武王時尚有蜀侯煇反之文，則貶號信矣。《儀傳》與《國策》同，不宜兩書同誤，《表》不過括言之耳。秦滅蜀後，初未遽廢其國，故有陳莊相蜀之說。但君爲秦所立，實無異於郡縣，故以滅爲文也，後蜀侯煇再反，乃真滅絶之。《索隱》引《華陽國志》：「秦封王子煇爲蜀侯，蜀侯祭，歸胙於王，後母疾之，加毒以進，王大怒，使司馬錯賜煇劍。」當卽其事。而《索隱》又言此煇不同者，小司馬以上文有相壯殺蜀侯來降之事，與此不合，故云。實則傳聞之異，不相妨也。而使陳叔相蜀。盧云：「叔，《策》作莊。」案《史》亦作「莊」。《策》注：陳莊，秦臣也。疑其人名莊，字叔，中壘別有本也。高誘以莊爲秦臣，恐未必然。《秦本紀》：「惠王十四年，丹犂臣蜀相壯殺蜀侯以降。」莊壯古通用，則莊當爲蜀臣，秦滅蜀，立煇爲侯，使其臣陳莊相之，後又殺蜀侯來降也。（此與《索隱》引《華陽國志》之說不同，見上注。）《史記正義》曰：「丹犂，二戎號，臣伏於蜀，蜀相殺蜀侯，并丹犂二國降秦。」則莊非秦臣明矣，高誘説誤。（《三國志·鍾會傳》蜀相牡見擒於秦，牡是壯字之誤，此尤可證壯非秦臣也。）蜀既屬秦，秦日益彊，《策》不疊「秦」字。「日」，《史》作「以」，《策》無此字。案：秦字當疊，《策》偶脱耳。（此亦重文作二點而致漏落者。）「彊」，各本作「強」，今從宋本。富厚而制諸侯，《策》、《史》「而制」作「輕」。司馬錯之謀也。自古英主用兵，必先清肘腋之患。司馬懿欲伐吳蜀，先定公孫淵，孔明欲北征，先平雍州羣蠻，皆此意也。蜀地近秦，足以爲肘腋患，故先去之。得西河而東出之道通，得蜀則南下無阻矣。

9 楚使黄歇於秦，黄歇，楚臣，封爲春申君。《韓非子·姦劫弑臣篇》云：「楚莊王之弟春申君。」沈欽韓曰：「黄歇與韓非同時，不容不悉其本末，而春秋時公子，亦未聞以君號者，將別有誕記耶，抑非之造爲詭辭也。」案：《韓非》文有誤。春申君，《漢表》列五等，後爲李園所殺，投其首於棘門外。秦昭王使白起攻韓、魏，秦昭王，注見二卷《甘茂章》。白起，秦將，郿人，封武安君，賜死於杜郵。《趙策》作公孫起。（吳注云：即白起。）《唐表》以爲白乙丙之後。《漢表》列四等。梁玉繩曰：「《秦策》，惠王時有武安子起，當別一人，起字衍。」沈欽韓曰：「商鞅、白起之徒，不入下愚，已爲幸矣，猶列高等，勸懲之誼安在。」案：起妄殺要功，當列下下。伐韓魏事，見《秦紀》及《韓、魏世家》。韓、魏服事秦，昭王方令白起與韓、魏共伐楚。黄歇適至，聞其計，是時秦已使白起攻楚，取數縣，楚頃襄王東徙。頃襄王，注見二卷《莊辛章》。「頃」，本作「項」，誤。東徙，遷於陳城。《史記·春申君列傳》下有「治於陳縣」四字。黄歇上書於秦昭王，欲使秦遠交楚，而攻韓、魏，以解楚。《秦策》姚安本引《春秋後語》補首段，謂頃襄王二十年，秦白起拔楚西陵，或拔鄢郢夷陵，燒先人之墓，王徙東北，保于陳城，楚遂削弱，爲秦所輕。於是白起又將兵來伐楚，楚人有黄歇者，游學博聞，襄王以爲辯，故使於秦云云。是黄歇之入秦，專爲伐楚事而來。此先叙楚使黄歇於秦一句，而後云昭王使白起與韓魏共伐楚，歇適至，聞其計，乃上書，是出於歇之巧遇與自言，非奉命而來矣。《史記·春申君傳》：「歇游學博聞，事楚頃襄王，頃襄王以爲辯，使於秦。秦昭王使白起攻韓魏，敗之於華陽，擒韓將芒卯，韓魏服而事秦。秦昭王方令白起與韓魏共伐楚，未行，而楚使黄歇適至於秦，聞秦之計。當是之時，秦已前使白起攻楚，取巫黔中之郡，拔鄢郢，東至竟陵，楚頃襄王東徙，治於陳縣。黄歇見楚懷王之爲秦所誘而入朝，遂見欺留，死於秦，頃襄王，其子也，秦輕之，恐壹舉兵而滅楚，乃上書説秦昭王」云云。情事與本書大致相合，而叙次較詳。蓋白起之伐楚有二，其一在昭襄王二十九年，即取巫黔中，拔鄢郢，東至竟陵，致頃襄王東徙者也；其一未成事實，即此所云令起與韓魏共伐楚，歇至，聞其計，乃上書昭王，而中止者也。《史記》特著已前使三字，最爲分明。後語前段所叙，即第一事也；其曰於是白起又將兵來伐楚，此第二事也。其叙第二事於歇使之前，又不兼言韓魏，則所云攻楚而親韓魏之意無所承，足知其誤，當從《史記》及本書爲長。否則兵已出而使方來，謂欲翻其成議，攻其所約之與國，豈尚可及乎。惟《史》云：「秦使白起攻韓魏，敗之於華陽，擒魏將芒卯。」此尚可疑。梁玉繩云：「華陽之役，秦攻趙魏以救韓，非攻韓，且帥師者不止白起。又《策》、《史》皆云走芒卯，此云擒之，亦非」（《史記志疑》三十。）案：梁説誠是，參觀《史記志疑·秦紀穰侯攻魏條》更明。又姚本補此一段，亦有可商。黄丕烈校記謂「《策》文但當作説秦王曰，物至而反云云，（鮑本正如此。）並無闕文。高注秦王云：秦王，名正，莊王楚之子。不以爲黄歇説昭王，與《史記》不同。《新序》後語，皆本於《史記》，姚據以補《策》，未得高意。李善注《文選·辨亡論》引楚魏之兵，雲翔而不敢校。以爲頓子説秦王，蒙上章頓弱事爲説，此必戰國舊讀。且《策》文卽實爲黄歇說昭王，亦止駁高注可耳，正文作說秦王曰自足。前後多如此例。」光瑛案：黄校是，可見校書者當心細如髮，不宜孟浪，而古籍之尤不可任意補削也。《策》以此爲頓弱說始皇，證據頗多，說別詳後。黄校原文，語意有晦澀處，畧加修飾引之，使人易憭，勿訝其與原語或有出入也。其書曰：「天下莫強於秦楚，今聞王欲伐楚，此猶兩虎相與鬥，《策》無「與」字。兩虎相與鬥，而駑犬受其弊也，「弊」當作「敝」。句首五字，《策》不疊。句末「也」字，《策》、《史》俱無。《史記索隱》云：「謂兩虎鬥，乃受弊於駑犬。劉氏曰：受，猶承也。」金氏正煒《戰國策補釋》引《國語・楚語》「顓頊受之」，注：「受，承也。」證劉注之誼，是也。而，猶則也，見《經傳釋詞》。不如善楚。臣請言其說：臣聞之，物至則反，冬夏是也；至，極；反，復也。冬夏迭更，相推而歲成。致高則危，累棊是也。「高」，《策》、《史》作「至」。《史記集解》徐廣曰：「致，或作安。」案：作安者非。致，推而極之也。累，積累也。兩「則」字《策》作「而」，而則同訓，注見前文。高氏於此注云：「至，極也。」今大國之地，偏天下，有其二垂，「偏」，《策》作「半」，無「其」字。《史記正義》云：「言極東西。」殿本考證：「臣照案：秦盡有西方之地，而又克蜀，凡楚之上流，攻取殆盡，則所謂二垂者，指西南兩面耳，《正義》之說未合。夫東界韓魏，至齊而極，秦地固絀於東也。」案：偏者，普偏之誼。古邊陲字作垂，見《說文・土部》。陲在《阜部》，乃傾危之誼。又垂下字篆作𠂹，見部首。今人以邊垂字作陲，陲危、下垂字皆作垂，𠂹字遂廢。《正義》以二垂爲極東西者，據下文接地於齊，又云王之地徑兩海，即東西海也。文人之詞，抑揚自不免過甚，但非此垂字之誼。程氏恩澤《國策地名考》云：「《大戴・保傅篇》湯去張網者之三面，而二垂至。盧辯注：二垂，謂天地之際。《淮南・道應訓》文王砥德修政三年，而天下二垂歸之。（原注：又見篇末《要畧》。）高誘注：文王三分天下有其二。《郡國志》引《山海經》云：「禹使大章步自東極至於西垂，又使豎亥步南極北盡於北垂。（原注：與今本小異。）二垂疑本此。胡三省曰：「有天下西北之二垂，是也。（原注：《史記正義》曰：言極東西。《綱目正誤》曰：疑指西南。俱未合。）」光瑛案：二垂蓋古有是語，約畧言之，謂得天下之半耳。《正義》泥指極東西，固非；張照謂指西南，亦未是。《莊子·逍遥游篇》「其翼若垂天之雲」，崔譔曰：「垂，猶邊也，其大如天一面雲也。」然則有其二垂，猶云有國之二面。天下之地分四隅。有二面卽得其半也。字又通作錘，《韓非子·外儲説左上》云「晉國之辭仕託者國之錘」，又曰「晉國之辭仕，託慕叔向者，國之錘矣」，皆謂國之半也。《八説篇》云「死傷者軍之乘」，乘乃垂字之誤。邊垂誼同，故垂有邊訓，邊亦半也。（粵語謂一半爲一邊。）《策》「偏」作「半」，則此句正申釋半意，不必實指何隅也。**此從生民以來，**「以」，《史》作「已」，字通。見四卷《晉平公問於叔向章》注。**萬乘之地，未嘗有也。**生民未有，兩見《孟子》文，蓋亦古語也。《策》注：「未嘗有地也。」此下《策》、《史》有「先帝文王莊王之身，三世而不接地於齊，（不下《史》有妄字。）以絶從親之要」數句。鮑彪本《國策》改莊爲武，吴師道曰：「莊當作武。但《史記》亦作莊，《新序》删此三句。」案：《策》以此爲頓弱告始皇之詞，故有先帝莊王之説；《史》以爲黄歇説昭王，留此數句，則有不去葛龔之嫌矣。前疑此詞當屬頓弱，此亦一證。鮑本徑改作「武」，亦無據。中壘從《史》説，蓋亦疑而删之。**今王使盛橋守事於韓，**盛橋，始皇之弟，封長安君，見《始皇紀》，此亦始皇時事之一證。守事，留守任事也。《國策》姚本此處作「盛橋」，下句作「成橋」，鮑本上下文俱作「成橋」。又姚本「使」上有「三」字，鮑本無。黄丕烈校云：「《史記》、《新序》皆無三，當衍也。」皆作盛橋，此下文云成橋，當是《策》文作成，《史》作盛，成盛同字，《新序》出《史記》，梁玉繩曰：「當依《史·始皇紀》作成蟜。」案：成盛橋蟜，皆同聲通借字。三字，卽王之爛文而誤衍者，金正煒謂三乃頻頻之誼，繆矣。盛橋以其地入秦，《策》作「成橋以北入燕」，高注：「燕入朝秦也。」鮑本改「以」爲「已」。吴師道補曰：「《史》作盛橋以其地入秦，爲是，《新序》同。此言韓入地，下言取魏地也。」案：吴説是。《索隱》曰：「秦使盛橋守事於韓，亦如楚使召滑相趙然也。」金正煒《戰國策補釋》曰：「此文北字，乃地字形似而譌，燕當作秦，涉下文拔燕而誤也。若謂盛橋自韓入燕，即與不用兵而出地之文不屬。」光瑛案：據《策》注，則高誘所見本已如此，姑宜各從本文。是王不用甲，不信威，《策》「信」作「伸」。《索隱》曰：「信，音申。」而得百里之地也，兩書無「也」字。《策》「得」作「出」，《説文·出部》：「出，進也。」是其誼。鮑注云：「出，言割地，燕朝秦，必割地予秦，秦使之出也。」説轉迂曲。王可謂能矣。才能。王又舉甲而攻魏，舉，興也。杜大梁之門，杜，塞也，字當作𢾊。《説文·攴部》云：「𢾊，閉也。」杜門字如此，今則通用杜而𢾊廢矣。《策》注：「大梁，魏惠王所都也，今陳留浚儀西大梁城是也。」程氏《地名考》云：「《地理志》陳留郡浚儀縣，故大梁，（原注：《郡國志》、《水經》以此即《左傳》梁伯國，非是。）魏惠王自安邑徙此。《水經注》：大梁城本春秋之陽武高陽鄉也，於戰國爲大梁。《通典》：汴州城西古城，戰國時魏惠王所築，（原注：戴延之謂西北有大梁亭，即此。）即今祥符縣也」案：杜大梁之門，謂閉塞魏都門户，禁通内外也。鮑本《國策》「杜」作「社」，誤。祥符縣，屬河南開封府，今省會地。胡三省曰：「大梁控引河汴，南通淮泗，北接滑衛，舟車之所湊集。」舉河内，拔燕、酸棗、虚、桃仁，邢，魏之兵，雲翔而不敢救，「拔」，各本作「攻」，誤。嘉靖本作「抜」，乃拔之爛文，今據《策》、《史》正。「仁」，各本作「人」，與《史》同，《策》作「人」，今從宋本正。（説詳後。）「雲」，《策》作「云」，云雲古今字，鮑本作「雲」。「救」，《策》作「校」，《史》作「捄」，俗以捄爲救。《説文·手部》：「捄，盛土於梩中也，一曰擾也。」誼與救别。「邢魏」，《策》作「楚燕」，燕乃魏之譌。（説詳後。）高注：「舉，猶得也；拔，取也。燕，南燕。酸棗，今屬陳留。桃人，邑名。虚則未聞。」虚，空也。《史記集解》徐廣曰：「秦始皇五年，取酸棗燕虚。蘇代曰：決宿胥之口，魏無虚頓邱。燕縣有桃城，平皐有邢邱。」《正義》：「邢邱在懷州武德縣東南二十里。」胡三省《通鑑》注：「《班志》東郡有燕縣，陳留郡有酸棗縣。」《水經注》：「濮渠東北逕燕城内，爲陽清湖，又逕桃城南，即《戰國策》所謂燕酸棗虚桃者。」（案：此亦以人作入，屬下邢字爲句。）《史記正義》曰：「故桃城在滑州胙城縣東三十里。」程恩澤曰：「河内有數解。一云自蒲州以東至懷衛；一云河從龍門，南至華陰，東至衛州，卽東北入海，由繞冀州，故言河内；一云古帝王之都，多在河東河北，故呼河北爲河内，河南爲河外。俱見《史記正義》。胡三省謂漢河内郡，卽魏河内之地；閻若璩謂自大河以北，總謂之河内，非若今之但以懷州爲河内也。」（《地名考》十一。）梁玉繩曰：「此時河内尚屬魏，秦未舉之，《穰侯傳》已云拔魏之河内，則更誤。考《表》，秦昭王二十一年，魏内安邑及河内，當魏昭十年。但此後二十餘年，信陵君謂安釐王曰：秦臨河内，共汲必危。則彼時河内猶屬魏，而《表》言内河内，殊爲虚語。《秦紀》云攻河内，魏獻安邑，不云并獻河内，元未嘗誤。夫言秦昭王二十一年有河内者，尚非事實，而況曰秦昭十八年，穰侯拔之乎。此與《春申君傳》言舉河内同誤矣。或問《始皇紀》六年，書衛保魏河内，時爲魏景湣二年，猶未失河内，何與？曰：秦取河内，當在昭王四十四五六年間，而非全得河内之地也。知者，信陵之語，在秦拔魏郪丘後，（原注：在秦昭王四十一年。）且極諫安釐王不可與秦伐韓。而秦連歲攻韓，在昭王四十四五六年，其取河内，總不出此三年中。故《白起傳》言長平之役，秦王自之河内。而戰長平，卽昭王四十七年事，時河内已半屬於秦，而未全得其地。是以秦莊襄王二年，拔波，始皇五年，拔山陽，七年，攻汲，皆河内縣地，凡此並魏之河内也。當始皇六年，衛僅守野王片土，魏祇據大梁以東數十里，更安得全有河內而保之邪。」（《史記志疑·穰侯春申君二傳》下。）以上梁説近泥，河内之地甚廣，不專定一處，所言拔，謂拔河内之一地耳。若論其全，則至始皇時，方盡得之。此與下拔燕酸棗，皆似在始皇時事，與《策》、《史》上文稱先君莊王合觀，知舊解謂是書頓弱上始皇之説，不爲無據也。知燕爲南燕國者，《地理志》：「東郡燕，南燕國，姞姓，黄帝後。」《郡國志》：「燕縣本南燕國，有胙城，古胙國。」《水經注》：「河水又逕東燕縣故城北，於是有棘津之名。」燕、酸棗，皆黄河南地。《括地志》：「燕，今胙城縣。」今衛輝府延津縣北，故胙城縣東，有南燕故城，是其地。《元和郡縣志》九：「酸棗，本秦舊縣，屬陳留郡，以地多酸棗，其仁入藥，故名。後魏併入小黄，宣武帝復置，改屬東郡。隋開皇三年屬汴州，（汴乃汳之俗字。）九年屬杞州，十六年改屬滑縣。黄河在縣北二十里，酸棗故城在縣西南十五里。六國時，韓王所理處，故址猶存。」程恩澤曰：「本鄭地，東南二里有酸棗山，（原注：俗呼爲土山。）故名。《述異記》：耆舊説，周秦間河南雨小棗，遂生野棗，卽今酸棗縣是。《水經注》：圈稱云，豫章以樹氏郡，酸棗以棘名邦。《魏世家》：文侯三十二年，伐鄭，城酸棗。取鄭地而城之也。（原注引《元和志》屬韓之説，及《輿地廣記》引《城冢記》云韓襄子所築之説。今韓世侯無其文，疑誤。案：此文侯取韓之鄭地而城之耳。）《竹書》：魏襄王十年，河溢酸棗。《括地志》：故城在酸棗縣北（原注：《元和志》、《寰宇記》並作西南。）十五里，今在延津縣北（一作東北。）十五里。（同上。）高誘注虛訓空者，謂空其地，人民逃亡，財貨盡得也。（若然，虛字貫下桃人爲句，與上言舉言拔爲對。依《史記集解》，則以爲地名，胡三省《通鑑》注從之。吴師道《補正》引《史記正義》：虛，殷虛，今相州所理。又《大事記》解《始皇紀》引《正義》云：姚虛在濮州雷澤縣東。二地不同。高注作虛，文協，則又從高氏之説。程恩澤謂高不以虛爲地名，固繆，然其地實無的處。）《郡國志》：魏郡墟縣，故沙鹿，（案：墟，虛之俗，見四卷《哀公章》注。）在今直隸大名府元城縣。（原注：《地理志》有沙縣，無沙鹿縣。或謂沙即今河南彰德府涉縣，然地亦不相及。）《索隱》：虛頓邱，地名，與酸棗相近。則又當在延津濬滑之間。顧祖禹曰：在今胙城縣東南，（原注：今省入延津。）《春秋·桓十二年》會于虛，秦始皇五年，蒙驁攻魏，拔虛，即此。（原注：並本《索隱》。案：此亦可證高氏以爲頓弱上始皇書之説。）合酸棗頓邱，其説似可信。（原注：今偃師縣東南有虛城，即《左傳》虛滑也，與此虛不同。）」以上程説是。始皇五年，取燕酸棗虛，即此事，以作地名爲長。高誘訓虛爲空，淺人遂改本書人字爲入，（本書宋本作仁，仁與人通用，他本必有作人，與《國策》同者，故淺人得改爲入字。）以入邢配虛桃爲句，而本書之真面目失矣。（仁人通，及邢字不當上屬爲句，説皆詳後注。）《水經注》引《策》酸棗虛桃，則又以虛桃爲二地，截去人字，尤繆。（《始皇紀》注、《索隱》引《國策》作桃人，云：桃人，亦魏邑。）自河内至虛諸地，皆始皇時所取，史文歷歷有據，舊解頓弱説始皇之説，未可非也。「仁」，《策》作「人」，高注云：「邑名。」各本作「入」，乃「人」字之誤，《史記》亦誤。（爲淺人妄改，與改本書同，或因改《史記》而並及本書。）後人遂以桃爲一地，入邢二字連讀，（《水經注》已如此。）非也。本書宋本作「仁」，仁與人通。《論語·學而篇》：「孝弟也者，其爲仁之本與。」鄭本仁作人。《禮記·禮運》注：「何以守位曰仁。」釋文：「仁本作人。」此類證據甚多，是證《策》文不誤。但高誘不知其地所在，徐廣以燕縣之桃城當之。鮑彪注《國策》云：「任城有桃聚。」夫徐廣云燕縣者，據《水經注》文，且與酸棗燕虛境接故。若任城之桃聚，與此胡涉。天下地以桃名者衆矣，豈能一一引之，此鮑氏之謬。程恩澤謂《水經》桃水東逕桃仁墟北，仁古通人，疑即桃人。案：桃人之人本作仁，有《新序》宋本可證，人乃叚借字，（説詳後。）不必轉通仁爲人，以求合於《水經》也。但彼桃仁虛乃桃水所經，與酸棗燕虛，不同一處，程氏所疑非是。燕縣桃城，《郡國志》劉昭注亦引《策》文爲證，今河南衛輝府延津縣北，故胙城縣東三十里是。《史記集解》以入邢爲句，梁玉繩曰：「《策》作桃人是，入字誤，邢字衍，《策》無之。（《策》作楚燕之兵故。）邢卽邢邱，後十餘年，秦始拔之，此時未入秦也。」金正煒《戰國策補釋》云：「《策》人當作入，楚當作邢，燕當作魏，邢誤爲荆，復誤爲楚。范雎所云邢邱拔而魏請附，是也。楚燕未嘗合兵救魏，當從《史記》、《新序》作魏之兵，燕字蓋涉上文燕虚而誤。《說文·雲部》：雲，山川氣也，从云，象雲回轉形。是云字固有回轉之誼。《詩·正月》傳：云，旋也。《考工記·矢人》後弱則翔，注：翔，迴顧也。云翔，猶言回旋反顧，不必改字爲雲。（案：云雲本一字，不必謂爲改字。）校當從《史》作救。《漢書·賈捐之傳》非所以校助饑饉，宋祁云：校助當作救助。正與此同。」光瑛案：梁謂《史》以人誤入，其說得之。然據《集解》、《水經注》，則沿誤已久，金說甚謬。（惟謂校當作救，則是。）本書宋本作「仁」，可據以正《史》誤。蓋本書此章，全用《史記》，其不同《策》以爲頓弱說始皇之詞，亦其證也。自俗本據《史》改人爲入，此字遂詒誤千載，賴宋本猶存，得以校正耳。《集解》以入邢爲句，無論此時邢未入秦，如梁氏所言，卽依舊解，此書在始皇時，而下文魏之兵三字領句，接雲翔而不敢救，文氣亦不聯屬。蓋雲翔者衆詞，合衆國言之，單舉魏之兵，固不可以領句也。（凡言雲，皆以諭衆。如《詩》有女如雲，其從如雲，祁祁如雲之類是。）梁謂邢字爲衍，其失與《集解》同。蓋邢字既衍，則下魏之兵，仍不可領句。此在稍識文誼者知之，不可以言語爭。余謂邢乃荆字叚借，《國策》下文作楚燕之兵，燕字是魏之譌，（涉上文而譌。）《文選·辨亡論下》注引《國策》正作楚魏之兵，是李善所見本不誤。楚卽荆也，《策》作「楚」，《史記》、《新序》作「荆」，初無不同。荆魏之兵，合二國言，文勢始可領下句，雲翔等字，亦有著落。《韓詩外傳》九荆伯柳，《羣書治要》四十引《韓非子》佚文作邢伯柳。《外傳》八荆蒯芮，《説苑・立節篇》作邢蒯聵。是邢荆二字通用之證。古書所用叚字，多被後人妄爲删改，獨此以不删改而反致誤，然幸其不删改而誤，猶可即其誤以得其真也。若並邢字删之，則《史記》真面目不可見矣。如此解釋，《策》、《史》之文，並無岐異，且若合符節。蓋《策》之誤在一燕字，《史》之誤在一「入」字。然非本書宋本作「仁」，亦無由窮原竟委，考索至此。王之功亦多矣。王休甲息衆，二年而復之，《策》作「王申息衆二年，然後復之」，注：「申，洛也。休衆二年，而後復用之。」鮑本改作「休甲」，吴師道正曰：「《史》文雖順，此作重誼，自通。」金氏《補釋》云：「申當爲甲之誤，上脱休字。又申，復也，見《淮南・地形》注，則作申誼亦通。復之疑爲復出，范雎至章，多之則害於秦，亦當作多出。之出篆文相似，易致誤。」案：金氏謂《策》文申字當作甲，上脱休字，是也。謂之出二篆形近易溷，疑未必然，但亦有理解，可備參證。《策》注：「申，洛也。」洛即復之誤，草書二字形近。故下云休衆二年，而後復用之，正申此句注意也。高誘所據本，蓋已誤作申息衆。「二年」，《史》作「三年」，「而」下有「後」字。一曰：復，謂國力回復，與克己復禮之復同。有取蒲、衍、首垣，「有」，兩書作「又」，古書有又通用甚多。「蒲」，各本作「滿」，有小注云：「《史記》作蒲。」宋本亦然。（小注内無記字。）案：《策》亦作「蒲」，此滿字乃蒲之誤，蒲滿形似，古書多亂，詳七卷《申包胥章》注，今改正。《史記集解》徐廣曰：「蘇秦云：北有河外卷衍。」長垣縣有蒲鄉，《索隱》云：「此蒲在衛之長垣蒲鄉，衍在河南，與卷近。首蓋牛首，垣即長垣，非河東之垣也。」程恩澤曰：「蒲有三。一即舜都蒲阪，（他書記程氏云：蒲阪非舜都，乃衛之蒲邑，以嘗入秦，仍歸，故曰蒲反。阮元極取其説，與此蒲地不同。見程書蒲阪下。）在今山西蒲州府永濟縣東南，《括地志》蒲阪故城，在蒲州河東縣南二里，是也；一爲晉文所居邑，在今山西隰州西北，（原注：其在州東北八十里者，乃漢蒲子縣故城，別一地。）《括地志》蒲邑故城，在隰川縣南四十五里，是也；一爲子路所宰衛邑，在今直隸大名府長垣縣，《郡國志》陳留長垣有蒲城，杜預《左傳》注：蒲在陳留長垣縣西南，桓三年，胥命于蒲，是也。此蒲邑當在長垣。」案：鮑彪《策》注，以河東蒲阪當之，謬，程氏分析極明。《魏世家》「景湣王五年，秦拔我垣蒲陽衍」，即此衍。《史記正義》云：「在鄭州者也。」今河南開封府鄭州北三十里有衍氏城，與原武縣故卷城正相近。首垣，《策》注云：「魏地」。（見《韓策·客卿爲韓謂秦王曰章》。）與《索隱》言「首，牛首；垣，長垣」之説不同。牛首即首止，（見《桓十八年傳》。）今河南歸德府睢州治，東南接寧陵境，與長垣相近。《漢志》陳留郡有長垣縣，與河東之垣縣不同。今直隸大名府長垣縣東北二十五里，有長垣故城，高誘以首垣爲一地，即長垣也。《水經注》：「濮水又東逕韋城，有馳道，屬於長垣，濮渠東絶馳道，逕長垣縣故城北，衛地也，故首垣矣。秦更今名。」《竹書紀年》：「梁惠成王十三年，鄭釐侯使許息來致地，平丘户牖首垣諸邑，及鄭馳地。」《趙世家》：「肅侯七年，公子刻攻魏首垣。」《韓策》：「進齊宋之兵至首垣，遠薄梁郭」皆此地。據《水經注》，則首垣本舊名，秦始更爲長垣，上此書時，尚未更也。牛首稱首，長垣稱垣，割一字以成文，古人未必有此，高注得之。胡三省《通鑑》注從小司馬説，未免好異。以臨仁、平邱、「邱」，《策》作「兵」，因聖諱形近而誤，嘉靖本則直作聖諱字矣，今從宋本。《索隱》：「仁及平邱，二縣名，謂以兵臨此二縣，則黄及濟陽，自嬰城而守。」《地理志》平邱屬陳留，仁闕。程恩澤曰：「魏收《地形志》蕭梁時於漢已吾縣置仁州，今爲歸德府寧陵縣，彼時取名，必有所據。上云取蒲衍首垣，首在今睢州，與寧陵接境，又與長垣相近，則仁應在寧陵。又今山東曹縣，宋爲興仁府，亦稱興仁軍，與下云小黄濟陽尤邇密，惟得名較後耳。《方輿紀要》：今修武縣境有仁亭。（原注：東漢歐陽參封修武仁亭侯。）似太遠。或曰仁一作任，以濟寧任城、廣平任縣爲説，更難牽合。」以上程説，姑存以備一誼。其引後世地名爲證，亦近穿鑿。金氏《補釋》謂春秋時，鄭羽頡奔晉，爲任大夫，齊國夏伐晉，取邢任欒鄗。則晉固有任邑，後或爲魏所分。仁當爲任，形聲並近而誤，此卽廣平任縣，在今直隸順德府任縣東南，正程氏所斥爲牽合者，今不取。《漢志》陳留郡有平邱縣，故衛地，春秋諸侯同盟于平邱，是也。（在昭十三年。）杜注：「在長垣縣西南。」《寰宇記》：「平邱在封邱縣東四十里。」又在陳留縣西北九十里。今在陳留縣西北五十里，封邱縣東四十里，長垣縣西南五十里，諸地蓋皆相近。《陳留風俗傳》云：「衛靈公所置邑。」未知何據。**黄、濟陽、甄城，而魏氏服，**《策》「黄」上有「小」字，句末有「矣」字。各本「甄」下有小注云：「《史》作嬰。」宋本同。案：《策》亦作「嬰」。《史記集解》徐廣曰：「蘇代云：決白馬之口，魏無黄濟陽。」《正義》：「故黄城在曹州考城縣東，濟陽故城在曹州寃句縣西南，嬰城未詳。」鮑注《國策》云：「嬰，縈也，蓋二邑環兵自守。」吴師道補引《大事記》云：「《水經注》、河水舊在白馬縣南泆，通黄溝。《趙世家》拔魏黄城，《正義》引《括地志》，故黄城在魏州冠氏南十里，因黄溝爲名，舊注陳留外黄者非。」程恩澤曰：「此説殊混，《漢志》陳留郡有小黄縣，《通典》小黄故城，在陳留縣東北，《寰宇記》作東北三十里，（一本三十三里。）亦曰下黄，《五代通録》河南有外黄小黄，故河北有内黄，小黄爲高齊所廢，其故城今在陳留縣東北。則小黄之在陳留，確鑿可據，外黄在今杞縣，（原注：以爲在考城者非是。）地猶相近，故或通借言之。《燕策》所云黄濟陽，（原注：與《春申傳》同文。）卽指此。蓋小黄外黄，均與濟陽密邇也。若冠氏南之黄城，則在今東昌府冠縣南，距濟陽四五百里，斷非決白馬口所能及，秦兵亦斷不能至平邱，又至黄城，復至濟陽也。吴引此以補鮑缺，過矣。」案《策》作小黄，則明指陳留之小黄矣，吴説繆。《正義》以外黄當之，亦泥於《蘇秦傳》之作外黄耳。彼文《策》無外字，而《史》作外黄，自當以《史》解《策》。此則《策》作小黄，《史》無外字，又當以《策》釋

《史》。二黃與濟陽皆近，不必以兩文俱連濟陽言，強以此小黃，同於彼文之外黃也。程駁《正義》及吳說甚是，惟謂外黃可通借言之，則尚近模棱。《漢志》陳留郡有濟陽縣城，在濟水之陽，故以爲名。《竹書》「梁惠成王三十年，城濟陽」，即此。顧祖禹曰：「今在河南開封府蘭陽縣東五十里。」程云今山東濟南府亦有濟陽縣，乃齊著邑，與此異。錢坫《新斠地理志注》曰：「在今山東曹州府曹縣西南六十里。」顧錢舉地不同，而實一處，各相接也。鮑訓嬰爲繞，與《索隱》同。（引見以臨仁平邱句注。）《漢書·蒯通傳》：「范陽令先降而身死，必將嬰城固守。」孟康注：「嬰，以城自繞。」《後漢書·卓茂傳》「嬰城者相望」，章懷注：「言以城自嬰繞。」王先謙曰：「《文選》曹植《責躬詩》李注，引《說文》：嬰，繞也。嬰城固守，謂繞城守禦耳。《陳湯傳》：時康居兵萬餘騎，分爲十餘處，四面環城，亦與相應。環城，猶繞城也，訓爲以城自繞，則非。他皆類此。」（《漢書·蒯通傳補注》。）案：王說是也。嬰本頸飾，有縈繞之象，故引申爲繞。據下文「許鄢陵嬰城，上蔡召陵不往來也，如此，而魏亦關內侯矣」，可證此嬰城之誼。金氏《補釋》云：「下文上蔡上，《史記》、《新序》有而字，其誼尤顯。高注皆魏邑，不必包嬰城言。《史記正義》云嬰城未詳，似已誤爲地名。《新序》作甄，尤滋疑誤。《謂魏冉曰楚破章》宋衛乃當阿甄耳，《齊王建入朝章》夫三晉大夫，皆不便秦，而在阿甄之閒者，百數。甄地固屬齊，不得謂爲魏邑，疑《新序》乃後人沿《正義》之失，又以甄地近魏，遂以意改者耳。」程恩澤曰：「《新序》作甄，即鄄也，在今山東曹州府濮州東二十里，其地與平邱黃濟陽俱相近。《策》及《新序》俱出劉向，而其文如是，或別有據。」（《地名考》十二。）案：程說亦是。甄嬰無相通之理，（依段表，嬰在十一部，甄分在十二十三部，即不從其說，亦難溝通。）以《策》、《史》證之，不可強合，各從本文爲是。或疑嬰城是環兵自守，乃謀抗拒之象，何以言服。不知嬰城固守，即匿兵不敢戰，非畏服而何。言魏氏者，猶稱韓爲韓氏，趙爲趙氏也。下文云梁氏寒心，梁氏與魏氏同誼。（魏都大梁故也。）高誘注《魏策》云：「魏氏今魏郡縣。」則以魏氏爲地名。程恩澤曰：「《漢志》魏郡有魏縣，故城在今大名府城南十里。（原注：今省入大名縣。）應劭曰：魏武侯別都。《水經注》城内有武侯臺，是也。但此處鮑吴二家俱無注，似不作地名解。且《策》文言魏氏者甚多，與韓稱韓氏一例，未必盡指魏縣也。高蓋以其與白馬口相近，故爲是説耳。」案：高説誤，程駁之，是。王又割濮歷之北，各本有小注云：「《史記》作磨。」（注歷字下。）宋本同，但無「記」字。案：《策》亦作「磨」，皆磨之誤文，詳三卷《樂毅書》注。《史記集解》徐廣曰：「濮水北於鉅鹿入濟。」《索隱》：「地名，近濮。」鮑彪注《國策》：「濮在江漢之南，建寧郡南有濮夷，沮水西有磨城，子胥所造。」吴師道補正曰：「江漢南之濮，乃《書》所謂彭濮，沮水磨城，遠不相涉。下文北屬之燕，可見濮地即衛之濮上，水出東郡濮陽，南入鉅野者也。《索隱》云：磨地近濮。案《史表》有磨侯程黑，《索隱》云：《漢表》作歷。歷縣在信都，地邑並無磨。」案：此字作磨，與歷通，猶《樂毅書》磨室之類，《新序》正作濮歷，則其字甚明。程恩澤曰：「吴以濮爲濮上，勝鮑説多矣。惟謂磨即信都歷縣，（案：此吴氏引《索隱》之説，非吴説。）尚嫌稍遠，（原注：地在今直隸河間府故城縣。）與濮不相屬。《水經注》：雷澤西南十許里有小山，孤立峻上，亭亭桀峙，謂之歷山。澤東南有陶墟，郭緣生《述征記》謂舜耕陶所在也。此本相沿古説。在今濮州東南七十里，正《索隱》所云磨地近濮者。以此解濮歷之北，謂自濮水歷山以北，皆割以屬燕，似較隱愜，舊説俱未明晳。（原注：《通鑑地理通釋》與吴注畧同。）以上程説皆是。注之秦，句。斷燕、齊之要，舊本作「注之秦齊之要」。《策》作「屬之燕，斷齊秦之要」。《史》作「注齊秦之要」。案：此處三書皆有奪誤，《史》之注字，即《策》屬字，注屬古字通。《晉語》五注：「屬，注也。」本書五卷《宋玉因其友見楚王章》「使之遥見而指屬」，《韓詩外傳》作

「使之瞻見指注」，彼注已詳其説。《史》文「注」下奪「之秦斷」三字，「齊」下「燕」譌爲「秦」。《策》文「燕」亦與「秦」互誤。本書舊本「注之秦」三字連接不誤，而「齊」上奪「斷燕」二字，蓋謂割濮歷之地屬之秦，則燕齊交通之路中斷，如人之斷腰也。若依今本《策》文，則秦割敵地以與燕，於己何利。斷齊秦之腰，是自殺之策矣，於理難通，故知其不然也。依今本《史》文，如胡三省《通鑑》注云：「割濮歷之北，（原注：歷作磨。）地連於齊，是注齊之腰也。」如此則秦字虛設。藉謂秦西齊東，令相連注，是注齊秦之腰，誼雖可通，但上句「割濮歷之北」，語勢未完，且《策》「屬之燕斷」四字。何以較《史》爲多。本書文本於《史》，何以增一「之」字。參互比較，足知其非。蓋《策》文燕字，斷非無著，與秦互易，文勢已順，本書「注之秦」三字連文，其顯證也。其「齊」字上脱文。則又可據《策》、《史》證之。秦無自斷其腰之理，必指齊燕，以下言楚魏律之，可知。合三書參校，其誼自見，今以意改正，雖無明據，要當不誤。金正煒《戰國策補釋》疑秦字當作趙，則不如以燕字互易之順矣。絶楚、趙之脊，「趙」，《策》作「魏」，此與《史》同。《正義》引劉百莊云：「言秦得魏地，楚趙之從絶。」胡三省曰：「魏地既入於秦，則楚趙之聲勢不接，是絶楚趙之脊也。」此二説是。或疑楚魏地接，與趙則稍隔，趙當依《策》作魏。不知此言取魏地後，影響他國之形勢，文誼不當連魏在内。天下五合六聚，而不敢相救，《策》、《史》無「相」字。《策》句末有「也」字，高注：「天下五合，六國集聚，不敢救助。」案：五合六聚，錯綜言之，謂或以五合，或以六聚耳，高注非。腰斷脊絶，故不敢越國而互相救援。王之威亦單矣。「單」，《策》作「憚」，此與《史》同。《集解》徐廣曰：「單，亦作殫。」《索隱》：「單，盡也，言王之威盡行也。」高誘注《策》云：「憚，難也，六國諸侯，皆有畏難秦王之心。」吴師道補注：「憚，《史》作單，是，《新序》同。殫，盡也。」案：吴氏引《史》作單，而曰殫盡也者，蓋以單即殫，頗明叚借之理。胡三省亦謂單與憚同，憚單亦通字，高訓憚難，非是。黃丕烈校記引高注，證《策》文不與《史》同，以駁吳說，未免膠固。《說文·歺部》：「殫，極盡也。」段玉裁注：「古多叚單爲之。《郊特牲》社事單出里，《大雅》其軍三單，皆是也。」案：單古殫字，單本訓爲大為厚，反誼爲單薄之單，數至單，亦盡矣。憚從單聲，故相通借，此吳氏釋殫盡之誼也。但本文單字，又不單訓爲盡。王念孫《讀書雜志》云：「憚者，盛威之名。《莊子·外物篇》聲侔鬼神，憚赫千里，與此憚字同。此言秦之威盛，非謂六國憚秦之威也。上文云功多，亦非謂六國多秦之功也。高以憚爲畏難，失之。《史記》作單，叚借字耳。小司馬以爲盡，（案：吳說本此。）亦失之。盛威謂之憚，故威亦謂之憚，《賈子·解縣篇》陛下威憚大信，（原注：信與伸同。）是也。盛怒亦謂之憚，《大雅·桑柔》逢天僤怒，是也。僤與憚同。（原注：司馬相如《上林賦》曰驚憚讋伏，《鴻烈·覽冥篇》曰僤驚伏竄。僤驚，卽驚憚。）」以上王說是。《策》作憚，是正字，作單者省借字。單有厚大之訓，與盛誼近，故從單之字，有盛怒盛威誼。又引申之爲衆，故《采芑》毛傳訓嘽嘽爲衆也。或但以大訓單，亦通。**王若能持功守威，**《通鑑》改「持」作「保」，以訓詁代本字。吳師道補注：「疑守威當作守成。」案：守威卽養威之意，文誼本明，何必改字。**陜戰功之心，**舊本「陜」作「挾」，字誤，此陜與下句肥字相對。陜，隘也，俗作狹。《策》文作「省功伐之心」。《史》作「絀攻取之心」。曰省，曰絀，皆與陜誼相傳，今改正。功與攻同，古通用字。《詩·江漢》「肇敏戎公」，《齊侯鎛鐘》公作攻，《後漢書·宋閎傳》引作功，卽其證。以《策》、《史》文參照自明。**而肥仁義之地，使無後患，**《策》「無」下有「復」字。又各本《國策》「地」俱作「誠」，此後人妄改之。高注云：「肥，猶厚也，地猶道。厚宣仁義之道，則天下皆仰之，復何患之有，故曰使無復後患。」是高注本明明作地字，且以道訓地，其誼甚明，不知何人妄改爲誠，當據《史記》及本書改正，以復高注本之舊。姚校云：「誠字一本作誠。」尤謬。三王不足四，五伯不足六也。高注：「言不足，小畜之也。」案：小畜之者，言輕視之。配三王而四，繼五伯而六，其事甚易，不足道，言將超勝之。「伯」，一本作「霸」。王若負人徒之衆，杖兵革之彊，《策》注：「負，恃也。」「杖」字各本奪，今依《史記》補。二句文勢整對，故不可省。《策》作「材兵甲之強」，材乃杖之爛文。姚校云：「一本無材字。」此後人不知材當作杖，不得其誼，而依本書奪文刪之也。杖俗作仗，《説文》無仗字。《書·牧誓》「王左杖黄鉞」，《襄八年左傳》「杖莫如信」，又「杖信以待晉」，字皆作杖。《説文·木部》：「杖，持也。」引申爲倚杖，即此杖字誼。鮑本《國策》改材作恃，謬。金正煒《補釋》云：「材當從《史》作杖，杖與仗通，《文信侯出走章》使工人爲木杖以接手，今作木材，誤與此同，皆形近而譌。」案：金説是。惟謂杖與仗通，則非，此不知小學之過也。乘毁魏之威，而欲以力臣天下之主，「乘」，《策》作「壹」，誤。高注：「毁，敗也；臣，服也；主，謂諸侯。」鮑注：「前勝魏，有威矣，今自挫毁，不持守也。」案：鮑以毁威爲自毁其威，如此則毁下當加勝字，文誼始明。蓋由乘誤爲壹，故曲爲之説，與高注誼背，吴師道正之，是矣。（正云：從乘字誼明。）金氏《補釋》云：「《説文》：壹，專也。專猶自是，見《左氏襄二十八年》注。又《左氏莊三十二年傳》聰明正直而一者也，疏：壹者，言其一心不貳意也。作壹於誼自通，不必從乘。」光瑛案：高氏不爲壹立訓，而訓毁爲敗，是高氏所見本亦作乘，壹是誤字，金氏強爲解釋，迂曲鮮通，非是。臣恐其有後患也。《策》無「其」字「也」字。《詩》曰：『靡不有初，鮮克有終。』《詩·大雅·蕩之篇》，鄭箋：「鮮，寡；克，能也。言民始皆庶幾於善道，後更化於惡俗。」此斷章引之，取全功業終始也。高注：「靡，無也。言人初始無不爲誠信，少能有終，言秦強威，可以克定天下，恐不能終持之。」《易》曰：『狐涉水，濡其尾。』《易·未濟》：「小狐汔濟，濡其尾。」象曰：「小狐汔濟，未出中也，」濡其尾，無攸利，不續終也。」《策》作「狐濡其尾」，此從《史》文。《國策》高注云：「若狐濡其尾，雖在後也。」鮑注云：「《未濟》注：小狐不能涉大川，雖濟而無餘力，將濡其尾，不能終也。」李氏富孫《易經異文釋》云：「《春申君傳》引作狐涉水，濡其尾。漢初或别本如此，或史公以訓詁竄易之。」案：李説非是，此先秦文，與漢初何涉。此與《策》皆括引經文之大意耳。此言始之易，終之難也。何以知其然也，智伯見伐趙之利，句首《史》有「昔」字。智伯，智襄子荀瑶也，注見四卷《中牟章》。而不知榆次之禍；《策》句末有「也」字，姚云：「一本無。」《史記索隱》曰：「智伯敗於榆次也，《地理志》屬太原，有梗陽鄉，是也。」案：高注謂智伯殺於鑿臺，葬於榆次，與此不同。《正義》曰：「榆次，并州縣也。注《水經》云榆次縣南洞過水側有鑿臺。」鮑注《國策》云榆次屬太原，智伯葬處。此本高注。（吴師道本《索隱》正之。）《水經注》：「榆次縣洞過水側有鑿臺，智伯刳腹絶腸折頸摺頤之處。」則榆次即下文之鑿臺，蓋殺智伯後，即葬之於此。程恩澤曰：「《左傳》石言於晉魏榆，服虔曰：魏，晉邑；榆，州里名也。（《正義》、《釋文》、《水經·洞過水注》並引。）後謂之榆次，故址猶存。《水經注》榆次縣故涂水鄉，晉大夫智徐吾之邑也。《漢書》曰榆次有梗陽鄉，《十三州志》以爲涂陽縣矣。今山西太原府榆次縣西北，有榆次故城。」（《國策地名考》卷八。）吴見伐齊之便，便，利也。而不知干遂之敗。《策》句末有「也」字，姚云：「一本無。」高注：「吴王夫差自見服越王爲前，而心復廣貪齊之寶，而伐之，又欲取伯名於晉，而越奄（揜同。）殺之於干隧，亦貪利前而凶在後也。」鮑注：「干隧，吴地。《蘇秦、春申君傳》並不注，《道應》注干隧在臨淮，豈此邪，蓋或越王逐北至是。」案：《史記索隱》云：「干隧，吴之敗處地名，干，水邊也；隧，道路也。」《正義》：「干隧，吴地名也，出萬安山西南一里太湖，即吴王夫差自剄處，在蘇州西北四十里。」鮑言不注，不可解。周廷寀校《韓詩外傳》十，遂有干遂未聞之説。考《史記・蘇秦傳》：「臣聞越王句踐戰敝卒三千人，擒夫差於干遂。」《索隱》：「干遂，地名，不知所在。」然按干是水旁高地，故有江干河干。又左思《吴都賦》「長干延屬」，是干爲江旁地。遂者，道也，于干有道，因爲地名。《正義》曰：「在蘇州吴縣西北四十餘里，萬安山西南一里太湖。」夫差敗於姑蘇，擒於干遂，相去四十餘里，兩處注畧同，不審鮑氏何以云然。《吴郡志》三十九：「干遂在蘇州西北二十里，萬安山有遂山。」鮑引《道應訓》注，以干遂在臨淮。案：《道應訓》云：「荆有佽非，得寶劍于干隊。」注：「干國在臨淮，出寶劍。」其字作隊，不作隧遂，不知果一地否。《吕覽・知分》注云：「干遂，吴邑。」二説不同者，《道應》注出許君手，與高氏異。隊遂雖通，然詳許意，似不以爲即干遂也。《初學記》：「吴縣西北有地名干遂。」今蘇州府長洲縣西北三十里有陽山，其别阜曰遂山，或云即此。「干」，宋本作「千」，誤。「遂」，宋本作「隧」，他本多作「遂」，《説文》無隧字。《史記・魯世家》「魯人三郊三隧」，《書・費誓》隧作遂，《周語》「其亡也，回禄信於聆隧」，《説文・耳部》聆下引作聆遂，是隧乃遂之俗。《史記》多用俗字，（趙翼説。）故作隧，（《蘇秦傳》作遂。）今並從衆本。貪齊爭伯，事見《左氏傳》、《吴語》、《吴越春秋》、《越絶書》等書。

此二國者，非無大功也，没利於前，而易患於後也。「没」，《策》誤「設」。姚云：「劉本一作没字。」案：作没者是。高注：「設，貪也。」設亦當作没。（别本作没，是。）又云：「但見目前之利，而問伐，不見後患，故曰易患於後也。」《索隱》曰：「謂智伯及吴王，没伐趙及伐齊之利於前，而自易其患於後。」後，即榆次干隧之難也。鮑本《國策》亦作「没」，注云：「没，猶溺。」吴師道云：「易，音亦，溺前之利，易後之患也。」案：《索隱》訓易爲交易之易，甚非；其訓没意亦未明。鮑訓没爲溺，亦未盡。王引之《經義述聞》於襄二十四年《左傳》何没没也句云：「杜注：没没，沈滅之言。釋文：没没，如字，一音妹。家大人曰：没没，貪也，故下句云將焉用賄。《晉語》不没爲後也，韋注：没，貪也。又不没於利也，注云：不貪利國家也。《秦策》：没利於前，而易患於後。高注：没，貪也。《史記・貨殖傳》：吏士舞文弄法，刻章僞書，不避刀鋸之誅者，没於賂遺也。没，亦貪也，重言之，則曰没没矣。釋文：一音妹。妹與昧同，音昧，亦貪也。《二十六年傳》楚王是故昧於一來，杜注：昧，猶貪冒。《二十八年傳》貪昧於諸侯，以逞其願；《漢書・匈奴傳贊》昧利不顧；《敍傳》苟昧權利，顏注並曰：昧，貪也，重言之，則曰昧昧矣。昧與没，古同聲通用，故《史記・趙世家》昧死以聞，《趙策》作没死。」案：王説是。昧冒没皆一聲之轉，昧死没死，猶冒死也。《周語》「夫戎狄冒没輕儳」，冒、没，皆貪也，韋訓没爲入，失之。《文十八年左傳》：「貪于飲食，冒于貨賄。」杜注：「冒，亦貪也，上言貪，下言冒，互文耳。」易訓輕，字本作傷。《説文・人部》：「傷，輕也。」經傳皆叚易爲之。《左氏襄四年傳》「貴貨易土」，杜注：「易，猶輕也。」《十三年傳》「必易我而不戒」，釋文：「易，以豉反。」(《十一年傳》：秦晉戰于櫟，晉師敗績，易秦故也。易秦，猶輕秦也。)《國策・秦策》「願王之勿易也」，高注：「易，輕也。」皆與此易同，並傷之省借字，餘可類推。王氏《述聞》於《左傳・隱六年》引《書》惡之易也句下，訓易爲延，並引此文證之，解《左傳》則是，解此文則非。此易字與没爲對，没訓貪，故易訓輕。凡人心專營一事，則忽於他事，此二句之意也。金氏《戰國策補釋》謂正文及注設字，並爲没之譌。其説是。

吴之親越也，《策》、《史》「親」作「信」。案：親信誼通。**從而伐齊，**《策》注：「從，舍也。(姚本誤合。)信越人之卑服，舍之，北師伐齊。」《索隱》：「從，音直用反。劉氏云：從，猶領也。」金氏正煒云：「高訓從爲舍，則從字當讀如縱。《禮記・曲禮》樂不可從，釋文：從，縱也。(此以訓釋破字例。)《廣雅・釋詁》：縱，置也。正與舍之訓同。惟後文智氏信韓魏，從而伐趙，與《趙策》智伯從韓魏兵以攻趙，文誼並合。從而伐齊，又與從而伐趙，爲列舉之詞，不得文同誼異。《史記・仲尼弟子列傳》載越王請以士卒三千人，從吳伐齊，子貢説夫差，許其師，而辭其君。則此文兩從字，並當訓爲領也。又《漢書・外戚傳》：「從，因也。從而猶因而，繼事之詞。」案：從訓爲因，甚順。《左氏昭十七年傳》「三呼皆迭對，楚人從而殺之」，又《定十三年傳》「二子敗，從而伐之」。此類文法甚多，誼勝舊注。但依高説，則下文「從而伐趙」，亦當讀爲縱，非如金氏所云同文異誼也。至《趙策》之「從韓魏兵以攻趙」，又別一誼，不得與此相例。既勝齊人於艾陵，鮑本《國策》「既勝」作「遂攻」，與《史記》、本書不合。高注：「艾陵，邑也。」《索隱》：「艾山在兖州博縣南六十里。」案：艾陵戰事，見《左傳・哀十二年》。梁履繩《左通補釋》云：「杜氏《土地名》於隱六年艾云：泰山牟縣東南有艾山，又琅邪臨沂縣東艾亭，疑。於此傳艾陵云：闕。雖並屬齊，別爲二地明矣。牟縣爲今山東蒙陰縣，臨沂縣爲今蘭山縣，皆隸沂州府；博城縣爲今泰安府泰安縣，去沂州二百餘里。《括地志》言艾山在博城南百六十里。豈艾山緜亘甚廣，連屬數縣之境邪。《通志・氏族畧》三云：艾，亦謂之艾陵，齊魯境上山。固以爲一地二名，與杜氏異，未經目驗，莫能定也。」（卷三十一。）程恩澤曰：「艾陵與艾山有別，隱六年杜注：牟縣東南有艾山。此艾邑也。哀十一年艾陵，杜但云齊地，不言所在，自是兩邑。《正義》合而一之，非是。顧棟高曰：艾山在今蒙陰縣西北，杜注所云是也；艾陵在今泰安縣東南，（原注：其《春秋輿圖》又主萊蕪，與此互異。）孔氏曰在博縣南六十里，是也。（原注：此《史記・春申君傳》正義，非《左傳》孔疏，顧蓋誤引。）但以傳文克博，（原注：今泰安縣。）至嬴（原注：今萊蕪縣。）推之，似不甚的。當時由博至嬴，乃戰于艾陵，則艾陵不應在博。今萊蕪縣東北有艾陵亭，萊蕪卽古嬴縣，由嬴至艾陵，當在其地。」（《地名考》二十。）案：程説是也。還，爲越人所禽於三渚之浦；「還」字各本俱奪，今據《策》、《史》補。「人」，二書作「王」，無「所」字。《史》無「於」字。「渚」，《策》

作「江」，高注：「還自黄也，爲越所殺也。（姚本有注云：殺字一作擒字。）浦，厓也，（姚本誤作流尾，注云：流尾，一作浦厓字。）即干遂也。」《正義》：「《吴俗傳》云：越軍得子胥夢，從東入，伐吴，越王即從三江北岸立壇，殺白馬祭子胥，杯動酒盡，乃開渠曰示浦，入破吴王於姑蘇，敗干隧也。」徐友蘭曰：「渚者，浦之異文。《詩》曰江有渚，是也。當有作三江之渚者，後人識渚，錯列江旁，傳者竟以易江耳。」案：《史記》已作渚，徐説近臆斷。「所」字疑衍文。禽，擒之借字。吴伐齊後，争長盟於黄池，聞爲越敗，倉皇歸國，乃與越平，《左傳》具詳其事，固未聞此時夫差被禽或見殺也。本文言還爲越王擒者，統日後事言之。高注乃云：「還自黄爲越所殺。」（一本作禽，失亦同。）過矣。程恩澤曰：「《正義》：蘇州東南三十里，名三江口。一江西南上七十里，至太湖，曰松江；（原注：古笠澤江。）一江東北下三百餘里，入海，曰下江，亦曰婁江；一江東南上七十里，至白蜆湖，（原注：在吴江東南。）曰上江，亦曰東江。（原注：張氏琦曰：今松江婁江，自太湖分流，經吴江縣，至蘇州府城外，又至嘉定縣入海；東江亦自太湖分流，經嘉興府，至乍浦入海。）《吴地記》：松江東南行七十里，得三江口，此春申君所云三江之浦也。凡《國語》吴越所争三江五湖之利，皆在此處。《左傳・哀十七年》吴子禦之笠澤，亦其地也。」（《國策地名考》卷二十。）**智伯之信韓、魏也**，「智」，各本作「知」。案：上文既作「智」，此當一律，今正。「伯」，二書作「氏」。《策》無「之也」二字。信韓魏，謂違絺疵之言，以爲韓魏必不叛己，事見《趙策》。**從而伐趙，攻晉陽之城**，《史》無「之」字。《正義》曰：「并州城。」案：《漢志》太原郡有晉陽縣。《左氏定十三年傳》注：「晉陽，趙鞅邑。」《春秋大事表》曰：「晉陽，即今山西太原府太原縣，唐叔始封時故都也。」（卷七之三。）程恩澤曰：「《漢志》太原郡晉陽縣，故詩唐國，周成王滅唐，封弟叔虞。《水經注》：叔虞封于唐縣，有晉水，故改名曰晉。《括地志》：故唐城在晉陽縣北，（原注：《志》又云：

故唐城在絳州翼城縣西二十里，即唐裔子所封。蓋二説並存。）堯所築，叔虞始封此。此相沿舊説也。皇甫謐曰：堯始封於唐，今中山唐縣是也，後徙晉陽，及爲天子，都平陽，於詩爲唐國。則唐國在平陽也。（原注：《詩譜》所云故夏墟，原指平陽説，故曰其封城在太岳之野。若在晉陽，則與太岳無涉矣《水經注》又云：汾水南過永安縣西，歷唐城東，臣瓚曰堯所都也。東去彘十里。（原注：彘，即太岳所在。）應劭云：順帝改彘曰永安。（原注：今汾西縣屬平陽府。）則瓚以唐國爲永安也。（原注：顔師古主此）《世本・居篇》：唐叔虞居鄂。宋忠曰：鄂在大夏。張守節曰：故鄂城在慈州昌寧縣東二里，與絳州夏縣相近，禹都安邑故城，在縣東北十五里，故云在大夏。今爲鄉寧縣，屬平陽府。《列國興廢説》：成王封叔虞於唐，始都翼。杜預曰：晉舊都在平陽絳邑縣東。鄭樵曰：唐城在絳州翼城西二十里，以有晉水出焉，改爲晉。（原注：《水經注》平水俗名晉水，《括地志》平陽河水，一名晉水。）其地正名翼，亦名絳，而平陽者是其總名，今爲平陽府翼城縣。顧炎武曰：翼北距晉陽七百餘里。（原注：《潛邱劄記》作六百五十里。）即後世遷國，亦遠不相及。（原注：全祖望《經史問答》謂初封晉陽，後轉徙於翼。）《晉世家》：唐在河汾之東，方百里。今翼城正在二水之東，而晉陽在汾水之西，又不相合。竊疑自唐叔以至侯緡，並在翼。洪亮吉曰：今翼城縣西有唐城，東有晉城。則詩之唐國，不在晉陽，歷有證驗，若其爲趙簡邑，則固無疑耳。（原注：縣西北二十里有三角城，其城三面，一名徒人城，又曰捍胡城，相傳爲趙簡子所築。）案：程氏謂詩之唐不在晉陽，考覈甚詳確。

勝有日矣，《策》注：「日，謂明當勝也。」鮑注：「其日可期。」案：鮑説是，猶言可計日而待也。又或言無日，謂事在頃刻，不能以日計算。高注近迂。

韓、魏畔之，殺智伯瑶於鑿臺之上。「智」，各本作「知」，今從《策》、《史》，以歸一律。（説見上。）「畔」，《策》作「反」，《史》作「叛」。「鑿」，各本作「叢」，宋本亦然。案：二書作「鑿」，《史記集解》徐廣曰：「鑿臺在榆次。」高注云：「晉陽下臺名，鑿地作渠，以灌晉陽城，因聚土爲臺，而止其上，故曰鑿臺也。」是字當作「鑿」明矣。叢臺，趙武靈王所建，見《文選・東京賦》薛注引《史記》。（今《趙世家》無此文。）其臺在邯鄲城，與此異。蓋叢字上半與鑿左旁丵同，即鑿爛文，後人妄以意改叢爾，今從《策》、《史》改正。梁玉繩《史記志疑》云：「《新序》作叢臺，恐非。而《續志》太原下又作鑿壺。《檀弓》臺駘，注：臺當爲壺。釋文亦音胡。《後漢・獻帝紀》：建安元年，曹操殺侍中臺崇，注引《山陽公載記》作壺，皆字形相涉之譌。」案：梁説是也。《水經》：「榆次縣洞過水側有鑿臺，智伯瑶刳腹絶腸折頸摺頤之處，在今榆次縣南四十里。」又《晉水注》：「水側有涼堂。」楊氏守敬疏云：「即鑿臺，因人多納涼於此，故亦有涼臺之名。朱氏所見《御覽》作臺，是也。因注譌臺爲堂，今《御覽》又據改耳。」（《水經注疏要删》卷六。）考《韓非子・喻老篇》云：「智伯兼范中行，而攻趙不已，韓魏反之，軍敗晉陽，身死高梁之東，漆其首，以爲飲器。」高梁，在今山西平陽府臨汾縣東北三十七里高梁都，地名梁虚者是，（《左傳・僖九年》齊侯以諸侯之師伐晉，及高梁而還，《十五年傳》明年其死於高梁之虚，《二十四年傳》使殺懷公于高梁，皆一地）與榆次正相近。《竹書紀年》：「晉出公十三年，智伯瑶城高梁。」亦即此地，《水經汾水注》所云汾水又南逕高梁故城西者也。**今王妬楚之不毁也**，妬，俗字，當作妒。鮑注：「謂無傷。」胡三省曰：「孔穎達謂本以色曰妒，以行曰忌，但後之作者，妒亦兼行。」案：妒忌對文則異，散言則通，不必泥也。**而妄毁楚之強韓、魏也**，「強」，《史》作「彊」。《策》無「韓」字，非。鮑注：「楚毁不能侵之，故強。」據下文宜有「韓」字。**臣爲王慮而不取也。**慮，計也、謀也。《韓子・喻老篇》「白公勝慮亂」，《内儲説上篇》「越王慮伐吴」，慮皆訓謀。《策》「王」上有「大」字，句末無「也」字。吴氏補曰：「有也字文順」案：以上一段，《秦策》五《謂秦王曰章》，語意多同。《詩》曰：『大武遠宅而不涉。』《策》無「而」字，注云：「逸詩。」《史記正義》云：「言大軍不遠跋涉攻伐。」《國策》鮑注云：「武，足迹；宅，猶居也。言地之居遠者，雖有大足，不涉之也。」吴氏正曰：「威武之大者，遠安定之，不必涉其地也。」案：《周書·大武解》有遠宅不薄之文，即此所引。古人引詩書多互稱。金氏《戰國策補釋》云：「《墨子·兼愛篇》引《書》：『王道蕩蕩，不偏不黨，王道平平，不黨不偏。』本《洪範》文，亦稱《周詩》。」蓋古於有韻之文，皆得謂之詩。《吕氏·慎大覽》：「民心積怨，皆曰：『上天弗恤，夏命其卒。』湯謂伊尹曰：『若告我曠夏盡如詩。』」與此例同。薄，迫也，迫涉誼相近。孔晁注：「雖遠居皆厚之。」失其誼。鮑訓武爲足迹，非，吴説得之。從此觀之，從，由也。楚國，援也；鄰國，敵也。援，助也。鄰國，韓魏，地與秦接。此即遠交近攻之意。《詩》曰：『趯趯毚兔，遇犬獲之，他人有心，予忖度之。』《詩·小雅·巧言篇》文。《策》引下二句在前，前二句在後，與今《詩》同。高注：「他人有毀害之心，己忖度之。躍躍，（當作趯趯。）跳走也；毚，狡也。狡兔騰躍，以爲難得，或時遇犬獲之，諭讒人如毀傷人，遇明君，則治女罪也。」《史記集解》：「案《韓詩章句》曰：趯趯，往來貌；獲，得也。言趯趯之毚兔。謂狡兔數往來逃匿其迹，有時遇犬得之。毛傳曰：毚兔，狡兔也。鄭玄曰：遇犬，犬之馴者，謂田犬。」案：「趯趯」，舊本作「躍躍」，《史》作「趯趯」，史公用《魯詩》，説見陳喬樅《魯詩遺説考》。據《集解》引薛君章句，字亦作趯趯，是魯韓詩同。中壘兼治魯韓，此所采又本《史記》，不當作躍躍明矣，今各本作躍躍，蓋後人依《毛詩》改之。高誘傳魯學，亦不當用躍躍字，今改本書文爲趯趯，以復中壘之舊。其高注經後人改字，亦附著之，理有固然，不避專輒也。今王中道而信韓、魏之善王也，鮑注《國策》云：「中道，謂前後間。」案：前此韓魏與秦不和，今忽自稱善王，是中道相善也。中道，猶半途，鮑説非。此吴之親越也。「此」下《策》、

《史》有「正」字，「親」作「信」，注見前。高注云：「越不可信，而吳信之。」臣聞之：《策》無「之」字。敵不可假，「假」，《策》作「易」。一說：假，大也，言敵不可使坐大。又一說：假，假借也，謂假借之，弗加以侵伐。《史記·刺客傳》「顯大王少假借之」，《左氏桓十三年傳》「見莫敖而告諸天之不假易也」，杜注：「言天不借貸慢易之人。」是其證。二說皆非也。王引之《經義述聞·釋左傳天之不假易》云：「家大人曰：假易，猶寬縱也。天不假易，謂天道之不相寬縱也。《僖三十三年傳》曰敵不可縱，《史記·春申君傳》敵不可假，《秦策》作敵不可易，是假易皆寬縱之意。《廣雅》曰：假，敡也。敡與易古字通。《賈子·道術篇》包衆容易之謂裕，裕與寬容同誼。」以上王說是。傳文以假易連言，明二字誼同。本書從《史》作「假」，《策》作「易」，即其證也。假借一誼，亦與寬縱誼近。時不可失，《越語》：「范蠡曰：臣聞之，聖人之功，時爲之庸，得時不成，天有還形。」《史記·淮陰侯傳》：「蒯通曰：時者，難得而易失也，時乎時乎不再來。」臣恐韓、魏卑辭除患，而實欺大國也。《索隱》：「大國，謂秦也。」《策》「魏」下有「之」字，「除」作「慮」。鮑注：「以慮患，故卑辭。」金氏《補釋》云：「鮑說迂曲，慮患當作虛意，形似而譌。」案：金說謬。《史記》、本書作「除患」，則患字必不誤可知。慮本作攄，《廣雅·釋詁》四：「攄，舒也。」《文選·西京賦》「心猶憑而未攄」，薛綜注：「攄，舒也。」今俗以攄代抒，抒舒聲近，故訓爲舒。本字作紓，緩也。（《淮南·修務訓》注：攄，抒也。此以訓詁代改字，謂攄即抒字也。）《說文》無攄字，蓋祗作抒。《手部》：「抒，挹也。」與此誼異。《左氏文六年傳》曰：「有此四德者，難必抒矣。」杜注：「抒，除也。」《正義》曰：「抒聲近除，故爲除也。」則攄患即除患，《策》、《史》字異誼同。服虔作紓訓緩，用本字，緩者徐也。《說文·糸部》：「紓，緩也。」經傳或叚爲抒，徐除抒紓，音近誼通。《成十六年左傳》：「我僞逃楚，可以紓憂。」杜注：「紓，緩也。」文六年抒難，與此紓憂，杜注訓雖異，而意實相因。此《策》作攄，訓除與徐，或訓紓與舒，文爛爲慮，後人遂不得其解。鮑氏望文生訓，固非，而金氏竟欲改《策》文作虛意，益武斷矣。（案：本書、《史記》作除，亦當訓徐。除乃徐之借字，徐亦緩也。）何則，《策》作「此何也」。王無重世之德於韓、魏，而有累世之怨焉。「王」下《策》有「既」字，「焉」作「矣」。（黄丕烈疑矣爲下句之夫字，非也。鮑本作焉字）高注：「累，猶重也。」《索隱》：「重世，猶再世也。」案：高以累訓重，則重亦訓累。（鮑注：重猶累。）上言重，下言累，互文，如重熙累洽之比。小司馬訓爲再，未免拘泥。《左氏成二年傳》「重器備」，注：「重，猶多也。」《漢書·文帝紀》「是重吾不德也」，注：「謂增益也」。增益與多，皆累字之誼。《儀禮·少牢禮》「蓋二以重」，注：「累之。」正以累訓重。重緟同字，《説文·糸部》：「緟，增益也，从糸，重聲。」經典多叚重爲緟。若重之誼，爲再爲倍，經訓習見，但非所施於此耳。夫韓、魏父子兄弟，接踵而死于秦者，將十世矣，「于」，二書作「於」。《策》無「夫」字，「將」字，「十」作「百」。姚云：「一本作累。」梁玉繩曰：「百十俱非，當從高注一本作累。」（一本作累四字，當是姚校語，舊本混於正注，黄刊從之，故梁氏誤認作高誘注耳。）金氏正煒云：「姚云：百，一作累。《史記》、《新序》作將十世。案：《禮記·曲禮》去國三世，釋文引虞王曰：世，歲也。萬物以世爲歲，則百世固非誤。」光瑛案：此字當作十，十者成數，凡近十者皆得言十。將累皆約舉之詞，言將又言累，文理不貫。金氏雖善傅會，然十世承上文累世重世來，上世字不訓歲，斷無此句獨訓歲之理，足知其誤。踵，當作𢓜。《説文·彳部》：「𢓜，相迹也。」踵，追躡字，足跟字作歱。段玉裁云：「𢓜相迹者，謂後迹與前迹相繼。」此正接𢓜之誼。本國殘，本國，猶本朝。自韓魏言之，故曰本。注詳五卷《秦昭王問孫卿章》。殘，殘破。社稷壞，壞，亦殘也。宗廟隳，《史》作「毀」，誼同。刳腹絶腸，折頦摺頸，《策》止有「刳腹折頤」四字。《史》

下四字作「折頸摺頤」，《集解》徐廣曰：「一作顛。」《索隱》：「摺，音拉；頤，音夷。」案：《說文・刀部》：「刳，判也。」段注：「《內則》刲之刳之，刲，謂刺殺之；刳，謂空其腹。《繫辭》刳木爲舟，亦謂虛木之中。是也。」絶，牽絶之也；頟，額也。高注《國策》訓折爲斷，頟不可言斷，疑當從《史》作折頸摺頤爲是。《說文・手部》：「摺，敗也。」次拹下，「拹，摺也。」二字誼同。《公羊傳》「拹幹而殺之」，（莊元年。今本作搚，此從《說文》引。《詩・南山》疏及《玉篇》並引作拉，拉叚借字。搚，拹之或體，《魯世家》作摺。）拹，亦作拉，是拹拉摺並同。《索隱》以拉音摺，卽讀摺爲拉也，此以音讀代改字例，屢詳前注。頤，顄也；頸，頭莖也。（俱見《說文》。）身首分離，謂被殺也。二書作「首身」。暴骨草澤，暴，當作㬥。《說文・日部》：「㬥，晞也。」日出收米，會意字。引申爲表㬥㬥露之誼，與暴誼別。暴疾、暴虎、暴虐字皆作暴，在《說文・本部》，今俗悉混作暴。鮑注：「㬥，日乾也。」《史》「㬥」下有「骸」字，「骨」下有「於」字。草澤，草野大澤也。頭顱僵仆，《說文・頁部》：「顱，頊顱首骨也。」《人部》：「僵，偃也。」下綴偃仆字，仆，頓也。鮑注《國策》：「僵，僨；仆，僵也。」相望于境，「于」，二書作「於」。相望于境，謂觸目皆見。係臣束子爲羣虜者，相及於路，言臣見係，子見束，結隊成羣，爲秦所虜，踵相及於道路也。《策》作「父子老弱係虜，相隨於路」。《史》作「父子老弱，係脰束手，爲羣虜者，相及於路」。文異而誼畧同。「及」，本作「反」，形近而譌，今據宋本改正。《說文・人部》曰：「係，絜束也，从人，系聲。」經傳多叚繫爲之。凡聯屬誼，字當作係。段玉裁曰：「《左傳》係輿人，又以朱絲係玉二瑴，束之誼也。《周易》係遯、係丈夫、係小子。釋詁曰：係，繼也，俗通用繫，許謂繫繞卽牽離惡絮之名。考諸古經，若《周禮・司門、校人》，字皆作毄，《周易・繫辭》，據釋文本作毄，《漢書・景帝紀》亦用毄。蓋古假毄爲係，後人盡改爲繫耳。」鬼神潢洋，「潢洋」，《史》作「孤傷」。《策》作「狐祥」，鮑

注：「狐之爲妖者。」吴氏正曰：「《史》孤傷是。《新序》作潢洋二字，《楚辭後語》注：潢，户廣反；洋，音養。」案：鮑注謬。狐潢雙聲，祥洋疊韻，皆通借字。《史》作「孤傷」，乃淺人妄改，當依《策》作狐祥爲是，吴氏反從《史》，誤矣。潢洋，廣博無依之貌，此等字當因聲以定誼，聲近卽通，本無定字，不可泥字以求其解。尤不可因字之罕用，遂逞臆妄改也。《策》、《史》之誼，得本書而明。（梁玉繩謂狐祥、孤傷、潢洋，誼得並通；不知孤傷之爲後人妄改也。）金氏《補釋》曰：「《莊子·庚桑楚篇》而孽狐爲之祥，釋文引李注：祥，怪也。《書·咸乂序》亳有祥，傳：祥，妖怪。吴以《史》作孤傷是，非也。」金氏知《策》之是，而未達其所以是，其失正由泥字以求解。若如其説，狐怪非祀典所有，得食與否，又何足道，乃直與鬼神二字，相提並論邪。無所食，《史》「食」上有「血」字。民不聊生，「民」，《策》作「百姓」。高注：「聊，賴。」案：言無所賴以謀生也。族類離散，流亡爲僕妾者，盈海渚矣。《策》「僕」作「臣」，「盈」作「滿」。《史》「盈」下有「滿」字。「渚」，兩書作「内」，各本亦作「内」，今從宋本。族類，親族同類也。《史》文「滿」字衍，本書采《史》無「滿」字可驗。蓋二書本皆作「盈」，因避漢諱改「滿」，間有未改之本，校者旁記異文，混入盈下，遂成衍字。黄丕烈藏北宋本《新序》，「渚」作「者」，黄氏跋云：「蔣本作内，此原本作者，朱筆校改内字，據後出本改之也。」案：黄氏以所藏爲北宋初刻，蔣本卽顧大有所藏，後爲金錫爵收得者，爲複刻，此跋所謂後出者是也。黄謂何焯所校，卽據蔣本，然鐵華館叢書本據何校本過録，後再得傳是樓宋本，改定十餘字，而此字作渚，不作内，與黄氏所言不合。豈黄氏誤邪，抑此渚字卽在後校改十餘字之中邪。今所據宋本亦作「渚」，不作「者」與「内」，疑者乃斷爛字，（或省借字。）作渚爲合。梁玉繩曰：「《史》盈字漢諱，當避。」考《史》文不避之字甚多，或後人追改以復其初，不必疑也。故韓、魏之不亡，秦社稷之憂也，《策》無「故」字。結怨則思報復，故可

憂也。今王齎之與攻楚，不亦過乎。《策》作「今王之攻楚，不亦失乎」，失過誼同。「之」字前後，疑有奪文。此與《史》同，但「齎」《史》作「資」，亦通用字。《周禮·掌皮》「歲終則會其財齎」，鄭注：「財，斂財本數，及餘見者；齎，所給予人以物，曰齎。鄭司農曰：齎或爲資。」又《槀人》云：「掌受財于職金，以齎其工。」注：「齎，給市財用之直。」又《天官·外府》「共其財用之幣齎」，注：「鄭司農云：齎或爲資，今禮家定齎作資，玄謂齎資同耳，其字以齊次爲聲，從貝變易，古字亦多或。」《聘禮》「問歲月之資」，注：「古文資作齎。」皆齎資同字之證。至資齊通用，經典尤數見，茲不備引。齎之與攻楚，謂齎送之予以共攻楚之機也。《周禮·小祝》「設道齎之奠」，注：「齎，送也」《廣雅·釋詁》四同。《西周策》注：「齎，送也。」俗作賷。且王攻楚，將惡出兵？《策》姚本「且」作「是」，（鮑本仍作且。）字形近而譌。「攻楚」下有「之日」二字，「將」作「則」。鮑注：「惡，安也。」（《史記正義》：惡，音烏。）案：安出兵，問由何路出兵也。《策》文「之日」二字，疑涉後文「且王攻楚之日」句衍。本書及《史》無此二字，依文勢不必有，此句與後句不同故也。王將藉路於仇讎之韓、魏乎，藉，借之叚字，《史記》作「借」。兵出之日，本或倒作「出兵」，誤。兩書皆作「兵出」。此處有「之日」二字，則上文攻楚下，更不當有，宜據《史記》及本書刪正。而王憂其不反也，「反」，本作「及」，與上相及字互誤，今據宋本正。《策》注云：「反，還。」《史》作「返」，聲誼皆同。不反，言爲敵所殲。是王以兵資於仇讎之韓、魏也，言徒爲敵資。《策》句末無「也」字。王若不藉路於仇讎之韓、魏，藉，本作借，與《史》同，《策》作「藉」。鮑本《國策》脱此十一字。案：前文作「藉」，此當一律，今依宋本，前後俱作「藉」。嘉靖本「路」作「隨」，涉下文誤，當改正。必攻隨水右壤，《策》此句作「陽右壤」。姚云：「一本攻下有隨字，下句作隨陽右壤。」鮑本有「隨」字，不疊句。《策》注：「隨陽右壤，皆楚邑」

地。」《史記索隱》云：「楚都陳，隨水之右壤，蓋在隨之西。今鄧州之西，其地多山林者，是也。」胡三省曰：「右壤，蓋其地在楚都之右。」案：隨故國，今湖北德安府隨州是，楚舊都郢，則隨在左，今遷都陳，則隨反在右矣。高注亦概括言之，或疑高以隨陽右壤爲二地名，非也。隨水右壤，「水」，《策》作「陽」。各本不重此句，宋本有之。（鐵華本同。）案：《策》、《史》俱叠一句，鮑本《國策》删去。吴氏補曰：「一本隨陽右壤叠句，《新序》同，陽作水。」是吴氏所見《新序》，亦有叠句。不知何人妄删。吴引與宋本正合，殆後人據鮑本去之，今從宋本補正。此皆廣川大水，山林谿谷，不食之地也，《策》無「也」字。其地不可爲田，故不得食。山林谿谷，與《索隱》言鄧州之西正合。王雖有之不爲得地，不得食，則如獲石田，無所用也。高注云：「與不得地無異。」是王有毁楚之名，而無得地之實也。《策》無「而」字。且王攻楚之日，四國必悉起兵以應王，《策》作「四國必應悉起應王」，（姚云：「一本無上應字。」）注：「四國，趙韓魏齊也。」鮑注云：「方言南攻，故不及燕。應，言以兵從之，蓋躡秦也。」案文意，似言名爲出兵應秦，實乘秦楚交争之時，侵楚地以自利，不必言躡秦也。秦、楚之兵，構而不離，《策》無「兵」字，鮑本據《史》補，是。《策》注：「構，連。」《齊策》「秦楚構難」注同。《孟子·告子下篇》「吾聞秦楚搆兵」，字作搆。搆與構通，《説文》無搆字，《冓部》：「冓，交積材也。」凡從冓之字，皆有交誼，如「再，從冓省，一舉而二也。」即連續意。《木部》：「構，蓋也。杜林以爲椽桷字。」椽桷亦以交於楣棟得名，從冓之交積誼也。高訓構爲連，連亦交也。韓、魏氏將出兵而攻留、方與、銍、胡陵、碭、蕭、相，故宋必盡，兩書無「韓」字。《史》無「兵」字。《策》注：「七邑，宋邑也。宋戰國時屬楚，故言故宋必盡也。」《史記正義》曰：「徐州西，宋州東，兖州南，並故宋地」。案：《漢書·地理志》：「楚國有留縣。」《水經注》：「菏水東南過沛縣東北，又東南過留縣地，留縣故城，翼佩泗濟，宋邑也，《春秋傳》所謂侵宋呂留者也。」《括地志》：「留故城在沛縣東南五十五里，」《元和志》、《寰宇記》並同。程恩澤曰：《漢志》有陳留縣。孟康曰：留，鄭地，後爲陳所併，故曰陳留。與此非一地。臣瓚曰：宋亦有留，彭城留是也。）張良遇沛公於此，後封爲留侯。」今江蘇徐州府沛縣東南五十里有留城鎮。方與，《漢志》屬山陽郡，即魯唐邑。又作棠，《隱五年左傳》「公將如棠觀魚者」，杜注：「今高平方與縣北有武唐亭。」《土地名》：「唐棠二名，唐即棠，本宋地，今在山東濟甯州魚臺縣北。」（北有觀魚臺，又有泥母亭、重鄉城。程恩澤曰：即《左傳》甯母及重館也。光瑛案《漢志》注：晉灼曰：方與，音房豫。）銍，《漢志》屬沛郡，注云：「故城今臨渙縣。」錢坫曰：「在今安徽鳳陽府宿州西南九十里。」（《方輿紀要》作在宿州南四十六里。）胡陵，《漢志》屬山陽，胡作湖。（《項羽紀》、《曹參世家》並作胡。）《郡國志》作胡陸，劉昭注：「前志，王莽改曰湖陸，故城在今方與縣東南。」《說文》：「菏澤水在胡陵。」《水經注》：「泗水經郗鑒城北，又東南逕湖陵城」《寰宇記》云：「在魚臺縣東南一里。」程恩澤曰：「在今魚臺縣東南六十里，又在徐州府沛縣北五十里。」碭，《漢志》屬梁國。《郡國志》作碭山縣，朱溫之鄉在此。《水經注》：「獲水又東逕碭山縣故城北。」應劭曰：「縣有碭山，在東，出文石，秦立碭郡，蓋取山名。」今徐州府碭山縣東三里有碭縣故城。蕭，《漢志》屬沛郡，故蕭叔國，宋別封附庸也。唐《北征記》：「城周十四里，南臨汙水。」高士奇曰：「蕭有二城，北城去南城二十里，南城即故蕭國，相傳蕭子避暑城也。唐以前縣治北城，宋以後皆在南城，明萬曆間，徙於三台山南麓，古蕭城在縣北十里，今同。」顧棟高曰：「《左傳·莊十二年》：宋萬弑閔公，羣公子奔蕭，蕭叔大心以曹師伐之，殺南宮牛，立桓公，有功，宋封之爲附庸。逮宣十二年，楚滅蕭，而不能有，還爲宋邑。故襄十年，楚子囊、鄭子耳圍蕭，克之。定十一年，宋公之弟辰入于蕭以叛，是仍爲宋邑之證也。」今江南徐州府蕭縣北十里有蕭城。相，《漢志》屬沛郡。（項籍，下相人，與此非一地。）《左傳·桓十五年》「會于袲」，即此。杜注：「袲，宋地，在沛國相縣西南。」《水經注》：「相爲睢水之別名。」應劭曰：「相以水名。」《元和志》：「故城在符離縣西北九十里。」《寰宇記》：「古相土所居，宋共公自睢陽徙都於此。」洪亮吉曰：「今宿州西北有相山，下有漢相縣故城址，即相土舊都之所。」案：今江蘇徐州府蕭縣西，即漢相縣故地。以上七邑，皆宋之舊地，言韓魏將乘秦伐楚，不暇他顧之時，攻此七邑，而盡爲所得也。齊人南面，《史》下有「攻楚」二字。宋本此句下有小注云：「《史》作南面攻楚。」俗本注作《史》南回攻楚，（嘉靖本注：《史記》南回攻楚。）謬。面，向也。凡言南面北面，皆謂南向北向。（餘準此。）《禮記·喪服小記》「門外之右南面」，疏云：「南面，向南也。」《廣雅·釋詁》四：「面，向也。」《國策·秦策》「皆西面而望天下」，高注：「面，向也。」《周禮·撢人》「使萬民和説而正王面」，注：「面，猶鄉也。」（鄉向同。）此外散見甚多。面，又訓爲背，乃向之反誼，所謂相反成訓者也。如《史記·項羽紀》「馬童面之」，《漢書·張歐傳》「爲涕泣面而封之」，諸面字，是也。泗北必舉，「北」，《史》作「上」。《正義》曰：「此時淮泗屬齊也。」鮑注《國策》曰：「濟陰乘氏，注泗水入淮，魯國卞縣，注入沛。」胡三省曰：「時楚蠶食魯國，有泗上之地。」程恩澤曰：「按《楚世家》，楚自越滅吴後，即東侵，廣地至泗上，不待取之於魯，亦非獨徐州也。言泗北，則爲今山東兖州濟甯等處矣。此皆齊地，意必有與楚境相錯者。」（《地名考》卷七。）案：泗水出魯國卞縣桃虛西北陪尾山，四原俱導，因名泗。此皆平原四達，膏腴之地也，與隨水右壤廣川大水山林谿谷不食之地相形，以見秦之失策。《史記》無「也」字。《策》注：「廣平曰原野也，爲膏潤腴美也。」而使獨攻。《策》作「而王使之獨攻」。《史記索隱》曰：「若秦楚構兵不休，則魏盡故宋，齊取泗上，是使齊魏獨攻伐，而得其利者也。」案：此言秦舍此膏腴之地不取，乃任齊魏獨得之，是遠兵攻楚之害也，《索隱》注未明。王破楚以肥韓、魏於中國，韓魏得地而肥，秦非欲肥之，因用兵於楚，不暇與争，是不異以破楚之故，而肥韓魏於中國也。上文「韓魏氏出兵」句，《策》、《史》無「韓」字，觀此韓魏並舉，則當從本書有「韓」字爲是。「以」上《策》有「於」字。姚校云：「别本無。」而勁齊，《説文·力部》：「勁，彊也。」《秦策》「不如與尉以勁之」，注：「勁，強也。」《吕氏·慎大覽》「孔子之勁」，注：「勁，強也。」《衆經音義》十九引《字林》訓同，字從力，巠聲。案：《字林》之訓本《説文》。韓魏之彊，足以校於秦，「校」，舊本作「枝」。盧文弨曰：「宋本校，《策》同。」案：鐵華館本原出宋本，亦作「枝」，今所據宋本作「校」，與盧本同。《史記》亦作「校」。《策》注：「校，猶亢也。」《史記集解》：「校，音教，謂足以與秦爲敵。」一云：「校者，報也，言力爲報秦。」則字似當作校，枝校形似易譌。然作枝誼自通，《漢書·項籍傳》：「諸將皆讋服，莫敢枝梧。」如淳注：「枝梧，猶枝扞也。」臣瓚曰：「小柱爲枝，邪柱爲梧，今屋梧邪柱是也。」枝梧，即枝柱之誼。又通作支，《史記·商鞅傳》：「魏不支秦，必東徙。」《刺客傳》：「趙不能支秦，必入臣。」字異誼同，言韓魏之彊，足與秦相枝扞，文誼亦順，不必作校爲是，作枝爲非也。但兩書俱作「校」，宋本亦同，今以宋本爲主，故從之。校訓亢者，《周禮·校人》注曰：「校之言挍。」校挍古今字，詳五卷《宋玉事襄王章》注。此與《集解》訓校爲敵，皆有校量之誼。字又通作較。訓報者，《論語·泰伯篇》「犯而不校」，《集解》引包曰：「校，報也，言見侵犯不報。」《小爾雅·廣言》：「校，報也。」皆其證。諸解意皆相近。《策》句末有「矣」字。姚本「矣」下有空格。鮑本空格處作「而」字，領下句。《史記》及本書無之。（盧所據本有而字。）齊南以泗水爲境，《策》無「水」字，注云：「以泗水爲南界。」觀此，則上文泗北，不當作泗上，本書采《史》文亦作「北」，是中壘所據本與《策》同，今《史》誤也。齊已得泗北地，故南以泗水爲界，觀上膏腴句小司馬注，則沿誤已久矣。鮑本句首有「而」字，見上句注。東負海，北倚河，而無後患，《策》注：「負，背也；倚，猶依也；患，難也。」案：無後患，與上文恐有後患對。天下之國，莫強於齊。舊本句末有「魏」字，《史》同。《策》無「魏」字，是。既云莫彊，則不當有並，此與上文「天下之國莫彊於秦楚」泛舉者不同，因承上負海倚河來，故曰莫彊於齊。《史》涉下衍「魏」字，或淺人見下文齊魏並舉，以爲此句不當去魏，不知上文亦言韓，何以署之，古人行文，正以參錯見奇。且上言韓魏之彊，僅足校於秦，故此處單即齊言，若有魏字，則不止能校於秦矣。下言重齊，即申莫彊之誼，可見不當有魏字。因《史》衍魏字，後人遂並本書加之，幸《策》文未誤，尚可據以校正。下「有餘矣」句，《集解》曰：「言齊一年之後，未卽能爲帝，而能禁秦爲帝有餘力矣。」是下文雖齊魏並舉，裴氏猶以禁帝專屬之齊，豈非以此句意專重齊，下文魏字不過順文及之，故獨舉齊邪。若然，則裴氏所見本，尚無魏字也。今從《策》删「魏」字，以復本書之真，兼訂《史記》之誤。齊、魏得地保利，而詳事下吏，「保」，二書作「葆」，通用字。《荀子·修身篇》：「保利棄義，謂之至賊。」《國策》高注云：「事，治。」鮑本「下」譌「不」。吴氏補曰：「詳其事以下於吏，慎重之意。」案：高、吴二説俱非。梁玉繩謂「《策》作不吏，費解。姚氏依《史》改爲下，言僞事秦也，下引吴注而辨其非，又引明陳正學《讀書解》云：吏字誤，疑作更。以葆利而詳事爲一句，不更一年之後爲一句，亦未安。」（《史記志疑》三十。）孫詒讓曰：「詳佯字通，言齊魏僞爲事秦也。二解得之。下吏者，不敢斥言秦王，措詞之體也。言齊魏得地，姑保利而僞爲事秦也。」金氏《戰國策補釋》云：「《史記·吴太伯世家》公子光詳爲足疾，《索隱》云：詳，音陽，（案此以音讀代改字之例。）卽僞也。《蘇秦傳》詳僵而棄酒，《索隱》云：詳，詐也。《田叔傳》以爲任安爲佯邪，《集解》引徐廣曰：佯，或作詳。事，謂服事也。《陘山之事章》：齊以陽武賜敝邑，而納順子，欲以解伐，敢告下吏。注：「不斥王，故言下吏。作不者，字之譌也，此言佯爲事秦。吴説甚謬。」以上金説皆是。前釋此文，未見梁、孫二説，即以此意申釋之，原注甚繁。逮見二説，乃引而删併之。今始見金説，並録於後，以徵所見之符。一年之後，爲帝未能，《策》「帝」下有「若」字。若，猶或也。《左氏昭十三年傳》「若入於大都，而乞師於諸侯」，《襄十一年傳》「若子若弟」，《公羊隱四年傳》「公子翬恐若其言聞乎桓」，諸若字同誼，皆訓或。高注云：「言齊魏未能爲帝也。」失其語妙。有若字，文氣較活。其於禁王之爲帝，有餘矣。俗本「禁」誤「楚」，嘉靖本亦然，惟宋本不誤，今從之。《策》、《史》文作「禁」，可證也。禁上半文類楚，致誤。高注云：「強大足以禁秦，使不得稱爲帝，有餘力也。」《史記集解》曰：「言齊一年之後，未即能爲帝，而能禁秦爲帝，有餘力矣。」以禁字作楚者，誤也 據裴氏此注，則《史記》亦有作楚者。齊與秦曾爲東西帝，後齊去帝號，秦亦隨之。故舉前事以爲説，雖併數魏，意固專屬齊言。夫以王壤土之博，博，廣也。嘉靖本作「博」，字俗。人徒之衆，兵革之彊，《策》作「強」。一舉事而樹怨於楚，「一」，《史》作「壹」。《策》「事」作「衆」，「樹怨」作「注地」，注云：「事，戰事也。注，屬也。」案：高注云「事，戰事」，則高氏所據本作事不作衆明矣，此衆字不知何人妄改。鮑本無上三字，亦非。至注屬之字本通用，然屬地於楚，句亦未明。鮑注：「注，猶屬，言地廣。」吴氏正曰：「注瀉之注。」均不甚憭，此《策》文當有誤。金氏《補釋》云：「地，當作怨，怨損半字，因誤爲地。《管子·大匡篇》：公若先反，恐注怨焉，必不殺也。又《周策》：吾將爲楚王屬怨於周。誼與此同。後文注地於齊，亦爲注怨之譌，鮑改齊爲秦，由不辨地之爲怨耳。」以上金説，雖似是，而亦無確證。黄式三《周季編畧》卷八下引《史》文注云：「樹，《策》作注。」不言怨字異文，豈黄所見《策》作怨字乎。且怨與地聲形俱遠，何以致誤；其解注地於齊句亦非。出令韓、魏，歸帝重齊，是王失計也。《史》「齊」上有「於」字。「出」，《策》作「詘」，注云：「反也。」《史》作「遲」，《集解》曰：「遲一作還。」《索隱》曰：「遲音值。值，猶乃也。韓魏重齊，令歸帝號，此秦之失計也。」案：依高注，則本書作出，乃詘之省借。《史》一本作還，亦反也。言反令韓魏歸帝號於齊，重齊於天下也。一曰：出，如字，言無異出令韓魏歸帝號於齊。以爲齊重也。《策》作詘，叚借字。《史》作遲，《索隱》讀值訓乃，是遲音值，以音讀代改字也。三說以第一說爲長，金氏謂《策》文注俱應作還，若然，何解於本書之作出乎，金說謬也。獨重重齊者，申上莫彊句意。臣爲王慮，「慮」，《史》作「計」，誼同。莫若善楚，秦、楚合爲一，《策》、《史》「爲」上有「而」字。而以臨韓，《策》「以臨」倒作「臨以」，誤。姚校云：「劉本作以臨，先臨韓，取其弱而近。」案：句首「而」字，《策》、《史》無，蓋二書「而」字在上句「爲」字上也。韓必拱手，「拱手」，《策》作「授首」，鮑本「授」作「受」。《史》作「歛手」。案：首手古字通。金氏《補釋》曰：「《左氏襄二十五年傳》：陳知其罪，授手於我，用敢獻功。此由首手同音而誤，鮑注言其服而請誅，過矣。」金引《左傳》證《策》誼甚妙，然謂首爲誤，則非。《儀禮·士喪禮》「左首進鬐」，注：「古文首爲手。」《大射儀》「後首」，注：「古文後首爲後手。」《左氏宣二年傳》「趙盾、士季見其手」，釋文：「手，本作首。」《漢書·古今人表》毀手，《説文·攴部》作毀首。皆首手二字通用之證。《策》用叚借字耳，鮑氏妄改，又望文生誼，謬甚。授手與歛手、拱手，誼皆相近。拱當作収，《説文·収部》：「収，竦手也，從𠂇又。」謂竦兩手進奉，不敢抗也。王拕以東山之險，「東山」，宋本作「山東」，與《策》同；各本作「東山」，與《史》同。惟下句《策》作河曲，與山東對，《史》作曲河，與東山對。宋本此句從《策》，下句從《史》，未免參差。今悉用《史》，文以歸劃一，（嘉靖本、程榮本、何允中本皆如此。）因本書用《史記》也。「拕」，《策》作「襟」。各本作「施」，下有「之」字，《策》、《史》無之。本書下句亦無，此是衍字，今刪。姚校《國策》云：「劉本襟字作施字，曾作襟。」案：襟帶對文，於誼亦允，作施者誤字。蓋《策》一本作「襟」，一本作「拕」，《史》則作「拕」，本書用《史》文。因拕字俗作拖，與草書施字相似，遂誤爲施。本書五卷《子張見魯哀公章》「拖尾於堂」，《困學紀聞》引《莊子》拖作施，是其證也。或三書同誤，或一書誤而後人改他書以從之，則不可知矣。襟帶以實字爲對，拕帶則以活詞爲對，作施無理，且不可解，今改正。胡三省曰：「東山，謂華山以至殽塞諸山，皆在咸陽之東。」**帶以曲河之利，**《策》作「河曲」，本書同《史》文。河曲，謂河流曲折所經處，與地名之河曲不同。山東河曲，皆不指一地，故《史》文倒用，以别於地名也。胡三省曰：「曲河，謂河千里一曲。《水經》：河水自雲中沙南縣，屈而南流，至華陰潼關，曲而東流，所謂曲河也。」案：胡説是。在中曰帶。**韓必爲關内之侯。**「内」，《策》作「中」。「侯」，姚本《國策》作「候」，他本仍作「侯」，本書嘉靖本亦作「候」。高注云：「爲秦察諸侯動喻也。」（喻，當作静。以下魏亦關内侯句注知之。）依注文似當作「候」，然《史記》、本書俱作「侯」，高注説甚迂曲，不可從，今依宋本。《漢書·百官表》：「秦賞功勞爵二十級，十九關内侯。」師古曰：「言有侯號而居京畿，無國邑。」沈欽韓曰：「關内侯見《魏、楚策》、《管》、《墨》已有之，秦世所竄入也。」考《吕子·貴信篇》「魯請比關内侯以聽」，畢校本引梁仲子曰：「關内侯，秦爵也。」劉昭注《續百官志》引劉劭《爵制》曰：「秦都山西，以關内爲王畿，故曰關内侯。」然則齊安得有關内侯乎。《管子·大匡》載此事云：「魯不敢戰，去國五十里而爲之關，魯請比於關内以從於齊。」據此，疑侯字衍。盧文弨亦謂曹沫事，戰國之人所造，以耳目所見，施之上世，而不知其不合。梁玉繩《吕子校補》又駁盧説，引《魏策》「竇屢關内侯」，鮑注云：「侯於關内也。」此時未爲爵，是關内者，郊關之内。故《管子·小匡》言魯邢請爲關内之侯，其説得之。而下又引侯當作候，謂比于候吏之説，則其識見未定也。考關内制者，莫詳於俞正燮《癸巳類稿》，今節引於後云：「《漢・百官表》：商君法，爵十九級，關内侯，二十級，列侯。案：秦漢之際，其制非因非革，卽班固亦不詳知之，謂列侯制通於天子，專生殺，關内侯不立國而食邑。《風俗通》言秦時六國未平，將帥皆家關中，故稱關内侯。《續漢志》引劉劭，言關内侯者，依古圻内子男之制也，秦都山西，以關内爲王圻，故曰關内侯也。又引晉荀綽《晉・百官表》注：言秦時六國未平，將帥皆家關中，故以爲號。《漢書・高后紀》注：如淳言：列侯出關就國，關内侯但爵耳，其有加惠者，與之關内邑，食其租税。此四説，於秦漢制皆不全。《秦本紀》云穰侯出之陶，陶本在函谷東；《穰侯傳》云免相國，令涇陽之屬皆出關就封邑。涇陽封宛，高陵封鄧，爲侯邑，卽不在殽函關内。當商君時，六國未平，列侯亦不能出殽函，何獨關内侯以殽函生誼。列侯在秦爲二十級之賜爵，乃虚封，不得爲實封立國。漢則徹侯爲諸侯，其列侯亦二十級之爵。關内侯食邑，亦不在殽函之西。是朝廷所行，與儒史所説不相蒙。案《管子・大匡》云：魯請比關内侯，以從於齊。《吕氏・貴信》云：魯請比關内侯。《韓子・顯學》云：關内之侯，吾將執禽而朝。《魏策》云：不若與竇屢關内侯。蓋戰國時大臣實封稱君，如孟嘗、昌國、安陵、龍陽、平原、信陵等，皆通名關内侯，故商君因其名。所謂關者，凡國皆有關。《燕策》云：願舉國爲内臣，比諸侯之列，給貢賦比郡縣。是魯比關内侯之誼。其地固不能遷也，非必殽函始謂之關。《秦策》云：韓必爲關内之侯，魏亦關内侯矣，王一善楚，而關内二萬乘之主。覽此數文，知關是封疆之界。説者不深思，以齊無殽函，《管子》文後人所羼，韓魏地終在關外。解《秦策》，謂是關内候吏，信《史》注爲曲説也。（中畧。）漢諸侯有分土，列侯關内侯有食邑。《漢書・高紀》五年，詔云：軍吏卒爵及七大夫以上，皆令食邑，非七大夫以下，復其身及户。六年，冬十二月，悉封蕭何父子兄弟十餘人，皆有食邑。《吕后紀》云：諸中宦者令丞，皆爲關内侯，食邑五百户。《文紀》云：二千石以上，從高帝者，三十人食邑。《申屠嘉傳》申之云：悉以爲關内侯，食邑。《酈商傳》：元始中，賜高祖功臣，自商以下子孫，爵皆關内侯，食邑凡百餘人。《紀》云百十三人食邑各有差。又《蕭何傳》鄂千秋之安平，《曹參傳》之平陽，《酈商傳》之武城，《傅寬傳》之雕陰，《田廣明傳》圉縣之遺鄉，《劉敬傳》之二千户，《孔霸傳》之八百户，昭帝時大鴻臚將帥有功，宣帝時夏侯勝，又厲温舒、淳于長、蘇建、師丹、籍閎、史丹、解敢、孟巴、蕭望之、李沮、公孫宏、後爲適者、董賢父，皆有食邑。《匈奴傳》：左伊秩訾降，以爲關内侯，食邑三百户，猶佩王印綬也。其不食邑户者，元狩三年趙食其賜關内侯，黄金百斤，宣帝賜周德八人爵關内侯，惟劉德、蘇武食邑。其知地名者，安平、平陽、武城、雕陰、圉縣，不拘殽函關内地。又《史記・貨殖傳》云七國兵起，長安中列侯封君，行從軍旅，齎貸子錢，子錢家以爲侯邑國在關東，關東成敗未決，莫肯與。所云侯邑者，封君也；列侯，關内侯也。所言侯國者，諸侯也，侯邑在關東，豈得云加惠則賜以關内食邑，爲殽函關乎。《漢書・淮南王傳》云爵人至關内侯，明是淮南關内。《霍光傳》云尚書讀奏，言昌邑王夜於温室，延見姊夫昌益關内侯。明是昌邑關内，文至顯白，説關内侯者，乃不視之。」（後畧。）以上俞氏所言，可證關非指殽函，各國皆有之，可無疑於《管》、《墨》、《韓子》及《國策》所言關内侯矣。（俞説尚有大半，節去不引，引其有關本文者。）近人章氏《檢論》，謂「周有封人，及古所言關内侯，皆附庸異名。墨子時，稱王者寡，商君相秦時，孝公未稱號也，而其下皆有關内侯，不嫌君臣同爵，此皆仿佛前世封人附庸爲之。齊桓葵丘之禁曰：無有封而不告。此則諸侯固得封樹附庸矣。漢末，孫權不過列侯，破關羽，卽以孱陵侯封吕蒙，華亭侯封陸遜，陽華亭侯封全琮，亦其比也。」章説極通，合俞説觀之，可爲定論，惟俞氏誤謂徹侯爲諸侯。案：徹侯卽秦制賞功勞爵二十級之侯也，避武帝諱曰通侯，或曰列侯，見《百官公卿表》，是徹侯卽列侯。《漢書·賈誼傳》曰：「令信越之倫，列爲徹侯而居，雖至今存，可也。」則徹侯非諸侯明矣。（楊惲自言爵爲通侯，豈諸侯乎。）俞氏混徹侯爲諸侯，而反別列侯與徹侯爲二。（指篇中列侯在秦爲二十級之爵，漢則徹侯爲諸侯，其列侯亦二十級爵等語。）失之。惟論關内侯之制，最詳明可據。（武億《羣經義證》謂齊亦有關，故魯稱比關内侯，蓋亦不主以關專稱殽函之説。孫詒讓《墨子閒詁》尚不免爲顔注所惑。）若是而王以十萬戍鄭，《策》作「若是王以十成鄭」，譌不可讀。吴本「十」下補「萬」字，「成」作「戍」，是。本書舊本「戍」作「伐」，形近而譌。黄丕烈《國策》校記，反以今本《國策》十下有萬字，成作戍，爲誤涉鮑，可謂堅癖宋槧，不顧其安，寧免通人齒冷。鄭卽春秋鄭國，今河南開封府新鄭縣是，時屬韓，韓服，故戍鄭，爲之設守也。若作伐，則無誼。梁氏寒心，宋本「氏」作「人」，非。上文有韓魏氏，《策》、《史》亦作「氏」。《策》注：「梁氏，魏也。」是當作氏明矣。稱國氏者，如古言陶唐氏、有虞氏、夏后氏，後世則漢稱漢氏，魏稱魏氏，晉曰晉氏，此例甚多。俗人不達氏字之誼，妄改爲人，今從衆本。寒心，《策》注云：「懼也。」案：《史記·刺客傳》：「夫以秦王之暴，而積怒於燕，足爲寒心。」《索隱》：「凡人寒甚則心戰，恐懼亦戰，今以懼譬寒，言可爲心戰。」小司馬此説最明。一曰：猶今俗言心冷也。許、鄢陵嬰城，「鄢」，俗字，當從《史》作「鄢」。胡三省曰：「嬰，繞也，言繞城自守也。」案：嬰城，説詳前甄城句注。許，故許國，姜姓，四岳之後，太叔所封。《括地志》：「在許昌縣南三十里。」胡三省曰：「魏都大梁，其境南至汝南，許鄢陵居其閒。」顧祖禹曰：「今許州東三十里故許昌城，卽舊許也。」（程恩澤曰：案《水經注》：許昌爲許南國，則許當在其北，非許昌卽許也。案：許南國者，謂許國之南部地耳。）鄢陵，春秋時鄭地，鄭滅鄢，初仍其故名，後改爲鄢陵，故鄢陵亦稱鄢。《春秋》書「晉楚戰于鄢陵」，又《傳》曰「亡師于鄢」，又曰「楚無晉備，以敗于鄢」，是其證也。《策》以許鄢陵連言，凡數見，皆指此鄢。在今河南開封府鄢陵縣西北（一作西南。）十八里，（十八，一作十五。）鄭莊公克叔段在此，與柘城縣北二十九里之鄢不同，閻若璩辨之詳矣。而上蔡、召陵，不往來也，《策》無「而」字。高注：「不往來於魏也。」上蔡，《漢志》屬汝南，故蔡國，周武王弟叔度所封，度放，成王封其子胡，十八世徙新蔡。應劭曰：「九江有下蔡，（即州來，昭侯所徙。）故此稱上，亦謂之蔡陽。孔氏曰：在蔡水之陽也。」戰國時，上蔡屬楚，今河南汝甯府上蔡縣是。召陵，《漢志》屬汝南郡。《說文》作邵。闞駰曰：「邵者，高也，其地丘虛，井深數丈，故以名焉。（錢坫曰：邵訓高，其字從卩，與從邑之字不同，蓋借其誼耳。案：闞駰說近傅會，不足信。）齊桓公伐楚，至於召陵，即此處。」今河南許州郾城縣東四十里。胡三省曰：「魏都大梁，其境南至汝南，許鄢陵居其間，二邑皆脅於秦兵，嬰城自守，則楚之上蔡召陵，不能與大梁往來矣。」案：胡注是，此言斷楚魏交通之道。如此，而魏亦關內侯矣。「侯」，《策》作「候」。注：「魏爲秦察諸侯動靜也。」黄丕烈校記云：「今本候誤侯。」金氏《補釋》謂「上文韓必爲關中之候，內中同誼，今本作侯，皆形似之譌。《管》、《墨》、《呂子》皆有關内侯，後人習聞秦爵有此稱，因致傳寫之譌，可據此《策》訂正。《周禮·夏官序官·候人》注：候人，迎賓客之來者。《左氏昭二十三年傳》明其五候，賈注：五候，五方之候也。」案：黄、金皆固執而不通變，故其言如此，辯已詳前。王一善楚，而關内二萬乘之主，「主」，舊本作「王」，《策》、《史》俱作「主」，今據改。金氏《戰國策補釋》曰：「內，當讀如納，與上文關中關內，爲誼不同。《書大傳》：雖禽獸之聲，猶悉關於律。鄭注：關，猶入也。《公羊桓二年傳》內於太廟，何注：內者，入辭也。《周禮·鍾師》內夏，注：故書納作內。杜云：內當爲納。《荀子·臣道篇》時關內之，關內故爲連文；前章入其社稷之臣於秦，高注：入，納也。彼言入其臣，此則內其君，關內云者，謂其舉國爲內臣，比諸侯之列也。《漢書・嚴助傳》陛下若欲來内處之中國，文誼畧同，惟此爲已然之詞耳。」案：金説甚謬，因誤解關内侯，遂不惜曲説至此。納入字本作内，《説文・糸部》之納，别爲一誼，無所謂讀如也。《燕策》所言舉國爲内臣，比諸侯之列，非謂幽其主，遷其國也。若讀爲關納，則是幽禁二國之君矣。此二語，乃黄歇設辭，非已然之詞。金説種種乖盩，至關内之解，已詳見前，兹不綴。注地於齊，「注」下各本俱有「入」字，《策》、《史》無。《史記正義》：「注，謂以兵裁之。」案：注即有入誼，（水入爲注。）言注不必復言入。疑本書文本無「入」字，校者以入訓注，旁識其下，傳寫者混入正文耳，今從《策》、《史》删。鮑本《國策》改齊爲秦，蓋泥於上文屬之秦句。《史》文屬作注，疑此注亦訓屬，（校者旁注入字，正恐人誤爲訓屬之字耳。）不知注有入誼。入地，謂入齊之地。凡鮑氏所改，吴氏所補正，（此文吴氏云：當作秦。）多以臆增竄，未能參證羣書，考究終始，故舛繆迭出。黄丕烈輩又無學識，徒有佞宋之癖，學者於此數家之言，慎節取焉可也。齊右壤可拱手而取也。「拱」，當作「收」，收手而取，謂不勞也。（與上拱手之意不同。）《策》注云：「壤，地。」《史記正義》：「右壤，謂渭州之南北也。」胡三省注：「齊右壤，謂濟西之地。」案：渭州與齊何涉，此字必誤，程恩澤改渭爲淄，是也。又云：「齊右壤之地，平陸是也，在《秦策》者，當據全齊言之，《正義》謂淄州南北，胡注謂濟西之地，是也。在《齊策》者，云且棄南陽，斷右壤，存濟北，此右壤專據平陸言，《索隱》曰齊右壤之地，平陸是也。各就本文審之。」案：程説明晳可據。王之地，一徑兩海，「徑」，舊本作「桎」。宋本同，有注云：「《史》作經。」盧文弨曰：「《策》、《史》作經。」案：姚本《策》作「任」。校云：「一注東海。」鮑本改作「注」。黄氏校記云：「今本任作經，（即盧所見本。）鮑改任作注。吴氏補曰：《史》作經，是。丕烈案：《新序》作桎。」光瑛案：桎字無誼，《史》作經，經之右旁，俗書作巠，與桎旁至形近。古書從巠之字，多譌爲至。《山海經·大荒南經》：「大荒之中有山，名曰去痙。」郭音風痙之痙，今本譌作痓。《楚辭·九辯》「前輕輬之鏘鏘兮」，今本輕譌輊。皆其證也。(或譌爲巫，《顏氏家訓·書證篇》云巫亂巠旁，是也。案：《韓策》輕強秦之禍，《韓非子·十過篇》作輕誣強秦。此誣字衍文，校者以誤本字注其旁，混入正文者。)經乃徑之借字，意古本必有作徑者。徑左旁彳，與草書水字形似。《策》作「任」，亦與徑相似。凡誤書必有其故，依其脈絡求之，往往可得真相。《史記索隱》云：「西海至東海，皆是秦地。」《正義》曰：「廣言橫度中國東西也。」此皆爲徑字作詮，與經字無涉。本書亦必作「徑」，蓋此字是徑，始易與桎任字相混。又草書彳旁字，多作一直，與水旁極似，(右旁巠，草書亦易混主字。)故又譌爲注也。今改正作「徑」，以存其真。(王念孫曰：「《史記》經字，《索隱》本多作徑。」)《史》作「經」，用叚字耳。(顏氏《隸辯·徐氏紀産碑》雖直徑菅，徑菅即經管也。《史記·高祖本紀》夜徑澤中，《索隱》：徑音經。此以音讀改字也。《楚辭·招魂》經堂入奧，經一作徑。《史記·甘茂傳》今之燕必經趙，《秦策》經作徑。《大宛傳》經匈奴，《索隱》本經作徑。本書《刺奢篇·工尹池章》經其宫而不止，《吕氏·召類》經作徑。)金氏《戰國策補釋》引《新序》作「一極兩海，要約天下」，金所據未知何本，要不可信。胡三省曰：「東西爲經，兩海，東海西海也，謂自西海至東海，其地一爲秦所有。」此讀經爲本字，失之，而金氏反謂作經誼勝。此正回應篇首三世不能絶從親之要，又起下燕趙無齊楚、齊楚無燕趙之文也，金氏不知小學，昧於聲音通叚之理，故其言如此。句首《策》有「是」字。

要絶天下，「絶」，舊本作「約」，與《史》同。《策》作「絶」。高注云：「要，取也。」鮑注：「要，謂中。」案：「約」字當依《策》作「絶」，舊本依《史記》誤，今正。要，是要吕本字。絶，斷也。韓魏居天下中，如人身要然，韓魏服，則秦地徑兩海，自西徂東，要中斷矣，起下燕趙無齊楚、齊楚無燕趙意。高注非，鮑訓亦未明憭。《策》句末有「也」字。《通鑑》

從《史》作「要約」，胡三省曰：「要約，謂約束也。」誼迂曲，不可從。是燕、趙無齊、楚，齊、楚無燕、趙，《策》姚本不疊「齊楚」字，鮑本補疊，是。二書句末俱有「也」字。言四國中斷，不能相救應也。此承上要絶之誼，絶不當作約明矣。然後危動燕、趙，直搖齊、楚，《策》「直搖」作「持」。鮑注：「言以危亡之事恐動之也，持，劫之也。」案：危有疑誼，《孫子·計篇》：「故可與之死，可與之生，而民不畏危。」曹公注曰：「危者，危疑也。」孟氏注：「一作人不疑。」《吕氏春秋·明理篇》「日以相危」，高注訓危爲疑，此危動，即疑動也。燕趙遠，故疑動之而已；齊楚近，則直搖之。一曰：危，正也，見《廣雅·釋詁》。《莊子·繕性篇》「危然處其所」，郭注：「危然，獨正之貌。」正動與直搖文對，亦一通也。又一通云：危動，使之不安也。《管子·治國篇》「民貧則危」，注：「謂不安其所居。」是危有不安之誼，動者，動搖之使不得安也。此數解皆順。《策》作「持」，文誤，且有奪字也。此數國者，不待痛而服也。」「也」，二書作「矣」。《策》注：「痛，急也，不待急攻而服從也。」鮑注云：「痛，言攻伐之酷。」金氏《補釋》曰：「《趙策》今足下功力，非數痛加於秦國，與此痛字誼同。或爲疾之譌，疾與急通，故高注云：急也。《左氏襄十一年傳》晉不吾疾也，注：疾，急也。又或爲病，病，困也，見《吕覽·行論篇》委服告病注。《韓策》恐梁之不聽也，故欲病之，錢、劉本作痛之，可爲此證。」案：痛有疾誼，此痛字正與晉不吾疾也之疾誼同，但不必改字作疾，改爲病，尤不可，金説失之。痛病字古書多互用，痛即病，詳見二卷《扁鵲章》注。（今人尚多以疾痛病痛連言者。）又痛者，甚也。《史記·魏其武安侯列傳》：「非痛折節，以禮詘之，天下不服。」索隱：「痛，甚也。」此言不必甚用兵而自服，與急疾誼相近。十卷《王恢章》「不痛之患也」，彼文痛字，與此同意。柳宗元《封建論》曰：「告之以直而不改，必痛之而後畏。」句意本此，亦一通也。歇爲秦謀，不當言直搖楚國，不痛自服，此亦詞出頓弱之一證。抑豈陽爲此言，陰以紓楚難乎。昭王曰：「善。」以下《策》文所無，蓋《策》不以此爲昭王時事。於是乃止白起，止其伐楚之議。謝韓、魏，謝，辭也，辭去二國伐楚之師。《史記》句首有「而」字。發使賂楚，約爲與國。與國，注見三卷《秦魏爲與國章》。黄歇受約歸楚。《史》文下云：「楚使歇與太子完入質於秦，秦留之。」解弱楚之禍，全彊秦之兵，黄歇之謀也。全彊秦之兵，謂秦伐楚無利，徒折兵損費，今不伐楚，是全秦之兵也。時秦方謀伐楚，歇適自楚至。（此就《史》及本書以爲黄歇語而言。）欲止其事，必疑爲楚進言，故歇所論，皆若爲秦計者。如臣爲王慮，莫若善楚，臣爲王慮而不取云云，所以釋秦之疑也。不然，以陳軫之忠，去楚之久，尚不能無動於張儀之讒也，況歇以遠方新至之使乎。中壘最惡窮兵黷武，本書中發明此意者甚多。（《説苑》亦然。）此及十卷《王恢章》所言，尤其顯見者也。然不戰而割地喪權，任人蹂躪，即又不可，故下章接言發使爲構之非。

10秦、趙戰於長平，《史記·廉頗傳》曰：「趙孝成王立七年，秦與趙兵相距長平，趙使廉頗將攻秦，秦數敗趙軍，趙軍固壁不戰，秦數挑戰，廉頗不肯。趙王信秦之閒言曰，秦畏馬服之子趙括爲將耳。趙王因以括爲將，代頗。藺相如曰：王以名使括，若膠柱而鼓瑟耳，括徒能讀其父書傳，不知合變也。趙王不聽，遂將之。括少時學兵法，言兵事，以天下莫能當。嘗與其父奢言兵事，奢不能難，然不謂善。括母問其故，奢曰：兵，死地也，而括易言之，他日破趙者括也。及括將行，其母上書言括不可使，王曰：吾已決矣。母請無隨坐，王許諾。括既代頗，悉更約束，易置軍吏。秦將白起聞之，縱奇兵，佯敗走，而絶其糧道，分斷其軍爲二。士卒離心，四十餘日，軍餓，括出鋭卒自搏戰，秦軍射殺之，括數十萬衆遂降秦，秦悉坑之。趙前後所亡，凡四十五萬。」是長平兵敗事，在周赧王五十三年也。程恩澤曰：「長平有二，一是魏地，在今河南陳州府西華縣東南(原注：或作東北。)十八里，《地理志》汝南郡有長平縣，《括地志》長平故城在陳州宛丘西六十六里，《通鑑·始皇五年》蒙驁伐魏，取長平，是也；一是趙地，在今山西澤州府高平縣西北二十一里，《郡國志》上黨郡泫氏縣有長平亭，《括地志》長平故城在澤州高平縣西三十一里，卽白起敗趙括處，是也。《上黨記》：長平城在郡之南，秦壘在城西，城之左右，沿山互隰，南北五十許里，東西二十餘里，悉秦趙故壘，遺壁舊存焉。《通典》：長平縣有頭顱山，築臺於壘中，因山爲臺。志云：長子南有長平關，卽江豬領，上有石如豬。(原注：此說似誤。《左傳》與華氏戰于赭丘，《後漢志》陳國長平縣有赭丘，《水經注》亦云蓋卽江豬領也，正在魏之長平，以云長子，非是。)《圖經》云：關蓋置於武紇領，秦趙戰於長平，趙兵敗，白起追之，至此領。又縣西北二十里有漳澤驛，長平北出之道也。」趙不勝，亡一都尉。鮑氏《趙策》注：「軍尉也。」《白起傳》：「秦使王齕攻韓，取上黨，上黨民走趙，趙軍長平，以按據上黨民。四月，齕因攻趙，趙使廉頗將，趙軍士卒犯秦斥兵，秦斥兵斬趙裨將茄。六月，陷趙軍，取二鄣四尉。七月，趙軍築壘壁而守之，秦又攻其壘，取二尉，敗其陳，奪西壘壁。」《索隱》曰：「鄣，堡城；尉，官也。」《正義》：「《括地志》曰：趙鄣故城，一名都尉城，今名趙東城，在澤州高平縣西二十五里，又有故穀城，此二城卽二鄣也。」若然，趙喪尉多矣，此據其最初言之也。《通鑑》作止一裨將四尉，胡三省注：「尉，軍中諸部都尉也。」卽本《白起傳》。都尉亡，故趙王欲自束甲赴之也。趙王召樓昌與虞卿曰：趙王，孝成王也，注見三卷《孫卿章》。樓昌，《趙策》作「樓緩」。顧炎武曰：「樓昌、樓緩，恐是一人，虞卿進說，亦是一事，記者或以爲趙王不聽，或以爲聽之，太史公兩收之，而不覺其重耳。」案：《漢表》無樓昌、樓緩，虞卿列三等。俞樾曰：「虞卿無名，說趙孝成王，再見，爲趙上卿，故號虞卿。」(《湖樓筆談》九之三。)《史記集解》引譙周曰：「食邑於虞。」《索隱》曰：

「趙之虞，屬河東太陽縣，今之虞鄉縣是也。」梁玉繩曰：「虞乃氏也，譙周説非。」光瑛案：《虞卿傳》，卿箸書，世傳之曰《虞氏春秋》，則虞是氏審矣。《范雎傳》載信陵不即見卿與魏齊，曰：虞卿何如人也。侯嬴在旁，曰：虞卿躡屩擔簦，一見趙王，賜白璧黄金，再見，爲上卿，三見，受相印，封萬户侯，當此之時，天下爭知之。夫魏齊窮困過虞卿，虞卿不敢重爵禄之尊，解相印，捐萬户侯，而閒行以歸公子。公子曰何如人，人固不易知，知人亦不易也。則似其人虞氏，卿名，乃《卿傳》復有再見爲上卿，故號曰虞卿之説。夫卿貴不止爲卿，胡不曰虞相虞侯，而獨曰虞卿邪。意卿本有别名，後爲卿時，人呼爲卿，遂即以卿爲號，猶今人之以字行，非真無名也。《孔叢子》：「虞卿著書，名曰《春秋》，魏齊曰：子無然，《春秋》，孔聖所以名經也，今子之書，大抵談説而已，亦以爲名何。答曰：經者，取其事常也，不爲孔子，其無經乎。齊問子順，子順曰：無傷也，魯之史記曰《春秋》，經因爲名焉，又晏子書亦曰《春秋》，吾聞泰山之上，封禪者七十二君，其見稱述，數不盈十，所謂貴賤不嫌同名也。」孔叢僞書，此説甚繆。《春秋》本國史通稱，列國皆有之，(詳見三卷《樂毅書》注。)非魯史所得專，一也。經之名與緯對，故經必有緯，今訓爲常，則非，二也。《史》言魏齊死，卿不得意，乃箸書，何來魏齊商搉之語，三也。卿傳《左氏春秋》於鐸椒，以授荀子，其書不審與本傳所言刺譏國家得失者同不，要卿非不尊《春秋》者，子順何以薄之如此，四也。又經之名，後人始視爲尊稱，當戰國時，未必有此等議論，五也。王肅之徒，輕於立説，顛倒失實，故不可不辯。

「軍戰不勝，尉係死，「係」，《趙策》、《史·虞卿傳》俱作「復」。《史記集解》徐廣曰：「復一作係。」案：作復者是。鮑本《國策》作「係」，注：「係，尉名。」非。作係者，當是係累之誼，故《通鑑》云止四尉。寡人將束甲而赴之。」「束」，《策》作「卷」。「將」，兩書作「使」，「赴」作「趨」，下俱有「何如」二字。案：《策》作「卷」，則作「趨」者是。《史》作「束」，則當作「赴」，今《史》作「趨」，沿《策》而譌耳。本書正用《史》文，卷甲者勢急，不及縛束，故言趨。《趙奢傳》「乃卷甲而趨之，一日一夜至」，是也。束甲既縛束在身，其勢緩，赴之足矣，不必云趨也，當依本書訂正。**樓昌曰：「無益也，不如發重寶使而爲構。」**二書無「寶」字，《史》無「而」字，「構」皆作「媾」，下並同。鮑本《策》作「講」，注云：「元從女從冓，求和也，與講無異誼，而此書兩字互用，今以御名，並作講。」徐氏友蘭《羣書拾補識語》云：「下使發鄭朱，則發寶錯也，當作發使而重寶爲構，而，以也。」案：寶字涉下虞卿語而誤衍，樓氏意欲趙以地事秦，不在重寶，徐説近臆斷。媾、構皆叚借字，當作講。《説文·言部》：「講，和解也。」今人尚有講和之稱。和當作龢，謂調龢排解也。構字又作覯、顜、較。《史記·曹相國世家》「顜若畫一」，《索隱》本作覯，注曰：「《漢書》作講。文穎曰：講，一作較。案訓直又訓明，言法明若畫一也。覯音講，亦作講，小顔云：講，和也。」（單行本如此，今本《史記》作顜，注文亦改竄。）《集韻》上聲三講：「講，古項切，明也、和也、直也，《史記》顜若畫一，或作覯，通作講。」入聲四覺：「顜，訖岳切，明也、和也，《史記》顜若畫一，或作覯，通作較。」王念孫曰：「《集韵》兩引《史記》，並云或作覯，與小司馬本同。而《説文》、《玉篇》、《廣韵》皆無顜字，顜即覯之譌，凡從見之字，隸書或譌從頁。（原注：《周官·大宗伯》殷覜曰視，今俗本譌作頫。）故覯譌爲顜，覯從冓，而讀若港，猶講從冓聲，而讀若港也。顜從冓聲，而讀若角，猶斠從冓聲，而讀若角也。《漢書》一本作較，較與覯，聲亦相近。」以上王説是。此文構訓和，字當作講爲正。《曹參世家》之覯字，亦當訓和。覯較皆叚字，顜又覯之俗，此文媾構亦叚字，作構亦讀爲講。《虞卿傳》索隱云：「媾，亦講，講，亦和也。」是也。**虞卿曰：「昌言構者，以爲不構，軍必破也，**《策》作「夫言媾者，以爲不媾者軍必破」。此同《虞卿傳》。**而制構者在秦。**《國策》鮑注：「制，言聽否由之。」案：《國語·晉語》

二三子之制也」，韋解：「制，專制也。」《呂覽・禁塞篇》「以告制兵者」，高注：「制者，主也。」《秦策》「王因而制之」，注：「制，御也。」《禮記・王制》「凡制五刑」，鄭注：「制，斷也。」《莊子・庚桑楚篇》「而鯢鰌爲之制」，釋文引王注：「制，謂擅之也。」諸訓誼皆畧同，有專決可否操縱在己之意，即鮑注所云聽否由之也。且王之論秦也，《論語・憲問篇》「世叔討論之」，皇侃疏云：「論者，評也。」《呂氏・振亂篇》「不可不熟察此論也」，注：「論，猶別也。」案：評者，平判其事理；別者，理有兩端，分別言之也。《周禮・大司樂》注：「論者，語中之別，與言不同。」皆此論字之誼。欲破王之軍乎，不邪？」不否古今字，言王料秦之來，欲敗王之軍邪，抑不欲敗王軍，而但爲講邪。《策》「不」上有「其」字。王曰：「秦不遺餘力矣，秦力之所及，可以敗趙者，無不爲之。遺，留也。必且破趙軍。」「且」下《史》有「欲」字，文意始明，疑此及《策》均奪字。且，猶將也。盧文弨曰：「且破，何本誤倒。」虞卿曰：「王聽臣，發使出重寶，以附楚、魏，《策》「王」下有「聊」字。聊，猶且也，言姑且聽臣之言。發，遣也。附，親附也。此處始言出寶，則上文寶字之衍明矣。楚、魏欲王之重寶，必內吾使。「內」，《策》作「入」，誼同。俗作納字，《説文・糸部》：「納，絲溼納納也。」別一誼。凡出內字當作內。趙使入楚、魏，「趙使」二字，各本俱脱，宋本亦無之。案：《策》、《史》俱有，依文誼不可省，今據兩書補。秦必疑天下，恐天下之合從，必一心，《策》作「秦必疑天下合從也，且必恐」。《史》作「秦必疑天下之合從，且必恐」。與此小異。如此，則構乃可爲也。」此即能戰而後能和之説。時趙實不能戰，而發使楚魏，虛張合從之形，以示欲戰，故敵畏而和可成。趙王不聽，與平陽君爲構，平陽君，趙卿，趙豹也。鮑氏《策》注曰：「與，從之也。」案：與猶以也，經訓習見，詳王氏《釋詞》，鮑注非。平陽，趙邑，《郡國志》魏郡鄴縣有平陽城。程恩澤曰：「《竹書紀年》梁惠成王元年，敗邯鄲師于平陽。《史記》始皇十三年，桓齮攻趙，敗趙將扈輒于平陽。即此。《括地志》：平陽故城，在相州臨漳縣西二十五里。胡三省曰：《正義》以此爲河東之平陽，非是。（原注：或曰《左傳》衛侯飲孔悝酒于平陽，即此。案杜注：東郡燕縣有平陽亭，今在衛輝府滑縣東南五十里，廢韋縣西二十里，似非一地。《括地志》又云：在貝州歷亭縣界，亦誤。）今臨漳縣（案：縣屬河南彰德府。）西二十五里，有平陽城。（原注：距鄴五里。）」發鄭朱入秦，發，遣也。鄭朱，趙臣。《通鑑》祗作「使鄭朱媾於秦」，不言平陽君。蓋鄭朱奉命使秦爲講，而平陽則在境待命也。秦内之。内，猶入也。趙王召虞卿曰：「寡人使平陽君爲構於秦，《策》無「爲」字「於」字，《史》有。本書舊本有「爲」無「於」。案：既有爲字，則於字亦不可省，今從《史記》補「於」字。秦已内鄭朱矣，内鄭朱，似有受和意，故王問也。虞卿以爲如何？」《策》作「子以爲奚如」，《史》作「卿以奚如」。案：戰國時，雖已有稱臣下爲卿者。（如《趙策・樓緩辭行章》趙王曰，固且爲書，而厚寄卿之類，是也。）然此卿字，是呼虞卿之號，猶高帝稱子房以爲何如也。下章平原君曰，願卿之論從也，亦呼其號，足證卿非稱臣下之詞矣。前謂虞卿爲號，如後人以字行，觀此益信。對曰：「王不得構，軍必破矣。「王」下《策》有「必」字，言不但構不可成，反詒破軍之累也。天下之賀戰勝者，皆在秦，《策》、《史》句末有「矣」字。《史》無「之」字。鄭朱，貴人也，「貴」上《策》有「趙之」二字。而入秦，《史》無「而」字。《策》「入」下有「於」字。秦王與應侯，秦王，昭襄王也，注見二卷《甘茂章》。應侯，范雎，時爲秦相，注見三卷《鄒陽章》。必顯重以示天下，令天下知趙求和，無復救趙之心，則從不可合矣。楚、魏以王爲構，必不救王，趙既求和，救之無益，而徒開罪於秦，故不爲也。《史記・信陵君列傳》曰：「秦告魏王曰：吾攻趙，諸侯敢救者，已拔趙，必移兵先擊之。」雖在長平敗後圍邯鄲時，亦可見秦恨諸侯之救其所攻之國也。秦知天下不救王，舊本脱此句，兩書皆有。盧文弨曰：「當補入。」案：有此句，文氣方貫，今據二書補。則構不可得也。」兩書「得」下有「成」字，姚校云：「一無成字。」案：上文云「王不得構」，此句無成字亦可。應侯果顯鄭朱，以示天下賀戰勝者，《策》「不可得成」句下，接云：「趙卒不得媾，軍果大敗，王入秦，秦留趙王，而後許之媾。」文止此，與《史》異。終不肯構。既以鄭朱示天下，懈其救趙之心，終不與趙和，進攻益急。長平大敗，遂圍邯鄲，邯鄲，趙都也。《漢志》趙國有邯鄲縣，張晏曰：「邯山在東城下，單，盡也，城郭從邑，故加邑云。」《寰宇記》云：「邯山至此而盡，因名。」《地理通釋》：「邯鄲北通燕涿，南有鄭衛，漳河之間一都會也」。《春秋大事表》曰：「邯鄲，故衛邑，後屬晉。戰國時，趙肅侯都此。今直隸廣平府邯鄲縣西南三十里，有邯鄲故城。」（卷七之三。）《直隸通志》：「俗呼舊城爲趙王城，雉堞猶存，有叢臺，趙王故臺也。」爲天下笑，不從虞卿之謀也。此句中疊之言。此下當提行，別爲一章，因本卷及十卷標題「善謀」，末句多云某人之謀也，此當一律。但各本俱從《史記》合爲一章，《趙策》則分而爲二。其實各爲一事，以上所言，在長平未敗以前，以下所云，則邯鄲解圍之後也。（依《策》則在長平既敗之後，疑《策》爲是，説詳下。）本書雖依《史記》，然《史》是傳體，敍事自當蟬聯直下，無分章之理。本書既以不從虞卿之謀一句，收住本章，以下自宜提行，以符全書之例。今依《策》分爲二章，原書以後章爲解邯鄲圍後事，舍《國策》，從《史記》，仍附辯其失於後。但於分章，初無礙也。

11 秦既解邯鄲圍，舊本作「解圍邯鄲」，誤倒「圍」在「邯鄲」上，今從《史》校改。《策》不以此爲解圍後事，今本於「此飾説也」句下，横插「秦既解邯鄲之圍」二十四字，乃後人旁注，而混入正文者，（説詳後。）應删去。但其文亦作解邯鄲之圍，可證也。而趙王入朝，使趙郝約事於秦，趙郝，趙臣也。《史記集解》曰：「駰案：郝音釋，徐廣曰一作赦。約事，約和議事也。」割六縣而構。此四句，今本《國策》敘在「樓緩初至趙，與王言，虞卿聞之曰，此飾說也」之下，乃後人增之，非《國策》本文，《策》不以此爲解邯鄲圍後事也，說詳後。但剡川姚氏本已如此，則其誤久矣。《策》以趙郝語爲樓緩，而移「新從秦來」一段在前，與《史》不同，不應此處忽見趙郝之名，足知其誤。梁玉繩曰：「《策》謂秦破趙長平歸，使人索六城於趙，而講。鮑注：《史》書此事在邯鄲圍解後。案邯鄲之圍，非秦德趙而解也，趙賴魏之力耳，何事朝秦，而予以六城。《策》以長平破懼而賂之，是也。」（《史記志疑》三十。）案：梁氏引鮑說，敘而不斷，蓋亦疑《史》所言不實。不知《史》書此事，踳駁甚多，不但如鮑所言，應從《策》爲是。但《策》文亦有舛錯處，當分別觀之。（說各詳後。）虞卿謂趙王曰：「秦之攻王也，倦而歸乎？亡其力尚能進之，愛王而不攻乎？」末二句《史》作「王以其力尚能進，愛王而不攻乎」。《策》「攻王」，「王」字作「趙」，餘同《史》。姚校云：「錢、劉去王以字，添亡字。」案：作亡者是，亡與無通用，轉語詞也。亡其力，猶曰無乃其力也。字又作妄，詳見二卷《莊辛章》注。古書此類句法甚多，淺人不知亡妄皆讀爲無，（亦通作毋。）故於《禮記·儒行》「今人之命儒也妄常」句，既失其讀，以妄字爲句。於《策》、《史》文則以王亡同音而誤，臆改作王，又加以字，幸本書文尚未竄改，可以校正。錢、劉本《國策》，亦是改之未盡者。「之」字疑衍文。王曰：「秦之攻我也，黃丕烈曰：「今本《國策》攻誤伐。」不遺餘力矣，必以倦歸也。」言秦用全力來攻，無愛趙之心，殆倦而歸耳。「倦」下二書俱有「而」字。虞卿曰：「秦以其力攻其所不能取，倦而歸，王又以其力之所不能取，以送之，下「取」字《策》作「攻」，「送」作「資」，誼並同。舊本「王又以」之「以」字作「攻」，盧文弨曰：

「作攻，謁，當從《策》。」案：《史》亦作「以」，盧説是，今據兩書改正。此用《史》文，故下「攻」字作「取」，「資」字作「送」。是助秦自攻也。輔其力所不及故。來年，秦復攻王，來年，明年也。王無救矣。」「無」下《策》有「以」字。王以虞卿之言告趙郝，趙郝曰：舊本不重「趙郝」二字，盧云：「此處當重。」案：《史》文正重二字，《策》趙郝作樓緩，亦重。盧説是，今據《史》補入。上文《策》如有趙郝約事之語，此處又作樓緩，則參差不合矣。故知上秦解邯鄲之圍二十四字，必非《策》本文，爲後人校《史》衍入也。梁玉繩曰：「《國策》以趙郝語爲樓緩，而移新從秦來一段在前，未知孰是。」光瑛曰：此事《史》所叙甚誤，當從《策》作樓緩爲是，説詳後。「虞卿能量秦力之所至乎？《策》作「虞卿能盡知秦力之所至乎」，《史》作「虞卿誠能盡秦力之所至乎」。《史》文盡字當作量，量，料量也，或盡下脱知字。至，極也。言卿能料秦兵力已極於此乎。鮑注：「至，猶及也，虞卿言秦力倦而歸，謂秦力所及止是耳，秦力豈止是而已乎。」案：鮑訓至爲及，非，讀下句自見。誠知秦力之所不進，《策》作「誠知秦力之不至」，鮑本「誠」下有「不」字，「不」字作「所」。《史》作「誠知秦力之所不能進」。案：依《策》、《史》及本書文，知鮑本妄改，不足據。進當爲盡，古書進盡字通。《列子·天瑞篇》「終進乎不知也」，注：「進當爲盡。」劉向《列子叙録》云：「或字誤以盡爲進，以賢爲形。」蓋進盡音同易混。《漢書·高紀上》師古注：「進字本作賮，又作贐，音皆同耳，古字叚借，故轉而爲進。」然則盡進之通，亦猶是也。盡，猶至也，《策》作「至」，本書及《史》作「進」，誼同，言知秦力實未盡極也。觀此，益見鮑訓至爲及之非。此彈丸之地不予，《策》「之地」作「猶不與也」。「予」，宋本作「與」。案：推予字當作予爲正，今從衆本。彈丸，諭狹小。令秦來年復攻於王，「於」字二書俱無。令者，假設之詞。王得無割其内而構乎？」言割及内邑，不止六縣而已。王曰：「請聽子割矣，」「請」，《策》作「誠」，誠請聲相近，古通用。《墨子·尚同、節葬、明鬼、非樂》諸篇，並以請爲誠。《晏子春秋·內篇雜上》「嬰可以辭而無棄乎，嬰誠革之」，謂嬰請革之也。《吳語》「員請先死」，「請問戰奚以而可」，《吳越春秋·夫差內傳》及《句踐伐吳外傳》請並作誠，皆其證。子能必來年秦之不復攻乎？」《策》「攻」下有「我」字，《史》同，但「必」下更有「使」字。王感虞卿之言，故以此問郝，使答其難。趙郝曰：《策》作「樓緩對曰」，《史》「曰」上亦有「對」字。「此非臣所敢任也。「臣」下兩書俱有「之」字。任，負也。言不能負此責。他日三晉之交於秦相若也，他日，有指異日言者，如《孟子》「他日由鄒之任」，「他日又求見孟子」，《論語》「他日又獨立」，《左傳》「他日公享之」，「他日請念」之類是也。有指前日言者，如《孟子》「他日君出」，「吾他日未嘗學問」，《左傳》「他日吾見蔑之面而已」，「異於他日」之類是也。此他日，當同後一誼。趙岐《孟子》注：韓魏趙本晉六卿，當此時，號三晉。（《梁惠王篇》。）《史記·六國表》「六卿擅晉權，征伐會盟，重於諸侯，終之卒分晉。量秦之兵，不如三晉之彊也。」《楚世家》：「宣王六年，三晉益大。」此以十一字爲一句。「若」，二書作「善」，不如此長。（善當是若之譌。）相若，猶相等，不分軒輊。今秦善韓、魏，而攻王，「善」，《策》作「釋」，「攻」上有「獨」字。案：釋，猶舍也。下文《策》亦作善韓魏而攻趙，與《史》同。王之所以事秦者，兩書無「者」字。必不如韓、魏也。言以前三晉與秦，交好相等，非有厚薄。今秦不攻二國，而獨攻趙，是趙之事秦，不如二國。今臣爲足下解負親之攻，「臣」下各本有「之」字。案：兩書俱無，當衍，今刪。《史記索隱》曰：「爲足下解其負擔，而親自攻之也。」其說不甚可曉，恐有誤。鮑注《國策》云：「趙嘗親秦，而後負之，故秦攻之，今爲講，所以解也。」此說得之。《楚世家》：「懷王二十六年，齊韓魏爲楚負其從親，而合於秦，三國共伐楚。」此所謂負親之攻也，乃當時常語，可爲鮑氏沾一左證。又《趙策・張孟談既固趙宗章》云「韓魏齊楚燕負親以謀趙」，亦此誼。彼文又云「耕於負親之邱」，舊解以爲趙地，缺。此亦必有一負親之事，因以得名。或疑秦攻趙於負親之邱，得郝言而解，故云。此想當然語，不可從。**開關通幣**，「開」，《策》作「啟」，《史》及本書避漢諱（景帝諱。）改開。宋本、嘉靖本、鐵華館本「幣」作「弊」，今從衆本，與《史》同。（《史記》本亦作弊。）姚本《策》作「敝」，乃聲之誤，或同聲通借。鮑本作「幣」。黄丕烈曰：「今本敝作幣，乃誤涉鮑也。」鮑改敝爲幣，黄未知《史記》作幣，爲鮑氏所本，（黄所據《史記》本作弊。）又未知弊敝與幣通，則字本不必改。但必謂與宋本違卽爲誤，迂矣。**齊交韓、魏**，鮑注《國策》云：「使其交情與韓魏等。」案：鮑訓是。《吕子・觀世篇》「與我齊者」，高注：「齊，等也。」《淮南・精神訓》「齊死生」，《脩務訓》「故立天子以齊一之」，高注並曰：「齊，等也。」**至來年，而獨取攻於秦**，《策》作「至來年，而王獨不取於秦」，鮑注云：「不爲秦所取。」此與《史》同，但《史》而下亦有「王」字。《策》文疑有誤，鮑注非。**王之所以事秦**，《史》句首有「此」字。《策》句末有「者」字。**必在韓、魏之後也**。後，猶下也。言不如韓魏善事秦。**此非臣之所敢任也。」王以告虞卿**，「以」字下《策》有「樓緩之言」四字。**虞卿對曰**：《策》無上三字。**「郝言不構，來年秦復攻王，王得無復割其内而構乎？**「郝言」，《策》作「樓緩言」，無下「王」字，「復」作「更」，句末無「乎」字。**今構，郝又不能必秦之不復攻也**，「郝」，《策》作「樓緩」。「又」下《史》有「以」字。**雖割何益？**《史》句首有「今」字，「割」下有「六城」二字。此同《策》。**來年復攻，又割其力之所不能取以構**，「以」，二書作「而」。**此自盡之術也**。自歸於盡也。術，道也。**不如無構**，無毋通，禁止詞。**秦雖善攻，不能取六縣；**「縣」，《策》作「城」。**趙雖不能守，亦不失六城**。城疑縣，《史》

同。《策》作「而不至失六城」。《史》「亦」字作「終」。**秦倦而歸，兵必疲，我以六縣收天下，以攻疲秦，**收，屬也。謂以六縣屬天下，賂之以轉攻疲秦也。下文云「我失之於天下」，即其證。收屬一聲之轉，收有屬訓，見十卷《王恢章》注。一曰：收，合也。不收爲見棄。（亦見十卷注。）則收是相合，謂合天下以攻秦也，亦通。「疲」，兩書作「罷」，本書舊本下「疲」字亦作「罷」。「以」，《史》作「目」。「六縣」，舊本作「五縣」，《史》作「六城」，《策》作「五城」，鮑改五爲六。吳師道正曰：「此五城，與後五城賂齊，得王之五城之五同，且當從本文。」黄丕烈校記云：「《史》作六城，《新序》作五縣。考此當從《策》文作城，《史》文作縣，《新序》出《史記》，今本《史記》城縣錯出，《新序》後二處亦作六城，皆有誤。」案：本文各本作五縣，五當是六之譌，虞卿意謂與其以六縣賂秦，不如轉而結齊耳。此六縣即賂秦之六縣，非賂秦用六而賂齊又用五也。《策》文五六錯出，未免不倫。本書因《史記》，則本文更不當言五縣。至黄氏謂《策》作城，《史》作縣，以今本《史記》城縣錯出，及本書後二處作六城爲非，其說亦有理。前注謂城當作縣，《史》同誤者，以此。本書後二處作六，初不誤，誤在城字，及此處作五，與後文不符耳。蓋校者以《策》作五，旁記異文，傳寫者誤爲以五代六也。鮑本改此處之五爲六，而下文不改，則更進退無據矣。今改五作六，以從《史記》。下疲字舊本作罷，殊嫌參錯，今一律改用本字。（罷，疲之借字，詳六卷首章注。）金氏《戰國策補釋》云：「虞卿以爲秦索六城，我但以五城，即可收天下以助趙，而取償於秦，是所費爲省，所獲爲多也。《新序·善謀篇》亦作我以五縣收天下，五字不誤，鮑改非是。下文王以五城賂齊，及得王五城，並當如原文。」以上金說，殊嫌拘滯，若爾，《史記》不當改作六縣矣。**是我失之於天下，而取償於秦也，吾國尚利，**失之，失六縣也。雖以六縣予天下，然合天下力共攻秦，秦困，必割地以賂諸侯，是我損失可取償於秦，又更有利也。此與陳軫教懷王以名都賂秦，約共伐齊，以取償於齊意同。彼救敗於事後，此決勝於幾先，其理則一也。孰與坐而割地，自弱以彊秦。與，如也，倒句法。言以此計較坐而割地，自弱以彊秦者，得失之相去何如也。凡言孰與者準此，説詳七卷《張胥鄙章》注。坐而割地，謂無所償也。自弱，見非秦力所能致。「彊」，各本作「強」，今從宋本。（嘉靖本同。）《史記》句末有「哉」字，《趙策》無。今郝曰：《策》作「今樓緩曰」。秦善韓、魏而攻趙者，必王之事秦，不如韓、魏也。「必」下《史》有「以爲韓魏不救趙也，而王之軍必孤，又以」十六字，《策》無之。此十六字夾雜不倫，當刪去。本書用《史》文，亦無此十六字，可見中壘所據本，未有此十六字，後人錯移他處之文置此。王念孫曰：「上文趙郝曰：今秦善韓魏，而攻王，王之所以事秦，必不如韓魏也。故虞卿復舉其詞而駁之曰：是使王歲以六城事秦也。然則此文當以必王之事秦不如韓魏也爲一句，而必字之下，王之事秦之上，不當有以爲韓魏云云十六字明矣。不知何處錯簡，與上下文皆不相屬。《趙策》及《新序·善謀》皆無此十六字。」案：王説是也。是使王歲以六城事秦也。城當作縣，《史》同。即坐而地盡，「即」字各本奪，二書皆有，是也。有「即」字，始可領起本句，今據增。「地」，《史》作「城」。即，猶則也，詳見《釋詞》。言如此，則坐視地之盡失也，此與抱薪救火之説同。《策》句末有「矣」字。來年秦復求割地，舊本「求割地」作「來割」，來乃形近之譌，又脱「地」字。依文法論，一句兩用來字，亦不合，今據兩書改補。王將予之乎？以下「予」字，《策》、《史》亦作「與」，一本仍作「予」，今悉用「予」字，以免參差，餘並同。不予，「不」，《史》作「弗」。是弃前功而挑秦禍也；「弃」，各本作「棄」。宋本、嘉靖本、鐵華館本作「弃」，今從之。《策》句首有「則」字。「功」，姚本《國策》作「貴」，鮑本改「資」，是也。今本《策》亦作「資」，「貴」乃形近之誤。黄丕烈校記謂作資由涉鮑誤，迂謬可欤。鮑注云：「《史記》挑戰爲致師，則此言禍自我致也。」金氏《補釋》云：「貴，疑責之誤。責與債同，《吕覽·慎大篇》分財棄責，此卽其誼，猶《秦策》所云契折於秦也。」案：金説穿鑿太甚，不如作資遠矣。**予之，卽無地而給之。**「卽」，二書作「則」。卽則聲轉誼同，古多通用。而，猶以也，亦聲相轉。給，與也。年年割地，必至地盡，無復可與也。**語曰：**此古有是語。**彊者善攻，**《策》「彊」作「強」，下同。**而弱者不能守。**此卽能戰而後能和，能和而後能守之意。**今坐而聽秦，**坐，謂不戰也。安坐不戰，惟敵人之欲是從，則敵益彊而己益弱矣。**秦兵不弊，而多得地，**弊，疲也。《策》作「敝」，字通。**是彊秦而弱趙也，以益彊之秦，**《策》「益」下有「愈」字，鮑曰：「衍。」吴氏補云：「《新序》同，《史》作益彊，然有愈字亦通。益，謂增益之也。」案：吴説非是，益猶愈也，上言益，下言愈，互文耳。校者以愈訓益，旁注爲記，而誤入正文，不必曲爲之説。**而割愈弱之趙，其計固不止矣。**「其」，各本作「兵」，誤，今依二書改正。宋本不誤。「固」，《史》作「故」，故固通用字。《儀禮·士相見禮》「固請吾子之就家也」，注：「固，如故也。」《士昏禮》「敢固以請」，注：「固，如故。」《論語·子罕篇》「固天縱之」，《論衡·知實》固作故。此類甚多，不具列。不止者，鮑注言割不止，是。謂爲是策者，其事將繼續而來，無有已時也。一曰：謂不足以止患。亦通。然承上文坐而地盡來，終以鮑説爲長。且本文言計不止，不言患不止也。**且王之地有盡，**「且」下《策》有「秦虎狼之國也，無禮義之心，其求無已，而」十六字，《史》無。此從《史》。**而秦之求無已，**《策》無此句，因已見上故也。**以有盡之地，給無已之求，**「給」上《史》有「而」字。**其勢必無趙矣。」**謂必召亡。《策》此下有「故曰，此飾説也，王必勿與，王曰，諾」等句，然後接「樓緩聞之，入見於王」云云。卻將計未定樓緩從秦來一段，提叙於首，與《史記》及本書大異，説詳後。吴師道曰：「此飾說二字，與前相應，則文有亂脱無疑。」案：飾說二字，隔段相應亦可，《策》文之誤，止在秦既解邯鄲之圍二十四字耳。其敍次條理，遠勝《史記》、本書，說亦詳後。無趙，謂國滅地盡，爲秦所併。**計未定，**《策》句首有「趙」字，《史》「趙」下更有「王」字。**樓緩從秦來，**《策》「從」上有「新」字。樓緩，辯士，蓋卽樓昌，（顧炎武說。）受秦命而來者。《漢表》不列之。《史記·始皇紀》索隱曰：「魏文侯之弟。」恐誤。（說見後注。）《趙策》：「樓緩將使，伏事辭行，謂趙王曰：臣既竭力盡知，不復見於王矣。王曰：何也。曰：公子牟夷之於宋，非肉不食，文張惡之，今臣之於王，非宋之於公子牟夷也，而惡臣者過文張，故死不復見於王矣。王曰：子行矣，寡人與子有誓言矣。樓子遂行。後以中牟反，入梁，候者來言，而王不聽，曰：吾已與樓子有言矣。」緩之爲人，姦險如此。**趙王與樓緩計之，**計，謀也。**曰：「予秦地，與無予，孰吉？」**《史》作「予秦地何如毋予，孰吉」，《策》作「與秦城，何如：不與，何如」。（此二字《史》作予，《策》作與，今皆用予字。）王念孫曰：「『《史》本作予秦地，如毋予，孰吉。如者，與也。（原注：《論語》方六七十，如五六十，宗廟之事，如會同。如字並與與同誼。）言予秦地與不予，二者孰吉也。《新序》作予秦地與無予孰吉，是其明證矣。今本如上有何字者，後人據《趙策》加之也。《策》作與秦城，（句。）何如不與。（句。原注：今本不與下又有何如二字，亦後人不曉文誼而妄加之，說見《趙策》。）何與孰同誼，《趙策》言何如，則不言孰吉；此言孰吉，則不言何如。後人又加何字，斯爲謬矣。（原注：後人不知如之訓爲與，故妄加何字。）』又曰：『《策》文以與秦城爲句，何如不與爲句，不與下本無何如二字。《齊策》田侯召大臣而謀曰，救趙孰與勿救，猶此言與秦城何如不與也。（原注：《廣雅》：與，如也。孰與，猶何如也。故鄒忌對曰：不如勿救。）後人誤讀與秦城何如爲句，因於不與下加何如二字，而不知其謬也。《太平御覽·人事部》引此作與秦地，何如勿與。」（前說見《讀史記雜志》全書三之四，後說見《讀戰國策雜志》全書二之二。）案：王說是也。何如猶孰與，《經傳釋詞》孰字如字下，言之甚明。（七卷《張胥鄙章》注亦引之。）**緩辭讓曰：**《策》句首有「樓」字。辭讓字當作辭攘。**「此非臣之所能知也。」**《策》「臣」上有「人」字。鮑注：「人字衍。」金氏《補釋》云：「人臣疑是外臣之譌，損半字，因誤爲人。《魏策》：爲疾謂楚王曰：外臣疾使臣謁之。《史記·始皇紀》注：《索隱》云：樓緩，魏文侯之弟，所謂樓子也，故稱外臣。」案：小司馬誤以樓季爲緩，（樓季注見四卷。）賢姦判然，何異稱陽虎爲仲尼。考魏文侯在位三十八年，秦圍邯鄲，在魏安釐王十五年，（見《六國表》。）中間武侯十六年，惠王三十六年，襄王十六年，哀王二十三年，昭王十九年，即從文侯末年推算，至安釐王十五年，已一百二十五年矣。緩卽有是壽，亦安能道涂僕僕，爲秦游説，且其詞亦絕不類，此説不足信。**王曰：「雖然，試言公之私。」**《史記索隱》曰：「私，謂私心也。」**樓緩對曰：**《策》無「對」字。**「王亦聞夫公父文伯母乎，**舊本俱無「王」字，盧氏《拾補》據《國策》補。案：《史記》亦有「王」字，此字不可省，今從盧校增。又「父」字兩書作「甫」，字通，下同。公父文伯，魯大夫，名歜。公父氏，季氏之别也，季悼子紇之子公父穆伯靖，靖生文伯歜，《定五年傳》爲陽虎所逐。沈欽韓曰：「《魯語》、《檀弓》皆有敬姜哭文伯事，則陽虎去而復於魯也。」《漢表》列六等。其母曰敬姜，季康子之從祖叔母，（梁氏《人表考》曰：「《列女傳》謂莒女，號戴己。妄甚，蓋誤以孟文伯穀之母，爲公父氏之婦也。」）《表》列四等。梁玉繩曰：「叔句母列第二，介推母列第三，敬姜不在二母下，何以居第四，張晏已譏之矣。」（《人表考》四。）案：梁説是。**公父文伯仕於魯，**「仕」，《策》作「宦」，誼同。**病死，女子爲自殺於房中者二人，**「女子」，《策》作「婦人」，「爲」下有「之」字，「人」作「八」。盧文弨曰：「人，《策》作八，下作爲死者十六人。」黃丕烈校記下引吳氏補曰：「《史》及

《新序》並作二人，是上文八字，乃人字之譌。丕烈案：吴説非也，《史記》、《新序》二人，皆二八之譌。」梁玉繩曰：「《策》作二八，又云十六人，則此兩言二人，皆八字之誤。然考《檀弓》、《家語》，止言内人行哭失聲，無自殺之事，則辯士之言，或過，不足信耳。」案：《策》作二八，雖與下文十六人之數合，然一人死，而輕生者若是之衆，爲情理所必無。《史》兩處皆作二人，事較可信，本書從之，於理爲長。疑《策》此處誤人爲八，後人遂以意改下之二爲十六耳。《韓詩外傳》一云：「死之日，宫女縗絰而從者十人。」與《檀弓》情事脗合。《魯語》記文伯之死，敬姜恐其以好内聞，不言婦女自殺之數。或因好内女死之言，偶述古語，傳聞異辭，加大其詞也。金氏《戰國策補釋》云：「《孔叢子·記義》、《新序·善謀》並作二人，此文八字蓋誤，下云十六人，亦沿此而譌。黄氏謂《史記》當作二八，恐非。」案：金氏説是也。其母聞之，不肯哭也。《史》作「弗哭也」。此從《策》文。其相室曰：《策》無「其」字。《史記正義》曰：「謂傅姆之類也。」案：相室當是家宰之屬，《正義》説非。《左傳·昭二十五年》：「公鳥死，季公亥與公思展與公鳥之臣申夜姑，相其室。」豈傅姆之類乎。（杜彼注云：公亥，即公若也。展，季氏族。相，治也。）焉有子死而不哭者乎？「不」，《史》作「弗」。其母曰：孔子，賢人也，逐於魯，而是人不隨也。《策》無「而」字「也」字。俞氏正燮《癸巳類藁》云：「定五年，陽虎囚文伯，又逐之，奔齊。哀公三年，始復見於魯。方逐文伯時，孔子在魯。定十三年，孔子去魯，或文伯已返國。文伯世臣，非被逐，不得棄宗廟，從孔子外游。敬姜言孔子賢者，文伯逐而是賢不隨，則文伯素於賢薄，所謂逐於魯者，正指文伯，所謂是人者，正指孔子賢人也。《孔叢子·記義篇》采之，誤謂文伯不隨孔子，又益之云：夫子聞之曰：季氏之婦尚賢。子路愀然對曰：夫子亦好人之譽己乎，夫子死而不哭，是不慈也，何善爾。子曰：怒其子之不能隨賢，所以爲尚賢者，吾何有焉，其亦善此而已矣。烏呼，王肅之悖也。孔子未嘗逐於魯，且世臣隨賢而逸，則是不孝，非儒者之宜言也。故論敬姜事者，《國語》之外，俱無取焉。」案：《國語·魯語》云：「公父文伯卒，其母戒其妾曰：吾聞之，好内女死之，好外士死之，今吾子夭死，吾惡其好内聞也。二三婦之辱共先祀者，請無瘠色，無洵涕，無掐膺，無憂容，有降服，無加服，法禮而静，是昭吾子也。仲尼聞之曰：女知莫若婦，男知莫若夫，公父氏之婦知也夫。（夫字，音扶，韋讀爲丈夫之夫，謬矣。）欲明其子之令德。」《禮記·檀弓》云：「文伯之喪，敬姜據其床而不哭，曰：昔者吾有斯子也，吾以爲將爲賢人也，吾未嘗以就公室。今及其死也，朋友諸臣，未有出涕者，而内人皆行哭失聲，斯子也，必多曠於禮矣夫。」（俞正燮曰：《檀弓》漢時淺儒所作，言近誣矣。敬姜，婦人也，安得以文伯就公室。鄭注云：宗卿婦有會見之禮。案《魯語》：文伯母如季氏，曰：外朝，子將業君之官職，内朝，子將庀季氏之政，皆非吾所敢言也。況公室，君卿大夫之所在，而欲就之，豈非野言邪。案敬姜言未嘗以就，不曰欲就，且不必敬姜親以之也，俞説非。）兩書均無見逐不隨之説，《趙策》始爲是言，而《史記·虞卿傳》、《新序·善謀篇》承之，其事之虚實不可知。而被逐指孔子，不隨指文伯，則自來相承，皆如此説。俞氏謂孔子未嘗逐於魯，然《史記·鄒陽傳》已有魯聽季孫逐孔子之語，本書三卷亦載之。《莊子·盜跖篇》言孔子再逐於魯，是自古有此説矣。是人二字，斥之之詞，與《檀弓》斯子相類，若以稱孔子，殊爲不倫。《韓詩外傳》一云：「魯公甫文伯死，其母不哭也。季孫聞之曰：公甫文伯之母，貞女也，子死不哭，必有方矣。使人問焉，對曰：昔是子也，吾使之事仲尼，仲尼去魯，送之不出魯郊，贈之不與家珍，病不見士之視者，死不見士之流淚者。死之日，宫女縗絰而從者十人，此不足於士，而有餘於婦人，吾是以不哭也。詩曰：乃如之人兮，德音無良。」夫曰仲尼去魯，送之不出魯郊，則非謂文伯被逐明矣。曰贈之不以家珍，文伯家富，故有家珍。曰不足於士，明謂不隨之事。俞氏偶忘《外傳》之文，欲歸罪王肅，遂不惜盡掃前人之說，顛倒解釋，以申己見。不知王肅心術雖褊，記問盡（俗作儘。）博，字字俱有據依，未可深文周内以鍛鍊之也。被逐云者，乃文家抑揚之詞，被逐即不見用，逐非真逐，使之不得不行，無異於逐。三卷《鄒陽章》注已畧論之，不必深泥。（或當時實有讒害夫子之事，亦不可知，均見三卷注。）文伯事夫子，當在穆伯生時，未繼職之前。不隨，即謂送之不出魯郊，非謂棄其職守，從夫子周流也，則棄宗廟之説非也。鮑注《國策》云：「稱是人，不子之也。」亦以是人爲指文伯，其說是。今死，而婦人爲自殺者二人，「爲」下《史》有「之」字。《策》作「而婦人爲死者十六人」。若是者，必其於長者薄，而於婦人厚也。此述敬姜語，與《國語》、《檀弓》、《家語》、《外傳》不同。《策》無「必」字「也」字。俞正燮《癸巳類藁》曰：「古所謂長者，今所謂大老。《後漢書·趙孝傳》：父爲田禾將軍，孝歸，亭長聞有長者客。注云：孝名高，故以爲長者客。其說非也。《史記·陳平傳》門外多有長者車轍，又軍將曰：反使監護軍長者，《漢書·張敞傳》長安偷盜酋長數人，居皆溫厚，出從童騎，閭里以爲長者，又漢明帝爲太子時，與山陽王荆請鄭衆，衆拒之，梁松曰：長者意不可逆，《馬援傳》但畏長者家兒，《鄭泰傳》張邈東平長者，坐不窺堂，《續漢·五行志》延熹中，京都長者皆著木屐，建寧中，京都長者皆以葦方笥爲莊具。所謂長者，皆言富貴有氣力。漢高帝謂其嫂頡羹侯母不長者，亦謂其非大方，非富貴氣象。《藝文類聚》六十七引魏文帝詔云：三世長者知被服，五世長者知飲食。謂世富貴，乃承漢人舊語。（中引佛書一段畧去。）其兼言德行又高，乃別一誼。蓋長者有三誼：父兄，一也；富貴人，二也；德行高，三也。三誼注書者不可相牽涉。」以上俞說，尚詳明，今引申之。其以德言者，如《漢書·高帝紀》「獨沛公寬厚長者」，《史記·項羽紀》「吾知公長者」，《張耳傳》「吾王長者，不倍德」，《張釋之傳》「文帝曰長者也」之類是也。以尊屬言者，（包父兄一誼。）如《魏其武安侯傳》「今日長者爲壽」，（灌夫於灌賢，屬從父行。）《孟子》「徐行後長者」之類是也。以富貴言者，如本書十卷《趙地亂章》「賤人希見長者」，《琱玉集·感應篇》引《同賢記》「娘子生於長者，處在深宫」，及俞氏所舉諸文是也。（此類漢魏人稱舉最多，李慈銘《荀學齋日記》巳集下，以此爲漢魏間古誼。）此外尚有年高者一誼，俞氏未及。如《孟子》「爲長者慮」；「舍館定，而後求見長者乎」；《史記·酈食其傳》「必聚徒，合義兵，誅無道秦，不宜倨見長者」（此時酈生年六十餘，見本傳。）之類是也。此所稱長者，當以道德言，以當孔子，即可知矣。故從母言，句末《策》有「之」字。是爲賢母，《策》「是」作「之」，句末有「也」字。金氏《補釋》云：「鮑本省一之字。案《詩·蓼莪》欲報之德，箋：之，猶是也。《史記》正作是爲賢母。」案：之字雖有是訓，然此《策》之字，當爲是之爛餘，鮑本妄删，亦非。從妻言，兩書句末有「之」字。是必不免爲妬婦。《策》無「是」字。「婦」，《史》作「妻」。兩書句末並有「也」字。故其言一也，嘉靖本無「故」字，今從宋本。言者異，則人心變矣。變，亦異也。人心因所言之人，與所處之地不同，而異其觀察。今臣新從秦來，而言勿予，「予」，本作「與」，與《策》同。一作「予」，與《史》同。今同上一律作「予」，下並同。而，猶如也，二字古書通用甚多，詳《經傳釋詞》。緩實爲秦間，恐人疑而先自言之，辯士傾險之風，往往有此。則非計也；非謀之善者。言予之，恐王以臣爲秦也，爲，猶助也。《策》句首有「則」字，「爲」上有「之」字。「爲」下《史》疊一「爲」字。故不敢對。使臣得爲大王計，《策》無「大」字，句末有「之」字。不如予之。」「不」，宋本作「必」，今從衆本，與《策》、《史》俱合。此「予」字，姚本、鮑本《國策》均作「予」，與上文字異。王曰：「諾。」虞卿聞之，自「計未定」句起，至此止，《策》叙在首段，下接云：「入見王，王以樓緩之言告之，虞卿曰：此飾說也。秦既解邯鄲之圍，而趙王入朝，使趙郝約事於秦，割六縣而講。王曰：何謂也。」下接「虞卿曰：秦之攻趙也，倦而歸乎」云云一段，（文已見上。）文氣中斷。「此飾說也」以下，忽插叙事，尤爲不倫。既叙事矣，又插「王曰何謂也」句，突如其來，古今無此文法。鮑注云：「此飾說也句下，衍秦既解邯鄲至六縣而講二十四字。」吴師道補云：「秦既解邯鄲之圍以下二十四字，脱簡誤在此，《史》以爲章首者，此《策》實非邯鄲圍解後事也。」黄丕烈校記以二十四字標題，注云：「案《史記》以此篇列後秦趙戰長平趙不勝篇之下，首有此二十四字，此下至其勢必無趙矣，樓緩盡爲趙郝，列於前，下接趙計未定，至此飾說也，下接王必無與，至末。《新序》亦如此。考此乃《策》文先後，本不與《史記》同，或就此間標《史記》文，而誤入正文，遂致與趙計未定上文複出。吴氏以爲脱簡者非是，當删此二十四字，其餘次序，仍《策》文之舊。」案：黄說極是。《策》文二十四字，乃後人以《策》、《史》叙次迥殊，録《史》文於旁，以記異同，而傳刊時誤衍入，非他處脱簡也。此二十四字，毋論置篇中何處，均格格不入，删此二十四字，則前後文氣聯貫無礙矣。蓋《策》文始終不見趙郝名，而此二十四字中，忽爾一見，既見矣，後文又不及其一字，一可疑也。《史》文城縣錯出，（案：當一律作縣爲是。）《策》則終篇言城不言縣，獨此二十四字中一見縣字，明是傳録《史》文，二可疑也。《策》趙郝名下有注云音釋作赦，高誘時尚無直音，此明是録《史》文，而並襲《史記正義》之說，不去葛襲，三可疑也。平心而論，《史記》叙此事，忽言趙郝，忽言樓緩，不如《國策》。但以緩、郝二人争論，爲得其實。蓋《策》之優於《史》有四端，凡緩、郝二子所陳，皆反復辯詰，極言利害，以冀得讐其說。而《史》於虞卿初聞緩言，但曰此飾說也，王慎勿予，初未言其何以飾說，何以不可予之故，此八字乃空言耳。下接樓緩聞之往見王，王又以虞卿之言告樓緩，僅此八字，有何言之可告乎。《策》則二人辯論，皆有一大段，分插亭勺，下接以告字，始有根蒂。而此飾説也之下，删去衍文之二十四字，即接王曰何謂也，問飾説之故，釭内(俗作枘。)胳合，其勝《史》者一也。王問飾説之後，虞卿對王復有故曰此飾説也，王必不與二句，以與上應。《史》删去故曰字，止有前筆，無應筆，其勝《史》者二也。《史》言秦解邯鄲圍，而趙王入朝，使趙郝約事於秦，無論時勢不合，即如其説，郝爲趙使，則郝固趙臣也，身爲趙臣，焉敢對其君揚秦抑趙至此。細繹篇中，如臣爲足下解負親之攻，王之事秦必不如韓魏等語，均非對本國君語氣。此實《史》文一大漏縫，而從來讀者都不疑及，可怪也。惟緩新從秦來，在趙如客，則宜有此言論，此其勝《史》者三也。《史》叙此事在邯鄲圍解後，蓋既加入趙郝，不得不如此。殊不知此非邯鄲圍後事，鮑彪謂邯鄲解圍，趙實賴魏力，非秦之德，何事朝秦而賂以六城，不如《策》以長平敗懼而賂之，其説是也。夫秦無德於趙，緩新從秦來，即勸趙以和秦，尚難保其必聽，況無端而説以割地，寧復情理所有。惟長平敗後，趙國之壯男，多喪鋒鏑，祇餘老弱，不任再戰，緩以秦戰勝之威，挾方張之勢臨之，故可脅以必從，而其言易入，其勝《史》者四也。總四端以決之，《史》文之誤，無待蓍蔡。惟虞卿棄相事，在長平之前，意者其後復出仕趙，而《史》失書之。或疑魏齊死後，卿窮愁著書以終，則此等辯論，從何而來。史公固無此説，後人誤會《史》文耳。説別詳後。曰：「此飾説也，」「曰」上《策》、《史》有「入見王」三字，與下文始接，疑本書奪之。無三字，則似是虞卿自言，王何由得聞之，以告樓緩邪。王慎勿予。」《史》「慎」作「昚」。《集解》徐廣曰：「昚音慎。」《策》「慎」作「必」。案：昚古慎字，音慎者，以今字易古字，又以音讀代改字也。此言王慎勿予，則明是對趙王言，益見上文「入見王」三字不可省。此八字上，《策》有「故曰」二字，直接「必無趙矣」句，下有「王曰諾」三字，然後再接「樓緩聞之，入見於王」云云。樓緩聞之，往見王，《策》作「入見於王」。王又以虞卿之言告樓緩。止八字有何可告，且上文脱「入見王」三字，則此句亦無根。《策》作「王又以虞卿之言告之」。樓緩對曰：《策》無「對」字。「不然，虞卿得其一，不得其二。《策》作「虞卿得其一，未知其二也」。金氏《補釋》曰：「《吕氏·先己篇》故心得而聽得也，高注：得，猶知也。」案：金氏説是。文上言得，下言知，是知即得也，互文耳。夫秦、趙構難，難，兵革之難。搆，猶造也。兩書作「搆」，字通。而天下皆説，何也？曰：吾且因彊而乘弱矣。言此以絶其求救於諸侯之心也。且，猶將也。因，託也。《策》「吾」作「我」，句末無「矣」字。言他國將因彊秦之威，以乘弱趙之弊也。鮑注：「乘，猶陵。」案《國語·周語》「乘人不義」，注：「乘，陵也。」《吕氏·貴直篇》「一鼓而士畢乘之」，注：「乘，陵也。」《小爾雅·廣言》：「乘，陵也」。《晉語》「駕而乘材」，韋昭解：「乘，轢也。」凌轢亦與陵誼同，字本作夌。陵，大阜也。凌，滕之或字，滕，仌出也，各有本誼。經傳多叚凌陵作夌字，凌陵行而夌廢矣。今趙兵困於秦，困，疲弊也。此明謂長平敗後事。天下之賀戰勝者，《策》無「勝」字，鮑本補入，是。必盡在於秦矣，兩書句首有「則」字，鮑本《國策》同，但無「盡」字，當是偶脱。故不如亟割地爲和，「如」，《策》作「若」。「爲」，《策》作「取」。誼並同。亟之言急也。以疑天下，而慰秦之心。慰，平也。《漢書·車千秋傳》集注：「尉安之字，本無心也。」是古止作尉。《後漢·光武紀》注：「尉，平也，故稱廷尉。」《説文·心部》：「慰，安也。」此别一誼。天下見秦許趙之和，將畏秦而不敢伐趙，秦見趙割地之誠，則心亦平矣。《策》無「而」字「之」字，此從《史》。不然，天下將因秦之怒，「怒」上《史》多一「彊」字。案：此與下句「乘趙之弊」爲對，不當有彊字，《策》及本書無之，疑是衍文，或當在上句「慰秦之心」秦字上。王念孫《讀史記雜志》曰：「此怒字，非喜怒。《廣雅》曰：怒，健也，健亦彊也。《後漢書·第五倫傳》鮮車怒馬，李賢注：怒馬，謂馬之肥壯，其氣憤盈也。誼與此怒字同。彊怒連文，又與下句弊字對文，（原注：《趙策》以因秦之怒，乘趙之弊對文，亦非喜怒之怒。）是怒卽彊也。上文曰「吾且因彊而乘弱，是其證。」光瑛案：王氏釋怒爲彊，可備一誼，然未必定確。《左氏昭十三年傳》：「若奉晉之衆，用諸侯之師，因邾莒杞鄫之怒，以討魯罪。」杜注：「四國魯數以小事相忿。」是杜明以忿字釋怒字矣。此文因秦之怒，正用《左氏》句法。秦可言彊，邾莒杞鄫不可言彊也。依本誼解自順，不必膠連上文說。總由不知彊字爲衍，又見古書多以武怒連言，（如《左傳》奮其武怒之類。）故穿鑿傅會，成此曲證，今不取。秦怒，則趙多難，故因之。**乘趙之弊，**《策》作「敝」。**而瓜分之，**《史》無「而」字。此同《策》文。鮑注：「四分其地，如破瓜然」是也。**趙且亡，**「且」，各本作「見」，形近之譌。二書俱作「且」，可證，今據改。且，將也，言將瀕於亡。**何秦之圖乎？**《策》句末無「乎」字。圖，謀也，言自救不暇，安有餘力以謀秦乎。**故曰：虞卿得其一，不得其二。**《策》無此十一字。**願王以此決之，**《策》句首無「願」字，「決」作「斷」，誼同。謂王當內斷於心，決信此說。**勿復計也。」**不必再多計議，徒攪心曲也。緩恐虞卿復言之，以動王心，故勸王絕之。光瑛曰：君主獨裁之世，人主以天下爲一姓一人之私産，而他人勿與焉。私之故恐失之，一旦彊寇壓境，勢不可敵，則割地忍辱以蘄和，雖有忠臣碩士，進謀國之嘉猷，紓患之奇策，悉屏不用。其意謂國家興亡，予一人之事，於臣何與，成則以國爲孤注，敗則瞠耳。一二宵人，窺知其隱，故每以和之説中之，又虛張敵勢以脅之。其進言，若皆爲保存其天下國家而發，使人主聽之，覺忠臣碩士，瘏口千言，不若彼人之咻噢相關，患難相共也。則將盡棄盈廷之説以從之，此李綱所以搞於汪、黃，韓、岳所以屈於繆醜也。樓緩之告趙王曰：趙且亡，何秦之圖，願王以此決之，勿復計也。亦謂王亡社稷，於虞卿胡與，曷爲與不共利害之人圖議，而因循召亡哉。卿聞其言而直破之曰：危哉樓子之爲秦。謂其心懷詭詐，似爲趙，而實則爲秦也。此情揭，而趙王始疑。又言以六城收天下，而取償於秦，使王憬然知從卿言，不惟不亡，更可轉弱爲彊，與秦易道，然後斷從卿謀，使聘於齊，而緩乃不得不逃矣。南宋之世，惜無虞卿其人，使終即偏安，而岳侯且由此致禍，傷哉。虞卿聞之，往見王，《策》作「又入見王」。曰：「危哉，樓子之所以爲秦者。《策》無「所以」二字，「哉」作「矣」，「者」作「也」。（者，猶也也，見《經傳釋詞》。）下有「夫趙兵困於秦，又割地爲和」二句。金氏《補釋》云：「爲，猶比也。《漢書・董賢傳》阿爲宣吳，即其誼。危，當讀爲詭。」案：爲，猶助也。《國策・魏策》「臣請問文之爲魏」，高注：「爲，助也。」是其證。但比亦有助誼。危讀詭，金説是。詭從危聲，古通用。是愈疑天下，愈，益也，天下見趙之求和於秦，則愈不肯救趙。即上章「楚魏以趙爲構，必不救王」之説。解詳前注。而何慰秦之心哉，秦有虎狼之心，無厭足之時故也。此即前章「秦知天下不救王，則構不可得」之説。《策》無「之」字。獨不言示天下弱乎？《策》作「是不亦大示天下弱乎」。大，與太同。本書同《史》，但《史》「言」下有「其」字。其，猶甚也。《荀卿書》作「綦」，亦與太誼同。且臣言勿予，二書句末有「者」字。非固勿予而已也，固，固持也。《晉語》「亦固太子以攜之」，韋注：「固，固持也。」即此誼。已，止也，言非但固持勿予而止，尚有妙用。此二「予」字《策》、《史》同。秦索六城於王，索，求也。而王以六城賂齊，《策》無「而」字，「六」字作「五」，下同。説見前。齊，秦之深讎也，得王之六城，《策》無「之」字，「六」作「五」。并力而西擊秦，與趙并力也。《策》姚本句末有「也」字，注云：「劉本去也字。」案：無也字者是，《史》及本書可證。《史》無「而」字。齊之聽王，聽，從也。不待辭之畢也。趙請助之辭未畢，而齊已出師，諭其速也。則是王失之於齊，失六城以賂齊也。而取償於秦也，二句《策》作「是王失於齊，而取償於秦」。姚本注云：「孫本抹去此十字。」而齊、趙之讎，可以報矣，《史》「之」下有「深」字。自「而齊趙之讎」下，至「則是」止，《策》文所無，則下文「三國結親與秦易道」等句無著，疑《策》文有脱簡，當據《史》補之。而示天下有爲也。「有」下《史》有「能」字。王以此爲發聲，《史》無「爲」字。發聲，謂發出聲勢。《吕氏春秋·懷寵篇》：「先發聲出號曰，兵之來也，以救民之死。」即此發聲之誼。兵未窺於境，臣見秦之重賂，此下《史》有「至趙」二字。「之」疑「出」之譌，篆文之字，與出形近，疑《史》亦誤「之」，後人加「至趙」二字，以圓其句。本書無二字，則中壘所見本未譌也。今本書亦作「之」，又無末二字，則句法不隱，可疑。而反構於王也，反求和於趙王。從秦爲構，秦内賂求和，則許之。韓、魏聞之，必盡重王，能服秦，故爲天下重。韓魏與趙接壤，利害尤切，故必倚趙以爲重也。重王，（句。）必出重寶，以先於王。謂先來結好也。則是王一舉結三國之親，而與秦易道也。」「結」上《史》有「而」字。《策》以「一舉」處接上「而取償於秦」句，漏叙中間數句，至「則是」字止，説見前。金氏《補釋》云：「鮑注：韓魏本趙與國，與齊爲三。案三國謂趙與齊秦，趙得齊，則可不割而媾於秦，故云一舉接三國之親。此即後章秦疑天下合從，媾乃可爲之意。秦知趙無外援，則媾不可成，今以結齊得媾於秦，是爲易道與秦也。此《策》不涉韓魏，鮑説支離。」案：《策》下言與秦易道，則似秦在三國之外。據鮑注，疑鮑所據《國策》，未漏中間數句，與《史記》同，故以韓魏數在三國内。金氏未考《史記》及本書，輕於駁詰，非是。其釋與秦易道，爲易道以與秦，讀與爲交與之與，説更迂曲。《史記正義》云：「前取秦攻，今得賂，是易道也。」其説得之。蓋昔則賂秦，今則爲秦賂；昔則構於秦，今則許秦構；昔則秦爲主，今則我爲政。故曰易道，文誼本明，不煩曲解。趙王曰：「善。」知不賂秦不惟不亡，更可制勝，故善之。即發虞卿，東見齊王，齊王建也，襄王之子，立四十四年，爲秦所滅，處於共之松柏間，餓死。《淮南子・泰族訓》：「齊王建有三過人之巧，而身虜於秦者，不知賢也。」注：「力能引強，走先馳馬，超能越高。」《漢表》列九等下下。齊在趙東，故曰東見齊王。「即」，《策》作「因」。金氏《補釋》云：「案《列子・湯問篇》乃厚賂發之，注：發，遣也。《呂氏・具備篇》遂發所愛，注：發，遣也。」案此發與上章發鄭朱之發同，金説是。與之謀秦。此下《策》、《史》俱有「虞卿未返，秦使者已在趙矣，樓緩聞之，逃去，趙於是封虞卿以一城」等句，本書無之，疑是脱漏。無此數句，則叙事未終，下文秦之震懼、趨風馳指請備等句，亦無所承。但各本俱如此，不敢臆加。緩之逃，當在虞卿出使之先。緩顯是秦諜，秦使至趙，或即得緩之報告來也。行文取叙次便利，故倒叙在後，非秦使至而緩乃來也。虞卿之謀行，而趙霸，此存亡之樞機，樞機之發，間不及旋踵，《易・繫辭》曰：「言行君子之樞機，樞機之發，榮辱之主也。」此言存亡之判，祇在反掌之間。旋踵有二誼，説見四卷首章注，此則論其速也。是故虞卿一言，而秦之震懼，趨風馳指而請備。趨趙下風，而奔赴趙王之指也。備，音服，古音無輕脣，讀服如備。《易・繫辭》「服牛乘馬」，《説文》引作「犕牛乘馬」。《左傳》「王使伯服游孫伯如鄭請滑」，《史記・鄭世家》作伯犕。《後漢書・皇甫嵩傳》「義真犕未」，注：「犕，古服字。」説見錢大昕《養新録》五卷。此備字亦讀爲服。故善謀之臣，其於國豈不重哉。《孟子》曰：「虞不用百里奚而亡，秦穆公用之而霸。」不用賢則亡，賢者謀人國，關繫存亡如此。微虞卿，趙以亡矣。微，無也。以與已同，古通用，屢見前注。《論語》曰：「微管仲，吾其被髮左衽矣。」自「虞卿之謀」以下，皆中壘之詞。梁玉繩《史記志疑》云：「古史曰：太史公記虞卿與趙謀事，皆秦破長平後，而卿爲魏齊棄相印走梁，則前此矣。意者魏齊死，卿自梁還相趙，而太史公失不言耳。《經史問答》曰：「案《范雎傳》，則魏齊之亡，在秦昭王四十二年，其時虞卿已相趙，棄印與俱亡，而困於大梁。《虞卿傳》謂其自此不得意，乃著書以消窮愁，是棄印之後，虞卿遂不復出也。乃長平之役，在昭王四十七年，史公所謂虞卿料事揣情，爲趙畫策者，反在棄印五年之後，則虞卿嘗再相趙，何嘗窮愁以老。而史公序長平之策於前，敘大梁之困於後，顛倒其事，竟忘年數之參錯，豈非一怪事也。」梁氏又曰：「虞卿嘗再相趙，則其著書非窮愁之故，《史》誤言之也。（案：此說可怪，卿即再相，何礙其窮愁著書。若然，西伯他日受命稱王，三分天下有其二，將亦謂其演《周易》時，非窮愁也邪。）《史通·雜說篇》譏《太史公自序》，稱不韋遷蜀，世傳《呂覽》，以爲思之未審。何不云虞卿窮愁，著書八篇，劉氏亦未審思耳。」案：《史》言魏齊已死，卿不得意，乃著書，未嘗言著書之後不復出。其説本無違誤。又云虞卿非窮愁，不能著書，亦不過借以自況。劉氏之説，亦初無不審思之處。全氏譏《史》敘大梁之困於長平之後，不知此係篇末追敘前事，以起著書之故，非謂棄印在長平後也。史公此傳，全采《國策》文，其困大梁事，既見《范雎傳》，則此不復及。但漏敘棄相復相事於前，稍有遺憾耳。謂棄印之後，虞卿著書終老不復出者，此後儒誤會《史記》之言，史公原文具在，可以復按。即如《史記自序》云：「西伯拘羑里，演《周易》；孫子髕脚，論兵法。」豈亦謂西伯、孫子著書終老邪。《通鑑》於長平後，屢見虞卿之名，蓋亦不以窮愁終老之説爲然。但敘魏齊死在長平及卿，緩爭論後，則非。

12魏請爲從，《史記·虞卿傳》接上「封虞卿以一城」句下，云：「居頃之，而魏請爲從。」本書節引其文。《趙策》作「魏使人因平原君請從於趙」，與此異也。趙孝成王召虞卿謀，過平原君。平原君趙勝，惠文王之弟。《一統志》云：「葬直隸廣平府肥鄉縣東南七里。」《漢表》列四等。案：四公子惟平原在第四，無忌之賢，且與孟嘗、春申同列五等，豈非以不出魏齊對秦王之語，足以起懦廉貪，使人增友朋之重邪。然信陵究不可與二子並論，當同列四等，孟堅但以其難見魏齊，受譏侯嬴黜之。唐人詩曰：「買絲繡作平原君，未知肝胆向誰是。」孟堅蓋先有此感矣。《策》承上句作「三言之，趙王不聽，出遇虞卿」，是平原君遇卿，非卿過平原也。此用《史》文，兩書不同。平原君曰：「願卿之論從也。」論，言也。《策》作「爲人必語從」。爲，猶如也，詳王氏《釋詞》。鮑注云：「爲，爲我。」非是。虞卿入見。《策》無「見」字。王曰：「魏請爲從。《策》作「今者平原君爲魏請從，寡人不聽，其如子何如」。《史》省其文，此同《史》。對曰：「魏過。」《策》作「虞卿曰，魏過矣」。過，猶誤也。王曰：「寡人固未之許。」《策》作「王曰，然，故寡人不聽」。對曰：「王過。」《策》作「虞卿曰，王亦過矣」。王曰：「魏請從，《策》無此至「不可邪」數句，但作「何也」。卿曰魏過，寡人未之許，又曰寡人過。然則從終不可邪？」「邪」，《史》作「乎」。王意不欲許從，故但問此。對曰：《策》無「對」字。「臣聞小國之與大國從事也，從事，相從作事也。《策》作「凡強弱之舉事」。有利，大國受福，有敗，小國受禍。《史》「大小」上俱有「則」字，兩「受」字下俱有「其」字。《策》作「強受其利，弱受其害」。今魏以小請其禍，而王以大辭其福，「小大」下《史》俱有「國」字。「辭」當作「辤」，此辤受本字。魏小趙大，魏請從，無異請禍，而王辤從，不啻辤福也。《策》作「今魏求從，而王不聽，是魏求害而王辤利也」。臣故曰王過，魏亦過，《策》作「臣故曰，魏過，王亦過矣」。此從《史》文。《策》叙事至此句止。鮑本無「矣」字。竊以爲從便。」便，利也。王曰：「善。」乃合魏爲從，《史》叙事止此。使虞卿久用於趙，以下中壘之詞。趙必霸。霸，當作伯。會虞卿以魏齊之事，弃捐相印而歸，魏齊，魏之諸公子，爲魏相。嘗笞辱范雎，雎相秦，秦王爲購齊頭，齊奔趙，匿平原君所。趙王畏秦，發兵圍平原君第，齊亡，見虞卿，虞卿棄官與逃，往見信陵君。見《史記·范睢傳》。《漢表》無魏齊名，蓋偶遺之。各本作「棄侯捐相而歸」，與宋本不同，今從宋本。不用，趙旋亡。此亦誤讀《史記》，謂虞卿爲魏齊棄官後，遂不復出也。《史記》於《虞卿傳》末，追叙前事，歸結著書，以自比況，故觀者易誤會，以爲在長平之後也。

《策》文所叙詞句，與《史》多不同，而各具其勝，合讀之，可悟文章變化之法。

新序校釋卷第十

善謀下

此卷專記漢事，取則不遠，尤深切箸明。宋本前卷標題無「上」字，此卷有「下」字，衆本每卷標明上下，今以宋本爲主，故從之。上卷記春秋戰國時事，此卷記漢後事，此分篇之意也。

1 **沛公與項籍俱受令於楚懷王，**沛公，漢高皇帝劉邦，沛豐邑中陽里人。初起兵於沛，爲沛公，後封巴蜀，改稱漢王。還定三秦，滅項氏，遂有天下。《漢書·高紀》注：「臣瓚曰：「高帝年四十二卽位，在位十二年，壽五十三。」沈欽韓曰：「《史》注引皇甫謐曰：「高祖以秦昭王五十一年生，至漢十二年，年六十三。」杭世駿曰：「高祖生年乙巳，終年丙午，當是六十二。」葬長陵，《三輔黃圖》曰：「長陵北去長安城三十五里。」項籍注見二卷。楚懷王卽義帝，名心，時在民間，爲人牧羊，項梁立以爲楚懷王。《史記集解》應劭曰：「以祖謚爲號者，順民望。」是也。沛，今江蘇徐州府沛縣東。豐，今江蘇徐州府豐縣治。**曰：「先入咸陽者王之。」**咸陽，秦都也。《國策》注：「今長安都渭橋西北咸陽城是也。」《漢書·地理志》：「右扶風渭城，故咸陽。」《括地志》：「咸陽故城，亦名渭城，在雍州北五里，今咸陽縣東十五里，（《通典》作東北，《元和郡縣志》作東二十二里）京城北四十五里，卽秦孝公徙都之者。今咸陽縣，古之杜郵，白起死處。」顧祖禹曰：「在今陝西西安府咸陽東三十里。」《漢書·高帝紀》：「懷王與諸將約，先入定關中者王之。當是時，秦兵彊，常乘勝逐北，諸將莫利先入關，獨項羽怨秦破項梁，奮勢，願與沛公西入關。懷王諸老將皆曰：項羽爲人，慓悍禍賊，嘗攻襄城，襄城無噍類，皆阬之，所過無不殘滅。且楚數進取，前陳王、項梁皆敗，不如更遣長者扶義而西，告諭秦父兄，秦父兄苦其主久矣，今誠得長者往，毋侵暴，宜可下。項羽不可遣，獨沛公素寬厚長者。卒不許羽，而遣沛公西收陳王、項梁散卒。」是懷王與諸將約之事也。時秦重兵在趙，沛公收陳項散卒以行，所餘者，未經訓練之卒耳。既與諸將約先入關者王之，而又禁羽不得入關，使沛公悉其衆以行，乃使羽北救趙，以烏合之衆，抗秦百戰之師，又使宋義居其上以抑之，羽能無怨乎。況入關由懷王自遣，則先入之王，已成虛言，此羽所以背約，悍然不顧，而逼成廢弑之舉也。**沛公將從武關入，**《戰國齊策》「即武關可入矣」，鮑注：「武關，秦南關，在析西弘農東。」案：《續漢書·郡國志》南陽析縣西有武關，應劭曰：「武關，秦南關，通南陽郡。」文穎曰：「武關山爲關，在析西百七十里。」《括地志》：「故關在商州商洛縣東九十里，在商州東一百八十里。」胡三省《通鑑》注：「武關，《左傳》之少習。」(《水經·丹水注》：少習，山名，在今商州東。武關在少習山下，故亦名少習。京相璠曰：武關，楚通上雒阸道也。)《春秋大事表》曰：「武關春秋時蓋嘗爲晉有，以其近陰地，穆公之世，秦伐鄀，與楚爭商密，商密近武關地。至《哀四年傳》云將通於少習，是楚已得武關矣。今由河南之南陽、湖廣之襄鄖入長安者，必道武關。(沛公欲從武關入，以此。)自武關至長安，四百九十里，多從山中行，至藍田，始出險就平，蓋自古爲險阸矣。」(卷八下。)胡渭曰：「關在今陝西商州東北一百八十里。」顧祖禹曰：「在商州東北八十里。」胡説是，顧説誤。**至南陽守戰，**盧文弨曰：「當作與戰，又當有破之二字。」案：「至南陽」下當奪「與南陽」三字，「戰」下奪「犨東破之」四字，或「破之」

二字。《漢志》荆州有南陽郡，劉熙曰：「在中國之南，而居陽地，故曰南陽。」張衡曰「陪京之南，居漢之陽。」是也。今河南南陽府治。**南陽守齮保宛城，**宋本此下有注云：「《史》作與南陽守齮戰犨東，破之，南陽守齮走保城守宛，共二十一字。」鐵華館本無上「齮」字，「宛」作「苑」，非。《史記·高帝本紀》索隱曰：「齮音蟻，許慎以爲側齧也。」錢大昭曰：「齮，《漢紀》作呂齮。」案：今《説文·齒部》：「齮，齧也。」無側字。段玉裁曰：「凡從奇之字多訓偏，如掎訓偏引，齮訓側齧。」下引《高紀》索隱云云，則有側字是，今本捝之。從奇之字訓偏，如倚有偏倚之誼，踦訓一足，引申之，凡物單曰踦。《方言》：「倚踦，奇也。自關而西，凡全物而體不具謂之倚，梁楚之間謂之踦，雍梁之西郊，凡獸支體不具者謂之踦。」《國策》必有踦重者矣，踦重，偏重也。奇本與偶爲對，故從奇之字訓偏也。」《漢志》南陽郡有宛縣，故申國。程恩澤曰：「《秦本紀》昭王十五年，白起攻楚，取宛。十六年，封公子市於宛。《韓世家》釐王五年，（原注：即秦昭王十六年。）秦拔我宛。是宛本分屬楚韓二國，而秦幷之者也。至昭王二十七年，使司馬錯攻楚，赦罪人，遷之南陽，於是宛兼南陽之名。三十五年，遂置南陽郡，治宛。《括地志》：城在宛大城南，（原注：見《水經注》。）其西南二面，皆故宛城也，今爲河南南陽府南陽縣。」案：宛爲南陽要地，春秋時屬楚，百里奚亡秦走宛，即此。文種爲令，范蠡縣三户人，見《會稽典録》。戰國時，楚頃襄王與秦會此。**堅守不下。**下，降也。**沛公引兵圍宛三匝，**匝當作帀，《説文·帀部》：「帀，周也，从反㞢而帀也。」周盛説：傳記相承多用匝。《史記·高祖紀》曰：「南陽守齮走保城，守宛，沛公引兵過而西。（《漢書·高紀》作宛西。）張良諫曰：沛公雖欲急入關，秦兵尚衆，距險，今不下宛，宛從後擊，彊秦在前，此危道也。於是沛公乃夜引兵從他道還，更旗幟，黎明，圍宛城三匝。」（《漢書》匝作帀，是。）《索隱》引《楚漢春秋》曰：「上南攻宛，匿旌旗，人銜枚，馬束舌，雞未鳴，已圍宛城三帀。」是其事也。《史記》「更」字，《漢書》作「偃」，與匿誼同。南陽守欲自殺，「殺」，《史》、《漢·高紀》俱作「剄」。其舍人陳恢止之曰：《史》、《漢》無「止之」二字。文穎曰：「舍人，主廐内小吏官名也。」蘇林曰：「藺相如爲宦者令舍人，韓信爲侯，亦有舍人。」師古曰：「舍人，親近左右之通稱也，後遂以爲私屬官號。」是恢乃南陽守之私屬官。「死未晚也。」語有歇後，亦有歇前，此歇前語也。猶曰輸誠而不受，死乃未晚也，故下接陳恢説沛公之詞。俞樾《古書疑義舉例》未載此例。於是恢乃踰城見沛公，城閉故踰。踰，越也。曰：「臣聞足下約先入咸陽者王之，今足下留兵盡日圍宛。謂不兼程進兵。《史》、《漢》作「今足下留守宛」。宛，大郡之都也。《莊二十八年左傳》：「凡邑有宗廟先君之主曰都，無曰邑。」《説文·邑部》云：「有先君之舊宗廟曰都。」閻氏若璩《四書釋地續》云：「都與邑雖有大小、君所在、民所聚、有宗廟及無之别，其實古多通稱，如商邑翼翼，作邑于豐，此都稱邑之明徵也；趙良曰君何不歸十五都，《孟子》王之爲都者，此邑稱都之明徵也。」《釋地又續》云：「向謂都邑可通稱，今不若直以曲沃證，莊二十八年，宗邑無主；閔元年，分之都城。更證以費，昭十三年云誰與居邑，定十二年云將墮三都，是非《爾雅》宫謂之室、室謂之宫一例乎。」案：閻説是也。都乃大邑通稱，與邑對文，則以宗廟先君之主有無爲别，散文則通。（惟小邑不得稱都。）大郡之都，謂大之尤大，比於都邑耳。《漢書》無此句。連城數十，《漢書》作「宛郡縣連城數十」。人民衆，蓄積多，「蓄積」，《史》作「積蓄」。《漢書》無此二句。其吏民自以爲降而死，《史》無「其」字，「民」作「人」。「而」，兩書皆作「必」。案：而猶則也，古書多互用，詳見《經傳釋詞》。則之言卽，與必字同誼。故皆堅守乘城。《索隱》李奇曰：「乘，守也。」韋昭曰：「乘，登也。」師古曰：「謂上城而守也。」《春秋左氏傳》曰：「授兵登陴。」案：《荀子·大畧篇》引《詩》

「亟其乘屋」，楊倞注：「乘屋，升屋，治其敝漏也。」是乘即爲升，升登同誼，（楊注本之毛傳。）皆音近相訓。韋說是。李訓爲守，上已有守字，於文爲複，且乘無守誼，非是。足下攻之，死傷者必多，《史》、《漢》作「今足下盡日止攻，士死傷者必多」。案：此即兵忌攻堅之意。死者未收，收，埋也。傷者未瘳，《說文·疒部》：「瘳，疾瘉也，从疒，翏聲。」又「瘉，病瘳也，从疒，俞聲。」二字互訓。言二者皆足爲遲留之因。足下曠日則事留，《廣雅·釋詁》：「曠，遠也，又久也。」（見《釋詁》一及三。）《家語·六本篇》王事注：「曠，隔也。」《韓非子·說難篇》：「夫曠日持久，而周澤既渥。」曠日字本此，言歷日曠久，則留落其事，頓積不能進行。本書《節士篇》「伯成子高曰：君行矣，無留吾事」，《莊子·天地篇》留作落。釋文：「落，猶廢也。」此留事之誼。一曰：曠，廢也，言日虛廢而事留滯。是讀則爲而，（與吉日兮辰良句法同。）亦一通也。《史》、《漢》二書無上三句，故下朱子文云：「《漢書》載恢詞，凡八稱足下也。」引兵而去，句絕。二書作「引兵去宛，宛必隨足下後」，（《漢書》無後字。）無下完繕二語，自當從宛字爲句。今此文多二句，不叠宛字，則宛當屬下爲句也。宛完繕弊甲，完，全；繕，治也。被圍，故言弊甲凋兵，措詞之體也。砥礪凋兵，砥，底之或體。礪當作厲，今通作砥礪，非也。（《說文》無礪字，新附收之，非是。）《說文·厂部》：「底，柔石也；重文砥，或从石。」「厲，旱石也，从厂，蠆省聲；重文㢞，或不省。」旱石剛於柔石，剛柔相摩，本爲磨石，因而磨之亦曰底厲。《詩·大雅·公劉篇》「取厲取鍛」，是也。《禮記·儒行》曰：「底厲廉隅。」以人之磨錬身心，取諭於石。《左傳》「摩厲以須」，「勝自厲劍」，皆其誼也。（《說文》無磨字，止作䃺，亦作礲，今承用磨。）凋者，《說文·仌部》云：「凋，半傷也，从仌，周聲。」段玉裁曰：「仌霜傷物之具，故從仌。」言凋，誼見上句。《史》、《漢》俱無此二句。本書此卷叙漢事，多與《史》、《漢》文異，蓋別有所本。中壘校書中秘，備見金匱石室之藏，又其時代去史遷甚近，所據之書，必有與史遷同者，特今不可見耳。或疑卽子駿《漢書》之文，（歆箸《漢書》，見《西京雜記》。）非是。歆卽有書，亦當在是書之後。而隨足下之後，《史》作「宛必隨足下後」，《漢書》同，但無「後」字。隨，從也，追也。謂不服宛而去，宛必引兵追躡其後，與秦夾擊。足下前則失咸陽之約，爲宛遲留，必失師期。後有彊宛之患，「彊」，各本作「强」，今從宋本。《史》「後」下有「又」字。《漢書》與此同。案：有又字是，二句爲對，不可參差。或作有字，淺人以爲複而删之歟。竊爲足下危之。二書無此句。爲足下計者，二書無「者」字。莫若約宛守降，二書無「宛守」二字。師古曰：「共爲要約，許其降也。」案：宛守以爲降且死，故不肯下，今恢欲沛公先約降以釋其疑，且使止守，得爲己用也。因使止守，句上二書多「封其守」一句。師古曰：「封其郡守爲侯，卽令守其郡。」案：因，仍也；止，留也。仍其故官，止留不遣，不奪其舊位也，小顏知封爲封侯者，下文以宛守爲殷侯，是封謂封侯。時將兵者，得專封拜之權也。此與蒯通説武信君封范陽令爲侯，乘朱輪華轂，驅馳燕趙之郊之策相似。當時每得一城，必大肆誅殺，雖降無得幸免，以致降者裹足。（如項羽坑秦卒十餘萬，亦其例也。）故蒯通告武信君云：「范陽令畏君以爲秦所置吏，誅殺如前十城也。」引其甲兵，各本「兵」作「卒」，與《史》、《漢》同，宋本作「兵」。疑作「卒」者，後人據二書改之，今從宋本。云引者，對上文止字言，止留其身以治郡事，又引其甲兵以從征伐，使郡無兵，不能復爲後患。與之西擊，諸城未下者，二書無「擊」字。諸城未下，聞聲先降，卽蒯通説武信燕趙城可無戰而降之説。聞聲爭開門而待足下，聞宛守降而受封，則皆將開門以納義師，無復頑抗也。足下通行無所累。」言更無牽累，可急入關，不失期約也。各本不疊「足下」二字，與《史》同，《漢書》疊之，是。古書重文多作二點，傳寫時往往漏落，今從《漢書》補「足下」字，文意乃醒。朱子文曰：「恢説沛公之言，不過百餘字，凡稱足下者八，（案本書若不疊足下，字數適同。）其七皆不可去，惟今足下留守宛，可以削之。宜曰：『臣聞足下約，先入咸陽者王，今留守宛。』方簡而勢順。」案：此亦學究之見，古人行文，不必定求簡約，惟其是而已。 沛公曰：「善。」乃以宛守爲殷侯，《史記索隱》韋昭曰：「在河内。」案：《水經注》：「沁水自州來東過懷縣北，逕沁陽城南，而東注，下入武德；朱溝水自州來，東逕懷縣城南，又逕殷城北。《述征記》云：懷縣有殷城。」考《漢志》河内郡有懷縣，殷城在懷，故韋云在河内也。《項羽紀》：「封司馬卬爲殷王，王河内，都朝歌。」即此殷地。懷，今河南懷慶府武涉縣治。 封陳恢千户。 李賡芸曰：「《漢紀》作千户侯。封恢千户，猶陳餘在南皮，而環三縣，不必侯也。《漢紀》侯字蓋衍。（原注：《高紀》十一年，封薛公千户，亦非侯。）」案：李説是，見所著《炳燭篇》。凡云封若干户者，有侯有不侯，當分别觀之。 引兵西，無不下者，遂先入咸陽，陳恢之謀也。恢之策，乃亂世收拾人心要著。

2漢王既用滕公、蕭何之言，各本連上不提行。盧文弨曰：「當别起。」案：宋本提行，今從之。《史記·項羽本紀》曰：「項王、范增，疑沛公之有天下，業已講解，又惡負約，恐諸侯叛之，乃陰謀曰：巴蜀道險，秦之遷人皆居蜀，乃曰巴蜀亦關中地也。故立沛公爲漢王，王巴蜀漢中，都南鄭，而三分關中，王秦降將，以距塞漢王。」滕公，沛人夏侯嬰也。《史記·嬰傳》曰：「嬰從擊秦軍雒陽東，以兵車趣戰疾，賜爵，轉封滕公。」《集解》：「徐廣曰：令也。駰案鄧展曰：今沛郡公丘。」《漢志》曰：「嬰爲滕令奉車，故號滕公。」《正義》曰：「滕即公丘故城是，在徐州滕縣西南十五里。」考《漢志》，沛郡有公丘縣，注：「故滕國，周懿王子錯叔繡所封，三十一世，爲齊所滅。」《左傳·隱七年》杜注：「滕國在沛國公丘縣東南。」是也。

《水經·泗水注》：「縣故城在滕西北，城周二十里，内有子城。」《一統志》：「故城今滕縣西南十四里。」《春秋輿圖》云：「滕國在今山東兖州府滕縣西南十四里。」蕭何，沛豐人，秦時爲沛主吏掾。高祖起事，何常爲丞，督事。沛公爲漢王，以何爲丞相也。《韓信傳》曰：「漢王之入蜀，信亡楚歸漢，未得知名，爲連敖，坐法當斬，其輩十三人皆已斬，次至信，信仰視，適見滕公曰：上不欲就天下乎，何爲斬壯士。滕公奇其言，壯其貌，釋不斬，與語，大説之，言於上，上拜以爲治粟都尉，未之奇也。信數與蕭何語，何奇之，至南鄭，諸將行，道亡者數十人。信度何已數言上，上不我用，即亡。何聞信亡，不及以聞，自追之。人有言上曰：丞相何亡。上大怒，如失左右手，居一二日，何來謁上，上且怒且喜，罵何曰：若亡，何也。何曰：臣不敢亡，追亡者耳。上曰：若所追者誰也。何曰：韓信。上復罵曰：諸將亡者已數十，公無所追，追信，詐也。何曰：諸將易得，至於信者，國士無雙，王必欲長王漢中，無所事信，必欲爭天下，非信無可與計事者，顧王策安決。王曰：吾亦欲東耳，安能鬱鬱久居此乎。何曰：王計必東，能用信，信即留，不能用信，信終亡耳。王曰：吾爲公以爲將。何曰：雖爲將，信不留。王曰：以爲大將。何曰：幸甚。於是王欲召信拜之，何曰：王素嫚無禮，今拜大將，如召小兒，此乃信所以去也，必欲拜之，擇日齋戒，設壇場，具禮，乃可。王許之，諸將皆喜，人人各自以爲得大將，至拜大將，乃信也，一軍皆驚。」（以上《漢書》文，與《史記·淮陰侯傳》異者，諸將亡者已數十，《史》作以十數。案：上文云諸將道亡者數十人，此當從《漢書》文爲是。以已古字通用，數十字誤倒置耳。）此上聽滕公、蕭何之言，拜韓信爲大將之事也。**擢拜韓信爲上將軍，**韓信，淮陰人，注見二卷。《方言》三：「擢，拔也。自關而西，或曰拔，或曰擢。」《廣雅·釋詁》三：「擢，拔也。」擢有拔韻，故《小爾雅·廣物》云：「拔根曰擢。」《蒼頡篇》：「擢，抽也。」抽拔皆有不次超遷之意，卷三《樂毅書》曰「擢之賓客之中」，是也。《項羽傳》：「王召宋義，與計事，而説之，因以爲上將軍。」又曰：「乃相與共立羽爲假上將軍。」又曰：「羽繇是始爲諸侯上將軍。」上將軍，一軍之最尊上者，蓋當時有此稱號，漢承用之。引信上坐。王問曰：「丞相數言將軍，丞相，蕭何也。言，謂稱道之。將軍何以教寡人計策？」信謝，因問王曰：「今東向爭權天下，謂漢軍東向所與爭天下權者，倒用字法。《説文·宀部》：「向，北出牖也，从宀，从口。」引申爲向背字。經傳多叚鄉爲之，《史記》、《漢書》皆作鄉字。豈非項王耶。」項籍自立爲西楚霸王，故稱項王。曰：「然。」《史》此下有「曰」字，《漢書》作「信曰」。「大王自斷勇仁彊，孰與項王？」「斷」，《史》、《漢》作「料」。宋本「斷」下有小字注云：「《史》作料。」案：斷，猶決也。一卷《楚王問宋玉章》曰：「豈能與之斷天地之高哉。」即此斷字之誼，彼文《文選》作料。（詳彼注中。）《潛夫論·勸將篇》「既無斷敵合變之奇」，《治要》引斷作料，二字誼近。「勇」下宋本注云：「《史》有悍字。」各本悍在仁字之下，宋本無之，故注云云，明校《史記》少一字也。《史》、《漢》悍字在仁上，今本誤，依文誼宜補悍字於仁前。盧文弨《羣書拾補》舉宋本前注，不及此注，何也。「彊」，各本作「強」，今從宋本，與《史》、《漢》同。師古曰：「與，如也。」與如同訓，詳三卷《鄒陽章》、上卷《黄歇章》及七卷《張胥鄙章》各注中。漢王默然良久，曰：「不如也。」「不」，《漢書》作「弗」。《史記·項羽紀》：「張良曰：料大王士卒，足以當項王乎。沛公默然曰：固不如也。」與此同。默然者，卒聞問語，審度己力，故不語良久，乃答之。信再拜賀曰：鐵華館本「再」作「爲」，下文項王之爲人「爲」作「再」，前後互譌。賀者，賀其自知所短，而又有克敵之方也。「唯信亦以爲大王不如也，「不」，《漢書》作「弗」。《史》「唯」作「惟」，字通。師古曰：「唯，應辭，音弋癸反。」劉奉世曰：「唯字當屬下句，讀如本字，此類甚多。」王念孫曰：「案：唯信亦以爲大王弗如也，當作一句讀，唯讀爲雖，言非獨大王以爲弗如，雖信亦以爲弗如也。雖字，古多借作唯，（原注：《禮記·少儀》雖有君賜，《雜記》雖三年之喪可也，注並曰：雖或作惟。《表記》唯天子受命於天，注：唯當爲雖。《荀子·性惡篇》然則唯禹不知仁義法正，不能仁義法正也，楊注：唯讀爲雖。《秦策》唯儀之所甚願爲臣者，亦無大大王，唯儀之所甚憎者，亦無先齊王，《史記·張儀傳》皆作雖。《史記·汲黯傳》唯天子亦不説也，《漢書》唯作雖。《大戴禮·虞戴德篇》君以聞之，唯某無以更也，《墨子·尚同篇》唯欲毋與我同，將不可得也，《荀子·大略篇》天下之人，唯各持意哉，然而有所共予也，《趙策》君唯釋虚僞疾，文信猶且知之也，《史記·范雎傳》唯雎亦得謁，《司馬相如傳》蜀長者多言通西南夷不爲用，唯大臣亦以爲然。唯並與雖同。）又借作惟。（原注：《淮南·精神篇》不識天下之以我備其物與，且惟無我，而物無不備者乎。惟與雖同。）《史記·淮陰侯傳》作惟信亦以爲大王不如也，則不得斷唯字爲句，而讀爲唯諾之唯矣。（光瑛案：《史》、《漢》異文師古每不比覈，而望文爲訓，如此類甚多，已於三卷《鄒陽章》畧言之矣。）又案《韓長孺傳》曰：士以此稱慕之，唯天子亦以爲國器。（原注：今本亦字誤在上句士字下，據顏注云：天子一人亦以爲國器，則亦字在下句明矣。《史記·汲黯傳》宏湯深心疾黯，唯天子亦不説也，語意正與此同，今改正。《史記·韓長孺傳》亦字亦在上句，則後人依誤本《漢書》改之耳。）唯讀爲雖，言不獨士稱慕之，雖天子亦以國器許之也。師古曰：言臣下皆敬重之，天子一人，亦以爲國器。云天子一人，則是訓唯爲獨，失其恉矣。又《金安上傳》曰：敞爲人正直，敢犯顔色，左右憚之，唯上亦難焉。唯，亦讀爲雖，言不獨左右憚之，雖上亦難之也。師古曰：臣下皆敬憚，唯有天子一人亦難之。又失之矣。又《揚雄傳》曰：唯其人之贍知哉，亦會其時之可爲也。唯亦讀爲雖，《文選·解嘲》正作雖。師古曰：非唯其人贍知，乃會時之可爲也。又失之矣。」案：唯惟與雖互通，古書習見，《墨子》尤多用之。又見《經傳釋詞》卷三，又卷八，俞樾《古書疑義舉例》、《湖樓筆談》，陳喬樅《禮記鄭讀考》，孫詒讓《墨子閒詁》各書。俞氏解《禮記·內則》：「夫婦之禮，惟及七十，同藏無間，故妾雖老，年未滿五十，必與五日之御。」讀唯爲雖，一言而經誼大明，訓詁之有功倫紀，扶植道德如此。惟俞氏並詆及鄭注，則非。近李慈銘《桃華聖解盦日記》庚集第二集，辯之甚詳，可參證。**然臣嘗事楚，**「楚」，《史記》作「之」，《漢書》作「項王」。《史記·淮陰侯傳》曰：「項梁渡淮，信杖劍從之，居戲下，無所知名。項梁敗，又屬項羽，羽以爲郎中，數以策干項羽，羽不用。漢王之入蜀，信亡楚歸漢。」是信嘗事楚之事也。**請言項王爲人。**《史》「爲」上有「之」字，「人」下有「也」字。《漢書》有「也」無「之」，鐵華館本「爲」誤「再」，說見上注。**項王喑噁叱咤，**「噁」，宋本、嘉靖本、鐵華館本同。盧文弨曰：「噁，別本作啞，《史》同。」案：今各本多作「啞」。（盧云《史》同，此同字不知指作啞，抑謂同宋本字作噁，若云作啞，則今《史記》各本字皆作噁也。）噁與惡同，又即嗚字，《漢書》作「意烏」，即噫嗚也。（凡嗚呼字當作烏嘑爲正。）烏惡，通用字，故烏乎亦作惡乎。亞惡亦通用，秦《詛楚文》之亞駝，即惡池。（《禮記·禮器》：「周人將有事於河，必先有事於惡池。《詛楚文》云告于不㬎大神亞駝也。」）《易·繫辭》「言天下之至賾而不可惡也」，荀爽本惡作亞。《史記》盧綰孫他之封惡谷侯，《漢書》作亞谷。周亞夫印作惡父。（葉石林記此事。）皆惡亞通用之證。此字當作烏爲正，嗚噁皆俗，啞通用字，（《韓子·難篇》啞是非君人者之言也，啞即惡字。《說文·口部》：「啞，笑也。」誼別。）參四卷《宋就章》注。今以宋本爲主，姑從之。又本書及《史記》喑字乃噫之省文，《索隱》云：「喑噁，懷怒氣。」（據此，知《索隱》本作喑噁字，與今本同。）晉灼曰：「意烏，恚怒聲。」師古是晉說。《後漢書·袁安傳》「未嘗不噫嗚流涕」，注：「噫嗚，嘆傷之貌也。」彼文噫嗚，即此之喑噁矣。《詩·噫嘻》傳：

「噫，嘆也。」《莊子·天道篇》「老聃曰意」，釋文司馬注：「意，不平聲。」意卽噫省借，《論語·子路篇》「子曰噫」，《集解》引鄭注：「噫，心不平之聲也。」則喑噁皆作嘆聲爲是。《索隱》音喑於鴆反，以本字讀之，失其誼矣。喑啞叱咤，皆形容項王聲勢，足以伏人。若依本字讀，則喑者，《說文》云：「宋齊謂小兒泣不止。」又喑之言瘖，啼極無聲，引申誼也。噁本作啞，啞，笑也。俗訓瘖啞，合言之，喑啞廢人也。己先廢，何能使千人廢哉。叱咤，《漢書》作猝嗟，李奇曰：「猝嗟，猶咄嗟也。言羽一咄嗟，千人皆失氣也。」晉灼曰：「猝嗟，形發動也。」師古曰：「猝嗟，暴卒嗟歎也。」《史記索隱》：「叱咤，發怒聲。」案：《索隱》以喑噁叱咤，分屬氣與聲；李奇又以千人皆廢，單承猝嗟，皆非是。（唐駱賓王《討武氏檄》：喑嗚則山岳崩頹，叱咤則風雲變色。則二者皆屬聲言，二句正形容皆廢之聲勢，雖文人之詞，不可爲典要，且亦非釋《史》文，要亦舊解相承如此，乃用之。）猝嗟叱咤，皆一音之轉，皆怒斥聲。《戰國·趙策》：「威王勃然怒曰：叱嗟，而母婢也。」（《史記·魯仲連傳》同。）叱嗟亦叱咤也。《說文》無咤嗟二字，當作䜺爲正。《漢書·王吉傳》之叱咤，亦當作叱䜺。或作咄䜺、咤嗟，並俗字。古無麻韻，從差之字讀爲疵，今人遇不以爲然之事，怒斥之，尚有此聲。此類連緜語，多從聲轉，不能依字定誼。師古以爲暴卒（卽猝字。）嗟歎，望文生訓。又失之矣。《史》、《漢》字異誼同，意噫喑，噁噁烏嗚啞，叱咄，猝卒，咤嗟䜺，皆實一字，亦皆雙聲字。千人皆廢，《史記集解》「晉灼曰：廢，不收也。」《索隱》「孟康曰：廢，伏也。張晏曰：廢，偃也。」案：孟、張說是，偃卽伏也。李奇曰：「言千人皆失氣。」失氣猶奪氣，言偃伏則奪氣可知矣。廢伏一聲之轉。《史記·項羽紀》曰：「於是已破秦軍，項羽召見諸侯將，入轅門，無不膝行而前，莫敢仰視。」此寫廢伏之狀，形容盡致。又曰：「項王令壯士出挑戰，漢有善騎射者樓煩，楚挑戰三合，樓煩輒射殺之。項王大怒，乃自披甲持戟挑戰，樓煩欲射之，項王瞋目叱之，樓煩目不敢視，手不敢發，遂還走入壁，不敢復出。」又曰：「項王大呼馳下，漢軍皆披靡，遂斬漢一將，是時赤泉侯爲騎將，追項王，項王瞋目而叱之，赤泉侯人馬俱驚，辟易數里。」此數段寫項王聲勢，可見千人皆廢，乃實有其事，非虛言也。諸事並是此文切實注脚。然不能任屬賢將，師古曰：「屬，委也。」案：屬謂專委屬之，無復疑忌。《項羽紀》曰：「掃境内而專屬於將軍。」是也。此匹夫之勇耳。《史》、《漢》「此」下有「特」字。「耳」，《漢書》作「也」。師古曰：「特，但也。」案：特但獨直徒適諸字，誼從聲起，聲轉故誼通。（直，讀如特，古音有舌頭，無舌上。）項王見人恭謹，「謹」，《史》作「敬」，下有「慈愛」二字。《漢書》本此文。言語呴呴，「呴呴」，《史》作「嘔嘔」。《索隱》：「嘔，音吁。《漢書》作姁姁。鄧展曰：姁姁，和好貌。」案：《説文》無姁嘔二字，當作昫，《日部》：「昫，日出温也。」或作煦，《火部》：「煦，烝也，一曰赤貌，一曰温潤也。」煦從昫聲，與昫誼畧同，故《樂記》煦嫗，《淮南·原道篇》作昫諭，《廣韻》、《玉篇》皆以昫煦爲一字。《司馬法》「旦明鼓五通爲發昫」，是昫者日初出之時。日初氣温和，諭人之顔色温和耳。（昫煦古通用。煦者，日初出時赤色。）呴嘔皆俗字，（俗又以嘔爲歐吐字。）姁假借字。（姁，《説文》云：嫗也。同聲假借。）一曰姁姁，謂項王對人言，刺刺若婦嫗之態，故下以婦人之仁目之。字當從《漢書》作「姁」，姁，嫗也，《史》作「嘔」，乃嫗之誤字，其説亦通，學者詳之。人疾病，二書「人」下有「有」字。《漢書》「疾病」作「病疾」。涕泣，分飲食，各本作「食飲」，與《史》、《漢》合，此依宋本。至使人有功，當封爵，《史》句末有「者」字。《漢書》同此文。印刓綬弊，《史》無「綬」字。《漢書》並無「弊」字。蘇林曰：「刓音刓角之刓，刓與摶同，手弄角訛，不忍授也。」案：《漢書·酈食其傳》：「刻印，玩而不能授」。臣瓚曰：「項羽吝於爵賞，玩惜侯印，不能以封於人也。」孟康曰：「刓斷無復廉鍔也。」《史記》作「刓」，《索隱》曰：「刓，音五官反。案郭象注《莊子》云立法而刓斷無圭角。《漢書》作玩，言玩惜不忍授人。」光瑛案：孟説是，玩叚借字，本作刓，瓚及《索隱》以本字讀之，非也。訛當爲鈋，《説文·金部》：「鈋，吪圜也。」《廣韵》曰：「鈋，刓去角也。」是其誼。《漢書·食貨志》注：「抏，訛也，謂摧挫也。」字亦當作鈋。印非可玩之物，弄角而至於刓，天下無此愚人。況此刓與弊連言，明謂刻印封功臣，吝不忍授。致日久剝削，而恩猶不下逮耳。《説文·刀部》：「刓，剸也。」段注云：「剸當作團，團，圜也。《通俗文》曰：斷截曰剸。非其訓也。且許書本無剸字，《齊物論》作园。」依段説，則刓訓團，謂印久無廉鍔，成爲圜形也。（蘇林謂刓與摶同，卽許書刓剸也之意。）《文選·魏都賦》「朝無刓印」，注云：「刓印，印角刓也。」字又通作圓，《文選》梁天監三年《策秀才文》「彫斲刓方」，刓卽圓字。《莊子·齊物論》「五者圓而幾向方矣」，釋文：「崔音刓。」又作园，《後漢書·孔融傳》：「豈其負园委屈，可以每其生哉。」注：「园卽刓字。」又作輐，作魭，《莊子·天下篇》：「椎拍輐斷，與物宛轉。」又云：「而不免於魭斷。」郭注：「魭斷，無圭角也。」又通作抏，《史記·平準書》「百姓抏敝以巧法」，注：「抏，消耗之名。」（《漢食貨志》注引見前。）皆聲近通用字。**忍不能與，**「與」，二書作「予」。《史記集解》曰：「駰案《漢書音義》曰：不忍授。」**此所謂婦人之仁也。**各本無「也」字，《史》、《漢》皆有。此字不當省，今據補。**項王雖霸天下而臣諸侯，不居關中，都彭城，**「關中」下二書有「而」字，似較醒。彭城，古彭祖國，（《漢志》。）今江蘇徐州府銅山縣治。顧棟高曰：「彭城爲春秋吳晉往來之通道。至晉，立徐州爲重鎮，朱序鎮守。宋高祖經畧中原，置府於此，魏太武以三十萬衆攻之，不能下。陳后山曰：南守則畧河南山東，北守則瞰淮江，於兵家爲守攻之地。」（《大事表》九。）案：近惲氏敬有《西楚都彭城論》數篇，極言羽都彭城，爲不得不然之勢，亦自有見，見所著《大雲山房集》。**又背義帝約，**《史》作「有背義帝之約」。有與又同，古通用。**而以親愛王**

諸侯，私立其親愛也。不平諸侯之見，諸侯以其有私，意不平之，項王遷逐義帝江南，《史》「帝」下有「置」字。《漢書》無「遷」字。《項羽紀》曰：「項王出之國，使人徙義帝，曰：古之帝者，地方千里，必居上游。乃使使徙義帝長沙郴縣，趣義帝行，其羣臣稍稍背叛之，乃陰令衡山、臨江王擊殺之江中。」亦皆歸逐其主，自王善地。「自」上《史》有「而」字。齊召南曰：「案諸侯歸逐其主，自王善地，卽指田都王臨淄，田市王濟北，臧荼王燕，司馬卬王殷，張耳王常山，皆徙其故王於他處也。不然，信拜大將在四月，諸侯已各就國罷兵矣，烏知後有田榮殺田都，及臧荼殺韓廣事乎。」項王所過，無不殘滅，《史》「滅」下有「者」字。《漢書》「無」作「亡」。《史記·高祖紀》曰：「懷王諸老將皆曰：項羽爲人，僄悍猾賊，嘗攻襄城，襄城無遺類，皆阬之，諸所過無不殘滅也。」案：救趙之役，楚破秦，擊阬秦卒二十餘萬人新安城南，亦其證也。多怨，百姓不附，《史》作「天下多怨，百姓不親附」。《漢書》疊「百姓」字，以「多怨百姓」爲句，「百姓不附」又爲一句，蓋衍文也。師古以結怨於百姓解之，恐非。本書以「多怨」二字爲句，文法更健。凡《漢書》文異《史》處，多本此書，當刪「百姓」叠字。特劫於威彊服耳，「彊」，各本作「強」，今依宋本，下並同。《史》無「服」字。《漢書》文本此。師古曰：「彊，音其兩反，其下彊以威王亦同。」案：依小顏説，則以彊服耳三字爲一句。《史》無「服」字，則以威彊連文。王念孫《讀史記雜志》曰：「彊讀勉彊之彊，（案：勉彊字當作勥，古多以彊強字爲之。）下當有服字，劫於威三字連讀，彊服二字連讀。言百姓非心服項王，特劫於威而彊服耳。下文云今楚彊以威王此三人，秦民莫愛也，語意正與此同。今本脱去服字，則當以威強連讀，而讀爲彊弱之彊，非其指矣。《漢書》及《新序·善謀篇》彊下皆有服字，師古注彊音其兩反，是其證」以上王説亦是。然下文有「其彊易弱」之語，則以威彊二字連讀，謂劫於威彊而屈服，亦無不可。古文簡奥，每有此等句法，《史》亦未必脱字，學者詳之。名雖爲霸王，《史》、《漢》無「王」字。師古曰：「羽自號西楚霸王，故云名雖爲霸也。」觀小顔此注，可悟本書有王字之誼。實失天下心，故曰其彊易弱。師古曰：「易使弱也。」案：此即天時地利不如人和之説。今大王誠反其道，「反」上二書有「能」字。任天下武勇，何不誅？「何」下《史》有「所」字，下文並同。《漢書》文同本書。師古曰：「言何所不誅也。」王念孫曰：「《史記》三所字，皆後人所加。《索隱》本出何不誅三字，注曰劉氏云：言何所不誅也。又出何不散三字，注曰劉氏云：用東歸之兵，擊東方之敵，無不散敗也。則正文内無三所字明矣。《漢紀》有三所字，亦後人據誤本《史記》加之。《漢書》、《新序》無三所字，《鹽鐵論·結和篇》：夫以天下之力勤，何不摧，以天下之士民，何不服。句法與此同。」案：王説皆是，此句對不能任屬賢將言。以天下城邑封功臣，何不服？惟封有功，則與印刓不與及以親愛王諸侯者異矣，故無有不服。以義兵從思東歸之士，何不散？《索隱》引劉氏云：「用東歸之兵，擊東方之敵，無不敗散也。」師古曰：「散，謂四散而立功。」王先謙《漢書補注》：「劉攽曰：何不散，言義兵無敵，諸侯之衆，亡不離散而敗也。」王氏引《索隱》注釋之。（已見，故從畧。）案：此言漢兵自江東來者，有思歸之心，今命以擊東方之敵，正合所願。又以義兵隨其後，以爲之援，所擊何不潰散也。師古以散爲四散立功，屬義兵言，大誤。且四散立功，而曰何不散，亦太不辭。此從字訓隨，與追誼別。漢王入秦，所將乃陳勝、項梁舊部，皆江東人，日夜有思歸之心。故《漢書·高紀》曰：「漢王既至南鄭，諸將及士卒皆歌謳，思東歸，多道亡還者。韓信亦以時亡去。」又曰：「韓信説漢王曰：（此乃是韓王信，非淮陰侯也，《史記集解》徐廣注甚明。《韓王信傳》注：師古曰：《高紀》及《韓彭英盧傳》，皆稱此説是楚王韓信之辭，而此傳復云韓王信之語，豈史家錯謬乎，將二人所勸，大指實同也。案《韓彭英盧傳》並無此語，見《高帝紀》。惟《韓信傳》有以義兵從東歸之士一語，師古誤記耳。此漢王初就國至南鄭時，韓王信説漢王之言，故有及其鋒而用，可以有大功，天下已定，人皆自寧，不可復用之説。若楚王信此時亦在逃亡之列，安得對高祖爲此言乎。班固誤讀《史記》，以韓信爲淮陰侯，增入蕭何追信事，以此數語爲淮陰之言，乃於《韓王信傳》仍襲《史》文，載此數語，以一言分屬兩人，忘其矛楯。顧氏炎武《日知録》反謂史公誤以淮陰侯之語屬之韓王信，豈非以不狂爲狂乎。）項羽使王居南鄭，是遷也，軍吏士卒皆山東人，日夜跂而望歸，及其鋒而用之，可以有大功。」（《史記》文同，惟上文無蕭何追信一段，此《班史》誤增，以兩韓信姓名同而誤。齊召南亦言其非，見官本考證。）又《韓王信傳》：「信説漢王曰：『項王王諸將近地，而王獨遠居此，士卒皆山東人，竦而望歸，及其蠭東鄉，可以爭天下。』」以上皆士卒思東歸之證也。或據《項羽傳》：「羽見秦宮室皆已燒殘破，懷思東歸，曰：『富貴不歸故鄉，如衣錦夜行。』」以東歸之士屬羽言，謂以義兵從羽思歸之士也。士思東歸，無門志，以義兵臨之，故易擊散也。從，讀如《左傳》晉師從齊師、韓厥從鄭伯之從，其説亦通。然以《高帝紀》、《韓王信傳》覈之，當以前説爲是。（散謂羽兵不必就義兵及諸侯説。）且三秦王爲秦將，師古曰：「章邯、司馬欣、董翳也。」案：《唐書・世系表》董翳，董狐之裔也，《三輔黄圖》作董醫。翳立爲翟王，王上郡；欣爲塞王，王咸陽以東至河；邯爲雍王，王咸陽以西，是謂三秦王。《漢表》欣、翳同在七等，獨無章邯。然邯之罪，實浮於二人，今《表》蓋偶脱之。將秦子弟數歲，舊本不疊「將」字。盧云：「史重一將字。」案：《漢書》亦重，此將字不可省，今依兩書補。（此亦疊字作二點而誤奪落者。）「子弟」，各本倒作「弟子」，盧校從《史》、《漢》改。考宋本正作「子弟」，與《史》、《漢》同，今從之。《史》句末有「矣」字。《漢書》同此文。所殺亡不可勝計，《漢書》句首有「而」字。又欺其衆降諸侯，至新安，項王詐坑秦降卒二十餘萬人，《史》無「人」字。《項羽紀》曰：「羽乃立章邯爲雍王，置楚軍中，使長史欣爲上將軍，將秦軍，爲前行。到新安，諸侯吏卒，異時故繇使屯戍，過秦中，秦中吏卒遇之，多無狀。及秦軍降諸侯，諸侯吏卒乘勝，多奴虜使之，輕折辱秦吏卒，秦吏卒多竊言曰：章將軍等詐吾屬降諸侯，今能入關破秦，大善，卽不能，諸侯虜吾屬而東，秦必盡誅吾父母妻子。諸將微聞其計，以告項羽。項羽乃召黥布、蒲將軍計曰：秦吏卒尚衆，其心不服，至關中，不聽，事必危，不如擊殺之，而獨與章邯、長史欣、都尉翳入秦。於是楚軍夜擊阬秦卒二十餘萬人新安城南。」（案：此謀定於黥布，布之滅亡宜哉。事在漢元年十一月。）《史記正義》曰：「《括地志》：新安故城在洛州澠池縣東一十三里，漢新安縣城，卽坑秦卒處。師古曰：今穀州新安城是。」案：新安，《漢志》屬弘農郡，武帝徙函谷關於此，今河南河南府澠池縣東塔泥鎮是。「坑」，俗字，《漢書》作「阬」，是。《說文・阜部》：「阬，閬也。」段注：「閬者，門高大之皃，引申之，凡孔穴深大皆曰閬。阬，《釋詁》曰虚也，地之孔穴虚處與門也，故曰閬也。」如段說，擊阬之阬，謂填入孔穴虚處，引申誼也。《說文・土部》無坑字，今《史記》亦作坑，並非。惟獨邯、欣、翳脱，「脱」上《史》有「得」字。師古曰：「脱，免也。」案：卽《羽紀》所謂獨與邯、欣、翳入秦者也。唯，亦獨也。如《左傳》「十年尚猶有臭」，言尚復言猶，古人文法不避重複如此。秦父兄怨此三人，痛入骨髓。「入」，《漢書》作「於」。案《燕策》：「樊於期曰：臣每念，常痛於骨髓。」此與《史》同。《說文・骨部》：「髓，骨中脂也，从骨，隓聲。」隸楷相承作髓。今楚彊以威王此三人，「彊」，各本作「強」，今從宋本。秦民莫愛，二書句末有「也」字。大王之入武關，武關，注見上章。《荀紀》作「大王入關，沛公襲破武關，破秦軍於藍田南，遂先諸侯至霸上也」。秋毫無所害，「無」，《漢書》作「亡」，字通用。《史記・高紀》曰：「趙高已殺二世，使人來，欲約分王關中。沛公以爲詐，乃用張良計，使酈生、陸賈往説秦將，啗以利，因襲攻武關，破之。又與秦軍戰於藍田南，益張疑兵旗幟，諸所過，毋得掠鹵。秦人喜，秦軍解，（同懈。）因大破之，乘勝遂破之。漢元年，十月，沛公兵遂先諸侯至霸上。」

是沛公入武關秋毫無犯之事也。《史記索隱》曰：「秋毫，秋乃成。王逸注《楚辭》云：銳毛爲毫，夏落秋生也。」《漢書·高紀》注：「文穎曰：豪，秋乃成好，皋盛而言也。師古曰：豪成之時，端極纖細，適足諭小，非言其盛。」案：古言秋毫者，皆以諭小，顔説是。《莊子·齊物論篇》：「天下莫大於秋毫之末，而泰山爲小。」《孟子·梁惠王篇》：「明察秋毫之末，而不見輿薪。」皆以大小相形。《莊子》司馬注兔毫在秋而成，成玄英疏云：「秋時獸生毫毛，其末至微。」是也。毫，俗字。《説文·希部》：「豪，豕鬣如筆管者，出南郡，从希，高聲。豪，籒文从豕。」今隸楷相承作豪，俗更改作毫，而豪字廢不用矣。害，傷害也。除秦苛法，與秦民約，（句。）法三章耳，《漢書》無秦民之「秦」字。盧文弨曰：「民字舊本脱，從《史》補。」案：「民」字必不可省，盧校是，今從之。「耳」，各本譌「且」，屬下讀，宋本已如此，惟嘉靖本作「耳」未誤。且者，更端進步之詞，下句正申足此句之意，不必用且字領起。《史》、《漢》皆作「耳」，屬此爲句，可證，今從嘉靖本。盧氏《拾補》標題至「三章」字止，知盧本亦誤，未校出也。今人每以約法三章四字連稱，考《漢書·高紀》：「沛公入關，告諭秦父老云：父老苦秦苛法久矣，誹謗者族，偶語者棄市，吾與諸侯約，先入關者王之，吾當王關中，與父老約，法三章耳，殺人者死，傷人及盜抵罪，餘悉除去秦法。」是除苛法與民約之事，其文與父老約四字句，法三章耳四字又爲一句，無所謂約法也。宋陸佃、王應麟皆糾其失，而何氏焯謂「約法與苛法對文，因《紀》末有初順民心，作三章之約。改約字爲讀，始厚齋王氏。然《文紀》宋昌有約法令之語，《刑法志》言約法三章者非一，當仍舊也。」案：《刑法志》語，隱括《高紀》之文，非《高紀》約法字不當斷讀。《文紀》「宋昌云：漢興，除秦煩苛，約法令，施德惠。」彼文以法令德惠對舉，乃尚德省刑之意。故師古注云：「約，省也。」詞意明白，何得以約法連讀，引彼證此。況《高紀》告諭，以八字爲句，已嫌不詞。至《文紀》文約法連讀，則約法令三字，成何句法。何説大謬，以陸、王之讀爲長，後世文集多誤用。此以「耳」爲「且」，屬下句，又奪「民」字，亦由誤以約法三章四字連讀故耳。秦民無不欲得大王王秦者。「無」，《漢書》作「亡」。於諸侯約，「約」上二書並有「之」字。於，猶在也，見《呂子·期賢》注，王氏《釋詞》以爲常語，引證甚畧。案：《廣韵》：「於，居也。」居卽在誼。《論語·里仁篇》「君子之於天下也」，《左傳·襄九年》「於我未病」，《孟子·梁惠王下篇》「於傳有之」，《左傳·昭十八年》「許於鄭，仇敵也」。諸於字皆屬此訓。大王當王關中，關中民户知之，「户」，《史》作「咸」。各本不疊「關中」字，此亦因重文作點而漏，本書屢見，已詳各本文注。《史》、《漢》皆疊字，是，今依二書補。顧氏炎武《日知録》論《新唐書》云：「列傳出宋子京手，簡而不明，如《太宗長孫后傳》：安業之罪，萬死無赦，然不慈於妾，天下知之。改曰：安業罪死無赦，然向遇妾不以慈，户知之。意雖不異，而户知之三字，殊不成文。」翁方綱《復初齋集》三十五《跋提要舊艸》、嚴元照《蕙櫋雜記》、周壽昌《漢書注校補》、俞樾《日知録小箋》並引《漢書·韓信傳》文，以駁顧説。俞又引師古注云「言家家皆知，然則子京雖好奇，亦有所本，未可輕議也」等語。案：《漢書》文正用本書，户知卽家諭户曉之謂，古史傳記，以及宋元説部文集，皆習見之，顧氏偶失考耳。《離騷》「衆不可户説兮」，户知與户説，用字相類，又中壘之所本也。《新唐書》叙宫闈事，而云户知，殊有語病，宜顧氏譏之。大王失職之蜀，《史記》「之」作「入」，「蜀」作「漢中」。《漢書》無「大」字。師古曰：「之，往也。」案：之注，《爾雅·釋詁》文。失職，失所職也，本當王關中，違約而遣之蜀，故云失職。民無不恨者。《史》句首有「秦」字。《漢書》「無」作「亡」。今大王舉而東，舉，舉兵也。秦在蜀之東，故云。三秦可傳檄而定也。」《索隱》曰：「案《説文》云：檄，二尺書也。（今本無也字，段注本改作尺二書。）此云傳檄，謂爲檄書以詰責所伐者。師古曰：檄，謂檄書也，傳檄可定，言不足用兵也。檄，解在《高紀》。」案：《高紀》：「吾以羽檄徵天下兵，未有至者。」師古曰：「檄者，以木簡爲書，長尺二寸，用徵召也，其有急事，則加以鳥羽插之，示速疾也。《魏武奏事》云：今邊有警，輒露檄插羽。檄，音胡歷反。」顔注皆是。《史記·張耳陳餘傳》曰：「誠聽臣之計，可不攻而降城，不戰而得地，傳檄而千里定，可乎。」又曰：「燕趙城可無戰而降也，此臣之所謂傳檄而千里定者也。」皆即師古所云不足用兵之誼。於是漢王喜，「王」下二書有「大」字。自以爲得信晚，遂聽信計，部署諸將所擊。師古曰：「部分而署置之。」案《高紀》云：「漢王大説，遂聽信策，部署諸將。」顔注：「分部而署置。」與此注同。言聽信計策，分配諸將，轉向各道攻擊也。八月，漢王東出，《史》、《漢》作「漢王舉兵東出陳倉」。案：陳倉漢屬右扶風，今陝西鳳翔府寶雞縣東二十里。秦民歸漢王。遂誅三秦王，盧文弨曰：「當重一漢字。」案：從王字絶句，不重字亦可。盧標題秦民歸漢，則自當重一漢字。誅三秦王事詳《高紀》。定其地，收諸侯兵，討項王，《高紀》曰：「羽雖聞漢東，既擊齊，欲遂破之，而後擊漢。漢王以故得刼五諸侯兵東伐楚。」《荀紀》云：「漢王以故得率諸侯兵，凡五十六萬人，東伐楚。」定帝業，韓信之謀也。《高紀》云：「信因陳羽可圖，三秦易併之計，漢王大説。」是謀出於信，即此所言者是也。

3 趙地亂，武臣、張耳、陳餘定趙地，武臣，陳人，與陳王故相善，陳王以爲將軍，封武信君。張耳、陳餘，皆大梁人，陳王時爲校尉，事詳本傳。立武臣爲趙王，張耳爲相，陳餘爲將軍。趙王閒出，爲燕軍所

得，耳、餘聞周章軍入關，至戲卻，又諸將爲陳王畧地，多以讒毁，得罪，誅。怨陳王不用其策，而以爲校尉，乃説武臣自立爲王。武臣聽之，自爲趙王，以餘爲大將軍，耳爲右丞相。陳王大怒，欲盡族誅武臣等家，而擊之。相國房君諫，乃徙繫武臣家宫中，封耳子敖爲成都君，使使者賀趙，令趣發兵西入關。耳、餘説臣曰：王王趙，非楚意，特以計賀王，楚滅秦，必加兵於趙。願毋西兵，北徇燕代，南收河内，以自廣。趙南據大河，北有燕代，楚雖勝秦，必不敢制趙。武臣以爲然，乃使韓廣畧燕，李良畧常山，張黶畧上黨。廣至燕，燕人立以爲王，武臣乃與耳、餘北畧地燕界，閒出，遂爲燕軍所得。事見《史記・陳餘傳》中。《漢書・餘傳》注：「師古曰：閒出，謂投閒隙而微出也。」案：《史記・信陵君列傳》「侯生乃屏人閒語」，《索隱》：「閒音閑，閒語，謂静語也。」王念孫《雜志》駁之云：「閒讀閒厠之閒，閒，私也。《項羽紀》沛公道芷陽閒行，謂私行也，漢王閒往從之，謂私往也，王可以閒出，謂私出也，《韓子・外儲説右篇》秦惠王愛公孫衍，與之閒有所言，謂私有所言也，《後漢書・鄧禹傳》因留宿閒語，李賢注曰：閒，私也。」以上王説，極是。然小顔謂投閒隙而微出，微即有私字之意，凡私出不欲令人知，必伺閒隙，諸閒字訓私誼因此。必兼投閒一誼，始爲完善。凡有閒隙，必分異彼此，故引申訓他訓别。《史記・黥布傳》閒道，索隱云：「他道也。」《禮記・内則》：「夫婦之禮，雖及七十，同藏無閒。」鄭注：「閒，别也。」此又因閒隙之訓推之。又《高紀》：「紀信曰：事急矣，臣請誑楚可以閒出。」師古曰：「閒出，投閒隙私出，若言閒行微行耳。紀信詐爲漢王，而王出西門遁，是私出也。」此注釋投閒意，尤明晳矣。**燕囚之，**《史記・張耳陳餘列傳》「囚」上有「將」字。《漢書》同此。**欲與分地，**舊本作「欲與三分其地」。案：《史》作「欲與分趙地半」，則是非三分矣。《漢書》作「欲與分地」，凡《漢書》與《史》處，多本本書。（《史通・採譔》云：班固書自太史以後，又雜引劉向《新序》、《説苑》、《七畧》之辭。）若如今本作三分其地，則三分以一屬燕，二將何屬。此因下文云武臣、張耳、陳餘，各欲南面而王，又云未敢參分而王，又云此兩人分趙自立。淺人不解文誼，遂改此作三分，以應後箠。不知燕求割地，祇思利己，何愛於餘、耳，而分趙地以封之乎。既分地矣，二人又何必欲王之歸，而燕以此爲要脅，且謂二人之意欲得其王乎。況下文廝養卒正以二人分地非燕之利怵燕將，燕將果懼而歸趙王，豈有此時反欲分地與餘、耳之理。其繆不待深辯，不特與《史記》抵牾爲可疑也。若謂不指餘、耳，則三分之語，益不可解。今據《漢書》删「三」字「其」字，以復本書之真。乃歸王。使者至燕，「至」，《史》、《漢》作「往」。輒殺之以固求地，《史》無「固」字。《漢書》本此。張耳、陳餘患之。《漢書》作「耳、餘患之」。有廝養卒謝其舍中人曰：《史》無「人」字，《漢書》並無「中」字。《史記集解》：「如淳曰：廝，賤者也。《公羊傳》曰：廝役扈養。韋昭曰：析薪爲廝，炊烹爲養。晉灼曰：以辭相告曰謝也。」《索隱》：「謂其同舍中之人也。《漢書》作舍人。」《漢》注：「蘇林曰：「廝，取薪者，養，養人者，舍，謂所舍宿主人也。」（蘇本當有人字，故注云所舍宿主人。顏注引之，就所注本無舍字，故疑謂上删人字。）師古曰：「謝其舍，謂告其舍中人也，故下言舍中人皆笑，今流俗書本於舍下輒加人字，非也。」王先謙曰：「《史記》舍作舍中，《索隱》：《漢書》作舍人。卽顏所謂流俗本。然謝其舍，非對人言而何，顏斥爲俗本，亦太泥。」案：顏以舍人爲官名，致譏有人字者爲俗本。然竊意《漢書》文異《史》處，多本《新序》，此當奪去中字，非衍人字也。此人字當卽小顏所删，何以明之，《史》文此作舍中，故下文亦云舍中皆笑。《漢書》下句作舍中人皆笑，則此句亦當作舍中人明矣，況有本書爲證，而《漢書》又多本之乎。小顏但斥有人字爲流俗本，而未言所據何本，又《索隱》所引，亦有人字，未必肯據俗本，知此字爲小顏所删無疑。但謝其舍三字，究嫌不詞，當依本書校正。廝，俗字，當作斯，詳四卷

《楚莊王伐鄭章》注。解廝養，韋説是。舍中人，謂同舍宿中之人也。謝者，《説文·言部》云：「謝，辭去也，从言，射聲。」《漢書·周勃傳、車千秋傳、趙廣漢傳》注並云：「謝，告也。」又《蒯通傳》「語以事而謝之」，注：「謝，謂告辭也。」此謝字蓋兼辭告二誼，故下文云洗沐往矣。「吾爲公説燕，爲，猶與也。漢書「公」上有「二」字。師古曰：「二公，謂張耳、陳餘。」王先謙補注云：「宋祁曰：別本爲字作謂，先謙案：爲謂字通。《史記》無二字，亦通。」案：《漢書》文多從本書，疑本書本有「二」字，後人據《史》文删之耳。謂爲通用，古書習見。與趙王載歸。」與，猶以也。與以一聲之轉，古書多互用，詳見《經傳釋詞》。舍中人皆笑之曰：《史》無「人」字「之」字。《漢書》有「人」無「之」。「使者往十輩，「十」下《史》有「餘」字。《漢書》與此同。十者數之成，亦概括詞，與十餘同，非謂限於十人也。皆死，「皆」字各本奪，今從《漢書》補。《史記》作「輒」。此字不可省。若何以能得王。」師古曰：「若，汝也。」以下亦同。廝養卒曰：此下至「與之酒」一段，《史》、《漢》俱無，中壘蓋別有本。「非若所知。」乃洗沐往，見張耳、陳餘，句。遣行，句。見燕王。燕王，韓廣也。《史》、《漢》記問答語皆作燕將，亦不言耳、餘所遣。故上文《史》作「燕將囚之」，與此異。燕王問之，對曰：「賤人希見長者，希，少也。此長者謂富貴者，詳九卷《秦趙戰於長平章》注。願請一卮酒。」請，求也。《説文·卮部》：「卮，圜器也，一名觛，所以節飲食，象人月在其下也。《易》曰：君子節飲食。凡卮之屬皆從卮。」《漢書·高帝紀下》「上奉玉卮」，注引應劭曰：「卮，飲酒圓器也。」《莊子·寓言篇》釋文引李注同。《文選·三都賦序》劉注：「卮，一名觶，酒器也。」案：《説文》云一名觶，此云一名觛者，《説文·角部》曰：「觛，小觶也。」是觶即觛。又《漢書·高紀下》注引應劭曰：「觗，古卮字。」今《説文》觶重文觗云：「禮經觶。」則觶觗卮是一字，觛觶爲一物也。段注改觛下小觶字爲卮，殊可不必，卮蓋酒器之圓而小者。已飲，又問之，復曰：復，猶再也。「賤人希見長者，願復請一卮酒。」與之酒，以上《史》、《漢》所無，「若何以能得王」下，即接「乃走燕壁，燕將見之，問燕將曰，（《漢書》作問曰。）知臣何欲」云云。梁玉繩《史記志疑》曰：「乃走燕壁二句，上下文不接，且未奉張、陳之命，豈敢遽走敵營哉。《新序》述此，情事較全。燕將亦當作燕王，歸王大事，燕將豈敢自立乎。」案：梁氏謂《新序》情事較全，是也。謂《史記》上下文不接，及燕王不當作燕將，則非。乃走燕壁四字，突然而去，寫出胸有成竹，不屑與閒人計論短長，文情飄蕩，不可捉摸，真化工之筆。《漢書》文亦如此。燕與趙相持，當時武臣閒出，擒之者必燕將也。囚王歸王，國之大事，安知燕將不請命於王而後釋之。特文有賓主，事有詳畧，此叙張耳、陳餘之事，故不及細述耳。《漢書》改《史記》處，多本本書，而此則不從本書而從《史》，正愛其文字超忽，叙事活變，不忍增竄耳。身爲一國之王，區區廝養卒，豈易見之。但紀事貴翔實，《新序》此段，自別有本，可補《史》所未備。當時史乘及私家所箸，紀載漢事者必多，中壘校書中秘，宜徧見之，故有博及羣書之號。（見《漢書·司馬遷傳贊》。）觀《論衡·本性篇》所記周人世碩之論，及宓子賤、漆雕開、公孫尼子之説，今皆不傳，以此例推，漢人所見之書，今不詳其名者，不知凡幾矣。《新序》所記，乃叙事之正法也。卒曰：《史》作「問燕將曰」，《漢書》作「問曰」。「王知臣何欲？」二書無「王」字。燕王曰：二書「王」作「將」。「欲得而王耳。」而，汝也。《史》作「若欲得趙王耳」，《漢書》文同，但無「趙」字耳。宋本作「爾」，爾耳通用，但下句文又作「耳」，未免參差，今從衆本作「耳」，以歸一律。卒曰：二書無「卒」字。「君知張耳、陳餘何如人也？」各本奪「如」字，今據二書增。此字不可省。燕王曰：「王」，二書作「將」。「賢人也。」曰：「君知其意何欲？」《史》無「君」字，「意」作「志」。《漢書》作「其志何欲」。曰：「欲得其王耳。」「曰」上《漢書》有「燕將」二字。趙卒笑曰：《史》作「趙養卒乃笑曰」。《漢書》文同此。「君未知此兩人所欲也。《漢書》無「此」字。夫武臣、張耳、陳餘，杖馬策，「策」，《史》、《漢》作「箠」。《索隱》：「箠，音之委反。」《集解》張晏曰：「言其不用兵革，驅策而已也。」師古曰：「箠，謂馬撾也。」案《說文·竹部》：「箠，以擊馬者」。誼與策同，一音之轉也。《淮南·道應訓》高注：「策，馬捶。」捶，箠之俗字。古鞭策蓋以竹爲之，故字從竹。張晏之說未是，馬策乃乘騎所用，言久在兵間，猶馬上得天下之意耳。劉先主感髀肉復生，謂久不用兵也。《說文·木部》：「杖，持也。」凡兵杖、喪杖，誼取此。或作仗，字俗。下趙數十城，下，降下也。《漢書·張耳陳餘傳》曰：「范陽人蒯通，說其令徐公降武信君，又說武信君以侯印封范陽令，趙地聞之，不戰下者三十餘城。」此亦各欲南面而王，《漢書》無「此」字。南面，南向而治，爲諸侯也。《論語·雍也篇》「可使南面」，包咸注云：「可使南面者，言任諸侯治。」《周官·撢人》注：「面，猶鄉也，人君鄉明而治，故位皆南面。」《說苑·修文篇》：「南面者，天子也，古天子諸侯，位皆南面，當陽之誼也。」又南面有謂卿大夫者，見王引之《經義述聞》，以非此文之誼，故不引。豈爲卿相哉。言志不止於卿相也。《漢書》無此句，《史》作「豈欲爲卿相終已邪」。一曰：爲，音于僞反。言不爲卿相立此殊功，亦通，但與《史》讀異。夫臣與主豈同日道哉，「日」下《史》有「而」字。《漢書》同此文，但「臣」下有「之」字。顧其勢始定，「始」，二書作「初」。師古曰：「顧，思念也。」案：顔注非。王引之《經傳釋詞》曰：「顧，猶但也。《禮記·祭統》曰：『是故上有大澤，則惠必及下，顧上先下後耳。』《燕策》曰：『吾每念，常痛於骨髓，顧計不知所出耳。』《史記·越世家》曰：『彼非不愛其弟，顧有所不能忍者也。』諸顧字皆訓但。」案：此常語，觸目皆是，王說是也。未敢三分而王，「三」，《史》作「參」，字同。

《漢書》無此句。且以長少，句。先立武臣爲王，長少，由長及少也。宋本作「少長」，與《史》同。《漢書》作「長少」，用本書文。程榮本、何允中本皆出於宋本，而作「長少」，則宋本必有作「長少」者，其作「少長」本，後人據《史記》改之，今從程、何本。《漢書》無「爲王」二字。肇林案：長少少長，皆謂長也，因長及少，連類言之，古書文法多如此。顧氏炎武《日知録》、俞氏樾《古書疑義舉例》皆詳言之。九卷《虞虢章》少長於君，謂少於君也，此長少，謂立長也。今人語言，尚多有此，詳《虞虢章》注。以持趙心，持，固執之也。《詩・鳧鷖序》疏：「執而不釋謂之持。」引申爲固誼，言立長以固趙人之心。一曰：持，得也。《吕覽・至忠篇》：「將以忠於君王之身，而持千歲之壽也。」高誘注曰：「持，猶得也。」持趙心，謂得趙人之心，亦通，不如前誼長也。今趙地已服，句。言非初定時可比。此兩人亦欲分趙而王，《漢書》無「此」字。時未可耳。言時機尚未至也。「耳」，宋本作「爾」。案：前文既作「耳」，此宜一律，今從衆本，與《史》、《漢》合。參前文注。今君囚趙王，「囚」上《史》有「乃」字。此兩人名爲求趙王，《漢書》句首有「今」字，無「趙」字。此與《史》同。實欲燕殺之，此兩人分趙自立。「自立」，《漢書》作「而王」。夫以一趙尚易燕，師古曰：「易，輕也。」案：顔訓易輕也者，《禮記・樂記》「而易慢之心入之矣」，鄭注：「易，輕易也。」《易・繫辭下》傳：「易者使傾」，王注：「易，慢易也。」《左氏襄四年傳》「貴貨易土」，杜注：「易，猶輕也。」諸訓相同，蓋皆讀易爲傷。《説文・人部》：「傷，輕也，从人，易聲，一曰交傷。」凡狂易、輕易、交易字，皆當作傷，經傳皆叚易爲之。許書以傷次侮下，侮亦輕易之誼。（侮下云：傷也。互訓。）今相承用易，忘其本字，傷字遂廢。況兩賢王左提右挈，「況」下二書有「以」字。兩賢王，謂耳、餘也。《史記集解》徐廣曰：「《平原君傳》：事成，執左券以責也。券契義同耳。」（券從刀，不從力，從力者勞券本字，今本多誤。」)是徐所見《史記》挈作契。師古曰：「提絜，言相扶持也。」是《漢書》文作絜。（官本正文作挈，注作絜；一本則正文注皆作挈。)今《史》、《漢》皆作挈。《說文·手部》：「挈，縣持也。」又「提，挈也。」提與挈同誼，縣持有引而起之之意，諭兩人互相援引，互相扶持也。古挈契字通用，《毛詩·大雅》「爰契我龜」，傳：「契，開也。」契無開誼，毛意契乃挈之叚借字。（毛例不破字，以訓詁明叚借，全書如此。)《玉篇·㓞部》：「栔，開也。」栔與挈同，《漢書·敘傳》注引《詩》正作挈。《詩·大雅·文王有聲》傳「必挈灼龜而卜之」，即此誼。釋文云：「挈，本作契。」並其證也。《禮記·曲禮上》注：「井上㮷槔。」釋文：「㮷，本作契，又作絜，絜皐依字作桔槔。」(案本字當作挈皐，或作契皐、桔皐。《漢·郊祀志》通權火，張晏注：權火，狀若井挈皐。《司馬相如傳》淺舉，孟康注：淺如覆米薁縣著契皐頭。《賈誼傳》燧燧，文潁注：櫓上作桔皐，是也。《墨子·備城門篇》又作頡皐。皆止作皐字。《說文·木部》無槔，新附始收之。）是契絜挈古字皆通用。此提挈字，從手作挈爲正，契絜皆叚字耳。徐說昧於聲音通叚之理，顏氏亦未知絜爲挈之叚字，胥失之矣。執直義而以責不直之弱燕，直義，正義；不直，不正，猶言無理也。燕王韓廣，嘗爲趙臣，今背趙自立。又掩執故君，是謂不正。二臣興師以責殺王之罪，是義正也。《史》作「而責殺王之罪」，《漢書》無「之罪」二字，並與此異。滅無日矣。」無日，言在旦夕，不可以日期。《史》、《漢》此句並作「滅燕易矣」。燕王以爲然，「王」，《史》作「將」。《漢書》無此字。乃遣趙王，遣，送也，二書作「歸」。養卒爲御而歸。終與趙王載歸之言。遂得反國，復立爲王，趙卒之謀也。三句中壘之言。案：燕趙攻距，趙彊而燕弱，自戰國時已然。燕王韓廣又嘗事趙，與耳、餘同僚爲臣，此時實有輔車相依之勢。若殺王，二子必怒，奉辭以伐罪，燕徒負不義之名於天下，於己何補，不如釋王以樹德，猶可結趙以自固也。養卒之言，洞中當日情勢，如此人才，而屈爲養卒，後此亦未聞旌其功而重任之，何也。《史》稱耳、餘、厮養，皆一世豪傑，以此觀之，猶信。

4 酈食其，號酈生，《史記・項羽本紀》索隱曰：「漢相酈、審、趙三人，皆名食其，以六國有司馬食其，並慕其名。」（此如司馬相如慕藺相如之爲人，而名其名，漢人多有是事。）《食其傳》云：「陳留高陽人。」《索隱》：「高陽屬陳留圉縣，高陽，鄉名也，故《耆舊傳》云：食其，圉高陽鄉人。」《正義》：「《陳留風俗傳》云：高陽在雍丘西南。《括地志》云：圉城在汴州雍丘縣西南，食其墓在雍丘西南二十八里。」蓋謂此也。錢大昕曰：「《地理志》陳留郡無高陽縣，蓋鄉名，非縣名。（案：小司馬已言之。）涿郡、琅邪郡皆有高陽，然非食其所居之高陽也。《高紀》沛公西過高陽，文穎云：聚邑名，屬陳留圉」沈欽韓曰：「《金史・地理志》，杞縣有圉城。《鎮明志》：開封府杞縣西有故高陽城，南有廢圉縣。」案《寰宇記》：高陽城在開封府雍丘縣西二十九里。雍丘今爲杞縣，圉後漢陳留縣，前漢淮陽縣，今河南開封府杞縣南五十里，是也。生，先生也。趙氏翼《廿二史劄記》三云：「古時先生二字，或稱先，或稱生。《史記・鼂錯傳》錯初學於張恢先所，《漢書》則云初學於張恢生所，一稱先，一稱生。顔注云：皆先生也。又《錯傳》：校尉鄧公，諸公皆稱爲鄧先。顔注亦曰：鄧先生也。《貢禹傳》：禹以老，乞骸骨，元帝詔曰：朕以生有伯夷之廉，史魚之直。師古曰：生，謂先生也。梅福上書曰叔孫先非不忠也，師古注：先，謂先生也。是古時先生或稱先，或稱生，不必二字並稱。」光瑛案：史公書稱周生、穆生、白生、董生、賈生、陸生、轅固生等，皆尊之爲先生也。先生二字分稱，近人多言之，不及趙氏所舉之詳。說漢王曰：宋本、嘉靖本、鐵華館本並奪「曰」字，今從衆本補。「臣聞之，《史記・酈食其傳》無「之」字。《漢書・食其傳》與此同。知天之天者，王事可成，不知天之天者，王事不可成。知天之爲天而敬視之，則王事成，反是則否也。王者以民爲天，《趙策》：「苟無民，何有君。」《史記》「民」下有「人」字，《漢書》無，說詳後。而民以食爲天。《史記》「民」下有「人」字。《索隱》引《管子》曰：「王者以民爲天，民以食爲天，能知天之天，斯可矣。」《管子》文亦無「人」字。梁玉繩曰：「《索隱》本無民字，疑唐避民諱，改爲人，而後人併誤入之也。《漢書》無人字，《文選·籍田賦》注引《漢書》，上作人，下作民。」案：梁說是。《史》、《漢》文本作「民」，唐人避諱，改作「人」字，後人校記異文於旁，傳寫時混入正文爾。當依本書及《漢書》删「人」字。夫敖倉，天下轉輸久矣，「敖」，各本作「厫」，下同，字甚俗。宋本、嘉靖本、鐵華館本均作「敖」，今從之，與《史》、《漢》合。《史記正義》：「敖倉在今鄭州熒陽縣西十有五里，（熒，原本作滎，非，今正。下文並同，說詳後。）石門之東，北臨汳水，（汳，原本作汴，俗，今正。）南帶三皇山。秦始皇時，置倉於敖山上，故名敖倉。」（《元和志》畧同。）顧氏祖禹《讀史方輿紀要》云：「敖山在河陰縣西二十里。皇甫謐曰：殷仲丁自亳徙囂，即敖也。《水經注》：濟水又東，逕敖山北，山上有陂，即仲丁所遷。周宣王薄狩於敖，（案：今《詩》作搏獸。）《左傳·宣十二年》晉師在敖鄗之間。秦時立敖倉於此，二世二年，陳勝將由臧，自熒陽西迎秦軍於敖倉，敗死。漢三年，漢王軍熒陽，築甬道，屬之河，以取敖倉粟。酈生說漢高，據敖倉之粟，是也。惠帝六年，修敖倉。武帝曰：洛陽有武庫敖倉，天下衝戹。王莽地皇二年，以東方兵起，遣楊浚守敖倉。光武建武二年，遣蓋延南擊敖倉。安帝永初元年，調濱水縣穀輸敖倉。四年，虞詡爲朝歌長，謁河内太守馬稜曰：朝歌去敖倉百里，賊不知開倉招衆，刼庫兵，守成皋，此不足憂也。建安四年，曹操濟河，降射犬，還軍敖倉。射犬見懷慶府。」（卷四十七。）楊氏守敬《水經注疏要删》云：「《寰宇記》引《宋武北征記》：敖山，秦時築倉於山上。漢高祖亦因敖山築甬道，下汳水，即此地也。是敖倉即在敖山上，而《寰宇記》乃云：敖倉在熒澤縣西十五里，敖山在熒澤縣西四十里。顯有舛誤。自是以後，各地志皆以敖山在西，廣武在東，不復考《水經注》矣。」案：楊説是也。倉以敖山得名，故名敖倉，倉即在山上，不知何時改作厫字，更有以厫字作倉廩通稱者。宋袁文《甕牖閒評》云：「敖乃地名，秦以敖地爲倉，故爾。今所在竟謂倉爲敖，蓋循習之誤。《唐書·裴燿卿傳》云東幸就敖粟，楊文公《談苑》亦云此寺前朝廢爲倉敖。皆以倉爲敖者，抑豈循習之故歟」以上袁説極是，前儒亦多辨之，大意相同，今不復引。《淮南子》曰：「近敖倉者，不爲之多飯，期滿腹而已。」即此所謂敖倉也。沈欽韓曰：「敖山即廣武山，秦所置。」臣聞其下乃有藏粟甚多，「乃」，《史》、《漢》作「迺」，下同。「藏」，《漢書》作「臧」，是。藏後出字，《説文》所無。下，地下也。沈欽韓曰：「《吕氏春秋》穿竇窌，高注：穿窌，所以盛穀也。是古者穿地下藏粟也。」案：沈説是。楚人拔滎陽，「滎」，當作「熒」，下並同。凡熒陽、熒澤等字，皆從火，不從水，作木更謬。錢大昕曰：「《説文》，熒從焱冂，屋下燈燭之光；滎從水，熒省聲，絶小水也。《禹貢》滎波字從水，《左氏傳》熒澤字並從火，《周禮·職方氏》其川滎洛，今本從水，《逸周書·職方解》其川熒雒，從火。是滎熒固通用矣。《漢書》滎陽從水，自後志地理者皆因之，然漢碑滎陽皆作熒，予所見隋以前石刻，熒陽字無從水者。《北史·王劭傳》云：大象元年夏，熒陽汴水北有龍鬥，熒字三火，明火德之盛也。足徵當時熒陽字從火，不從水也。」(《金石文字跋尾》二《熒陽太守元寧造像記》。)案：錢説甚塙，惟謂《禹貢》熒波字作滎，則不如下引段説之善。盧文弨《抱經堂文集》有《答錢辛楣書》云：「《左傳》釋文，熒陽並從火，且明辨之云從水者非，而今本大半從水，雖見釋文，亦莫知其何以非也。(阮氏元《左傳校勘記》於《閔二年傳》熒澤云：監本、毛本熒作滎，非。案宋監本、毛本注亦作熒，《正義》誤滎，是《左傳》舊本亦多作滎也。阮本改正，是。）今得尊跋滎陽太守元寧記，而始憭然矣。」（卷二十。）《漢書·高紀》「陳平、灌嬰將十萬守滎陽」，宋祁曰：「滎，舊本作熒。」王念孫《讀漢書雜志》曰：「作熒者是也。凡《史記》、《漢書》中熒陽字作滎，皆後人所改，唯此及《高后紀》景德本二條作熒，乃舊本之僅存者，而子京未能訂正也。」段氏玉裁《古文尚書撰異》曰：「考熒澤字，古從火，不從水。《周官經》其川熒雒；（原注：《逸周書》同。）《詩·定之方中》鄭箋，及狄人戰於熒澤；《左傳·閔公二年》及狄人戰於熒澤；宣十二年及熒澤；杜預後叙云即《左傳》所謂熒澤也；《爾雅》注圃田在熒陽；釋文凡六熒字，皆從火，隱元年注，虢國今熒陽，釋文云本或作滎，非，尤爲此字起例。《玉篇·焱部》熒字下云：亦熒陽縣。《漢韓勑後碑》河南熒陽，《劉寬碑陰》河南熒陽，《鄭烈碑》熒陽將封人也，字皆從火。而唐盧藏用譔書《紀信碑》嘗以百萬之兵，困高祖於熒陽，字正從火，至今明畫。《隋書·王劭傳》：上表言符命曰，龍門於熒陽者，熒字三火，明火德之盛也。然則熒澤、熒陽，古無從水者。《尚書·禹貢》熒波既豬，唐石經及諸本從水，釋文亦同者，《崇文總目》云：宋開寶中，詔以德明所釋乃《古文尚書》，與唐明皇所定今文駁異，令太子中舍陳鄂删定其文，改從隸書。蓋今文自曉者多，故音切爾省。然則衛包庸妄，改熒作滎，而陳鄂和之，所當訂正者也。至於經典《史記》、《漢書》、《水經注》熒字多作滎，蓋天寶以前，確知熒陽、熒澤不當從水，而其後淺人以爲水名，不當從火，遂爾紛紛改竄，然善本亦時有存者。」又曰：「《説文·水部》滎字下曰：滎濘，絶小水也，從水，熒省聲；濘字下曰：滎濘也，從水，甯聲。（原注：此依《文選·七命》李善注所引訂正。）閻若璩《潛丘劄記》以絶小水爲《爾雅》正絶流曰亂之絶，與《禹貢》泲泆爲滎相發明，其穿鑿傅會，由不知《禹貢》字本作熒故爾。中斷曰絶，絶者窮也，故引申爲極至之用。絶小水者，極小水也。（原注：絶小水者，最小水也，絶最聲相近，最之爲絶，猶縣絶之爲縣蕞矣。餘見《唐韻》正絶字下。）正絶流曰亂者，中斷之意也，字同而誼別矣。至滎澤則非小水之名，與此言絶小水者無涉。」案：段氏此説尤詳盡，與錢説互相發明，皆不易之論。程恩澤曰：「《漢志》河南郡有滎陽縣。《括地志》：今鄭州滎陽縣西南十七里，（《寰宇記》作西二十里。）故滎陽縣是，卽仲丁所遷之囂也。（卽敖，西北有敖山。）周爲東虢地，亦曰北制，戰國時號曰滎陽，秦置敖倉於此。呂氏曰：成皋滎陽，自春秋以來，常爲天下重地。今開封府滎澤縣西南有滎陽故城，錢坫謂在今滎陽縣西，非是。今之滎陽，乃春秋時鄭之京邑，今之滎澤，則戰國時韓之滎陽也，其誤蓋自《通典》而已然矣。（原注：《通典》鄭州滎陽縣，故虢國，漢與楚戰京索閒，卽此。《地理通釋》主之，是以今滎陽爲古滎陽也。）」案：辨今滎陽非古滎陽，程説是。**不堅守敖倉，乃引而東，令適卒分守成皋，**舊本作「令謫過卒」。盧文弨曰：「適讀曰謫，舊本改作謫，又衍一過字，過乃適之譌，乃後人所注耳。」案：盧説極是。《史》、《漢》皆作「適」，《索隱》：「適，音值革反，《通俗文》云罰罪云謫，卽所謂謫戍也。又音陟革反。卒，音租忽反。」師古曰：「適讀曰讁，讁卒，謂卒之有罪讁者。（案：讁俗字，當作謫爲正。）卽所謂讁戍。」是適卒之誼甚明，不容再有過字。蓋本書亦必作適，後人識謫於旁，傳寫混入正文，又譌適爲過。（或本書作謫，校者記異文於旁，以致溷入正字。）今從盧説改。王先謙曰：「楚引兵東定梁地，令曹咎守成皋，卽此所云矣。」（《漢書補注》四十三。）《漢志》：「成皋故虎牢，亦名制。」程恩澤曰：「《穆天子傳》：天子獵於鄭圃，有虎在葭中七萃之士，高奔戎生捕，獻之天子，柙之東虢，是曰虎牢。《水經注》成皋故城在大伾山上，（原注：此本張揖説，就河南言之。鄭康成曰：地喉也，在修武武德界，則就河北言。《漢書音義》臣瓚説：以大伾山在黎陽，今爲濬縣。前代地理書多從之，當爲定論。）縈帶伾阜，絶岸峻岡，周高四十許丈，城張翕險崎而不平。《春秋傳》曰：制，巖邑也。卽東虢也。三家分智氏地，段規曰必取成皋，韓氏從之，後果得鄭，及失成皋十九年，而韓遂亡。則其險雖不足恃，然亦所繫匪淺矣。《元和志》：故城在汜水縣東南（原注：《括地志》作西南。洪亮吉曰在西北。）二里，今屬開封府。《地理通釋》：鞏與成皋，中分洛水，西爲鞏縣，東則成皋，後魏併焉。」（《國策地名考》十四。）此乃天所以資漢。句末《史》有「也」字。方今楚易取，而漢反卻，自奪其便，卻，退；奪，失也。《漢書》無「其」字。《史記索隱》云：「以言不取敖倉之粟，是漢卻，自奪其便利也。」師古曰：「不圖進取，是爲自奪便利也。」臣竊以爲過矣。過，失也，謂失計也。且兩雄不俱立，楚漢久相持不決，百姓騷動，騷，不安之貌。海内摇蕩，摇蕩，諭無所主，人不得安，如物之摇摇然靡有定也。農夫釋耒，言不得耕。師古曰：「耒，手耕曲木。」案：《説文·耒部》：「耒，手耕曲木也。」顔注本此。段本依《廣韻》删手字，注云：「《考工記》：車人爲耒，庛長尺有一寸，中直者三尺有三寸，上句者二尺有二寸，自其庛，緣其外，以至於首，以弦其内，六尺有六寸。注云：庛，讀爲棘刺之刺，刺耒下前曲，接耜；緣外六尺有六寸，六尺應一步之尺數。按雖多云耒耜，據鄭説，耒以木，耜以金，沓於耒刺。京房云：耜，耒下耓也；耒，耜上句木也。許《木部》耜作梠，耒耑也，耕犂也。許説與京同，與鄭異。鄭本《匠人》謂犂爲耜，統言之也；許分别金謂之犂，木謂之梠，析言之也。」案：段説是。女工下機，「工」，《漢書》作「紅」。師古曰：「紅讀曰工。」案：《漢書》女工字多作紅，蓋通用字。下，落也，落機，言不得織。天下之心，未有所定也。願陛下急復進兵，「陛下」，兩書作「足下」，是。此追書之辭，斯時高祖尚未正帝號也。收取滎陽，取其地。據敖倉之粟，「倉」，《漢書》作「庾」。師古曰：「敖庾，即敖倉。」案：漢之勝楚，在兵多食足，而以得敖倉爲其根據，又堅守滎陽成皋，以固三秦門户，進可戰，退可守。漢之有滎陽成皋，猶秦之有河西也。酈生數語，指大勢如運諸掌，厥後漢一天下之規，不外乎此。塞成皋之險，不許楚兵至此，塞其要道也。杜太行之路，「太」，《史》作「大」，《漢書》同此。「路」，二書作「道」，誼同。《史記集解》韋昭曰：「在河内野王北。」師古曰：「太行，山名，在河内野王之北，上黨之南。」程恩澤曰：「案《漢志》河内郡野王縣西北有太行，山陽縣西北有東太行山。（原注：山陽在野王之東，故稱東。）《吕氏春秋》：天下九山，太行其一。（原注：《列子》作太形山，《淮南子》作五行山，又名王母山，亦名女媧山。光瑛案：《列子》作太形，《淮南》作五行，可見行讀如字。顔注《酈食其傳》音胡剛反，非是。）《河圖括地象》：太行，天下之脊。《隋志》丹川縣有太行山，《括地志》太行山在河内縣北二十里，《元和志》在晉城縣南四十里，《金史·地理志》濟源縣有太行山，以沁水爲界，西爲王屋，東爲太行。朱子曰：太行山一千里，河北諸州，皆旋其趾，（趾當作止。）潞州上黨，在山脊最高處。胡渭曰：自古言太行者，皆在漢河内、上黨二郡，唐懷、澤、潞三州之境。蓋此山實起於濟源，迤而東北，入山西界，跨陵川、壺關、平順、潞城、黎城、武鄉、遼州、和順、樂平、平定，以及直隸之井陘、獲鹿，河南之輝縣、武安等處，延袤千餘里，然亦至此而止耳。後世沿《述征記》之説，謂太行山北迄幽州，有數千里之遠，其實不然。戴震曰太行北達發鳩，西以沁水爲界，東以丹水爲界，昔人謂連亘河北諸州，非也。考河北八陘，起西南，迤而東北。軹關之山，其脈來自太岳，與太行中隔沁水；白陘之山，其脈自發鳩，别而東，與太行東隔丹水；井陘滏口之山，其脈自清漳之原沾領，别而東，與白陘中隔漳水；飛狐、蒲陰之山，其脈來自北岳，與井陘中隔滹沱；軍都之山，（原注：張宗泰曰：軍都山即居庸關，見顧亭林《昌平山水記》。）其脈來自大同府之外陰山，别而東，與蒲陰中隔桑乾水。特以太行尤箸，或稱太行八陘耳。非謂軹關以北，軍都以南，皆可謂之太行也。（原注：大意本《禹貢錐指》，惟胡謂滏口以南四陘實太行山，井陘尚可通稱，飛狐、蒲陰、軍都，北隔恒山，斷難叚借，與此小異。）叚實言之，在今山西鳳臺縣南三十里，河南河内縣北二十里。」（《國策地名考》十三。）案：言太行者，以胡渭之說爲最覈，此所引雖不全，然參採衆說，足資鉤考，故備録之。至胡說詳所箸《禹貢錐指》，仍可覆案也。**距蜚狐之口**，距當作歫，此止距字，攻歫字從止。「蜚」，《漢書》作「飛」，是。古書多叚蜚爲飛，《說文》作𧕿，臭蟲負蠜也，非此本字。《史記集解》如淳曰：「上黨，壺關也。」案：蜚狐在代郡西南。《正義》曰：「蔚州飛狐縣北百五十里，有秦漢故郡城，西南有山，俗號爲飛狐口也。」案：《集解》說本於臣瓚，師古注引如淳及瓚注，而是瓚說，謂壺關無飛狐之名，是也。晉《地道記》曰：「北方之險，有盧龍、飛狐、句注爲之首，天下之阻，所以别内外也。」顧氏祖禹《讀史方輿紀要》曰：「蔚州山川險固，關隘深嚴，控燕晉之要衝，爲邊垂之屏蔽，飛狐形勝，實甲天下。」又曰：「今蔚州廣昌縣，古飛狐口也，漢置廣昌縣，屬代郡。後漢屬中山國，曹魏封樂進爲侯邑，晉屬代郡，後廢。後周於五龍城復置廣昌縣，隋仁壽初，改曰飛狐縣，屬易州。唐初寄治易州之遂城縣，遥屬蔚州，貞觀五年，復舊。宋曰飛狐軍，遼復爲飛狐縣，金元因之，明初復改廣昌縣，編户千里。」又曰：「飛狐城今縣治，相傳卽古飛狐道，自隋至元，皆曰飛狐縣。明初始復爲廣昌縣，縣城洪武七年、嘉靖三十七年增修，周三里有奇，爲蔚州南面之險。《通志》云：城東十五里有紂王城，相傳比干爲紂所築，中有比干廟。」（卷四十四。）梁玉繩曰：「《何義門讀書記》云：此似後人依託之語，時漢已虜魏豹，擒趙歇，河東河内河北，皆歸漢，何庸復杜太行之道，以示諸侯形勢乎。燕趙已定，卽代郡飛狐，亦非楚人所能北窺，無庸距守；壺關，近太行道，何庸杜此兼距此乎。與當時事實闊遠。余謂斯乃秦人規取韓趙舊談，酈生乃戰國説士餘習，滕口言之，其說高帝，說齊王，皆用此語。而胡三省則曰：此酈生形格勢禁之說也。蓋據敖倉，塞成皋，則項羽不能西；守白馬，杜太行，距蜚狐，則河北燕趙之地，盡爲漢有，楚安所歸乎。」案：何氏解飛狐，仍主壺關之謬說，不一深考，似並未見顏注，殊不可解。胡說是，惟胡注梁大通二年爾朱榮請發蠕蠕兵，東趣下口，以躡盜背，以下口爲卽飛狐口，則非。顧炎武《日知録》已辨之。（謂居庸關下口，濕餘水南流出關之處。）以非本文所言，故不引。守白馬之津，《戰國秦策·張儀說秦王章》：「決白馬之口，以流魏氏。」高注：「白馬，津名。」齊召南曰：「白馬縣，屬東郡，大河所經，其西岸卽黎陽也。」程恩澤曰：「《漢志》東郡有白馬縣，《開山圖》曰：白馬津東可二十許里，有白馬山，因以名縣及津。白馬濟津之東南，有白馬城，衛文公東徙渡河，都之，故濟取名焉。《水經注》：《竹書紀年》梁惠成王十二年，楚師出河水，以水長垣之外。金堤（原注：在白馬界，今在濬縣西南。）既建，故渠水斷，尚謂之白馬瀆。又云：梁取枳道及鄭鹿，鄭鹿卽是城，亦曰鹿鳴津。（原注：王應麟曰白馬津在鹿鳴城之西南隅。）胡氏曰：河自黎陽遮害亭決而東北流，過黎陽縣南，河之西岸爲黎陽界，東岸爲滑臺界，其津口爲白馬津。（原注：《通典》於黎陽下曰：有白馬津。移河南之津於河北，《通雅》從之，非是。）今在河南衛輝府滑縣北，（原注：一作西。）舊爲大河津渡處。」（《地名考》卷十。）以示諸侯形制之勢，「諸侯」下《史》有「効實」二字。師古曰：「以地形而制服也。」胡三省《通鑑》注：「謂因地形而據之，以制敵。」案：此謂示諸侯以形相制之勢。觀此語，可知杜太行、守白馬、距飛狐，皆所以示天下形格勢禁之意，以絶覬覦者之心。蓋天下未定，狡焉思逞者實繁有徒，不必因有燕趙，始當如此也。況爾時成皋尚爲楚守，敖倉未得，安見燕趙之地，克以指揮坐定者。酈生數語，亦非目前實事，何說不但膠執，且讀書未細。則天下知所歸矣。」知天下大勢在漢，則皆來歸附也。《史》、《漢》「矣」字下直接下章「方今」一段。官本《漢書》考證引司馬光云：「《史》、《漢》皆以食其勸取敖倉及請說齊爲一事，獨劉向《新序》分爲二，《新序》是。」王氏先謙

《漢書補注》云：「案據《高紀》，三年九月，項羽使曹咎守成皋，自引兵東擊彭越，漢王使食其說齊連和。四年，冬十月，韓信破齊，齊烹食其，漢破曹咎，就敖倉食，先後次第如此。是食其說漢王二事，並在三年九月，《史》、《漢》合之，未爲非也。」案：王說亦有理，然究以分屬兩事爲長，學者詳之。漢王曰：「善。」乃從其計畫，以下數句，《史》、《漢》接下段「稱東藩」後。「漢王」作「上」，又無「計」字，與此所叙異也。復守敖倉，王先謙《漢書補注》云：「時尚未得，云復守者，究言之。」案：敖倉舊有守兵，楚人拔滎陽，不復堅守，故究言之稱復也。卒糧食不盡，食之無盡，言其多也。盡，竭也。以擒項氏。自此句以下，中壘之詞。漢所以勝，楚所以敗，不外食足與不足之分而已。其後吳、楚反，將軍竇嬰、周亞夫，竇嬰，竇太后從兄子。亞夫，勃之子，討吳楚時，謂人曰：「吾據滎陽，滎陽以東，無足憂者。」復據敖倉，塞成皋如前，以破吳、楚，如高帝之前事，謂搞守滎陽、成皋，委梁以予吳楚也。事詳《周亞夫傳》。皆酈生之謀也。言詒謀所及者遠，故亞夫之功，亦歸酈生。此卷多記開國時事，於攻取成敗之迹，尤三致意焉，見祖宗創業之不易，所以儆成帝也。末二章記中葉時事，亦治亂關鍵，餘皆似此。

5 酈生說漢王曰：各本連上爲一章，宋本提行。盧文弨曰：「當提行。」案：九、十二卷，標題「善謀」，每章多言某人之謀也作收。上章云「皆酈生之謀也」，文勢明作一結，此句再以「酈生說漢王曰」領起，亦明是別爲一章，自應提行爲是。後人見《史》、《漢》將兩章事合爲一，遂併而同之，不知本書文起結分明，不必與《史》、《漢》合也。《通鑑考異》謂劉向以勸取敖倉，及請說齊，分爲二事者，是。故《通鑑》以「又說王曰」四字間斷前文，是溫公所見《新序》，記二事不同一章，且取其說，以爲勝於《史》、《漢》矣。今從宋本提行，以復本書之舊。「方今燕趙已復，復，收復也，時韓信已定燕趙。」《史》、《漢》「復」作「定」，以此句直接上章「知所歸矣」下，合爲一事。（説見上。）「已」，《漢書》作「以」，古已以字同，詳四卷《晉平公問叔向章》注。一本仍作「已」字。唯齊未下，下，降也。時漢初定燕趙，未用兵於齊，酈生欲自以爲功，故云。今田横據千里之齊，「横」，二書作「廣」。盧文弨曰：「當作廣，下同。」案：横與廣字本通用，然《史記·田儋傳》云：「田榮叛楚，兵敗，走平原，爲人所殺。其弟横，（此即亡命之田横。）收散兵，得數萬人，復收得齊城邑，立榮子廣爲齊王，而相之，專國政，政無巨細，皆斷於相。横定齊三年，漢王使酈生往説下齊王廣，及其相國横，横以爲然，解其歷下軍。」又曰：「韓信破齊歷下軍，入臨淄，齊王廣相横怒酈生賣己，而烹酈生」，則當時廣雖爲君，而政決於横，故《史》於酈生進説及死事，皆連書横名，至聽信酈生之説，則但書横以爲然，而不及廣。是即依此文作横，亦無不可，不必定與《史》、《漢》合也。田閒將二十萬之衆，軍於歷城，田閒，齊相田角之弟，爲田假臣。田榮逐假，立田市爲王，閒時使趙，不敢歸，至酈生説齊時，榮死已久矣。故王先謙《漢書補注》曰：「劉攽云：此時何緣更有田閒。」案：《田横傳》乃是田解，《横傳》云「齊使華毋傷、田解軍歷下，以距漢」，是也。「將」，各本作「據」，宋本亦然。此涉上文據字而譌，今從二書改正。「衆」字各本奪，宋本亦然，二書並有「衆」字，依文誼不可省，（盧校亦云：「今本脱。」）今依二書補。「城」，《史》作「下」，歷城卽歷下。張揖曰：「歷下，濟南歷山之下。」胡三省曰：「余據《酈食其傳》曰，軍於歷城，則歷下卽濟南郡歷城。」案：胡説是。今山東濟南府歷城縣治。今田宗彊，「彊」，各本作「強」，今從宋本。負海，《漢書》下有「岱」字。阻河，濟南近楚，民多變詐，「民」，《史》作「人」。《漢書》「人」上更有「齊」字。宋祁曰：「人疑作民。」案：作人者，避唐諱改。依《漢書》，則以薄海岱爲句，阻河濟爲句，（謂河水、濟水也。）南近楚爲句，齊人多變詐爲句。本書及《史》無「岱」字「齊」

字，則以負海阻河爲句，濟南近楚爲句，民多變詐爲句。觀顏注云：「背，負也；岱，泰山也。」注在濟字下，可知從濟字絶句也。《漢書》文誼爲長，疑本書及《史》脱去「岱」字。蓋此通論齊南地人多詐，由近楚地，習染使然，非專指濟南一處。《漢書》「齊」字亦衍，因人本作民，避諱改作人，與上楚字相連，或恐誤讀，以爲楚人多變詐，故注齊字於旁，以明謂齊人也。傳寫時併入正文，遂作齊人矣。宜據本書及《史》删「齊」字，本書及《史》又宜據《漢書》補「岱」字。陛下雖遣數十萬師，「陛下」，二書作「足下」。未可以歲月下也。「下」，二書作「破」。臣請奉明詔説齊王，令稱東藩。」「請」下二書有「得」字，「令稱東藩」，二書作「使爲漢而稱東藩」。藩，藩屏也。古者衆建諸侯，以藩衛王室，故諸侯稱於天子曰藩。《趙策》「魯仲連曰：東藩之臣田嬰齊。」齊在東方，故爲東藩也。於是使酈生食其説齊王曰：《史》作「而使酈生説齊王曰」。《漢書》「酈生」作「食其」。疑本書文本止有酈生或食其二字，後人據《史》、《漢》異文，校識於旁，傳寫時混入正文，遂以酈生食其四字連用矣。「王知天下之所歸乎？」《説文解字》曰：「王，天下所歸往也。」王曰：《漢書》無「王」字。「不知也。」曰：「王知天下之所歸，《漢書》無「王」字。則齊國可得而有也；謂可以保守。若不知天下所歸，「所」上二書有「之」字，疑此奪。則齊國未可保也。」二書「則」作「卽」。卽則一聲之轉，誼同，古書多互用，詳見《經傳釋詞》。「可」下《史》有「得」字，《漢書》從此文删。齊王曰：「天下何歸？」「何」下《史》有「所」字，《漢書》從此文删。曰：「歸漢。」《漢書》作「食其曰，天下歸漢」。王曰：《史》無「王」字，《漢書》「王」上有「齊」字。「先生何以言之？」言何所見而云然。曰：「漢王與項王戮力西面擊秦，面，向也。下章「陛下南嚮」，《史》作「向」，《漢》作「面」，二字誼同，作嚮字俗。約先入咸陽者王之，懷王與諸將約也。咸陽，秦都，注見前。**漢王先入咸陽，項王倍約不與，**「倍」，《史》作「負」，《漢》作「背」。倍背古字通，凡反倍字作倍，向背字作北，此常依本書作倍爲正，參二卷《甘茂章》注。古輕脣音讀重脣，故負讀如背。凡負字之誼，悉與背同，如勝負字亦曰北，（卽古背字。）負德又曰背德。錙負之音，今北方猶讀如背。同訓之字，一誼通，而別誼與之俱通，此訓詁之一例，學者不可不知也。不與，謂不以關中封漢王。**而王之漢中。**「之」字各本奪，宋本亦然。案：《史》、《漢》皆有，依文誼不可省，今據二書補。**項王遷殺義帝，**注見前。**漢王起蜀漢之兵擊三秦，**「漢王」下《史》有「聞之」二字，《漢書》從此文刪。三秦，雍翟塞三王，見《韓信說漢王章》注。《漢書・高帝紀》：「元年夏五月，漢王引兵從故道出擊雍，雍王邯迎擊漢陳倉，兵敗，還走；戰好時，又大敗，走廢丘。漢王遂定雍地，東如咸陽，引兵圍廢丘，而遣諸將畧地。秋八月，塞王欣、翟王翳皆降。漢二年，夏六月，引水灌廢丘，廢丘降，邯自殺。」是定三秦之事也。**出關而責義帝之處，**責問義帝所在也。《漢書・高帝紀》：「漢王至洛陽，新城三老董公遮說漢王曰：臣聞順德者昌，逆德者亡，兵出無名，事故不成。故曰：名其爲賊，敵乃可服。項羽爲無道，放殺其主，天下之賊也。夫仁不以勇，義不以力，三軍之衆，爲之素服，以告之諸侯，爲此東伐，四海之內，莫不仰德，此三王之舉也。漢王曰：善。於是爲義帝發喪，袒而大哭，哀臨三日，發使告諸侯曰：天下共立義帝，北面事之，今項羽放殺義帝江南，大逆無道，寡人親爲發喪，兵皆縞素，悉發關中兵，收三河士，南游江漢以下，願從諸侯王擊楚之弒義帝者。」是其事也。《漢書》「處」上有「負」字，宋祁曰：「或無負字。」王念孫曰：「無負字是，安一負字，誼不可通，此涉下文殺義帝之負而衍。《史記》、《新序》皆無負字。」案：王說是也。**收天下之兵，**《漢書・高紀》：「二年，夏四月，田榮弟橫，收得數萬人，立榮子廣爲齊王。羽雖聞漢東，既擊齊，欲遂破之，而後擊漢，漢王以故得劫五諸侯兵東伐楚。」此云收天下之兵，正指此事。立諸侯之後，案：酈生勸漢王立六國後，高帝將從之，内張良之諫而止，（事見後章。）是漢未嘗立六國後也。王先謙《漢書補注》以此爲設辭，予謂此述預定計畫耳。一曰：六國後或自立，或受楚封，後從漢伐楚，漢因而撫之。然酈生之詞，多屬未然之事，故以述預定計畫之説爲長。（參後注。）降城即以侯其將，得賂即以予其士，下「即」字《漢》作「則」，則即聲轉通用。（注見前。）「予」，二書作「分」。《爾雅·釋詁》：「予，賜也。」士，士卒也。與天下同其利，承上文二言，不私利於身。豪傑賢才，「傑」，宋本、嘉靖本、鐵華本作「桀」，諸本多同，惟何本作「傑」。案：《説文·人部》：「傑，勢也，材過萬人也，从人，桀聲。」是字以作傑爲正，桀省借字，今從何本。《史》、《漢》皆作「英」。皆樂爲其用，「其」，二書作「之」。案：其訓之，之亦訓其，詳王引之《經傳釋詞》之其二字下。《左氏僖二十八年傳》：「公知其無罪也，枕之股而哭之。」上之字訓其，（因避上其字故云之。）與晏子枕尸服而哭事同。杜注云：「公以叔武尸枕其股。」斯無理矣，猶未知其之互訓故也。王氏未舉此事。故附著之。諸侯之兵，四面而至，蜀漢之粟，方船而下。《索隱》曰：「方船，謂並舟也。」《戰國策》曰：「方船積粟，循江而下也。」師古曰：「方，併也。」案：《索隱》説本小顏。《説文·方部》：「方，併船也，象兩舟省總頭形。」《詩·谷風》「方之舟之」，《漢廣》「不可方思」，皆用本誼。後世復出汸字，以當併船之方，俗也。方又與旁通，《尚書·堯典》「共工方鳩僝功」，《説文·辵部》述字注引作「旁述孱功」；《皋陶謨》「方施象刑」，（今本在《益稷篇》。）《白虎通義·聖人篇》引作「旁施象刑」。其他甚多，不備舉。旁並聲轉字通，《史記》旁海多作並海，（如《始皇紀》並海上北至琅邪之類。）此展轉叚借字。一曰：「方，放也。」《書·堯典》「方命圮族」，《漢書·傅喜傳、朱博傳》方皆引作放。《孟子·梁惠王下篇》「方命虐民」，趙

注：「方，猶放也，放棄不用先王之命，但爲虐民之政。」《周禮・夏官・方相氏序官》注：「方相，猶言放想。」《莊子・天地篇》「有人治道若相方」，釋文：「方，本亦作放。」是方放字通，謂放舟而下也。其説雖通，但以舊解誼爲長。項王有倍約之名，「倍」，《漢》作「背」，説見前。殺義帝之實，二書「實」作「負」。案：實與名對，當從本書作實爲是，因負實下半形似致譌。所以二書並誤者，一書誤，而後人並據以改未誤之書故也。幸本書文未誤，可校正爾。於人之功無所記，於人之過無所忘，「過」，二書作「罪」。師古曰：「言項羽吝爵賞而念舊惡。」戰勝而不得其賞，拔城而不得其封，非項氏莫得用事，言惟用其宗族也。韓信所謂以親愛王諸侯，不平諸侯之見，亦似此。楚自春秋以來，令尹司馬皆用王族，項氏世爲楚將，明見其然，故有此失，不明因時之誼也。「莫得」之「得」，本作「能」，今從宋本，與《史》、《漢》合。師古曰：「唯任同姓之親。」是也。爲人刻印，刓而不能授，「刓」，《漢書》作「玩」，閩本仍作「刓」。孟康曰：「刻斷無復廉鍔也。」臣瓚曰：「明吝於爵賞，玩惜侯印，不能以封其人。」師古曰：「《韓信傳》作刓，此作玩，其義各通，孟説非也。」《史記索隱》：「案郭象注《莊子》云立法而刓斷無圭角，《漢書》作玩，言玩惜不忍授人。」案：孟説是，瓚説非，説見《韓信説漢王章》注。小司馬云《漢書》作玩，是所見與顔注本同。《羣書治要》引此文作「刓」，蓋别一本。玩刓俱從元聲，古通用。《史記集解》引孟注刻斷作刓斷，是也。小顔是其所非，而非其所是，可謂無識。攻城得賂，積財而不能賞，《史》無「財」字。王氏《漢書補注》云：「爲人刻印，玩而不能授，攻城得賂，積而不能賞，四句相對爲文，財字羨文，不當有。」案：本書亦有「財」字，王説非。以文法論，攻城得賂，不與爲人刻印對，上句既不對，下句亦不必對。王氏未檢勘本書故耳。天下畔之，畔與叛同，古書多叚畔爲叛。賢才怨之，「才」，《漢》作「材」，亦通借字。而莫

為之用。如陳平、韓信之屬是也。故天下之事，二書「事」作「士」，古士事字通。《說文·士部》：「士，事也。」經典傳注，以事訓士者，不可勝數。《荀子·致仕篇》：「定其當而當，然後士其刑賞而還與之。」楊倞注：「士當為事。」《呂氏春秋·任地篇》「子能使吾士靖而甽浴乎」，高誘注：「士當作事。」皆其證也。或曰：此文以本字讀之，天下之事，謂廢興之事也。（如云天下事未可知，及天下事可知矣之類。）亦通。歸於漢王，可坐而策也。策，計也；計，猶料也。夫漢王發蜀漢，定三秦，涉西河之外，涉，過也。《通鑑》胡三省注曰：「河自砥柱以上，龍門以下，為西河。」乘上黨之兵，「乘」，二書作「援」。師古曰：「援，引也。」《輿地廣記》：「秦上黨郡，今澤、潞、遼州、平定、威勝軍之地。」案：上黨，戰國韓之別郡，遠韓近趙，後卒歸趙，秦置郡。今山西潞安府、澤州府、遼州、沁州，及河南彰德府、武安、涉縣，直隸廣平府之磁州，皆其地也。《釋名》：「黨，所也，在山上，其所最高，故曰上黨。」《志》云：郡地極高，與天為黨，故名上黨。非是。」戰國時上黨本全韓有，後乃分屬趙魏。下井陘，《漢志》：「常山郡石邑縣西有井陘，太行第五陘也。《穆天子傳》天子獵於鈃山，即此。」鈃山又作陘山。《秦策·陘山之事章》高注：「陘山，蓋趙井陘塞。」是也。鈃陘音近通用。《呂子》、《淮南子》皆云：「天下九塞，井陘其一。」《韓信傳》：「李左車云：井陘之道，車不得方軌，騎不得成列，最為趙之險塞。」《元和志》云：「井陘一名土門，在縣東南八十里，其口在縣南十里，四面高，中央下，如井，故曰井陘。」今直隸正定府井陘縣東北五十里，東接獲鹿縣界，西接山西平定州界，為兵家之要隘。誅成安，成安君陳餘也，事見《韓信傳》。《史》、《漢》句末並有「君」字。《史記·淮陰侯傳》、《漢書·蒯通傳》載通說信之詞，亦有下井陘誅成安君二語，此連上下文俱三字為句，故省之耳。破北魏，《索隱》：「北魏，謂魏豹，豹在河北故也；亦謂西魏，以大梁在河南故也。」師古曰：「謂魏豹也，梁地既有魏名，故謂此爲北」案《漢書・魏豹傳》曰：「羽封諸侯，欲有梁地，乃徙豹於河東，都平陽，爲西魏王，是亦謂之西魏也。大梁於安邑爲東，故稱北也。」《豹傳》又曰：「豹從擊楚彭城，漢王敗還至滎陽，豹請視親病，至國，則絶河津，畔漢。漢王遣韓信擊豹，虜之，傳詣滎陽，以其地爲河東太原上黨郡。」《韓信傳》曰：「漢王使酈生説豹，豹不聽，乃以信爲左丞相，擊魏。信問酈生：魏得毋用周叔爲大將乎？曰：柏直也。信曰：豎子耳。遂進兵擊魏，魏盛兵蒲反，（阪同，俗作坂。）塞臨晉。信乃益爲疑兵，陳船，欲度臨晉，而伏兵從夏陽，以木罌缶度軍，襲安邑。豹驚，引兵迎信，信遂虜豹，定河東。」是破北魏之事也。 **舉三十二城，** 舉，取也、拔也。《孟子・梁惠王下篇》「五旬而舉之」，趙注：「言五旬未久而取之。」此以取訓舉也。《齊策》「三十日而舉燕國」，高誘注：「舉，拔也。」《史記・蘇秦傳》「五日而國舉」，《索隱》：「舉，猶拔也。」 **此蚩尤之兵，** 蚩尤，《周禮・肆師》注作蚩蚘，（《路史・後記》八作蚩郵，皆通字。）姜姓，炎帝之裔，黄帝伐而滅之。《漢表》列九等下下。梁玉繩《人表考》曰：「案《高帝紀》注：應劭曰：蚩尤，古天子。臣瓚引《大戴記・用兵》曰：庶人之貪者。（原注：《肆師》疏貪作強。）考《五帝紀》云：神農氏衰，諸侯相侵伐，蚩尤最爲暴。《周書・嘗麥》云：赤帝命蚩尤于宇少昊。《越絶・計倪内經》云：黄帝使少昊治西方，蚩尤佐之，主金。《管子・五行》云：蚩尤明於天道，黄帝使爲當時。又《地數篇》言蚩尤受金制兵。則非庶人甚明。《呂刑》疏引鄭云：蚩尤伯天下。《莊子・盜跖》釋文云：神農時諸侯，始造兵。是已。而以其僭號炎帝，遂謂之天子。《呂刑》孔注及釋文，稱馬融以爲少昊末九黎君，殊妄。（原注：《呂子・蕩兵》注同。）蓋蚩尤帝冑之有才者，故任之以事，其後倡亂，則殺之。《周禮》疏所謂蚩尤與黄帝戰，亦是造兵之首也。《經史問答》疑有兩蚩尤，恐未必然。」（卷九。）鄒氏漢勛《讀書偶識》云：「蚩，無知也；尤，過也，古惡謚。經傳中蚩尤凡四：一炎帝末僭王，《左傳》遇黄帝與蚩尤戰於阪泉之兆，（案《左傳》無與蚩尤三字，阪泉亦非與蚩尤戰地，説見九卷《晉文章》注。）《逸周書》赤帝分正二卿，命蚩尤于宇少昊，此其一也。一黄帝六佐，《管子》黄帝得蚩尤，明乎天道，此人蓋先有功，後爲惡，如管蔡之比，故得惡謚，此其二也。《尚書》蚩尤作亂，延及於平民，馬融注：蚩尤，少昊之末九黎君名。釋文引高誘《國策》注：蚩尤，九黎君名。鄭康成《尚書》注：蚩尤伯天下，黄帝所伐者，學蚩尤爲此者，九黎之君，在少昊之代也。（原注：《書》疏引。）韋昭《國語》注：黎氏兄弟九人，蚩尤之徒。（原注：《書》疏有蚩尤之徒一句，今本無。）此其三也。張平子曰：凡讖皆云黄帝伐蚩尤，而《詩讖》獨以爲蚩尤敗，然後堯受命，此又堯前有蚩尤也。《史記》引《湯誥》曰：昔蚩尤與其大夫作亂百姓，帝乃弗予有狀，此《書》以禹、咎繇、稷三后之興，與蚩尤之敗並舉，蓋以一時之仁虐並衡，此其四也。」（卷二。）案：蚩尤本惡謚，蓋古有是人，爲黄帝所誅，後作亂爲惡者，亦並蒙此稱，如羿、扁鵲、盜跖之類，決非一人。梁氏斥馬融以爲九黎君之説爲妄，亦非也。「蚩尤」，《漢書》作「黄帝」，句末有「也」字。梁氏《史記志疑》引翁孝廉云：「酈生以蚩尤比漢王，毋乃失辭。（原注：《新序》同。）《漢書》改作黄帝，是。」周氏壽昌《漢書注校補》曰：「黄帝，《史記》作蚩尤，皆古之主兵者，故高帝起兵，祠黄帝、祠蚩尤於沛廷。此言黄帝，《史》言蚩尤，初無區別。」案：梁、周二説皆非。蚩尤之兵，猶云蚩尤之役之兵，即黄帝誅蚩尤之兵也。《左氏成二年傳》曰：「此城濮之賦也。」謂城濮之役之賦，與此句法相似，古人文法多如此，梁引翁説，以爲失辭，固未體認語氣。周説亦太混含。《漢書》作「黄帝」，字異意同。**非人之力也。**《漢書》無「也」字。二書此下有「天之福也」一句。**今已據敖倉之粟，**「敖」，衆本作「厫」，非，注見前章，今從宋本。（嘉靖本、鐵華本並作敖。）「倉」，《漢書》作「庾」。案：酈生説齊，在漢三年秋九月。漢破曹咎，就敖倉食，在四年冬十月。此時安得據敖倉粟耶，蓋言預定計劃云爾。塞成皋之險，此時成皋亦未攻下，皆説士誇大之詞。蓋緣漢已破魏收燕趙，成皋、敖倉與齊消息隔斷，故漫言預定之計以脅之爾。猶管仲對屈完言東至於海，爾時齊未滅萊，東面尚未至海，楚境亦不及南海，皆爲大言以自張聲勢，自古皆有之矣。守白馬之津，杜太行之阪，「阪」，《漢書》作「阸」。距蜚狐之口，「蜚」，《漢》作「飛」，是。天下後服者先亡矣。言先服漢，乃可圖存，後服，則漢先滅之。《公羊傳》曰：「楚有王者則後服，無王者則先叛。」王疾下漢王，疾，速；下，降也。《史》「疾」下有「先」字。齊國社稷，可得而保也；保，保存也。不下漢王，危亡可立而待也。」立待，言速。《左傳・成十六年》：「若唯鄭叛，晉國之憂，可立俟也。」《孟子・告子下篇》：「其涸也，可立而待也。」《戰國・秦策》：「趙良説商君曰：亡可翹足而待。」田横以爲然，「横」，二書作「廣」。即聽酈生，「即」，二書作「迺」。罷歷下兵戰守之備，「戰守之備」，《史》、《漢》作「守戰備」。歷下，即歷城，注見前。日縱酒，《史記》句首有「與酈生」三字，《漢書》作「與食其」。本書以下句言酈生，避複，故去此三字，此行文之法也。師古曰：「日日縱意而飲酒。」此酈生之謀也。叙本事止此，以下終言之。及齊人蒯通説韓信曰：《漢書・蒯通傳》曰：「蒯通，范陽人。」(今直隸保定府定興縣南四十里。)此云齊人者，蓋范陽漢屬涿郡，舊燕地，通本燕人，後游於齊，爲齊人，故高祖亦云齊辯士蒯通也。《韓詩外傳》七：「客謂匱生：」即蒯生，蒯匱一音之轉，古字通用。通本名徹，《史》避武帝諱，改爲通也。「足下受詔擊齊，何故止？《史記・淮陰侯傳》曰：「拜韓信爲相國，收趙兵未發者擊齊，信引兵東，未渡平原，聞漢王使酈食其已説下齊。韓信欲止，蒯通云：何故止也。案：通意欲信據有全齊，鼎足而居，己得乘閒取富貴耳。否則齊已降服，何煩用兵。後信破齊自王，未必非通嗾使之，通真不仁之尤哉。

將三軍之衆，不如一豎儒之功，「豎」本作「竪」，俗，今從宋本。可因齊無備，擊之。」《淮陰侯傳》曰：「范陽辯士蒯通，(下又言齊人蒯通。)説信曰：將軍受詔擊齊，而漢獨發間使下齊，甯有詔止將軍乎，何以得毋行也。且酈生一士，伏軾，掉三寸之舌，下齊七十餘城，將軍將數萬衆，歲餘，乃下趙五十餘城。爲將數歲，反不如一豎儒之功乎。」其詞較此爲詳，可參證。韓信從之，酈生爲田横所害。「横」，二書作「廣」。《淮陰侯傳》曰：「於是信然之，縱其計，遂渡河。齊已聽酈生，卽留縱酒，罷備漢守禦，信因襲齊歷下軍，遂至臨菑。齊王田廣以酈生賣己，亨之，而走高密。」又《酈食其傳》曰：「齊王田廣聞漢兵至，以爲酈生賣己，乃曰：汝能止漢軍，我活汝，不然，我將亨汝。酈生曰：舉大事不細謹，盛德不辭讓，而公不爲若更言。齊王遂亨酈生，引兵東走也。」後信、通亦不得其所，信後被誅，具五刑，夷三族。通後爲曹參客，亦不甚通顯。故云不得其所。由不仁也。敍信、通之事以示戒也。光瑛曰：兵凶器，戰危事，不得已而用之。酈生以口舌下齊七十餘城，不煩兵而得地，百姓之福也。何居乎信、通之必欲黷武以邀功乎。黷武必殘民，己雖有功，而百姓之死鋒鏑轉溝壑者，不可勝數矣。非惟不仁，抑又不武。何則，敵已約降，乘其無備而取之，非武也。提三軍之衆百戰之師，周旋無戰鬥能力之民，非所以爲功也。一言而干天地之和，戕萬人之命，謚之曰不仁，不亦宜乎。

6漢三年，項羽急圍漢王滎陽，《漢書·張良傳》「王」下有「於」字，此與《史記·留侯世家》同。盧文弨曰：「一作榮，譌。」案：從木固謬，從水亦非，説見前注。羽圍滎陽，在漢三年夏四月，漢王請和，割滎陽以西者爲漢。范增勸羽急攻滎陽，漢王患之，乃用陳平反間計，疑增於羽，增大怒而去。紀信僞爲漢王，降楚，漢王得與數十騎出西門遁，卽此時事也。漢王恐憂，《漢書》作「憂恐」，此與《史》同。與酈生謀撓楚權。「生」，二書作「食其」。「撓」，皆作

「橈」。師古曰：「橈，弱也，音女教反。」其字從木。案：《説文・木部》：「橈，曲木也。」引申爲凡曲之稱。段玉裁曰：「見《周易》、《考工記》、《月令》、《左傳》，古本無從手撓字，後人臆造之，以別於橈，非也。」光瑛考：《説文・手部》自有撓字，訓擾，與此誼別。酈生曰：《史》作「食其曰」。「昔湯伐桀，封其後於杞，《漢書》無「於」字。杞國於雍丘，今河南開封府杞縣；成公遷緣陵，在今山東青州府昌樂縣東南五十里；文公遷淳于，在今青州府安丘縣東北三十里。其雍丘之地，後人於宋，見《左氏哀九年傳》。武王伐紂，封其後於宋。《漢書》無「於」字。宋國於商丘，今河南歸德府商丘縣境。今秦無德，《史記》「無」作「失」。宋祁注《漢書》云：「浙本德作道。」案：作道誤。弃義，「弃」，各本作「棄」，宋本、嘉靖本、鐵華本作「弃」，今以宋本爲主，故從之。此處以德義並言，故下文亦云戴德慕義，（《漢書》作戴陛下德義。）知浙本德作道非矣。侵伐諸侯社稷，滅六國之後，《漢書》將二句併作「伐滅六國」。使無立錐之地。《漢書》無「使」字。《説文・金部》曰：「錐，鋭器也。」《玉篇》：「錐，鍼也。」《左氏昭六年傳》：「錐刀之末，將盡争之。」注：「錐刀末，諭小事。」古人每以錐諭小，此言錐小如鍼，無地可立也。《史記・滑稽傳》：「優孟曰：孫叔敖子無立錐之地。」《漢書・枚乘傳》曰：「舜無立錐之地，以有天下。」陛下誠復立六國後，「誠」下《史》有「能」字，句末有「世」字。畢已授印，各本作「畢授印已」。宋本如此，與《史記》合，今從之。《漢書》無此句。周壽昌曰：「《史》作畢已授印，與下刻印銷印相照應，《漢書》删去。」此君臣百姓，必皆戴陛下德，「此」下《史》有「其」字，「德」上有「之」字。《漢書》作「此皆爭戴陛下德義」。周壽昌曰：「高帝五年卽皇帝位，此三年猶爲漢王，陛下之稱，史臣追書之。」案：周説是也。莫不嚮風慕義，「嚮」，《史》作「鄉」，叚借字，當作向，嚮字俗。《説文・宀部》：「向，北出牖也，从宀，从口。」引申爲向背字，經典多以鄉爲之。嚮鄉字又當作鄉，作向非。《漢書》無此句。願爲臣妾。司馬相如《告諭巴蜀檄》云：「喁喁然皆鄉風慕義，欲爲臣妾。」語本此。德義已行，承德義二字。陛下南嚮稱霸，《史》「嚮」作「鄉」，說見前。霸，當作伯。《漢書》無上二字，「嚮」作「面」，「霸」作「伯」。面，猶向也，說見前。楚必斂袵而朝。」「袵」，二書作「衽」，是，袵字俗。師古曰：「衽，衣襟也。」王念孫曰：「衽，謂袂也。《廣雅》：袂、衽，袖也；衽，袂也。此云斂衽而朝，《貨殖傳》，海岱之間，斂衽而往朝焉。是衽即袂也。《管子·弟子職篇》攝衽盥漱，又曰振衽掃席，《國策·趙策》攝衽抱几，《列女·母儀傳》文伯引衽攘捲而親饋之，皆謂袂也。」案：王說是，凡言斂衽者準此。今人斂衽爲婦女萬福之稱，非古誼也。（趙氏翼《陔餘叢考》云：「虞兆湰謂今世女人拜稱斂衽，而蘇軾《舟中聽大人彈琴詩》云：斂衽竊聽獨激昂。則男子亦稱斂衽矣。案《國策》江乙說安陵君曰：一國之衆，見君，莫不斂衽而拜。《史記·留侯世家》楚必斂衽而朝，《後漢書·和熹鄧后紀論》嗣主側目，斂衽於虛器，《新唐書·后妃傳序》《張后制》中，肅幾斂衽。皆就男子言之，不第見蘇詩也。元熊禾《題東坡集》云：東坡真天人，再拜當斂衽。則元時猶未以斂衽專屬之女人。」卷二。）今婦女之拜，古人已如此，見《釋名·釋姿容》。漢王曰：「善。趣刻印，師古曰：「趣，讀曰促。」案：《說文·走部》：「趣，疾也。」段注云：「《大雅》來朝趣馬，箋云：言其辟惡早且疾也。《玉篇》所引如是，獨不誤，早釋來朝，疾釋趣馬也。又濟濟辟王，左右趣之，箋云：左右之諸臣，皆促疾於事。《周禮》趣馬，大鄭曰：趣馬，趣養馬者也。趣養馬，謂督促養馬，古音七口反，音轉乃有清須、七句二反。後人言歸趣旨趣者，乃引申之誼，輒讀爲七句，以別於七苟，非古誼古音也。」案：趣促趨速，皆音轉字通。《荀子·哀公篇》趨駕，注：「趨讀爲促，速也。」趣之爲促，猶趨之爲促矣。《說文》以疾訓趣，與鄭箋同，疾亦速也。顏讀爲促，當亦兼有疾誼。趣趨促速四字，古書互用者甚多，詳五卷《東野畢章》注。先生因行佩之矣。」師古曰：「佩，謂授與六國使帶也。」案：行，猶往也，古書行往二字互訓者甚多，詳四卷《宋就章》注。先生因行佩之，謂刻成即往授印，使六國之君佩之也，顏注意是而詞未明。古人印皆佩身，至唐猶然。晉周顗云「取黄金印如斗大繫肘間」，繫即佩也。此風不知廢自何時。酈先生未行，未行，未往授印也。「酈先生」，《史》作「食其」。《漢書》無「先」字，足證生即先生之誼。張良從外來謁，良，字子房。《史記・留侯世家》：「留侯張良者，其先韓人。」《索隱》曰：「案王符、皇甫謐並以良爲韓之公族，姬姓也，秦索賊急，乃改姓名，而韓先有張去疾及張譴，恐非良之先代也。良既歷代相韓，故知其先韓人。顧氏案《後漢書》，張良出於城父，城父縣屬潁川也。」《括地志》曰：「張良墓在徐州沛縣東六十五里，與留城相近也。」《漢書》句首無「張」字，末有「漢王」二字，下句再疊「漢王」，領「方食」二字。此與《史》同，從謁字句絶。「來」字各本作「求」，宋本亦然。案：《史》、《漢》皆作「來」，「求」是形近之誤，今據二書改正。漢王方食，曰：「子房前，呼使來前。《戰國・齊策》：「齊宣王見顔斶曰：斶前。斶亦曰：王前。」《漢書》無此句。或以「前」字屬下讀，「子房」二字爲句，謂前時客有進此策者，於誼亦通。然《漢書》無此三字，從客字起，可見前是來前之誼，三字爲句。客有爲我計撓楚權者。」「撓」，二書作「橈」，説見上。盧校謂何本作「撓」，案：宋本亦如此，不但何本，各本亦都作撓，盧氏所見，必是從木作橈，但不審所據。具以食其言告之，具，備也。《史記》作「具以酈生語告於子房」，《漢書》作「具以酈生計告良」，語皆微異。曰：「其於子房意如何？」《史》作「曰何如」，《漢書》作「曰於子如何」。宋本《史記》上句作「具以酈生語告」，（與今本異，參上句注。）此作「曰於子房何如」，皆與今本異。王念孫《讀史記雜志》曰：「當從宋本。於子房何如者，猶言子房以爲何如也。《齊策》王斗曰：斗趨見王爲好勢，王趨見斗爲好士，於王何如。言王以爲當何如也。《趙策》趙王謂虞卿曰：「今者平原君爲魏請從，寡人不聽，其於子何如。」（案：此與本書本文句例正同。）言子以爲何如也。《史記·叔孫通傳》二世召博士諸儒生問曰：「楚戍卒攻蘄入陳，於公如何。」（原注：《漢書》作於公何如。）《吴王濞傳》上問袁盎曰：「今吴楚反，於公何如。」皆謂公以爲何如也，語意正與此同。《漢書·張良傳》作具以酈生計告良，曰於子房如何，《新序·善謀篇》作具以食其言告之，曰其於子房意如何。皆其明證矣。後人不解於子房何如之語，遂移於子房三字於告字之下，而讀具以酈生語告於子房爲一句。不知稱子房者，乃高祖之語，若史公記事之詞，則當稱張良，不當稱子房也。勿思甚矣。」（卷三之三。）案：王説極精覈，本書文加一意字，語更明憭。古書經後人妄改者，不知凡幾，此幸有本書及《漢》、《史》文可證，故知之耳。王先謙《補注》所言，即本高郵之説。官本《漢書》「如何」作「何如」，與《史記》同。良曰：「誰爲陛下畫此計者？畫，指畫也。凡陳論形勢，口講而指畫。《田蚡傳》曰：「不仰視天而俯畫地也。」上云具以食其言告之者，謂以言告之，未舉食其之名，但曰客爲我畫計而已，故良問誰畫此計也。梁玉繩曰：「天子稱陛下，自秦始。此時漢王未即位，而酈生、張良，凡稱陛下者十五，非也。」案：梁説與周説同，引見前，但周知爲史臣追叙之詞，梁則直斥其非，誤矣。陛下事去矣。」事，大事也。因應一失，不可復救，故曰大事去矣。漢王曰：「何哉？」良對曰：《史》句首有「張」字。《漢書》無「對」字。「臣請借前箸而籌之。」「而」，《漢書》作「以」。而以一聲之轉，古書往往互用，王引之《經傳釋詞》以而二字下，各舉之詳矣。《史記》無「而」字，有「爲大王」三字，「借」作「藉」，亦通用。《集解》：「張晏曰：求借所食之箸，用指畫也。或曰：前世湯武箸明之事，以籌度今時之不若也。」師古曰：「或説非。」周壽昌曰：「《漢書》删《史記》爲大王三字，此句下《史》有一曰字，此形容取食箸以籌光景，張注較合。觀上有漢王方食四字，可知。」案：《漢書》删「爲大王」三字，正本《新序》。此稱大王，前後稱陛下，未免參差，故本書删三字，增一「而」字。此中疊極有斟酌處，周氏亦未察也。《集解》引或説甚謬，不可從。前箸，案前所設之箸。古以籌爲算，引申之，凡算計事理謂之籌。**曰**：《漢書》删此「曰」字，非是，此字萬不可省。古人之詞，每中間加一曰字，以致鄭重之意，如下文「曰未能也」諸曰字，亦其例也。（説詳下。）《史記·張耳傳》「泄公曰：然。泄公曰：上多足下，故赦足下。」再書泄公曰，以示鄭重，删去即失語妙矣。乃《班史》不但删此曰字，下文每不可上「曰未能也」四字，亦悉删去，由未知曰字文誼之妙故爾。劉班優劣，即此可見。周壽昌但拈此曰字，以爲形容取箸以籌光景，（引見上句注。）所見甚小。又不知下文諸曰字，皆不可删，則祇是一面之見也。**「昔湯伐桀，而封其後於杞者，**「昔」下《史》有「者」字。《漢書》併桀紂爲一事，作「昔湯武伐桀紂，封其後者」，與此異，説詳後。**斯能制桀之死命也，**斯，此也，兩書作「度」。《漢書》「桀之」作「其」。**今陛下能制項籍之死命乎？**謂湯武封二王之後，所以平天下之心，消反側之餤，而力又足以制桀紂死命。今立六國後，於項氏無損，徒增己敵也。「今」字各本俱奪，宋本亦然。案：《史》、《漢》皆有「今」字，本書下文每段亦有「今」字，則此爲奪去無疑，今據二書增，前後一律。《漢書》無「之」字。**曰未能也，**《漢書》無此句，以下每段皆然。俞樾曰：「凡問答必用曰字，恆例也。乃有一人之言，中加曰字，自爲問答者。《論語·陽貨篇》懷其寶而迷其邦，以下兩曰字，皆陽貨之詞，直至孔子曰諾，始出孔子語。（案：下文稱孔子曰以別之，本甚明白。）《史記·留侯世家》曰未能也，凡七見，皆子房自問自答，至漢王輟食吐哺罵曰以下，始爲漢王語。（案：亦加漢王二字別之，可見。閻若璩、毛奇齡先有是説矣。）《孟子·告子篇》爲是其智弗若與，曰非然也；《盡心篇》子以是爲竊履來與，曰殆非也。亦自問自答之詞。後人不明，遂有改下句之夫予作夫子者矣。」(《古書疑義舉例》卷二。)案：俞讀甚是。《史記·信陵君列傳》「侯生笑曰：臣固知公子之還也。曰公子喜士，名聞天下」云云，此曰字亦侯生自述之詞。古書文法似此者，不可勝舉。其不可一矣；「矣」，舊本作「也」，宋本亦然。《漢書》作「矣」，下並同。《史記》前後文皆作「也」。案：本書下文各句作「矣」，此當一律，《漢書》文本《新序》，不當此句獨作「也」字，今從《漢書》改正。武王伐紂，而封其後於宋者，《史》無「而」字。斯能得紂之頭也，謂紂已死，首懸太白之旗，封其後，無能爲患。今項籍尚在，勢不同也。「斯」，《史》作「度」。今陛下能得項籍之頭乎？曰未能也，其不可二矣；「矣」，《史》皆作「也」。此數句《漢書》無，併入第一項内，而以楚唯無彊，至陛下焉得而臣之，爲不可之一，仍得八不可之數，與《史記》、本書異。武王入殷，入殷都。表商容之閭，軾箕子之門，商容、箕子，注見三卷。《史記·周本紀》云：「命召公釋箕子之囚，命畢公表商容之閭。」《漢書》無兩「之」字。《史》作「釋箕子之拘」，《集解》徐廣曰：「釋，一作式；拘，一作囚。」案：作式又作囚，殊無理，囚乃門之誤，《新序》、《漢書》可證也。式軾古字通用，囚門形近致譌。蓋《史記》本作式箕子之門，後人據《周書》、《禮記》、《譌武成》、《淮南·主術訓》，(作解箕子之囚。)、《荀子·大畧篇》改式作釋，門作拘，以就之。其上作式下作門者，尚是未改之本也。覩《史》文下云：「今陛下能封聖人之墓，表賢者之閭，式智者之門乎。」正承上三項言，可知《史》文本不作釋箕子之囚矣。《新序》、《漢書》，皆用《史》文，而徐廣引別本，亦作式箕子之門，今誤門爲囚，文字奇詭，乃罅隙之顯然者。王念孫《讀史記雜志》云：「他書作釋箕子之囚，此獨作式箕子之門。《呂氏春秋·慎大覽》曰：武王封比干之墓，靖箕子之宫，(原注：高注：清浄其宫以異之。)表商容之閭。《淮南·道應訓》曰：武王封比干之墓，表商容之閭，柴箕子之門。（原注：高注：柴，護之。案：柴卽俗寨字也。光瑛案：《道應》注非高氏，當出許叔重手，近人考之詳矣。）二書說武王禮箕子之事，與此文相近也。徐廣所見有二本，一作釋箕子之拘，一作式箕子之門。今本則又改門爲囚矣，而釋一作式，式字尚未改，則古本猶可考見也。」以上王說誠是，其謂徐廣引一本作囚字，爲後人妄改，與愚意形近而誤，稍有不同。蓋後人妄改，必併式字改之，而因是門字之譌，則無疑誼。又此文云表商容之閭，《史記·殷、周本紀、留侯世家》、《漢書·張良傳》、《荀子·大畧篇》、《吕氏春秋·愼大覽、審應覽》、《淮南·主術訓》、《後漢書·郎顗傳》、《金樓子·興王篇》皆云表商容之閭，無作式者。自《僞古文尚書》改表爲式，遂不得復云式箕子之門，而從他書作釋箕子之囚矣。此雖小節，亦甚失實。何則，式也者，所以示敬也；示敬也者，以其人存也。故人存則式以示敬，人亡則表其閭，以風示當時，足矣，不必式也。《尚書大傳》云：「武王入殷，封比干之墓，表商容之閭。商民曰：『王之於賢也，死者猶封其墓，況生者乎；亡者猶表其閭，況存者乎。』」（《通鑑》前篇引亦作表字。）存亡二字，别死生言之，則亡乃隱亡之謂。（古書多以存亡死生對别言之，如《禮記》謀人之軍師，敗則死之，謀人之邦邑，危則亡之；《左傳》其人曰死乎，曰亡乎，君爲社稷死則死之，爲社稷亡則亡之；《漢書·賈誼傳》彼且爲我死，故吾得與之俱生，彼且爲我亡，故吾得與之俱存之類，皆是。餘證甚多。觀亡字從乚，其爲隱匿之誼益可見。）意商容諫紂不聽，遂隱居不出，及武王克殷，欲以爲三公，（見《韓詩外傳》。）容乃亡去，故止表其閭。《尚書大傳》至可據也。（肇林謹案：家大人箸此說時，未見閻若璩說。後讀王鳴盛《蛾術篇》五十三卷商容見存一則，引閻說，以示肇林，深喜所見契合先賢。惟此書已録成，不及追引閻說，屬附志此。）此與釋箕子囚句，俱改《史》文之可笑者，雖似細事，亦甚有關繫，故附正之。（《後漢書·周舉傳》：詔曰：昔在前世，求賢若渴，封墓軾閭，以光前哲。此軾閭亦用箕子事，閭當作門。李賢注引僞書解之，後人遂改門作閭矣。）封比干之墓，比干，注見三卷《鄒陽章》。《史記·周本紀》云：「命閎夭封比干之墓。」《正義》：「封，謂益其土，及畫彊界。」《括地志》云：「比干墓在汲縣北十里。」案：封謂封築之，及禁樵採也。今陛下能封聖人之墓，表賢人之閭，軾智者之門乎？軾，《史》作「式」。《漢書》止作「今陛下能乎」。曰未能也，其不可三矣；發鉅橋之粟，服虔曰：「鉅橋，倉名。」師古曰：「鉅鹿之大橋，有漕粟也。」案：今直隸順德府有鉅鹿縣。散鹿臺之錢，「錢」，《漢書》作「財」。臣瓚曰：「鹿臺，臺名，今在朝歌城中。」（朝歌注見三卷《鄒陽章》。）師古曰：「劉向云鹿臺大三里，高千尺也。」（此引《刺奢篇》語。）《史記·周本紀》曰：「命南宮适散鹿臺之財，發鉅橋之粟，以振貧弱萌隸。」字亦作財，而此文則作錢。王念孫曰：「《周本紀》財本作錢，今作財者，後人依晚出《古文尚書》改之也，請以十證明之。晚出《書·武成篇》散鹿臺之財，《正義》引《周本紀》曰命南宮适散鹿臺之錢，又曰言鹿臺之財，則非一物也。《史記》作錢，後世追論，以錢爲主耳。是《史記》本作錢，不作財，一也。（原注：《樂記》正義引《史記》作財。案：孔氏一人所見之本，不得互異，是後人依晚出書改之，《武成》正義獨不改者，以孔氏明言《史記》作錢故也。）《羣書治要》引《史記》亦作散鹿臺之錢，是唐初人所見本皆作錢，二也。《齊世家》曰散鹿臺之錢，發鉅橋之粟，三也。《留侯世家》曰發鉅橋之粟，散鹿臺之錢，（原注：《新序·善謀篇》同，《漢書·張良傳》、《漢紀·高祖紀》並作財。案：此三書記張良諫立六國後事，並本《史記》，今《漢書》、《漢紀》作財，與《史記》、《新序》不合，皆後人依晚出《書》改之耳。）四也。《逸周書·克殷篇》曰乃命南宮忽振鹿臺之錢，散巨橋之粟，（原注，孔晁注：振散之以施惠也。今本脱去散字，錢字又改爲財。《御覽·資産部》引《周書》曰：武王克商，發鹿臺之錢，散鉅橋之粟。足證今本之誤。又案《武成》正義曰：鹿臺之財非一物，後世追論，以錢爲主耳。若《逸周書》果作財，則孔氏必引以爲證，今不引，則《逸周書》本作錢可知。他如《管子》、《吕覽》、《淮南》諸書，亦皆作錢，故皆不引也。）《周本紀》卽本於此，五也。《管子·版法解篇》曰決鉅橋之粟，散鹿臺之錢，六也。《淮南·主術篇、道應篇》並曰發鉅橋之粟，散鹿臺之錢，七也。《殷本紀》曰帝紂厚賦稅，以實鹿臺之錢，是紂作鹿臺，本以聚錢，故《周本紀》言散鹿臺之錢，八也。《吕氏·慎大篇》曰發巨橋之粟，賦鹿臺之錢，以示民無私，（原注：高注：鹿臺，紂錢府。）出拘救罪，分財棄責，以振窮困，是分財不專在鹿臺，而賦錢則專在鹿臺，故曰賦鹿臺之錢，九也。《説苑·指武篇》曰：武王上堂，見玉，曰：誰之玉也。曰：諸侯之玉也。卽取而歸之於諸侯。天下聞之曰：武王廉於財矣。入宫見女，曰：誰之女也。曰：諸侯之女也。卽取而歸之於諸侯。天下聞之曰：武王廉於色矣。於是發巨橋之粟，散鹿臺之金錢，必與士民。（原注：今本作散鹿臺之財金錢，不成文義，財字明是後人所加。《藝文類聚·産業部》引《六韜》亦云：武王散鹿臺之金錢，以與殷民。光瑛案：此後人妄改作財，校者寫金錢二字於下，以識異同，而混入正文者。）是玉與女皆在宫中，而金錢則在鹿臺，故曰散鹿臺之金錢，十也。自晚出《書》盛行於世，學者玩其所習，蔽所希聞，於是見古書中言散鹿臺之錢者，輒改錢爲財。其已改者，則有《漢書》、《漢紀》；（原注：見上注。）其已改而舊迹尚存者，則有《周本紀》、《逸周書》、《説苑》；其未改者，則有《殷本紀》、《齊世家》、《留侯世家》及《管子》、《吕覽》、《淮南》、《新序》；其引《史記》而已改者，則有《樂記》正義，（原注：見上注。）其未改者，則有《武成》正義、《羣書治要》。幸其參差不一，猶可考見古書原文，故具論之。」（《讀史記雜志》卷三之一。）案：以上王説皆是。鹿臺錢府名，近人章氏之説，與《吕氏·慎大篇》高注合，引見《剌奢·鹿臺章》注。《管子·山至數篇》「鹿臺之布，散諸濟陰」，布卽錢也。此正效武王事爲之，可爲王説沾一左證。《文選》鍾會《檄蜀文》引作財字，亦後人所改。以賜貧羸，羸，弱也。二書作「窮」。今陛下能散府庫以賜貧羸乎？「羸」，《史》作「窮」。《漢書》止作「今陛下能乎」。曰未能也，其不可四矣；殷事已畢，「已」，《漢書》作「以」，古字同。偃革爲軒，《史記集解》如淳曰：「革者，革車也；軒者，赤黻乘軒也。偃武備而治禮樂也。」《索隱》蘇林曰：「革者，兵車也；軒者，朱軒、皮軒也。謂廢兵車而用乘車也。《説文》云：軒，曲周屏車。」案：蘇説是。《漢》注引如淳注，止存末句；其引蘇林注云：「革者，兵車革輅；軒者，朱軒也。」亦與《索隱》所引微異。倒載干戈，「載」，《史》作「置」，《漢紀》作「戢」。置戢一聲之轉。《周頌》曰「載戢干戈」也。句下《史》有「覆以虎皮」四字，蓋用《樂記》文。《樂記》作「倒載干戈，包之以虎皮」。鄭注：「包干戈以虎皮，明能以武服兵也。」《正義》曰：「倒載干戈者，倒載而還鎬京也。所以倒之者，熊氏云：凡載兵之法，皆刃向外，今倒載者，刃向國，不與常同，故云倒載也。」然則《史》作「置」，文誼亦同。《漢書》依本書，亦無覆虎皮句，「載」作「戴」，一本仍作「載」。宋祁曰：「載作戴。」以示天下不復用兵，《漢書》作「示不復用」。今陛下能偃革倒載干戈乎？《史》作「今陛下能偃武行文，不復用兵乎」。《漢書》止作「今陛下能乎」。曰未能也，其不可五矣；此句宋本、嘉靖本、鐵華館本「矣」俱作「也」，今從衆本，以歸一律。休馬於華山之陽，二書無「於」字。《吕氏·慎大覽》注：「華山在華陰縣南，西嶽也。」案：《漢志》華陰屬京兆尹，故陰晉，秦惠文王五年，更名寧秦，高帝八年，更名華陰。大華山在南，有祠。山在今陝西同州府華陰縣南十里。梁玉繩《吕子校補》曰：「此華山乃陽華山，在今陝西商州雒南縣東北，非大華西嶽也。」案：梁説本閻若璩《尚書古文疏證》。（卷六下。）閻云：「自孔傳《武成》，不釋華山，止云桃林在華山東，是明指大華山。則所謂華山之陽，亦即大華山可知。陸氏《釋文》、孔氏《正義》因之。鄭注《禮記》、張注《史記》並同。竊以爲果大華山之陽，爲《禹貢》梁州地，武王歸馬於此，無乃太遠。桃林塞爲今靈寶縣，西至潼關，廣圍三百里皆是，而馬獨驅而跨出太華山南，事所不解。讀《水經注》，洛水自上洛縣東北，分爲二水，枝渠東北出爲門水，門水又東北，歷陽華之山，即華陽。《山海經》所謂陽華之山，門水出焉者也。遂躍然曰，原《武成》之華山，乃陽華山，非大華山。今商州雒南縣東北有陽華山，其斯爲武王歸馬之地哉。與桃林之野，正南北相望，壤地相接，故桃林中多野馬，周穆王時，造父於此得華騮、綠耳、盜驪之乘以獻，非當日歸馬之遺種乎。（案：此說太傅會，或因其地多水草，故歸馬於此，亦以水草多，故産名馬耳。）使遠隔于太華山南，焉得有此。後惟陸氏《武成》音義曰華山在恆農，胡氏《通鑑》注華陽君芊戎下曰，華陽即武王歸馬處，引《水經注》以實之。因嘆窮經者多忽地理，而真得其解如陸、胡，殆難其人焉。孔傳又云：華山、桃林，皆非長養牛馬之地，欲使自生自死。疏言華山之旁，尤乏水草。不知本非指大華山，其誤認且勿論，而今靈寶縣西有馬牧澤，正《山海經》所云桃林中多馬者，豈乏水草之地哉。昔魏主燾集公卿議討沮渠牧犍，衆曰：彼無水草。崔浩曰：《漢書·地理志》稱涼州之畜，爲天下饒，若無水草，何以畜牧。及往討，見姑臧城外水草豐足，如浩言。非其生平稽古之力乎。然《志》明云武威以西四郡，水草宜畜牧，浩猶聞之不博，識之不強。果如孔說，將武王不及一田子方，子方見老馬於道，曰：少盡其力，老棄其身，仁者不爲。曾謂武王一戰有天下，即置牛馬於不長不養之地，欲其殄滅，既違事實，又乖義理。」又曰：「綠耳出桃林，見《趙世家》，而《樂書》趙高曰何必華山之騄耳，又稱華山。蓋陽華、桃林地相對，所産之物，得以通稱。」又曰：「胡朏明注《哀江南賦》郅佳，於華陽奔命曰：華陽在今陝西雒南縣，即武王歸馬處。子山自江陵，奉元帝命使於周，取道商洛入武關，此陽華山之南，正其所必經，故曰華陽奔命。若作大華山陽，失之遠矣。」案：閻説極有理。以示無所用，「用」，二書作「爲」。《史》「以示」作「示以」。案：上下文俱作「以示」，此誤倒，當依本書訂正。《漢書》無「以」字。今陛下能休馬無所用乎？《漢書》作「今陛下能乎」。曰未能也，其不可六矣；休牛於桃林之野，宋本此下有小注云：「《史》作放牛桃林之陰，示天下不復輸積。（今本作以示不復輸積。）」共一十五字。盧校繫在下句，非是。《漢書》作「息牛桃林之墊」。晉灼曰：「在弘農閿鄉南谷中。」師古曰：「《山海經》云夸父之山，北有林焉，名曰桃林，廣圓三百里，即謂此也。其山谷今在閿鄉縣東南，湖城縣西南，去湖城三十五里。」《史記索隱》引應劭《十三州記》：「弘農有桃林丘聚，古桃林也。」下引《山海經》云云。案：《左氏文十三年傳》：「晉侯使詹嘉處瑕，以守桃林之塞。」注：「桃林，在宏農華陰縣。」潼關，即此桃林也。在今河南陝州靈寶縣南十一里，（閿鄉縣，今亦屬陝州。）秦之函谷關也。本書「桃林」下，各本俱奪「之野」二字。案：此與上文休馬句爲對，不可參差，《漢書》文用本書，亦有此二字。桃林重鎮，非休牛之所，必加「之野」二字，始明白無病，今據《漢書》文補。顧棟高《春秋大事表》九云：「武帝從楊僕言，徙函谷故關於新安縣東界，東入蓋三百里，謂之新關。建安十六年，潼關之名，始見於史。」則在陝西華陰縣東四十里，河南閿鄉縣西六十里，今新設潼關縣，春秋時，通謂之桃林鎮。以示不復輸糧，《漢書》作「示天下不復輸積」。（官本無示字，浙本有。王念孫曰：「浙本是。」）《史記》亦作「積」字。盧文弨曰：「糧，各本作粮，下同。」案：粮乃糧之俗字，宋本、鐵華本作糧，不作粮，今從宋本，下同。今陛下能休牛不復輸糧乎？《史記》「休」作「放」，「糧」作「積」。《漢書》作「今陛下能乎」。曰未能也，其不可七矣；且夫天下游士，游士，周游之士。《史》無「夫」字。捐其親戚，捐，去也。親戚，父母也。言背離其親，而來仕於漢。「捐」，《史》作「離」，

《漢書》官本同。宋祁曰：「浙本離作左。」師古注：「左者，言其乖避而委離之，以從漢也。」玩注文，當作「左」。王先謙曰：「若作離字，則不須更注。」是也。《漢書》無「其」字。古以親戚爲父母，與今人以婚媾之誼爲親戚者異，詳見一卷《祁奚章》注中。棄墳墓，「棄」，本作「弃」，（嘉靖本亦作弃。）今從宋本。墳墓，先人丘墓。去故舊，鄉里故交。從陛下游者，《漢書》無「游」字。皆日夜望尺寸之地，日夜，謂思之夜繼日也。《孟子·離婁下篇》：「其有不得者，仰而思之，夜以繼日。」今俗尚有此語。《燕策》「此臣之日夜切齒腐心」，《史記·項羽本紀》「日夜望將軍至，豈敢反乎」，《漢書·韓王信傳》「士卒皆山東人，日夜跂而望歸」。（《史》無日夜二字。）前此者，《左傳·襄二十五年》「子産曰：政如農功，日夜以思之」。（《左傳·襄十六年》以齊之朝夕釋憾於敝邑之地，朝夕猶日夜也。）其語古矣。「皆」，《史》作「徒欲」，《漢書》作「但」。「尺寸」，二書作「咫尺」。言來從之人，咸欲立功，得受尺寸地之封賞。今復立韓魏燕趙齊楚之後，「復」下《史》有「六國」二字。《漢書》作「今迺立六國後，唯無復立者」。師古曰：「既立六國後，土地皆盡，無以封功勞之人，故云無復立者。唯，發語之辭。」案：顔注非，言今復立六國之後，除此以外，無復可立者，獨令功臣向隅失望，唯各散歸事其主而已。俞氏樾《古書疑義舉例》曰：「唯，獨也，即惟字，言獨諸功臣無地可封也。師古以爲發語辭，失之。」（卷二。）俞説是也。其王皆復立，二書無此句。游士各歸事其主，句首《史》有「天下」二字。言游士無得封之望，勢必各歸鄉土，依其主而事之，無復爲漢謀事盡力者。從其親戚，反其故舊墳墓，《漢書》無二「其」字及「墳墓」二字。從，隨也。返故土，隨其父兄。陛下誰與取天下乎？「誰與」，《史》作「與誰」。《漢書》文同此。其不可八矣。宋本、嘉靖本、鐵華館本「矣」作「也」。今從衆本，以歸一律。且夫楚雖無彊，「雖」，各本作「唯」，與《史》、《漢》同。嘉靖本作「惟」，字通用。宋本、鐵華館本作「雖」，雖唯古亦通用，詳同卷《漢王章》注。「彊」，各本作「強」，今俱依宋本正。盧文弨曰：「雖，何本亦作惟。宋本於末注云楚雖無彊，《史》作唯無彊。」案：宋本注「史」上更有「漢」字，盧所據本少一字。（鐵華館本注亦有漢字。）《漢書》「無」作「毋」，無毋通，經傳習見。《史記集解》：「駰案《漢書音義》曰：唯當使楚無彊，彊則六國弱從之。」《索隱》曰：「荀悦《漢紀》此事云獨可使楚無彊，彊則六國弱而從之。」又韋昭云：「今無彊楚者，若六國立，必復屈橈從楚。」是二説之意同。晉灼曰：「當今唯楚大，無有彊之者，若復立六國，皆橈而從之，陛下焉得而臣之乎。」師古曰：「服説是也。」（案：《漢書音義》或題服虔，或作孟康，此引服虔，卽《音義》説。）王念孫曰：「《史記·張儀傳》：雖無出甲，席卷常山之險，必折天下之脊。雖讀曰唯，唯雖古字通。此承上文言秦兵之彊如是，是唯無出甲，出甲則席捲常山，而折天下之脊也。不更言出甲者，蒙上而省也。《留侯世家》曰：楚唯無彊，六國復橈而從之。（原注引《集解》所載《漢書音義》之説。）《莊子·人間世篇》曰：若唯無詔王公，必將乘人而鬥其捷。（原注引郭注而辨其非。）語意並與此同。」（《讀史記雜志》三之四。）洪頤煊《讀書叢録》曰：「唯無，見《墨子》，無是語助詞。言今唯楚彊，若六國立，復橈而從之，則陛下不得臣之矣。案：《索隱》引《漢紀》云獨可使楚無彊，正與王説意同。」案：無彊猶莫彊也，言楚唯莫彊，故漢畏之，今復立六國，必橈屈於楚而從之，是爲虎傅翼矣。唯無彊之下，語氣未完，此形容急遽争辯之神。凡留侯争立六國事，當作如是觀。《荀子·議兵篇》云「兼幷無彊」，此承上文言，能幷而又能凝者，兼幷而又無敵於天下。彼無彊與此無彊同誼，猶《詩》之言無競也。《武成》正義曰：「無強乎惟其克商之功業。」楊注：「得其地則能幷之，則無有強而不可兼幷者也。」其説迂晦，蓋不知無彊之誼。此解與韋説合，與下文復字亦有呼應，似勝他訓。小司馬謂韋説與《漢紀》同，深不可曉。今《漢紀》卷二引良語，亦與《史》、《漢》不異。六國復撓而從之，《史》、《漢》作「橈」，説見上。但此字訓屈，與上文訓弱之誼不同。即上文橈字，亦當訓屈，服虔云「六國弱而從之」，非是。《史》「六國」下有「立者」二字。陛下焉得而臣之乎？《史》、《漢》無「乎」字。《漢書》以此數句當不可之八，下有「其不可八矣」一句。蓋上文以伐桀伐紂并爲一事，當不可之一，以下與《史記》本書遞異，（如以三爲二，以四爲三之類。）至此復以數語當不可之第八事也。金王若虛《滹南遺老集·史記辨惑》云：「子房八難，古今以爲美談，竊疑此論甚誕。夫桀紂已滅，始封其後，而云度能制其死命，得紂之頭，豈封於未滅之前乎。且封之者，重絶人之世，非計利害，奈何以項籍之命爲比哉。酈生説封六國後，特欲繫人心，使叛楚附漢，非使封諸項氏也，奈何以湯武事相較哉。湯武雖殊時，事理何異，制死命得頭，何以分爲兩節。表商容閭、釋箕子拘、封比干墓，本三事而併之者，以其一體也。至於倒載干戈，歸馬放牛，獨非一體乎，而復析之爲三，何也。班氏頗見其非，乃合湯武爲一，而但云度能制其死命，豈以死命不屬桀紂，而屬其後乎。（案：良意謂能制桀死命，則雖封諸侯無害。今立六國後，徒爲項氏樹援，不足制其死命耳。不可以詞害意。）然終與項籍事不類也。既以湯武爲一事，又分楚唯無彊以下爲第八節，蓋二書已自參差矣。八難之目，安知無誤邪。」案：王氏素不喜《史記》，其所評論，多學究氣，惟此説頗得班氏刪改苦心，但亦論尋常文法然耳。史公此文，神奇變化，曲傳當日急遽爭辯衝口而出之神，所言或無倫次，不當以恆法例之。梁氏玉繩《史記志疑》尚引王説以證《史》誤，甚矣，解人之難索也。讀者宜會其虛神大意，而不死殺句下以求之，則得之矣。誠用客之計，《漢書》作「誠用此謀」。此與《史》同，但《史》「計」亦作「謀」。高帝告良，未舉食其之名，但云客有爲我計橈楚權者，故良亦稱之以客，不斥其名也。陛下之事去矣。」二書無「之」字。漢王輟食吐哺罵曰：「**豎儒，幾敗乃公事。**」「乃」，《史》作「而」。而乃同誼，古書多通用，詳見《經傳釋詞》。亦卽近人日紐歸泥之說。《漢書》作「迺」。《索隱》曰：「高祖罵酈生爲豎儒，謂此儒生豎子耳。幾音祈，幾，殆近也。而公，高祖自謂也。《漢書》作乃公。」（案乃字作迺。）師古曰：「輟，止也。哺，食在口中者也。幾，近也。哺，音捕；幾，音鉅依反。」《高紀》顏注：「豎儒，言其賤劣無智，若童豎也。」案：幾訓近者，猶今人言幾如此，謂近及此也，但非此幾字之訓。幾者危也，《漢書·高帝紀》「不因其幾而遂取之」，師古注曰：「幾，危也。」凡從幾之字，皆有不平之誼。不平卽危，故《漢書·宣元六王傳》曰「我危得之」，《唐書·李抱真傳》「危得仙」，危得卽幾得也。危又訓爲殆，殆亦幾也，諸誼皆通。幾訓危，猶今人言險些兒，不當以近訓之。吐哺，言不及下咽。《說文·网部》曰：「罵，詈也，从网，馬聲。」豎，本作竪，今從宋本。竪，乃豎之俗。**令趣銷印，**師古曰：「趣，讀曰促。」案：趣趨速促，皆通用字。此趣兼有疾誼，注見前。《說文·金部》曰：「銷，鑠金也。」印以金鑄成，故令疾銷鑠之。**止不使。**止酈生不使。**遂幷天下之兵，誅項籍，**謂垓下之兵。幷，合也。**定海內，張子房之謀也。**云幷天下之兵者，見六國若復立，則將橈而從楚，諸功臣歸事其主，莫爲漢用，則天下之兵，不可得而并也。此事尤關繫漢之成敗。《晉書·載記》記後趙王石勒雖不學，好使諸生讀書，而聽之，時以意論古今得失。嘗使人讀《漢書》，聞酈食其勸立六國後，驚曰：「此法當失，何以遂得天下。」及聞留侯諫，乃曰：「賴有此耳。」其驚敏如此。

7**漢五年，**此高帝卽位之元年也。王鳴盛曰：「吳興凌稚隆《漢書評林》引許應元，謂高祖得天下，正帝號，而不改元，於禮爲缺。愚謂武王承父業，猶仍文王年數，不改稱元年，詳《尚書後案》三十卷。漢初質樸近古，其不改元，蓋因前事，彼許氏烏足以知之。」案：王說是也。**追擊項王陽夏南，**《漢書·高紀》：「元年，羽聞之，發兵距之陽夏。」注引鄭氏曰：「音叚借之叚。」師古曰：「即今亳州陽夏縣。」案：陽夏，漢屬淮陽國，今河南陳州府太康縣治。《漢書·高紀》「五年」下，有「冬十月漢王」五字，「追」下無「擊」字，「王」作「羽」，「陽夏」上有「至」字。《史記·項羽紀》亦有「至」字。《高紀》繫此事於漢四年，不但與本書及《漢書》不同，與《項羽紀》亦異，蓋終其事言之耳。温公《通鑑》悉依《漢書》年月爲定，是也。**止軍，與淮陰侯韓信、**《史、漢·高紀》俱作「齊王信」，此同《項羽紀》。是時信未貶爲淮陰侯也。然《史》於五年下，亦書「淮陰侯將三十萬自當之」，蓋皆作史者之詞，非當時有淮陰侯之號也。《史記·淮陰侯列傳》正義：「淮陰，楚州淮陰縣也。」案：《漢志》淮陰縣，屬臨淮郡，唐屬淮南道楚州。信，淮陰人，高帝因其縣以封之。王莽時，改曰嘉信，因韓侯也。《續志》注下鄉有南昌亭，信寄食處，今江蘇淮安府清河縣東南五里。**建成侯彭越，**越，字仲，昌邑人，今山東濟寧州金鄉縣西北四十里。漢二年，將其兵三萬餘人歸漢，漢拜爲魏相國，將兵畧定梁地，常往來爲漢游兵，擊楚，絶其糧食，後封梁王。陳豨反，徵兵梁，越恐，稱病，上使掩捕，囚之，後夷越宗族。事在本傳。建成，漢縣，屬沛郡，後呂釋之封此，今河南歸德府永城縣東南。案：彭越封建成侯，《史、漢·越傳》皆不書。《高祖功臣侯年表》内，建成侯但稱呂釋之，而不及越。《漢書》此句作「魏相國越」，而《史記·項羽紀、高紀》皆作建成侯。意魏封越爲建成侯，故《史》失之書耳。**期會而擊楚軍，至固陵，**《漢書》無「而」字「軍」字。此與《史》同。期會，約期相會，共擊楚也。固陵，晉灼曰：「即固始也。」師古曰：「後改爲固始耳。《地理志》固始屬淮陽。」王先謙曰：「前漢陽夏、固始爲兩縣，並屬淮陽國，後漢幷固始入陽夏，故《續志》云陽夏有固陵聚。」胡三省《通鑑》注引徐廣云：「固陵在陽夏也」，在今河南陳州府太康縣西。**不會。**信、越失會也。劉攽曰：「予謂楚字句當斷，至固陵不會爲句。」案：楚字斷句是，至固陵當爲一句，不會又一句。**楚擊**

漢軍，大破之。漢王復入壁深塹而守之，《漢書》無「之」字。此與《史》同。《項羽紀》「守之」作「自守」。壁，軍壘也；塹，阬也。《漢書》塹本作壍，俗字。深塹，所以限敵軍。《左傳》注曰：「塹，溝塹也。」猶言深溝高壘矣。謂張子房曰：《漢書》「子房」作「良」。此用《史記·項羽本紀》文。「諸侯不從約，謂背約不會也。《漢書》無「約」字，《項羽紀》有。奈何。」對曰：「楚兵且破，且，猶將也，屢見前注。而未有分地，《項羽紀》作「信、越未有分地」，文意較明晰。《漢書》併無「而」字。《史記集解》李奇曰：「信、越未有益地之分也。」韋昭曰：「信等雖名爲王，未有所畫經界。」師古曰：「分，音扶問反。」王啟原曰：「《地理志·周地下》云，至襄王，以河内賜晉文公，又爲諸侯所侵，故其分地小。則分地是主疆域言，當如師古此音扶問反也。此下言捐地以與兩人，則當如三家分智氏之比，割地以與信、越，分當讀如字。」案：本文言未有分地，李奇解爲未有益地之分，殊屬迂晦。韋昭以所畫經界釋分地二字，則亦讀分爲扶問反。然《史記·項羽紀》下云「君王能與共分天下」，則此分當讀如字。蓋分地謂滅項氏後所得之地，故李奇以益地解之，下文自陳以東云云者是也。下文又云使各自爲戰，謂各人自爲得地而戰，則明是謂分項氏之地矣。小顏説非。其不至固宜。師古曰：「理宜然也。」案：此謂二人之情事宜然爾。君王能與共天下，師古曰：「共有天下之地，割而分之。」案：《項羽紀》「共」下有「分」字。今可立致也；《漢書》無「今」字。則不能，則，猶若也。《項羽紀》作「卽」。則卽一聲之轉，古通用，王氏《經傳釋詞》則卽二字下，俱云若也，所舉各證，皆當。然如《項羽紀》「項王則受璧」，「則與斗卮酒」，諸則字讀爲卽，訓乃不訓若，不可不知。事未可知也。言成敗不可逆覩。《漢書》無此二句，「可立致也」下，有「齊王信之立，非君王意，信亦不自堅；彭越本定梁地，始君王臣魏豹，故拜越爲相國，今豹死，越亦望王，而君王不早定」，共九句。

《史記》及本書無之。此叙當日情勢，郅爲詳明，可參證。本書文同《項羽紀》。**君王能自陳以東傅海，盡與韓信，**《漢書》無「盡」字，「韓信」作「齊王信」，與下句先後互倒。《史記索隱》：「傅，音附。」此以音讀破字之例。《漢》注師古曰：「傅讀曰附。」即其意也。其實附訓附婁，小土山也，非此誼，當作傅爲正。《毛詩·卷阿》「亦傅于天」，鄭箋：「傅，猶戾也。」戾者至也，故《詩·菀柳》「亦傅于天」，箋曰：「傅，至也。」此傅正訓至，謂陳以東至海，并齊舊地，盡與齊王韓信也。《漢》注稱傅讀曰附者，不可僂指數。蓋訓詁之學，唐賢已多不講，無論宋以後矣。（坿益字又當作坿，今俗皆以附爲之。）陳，即陳州，古陳國都也，陳都宛丘，今河南陳州府治。（肇林案：《禮記·祭統》注：傅著於鐘鼎也。孔疏云：傅，附也。亦以附訓傅，不知傅著字古無作附者。《國語·晉語》未傅而鼓降，韋昭注：傅，著也。是其證。此外傳注以傅訓著者甚多，而附則止訓小土山，無傅著之誼。六朝俗字盛行，始以附代傅，鄭注初未誤也。）云盡與，欲其自爲戰。**睢陽以北至穀城，盡與彭越，**「盡」，《項羽紀》作「以」。《漢》注師古曰：「睢音雖。」案：《説文·隹部》有雎字，從隹，且聲。《目部》有睢字，從目，隹聲。若從雖音，則當作《目部》之睢。若從疽音，則作《隹部》之雎。此睢字師古音雖，是以爲《目部》之睢也。胡鳴玉《訂譌雜録》謂睢陽睢水字從目從佳，音皆，大繆。無論爲《目部》、《隹部》之字，均無從音皆之佳之理，胡氏疏於小學，即此可見。《史記正義》曰：「《括地志》云：穀城在齊州東阿縣東二十六里。睢陽，宋州也。自宋州以北至穀城，際黄河，盡與相國彭越。」案：《漢書》下文「故以魯公葬羽於穀城」，師古曰：「即濟北穀縣。」（當移注此下。）是也 睢陽，漢縣，屬梁國，今河南歸德府商丘縣南。王先謙曰：「穀城在前漢爲臨邑屬地，在今山東泰安府東阿縣北。《水經·濟水注》云：城西北三里，有項王之冢半許，毀壞石碣尚存，題曰項王之墓。《皇覽》云冢去縣十五里，繆也。今彭城穀陽城西南，又有項羽冢，非也。」案：穀城即春秋時小穀。《漢志》東郡臨邑下云：「莽曰穀城亭。」《續志》劉昭注亦云有項羽冢。《漢書》文作「今能取睢陽以北至穀城，皆以王彭越，從陳以東傅海與齊王信，信家在楚，其意欲復得故邑。能出捐此地以許兩人，使各自爲戰，則楚易敗也」云云，叙次稍詳。捐地處與《史》先後互倒。信家在楚四句，尤得其隱情。使各自爲戰，言各自爲得地而戰，不患其不盡力也。則楚易敗也。」漢王乃使使者告韓信、彭越曰：《項羽紀》作「漢王曰：善。於是乃發使者告韓信、彭越曰」。《漢書·高紀》作「於是漢王發使使韓信、彭越，至皆引兵來」。自此以下，《漢書》文不同。「幷力擊楚，幷，合也。楚已破，《史》無「已」字。自陳以東傅海與齊王，睢陽以北至穀城與彭相國。」時漢以越爲魏相國，魏豹死，尚仍以此稱之。各本奪「至」字。盧文弨云：「後脱，當補。」案：宋本不脱，今據補正。使者至，韓信、彭越皆喜，報曰：《項羽紀》無「喜」字。「請今進兵。」韓信乃從齊行，「行」，《項羽紀》作「往」。古行往二字往往互用，詳四卷《宋就章》注。或欲據《史》改爲「往」，非是。彭越兵自梁至，以下本書之詞，與二書不同。諸侯來會，遂破楚軍于垓下，追項王，誅之於淮津。《史記集解》：「徐廣曰：垓下，在沛之洨縣。洨，下交切。駰案應劭曰：垓，音該。李奇曰：沛洨縣，聚邑名也。」《索隱》：「張揖《三蒼》注云：垓，隄名，在沛郡。」《正義》：「按垓下是高岡絶巖，今猶高三四丈，其聚邑及堤，在垓之側，因取名焉。今在亳州真源縣東十里，與老君相接。洨，音户交反。」王先謙曰：「《續志》後有垓下聚，高祖破項羽，在今安徽鳳陽府靈壁縣東南。」案：《史記·項羽紀贊》及《高祖本紀》皆云：「羽死東城。」《漢書》同。晉灼曰：「九江縣。」王先謙曰：「在今安徽鳳陽府定遠縣東南，蓋即淮津也。」淮津者，謂淮水之津，非地名也。二君之功，二君，謂信、越。子房之謀也。一本句首有「張」

字，宋本無，有小注在此句下云：「一作張子房之謀也。」共八字。鐵華館本從宋本出，亦存此注。嘉靖本删注存「張」字，今從宋本。

8漢六年，正月，封功臣。《漢書·張良傳》無「正月」二字。《史記·留侯世家》有。梁玉繩曰：「案《史記·侯表》及《漢書·高紀》，封功臣在十二月，非正月也。」案：班書削此二字，或亦疑其與《表》不符，疑是十二月始封，至正月畢事，兩處文異而實同耳。張子房未嘗有戰鬥之功，「張子房」，二書作「良」，俱無「之」字。高皇帝曰：二書無「皇」字。「運籌帷幄之中，《史》作「運籌策帷帳中」，《漢書》同，但「帳」作「幄」。《史記·高紀》「夫運籌策帷帳之中」，《漢書·高紀》作「夫運籌帷幄之中」。師古兩注俱聲明《史》作「帷帳」。案：作幄者俗字，《説文·巾部》無幄，帷帳二字相連。帳，張也，在旁曰帷。又《木部》：「楃，木帳也。」《墨子·節葬下篇》作屋。《周禮·巾車》翟車有握字，段玉裁云：「字從木，釋文及各本從手，非。釋文：握，賈馬皆作幄。考《幕人》注曰：四合象宫室曰幄。（案：注曰在旁曰帷，在上曰幕，四合象宫室曰楃。上二句與許書同。）許書無幄有楃，蓋出《巾車職》，今本《周禮》轉寫誤耳。鄭云有楃，則此無蓋，謂上四車皆有容有蓋，翟車以楃當容，不云有蓋也。《釋名》云：幄，蓋也，以帛衣版施之，形如屋也。故許曰木帳。」以上段説皆是，見《説文》注。決勝千里之外，《留侯世家》及《張良傳》俱無「之」字。《史記·高紀》「勝」下有「於」字。《漢書·高紀》與此同。之外，言所及者遠。子房功也。兩《高紀》舉此二語，而曰吾不如子房。高帝蓋兩稱之。子房自擇齊三萬户。」二書無「子房」二字。稱字，親之之詞。良曰：「始臣起下邳，《漢書·張良傳》：「良與客狙擊秦皇帝，誤中副車，秦皇帝大怒，大索天下，求賊急甚，良亡匿下邳。」又云：「居下邳，爲任俠。沛公將數千人略地下邳，遂屬焉。」《史記索隱》云：「邳，披眉反。《地理志》，下邳縣屬東海。又云邳在薛，後徙此，有上邳，故此云下邳。」案下邳，商邳侯國，見《左氏傳》、《竹書紀年》。春秋戰國時屬齊，以封鄒忌，見《田完世家》。項梁渡淮，軍此，見《羽傳》。《水經·沂水注》：「沂水自良成來，南至下邳縣北，西流，分爲二。一水於城北西南入泗，一水逕城東，屈從縣南，亦注泗，謂之小沂水。張子房遇黄石公於此。」在今江蘇徐州府邳州東三里。與上會留，謂由下邳而會於留也。此言所以願封留之故。留縣，漢屬楚國，今江蘇徐州府沛縣東南五十里有留城鎮。詳見九卷《黄歇章》注。此天以臣授陛下。《世家》云：「陳涉等起兵，良亦聚少年百餘人，景駒自立爲楚假王，在留，良欲往從之。道遇沛公，沛公將數千人畧地下邳西，遂屬焉，拜良爲廄將。良數以《太公兵法》説沛公，沛公善之，常用其策，良爲他人言，皆不省。良曰：『沛公殆天授。』故遂從之，不去見景駒也。」陛下用臣計，幸而時中。周壽昌曰：「中讀曰仲。」案：云幸、云時中，皆謙辭，不敢居功。臣願封留，足矣，封留，與上初會之地，示不忘本。不敢當齊三萬户。」二書無「齊」字。乃封良爲留侯，「乃」，《漢書》作「迺」。《史記》「良」上有「張」字。及蕭何等，「及」，二書作「與」。《公羊隱元年傳》：「及者何，與也。」會及暨，皆與也，二字誼同。句末並有「俱封」二字。其餘功臣皆未封。《史記》作「六年，上已封大功臣二十餘人，其餘日夜争功不決，未得行封」。《漢書》無「六年」二字，（《史詮》曰：「重出六年字，《漢書》削之，是。」）「不決」上有「而」字。此叙未即封之由，自不可少，本書文從省畧耳。羣臣自疑，恐不得封，以久未封故。咸不自安，有摇動之心。二書無此四句。於是高皇帝在雒陽南宫上臺，見羣臣往往相與坐沙中語，《史》作「上在雒陽南宫，從複道望見諸將往往相與坐沙中語」。《漢書》「在」作「居」，「複」作「復」，（緟複字《説文》作復，此複字訓緟衣，誼別。)下句作「往往數人偶語」。《史記集解》:「如淳曰：複音復，上下有道，故謂之復道。韋昭曰：閣道。」案：作復者是複叚字，此復取往復之誼，故如淳音復，而釋曰上下有道也。(音復者，以音讀代改字)又《史記·高紀》「高祖置酒雒陽南宮」，《正義》曰：「《括地志》云：南宮在雒州雒陽縣東北二十六里，洛陽故城中。《輿地志》云：秦時已有南北宮。」沈欽韓曰：「更始自洛陽而西，馬奔，觸北宮鐵柱門，光武幸南宮却非殿。蓋秦雖都關中，猶放周東都之制。」雒陽即古時成周，詳一卷《晉平公欲伐齊章》注。今河南河南府洛陽縣東北二十里。顧祖禹曰：「在洛水之北，故曰洛陽。《漢志》屬河南郡。師古曰：魚豢云：漢火行，忌水，故去洛水而加隹。如魚氏說，則光武以後，改爲雒字也。」王先謙曰：「《職方》雒豫州川，洛雍州浸，本志及《說文》並不相混。魚氏謬說，疑誤後人。裴松之注《魏志》引之，顏承其誤也。」案：王說本之段氏玉裁，段云：「按雍州洛水，豫州雒水，其字分別，自古不紊。《周禮·職方》：豫州，其川熒雒；雍州，其浸渭洛。(原注：《正義》本不誤。)《逸周書·職方解》、《地理志》引《職方》，正同。雒不見於《詩》，瞻彼洛矣，傳曰：洛，宗周浸水也。此《職方氏》文也。洛不見於《左傳》，《傳》凡雒字皆作雒，如僖七年(案：七年當作十一年。)伊雒之戎，宣三年楚子伐陸渾之戎，遂至於雒是也。(案：此外尚多。)《淮南·地形訓》曰洛出獵山，據高注，謂雍州水也。雒出熊耳山，據高注，謂豫州水也。《漢·地理志》弘農上雒下云：《禹貢》雒水出冢領山，東北至鞏入河；豫州川盧氏下云：伊水出熊耳山，東北入雒；黽池下云：穀水出穀陽谷，東北至穀城入雒；新安下云：《禹貢》澗水，在東南入雒；河南穀成下云：《禹貢》瀍水，出替亭北，東南入雒，此謂豫州水也。左馮翊褱德下云：洛水東南入渭；北地歸德下云：洛水出北蠻夷中，入河；直路下云：沮水出東，西入洛，此謂雍州水也。已上皆經數千年尚未誤者，而許書《水部》下不舉豫州水，尤爲二字分別之證。後人書豫水作洛，其誤起於魏裴松之引《魏畧》曰：「黄初元年，詔以漢火行也，火忌水，故洛去水而加隹。魏於行次爲土，土，水之牡也，水得土而乃流，土得水而柔，故除隹加水，變雒爲洛。此丕改雒爲洛，而又妄言漢變洛爲雒，以掩己紛更之咎，且自詭於復古，自魏至今，皆受其欺。《周禮》、《春秋》，在漢以前，誰改之乎。《尚書》有豫水，無雍水，而蔡邕石經殘碑《多士》作雒，鄭注《周禮》引《召誥》作雒，是今文、古文《尚書》皆不作洛，鄭、蔡斷不擅改經文也。自魏人書雒爲洛，而人輒改魏以前書籍，故或致數行之内，雒洛雜出。即如《地理志》引《禹貢》，既改爲洛矣，則上雒下曰《禹貢》雒水，不且前無所承乎。若《郊祀志》浙洛從水，後文宣帝以四時祀江海雒水，成王郊於雒邑，字皆從隹。又當時二字確然分别之證也。」（《説文解字》洛字下注，又見《古文尚書讓異》，其説畧同。）王念孫亦曰：「《漢志》逾于洛，本作雒，後人以俗本《尚書》改之。凡伊雒瀍澗之雒，從隹旁各，涇渭洛之洛，從水旁各。一爲豫州川，一爲雍州浸，載在《職方》，不相叚借。故《説文·水部》洛字注，但有雍州之洛，而無豫州之雒。今經傳中伊雒之雒，多作洛者，後人惑於魏文帝之言，而改之也。《尚書》有豫州之雒，無雍州之洛。其字古今文皆作雒，而今本作洛，則又衛、包以俗書改之也。《漢志》弘農郡上雒下云：《禹貢》洛水出冢領山，東北至鞏入河，豫州川；左馮翊褱德下云：洛水東南入渭，雍州浸。其秩然不紊如此。而後人猶改雒爲洛，弗思之甚也。然下文之伊雒瀍澗，其川熒雒，及弘農郡盧氏、黽池、新安、上雒四縣下之雒字，河南郡穀成下之雒字，則仍未改。幸其參差不一，猶可考見班氏原文。」（《讀漢書雜志》四之六。）案：高郵説亦本段氏，段君此論，精鑿不易，爲考古地理者一大案，故備録之。雒洛並從各聲，或古籍偶通用，而要不可溷。《周禮》釋文豫州川作洛，唐石經作榮洛，（榮不從火，誤，説已見前。）並誤。《水經》云：「洛水出京兆上洛縣讙舉山，（案：洛亦當作雒字。）東北至鞏入河。」今水原出陝西商州雒南縣西冢領山，經河南鞏縣，至汜水縣，入河。在婁敬未議遷以前，漢所都在雒陽，故南宮在雒。上曰：「此何語？」留侯曰：《漢書》作「良曰」。「陛下不知乎？謀反耳。」二書末句首並有「此」字。梁玉繩《史記志疑》曰：「邵氏疑問云：謀反何事，明語沙中，上云何語，良云謀反，豈諸將不軌之情，先白之良邪，未足信也。明李維楨《讀史記評》曰：沙中之人，怏怏不平，見於詞色，未必謀反，但留侯爲弭亂計，故權詞以對耳。《評林》明茅坤曰：沙中偶語，未必謀反也，謀反乃族滅事，豈野而謀者，子房特假此恐猲高帝，及急封雍齒，則羣疑定矣。《史通·暗惑篇》曰：羣小聚謀，侯問方對，若高帝不問，竟欲無言邪；且諸將圖亂，密言臺上，猶懼覺知，羣議沙中，何無避忌。然則復道之望沙而語，是敷演妄益耳。」上曰：「天下屬安，「安」下二書有「定」字。師古曰：「屬，近也，言近始安。屬，音之欲反。」按：屬適一聲之轉，不當音之欲反。適者，纔也，與近誼近。《成二年左傳》曰：「下臣不幸，屬當戎行。」杜注：「屬，適也。」《昭四年傳》「屬有宗祧之事於武城」，《魯語》「吾屬欲美之」，《晉語》「屬見不穀而趨，（《成十六年左傳》屬作識，識屬亦一音之轉，與適同，詳《經傳釋詞》。）無乃傷乎」，韋昭解並云：「屬，適也。」（適，兼適值、適纔二誼。）又適有祇適之誼，《晉語》：「願以小人之腹，爲君子之心，屬厭而已。」韋解：「屬，適也。」此適乃祇適之謂，言祇取厭足而已也。古人互訓之字，此字有數誼，而彼字亦因之，此類甚多，學者當知之。杜訓屬爲足，則望文生誼，不足據。何故而反？」《史》作「何故反乎」。留侯曰：《漢書》作「良曰」。「陛下起布衣，與此屬定天下，「與」，《史》作「以」。以猶與也，一聲之轉，古書多互用，詳《經傳釋詞》二字下。「定」，二書作「取」。屬，曹也。言君臣俱由布衣以定禍亂也。陛下已爲天子，二書句首有「今」字。《史記》無「已」，《漢書》有。而所封皆蕭、曹故人，蕭何、曹參也。參，沛人，沛公初起，以中涓從，立戰功最多，後繼蕭何爲相國。高祖初，大封功臣，定何功第一，參次之。故人，舊人也。二書下有「所親愛」三字，與怨仇對。所誅皆平生怨仇。二書句首有「而」字，「皆」上有「者」字，「怨仇」作「仇怨」。「生」下《史》有「所」字。一本同《史》、《漢》作「仇怨」，今從宋本。嘉靖本、鐵華館本同。今軍吏計功，以天下不足以徧封，《史記》「徧」一本作「偏」，二字通用，詳七卷《公孫杵臼章》注。《漢書》無「以」字。此屬畏陛下不能盡封，畏，猶疑也，恐也。疑恐誼同，詳三卷《鄒陽章》注。又見疑平生過失及誅，《史》句首有「恐」字，《漢書》作「又恐見疑及誅」。案：本書删「恐」字，因上文畏字已有恐字之誼，故蒙上而省。言恐帝疑及其生平過失而欲誅之也。《史記集解》徐廣曰：「平生多作生平」。故即聚謀反耳。」「即」下《史》有「相」字。《漢書》無「即」有「相」，「聚」下有「而」字。上乃憂曰：「乃」，《漢書》作「迺」。「爲將奈何？」「將」，《史》作「之」。留侯曰：《漢書》作「良曰」。「上平生所憎，羣臣所共知，誰最甚者？」《漢書・高紀》：「良曰：取上素所不快，計羣臣所共知，最甚者一人，先封以示羣臣。」上曰：「雍齒與我有故，《史》無「有」字。《漢書》「故」下有「怨」字。《史記集解》引《漢書音義》曰：「未起時有故怨。」或疑裴氏所見《史》文亦有怨字，故引此爲釋，非也。《史記・高祖本紀》：「沛公令雍齒守豐，陳王使魏人周市畧地，市使人謂雍齒曰：豐，故梁徙也，今魏地已定者數十城，齒今下魏，魏以齒爲侯，不下，且屠豐。雍齒雅不欲屬沛公，即反爲魏守豐，沛公引兵攻豐，不能取。沛公病，還之沛，怨雍齒與豐子弟叛之。」又曰：「高祖曰：豐吾所生長，極不忘耳，吾特爲其以雍齒故，反我爲魏。」是雍齒爲高帝所憎怨也。王念孫曰：「《漢書》無怨字，因服注而衍。正文本作雍齒與我有故，故服申之曰：未起之時與我有故怨。若正文有怨，則服注爲贅語矣。有故，即有怨。《呂氏春秋・精諭篇》：齊桓公與管仲謀伐衛，退朝而入，衛姬望見君，下堂再拜，請衛君之罪。公曰：吾與衛無故，子曷爲請。」無故，即無怨也。《史記》作雍齒與我故，《文選·幽通賦》注、《御覽·居處部》二十三引《漢書》，並作雍齒與我有故，《新序·善謀篇》同，皆無怨字。」案：王謂《漢書》怨字涉服注而衍，是也。謂有故，即有怨，疑未必然。有故謂有故舊之誼，本爲故人，而數被窘辱，其結怨有甚於不相識之人者。此正答留侯尤甚句意，服注本未得孟堅之恉。蓋《漢書》怨字，乃後人誤加，服注因之。（服以未起二字釋故字，似所見本有怨字，故知爲後人誤加，而服因之也。）裴駰引以釋《史》，尤誤。若如王說，《史》作「雍齒與我故」，亦將釋爲怨耶。且以怨訓故，他處未見。《吕氏》云「吾與衛無故」，亦謂與衛無交涉之事，非以故爲怨也。故訓事，古書習見。宋本此下有注云：「《漢書音義》曰，未起時有故怨。」共十一字，鐵華館本同。數窘辱我，窘，迫之急也。「數」下《史》有「嘗」字。師古曰：「每以勇力困辱高祖。」欲殺之，二書句首並疊「我」字。爲其功多，《漢書》無「其」字。故不忍。」《漢書》無「故」字。留侯曰：《漢書》作「良曰」。「今急先封雍齒，以示羣臣，羣臣見雍齒得封，《史》無「得」字。《漢書》「得」作「先」。即人人自堅矣。」堅，固定也，心固定，不動搖也。怨者得封，則其餘可知，故云。「即」，二書作「則」。即則聲轉誼同，詳王氏《經傳釋詞》。於是上置酒，飲羣臣也。所以置酒，欲羣臣徧知之，故下文有羣臣罷酒皆喜之說。封雍齒爲什方侯，《索隱》：「什方，縣名，屬廣漢。」《正義》：「《括地志》云：雍齒城在益州什邡縣南四十步，漢什邡縣，漢初封雍齒，爲侯國。」蘇林曰：「漢中縣也。」師古曰：「《地理志》屬廣漢，非漢中也，今則屬益州，什音十。」錢大昭曰：「《功臣表》作汁防。案《史表》作汁邡。如淳曰：汁音什，邡音方。《索隱》：汁又如字。蓋汁什、方防邡皆通用字。《地理志》作汁方，應劭曰：汁音什。王鳴盛曰：一本汁作什。朱氏一新《漢書管見》云：汪文盛本作什。」光瑛案：《續志》、《說文》俱作什邡。《水經·江水注》叙洛水云：「常璩曰：李冰導洛通山水，流發瀑口，逕什邡縣下，入雒。」字亦作什邡。《一統志》曰：「故城今什邡縣南，洛通山在縣西北。」案：什邡今屬四川成都府。而急詔趣丞相御史，定功行封。二書無「詔」字。師古曰：「趣音促。」案：趣促通用，注見前。謂督促丞相御史，定功臣等次，以行封賞也。《漢紀》作「趨」，亦通用，均見前。羣臣罷酒，皆喜曰：「雍齒且侯，《史》「且」作「尚爲」。《漢書》同此文。且亦尚也，《釋詞》曰：此常語。我屬無患矣。」用《史記》文止此。以下中壘之詞，二書無。還倍畔之心，還，反也，猶反治之反，今俗謂事之不成者曰打回頭，即此意。倍與背同。（此字作倍爲正。）畔，叛之借字。銷邪逆之謀，「逆」，各本作「道」，宋本亦然，此形近而誤。邪逆倍畔，相對爲文，作道則無誼，且參造矣。今改正。使國家安寧，累世無患者，累，積也。張子房之謀也。自「還倍畔之心」下，中壘論斷之言。高帝之所以過人者，在不吝賞爵，以惠其下，故人咸樂爲用。開創之世，人心未定，鼓舞羣雄，驅策衆力，道不外此。項籍印刓不與，所以敗也。上章言封六國後，則功臣無地可封，此章即接叙封功之事，合觀之，其意自見。元帝時，陳湯、甘延壽，立功萬里外，斬郅支之首，以揭於石顯，不論功，反收繫按驗，中壘上疏切言之。此章所述，其亦有所感歟。

9 高皇帝五年，齊人婁敬戍隴西，婁敬，二書各有傳。隴西，漢郡，治則未詳，後漢治狄道。劉昭曰：「雒陽西二千二百二十里。」《水經·河水注》：「秦昭王二十八年置，以隴西、天水、安定、北地、上郡、西河爲六郡，所謂六郡良家子，給羽林期門者也。」錢大昭曰：「《異姓諸侯王表》云：漢拔我隴西，則高帝元年屬雍國，二年方屬漢。」又《水經·河水注》引應劭云：「有隴坻在其東，故曰隴西也。」（今《漢志》注奪東故曰隴四字。）地當在今甘肅鞏昌府隴西縣西南。過雒陽，《史記・劉敬傳》「雒」作「洛」，下並同。此後人妄改，注見前章引段、王説，《漢書・敬傳》不誤。句下二書均有「高帝在焉」四字，蓋高帝初定天下，即都雒陽。《高紀》所謂「天下大定，高祖都雒陽」，是也。《留侯世家》、《張良傳》均有「左右大臣，皆山東人，多勸上都雒陽」之語，本章下文亦載之。此不過討論雒陽之宜久都與否，因敬議加以考慮，非謂當時尚未都雒陽也。故《敬傳》首著高帝在焉四字，明獻議之始，已都雒陽，行文郅爲醒豁。本書以簡括爲主，欲免繁文，故删去此句耳。**脱輅輓**，脱當作挩。《説文・手部》：「挩，解挩也，从手，兑聲。」挩落解挩字，當如此作。《肉部》：「脱，消肉臞也，从肉，兑聲。」此誼鮮用。今人多以脱代挩，而挩字廢矣。《史記》作「婁敬脱輓輅」，下有「衣其羊裘」四字。《漢書》作「敬脱輓輅」，無下句。蘇林曰：「輅音凍洛之洛，一木横遮車前，二人挽之，一人推之。」（遮車，《史記集解》引作鹿車，無輅音凍洛之洛一句。）孟康曰：「輅，音胡格反。」（《史記集解》引多輓音晚一句。）師古曰：「二音同聲也。」（謂蘇、孟二音。）宋祁曰：「注文二音同聲也，當删作音同耳。」（案：宋説非是，單言音同，意不明。）沈氏欽韓《漢書疏證》云：「輓一作挽。《淮南・兵畧訓》秦二世時，百姓隨逮肆刑，挽輅首路，死者千萬數。」周氏壽昌《漢書注校補》云：「《文選》陸機《漢高祖功臣頌》李注引《漢書》，作婁敬脱輅，無輓字。張衡《西京賦》云婁敬委輅，揚雄《解嘲》云婁敬委輅脱輓。《史記》此下有衣其羊裘四字，下文欲與鮮衣，方有因。」案：《説文・車部》：「輓，引車也，从車，免聲」，「輅，車軨前横木也，从車，各聲。」劉昭注《輿服志》引《韵集》曰：「軶前横木曰輅。」段玉裁曰：「軶，當依許作軨，輓輅之車，用人不用牛馬，疑有轅無軶也。」《禮經・既夕篇》：賓奉幣，由馬西當前輅。注曰：輅轅縛，所以屬引。疏曰：謂以木縛車轅上，以屬引於上而挽之。是喪車亦有轅無軛，輅之見於經者，此而已矣。若《左傳》梁由靡虢射輅秦伯，狂狡輅鄭人，皆謂車前相接，可以擒之。此輅引申之誼，故曰輅迎也。應劭注《漢》云：輅，謂以木當胸以輓車。《廣韻》用之，改其字作輅，形與誼皆非。以木當胸，乃今之綷版，與輅各物。《解嘲》云：婁敬委輅脱輓，謂委車前横木，脱綷版輅，非胸前木也。」以上段説皆是。輓訓引車者，謂繫於輅上之索，所以挽車者也。故《史》、《漢》作脱輓輅，本書倒作脱輅輓，詞意尤明。《文選》注作脱輅，概括引之，非闕異文。《西京賦》作委輅，委脱誼同，亦猶《選》注之作脱輅也。《解嘲》作委輅脱輓，謂既委棄軨前之横木，又脱其所繫之索也。諸文句異而意俱不殊。《漢》注引蘇林注遮字，《史記集解》引作鹿。王先謙謂《索隱》輅者，鹿車前横木，遮當作鹿爲是。一人推之，官本注作三人。竊謂此等不必改，各存本文爲是，安知作鹿字之非誤邪。見齊人虞將軍曰：虞將軍，史失其名，以同爲齊人，故因紹介得見也。「臣願見上，言便宜事。」便宜，事之便利相宜者。《史》無「宜」字。《漢書》無「事」字。虞將軍欲與鮮衣，「與」下《史》有「之」字。鮮衣，鮮華之衣。《廣雅·釋詁》曰：「鮮，好也。」（卷一。）《方言》曰：「鮮好，南楚之外通語也。」（卷十。）《淮南子·俶真訓》「華藻鎛鮮」，高誘注：「鮮，明好也。」《詩·皇矣》「度其鮮原」，鄭箋云：「鮮，善也。」（鮮訓善，本《爾雅·釋詁》文。）婁敬曰：《漢書》無「婁」字。「臣衣帛，衣帛見，師古曰：「衣，著也。帛，謂繒也。」案：下衣字訓著，上衣衣服之衣。（下句同。）《周禮·大宗伯》注：「帛，今之璧色繒。」是也。衣褐，衣褐見，師古曰：「此褐謂織毛布之衣。」案：褐注見二卷《燕相章》。二句言臣衣本帛則以帛見，衣本褐則以褐見，不欲欺飾以圖進也。敬實不衣褐，而云褐者，極申不願易衣之意。不敢易。」易，更也。《史》句首有「終」字。二書句末俱有「衣」字。虞將軍入言上，句首《史》有「於是」二字。盧文弨曰：「入一本作人，譌。」言上，爲言於帝前，謂敬願見言事也。上召見，「召」下《史》有「入」字。賜食，已而問敬。「敬」上《史》有「婁」字。敬對曰：各本不重「敬」

字。凡本書遇重文多奪，蓋以寫者作二點，故畧之，屢見前注。今據《漢書》補「敬」字。《史記》作「婁敬曰」，亦疊二字。「對」，二書作「說」。陛下都雒陽，觀此語，可見當時已定都雒陽，故揚雄《解嘲》云：「天下已定，金革已平，都於雒陽，婁敬委輅脫輓，掉三寸之舌，建不拔之策，舉中國徙之長安，適也。」詞意尤明。參上「過雒陽」句注。豈欲與周室比隆哉？」比隆，猶爭盛也。周成王定鼎於雒邑，卜世三十，卜年七百，（見《宣三年左氏傳》。）欲遷都之而不果，至平王，卒東遷也。上曰：「然。」敬曰：「陛下取天下，與周室異。《漢書》無「室」字。官本「取」作「王」。周之先，自后稷，堯封之邰，后稷，名棄，姬姓，母姜嫄。堯使世居稷官，封之邰，故曰后稷。死於黑水之山，（《魯語》注。）葬黑水閒都廣之野。（《山海經·海内經》。）《漢表》列二等。《史記正義》曰：「邰，音胎，雍州武功縣西南二十三里故斄城是也。《說文》云：邰，炎帝之後，姜姓所封國，弃外家也。毛萇云：邰，姜嫄國，堯見天因邰而生后稷，故因封於邰也。」師古曰：「邰，邑名，即今武功故城是其處，音吐材反。」案：《正義》所引，見《詩·生民》傳。《白虎通義·京師篇》引《詩》有邰字作台，漢人作斄，並同。《水經注》：「渭水東逕斄縣故城南，舊邰城也，城東北有姜嫄祠，城西南百步有稷祠，郿之斄亭也。」漢右扶風斄縣，後漢幷入郿縣，《郡國志》郿縣之邰亭，即《地理志》斄縣地，東晉後幷入武功縣，古斄城在今陝西乾州武功縣西南二十五里。《列女傳·母儀篇》曰：「堯使棄居稷官，更國邰地，遂封棄於邰，號曰后稷。」陳奐《詩毛氏傳疏》曰：「堯亦高辛氏帝嚳之子，爲稷異母兄，堯見天生后稷，本始於姜嫄，故即以姜嫄而封后稷，亦猶帝嚳之順天也，后稷封於邰，在堯時已有明文矣。」案：陳說是也。積德累善十餘世，《史記·秦楚之際月表》曰：「湯武之王，乃由契、后稷修仁行義十餘世。」《國語·周語》記王子晉之言曰：「后稷始基靜民，十五王而文始平之，十八王而康克安之，其難也如是。」《文選》干寶《晉紀總論》引其語，而稍增之云：「自后稷之始基靜民，十五王而文始平之，十六王而武始居之，十八王而康克安之。」又云：「故其積基樹本，經緯禮俗，節理人情，恤隱民事，如此之纏綿也。」是周室積德累善之事也。《漢書》「累」作「絫」，師古曰：「絫，古累字。」案：絫增字當作絫，見《說文·厽部》，隸變作累，累行而絫廢矣。（今《說文》絫重文作累，段本改作纍。）《說文》無累字。《史記》「十餘世」作「十有餘世」。公劉避桀居邠，公劉，注見三卷《梁惠王章》。桀，注見一卷《塗山章》。「邠」，二書作「豳」，下並同。顧氏炎武《日知録》云：「《唐書》言邠州故作豳，開元十三年，以字類幽，故改爲邠，今惟《孟子》書用邠字，蓋唐以後傳録之變也。」翟氏灝《四書考異》云：「《說文》邠字下云：周太王國。重文作豳，是邠實古字。《漢書·匡衡傳》疏：太王躬仁，邠國貴恕。已用之。師古注云：邠，即今豳州。師古尚在開元前，得云傳録變乎。」案：《說文·邑部》云：「邠，周太王國，在右扶風美陽，从邑，分聲」；又「豳，美陽亭，即豳也，民俗以夜市，有豳山，从山从豩，闕。」段注云：「按此二篆，說解可疑。豳者，公劉之國，《史記》云慶節所國，非太王國，疑一；《漢·地理志》、《毛詩》箋、《郡國志》皆云豳在右扶風栒邑，不在美陽，疑二；《地理》、《郡國》二志皆云栒邑有豳鄉，徐廣曰新平漆縣之東北有豳亭，漢右扶風之漆與栒邑，皆是豳域，不得美陽有豳亭，疑三；從山，豩聲，非有闕也，而云從豩闕，疑四；假令許果以豳合邠，當云或邠字，而不言及，疑五。蓋古地名作邠，山名作豳，而地名因於山名，同音通用，如郊岐之比。是以《周禮·籥師》經文作豳，注作邠，漢人地名用邠，不用豳。許氏原書當是豳岐，本在山部，而後人移之，併古今字爲一字，抑或許書之變例有然，未能定也。經典多作豳，惟《孟子》作邠。唐開元十三年，始改豳州爲邠州，見《通典》、《元和郡縣志》。郭忠恕云因似幽而易，誤也。」案：《說文·豕部》豩篆下云：「豳字从此，闕。」正與此篆闕字相應。闕者，謂不得其聲誼所從也。卽豳也豳字，蓋邠之誤。段疑豳在山部移此，未必然也。邠豳是一字，明皇惡豳類幽，故依《說文》用邠字，非明皇特製邠字以代豳。顧君未見《說文》，（顧嘗以《說文》散亡不得見爲恨，其後許書復顯，顧已不及見。）故有是說。而王鳴盛《蛾術篇》遽詆云：「學如亭林，鄙俗已甚。」過矣。《漢志》漆有豳亭，栒邑有豳鄉，二縣相接。《一統志》云「故城在今三水縣東北」，是也。（三水縣，今屬陝西邠州。）太王以狄伐，去邠，「伐」下二書有「故」字。《孟子·梁惠王篇》曰：「昔太王居邠，狄人侵之，去之岐山之下居焉。」又曰：「事之以皮幣犬馬珠玉，皆不得免焉，乃屬其耆老而告之曰：狄人之所欲者，吾土地也，吾聞之也，君子不以其所養人者害人，二三子何患乎無君，我將去之。去邠，踰梁山，邑於岐山之下居焉。邠人曰：仁人也，不可失也。從之者，如歸市。」《尚書大傳·畧說》云：「狄人將攻，太王亶父召耆老而問焉，曰：狄人何欲。耆老對曰：欲得菽粟財貨。太王曰：與之。每與之至無，而攻不止，太王贅其耆老而問之曰：狄人又何欲乎。耆老對曰：欲君之土地。太王曰：與之。耆老曰：君不爲社稷乎。太王曰：社稷所以爲民也，不可以所爲民者亡民也。耆老曰：君縱不爲社稷，不爲宗廟乎。太王曰：宗廟，吾私也，不可以吾私害民也。遂策杖而去，過梁山，邑岐山，國人之東徙奔走而從之者三千乘，一止而成三千户之邑。」《莊子·讓王篇》云：「太王亶父居邠，狄人攻之，事之以皮帛而不受，事之以犬馬而不受，事之以珠玉而不受，狄人之所求者土地也。太王亶父曰：與人之兄居，而殺其弟，與人之父居，而殺其子，吾不忍也，子皆勉居矣，爲我臣以爲狄人臣，奚以異。且吾聞之，不以其所用養害所養。因杖策而去之，民相連而從之，遂成國於岐山之下。」《呂氏春秋·審爲篇》、《淮南子·道應訓》俱録《莊子》之文，《毛詩·緜》傳則用《孟子》之說，情節均大同而小異。《史記·周本紀》、《說苑·至公篇》、《吴越春秋·太伯傳》所記皆畧同。杖馬策居岐，「策」，二書作「箠」。

《漢書》「居」上有「去」字。《史記集解》張晏曰：「言馬箠，示約。」師古曰：「箠，馬策也；杖，謂柱之也。云杖馬箠者，以示無所攜持也。箠，音止橤反。」王先謙《漢書補注》云：「官本注柱作拄，橤作桑。案《大雅・緜》之詩云：古公亶父，來朝走馬，率西水滸，至於岐下。敬語本之，但言策馬往岐耳。顔謂杖馬箠以示無攜持，其誼轉迂。」案：顔注與張晏意同，亦古來相傳舊説，然上《趙地亂章》，已有杖馬策之語，（二書策亦作箠。）豈亦示無所攜持邪。杖，讀如《韓信傳》「信杖劍從之」。《説文・木部》：「杖，持也。」是其誼。王説是，俗作仗字，非。箠策一聲之轉，箠即策也，俱詳《趙地亂章》注。彼文張晏注云：「言其不用兵革，驅策而已也。」其説亦非，辯見上注。小顔乃爲張説所誤。云居岐者，《漢志》右扶風美陽下云：「《禹貢》岐山在西北水中鄉，周太王所邑，有高泉宮，秦宣太后起也。」《説文・邑部》：「𨙸，周文王所封，在右扶風美陽中水鄉，从邑，支聲；岐，𨙸或从山，支聲，因岐山以名之也；⿱枝山，古文𨙸，从枝，从山。」段注云：「經典有岐無𨙸，《漢・地理志》師古曰：𨙸，古岐字，岐專行而𨙸廢矣。𨙸或者，岐之或字，謂岐即𨙸邑之或體也。又云因岐山以名之，則又𨙸邑岐山，畫爲二字矣。考岐山見於《夏書》、《雅》、《頌》、《漢志》，𨙸邑因岐山以名，𨙸邑可作岐，岐山不可作𨙸。薛綜注《西京賦》引《説文》：岐山在長安西美陽縣界，山有兩岐，因以名焉。此《説文・山部》原文也。山有兩岐，當作山有兩枝，山有兩枝，故名曰岐山，疑後移入於此，而删改之。學者讀此，可以删《邑部》之岐，專入《山部》矣。《漢・地理志》曰太王徙𨙸，曰襄公救周有功，賜受𨙸酆之地，《郊祀志》曰太王建國於𨙸梁，《匈奴傳》曰秦襄公伐我，至𨙸，皆作𨙸。𨙸周字也，而岐山字《地理志》皆作岐，是可證𨙸岐之別。」案：許書岐下云𨙸或从山，則明謂岐爲𨙸之或體。又云因岐山以名之者，説𨙸字從支之由也。薛綜注合𨙸岐二注，而約舉其詞，正可見岐爲𨙸或文，故薛綜得删合引之。山有兩岐云云，又補説山所以名岐之由也。段疑岐當別有《山部》，又云嶅當作古文岐，說近武斷，今不取。吴氏卓信《漢書地理志補注》云：「今岐山縣東北五十里，西自鳳皇山，逾天柱山，東至箭括山，六十餘里，皆岐山也。」王先謙曰：「《續漢志》有周城，劉注：太王所徙，南有周原。《說文》：郊，周太王所封，在右扶風美陽中水鄉。《渭水注》：横水出杜陽山，爲杜陽川，東南流，左會漆水大巒水，俗稱小横水，通爲岐水，逕岐山西，又屈逕周城南，歷周原下，北則中水鄉、成周聚，故曰有周也，水北即岐山矣。岐水又東逕姜氏城南，爲姜水，東入雍水。杜水自杜陽來，南逕美陽縣之中亭川，入雍水，謂之中亭水。雍水自雍來，東南合横水，又南逕中亭川，合杜水，又逕美陽縣西，入渭。先謙案：本志杜陽下，杜水南入渭者也。《長安志》高泉宫在美陽城中，《一統志》故城今武功縣西南，高泉宫在今縣西。錢坫云：扶風北二十五里崇正鎮是，今武功縣西北七里美陽城，乃後魏徙置，非漢縣。《寰宇記》作西四十里，或誤。」國人爭歸之；「歸」，《史》作「隨」。及文王爲西伯，斷虞芮訟，「訟」上《史》有「之」字，《漢書》無。宋祁曰：「一本有。」文穎曰：「二國爭田，見文王之德，而自和也。」師古曰：「虞，今虞州是也；芮，今芮城縣是也。」《毛詩·緜》傳曰：「虞芮之君，相與爭田，久而不平，乃相謂曰：西伯，仁人也，盍往質焉。乃相與朝周，入其境，則耕者讓畔，行者讓路；入其邑，男女異路，班白不提挈；入其朝，士讓爲大夫，大夫讓爲卿。二國之君，感而相謂曰：我等小人，不可以履君子之庭。乃相讓，以其所爭田爲閒田，而退。天下聞之，而歸者，四十餘國。」案：虞芮質成事，《史記·周本紀》、《說苑·君道篇》、《尚書大傳·畧說》並有此文，特詳畧不同耳。《郡縣志》：「故虞城在陝州平陸縣東北五十里虞山之上，古虞國，閒原在平陸縣西六十五里，即虞芮讓爲閒田之所。」考平陸縣今屬山西解州，在州東南九十里，閒原今名讓畔城。《晉太康地記》曰：「虞西百四十里有芮城。」《郡縣志》曰：「芮城在今陝州芮城西二十里，古芮國。」考芮城今亦屬解州，在州西南九十里。《曲禮》「五方之長曰伯。」《史記・殷本紀》：「紂囚西伯羑里，西伯之臣閎夭之徒，求美女奇物善馬，以獻紂，紂乃赦西伯。西伯出而獻洛西之地，以請除炮烙之刑，紂乃許之，賜弓矢斧鉞，使得征伐，爲西伯。」案：文王爲西伯，當在獻地以後，《殷紀》此文甚明，而前後文皆稱西伯，（《周紀》亦如此。）蓋史臣追書之詞耳。始受命，齊召南曰：「始受命應屬上句，師古誤斷之。」案：二句分讀亦可。《史記・周本紀》曰：「詩人道西伯，蓋受命之年稱王，而斷虞芮之訟。」《正義》曰：「二國相讓後，諸侯歸西伯者四十餘國，咸尊西伯爲王，蓋此年受命之年稱王也。《帝王世紀》云文王即位四十二年，歲在鶉火，文王更爲受命之元年，始稱王矣。又《毛詩》云文王九十七而終，終時受命九年，則受命之元年，年八十九也。」案：文王受命稱王，事具前籍，班班可考，俗儒於此，輒有懷疑，蓋不知三代以上之天下，與後世異耳。王氏昶《春融堂集》有《文王受命稱王說》，論之郅詳。近番禺侯氏康，亦著此論。（侯文爲《雅詩多言文王少言武王說》，載在《學海堂二集》）餘詳見二卷首章注。呂望、伯夷，自海濱來歸之；呂望，見二卷首章注。伯夷，孤竹國君長子。二人避紂，各居海濱，（伯夷居北海，太公居東海。）聞西伯善養老而歸之。事見《孟子・離婁、盡心》二篇及《史記・齊世家、伯夷傳》。武王克殷，伯夷恥食周粟，隱死於首陽山。《韓子・外儲說左下》：「昭卯曰：伯夷以將軍葬於首陽山之下，天下曰，以伯夷之賢，而以將軍葬，是手足不掩也。」沈欽韓曰：「此不馴之辭，夫人知之。」《論語》釋文引《春秋少陽篇》云：「伯夷姓墨，名允，字公信。伯，長也；夷，謚也。一本名元。」（按：謚法：克殺秉政、安民好靜皆曰夷。蓋夷訓傷，又訓平，各有取誼。訓平之夷當作徲，今則夷專行而徲廢矣。伯夷之夷當作徲，從後一誼。）《水經・河水注》四曰：「伯夷墓在雷首山南。」《漢表》列二等。《史記正義》曰：「呂望宅及廟，在蘇州海鹽縣西也；伯夷孤竹國，在平州，皆濱東海也。」師古曰：「濱，涯也，音賓，又音頻。」案濱字俗，當作瀕，《說文》無濱字。海鹽，唐縣，屬江南道蘇州，今浙江嘉興府海鹽縣治。平州，唐屬河北道，今直隸永平府盧龍縣治。《齊語》：「桓公剸令支，斬孤竹。」《漢書·郊祀志》：「桓公曰：寡人北伐山戎，過孤竹，蓋其國古與西戎接壤也。」他書多言文王較獵涇渭，得呂尚共載以歸，此從《孟子》云呂尚自歸文王者。古書傳聞異詞，各據所聞爲說，疑《孟子》得之。閻氏若璩《四書釋地續》云：「《齊世家》：太公望呂尚者，東海上人，注未悉。後漢琅邪國海曲縣，劉昭引《博物記》注云：太公呂望所出，今有東呂鄉，又釣於棘津，其浦今存。又於清河國廣川縣棘津城，辨其當在琅邪海曲，此城殊非。余謂海曲故城，《通典》稱在莒縣東，稱當日太公辟紂居東海之濱，即是其家。漢崔瑗、晉盧無忌立齊太公碑，以爲汲縣人者，誤。伯夷，孤竹國之世子也，前漢遼西郡令支縣有孤竹城。《括地志》：孤竹古城，在盧龍縣南十二里。余謂今永平府治，河入海從右碣石，正古之北海，在今昌黎縣西北，亦是當日避紂處，去其國都不遠。《通志》以居北海爲濰縣者，亦誤。」(按：濰縣屬山東萊州府。)武王伐紂，不期而會孟津上八百諸侯，「孟津」下《史》有「之」字。宋祁注《漢書》亦云：「一本有之字。」《隱八年穀梁傳》曰：「不期而會曰遇。」《曲禮》「諸侯未及期相見曰遇。」孔疏謂未至所期之日，及非所期之地，而忽相遇。此與《穀梁》不期而會之誼合，與此異，此第謂不約而同來耳。《漢書·賈誼傳》曰「期會之閒，以爲大故」；《史記·秦楚之際月表》曰「不期而會孟津八百諸侯」；《文選》任彥升《爲范尚書讓吏部封侯表》注引《周書》曰：「武王將渡河，中流，白魚入於王舟，王俯取出，涘以祭，不謀同辭，不期同時，一朝會武王於郊下者，八百諸侯。」干令升《晉紀總論》注引《周書》畧同。《尚書》孔序正義引《大傳》曰：「八百諸侯俱至孟津，白魚入舟。」皆與婁敬說相證明，言人心惡紂歸武王，不約而會，至八百國，顯心理所同然也。《文選·幽通賦》

注引《周書》：「武王觀兵於孟津，諸侯皆曰：帝紂可伐矣。武王曰：女未知天命，未可也。乃還師。」八百國之會，當在是時，故《秦楚之際月表》云：「不期而會孟津八百諸侯，猶以爲未可，其後乃放弑。」《周本紀》：「是時諸侯不期而會盟津者，八百諸侯，諸侯皆曰：紂可伐矣。武王曰：女未知天命，未可也。乃還師。」其文與《周書》同，尤爲明證，（《齊世家》文同，亦云還師，與太公作《太誓》）非謂以八百國諸侯滅殷也。《後漢書・鄭興傳》注曰：「八百諸侯，不謀同會，皆曰紂可伐矣，武王以未知天命，還兵待時。」《公孫述傳》：「昔武王伐紂，先觀兵孟津，八百諸侯，不期同辭，然猶還師以待天命。」（《書》疏引馬氏《書序》所稱《大誓》云：八百諸侯，不召自來，不期同時，不謀同辭。其言尤詳。孫星衍以此爲真《大誓》經文，《史記》節引之也。）《春秋繁露・王道篇》曰：「周發兵，不期會於孟津之上者八百諸侯。」《越絶書》云：「文王死九年，天下八百諸侯，皆一旦會於孟津之上，不言同辭，不呼自來，知武王忠信，欲從武王，與之伐紂。」《水經・河水注》：「河南有鉤陳壘，世傳武王伐紂，八百諸侯所會處，《尚書》所謂不期同時，河水至斯，有盟津之目」《論衡》亦云：「武王伐紂，白魚入於王舟，燔以告天，與八百諸侯，咸同此盟，《尚書》所謂不謀同辭也。」皆説此事。蓋古《太誓》殘章佚句，漢儒皆習聞，故引之，酈道元亦據傳記所稱述之耳。今文《太誓》後得，斯時《尚書》未出屋壁，敬得引之，明爲《太誓》佚文，敬習聞其語，偶述之也。薛綜《東京賦》注：「孟津四瀆之長，故武王爲諸侯約束於其上。《尚書》曰：東至于盟津。盟津，地名，在洛北，都道所湊，古今以爲津。」案：孟盟聲相近，衛有公孟氏，即公明氏，古書通用甚多。《論衡》謂武王與八百諸侯盟於其地，故孟津亦曰盟津，《尚書》所謂東至於孟津，是也。其説傅會，非是。孟津之名，當以其爲四瀆長故，盟孟聲轉字耳。《水經》云：「河水過平縣北。」注云：「河水至斯，有孟津之目。」孫星衍曰：「平縣在今河南河南府孟津縣西北。」程恩澤曰：

「案孟津與孟津縣，非一地，孟津縣在河南，漢爲河陰縣，今屬河南府；孟津在河北，漢爲河陽縣，今爲孟縣，屬懷慶府。中隔大河，相距約七十里。孟津與河陽，又非一地，河陽故城，在今孟縣西三十五里；孟津在今孟縣南十八里。《尚書正義》曰：孟是地名，津是渡處置津。謂之孟津，蓋卽《左傳》盟地也。《書》所謂東至于孟津，師畢渡孟津是也。《後漢書·光武紀》注：俗名冶戍津。（原注：今俗名猶然。）卽此。《十三州記》云：河陽縣治河上，卽孟津也。以孟津爲河陽，《元豐志》從之，（原注：《春秋大事表》、《新斠注地理志》說並同。）非是。《方輿紀要》以孟津爲漢平陰縣，卽以今孟津縣爲孟津，亦非。（原注：《水道提綱》同。）閻若璩曰：孟津之漸譌而南也，自東漢始。（原注：《晉陽秋》以孟津卽富平津，《水經注》以孟津卽陶河，孔疏以孟津卽武濟，俱在河南，並誤。）」案：程說考辯分別最精細。**遂滅殷；**此句之上，《史》有「皆曰紂可伐矣」六字，《漢書》依此删。句首「遂」字，各本俱奪，案《史》、《漢》皆有「遂」字，依文誼不可省，今據二書補。梁玉繩曰：「《殷周紀》、《月表》、《齊世家》、《漢·律歷志》、《竹書》俱言武王觀兵孟津而歸，居二年，乃伐紂。故《樂記》云：武始而北出，再成而滅商。蓋本於《漢書》、《僞泰誓》，而晚出《泰誓》遂譔爲觀政於商之語。然《中庸》稱一戎衣而有天下，劉敬說高帝亦曰：武王伐紂，不期而會孟津之上八百諸侯，遂滅殷。無還兵更舉之事，宋儒之言均如此。」以上梁說甚誤。觀兵非用師，何損於戎衣之一定；古《太誓》所言，與《周書》合，何以知其僞；《樂記》引孔子語，梁以爲不可信，而信劉敬，傎矣。且《敬傳》簡括前後情事言之，文章家所常有，非與諸書異。故愚於上句注，鄭重分明，非謂以八百諸侯滅殷也。梁氏強同爲異，多生枝節，其誤不可不正。**成王卽位，周公之屬傅相，**句末二書有「焉」字，疑此脫。《賈子新書·保傅篇》曰：「天子疑則問，應而不窮者，謂之道；道者，道天子以道者也，常在於前，是周公也。誠立而敢斷，補善而相義者，謂之輔；輔者，輔天子之意者也，常立於左，是太公也。潔廉而切直，（潔當作絜。）匡過而諫邪者，謂之拂；拂者，拂天子之過者也，常立於右，是召公也。博聞強記，捷給而善對者，謂之承；承者，承天子之遺忘者也，常立於後，是史佚也。故成王中立聽朝，則四聖維之，是以慮無失計，而舉無過事。」又《傅職篇》曰：「天子不諭於先聖人之德，不知君國畜民之道，不見禮義之正，不察應事之理，不博古之典傳，不閑於威儀之數，詩書禮樂無經，天子學業之不法，凡此其屬太師之任也，古者齊太公職之。天子不姻於親戚，不惠於庶民，無禮於大臣，不忠於刑獄，無經於百官，不哀於喪，不敬於祭，不誠於戎事，不信於諸侯，不誠於賞罰，不厚於德，不彊於行，賜予侈於左右近臣，吝授於疏遠卑賤，不能懲忿忘欲，大行大禮，大義大道，不從太師之教，凡此其屬太傅之任也，古者魯周公職之。天子處位不端，受業不敬，教誨諷誦詩書禮樂之不經不法不古，言語不序，音聲不中律，將學趨讓進退即席不以禮，登降揖讓無容，視瞻俯仰周旋無節，妄咳唾，數顧趨行，色不比順，隱琴肆瑟，凡此其屬太保之任也，古者燕召公職之。天子燕游廢其學，左右之習詭其師，答遠方諸侯，遇貴大人，不知大雅之辭，答左右近臣，不知已諾之適，僩問小誦之不博不習，凡此其屬少師之任也，古者史佚職之。此外少傅少保詔工太史，各有輔佐天子之職任，以不言其人，故不悉引也。」《大戴禮記》文辭略同，間有出入，無關宏恉。此周公之屬，傅相成王之事也。

乃營成周雒邑，「雒邑」，《漢書》作「都雒」。成周，即雒陽，見一卷《晉平公欲伐齊章》注。以爲天下中，「爲」下《漢書》有「此」字。《史》作「以爲此天下之中也」。師古曰：「中，音竹仲反。」周壽昌曰：「中，四方之中也。《地理志》曰昔周公營雒邑，以爲在於土中，讀如本字，顏音誤。」案：周說是。《尚書·召誥》曰：「王來紹上帝，自服於土中也。」諸侯四方納貢職，道里均矣。「均」，《漢書》作「鈞」，假借字也。《左氏僖五年傳》曰：「均服振振。」賈、服注並云：「均，同也。」《説文・金部》：「鈞，三十斤也。」《土部》：「均，平徧也。」同，卽平徧之意，言雒陽地居天下中，四方諸侯朝貢，道里遠近皆同。《孟子・告子篇》「鈞是人也」，趙岐注：「鈞，同也。」均叚爲鈞，故亦訓同矣。有德則易以王，居中而有德，則歸化者衆，可以肆應八方，故易王。無德則易以亡，雒陽四面受敵，無險可守，故無德則速亡。凡居此者，欲令周務德以致人，「德以」二字，《史》、《漢》互倒。《漢書》無「周」字。不欲恃險阻，所謂地利不如人和。令後世驕奢以虐民也。言周營雒陽爲都，以雒陽地勢適中，有德易王，無德易亡，欲使子孫修德以長有國家，不欲其恃險無忌，肆爲奢暴之行，以厲民也。《漢書》無「恃」字，《史》作「依」。「險阻」，二書皆倒作「阻險」。「也」字各本奪，今據二書補，文勢乃活。及周之衰，句上《史》有「及周之盛時，天下和洽，四夷鄉風，慕義懷德，附離而並事天子，不屯一卒，不戰一士，八夷大國之民，莫不賓服，效其貢職」等句，始接此句。《漢書》文依本書刪，較簡净。凡《漢書》異文處，多據本書也。又句末《史》有「也」字。分而爲兩，「而」字各本無，今據二書補，有而字語氣始完。「兩」，《漢書》作「二」。《史記正義》曰：「《公羊傳》云：東周者何，成周也；西周者何，王城也。案周自平王東遷，以下十二王，皆都王城，至敬王乃遷都成周，王赧又居王城也。」《漢》注師古曰：「謂東周君、西周君。」案：二周，注見九卷《蜀漢章》。天下莫朝，周不能制，《史記・魯仲連傳》曰：「周貧且微，諸侯莫朝也。」《漢書》下句疊一「周」字，「制」下有「也」字。非德薄，句。形勢弱也。言周積弱如此，非由德衰，乃形勢使然。《史》作「非其德薄也，而形勢弱也」。而訓爲乃，古字通用，詳《經傳釋詞》。本書刪去三字，氣更古勁。《漢書》承此文。今陛下起豐沛，舊本「沛」上有「擊」字，《漢書》無。宋祁曰：「當有擊字。」王先謙曰：「《史記》有擊字，故宋云然。但高祖起豐沛，漢代恒言，上文《陸賈傳》卽其證，不必定有擊字也。」案：王説甚是，《史記》「擊」字當衍。凌稚隆曰：「一本《史記》無擊字。」無擊字者是也。高祖初起，書帛射沛城上，説沛父老誅殺令，卽立爲沛公，事見《高紀》，無用兵擊沛之事。《史詮》亦以擊字爲衍，今本書有擊字者，後人據誤本《史記》加之耳。茲依《漢書》删。收卒三千人，《史記·高祖紀》曰：「劉季立爲沛公，於是少年豪吏如蕭、曹、樊噲等，皆爲收沛子弟二三千人，攻胡陵、方與，還守豐。」又高祖曰：「朕自沛公以誅暴逆，遂有天下也。」以之徑往，「往」下《史》有「而」字。卷蜀漢，卷，如席卷而有之。定三秦，三秦，注見前。與項羽大戰七十，小戰四十，使天「羽」，《漢書》作「籍」，下有「戰滎陽」三字。（滎，當作熒，見前注。）《史記》「戰滎陽」下，更有「爭成臯之口」一句。下之民，肝腦塗地，肝腦塗地，蓋古有是言。肝與腦塗於地，論死之慘也。《史記·淮陰侯傳》曰：「今楚漢分争，使天下無罪之人，肝膽塗地。」又《高帝紀》：「今置將不善，壹敗塗地。」（注言一朝破敗，使肝腦塗地。）《司馬相如傳》曰：「是以仁人君子，肝腦塗中原，膏液潤野草，而不辭也。」其餘散見甚多。「之」字各本奪，案《史》、《漢》俱有「之」字，句法始圓，今從二書增補。父子暴骨中野，「骨」，《漢書》作「骸」。中野，猶野中也。不可勝數，《淮陰傳》曰：「父子暴骸骨於中野，不可勝數。」與此數句畧同。暴皆當作㬥，見《説文·日部》，俗作曝，更謬。哭泣之聲未絶，「未」，《漢書》作「不」。傷夷者未起，「夷」，《史》作「痍」。《説文·疒部》：「痍，傷也，从疒，夷聲。」經傳多以夷爲痍。《公羊成十六年傳》：「敗者稱師，楚何以不稱師，王痍也。」字作痍。其餘《周易》、《左傳》皆作夷，蓋夷卽古痍字，故《周書·謚法》夷有傷平兩訓也。（引見上注。）師古曰：「夷，創也，音痍」創傷誼同。音痍卽讀爲痍矣。而欲比隆成、康、周公之時，《史》作「而欲比隆於成康之時」，《漢書》同，但無「於」字。臣竊以爲不侔矣。「矣」，《史》作「也」。《漢書》承此文。

師古曰：「侔，等也。」案：侔等也者，言與周事不同等。**且夫秦地被山帶河，四塞以爲固，**王引之《經義述聞》云：「家大人曰：披，傍也。（原注：傍，步浪反。）《史記·五帝紀》披山開道，徐廣曰：披，他本亦作陂，旁其邊之謂也。字亦作被，《漢書·韓王信傳》國被邊，師古曰：被，猶帶也。余謂《魏策》曰：殷紂之國，前帶河，後被山。則被非帶也。國被邊者，國傍邊也。《史記》蘇秦曰秦被山帶渭，漢婁敬、賈誼並云秦地被山帶河，《上林賦》曰被山緣谷，循阪下隰。皆謂傍山也。故徐廣曰：被，旁其邊之謂也。披被古今字耳。《後漢書·馮衍傳》陂山谷而閒處兮，李賢亦曰：陂謂傍其邊側也。引《史記》陂山通道爲證矣。字又作波，《漢書·諸侯王表》：波漢之陽，至九嶷。（原注：鄭氏曰：波音陂澤之陂。）謂傍漢水之陽也。《西域傳》從鄯善傍南山北波河西，行至莎車。（原注：《後漢·西域傳》波作陂。）波亦傍也。是披陂被波，皆有傍誼。」（《通說》上卷。）案：被帶緣，皆以衣飾爲論。《楚辭·涉江》注在背曰被，被山猶背山耳。《魏策》言後被山，文意尤明。王說亦一通也。二語見《楚策·張儀爲秦破從連横說楚王章》。劉伯莊云：「山，華山也。《山海經》太華之山，削成而四方，其高五千仞，其廣十里。《淮南子》天下九山，太華其一。《九域志》曰華山四州之際，東北冀，東南豫，西南梁，西北雍，十字分之四隅，爲四州，在今陝西同州府華陰縣南十里。」程恩澤曰：「秦山甚多，不止一華，高誘解四塞云：四面有關山之固。則不專指華明矣。」又云：「《水經注》：河出積石山，（原注：在今西寧州。）東南流，逕北屈故城風山西，有孟門山，即龍門之上口，實爲黄河巨阸，又南出龍門口，南逕梁山原東，又逕郃陽城東，又南歷船司空，渭水入焉，又南流至潼關，自潼關東北流，又東逕閿鄉，又東逕湖縣故城北，又東逕陝縣北，又東過砥柱間。以今地考之，歷經陝西之府谷、神木、葭州、吴堡、綏德、清澗、延川、延長、宜川、韓城、郃陽、朝邑、華陰，出潼關廳，又經河南之閿鄉、靈寶、陝州諸州，皆秦地也。」(《地名考》二。)《戰國・齊策》「今秦四塞之國」，高注：「四面有關山之固也。」徐廣曰：「東函谷，南武關，西散關，北蕭關，故曰四塞，亦曰關中。」一説：東有函谷、蒲津、龍門、合河等關，南有嶢山及武關、嶢關，西有大隴山及隴山關、大震、烏蘭等關，北有黄河南塞，是四塞。**卒然有急，**師古曰：「卒，讀曰猝。」案：《説文・犬部》：「猝，犬从艸暴出逐人也，从犬，卒聲。」引伸爲凡猝乍之稱。經傳多叚卒爲猝字。**百萬之衆可具，**具，備也、足也。《史記》句末有「也」字。**因秦之故，**句。謂因其故地也。嘉靖本「因」誤作「國」。《淮陰侯傳》曰：「案齊之故，有膠泗之地。」《史》、《漢》下文亦有「案秦之故」句，本書各本俱脱，説見後注。《漢紀》作「因秦之資」。以資屬此爲句，無「故」字及下句「甚美」二字，文勢與此別也。**資甚美膏腴之地，**資，猶藉也。《史記・留侯世家》曰：「宜縞素爲資藉。」《集解》引晉灼曰：「資，藉也。」《文選・皇太子釋奠會詩》「資此夙知」，李善注：「資，猶藉也。」資藉聲轉誼通，言藉此肥饒美富之地也。**此所謂天府，**「所」字各本俱奪，句誼未圓，今從《史》、《漢》補正。《史記》句末有「者也」二字。《索隱》云：「按《戰國策》：蘇秦説惠王曰：大王之國，地勢形便，此所謂天府。高誘注云：府，聚也。」《漢》注師古曰：「府，聚也，萬物所聚。」案：《秦策》鮑彪注云：「言畜聚之富，非人力也。」鮑説是。**陛下入關而都之，**「之」字各本俱奪，今據《史》、《漢》增，無「之」字不成文誼。大約此卷奪字甚多。**山東雖亂，**山東，華山以東。**秦故地可全而有也。**「秦」下《史》有「之」字。言山東即有亂，全秦有險可守，當無恙。**夫與人鬥而不搤其亢，**「亢」，《史》作「肮」，《索隱》本作「亢」。《集解》張晏曰：「肮，喉嚨也。」《索隱》：「搤，音厄。肮，音胡浪反，一音胡剛反。蘇林以爲肮頸大脈，俗所謂胡脈也。」師古曰：「搤與扼同，謂捉轉之也；亢，音岡，又音下郎反。」案：《説文・手部》：「搤，捉也」；「搹，把也，重文作扼。」二字音同誼別。今隸扼作扼，非是。肮俗字，作吭亦非。《説文・亢部》：「亢，人頸也，从大省，象頸脈形；重文作頏。」《史記・張耳傳》「乃仰絶亢而死」，《集解》韋昭曰：「亢，咽也。」《索隱》引蘇林注與此注同。字又通作抗，《漢書・賈誼傳》：「不肯早爲，已迺墮骨肉之屬而抗剄之。」抗剄，謂剄其亢也。因字叚作抗，應劭遂云抗其頭而剄之，師古亦訓抗爲舉，誤矣。（一曰：抗通阬，此乃阬之叚字，謂推墮骨肉之屬於阬阱而剄之也，亦通。此則訓墮爲毁。）段玉裁曰：「《爾雅・釋鳥》：亢，鳥嚨。此以人頸之稱，爲鳥頸之稱也。亢之引伸，爲高也、舉也、當也。」（見《説文注》。）案：此三訓，皆抗字之誼，可見亢抗古通字也。**拊其背，**《説文・手部》：「拊，揗也。」段注曰：「揗者，摩也。古作拊揗，今作撫循。」案：拊有擊誼，出《皋陶謨》「予擊石拊石」，拊者，輕擊之誼。《詩・邶・栢舟》「寤辟有摽」，毛傳：辟，附心也。《説文・手部》：「摽，擊也。」摽之訓擊，正形容拊心之狀。然則拊亦訓擊，章章明矣。餘見七卷《子列子章》注。拊通撫者，如《禮記・曲禮》「君撫僕之手」，謂拊僕之手也。《左傳・宣十二年》「王巡三軍，拊而勉之」，謂撫勉之也。本書《義勇篇・崔杼章》「晏子拊其手」，《晏子春秋》、《吕氏春秋》、《韓詩外傳》皆作撫其手，詳見彼文注中，但非此誼。此當訓擊爲合也。**未能全勝也。**「能」字各本奪，《史》、《漢》皆有，依文誼不當省，今據二書補。《史》「全」下有「其」字。《漢書》句末無「也」字，亦無「其」字。**今陛下入關而都，按秦之故，此亦搤天下之亢而拊其背也。」**三句共二十三字，各本皆脱，文誼不完，《史》、《漢》並有此三句，今據《漢書》補。蓋三句申足上諭意，若去之，則上文三句，鶻突無著矣。此卷奪漏甚多，此亦一端也。「故」下《史》有「地」字，此從班書。以班書異《史》處，多根據本書故也。**高皇帝疑問左右大臣，皆山東人，**山東，華山以東也，就秦地言之，戰國時所言山東，多如此。二書作「高帝問羣臣，羣臣皆山東人」。《留侯世家》作「上疑之，左右大臣，皆山東人」。以下數句，皆用《留侯世家》文。多勸上都雒陽。雒陽東有成皋，各本不疊「雒陽」字，此亦以重點而漏寫，本書屢見此例，今依《留侯世家》及《張良傳》補疊二字。成皋注見前。《史記·世家》「成」作「城」。西有肴澠，「肴」，《史·世家》、《漢·張良傳》作「殽」，「澠」作「黽」。《説文》無崤澠二字，當作肴黽爲正。師古曰：「殽，山也；黽，池也，音沔。」（宋祁曰：注文當作殽，殽山也；黽，黽池也。）案：《左傳》「殽有二陵」，（僖三十二年。）杜注：「在黽池縣治。」《春秋》「晉敗秦師於殽」，《公羊》作「殽之嶔巖」，《穀梁》作「殽之巖唫」。（晉敗秦師於殽，在僖三十三年。）杜預曰：「此道在二殽之間，南谷中，谷深委曲，兩山相嶔，故可以避風雨。古道由此，魏武西討巴漢，惡其險，而更開北山高道。」《春秋》正義：「殽是山名，俗呼爲土殽石殽，其戹道在兩殽之間。」《水經注》：「穀水又東逕土殽北，所謂三殽也。（或曰：盤殽、石殽、干殽謂之三殽。）山徑委深，峯阜交蔭。」《郡縣志》：「自東殽至西殽，三十五里，東殽長阪數道，峻阜絶澗，車不得方軌；西殽全是石阪，十二里，險絶，不異東殽。在今河南河南府永甯縣北六十里，西北接陝州界，東接黽池縣界。黽池本山名，漢以山名縣，屬弘農。」《郡國志》：「弘農黽池有二殽。」顧祖禹曰：「《地志》殽底一名黽池，又名殽阪，在今永甯縣西北七十里。」洪亮吉曰：「《山海經》白石之山，澗水出其陰，世爲是山爲廣陽山，亦名黽池山，在今河南河南府黽池縣東北二十里。」倍河鄉洛，各本「河」下有「海」字，「鄉」下有「伊」字。《史·世家》作「倍河向伊洛」，《漢書·張良傳》作「背河鄉雒」。師古曰：「鄉，讀曰嚮。」案：當依《漢書》文爲是，凡《漢書》異《史》處，多承用本書。雒陽並不近洛，此淺人欲依《史》增伊字，又苦其不對，遂並加洛字耳，今從《漢書》改正。倍背通用字。嚮字俗，當作向。《説文·宀部》：「向，北出牖也，从宀，从口，詩曰：塞向墐户。」向本訓北出牖，引申爲向背字，經傳多叚借作鄉。顏反云鄉讀爲嚮，可謂倒植矣。「洛」亦當從二書作

「雒」，上下文雒陽字皆作雒，何以此字獨從水旁各，明是淺人妄改。今人改此字作洛，並改《禹貢》伊雒瀍澗之雒爲洛，幸《史》、《漢》未誤，可據以正之。洛雒之不分，未始非魏文謬説啟之也。（説詳前。）《漢志》弘農郡上雒云：「《禹貢》雒水出冢領山，東北至鞏入河，過郡二，行千七十里，豫州川。」是雒水經流之大畧也。《文選·東都賦》曰：「秦領九嵕，涇渭之川，曷若四瀆五嶽，帶河泝洛，圖書之淵。」帶河泝洛，字亦當作雒，猶此言倍河向雒矣。（二語字異意同。）其固亦足恃。自帝疑問至此，皆見《史·留侯世家》，以下復用《劉敬傳》文。固，險固也。且周王數百年，秦二世而亡，「且」字二書《劉敬傳》作「争言」，此因中間參用《留侯世家》文，故改用「且」字，以貫穿之。「而」，《史》作「即」，《漢書》作「則」。則即一聲之轉，古通用。不如都周。謂不如都周之故都也。但言都周而不言故都者，以國號表其都，古人語言常有之。留侯張子房曰：以下復用《留侯世家》文。《史·世家》及《漢·張良傳》作「留侯曰」。「雒陽雖有此固，國中小，「國」，二書作「其」。案：國即域字，古通用，下用武之國同。不過數百里，田地狹，「狹」當作「陜」，二書作「薄」字。四面受敵，其地四通八達，無險阻可守，故也。《後漢書·光武紀》曰：「洛陽四面受敵，何遽欲正位號乎。」語本於此。此非用武之國。國亦讀如域。《史》句末有「也」字。自守易，敵攻難，然後出師以伐人，則進退咸宜，利於用兵。今雒陽無險可守，四面應敵，是非用兵之地也。夫關中，注見前。左肴函，「肴」當作「殽」，二書亦作「殽」。《史記正義》：「殽，二殽山也，在洛州永甯縣西北二十八里。函谷關在陝州桃林縣西南十二里。」案：《戰國·秦策》：「范雎謂秦王曰：大王之國，北有甘泉谷口，南帶涇渭，右隴蜀，左關阪。」留侯語本此。關阪，即殽函也，《地理通釋》之説不誣。張氏琦《戰國策釋地》謂當作商阪，今商州之商洛山，非也。《西周策》「君臨函谷」，高誘注：「函關在弘農城北門外，今在新安縣。」吴師道補曰：「《正義》云陝州桃林縣西南有洪溜澗，古函谷也，今屬靈寶縣。考《漢志》弘農縣有故秦函谷關，故桃林也。文穎曰：秦關在弘農横領。《西征記》關城路在谷中，深險如函，故以爲名，其中旁通東西十五里，絶岸壁立，厓上柏林蔭谷中，殆不見日。師古曰：今桃林縣有洪溜澗，即古函谷，其水北流入河，夾河之岸，尚有舊關餘迹。《荀子》秦有松柏之塞，此也，去長安四百里。《雍録》云：自華而虢，而陜，而河南，中間千里，古關塞有三：由長安東一百八十里，出華州華陰縣外，則唐潼關也；（此關漢建安十六年置，亦漢關。）由潼關東二百里，至陝州靈寶縣，則秦函谷關也；由靈寶東三百餘里，至河南新安縣，則漢函谷關也。（武帝元鼎三年，從楊僕言，徙此。）其間扼塞有二：桃林在潼關，殽山在秦漢二關之間。」光瑛案：桃林函谷，祇是一地，前儒謂自靈寶以西，潼關以東，皆有桃林；自殽山以西，潼津以南，通稱函谷，是也。春秋時，晉人守桃林之塞，即此，今在河南陝州靈寶縣南十里。殽山注已見前。**右隴蜀**，《史記正義》曰：「隴山南連蜀之岷山，故云右隴蜀也。」案：《郡國志》：「隴州有大阪，名隴坻。」注云：「《三秦記》：其阪九迴，不知高幾許，欲上者七日乃越。」郭仲産《秦州記》：「隴山東西百八十里，登領東望秦州四五百里。」（此指長安言，非甘肅之秦州也。）《通典》云：「隴山在隴州汧原縣西六十二里。」《説文・阜部》：「隴，天水大阪也，从阜，龍聲。」《漢志》天水郡有隴縣，以隴阺得名。《地理通釋》：「秦州隴城縣有大隴，亦曰隴首山，清水縣小隴山，一名隴阺，又名分水領。漢隴關今名大震關，所以限東西。」（東爲漢三輔，西爲漢天水、隴西諸郡。）《方輿紀要》曰：「隴坻在鳳翔府隴州西北六十里，秦州清水縣（今屬甘肅。）東五十里，山高而長，北連沙漠，南帶汧渭，關中四塞，此爲西面之險。」光瑛案：坻俗字，當作阺。《文選・解嘲》「響若坻隤」，注引應劭曰：「天水有大阪，名瀧坻，其山堆傍著崩落，作聲，聞數百里，故曰坻隤。坻，丁禮切。」韋昭曰：

坻音若是理之是字。」《漢書》字作阺。師古曰：「阺，音氏，巴蜀人名山旁堆欲墮落曰阺，應劭以爲天水隴氐，失之矣。」案：《説文》：「氏，巴蜀名山岸脅之㫄箸欲落墮者曰氏，氏崩聲聞數百里，象形。」揚雄賦：「響若氏隤。」其字作氏，不作阺，小顔音氏亦誤。《説文》：「阺，秦謂陵阪曰阺。」段玉裁謂其字則氏與阺不同，其語言則秦與巴蜀不同，且氏主謂石，故崩聲聞遠，阺主謂土，陵阪皆土阜也。氏或譌作坻，韋昭音若是理之是，不誤。以上段説，亦可疑。據其所云，則揚雄文當作氏，不當作阺，今《漢書》明是阺字，《文選》亦作坻，（即阺之俗。）不能一筆抹倒，以爲皆譌也。段所以必謂爲譌者，以氏聲在十六部，氐聲在十五部，不相通用耳。不知分部乃段氏一家之説，不盡可據，今若定《解嘲》文是氏非阺，必先《漢》、《選》同誤而後可。然《漢》、《選》作從氐之字，《説文》作氏，則是氏古阺字，豈得因段表異部，定其不相通叚耶。氏又通作是，《禹貢》「西傾因桓是來」，鄭注：「桓是，隴阪名，其道盤桓旋曲而上，故名曰桓是，今其下民謂是爲阪，曲爲盤也。」（《史記・夏本紀》集解、《水經・桓水注》並引。）鄭云謂是爲阪者，明是即氏，氏即坂。且以隴阪實之，足見隴阺之名，由此取誼，應劭之説不可非，小顔之駁未必是。隴山與蜀岷山相連，子雲蜀人，習聞隴阺之説，故《解嘲》及之，不必疑也。氏是氏氐通用，古書甚多，茲姑不論。《漢志》隴縣，顔注：「今呼隴城縣者也。」此説亦誤。後魏改置隴城縣於略陽界，唐之隴城非舊地。《舊唐志》云：隴城，漢隴縣，隋加城字。」誤承小顔，皆考之未審。《廣雅》「蜀山謂之崏山」，蜀或作瀆，通借字。《史記・封禪書》：「自華以西，名山曰瀆山，即汶山也。」詳四卷《葉公章》注。《元和郡縣志》：「即隴山之南首，故稱隴蜀。」蓋蜀之得名，即因是山耳。**沃野千里**，《秦策》：「蘇秦説惠王曰：大王之國，沃野千里，蓄積饒多。」師古曰：「沃者，灌溉也，言千里皆有灌溉之利，故曰沃野。」案：顔訓非也。《國語・魯語》「沃土之民不材」，韋注：「沃，肥美也。」《晉語》「雖獲沃田」，韋注：「沃，美也。」《山海經·大荒西經》：「有沃之國，沃民是處。」注：「有沃之國，言其土沃饒也。」《文選·西京賦》「地沃野豐」，注：「沃，肥也。」沃之誼爲肥爲美爲饒，皆與此意相傅。《説文·水部》：「渼，溉灌也，从水，芙聲。」小顔雖用許書，然祇適於沃盥、沃雪諸文，此以沃野連言，不屬此訓。**南有巴蜀之饒，**巴蜀，注見九卷《司馬錯章》。饒，富也。**北有胡苑之利，**「胡苑」，舊本皆作「故宛」，此形聲俱近而譌，今依《史》、《漢》改正。《史記索隱》曰：「崔浩云：苑馬牧，外接胡地，馬生於胡，故云胡苑之利。」《正義》曰：「《博物志》云：北有胡苑之塞。按上郡、北地之北，與胡接，可以牧養禽獸，又多致胡馬，故謂胡苑之利也。」師古曰：「謂安定、北地、上郡之北，與胡相接之地，可以畜牧者也。養禽獸謂之苑。」諸解大畧相同。明顧起元《説畧》云：「《史記》、《漢書》皆不解胡苑之誼，後人或改苑作戎，非也。按《漢官儀》引郎中侯應之言曰：陰山東西千餘里，單于之苑囿也。又胡人歌曰：失我燕支山，令我婦女無顔色；失我祁連山，令我六畜不蕃息。所謂胡苑之利，當是此誼也。」（卷三。）以上顧説是，其所謂苑亦養禽獸之意耳。詳《博物志》塞字，似誤以胡苑爲地名。《秦策》：「蘇秦説惠王云：北有胡貉代馬之用」與此意合。總觀諸注，明白曉切，足徵舊本作「故宛」之非。荀悦《漢紀》作「胡宛」，亦誤。**阻三面守，一隅東向制諸侯，**《史》作「阻三面而守，獨以一面專制諸侯」，《漢書》作「阻三面而固守，獨以一面東制諸侯」。（《漢紀》文畧同。）均與此異。疑本文「面」當作「而」，阻三而守爲句，即《史》之阻三面而守也；一隅東向制諸侯爲句，即《史》之獨以一面專制諸侯也。面而字形相近，後人據《史》以改本書，而下文之異《史》者，又不敢改，遂以阻三面、守一隅各三字爲句，東向制諸侯五字爲句，與《史》、《漢》之意全乖。且既云阻三守一，何以又云東制諸侯，語意亦相抵觸矣。**諸侯安定，**《漢紀》不疊「諸侯」字，此奪文也。諸侯安定，與下**諸侯有變，**相對爲文。

《史》、《漢》皆疊字。河渭漕輓天下，師古曰：「輓，引也。輓，音晚。」西給京師，給，供給也。諸侯有變，順流而下，足以委輸，謂水路既通，糧食易於輸轉。《後漢書·張純傳》注：「委輸，轉運也。」此所謂金城千里，天府之國也。《漢書》句末無「也」字。（《漢紀》同。）《史記索隱》曰：「此言謂者，皆是依馮古語。金城，言秦有四塞之國，如金城也。蘇秦説秦惠王云秦地勢形便，所謂天府，是所馮也。」師古曰：「財物所聚謂之府，言關中之地，物産饒多，可備贍給，故稱天府也。」案：天府，天然之府，注詳前婁敬語中。《管子·七法篇》：「有金城之守，故能定宗廟，育男女。」《説苑·説叢篇》：「犬吠不驚，命曰金城。」《史記·秦始皇本紀》：「秦王之心，自以爲關中之固，金城千里。」《索隱》：「金城，言其實且堅也。韓子曰：雖有金城湯池。《漢書》張良亦曰：關中所謂金城千里，天府之國。」以上小司馬説是。《漢書·賈誼傳》：「故曰聖人有金城者，比物此志也。」亦引古語。金之爲物，至堅而不壞，以金比城，諭堅甚。《漢·食貨志》鼂錯疏引神農之教曰：「有石城十仞，湯池百步，帶甲百萬，而亡粟，勿能守也。」石城亦諭其堅，猶金城也。婁敬説是也。」「婁」，二書作「劉」。案：下文始云賜姓劉氏，此時子房何得預稱劉敬，雖屬史臣追書之辭，不如本書作婁爲善。《漢紀》亦改作「婁」，「説」上有「之」字。於是高皇帝卽日駕，西都關中，《史》無「皇」字。《漢書》「高皇帝」三字作「上」字。《索隱》曰：「《周禮》三曰詢國遷，乃爲大事。高祖卽日西遷者，蓋謂其日卽定計耳，非卽日遂行也。」梁玉繩曰：「《史記·高紀、名臣表、劉敬傳》皆以都關中在五年，此在六年，誤。第是日之入都關中，乃居櫟陽宮，至七年，始徙居長安。蓋櫟陽、長安，俱關中也。《漢書·高紀》改入都關中爲長安，誤甚。不但長安宮闕未興，而其時盧綰尚爲長安侯，建都云乎哉。」案：高帝雖因留侯語采納敬言，但長安秦舊宮闕，已爲項羽一炬，經營締造，自非旦夕可期畢事。《漢書・高紀》云「上是日車駕西都長安」，亦謂車駕西行，定都長安之計耳。故下文田肯賀上曰，陛下得韓信，又治秦中，明當時尚在繕治土木中矣。師古注治之爲都之，非是，當時尚未徙居長安也。《高紀》言是日，與此言即日，文誼正同，不可因詞害意。又梁説與齊召南考證同，蓋即本齊氏。周壽昌《漢書注校補》曰：「《荀紀》云：於是上即日車駕西入關，治櫟陽宫。加治櫟陽宫四字，則七年本紀自櫟陽徙都長安，語始有根。」案：周説是，《史》、《漢》、本書俱省文避繁。以上用《留侯世家》文。**由是國家安甯，**此下中壘之詞。**雖彭越、陳豨、盧綰之謀，**「豨」，俗本作「狶」，今正。彭越注見前。陳豨，宛句人，見《盧綰傳》。宛句漢屬濟陰，今山東曹州府菏澤縣西南。《史傳贊》稱豨梁人，蓋爾時宛句屬梁也。爲趙相，封列侯，守鉅鹿，漢十年，舉兵反，十二年，周勃定代，斬豨於當城。（今直隸宣化府蔚縣東。）事見《漢書・高紀》及《韓信、盧綰傳》。《高紀》鄧展注曰：「東海人名豬曰豨。」盧綰，豐人，與高祖同里同日生，後封燕王，以陳豨反，見疑，使樊噲擊之，高帝崩，綰亡入匈奴，遂死胡中，二書皆有傳。彭越疑當作黥布，説見下句注。**九江、燕、代之兵，**九江英布，六人，初事項梁，屢立戰功，懷王封爲當陽君。從項羽救趙，以少敗衆，至新安，阬秦卒二十餘萬，至關，不得入，又先從間道破關下軍，羽遂得入咸陽，封爲九江王。後納隨何言，叛楚歸漢，漢封爲淮南王。漢十一年誅韓信，醢彭越，以其醢賜諸侯。布見醢，大恐，會賁赫上變告其謀反，遂族赫家，發兵反。十二年，兵敗，走番陽，番陽人殺布，赫封列侯，二書皆有傳。燕即盧綰，代即陳豨也。此二句語複，一舉人，一舉地，古人自有此文法。但上句彭越當作黥布，始與此句相應，今各本皆作彭越，誤也。越並未舉兵，亦無謀反實迹，漢誅功臣，惟越最寃，此舉諸反者言，不當數越。以此句例之，其爲黥布之誤無疑。**及吴楚之難，**吴王濞、楚王戊，連七國之兵反漢，在景帝時。見《漢書・景帝紀、吳、楚王傳》及《周亞夫傳》。關東之兵，函谷關以東，即謂七國之兵也。雖百萬之師，師，衆也，不作師徒解。猶不能以爲害者，言不能爲漢室禍害。如周亞夫云：「吾據滎陽，滎陽以東，無足憂者。」即都關中以一隅東向制天下之證也。由保仁德之惠，守關中之固也。先言仁德，見重德先於重險，告君之體也。國以永安，永，長也。婁敬、張子房之謀也。叙本事止此。以下終言婁敬受封事，復采《史記·敬傳》文。上曰：《史·敬傳》句首有「於是」二字，《漢書》同。「本言都秦地者，婁敬也，《廣雅·釋詁》一：「本，始也。」《呂覽·孝行篇》「民之本教曰孝」，高注同。《史記·樂書》「其本在人心感於物也」，《正義》曰：「本，猶初也。」言始初勸都關中者是敬爾。《史》、《漢》均無「也」字。婁者，乃劉也，《漢書》無「乃」字。錢大昕曰：「婁劉聲近，今吳人呼婁江曰劉河，吾婁塘市亦呼爲劉。」周壽昌曰：「《後漢·禮儀志》貙劉之禮，《漢儀注》作貙婁，《古今注》、《風俗通》並作貙膢，足證古婁劉二字一音。」賜姓劉氏，拜爲郎中，賜國姓始此。郎中，屬郎中令，秩比三百石，見《百官公卿表》。號曰奉春君。」《文選·西都賦》曰：「奉春建策，留侯演成。」《史記索隱》引張晏曰：「春爲歲之始，以其首謀都關中，故號奉春君。」後卒爲建信侯，封之二千户。《史》作「乃封敬二千户，爲關内侯，號爲建信侯」，《漢書》同，但無「爲」字。周壽昌曰：「案敬無封國，止名號侯，故《表》不列。《河水注》：《地理志》千乘郡，漯水又東北逕建信縣故城北，漢高祖七年，封婁敬爲侯國。應劭曰：臨濟縣西北五十里，有建信侯城，都尉治故城者也。則似本有國，非虚封也。然漢初名號侯食邑者多，不止於敬。考《地理志》千乘郡高帝置，即安知非高祖置郡，其縣名則自後加者乎。觀《史》、《漢》表皆無之，則本傳説爲信。《水經注》與應氏之言，或紀其古蹟，未可據爲封國之證也。」案：漢時虚封亦有所食之户，此或畫建信二千户之俸與敬，因以名侯耳。建信在今山東青州府高苑縣西北。敬封奉春君,《史》繫在漢五年。《敬傳》云:「漢七年,韓王信反,高帝自往擊。至晉陽,聞信與匈奴欲擊漢,漢使人使匈奴。匈奴匿其壯士肥牛馬,徒見老弱及羸畜。使者十輩來,皆言匈奴易擊。上使敬復往,使還報曰:兩國相擊,此宜夸矜見所長,今臣往,徒見羸胔老弱,此必欲見短,伏奇兵以争利,不可擊也。上怒,械繫敬廣武,遂往至平城。匈奴果出奇兵,困高帝白登七日,然後得解。高帝至廣武,赦敬,曰:吾不用公言,以困平城,已斬先使十輩言可擊者矣。迺封敬二千户,爲關内侯,號建信侯。」其受封,蓋後奉春三年也。以上敬封建信侯之事,故備録之。下五字各本俱奪,宋本有,與《史》、《漢》合,今據增。鐵華館本「千」作「十」,譌。盧氏《羣書拾補》引宋本亦作「千」。

10留侯張子房於漢已定,各本連上不提行。盧文弨曰:「當提行。」案:宋本亦提行。各本所以連上者,因《史》、《漢》文一氣叙下耳。不知《史》於西都關中下,接云:「留侯從入關,性多疾。」《漢書》「留侯」作「良」,餘同。而本書此句不用《史》文,自造此語,即爲别叙一事之證。宋本是也,今從之。性多疾,周壽昌曰:「性,猶生也。《周禮·地官》辨五地之物生,杜子春讀生爲性。亦猶體也,《魏志·吴質傳》注:上將軍真性肥,中領軍朱鑠性瘦。與此性同誼。計秦滅韓時,良年少,越十年,從高帝,事帝十三年,後亦卒,壽不過五十也。」案:性與生通,古書徵驗甚多。《周語》「懋正其德而厚其性」,《晉語》「以厚民性」,兩性字讀爲生。《晉語》「凡民利是生」,生字又讀爲性。韋解並以本字讀之,非也。(詳余舊著《國語韋解補正》。)生之言身也。《史記·淮陰侯列傳》「生乃與噲等爲伍」,《衛青傳》:「人奴之生,得無笞罵,足矣」,(宋費袞《梁谿漫志》謂生字屬下讀,非也。人奴之生,句法從《蓼莪詩》鮮民之生出。《論衡·骨相篇》作人奴之道,可證當從生字絕句。）《三國蜀志・張飛傳》「身是張翼德也，可來共決死」，身字與上二生字同。生訓身，故又訓爲體，身卽體也，周氏兩解俱適。卽導引，不食穀，「導」，《留侯世家》、《張良傳》俱作「道」，叚借字。《說文・寸部》：「導，引也，从寸，道聲。」段注：「引之必以法度，故從寸。」其說是，若然，導引字作導爲正。經傳叚道爲導，同音省借耳。《史記集解》引孟康《漢書音義》曰：（此音義是孟康，非服虔，據《漢》注知之。）「服辟穀之藥，而靜居行氣。」案：因病而導引辟穀，不過藉以養疴，非後世求長生者所能藉口。杜門不出。杜門字當作𢾊，傳記多叚杜爲之，杜行而𢾊廢矣。《周書・梓材篇》「惟其𢾊丹雘」，此𢾊卽俗書之塗字。「杜」，《漢書》作「閉」。歲餘，上欲易太子，立戚夫人子趙王如意，「易」，《史》作「廢」。案此云留侯於漢已定，卽導引辟穀，歲餘，上卽欲易太子。漢定天下在五年，則易太子之論，當起於六七年間。下文云：「十二年，破黥布歸，愈欲易太子。」《通鑑考異》辨之，說別見後。戚夫人，定陶人，有寵於高祖。上以太子仁弱，謂趙王如意類己，留之長安。上之關東，戚夫人日夜啼泣，欲立其子。呂后年長，常留守，日疏，上欲廢太子，大臣争之，不得。周昌争之強，上欣然而笑。及高祖崩，呂后斷戚夫人手足，去眼煇耳，飲瘖藥，使居廁中，命曰人彘。見《史記・呂后紀》。趙王如意謚曰隱，高祖崩，爲呂后徵至長安，鴆殺之，無子，國絕。《史》自有傳。《西京雜記》：「趙王如意年幼，未能親外傅，戚姬使舊趙王內傅趙媼傅之，號其室曰養德宮。」高帝以布衣得天下，以太子仁柔，恐不能制御功臣。故欲廢之，亦聊以試羣臣之心。此與殺戮功臣，同一用意，迨元勳既盡，而廢儲之議亦息矣。明祖欲立燕王而不果，意亦如此。大臣多争，《史》「多」下有「諫」字。未能得堅決者也。謂無敢力争也。《漢書》無「者」字。呂后恐，不知所爲，不知若何而可。人或謂呂后曰：呂后，單父人呂公女，呂公善沛令，避仇從之客，因家焉。呂公善相人，見高帝狀貌，奇之，乃以女妻沛公。《漢書》無「人」字。「留侯善畫計策，「策」，《史》作「筴」，漢隸變體，見五卷《楚有善相人者章》注。畫，籌畫也。《漢書》無「策」字。上信用之。」呂后乃使建成侯呂澤劫留侯曰：「留侯」，《漢書》作「良」。《通鑑考異》曰：「澤，當是釋之。」齊召南曰：「《考異》是也。澤與釋相近而譌，其下文又脱之字耳。呂澤封周呂侯，可據也。」案：建成注見前。澤釋古通用，非譌字。之，語助詞，古無二名，省之存澤，於誼無礙。後人不知澤釋通借，遂誤認爲周呂侯呂澤耳。考《史記·封禪書》「古者先振兵釋旅」，王念孫曰：「釋，本作澤。故徐廣《音義》曰：古釋字作澤。（原注：《高祖功臣侯者表》張節侯毛澤之，亦作釋之，《惠景間侯者表》襄城侯韓澤之，《漢表》作釋之，又《周頌·載芟篇》其耕澤澤，《正義》引《爾雅》作釋釋，《夏小正》農及雪澤，《考工記》水有時以凝，有時以澤，《管子·形勢篇》莫知其爲之，莫知其澤之。並與釋同。）《孝武紀》亦作澤，後人改澤字爲釋，則與《音義》相左矣。下文澤兵作釋兵，亦是後人所改。」以上王説極當，可見釋字古書多作澤，因同時適有周呂侯呂澤，遂致混爲一耳。梁玉繩《史記志疑》引《史詮》説，與齊説同。下文呂澤名屢見，不應處處皆誤，又三書同誤，且下章夜見呂后請説高帝自將擊黥布，亦出於澤，彼文亦三書並誤也。知本作澤，省去之字矣。「君常爲上計，「計」，二書作「謀臣」，疑此奪「臣」字。今上日欲易太子，各本奪「上」字，今依《漢書》補，文誼始足。《史記》無「日」字。君安得高枕卧。」《齊策》：「馮煖謂孟嘗君曰：狡兔有三窟，僅得免其死耳，今有一窟，未得高枕而卧也。」「卧」上《史》、《漢》有「而」字。《史》句末更有「乎」字。師古曰：「安，焉也。」留侯曰：「始上數在困急之中，「困急」，《漢書》作「急困」。數，音所角反。幸用臣策。「策」，《史》作「筴」，此字各本俱奪，不成文誼，今依二書補。大抵本書脱章以《刺奢篇》爲甚，脱字脱句則以此篇爲多，學者詳之。今天下安定，以愛欲易太子，「以愛」下各本有「幼」字，此淺人妄加，《史》、《漢》俱無之。此言上以私愛故欲易太子，非愛憐少子之謂也。愛字屬戚夫人言，不屬少子言，況《史》稱上以太子仁弱，趙王如意類己，常留之長安，此著欲易太子之故，非由愛幼也。又曰：「上之關東，戚姬常從，日夜啼泣，欲立其子。」此著戚夫人恃愛，妄希非分。又叙四皓語云：「臣聞母愛者子抱今戚夫人日夜侍御，趙王常抱居上前。」（即下章所叙者。）聲明母愛。可見因戚夫人之愛而易太子，非關愛幼明矣。今據二書删「幼」字。骨肉之間，「之」字各本無，今據二書補，較圓足。雖臣等百餘人，何益。」《漢書》無「餘」字。呂澤彊要曰：「彊」，各本作「強」，今依宋本。要，劫也，即上文劫留侯之劫。「爲我畫計。」留侯曰：《漢書》作「良曰」。「此難以口舌爭也。宋本、嘉靖本、鐵華館本無「也」字，他本皆有。案：二書亦有也字，今從衆本。顧上有所不能致者，天下有四人，《史記》無「所」字。《漢書》無「天下有」三字。師古曰：「顧，念也。」案：師古說非。王引之《經傳釋詞》曰：「顧，猶但也。《禮記・祭統》：是故上有大澤，則惠必及下，顧上先下後耳。《燕策》：吾每念，常痛於骨髓，顧計不知所出耳。《史記・越世家》：彼非不愛其弟，顧有所不能忍者也。」案：此顧字，亦當訓但。園公、綺里季、夏黄公、角里先生，「角」，宋本、嘉靖本、鐵華館本作「用」，字俗，今從衆本。《史》、《漢》此處不書四人名號，於上句四人下，直接四人者年老矣句。（《漢書》無「者」字。）《索隱》曰：「四人，四皓也，謂東園公、綺里季、夏黄公、用里先生。」案《陳留志》云：園公姓唐，字宣明，居園中，因以爲號；夏黄公姓崔，名廣，字少通，齊人，隱居夏里，修道，故號曰夏黄公；用里先生，河内軹人，太伯之後，姓周，名術，字元道，京師號曰霸上先生，一曰用里先生。《孔父秘記》（沈濤《銅熨斗齋隨筆》云：一本作《孔安國秘記》，皆孔氏之誤。古秘作閟，誤爲閉，後人遂稱爲《閉房記》。閉房見《詩・巷伯》傳，非此之用。

案沈説存考。)作祿里，此皆王劭據崔氏、周氏世譜，及陶潛《四八目》而爲此説。」師古曰：「所謂商山四皓者也。」(上述四人之號。)錢大昭曰：「案《隸釋》云：揚子雲《法言・美行》：園公、綺里季、夏黄公、甪里先生。班孟堅叙近古逸民，與揚子同。《陳留志》云：園公姓庾，(《索隱》作唐，二字形近易溷，見五卷《魏文侯章》注)字宣明，常居園中，因以爲號；夏黄公，姓崔，名廣，(與《索隱》説合。)隱居夏里，號曰黄公；甪里先生，姓周，名術，或曰霸上先生，皇甫之徒，説又相戾，故小顔悉棄不取。陶淵明詩黄綺之南山，杜子美詩黄綺終辭漢，似亦以夏爲地名也。惟圈稱《陳留耆舊傳自序》云：圈公爲秦博士，避地南山，惠太子以爲司徒，至稱十一世，漢刻有圈公、角里先生神坐，圈公、綺里季神祚机。則圈稱蓋有據也。師古以爲商山四皓。《三輔舊事》云：四皓隱於上雒熊耳山。是商山即熊耳山。」孫志祖曰：「黄伯思跋四碑云云，逸少有尚想黄綺帖，陶淵明詩亦云黄綺之南山，畢文簡讀杜詩黄綺終辭漢，疑四皓之目，宜曰綺里季夏，曰黄公。志祖案：漢魏詩文，用黄綺者尚多，漢張升《反論》曰：黄綺引身，巖棲南岳。(原注：見《文選・絶交書》注。)魏繁欽用里先生訓黄綺削迹南山。下逮六朝，沿襲承用，不可殫述。然四皓之目，終當以夏黄公爲一人。《禮記・曲禮》疏：四皓，一東園公，二綺里季，三夏黄公，四甪里先生。《後漢書・鄭康成傳》云：南山四皓有園公夏黄公。則漢唐舊讀，不可以詩人摘用，據爲口實也。」梁玉繩曰：「《索隱》引《陳留志》、崔、周世譜及陶潛《四八目》，載四人姓名及字。《漢書・王貢傳》師古注云：(案此注宋楊侃《兩漢博聞》引之，並明稱見《王貢兩龔鮑傳序》注。《四庫提要》謂監本《漢書》脱去此注，賴楊書引僅存，近人葉德輝《郋園讀書志》亦有此説。蓋《提要》及葉志，因《張良傳》不見此注，故謂今本有脱。不知楊書聲明見《王貢兩龔鮑傳》注也。今《王貢兩龔鮑傳》此注完全無闕，葉氏誤承《提要》。)四人無姓名可稱，隱居之人，不自顯其姓氏，故史傳無得而詳，後皇甫謐、圈稱之徒，及諸地理書説，爲四人施安姓氏，自相錯互，語又不經，今並不取。（以上節引顏注，即《博聞》所引者也。《匡謬正俗》引《陳留風俗傳自序》而駁之曰：班書有園公，非圈公也。公當秦時，避地入深山，不爲博士明矣。又漢初不置司徒，安得以圈公爲之，且以惠帝爲惠太子，無意義。孟舉之説，實爲鄙野，近代草萊末學，喜自譔宗譜，虛置昭穆，妄稱爵位，至云黄帝時爲御史大夫，周宣王時爲丞相，漢光武時爲相州刺史，不知本末，轉相誑耀，皆此類也。又云：呂伯成哀之時，兄弟三人，並爲丞相。考班書紀傳及《百官表》，成哀時無丞相姓呂者，而云兄弟三人爲之，何所取哉，斯謬甚多，難以具舉。以上小顏所駁甚精，可與傳注參照）其説是也。又有以園爲圈者，《東觀餘論》據漢代石刻作圈，《匡謬正俗》辨之曰：圈稱《陳留風俗傳自序》云：圈公後。四皓有園公，無圈公。又有以綺里季夏爲一人，黄公爲一人者，見《齊東野語》，而《後漢書·鄭玄傳》，孔融即稱夏黄公，周密引諸書以證綺里季夏之非。又有以角字作兩點下用者，見《宋史·儒林傳》，而甪實無其字，《路史·發揮》已駁之矣〔一〕。案：梁氏標舉頗詳，惟遺作撇下用、點下用之字之非。錢氏輕於信《陳留風俗傳》之説，豈未覩《匡謬正俗》之論邪。至黄綺之稱，無害於夏字屬下爲名，不審畢文簡、黄伯思諸人，何以斷斷爭此，必欲改舊讀，創新句。周密《野語》之説，錯誤甚多，惟辨綺里季夏之讀，則獨精當。今節引於後云：「王元之在汝日，以詩寄畢文簡云：未必顥如樗里子，定應頭似夏黄公。文簡謂綺里季夏當爲一人，黄公則别一人，引杜詩黄綺終辭漢，王逸少尚想黄綺帖，陶詩黄綺之南山，又云且當從黄綺，《南史》阮孝緒《辭梁武召》云：周德雖興，夷齊不厭薇蕨；漢道方盛，黄綺無悶山林。蓋各以首一字呼之。於是元之遂改此句，後皆以文簡爲據。然漢刻四皓神坐，一曰園公，（案此引作園，與錢氏引作圈不同，錢氏不知何據。）二曰綺里季，三曰夏黄公，四曰甪里先生。案《三輔舊事》云：惠帝爲四皓作碑，當時所鐫，必無誤書，然則元之所用非誤也。蓋昔人論四皓，或云園綺，或云綺夏，亦未必盡舉首一字。或淵明自讀作綺里季夏，亦不可知。（案：此説非也，夏是地名。《吴志·虞翻傳》注引《會稽典録》述翻對王府君之言，述郡中上世抗節之士，引鄞大里黄公，絜己暴秦之世，高帝卽祚，不能一致，惠帝恭讓，出則濟難云云。似以黄公爲名，不及夏字。然卽簡稱黄公，亦無礙於夏黄公之爲一人也。）周燮曰：追綺季之迹。世説曰：綺季、東園公、夏黄公、甪里先生，謂之四皓。《姓書》有綺里先生，季其字也。是則爲夏黄公，蓋可信矣。」以上周氏所駁鄧允，可以息衆喙矣。至角字古本有禄音，《行露詩》角與屋獄足韻可證，不必别造兩點下用，或撇下用、點下用等怪字，以當音禄之字也。此等怪字，出自鄙俗陋儒，通人所不道，李匡乂《資暇集》已早辨之。此外散見唐宋元明人説部、文集、筆記者，不可勝舉，雖得失互陳，然不如梁氏所云始見《宋史·儒林傳》，亦不始辨於羅泌《路史》也。（梁氏好引《路史》説，《路史》最庸妄不足據，梁氏學識不充之過也。）周壽昌曰：「《廣韻》漢有應曜，隱於淮陽山下，與四皓俱徵，曜獨不至。時人語曰：商山四皓，不如淮陽一老。八代孫劭集解《漢書》。《白帖》卷二十二所引同。據此，四人外尚有一人，徵而不至者也。」李慈銘曰：「四皓之名，《史記》有之，而《漢書》不見。（案：此指《張良傳》言，名卽號也，然《王貢兩龔傳》固有之。）班氏於史公書，雖有所删節，大率閒文不急之事，若此則非所應删。疑《史記》亦本無之，後人取他書附益者也。蓋四皓不必實有其人，所謂鬚眉皓然，衣冠甚偉者，不過一時賓客聳動觀瞻，高帝藉以塞戚夫人之請，豈真憚其羽翼太子哉。史家皆等之傳疑荒忽，後人侈張其事，既傳其姓，又妄造名字，且有爲作碑祠神座者，所謂巵言日出，而疑之者，又或謂是子房所假託，或謂史公好奇傅會，皆非也。」（《桃花聖解盦日記》癸集第二集。）案：李謂《史記》四皓之名，爲後人附益，及《漢書》不載四皓名字等説，均考之未審。謂後人侈張其事，傳造姓名，則甚爲有見。高帝之欲易太子，非出於本心，初以惠帝仁柔，不能控御諸將，愛趙王類己，故欲立之，及功臣盡誅，此意亦寢。而戚夫人恃愛，日夜啼泣，求立其子，以爲先既有立之之言，苟不得請，帝萬歲後，母子必將不免也。深宮片語，流傳於外，輒張大其詞。於是呂澤之要，叔孫之諫，周昌之争，紛然起矣。以高帝之明，詎不知無故易嫡之危。且惠帝既長，尚爲之殺戮功臣，以去其逼，况立乳臭之弱子，獨不慮諸臣從而生心乎。爾時外奉太子以爲名，内倚呂后以爲之援，雖百良、平，不能爲之謀矣，帝慮豈不及此。又果決意易嫡，則周昌、叔孫通之徒，早或貶或死，以絶糾紛，區區四皓，又豈得而制之。觀於唐高宗議立武后，長孫無忌、褚遂良、柳奭、韓瑗諸人之正色廷争，徒召死亡，即其證也，故知易嫡非帝本心也。但戚姬母子地位，亦當代謀安全，迨徙周昌相趙，趙堯爲御史大夫，而此事遂告一段落。其十二年破黥布軍後，又欲易太子者，帝惡太子不能將兵，（四皓之謀，呂后之泣，適以啟其易太子之心，幸而帝本無意爲此，不然殆矣。）無以制馭諸將。又戚夫人日夜進言，非四皓進見，無以塞其請耳。觀帝與趙堯問答數語，可見帝心止憂趙王之不全，未嘗有必欲立趙王之意。淺人乃以儲位之固，由於帝畏四皓助之，並僞譔姓名，舖張粉飾，小顏削而不取，其識卓矣。

此四人者，《史》無「此」字。《漢書》並無「者」字，連下爲句。

年老矣，皆以上慢侮士，「以」下《史》有「爲」字，「士」作「人」。《漢書》承此文，但「慢侮」字作「嫚娒」。師古曰：「嫚，與慢同；娒，古侮字。」案：師古二說皆非。《說文·女部》：「嫚，侮易也，（案：段本作傷，各本止作易。）从女，曼聲。」又《心部》：「慢，惰也，从心，曼聲；一曰慢，不畏也。」不畏之誼，雖與侮易近，然祇是別誼，不如嫚之專訓侮易。則侮嫚正字當作嫚，慢訓惰。引申爲遲慢，乃別一誼。今人多以慢代嫚，慢行而嫚廢矣。娒者，《說文》云：「女師也，从女，每聲。」讀與母同，是不得爲侮之古字。今《漢書》作

「娒」，同音叚借耳。唐人於小學，已多不講，小顔尤疏闊，其譔《匡謬正俗》，誤不勝糾，余別有專書正之矣。故逃匿山中，匿，亡也，字从匸。《説文·匸部》：「匸，衺徯有所俠臧也，从乚，上有一覆之。」是其誼也。乚訓匿，讀若隱，象迟曲隱蔽形。議不爲漢臣。「議」，各本作「義」。盧文弨曰：「宋本作議。」案：議義古字通用，説詳一卷《秦欲伐楚章》注。《韓非·外儲説右上》「議不臣天子」，字亦作議，與此正同。《北堂書鈔》四十五引之，則改作義矣。宋本作「議」，乃古書未改之廑存者。各本盡改作義，鐵華館本名爲校宋，亦改作「義」，甚矣解人之難索也。今從北宋本。然上高此四人，高其節。公誠能無愛金玉璧帛，二書句首有「今」字。璧疑幣，見九卷《虞虢章》注。今太子爲書，卑辭，以安車迎之，「以」字，「迎之」字，《史》、《漢》俱無，疑後人旁加訓釋，混入正文，蓋迎與下文固請誼複故也。各本皆同，今亦仍之。安車，安適之車，所以便老人者，禮賢徵聘亦用之。《禮記·曲禮》曰：「大夫七十而致仕，若不得謝，則必賜之几杖，行役以婦人，適四方，乘安車。」鄭注：「安車，坐乘，若今小車也。」《正義》曰：「安車，小車也，亦老人所宜。」是其誼也。漢制，徵士以安車蒲輪。因使辯士固請，宜來，宜，猶當也。師古曰：「宜應得其來。」來以爲客，奉以爲上賓。時時從入朝，從，隨也。《漢書》不疊「時」字。令上見之。上見之，《史》不疊此三字。即必異問之，「即」，《史》作「則」，誼同。「異」下《史》有「而」字。問之，上知此四人，《史記》句末有「賢」字。亦一助也。」《漢書》於「令上見之」下，即直接此句。「亦」，二書作「則」。一助，言此助力之一端。於是吕后使人奉太子書，「吕后」下二書有「令吕澤」三字，與此異。卑辭厚禮，迎四人，「迎」下二書有「此」字。四人至，舍吕澤所。二書作「客建成侯所」。至十二年，《史》、《漢》此下接「漢十一年，黥布反，上病，欲使太子將，往擊之」一段，即本書下章也。本書删去中段，别爲一章，蓋此章專歸功留侯定策，薦此四人，立言固各有當也。梁玉繩曰：「周昌相趙，而趙堯乃爲御史大夫。徐廣據《百官表》謂堯爲御史大夫在十年，則太子位已定矣，安得十二年尚欲易太子乎。《通鑑》書於十年，復考其異，是也。」案：破布之後，欲易太子之故，説已詳前。上從破黥布軍歸，《史》「破」上有「擊」字，無「黥」字。《漢書》作「上從破布歸」。疾益甚，愈欲易太子。留侯諫，《漢書》作「良諫」。不聽，因疾不視事。太傅叔孫通，此太子太傅也。斯時尚未設太傅之官，言太傅者，省文也，詳下章注。二書作「叔孫太傅」，亦省文。叔孫通，薛人，秦博士，後降漢。稱説引古，以死争太子，「古」下《史》有「今」字。案：言今者，因此以及彼例，猶急言緩急，異言同異也。（《古書疑義舉例》有此一例，可參證。）顧炎武《日知録》曰：「古人之辭，寬緩不迫。得失，失也，《史記·刺客傳》多人不能無生得失；利害，害也，《吴王濞傳》擅兵而别，多他利害；緩急，急也，《倉公傳》緩急無可使者，《游俠傳》且緩急人之所時有也；成敗，敗也，《後漢書·何進傳》幾至成敗；同異，異也，《吴志·孫皓傳》蕩異同如反掌，《晉書·王彬傳》江州當人强盛時，能立異同；贏縮，縮也，《吴志·諸葛恪傳》一朝贏縮，人情萬端；禍福，禍也，晉歐陽建《臨終詩》成此禍福。」案：以上顧氏所舉各證皆是，此例今人語言，尚多有之。本書删今字，亦可。叔孫通引晉驪姬、秦趙高事爲諫，見《通傳》，所謂引古者也。上佯許之，「佯」，《史》作「詳」，《漢》作「陽」。周壽昌曰：「詳卽佯字，與陽同。」案：字當作易，詳佯陽皆叚借字，詳見一卷《范昭章》注。案《通傳》：「通争廢太子，高帝曰：公罷矣，吾直戲耳。通曰：太子天下本，本一摇，天下振動，奈何以天下爲戲。高帝曰：吾聽公言。及上置酒，見留侯所招客從太子入見，上乃遂無易太子志。」此實録也，蓋高帝以布衣得天下，恐太子柔弱，人心不附，故言欲易，亦聊以試廷臣之心也。吾戲之言，不啻自招供狀。後儒必謂高帝畏四皓，乃不敢易太子，何哉。此云上佯許之，亦文家抑揚之詞，不足信。猶欲易之。及燕，《漢》作「宴」。燕宴字通用。置酒，太子侍，四人者，《史》無「者」字。從太子，皆年八十有餘，「皆年」，二書作「年皆」。鬚眉皓白，「鬚」，《史》作「鬢」，字俗。《漢》作「須」字，是。衣冠甚偉。師古曰：「所以謂之四皓。」上怪而問曰：「而」，《史》作「之」，《漢》無「而」字。「何爲者？」句首《史》有「彼」字。《漢書》文承此。四人前對，各言其姓名。《史》無「其」字，「姓名」作「名姓」，下即出四人稱號。本書上文已出之，故此從畧。《漢書》則前後文均畧其稱號。但此明言各言姓名，則非止稱號而已，且對上亦必不敢但舉稱號。而《史》此下書東園公、角里先生、綺里季、夏黄公云云，則皆稱號，而非名姓也。其文殊踳駁，不如《漢書》削之不書爲愈矣。上乃驚曰：「吾求公數歲，《漢書》無末二字，《史》有，此同《史》文。公避逃我，《漢書》無「公」字。王念孫曰：「當有公字爲是，今本脱之，則語言不完。《外戚恩澤侯表序》注、《文選》謝瞻《張子房詩》注、班彪《王命論》注引此並作吾求公，公避逃我，《史記》及《新序·善謀篇》作吾求公數歲，公避逃我。皆重一公字，可證。」（見《讀漢書雜志》。）案：王説是，無「公」字則文勢太促。「避」，《史》作「辟」，省借字也。今公何自從吾兒遊乎？」自，不待求而來也。此何自字，與《史、漢·馮唐傳》「父老，何自爲郎，家安在」之何自同。彼文怪其年老，不在家受子孫之養，而自爲末職也。故繼問之曰，家安在。上文老字，非稱之之詞，故下文但言父也。淺人於《漢書》前後文妄加老字，則是以父老稱唐矣。《索隱》引崔浩訓自爲從，問何從爲郎，非是。小顏注不誤。詳見余著《恨綫草廬日記》。四人皆對曰：《史》無「對」字。《漢書》作「四人曰」。「陛下輕士善罵，臣等義不辱，「不」下《史》有「受」字。故恐而亡匿。聞太子爲人子孝，「聞」上《史》有「竊」字，《漢書》作「今」字。「子」，二書作「仁」。仁敬愛士，「仁」，二書作「恭」。此二句當從二書爲優。天下莫不延頸，願爲太子死者，「願」，《史》作「欲」。《漢書》文承此。故來爾。」「故」下《史》有「臣等」二字，《漢書》同，但無「爾」字。「爾」，各本作「耳」，與《史》同，今依宋本。爾耳古通用。四皓之功，在此數語，留侯之謀，所以成功，亦爲此數語。高帝慮太子仁柔，恐國人不附，故欲易之，亦聊以試諸臣之心，前既言之矣。周昌彊諫，叔孫廷争，一以笑報之，一以戲答之，且曰吾聽公言。帝於是乎知人心之傾向太子，而易嫡之謀爲之寢。及黥布反，帝欲使太子將，以養成其威，而四皓進謀，吕后泣請，適中其忌，豎子不足遣，情見乎詞矣。故破布後，又欲易太子，以爲是固不足以控馭諸臣者也。迨四皓宴見，帝心又以四人者已不能致，今獨歸心嗣子，則是人心果未嘗去太子也，而留侯之謀讐，太子之位安。當時之實情，不過如此而已。上曰：「煩公，句。幸卒調護太子。」卒，終也。《史記集解》如淳曰：「調護，猶營護也。」師古曰：「調，謂和平之；護，謂保安之。」案：二語乃帝由衷之言，可見其無必易太子之心也。四人爲壽已畢，趨去。「趨」，舊本皆作「起」。案：古書趨起二字多相混，說見一卷《魏文侯章》及《范昭章》注。古者人臣見君必趨，故漢有入朝不趨之賜，特異之典也。《史》、《漢》皆作「趨」，是，今據改正。宋本亦誤。上目送之，師古曰：「以目瞻之，訖其出也。」召戚夫人，指示四人者，《漢書》無「四人者」三字。可見高祖亦藉是以塞戚夫人之求耳，迂儒必謂高祖畏此四人，繆矣。曰：「我欲易之，「我」，各本作「爲」。宋本、嘉靖本、鐵華館本作「我」，與《史》、《漢》合。盧文弨曰：「爲，譌字。」是也，今從宋本。彼四人輔之，《漢書》作「彼四人爲之輔」。此同《史》文。羽翼已成，難動矣，帝果欲易太子，一紙詔令足矣，豈畏此羽翼哉。正深欣幸其得人心，而藉以杜戚夫人之求也。吕氏真而主矣。」「氏」，《史》作「后」。「而」，《漢書》作「迺」。師古曰：「迺，汝也。」

案：而，爾也，誼同。而乃二字，古多互用。梁玉繩曰：「此語可疑，高帝豈預知有呂氏稱制之事乎。《御覽》一百四十七引此文云：呂后子真貳主矣。」案：《御覽》文多脱譌，不盡可據，且引書時有刪改，以備參證，則可耳。乾嘉諸儒，好據類書以改本書，此乃當時習氣，實不足取。如此句，本書及《漢書》呂后作呂氏，豈亦可改爲呂后子邪。呂后子、貳主等名，均不詞，貳明是而音之誤。妻爲妾主，今俗尚有此稱，豈必僭號稱制而後得名爲主乎。梁氏之説殊誤，至欲據《御覽》改《史》文，而不考本書及《漢書》，則尤疏也。戚夫人泣下，「下」，《漢書》作「涕」，《史》無此字。上曰：「爲我楚舞，吾爲若楚歌。」師古曰：「若，亦汝也。」歌曰：「鴻鵠高蜚，二書「蜚」作「飛」。古書多叚蜚爲飛，詳二卷《莊辛》及《士慶章》注。一舉千里，羽翼已就，横絶四海。「已」，《漢書》作「以」，字同。師古曰：「就，成也；絶，謂飛而直度也。」沈欽韓曰：「《意林》、《尸子》曰：鴻鵠之鷇，羽翼未全，而有四海之心。」案：海從每聲，故與里爲韻，古書習見。横絶四海，當可奈何，「當」，《漢書》作「又」。雖有矰繳，尚安所施。」《史記集解》韋昭曰：「繳，弋射也，其矢曰矰。」《索隱》：「馬融注《周禮》云：矰者，繳繫短矢謂之矰。一説云：矰一弦可以仰射高者，故云矰也。」案：弋當作隿，《説文·隹部》：「隿，繳射飛鳥也。」古文省借作弋。凡從曾之字，多取高誼，《索隱》後説亦有理。矰繳，見二卷《晉文公出田章》注。師古曰：「繳，弋射也，其矢爲矰；矰音增；繳，音之若反。」案：施古音讀爲拕，拕俗作拖，形亦與施近，易溷，見九卷《黄歇章》注。《詩·新臺》以施與離韻，（離讀如羅。）《丘中有麻》施與麻嗟韻。（麻古讀如磨，嗟古讀如瑳，《節南山》以嗟韵猗何瘥多嘉，即其證，餘不備引。）《莊子》「何少何多，是謂謝施」，《楚辭·天問》「授殷天下，其位安施，反成乃亡，其罪伊何」，用韵皆與此同。歌數闋，《索隱》：「音曲穴反，謂曲終也。《説文》闋，事也。」師古曰：「闋，盡也，曲終爲闋，音口穴反。」案：

《今説文・門部》：「閴，事已閉門也，从門，癸聲。」與《索隱》所引異，《索隱》文有脱誤。事已閉門，爲閴之本誼，引申爲凡事已之稱。《詩・節南山》「俾民心閴」，毛傳曰：「閴，息也。」《禮記・文王世子》「有司告以樂閴」，鄭注：「閴，終也。」皆引申誼。戚夫人噓唏流涕。《漢書》「噓唏」作「歔欷」。《説文・欠部》：「歔，欷也，从欠，虛聲；一曰出氣也。」又「欷，歔也，从欠，希聲。」《史記・六國表》「紂爲象箸而箕子唏」，字亦作唏。《説文・口部》：「唏，笑也，从口，希聲；一曰哀痛不泣曰唏。」又「噓，吹也，从口，虛聲。」哀痛不泣，與噓誼近，吹亦有出氣之誼，古書從欠從口之字，多互用。如歎嘆嘯歗之類皆是。以作歔欷爲正。上起去，句。罷酒，句。竟不易太子者，留侯召四人之謀也。《史》作「留侯本招此四人之力也」，《漢書》同，惟「留侯」作「良」。本書以《善謀》名篇，故改力爲謀也。此事千古聚訟，余已畧箸所見於上注矣。至前人議論紛紜，不可勝書。梁玉繩《史記志疑》引舉衆説，雖無別擇，最爲詳盡，今具録之於下。梁云：「案《叔孫通傳》亦有留侯招客從太子語，班氏於《王貢兩龔鮑傳序》稱爲近古之逸民，《三國志・虞翻傳》言鄞大里黄公，絜己暴秦，濟惠帝難。《通鑑考異》曰：高祖剛猛伉厲，非畏搢紳譏議者也，但以大臣皆不肯從，恐身後趙王獨立，故不爲耳。若決意欲廢太子，立如意，不顧義理，以留侯之久故親信，猶云非口舌所能争，豈山林四叟片言遽能尼其事哉。借使四叟實能尼其事，不過污高帝數寸之刃耳，何至悲歌云：羽翮已成，矰繳安施乎。若四叟實能制高祖，使不敢廢太子，是留侯爲子立黨以制其父也，留侯豈爲此哉。此特辯士欲夸大四叟之事，故云然。亦猶蘇秦約六國從，秦兵不敢出函谷十五年；魯仲連折新垣衍，秦將聞之，卻軍五十里耳。凡此之類，皆非事實，司馬遷好奇多愛而采之，今皆不取。《讀史漫録》曰：《通鑑》不載四皓事，極有識見，蓋子房調護太子，自有方畧，不假此也。如以請太子爲將，監關中兵，此子房之畧，其計深矣。

（案：于氏此說頗有見。）《史記疑問》曰：「四老者，既無令名於天下分爭之日，又無經濟於孝惠爲帝之年，逃匿山中，而辯士可請，不爲漢臣，而呂后可要，急請間泣，惟知柔媚之乞憐，延頸欲死，勦襲游談之浮說，即有是人，品奚足重，蓋盡屬子虛者矣。（原注：《十六國春秋》張重華謂索綏曰：四皓既安太子，死於長安，有四皓冢，不還山也。《文章緣起》有四皓碑。而無能子《商隱說》云：四人懼禍，來賓太子，復隱商山。所言各異，恐不足據。）小倉山房有《書留侯傳後》一篇，云：史遷好奇，於《留侯傳》（案：《史記》安得有《留侯傳》，袁枚之謬如此。）曰滄海君、曰力士、曰黄石公、曰赤松子、曰四皓，皆不著姓名，成其虛誕飄忽之文而已，温公作《通鑑》删之，宜哉。（案：梁氏多引雜書淺說，所言多無可采，此適成爲學究家數，余生平不喜梁氏之學以此。）余謂四皓之事，更有可疑者，四人或聚隱一處，亦未可知，然《史》但言逃匿山中，不詳何山。《王貢等傳序》云商雒深山，《後書·鄭康成傳》云南山，《四八目》仍之，云上洛商山。《水經·丹水注》云隱上洛西南楚山。夫商楚在關中，甯有避秦謝漢，而反居近地乎，是說未可信。且爲太子賓客，安得有真敷奏，乃對以號，又自稱曰公、曰先生，草野倨侮，必無此理，《卮林》嘗辨之。東坡和陶《貧士詩》：産禄彼何人，能致綺與園，古來避世士，死灰或餘煙。末路益可羞，朱墨手自研。蓋譏之也。前賢疑四皓輔太子非實，又或疑四皓爲雁，皆非無見。《南齊書》徐伯珍弟兄四人，居九巖山，白首相對，時呼爲四皓。即有其人，殆亦徐伯珍流歟。《抱朴子·至理篇》引《孔安國秘記》，（沈濤說已引見前。）言四皓皆仙人，良師之，尤妄說耳。獨怪《讀史管見》以子房實有招四皓事，合於《春秋》首止之盟，《易》納約自牖之誼，異於所聞矣。或謂四皓曰：臣聞母愛者子抱。《索隱》云出《韓子》，韓非與四皓並世，已引其言爲臣聞，亦僞託之驗。曰：此不足以折之，《韓子·備内篇》是引古語也。」以上梁說，以四皓事爲子虛，亦未必盡然，已詳見上注。梁氏廣引雜說，稍嫌蕪累，但最詳洽，姑存之以備參考，餘概不取。

11漢十一年，九江黥布反，《史記・留侯世家》、《漢書・張良傳》無「九江」二字。案：九江是布之舊封，是時已改封淮南王，不當仍繫九江之號。《漢書・高帝紀》：「當陽君英布爲九江王，都六。」六，六安縣，在今安徽六安州北十二里，古國，皋陶之後。高皇帝疾，《史》作「上病」，《漢書》作「上疾」。欲使太子往擊之。「往」上《史》有「將」字。《漢書》承此文。此事《史》、《漢》俱敘在上章「客建承侯所」後，「漢十二年上從破布軍歸」之前，紀年依時代爲次，固宜如此。本書分別某人之善謀。故別爲一章，次後。是時園公、綺里季、夏黃公、角里先生，「角」，宋本作「用」，（此字嘉靖本亦作角，與前異。鐵華館本仍作用。）字俗，今從衆本，已於上章注言之詳矣。已侍太子，聞太子將擊黥布，自「是時」以下至此，《史》、《漢》俱無。四人相謂曰：「凡來者，以存太子，「以」字上二書有「將」字。言我等所以來者，欲以保安太子之位也。太子將兵，事危矣。」此泥於晉獻公使申生伐東山皋落氏之事，而爲此說，迂儒之見爾。乃說建成侯曰：四人自說也。「太子將兵，有功則位不益，「則」，《漢書》作「即」，則即聲轉誼近，古字並通。師古曰：「太子嗣君，貴已極矣，雖更立功，位無加益矣。」案：顏說是。無功，從此受禍矣。《史》「功」下有「還則」二字，《漢》有「則」字，無「矣」字。言無功則將以此加罪而廢之。且太子所與俱諸將，所與俱行者。皆嘗與上定天下，梟將也，皆嘗與帝南征北討，出死入生，梟傑之將也。《漢書》無「嘗」字。乃使太子將之，「乃」，《史》作「今」，《漢書》「今」下更有「乃」字。此無異使羊將狼也，《漢書》無「也」字。案：《燕丹子》「荆軻曰：太子率燕國之衆，而當秦，猶使羊將狼，使狼追虎耳。」則古有是語，而四皓引之。皆不肯爲用，盡力，《史》無

「用」字，《漢書》無「盡力」二字。案：既言用，又言盡力，古書文法多如此。一曰本書當作「用」，《史》作「盡力」，《漢書》文承此，校者以《史記》異文旁注，混入正文耳，當依《漢書》去盡力二字，其説亦近理。四皓此數語卻是，帝意欲使太子將以立威，且試諸將用命與否，設不幸如四皓所料，則太子之位危矣。所以承閒泣請，固求自將，其説雖益中帝忌，而亦必力阻之也。然帝亦本無必易儲之心，故四皓卒得收其功。其無功必矣。言無可勝之理。臣聞母愛者子抱，舊本作「抱子」。盧校云：「誤倒。」是也。今依《史》、《漢》改正。《索隱》曰：「此語出《韓子》。」沈欽韓曰：「《韓非子·備内篇》語曰：其母好者其子抱，然則其爲之反也，其母惡者其子釋。」案：抱當作褱，下同。母愛子抱，相對爲文，倒轉則無誼。今戚夫人日夜侍御，言母愛也。趙王常抱居上前，言子抱也。各本作「趙王常居抱前」，（句。）以「上」字屬下句。今據宋本改正。盧文弨曰：「舊本誤。」是也。（居抱二字亦誤倒。）《史記》作「趙王如意常抱居前，（句。）上曰：（句。）終不使不肖子居愛子之上」（句。）云云。《漢書》作「趙王常居前，（句。）上終不使不肖子居愛子上」（句。）云云。王先謙《漢書補注》曰：「《漢書》官本終上有曰字。」引劉攽曰：「曰字後人妄加。」王念孫曰：「劉説非也。不使不肖子居愛子上，是四皓述高帝語，（原注：《外戚傳》太子爲人仁弱，高祖以爲不類己，常欲廢之，而立如意，如意類我。）故下文曰：明其代太子位必矣。若無曰字，則爲四皓語矣。是四皓以太子爲不肖，豈其然乎。《史記》亦有曰字。」案：《漢書》文本本書，而略變易之，似無曰字亦可。上終不使不肖子居愛子上，此句乃四皓述高帝之意，非四皓謂太子不肖，亦非四皓自言也。《史》有曰字，亦四皓述上意擬議其詞，非帝真有此語。不然，深宮秘論，四人何從聞之，且稱述之哉。本書「上」字在「前」字上，下句不必加「曰」字，而讀之自明其爲述高帝之意。古文簡奥，每如此，劉攽説未可盡非，王氏偶未檢勘本書耳。

（王説見《讀漢書雜志》。）至各本以「上」字屬下讀，雖與《史》、《漢》合，然宋本文誼無礙，當從之。終不使不肖子居愛子上，「子」下《史》有「之」字。明乎其代太子位必矣。《漢書》無「乎其」二字。君何不急請呂后，「請」，舊本作「謂」，形近而譌。宋本亦譌，今據《史》、《漢》改正。承閒爲上泣，承閒，猶乘閒也。《顔氏家訓・音辭篇》引劉昌宗《周官音》曰：「乘讀曰承。承乘音相近，古字通用。」師古曰：「因空隙之時。」是也。言黥布天下猛將，句末《史》有「也」字。善用兵，諸將皆陛下故等倫，「諸將」上二書並有「也」字，「倫」皆作「夷」。周壽昌曰：「《禮記・曲禮》在醜夷不争，注：夷，猶儕也。四皓曰，陛下之等夷，即引此。」案：師古注：「夷，平也，言故時皆齊等。」儕字從齊，亦有齊誼，二説實同。《史記集解》徐廣曰：「夷，猶儕也。」《索隱》：「如淳曰：等夷，言等輩。」乃令太子將此屬，屬，猶輩也。無異使羊將狼，《漢書》無此句。莫爲用，「爲」上二書並有「肯」字。且使布聞之，《漢書》無「使」字。即鼓行而西爾。「即」，《史》作「則」，《漢書》無此字。「爾」，各本作「耳」，與《史》、《漢》合，今據宋本。師古曰：「擊鼓而行，言無所畏。」《史記集解》晉灼曰：「鼓行而西，言無所畏也。」案：言但鼓行而西，足矣，漢兵無足當之者也。上雖疾，「疾」，《史》作「病」。此下《史》、《漢》有「彊載輜車」四字。師古曰：「輜車，衣車也。」臥護之，師古曰：「護，謂監領諸將。」案：臥護，言不必起治事，假其威名而已。「臥」下二書有「而」字。諸將終不敢不盡力，二書無「終」字。雖苦，句首二書有「上」字。彊爲妻子計，「彊」，各本作「強」，今從宋本。依文誼當作勥，此勉勥正字，彊強皆叚借字。《史》作「爲妻子自彊」，意亦同也。載輜車，臥而行。」二書此句在上，説見前。輜車，誼亦見上。於是呂澤立夜見呂后，《漢書》無「立」字。宋祁曰：「浙本有之。」夜見，畏人知。呂后承閒爲上泣而言，承閒，注見上。《史》

「泣」下有「涕」字。如四人意。如四人所教也。上曰：「吾惟豎子故不足遣，惟，思也。《漢書》「惟」下有「之」字，自爲一句。「豎」，各本作「竪」，俗，今從宋本。「故」，二書作「固」。古固故同訓通用，《國語・越語》「道固然乎」，韋注：「固，故也。」《儀禮・士相見禮》「固請吾子之就家也」，注：「固，如故也。」（此類甚多，不備引。）《論語》「固天縱之將聖，又多能也」，《論衡・知實篇》固作故。《國語・周語上》「而咨於故實」，《史記・魯周公世家》引作固實。《集解》引徐廣曰：「固，一作故。」是二字同訓及通用之證。本書作故，叚借字，當作固爲正。固，固然也。乃公自行爾。」行，猶往也。「乃」，《史》作「而」，而乃亦通用。《漢書》作「迺」。「爾」，各本作「耳」，與《史》、《漢》同。今據宋本同前。於是上自將東，自將東行也。《史》「將」下有「兵而」二字，《漢書》有「而」無「兵」。羣臣居守，留居守國。皆送至霸上。《史》「霸」作「灞」。《漢書・高紀》注：「應劭曰：霸上，地名，在長安東三十里，古曰滋水，秦穆公更名霸。師古曰：霸水上，故曰霸上，即今所謂霸頭。」案：滋，官本作玆，是，與《地理志》京兆南陵下注合。霸上以水得名，顏說是。秦穆公命名以章霸功，後人以其爲水，而加水旁，玆水亦然。所謂孳乳浸多，即由於此。霸上，漢霸陵縣。《史記・高紀》正義：「在雍州萬年縣東北二十五里。」《一統志》：「故城今咸甯縣東」留侯疾，《史》「疾」作「病」。《漢書》作「良疾」。彊起至曲郵，「彊」，各本作「強」，今從宋本，字亦當作勥。《史記集解》司馬彪曰：「長安縣東有曲郵聚。」《索隱》：郵音尤。案司馬彪《漢書・郡國志》，長安有曲郵聚，今在新豐西，俗謂之郵頭。《漢書舊儀》云：五里一郵，郵人居間，相去二里半。按郵乃今之候。」師古曰：「在新豐西，今俗謂之郵頭。」案：小司馬說本小顏。見上曰：「臣宜從，疾甚。「疾」，《史》作「病」。楚人剽疾，剽疾，輕利迅疾也。字當作「僄」，《說文・人部》：「僄，輕也，从人，票聲。」與《刀部》之剽訓砭刺，一訓刧者誼異。《荀子·修身篇》「怠慢僄棄」，楊注：「僄，輕也，謂自輕其身也。」《方言》：「楚謂相輕薄爲僄。」則僄正楚語也，剽叚借字。《左傳·成十六年》「欒書曰：楚師輕窕。」輕窕即剽疾之意。師古曰：「剽，音匹妙反。」顧上無與楚人争鋒。」當持重以待之，及其氣餒，而後擊之。欒書所謂固壘而待之，退而擊之，必大捷者也。《漢書》作「顧上愼毋與楚争鋒」。因説上曰：各本句末俱有「曰」字。案：《漢書》無「曰」字，是。依文理此處不當有「曰」字，但《史記》亦有，各本俱同。姑仍之。「令太子爲將軍，將軍，注見一卷。監關中諸侯兵。」二書無「諸侯」二字。王先謙《漢書補注》云：「案《高紀》以三萬人軍霸上。」上謂子房：「謂」，《史》作「曰」，以「子房」二字屬下爲句。《漢書》承此文。「雖疾，《史》作「病」。彊卧而傅太子。」「彊」，各本作「强」，今依宋本，字當作勥。各本「卧」上有「起」字，《史》、《漢》俱無。案：「起」字不應有，下云「卧傅」，何起之有。此必淺人妄加，二書無此字，是也。《漢書》更無「而」字。觀此語，可見高帝恐太子地位之不固，不減於周昌、叔孫通諸人，而易太子之説，特以試太子之能得人心與否而已。是時叔孫通已爲太子太傅，中間「子太」二字，二書皆無。案：太傅古官，見《大戴記》。《漢·百官表》云：「太師、太傅、太保，是爲三公，蓋參天子坐而議政，無不總統，故不以一職爲官名，又立三少爲之副。少師、少傅、少保，是爲孤卿，與六卿爲九焉」（案：賈誼言三少皆上大夫，與此異。）是不限於傅太子明矣。淺人但見《戴記》、賈誼言三公、三少傅太子之事，不知彼所傅者成王也，成王時已爲天子，非太子也。《漢表》又曰：「太傅古官，高后元年置，（錢大昭曰：王陵。）金印紫綬，後省。八年復置，（錢大昭曰：審食其。）後省。哀帝元壽二年，復置。（錢大昭曰：孔光、王莽。）位在三公上。」（錢大昭曰：三公：丞相、太尉、御史大夫。周壽昌曰：《表》不言置官屬。《孔光傳》光爲帝太傅，歸老於第，官屬案職如故，此置官屬之證。王先謙曰：《續志》

後漢太傅一人，安帝卽位置之，薨輒省。）又曰：「太子太傅、少傅，古官；屬官有太子門大夫、庶子、先馬、舍人。」是太子太傅、少傅，卑於太傅、少傅，不可同日而論。叔孫通所爲者，太子太傅，留侯所行，亦太子少傅之職耳。其太傅之官，高后時始設，安得通早爲之。本書加「子太」二字，文理較明，二書從省畧之耳。留侯行少傅事。胡三省曰：「古世子有三師、三少，至漢惟太傅、少傅耳。」案：太師、太保，平帝元始元年置，金印紫綬，太師位在太傅上，太保次太傅。見《百官表》。《孔光傳》「光由太傅遷太師」，是位在太傅上也，特不常設耳。胡說未覈。漢遂誅黥布，太子安甯，國家晏然，案《史》、《漢》皆云：「上從破布軍歸，疾益甚，愈欲易太子。」本書上章亦有此文。二書繫於行少傅事之後，一直敘下，此則分爲二事耳。若然，則此後太子之位，尚未安全。而此云然者，因太子不將兵，故四皓得見上而進其說，以施挽救之力，故推本言之。此四公、子房之謀也。宋本、嘉靖本、鐵華館本無「房」字。孫志祖校云：「子字亦衍」。案：各本皆作「四公子房」，宋本脫一「房」字耳。若謂四皓爲四公子，稱謂不倫，必不然也。孫謂衍一子字，不知此子字正子房二字脫文之顯然者。後半敘留侯勸上以太子爲將軍，監關中諸侯兵，及上謂子房，雖疾，彊護太子，正謂子房之有功於太子也，不得以爲衍文。此事雖謀出四皓，然非子房勸太子監軍，以養成其威望，帝心亦未必釋然。且子房不進召四皓之謀，亦安能見上而動其心，又阻太子之將哉。故推本並歸功於子房，乃平情之論，不必疑也。今從衆本。

12 齊悼惠王者，孝惠皇帝兄也。悼惠王，名肥，母曰曹氏，高祖微時外婦也。高祖六年，立肥爲齊王，食七十餘城，諸民能齊言者，皆與齊，蓋欲其國大，故多附益之。盧文弨曰：「舊脫兄也二字。」案：宋本有，今據補正。謚法悼惠誼見前。二年，孝惠之二年也。悼惠王入朝，孝惠皇帝與悼惠王燕飲，「燕」，各本作「讌」，字俗，燕亦叚字，作宴爲正。今從宋本。乃行家人禮，《漢書・高五王傳、悼惠傳》作「孝惠二年，入朝，帝與齊王燕飲太后前，置齊王上坐，如家人禮」。《史記・齊悼惠王世家》作「孝惠帝二年，齊王入朝，惠帝與齊王燕飲，亢禮，如家人」。《索隱》曰：「謂齊王是兄，不爲君臣禮，而乃自亢敵如家人，行兄弟之禮，故太后怒。」師古曰：「以兄弟齒列，不從君臣之禮，故曰家人也。」案：二書所叙，情節同，而句語小異。益知上文「兄也」二字之不可省，蓋卽預伏此句意。同席。共處一席也。禮，君臣不同席。吕太后怒，乃進鴆酒，《史》作「吕太后怒，且誅齊王。齊王懼不得脱，乃用其内史勳計，獻城陽郡，以爲魯元公主湯沐邑。吕太后喜，乃得辭就國」云云，所言殊畧，本書蓋别有所本。《漢書》此處作「太后怒，乃令人酌兩卮鴆酒，置前，令齊王爲壽。王起，帝亦起，欲俱爲壽。太后恐，自起反卮。齊王怪之，因不敢飲，陽醉去」云云，所叙較此爲詳。應劭曰：「鴆鳥黑身赤目，食蝮蛇野葛，以其羽畫酒中，飲之，立死。」孝惠皇帝知，句。欲代飲之，乃止。《漢書》所叙不同，已引見上，蓋《漢書》全用《史記・吕后本紀》文也。本書所叙，與二書雖異，情事較二書尤曲盡，正可互相參考。周壽昌曰：「據《漢書》文，知古人置酒爲壽，先自飲，明其酒無惡味，而後以壽長上也。觀下帝亦起，欲俱爲壽可見。」案：周説近是。悼惠王懼不得出城，《漢書》云：「問知其鴆，乃憂，自以爲不得脱長安。」卽此云不得出城之意。城，卽長安城也。上車太息，内史參乘，參，驂同。《史》作「内史勳」，勳其名也。《漢書》作「内史士」。師古曰：「内史，王官；士者，其名也。」案：此爲内史之士，非名，顔説誤。内史，周官，秦因之，掌治京師，諸侯王亦放設焉。景帝二年，分置左右内史，武帝時，更名右内史爲京兆尹，左内史爲左馮翊。怪問其故，王具以狀語内史。具，備也。内史曰：「王寧亡十城邪，將亡齊國也？」寧，願詞也；將，猶抑也。也，讀爲邪，古字通用。言寧但失十城乎，抑將全齊國而盡失之乎。悼惠王曰：「將全身而已，何敢愛城者。」言但求保全性命，不死，足矣，身外非所知，何況敢愛十城。內史曰：「魯元公主，魯元公主，下嫁張敖，耳之子。《漢書·高紀》注引服虔曰：「元，長也，食邑於魯。」韋昭曰：「元，謚也。」師古申服駁韋，劉攽又申韋駁顏。余謂韋說是，漢有長公主之稱，不得復謂之元，且惠帝未即位，已稱魯元公主矣。漢有楚元王，亦謚，即其證也。太后之女，大王之弟也。弟，女弟也。大王封國七十餘城，而魯元公主湯沐邑少，《漢書·高帝紀》「其以沛爲朕湯沐邑」，師古曰：「凡言湯沐邑者，謂其以賦稅供湯沐之具也。」《漢書》曰：「公主乃食數城也。」大王誠獻十城，誠，苟也。《漢書》云：「二郡。」爲魯元公主湯沐邑，內有親親之恩，外有順太后之意，有，讀曰又，古字通用。太后必大喜，是亡十城，而得六十城也。」七十餘城，去十城，猶存六十餘城，故云。悼惠王曰：「善。」至邸，長安旅邸也。上奏獻十城，爲魯元公主湯沐邑，《漢書·惠帝紀》：「二年冬，十月，齊悼惠王來朝，獻城陽郡，以益魯元公主邑，尊公主爲太后。」即其事也。《史記·呂后紀》「太后」作「王太后」，是。如淳曰：「張敖子偃爲魯王，故公主得爲王太后。」師古駁之曰：「齊王尊公主爲齊太后，以母禮事之，以媚呂后耳。魯元子爲魯王，自合稱太后，何待齊王尊之乎。」案：魯元乃齊悼惠王之妹，悼惠王尊爲太后，以母禮事之，將置呂后何地，顏說謬矣。時諸王母或未有太后之稱，故齊王請尊之，《史記》加一王字，文誼甚明。劉攽曰：「悼惠、公主兄弟耳，雖欲諂呂后，而以母事之，於理安乎。蓋齊內史本諂呂后，欲尊公主，以漸王張氏，故勸王割郡，就益魯邑，而更號魯元公主爲魯元太后也。太后之號雖更，魯元之稱不除，（案：元是謚，已見前，此說微誤。）豈關爲齊王母乎。又張偃以母爲太后故，封魯王，太后非齊益明也。」以上劉說甚有理，乃王先謙《漢書補注》又駁之云：「太后無虛尊之理，魯元子偃未王，此太后不繫之齊，誼將何屬。齊王尊魯元爲太后，特一時權計，以圖免禍，豈必除魯元之稱，而後得爲齊太后乎。劉說悼惠、公主兄弟，固是正理，然此時惠帝乃公主親弟，尚將爲其壻，何有於齊王之虛尊，顔說未可駁也。」案：王說非是，時偃未王，故虛尊之，以爲王偃地。其後偃果封爲魯元王，見《張耳傳》，所以不封之趙而封魯，且謚元者，正以母爲魯太后謚元，子以母貴，當從母稱故耳。惠帝取張敖女，乃呂后亂命，若悼惠必無尊妹爲母之理。小顔以爲何待齊王尊之，亦非也。城陽，楚漢間郡，秦琅邪郡屬地也，《漢志》爲城陽國，今山東沂州府莒州。太后果大悅，悅，俗字，當作說。受邑，厚賜悼惠王，而歸之。國遂安，齊内史之謀也。美其能棄小以全大。

13 孝武皇帝時，武帝，名徹，景帝中子也，母曰王美人，年四歲，立爲膠東王，七歲，爲皇太子，十六歲，即位。應劭曰：「禮謚法，威強叡德曰武。」案：《史記正義》引謚法云：「克定禍亂曰武。」大行王恢，大行，本秦典客官，掌諸歸義夷蠻，景帝六年，更名大行令，（《史記・景紀》無令字，是。）武帝太初元年，更名大鴻臚。屬官有行人、譯官、别火三令丞、及郡丞、長丞。太初元年，更名行人爲大行令，（此大行屬官之行人也，改行人爲大行令，則上文大行不得有令字可知。《百官表》有令字，因此而誤。）見《漢・百官公卿表》。案《管子・小匡篇》「請立隰朋爲大行」，其官名古矣。王恢，燕人，數爲邊吏，習胡事，見《韓安國傳》。此時恢爲大行令，見《百官表》注。數言擊匈奴之便，便，利也。可以除邊境之害，除，去也，害，患也。欲絶和親之約。是時漢與匈奴和親。御史大夫韓安國，御史大夫，本秦官，位上卿，銀印青綬，掌副丞相，有兩丞，秩千石。見《百官表》，三公官也。錢大昭曰：「御史大夫亦稱宰相。《孔光傳》

云：上欲致霸相位，自御史大夫貢禹卒，及薛廣德免，輒欲拜霸。又《公孫賀等傳贊》云：若夫丞相御史兩府之士，不能正義以輔宰相。《朱雲傳》云：御史之官，宰相之副，九卿之名。後漢建武中，李通爲大司空，其傳云：自爲丞相，謝病不視事。是也。《蕭望之傳》云：故事朝奏事會廷中，御史大夫差居丞相後。」案：錢説是也。成帝綏和元年，更名大司空，金印紫綬，禄比丞相，置長史如中丞，官職如故。哀帝建平二年，復爲御史大夫。元壽二年，復爲大司空。見《百官表》。光武卽位，爲大司空，尋去大。見《續漢志》。王先謙曰：「《始皇紀》二十六年，有御史大夫劫；二世元年，有御史大夫臣德；秦權、琅邪臺碑、嶧山泰山等碑，皆有御史大夫臣德名，結銜在左右丞相下，秩甚尊。漢列御史大夫於三公，卽承秦制。」韓安國，字長孺，梁成安人，後徙睢陽，《史》、《漢》皆有傳。

以爲兵不可動。孝武皇帝召羣臣而問曰：

《漢書·韓安國傳》曰：「安國爲御史大夫，匈奴來請和親，上下其議。大行王恢議曰：漢與匈奴和親，率不過數歲卽背約，不如勿許，舉兵擊之。安國曰：千里而戰，卽兵不獲利，今匈奴負戎馬足，懷鳥獸心，遷徙鳥集，難得而制，得其地，不足爲廣，有其衆，不足爲彊，自上古不屬漢，數千里爭利，則人馬罷，虜以全制其敝，勢必危殆，臣故以爲不如和親。羣臣議多附安國，於是上許和親。明年，雁門馬邑豪聶壹，因大行王恢言：匈奴初和親，親信邊可誘以利致之，伏兵襲擊，必破之道也。上乃召問公卿」云云，卽以下所言是也。此事起因如此，由王恢欲生邊釁以要功，遂其初説耳。以下辯詰語，《漢書·安國傳》全本此文。《史記》無之，其實不可少，班氏增入，是也。《御覽》三百二十七引《史記》有之，則誤以《漢書》爲《史記》耳。（《御覽》引書多誤，如引本書爲《説苑》，引《説苑》爲本書之類，甚多。）《通鑑考異》曰：「《史記·韓長孺傳》元光元年，聶壹畫馬邑事，而《漢書·武紀》在二年。蓋元年壹始言之，二年議乃決也。」可知當日廷議此事甚鄭重，史公不載，蓋其疏也。「朕飾子女以配單于，幣帛文錦，《漢書·武紀》作「金幣文繡」。賂之甚厚，今單于逆命加慢，《漢書》無「今」字，「逆」作「待」，言逆朝廷之命，益肆敖慢，甚於前日也。「慢」，《漢書》作「嫚」，此侮嫚本字，說見前。侵盜無已，侵漁刼盜，無有止時。邊郡數驚，「郡」，《漢書》作「竟」。師古曰：「竟，讀曰境，其下亦同。」案：境乃竟之俗字，小顏反謂竟讀曰境，可謂倒植矣。朕甚閔之。今欲舉兵以攻匈奴，《漢》作「今欲舉兵攻之」。如何？」《漢》作「何如」。大行臣恢，《漢》無「臣」字。宋祁曰：「浙本恢上有王字。」再拜稽首曰：《漢書》作「對曰」。稽當作䭫，經傳叚稽留字爲稽，而䭫字廢矣。「陛下不言，《漢》作「雖未言」。臣固謁之。謁，陳也。《燕策》：「荆軻曰：微太子言，臣固得謁之。」《漢書》「固謁」作「願效」。師古曰：「效，致也，致其計。」是誼亦同。臣聞全代之時，服虔曰：「代未分之時也。」李奇曰：「六國之時，全代爲一國，尚能以擊匈奴，況今加以漢之大乎。」案：李說是，故下文有海內一家云云。北未嘗不有彊胡之敵，此「彊」字各本同。《漢》無「未嘗不」三字。宋祁曰：「王本改北爲背，予謂作北誼直，不須爲背。」案：背即北字，宋說陋。內連中國之兵也，與中國兵連禍結。《漢書》無「也」字。然尚得養老長幼，樹種以時，不以兵事奪其蕃育種植之時。《漢書》「樹種」作「種樹」。師古曰：「樹，殖也。」倉廩常實，實，充實也。守禦之備具，具，足也。《漢書》無此句。匈奴不敢輕慢也。《漢》無「敢」字。「慢」，各本作「侵」，《漢書》亦作「侵」。盧文弨曰：「作侵，譌。」案：本文當作嫚，作侵者，後人據班書改之耳。宋本皆作「慢」，今從之。今以陛下之威，海內爲一家，言非全代之時，僅藉一隅之力可比。《漢書》無「家」字。天下同任，任，何也，合天下力同何一事。各本「下」作「子」，誤。宋本、嘉靖本、鐵華館本作「下」，今據正。《漢書》亦作「下」。如淳曰：「任，事也。」遣子弟乘邊守塞，句首《漢書》有「又」字。轉粟輓輸，轉他方之粟，輓送前敵。師古曰：「輓，引車也，音晚。」以爲之備，而匈奴侵盜不休者，休，止也。《漢書》作「已」，誼同。「而」，《漢》作「然」。無他，不痛之患也。謂不甚懲艾之。痛，甚也，說見九卷《黄歇章》。《漢書》作「以不恐之故耳」。師古曰：「不示威令恐懼也。」此隨文爲訓也。臣以爲擊之便。」「臣」下《漢》有「竊」字。御史大夫臣安國稽首再拜曰：《漢》無「臣」字及「稽首再拜」四字。「不然。臣聞高皇帝嘗圍於平城，平城，漢屬雁門郡，在今山西大同府大同縣東，白登臺在高陽縣南。匈奴至而投鞍，高於城者數所，師古曰：「解脱其馬，示閒暇也，投積其鞍，若營壘也。」王文彬曰：「此但言其馬之多耳，軍有解鞍之時，非獨以示閒暇，其高如城，亦不得言營壘也。」案：王說是，顔注支離。「而」，《漢書》作「者」，「於」作「如」。於如古通用，王引之《經傳釋詞》卷一舉之甚詳，不復覼縷。（亦引本書、《漢書》此句。）及《漢書》用叚字耳。沈欽韓曰：「苻堅投鞭斷流，出此。」平城之厄，「厄」，《漢書》作「飢」。七日不食，天下歌之。「歌」，各本俱作「歎」，《漢書》作「歌」。案：作歌是也，歎字淺人妄改，以爲形近而誤。《漢書·匈奴傳》「季布曰：前陳豨反於代，漢兵三十二萬，噲爲上將軍，時匈奴圍高帝於平城，噲不能解圍，天下歌之曰：平城之下亦誠苦，七日不食，不能彀弩。今歌吟之聲未絶，傷痍者甫起，而噲欲搖動天下，妄言以十萬衆横行，是面謾也。」此文七日不食，天下歌之等句，正承用季布語，不當作歎明矣。今據《漢書》文改正。及解圍反位，無忿怨之色，句首《漢》有「而」字，「色」作「心」。雖得天下，對上文海内爲一家句。而不報平城之怨者，非以力不能也。破天下同任等句。以上三句《漢書》無之。以，因也。夫聖人以天下爲度也，度，度量。師古曰：「言當隨天下人心，而寬大其度量也。」案：顔注是，下文二句即申此意。

一曰：言聖人視天下爲一家，匈奴之民，亦爲吾之赤子，不忍加以殘害，其度量大越常人也。亦通。不以己之私怒，《漢書》無「之」字。傷天下之公義，《漢書》無「義」字，「公」作「功」。宋祁曰：「浙本作公。」王念孫曰：「傷天下之功，本作傷天下之公義。公義與私怨對，公借爲功，又脱去義字，詞意遂不完滿。《羣書治要》引此已誤，《新序·善謀篇》作不以己之私怒，傷天下之公義，《漢紀·孝武紀》作不以私怒，傷天下公義，皆其證也。（原注：義議同。《莊子·齊物論》有論有義，釋文：義，崔本作議。《史記·留侯世家》義不爲漢臣，《新序·善謀篇》作議。《司馬相如傳》義不反顧，《酷吏傳》義不受刑，《漢書》並作議。）又《杜鄴傳》：及陽信侯業，皆緣私君國，非功義所止。功亦與公同，公與私相對，言鄴業緣私恩而得封，非公義所在也。師古曰非有功而侯，則功義二字，義不相屬矣。」案：王説是也。公功通用字，《樊安碑》「以公德加位」，功字作公。《史記·孝武紀》「申功」，《封禪書》功作公。《詩·江漢》「肇敏戎公」，《後漢書·宋閎傳》引公作功。（《齊侯鎛鐘》字作攻。）後人不省功爲公之叚借，妄删義字，幸有本書可校正之。故遣劉敬結爲和親，《漢書》「故」下有「迺」字，「敬」下有「奉金千斤以」五字，無「爲」字。《史記·劉敬傳》曰：「高帝罷平城歸，韓王信亡入胡，當是時，冒頓爲單于，兵彊，控弦三十萬，數苦北邊，上患之，問劉敬。劉敬曰：天下初定，士卒罷於兵，未可以武服也。冒頓殺父代立，妻羣母，以力爲威，未可以仁義説也，獨可以計久遠子孫爲臣耳，然恐陛下不能爲。上曰：奈何。對曰：陛下誠能以適長公主妻之，厚奉遺之，彼知漢適女送厚，蠻夷必慕，以爲閼氏，生子，必爲太子，代單于，陛下以歲時問遺，使辯士風諭以禮節，冒頓在，固爲子壻，死，則外孫爲單于，豈嘗聞外孫敢與大父抗禮者哉，可無戰，以漸臣也。上乃取家人子名爲長公主，妻單于，使敬往結和親。」是安國所稱述之事也。至今爲五世利。盧文弨《羣書拾補》標此句，於「五」字下注云：

「兩本無」。案：嘉靖本、程榮本皆無「五」字，盧謂兩本無，即指「五」字也。然標注在「至今爲五」四字下，則似兩本無此四字，注詞太簡，令人易生誤會，亦一弊也。宋本有「五」字，今從之。各本亦多有者。**孝文皇帝嘗一屯天下之精兵於嘗谿廣武，**《漢書》「帝」下有「又」字，「一」作「壹」，「屯」作「擁」，「於」作「聚之」，「嘗谿廣武」作「廣武常谿」。案：一壹嘗常，皆同音通借字。盧文弨《羣書拾補》以作「嘗」爲譌，非也。又標題正文、自上文「至今」起，至「常谿」止，無「廣武」二字，則似盧所據本無末二字，尤爲疏舛。張晏曰：「廣武，雁門縣；常谿，谿名。」錢大昭曰：「廣武，《地理志》屬太原，張説非也，後漢改屬雁門。」沈欽韓曰：「《紀要》廣武城在代州西十五里，今雁門山下，（原注：州北三十五里。）有水東南流，經州城外東關，名東關水；又南入滹沱，或謂之常谿水。《一統志》引《郡國志》云雁門有常谿水，合注滹沱，即此。」今案司馬彪志及劉昭注，無此文，乃《寰宇記》代州下所引《郡國志》，蓋周隋間所譔也。**無尺寸之功，**《史記·淮陰侯傳》曰：「漢王將數十萬之衆，距鞏雒，阻山河之險，一日數戰，無尺寸之功。」句首《漢》有「然終」二字。**天下黔首約要之民，**《禮記·祭義》：「明命鬼神，以爲黔首則。」鄭注：「黔首，謂民也。」《正義》曰：「黔首謂民也者，黔，謂黑也。凡人以黑巾覆頭，故謂之黔首。」案：《史記》云「秦命民曰黔首」，此記作在周末秦初，故稱黔首，此孔子言，非當秦世，以爲黔首，録記之人在後，變改之耳。漢家僕隷謂蒼頭，以蒼巾爲飾，異於民也。案：《史記·秦本紀》「更名民曰黔首」，《集解》應劭曰：「黔，亦黎黑也。」黔首，卽黎民之謂，其名不起於秦，特秦專命民爲黔首，猶天子自稱曰朕，朕之名亦不起於秦，至秦始爲天子專稱耳，不得謂孔子時不應有此稱謂。黑巾覆首之説，亦近穿鑿。句首《漢》有「而」字，無「約要之民」四字。**無不憂者。孝文皇帝悟兵之不可宿也，**「者」，嘉靖本誤「少」。「悟」，《漢》作「寤」，古通，注見一卷《楚共王章》。「瘖」下《漢》有「於」字，句末無「也」字。師古曰：「宿，久留也。」又《翟方進傳》注：「宿，久舊也。」《小爾雅・廣詁》：「宿，久也。」官本注無宿字。乃爲和親之約，《漢》作「故復合和親之約」。至今爲後世利。《漢書》無此句。臣以爲兩主之迹，《漢》作「此二聖之迹」。案：迹，謂往事之陳迹也。足以爲効，《漢》作「效」，下有「矣」字。案：効效通，謂效驗也。臣故曰勿擊便。」《漢書》「故曰」作「竊以爲」。大行曰：《漢》作「恢」曰，下文並同。「不然。夫明於形者，分則不過於事；處事無有過當者。察於動者，用則不失於利；審於靜者，恬則免於患。此數語恐有譌脱。《漢書》提「臣聞五帝不相襲禮」四句於此，接「且高帝身被堅執鋭」云云，無此數句。「免」上疑奪去一字。高帝披堅執鋭，《漢書》句首有「且」字，「被」上有「身」字。堅，堅甲；鋭，鋭兵也。以除天下之害，害，禍害也。《漢書》無此句。蒙矢石，沾風雨，蒙，冒也，二字一聲之轉。《漢書》作「蒙霧露，沐霜雪」也。行幾十年，行，猶將也。行與且同詁，且訓將，故行亦訓將。師古曰：「幾，近也，音鉅依反。」此下《漢書》接「所以不報平城之怨者，非力不能，所以休天下之心也。今邊竟數驚，士卒傷死，中國槥車相望，此仁人之所隱也，臣故曰擊之便」，删原文處甚多。伏尸滿澤，積首若山，言死者之多。死者什七，存者十三，行者垂泣而倪於兵。倪與睨通，謂俾睨不敢發聲也。見《爾雅・釋魚》疏。《説文・目部》：「睨，衺視也，从目，兒聲。」惟無睥字。《史記・信陵君列傳》「俟生下見其客朱亥，俾倪故久立。」字作俾倪。《説文・阜部》：「陴，城上女牆俾倪也。」亦作俾倪，《宣十二年左傳》杜注亦如此。《漢書・灌夫傳》「辟倪兩宮間」，師古曰：「辟倪，旁視也，亦卽俾睨。」（《史記》字同。）蓋睥爲俗字，倪叚借字，今人皆作睥睨，承俗不察也。夫以末力厭事之民，末力與飽逸對言。末，無也，謂無力戰鬥。厭，厭笮字，此當作猒。

事，兵事也。「末」，各本譌「未」，今依宋本校正。而蒙匈奴飽逸，「逸」，各本多作「佚」，今依宋本。逸佚音誼皆同，見五卷《東野畢章》注。其勢不便，便，利也。《齊策》「必不便於王也」，高注、《漢書·趙充國傳》集注同。此外尚多。故結和親之約者，所以休天下之民。休，息也。高皇帝明於形而以分事，通於動静之時，蓋五帝不相同樂，三王不相襲禮者，《漢書》引此二句在此段之首，云：「五帝不相襲禮，三王不相復樂。」師古曰：「襲，因也；復，重也，音扶目反。」案：同與復誼近。（讀爲復，誼亦近。）惟五帝不同樂，三王不襲禮，與《漢書》互易。《禮記·樂記》亦曰：「五帝殊時，不相沿樂；三王異世，不相襲禮。」與此文畧同，蓋隨文稱舉，交互言之，無不可也。五帝三王，注見二卷首章。非故相反也，各因時之宜也。非故求異前代，因時而制宜也。《禮器》曰：「禮，時爲大。」教與時變，備與敵化，因時所宜，施之政教；因敵之情，異其守備。守一而不易，守，猶執也；易，變易。不足以子民。《詩·靈臺篇》「庶民子來」，《禮記·中庸》曰「子庶民」也。今匈奴縱意日久矣，縱，肆也。侵盜無已，係虜人民，戍卒死傷，防邊戍卒，多死傷也。中國道路，槥車相望，《漢》作「今邊竟數驚，士卒傷死，中國槥車相望」。師古曰：「槥，小棺也。從軍死者，以槥送致其喪，載槥之車，相望於道，言其多也。槥，音衛。」案：《說文·木部》：「槥，棺櫝也。」段注云：「櫝，匱也，棺之小者，故謂之棺櫝。」《急就篇》「棺榔槥櫝」，（案：榔當作椁。）櫝即槥也。《高帝紀》「令士卒從軍死者爲槥」，應劭曰：「小棺也，今謂之櫝。」臣瓚引金布令曰：「不幸死死所，爲櫝傳歸，所居縣，賜以衣棺。」此仁人之所哀也。「哀」，《漢書》作「隱」。張晏曰：「隱，痛也。」與哀誼近。臣故曰擊之便。」御史大夫曰：《漢》作「安國曰」，下並同。「不然。臣聞之，《漢》無「之」字，連下爲句。利不什，「什」，《漢》作「十」，下有「者」字。不易業，功不百，《漢》下有「者」字。不變常。沈欽韓曰：「《商子·更法篇》杜摯曰：利不百，不變法，功不十，不易器。」案：此本《商子》，而語詞畧有出入。是故古之人君，謀事必就聖，「聖」，《漢書》作「祖」。師古曰：「祖，祖廟也。」案：《禮記·王制》：「天子將出征，受命於祖。」顔注所謂祖廟是矣。此作「聖」者，臣子之辭，聖亦祖也。上文兩主之迹，兩主《漢》作二聖，即其證。周壽昌曰：「就於祖，故後世謂之廟謨。」其説是也。發政必擇語，「必擇」，《漢》作「占古」。師古曰：「占，問也。」王先謙曰：「古語繇詞，《書》曰：汝則有大疑，謀及卜筮。」案：本文作必擇語，謂集廷臣之語言，擇善而從，所謂謀及卿士，其誼别也。重作事也。師古曰：「重，謂難之也。」案：重者，鄭重之意。自三代之盛，句首《漢》有「且」字。遠方夷狄，不與正朔服色，「正」，嘉靖本作「王」，形近而譌，今依諸本正。《漢書》無「遠方」二字。師古曰：「與，讀曰豫。」案：參與字當作與。非威不能制，非強不能服也，《漢》無下「非」字，「強」作「彊」，下「不」作「弗」。以爲遠方絶域不牧之民，「域」，《漢》作「地」。「牧」，本作「收」，盧文弨曰：「作收譌。」案：宋本、鐵華館本作「牧」，《漢書》同。師古曰：「不牧，謂不可牧養也。」案：牧收二字形近，古書多相溷。《墨子·迎敵祠篇》「牧賢大夫及有方技者」，孫詒讓謂牧當爲收。《韓子·難二篇》「以刑臣收臣」，收當爲牧。《鹽鐵論·備胡篇》「辟鋒鋭而牧罷極」，俞樾謂牧乃收字之譌。（見《讀書餘録》。）王念孫曰：「《史記·商君傳》令民爲什五，而相收司連坐，收當爲牧。」《史記雜志》云：「俗書收字作収，與牧相似。」《晏子·雜篇》「翟桑拳牧之處不足」，《吕氏春秋·論人篇》「不可牧也」，《淮南·原道訓》「中能得之，則外能牧之」。今本牧字並誤作收。」以上皆牧收二字互混之證。但本文《漢書》作「牧」，小顔且爲牧字作解，自當作牧爲是。一通曰：作收誼亦順。《史記》云：「自上古不屬爲人。」（人，即民也。）晉灼曰：「不内屬於漢爲人。」不收猶不屬，收屬一聲之轉，不屬，謂不使内屬，見棄之意。《韓非子·説難篇》：「則見無心而遠事情，必不收矣。」《史記·鄒陽傳》「則骨肉出逐不收，管蔡是也。」不收皆見棄之誼。《莊子·山木篇》：「夫以利合者，迫窮禍患害相棄也；以天合者，迫窮禍患害相收也。」收與棄對文，尤爲明顯。然則不收者，謂化外廢棄不屬之民耳。（《漢書·韓信傳》「千人皆廢，晉灼曰：廢，不收也。）其説不爲無見，究以《漢書》作牧爲正，今從宋本，附記其説，以備參考。不足以煩中國也。煩，勞也。《漢書》無「以」字。且匈奴者，輕疾悍亟之兵也，《漢書》無「者」字。師古曰：「悍，勇也；亟，急也。」畜牧爲業，弧弓射獵，《漢書》二句上有「至如猋風，去如收電」八字，本書叙在後。師古曰：「以木曰弧，以角曰弓。」案：弧弓，《周禮·司矢》六弓之一，惟強有力者能挽之以射遠。説詳宋王觀國《學林》，師古説非。逐獸隨草，言人逐獸而居。獸之所至，人即隨之，獸又隨有草之地就牧。居處無常，逐水草而居，故無常。難得而制也。《漢》無「也」字，此五句叙在「收電」下。至不及圖，去不可追，《漢書》無此二句。來若猋風，「猋風」，各本作「風雨」，今依宋本。（鐵華館本同。）《漢書》同，「來」作「至」。猋，省借字，當作飆。《説文·風部》：「飆，扶摇風也，从風，猋聲。」與飄訓回風字異。師古曰：「猋，疾風也。」作「風雨」，與下文不對。解若收電，解，散去也，讀若《史記》秦軍解而走。（《廉頗藺相如列傳》。）《漢書》作「去」，誼同。此二句《漢書》提前在「之兵也」下。收電，諭其捷。今使邊郡久廢耕織之業，用兵，則民不得復事耕織之業，兵連禍結，故久廢也。《漢書》此句以下接「難得而制」。以支匈奴常事，《漢》作「以支胡之常事」。王先謙曰：「胡以戰鬥爲常事，邊郡兵興，則當久廢耕織，以與之支也。」《後漢書·郭泰傳》注曰：「支，猶持也。」」案：此言匈奴習於飄忽，以此爲常也。其勢不權。「權」，各本俱作「難」，宋本、嘉靖本、鐵華館本作「權」，是也。《漢書》文正作「權」。權，稱也，所以稱物輕重。（權難字形畧近致誤。）師古曰：「輕重不等也。」難是誤文明矣，今從宋本改正。《漢書》作「其勢不相權也」，文誼尤明。臣故曰勿擊爲便。」《漢書》無「爲」字。大行曰：《漢書》作「恢曰」。「不然。夫神蛟濟於淵，《漢書》無此句。而鳳鳥乘於風，《漢》作「臣聞鳳鳥乘於風」。聖人因於時。昔者秦繆公都雍郊，《漢》無「郊」字。盧文弨曰：「郊疑郟之譌。」案：盧說近是。師古曰：「繆，讀與穆同。」案：秦繆謚誼，詳二卷首章注，顏說非。地方三百里，知時之變，「時」下《漢》有「宜」字。攻取西戎，《史記·秦本紀》曰：「戎王使由余於秦。由余，其先晉人也，亡入戎，能晉言，聞繆公賢，故使由余觀秦。秦繆公示以宮室積聚，由余曰：使鬼爲之，則勞神矣，使人爲之，亦苦民矣。公怪之，問曰：中國以詩書禮樂法度爲政，然尚時亂，今戎狄無此，何以爲治，不亦難乎。由余笑曰：此乃中國所以亂也。夫自上聖黃帝，作爲禮樂法度，身以先之，僅以小治。及其後世，日以驕淫，阻法度之威，以責督於下，下罷極，則以仁義怨望於上，上下交爭怨，而相篡弑，至於滅宗，皆以此類也。夫戎夷不然，上含淳德以遇其下，下懷忠信以事其上，一國之政，猶一身之治，不知所以治，此真聖人之治也。於是繆公退而問內史廖曰：孤聞鄰國有聖人，敵國之憂也，今由余賢，寡人之害，將奈之何。內史廖曰：戎王處辟匿，未聞中國之聲，君試遺其女樂，以奪其志，爲由余請，以疏其閒，留而莫遣，以失其期，戎王怪之，必疑由余，君臣有閒，乃可虜也。且戎王好樂，必怠於政。繆公曰：善。因與由余曲席而坐，傳器而食，問其地形，與其兵勢，盡察，而後令內史廖以女樂二八遺戎王，戎王受而說之，終年不還。於是秦乃歸由余，由余數諫，不聽，繆公又數使人閒要由余，由余遂去，降秦，繆公以客禮禮之，問伐戎之形。三十七年，秦用由余謀伐戎王，益國十二，開地千里，遂霸西戎，天子使召公過賀繆公以金鼓。」此秦取西戎之事。又散見《韓非子·十過》、《韓詩外傳》九、《説苑·反質》等篇，所記詳畧，互有不同。《吕氏春秋》又言「秦繆公時，戎彊大，秦繆公遺之女樂二八，與良宰焉。戎王大喜，以其故，數飲食，日夜不休，左右有言秦寇之至者，因扜弓而射之。秦寇果至，戎王醉而卧於樽下，卒生縛而禽之，未禽則不可知，已禽則又不知。雖善説者，猶若此何哉。」（《壅塞篇》文，又畧見《不苟篇》）此記戎王拒諫致亡之事。辟地千里，本三百里。「幷國二十，致千里」，又見《秦紀》。繆公之得列於伯以此。師古曰：「辟，讀曰闢，次下亦同。」幷國十二，幷，兼也。《漢書》「二」作「四」。案：《史記·李斯傳》作「幷國二十」。《索隱》引《秦紀》：「繆公用由余謀，伐戎王，益國二十，開地千里，遂霸西戎。此都言五子之功，故曰幷國二十，或易爲十二，非是。」據此，則十二當是二十之譌。今《秦本紀》作十二，與《索隱》所引不合，蓋是誤本，正《索隱》所言或易者。但《韓非子》、《外傳》、《説苑》諸書，皆言幷國十二，何也，豈後人又據誤本《秦紀》改之歟。《漢書》作「十四」，則尤非是。隴西、北地是也。此以今地證古地也。隴西、北地皆漢郡。《水經·河水注》：「秦昭王二十八年置，以隴西、天水、安定、北地、上郡、西河爲六郡，所謂六郡良家子，給羽林期門，是也。」隴西，今甘肅蘭州府狄道州治；北地，今甘肅慶陽府環縣東南。言皆秦所開地也。其後蒙恬爲秦侵胡，蒙恬，秦將，其先齊人蒙驁，自齊事秦，驁子武，武子恬，《史記》有傳。《淮南·人間》作蒙公。《寰宇記》云冢在咸陽。（梁玉繩曰：可疑。）《漢表》列四等。恬侵胡事，見《始皇紀》及恬本傳。「其」字《漢書》作「及」。以河爲境，《漢書》句首有「辟數千里」句，對上文「辟地千里」言，似不可少，各本無此句。「境」，《漢》作「竟」，是。竟，界也。累石爲城，積木爲塞，累，層累也。層積石以爲城，又聚木以爲塞也。「積木」，《漢書》作「樹榆」。各本「塞」作「寨」，盧文弨曰：「塞是，寨俗。」案《漢書》作「塞」。師古曰：「塞上種榆也。」盧以寨爲俗，是，今從宋本。春秋以前，夷狄部落，與華人雜居，蓋上古之世，咸從西方來，聚處於此。如陸渾之戎、伊雒之戎，赤狄白狄之屬，見於經傳者甚多。至秦築萬里長城後，始盡遷逐出塞。（長城亦不始於秦時，特秦築後，益擴大耳。）神州禹域，乃全爲華夏人所獨有，其功力之偉大，固有不可没者。匈奴不敢飲馬於河，「於」，各本作「北」，宋本亦誤。蓋於字草書作扵，與北形近，致溷，今據《漢書》改正。《賈誼傳》曰：「胡人不敢南下而牧馬。」是其事也。置烽燧，《漢》作「熢隧」。師古曰：「隧，古燧字。」案《說文・火部》：「熢，隧候表也，邊有警，則舉火，从火，逢聲。」《玉篇》：「燧，似醉切，以取火於日，亦作鐆，𨼛同。」《說文》無燧字。《金部》：「鐆，陽鐆也。」卽《玉篇》鐆字，爲燧之正文。至《玉篇》𨼛字，《說文》從遂作𨼛。《𨸏部》：「𨼛，塞上亭守熢火者。」或省作隧，卽《火部》熢下所稱者。亦通作遂，《周禮・司烜氏》「以夫遂取明火于日」，是也。《漢書》作隧，蓋隧之變體。段玉裁曰：「孟康曰：熢如覆米䉛，縣著挈皋頭，有寇，則舉之；燧，積薪，有寇，則燔然之也。裴駰、顏師古取其說。張揖曰：晝舉熢，夜燔燧。李善取其說。《廣韻》：夜曰熢，晝曰燧。蓋有誤。案孟、張說熢隧爲二，許《𨸏部》曰隧塞上亭守熢火者也，則爲一。蓋許以𨼛從𨸏，故釋曰塞上亭。」光瑛案：《漢書・賈誼傳》「斥候望烽燧不得卧」，注：「文穎曰：邊方備胡寇，作高土櫓，櫓上作桔皋，桔皋頭兜零，以薪草置其中，常低之，有寇，卽火然舉之，以相告，曰烽；又多積薪，寇至，卽然之，以望其煙，曰燧。張晏曰：晝舉烽，夜燔燧也。師古曰：張說誤也。晝則燔燧，夜則舉烽。」王先謙《漢書補注》曰：「注火然倒。（謂文穎注。）《周紀》幽王爲烽燧，《正義》：晝日然熢，以望火煙，夜舉燧，以望火光也。熢，土魯也；燧，炬火也。皆山上安之，有寇舉之。《司馬相如傳》夫邊郡之士，聞烽舉燧燔，《索隱》：烽主晝，燧主夜。諸家並與張說合，師古自誤耳。《說文》熢下云：隧候表也，（原注：篆文連讀。）邊有警，則舉火。𨼛下云：「塞上亭守湊火者。誼取互訓，更不分疏。」以上王説甚明皙。湊燧對文則異，散文則通，師古之説不可從，故小司馬亦不取之。**然後敢牧馬。夫匈奴，可以力服也，**《漢》「可」上有「獨」字，「力」作「威」，無「也」字。**不可以仁畜也，**《古微書》引《孝經援神契》曰：「畜者含畜爲義。」《吕氏·適威篇》「民善之則畜也」，高注：「畜，好也。」《左氏襄二十六年傳》「天下誰畜之」，杜注：「畜，猶容也。」《莊子·徐無鬼篇》「夫堯畜畜然仁」，釋文引李注：「畜畜，行仁貌。」又王注：「畜畜，郵愛勤勞之貌。」**今以中國之大，**大，《漢》作「盛」。**萬倍之資，**資藉萬倍於匈奴也。《漢書·賈誼傳》曰：「臣竊料匈奴之衆，不過漢一大縣，以天下之大，困於一縣之衆，甚爲執事者羞之。」是其誼也。**遺百分之一，以攻匈奴，譬如以千石之弩，射且潰之癰，**舊本末句作「射癰潰疽」，文誼難解。《漢書》作「譬猶以彊弩射且潰之癰也」，是。蓋且字譌疽，又脱之字，而顛倒其文，遂作「射癰潰疽」，失之遠矣。今依《漢書》改正。《秦策》「蘇代曰：以天下擊齊，猶以千鈞之弩潰癰也。」此正用其語，舊本譌奪，直不可讀，幸有《漢書》文正之。**必不留行矣，**師古曰：「留，止也，言無所礙也。」盧文弨曰：「此下宋本有注云：《史》有若是。」案：宋本注共四字，各本删之，非是。嘉靖本「矣」作「也」，今從宋本。《漢書》亦作「矣」，諸本多同宋本。**則北發、月氏，**句首《漢》有「若是」二字，即宋本小注所稱也。北發、月氏，皆國名，詳見一卷首章注。師古曰：「發，猶徵召也，言威聲之盛，北自月支以來，皆可徵召而爲臣也。氏，讀曰支。」劉敞曰：「北發，國名，亦見《管子書》。」案：顔説誤本臣瓚，瓚注《武紀》引《孔子三朝記》北發渠搜，南撫交阯。此舉北以對南，是非國名。錢大昕曰：「《大戴禮·少閒篇》海外肅慎，北發渠搜，氐羌來服之文，凡四見，而南撫交阯僅一見，其文又不相屬，則非以南北對舉明矣。孔子三見哀公，爲《三朝記》七篇，今在《大戴記》，即《千乘》、《四代》、《虞戴德》、《誥志》、

《小辯》、《用兵》、《少閒》七篇也，瓚何不考，而妄爲此説乎。盧辯注《大戴》以北發爲北狄地名，李善注《文選》以爲國名，與晉灼説同，師古改爲徵召之誼，誤矣。然小顔之誤，亦自有因。《公孫宏傳》載元光五年制辭，有北發渠搜，南撫交阯之語，明以南北相對，訓爲徵召，於誼似允。然此實制辭之誤，平津對策，畧而不言，蓋知其誤，而不欲訟言之耳。渠搜，西域之國，以爲北方，亦未通於地理。《新序·雜事篇》亦云北發渠搜，南撫交阯，又承武帝制策之誤。」以上錢説，辨顔注解發爲徵召之誤，極允。惟謂小顔誤由武帝制詞，平津知之而不明言，又引本書《雜事》，以南撫北發相對，爲亦承武帝之誤，則未知南撫亦爲國名，見《吕子·任數篇》注。（説詳一卷注中。）且北發南撫，本以南北相對爲文，不嫌並舉。蓋一爲北方之國，一爲南極之國，武帝制辭，即自南至北無思不服之意，初無誤處，本書亦無從承誤，平津更無從訟言其失也。夫泛言聲教廣及，則北發南撫相對，初無礙其國名之論。據《武紀》，則此制辭亦非以南北爲對，單言北發而不及南撫，與《宏傳》異。單言備禦北庭，則如本篇止言北發，不及南撫。行文之用，各因其宜，若如小顔注，訓發爲徵召，則與下文如何連貫，豈月氏亦在北方乎。錢氏知小顔之失，而不知南撫亦爲國名，是知二五不知一十，猶未足以服小顔也。可得而臣也。可以兵力臣服之。臣故曰擊之便。」御史大夫曰：《漢》作「安國曰」。「不然。臣聞善戰者，以飽待飢，「善戰」，《漢》作「用兵」。「飢」，《漢》作「饑」，以作「飢」爲正。饑乃饑饉字，但古書二字往往互用。安行定舍，以待其勞，師古曰：「舍，止息也。」案：此言行止皆以安定出之，待敵人之勞敝。整治施德，以待其亂，整，正也。正我政治，施我德教，以待敵人之亂也。二句《漢書》作「正治以待其亂，定舍以待其勞」。故接兵覆衆，伐國墮城，常坐而役敵國，此三句舊本譌舛不可讀，作「按兵奮衆深入，伐國墮城，故常坐而役敵國」。蓋倒「故」字在下，「接」誤「按」，「覆」誤「奮」，又衍「深入」二字，遂難解矣，今從《漢書》改正。原文「深入」二字，涉下而衍。徐友蘭曰：「下言深入而長驅，難以爲功，又云未見深入之利也，此不當有深入二字。」徐説極是，可見此二字因涉下衍。或因「接」譌爲「按」，淺人注「深入」二字於旁，以爲按兵深入之誼，遂混入正文耳。接兵覆衆，謂兩軍相接，能覆敵人之衆也；伐國墮城，謂伐人之國，則能下其名城也；坐而役敵，謂致人不致於人，使敵若爲我役使然，即申上待亂待勢之説。師古曰：「覆，敗也；墮，毁也。言兵與敵接，則敗其衆，所伐之國，則毁其城也。覆，音芳目反；墮，音火規反。」盧文弨曰：「伐國墮城下，宋本有小注云：《漢》《史》作以飽待飢，正治以待其亂，定舍以待其勢，故按兵覆衆，伐國墮城。」案：今所據宋本小注，與盧氏所引悉合，共二十八字。惟今本《漢書》「飢」作「饑」，「按」作「接」。師古注有兵與敵接云云，則當從今本，作接爲是。又可見《新序》接譌作按，自宋本已然，蓋淺人習見按兵，少見接兵，字既誤而又以深入二字解之也。**此聖人之兵也。夫衝風之衰也，不能起毛羽，**《漢》有「且臣聞之」四字領起，無「夫」字「也」字。案：衰也疑涉下而誤，衰字爲句，不譌。也字屬下，不知所當作。師古曰：「衝風，疾風之衝突者也。」案：毛羽至輕，猶不能起，諭風力之微弱。**彊弩之末，力不能入魯縞，**「彊」，各本作「強」，今依宋本。《史記·韓長孺列傳》有此數句，作「且彊弩之極，矢不能穿魯縞，衝風之末，力不能漂鴻毛」，句較整飭。《集解》引許慎曰：「魯之縞尤薄」師古曰：「縞，素也，曲阜之地，俗善作之，尤爲輕細，故以取諭也。」沈欽韓曰：「《淮南·説山訓》：矢之作，十步貫兕甲，於三百步，不能入魯縞」案：《集解》引許君説，當即見所注《淮南子》文。本文亦以末字爲句，力字屬下，與上不偶，故知上也字誤。或當依《漢書》刪上「也」字。**盛之有衰也，**《漢書》句首有「夫」字，句末無「也」字。**猶朝之必暮也。**「暮」，《漢書》作「莫」，是。莫已從日，不當下又加日，此俗字不通之尤者。今卷甲而輕舉，「今」下《漢》有「將」字，無「而」字。深入而長驅，《漢書》無「而」字，「驅」作「敺」。師古曰：「敺，與驅同。」難以爲功。爲猶有也，古有爲二字多互訓。《孟子·滕文公篇》「將爲君子焉，將爲野人焉」，趙注：「爲，有也，雖小國亦有君子，亦有小人也。」又「夷子憮然爲閒」，注曰：「爲閒，有頃之閒也。」（《盡心篇》爲閒不用，注：「爲間，有閒也。」）王引之《經義述聞·通説上》引趙注，遍舉諸書以證明之，其説皆是。此爲字亦訓有。夫橫行則中絶，從行則迫脅，《漢》無「夫」字，二句倒叙，「橫」作「衡」，字通借也。王文彬曰：「軍魚貫，則慮其返擊，而前受迫脅，併進，則防其鈔截，而中路斷絶也。」徐則後利，疾則糧乏，《漢書》二句亦倒。利字亦讀入爲韻，古書甚多似此者。師古曰：「後利，謂不及於利。」王先謙曰：「糧乏，轉輸不繼也。」不至千里，人馬絶食，「食」，各本作「飢」，與韵不合。此數句皆有韵，《漢書》作「乏食」，食字協韵，今改作「絶食」，始與韵合。蓋飢即食之譌文也。勞以遇敵，《漢書》無此句。勞，罷勞也。正遺人獲也。遺，與也，言與敵人，使得擒獲之。《襄十四年左傳》曰：「多遺秦禽也。」《漢書》句首有「兵法曰」三字。師古曰：「言以軍遺敵人，令其虜獲也。遺，音弋季反。」盧文弨曰：「宋本注云：《漢》、《史》作不至千里，人馬乏食，兵法曰，遺人獲也。」案：今所據宋本注，與盧氏所引合，共十八字。意者有他詭妙，詭秘奥妙之道也。《漢書》作「它繆巧」。可以擒之，擒，俗字，當作捦爲正。《漢》作「禽」，下同。則臣不知，句末《漢書》有「也」字。詭道非王者之師，故曰不知。不然，未見深入之利也。「未」上《漢》有「則」字。故曰勿擊便。「擊」下各本有「之」字。宋本無，與《漢書》合，且前後一律，今從宋本。大行曰：《漢書》作「恢曰」。臣「不然。夫草木之中霜霧，《漢》作「夫草木遭霜者」。不可以風過，師古曰：「言易零落。」案：草木已中霜霧，今更遇風，故易落也。清水明鏡，不可以形遯也，《漢書》「遯」作「逃」，誼同。古書多以遁爲遯，蓋通借字。《說文·辵部》：「遯，逃也，从辵，豚聲。」又「遁，遷也，一曰逃也，从辵，盾聲。」段注疑一曰四字，淺人所增，非也。《左傳》言夜遁宵遁，字皆作遁。蓋字有本誼，有叚借誼，訓逃字以作遯爲正。作遁者叚字。句末「也」字，《漢書》無。師古曰：「言美惡皆見。」通方之人，師古曰：「方，道也。」「人」，《漢書》作「士」。不可以文亂。謂不爲虚文浮詞所奪也。今臣言擊之者，固非發而深入也，破其深入之說。發，發兵也。將因單于之欲，誘而致之邊，「將」下《漢》有「順」字。案：言順則不得更有「因」字，此後人以本書校異文於旁，混入正文者，《漢紀》無「因」字可證。謂投其所好，誘之，使入邊境。吾伏輕卒鋭士以待之，《燕策·樂毅報燕王書》曰：「輕卒鋭兵，長驅至國也」。陰遮險阻以備之，遮，絶也。《漢》作「吾選梟騎壯士，陰伏而處，以爲之備，審遮險阻，以爲其戒」。文與此異也。吾勢以成，「以成」，《漢》作「已定」。已以字同，詳四卷《晉平公問叔向章》注。或當其左，或當其右，當，猶敵也。兩「當」字《漢書》作「營」。或當其前，此句《漢書》同。或當其後，此「當」字《漢書》作「絶」。單于可擒，「擒」，《漢》作「禽」，說見前。百全必取。臣以爲擊之便。」《漢書》無此句。齊召南曰：「安國與王恢論馬邑之計，反復折辯，較《史記》爲最詳。」案：班氏全用本書文耳。於是遂從大行之言，孝武皇帝自將師伏兵於馬邑，《漢書·武帝紀》曰：「御史大夫韓安國爲護軍將軍，衛尉李廣爲驍騎將軍，太僕公孫賀爲輕車將軍，大行王恢爲將屯將軍，大中大夫李息爲材官將軍，將三十萬衆，屯馬邑谷中。」《韓安國傳》畧同。《匈奴傳》云：「御史大夫韓安國爲護軍將軍，護四將軍，以伏單于。」皆不言帝自將事。中壘去武帝時代不遠，所言當有據也。馬邑，漢縣，屬雁門。《水經·瀔水注》：「馬邑川水出馬邑，西川，俗謂之磨川，馬磨一聲之轉。」其水東逕馬邑縣故城，入桑乾水，今山西朔平府朔縣治。**誘致單于。單于既入塞，覺之，奔走而去。**《韓安國傳》曰：「乃從恢議，陰使聶壹爲閒，亡入匈奴，謂單于曰：『吾能斬馬邑令丞，以城降，財物可盡得。』單于愛信，以爲然而許之。聶壹乃詐斬死罪囚，懸其頭馬邑城下，視單于使者爲信，曰：『馬邑長吏已死，可急來。』於是單于穿塞，將十萬騎，入武州塞。當是時，漢伏兵車騎材官三十餘萬，匿馬邑旁谷中，衛尉李廣爲驍騎將軍，太僕公孫賀爲輕車將軍，大行王恢爲將屯將軍，大中大夫李息爲材官將軍，御史大夫韓安國爲護軍將軍，諸將皆屬，約單于入馬邑縱兵。王恢、李息別從代，主擊輜重。（《史記》多李廣名，共三人，《漢書》無廣。）於是單于入塞，未至馬邑百餘里，覺之，還去。塞下傳言單于已去，漢兵追至塞，度弗及，王恢等皆罷兵。上怒恢不出擊單于輜重也，恢曰：『始約爲入馬邑，城兵與單于接，而臣擊其輜重，可得利。今單于不至而還，臣以三萬人衆不敵，祇取辱，固知還而斬，然完陛下士三萬人。』於是下恢廷尉，廷尉當恢逗撓，當斬。恢行千金丞相田蚡，蚡不敢言上，而言於太后，曰：『王恢首爲馬邑事，今不成而誅恢，是爲匈奴報仇也。』上朝太后，太后以蚡言告上，上曰：『首爲馬邑事者恢，故發天下兵數十萬，從其言爲此，且縱單于不可得，恢所部擊，猶頗可得以慰士大夫心，今不誅恢，無以謝天下。』于是恢聞，乃自殺。」《匈奴傳》曰：「武帝卽位，明和親約束，厚遇，關市饒給之。匈奴自單于以下，皆親漢，往來長城下。漢使馬邑人聶翁壹，閒闌出物與匈奴交易，陽爲賣馬邑城，以誘單于。單于信之，而貪馬邑財物，乃以十萬騎入武州塞。漢伏兵三十餘萬馬邑旁，御史大夫韓安國爲護軍將軍，護四將軍，以伏單于。單于既入漢塞，未至馬邑百餘里，見畜布野，而無人牧者，怪之，乃攻亭。時雁門尉史行徼，見寇，保此亭，單于得，欲刺之，尉史知漢謀，乃下，具告單于。單于大驚曰：『吾固疑之。』乃引兵還，出曰：『吾得尉史，天也。以尉史爲天王。漢兵約單于入馬邑，而縱兵，單于不至，以故無所得。將軍王恢部出代，擊胡輜重，聞單于還，兵多，不敢出。漢以恢本建造兵謀，而不進，誅恢。自是後匈奴絶和親，攻當路塞，往往入盜於邊，不可勝數。」事在元光二年也。其後交兵接刃，結怨連禍，相攻擊十年，兵凋民勞，《説文·仌部》：「凋，半傷也，从仌，周聲。」段玉裁注：「仌霜者，傷物之具，故從仌。是凋字之誼，作彫非。」百姓空虚，道殣相望，一望相接，言其多也。《左氏昭三年傳》曰：「道殣相望，而女富溢尤。」中壘用其語。（自於是以下，皆中壘之言也。）杜預注：「餓死爲殣。」《音義》曰：「殣，音覲。《説文》云：道中死者，人所覆也。《毛詩》作墐，傳曰：墐，路冢也。」案：今《説文·歺部》：「殣，道中死人，人所覆也。」與陸引敉異。但《毛詩》釋文引《説文》，者字仍作人，與今本同。《小弁》箋云：「道中有死人，尚有覆掩之，成其墐者。」毛許鄭三家誼同，杜訓殣爲餓死，望文生誼，非是。《説文》殣下引《詩》字作殣，許書《詩》用毛氏，是許所見古文《詩》傳必作殣，今本作墐者，叚借字也。許以殣次殯殔二篆下，誼主人所覆，連類及之，不當訓餓死亦明矣。槥車相屬，屬，連也。槥車，注見前。謂連屬於道也。寇盜滿山，《漢書·賈山傳》曰：「赭衣半道，寇盜滿山。」《吾丘壽王傳》亦有此語。又見本書九卷《秦孝公章》。天下摇動。孝武皇帝後悔之，御史大夫桑弘羊請佃輪臺，《漢書·西域傳》曰：「征和中，貳師將軍李廣利以軍降匈奴，上既悔遠征伐，而搜粟都尉桑弘羊與丞相御史奏言：故輪臺以東，捷枝、渠犂皆故國，地廣，饒水草，有溉田五千頃以上，處温和，田美，可益通溝渠，種五穀，與中國同時熟。其旁國少錐刀，貴黄金采繒，可以易穀食，宜給足，不可乏。臣愚以爲可遣屯田卒詣故輪臺以東，置校尉三人分護，（《漢紀》作二人。）各舉圖地形，通利溝渠，務使以時益種五穀。張掖、酒泉，遣騎假司馬爲斥候，屬校尉，事有便宜，因騎置以聞。田一歲有積穀，募民壯健有累重敢徙者，詣田所，就畜積爲本業，益墾漑田，稍築列亭，連城而西，以威西國，輔烏孫爲便。臣謹遣徵事臣昌，分部行邊，嚴敕太守都尉，明烽火，選士馬，謹斥候，蓄茭草。願陛下遣使使西國，以安其意，臣昧死請」云云。是弘羊請佃輪臺之事也。荀悦《漢紀》繫此事於征和四年。案：弘羊誅死，在昭帝元鳳元年。《漢書·車千秋傳》云：「桑弘羊爲御史大夫八年，自以爲國家興榷筦之利，伐其功，欲爲子弟得官，怨望，與上官桀等謀反，遂誅滅。」是弘羊爲御史大夫，不過八年，内除昭帝始元七年，元鳳元年，其爲三公，當在武帝病亟，受遺詔之年也。《漢書·西域傳》及《荀紀》記此事，俱稱搜粟都尉桑弘羊，與丞相、御史大夫奏言云云，則此時弘羊未爲御史大夫明矣。本書稱御史大夫，據其終所居官言之也。《食貨志》云：「武帝疾病，拜弘羊爲御史大夫。」卽其證。「佃」，《漢書》作「田」。《說文·人部》：「佃，中也，从人，田聲。《春秋傳》曰乘中佃，一轅車也。」（今《左傳·哀十七年》作衷甸，與許異。）《玉篇》曰：「佃作田訓，是今誼，非古誼也。」案《攴部》畋篆云：「平田也，从攴田，《周書》曰畋尒田。」是本字本誼。詔却曰：《漢·西域傳》載此詔甚詳，此節引之。「當今之務，在禁苛暴，盧文弨曰：「禁下舊本脱苛字。」案：宋本有，今據增。又各本多一「務」字，屬下句，當爲衍文，今據《漢書·西域傳》删。《漢書》又無「之」字。止擅賦，徐氏松《漢西域傳補注》云：「胡三省《通鑑》注：漢有擅賦法，今止不行。」今乃遠西佃，《漢書·西域傳》此數句在「當今務」各句上，作「今請遠田輪臺，是擾勞天下，非所以優民也，今朕不忍聞」。又「止擅賦」下，有「力本農，修馬復令，以補缺」等句。非所以慰民也。慰，安也，見《凱風》傳及《廣雅·釋詁》。《漢書》作「優」。徐松曰：「《詩·大雅》傳：優，渥也。箋：寬也。《說文》：優，饒也。」朕不忍聞。」封丞相號曰富民侯，丞相，車千秋也，見《西域傳》、《食貨志》。勗其以富養民爲急。遂不復言兵事。

《西域傳》作「由是不復出軍」。國家以甯，繼嗣以定，武帝之悔禍，在巫蠱之變後，時昭帝立爲太子，故云定嗣。從韓安國之本謀也。《廣雅·釋詁》：「本，始也。」（卷一。）《史記·樂書》正義：「本，猶初也。」安國之謀，當時雖不見用，然武帝末年，息兵悔禍，實采内安國之言，故變文曰本謀，言從其本初之計議也。

14孝武皇帝時，中大夫主父偃爲策曰：中大夫，掌論議之官，無員，多至數十人。武帝太初元年，更名中大夫爲光禄大夫，秩比二千石，見《百官表》。主父偃，齊國臨菑人，學長短縱横術，晚乃學《易》、《春秋》、百家之言，《史記》、《漢書》各有傳。「古諸侯不過百里，《孟子·萬章篇》：「公侯皆方百里，伯七十里，子男五十里。」《周語》注：「《周禮》公之地方五百里，侯四百里，伯三百里，子二百里，男百里。」案：韋昭本《周官·大司徒》文，與《孟子》異。鄭注云：「《孟子》言周初制，周公斥大九州之地，始皆益之。」此甚可疑。案：《白虎通義·公侯篇》云：「諸侯封不過百里，象震雷百里，所謂雲雨同也；七十、五十里，差德功也。」其説與《孟子》及《禮記·王制》、《春秋繁露·爵國篇》合。周之幅員，不能大於前代，開國之初，止此四等分地，後安得多地以益封。《孟子》言周公太公始封，儉於百里，《魯頌》稱公車千乘，適合侯國所出車數。如魯僖時，距始封已遠，宜在益地後，何僅出千乘之車邪。況侯果四百里，則慎子周人，宜畧知後王之法制，豈有不反引以駁《孟子》，而默不一言邪。《左氏襄二十五年傳》：「子産曰：昔天子之地一圻，列國一同，自是以衰。（杜注：衰，差降。）同爲百里。」見《周禮·小司徒》注引《司馬法》，子産稱博物，其言宜可信。又《昭二十五年傳》：「沈尹戌曰：若敖、蚡冒，至於武、文，土不過同。」以《孟子》説證之，楚本子爵，受封之始，止五十里，至武、文二王，滅國衆矣，猶不過同。此沈尹戌述其本國之事，不當有誤。若子封二百里，則武、文以前，果誰侵削之哉。《楚語》白公子張説：「齊桓、晉文，其入也，四封不備一同，而至於有畿田以屬諸侯。」此論齊晉之地，不及一同，乃反形日後之彊大。立言輕重，稍覺過當，然亦可見其封國之始，不逾於一同也。鄭志答臨碩云：「《孟子》當赧王之際，《王制》之作，復在其後。意謂二書晚出，當諸侯去籍後，不能盡知周初典法。若然，則子產、沈尹戌、白公子張，又何以稱焉。大抵今文家說，無不與《孟子》同，《周官》晚出，始爲異論。而近儒如江永、金鶚、黄以周輩，強附鄭誼，謂《孟子》舉土田實封言之，《周官》包山川附庸，就其虚寬者言之。然《魯頌》云錫之山川，土田附庸，乃特殊之賜，故詩人以爲榮，詠而歌之。鄭箋云：加賜山川土田及附庸。言加賜，則非常例，他國不得賜可知也。故鄭引《王制》曰：名山大澤不以頒。今《周官》有《山師》、《川師》，正因名山大澤不封，故設官掌之。如諸儒所言，則本國皆有山川土田附庸，與《周禮》設官之意先不合。焦循《孟子正義》已駁此説。至《史記·漢興以來諸侯年表》云封伯禽、康叔於魯、衛，地各四百里，與《周禮》合。《禮記·明堂位》封周公於曲阜，地方七百里。《晏子·内篇雜下》晏子曰：昔吾先君太公，受之營丘，爲地五百里。其説又各異，要皆無徵不信，當斷從《孟子》、《王制》爲是。」此云古諸侯不過百里，正與《孟子》、《王制》合。《史、漢·主父偃傳》「古」下俱有「者」字。《漢書》「侯」下有「地」字。案：《史記》叙此字上云：「於是上乃拜主父偃、徐樂、嚴安爲郎中，數見，上疏言事，詔拜偃爲謁者，遷爲中大夫，一歲中四遷偃，偃説上曰」云云。未嘗言偃爲中大夫。《漢書》叙此上則云：「乃拜偃、樂、安皆爲郎中，偃數上疏言事，遷謁者、中郎、中大夫，歲中四遷。」則明叙出中大夫矣。《史》文較畧，不如《漢書》詳明。《論衡·超奇篇》曰：「徐樂、主父偃上疏，徵拜郎中。」梁玉繩曰：「遷中大夫者偃也，故《漢書》云偃遷謁者、中郎、中大夫，所謂一歲四遷者以此，與徐樂何涉。《史記》樂字當衍，若以中大夫是樂，則偃之四遷既缺，而莊、安之爲騎馬令，何以不及。又數上疏言事，數字之上，當依《漢書》增偃字，不然，上文是拜主父偃、徐樂、莊安爲郎中，則言事者誰乎。」案：梁説是也。彊弱之形易制也。王畿千里，彊弱不侔，故易制也。「彊」，各本作「強」，今依宋本，下同。《史》、《漢》俱無「也」字。今諸侯或連城數十，地方千里，緩則驕奢，「奢」字各本奪，據《史》、《漢》補，此數句皆四字爲句也。易爲淫亂，《魯語》：「逸則淫，淫則忘善，忘善則惡心生。」急則阻其彊而合從，阻，恃也。師古曰：「從，音子容反。」以逆京師，各本句首有「謀」字。案：《史》、《漢》俱無，今從二書删。今以法割之，《史》「割」下有「削」字。《漢書》無「之」字。即逆節萌起，「即」，二書作「則」。二字聲轉誼通，古多互用，已見上注。師古曰：「萌，謂事之始生，如草木之萌芽也。」案：《史記·酷吏傳》：「姦僞萌起」，語本於此。前日晁錯是也。「晁」，《史》作「鼂」，《漢》作「朝」。案：晁朝皆通借字。鼂錯謀割七國，身斬東市，見《史、漢·鼂錯傳》也。今諸侯子弟或十數，而適嗣代立，師古曰：「適，讀曰嫡。」餘雖骨肉，無尺地之封，言諸侯子孫，雖多至十數，惟適子得代立，餘子與平人無異，無尺地受封，見澤不均也。《史》作「無尺寸地分」。賈誼疏：「今齊趙楚各爲若干國，使悼惠王、幽王、元王之子孫，畢以次各受祖之分地，地盡而止，及燕梁它國皆然。」偃之謀，即本賈生，而大收其效。則仁孝之道不宣。願陛下令諸侯得推恩分子弟，以地侯之，推恩及衆子弟，列土而爲侯也。此即賈生衆建諸侯而分其力之説。彼人人喜得所願，上以德施，實分其國，「分」，各本作「封」。盧文弨曰：「《漢書》作分。」案：《史記》亦作「分」。分封一聲之轉，草書封字又與分相似，故誤耳。（上文無尺地之封，《史記》封亦作分，誤同。）此言上以德施於諸侯之子弟，而實分削其土地。則字不當作封明矣，今從二書改正。而稍自衰弱矣。」而，猶則也，見《經傳釋詞》。《漢書》「而」作「必」，「衰」作「銷」。《史》作「不削而稍弱矣」，句小異而意亦不殊。於是上從其計，《史記集解》徐廣曰：「元朔二年，始令諸侯王分封子弟也。」錢大昭曰：「《中山王勝傳》云：其後更用主父偃謀，令諸侯以私恩，自裂地，分其子弟，而漢爲定制，封號輒別屬漢郡。此偃銷弱之計也。」案：此則與賈生之策稍異。因關馬及弩不得出，關禁馬弩，不使出，使諸侯之國，乏此二者，所以陰銷其反側之心也。絶遊説之路，遊俗字，當作游。重附益諸侯之法，《論語·先進篇》：「而求也，爲之聚斂，而附益之。」附益字本此。謂陰附諸侯，爲謀一切有益於其國者。急詿誤其君之罪。此謂諸侯之臣，蠱惑其君，教之僭亂爲非。急，嚴急也，嚴懲此等罪名也。《説文·言部》：「詿，誤也。」《景帝紀》：「詔曰：吴王濞爲逆，詿誤吏民。」《史記·吴王濞傳》亦曰：「詿亂天下。」詿皆訓誤也。諸侯王遂以弱，而合從之事絶矣，賈生所謂力少則易使以義，國小則無邪心。此其驗矣。主父偃之謀也。偃人品殊無足道，而此謀則銷兵弭亂之至計，與賈生之説合，中壘稱之，亦不以人廢言之誼也。是書之旨，在明禮而去兵，觀其載《荀卿·議兵》及商鞅、韓安國等章可見。蓋國無禮不立，兵乃民之殘，財用之蠹，窮兵黷武，未有不勞民傷財者。本書篇終，記此二事，合卷首章觀之，始以孝，終以禮與仁，儒者之言，所以異於雜學也夫。